HISTORISCHES WÖRTERBUCH DER PHILOSOPHIE

HISTORISCHES WÖRTERBUCH DER PHILOSOPHIE

UNTER MITWIRKUNG VON MEHR ALS 1200 FACHGELEHRTEN

IN VERBINDUNG MIT
GÜNTHER BIEN, TILMAN BORSCHE, ULRICH DIERSE, GOTTFRIED GABRIEL
WILHELM GOERDT, OSKAR GRAEFE, WOLFGANG HÜBENER
ANTON HÜGLI, FRIEDRICH KAMBARTEL, FRIEDRICH KAULBACH†
THEO KOBUSCH, HERMANN LÜBBE, ODO MARQUARD
REINHART MAURER, FRIEDRICH NIEWÖHNER, LUDGER OEING-HANHOFF†
WILLI OELMÜLLER, THOMAS RENTSCH, KURT RÖTTGERS
ECKART SCHEERER, HEINRICH SCHEPERS
GUNTER SCHOLTZ, ROBERT SPAEMANN

HERAUSGEGEBEN VON

JOACHIM RITTER† UND KARLFRIED GRÜNDER

VÖLLIG NEUBEARBEITETE AUSGABE
DES ‹WÖRTERBUCHS DER PHILOSOPHISCHEN BEGRIFFE›
VON RUDOLF EISLER

BAND 8: R–Sc

SCHWABE & CO AG · VERLAG · BASEL

UNTER VERANTWORTUNG DER
AKADEMIE DER WISSENSCHAFTEN UND DER LITERATUR · MAINZ
GEFÖRDERT MIT MITTELN DES BUNDESMINISTERIUMS
FÜR FORSCHUNG UND TECHNOLOGIE, BONN
UND DES SENATORS
FÜR WISSENSCHAFT UND FORSCHUNG, BERLIN

REDAKTIONELL VERANTWORTLICHE MITHERAUSGEBER
DIESES BANDES SIND
TILMAN BORSCHE, ULRICH DIERSE, GOTTFRIED GABRIEL
WILHELM GOERDT, WOLFGANG HÜBENER, ANTON HÜGLI
FRIEDRICH KAMBARTEL, THEO KOBUSCH, RALF KONERSMANN
STEPHAN MEIER-OESER, FRIEDRICH NIEWÖHNER, PETER PROBST
THOMAS RENTSCH, ECKART SCHEERER, HEINRICH SCHEPERS
GUNTER SCHOLTZ, PETER STEMMER

WISSENSCHAFTLICHE MITARBEITER DES HERAUSGEBERKREISES

In Berlin: WINFRIED SCHRÖDER (seit 1986), MARGARITA KRANZ (seit 1987), STEFAN LORENZ (seit 1991)
In Konstanz: CHRISTOPH DEMMERLING (seit 1989)
In Oldenburg: HELMUT HILDEBRANDT (seit 1983)
Beim Verlag in Basel: WALTER TINNER (seit 1982)

ADMINISTRATIVE MITARBEITER

EVA SIMMANK (seit 1981), ADRIENNE STEHLIN (seit 1991)

HIST. WB. PHILOS. 8

© 1992 BY SCHWABE & CO. AG · BASEL
GESAMTHERSTELLUNG: SCHWABE & CO. AG · BASEL
ISBN 3-7965-0115-X (für das Gesamtwerk)

VORBEMERKUNG

Verlag und Herausgeber freuen sich, diesen Band rascher dem vorangehenden folgen lassen zu können als jenen (7) dem ihm vorangehenden. Freilich hat Band 7, der u.a. das Stichwort ‹Philosophie› enthält (inzwischen separat als Buch: «Philosophie in der Geschichte ihres Begriffs»), einen Umfang, den wohl niemand nochmals wünscht. Die Urteile von Benutzern und Rezensenten sprechen dem Werk weiterhin Brauchbarkeit und Ergiebigkeit zu, so daß wir, bei allem Drängen auf Knappheit der Darbietung, im ganzen sicher nicht reduzieren können, im besonderen auch nicht im Blick auf die Autoren. Um die Bandumfänge nicht auf ein Übermaß steigen zu lassen, müssen jetzt statt zehn zwölf Bände zuzüglich Register vorgesehen werden.

Bei allem kaum oder nur punktuell (durch wertvolle Hinweise und Ergänzungen) eingeschränkten Lob der Rezensionen, das wir dankbar und beschämt vernehmen und das wir gerne an die Autoren weiterleiten, verwundert uns doch immer wieder, daß eine praktisch-methodische Hauptschwierigkeit, die dem Konzept dieses Wörterbuchs zentral innewohnt, nicht zur Sprache kommt: seine Inhomogenität in mehrerlei Hinsicht.

Das offenzulegen ist nicht eitle Schaustellung eigenen Kummers, der nachträglich erkannten, aus eigenen Fehlern hervorgegangenen Mängel, sondern entspricht dem Stand begriffsgeschichtlicher Forschung. Dabei geht es nicht um die quantitative Ausbreitung und die Auswahl der Stofferhebung, sondern um den Grad von Einheitlichkeit oder Divergenz der Verfahrensart. Ein Begriff von Begriffsgeschichte ist noch längst nicht fest, sondern erst künftig zu gewinnen aus den vielfältigen Forschungen, die sich selbst als begriffsgeschichtlich verstehen und benennen.

Inhomogenität in mehrerlei Hinsicht: die Stichwortwahl mit ihren ganz verschiedenen Problemen und die Vielfalt der Methodenkonzepte, die auf die Unabgeschlossenheit der Reflexion von Begriffsgeschichte führt, sind nur die offenkundigsten.

Bei der Auswahl der Begriffe, die als Stichworte im Wörterbuch alphabetisch auftreten, können wir Zufällen entgegenwirken, sie auszugleichen versuchen, nicht aber sie gänzlich vermeiden oder tilgen, weil Band für Band fertig werden, es weitergehen muß.

Das gilt zunächst von den Grenzbereichen zu den Fachwissenschaften, von denen her sicherlich mancher ihrer Grundbegriffe vermißt und gemeint werden kann, daß ihre Zusammenhänge mit der Philosophie sich durch andere, und durch diese vielleicht gar besser darstellen ließen. Dabei (wie im Verhältnis zu einer durchgebildeten Umgangssprache, in der sich die Philosophie ja schließlich selbst bewegt und über ihr Fachgebiet hinaus verständlich macht) gibt es einen weiteren Bereich von Begriffen, deren Aufnahme als Stichworte wünschenswert, aber nicht zwingend ist. Hier hängt es vom Zufall ab, von Umfeld-Kenntnis, Nomenklatur-Vision, Autorenfahndung, Einladung, Abfassung, Redaktion, ob ein Artikel zustande kommt und erscheint.

Anders verhält es sich, wenn mehrere Termini einem größeren Zusammenhang entstammen, zugehören und sich nur mit ihm zusammen wandeln. Da immer an das abschließende Register zu denken ist, bleibt für den Benutzer einstweilen unbestimmt, ob solche Subtermini für sich alphabetisch oder in dem Artikel, der den Zusammenhang darstellt (und den es nur gibt, wenn er durch ein Stichwort zu bezeichnen ist), mitbehandelt werden. Eine stärker systematische Tendenz, wie sie auch auf begriffsgeschichtliche Forschung und Darstellung einwirken kann, führt zur Einbeziehung in einen größeren Artikel, der den Zusammenhang präsentiert. Die Subtermini werden erst im Register alphabetisiert, treten nicht als eigene Stichworte auf – mit dem Risiko, daß mögliche Verwendungen außerhalb des systematischen Zusammenhangs unbeachtet bleiben und fehlen.

Umgekehrt kann ihre Aufnahme als eigene Stichworte entweder zu einer (meist wohl überflüssigen) Wiederholung der Zusammenhänge führen, in denen sie (oft eben ausschließlich) stehen oder zur irreführenden Isolierung aus ihnen. Ein einheitliches Verfahren in diesem Punkt hätte die starre Projektion der gesamten Nomenklatur, ihre Fixierung für Jahrzehnte, in denen nicht nur begriffsgeschichtliche Forschung, sondern 'Philosophieren selbst' weiterging und -geht, bedeutet; eine lähmende Voraussetzung, die wir von vornherein zusammen mit den sonst üblichen Voraus-Verweisungen verworfen haben.

Für diese Schwierigkeit könnte bei einer späteren Wiederaufnahme der Arbeit an diesem Wörterbuch die Orientierung am Begriff des *sprachlichen Feldes* hilfreich sein, wie ihn Jost Trier hier (Bd. 2, 929-933, dort weitere Literatur) dargestellt hat. Nicht zufällig hat er seine Prägung, aus einer Metapher des Pferderennens übertragen, zuerst am ‹Deutschen Wortschatz im Sinnbezirk des Verstandes› (1931) entfaltet und bewährt. Die Sprache der Philosophie ist voll von Wortfeldern, Begriffsfeldern, Metaphernfeldern, und das Leitbild des bewegten Feldes trifft das Proprium begriffsgeschichtlichen Interesses wie, soweit ich sehe, kein anderes.

Daß die Artikel der Bände 1 und 2 zumeist viel knapper gefaßt sind als die späteren (weil erst nach der Planung die begonnene Arbeit selbst zeigte, daß die Erfordernisse des begriffsgeschichtlichen Interesses unmöglich in drei Bänden zu befriedigen wären, vgl. Vorwort zu Band 3), ist ein Modus von Inhomogenität, dem die Schwierigkeit ähnelt, daß während der Arbeit an diesem Wörterbuch im Fortgang des Philosophierens Begriffe wichtig geworden sind, die wir ihrer abschätzbaren Nachhaltigkeit wegen als Stichworte aufgenommen hätten, wenn ihre Stelle im Alphabet nicht schon vorübergezogen wäre. Hier läßt sich manchmal das Verfahren anwenden, mit dem wir auch jene Pannen auszugleichen versuchen, die durch den Ausfall eigentlich unentbehrlicher Artikel (worin auch immer ein solcher seinen Grund haben mag) manchmal passieren: z.B. durch Pentimenti oder Alphabetmogeleien, etwa indem der alphabetisch spätere fremdsprachliche Ausdruck das Stichwort abgibt statt des deutschen, der dies in der Regel tut; durch Auflösung von Komposita in Genitivkonstruktionen, auch wenn sie seltener oder ganz ungebräuchlich sind; daß die Regel, nach der bei einem Ausdruck aus Adjektiv und Substantiv das Substantiv die alphabetische Stelle bestimmt, nicht starr gehandhabt wird; schließlich auch dadurch, daß ein an seiner früheren Alphabetstelle nicht erschienenes Stichwort einem sachlich mit ihm zusammenhängenden späteren zugeordnet und darauf geachtet wird, daß es in dessen Zusammenhang einigermaßen selbständig, mit seiner eigenen Begriffsgeschichte behandelt wird. Auf diese Weise wird das abschließende Register aus einem Findbehelf für Sekundäres zur eigentlichen Nomenklatur, die über die Stichwortreihung hinaus nicht nur Untergeordnetes, sondern auch für sich Wichtiges erschließt.

Die Ungleichartigkeit in der Bearbeitung hat nahezu durchgängig zwei (freilich korrespondierende) Gründe zugleich: die Schwierigkeiten in der Sache selbst und die methodischen Konzepte der Bearbeiter, deren Gleichschaltung nicht einmal wünschenswert wäre.

Es gibt mindestens drei Gefährdungen für das Verfahren, das als Idealtyp von Begriffsgeschichte ihre lexikalische Fassung in diesem Wörterbuch leiten sollte: die Überschreitung einer zu eng gefaßten Wortgebrauchsgeschichte hin zu einer Problemgeschichte; die bewußte oder latente Inklination zu einer maßgeblichen Definition; den Verzicht auf genetische Fragen nach Moventien des Gebrauchswandels zugunsten möglichst umfassender Belegsammlung. Vielleicht ist es nützlich, die Bemühung um einen 'Begriff' von Begriffsgeschichte einmal nicht positiv, sondern einkreisend anzugehen, von den Fragestellungen her, die *nicht* mehr zu ihr gehören, die sie aber berührt und zuweilen schwer vermeidbar einbezieht.

Aus dieser Perspektive führt die Offenlegung der Inhomogenitäten in der Praxis der lexikalischen Arbeit weiter in der theoretischen Reflexion der begriffsgeschichtlichen Forschung, die auch ohne erschöpfende Methodologie ihre Erhellungskraft für die Philosophie längst bewährt.

Am 9. Januar 1990 ist Helmut G. Meier gestorben. Er hat als Assistent Joachim Ritters am Philosophischen Seminar der Universität Münster von 1963 bis 1968 die Arbeitsstelle eingerichtet und den Beginn der praktischen Arbeit administrativ und technisch organisiert und ihren Ausbau angesichts der ersten Erfahrungen mit Einladungen und Redaktionen so maßgeblich bestimmt, daß der Verkehr zwischen Verlag, Herausgebern und Arbeitsstelle im großen und ganzen noch heute so abläuft, wie ihn Helmut Meier vorgezeichnet und erprobt hat. Er blieb den Herausgebern verbunden, auch als er einen anderen Berufsweg einschlug, der ihn in die Wissenschaftsförderung und -verwaltung führte, schließlich zur Akademie der Wissenschaften zu Berlin, deren Planung und Einrichtung er von Anfang an begleitet hat, die auch «sein Kind war», wie ihr Präsident Horst Albach in seinem Gedenkwort sagte (Akademie der Wissenschaften zu Berlin, Jahrbuch, 1989, S. 9; dazu ebd. 315-317; auch Hans Poser: In memoriam Helmut G. Meier. Zeitschr. für Wissenschaftsforschung 6, 1991, S. 183f.). Für das Wörterbuch hat er den unvermeidbaren und unvermeidbar grundlegenden Artikel ‹Begriffsgeschichte› geschrieben. Der Artikel ‹Weltanschauung›, über dessen Begriffsgeschiche seine beispielhafte Dissertation (1968) handelte, wird nun nicht mehr aus seiner Hand kommen können.

Am 20. Mai 1992 ist Friedrich Kaulbach gestorben. Er trat dem Herausgeberkreis Mitte 1970 bei und besorgte im besonderen den Bereich der Naturphilosophie, aus dem er auch eine ganze Reihe von Artikeln und Artikelteilen selbst schrieb. Der behutsam systematisierende Kantianer (Frankf. Allgem. Zeitung, 13. 5. 1992, S. 36, Ri.) erkannte die begriffsgeschichtliche Aufgabe an und leistete seinen Beitrag mit Augenmaß und Gewicht, noch für diesen Band mit dem Teilartikel ‹Raum III.› (Sp. 88-97).

In den Kreis der Herausgeber wurden die Herren Tilman Borsche (Hildesheim), Friedrich Niewöhner (Wolfenbüttel) und Thomas Rentsch (Dresden) aufgenommen, die sämtlich schon länger und auf verschiedene Weise der Arbeit am Wörterbuch verbunden sind. Als Bandredaktoren wirkten die Herren Ralf Konersmann (Hagen), Stephan Meier-Oeser (Berlin), Peter Probst (Gießen) und Peter Stemmer (Berlin) mit. Seit Februar 1991 ist Herr Stefan Lorenz in der Berliner Arbeitsstelle als Wissenschaftlicher Mitarbeiter vertretungsweise tätig.

Dank gilt den folgenden Damen und Herren, die bei redaktionellen und editorischen Arbeiten geholfen haben: Frank Böhling, Cornelius Borck, Heinz Gellrich, Christiana Goldmann, Katrin Grünepütt, Helmut Hühn, Brigitte Kible, Lars Riebold, Renate Schindler, Tobias Trappe.

Verlag und Herausgeber danken der Akademie der Wissenschaften und der Literatur in Mainz und dem Bund-Länder-Ausschuß für das Akademienprogramm für das beständige Wohlwollen und die gerade in der letzten Zeit besonderen Bemühungen zur Sicherung und Förderung unserer Arbeit an diesem Wörterbuch.

Berlin-Dahlem, im Sommer 1992   K. GRÜNDER

R

Rache (griech. τιμωρία; lat. vindicta, vindicatio, ultio; frz. vengeance; engl. revenge, vengeance, retaliation)
I. – Der Akt der R. für erlittenes Unrecht gehört seit Menschengedenken zur Rechts- und Unrechtsgeschichte. Dabei entwickelt sich die Tendenz, die R. als willkürlichen Vergeltungsakt von der Strafe als juristisch geregeltem Vergeltungsakt zu unterscheiden und die R. zu verwerfen.

1. *Antike.* – Das griech. Synonym für ‹R.› ist τιμωρία; das Wort bezeichnet seit HERODOT «Hilfe und Beistand», aber auch «Strafe und R.» für erlittenes Unrecht: «Als die Kreter diese Antwort [der Pythia von Delphi] erfuhren, versagten sie ihren Beistand (τιμώρημα)» [1]. Im Blick auf den Untergang Trojas bemerkt Herodot jedoch, «daß einem großen Frevel auch große Strafen (τιμωρίαι) der Götter folgen» [2]. Besonders deutlich wird die Bedeutung ‹Strafe› bei PLATON, der im ‹Gorgias› die Frage behandelt, ob ein Mann glücklich sein kann, der Unrecht tut, «wenn er zur Buße (δίκη) und Strafe (τιμωρία) herangezogen wird» [3]. Bei EURIPIDES jedoch tritt die Bedeutung ‹R.› in den Vordergrund; Menelaos fragt den Orestes: «Nützt dir denn die R. (τιμωρία) für die Ermordung des Vaters?» [4] ARISTOTELES unterscheidet dann τιμωρία als ‹R.› von κόλασις als ‹Strafe›: «Es besteht ein Unterschied zwischen τιμωρία [R.] und κόλασις [Strafe]; die Strafe geschieht im Blick auf den, der sie erleidet, die R. dagegen im Blick auf den, der sie ausübt, damit ihm Genugtuung widerfahre» [5].

Das lat. Synonym für ‹R.› ist ‹vindicatio›, das aber noch den Aspekt von legaler Strafe enthält, sowie ‹vindicta› und ‹ultio›. CICERO definiert die «vindicationem, per quam vim et contumeliam defendendo aut ulciscendo propulsamus a nobis et nostris, qui nobis cari esse debent, et per quam peccata punimur» («R. ist der Akt, durch den wir Gewalt und Beleidigung durch Verteidigung oder Vergeltung von uns und den unsrigen, die uns teuer sein sollen, abwehren und durch den wir Vergehen bestrafen») [6]. Das Wort ‹vindicta› jedoch bedeutet vornehmlich ‹R.›: «Cupidine vindictae inardescere» («von dem Wunsch nach R. entbrennen») [7]. THOMAS VON AQUIN, der in dieser Hinsicht wohl den römischen Autoren folgt, unterscheidet dann im Blick auf die Frage, «ob es erlaubt ist zu zürnen», zwischen erlaubter und unerlaubter R. und erklärt, «daß nach R. (vindicta) zu streben, um dem, der zu bestrafen ist, etwas Böses zu tun, unerlaubt ist. Aber nach R. zu streben, um Fehler zu berichtigen und das Gut der Gerechtigkeit zu bewahren, ist lobenswert» [8].

Aus ‹vindicatio› und ‹vindicta› entwickelt sich dann das französische Wort ‹vengeance›, das seit dem 11. Jh. als ‹venjance› belegt ist und ab 1300 als Fremdwort in wechselnder Schreibweise ins Englische übernommen wird.

Anmerkungen. [1] HERODOT 7, 169. – [2] 2, 120. – [3] PLATON: Gorg. 472 d. – [4] EURIPIDES: Orest. 425. – [5] ARISTOTELES: Rhet. I, 10, 1369 b 12. – [6] CICERO: De invent. 2, 66; vgl. 161. – [7] TACITUS: Ann. 6, 32. – [8] THOMAS VON AQUIN: S. theol. II-II, 158, 1 ad 3.

Literaturhinweis. G. COURTOIS: La vengeance chez Arist. et Sénèque à la lum. de l'anthropol. jurid. Arch. Philos. Droit 28 (1983) 29-66.

2. *Bibel und Theologie.* – Wichtig für die Entwicklung des R.-Begriffs ist der R.-Gedanke im ‹Alten› und ‹Neuen Testament›, weil hier die R. unter den Vorbehalt Gottes gestellt wird. Das hebräische Synonym für ‹R.› ist die Wurzel ‹nqm›, die sowohl als Verb wie auch als Substantiv belegt ist; dazu gesellt sich die substantivische Ableitung ‹nqmh›. «Das Wort hat in den frühen Schichten des AT einen positiven Klang, wobei der Gebrauch jeweils aus seinem geschichtlichen und soziologischen Zusammenhang erklärt werden muß. Es bedeutet ursprünglich Wiederherstellung der Ganzheit oder des Heilseins einer Gemeinschaft. In diesem ursprünglichen Sinn ist es dort gemeint, wo von Gottes R. oder Gottes Rächen gesprochen wird» [1]; z.B. Ps. 94, 1: «Gott der R., Jahwe, Gott der R., erscheine.» «Solche Sätze wären unverständlich, würde man aus dem Wort unsere Vorstellung einer hassenden oder rachgierigen Gesinnung hören. Die Notwendigkeit der R. (Wiederherstellung) erwächst aus einer für alle menschliche Gemeinschaft grundlegenden Bestimmung» [2]. In diesem Sinne gilt dann die Anweisung von Gen. 9, 6: «Wer Menschenblut vergießt, dessen Blut soll durch Menschen vergossen werden; denn nach dem Bilde Gottes hat er den Menschen geschaffen.» Besonders wichtig aber ist der in Deut. 32, 35 formulierte Vorbehalt: «Mein ist die R. und die Vergeltung.» Dieses Argument übernimmt PAULUS in Röm. 12, 19: «Rächet, Geliebte, euch nicht selbst, sondern gebt (Gottes) Zorn Raum. Denn geschrieben steht: Mir gehört die R., ich will vergelten, spricht der Herr.» E. KÄSEMANN interpretiert: «Der Christ spielt nicht jüngstes Gericht, legt vielmehr seine Sache in Gottes Hand, gerade weil Gottes Zorn ... und Vergeltung bevorsteht» [3]. Dem Wortgebrauch der ‹Septuaginta› entsprechend, der auch sonst den Wortgebrauch des NT in diesem Wortfeld bestimmt, ist der hebräische Begriff ‹nqm› aus Deut. 32, 35 in Röm. 12, 19 durch ἐκδίκησις wiedergegeben und nicht durch τιμωρία.

Im Rückgriff auf die aristotelische Unterscheidung von κόλασις (Strafe) und τιμωρία (R.) erklärt CLEMENS VON ALEXANDRIEN, daß Gott an den Ungläubigen Strafe ausübt, aber keine R.; denn «die Strafe ist zum Heil und Nutzen des Bestraften, die R. aber nur zum Nutzen des Rächenden» [4]. Im Blick auf den R.-Vorbehalt Gottes erklärt dann THOMAS VON AQUIN ausdrücklich, daß sich Gott bezüglich der R. selbst etwas vorbehalten hat. Die R. für die «offenkundigen Delikte» (manifestis delictis) hat er nach Röm. 13, 4 der staatlichen Gewalt übertragen; die R. für die «verborgenen (occultis) Delikte» hat er sich aber selbst vorbehalten [5].

Im Zusammenhang der göttlichen Gerechtigkeit erörtert G. W. LEIBNIZ eine «Gerechtigkeit, welche weder Besserung noch Beispiel, ja nicht einmal die Wiedergutmachung des Bösen zum Ziele hat. Diese Gerechtigkeit stützt sich allein auf die Billigkeit, die eine gewisse Genugtuung als Sühne einer schlechten Tat verlangt»; und «diese strafende Gerechtigkeit» ist «eigentlich eine rächende Gerechtigkeit» («cette justice punitive, qui est proprement vindicative») [6]. Später jedoch bemerkt W. T. KRUG in diesem Zusammenhang: «Wenn Gott ein Rächer des Bösen genannt wird, so heißt dies soviel als Bestrafer. Die bekannte Formel: 'Die R. ist mein', Gott in den Mund gelegt, ist nur eine anthropopathische Redensart» [7].

Anmerkungen. [1] C. WESTERMANN: Art. ‹R.›, in: Bibl.-hist. Handwb., hg. B. REICKE/L. ROST 3 (1966) 1546. – [2] a.O. – [3] E. KÄSEMANN: An die Römer (⁴1980) 336. – [4] CLEMENS ALEX.: MPG 8, 333 C. – [5] THOMAS VON AQUIN: Quaest. disp., De malo 12, a. 3 ad 5. – [6] G. W. LEIBNIZ: Théodicée I, § 73. Philos. Schr., hg. C. I. GERHARDT 6 (1885, ND 1961) 141. – [7] W. T. KRUG: Allg. Handwb. der philos. Wiss.en, nebst ihrer Lit. und Gesch. 3 (1833) 412.

3. *Montaigne und die Rechtsphilosophie.* – M. DE MONTAIGNE setzt in der Gesellschaft seiner Zeit die R. («vengeance» und «revenche») und das R.-Bedürfnis durchgehend voraus. Er beklagt jedoch die Tötungsabsicht bei der R.: «Le tuer est bon pour éviter l'offence à venir, non pour venger celle qui est faicte: c'est une action plus de crainte que de braverie» («Das Töten ist nur gut, um einen Angriff in der Zukunft zu vermeiden, nicht jedoch, um sich für den geschehen Angriff zu rächen: es ist eine Aktion der Furcht und nicht der Tapferkeit») [1]. Montaigne bemerkt in seiner Zeit einen Hang zur Grausamkeit und bezeichnet die Feigheit als Ursache derselben: «Couardise mère de la cruauté» [2]. TH. HOBBES delegiert dann das R.-Bedürfnis an ein allgemeines Strafrecht der öffentlichen Autorität: «From the definition of punishment, I infer, first, that neither private revenges, nor injuries of private men, can properly be styled punishments; because they proceed not from public authority» [3]. Diese Auffassung bleibt auch für alle späteren Juristen und Rechtsphilosophen maßgeblich. In seinem Essay ‹Of Revenge› erklärt F. BACON: «Revenge is a kind of wild justice; which the more man's nature runs to, the more ought law to weed it out» [4]. I. KANT unterscheidet die «Rachbegierde als Leidenschaft» vom «Wiedervergeltungsrecht». Die «Rachbegierde» ist «eine Leidenschaft, welche aus der Natur des Menschen unwiderstehlich hervorgeht, und, so bösartig sie auch ist, doch die Maxime der Vernunft» ist «vermöge der erlaubten Rechtsbegierde, deren Analogon jene ist» [5]. Die R. ist prinzipiell ausgeschlossen. Denn «nur das Wiedervergeltungsrecht (ius talionis), aber wohl zu verstehen, vor den Schranken des Gerichts (nicht in deinem Privaturteil), kann die Qualität und Quantität der Strafe bestimmt angeben» [6]. Dieser Konzeption folgt auch G. W. F. HEGEL: «R. und Strafe unterscheiden sich dadurch von einander, daß die R. eine Wiedervergeltung ist, insofern sie von der beleidigten Partei ausgeübt wird. Die Wiedervergeltung muß daher als Strafe geübt werden, weil bei der R. die Leidenschaft Einfluß hat, und das Recht dadurch getrübt wird. Ferner hat die R. nicht die Form des Rechts, sondern die der Willkür, indem die beleidigte Partei immer aus Gefühl oder subjektiver Triebfeder handelt. Deswegen ist das Recht, als R. ausgeübt, wieder eine neue Beleidigung, wird nur als einzelne Handlung empfunden und pflanzt sich also unversöhnt in's Unendliche fort» [7].

Anmerkungen. [1] M. DE MONTAIGNE: Couardise mère de la cruauté. Essais II, 27, hg. A. THIBAUDET (Paris 1950) 778. – [2] a.O. 776. – [3] TH. HOBBES: Lev. II, 28. Engl. works, hg. W. MOLESWORTH (London 1839-45, ND 1962) 3, 298. – [4] F. BACON: Essays IV, Of revenge. Works, hg. J. SPEDDING u.a. (New York/Cambridge 1869-72) 12, 92. – [5] I. KANT: Anthropol. in pragm. Hinsicht (1798) 1, § 83. Akad.-A. 7, 270. – [6] Metaph. Anf.gründe der Rechtslehre 2, 1. Akad.-A. 6, 332. – [7] G. W. F. HEGEL: Philos. Propäd. I, § 21. Jub.ausg., hg. H. GLOCKNER (1927-40) 3, 69.

4. *Nietzsches Moralphilosophie.* – Bei F. NIETZSCHE wird der Begriff ‹R.› zu einem diagnostischen Begriff in der Moralphilosophie. Nietzsche erörtert diesen Begriff in einem allgemeineren Zusammenhang zur Geschichte der Moral. «Überall, wo Verantwortlichkeiten gesucht worden sind, ist es der Instinkt der R. gewesen, der da suchte. Dieser Instinkt der R. wurde in Jahrtausenden dermaßen über die Menschheit Herr, daß die ganze ... Psychologie, ... vor Allem aber die Moral mit ihm abgezeichnet worden ist» [1]. Die R. wächst «auf dem Boden des reaktiven Gefühls» und ist ein «Ressentiment» [2]. Daraus ergibt sich, daß die R. mit ihren niedrigen Beweggründen den «Himmel des Lebens» verdunkelt: «Kennt ihr die R. der schüchternen Menschen, welche sich in der Gesellschaft benehmen, als hätten sie ihre Gliedmaassen gestohlen? Die R. der demüthigen christenmässigen Seelen, welche sich auf Erden überall nur durchschleichen» [3]. Deshalb fordert Nietzsche zur «Pflege der Gesundheit» die Abschaffung der R.: «Wie erleichtert wäre das allgemeine Gefühl des Lebens, wenn man mit dem Glauben an die Schuld auch vom alten Instinkt der R. sich losmachte und es selbst als eine feine Klugheit des Glücklichen betrachtete, mit dem Christenthum den Segen über seine Feinde zu sprechen und Denen wohlzuthun, die uns beleidigt haben!» [4]. Er bemerkt jedoch, daß in der Großmut, die auf R. verzichtet, eine Art sublimierter R. steckt: «Es ist in der Grossmuth derselbe Grad von Egoismus wie in der R., aber eine andere Qualität des Egoismus» [5].

Unter dem Titel ‹Von der Erlösung› erklärt Nietzsches Zarathustra: «Der Geist der R.: meine Freunde, das war bisher der Menschen bestes Nachdenken; und wo Leid war, da sollte immer Strafe sein» [6]. M. HEIDEGGER interpretiert diesen Satz am Leitfaden der Frage: «Wer ist Nietzsches Zarathustra?» [7] und meint: «Die R. ist hier kein bloßes Thema der Moral, und die Erlösung von der R. keine Aufgabe der moralischen Erziehung. Ebensowenig bleibt die R. und die Rachsucht ein Gegenstand der Psychologie. Wesen und Tragweite der R. sieht Nietzsche metaphysisch» [8]. Aber «wie denkt ... Nietzsche das Wesen der R., gesetzt, daß er es metaphysisch denkt?» [9]. Auf diese Frage antwortet Heidegger mit einer weiteren Aussage Zarathustras: «Diess, ja diess allein ist R. selber: des Willens Widerwille gegen die Zeit und ihr 'Es war'» [10]. Heidegger interpretiert: «Die tiefste R. besteht für Nietzsche in jenem Nachdenken, das überzeitliche Ideale als die absoluten ansetzt, an denen gemessen das Zeitliche sich selber zum eigentlich Nicht-Seienden herabsetzen muß»

[11]. Damit ist die R. ontologisch bestimmt als strikte Ablehnung von Werden und Vergehen. Diesen Aspekt der Zeit jedoch will Heidegger mit Nietzsche als den eigentlichen Aspekt der Zeit geltend machen: «Die Erlösung von der R. ist der Übergang vom Widerwillen gegen die Zeit zum Willen, der das Seiende in der ewigen Wiederkehr des Gleichen vorstellt» [12]. Und daraus ergibt sich die Beantwortung der Frage: «Wer ist Nietzsches Zarathustra? Er ist der Lehrer, dessen Lehre das bisherige Nachdenken vom Geist der R. in das Ja zur ewigen Wiederkehr des Gleichen befreien möchte» [13].

Anmerkungen. [1] F. NIETZSCHE: Nachgel. Frg. (Frühj. 1888) 15[30]. Krit. Ges.ausg., hg. G. COLLI/M. MONTINARI (1967ff.) 8/3, 219. – [2] Zur Geneal. der Moral (1887) 2, 11, a.O. 6/2, 325-329. – [3] Morgenröthe (1881) 4, 323, a.O. 5/1, 240. – [4] 3, 202, a.O. 176-178. – [5] Die fröhl. Wiss. (1882) 49, a.O. 5/2, 88f. – [6] Also sprach Zarathustra 2 (1883), a.O. 6/1, 176. – [7] M. HEIDEGGER: Wer ist Nietzsches Zarathustra? in: Vortr. und Aufs. (1954) 101-126. – [8] a.O. 112. – [9] 114. – [10] NIETZSCHE, a.O. [6]. – [11] HEIDEGGER, a.O. 117. – [12] a.O. 118. – [13] a.O.

Literaturhinweise. L. KLAGES: Die psychol. Errungenschaften Nietzsches (1926) 116-147. – J. STAMBAUGH: Thoughts on pity and revenge. Nietzsche-Stud. 1 (1972) 27-36. – G. G. GRAU: Ideologie und Wille zur Macht. Zeitgem. Betracht. über Nietzsche (1984) 229-252.
P. PROBST

II. – Vom Begriff der R. unterscheidet die *Rechtswissenschaft* den in gewissem Sinne umfassenderen Begriff der Vergeltung. Dieser setzt voraus, daß der die Reaktion auslösende Angriff zu Unrecht erfolgt ist [1]. Damit ist eine objektive Normverletzung gemeint, während bei der R. das Handlungsmotiv daraus gespeist wird, daß die Verletzung subjektiv als unrechtmäßig empfunden wird: Vergeltung ist damit stets Unrechtsausgleich, R. nicht in allen Fällen. Im Sprachgebrauch wird diese Trennung nicht immer deutlich vollzogen. Während der so verstandene Begriff der Vergeltung bereits ein mehr oder weniger gefestigtes Normensystem voraussetzt, stellt R. in archaischen, vor-rechtlichen Gemeinschaftsformen das entscheidende Element dar. Ehe entwickeltere Ordnungen für das Zusammenleben von Menschen existierten, folgte jeder Verletzung zwangsläufig R. – ihre Verbreitung war weltweit [2]. R. war dabei nicht nur Recht, sondern zugleich (heilige) Pflicht des Verletzten (oder seiner Gesippen), da nur so die Sicherheit der Gemeinschaft gewährleistet war. Diese Sekuritätsfunktion war in der Vorzeit angesichts der weitgehend ungesicherten Lebensweise des Menschen von außerordentlicher Bedeutung [3]. Bis in die heutige Zeit spielt der Vergeltungsgedanke in den Straftheorien eine entscheidende Rolle; seine Vorform wird übereinstimmend in der R. gesehen, die demzufolge als «Urform des Rechts» [4], als «erste Offenbarung des Rechtsbewußtseins» [5] oder in ihrer besonderen Form der Blut-R. (Pflicht der Blutsverwandten, einen getöteten Sippenangehörigen an dem Mörder oder einem Mitglied seiner Sippe zu rächen) als Realisierung der «ältesten Norm der Gemeinschaft» [6] bezeichnet wurde.

Im Laufe der Entwicklung des Strafgedankens trat an die Stelle der R. mehr und mehr die Sühne durch eine Bußleistung an den Verletzten (compositio). Vor allem wurde versucht, das auf der (Blut-)R. als privater Justiz beruhende Fehdewesen, bei dem sich Sippschaften gegenseitig auszurotten drohten und das mehr politischer Parteienkampf als rechtliches Verfahren war [7], durch gesetzlichen Ausbau des Compositionensystems abzulösen. In diesem sich über Jahrhunderte hinziehenden Prozeß, innerhalb dessen im Begriff des Strafzwecks neben die Vergeltung die Spezial- und Generalprävention, später der Gedanke der Besserung traten, blieb freilich die R. noch vielfach bestimmend. Schon früh ist neben ihr eine qualifizierte Form der Vergeltung zu verzeichnen, die sog. 'Talion' [8], die vorsah, daß dem Täter genau das gleiche (talis) Unheil widerfahren sollte, das er selbst herbeigeführt hatte (2. Mos. 21, 24). Im allmählichen Übergang zum staatlichen Strafen findet sich teilweise auch die sog. 'öffentliche R.', bei der dem Ankläger gestattet wurde, das Urteil selbst zu vollstrecken [9]. Selbsthilferechte als unmittelbarer Ausfluß des R.-Gedankens wurden auch nach weiterem Übergang des Anklagerechts und der Strafgewalt auf staatliche Instanzen noch längere Zeit vereinzelt beibehalten; Blut-R. war seit dem 15. Jh. nicht mehr erlaubt, wurde freilich noch bis in das 16. und 17. Jh. praktiziert [10]. Elemente der R. finden sich danach noch im geregelten Zweikampf (Duell). Im übrigen ist bis auf kaum nennenswerte Reste jegliches Privatstrafrecht im öffentlichen Strafrecht aufgegangen [11].

Anmerkungen. [1] H. KELSEN: Vergeltung und Kausalität (1941) 52. – [2] M. REHBINDER: Einf. in die Rechtswiss. (1983) 33. 167; L. GÜNTHER: Die Idee der Wiedervergeltung in der Gesch. und Philos. des Strafrechts I/3 (1889-95); L. T. HOBHOUSE: Morals in evolution 1 (1906); S. R. STEINMETZ: Ethnolog. Stud. zur ersten Entwickl. der Strafe, nebst einer psycholog. Abh. über Grausamkeit und Rachsucht (^{2}1928) 1, 100ff.; E. WESTERMARCK: Ursprung und Entwickl. der Moralbegr. 1 (1907) 30f. – [3] REHBINDER, a.O. 38f.; B. REHFELDT: Die Wurzeln des Rechts (1951); WESTERMARCK, a.O. 398ff. – [4] REHBINDER, a.O. 167. – [5] E. WILDA: Das Strafrecht der Germanen (1842) 157. – [6] KELSEN, a.O. [1] 56. – [7] GÜNTHER, a.O. [2] 204. – [8] HOBHOUSE, a.O. [2] 84ff.; J. GRIMM: Dtsch. Rechtsaltertümer (1899, ND 1955) 210f.; REHBINDER, a.O. [2] 35. – [9] GÜNTHER, a.O. [2] 185; WESTERMARCK, a.O. [2] 1, 398ff. – [10] GÜNTHER, a.O. II, 17. – [11] REHBINDER, a.O. [2] 36.
G. SPRENGER

Radikal Böses. Den Begriff ‹r.B.› prägt I. KANT 1792 zur Bezeichnung (einer besonderen Form) des «natürlichen Hangs des Menschen zum Bösen» [1]. Zwar gab es zur Bezeichnung der Erbsünde ähnliche Wortverbindungen schon vor Kant; Kant nimmt sie aber nicht auf [2]; stattdessen ist es wahrscheinlich, daß er als Quellen für den Begriff und einzelne Teile seines Inhalts u.a. A. G. BAUMGARTEN [3] und die Theologen J. F. STAPFER und F. A. SCHULTZ [4] benutzt hat; sie bilden aber nur Vorstadien für Kants Lehre.

KANT spricht von einem «Hang» und nicht von der «Anlage» zum Bösen, um zu verdeutlichen, daß das moralisch Böse vom Menschen selbst verschuldet ist und seiner Freiheit zugerechnet werden muß. Das Böse gründet nicht in einem «Naturtriebe» oder der «Sinnlichkeit unserer Natur». Es heißt zwar «angeboren», aber nur in eingeschränktem Sinn, weil es zwar bis zur Geburt, bis zum ersten «Gebrauche der Freiheit» zurückgeht, nicht aber die «Geburt eben die Ursache davon» ist. «Natürlich» wird dieser Hang genannt, um auszudrücken, daß er «allgemein zum Menschen (also als zum Charakter seiner Gattung) gehörig angenommen werden darf» [5]. Der Hang zum Bösen hat drei «Stufen»: 1) «Gebrechlichkeit», d.h. «Schwäche des menschlichen Herzens in Befolgung genommener Maximen»; 2) «Unlauterkeit», d.h. «Vermischung unmoralischer Triebfedern mit den moralischen»; 3) «Verderbtheit» oder «Bösartigkeit», d.h. Annahme böser, nicht dem Pflichtgesetz entsprechender Maximen. Nur letztere heißt im vollen Sinn «gleichsam gewurzelt» oder «ein r.B.» [6]. Nicht die subjektive Hintansetzung des Guten zugunsten der Neigung noch die Beimischung eines nicht rein-moralischen Motivs in die Maxime meiner Handlung machen eigentlich das r.B. aus, sondern die Verkehrung der Maximen: Eine Maxime kann nur dann als moralisch gelten, wenn sie allein der moralisch-gesetzgebenden Vernunft entspringt und sich andere, damit konkurrierende Triebfedern, wie vor allem die «Selbstliebe» unterordnet. Beim r.B. aber ist es umgekehrt: Dessen «Bösartigkeit» oder besser «Verkehrtheit des Herzens» ist deshalb «radikal, weil es den Grund aller Maximen verdirbt», nämlich die Rangfolge oder «Ordnung der Triebfedern» umkehrt, d.h. die Selbstliebe an die oberste Stelle setzt «und ihre Neigungen zur Bedingung der Befolgung des moralischen Gesetzes macht» [7]. Trotzdem können die aus solcher Verkehrung folgenden Handlungen noch durchaus dem moralischen Gesetz angemessen sein [8], und häufig schließt der Mensch dann auf die Lauterkeit der ihnen zugrunde liegenden Gesinnung. Aber das heißt nur, «sich wegen seiner eigenen guten oder bösen Gesinnungen selbst zu betrügen». Diese Selbsttäuschung über die Redlichkeit der Handlungsmaximen (Kant: «sich selbst blauen Dunst vorzumachen») führt auch «zur Falschheit und Täuschung anderer» über die Lauterkeit der Maximen und liegt ebenfalls «in dem r.B. der menschlichen Natur, welches ... den faulen Fleck unserer Gattung ausmacht» [9]. Kants Theorie des r.B. steht damit in ihrem wesentlichen Punkt mit seinem früher entwickelten Begriff der Moralität im Einklang. Danach ist eine Handlung nur dann moralisch zu nennen, wenn sie aus «Pflicht, d.i. aus Achtung fürs Gesetz» und nicht aus Streben nach Glück, aus Selbstliebe oder Zuneigung erfolgt [10]. Eben die Voranstellung solcher Triebfedern macht das r.B. aus. Dafür, daß Kant selbst diese Kontinuität sah, zeugt nicht zuletzt seine Replik auf Schillers Kritik: der «Pflichtbegriff» für sich führt keine Anmut mit sich; nur «in ihren Folgen» kann Tugend «auch wohlthätig» sein [11].

Die Überwindung des r.B. kann der Mensch nur «durch eine einzige unwandelbare Entschließung», durch eine Wiederherstellung des wahren Verhältnisses der Maximen erreichen, «durch eine Revolution in der Gesinnung» und «allmählige Reform ... für die Sinnesart» oder durch «eine Art von Wiedergeburt» bzw. «Umwandlung der Denkungsart», «so daß Pflicht bloß für sich selbst» wieder das Übergewicht im Herzen bekommt [12]. – Obwohl Kant den Zusammenhang zwischen seiner Lehre vom r.B. und der christlichen Lehre von der Erbsünde sieht [13] und den Hang zum Bösen auch «peccatum originarium» nennt [14], setzt er beide nicht gleich: Das r.B. ist nicht «als durch Anerbung von den ersten Eltern auf uns gekommen vorzustellen», da dies die freie Erwerbung des r.B. unmöglich machen würde [15]. Es ist zwar eine «vor dem Guten ... vorhergehende Schuld», aber nicht als Verletzung der Autorität des göttlichen Gesetzgebers zu denken, sondern «als ein Böses in der Gesinnung und den Maximen überhaupt» [16].

Kants Begriff des r.B. stieß bei einigen Zeitgenossen auf Unverständnis. J. W. GOETHE schreibt, Kant habe «seinen philosophischen Mantel ... freventlich mit dem Schandfleck des r.B. beschlabbert, damit doch auch Christen herbeigelockt werden, den Saum zu küssen» [17]. Für F. SCHILLER ist «eine propension des menschlichen Herzens zum Bösen», ein «r.B.» vor allem deswegen «empörend», weil es der «Person des Menschen» und seiner Freiheit zugeschrieben werde [18]. Auch J. G. HERDER kann «der Hypothese von einer radikalen bösen Grundkraft im menschlichen Gemüth und Willen durchaus nichts Gutes abgewinnen» [19]. «Unter dem Namen des r.B.» sei «der Teufel ... in uns gekrochen», damit wir «recht radical-erbärmlich vor Gott erscheinen» und dieser «seine radicale Heiligkeit» an uns zeigen kann [20]. J. A. W. GESSNER argumentiert, man könne niemals von einzelnen moralischen Willensakten auf einen guten oder bösen Charakter, folglich auch nicht auf ein r.B. im Menschen schließen [21]. F. D. E. SCHLEIERMACHER kritisiert eine «negative Ethik», die alles nicht vom Menschen «Producirte als ein Unsittliches» und «das ursprüngliche Handeln» als r.B. ansehe [22]. Bei Kants frühen Schülern wurde die Lehre jedoch getreu rezipiert [23] und z.T. auch weitergedacht [24].

Häufiger jedoch waren in der Folgezeit die Applikationen durch Umdeutung: J. G. FICHTE läßt das r.B. nicht in der Freiheit, sondern in der Natur des Menschen gründen. Wie alle Natur «nur Ruhe, nur Seyn» hat, so hat der menschlichen eine «Kraft der Trägheit» eigen, die seiner freien «Selbstthätigkeit» entgegenwirkt; es liegt in ihm die «Möglichkeit der Angewöhnung», ein «Schlendrian»; und aus dieser Trägheit entspringen Feigheit und «Faulheit». «Trägheit sonach ... ist das wahre, angeborene, in der menschlichen Natur selbst liegende radicale Uebel» [25]. Es fällt auf, daß Fichte, der sonst Kant korrekt auslegt [26], hier eine wichtige Änderung vornimmt: Er spricht von «radicalen *Uebeln*», Kant ausdrücklich nur vom r.B. als «moralisch Bösem».

F. W. J. SCHELLING weist Fichtes Interpretation zurück und will Kant dadurch gerecht werden, daß er das r.B. als die «eigene That» des Menschen bezeichnet und es nicht in seiner Natur, seinen «Leidenschaften», fundiert sieht. Aber diese Tat erfolgt nach Schelling vor aller Zeit: Der Mensch hat, nachdem durch «Reaktion des Grundes» in Gott «das Böse allgemein erregt» wurde, es für sich «von Ewigkeit» her «in der Eigenheit und Selbstsucht ergriffen»; daraufhin werden «alle, die geboren werden, ... mit dem anhängenden finstern Princip des Bösen geboren», das somit zurecht ein «ursprüngliches Böses im Menschen» oder r.B. genannt werden kann. Aber nicht die Selbstheit an sich, sondern nur, insofern sie sich vom «Licht oder dem Universalwillen» gänzlich «losgerissen hat», macht das r.B. aus [27]. Die «Wiederherstellung des Bösen zum Guten» ist so für Schelling auch nur durch die Rückkehr in die «absolute Identität», in Gottes absolute Herrschaft denkbar [28]. Das r.B. ist zwar ein Geist der Falschheit und des Mißtrauens, zugleich aber hier wie auch später, wo es noch deutlicher die Stelle der Erbsünde einnimmt, der Bewegungsgrund der Weltgeschichte, ohne den «die Welt einschlafen, die Geschichte versumpfen, stillstehen würde» [29]. Es kann daher auch erst am Ende der Geschichte vernichtet werden.

F. VON BAADER dagegen will Kants Lehre vom r.B. nicht folgen; er erklärt es für ein «Surrogat des Teufels» bzw. des «absoluten Bösen», für einen «Popanz», der die «Religion radical» tilge [30]. Stattdessen folgt er J. Böhme, der nachgewiesen habe, «dass das Böse für sich nichts Anderes, als das im Geschöpfe fixirte, in seiner Natur radikal gewordene ... Streben desselben ist, nicht für seinen Schöpfer, sondern ganz nur für sich ... zu sein» [31]. Auch J. F. HERBART vermag Kant nichts abzugewinnen: das r.B. ist ihm ein «Ungethüm», das man nicht anerkennen könne [32].

Andere Autoren zeigen mehr Verständnis: C. DAUB

stimmt Kant wenigstens insofern zu, als im r.B. zum Ausdruck komme, daß das Böse «ein vielleicht ewig undurchdringliches Geheimniß» bleibe [33]. B. H. BLASCHE plädiert dafür, auch bei der Erziehung das «ursprüngliche (r.) B. im Menschen» nicht zu verkennen [34]. J. CH. A. HEINROTH sieht, ähnlich wie Schelling, jedoch ohne dessen geschichtsmetaphysische Spekulationen, das r.B. in der «Selbstigkeit» oder im «Hang zum Selbstseyn» des Menschen begründet; es folgt aus dem Abfall von Gott in die Sünde und heißt deshalb auch das «Ur-Böse» [35]. Dem entspricht in etwa der Begriff des r.B. bei J. U. WIRTH: Es ist das «Selbstische», ein «Chaos von sich widersprechenden Gewalten», sowohl von solchen des «sinnlichen Begehrens» als auch «sittlicher Triebe» [36]. I. H. FICHTE erkennt den eigentlichen Sinn von Kants r.B. in einer vor aller Erfahrung und unserem Bewußtsein liegenden «Infection vom Bösen», «welche wir überhaupt als Schwächung (Depotenzierung) des geistigen Princips im Menschen» und Stärkung des materiellen ansehen müssen [37]. Unterdessen benutzt J. GÖRRES den Begriff zur Erklärung von Besessenheit und Zauberei [38]. Wohl gegen Schelling weist er aber eine Theorie, die «das Gute aus dem r.B. der Geschichte ableitet, und mithin im Abfalle den ursprünglichen Grund der Geschichte erkennt», strikt zurück [39].

Zur selben Zeit grenzt sich S. KIERKEGAARD von der Hegelschen Philosophie der Vermittlung ab: Nicht philosophisch-spekulative Versöhnung aller Gegensätze und des Bösen im Absoluten, sondern Reue als Tilgung aller Sündenschuld erlangt die Versöhnung in Gott. Ein r.B. ist damit aber ebenso ausgeschlossen [40]. Dies ist für Kierkegaard nur ein «Mythus». «Was der Gedanke nicht bewältigen kann», muß er aus sich «herausverlegen und der Phantasie überlassen» [41].

Auch das späte 19. Jh. ist noch oft an Kants Begriff des r.B. orientiert und sucht diesen teils getreu zu tradieren [42], teils mit der kirchlichen Erbsündenlehre zu vergleichen und so zu kritisieren [43], teils durch Neuinterpretation der eigenen Zeit verständlich zu machen: R. EUCKEN erkennt den «Kern» des r.B. in einer «in das Geistige selbst hineinreichenden Verkehrung» [44]. E. VON HARTMANN sieht es im «zielbewußten Egoismus» des Menschen [45], einem «eudämonistischen, egoistischen Eigenwillen», der postuliert, «daß Tugend und Glückseligkeit, sei es in dieser, sei es in einer künftigen Welt, in Übereinstimmung gesetzt werden» [46]. Er trifft sich hierin mit F. NIETZSCHE, für den aber gerade dieses Kennzeichen des r.B. offenbart, daß es einer «pessimistischen Religion» entstammt und daß eine auf dem «Unegoistischen», Mitleid und Wohlwollen, beruhende Moral unmöglich ist [47].

Im 20. Jh. stehen Ablehnung und Zustimmung nebeneinander: M. SCHELER sieht in Kants r.B. eine «schreckliche altprotestantische Lehre» [48]. K. LÖWITH meint, Kant (wie auch den gesamten Idealismus) der philosophischen Rechtfertigung theologischer Lehrstücke überführt zu haben, und so muß das r.B. seinem Verdikt verfallen [49]. Für F. GOGARTEN aber steht fest, daß «der Mensch radikal und darum unaufhebbar böse, das heißt der Macht des Bösen verfallen ist». Er bedarf deshalb eines Haltes im Politischen, im Staat, auch wenn diese ihm nur eine «äußerliche Hörigkeit» abverlangen [50]. Nach K. JASPERS zeigen sich an Kants Theorie des r.B. Grenze und «Kraft» seines Philosophierens: Einerseits können wir uns nie sicher sein, das r.B. überwunden zu haben, weil wir uns über seine Wirksamkeit nur zu leicht hinwegtäuschen, andererseits ist gerade dieser fortdauernde Selbstzweifel «der Stachel, der nicht losläßt», bis wir «die universale Verkehrung» überwinden und dann «erst eigentlich selbst sind» [51]. Für E. WEIL muß das r.B. im Zusammenhang von Kants Geschichtsphilosophie gesehen werden; es erfüllt seine «fonction positive» darin, daß der Mensch erst in der Überwindung des r.B. zur Erkenntnis des wahren Moralprinzips kommen und zur authentischen Religion fortschreiten kann («felix culpa» des r.B.) [52].

Darüber hinaus beweist der Begriff auch dort seine Anziehungskraft, wo er in übertragener Bedeutung und ohne Rücksichtnahme auf Kant eingesetzt wird: Für H. BROCH manifestiert sich das r.B. ästhetisch (und ethisch) im Kitsch [53]; für H. ARENDT politisch in den totalitären Systemen [54]; für TH. W. ADORNO total in der «totalen Gesellschaft» [55] und bei verschiedenen anderen Autoren auf verschiedene andere Weise [56]. Das zeigt an, daß die gegenwärtige Zeit weiter von «einer ursprünglichen Verderbtheit» überzeugt ist, daß deshalb «der Teufel nicht zurückbekehrt werden kann» [57] und vielleicht auch nicht sollte, da die Überzeugung von einem r.B. gut als Gegenmittel gegen utopische Höhenflüge eingesetzt werden kann [58].

Anmerkungen. [1] I. KANT: Über das r.B. in der menschl. Natur. Berlinische Mschr. 19 (1792) 323-385, dann in: Die Relig. innerh. der Grenzen der bloßen Vernunft (1793, ²1794). Akad.-A. 6, 19-53, zit.: 29. – [2] AUGUSTINUS: De civ. Dei XIII, 14 («origine depravata, velut radice corrupta»); M. LUTHER: Enarratio Psalmi LI (1532). Weim. Ausg. 40/2, 380, 36; Disput. de iustificatione (1536), a.O. 39/1, 116, 22-117, 2. – [3] A. G. BAUMGARTEN: Praelect. theologiae dogmaticae (1773) 205 [§ 348]. – [4] Vgl. J. BOHATEC: Die Relig.philos. Kants in der ‹Relig. innerh. ...› (1938, ND 1966) 20ff. 268ff. – [5] KANT, a.O. [1]. Akad.-A. 6, 21f. 28f.; Akad.-A. 23, 101f.; vgl. 6, 31f.: weitere Erläut. zu «Hang» und «That». – [6] a.O. 6, 29f. 32. – [7] a.O. 36f. – [8] 36. – [9] 38. – [10] KpV A 46f. 144. Akad.-A. 5, 25f. 81. – [11] a.O. [1] 6, 23. – [12] a.O. 47f. – [13] 43f. – [14] 31. – [15] 40. – [16] 72. – [17] J. W. GOETHE: Br. an Herder (7. 6. 1793). Hamb. Ausg., Br. 2, 166. – [18] F. SCHILLER: Br. an Körner (28. 2. 1793). Br., hg. F. JONAS (o.J.) 3, 288. – [19] J. G. HERDER: Br. zur Beförd. der Humanität 123. Sämmtl. Werke, hg. B. SUPHAN (1877-1913) 18, 295. – [20] Christl. Schr. (1798), a.O. 20, 220-222. – [21] J. A. W. GESSNER: Über den Ursprung des sittlich Bösen im Menschen (1801) 110ff. – [22] F. D. E. SCHLEIERMACHER: Brouillon zur Ethik (1805/06). Werke, hg. O. BRAUN/J. BAUER (1927, ND 1967) 2, 233. – [23] C. CH. E. SCHMID: Grundriss der Moralphilos. für Vorles. (1793) 176f.; noch nicht in: Versuch einer Moralphilos. (²1792); W. T. KRUG: Hb. der Philos. und der philos. Lit. (1820/21) 2, 342; Allg. Handwb. der philos. Wiss. 3 (1828) 373. – [24] F. A. BLAU: Über die moral. Bildung des Menschen (1795) 83ff. 99ff.; vgl. R. MALTER: Intelligible Freiheit, Hang zum Bösen und moral. Bildung. Der Mainzer Theologe F. A. Blau und die Relig.philos. Kants. Mainzer Z. 69 (1974) 127-134. – [25] J. G. FICHTE: System der Sittenlehre nach den Principien der Wiss.lehre. Sämmtl. Werke, hg. I. H. FICHTE (1834/35, 1845/46) 4, 198-202; ähnlich: System der Sittenlehre (1812), a.O. 11, 59f. – [26] z.B. a.O. 4, 182. – [27] F. W. J. SCHELLING: Philos. Unters. über das Wesen der menschl. Freiheit (1809). Sämmtl. Werke, hg. K. F. A. SCHELLING (1856-61) I/7, 388f. 400. – [28] a.O. 7, 405. 408. – [29] Philos. der Offenb. 2, 34. Vorles., a.O. II/4, 270f.; zur Verwendung des Begriffs für verwandte Theorien der Kabbala vgl. G. SCHOLEM: Die jüd. Mystik in ihren Hauptström. (1967) 259. – [30] F. VON BAADER: Fermenta cognitionis IV (1822-25). Sämmtl. Werke, hg. F. HOFFMANN (1851-60) 2, 175. 286. 344; vgl. 7, 56. – [31] a.O. 2, 383. – [32] J. F. HERBART: Gespräche über das Böse (1817). Sämtl. Werke, hg. K. KEHRBACH (1887-1912) 4, 498. 503. – [33] C. DAUB: Judas Ischariot oder über das Böse im Verhältniß zum Guten (1816-18) 2, 246; vgl. 1, 162; 2, 365. 405f. – [34] B. H. BLASCHE: Das Böse im Einklange mit der Weltordnung dargest. (1827) 255. – [35] J. CH. A. HEINROTH: Die Psychol. als Selbsterkenntnislehre (1827) 463f. – [36] J. U. WIRTH: System der speculat. Ethik 1 (1841)

44-48. - [37] I. H. FICHTE: Anthropologie (^{2}1860) 577f. - [38] J. GÖRRES: Die christl. Mystik (1836-42, ND 1960) 3, 501f.; vgl. 5, 301. - [39] Ueber Grundlage, Gliederung und Zeitenfolge der Weltgesch., hg. M. A. STROBL (1880) 21. - [40] S. KIERKEGAARD: Entweder/Oder II (1843). Ges. Werke, hg. E. HIRSCH u.a. 2/3, 185. 187. - [41] Über den Begriff der Ironie (1841), a.O. 31, 109. - [42] M. CARRIÈRE: Die sittl. Weltordnung (^{2}1891) 242f.; G. FITTBOGEN: Kants Lehre vom Bösen. Kantstud. 12 (1907) 303-360; mit Einschränkung auch: O. WERNER: Der Hang zum Bösen oder das Doppelgesetz im Weltgang (1919) 14. - [43] L. PAUL: Kant's Lehre vom r.B. (1865); P. SCHULTHEIS: Kant's Lehre vom r.B. (1873); W. KOPPELMANN: I. Kant und die Grundlagen der christl. Relig. (1890). - [44] R. EUCKEN: Der Kampf um einen geist. Lebensinhalt (1896) 223f. (^{4}1921) 178. - [45] E. VON HARTMANN: Die Relig. des Geistes. Ausgew. Werke 6 (^{2}1890) 194. - [46] System der Philos. im Grundriß 7: Grundriß der Relig.philos. (1909) 51. 68. - [47] F. NIETZSCHE: Frg. 1876/77. Krit. Ges.ausg., hg. G. COLLI/M. MONTINARI 4/2 (1967) 525. - [48] M. SCHELER: Vom Ewigen im Menschen (1921). Ges. Werke 5 (^{4}1954) 434. - [49] K. LÖWITH: Die beste aller Welten und das r.B. im Menschen (1961), in: Vorträge und Abh. Zur Kritik der christl. Überlief. (1966) 178-197, bes. 191. - [50] F. GOGARTEN: Polit. Ethik (1932) 118. - [51] K. JASPERS: Das r.B. bei Kant (1935), in: Rechenschaft und Ausblick (1951) 107-136, zit.: 132f.; vgl. E. BAUMGARTEN: Für und wider das r.B., in: P. A. SCHILPP (Hg.): K. Jaspers (1957) 323-353. - [52] E. WEIL: Problèmes Kantiens (Paris ^{2}1970) 143-174, zit.: 173. 169. - [53] H. BROCH: Das Böse im Wertsystem der Kunst (1933). Ges. Werke. Dichten und Erkennen (1955) 348. - [54] H. ARENDT: Elemente und Ursprünge totaler Herrschaft (1955, ^{2}1962) 670. - [55] TH. W. ADORNO: Drei Stud. zu Hegel (1963). Ges. Schr. 5 (1971) 303; vgl. 10/2 (1977) 638; Negat. Dial. (1966) 32. 336. - [56] J. ORTEGA Y GASSET: Der Aufstand der Massen [1929] (1949) 20; K. LÖWITH: Weltgesch. und Heilsgeschehen (1953) 47; P. RICŒUR: Le conflit des interprét. (Paris 1969) 424f. - [57] L. KOLAKOWSKI: Leben trotz Gesch. (1977) 194f. - [58] Narr und Priester (1987) 258f.

Literaturhinweise. J. BOHATEC s. Anm. [4]. - J.-L. BRUCH: La philos. relig. de Kant (Paris 1968) 45-77. - H.-O. KVIST: Das r.B. bei I. Kant, in: Makarios-Symposium über das Böse, hg. W. STROTHMANN (1983) 237-288; mit weit. Lit.hinw. - G. PRAUSS: Kant über Freiheit als Autonomie (1983) 83ff. - CH. SCHULTE: r.B. (1988, ^{2}1991); mit weit. Lit.hinw.   U. DIERSE

Radikalismus (engl. radicalism; frz. radicalisme)

I. - ‹Radikal› (engl. radical; frz. radicale) geht auf spätlat. ‹radicalis› bzw. lat. ‹radix› zurück und wird in den Lexika für gewöhnlich mit 'bis auf die Wurzel gehend', 'von Grund aus' übersetzt. («Radikal sein ist die Sache an der Wurzel fassen» [1]). Das Wort kommt sowohl in der Alltagssprache, als auch in verschiedenen Wissenschaften vor: In der Chemie nennt man ungesättigte Moleküle radikal. Das Wort ‹radikal› ist aber auch in der algebraischen Geometrie anzutreffen und in der Medizin, wo man von ‹Radikalkur› und ‹Radikaloperation› spricht. In der Linguistik heißen die Basiszeichen der chinesischen Sprache ‹Radikale›. In England kann man ‹radical› zwar bis ins 16. Jh. zurückverfolgen [2], in seiner bekanntesten, der politischen Bedeutung wird ‹radikal› jedoch erst ab Ende des 18. Jh. benutzt, und zwar im Zusammenhang mit der Forderung nach radikalen Reformen von Parlament und Wahlrecht. Im Laufe der Zeit wird ‹radikal› - in erster Linie vom politischen Gegner - auf all jene angewendet, die sich für die Parlamentsreform (1832) einsetzten.

In der deutschen Sprache erfahren die politischen Begriffe ‹radikal› und ‹R.› ihre Bestimmung nicht durch Anknüpfung an die vorhandene eigene Tradition, sondern durch «die Anschauung des französischen oder englischen Parteienlebens» [3]. Im politischen Sinne wird ‹radikal› in Deutschland nicht vor 1830 benutzt; das Wort gelangt erst durch die Pariser Juli-Revolution in den politischen Sprachschatz und taucht auch erst danach in den Wörterbüchern auf [4]. Die politischen Verhältnisse in England und Frankreich sind nicht nur prägend für den deutschsprachigen Gebrauch von ‹R.›, von ‹R.› wird auch in erster Linie mit Blick auf diese Verhältnisse, vor allem die in England, gesprochen. Im großen und ganzen bleiben die Ausdrücke ‹radikal› und ‹R.› in der Zeit des Vormärz ohne klare Kontur. Dennoch lassen sich bereits in jener Phase drei zeitlich parallel existierende Bedeutungsbereiche des politischen Begriffs ‹R.› ausmachen: 1. meint ‹R.› ein formales politisches Verhalten, das sich mit 'Grundsatztreue', 'Kompromißlosigkeit', 'Prinzipiengebundenheit' umschreiben läßt. 2. ist mit ‹R.› 'Demokratie', 'Republik', 'soziale Gleichheit' und 'Revolution' gemeint, was eine intensionale Präzisierung der erstgenannten Bestimmung des Begriffs und seine extensionale Begrenzung darstellt. 3. wird der Begriff in einer noch weiter eingeengten Bedeutung, aber unter Wahrung der oben aufgeführten Merkmale, auf den Bereich der Parteien übertragen [5]. Die Vokabel begleitet die Unruhen bis zur 48er Revolution und erfährt eine neue Deutung in der Restaurationsphase danach.

Im Laufe des 19. Jh. stellen sich unterschiedliche Assoziationen zwischen ‹R.› und anderen Begriffen ein. So existiert eine enge Beziehung zu ‹Republikanismus› und eine ebenso enge zu ‹Liberalismus›. Nicht jede Verbindung bleibt unwidersprochen, und verständlicherweise hat der Begriff ‹R.› im Munde des politischen Gegners einen eher pejorativen Beigeschmack. Über alle Unterschiede in den Auffassungen hinweg besteht jedoch Einigkeit darin, daß ‹R.› für die demokratischen Tendenzen steht.

Der Begriff ‹R.› wird zunehmend parteiisch und als Kampfbegriff benutzt. Dem politischen Gegner gelten die Radikalen als die Bösen und Geschichtslosen, wohingegen die Vertreter des R. wie J. FRÖBEL den «Absolutismus der Intelligenz» als das Wesen des R. ansehen und sich selbst als die Entschiedenen und Ehrlichen empfinden. Fröbel denkt den Begriff bereits in zwei Richtungen und sieht neben dem republikanischen auch einen monarchischen R. [6]. Die Polarisierung des Begriffs wird ansonsten erst viel später gängig.

Das Scheitern der 48er Revolution hat auch erhebliche Auswirkungen auf die Bedeutung des Begriffs ‹R.›, der nun zunehmend eine Vokabel der Gegner von Demokratie und Republik wird. Deshalb bekommt der Begriff eine eindeutig negative und dem ursprünglichen Sinn entgegengesetzte Bedeutung. Von ‹R.› wird nun in moralisierender Weise und zum Zwecke politischer Diffamierung gesprochen. Als Bezeichnung von politischen Parteien ist ‹R.› nach 1848 durchaus unüblich geworden. Der grundlegende Bedeutungswandel schlägt sich verständlicherweise auch in den Lexika nieder, wo nun R. definiert wird als «rücksichtslos» [7]. J. C. BLUNTSCHLI, der als R. alle Forderungen nach Freiheit und Gleichheit bezeichnet, die über die geschichtliche Wirklichkeit hinausgehen, stellt nach der gescheiterten Revolution fest, der R. existiere nunmehr in dreierlei Form: 1. als eine romantische Richtung mit dem Wunschbild eines erneuerten Mittelalters und wiederstehenden Deutschen Reichs, 2. als demokratische Form mit «prosaischer Neigung zu mathematischem Formalismus», also «Herrschaft der Majorität», und 3. als Sozialismus [8]. F. J. STAHL macht dem R., wie allen «Parteien der Revolution», den Vorwurf, er suche den Grund aller «Uebelstände» nicht in der «menschlichen Sünde», sondern «in den menschlichen Einrichtungen». Er breche mit dem «naturwüchsigen Bau der Gesellschaft» [9], ein Vorwurf, der sich in der Folgezeit in ähnlicher Form wiederholt, weil man stets davon ausgeht, die Radikalen wollten einen Bruch mit der Tradition in jeder Hinsicht.

Die veränderten Verhältnisse führen dazu, daß sich R. und Liberalismus voneinander abkoppelten; der Begriff ‹R.› gerät stattdessen immer eindeutiger in die Nähe von ‹Sozialismus› und ‹Internationalismus› und ist damit weit entfernt vom nationalen Gedanken.

Anmerkungen. [1] K. MARX: Zur Kritik der Hegelschen Rechtsphilos. MEW 1, 385. – [2] Vgl. Oxford Engl. dict. s.v. – [3] P. WENDE: Art. ‹R.›, in: O. BRUNNER/W. CONZE/R. KOSELLECK (Hg.): Geschichtl. Grundbegr. 5 (1984) 116. – [4] W. T. KRUG: Handwb. der philos. Wiss.en (²1832-38) 3, 413; J. CH. A. HEYSE: Allg. verdeutschendes und erklärendes Fremd-Wb. (⁸1838) 2, 327. – [5] WENDE, a.O. [3] 114f. – [6] J. FRÖBEL, zit. bei WENDE, a.O. 124. – [7] HERDERS Conv.-Lex. (³1902-22) 7, 283. – [8] J. C. BLUNTSCHLI: Charakter und Geist der polit. Parteien (1869) 116-118. – [9] F. J. STAHL: Die gegenwärt. Parteien in Staat und Kirche (1863) 69f.

Literaturhinweis. P. WENDE s. Anm. [3] 113-133.   E. ELLING

II. – Im Marxismus-Leninismus gehört der Terminus ‹R.› zum politisch-politologischen Vokabular. Dementsprechend wird er auch im ‹Philosophischen Wörterbuch› abgehandelt, wobei zwischen dem «R. in der Arbeiterbewegung» und dem «kleinbürgerlichen R. oder Revolutionarismus» unterschieden wird [1]. Für sowjetphilosophische Lexika ist durchweg Fehlanzeige zu melden [2], lediglich im ‹Philosophischen enzyklopädischen Wörterbuch› (1983) findet sich auch ein um philosophische Reflexion bemühter Artikel, der kurz die politischen Bedeutungsnuancen des Terminus ‹R.› als «gemäßigt-reformerisch», «bürgerlich-demokratisch», «anarchistisch», «jakobinisch» skizziert und dann theoretisch ‹R.› auf eine «rationalistische Reduktion» zurückführt, auf eine «Interpretation aller Aspekte des historischen und alltäglichen Lebens im Lichte eines ersten abstrakten Prinzipes, Ideales, moralischen Wertes», womit seine «Unempfindlichkeit gegenüber konkreten Situationen» zusammenhänge, seine «Neigung zu 'einfachen' Lösungen und extremen Mitteln», wie dies jüngst die 'Neue Linke' im Anschluß an H. Marcuse mit der nihilistischen Losung der «Großen Verweigerung» gegenüber der bürgerlichen Welt als erstem Schritt zur Realisierung einer anderen zukünftigen Welt vordemonstriert habe [3]. – Den Grund zu dieser Einschätzung des ‹R.› hat LENIN gelegt, der sich vom Ende des 19. Jh. an vielfach kritisch zu dem zwar revolutionär gestimmten, aber praktisch-politisch schwankenden, kleinbürgerlichen, quasi-anarchistischen, opportunistischen, mit dem Terror sympathisierenden, phrasendreschenden, die Sache der proletarischen Revolution verratenden ‹R.› geäußert hat [4].

Nach den Erfahrungen der Bolschewiki in der Zeit der russischen Revolutionen 1905-1917, die geprägt waren von den Auseinandersetzungen der russischen Sozialdemokraten, also der Bolschewiki und Menschewiki, untereinander und mit den Sozialrevolutionären, Konstitutionellen Demokraten, Anarchisten u.a.m. sowie mit den Gewerkschaften, Genossenschaften und staatlichen Institutionen, vor allem dem Parlament (Duma), gibt Lenin in seiner Schrift ‹Der 'linke R.', die Kinderkrankheit im Kommunismus› (1920) [5] den kommunistischen Parteien und Gruppen Westeuropas angelegentlich Empfehlungen für ein den ersehnten Sieg der proletarischen Revolution beförderndes Verhalten im Kampf mit anderen Parteien, mit den Gewerkschaften und dem Parlamentarismus: Revolutionäre Stimmung allein, so «erfreulich und wertvoll» sie sei, genüge nicht, «um die Massen im großen revolutionären Kampf zu führen»; sie könne sogar «der Sache der Revolution» schaden, wenn nicht beachtet werde, «daß die Politik eine Wissenschaft und Kunst ist» [6], die die proletarischen Politiker beherrschen müßten. Die Mitte dieser Kunst ist der «konkrete Kompromiß» [7], der nicht opportunistisch und verräterisch sein darf, sondern konsequent eine Taktik «zur *Hebung* und nicht zur Senkung des *allgemeinen* Niveaus des proletarischen Klassenbewußtseins, des revolutionären Geistes, der Kampf- und Siegesfähigkeit» [8] verfolgen müsse. Es sei linksradikale Kinderei, die Partei, Parteiführer, Parteidisziplin zu verneinen, in den reformistischen Gewerkschaften und den bürgerlichen Parlamenten um der reinen Lehre willen nicht mitarbeiten zu wollen, die legale Arbeit sowie die Vereinigung von legaler und illegaler Arbeit abzulehnen: «... daß man die schwere Aufgabe der Ausnutzung reaktionärer Parlamente zu revolutionären Zwecken 'überspringen' möchte, ist reinste Kinderei» [9]. Dies sei der Fehler der deutschen Kommunisten gewesen, Äußerungen genau «jener 'linken' Kinderkrankheit, die jetzt offen zum Ausbruch gekommen ist und umso gründlicher, umso schneller, mit umso größerem Nutzen für den Organismus kuriert werden wird» [10]. – Mit dieser Diagnose des «linken R.» (levizna/spr.: lewisná) als heilbarer Kinderkrankheit eines an sich gesunden Organismus steht Lenin – wohl unbewußt – in der Nähe der organologischen Auffassung von F. ROHMER, der den R. mit seinem Feuer dem Knabenalter zugeordnet hat [11].

‹Levizna› (wörtl.: Linksheit) ist ein manipulierbarer politischer Terminus, da es immer noch eine linkere Linksheit (wie auch eine rechtere Rechtsheit/Rechts-Abweichung) geben kann. Die zwanziger und dreißiger Jahre belegen dies für die Sowjetunion und die Auseinandersetzungen in der kommunistischen Weltbewegung noch nach dem Zweiten Weltkrieg [12]. Während der ersten Jahre der Glasnost- und Perestroika-Politik seit 1985 schien der Dissens zwischen den Leitfiguren der Reformen, M. S. GORBATSCHOW und B. N. JELZIN, Züge des Gegensatzes von leninschem Kommunismus und linkem Radikalismus anzunehmen [13]. Jedoch ist nach dem gescheiterten Putsch (19.-21. 8. 1991) und dem Versuch des Präsidenten der Sowjetunion, Gorbatschow, und des Präsidenten der Republik Rußland, Jelzin, die notwendigen Reformen in gegenseitigem Übereinkommen weiterzuführen, erst recht aber nach dem Zusammenbruch der Sowjetunion, die leninistische Terminologie nicht mehr anwendbar [14].

Anmerkungen. [1] Philos. Wb., hg. G. KLAUS/M. BUHR 2 (Leipzig ⁸1972) 905; (¹¹1975) 1007ff. – [2] Filosofskaja Ėnciklopedija 4 (Moskau 1967) 446f.; Kratkij filosofskij slovar' [Kurzes philos. Wb.], hg. M. ROZENTAL'/P. JUDIN (Moskau ⁴1954) 500; Filosofskij slovar', hg. M. ROZENTAL'/P. JUDIN (Moskau 1963) 379, (³1972) 342. – [3] Filosofskij ėnciklopedičeskij slovar' (Moskau 1983) 559f., Art. ‹Radikalizm›. – [4] W. I. LENIN: Werke 1-40 2 Erg.bde. und 2 Reg.bde. (Berlin 1961-71 u.ö.); 1, 119-338: ‹Was sind die 'Volksfreunde' und wie kämpfen sie gegen die Sozialdemokraten?› (1894); 5, 355-551: ‹Was tun? Brennende Fragen unserer Bewegung› (1902); 6, 348-355: ‹Herr Struve von seinem Mitarbeiter entlarvt› (1903); 35, 166f. 170-172: Br. an D. Wijnkoop (1915) u.a.m. – [5] a.O. 31, 1-91 (106). – [6] a.O. 66. – [7] 23. – [8] 60. – [9] 50. – [10] 59. – [11] F. ROHMER: Lehre von den polit. Parteien (1844) 59 (§ 65). – [12] W. LEONHARD: Sowjetideologie heute II. Die polit. Lehren (1962) 313. 315; B. JELZIN: Die Alternative. Demokratie statt Diktatur (1990) 111; A. ZIPKO: Die Philos. der Perestroika. Die Grundl. der Reformpolitik M. Gorbatschows (1990) 45. 92. 104f. – [13] M. GORBATSCHOW: Perestroika. Die zweite russ. Revolution. Eine neue Politik für Europa und die Welt (1987) 27-29; JELZIN, a.O. 46f. 59f. 61. 75. 83; G. KRONE-SCHMALZ: ... an Rußland muß man einfach glauben. Meine Moskauer Jahre (1991) 101. 115-130. – [14] Vgl. FAZ vom 23. 8./27. 8./4. 9. 1991; JELZIN, a.O. 32f. 106. W. GOERDT

Ramismus, Semiramismus. PETRUS RAMUS (1515-1572) hatte sich in seinem Bestreben, der Philosophie einen «topischen» Charakter zu verleihen, zunächst explizit gegen Aristotelismus und Lullismus abgesetzt. Für die Bezeichnung späterer Kombinationen ramistischer Ideen mit aristotelischen und anderen Traditionen ist in der modernen Historiographie der Logik die Sammelbezeichnung ‹Semi-R.› gebräuchlich, die eine weit zurückreichende Vorgeschichte hat. So unterscheidet etwa G. W. LEIBNIZ die «Ramisten» von den «halben Ramisten» [1]. Über den Danziger Philosophen B. KECKERMANN sagt J. G. WALCH, er sei «von den Aristotelikern 'Semiramist' genannt worden, weil er ramistische und aristotelische Lehren verband» («doctrinas Rami cum Aristotelicis coniunxit, quapropter a Peripateticis vocatur Semi-Ramaeus» [2]). Als Spottname («so wie man die halbe Tugend (Semivirtus) von der Tugend selbst unterscheidet» [3]) dürfte ‹Semi-R.› vor allem bei den deutschen Aristotelikern gebräuchlich gewesen sein, auch wenn kein gedruckter Beleg hierfür bekannt ist. Dem Sinn nach entsprach ‹Semi-R.› folgender Bemerkung des Wittenberger Logikers J. SCHARF: «Miscet enim omnia in unum chaos, Aristotelem transformat in ramenta falsarij sui Petri, hoc est, lucem in tenebras, coelum in terram, arborem in ramos» (der Semi-R. «vermischt eben alles zu einem Chaos und verwandelt den Aristoteles in die Verzweigungen seines Fälschers Petrus [Ramus], das heißt: Licht zu Finsternis, Himmel zu Erde, Bäume zu Ästen») [4]. Konsequenterweise nennt Scharf Keckermann und die Ramisten seiner Zeit («Ramistae hodierni») «Secta mixtorum» [5]. Mit mehr Respekt für ihr philosophisches Selbstverständnis nennt sie der Oxforder Logiker R. SANDERSON «Systematici» [6], während andere die Bezeichnung «Syncretistae» bevorzugen [7]. In der philosophischen Geschichtsschreibung setzt sich ‹Semi-R.› erst seit dem Bericht WALCHs durch [8].

Heute akzeptiert die Forschung eine enge und eine weite Bedeutung von ‹Semi-R.›. So versteht man unter ‹Semi-R.› im allgemeinen Sinn jede Kombination des R. mit anderen Lehrstücken [9]. Eine enge Bedeutung von ‹Semi-R.› läßt sich mit Blick auf die konfessionelle Sonderstellung seiner Vertreter umschreiben, die (außer Keckermann) Calvinisten bzw. Anglikaner waren. So spricht W. RISSE von ‹Semi-R.› als «aristotelisch-scholastisch-ramistischem Synkretismus» und nennt die Namen von B. KECKERMANN, C. TIMPLER, R. GOCLENIUS, C. DIETERICH, J. H. ALSTED, J. A. KOMENSKÝ, F. BURGERSDIJK, sowie die Oxforder Logiker T. BLUNDEVILLE, E. BREREWOOD, R. SANDERSON, S. SMITH [10]. In der Tat erweist sich der Bezug auf die konfessionelle Zugehörigkeit als sehr wichtig, da er ein Unterscheidungskriterium zwischen dem Semi-R. und dem sog. Philipporamismus ermöglicht. – Die Philipporamisten waren eine Gruppe von Lutherischen Philosophen, die gegen die orthodoxen Aristoteliker eine Verbindung der melanchthonschen und der ramistischen Logik vertraten.

Unter anderen waren Philipporamisten: F. BEURHAUS, H. BUSCHER, O. CASMANN [11].

In der Wirkungsgeschichte des R. in Deutschland unterscheiden sich die Phasen der Auseinandersetzung mit dem Aristotelismus und der Konziliationsversuche mit dem 'Philippismus' deutlich von der (nachfolgenden) Phase des Semi-R. Die Kontroversen um R. und Philipporamismus gehören in die letzten Jahrzehnte des 16. Jh. und zwar an lutherischen Hochschulen; der Semi-R. dagegen entwickelt sich während der ersten Hälfte des 17. Jh. an calvinistischen Hochschulen als bewußter Versuch, eine homogene, synkretistische Systematisierung von Aristotelismus und R. vorzulegen [12]. Es sei hier z.B. an die Fragen nach Definition («de natura») und Gegenstand («de subiecto») der Logik erinnert. Zur ersten Frage bietet der Semi-R. eine geniale Kompromißlösung, wonach die Logik zugleich als «hexis» («habitus») – im Sinn der Aristoteliker und insbesondere der Zabarellisten – und als «systema» – wie bei den Ramisten – zu verwenden sei [13]. Zur zweiten Frage schlägt der Semi-R. vor, den ontologischen Bezug der Logik mittels des semantischen Operators ‹Thema› zum gesamten Komplex der «intentiones primae» («omnes res») zu erweitern – wie Melanchthon und Ramus es verlangt hatten – und zwar durch Einbeziehung der aristotelischen «intentiones secundae» (Begriffe von den begriffenen Sachen) [14]. Der Semi-R. erarbeitet auf dieser Grundlage eine als 'universale Topik' konzipierte Logik und Wissenschaftstheorie [15], die sich als sehr flexibel und wirkungsvoll erweist [16]. Durch J. H. ALSTED und seinen Schüler J. A. KOMENSKÝ erhält der Semi-R. ferner eine lullistische Komponente, die die Entwicklung des Gedankens einer Topik als Mnemotechnik und als Kombinatorik bis ins 18. Jh. hinein ermöglicht [17].

Die wichtigste Erneuerung, die die europäische Geistesgeschichte dem Semi-R. verdankt, liegt aber zweifelsohne in der Herausarbeitung der Subjekt-Objekt-Beziehung. Einen ersten Ansatz findet man bei KECKERMANN: Die philosophischen Wissenschaften sind entweder «obiectivae» oder «directivae», jene behandeln «die in der Natur als Gegenstand unseres Verständnisses gesetzten Dinge» («res ipsas in natura positas tamquam obiecta intellectionis nostrae»), diese «behandeln weder die zu erkennenden Dinge, noch informieren oder vervollkommnen sie durch die Dinge selbst den menschlichen Verstand, sondern sie bereiten bloß eine seiner Operationen vor und leiten und ordnen sie nach gewissen Normen» («non tractant res ipsas cognoscendas nec Hominis intellectum rebus ipsis informant et perficiunt sed eius operationem aliquam tantum praeparant certis normis & instrumentum dirigunt & ordinant») [18]. Bei C. TIMPLER haben wir die erste neuzeitliche Formulierung der Subjekt-Objekt-Beziehung in der Gegenüberstellung zweier Betrachtungsweisen: «habitualiter» und «systematice». Die Logik gilt z.B. als «ars interna», als «habitus intellectualis hominem perficiens» («intellektueller, den Menschen vervollkommnender Habitus») und als «ars externa», als «systema methodicum certorum praeceptorum de re aliqua scibili utilique traditorum, ad erudiendum et perficiendum hominem» («methodisches System gewisser Lehren über ein wißbares und nützliches Ding, die für die Bildung und die Vervollkommnung des Menschen mitgeteilt werden») [19]. Hier bahnt sich die spätere Unterscheidung von Subjektivität und Objektivität an, die bereits bei CH. WOLFF und den Wolffianern [20] bis hin zu I. KANT [21] eine zentrale Rolle spielt. Die «Verknüpfung der Metaphysik, Universalwissenschaft, Wissenschaftspsychologie und Methode» macht den eigentlichen «Rahmen des Semi-R. aus» und geht weit über Aristoteles und Ramus hinaus [22].

Anmerkungen. [1] G. W. LEIBNIZ: Br. an G. Wagner (Ende 1696). Philos. Schr., hg. C. I. GERHARDT 7 (1890) 517. – [2] J. G. WALCH: Historia logicae II, 1, 8. Parerga acad. ex hist. atque antiquitatum monumentis coll. (1721) 623. – [3] J. CLAUBERG: Metaphysica XV, 242. Op. omn. philos. (Amsterdam 1691, ND 1968) 324. – [4] J. SCHARF: Institut. logicae (1632) 32. – [5] a.O. 32. – [6] R. SANDERSON: Logicae artis comp. (Oxford 1618, ND 1985) 122f. – [7] J. H. VON ELSWICH: De varia Aristotelis fortuna in Academiis protestantibus schediasma (1720) 71. – [8] J. F. BUDDE: Comp. historiae philos. (1731) 401f.; J. BRUCKER: Historia crit. philos. IV/1 (1743) 767f. – [9] W. S. HOWELL: Logic and rhetoric in England 1500-1700 (Princeton, N.J. 1956) 282-317; W. J. ONG: Ramus and Talon inventory (Folcroft, Pa. 1969) 511f. – [10] W. RISSE: Logik der Neuzeit (1964-70) 1, 400-531. – [11] a.O. 181ff.; P. PETERSEN: Gesch. der aristot. Philos. im protestant. Dtschl. (1921, ND 1964) 133. – [12] S. WOLLGAST: Philos. in Dtschl. 1550-1650 (1988) 143. – [13] B. KECKERMANN: Praec. log. I, 1. Op. omn. (Genf 1614) 90. – [14] Syst. log. minus I, 1, a.O. 168f. – [15] Vgl. W. SCHMIDT-BIGGEMANN: Topica universalis (1983) 71. – [16] a.O. 176-211, z.B. bei A. Kircher und G. W. Leibniz. – [17] 155-176; vgl. P. ROSSI: Clavis universalis (Bologna 1988). – [18] KECKERMANN, a.O. [13] I, 1. Op. omn. 89f. – [19] C. TIMPLER: Metaphysicae systema methodicum ... In principio accessit eiusdem technologia, hoc est, tractatus generalis et utilissimus de natura et differentiis artium liberalium (1607) 30, 1; vgl. J. S. FREEDMAN: European academic philos. in the late 16th and early 17th cent. The life, significance and philos. of C. Timpler (1988) 158-160, der aber die Zuordnung Timplers zu den Semiramisten ablehnt. – [20] CH. WOLFF: Philosophia rat. sive Logica, Log. Prol. § 10 (³1740, ND 1983) 112 und F. CH. BAUMEISTER: Institut. philos. rat. methodo Wolfii conscr. (²1738) 12f. – [21] I. KANT: KrV A 52f./B 77. – [22] SCHMIDT-BIGGEMANN, a.O. [15] 71.

R. POZZO

Rang (engl. rank; frz. rang) bezeichnet den relativen Stellenwert in einer Reihen- oder Stufenfolge. ‹R.› gelangt in der Zeit des Dreißigjährigen Krieges als militärischer Fachausdruck in die deutsche Sprache. Während er schon im Altfranzösischen (renc) die Schlachtordnung der Soldaten, die Aufstellung der Reiter bei der Jagd oder ganz allgemein ein Nacheinander (en renc) kennzeichnet und sich auch im Englischen bereits im 16. Jh. von seiner ursprünglichen militärischen Bedeutung löst und beispielsweise auch eine Reihe von Bäumen und Zähnen benennen kann, wird er im Deutschen noch 1668 als fremdsprachiger Terminus technicus für die Marsch- und Gefechtsordnung verwendet [1]. Der Begriff holt dann aber in wenigen Jahren die Entwicklung nach, die er in den anderen Sprachen schon genommen hat und bezeichnet im Anschluß an lat. ‹ordo›, ‹locus›, ‹status› oder ‹praecedentia› vornehmlich Positionen in gesellschaftlichen Hierarchien. «Stufe der Würden» lautet eine lexikalische Umschreibung aus dem Jahre 1736 [2]. J. B. VON ROHR bestimmt den R. als «eine höhere Stelle, die einem wegen eines höhern Grad's, einiges, entweder wahren oder nur eingebildeten, Ruhmes und Ansehens, vor dem andern zugeschrieben wird, und von dem einige, theils wichtigere, theils geringere Vorzüge, herfliessen. Er wird mehrentheils nach dem Stand, Bedienung und Gewerbe, und der damit verknüpfften Titulatur und Benennung reguliret, und leidet mit ihrer Veränderung entweder seine Verbesserung, oder Verringerung» [3]. Die Soziologie des 20. Jh. zielt auf eben diesen Sachverhalt, wenn sie den «sozialen R.» definiert als die «durch ein Anerkennungsverhältnis (meist auch formell) gesicherte Position in der Hierarchie eines sozialen Systems, aus der sich Rechte (insbesondere Weisungsbefugnisse), Pflichten (insbesondere eine dem R. entsprechende Lebenshaltung) und eine ihm geschuldete Achtung ergeben» [4].

In dieser weiten Bedeutung findet der Begriff des R. Eingang in Umgangssprache und Literatur und wird, meist ohne terminologische Akzentuierung, auch von Philosophen verwendet. So spricht TH. HOBBES davon, daß die Ehre großer Persönlichkeiten allein «nach ihrer Wohltätigkeit und Hilfe für Menschen niederen R.» («beneficence, and the aydes they give to men of inferiour rank») zu bewerten sei [5]. G. BERKELEY erwähnt im ‹Alciphron› «reasonable and well educated men of all ranks» [6] und betont wenig später, die Ehre, jene «edle und reine Quelle der Tugend», sei «the mark of great and fine souls, and is to be found among persons of rank and breeding» [7]. MONTESQUIEU führt «différences des rangs» als Erklärung der Eigentümlichkeiten sowohl in der indischen Kastengesellschaft [8] wie auch im salischen Frankreich an [9]. J.-J. ROUSSEAU sieht ein Kennzeichen des naturverbundenen Menschen darin, daß dieser kaum in der Lage ist, eine R.-Ordnung zu unterscheiden («à peine distinguer les rangs») [10]; die R.-Ordnung gilt somit als spätes Produkt der menschlichen Gesellschaft. In einem anderen Zusammenhang verwendet Rousseau ‹Adel› und ‹R.› synonym, und zwar in einer Aufzählung der «hauptsächlichsten Auszeichnungen, aufgrund deren man sich in der Gesellschaft mißt»: «Mais, en général, la richesse, la noblesse ou le rang, la puissance et le mérite personel, étant les distinctions principales par lesquelles on se mesure dans la société» [11]. Dabei ist zu beachten, daß nach Rousseau ein R. wahrhaft nur jenen gebührt, die ihn durch «Tugend und Talente» [12] erwerben. In dieser Verwendung verliert ‹R.› seinen relativen Stellenwert in einer Reihenfolge und bezeichnet eine Position deutlich herausgehobener Überlegenheit. Dies verselbständigt sich schon bald in der Redeweise, derzufolge jemand oder etwas 'von R.' ist.

Eine ausdrückliche Definition findet sich in CH. WOLFFS ‹Grundsätzen des Natur- und Völkerrechts› von 1754: «Der R. (praecedentia) ist das Recht des Vorzugs in der Ordnung, die von mehreren zugleich zu beachten ist. Weil unter Personen, die gleich sind, kein R. stattfindet, so kommt auch keinem Menschen von Natur ein R. zu» [13]. Einen zu vergebenden R. können deshalb «die, welche eine gleiche Gesellschaft errichten ... nach Belieben ausmachen» [14]. In einer Republik kann daher der R. nicht mehr sein als ein «Zeichen der Verdienste um die Republik». Folglich dürfen weder «Titel noch R. verkaufet werden» [15]. Ihre Verleihung gehört zu den «Majestätsrechten» und sollte ähnlich gehandhabt werden wie die Vergabe von «Ehrenämtern» («honores») bei den Römern [16]. Aus den Überlegungen folgt, daß es von Natur aus auch zwischen den Völkern keine R.-Unterschiede geben kann; hier können sie nur in gegenseitigen Verträgen erworben werden [17].

Wie eng der R.-Begriff mit der Bedingung formeller Anerkennung durch eine institutionelle Instanz (Staat, Kirche, Akademie) oder allgemeiner sozialer Achtung verbunden bleibt, läßt sich daran erkennen, daß er nur begrenzt zur Kennzeichnung gesellschaftlicher Unterschiede verwendet wird. In der politischen Sprache wird der Begriff des Standes (frz. état; engl. order) bevorzugt;

er bleibt auch in den philosophischen Theorien von Staat und Gesellschaft bis hin zu Kant und Hegel dominant. Die in der zweiten Jahrhunderthälfte entstehende Nationalökonomie nimmt dagegen verstärkt den Begriff der Klasse in Gebrauch. Während sich die frühe englische Ökonomik von Sir W. PETTY (1662), G. KING (1696) und CH. DAVENANT (1699) auf das Zählen, Messen und Ordnen sozialer Daten konzentriert und sich bei der Aufstellung von statistischen Tabellen und Hierarchien vornehmlich des R.-Begriffes bedient, favorisieren die Physiokraten R. DE CANTILLON (1755), F. QUESNAY (1756; 1758/59) und A. R. J. TURGOT (1770) den Terminus ‹classe›. Bei D. RICARDO (1817) ist ‹rank› dann schließlich ganz zugunsten von ‹class› verabschiedet. Ein Grund für diese Veränderung liegt in der theoretischen Neubewertung der produktiven Arbeit, in der nunmehr der entscheidende Faktor für die gesellschaftliche Stellung der an ihr beteiligten Gruppen gesehen wird. Dabei werden allgemeine Mechanismen unterstellt, denen der meist mehr an persönliche Qualitäten sowie an das Medium der Anerkennung gebundene R. nicht mehr gerecht wird [18].

In dieser Entwicklung nimmt A. SMITH eine Sonderstellung ein. Er verwendet zwar «class» keineswegs bloß im klassifizierenden Sinn für eine soziale Spezies, sondern gebraucht sogar den Terminus «labouring class» bereits zur Kennzeichnung einer sozialen Produktionseinheit [19], aber er hält zur Bezeichnung sozialer Positionen, die durch Eigentum, Privileg, Kleidung, Erziehung, Ehre, Verpflichtung, Beziehung, Schönheit oder Weisheit gekennzeichnet sind, am R.-Begriff fest [20]. So setzt er sich polemisch mit der zu seiner Zeit verbreiteten Beschwerde auseinander, «that luxury extends itself even to the lowest ranks of the people» [21]. Sein Festhalten an dem zu seiner Zeit differenzierteren und auf Gegenseitigkeit der sozialen Verhältnisse bezogenen R.-Begriff beruht gewiß auch auf dem philosophischen Interesse, die menschlichen Verhaltensweisen in ihrem sozialen Zusammenhang zu erfassen. In seiner ‹Theory of moral sentiments› (1759) befaßt er sich im Anschluß an F. HUTCHESON auch mit der Frage nach dem Ursprung der Standesunterschiede («distinction of ranks»). SMITH ist hier weit davon entfernt, sie auf ökonomische Ursachen zurückzuführen, sondern sieht ihren Grund allein in dem Wunsch der Menschen, in den Augen der anderen Achtung, Sympathie, Wohlgefallen und Billigung zu erregen: «Es ist die Eitelkeit (vanity), nicht das Wohlbefinden oder das Vergnügen, was uns daran anzieht. Eitelkeit aber beruht immer auf Überzeugung, daß wir der Gegenstand der Aufmerksamkeit und Billigung sind» [22]. Die Untersuchungen über den «Reichtum der Nationen» legen dagegen nahe, daß R.-Unterschiede auch aus den Erfordernissen der Herrschaftssicherung, der Landesverteidigung, der Rechtsprechung sowie der Steuererhebung entstehen können [23].

Der R.-Begriff löst sich jedoch schon früh von seiner Beziehung auf militärische und gesellschaftliche Hierarchien, um zu einem allgemeinen Ausdruck für die Bewertung von Unterschieden überhaupt und zur Bezeichnung herausgehobener Positionen zu dienen. So kann etwa ROUSSEAU den «R. der Wissenschaft» [24] oder TH. ABBT den «R. der verschiedenen Theile einer Wissenschaft und Arten der Kunst» [25] oder auch I. KANT «den R. in Ansehung der Allgemeinheit» [26] betonen. Dies geht einher mit einer terminologischen Spezialisierung in Logik und Mathematik, die z.B. von der «mathematischen Gewißheit vom ersten R.» («primi ordinis») und der Erfahrungsgewißheit vom «andern R.» («secundi ordinis») [27] zu sprechen erlaubt. Dieser Wortgebrauch hat eine weitverzweigte Verwendung zur Folge, die Ende des 19. Jh. über die statistischen Verfahren auch wieder verstärkten Eingang in die Sozialwissenschaften findet. Im Anschluß an F. GALTON wird R. definiert als «the actual position in order of an individual with regard to any variety in a given series obtained by measurement or observation» [28]. In diesem Sinn haben insbesondere die Soziologie und Sozialpsychologie des 20. Jh. den R.-Begriff unentbehrlich gemacht, und er findet sich auch in der Alltagssprache verstärkt dort, wo im sozialen Zusammenhang Leistungen numerisch gemessen oder hierarchisch bewertet werden, wie etwa in Wirtschaftsunternehmen oder im Sport.

Eine philosophisch auffällige Verwendung findet der Begriff bei F. NIETZSCHE, der von Burke, Carlyle und Emerson einen Gestus der romantischen Kulturkritik übernimmt und sich um Schopenhauers ablehnendes Verdikt nicht kümmert. A. SCHOPENHAUER hatte erklärt: «Der R., so wichtig er in den Augen des großen Haufens und der Philister, so groß sein Nutzen im Getriebe der Staatsmaschine sein mag, läßt sich für unsere Zwecke mit wenigen Worten abfertigen. Es ist ein konventioneller, d.h. eigentlich ein simulierter Werth: seine Wirkung ist eine simulierte Hochachtung, und das Ganze eine Komödie für den großen Haufen» [29]. Für NIETZSCHE bleibt dagegen der R. ein unentbehrliches Kennzeichen der aus seiner Sicht benötigten sozialen und vor allem individuellen Differenzierung. Er geht zwar nicht davon aus, daß die «R.-Ordnung der Güter» für alle Zeiten fest und gleich bleibt, aber sofern Menschen ihre Eigentümlichkeit ausprägen wollen, bleiben sie auf R.-Unterschiede angewiesen. Der R. ist auch ein Maß für die Distanz, die insbesondere «große Individuen» brauchen, um ihre Energien und ihre Kraft schöpferisch zu entfalten. Auf diese Weise wird der R. zur wesentlichen Voraussetzung nicht nur der ästhetischen Produktivität, sondern auch der moralischen Verantwortlichkeit: «Die einmal genommene R.-Ordnung der Güter ... entscheidet jetzt über das Moralisch-sein oder Unmoralisch-sein ...» [30]. Nach Nietzsche bestimmt es «beinahe die R.-Ordnung, wie *tief* Einer leiden kann»; deshalb kann es nicht verwundern, wenn er «das Problem der R.-Ordnung» als das entscheidende Problem des freien Geistes bezeichnet. In seinen späten Notizen macht er daraus das «Prinzip des Lebens» [31].

Nietzsches Auszeichnung des Begriffs hinterläßt Spuren sowohl in der Soziologie G. SIMMELS und M. WEBERS wie auch in verschiedenen Strömungen der sogenannten Wertphilosophie. Dabei verblaßt allerdings der ethische und soziale Gehalt des Begriffs und seine skalierende Leistung tritt, ähnlich wie in den empirischen Sozialwissenschaften, in den Vordergrund. Kennzeichnend dafür ist der häufig gebrauchte Ausdruck «R.-Ordnung der Werte» [32]. Auch die historisch verfahrende Soziologie macht sich die Vorteile des Begriffs zunutze und führt so seinen Bedeutungsreichtum unter den Lebensbedingungen einer feudalen Kultur vor Augen [33].

Anmerkungen. [1] G. A. BÖCKLER: Kriegsschule (1686) 1032. – [2] J. CH. NEHRING: Hist.-Polit. Lex. (⁹1736) 983; CH. A. HEUMANN: Der polit. Philosophus, das ist, vernunfftmäßige Anweisung zur Klugheit im gemeinen Leben (1714) 241f. – [3] J. B. VON ROHR: Einl. zur Ceremoniel-Wissenschafft der Privat-Personen (1728, ND 1990) 105; zum Begriff ‹R.-Ordnung›: Cerem.-Wiss. der großen Herren (1733, ND 1990) 260f. 339f. – [4] W. LAATZ: Art. ‹R.›, in: Lex. zur Soziologie (1973) 541. – [5] TH. HOBBES:

Lev. II, 30, 180. Engl. works, hg. W. MOLESWORTH (London 1839-45) 3, 333. – [6] G. BERKELEY: Alciphron or the minute philosopher II, 17. The works, hg. A. A. LUCE/T. E. JESSOP (Edinburgh 1948-57) 3, 90. – [7] III, 1, a.O. 112. – [8] CH. DE S. DE MONTESQUIEU: De l'esprit des lois XXIV, 22. – [9] a.O. XXVIII, 4. – [10] J.-J. ROUSSEAU: Disc. sur l'inégalité (1755), hg. H. MEYER (1984) 176. – [11] a.O. 254. – [12] 30. – [13] CH. WOLFF: Grundsätze des Natur- und Völkerrechts ... (1754) § 75. Ges. Werke I/19, hg. M. THOMANN (1980) 180, 46f. – [14] § 840, a.O. 617. – [15] § 1041, a.O. 753. – [16] § 1061, a.O. 770. – [17] §§ 1089. 1119, a.O. 795f. 804. – [18] Vgl. S. WALLECH: 'Class versus rank'. The transformation of 18th-cent. Engl. social terms and theories of production. J. Hist. Ideas 47 (1986) 409-431. – [19] A. SMITH: An inqu. into the nature and cause of the wealth of nations, hg. E. CANNON (New York 1965) 10f. – [20] a.O. 670-672. – [21] 167. – [22] Theory of moral sent. I, 3, 2, dtsch. G. GAWLICK (1977) 70-86. – [23] a.O. [19] 281ff. – [24] ROUSSEAU, a.O. [10]. – [25] TH. ABBT: Vom Verdienste (1765) 366. – [26] I. KANT: KrV A 843/B 871. – [27] G. F. MEIER: Auszug aus der Vernunftlehre, in: KANT: Akad.-A. 16, 3ff. 481. 495. – [28] F. GALTON: Inqu. into human faculty (New York 1883) 53. – [29] A. SCHOPENHAUER: Aphor. zur Lebensweisheit 3. Sämtl. Werke, hg. A. HÜBSCHER 5 (^{2}1946) 384. – [30] F. NIETZSCHE: Menschl.-Allzumenschl. I, 42. Krit. Ges.ausg., hg. G. COLLI/M. MONTINARI (1967ff.) 4/2, 63. – [31] Vorrede 7, a.O. 15f.; Nietzsche contra Wagner, Der Psycholog nimmt das Wort 3, a.O. 6/3, 432; Nachlaß Ende 1886-Frühjahr 1887, a.O. 8/1, 302. – [32] M. WEBER: Wirtschaft und Ges. 1 (^{5}1972) 365. – [33] N. ELIAS: Die höfische Ges. (1969).
V. GERHARDT

Rangaku, 'Holländische Wissenschaft', ist ein ca. 1774 im Kreise des japanischen Arztes SUGITA GEMPAKU für den älteren Begriff ‹nambangaku›, ‹seibangaku› oder ‹bangaku›, d.h. 'Wissenschaft der (europäischen) Barbaren' (Portugiesen, Spanier) geprägtes Wort; später kommt auch ‹yōgaku›, 'Europäische Wissenschaft', vor. Gemeint ist die Erschließung der europäischen Naturwissenschaften, insbesondere der Medizin, Geographie, Astronomie, Physik und Mathematik zumeist aus holländischen Quellen und mittels der holländischen Sprache im Japan der Tokugawa-Zeit (1603-1868). Wegen der Abschließung des Landes war seit 1639 die holländische Faktorei in Deshima (Nagasaki) die einzige Verbindung mit Europa. Erst ab 1720 durften europäische Werke wissenschaftlichen Inhalts eingeführt werden. Das Studium der Landeskunde Europas begann mit ARAI HAKUSEKI (Sairan-igen 1713, Seiyō-kibun 1715), der neben NISHIKAWA JOKEN, AOKI KONYŌ und NORO GENJŌ zu den geistigen Vätern der R. zählt und bereits Interesse für die holländische Sprache bekundete.

Mit der Übersetzung des anatomischen Werkes ‹Tabulae anatomicae› des J. A. KULMUS aus dem Holländischen (Kaitai-shinsho 1774) durch die Ärzte SUGITA GEMPAKU und MAENO RYŌTAKU begann die wissenschaftlich-aufklärerische Wirkung der R. Sie gewann rasch Anhänger (HIRAGA GENNAI, SHIBA KŌKAN, ŌTSUKI GENTAKU, SHIZUKI TADAO u.a.), erhielt Impulse durch namhafte europäische Gelehrte in holländischen Diensten (THUNBERG, TITSINGH, SIEBOLD) und wandte sich schließlich auch der westlichen Kriegs- und Waffentechnik zu. Die R. wurde ein Sammelbecken fortschrittlicher Kräfte, eine von der Überzeugung der wissenschaftlichen Überlegenheit Europas getragene Aufklärungsbewegung, welche zur Öffnung Japans beitrug und Ansätze zur modernen japanischen Wissenschaft schuf. Eine von der Schogunatsregierung 1855 eröffnete ‹Prüfstelle für ausländische Schriften› (Bansho-torishirabesho, urspr. Yōgakusho) bildete den Keim der Universität Tokio.

Literaturhinweise. K. MŌRI: Rangaku kotohajime [Die Anfänge der 'Holland-Kunde'], in: Monumenta Nipponica V/1-2 (Tokio 1942). – G. B. SANSOM: The Western world and Japan (London 1950). – J. NUMATA: Bakumatsu-Yōgakushi [Gesch. der westl. Wiss. zu Ende des Schogunats] (Tokio 1950). – The Centre for East Asian Cultural Studies (Hg.): Acceptance of Western cultures in Japan (Tokio 1964). – T. ARISAKA (Hg.): Nihon-Yōgakushi no kenkyū [Studien zur Gesch. der westl. Wiss. in Japan] 1-7 (Tokio 1968-85). – K. MÜLLER: Namban-Kultur und die Entwickl. westl. Wiss. in Japan, in: Japan. Kulturinstitut (Hg.): Jahrbuch 1 (1979).
B. LEWIN

Rangordnung ist ein Begriff biologischer Klassifikation. Aufgrund der unübersehbaren Zahl und immensen Vielfalt der Organismen ist die übersichtliche Ordnung der lebendigen Objekte in einem hierarchischen Begriffssystem Voraussetzung für kohärente Forschung in den verschiedenen Disziplinen der Biologie [1]. Die im 15. und 16. Jh. entstandenen 'Summen' der Tier- und Kräuterbücher boten die empirische Grundlage für die Entwicklung der biologischen Systematik. Die Begründung einer systematischen R. ergab sich aber erst aus der philosophischen Diskussion der Renaissance, die von neuplatonischem Gedankengut geprägt war: Das Ordnungsprinzip war an den Gedanken der Hierarchie gebunden [2]; die Pflanzen- und Tiersysteme wurden (z.T. bis ins 19. Jh.) nicht nur als begriffliche Ordnungen aufgefaßt. Da das Merkmal, nach dem sich Objekte zu Arten zusammenstellen lassen bzw. durch das sie sich innerhalb umfassender Klassen in Arten unterscheiden, als essentielles gegenüber anderen, akzidentellen, zu begründen war, erschienen die logischen Beziehungen als abgestufte Verhältnisse der Dinge, als Sachbeziehungen. Die mit der Idee der Stufenleiter übernommenen Prinzipien in der Entwicklung der Pflanzen- und Tiersysteme sowie die damit verbundenen Schwierigkeiten sollen punktuell beleuchtet werden [3].

A. CAESALPINUS und J. RAY ordneten die lebendigen Einzeldinge zusammenfassend in Arten und Gattungen und brachten diese begrifflichen Gruppierungen in eine Stufenfolge. Grund für solche R.en war die Bewertung verschiedener biologischer Funktionen und die Ausbildung der zugehörigen Organe (CAESALPIN: Ernährungs- und Fortpflanzungsorgane bei Pflanzen; MALPIGHI: Atmungsorgane) und die aus dem Kontinuitätsprinzip folgende Annahme von Übergängen zwischen den Gattungen (RAY) [4]. Die auf mikroskopischen Entdeckungen von M. MALPIGHI basierende Neuformulierung der Präformationslehre des Altertums lieferte eine mechanische Erklärung für die Erhaltung der Ordnung und Fülle der lebendigen Dinge und zugleich die biologische Begründung: Jedes Lebewesen existiert seit Anbeginn in den Samen und wird bei der Reproduktion weitergegeben; die Individualentwicklung ist ein Ausfalten der vorhandenen Strukturen [5].

C. VON LINNÉ nahm eine begriffliche Erweiterung der systematischen Gliederung vor, er führte Relationsbegriffe (systematische Kategorien) oberhalb der Gattung ein, die die gleiche systematische Stellung der in diesen Rängen zusammengefaßten Gruppen angeben sollten. Ein derart ausgebautes Klassifikationssystem stand im Widerspruch zu den Prinzipien der Stufenleiter, da es die schon für die Einteilung in Art und Gattung voraussetzende Diskontinuität verschärfte. Die (vordarwinsche) Kritik an Linné zielte nicht auf die Frage der Möglichkeit, natürliche Gruppen oder genealogische Verwandtschaft zu entdecken, sondern hielt an der Idee der

Stufenleiter fest: Nur in abgestuft ähnlichen Formen und Funktionen läßt sich das natürliche Band (die ideelle Verwandtschaft) in der Kette der Lebewesen finden: CH. BONNET stellte in Anlehnung an Leibniz' Argumentation ein System als «échelle des êtres naturels» auf, das als Rangfolge der Organisationshöhe eine einreihige Anordnung vom Menschen abwärts zu feineren Materien zeigte [6]. Die Anzeichen von umfassender Veränderlichkeit, fortgesetzter Differenzierung und Zunahme der Lebensformen, die dem Prinzip der ursprünglichen Vollständigkeit der Natur ebenso entgegenstehen wie die Möglichkeit eines Klassifikationssystems dem Prinzip der Kontinuität, brachte er mit der Stufenleiteridee in Einklang, indem er den großen geologischen Umwälzungen Umbildungen der Lebewesen zuordnete, die in ihnen angelegt sind; denn für den Präformismus kann nichts Neues entstehen, die Welt als Ganzheit, zusammengesetzt aus unendlich vielen Einzelsystemen – ähnlich der Monadenlehre von Leibniz –, enthält alle abgestufte Vollkommenheit immer schon in sich [7].

G. CUVIERS methodologische Prinzipien der Klassifikation ließen eine Stufenleiter der Organismen nach zunehmender Perfektion als Ordnungsprinzip nicht länger zu. Der morphologische Vergleich und die Bewertung der verglichenen Organe nach ihren physiologischen Funktionen führte ihn auf die Großteilung des Tierreichs, auf die vier Haupttypen («embranchements»), innerhalb deren er mittels eines differenzierten Systems der Merkmalsgewichtung aufeinanderfolgende Unterabteilungen unterschied [8]. Er assoziierte bestimmte Merkmale einem bestimmten Rang in der Hierarchie der systematischen Kategorien. Damit verwob er die ausschließende R., die notwendig für die abstufende Bewertung biologischer Funktionen ist, mit der einschließenden R., die sich für das Verhältnis der Begriffe aus dem systematischen Verfahren ergibt; Klassifikation war Typologisierung, und aus methodologischen Gründen war mit der Idee der Stufenleiter der Evolutionsgedanke abzuweisen [9]. Die allmähliche Auflösung der Gleichsetzung von Begriffs- und Sachbeziehungen und damit die Möglichkeit einer strengen Naturbeschreibung war von I. KANT vorbereitet: Systematische Einheit als Natureinheit kann nur als Maxime der Forschung vorausgesetzt werden; das regulative Prinzip als konstitutives zu behaupten, eröffnet den Zirkel, daß das Vorausgesetzte das Ziel des Beweises ist [10]. Aus der Empirie lassen sich ohne die vorausgesetzte Verknüpfung der Maximen Einheit und Mannigfaltigkeit weder spezifisch verschiedene noch übereinstimmende Formen erkennen; Erfahrung der besonderen – der lebendigen – Naturgegenstände, die sich nicht unter die transzendentalen Schemata subsumieren lassen, ist unter Voraussetzung der Vereinigung beider Maximen sehr wohl möglich [11]. R. von Arten und Gattungen ist lediglich ein Relationsgefüge, in das die reflektierende Urteilskraft die mannigfaltigen Naturformen einheitlich ordnet [12].

Die letzte große Um- und Ausbildung der Idee der Stufenleiter stammt von J. B. LAMARCK; ‹R.› betrifft bei ihm nicht die systematischen Kategorien, sondern gibt die Relation zwischen den Organismen an: Die Anordnung der Tiere und Pflanzen im System abgestufter Verwandtschaft ist durch die richtige Bestimmung dieser Beziehung festgelegt. Sein System drückt nicht statische Verhältnisse aus: «nicht auf einmal in einem zeitlosen Augenblick» seien die Organismen von der Natur hervorgebracht, sondern aus anfangs einfachsten nach und nach die verwickeltsten Formen [13]; dies sei durch die unendliche Verschiedenheit der immer wechselnden Verhältnisse bewirkt. In der Organisation des Menschen, als der vollkommensten, findet sich der Maßstab, die Fortentwicklung in den Organisationsreihen zu erkennen.

Das «biogenetische Grundgesetz», von J. F. MECKEL und E. R. A. SERRES erstmals ausdrücklich formuliert, bildete die Stufenleiter auf die Ontogenese der Tiere ab: Das Tierreich sei als eine Hierarchie auf verschiedenen Entwicklungsstufen stehengebliebener Embryonen zu begreifen [14]. Diese Gleichsetzung systematischer R. mit einer realen R., die als ontogenetisch begründet angenommen wurde, wandelte sich nach Darwins Formulierung der Deszendenztheorie in die der systematischen R. mit dem phylogenetischen Alter der Organismen; u.a. durch E. HAECKEL [15].

Das System der Pflanzen und Tiere als katalogisierte Mannigfaltigkeit ist zeitloses Begriffsgefüge: Erst die Fixierung der fließenden und wechselnden Muster lebendiger Vielfalt, die Verallgemeinerung unterschiedener Strukturen und Prozesse (ausgerichtet an den Erscheinungsgruppen des Lebens, die dem Denken als tertium comparationis zugänglich sind: Fortpflanzung als verknüpfendes Band im Nacheinander und Geschlechtlichkeit als verknüpfendes Band im Beieinander der Lebewesen [16]) macht Klassifizierung möglich. Selbst aus dem Nachweis der vollständigen Phylogenese jedes Organismus folgt deshalb nicht der Beweis, daß Ähnlichkeitsgrade im System mit der tatsächlichen Verwandtschaft der Lebewesen korreliert sind [17]. R. ist daher weder Abbild der Natur noch Objektivierung von Sachverhalten; der Begriff bezeichnet den methodischen Aspekt faßbarer Beschreibung von Regularitäten in einer systematischen Darstellung der belebten Natur.

Anmerkungen. [1] Zu Einzelheiten des Klassifizierens (Abgrenzen von Taxa, Einordnen der Taxa in die R. der systematischen Kategorien) vgl. E. MAYR: Grundlagen der zoolog. Systematik (dtsch. 1975) Kap. 4f. und 10. – [2] Vgl. A. O. LOVEJOY: The great chain of being: A study of the hist. of an idea (Cambridge, Mass. 1936, ¹⁴1978) Kap. 3 und 4; vgl. Hist. Wb. Philos.: Art. ‹Kosmos› und ‹Ordnung›; Dict. hist. of ideas 2: Art. ‹Hierarchy and order›. – [3] Vgl. die Artikelserie in: J. Hist. Ideas 48 (1987) 187-265. – [4] A. CAESALPINUS: De plantis (Florenz 1583); J. RAY: Historia plantarum (London 1686); Synopsis meth. animal. quadruped. et serp. gen. (London 1693). – [5] M. MALPIGHI: Die Anatomie der Pflanzen (1901); orig. lat. (London 1675-79) 61ff. 102ff.; vgl. A. BARTHELMESS: Vererbungswiss. (1952) 21ff. – [6] CH. BONNET: Idée d'une échelle des êtres naturels. Oeuvr. d'hist. nat. (Neuchâtel 1778ff.) 1, 1. – [7] Palingénésie philos., a.O. 7, 178-181. – [8] G. CUVIER: Le règne animal (Paris 1817). – [9] Vgl. E. MAYR: Die Entwickl. der biolog. Gedankenwelt (dtsch. 1984) 165. 290f. 367f. – [10] I. KANT: KrV A 693. – [11] a.O. A 667. – [12] KU (1793) B XXXIIIff.; vgl. auch 1. Fass. Akad.-A. 20, 211-216. – [13] J. B. LAMARCK: Philos. zoologique 1-2 (Paris 1809), dtsch. H. SCHMIDT (1909), alle Angaben stützen sich auf dieses Werk, insbes.: 1, Kap. 6ff.; 2, Kap. 6. – [14] E. RÁDL: Gesch. der biolog. Theorien in der Neuzeit 1-2 (1909-13, ND 1970) 2, 57ff. 284ff. – [15] S. TSCHULOK: Das System der Biologie in Forschung und Lehre (1910) 234ff. 187ff. – [16] J. SCHAXEL: Grundzüge der Theorienbildung in der Biologie (1922) 323. – [17] TH. DOBZHANSKY: A critique of the species concept in Biology. Philos. Sci. 2 (1935) 344-355, hier: 345.

Literaturhinweise. TH. BALLAUFF: Die Wiss. vom Leben 1 (1954). – A. O. LOVEJOY s. Anm. [2]. – E. MAYR s. Anm. [1] und [9]. – W. ZIMMERMANN: Evolution (1953). H. HOMANN

Rasse (frz. race; engl. race; ital. razza; span. raza)

I. – Zur Beschreibung und zum Versuch einer Erklärung und Bewertung der natürlichen Varietät innerhalb der Art (s.d.) 'Mensch' ist es erst in der frühen Neuzeit gekommen. Zwar kennt das Griechentum in der Auseinandersetzung mit dem Fremden, dem Barbaren, ein anthropologisch begründetes Überlegenheitsgefühl, das bis zur Rechtfertigung der Sklaverei [1] gehen kann, doch entspricht dem zum einen keine geschlossene Theorie der (Rang-)Unterschiede zwischen Menschen-R.n, andererseits bildet sich im Hellenismus ein Ideal der Einheit des Menschengeschlechtes heraus, das vom Christentum übernommen werden konnte [2]. Dieser 'Universalismus' ist auch durch vereinzelte ethnologische Erwägungen im Mittelalter [3] nicht in seiner Geltung beeinträchtigt worden [4]. Noch für B. Spinoza ist die Einheitlichkeit des Menschengeschlechts eine schlechterdings unhintergehbare Tatsache, wenn anders man «nicht in den Traum verfallen» wolle, «die Natur habe einst verschiedene Menschenarten hervorgebracht» («nisi somniare velimus naturam olim diversa hominum genera procreavisse») [5].

Erst gegen Ende des 17. Jh. bildet sich ein wohl durch das Anwachsen des ethnologischen Materials [6] und durch die Relativierung des biblischen Weltbildes [7] motiviertes Interesse an der naturwissenschaftlich-neutralen Beschreibung und Klassifizierung des Menschen in seiner Vielfalt, dem im 18. Jh. verstärkt nachgegangen wird. Dies geschieht dann (z.B. bei Linné [8], Buffon [9], Kant [10], Forster [11], Blumenbach [12]) unter Verwendung des Begriffs ‹R.›, der aber noch bis weit ins 18. Jh. hinein die allgemeinere Bedeutung von «edles Geschlecht», «Stamm» oder «Familie» beibehalten kann [13].

Schon früh wurde (wie es die jüngste Forschung erneut und verstärkt tut [14]) auf das problematische Potential hingewiesen, das sich im R.-Begriff schon in seiner Verwendung als «zunächst naturgeschichtlicher, dann naturwissenschaftlich-anthropologischer Begriff deskriptiver Art» [15] verbirgt. So wendet sich J. G. Herder gegen die Anwendung des R.-Begriffes auf den Menschen überhaupt: «Endlich wünschte ich auch die Unterscheidung, die man aus rühmlichem Eifer für die überschauende Wissenschaft dem Menschengeschlecht zwischengeschoben hat, nicht über die Grenzen erweitert. So haben Einige ... Abtheilungen desselben ... Racen zu nennen gewaget; ich sehe keine Ursache dieser Benennung. Race leitet auf eine Verschiedenheit der Abstammung, die hier ... gar nicht Statt findet ...» [16]. Unter der Hand könne sich der beschreibende zu einem wertenden Begriff wandeln, der die Unterdrückung und Versklavung vorgeblich inferiorer R.n rechtfertige. Doch in «so verschiedenen Formen das Menschengeschlecht auf der Erde erscheint, so ists doch überall Ein und diesselbe Menschengattung» [17]. Selbst der fremdartigste Mensch ist «ein Bruder. ... Ihn also sollst du nicht unterdrücken, nicht morden, nicht stehlen ...» [18].

Bereits G. W. F. Hegel hat sich mit Positionen auseinanderzusetzen, die eine rassentheoretische Begründung der Unterdrückung anderer Völker liefern: «Man hat dieser Frage [sc. der nach der R.n-Verschiedenheit] eine Wichtigkeit beigelegt, weil man durch die Annahme einer Abstammung von mehreren Paaren die geistige Überlegenheit der einen Menschengattung über die andere erklären zu können glaubt, ja zu beweisen hoffte, die Menschen seien ihren geistigen Fähigkeiten nach von Natur so verschieden, daß einige wie Tiere beherrscht werden dürften. Aus der Abstammung kann aber kein Grund für die Berechtigung oder Nichtberechtigung der Menschen zur Freiheit und zur Herrschaft geschöpft werden. Der Mensch ist an sich vernünftig; darin liegt die Möglichkeit der Gleichheit des Rechtes aller Menschen, – die Nichtigkeit einer starren Unterscheidung in berechtigte und rechtlose Menschengattungen» [19].

Die Entwicklung der R.n-Theorien im weiteren 19. und im 20. Jh. [20] hat die Notwendigkeit solcher Klarstellungen bestätigt. ‹R.› wird zu einem geschichtlich-politischen Begriff, der eine zentrale Stellung in geschichtsphilosophischen Entwürfen (Gobineau [21], Chamberlain [22]) einnimmt oder im Verein mit sozialdarwinistischen Theorien (G. Vacher de Lapouge [23]) verwandt wird. Kern des «Rassismus» (so dann die pejorative Benennung) [24] als Wendung gegen allgemeine Menschenrechte und Demokratie und als Rechtfertigung von Sklaverei, Unterdrückung und Kolonialismus war und ist die Idee einer Superiorität bzw. Inferiorität bestimmter «R.n», in der Annahme «angeborener, tiefgehender und starrer körperlicher und geistiger Unterschiede zwischen den Menschen-R.n, wobei ... vorgestellt wird, daß die Verschiedenheit nicht etwa eine gegenseitige Ergänzung bedeutet, sondern instinktive Feindschaft und Kampf» [25].

Anspruch auf Wissenschaftlichkeit haben nicht-deskriptive R.n-Theorien [26] zu keinem Zeitpunkt erheben können. Wegen des ideologischen Charakters, den der R.-Begriff allzu leicht annimmt («To most people, a race is any group of people whom they choose to describe as a race» [27]), hat ein ‹Inquiry› der UNESCO denn auch empfohlen, ihn durch den rein deskriptiven Ausdruck «ethnic groups» zu ersetzen [28]. Auffällig ist der häufige Dilettantismus der Vertreter des R.-Gedankens und auch deren Bereitschaft, die Untermauerung des Rassismus je und je in anderen Bereichen als der Naturwissenschaft zu suchen, um ihn der Kritik zu entziehen: So verlagert etwa A. Rosenberg die R. ins Mythische («Mythos des Blutes») [29].

C. Lévi-Strauss hat die «Verwendung des rein biologischen R.-Begriffs (vorausgesetzt übrigens, daß er auch nur in diesem begrenzten Bereich Anspruch auf Objektivität erheben kann, was die moderne Genetik bestreitet) zur Erklärung der unterschiedlichen soziologischen und psychologischen Leistungen der einzelnen Kulturen» als «Erbsünde der Anthropologie» [30] bezeichnet. Gleichwohl scheint ihm die Proklamation der natürlichen Gleichheit aller Menschen als abstraktes Ideal problematisch: In ihm komme die anmaßende Vorstellung eines unilinearen Geschichtsverlaufes zum Ausdruck. In der Spannung von Allgemeinem und Einzelnem im Verhältnis der vorfindlichen Kulturen und R.n sei es aber «notwendig ... in einer von Monotonie und Uniformität bedrohten Welt die Verschiedenheit der Kulturen zu erhalten» [31].

Zu einer ähnlichen Stellungnahme kommt vom Standpunkt der kritischen Gesellschaftstheorie Th. W. Adorno: Auch ihm ist das von der bürgerlichen Gesellschaft propagierte, abstrakte Ideal der Gleichheit aller R.n suspekt. In ihm kämen nur die «abgefeimtesten Tendenzen der Gesellschaft» [32] zum Ausdruck, alle Unterschiede und Differenzen der Subjekte auszulöschen, um sie einem virtuell totalitären Zwangszusammenhang zu unterwerfen. «Daß alle Menschen einander glichen, ist es gerade, was dieser so paßte. Sie betrachtet die tatsächlichen oder eingebildeten Differenzen als Schandmale, die bezeugen, daß man es noch nicht weit genug gebracht hat; daß irgend etwas von der Maschinerie freigelassen, nicht ganz durch die Totalität bestimmt ist» [33]. Dagegen wäre eine «emanzipierte Gesellschaft ... kein Einheitsstaat, sondern die Verwirklichung des Allgemeinen in der Versöhnung der Differenzen» [34]. Entsprechend müßte man «den besseren Zustand aber denken als den, in dem man ohne Angst verschieden sein kann» [35].

Danach kann ‹R.› nicht mehr zu einem Begriff philosophischer oder politischer Theorie werden, und dies ist auch der Befund der begriffsgeschichtlich erschöpfenden Darstellung innerhalb des Handbuchs ‹Geschichtliche Grundbegriffe›, die W. CONZE folgendermaßen beschließt: «Damit ist die fragwürdige Begriffsgeschichte von ‹R.› als einem Grundbegriff der politisch-sozialen Sprache im wesentlichen an ihr Ende gelangt.» Wort und Begriff gehören nurmehr «in die naturwissenschaftliche Begriffssprache» [36].

Anmerkungen. [1] Vgl. ARISTOTELES: Pol. I, 6, 1255 a 6ff. und 5, 1254 b 14ff. – [2] Vgl. A. J. TOYNBEE: Art. ‹Race›, in: Encycl. of relig. and ethics 10 (Edinburgh/New York ⁴1956) 554-556. – [3] Vgl. J. KOCH: Sind die Pygmäen Menschen? Ein Kapitel aus der philos. Anthropol. der mittelalterl. Scholastik. Arch. Gesch. Philos. 40 (1931) 194-213; vgl. auch P. MONCAUX: La légende des Pygmées et les nains de l'Afrique équat. Rev. hist. 47 (1891) 1-64. – [4] TOYNBEE, a.O. [2] 556. – [5] B. SPINOZA: Tract. theol.-pol. 3, hg. G. GAWLICK/F. NIEWÖHNER (1979) 106. – [6] Vgl. W. CONZE/A. SOMMER: Art. ‹R.›, in: Geschichtl. Grundbegr., hg. O. BRUNNER/W. CONZE/R. KOSELLECK 5 (1984) 135-178 (135f.: W. CONZE; 137-146: A. SOMMER; 146-178: W. CONZE), hier: 142-144; vgl. B. SUCHODOLSKI: Remarques sur l'hist. de la philos. de l'homme du 16ème au 18ème s. Rev. Synthèse 81 (1960) 39-60; vgl. S. MORAVIA: Beobachtende Vernunft. Philos. und Anthropol. in der Aufklärung [1970] (1973); vgl. La scienza dell'uomo nel settecento (Rom 1978); vgl. M. DUCHET: Anthropol. et hist. au siècle des lumières (1976); vgl. W. KRAUSS: Zur Anthropol. des 18. Jh. Die Frühgesch. der Menschheit im Blickpunkt der Aufklärung (1979); vgl. A. O. LOVEJOY: Die große Kette der Wesen. Gesch. eines Gedankens [1936] (1985) 247-291. – [7] Zur fortwirkenden «Prae-Adamiten»-These I. LA PEYRÈRES vgl. CONZE/SOMMER, a.O. 144; vgl. R. H. POPKIN: The hist. of scepticism from Erasmus to Spinoza (Berkeley u.a. 1979) 214-228. – [8] K. VON LINNÉ: Systema naturae (Leiden 1735); vgl. CONZE/SOMMER, a.O. 145 f. – [9] G. L. LECLERC, Comte DE BUFFON: Hist. naturelle (Paris 1749-1804); vgl. CONZE/SOMMER, a.O. 146f. – [10] I. KANT: Von den verschiedenen Racen der Menschen (1775). Akad.-A. 2, 427-443; Bestimmung des Begriffs einer Menschenrace (1785), a.O. 8, 89-106; vgl. CONZE/SOMMER, a.O. 147f.; vgl. F. P. VAN DE PITTE: Kant as philos. anthropologist (Den Haag 1971); vgl. TH. ELSENHANS: Kants R.n-Theorie und ihre bleibende Bedeutung (1904); vgl. M. RIEDEL: Historizismus und Kritizismus. Kants Streit mit G. Forster und J. G. Herder. Kantstudien 72 (1981) 41-57; vgl. A. SUTTER: Kant und die 'Wilden'. Zum impliziten Rassismus in der Kant. Gesch.philos. Prima philosophia 2 (1989) 241-265. – [11] G. FORSTER: Noch etwas über Menschenraßen (1786); vgl. CONZE/SOMMER, a.O. [6] 49. – [12] J. F. BLUMENBACH: De generis humani varietate nativa lib. (1776); dtsch.: Über die natürl. Verschiedenheit im Menschengeschlechte (1798); vgl. CONZE/SOMMER, a.O. 149f.; vgl. F. W. P. DOUGHERTY: J. F. Blumenbach und S. Th. Soemmering: Eine Auseinandersetz. in anthropolog. Hinsicht, in: G. MANN/F. DUMONT (Hg.): S. Th. Soemmering und die Gelehrten der Goethezeit (1985) 35-56; vgl. Commercium epistolicum J. F. Blumenbachii. Aus einem Br.wechsel des klass. Zeitalters der Naturgesch. (1984). – [13] Vgl. CONZE/SOMMER, a.O. 137-141; vgl. J. H. ZEDLER: Großes Univ.-Lex. 30 (1741) 479; vgl. J. L. D'ALEMBERT/D. DIDEROT (Hg.): Encycl. 13 (Neuchâtel 1765) 740 B. – [14] Vgl. H. E. PAGLIARO (Hg.): Racism in the 18th cent. (Cleveland/London 1973); vgl. R. H. POPKIN: The philos. bases of modern racism, in: The high road to pyrrhonism (San Diego 1980) 79-102; vgl. Hume's racism, a.O. 251-266; vgl. SUTTER, a.O. [10]. – [15] CONZE/SOMMER, a.O. [6] 135. – [16] J. G. HERDER: Ideen zur Philos. der Gesch. der Menschheit II, 7, 1. Werke, hg. B. SUPHAN 13 (1887) 257. – [17] a.O. 252. – [18] 257. – [19] G. W. F. HEGEL: Enzykl. § 393. Jub.ausg., hg. H. GLOCKNER (1927-40) 10, 70f. – [20] Vgl. CONZE/SOMMER, a.O. [6] 154-178; H. ARENDT: Elemente und Ursprünge totaler Herrschaft (1955, 1986); E. CASSIRER: Der Mythus des Staates (1949, 1985); M. BANTON: The idea of race (London 1977); P. VON ZUR MÜHLEN: R.n-Ideologien. Gesch. und Hintergründe (1977). – [21] J. A. DE GOBINEAU: Essai sur l'inégalité des races hum. (Paris 1853-55); vgl. CONZE/SOMMER, a.O. 161-163. – [22] H. S. CHAMBERLAIN: Die Grundl. des 19. Jh. (1899, ²⁸1942); vgl. CONZE/SOMMER, a.O. 172f. – [23] G. VACHER DE LAPOUGE: Les sélections soc. (Paris 1896); L'Aryen, son rôle soc. (Paris 1899); Race et milieu soc. (Paris 1909); vgl. F. HERTZ: Art. ‹R.›, in: A. VIERKANDT (Hg.): Handwb. der Soziol. (1931) 460. – [24] Vgl. C. GUILLAUMIN: L'idéologie raciste. Genèse et langage actuel (Paris 1972); P. PARAF: Le racisme dans le monde (Paris ⁵1972); G. VARET: Racisme et philos. Essai sur une limite de la pensée (Paris 1973); BANTON, a.O. [20]; PH. W. CUMMINGS: Art. ‹Racism›, in: Encycl. of philos. 7 (New York/London 1967, ND 1972) 58-61; H. KOHN: Art. ‹Race conflict›, in: Encycl. of the soc. sci. 13 (New York ¹²1957) 36-41; A. MEMMI: Rassismus (1987); I. GEISS: Gesch. des Rassismus (1988); R. MILES: Rassismus. Einf. in die Gesch. und Theorie eines Begriffs [1989] (1991); O. AUTRATA/G. KASCHUBA u.a. (Hg.): Theorien über Rassismus (1989); G. M. BRAVO: Art. ‹Rassismus›, in: Europ. Enzykl. zu Philos. und Wiss. 4 (1990) 16-19. – [25] HERTZ, a.O. [23] 461. – [26] Zum deskriptiven R.-Begriff vgl. F. BOAS: Art. ‹Race›, in: Encycl. of the soc. sci., a.O. [24] 25-36 (Bibl.: 35f.). – [27] UNESCO (Hg.): The race concept. Results of an inquiry (1952, ND Westport, Conn. 1970) 99. – [28] a.O.; zum Vorschlag E. VON EICKSTEDTS, ‹R.› durch ‹varietas› zu ersetzen, vgl. CONZE/SOMMER, a.O. [6] 135f. – [29] A. ROSENBERG: Der Mythus des 20. Jh. (1930, ⁷⁹⁻⁸²1935); vgl. E. VOEGELIN: Rasse und Staat (1933) 15; vgl. A. HORSTMANN: Art. ‹Mythos, Mythologie›, in: Hist. Wb. Philos. 6 (1984) 310; Der Mythosbegriff vom frühen Christentum bis zur Gegenwart, VI. Das 20. Jh. Arch. Begriffsgesch. 23 (1979) 223. – [30] C. LÉVI-STRAUSS: R. und Gesch., in: Strukturale Anthropol. 2 (1975) 363. – [31] a.O. 406. – [32] TH. W. ADORNO: Minima Moralia (1951) Aph. 66. Ges. Schr. 4 (1980) 114. – [33] a.O. – [34] ebda. – [35] a.O. 131. – [36] CONZE, a.O. [6] 178.

Literaturhinweise. W. SCHEIDT: Beitr. zur Gesch. der Anthropol. Der Begriff ‹R.› in der Anthropol. und die Einteil. der Menschen-R.n von Linné bis Deniker. Arch. Rassen- Ges.-Biol. 15 (1923) 280-306. 383-397; a.O. 16 (1924/25) 178-195. 382-403. – L. SCHEMANN: Die R. in den Geisteswiss.en. Stud. zur Gesch. des R.-Gedankens 1-3 (1928ff.). – E. VOEGELIN: Die R.n-Idee in der Geistesgesch. von Ray bis Carus (1933). – E. VON EICKSTEDT: Gesch. der anthropolog. Namengebung und Klassifikation. Z. Rassenkunde 5 (1937) 209-282; 6 (1937) 36-96. 151-210. – H. BLOME: Der R.-Gedanke in der dtsch. Romantik und seine Grundl. im 18. Jh. (1943). – W. JÜSSEN: Ursprung und begriffl. Entwickl. des Wortes ‹race› bis in die französ. Klassik. Ms. unveröff. (Wien 1940). – M. W. KRÖGER: Der R.-Gedanke in der dtsch. Presse des 19. Jh. Ms. unveröff. (Leipzig 1944). – M. LEMONON: L'idée de race et les écrivains franç. de la première moitié du 19ème s. Die Neueren Sprachen 69 (1970) 283-292. – P. VON ZUR MÜHLEN s. Anm. [20]. – W. CONZE/A. SOMMER s. Anm. [6].   S. LORENZ

II. – Auf dem Gebiet der *biologischen Systematik* dient der Begriff ‹R.› dazu, die Vielfalt der Tiere in ein System abgestufter Verwandtschaftsgrade einzuteilen. In aufsteigender Linie hat sich dafür folgende Klassifikation entwickelt: Art (Species), Gattung (Genus), Familie (Familia), Ordnung (Ordo), Klasse (Classis), Stamm (Phylum), Reich (Regnum) [1]. Bei einigen Fällen ist es zur Darstellung der exakten verwandtschaftlichen Gruppierung notwendig, eine noch feinere Unterteilung zu treffen, z.B. durch Unterarten, Untergattungen. ‹R.› ist ein systematischer Begriff unterhalb der Subspecies.

Während in *Zoologie* und *Botanik* der Sinn des R.-Begriffs umstritten ist und eher von polytypischen Arten gesprochen wird [2], existiert in der *Anthropologie* eine weitere Unterteilung in R.n-Kreise (Groß-R.n, Haupt-R.n), R.n und Unter-R.n [3]. Diese Gliederung wird jedoch weder einheitlich gehandhabt, noch ist der Begriff ‹R.› selber einheitlich definiert. Vergleicht man seine Definitionen, so lassen sie sich im wesentlichen in ältere typologische und neuere populationsgenetische zusammenfassen. Die typologische Definition setzt voraus, daß alle Individuen einer R. eine Summe von Merkmalen gemeinsam haben, die erblich sind. Nicht definiert ist dabei, wie groß die Summe und Variabilität von übereinstimmenden und von unterschiedlichen Merkmalen sein darf und wodurch die Merkmalskombinationen bestimmt sein sollen [4].

Die populationsgenetischen R.-Definitionen gehen davon aus, daß Evolution nur in Populationen (Fortpflanzungsgemeinschaften) geschehen kann, und zielen nicht auf die Erfassung von individuellen Merkmalskombinationen, sondern auf Gruppenunterschiede von Merkmalshäufigkeiten. Diese haben sich vorwiegend durch geographische Isolation entwickelt [5]. Die populationsgenetische R.-Definition ist die biologisch sinnvollere. Während die klassische, typologische R.-Definition auf der äußeren Gestalt und auf statistischen Verteilungen physischer Eigenschaften beruht, ist es Ziel der populationsgenetischen, sich auf Frequenzen von Genpolymorphismen zu stützen. Allerdings hat sie den Nachteil, daß eine R.n-Diagnose am Einzelorganismus nur dann möglich wäre, wenn die betreffende R. Erbmerkmale besitzt, die bei allen ihren Mitgliedern vorhanden sind. Bei der Differenzierung des R.n-Systems handelt es sich also um Häufigkeitsunterschiede zwischen den R.n; ein Einzelorganismus kann nur mit Wahrscheinlichkeit zugeordnet werden [6].

Heute faßt die Wissenschaft R.n, soweit sie diesen Begriff benutzt, nicht mehr als starre Gebilde auf, sondern als etwas Dynamisches. R. wäre dann die kleinste, sich ständig wandelnde systematische Einheit, eine Einheit, in welche die Evolution ständig verändernd eingriffe [7].

Anmerkungen. [1] Vgl. E. MAYR: Grundl. der zoolog. Systematik (1975). – [2] a.O. 42ff. – [3] z.B. B. RENSCH: Das Prinzip geograph. R.n-Kreise und das Problem der Artbildung (1929); F. VOGEL/A. G. MOTULSKI: Human genetics (1986) 534ff. – [4] Vgl. E. VON EICKSTEDT: R.n-Kunde und R.n-Gesch. der Menschheit 1 (1937); E. A. HOOTON: Up from the ape (New York 1946) 19ff.; H. GRIMM: Grundr. der Konstitutionsbiol. und Anthropometrie (1966) 137ff. – [5] K. STERN: Grundl. der menschl. Erblehre (1955); R. KNUSSMANN: Vergleich. Biol. des Menschen (1980) 106. – [6] VOGEL/MOTULSKI, a.O. [3]. – [7] TH. DOBZHANSKY: Genetic diversity and human equality (New York 1973) 111.

Literaturhinweise. TH. DOBZHANSKY s. Anm. [7]. – E. MAYR s. Anm. [1]. – F. VOGEL/A. G. MOTULSKI s. Anm. [3].

W. BUSELMAIER

Rat (griech. βουλή; lat. consilium)

I. *Griechische Antike.* – Βουλή ist Verbalnomen zu βούλεσθαι 'wollen, wünschen' [1]; verwandt ist βάλλειν 'werfen', βάλλεσθαι 'sich werfen auf' [2]. Βουλεύειν, -εσθαι '(sich) beraten, beschließen' ist Denominativum zu βουλή; davon wiederum u.a. die Ableitungen βούλευσις 'Beratung', βούλευμα 'Beschluß, Plan', εὐβουλία 'Wohlberatenheit' [3]. Das griech. Wort βουλή meint nicht in erster Linie den R., den man jemandem gibt (wie im Deutschen), sondern den R., den man selbst hegt: 'Erwägung' und 'Ratschluß'. Deshalb werden hier ‹R.› und 'mit sich zu Rate gehen' stets parallel behandelt. 'Jemandem einen R. erteilen' im engeren Sinne heißt συμβουλεύειν.

Die βουλή ist sammelndes Innehalten angesichts des menschenbetreffenden Laufes der Dinge. Hieraus ergeben sich die Grundbedeutungen von βουλή als a) Eintritt in die Sammlung: 'Erwägung, Überlegung', b) ihr Ausgang: 'überlegter Wille, Ratschluß', c) ihre Situation selbst: 'Beratung, R.-Versammlung' und d) ihr Organ: R. als politische Institution [4]. Die unterschiedliche Ausprägung a) des Verhältnisses von Vergangenheit und Zukunft in der βουλή, b) ihrer Bindung an das Geschick (μοῖρα, τύχη) und c) des Charakters der Sammlung selbst bestimmen die Entwicklung der Begriffsbedeutung. Bei HOMER ist zwischen göttlichem Ratschluß (insbes. des Zeus [5]) und menschlichem R. zu unterscheiden. Dieser besteht einzig in der Bemühung, jenen zu treffen [6]; das begründet den Zusammenhang von R. und mantischer Veranstaltung [7]. ‹Ilias› und ‹Odyssee› sind insgesamt nur Inszenierungen göttlichen R. [8]. Götterrat ist im Menschen wirksam [9]. Doch ist auch er nicht reine Willkür, sondern gebunden an die vorgängige Zuteilung der μοῖρα [10].

Bei den Menschen ist die Fähigkeit des R. – neben der Tugend im Kampf – wichtigste Auszeichnung der Helden; darüberhinaus gilt er jedoch besonders als das 'Ehrenteil der Alten' [11]: Der betagte Nestor schöpft den R. als bewährte Regel aus der Vergangenheit [12]. Eine weitere Grundform des R. ist die Überprüfung und Vergewisserung der eigenen Grundsätze des Handelns angesichts ihrer Anfechtung in aktuellen Situationen [13]. Beide Formen offenbaren die vorwiegend rückgewendete und vergangenheitsbezogene Orientierung menschlichen R. in homerischer Zeit. Der künftige Ausgang der Dinge liegt eigentlich nicht in der Dimension solchen R.; exemplarisch zeigt dies der R. Nestors an Patroklos [14].

Auch für HESIOD beherrscht das Bewährte das Künftige [15]. Seine Ratschläge an Perses sind sämtlich Lebensregeln, welche den Menschen in eine überkommene, göttliche Ordnung von Zeus und Dike eingliedern wollen [16]. Im lyrischen Zeitalter ist menschlicher R. und Verwandtes zur Gänze Spielball des Geschicks. Selbst das bewährte Rechthandeln verbürgt in keiner Weise mehr den erhofften Erfolg [17]. Wohlberatenheit liegt einerseits – unerreichbar – in der göttlichen Ordnung (εὐνομία, εὐκοσμία). Die Mutter der εὐνομία ist nach PINDAR εὔβουλος Θέμις [18], welche sich nur vereinzelt dem begnadeten Menschen mitteilt; so etwa ist die Stiftung der Polisordnung durch SOLON aufzufassen [19].

Ähnliches meint ein Satz HERAKLITS: νόμος καὶ βουλῇ πείθεσθαι ἑνός («Gesetz bedeutet ja, daß dem Ratschluß nur Eines gefolgt wird») [20]. Andererseits besteht εὐβουλία für den Menschen bezeichnenderweise in schierem Innehalten, der auf Wechsel hoffenden Haltung des Zögerns [21]. Eine solche, bloß noch zaudernde Version des R. persifliert AISCHYLOS später äußerst kritisch [22].

HERODOT markiert eine Schwelle in der Entwicklung des Begriffs. Noch bleibt, was R. ist, der Vergangenheit verhaftet: In der Beratung des Geschehenen (τὰ γενόμενα ἐν βουλῇ ἔχειν [23]) werden die Mager von der Zukunft Persiens in Gestalt des Dareios überrascht;

noch heißt Wohlberatenheit vor allem zu zögern und sich Zeit zu lassen (ἐν τῷ ἐπισχεῖν ἔνεστι ἀγαθά; «Im Innehalten liegt Gewinn» [24]), noch muß der gute R. völlig vor den Veranstaltungen der τύχη kapitulieren (vgl. die Geschichte vom R. des Artabanos an Xerxes [25]). Dennoch wird τὸ εὖ βουλεύεσθαι schon als «größter Gewinn» für das menschliche Leben ausgegeben [26].

Die *Sophistik* bestätigt diese Entwicklung. Εὐβουλία wird zum Hauptgaranten eines erfolgreichen Lebens. PROTAGORAS kündigt sie als den Gegenstand seiner Lehrbemühungen an [27]. Darunter sind zum einen wohl noch weitgehend die altbewährten Lebensregeln zu verstehen [28] und zum andern rhetorische Kraft, welche den Worten gleichsam eine Mitsprache im Gang der Ereignisse zu sichern sucht [29]. Doch bleibt auch in der Sophistik menschlicher R. der Ungewißheit der Dinge ausgesetzt [30]. Dieses doppelte Gesicht der εὐβουλία schildert SOPHOKLES in der ‹Antigone› [31]. Wahrhaft emanzipiert vom Geschick erscheint der R. bei DEMOKRIT: «Die Menschen bildeten sich das Schema des Geschicks (τύχης εἴδωλον) zur Verschleierung der eigenen Unberatenheit (ἀβουλία); denn selten kämpft das Geschick gegen die Klugheit, sondern das meiste im Leben richtet ein einsichtiger Scharfblick gerade» [32]. THUKYDIDES hebt im Munde des fortschrittlich argumentierenden Diodotos die Rückgewendetheit des alten R.-Begriffes explizit und vollends auf: «Ich aber halte dafür, daß wir über das Zukünftige mehr unsere Erwägungen anstellen (βουλεύεσθαι) als über das Gegenwärtige» [33].

Insgesamt erweist sich der R. also als rationaler Blick auf die Dinge, der ihren kontrollierten Verlauf im Zusammenhang mit menschlicher Handlung sichert. Das ist auch die Auffassung PLATONS. Der R. strukturiert das Handeln durch die Unterscheidung von Mittel und Zweck [34]. Jedoch mißversteht Platon tendenziell die Befähigung zum R. als eine Art von Wissen; folgerichtig kennzeichnet er sogar die εὐβουλία als ein besonderes Wissen der Staatswächter (φυλακικὴ ἐπιστήμη) [35]. Die sophistisch verstandene εὐβουλία unterzieht er demgegenüber scharfer Kritik [36]. Zugleich wird für ihn auch erstmals das im R. liegende Moment des Zögerns überflüssig [37]. Der ps.-platonische Dialog ‹Sisyphos› (sowie z.T. auch der ‹Demodokos›) handelt ausführlich, aber wenig aufschlußreich vom Beraten (συμβουλεύειν). Die spezifische Rolle des Beratens als einer Form ungewisser Rationalität wird dort in einer Alternative zwischen wissender Belehrung und nichtwissendem Suchen zum Verschwinden gebracht. Ohnehin gleiche die Erwägung des Künftigen einem ‹Zielen nach Nichtseiendem›. Der Sinn von Beratung wird infolgedessen weitgehend geleugnet [38].

ARISTOTELES knüpft demgegenüber wiederum an Älteres an: Der Zeitaufwand für die überlegende Sammlung zählt hier wieder zu den Charakteristika des R. [39]. Auch weist Aristoteles die platonische Kennzeichnung der εὐβουλία als ἐπιστήμη zurück [40]. Stattdessen sucht er den eigentümlichen Status des R. als rationales Vermögen für Praxis überhaupt [41] zu befestigen auf einem Grat zwischen Wissenschaft vom Sicheren einerseits [42] und unüberlegtem (ἄνευ λόγου), selbstverständlichem Rechthandeln (εὐστοχία, ἀγχίνοια) andererseits [43]. Hervorzuheben ist, daß Aristoteles trotzdem insbesondere zwei Stränge der jüngeren Entwicklung gültiger feststellt: Der R. ist bei ihm allein auf Zukunft aus [44], und τύχη im Sinne der Zufälligkeit ist für ihn irrelevant [45], während sie allerdings als befürchteter Ausgang der Dinge in der Furcht die affektive Grundlage des R. bildet [46]. Insgesamt bedeutet 'zu Rate gehen' bei Aristoteles ein überlegendes Suchen (ζήτησις [47]) des Zuträglichen (συμφέρον [48]) für menschliche Praxis und dessen Sammlung für und Ausrichtung auf (ὀρθότης [49]) die leitende Hinsicht (τέλος [50]) eben dieses Handelns; nicht jedoch ist Sache des R. die Auffindung von solchen Handlungszielen selbst [51]. Die βουλή ist als solche der Vorgang, der auf den überlegten Entschluß (προαίρεσις [52]) hinausläuft und so die Freiwilligkeit der aus ihm erfolgenden Handlung (ἑκούσιοι πράξεις [53]) verbürgt.

ISOKRATES greift, wie oft, sophistisches Erbe auf: 'Zu Rate gehen' ist das Vermögen der menschlichen Seele überhaupt: «Die spezifische Leistung der Seele besteht darin, in privaten und öffentlichen Belangen mit sich zu Rate zu gehen (βουλεύσασθαι)» [54]. Und diese Möglichkeit ist sprachlich verfaßt, äußert sich also auch in rhetorischer Fähigkeit: «Für wohlberaten (εὐβούλους) halten wir Leute, die im Gespräch mit sich selbst über die jeweiligen Angelegenheiten am besten befinden» [55]. Die so rhetorisch artikulierte εὐβουλία ist also nach Isokrates wie schon bei den Sophisten ein Inbegriff menschlicher Mitsteuerungsmöglichkeit im Leben. Die Nützlichkeit solchen Vermögens bleibt gepaart mit wesentlicher Ungewißheit des Ausgangs, während demgegenüber die sichere ἐπιστήμη, wenn sie nicht gar überhaupt menschenunmöglich ist [56], auf keine Weise für die Praxis taugt [57].

Zur Gnomik geronnen ist die Auffassung des R. in den ‹Demonicea› am Ende des 4. Jh. [58]. Die Äußerungen dort entsprechen ebenfalls der sophistischen Sicht des Themas. Zwar ist die Rolle des Redens zurückgedrängt, doch kann die Zwiespältigkeit des R. zwischen Vergangenheit und Zukunft und zwischen Glücken und Räsonieren als typisch sophistisch gelten [59]: «Gehe zu Rate mit dir, indem du das Vergangene zum Vorbild des Künftigen machst; denn das Unsichtbare wird vom Sichtbaren aus am schnellsten durchschaut. Erwäge langsam, doch führe schnell das erkannte Ergebnis aus: Sieh dabei als Stärkstes von Seiten der Götter den glücklichen Ausgang an und von unserer Seite die Wohlberatenheit ...» [60].

Derlei bleibt maßgebend auch in hellenistischer Zeit. Zusätzlich orientiert man sich an kanonischen Definitionen des R. wie z.B. in den ps.-platonischen ‹Definitiones›: «Zu Rate gehen: Überlegung über das Zukünftige, wie es zum Vorteil ausgeht» [61] und in der *Stoa* (CHRYSIPP): «Wohlberatenheit (εὐβουλία) ist Wissen davon, mit welchen Handlungen und in welcher Weise getan wir vorteilhaft handeln werden» [62]. Der Begriff selbst scheint allerdings einstweilen an Interesse zu verlieren, nicht zuletzt deshalb, weil mit der Ausbreitung einer stoischen Sicht der Dinge ein zu Rate gehen des Menschen über das, was zu tun ist, gänzlich ohne bestimmenden Einfluß bleiben muß. In diesem Sinne kritisiert ALEXANDER VON APHRODISIAS (2. Jh. n.Chr.) die stoische Lehre vehement und erneuert demgegenüber die peripatetische Auffassung des βουλεύεσθαι [63].

Anmerkungen. [1] Zum Verhältnis von βούλομαι zu (ἐ)θέλω z.B. R. RÖDIGER: βούλομαι und ἐθέλω, eine semasiolog. Unters. Glotta 8 (1917) 1ff.; A. WIFSTRAND: Die griech. Verba für Wollen. Eranos 40 (1942) 16-36. – [2] H. FRISK: Griech. etymol. Wb. 1 (1960); vgl. schon PLATON: Krat. 420 c. – [3] Bes. für die spätere Zeit vgl. G. KITTEL (Hg.): Theol. Wb. zum NT 1 (1933). – [4] Zum R. als Institution vgl. z.B. A. ANDREWES: Probouleusis. Sparta's contrib. to the technique of government (Oxford 1954); CH. MEIER: Die Entsteh. des Polit. bei den Griechen (1980); P. J.

RHODES: The Athenian boule (Oxford 1972, ²1985). – [5] Vgl. auch die myken. Inschr. Ζεὺς βουλεύς, in: Syll. inscr. graec., hg. W. DITTENBERGER (³1915-24, ND 1960) 1024, 17. – [6] Vgl. HOMER: Il. 2, 35ff. 55; sowie 305-330. 353. – [7] Vgl. E. WOLF: Griech. Rechtsdenken 1 (1950) 33. 78. 154; später kritisiert EURIPIDES die Bindung des R. an das Orakel: Hel. 743ff. bes. 757. – [8] HOMER: Il. 1, 5; Od. 1, 42-95; 5, 20ff. – [9] Vgl. Il. 8, 35f. – [10] Vgl. Il. 4, 25ff.; 16, 431ff. – [11] vgl. Il. 2, 272ff.; 9, 43f.; Od. 14, 491; eine Ausnahme bildete offenbar Hektor: Il. 13, 726ff.; Ehrenteil der Alten: Il. 4, 323. – [12] Vgl. Il. 9, 73-78; 2, 336ff.; 14, 61ff.; ebenso Odysseus: Il. 19, 216-237. – [13] Vgl. Passagen wie Il. 2, 110-322; 14, 42-132. – [14] Il. 11, 790ff. – [15] HESIOD: Erga 293ff. – [16] a.O. 213ff.; vgl. auch 265ff. – [17] Beispielhaft ausgedrückt bei SOLON 13, 63ff., in: Iamb. et el. graec., hg. M. L. WEST (Oxford 1971/72) 2, 129f.; vgl. PINDAR: Olymp. 12, 7-12; Pyth. 8, 75ff. – [18] PINDAR: Olymp. 13, 8; vgl. auch Isthm. 8, 32; Frg. 30, 1, hg. B. SNELL/H. MAEHLER (⁴1975) 8. – [19] Vgl. Ausdrucksweisen wie etwa SOLON: Frg. 4, 30ff., a.O. [17] 122. – [20] HERAKLIT: VS 22, B 33. – [21] Vgl. THEOGNIS 329f. 633f. 1053; SIMONIDES 543, 21-24, in: Poet. mel. graeci, hg. D. L. PAGE (Oxford 1962) 284; PINDAR: Pyth. 8, 1-5: Ἡσυχία ... βουλᾶν ... ἔχοισα κλαῖδας; G. GROSSMANN: Polit. Schlagwörter aus der Zeit des Pelop. Krieges (1950) 146ff. hebt diesen Zug der εὐβουλία bes. hervor. – [22] AISCHYLOS: Agamn. 1345-1371. – [23] HERODOT III, 78. – [24] VII, 10, ζ; vgl. δ und III, 71; VII, 49. – [25] VII, 10-18. – [26] 10, δ; vgl. auch III, 81. – [27] Vgl. PLATON: Prot. 318 e-319 a. – [28] Vgl. etwa ANTIPHON (Sophist): VS 87, B 54. 58. 60; GORGIAS: VS 82, B 21f.; PROTAGORAS: VS 80, B 3; vgl. hierzu A. DIHLE: Die goldene Regel (1962) 85ff., bes. 99. – [29] Vgl. z.B. GORGIAS: VS 82, B 11 (8); THUKYDIDES III, 42, 2; 38, 4; ISOKRATES: Or. 3, 6. 39; vgl. TH. BUCHHEIM: Die Sophistik als Avantgarde normalen Lebens (1986) 60f. 82ff. 110ff.; vgl. ferner überhaupt den συμβουλευτικὸς λόγος in der Rhetorik, z.B. bei ARISTOTELES: Rhet. I, 3-4, 1358 b-1359 b. – [30] Vgl. z.B. GORGIAS: VS 82, B 11 (11). – [31] SOPHOKLES: Ant. 178ff.; vgl. aber auch 1050. 1098. 1242f. – [32] DEMOKRIT: VS 68, B 119; vgl. KRITIAS: VS 88, B 21. – [33] THUKYDIDES III, 44, 2f.; in ähnlichem Sinn auch die Rede des Archidamos, a.O. I, 80ff., bes. 84f.; zum Begriff ‹R.› bei Thukydides vgl. H. PATZER: Das Problem der Gesch.schreib. des Thukyd. (1937) 39ff. – [34] PLATON: Lach. 185 b-d. – [35] Resp. 428 b 6-d 6; in der Tendenz ähnlich: Alc. I 103ff. – [36] Alc. I 125 eff. – [37] Charm. 160 a 8-b 1; zu Platon ausführlich E. B. STEVENS II: Commonplace and theory of counsel and deliberation from Homer to Arist. Diss. (Chicago 1930) 75ff.; C. W. MÜLLER: Die Kurzdialoge der App. Plat. (1975) 83ff. – [38] Speziell hierzu, dabei aber mit Heranziehung viel einschlägigen Materials zum Thema überhaupt, vgl. MÜLLER, a.O. – [39] ARISTOTELES: Eth. Nic. VI, 10, 1142 b 3-5. – [40] a.O. a 33-b 2; vgl. Nikom. Ethik, übers. und komm. F. DIRLMEIER (1956) 460. – [41] Vgl. etwa III, 5, 1112 b 30f.; VI, 5, 1140 a 25-32; 8, 1141 b 9-14 sowie Eth. Eud. II, 10, 1226 a 20-1227 a 20; vgl. auch die durchgängige Nähe zum Begriff der φρόνησις. – [42] 1112 a 21-23; b 1-4; VI, 2, 1139 a 13f.; auch Rhet. I, 4, 1359 a 30ff. – [43] VI, 10, 1142 b 2-6; vgl. 8, 1141 b 13f. – [44] 1139 b 5-9; vgl. De int. 9, bes. 18 b 31 und 19 a 7. – [45] 1112 a 23-27. – [46] Rhet. II, 5, 1383 a 5-10. – [47] Eth. Nic. III, 5, 1112 b 20ff.; VI, 10, 1142 b 31f. b 15. – [48] b 32. – [49] b 16; vgl. b 30. 32. – [50] b 29-33. – [51] 1112 b 11f. 33f.; auch dies gegen PLATON: Lach. 185 d 5-7. – [52] 1113 a 2-7. – [53] b 3-5. – [54] ISOKRATES: Or. 15, 180; vgl. 7, 14. – [55] Or. 3, 8 bzw. 15, 256; man betrachte jedoch den ganzen Zus.: Or. 3, 6-9 bzw. 15, 253-257; zur εὐβουλία sonst: Or. 12, 86; 9, 46. – [56] Or. 15, 271. – [57] 184. 285; 10, 5; zu Isokrates vgl. STEVENS, a.O. [37] 58ff.; E. MIKKOLA: Isokrates (1954), bes. 21ff. 155f. 184ff.; MÜLLER, a.O. [37] 82ff. – [58] Unter den Reden des Isokrates als Nr. 1. – [59] Vgl. DIHLE, a.O. [28] 90f. – [60] Demon. 34 bzw. ISOKRATES: Or. 1, 34. – [61] Ps.-PLATON: Def. 413 e. – [62] CHRYSIPP: SVF III, 264. – [63] ALEXANDER APHR.: De fato, in: Suppl. arist. II/2, hg. I. BRUNS (1887) 178ff.; vgl. den Komm. von R. W. SHARPLES, in: On fate (1983) 139ff.

Literaturhinweise. E. B. STEVENS II s. Anm. [37]. – G. GROSSMANN s. Anm. [21]. – T. A. SINCLAIR: A hist. of greek polit. thought (Cleveland 1968). – C. W. MÜLLER s. Anm. [37]. – D. WIGGINS: Deliberation and pract. reason. Proc. arist. Soc. 76 (1975/76) 29ff. – A. KENNY: Arist.'s theory of the will (London 1979). – A. DIHLE: The theory of will in class. ant. (Berkeley 1982); dtsch. (1985). – M. SCHOFIELD: Euboulia in the Iliad. Class. Quart. 36 (1986) 6-31. – P. SCHOLLMEIER: Deliberation and pract. wisdom. Z. philos. Forsch. 43 (1989) 124-132.

TH. BUCHHEIM

II. *Von der Patristik bis zur Neuzeit.*

– Die Patristik unterscheidet zwischen «praecepta» und «consilia», zwischen den göttlichen Geboten des Dekalogs und den göttlichen Seligkeitsanratungen, denen die «opera debita» einerseits und die «opera supererogationis» andererseits korrespondieren. Diese Unterscheidung zweier Normentypen, die die moralischen Handlungsklassen des Gebotenen, Verbotenen und Indifferenten mit die Klasse angeratener Handlungen erweitert, wurde bibelexegetisch entwickelt. Die seit ORIGENES [1] und TERTULLIAN [2] von den Kirchenvätern immer wieder herangezogenen und ausgelegten Stellen waren z.B.: 1 Kor. 7, 25. 38; Matth. 5, 19; 19, 16ff.; 20, 20ff.; Luk. 17, 10; Apg. 5, 4. AMBROSIUS hat in seiner wirksamen, Ciceros Vorbild ins Christlich-Religiöse transponierenden Pflichtenlehre ‹De officiis ministrorum› von 386 die praecepta-consilia-Distinktion mit der stoisch-ciceronischen Unterscheidung zwischen den «officia perfecta» und den «officia media» kombiniert und damit dieser für die stoische Ethik wichtigen modalen Differenz eine extensionale Interpretation gegeben: Bezog sich das von CICERO [3] als «officium perfectum» bezeichnete κατόρθωμα der stoischen Ethik auf die sittlich vorbildliche und das Vollkommenheitsideal des Weisen charakterisierende Ausführungsweise der naturgemäßen und sittlich angebrachten Handlungen, der καθήκοντα, so beziehen sich die gleichermaßen dem Stand der jetzt christlich interpretierten Vollkommenheit begrifflich zugeordneten «consilia» und die von ihnen angeratenen «opera supererogationis» auf eine eigenständige Normen- und Handlungsklasse [4]. Nach der patristischen Lehre von den «praecepta» und «consilia» dient die Beachtung der Vorschriften und Gebote der Sündenvermeidung, man kann sich jedoch durch die Befolgung der Ratschläge sittliche Verdienste erwerben und seine Seligkeitsaussichten verbessern. «Consilia» gehören in den Bereich sittlich wertvoller Handlungen, in dem mehr oder weniger getan werden kann und Art und Umfang der Handlung von dem Handelnden frei bestimmt werden können; sie raten, mehr zu tun, freigebiger beim Almosengeben zu sein, rigoroser in der Askese und engagierter bei den Tugend- und Frömmigkeitsübungen. Sie beziehen sich, wie TERTULLIAN in seiner Schrift ‹Über die Aufforderung zur Keuschheit› ausführt, auf ein Handlungsfeld, auf dem uns Gott ausdrücklich die Freiheit zur Selbstbestimmung eingeräumt hat und auf dem wir uns durch Wohltätigkeit und strenge Disziplinierung der Sinnlichkeit sittlich bewähren und dadurch Verdienste um unser eigenes Seelenheil erwerben können [5]. Aus diesen bibelexegetisch gewonnenen patristischen «consilia» haben sich dann später die sog. 'drei evangelischen Ratschläge' der frei gewählten lebenslänglichen Armut, der lebenslangen Keuschheit und der gehorsamen Unterordnung unter einen geistlichen Oberen entwickelt, die das allgemein jedermann um seiner Seligkeit willen Angeratene zur mönchischen Lebensform radikalisieren und in eine jetzt mit praeceptum-Qualität ausgestattete Verfassung kirchlichen Ordenslebens verwandeln und so die Mönchsexistenz als Stand der Vollkommenheit qualifizieren.

Die patristische Lehre von den «praecepta» und «consilia» ist ein intuitiver exegetischer Befund, dem es noch an jeder begrifflichen Durchformung mangelt. Erst im Naturrechtssystem des THOMAS VON AQUIN bekommen die Ratschläge und ihr Verhältnis zu den Forderungen eine differenzierte Fassung und erhalten auch als integraler Bestandteil einer umfassenden naturrechtlichen, seligkeitsteleologischen Ethik philosophische Rechtfertigung. «Der Unterschied zwischen R. und Gebot besteht darin, daß das Gebot eine sittliche Notwendigkeit mit sich führt, der R. dagegen der Entscheidung dessen anheimgestellt ist, dem er gegeben wird» («haec est differentia inter consilium et praeceptum, quod praeceptum importat necessitatem, consilium autem in optione ponitur eius cui datur») [6]. Notwendig sind die Vorschriften, «um das Ziel der ewigen Glückseligkeit zu erreichen» («ad consequendum finem aeternae beatitudinis»); hingegen richten sich die Ratschläge auf solche Handlungen, die dieses Ziel «besser und ungehinderter» («melius et expeditius») erreichen helfen [7]. Thomas von Aquins Ethik betrachtet «praecepta» und «consilia» gleichermaßen unter seligkeitsteleologischer Perspektive und unterscheidet sie aufgrund ihrer konsequentialistischen Leistung. Die Vorschriften formulieren die notwendigen Bedingungen der Glückseligkeit und Vollkommenheit; sie indizieren glückseligkeits- und vollkommenheitswidrige Handlungen. Die Ratschläge hingegen formulieren Bedingungen, die für ein glückseligkeits- und vollkommenheitsgerichtetes Handeln und Leben förderlich sind. «... praecepta ... ordinantur ad removendum ea quae sunt caritati contraria, cum quibus scilicet caritas esse non potest: consilia autem ordinantur ad removendum impedimenta actus caritatis» («Gebote sind gegeben, um das aus dem Weg zu schaffen, was der Liebe zu Gott entgegensteht, womit nämlich die Liebe nicht vereinbar ist; die Ratschläge aber zielen darauf, die Hindernisse der Betätigung der Liebe auszuräumen») [8]. Die Ratschläge zeigen den Weg aus der Weltbefangenheit zur Freiheit für und in Gott; sie sind «Wirkungen und Zeichen der Vollkommenheit», die darin besteht, daß der Geist des Menschen «alles, was ihn von der Hingabe an Gott zurückhalten kann, abwirft, nicht nur die Sorge um die äußeren Dinge und die Neigung zu Gattin und Kindern, sondern auch die Neigung zu sich selbst» [9]. Prinzipiell sind die drei «consilia Evangelica», «illa tria generalia et perfecta consilia» [10], die das Muster vollkommener Lebensführung zeichnen und auf die alle situationsbezogenen Einzelräte zurückführbar sind, an jedermann adressiert. Aber sie sind anders als die «praecepta» nicht von jedermann in der gleichen Weise befolgbar: «Et ideo Dominus, consilia Evangelica proponens, semper facit mentionem de idoneitate hominum ad observantiam consiliorum» («Daher erwähnt der Herr bei seinen evangelischen Ratschlägen immer auch eigens die Eignung der Menschen hinsichtlich ihrer Befolgung») [11]. Nicht jeder ist für die mönchische Lebensweise geboren, aber jeder kann bei dieser oder jener Gelegenheit sich in Gehorsam üben, seinen Körper durch Enthaltsamkeit disziplinieren und sich von der egoistischen Sorge um äußere Dinge befreien.

Die Lehre von den Ratschlägen und den überschüssigen, die Seligkeitsaussichten rational steigernden Verdiensten, die bis heute fester Bestandteil der katholischen Moraltheologie ist [12], wird von der evangelischen Theologie und Ethik abgelehnt. Seit M. LUTHERS Kritik am Recht des Mönchstums sowie an den «consilia evangelica» und den «opera supererogatoria» in ‹De votis monasticis› von 1521 [13] wird der sich in diesen Lehrstücken manifestierenden katholischen Sittlichkeit der Werke und Verdienste das Prinzip der «sola gratia» und die Ethik der Rechtfertigung entgegengestellt. Die allem zugrunde liegende patristische praecepta/consilia-Unterscheidung wird von der evangelischen Theologie als exegetisch unbegründet, als «theologische Erfindung» und «Verfälschung des Gesetzes Gottes» [14] betrachtet. Wird zudem das göttliche Gebot im Lichte des Kierkegaardschen Konzepts der persönlichen Pflichterfahrungen betrachtet, wie dies H. MARTENSEN tut, dann entdeckt sich die mit Freiwilligkeit und Minderverbindlichkeit assoziierte Kategorie des R. als «sittliche Verirrung» [15]. «Besagt nämlich die Pflicht die ganze persönliche Freiheitsleben umfassende Einheit des Allgemeinen und des Individuellen: als dann kann unmöglich Jemand ein Mehreres leisten, als daß er seine Pflicht erfüllt; oder, was auf Dasselbe hinauskommt: Niemand kann mehr thun, als seine von Gott ihm gegebene Bestimmung erfüllen. Evangelische Rathschläge können daher nichts Anderes bedeuten, als evangelische Gebote für einzelne Individuen und unter besonderen Verhältnissen, Rathschläge, welche eben dieser ihrer Beschränkung halber sich nicht ausdrücken lassen in der Form allgemeiner und unbedingter Gebote, obgleich sie für das betreffende Individuum um nichts weniger verpflichtend sind, als die allgemeinen und Jedermann angehenden Gebote» [16]. Das Obligatorische einverleibt sich das Rätliche; neben dem Normativitäts- und Verbindlichkeitstyp der Pflicht gibt es keinen anderen mehr; der Pflichtbegriff wird zum dominierenden Begriff der Moralsprache. Dort, wo die Lehre von den Ratschlägen sittlich differenzierte Wege der Lebensführung erblickt, gibt es jetzt nur noch Beispiele persönlicher Pflichterfüllung, die nur aus unangemessener externer Perspektive mit einem Vollkommenheitsmaß gemessen werden können.

Martensens christliche Ethik setzt im konzeptuellen Rahmen des Kierkegaardschen Pflichtbegriffs die Tradition der neuzeitlichen naturrechtlichen Pflichtenlehre fort, die die Unterscheidung zwischen «praecepta» und «consilia» pflichtentheorieimmanent rekonstruiert und die «praecepta» als Normen, die vollkommene (zwangsbewehrte) Pflichten, die «consilia» hingegen als Normen, die unvollkommene (freiwillige und nicht erzwingbare) Pflichten begründen, interpretiert. In ihrer systematisch reifsten Gestalt, in der Moralphilosophie I. KANTS, werden die ehemaligen Gegenstände der Anratung, die unvollkommenen Pflichten, als objektive Zwecke aufgefaßt, deren Verwirklichung zwar geboten ist, deren Verwirklichungsweise jedoch den Umständen und dem Gestaltungswillen des Handelnden überlassen bleiben muß. Der Begriff des R. selbst hingegen wird für die Charakterisierung nicht-moralischer Handlungsregeln verwendet, für die technischen und pragmatischen Imperative, denen nur eine hypothetische Notwendigkeit zukommt [17]. «Rathschläge (consilia) sind Regeln, welche die Klugheit giebt, also wesentlich verschieden von den Geboten der Sittlichkeit. Doch soll man auch vernünftigen Rathschlägen Gehör geben, nur aber nicht so, daß dadurch die Sittenlehre in eine bloße Klugheitslehre verwandelt würde» [18]. Der R.-Begriff erleidet also in der neuzeitlichen Moralphilosophie ein Entsittlichungsschicksal: ursprünglich zur Bezeichnung einer besonderen sittlichen Normativität und zur Charakterisierung einer außerordentlichen Sittlichkeit geprägt, wird er jetzt der vor- und außersittlichen, gelegentlich sich dem sittlichen Superioritätsanspruch widersetzenden instrumentellen Rationalität assoziiert.

Im 19. Jh. haben sowohl J. S. MILL als auch F. BRENTANO versucht, der R.-Kategorie vor dem Hintergrund eines Differenzen und Grade erlaubenden Sittlichkeitsbegriffs moralphilosophisches Profil zurückzugeben. MILL benutzt die Pflicht-R.-Distinktion zur Unterscheidung zweier sittlicher Lebensweisen und Anspruchsniveaus: Die Pflicht bestimmt das Leben sittlicher Durchschnittlichkeit, der R. hingegen modelliert das Ideal und weist den Weg zum sittlich Außerordentlichen [19]. BRENTANO variiert diese Lehre, gibt dabei dem Pflichtkonzept eine strengere, vom Maß des Durchschnitts abrückende Bedeutung: «Auch wir können zustimmen, wenn man sagt, Pflicht sei, was Durchschnitt und Mitte im menschlichen Verhalten bilde, aber wir denken dabei nicht wie Mill an die große Masse der Menschen, sondern an die Besten unter ihnen und sagen, was von diesen Besten der Durchschnitt tut, das ist Pflicht, was aber noch darüber liegt, ist bloßer R.» [20].

Während die Kategorie des R. und die ihr nahestehenden des Ideals, des Verdienstes und der überschüssigen, übergebührlichen Handlungen für lange Zeit die moralphilosophische Aufmerksamkeit verloren, haben sie zumindest in der englischsprachigen Moralphilosophie seit dem Aufsatz ‹Saints and Heroes› von J. O. URMSON zunehmend das Interesse der Ethiker gefunden. Dort gibt es seit einigen Jahren eine ‹supererogation›-Debatte, die teils begriffsanalytisch, teils phänomenologisch motiviert, sich der phänomenalen Vielfalt unseres moralischen Gefühls- und Handlungslebens zuwendet und sie von begriffsmonistischen theoretischen Verstellungen zu befreien versucht; sie erinnert sich dabei der alten Distinktionen der moralphilosophischen Tradition, expliziert die ihnen zugrundeliegenden Intuitionen und unternimmt es, sie begrifflich neu zu bestimmen [21].

Anmerkungen. [1] ORIGENES: Ad Rom. III, 3. – [2] TERTULLIAN: De exhort. castitatis 4. 7. – [3] CICERO: Acad. post. X, 37; De fin. III, 17, 58; De off. I, 3, 8; II, 3, 14. – [4] AMBROSIUS: De viduis XII, § 12. MPL 16; De off. min. I XI, 36f. MPL 16. – [5] TERTULLIAN, a.O. [2] 7f. – [6] THOMAS VON AQUIN: S. theol. I-II, 108, 4. – [7] a.O. – [8] II-II, 184, 3. – [9] S. c. gent. III, 130. – [10] a.O. [6]. – [11] a.O. – [12] Vgl. J. MAUSBACH: Kath. Moraltheol. 1, hg. G. ERMECKE (⁹1959) § 51. – [13] M. LUTHER: Weim. Ausg. 8 (1889) 580, 4f. – [14] H. MARTENSEN: Christl. Ethik (⁵1887) 546. – [15] a.O. 548. – [16] 546. – [17] I. KANT: Grundl. zur Met. der Sitten. Akad.-A. 6, 416ff. – [18] W. T. KRUG: Allg. Handwb. der philos. Wiss.en 3 (1833) 418. – [19] J. S. MILL: A. Comte and positivism (1865). Coll. works 10 (Toronto 1969) 261-368; dtsch.: Ges. Werke, hg. TH. GOMPERZ (1869ff.). – [20] F. BRENTANO: Grundl. und Aufbau der Ethik [1876], hg. F. MAYER-HILLEBRAND (1952, ND 1978) 322. – [21] J. O. URMSON: Saints and heroes, in: A. I. MELDEN (Hg.): Essays in moral philos. (Seattle 1958); D. HEYD: Supererogation (Cambridge 1982).

W. KERSTING

Ratio [r.], das zu dem Verb ‹reri› (rechnen, meinen) gehört, ist neben ‹res› eines der vielseitigsten Wörter der lateinischen Sprache. Eine feste Zuordnung des mit ‹r.› Gemeinten zum Vernunft- oder aber zum Verstandesbegriff, die beide erst spät verbindlich voneinander abgehoben wurden, ist, solange die Philosophie sich des Lateinischen bedient, kaum möglich. Die Verwendung des Terminus ‹r.› muß daher auch der älteren Geschichte dieser beiden Begriffe zugeordnet werden. In philosophischem Kontext erscheint ‹r.›, seit die Römer sich mit griechischer Philosophie beschäftigen. LUKREZ beansprucht, seine Darlegung der Lehren Epikurs sei die «vera r.» [1]. Bei CICERO findet man die ganze Bandbreite der Bedeutungen: Rechnung, Rechenschaft, Rücksicht, Verhältnis, Beziehung, Plan, System, Theorie, Lehre, Methode, Regel, Grundsatz, Weise, Zustand, Einsicht, Vernunft, Vernunftschluß, Beweggrund. Oft dient ‹r.› als Übersetzung für λόγος (Logos, s.d.), das ähnlich vielfältig ist. Cicero sieht in der r. das den Menschen, das «animal rationale», vor allen Lebewesen Auszeichnende. Die r. ist das Göttlichste, was es im Himmel und auf Erden gibt [2]; es verbindet Menschen und Götter, die Bewohner des gemeinsamen Hauses der Welt [3]. Die «recta r.» (s.d.) ist die Grundnorm des Handelns, das Naturgesetz. Bei SENECA ist r. der stoische Logos: Der Gott ist ganz r., der Mensch hat daran teil: r. ist das Beste in uns [4]. Explizit ist in der Stoa schon die Verbindung von Vernunft und Grund [5]. Gemäß der stoischen Ursachenlehre unterscheidet Seneca zwei Prinzipien, die träge, passive «materia» und die «causa», die identisch ist mit der r., dem göttlichen Logos. Alles besteht aus der Materie und dem Gott [6]. Der Logos hat aber immer auch einen normativen Aspekt: Die r. urteilt über gut und böse, Tugend besteht allein darin, vernunftgemäß («secundum rationem») zu leben [7].

Neben der stoischen Logos-Lehre bestimmt vor allem die platonisch-neuplatonische Tradition den Inhalt des Begriffs ‹r.›; zum einen durch die Rezeption der Ideenlehre, zum anderen durch die Versuche, die Seelenvermögen und -tätigkeiten einzuteilen (z.B. νοῦς/διάνοια oder νοῦς/ψυχή).

AUGUSTINUS billigt ‹r.› als Übersetzung für εἶδος, obwohl er weiß, daß es bei einer wörtlichen Übertragung ‹formae› oder ‹species› heißen müßte. Die unwandelbaren, ewigen Ideen in Gott sind der Grund sowohl für das Sein der Schöpfung als auch für ihre Intelligibilität [8]. Die r. ist einmal die diskursive Bewegung, das Unterscheiden und Verbinden [9], aber auch die höhere Kraft des Geistes, die im göttlichen Licht die «rationes» der Dinge mit dem Auge der Seele erblickt. Die Unterscheidung zwischen ‹r.› und ‹intellectus› wird noch nicht konsequent durchgehalten. BOETHIUS ist hier genauer; «r.» und «intelligentia» unterscheiden sich im Objekt und in der Verfahrensweise. Die «r.» ist diskursiv, ihr Gegenstand ist das Wesen der materiellen Dinge; «intelligentia» ist das höhere, intuitive Vermögen, dessen Gegenstand das Göttliche und Ewige ist. «Intelligentia» und «r.» verhalten sich zueinander wie Zentrum und Kreis [10]. In zahlreichen Boethius-Kommentaren aus der Schule von Chartres wird diese Lehre wiederholt. Anlaß zu Überlegungen über Wesen und Funktion der r. gab auch eine Stelle in der ‹Timaios›-Übersetzung des CHALCIDIUS [11]. Dort wird das wahrhaft Seiende, sich immer gleich Verhaltende dem Bereich des Werdens und Vergehens gegenübergestellt, wobei der erste Bereich durch «intellectus» und «r.», der andere durch «sensus» und «opinio» erfaßbar ist. WILHELM VON CONCHES erklärt hier «r.» als die Seelenkraft, mit der der Mensch die Eigenschaften der Körper und ihre Unterschiede beurteilt. Der Intellekt erfaßt dagegen Unkörperliches und zwar «cum certa ratione quare ita sit» [12]. Bei THIERRY VON CHARTRES gerät die «r.» auf die Seite der «opinio» [13]. CLARENBALDUS VON ARRAS weist der ‹r.› als bloße «opinio» die Beschäftigung mit den «naturalia» zu, weil diese aus Materie und Form bestehen, die Materie aber immer im Flusse und instabil ist und kein wahres Sein hat. Erfaßt werden mit der r. nur Bilder, nicht die Wahrheit [14].

Traditionsgeschichtlich bedeutend für die Stufung der Seelenvermögen (sensus, imaginatio, r., intellectus, intelligentia) ist auch die ps.-augustinische Schrift ‹De spiritu et anima›, vermutlich eine Kompilation des ALCHER VON LÜTTICH. Auch hier wird der r. der Bereich der in der Materie verwirklichten Formen und Eigenschaften zugeteilt [15]. JOHANNES SCOTUS ERIUGENA versteht die r. als Erscheinung des Intellekts, als von diesem gezeugte «forma», als «Noophanie» analog zur Theophanie [16]. Während der überwesentliche νοῦς um den unerkennbaren Gott kreist, richtet sich die r. auf die «rationes primordiales» [17].

Für ANSELM VON CANTERBURY ist das wesentliche Merkmal der r. das Urteilen und das Unterscheiden von gut und böse, wahr und falsch [18]. In der 'scholastischen' Theologie sollte die Differenz (nicht der Gegensatz) zwischen r. und Offenbarung bzw. auctoritas eine wichtige Rolle spielen. BONAVENTURA trifft wohl den Common sense, wenn er bemerkt, man solle sich an die Autorität halten, wo sie nicht ausdrücklichen Unsinn enthalte [19].

THOMAS VON AQUIN erklärt, «r.» und «intellectus» seien keine zwei Seelenteile, sondern nur verschiedene Potenzen derselben Seele [20]. Er übernimmt auch die Bestimmung des ISAAC ISRAELI, die «r.» entstehe «in umbra intelligentiae» [21]. Dies bedeutet, daß für die menschliche Erkenntnis, insofern sie unter den Bedingungen von Raum und Zeit steht, das natürliche Objekt nicht die reine Idee, sondern die in der Materie verwirklichte und damit in gewisser Weise verdunkelte «forma» ist. Die Vorgehensweise der r. ist die Abstraktion und so kann auch der von der Materie abstrahierte Begriff ‹r.› genannt werden. Der Intellekt ist dagegen das Vermögen, das 'sofort' im Besitz der ersten Prinzipien ist. Er ist Ausgangs- und Zielpunkt der Tätigkeit der r., die als «processus», «inquisitio», «collatio» beschrieben wird [22]. Die r. ist derart durch ihre Funktion als «vis collativa» bestimmt, daß sogar der Gemeinsinn («vis cogitativa») als «r. particularis» bezeichnet werden kann, denn er kollationiert die Sinnesdaten wie die «r. intellectiva» Allgemeinbegriffe [23]. THOMAS zählt neben diesen beiden Bedeutungen (Seelenvermögen und abstrahierter Begriff) noch «r.» als «causa» (im Sinne von Motiv einer Handlung) und als Rechnung («computatio») auf [24]. Der Thomas-Schüler FERRARIUS CATALANUS kommt allein auf neun Bedeutungen von ‹r.› im Sinne von Wesen oder Potenz der «anima rationalis» [25].

MEISTER ECKHART verwendet ‹r.› als Bezeichnung für den göttlichen Logos und die Ideen der geschaffenen Dinge in ihm [26]. Nichts ist gleichzeitig so ähnlich und so unähnlich wie die «res» und ihre «r.»; denn die Idee des vergänglichen Kreises ist weder vergänglich noch kreisförmig, und doch ist sie für ihn Grund und Prinzip [27]. Bei NIKOLAUS VON KUES wird der Unterschied von «r.» und «intellectus» zu einem Kernstück seiner Lehre von der Überwindung der diskursiv-rationalen Metaphysik. Die «r.» ist die höhere Einheit gegenüber dem «sensus», wie der «intellectus» die höhere Einheit und die «praecisio» der «r.» ist. Sie ist die Fähigkeit zu unterscheiden, zu vergleichen, zu zählen und zu benennen. Ihre Sprache und ihre Logik der Endlichkeit muß vor der «coincidentia oppositorum» ihre Nichtzuständigkeit anerkennen [28].

Bei G. W. LEIBNIZ tritt die «r.» als «r. sufficiens» in den Vordergrund, die bestimmt, warum dies eher ist als das andere. Die «r. plena» eines Dinges ist Aggregat aller seiner erforderlichen Bestimmungen. Da jedes mögliche Ding eine einmalige Kombination unendlich vieler Bestimmungen ist, die das Ganze spiegelt und in gleicher Weise zur Verwirklichung drängt, bedarf es einer «r. ultima», die die beste Ordnung erkennt und auswählt [29].

Anmerkungen. [1] LUKREZ: De rerum nat. I, 51. – [2] CICERO: De leg. I, 22. – [3] De nat. deor. II, 62. – [4] SENECA: Nat. quaest. 1, 13. 14. – [5] M. HEIDEGGER: Der Satz vom Grund (1957, ⁵1978) 165. – [6] SENECA: Ep. mor. ad Lucilium 65, 2. 23. – [7] a.O. 66, 35. – [8] AUGUSTINUS: De div. quaest. 46. MPL 40, 29; vgl. Art. ‹Rationes aeternae›. – [9] De ord. II, 11, 30. – [10] BOETHIUS: Consol. philos. IV, 6. CSEL 67, 98. – [11] PLATON: Tim. 28 a, transl. lat. CALCIDII, in: PLATO latinus 4, hg. J. H. WASZINK (London 1964) 20. – [12] WILHELM VON CONCHES: Glossae in Plat. Tim., in: J.-M. PARENT: La doctr. de la créat. dans l'école de Chartres (Paris/Ottawa 1938) 144. – [13] THIERRY VON CHARTRES: Glosa s. Boethii lib. De trin. II, 6ff., hg. N. M. HÄRING. Arch. Hist. doctr. litt. MA 23 (1956) 269ff. – [14] CLARENBALDUS VON ARRAS: Tract. s. lib. Boethii De trin., hg. N. M. HÄRING. Life and works of Cl. of Arras (Toronto 1965) 113. – [15] ALCHER VON LÜTTICH: De spiritu et anima 38. MPL 46, 809; ISAAC VON STELLA: Ep. de anima. MPL 194, 1884; ALANUS AB INSULIS: Dist. dict. theol. MPL 210, 819. – [16] JOHANNES SCOTUS ERIUGENA: Periphyseon II, 23, hg. J. P. SHELDON-WILLIAMS (Dublin 1968ff.) 2, 116. – [17] JEAN TROUILLARD: Erigène et la théophanie créatrice, in: J. O'MEARA/L. BIELER (Hg.): The mind of Eriugena (Dublin 1973) 99. – [18] ANSELM VON CANTERBURY: Monol. 68. Op. omn., hg. F. S. SCHMITT (1938) 1, 186f. – [19] BONAVENTURA: 1 Sent. 15, I, art. un., q. 4, resp. – [20] THOMAS VON AQUIN: S. theol. I, 79, 8; vgl. II-II, 49, 5 ad 3. – [21] ISAAC ISRAELI: Lib. de definit. I, hg. J. T. MUCKLE. Arch. Hist. doctr. litt. MA 12/13 (1937/38) 313. – [22] THOMAS VON AQUIN: 3 Sent. 14, 1, 3, sol. 2 ad 3; 1 Sent. 25, 1, 1.; In de div. nom. 7, lect. 2; Quaest. disp. de ver. 22, 1. – [23] S. theol. I, 78, 4. – [24] In de div. nom., cap. 7, 1, 5, n. 735. – [25] FERRARIUS CATALANUS: Quodlibet 6 [1225], in: G.-E. DEMERS: Les divers sens du mot ‹r.› au moyen âge. Autour d'un texte du Maître Ferrier de Catalogne. Et. d'hist. litt. et doctr. du 13ᵉ s. (Paris/Ottawa 1932) 105-139. – [26] MEISTER ECKHART: Exp. in lib. Gen. 20. Lat. Werke 1, 491, 5. – [27] Exp. lib. Exodi 20, 4, n. 120, a.O. 2, 113. – [28] NIKOLAUS VON KUES: De coniect. II, 16, n. 165. 168. Op. omn. 3, hg. J. KOCH (1972) 166. 170; I, 10, n. 52, a.O. 53; Idiota de mente 64, a.O. 5, hg. R. STEIGER (1983) 99; De docta ignor. I, 24, n. 74, a.O. 1, hg. E. HOFFMANN/R. KLIBANSKY (1932) 48. – [29] G. W. LEIBNIZ: De rerum orig. radic. [1697]; Specimen inv. de admir. nat. gener. arcanis [1686]. Die philos. Schr. 7, hg. C. I. GERHARDT (1890) 308. 310; vgl. Art. ‹Principium rationis sufficientis›.

Literaturhinweise. G.-E. DEMERS s. Anm. [25]. – J. PÉGHAIRRE: Intellectus et r. selon St. Thomas d'Aquin (Paris 1936).
B. KIBLE

Ratio cognoscendi/r. essendi/r. fiendi. Die Unterscheidung von ‹Grund der Erkenntnis›, ‹Grund des Seins› und ‹Grund des Werdens› orientiert sich an der aristotelischen Einteilung der ἀρχαί (Prinzipien): Prinzip ist ein Erstes, von dem aus etwas ist, wird oder erkannt wird [1]. Die Abgrenzung zwischen r.c. als Erkenntnisgrund und r.e. bzw. r.f. als Ursache («causa» oder ‹Realgrund›, s.d.) erfolgt konsequent erst in der Leibniz-Wolffschen Philosophie. Nach CH. WOLFF [2] ist die r.f. die Ursache der Wirklichkeit von etwas anderem. Es ist der Realgrund, der die Sache selbst «außerhalb den Gedanken» [3] bewirkt. Das «principium essendi» ist dagegen Grund für deren Möglichkeit, nach J. G. WALCH das, was «einer Sache ihr Wesen gibt, wie die Materie und Form bey einem Körper» [4]. Die r.c. ist Grund einer Erkenntnis, d.h. eines Urteils, das, soll es wahr sein, eines zureichenden Grundes bedarf. I. KANT definiert ‹ratio› als das, was die Verbindung zwischen Subjekt und Prädikat herstellt und dadurch das Subjekt determiniert. Die «r.e. oder r.f.» ist die «ratio cur» und bestimmt das Subjekt «antecedenter», die «r.c.» ist die «ratio quod» und bestimmt «consequenter» den schon von anderswoher gesetzten Begriff [5]. A. SCHOPENHAUER modifiziert die Einteilung seiner Vorgänger im Zusammenhang seiner Lehre über das «principium rationis sufficientis» (s.d.). Die r.f. bezieht sich auf die Kausalität in der Natur, die r.c. ist das, worauf sich ein Urteil gründet, wenn es wahr sein soll, etwa die Form des Syllogismus, die Erfahrung oder die apriorischen Bedingungen des Denkens. Das «principium rationis sufficientis essendi» ist dagegen das Gesetz, nach welchem die Teile des Raumes und der Zeit bezüglich Lage und Folge einander bestimmen [6].

Anmerkungen. [1] ARISTOTELES: Met. V, 1, 1013 a 17ff. – [2] CH. WOLFF: Philos. prima sive Ontologia (²1736) §§ 876. 881-884. Ges. Werke, hg. J. ECOLE II/3 (1962) 649f. 652-656. – [3] J. G. WALCH: Philos. Lex. (⁴1775, ND 1968) 2, 493. – [4] a.O. – [5] I. KANT: Princip. primor. cognit. metaphys. nova diluc. (1755) prop. 4. Akad.-A. 1, 391. – [6] A. SCHOPENHAUER: Über die vierfache Wurzel des Satzes vom zureich. Grunde (1813/47) §§ 29. 36.
B. KIBLE

Ratio ignava (faule Vernunft). CICERO übersetzt in seiner Schrift ‹De fato› den griechischen Ausdruck ἀργὸς λόγος (ἀργός träge, faul; λόγος Argument) wörtlich mit «ratio ignava»; das 'Argument der Passivität' wird im Zusammenhang der Diskussion des Wahrheitswertes von Aussagen über die Zukunft (contingentia futura) referiert, nach dem es sinnlos sei, etwas zu tun oder zu unterlassen, wenn durch ein Schicksal (s.d.) alles festgelegt ist und ein Satz über die Zukunft immer schon wahr oder falsch ist. «Zu Recht wird diese Argumentation faul oder passiv (ignava atque iners) genannt, weil durch dieses Argument jegliche Handlung aus dem Leben verbannt wird» [1]. Schon CHRYSIPP hatte gegen dieses «Sophisma» [2] das Zusammenwirken von Handlungen zu einem Schicksalsgeschehen («confatalia») angeführt [3]. Das Argument taucht in der Folgezeit immer wieder, wenn auch nicht immer unter dem ciceronianischen Namen, im Zusammenhang von Determinismus- und Fatalismusdebatten auf wie auch im christlichen Gnadenlehrenstreit [4]. G. W. LEIBNIZ leitet «la grande Question du Libre et du Necessaire» der ‹Theodizee› ein mit dem Referat der r.i. («sophisme, que les Anciens appeloient la Raison paresseuse») [5], die er mit dem «Türkenschicksal» («destin à la Turque», «fatum mahumetanum») gleichsetzt [6] und die vornehmlich dann Anwendung finde, wenn Entscheidungssituationen mühsam sind («quand la deliberation est un peu épineuse»), da Menschen nun einmal ohne Mühe zum Glück gelangen wollten [7]. Auch A. SCHOPENHAUER spricht von der r.i. als vom «Türkenglauben» und F. NIETZSCHE vom «Türkenfatalismus» [8].

I. KANT kennt zwar auch den Ausdruck von Cicero und seinen sachlichen Ort [9], verwendet aber die deutsche Entsprechung «faule Vernunft» in anderer Weise, nämlich für jeden Grundsatz, «welcher macht, daß man seine Naturuntersuchung, wo es auch sei, für schlechthin vollendet ansieht, und die Vernunft sich also zur Ruhe begiebt, als ob sie ihr Geschäfte völlig ausgerichtet habe» [10]. Kant kritisiert diesen Grundsatz im Zusammenhang seiner «Kritik aller Theologie aus spekulativen Prinzipien der Vernunft» [11] und nennt ihn auch den «ersten Fehler» derselben, «der daraus entspringt, daß man die Idee eines höchsten Wesens nicht bloß regulativ, sondern ... constitutiv braucht» [12]. Mit dem ersten Fehler sachlich eng verbunden ist «der zweite Fehler, der aus der Mißdeutung des ... Prinzips der systematischen Einheit entspringt»; das ist der Fehler der «verkehrten Vernunft», den Kant mit einem neuen Ausdruck in Anlehnung an r.i. «perversa ratio» nennt [13]. Mit «fauler Vernunft» und «verkehrter Vernunft» ist seit Kant dann eine kurzschlüssig teleologische Vernunft gemeint, die sich die Mühe weiterer wissenschaftlicher Nachforschungen ersparen möchte. Nach V. VON WEIZSÄCKER kann der teleologische Kurzschluß nur durch die Berücksichtigung der biologischen Denkart vermieden werden: «Die Theologie ist das Enfant terrible, mit dem sich die verpönte Denkart der Biologie zur Unzeit meldet, wo die Naturwissenschaft versagt, und dafür als 'Faulheit der Vernunft' dann Schläge bekommt» [14].

Anmerkungen. [1] CICERO: De fato 12, 28-13, 29; vgl. ORIGENES: C. Celsum II, 20; SENECA: Nat. quaest. II, 37f.; J. BARNES: Cicero's de fato and a greek source, in: J. BRUNSCHWIG/C. IMBERT/A. ROGER (Hg.): Histoire et structure. A la mémoire de V. Goldschmidt (Paris 1985) 232-239. – [2] So genannt von Ps.-PLUTARCH: De fato 574. – [3] CICERO: De fato 13, 30. – [4] Vgl. z.B. M. LUTHER: Von der Freiheit des Christenmenschen, cap. 20. Weim. Ausg. 7 (1897) 30. – [5] G. W. LEIBNIZ: Théodicée, Préf. Philos. Schr., hg. C. I. GERHARDT 6 (1885, ND 1965) 29f. – [6] Théod. I, § 55; III, § 367, a.O. 132. 333. – [7] Préf., a.O. 31f. – [8] A. SCHOPENHAUER: Die Welt als Wille und Vorst. Sämtl. Werke, hg. A. HÜBSCHER 2 (³1972) 356; F. NIETZSCHE: Menschliches, Allzumenschliches II, 61 (Der Wanderer und sein Schatten). Krit. Ges.ausg., hg. G. COLLI/M. MONTINARI 4/3 (1967) 218. – [9] I. KANT: KrV B 719, Anm. – [10] KrV B 717f. – [11] B 659ff. – [12] B 717; vgl. Allg. Naturgesch. und Theorie des Himmels ... (1755). Akad.-A. 1, 334; «faule Weltweisheit». – [13] B 720; vielleicht in Anlehnung an SENECA ‹De vita beata› V, 2: «ratio ... in perversum sollers». – [14] V. VON WEIZSÄCKER: Anonyma (Bern 1946) 59.
M. KRANZ/P. PROBST

Rationalisierung (engl. rationalization). Der aus der Psychoanalyse stammende Begriff der R. steht im Zusammenhang mit dem die Freudsche Entdeckung insgesamt kennzeichnenden Grundsachverhalt menschlichen Erlebens: Es gibt zwei unterschiedlich angelegte Organisationsebenen der psychischen Verarbeitung, die eine spannungsvolle Beziehung miteinander unterhalten. Dem Bewußtsein, d.h. der sprachlich-reflexiven Handlungsstruktur, steht das Unbewußte gegenüber, das in genetischer Perspektive die Basis des Erlebens darstellt (als Reservoir von 'Trieben', d.h. Körperbedürfnissen im Spannungsfeld von innerer Natur und sozialen Prozessen) und dynamisch strukturell zu betrachten ist als ein lebenslang wirksames Gefüge von nichtsprachlichen Verhaltensentwürfen. Diese sind dem bewußten Selbstverständnis nicht zugänglich, weil sie entweder der Verdrängung zum Opfer fielen oder aber von sich her keinen Eingang in den Bewußtseinszusammenhang finden konnten. Die ersteren, unbewußten Verhaltensentwürfe, die in bestimmten Situationen imperativ auftreten, verschwinden nicht einfach aus dem Bewußtsein; sie werden vielmehr überlagert, verdeckt oder ersetzt durch scheinbar passende, aber verzerrte, falsche, weil sekundäre Motive, d.h.: durch R. In ihnen sollen für unbewußt bedrängende Triebkonflikte «gleichsam bewußtseinsoffizielle Formulierungen» [1] gefunden werden.

In diesem Sinne spricht E. JONES, der den Begriff 1908 in die psychoanalytische Debatte eingebracht hat [2], von «Verhüllungsmechanismen», «deren Aufgabe es ist, dem Individuum gewisse emotionale Vorgänge zu verbergen, die oft für sein Denken von höchster Bedeutung sind» [3]. S. FREUD selbst hat den Begriff von Jones übernommen und ihn von 1909 an in seinen Schriften verwendet; die im Begriff angezeigten Phänomene und Prozesse waren ihm freilich schon früher bekannt. 1899 notiert er z.B. die Verwandlung von emotional begründetem ‹inneren Widerstand in logischen Widerspruch› [4] und betont die Schwäche der Intelligenz gegenüber ihren affektiven Grundlagen. Ausführlicher behandelt er in der ‹Traumdeutung› Begründungen, die ihm «fadenscheinig» oder «offenbar unzureichend» erscheinen und hinter denen sich «uneingestandene Motive ... verbergen» [5]. Insbesondere unter dem Begriff der «sekundären Bearbeitung» [6] – einem Element der Traumarbeit, das der «Rücksicht auf Verständlichkeit» [7] dient – erörtert Freud jene Vorgänge, die der R. zugrundeliegen. Die sekundäre Bearbeitung besteht in der Herstellung und Verknüpfung der isoliert und ungeordnet aufscheinenden Traumelemente zu einem logisch und kausal kohärentem Ganzen. Mit der Feststellung, daß der «sekundären Bearbeitung ... jeder Wahrnehmungsinhalt unterliegt» [8], ist die Nähe zur R. begründet und zugleich auf die allgemeine «synthetische Funktion» des Ich hingewiesen. «Eine intellektuelle Funktion in uns fordert Vereinheitlichung, Zusammenhang und Verständlichkeit von jedem Material der Wahrnehmung oder des Denkens, dessen sie sich bemächtigt, und scheut sich nicht, einen unrichtigen Zusammenhang herzustellen, wenn sie infolge besonderer Umstände den richtigen nicht erfassen kann» [9]. Freud behauptet also für solche Produkte, daß sie «mindestens zwei Motivierungen» besitzen, von denen die eine, die «versteckte, wir aber als die eigentlich wirksame, reale anerkennen müssen», dem Unbewußten entstammt. Mit der Einsicht in die Spannung zwischen den beiden Sinnsystemen erschließt sich das Wesen der R.: Sie ist einerseits dem bewußten Verständlichkeit, dem logischen Zwang, den das System der kollektiv verbindlichen Bedeutungen setzt, verpflichtet, um andererseits und zur gleichen Zeit die Verzerrung des unbewußten, d.h. sozial widerständigen, affektiv triebhaft konstituierten Sinnes zu betreiben. Im Rahmen der metapsychologischen Betrachtung wird der Vorgang der R. dem vorbewußten (vbw) Teil des Ichs zugeschrieben: das Ich ist «in seinem Vermittlungsbestreben zwischen Es und Realität ... oft genötigt, die ubw Gebote des Es mit seinen vbw R.en zu bekleiden, die Konflikte des Es mit der Realität zu vertuschen ... [und] mit diplomatischer Unaufrichtigkeit eine Rücksichtnahme auf die Realität vorzuspiegeln» [10]. Auch an dieser Stelle ist das Begreifen der R. gebunden an die Freudsche Grundauffassung, nach der der Mensch vielmehr Lust- als Wahrheitssucher ist, nicht in erster Linie rational und realitätsbezogen handelt, sondern primär danach strebt, die Welt nach seinen elementaren Bedürfnissen und Wünschen einzurichten. Da das Ich sich kaum in der Lage zeigt, basale Widersprüche zu ertragen, ist Freud nur konsequent, wenn er von der R. meint: «man braucht nicht im Wahn zu sein, um so zu handeln; vielmehr ist es ein alltägliches Vorkommnis, selbst bei Gesunden, daß sie sich über die Motive ihres Handelns täuschen und ihrer erst nachträglich bewußt werden, wenn nur ein Konflikt mehrerer Gefühlsströmungen ihnen die Bedingung für solche Verworrenheit herstellt» [11]. Wesentliche Aussagen der Freudschen Kulturtheorie sind zentriert um den Tatbestand der R. [12], und es ist deshalb kein Zufall, daß der Begriff auch in der nachfreudschen Weiterentwicklung einer psychoanalytisch orientierten Sozialpsychologie stets eine große Rolle gespielt hat. In seinen Überlegungen zur «Psychologie des Vorurteils» verweist A. MITSCHERLICH auf die innere Verwandtschaft von R. und Vorurteil [13]. Wiederholt ist in der Literatur auch auf den Zusammenhang von R. und Ideologie hingewiesen worden [14]. Bei allen methodologischen Schwierigkeiten, die eine unmittelbare Gleichsetzung beider Bereiche verbieten – denn es kommt darauf an zu sehen, daß subjektive und objektive Strukturanalyse ihren je eigenen Gegenstand und ihre je eigene Methode haben [15] –, treffen sich die historisch ältere Form der Ideologiekritik und die psychoanalytische Einspruchnahme gegen falsche Konfliktlösungen u.a. im Bemühen, deformierte Formen des Bewußtseins zu demaskieren. Das kritischdiagnostische Konzept der R. jedenfalls ist Beispiel für jene von A. HAUSER herausgestellte «Idee des entlarvenden Denkens und der Enthüllungspsychologie», mit der Freud neben Marx und Nietzsche die «Krisenstimmung des Zeitalters» repräsentiert. Marx, Freud und Nietzsche «entdeckten jeder auf die eigene Art, daß die Selbstbestimmung des Geistes eine Fiktion ist und daß wir die Sklaven einer Macht sind, die in uns und oft gegen uns selbst arbeitet» [16].

Anmerkungen. [1] A./M. MITSCHERLICH: Die Unfähigkeit zu trauern. Grundl. kollekt. Verhaltens (1967) 142. – [2] E. JONES: Rationalization in everyday-life. J. abnormal Psychol. 3 (1908/09); dtsch.: Psyche 29 (1975) 1132-1140, zit.: 1133. – [3] a.O. 1133. – [4] S. FREUD: Br. an W. Fließ. 1887-1904. Ungek. Ausg., hg. J. M. MASSON (1986) 429. – [5] Die Traumdeutung (1900). Ges. Werke 2/3 (1940ff.) 53. – [6] a.O. 492ff. – [7] Über den Traum (1901), a.O. [5] 679. – [8] Metapsycholog. Ergänzungen zur Traumlehre, a.O. 10, 420. – [9] Totem und Tabu (1912/13), a.O. 9, 117. – [10] Neue Folge der Vorles. zur Einf. in die Psychoanalyse (1933), a.O. 15, 84. – [11] Der Wahn und die Träume in W. Jensens ‹Gradiva› (1907), a.O. 7, 93. – [12] Vgl. z.B.: Die Zukunft einer Illusion (1927), a.O. 14, 323-380. – [13] MITSCHERLICH, a.O. [1] 135ff. – [14] P. ROAZEN: Politik und Ges. bei S. Freud (1971) 78. – [15] Vgl. dazu: A. LORENZER: Die Wahrheit der psychoanalyt. Erkenntnis. Ein hist.-materialist. Entwurf (1974). – [16] A. HAUSER: Sozialgesch. der Kunst und Lit. [1953] (1975) 985.

Literaturhinweise. W. HOLLITSCHER: The concept of rationalization. Int. J. Psychoanalysis 20 (1939) 330-332. – Art. ‹Psychoanalyse›, in: Hist. Wb. Philos. 7 (1989) 989.

B. GÖRLICH/R. J. BUTZER

Rationalismus (nlat. rationalismus; engl. rationalism; frz. rationalisme; ital. razionalismo)

I. – 1. Das Wort ‹rationaliste› kommt im 16. Jh. in Frankreich auf. Wie der älteste Beleg (1539) zeigt, steht es in Gegensatz zu ‹empirique› und bezeichnet jemanden, der dem reinen Denken größere Bedeutung für die Erkenntnis beimißt als der Erfahrung [1]. In dieser Verwendung treffen wir das Wort ‹Rationalist› bzw. ‹rationalis› später in England bei F. BACON, der den R. als einseitige Position betrachtet, über die hinauszukommen Aufgabe der wahren Philosophie sei: «The Empirical philosophers are like to pismires [Ameisen]; they only lay up and use their store. The Rationalists are like to spiders; they spin all out of their own bowels. But give me a philosopher, who like the bee, hath a middle faculty, gathering from abroad, but digesting that which is gathered by his own virtue» [2].

Der Gegensatz zum Empirismus ist für alle großen philosophischen Systeme des 17. und frühen 18. Jh. charakteristisch, ohne daß er damals allgemein als ‹R.› bezeichnet worden wäre. Die weite Verbreitung des R. hängt damit zusammen, daß der Rückgang auf das reine

Denken und seine Selbstgewißheit als einzig mögliche Antwort auf die radikale Bedrohung der Philosophie und Wissenschaft durch den Pyrrhonismus erschien. Dabei konnte der R. verschiedene Gestalten annehmen; wenn sich Erkenntnisse aufzeigen lassen, die nicht aus der Erfahrung entspringen, sondern einen Vorrang vor aller Erfahrungserkenntnis haben, weil sie vernünftige Gewißheit besitzen und ein System notwendiger Wahrheiten bilden, weil sie die 'wahre Wirklichkeit' erfassen und die Erfahrungserkenntnisse erst fundieren, so können diese entweder als Synthesen angeborener Ideen oder als apriorische Grundsätze verstanden werden, welche die reine Vernunft aus sich selbst erzeugt. Neben einer bestimmten Erkenntnisquelle bevorzugt der R. häufig auch eine bestimmte Erkenntnismethode, nämlich die deduktive.

Dieser philosophische R. bleibt in der genannten Epoche nicht auf die Lehre vom Erkennen beschränkt, sondern durchzieht alle Sachdisziplinen. Er tritt in der Ethik hervor, wenn nach dem Vorbild der Platoniker von Cambridge die Verbindlichkeit der Normen nicht auf den Willen Gottes, sondern auf die 'vernünftige Natur der Dinge' gegründet wird; er zeigt sich in der Rechtsphilosophie, wenn dem historisch gewachsenen Recht systematische Entwürfe des Natur- oder Vernunftrechts entgegengestellt werden; er äußert sich in der Ästhetik, wenn die Geltung der Geschmacksurteile nicht auf empirische Bestimmungsgründe, sondern auf einen Grund a priori zurückgeführt wird [3].

2. Zu Beginn des 17. Jh. kommt im protestantischen Deutschland ein spezifisch theologischer Gebrauch des Wortes ‹R.› auf, der den philosophischen Gebrauch für längere Zeit verdrängt. Der Helmstedter Professor D. HOFFMANN und sein Schüler J. A. VON WERDENHAGEN nennen ihre vom Aristotelismus beeinflußten Kollegen von der Philosophischen Fakultät herabsetzend «rationistae» oder «ratiocinistae», weil diese der natürlichen Vernunft die Kraft zusprechen, Gott zu erkennen und seine Offenbarung zu beurteilen [4]. Damit lebt Luthers Mißtrauen gegen die Philosophie wieder auf; doch ist keineswegs klar, daß die kritisierten Philosophen dem christlichen Glauben absagen wollten. Ein englisches Zeugnis aus dem Jahre 1646 erwähnt die «rationalists» als eine neue Sekte innerhalb des Lagers der Presbyterianer und Independenten, deren Anhänger nur auf ihre eigene Vernunft bauen [5]; ihr R. schloß wahrscheinlich nicht den Zweifel an der Autorität der Bibel ein, sondern nur den Zweifel an der Autorität der Bibelausleger. Auch in der Auseinandersetzung mit dem Sozinianismus, dessen Betonung der Vernunftgemäßheit der biblischen Lehren vielfach als Bedrohung des übernatürlichen Glaubensbestandes empfunden wird, findet das Schlagwort «rationalista» schon früh polemische Verwendung [6]. Mit dem Sammelbegriff «Rationalismus sive Idealismus» belegt P. POIRET alle diejenigen Positionen, die allein eine Gotteserkenntnis als Vernunftideen zulassen («non nisi per ideas ... Rationis Deum cognoscere») [7]; vor allem hat Poiret den Deismus (Herbert von Cherbury [8]) und den Sozinianismus [9] im Auge.

Obgleich das Wort ‹Rationalist› bzw. ‹R.› in seinem theologischen Gebrauch also ursprünglich einen polemischen Sinn hatte, setzt es sich später als Selbstbezeichnung derjenigen Theologen durch, die das Wesentliche der Religion aus der Vernunft ableiten, die Offenbarung nur als ein geschichtlich bedingtes Mittel der Belehrung betrachten und sich ihrem Anspruch nur insofern unterwerfen, als sie den Glauben auf vernünftige Beweise ihres göttlichen Ursprungs gründen können. Diese Haltung, die zunächst vor allem durch die Erfordernisse der Apologetik diktiert ist, hat einschneidende Folgen für Inhalt und Form des Glaubens: Alles Historische wird zugunsten des Moralischen zurückgedrängt, die Glaubenssätze selbst in einen systematischen Zusammenhang gebracht.

In Holland redet man seit L. MEYERs Schrift ‹Philosophia S. Scripturae Interpres› (1666) und den durch sie hervorgerufenen Kontroversen von «Théologiens rationaux» und «non-rationaux» [10] bzw. «Anti-Rationaux» [11]; in England stellt man «rationalists» den Skeptikern und Fideisten entgegen [12]; in Deutschland grenzen sich orthodoxe Theologen zwar gelegentlich vom 'R.' in seinen verschiedenen Varianten (Deismus, Naturalismus) ab [13], doch setzt sich zunächst der Name ‹Neologen› durch [14]. Gegen Ende des 18. Jh. wird der Gegensatz von R. und Supranaturalismus fixiert und von I. KANT präzise formuliert: «Der, welcher bloß die natürliche Religion für moralisch-nothwendig ... erklärt, kann auch der Rationalist (in Glaubenssachen) genannt werden», während der «Supernaturalist» den Glauben an eine Offenbarung für notwendig hält [15]. Dabei wird der alte polemische Sinn von ‹R.› im Terminus ‹Naturalismus› (Leugnung der «Wirklichkeit aller übernatürlichen göttlichen Offenbarung» [16]) aufgefangen. Von 1790 bis 1840 ist ‹R.› geradezu eine Schulbezeichnung innerhalb der protestantischen Theologie. Die innertheologischen Debatten zwischen den Vertretern des R. und des Supranaturalismus [17] werden von der zeitgenössischen Philosophie vielfach kommentiert. So ist aus G. W. F. HEGELs Sicht «der R. ... der Philosophie ... entgegengesetzt; er hat den Inhalt, hat den Himmel leer gemacht, Alles zu endlichen Verhältnissen heruntergesetzt» [18]. Auch aus sachlicher Distanz zum Christentum kann A. SCHOPENHAUER festhalten, daß der R. einerseits das authentische Christentum zu einer «Religion für komfortable ... und aufgeklärte protestantische Pastoren» verfälscht [19], deren «Pelagianischer Hausmannsverstand» zentrale Lehren wie das Erbsündendogma abgeschafft hat [20], und daß er andererseits die Kriterien der Rationalität nicht konsequent anerkennt: «Wer ein Rationalist seyn will, muß ein Philosoph seyn und als solcher sich von aller Auktorität emancipiren. Aber ... philosophiren, bis auf einen gewissen Punkt und nicht weiter, – Das ist die Halbheit, welche den Grundcharakter des R. ausmacht» [21].

3. Nachdem der R. als theologische Bewegung erloschen und der Terminus somit wieder verfügbar ist, beginnt sich die Philosophiegeschichtsschreibung seiner zu bedienen, um die großen philosophischen Systeme des 17. und frühen 18. Jh. zu charakterisieren [22]. Gleichzeitig machen die sich organisierenden Freidenker und Atheisten seit dem 19. Jh. ‹R.› zu einem Schlagwort, da sie meinen, daß sie in der Auseinandersetzung mit dem Aberglauben der traditionellen Religionen Vernunft und Wissenschaft auf ihrer Seite hätten [23]. Schließlich verwendet die Geschichtsschreibung, die den Begriff auch in Antike und Mittelalter zurückprojiziert, seit der Mitte des 19. Jh. das Wort ‹R.› in einer allgemeineren Bedeutung besonders zur Charakterisierung der Epoche der Aufklärung; in diesem Kontext [24] meint ‹R.› jene Verbindung von Verstandeskritik, Optimismus und Fortschrittsglauben, die eine grundlegende Verbesserung aller menschlichen Verhältnisse von aufgeklärter Erziehung und unbehinderter Erfahrungswissenschaft erwartet.

Häufig drückt der Terminus ‹R.› jedoch ein negatives Werturteil aus und fungiert bei der Abwehr von Bestrebungen, das Erbe der Aufklärung in die Gegenwart zu retten; dann wird unter R. ein Prinzip des Räsonnements verstanden, das die Rolle der Vernunft im Leben des Einzelnen wie der Gesellschaft überschätzt und daher unfruchtbar bleiben muß.

Anmerkungen. [1] A. HATZFELD/A. DARMESTETER: Dict. de la langue franç. (Paris 1890-93) s.v. – [2] F. BACON: Apophthegms. Works, hg. J. SPEDDING u.a. 13 (New York 1872) 404; Cogitata et visa (1607), a.O. 7, 136f. – [3] I. KANT: KU § 58. Akad.-A. 5, 347: «Rationalism des Princips des Geschmacks». – [4] Realencykl. für prot. Theol. und Kirche, hg. J. HERZOG/A. HAUCK ([3]1896-1913) 21, 103; RGG[3] 3, 792. – [5] Lord CLARENDON: State papers II, suppl. S. 40, zit. nach G. V. LECHLER: Gesch. des engl. Deismus (1841) 61. – [6] J. A. COMENIUS: Oculus fidei. Theol. naturalis (Amsterdam 1661) n.p. [fol. *2ᵛ]. – [7] P. POIRET: Cogitat. rationalium de deo, anima, et mundo lib. quat. (Amsterdam [2]1685) 55; ähnlich später A. G. BAUMGARTEN: Ethica philos. ([3]1763, ND 1969) 26. – [8] POIRET, a.O. 59. – [9] a.O. 60. – [10] G. W. LEIBNIZ: Théod., disc. prél. § 14. Philos. Schr., hg. C. I. GERHARDT 6 (1885) 58f.; vgl. auch V. E. LOESCHER: Praenotiones theol. contra naturalistarum et fanaticorum omne genus ([4]1728) 220ff. (gegen L. Meyer und H. A. Roëll). – [11] P. BAYLE: Entret. de Maxime et de Thémiste. Oeuvr. div. (Den Haag 1731), ND, hg. E. LABROUSSE (Paris 1968) 4, 44f. – [12] A. A. COOPER Earl of SHAFTESBURY: Characteristics, hg. J. M. ROBERTSON 2 (London 1900) 18; H. DODWELL: Christianity not founded on argument (London 1742, [2]1743) 11. 34. – [13] J. F. BUDDE: Isagoge hist.-theol. ad theologiam universam (1730) 55; J. G. WALCH: Hist. und Theol. Einl. in die Relig.-Streitigkeiten, Welche sonderlich außer der Ev.-Luth. Kirche entstanden 5 (1733) 177; S. J. BAUMGARTEN: Gesch. der Relig.partheyen (1766, ND 1966) 1014. – [14] K. ANER: Die Theol. der Lessingzeit (1929, ND 1964). – [15] I. KANT: Die Relig. innerh. der Grenzen der bloßen Vern. (1793) 4, 1. Akad.-A. 6, 154f. – [16] a.O. – [17] Lit. bei K. G. BRETSCHNEIDER: Syst. Entwickl. aller in der Dogmatik vorkommenden Begriffe ([3]1826) 198-203; W. T. KRUG: Handwb. der philos. Wiss.en, s.v. (1832-38, ND 1969) 3, 419-425. – [18] G. W. F. HEGEL: Vorles. über die Gesch. der Philos. Jub.ausg., hg. H. GLOCKNER (1927-40, [3]1959) 17, 112; vgl. dazu F. W. J. SCHELLING: Philos. der Offenbarung. Werke, hg. M. SCHRÖTER 6. Erg.-Bd. (1954) 101ff. – [19] A. SCHOPENHAUER: Die Welt als Wille und Vorst. 4, 48. Sämtl. Werke, hg. A. HÜBSCHER 3, 718; vgl. auch: Parerga und Paralip., a.O. 5, 113f. – [20] Par. und Paral., a.O. 6, 37f. – [21] a.O. 415. – [22] So schon HEGEL: Vorl. über die Gesch. der Philos., a.O. [18] 19, 329. – [23] Art. ‹Rationalism›, in: The encycl. of unbelief, hg. G. STEIN (Buffalo, N.Y. 1985) 2, 531-533; A rationalist encycl., hg. J. MCCABE (London 1948, Ann Arbor [2]1971); Dict. rationaliste, hg. E. KAHANE (Paris 1964). – [24] Vgl. W. E. H. LECKY: Hist. of the rise and influence of the spirit of rationalism in Europe (1865, London [2]1910); dtsch.: Gesch. des Ursprungs und des Einflusses der Aufklärung in Europa (1865).

Literaturhinweise. K. F. STÄUDLIN: Gesch. des R. und Supranaturalismus (1826). – J. F. RÖHR: Br. über den R. (1831). – A. SAINTES: Krit. Gesch. des R. in Dtschl., übers. C. G. FICKER (1845). – W. E. H. LECKY s. Anm. [24]. – G. FRANK: Gesch. des R. und seiner Gegensätze (1875). – J. COHN: Hauptformen des R. Philos. Stud. 19 (1902) 69-92. – O. KIRN: Art. ‹R. und Supranaturalismus›, in: Realencycl. ... s. Anm. [4] 16, 447-463. – A. W. BENN: Hist. of Engl. rationalism in the 19th cent. 1-2 (London 1906). – L. OLLÉ-LAPRUNE: La raison et le rationalisme (Paris 1906). – J. M. ROBERTSON: Rationalism (London 1912). – A. BAYET: Qu'est-ce que le rationalisme? (Paris 1939). – G. DE SANTILLANA/E. ZILSEL: The development of rationalism and empiricism, in: Int. encycl. of unified sci. 2 (Chicago 1941). – J. BENDA: La crise du rationalisme (Paris 1949). – H. BUSSON: Le rationalisme dans la litt. franç. de la renaissance (Paris 1957). – P. KONDYLIS: Die Aufklärung im Rahmen des neuzeitl. R. (1981). G. GAWLICK

II. – In den ideologischen Kontroversen des 20. Jh. sind ‹R.› und ‹Irrationalismus› (s.d.; in diesem Zusammenhang der Gegenbegriff zu ‹R.›) zeitweilig inflationär gebrauchte Kampfbegriffe. Als «einseitig» kritisieren den R. zwar auch Vertreter erkenntnistheoretischer Positionen, nach denen «nicht bloß das rationale Denken, sondern alle übrigen Erkenntnismöglichkeiten in ihrer Bedeutung zu würdigen» sind [1]. Seine eigentliche ideologische Aufladung erfährt ‹R.› jedoch im Milieu einer nicht im engeren Sinne philosophischen Kulturkritik. So setzt O. SPENGLER dem «R.» der «Stadt» das «Land» [2] und dessen «Mächte des Blutes und der im Blut liegenden Tradition» [3] gegenüber. In A. J. LANGBEHNS populärer Schrift ‹Rembrandt als Erzieher› ist die Polemik gegen den R. Ausdruck einer grundsätzlichen Abkehr von der Moderne: Der «in die Irre Gewanderte muß zuerst zurück bis dahin, wo er abgeirrt ist; also gilt es zurückzuschauen bis vor das Aufkommen des R.» [4].

Der schon hier deutlich antiwestliche Akzent, der den R. insbesondere in der 'Verstandes-Zivilisation' Frankreichs verortet [5], verstärkt sich nach 1933: So stellt F. BÖHM in seinem Buch mit dem programmatischen Titel ‹Anti-Cartesianismus. Deutsche Philosophie im Widerstand› der «entwirklichenden Rationalität» den «gewachsenen Grund der Weltanschauung» (als deren Repräsentanten Albert der Große, Meister Eckhart, J. Böhme, Paracelsus und Leibniz angeführt werden) gegenüber, wobei er keinen Zweifel daran läßt, daß diese Weltanschauung sich in der «neuen nationalsozialistischen Wissenschaft» manifestiert [6]. Noch einen Schritt weiter geht E. KRIECK (auf den sich Böhm beruft [7]), indem er die Philosophie insgesamt mit dem «Absolutismus des rationalen Prinzips» identifiziert und mit dessen Ende auch das «Ende der Philosophie» gekommen sieht: Für ihn ist «Bewußtsein eine Funktion ... [der] Rasse» [8].

Dagegen sind Vertreter der Existenzphilosophie bemüht, den Gegensatz von R. und Irrationalismus zu überwinden. So läßt F. HEINEMANN über die «Rationalisierung des Lebens» ebenso wie über die «nicht rationalen Schichten im Menschen (Trieb, Gefühle, Instinkt, Emotion)» das «neue Prinzip der Existenz» triumphieren [9]. Philosophisch bedeutsamer ist M. HEIDEGGERS Versuch, die existentialanalytischen Kategorien «Stimmung» und «Befindlichkeit» jenseits dieses Gegensatzes anzusetzen: «Der Irrationalismus – als das Gegenspiel des R. – redet nur schielend von dem, wogegen dieser blind ist» [10].

Anmerkungen. [1] R. MÜLLER-FREIENFELS: Irrationalismus. Umrisse einer Erkenntnislehre (1922) 4. – [2] O. SPENGLER: Der Untergang des Abendl. (1923) 2, 114; ([7]1983) 670. – [3] a.O. 2, 499; 1059. – [4] A. J. LANGBEHN: Rembrandt als Erzieher. Von einem Deutschen (1890, [56-60]1922) 240. – [5] E. WECHSLER: Esprit und Geist. Versuch einer Wesenskunde des Deutschen und Franzosen (1937) 298ff. – [6] F. BÖHM: Anti-Cartesianismus (1937) Vf. 13. – [7] a.O. VI. – [8] E. KRIECK: Völkisch-polit. Anthropologie 1-3 (1937/38) 3. Das Erkennen und die Wiss. (1938) 31. 33; vgl. auch A. ROSENBERG: Der Mythus des 20. Jh. ([61]1942) 136-138. – [9] F. HEINEMANN: Neue Wege der Philos. Geist – Leben – Existenz (1929) X; ähnlich stellt K. JASPERS der «rationalen Diskussion» die «existentielle Kommunikation» gegenüber: Philos. 2 (1932, [4]1973) bes. 50ff. – [10] M. HEIDEGGER: Sein und Zeit § 29 (1927, [15]1979) 136; vgl dazu M. HORKHEIMER: Zum R.-Streit in der gegenwärt. Philos. Z. Sozialforsch. 3 (1934), ND in: Krit. Theorie, hg. A. SCHMIDT 1 (1968) 118-174, bes. 173. F. BÖHLING

Rationalismus, Kritischer. Obwohl der Terminus ‹kritischer R.› im Rückgang auf Kant beiläufig schon früh in diesem Jahrhundert verwendet wurde [1], wird der Begriff heute ausschließlich mit der von K. R. POPPER ausgehenden philosophischen Richtung verbunden.

‹K.R.› ist der Name, den Popper selbst seiner Philosophie gegeben hat [2]. ‹R.› wird hier in weitem Sinne verwendet und steht im Gegensatz zu ‹Irrationalismus›, nicht zu ‹Empirismus›; er umfaßt vielmehr diesen und den R. – z.B. auch den R. von Descartes –, den Popper «Intellektualismus» nennt. Der unkritische, umfassende R. folgt laut Popper dem Prinzip, «daß jede Annahme zu verwerfen ist, die weder ein Argument noch die Erfahrung unterstützen kann». Dieses Prinzip ist widersprüchlich, «da es sich seinerseits weder durch Argumente noch durch die Erfahrung unterstützen läßt». Deshalb tritt Popper «für einen bescheidenen und selbstkritischen R.» ein, den K.R., der anerkennt, «daß die rationalistische Einstellung auf einem irrationalen Entschluß oder auf dem Glauben an die Vernunft beruht». Später betont Popper stärker, daß die rationalistische Forderung nach Begründung aller Annahmen unhaltbar ist. «Rationale Diskussion» heißt nun «kritische Diskussion auf der Suche nach Fehlern in der ernsten Absicht, so viele wie möglich zu eliminieren, um der Wahrheit näher zu kommen» [3]. «Die Forderung, die kritische Einstellung auf so viele Gebiete wie möglich auszudehnen, schlug ich vor als 'K.R.' zu bezeichnen» [4]. Wegen der zentralen Rolle der Kritik erscheint H. ALBERT [5] und H. LENK [6] die Bezeichnung «rationaler Kritizismus» angemessener.

Der K.R. entsteht in der Auseinandersetzung mit Fragen, die im neoempiristischen ‹Wiener Kreis› diskutiert werden [7]. Darunter erscheinen POPPER das Induktionsproblem und das Abgrenzungsproblem als die beiden Grundprobleme der Erkenntnistheorie. Beim Induktionsproblem geht es ursprünglich um die Möglichkeit, aus einer Mehrzahl gleichartiger Beobachtungen auf Gesetzmäßigkeiten zu schließen. Beim Abgrenzungsproblem geht es um die Trennung wissenschaftlicher Tätigkeiten oder Sätze von nicht-wissenschaftlichen [8].

Weil die Logik keine gehaltvermehrenden Schlüsse kennt, kann ein Induktionsprinzip kein analytischer, sondern muß ein synthetischer Satz sein. Synthetisch apriorische Sätze aber schließt der Empirismus aus. Deshalb kann es nur ein synthetisch aposteriorischer Satz sein. Es muß sich auf Erfahrung stützen. Als Prinzip kann es auch kein singulärer Satz sein, der sich unmittelbar durch Beobachtungen überprüfen läßt. Deshalb muß seine Einführung durch ein Induktionsprinzip höherer Ordnung gerechtfertigt werden. Für dieses Prinzip gilt wieder das gleiche. So droht ein unendlicher Regreß (beim Rückgriff auf immer weitere Induktionsprinzipien), ein Zirkel (beim Rückgriff auf ein früher schon benutztes) oder ein dogmatischer Abbruch des Begründungsverfahrens (beim Verzicht auf die Begründung eines 'letzten' Induktionsprinzips). Dieses Münchhausen-Trilemma (s.d.) [9] droht auch bei jedem Induktionsprinzip, das mit der Wahrheit singulärer Beobachtungssätze die Wahrheit probabilistischer Hypothesen oder die empirische Wahrscheinlichkeit genereller oder probabilistischer Hypothesen belegen soll.

Beobachtungssätze bilden die Basis der Beurteilung von Theorien. Deshalb nennt sie Popper «Basissätze» (s.d.) [10]. Weil beliebig viele singuläre Sätze der Form 'Anton ist ein Schwan und er ist weiß' keinen Allsatz (generellen Satz, dessen Geltungsbereich raum-zeitlich nicht eingeschränkt ist) der Form 'Alle Schwäne sind weiß' implizieren, aber ein einzelner falsifizierender Basissatz wie 'Caesar ist ein Schwan und er ist nicht weiß' die Negation 'Nicht alle Schwäne sind weiß' dieses Allsatzes impliziert, sind Allsätze zwar prinzipiell nicht verifizierbar, wären aber falsifizierbar, wenn der falsifizierende Basissatz verifizierbar wäre. Popper nennt das die Asymmetrie zwischen Verifikation und Falsifikation (s.d.) [11] und schlägt ein Kriterium für die Abgrenzung der Wissenschaft gegenüber der Metaphysik vor, nach dem genau jene synthetischen Sätze als wissenschaftlich gelten, die widerlegbar sind. Alle Sätze, die weder analytisch, noch kontradiktorisch, noch falsifizierbar sind, gelten als metaphysisch [12]. Anders als nach dem empiristischen Verifikationskriterium sind nach diesem Falsifikationskriterium auch Allsätze echte wissenschaftliche Sätze, und anders als Wittgenstein, der den sprachlichen Sinn eines Satzes in der Methode seiner Verifikation sah und das Verifikationskriterium zu einem Sinnkriterium verschärfte, erklärt Popper metaphysische Sätze keineswegs für sinnlos.

Aber auch nach dem Falsifikationskriterium gelten probabilistische Hypothesen nicht als wissenschaftlich, denn sie sind nicht falsifizierbar. Ihre Negation folgt nicht logisch aus einer endlichen Zahl singulärer Sätze. Da Popper diese Konsequenz unannehmbar erscheint, erklärt er die Verwerfung einer Wahrscheinlichkeitshypothese, die eine empirische Prüfung nicht bestanden hat, zum Ergebnis ihrer «praktischen Falsifikation». Dazu sollen «sehr unwahrscheinliche Vorgänge durch Beschluß als 'verboten' gewertet werden» [13]. Genau das geschieht aber bei der üblichen statistischen Prüfung. Damit ist das Falsifikationskriterium zu einem Prüfbarkeitskriterium [14] abgeschwächt.

Die Abschwächung ist noch aus einem anderen Grunde unvermeidlich. Die Wahrheit der Basissätze läßt sich nicht beweisen, weil sie ihren Gegenständen gesetzmäßige Eigenschaften zuschreiben und deshalb mehr besagen, als je beobachtet werden kann (Transzendenz der Darstellung) [15], und weil Erwartungen, Dispositionen in die Wahrnehmung eingehen (Transzendenz der Wahrnehmung) [16]. Daher sind auch die Allsätze, denen sie widersprechen, nicht streng widerlegbar. Wie singuläre und probabilistische Hypothesen sind sie zwar empirisch prüfbar, aber die Prüfung hat kein sicheres, definitives Ergebnis, führt weder zur Verifikation noch zur Falsifikation, sondern zur vorläufigen Annahme oder Verwerfung. Es gibt kein sicheres Wissen. Die erkenntnistheoretische Position des K.R. ist fallibilistisch [17].

Erkenntnisfortschritt kommt laut Popper durch Vorschlag kühner Hypothesen und ihre rückhaltlose Kritik zustande [18]. Kritik versucht stets, Hypothesen zu widerlegen. Je strenger die Kritik, desto größer die Chance, Irrtümer bald zu erkennen. Widerlegte Hypothesen werden aus dem Bestand des Wissens eliminiert. Wir lernen also durch Versuch und Irrtum. Deshalb enthält Poppers ‹Logik der Forschung› methodologische Regeln, die eine möglichst strenge Prüfung sichern sollen.

Popper glaubt, Tarskis Wahrheitsdefinition für die formalisierten Sprachen habe die Korrespondenztheorie der Wahrheit rehabilitiert. Seither erscheint ihm der Wahrheitsbegriff unentbehrlich, weil die fundamentale methodologische Idee, daß wir aus unseren Irrtümern lernen, nicht ohne die regulative Idee der Wahrheit verstanden werden kann [19].

Den Fortschritt der Wissenschaften faßt Popper als zunehmende Annäherung der Theorien an die Wahrheit. Dabei fungiert die Menge T aller wahren Sätze einer Sprache als jene «ganze Wahrheit», mit der ihre Aussagesätze verglichen werden. Eine Hypothese kommt T um so näher, je mehr wahre Konsequenzen sie hat, je größer ihr Wahrheitsgehalt ist, und je weniger falsche Konsequenzen sie hat, je kleiner ihr Falschheitsgehalt ist [20].

Um TH. S. KUHNS historischer Kritik an Poppers Vorstellung von der Rolle der Widerlegung [21] zu begegnen, entwickelte I. LAKATOS den «verfeinerten methodologischen Falsifikationismus» [22]. Danach werden nicht einzelne, sondern Abfolgen von Theorien T_i beurteilt. T_1 bildet den harten Kern eines Forschungsprogramms, ihre Hilfshypothesen und Anwendungsbedingungen den Schutzgürtel. Ihm werden negative Testergebnisse zunächst angelastet. Dagegen wird T_1 nicht allein durch Beobachtungen widerlegt, sondern nur zugunsten einer Theorie T_2 aufgegeben, die die Fehler von T_1 vermeidet, zusätzlich Neues erklärt und prognostiziert und sich dabei wenigstens zum Teil bewährt. Ein solcher Theoriewechsel stellt eine «progressive Problemverschiebung» im Rahmen des Forschungsprogramms dar, jeder andere eine «degenerative».

In den fünfziger Jahren vertritt POPPER einen interaktionistischen Leib-Seele-Dualismus. Er unterstellt eine «erste Welt» physikalischer Körper und Zustände und eine «zweite Welt» geistiger und seelischer Zustände. Zwischen beiden vermutet er Wechselwirkungen [23]. Später fügt er eine «dritte Welt» objektiver Gedankeninhalte hinzu. Ihre Gegenstände interagieren unmittelbar mit denen der zweiten Welt und über diese mittelbar auch mit denen der ersten [24].

Der K.R. hält ethische Erkenntnis, auch fehlbare, nicht für möglich. Da wir nicht erkennen können, was wir tun sollen, müssen wir uns damit begnügen, zu entscheiden, was wir tun wollen. Mit empirischen Hypothesen werden die Konsequenzen der Realisierung angenommener Ziele prognostiziert, angesichts der Konsequenzen wird über die Realisierung entschieden. Die Entscheidung ist stets vorläufig. Erweist sich die Prognose als unzutreffend oder ändern sich die Ziele, so muß sie revidiert werden.

Weil soziale Veränderungen revidierbar sein sollten, falls sich ungewollte Konsequenzen zeigen, dürfen sie nur schrittweise erfolgen («piecemeal social engineering»/«Sozialtechnik der Einzelprobleme»; Reform statt Revolution) [25]. Nur «offene» Gesellschaften, die über abstrakte Relationen wie Austausch oder Arbeitsteilung funktionieren und so die Individuen mit rationalen persönlichen Entscheidungen konfrontieren, sichern Revidierbarkeit. Popper setzt sich mit beiden Formen des Totalitarismus auseinander. Er führt die marxistische Geschichtsphilosophie und die Rassenlehre oder den Faschismus auf Hegel zurück. Hegel aber folgt Platon [26]. Allen gemeinsam ist eine historizistische Geschichtsauffassung, die Vorstellung, es gebe allgemeine Gesetze der geschichtlichen Entwicklung, die deren Ablauf unvermeidlich und vorhersagbar machten. Diese Auffassung sucht er zu widerlegen [27].

Hauptvertreter des K.R. sind neben Popper I. LAKATOS, J. W. N. WATKINS, A. MUSGRAVE, J. AGASSI, W. W. BARTLEY, in Deutschland H. ALBERT, G. RADNITZKY, in Österreich E. TOPITSCH.

Anmerkungen. [1] G. STÖRING: Erkenntnistheorie (1920) Vorrede; bez. für eine Gruppe frz. Denker: I. BENRUBI: Philos. Strömungen in Frankreich (1928) 262-309, bes. 279f. 297. – [2] K. R. POPPER: Die offene Ges. und ihre Feinde 2: Falsche Propheten. Hegel, Marx und die Folgen [London 1945] (1958) 282 [Kap. 14]. – [3] Conjectures and refutations (London 1963) 229. – [4] Ausgangspunkte (1979) 164. – [5] H. ALBERT: Konstruktion und Kritik (1975) 19 (Anm. 5). – [6] H. LENK: Philos. Logikbegründung und rat. Kritizismus. Z. philos. Forsch. 24 (1970) 197f. – [7] V. KRAFT: Der Wiener Kreis. Der Ursprung des Neopositivismus (^{2}1968). – [8] POPPER: Logik der Forsch. (^{2}1966) Kap. 1; Die beiden Grundprobl. der Erkenntnistheorie (1979). – [9] ALBERT: Traktat über krit. Vernunft (1968) 13. – [10] POPPER: Logik ..., a.O. [8] 17f. 47. 66ff. – [11] a.O. 15. 214. – [12] 13ff. – [13] 146. – [14] Vgl. Art. ‹Prüfbar›. – [15] POPPER: Logik ..., a.O. [8] 61; H. KEUTH: Wiss. und Werturteil (1989) 102ff. – [16] H. ALBERT: Kritik der reinen Erkenntnislehre (1987) 56; KEUTH, a.O. 106ff. – [17] Vgl. Art. ‹Fallibilismus›. – [18] POPPER, a.O. [3] 52. – [19] a.O. 229. – [20] 233. – [21] TH. S. KUHN: Die Struktur wissenschaftl. Revolutionen [Chicago 1962] (1967) 90. – [22] I. LAKATOS: Falsifikation und die Methodol. wissenschaftl. Forschungsprogramme, in: I. LAKATOS/A. MUSGRAVE (Hg.): Kritik und Erkenntnisfortschritt [Cambridge 1970] (1974). – [23] POPPER, a.O. [3] 293-303. – [24] Object. knowledge. An evolut. approach (Oxford 1972) 106-190. – [25] Das Elend des Historizismus [London 1944/45] (1965) Kap. 21. – [26] a.O. [2] 1: Der Zauber Platons [London 1945] (1957) 33f. – [27] a.O. [25].

Literaturhinweise. W. W. BARTLEY: Flucht ins Engagement. Versuch einer Theorie des offenen Geistes (1964). – M. BUNGE (Hg.): The crit. approach to sci. and philos. Essays in hon. of K. Popper (Glencoe 1964). – J. W. N. WATKINS: Comprehensively crit. rationalism. Philosophy 44 (1969) 57-62. – P. A. SCHILPP (Hg.): The philos. of K. Popper (LaSalle 1974) mit Poppers Autobiogr. und (bis 1974) vollst. Bibl. – J. AGASSI: Sci. in flux (Dordrecht 1975). – G. LÜHRS u.a. (Hg.): K.R. und Sozialdemokratie (1975). – H. KEUTH: Realität und Wahrheit. Zur Kritik des K.R. (1978). – A. MUSGRAVE: Theorie, Erfahrung und wissenschaftl. Fortschritt, in: H. ALBERT/K. H. STAPF (Hg.): Theorie und Erfahrung (1979) 21-53. – G. RADNITZKY/G. ANDERSSON (Hg.): Fortschritt und Rationalität der Wiss. (1980); Voraussetzungen und Grenzen der Wiss. (1981). – H. ALBERT: Die Wiss. und die Fehlbarkeit der Vernunft (1982). – I. LAKATOS: Philos. Schr. 1: Die Methodol. der wissenschaftl. Forsch.progr.; 2: Math., empir. Wiss. und Erkenntnistheorie (1982). – G. ANDERSSON: Kritik und Wiss.gesch. Kuhns, Lakatos' und Feyerabends Kritik des K.R. (1988). – E. TOPITSCH: Erkenntnis und Illusion. Grundstrukturen unserer Weltauffassung (^{2}1988). – K. SALAMUN (Hg.): Karl R. Popper und die Philos. des K.R. Zum 85. Geb. (Amsterdam/Atlanta 1989). H. KEUTH

Rationalität, Rationalisierung (lat. rationalitas; engl. rationality; frz. rationalité; ital. razionalità)

I. – Die seit TERTULLIAN belegbare Wortbildung ‹rationalitas› zu ‹rationalis› [1] tritt nur wenig später als der in der Folgezeit oft synonymisch verwendete Begriff ‹rationabilitas› auf, der eine erstmals bei APULEIUS VON MADAURA begegnende vox docta ist [2]. Die Synonymie hat sich durchsetzen können, obwohl etwa AUGUSTINUS im Anschluß an «viri doctissimi» nachdrücklich auf den Bedeutungsunterschied von ‹rationalis› und ‹rationabilis› hingewiesen hatte: ‹rationalis›, genommen als das, «was sich der Vernunft [ratione] bedient oder bedienen kann», bezeichnet mehr die Begabtheit mit und Fähigkeit zur Ausübung von Vernunft, ‹rationabilis› – «was mit Vernunft getan [factum] oder gesagt ist» – dagegen die Vernünftigkeit des nach Vernunftkriterien Hervorgebrachten [3]. In die neueren Sprachen dringt zunächst eher ‹rationabilitas› ein (z.B. altfrz. ‹regnableté›, lothr. ‹raisnavleteiz›), das auch in der Philosophensprache wiederholt begegnet und z.B. in engl. ‹reasonableness› oder ital. ‹ragionevolezza› fortlebt. Zu einer breiteren Verwendung und auch außerphilosophischen Konjunktur bringen es – und auch dies nicht vor der zweiten Hälfte des 19. Jh. – dann jedoch nur die Ableitungen von ‹rationalitas›.

1. TERTULLIAN und APULEIUS verwenden an den genannten Stellen die Begriffe beide im Zusammenhang der Seelenlehre, wobei Apuleius' Bezugspunkt der vernünftige Seelenteil (λογιστικόν) bei PLATON ist, während TERTULLIAN die «rationalitas» unter den natürlichen Attributen der Seele wie «sensualitas», «intellectualitas» und «immortalitas» nennt. Beide setzen die spätestens seit CICERO fixierte Übersetzung von λόγος durch ‹ratio› voraus, die auch die Brücke zum Gebrauch des R.-Begriffs im Zusammenhang der aristotelischen Definition des Menschen bildet. Die sporadischen Belege für den Begriff ‹rationalitas› bis in die Neuzeit hinein verdanken sich dabei zu einem guten Teil dieser Definition, genauer noch der Vorzugsstellung des ‹animal rationale› als definitionslogischem Beispiel. In diesem Sinne sind etwa Verwendungen bei ANSELM VON CANTERBURY [4], bei ALBERTUS MAGNUS, bei JOHANNES DUNS SCOTUS [5] oder auch bei WILHELM VON OCKHAM [6] zu nehmen. ALBERTUS polemisiert dabei – wie später noch ähnlich G. W. LEIBNIZ [7] – gegen den Gebrauch des Abstraktums in der Definition: «non enim ipsa rationalitas differentia est, sed potius rationale» («Denn nicht die R. selbst ist die Differenz [sc. als 'diese oder jene R.'], sondern vielmehr das [aktual] Vernünftige») [8]. Eines der wenigen Beispiele materialer Argumentation mit dem Begriff ‹R.› kann THOMAS VON AQUIN entnommen werden, wenn er dem Menschen im Vergleich zu anderen Lebewesen eine der «rationalitas» gemäße vollkommenere Stufe des «actus virtutis imaginativae» zuspricht [9]. Aber auch in der Neuzeit gibt es weiterhin die Bedeutung von ‹R.› als essentieller Vernunftbegabtheit. TH. SPENCER z.B. nennt «rationalitie ... the intrinsicall part of man» [10], LEIBNIZ behandelt die Frage, inwieweit der geschöpfliche Grad, den die menschliche Seele mit der «rationalitas» erreicht, als vor der Geburt präformiert gedacht werden kann, ohne daß darum eine Präexistenz der R. selbst angenommen werden muß [11], und in CH. WOLFFS ‹Rationaler Psychologie› schließlich ist ‹rationalitas› sowohl Terminus der Seelenlehre im engeren Sinne wie auch der Geistlehre, insofern nämlich «rationalitas spiritus spiritum vincit, quo unus altero praestantior», so daß zuletzt Gott die höchste Vernunft zugesprochen werden kann [12].

2. Für den in neuerer Zeit mit ‹R.› zumeist verbundenen Sinn finden sich indes die Anknüpfungspunkte eher außerhalb dieser skizzierten Traditionslinie. Kann man im allgemeinen zunächst den Begriff des ὀρθὸς λόγος [13] heranziehen oder spezieller für den zumal von der Ökonomie herausgekehrten Aspekt der kalkulierenden Mittelwahl auf die Prudentia-Tradition zurückgreifen, die etwa die bei STOBAIOS als stoischer Tugendbegriff belegte νουνέχεια [14] oder einen Ausdruck wie νουνεχὴς λογισμός bei POLYBIOS [15] bereitstellt, so führt die entscheidende Linie doch noch in einen anderen Bereich. Schon die Grundbedeutung von ‹ratio› als 'Rechnung' [16], aber auch die Etymologie der Wurzel ‹reor› führt auf das griechische ῥητός, das hier speziell in seinem Zusammenhang mit der mathematischen Frage der Kommensurabilität (συμμετρία) berücksichtigt werden muß. ῥητός meint bei EUKLID, der ältere pythagoreische Untersuchungen voraussetzt, soviel wie 'rational', 'quadriert meßbar' und ist dem ἄλογος entgegengesetzt [17]. PLATON hat das Kommensurabilitätsproblem wiederholt angesprochen, das Wort ῥητός aber über die engere mathematische Frage hinaus auch im allgemeineren Sinne endlicher und insofern 'aussprechbarer' Bestimmtheit verwendet [18]. Für R. als endliche mathematische Bestimmbarkeit hat dann JAMBLICH den Titel ῥητότης gefunden [19], während ῥητός auch jenseits von Geometrie und Zahlenlehre in relativ weitgestreutem formalem Gebrauch anzutreffen ist: In Fragen der Harmonie- und Verslehre etwa [20], aber ebenso zur Kennzeichnung des Unterschieds von Literalsinn der Schrift und pneumatischem Sinn [21] kann es je das Reguläre oder Regulierte im Gegensatz zum Regelfreien oder Unregulierbaren meinen. Für die Höherbewertung des Inkommensurablen und Irrationalen gegenüber dem Rationablen, die in den mathematischen Anfängen des Problems keineswegs lag, scheint neben Tendenzen des Platonismus selbst auch die negativ-theologische Entwicklung des Grundsatzes, daß das Erkennbare (γνωστόν) nicht mit dem endlich Bestimmten (ῥητόν) zusammenfällt, eine Rolle gespielt zu haben [22]. Jedenfalls steht es in dieser so fortentwickelten Linie des «platonischen» R.-Problems, wenn NIKOLAUS VON KUES die Menschen in drei Gruppen unterteilt, deren erste an Religion und Kontemplation «über alle Vernunft und Sinneswahrnehmung hinaus» teilhat, deren unterste die Glückseligkeit «ganz abwegigerweise in den sinnlichen Genüssen» finden zu können glaubt, deren mittlere aber die Religion «in eine gewisse R. zusammenzieht» («in rationalitatem quandam contrahit») [23].

Bezeichnenderweise entstammt der erste neusprachliche Beleg für ‹R.› dann der Euklidübersetzung Sir H. BILLINGSLEYS (1570) [24]: Denn die begriffsgeschichtliche Tendenz geht in der Folge zunehmend auf das Formale und Konstruktivistische, ja auf das Kalkülmäßige und Funktionale des Terminus. LEIBNIZ nimmt dabei in der Geschichte des mathematischen R.-Problems eine besondere Stellung ein, insofern seine infinitesimale Methode darauf abzielen konnte, zu jedem beliebigen Irrationalen («cuilibet figurae non-rationali») das äquipollente Rationale anzugeben und somit dessen Darstellung zu ermöglichen [25]. Einen «apex rationalitatis in motu» findet Leibniz im Verhältnis zweier inkomponibler «conatus», die im Zusammentreffen ein 'Mittleres' «wählen» bzw. erzeugen, womit zugleich ihre weitere Bestimmtheit einen zureichenden Grund hat [26]. Das Serielle, sonst eher nur Moment des infinitesimalen Darstellungsverfahrens, kann in etwas anderer Verwendung dann beim Wolffianer J. P. REUSCH erscheinen: Er bestimmt, in Anlehnung an den Polyhistor V. PLACCIUS, die «rationabilitas» als «habitu[s] cogitationum concatenationem in serie quoque prolixiori, sibi repraesentandi» [27], als Fähigkeit also, auch längere Gedankenreihen zu überschauen. – I. KANT hat in vorkritischer Zeit ‹R.› («rationalitas») oder «intelligentia» als «Vermögen eines Subjekts» («*facultas* subiecti») bestimmt, «durch das es vorzustellen vermag, was aufgrund seiner Beschaffenheit nicht in seine Sinne eindringen kann»; dieses nichtsinnliche Vermögen hat er als das Vermögen des Noumenalen gefaßt [28]. Den aufklärerischen R.-Optimismus bringt er aber in gewisser Weise auf den Begriff, wenn er (im Rahmen der Schlußlogik) als «principium rationalitatis s. necessitatis» angibt, «daß alles unter dem Allgemeinen stehe und in allgemeinen Regeln bestimmbar sei» [29].

3. Im deutschen Sprachraum hat sich der Ausdruck ‹R.› nur langsam durchsetzen können. Zwar nennt das ‹Handwörterbuch› von W. T. KRUG «R.» synonym zu «Vernünftigkeit» (wieder im Sinne der «aristotelischen»

Tradition) als «einzige[n] grundwesentliche[n] Vorzug des Menschen» [30], doch steht vor allem G. W. F. HEGELS emphatische Verwendung des Begriffs ‹Vernünftigkeit›, die auch für die Hegelianer zunächst verbindlich bleibt und auf die bestehende Vermittlung selbstbewußter Freiheit, nicht endlicher Zwecke geht, der Übernahme nicht nur des Fremdworts als solchen, sondern auch bestimmter sich gerade herausbildender Bedeutungen (z.B. die Mittelabwägung betreffend) entgegen, so daß die Impulse für die Ausbreitung des Begriffs ‹R.› eher aus den Einzelwissenschaften oder fremden Sprachgebieten kommen. CH. S. PEIRCE bestimmt ‹R.› im Blick auf die reale Möglichkeit freier Mittelwahl bei einem gegebenen Zweck: «The essence of rationality lies in the fact that the rational being *will* act so as to obtain certain ends. Prevent his doing in one way and he will act in some utterly different way which will produce the same result. Rationality is being governed by final causes» [31]. W. JAMES, der zwar einerseits formell eine «consciousness of series» als «basis of rationality» benennt [32], führt doch andererseits ‹R.› materialiter psychologisch auf das «Sentiment of Rationality», d.h. auf ein Gefühl zurück, das näher als «feeling of the sufficiency of the present moment, of its absoluteness» und negativ durch «absence of all need to explain it» bestimmt wird [33]. R. eignet entsprechend nicht bestimmten Erklärungsweisen als solchen, sondern ihnen nur als Herbeiführungen jener Erklärungsunbedürftigkeit, die die R. selbst ist. Zum Teil in Reaktion auf James' immediatistisches R.-Verständnis hat dann bereits sein Schüler M. R. COHEN wissenschaftliche R. wiederum von zumal logisch-mathematischen Vermittlungsformen, ja von einer logischen Ordnung her verstehen wollen, die als zugleich «descriptive of certain abstract invariant relations which constitute an objective order of any subject matter» [34] behauptet wird.

Die Neuscholastik hat mitunter Wendungen wie ‹R. des Seins› oder ‹Vernünftigkeit der Welt› (im Unterschied allerdings zu ihrer «Vernunftnotwendigkeit» [35]) gebrauchen können. Noch M. SCHLICK hat die damit verbundene metaphysische R.-These gelegentlich kritisch besprochen [36]. K. JASPERS hat einen Begriff «erfüllter» R. aufzustellen versucht, einer R., die nicht auf die logische Vermittlungsform, sondern (z.B. in den Gottesbeweisen) auf «Chiffren für das Sein der Transzendenz» gehe [37]. Die Erfolge einzelwissenschaftlicher R. wollte J.-P. SARTRE von einer «rationalité locale, statistique» her verstehen, die über die R. des Realen als solche nichts aussage [38]. Noch einmal eine «existentielle» Wendung sollte der R.-Begriff schließlich bei P. TILLICH nehmen, der neben die «endliche R.», die durch die «Subjekt-Objekt-Struktur» gekennzeichnet sei, eine «ekstatische Vernunft» als sie transzendierend stellt [39].

Anmerkungen. [1] TERTULLIAN: De anima 38, 6, hg. J. H. WASZINK. CCSL 2 (1954) 842. – [2] APULEIUS: De Plat. 2, 15. Op. 3, hg. P. THOMAS (1970) 118. – [3] AUGUSTINUS: De ord. 2, 11, 31. – [4] ANSELM VON CANTERBURY: De grammatico 12. Op. omn. 1, hg. F. S. SCHMITT (Edinburgh 1946) 156f. – [5] JOH. DUNS SCOTUS: In lib. 3 Sent., d. 5, q. 2, § 135. – [6] WILHELM VON OCKHAM: Expos. in lib. Porphyrii De praedicab. 1, § 5. Op. philos. 2, hg. E. A. MOODY (St. Bonaventure, N.Y. 1978) 23; vgl. Expos. super lib. Elenchorum II, 16. Op. philos. 3, hg. F. DEL PUNTA (St. Bonaventure, N.Y. 1979) 302. – [7] G. W. LEIBNIZ: Diss. praelim. zu: M. NIZOLII De veris princ. (1670). Akad.-A. VI/2, 417f. – [8] ALBERTUS MAGNUS: Met. V, 6, 13. Op. omn. 16/1, hg. B. GEYER (1960) 294; vgl. 295. – [9] THOMAS VON AQUIN: De pot. 2, 2c. – [10] TH. SPENCER: The art of logick, delivered in the precepts of Aristotle and Ramus (London 1628) 49. – [11] LEIBNIZ: Causa Dei asserta per iustitiam eius (1710) §§ 81f. Philos. Schr., hg. C. I. GERHARDT 6 (1885) 451; Br. an des Bosses (8. Sept. 1709), a.O. 2 (1879) 389f. – [12] CH. WOLFF: Psychologia rat. (1740, ND 1972) § 673; vgl. § 454. – [13] Vgl. Art. ‹Orthos logos›, in: Hist. Wb. Philos. 6, 1389ff.; ferner Art. ‹Recta ratio›. – [14] STOBAIOS: Ecl. 60, 9 (SVF 3, 264). – [15] POLYBIOS: Hist. III, 105, 9. – [16] Für die an diese Bedeutung anschließende R.-Kritik vgl. Art. ‹Rechnen II.›. – [17] EUKLID: Elem. X, passim; vgl. B. L. VAN DER WAERDEN: Die Arithmetik der Pythagoreer, in: O. BECKER (Hg.): Zur Gesch. der griech. Math. (1965) 203-254, bes. 238f.; K. VON FRITZ: Die Entdeckung der Inkommensurabilität, a.O. 271-307. – [18] Vgl. PLATON: Resp. VIII, 546 c; Hipp. mai. 303 b; Ep. VII, 341 c; Leg. VII, 817 d; Theaet. 205 e. – [19] IAMBLICHOS: In Nicomachi arithm. introd. 128, hg. U. KLEIN (1975) 91. – [20] Vgl. ARISTIDES QUINTILIANUS: De musica I, 7. 14. 19. 23. – [21] Vgl. ORIGENES: In Canticum cant. (Excerpta Procopiana) IV. MPG 13, 201. – [22] Vgl. JOH. DAMASCENUS: Expos. fidei 2, hg. B. KOTTER (1973) 8. – [23] NIC. CUSANUS: De coniect. II, 15, § 147. Akad.-A. III, 147f. – [24] H. BILLINGSLEY: Euclides. The elements of geometrie of the most ancient philosophe Evclide of Megara (London 1570) X, prop. XVIII, 247. – [25] LEIBNIZ: Konzept zum Br. an Oldenburg (27. Aug. 1676). Akad.-A. III/1, 561; vgl. auch: Br. an La Roque (Ende 1675), a.O. 337-355. – [26] Theoria motus abstracti [1670/71?], a.O. VI/2, 268. – [27] J. P. REUSCH: Systema logicum (1734, ND 1990) § 874. – [28] I. KANT: De mundi sens. § 3. Akad.-A. 2, 392. – [29] Logik (Jäsche) § 57, a.O. 9, 120; vgl. Refl. 3195, a.O. 16, 707. – [30] W. T. KRUG: Allg. Handwb. der philos. Wiss.en 3 (1828) 379 (‹Rationalismus›). – [31] CH. S. PEIRCE: Elements of logic. Coll. papers, hg. CH. HARTSHORNE/P. WEISS (Cambridge, Mass. 1931-66) 2, 66. – [32] W. JAMES: The principles of psychol. The works (8), hg. F. H. BURKHARDT u.a. (Cambridge, Mass./London 1981) 2, 1253. – [33] The sentiment of rationality. The works (5): Essays in philos., a.O. (1978) 33-64. – [34] M. R. COHEN: Reason and nature. An essay on the meaning of scient. method (New York 1931) 143. – [35] Vgl. J. KLEUTGEN: Die Philos. der Vorzeit 1 (Innsbruck ²1878) 840. – [36] M. SCHLICK: Allg. Erkenntnislehre (1925) § 36. – [37] K. JASPERS: Philos. 3: Met. (1932, ⁴1973) 202f. – [38] J.-P. SARTRE: Matérialisme et révolution, in: Situations III (Paris 1949) 142. – [39] P. TILLICH: Systemat. Theol. I [engl. 1951] (1958) 135f. TH. S. HOFFMANN

II. – ‹R.› gilt seit M. WEBER als der wissenschaftliche Nachfahre des neuzeitlichen philosophischen Vernunftbegriffs [1] und ‹Rationalisierung› [Rg.] als seine «prozessualisierende Fassung» [2].

1. *R. in der Nationalökonomie des 19. Jh. und bei M. Weber.* – Nicht dem Begriff, aber der Sache nach wird ‹R.› bereits von den Klassikern der Nationalökonomie, A. SMITH, D. RICARDO und J. S. MILL, beschrieben [3], deren Einsichten im 19. Jh. verstärkt rezipiert werden. Im Mittelpunkt ihrer Bestimmung des wirtschaftlich rational handelnden Menschen steht das aus seiner philosophischen Tradition herausgelöste Zweck-Mittel-Verhältnis. Während für den Empiristen und Moralphilosophen SMITH die «Natur» den Menschen «nicht nur mit dem Verlangen nach dem Zweck begabt» hat, «sondern ebenso auch mit einem Verlangen nach den Mitteln, durch die dieser Zweck allein verwirklicht werden kann» [4], will RICARDO die politische Ökonomie von solchen «naturrechtlichen Konnotationen freihalten» [5]. In bewußter Abstraktion vom konkreten Menschen entwickelt J. S. MILL schließlich in seiner «Methodenerörterung» [6] jenes Modell des homo oeconomicus, das der Zweck-Mittel-R. seine klassische Fassung gibt: «Political Economy presupposes an arbitrary definition of man, as a being who invariably does that by which he may obtain the greatest amount of necessaries, conveniences, and luxuries, with the smallest quantity of labour and physical self-denial with which they can be

obtained in the existing state of knowledge» [7]. Jenes davon abgeleitete Verständnis von ‹R.›, nach dem «alle wirtschaftlichen Handlungen des Menschen als rational betrachtet» [8] werden, weil sie von Zweckmäßigkeit geleitet sind, setzt sich im 19. Jh. ebenso durch wie die Auffassung, Rg. sei, «im allgemeinsten Sinne verstanden, die Verwirklichung des rationalen Prinzips in den menschlichen Handlungen» [9].

In Folge der ab 1909 in Deutschland verbreiteten Publikationen F. W. TAYLORS zur wissenschaftlichen Betriebsführung («Scientific Management»), führt F. VON GOTTL-OTTLILIENFELD 1914 den Begriff der Rg. für alle technischen und organisatorischen Maßnahmen zur Steigerung der Produktivität ein [10]. Dabei impliziert Rg. den Anspruch, daß die Steigerung des Einzelertrags dem Ganzen nützt: «Der volkswirtschaftliche Zweck der Rg. ist, wenn ihre Durchführung auch zunächst unter dem Gesichtspunkte privatwirtschaftlicher Ertragssteigerung erfolgt, die verbesserte und verbilligte Versorgung der Bevölkerung mit den von dieser begehrten Gütern» [11].

Als der zeitweilige Professor für Nationalökonomie M. WEBER ‹R.› und ‹Rg.› als zentrale sozialwissenschaftliche Kategorien einführt, ist der skizzierte Sprachgebrauch verbreitet [12]. Ähnlich wie hundert Jahre vor ihm Hegel ist auch Weber an der Zurückweisung des herrschenden Irrationalismus interessiert. Aber nicht mehr in der Natur oder der «reflexiven Vernunft» der Philosophen sieht er R. begründet [13], sondern, nach dem Vorbild der Ökonomie, in zweckgerichteten Handlungen. Entsprechend der Unterscheidung von Zwecken und Werten definiert er: «Rein wertrational handelt, wer ohne Rücksicht auf die vorauszusehenden Folgen handelt im Dienst seiner Überzeugung von dem, was Pflicht, Würde, Schönheit, religiöse Weisung, Pietät, oder die Wichtigkeit einer 'Sache', gleichviel welcher Art, ihm zu gebieten scheinen» [14]. «Zweckrational handelt, wer sein Handeln nach Zweck, Mitteln und Nebenfolgen orientiert und dabei sowohl die Mittel gegen die Zwecke, wie die Zwecke gegen die Nebenfolgen, wie endlich auch die verschiedenen möglichen Zwecke gegeneinander rational abwägt» [15]. Insofern R. «intellektuell sinnhaft erfaßbar» ist, was vor allem «die im Verhältnis mathematischer oder logischer Aussagen zueinander stehenden Sinnzusammenhänge» [16] meint, rangiert Zweck-R. höher als Wert-R. Ähnlich definiert V. PARETO zur gleichen Zeit Handlungen dann als vernünftig, wenn sie «aus für ihren Zweck geeigneten Mitteln bestehen» und wenn sie «logisch die Mittel mit dem Zweck verbinden» [17].

WEBER gebraucht die Begriffe ‹R.› und ‹Rg.› nicht nur zur Analyse von Handlungen, sondern auch im Hinblick auf die moderne Lebensführung und die Entwicklung der Weltbilder. Die Rg. der modernen Lebensführung wird praktisch sichtbar in Wirtschaftsbetrieb und in der Verwaltungsbürokratie. Letztere ist «nach allen Erfahrungen die an Präzision, Stetigkeit, Disziplin, Straffheit und Verläßlichkeit, also: Berechenheit für den Herrn wie für die Interessenten, Intensität und Extensität der Leistung, formal universeller Anwendbarkeit auf alle Aufgaben, rein technisch zum Höchstmaß der Leistung vervollkommenbare, in all diesen Bedeutungen rationalste Form der Herrschaftsausübung» [18]. Politisch wie ökonomisch ist ein «Höchstfall an R.» erreicht, wenn das Handeln am «wissenschaftlichen Denken» orientiert ist [19]. Was auf der Handlungsebene als Zweck- und Wert-R. umschrieben wird, heißt auf gesellschaftlicher Ebene formale und materiale R. [20]. Eine besondere Bedeutung mißt Weber der Rg. der Weltbilder bei, in deren Verlauf, so Webers These, der Protestantismus die Grundlage für die Entfaltung der kapitalistischen Gesellschaft bildet. Den Grundgedanken der Rg. des Handelns entwickelt Weber in seinen religionssoziologischen Schriften, die von der vernunftkritischen Philosophie Nietzsches beeinflußt sind [21].

2. R. in den Sozialwissenschaften des 20. Jh. – Zu Beginn des 20. Jh. wird in den *Wirtschaftswissenschaften* zwischen subjektiver und objektiver R. unterschieden [22]. Als Ausdruck der subjektiven R. wird das «Rationalprinzip» verstanden, von W. EUCKEN definiert als Handlung, die «einen bestimmten Zweck mit einem möglichst geringen Aufwand an Mitteln zu erreichen» [23] sucht. Strittig ist die Frage, ob jegliches wirtschaftliches Handeln als rational betrachtet werden muß. Während L. VON MISES sogar behauptet: «Human action is necessarily always rational» [24], konstatiert H. MÖLLER auch «ein nicht-rationales Verhalten in der Wirtschaft» [25]. Im Anschluß an Webers Handlungstypen konstruieren G. ALSCHNER [26] und G. GÄFGEN [27] ein R.-Kontinuum von Handlungsstrategien, kritisieren aber die ebenfalls auf Weber zurückgehende Richtigkeits-R. [28].

In Anlehnung an W. SOMBARTS Unterscheidung zwischen «rationalistischer» und «traditionalistischer» Wirtschaftsgesinnung [29] wird ‹objektive R.› versuchsweise als vollendete Zweckmäßigkeit definiert, die sich nach dem verfügbaren Stand der wissenschaftlichen Erkenntnis richtet. Diese Auffassung kann sich aber nicht durchsetzen [30]. Im Gegenteil, wirtschaftliche R. wird heute im Sinne der Entscheidungstheorie weitgehend eingeschränkt «auf die formale Richtigkeit des Denkens, also das logische Kalkül» [31], das weder nach einer Zweckbegründung noch nach dem faktischen Ergebnis fragt. Damit korrespondiert eine Wissenschaftspraxis, die kaum noch von ‹R.› spricht, sondern sich mit Rg. als Anwendung befaßt – verstanden als «Planung und Realisation von Anpassungsmaßnahmen in den verschiedenen Funktionsbereichen eines Unternehmens ..., die einer Erhöhung der Wirtschaftlichkeit eines Unternehmens dienen» [32]. Nur Außenseiter wie M. GODELIER fordern demgegenüber einen Bezug auf eine «umfassende gesellschaftliche R.», weil dann «ein ökonomisches Verhalten, das uns 'irrational' erscheint, ... eine eigene R.» [33] gewinnen könnte.

In der *Politikwissenschaft* avanciert ‹R.› erst Ende der fünfziger Jahre zu einem diskussionswürdigen Begriff. Nachdem der Nationalökonom J. A. SCHUMPETER schon 1942 in Orientierung am «wirtschaftlichen Modell» [34] die R. von Demokratie als «Methode ... zur Erreichung politischer Entscheidung ... vermittels eines Konkurrenzkampfes» [35] beschrieben hat, verfaßt A. DOWNS 1965 seine ‹Studie über politische R. vom ökonomischen Standpunkt› [36] aus. Da er R. mit dem Maximierungspostulat koppelt, angesichts begrenzter Möglichkeiten aber nicht alle Menschen ihre Ziele erreichen können, kann seiner Auffassung nach «Irrationalität aus der Gesellschaft niemals ganz verbannt werden» [37]. Während F. LEHNER [38] diese Auffassung zu vertiefen sucht, kritisiert D. ALDRUP die Verschränkung von R. und «Optimierung» (Pareto). Für ihn kann ‹R.› nur «regelgebundene Kritikoffenheit» [39] bedeuten. H. BUSSHOFF plädiert im Anschluß an Popper für eine methodische R. «unter den Gesichtspunkten der Legitimität und Stichhaltigkeit» [40]. Ähnlich betonen auch

H. FLOHR und H.-P. BANK, daß das Kriterium der Mittelwahl nicht ausreiche, sondern R. die «Zielsetzung» einschließen müsse [41]. Dies soll die «kritische Reflexion» als «formales Prinzip» der Prüfung leisten. Dennoch bleibt das Problem, das O. HÖFFE auch in J. RAWLS ‹Theorie der Gerechtigkeit› aufgedeckt hat, daß sich nämlich normative Ziele nicht mit einem formalen R.-Begriff begründen lassen, sondern nolens volens von außen eingeführt werden [42].

In der *Soziologie*, die R. seit M. Weber «als eine institutionsspezifische Umsetzung des Aufklärungs- bzw. Vernunftbegriffs» [43] versteht, weist der Wortgebrauch die größten Schwankungen auf. Während E. DURCKHEIM ähnlich wie Weber zwischen materieller und funktioneller R. unterscheidet [44], nennt A. SCHÜTZ allein sechs R. [45]. Orientiert am homo oeconomicus modelliert R. DAHRENDORF ein rollentheoretisch begründetes Menschenbild für die Soziologie, den «homo sociologicus», das selbst «ein Mittel zum Zweck der Rg., Erklärung und Kontrolle eines Ausschnittes der Welt, in der wir leben» [46], sein soll. C. ROLSHAUSEN kritisiert, daß R. in einem solchen Verständnis mit «kluger Anpassung» gleichgesetzt werde und Rg. allein der «Bestandssicherung gegebener Gesellschaftssysteme» diene [47]. Unter Bezugnahme auf G. Simmel zeigt D. CLAESSENS, daß das «Ingrediens» von R. in kapitalistischen Gesellschaften nur «Beliebigkeit» sein könne [48]. T. PARSONS, der von Webers Schriften substantiell beeinflußt ist, übernimmt die R.-Problematik zwar nicht dem Begriff, aber der Sache nach. Dabei stellt er nicht mehr die Handlung, sondern die «Struktur des individuellen Handelns, die von außen konstituiert ist, in den Mittelpunkt der Analyse» [49]. N. LUHMANN, der Weber vorwirft, er übersehe, «daß R. auf der Ebene des Einzelmenschen nicht dasselbe ist wie R. auf der Ebene des sozialen Systems» [50], radikalisiert im Anschluß an Parsons die Systemperspektive. R. können Systeme dann beanspruchen, wenn «sie sich selber durch ihre Differenz zur Umwelt bestimmen und dieser Differenz in sich selber operative Bedeutung, Informationswert, Anschlußwert verleihen» [51].

In der *Rechtswissenschaft* hat R. keine originäre Bedeutung, sondern wird in der Tradition Webers von der Rechtssoziologie behandelt. M. KRIELE versucht das Mißverhältnis von rationaler Rechtspraxis und Theoriedefizit zu klären [52] und kommt wie H. SCHELSKY zu dem Schluß, daß die «juridische R.» in den Verfahren und der Rechtsdurchsetzung begründet sei [53]. Um über ein solch formales R.-Verständnis hinauszukommen, müssen nach K. EDER «Rechtsnormen wie moralisch begründbare Normen» [54] behandelt werden. K. ALEXY zeigt allerdings in seiner kommunikationsorientierten Arbeit, daß sich der R.-Anspruch nicht darauf beziehen könne, «daß die fragliche normative Aussage schlechthin vernünftig ist, sondern nur darauf, daß sie im Rahmen der geltenden Rechtsordnung vernünftig begründet werden kann» [55].

Durch die neuere *Ethnologie* wurde das herkömmliche R.-Verständnis am nachhaltigsten erschüttert [56]. Vertreter dieses Fachs begannen zu fragen, «ob die Unvernunft der sogenannten 'Wilden' nicht doch ganz rational ist und was dies für unsere R.-Kultur bedeutet» [57]. In seiner Kritik des Ethnozentrismus zu Beginn des Jahrhunderts und in Anlehnung an den späten Wittgenstein behauptet P. WINCH, «... von einer Gesellschaft zu sagen, sie habe eine Sprache, bedeutet dasselbe wie zu sagen, sie habe ein Konzept von R.» [58]. Zur Differenzierung schlagen I. C. JARVIE und J. AGASSI vor, «eine Unterscheidung zwischen rationalem Handeln und rationalem Glauben vorzunehmen» [59]. Ersteres bezieht sich auf die faktische Zielerreichung, die auch in Ritualen gegeben sein kann. Das zweite meint die Orientierung am wissenschaftlichen Weltbild. H. G. KIPPENBERG kritisiert an dieser Auffassung, daß damit «doch wieder eine R. allen anderen übergeordnet» [60] werde.

3. *Theorien der R.* begründen R. reflexiv im Rahmen mathematisch, philosophisch, sozialwissenschaftlich und sprachanalytisch inspirierter Wissenschaftstheorien.

In Deutschland fand der am naturwissenschaftlichen R.-Ideal orientierte kritische Rationalismus von K. R. POPPER und H. ALBERT stärkere Beachtung. Danach ist R. stets eine Sache der Methode [61]. Sie «ist eine kritische Fortführung der Methode des Versuchs und Irrtums ('trial and error')» [62]. Da sich nach dieser Methode nur Einzelaussagen überprüfen lassen, kann ein theoretisches System niemals wahr sein, es kann sich nur vorläufig «bewähren» [63], solange die Einzelaussagen nicht falsifiziert sind. Im Lichte der Selbstanwendung der methodenabhängigen R. auf die Methode wird sichtbar, daß der von ihr erhobene Wahrheitsanspruch letztlich relativ bleibt, da nicht nur keine Methode verfügbar ist, die zu garantiert wahren Aussagen führen würde, sondern darüber hinaus auch keine Methodologie, deren Richtigkeit garantiert werden könnte [64]. Da eine begründungsgeleitete R. im sog. 'Münchhausen-Trilemma' (s.d.) enden muß [65], weil sich keine letzten sicheren Gründe angeben lassen, muß die alte Begründungsidee durch das «Prüfungs-Prinzip» ersetzt werden [66]. R.-Zuwachs erscheint deshalb nur als «piecemeal social engineering» möglich [67].

Im Positivismusstreit der deutschen Soziologie Anfang der sechziger Jahre haben die Vertreter der Kritischen Theorie, neben TH. W. ADORNO vor allem J. HABERMAS, gegen diese als «positivistisch halbierte Vernunft» [68] bezeichnete R. gefordert, daß eine umfassende R. auch das einbeziehen müsse, «was von den instrumentellen Bestimmungen der Vernunft ausgeschieden wird» [69] – also «Sprache und Handeln, Sätze und Einstellungen» [70]. Da «die Unterwerfung alles Seienden unter den logischen Formalismus ... mit der gehorsamen Unterordnung der Vernunft unters unmittelbar Vorfindliche erkauft» [71] werde, also in «Apologetik» [72] umschlage, wie H. MARCUSE schon bei Weber kritisiert, soll R. um die ethische Dimension erweitert werden: «In einer derart praktischen Vernunft konvergieren rationale Einsicht und das ausgesprochene Interesse an einer Befreiung durch Reflexion» [73].

Eher immanent kritisiert TH. S. KUHN den Popperianischen R.-Begriff. Er zeigt, daß nicht einmal die Geschichte der exakten Naturwissenschaften, an denen sich der Kritische Rationalismus orientiert, rational verläuft. Rg. als «Suche nach Regeln» [74] vollziehe sich nur im Rahmen eines akzeptierten Wissenschafts-«Paradigmas», das sich selbst aber nicht rational durchgesetzt hat. P. FEYERABEND radikalisiert in Auseinandersetzung mit I. LAKATOS die Kritik, indem er behauptet «Anything goes» [75]; denn «die Wissenschaftler lösen Probleme nicht deshalb, weil sie eine Wünschelrute besäßen – die Methodologie oder eine Theorie der R. –, sondern weil sie sich mit einem Problem lange Zeit beschäftigt haben, weil sie die Verhältnisse ziemlich gut kennen» [76] und aus ähnlichen nichtmethodischen Gründen. W. STEGMÜLLER versucht, in einer strukturalistischen

Theorie die Einsichten Poppers und Kuhns reformuliert zusammenzubringen, d.h. R. eingebunden in ein «Unternehmen» zu begreifen, das «unlösbar an die Existenz des Menschen geknüpft ist» [77]. Nicht ein solches «kosmologisches Prinzip», sondern die historische Erfahrung bildet für S. TOULMIN die «einzige Grundlage» von R. «Die Last der 'Vernünftigkeit' besteht dann in der Grundpflicht, unsere Strategien im Lichte neuer Erfahrungen neu zu überdenken» [78].

In den transzendentalpragmatischen Ansätzen von K. O. APEL und J. HABERMAS wird für den gegenwärtig umfassendsten R.-Begriff argumentiert. Letzterer unterscheidet im Anschluß an Webers Handlungstypen zwischen einer kognitiv-instrumentellen, einer moralisch-praktischen und einer ästhetisch-praktischen R. [79]. Dieses «R.-Potential» zeige sich nicht nur in den Handlungen, sondern auch in der «Geltungsbasis der Rede» [80]. Den Reflexionshorizont bilde die einer totalen Thematisierung entzogene Lebenswelt [81]. Davon hebt Habermas mit Bezug auf Luhmann die von der Kommunikation entkoppelte funktionale R. ab, welche sich in der «Komplexitätssteigerung des Gesellschaftssystems» [82] ausdrückt.

Anmerkungen. [1] M. HENNEN: Krise der Soziol. – Dilemma der Soziol. (1976) 22; H. SCHNÄDELBACH (Hg.): R. (1984) 8. – [2] HENNEN, a.O. 3. – [3] Vgl. G. HARTFIEL: Wirtschaftl. und soz. R. (1968); H.-P. BANK: Rat. Sozialpolitik (1975). – [4] A. SMITH: Theorie der eth. Gefühle, hg. W. ECKSTEIN 1 (1926, ND 1985) 113. – [5] Art. ‹Ökonomie, politische›, in: Hist. Wb. Philos. 6, 1167. – [6] HARTFIEL, a.O. [3] 85. – [7] J. S. MILL: Essays on some unsettled questions of polit. econ. (1844). Coll. works, hg. J. M. ROBSON 4 (Toronto 1967) 326. – [8] H. MÖLLER: Die R. der wirtschaftl. Handlungen. Jb. Nat.ökon. Statistik 156 (1942) 16. – [9] G. ALBRECHT: Art. ‹Rg.›, in: Wb. Volkswirtschaft, hg. L. ELSTER 2 ([4]1932) 1193. – [10] F. VON GOTTL-OTTLILIENFELD: Wirtschaft und Technik. Die Rg. des Ablaufs eines Produktionsvorganges (1924) 265. – [11] ALBRECHT, a.O. [9] 1196. – [12] S. LANDSHUT: Kritik der Soziol. (1929) 54. – [13] P. L. BERGER: Das Unbehagen in der Modernität (1975) 98. – [14] M. WEBER: Wirtschaft und Ges. ([5]1980) 12. – [15] a.O. 13. – [16] 2. – [17] V. PARETO: System der log. Soziol., hg. G. EISERMANN (1962) 64f.; vgl. Art. ‹Pareto-Prinzip›. – [18] WEBER, a.O. [14] 128. – [19] a.O. 32. – [20] 44. – [21] E. FLEISCHMANN: De Weber à Nietzsche. Arch. Européens Sociol. 5 (1964) 190ff.; J. HABERMAS: Erkenntnis und Interesse ([5]1979) 355. – [22] ALBRECHT, a.O. [9]. – [23] R. EUCKEN: Die Grundlagen der Nat.ökon. (1940) 243. – [24] L. VON MISES: Human action. A treat. on econ. (1940) 18. – [25] H. MÖLLER: Die R. der wirtschaftl. Handlungen, a.O. [8] 242ff. – [26] G. ALSCHNER: R. und Irrtum in der wirtschaftl. Handlungen. Schmollers Jb. 77 (1957) 385ff. 547ff. – [27] G. GÄFGEN: Theorie der wirtschaftl. Entscheidung ([2]1968). – [28] M. WEBER: Ges. Aufsätze zur Wiss.lehre ([2]1951). – [29] W. SOMBART: Die Ordnung des Wirtschaftslebens (1925) 15f. – [30] Vgl. E. PREISER: Das Rationalprinzip in der Wirtschaft und in der Wirtschaftspolitik. Jb. Nat.ökon. Statistik 157 (1943) 3. – [31] GÄFGEN, a.O. [27] 459. – [32] VON GOTTL-OTTLILIENFELD, a.O. [10] 400. – [33] M. GODELIER: Zur R. der ökonom. Systeme. Sozioökonom. Studientexte 9 (1973) 365. – [34] J. A. SCHUMPETER: Kapitalismus, Sozialismus und Demokratie ([4]1975) 201. – [35] a.O. 428. – [36] A. DOWNS: Ökonom. Theorie der Demokratie (1968) 14. – [37] a.O. 158. – [38] F. LEHNER: Polit. Verhalten als soz. Tausch (1973). – [39] D. ALDRUP: Das R.-Problem in der polit. Ökon. (1971) 85. – [40] H. BUSSHOFF: Krit. R. und Politik (1976) 15. – [41] H. FLOHR: R. und Politik 1 (1973) 35ff. – [42] O. HÖFFE: Sittlichkeit als R. des Handelns, in: SCHNÄDELBACH (Hg.), a.O. [1] 166. – [43] HENNEN, a.O. [1] 24. – [44] E. DURCKHEIM: Mensch und Ges. im Zeitalter des Umbruchs (1958). – [45] A. SCHÜTZ: The problems of rationality on the social world. Coll. papers 2 (Den Haag 1977) 64-88, bes. 74ff. – [46] R. DAHRENDORF: Homo sociologicus ([4]1964) 55. – [47] C. ROLSHAUSEN: R. und Herrschaft (1972) 106. 108. – [48] D. CLAESSENS: R., revidiert (1965) 474. – [49] T. PARSONS: Zur Theorie soz. Systeme (1976) 121ff. – [50] N. LUHMANN: Zweck – Herrschaft – System. Staat 3 (1964) 131. – [51] Soz. Systeme (1984). – [52] M. KRIELE: Theorie der Rechtsgewinnung (1967). – [53] H. SCHELSKY: Die Soziol. und das Recht (1980) 35. – [54] K. EDER: Zur Rg.-Problematik des modernen Rechts, in: M. SPRONDEL/C. SEYFARTH (Hg.): M. Weber und die Rg. des soz. Handelns (1981) 163. – [55] K. ALEXY: Theorie der jurist. Argumentation (1983) 351. – [56] B. R. WILSON (Hg.): Rationality (Worcester 1970, [8]1986). – [57] H. SCHNÄDELBACH: Zur Dialektik der hist. Vernunft, in: H. POSER (Hg.): Wandel des Vernunftsbegriffs (1981) 21. – [58] P. WINCH: Was heißt 'eine primitive Ges. verstehen'? in: POSER (Hg.), a.O. 102. – [59] I. C. JARVIE/J. AGASSI: Das Problem der R. von Magie, in: H. G. KIPPENBERG/B. LUCHESI (Hg.): Magie (1978) 121. – [60] H. G. KIPPENBERG: Zur Kontroverse über das Verstehen fremden Denkens, in: KIPPENBERG/LUCHESI (Hg.), a.O. 42. – [61] H. ALBERT: Traktat über rationale Praxis (1978). – [62] K. R. POPPER: Die Logik der Soz.wiss., in: TH. W. ADORNO u.a.: Der Positivismusstreit in der dtsch. Soziol. ([6]1978) 106. – [63] Logik der Forsch. ([7]1982) 8. – [64] ALBERT, a.O. [61] 24f. – [65] Traktat über krit. Vernunft (1968) 11ff. – [66] a.O. 36. – [67] POPPER: Das Elend des Historismus (1965) 54. – [68] Vgl. J. HABERMAS: Gegen einen positivistisch halbierten Rationalismus, in: ADORNO u.a., a.O. [62] 235ff. – [69] ADORNO, a.O., Einl. 27. – [70] J. HABERMAS: Theorie und Praxis ([3]1969) 259. – [71] M. HORKHEIMER/TH. W. ADORNO: Dial. der Aufklärung (1944, 1971) 27, in: M. HORKHEIMER: Ges. Schr. 5 (1987) 49. – [72] H. MARCUSE: Kultur und Ges. 2 ([9]1977) 113. – [73] HABERMAS, a.O. [70] 231. – [74] TH. S. KUHN: Die Struktur wissenschaftl. Revolut. [1962] (1967) 75. – [75] P. FEYERABEND: Wider den Methodenzwang ([3]1983) 32. 259. – [76] a.O. 388. – [77] W. STEGMÜLLER: Rat. Rekonstruktion von Wiss. und ihrem Wandel (1979) 128f. – [78] S. TOULMIN: The collective use and evolution of concepts (Oxford 1972) 503; dtsch.: Kritik der kollekt. Vernunft (1983) 581f. – [79] J. HABERMAS: Theorie des kommunikat. Handelns (1981) 1, 207ff., bes. 326. – [80] a.O. 455. 385ff. – [81] 2, 208; kritisch dazu: R. BUBNER: R. der Lebensform. Merkur 36 (1982) 341-355. – [82] 2, 583.

Literaturhinweise. B. R. WILSON (Hg.) s. Anm. [56]. – H.-P. BANK s. Anm. [3]. – S. I. BENN/G. W. MORTIMORE (Hg.): Rationality and the social sci. (London 1978). – J. ELSTER: Ulysses and the Sirens. Studies in rationality and irrationality (Cambridge/Paris 1979); dtsch.: Subversion der R. (1987). – K. HÜBNER/J. VUILLEMIN (Hg.): Wissenschaftl. und nichtwissenschaftl. R. (1983). – H. SCHNÄDELBACH (Hg.) s. Anm. [1]. – G. PASTERNACK (Hg.): R. und Wiss. (o.J. [1988]). – N. RESCHER: Rationality. A philos. inqu. into the nature and the rationale of reason (Oxford 1988). – L. SCHEFFCZYK (Hg.): R. – Ihre Entwickl. und ihre Grenzen (1989).

L. ROLKE

III. *Analytische Philosophie.* – Die philosophische Analyse von R. ist gegenwärtig, besonders in der analytischen Ethik und Handlungstheorie, Sprach- und Bedeutungstheorie sowie der Wissenschaftstheorie stark in den Vordergrund getreten, wobei sich das Interesse auf die formalen Bedingungen der R. des Erkennens, des Verstehens und des Handelns konzentriert. J. HABERMAS vertritt sogar die These, «... daß die Philosophie in ihren nachmetaphysischen, posthegelianischen Strömungen auf den Konvergenzpunkt einer Theorie der R. zustrebt ...» [1].

Folgende interne Differenzierung des R.-Begriffs wird im angelsächsischen Raum weitgehend akzeptiert [2]: Im Gegensatz zu System-R., wonach rationales Verhalten in der optimalen Adaptation an die Umgebung oder in einem Funktionszusammenhang eines beliebigen Systems besteht [3], setzt die gewöhnliche Verwendung des R.-Begriffs Absichtlichkeit (Intentionalität) voraus. Rational in diesem Sinn können Personen sowie ihre Handlungen, Meinungen, Wünsche und Normen sein. Personen sind rational, wenn sie normalerweise rationale Meinungen und Wünsche haben und mit Bezug auf diese rational handeln. R. mit Bezug auf Personen ist also ein Dispositionsprädikat. Dagegen ist die R. von Handlungen, Meinungen, Wünschen, Normen eine Eigenschaft. Diese werden rational genannt, wenn sie wohlbegründet sind. Sind sie dagegen unbegründet, gelten sie als irrational. Sind sie außerhalb der Reichweite der Vernunft, z.B. aufgrund von Hypnose, Affekt oder Zwanghaftigkeit, sind sie als arational einzustufen. R. ist sowohl ein normativer bzw. präskriptiver Begriff, weil in seiner Verwendung immer eine zumindest implizite Be- oder Verurteilung der entsprechenden Handlung, Meinung usw. enthalten ist, als auch ein deskriptiver Begriff, insofern beurteilt wird, ob bestimmte R.-Standards von der Meinung, Handlung usw. erfüllt werden oder nicht [4]. Dieser R.-Begriff kann nun weiter differenziert werden: Zum einen kann mit ‹rational› bzw. ‹begründet› entweder nur auf die der betreffenden Person subjektiv zugänglichen Gründe Bezug genommen werden oder auf alle objektiv zur Verfügung stehenden Gründe. Zum anderen wird bei Handlungen und Meinungen zwischen formaler und substantieller R. unterschieden, je nachdem, ob die Wünsche und Meinungen, mit Bezug auf die Handlungen und Meinungen begründet werden, selbst auch noch einmal begründet sind. – Unter ‹Rg.› kann man einmal eine rationale Begründung einer Handlung, Meinung usw. verstehen [5], meistens meint man damit aber den Fall, in dem jemand im nachhinein zwar Gründe für seine Handlung oder Meinung angibt, diese für das Zustandekommen der Handlung oder Meinung aber gar nicht verantwortlich waren [6].

Der formale Begriff der R. von Handlungen ist der Begriff der Zweck-Mittel-R. Eine Handlung ist rational, wenn sie begründet ist mit Bezug auf die Wünsche (Ziele, Präferenzen) und Meinungen des Handelnden, d.h. wenn sie das geeignetste Mittel zur Erreichung eines gegebenen Zwecks ist. Dieser Sinn von R. wird von der Entscheidungs- und Spieltheorie [7] weiterentwickelt und operationalisiert, die sich seit den 40er Jahren aus mathematischen (Wahrscheinlichkeitstheorie und Statistik), ethischen und ökonomischen (Utilitarismus und Wohlfahrtsökonomie) Vorläufern entwickelt hat. Die Entscheidungstheorie faßt R. von Handlungen als die R. einer Wahl unter alternativen Handlungsmöglichkeiten auf. Ihr Ziel ist es, Kriterien zu entwickeln für verschiedene Entscheidungssituationen, je nachdem, wieviel der Wählende von den Umständen und Handlungsfolgen weiß (man unterscheidet Entscheidungen unter Sicherheit, Risiko und Unsicherheit) und ob die Umwelt, d.h. die Mitakteure, sich statisch, strategisch oder kooperativ verhalten. Das wichtigste R.-Kriterium ist das für Entscheidungen unter Sicherheit und unter Risiko, nämlich die Maximierung des zu erwartenden Nutzens (utility, Wünschbarkeit), d.i. die (subjektive oder objektive) Wahrscheinlichkeit eines Ergebnisses multipliziert mit dessen subjektivem Nutzen (Bayessches Prinzip). Bei Entscheidung mehrerer Personen zusammen kommt – neben individueller, auf eigene Nutzenmaximierung bezogener R. – kollektive R. ins Spiel, bei der es darum geht, den Nutzen aller beteiligten Akteure zu maximieren. Dies scheint nicht zu gelingen, wenn jeder nur seinen eigenen Vorteil sucht (sog. Gefangenendilemma). Im Gegensatz zu diesen strategischen, zweckrationalen Konzeptionen hat HABERMAS in einem anderen Kontext den weniger formalen Begriff der kommunikativen R. geprägt, mit dem er sich auf Interaktionen bezieht, in denen die Handlungspläne der beteiligten Akteure nicht über egozentrische Erfolgskalküle, sondern über Akte der Verständigung im Sinne eines kooperativen Deutungsprozesses koordiniert sein sollen [8].

Dieser Begriff der Handlungs-R. spielt auch eine zentrale Rolle in der seit dem 19. Jh. geführten Kontroverse, ob sich intentionale Handlungserklärungen ihrer Struktur nach grundsätzlich von naturwissenschaftlich-kausalen Erklärungen unterscheiden. In der analytischen Philosophie wird diese Debatte hauptsächlich als Diskussion um die strukturelle Differenz von Gründen und Ursachen geführt [9]. Ein wesentliches Spezifikum von intentionalen Erklärungen ist der Rekurs auf Gründe und R. Für eine rein normativ-intentionalistische Erklärung spricht nach G. E. M. ANSCOMBE, A. KENNY und G. H. VON WRIGHT, daß die Handlung aus den Gründen nicht logisch folgt, sondern einen spezifisch praktischen Syllogismus darstellt [10]. In diesem Zusammenhang steht auch die Frage, ob und wie Willensschwäche (akrasia) möglich ist [11]. Nach W. DRAY [12] geben wir in intentionalen Erklärungen nicht die Ursachen dieser Handlung an, sondern zeigen, daß es für den Handelnden im Hinblick auf seine Wünsche und Überzeugungen rational war, so zu handeln. Dagegen hat C. G. HEMPEL [13] eingewandt, daß es für eine korrekte Erklärung nicht ausreiche, daß eine Handlung für eine Person in einer bestimmten Situation rational sei. Es bedarf nach Hempel noch zusätzlich der empirischen Unterstellung, daß die betreffende Person auch die Disposition hat, unausweichlich oder mit großer Wahrscheinlichkeit in solchen Situationen rational zu handeln. Wird eine solche Disposition unterstellt oder andere gesetzesähnliche Annahmen [14] gemacht, sind intentionale Erklärungen ihrer Struktur nach keine rein rationalen, sondern kausale Erklärungen, weil die Wünsche und Meinungen des Handelnden mit der ausgeführten Handlung deduktiv-nomologisch verknüpft sind. Im Gegensatz zu Hempel sieht D. DAVIDSON [15] die R.-Unterstellung nicht als empirisch an, sondern notwendig als Bedingung dafür, der Person überhaupt Meinungen und Wünsche zuschreiben zu können. Dies ergibt sich aus einer behavioralen oder funktionalistischen Theorie von Meinungen und Wünschen [16]. Außerdem ist die Erklärung nach Davidson [17] nicht nomologisch, d.h. zur intentionalen Erklärung muß kein empirisches Gesetz oder R.-Prinzip angeführt werden. Statt dessen seien propositionale Einstellungen, wie Wünsche, Meinungen usw., ihrer Natur nach erklärend, weil es Teil unseres Begriffs von Meinungen und Wünschen sei, daß sie rationale Wirkungen haben. Dies schließt eine kausale Erklärung nicht aus. Im Gegenteil hat Davidson in einem berühmt gewordenen Aufsatz [18] dafür argumentiert, daß Gründe Ursachen sein können. Es ist möglich – so sein Argument –, daß man gute Gründe für eine bestimmte Handlung hat und auch so handelt, aber nicht aus diesen Gründen. Dieser Unterschied zu der Handlung aus den Gründen kann nur so analysiert werden, daß im zweiten Fall die Gründe die Handlung verursachen und im ersten nicht. – Im Gegensatz zum bisher thematisierten formalen Begriff der R. von Handlungen verlangt substantielle Handlungs-R., daß die Meinungen und Wünsche, mit Bezug auf die die Handlung begründet wird, selber rational sind. Dazu nun im einzelnen.

Für die *R. von Meinungen* wird als Mindestanforderung verlangt, daß die Meinung mit anderen Meinungen der Person logisch konsistent ist [19]. Ein Problem stellt dabei dar, daß man eine Meinung nicht vollständig auf logische Konsistenz mit allen andern Meinungen der Person prüfen kann. Über die Konsistenzbedingung hinaus geht der Sinn von R. als Wohlbegründetheit von Meinungen. Hier wird zusätzlich die Rechtfertigung einer Meinung durch die zur Verfügung stehende Evidenz verlangt. Die Ermittlung der Kriterien der Rechtfertigung von Meinungen ist Thema der Erkenntnis- und Wissenschaftstheorie [20]. Einen über diesen formalen hinausgehenden substantiellen R.-Begriff von Meinungen erhält man, wenn bestimmte theoretische R.-Standards mit Gründen anderen Standards (z.B. anderer Kulturen) vorzuziehen sind. Dies ist der Kern der entsprechenden R.-Debatte in der Ethnologie.

Auch für die *R. von Wünschen* ist die Mindestforderung Konsistenz mit anderen Wünschen. Dazu schlägt J. RAWLS [21] vor, einen rationalen Plan aufzustellen, der die aktuellen und vorhersehbaren Wünsche zeitlich und hierarchisch so organisiert, daß möglichst viele erfüllt werden können. D. HUMES Diktum, «Reason is and ought only to be the slave of the passions ...» [22], folgend halten viele eine substantiellere Begründung von Wünschen für unmöglich. H. FRANKFURT [23] sieht es demgegenüber als ein entscheidendes Merkmal von Personen an, daß sie sich zu ihren konkreten Wünschen verhalten können, d.h. darüber Wünsche höherer Ordnung haben. R. BRANDT [24] hat vorgeschlagen, diejenigen Wünsche rational zu nennen, die einer sog. kognitiven Psychotherapie standhalten, also der wiederholten und nachhaltigen Konfrontation von Wünschen mit allen relevanten Informationen über die tatsächlichen Fakten. D.h. Wünsche, die auf falschen Tatsachenmeinungen beruhen, sind irrational. Substantiellere Kriterien als diese sind äußerst umstritten.

Mit der R. von Wünschen bzw. Werten hängt die *R. von Normen* eng zusammen. Das Problem der rationalen Begründung moralischer Normen wird seit den 70er Jahren intensiv und kontrovers diskutiert. Als schwächstes Kriterium gilt auch hier Konsistenz der Normen untereinander. RAWLS hat darüber hinaus ein Kohärenzverfahren prominent gemacht. Unsere moralischen Prinzipien sollen mit unseren überlegten moralischen Einzelurteilen in einem Prozeß gegenseitiger Anpassung in ein reflexives Gleichgewicht der Überlegungen («reflective equilibrium») gebracht werden [25]. Das stärkste R.-Kriterium ist die (Letzt-)Begründung von Normen. Eine Letztbegründung halten heute nur wenige für möglich: vor allem D. GAUTHIER auf vertragstheoretischem Weg, A. GEWIRTH auf dem Weg einer Ableitung aus dem Begriff rationalen Handelns sowie K. O. APEL und mit Einschränkungen J. HABERMAS auf transzendentalpragmatischem Weg [26]. Der R.-Begriff spielt bei den Begründungsversuchen von Moral dann eine besonders prominente Rolle, wenn entweder, wie in den Vertragstheorien, versucht wird zu zeigen, daß es für jede Person zweckrational ist, d.h. in ihrem aufgeklärten Eigeninteresse liegt, moralisch zu sein, oder wenn ein gehaltvollerer R.-Begriff stipuliert wird, der schon einen Unparteilichkeitsstandpunkt oder bestimmte Werte implizieren soll.

Anmerkungen. [1] J. HABERMAS: Theorie des kommunikat. Handelns (1981) 1, 16. – [2] J. ELSTER: Rationality, in: G. FLØISTAD (Hg.): Contemp. philos. 2 (Den Haag 1982) 111-131. – [3] R. K. MERTON: Soc. theory and soc. structure (Glencoe, Ill. 1957). – [4] C. G. HEMPEL: Rational action. Proc. Addr. Amer. philos. Ass. 35 (1961/62); dtsch., in: G. MEGGLE (Hg.): Analyt. Handlungstheorie 1 (1985) 388-414. – [5] Vgl. D. DAVIDSON: Essays on actions and events (Oxford 1980); dtsch.: Handlung und Ereignis (1985). – [6] Vgl. R. AUDI: Rationalization and rationality. Synthese 65 (1985) 159-184. – [7] Vgl. J. VON NEUMANN/O. MORGENSTERN: Theory of games and econ. behavior (Princeton 1944); dtsch.: Spieltheorie und wirtschaftl. Verhalten (^{2}1967); R. D. LUCE/H. RAIFFA: Games and decisions (New York 1957); R. C. JEFFREY: The logic of decision (Chicago 1983). – [8] HABERMAS, a.O. [1] Kap. I, 3; III. – [9] Vgl. A. BECKERMANN (Hg.): Analyt. Handlungstheorie 2 (1985); R. MACKLIN: Explanation and action: Recent issues and controversies. Synthese 20 (1969) 388-415. – [10] G. E. M. ANSCOMBE: Intention (Oxford 1957); A. KENNY: Will, freedom and power (Oxford 1975); G. H. VON WRIGHT: Explanation and understanding (New York 1971); dtsch.: Erklären und Verstehen (1974); Handlung, Norm und Intention (1977). – [11] Vgl. DAVIDSON: How is weakness of the will possible?, a.O. [5] 21-42; dtsch.: 43-72; A. F. WALKER: The problem of weakness of the will. Crit. survey. Nous 23 (1989) 653-676. – [12] W. DRAY: Laws and explanation in hist. (Oxford 1957). – [13] HEMPEL, a.O. [4]. – [14] Vgl. P. M. CHURCHLAND: The log. character of action-explanations. Philos. Review 79 (1970) 214-236; dtsch. in: BECKERMANN (Hg.), a.O. [9] 304-331; W. D. GEAN: Reasons and causes. Review Metaph. 19 (1965/66); dtsch. a.O. 195-220. – [15] DAVIDSON: Psychology as philos., a.O. [5] 229-239; dtsch.: 321-342. – [16] D. C. DENNETT: Intent. systems. J. Philos. 68 (1971) 87-106; dtsch. in: P. BIERI (Hg.): Analyt. Philos. des Geistes (1981) 162-183. – [17] DAVIDSON: Hempel on explaining action, a.O. [5] 261-275; dtsch.: 363-383. – [18] Actions, reasons and causes, a.O. 3-19; dtsch.: 19-42. – [19] Vgl. D. FØLLESDAL: The status of rationality assumptions in interpret. and in the explanation of action. Dialectica 26 (1982) 305. – [20] Vgl. G. W. MORTIMORE/J. B. MAUND: Rationality in belief, in: S. I. BENN/G. W. MORTIMORE (Hg.): Rationality in the soc. sci. (London 1976) 11-33; vgl. Art. ‹Rechtfertigung II.›. – [21] J. RAWLS: A theory of justice (Cambridge, Mass. 1971) § 63; dtsch.: Eine Theorie der Gerechtigkeit (1979). – [22] D. HUME: A treat. of human nature, hg. L. A. SELBY-BIGGE (Oxford 1978) 415. – [23] H. FRANKFURT: Freedom of the will and the concept of a person. J. Philos. 68 (1971) 5-20; dtsch. in: BIERI (Hg.), a.O. [16] 287-302. – [24] R. BRANDT: A theory of the good and the right (Oxford 1979) Kap. VI. – [25] RAWLS, a.O. [21]. – [26] D. GAUTHIER: Morals by agreement (Oxford 1986); A. GEWIRTH: Reason and morality (Chicago 1978); K. O. APEL: Das Apriori der Kommunikationsgemeinschaft und die Grundlagen der Ethik, in: Transform. der Philos. 2 (1973) 358-435; J. HABERMAS: Moralbewußtsein und kommunikat. Praxis (1983).

Literaturhinweise. J. ELSTER s. Anm. [2]. – N. RESCHER s. [Lit. zu II.]. – P. K. MOSER (Hg.): Rationality in action (Cambridge 1990).

S. GOSEPATH

Rationes aeternae (ewige Urgründe). Das zugrundeliegende Problem, auf das die r.ae. eine Antwort geben sollen, entstammt platonischem Philosophieren: Im menschlichen Denken finden sich sichere und wirkliche Einsichten, die sich aus der Sinneserkenntnis, auf die wir als Erkenntnisquelle zunächst verwiesen sind, nicht begründen lassen. So erkennt der Sklave in PLATONS ‹Menon› [1] den notwendig geltenden pythagoreischen Lehrsatz anläßlich der notwendig immer ungenauen sinnlich faßbaren Zeichnung. Die abbildhafte Zeichnung ist nur Anlaß für die «Wiedererinnerung» an die wahren ideenhaften geometrischen Figuren; das wiedererinnerte Denken der Ideen (s.d.) ist der zureichende Grund für die Wahrheit der Erkenntnis.

Es ist üblich geworden, die Weiterführung dieses Problems durch AUGUSTINUS unter dem Terminus ‹r.ae.› zu behandeln: In seiner Auseinandersetzung mit der Skepsis der (mittleren platonischen) Akademie weist Augustinus auf faktisch vorhandene Momente sicheren Wissens schon im Zusammenhang mit der Sinneserkenntnis hin: Sinnliches Geschehen wird durch die «memoria» zur Wahrnehmung gebildet [2], wobei das Begreifen schon der sinnlichen «memoria» im Bewußtsein eines idealen Horizontes geistiger Formen geschieht, die nicht aus der sinnlichen Realität abgeleitet sind, sondern ihr als Bedingung vorausgehen [3]. Die Strukturierung der Sinnesdaten etwa ist nur möglich mit Hilfe der Zahlen, die sich aber in ihrer «unzerstörbaren Wahrheit» («incorruptibilis veritas») [4] nicht in der Wahrnehmung finden, sondern auf ein «inneres Licht» («lux interior») als sie vermittelnde Quelle [5] verweisen.

Verweist also schon die Sinneserkenntnis entfernt auf die r.ae., so ist es in erster Linie die geistige Erkenntnis, die ihre Gegenstände nur in und durch deren unkörperliche und ewige Gründe zu fassen vermag. Was Weisheit («sapientia») ist, was das höchste Gut («summum bonum») für alle Menschen, die ethischen Grundregeln und metaphysischen Grundeinsichten [6], – zu all dem haben wir nur erkennenden Zugang «in Übereinstimmung mit den unkörperlichen und ewigen Gründen und Ideen [rationes] ... Unser Geist steht ... mit ihnen auf irgendeine Weise in Berührung ...» [7]. Augustinisches Bild (weniger ein Terminus) für diese Erkenntnis ermöglichende metaphysische Berührung ist die «Erleuchtung» («illuminatio»), keine Theorie des Erkenntnisprozesses, sondern eine Metaphysik der Erkenntnismöglichkeit. Wenn man von r.ae. bei Augustinus und in der Fortführung des Augustinismus bei Autoren des Mittelalters spricht, dann meint man die Ideen als seins- und erkenntnisbegründende Prinzipien im göttlichen Geiste («quae in divina intelligentia continentur» ... «in ipsa mente Creatoris» [8]). Eine terminologische Festlegung lehnt Augustinus ausdrücklich ab: «Quas rationes ... sive ideas, sive formas, sive species, sive rationes licet vocare ...» [9].

Der Quasi-Terminus ‹r.ae.› dürfte auf neuscholastische, speziell neuthomistische Philosophiehistoriker zurückgehen – vielleicht angestoßen durch die Selbstverständlichkeit, mit der THOMAS VON AQUIN vom Erkennen «in rationibus aeternis» spricht [10] –, vor allem auf M. GRABMANN [11], P. B. JANSEN [12], in besonderer Weise auf E. VON IVÁNKA, der in den r.ae. «gewissermaßen immer noch ... die Eierschalen eines noch nicht ganz überwundenen Platonismus» sieht [13].

Anmerkungen. [1] PLATON: Menon 82ff. – [2] Vgl. AUGUSTINUS: De quant. animae 33, 71; De lib. arb. II, 22 [III, 7]. – [3] Vgl. A. SCHÖPF: Augustinus (1970) 53f. – [4] AUGUSTINUS: De lib. arb. II, 83 [VIII, 21]. – [5] a.O. 81-92 [21-23]. – [6] 100-119 [IX, 26-X, 29]. – [7] M. GRABMANN: Der göttl. Grund menschl. Wahrheitserkenntnis nach Augustinus und Thomas von Aquin (1924) 15f.; vgl. AUGUSTINUS: De trin. XII, 2. – [8] AUGUSTINUS: De div. quaest. 46: De ideis. – [9] a.O. – [10] THOMAS VON AQUIN: S. theol. I, 84, 5. – [11] GRABMANN, a.O. [7]. – [12] P. B. JANSEN: Zur Lehre des hl. Aug. von dem Erkennen der r.ae., in: Aurelius Augustinus. Festschr., hg. M. GRABMANN/H. MAUSBACH (1930) 111-136. – [13] E. VON IVÁNKA: Plato Christianus (Einsiedeln 1964) 213.

Literaturhinweise. B. KÄLIN: Die Erkenntnislehre des hl. Aug. (Sarnen 1920). – J. HESSEN: Augustins Met. der Erkenntnis (1931). – M. SIMON: Gewißheit und Wahrheit bei Aug. (1938). – L. OEING-HANHOFF: Zur Wirkungsgesch. der platon. Anamnesislehre, in: Collegium philos. Stud. J. Ritter zum 60. Geb. (1962) 240ff. – A. SCHÖPF: Wahrheit und Wissen. Die Begründung der Erkenntnis bei Aug. (1965). H. MEINHARDT

Raum (griech. χώρα, τόπος, τὸ περιέχον, διάστημα, κενόν, ἄπειρον; lat. spatium; engl. space; frz. espace; ital. spazio)

I. *Griechische Antike.* – Schon die Vielfalt der griechischen Termini für ‹R.› zeigt die Komplexität des Begriffs und die Mannigfaltigkeit der Ansätze auf einem langen Weg der Einsicht. Der aristotelische Grundsatz, daß das von Natur aus Erste als Letztes zum Begriffe komme, taugt auch als Leitidee für die Entwicklung der antiken R.-Vorstellungen. Der Weg vom anfänglichen bloßen Sichzurechtfinden auf der Erdoberfläche, von aufzeichnender Beobachtung astronomischer Phänomene, ihrer – noch ungenauen – Prognose, von bizarren kosmogonischen Fabulieren, einfachen Weltmodellen, vorwissenschaftlicher Spruchweisheit bis zur Abstraktion von aller Gegenständlichkeit im R. und zu einem Begriff von R. selbst ist weit. ARISTOTELES hat zu Recht festgestellt, daß «zwar alle sagen, es gebe so etwas wie 'Ort' (τόπος), aber Platon allein versucht hat, eine Begriffsbestimmung davon zu geben» [1]. Erst der Forschergeneration unmittelbar vor Platon, ihm selbst und seinen Schülern ist es gelungen, zu einem Begriff des physikalen R. vorzustoßen.

Den Anfang bilden Chiffren, mit denen Dichter die «Weite der Welt» zur Sprache bringen: Der Sturz des Hephaistos von der himmlischen Schwelle herab nach Lemnos dauert einen ganzen Tag [2]. HESIOD steigert das [3], er läßt einen Amboß (Asteroiden?) neun Tage und neun Nächte zur Erde fallen, dann noch einmal so weit in die Tiefe des Tartaros. Bei Hesiod findet sich auch eine erste Metapher der «Leere»: Chaos, das gähnende Loch, in das hinein das zu Schaffende zu schaffen ist [4]. Der «Genealoge» AKUSILAOS läßt alles aus «unerkennbarem Chaos» entstehen [5]. Das Gemenge von mindestens vier Orphischen Kosmogonien läßt in den «grenzenlosen Klüften» des Erebos den ersten Übergang aus Chaos, Nacht, Erebos und Tartaros zu Erde, Luft und Himmel sich vollziehen [6]. Die Notwendigkeit, in Adrasteia personalisiert, erstreckt sich «durch das ganze Weltall und berührt seine Grenzen (πέρατα)» [7], wohingegen ihr Gefährte, der «nie alternde Chronos», aus sich heraus «feuchten Äther, grenzenloses (ἄπειρον) Chaos und den nebligen Erebos» [8] zeugt.

Weniger mythisch sind demgegenüber die Vorstellungen der milesischen Naturphilosophie. Unter den Sentenzen des THALES findet sich: «Das Größte ist der Ort (τόπος), denn er gibt allem R. (χωρεῖ)» [9]. Die Terminologie ist zwar aristotelisch, dennoch zeigt sich in ihr eine Ahnung von der Bedingung des Nebeneinanderbestehens gleichzeitig existierender Dinge.

ANAXIMANDER ist der erste, der über Größe und Abstände der «Planeten» (darunter Sonne und Mond) geforscht hat [10], wobei er die Distanzen zu quantifizieren versucht [11]. Falls die Nachricht über seine Konstruktion einer «Sphaira» [12] stimmen sollte – was eher unwahrscheinlich ist – (an einer Erdkarte (πίναξ) hat er sich nachweislich versucht [13]), so wäre dies ein sehr früher Versuch der Projektion von Verhältnissen im R. auf eine Flächendarstellung [14]. Anaximander kann ebensowenig wie sein jüngerer Zeitgenosse ANAXIMENES [15] erdnahe Vorgänge (Wolkenbildung) von erdfernen (Bewegung der Gestirne) unterscheiden [16]. Die Enge der R.-Vorstellung zeigt sich besonders deutlich in einem seiner Vergleiche: Aus dem von Ewigkeit her zeugenden Weltstoff sei bei der Weltentstehung um die erdnahe Luft eine Kugelhülle aus Feuer herumgewachsen «wie um einen Baum die Rinde» [17]; daraus hätten sich die Gestirne gebildet. Die Erdnähe dieser «meteora» macht mißtrauisch gegenüber allen unter ANAXIMANDERS Namen überlieferten Unendlichkeitsspekulationen: Das Unendliche (ἄπειρον) enthalte die gesamte Ursächlichkeit für Entstehen und Vergehen; aus ihm hätten sich die Himmel ausgeschieden und überhaupt alle Welten [18]. Hierbei ist nicht an einen unendlichen R., sondern an die «alterslose» Zeit, also die Unendlichkeit der Weltperiodik gedacht [19].

Die mangelnde Abstraktion vom Sinneseindruck überwindet auch HERAKLIT nicht. Auch er kann eine Gestirn- nicht klar von einer Wolkenregion unterscheiden [20]. Die Sonne, die so groß ist, «wie sie uns erscheint» [21], hat «die Breite eines menschlichen Fußes» [22] und ist «neu an jedem Tage» [23].

Dies ist eine Vorstellung, in der er sich mit XENOPHANES trifft, der die Sonne mit ihrer «Bahn ins Unendliche» [24], die nur den Schein eines Kreises erzeuge, in Wirklichkeit aber geradlinig sei, sich immer neu aus glühenden Wolken bilden läßt [25]. Diese Spekulation wurde so ernst genommen, daß noch ARISTOTELES versucht, sie zu entkräften [26].

Für Xenophanes ist die Festigkeit der Erde das Paradigma für eine lückenlose Einheit des Weltganzen. Diese Idee wird von PARMENIDES konsequent entwickelt. Die von ihm dem Sein zugesprochene Kugelform gibt den Lösungshorizont der topologischen und astronomischen Fragen vor und wird zum Muster für die Späteren. Das eine Ganze ist, so Parmenides, «rings umzirkt» «in den Banden der Grenze», «weil das Seiende ohne Abschluß nicht sein darf» [27], «von allen Seiten her vollendet, einer wohlgerundeten Kugelmasse vergleichbar, von Mitten her allseits ausgewogen» [28]. Dieser isotrope Seinsbezirk kennt keine Löcher und erlaubt nur eine Innenansicht. Es bleibt den «trügerischen Meinungen der Menschen» [29] überlassen, die veränderungslose Seinsmasse doch in einen «rings umfassenden Himmel» zu setzen [30]. ZENONS R.-Paradoxa, die z.B. mit der mathematischen Reihe $\frac{a}{2}+\frac{a}{4}+\frac{a}{8}$ ... auf dem Weg zu $\frac{a}{1}$ oder mit der $10 + 1 + \frac{1}{10} + \frac{1}{100}$ usw. arbeiten [31], zielen nicht auf eine Grenze des Ganzen nach außen, sondern auf eine zur kleinsten R.-Distanz hin. Die Motorfunktion der zenonischen R.-Paradoxa, die von keinem naturphilosophischen Interesse getragen sind, ist erstaunlich. Auf die skeptisch-eristische Weiterentwicklung dieser R.-Dialektik bei GORGIAS [32] sei hier nur hingewiesen.

MELISSOS versucht eine Korrektur des parmenideischen Modells: Aus dem Einheitscharakter des lückenlosen Seienden folgt nach ihm dessen Unendlichkeit; denn jede Grenzbildung würde das Sein gegen ein anderes entzweien [33]. EMPEDOKLES nimmt die eleatische Metaphorik beim Wort: Im früheren Äon der Unterschiedslosigkeit der erst auszusondernden Elemente liegt das Ganze «verwahrt im dicken Kerker der Harmonie», als «kreisrunder Ball» (σφαῖρος κυκλοτερής) [34]. Gegen Unendlichkeitsspekulationen polemisiert Empedokles ausdrücklich [35]. Den Erdkörper weiß er dem Sphairos nicht anzuformen, er versucht sich in groben Distanzschätzungen [36]. Am «Eise» des Himmels sind die Fixsterne gebunden; die Planeten bewegen sich frei [37]; Tag und Nacht kreisen in Form von zwei unterschiedlich gemischten Halbkugeln um die Erde [38]. Die Sonnenbahn, identisch mit der Grenze des Kosmos [39], kann nicht über die ganze Erstreckung geradeaus führen, da sie von der umfassenden Kugel und den Wendekreisen daran gehindert wird [40]. Besonders eindrücklich ist dieser Vergleich: Ein dynamisches Massengeschehen hindert die inmitten der Welt liegende Erde am Sturz, «so wie das Wasser aus einem im Kreis herumgeschwungenen Becher nicht herausläuft» [41]. Viel Anschaulichkeit ist in diesem Weltgemälde, Konsequenz nicht: So soll der «kreisrunde Ball», parmenideisch «von überall her gleich in sich», doch auch «gänzlich unendlich» sein [42].

ANAXAGORAS, der Entdecker der kosmischen Spiralbewegung, die er vom «Geist» (νοῦς), dem unbegrenzten (!), unabhängigen, nicht in die Mischung der Stoffe verstrickten Motor des Weltprozesses angetrieben sein läßt [43], orientiert sich, wie die alten Ionier, in einem engen R. von bloß meteorischer Tiefe, erkennt in der Sonne zwar einen glühenden Klumpen Materie, aber wenn er sie für «größer als die Peloponnes» erklärt [44], so ist das der Vergleich eines Hirsekorns mit dem Parthenon. Die Erde liegt zentral in diesem einen, aus dem Unendlich-Chaotischen sich herauswirbelnden Kosmos [45]; sie ist paukenförmig flach und wird wie ein Deckel von Luft getragen [46].

Die atomistische R.-Anschauung (LEUKIPP, DEMOKRIT) bedeutet zur bisherigen Enge der Horizonte die Antithese. Sie wagt es, gegen Parmenides das Sein von Nichtseiendem zu fordern. Das «Da-wo-nichts-ist», das Loch im Kontinuum der Materie, ist die andere der beiden Grundrealitäten: Leeres, leere R.-Erstreckung. «In Wahrheit gibt es nur Atome und Leeres» (ἐτεῇ δὲ ἄτομα καὶ κενόν) [47]. Um diese einfache Wahrheit gegen den vielfältigen Schein zu erkennen, muß das Denken unter den den Sinnen zugänglichen Bereich hinuntersteigen [48], ein problematisches Verfahren, da doch nach atomistischer Lehre alle verfügbaren Daten über die Sinne kommen müssen [49]. Ist dieser Schritt einmal gewagt, ergeben sich weitreichende Konsequenzen, nämlich daß leerer R. keine Grenze haben kann [50], es ihn also nicht nur in diesem Kosmos, sondern notwendig auch außerhalb seiner gibt. Deshalb können sich in dieser grenzenlosen leeren Erstreckung in einer unendlich langen Zeit aus unendlich vielen Atomen auch unendlich viele kosmische Systeme bilden, die auch wieder untergehen [51]. Das Ganze, von dem dieser Kosmos nur ein Teil ist, ist räumlich unbegrenzt [52]; in ihm herrschen als bewegende Kräfte planloser Zufall und die blinde Notwendigkeit mechanischer Gesetze [53]. Der Leer-R., im Größten wie im Kleinsten begriffen als bloßer Mangel an Widerstand [54], ermöglicht nicht nur das Nebeneinander von Körpern, sondern auch deren Bewegung. Er ist real, besitzt aber selbst keine Dynamik. Die Mechanistik des Systems, die Abstraktheit des Begriffs einer bloßen Erstreckung, eines dreidimensionalen, unendlichen Ereignis-R. für alles, hat auf die beginnende Neuzeit große Faszination ausgeübt. Dagegen steht eine vergleichsweise geringe Nachwirkung in der Antike, die man wohl nicht nur aus der übermächtigen Reaktion von Platon und Aristoteles erklären kann. Neuere Forschungen legen nahe, die Atomisten erst auf einem Weg zu sehen, der von einem primitiven Begriff von ‹leer›, als immer mehr ausgedünnter Materialität, zu dessen Identifikation mit abstrakter räumlicher Erstreckung führen kann, aber bei ihnen noch nicht geführt hat: Leeres nimmt eine Stelle im R. ein, ist dieser selbst aber noch nicht. Einige bekannte Inkonsistenzen der Theorie lassen sich auf diese Weise erklären, so etwa daß der atomistische R. zwar homogen, aber nicht isotrop ist (CICEROS Behauptung [55] steht vereinzelt). DEMOKRIT scheint sich zwar mit geometrischen Verfahren der Darstellung von Gegenständen im R. (Perspektive und Projektion auf Flächen) methodisch befaßt zu haben, doch die Erde hat nach ihm keine Kugelgestalt, sondern nach alter Tradition die Form einer flachen Scheibe [56].

Die 'ionische' Linie naturphilosophischen Denkens hat kontrapunktisch zu Platon geführt, die andere, von ihm adaptierte Tradition ist die italisch-pythagoreische. Sie läßt sich auf die Formel bringen: «Alles ist Zahl» [57]. Phänomene werden nicht berechnet, sondern unter Zahlen gezwungen, etwa so: Es gibt 183 Kosmoi; sie sind angeordnet in Form eines gleichseitigen Dreiecks, auf jeder Seite 60, jeder Ecke vorgelagert ein Kosmos [58]. In kosmischer Dimension verlangt jedoch der Augenschein sein Minimalrecht: Die mathematisch nicht leicht zu bearbeitende Kugelform, von Parmenides ontologisch verlangt und kosmologisch gewonnen als Abstraktion der Phänomene am Himmel, ist die leistungsfähigere Hypothese. Den Weg sind die Pythagoreer bis zur Generation Platons gegangen, die Ergebnisse sind umstürzend. Ist die ungeheure Annahme freien Schwebens der Erde, als eines kugelförmigen Himmelskörpers unter anderen, erst gewagt, so hindert nichts, sie in Relation zu den anderen Planeten im R. sich bewegen zu lassen [59]. Konkreter wird das immer noch in mythischer Sprache vorgetragene pythagoreische R.-Modell bei PHILOLAOS: Um das «zuerst Zusammengefügte», den «Herd inmitten der Kugel» [60], auch «Haus des Zeus» oder «Mutter und Altar der Götter» genannt (später: Zentralfeuer), drehen sich in konzentrischen Kreisen zehn göttliche Körper in drei großen kosmischen Regionen, von außen nach innen: ὄλυμπος, κόσμος, οὐρανός. Der sublunare Bereich ist nachgeordnet, er kennt Wandel [61]. Doch hiermit ist nur eine Anordnung von Dingen im R. beschrieben, diesen selbst können die Pythagoreer nicht begreifen. Es bleibt bei bloßer Innenansicht, welcher die abstrakte Zusammenfassung gegenübertritt: «Das Außerhalb des Himmels ist grenzenlos» [62]. Die Vorstellung eines «Außerhalb» wird durch Reflexion auf die Notwendigkeit des Begrenztseins von Körpern schlechthin angebahnt: Unendlich-Unbegrenztes liegt jeweils da vor, wo Körper nicht sind, nicht nur außerhalb des Kosmos, wenn auch da vor allem, sondern auch als Zwischen-R. zwischen sichtbaren Körpern. Die Weltkugel hat so nach außen gewissermaßen Löcher, durch die sie das ursprünglich von ihr ausgeschlossene formermöglichende Leere wie einen feinen Atem, in ihr selbst Grenzen setzend, einzieht [63]. Die R.-Frage ist von hier aus nicht gelöst, auch nicht lösbar, wie einer der späteren Pythagoreer, ARCHYTAS, zeigt: «Wenn ich mich an den Rand, etwa den Fixsternhimmel, versetze, könnte ich dann wohl meine Hand oder einen Stock ins Außerhalb strecken oder nicht?» [64] Dies ist, wie auch die Aufnahme des Gedankenexperiments bei LUKREZ [65] zeigt, der demokritische R.-Begriff als des leeren unendlich Ausgedehnten.

PLATON ist es, der mit großer Anstrengung versucht, den Begriff des R. zu klären. Sein Ansatz speist sich aus beiden Quellen, Pythagoras und Demokrit, und zudem aus seiner Ideenlehre. Aufgehoben sind darin die bisherigen Aporien und Postulate.

1) Kategorialität, wie man nach Aristoteles sagen wird: ‹R.› muß ein allgemeiner Grundbegriff sein, ein Konstituens physischer Realität überhaupt. Mit ihm tritt neben die beiden ursprünglichen Grundgattungen – a) das unveränderliche Sein der Ideen und b) den mannigfaltigen Wandel der phainomena – als notwendige Vermittlung beider eine dritte Gattung [66]. Sie leistet die Lösung eines bei Platon lange ungelöst gebliebenen Problems, die Aufklärung der Beziehung zwischen Idee und Einzeldingen. Deren notwendige Bezogenheit war bislang nur mittels metaphorischer Bezeichnungen wie ‹Teilhabe›, ‹Gemeinschaft›, ‹Gegenwart›, ‹Nachahmung›, ‹Vorbild-Abbild› umkreist [67].

2) Mathematizität: Die Verhältnisse der Körper und Bewegungen im R. müssen sich mittels arithmetischer Proportionen und geometrischer Figuren möglichst exakt – idealnah – beschreiben lassen. So konstruiert Platon die Umläufe der Himmelskörper im kosmischen R. nach Zahlenverhältnissen [68]. Das quantitative Material dazu hat ihm die rechnende und raumkonstruierende zeitgenössische Astronomie geliefert, die erstmalig eine rationale Ordnung an den Himmel bringen konnte, mit dem Weltmodell der homozentrischen Sphären des EUDOXOS als erstem Höhepunkt. Für einen Begriff des R. selbst, seiner prinzipiellen Ermöglichung und der Anordnung von Körpern in ihm, muß Platon, wie er weiß, Neuland betreten. In einer «ungewohnten», «sonderbaren», «neuen» Rede [69] werden die traditionellen, «empedokleischen» Elemente destruiert: Erde, Wasser, Luft und Feuer sind nicht «Buchstaben» (στοιχεῖα) des Textes der Materie, sondern seine «Silben», die ihrerseits auf ein ihnen zugrundeliegendes Elementareres zu reduzieren sind. Dies muß abstrakt, qualitätslos, passiv, bloße Erstreckung sein, zu beschreiben mittels geometrischer Figuren. In einer Staffel von Vergleichen (der bekannteste ist «Amme des Werdens» [70]) macht sich Platon an die Erfassung dieses Gegenstandes, dessen Hauptmerkmal Bestimmungslosigkeit sein muß, wenn er unterschiedslos alles in ihm Vorkommende soll aufnehmen können. Nach anfänglich bloß negativer Charakterisierung wird die zwischen Idee und Empirie vermittelnde «Dritte Gattung» zum Namen gebracht: Das «Ausweichend-Platzmachende» (χώρα) [71]. Es steht nicht nur auf der Nahtstelle zwischen Seins- und Werdensbereich, es ist diese Nahtstelle: das leere, jede Stoffkonfiguration ermöglichende Feld, in dem die Bestimmung ungeordneter Mannigfaltigkeit durch die Eindeutigkeit der Ideen zu dem nach Gesetzen erfahrbaren Wandel der Naturprozesse stattfindet. Die gegebenen Stoffe treten aus 'submikroskopischen' Feinststrukturen des R.-Kontinuums zur Existenz hervor. Diese Spekulation wagt es, den Fund zeitgenössischer Geometrie, daß es genau fünf regelmäßige Körper gibt (THEAITET), in die Physik zu übertragen und diese fünf den Grundstoffen zuzuordnen. Das kann nicht ohne Willkürlichkeit abgehen; doch zeigt es den Mut zu einer konkreten R.-Geometrie. Im Netz der Geometrie finden sich R. und Stoff zu einer sie vereinheitlichenden Identität. Leeren R. kann es nach PLATON nicht geben [72]; die potentiell ins unendlich Kleine hinuntergehende Vorstellung geometrischer Ähnlichkeit der Elementarflächen [73] liefert Stoff für jede Lücke. Der Gegensatz zu Demokrit ist mit Händen zu greifen, auch in der Frage nach Ein- oder Mehrzahl der Welten. Sie wird einmal vom Begriff der Totalität aus beantwortet [74], zum anderen dezisionistisch zugunsten der Singularität der Kugelgestalt, wobei die anderen regelmäßigen Körper prinzipiell nicht ausgeschlossen sind [75]. Platon ist auch so konsequent, Orientierungslinien im sphärischen Welt-R. zu ziehen und mit der archaischen Oben/Unten- und der sinnlosen pythagoreischen Rechts/Links-Systematik aufzuräumen [76]. Das implizite System von R.-Koordinaten ist vergleichbar mit den Stacheln eines Igels. Diese Idee ist so genial wie geometrisch noch nicht beherrschbar, so daß sie lange nicht angenommen wird.

ARISTOTELES setzt gegen Platons Zurücknahme des Gewißheitsanspruchs von Aussagen über die Natur [77] die Gewißheit einer Wissenschaft von der Natur, die nachprüfbare oder doch wenigstens einleuchtende Sätze über R.-Größen, deren Anordnung und Bewegung liefert. Seine ‹Physik› ist ein System solcher Sätze. Die aristotelischen Theoreme über den R. lassen sich vierfach unterteilen.

1) Kategorienlehre. Unter den zehn Grundprädikamenten befindet sich auch die Antwort auf die Wo-Frage, eine Ortsangabe, konkrete Stelle im R., z.B. «im Lykeion», «auf dem Markt» [78]. Es fällt nicht schwer, in der Kategorienlehre Inkonsistenzen aufzuzeigen: «Ort» (τόπος) taucht innerhalb der Kategorie «Quantität» als deren Art wieder auf [79]. Auch die geometrische Herleitung dieser dreidimensionalen Erstreckung [80] scheitert, weil schließlich der Ort eines Körpers von diesem selbst nicht unterschieden werden kann.

2) Physik. In der Folge der Lehrstücke Phys. Γ-Δ tritt der R.-Diskurs [81] zwischen die Behandlung seiner beiden Gegensätze «Unendlich» [82] und «Leer» [83]. Die Untersuchung ist also schon im Grundriß antidemokritisch angelegt, sie soll auch zu einem ganz anderen Ergebnis führen.

a) Zunächst reduziert Aristoteles den Unendlichkeitsbegriff (ἄπειρον) auf die an ihm haltbaren Momente: α) die beiderseits grenzenlose Fortsetzung des Zeitkontinuums – zu jedem Zeitpunkt t kann man sowohl $t - 1$ wie auch $t + 1$ denken; β) die für die zeitgenössische Mathematik ausschließlich faßbare einseitige Unendlichkeit des Zahlenstrahls – $n + 1, (n + 1) + 1, ((n + 1) + 1) + 1$ usw. (bei $n = 1$ dagegen ist Schluß, denn die Eins ist unteilbar [84]); γ) die unbegrenzte Teilung von R.-Größen – $\frac{G}{1}, \frac{G}{2}, \frac{G}{4}, \frac{G}{8}$ usw.; jede R.-Größe (μέγεθος) ist in sich kontinuierlich, atomare Größen gibt es nicht. Dagegen stößt der Versuch, sich Körper (R.-Größen) unbegrenzt ausdehnbar zu denken (z.B. $G + G + G$ in inf.), an eine Grenze. Denn die Vorstellung eines unbegrenzt großen Körpers wäre eine contradictio in adiecto, da die Definition von ‹Körper› den Begriff der Grenze enthält, von den physikalischen Argumenten – Unmöglichkeit einer Messung von Gewicht, Geschwindigkeit und Bewegungsrichtung – abgesehen. Unendlichkeit wird bei Aristoteles also nie real, sie ist immer nur mögliches Resultat beliebig oft wiederholbarer Operationen; sie ist das, «wozu es immer ein Weiteres gibt» [85], und insofern ein Unvollkommenes. Ihr tritt der Begriff «vollendet-und-ganz» (τέλειον καὶ ὅλον) [86] gegenüber, der, wenn überhaupt auf irgendetwas, so auf das Universum alles Existierenden Anwendung findet. Der All-R. ist mithin geschlossen, es kann zu ihm kein Äußeres geben.

b) Wenn schon nicht körperlich ausgedehnt, so könnte doch leere Erstreckung grenzenlos sein. Es sprechen starke Argumente für die Existenz von Leere im R.: Wachstum, Schwund, Verdichtung, Lockerung und überhaupt Ortsbewegung von Körpern verlangen im Großen wie im Kleinsten nach Frei-R.en, in die hinein Veränderung erfolgen kann. Mag der Kern der aristotelischen Gegenargumentation, die Definition von «leer» als «Ort, aus dem ein Körper fortgenommen ist» [87], auch unzureichend sein, bei der Beantwortung der atomistischen Fragen gelingen Aussagen von hoher Qualität. Zunächst darf nach Aristoteles die Prozessualität aller Ereignisse im R. nicht vereinzelt und partiell betrachtet werden, sie ist vielmehr als ein Kontinuum zu nehmen: Wo etwas wächst, muß anderes schwinden, der Ort, den ein Körper einnimmt, verschwindet als der eines anderen. Im Bild der Welt als eines Ereignis-R., vorgestellt etwa nach dem Modell im Wasser schwimmender Fische, taucht eine Vorahnung der Erhaltungssätze auf. Die formalisierte, ansatzweise mathematisierte Analyse der Proportionalität der Bewegungsgrößen (Masse des bewegten Körpers, Antriebskraft, Widerstand des durchteilten Körpers, Zeit/Strecke, i.e. Geschwindigkeit [88]) führt zu dem einen – richtigen – Resultat, daß in einem Vakuum alle Bewegungen gleich schnell sein müßten, und zu dem anderen – falschen –, daß die Geschwindigkeit unendlich groß werden müßte. Mit dem Argument, niemand könne sagen, warum im leeren R. etwas Bewegtes irgendwo zum Stillstand komme [89], ist die eine Seite des Inertialsatzes vorgedacht. So dreht sich für Aristoteles die Sachlage um: Leeres wird zur Ermöglichung von Bewegung nicht nur nicht benötigt, es würde sie unmöglich machen.

c) Die eigentliche Topologie [90] bleibt diesen Anstrengungen gegenüber blaß. Das offensichtliche Bemühen, die Unklarheiten des sprachlogischen Ansatzes der Kategorienschrift durch eine gründliche Analyse der physischen Ortsbestimmung zu überwinden, führt im Ergebnis über einen engen Anschauungshorizont nicht hinaus. Die Aufgabe wäre, eine bloße dreidimensionale Ausdehnung als ein System von R.-Koordinaten zu erfassen, in welchem Körper sich anordnen oder bewegen lassen. Aristoteles sucht die Lösung auf anschaulichem Wege, der den bei Platon versuchten Ansatz zu einer R.-Mathematik strikt negiert und in die empirische Konkretion zurückführt. Die Disziplinen Physik und Mathematik werden streng getrennt [91], letztere hat für die erste keinen heuristischen Wert, das gilt besonders für die R.-Problematik. Aus dem immer stofferfüllten R.-Feld des ‹Timaios› (χώρα) engt sich der Blick auf den konkreten Ort (τόπος) dieses und jenes Gegenstands im R. ein. Diese Änderung der Perspektive ist im Ortsdiskurs schon vollzogen und wird methodisch expliziert. Beim Versuch, die platonischen Spekulationen in ein ebenso empirieorientiertes wie begriffssystematisch fest verankertes Lehrstück zu überführen, ergeben sich eher triviale Resultate. Aristoteles gewinnt sechs Axiome, die seinen Ortsbegriff fundieren: α) Ein Ort muß den Gegenstand, dessen Ort er ist, unmittelbar umfassen (πρῶτον περιέχον [92]); β) ein Ort muß von dem Gegenstand in ihm verschieden sein; γ) ein Ort muß so groß sein wie der Gegenstand in ihm; δ) ein Ort muß von dem Gegenstand abgelöst werden können; ε) jeder Ort soll auf den Lageunterschied oben/unten (ἄνω καὶ κάτω [93]) zu beziehen sein; ζ) es gibt natürliche Orte (οἰκεῖοι τόποι [94]), zu denen hin Elementarkörper eine Bewegungstendenz haben, die sich bei deren Erreichung in ein Zur-Ruhe-Kommen wandelt [95]. Die Disparatheit der Eingangsvoraussetzungen liegt auf der Hand, die Definitionslösung ist nur mittels einer «demonstratio apagogica» [96] erreichbar, in welcher (über Δ 2 hinaus) ein weiterer, folgenreicher Bewerber auftritt, «eine Art Ausdehnung mitten zwischen den (Innen-)Rändern des Umfassenden» (διάστημά τι τὸ μεταξὺ τῶν ἐσχάτων [97]). Offensichtlich ist dies eine Rezeption der demokritischen Vorstellung. Das Ergebnis der eigenen Anstrengung lautet dann: «Ort ist die erste, unbewegte Grenze des umfassenden Körpers» (τὸ τοῦ περιέχοντος πέρας ἀκίνητον πρῶτον [98]). Danach ist ein Fisch «im Wasser», ein Vogel «in der Luft» – genauer geht es nicht. Dieser Ort bleibt im Grunde das, was sein anschauliches Modell ist, ein Gefäß mit Inhalt. Damit verliert der Begriff wieder von der Abstraktheit, die er bei Platon gewonnen hatte, und nähert sich erneut dem Gegenständlichen im R. Dazu tritt die metrische Unproduktivität dieser Bestimmung: Keine R.-Koordinate ist denkbar, um z.B. den Standort eines Schiffs auf dem Meer angeben zu können. Nur vage ordnet sich konkrete Lokalität (das 'da' und 'dort') von Körpern in die kontinuierliche Ort-im-Ort-Reihe ein, die in der ‹Physik› überall vorausgesetzt ist [99]. Die späteren Kritiker (bes. PHILOPONOS) haben mit Scharfsinn die dramatischen Folgen der aristotelischen Ortstheoreme expliziert, so z.B.: α) die Grenze nach «unten» (also innen in diesem System) ist ein Punkt, der Weltmittelpunkt; β) die Grenze nach «oben» (außen) ist eine – gekrümmte – Fläche; γ) jeder Ort ist überhaupt eine Fläche; wie soll er es zu Ausdehnung bringen? Die «Enden» von Dreidimensionalität sind also paradox; δ) die für die aristotelische Topologie essentielle Differenz zwischen Ort und Körper (Axiom 2) fällt beim Weltall zur Identität zusammen: Der All-Körper ist gleichzeitig All-Ort, und dieser Ort-und-Körper selbst ist – nirgends [100].

3) Kosmologie. ARISTOTELES entwickelt eine Kosmologie, die auf wenigen richtigen elementaren Beobachtungen fußt, ansonsten aber «die willkürlichste und extravaganteste Konstruktion ist, die man sich nur denken kann» [101]: Im Zentrum der dreidimensionalen [102], einen [103] Welt, außerhalb deren nichts ist noch sein kann [104], ruht die Kugel der Erde [105], umgeben von einer Wasserhülle (Dunst-, Nebel-, Wolkenschichten), dann von klarer Luft und einer Zone der heiß-trockenen Ausdünstung des Feuers, endlich vom Umlauf des erdnächsten Himmelskörpers, des Mondes, – er ist wie alle anderen kugelgestaltig [106]; unter ihm findet das partiell chaotische Treiben terrestrischer Physik mit seinen endlichen, antithetischen Prozeßabläufen statt [107]. Translunar, im «oberen Kosmos», dem Göttlichen, Ungeschaffenen, Unzerstörbaren, regelmäßig in sich Geschlossenen [108], muß es hingegen zur Ermöglichung gleichförmiger, unendlicher, nicht-antithetischer Bewegung [109] einen anderen Stoffbestand geben. Die astronomischen Konkretionen [110] entnimmt Aristoteles dem eudoxischen Modell. Die von diesem Weltbild eines zentrierten Universal-R. ausgehende Faszination ist verständlich, zumal die Gesamtkonstruktion von der metaphysischen Seite her geadelt wird.

4) Metaphysik. Die Zurückverfolgung aller Kausalitätsreihen der gesamten Weltdynamik führt nicht zu einer Anfangszeit, wohl aber zur Idee von etwas, das immer Veränderung anstößt, ohne selbst der Veränderung ausgesetzt zu sein, das Unbewegt-Bewegende. Diese Vorstellung [111] wird in das astronomische Modell übersetzt [112], das die neueste Wissenschaft liefert, also in die von KALLIPPOS fortentwickelte und verfeinerte Konstruktion des EUDOXOS. In der Endfassung besteht die «machina mundi» aus bis zu 55 Sphären, mittels deren Bewegungen die Erscheinungen am Himmel möglichst genau berechnet werden können. Ein anscheinend lückenloser Zusammenhang aller Ereignisse im R. ist hergestellt. Diese Gesamtansicht hat die Unvollkommenheiten der aristotelischen Ortsdefinition überstrahlt und wurde kanonisch.

Mit ARISTOTELES hat die Arbeit am R.-Begriff insgesamt eine Höhe erreicht, die in der Antike nicht mehr übertroffen wurde. Fachwissenschaften und Philosophie gehen von nun ab getrennte Wege. In der peripatetischen Schule erlahmen die produktiven Impulse bald: EUDEMOS folgt der aristotelischen Topologie getreu, stellt nur dessen Behauptung von der Nichtlokalität des Alls [113] in Frage [114]. THEOPHRAST erhebt fünf Einwände gegen die aristotelische R.-Definition [115] und befürchtet, daß dieser Bestimmung keine Realität zukomme, da sie sich durch das bloße Nebeneinanderexistieren von Körpern ergebe [116]. STRATON, der letzte wissenschaftliche Arbeiter der Schule, wendet sich mit der Annahme kleinster Leer-R.e (διαστήματα) innerhalb von Körpern und zwischen ihnen im Sinne des Atomismus definitiv von Aristoteles ab [117]. HERAKLEIDES PONTIKOS, der Akademie wie dem Peripatos verbunden, namhaft geworden als Autor des sog. «Ägyptischen» Modells der Planetenbahnen [118], mag sich nicht mit der Konsequenz abfinden, daß die Fixsternsphäre nach Aristoteles mit ungeheurer Geschwindigkeit kreisen müßte, und hat anscheinend dessen geschlossenes Modell preisgegeben und den R. zum Unendlichen hin geöffnet [119]. Nachfolge findet er so gut wie nicht damit.

EPIKUR übernimmt die atomistischen Grundhypothesen, hat sie jedoch, den R.-Begriff betreffend, in zwei Punkten korrigiert. Einerseits kann er sich einen gerichteten Fall der Atome im R. nicht denken, er gestattet ihnen – systemwidrig, aber Freiheit ermöglichend – spontane Seitenabweichungen (παρεγκλίσεις) [120]. Andererseits hat er offensichtlich als erster, in Reaktion auf Aristoteles' Kritik am atomistischen Begriff des Leeren, dessen Bestimmung so weit von allem Stoff gereinigt, daß er R. definitiv als leeren R. konzipieren konnte [121]. Die kosmischen Weiten mit den kontaktlos darin umherirrenden Welteninseln haben bei Epikur also nur den instrumentellen Sinn, den Menschen auf die Verlorenheit seiner Existenz in dieser unendlichen Leere einzustimmen, ihn über die Einsicht in die Belanglosigkeit seines Daseins zur Seelenruhe hinzuführen [122].

Das weite Feld stoischer Naturphilosophie (ZENON, KLEANTHES, CHRYSIPP, PANAITIOS, POSEIDONIOS) zeigt in langsamer Entwicklung differenzierende Vereinheitlichung und Dynamisierung der R.-Vorstellung auf einer bislang – außer bei Platon – eher vernachlässigten Linie. Ist die Orts- oder R.-Bestimmung mit dem Begriff eines Umfassenden (περιέχον) verknüpft, so ist es nicht abwegig, sich bewußt zu machen, daß dies schon von der Form her ein activum ist. Die aristotelische Lehre von den natürlichen Bewegungen der Elementarkörper verlangte ausdrücklich von Orten eine Art von «Energie» [123], nur gilt dies nicht für den konkreten Ort, er bleibt passivisch, ein bloß Eingenommenes. So wird zunächst von den Stoikern der Weg Stratons variiert: R. ist eine potentiell leer zu denkende, doch in diesem Kosmos real immer erfüllte dimensionale Ausdehnung innerhalb eines Umfassenden [124]. Eingehende Überlegungen CHRYSIPPS [125] zeigen den immer noch aristotelischen Lösungshorizont, aber auch Ansätze zu seiner Überwindung: Ein Ort ist das, was durch seine ganze Ausdehnung von einem Seienden (Körper) eingenommen sein kann. So ist jeder Ort immer durch den Körper in ihm begrenzt; nimmt man diesen wieder heraus, so verschwindet die ehemals bestehende Grenze. Von einem Ort redet man in Analogie zu einem gefüllten Gefäß. Mit der platonischen χώρα dagegen ist er nur durch undeutliche Vorstellungen von etwas 'Größerem' verknüpft. Die materialistische Physik bringt Energie in diese bloße Struktur: Kontinuität, bei Aristoteles eine Eigenschaft der Materie, wird zum dynamischen Prinzip, das Prozesse im R. sich fortpflanzen läßt und als «Spannung», «Aneinander-Festhalten», «Zusammen-Leiden» (τόνος, ἕξις, συμπάϑεια [126]) das Weltganze zu einer Einheit zwingt. In diesem Stoff-Kontinuum gibt es keine Leerstelle [127]. Die Orientierung im R. bleibt zwar aristotelisch [128], doch durch die gesamtkosmische Vereinheitlichung ist die Trennung zwischen sub-

und translunaren Prozeß-R.en aufgehoben: Auch voneinander weit entfernte Vorgänge können aufeinander einwirken [129]. Ein markanter Beleg dafür ist POSEIDONIOS' Entdeckung des Zusammenhanges der Gezeiten mit den Mondphasen [130]. Dieser in vielfältiger Weise zu differenzierter Einheit gestaltete Kosmos kommt, als substantieller Materieverbund, durchzogen von einem feinen Pneuma, mit mächtiger Konzentration in seiner Mitte, in einem Meer rings umgebender, unendlicher Leere [131], doch wieder auf die eleatische Denkfigur zurück. Auch deswegen, weil die Stoiker gegen die aristotelische Eins-und-ganz-und-vollkommen-Spekulation zwischen materiegefülltem Kosmos (ὅλον) und darüber hinaus grenzenlos leerem All (πᾶν) unterscheiden. Poseidonios behauptet davon abweichend, der R. außerhalb des Kosmos sei nicht unbegrenzt, sondern nur so groß, daß er für die Auflösung des Weltstoffs bei der Ekpyrose ausreiche [132]. Das wäre immerhin das Zehntausendfache der als gegeben angenommenen Ausdehnung [133], die schon so riesig ist, daß die Erde darin nur wie ein winziger Punkt existiere [134]. Die Großanordnung der Weltkörper im R. bleibt trotz aller beobachtenden Konkretion konventionell. Die Herrschaftstopoi für die Sonne [135] sagen nichts anderes, im Gegenteil, die harte Invektive gegen ARISTARCH [136] zeigt, wie sehr alles beim alten bleiben sollte.

Eine der bleibenden Leistungen ist der «euklidische R.». Dabei definiert EUKLID ihn nirgends. Seine Axiome beschränken sich pragmatisch auf das «demonstrandum»: Der Darstellungs-R. ist ein Ausschnitt aus je beiderseits tendenziell grenzenloser Erstreckung, immer etwas größer als die zu bearbeitenden Gegenstände. An einer Geraden sind nur die Abschnitte interessant, an denen sie von anderen Linien berührt oder geschnitten wird. So führt Euklid bei der Parallelendefinition [137] das Unendliche als bloße Infinitesimalgröße ein: Parallel sind zwei Geraden in einer Ebene, die sich, «beiderseits ins Unendliche verlängert», nicht schneiden. Seine Stereometrie ist nicht ganz so unangreifbar.

Vor Ptolemaios ist auf der Linie des Herakleides noch die abweichende Position des sog. 'antiken Copernicus', ARISTARCH VON SAMOS, zu erwähnen: Seine Annahme, daß die Fixsterne und die Sonne unbewegt sind und die Erde in einer Kreisbahn um die Sonne läuft [138], hat für die R.-Anschauung erhebliche Folgen: So sieht sich Aristarch, um das Parallaxenproblem zu vermeiden, zu einer ungeheuren Entgrenzung des Real-R. gezwungen, faßbar in der monströsen Proportion 1 : ∞, d.h. in praxi «vernachlässigbar klein». HIPPARCH AUS NIKAIA sucht demgegenüber einen bescheideneren Weg. Er beschränkt sich auf Messung und Katalog, erweitert die Methodengrundlage, hält aber jede kosmologische Aussage fern. Dabei hat er doch zwei Phänomene beobachtet, die für das aristotelische Weltmodell – an dem er festhält – verheerende Folgen hätten haben müssen: Die Präzession der Äquinoktialpunkte, also der Fixsternsphäre, und den Ausbruch einer Nova. In diesen seit Aristoteles als ewig unveränderlich kreisend angenommenen Sphärenverbund ist somit beunruhigende Veränderlichkeit eingetreten. Das darin liegende revolutionäre Potential bleibt in der Antike ungenutzt. – Statt dessen gehen alle beobachteten und berechneten Phänomene in die abschließende Synthese des PTOLEMAIOS ein, dessen Modell, ein begrenzter Welt-R. mit kompliziertem Bewegungs- und Bahnengefüge in der Gestalt des ‹Almagest› infolge seiner praktischen Anwendbarkeit zum Paradigma aller Weltbilder bis Copernicus wurde.

In der Philosophie gewinnen um die Zeitwende neue Aspekte des R.-Begriffs Bedeutung. Bei PHILON VON ALEXANDRIA begegnen sich stoische Pantheismus-Spekulationen [139] und theologische Konnotationen der R.-Vorstellung aus hebräischer Tradition. Wie jede Religion kennt der Monotheismus Israels «Heilige Orte» (hebr. maqom; die ‹Septuaginta› übersetzt: τόπος) [140]; neben natürlichen Orten kann das Heilige Zelt oder der Salomonische Tempel Heiliger R. sein, in dem Jahwe anwest, «der alles enthält und umschließt» [141]. Von den drei Bedeutungen, die Philon dem Terminus ‹topos› gibt [142], ist nur noch eine physisch: «von Körper erfüllter R.» (χώρα ὑπὸ σώματος πεπληρωμένη). Im physischen All-R. orientiert sich Philon im übrigen am aristotelischen Vorbild. Die dritte Bedeutung ist die oben erwähnte theologische, die zweite, «der göttliche Logos, den Gott selbst durch und durch mit körperlosen Kräften ausgefüllt hat», eröffnet eine neue Verständnisdimension, die metaphorische. Hier wird der späte Neuplatonismus anknüpfen.

Doch zunächst schwindet die Forschungsenergie, die skeptische Kritik an den vorliegenden R.-Theoremen [143] ist von dürftiger Belanglosigkeit, die Neupythagoreer fälschen auf den Namen des Archytas Aussagen, die eine Priorität des R. vor den in ihm bewegten Körpern setzen, ja einen Primat vor allem vermuten [144] und den altbekannten zenonischen «regressus in infinitum» in eine aktive Begrenzungsfunktion des kosmischen R. für alles Seiende umbilden (ὁ γὰρ τῷ παντὸς κόσμῳ τόπος πέρας ἁπάντων τῶν ὄντων ἐστίν) [145].

PLOTIN zieht die Denkenergie vollends von der Sinnenwelt ab, konsequenterweise eignet physischem R. Posteriorität hinter Stoff und Körpern [146]. Ihm gegenüber tritt, von hohem Rang in der Abfolge der «Ausstrahlungen» (ἐκλάμψεις), ein intelligibler R. (ὁ τόπος ὁ ἐκεῖ [147]), den Plotin nach einigen platonischen Metaphern konstruiert: ἐπέκεινα τῆς οὐσίας, «jenseits des Seins», siedelt PLATON [148] die Idee des Guten an, und die Seelenauffahrt zur Schau der Ideen führt zu einem «überhimmlischen Ort» (ὑπερουράνιος τόπος) [149].

Plotins Ansätze entwickelt JAMBLICH fort zu einer ausdrücklichen «intelligiblen Theorie» [150], die in Fortsetzung der platonischen Linie ein untrennbares Band zwischen R. und Stoff knüpfen will, unter Wahrung der Superiorität des R. Diese von der Vorstellung einer kosmologischen Hierarchie der topographischen Ontosphären von «oben» nach «unten» ausgehende Synthese stoischer, jüdischer und neupythagoreischer Ideen ist vom zentralen Gedanken getragen, daß das Umfaßte vom Umfassenden erhalten wird. Der R. wird so zum aktiven Grund für die Kohärenz der Körper; die in ihm wirksamen Kräfte umgeben die Körper nicht nur, sie durchdringen sie vielmehr. In höchster Annäherung schwingt sich Jamblich zu einer Analogie des R. mit dem göttlichen Wesen auf [151], da sein Sein «ein-förmig» (ἑνοειδῆ), «alles in sich zusammenhaltend» (πάντα συνέχουσαν ἐν ἑαυτῇ) und «nach einem Maß das Ganze vollendend» (καθ' ἓν μέτρον τὰ ὅλα συμπεραίνουσαν) sei.

SYRIAN erweitert Jamblichs Überlegungen um die Verknüpfung von R. und Bewegung. Ausgedehntheit wird als erstes Merkmal von Körpern herausgestellt. Damit nehmen sie einen R.-Teil (Ort, Platz) ein; tritt Bewegung hinzu, muß sich der Anschauungs-R. erweitern [152]; und in dritter Stufe wird der kosmische R. absolut, denn seine Ausdehnung ist selbst nicht beweglich [153].

PROKLOS hat offenbar monographisch περὶ τόπου gehandelt [154]. R. ist bei ihm, gegen Jamblich, ein körperliches Wesen; er wirkt auf Körper ein – nur Gleiches kann Gleiches beeinflussen. In einer Schlußkette gewinnt er für den R. die Eigenschaften «ruhend», «unteilbar», «sehr fein». Diesem Stoff kommt das sichtbare Licht am nächsten. Der R. ist aber viel feiner, wie Proklos in Explikation eines platonischen Mythos [155] entwickelt. So ergibt diese antike Version des absoluten R. das spekulative Bild der Welt als zweier sich durchdringender Kugeln, a) des unbeweglichen Licht-R., in dem die formlosen Dinge Gestalt annehmen und Unausgedehntes sich ausdehnt (hier zum ersten Mal das Wortspiel τόπος – τύπος [156]), und b) des sich darin bewegenden stofflichen Universums [157].

DAMASKIOS hat ‹Über Zahl, R. und Zeit› geschrieben [158]: Aus den unausgedehnten, unteilbaren, intelligiblen Entitäten «Eins», «Jetzt», «Punkt» gehen in die erfahrbare Welt die Reihen der Zahl, der Zeit und des dreidimensionalen R. über; dieser macht alles in ihm körperlich Ausgedehnte «so und so groß» und verleiht als «Maß der Lage» jedem Körper seine Struktur (oben, unten, rechts, links usw.): «topos ist eine Art typos» [159]. Damit ist die aktive Gestaltungskraft des R. bezüglich der Anordnung der Körper ausdrücklich gesetzt. Anderswo [160] unterscheidet Damaskios nach dem Prioritätskriterium drei Bedeutungen von «topos»: Etwas ist a) in einem anderen «als Geringerem» (ὡς ἐν χείρονι), so das Sonnenlicht in der Luft, oder b) in etwas «Gleichrangigem» (ἐν ὁμοταγεῖ), so die Sonne in ihrer eigenen Sphäre, oder c) in etwas «Stärkerem» (ἐν τῷ κρείττονι), so die Sonne in dem schlechterdings «ausgedehnten Licht» (ἐν τῷ διαστατῷ φωτί). Diese dritte Bedeutung ist die eigentliche, die anderen sind sekundär. Die Fortentwicklung von Proklos liegt auf der Hand. In der Orientierung im R. bleibt Damaskios dem aristotelischen System treu, das sich im allgemeinen den R. als Relationssystem vorgestellt hatte. Auch die Einordnung dieses Maßsystems für Lagen und Strukturen (immanent oder relativ) bei der Kategorie der Quantität, die der Alltagssprache entnommenen Beispiele ('auf dem Markt', 'im Hause' usw.) sowie das Festhalten an «natürlichen Orten» sind aristotelisch.

PHILOPONOS kritisiert die aristotelische R.-Lehre am heftigsten [161] und setzt ihr die Unterscheidung zwischen körperlicher und unkörperlicher Ausdehnung entgegen. Diese wäre «im eigentlichen Sinne leer», doch als solche Leere existiert sie nur potentiell, aktual tritt sie immer erfüllt auf, vergleichbar einem Gefäß, dessen Innenmaße das Volumen der in ihm wechselnden Körper bestimmen. R. wird wieder zum passiv Eingenommenen. Entsprechend kann bloße Ausdehnung keine Anhaltspunkte für Körper liefern, sich da- oder dorthin zu bewegen. Gibt es also keine «natürlichen Orte», so ist die Materieverteilung im R. aus einem naturgegebenen (d.h. vom göttlichen Demiurgen so geschaffenen) Drang der Körper zu bestimmten Positionen herzuleiten, dem Vorläufer der Gravitation, der dafür sorgt, daß das große Lebewesen All nach des Schöpfers Willen möglichst vollkommen werde. Bei aller Kritik läßt Philoponos Aristoteles' kosmische Gesamtkonstruktion unangetastet; nur öffnet sich jetzt die Physik des R. endgültig zur Metaphysik.

SIMPLIKIOS faßt eine über tausendjährige Tradition gelehrt zusammen [162] und entwickelt die Linie Sy-rians und Damaskios' weiter. Die vereinheitlichende Meßfunktion räumlicher Ausdehnung führt ihn zu einer Analyse des Maßbegriffs unter dem Gesichtspunkt der «guten Ordnung»: «Die eine, substantielle (οὐσιωδής) Lage des Alls umfaßt alle Lagen in ihr» [163]. Der konkrete Ort eines Körpers (identisch mit seinem Volumen) ist nicht zu verwechseln mit dem «unbeweglichen Ort» (R.), den Simplikios mit einem Kanal (ὁλκός) vergleicht, durch den ständig Wasser läuft [164]; das eine ist immer ἐν χώρᾳ, das andere selbst χώρα τις [165]. Während ein konkreter, relativer Ort leicht bemerkbar ist, so ist der absolute R. kaum vom Sein selbst zu unterscheiden. Ist er auch nicht wahrnehmbar, so ist er doch als die Gesamtsumme aller wechselnden Positionen in ihm erfaßbar. Die Vielzahl der mannigfaltigen Positionsänderungen ist eine Art «Ausfaltung» (ἀνέλιξις) des wahren R. Er wäre sonach etwas wie die präexistente Totalsumme aller Dinge in ihm [166]. Indem Simplikios die gesamte Entwicklung der intelligiblen R.-Theorie seit Jamblich nachzeichnet, erreicht die neuplatonische Hypostasenlehre bei ihm ihren Höhepunkt und die R.-Anschauung ihre theologische Ausweitung: Der Gesamt-R., das alle Dinge umfassende Maß, wird durch die vereinheitlichende göttliche Macht seines intelligiblen Vorbilds erleuchtet; die ewigen Wundererscheinungen der am Himmel sichtbaren Götter zeigen die göttliche Natur des R. an.

Anmerkungen. [1] ARISTOTELES: Phys. 209 b 16f. – [2] HOMER: Il. A 590-593. – [3] HESIOD: Theog. 721-725. – [4] a.O. 116. – [5] AKUSILAOS: VS 9, B 1; vgl. MUSAIOS: VS 2, B 14. – [6] ORPHEUS: VS 1, A 12. – [7] 1, B 13. – [8] a.O. 12, 9-11. – [9] THALES: 11, A 1. VS I, 71, 11ff.; vgl. PLUTARCH: Sept. sap. conv. 153 cd. – [10] ANAXIMANDER: VS 12, A 19. – [11] A 21f. – [12] A 1. VS I, 81, 16. – [13] A 6. – [14] A 18. – [15] ANAXIMENES: VS 13, A 15. – [16] ANAXIMANDER: VS 12, A 27. – [17] A 10. VS I, 83, 34-36. – [18] a.O. 83, 28-30. – [19] B 1; auch: A 14 bzw. 11. VS I, 84, 1f. 5f. 17; A 9, a.O. 83, 10; A 10, a.O. 83, 30-32. – [20] HERAKLIT: 22, A 1. VS I, 141, 25ff.; A 11f. – [21] A 1, a.O. 141, 12. – [22] B 3. – [23] B 6. – [24] XENOPHANES: VS 21, A 41 a. – [25] A 38. 40. 43. – [26] ARISTOTELES: De caelo 294 a 21. – [27] PARMENIDES: VS 28, B 8, 31f. – [28] B 8, 42-44. – [29] 51f. – [30] B 10, 5. – [31] ZENON VON ELEA: VS 29, A 25-28. – [32] GORGIAS: VS 82, B 3; vgl. Ps.-ARISTOTELES: De Melisso, Xenoph., Gorg. 979 a 11ff. – [33] MELISSOS: VS 30, B 5f. – [34] EMPEDOKLES: VS 31, B 27-29. – [35] B 39. – [36] A 50. – [37] A 54. – [38] A 30. – [39] A 50. – [40] A 58. – [41] A 67. – [42] B 28. – [43] ANAXAGORAS: VS 59, B 12. – [44] A 1, 26f. – [45] A 88. – [46] a.O. – [47] DEMOKRIT: VS 68, B 125; vgl. A 37. – [48] B 11. – [49] B 125. – [50] Vgl. ARISTOTELES: De caelo 300 b 8. – [51] LEUKIPP: VS 67, A 21; DEMOKRIT: VS 68, A 39f. 81f. – [52] 67, A 1. 20; 68, A 39. – [53] 67, A 24. – [54] 68, A 40. – [55] CICERO: De fin. I, 6, 17 (VS 68, A 56). – [56] DEMOKRIT: VS 68, B 15; A 94. – [57] ARISTOTELES: Met. 985 b 23. – [58] PETRON VON HIMERA: VS 16. – [59] HIKETAS: VS 50; EKPHANTOS: VS 51; auch: PHILOLAOS: 44, A 1. VS I, 398, 11f.; A 17. 21. – [60] PHILOLAOS: VS 44, B 7. – [61] A 16. – [62] VS 58, B 18, 14f. – [63] B 30. – [64] ARCHYTAS: VS 47, A 24. – [65] LUKREZ: De rer. nat. I, 968ff. – [66] PLATON: Tim. 48 e. – [67] Vgl. Phaed. 100 d; ausdrücklich zur Aporie wird es: Parm. 131 aff. – [68] Tim. 31 cff. – [69] 48 d; 53 c. – [70] 49 a. – [71] 52 a. – [72] 58 b. – [73] 58 cd. – [74] 31 a; 32 d-33 a. – [75] 55 cd; vgl. PETRON, a.O. [58]. – [76] Tim. 62 c-63 e. – [77] 29 bc. – [78] ARISTOTELES: Cat. 2 a 1f. – [79] A.O. 4 b 24f.; 5 a 23. – [80] 5 a 1ff. – [81] Phys. IV, 1-5. – [82] III, 4-8. – [83] IV, 6-9. – [84] 207 b 6. – [85] 207 a 1. – [86] 207 a 9. – [87] 214 a 16f. – [88] 215 a 24-216 a 21. – [89] 215 a 19-22. – [90] a.O. [81]. – [91] a.O. II, 2. – [92] 210 b 34. – [93] 211 a 4. – [94] a 5. – [95] 210 b 34-211 a 6. – [96] [18] a 9-212 a 2. – [97] 211 b 7. – [98] 212 a 20f. – [99] 209 a 33ff. – [100] So schon Phys. IV, 5. – [101] O. GIGON: Vom Himmel, Einl., in: ARISTOTELES: Vom Himmel, Von der Seele, Von der Dichtkunst, hg. O. GIGON (Zürich 1950) 13. – [102] De caelo I, 1. – [103] a.O. I, 8. – [104] 9. – [105] II, 13f. – [106] 11. – [107] I, 2. – [108] 10-12; II, 1. – [109] II, 6. 8. – [110] 8. 10. 12. – [111] Vgl.

Phys. VIII. – [112] Met. Λ 8. – [113] Phys. 212 b 13-22. – [114] EUDEMOS VON RHODOS: Frg. 80. Die Schule des Arist., hg. F. WEHRLI 8 (²1969) 38. – [115] THEOPHRAST, in: SIMPLIKIOS: In Phys. comm., hg. H. DIELS. CAG 9 (1895) 604, 5-11. – [116] a.O. 639, 15-22. – [117] STRATON: Frg. 55. Die Schule ..., a.O. [114] 5 (²1969) 20. – [118] HERAKLEIDES PONT.: Frg. 104ff., a.O. 7 (²1969) 35f. – [119] Frg. 112. 113 a-c, a.O. 37. – [120] EPIKUR: Ep. ad Herodotum 60. – [121] a.O. 39f. – [122] 40ff.; Ep. ad Pythoclem 85ff. – [123] ARISTOTELES: Phys. 208 b 10f. – [124] DIOG. LAERT.: Vitae philos. VII, 40. – [125] CHRYSIPP: SVF II, 503. 505. – [126] a.O. I, 497. 502. 514. 563; II, 546. – [127] II, 546. 1013. – [128] I, 99; II, 557. – [129] II, 450f. 454. 458. – [130] CICERO: De divinat. II, 34; vgl. auch a.O. 33, sowie De nat. deor. II, 19. – [131] CHRYSIPP: SFV II, 503, 2; 535. – [132] POSEIDONIOS: Frg. 97, in: KLEOMEDES: Astr. I, 1, hg. H. ZIEGLER (1891) 2. – [133] KLEOM., a.O. 6, 11-17. – [134] Astr. I, 11, a.O. 110. – [135] KLEANTHES: SVF I, 499. – [136] a.O. 500. – [137] EUKLID: Elem. I, def. 23. – [138] ARISTARCH VON SAMOS, in: ARCHIMEDES: Op. omn., hg. J. L. HEIBERG (²1910-15) 2, 244. – [139] CICERO: De nat. deor. I, 39. – [140] z.B. Gen. 12, 6; 27, 17f. – [141] PHILO ALEX.: De somn. I, 63; vgl. auch: Leg. alleg. 48 b. 61 c. 70 c; Conf. ling. 339 e; Sacr. Abr. 141 a. – [142] De somn. I, 61-63. – [143] SEXTUS EMP.: Pyrrh. hypot. III, 119-135. – [144] Ps.-ARCHYTAS: in: SIMPLIKIOS: In Cat. comm., hg. K. KALBFLEISCH. CAG 8 (1907) 361, 21-24. – [145] a.O. 363, 22-27. – [146] PLOTIN: Enn. II, 4, 12, 11. – [147] a.O. 5, 3, 39. – [148] PLATON: Resp. 509 b. – [149] Phaedr. 247 c. – [150] JAMBLICH, in: SIMPL., a.O. [144] 361, 7. – [151] a.O. 363, 33-364, 1. – [152] SYRIAN, in: SIMPL., a.O. [115] 628, 26-34. – [153] SYRIAN: In Met. comm., hg. W. KROLL. CAG 6/1, 84, 31-85, 3. – [154] PROKLOS, in: SIMPL., a.O. [115] 611, 10-618, 25; 601, 14f.; 643, 24f.; In Plat. Remp. comm., hg. W. KROLL (1899-1901) 2, 197, 15-199, 23; 380, 30. – [155] PLATON: Resp. 616 b. – [156] PROKLOS, a.O. [154] 613, 7-10. – [157] a.O. 612, 29-35; vgl. L. P. SCHRENK: Proclus on space as light. Ancient Philos. 9 (1989) 87-94. – [158] DAMASKIOS, in: SIMPL., a.O. [115] 624, 37ff.; 644, 25. – [159] a.O. 645, 7-10. – [160] Dub. et sol. de prim. princ., hg. CH. E. RUELLE (Paris 1889) 2, 219, 18-220, 1. – [161] PHILOPONOS: In Phys. comm., hg. H. VITELLI. CAG 17 (1888) 557-585. – [162] SIMPLIKIOS: Coroll. de loco, a.O. [115] 601-645. – [163] a.O. 632, 29-32. – [164] 621, 20-24. – [165] 623, 12-14. – [166] 638, 1ff.

Literaturhinweise. Allgemein: A. CAVOTTI: Le teorie dello spazio e del tempo (Pisa 1897). – TH. L. HEATH: Aristarchus of Samus. A hist. of Greek astron. to Aristarchus (Oxford 1913, ND 1959). – F. M. CORNFORD: The invention of space, in: Essays in hon. of G. Murray (London 1936). – M. JAMMER: Concepts of space (Cambridge, Mass. 1954), dtsch. (1960). – P. DUHEM: Le syst. du monde. Hist. des doctr. cosmolog. de Platon à Copernicus 1-10 (Paris 1913, ²1954-58). – A. KOYRÉ: From the closed world to the infinite universe (Baltimore 1957). – S. SAMBURSKY: Das physikal. Weltbild der Antike (1965). – A. GOSZTONYI: Der R. Gesch. seiner Probleme in Philos. und Wiss. 1-2 (1976). – S. SAMBURSKY: Von der unendl. Leere bis zur Allgegenwart Gottes. Die R.-Vorst. der Antike, in: Naturerkenntnis und Weltbild (1977) 273-297. – B. L. VAN DER WAERDEN: Die Astronomie der Griechen (1988). – W. EKSCHMITT: Weltmodelle. Griech. Weltbilder von Thales bis Ptolemäus (1989). – D. J. FURLEY: Cosmic problems (Cambridge 1989), darin: The Greek theory of the infinite universe. Arist. and the Atomists on motion in a void; Arist. and the Atomists on infinity; Strato's theory of the void; Knowledge of atoms and void in Epicureanism. – *Vorsokratiker:* K. DEICHMANN: Das Problem des R. in der griech. Philos. bis Arist. (1893). – W. BURKERT: Weisheit und Wiss. (1962). – D. SEDLEY: Two conceptions of vacuum. Phronesis 27 (1982) 175-193. – D. J. FURLEY: The Greek cosmologists 1: The formation of the atomic theory and it's earliest critics (Cambridge 1987). – *Platon:* E. FRANK: Platon und die sog. Pythagoreer (1923, ND 1962). – A. M. TAYLOR: A comm. on Plato's Tim. (Oxford 1928, ND 1962). – F. M. CORNFORD: Plato's cosmol. (London ⁴1956). – H. HAPP: Hyle. Stud. zum arist. Materie-Begr. (1971) 98-130. – J. DERRIDA: Chora, in: Poikilia. Et. off. à J. P. Vernant (Paris 1987); dtsch.: Chora (1990). – *Aristoteles:* H. R. KING: Arist.'s theory of topos. Class. Quart. 44 (1950) 76-96. – F. SOLMSEN: Arist.'s system of the phys. world (New York 1960). – W. RAIBLE: Arist. und der R. (1965). – H. BARREAU: L'espace et le temps chez Arist. Rev. Mét. Morale 80 (1975) 417ff. – H. MENDELL: Topoi on topos. The developm. of Arist.'s concept of place. Phronesis 32 (1987) 206-231. – H. G. ZEKL: Topos. Die aristot. Lehre vom R. (1990). – *Eudoxos:* O. NEUGEBAUER: Scripta mathematica 19 (1953) 225ff.; Exact sci. in antiquity (Providence ³1970). – *Peripatos:* P. STEINMETZ: Die Physik des Theophrast (1964). – M. GATZEMEIER: Die Naturphilos. des Straton von Lampsakos (1970). – *Stoa:* M. POHLENZ: Die Stoa 1-2 (³1964). – R. B. TODD: Alexander of Aphr. on Stoic physics (Leiden 1976); Cleomedes and the Stoic concept of void. Apeiron 16 (1982) 129-136. – *Euklid:* TH. L. HEATH: The 13 books of Elem. (Cambridge 1925, ND New York 1956). – K. REIDEMEISTER: Das exakte Denken der Griechen (1949). – B. L. VAN DER WAERDEN: Erwachende Wiss. 1-2 (Basel ²1980). – *Ptolemaios:* PTOLEMAIOS: Hb. der Astron., übers. K. MANITIUS (1912/13), ND mit Korr. O. NEUGEBAUER (1963). – J. TEICHMANN: Wandel des Weltbilds (1983). – *Philon:* D. T. RUNIA: Philo of Alex. and the Tim. of Plato (Leiden 1986). – *Neuplatonismus:* H. LEISEGANG: Die R.-Theorie des spät. Platonismus (1911). – S. SAMBURSKY: The concept of place in late Neoplatonism (Jerusalem 1982). – L. P. SCHRENK s. Anm. [157]. – *Philoponos:* JOH. PHILOPONOS: Ausgew. Schr., hg. W. BÖHM (1967). – W. WIELAND: Zur R.-Theorie des Ioh. Philop., in: Festschr. J. Klein (1967) 114-135. – R. SORABJI (Hg.): Philoponos and the rejection of Aristot. sci. (London/Ithaca, N.Y. 1987). – *Simplikios:* PH. HOFFMANN: Simpl.' coroll. de loco, in: L'astron. dans l'ant. class. (Paris 1979) 143-163. – G. VERBEKE: Ort und R. nach Arist. und Simpl., in: J. IRMSCHER/R. MÜLLER (Hg.): Arist. als Wiss.theoretiker (1983) 113-122.

H. G. ZEKL

II. *Mittelalter bis zum Beginn des 18. Jh.* – Die Entwicklung des R.-Begriffes in der Zeit zwischen der Spätantike und dem 18. Jh. ist vor allem durch die Verknüpfung der R.-Problematik mit theologischen Diskussionen (Unendlichkeit Gottes, Schöpfungslehre, Allgegenwart) und durch die Auseinandersetzung mit dem endlichen aristotelischen Kosmos bestimmt. Die R.-Diskussion dreht sich vorwiegend um folgende Begriffe und Probleme: 1) die Unendlichkeit des R., 2) die Beziehung des R. zu den Dingen, seine Behältereigenschaft oder Besetzbarkeit, 3) die Möglichkeit der Existenz eines leeren R. (Vakuums), 4) die Veränderbarkeit, Beweglichkeit des R., 5) der R. als Bedingung für Veränderung und Bewegung, 6) der ontologische bzw. kategoriale Status des R. (Substanz, Fiktion, Körperlichkeit, Objektivität), 7) die geometrische Struktur des R. (Anzahl seiner Dimensionen, Homogenität, Kontinuität, Teilbarkeit), 8) die Wahrnehmbarkeit, Wirkungsfähigkeit und Undurchdringlichkeit des R. und 9) das Verhältnis des R. zu Gott.

AUGUSTINUS beantwortet die Frage, warum Gott die (endliche) Welt eher an dieser als an jener Stelle des R. erschaffen habe, damit, daß R. und Zeit erst mit der Welt erschaffen worden seien [1]. Nur zu Diskussionszwecken denkt Augustinus die Welt *im* R. Bevor es die Welt gab, gab es keine Zeit, und ebensowenig gibt es außerhalb der Welt R. Die Endlichkeit des R. bedeute aber keine Einschränkung Gottes, weil sie das Ergebnis seines Entschlusses sei. Die Unendlichkeit des R. hätte bei Gottes Schöpferpotenz unendlich viele Welten zur Folge, was Augustinus absurd erscheint, später aber (z.B. bei G. Bruno oder H. More) akzeptiert wird.

Im Gegensatz zu Augustinus liegt für JOHANNES SCOTUS ERIUGENA die Welt *im* R. («locus»), doch ist der Begriff des R. weder mit dem der Welt noch mit dem des Körpers identisch [2]. ‹R.› oder ‹Ort› als begriffliche Bestimmung der Dinge unterscheidet Eriugena vom R., der sich über die Körpergröße erstreckt und nur im Geiste («in animo») ist [3]. Im erkennenden Denken geht der R. dem, was in ihm liegt, vorher. Er ist so die Begrenzung oder «natürliche Bestimmung, Weise und Stellung irgendeines allgemeinen oder besonderen Geschöpfes» («naturalem definitionem, modumque, positionemque») [4]. Alle R.-Verhältnisse (Größen, Richtungen) sind relativ, nämlich abhängig vom Betrachter [5]. R. und Zeit müssen als allem Seienden vorhergehend gedacht werden, wobei der R. als Maßverhältnis (nach Sap. XI, 21) der Schöpfung vorausgeht, denn jedes geschaffene Wesen ist zugleich räumlich und zeitlich bestimmt, weil R. und Zeit mit den Dingen erschaffen und voneinander untrennbar sind [6]. Der die Dinge aufnehmende R. besteht dagegen nicht im Geiste, sondern nur zusammen mit den räumlichen Dingen [7]; er ist unbewegt [8] und – wie auch Newtons absoluter R. – nicht sinnlich, sondern nur mit der Vernunft wahrnehmbar [9]. Teile der Welt können nur metaphorisch («per metonymiam, id est transnominationem») als «R.e» bezeichnet werden [10].

In den Lehren der Mutakallimūn wird der R. als leerer R. in Übereinstimmung mit dem antiken Atomismus eine Bedingung der Möglichkeit von Bewegung, aber im Gegensatz zu ihm auch eine notwendige Voraussetzung für die Schöpfung der Welt in der Zeit [11]. Die Struktur des R. ist atomistisch, und ihre Elemente sind unausgedehnte Punkte [12]. Diese Struktur zieht eine auf rationale Größenverhältnisse beschränkte Geometrie und Bewegungslehre nach sich. Dem R. kommt keine selbständige Existenz zu, denn wie die Körper kann er nur bestehen, weil Gott ihn ständig erhält.

Nach AL-GHAZĀLĪ ist der R. eine Kategorie, die ein Akzidens am Körper bezeichnet, dem aber keine volle Realität zukommt. Der unendliche kosmische R. ist für den Menschen nicht anschaulich vorstellbar, bietet aber ein weites Feld für Gottes Schaffenskraft [13].

Durch die Aufwertung der Materie bei AVERROES (IBN RUŠD) verliert die substantiale Form ihre Eigenständigkeit, und der R. wird zu einer durch die körperlichen Formen aktualisierten Potenz der Materie. Mit der Materie ist dann aber auch der R. ewig, nämlich als der von den Himmelssphären aufgespannte R., in dem sich das Räumliche verändert. Wie Aristoteles lehnen auch Averroes und die meisten aristotelischen Scholastiker die Existenz eines extramundanen unendlichen leeren R. ab [14]. Zunehmend setzt sich die Auffassung durch, Gott habe tatsächlich auch nicht einmal ein endliches extramundanes Vakuum erzeugt [15]. Die Annahme eines von Ewigkeit her bestehenden leeren R. enthält die theologische Gefahr, daß er als eine positive Natur verstanden werden könnte, die ebenso wie Gott ewig wäre («coaeterna Deo») [16]. Selbst noch im 18. Jh. werden derartige Einwände gegen die Ewigkeit und Unendlichkeit des R. erhoben.

Die Frage nach einem R. außerhalb des abgeschlossenen aristotelischen Kosmos wird in der Scholastik wiederholt anhand des von Archytas bei Lukrez und Simplikios überlieferten Weltrandproblems diskutiert: Ist es möglich, den Arm über den Rand hinauszustrecken oder eine Lanze darüber hinauszuwerfen? JOHANNES BURIDANUS leugnet, daß außerhalb des Kosmos schon ein R. existiere; man könne aber trotzdem den Arm hinausstrecken, weil der R. des Armes nichts anderes als seine Abmessungen sei [17]. Auch RICHARD VON MIDDLETON gesteht keinen aktual unendlichen außerkosmischen R. zu. Er wandelt die Frage dahin ab, ob Gott den Kosmos geradlinig bewegen könne. Nur Gott könne eine solche Bewegung ausführen, aber auch er nur teilweise und nur akzidentell [18]. Die Leugnung eines leeren extramundanen R. impliziert nicht notwendig die Forderung einer endlichen Welt, denn in der Neuzeit wird die Leugnung des Vakuums überhaupt gelegentlich mit einem unendlichen Universum verknüpft (CAMPANELLA, DESCARTES und SPINOZA).

Nach WILHELM VON OCKHAM ist der Ort eines Körpers realidentisch mit seiner Oberfläche [19]. Die Vorstellung eines leeren R. oder Ortes bereitet auch ihm ontologische Schwierigkeiten, denn von der Körperlichkeit abgetrennte Abmessungen («dimensiones separatae») wären weder Substanzen noch Akzidenzien oder Qualitäten und auch nicht etwas aus diesen Zusammengesetztes [20]. Der «wahre» Ort eines Körpers ist beweglich, weil sich die umgebenden Körper bewegen können. Um die paradoxe Auffassung zu vermeiden, daß dann ein im Flußbett steckender Pfahl ständig seinen Ort ändere – ein in der Scholastik viel diskutiertes Problem [21] –, führt Wilhelm von Ockham eine «äquivalente» Betrachtungsweise ein, bei der die Bewegung oder Ruhe in bezug auf entferntere Körper in Betracht gezogen wird. Während sich der wahre Ort des Pfahles «schlechthin» («simpliciter») bewegt, ruht er «nach der Gleichwertigkeit» («per aequivalentiam»), nämlich mit Bezug auf die Fixsternsphäre, sofern man deren Rotationsbewegung außer acht läßt [22]. Obwohl Newton die im Sinne Ockhams «wahre» Bewegung als bloß relative auffaßt, deutet sich bei Ockham schon ein Verlassen des aristotelischen Orts- bzw. R.-Begriffs an, insofern die Betrachtung von Distanzrelationen neben der Behälterauffassung in Erwägung gezogen wird. Auch F. SUÁREZ löst sich von der Behälterauffassung des R., indem er ihn als ein wohlbegründetes Gedankending erklärt, das durch die Ausdehnung der Körper konstituiert sei: «ens rationis, non tamen gratis fictum opere intellectus, sicut entia impossibilia, sed sumpto fundamento ex ipsis corporibus, quatenus sua extensione apta sunt constituere spatia realia» («ein Gedankending, das aber nicht wie unmögliche Dinge nach Belieben mit Hilfe des Intellekts gebildet ist, sondern ein Fundament in den Körpern selbst hat, insofern ihre Ausdehnung geeignet ist, reale R.e zu konstituieren») [23]. Der reale R. wird zu einer notwendigen Vorstellungsweise äußerer Dinge und ist dadurch vom «spatium imaginarium» unterschieden.

Von der jüdisch-orthodoxen Theologie aus kritisiert ḤASDAI CRESCAS die aristotelische Lehre vom R., indem er ihre immanenten Widersprüche aufzeigt. Nach Aristoteles hätte die Fixsternsphäre keinen Ort. Crescas' Schüler JOSEPH ALBO zeigt, daß nach Aristoteles der Ort eines Teiles größer als der Ort des Ganzen sein könnte [24]. Aufgrund ihrer Kritik entwickeln Crescas und Albo einen Begriff vom R. als einem einzigen, homogenen, unbeweglichen, leeren Kontinuum von unendlichen Abmessungen zur Aufnahme der Materie. Crescas gehört neben NICOLE ORESME zu den wenigen scholastischen Denkern, die den unendlichen außerkosmischen R. für real halten [25].

Es sind vor allem die italienischen Naturphilosophen des 15.-17. Jh., die neuartige Aspekte in die R.-Diskussion einbringen. H. CARDANUS versucht dem ontologischen Sonderstatus des R. dadurch gerecht zu werden, daß er ihn zu den sieben Naturprinzipien zählt, zu denen im Sinne von Aristoteles zwar die Bewegung, aber nicht die Zeit gehört. Neben dem Geist und der Materie gehört der R., der unbeweglich und unveränderlich ist, zu den drei ewigen Prinzipien [26]. J. C. SCALIGER, dessen R.-Auffassung auch im 17. Jh. durch Alsteds ‹Enzyklopädie› verbreitet wurde, lehnt den aristotelischen, auch von Cardanus vertretenen Begriff vom Ort als Behälter des Körpers ab. Der Ort sei nicht die den Körper enthaltende innere Fläche des umgebenden Körpers, sondern das, was innerhalb dieser Fläche enthalten ist, also das Vakuum oder der R. («spatium»), in dem sich der Körper befindet. Dabei werden ‹Vakuum›, ‹Ort› und ‹R.› miteinander identifiziert. Ontologisch ist der R. ein Zwittergebilde: «quodammodo ens, et quodammodo non ens» («irgendwie seiend und irgendwie nichtseiend») [27]. B. TELESIO gibt darüber hinaus dem R. eine von der Materie unabhängige Existenz. Der R. ist der Rezeptor aller seienden Dinge, der auch noch bleibt, wenn man diese aus ihm entfernt [28]. Er ist unkörperlich, immateriell, formlos, homogen, besitzt die Fähigkeit, Körper aufzunehmen, und übt keine Wirkung aus, wie es dagegen der «natürliche Ort» bei Aristoteles oder der absolute R. bei Newton tut. Als Ganzer ist der R. unbeweglich und – anders als z.B. bei Eriugena oder Newton – sinnlich wahrnehmbar, nämlich mittels Experimenten zum Nachweis des Vakuums [29]. Die kategoriale Zwitterstellung des R., die sich wiederholt als Schwierigkeit erwiesen hatte, wird von F. PATRIZZI und dann im englischen Platonismus bis hin zu Newton ins Positive gewendet und ausgenutzt, denn aufgrund seiner Sonderstellung könne der R. als Vermittler zwischen Geist und Materie dienen. Da der R. von Gott geschaffen sei und eine unendliche Ursache eine unendliche Wirkung nach sich ziehe, sei der R. unendlich und unbeweglich [30]. Der R. fällt unter keine Kategorie und ist eine für sich bestehende Ausdehnung, die keinem Ding inhäriert oder als Akzidens zukommt. Doch eine aristotelische Substanz ist er auch nicht, weil er nicht aus Form und Materie zusammengesetzt ist. Nach G. BRUNO ist der R. eine Quantität, denn er kann verschieden große Körper enthalten. Er ist die kontinuierlichste aller physischen Größen, weil seine aktuale Teilung unmöglich ist. Er ist der Natur nach das erste aller physischen Dinge, und er bleibt, wenn alle Körper entfernt werden. Der R. ist auch physisch, weil er offensichtlich von der Existenz der natürlichen Dinge getrennt werden kann. Trotz seiner physischen Natur ist er weder Materie noch Form und nichts daraus Zusammengesetztes; er liegt also hinter, außer oder vor dem Natürlichen. Er ist weder Substanz noch Akzidens, weder aktiv noch passiv, nimmt alle Dinge ohne Unterschied in sich auf. Er mischt sich nicht mit Körpern und trägt nichts zu Körpern bei. Der R. ist undurchdringlich, unformbar und ohne Teile. Er hat keinen Ort, kann nicht wahrgenommen, begriffen oder erfaßt werden («incomprehensum»). Außerhalb von Körpern existiert kein R., weil er nicht irgendwo wäre. Der R. ist zwar nicht vom Körper trennbar, aber aus dem Körper zu erschließen. Dem Kosmos liegt der unermeßliche R. wie eine alles gebärende Mutter zugrunde («caeli subiectum spacium est, matris sinus omniparentis»). Er ist eine Natur, die existiert, ehe, während und nachdem die Dinge in ihn gesetzt sind [31].

Das Universum besteht nach P. GASSENDI, der an epikureische Gedanken anknüpft, aus zwei Naturen: dem Leeren («inane», «vacuum») und den mit Schwere und Widerstand ausgestatteten Körpern. Das Leere, betrachtet als ausgedehnt, heißt ‹Intervall› oder ‹R.› («spatium»); als von einem Körper besetzt heißt es ‹Ort› («locus»), und wenn es von einem Körper durchdrungen wird, heißt es ‹Gebiet› («regio») [32]. Damit regt Gassendi eine schärfere Trennung der Begriffe ‹R.› und ‹Ort› an [33]. Jeder R. erfordert Grenzen und ist daher im Universum enthalten, also ist jeder R. endlich, aber das Universum selbst ist unendlich.

R. DESCARTES unterscheidet den äußeren Ort als das, was die Lagebeziehung eines Körpers zu anderen Körpern oder Örtern bestimmt, vom R. als «innerem Ort», der die Merkmale der Größe (Ausdehnung) und Gestalt enthält [34]. Da Descartes das Vakuum mit dem Nichts identifiziert, leugnet er, daß es ein Vakuum gebe [35]. Die Welt ist von unbegrenzter Ausdehnung, doch Ausdehnung ist für Descartes gleichbedeutend mit Körper, so daß der scholastische Begriff eines imaginären außerkosmischen R. bei Descartes gegenstandslos wird [36].

TH. HOBBES geht aus vom Gedankenexperiment einer allgemeinen Weltvernichtung mit Ausnahme des erkennenden Subjekts. Die verbleibenden Vorstellungen (Ideen, Phantasmen) würden dennoch dem Geist als äußerlich, also im R. erscheinen. Der R. ist die Vorstellung eines existierenden Dinges allein unter dem Aspekt betrachtet, daß es außerhalb des vorstellenden Geistes erscheint [37]. Ein R. kann Teil eines anderen sein [38]. Kann ein R. durch endlich viele, begrenzte (gleichgroße) Räume nicht ausgemessen werden, so ist er unendlich [39]. Von einem unbegrenzten R. läßt sich weder sagen, daß er ein Ganzes, noch, daß er eine Einheit sei. Dem Menschen ist es – wie auch bei H. More – unmöglich, von etwas Unendlichem eine Vorstellung oder einen Begriff zu haben, also auch nicht vom unendlichen R. [40]. Jeder R. ist ins Unendliche teilbar. Ein Vakuum kann es nicht geben [41].

H. MORE knüpft trotz seines Spiritualismus, wonach Materie und Körper nur Phantasiegebilde, also geistiger Natur sind, und trotz seiner Ablehnung der Ethik Epikurs bewußt an das grenzenlose Leere des Atomismus an. Der R. ist unendlich, und es gibt darin unendlich viele «Welten» (Sonnensysteme). Er ist nicht bloß imaginär, sondern real, nämlich unabhängig von unserem Vorstellungs- und Denkvermögen. Auch im Vakuum gibt es Abstände, also ist nicht nur der Körper, sondern auch der R. selbst meßbar. Weil es kein Akzidens ohne Substanz gibt, beweist die Meßbarkeit die Substantialität des R. In seiner Existenznotwendigkeit und Ubiquität kommt der R. Gott gleich. Die Attribute Gottes sind zugleich Attribute des R.: Er ist unendlich, ewig, ungeschaffen, unveränderlich, unvergänglich, unbeschreiblich, aber in seinen Attributen erfaßbar, einer, einfach, notwendig, vollkommen, aktual seiend, allgegenwärtig, unkörperlich, alles umfassend, von sich aus und in sich bestehend, alles durchdringend, reiner Akt [42]. B. SPINOZA geht noch einen Schritt weiter als More, indem er eine unkörperliche und nicht teilbare Ausdehnung zum Attribut Gottes erklärt [43]. Die Materie ist homogen, hat aber dennoch Teile, die sich durch verschiedene Weisen der «Affektion» unterscheiden. Ein Vakuum kann es also auch nach Spinoza nicht geben.

O. VON GUERICKE lehnt die cartesianische Verschmelzung von R. und Ausdehnung, mit der der R. körperidentisch ist, ab. Der «wahre» R. sei unkörperlich und erstrecke sich jenseits des Bereichs der Erde als absolut leerer R. Diesen R. setzt Guericke mit dem Nichts gleich, und im Gegensatz zu Descartes, für den eine solche Identifikation den Begriff nur diskreditierte, versucht Guericke, sich experimentell dem Vakuum zu nähern, und verherrlicht den leeren R. mit Worten der barocken Paradoxiedichtung [44].

B. PASCAL sieht in der Homogenität des R. das existentielle Problem der Kontingenz, indem er die augustinische Frage, warum Gott die Welt eher hier als da erschaffen hat, auf den Ort des Menschen im unendlichen R. spezialisiert [45]. «Ich sehe diese ungeheuren R.e des Universums, die mich umgeben, und ich finde mich an eine Ecke dieser weiten Ausdehnung gefesselt, ohne daß ich weiß, warum ich eher an diesen als an einen anderen Ort gesetzt wurde» [46].

Bei I. NEWTON kommt dem absoluten R. eine Verbindungsfunktion zwischen der Metaphysik (Theologie) und der Physik (Naturwissenschaft) zu. Er ist eine ontologisch notwendige Bedingung für die Möglichkeit des ersten Bewegungsgesetzes der ‹Principia mathematica›, wonach ein Körper nur durch Einwirkung von Kräften seinen Zustand der Ruhe oder Bewegung verändern kann. Er ist durch keine Beobachtung wahrnehmbar [47]. Dennoch glaubt Newton, Bewegung in bezug auf den absoluten R. durch das Auftreten von Zentrifugalkräften (Wasser in einem um eine senkrechte Achse rotierenden Eimer bzw. durch einen Faden verbundene und um den gemeinsamen Schwerpunkt rotierende Kugeln [48]) nachweisen zu können. Der absolute R. Newtons ist unendlich, homogen, isotrop, unbeweglich und ohne Beziehung auf äußere Gegenstände. Gemäß der platonistischen Ansicht, daß das Wahre unveränderlich sei, nennt Newton den absoluten R. auch den «wahren R.». Unter dem Einfluß von H. More und I. Barrow faßt Newton den absoluten R. als ein Attribut Gottes, denn Gott ist überall, als wäre der R. sein Sinnesorgan. Obwohl der absolute R. unbeweglich ist, spricht Newton von «beweglichen Teilen desselben», die er «relative Räume» im Sinne von Bezugssystemen nennt. Bereits Eriugena hatte die darin liegende Schwierigkeit erkannt und deswegen die R.-Teile nur metaphorisch als «R.e» bezeichnet. – Die vor allem von CH. HUYGENS [49], G. W. LEIBNIZ [50] und G. BERKELEY [51] erhobene Kritik an Newtons R.-Lehre richtet sich primär gegen die Existenz von absoluter Bewegung, denn Bewegung sei nur mit Bezug auf andere Körper definierbar. Die Versuche, die dynamischen Wirkungen der Rotationsbewegung auf relative Bewegungen zurückzuführen, bleiben aber bis hin zu E. MACH unbefriedigend. Erst mit der Relativitätstheorie A. EINSTEINS gelingt es, den absoluten R. aus der Physik und Naturphilosophie zu eliminieren.

Im 17. Jh. wendet man sich im Rahmen der Descartes-Kritik mehr einer erkenntnistheoretischen als ontologischen Behandlung des R. zu. So meint J. LOCKE, die Vorstellung des R. werde mittels des Gesichts- und des Tastsinnes gewonnen [52]. Abstand, Aufnahmefähigkeit, Gestalt, Unendlichkeit sind verschiedene Modifikationen des R. Ein Vakuum ist auch für Locke, soll Bewegung möglich sein, erforderlich; es bleibt zudem nach Entfernung des von ihm unabhängigen Körpers zurück, denn der Körper ist – anders als bei Descartes – außer durch Ausdehnung noch durch Festigkeit gekennzeichnet [53]. – So stehen zu Beginn des 18. Jh. die metaphysische, ontologisch absolute Betrachtungsweise des R. und die erkenntnistheoretische einander spannungsreich gegenüber.

Anmerkungen. [1] AUGUSTINUS: De civ. Dei XI, 5; vgl. E. S. LODOVICI: Dio e mondo: relazione causa e spazio in S. Agostino (Rom 1979). – [2] JOH. SCOTUS ERIUGENA: De divis. nat. I, 32f. MPL 122, 477f. – [3] V, 18, a.O. 889f. – [4] I, 40, a.O. 482f. – [5] I, 17-20, a.O. 466-468. – [6] I, 39. 45, a.O. 481f. 486f.; in V, 7 läßt Eriugena die Frage der Trennbarkeit von R. und Zeit offen. – [7] V, 18, a.O. 889. – [8] I, 20, a.O. 467f. – [9] I, 34. 42, a.O. 478f. 484. – [10] I, 37, a.O. 480f. – [11] MOSE BEN MAIMON: Führer der Unschlüssigen I, 73, § 2, übers. A. WEISS (1972) 318f.; AVERROES: Phys. IV, comm. 6, in: ARISTOTELES: Opera (Venedig 1562-74, ND 1962) IV, fol. 124^r. – [12] A. GOSZTONYI: Der R. (1976) 150ff. – [13] a.O. 165. – [14] E. GRANT: Much ado about nothing. The hist. of theory of space in physics (Cambridge 1981) 118. – [15] a.O. 121. 128f. – [16] TH. BRADWARDINE: De causa Dei (London 1618, ND 1964) 177. – [17] JOH. BURIDAN: Phys. IV, 10 (Paris 1509, ND 1964) fol. 77^{v}a. – [18] RICHARD VON MIDDLETON: Super quatt. lib. sent. (Brixen 1591, ND 1963) II, 14, a. 13. – [19] WILHELM VON OCKHAM: Quaest. in lib. Phys. Arist. 72. Op. philos. et theol. (St. Bonaventure, N.Y. 1984) 6, 598. – [20] 74, a.O. 604; Expos. in lib. Phys. Arist. IV, 12, § 3, a.O. 5, 184. – [21] P. DUHEM: Le syst. du monde (Paris 1913-59) 7, 158-302; vgl. ARISTOTELES: Phys. IV, 4, 212 a 14-21. – [22] WILHELM VON OCKHAM: Expos. ... IV, 7, § 6, a.O. [20] 85; Quaest. ... 77f., a.O. [19] 610f. – [23] F. SUÁREZ: Disput. metaph. 51, § 1, hg. C. BERTON (Paris 1856-78, ND 1965) 2, 979 a. – [24] M. JAMMER: Concepts of space. The hist. of theory of space in physics (Cambridge, Mass. 1954); dtsch.: Das Problem des R. (1960) 80ff. – [25] GRANT, a.O. [14] 119. – [26] H. CARDANUS: De subtilitate I. Opera 3 (Lyon 1663, ND 1966) 368 a. – [27] J. C. SCALIGER: Exotericarum exercitationum lib. XV. De subtilitate ad H. Cardanum V, 2 (Hanau 1620) 13f. – [28] B. TELESIO: De rerum nat. I, 25 (Neapel 1586, ND 1971) 36. – [29] I, 25. 28, a.O. 37. 42. – [30] F. PATRIZZI: Nova de universi philos. (Venedig 1593) fol. 65. – [31] G. BRUNO: De immenso et innumerabilibus I. Opera, hg. F. FIORENTINO 1 (Neapel 1879) 231-233. – [32] P. GASSENDI: Philos. Epicuri syntagma II, 1. Opera 3 (Lyon 1658, ND 1964) 11. – [33] II, 2, a.O. 12. – [34] R. DESCARTES: Principia philos. II, 15. – [35] Princ. II, 16-18. – [36] II, 21; A. KOYRÉ: Von der geschlossenen Welt zum unendl. Universum (1969) 116. – [37] TH. HOBBES: De corpore II, 7, § 2. Op. philos. lat., hg. W. MOLESWORTH (London 1839-45, ND 1966) 1, 83; G. B. HERBERT: Hobbes' phenomenol. of space. J. Hist. Ideas 48 (1987) 709-717. – [38] § 4, a.O. 85. – [39] § 12, a.O. 88. – [40] IV, 26, § 1, a.O. 335. – [41] § 2, a.O. 338. – [42] H. MORE: Enchiridion metaph. I, 8. Opera (London 1674-79, ND 1966) 2/1, 168. – [43] B. SPINOZA: Ethica I, prop. 15, schol. Opera, lat./dtsch. 2, hg. K. BLUMENSTOCK (^{3}1980) 106-114. – [44] O. VON GUERICKE: Experimenta nova (Amsterdam 1672, ND 1962) 63; dtsch.: Neue (sog.) Magdeburger Versuche, hg. H. SCHIMANK (1968) 69; vgl. J. PASSERAT: Nihil, in: C. DORNAVIUS: Amphitheatrum (1619) 734. – [45] B. PASCAL: Pensées 68 [BRUNSCHVICG 205]. Oeuvr. compl., hg. L. LAFUMA (Paris 1963) 508. – [46] 427 [194], a.O. 553. – [47] I. NEWTON: Philos. nat. principia mathem. I. def., schol. Opera, hg. S. HORSLEY (ND 1964) 2, 6f. – [48] Dazu A. T. WINTERBOURNE: Newton's arguments for absolute space. Arch. Gesch. Philos. 67 (1985) 80-91; H. M. LACEY: The scient. intelligibility of absolute space: A study of Newtonian argument. Brit. J. Philos. Sci. 21 (1970) 317-342. – [49] JAMMER, a.O. [24] dtsch. (1960) 135ff. – [50] G. W. LEIBNIZ: Streitschr. zw. Leibniz und Clarke. Philos. Schr., hg. C. I. GERHARDT 7 (1890, ND 1965) 345-440. – [51] G. BERKELEY: Princ. of human knowl. §§ 110-117. Works, hg. A. A. LUCE/T. E. JESSOP (Edinburgh 1948-57, ND 1979) 2, 89-94; De motu §§ 53-65, a.O. 4, 24-28. – [52] J. LOCKE: Ess. conc. human underst. II, 13, §§ 2ff.; vgl. G. THRANE: The space of Berkeley's world, in: C. M. TURBAYNE (Hg.): Berkeley (Minneapolis 1982) 127-147. – [53] a.O. §§ 21-23; TH. M. LENNON: Sources et signif. de la théorie Lockienne de l'espace. Dialogue 22 (1983) 3-14.

Literaturhinweise. J. J. BAUMANN: Die Lehren von R., Zeit und Math. in der neueren Philos. 1-2 (1868, ND 1981). – CH. JUNKER: Das Weltraumbild in der dtsch. Lyrik von Opitz bis Klopstock (1932). – M. JAMMER s. Anm. [24]. – J. J. C. SMART (Hg.): Problems of space and time (London 1964). – A. KAUFFELDT: O. von Guericke. Philosophisches über den leeren R. (1968). – A. KOYRÉ s. Anm. [36] und [Lit. zu I.]. – A. GOSZTONYI s. Anm. [12]. – M. CAPEK (Hg.): The concept of space and time (Dordrecht 1976). – E. GRANT s. Anm. [14].   W. BREIDERT

III. *Traditionelle Philosophie von Kant bis ins 20. Jh.* – I. KANT wendet schon in den frühen Schriften seine Aufmerksamkeit dem Problem des R. zu. So argumentiert er in den ‹Träumen eines Geistersehers› (1755) dagegen, einen Geist im R. auftreten zu lassen und ihm einen Ort anzuweisen. Auch die Seele könne nicht «in ein kleines Plätzchen des Leibes eingesperrt werden. Vielmehr gelte: «Ich bin ebenso unmittelbar in der Fingerspitze wie in dem Kopfe. Ich bin es selbst, der in der Ferse leidet und welchem das Herz im Affekte klopft» [1]. In der Schrift über die physische Monadologie (1756) wird der R. als Ergebnis von Ausdehnung bzw. als Kräftefeld aufgefaßt, welches sich als «sphaera activitatis» um die physische Monade herum ausbreitet. In der Schrift über den ‹Ersten Grund des Unterschiedes der Gegenden im R.› wird das Subjekt als leibliche Instanz angesprochen, welcher die Welt perspektivisch begegnet: Ich erfahre von meinem subjektiven leiblichen Standpunkt aus den Unterschied der Gegenden: links und rechts, oben und unten, hinten und vorne [2]. Das bedeutet Opposition gegen den absoluten R. Newtons und den relationalen R. bei Leibniz. Die Auffassung des von unserer Leib-Existenz erfahrenen perspektivischen R. geschehe durch «anschauendes Urteilen». Trotz angenommener vollkommener Symmetrie, z.B. einer linken und rechten Hand, bestehe vom Standpunkt der realen R.-Erfahrung aus ein grundsätzlicher Unterschied. In der ‹Dissertation› von 1770 wird die R.-Erfahrung (wie diejenige der Zeit) der «cognitio sensitiva» zugewiesen. Wir können die Dinge nicht erkennen, wie sie an sich sind, sondern erfassen sie nur in der Art und Weise, wie sie uns erscheinen («sicuti apparent»). Das Wie des Erscheinens ist durch unsere subjektive, leibliche Perspektive und die damit verbundene räumliche und zeitliche Anschauung bedingt [3].

In der transzendentalen Ästhetik der ‹Kritik der reinen Vernunft› begreift Kant R. und Zeit als Formen der sinnlichen Anschauung. Sie hat ihren Namen deswegen, weil sich als Anschauung des menschlichen Subjekts der Sinnlichkeit bedient, um sich Gegenstände in R. und Zeit geben zu lassen. «Sinnlichkeit» ist die rezeptive Art und Weise, unsere Vorstellungen aufgrund unseres Ausgesetztseins gegenüber den Erscheinungen im R. zu bilden. Aber an ihnen muß das der Empfindung Angehörige, «Materielle», von dem rein «Formalen» unterschieden werden: Empfindungen treten als Inhalte der Formen des R. und der Zeit auf. Während die Materie der Erscheinung a posteriori gegeben ist, muß die Form «im Gemüte a priori bereitliegen, und daher abgesondert von aller Empfindung betrachtet werden» [4]. Die Formen der R.- und Zeitanschauungen sind demnach «rein», d.h. apriorische Bedingungen dieser Anschauungen. Die reine Form der Sinnlichkeit heißt «reine Anschauung» des R. und der Zeit. Auf den apriorischen Charakter von R. und Zeit legt Kant deshalb großen Wert, weil diese reinen Formen der Anschauung die synthetischen Urteile a priori in Mathematik und allgemeiner Naturwissenschaft zu begründen haben. Ohne sie würde den geometrischen und arithmetischen Aussagen nicht der besondere Charakter der Notwendigkeit eignen, den sie faktisch aufweisen. In der metaphysischen Erörterung des R., die dasjenige, was zum apriorischen Begriff gehört, zu explizieren hat, wird der R. als dem «äußeren» Sinn zugehörig von der Zeit unterschieden, die dem inneren Sinn angehört. Mit dem äußeren Sinn ist die Eigentümlichkeit der menschlichen Subjektivität bestimmt, etwas von ihr Verschiedenes als ein räumliches Dort, als ein «Außerhalb» ansprechen zu können. Dadurch wird es möglich, Gestalt, Größe und gegenseitiges Verhältnis der Erscheinungen zu bestimmen. R. und Zeit selbst können nicht angeschaut werden, weil sie ja nur die Formen oder Weisen des subjektiven Anschauens sind [5]. Sie sind «Bedingung der Möglichkeit der Erscheinungen» und nicht selbst Ding oder an Dingen vorkommende Bestimmung. Räumlichkeit ist «eine notwendige Vorstellung a priori, die allen äußeren Erscheinungen zugrunde liegt» [6]. Sie hat als «reine Anschauung» nicht den Charakter eines «diskursiven» allgemeinen Begriffs von Verhältnissen der Dinge überhaupt. Der eine R. qua Welt-R. ist Anschauung und nicht Begriff, weil es nicht möglich ist, räumliche Teile, die immer erst durch ein Teilungsverfahren gewonnen sein können, zum Ganzen des Gesamt-R. zusammensetzen zu wollen. Sie können nicht «vor dem einigen, allbefassenden R.», sondern nur «in ihm» gedacht werden [7]. Es liegt eine Anschauung a priori zugrunde, die alle möglichen begrifflichen Einschränkungen erst begründen muß. Ein weiteres Argument für die Anschauungsartigkeit des R. beruht auf dem «Bild», welches man sich von ihm macht. Wenn er als unendliche gegebene Größe «vorgestellt» wird, so geschieht dies nicht in der charakteristisch begrifflichen Weise, in der ein Allgemeines das Besondere unter sich enthalten würde (Subsumtion). Vielmehr spiegelt die Vorstellung des R. diesen anschaulichen Charakter insofern wider, als hier ein einziges Ganzes gedacht wird, welches eine unendliche Menge möglicher Teile «in sich» einschließt. Daher sind alle Teile des R. «ins Unendliche als zugleich» bestehend gedacht [8]. In der transzendentalen Perspektive wird der R. als Prinzip für die Möglichkeit synthetischer Erkenntnisse a priori erkannt. Hierher gehörige synthetische Urteile konstituieren die Geometrie. Auch von diesem Aspekt aus ergibt sich noch einmal ein Argument für den Anschauungscharakter des R.: Die geometrischen Urteile beweisen ihren synthetischen Charakter dadurch, daß sie sich nicht aus dem Begriff des Satzsubjekts begründen lassen; für ihre Geltung muß in der Geometrie die Anschauung ins Spiel treten. Wegen der Apodiktizität der geometrischen Sätze muß es sich um eine Anschauung a priori handeln. Als diese stellt sie die formale Art und Weise dar, wie das Subjekt von Objekten «affiziert» werden kann. Da wir «nur aus dem Standpunkte eines Menschen vom R., von ausgedehnten Wesen usw.» reden können [9], gelten die räumlichen Bestimmungen nur in der Perspektive unserer Subjektivität. Unter der Voraussetzung, daß Dinge als Gegenstände unserer subjektiven Anschauung betrachtet werden, haben für sie die räumlichen Bestimmungen den Charakter «objektiver Gültigkeit»: «Wir behaupten also die empirische Realität des R. (in Ansehung aller möglichen äußeren Erfahrung)» [10], als deren Kehrseite zugleich «transzendentale Idealität» festgestellt wird. Dies bedeutet, daß der R. zwar zur erfahrenen Sache gehört, aber als deren transzendentale Ermöglichung nicht der Sache «an sich» eignet, sondern Form des Anschauens ist (Idealität). Würde man R. und Zeit zu Formen der Dinge an sich selbst machen, dann müßten sie als Bedingungen alles Daseins überhaupt auch dasjenige Gottes bedingen (Spinozismus). Da der R. die Realität von Gegenständen möglicher Erfahrung begründet, geht er mit in deren ontologische Verfassung ein. Diese Verfassung ist im System der synthetischen Grundsätze als «allgemeine» Gesetzgebung durch den Verstand beschrieben. Dieses System ist als eine Ontologie der Natur zu verstehen. Transzendentalphilosophie hat es nicht mit der Bewegung bestimmter Objekte «im R.» zu tun. Diese können nur Gegenstände einer Erfahrungswissenschaft wie der Physik sein. Transzendental-ontologischen Charakter aber hat die Bewegung, in welcher jeweils die Figuren der erscheinenden Gestalten und der Wirkungsformen der Natur und damit der R. erst «beschrieben» werden: Sie ist ein «reiner Actus der sukzessiven Synthesis des Mannigfaltigen in der äußeren Anschauung überhaupt durch produktive Einbildungskraft» [11]. Aber auch die Bewegung der Körper im R. findet ihren ontologischen Grund in der transzendentalen Bewegung, durch welche sowohl die Figuren der Körper wie auch ihre Bewegungsgestalten synthetisch konstruiert werden. Es resultiert, daß z.B. die Figur der Ellipse schon Bewegung war, bevor Planeten existierten, denen diese Figur für ihre Bewegungsbahn vorgezeichnet ist. Transzendentale Bewegung ist nicht Bewegung eines Objektes im R., weil sie Objekte und den R. der Objekte erst möglich macht, indem sie eine transzendentale Ausdehnung und Auslegung des unausgedehnten 'Ich denke' in R. und Zeit hinein vollzieht. Sie begründet durch Bewegung und als Bewegung die figürlich geformte Realität der Natur.

Daß man sich ein «Bild» vom R. machen kann, indem man sich ihn etwa als Behälter vorstellt (Newton), ist Kant zufolge einem Schematismus der reinen Einbildungskraft zu verdanken: Danach gibt es ein Schema, d.h. ein Verfahren der reinen Einbildungskraft, jeweils für einen allgemeinen Begriff ein besonderes Bild herzustellen. So wird z.B. der Behälter-R. als ein Bild für den Begriff des allgemeinen R. fungieren, den das philosophische oder naturwissenschaftliche Denken durch Reflexion auf die Leistung der räumlichen Anschauung gewonnen hat. So wird auch das Bild eines Welt-R. möglich, welches zur ersten «Antinomie» der reinen Vernunft führt, nämlich zu deren Thesis, daß die Welt dem R. nach in Grenzen eingeschlossen sei [12]. Im (indirekten) Beweis hierfür rekurriert Kant auf die Bewegung der sukzessiven Synthesis, durch welche jeweils ein zusammengesetztes Ganzes, also auch der Welten-R., gewonnen werden muß: Soll Welt als ein unendlich gegebenes Ganzes von zugleich existierenden Dingen gedacht werden, so muß dieses Ganze als ein Quantum aufgefaßt werden, welches durch sukzessive Synthesis von Einheiten zustande kommt. Da der Weg dieser Synthesis aber unendlich ist und demnach eine unendliche Zeit in Anspruch nehmen müßte, käme das Ganze nie zustande, weshalb die Welt endlich bzw. in Grenzen eingeschlossen sein muß. Die Antithesis lautet, daß die Welt einen unendlichen R. beanspruche. Im Beweis wird von der Annahme ausgegangen, die Welt sei dem R. nach endlich und begrenzt. Dann müßte sie sich in einem leeren R. befinden, der nicht begrenzt ist, so daß nicht nur ein Verhältnis der Dinge im R., sondern auch der Dinge «zum R.» erwogen werden müßte. Da es aber immer nur Verhältnisse zwischen Dingen innerhalb der Welt gibt und die Welt als Ganzes nicht ihrerseits wieder auf eine außerhalb ihrer existierende Sache bezogen werden kann, so müßte dieser R. ein Nichts sein. Danach fällt auch das Verhältnis der Welt zum R. dahin, weshalb die Welt dem R. nach nicht begrenzt sein kann. – Das Zustandekommen dieser Antinomie hat auch seine Ursache in der Verwechselung zwischen räumlichen Verhältnissen, welche Gegenstand unserer Vorstellung sein können, und der die R.-Anschauung bestimmenden und den R. erst beschreibenden Funktion der transzendentalen Einbildungskraft. Letztere kann nicht selbst zum Gegenstand der Vorstellung gemacht werden und etwa mit dem Bilde eines Welt-R. verwechselt werden.

Neue Voraussetzungen für die Fassung des R.-Problems ergeben sich durch Kants Beschäftigung mit dem Problem, wie die Kluft von transzendentaler Form und empirischem Inhalt, von allgemeinen und besonderen Naturgesetzen überwindbar ist. In diesem Zusammenhang spielen sowohl die ‹Metaphysischen Anfangsgründe der Naturwissenschaft› wie auch die ‹Kritik der Urteilskraft›, insbesondere aber die Bemerkungen zum «spatium sensibile» in den Fragmenten des ‹Opus postumum› eine große Rolle. In den ‹Metaphysischen Anfangsgründen der Naturwissenschaft› macht Kant von der in der KrV gerechtfertigten Möglichkeit Gebrauch, sich vom R. ein Bild zu machen: Auf diese Weise vermag er es, die Newtonsche Rede vom absoluten R. auf eine transzendental-metaphysische Sprache zu bringen, indem er unter den neuen, kritischen Voraussetzungen Newtons Unterscheidung zwischen dem relativen und dem absoluten R. wieder aufnimmt. Der relative R. gilt ihm als derjenige, welcher beweglich ist (auch materieller R. genannt), während derjenige R., in welchem alle Bewegung zuletzt gedacht werden muß und der selbst unbeweglich ist, als der reine oder auch absolute R. bezeichnet wird [13]. Von diesen Voraussetzungen aus bestimmt er, daß «Erfüllung» eines R. den Widerstand allem Beweglichen gegenüber bedeutet, welches durch seine Bewegung in den behaupteten R. einzudringen bestrebt ist: «Die Erfüllung des R. mit absoluter Undurchdringlichkeit kann die mathematische, die mit blos relativer die dynamische Erfüllung des R. heißen» [14]. Der R. wird durch Volumen «erfüllt», während er durch Kräftewirkungen «eingenommen» wird. Der «absolute R.» kann kein Gegenstand der Erfahrung sein, weil ein R. ohne Materie kein Objekt der Wahrnehmung ist. Trotzdem wird er als «notwendiger Vernunftbegriff, mithin nichts weiter als eine bloße Idee» behauptet. Diese Idee ist nicht ein Begriff von einem wirklichen Objekt, sondern steht für die Regel, alle Bewegung im R. als bloß relativ zu betrachten. Der absolute R. wird in der Metaphysik der Natur als eine Idee gehandhabt, in welcher die absolute Einheit der Erfahrung im Bilde einer Omnipräsenz im R. vorgestellt wird. – In der ‹Kritik der Urteilskraft› wird das Problem bestimmend, wie die Vernunft die Zusammenstimmung der empirischen Naturvorgänge mit ihrem eigenen Bedürfnis nach Einheit a priori verbürgen kann, obwohl sie als gesetzgebender Verstand diese nicht mit Notwendigkeit herbeiführen kann. Die «Übereinstimmung des Objects zu dem Bedürfniß der Regeln, welches dem Verstande eigen ist,» ist «an sich zufällig» [15]. So muß reflektierende Urteilskraft eingreifen, welche die Natur so zu beurteilen lehrt, «als ob» sie eine durchaus vernünftige zweckmäßige Einheit wäre. Der dabei in Anspruch genommene R. kann nicht mehr mit dem geometrischen R. der transzendentalen Ästhetik identisch sein. So urteile ich z.B. in die Figur, «die ich einem Begriffe angemessen zeichne», die Zweckmäßigkeit hinein, statt von ihr empirisch belehrt zu werden. – Im ‹Opus Postumum›, wo es auf eine Versöhnung (einen Übergang) zwischen transzendentaler Möglichkeit und Wirklichkeit, Denken und Sein, apriorischem Entwurf und Erfahrung ankommt, wird das in einer früheren Epoche kantischen Denkens als Material der Empfindung Bezeichnete selbst noch einmal als transzendental systematisierbar angesehen [16]. In diesem Zusammenhang führt Kant eine den Welt-R. erfüllende Weltmaterie, 'Äther' genannt, ein. Dieser bewirkt durch seine R.-Erfüllung, daß wir von einem existenten R. sprechen können. Es handelt sich nicht um einen einzelnen empirischen R. des Physikers, sondern einen alle möglichen Empfindungsmaterien a priori enthaltenden Welt-R.: das «spatium sensibile». Durch die transzendentale Sensibilität wird der Welt-R. Gegenstand möglicher Erfahrung: Diese Eigenschaft selbst verdankt er wiederum dem Weltäther, «weil, ohne diesen Stoff vorauszusetzen, ich auch gar keine äußere Erfahrung haben könnte: der leere R. aber kein Gegenstand möglicher Erfahrung ist» [17]. Der den Welt.-R. erfüllende Äther wird als «alldurchdringend» und «allgemein verbreitet» charakterisiert. Er zeigt sich als weltartig, insofern er zu den einzelnen Dingen, die sich im R. befinden, die umfassende stoffliche Basis darstellt. Zugleich ist er «mit bewegenden Kräften versehen». Seitdem Kant die These aufgestellt hat, daß die auf räumliche Verhältnisse bezogenen Aussagen der Geometrie synthetische Urteile a priori seien, stellt diese Behauptung einen Streitpunkt der Philosophie der Mathematik dar. Das mathematische Denken selbst hat sich seitdem mehr zur Untersuchung relationaler Strukturen hin entwickelt, so daß die Mathematiker für das Verständnis ihrer Wissenschaft der Anschauung nicht mehr die Rolle glauben zubilligen zu dürfen, die Kant ihr eingeräumt hat. Die Anschauung verliert damit ihr Stimmrecht bei der Entscheidung über geometrische Verhältnisse und wird lediglich noch Mittel geometrischer Illustration. Die entscheidende Stimme gewinnt nunmehr der abstrakte, mit hypothetischen Setzungen experimentierende Verstand: Demgemäß werden die Axiome der Geometrie nicht als Interpretationen anschaulicher Bestände, sondern als freie Setzungen des Verstandes aufgefaßt. Bestärkt wurde das mathematische Denken in dieser Mentalität durch das Aufkommen nicht-euklidischer Axiomensysteme, die nicht anschauliche R.-Erfahrungen auslegen, sondern sich der freien Entfaltung logischer Möglichkeiten verdanken. Das mathematische Denken, welches auf den freien Gedankenspielraum logischer Setzungen pocht, bedenkt oft zu wenig, daß sein Verfahren nur auf dem ihm unbekannten Hintergrunde von Erfahrungen des realen R. möglich ist und daß die mathematischen R.-Systeme nur als abstrakte, konstruierte Modelle aufzufassen sind, in denen sich die Verhältnisse des R. spiegeln, von dem wir eine pragmatische Erfahrung schon haben. Jedem geometrischen Denken geometrischer R.-Typen liegen Gestaltcharaktere zugrunde, wie sie z.B. 'das' Gerade, 'das' Kreisförmige usw. darstellen [18]. Auch wenn man glaubt, das Verhältnis zwischen Ganzem und Teil, welches zwischen einer anschaulichen Geraden selbst und jeweils ihren Abschnitten besteht, durch das logische Verhältnis: Allgemeines-Besonderes ersetzen zu können, indem man die Gerade als Punktmannigfaltigkeit deutet, entgeht man dem anschaulichen Fundament nicht [19].

Auch nach J. G. FICHTE ist der R. auf Ausdehnung begründet, welche von ihm als Verwirklichung der vom absoluten Ich gesetzten Kraft ausgelegt wird. Die in Setzungen von Weltinhalten bestehende Wirksamkeit des absoluten Ich begrenzt sich zugleich durch diese Inhalte, die ihm gegenüberstehen. Der Prozeß des Setzens und Entgegensetzens findet sein Bild im R. und den in ihm aufeinander, miteinander und gegeneinander wirkenden Kräften. R. wird als Schauplatz unseres Handelns verstanden. Das Bild der unmittelbaren Wirksamkeit des Ich sei z.B. eine gerade Linie [20]. In Stoß, Druck, Schub zeige sich der geradlinige Charakter der Kraftwirkungen im R. Der R. im Ganzen ist «Schema» möglicher Freiheitsleistungen, insofern er das Allgemeine ist, in welchem noch keine Festlegung auf eine besondere Linie bzw. Dimension des Handelns vorliegt. Materie im R. erscheint Fichte als Prinzip des Widerstandes, auf den wir bei unserm Handeln stoßen. Der Leib spielt die Rolle des Kräftesystems, mit dem die Freiheit die äußeren Widerstände zu überwinden strebt [21]. – Für F. W. J. SCHELLING ist der R. die äußere Anschauung, insofern sie sich selbst zum Objekt geworden ist; analog wird die innere Anschauung in objektivierter Weise zur Zeit [22]. Da R. und Zeit als zum Objekt gewordenes Produzieren von Objekten auftreten, sind sie ungetrennt in der Bewegung der absoluten Intelligenz verbunden. Daher ist das ursprüngliche Maß der Zeit, der R., den ein gleichförmig bewegter Körper in ihr durchläuft, das ursprünglichste Maß des R., die Zeit, welche ein gleichförmig bewegter Körper braucht, ihn zu durchlaufen. Beide zeigen sich so als absolut unzertrennlich [23]. Extensität ist im Objekt nicht bloße R.-Größe, sondern zugleich immer bestimmt durch Intensität: Dadurch ergibt sich der Begriff der Kraft, die den R. erfüllt. – G. W. F. HEGEL nennt den R. die «erste oder unmittelbare Bestimmung der Natur», deren «abstrakte Allgemeinheit ihres Außersichseins» [24]. Sie sei ferner auch «schlechthin kontinuierlich» in dem Sinne, daß zwar verschiedene Teile und Stellen immer weiter differenzierbar sind, diese Unterschiede aber noch nicht vorab und im einzelnen qualitativ bestimmt sind. Hegel interpretiert damit die Kantische Erklärung, der eine R. sei bloße Form, in dem Sinne, daß er abstrakte Möglichkeit der räumlichen Teilung sei, insofern selbst eine Abstraktion, «und zwar die der unmittelbaren Äußerlichkeit» [25]. Eine Phänomenologie des R. bzw. unserer R.-Vorstellung erfüllt sich nach Hegel konkret erst in dessen vollem Begriff. Zu diesem Begriff gehört, daß die wirklichen Erfüllungen des R. durch besondere Dinge den R. selbst als Begriff der möglichen R.-Erfüllung nichts angehen. Andererseits ist das 'Hier' noch kein Ort, «sondern nur Möglichkeit des Ortes». 'Dort' und 'Hier' sind qualitativ noch nicht unterschieden und erweisen sich gerade darin als (noch) kontinuierlich. Diskretheit und abstrakte Kontinuität sind so zwei Seiten, die den Begriff des R. ausmachen. Die vollkommene Äußerlichkeit des R. zeigt sich des weiteren darin, daß die Welt «nirgends mit Brettern zugenagelt» [26] und außerhalb jeder Begrenzung immer noch weiterer (möglicher) R. anzunehmen ist. – Außer diesem abstrakten Begriff gibt es für Hegel auch den konkreten Begriff des R. eines bestimmten materiellen Körpers. Vom Standpunkt der Konkretheit aus gesehen kann man keinen R. aufzeigen, der nicht zugleich erfüllter R. wäre. Als solcher ist er «unsinnliche Sinnlichkeit» und «sinnliche Unsinnlichkeit» [27]. Die Naturdinge sind im R. Er bleibt die Grundlage, weil, was wir Natur nennen, «unter dem Bande der Äußerlichkeit» liegt.

Der (mathematische) Punkt ist nach Hegel Negation des R., insofern er (in allen drei Dimensionen) unausgedehnt ist und damit das sonst begrifflich notwendige 'Außersichsein' des R. aufhebt. Da er aber selbst im R. ist, wird der R. wiederhergestellt: Der Punkt hebt sich auf und geht in die Linie als das «erste andere, d.i. Räumlichsein des Punktes» über [28]. In dieser Aufhebung drückt sich die begriffliche Situation aus, daß Punkte nur als Linienschnittpunkte (Begrenzungen von Linien) bestimmt sind. Durch die Linie und ihre Ausdehnung werden Räumlichkeit und der R.-Bezug des Punktes wieder hergestellt. Entsprechend heben sich Linien in Flächen auf: Sie sind nichts als deren Begrenzungen. Eine Fläche wiederum ist nichts als Teil einer Oberfläche, die einen einzelnen ganzen R. absondert, etwa an einem Körper. Der durch Körperdinge erfüllte R. ist daher schließlich die Wiederherstellung der räumlichen Totalität. Auf diese Weise hat Hegel versucht, die Dreidimensionalität des R. dialektisch zu deduzieren.

Die Kantische Lehre von der Idealität des R. wird im Neukantianismus wieder aufgegriffen. Abweichend von Kant begreift allerdings H. COHEN den R. als «Kategorie»: «... denn das Denken selbst erzeugt dieses Außen» [29]. Den Kantischen Vorstellungen vom R. als Anschauungsform näher steht O. LIEBMANNS subjektivistische Auffassung des R., nach der sogar «der ganze unendliche Welt.-R. mit seinen unzähligen Sonnen und Sternsystemen, von denen das Licht Jahre und Jahrtausende bis zu unserem Auge gebraucht, und in dessen unermeßlicher Ausdehnung unsere Erde sammt ihren Bewohnern zu einem Atom, einem verschwindenden Quasi-Nichts zusammenschrumpft, – lediglich als subjektive Anschauungsform oder als Anschauungsgesetz zu betrachten sei» [30]. Darin stimmt Liebmann im wesentlichen mit H. VON HELMHOLTZ überein [31].

Dagegen zeigt die Auffassung des R. in der Lebensphilosophie H. BERGSONS [32] Verwandtschaft mit Schelling; Bergson spielt die Intuition gegen das statische Denken aus und erklärt sie zum ausgezeichneten Organ des Philosophierens, weil sie Kontinuität, Bewegung und «Dauer» zu erfassen vermag. Das feststellende Denken dagegen, welches insbesondere in der exakten Naturwissenschaft zu Hause sei, teile die Dinge am Leitfaden der R.-Vorstellung ein. Es gelte die grundsätzliche Verschiedenheit von Zeit und R. unter diesem Gesichtspunkt zu berücksichtigen, anstatt, wie es bisher in der Geschichte der Philosophie vielfach geschehen sei, die am R. gewonnenen Beobachtungen auf die Zeit zu übertragen. Es gehe nicht an, Nebeneinanderstellung durch Aufeinanderfolge zu ersetzen. Zu diesem falschen Verfahren verleite auch die Sprache, welche Ausdrücke, welche die Zeit beschreiben, der Beschreibungsart des R. entlehne. – In die Gegend des Kantischen R.-Begriffes ist E. HUSSERL in seinen transzendentalphilosophischen Überlegungen gelangt [33]. Phänomenologisch setzt Husserl die Wesenheiten der im R. erscheinenden Dinge in einen Bezug zu je einem konkreten Leib-Subjekt, welches den Welt-R. von seiner besonderen Perspektive aus erfährt und jeden Gegenstand in räumlicher Hinsicht in einer Umwelt von Umgebungen auffassen kann, die sich im Hinblick auf ihren Klarheits- und Deutlichkeitsgrad kontinuierlich abschatten. In Weiterführung Husserlscher Ansätze faßt M. HEIDEGGER in seinen daseinsanalytischen Untersuchungen den R. vom Gesichtspunkt der «Räumlichkeit des Daseins» und vom «In-der-Welt-sein» her auf [34]. Eine Frage ist, in welchem Sinne der R. «ein constituens» der Welt ist, die ihrerseits als Strukturmoment des In-der-Welt-seins aufzufassen sei. Welt dürfe nicht als im R. vorhanden in Ansatz gebracht werden, vielmehr müsse der R. selbst als Welt-R. aufgefaßt werden. Dasein sei räumlich, insofern in ihm eine «wesenhafte Tendenz auf Nähe» liege (Ent-fernung als «Verschwinden-machen der Ferne») [35]. Entfernung und Ausrichtung, die beiden Charaktere der Räumlichkeit, seien Seinsmodi des In-der-Welt-seins und a priori der umsichtigen, besorgenden Verfassung des Daseins als In-der-Welt-seins zugehörig. R. sei nicht Form des subjektiven Anschauens, weil das anschauende Subjekt immer schon, um anschauen zu können, Welt haben muß, zu der auch die Räumlichkeit von vornherein gehört. Wir «räumen» den innerweltlich gegebenen seienden Sachen unseres Gebrauchs jeweils einen Platz ein, so daß die Räumlichkeit des Daseins durch Plätze und Richtungen mit jeweils verschiedenartiger Bedeutsamkeit bestimmt ist. Auf diese Weise wird auch der Begriff von einem abstrakten R. möglich, wie ihn Naturwissenschaft und naturwissenschaftlich orientiertes Denken konzipieren. Dadurch werde die Welt als «zu-handenes Zeugganzes» zu einem räumlichen Beieinander von vorhandenen ausgedehnten Dingen. Es entstehe ein homogener Natur-R. Die Um-welt, die dem besorgenden Bewußtsein korrespondiert, wird zur meßbaren, berechenbaren Naturwelt. Es ist freilich nicht direkt zu sehen, was der R. der Naturwissenschaft und Mathematik mit «Zeug» und Zuhandensein zu tun hat. – Einen geschärften Sinn für die Unablösbarkeit des R. von der Bewegung zeigt M. MERLEAU-PONTY, der den Zugang zum R.-Problem von der leiblichen Existenz aus wählt [36]. Er befreit den Begriff der Welt von der Enge des Horizonts des bloßen Besorgens und erweitert den Begriff des Gegenstands für das Dasein über den Rahmen des bloßen Zeug-Charakters hinaus. Da ich jeweils als Leib die Welt erfahre, gehört zu dieser Welt die Räumlichkeit, die ihrerseits durch ein systematisches Ganzes von Bewegungsrichtungen bestimmt ist. Wir müssen durch unsern Leib in den R. «eingeführt» sein. In allen möglichen Bewußtseinszuständen, im Wachzustand wie auch in den Halluzinationen und Träumen erfahren wir ein allgemeines Wesen des R. Der lebensweltliche R. sei im Gegensatz zum objektiven R. der Wissenschaft prinzipiell nach links und rechts, oben und unten orientiert: Auch zum Wesen des Gegenstands gehört es, räumliche Orientierungscharaktere aufzuweisen, die sich auf meinen Leib als System möglicher Aktionen beziehen. Das Wahrgenommene begegnet mir in einer räumlichen Welt: Sein heißt Orientiertsein. Der aristotelischen Bestimmung vom natürlichen Ort des Gegenstandes wird hier ein neuer Sinn abgewonnen.

In der neuen Philosophie und Wissenschaftstheorie werden häufig ideale R.-Modelle der Mathematik und Physik von einem «Real-R.» abgehoben. So unterscheidet E. MACH den R. der Lebenswelt unter dem Namen «physiologischer R.», den er «unserer sinnlichen Anschauung» überantwortet, vom «metrischen» R., der begrifflich sei und in die Geometrie und Physik gehöre [37]. Ersterer sei anisotrop und inhomogen, im Gegensatz zum metrischen R., bei dem kein Punkt und keine Richtung ausgezeichnet ist. Diese in naturalistisch-psychologistischer Sprache gemachte Unterscheidung hat folgende philosophische Wahrheit: Es gibt einen Real-R., der ebenso wie die Zeit Moment der Bewegung ist. In jeder geschehenden einzelnen Bewegung ist das Ganze aller möglichen Bewegungen, d.i. die Welt, selbst gegenwärtig, so daß der R. zur Bestimmung unserer Welt gehört.

Anmerkungen. [1] I. KANT: Träume eines Geistersehers (1766). Akad.-A. 2, 324. – [2] Vgl. F. KAULBACH: Die Met. des R. bei Leibniz und Kant (1960) 92ff.; Zum Problem des Real-R. Z. philos. Forsch. 10 (1956) 395-410; Philosophie des Perspektivismus 1. Wahrheit und Perspektive bei Kant, Hegel und Nietzsche (1990). – [3] KANT: De mundi sens. atque intell. forma et principiis. Akad.-A. 2, 15. – [4] KrV B 34. – [5] B 37. – [6] B 38. – [7] B 39. – [8] B 40. – [9] B 42. – [10] B 44. – [11] Vgl. F. KAULBACH: Der philos. Begriff der Bewegung (1965) bes. 146ff. – [12] KANT: KrV B 554ff. – [13] Metaph. Anfangsgr. der Nat.wiss. (1786). Akad.-A. 4, 480. – [14] a.O. 502. – [15] KU B 275. – [16] Vgl. KAULBACH, a.O. [11] 219ff. – [17] KANT: Op. post. Akad.-A. 21, 229. – [18] Vgl. KAULBACH: Met. des R., a.O. [2] 144. – [19] Vgl. a.O. [11] 106. – [20] J. G. FICHTE: Die Thatsachen des Bewußtseins (1817). Sämmtl. Werke, hg. I. H. FICHTE (1845-46) 2, 592. – [21] H. HEIMSOETH: Fichte (1923) 130f. – [22] F. W. J. SCHELLING: System des transz. Idealismus. Werke, hg. M. SCHRÖTER 2 (1927) 466. – [23] a.O. 468. – [24] G. W. F. HEGEL: System der Philos. II. Naturphilos. Jub.ausg., hg. H. GLOCKNER 9 (^{3}1958) 70. – [25] a.O. 71. – [26] 72. – [27] 73. – [28] 73. – [29] H. COHEN: System der Philos. 1: Logik der reinen Erkenntnis (^{2}1914). Werke 6, 188. – [30] O. LIEBMANN: Gedanken und Thatsachen 2 (1904, 1928) 27. – [31] Vgl. vor allem H. VON HELMHOLTZ: Die Thatsachen in der Wahrnehmung (1879, ND 1959); dazu ferner: A. RIEHL: Helmholtz in seinem Verhältnis zu Kant. Kantstudien 9 (1904) 261-285; vgl. zu Helmholtz' R.-Auffassung auch: Art. ‹Geometrie›. – [32] H. BERGSON: Essai sur les données imméd. de la conscience (Paris 1889), dtsch.: Zeit und Freiheit (1911); dazu: F. HEIDSIECK: Bergson et la notion d'espace (Paris 1957). – [33] Zu HUSSERLS Theorie des R. vgl. U. CLAESGES: E. Husserls Theorie der R.-Konstitution (1964). – [34] Vgl. Art. ‹Dasein, Daseinsanalyse›. – [35] M. HEIDEGGER: Sein und Zeit § 23 (^{15}1979) 105. – [36] M. MERLEAU-PONTY: Phénoménol. de la perception (Paris 1945) 289. – [37] E. MACH: Erkenntnis und Irrtum (1920) 337ff.

Literaturhinweise. J. BAUMANN s. [Lit. zu II.]. – R. CARNAP: Der R. – Ein Beitr. zur Wiss.lehre. Kantstudien, Erg.-H. 56 (1922). – H. WEYL: R.-Zeit-Materie (1923, ^{7}1988). – O. BECKER: Beitr. zur phänomenolog. Begründ. der Geometrie und ihrer physikal. Anwendungen. Jb. Philos. phänomenolog. Forsch. 6 (1923) 385-560. – H. REICHENBACH: Philos. der R.-Zeit-Lehre (1928, ND 1977). – W. GENT: Die Philos. des R. und der Zeit (1930, ^{2}1962). – E. CASSIRER: Myth., ästhet. und theoret. R. Z. Ästh. allg. Kunstwiss., Beil. 25 (1931). – P. DUHEM s. [Lit. zu I.]. – H. HEIMSOETH: Der Kampf um den R. in der Met. der Neuzeit, in: Ges. Abh. 1. Kantstudien, Erg.-H. 71 (1956). – F. KAULBACH s. Anm. [2]. – E. FINK: Zur ontolog. Frühgesch. von R.-Zeit-Bewegung (Den Haag 1957). – A. KOYRÉ s. [Lit.zu I.]. – K. REIDEMEISTER: R. und Zahl (1957). – H. CONRAD-MARTIUS: Der R. (1958). – J. O. FLECKENSTEIN: Die Erweiterung des kosm. R.-Begriffs in der Gesch. der R.-Messung. Studium gen. 11 (1958) 29-35. – M. JAMMER s. [Lit. zu I.]. – F. KAULBACH: Das R.-Problem bei Kant und in der mod. Physik. Philos. nat. 6 (1960) 349-363. – O. F. BOLLNOW: Mensch und R. (1963). – E. STRÖKER: Philos. Unters. zum R. (1965, ^{2}1977). – F. KAULBACH: Philos. der Beschreibung (1968). – I. HINCKFUSS: The existence of space and time (Oxford 1975). – M. CAPEK (Hg.) s. [Lit. zu II.]. – A. GOSZTONYI s. [Lit. zu I.]. – G. NERLICH: The shape of space (Cambridge 1976). – M. SVILA/A. MERCIER (Hg.): L'espace. Space (Bern 1978). – R. HEINRICH: Kants Erfahrungs-R. (1986). – M. D. AKHUNDOR: Concept. of space and time. Sources, evolution, directions (Cambridge 1986). – J. EARMAN: World enough and space-time (Cambridge 1989). – P. JANICH: Euklids Erbe. Ist der R. dreidimensional? (1989). – J. TRUSTED: Physics and metaphysics. Theories of space and time (London 1991).

F. KAULBACH

IV. Der mathematisch-physikalische Raumbegriff und seine philosophische Wirkungsgeschichte. – A. *17. bis 19. Jahrhundert.* – Der Begriff des mathematischen R. als repräsentatives Bild räumlicher Verhältnisse hat seinen historischen und systematischen Ursprung in der analytischen Geometrie von R. DESCARTES. Dieser erläutert den Begriff des Volumens oder R.-Inhalts zu Beginn der 5. Meditation so: «Ich habe eine deutliche Vorstellung einer von Philosophen gewöhnlich als kontinuierlich bezeichneten Größe mit Längen-, Breiten- und Tiefenausdehnung, genauer: eines (möglichen) Dinges, das eine gewisse Größe hat». Der imaginäre und unendliche, in keiner der drei Dimensionen begrenzte, R. wird dann zum modellartigen Darstellungsrahmen «jener ganz körperlichen Natur, welche Gegenstand der reinen Mathematik ist» [1], also jeder möglichen «res extensa». Körperdinge haben nämlich immer eine Ausdehnung und sind (in theologischer Redeweise: von einem Schöpfer-Gott) in den R. gesetzt [2]. Descartes entwickelt dann die für die physikalische Kinematik leitende Idee, alle möglichen körperlichen Ortsstellen und Bewegungen in Abhängigkeit von den Zeiten (Zeitzahlen) quantitativ und funktional durch Längen auszudrücken, und zwar in bezug auf ein unterstelltes Koordinatensystem $K(Q, E)$. Ein solches besteht aus einer Strecke E, der Einheit des Längenmaßes, und den drei Achsen eines orthogonalen Dreifußes in einem als 'ruhend' betrachteten Ursprungspunkt Q, genauer: einer Ecke eines Bezugsquaders. Dem Koordinatensystem entspricht schon Descartes zufolge eine wirkliche, mögliche oder fingierte Betrachterperspektive [3]. Im Bezug auf diese läßt sich die je momentane relative Lage einer beliebigen Stelle S an einem Körper durch ein Tripel von Koordinatengrößen (s_1, s_2, s_3) als Lösungen gewisser Gleichungen angeben, wobei diese s_i definiert sind als Größenproportionen. Descartes erkennt, daß diese als Längen, d.h. als die durch die Strecken S_i selbst repräsentierten proportionalen Verhältnisse $s_i = S_i : E$ zwischen S_i und der Einheitsstrecke E, geometrisch miteinander addierbare und multiplizierbare Größen sind. Bevor die rein arithmetische Definition der reellen Zahlen im 19. Jh. durch Weierstraß und Dedekind entwickelt war, wurden derartige Größen durch Linien in geometrischen Figuren graphisch repräsentiert bzw. als Bestandteile idealer geometrischer Formen [4] vorgestellt, in Rechnungen algebraisch durch Buchstaben benannt und quantitativ durch Folgen von Längen(verhältnissen) bzw. durch Folgen ganzzahliger Brüche approximiert. Während in der klassischen Geometrie Euklids die Definition geometrischer Formen und Verhältnisse und die Lösung besonderer, fundamentaler, geometrischer Aufgaben mit beschränkten Konstruktionsmitteln im Vordergrund stehen, erlaubt die von Descartes systematisch entwickelte Korrespondenz zwischen arithmetischen, algebraischen und geometrischen Beziehungen die allgemeine rechnerische Lösung geometrischer Aufgaben und erreicht eine durchgängig quantitative Bestimmung geometrischer Verhältnisse. Der mathematische R. wird dabei im Grunde schon als Bereich aller möglichen Tripel von reellzahligen Koordinatenlängen aufgefaßt. Seine Unendlichkeit besteht in der Unbegrenztheit der Zahl- oder Längengrößen möglicher Koordinatenangaben.

Im Unterschied zu diesem idealen mathematischen R.-Begriff des Descartes nimmt I. NEWTON (in seinen ‹Philosophiae Naturalis Principia Mathematica›, London 1687) ein geeignetes äußeres Bezugssystem für die dynamische Erklärung aller terrestrischen und kosmischen Lagen und Bewegungen von Körpern an. Sein Postulat eines 'absoluten, mathematischen' R. bedeutet faktisch, daß der Ursprung oder Nullpunkt des Koordinatensystems $K(Q, E)$ nicht auf einem beliebig gewählten und zufällig gegen andere bewegten Körper, insbesondere nicht geozentrisch oder gar subjektzentriert bestimmt sein soll. Newton unterstellt vielmehr, daß es ein ausgezeichnetes Koordinatensystem für zahlenmäßige Längen- und Winkelangaben gibt, und zwar so, daß die Sonne und/oder die Fixsterne (approximativ) das ruhende System darstellen. Freilich kann man in einem solchen Ruh-System Ursprung, Dreifuß und Einheitslänge immer noch relativ frei wählen, da die verschiedenen Wahlen durch einfache (orthogonale, lineare) Transformationen der Maßzahlen der R.-Koordinaten ineinander übersetzbar sind, wobei Transformationen mit negativer Determinante die Orientierungen der Achsen vertauschen und daher Spiegelungen repräsentieren.

In bezug auf ein solches (physikalisches) Ruh-System und unter Annahme einer ortsinvarianten Zeitmessung lassen sich dann die Begriffe einer absoluten Bewegung einer realen Körperstelle S im R. als (stetige bzw. mehrfach differenzierbare) Funktion $s(t)$ der Zeitzahlen modellieren und dabei die lokalen Geschwindigkeiten und die lokalen (Richtungs-)Beschleunigungen durch Differentiationen der Funktionen mathematisch definieren. Es entsprechen dann den unbeschleunigten Bewegungsbahnen im mathematischen vierdimensionalen R. (mit den Zeitzahlen als Ordinaten) die geometrisch einfachsten, nämlich die geraden Linien. Newtons Auszeichnung dieser inertialen oder kräftefreien Bewegungsverläufe korrespondiert der durch vielerlei Evidenzen gestützten Annahme, daß sich Körper(partikel) ohne Einwirkung von äußeren Kräften (der Gravitation oder der Reibung) tatsächlich auf diesen Bewegungsbahnen relativ zum Sonnensystem fortbewegen würden. Die Trägheits- oder Flieh'kräfte' sind damit in ihrer Geometrie von vornherein mit der absoluten 'R.-Zeit' Newtons verbunden: Alle und nur die Abweichungen der Körperbewegungen von den geraden Bahnen sollen durch den eigentlichen Kraftbegriff dynamisch erklärt werden. Ein absoluter R. und eine absolute Zeit, welche die inertialen Bewegungsbahnen bestimmen, bilden daher die begriffliche Basis von Newtons Mechanik und deren Grundformel:

«Kraft = Masse · (Richtungs-)Beschleunigung»,

mit welcher die Unzulänglichkeit des Cartesischen Versuchs, Kräfte rein kinematisch als Bewegungsquantität eines Volumens ohne Berücksichtigung eines Massenbegriffs zu definieren, überwunden wird [5]. In der Newtonschen Mechanik ist das Maß der Masse (idealiter) damit zwar unabhängig vom je besonderen inertialen Zustand, aber doch im Bezug auf die inertiale R.-Zeit-Geometrie (den absoluten R.) bestimmt. Die Gravitationskräfte sind dabei als die (Ursachen der) jeweiligen Beschleunigungswirkungen zweier Massen in zentripetaler Richtung aufzufassen.

Daß nun die unterstellte Existenz des absoluten physikalischen R. (bzw. einer absoluten R.-Zeit) eine empirisch begründete Tatsache und keine bloße Konvention sei, zeigt sich nach Newton insbesondere im berühmten Experiment eines um seine Achse gedrehten Eimers, der zur Hälfte mit Wasser gefüllt ist: Nicht die relative Bewegung des Wassers zur Eimerwand am Anfang der Drehung, auch nicht seine Beschleunigung, sondern die relative Bewegung gegen den absoluten (Ruhe-)R. erzeuge die Wirkung, daß das Wasser an den Rändern hochsteigt. Die mit den zunächst als Pseudokräfte zu deutenden Flieh- oder Trägheitskräften verbundene R.-Geometrie wird so zur realen dynamischen Ursache für erfahrbare Phänomene. Nur solange keine (Richtungs-)Beschleunigungen, wie etwa in Drehungen, auftreten, kann man zwischen Ruhe und Bewegung nicht unterscheiden. Das gibt Newton Huygens zu, der hieraus seine Stoßgesetze abgeleitet hatte. Newtons Experiment zeigt aber gegen Huygens die reale Existenz von Fliehkräften, an denen man gegen die absolute R.-Zeit beschleunigte Bewegungen diagnostizieren kann.

Nun bleiben aber alle dynamischen Gesetze G der Bewegungsänderung in jedem zum absoluten R. (zur Sonne) unbeschleunigt bewegten System gültig, da auch in bezug auf dieses genau die gleichen R.-Zeit-Bahnen geradlinig bleiben. Daher ist der absolute R. in seiner Funktion als präsuppositionale Grundlage der quantitativen Begriffe der Beschleunigung, Masse und Kraft durch die inertialen Bewegungsbahnen nur bis auf lineare Translationen $x + vt$, die sogenannten Galilei-Transformationen, eindeutig bestimmt, wobei x hier ein R.-Vektor, t eine Zeit und v eine konstante Geschwindigkeit vertritt. Der Begriff der Inertialsysteme wurde freilich erst später durch L. LANGE eingeführt, der auch das Relativitätsprinzip der klassischen Mechanik in bezug auf diese klar formulierte [6].

NEWTON allerdings hatte sich einen ruhenden R. als real gegeben vorgestellt, und zwar ähnlich wie Descartes so, als seien die materiellen Massen nachträglich in diesen gesetzt. G. W. LEIBNIZ präzisiert dann schon in seinen Auseinandersetzungen mit Clarke die eigentlichen Grundlagen der Newtonschen Mechanik: Rein geometrisch und auch noch rein kinematisch betrachtet sind alle Koordinatensysteme oder jeder relative Standpunkt eines wirklichen, möglichen oder fingierten Betrachters Q als Ruh-System gleichberechtigt [7]. Koordinatenangaben einer durch ihre Materie qualitativ zu bestimmenden Stelle im R. – deren zeitinvariante Gleichheit später «Genidentität» genannt wurde [8] – beziehen sich immer auf eine solche Perspektive. Im Unterschied zum mathematischen ist der objektive physikalische R. die Struktur, die unter Koordinatentransformationen invariant bleibt: «Der R. ist die Ordnung des Koexistierenden» [9], d.h. der Materie. «Der absolute R. ist der durchweg erfüllte Ort oder der Ort aller Örter» [10], «die Teile des R. sind nur durch die darin enthaltenen Dinge bestimmt und unterschieden» [11]. Den physikalischen R. versteht Leibniz so als Inbegriff aller erfahrbaren relationalen Lagebeziehungen des gleichzeitigen Nebeneinanders möglicher materieller Stellen [12], die sich als solche relativ zueinander bewegen können, so «daß es ohne Materie auch keinen R. gibt» [13]. Leibniz erkennt damit, daß «jede Bewegung des Alls, die nicht in einem relativen Stellenwechsel seiner Teile besteht, sinnwidrig ist» und «daß die Bewegung zwar von der [einzelnen] Beobachtung, aber keineswegs von der Möglichkeit der Beobachtung überhaupt unabhängig ist» [14]. E. MACH hat dieses Relativitätsprinzip später so formuliert: Es ist unmöglich, eine Bewegung, die ein System als Ganzes hat, rein durch Beobachtungen in diesem System, ohne Rückgriff auf eine Wahl eines Standpunkts oder einer bestimmten Theorie der Dynamik nachzuweisen oder zu bestimmen [15]. Newtons absoluter R. ist in der Tat nur durch die erwünschte einfache Form der Gesetze der Dynamik ausgezeichnet: Für die besondere Wahl des Koordinatensystems existiert kein anderer Grund als die an die tatsächlichen Erfahrungen angepaßte Einfachheit der dynamischen Hypothesen [16].

In diesem Zusammenhang sind bei LEIBNIZ die Monaden als qualitativ bestimmte, d.h. konkret: als extern an (wirkliche oder mögliche) materielle Körper gebundene Punkt-Perspektiven [17] zu verstehen, 'in' denen sich, ähnlich wie gemäß der traditionellen Vorstellung 'in' der menschlichen Seele, auf je besondere und je endliche Weise der ganze R. bzw. die ganze Welt 'spiegelt' [18]. Eine Monade repräsentiert eine je verschieden klare und deutliche und je endliche subjektive Welt-Sicht [19] realer oder fiktiv mit einer materiellen Stelle verbundener 'Subjekte'. Monaden werden so vorgestellt, als nähmen sie «die äußeren Vorgänge durch innere wahr, die den Außendingen, kraft der von Gott prästabilierten Harmonie, entsprechen» [20]. Diese «Harmonie» zwischen den Vorstellungen und der äußeren Welt ist ein bildhafter Ausdruck für die Leibnizsche Version einer Korrespondenztheorie der Wahrheit unter Einschluß der keineswegs selbstverständlichen Grundtatsache, daß Koordinatentransformationen intersubjektive Ortsangaben materieller Stellen und gemeinsame Zeitangaben für besondere Zustände der Materie allererst ermöglichen. Das Korrelat dieser realen Invarianzen unter einem möglichen Perspektivenwechsel bzw. unter einer Transformation der Koordinatenzahlen, die ihrerseits Ergebnisse realer (und dann auch idealiter als wirklich möglich anerkannter) Längen- und Winkelmessungen sind, macht die wirkliche Welt aus im Unterschied zu bloß möglichen, d.h. bloß logisch konsistent vorgestellten Welten. Konkrete Aufgabe der Wissenschaft ist daher nach Leibniz die Artikulation dieser Invarianzen. Die Monaden als mit der Materie verbundene Perspektiven sind das einzig Substantielle, das einzige, was je (in sich) ruht oder festbleibt, so «daß die einfache Substanz ... eine Vorstellung des Universums aus einem bestimmten Gesichtspunkte heraus ist» [21]. In Analogie zu Ursprungspunkten von Koordinatensystemen [22] haben Monaden weder Teile noch Fenster [23]. Sie 'enthalten' äußere Verhältnisse, insbesondere die räumlichen, nur insofern 'in sich', als diese in bezug auf sie vor- oder dargestellt werden. Als bloß interne Modelle der Welt wirken sie nicht aufeinander. Wirkungen gibt es nur in der äußeren materiellen Welt [24]. Leibniz analysiert damit im Begriff der Monade, wenn auch auf metaphorische Weise, den Redemodus, den wir gebrauchen, wenn wir über das Aussehen räumlicher und dann auch anderer Verhältnisse aus der Perspektive etwa eines Materiepartikels sprechen. Der physikalische R. erweist sich in dieser Analyse nicht, wie Newton glaubt, als ein dem Begriff der R.-Stelle vorgeordnetes, von jeder Perspektive losgelöstes, absolutes Bezugssystem. Mit jeder geometrischen Bestimmung einer Stelle ist vielmehr immer schon eine Perspektive, mit dieser freilich auch der ganze Stellen-R. mitbestimmt. Mit der vollständigen Bestimmung eines materiellen Dinges wäre aber immer zugleich die ganze objektive Welt mitzubestimmen [25]. In diesem holistischen Verständnis des Verhältnisses zwischen Einzelnem und Allgemeinem, das Hegel später systematisch weiterentwickelt, rekonstruiert Leibniz auf moderne Weise den Aristotelischen Begriff der Entelechie als Bewegungskraft, die dem einzelnen materiellen Körper jeweils zugeordnet ist und die relative Bewegung der Materie in bezug auf jede andere Materie bestimmen soll [26]. Inertiale Bewegungen und Gravitationskräfte erweisen sich damit als zwei aus darstellungstechnischen Gründen voneinander getrennte, aber systematisch zusammengehörige Momente einer approximativen Darstellung dieser 'Entelechie' der Materie, d.h. als Teile einer mathematisch gefaßten Gesamttheorie der relativen Körperbewegungen.

Trotz seiner oft schärfer artikulierten Kritik am R.-Begriff Newtons kommt G. BERKELEY inhaltlich kaum über den Analysestand bei Leibniz hinaus. Und auch I. KANT folgt Leibniz weitgehend, wenn er den R. nicht einfach als 'unendlichen Hohl-R.' nach Art eines leeren Gefäßes ohne Gefäßgrenzen [27], sondern in seiner geometrischen Ausmessung und Struktur zunächst als «Form der (äußeren) Anschauung», genauer: als Form unserer kinematischen Beschreibung der Gestalten und Bewegungen der ausgedehnten Körperdinge [28] versteht. Obwohl LEIBNIZ die geometrischen Unterschiede, die entstehen, wenn man Osten und Westen und damit die R.-Orientierung vertauscht [29], in seiner Strukturtheorie des R. schon berücksichtigt hatte, wird die begriffliche Notwendigkeit des Bezugs auf eine (je angenommene) Betrachterperspektive bei KANT weniger thetisch und weniger metaphorisch dargestellt: Ohne diesen erhielte die sprachliche Unterscheidung zwischen 'links' und 'rechts', 'oben' und 'unten', 'vorne' und 'hinten' keinen eindeutigen Realbezug [30]. In Kants Begriffen der synthetisch-apriorischen Geltung bzw. der transzendentalen (präsuppositionslogischen) Voraussetzung unserer Rede über eine objektive Welt wird dann noch deutlicher als bei Leibniz, wie fundamental die Tatsache ist, daß wir die Orte und Bewegungen von Körperdingen durch Transformationen der auf einen möglichen Beobachter bezogenen Koordinaten einander so zuordnen können, daß perspektiveninvariante und damit intersubjektive Aussagen möglich werden. Damit wird klar, daß die Erklärung von Bewegungsänderungen durch (quantitativ artikulierte) Kräfte erst nach Bezugnahme auf ein (relativ) 'a priori' unterstelltes räumliches Ruh-System und auf eine ausgezeichnete 'gleichförmige' Bewegung oder Zeitmessung konkretisierbar ist. Die physikalische Mechanik begreift Kant so als ein von uns entworfenes System zur möglichst vollständigen Beschreibung und prognostischen Erklärung des beobachtbaren Bewegungsverhaltens der Körperobjekte gegeneinander. Damit widerspricht er allen materialistischen und theologischen metaphysischen Theorien der Wahrheit oder Objektivität, denen zufolge diese Gesetze von Menschen angeblich nur erkannt werden, während ein metaphysischer Gott oder ein schon in mathematischen Lettern geschriebenes Buch der Natur Garant ihrer wirklichen Geltung sei.

Mit Leibniz und Kant und mit den kritischen Analysen J. L. LAGRANGES zur Infinitesimalrechnung im Rücken wendet sich dann auch G. W. F. HEGEL gegen eine ontologisch-metaphysische Hypostasierung eines absoluten unendlichen R. und damit gegen den 'wissenschaftlichen Empirismus' oder physikalischen Materialismus der Nachfolger Newtons, und zwar indem er unser Interesse an einfachen mathematischen Gesetzen der Dynamik als Grund für die Wahl der Sonne bzw. des Fixsternhimmels als räumliches Ruh-System erkennt: Aus rechentechnischen Gründen benötigen wir lineare Approximationen, wenn wir 'gekrümmte' Bewegungsbahnen quantitativ im Rahmen der Differential- und Integralrechnung darstellen wollen [31]. Real in der Natur erfahrbar sind aber zunächst immer nur 'gekrümmte' und/oder 'beschleunigte' Bewegungen. Die realen Standards unbeschleunigter Bewegungen (unangesehen der Bahn) sind faktisch zunächst durch künstliche Mechanismen, Uhren, erzeugt, deren Weglängen (z.B. der Uhrenzeiger) oder deren aufeinander folgende Takte (z.B. die Pendelausschläge) von einer bestimmten 'Zeitstelle' ab gezählt werden. Diese Uhren-Maschinen sollen erstens zu einer intersubjektiven Zeitrechnung führen, die (hoffentlich) unabhängig ist vom (räumlichen) Bewegungsverlauf der Uhrengeräte, zweitens zu einer einfachen Theorie der Dynamik. Die physikalische Zeit wird damit als ideale Form (Idee) einer intersubjektiven und damit a fortiori ortsunabhängigen quantitativen Zeitbestimmung begriffen, der physikalische R. als Inbegriff unserer quantitativen R.-Bestimmungen bei angenommener Gleichzeitigkeit. Die einzig sinnvolle Rede über Unendlichkeiten ist dabei in der Mathematik durch die Rede über die Form der Wiederholung oder Fortsetzung endlicher Operationen insbesondere im Zusammenhang des Zählens konstituiert [32].

In Aufnahme der Kritik an der Annahme freier, d.h. von den relativen Lagen und Bewegungen der materiellen Massen losgelöster inertialer Kräfte im R., wie sie bei Leibniz schon artikuliert ist, schlägt dann später E. MACH vor, auch die Trägheitskräfte als durch die reale Verteilung der Massen erzeugt zu denken. Damit wendet er sich mit Lagrange (und Hegel) gegen eine pythagoreistische Hypostasierung von mathematischen Momenten der Darstellungsform der Newtonschen Mechanik. Die Wahl des Sonnensystems als Instanz des absoluten R. ist (zumindest in erster Näherung) zwar auch nach Mach gerade deswegen besser begründet als etwa die eines geozentrischen Systems, weil in bezug auf dieses und nicht auf jenes die beobachtbaren Erscheinungen durch die mathematisch einfachen Gesetze der Newtonschen Mechanik approximativ angemessen beschrieben bzw. erklärt werden können. Mach fordert aber generell, die oft verdeckten faktischen Voraussetzungen der methodologischen Normen und grundbegrifflichen Postulate physikalischer Theorien ans Tageslicht zu ziehen und von metaphysischen Annahmen und reinen Sprachkonventionen zu unterscheiden. So ist die inertiale Struktur des 'absoluten' R. zwar logisch gesehen eine apriorische Präsupposition der Begriffe ‹Kraft›, ‹Masse› und ‹Beschleunigung› in der Newtonschen Dynamik, die Annahme, das Sonnensystem oder der Fixsternhimmel repräsentiere in einer gewissen Genauigkeitsmarge ein derartiges Ruh-System, ist allerdings in bezug auf die dynamische Gesamttheorie empirisch überprüfbar und damit gegebenenfalls widerlegbar [33].

In der Physik selbst wurde Newtons Annahme eines absoluten physikalischen R. freilich erst dann wirklich als problematisch erkannt, als Widersprüche in den klassischen Deutungen empirischer Längen- und Zeitmessungen auftraten: Besonders die Interferenzmessungen von A. A. MICHELSON und E. W. MORLEY [34] sprechen dafür, daß sich das Licht in bezug auf jedes inertiale System in alle Richtungen mit gleicher Geschwindigkeit ausbreitet. Damit erweist sich zunächst die Annahme eines Mediums der Lichtausbreitung, eines relativ zum 'absoluten' R. ruhenden oder irgendwie bewegten 'Äthers', als inkonsistent zu anderen Grundannahmen. Hält man es des weiteren für plausibel, daß das Relativitätsprinzip, nach welchem die Gesetze der Mechanik in bezug auf jedes Inertialsystem gelten, auch auf die (Maxwellsche) Elektrodynamik bewegter Körper auszudehnen ist, so gelangt man fast unmittelbar zur speziellen Relativitätstheorie (s.d.). Deren Entwicklung durch A. EINSTEIN beruht zum einen auf einer Reflexion auf die Bestimmung der Zeitzahlen durch Uhren, zum anderen auf dem bis dahin nie hinterfragten und doch keineswegs unproblematischen Begriff der Gleichzeitigkeit an verschiedenen Orten, der, wie schon Leibniz sah, wesentlich wird für die Bestimmung des momentanen räumlichen Nebeneinanders der Dinge und damit für den Begriff des realen physikalischen R.

Die Repräsentation räumlicher Verhältnisse in einer algebraisch-arithmetischen Struktur, und zwar zunächst im cartesischen R. R^3 der Tripel reeller Zahlen (qua Koordinatenlängen), hat dann innerhalb der Mathematik dazu geführt, daß allerlei abstrakte Strukturen ‹R.e› genannt werden. In dieser Verallgemeinerung heißen z.B. Mengen, auf denen eine lineare (additive und multiplikative) Struktur, eine (Abstands-)Norm (bezüglich der linearen Struktur) oder auch nur eine Metrik oder Topologie definiert ist, ‹lineare›, ‹normierte›, ‹metrische› oder ‹topologische R.e›. Keiner dieser mathematischen R.e, auch kein Riemannscher R., ist per se mit dem physikalischen R. der direkt oder indirekt erfahr- und meßbaren Relationen zwischen Körperstellen zu identifizieren. Mathematische R.e können immer nur Formen unserer Darstellung der wirklichen, erwarteten oder für möglich erklärten Erfahrungen des Bewegungsverhaltens physikalischer Entitäten, also Formen der Ordnung unserer Meßergebnisse sein. In der langen Folge von Versuchen, die geometrische Form des R., etwa seine Euklidizität oder die Dreizahl seiner Dimensionen, als 'apriori' evident zu begründen, wird oft unzureichend unterschieden zwischen dem haptisch-optischen Anschauungs-R. (a) mit den in ihm erfüllbaren Postulaten der Formung von Körpern mittlerer Größe in variablen Margen (aber ohne Unendlichkeitsbedingung), b) einem Begriff des mathematischen R. als Bereich möglicher geometrischer Formen und Teilformen (mit Unendlichkeitspostulaten) [35], c) dem physikalischen R. der realen quantitativen Ortsbestimmungen und d) dessen idealer mathematischer Darstellung [36].

Anmerkungen. [1] R. DESCARTES: Medit. de prima philos. Oeuvr., hg. CH. ADAM/P. TANNERY (Paris 1897-1913) 7, 71, zit.: dtsch. A. BUCHENAU (1965) 60. – [2] Disc. de la méth., a.O. 6, 43, zit.: dtsch. L. GÄBE (1964) 71. – [3] a.O. 44f.; dtsch. 75. – [4] Zum Begriff der geometr. Form vgl. R. INHETVEEN: Konstrukt. Geometrie. Eine formentheoret. Begründ. der euklid. Geom. (1983); P. LORENZEN: Elementargeometrie. Das Fundam. der Analyt. Geom. (1984). – [5] Vgl. G. W. LEIBNIZ: Brevis demonstratio erroris memorabilis Cartesii ... [Kurzer Beweis eines wichtigen Irrtums, den Descartes und andere in der Aufstellung eines Naturgesetzes, nach dem Gott stets dieselbe Bewegungsquantität erhalten soll, begangen haben] (1686). Math. Schr., hg. C. I. GERHARDT [GM] 1-7 (1849-63) 6, 117-123; dtsch., in: Hauptschr. zur Grundleg. der Philos., übers. A. BUCHENAU, hg. E. CASSIRER [HS] 1-2 (^{3}1966) 1, 255; vgl. auch: [Gegen Descartes] (1702). Philos. Schr., hg. C. I. GERHARDT [GP] 1-7 (1875-90) 4, 393f. – [6] L. LANGE: Über die wiss. Fassung des Galileischen Beharrungsgesetzes. Wundts Philos. Studien 2 (1885), ND (Amsterdam 1973) 266-297. – [7] Vgl. dazu auch: Art. ‹Kinematik› und ‹Phoronomie›. – [8] Der Begriff wurde eingeführt durch K. LEWIN: Der Begriff der Genese (1922). – [9] LEIBNIZ: Initia rerum mathemat. metaphysica. GM 7, 17-29; ferner: Br. an Remond (14. 3. 1714). GP 3, 611-613. – [10] a.O. 21, zit.: Metaphys. Anfangsgründe der Math. HS 1, 59. – [11] 5. Schr. an Clarke § 67 (1716). GP 7, 407; HS 1, 193. – [12] a.O. [9]. GM 7, 17; 3. Schr. an Clarke § 4. GP 7, 363; 5. Schr. § 46, a.O. 399. – [13] 5. Schr. § 62, a.O. 406; HS 1, 192. – [14] § 52, a.O. 403; HS 1, 188; vgl. dazu auch H. REICHENBACH: Die Bewegungslehre bei Newton, Leibniz und Huygens. Kantstudien 29 (1929) 423. – [15] E. MACH: Die Mechanik in ihrer Entwickl. hist.-krit. dargest. (1883, ND 1988). – [16] Vgl. LEIBNIZ: Br. an Huygens (12./22. 6.; 4./14. 6. 1694). HS 1, 243f. – [17] Monadol. (1714). GP 6, 607ff. – [18] Monadol. §§ 56. 77f. 83, a.O. 616. 620f. – [19] § 67, a.O. 617. – [20] 5. Schr. § 87, a.O. [11] 411; HS 1, 199; vgl. auch: Monadol. § 59f. 78. GP 6, 616f. 620. – [21] 5. Schr. § 91. GP 7, 412; HS 1, 201. – [22] Monadol. § 7. GP 6, 607f. – [23] a.O. – [24] § 51. 80f., a.O. 615. 620f. – [25] § 62, a.O. 617. – [26] Vgl. GP 4, 274-405. – [27] I. KANT: Metaphys. Anfangsgr. der Nat.wiss. (1786). Akad.-A. 4, 480. – [28] a.O. 508. 521; vgl. ferner: Art. ‹Kinematik› und ‹Phoronomie›. – [29] LEIBNIZ: 3. Schr. an Clarke § 5. GP 7, 364. – [30] KANT: Von dem ersten Grunde des Unterschieds der Gegenden im R. (1768). Akad.-A. 2, 375-383. – [31] J. L. LAGRANGE: Théorie des fonctions analyt. (Paris 1797), Applic. de la théorie à la mécanique; Mécanique analyt. 1-2 (Paris ^{4}1889); vgl. G. W. F. HEGEL: Enzykl. (1830) § 267. – [32] Vgl. P. STEKELER-WEITHOFER: Hegels Analyt. Philos. Die Wiss. der Logik als krit. Theorie der Bedeutung (1992) Kap. III, Absch. 3/1. – [33] MACH, a.O. [15]; ferner H. REICHENBACH: Philos. der R.-Zeit-Lehre (1928) 34. – [34] A. A. MICHELSON/E. W. MORLEY: On the relat. motion of earth and the luminiferous aether. London, Edinburgh, Dublin philos. Magazine J. Sci. 24 (1887) 449-463. – [35] Vgl. P. STEKELER-WEITHOFER: Pragmat. Grundl. der Geometrie, in: H. STACHOWIAK (Hg.): Hb. der Pragmatik 4 (1992) 401-423.

[36] Vgl. jetzt z.B. P. JANICH: Euklids Erbe. Ist der R. dreidimensional? (1989).

Literaturhinweise. R. CARNAP s. [Lit. zu III.]. – M. JAMMER s. [Lit. zu I.]. – W. BÜCHEL: Philos. Probleme der Physik (1965). – B. HELLER: Grundbegr. der Physik im Wandel der Zeit. (1970), zu R.: 114-132. – P. K. MACHAMER/J. R. TURNBULL (Hg.): Motion and time, space and matter (Columbus, Oh. 1976). – J. E. MCGUIRE: Existence, actuality and necessity. Newton on space and time. Annals Sci. 35/5 (London 1978) 463-508. – A. LAUSBERG: De l'espace-absolu de Newton à l'espace-temps d'Einstein. Rev. Quest. scient. 154 (1983) 95-108. 195-215. – A. T. WINTERBOURNE: Newton's arguments for absolute space. Arch. Gesch. Philos. 67 (1985) 80-91. – Vgl. ferner die Lit. zum Art. ‹Relativitätstheorie›.
P. STEKELER-WEITHOFER

B. *19. und 20. Jahrhundert.* – Die mathematisch-physikalischen R.-Theorien, die mit Relativitätstheorie, Quantenmechanik und Kosmologie begründet wurden, hatten erhebliche Auswirkungen auf wissenschaftstheoretische Positionen und philosophische Weltbilder des 20. Jh. So versuchte der Neukantianismus, die erkenntnistheoretischen Kategorien den neuen physikalischen Theoriebildungen entweder anzupassen (z.B. H. COHEN [1]) oder die Apriorität der Euklidischen R.-Anschauung gegenüber Nicht-Euklidischen Theorien zu betonen (z.B. L. NELSON [2]). Nach E. CASSIRER ist die moderne Physik durch zunehmende Abstraktheit und die Tendenz zur Vereinheitlichung ihrer Theorien bestimmt [3]. An die Stelle kategorialer Schemata treten «symbolische Formen». Im Falle des R.-Begriffs bezieht sich Cassirer auf die berühmte Formulierung H. MINKOWSKIS, wonach R. und Zeit für sich völlig zu Schatten herabgesunken seien und es nur noch eine vierdimensionale Welt raum-zeitlicher Ereignisse gibt [4]. Gegenüber Kants transzendentaler R.-Anschauung hatte bereits B. BOLZANO in seiner ‹Wissenschaftslehre› den R. als den «Inbegriff aller möglichen Orte» [5] bezeichnet. F. BRENTANO nennt den R. wie die Zeit «etwas Reales», das «in Wirklichkeit immer absolut determiniert, spezifiziert und individualisiert» sei [6]. Dabei faßt er die Zeit im Anschluß an J. L. Lagrange als «eine vierte Dimension des R.» auf. Sein Schüler A. MARTY stellt den R. als «notwendiges und homogenes Kontinuum» heraus [7]. In der Phänomenologie im Anschluß an E. HUSSERL wird versucht, den abstrakten physikalischen R.-Begriff durch vorwissenschaftliche lebensweltliche R.-Erfahrungen vorzubereiten [8].

Historisch stellte sich die Frage nach der gültigen R.-Struktur bereits im 19. Jh., als Nicht-Euklidische Geometrien mathematisch begründet wurden. C. F. GAUSS steht am Anfang empiristischer Versuche, die diese Frage durch Messung entscheiden und aus der Kantischen Tradition eines transzendentalen Apriori herausführen wollen [9]. H. VON HELMHOLTZ geht von der empiristischen Hypothese aus, daß es endliche, frei bewegliche starre Körper gibt [10]. Trifft diese Annahme zu, so ist entschieden, daß es sich um einen R. konstanter Krümmung handelt. Wissenschaftstheoretisch wird dabei vorausgesetzt, daß es möglich sei, «starre Körper» ohne Rückgriff auf den geometrischen Begriff der Kongruenz zu definieren. Der Helmholtzsche Standpunkt wird von S. LIE mathematisch präzisiert. Die vollständig freie Beweglichkeit eines Körpers entspricht einer kontinuierlichen Gruppe isometrischer Abbildungen des R. auf sich selber. Unter ihrer Voraussetzung folgt mathematisch zwingend ein R. mit konstantem Krümmungsmaß größer, kleiner oder gleich Null [11]. H. REICHENBACH betont später die Relativität der R.-Geometrie. Man kann verschiedene Maßstäbe als gleich lang erklären und erhält dann jeweils eine andere Geometrie [12]. Trotz Meßabweichung von der Winkelsumme im Gaußschen Dreieck und bei Annahme von Lichtstrahlen als kürzesten Verbindungen kann der R. nach Reichenbach euklidisch verstanden werden. Dazu werden Lichtstrahlen als durch «universelle Kräfte» gekrümmt und Maßstäbe als durch dieselben Kräfte ausgedehnt interpretiert. Werden die universellen deformierenden Kräfte Null gesetzt, dann ist die Geometrie in unserer nächsten Umgebung euklidisch. A. GRÜNBAUM hat die Reichenbachsche Annahme universeller Kräfte aus empiristischer Sicht kritisiert [13]. Da sie alle Objekte in gleicher Weise betreffen, sind sie empirisch nicht feststellbar. Es könnte suggeriert werden, daß beliebige Definitionen der Kongruenz entstehen, wenn die Existenz geeigneter universeller Kräfte gefordert wird.

Damit stellt sich die Frage, ob nach einer entsprechenden Zuordnungsdefinition bei der Festlegung des starren Körpers jede Geometrie der Welt erzwungen werden kann. Das ist das Grundproblem des Konventionalismus. H. POINCARÉ argumentiert mit der gegenseitigen Übersetzbarkeit der einzelnen Geometrien ineinander. Dabei wird jedem Satz der einen Geometrie ein anderer Satz in einer anderen Geometrie zugeordnet. Wenn es kein Entscheidungsverfahren gibt und die Wahl der Geometrie «Konvention» ist, wird der Begriff «wahre Geometrie» bedeutungsleer [14]. «Konvention» wäre letztlich ein menschlicher Willensakt. A. S. EDDINGTON unterstützte Poincarés Konventionalismus auch unter dem Gesichtspunkt der Relativitätstheorie [15]. REICHENBACH kritisiert am Poincaréschen Konventionalismus, daß es keine Frage der Konvention, sondern der Beobachtung sei, welche die wahre Geometrie ist, wenn man sich bereits für eine Definition entschieden hätte. R. CARNAP betont die Gemeinsamkeit des Reichenbachschen Empirismus und des Poincaréschen Konventionalismus [16]: Wenn die Geometrie gewählt und der Maßstab bestimmt sei, sei für beide Positionen die Frage nach der geometrischen Struktur des R. empirisch zu entscheiden.

Gegenüber Empirismus und Konventionalismus hebt der Konstruktivismus auch unter dem Eindruck der Relativitätstheorie die Apriorität der geometrischen R.-Struktur hervor und schließt damit ideengeschichtlich wieder an Kant an. Nach P. LORENZEN erzwingt die Relativitätstheorie keine Revision von Euklidischer Geometrie und Kinematik im Sinne Einsteins. Vielmehr lassen sich die Grundbegriffe der Euklidischen Geometrie und Kinematik protophysikalisch auszeichnen, um dann nur eine Revision der Newtonschen Mechanik aufgrund der Tatsachen der Elektrodynamik durchzuführen [17]. P. MITTELSTAEDT [18] argumentiert, daß die Spezielle Relativitätstheorie zwar keine voraussetzungslose apriorische R.-Theorie sei. Bei der Herleitung ihrer Lorentz-Transformationen werden aber weniger Hypothesen benötigt als bei den Galilei-Transformationen (z.B. die empirisch nicht gerechtfertigte klassische Annahme einer universellen Zeit). Insofern sei die Relativitätstheorie allgemeiner und besitze einen höheren Grad an Apriorität.

Gegenüber kantianisch gefärbten Interpretationen werden die traditionellen Argumente des Empirismus und Konventionalismus in strukturalistischen R.-Theorien aufgegriffen. Nach dem axiomatischen Programm zur Rekonstruktion physikalischer Theorien nach

G. Ludwig [19] besteht eine physikalische Theorie aus drei Teilen: einer mathematischen Theorie, einem Wirklichkeitsbereich und einer Vorschrift, wie die mathematische Theorie auf den Wirklichkeitsbereich anzuwenden ist. Die komplizierten Beziehungen, die zwischen Messen und Experimentieren im Labor und den modernen abstrakten Theorien bestehen, aber auch die Abhängigkeiten der Theorien untereinander können so im einzelnen untersucht werden. Viele physikalische Theorien lassen sich in diesem Rahmen als Erweiterungen geometrischer R.-Zeit-Strukturen einführen (z.B. relativistische Feldtheorie als Erweiterung der Minkowski-Geometrie) [20]. In der Allgemeinen Relativitätstheorie werden alle Einflüsse von inhomogenen Gravitationsfeldern auf Massen und Lichtstrahlen durch die Krümmung einer R.-Zeit-Geometrie beschrieben. Philosophisch tritt damit wieder das Problem der «Relativität» bzw. «Konvention» der gewählten Geometrie auf. Es lassen sich nämlich auch Alternativen von Formulierungen der Allgemeinen Relativitätstheorie ohne Krümmung der R.-Zeit angeben, die für die Vereinheitlichung von Quantenmechanik und Gravitation Bedeutung haben [21].

A. Einstein hatte bereits das Programm einer einheitlichen Feldtheorie formuliert, die sowohl R., Zeit und Materie konstituiert. Frühe Ansätze von G. Mie, D. Hilbert und H. Weyl scheitern aber an der mangelnden Berücksichtigung der Quantenmechanik [22]. J. A. Wheeler geht insofern noch über das Programm der einheitlichen Feldtheorie hinaus, als er im Rahmen der Geometrodynamik [23] alle physikalischen Größen in eine geometrische Sprache übersetzen wollte. Philosophisch wäre damit der gesamte Weltinhalt der Erfahrung in einem strukturierten R. aufgegangen. In der modernen Kosmologie wird der R. physikalisch und philosophisch grundlegend erweitert. Nach dem kosmischen Standardmodell als einer Lösung der Einsteinschen Gravitationsgleichung fliegen die Galaxien nach einer Urexplosion fluchtartig auseinander. Rätselhaft ist die regelmäßige Struktur des Welt-R. im großen, die zu philosophischen und theologischen Spekulationen Anlaß gegeben hat [24]. Einige moderne Kosmologen beantworten dieses Rätsel durch eine teleologische Überlegung, die wieder an Leibnizens Rechtfertigung Gottes (Theodizee) erinnert: Weil es in dieser Welt Beobachter gibt, muß der R. durch Gesetze bestimmt sein, welche die Existenz dieser Beobachter zulassen. Dieses sogenannte anthropische Prinzip zeigt, daß auch in der modernen physikalischen Diskussion des R.-Begriffs metaphysische Positionen auftreten [25]. Aus der Hypothese einer vereinigten Theorie von Kosmologie und Hochenergiephysik lassen sich allerdings diese rätselhaften Ordnungsstrukturen mathematisch ableiten. Obwohl dabei auf teleologische Überlegungen verzichtet werden kann, bleibt der Nachteil, daß eine vereinigte kosmologische Elementarteilchenphysik bisher experimentell wegen der benötigten hohen Energien nicht nachgeprüft werden konnte [26].

Anmerkungen. [1] H. Cohen: Kants Theorie der Erfahrung (1871). – [2] L. Nelson: Bemerk. über die Nicht-Euklid. Geometrie und den Ursprung der mathemat. Gewißheit (1905/06). Ges. Schr., hg. P. Bernays/W. Eichler u.a. (1970) 1, 373-392. 393-430. – [3] E. Cassirer: Zur Einsteinschen Relativitätstheorie. Erk.theoret. Betracht. (1921); Philos. der symbol. Formen 3 (Phän. der Erkenntnis) (1929) 547ff. – [4] H. Minkowski: R. und Zeit. Vortrag, geh. auf der 80. Naturforscherverslg. zu Köln am 21. Sept. 1908 (1909). – [5] B. Bolzano: Grundleg. der Logik. Ausgew. Paragr. aus der Wiss.lehre, hg. F. Kambartel (1978) 148. – [6] F. Brentano: Philos. Unters. zu R., Zeit und Kontinuum, hg. S. Körner/R. M. Chisholm (1976) 209. – [7] A. Marty: R. und Zeit (1916) 178. – [8] Vgl. Art. ‹R. III.›. – [9] C. F. Gauss: Br. an Taurinus (8. 11. 1824). Werke 8, hg. F. Klein (1900) 187: «Wäre die Nicht-Euklidische Geometrie die wahre, und jene Constante in einigem Verhältnis zu solchen Größen, so ließe sie sich a posteriori ausmitteln». – [10] H. von Helmholtz: Über die Tatsachen, die der Geometrie zum Grunde liegen. Nachr. von der Kgl. Ges. der Wiss.en und der Georg-Augusts-Univ. 9 (1868) 200. – [11] Vgl. K. Mainzer: Gesch. der Geometrie (1980) 174ff.; B. Kanitscheider: Geometrie und Wirklichkeit (1971) 172. – [12] H. Reichenbach: Der Aufstieg der wissenschaftl. Philos. (1951) 152; Philos. der R.-Zeit-Lehre (1928). – [13] A. Grünbaum: Philos. problems of space and time (1963) 81. – [14] H. Poincaré: La sci. et l'hypothèse (Paris 1906) 67. – [15] A. S. Eddington: Space, time and gravitation. An outline of the gen. relat. theory (Cambridge 1920) 9: «I admit that space is conventional – for that matter, the meaning of every word in the language is conventional». – [16] R. Carnap: Philos. found. of physics. An introd. to the philos. of sci., hg. M. Gardner (New York 1966) 160. – [17] Vgl. Art. ‹Relativitätstheorie›. – [18] P. Mittelstaedt: Über die Bedeut. und Begründ. der spez. Relativitätstheorie, in: J. Audretsch/K. Mainzer (Hg.): Philos. und Physik der R.-Zeit (1988) 83-102. – [19] G. Ludwig: Die Grundstrukturen einer physikal. Theorie (1978). – [20] J. Ehlers: The nature and structure of space-time; in: J. Mehra (Hg.): The physicist's conception of nature (Dordrecht 1973) 71-91. – [21] C. J. Isham/D. W. Sciama/R. Penrose (Hg.): Quantum gravity (Oxford 1975). – [22] A. Einstein: Einheitl. Feldtheorie von Gravitation und Elektrizität. Sber. Preuß. Akad. Wiss., Math.-Phys. Kl. (1924) 261-267; (1925) 3-14; vgl. auch K. Mainzer: Symmetrien der Natur. Ein Hb. zur Natur- und Wiss.philos. (1988) 395ff. – [23] J. A. Wheeler: Geometrodynamics (1962); E. F. Taylor/J. A. Wheeler: Space-time physics (San Francisco 1966). – [24] Vgl. J. Audretsch/K. Mainzer (Hg.): Vom Anfang der Welt. Wiss., Philos., Relig., Mythos (1989); S. W. Hawking: A brief hist. of time. From the Big Bang to Black Holes (London 1988). – [25] J. D. Baurrow/F. Tipler: The anthropic cosmolog. principle (Oxford 1986). – [26] G. Contopoulos/D. Kotsakis: Cosmology – The structure and evolution of the universe (1987). K. Mainzer

V. *Kunsttheorie.* – In der kunsttheoretischen Literatur taucht der Begriff des R. – in deutlichem Kontrast zu der gängigen retrospektiven Verwendung des Begriffs in der Kunstwissenschaft [1] – erst spät auf. Zwar begegnet der Ausdruck ‹spatium› (R.) in der Bedeutung von 'Zwischenraum' bzw. 'Distanz' schon in der Architekturtheorie Vitruvs [2], doch wird entgegen der späteren kunsthistorischen Rede vom perspektivisch dargestellten R. in der Perspektivtheorie vom 15. bis ins 18. Jh. hinein nur vom ‹Ort› (locus) gesprochen [3].

Belege für eine veränderte Bedeutung des Begriffs ‹R.› im ästhetischen Sinne finden sich gegen Ende des 17. Jh. in der holländischen Malereitheorie. Wenn C. van Mander 1604 empfiehlt, erst die Ecken oder Seiten eines Bildes mit Gegenständen auszufüllen «en dan de middelste vry open spacy», so wird damit eher an jene ältere Bedeutung von ‹R.› als 'Zwischenraum' angeknüpft [4]. R. als Darstellungsinhalt von Malerei begegnet bei S. van Hoogstraeten, der 1678 über den Landschaftsmaler H. Seghers lobend vermerkt, daß er «schwanger war mit ganzen Provinzen, die er mit unermeßlichen Räumen (ommetelijke ruimtens) gebar»; bei Hoogstraeten ist auch vom «mittleren R.» («middelruimte») eines Bildes die Rede [5].

In den kunsttheoretischen Schriften von Hoogstraeten und G. de Lairesse [6] begegnet der R.-Begriff in zwei Kontexten, in der Theorie der Landschaftsmalerei und in der auf diese angewandten Perspektivtheorie.

Der so veränderte Gebrauch des Begriffs ‹R.› setzt sich im 18. Jh. bei CH. L. HAGEDORN fort, demzufolge der Landschaftsmaler G. van Coninxloo ebenso wie vor diesem P. Breughel «die weiten Aussichten der niederländischen freyen Gegenden in den engen R. seiner Gemälde zwang» [7]. Von G. Dughets Landschaftsbildern heißt es, «seine Gebirge machen sich R.» [8]. D. DIDEROT bewundert in seiner Kritik zur Pariser Salonausstellung von 1763 an den Tageszeitenbildern von J. Vernet den R. («espace») zwischen Wolken und Himmel [9].

Systematischer wird der Begriff ‹R.› gleichzeitig bei G. E. LESSING zur Unterscheidung der Kunstgattungen Poesie und Malerei benutzt: Da die Malerei als «Zeichen» oder «Mittel ihrer Nachahmung» «Figuren in dem R.» gebrauche und «die Zeichen ein bequemes Verhältnis zu den Bezeichneten haben müssen», können die «koexistierenden Kompositionen» der Malerei auch nur entsprechend nebeneinander existierende Gegenstände ausdrücken, nämlich Körper, die im R. existieren [10]. So sei «der R. das Gebiete des Mahlers» [11]. Bei Lessing wird der Begriff ‹R.› auch in die Definition der Perspektive einbezogen: «Die Künstler verstehen darunter die Wissenschaft, mehrere Gegenstände mit einem Teil des R., in welchem sie sich befinden, so vorzustellen, wie diese Gegenstände, auf verschiedene Plane des R. verstreut, mit samt dem R., dem Auge aus einem und demselben Standorte erscheinen würden» [12]. Wenn es bei I. KANT von Plastik (d.i. Bildhauerei und Architektur) und Malerei heißt, beide «machen Gestalten im R. zum Ausdrucke für Ideen» [13], dann bleibt diese Definition der bildenden Künste ohne explizit dargelegten Bezug zu jener erkenntnistheoretischen Definition, wonach «die Qualität des R., worin wir» die Dinge «anschauen, das bloß Subjective meiner Vorstellung derselben» ist [14].

Der Begriff ‹R.› als Kategorie einer systematischen Unterscheidung der Kunstgattungen begegnet in der Kunstphilosophie des 19. Jh. immer wieder, zunächst bei F. W. J. SCHELLING: «In dem vollkommenen Gemälde muß auch der R. für sich, ganz unabhängig von dem inneren oder qualitativen Verhältniß des Gemäldes, eine Bedeutung haben» [15]. Insbesondere die Landschaftsmalerei gehe «ausdrücklich sogar auf die Darstellung des R. als solchen aus» [16]. Die Architektur wird als «Musik im R.» bezeichnet [17].

Nach G. W. F. HEGEL greift die Unterscheidung der Künste «nach ihrer ganz abstrakten Seite der Räumlichkeit und Zeitlichkeit» zu kurz [18]. Wenn Hegel von der Skulptur sagt, daß sie «die abstrakte Räumlichkeit in deren Totalität der Dimensionen» auffasse [19], und bezogen auf die Malerei von einer «Aufhebung der R.-Dimensionen ... zur Fläche» spricht [20], dann ist damit eine historische Unterscheidung von verschiedenen Stufen der «Abstraktion» verbunden [21], denen als «Inhalt ... die in sich beruhende Objektivität des Geistes» im Fall der Skulptur [22] bzw. die für sich seyende Subjektivität» [23] oder «Innerlichkeit» [24] im Fall der Malerei entspricht. Bei der Architektur, die Hegel als Gestaltung der sinnlichen, materiell räumlichen Masse versteht [25], unterscheidet er von der durch Offenheit nach außen charakterisierten griechischen Tempelarchitektur die als romantische Kunstform klassifizierte gotische Kirchenarchitektur unter dem Aspekt, daß diese vom «R. des Innern» im Sinne einer «totalen Umschließung» bestimmt sei. Dieser «R. des Innern» sei kein «abstrakt gleicher, leerer R.», er bedürfe vielmehr «einer in Rücksicht auf Länge, Breite, Höhe und Form dieser Dimensionen unterschiedenen Gestalt», in der die «Bewegung, Unterscheidung, Vermittelung des Gemüths in seiner Erhebung vom Irdischen zum Unendlichen» ausgedrückt werden könne [26].

F. TH. VISCHER verbindet die ästhetische Theorie des Erhabenen mit dem Begriff ‹R.›, indem er der Kategorie des «objektiv Erhabenen» das «Erhabene des R.» zuordnet und dabei zwischen «positiver» und «negativer Form der räumlichen Erhabenheit» unterscheidet [27]. Im Rahmen einer zunehmend auf das Formal-Ästhetische reduzierten Kunstbetrachtung wird der Begriff ‹R.› für die Kunstgeschichtswissenschaft wichtig. Belege dafür finden sich 1855 bei J. BURCKHARDT, wenn bezogen auf die gotische Architektur «das nordische Verhältnis des R. zur Höhe» [28] und «das italienische R.-Gefühl» [29] oder die «italienische R.-Behandlung» [30] unterschieden werden. Für die italienische Malerei wird bei Giotto ein «ideales» «R.-Gefühl» konstatiert, insofern der R. «nur als Schauplatz» gelte und nicht «selber malerisch» mitwirke [31], wohingegen sich im 15. Jh. «ein ganz neues R.-Gefühl» ausbilde [32]. Unter dem Eindruck der modernen Eisenglasarchitektur schreibt R. LUCAE 1869 ‹Über die Macht des R. in der Architektur› und sieht beim sog. Kristallpalast der Londoner Weltausstellung von 1851 eine den Betrachter irritierende «Körperlosigkeit des R.» gegeben [33].

Unterstützt wurde die mit dem Begriff ‹R.› verbundene formalästhetische Betrachtungsweise durch eine ihrerseits wahrnehmungspsychologisch beeinflußte Kunsttheorie wie diejenige A. HILDEBRANDS, der die Aufgabe der bildenden Kunst auf das Formproblem reduziert, das darin besteht, den «R. als dreidimensionale Ausdehnung» («Daseinsform») in «Konstellationen» einer zweidimensionalen «Erscheinung» («Wirkungsform») zum Ausdruck zu bringen [34]. Von Hildebrand direkt beeinflußt ist der kunstgeschichtliche R.-Begriff bei H. WÖLFFLIN und A. RIEGL. WÖLFFLIN fordert eine zusammenhängende Untersuchung über «die Entwicklung ... der Perspektive und der R.-Darstellung» [35]. Dieser Forderung entspricht RIEGL mit seiner entwicklungsgeschichtlichen Unterscheidung zwischen «cubischem», «an den Körpern» haftendem R. (Körper-R.) und «Frei-R.» [36], die später von E. PANOFSKY mit seiner auf die Perspektive bezogenen Unterscheidung zwischen «Aggregat-R.» und «System-R.» weitergeführt wird [37].

Anmerkungen. [1] Kritisch dazu: K. BADT: R.-Phantasien und R.-Illusionen (1963) 11ff. - [2] VITRUV: De archit. III, 3, 6, hg. C. FENSTERBUSCH (1964, ²1976) 146. - [3] Vgl. P. POGAURICUS: De sculptura (1504), hg. H. BROCKHAUS (1886) 192. - [4] C. VAN MANDER: Het Schilder-Boeck (Haarlem 1604, ND Utrecht 1969) cap. 5, fol. 16, 11. - [5] S. VAN HOOGSTRAETEN: Inleyding tot de hooge schoole der schilderkonst (Rotterdam 1678, ND Utrecht 1969) 312. - [6] a.O. 307; G. DE LAIRESSE: Groot schilderboek 1 (Amsterdam 1707, ²1740, ND Utrecht 1969) 307. - [7] CH. L. HAGEDORN: Betracht. über die Mahlerey (1762) 380. - [8] a.O. 384. - [9] D. DIDEROT: Salon de 1763. Oeuvr. compl., hg. J. ASSÉZAT 10 (Paris 1876, ND 1966) 201. - [10] G. E. LESSING: Laokoon, oder über die Grenzen der Mahlerey und Poesie I, Kap. XVI (1766). Sämtl. Schr., hg. K. LACHMANN/F. MUNCKER 9 (1893) 94f. - [11] Kap. XVIII, a.O. 107. - [12] Br. antiquar. Inhalts (1768), IX. Br., a.O. 10 (1894) 256. - [13] I. KANT: KU § 51. Akad.-A. 5, 322. - [14] KU, Einl. VII, a.O. 189. - [15] F. W. J. VON SCHELLING: Philos. der Kunst (1802/03). Sämmtl. Werke, hg. K. F. A. Schelling I/5 (1859) 518. - [16] a.O. 544. - [17] 576. - [18] G. W. F. HEGEL: Vorles. über die Aesthetik (1835). Jub.ausg., hg. H. GLOCKNER 12 (⁴1964) 131. - [19] a.O. 126. - [20] 14 (1928, ²1939) 22. - [21] 19f. - [22] 13 (1928, ²1953) 366. - [23] 14, 16. - [24] 15. - [25] 13, 347. - [26] 336f. - [27] F.

TH. VISCHER: Aesthetik oder Wiss. des Schönen (1846) 1, hg. R. VISCHER (²1922) 247ff. – [28] J. BURCKHARDT: Der Cicerone (1855, ND 1924) 121. – [29] a.O. 125. – [30] 126. – [31] 719. – [32] 751. – [33] R. LUCAE: Über die Macht des R. in der Architektur. Z. Bauwesen 19 (1869) 303; vgl. dazu W. SCHIVELBUSCH: Gesch. der Eisenbahnreise (1977) 45-50: Exkurs: Der R. der Glasarchitektur. – [34] A. HILDEBRAND: Das Problem der Form in der bild. Kunst (1893, ³⁻⁴1918) 28f.; die Begriffe ‹Daseinsform› und ‹Wirkungsform› 16f. – [35] H. WÖLFFLIN: Die klass. Kunst (1898, ³1904) X. – [36] A. RIEGL: Das holländ. Gruppenporträt. Jb. kunsthist. Slgen allerhöchst. Kaiserhauses 23 (1902) 85f. 104. 205ff. 237. 264; vgl. auch: Spätröm. Kunstindustrie (1901, ³1964) 106f. – [37] E. PANOFSKY: Die Perspektive als 'symbolische Form', in: Vortr. der Bibl. Warburg 1924/25 (1927) 258-330; ND, in: Aufs. zu Grundfragen der Kunstwiss., hg. H. OBERER/E. VERHEYEN (²1974) 99-167; die Begriffe ‹Aggregat-R.› und ‹System-R.› 109; vgl. dazu die wahrnehmungspsychol. Theorie von TH. LIPPS: Grundleg. der Ästhetik (1903) 224ff.

Literaturhinweise. H. JANTZEN: Über den kunstgeschichtl. R.-Begriff. Sber. Bayer. Akad. Wiss., Phil.-hist. Abt. (1938) H. 5. – M. JAMMER s. [Lit. zu I.]. – W. HAGER: Über R.-Bildung in der Architektur und in den darst. Künsten. Studium generale 10 (1957) 630-645. – H. CONRAD-MARTIUS: Der R. (1958). – K. BADT s. Anm. [1]. – TH. ZAUNSCHIRM: Zeit und R. als Determinanten kunstwissenschaftl. Methodologie. Diss. Salzburg (1973); abgeänd. gedr.: Systeme der Kunstgesch. Diss. Univ. Salzburg 5 (Wien 1975).   W. KAMBARTEL

Raum, Raumwahrnehmung, psychologischer Raum (engl. psychological space; frz. l'espace psychologique; ital. percezione di spazio)

In der historischen Entwicklung der psychologischen Theorien über die Raumwahrnehmung [Rw.] spiegeln sich zentrale Grundhaltungen gegenüber den Standards und Inhalten wissenschaftlicher Erklärung wider. So wird beispielsweise der psychologische Raum [p.R.] erst ab der Neuzeit durchgängig als Funktion der Wahrnehmung *von* R. aufgefaßt, während frühere Epochen ihn als Teilgebiet der Erkenntnistheorie, der Optik und der Medizin abhandeln [1]. Chronologisch läßt sich die Entwicklung des Begriffs ‹p.R.› etwa folgendermaßen einteilen: 1) In der Antike wird der p.R. als kegelförmige Ausstrahlungen des Auges und der Gegenstände charakterisiert. Der p.R. und der physikalische R. werden nicht klar voneinander unterschieden. 2) Im Mittelalter entstehen erste Unterscheidungen zwischen einer physikalischen Theorie des Lichts und einer psychologischen Theorie des optischen, akustischen und taktilen R. 3) Die Unterscheidung zwischen der retinalen und der cerebralen Abbildung räumlicher Konfigurationen anhand ihrer 'natürlichen Geometrie' wird in der frühen Neuzeit durch physikalische Modelle entwickelt. 4) Im 18. und 19. Jh. werden die Theorien über den p.R. wesentlich durch die Diskussionen um blindgeborene und durch medizinische Eingriffe geheilte Menschen geprägt. 5) Moderne Theorien der Rw. setzen an der Rekonstruktion der Reizmuster durch neurophysiologische Prozesse an. Diese Theorien lassen sich in empiristische, nativistische, sensualistische, feld- bzw. gestalttheoretische, geometrische und nichtgeometrische einteilen.

1. In der Antike teilen sich die Theorien über den p.R. in Sehstrahlen- und Abbildtheorien. Am weitesten verbreitet ist die Sehstrahlentheorie, welche am reinsten von PYTHAGORAS, aber in geänderter Form auch von PLATON vertreten wird [2]. Ihr zufolge gehen vom Auge Strahlen aus, die unbegrenzt schnell räumliche Entfernungen überwinden und geradlinig verlaufen. Als Beobachtungen für die Plausibilität der Sehstrahlentheorie werden das Leuchten der Augen und der Aufbau des Augenkörpers angeführt. Allgemein bietet die Sehstrahlentheorie den Vorteil, geometrische Modelle und mathematische Berechnungen auf den Prozeß der Wahrnehmung anzuwenden, weil sie gerade und auf Objekte gerichtete Linien unterstellt, die kegelförmig vom Auge ausgehen, dort also in einem Punkt zusammenlaufen. Die mit ihr verbundenen Probleme, z.B. die Abhängigkeit der Wahrnehmung von der Beleuchtung durch das Tageslicht und das ungeklärte Verhältnis zum Sonnenlicht, veranlassen Platon, sie dahingehend zu modifizieren, daß nur beim Zusammentreffen der Strahlung des Auges und der Umgebung Wahrnehmungen zustande kommen [3].

Alternativ zur Sehstrahlentheorie entwickeln EPIKUR, aber auch DEMOKRIT und ARISTOTELES die Hypothese, daß Wahrnehmungen durch Umgebungsprozesse verursacht werden [4]. Bei EPIKUR lösen sich von den Körpern dünne Häutchen mit Abbildern von der Oberflächenstruktur der Körper, die soviel innere Kohärenz besitzen, daß sie nicht durch Wind und ähnliches auseinander gerissen werden. Diese Bilder erreichen das Auge und führen dort zur Wahrnehmung. Auch die Bildertheorie hat ihre spezifischen Probleme. Nicht nur die Behauptung einer solchen Kohärenz, sondern auch die Schwierigkeit, die Inversion eines Spiegelbildes und die Schnelligkeit der Überwindung von räumlichen Entfernungen zu erklären, veranlassen ARISTOTELES, diese Theorie vollständig neu zu formulieren. Für Aristoteles entsteht die Wahrnehmung durch das Einwirken der Objekte auf das Wahrnehmungsmedium, die Luft (die durchsichtige Substanz), und deren spezifische Beleuchtung [5]. Die Farbempfindung ist deshalb die Grundlage aller Empfindungen, ihre Abschwächung durch die Entfernung zwischen Auge und Objekt ermöglicht eine erste Form von Entfernungssehen. Daneben sind andere räumliche Aspekte der Wahrnehmung verschiedenen Sinnen gemeinsam, wie Figur und Größe [6]. Aristoteles betont von daher, daß die vollständige Rw. sich aus dem Zusammenwirken mehrerer Sinne ergibt, womit er unter den griechischen Philosophen am deutlichsten auf die Notwendigkeit einer Erklärung des p.R. neben einer allgemeinen und physikalisch-geometrischen Theorie des Ausgedehntseins hinweist. Die von Epikur, Demokrit und Aristoteles vertretene Erklärung findet demgemäß ihre weiteste Verbreitung unter den Ärzten und Naturphilosophen der Antike.

Nach GALEN muß der optisch sichtbare R. durch beide Prozesse erklärt werden als Ausstrahlung in eine durchsichtige Substanz und als Aussendung optischer Strahlen vom Auge aus [7], welche die Luft in ein verlängertes Werkzeug des Auges verwandelt. Ohne die Annahme eines in Form von Sehstrahlen aus dem Auge fließenden Pneumas kann die Wahrnehmung von Objekten deshalb nicht erklärt werden, weil sonst die Verkleinerung auf das 'Format' der Pupille, in die die Bilder dringen müssen, sowie ihre gleichzeitige Sehbarkeit durch verschiedene Menschen unverständlich wären. Nur die Sehstrahlentheorie bietet außerdem die Grundlage für die Anwendung der Geometrie auf das Problem der Rw. [8].

CLAUDIUS PTOLEMÄUS behandelt die Rw. in der ‹Optik› [9], wo er wiederum Sehstrahlentheorie und mathematische Modellierung verbindet. Ihm ist bewußt, daß die relative Größe eines Objektes mit der Entfernung vom Beobachter abnimmt. Seine darauf aufbauende Erklärung, daß eine Anordnung von konischen Sichtlinien ein einziges Bild liefert, schließt bereits ein, was heute als Stereoskopie und als Parallaxe bezeichnet wird. Darüberhinaus analysiert Ptolemäus das monokulare Sehen von Entfernungen als eine Funktion 1) der Länge der visuellen Strahlen (was er nicht weiter spezifiziert), 2) der durch die vom Objekt des Sehens ausgehenden Strahlen hervorgebrachten Winkelverhältnisse, 3) der relativen Größe von nahen und entfernteren Objekten und 4) der Veränderung der Farben bei wachsender Entfernung vom Beobachter. Gleichzeitig erkennt er, daß binokulares Sehen Doppelbilder erzeugen kann.

2. Während der Hochblüte der islamischen Kultur im 11. Jh. werden die ins Arabische übersetzten griechischen Texte kritisch rezipiert – AVICENNA (Ibn Sina) [10], AVERROES (Ibn Rushd) und ALHAZEN (Ibn al-Haitham) [11] greifen die Konzeption der Sehstrahlen an [12]. Alle visuelle Wahrnehmung basiert auf der Beleuchtung eines Objekts und der von diesem ausgehenden Strahlung, die sich im gesamten R. gleichmäßig ausbreitet. Das Licht überwindet die Entfernung zwischen Auge und Gegenstand ohne Zeitverzögerung und in gerader Linie. Für jeden konkreten Wahrnehmungsakt ist es wissenschaftlich legitim zu unterstellen, daß es eine Punkt-zu-Punkt-Korrespondenz zwischen der Objektoberfläche und den auf dem Auge eintreffenden Strahlen gibt. Außerdem darf für die mathematische Berechnung unterstellt werden, daß die Strahlen kegelförmig und geradlinig auf das Auge zulaufen, wodurch – nach Versuchen von JOHANNES PHILOPONOS, die Sehstrahlentheorie als heuristische Konstruktion zu behandeln [13] – erstmals in den Nichtsehstrahlentheorien eine einfache und klare mathematische Behandlung des räumlichen Wahrnehmens möglich wird. Die Lichtstrahlen werden durch die Linse des Auges gesammelt und gleichförmig konzentriert, ohne daß die Linse dabei das Wahrnehmungsbild konvergiert. Die Inversion durch die Linse würde bewirken, daß die Welt spiegelverkehrt wahrgenommen würde, was offensichtlich nicht der Fall sein kann [14]. ALHAZEN geht davon aus, daß schon innerhalb der Linse selber Abdrücke von den Objekten in einer Sehsubstanz («spiritus visibilis») entstehen, die später zu einer Objektwahrnehmung verschmelzen, obwohl sie aus zwei Augen stammen.

Im Laufe des 12. und 13. Jh. werden die Abhandlungen der arabischen Wissenschaftler ins Lateinische übersetzt und kommentiert [15]. Dabei endet die Debatte um die Sehstrahlen und ihren Ausgang vom Auge oder Objekt mit einem Kompromiß: WITELO, ROGER BACON und andere akzeptieren, daß das Licht physikalisch sich in einer geraden Linie fortpflanzt. Gleichzeitig muß das Auge die dabei bewirkten Veränderungen der Luft je nach Form und Oberfläche des wahrgenommenen Objektes rekonstruieren und verbessern [16]. Durch die inneren Sinne, wie z.B. das Unterscheidungsvermögen («virtus distinctiva»), werden die Gegenstände der Farbempfindung («sensibilia») aktuell sichtbar («visibilia») [17]. Damit ist die Grundlage für eine physikalische Theorie des Lichts und eine davon verschiedene psychologische Theorie der optischen Rw. gelegt.

3. Die von R. DESCARTES eingeführte experimentelle Methode, das Auge eines Ochsen so zu befestigen, daß Licht durch es hindurch auf ein Stück Papier oder eine Eierschale fallen konnte, begründet einen entscheidenden Fortschritt für die wissenschaftliche Methodik zur Untersuchung der Rw. [18]. Die Verkleinerung und die Inversion des durch das Auge projizierten Bildes waren so direkt zu beobachten. In einem Gedankenmodell zeigt Descartes gleichzeitig auf, daß ein Blinder die Richtung einschätzen kann, indem er mit zwei überkreuzten Stöcken, d.h. mit Links-Rechts-Inversion, auf einen Gegenstand zeigt. Analog zu diesem Modell kann durch das Auge die Richtung wahrgenommen werden, wenn die entsprechenden Winkel mittels einer 'natürlichen Geometrie' in Beziehung gebracht werden. Die relative Position und die Verschiedenheit von Objekten, wie z.B. bei einem Berg hinter einem Wald, liefern weitere Hinweise auf Richtung und Entfernung der Objekte bezogen auf den Standort des Beobachters. Außerdem zählt Descartes verschiedene Ursachen von Wahrnehmungstäuschungen auf, wie z.B. die annähernde Parallelität der Lichtstrahlen bei großer Entfernung und ihre mangelnde Deutlichkeit. Auch kann der Wahrnehmende durch die Augenlinsen getäuscht werden [19]. «Retinales Bild» und «cerebrales Bild» stehen in einer Eins-zu-eins-Korrespondenz, worauf die Metapher des «Wachssiegels» hinweist. Eine Konsequenz daraus ist, daß Descartes verschiedene interne Korrekturmechanismen für die Wahrnehmung unterstellen muß; eine wesentliche Rolle spielen hier die Augenbewegungen, die Ununterscheidbarkeit von Objekten und die Form der Augenlinse. Mentale Prozesse bei der räumlichen Wahrnehmung dienen Descartes zufolge der Berechnung interokularer Distanzen, der Winkel und der Sehrichtung – insgesamt Analogien zu den Verfahren, die bei der Landvermessung üblich sind.

4. Kann ein blindgeborener Mensch eine Kugel und einen Würfel richtig benennen? Unter dem Gesichtspunkt dieser von W. MOLYNEUX formulierten Fragestellung bzw. ihrer Beantwortung läßt sich der englische Empirismus als eine einheitliche Gruppe von Theorien über den p.R. zusammenfassen. J. LOCKE und G. BERKELEY, zwei ihrer wesentlichsten Repräsentanten, stimmen darin überein, daß ein Blinder einen Würfel und eine Kugel zwar unterscheiden kann, ein Erkennen des betasteten Gegenstandes aber von den Tastbewegungen abhängig ist [20]. Räumliches Erkennen entwickelt sich nach LOCKE aus dem Vergleich visueller und taktiler Wahrnehmungseindrücke [21]. BERKELEY bestreitet diese Grundlage des räumlichen Erkennens – infolge seiner Ablehnung abstrakter Ideen – und betont die Bedeutung der Bewegungen für die Konstitution des p.R. Aus den beim Tasten gewonnenen haptischen und kinästhetischen Empfindungen bildet sich eine assoziativ erklärbare R.-Vorstellung heraus. Visuelle Wahrnehmungen sind primär qualitativer und nichträumlicher Natur; sie werden räumlich erst durch die motorischen Empfindungen, die bei den Augen- und Tastbewegungen entstehen. Bei Berkeley findet sich so eine erste, echte motorische Theorie des p.R. [22]. Der spätere englische Empirismus emanzipiert sich vom Paradigma der Erklärung der Fähigkeit von Blinden zur Rw. und diskutiert diese als allgemeines philosophisches Problem.

1749 betont D. DIDEROT die Bedeutung von taktilen Eindrücken für die R.-Vorstellung [23]. In seiner ‹Schrift über die Blinden› beschreibt er einen blind Geborenen und gibt einen Bericht aus zweiter Hand über einen blinden Professor der Mathematik an der Universität Cambridge. Er kommentiert dabei ausführlich die Theorie von Locke und korrespondiert mit Condillac und Voltaire. 1754 hebt CONDILLAC ebenfalls die Bedeutung der Wahrnehmungsaktivität für die R.-Vorstellung anhand des Modells einer fiktiven, mit Empfindungsvermögen ausgestatteten Statue hervor. Das Erkennen von Gegenständen ist abhängig von Augen- und

Tastbewegungen: «Es genügt nicht, wie Locke, zu wiederholen, daß alle Kenntnis von den Sinnen herrührt ... Tatsächlich erlangen wir keine Kenntnis über Objekte durch bloßes Sehen, wir erlangen sie in dem Umfang, wie wir sie ansehen» [24]. Für die empiristische Philosophie ist durch die optischen Eindrücke nur die Wahrnehmung der Ausdehnung von Gegenständen angeboren, während die dritte Dimension aus den Erfahrungen beim aktiven Betasten, d.h. allgemein den Bewegungen herrührt.

Das Problem des äußeren Bezugs oder des 'Außerhalbliegens' der Wahrnehmungsgegenstände angesichts ihres Entstehens aus innerorganismischen Nervenvorgängen wird erstmals von A. VON HALLER im Jahre 1762 korrekt gestellt. Der Bericht von W. CHESELDEN über einen Jungen, der 1728 blind geboren wird und später sein Augenlicht wiedererlangt [25], wirkt für die Entwicklung dieses Problems des p.R. ähnlich wie die Frage nach dem räumlichen Erkenntnisvermögen blinder Personen ein Jahrhundert zuvor. Warum müssen alle Vorstellungen des R. von den Sinneswahrnehmungen stammen? Im Jahre 1746 behauptet TH. REID [26], daß das «Außerhalb» direkt wahrgenommen wird und nicht aus Sinneseindrücken herrührt; eine Konzeption, die noch heute von vielen Realisten geteilt wird. Nach W. HAMILTON [27] fehlt der urprünglichen zweidimensionalen Wahrnehmung der äußere Bezug, auch wenn eine nachfolgende Erfahrung ihn liefert. Daraus zieht Hamilton die Konsequenz, daß Berkeleys Theorie der Assoziation von qualitativen Empfindungen und Augenbewegungen in dem Moment durch den Bericht Cheseldens widerlegt worden ist, als der Junge angab, daß Gegenstände seine «Augen zu berühren» scheinen.

5. Die moderne funktionalistische Theorie der Rw. beginnt mit J. MÜLLER, der 1842 den Begriff der exzentrischen Projektion von Empfindungen aufnimmt und in seine Theorie integriert [28]. Aufbauend auf die Untersuchungen von CH. WHEATSTONE von 1838 [29] setzt er die Diskussion über den äußeren Bezug der Rw. fort, indem er eine spezielle Theorie der Transformation des retinalen Bildes in ein projiziertes Bild entwickelt, die sich auf die Korrespondenz der jeweiligen Punkte dieser Bilder stützt. H. LOTZE kritisiert diese Theorie von Müller auf dem Hintergrund der Philosophie von Leibniz, Kant und Herbart, aber auch aufgrund der zeitgenössischen Physiologie [30]. Wesentlich für seine Erklärung ist, daß es keine Eins-zu-eins-Entsprechung zwischen dem Abbild auf der Netzhaut und der Projektionsfläche geben kann. Trotzdem wird die bewußte Erfahrung des R. vom Gesetz der exzentrischen Projektion oder des äußeren Bezugs richtig wiedergegeben. Die Erklärungen von J. F. HERBART, daß Sinneseindrücke psychologisch zu dieser Projektion verschmelzen [31], oder von M. ROMBERG, daß die Weiterleitung in festgelegten Nervenbahnen dafür verantwortlich ist [32], sind jedoch in ihrer einseitigen Orientierung entweder an der Psychologie oder an der Physiologie falsch. Stattdessen bilden die Augenbewegungen ein System von relativen Koordinaten für jeden gereizten Netzhautpunkt, was Lotze anhand der Abhandlung von J. F. FRIES [33] über das Auge und von M. HALL [34] über die Reflexe zu beweisen sucht. Die wesentliche Neuerung von LOTZE besteht darin, daß er einen physiologischen Mechanismus postuliert, auf welchem Kants «reine Form der Anschauung» basiert, wobei er gleichzeitig die Notwendigkeit exzentrischer Projektion von räumlichen Eindrücken beibehält [35]. Empfindungsqualitäten werden nicht notwendigerweise von isolierten Nervenbahnen weitergeleitet, und ihre räumliche Rekonstruktion erfordert die Verarbeitung der intensiven (im Gegensatz zu den qualitativen Empfindungen der übrigen Sinne) Muskelempfindungen des Auges bzw. des Körpers für den Tast-R. «Lokalzeichen» der Netzhautelemente und die intensive Abstufung der Augenbewegungsempfindungen ergeben zusammen die exzentrische Projektion. Lotzes Theorie enthält demgemäß sowohl empiristische als auch nativistische Elemente, während diese Balance bei späteren Theorien verloren geht [36].

a. *Empiristische Theorien*. – Während im englischsprachigen Raum durch S. BAILEY [37], J. S. MILL [38], A. BAIN [39] und T. K. ABBOTT [40] die Auseinandersetzung um die räumliche Wahrnehmung stark durch Diskussionen im Bereich der Erkenntnistheorie beeinflußt wird, entsteht in Deutschland unter dem Einfluß von Lotzes Theorie der Lokalzeichen eine Vielzahl von empirischen Untersuchungen. Für die taktile R.-Empfindung wird die Hypothese von E. H. WEBER [41] über in sich geschlossene Empfindungskreise durch sich überlappende Kreise ersetzt. G. MEISSNER [42] und J. CZERMAK [43] machen drei Faktoren für die Entstehung der taktilen R.-Empfindung verantwortlich: a) die Hautfläche des Empfindungskreises, b) den physikalischen Zerstreuungskreis der Reize und c) die Übung und Aufmerksamkeit des Beobachters. Meißner zeigt ferner, daß der visuelle Horopter eher eine gekrümmte Linie ist als ein Kreis. Czermak erklärt das aufrechte Sehen durch die Verbindung von lichtempfindlichen Punkten der Netzhaut mit Muskelempfindungen. 1862 verschiebt W. WUNDT Lotzes Betonung der die Lokalzeichen ergänzenden Bewegungen in Richtung auf eine durch Erfahrung zustande kommende Assoziation von Muskelempfindungen und sensorischen Qualitäten [44]. Dabei ist von Bedeutung, daß innerhalb der deutschen Tradition die räumliche Wahrnehmung nicht vorrangig durch die Assoziation von Bewegungen der Gliedmaße mit visuellen Empfindungen erklärt wird, wie es vom Standpunkt der britischen Assoziationisten aus geschieht, sondern daß Tast- und Gesichts-R. auf unabhängigen Mechanismen beruhen; die Erklärung des ersteren bildet den Hauptgegenstand der Untersuchungen bis 1860, während der Gesichts-R. ab 1860 in den Mittelpunkt des Interesses rückt. So übernimmt z.B. H. VON HELMHOLTZ den Ausdruck «Lokalzeichen» zum ersten Mal in seinem Aufsatz über den Horopter von 1864 und kodifiziert ihn in seinem ‹Handbuch der physiologischen Optik› von 1866 [45]. Augenmuskelempfindungen und Lokalzeichen werden nach ihm durch einen «unbewußten Schluß» verbunden [46]. Ähnlich urteilt WUNDT, der die Entstehung der R.-Anschauung als paradigmatischen Fall der «schöpferischen Synthese» des Bewußtseins sieht, die nicht durch Selbstbeobachtung festgestellt, sondern nur aufgrund ihrer Ergebnisse postuliert werden kann. Dabei sind beide Prozesse von der Erfahrung abhängig, also Ergebnis der ontogenetischen Entwicklung.

b. *Nativismus*. – Um 1860 entwickelt E. HERING, als Hauptvertreter einer nativistischen Wahrnehmungstheorie, in seinen Monographien «über den R.-Sinn der Netzhaut» das Modell eines imaginären Zyklopenauges, das die monokularen oder binokularen Bilder in der Hauptblickrichtung zusammenführt [47]. Im Gegensatz zur empiristischen Theorie postuliert er, daß die Muskelbewegungen, die die Wahrnehmungseindrücke fokussieren, angeboren sind. Hering unterteilt weiter den Begriff der Lokalzeichen in Höhen-, Breiten- und Tiefenwerte [48]. Durch die Annahme eigener Tiefenwerte vermeidet er das Problem der Projektion, das die Theorien zur Erklärung der Rw. unnötigerweise belaste. Bilden für Hering physiologische Mechanismen der Netzhaut den Kern einer Theorie der Rw., so liegt dieser Kern für C. STUMPF [49] im unmittelbaren Gegebensein der Räumlichkeit von Vorstellungen, denn jede Farbempfindung oder -vorstellung kann nicht anders als ausgedehnt vorgestellt werden, und jede Ausdehnung ist gleichzeitig in irgendeiner Art gefärbt. Farbe und Ausdehnung sind deshalb gleichursprüngliche Qualitäten, so daß es weder eines «unbewußten Schlusses» noch einer «schöpferischen Synthese» bedarf, um sie miteinander in Verbindung zu bringen.

c. *Sensualismus.* – Eine «sensualistische» Theorie der Rw. wird zwischen 1870 und 1920 u.a. von E. MACH entwickelt, der den visuellen R. als Resultat des nichtvisuellen R. motorischer Empfindungen ansieht [50]. W. JAMES [51] postuliert in Anknüpfung an die Theorien von Hering, Stumpf und Mach, daß erstens eine primitive Wahrnehmung des Ausgedehntseins und des Umfanges einer entwickelten Lokalisation in zwei oder drei Dimensionen vorausgeht und daß zweitens für die Oberflächen- und Tiefenwahrnehmung keine Muskelempfindungen angenommen zu werden brauchen. Der Begriff «radikaler Empirismus» und E. HUSSERLS «Phänomenologie» kennzeichnen die Abwendung von überholten Dichotomien und die Rückkehr zur «reinen Erfahrung» [52].

d. *Feld- bzw. Gestalttheorien.* – Für die Gestalttheorie formuliert W. KÖHLER 1920 eine Theorie des optischen R. [53], in der zwei Prinzipien miteinander verknüpft werden: a) Es gibt keine Punkt-zu-Punkt-Korrespondenz zwischen dem psychophysiologischen Vorgang auf der Retina und dem rezeptiven Feld der Großhirnrinde, und b) der phänomenale R. besitzt charakteristische Eigenschaften, die nicht der Geometrie der Reizkonfiguration entstammen. Außerdem nimmt die Gestalttheorie an, daß Tiefe und Ausdehnung unmittelbare Eigenschaften des Wahrnehmungseindruckes sind. Eine ähnliche Neuorientierung in Richtung ganzheitlicher Strukturen der Wahrnehmung findet sich bei einer Vielzahl anderer deutscher Psychologen und Philosophen [54]. In den USA fußt die einige Jahre später von K. LASHLEY [55] und K. SPENCE [56] ausgetragene Kontroverse um das Unterscheidungslernen auf der Methodik, die Köhler benutzt hat, um die Gesetzmäßigkeiten der Rw. von Tieren zu untersuchen. Die Feldtheorie, eine theoretische Alternative zum Prinzip der Isomorphie der Gestaltpsychologie, wird in den 20er Jahren von K. LEWIN in Berlin entwickelt [57] und beruht auf der Anwendung der mathematischen Topologie auf psychologische Phänomene.

e. Der 'geometrische' Ansatz zur Erklärung der Rw. dominiert in der Literatur der Jahre von 1950 bis 1960. Der probabilistische Funktionalismus von E. BRUNSWIK versteht Wahrnehmung als Auswertung der wahrscheinlichen Eigenschaften von Gegenständen innerhalb einer gegebenen Umweltstruktur [58]. So basieren z.B. optische Täuschungen auf Erwartungen bzw. Vermutungen, die über die Umweltverhältnisse gefaßt werden. Wie A. AMES [59] in seinen Experimenten mit Trapez-Fenstern zeigt, führt z.B. die Erwartung eines Rechtecks dazu, daß ein sich drehendes Trapez verzerrt und als hin und her schwingendes Rechteck wahrgenommen wird. Somit können optische Täuschungen infolge der Reizerwartungen erklärt werden, die auf den statistischen Wahrscheinlichkeiten der Häufigkeit von bekannten Formen beruhen. Umfangreiche Tests an Piloten im Zweiten Weltkrieg und die darauf folgende Arbeit von J. J. GIBSON über visuelle Adaptation bestätigen die Wahrscheinlichkeitshypothese von Brunswik: «The information obtained often has only probable instead of certain validity, to use the terminology of Egon Brunswik (1956) ... Brunswik (1947, 1956) conceived of what he called an ecology of visual cues, but with wholly different assumptions than those here, and with opposite conclusions» [60]. Gibson, ein Schüler von E. B. Holt und E. C. Tolman, prägt in der Folge die Theorie des «ökologischen Realismus», womit er die direkte Wahrnehmung von Invarianten der optischen Struktur der Umwelt zu kennzeichnen sucht. Im Gegensatz zu den früheren Theorien der Rw. behauptet der ökologische Realismus, daß solche Invarianten bei hinreichender Bewegungsfreiheit des wahrnehmenden Organismus, d.h. bei fließendem Wechsel der Perspektive, ohne interne induktive oder deduktive Schlußmechanismen aufgenommen werden können. Sie stellen sich stattdessen als Ergebnisse einer ökologischen Physik dar, die raumzeitliche Wechsel von Perspektive und Oberflächenstruktur der Umwelt unter dem Gesichtspunkt zu bearbeiten hat, wie dabei gewisse Momente konstant bleiben [61].

In dieser Literatur findet man einen relativistischen Begriff der Rw. Die drei Dimensionen und die statischen Situationen verlieren an Bedeutung, und die geometrische Bewegung der Objekte und des wahrnehmenden Organismus in ihrer raumzeitlichen Abfolge wird zunehmend zum gängigen Versuchsdesign; Kritiker aus dem Lager einer kognitiven Wahrnehmungstheorie bezeichnen den ökologischen Realismus allerdings trotzdem als passivistische Wahrnehmungstheorie, die den aktiven Gehalt mentaler Prozesse nicht berücksichtigt, eben weil sie interne Verarbeitungsprozesse möglichst sparsam verwendet [62].

D. T. CAMPBELL u.a. behaupten – definitiv nicht auf dem Hintergrund des ökologischen Realismus, aber durchaus in der Tradition relativistischer Wahrnehmungstheorien –, daß es die durch Industrialisierung und geometrische Normierung der Gebrauchsgegenstände geprägte Umwelterfahrung ist, die die relative Leichtigkeit erklärt, mit der europäische und amerikanische Kinder spitze und stumpfe Winkel als dreidimensionale Dinge auffassen können (verglichen mit Kindern aus anderen Kulturen) [63].

f. Alle bis hierhin referierten Theorien des p.R. gehen davon aus, daß der Rw. in irgendeiner Form eine euklidische Geometrie zugrunde liegt. Seit 1960 gibt es alternativ dazu Theorien über nichteuklidische Formen der Rw., die allgemein als konstruktivistische Wahrnehmungstheorien bezeichnet werden, weil sie sich stark an die mathematische Modelltheorie und an hypothetisch aufgestellte, sensorische Verarbeitungsmechanismen anlehnen. Der Ansatz ähnelt dem Erlanger Programm des Mathematikers F. KLEIN, das postuliert, daß auf dem Hintergrund invarianter Strukturen verschiedene Geometrien entwickelt werden können. Darauf aufbauend wird versucht, Geometrien aufzustellen, in denen bestimmte Strukturen in der Rw. konstant bleiben, um gleichzeitig die dann möglichen Transformationen aufzulisten. Die Ergebnisse von D. H. HUBEL und T. N. WIESEL über kortikale Erregungen bei Reizung eines Katzenauges sind z.B. unter Verwendung der Lie-Algebra modelliert worden [64]. Anhand solcher Modelle wird das heuristische Potential der nichteuklidischen Geometrien für die Theorien der Rw. deutlich, wenn es auch noch verfrüht wäre, realistische Hypothesen über die neuronale Struktur der dann aufzustellenden Lie-Operatoren bilden zu wollen, solange sich nicht mehr und dezidiertere Forschungsergebnisse eingestellt haben [65].

Gegenstand nichteuklidischer Geometrien für die Erklärung von Rw. sind Mikromechanismen der Wahrnehmung wie Netzhautdetektoren und Frequenzkanäle. Zur experimentellen Forschung werden präzis definierte Reizanordnungen (z.B. Ortsfrequenzmuster) verwendet, die mittels der Fourier-Analyse beschrieben werden können. Autoren wie F. W. CAMPBELL, N. GRAHAM, B. JULESZ, D. H. KELLY, W. RICHARDS, J. P. THOMAS, C. W. TYLER und N. WEINSTEIN haben zum Bereich der Rw. und des Auflösevermögens für räumliche Strukturen wichtige Beiträge geleistet [66]. In engem Zusammenhang damit stehen auch psychophysische Untersuchungen über die Zuordnung von Rw.en aus verschiedenen Sinnesmodalitäten [67]. In diesen wichtigen interdisziplinären Ansatz sind im Laufe der Zeit Ergebnisse aus der Informationsverarbeitungstheorie, der Sinnesphysiologie, der Mathematik und der Psychophysik eingeflossen [68].

Insgesamt ist ein allmählicher Bedeutungsverlust der euklidischen Geometrie für die Erklärung des p.R. seit 1800 festzustellen. Der Gauß-Schüler B. RIEMANN berichtet um 1850 über andere mögliche Geometrien, und auch in der Psychologie finden erste Überlegungen zu ihrer Bedeutung für den p.R. statt [69]. W. JAMES kritisiert 1884 die Vorstellung eines «block universe» und behauptet: «admit pluralism, and time may be its form» [70]. Im Anschluß an die Zeit-R.-Diskussion in der Relativitätstheorie betonen Gestalttheoretiker die Unmittelbarkeit der Wahrnehmung des R. Nach und nach wird sowohl beim geometrischen als auch beim nichteuklidischen Ansatz das Prinzip der Dreidimensionalität aufgegeben, und es geht nunmehr darum, wie perzeptive Invarianz bei verschiedenen Transformationen gewahrt bleibt [71].

Anmerkungen. [1] N. PASTORE: Selective hist. of theories of visual perception 1650-1950 (New York 1971). – [2] A. E. HAAS: Antike Lichttheorien. Arch. Gesch. Philos. 20/NF 13 (1907) 345-386; W. JABLONSKI: Die Theorie des Sehens im griech. Altertume bis auf Aristoteles. Arch. Gesch. Med. 23 (1930) 306-331; V. RONCHI: Optics, the sci. of vision, übers. E. ROSEN (New York 1957). – [3] Vgl. O.-J. GRÜSSER: Interaction of efferent and afferent signals in visual perception – a hist. of ideas and experim. paradigms, in: D. G. BOUWHUIS u.a. (Hg.): Sensorimotor interactions in space perception and actions (North-Holland 1987) 3-21, hier: 7. – [4] Vgl. HAAS, a.O. [2]. – [5] ARISTOTELES: De an. II, 7; vgl. H. M. KOELBING: Beobachtung und Spekulation in der aristot. Sinnesphysiol. Dtsch. med. Wschr. 89 (1964) 696-699. – [6] De an. 425 b; vgl. J. I. BEARE: Greek theories of elem. cognition (Oxford 1906). – [7] R. E. SIEGEL: Galen on sense perception (1970). – [8] GALEN: On the usefulness of the parts of the body II, 94ff., übers. M. T. MAY (Ithaca 1977) 491ff. – [9] A. LEJEUNE: Euclide et Ptolémée. Deux stades de l'optique géom. grecque (Löwen 1948); L'optique de Claude Ptolémée dans la version d'après l'arabe de l'émir Eugene de Sicile (Löwen 1956). – [10] E. WIEDEMANN: Ibn Sinas Anschauung vom Sehvorgang. Arch. Gesch. Naturwiss. Techn. 4 (1912) 239-241. – [11] D. C. LINDBERG: Alhazen's theory of vision and its reception in the West. Isis 58 (1967) 321-341. – [12] Late thirteenth-cent. synthesis in optics, in: E. GRANT (Hg.): A source book in mediev. sci. (Cambridge, Mass. 1974) 392-441. – [13] JOH. PHILOPONOS: In De an. 418 b 9. CAG 15, 333, 20-24; übers.: Ausgew. Schr., hg. W. BÖHM (1967) 193. – [14] H. HIRSCHBERG: Gesch. der Augenheilkunde bei den Arabern, in: T. SAEMISCH (Hg.): Graefe Saemisch Hb. der ges. Augenheilkunde 13 (1905) 161-168; GRÜSSER, a.O. [3] 10. – [15] A. C. CROMBIE: Mediev. and early mod. sci. 1-2 (New York 1959) 1, 98-113. – [16] WITELO: Perspectiva (ca. 1270), in: D. C. LINDBERG: The encycl. trad. in optics, in: GRANT (Hg.), a.O. [12] 395. – [17] H. A. WOLFSON: The internal senses in Latin, Arabic, and Hebrew philos. texts. Harvard theolog. Review 28 (1935) 69-133. – [18] R. DESCARTES: Traité de l'homme. Oeuvr., hg. CH. ADAM/P. TANNERY 9, 152ff. – [19] La dioptrique (1637), a.O. 6, 131f. – [20] M. J. MORGAN: Molyneux's question. Vision, touch, and the philos. of perception (Cambridge 1977) 82. – [21] J. LOCKE: An essay conc. human underst. II, ch. 13 (London 1709). – [22] G. BERKELEY: An essay towards a new theory of vision, sec. 122-148, bes. 140 (1709). Philos. works, hg. M. R. AYERS (London 1975) 44-52; vgl. E. SCHEERER: Motor theories of cognitive structure, in: W. PRINZ/A. F. SANDERS (Hg.): Cognition and motor processes (1984). – [23] D. DIDEROT: Lettre sur les aveugles (1749). Oeuvr. compl., hg. J. ASSÉZAT 1 (Paris 1875) 282. – [24] E. BONNOT DE CONDILLAC: Essai sur l'orig. des connaiss. humaines (1746). – [25] W. CHESELDEN: An account of some observations made by a young man, who was born blind, ... Royal Soc. London philos. Transact. 35 (1728) 447-450. – [26] TH. REID: Inquiry into the human mind (1764). Works (New York 1822) 203. 234ff. – [27] W. HAMILTON: Lect. on met., hg. H. L. MANSEL/J. VEITCH (New York 1880) Lect. 13. 15. 25-29. – [28] J. MÜLLER: Hb. der Physiol. 1-2 (1838-42) 1, 557. – [29] C. WHEATSTONE: Contrib. to the physiol. of vision. Royal Soc. London philos. Transact. 128 (1838) 371-394. – [30] H. LOTZE: Med. Psychol. (1852) 352-452. – [31] J. F. HERBART: Psychol. als Wiss. 2 (1825) Kap. 3. Sämtl. Werke, hg. K. KEHRBACH/O. FLÜGEL (1887-1912) 6, 86-112. – [32] M. H. ROMBERG: Lehrb. der Nervenkrankheiten des Menschen 1 (1846) 4f. – [33] J. F. FRIES: Der opt. Mittelpunkt im menschl. Auge, samt allg. Betracht. zur Theorie des Sehens (1839). Sämtl. Werke 17 (1975) 54f. 68f. – [34] M. HALL: Von den Krankheiten des Nervensystems (1842). – [35] W. WOODWARD: From association to Gestalt: the fate of H. Lotze's theory of spatial perception, 1846-1920. Isis 69 (1978) 572-582. – [36] E. ACKERKNECHT: Die Theorie der Lokalzeichen. Ihr Verhältnis zur empirist. und nativist. Lösung des psycholog. R.-Problems (1904). – [37] S. BAILEY: Review of Berkeley's theory of vision: designed to show the unsoundness of that celebrated speculation (London 1842) ch. 5. – [38] J. S. MILL: Bailey on Berkeley's theory of vision. Westminster Review (1842), in: Dissertations and discussions 2 (Boston 1865-68) 84-119. – [39] A. BAIN: The senses and the intellect (London 1855) 384-394. – [40] T. K. ABOTT: Sight and touch: an attempt to disprove the received (or Berkeleian) theory of vision (London 1864) ch. 3f. 11. – [41] E. H. WEBER: Der Tastsinn und das Gemeingefühl, in: Handwb. der Physiol. 2 (1846) 524ff. – [42] G. MEISSNER: Beitr. zur Physiol. des Sehorgans (1854) 61. 97. – [43] J. CZERMAK: Physiolog. Unters., 3. Abh. Sber. kaiserl. Akad. Wien 17 (1855) 572-574. – [44] W. WUNDT: Beitr. zur Theorie der Sinneswahrnehmung (1862). – [45] H. VON HELMHOLTZ: Über den Horopter. Arch. Ophthalmol. 10 (1864) 10-11; vgl. G. HATFIELD: The natural and the normative. Theories of spacial perception from Kant to Helmholtz (Cambridge, Mass. 1990). – [46] Hb. der physiolog. Optik (1866, ²1896) 670. 947. – [47] E. HERING: Beitr. zur Physiol. 1-5 (1861-64). – [48] Der R.-Sinn und die Bewegungen des Auges, in: L. HERRMANN (Hg.): Hb. des Physiol. 1-4 (1883-90) 3/1, 4. – [49] C. STUMPF: Über den psycholog. Ursprung der R.-Vorstellung [1872] (1965) 176-182. – [50] E. MACH: Analyse der Empfindungen (1886) Kap. 7. – [51] W. JAMES: Principles of psychol. 2 (Boston 1890) 171-176. 1157f. – [52] Essays in psychol., Introd. W. WOODWARD (Cambridge, Mass. 1983). – [53] W. KÖHLER: Die phys. Gestalten in Ruhe und im stationären Zustand (1920); vgl. M. WERTHEIMER: Experiment. Stud. über das Sehen von Bewegungen. Z. Psychol. 61 (1912) 161-265; K. KOFFKA: Psychol. der Wahrnehmung. Geisteswissenschaften 26 (1914) 1, 711-716. 796-800. – [54] M. G. ASH: The emergence of Gestalt theory: Experim. psychol. in Germany, 1890-1920. Diss. Harvard (Cambridge, Mass. 1982). – [55] K. S. LASHLEY: An examin. of the 'continuity theory' as applied to discriminat. learning. J. genetic Psychol. 26 (1942) 241-265. – [56] K. SPENCE: An experim. test of the continuity and non-continuity theories of discrimination learning. J. experim. Psychol. 35 (1945) 253-266. – [57] K. Lewin: Grundzüge der topolog. Psychol. (1936) 61-92. – [58] E. Brunswik: Perception and the representat. design of psycholog. experiments (Berkeley 1956) 80f. – [59] A. Ames: Visual perception and the rotating trapezoidal window. Psycholog. Monographs 65 (1951) no. 7. – [60] J. J. Gibson: The senses consid. as perceptual systems (Boston 1966) 141. 187. – [61] Wahrnehmung und Umwelt. Der ökolog. Ansatz in der visuellen Wahrnehmung (1982). – [62] J. A. Fodor/Z. W. Pylyshyn: How direct is visual perception? Some reflections on Gibson's 'Ecological Approach'. Cognition 9 (1981) 139-196; vgl. M. T. Turvey/R. E. Shaw/E. S. Reed/W. M. Mace: Ecolog. laws of perceiving and acting: In reply to Fodor and Pylyshyn (1981), a.O. 237-304. – [63] M. H. Segal/D. T. Campbell/M. J. Herskovits: The influence of culture on visual perception (Indianapolis 1964). – [64] W. C. Hoffman: The Lie algebra of visual perception. J. math. Psychol. 3 (1966) 65-98; vgl. B. Julesz: Found. of Cyclopean perception (Chicago 1971) 292f. – [65] P. C. Doodwell: Human pattern and object perception, in: R. Held/H. W. Leibowitz/H. L. Teuber (Hg.): Handb. of sensory physiol. 8 (New York 1978) 523-548, hier: 536. – [66] Vgl. E. C. Carterette/M. P. Friedman (Hg.): Handb. of perception 1-10 (New York 1974ff.) Bd. 8: Perceptual coding; Bd. 9: Perceptual processing. – [67] L. Marks: The unity of the senses: Interrelations among the modalities (New York 1978) 29-32. 50. 157-164. – [68] C. Harris (Hg.): Visual coding and adaptability (Hillsdale 1980). – [69] B. Riemann: Über Hypothesen, welche der Geometrie zu Grunde liegen. Abh. königl. Ges. Wiss. Göttingen 13 (1868). Coll. works, hg. H. Weber (New York ^{2}1953) 272f. – [70] W. James: The dilemma of determinism (1884), in: The will to believe and other essays in popular philos. (New York 1903) 181. – [71] K. von Fieandt/I. K. Moustgaard: The perceptual world (New York 1977) ch. 11. 12. 19.

Literaturhinweise. J. I. Beare s. Anm. [6]. – V. Ronchi s. Anm. [2]. – N. Pastore s. Anm. [1]. – A. Gostonyi: Der R.: Gesch. seiner Probleme in Philos. und Wiss. 1-2 (1976). – W. Woodward s. Anm. [35]. – E. Scheerer s. Anm. [22]. – D. C. Lindberg: Auge und Licht im MA (1987). – E. C. Carterette/M. P. Friedman (Hg.) s. Anm. [66].   W. Woodward

Raum, logischer, ist ein von L. Wittgenstein im ‹Tractatus logico-philosophicus› benutzter Terminus [1]. Es sei $p_1, p_2, ..., p_n$ eine Reihe von Sätzen, die voneinander unabhängig sind. Es gibt dann 2^n mögliche Einteilungen von diesen Sätzen in wahre und falsche, und jede solche Einteilung ist die Beschreibung einer *möglichen* Sachlage. Eine dieser Beschreibungen muß sich auf die *wirkliche* Sachlage beziehen. Somit ist – nach Wittgenstein – die wirkliche Sachlage in einen l.R. von 2^n möglichen Sachlagen eingebettet, dessen n Dimensionen durch die Sätze $p_1, p_2, ... p_n$ gegeben sind und wo es in jeder Dimension zwei Werte gibt, die den Wahrheitswerten 'wahr' und 'falsch' entsprechen. Jede Wahrheitsfunktion (s.d.) der Sätze p_i bestimmt einen «logischen Ort» in diesem Raum [2], der aus denjenigen Sachlagen besteht, bei denen die Wahrheitsfunktion den Wert 'wahr' erhält. Wenn die Sätze p_i sämtliche Elementarsätze – diese werden als voneinander logisch unabhängig vorausgesetzt – umfassen, wird aus jeder möglichen Sachlage eine mögliche Welt im Sinne Wittgensteins. Es gibt somit einen l.R. von möglichen Welten, in den die wirkliche Welt eingebettet ist.

Anmerkungen. [1] L. Wittgenstein: Tractatus log.-philos. (1921) 2.11; vgl. W. Stegmüller: Hauptström. der Gegenwartsphilos. 1 (^{6}1978) 526-561, hier: 530ff. – [2] Tr. 3.4-3.42; vgl. Tagebücher 1914-1916: 23. 11. sowie 15. und 16. 12. 1914. Schr. 1 (1960) 120f. 126; zudem: Tr. 4.463.

Literaturhinweise. E. Stenius: Wittgenstein's ‹Tractatus›. A critical exposition (Oxford 1960) ch. IV. – M. Black: A companion to Wittgenstein's ‹Tractatus› (Cambridge 1964). – J. Griffin: Wittgenstein's logical atomism (Oxford 1964). A. Kenny: Wittgenstein (London 1973) 72-119. – R. M. Gale: Could logical space be empty? in: J. Hintikka (Hg.): Essays on Wittgenstein in hon. of G. H. von Wright (Amsterdam 1976) 85-104. – W. Stegmüller s. Anm. [2].   E. Stenius

Raum, politischer (R. im geschichtlich-politischen Sinn; frz. espace politique). Vom «politischen Raum» [p.R.] ist explizit offenbar erstmals 1897 in F. Ratzels ‹Politischer Geographie› [1] die Rede. Dabei hat sich bis heute keine Redeweise terminologisch durchsetzen und stabilisieren können. Das Vorkommen der Begriffsfügung ‹p.R.› wird quantitativ bei weitem von anderen politisch relevanten R.-Begriffen wie ‹Reich›, ‹Imperium›, ‹Territorium›, ‹Leistungsraum› usw. übertroffen. Vor allem zwei Verwendungsweisen haben die Geschichte des vergleichsweise jungen Begriffs ‹p.R.› beeinflußt. Auf der einen Seite bezeichnet er eine geographische Gegebenheit. Auf der anderen Seite wird, wie etwa bei H. Arendt, mit der Wortverbindung eine spezifische Handlungsqualität oder eine Systemsorte bezeichnet. ‹R.› hat auch die Qualität eines Modells oder einer Metapher (‹gesellschaftlicher›, ‹kultureller›, ‹kirchlicher› R.›). Diese semantische Spannung muß bei der Rekapitulation der Begriffsgeschichte beachtet werden, auch wenn es nicht immer möglich ist, eine klare Trennung zwischen modellhafter und realistischer Begriffsbedeutung vorzunehmen. Eine solche Trennung ist häufig auch gar nicht intendiert. So enthält H. Arendts Begriff ‹R. des Politischen› Anteile beider Bedeutungsdimensionen. Er bezeichnet sowohl eine Gruppe von Beziehungen, die topisch lediglich modelliert werden, als auch eine soziale Institution, die durch ihre reale räumliche Organisationsform wesentlich bestimmt ist.

Die Geschichte des Begriffs ‹p.R.› muß auf die Realgeschichte bezogen werden. Besonders für die Zeit vor der Entstehung institutioneller Flächenstaaten muß mit Formen der R.-Organisation gerechnet werden, die von den heutigen grundsätzlich differieren. Diese Differenz kann zu einem leitenden Gesichtspunkt für die Begriffsgeschichte zugespitzt werden (Abschnitt 1). Die Forschung widmet der Historizität des R.-Begriffes neuerdings zunehmende Aufmerksamkeit. Dem Forschungsstand entsprechend muß diese Begriffsgeschichte Entwurfscharakter haben.

1. *Historische Formen der R.-Beherrschung und -Anschauung.* – Die Möglichkeit, großräumige politische Gebilde als geschlossene Flächen anschaulich zu machen, ist an eine Form der Erfassung und Darstellung des R. gebunden, die sich erst seit dem 17. Jh. ausgebildet hat. Diese Voraussetzungen machen sich auch in der Begriffsgeschichte geltend. Die kartographische Projektion des p.R. auf eine geschlossene geometrische Fläche mit einheitlichem Größenmaßstab geht mit der Ausdifferenzierung einer staatlichen Herrschafts- und Verwaltungspraxis einher, die nun verkehrstechnisch in der Lage ist, den R. faktisch zu durchmessen und einen zentral gesteuerten Zugriff auf virtuell jeden R.-Punkt zu organisieren [2]. Dagegen entsprechen der transport- und nachrichtentechnisch beschränkten Möglichkeit der Überwindung eines chaotisch erscheinenden R. die älteren Kartenformen, wie z.B. das Itinerar, das eine «Stationenabfolge, also gewissermaßen den Ausschnitt eines Bandes» [3] darbietet. Hier ist die dominante räumliche Anschauungsform die Linie, verstanden als Symbol

einer Wegstrecke zwischen zwei Orten. Kartographisch darstellbare politische Grenzen, die einen geschlossenen R. konstituieren, sind im Mittelalter noch unbekannt [4]. Dementsprechend wurde in den politischen Schriften des Mittelalters «auf den Platz geachtet, den ein Mensch einnahm, und nicht auf den R., über den er verfügte und in dem er sich befand» [5]. Die politische Kennzeichnung lokalisierte die Personen entweder modellhaft als Punkt im Beziehungsgefüge des mittelalterlichen «ordo» oder geographisch in einem System von Wegstrecken und Zugriffsmöglichkeiten.

Die Unterscheidung zwischen dem Paradigma des geschlossenen Flächen-R. und dem Paradigma der Linie oder Wegstrecke ist insofern bedeutsam, als sie im 20. Jh. in der Semantik der politischen R.-Begriffe wirksam wird. Sie macht darüber hinaus auf der Ebene der Anschauung die realhistorische Zäsur in der R.-Beherrschung deutlich. Erst der «institutionelle Flächenstaat» [6] konstituiert geschlossene p.R.e und revolutioniert «die Institutionen Grenze und Territorium» [7]. Davor kannte Europa weder «nationalen Boden» noch «nationale Grenzen» [8]. Diese Zäsur ist indessen in der Rechts- und Ideengeschichtsschreibung nicht immer gesehen worden. W. HAMEL hat 1933 eine Geschichte des politischen R.-Begriffes vorgelegt, derzufolge eine kontinuierliche Tradition vom Mittelalter bis zur «Boden»-Ideologie seiner Zeit führe [9]. Auch der sich auf Hamels Forschungen stützende C. SCHMITT greift zur Begründung seines «Völkerrechtlichen Großraumprinzips», das dezidiert die Geschlossenheit politischer Groß-R.e herausstellt, in angreifbarer Weise auf einen im Mittelalter vorgeblich stets gesicherten Zusammenhang «von konkreter *Ordnung und Ortung*» [10] zurück. Die neuere geschichtliche und begriffsgeschichtliche Forschung bestätigt eine solche Verbindung nicht.

Anmerkungen. [1] F. RATZEL: Polit. Geogr. (1897) 319. – [2] Vgl. A. M. HESPANHA: L'espace polit. dans l'Ancien Régime (Coimbra 1983) 10ff. – [3] A.-D. VON DEN BRINCKEN: Kartographische Quellen. Welt-, See- und Regionalkarten (1988) 45. – [4] a.O. – [5] A. NITSCHKE: Naturerkenntnis und polit. Handeln im MA (1967) 174. – [6] Der Begriff geht zurück auf TH. MAYER: Die Ausbild. der Grundl. des mod. dtsch. Staates im hohen MA. Hist. Z. 160 (1939) 457-487, zit.: 466. – [7] E. BALIBAR/I. WALLERSTEIN: Rasse-Klasse-Nation. Ambivalente Identitäten (1990). – [8] L. FÈBVRE: ‹Frontière›. Wort und Bedeutung, in: Das Gewissen des Historikers (1988) 27-39, zit.: 35. – [9] W. HAMEL: Das Wesen des Staatsgebietes (1933) 16. – [10] C. SCHMITT: Völkerrechtl. Großraumordnung mit Interventionsverbot für raumfremde Mächte (1939, ⁴1941) 65.

2. *Frühe Formen der juristischen Territorialisierung der Macht.* – Bereits 1552 hat BALDUS DE UBALDIS R. und Territorium unterschieden und letzteres als die politische Einteilung des R. definiert: «... territorium non est aliud quam terrae spatium munitum et armatum iurisdictione» [1]. HESPANHA übersetzt «territorium» mit «espace politique» [2]. Die mittelalterliche Rechtstheorie formuliert das Schema einer wechselseitigen Kohärenz von «territorium» und «iurisdictio» («iurisdictio cohaeret territorio») in zahlreichen Varianten. BALDUS gilt die Gerichtsbarkeit «als Annex und Bestandteil des Bodens», die «durch den Herrn über diesen Boden ausgeübt» wird [3]. BARTOLUS A SAXOFERRATO vertritt eine die «iurisdictio» in römischrechtlicher Manier stärker an Person und Amt bindende Position, allerdings auch mit Einschränkungen: «iurisdictio cohaeret officio et personae eius qui habet officium tunc est in territorio et sic non est qualitas territorii: sed magis personae» [4]. Sowohl die stärker «objektivistischen» Formulierungen des Baldus als auch die «subjektivistischen» des Bartolus werden noch bis ins 18. Jh. reproduziert [5]. Den frühen Formen der «Territorialisierung der Macht» [6], die jene Kohärenzlehre (in allen ihren Varianten) zum Ausdruck bringt, entsprach aber weder eine militärtechnische Verankerung der Grenzen noch eine verwaltungstechnische Erschließung und Vereinheitlichung geschlossener Räume. Die Rechtsgeltungsräume waren in der Regel nicht geographisch verbunden. Auf dem gleichen Territorium konnten sich überdies verschiedene Rechtsansprüche überlagern. Obwohl deshalb der Begriff des Territoriums nicht ohne weiteres als 'Vorläufer' des ‹p.R.› oder gar als sein Synonym aufgefaßt werden kann, kündigte er doch den modernen und im Begriff des p.R. erhaltenen Gedanken an, «zum Begriff des Staates gehöre ein Staatsgebiet, das in allen seinen Teilen der Staatsgewalt gleichmäßig unterworfen ist» [7]. «Der moderne 'Staat' ist in Deutschland ... nicht im Rahmen des Reiches, sondern auf dem Boden der Territorien entstanden» [8]. Es sind kleinräumige politische Gebilde, die zuerst einen einheitlichen p.R. konstituieren. In diesem Sinne hat J. ALTHUSIUS die «provintia» als eine juristische und politische Einheit definiert, die durch die Lebensgemeinschaft einer Gemeinde konstituiert wird, die das gleiche Recht und den gleichen Landesherrn («dominus terrae») anerkennt. Er schreibt: «Provintia est, quae complexu territorii sui plures pagos, oppida, castra et civitates, sub iuris unius communione et administratione, consociatas et devinctas continet» [9]. Der Begriff der Landesherrlichkeit oder «superioritas» verändert seine Bedeutung von der Bezeichnung der Fähigkeit, untergeordnete lokale Macht- und Rechtsansprüche zu koordinieren, zunehmend zu der eines selbständigen Rechts mit dem Anspruch auf territoriale Ausschließlichkeit. Nunmehr wird «mit der abstrakt formulierten Territorialgewalt die Herrschaft über ein ebenso abstrakt definiertes Territorium beansprucht» [10]. Es ist die «bahnbrechende Leistung Knichens und der folgenden Juristengeneration» [11] gewesen, diesen Anspruch rechtlich gesichert zu haben. A. KNICHEN, P. M. WEHNER, TH. REINKINGK u.a. setzen den Begriff des Territoriums nicht mehr zu «iurisdictio», sondern zu «superioritas» bzw. «Landesobrigkeit» in Beziehung. «... et toti territorio Landsfürstliche Obrigkeit inseparabiliter cohaereat» [12]. Erst jetzt, um die Wende zum 17. Jh., gewinnen die Rechtsgedanken der Landesgrenze und des «territorium clausum» an Bedeutung. «Ita etiam quoad superioritatem et universale territorii dominium et recognitionem ad eum spectet, alles was darinn gelegen und bekraist» [13]. Auch Z. VITOR und T. REINKINGK kennen diese Vorstellung [14]. Daraus darf freilich nicht gefolgert werden, daß die Landesgrenzen zuverlässig einen geographischen R. umschlossen hätten.

Anmerkungen. [1] BALDUS DE UBALDIS: In usus feudorum comm. (Lyon 1552) Rubr.: Quae sint regalia n. 2. – [2] HESPANHA, a.O. [2 zu 1.] 32. – [3] H. MOHNHAUPT: Rechtl. Instrumente der R.-Beherrschung. Ius commune 14 (1987) 161. – [4] BARTOLUS A SAXOFERRATO: Opera omn. 1. 1 D (Venedig 1615) 2, 1 nr. 15. – [5] MOHNHAUPT, a.O. [3] 162. – [6] P. ALLIÈS: L'invention du territoire (Grenoble 1980). – [7] D. WILLOWEIT: Rechtsgrundl. der Territorialgewalt. Landesobrigkeit, Herrschaftsrechte und Territorium in der Rechtswiss. der Neuzeit (1975) 276. – [8] O. BRUNNER: Land und Herrschaft (1939, ⁴1959) 165. – [9] J. ALTHUSIUS: Politica methodice digesta (³1614), hg. C. J. FRIEDRICHS (Cambridge, Mass. 1932) 61. – [10] WILLOWEIT, a.O. [7] 275. – [11] a.O. 123. – [12] P. M. WEHNER: Practicarum iuris observationum selectarum lib. sing. (1608,

²1624) 458. – [13] A. KNICHEN: De iure territorii III, n. 101 (1600) 257. – [14] WILLOWEIT, a.O. [7] 287 gibt als frühesten Beleg für die Rede vom «territorium clausum» eine Arbeit von CH. BESOLD an; diese setzt den Begriff aber schon als bekannt voraus: De ordine equestri libero imperioque immediate subjecto disc. (1619), in: J. S. BURGERMEISTER: Bibl. equestris 1-2 (1720) 1, 529-542, bes. 536 (n. 8).

3. *Staatsgeographie und Erdbeschreibung.* – Im 18. Jh. gewinnt die Einsicht politisches Gewicht, daß die Herstellung eines Einheitsstaates ein Problem der administrativen Beherrschung des R. ist. Dafür bieten die neuen Disziplinen der Statistik (Staatswissenschaft) [1] und der in sie integrierten «Erdbeschreibung» [2] und Staatsgeographie [3] die empirischen Fakten. Sie werden zu Hilfsdisziplinen des entstehenden «ius publicum». A. W. F. CROME postuliert 1785 die Notwendigkeit einer «politischen Arithmetik» [4] und einer «Größenkunde»: «Also, nicht der Flächen-R. allein, sondern auch die Bevölkerung der Staaten, interessiert den Staatsmann und den Politiker überhaupt; ... beides, gleich wahr und deutlich, gleich anschauend und überzeugend dargestellt, müßte das Studium der Größenkunde ungemein erleichtern und befördern» [5]. Wenngleich man sich dergestalt dem R. zuwendet, wird er doch nicht selbst mit politischen Qualitäten ausgestattet. Die genannten Wissensformen gehören zwar der Tradition der politischen Geographie an [6], unterliegen aber noch nicht der geodeterministischen Logik, die jene Disziplin später vor allem auszeichnen wird. Andererseits sind es diese Ansätze, die allererst jene geographischen Räume als anschauliche Gegebenheiten diskursiv konstituieren, auf die dann der dynamisierte und komplexer gewordene Geodeterminismus zurückgreifen kann.

Anmerkungen. [1] G. ACHENWALL: Abriß der neuesten Staatswiss. der vornehmsten Europ. Reiche und Republiken (1749). – [2] A. F. BÜSCHING: Neue Erdbeschreibung 1 (1754). – [3] J. M. FRANZ: Der Dtsch. Staatsgeographus (1753). – [4] A. W. F. CROME: Ueber die Größe und Bevölkerung der sämtl. europ. Staaten. Ein Beytrag zur Kenntniß der Staatenverhältnisse, und zur Erklärung der neuen Größen-Karte von Europa (1785) 7. – [5] a.O. 15. – [6] U. ANTE: Polit. Geographie (1981) 12.

4. *Geodeterminismus, Anthropogeographie, politische Geographie.* – Die Bedeutung des R. für Geschichte und Politik ist eine seit HERODOT und ARISTOTELES bekannte Denkfigur [1], die in der Neuzeit von der politischen Geographie aufgenommen und weiterentwickelt wird. Nachdem bereits N. MACHIAVELLI [2] auf die Bedeutung des Territoriums für die Macht des Staates hingewiesen und CH.-L. DE MONTESQUIEU [3] Beziehungen zwischen Klima und Gesetzen hergestellt hatte, bildet A. R. J. TURGOT [4] Mitte des 18. Jh. den Begriff der «politischen Geographie», der die positiven und theoretischen Beziehungen zwischen geographischen Daten und politischen Prozessen darlegen soll. Die politische Geographie legt einen synchronen Schnitt durch die Universalgeschichte. Die durchaus zeittypische Parallelisierung von Historie und Geographie deutet bereits an, daß der politischen Geographie kein simpler Naturdeterminismus zugrunde liegt. Vielmehr geht in der Neuzeit von Anfang an eine Reflexion auf die wachsenden technischen Möglichkeiten der R.-Überwindung in die Denkfigur des Geodeterminismus ein, die dadurch an Komplexität gewinnt. Begünstigt durch die Einbindung in geschichtsphilosophische Paradigmen entwickelt sich der physische Determinismus im 19. Jh. zu einem «Entwicklungsdeterminismus» [5]. Teilweise werden allerdings in der weiteren Entwicklung die «raumüberwindenden Mächte» selbst wieder naturalisiert, wenn z.B. politische Gebietsansprüche rassisch oder stammesgeschichtlich begründet werden. Trotz aller Differenzierungen lassen sich noch politische R.-Begriffe der sechziger Jahre des 20. Jh. der geodeterministischen Argumentationsfigur zuordnen.

Populär wird das geodeterministische Denken durch den Zoologen und Geologen F. RATZEL, der 1882 ein Werk mit dem Titel ‹Anthropo-Geographie oder Grundzüge der Anwendung der Erdkunde auf die Geschichte› veröffentlicht. In der Tradition des Geographen, Pädagogen und Landschaftsmalers C. Ritter stehend, will Ratzel in eher geschichtsphilosophischer als geographischer Manier eine Wissenschaft vom «Einfluß der Naturbedingungen auf die Menschheit» [6] begründen. Er konstatiert eine «Tendenz zur Einführung immer größerer R.e in die geschichtliche Aktion und zur Bildung räumlich größerer Nationen» [7]. «Diese Macht der größeren Massen wirkt mit Naturnotwendigkeit» [8]. Die Naturalisierung von kulturell-gesellschaftlichen Faktoren der R.-Bildung ist bedeutungskonstitutiv für Ratzels Begriff der raumüberwindenden Mächte. Die Vorstellung natürlicher Grenzen gewinnt besonderes Gewicht. «Gute Grenzen» bestehen in der «Umschließung einer Summe von geographischen Eigentümlichkeiten ... durch einen unverrückbaren Rahmen sei es des Landes oder Meeres oder Gebirges» [9]. In Ratzels ‹Politischer Geographie› von 1897 wird der Begriff des «p.R.» [10] erstmals explizit verwendet. Größe und Form geographisch gegebener R.e sind die Vorgaben, die einerseits bereits faktisch die politische R.-Bildung bestimmen. Andererseits sollen die Staaten, die für Ratzel «ein Stück Menschheit und ein Stück Boden» [11] sind, jene R.e erst als p.R.e installieren. Bereits bei Ratzel hat der Determinismus auch eine appellative Nebenbedeutung.

Der schwedische Staatsrechtslehrer R. KJELLÉN gründet 1914 auf Ratzels Lehre die Disziplin der Geopolitik, die ihm Namen und Definition verdankt [12]. Geopolitik «ist die Lehre über den Staat als geographischen Organismus oder Erscheinung im R.» [13]. Zuweilen wird als das eigentliche Geburtsjahr der Geopolitik das Jahr 1924 angesetzt, in dem K. HAUSHOFER die ‹Zeitschrift für Geopolitik› gründet [14]. Für Haushofer liegt der Zweck der Geopolitik darin, «die gewonnene R.-Erkenntnis auf die Erlangung, Erhaltung, Umschichtung der Macht im R. einzustellen, soweit sie von der Erdoberfläche bestimmt wird» [15]. Die «Lebensfrage jeder Reichsbildung» ist ihm die «R.-Überwindung» [16].

Ratzels Begriff der «raumüberwindenden Mächte» fand, wie sein Begriff des Lebensraums (s.d.), durch Haushofer auch Eingang in den nationalsozialistischen Sprachgebrauch. Dabei sah sich Haushofer durch die Anthropo-Geographie O. MAULLS unterstützt, der politische R.-Ansprüche durch die These einer Zusammengehörigkeit der «landschaftsgestaltenden, formschaffenden Kraft» [17] des Menschen mit einem jeweiligen R. begründet. Maull ließ 1956 noch einmal eine ‹Politische Geographie› erscheinen, in der sein Volks- und Kulturbodenkonzept und das Gesetz der «R.-Auslese» die politischen R.-Ansprüche Deutschlands naturalisierend rechtfertigen [18]. Diese Vorstellung aufnehmend, griff A. GRABOWSKY 1960 auf den Begriff ‹p.R.› zurück, um gegen die Teilung Deutschlands zu protestieren [19].

Anmerkungen. [1] P. A. SOROKIN: Sociocultural causality, space, time. A study of referential principles of sociol. and soc.

sci. (New York 1964). – [2] N. MACHIAVELLI: Discorsi sopra la prima deca di Tito Livio I, c. 1 (Rom 1531). – [3] CH.-L. DE MONTESQUIEU: De l'esprit des lois (1748) I, 18, 5; 19, 4. – [4] A. R. J. TURGOT: Plan d'un ouvrage sur la géogr. polit., hg. G. SCHELLE. Oeuvr. 1 (1919); dtsch. gek.: Über die Fortschritte des menschl. Geistes, hg. J. ROHBECK/L. STEINBRÜGGE (1990) 164-167. – [5] ANTE, a.O. [6 zu 3.] 12. – [6] F. RATZEL: Anthr.-Geogr. (1882) 41. – [7] a.O. 157. – [8] 166. – [9] 121. – [10] Polit. Geogr. (1897) 319. – [11] a.O. 4. – [12] R. KJELLÉN: Die Großmächte der Gegenw. (1914). – [13] Der Staat als Lebensform (1917) 46. – [14] Vgl. H. BECK: Geogr. (1973) 367. – [15] K. HAUSHOFER: Polit. Erdkunde und Geopolitik, in: Freie Wege vergleich. Erdkunde (1925) 151. – [16] Raumüberwindende Mächte (1931) 63. – [17] O. MAULL: Anthropogeogr. (1932) 8. – [18] Polit. Geogr. (1956) 329. 34. – [19] A. GRABOWSKY: R., Staat und Gesch. (1960) 215.

5. *Funktionale R.-Begriffe.* – J. H. VON THÜNEN entwickelt zu Beginn des 19. Jh. das Modell eines Wirtschafts-R., der durch eine vom zentralen Marktplatz nach außen hin abnehmende Intensität gekennzeichnet ist [1]. In W. CHRISTALLERS Theorie der «zentralen Orte» (1933) [2] werden auch die politisch-herrschaftlich-administrativen Dimensionen der «zentralörtlichen Funktion» analysiert. Der p.R. ist wiederum nicht von den Grenzen her, sondern durch zentrale Orte konstituiert und eher funktional als geographisch gedacht. Während die von der Kulturkreistheorie O. SPENGLERS [3] und L. FROBENIUS' [4] beschriebenen R.e noch substantiellen Charakter erkennen lassen, steht in der von H. AUBIN [5] während der zwanziger Jahre inaugurierten Kulturraumforschung die Modellfunktion der jeweiligen R.e im Vordergrund. Sie werden als wissenschaftliche Konstruktionen aufgefaßt, «als Verdichtungsgebiete zahlreicher Einzelmerkmale, unscharf an den Rändern, mitunter sich überschneidend» [6].

Mit der juristischen «R.-Theorie» [7], mit der Staatsrechtslehre H. KELSENS [8], mit E. RADNITZKYS [9] Auffassung des Staatsgebietes als «Kompetenzsphäre» und mit G. SIMMELS [10] Soziologie liegen seit dem Ende des 19. Jh. Theorien vor, die den p.R. als Produkt der Herrschaft über Personen darstellen und ihn von jeder Naturbeziehung lösen.

SIMMEL vergleicht politische Grenzen mit den Grenzen eines Kunstwerks: In beiden Fällen erfüllen die Begrenzungen wichtige modellbildende Funktionen [11]. Die räumliche Grenze ist «nur die Krystallisierung oder Verräumlichung der allein wirklichen seelischen Begrenzungsprozesse. Die Grenze ist nicht eine räumliche Tatsache mit soziologischen Wirkungen, sondern eine soziologische Tatsache, die sich räumlich formt» [12]. Gebietshoheit ist eine Abstraktion von der Herrschaft über Personen, «das Verhältnis zum R. nur einerseits die Bedingung, andererseits das Symbol des Verhältnisses zu Menschen» [13]. Simmel unterscheidet örtliche und räumliche Bestimmtheit sozialer Institutionen. Die räumliche Bestimmtheit, die er historisch erst mit dem Flächenstaat entstehen sieht, verlangt ausschließende Geltungsbereiche, die örtliche Bestimmung hingegen ist eine bloß funktionale Lokalisierung sozialer Aktivitäten, von denen mehrere sich im selben R. überlagern können [14]. Ähnlich wie Simmel wird später J. M. LOTMAN in seiner Kultursemiotik R.e und ihre Strukturierung durch Grenzen als Denk- und Anschauungsformen für soziale Beziehungen analysieren, als diskursive Gegebenheiten mit der Funktion von Weltbildern [15].

F. ROSENZWEIG entwirft 1917 die Umrisse einer Geschichte der europäischen R.-Politik, wobei er insbesondere verwaltungs- und militärisch-technische Bedingungen berücksichtigt. Wechselnde Gesichtspunkte und Variablen wie Waffen- und Transporttechnik, Festungsbau, Probleme der Subsistenzsicherung der Heere und politische Strategien verleihen demnach dem R. eine historisch immer wieder modifizierte Bedeutung [16]. Noch im 18. Jh. habe man Kriege nicht um Gebiete, sondern um die «arithmetisch zu summierende Macht, um ... Bevölkerungs-, Bodenertrags-, Handelsbilanzen, kurzum Zahlen, also Vertauschbares geführt. Der heutige Kampf hingegen geht um das Gebiet selber» [17]. Erst die «Vereinigung von Volkspersonen» zu einer mit dem Gebiet verbundenen nationalen Gemeinschaft transformiert die «leere geometrische Fläche» in ein «lebendiges Etwas: Die Verlebendigung des toten Gebiets: das ist das Reich» [18]. Die Verbindung von «Blut und Boden» bekommt bei Rosenzweig einen anderen als den geläufigen Sinn: Das «weite blutige Land» [19] sei erst mit den nationalen Ideologien und den Volksarmeen napoleonischen Typs entstanden.

Anmerkungen. [1] J. H. VON THÜNEN: Der Isolierte Staat in Bez. auf Landwirtschaft und Nationalökologie (1826). – [2] W. CHRISTALLER: Das System der zentralen Orte (1933). – [3] O. SPENGLER: Der Untergang des Abendlandes 1 (1918) bes. Kap. 3. – [4] L. FROBENIUS: Paideuma. Umriß einer Kultur- und Seelenlehre (1921); zur Kritik an der Kulturkreistheorie vgl. E. BLOCH: Tüb. Einl. in die Philos., Kap 15. Werke 13 (1970) 125-129. – [5] H. AUBIN: Grundl. und Perspektiven geschichtl. Kulturraumforsch. und Kulturmorphologie (1965). – [6] E. ENNEN: H. Aubin und die geschichtl. Landeskunde, in: Ges. Abh. zum europ. Städtewesen (1977) 444-471, bes. 458. – [7] K. V. FRICKER: Vom Staatsgebiet (1867); H. ROSIN: Das Recht der öffentl. Genossenschaft (1886); G. JELLINEK: Allg. Staatslehre (1909). – [8] H. KELSEN: Allg. Staatslehre (1925). – [9] E. RADNITZKY: Die rechtl. Natur des Staatsgebietes. Arch. öff. Rechts 20 (1906) 313-355. – [10] G. SIMMEL: Soziologie (1908). – [11] a.O. 620f. – [12] 623. – [13] 685. – [14] 619. – [15] Vgl. J. M. LOTMAN: Die Struktur literar. Texte (1972) 300ff.; Aufs. zur Theorie und Methodol. der Lit. und Kultur (1974). – [16] F. ROSENZWEIG: Globus. Stud. zur weltgeschichtl. R.-Lehre. Ges. Schr. 3 (Dordrecht 1984) 313-368. – [17] Cannä und Gorlice. Eine Erört. des strateg. R.-Begriffs, a.O. 283-297, bes. 295. – [18] a.O. – [19] ebda.

6. *'Substantialistische' R.-Begriffe.* – An N. Hartmanns ‹Neuer Ontologie› orientiert, stellt W. HAMEL 1933 fest, «daß der staatliche Wille einem dem Boden inhärenten Gesetze folgt» [1]. «Deutschland beherrscht diesen Boden, weil er deutsch ist; nicht etwa folgt aus der Beherrschung die Qualität des Bodens als deutscher ...» [2]. Auch C. SCHMITT betont die Einheit von Staat, Volk und R. Das Volk konstituiert sich demnach, indem es sich im Rahmen des Staates eine imaginäre räumliche Anschauungsform schafft. «Staat ist nach dem heutigen Sprachgebrauch der politische Status eines in territorialer Geschlossenheit organisierten Volkes» [3]. Obwohl dergestalt dem «impermeablen» Flächenstaat – wie bei SIMMEL – der Charakter einer Fiktion zugesprochen wird [4], hält SCHMITT an der Auffassung der Substanzhaftigkeit des staatlichen Gebietes fest. Zur Begründung dieses Zusammenhangs greift er auf den Begriff «Leistungs-R.» zurück, den der Biologe V. VON WEIZSÄCKER entwickelt hatte, demzufolge «die Welt nicht im R., sondern der R. in und an der Welt» als Produkt aktiver biologischer Organismen entsteht [5]. SCHMITT überträgt diese Vorstellung in den Bereich des Politischen und des Völkerrechts. Er bindet die raumkonstituierende politische Idee an die Fähigkeit eines staatlich or-

ganisierten Volkes, «ein Stück Erde zum Kraftfeld einer Ordnung» [6] erheben und den R. konkret gestalten bzw. «füllen» zu können. Unter zeitgenössischen Bedingungen, folgert Schmitt, muß dieser Leistungs-R. ein Groß-R. sein, was sich zuerst im Bereich ökonomischen Handelns gezeigt habe [7]. Die «Leistungsprobe» für die Völker liege in der Frage, ob sie «einem modernen Materialkrieg gewachsen» sind [8]. «Reiche» definiert er als «die führenden und tragenden Mächte, deren politische Idee in einen bestimmten Groß-R. ausstrahlt und die für diesen Groß-R. die Intervention fremdräumiger Mächte grundsätzlich ausschließen» [9]. Das Reich ist wesentlich «volkshaft», es soll die nationale Einheit der geographisch zerstreuten deutschen Minderheiten vor allem im Osten vor der Assimilation an andere Völker des Groß-R. bewahren. Dieses Konzept des Groß-R. steht in Opposition zu dem des britischen Empires und des US-amerikanischen Imperialismus im 20. Jh. Letzteren liegt ein «Wege- und Straßendenken» [10] zugrunde, dem es lediglich um die Sicherung des Zugriffs auf den weltweit verstreuten Besitz zu tun ist. Mit analogen Argumenten hatte A. ROSENBERG bereits 1927 zwischen «Weltimperialismus und völkischem Staatswillen», zwischen «Kreuzzugspolitik und R.-Politik» [11] unterschieden.

Anmerkungen. [1] HAMEL, a.O. [9 zu 1.] 205; zu Hartmann vgl. a.O. 188ff. – [2] a.O. 26. – [3] C. SCHMITT: Der Begriff des Politischen [1933] (1963) 20. – [4] Vgl. hierzu F. BALKE: Die Figur des Fremden bei C. Schmitt und G. Simmel. Sociologia Internationalis 30 (1992) 35-59, bes. 46. 49. – [5] SCHMITT, a.O. [10 zu 1.] 65. – [6] Der Nomos der Erde (1950) 40. – [7] a.O. [5] 5ff. – [8] a.O. 45. – [9] 36. – [10] 25. – [11] A. ROSENBERG: Der Zukunftsweg einer dtsch. Außenpolitik (1927) 18f.

7. *Nach 1945.* – In H. ARENDTS politischer Philosophie bezeichnet der «R. des Politischen» die Handlungssphäre der «vita activa» [1]. Arendt unterscheidet verschiedene Formen menschlicher Tätigkeit, deren höchste das politische Handeln ist, das auf eine freie Gestaltung und Veränderung des Gemeinwesens zielt. Das Politische ist für Arendt in idealer Weise in der griechischen Polis verwirklicht. Hier sei der «agonistische» p.R. (den Arendt für diese Zeit synonym mit ‹öffentlicher R.› setzt) zugleich der Bereich der Freiheit und der Macht gewesen, die es kollektiv zu verantworten galt. Die ökonomischen Handlungstypen der Arbeit oder des Herstellens unterwerfen dagegen die Menschen der Notwendigkeit. In der Antike sei diese Sphäre auf den privaten Haushalt (οἶκος) beschränkt gewesen. Mit dem «Aufstieg der Gesellschaft» und des dann von Hegel so genannten «Systems der Bedürfnisse» seien ökonomische Imperative über den privaten Haushalt hinaus ausgedehnt worden und bestimmten seither die öffentlichen Angelegenheiten. In demselben Prozeß sei das Politische als spezifischer Handlungstyp ausdifferenziert worden, der dann nicht mehr beansprucht konnte, Ort der menschlichen, freien Tätigkeit zu sein. Der R. des Politischen, wie Arendt ihn beschreibt, wird durch die politische Handlungsform gebildet. In der idealisierten Polis nimmt er in der Agora allerdings auch topographische Gestalt an. Sie entspricht dem Paradigma des zentralen Ortes der Versammlung, den die Bürger aufsuchen. Im Rahmen ihrer Totalitarismus-Theorie gewinnt Arendts topische Redefigur einen spezifischen Sinn. Der Totalitarismus ist nämlich dadurch gekennzeichnet, daß er die Trennung von privaten, ökonomischen und politischen R.en einzieht [2].

Bei P. BOURDIEU ist der p.R. Teil des sozialen R. Das ausdifferenzierte politische System gibt das Artikulationsmuster für die politischen Einstellungen in Form einer Links-Rechts-Mitte-Topik vor [3]. Bourdieu setzt diese Topik in Beziehung zum sozialen R. der Klassen und Klassenfraktionen und zeigt, wie dieser im p.R. spezifisch verzerrt erscheint. Auch Bourdieus R.-Begriff hat nicht in erster Linie topographische Bedeutung. Insofern allerdings die sozialen Strukturen im Habitus der gesellschaftlichen Akteure gegenständlich sind, gewinnt auch deren Lokalisierung im geographischen R., gewinnen regionale Besonderheiten politische Relevanz [4]. Ähnlich wie Bourdieu verwendet auch J. F. LYOTARD [5] den Begriff ‹p.R.› in einem nicht topographischen Sinne. Der Begriff bezeichnet hier den Erscheinungs-R. politisch intendierter oder politisch relevanter Handlungen und Ereignisse. P. WEIBEL [6] und P. VIRILIO [7] reflektieren auf die militärischen und technischen Mittel der Schaffung p.R.e; H. INNIS [8] rückt die medientechnischen Voraussetzungen in den Vordergrund.

Für den Rechtshistoriker und Soziologen E. ROSENSTOCK-HUESSY sind Zeit und R. «soziale Erfahrungen» [9]. Die menschliche Aktivität schaffe im «R. des Universums» [10] Einteilungen, die sich zu einer «Übermacht der R.e» verfestigt haben. Die Soziologie sei ein «Weg zum Wiedergewinn» «unserer Freiheit», die darin bestehe, «unausgesetzt neue Zeiten und neue R.e abzuteilen» [11].

Die Ausführungen des Philosophen H. LEFÈBVRE zur sozialen Bedeutung des R. und zum Problem der Urbanität müssen als Fortsetzung seiner Theorie des Alltagslebens aufgefaßt werden [12]. Der moderne Staat installiere «als Bedingung der soziopolitischen Reproduktion» [13] einen «herrschenden R.» [14], «der eine ökonomisch induzierte Auflösung wie eine von unten› initiierte Um- und Neugestaltung des sozialen R. gleichermaßen verhindert» [15]. Für Lefèbvre sind «allein die Kontrolle durch die Basis und eine auf den R. bezogene Selbstverwaltung» («autogestion territoriale») in der Lage, «der Verwaltungsrationalität eine konkretisierte Demokratie entgegenzusetzen und die staatliche Logik einer spatialisierten Dialektik unterwerfen zu können» [16].

G. DELEUZE und F. GUATTARI [17] greifen für ihren politischen Begriff des Territoriums auf die Verhaltensforschung zurück. Unter Territorialisierung begreifen sie die Herstellung von Verhältnissen und Distanzierungen gleich welcher Art. Diese sind aber nicht, wie z.B. die Aggressivität in der Verhaltensforschung, als natürliche, sondern a priori als politische gedacht. Territorien entstehen aus Akten der Markierung und Unterscheidung, als Inbesitznahme eines R. Die Bedeutung von «Territorialisierung» oszilliert bei Deleuze/Guattari zwischen der Stabilisierung von Subjekten durch die zyklisch reproduzierte Selbsteinschließung in einem Spiel-R. des Verhaltens und der topographischen Bedeutung im Sinne der räumlichen Manifestation des Verhaltens, der Inanspruchnahme eines bestimmten Gebietes.

Der Machttheorie M. FOUCAULTS zufolge konnten sich die modernen Gesellschaften nur mit Hilfe der Etablierung eines besonderen Machttyps entwickeln, der Normalisierungs- oder Disziplinarmacht, die «mit dem gesamten Gesellschaftskörper koextensiv ist» [18]. Diese Machtform setzt eine administrative und architektonische Einteilung des R. beim Militär, in der Schule, in den Gefängnissen, an den Arbeitsplätzen usw. voraus, die die Individuen an ihren Funktionsstellen fixiert und ihre Überwachung ermöglicht. «Der R. erstarrt zu einem Netz von undurchlässigen Zellen. Jeder ist an seinen

Platz gebunden» [19]. In Foucaults Perspektive ist jede Organisation des R. mit Machteffekten verknüpft und insofern politisch.

Anmerkungen. [1] H. ARENDT: Vita activa (1960) bes. Kap. 2 und 6; vgl. hierzu S. BENHABIB: Modelle des öffentl. R. Soziale Welt 42/2 (1991) 147-166. – [2] The origins of totalitarianism (New York 1979) 466. – [3] P. BOURDIEU: Die feinen Unterschiede (1982) 708; zur Topik des p.R. vgl. J. LINK/U. LINK-HEER (Hg.): ‹links/rechts›. kultuRRevolution 6 (1984). – [4] L'identité et la représentation. Elém. pour une réflexion crit. sur l'idée de région. Actes Recherche Sci. soc. 35 (1980) 63-72. – [5] J. F. LYOTARD: Espace plastique et espace polit. Rev. d'Esthétique 23 (1977) 255-277. – [6] P. WEIBEL: Territorium und Technik, in: Ars Electronica (Hg.): Philosophien der neuen Technologie (1989) 81-113. – [7] P. VIRILIO: Geschwindigkeit und Politik (1980); Der negative Horizont. Bewegung/Geschwindigkeit/Beschleunigung (1989). – [8] H. INNIS: Empire and communications (Toronto/Buffalo 1950). – [9] E. ROSENSTOCK-HUESSY: Soziologie 1: Die Übermacht der R.e (1956) 285. – [10] a.O. – [11] a.O. 23. – [12] H. LEFÈBVRE: Das Alltagsleben in der mod. Welt (1972). – [13] H. SCHMIDT: Sozialphilos. des Krieges (1990) 297. – [14] H. LEFÈBVRE: De l'état 4. Les contradictions de l'état moderne (Paris 1978) 303. – [15] SCHMIDT, a.O. [13] 299. – [16] LEFÈBVRE, a.O. [14] 323; vgl. auch: La production de l'espace (Paris 1974); Die Revolution der Städte (1976). – [17] G. DELEUZE/F. GUATTARI: Anti-Ödipus (1974); Mille plateaux (Paris 1980), bes. Kap 11f. – [18] M. FOUCAULT: Surveiller et punir (Paris 1975), dtsch.: Überwachen und Strafen (1981) 274. – [19] a.O. 251; zum Problem des R. vgl auch: Unveröff. Ms. (1967), dtsch.: Andere R.e, in: K. BARCK u.a. (Hg.): Aisthesis (1990) 34-46.

Literaturhinweise. V. JOHN: Gesch. der Statistik (1884, ND 1968). – L. FÈBVRE: La terre et l'évolution humaine (Paris 1922). – O. BRUNNER s. Anm. [8 zu 2.]. – P. DOCKÈS: L'espace dans la pensée écon. du 16ᵉ au 18ᵉ s. (Paris 1969). – J.-P. VERNANT: Mythe et pensée chez les Grecs (Paris 1974). – Y. LACOSTE: Die Geographie, in: F. CHÂTELET (Hg.): Gesch. der Philos. 7 (1975) 231-287; Geographie und polit. Handeln (1990). – M. RASSEM/ J. STAGL (Hg.): Statistik und Staatsbeschreibung in der Neuzeit, vornehmlich im 16. bis 18. Jh. (1980). – W. SEITTER: Menschenfassungen. Stud. zur Erkenntnispolitikwiss. (1983). – M. KORINMAN: Quand d'Allemagne pensait le monde. Grandeur et décadence d'une géopolitique (Paris 1990). – P. SAHLINS: Natural frontiers revisited: France's boundaries since the 17th cent. Amer. histor. Review 95 (1990) 1423-1451. – R. KNODT: Der Nomos-Begriff der Erde – eine Betracht. zum R.-Begriff von C. Schmitt. Philos. Jb. 98 (1991) 321-333. W. KÖSTER

Reaktion, bedingte, anfänglich Synonym von I. P. PAWLOWS Begriff «bedingter Reflex» [1] und von W. BECHTEREW «Assoziationsreflex» [2] genannt, ist a) eine Bezeichnung für eine Drüsen- und Muskelreaktion, die auf einen Reiz (bedingter Reiz) folgt, der ursprünglich diese Reaktion nicht hervorruft, aber diese Fähigkeit dadurch erhält, weil er mit einem diese Reaktion auslösenden Reiz (unbedingter Reiz) zusammen dargeboten wird. Davon zu unterscheiden ist b) das meist ebenso genannte *Erklärungsprinzip* des Verhaltens in Reiz-Reaktionstheorien [3]. Schließlich wird c) die Sequenz *Reiz-Reaktion* im Ganzen so genannt, wenn zum Ausdruck kommen soll, daß diese Folge in einem Lernprozeß, dem Konditionieren, zustande gekommen ist.

PAWLOW untersuchte quantitativ Drüsenreaktionen (insbesondere den als Nahrungsreflex bezeichneten Speichelfluß beim Hund), die nach mehrmaliger Darbietung eines neutralen Reizes (z.B. eines Glockentones) und eines sich zeitlich anschließenden [4], natürlichen Reizes (z.B. einiger Tropfen verdünnter Säure im Maul des Tieres) auch dann auftreten, wenn alleine der vorher neutrale Reiz (Glockenton) geboten wird. Die Fernwirkung von Speisen (visuelle Darbietung) beim Nahrungsreflex ist bereits eine b.R. Die b.R. kann erlöschen (Extinktion, Auslöschung), wenn sie mehrmals hintereinander ohne eine Verstärkung [5] durch den natürlichen Reiz herausgefordert wird. Die inneren und äußeren Hemmungen [6] werden als weitere Gründe für das Ausbleiben der b.R. angenommen. Pawlow wählte den Ausdruck «bedingter Reflex» [7], weil der Reflex nur unter ganz bestimmten Bedingungen auftritt, zu denen unter anderem der bedingte Reiz, aber auch «das Vorhandensein reger Aufmerksamkeit» [8] gehört. In der neueren Literatur wird das Konditionieren dagegen als die Herstellung einer einzigen Bedingung (conditioned stimulus) für eine Klasse von Reaktionen aufgefaßt.

E. R. HILGARD und D. G. MARQUIS unterscheiden das klassische Bedingen vom instrumentellen Bedingen [9]. Diese Unterscheidung bezieht sich sowohl auf experimentelle Operationen, durch die b.R.en erzeugt werden, als auch auf hypothetische Mechanismen, die für sie verantwortlich sein sollen. Beim klassischen Bedingen wird nach PAWLOW eine Verbindung zwischen zwei Reizen hergestellt, von denen einer die Funktion des anderen teilweise übernimmt. Dagegen bedeutet instrumentelles Bedingen die Erzeugung einer Verbindung zwischen einem neutralen Reiz (unconditioned stimulus) und einer neuen Reaktion (conditioned response), die in dieser Reizsituation zu einer Verminderung des vorhandenen Antriebs (der Bedürfnisspannung) geführt hat. Diese Reduktion der Bedürfnisspannung heißt Verstärkung. Verstärkt wird die Wahrscheinlichkeit des Auftretens einer Reaktion aus der Klasse der Reaktionen, von denen eine einmal (oder häufiger) die Antriebsminderung herbeigeführt hat. Es liegt hier das Modell von E. THORNDIKES Versuchen mit Katzen in Problemkäfigen zu Grunde.

Die Bedeutungen b) und c) des Terminus, die psychologische Interpretation des beschriebenen Phänomens bzw. die allgemeine hypothetische Erklärung für alles Lernen (Verbindungen durch Konditionieren) werden nicht immer von der Bedeutung a) unterschieden [10].

Anmerkungen. [1] I. P. PAWLOW: Die höchste Nerventätigkeit (das Verhalten) von Tieren. Eine zwanzigjährige Prüfung der objektiven Forschung (1926). – [2] W. M. BECHTEREW: Objektive Psychol. oder Psychoreflexologie. Die Lehre von den Assoziationsreflexen 1-3 [russ. 1907-1912] (1913). – [3] Vgl. Art. ‹Reiz und Reaktion›. – [4] Zu den zeitlichen Verhältnissen vgl. K. FOPPA: Lernen, Gedächtnis, Verhalten. Ergebnisse und Probleme der Lernpsychol. (1965) 28ff. – [5] PAWLOW, a.O. [1] 18. – [6] R. BERGIUS: Art. ‹Hemmung›, in: Hist. Wb. Philos. 3 (1974) 1065. – [7] PAWLOW, a.O. [1] 49. – [8] a.O. 17. – [9] E. R. HILGARD/D. G. MARQUIS: Conditioning and learning [rev. G. A. KIMPLE] (New York 1961) 44ff. – [10] E. R. GUTHRIE: Pavlov's theory of conditioning. Psychol. Review 41 (1934) 199-206.

Literaturhinweise. E. R. GUTHRIE: The psychol. of learning (New York 1935). – K. W. SPENCE: Behavior theory and conditioning (New Haven 1956). – E. R. HILGARD/D. G. MARQUIS s. Anm. [9]. – E. SOKOLOV: Perception and conditioned reflex (1963). – R. BERGIUS (Hg.): Hb. der Psychol. 1, Allg. Psychol. 2: Lernen und Denken (1964). – Art. ‹Behaviorismus›, in: Hist. Wb. Philos. 1 (1971) 817f. – W. F. ANGERMEIER/M. PETERS: Bedingte Reaktionen (1973). R. BERGIUS

Reaktionsbildung. Der Begriff ‹R.› wurde von S. FREUD erstmalig 1905 [1] bei der Erklärung von Ekel und Scham beschrieben. Er versteht Ekel und Scham als R. gegen anale Schmierlust oder Schau- und Zeigelust. Das Typische des Mechanismus liegt darin, daß aus einem

Paar von ambivalenten Haltungen die eine, z.B. Haß, durch Überbetonung der anderen unbewußt gemacht und gehalten wird, – in unserem Beispiel also durch Überbetonung der Liebe [2]. Auf diese Weise tritt an die Stelle des einen Affektes ein anderer; an die Stelle von Grausamkeit Sanftmut, an die Stelle von Schmutz Sauberkeit und Ordnung usw. Die R. stellt einmal einen *komplizierten* Abwehrmechanismus dar: Seine Voraussetzung ist eine Regression der Libido auf die anale Triebstufe, durch welche eine sadistische Strebung an die Stelle der zärtlichen tritt. Dann verfällt die sadistische Strebung der Verdrängung. Zur Sicherung derselben erscheint jetzt sekundär eine reaktive Ich-Veränderung, welche den ursprünglichen Impuls durch einen gegenteiligen ersetzt. CH. BRENNER weist darauf hin, daß im Rahmen dieser Operation der Identifizierung eine besondere Bedeutung zukommt [3]. Außerdem stellt die R. einen *nicht zum Erfolg führenden* Mechanismus dar: «Der verschwundene Affekt kommt in der Verwandlung zur sozialen Angst, Gewissensangst, Vorwurf ohne Ersparnis wieder, die abgewiesene Vorstellung ersetzt sich durch Verschiebungsersatz ...» [4]. Wenn es ein Merkmal jedes Abwehrmechanismus ist, daß er mit Gegenbesetzungen arbeitet, so gilt für die R., daß sie selber bereits eine Gegenbesetzung ist.

Im *normalpsychologischen Bereich* begegnen wir der R. als Anpassungsleistung in bedrohlichen Situationen z.B. in Gestalt des Heuchelns und Schmeichelns. – Im *pathologischen Bereich* ist die R. der für die Zwangsneurose charakteristische Abwehrmechanismus. Durch die Dauerhaftigkeit der durch die R. hervorgerufenen Haltung schafft sie die Bedingungen für die Entstehung von Charakterneurosen; FREUD spricht davon, daß die R. einer Stadtverteidigung in Form eines beständigen Unterhaltens des Befestigungssystems – nicht nur im Bedarfsfalle – gleiche.

Einmal Teil des Charakters geworden, ist die R. Ichsynton, d.h. das Ich kann sie als solche nicht wahrnehmen und problematisieren. Daraus folgt, daß in der therapeutischen Auflösung die R. zunächst einmal Ich-dyston gemacht werden, d.h. vom Ich als Abwehroperation erkannt werden muß.

Anmerkungen. [1] S. FREUD: Drei Abh. zur Sexualtheorie (1905). Ges. Werke 5 (1946). – [2] J. CREMERIUS: Die Bedeutung der R. im Leben Philipp II. für das Schicksal Spaniens. Psyche 22 (1968) 118-142. – [3] CH. BRENNER: Grundzüge der Psychoanalyse (1967). – [4] FREUD: Die Verdrängung (1915). Ges. Werke 10 (1946) 260; Das Ich und das Es (1923); Hemmung, Symptom und Angst (1926). Ges. Werke 13-14 (1946).

Literaturhinweise. A. FREUD: Das Ich und die Abwehrmechanismen (1936). – CH. BRENNER: The psychoanalyt. study of the child 12 (New York 1957) 11-46. – P. MADISON: Freud's concept of repression and defense (Minneapolis 1961). – D. RAPAPORT: Die Struktur der psychoanalyt. Theorie (1961). – G. BALLY: Einf. in die Psychoanalyse S. Freuds (1961). – I. A. ARLOW/CH. BRENNER: Psycho-analyt. concepts and the structural theory (New York 1964). – H. HARTMANN: Psychoanalysis as a scient. theory, in: Essays on ego psychol. (New York 1964). J. CREMERIUS

Realdialektik. Der Begriff ‹R.› ist ein Produkt nachhegelscher Theorienbildung. Der reale Charakter der Dialektik in Absetzung von bloßer Begriffsdialektik mußte eigens betont werden, als die Ontologisierung der Dialektik bei Schelling und Hegel und mit ihr die behauptete Identität von Denken und Sein an Plausibilität verlor. K. MARX nähert sich dem Begriff an – ohne ihn jedoch terminologisch zu fixieren –, wenn er von «reellen», «realen» bzw. «wirklichen» Widersprüchen als Gegenstand der Wissenschaft spricht, die «conflicting facts und reale Gegensätze» zur Darstellung bringe [1]. In dieselbe Richtung zielt F. ENGELS mit der Unterscheidung von subjektiver und objektiver Dialektik [2].

Als Urheber des Begriffs ‹R.› kann J. BAHNSEN gelten, der die «Wissenschaft vom realen Widerspruch» [3] als R. bzw. «Objektivdialektik» [4] sowohl von der 'Begriffsdialektik' Hegels als auch von der Kantischen Auffassung der Dialektik als einer Dialektik bloß des Scheins abgrenzt: «Dem gegenüber behauptet die R. die Widerspruchsnatur ... des Wirklichen selber nach seinem Ansich» [5]. Im Gegensatz aber zu Hegel (und Marx) verzichtet die R. auf eine «überwindende Aufhebung des Widerspruchs» [6]; ihre Absicht ist es, «die vorgefundenen Widersprüche ... in ihrer Unüberwindlichkeit zu erfassen» [7]. Sofern er eine Grenze des begreifenden, diskursiven und konstruierenden Denkens bezeichnet, ist der reale Widerspruch (auch «Realopposition», «Widerstreit», «Conflict» [8]) antilogisches Prinzip der R., deren Mittel der die «Anschauung» bzw. das «Schauens» sind [9]. Darstellungsmethode der R. ist es, die sich «bei inductorischer Betrachtung der Welt» aufdrängenden Widersprüche «mittels descriptiver Präsentation in's rechte Licht zu stellen» [10]. In Anknüpfung an Schopenhauer bestimmt Bahnsen den Widerspruch im Grundwesen des Seienden als Selbstentzweitsein des Willens [11].

N. HARTMANN bezeichnet mit dem Begriff ‹R.› das Bleibende des Hegelschen Erbes, wo «die Begriffsbewegung das Gegenbild einer Realbewegung, das dialektische Denken Widerspiel einer R. ist» [12]. Die Preisgabe des Hegelschen «Vernunftidealismus» zwinge dazu, «die Grenzscheide von 'reeller' und 'unreeller' Dialektik in seinem eigenen Denken aufzufinden» [13]. Da Hegels Dialektik eine «Art des Schauens» und «wirklich relativ auf das Schauen eine Art Bewegung des Gegenstandes» [14] sei, könne sie vom Gegenstand nicht losgelöst werden. So befindet sich die Abstraktionsebene der ‹Wissenschaft der Logik› für Hartmann in der größten Entfernung zur R., die sich auf dessen Geistesphilosophie stützen müsse. Als Beispiele gelten das Herr-Knecht-Verhältnis und die Dialektik von Verbrechen und Strafe bei Hegel. Signum der R. ist nicht der Widerspruch; dieser kann zwar auf einen Widerstreit in der Sache (in Anknüpfung an Kants «Realrepugnanz» [15]) hinweisen, allgemein gilt jedoch für Hartmann, daß die Dialektik um so weniger R. sei, je mehr Hegel auf die Herausarbeitung von Widersprüchen abziele [16].

Im Anschluß an Hartmann hat H. WEIN die Geistesphilosophie Hegels zum Ausgangspunkt der Bestimmung des Realitätsgehaltes der Hegelschen Dialektik und der Entwicklung einer über Hegel hinausführenden R. gemacht. Bringe man die «metaphysische Vorentscheidung Hegels ... gegen den Wert des Individuellen und für den Vorrang des Allgemeinen» [17] in Abzug, so habe Hegel mit der Realität des objektiven Geistes den «übersubjektiven Faktor» in der Geschichte entdeckt [18] und in der Wechselwirkung des Übersubjektiven und Subjektiven geschichtsbestimmende Realfaktoren zutreffend beschrieben. Das Modell hierzu liegt für Wein vor allem in der ‹Wissenschaft der Logik› vor, die er – anders als Hartmann – als Versuch versteht, 'Struktur' als «synthetische Einheit» zu denken, d.h. als Ganzes, in dem seine 'Momente' aufgehoben sind [19]. Diese Dialektik bringe eine «durchgängige Strukturbewandtnis des Wirklichen selbst» zum Ausdruck; sie gilt daher als «das Reelle an der 'Dialektik' schlechthin» [20], das Wein – über Hegel hinaus – für eine R. als dialektische Anthropologie fruchtbar machen möchte, die sich von Hegel vor allem darin löst, daß sie das 'Ganze' immer nur als partikulare Totalität versteht [21].

Der Begriff ‹R.› wird zur Kennzeichnung der Philosophie von Marx und Engels wohl erstmals von P. EPPSTEIN in Anspruch genommen [22], ohne daß diese Terminologie ins marxistische Denken selbst Eingang gefunden hätte. Lediglich E. BLOCH bestimmt – im Rückgriff auf die von Schelling zu Marx reichende Tradition des Dialektik-Begriffs, aber auch in Anknüpfung an N. Hartmanns Kategorienlehre – Dialektik als R. Der «Prozeß-Zusammenhang der Welt» heißt «reale Dialektik» [23]; sie ist Vermittlungs-Mitte im Identischwerden des Weltprozesses als Herausbringen der die Dialektik in durchschlagender Identität aufhebenden Substantialität [24], «geprüfte und reflektierte R. der Welt selber» [25].

Anmerkungen. [1] K. MARX: MEW 32, 181; vgl. A. ARNDT: Karl Marx (1985) 246ff. 255ff. – [2] MEW 20, 475. 481. – [3] J. BAHNSEN: Der Widerspruch im Wissen und Wesen der Welt. Princip und Einzelbewähr. der R. 1-2 (1880-82) 1, 1. – [4] a.O. 6. – [5] 2. – [6] 4. – [7] 13. – [8] 48. – [9] 27. 30. – [10] 28. – [11] 33ff. – [12] N. HARTMANN: Hegel und das Problem der R. (1935), in: Kl. Schr. 2 (1957) 333. – [13] a.O. 336. – [14] 327. – [15] 345f. – [16] 346. – [17] H. WEIN: R. Von hegelscher Dialektik zu dialekt. Anthropol. (1957) 39. – [18] a.O. 52. – [19] 83f. – [20] 101. – [21] 106. – [22] P. EPPSTEIN: Die Fragestellung nach der Wirklichkeit im hist. Materialismus. Arch. Soz.wiss. Soz.pol. 60 (1928) 449-507; so auch: K. BEKKER: Marx' philos. Entwickl., sein Verhältnis zu Hegel (1940) 106. – [23] E. BLOCH: Experimentum Mundi (1975) 79. – [24] a.O. 28. 58. 124f. – [25] 64. A. ARNDT

Realgrund

1. *Crusius und die Schulphilosophie.* – Der Ausdruck ‹R.› erhält terminologisch Kontur im Zuge der Kontroverse um den «Satz vom zureichenden Grund» innerhalb der deutschen Schulphilosophie. CH. A. CRUSIUS führt ihn in seinen deutschsprachigen Schriften als Übersetzung des lateinischen «principium essendi vel fiendi» [1] ein. Zusammen mit dem Komplementärbegriff ‹Idealgrund› deckt die Begriffsbestimmung des R. bei Crusius die ältere Unterscheidung von «ratio essendi» und «ratio cognoscendi» ab [2] und führt sie begriffsgeschichtlich in den deutschen Sprachraum ein. Während der Idealgrund einen «Erkenntnißgrund» darstellt, «welcher die Erkenntniß einer Sache mit Ueberzeugung hervorbringt», ist ein R. ein solcher, der «die Sache selbst ausserhalb den Gedanken ganz oder zum Theil hervorbringt oder möglich macht» [3]. Als ein Grund, der seinem Begründeten der Zeit nach vorangeht, heißt der R. eine «wirkende Ursache» [4]; sofern er und sein Begründetes «zugleich sind», ein «Existentialgrund», d.i. ein 'unwirksamer R.' [5]. Bei den Existentialgründen kann «das Gegründete» infolgedessen «wechselsweise als der Grund des Grundes angesehen werden» [6], z.B. wenn die Länge zweier Seiten eines Dreiecks als R. der dritten betrachtet wird. Dagegen legt der R. als 'wirkende Ursache' eine irreversible Begründungsfolge der Sache nach fest.

Der philosophische Sinn der Unterscheidung von R. und Idealgrund liegt für Crusius in der Abwehr der erkenntnistheoretischen Folgen ihrer Verwechslung. Zwar kann ein R. «zugleich den Idealgrund abgeben», z.B. wenn der Wind als R. von Wolken zugleich den Idealgrund dafür darstellt, daß man ihre Existenz erwartet.

Doch ist ein «Idealgrund nicht allezeit ein R.» [7]. Wenn man nämlich, wie Crusius schon in der ‹Dissertatio philosophica de usu et limitibus principii rationis determinantis, vulgo sufficientis› (1743) gegen Ch. Wolff und seine Schüler angemerkt hatte, den für jedes Seiende aus Vernunftgründen geforderten «zureichenden Grund» als etwas versteht, «woraus sich begreiffen läßt, warum etwas anderes sey, und warum es vielmehr so und nicht anders sey» [8], dann faßt man den «zureichenden Grund» als einen «determinierenden» [9] bzw. nur als R. [10]. Eine solche Fassung des «Satzes vom zureichenden Grunde» macht für Crusius nicht nur die «Grundthätigkeiten der Freyheit» [11] in ethischer Hinsicht philosophisch inexplikabel, sondern birgt zudem die Gefahr einer Verwirrung unserer Begriffe der Dinge, indem «bloß zureichende» [12] Idealgründe mit R.en der Sachen selbst verwechselt werden [13]. Die Unterscheidung von R. und Idealgrund kommt somit dafür auf, einer Verwechslung von Erkenntnisgründen mit Gründen der Wirklichkeit der Sachen, d.i. R.en, vorzubeugen.

Anmerkungen. [1] CH. A. CRUSIUS: Entwurf der nothwend. Vernunftwahrheiten, wiefern sie den zufälligen entgegengestellt werden [Met.] (1753) § 34; vgl. Weg der Gewißheit und Zuverläßigkeit der menschl. Erkenntniß [Log.] (1747) § 140. – [2] Vgl. Log. § 140; Met. § 34; vgl. Art. ‹Ratio cognoscendi/r. essendi/r. fiendi›. – [3] Met. § 34; vgl. Log. § 140. – [4] Log. § 141; vgl. Met. § 36. – [5] Log. § 141. – [6] a.O. – [7] Met. § 37. – [8] § 38. – [9] § 85. – [10] § 86. – [11] § 85. – [12] § 87. – [13] Log. § 142.

Literaturhinweise. H. HEIMSOETH: Met. und Krit. bei Ch. A. Crusius (1926). – M. WUNDT: Die dtsch. Schulphilos. im Zeitalter der Aufklärung (1945, ND 1964) 254ff. – R. LAUN: Der Satz vom Grunde (^{2}1956) 85ff. – M. BENDEN: Ch. A. Crusius. Wille und Verstand als Prinzipien des Handelns (1972) 26ff.

2. *Kant.* – Der vorkritische KANT nimmt der Sache nach bereits 1755 in seiner lateinischen Habilitationsschrift ‹Principiorum Primorum Cognitionis Metaphysicae Nova Dilucidatio› die Differenzierung von R. und Idealgrund des «scharfsinnigen Crusius» [1] argumentativ auf, wobei auch er zwischen einer «ratio essendi vel fiendi» und einer «ratio cognoscendi» [2] unterscheidet. Ist der Ideal- oder Erkenntnisgrund nämlich nur ein «nachträglich bestimmender» («ratio consequenter determinans»), sofern es bei ihm nur um das Kennzeichen («criterium») zu tun ist, an dem man etwas erkenne, so ist der R. dagegen als ein «vorgängig bestimmender» («ratio antecedenter determinans») ein solcher, ohne dessen Voraussetzung die «nachträglich» zu erkennende Sache selbst nicht möglich wäre. Er ist nicht nur das Kennzeichen, sondern die «Quelle» («fons») der Wahrheit [3]. Acht Jahre später (1763), in der Schrift ‹Der einzig mögliche Beweisgrund zu einer Demonstration des Daseyns Gottes›, wird die Ausweisung eines «schlechthin notwendigen Wesens» als ein R. für Kant zum tragenden Argument seines Gottesbeweises. Seine Beweisform, die sich aus der Analyse des Begriffs einer realen Möglichkeit ergibt, beruht darauf, daß «aus dem Möglichen als einer Folge auf die göttliche Existenz als einen Grund geschlossen» [4] wird. Alle Möglichkeit basiert für Kant auf zwei Voraussetzungen; einmal auf einer «Logische[n] der Möglichkeit», welche im Prinzip vom zu vermeidenden Widerspruch besteht, zum zweiten aber auf dem, was Kant «das Reale der Möglichkeit» [5] oder auch «das Materiale im Denklichen» [6] nennt. Im Lichte dieser Voraussetzungen läßt sich nicht denken, daß zwar irgendetwas möglich, aber gar nichts wirklich sei, denn bereits im Gedanken von einer Möglich-

keit müssen mindestens die im Hinblick auf ihre Denkbarkeit überprüften Begriffe selbst wirklich sein (als Grund der Möglichkeit des Gedankens). D.h., es liegt bereits im Begriff der «Möglichkeit» selbst, daß sie «etwas Wirkliches» voraussetzt, «worin und wodurch alles Denkliche gegeben ist» [7]. Daraus folgt, daß dasjenige, dessen Negation «das Materiale und die Data zu allem Möglichen» [8] aufhebt, schlechterdings notwendig existieren muß, weil sonst jede Art von Möglichkeit – sowohl eines logisch einstimmigen Gedankens als auch eines jeden realen Dinges – sich aufhöbe. Kant nennt nun «dasjenige Wirkliche, durch welches als einen Grund die innere Möglichkeit anderer gegeben ist, den ersten R.» [9] bzw. – im Blick auf die perennierende Frage nach der Voraussetzung einer jeden Möglichkeit – auch «den letzten R. aller andern Möglichkeit» [10]. Unter dem Namen eines «schlechthin nothwendigen Wesens» oder «Gottes» stellt es den «hinlängliche[n] R. alles andern» [11] dar, da in ihm als einem letzten Grunde «die Data zu aller Möglichkeit ... anzutreffen sein müssen» [12].

In der im selben Jahr (1763) entstandenen Schrift ‹Versuch den Begriff der negativen Größen in die Weltweisheit einzuführen› schließt Kant einerseits noch an die Gedankengänge seiner Beweisgrunds-Abhandlung an, wenn auch hier «allein der Wille Gottes» als «R. vom Dasein der Welt» [13] bestimmt wird. Und er verwendet den Ausdruck ‹R.› auch noch weitgehend so, wie er ihn aus crusianischen Quellen in der ‹Nova Dilucidatio› übernommen hatte [14], nämlich als einen Grund der Wirklichkeit einer Sache «außerhalb der Gedanken». Aber er trägt sich andererseits doch schon mit denjenigen Problemen des Grund-Begriffs, die ihn später zu seiner 'kritischen' Theorie der Kausalität führen werden. Sie lassen ihn von der «Eintheilung des Herrn Crusius in den Ideal- und R.» [15] abrücken. Im Rahmen der neuen Problemstellung vermag ein R. «niemals ein logischer Grund» [16] oder ein Idealgrund zu sein. Während bei einem logischen Grund «eine Folge durch einen Grund nach der Regel der Identität gesetzt» wird, weil sie «wirklich einerlei ist mit einem Theilbegriffe des Grundes» [17] und durch Begriffsanalyse entdeckt werden kann, stellt sich für Kant angesichts des R. «und dessen Beziehung auf die Folge» die Problemlage «in dieser einfachen Gestalt dar: wie soll ich es verstehen, daß, weil Etwas ist, etwas anders sei?» [18]. Erklärungsbedürftig ist also gerade «die Beziehung eines R. auf die Folge», die aus ihm entspringt, und die offenkundig durch das Prinzip der Identität nicht hinreichend expliziert wird. Denn «durch den Wind wird der Regen nicht zufolge der Identität gesetzt». Eine Klärung der immanenten Beziehung eines R. zur Folge wird 1763 freilich nur erst in Aussicht gestellt [19]. Sie wird 1781 in der ‹Kritik der reinen Vernunft› vorgenommen, allerdings so, daß das Konzept des R. als solches hinfällig wird.

In Kants 'kritischer' Philosophie tritt das Konzept des R. gänzlich in den Hintergrund; es wird nur in Zusammenhängen thematisiert, in denen es den neu erreichten kritischen Standpunkt gegen Angriffe von seiten der 'vorkritischen' Schulphilosophie zu verteidigen gilt, auf die Kant 1789/90 in Briefen und Schriften repliziert. Im Rahmen der 'kritischen' Philosophie hat sich die Theorie des realen «zureichenden Grundes» zur Theorie der Kausalität als kategoriale Konstitutionsform der Erfahrungserkenntnis von Erscheinungen modifiziert. «Der Satz: Alle Dinge haben ihren Grund, oder, mit anderen Worten, alles existirt nur als Folge, d.i. abhängig seiner Bestimmung nach, von etwas anderem, gilt ohne Aus- nahme von allen Dingen als Erscheinungen im Raume und Zeit, aber keineswegs von Dingen an sich selbst» [20], wie der Satz vom Grund als einem R. begründen wollte. «Wenn man aber», wie die vorkritische Metaphysik, «sagt: ein jedes Ding hat seinen Grund, so meint man allemal darunter den R.». Er ist, vom 'kritischen' Standpunkt besehen, «zwiefach ..., entweder der formale (der Anschauung der Objecte), wie z.B. die Seiten des Triangels den Grund der Winkel enthalten, oder der materiale (der Existenz der Dinge), welcher letztere macht, daß das, was ihn enthält, Ursache genannt wird» [21]. Kant holt damit die von Crusius then im Konzept des R. inaugurierte Unterscheidung einer «unwirksamen» und einer «wirksamen Ursache» – allerdings in skeptischer Absicht – begrifflich ein. Zwar sind die Seiten des Triangels der zureichende formale R. seiner Winkel. Aber über den materialen R. als Grund der Existenz in sachhaltiger Hinsicht ist damit nichts gesagt, und es läßt sich auch nichts darüber sagen, insofern uns nach 'kritischer' Auffassung «das Realwesen (die Natur), d.i. der erste innere Grund Alles dessen, was einem gegebenen Dinge nothwendig zukommt» [22], nicht gegeben ist. Insofern fällt Kants in der Schrift über die «negativen Grössen» avisierte Antwort auf die Frage, was die Beziehung eines R. auf seine Folge der Möglichkeit nach konstituiere, innerhalb der kritischen Philosophie nun negativ aus. In der KrV, in der der Ausdruck ‹R.› nur noch einmal auftaucht, heißt es infolgedessen, daß «wir überhaupt von keinem R. und einer Kausalität, aus bloßen Begriffen a priori, die Möglichkeit erkennen können» [23]. Damit ist auch das Konzept des R. als innerer Grund des Daseins der Dinge außerhalb der Gedanken preisgegeben.

Anmerkungen. [1] I. KANT: Nova diluc. (1755), s. II, prop. IX. Akad.-A. 1, 398. – [2] prop. IV, a.O. 392. – [3] Adstructio realitatis definitionis, a.O. 391. – [4] Beweisgr. (1763) A 190. Akad.-A. 2, 156. – [5] A 17f./Akad.-A. 77f. – [6] A 22/80; vgl. A 24. – [7] A 29/83. – [8] A 20/79; vgl. A 28/82. – [9] A 22f./79. – [10] A 30/83; vgl. A 34. 37/85f. – [11] A 42/88. – [12] A 34/85. – [13] Versuch ... negat. Gr. (1763) A 68. Akad.-A. 2, 202. – [14] Vgl. z.B. A 41/ Akad.-A. 2, 190. – [15] A 69/203. – [16] A 70/203. – [17] A 67/202. – [18] A 68/202. – [19] A 71/203f. – [20] Über eine Entdeck. nach der alle neue Critik der reinen Vernunft durch eine ältere entbehrlich gemacht werden soll (1790) A 51f. Akad.-A. 8, 213, Anm. – [21] Br. an C. L. Reinhold (12. 5. 1789). Br.wechsel, hg. O. SCHÖNDÖRFFER (1924). – [22] a.O. – [23] KrV A 558/B 586.

Literaturhinweise. D. HENRICH: Der ontolog. Gottesbew. (1960) 178-188. – F. KAULBACH: Der philos. Begriff der Bewegung (1965) 96ff. 207f. – J. SCHMUCKER: Die Ontotheol. des vorkrit. Kant (1980) 26-49. 131f.

3. Deutscher Idealismus bis 20. Jh. – Kants Kritik des R. wird in der sich anschließenden idealistischen Philosophie als maßgeblich aufgefaßt. Sofern sie weiterhin mit der Unterscheidung von R. und Idealgrund argumentiert, entkleidet sie sie ihrer ontologischen Dignität innerhalb einer neuzeitlichen «Causae-Lehre» und transformiert sie zu einer operationalen Differenzierung. J. G. FICHTE nimmt sie in der Deduktion des theoretischen Wissens seiner ‹Wissenschaftslehre› von 1794 auf. Ihm zufolge «heißt» in philosophischen Begründungsgängen der «Grund einer Qualität» ein R. [1]. Er tritt dem «idealen Grund» als «ein Beziehungs-», «Relations-» [2] oder «Erklärungsgrund» [3] gegenüber. Die Notwendigkeit einer Unterscheidung beider Grundtypen ergibt sich für Fichte aus dem argumentationsimmanenten Explikationsproblem, das Sich-bestimmt-Finden, kurz: das «Leiden» eines als absolute Selbsttätigkeit des Bewußtseins gedachten Ichs [4] zu erklären. Dies geschieht durch den Gedanken, daß man als explikativen, die im «Leiden» gesetzte Negation von Selbsttätigkeit des Ich erklärenden Grund eine Aktivität des Gegenstandes, Fichte sagt: eine «Thätigkeit des Nicht-Ich» [5], annehmen müsse. Diese stellt so besehen den Idealgrund des «Leidens» im Ich dar. Damit «überträgt» das Ich «Thätigkeit des Nicht-Ich aus dem Ich» [6] nur aus explikativen Gründen, indem es sich durch eine Aktivität des Gegenstandes als bestimmt denkt. Insofern vermag der Idealgrund, gerade weil er sich in der Immanenz der Deduktion aus dem Begriff des Ich ergibt, nicht den qualitativen Übergang von der Selbsttätigkeit des Ich zu einem Zustand sich bestimmt findenden «Leidens» zu begründen. Aus diesem Mangel leitet sich für Fichtes Begründungsgang die Aufgabe ab, das «bloss idealiter Gesetzte im Nicht-Ich ... realiter» als «Grund eines Leidens im Ich» zu erweisen, d.h. «der Ideal-Grund soll ein R. werden» [7]. «Ideal- und R.» müssen «im Begriffe der Wirksamkeit» des Nicht-Ich «Eins und Ebendasselbe» [8] sein. Somit ist für Fichte innerhalb der Deduktion mit dem Gedanken eines R. des «Leidens» im Ich erstmals die Notwendigkeit realer Ich-Transzendenz erwiesen. Der R. ist nicht der «Erklärungsgrund», sondern der Gedanke einer begründungsfähigen subjektexternen Wirksamkeit. Von dem «Grund einer Sache außerhalb der Gedanken» der vorkantischen Philosophie und auch noch des frühen Kant selbst unterscheidet er sich freilich dadurch, daß er jene Exteriorität des Bewußtseins meint, die sich aus der Begründungsimmanenz des Bewußtseins selbst als ein ihr Vorausgesetztes ergibt.

F. W. J. SCHELLING, in dessen späterer Philosophie seit der ‹Freiheitsschrift› von 1809 man eine argumentative Schlüsselfunktion des R. wohl am ehesten erwarten würde, nimmt die Unterscheidung von R. und Idealgrund anscheinend nur in seinem Briefwechsel mit Fichte nach 1800 und insofern in Fichteschem Sinne auf [9]. Eigenständige Konturen gewinnt der – in der Schrift über ‹Philosophie und Religion› nochmals erwähnte [10] – Begriff des R. nicht. – Auch G. W. F. HEGEL verwendet den Ausdruck ‹R.› nur in der Darstellung von Fichtes 1794er ‹Wissenschaftslehre› in seinen ‹Vorlesungen über die Geschichte der Philosophie› [11] und damit nur in einem referierenden Sinne. In seiner ausführlichen Behandlung des Grundes in der ‹Wissenschaft der Logik› fällt der Ausdruck ‹R.› nicht. Der «reale Grund» [12], den er nicht gegen den idealen, sondern gegen den «formellen» und den «vollständigen» exponiert, hat weder mit der Crusianisch/Kantischen noch mit der Fichteschen Verwendung des Wortes Ähnlichkeit, so daß man auf eine bewußte Vermeidung des Ausdrucks ‹R.› wird schließen dürfen.

Erst A. SCHOPENHAUER knüpft an die Crusianisch/Kantische Tradition wieder an. «Einen im Innern eines gegebenen Begriffs liegenden Erkenntnißgrund mit einer von außen wirkenden Ursache zu verwechseln und dieser gleichzustellen» und dadurch «zum R.» [13] zu hypostasieren, darin sieht Schopenhauer den 'Sündenfall' der neueren Philosophie von Descartes bis Hegel. Als R. kann für Schopenhauer nur die «Ursache», der «Grund des Werdens», gelten, und so vermeidet er den Ausdruck ‹R.› dann weitgehend, um das Wort ‹Grund› allein dem logischen Begründungsverhältnis von Grund und Folge vorzubehalten. Das Verhältnis von Ursache und Wirkung, die Kausalität, beschreibt für ihn den «ununterbrochene[n] Nexus der in der Zeit sich succedierenden Veränderungen» [14]. Eine Ursache ist der R. eines in der Zeit auf sie folgenden Zustandes, wobei die Gesamtheit der «ursächlichen Momente» bzw. «Bedingungen», d.h. «der ganze, den Eintritt des folgenden herbeiführende Zustand als Ursache gelten» [15] muß. Schopenhauer fällt mit dem Gesetz der Kausalität, dessen ausnahmslose Geltung er für die «objektive» Wirklichkeit behauptet, freilich nicht hinter Kant zurück, insofern die «objektive» Welt nur die Welt der «Vorstellung», d.h. im Kantischen Sinne: die Welt der «Erscheinung» sein kann [16].

Es ist im 20. Jh. dann N. HARTMANN, der dem R. neuerlich ontologische Dignität außerhalb des Denkens zubilligt. Auch Hartmann unterscheidet den R. «vom Wesensgrunde, vom logischen und vom Erkenntnisgrunde» [17], und er geht dabei von Schopenhauers Begriffsbestimmung in der ‹Vierfachen Wurzel› aus. Nur sei «seine Bezeichnung 'Grund des Werdens' für den R. wohl zu eng. ... Schopenhauer hatte als R. nur die 'Ursache' im Auge. Das war sein Fehler» [18]. Hartmann sieht sich demgegenüber genötigt, verschiedene «Formen des R.» [19] gemäß der von ihm unterschiedenen «Schichten des realen Seins» anzunehmen. Strukturell ist «das 'Zureichendsein' des R.» in jeder dieser Formen nach Hartmann durch «die Vollzähligkeit, oder die 'Totalität' der Realbedingungen» [20] gekennzeichnet, wobei als «das 'Gesetz' der Realdetermination» bzw. als «der 'Satz' vom R.» gelten soll: «alles Reale ist durch Reales determiniert; und: alles Reale hat in Realem seinen Grund» [21]. Damit ist für Hartmann wie schon für Schopenhauer die Ursächlichkeit innerhalb von Realprozessen in der Gesamtheit sie ermöglichender Bedingungen gesehen: «Es ist also im Realen nichts möglich, was nicht im Realzusammenhang selbst seinen zureichenden Grund hätte. Das ist das Prinzip des R.» [22]. Anders als für Schopenhauer, der in dieser Hinsicht noch auf Kantischem Boden steht, ist die Kausalität der R.e für Hartmann freilich nicht auf die auf der Basis subjektiver Vorstellungen gedeutete Erscheinungswelt restringiert. Vielmehr soll ein von der Subjektivität des Vorstellens durchaus unabhängiges «Realgesetz der Wirklichkeit» [23] erfaßt sein.

Anmerkungen. [1] J. G. FICHTE: Grundl. der ges. Wiss.lehre (1794). Sämmtl. Werke, hg. I. H. FICHTE (1845/46, ND 1971) 1, 154. – [2] a.O. 153. – [3] Wiss.lehre nova methodo, Koll.nachschr. K. CH. F. KRAUSE 1798/99, hg. E. FUCHS (1982) 180. – [4] a.O. [1] 151ff. – [5] a.O. 153. – [6] 163. – [7] 174. – [8] 175. – [9] Vgl. Br. an Schelling (31. 5./7. 8. 1801) sowie SCHELLING an Fichte (3. 10. 1801). – [10] F. W. J. SCHELLING: Philos. und Relig. (1804). Sämmtl. Werke, hg. K. F. A. SCHELLING (1856-61) I/6, 30. – [11] G. W. F. HEGEL: Vorles. über die Gesch. der Philos. III, 3, C. Fichte. Werke, hg. E. MOLDENHAUER/K. M. MICHEL 20 (1971) 402. – [12] Wiss. der Logik 2, hg. G. LASSON (²1934, ND 1975) 82ff. – [13] A. SCHOPENHAUER: Über die vierf. Wurzel des Satzes vom zureich. Grunde (²1847) § 8. – [14] § 20. – [15] a.O. – [16] Vgl. § 24. – [17] N. HARTMANN: Möglichkeit und Wirklichkeit (1938) 204. – [18] a.O. 204 (Anm.). – [19] a.O. – [20] 205. – [21] 204. – [22] 207. – [23] 193ff.   S. MAJETSCHAK

Realia. Der Begriff ‹R.› (kurz für ‹studia realia›) bezeichnet die Gruppe der Sachfächer des nach-mittelalterlichen Lehrplans, wobei seit je die Auffassungen über Umfang, Inhalt und Beurteilung auseinandergehen. Die Realien entwickelten sich aus dem Quadrivium des artistischen Lehrplans, also aus Arithmetik, Geometrie, Astronomie und Musik, den «artes reales» des Mittelalters. Das Quadrivium hatte die Aufgabe, mit der Welt der Dinge und ihren Gesetzen bekannt zu machen – mit den Gesetzen der Zahl, des Raums, der Gestirne und der Töne. In diesem Lehrplanschema fanden die sich seit dem Mittelalter entwickelnden Sachgebiete wie Geschichte, Geographie, Mechanik und Ökonomie keinen Platz, und trotz des Drucks des anwachsenden Sachwissens konnte sich das scholastische Lehrplangefüge der Septem artes bis zum Beginn des 16. Jh. behaupten. Humanismus und Reformation durchbrachen endgültig den traditionellen Rahmen des Triviums der «artes sermocinales» und des Quadriviums der «artes reales» [1]. Wie die humanistische Forderung nach «studia humaniora» das Trivium sprengte, so begann die reformatorische Forderung nach Aufnahme weiterer «artes» das Quadrivium aufzulösen, wenn etwa PH. MELANCHTHON Geschichte als achte Kunst dem Lehrplan hinzufügen will [2] und M. LUTHER diese Forderung mit der Begründung unterstützt, «daß Chroniken und Historien ... wundernütz sind, der Welt Lauf zu erkennen ..., ja auch Gottes Wunder und Werk zu sehen» [3], oder wenn J. L. VIVES unter Betonung des Wertes selbständiger Beobachtung auf die Einbeziehung von Botanik, Zoologie, Meteorologie und Medizin drängt [4]. Im Lehrplanwerk des Schulbuchautors M. NEANDER um 1580 haben schließlich zwei dieser neuen Fächer, Geschichte und Geographie, einen festen Platz erobert [5]. Ein eigener Sammelbegriff für die aus dem Quadrivium hervorgehenden Fächer stand den Humanisten des 16. Jh. noch nicht zur Verfügung. Erst in der Auseinandersetzung um die Rangstellung der neuen Fächer gegenüber den Sprachstudien zu Beginn des 17. Jh. kommt der Begriff ‹R.› in Gebrauch; die Lehrer der Realfächer nennen sich, um sich von den «Verbales» abzusetzen, «se vero novo nomine Reales appellant», mit dem neuen Namen «Reales» [6].

Die Frage der systematischen Zuordnung der neuen Sachgebiete zu den alten «artes» bleibt zu diesem Zeitpunkt völlig offen. Die ersten Antworten liegen im Gewand der utopischen Literatur vor, in den Romanen von TH. MORUS, J. V. ANDREAE, T. CAMPANELLA und F. BACON, mit der durchgehenden Tendenz einer Betonung der experimentellen Naturbeschreibung, unter Fernhaltung der Sprachgelehrten – «historiam naturalem et experimentalem, veram et severam (missis philologicis) ...» [7].

An diese Überlegungen konnten die Reformdidaktiker des 17. Jh. bei ihren Bestrebungen, ein umfassendes Gesamtsystem auf enzyklopädischer Grundlage zu entwerfen, direkt anknüpfen: W. RATKE, indem er der «Hauptlehr (Realis)» deutlichen Vorrang einräumt gegenüber der «Dienstlehr (Instrumentalis) des Verstands und der Rede» [8], J. A. COMENIUS, indem er, psychologisch argumentierend, hervorhebt, es sei ohnehin verlorene Mühe, vor der Kenntnis des Sachlichen und Sinnlichen («ante realium et sensualium cognitionem») [9] Logik, Dichtkunst, Rhetorik und Ethik zu unterrichten, denn gemäß seiner «goldenen Regel» müßten die Menschen ihre Einsicht «nicht aus Büchern, sondern aus Himmel und Erde, aus Eichen und Buchen» schöpfen [10]. Um des Sprachunterrichts selbst willen müsse der Sachunterricht vorangehen. Die Dinge sind dabei nicht pure, der bloßen Anschauung dienende Realien, sondern ihre Kenntnis bedeutet eine erste Stufe der Teilhabe am gottdurchströmten Universum. Auf dieser Grundlage entstand sein ‹Orbis sensualium pictus›, das erste sachbezogene Sprachlehrbuch (1653), das in jugendgemäßer Form in die Sachgebiete Biologie, Zoologie, Handwerke, Musik, Geometrie, Astronomie und Geographie einführt.

Auch da, wo die Anschauungen von Comenius und die neuplatonische Grundlage, auf der sie beruhen, nicht geteilt wurden, bewirkte ein starkes praktisches Bildungsbedürfnis des adligen Weltmanns im absolutistischen Staat einerseits und des sich dem Gewerbe und dem Handel öffnenden Stadtbürgertums andererseits, daß die Realien an den Schulen zunehmend an Bedeutung gewannen. Daß die humanistische Gelehrtenschule dieses Bedürfnis nicht in ausreichender Weise befriedigte, zeigt das Entstehen zweier neuer Schularten realistischen Typs: der «Ritterakademien» des 17. und 18. Jh. [11] und der zu Beginn des 18. Jh. gegründeten «Realschulen» [12]. Die Unterrichtsgegenstände der «Ritterakademien» waren neuere Sprachen, Staats- und Rechtswissenschaft, Genealogie, Religion, Mathematik, Fortifikationslehre und die «ritterlichen Künste» Fechten, Reiten und Tanzen (insgesamt «galantiora» genannt).

Realistische Bildungsprogramme unter dem Namen des Philanthropinismus auf der einen Seite, humanistische auf der andern prägten die Auseinandersetzung insbesondere um die Gymnasialpädagogik im 19. Jh. In dieser Auseinandersetzung fehlte es nicht am Vorwurf von seiten eines überspitzten Neuhumanismus, der pädagogische Realismus sei «barbarisch» [13]. Der Konflikt kumulierte literarisch in der Schrift F. I. NIETHAMMERS ‹Der Streit zwischen Philanthropinismus und Humanismus› (1808), doch selbst Niethammer spricht Realien, abgesehen von ihrer Nützlichkeit für das praktische Leben, die Fähigkeit zu, der allgemeinen Geistesbildung zu dienen [14]. Die im Jahre 1900 in Preußen ausgesprochene volle Gleichberechtigung von Gymnasium, Realgymnasium und Oberrealschule markiert, wenn nicht ein abschließendes, so doch für den Aufstieg der Realschulen sehr bemerkenswertes Zwischenergebnis. Im 20. Jh. sind die Bemühungen, den Bildungswert der Realien zu erweisen, vor allem mit den Namen TH. LITT [15] und H. WEINSTOCK [16] verbunden.

Die große Zahl von «Realenzyklopädien» kann als Beleg dafür gelten, daß der Ordnungsbegriff ‹Realien› weiterhin von außerordentlicher Bedeutung ist; wird gegenwärtig von ‹Realien› gesprochen, so vorzugsweise in der Unterscheidung von solchen im engeren Sinn (z.B. Geschichte, Geographie) und solchen im weiteren Sinn (z.B. auch Mathematik und Geometrie) [17]. Der allgemeine Sprachgebrauch hingegen tendiert zur Bezeichnung ‹Sach- und Gegenstandsfächer›.

Anmerkungen. [1] Vgl. Art. ‹Scientia sermocinalis/realis›. – [2] PH. MELANCHTHON: De artibus liberalibus (1517). Corp. Ref. 11, 14. – [3] M. LUTHER: An die Ratsherren deutscher Städte (1524). Weimarer Ausg. 15 (1899) 52. – [4] J. L. VIVES: De disciplinis (1531), hg. R. HEINE. Ausgew. päd. Schr. (1881) 4. – [5] M. NEANDER: Bedencken an einnem guten Herrn vnd Freund wie ein Knabe zu leiten, vnd zu vnterweisen ... (1581), in: R. VORMBAUM (Hg.): Die evang. Schulordnungen des 16. Jh. (1860) 1, 758. – [6] F. TAUBMANN: De lingua latina (1614) 25. – [7] F. BACON: Instauratio magna. Novum org. 124 (1620). The works, hg. J. SPEDDING u.a. 1 (London 1858, ND 1963) 330f. – [8] W. RATKE: Entwurfung der ALL-Unterweisung (1619), hg. G. HOHENDORF/F. HOFMANN (1970) 264. – [9] J. A. COMENIUS: Didactica magna (1627), hg. A. FLITNER 1 (1954) 29. – [10] a.O. 112. – [11] Erste Gründung in Lüneburg 1655 als «Berufsoberschule» des Adels, vgl. J. DOLCH: Lehrplan des Abendlandes (²1965) 292. – [12] Erste Gründung von CH. SEMLER als «mathematische und mechanische Realschule» (1708), vgl. DOLCH, a.O. 322. – [13] K. VON RAUMER: Gesch. der Pädag. (1857) 1, 362. – [14] F. I. NIETHAMMER: Der Streit ... (1808, ND 1968) 328f.; vgl. auch H. W. BRANDAU: Die mittlere Bildung in Deutschland

(1959) 151. – [15] TH. LITT: Das Bildungsideal der dtsch. Klassik und die mod. Arbeitswelt (1955). – [16] H. WEINSTOCK: Realer Humanismus (1955). – [17] K. FREY: Der Lehrplan der Real-, Sekundar- und Bezirksschulen (1964) 268f.

Literaturhinweise. K. VON RAUMER s. Anm. [13]. – F. PAULSEN: Gesch. des gelehrten Unterrichts (³1919-1921). – F. K. SCHUMANN: Das Verhältnis von Sprache und Realien. Sprache, Wissen, Bildung (1957). – H. W. BRANDAU s. Anm. [14]. – K. SCHALLER: Die Pädag. des J. A. Comenius und die Anfänge des pädagog. Realismus im 17. Jh. (1961). – H. SEMEL: Die Realienlehrprogramme im 17. und 18. Jh. (1964). – J. DOLCH s. Anm. [11]. – R. MEISTER: Humanismus und Realismus. Gesch. eines Gegensatzpaares, in: Beitr. zur Theorie der Erziehung (1965). – E. DURKHEIM: Die Entwickl. der Pädag. (1969/1977). – H. BLANKERTZ: Die Gesch. der Pädag. (1982). D. KLEMENZ

Realisierung, Realisation (aus lat. res, realis wird mfrz. réalisation; engl. realization)

I. – Der Begriff ‹R.› bzw. ‹Realisation› ist vermutlich aus der französischen Rechtssprache entlehnt. Jedenfalls bestimmt G. W. LEIBNIZ als Zweck des öffentlichen Rechts die «realisatio qualitatum moralium» [1]. Bei der Erörterung der Transsubstantiationslehre erwähnt er später beiläufig die «realisatio phaenomenorum», wobei er «realisans» und «substantialisans» nebeneinanderstellt [2]. In der zweiten Hälfte des 18. Jh. gehört ‹realisieren› im Sinne von 'verwirklichen' schon zum allgemeinen Sprachgebrauch; man sagt z.B. «eine Idee realisieren» [3]. Neben dieser Verwendung und Ansätzen zu ihrer Präzisierung hat ‹R.› im Laufe der Zeit eine Reihe weiterer, teilweise sehr disparater Bedeutungen erhalten, so daß kaum von der Geschichte *eines* Begriffs gesprochen werden kann.

Für die philosophische Terminologie erhält der Ausdruck ‹R.› in dem Moment spezifische Relevanz, als zum einen im Erkenntnisprozeß neben der rezeptiven die spontane Komponente stärker berücksichtigt wird und zum anderen sittliches Tun nicht mehr primär als Streben nach objektiv Vorgegebenem (Idee des Guten, summum bonum), sondern als autonome Aktivität des Subjekts begriffen wird. So versteht J. N. TETENS unter der «R. der Begriffe und Grundsätze» den «Beweis», daß die philosophischen Grundbegriffe wahre Vorstellungen realer Gegenstände und die philosophischen Grundsätze richtig sind [4]. Und nach I. KANT werden die Kategorien realisiert, indem man ihnen durch die Schemata der Sinnlichkeit eine Beziehung auf Objekte, mithin Bedeutung verschafft [5], und Begriffe, indem man ihnen als einer bloßen Gedankenform durch konkrete Beispiele Sinn und Bedeutung unterlegt [6]. Kants Bemerkungen über die «Wirklichmachung» von Gegenständen der praktischen Vernunft [7] werden alsbald von K. L. REINHOLD durch die Wendung «R. der Handlungsweise der Vernunft» ersetzt [8].

Auch der junge J. G. FICHTE versteht unter ‹R.› die Annahme, daß einem Begriff ein äußeres Faktum der Sinnenwelt entspreche [9]; aber es gibt bei ihm auch die umgekehrte Bezugsrichtung, wenn er das Dauernde, das allem Veränderlichen zugrunde liegt, bzw. das Gemeinschaftliche, das in allen Veränderungen der Empfindungen fortdauert, durch Begriffe oder Kategorien realisiert denkt [10]. Nach der Ausarbeitung der Wissenschaftslehre heißt ‹R.›, daß das Ich (s.d.) die «Hervorbringung einer Realität außer sich» anstrebt [11], also das zunächst im Ich Erzeugte (Begriffe, Streben) auf etwas außer uns, auf das Nicht-Ich (s.d.) «übertragen» will [12].

Im wirtschaftlichen Bereich wird der gängige Ausdruck 'etwas in Geld realisieren' [13], d.h. Immobilien, Waren oder Aktien gegen Geld verkaufen, von Fichte kritisiert, denn Geld «bezieht sich unmittelbar auf Waare, und wird nur in dieser realisirt» [14]. Doch auch K. MARX spricht von der R. des Preises oder des Tauschwerts von Waren und ergänzt: «Die Waren müssen sich daher als Werte realisieren, bevor sie sich als Gebrauchswerte realisieren können» [15].

Beim frühen F. W. J. SCHELLING tritt ‹R.› gemäß dem Grundsatz, daß «alle Ideen sich zuvor im Gebiete des Wissens realisirt haben [müssen], ehe sie sich in der Geschichte realisiren» können [16], in doppelter Bedeutung auf. Ist die R. des Ich, das als das Unbedingte im menschlichen Wissen bestimmt wird, zunächst ein *Sichselbst-Hervorbringen* durch das Denken [17], so soll das Absolute später durch Handeln realisiert werden [18]; im Sinne der Ideal-Real-Duplizität des transzendentalen Idealismus ist R. dabei ein *Mit-Bewußtsein-Produzieren,* das teils durch das realisierende Ich, teils durch die ganze Gattung Mensch in der Geschichte bewirkt wird [19]. – F. D. E. SCHLEIERMACHER spricht von der «R. des höchsten Gutes» im Sinne des «Wirklichgewordenseins» [20].

G. W. F. HEGEL bezeichnet schon in seinen ersten Systementwürfen mit ‹R.› ein durch Reflexion erzeugtes logisches Verhältnis des Subjekts zu sich selbst [21], das in der ‹Phänomenologie des Geistes› als eine «sich in sich unterscheidende Bewegung, ... die Momente zu entwickeln, und sie in sich zurückzunehmen» bestimmt ist [22] und auf unterschiedlichen Ebenen – wie Geist, Religion, Sittlichkeit oder Natur – im Begriff erarbeitet wird. Solche «R. des Begriffs» ist «das Ziel und Geschäfte der ganzen weitern Entwicklung des Erkennens» [23]. Unterstreicht Hegel die Freiheit des «nicht an das äußerlich sinnliche Material zur R. gebundenen Geistes» [24], so nimmt spätestens W. WINDELBAND dies ausdrücklich wieder zurück; die R. seines Begriffs der Philosophie sei nicht so zu deuten, als ob sie «nach hegel'schem Rezepte eine geheimnisvolle Selbstrealisierung der 'Ideen' statuierte, vermöge deren die empirischen Vermittlungen als unnötiges Beiwerk erschienen» [25].

Bei R. AVENARIUS vollzieht sich die R. eines Ideellen bzw. Ideals als «Übergang» eines Gedankenhaften in ein Wirkliches, genauer als «Verwirklichung» der zunächst nur gedachten Änderung vorgefundener Sachverhalte im Sinne jenes Ideellen bzw. Ideals durch menschliches Tun [26]. H. DINGLER gibt (gefolgt von E. MAY, P. LORENZEN und P. JANICH [27]) dem R.-Begriff im Zuge seiner Kritik an der Induktion eine konstruktivistische Wendung – allerdings in (ungewollt) zweideutiger Weise; denn er meint damit sowohl die «Methode», ein einem Begriff oder Satz entsprechendes Ding oder einen Vorgang der Wirklichkeit aufzusuchen bzw. willensmäßig herzustellen [28], als auch den so gewonnenen Gegenstand oder Vorgang selbst [29]. Unter Berücksichtigung des konditionalen Charakters der Gesetzesaussagen ergänzt K. HOLZKAMP: «Nach dem R.-Prinzip soll die Realgeltung von Gesetzesaussagen dadurch erreicht werden, daß die in einer Gesetzesaussage als konditionale Bestimmungen angegebenen Bedingungen in aktivem Tun aufgesucht oder hergestellt werden» [30].

O. KÜLPE versteht unter ‹R.› das in den Realwissenschaften übliche «Verfahren» einer Setzung und Bestimmung realer, von unserem Bewußtsein unabhängiger Objekte; er unterscheidet dabei die *allgemeine* R., d.h. die bloße Erfassung oder «Setzung realer Objekte», von der *speziellen* R., bei der es um die «Bestimmung der Realitäten» geht, und behauptet die Zulässigkeit beider Forschungsmethoden [31]; deshalb lehnt er die Deutung der Objekte als Bewußtseinsinhalte ebenso ab wie die Annahme, sie würden im Erkenntnisprozeß erst konstruiert.

Die aristotelische Akt/Potenz-Lehre (s.d.) modifizierend, nimmt A. N. WHITEHEAD eine transzendente Sphäre zeitloser, abstrakter Potentialität an, die in der R. durch Auswahl ihre «Exemplifikation» findet, und sagt: «In der R. wird die Potentialität Wirklichkeit» [32]. M. BENSE greift darauf zurück und macht ‹R.› zum Grundbegriff der Informations- und Kommunikationsästhetik, indem er ihn als «Selektion aus einem Repertoire» und «Verwirklichung der Auswahl» bestimmt [33]. – E. BLOCH bezeichnet mit ‹R.› das «Eingreifen des subjektiven Faktors», durch den gegebene Bedingungen als objektiver Faktor «ihre Potentialität in die Aktualität des Wirkens freisetzen»; dabei bleibt solange ein Rest, bis wachsende Selbstvermittlung die «R. des Realisierenden» ermöglicht [34].

Die modelltheoretische R. ist dagegen keine – wie auch immer geartete – Form menschlicher Aktivität; A. TARSKI, auf den diese Konzeption zurückgeht, bezeichnet als «Modell oder R. der Aussagenklasse L» «eine beliebige Folge von Gegenständen, die jede Aussagefunktion der Klasse L' erfüllt», wobei L' aus L dadurch hervorgeht, daß alle außerlogischen Konstanten in den Aussagen von L durch Variablen ersetzt werden [35]. Im Sinne dieser Aussagenkonzeption ist ein Operator der zeitlichen R. (R_t) eingeführt worden, der – auf die Aussage A angewandt – besagt, daß A zur Zeit t verwirklicht ist [36]. Auch die strukturalistische Wissenschaftstheorie benutzt den modelltheoretischen R.-Begriff, wenn sie die Anwendungen einer Theorie als R.en des die Theorie charakterisierenden Prädikats auffaßt [37].

Im Bereich der Ethik betont M. SCHELER, daß die R. der Werte meist durch Akte des Wollens und Handelns erfolgt, bei wenigen Wertarten – wie den Personwerten – aber die Nichtintention durch das Wollen voraussetzt [38]; N. HARTMANN stellt nicht nur letzteres in Frage, sondern schließt auch die Realisierbarkeit einzelner Werte – wie Unschuld und Reinheit – aus [39]. Gegenüber dem wertethischen Standpunkt macht H.-E. HENGSTENBERG geltend, daß die sittliche Wert-R. keine Verwandlung eines idealen Seins in ein reales, sondern Folge der sittlichen Sinn-R. ist [40].

Anmerkungen. [1] G. W. LEIBNIZ: Nova methodus discendae docendaeque jurisprud. (1667). Akad.-A. VI/1, 304. – [2] Br. an Des Bosses (1712 und 1715). Philos. Schr., hg. C. I. GERHARDT (1875-90) 2, 460. 495. – [3] Vgl. K. L. REINHOLD: Versuch einer neuen Theorie des menschl. Vorstellungsvermögens (1789, ND 1963) 317; Oxford Engl. dict. (Oxford 1933, ND 1961) 8, 203; «To realize a supposition» findet sich schon in: J. GLANVILLE: The vanity of dogmatizing (1661). Coll. works, hg. B. FABIAN (1970ff.) 1, 22. – [4] J. N. TETENS: Ueber die allg. speculat. Philos. (1775) 35-49. – [5] I. KANT: KrV A 146f. Akad.-A. 4, 104f. – [6] Met. Anf.gründe der Nat.wiss. (1786), a.O. 478. – [7] KpV 39. 100. 160, a.O. 5, 21. 57. 89. – [8] REINHOLD, a.O. [3] 569ff. – [9] J. G. FICHTE: Versuch einer Critik aller Offenbarung (1792). Akad.-A. I/1, 78. 109; vgl. II/2, 74. – [10] Eigne Medit. über Elementarphilos. (1793/94), a.O. II/3, 120ff.; vgl. 228. 247. – [11] Grundl. der ges. Wiss.lehre (1794/95), a.O. I/2, 430. – [12] Pract. Philos. (1794), a.O. II/3, 246. – [13] Vgl. z.B. J. BENTHAM: Br. vom 26. 8. 1781. Works (Edinburgh 1836-43, ND New York 1976) 10, 93. – [14] FICHTE: Der geschl. Handelsstaat (1800). Akad.-A. I/7, 126. – [15] K. MARX: Das Kapital I (1867). MEW 23, 100. – [16] F. W. J. SCHELLING: Vom Ich als Prinzip der Philos. (1795). Akad.-A. I/2, 79f. – [17] a.O. 88. 90. 136. – [18] Philos. Br. über Dogmat. und Krit. (1795). Akad.-A. I/3, 103; dazu R. MOKROSCH: Theolog. Freiheitsphilos. (1976) 105ff. – [19] System des transz. Idealismus (1800). Sämmtl. Werke, hg. K. F. A. SCHELLING (1856-61) I/3, 535f. 588ff. – [20] F. D. E. SCHLEIERMACHER: Tugendlehre (1804/05). Ausgew. Werke, hg. O. BRAUN/J. BAUER (1910-13) 2, 35. – [21] G. W. F. HEGEL: Logik, Met., Naturphilos. (1804/05). Akad.-A. 7, 87-105; dazu TH. L. HAERING: Hegel – Sein Wollen und sein Werk 2 (1938, ND 1979). – [22] Phän. des Geistes (1807). Akad.-A. 9, 296. – [23] Wiss. der Logik II (1816). Akad.-A. 12, 240. – [24] Vorles. über die Ästh. (1835-38). Jub.ausg., hg. H. GLOCKNER (1927-40) 12, 131. – [25] W. WINDELBAND: Was ist Philos.? (1882), in: Präludien (1884) 48; (^{9}1924) 1, 49. – [26] R. AVENARIUS: Kritik der reinen Erfahrung (1888-90) 2, § 616f. – [27] Vgl. E. MAY: Am Abgrund des Relativismus (1941) Nr. 35f.; P. LORENZEN: Das Begründ.problem der Geometrie ... (1961), in: Method. Denken (1968) 126ff.; P. JANICH: Die Protophysik der Zeit (1969). – [28] H. DINGLER: Die Grundl. der angew. Geometrie (1911) 19. 102; Die Grundl. der Physik (^{2}1923) 37. – [29] Geom., a.O. 77. 81. 117; Phys., a.O. 311. – [30] K. HOLZKAMP: Wiss. als Handlung (1968) 98. – [31] O. KÜLPE: Die R. (1912-23) 1, Vorw.; dazu A. GEMELLI: Die R. Philos. Jb. 26 (1913) 360-379; in demselben Sinn spricht HAERING von «R.-Metaphysik» in: Die Struktur der Weltgesch. (1921) § 20. – [32] A. N. WHITEHEAD: Sci. and the modern world (New York 1925), dtsch.: Wiss. und mod. Welt (1984) 177. 152. – [33] M. BENSE: Ästhetik und Zivilisation (1958) 55ff.; Programmierung des Schönen (1960) 125. 31. 39. – [34] E. BLOCH: Experimentum mundi [1972-74]. Ges.ausg. 15, 255. 253; vgl. Das Prinzip Hoffnung (1954-59), a.O. 5, 348f. – [35] A. TARSKI: Über den Begriff der log. Folgerung, in: Actes du congr. int. de philos. scient. 1935 (Paris 1936) [Actual. scient. et industr. 394] 7, 8. – [36] N. RESCHER: Topics in philos. logic (Dordrecht 1968) 204-218. – [37] W. STEGMÜLLER: Hauptström. der Gegenwartsphilos. 1 (^{8}1987) 477. – [38] M. SCHELER: Der Formalismus in der Ethik und die mat. Wertethik (1913-16). Ges. Werke 2 (^{5}1966) 43. 47ff. 137ff. 497ff. – [39] N. HARTMANN: Ethik (1926) Kap. 2. – [40] H.-E. HENGSTENBERG: Grundleg. der Ethik (1969) 192f. 201f.

Literaturhinweise. R. JELKE: Die R. in Natur- und Geisteswiss. Kantstudien 28 (1923) 221-265. – P. TILLICH: Relig. Verwirklichung (1930). – N. BERDIAJEW: Geist und Wirklichkeit (1949). – J. A. PETROV: Log. Probleme der R.- und Unendlichkeitsbegriffe (Berlin-Ost 1971). – N. ROTENSTREICH: Practice and realization (Den Haag 1979). – P. KLEINGELD: Moral und Verwirklichung. Z. philos. Forsch. 44 (1990) 425-441. W. BÜTTEMEYER

II. – Zum Inbegriff seiner künstlerischen Arbeit und ihres Ziels wird der Ausdruck ‹réalisation› bei P. CÉZANNE; er verwendet ihn beständig als kunsttheoretischen Begriff in Briefen und Gesprächen, in denen er Gestaltungsprobleme seiner Malerei reflektiert [1]. Der Gebrauch des Wortes ‹réalisation› hat allerdings bei Cézanne selbst eine Geschichte [2]. Seit 1896 etwa steht es als nomen actionis für die intendierte Übertragung der Wirklichkeit der sichtbaren Erscheinungswelt (wie Cézanne sagt: der «Natur», die er als Quelle allen künstlerischen Schaffens begreift) in die eigene Wirklichkeit des Darstellungsmediums Malerei und seiner Bildwelt. Solche terminologische Prägung hat das Wort also erst mit Beginn des Cézanneschen Spätwerkes erhalten.

Die «réalisation» setzt ein mit einer Wahrnehmung, die sich auf die reine Sichtbarkeit des Motivs richtet und im Maler spezifische Sehempfindungen («sensations») erweckt, die in bildliche Äquivalente übersetzt werden müssen. Weil der Begriff ‹réalisation› mit dem der Natur korreliert, ist die «réalisation sur nature» [3] zur festen Wendung geworden; gleichbedeutend ist die Wortverbindung «réaliser mes sensations», womit insbesondere die «sensations colorées» oder «colorantes» gemeint sind [4].

Cézannes Begriffsprägung vollzieht sich auf dem Hintergrund der Sprache der französischen Kunstkritik und Kunstschriftstellerei [5]. Hier problematisiert das Wort ‹réalisation› nicht nur die adäquate Verwirklichung subjektiver bzw. objektiver Momente des Kunstprozesses im Werk, sondern tritt in der zweiten Hälfte des 19. Jh. auch in eine Opposition zur «copie» und zur «imitation». Von diesem Gegensatz ausgehend, konnte Cézanne sein Selbstverständnis von Malerei als einer nicht bloß gegenstandsnachbildenden bzw. -abbildenden, sondern einer im Medium des Bildes «gegenstandshervorbringenden Kunst» [6] mit dem Begriff ‹réalisation› angemessen artikulieren. Nach G. BOEHM hat Cézannes Begriff «strukturelle Verwandtschaft mit dem Fiedlerschen Terminus 'Ausdrucksbewegung'» [7].

Schon dem englischen Landschaftsmaler J. CONSTABLE diente der Ausdruck ‹realization› zur Differenzierung des Konzeptes der Naturnachahmung: «What is painting but an imitative art? An art that is to *realize* and not to *feign*» [8].

Der Cézannesche Schlüsselbegriff hat nicht nur auf die Selbstreflexion der modernen Malerei, sondern auch auf Dichtung und Philosophie vielfältig gewirkt. So übersetzt R. M. RILKE in seinen berühmt gewordenen ‹Cézanne-Briefen› das Leitwort etymologisierend mit «Dingwerdung»: «La réalisation nannte er es, ... Das Überzeugende, die Dingwerdung, die durch sein eigenes Erlebnis an dem Gegenstand bis ins Unzerstörbare hinein gesteigerte Wirklichkeit, das war es, was ihm die Absicht seiner innersten Arbeit schien» [9]. Rilke, der den Terminus ‹réalisation› nachweislich aus E. BERNARDS ‹Souvenirs sur Cézanne› rezipierte, die im ‹Mercure de la France› (Sept.-Okt. 1907) erschienen, begegnet dem Werk Cézannes in der Phase einer Wendung zum «sachlichen Sagen» [10], die dem Kunstideal größtmöglicher Sachlichkeit der künstlerischen Darstellung verpflichtet ist [11].

Durch Rilkes Briefe ist auch das Cézanne-Verständnis M. HEIDEGGERs beeinflußt. In der R. Char gewidmeten Schrift ‹Gedachtes› bezieht sich Heidegger explizit auf das Cézannesche Hauptwort: «Im Spätwerk des Malers ist die Zwiefalt / von Anwesendem und Anwesenheit einfältig / geworden, 'realisiert' und verwunden zugleich, / verwandelt in eine geheimnisvolle Identität» [12]. Heidegger kann sich mit dieser Formulierung, die aus der ontologischen Fragestellung seines eigenen Denkwegs stammt, durchaus auf die Konstitutions- und Rezeptionslogik der Cézanneschen Malerei berufen, bei der das, was im Bild zur Präsenz kommt, erst aus einer Kontextualisierung gegenstandsfreier Farbflecken («taches colorées») hervorgeht.

Den Erfahrungsgehalt der zur «réalisation» Cézannes gehörigen Wahrnehmung und Empfindung und deren Weltverhältnis hat der französische Phänomenologe M. MERLEAU-PONTY mehrfach erörtert [13]. Literarisch reflektiert P. HANDKE die malerische Verfahrensweise des Künstlers. Cézanne wird dabei zum «Menschheitslehrer der Jetztzeit», sein Begriff der «réalisation», angeeignet als «Verwandlung und Bergung der Dinge in Gefahr», wird zur werkverknüpfenden poetischen Maxime [14].

Auch außerhalb der Wirkungsgeschichte der Cézanneschen «réalisation» ist der Terminus ‹R.› in der modernen Ästhetik und Kunstinterpretation bedeutsam geworden, und zwar im Sinne einer Verwirklichung oder Konkretion. Profiliert wird er hier besonders von M. BENSE, der ihn zum Grundbegriff der Informations- und Kommunikationsästhetik macht und als «Selektion aus einem Repertoire» und «Verwirklichung der Auswahl» bestimmt [15]. Bense gewinnt den Begriff vor allem in Rückgriff und Abgrenzung von der kosmologischen R. A. N. WHITEHEADS [16], der, die aristotelische Akt/Potenz-Lehre modifizierend, eine transzendente Sphäre zeitloser abstrakter Potentialität annimmt, die in der R. durch Auswahl ihre «Exemplifikation» findet. «In der R. wird die Potentialität Wirklichkeit» [17]. Mit den Mitteln der Semiotik faßt Bense die R. als Zeichenprozeß, als «konkrete, materiale Verwirklichung ästhetischer Zustände über einem Träger bzw. Trägersystem» [18].

Als Grundkategorie «einer theologischen Interpretation von Dichtung», die die Funktion religiöser Sprache in der Literatur untersucht, wird ‹R.› von D. SÖLLE eingeführt. Der Begriff meint «die weltliche Konkretion dessen, was in der Sprache der Religion 'gegeben' oder versprochen ist» [19] und opponiert einer vom Säkularisierungskonzept bestimmten dichtungsimmanenten Hermeneutik.

Anmerkungen. [1] Conversations avec Cézanne, hg. P. M. DORAN (Paris 1978) 12. 29. 36. 51. 57. 63. 73 usw. – [2] Vgl. L. GOWING: The logic of organized sensations, in: CÉZANNE: The late work, hg. W. RUBIN (New York 1977) 62f. – [3] P. CÉZANNE: Br. an L. Aurenche (29. Jan. 1904). Corresp., hg. J. REWALD (Paris ²1978) 299; vgl. die Br. an E. Bernard (23. Okt. 1905) und an seinen Sohn Paul (13. Okt. 1906), a.O. 314. 331. – [4] Br. an Paul (8. Sept. 1906), a.O. 324; Convers., a.O. [1] 36. – [5] Zur Vorgesch. des Terminus vgl. K. BADT: Die Kunst Cézannes (1952) 148ff. – [6] M. IMDAHL: Cézanne – Braque – Picasso. Zum Verhältnis zw. Bildautonomie und Gegenstandssehen. Wallraf-Richartz-Jb. 36 (1974) 332ff. – [7] K. FIEDLER: Schr. zur Kunst 1, hg. G. BOEHM (1971) XLVI. – [8] C. R. LESLIE: Memoirs of the life of J. Constable (London 1951) 275. – [9] R. M. RILKE: Br. an C. Rilke-Westhoff (9. Okt. 1907). Br. über Cézanne, hg. H. W. PETZET (1983) 30. – [10] Br. (19. Okt. 1907), a.O. 50. – [11] Zu Rilkes Cézanne-Interpret. vgl. H. MEYER: Rilkes Cézanne-Erlebnis. Jb. Ästhetik allg. Kunstwiss. 2 (1952/54) 69-102. – [12] M. HEIDEGGER: Ges.ausg. I/13 (1983) 223; zu Heideggers Cézanne-Deutung vgl. G. SEUBOLD: Der Pfad ins Selbe. Zur Cézanne-Interpret. M. Heideggers. Philos. Jb. 94 (1987) 64-78. – [13] M. MERLEAU-PONTY: Das Auge und der Geist. Philos. Essays, hg. übers. H. W. ARNDT (1984) 13-43; Le doute de Cézanne, in: Sens et non-sens (Paris 1948) 15-44; Phänomenol. der Wahrnehmung, übers. eingef. R. BOEHM (1966) 372ff. – [14] P. HANDKE: Die Lehre der Sainte-Victoire (1980) bes. 21. 35. 83f. 102; vgl. auch: Die Gesch. des Bleistifts (1982) 186. 200. – [15] M. BENSE: Ästhetik und Zivilisation (1958) 55ff.; Programmierung des Schönen (1960) 125. 31. 39. – [16] Realisationstheoret. Betrachtungen, in: Ästhetica. Einf. in die neue Ästhetik (1965) 226ff. – [17] A. N. WHITEHEAD: Sci. and the modern world (New York 1925); dtsch.: Wiss. und moderne Welt (1984) 177. 152. – [18] BENSE: Art. ‹R., ästhetische›, in: Wb. der Semiotik, hg. M. BENSE/E. WALTHER (1973) 81-82. – [19] D. SÖLLE: Realisation. Stud. zum Verhältnis von Theol. und Dichtung nach der Aufklärung (1973) 27-32.

Literaturhinweis. G. BOEHM: P. Cézanne, Montagne Ste. Victoire. Eine Kunst-Monographie (1988). H. HÜHN

Realismus (engl. realism; frz. réalisme; ital. realismo)
I. – 1. *Begriff.* – ‹R.› als streng kontextbezogener und darum sinnvariabler Begriff gewinnt in der Neuzeit Konturen vorzugsweise durch seinen Gegensatz zum Idealismus, durch den er eine gegenüber dem spezifisch mittelalterlichen R. verschiedene Bedeutung erhalten hat; darauf weisen etwa G. W. F. HEGEL [1] und W. T. KRUG [2] bereits explizit hin. ‹R.› ist aber ein formaler Begriff, der seine Festlegung im Bereich der Erkenntnistheorie erhalten hat und dessen Anwendung auf be-

stimmte Richtungen im Laufe der Geschichte immer umstritten war. Den Anstoß zum philosophischen Streit um den R. hat die Scholastik gegeben, besonders die Auseinandersetzung um den ontologischen Status der Allgemeinbegriffe (Universalienstreit). Der R. geht von der Realität des Allgemeinen in den Dingen aus, während der Nominalismus nur die Realität der einzelnen Dinge zuläßt.

Der Gegensatz von R. und Nominalismus geht auf die mittelalterliche Unterscheidung zwischen 'Realisten' und 'Nominalisten' im Bereich der Logik zurück. Den Hintergrund dieser Unterscheidung bildet ein Streit zu Beginn des 12. Jh. zwischen jenen (z.B. ROSCELLIN, dem Lehrer Abälards), die die Dialektik auf moderne Weise, d.h. «in voce», und jenen, die sie nach klassischem Vorbild, d.h. realistisch, «in re», vorgetragen haben [3]. JOHANNES VON SALISBURY unterscheidet im selben Sinne im 1159 vollendeten ‹Metalogicon› die «secta nominalium» von jenen Denkern, «qui rebus inhaerent», um in einem späteren Brief hinzuzufügen, daß es die Sache der Philosophen sei, «more realium» die Dinge, nicht die Worte zu erforschen [4]. In der 1175 abgefaßten Schrift ‹Fons philosophiae› des GOTTFRIED VON ST. VIKTOR erscheinen beide Philosophengruppen ausdrücklich im Titel eines Kapitels: «De modernis philosophis et primum de nominalibus et realibus» [5].

Die Bezeichnung ‹Realisten› und ‹Nominalisten› für die Vertreter einer eher traditionellen und einer eher neuen Denkrichtung – die deswegen auch «antiqui» und «moderni» genannt werden [6] – hat sich im Laufe des 13. Jh. fest etabliert. Der Unterschied zwischen Realisten und Nominalisten kommt von nun an zunächst im Zusammenhang sprachphilosophischer Probleme zur Geltung, z.B. bei STEPHAN VON LANGTON im Zusammenhang der Frage nach den Grenzen göttlicher Allmacht oder bei PETRUS VON CAPUA wie auch bei WILHELM VON AUXERRE anläßlich der Frage nach dem Gegenstand des göttlichen Wissens [7]. Die klassische, sich auf das Universalienproblem beziehende Unterscheidung zwischen Realisten und Nominalisten hat jedoch ALBERTUS MAGNUS aufgestellt: Je nachdem ein Magister die Eignung der Universalien, in Vielem zu sein, den Dingen selbst oder dem menschlichen Denken zuschreibt, sei er Realist oder Nominalist [8].

Bezeichnete der Gegensatz ‹Reales/Nominales› im 12. Jh. vor allem zwei Gruppen, die sich in logischen Fragen unterscheiden, so wird er im 15. Jh. dramatisch verschärft. Denn jetzt stehen die beiden Begriffe für grundsätzlich völlig verschiedene philosophische und theologische Denkrichtungen. Am deutlichsten kommt diese Verschärfung in Verordnungen gegen den Nominalismus zum Ausdruck. So wird im Verbannungsedikt LUDWIGS XI. vom 1. März 1474 die Lehre der «Reales Doctores» (von ARISTOTELES, AVERROES, ALBERTUS MAGNUS, THOMAS VON AQUIN, AEGIDIUS VON ROM, ALEXANDER VON HALES, BONAVENTURA und JOHANNES DUNS SCOTUS) ausdrücklich als nachahmenswert empfohlen, während die Lektüre der Schriften der Nominalisten (WILHELM VON OCKHAM, JOHANNES VON MIRECOURT, GREGOR VON RIMINI, JOHANNES BURIDANUS, PIERRE D'AILLY, MARSILIUS VON INGHEN, WODEHAM, JOHANNES DORPS und ALBERT VON SACHSEN) verboten wird [9]. Während die Pariser Nominalisten in ihrer Verteidigungsschrift desselben Jahres nur auf zwei wesentliche Unterschiede zur Lehre der «Reales» hinweisen – diese hätten die Neigung, Seiendes ohne Grund zu verdoppeln, und huldigten dem Grundsatz: «Wir wis-

sen um die Sachen, um die Begriffe kümmern wir uns nicht» [10] –, enthält das sog. ‹Ingolstädter Schriftstück› über den Wegestreit einen Katalog philosophischer und theologischer Lehrstücke, die zwischen «Reales», die in anderen Universitätsakten auch «Realistae» genannt werden [11], und «Nominales» strittig waren. Daraus geht hervor, daß es nicht nur die Themen aus dem Bereich der Logik sind, die beide Gruppen von einander trennen, sondern auch die Kategorienlehre, die Interpretation der Aristotelischen ‹Physik› und der Lehre vom Entstehen und Vergehen, das Seelenverständnis und nicht zuletzt die eigentlichen Themen der Metaphysik: der Begriff des Intellekts, der transzendentalen Bestimmungen usw. [12]. Enger mit dem Universalienproblem in Verbindung stehen nach THOMAS MAULEFELTH Differenzen zwischen Realisten und Nominalisten hinsichtlich der Suppositionslehre [13].

Anmerkungen. [1] G. W. F. HEGEL: Vorles. über die Gesch. der Philos. 3. Jub.ausg., hg. H. GLOCKNER (1927-40) 19, 181. – [2] W. T. KRUG: Allg. Handwb. der philos. Wiss.en nebst ihrer Lit. und Gesch. 3 (²1833) 68 (Art. ‹Nominalismus›); vgl. a.O. 437 (‹Realismus›). – [3] Vgl. W. J. COURTENAY: Nominales and nominalism in the 12th cent., in: J. JOLIVET/Z. KALUZA/A. DE LIBERA (Hg.): Lectionum varietates (Paris 1991) 11-48, hier: 14. – [4] JOH. VON SALISB.: The letters of John of Salisb., hg. W. J. MILLOR/C. L. N. BROOKE (Oxford 1979) 2, 450. – [5] GOTTFRIED VON ST. VIKTOR: Fons philosophiae, hg. P. MICHAUD-QUANTIN. Anal. mediev. Namurcensia 8 (Namur 1956) 43ff. 245-296. – [6] Vgl. Art. ‹Antiqui/moderni›. – [7] Vgl. die Zitate bei COURTENAY, a.O. [3] 38f. – [8] Vgl. ALBERTUS MAGNUS: De praedicab. IX, 3. Op. omn., hg. A. BORGNET (Paris 1890) 1, 147. – [9] F. EHRLE: Der Sent.komm. Peters von Candia (1925) 313f. – [10] a.O. 322; vgl. G. RITTER: Via antiqua und via moderna auf den Dtsch. Univ. des 15. Jh. (1922, ND 1975) 21. 37. – [11] Vgl. RITTER, a.O. 77. – [12] EHRLE, a.O. [9] 334ff. – [13] Vgl. die Zit. bei C. MICHALSKI: Le criticisme et le scepticisme dans la philos. du XIVe s. (1926) 79.

Literaturhinweise. M. GRABMANN: Gesch. der scholast. Methode 1-2 (1909, ND 1957). – J. REINERS: Der aristot. R. in der Frühscholastik (1907); Der Nominalismus in der Frühscholastik (1910). – G. RITTER s. Anm. [10]. – F. EHRLE s. Anm. [9]. – B. GEYER: Die patrist. und scholast. Philos. (1928). – M. H. CARRÉ: Realists and nominalists (Oxford 1946). – F. PELSTER: Nominales und Reales im 13. Jh. Sophia 14 (1946) 154-161. – E. GILSON/PH. BÖHNER: Christl. Philos. von ihren Anfängen bis Nikolaus von Cues (1954). – H. B. VEATCH: Realism and nominalism revisited (Milwaukee 1954). – E. GILSON: Hist. of Christian philos. in the MA (1955, ND London 1985). – D. TRAPP: Unchristened nominalism and Wycliffite realism at Prague in 1381. Rech. Théol. anc. méd. 24 (1957) 320-360. – M. SCHRAMA: Het laat middeleeuws nominalisme in de geschiedschrijving. Bijdragen 1979 (40) 403-423. – W. J. COURTENAY s. Anm. [3].

F. HOFFMANN

2. *Rezeption.* – Auf lange Zeit primäre Quelle für die Überlieferung des bis zum Ende des 16. Jh. allmählich abklingenden scholastischen Streites zwischen Realisten und Nominalisten ist das ‹Metalogicon› des JOHANNES VON SALISBURY [1], aber auch die verstreuten und z.T. mit beißendem Spott über die zahlreichen Spaltungen («sectae») unter den Scholastikern durchsetzten Ausführungen von Humanisten wie J. L. VIVES [2] oder ERASMUS VON ROTTERDAM [3]. Während M. LUTHER ihn nur erwähnt [4], nimmt ihn die spanische Scholastik an klassischer Stelle wieder auf [5]. Erste ausführlichere Dokumentationen des Streites bieten um die Mitte des 17. Jh. J. H. ALSTED [6], der Pariser Philosoph J. SALABERT [7], J. THOMASIUS [8], A. TRIBBECHOVIUS [9], C. E. BULAEUS [10] sowie später CH. THOMASIUS [11]. Ihnen zugrunde liegt dabei das noch bis ins 19. Jh. zitierte sechste Buch

der ‹Bayrischen Annalen› des Historikers AVENTINUS (J. TURMAIR) [12]. Wohl seit J. THOMASIUS ist auch die Differenzierung der Realisten in Thomisten oder Realisten im engeren Sinn auf der einen und Scotisten bzw. Formalisten auf der anderen Seite bekannt [13]. Spätestens seit ALSTED wird die Dreiteilung in Realisten, Konzeptualisten und Nominalisten [14] üblich, deren Streit um die Universalien im allgemeinen innerhalb der dritten und damit letzten Epoche der scholastischen Philosophie eingeordnet wird [15]. Als Vorläufer gelten nicht nur Platon und Aristoteles, sondern auch Heraklit, Kratylos [16], Stilpon von Megara [17], die Stoiker [18] (namentlich Zenon [19]) und die Araber [20] oder auch die kabbalistische Schöpfungstheologie [21]. Immer wieder wird gegenüber den Realisten der Verdacht des Spinozismus oder Pantheismus laut [22]. Betrifft der Hauptstreitpunkt auch in erster Linie das durch Porphyrius und Boethius übermittelte Problem der Allgemeinbegriffe, so werden neben trinitätstheologischen Problemen auch Fragen der Psychologie – so z.B. bei G. W. LEIBNIZ [23] – vor dem Hintergrund des Streites zwischen Realisten und Nominalisten behandelt. Neben dem Problem der «Unterscheidung zwischen dem Wesen und dem Daseyn, der Möglichkeit und der Wirklichkeit eines Dinges» und der damit verbundenen Frage nach der Ewigkeit der Wesen erkennt W. L. G. VON EBERSTEIN Unterschiede zwischen Realisten und Nominalisten auch in der Theorie der «species» [24] sowie beim Problem der göttlichen Einfachheit und Substantialität, seiner Ewigkeit und Einheit, der creatio e nihilo, ferner in der Frage nach dem Verhältnis der Seelenvermögen zueinander, speziell nach dem von Wille und Freiheit [25].

Erst mit den größeren, von J. BRUCKER, D. TIEDEMANN, W. G. TENNEMANN, J. G. BUHLE und TH. A. RIXNER herausgegebenen Philosophiegeschichten und dem durch sie bereitgestellten Material wird eine produktive Aneignung des Universalienstreites zwischen Realisten und Nominalisten möglich. Grundlegend für die spätere Rezeption war die Zuordnung der einzelnen mittelalterlichen Autoren zu den Richtungen von R. und Nominalismus durch TIEDEMANN: Als Nominalisten gelten vorzüglich Roscellin, Ockham, Buridan und Suárez; ihnen stehen Realisten wie Wilhelm von Champeaux, Gilbert de la Porée, Vincent von Beauvais, Duns Scotus, Franciscus de Mayronis, Walter Burleigh, Marsilius von Inghen und Thomas von Straßburg gegenüber, während nach Tiedemann Albertus Magnus und Thomas von Aquin einen Mittelweg zwischen beiden Extremen zu gehen suchten [26]. Während noch I. KANT [27] ebenso wie auch G. W. F. HEGEL [28] den Streit im Grunde nur erwähnen, ist für J. F. FRIES die «völlige Schlichtung des Streites um Nominalismus und R.» rechtmäßig nur zu erwarten bei entsprechender Berücksichtigung a) der Kantischen Unterscheidung der bloß formellen Notwendigkeit in analytischen Urteilen einerseits und der Notwendigkeit in synthetischen Gesetzen und Ideen andererseits, sowie b) bei Berücksichtigung der Antinomienlehre [29]. Die Friessche Tradition fortführend, die Philosophiegeschichte ihren Fort- und Rückschritten gemäß darzustellen, erblickt L. NELSON in seiner dialektischen Betrachtung der neuzeitlichen Philosophie den Grund für den Universalienstreit zwischen R. und Nominalismus in dem von beiden undurchschauten Zwiespalt «zwischen der sinnlichen Erkenntnis des Einzelnen und der gedachten Erkenntnis des Allgemeinen». Erst der naturwissenschaftliche Gesetzesbegriff konnte diesen Konflikt wirklich überwinden, denn «im Gesetz liegt die Realität des Allgemeinen» [30]. Nach A. SCHOPENHAUER kann der R.-Nominalismus-Streit als Ausdruck des polaren Auseinandertretens der menschlichen Denkweise gewertet werden [31] und hat seine tiefere Ursache in der Verkennung des Subjekt-Objekt-Verhältnisses in Beziehung auf die von ihm in seiner Dissertation aufgestellte zweite Klasse der Vorstellungen [32]. Als R. bezeichnet er diejenige, durch Verwechslung der Platonischen Ideen «mit den bloßen Begriffen» [33] entstandene Auffassung, nach der die durch Namen bezeichneten und durch Gemeinbegriffe gedachten Eigenschaften «kraft ihrer unvertilgbaren Existenz viel mehr Realität haben» [34].

Aus der weiteren Schule Schellings identifiziert I. P. V. TROXLER die Auseinandersetzung zwischen Nominalisten und Realisten bezüglich der Realität der Ideen als einen Streit über die von ihm so bezeichnete mittlere, zwischen Urbewußtsein und Vollendungsgeist geortete, je nur in polaren Gegensätzen erfahrbare Sphäre der menschlichen Erkenntnis [35]. Für TH. A. RIXNER war Realisten wie Nominalisten gleichermaßen verborgen, «wie Wesen und Begriff, Einheit und Vielheit, obschon einander in der Trennung entgegengesetzt, in der Ineinsbildung einander weder im Unendlichen, noch in den endlichen Dingen, nirgends aus-, sondern vielmehr einschliessen» [36]. Nach F. AST «entstand der Gegensatz des R. und Nominalismus», indem der Verstand sich gegen das die erste, die theologische Epoche der scholastischen Philosophie beherrschende «mystische System des Neuplatonismus» erhob und «mit Hilfe der Logik und Dialektik seine Rechte geltend zu machen» suchte [37]. Aus dem Umkreis Hegels sieht G. O. MARBACH in der Kontroverse zwischen Realisten und Nominalisten die Verschärfung der bei Eriugena und Anselm als bloßer Unterschied gedachten Differenz zwischen Gedanke und Sein, Bewußtsein und Gegenstand zum Gegensatz [38]. Indem es dem Christentum nicht gelang, seinen Inhalt «mit der heidnischen Form zu vereinigen», brachte nach J. SENGLER der so entstandene «Zwiespalt des formlosen Inhaltes und der inhaltslosen Form ... den Streit der Realisten und Nominalisten hervor» [39]. Die Bedeutung des Universalienstreites im Hinblick vor allem auf die kirchliche Lehre von Erbsünde und Erlösung sowie auf die Frage nach der Einheit von Glauben und Wissen hebt K. FISCHER hervor [40]. Nach F. A. STAUDENMAIER hielt bereits Eriugena mit seiner Synthese der platonischen mit der aristotelischen Bestimmung der Natur der Idee als wesentlicher Form das lösende Wort bereit für den Streit, «der im Mittelalter über die Realität der Ideen zwischen den Realisten und Nominalisten entstanden ist» [41].

In seinen ‹Essays on the intellectual powers of man› zieht der Begründer der schottischen Schule, TH. REID, die nominalistischen, konzeptualistischen und realistischen Linien des Mittelalters aus bis hin zu Hobbes, Locke, Berkeley und Hume [42]. Ebenfalls vor dem Hintergrund der Philosophie des «Common sense» und mit Bezugnahme auf die Ausführungen Reids reflektiert D. STEWART auf den Universalienstreit zwischen Nominalisten und Realisten [43]. Besonderen Wert legt J. S. MILL auf die Verbindung des mittelalterlichen Streites mit der aristotelischen Lehre von der «substantia secunda» [44].

Für B. BOLZANO rückt sein Begriff der Vorstellung an sich in eine gewisse Nähe zu «dem, was schon Pythagoras von seinen Zahlen, Plato von seinen Ideen, Stilpo und später die Nominalisten in ihrem Streite mit den Realisten von ihren Universalien lehrten». Die Nominalisten hatten, so vermutet Bolzano, «richtig bemerkt, daß ein Begriff an sich nichts Existierendes; die Realisten, daß er kein bloßer Name sey» [45]. Nach H. RITTER betraf der Streit zwischen Realisten und Nominalisten im 11. und 12. Jh. im wesentlichen allein «das, was man Ding nennen sollte» [46], während er erst im 14. Jh. mit dem sensualistischen und darum auch zum Skeptizismus neigenden Nominalismus theologische Relevanz erhielt [47]. Konsequenzen haben R., der sich nach Ritter vorzugsweise auf Augustinus berief [48], und Nominalismus ferner für das Problem der Erbsünde [49] sowie der Freiheit und Allmacht Gottes [50]. Darüber hinaus bezog sich der Streit auch auf «einige Nebenpunkte, auf die Einheit der Seele im Gegensatz gegen ihre verschiedenen Kräfte, auf die Einfachheit der Idee Gottes und die Ewigkeit der Arten und Gattungen, über welche Punkte die Verschiedenheit der Meinungen zwischen Realisten und Nominalisten nicht sehr groß war» [51]. Der von Petrus Lombardus behauptete «Unterschied zwischen Zeichen und Dingen» erinnere «an die Streitigkeiten zwischen Nominalismus und R., in welchem es sich um denselben Gegensatz handelte» [52].

Ein überwiegend metaphysisches Interesse ließ nach H. LOTZE R. und Nominalismus in ihrem Streit um die «Bedeutung der allgemeinen Begriffe» «die Innenwelt unserer Vorstellungen hauptsächlich in ihrem Verhältniß zu der Welt der Dinge betrachten». Übertrieb der R., wenn er «den Allgemeinbegriff für das wahrhaft Seiende in den Dingen» ansah, so fand doch der Nominalismus keinen Weg, die richtige aristotelische Überzeugung, «die Wirklichkeit des Seins gehöre nur dem Einzeldinge», mit der «Geltung des Allgemeinen zu vereinigen» [53]. Innerhalb seiner allgemeinen mathematischen Methodenlehre hat W. WUNDT die «alten Bezeichnungen des R. und Nominalismus» zur historischen Charakterisierung der beiden Grundanschauungen bezüglich der Prinzipien der mathematischen Deduktion aufgenommen [54].

In der *neuscholastischen Philosophie* wird die Kontroverse zwischen Realisten und Nominalisten zumeist als bloße Variante des die gesamte Philosophiegeschichte durchziehenden Gegensatzes von R. und Idealismus gewertet [55], so daß R. und Nominalismus umgekehrt auch zur Kennzeichnung für unterschiedliche Strömungen des neuzeitlichen Denkens herangezogen werden [56]. Differenzen vor allem hinsichtlich der Distinktion zwischen Allgemeinem und Besonderem betreffen aus der Sicht der Neuscholastik darüber hinaus in erster Linie theologische Fragen, so etwa nach dem Verhältnis der göttlichen Attribute unter sich und zur göttlichen Wesenheit, nach der Quantität im Zusammenhang mit der kirchlichen Lehre von der Transsubstantiation, aber durchaus auch die schon genannten Probleme der Psychologie [57]. Der gemäßigte oder kritische R. der neuscholastischen Philosophie setzt sich in eins damit als «direkter» oder «unmittelbarer R.» («réalisme immédiat», L. NOËL, F. VAN STEENBERGHEN) dem Idealismus und Solipsismus genauso entgegen wie dem etwa von J. DE VRIES vertretenen «indirekten R.» [58].

Aus der Sicht des *Marxismus* liegt in der Auseinandersetzung zwischen Nominalismus und R. «nicht nur im Keim der Kampf des Empirismus mit dem R. verborgen, sondern auch die Grenzziehung zwischen ... Materialismus und Idealismus» [59].

Indem Realisten wie Nominalisten je auf ihre Weise beim Versuch, «den Sinn des Begriffs festzustellen ..., in irgendeine Sphäre des Seins» zurückgriffen, mußten sie gleichermaßen, so E. CASSIRER «die tiefere Einsicht in den Symbolgehalt der Sprache wie in den der Erkenntnis» verfehlen [60]. Für N. HARTMANNS Theorie einer geschichtlichen Veränderung der Erkenntniskategorien stellt sich der Streit zwischen Universalien-R. und Nominalismus dar als Phase in dem von Platon bis zum geisteswissenschaftlichen Denken der Gegenwart reichenden «Wandel im Realitätsbegriff» [61]. Mit Roscellins rein sensualistischem Nominalismus beginnt nach E. BLOCHS Theorie der «Zwischenwelten» die Auseinandersetzung «zwischen Begriffsrealisten und Begriffsnominalisten» [62]. Zwischen Nominalismus und R. siedelt Bloch als deren 'Mischung' die Status- und Analogielehre Abälards an, deren Formel «universalia in rerum» ihm als Vorerinnerung an Hegels Diktum gilt, wonach das Allgemeine stets das Allgemeine eines Besonderen sei [63].

Anmerkungen. [1] So z.B. für J. THOMASIUS: De doctoribus scholasticis (1676). – [2] J. L. VIVES: De causis corruptarum artium. Op. omn., hg. G. M. Y SÍSCAR 6 (Valencia 1785) 56. 130ff. 145. – [3] ERASMUS VON ROTTERDAM: Moriae encomium id est stultitiae laus. Op. omn. IV/3, hg. C. H. MILLER (Amsterdam/Oxford 1979) 144ff.; Lingua, a.O. IV/1, hg. F. SCHALK (1974) 366; Lingua, (^{2}1526), a.O. IV/1a, hg. J. H. WASZINK (1989) 174; Annot. in NT. 1. Kor. 1, 10. Op. omn., hg. J. CLERICUS IV (Leiden 1705, ND 1962) 662 D; Ep. 329 [ad Paulum Volzium], a.O. III/1 (1703) 338 D. – [4] Vgl. M. LUTHER: Weim. Ausg., Tischreden 4 (1916) 679, Nr. 5134; 145, Nr. 4118; vgl. Tischreden 5 (1919) 653, Nr. 6419. – [5] D. SOTO: In Porph. Isag. (Venedig 1587, ND 1967) 28ff. – [6] J. H. ALSTED: Encycl. septem tomis distincta 1 (1630, ND 1989) 112. – [7] J. SALABERT: Philos. nominalium vind. (Paris 1651); Ars rationis ad mentem nominalium (Oxford 1673). – [8] J. THOMASIUS: Oratio de secta nominalium, in: Orationes sel. (1737) 241-275; vgl. a.O. [1]. – [9] A. TRIBBECHOVIUS: De doctoribus scholasticis et corrupta per eos divinarum humanarumque rerum scientia (1665, ^{2}1719) 223ff. 322f. – [10] C. E. BULAEUS: Hist. univers. Paris. I (Paris 1665) 443ff. – [11] CH. THOMASIUS: Introd. ad philos. aulicam (1688) 31ff. 93f.; zu den weiteren Quellen gehören: H. HIRNHAYM: De typho generis humani (Prag 1676) 261f.; B. SANNIG: Scholia philos. scotistarum I, tract. IV, d. 1, q. 2 (Prag 1684) 148; J. G. WALCH: Einl. in die Philos. 1 (1727) 87f.; S. WERENFELS: Dissert. de logomachiis eruditorum et de meteoris orationis (1736) 37ff. 153f.; CH. MEINERS: De nominalium ac realium initiis atque progressu. Comm. soc. regiae scient. Gottingensis 12, Cl. hist. et philol. (1793/94, ND 1973) 24-41; W. L. G. Frh. VON EBERSTEIN: Über die Beschaffenheit der Logik und Met. der reinen Peripatetiker nebst Zusätzen einige scholast. Theorien betr. (1800) 48ff., bes. 89-138; J. G. BUHLE: Gesch. der Philos. 1 (1800) 834ff.; L. F. O. BAUMGARTEN-CRUSIUS: Progr. de vero scholasticorum realium et nominalium discrimine et sententia theol. (1821). – [12] Vor allem der Spottvers über Roscellin, in: AVENTINUS: Annalium Boiorum lib. VI, hg. N. H. GRUNDLING VI, c. 3, n. 32ff. (1710) 596; zit. u.a. von: THOMASIUS, a.O. [1] §§ VI. XVII; J. BRUCKER: Hist. philos. doctrinae de ideis (1723) 216f.; Hist. crit. philos. 3 (1743, ND 1975) 907; J. A. FABRICIUS an ABRISS einer allg. Hist. der Gelehrsamkeit 2 (1752, ND 1978) 758; W. G. TENNEMANN: Gesch. der Philos. 8/1 (1810) 164. – [13] Vgl. THOMASIUS, a.O. [1] § XIX. – [14] Vgl. ALSTED, a.O. [6] 112; a.O. 3, 621; R. GOCLENIUS: Lex. philos. (1613, ND 1964) 757f. (Art. ‹Nominales›); J. MICRAELIUS: Lex. philos. (^{2}1662, ND 1966) 892 (Art. ‹Nominales philosophici›); 1391 (Art. ‹Scholastica theologia›); BRUCKER: Hist. crit. philos., a.O. [12] 907f. – [15] Diese Dreiteilung sowie die Einordnung des R.-Nominalismus-Streites findet sich neben den genannten Tribbechovius und Brucker u.a. auch bei: D. G. MORHOF: Polyhistor lit., a.O. (^{4}1747, ND 1970) 2, 72ff.; F. BUDDEUS: Elem. philos. instrumentalis seu Institutionum philos. eclect. 1 (^{6}1717) 70; B. G. STRUVE: Bibliotheca philos. (1740, ND 1970) 56. – [16] Vgl. THOMASIUS, a.O. [1] § XIV; Orat., a.O. [8] 248f. – [17] Vgl. P. BAYLE: Hist. und

Crit. Wb., dtsch. J. CH. GOTTSCHED 4 (1744, ND 1978) 291 (Art. ‹Stilpo›); J. H. ZEDLER: Grosses Univ.lex. aller Wiss.en und Künste 49 (1746) 1742ff. (Art. ‹Universalien›); W. T. KRUG: Allg. Handwb. der philos. Wiss.en (^{2}1833) 3, 68; TENNEMANN, a.O. [12] 7/1 (1810) 162; D. TIEDEMANN: Geist der speculat. Philos. 2 (1773) 414; H. A. ERHARD: Gesch. des Wiederaufblühens wissenschaftl. Bildung, vornehml. in Dtschl. bis zum Anfang der Reformat. (1827, ND 1977) 85f. – [18] Vgl. E. CHAUVIN: Lex. philos. (^{2}1713, ND 1967) 704f. (Art. ‹Universale›); BRUCKER: Hist. philos. doctr., a.O. [12] 220; TENNEMANN, a.O. [12] 8/1, 38f. – [19] Vgl. BRUCKER: Hist. crit. philos., a.O. [12] 904f.; KRUG, a.O. [17] 4 (^{2}1834) 304 (Art. ‹Universalien›). – [20] Vgl. TIEDEMANN, a.O. [17] 4 (1775) 159. 390. – [21] Vgl. BRUCKER: Hist. philos. doctr., a.O. [12] 220. – [22] a.O. 221; Hist. crit. philos. a.O. [12] 912; ZEDLER, a.O. [17] 30 (1741) 1220f. (Art. ‹Nominales›); TIEDEMANN, a.O. [17] 4, 276; dagegen BUHLE, a.O. [11] 838; J. KUHN: Einl. in die kath. Dogm. 1 (^{2}1859) 411. – [23] G. W. LEIBNIZ: Nouv. essais II, 21, § 6. Philos. Schr., hg. C. I. GERHARDT 5 (1882) 160; vgl. TIEDEMANN, a.O. 5 (1776) 137f. 235; a.O. 4, 619. – [24] VON EBERSTEIN, a.O. [11] 41; vgl. 44ff. 74ff. – [25] Vgl. Die natürl. Theol. der Scholastiker (1803, ND 1968) 84ff. 101ff. 173f. 181f. 234f. – [26] Vgl. TIEDEMANN, a.O. [17] 4, 275f. 299. 362f. 392. 549f. 608ff.; 5, 114f. 177f. 225f. 245. 409. – [27] Vgl. I. KANT: Vorl. über Met. Akad.-A. 28/2, 1, 560. 636. – [28] G. W. F. HEGEL: Vorl. über die Gesch. der Philos. 3. Jub.ausg., hg. H. GLOCKNER (1927-40) 19, 153ff. 180ff. – [29] J. F. FRIES: Gesch. der Philos. 2 (1840). Sämtl. Schr. 19 (1969) 186f.; vgl. 200. 228. – [30] L. NELSON: Fortschritte und Rückschritte der Philos. Sämtl. Werke 7, hg. J. KRAFT (1962) 40f. – [31] A. SCHOPENHAUER: Parerga und Paralipomena I. Sämtl. Werke 5, hg. A. HÜBSCHER (1938) 71. – [32] Über die vierfache Wurzel des Satzes vom zureich. Grund, a.O. 1 (1937) 142. – [33] Die Welt als Wille und Vorstellung II, a.O. 3 (1938) 418. – [34] a.O. [58] 70. – [35] I. P. V. TROXLER: Naturlehre des menschl. Erkennens, oder Met., hg. H. R. SCHWEIZER (1985) 158ff. – [36] TH. A. RIXNER: Handb. der Gesch. der Philos. 2 (1823) 26f.; vgl. 109ff. 130ff. – [37] F. AST: Grundr. der Gesch. der Philos. (^{2}1825) 190f.; vgl. 228f. – [38] Vgl. G. O. MARBACH: Gesch. der Philos. 2 (1841) 261ff. 358ff. – [39] J. SENGLER: Über das Wesen und die Bedeut. der speculat. Philos. und Theol. in der gegenwärt. Zeit (1834) 14. – [40] K. FISCHER: Einl. in die Gesch. der neueren Philos. (^{7}1924) 64ff. – [41] F. A. STAUDENMAIER: Die Lehre von der Idee in Verbindung mit entwickl.gesch. der Ideenlehre und der Lehre vom göttl. Logos (1840) 252ff. – [42] TH. REID: On the intellect. powers of man (1785). Works 1, hg. W. HAMILTON (Edinburgh ^{8}1895) 389-412, bes. 405ff. – [43] D. STEWART: The elements of the philos. of the human mind 1 (London 1792) 81ff., bes. 87ff. – [44] Vgl. J. S. MILL: A system of logic ratiocinat. and induct. Coll. works 7 (Toronto ^{2}1978) 109ff.; a.O. 8 (^{2}1978) 815; vgl. The early draft of logic, a.O. 1017; An examin. of Sir W. Hamilton's philos., a.O. 9 (^{2}1979) 301ff. – [45] B. BOLZANO: Wiss.lehre § 51. Ges.ausg., hg. E. WINTER u.a. I/11, 2 (1987) 35. – [46] H. RITTER: Gesch. der Philos. 7 (1844) 136. 158; a.O. 8 (1845) 686. – [47] a.O. 7, 136; vgl. 131ff. – [48] Vgl. AUGUSTINUS: De div. quaest. 83, 46, 2. CCSL 44a, hg. A. MUTZENBECHER (Turnhout 1975) 72; vgl. RITTER, a.O. [46] 7, 156; a.O. 6 (1841) 313; bei Ritter steht beidemal fälschlicherweise q. 26, 2. – [49] RITTER, a.O. 7, 156. – [50] a.O. 157. – [51] 8, 686; vgl. 680ff. – [52] 7, 485. – [53] H. LOTZE: Logik, hg. G. MISCH (1928) 559f. – [54] W. WUNDT: Logik 2 (^{4}1920) 113ff. – [55] Vgl. M. LIBERATORE: Die Erkenntnistheorie des hl. Thomas von Aquin (1861) 42ff.; A. STÖCKL: Gesch. der Philos. des MA 1 (1864, ND 1968) 128ff. – [56] Vgl. die z.T. auch widersprüchlichen Zuordnungen zu Nominalismus und R. in der hg. G. HAGEMANN: Logik und Noetik (1915) 243; J. GREDT: Die aristot.-thomist. Philos. 1 (1935) 67; Elementa philos. aristot.-thomist. 1 (^{13}1961) 108ff.; F. VAN STEENBERGHEN: Epistémologie (Löwen 1945), dtsch.: Erkenntnislehre (1950) 72ff.; J. DE VRIES: Denken und Sein (1937) 65ff.; G. SÖHNGEN: Sein und Gegenstand (1930) 178ff. – [57] Vgl. STÖCKL, a.O. [55] 134f.; a.O. 2/2 (1865, ND 1968) 966ff.; F. DIEKAMP: Kath. Dogm. 1 (^{5}1921) 125. 254f. – [58] Vgl. L. NOËL: Le réalisme immédiat. Rev. néo-scolast. Philos. 25 (1923) 154-174; Après le congr. thomiste. La discuss. sur le réalisme, a.O. 27 (1925) 389-393; La méthode du réalisme, a.O. 33 (1931) 433-447; VAN STEENBERGHEN: Quest. disp. sur le réalisme immédiat. Rev.

philos. Louvain 63 (1965) 209-234. – [59] Gesch. der Philos., hg. Akad. Wiss. UdSSR 1 (Moskau 1957, dtsch. ^{2}1962) 257. 264ff.; vgl. Philos. Wb., hg. G. KLAUS/M. BUHR (^{8}1972) 1, 912ff. (Art. ‹Realismus›); 1102f. (Art. ‹Universalienstreit›). – [60] E. CASSIRER: Philos. der symbol. Formen 3 (^{2}1954) 350; vgl. zu Nominalismus und R. in der Mathematik a.O. 291. 441ff. – [61] N. HARTMANN: Die Erkenntnis im Lichte der Ontol. (1949). Kleinere Schr. 1 (1955) 122-180, hier: 166. – [62] E. BLOCH: Zwischenwelten in der Philos.gesch. Aus Leipziger Vorles. (1950-56). Ges.ausg. 12 (1977) 68. – [63] a.O. 79ff.; vgl. 110ff. 287.

T. TRAPPE

II. – 1. *Realismus vs. Idealismus.* – In der neueren, d.h. nachkantischen erkenntnistheoretischen Literatur bezeichnet ‹R.›, vornehmlich in der Konfrontation mit ‹Idealismus›, zuweilen auch mit ‹Phänomenalismus› und ‹Illusionismus›, ein Feld von Standpunkten, denen zufolge Seiendes-an-sich als Grund des Gegebenen und als Bedingung wahrer Erkenntnis existiert und als Korrelat perzeptiver oder voluntativer Akte gleichermaßen zugänglich wie irreduzibel ist. Die These des R. kann sowohl auf bestimmte Gegenstandsbereiche beschränkt wie auch auf das Verhältnis des Ansichseins und des Bewußtseins schlechthin bezogen sein; sie kann einerseits die Zugänglichkeit des Seienden in der Erkenntnis, andererseits die metaphysische Abhängigkeit des Bewußtseins (Denkens) von Seiendem-an-sich ins Zentrum stellen.

Ursprung der neueren Verwendungsweisen von ‹R.› ist die kantische Vernunftkritik. I. KANT bezieht die zuvor in Hinsicht auf den Seinsstatus und die Gegebenheitsweise der Universalien gebrauchten Ausdrücke ‹Realist› und ‹R.› auf die Frage nach der Existenz und Existenzweise der raumzeitlichen Welt und nach dem Verhältnis von Erscheinung und Ansichsein [1].

Als «transcendentalen Realism» bezeichnet Kant in der 1. Auflage der ‹Kritik der reinen Vernunft› (in die 2. Auflage wird der Ausdruck nur in einer beiläufigen Wendung [2] übernommen) die von ihm zurückgewiesene Auffassung, daß Zeit und Raum etwas an sich (unabhängig von unserer Sinnlichkeit) Gegebenes seien. «Der transcendentale Realist stellt sich also äußere Erscheinungen ... als Dinge an sich selbst vor, die unabhängig von uns und unserer Sinnlichkeit existiren» [3], macht also «bloße Vorstellungen zu Sachen an sich selbst» [4]. Dem «transcendentalen Realism» stellt Kant seine eigene Position des «transcendentalen Idealism» gegenüber [5]. Dieser ist mit einem «empirischen R.» verbunden, demzufolge der Bestand und die Ordnung der raumzeitlichen Erfahrungswelt zwar nicht vom empirisch-psychologischen Subjekt abhängen, jedoch in konstitutivem Bezug auf ein Bewußtsein überhaupt stehen [6].

Im Gefolge der kantischen Philosophie und im Rahmen der durch sie eröffneten Fragestellungen wird der Ausdruck ‹R.› teils in kritischer, teils in exegetischer Absicht sogleich aufgenommen [7]. In scharfer Zuspitzung der Konfrontation von Idealismus und R. («Dogmatismus») bestreitet J. G. FICHTE den Sinn des Ding-an-sich-Begriffs und bezeichnet seine idealistische Position zugleich als «Ideal-R.» oder «Real-Idealismus» [8]; diese Ausdrücke finden sich auch bei F. W. J. SCHELLING [9], der der Idealismus-Kritik zunächst dadurch begegnet, daß er den Unterschied beider bestreitet [10], in recht verschiedenartigen Verwendungen wieder. – W. T. KRUG bemüht sich um einen vermittelnden «transzendentalen Synthetismus» [11]. F. H. JACOBI knüpft demgegenüber an die Realsetzung der raumzeitlichen Welt im Sinne der common-sense-Philosophie an [12]. Einen «rationalen», «logischen» R. vertritt C. G. BARDILI [13]. J. F. HERBARTS Position weist auf den 'kritischen R.' voraus. In positiver Wendung und Umdeutung nimmt E. VON HARTMANN den kantischen Ausdruck «transzendentaler R.» auf und wählt ihn als Programmtitel seiner Erkenntnismetaphysik: Es ist für ihn «der kritisch begründete und vermittelte R.» [14], der sich dadurch vom «transzendenten oder naiven» R. unterscheidet, daß er nicht direkten Zugang zur transzendenten Realität in den Bewußtseinsinhalten als solchen sucht, sondern ihnen «nur durch Vermittlung der gedanklichen Beziehung auf ein Transzendentes eine indirekte realistische Bedeutung beimißt» [15]. Dabei spielt das Kausalprinzip eine zentrale Rolle: Grundsätzlich und seinem programmatischen Anspruch nach gehört Hartmann damit in die Reihe der Vertreter des kritischen R.

In wachsendem Maße wird der Begriff des R. – oft mit erläuternden und modifizierenden Epitheta versehen [16] – seit dem Ende des 19. Jh., vor allem in den ersten Jahrzehnten des 20. Jh., in der Reaktion auf Hegelianismus und Neukantianismus, auch auf den positivistischen Phänomenalismus, in Anspruch genommen («Neo-R.», «kritischer R.» u.a.). Durchweg realistisch präsentiert sich auch, in Anknüpfung an die aristotelisch-thomistische Tradition, die neuscholastische Philosophie [17]. Zu neuerlichen Bemühungen um den Begriff des R. gibt die Reaktion auf E. Husserls «transzendentale Phänomenologie» und ihre idealistischen Implikationen Anlaß [18]. Innerhalb des Feldes realistischer Standpunkte werden «mittelbarer» und «unmittelbarer» R., indirekte und direkte Zugänglichkeit des Seins für das Bewußtsein gegenübergestellt [19].

Seit und aufgrund der Neubestimmung des Begriffs durch Kant ist es weithin üblich geworden, sich im Gebrauch des Ausdrucks ‹R.› nicht auf den nachkantischen Abschnitt der Philosophiegeschichte zu beschränken, sondern die gesamte abendländische Philosophie bis hin zum cartesischen Bewußtseinsexperiment als «realistisch» zu bezeichnen. Gleichwohl bleibt zu unterscheiden, ob die Annahme der Existenz einer bewußtseinsunabhängigen Außenwelt Antwort auf eine entsprechende Frage ist und mit einer Alternativposition konfrontiert wird oder ob sie bloß implizite und unbefragte Voraussetzung ist. Erst Descartes' aus der Selbstgewißheit gestellte Frage nach der Existenz der Welt stellt den für die Thematisierung des R. konstitutiven Alternativbezug her. In der nachcartesischen Philosophie, zumal in der Reaktion auf die immaterialistischen Positionen G. Berkeleys und A. Colliers, wird – u.a. bei CH. WOLFF [20] – zunächst vorzugsweise die Alternative von Idealismus und Materialismus, die Frage, ob den räumlich-materiellen Gegenständen außerhalb ihres Gegebenseins im Bewußtsein noch eine selbständige Existenz und womöglich ein metaphysischer Primat zukomme, erörtert. Auch späterhin steht der Seinsstatus der Materie oft im Zentrum, und die erkenntnistheoretische, zumindest aber erkenntnistheoretisch motivierte Alternative Idealismus/R. wird nicht selten von der metaphysischen Alternative Spiritualismus/Materialismus überlagert. Schon von ihrem kantischen Ursprung her und im Sinne späterer Präzisierungen ist die Idealismus-R.-Problematik jedoch indifferent gegen die Scheidung des Physisch-Materiellen und des Geistig-Seelischen und bezieht sich auch auf die in der inneren Wahrnehmung begegnende psychische Realität: Es geht um die «Loslösbarkeit des Seienden vom Meinen» [21] schlechthin.

Während die Idealismus-R.-Kontroverse in der älteren Literatur meist mit dem Anspruch auf – im Effekt metaphysische – Lösungen präsentiert wird, tritt in neueren Stellungnahmen, z.B. bei M. SCHELER, oft die Bemühung um den Sinn der Fragestellung selbst in den Vordergrund. Man bemüht sich um Klärung der in ihr fungierenden Begriffe (wie ‹Realität›, ‹Transzendenz›, ‹Bewußtsein›), um präzisere Formulierungen und um Aufdeckung voreiliger Implikationen im Ansatz des Fragens [22]. Metaphysische und erkenntnistheoretische Momente werden gesondert. Einerseits soll die in der 'realistischen' These beanspruchte Seinsselbständigkeit und Bewußtseinsunabhängigkeit, andererseits die in der 'idealistischen' Argumentation verbindliche Immanenz und Bewußtseinspräsenz begrifflich schärfer gefaßt werden [23]. In beiden Bereichen wird differenziert; das Entweder-Oder wird auf eine Reihe möglicher Zwischenstufen reduziert.

In der neopositivistischen Wissenschaftstheorie, vor allem bei R. CARNAP, wird die Alternative ‹Idealismus/R.› schlechthin als Scheinproblem zurückgewiesen, das keinerlei Aussicht auf verifizierbare und für den Progreß wissenschaftlicher Erkenntnis relevante Lösungsmöglichkeiten eröffnet [24]; in der älteren Wissenschaftstheorie, etwa bei H. VON HELMHOLTZ [25], wird die realistische Auffassung demgegenüber oft als nützliche «Hypothese» anerkannt. In der neuen neopositivistischen Literatur wird zuweilen ein nicht-metaphysischer «semantischer R.» [26] vertreten.

Anmerkungen. [1] Vgl. I. KANT: KrV A 369ff. – [2] B 571/A 543. – [3] A 369. – [4] B 519/A 491. – [5] A 369ff. B 518ff./A 490ff. – [6] A 375; vgl. A 370. – [7] Vgl. z.B. E. G. F. WREDE: Antilogie über R. und Idealismus (1791). – [8] J. G. FICHTE: Grundl. der ges. Wiss.lehre 3, § 5 (²1802). Sämmtl. Werke, hg. I. H. FICHTE (1845/46) 1, 281; vgl. Erste Einl. in die Wiss.lehre §§ 3ff., a.O. 425ff. – [9] Vgl. EISLER⁴: Art. ‹Ideal-R.›. – [10] F. W. J. SCHELLING: Abh. zur Erläut. des Idealismus der Wiss.lehre (1796/97). Sämmtl. Werke, hg. K. F. A. SCHELLING (1859-61) I/1, 403. – [11] W. T. KRUG: Fundamentalphilos. (³1827) 106ff. – [12] F. H. JACOBI: David Hume über den Glauben, oder Idealismus und R. (1787). – [13] Vgl. F. KARSCH: Ch. G. Bardilis log. R. Kantstudien 30 (1925) 437-452. – [14] E. VON HARTMANN: Krit. Grundleg. des transz. R. (1875). Ausgew. Werke I/1 (⁴1914) 4. – [15] a.O. 8. – [16] Vgl. EISLER⁴: Art. ‹R.› ; C. RANZOLI: Le forme storiche dell'idealismo e del realismo, in: Il linguaggio dei filosofi (Padua 1911) 59-104. – [17] Vgl. z.B. F. VAN STEENBERGHEN: Epistémologie (Löwen ²1947). – [18] z.B. J. THYSSEN: Zur Neubegründ. des R. in Auseinandersetzung mit Husserl, in: R. und moderne Philos. (1959) 41-91. – [19] Vgl. L. NOËL: Le réalisme immédiat (Löwen 1938). – [20] Vgl. CH. WOLFF: Vernünfftige Gedancken von Gott, der Welt und der Seele des Menschen ... (²1722) Vorrede 2. – [21] J. THYSSEN: Vom Gegebenen zum Realen, a.O. [18] 92-138, bes. 102. – [22] Vgl. M. SCHELER: Idealismus-R. Philos. Anzeiger 2 (1927/28) 255-324. Ges. Werke 9, hg. M. S. FRINGS (1976) 183-241. – [23] Vgl. R. INGARDEN: Der Streit um die Existenz der Welt 1 (1964) 1ff. 187ff. – [24] Vgl. R. CARNAP: Scheinprobl. in der Philos. (1928, ³1966); M. SCHLICK: Positivismus und R. Ges. Aufs. 1926-36 (Wien 1938) 83-115. – [25] Vgl. H. VON HELMHOLTZ: Vortr. und Reden 2 (⁴1896) 239. – [26] Vgl. H. FEIGL: Existential hypotheses. Philos. Sci. 17 (1950) 35-62, bes. 50ff.; Symposium on 'Existential hypotheses', a.O. 164-195.

Literaturhinweise. H. VAIHINGER: Zu Kants Widerlegung des Idealismus. Straßburger Abh. zur Philos., E. Zeller zu seinem 70. Geb. (1884) 65-164. – J. SINNREICH: Der transz. R. oder Korrelativismus unserer Tage. Diss. Bern (1905). – M. SCHMITT: Die Behandl. des erkenntnistheoret. Idealismus bei E. von Hartmann. Kantstudien Erg.h. 43 (1918). – W. KINKEL: Idealismus und R. Wege zur Philos. 3 (1920). – E. von Aster: R. und Positivismus. Kantstudien 27 (1922) 496-517. – D. Drake: Possible forms of realism. Philos. Review 40 (1931) 511-521. – F. Olgiati/F. Orestano: Il realismo (Mailand 1936). – W. Del-Negro: ‹Idealismus› und ‹R.›. Kantstudien 43 (1943) 411-449. – E. Gilson: Réalisme thomiste et critique de la connaissance (Paris ²1947). – W. Sellars: Realism and the new way of words. Philos. phenomenol. Res. 8 (1947/48) 601-34. – H. Krings: Die Wandlung des R. in der Philos. der Gegenwart. Philos. Jb. 70 (1962) 1-16. – J. Barion: Marxismus und R., in: Lebendiger R., Festschr. J. Thyssen (1962) 89-114. – J. J. C. Smart: Philosophy and scient. realism (New York 1963). – I. Wirth: R. und Apriorismus in N. Hartmanns Erkenntnistheorie (1965). – J.-D. Robert: Réfl. sur l'antinomie idéalisme-réalisme. Rev. philos. Louvain 63 (1965) 458-473. – H. M. Chapman: R. and phenomenology, in: M. Natanson (Hg.): Essays in phenomenol. (Den Haag 1966) 79-115. – D. C. Williams: Principles of empirical realism (Springfield, Ill. 1966). – W. Strombach: Möglichkeiten und Grenzen des erkenntnistheoret. R. in der heut. Naturphilos. Philosophia naturalis 17 (1978/79) 306-326.

2. *Kritischer R.* – Als «kritischen R.» [k.R.] bezeichnet G. S. A. Mellin, noch zu Lebzeiten Kants, gelegentlich die von Kant unter dem Titel «transzendentaler R.» zurückgewiesene Lehre [1]. In der seitherigen Literatur, vor allem seit dem Ende des 19. Jh. [2], wird der Ausdruck ‹k.R.› vorzugsweise auf solche erkenntnistheoretischen Positionen angewandt, in denen die kantische Erkenntniskritik zwar berücksichtigt wird, ihre restriktiven und in der Folge idealistischen Konsequenzen jedoch nicht oder nur mit Einschränkungen akzeptiert werden. Insofern kann in einem weiteren, nicht-spezifischen Sinne von ‹k.R.› überall da die Rede sein, wo im Durchgang durch erkenntniskritische Erwägungen und in Rücksicht auf die Phänomenalität des Gegebenen ein wie auch immer eingeengter Zugang zum Ansichseienden gesucht wird, wo sozusagen eine Synthese von Erkenntnistheorie und Ontologie angestrebt wird [3]. J. F. Herbarts Satz, «Wieviel Schein, soviel Hindeutungen aufs Sein» [4], kann demnach als ein Leitwort des k.R. gelten, und zu seiner Exemplifikation kann sowohl auf E. von Hartmann wie auch auf Kantinterpreten wie A. Riehl, auf manche Vertreter der Neuscholastik wie auch, für das 20. Jh., auf N. Hartmann oder G. Jacoby verwiesen werden. In ähnlichem Sinne ist zuweilen von «wissenschaftlichem» oder «philosophischem» R. die Rede; H. Spencer spricht von «transfigured realism», G. H. Lewes von «reasoned realism» [5].

Im engeren und spezifischen Sinn heißt ‹k.R.› die von C. Stumpf, O. Külpe, E. Becher, A. Messer u.a. vorgetragene Auffassung, daß zwar in der Wahrnehmung und im anschaulichen Vorstellen von einer Darstellung bewußtseinsunabhängiger Realität keine Rede sein könne, daß aber das unanschauliche Denken gewissen innerhalb des Gegebenen, im Zusammenhang und in der Abfolge sinnlicher Daten konstatierbaren Merkmalen und Beziehungen gewisse, in ihrem eigenen Wesen freilich unzugängliche, «Merkmale und Beziehungen einer bewußtseinsunabhängigen Wirklichkeit-an-sich» [6] zuzuordnen in der Lage sei.

Im anglo-amerikanischen Raum bezeichnet «critical realism» die in besonderer Entschiedenheit von R. W. Sellars vorgetragene, in der Auseinandersetzung einerseits mit dem Phänomenalismus, andererseits mit der neorealistischen Lehre von der immediaten Zugänglichkeit der Realität entwickelte Auffassung, daß im Denken ein irreduzibler Gegenstandsbezug liege und daß die Erkenntnis von Gegenständen nicht deren unmittelbare Präsenz im Bewußtsein voraussetze, sondern nur ihre Erfassung durch unmittelbar gegebene und zugleich real im Objekt vorhandene Charaktere der Prädikation [7]. G. Santayana, C. A. Strong u.a. bestimmen diese gegebenen Charaktere als bloße Essenzen, während A. O. Lovejoy, J. B. Pratt und R. W. Sellars ihnen zugleich mentale Existenz zuschreiben [8]. – In der neueren marxistischen Literatur ist ‹k.R.› in der Regel ein Begriff der Kunst-, zumal der Literaturtheorie (vgl. unten IV.).

Anmerkungen. [1] G. S. A. Mellin: Encyclop. Wb. der krit. Philos. (1779-1803) 4/1 (1801) Art. ‹R.›. – [2] Vgl. z.B. H. Schwarz: Was will der k.R. (²1894). – [3] Vgl. A. Wenzl: Der k.R. als erkenntnistheoret. Synthese und als Aufgabe der Gegenwart. Forsch. Fortschritte 28 (1954) 97-99. – [4] Vgl. J. F. Herbart: Allg. Met. 2 (1829) § 199. Sämtl. Werke, hg. K. Kehrbach/O. Flügel (1887-1912) 8, 53. – [5] Vgl. Eisler⁴: Art. ‹R.›. – [6] Wenzl, a.O. [3] 97. – [7] Vgl. R. W. Sellars: What is the correct interpret. of crit. realism? J. Philos. 24 (1927) 238-241; vgl. unten III. 1.-3. – [8] Vgl. D. Drake/A. O. Lovejoy u.a.: Essays in crit. realism (London 1920) 54f. 242.

Literaturhinweise. W. Wundt: Über naiven und k.R. Philos. Stud. 12 (1895/96) 307-408; 13 (1896/97) 1-105. 323-433. – R. W. Sellars: Crit. realism (Chicago/New York 1916). – G. Dawes Hicks: The basis of crit. realism. Proc. Arist. Soc. (London) 17 (1916/17) 300-359. – A. Messer: Der k.R. (1923). – P. Bode: Der k.R. O. Külpes. Diss. Berlin (1928). – L. Noël: Le 'réalisme crit.' et le 'bon désaccord'. Rev. néo-scolast. Philos. 43 (1940-45) 43-66. – R. M. Chisholm: Sellars' crit. realism. Philos. phenomenol. Res. 15 (1954/55) 33-47. – F. Schneider: Die Bedeut. des R. in der Erkenntnislehre des 19. Jh., in: Lebendiger R., Festschr. J. Thyssen (1962) 47-87. – V. de Ruvo: Introd. al realismo crit. (Padua 1964). – K.-F. Wessel: Krit. R. und dialekt. Materialismus (1971).

3. *Naiver R.* – Der Ausdruck ‹naiver R.› [n.R.] kommt in der zweiten Hälfte des 19. Jh. auf [1] – zuvor findet sich der Ausdruck «natürlicher R.» [2] bzw. «natural realism» [3] – und dient in der seitherigen philosophischen, zumal erkenntnistheoretischen Literatur vorzugsweise dazu, diejenige – in der Regel dem sog. einfachen Mann, zuweilen auch früheren Epochen der Philosophiegeschichte zugewiesene – Einstellung zu bezeichnen, in der kritisch-erkenntnistheoretische Reflexionen auf Gegebensein und Transzendenz unterbleiben und in der die Inhalte der Wahrnehmung und das Ansichsein des Wahrgenommenen identifiziert oder, genauer noch, in unbefragter Selbstverständlichkeit als Einheit verstanden werden. Dabei geht es jedoch sehr oft nicht um die Faktizität alltäglicher, die Lebenspraxis beherrschender Welt- und Seinsauffassung als solche, als vielmehr um Positionen, die aus der Blickrichtung fortgeschrittener Reflexion als Voraussetzung oder Kontrast postuliert werden und denen ein je geringeres Maß an Reflexivität, gelegentlich das fiktive Extrem absoluter Reflexionslosigkeit [4] zugeordnet wird.

Zuweilen wird der n.R. (meist freilich unter anderen Titeln) als Ziel inversiver Reflexion präsentiert, d.h. als wiederzugewinnender Ausgangspunkt, von dem aus Irrwege des wissenschaftlich-philosophischen Welt- und Selbstverständnisses aufgeklärt und zurückgenommen werden können. In diesem Sinne bemüht sich z.B. R. Avenarius um Restitution des «natürlichen Weltbegriffs» [5]; Intentionen der von W. Schuppe u.a. vertretenen Immanenzphilosophie kommen seinem Vorhaben nahe [6]; auch auf E. Husserls Begriff der «natürlichen Einstellung» ist bei dieser Gelegenheit zu verweisen.

Der Ausdruck ‹n.R.› bezeichnet gelegentlich auch einige spezifisch neuzeitliche, in der Opposition gegen den

«Satz des Bewußtseins» vorgetragene philosophische Auffassungen, in denen ein «immediater», nicht-repräsentativer Zugang zur Realität und die Objektivität auch der «sekundären Qualitäten» vertreten wird, insbesondere die Position J. H. von Kirchmanns, der die Identität von Wahrnehmungsbefunden und ansichseienden Objekten freilich als eine bloß inhaltliche, nicht aber numerische Identität versteht [7]. Auch einige Vertreter des angloamerikanischen Neorealismus werden zuweilen «naive Realisten» genannt. – Als «natural realism» («natural dualism») bezeichnet W. Hamilton seine in kritischer Nachfolge Th. Reids konzipierte Version der Common-sense-Philosophie [8]. In neuerer Zeit hat vor allem G. E. Moore eine eigenständige Version des Common-sense-R. vertreten [9].

Anmerkungen. [1] Vgl. z.B. E. von Hartmann: J. H. von Kirchmanns erkenntnistheoret. R. (1875) 2ff. – [2] Vgl. G. E. Schulze: Encycl. der philos. Wiss.en (^{3}1824) XIII. – [3] Vgl. W. Hamilton: Lect. on metaphysics and logic (Edinburgh/London ^{5}1870) 1, 292f.; 2, 80ff. – [4] Vgl. E. von Hartmann: Zum Begriff des n.R. Philos. Monatshefte 27 (1891) 32-37, bes. 35-36. – [5] Vgl. R. Avenarius: Der menschl. Weltbegriff (1891). – [6] Vgl. W. Schuppe: Die natürl. Weltansicht. Philos. Monatshefte 30 (1894) 1-14. – [7] Vgl. J. H. von Kirchmann: Über das Prinzip des R. Vorträge vor der philos. Ges. zu Berlin [Verh. philos. Ges.] (Leipzig 1875) bes. 29ff. 53ff.; vgl. H. Berger: Wege zum R. und die Philos. der Gegenwart (1959) bes. 56ff. – [8] Vgl. Hamilton, a.O. [3]. – [9] Vgl. G. E. Moore: Philos. papers (London 1959) bes. 32-59. 127-150.

Literaturhinweise. J. F. Herbart: Comment. de realismo naturali, qualem proposuit Th. E. Schulzius (1837). – A. Döring: Über den Begriff des n.R. Philos. Monatshefte 26 (1890) 385-399. – H. Berger s. Anm. [7]. – D. R. Cousin: Naive realism. Proc. arist. Soc. 55 (1954/55) 179-200. – M. Arthadeva: Naive realism and illusions of reflection. Australasian J. Philos. 37 (1959) 118-37. – A. Grote: Über die anthropolog. Position des n.R. Z. philos. Forsch. 18 (1964) 450-466. W. Halbfass

4. *Ch. S. Peirce.* – ‹R.› bezeichnet bei Ch. S. Peirce generell eine an Johannes Duns Scotus orientierte universalienrealistische Position, die sich dem Nominalismus und Individualismus entgegensetzt. Verstand Peirce sich selbst in seinen frühen Jahren noch als Nominalist, bekennt er sich seit 1868 explizit zum «realism of Scotus» [1]; er schreibt rückblickend: «Everybody ought to be a nominalist at first, and to continue in that opinion until he is driven out of it by the *force majeure* of irreconcilable facts» [2]. Im Gesamtwerk von Peirce sind jedoch mindestens drei Typen von R. mehr oder weniger deutlich voneinander zu unterscheiden: 1. ein epistemologischer, 2. ein logischer oder semiotischer und 3. ein metaphysisch verstandener R.

Vor allem in den Jahren bis 1871 entwickelt Peirce seinen *epistemologischen R.* im Anschluß an seine prozessuale Erkenntnistheorie. Der Begriff von einem Objekt wird in einem prinzipiell unendlichen Schlußfolgerungsprozeß zeichenhaft über die Erfahrung gewonnen. Das reale Objekt ist dabei das dem Erkenntnisprozeß vorausgehende und diesen provozierende Objekt, wobei sich der Begriff von ihm approximativ «in the long run» entwickeln läßt (Konvergenztheorie). «The real, then, is that which, sooner or later, information and reasoning would finally result in, and which is therefore independent of the vagaries of me and you» [3]. Der Begriff von einem Objekt fällt somit letztlich in eins mit dem realen Objekt (Bedeutungstheorie des Pragmatizismus).

Der *logische* oder *semiotische R.* wird besonders deutlich im Verständnis der Universalien [4]: Die Peircesche Relationenlogik erlaubt eine semiotische Rekonstruktion von Aussagen, in der generelle Termini als reale Relationen begriffen werden (universalia inter res). Hierbei entwickelt Peirce zudem die in seiner Kategorienlehre begründete Unterscheidung von Existenz als relational zweistelliger «secondness» und Realität als relational dreistelliger und somit vollständiger «thirdness». «My view is that there are three modes of being. I hold that we can directly observe them in elements of whatever is at any time before the mind in any way. They are the being of positive qualitative possibility, the being of actual fact, and the being of law that will govern facts in the future» [5]. Letztlich sind daher überhaupt nur Universalien real, obwohl sie nicht existieren.

Auf den beiden vorherigen R.-Begriffen aufbauend wird im Zusammenhang von Semiotik, Religionsphilosophie und «Tychismus», der evolutionären Kosmologie von Peirce, die «Wissenschaft von der Realität» als *Metaphysik* [6] rekonstruierbar. «Synechismus» nennt Peirce dieses semiotisch konstituierte Modell von Realität als realem, wahrem Kontinuum, einer im Grunde platonischen Vorstellung von der Einheit der Realität, von der Wirklichkeit als etwas objektiv Allgemeinem und Kontinuierlichem. Es kann keine Summe aus Einzelnem gebildet werden, die das Kontinuum ausschöpfen würde. Einzeldinge sind letztlich Abstraktionen des erkennenden Subjekts auf das Allgemeine. «The only intelligible theory of the universe is that of objective idealism, that matter is effete mind, inveterate habits becoming physical laws» [7].

Anmerkungen. [1] Ch. S. Peirce: Some consequences of four incapacities. Coll. papers [CP] 1-6, hg. Ch. Hartshorne/P. Weiss, 7-8, hg. A. W. Burks (Cambridge, Mass. 1931-35/1958) zit.: CP 5, 312; Writings [W]. A chronol. ed., hg. M. Fisch u.a. 1-4 (Bloomington, Ind. 1982-89) zit.: W 2 (22), 240; dtsch.: Schr. zum Pragmatismus und Pragmatizismus, hg. K.-O. Apel (^{2}1976) 77. – [2] Detached ideas on vitally important topics. CP 4, 1. – [3] a.O. [1] CP 5, 311/W 2 (22), 239. – [4] Zur Entwickl. dieses log. R. vgl. H. Pape: Erfahrung und Wirklichkeit als Zeichenprozeß (1989) 67-89. – [5] Peirce: Lowell-lect. III. Lessons from the hist. of philos. CP 1, 23. – [6] Harvard-lect. V. The three kinds of goodness. CP 5, 121; dtsch.: Vorles. über Pragmatismus, hg. E. Walther (1973) 158f. – [7] The architecture of theories. CP 6, 25; dtsch.: Naturordnung und Zeichenprozeß, hg. H. Pape (1988) 152.

Literaturhinweise. J. K. Feibleman: The revival of realism (Chapel Hill, N.C. 1946). – J. Boler: Ch. Peirce and scholast. realism. A study of Peirce's relation to Duns Scotus (Seattle, Wash. 1963). – E. C. Moore: The influence of Duns Scotus on Peirce, in: E. C. Moore/R. S. Robin (Hg.): Studies in the philos. of Ch. S. Peirce, sec. ser. (Cambridge, Mass. 1964) 401-413. – M. Thompson: Peirce's experim. proof of scholast. realism, a.O. 414-429. – J. F. Fitzgerald: Peirce's argument for thirdness. New Scholasticism 45 (1971) 409-426. – R. F. Almeder: The philos. of Ch. S. Peirce. A crit. introd. (Totowa, N.J. 1980). – Th. M. Olshewsky: Realism and semiosis, in: K. L. Ketner u.a. (Hg.): Proc. of the Ch. S. Peirce bicentenn. int. congr. (Lubbock, Tex. 1981) 87-92. – D. Nesher: Peirce on realism, reality, and existence, a.O. 247-250. – D. Rohatyn: Peirce and the defense of realism. The unfolding of pragmatic logic. Transact. Ch. S. Peirce Soc. 19 (1983) 45-61. – Ch. Hookway: Peirce (London 1985). M. Grünewald

III. *Analytische Philosophie.* – 1. *Antiidealismus.* – Insofern sich die Analytische Philosophie zu Beginn dieses Jahrhunderts in Wende gegen den Idealismus versteht, ist die R.-Frage eines ihrer kennzeichnenden Themen von Anfang an. In England sind es G. E. Moore, B. Russell, S. Alexander, A. N. Whitehead, C. D. Broad,

TH. P. NUNN [1], in den USA zunächst die Anhänger des «new realism» (E. B. HOLT, W. T. MARVIN, W. P. MONTAGUE, R. B. PERRY, W. B. PITKIN, E. G. SPAULDING [2]) und dann die des «critical realism» (D. DRAKE, A. O. LOVEJOY, J. B. PRATT, A. K. ROGERS, G. SANTAYANA, R. W. SELLARS, C. A. STRONG [3]), die einen R. vertreten.

Auch in der Analytischen Philosophie versteht man unter ‹R.› die Auffassung, daß Existenz und Beschaffenheit der Welt unabhängig vom menschlichen Geist gegeben sind. MOORE und RUSSELL formulieren Charakteristika der frühen analytischen R.-Debatte: daß man zwischen dem Akt des Bewußtseins und dessen Objekt zu unterscheiden habe und letzterem Existenz unabhängig von ersterem zukomme; daß Gegenstand der Wahrnehmung nicht bloß das Vorstellungsbild des Gegenstandes, sondern die Existenz des Gegenstandes selbst sei; daß Wahrheit und Falschheit sich nicht auf Überzeugungen, sondern auf deren Objekte beziehen.

2. *Neurealismus*. – Der amerikanische Neurealismus ist, als Lehre über das Verhältnis von Wissensprozeß und gewußtem Gegenstand, eine Rückkehr zum naiven oder natürlichen R. (für den die Dinge so sind, wie sie erscheinen). Er ist vom dualistischen oder repräsentationalen R. Cartesischer und Lockescher Provenienz zu unterscheiden. Kennzeichen sind [4]: 1) Die wahrgenommenen Erscheinungen sind identisch mit äußeren physikalischen Dingen. 2) Die Natur der Dinge soll von der Natur des Wissens, Metaphysik von Epistemologie getrennt werden. 3) «being known is something that *happens* to a preexisting thing» [5]. Kognition ist Teil der kognitions-unabhängigen Umwelt. 4) Die Wahrnehmungsprozesse bestehen in der Selektion von Eigenschaften [6]. 5) Auch die Gedankendinge besitzen vollen ontologischen Status.

3. *Kritischer R.* – Der amerikanische «critical realism» erscheint als ein dritter Weg zwischen a) dem direkten und «physically monistic realism» der Neurealisten und b) dem repräsentationalen R. Lockescher Provenienz [7].

Dem kritischen R. zufolge sind in einer wirklichen Wahrnehmung zwei Aspekte ununterscheidbar miteinander verwoben: die «appearance of the character-complex» und die «(implicit) affirmation of its outer existence» [8]. Es sei, als ob («as if») R. wahr wäre, und dies rechtfertige den Glauben an eine physikalische Welt. R. sei die einfachste Hypothese, um den Wahrnehmungsprozeß verständlich zu machen. Betont wird, daß das in der Wahrnehmung Gegebene nicht ein mentaler So-und-so-Zustand, sondern ein physikalisches So-und-so-Objekt sei. Mentale Zustände sind von äußeren Objekten direkt verursacht. Die Selektionstheorie der Wahrnehmung wird abgelehnt und der Wahrnehmungsvorgang als ein «one-way process, proceeding from the outer source of radiation to the organism» [9] aufgefaßt.

4. *Perspektivischer R.* – Im «perspective realism» (MCGILVARY) geht es nicht um «appearances», sondern um das relationale und eben deshalb perspektivische «appearing». Erfahrung wird «as the *real objective world* appearing in the perspective of an experiencing organism» [10] angesehen. Dies ist eine Variante des direkten R.: R. liegt hier vor, da die Welt nicht durch mentale Zustände konstruiert wird; Perspektivismus liegt vor, da alle wahrgenommenen sinnlichen Qualitäten relational und stets relativ auf z.B. Ort, Zeit, Situation und Kontext wahrgenommen werden.

5. *Materialistischer direkter R.* – Auf materialistischer (und behaviouristischer) Grundlage wendet sich der «direct realism» (D. M. ARMSTRONG) gegen die Sinnesdatentheorie und deren Auffassung von der Wahrnehmung. Dieser R. nimmt die «sense-impressions to *be* our apprehensions of physical reality». Der direkte Wahrnehmungsrealismus sei, ohne in einen Phänomenalismus der physikalischen Objekte zu geraten, mit der Wissenschaft (Mikrophysik) vereinbar, da man das Bild der gegenwärtigen Physik akzeptieren, zugleich aber den direkten R. durch die Einsicht bewahren könne, daß selbst das, was wir gewöhnlich für «*veridical* perceptions» halten, «involve a great deal of sensory illusion» [11].

6. *Sprachphilosophischer R. und Antirealismus*. – In der Ordinary-Language-Philosophie wird die Frage nach der Natur der Realität zu einer Frage der Analyse des Wortes ‹real› [12]. Es zeigt sich, daß keine allgemeinen Kriterien zur Unterscheidung des Realen vom Nichtrealen angegeben werden können. Vorbereitet durch die Betonung der Sprachabhängigkeit ontologischer und epistemologischer Argumente wird die Sprachphilosophie immer mehr zum Schauplatz der philosophischen R.-Debatte. Protagonisten dieser Diskussion sind M. DUMMETT [13], der für eine nichtrealistische Auffassung plädiert, und D. DAVIDSON [14], der einen nicht auf das sprach- und grundbegriffliche System relativen R. verteidigt. Realisten und Nichtrealisten werden jetzt danach unterschieden, wie den Sätzen Bedeutung und Referenz zukommen.

Unter ‹R.› wird dann eine Auffassung verstanden, die davon ausgeht, a) daß Wahrheit von Rechtfertigung unabhängig ist, b) daß strenge Bivalenz herrscht und eine Korrespondenztheorie möglich ist und c) daß die Semantik unserer Sätze von den objektiven Wahrheitsbedingungen her zu konzipieren ist. Eine subtile Form des direkten R. kommt ins Spiel, wenn Davidson sich gegen die Möglichkeit grundbegrifflicher Relativität wendet und eine kausale Theorie der Bedeutung sowie den direkten Zusammenschluß der Inhalte unserer «beliefs» mit dem, wodurch diese verursacht worden sind, verteidigt [15].

Unter ‹Anti-› bzw. ‹Nichtrealismus› wird eine Auffassung verstanden, in der a) auch die Wahrheit eines Satzes mit Hilfe der Bedeutungslehre sowie anderer Begriffe, vor allem dem der «assertibility» und des «warrant», erklärt werden kann, in der b) vom Scheitern des Prinzips der strengen Bivalenz ausgegangen wird und in der c) die Grundlage der Bedeutungslehre nicht in den objektiven Wahrheitsbedingungen gesehen wird. Mit der antirealistischen Position kommt *innerhalb* der Analytischen Philosophie eine R.-*kritische* Perspektive ins Spiel. In bezug auf Zuschreibungssätze und hinsichtlich der Realität des Vergangenen hat P. F. STRAWSON gegen den Antirealismus und für einen R. plädiert [16].

7. *Wissenschaftlicher R.* – Mit dem Zurücktreten des Logischen Positivismus hat der «scientific realism», d.h. der R. in bezug auf wissenschaftliche Theorien, seit Mitte der fünfziger Jahre (K. R. POPPER, J. J. C. SMART, W. SELLARS, H. PUTNAM) Auftrieb erhalten und wird vor allem seit den siebziger Jahren ausführlich und kontrovers diskutiert [17]. Für den «wissenschaftlichen R.» (etwa bei K. R. POPPER, W. SELLARS, R. HARRÉ, R. N. BOYD, J. LEPLIN, E. MCMULLIN, I. HACKING, M. LEVIN, dem frühen H. PUTNAM, W. H. NEWTON-SMITH) ist kennzeichnend: 1) wissenschaftliche Theorien sind approximativ wahr, «verisimilar»; 2) ihre zentralen Termini sind referenziale Termini; 3) der Erfolg einer Theorie erklärt sich aus der Wahrheit der Theorie; 4) die

Geschichte der Wissenschaften ist ein Progressus zur wahren Darstellung der Welt; 5) die Behauptungen wissenschaftlicher Theorien lassen sich streng bivalent entscheiden; 6) Theorien machen Existenzannahmen; 7) erfolgreiche Voraussage bedeutet zugleich erfolgreiche Referenz; 8) Ziel der Wissenschaft ist das Erfassen der wahren Strukturen der Welt.

Für den «Anti-» oder «Nichtrealismus» in bezug auf wissenschaftliche Theorien (etwa bei L. LAUDAN, A. FINE, B. C. VAN FRAASSEN, der Sache nach aber auch schon früher bei C. G. HEMPEL, W. V. O. QUINE, P. DUHEM) ist kennzeichnend: 1) wissenschaftliche Theorien sind pragmatischer und instrumentalistischer Natur; 2) eine strenge Stabilität der Referenz der zentralen Termini über die wissenschaftlichen Revolutionen hinweg scheint nicht bewahrt werden zu können; 3) die Wahrheit einer wissenschaftlichen Theorie erklärt nicht auch schon deren Erfolg; 4) um akzeptiert zu werden, muß eine wissenschaftliche Theorie nicht unbedingt wahr, sondern vor allem von organisierender Kraft sein; 5) nicht weil Theorien wahr sind, haben sie Erfolg, sondern wenn sie Erfolg haben, dann werden sie akzeptiert.

a. *Kausalrealismus.* – Maximaler wissenschaftlicher R. besteht in der These, daß Kausalität eine objektive Eigenschaft der geistunabhängigen Realität ist. Kausalrealisten (wie R. HARRÉ und K. R. POPPER [18]) glauben, daß es kausale Kräfte *in* der Natur gibt und daß die Kausalgesetze einen Realzusammenhang bezeichnen. Die R.-Debatte ist jedoch nicht vom Kausalrealismus beherrscht worden. Sie ist stärker auf den R. von Materiezuständen bezogen [19]. Für diesen ist die eigentlich reale Welt die Welt der in den wissenschaftlichen Theorien beschriebenen Materiezustände.

b. *Explanatorischer R.* – Nachdrücklich vertritt R. N. BOYD das abduktive Argument, daß einzig der R. den empirischen Erfolg der Wissenschaften erklären könne [20]. Wenn, so A. MUSGRAVE [21], eine Theorie wahr ist und Voraussagen liefert, dann könne man daraus folgern, daß es das Explanandum gibt. Die wissenschaftliche Methodologie liefere «in the long run» ein «increasingly accurate theoretical picture of the world» [22]. Der wissenschaftliche R. impliziert und fordert: eine naturalistische Epistemologie; eine kausale Theorie des Erkennens (wie bei A. GOLDMAN [23] verteidigt); und einen Materialismus (wie bei D. M. ARMSTRONG vertreten [24]). In der R.-Debatte wurde gegen das Explanations-Argument eingewandt (z.B. bei A. FINE und L. LAUDAN [25]): 1) daß die Zirkularität des abduktiven Arguments nicht durchbrochen werden könne; 2) daß, bedenke man die vielen Fehlschläge wissenschaftlicher Methoden, das Explanandum verwechselt worden sei; 3) daß eine «petitio principii» vorliege, wenn aus den wahren Konsequenzen auf die Wahrheit des epistemischen R. geschlossen werde; 4) daß man die Resultate der Wissenschaften durchaus für wahr halten könne, ohne wissenschaftlicher Realist sein zu müssen.

c. *Experimentalargument und Entitäten-R.* – Vom explanatorischen R. ist der R. zu unterscheiden, der mit der Praxis der Wissenschaftler, mit dem wissenschaftlichen Experiment, verbunden wird. I. HACKINGS Slogan lautet: «think about practice, not theory». Die Experimentalphysik, «engineering, not theorizing», liefere die «strongest evidence» für den wissenschaftlichen R. Denn nicht-beobachtbare Entitäten werden «regularly manipulated» [26]. Für Hacking, auch für N. CARTWRIGHT und R. HARRÉ, ist dies nicht ein Theorien-, sondern ein Entitäten-R., und zwar derjenigen Entitäten, die den Grundstock gegenwärtiger Physik bilden. Diesen Autoren zufolge haben wissenschaftliche Gesetze keine Wahrheitswerte. N. CARTWRIGHT [27] geht von den physikalischen Gesetzen aus, unterscheidet theoretische und phänomenologische Gesetze, akzeptiert einige theoretische Entitäten, weist aber einen Theorien-R. im Zuge einer Betrachtung der in der Physik relevanten Modelle zurück.

Unter dem Titel eines «referential realism», der vom «truth realism» unterschieden wird, vertritt auch R. HARRÉ einen R. der Entitäten [28]. Wichtig sei «to shift from cognition to practice» [29] dergestalt, daß die Frage der Existenz oder Nichtexistenz von Entitäten von der Praxis der Wissenschaftler abhängt. So könne die Referenz der zentralen Termini erklärt werden, ohne auf das auf den Wahrheits-R. bezogene Prinzip der Bivalenz zurückgreifen zu müssen. Dagegen möchte W. H. NEWTON-SMITH, ein «modest scientific realist», den Bezug zur Wahrheitsproblematik beibehalten [30].

Einige Realisten (wie R. N. BOYD, W. H. NEWTON-SMITH und der frühe H. PUTNAM [31]) haben betont, daß der epistemologische R. gegenüber historischer Kritik und empirischem Test offen ist. Vor allem L. LAUDAN hat diese Möglichkeit aufgegriffen [32]. Ihm zufolge ist der epistemologische R. empirisch widerlegt. Die Geschichte der Wissenschaften und der wissenschaftlichen Theorien könne nicht als eine Geschichte zunehmender Approximation an 'Die Eine Wahre Darstellung Der Welt' aufgefaßt werden. Bestritten wird auch, daß reife Theorien konvergieren. Nichtrealisten betonen zudem, daß Theorien «need not be true to be good» [33], sondern gut sind, wenn sie empirisch adäquat (VAN FRAASSEN) oder einfach oder von hoher Kapazität zur Problemlösung sind (LAUDAN).

d. *Ästimativer R.* – Einen R., der die Wissenschaften betrachtet «not as actually *describing* reality but as merely *estimating* its character», verteidigt N. RESCHER [34]. Beibehalten wird eine fallibilistische Sicht der Wissenschaft, aber der Antrieb, Wissenschaft zu treiben, wird doch im Erfassen der wahren Natur der Dinge gesehen. Trotz einer Kritik an der Maximalversion ist nicht der Antirealismus die Konsequenz. Gerade der Umstand, daß das kognitive Erfassen der Realität unvollkommen sei, stütze den R. Rescher bewegt sich innerhalb der R.-Idealismus-Entgegensetzung und gesteht darin dem Idealismus ein Recht zu. Betont wird der «anthropomorphic character» der Wissenschaft, die als ein «human artifact» angesehen wird. Entsprechend gilt: «the reality of our science is a characteristically *human* reality» [35].

8. *Interner R.* – Einen wichtigen Schritt stellt die von H. PUTNAM 1976 eingeführte Unterscheidung von «metaphysischem» und «internem» R. dar. Die Frage, was real ist und woraus die Welt besteht, kann nicht unabhängig vom verwendeten grundbegrifflichen System entschieden werden [36]. Der metaphysische R. wird abgelehnt, da wir von dem darin unterstellten externalistischen Gottesgesichtspunkt systematisch abgeschnitten sind. Demgegenüber betont der interne R.: 1) jede So-und-so-Welt steht unter einer Deskription; 2) die Dichotomie zwischen intrinsischen und projizierten Eigenschaften läßt sich nicht explizieren; 3) Einteilungen der Welt werden mit Hilfe organisierender Prädikate und unter Zweckgesichtspunkten vorgenommen; 4) absolute Realität kann es unter endlichen Bedingungen nicht geben; 5) strenge Bivalenz der Sätze ist nicht gegeben; 6) Wahrheit wird als «some sort of (idealized) rational ac-

ceptability» [37] konzipiert; 7) es gibt viele Deskriptionen derselben Gegenstände, und dieselben Gegenstände können als Modell für unterschiedliche Theorien fungieren; 8) die «'makers-true' and the 'makers-verified' of our beliefs lie *within* and not *outside* our conceptual system» [38]; 9) an den Erfahrungsgegenständen kann man nicht trennscharf zwischen dem Gegebenen und dem Hinzugefügten unterscheiden; 10) der Common-sense-R. ist zu bewahren; 11) innerhalb der Abhängigkeit vom grundbegrifflichen System sind die Objekte «as much products of our conceptual invention as of the 'objective' factor in experience» [39]; 12) zurückgewiesen werden die Dichotomien: subjektiv vs. objektiv, projiziert vs. intrinsisch, Behauptungsbedingungen vs. Wahrheitsbedingungen [40]; 13) betont wird der Unterschied zwischen '*p*' und einem bloßen 'Ich denke, daß *p*' [41]; 14) interner R. ist vereinbar mit «conceptual relativity» [42]. Realistisch ist diese Auffassung zu nennen, denn sie nimmt unsere alltäglichen, wissenschaftlichen, künstlerischen und anderen Schemata «at face value, without helping itself to the notion of the thing 'in itself'» [43]. Kern der Überlegungen gegen den metaphysischen R. sind zunächst die *modell-theoretischen* Argumente. Zu jedem Satz gibt es viele und gleich gute Erfüllungsrelationen [44]. Daneben rückt die «conceptual relativity» immer stärker ins Zentrum [45]. Ihre beiden Hauptaspekte sind: a) selbst die logischen Grundbegriffe (wie «Objekt» und «Existenz») haben «a multitude of different uses rather than one absolute 'meaning'», und b) es ist nicht möglich, nur einen Existenzquantor als «the only metaphysically *serious* one» auszusortieren [46].

Die grundbegriffliche Relativität ist wichtig auch in der Argumentation gegenüber Autoren, die erneut für einen metaphysischen R. eintreten. Physikalisten (wie R. N. Boyd, M. Devitt, C. Glymour [47]) berufen sich in der Frage der gelingenden Anbindung unserer Wörter und Sätze an die Wirklichkeit auf eine externe Kausalverbindung. Andere Autoren (wie D. Lewis [48]) geben den metaphysischen R. nicht einmal für den Bereich der Intentionalität auf, sondern behaupten ihn in den Bereichen sowohl der Intentionalität als auch der Physik. Demgegenüber betont der interne R.: a) daß der Begriff der «Ursache» selbst kein physikalistischer, sondern ein kognitiver Begriff ist, b) daß diese Auffassungen nicht in der Lage sind, der gegenwärtig grundlegenden physikalischen Theorie, der Quantenmechanik, angemessen Rechnung tragen zu können und vor allem c) daß die fundamentale Rolle der grundbegrifflichen Relativität nicht beachtet wird [49].

Sowohl die internalistische Wende der ganzen Fragestellung als auch die modell-theoretischen Argumente und vor allem dann die Betonung der grundbegrifflichen Relativität geben den Blick frei auf den *interpretatorisch-konstruktbildenden* Charakter eines jeden Welt-, Fremd- und Selbstverständnisses. Die R.-Problematik kann in bezug auf die unterschiedlichen Funktionen des verwendeten Interpretationssystems reformuliert werden [50]. Die Radikalisierung des internen R. zeigt den Versuch, jenseits der älteren Dichotomien von R. und Idealismus sowie von R. und Antirealismus Fuß zu fassen.

Anmerkungen. [1] G. E. Moore: Philos. studies (London 1922); B. Russell: Meinong's theory of complexes and assumptions. Mind 13 (1904) 204-219. 336-354. 509-524; The basis of realism. J. Philos. 8 (1911) 158-161; S. Alexander: The basis of realism. Proc. Brit. Acad. 6 (1914) 279-314; A. N. Whitehead: An enqu. conc. the principles of nat. knowledge (Cambridge 1919); C. D. Broad: Perception, physics and reality (Cambridge 1914); Th. P. Nunn: Are second. qualities independent of perception? Proc. Arist. Soc. 10 (1909/10) 191-218. – [2] E. B. Holt u.a.: The new realism. Cooperat. studies in philos. (New York 1912). – [3] D. Drake u.a.: Essays in crit. realism. A cooperat. study of the problem of knowledge (New York 1920). – [4] Vgl. Einl. zu Holt, a.O. [2]. – [5] Holt, a.O. 34. – [6] Vgl. Broad: Scient. thought (London 1923) 523ff. – [7] Vgl. Drake, a.O. [3] VI; R. W. Sellars: The philos. of phys. realism (New York 1932); A statement of crit. realism. Rev. int. Philos. 1 (1938/39) 472-498; A. O. Lovejoy: The revolt against dualism (LaSalle 1930). – [8] Drake, a.O. [3] 20; vgl. 5. – [9] a.O. 9. – [10] E. B. McGilvary: Toward a perspect. realism (1939), hg. A. G. Ramsperger (LaSalle 1956) 6; McGilvary ist seit 1907 an der R.-Debatte beteiligt, vgl. Lit.angaben in: Realism and the backgr. of phenomenol., hg. R. M. Chisholm (Atascadero 1960) 296; Vgl. R. M. Chisholm: The theory of appearing, in: Philos. analysis, hg. M. Black (Ithaca 1950) 97-112. – [11] D. M. Armstrong: Perception and the phys. world (London 1961) 164. – [12] Vgl. J. L. Austin: Sense and sensibilia (Oxford 1962) [mit Vorles. Austins seit 1947] bes. Kap. VII. – [13] Vgl. die Abh. (1954-1976) von M. Dummett: Truth and other enigmas (Cambridge, Mass. 1978). – [14] Vgl. D. Davidson: Inqu. into truth and interpret. (Oxford 1984). – [15] Vgl. a.O. Nr. 13; A coher. theory of truth and knowledge, in: D. Henrich (Hg.): Kant oder Hegel? (1983) 423-438. – [16] Vgl. P. F. Strawson: Chairman's address. Proc. Arist. Soc. 77 (1976) 15-21. – [17] Vgl. J. Leplin (Hg.): Scient. realism (Berkeley/Los Angeles/London 1984) mit Beitr. von E. McMullin, R. N. Boyd, A. Fine, R. Laymon, M. Levin, H. Putnam, I. Hacking, C. Glymour, J. Leplin, L. Laudan, B. C. van Fraassen. – [18] Vgl. R. Harré/E. H. Madden: Causal powers (Oxford 1975); K. R. Popper: Realism and the aim of science, hg. W. W. Bartley III (London 1983) Kap. 3. – [19] Vgl. J. J. C. Smart: Scient. realism (New York 1963). – [20] Vgl. R. N. Boyd: The current status of scient. realism, in: Leplin, a.O. [17] 41-82; What realism implies and what it does not. Dialectica 43 (1989) 5-29; Realism, underdetermination and a causal theory of evidence. Nous 7 (1973) 1-12. – [21] A. Musgrave: The ultimate argument for scient. realism, in: R. Nola (Hg.): Relativism and realism in sci. (Dordrecht 1988) 229-252. – [22] Boyd, a.O. [20] 59. – [23] Vgl. A. Goldman: A causal theory of knowing. J. Philos. 64 (1967) 357-372. – [24] Vgl. Armstrong, a.O. [11] und: Belief, truth and knowledge (Cambridge 1973). – [25] A. Fine: The nat. ontolog. attitude, in: Leplin, a.O. [17] 83-107; L. Laudan: A confut. of converg. realism, a.O. 218-249. – [26] I. Hacking: Experimentation and scient. realism, a.O. 170. 154f.; Representing and intervening (Cambridge 1983) Kap. 1 und 16. – [27] N. Cartwright: How the laws of physics lie (Oxford 1983). – [28] Vgl. R. Harré: Varieties of realism: A rationale for the nat. sci., Kap. 3 (Oxford 1986) vgl. 65. – [29] a.O. 67. – [30] W. H. Newton-Smith: The truth in realism. Dialectica 43 (1989) 44f. – [31] Vgl. Boyd, a.O. [20]; Newton-Smith: The underdeterm. of theory by data. Proc. Arist. Soc., Suppl. 52 (1978) 71-91; H. Putnam: Mathematics, matter and method [Philos. papers 1] (Cambridge 1975). – [32] Vgl. Laudan, a.O. [25]; Explaining the success of sci., in: J. T. Cushing u.a. (Hg.): Sci. and reality (Notre Dame 1985) 83-105. – [33] B. C. van Fraassen: To save the phenomena, in: Leplin, a.O. [17] 251; The scient. image (Oxford 1980). – [34] Vgl. N. Rescher: Scient. realism. A crit. reappraisal (Dordrecht 1987) XIII. – [35] a.O. 96. 90; vgl. 155. 65-75. – [36] Putnam revidiert damit seine eigene frühere und metaphys.-realist. Auffassung in: Philos. papers 1-2 (Cambridge 1975); Zurückweisung des metaphys. R. erfolgt in: Meaning and the moral sci. (London 1978) 123-139; entwickelt wird der interne R. in: Reason, truth and hist. (Cambridge 1981); The many faces of realism (LaSalle 1987); Realism with a human face (Cambridge, Mass. 1990). – [37] Reason ..., a.O. 49; vgl. 55f. – [38] The many faces ..., a.O. 43. – [39] Reason ..., a.O. 54. – [40] Vgl. The many faces ..., a.O. 27-32. – [41] Vgl. Realism and reason [Philos. papers 3] (Cambridge 1983) 225. – [42] Vgl. The many faces ..., a.O. [36] 17f.; vgl. Human face ..., a.O. Xf. – [43] The many faces ..., a.O. 17; zusammenfassend zum metaphys. und internen R. vgl. G. Abel: R., Pragmatismus,

Interpretationismus. Allg. Z. Philos. 13 (1988) 51-67. – [44] Vgl. Models and reality, in: PUTNAM, a.O. [41] 1-25; Model theory and the 'factuality' of semantics, in: Reflections on Chomsky, hg. A. GEORGE (Oxford 1989) 213-232. – [45] Sie ist Grundidee in: The many faces ..., a.O. [36]; Human face ..., a.O. – [46] The many faces ..., a.O. 35. 19; vgl. Human face ..., a.O. 97. – [47] BOYD: Materialism without reductionism, in: N. BLOCK (Hg.): Read. in the philos. of psychol. 1 (Cambridge, Mass. 1980) 67-106; M. DEVITT: Realism and truth (Princeton 1984); C. GLYMOUR: Concept. scheming or confessions of a metaph. realist. Synthese 51 (1982) 169-180. – [48] D. LEWIS: Putnam's paradox. Australasian J. Philos. 62 (1984) 221-231. – [49] Vgl. PUTNAM: Human face ..., a.O. [36] X und Kap. 5; zur jüngeren Diskuss. vgl. auch: P. A. FRENCH/TH. E. UEHLING/H. K. WETTSTEIN (Hg.): Realism and antirealism. Midwest Studies Philos. 12 (Minneapolis 1988). – [50] Vgl. G. ABEL: Interpretations-Welten. Philos. Jb. 96 (1989) 1-19; a.O. [43] 51-67; H. LENK: Welterfassung als Interpretationskonstrukt. Allg. Z. Philos. 13 (1988) 69-78.

Literaturhinweise. E. B. HOLT u.a. s. Anm. [2]. – D. DRAKE u.a. s. Anm. [3]. – Synthese 51 (1982). – J. LEPLIN s. Anm. [17]. – Midwest Studies s. Anm. [49]. – Dialectica 43 (1989). – G. ABEL: R. in der Analyt. Philos., in: Interpretationsphilos. (1993).

G. ABEL

IV. *Literatur und Kunst.* – Das Wort ‹R.› ist als ästhetischer und poetologischer Begriff seit den neunziger Jahren des 18. Jh. gebräuchlich; es bezeichnet den Weltbezug modern differenzierter Kunst und löst die alteuropäische Kategorie ‹Nachahmung› ab, die zur Kopierformel abgewertet wird. Ihr gegenüber liegt die Bedeutung des R. als Programm darin, den Kunstcharakter allen künstlerischen Weltbezuges in den Vordergrund zu stellen [1]. Die programmatische Alternative zum R. besteht in der Ersetzung des Weltbezuges durch forcierte Kommunikation der Selbstreferenz von Kunst im Sinne «ästhetizistischer» Konzeptionen [2]. So verstanden, repräsentiert ‹R.› eine der beiden prinzipiellen programmatischen Optionen moderner Kunst.

1. Es war F. SCHILLER, der den Begriff von Kant übernahm und in kritischer Absicht in die ästhetische Diskussion einführte. Er verwendet ‹R.› noch als Synonym für ‹Mimesis› und bestreitet sein Kunstpotential. «Bleibt [der Dichter] bei dem Wirklichen stehen», werde er «realistisch und, wenn es ihm ganz an Phantasie fehlt, ... gemein» [3]. Der «R.» könne «keinen Poeten machen» [4]. Dieser Abweis eines mimetischen Weltbezuges muß im Lichte von Schillers geschichtsphilosophischer Grundlegung der Ästhetik gesehen werden. In der modernen Lebenswirklichkeit sei die alte, in der Antike erfahrbare Schönheit aus der Welt entschwunden; will der moderne Künstler den Griechen, die zu ihren schönen Zeiten «Realisten» sein konnten, unter den veränderten Lebensbedingungen treu bleiben, dann verbietet sich ihm jede Nachahmung und aller R.; es komme vielmehr darauf an, die entflohene Schönheit dem Realen zurückzugeben, d.h. «das Realistische zu idealisieren» [5]. R. und Idealismus verschmelzen zur Synthese der schönen Kunstgestalt. Die spätere Positivierung des R. zur Selbstbeschreibung einer Kunstbewegung verdankt ihr Programm zu großen Teilen diesem Konzept der Synthese, dem die Erfahrung einer nicht länger schönen Wirklichkeit Anlaß zu «idealer» Supplementierung gibt.

Schillers Reflexionen über R. und Idealismus in der Kunst sind von seiner spannungsreichen Begegnung mit Goethe nicht abzulösen. J. W. GOETHE selbst hat in späteren Jahren davon gesprochen, daß sein «hartnäckiger R.» Ausgangspunkt mancher Kontroverse gewesen sei [6]. SCHILLER nennt Goethe 1796 einen «ganz verhärteten Realisten» [7], eine Bezeichnung, der GOETHE zustimmt, indem er sich 1798 ausdrücklich als «Stockrealiste» bezeichnet [8]. SCHILLER geht es in dieser Auseinandersetzung einmal darum, seine Ausgangsposition als «Idealist» [9] gegenüber Goethe, dem «Realisten», zu kennzeichnen; andererseits aber, und wesentlicher, darum, ein gemeinsames Projekt zu konturieren, in dem sie ihre divergierenden Positionen – «R.» und «Idealismus» – zu wechselseitigem Vorteil verbinden könnten [10]. So sehr GOETHE sich auch gegenüber Schiller immer wieder auf seinen «realistischen Tic» [11] beruft, so sehr ist er doch auch davon überzeugt, daß bloße Kopien der Welt ohne alle ästhetische Bedeutung bleiben würden. Sein Programm einer durch die Subjektivität des Künstlers produktiv hindurchgegangenen Wirklichkeit [12] läßt ihn 1808 Kunst und R. strikt in Opposition zueinander setzen: «echte Kunst ... ist nicht realistisch» [13].

Dieser kritische Gebrauch des R.-Begriffs um 1800 findet sich auch bei F. W. J. SCHELLING, der erkennen läßt, daß man zunächst R. als Kopie der Wirklichkeit verstand und den Begriff weit eher an die platonische als an die aristotelische Mimesiskonzeption anband. Schelling identifiziert 1802 ‹R.› und ‹Mimesis›, wenn er sagt: «Was ist Plato's Verwerfung der Dichtkunst ... anderes, als Polemik gegen den poetischen R.» [14]. Aus dem Kontext dieses Satzes erhellt eindeutig, daß hier keine Antizipation des späteren sog. 'poetischen R.' vorliegt, sondern eine scharfe Zurückweisung aller Mimesis als Kopie, die von SCHILLER gelegentlich auch als «Naturalism» [15], von JEAN PAUL als «Materialismus» [16] bezeichnet worden ist.

F. SCHLEGEL hat in der ‹Rede über die Mythologie› von einem «neuen ... grenzenlosen R.» gesprochen, dessen Organ die Poesie als «Harmonie des Ideellen und Reellen» sei [17]. An anderer Stelle verwendet er auch den von Fichte geprägten Begriff «Id[eal]-Re[alismus]» [18]. Die Verwendung des Begriffs um 1800 läßt die Übernahme jener Disposition erkennen, die Kants erkenntnistheoretische Unterscheidung von ‹R.› und ‹Idealismus› 1781 getroffen hatte. Sie ist jedoch einem Programm verpflichtet, das den Gegensatz der Begriffe in der dritten Position einer «Versöhnung» oder «Verschmelzung» aufheben will. Dieses Programm trägt alle Züge der epochalen Debatte um den Gegensatz antiker und moderner, naiver und sentimentalischer, klassischer und romantischer Kunst und um die Möglichkeit seiner Aufhebung in eine nachmoderne Utopie.

Während diese geschichtsphilosophischen Spekulationen im 19. Jh. zurücktreten, bleibt die Konfiguration der ästhetischen und poetologischen Begrifflichkeit erhalten, wie W. T. KRUG erkennen läßt, der 1832 als «ästhetischen R.» jene Kunsttheorie bestimmt, die «sich bloß an die Dinge oder Sachen halten will, die in der wahrnehmbaren Natur ... gegeben sind. Sie fordert daher vom Künstler, daß er bloß die Natur nachahme» [19]. Ihr stehe der «ästhetische Idealismus» gegenüber, welcher «vom schönen Künstler fordert, daß er sich bloß an seine eigentümlichen Ideen halte, ohne sich um die Gesetze des Natürlichen zu bekümmern» [20]. Aufgehoben findet sich der Gegensatz dieser Doktrinen im «ästhetischen Synthetismus», der «von dem Künstler fordert, daß er zwar auf der einen Seite nach dem Idealischen strebe, folglich ein höheres Ziel vor Augen habe als der bloße Naturkopist, daß er aber auf der anderen Seite auch die Gesetzmäßigkeit der Natur ... beobachte, damit seine Kunst nicht zur Unnatur werde» [21].

2. Als positive Selbstbezeichnung der Kunst wird der R.-Begriff seit Mitte des 19. Jh. verwendet, programmatisch in Frankreich und Deutschland. Bereits 1826 bezeichnet der ‹Mercure du XIXe siecle› die «treue Nachahmung» («fidèle imitation») der Originale, die die Natur anbietet («des originaux, que nous offre la nature») als R. und sieht in ihm das repräsentative Kunstprogramm der Zukunft: es gehe um eine Kunst des Wahren («la littérature du vrai») [22]. Unbelastet von den spekulativen Prämissen der deutschen Ästhetik verstehen die Wortführer des R. in Frankreich – J.-F. CHAMPFLEURY und L.-E. DURANTY vor allem – R. positiv als exakte Wiedergabe der realen, zumal alltäglichen modernen Gesellschaft. Sie wenden sich gegen klassizistische und romantische Normierungen des Schönen und bekunden ein Interesse an den Lebensbedingungen der Unterschichten. Man spricht von einer «école réaliste»; Duranty nennt seine Programmzeitschrift ‹Réalisme› (1856/57), G. COURBET stellt seine Werke in einem Pavillon ‹Le Réalisme› aus [23]. Bei Courbet kommt auch die politische Option des R. zur Geltung; er nennt 1861 den «Kernpunkt des R.» die «Verneinung des Ideals» und die «Selbstbefreiung des Individuums ... Der R. ist seinem Wesen nach die demokratische Kunst» [24]. Diese Allianz von R. und demokratischem Engagement ist es aber auch, die einen Autor wie G. FLAUBERT davon absehen läßt, ‹R.› als Titel des eigenen Kunstprogramms zu akzeptieren. Gegenüber Louise Colet bemerkte er 1852, daß Frankreich in einem «idiotischen R.» deliriere [25].

Der deutsche R. nach 1850 hat sich von allem französischen R. scharf abgegrenzt [26] und das eigene Selbstverständnis in der Kontinuität idealistischer Kunstphilosophie formuliert. Wenn eine Enzyklopädie noch 1848 ‹R.› als «Nachahmung der Natur» definiert und daraus den Schluß zieht, man könne die «Realisten» ebensogut «Naturalisten» nennen [27], dann stellt sich den Wortführern des deutschen R. die Aufgabe, ihre Konzeption von der Tradition der Nachahmung strikt abzugrenzen. Daraus erklärt sich die Inflation relativierender Attribute wie ‹wahrer›, ‹echter›, ‹gesunder› oder ‹poetischer R.›. Sie alle zielen auf eine Vermittlung von R. und Idealismus im Sinne des konventionellen Synthesemodells. Es gebe «keinen bedeutenden Realisten, der nicht Idealist wäre», meint K. LEMCKE 1865 in seiner ‹Populären Ästhetik› [28]; R. PRUTZ hält bereits 1859 den «ganzen Streit zwischen R. und Idealismus, der jetzt auf den verschiedenen Gebieten der Kunst so viel von sich reden macht», für müßig [29]; in den Augen E. HOMBERGERS ist «jeder Dichter ... zugleich Idealist und Realist» [30]; Krugs «ästhetischer Synthetismus» erlebt Neuauflagen als «Ideal-R.» oder «Real-Idealismus» [31]. Das programmatische Selbstverständnis des deutschen R., das mit solchen Formeln epigonal vom Bestand der Tradition lebt, gewinnt seine besondere Kontur aus einer energischen Betonung der Systemreferenz aller künstlerischen Weltthematisierung. Für TH. FONTANE ist R. 1852 «Widerspiegelung alles wirklichen Lebens ... im Elemente der Kunst» [32]. Das Reale soll beim Übertritt in die Kunst eine Formierung erfahren, die jede Wahrnehmung als Kopie verbietet. Auch diese Konzeption geht auf die Tradition zurück, auf Hegels Ästhetik vor allem, die freilich den Begriff ‹R.› nicht kategorial verwendet hat. Aber anders als Hegel, für den das aus der modernen Welt geschwundene «Real-Schöne» auf ein «Ende der Kunst» hinzeigt, haben die deutschen Realisten in ihren ästhetischen Programmen an der fortdauernden Existenz der Schönheit des Wirklichen festgehalten, auch wenn die kontemporäre Erfahrung der «Realpolitik», des «politischen R.» irritierend wirkte [33]. Dem R. wurde die Aufgabe gestellt, dieses «Real-Schöne» nicht mimetisch zu wiederholen, sondern im Medium der Kunst zu transformieren. Der Begriff, der diese Differenz zwischen «Real-» und «Kunstschönem» markieren und so die Kunstreferenz jedes R. herausstellen soll, ist die Kategorie der «Verklärung», «Läuterung» oder «Idealisierung» [34]. Die Kategorie bezeichnet einen Prozeß der Selektion, der das wesentliche Schöne von aller Kontingenz des Wirklichen freimacht und zur idealen Schönheit des Werks verdichtet. J. H. VON KIRCHMANN spricht in seiner ‹Ästhetik auf realistischer Grundlage› 1868 davon, daß es die spezifische Leistung der Kunst sei, mittels «idealisierender» Selektionen «die bedeutungslosen und störenden Elemente des Gegenstandes» zu beseitigen und seine «seelenvollen» zu verstärken. «Damit wird die ideale Wirkung seines so erhöhten Bildes reiner, dichter, harmonischer und stärker, als die reale Wirkung des Gegenstandes in der realen Welt» [35]. Diese Sätze formulieren das Standardargument, das in den Programmschriften des deutschen R. immer wiederkehrt. J. SCHMIDT spricht von der «positiven Seite», die das Kunstwerk «in der Wirklichkeit» aufsuchen müsse [36], FONTANE vergleicht das Reale mit einem «Marmorsteinbruch, der den Stoff zu unendlichen Bildwerken in sich» trage, die allerdings «nur dem Auge des Geweihten» sichtbar würden [37]; PRUTZ erklärt, daß Kunst nichts anderes sei, «als die ideale Verklärung des Realen», die «Wiedergeburt der Wirklichkeit in dem ... Reiche des Schönen» [38]. Mit dem Begriff ‹Verklärung› findet der R. eine Formel, die die Kunst strukturell bereits in die Nähe des «Ästhetizismus» bringt [39].

Auch die Selbstbezeichnung ‹poetischer R.› muß als Variante dieser Grundprogrammatik verstanden werden. Der Ausdruck wird 1838 vom schwedischen Autor P. D. ATTERBOM geprägt [40] und zählt in den fünfziger Jahren zu den Formeln, die den R. als Synthese von Idealismus und Naturalismus, philosophischer Wesensschau und photographischer Oberflächenkopie, ästhetisch konturierten. 1852 stellt A. RUGE den «poetischen R.» der «Kopierkunst» des «gemeinen R.» gegenüber und versteht ihn als Erbe des «idealen R.» Schillers [41]; O. LUDWIG definiert ihn als «erhöhtes Spiegelbild» der Realität, das deren Kontingenz und Intransparenz in schöne, «durchsichtige» Totalität verwandelt und so die komplementären Mängel des Naturalismus und des Idealismus vermeide [42]. Es ist die spezifische Leistung der Kunst, das schöne Wesen des Wirklichen auch kontraphänomenal zur Erscheinung zu bringen. Dieses in erster Linie ästhetische und epistemologische Basiskonzept hat dem deutschen R. einen vielkritisierten Zug ins Affirmative eingebracht.

Der Naturalismus hat sich in Deutschland bis etwa 1890 selbst als R. bezeichnet, im Unterschied zum R. des Nachmärz allerdings ohne relativierende Einschränkungen, d.h. als R. schlechthin. «Das Wort ist gefunden, welches in neun Buchstaben die Losung ... enthüllen soll. Dieses schicksalschwere Wort heißt R.», so W. BÖLSCHE 1887 [43]. Dieser neue R. trennt sich programmatisch von der idealistischen Realitätsdeutung des «bürgerlichen R.», indem er seinem ästhetischen Projekt eine forciert naturwissenschaftlich interpretierte Realität zugrunde legt, die es exakt zu erfassen gelte. Für H. HART zeichnet sich der «moderne R.» dadurch aus, daß er

Prinzipien der wissenschaftlichen Forschung, vor allem das «Zurückdrängen der Subjektivität» und den Verzicht auf jede Metaphysik zur Voraussetzung habe [44]. C. ALBERTI sieht das «Ideal des R.» 1890 in der «Darstellung der natürlichen Gesetze in dem reinen, durch Geistesstörungen ungetrübten Ausdruck der Lebensverkörperung ..., der R. ist die Wiedergabe der Wahrheit in der Wirklichkeit» [45]. Und für BÖLSCHE liegt die «wesentlichste Mission» des R. darin, «zu zeigen, daß Wissenschaft und Poesie keine prinzipiellen Gegner zu sein brauchen» [46]. Überdies wird das politische Engagement des R. herausgestellt, seine Parteinahme «in dem sozialen und demokratischen Ringen der Zeit», wobei die Pointe in der Unterordnung der Individualität unter kollektive, allgemeine Interessen liegt, die dem «wissenschaftlichen» Charakter der Zeit entspreche [47] – ein Postulat, das im Blick auf die politischen Optionen des Naturalismus in Deutschland freilich seine Ambivalenz offenbart [48]. Es gab Bestrebungen, den R. weniger als ästhetische Doktrin denn als umfassende Lebensorientierung zu propagieren: «der R. ist keine künstlerische Richtung, sondern eine 'Weltanschauung', seine Anhänger bilden eine ... Kirche» [49]. ALBERTI publiziert 1889 seine ‹Glaubensbekenntnisse eines Realisten›. Gleichwohl haben die später ‹Naturalisten› genannten Realisten der achtziger Jahre des 19. Jh. eine Entdifferenzierung von Kunst, Wissenschaft und Politik abgelehnt. So spricht Alberti ausdrücklich von der Notwendigkeit einer «plastischen Darstellung», die zu einer «höheren Wahrheit» führe [50], um die Differenz der Kunst zur Wissenschaft ins Licht zu stellen; und HART charakterisiert diese Differenz mit Worten, die das Fortwirken der ästhetischen Tradition bezeugen können: «Die Wissenschaft erforscht die Gesetze, welche Natur und Menschheit beherrschen, die Dichtung gibt uns eine Neuschöpfung beider in typischen Charakteren, ... ihrem Wesen, ihrem ideellen Kerne, nicht ihren zufälligen Äußerlichkeiten nach. Gesetze dort, hier Typen» [51].

Die epistemologischen Grundlagen der Ästhetik des R. hat F. NIETZSCHE radikal in Frage gestellt. Das Reale, dessen Essenz realistische Kunst zur Erscheinung bringen will, enthüllt sich ihm als Konstrukt, in dem sich stets ein Interesse, eine unabdingbar subjektive Perspektive zum Ausdruck bringt. «Der R. in der Kunst eine Täuschung. Ihr gebt wieder, was euch am Dinge entzückt, anzieht – diese Empfindungen aber werden ganz gewiß nicht durch die realia geweckt! Ihr wißt es nur nicht, was die Ursache der Empfindungen ist! Jede gute Kunst hat gewähnt, realistisch zu sein!» [52]. Der künstlerische R. imaginiert jene Realität, als deren Repräsentation er sich dann (miß-)versteht [53]. So heißt es im lyrischen ‹Vorspiel› zur ‹Fröhlichen Wissenschaft› über den «realistischen Maler»: «Er malt zuletzt davon, was ihm gefällt. / Und was gefällt ihm? Was er malen kann» [54]. Nietzsche fragt sich, welche Wertschätzung in der Realitätskonstruktion des R. seiner Zeit artikuliert wurde; «was gibt ... der sogenannte R. der jetzigen Künstler über das Glück unserer Zeit zu verstehen?» [55]. Und er glaubt in der realistischen Kunst das Interesse an einer wissenschaftlich vorinterpretierten Welt zu erkennen. Das «Glück» der Moderne liegt nicht in der «Realität», sondern im «Wissen um die Realität» [56]. Gleichwohl hat Nietzsche den R.-Begriff keineswegs nur kritisch verwendet, er hat ihm vielmehr im Kontext seiner «physiologischen» Begründung künstlerischer Produktivität die Aufgabe zugewiesen, das ästhetische «Realisieren» aus übergroßer schöpferischer Potenz heraus zu kennzeichnen; «Realist» ist, wer seine produktiven Anlagen nach außen wendet und «Wirklichkeiten» schafft [57].

3. K. MARX und F. ENGELS, denen die spätere marxistische Orthodoxie eine geschlossene Ästhetik andichtete, haben den R.-Begriff kaum verwendet. Engels meint 1885 eher beiläufig und im Gleichklang mit geläufigen Formeln, daß R. in der Kunst «außer der Treue des Details die getreue Wiedergabe typischer Charaktere unter typischen Umständen» bedeute [58], und er sieht im Umstand, daß Balzac in seiner Erzählprosa einen Standpunkt eingenommen habe, der seinen persönlichen politischen Überzeugungen zuwiderlaufe, einen «der größten Triumphe des R.» [59]. Diese Bemerkungen hat man in den Rang ästhetischer Offenbarungen erhoben, als es zunächst in der Sowjetunion und später in den anderen sozialistischen Ländern darum ging, den Spielraum der Kunst von den Direktiven der kommunistischen Partei direkt abhängig zu machen. Es war der Begriff des «sozialistischen R.», der die Funktion gehabt hat, dieser Politisierung der Kunst einen Titel zu geben. Die Etablierung des «sozialistischen R.» zum bindenden Selbstverständnis aller Kunst ist untrennbar verbunden mit der etatistischen Reorganisation der sozialistischen Gesellschaft im Zeichen des Stalinismus. Die facettenreiche, von avantgardistischen Experimenten ebenso wie vom Akademismus geprägte Kunstsituation der nachrevolutionären Zeit wird seit Beginn der dreißiger Jahre politischer Aufsicht unterstellt und uniformiert. Angeblich soll I. GRONSKIJ den Begriff 1932 geprägt haben, als er die sowjetischen Schriftsteller aufforderte: «Schreibt die Wahrheit, stellt die Wirklichkeit, die ihrerseits dialektisch ist, wahrheitsgetreu dar. Die Grundmethode der Sowjetliteratur ist ... die Methode des sozialistischen R.» [60]. Gewiß mit Mitwirkung von Stalin selbst wird der Begriff dann 1934 auf dem ersten Allunionskongreß der Sowjetschriftsteller offiziell dekretiert: A. A. SHDANOW weist in seiner programmatischen Rede darauf hin, daß die «wahrheitsgetreue und historisch konkrete künstlerische Darstellung ... mit der Aufgabe verbunden werden» müsse, «die werktätigen Menschen im Geiste des Sozialismus ideologisch umzuformen und zu erziehen. Das ist die Methode, die wir ... als die Methode des sozialistischen R. bezeichnen» [61]. Die staatsoffizielle Bedeutung dieser Formel kommt darin zum Ausdruck, daß sie sich auch im Statut des Verbandes der sowjetischen Schriftsteller findet [62] und später in das Statut des DDR-Schriftstellerverbandes übernommen wird [63]. Der Begriff wird auch von M. GORKIJ aufgenommen, der ihn ganz im Horizont der ästhetischen Tradition versteht, als er auf dem Allunionskongreß die Leistung des R. darin sieht, «aus der Gesamtheit der realen Gegebenheiten den Hauptsinn [zu] extrahieren und ihn in einer Gestalt [zu] verkörpern». Diesem «Hauptsinn» wohne eine revolutionäre Dynamik inne, die die Zukunft der kommunistischen Gesellschaft antizipiere [64]. Für N. BUCHARIN repräsentiert der «sozialistische R.» den «dialektischen Materialismus» in der Kunst; er ist ein «Denken in Bildern» und stellt den Lauf der Geschichte in konkreter, emotionalisierender Anschaulichkeit dar [65]. Bemerkenswert an der offiziellen Doktrin des «sozialistischen R.» ist vor allem, daß über den Wahrheitscharakter der Kunst nicht ästhetisch, sondern auf dem Boden des «dialektischen», bzw. «historischen Materialismus», d.h. letztlich politisch entschieden wird. Der «sozialistisch-realistischen» Kunst fällt die Funktion zu, den «Prozeß der Ge-

schichte» in identifikationsermöglichender Art und Weise zu inszenieren, um das Publikum im Sinne der offiziellen Politik zu konditionieren. Der «sozialistische R.» ist «wahr» und «parteilich» zugleich, da der historische Verlauf selbst der «Diktatur des Proletariats» und dem Untergang der Bourgeoisie zueilt.

Die philosophisch anspruchsvollste Begründung hat der «sozialistische R.» im Werk von G. LUKÁCS gefunden. Lukács erneuert noch einmal die Konzeption Hegels und die Doktrin des «bürgerlichen R.», der er grundsätzlich verpflichtet bleibt. Sein Programm operiert mit dem konventionellen Schema «Tiefe»/«Oberfläche» oder «Wesen»/«Erscheinung». Der künstlerische R. spiegelt das Reale so wider, daß die essentiellen Tiefenstrukturen der Wirklichkeit in sinnlicher Prägnanz zur Erscheinung kommen. Der Realist stehe vor der Aufgabe «erstens [des] gedankliche[n] Aufdecken[s] ... dieser Zusammenhänge; zweitens [des] künstlerische[n] Zudecken[s] der abstrahiert erarbeiteten Zusammenhänge – die Aufhebung der Abstraktion. Es entsteht durch diese doppelte Arbeit eine neue, gestaltet vermittelte Unmittelbarkeit, eine gestaltete Oberfläche des Lebens, die, obwohl sie in jedem Moment das Wesen klar durchscheinen läßt ..., doch als ... Oberfläche des Lebens erscheint» [66]. An anderer Stelle definiert Lukács die «marxistische R.-Auffassung» als «R. des künstlerisch versinnbildlichten Wesens» [67]. Diese Prägung des ästhetischen Programms durch die idealistische Epistemologie führte Lukács zu einer Festlegung auf die Literatur des klassischen bürgerlichen R., die den «Typus» – die «das Allgemeine und das Individuelle organisch zusammenfassende Synthese» [68] – paradigmatisch dargestellt habe.

In der Folgezeit ist die Doktrin des «sozialistischen R.» in einer Vielzahl offizieller Verlautbarungen kommentiert und variiert worden [69], an denen vor allem bemerkenswert ist, daß man von kulturpolitischer Seite den Begriff 'elastisch' handhabe, um die komplementäre Strategie von Exklusion und Inklusion «problematischer» Kunst je nach politischer Opportunität «begründen» zu können [70]. Nach dem Wegfall dieser politischen Funktion ist die ästhetische Leere des Begriffs unübersehbar geworden.

B. BRECHT, der die epistemologischen und ästhetischen Prämissen des vor allem von Lukács vertretenen «sozialistischen R.» scharf kritisiert, hält am Begriff gleichwohl fest, gibt ihm aber eine veränderte Bedeutung. Für Brecht ist R. weniger eine ästhetische Doktrin als eine übergreifende politische Haltung. «R. ist eine Angelegenheit nicht nur der Literatur, sondern eine große politische Philosophie, praktische Angelegenheit und muß als solche große, allgemein menschliche Angelegenheit behandelt werden» [71]. «Realistisch» ist eine Haltung, die die gesellschaftlichen Verhältnisse wissenschaftlich analysiert und aus den Ergebnissen dieser Analyse Strategien der Konditionierung von Handlungsmöglichkeiten im Sinne revolutionärer Veränderung ableitet. Dieser pragmatische, operative R.-Begriff hat auf dem Boden der Kunst zur Konsequenz, ästhetische Verfahren ausschließlich unter dem Gesichtspunkt ihrer Verwendbarkeit für die politische und kulturrevolutionäre Aufgabe zu bewerten, d.h. von jedem «linken Klassizismus» Abstand zu halten. «Über literarische Formen muß man die Realität befragen, nicht die Ästhetik ... des R. ... Wir leiten unsere Ästhetik ... von den Bedürfnissen unseres Kampfes ab. ... Wir werden uns hüten, etwa nur eine bestimmte ... Romanform ... als realistisch zu bezeichnen. ... Unser R.-Begriff muß ... politisch sein» [72]. Dieser Grundsatz hat Brecht bewogen, sowohl der künstlerischen Avantgarde als vor allem auch den modernen Kommunikationsmedien besondere Beachtung zu schenken.

«Erpreßte Versöhnung» nennt TH. W. ADORNO die Doktrin des «sozialistischen R.» [73], zumal bereits jedem R. eine Tendenz zur Affirmation fataler Realität innewohne. «So sehr [sei] der angedrehte R. ... falsche Versöhnung, daß die utopischesten Phantasien von zukünftiger Kunst keine auszudenken vermöchten, die abermals realistisch wäre, ohne aufs neue in die Unfreiheit sich zu begeben» [74]. Demgegenüber findet sich der mimetische Impuls wahrer Kunst durch den Geist der Konstruktion ausbalanciert, ohne daß diese Balance je ganz gelänge. In diesem Scheitern zeigt sich für Adorno aber mehr «Wahrheit» als in einem R., der gängige Einsichten des Marxismus über den Lauf der Dinge bebildert [75].

Als Protest gegen die dogmatische Enge des «sozialistischen R.» versteht sich auch R. GARAUDYS Initiative für einen «R. ohne Ufer». Garaudy, der von E. FISCHER unterstützt wird, plädiert für die Unabhängigkeit des Ästhetischen von politischer Kontrolle und definiert ‹R.› durch seine produktive, mythenbildende, antizipierende, in wissenschaftliches Wissen nicht einfach auflösbare Kraft. «Der R. unserer Zeit ist ein Schöpfer solcher Mythen, ist ein ... prometheischer R.» [76].

4. Außerhalb des Marxismus wird der R.-Begriff im 20. Jh. in mancherlei Varianten vertreten, um die Weltreferenz moderner Kunst zu kennzeichnen. R. JAKOBSON weist 1921 darauf hin, daß nicht das «Reale» Referenz realistischer Kunst sei, sondern jene Konstrukte, die das historisch sich wandelnde Wirklichkeitsverständnis dirigieren [77]. 1956 vertritt er die These, daß der Kunstgriff der «Metonymie» die Struktur realistischer Kunstwerke charakterisiere und von der «metaphorischen» Struktur «romantischer» Kunst typologisch unterscheide [78]. Die prononciertesten Verwendungen des Begriffs lassen allesamt eine Tendenz zur Paradoxierung erkennen, ob sie von «magischem R.» sprechen, wie G. POHL [79], von einem «neuen R.», wie F. LÉGER [80] oder A. ROBBE-GRILLET [81], für den der R. in die Nähe eines «Konstruktivismus» rückt, oder von «totalem R.», wie R. BARTHES [82], der 1956 für eine produktive Integration von «sozialistischem R.» und «nouveau roman» plädiert. D. WELLERSHOFFS «neuer (Kölner) R.» schließlich tritt für eine Literatur ein, die eine Erfahrung von «Komplexität» fördert und sich insofern programmatisch als Kunst der modernen Gesellschaft begreift [83].

Anmerkungen. [1] Vgl. N. LUHMANN: Ist Kunst codierbar? in: Soziol. Aufklärung 3 (1981) 247. – [2] Vgl. G. PLUMPE: Systemtheorie und Lit.gesch., in: H. U. GUMBRECHT/U. LINK-HEER (Hg.): Epochenschwellen und Epochenstrukturen (1985) 256; S. J. SCHMIDT: Die Selbstorganisation des Sozialsystems Lit. im 18. Jh. (1989) 337. – [3] F. SCHILLER: Br. an Goethe (14. 9. 1797). Der Br.wechsel zw. Goethe und Schiller, hg. E. STAIGER (1976) 1, 467. – [4] an Goethe (27. 4. 1798), a.O. 613. – [5] an Goethe (5. 1. 1798), a.O. 535. – [6] J. W. GOETHE: Autobiogr. Einzelheiten (1817). Hamb. Ausg. 10, 541. – [7] SCHILLER: Br. an W. von Humboldt (9. 1. 1796). Nat.-Ausg. 28, 165. – [8] GOETHE: Br. an Schiller [Konzept] (27. 4. 1798), a.O. [3] 2, 613; vgl. Br. an Sömmering; an Jacobi. Hamb. Ausg. 2, 238. 240. – [9] SCHILLER, a.O. [7]. – [10] Vgl. vor allem den berühmten Br. an Goethe vom 23. 8. 1794, a.O. [3] 1, 33ff. – [11] GOETHE: Br. an Schiller (9. 7. 1796), a.O. 242. – [12] Vgl. z.B. J. P. ECKERMANN: Gespräche mit Goethe in den letzten Jahren seines Lebens. Ged.ausg. 24 (Zürich 1949) 213 (18. 1. 1827); GOETHE: Einfache Nachahmung der

Natur, Manier, Stil. Hamb. Ausg. 12, 30ff. – [13] Neue Unterhaltungen über versch. Gegenstände der Kunst (1808). Weim. Ges.ausg. 48, 136. – [14] F. W. J. SCHELLING: Vorles. über die Methode des akad. Stud. (1802). Werke, hg. M. SCHRÖTER 3 (1927) 368. – [15] SCHILLER: Über den Gebrauch des Chors in der Tragödie. Nat.-Ausg. 10, 11. – [16] JEAN PAUL: Vorschule der Ästhetik (1804). Akad.-A. I/11 (1935) 25. – [17] F. SCHLEGEL: Gespräch über die Poesie (1800). Krit. Ausg., hg. E. BEHLER/ H. EICHNER 2 (1967) 315; vgl. ‹Ideen› Nr. 96, a.O. 265. – [18] Literary Notebooks Nr. 1047, a.O. 16 (1981) 172. – [19] W. T. KRUG: Allg. Handwb. der philos. Wiss.en (1832) 1/2, 67. – [20] a.O. 66. – [21] 67; vgl. auch F. VON FICKER: Ästhetik (1840) 149f. – [22] Zit. nach: E. B. O. BORGERHOFF: 'Realism' and kindred words. Publ. modern Language Ass. America 53 (1938) 839; vgl. zum frz. R. insges.: W. KLEIN: Der nüchterne Blick. Programmat. R. in Frankreich nach 1848 (1989). – [23] G. JÄGER: Der R.-Begriff in Frankreich, in: M. BUCHER u.a. (Hg.): R. und Gründerzeit 1 (1976) 5ff.; S. KOHL: R. – Theorie und Gesch. (1977) 86; K. HEIDTMANN: Der frz. Roman im Zeitalter des R., in: Neues Hb. der Lit.wiss. 17 (1980) 29ff.; K. HERDING: Mimesis und Innovation. Überleg. zum Begriff des R. in der bild. Kunst, in: K. OEHLER (Hg.): Zeichen und Realität 1 (1984) 83-113, bes. 83ff. – [24] Zit.: K. HERDING (Hg.): R. als Widerspruch (1978) 28. – [25] G. FLAUBERT: Br. an L. Colet (15./16. 5. 1852). Oeuvr. compl. 13 (Paris 1974) 193 . – [26] Vgl. die Zeugnisse in G. PLUMPE (Hg.): Theorie des bürgerl. R. (1985) 185ff. – [27] Allg. Realenzykl. oder Konversationslex. für das kath. Dtschl. 8 (1948) 662. – [28] K. LEMCKE: Populäre Ästhetik (1865) 276. – [29] R. PRUTZ: Die dtsch. Lit. der Gegenwart 1 (1859), zit.: PLUMPE, a.O. [26] 130. – [30] E. HOMBERGER: Der realist. Roman, in: Allg. Ztg., Beil. vom 18./19./20. 3. 1870, zit.: PLUMPE, a.O. 154; vgl. H. MARGGRAFF: Zur Poetik, in: Blätter für lit. Unterhaltung (1859), zit. a.O. 139f.; A. STIFTER: Die Kunst und das Göttliche. Ges. Werke, hg. K. STEFFEN 14 (1972) 381f. – [31] Vgl. M. SCHASLER: Ästhetik 1, 2 (1872) 1125; vgl. A. STERN: R. und Idealismus. Eine Streitfrage der Gegenwart, in: Anregungen für Kunst, Leben und Wiss. 3 (1858) 313-322. 353-361; vgl. auch G. JÄGER: Die Konstruktion des Realidealismus, in: M. BUCHER u.a. (Hg.), a.O. [23] 13ff. – [32] TH. FONTANE: Unsere lyr. und ep. Poesie seit 1848. Sämtl. Werke, hg. E. GROSS 21, 1 (1963) 13. – [33] Vgl. A. L. VON ROCHAU: Grundsätze der Realpolitik (1853/69) und die weiteren Dokumente, in: PLUMPE, a.O. [26] 45ff. – [34] Vgl. die Hinweise bei H. AUST: Lit. des R. (1977) 34; vgl. auch W. PREISENDANZ: Humor als dicht. Einbildungskraft (1976) 214ff. – [35] J. H. VON KIRCHMANN: Ästhetik auf realist. Grundlage 1 (1868) 269. – [36] J. SCHMIDT: Der neueste engl. Roman und das Prinzip des R., in: Grenzboten 15 (1856), zit.: PLUMPE, a.O. [26] 118. – [37] FONTANE, a.O. [32] 12. – [38] PRUTZ, a.O. [29]. – [39] So die These von U. EISELE: R.-Theorie, in: H. A. GLASER (Hg.): Dtsch. Lit. 7 (1982) 46. – [40] Vgl. N. BRØNDSTEDT: Der skandinav. Beitrag zum europ. R., in: Neues Hb. ..., a.O. [23] 185. – [41] A. RUGE: Idealismus und R. im Reiche des Ideals, in: Dtsch. Mus. 8 (1858), zit.: PLUMPE, a.O. [26] 133f. – [42] O. LUDWIG: Der poet. R., in: Shakespeare-Stud., hg. M. HEYDRICH (1872) 264-269; 266. – [43] W. BÖLSCHE: Die naturwissenschaftl. Grundlagen der Poesie. Proleg. einer realist. Ästhetik (1887, ND 1976) 1, zit.: T. MEYER (Hg.): Theorie des Naturalismus (1973) 128. – [44] H. HART: Die realist. Bewegung, in: Krit. Jb. H. 2 (1889) 52, zit. a.O. 138ff. – [45] C. ALBERTI: Natur und Kunst (1890) 30, zit. a.O. 160. – [46] BÖLSCHE, a.O. [43] 134. – [47] HART, a.O. [44] 52, a.O. 139. – [48] Vgl. dazu J. KOLKENBROCK-NETZ: Fabrikation – Experiment – Schöpfung. Strategien ästhet. Legitimation im Naturalismus (1981) 150ff. – [49] ALBERTI, a.O. [45]. – [50] a.O. – [51] HART, a.O. [43] 140. – [52] F. NIETZSCHE: Frg. 444 (aus der Zeit der ‹Morgenröthe›, 1880/81). Werke (GOA) 11, 329 bzw. Mus.ausg. 11, 80. – [53] Die fröhl. Wiss. 2, 57 («An die Realisten»). Krit. Ges.ausg., hg. G. COLLI/M. MONTINARI 5/2 (1973) 97f. – [54] «Scherz, List und Rache» 55, a.O. 37. – [55] Morgenröthe 433, a.O. 5/1 (1971) 270. – [56] a.O. – [57] Vgl. z.B. Mus.ausg. 16, 311. – [58] F. ENGELS: Br. an M. Kautsky (26. 11. 1885), in: MARX/ENGELS über Kunst und Lit. 1 (1968) 157. – [59] a.O. 159. – [60] I. GRONSKIJ, zit. in: F. TROMMLER: Der 'sozialistische R.' im hist. Kontext, in: W. GRIMM/J. HERMAND (Hg.): R.-Theorien in Lit., Malerei, Musik und Politik (1975) 68; vgl. auch M. JÄGER: 'Sozialist. R.' als kulturpolit. Losungswort,

in: K.-D. MÜLLER (Hg.): Bürgerl. R. (1981) 98ff. – [61] A. A. SHDANOW, zit. in: H.-J. SCHMIDT/G. SCHRAMM (Hg.): Sozialist. R.-Konzeptionen (1974) 47. – [62] a.O. 390. – [63] Vgl. JÄGER, a.O. [60] 112. – [64] M. GORKIJ, zit. in: SCHMIDT/SCHRAMM, a.O. [61] 64. – [65] a.O. 339. – [66] G. LUKÁCS: Essays über R. (1948) 143. – [67] Schr. zur Lit.soziol. (1961) 231. – [68] a.O. 244. – [69] Vgl. z.B. E. JOHN: Einf. in die Ästhetik (^{3}1969) 170ff.; M. KAGAN: Vorles. zur marxist.-leninist. Ästhetik (1971) 628f.; Zur Theorie des sozialist. R. (1974); Einf. in den sozialist. R. (1975) 58; Marxist.-leninist. Ästhetik (1976) 336ff. – [70] Vgl. exemplarisch: H. BARNASCH: Grundl. der Lit.-Aneignung (1972) 46. – [71] B. BRECHT: Über den formalist. Charakter der R.-Theorie (1938), in: Schr. zur Lit. und Kunst 2 (1967) 120; vgl. a.O. 143. 197ff. 204; vgl. allg.: H.-J. SCHMIDT (Hg.): Die Expressionismusdebatte. Mat. zu einer marxist. R.-Konzeption (1973). – [72] BRECHT: Weite und Vielfalt realist. Schreibweise (1938), a.O. 173; Volkstümlichkeit und R., a.O. 143. – [73] So der Titel von ADORNOS Kritik an Lukács, in: Noten zur Lit. 2 (1969) 152ff. Ges. Schr., hg. R. TIEDEMANN 2 (1974) 251-280. – [74] TH. W. ADORNO: Ästhet. Theorie, a.O. 7 (1970) 385f.; vgl. a.O. 141. 383 und das böse Wort in: Prismen (1955) 270. – [75] a.O. [73] 168. – [76] R. GARAUDY: Kafka, die moderne Kunst und wir, in: F. Kafka aus Prager Sicht (1966) 203; vgl. R. GARAUDY: D'un réalisme sans rivages (Paris 1963); vgl. E. FISCHER: Kunst und Koexistenz (1966) 193; zum R.-Begriff, a.O. 136ff. – [77] R. JAKOBSON: Über den R. in der Kunst, in: J. STRIEDTER (Hg.): Russ. Formalismus (1969) 373ff. – [78] R. JAKOBSON: Zwei Seiten der Sprache (1956), in: Aufsätze zur Linguistik und Poetik (1974) 117-141. – [79] G. POHL: Magischer R., in: Aufbau (1948) 650-653; vgl. M. SCHEFFEL: Magischer R. (1990). – [80] F. LÉGER: Aus Gesprächen, in: W. HESS: Dokumente zum Verständnis der modernen Malerei (1956) 108. – [81] A. ROBBE-GRILLET: Pour un nouveau roman (Paris 1963). – [82] R. BARTHES: Probleme des lit. R. Akzente 3 (1956) 303ff. – [83] D. WELLERSHOFF: Realistisch schreiben, in: P. LAEMMLE (Hg.): R. – welcher? (1976) 13ff.; vgl. E. H. VOLLMUTH: D. Wellershoff (1979) 22f.

Literaturhinweise. B. WEINBERG: French realism (1937). – G. SCHMIDT: Naturalismus und R. (1955), in: Umgang mit Kunst (1966) 27-36. – R. BRINKMANN (Hg.): Begriffsbestimmung des lit. R. (1969). – D. HENRICH: Sehen und Wissen. Überlegungen zur Definition des R., in: Prinzip R. (1972). – R. GRIMM/J. HERMAND (Hg.) s. Anm. [60]. – W. NERDINGER: Zur Entsteh. des R.-Begriffs in Frankr. Städel-Jb. NF 5 (1975) 227-246. – J.-A. SCHMOLL, gen. EISENWERTH: Naturalismus und R., a.O. 247-266. – U. EISELE: R. und Ideologie (1976). – H. AUST s. Anm. [34]. – S. KOHL s. Anm. [23]. – W. F. GREINER/F. KEMMLER (Hg.): R.-Theorien in England (1979). – K.-D. MÜLLER (Hg.) s. Anm. [60]. – C. DAHLHAUS: Musikal. R. (1982). – K. HERDING s. Anm. [23]. – B. W. SEILER: Das Wahrscheinl. und das Wesentliche. Vom Sinn des R.-Begriffs und der Gesch. seiner Verundeutlichung, in: C. WAGENKNECHT (Hg.): Zur Terminologie der Lit.wiss. (1989). – W. KLEIN s. Anm. [22]. G. PLUMPE

Realitas. 1. In seiner primären scholastischen Bedeutung geht der Begriff ‹realitas› [r.] nicht auf das Adjektiv ‹realis› oder auf den Ausdruck ‹esse reale› in der Bedeutung von 'Existenz außerhalb der Ursachen' zurück, sondern wohl auf ‹res› im weitesten Sinne. Es handelt sich also um einen abstrakten Begriff, der exakt das Wesen (essentia) oder besser die Wesenhaftigkeit (essentialitas) jeder «res» als solcher bezeichnet. Anscheinend taucht der Begriff ‹r.› seit HEINRICH VON GENT und besonders seit JOHANNES DUNS SCOTUS und dann in der skotistischen Tradition zum ersten Mal mit einer feststehenden terminologischen Bedeutung auf, und zwar im Kontext der Lehre von den «formalitates». Die «formalitas» ist selbst keine «res», aber dennoch entspricht sie einer «r.», d.h., einer einheitlichen und konsistenten Bestimmung, die objektiv vom Geist wahrgenommen werden kann und die auf diese Weise zur Explizitmachung eines Wesens oder besser einer «quidditas» beiträgt [1]. Die «realitates» oder «formalitates» sind gewiß bar jeder selbständigen Existenz, sie haben nicht als solche einen definierten ontologischen Status und bestehen somit nur in der und durch die «res» (die «realitates» sind immer «realitates» rei), aber sie sind in jeder «res» anwesend, von welcher sie sich «a parte rei» formal unterscheiden [2]. Sie stützen oder begründen die Möglichkeit einer 'realen' Distinktion, die aber weder aktuell noch potentiell ist, sondern nur virtuell oder eben formal [3].

‹Realitas› stellt in der skotistischen Tradition einen weiteren Begriff als ‹res› dar, vor allem aber hat ‹r.› einen anderen ontologischen Status: Wenn die «realitates» oder «formalitates» tatsächlich unabhängig vom sie erkennenden Intellekt sind [4] – und durch diesen Umstand unterscheiden sie sich von Grund auf vom «fictum» oder vom «ens rationis» –, dann sind diese «realitates» (weit davon entfernt schlicht und einfach mit der «res» zusammenzufallen) in sich formale Merkmale oder Gesichtspunkte («rationes»), die in unterscheidbarer Weise das vollständige Wesen der «res» ausmachen, wobei dieses Wesen an sich in den Blick kommt, und zwar in der Vielheit seiner Aspekte oder seiner intelligiblen Bestimmungen [5]. Diese Definition der r. als äußerster intelligibler Entität, die der Intellekt bei einem gegebenen Gegenstand gerade noch distinkt erfassen kann, erlaubt es Duns Scotus, die r. von ihrem intrinsischen Modus zu trennen, wobei ‹r.› dann aber als «conceptus imperfectus rei» verstanden wird: «Ich antworte, daß, wenn eine r. mit ihrem intrinsischen Modus erkannt wird, jeder Begriff nicht so schlechthin einfach ist, daß jene r. nicht auch ohne jenen Modus verstanden werden könnte, aber dann ist es ein unvollkommener Begriff jenes Dinges; die r. kann aber auch unter jenem Modus konzipiert werden, und dann ist es der vollkommene Begriff jenes Dinges» («Respondeo quod quando intelligitur aliqua r. cum modo suo intrinseco, ille conceptus non est ita simpliciter simplex quin possit concipi illa r. absque modo illo, sed tunc est conceptus imperfectus illius rei; potest etiam concipi sub illo modo, et tunc est conceptus perfectus illius rei») [6]. Somit ist der vollständige und eigentliche Begriff eines Gegenstandes jener, der die «res» «sub modo» begreift, wobei in der «res» die «realitates» als formale Entitäten unterschieden werden, die die «res» konstituieren.

Daher ist die «res positiva» nicht in erster Linie die individuelle und einzelne Wirklichkeit, die «extra intellectum» gesetzt ist, sondern vielmehr das, was sich dem Geist als eine r. darbietet, d.h. als ein Inhalt des Denkens, dessen eigentümlicher Gehalt und dessen innere Stimmigkeit dazu ausreichen, die r. grundsätzlich von der «res ficta» oder der Chimäre zu unterscheiden. Die Ausgestaltung der skotistischen Lehre von der r. führt zweifellos über die Diskussion der Analyse des «ens ratum» von Heinrich von Gent [7] – eine kritische Diskussion im übrigen, die schließlich zu einer neuen Bestimmung der «ratitudo» führt [8]. Die von der «ratitudo» her verstandene «res» meint eine «r. quidditativa», zugleich unterschieden von der «r. opinabilis» (fictio) und der wirklichen oder aktualen Realität (r. actualis existentiae). Dadurch daß Duns Scotus also mit seiner «formalitas» die r. erfaßt, versteht er es, über die negative, allzu weite Bestimmung hinauszugehen, die Heinrich von Gent der r. gab, wenn er sie einfach dem «purum nihil» gegenüberstellte [9]. Für Duns Scotus wird nunmehr die «entitas individuans» oder gar die «proprietas individui», die die «haecceitas» jedes einzelnen Seienden ausmacht, als r., ja sogar als «ultima r. entis» definiert sein.

Man findet noch ein sehr deutliches Zeugnis dieses skotistischen Sprachgebrauchs von r. im ‹Lexicon philosophicum› von J. Micraelius: «r. ist etwas in der res. Deshalb können in jeder res viele realitates angenommen werden ... Die realitates sind bisweilen zu unterscheiden von der res, in der sie sind. So gibt es im Menschen die r. Vernünftigsein, Lebewesensein, Substanzsein» («r. est aliquid in re. Ideoque in unaquaque re possunt multae realitates poni ... Realitates interim distinguendae sunt a re, in qua sunt. Sic in homine est r. rationalitatis, animalitatis, substantialitatis») [10].

Der skotistische Sprachgebrauch führt unmittelbar zu neuen Unterscheidungen: Die r. selbst kann «objective», «subjective» oder «formaliter» betrachtet werden [11]. Die «r. formalis» wird auch «essentialis» genannt und ist dann nichts anderes als die «formalitas» [12]. Die so als «formalitas» verstandene r. kann auch noch «entitas» genannt werden, wie es z.B. Alexander von Alexandrien tut: «entitas und r. sind konvertibel. Da aber jede geschaffene r. und die kategoriale r. identisch sind, müssen entitas und kategoriale r. identisch sein» («entitas et r. convertuntur. Cum autem omnis r. creata et r. praedicamentalis sint idem, oportet quod entitas et r. praedicamentalis convertuntur») [13]. Somit sind die «realitates» der Skotisten wie die begrifflichen Kennzeichen dessen, was strenggenommen eine «res» konstituiert, wie es Petrus Thomae in seiner Erklärung der vielfachen Bedeutungen des Begriffs betont: «Res» kann im weiten Sinne verstanden werden «pro omni eo, quod sit in se extra intellectum, non fabricatum per intellectum», aber im eigentlichen und strengen Sinne spricht man von «res prout dicimus quod unius rei sunt plures realitates» [14].

Somit werden ‹r.›, ‹aliquitas› [15], ‹essentia› und ‹quidditas› zu quasi synonymen Begriffen, die aufgeboten werden müssen, seitdem es darum geht, die seit Augustinus klassische Frage nach dem Status der Wesenheiten in Gott vor der Schöpfung zu untersuchen. Außerhalb der skotistischen Tradition wird z.B. Gottfried von Fontaines bei dem Versuch, seinerseits die ewige Seinsweise der «quidditas» der Kreatur zu definieren, von r. reden, wobei sie jetzt als «r. objectiva» in ihrem «esse objective» bestimmt ist: «r. et essentia vel quidditas creaturae ab aeterno ... est ... in actu secundum esse essentiae reale vel quidditativum ... Oportet eas importare aliquam realitatem, quae esset objectum verum et reale» [16].

Mit dem skotistischen Begriff der r. ist man nicht nur noch weit entfernt vom modernen Begriff der Existenz oder *Wirklichkeit*, sondern geradezu bei dessen Gegenteil. Selbst die «ultima r.» (in skotistischer Perspektive), d.h. der letzte charakteristische Zug, der aus einer «entitas quidditativa» eine «entitas ut haec» macht, also zur Individuation beiträgt, ist immer noch begrifflicher Natur und führt nicht da «esse existere» oder der Existenz mit sich [17]. S. Chauvin bietet (1692) eine vollständige Zusammenfassung des skotistischen Sprachgebrauchs, der von späten Schülern verteidigt (Poncius, Mastrius/Bellutus), aber auch von Autoren wie F. Suárez beibehalten und in die Schulphilosophie übernommen wird: «r. ist ein Diminutivum von res. Und von den Skotisten, die dieses Wort zuerst erfunden haben, wird es von res unterschieden, weil die res das ist, was für sich sein kann und kein Teil einer res ist; r. ist dagegen etwas, das weniger ist als eine res. Und deshalb setzen sie in jeder res mehrere realitates an, die sie mit anderem Namen formalitates nennen: Im Menschen gibt es z.B. nach der Meinung der Skotisten mehrere realitates, etwa Substantialität, Lebendigsein, Sinneswesensein und schließlich die letzte r., durch die das Menschsein wie durch die letzte Differenz konstituiert wird, und das ist die Rationalität» [18].

2. ‹Realitas› im 17. Jh. – Bei R. DESCARTES ist der Begriff ‹r.› stets mit einem Adjektiv verbunden («réalité formelle», «objective», «subjective») und mit der Ideenproblematik verknüpft. Gleich bei ihrem ersten Erscheinen [19] provoziert die Formel «r. objectiva» Erklärungen, die in der Korrespondenz und in den ‹Ersten› und ‹Zweiten Antworten› wiederholt werden. Die Idee ist für Descartes ein «gedachtes Ding» («res cogitata»), das als solches eine doppelte Realität umfaßt: einerseits als «modus cogitandi» (und in diesem Sinne sind alle Ideen als gleichrangig anzusehen) und andererseits als eine Form, die etwas darstellt und die einen bestimmten Inhalt und eine intelligible Realität sui generis umfaßt: «Per realitatem objectivam ideae intelligo entitatem rei repraesentatae per ideam, quatenus est in idea» («Unter der objektiven Realität einer Idee verstehe ich die Seiendheit des durch die Idee dargestellten Dinges, insofern sie in der Idee ist») [20]. Die Realität der Idee ist genau diese Entität, die ihrerseits ein positives ‘Ding’ ist, wenn auch nur ein «ens diminutum»; jedenfalls ist es nicht nichts, sondern sehr wohl etwas, auf das das Kausalitätsprinzip angewendet werden kann, wenn es in seiner ganzen Universalität genommen wird [21]. Und wenn es ebenfalls wahr ist (Axioma IV), daß alles, was sich an Realität oder Vollkommenheit in einem Ding findet («r. sive perfectio in aliqua re»), auch in seiner Ursache vorhanden sein muß – sei es «formaliter» oder sei es «eminenter» –, dann stellt es sich heraus, daß die «r. objectiva» unserer Ideen sich diesem allgemeinen Prinzip nicht wird entziehen können. Am Ende entdeckt man die «Idee eines höchst vollkommen Seienden», die in sich in objektiver Weise «so viel an objektiver Realität enthält, das heißt in der Weise der Repräsentation an so vielen Graden des Seins und der Vollkommenheit teilhat», daß sie notwendig eine absolut vollkommene Ursache verlangt [22]. Dank der Tatsache, daß Descartes die skotistische Lehre von der Hervorbringung der Dinge in Gott gemäß ihrem «esse intelligibile» auf die Ebene der Noetik transponiert, ist die in ihrer objektiven Realität betrachtete Idee also weder ein «fictum quid» noch ein «ens rationis», sondern sehr wohl ein «reale quid, quod distincte concipitur» [23].

B. SPINOZA unterstreicht in den ‹Principia philosophiae cartesianae›, in denen er die cartesianische Lehre von der «r. objectiva» korrekt darstellt, seinerseits diesen Begriff der hierarchisch geordneten Differenzierung des von der Idee objektiv dargestellten Inhalts, sobald diese Idee in ihrer «objektiven Realität» in den Blick kommt: «illam scilicet [ideam], quae objective continet esse et perfectionem substantiae, longe perfectiorem esse, quam illam, quae tantum objectivam perfectionem alicujus accidentis continet» («daß jene Idee freilich, die in objektiver Weise das Sein und die Vollkommenheit der Substanz enthält, bei weitem vollkommener ist als jene, die nur die objektive Vollkommenheit irgendeines accidens enthält») [24]. Wie Descartes interpretiert Spinoza die r. als «entitas», doch bleibt die Gleichsetzung von «perfectio», «r.» und «essentia» ein grundlegendes Element der ‹Ethica›: «Per realitatem et perfectionem idem intelligo» [25]; ebenso: «daß der Verstand aus der gegebenen Definition eines jeden Dinges mehrere Eigenschaften schließt, die wahrhaftig aus derselben, d.h. aus dem Wesen des Dinges, notwendig folgen, und zwar desto mehr Eigenschaften, je mehr an Realität die Definition des Dinges ausdrückt, d.h. je mehr an Realität das Wesen des definierten Dinges involviert» («quo plus realitatis rei definitio exprimit, hoc est, quo plus realitatis rei definitae essentia involvit» [26].

Für G. W. LEIBNIZ bleibt die alte Bedeutung von ‹r.›, die mit der skotistischen Tradition im weiten Sinne übereinstimmt, leitend und bestimmend. Realität zeichnet nicht vorrangig den Gegenstand in der Welt außerhalb des Bewußtseins aus, sondern den Inhalt oder den Gehalt dessen, was dieses Bewußtsein als «quidditas» oder «essentia» wahrnimmt, bzw. dessen, was in objektiver Weise in ihm gegenwärtig ist. Dies sieht man besonders deutlich bei Leibniz in den Definitionen der Vollkommenheit, in die jedes Mal gerade der Begriff ‹r.› eingeht: «ego definire malim, perfectionem esse gradum seu quantitatem realitatis seu essentiae» [27]. So meint ‹r.› sehr wohl etwas Positives («aliquid positivum et absolutum») gemäß der «essentia», selbst wenn diese Realität aus eben dem Grunde, daß sie je nach ihrem Grad an Vollkommenheit auf Existenz Anspruch erhebt oder auf sie aus ist, ein real oder besser aktual existierendes Fundament verlangt: «Car il faut bien que s'il y a une réalité dans les Essences ou possibilités, ou bien dans les verités éternelles, cette réalité soit fondée en quelque chose d'Existant et d'Actuel, et par consequent dans l'Existence et l'Etre necessaire» [28].

Was bedeutet hier «réalité»? Die Realität steht nicht im Gegensatz zum Möglichen wie das Aktuale zum Virtuellen. Es handelt sich vielmehr gerade um die Realität des Möglichen im göttlichen Verstand, d.h. um die dem Möglichen eigene Konsistenz, seinen Gehalt, seine Bestimmtheit. Die Realität ist von vorneherein «essentia» oder «r. possibilis» und als solche «exigentia existentiae». Weit davon entfernt, einen Gegensatz zum Möglichen oder eine Kategorie der Modalität darzustellen, macht die Realität gerade das Sein oder das «geringere Sein» des Möglichen aus: «Unde porro sequitur, omnia possibilia, seu essentiam vel realitatem possibilem exprimentia, pari jure ad existentiam [statt essentiam] tendere pro quantitate essentiae seu realitatis, vel pro gradu perfectionis quem involvunt» («daß alles, was möglich ist bzw. ein mögliches Wesen oder eine mögliche Realität ausdrückt, mit gleichem Recht nach Existenz strebt, je nach der Quantität des Wesens oder der Realität oder nach dem Grad der Vollkommenheit, den es einschließt») [29]. Wenn also Leibniz ‹r.› und ‹cogitabilitas› gleichsetzt oder gar die r. auf die cogitabilitas zurückführt («... nihil aliud r. quam cogitabilitas») [30], zieht er nur die äußersten Konsequenzen aus der Bewegung, die etappenweise von der «essentia» oder «realen Vollkommenheit» über die «essentia realis» des Suárez zum Möglichen führt, das als nicht-widersprüchlich, d.h. als denkbar definiert ist («cogitabile in universum quatenus tale est») [31].

Dennoch findet man auch bei Leibniz gewisse Verwendungen des Begriffs ‹r.› oder – noch deutlicher – des Adjektivs ‹realis›, die ein Signal in Richtung auf die nach-kantianische Bedeutung des Wortes setzen. Bei der Unterscheidung realer Phänomene von imaginären macht sich Leibniz z.B. Gedanken über die 'Realität' des Raumes und der Zeit, etwa in seiner Korrespondenz mit S. CLARKE. Raum und Zeit können auf den «ordo possibilium existentiarum» zurückgeführt werden, da weder das eine noch das andere irgendeine r. darstellt, sieht man einmal von der unendlichen Größe Gottes oder von der Ewigkeit ab [32]. ‹Realität› kann somit im Gegensatz zum «ens rationis» oder dem bloß erscheinenden und phänomenalen Seienden das heißen, was wahrhaftig oder wirklich existiert, unabhängig von der Erkenntnis, die ein bewußtes Subjekt davon gewinnen kann. Vielleicht darf man hier so etwas wie ein vages Zeugnis dieser anderen Bedeutung des Begriffs ‹r.› sehen, die sich nach und nach in der englischen Philosophie des 17. und 18. Jh. durchsetzen wird, in der ‹reality› synonym zu ‹Existenz› wird. Bei G. BERKELEY z.B. trifft man [33] ebenso häufig die Formulierung «reality of ideas», «reality of notions» – die direkt in der Linie der scholastischen Tradition interpretiert werden kann als Hervorhebung der Wahrheit oder der Gültigkeit der Ideen – wie die Formulierung «reality of things», die auf den modernen Sprachgebrauch (Wirklichkeit) verweist [34].

3. *‹Realitas› in der Schulmetaphysik.* – Die Definition, die CH. WOLFF von ‹r.› aufstellt, verweist über Leibniz hinaus auf die Scholastik in ihrer Gesamtheit zurück: «Quicquid est vel esse posse concipitur, dicitur Res, quatenus est aliquid: ut adeo Res definiri possit per id, quod est aliquid. Unde & r. & quidditas apud scholasticos synonyma sunt» («alles, was ist oder als sein könnend gedacht wird, heißt res; das geht so weit, daß res definiert werden kann als das, was ein Etwas ist. Deshalb sind auch r. und quidditas bei den Scholastikern Synonyme») [35].

Bei Wolff ist der Unterschied zwischen ‹r.› und ‹existentia›, der ja auch die durch Duns Scotus eröffnete Tradition auszeichnet, noch durch folgenden Zusatz zum § 243 bekräftigt: «E.gr. Arbor & ens dicitur, & res: ens scilicet, si existentiam respicis; res vero, si quidditatem» («z.B. wird Baum sowohl ein Seiendes genannt als auch ein Ding; Seiendes nämlich, wenn man auf die Existenz sieht, Ding aber, wenn man die quidditas im Blick hat»). Dennoch ist zu bemerken, daß man bei Wolff auch noch einen anderen, weiteren Gebrauch des Begriffes ‹r.› findet, wenn es darum geht zu bezeichnen, «quicquid enti alicui vere inesse intelligitur» [36]. Dieser neuen Bedeutung entsprechend kann die «existentia» (sei sie notwendig oder kontingent) also selbst als eine r. betrachtet werden. Aber wenn die Existenz als Realität wie eine Eigenschaft neben andern einem Ding zugesprochen werden kann, ist sie niemals identisch mit Aktualität oder Wirklichkeit. Bei A. G. BAUMGARTEN oder G. F. MEIER, die sich recht eng an Wolff anschließen, trifft man auf keinen merklichen Unterschied im Sprachgebrauch. Der Begriff ‹r.› spielt eine Rolle im Rahmen der allgemeinen Analyse der «determinationes» («notae et praedicata»), beim Sammeln der positiven begrifflichen Charakteristika, die einem Ding oder einem Begriff zugesprochen werden können im Gegensatz zu den negativen Bestimmungen («negationes») [37]. Die «negationes» stehen also in direktem Gegensatz zu den «realitates» [38] und das Seiende als solches, wenigstens insofern es ein «ens perfectum, positivum, reale» ist, ist definiert durch die Gesamtheit der «realitates», aus denen es zusammengesetzt ist und unter denen eventuell die Existenz oder «actualitas» als «complementum possibilitatis» zu finden ist: «Cum in omni ente sit realitatum numerus, omne ens habet certum realitatis gradum» («da es in jedem Seienden eine Anzahl von Realitäten gibt, hat jedes Seiende einen bestimmten Grad an Realität») [39]. Gewiß ist für BAUMGARTEN wie für WOLFF (wenigstens in der ‹Theologia naturalis›) die Existenz unter die «realitates» zu zählen, da sie zur vollständigen Bestimmung («complementum») [40] dessen, was ist, beiträgt: «Existentia non repugnat essentiae, sed est r. cum ea compossibilis» [41].

4. *Omnitudo realitatis.* – Wenn man so die «realitates» als positive Bestimmungen ansieht, die selbst diesen oder jenen Grad annehmen können und die ebenso viele «entia realia» bilden, die aber alle mit Recht einem konkreten Ding beigelegt werden können («ens reale» im strikten Sinne), dem sie inhärieren, kann man also den Gedanken konzipieren, daß alle Realitäten, wenn sie als Vollkommenheiten auf den höchsten Grad gesteigert werden («plurimae maximae realitates»), in ein und demselben Seienden koinzidieren, das, da es in sich die «omnitudo realitatis» einschließt, das «ens realissimum» sein muß [42]. Man sieht hier, was bei der These, die aus der Existenz eine Realität macht, auf dem Spiele steht: Gott existiert genau dann, wenn ‹Existenz› ein reales Prädikat ist, denn wäre dem nicht so – das betont noch BAUMGARTEN [43] – wäre ein nicht wirklich existierender Gott ein Seiendes, das sich aller «realitates» erfreut, dem aber gleichwohl eine fehlte («Deus non actualis esset ens omnibus realitatibus gaudens, cui quaedam tamen deesset»).

Man stößt hier geradezu auf die Formel des alten ontologischen Arguments, wiedergegeben in Wolffscher Begrifflichkeit, das I. KANT seit 1763 kritisiert, wobei er es gleichermaßen ablehnt, aus der Existenz (Dasein) ein reales Prädikat zu machen bzw. es unter die Realitäten zu zählen, die einem Ding zugehören oder es konstituieren, wie aus Gott den Inbegriff aller Realitäten zu machen, wo er doch wohl eher ihr Grund ist.

Anmerkungen. [1] JOH. DUNS SCOTUS: Ord. III, d. 22, n. 5. Op. omn., hg. L. VIVÈS 14 (Paris 1891-95, ND 1969) 757. – [2] Vgl. Rep. I, d. 45, q. 2, a.O. 22, 501; vgl. E. GILSON: Jean Duns Scot. Introd. à ses positions fondam. (Paris 1952) 244ff. 344ff.; auch L. HONNEFELDER: Ens inquantum ens (1979) 376-380. – [3] PETRUS AUREOLI: I Sent., d. 8, q. 21, n. 60, hg. E. M. BUYTAERT 2 (St. Bonaventure, N.Y. 1956) 900. – [4] DUNS SCOTUS: Ord. I, d. 2, p. 2, q. 1-4, n. 403. Op. omn., hg. K. BALIĆ 2 (Rom 1950) 357. – [5] Ord. II, d. 3, q. 6, n. 15, a.O. 7 (1973) 483f. – [6] Ord. I, d. 8, p. 1, q. 3, n. 139, a.O. 4 (1966) 222. – [7] HEINRICH VON GENT: Quodl. IX, q. 3 c (Paris 1518, ND Löwen 1961). – [8] DUNS SCOTUS: Ord. I, d. 36, q. un., n. 48, a.O. [4] 6 (1963) 290; vgl. hierzu auch Register s.v. ‹res›; zur skotistischen Diskussion der Thesen des Heinrich von Gent vgl. bes. L. HONNEFELDER: Scientia transcendens. Die formale Bestimmung der Seiendheit und Realität in der Met. des MA und der Neuzeit (1990) 45ff.; vgl. auch: Die Lehre von der doppelten Ratitudo entis und ihre Bedeut. für die Met. des Joh. Duns Scotus, in: Studia scholastica-scotista 5: Deus et homo ad mentem J. Duns Scoti (Rom 1972) 661-671; auch W. HOERES: Wesen und Dasein bei Heinr. von Gent und Duns Scotus. Franzisk. Stud. 47 (1965) 121-186. – [9] HEINR. VON GENT, a.O. [7] VII, q. 1. – [10] J. MICRAELIUS: Lex. philos. terminorum philosophis usit. (^{2}1662) 1203. – [11] Vgl. Art. ‹Realität, formale/objektive›. – [12] Vgl. MICRAELIUS, a.O. [10]. – [13] ALEXANDER VON ALEXANDRIEN: Met.-Komm. (Venedig 1572) 245rb E. – [14] PETRUS THOMAE: Met. IV, 4. Archivum francisc. hist. 59 (1966) 29. – [15] DUNS SCOTUS: Ord. I, d. 3, p. 2, q. un., n. 302, a.O. [4] 3 (1954) 184; vgl. auch: Quaest. sup. lib. Met. Arist. VII, q. 19, n. 5. – [16] GOTTFRIED VON FONTAINES: Quodl., qu. 2, hg. J. HOFFMANS (Löwen 1932) 100; vgl. auch F. SUÁREZ: Disput. metaph., d. 31, s. 2. Op. omn. 26, hg. C. BERTON (Paris 1861) 229-232. – [17] Vgl. A. MAIER: Kants Qualitätskategorien, in: Zwei Unters. zur nachscholast. Philos. (Rom ^{2}1968) 71-150, bes. 73ff. – [18] E. CHAUVIN: Lex. philos. (^{2}1713, ND 1967) 557f. – [19] R. DESCARTES: Med. 3 (1641). Oeuvres, hg. CH. ADAM/P. TANNERY 7 (Paris 1964) 40f. – [20] Sec. resp. (def. 3), a.O. 161. – [21] Ax. 3, a.O. 165. – [22] a.O. [19]; vgl. a.O. 165. – [23] Primae resp. a.O. 103. – [24] B. SPINOZA: Princ. philos. cart. (1663). Opera, hg. C. GEBHARDT 1 (1925) 153f.

[25] Eth. II, def. VI; vgl. G. TOTARO: Perfectio e r. nell'opera di Spinoza, in: Lexicon philos., Quad. di terminologia filos. e storia delle idee 3 (1988); zur ‹Ethik› vgl. auch M. GUERET/A. ROBINET/P. TOMBEUR: Spinoza, Ethica. Concordances, index, listes de fréquences, tables comparatives (Löwen 1977). – [26] Eth. I, prop. 16, dem., a.O. [24] 2, 51; vgl. auch I, prop. 9, a.O.; vgl. auch Ep. IX an Simon de Vries (Februar 1663), a.O. 4, 45; weiter L. VAN VELTHUYSEN: De initiis primae philos. Opera 2 (Rotterdam 1680), zit. nach: P. DI VONA: Studi sull'ontol. di Spinoza 2 (Florenz 1969) 13f., Anm. 12. – [27] G. W. LEIBNIZ: Br. an Eckhard [1677]. Philos. Schr., hg. C. I. GERHARDT [GP] 1 (1875) 266; vgl. auch E. BODEMANN: Die Leibniz-Handschr. der Kgl. öff. Bibl. zu Hannover (1895) 124; Textes inéd. de L., hg. G. GRUA 1 (Paris 1948) 11. – [28] Monad. (1714) § 44. GP 6, 614; vgl. Theod. II (1710) § 184, a.O. 226f. – [29] De rerum orig. radic. [1697]. GP 7, 303. – [30] De iis quae per se concipiuntur (1677). GP 1, 271. – [31] Opusc. et fragm. inéd., hg. L. COUTURAT (Paris 1903, ND 1961) 511. – [32] Br. an J. Ch. Schulenburg (17. Mai 1698). Math. Schr., hg. C. I. GERHARDT 7 (1863) 242; vgl. Specimen dynamicum ... II [1695], a.O. 6 (1860) 247. – [33] MAIER, a.O. [17] 76, n. 12. – [34] G. BERKELEY: A treat. conc. the princ. of human knowl. (1710) §§ 33. 36; vgl. J. LOCKE: Essay conc. human underst. (1690) II, 22, §§ 30-32; IV, 4, hg. P. H. NIDDITCH (Oxford 1975) 288-295. 372-394. 562-573; D. HUME: Treat. of human nature I, 2, § 4. The philos. works, hg. TH. H. GREEN/TH. H. GROSE 1 (London 1886, ND 1964) 345-358. – [35] CH. WOLFF: Philosophia prima sive Ontologia (²1736) § 243. – [36] Theologia nat. II (²1741) § 5. – [37] A. BAUMGARTEN: Metaphysica (1739) §§ 34. 36; G. F. MEIER: Metaphysik (1755-59) § 46. – [38] a.O. § 135. – [39] § 248. – [40] WOLFF: Ontol. § 226. – [41] BAUMGARTEN, a.O. [37] § 66; vgl. § 810. – [42] a.O. § 807; MEIER, a.O. [37] §§ 816-818. – [43] a.O. § 823; vgl. auch: Art. ‹Gottesbeweise›.

Literaturhinweise. A. HEINEKAMP: Zu den Begriffen 'realitas, perfectio, bonum metaphysicum' bei Leibniz. Studia leibn., Suppl. 1 (1968) 207-222. – A. MAIER s. Anm. [17]. – L. HONNEFELDER s. Anm. [8]. – G. TOTARO s. Anm. [25].

J.-F. COURTINE

Realität/Idealität

1. Der Gegensatz zwischen dem Realen und dem Idealen kann heute als evident und in der Philosophiegeschichte gewissermaßen allgemein anwendbar erscheinen. In Wirklichkeit vermittelt hier der Rückblick ein falsches Bild, das hauptsächlich aus der auf I. KANT zurückgehenden Verwendung dieser Adjektive resultiert: Das Reale gehört von nun an auf die Seite der sogenannten 'objektiven R.', die sich vom Begriff oder dem, was allgemein zur Repräsentation gehört, unterscheidet. Das Ideale dagegen ist insbesondere definiert durch seine unüberbrückbare Distanz zur objektiven R. [1], da es nur im Denken existiert und keine vollständige Realisierung oder Exemplifizierung finden kann. Von F. W. J. SCHELLING [2] bis E. HUSSERL [3], insbesondere über F. BRENTANO [4], werden die Adjektive, die jetzt ein komplementäres Gegensatzpaar bilden, immer wieder von neuem bearbeitet, aber einen entscheidenden Wendepunkt in der Geschichte des Vokabulars markiert hier eben KANT, insofern sich bei ihm gleichzeitig das alte oder klassische Verständnis des Terminus und die Grundzüge seiner neuen Bedeutung zeigen.

Das kantische Denken ist zwar ein Hauptmoment in der Festlegung dieser Terminologie und der Aufstellung dieser dichotomischen Gegensätze gewesen, aber sie resultieren doch aus einer Anzahl entscheidender 'Kehren', die gleichzeitig von der Geschichte des Vokabulars und von der Problemgeschichte abhängen. Die cartesianische Lehre von der Idee und die Möglichkeit, auf ihre «objektive R.» das allgemeine Kausalitätsprinzip [5] anzuwenden, stellt wohl den vollkommensten Umschwung in dem seit AUGUSTINUS festgelegten Begriff der «idea» dar. Bei G. W. LEIBNIZ, besonders in seiner Korrespondenz mit S. Clarke [6], findet man gleichzeitig den scholastischen und den modernen (nach-cartesianischen) Gebrauch der entgegengesetzten Termini. Der Raum ist nicht das «être réel absolu», sondern «quelque chose de purement relatif», er ist eine «chose idéale», ein «être imaginaire» [7]: Die Entgegensetzung des Realen und des Phänomenalen, des Realen und des Imaginären deckt sich nicht vollständig mit jener des Realen und des Idealen [8].

Dennoch ist Leibniz in seiner Debatte mit J. LOCKE ebenfalls mit einem Gebrauch des Adjektivs ‹real› konfrontiert, der es der tatsächlichen Existenz eines konkreten und individuellen Dinges zuordnet: «By real Ideas, I mean such as have a Foundation in Nature; such as have a conformity with the real Being, and Existence of Things, or with their Archetypes» [9]. ‹Real› kann die Ideen kennzeichnen, die entweder «real» oder «fantastical» sind oder das Wesen, das *real* oder *nominal* ist. LEIBNIZ hält dagegen fest: «Une idée aussi sera reelle, quand elle est possible quoyqu'aucun existent n'y reponde. Autrement si tous les individus d'une espece se perdoient, l'idée de l'espece deviendroit chimerique» [10].

Man stößt somit wieder auf die üblichen scholastischen Distinktionen und besonders auf die leitende Entgegensetzung: realis (res extra animam)/intentionalis, oder auch ens reale/ens rationis, fictum, logicum [11]. Das Adjektiv ‹realis› kann eine Distinktion, eine Zusammensetzung, eine Relation kennzeichnen («reales relationes habent esse fundatum in natura rei»). Man wird dennoch die Formulierung bei THOMAS VON AQUIN [12] vermerken. Die Rede ist hier vom «verbum», insofern es in sich die «rationes» aller durch Gott geschaffenen Dinge enthält. «Sic igitur omnes creaturae nihil aliud sunt quam realis quaedam expressio et repraesentatio eorum [gemeint sind die rationes] quae in conceptione divini verbi comprehenduntur» («So sind also alle Geschöpfe nichts anderes als so etwas wie realer Ausdruck und Repräsentation dessen, was in der Konzeption des göttlichen Wortes inbegriffen ist»). Die Entgegensetzung «ratio»/«res» hat hier einen Sinn, der noch nicht bestimmt ist durch die zentrale Entgegensetzung von «ens reale» und «ens rationis», so wie sie sich z.B. bei JOH. DUNS SCOTUS in seiner Definition des «ens reale» zeigt: «Ens reale quod distinguitur contra ens rationis, est illud quod ex se habet esse, circumscripto omni opere intellectus ut intellectus est» («Das reale Seiende, das gegen das ens rationis unterschieden wird, ist jenes, das aus sich selbst Sein hat, unabhängig von jeder Tätigkeit des Intellekts, insofern er Intellekt ist») [13].

In der skotistischen Tradition erfährt das «ens reale» eine außerordentlich weite Definition, insofern es gegen das «ens rationis» abgesetzt wird. Man ist bei den Anhängern der skotistischen Schultradition sogar Zeuge einer Übersteigerung der Extension des «ens reale», die bis zum völligen Einschluß des Möglichen geht. Dies ist z.B. ersichtlich aus einer kritischen Bemerkung wie dieser, die B. MASTRIUS gegen J. PONCIUS richtet: «Esse possibile, quod creaturae habent ab aeterno et vocatur a Poncio esse diminutum, non potest dici mediare inter ens reale et rationis, sed debere dici ens reale absolute loquendo, quia per ens reale apud philosophos non tantum intelligitur quod actu est et existit, sed quod est vel existere potest, sic enim opponitur ens rationis» («Vom möglichen Sein, das die Geschöpfe von Ewigkeit her haben und von Poncius vermindertes Sein genannt wird, kann nicht gesagt werden, es stehe zwischen realem Sein und gedachtem Sein, sondern es muß absolut gesprochen reales Seiendes genannt werden, weil unter realem Seienden bei den Philosophen nicht nur dasjenige verstanden wird, das aktuell ist und existiert, sondern das, was ist und existieren kann, denn so steht es in Gegensatz zum ens rationis») [14]. Somit ist der erste und, wenn man so will, minimale Sinn des «ens reale» das Sein des Möglichen von aller Ewigkeit her vor der Schöpfung [15].

F. SUÁREZ legt dem Adjektiv in erster Linie diese Bedeutung bei, wenn er es zur Kennzeichnung der «essentia» verwendet, die den wesentlichen Gegenstand der metaphysischen Forschung darstellt. Als Antwort auf die Frage, was die «essentia realis» ist – wird zunächst negativ gesagt, was sie nicht ist, d.h. es wird gesagt, in Beziehung worauf sie kontradiktorisch definiert ist: «essentiam realem esse, quae in sese nullam involvit repugnantiam, neque est mere conficta per intellectum» («daß eine reale essentia diejenige ist, die in sich keinen Widerspruch einschließt und nicht eine reine Fiktion des Intellekts ist»). Dies sagt er jedoch nur, um sofort auf positive oder potentiell positive Weise hinzuzufügen: «Dicimus essentiam esse realem, quae a deo *realiter* produci potest et constitui in esse entis actualis» («Wir sagen, diejenige essentia sei real, die von Gott realiter hervorgebracht und in das Sein eines aktualen Seienden versetzt werden kann») [16]. Mit anderen Worten, das Seiende ist zuerst und grundsätzlich real in dem Sinne, daß es sich von einem Hintergrund der Fiktion abhebt: Es ist nicht fingiert, nicht willkürlich vom Intellekt ausgedacht und überdies nicht widersprüchlich. In diesem Sinne tendiert es zu einer Identifikation mit dem Möglichen, allerdings mit dem in den Augen von Suárez beachtenswerten Unterschied, daß die «essentia realis» auf die Existenz hingeordnet ist, daß sie einen «ordo ad esse» impliziert. Die «essentia realis» ist das Mögliche, insofern es von Gott *realiter* hervorgebracht, d.h. «extra causas» gesetzt werden kann (das ist die suarezianische Definition von Existenz) [17], in einen «actus exercitus» der Existenz. Die «essentia realis» ist also sehr wohl ein «positives und reales Ding» («res vera ac positiva»), auch wenn sie nicht tatsächlich «in natura rerum» gesetzt ist [18], da hier «aptitudo ad existendum» dazu ausreicht, ihre eine gewisse 'Positivität' zu sichern: eben jene Positivität des Möglichen oder besser des «ens in potentia», in dem Maße, in dem dieses noch auf eine R. verweist, die aber durch die Privation der aktuellen Existenz negativ definiert oder kontrahiert ist [19]. Man darf also nicht das «ens reale», das auf der Seite des «esse essentiae» steht (HEINRICH VON GENT), mit dem «ens reale in actu» verwechseln, das auf der Seite des «esse existere» oder des «actus exercitus» der Existenz steht.

Die Metaphysik ist für SUÁREZ eben deswegen eine 'Real'-Wissenschaft, weil sie sich auf das «ens communiter sumptum» erstreckt, das auf die «essentia realis» verweist [20], und dadurch unterscheidet sie sich von jeder logischen Untersuchung, die Seiendes zweiter Intention oder «entia rationis» in den Blick nimmt. Aber das 'reale' Seiende, das auch das «ens nominaliter sumptum» ist, ist nicht auf das begrenzt, was real existierend ist [21]. In seinem ‹Lexicon› kann ein Autor wie J. MICRAELIUS sogar von «reale rationis» reden: «Reale rationis est quod formaliter et ante intellectus operationem non est» («Reale rationis ist das, was formaliter und vor der Tätigkeit des Intellekts nicht ist») [22]. Das «reale» hat so sehr das «ens» verdrängt, daß man, anstatt von «ens rationis» zu reden, den seltsamen Ausdruck «reale rationis» verwendet. Man muß in der Tat zwei Bedeutungen von realem Seienden unterscheiden, je nachdem, ob es direkt dem «ens rationis» entgegengesetzt ist oder dem Möglichen, das noch nicht «in actu exercito» existiert [23].

Das Adjektiv ‹realis› kann also zu ‹actualis›, ‹subjectivus› zugeordnet und dem objektiven Sein entgegengesetzt werden, z.B. bei GABRIEL BIEL [24], der «subjektives» oder «reales», d.h. «aktuales» Seiendes dem in der Seele dargestellten oder objektiven Seienden gegenüberstellt, wobei letzteres noch nicht als «ideal» oder «ideell» gekennzeichnet wird.

Es hat durchaus den Anschein, daß die Geschichte des Wortes ‹idea› oder des Adjektivs ‹idealis› sich zunächst völlig unabhängig von derjenigen des Begriffs ‹R.› (realitas, realis) entfaltet. Oder besser: Die Frage nach der R. (realitas objectiva) entwickelt sich im Rahmen der Problematik der Idee oder des Status der göttlichen Idee, namentlich seit HEINRICH VON GENT und DUNS SCOTUS. Weit davon entfernt, unmittelbare Gegensätze zu sein, bilden sich die Adjektive ‹realis› und ‹idealis› im Einklang miteinander heraus als Antwort auf dieselbe Schwierigkeit: den ontologischen Status des «ens deminutum» zu definieren, das die «essentia» eines geschaffenen, von Gott vor der Schöpfung erkannten Dinges ist, oder in zweiter Linie den Status des «ens ratum» im Gegensatz zur Fiktion zu umgrenzen.

Damit sich allmählich eine scharfe Entgegensetzung zwischen ‹realis› und ‹idealis› herauskristallisieren kann, ist wahrscheinlich nichts Geringeres vonnöten als der radikale Wandel, der mit DESCARTES gleichzeitig im Status der Idee, ihrer Beziehung zur «res extra» und ihrem formalen, aber nicht repräsentierenden Charakter eintritt.

Anmerkungen. [1] I. KANT: KrV A 568/B 596; vgl. Art. ‹Realität, formale/objektive›. – [2] F. W. J. SCHELLING: Abh. zur Erläut. des I. der Wiss.lehre (1796/97). Werke, hg. M. SCHRÖTER (1927-54) 1, 296. – [3] E. HUSSERL: Ideen 1, § 1 (1913). Husserliana [Hua.] 3/1, hg. K. SCHUMANN (Den Haag 1976) 10; Die Idee der Phänomenol. (1907). Hua. 2 (1958) 5. – [4] F. BRENTANO: Die Abkehr vom Nichtrealen (1966, ³1977) 33ff. 341ff. – [5] R. DESCARTES: Medit., 2ae Resp. 160-161. Oeuvr., hg. CH. ADAM/P. TANNERY 7 (Paris 1904) 40-42. – [6] G. W. LEIBNIZ: 3. Schreiben an S. Clarke (1715/16). Philos. Schr., hg. C. I. GERHARDT [GP] (1875-90) 7, 363-367. – [7] a.O. § 3. GP 7, 363; vgl. 5. Schreiben §§ 33. 47. GP 7, 396. 401; Corresp. Leibniz-Clarke, hg. A. ROBINET (Paris 1957) 137. 144f.; Br. an B. des Bosses (1712). GP 2, 435; KANT: Monadologia physica (1756). Akad.-A. 1 (1910) 480. – [8] De modo distingu. phaenomena realia ab imaginariis [1684]. GP 7, 319. – [9] J. LOCKE: An essay conc. human underst. (1690) II, 30, § 1, hg. P. H. NIDDITCH (Oxford 1975) 132-143. 372-394. – [10] LEIBNIZ: Nouv. ess. (1703-05) II, 30, § 1. Akad.-A. VI/6 (1962) 263. – [11] THOMAS VON AQUIN: In 1 sent., d. 2, q. 1, a. 3. Op. omn. 7, hg. L. VIVÈS (Paris 1873) 35-40. – [12] S. c. gent. IV, 42, n. 3803. Op. omn., Ed. Leon. 15 (Rom 1930) 144. – [13] JOH. DUNS SCOTUS: Ord. I, d. 8, p. 1, q. 4, n. 177. Op. omn. 4 (Rom 1956) 246; J. CLAUBERG: Exercit. de cognitione dei et nostri XVI. Op. omn. philos. (Amsterdam 1691) 618f. 621; vgl. B. MASTRIUS/B. BELLUTUS: Philos. ad mentem Scoti cursus integer IV (Venedig 1708) 1. – [14] B. MASTRIUS: In quat. lib. sent. (Venedig 1675); J. PONCIUS: Integer philos. cursus ad mentem Scoti (Rom 1643, Lyon 1659). – [15] D. BAÑEZ: In Summam theol. I, 10, 3. – [16] F. SUÁREZ: Disput. metaph., d. 2, s. 4, 7. Op. omn., hg. C. BERTON 25 (Paris 1861) 89. – [17] d. 34, s. 4, 23, a.O. 26, 374. – [18] d. 2, s. 2, 5, a.O. 25, 89; BAÑEZ, a.O. [15]. – [19] s. 4, 12, a.O. 91. – [20] d. 31, s. 2, 10, a.O. 26, 232; vgl. auch: FRANCISCUS SYLVESTER VON FERRARA: In I Contra gent. 70, 6; P. DA FONSECA: Com. in Arist. Met. IV, 2, q. 2, s. 2, col. 739. –

[21] II, 4, 3, a.O. 25, 88. – [22] J. Micraelius: Lex. philos. (²1662, ND 1966) 1203. – [23] Vgl. auch Wilhelm von Ockham: Quodl. V, q. 21. Op. philos. et theol. 1, 9 (St. Bonaventure, N.Y.) 559-564; vgl. Th. Cajetan: In De ente et ess. comm. 4, hg. M.-H. Laurent (Turin 1934) 92. – [24] Gabr. Biel: Collectorium I, d. 2, q. 8 (1501, ND 1974).

2. Kant markiert den entscheidenden Wendepunkt in der Geschichte der korrelativen Begriffe ‹R.› und ‹I.›. Kant ist in der Tat derjenige, der noch die Erinnerung an die traditionelle, d.h. scholastische und wesentlich skotistisch geprägte Bedeutung des lateinischen Terminus ‹realitas› bewahrt, dem zunächst das Wort ‹R.› als Fremdwort nachgebildet ist [1].

Für Kant ist die R. eine Kategorie der Qualität und nicht der Modalität. Dieser Sprachgebrauch knüpft über Ch. Wolff und F. Suárez an Joh. Duns Scotus an, da damit die qualitative Bestimmung oder Bestimmtheit einer «res» ausgedrückt wird. Der lateinische Terminus erscheint übrigens noch in der ‹Kritik der reinen Vernunft› [2]. «Sachheit» und «Dingheit» [3] können als äquivalente Termini angesehen werden.

Doch Kant ist auch derjenige, der durch ergänzende adjektivische Bestimmungen («objektive R.›, ‹empirische R.›, ‹subjektive R.› usw.) Ausgangspunkt für die heute vorherrschende Bedeutung ist: Real im prägnanten Sinn des Terminus ‹R.› ist das, was in sich selbst steht, was autonom, unabhängig von subjektiven Bedingungen und vom Erkenntnisprozeß ist, mit einem Wort das, was dem erkennenden Subjekt äußerlich ist. Aber Kant – und das ist ein Punkt, den zu unterstreichen ebenfalls wichtig ist – inauguriert wohl indirekt eine wesentliche Unterscheidung, die den germanischen Sprachen eigentümlich und den romanischen Sprachen ebenso unbekannt ist wie den englischen, nämlich die Unterscheidung zwischen ‹R.› und ‹Wirklichkeit›. Im Französischen z.B. begegnet einem keine so markante Entgegensetzung, denn der Begriff ‹effectivité› (oder ‹actualité›) erhält, wenn er nicht einfach Übersetzer-Französisch ist, eine philosophische Bedeutung, die bestimmt ist von dem deutschen Begriff her, den der französische angeblich wiedergibt. Dasselbe ließe sich hinsichtlich des Italienischen oder des Englischen sagen. Wenn H. Bergson z.B. von «réalité» spricht – und er versteht es sehr wohl, die Rechte der 'R.' gegen die unangemessenen Verkürzungen des Verstandes und gegen die abstrakten Konstruktionen oder Idealisierungen wiederherzustellen –, dann handelt es sich immer um die *konkrete* R., so wie sie sich durch die Anschauung wahrnehmen läßt: Die (nicht-substantielle, wie Bergson präzisiert) R. ist «mobilité» («Beweglichkeit»), «tendance» («Streben») [4].

Nimmt man ‹R.› in der gewöhnlichen Bedeutung, so ist durch den Begriff ausgezeichnet, was Widerstand leistet, was sich aufdrängt, was auf permanente und geregelte Weise verharrt, und dadurch auch das, worauf man sich innerhalb definierter Grenzen verlassen kann. In diesem Sinne steht ‹R.› im Gegensatz zu ‹Erscheinung›. Kraft dieser Konnotationen oder dieser wesentlichen Kennzeichen des Begriffs ‹R.› konnte der intelligible Charakter des Seienden (die R. der Ideen in der platonischen Tradition) als 'realer' gelten als dessen sinnlicher Aspekt. Wenn Leibniz z.B. in den ‹Nouveaux essais› erklärt, daß die Phänomene selbst R.en sind («les phenomenes mêmes sont des realités» [5]), beruft er sich implizit auf diese «Logik des Idealen» [6], die die phänomenale R. insofern fundiert, als sie mit Genauigkeit erkennbar und mathematisch bestimmbar ist [7]. Und umgekehrt kann Leibniz in seinem Brief an P. de Varignon behaupten, daß «das Kontinuum etwas Ideales» sei («la continuité est une chose idéale»), womit weder der innere Wert noch gar die metaphysische Tragweite der Infinitesimal-Rechnung geschmälert wird [8].

Dennoch bezieht sich nach Kant – und dies zumeist der strikten Unterscheidung ‹R./Wirklichkeit› zum Trotz – das Problem der R. meistens auf das An-sich-Sein der Dinge unabhängig von ihrem Erkanntwerden und steht somit in der Tradition des cartesianischen Zweifels hinsichtlich der R. der Außenwelt. In Wirklichkeit war bei R. Descartes die Rede von «Existenz» und niemals von ‹R.› im Sinne von ‹Wirklichkeit› [9]. Und beim Kantschen Versuch, einen Beweis der R. der Außenwelt [10] zu führen, geht es immer darum, mittels der Widerlegung des Idealismus die Wirklichkeit, die wirkliche R. der Dinge zu beweisen, die außerhalb meiner selbst und unabhängig vom inneren Sinn sind [11].

Mit dem Ausdruck «objektive R.» findet sich bei Kant die allgemeine Problematik des in der sinnlichen Erfahrung wirklich Gegebenen: Allein die Wahrnehmung vermag den Stoff für unsere Begriffe zu liefern und sie ist es auch, die der einzige «Charakter der Wirklichkeit» ist [12]. Die Erkenntnis kann also nur dann «objektive R.» haben, d.h. ihre Begriffe auf einen Gegenstand beziehen, wenn der Gegenstand gegeben werden kann. Ist der Gegenstand gegeben, dann ist «die mögliche Erfahrung ... das, was allen unseren Erkenntnissen a priori R. gibt» [13]. Es gibt also objektive R. nur dann, wenn sich die Beziehung unserer Begriffe auf einen Gegenstand gesichert oder bestätigt findet. Was die objektive R. eines Begriffs ausmacht, das ist sicherlich seine Beziehung zu dem in einer möglichen Erfahrung gegebenen Gegenstand aber, wie besonders M. Heidegger unterstrichen hat, der Begriff selbst, in seinem «Sachgehalt» betrachtet, schließt in sich «latent» oder «implizit» diese Beziehung zur Wirklichkeit der Dinge, die existieren, ein. «Die R. des Begriffes ist der Sachgehalt des Begriffes, und in diesem liegt offenbar latent die Beziehung auf wirkliche, beziehungsweise mögliche Dinge, Objekte, die solchen Sachcharakter haben. Die objective R. eines Begriffes ist diejenige, die im Object selbst, d.i. in dem Gegenständen, dem vorhandenen Seienden, begründet liegt, an diesen Objecten ausweisbar ist als aus ihnen geschöpft und ihnen demnach rechtmäßig zugehörig» [14]. Die empirische R. hinsichtlich des Raumes und der Zeit steht nach Kant der «absoluten R.» gegenüber und definiert die «objektive Gültigkeit in Ansehung aller Gegenstände, die jemals unseren Sinnen gegeben werden mögen». Von der Zeit z.B. zu sagen, daß ihre R. 'subjektiv' sei, heißt, daß sie nichts mehr ist, wenn man von den konkreten Bedingungen der empirischen Anschauung abstrahiert. Ihre R. ist «subjektiv», d.i. direkt in Beziehung zur inneren Erfahrung stehend [15].

Obgleich Kant in aller Regel und besonders dann, wenn er ‹R.› mit ‹Substantialität› und ‹Kausalität› in Verbindung bringt, diesen Begriffen jede Bedeutung, die einen Gegenstand außerhalb ihres Gebrauchs in der möglichen Erfahrung bestimmen könnte, abspricht [16], so kommt es doch vor, daß er, wenn er an die platonischen Ideen denkt, die R. der idealen Begriffe dadurch definiert, daß er sie von Gedankendingen oder bloßen Hirngespinsten unterscheidet [17].

Im Deutschen Idealismus wird die Einteilung in R. und Wirklichkeit, wenn sie im Rahmen der Kategorien der Qualität bzw. der Modalität betrachtet werden, selbst zunehmend unscharf. In diesem Prozeß wird gewiß die kantische Bestimmung des Seins als Setzung (Position) in seiner Kritik des ontologischen Arguments eine entscheidende Rolle gespielt haben [18]: Wenn J. G. FICHTE weiterhin ‹R.› und ‹Negation› direkt gegenüberstellt, wobei er ‹R.›, ‹Identität›, ‹Möglichkeit› und ‹Essentialität› in Verbindung bringt [19], unterstreicht er alsbald, daß die R., die ihre letzte Quelle im Ich findet, wie dieses mit Begriffen von Tätigkeit und Setzung bestimmt werden muß. «Aller R. Quelle ist das Ich. Erst durch und mit dem Ich ist der Begriff der R. gegeben» [20].

F. W. J. SCHELLING hat im ‹System des transzendentalen Idealismus› [21] und schon in der Abhandlung ‹Vom Ich als Princip der Philosophie› in der Regel ‹R.›, ‹Ichheit› und ‹Tätigkeit des Sich-selbst-Setzens› miteinander verknüpft. «Das Ich enthält alles Seyn, alle R. ... Nun ist alle R. des Ichs bestimmt durch seine Unbedingtheit; es hat keine R., als insofern es unbedingt gesezt ist» [22].

G. W. F. HEGEL wiederum nimmt in der ‹Wissenschaft der Logik› die kantische Unterscheidung nur auf, um sie zu verwerfen, wobei er das Moment der Negation wieder mitten in den Kern der R. einführt, nämlich als Kategorie der Qualität, sobald diese *bestimmt* ist. «Die R. ist Qualität, Daseyn; damit enthält sie das Moment des Negativen, und ist allein dadurch das Bestimmte, das sie ist» [23].

Durchaus unerwarteterweise ist ein Autor wie CH. S. PEIRCE mit seiner «theory of reality» dem Geist der kantischen Unterscheidung viel treuer als die großen Vertreter des Deutschen Idealismus, weil er sich ausdrücklich an die skotistische Tradition der «realitas» anschließt [24]. Die R. zeichnet folgendes aus: Sie ist «a special mode of being, the characteristic of which is that things that are real are whatever they really are, independently of any assertion about them» [25]. Die R. ist also eine von der Existenz verschiedene Kategorie, die immer bestimmt ist als «Individualität» [26] und gekennzeichnet durch «haecceity» und «hereness and nowness» [27].

Weit davon entfernt, eine Wiederaufnahme kanonischer Unterscheidungen darzustellen, vollendet das berühmte Motto 'Zurück zu Kant' den Prozeß, der darauf hinausläuft, sinnliche Rezeptivität und R. radikal zu trennen, da besonders für H. COHEN der Zugang zur Wirklichkeit vom Urteil abhängt und nicht mehr von der Anschauung oder allgemein von der endlichen Sinnlichkeit. «R. liegt nicht in dem Rohen der sinnlichen Empfindung, und auch nicht in dem Reinen der sinnlichen Anschauung, sondern muß als eine *besondere* Voraussetzung des Denkens geltend gemacht werden, gleichwie Substanz und Causalität, als eine Bedingung der Erfahrung, die derselben nur nicht entnommen werden kann, sofern sie ihr zu Grunde gelegt, für ihre Möglichkeit vorausgesetzt wird» [28]. Cohen kann daher Leibniz als denjenigen würdigen, der besser als Descartes die *Urgedanken des Platonismus* wiederhergestellt hat, besonders weil er feststellt, «die R. der Dinge bestehe in der I. der Regeln und Gesetze» [29].

In einem ganz anderen Horizont, nämlich in der frühen Brentano-Schule, unterscheiden A. MEINONG und E. HUSSERL ihrerseits ‹Objektivität›, ‹I.› und ‹R.›. Das Ganze verläuft so, als ob die Tatsache, daß der Begriff der R. immer eindeutiger die Last der Empirizität und Affektivität zu tragen hatte, jetzt zu einer Neudefinition von Gegenbegriffen wie: das «Objective» (MEINONG), der «Bestand» oder der «Sachverhalt» führen würde, die einen gegenüber dem Sein der Dinge draußen indifferenten Typ von R. charakterisieren sollten. Es ist also möglich, einen strikten oder engen Gebrauch des Wortes ‹R.› für die Bezeichnung dieses spezifischen Seins zu reservieren, dem eine andere Seinsweise gegenübersteht, nämlich der Bestand oder die I., die selbst nicht mit den Ideen in eins fällt [30].

HUSSERL, der nachdrücklich die Unüberwindbarkeit des Abgrunds betont, der das Ideale vom Realen trennt [31], charakterisiert die I. im nicht-normativen Sinn (z.B. die I. der Bedeutung oder der Spezies [32]) durch die Identität, die Wiederholbarkeit bzw. Reaktivierbarkeit, indem er sie der weltlichen oder empirischen R. gegenüberstellt, die immer mit Zeitlichkeit, Räumlichkeit und Individualität verbunden ist [33]. Damit ist die R., die im übrigen der Kausalität gleichzustellen ist – «Erkenntnis von R. und Erkenntnis von Kausalität [ist] untrennbar eins» [34] –, immer nur «relativ» [35] und muß somit zurückgeführt werden auf das Bewußtsein als ihre wahrhafte Quelle, gleichgültig welche Regionen der R. betrachtet werden (materielles Ding, Leib, Seele). Aber diese grundlegende Unterscheidung zwischen realen und idealen Objektivitäten muß wiederum vervollständigt werden durch sekundäre Unterscheidungen, wie z.B. diejenige zwischen den «freien I.en» der mathematischen Gebilde oder der wesentlichen formalen Strukturen einerseits und den «gebundenen I.en», die «in ihrem Seinssinn R. mit sich führen und damit der realen Welt zugehören» andererseits [36]. Man unterscheidet z.B. die mathematische I. eines Theorems von dem idealen Gegenstand, der Raffaels Madonna ist; und man unterscheidet die ideale R. eines Verfassungsgesetzes von der weltlichen R. eines Staates. Hingewiesen sei unter vielen anderen in dieser phänomenologischen Tradition auf die Analysen von A. SCHÜTZ, die dem Roman und seiner Fähigkeit gelten, eine Welt mit einer spezifischen R. zu konstituieren [37]. Die Abenteuer des Helden von Cervantes seien allesamt Variationen über das Hauptthema: Was ist die R.? Welchen Typ von Erfahrung haben wir von ihr? [38]

Anmerkungen. [1] Vgl. Art. ‹Realitas›; A. MAIER: Kants Qualitätskategorien, in: Zwei Unters. zur nachscholast. Philos. (Rom ²1968) 70-150; L. HONNEFELDER: Scientia transcendens. Die formale Bestimmung der Seiendheit und R. in der Met. des MA und der Neuzeit (1990) bes. 45f. 443f. – [2] KANT: KrV B 602f. – [3] a.O.; Metaphysik L 2. Akad.-A. 28 (1970) 547. 560. – [4] Vgl. H. BERGSON: Introd. à la mét. (1903), in: La pensée et le mouvant (Paris 1934) 211f. Oeuvr., hg. A. ROBINET/H. GOUHIER (Paris ²1963) 1420f.; vgl. auch: Le possible et le réel [1920], a.O. 104f. bzw. 1335f. – [5] LEIBNIZ: Nouv. ess. III, 6, § 13. Akad.-A. VI/6, 309. – [6] Vgl. L. BRUNSCHVICG: Les étapes de la philos. math. (Paris 1912) 231f. – [7] Vgl. LEIBNIZ: Mar. Niz. De veris princ., Diss. prael. (1670). GP 4, 158. – [8] Br. vom 2. 2. 1702. Math. Schr., hg. C. I. GERHARDT 4 (1859) 93. – [9] R. DESCARTES: Medit. 6, a.O. [5 zu 1.] 7 (²1964) 71. – [10] KANT: KrV B 274; vgl. Art. ‹Realität der Außenwelt›. – [11] Vgl. B XXXIX (Anm.). – [12] A 225/B 273. – [13] A 156/B 195. – [14] Vgl. M. HEIDEGGER: Phänomenolog. Interpretat. von Kants KrV. Ges.ausg. 25 (1977) 310; vgl. KANT: KrV A 220/B 268. – [15] KANT: KrV A 35/B 52. – [16] A 677/B 705; A 679/B 707. – [17] A 314/B 370f.; vgl. A 4. Akad.-A. 5, 3. – [18] A 598/B 626. – [19] J. G. FICHTE: Grundl. der ges. Wiss.lehre (1794). Akad.-A., hg. R. LAUTH/H. JACOB I/2 (1965) 261. 288. 290f. – [20] a.O. 293. – [21] F. W. J. SCHELLING: System des Transz. Idealismus (1800), a.O. [2 zu 1.] 2 (1927) 375; vgl. auch: a.O. 425. – [22] Vom Ich als Princip der Philos. (1795) § 10. Akad.-A. I/2 (1980) 111f.; vgl. auch § 1, a.O. 85 sowie: Allg. Übersicht der neuesten philos. Litt. (1797), a.O. 4 (1988) 71. 88;

vgl. hierzu: M. BOENKE: Transformation des R.-Begriffs (1990). – [23] G. W. F. HEGEL: Wiss. der Logik. Die Lehre vom Sein (1832). Akad.-A. 21 (1985) 98; vgl. auch: a.O. 92 (Anm.) sowie: Wiss. der Logik (1812-13). Akad.-A. 11 (1985) 63. – [24] CH. S. PEIRCE: The essence of reasoning (1893). Coll. papers, hg. CH. HARTSHORNE/P. WEISS 4 (Cambridge, Mass. 1931-35, ²1960) 28; vgl. a.O. 5, 430; vgl. dazu HONNEFELDER, a.O. [1] 384f. – [25] a.O. 6, 349. – [26] Notes on symb. logic and math. (1901, 1911), a.O. 3, 613. – [27] Princ. of philos. (1931), a.O. 1, 405; vgl. auch: a.O. 8, hg. A. W. BURKS (1966) 12. – [28] H. COHEN: Das Princip der Infinitesimalmethode und seine Gesch. § 18 (1883). Werke, hg. H. HOLZHEY (1977ff.) 5, 14; vgl. auch: §§ 31. 92, a.O. 26. 133 sowie: Logik der reinen Erkenntnis (1902), a.O. 6, 107ff.; vgl. H. HOLZHEY: Cohen und Natorp 1 (1986) 246f.; Die philos. R.-Probleme in Kants Unterscheidung von R. und Wirklichkeit, in: J. KOPPER/W. MARX (Hg.): 200 Jahre KrV (1981) 79-111. – [29] Kants Theorie der Erfahrung (1871, ³1918). Werke 1/1 (1987) 58. – [30] H. CONRAD-MARTIUS: Das Sein (1957) 64. – [31] E. HUSSERL: Log. Unters. 1, § 59 (1901, ²1913). Hua. 18 (1975) 220. – [32] Log. Unters. 2/1, I, § 32f. Hua. 19/1 (1984) 107f.; II, § 8, a.O. 129. – [33] I, § 32, a.O. 107; vgl. auch: Erfahrung und Urteil, hg. L. LANDGREBE § 64c (⁶1985) 311. – [34] Ideen 3, § 1. Hua. 5 (1952) 3f. – [35] Ideen 1 (1913) § 50. Hua. 3/1 (1976) 106; vgl. auch: § 8, a.O. 29 sowie: Erf. und Urt., a.O. [33]; N. HARTMANN: Möglichkeit und Wirklichkeit (³1966) 401. – [36] Erf. und Urt. § 65, a.O. 320; vgl. auch H. CONRAD-MARTIUS: Realontologie. Jb. Philos. phänomenol. Forsch. 6 (1923) 159ff. – [37] A. SCHÜTZ: Don Quixote und das Problem der R. Ges. Aufs. 2 (Den Haag 1972) 102-128. – [38] a.O. 103; vgl. auch W. BIEMEL: Zur Realitätsträchtigkeit des Irrealen, in: R. GRATHOFF/B. WALDENFELS (Hg.): Sozialität und Intersubjektivität (1983) 252-271.

Literaturhinweise. E. MEYERSON: Identité et réalité (Paris 1908). – E. CASSIRER: Substanzbegriff und Funktionsbegriff (1910). – A. SCHÜTZ: Coll. papers 1. The problem of soc. reality, hg. M. NATANSON (Den Haag ³1971). – R. CHAMBON: Le monde comme perception et réalité (Paris 1974). – H. HOLZHEY s. Anm. [28 zu 2.]. – TH. KOBUSCH: Sein und Sprache (Leiden 1987). – M. BOENKE s. Anm. [22 zu 2.]. – L. HONNEFELDER s. Anm. [1 zu 2.].

J.-F. COURTINE

Realität, formale/objektive

I. – Die gegenwärtige Verwendung des Begriffs ‹o.R.› innerhalb und außerhalb der philosophischen Sprache läßt in seiner Eindeutigkeit kaum noch die Wendungen erahnen, die er erfahren hat. Heute bezeichnet ‹o.R.› die Wirklichkeit der Dinge, insofern sie unabhängig von unserem Denken existieren. Der Terminus ‹realitas obiectiva› spielt sowohl in den ‹Meditationes› von DESCARTES – hier als Gegenbegriff zu ‹formaler› oder ‹aktualer Realität› – als auch in den Werken KANTs eine entscheidende Rolle, bedeutet aber jeweils etwas ganz Verschiedenes, ja geradezu Entgegengesetztes. Schon R. EUCKEN [1] und C. PRANTL [2] haben behauptet, die Bedeutung von ‹objektiv› sei in der ersten Hälfte des 18. Jh. umgeschlagen. Diese Behauptung ist richtig, aber nicht vollständig: Die Bedeutung ist auch zurückgekehrt in frühere Bahnen, die Descartes verlassen hatte.

1. *Die skotistische Tradition.* – Zuerst taucht ‹realitas obiectiva› zusammen mit dem Gegenbegriff ‹realitas subjectiva› in Diskussionen unter Skotisten des 15. und 16. Jh. auf. ‹Realitas› ist sprachlich das Diminutivum zu ‹res›, also ein Etwas an einer res, das eine distinctio formalis begründen und durch einen Begriff als etwas Einheitliches, Bestimmbares abgehoben werden kann. A. TROMBETTA erklärt, «objektiv» heiße die «realitas» deswegen, weil sie Gegenstand («obiectum») des Intellekts sein könne. Deshalb bringt eine «res» in der Weise o.R. mit sich, wie sie Gegenstand des Erkenntnisvermögens ist und erkannt werden kann («quia potest esse obiectum intellectus; et ideo eo modo quo aliqua res potest esse obiectum intellectus et intelligi, eo modo importat realitatem obiectivam») [3]. Die «realitas subiectiva» heißt deshalb «subjektiv», weil sie «Subjekt» für die Washeit und die washeitliche Natur ist («quia subjicitur quidditati et naturae quidditativae») und «in supposito vel individuo» existiert [4]. Nach Trombetta gibt es zwei Bedeutungen von «realitas obiectiva», eine weitere und eine engere. Nach der ersteren steht «realitas obiectiva» für jedes positive Seiende, das aus der Natur der Sache Sein hat. Gemeint ist ein intelligibler Gehalt, der nicht vom Akt des Erkenntnisvermögens abhängt, also durchaus nicht nur das Ding, das völlig außerhalb des Verstandes ist, sondern auch allgemeine Bestimmungen, die von den Einzeldingen abstrahiert und durch die «species» objektiv repräsentiert werden [5]. Diese washeitlichen Bestimmungen haben gewissermaßen ein «fundamentum in re repraesentata»; es handelt sich dabei um begriffliche Bestandteile der «essentia», die ihr «an sich» angehören, und zwar unabhängig von der aktuellen Existenz. So muß z.B. die Wesenheit «Mensch» als «animal rationale» gedacht werden, selbst wenn kein Mensch existiert [6]. «Proprie et stricte» versteht man «realitas obiectiva» aber als jedes positive Seiende, das gänzlich und wirklich außerhalb des Erkenntnisvermögens ist («pro omni ente positivo quod est extra intellectum omnino in effectu et in re»). Was in dieser Weise o.R. hat, kann per se den Terminus der Erkenntnis bilden, vor jeder Tätigkeit des Verstandes. Dazu zählt Trombetta die zehn Kategorien und die spezifischen Differenzen, also die Teile der «arbor Porphyriana», die in dieser Tradition auch «gradus metaphysici» heißen [7].

Trombetta, der sich in der umstrittenen Frage nach dem Realitätsgehalt des «conceptus communis entis» an seinen Meister Duns Scotus halten will, kommt hier auf seine Unterscheidung einer eigentlichen und einer weiteren Bedeutung von o.R. zurück. Definiert man «realitas obiectiva» als einen Begriff, der durch Abstraktion (von den Sinnesdingen) gewonnen werden kann, gibt Trombetta zu, daß der «conceptus entis» von einer «realitas» genommen und damit ein adäquater Begriff ist; denn ihm entspricht ja etwas auf der Ebene der Repräsentation. Nimmt man «realitas obiectiva» aber genauer, nämlich «pro re extra intellectum», ist es ein inadäquater Begriff, weil dem «ens» in seiner Transzendentalität keine «res extra intellectum» korrespondiert [8]. Im Hinblick auf den univoken Seinsbegriff der skotistischen Metaphysik taucht also schon die Frage auf, die Kant hinsichtlich unserer gesamten Erkenntnis beschäftigen wird. Inwiefern korrespondiert unseren Begriffen etwas auf der Seite des Gegenstands? Dabei fällt auf, daß der Begriff der o.R. schon in dieser Diskussion, deren weiterer Verlauf von MASTRIUS/BELLUTUS zusammengefaßt wird [9], zwischen An-sich-Sein des Gegenstands und Denknotwendigkeit einer bestimmten Kombination von Prädikaten schwankt.

2. *Descartes.* – R. DESCARTES hat bei seinem Versuch, die Erste Philosophie auf eine neue Basis zu stellen, die Terminologie der Schulen aufgegriffen und souverän seine eigenen Festlegungen getroffen [10]. Beim Gottesbeweis der 3. Meditation fällt den Begriffen «realitas obiectiva» und «realitas formalis» eine Schlüsselrolle zu. Da an dieser Stelle der ‹Meditationen› außer dem denkenden Ich noch kein anderes Seiendes als existent erwiesen ist, wendet sich Descartes den von der «res cogitans» gedachten Ideen zu. Sie können unter zwei Aspekten betrachtet werden: Einmal sind sie als Tätigkeit des

Intellekts ein Modus der denkenden Substanz. In dieser Hinsicht sind alle Ideen gleich, denn sie sind «un ouvrage de l'esprit» und verdanken ihr Akzidens-Sein der sie hervorbringenden und tragenden Substanz [11]. Einem Ding, das in «rerum natura» existiert, spricht Descartes formale oder aktuale Realität zu [12]. In diesem Sinne ist das formale Sein die den «Ursachen der Ideen» entsprechende Seinsweise [13]. Jede Idee ist aber nicht nur ein real existierender Modus der «res cogitans», sondern auch ein Bild, das etwas darstellt oder repräsentiert [14]. Die dem Dargestellten als solchen zukommende Seinsweise ist das «esse obiectivum», der gedachte Inhalt ist die «realitas obiectiva». Wenn man die Termini genau nimmt, muß man «esse obiectivum» und «realitas obiectiva» in dieser Weise auseinanderhalten. Daß die Idee in ihrer Funktion als Bild einer Sache o.R. enthält, hat oder darbietet, soll heißen: Sie umfaßt die Summe der positiven Bestimmungen einer Wesenheit, und zwar in der Weise des objektiven Seins. Derselbe Sachgehalt kann auch in «rerum natura» existieren, also formales oder aktuales Sein haben.

Dementsprechend lautet Descartes' Definition in den ‹Zweiten Antworten›: «Unter der o.R. der Idee verstehe ich die Seiendheit der durch die Idee dargestellten Sache, insofern sie in der Idee ist; ebenso kann man von einer objektiven Vollkommenheit oder einem objektiven Kunstwerk usw. reden; denn alles was wir als in den Gegenständen der Ideen seiend erfassen, ist in den Ideen selbst in objektiver Weise» [15]. CATERUS, der Verfasser der ‹Ersten Einwände›, hatte nicht akzeptiert, daß es außer dem erkennenden Intellekt und der Sache draußen noch etwas Drittes geben solle, eben die Darstellung der erkannten Sache. Von F. SUÁREZ hatte er gelernt, daß man in der Erkenntnis den «conceptus formalis» und den «conceptus obiectivus» zu unterscheiden habe. Der «conceptus formalis» ist der Akt des Intellekts oder, was dasselbe sein soll, das Wort, wodurch der Intellekt die Sache konzipiert. Der «conceptus obiectivus» ist die durch den «conceptus formalis» repräsentierte und erkannte Sache: Dabei handelt es sich nur um eine «denominatio extrinseca», nicht um die Begründung einer eigenen Seinsweise für das Erkannte [16]. DESCARTES antwortet darauf, daß es die Sonne, die am Himmel stehe, zwar in der Tat nicht kümmere, wenn sie von uns erkannt werde, aber wenn wir sie erkannt hätten, dann sei die Idee der Sonne «objective» im Intellekt, «so weit daß die Idee der Sonne die Sonne selbst als im Intellekt existierende ist, freilich nicht in formaler Weise wie am Himmel, sondern in objektiver Weise, d.h. in der Weise, wie Objekte im Intellekt zu sein pflegen» («adeo ut idea solis sit sol ipse in intellectu existens, non quidem formaliter, ut in coelo, sed objective, hoc est eo modo quo objecta in intellectu esse solent») [17]. Auch im Bereich der o.R., die insgesamt einen unvollkommenen Seinsmodus hat, gibt es Stufen der Vollkommenheit («realitas», «entitas» und «perfectio» sind austauschbar): Die Idee einer Substanz enthält mehr o.R. als die Idee eines Akzidens, mit der Idee eines unendlichen Gottes wird mehr an Sein oder Vollkommenheit gedacht als mit der Idee eines Menschen. Diesen Gedanken verknüpft Descartes mit dem Grundsatz, daß alles, was irgendwie ist, auch einen zureichenden Grund für sein Sein braucht. Grund für die o.R. ist letztlich immer formale Realität, wobei für die endlichen Ideen diejenige der «res cogitans» selbst ausreicht. Allein in dem Falle der unendlichen o.R. der Gottesidee reicht diese Begründung nicht aus, denn die «res cogitans» hat nur endliche formale Realität. Die Tatsache, daß das endliche Ich die Idee des Unendlichen konzipieren kann, setzt für Descartes die Existenz des Unendlichen voraus [18].

3. *Die Entwicklung zwischen Descartes und Kant.* – Descartes hatte die Traditionsstücke «realitas», «esse obiectivum» und «esse formale» zu seiner Lehre von «realitas obiectiva» und «realitas formalis» verschmolzen, doch konnte sich dieser Sprachgebrauch nur bei den frühen Cartesianern und in Kommentaren zu seiner Philosophie, z.B. bei B. SPINOZA [19] durchsetzen. J. CLAUBERG hält sich weitgehend an die Vorgaben seines Meisters. So kann er die formale Realität auch «realitas originalis», die «realitas obiectiva» auch «repraesentativa» oder «vicaria» nennen, denn es ist die Idee, die die Sache gegenwärtig sein läßt als ihr Bild und Stellvertreter [20]. Für Clauberg ist die Fähigkeit unseres Intellekts, die Gegenstände sich zu vergegenwärtigen und damit in gewisser Weise alles zu sein, etwas ganz und gar Einzigartiges «in tota rerum universitate». «Nun besteht aber dieses erhabene Sein unserer Gedanken in der stellvertretenden oder o.R.» («atqui hoc eximium cogitationum nostrarum esse in realitate vicaria sive obiectiva consistit») [21]. Das ‹Lexicon philosophicum› von J. MICRAELIUS unterscheidet die Seinsweise des Gedachten, die «realitas obiectiva» oder «existentia objectiva» von der «existentia realis extra causas» [22]. Die o.R. ist das, was dem Geist objiziert werden kann, so wie es beim intentionalen Seienden der Fall ist [23]. Das «ens rationis» hat nur o.R. in einem Konzept, das eine Sache, die nirgendwo existiert, darstellt. Es ist also eigentlich ein «non ens», aber man kann es doch auch als ein «ens imperfectum et diminutum» betrachten, weil die «existentia objectiva» immerhin das Erkanntsein bedeutet [24]. Daß die suarezianische Unterscheidung zwischen formalem und objektivem Konzept beim Umschlagen der Bedeutung von ‹objektiv› und ‹subjektiv› eine Rolle gespielt haben muß, zeigen einige Passagen bei T. ANDREAE in seiner ‹Methodi Cartesianae assertio› (1653). Da es um eine Verteidigung der cartesianischen Methode geht, weiß er sich einerseits Descartes' Lehre von der o.R. des Gedachten verpflichtet, andererseits versucht er aber, die nominalistisch gefärbte suarezianische Definition des «conceptus objectivus» zu übernehmen und beide Konzeptionen auf einen gemeinsamen Nenner zu bringen: Die Konfusion nimmt ihren Lauf. «Der conceptus objectivus ist das Objekt selbst (nicht insofern es außerhalb des Geistes an sich, sondern insofern es im Geist ist), das durch den conceptus formalis erfaßt, erkannt und dargestellt wird» [25]. Anfang und Ende des Satzes sind suarezianisch, die Klammerbemerkung dagegen cartesianisch.

Das ‹Lexicon philosophicum› von S. CHAUVIN (1713) nimmt wieder die vor-cartesianische Unterscheidung von «realitas subiectiva» und «realitas obiectiva» auf. Subjektive Realität ist das, wodurch etwas durch formale Differenzen unterteilbar ist, z.B. hat der Begriff «animal» subjektive Teile, nämlich die spezifischen Differenzen «rationale» und «irrationale». Die o.R. ist dagegen das, was dem Intellekt objiziert werden kann [26].

4. *Kant.* – Das Problem der o.R. wird von I. KANT schon in seiner vorkritischen Zeit thematisiert mit der Frage, wie die dem Subjekt entspringenden Bestimmungen wie z.B. Raum und Zeit den «Dingen» als «Prädikate» beigelegt werden können [27]. Schon in der ‹Dissertation› von 1770 heißt es zu dieser Frage: «Spatium non est aliquid obiectivi et realis, nec substantia, nec accidens, nec relatio; sed subiectivum et ideale et e na-

tura mentis stabili lege proficiscens» [28]. Ebenso wird die Annahme widerlegt, die der Zeit eine «realitas obiectiva» in diesem Sinne zuerkennt [29]. In der 2. Auflage der KrV spricht Kant nicht mehr von o.R. der Anschauungsformen, in der 1. Auflage nur ein einziges Mal, nämlich im Paralogismuskapitel [30]. Raum und Zeit haben empirische, wenn auch keine absolute Realität [31]. Es heißt sogar ausdrücklich, man dürfe ihnen keine o.R. beilegen, wenn man sich nicht in Ungereimtheiten verstricken wolle [32]. Mit der Ablehnung dieser Formulierung soll vor allem ausgeschlossen werden, daß auch die Dinge an sich als räumlich und zeitlich gefaßt werden.

In der ‹Transzendentalen Analytik› versucht Kant die Kategorien als die apriorischen Strukturen unseres Verstandes aufzuzeigen und den Nachweis zu erbringen, daß die Anwendung dieser Kategorien gerechtfertigt ist. Kategorien sind «Begriffe von einem Gegenstande überhaupt, dadurch dessen Anschauung in Ansehung einer der logischen Funktionen zu Urteilen als bestimmt angesehen wird» [33]. Erst dadurch, daß wir das Mannigfaltige der Anschauung durch Anwendung einer Regel strukturieren, wird etwas für uns zum Objekt. Wir setzen «diesen Vorstellungen ein Objekt» und legen «über ihre subjektive Realität, als Modifikationen, ihnen noch, ich weiß nicht, was für eine, objektive» [34] bei. Die o.R. wird also zur Denknotwendigkeit, sie setzt voraus, daß etwas in einem Bewußtsein vereinbar ist, und zwar gemäß den Kategorien. Verstandesbegriffe sind «bloße Gedankenformen», die o.R. durch «Anwendung auf Gegenstände, die uns in der Anschauung gegeben werden können, aber nur als Erscheinungen bekommen» [35]. Ohne diese Beziehung auf Erfahrung bleiben die Begriffe «leer», wir haben dann zwar gedacht, aber nichts erkannt. «Die Möglichkeit der Erfahrung ist also das, was allen unseren Erkenntnissen a priori o.R. gibt» [36]. Die Erfahrung verleiht aller Synthesis Realität und Wahrheit. Widerspruchsfreiheit des Begriffs reicht dazu nicht aus, denn die «Möglichkeit eines Begriffs beruht darauf, daß er sich nicht widerspricht; die Möglichkeit eines Dinges, daß der Begriff o.R. habe, daß davon ein Beispiel gegeben werden könne, d.i. ihm ein Objekt korrespondiere» [37]. Die Wahrnehmung ist demnach die einzige Garantie für die Wirklichkeit. Geht der Verstand auf die «Gegenstände selbst», wenn auch nur als Erscheinungen, so zielt die Vernunft auf die «Verstandesbegriffe von denselben» [38], indem sie diese auf eine höhere Stufe der Einheit bringt und diese Einheit in ihren Ideen ausdrückt. Die Vernunftideen ‹Gott›, ‹Freiheit› und ‹Unsterblichkeit› sind «Begriffe, denen man die o.R. theoretisch nicht sichern kann» [39], da deren notorisches Übel ist, daß sie sich nicht auf Gegenstände der Erfahrung beziehen lassen. Die theoretische Vernunft könnte niemals die «Hirngespinster», die durch die «Zauberlaterne» der ‹Theologie› erzeugt werden [40], von wirklichen Gegenständen unterscheiden, käme ihr nicht die praktische Vernunft zu Hilfe, die es im Sittengesetz mit einem apodiktisch gewissen Faktum zu tun hat. Die «ratio essendi» des Sittengesetzes ist aber die Freiheit, und so kann man «keiner theoretischen Idee o.R. verschaffen oder dieselbe beweisen, als nur der Idee von der Freiheit, und zwar, weil diese die Bedingung des moralischen Gesetzes ist, dessen Realität ein Axiom ist» [41]. Die Freiheit ist der Schlußstein des Systems und «mit ihm und durch ihn» bekommen auch die anderen Ideen Bestand und o.R. [42]. Die praktische Vernunft ist auch berechtigt, die o.R. – im Sinne von Nicht-Unmöglichkeit – des höchsten durch Freiheit möglichen Gutes anzunehmen. Da wir verpflichtet sind, dieses a priori notwendige Objekt unseres Willens, in dem wir Tugend und ihr angemessene Glückseligkeit zusammendenken, zu befördern, darf die Vernunft sich «allem widersetzen, was sie im Gebrauch dieser Idee, die ihr praktisch angehört, hindert» [43], und das ist nicht möglich, «ohne drei theoretische Begriffe (für die sich, weil sie bloße reine Vernunftbegriffe sind, keine correspondirende Anschauung, mithin auf dem theoretischen Wege keine o.R. finden läßt) vorauszusetzen» [44]. In praktischer Absicht ist für Kant also die o.R. von Gott, Freiheit und Unsterblichkeit erwiesen, da sie Bedingungen der Möglichkeit des Gegenstandes sind, den das moralische Gesetz zum Endzweck der reinen praktischen Vernunft zu machen gebietet. Damit gelingt der praktischen Vernunft an einer entscheidenden Stelle ein «Einbruch ins Übersinnliche», denn sie verschafft «einem übersinnlichen Gegenstande der Kategorie der Causalität, nämlich der Freiheit, Realität» [45], wenn auch nur zum praktischen Gebrauch und nicht als theoretische Erkenntnis. Kant spricht von einem «Räthsel der Kritik», daß nämlich der theoretischen Vernunft verboten ist, was der praktischen erlaubt sein soll: Sie darf dem «übersinnlichen Gebrauche der Kategorien» o.R. zugestehen [46]. Kant nimmt den vom Sittengesetz erhobenen Anspruch als festen Punkt an, von dem aus er auf einen Sachverhalt stößt, dem er reale Existenz zusprechen muß: Ohne die Tatsache der Freiheit fiele das ganze Gebäude der praktischen Philosophie in sich zusammen. In diesem einzigen Fall bedeutet also o.R. soviel wie reale Existenz, auch wenn die Behauptung, es gebe außer der Naturkausalität auch Freiheit, nach wie vor nur eine These ist, die auf theoretischer Ebene vor der Gegenthese nichts voraushat.

Anmerkungen. [1] R. EUCKEN: Gesch. der philos. Terminologie im Umriß (1879) 185. 203. – [2] C. PRANTL: Gesch. der Logik im Abendlande 1-4 (1855-70) 3, 208. – [3] A. TROMBETTA: In tractatum formalitatum Scoti sent., art. 2, sec. pars (Venedig 1505) 8ᵛ. – [4] a.O. – [5] ebda. – [6] Vgl. Commentaria Ferrariensis zu THOMAS VON AQUIN: S. c. gent. 2, 52. Ed. Leon. 13 (Rom 1918) 389. – [7] TROMBETTA, a.O. [3] 9ʳ. – [8] a.O. 12ʳ. – [9] B. MASTRIUS/B. BELLUTUS: Cursus philos. in 5 tomos distrib. (Venedig 1708) Met., disp. 2, q. 4, a. 2. – [10] Dazu L. OEING-HANHOFF: R. Descartes. Die Neubegründ. der Met., in: J. SPECK (Hg.): Grundprobl. der großen Philosophen. Philos. der Neuzeit 1 (1979) 35-73. – [11] R. DESCARTES: Medit. de prima philos. Oeuvr., hg. CH. ADAM/P. TANNERY 7, 41. – [12] a.O. – [13] 42, 4. – [14] 40. – [15] 161. – [16] F. SUÁREZ: Disput. metaph., d. 2, s. 1, 1. – [17] DESCARTES, a.O. [11] 102. – [18] a.O. 45. – [19] B. SPINOZA: Princ. philos. Cartes. I, def. 3; ax. 9. Opera, hg. C. GEBHARDT (²1972) 1, 150. 155f. – [20] J. CLAUBERG: Exercit. centum de cogn. Dei et nostro. Opera omn. philos. (Amsterdam 1691, ND 1968) II, excerc. XIX, 616, n. 8. – [21] a.O., exerc. XV, 617, n. 6. – [22] J. MICRAELIUS: Lex. philos. (Stettin ²1662, ND 1966) 441 s.v. ‹ens›. – [23] a.O. 1203 s.v. ‹reale›. – [24] a.O. 442. – [25] T. ANDREAE: Methodi Cartes. ass. opposita J. Revii. Meth. Cartes. consid. theol. (Groningen 1653) 2, 468. – [26] E. CHAUVIN: Lex. philos. (Leeuwarden ²1713) 557 s.v. ‹reale›. – [27] I. KANT: KrV B 52. – [28] De mundi sens. atque intellig. forma et princ. (1770). Akad.-A. 2, 403. – [29] a.O. 400. – [30] KrV A 377. – [31] B 52. – [32] B 70. – [33] B 128. – [34] B 242. – [35] B 150f. – [36] B 195. – [37] Refl. zur Met. Akad.-A. 18, 327 (Nr. 5688); vgl. KrV B 268. – [38] Refl., a.O. 222 (Nr. 5553). – [39] KU (²1793) 459. Akad.-A. 5, 469. – [40] KpV (1788) 254, a.O. 141. – [41] Logik (Jäsche) § 3, Anm. 2. Akad.-A. 9, 93; vgl. Refl. 2842, a.O. 16, 541. – [42] KpV Vorrede, a.O. 5, 4. – [43] Refl. zur Met., a.O. 514 (Nr. 2793). – [44] KpV 241f., a.O. 5, 134; vgl. Refl. 6443, a.O. 18, 718. – [45] KpV 9, a.O. 6. – [46] KpV 8, a.O. 5.

Literaturhinweise. R. DALBIEZ: Les sources scolast. de la théorie cartés. de l'être objectif. Rev. Hist. philos. Hist. gén. Civilisation [Rev. Sci. humaines] 3 (1929) 462-472. – H. WAGNER: Realitas objectiva (Descartes-Kant). Z. philos. Forsch. 21 (1967) 325-340. – G. ZÖLLER: Theoret. Gegenstandsbeziehung bei Kant. Zur systemat. Bedeut. der Termini ‹objektive Realität› und ‹objektive Gültigkeit› in der KrV. Kantstud. Erg.-H. 17 (1984). – C. NORMORE: Meaning and object. being. Descartes and his sources, in: A. OKSENBERG RORTY (Hg.): Essays on Descartes' medit. (Berkeley 1986). – TH. KOBUSCH: Sein und Sprache (Leiden 1986). B. KIBLE

II. – Im 19. und 20. Jh. wird der Ausdruck ‹o.R.› in einer grundlegend gewandelten Bedeutung verwendet. Er steht nicht mehr für den kantischen Begriff einer durch die Notwendigkeit der apriorischen Erkenntnisformen verbürgten Realität, die insofern 'objektiv' heißen kann. Er bezeichnet nun vielmehr, abgesehen von seiner Verwendung im Neukantianismus [1], die Wirklichkeit von Gegenständen außerhalb des Bewußtseins. Entsprechend wird in der Auseinandersetzung mit Kant dessen als ‹subjektiv ideal› mißverstandenem Begriff der o.R. häufig der Status einer «objektiv realen Sphäre» abgesprochen [2]. H. RICKERT entwickelt ein Konzept der o.R., das «zwischen dem Begriff des bloßen Aggregats von Tatsachen und dem Begriff der Natur im Sinne Kants steht». Entsprechend dieser eigentümlichen Zwischenstellung besitzt die objektive Wirklichkeit «*mehr an Form*» «als der bloße Inbegriff des *Tatsächlichen*» [3]; Rickert kann darum auch von einem «Überschuß an Formgehalt» sprechen, den Urteile über objektive Wirklichkeiten gegenüber den Tatsächlichkeitsurteilen aufweisen [4].

In der Bedeutung ‹extramentale Wirklichkeit› wurde ‹o.R.› schon früh zu einem Leitbegriff der marxistischen Erkenntnistheorie. Seit W. I. LENINS Auseinandersetzung mit E. Mach und R. Avenarius [5] ist die Annahme einer «unabhängig vom menschlichen Bewußtsein existierende[n] und von ihm abgebildete[n] o.R.» [6] einschließlich der «o.R. von Zeit und Raum» [7] als die einzig zulässige Antwort auf die «Grundfrage der Philosophie» [8] festgeschrieben.

Der Begriff der ‹physischen› bzw. ‹o.R.› taucht schließlich in den Debatten über den durch die Naturwissenschaften problematisierten Wirklichkeitsbegriff [9] auf. Im Rahmen der Auseinandersetzungen um die sog. ‹Kopenhagener Deutung der Quantentheorie› äußerten A. EINSTEIN, B. PODOLSKY und N. ROSEN 1935 den Verdacht der Unvollständigkeit der Quantentheorie. Dem lag EINSTEINS nie revidierte Grundüberzeugung zugrunde, es gebe eine (objektive) Realität hinter den Erscheinungen. Als ein «Kriterium der objektiven Realität» formulierten Einstein und seine Mitarbeiter die in ihren Augen hinreichende Bedingung für physikalische Theoriebildung: «Wenn wir, ohne irgendwie störend in ein System einzugreifen, mit Sicherheit (d.h. mit einer an Einheitlichkeit grenzenden Wahrscheinlichkeit) den Wert einer physikalischen Größe voraussagen können, dann existiert ein Element der physikalischen Realität, das dieser physikalischen Größe entspricht» [10].

Für den 'Radikalen Konstruktivismus' ist der Begriff der o.R. oder Wirklichkeit geradezu das Paradigma des klassischen, d.h. metaphysisch-realistischen Erkenntnismodells. Dieses begreift Wirklichkeit als eine vom Menschen in jeder Hinsicht unabhängige und in diesem Sinne als objektive, absolute Größe, deren An-und-für-sich-Sein ikonisch sich im Wissen homomorph spiegelt. Entsprechend dem autopoetischen Ansatz zeigt nach G. ROTH die Evolution, «daß die entscheidende Funktion der Wahrnehmung nicht die Erkenntnis einer 'objektiven' Realität, sondern die überlebensfördernde Verhaltenssteuerung ist. Für diesen Zweck ist ein Wissen um objektive Sachverhalte völlig unwesentlich» [11]. Was so dem metaphysischen Realismus als subjektunabhängige, objektive Wirklichkeit erscheint, enthüllt sich nun konsequent als Produkt einer vom erkennenden Subjekt ausgeführten Operation. Dennoch verzichtet selbst der Radikale Konstruktivismus nicht ganz auf den Gedanken einer objektiven oder absoluten Wirklichkeit, macht diese sich doch «unübersehbar dort geltend, wo wir mit unseren Konstruktionen scheitern» [12]; in diesem Zusammenhang wird dann der Begriff der o.R. bedeutungsgleich verwendet mit dem des Mediums: Zwar «bekommen wir die absolute Wirklichkeit, das Medium, in dem wir existieren, niemals zu Gesicht; diese Wirklichkeit wirkt sich vielmehr nur in dem, was wir tun, auf uns aus» [13].

Anmerkungen. [1] O. LIEBMANN: Zur Analysis der Wirklichkeit (Straßburg 1900) 32; H. COHEN: Kants Theorie der Erfahrung (1871, ³1918). Werke I/1 (1987) 395. 582ff.; zum Fortleben der kantischen Begrifflichkeit vgl. aber auch: N. HARTMANN: Diesseits von Idealismus und Realismus (1922/24). Kl. Schr. 2 (1957) 298ff. – [2] E. VON HARTMANN: Grundriß der Erkenntnislehre (1907) 126; vgl. auch: Krit. Grundl. des transc. Realismus (1885) 10ff. – [3] H. RICKERT: Der Gegenstand der Erkenntnis (²1904, ⁶1928) 406. – [4] a.O. 392. – [5] R. AVENARIUS: Philos. als Denken der Welt gemäß dem Prinzip des kleinsten Kraftmaßes (1917) bes. 62. – [6] W. I. LENIN: Materialismus und Empiriokritizismus (1909). Werke 14 (1962) 261. – [7] a.O. 171. – [8] 89. – [9] H. POINCARÉ: Der Wert der Wiss. (1910) 204; E. CASSIRER: Determinismus und Indeterminismus in der mod. Physik (Göteborg 1936), ND: Zur modernen Physik (1957, 1980) 279ff. 291ff. – [10] A. EINSTEIN/B. PODOLSKY/N. ROSEN: Can quantum-mechanical description of phys. reality be considered complete. Phys. Review 47 (1935) 777-780, hier: 777. – [11] G. ROTH, zit. nach: S. J. SCHMIDT: Der Radikale Konstruktivismus, in: SCHMIDT (Hg.): Der Diskurs des Rad. Konstr. (1987) 11-89, hier: 77. – [12] G. RUSCH: Erkenntnis, Wiss., Gesch. (1987) 200; E. VON GLASERSFELD: Einf. in den rad. Konstr., in: P. WATZLAWICK (Hg.): Die erfundene Wirklichkeit (1951) 16-38, hier: 27. – [13] a.O. 224. T. TRAPPE/Red.

Realität, psychische. Der Begriff der p.R. wird im 19. Jh. bedeutsam einmal im Hinblick auf die Abgrenzungs- und Konstituierungsproblematik der Psychologie (s.d.) als eigenständige empirische Disziplin, zum anderen im Kontext der Diskussion über die Rolle, die nun die psychologische Methode neben oder anstelle der transzendentalen in der Philosophie nach Kant beansprucht. M. SCHELER spricht in diesem Zusammenhang von einer «mächtigen Denkrichtung», welche die Psychologie als Grundwissenschaft aller Disziplinen favorisiere [1]. Die weitgespannte Thematik impliziert eine Vielfalt logisch-methodologischer Probleme, sowohl, was Selbstdefinition und Zielsetzung der Psychologie, als auch, was die geforderte empirische, metaphysisch-ontologisch neutrale Bestimmung ihrer genuinen 'Gegenstände' anbelangt. Ein allgemein verbindliches Abgrenzungskriterium des Psychischen von anderen 'Gegenständlichkeiten' ('materielle', 'geistig-ideale') ist bis heute nicht gefunden. Die unspezifische Verwendung der Begriffe ‹p.R.›, ‹psychisch Reales›, ‹seelische Wirklichkeit›, ‹psychisches Sein› scheint darauf hinzuweisen, daß der intendierte Bedeutungsgehalt und/oder der Seins- bzw. Wirkungsbereich sich nur schwer in eine alle Aspekte vereinigende Nomenklatur einarbeiten lassen, während das Insistieren auf dem R.-Gehalt, d.h. das Herausheben des Psychisch-Geistigen gegen den 'Schein' bloßer Fiktionalität, wohl das Unverzichtbare des im Begriff Intendierten zum Ausdruck bringen soll. Der Begriff ‹p.R.› erscheint gelegentlich in Titeln oder Untertiteln der psychologisch-philosophischen Literatur, ohne selbst begrifflich durchleuchtet oder zum Thema gemacht zu werden [2].

Der Anstoß zur oben erwähnten 'Denkrichtung' geht 1874 von F. BRENTANO aus. Im Geiste cartesianischer Bewußtseinsphilosophie und auf der Basis der wiederentdeckten Intentionalität (s.d.) als empirischem Unterscheidungsmerkmal psychischer und physischer Phänomene räumt er den psychischen Phänomenen als Akten eine Vorrangstellung ein und teilt infolgedessen der Psychologie im Kanon der Wissenschaften den Primat zu. Die physischen Phänomene sind bloße «Zeichen von etwas Wirklichem, was durch seine Einwirkung ihre Vorstellung erzeugt. Aber sie sind deshalb kein entsprechendes Bild dieses Wirklichen ... Anderes gilt von den Phänomenen der inneren Wahrnehmung. Diese sind wahr in sich selbst. Wie sie erscheinen ... so sind sie auch in Wirklichkeit» [3]. Alle in der Folge zitierten Stellungnahmen zur p.R. sind als Reaktionen auf Brentanos Einteilungsversuch zu verstehen.

1. *Der Neukantianismus und ihm Nahestehende.* – Durchaus im Sinne Brentanos argumentiert W. DILTHEY 1883 von seinem erkenntnistheoretischen Standpunkt aus: «Denn auf ihm erweist sich unser Bild der ganzen Natur als bloßer Schatten, den eine uns verborgene Wirklichkeit wirft, dagegen R. wie sie ist, besitzen wir an den in der inneren Wahrnehmung gegebenen Tatsachen des Bewußtseins» [4]. Neu an Diltheys Auffassung ist sein Methodenverständnis; in seiner programmatischen Schrift über eine «verstehende Psychologie» als Grundlage der Geisteswissenschaften wendet er sich dezidiert gegen die naturwissenschaftliche Behandlung psychischer Gegenstände, die in den Geisteswissenschaften «von innen, als R. und als lebendiger Zusammenhang originaliter auftreten ... Die Natur erklären wir, das Seelenleben verstehen wir» [5].

Dagegen plädiert H. RICKERT 1896 unter logischen Gesichtspunkten für eine Einordnung der Psychologie in die Naturwissenschaften, um diese wiederum scharf gegen eine Kultur- oder Wertewissenschaft abzugrenzen. Er setzt voraus, «daß unter dem Geistigen wie unter dem Seelischen ein wirklich Seiendes verstanden wird, und ferner, daß mit der Zweiteilung in körperliches und seelisches oder physisches und psychisches Geschehen die R., die den empirischen Wissenschaften zugänglich ist, erschöpft sein soll ...» [6]. «Psychisch wirklich sollten nur solche Vorgänge genannt werden, die in dem nicht-körperlichen Leben einzelner Individuen als R.en zeitlich ablaufen» [7]. Wie die Naturwissenschaft habe die Psychologie generalisierende Beschreibungen zu verwenden. Die zweifellos bestehenden Unterschiede in den beiden Realwissenschaften sind, nach Rickert, daher nicht von so prinzipieller Art, daß man sie nicht «unter logischen Gesichtspunkten als zusammengehörig» ansehen könnte [8]. Allerdings dürfen «die für eine wissenschaftliche Theorie wesentlichen Unterschiede nicht mit der wirklichen Mannigfaltigkeit des psychischen Seins selbst verwechselt» werden, «... oder man muß glauben, die p.R. sei aus den psychologischen Begriffsinhalten zusammengesetzt wie ein Sandhaufen aus einzelnen wirklichen Körnern ...» [9]. Gegen Dilthey betont Rickert: «Die physische Welt ist nicht weniger 'unmittelbar' und in ihrer Unmittelbarkeit nicht weniger 'real' als die psychische Welt» [10]. Dagegen bemerkt der Wundt-Schüler O. KÜLPE 1912, daß bei Rickert «nicht der Unterschied der R.en und der Art ihrer Setzung» zum Tragen komme, sondern «der rein formale Gesichtspunkt der Begriffsbildung ... maßgebend ...» sei, plädiert aber doch ebenfalls für einen «vollen Parallelismus des psychologischen mit dem naturwissenschaftlichen Realismus» [11]. Er lehnt alle apriorischen und metaphysischen Bestimmungen über Sein oder R. des Psychischen ab und verwahrt sich gegen die «R. jenseits der R., die alte crux der Philosophen ...» [12]. Külpe läßt drei Argumente für die Setzung einer Innenwelt gelten; die «Existenz der Innenwelt ist demnach eine ewige Hypothese, auch wenn die Setzung derselben hinreichend begründet werden kann» [13].

2. *Die Weiterentwicklung der Brentanoschule.* – Innerhalb der Brentanoschule entzündet sich an Brentanos Einteilungsversuch und seiner These vom «inneren» «mentalen Objekt», dem Brentano allein eine «wirkliche Existenz» zugebilligt hatte [14], eine Debatte, die als «Inhalts-Gegenstandsproblem» in die Literatur eingegangen ist [15] und bedeutsam für A. MEINONGS Gegenstandstheorie (s.d.) sowie E. HUSSERLS Phänomenologie (s.d.) wurde und bis in die analytische Philosophie fortwirkte [16]. 'Inhalt' und 'Gegenstand' am psychischen oder intentionalen Objekt zu unterscheiden bedeutet, der Klasse der fiktionalen Vorstellungen, der Urteilsinhalte und idealen Sachverhalte Rechnung zu tragen. Mit Hinweis auf B. Bolzano plädiert K. TWARDOWSKI 1894 dafür, den «Inhalten» (Brentanos «mentalen» Gegenständen) in keinem Fall R. zuzusprechen. «Mit der Existenz eines Gegenstandes hat die R. desselben nichts zu schaffen» [17]. Der Vorstellungsinhalt ist einmal vom (soweit vorhandenen äußeren) Gegenstand, zum anderen vom intendierenden Akt zu unterscheiden. «Wohl bildet er mit diesem zusammen eine einzige p.R., aber während der Vorstellungsact etwas Reales ist, fehlt dem Inhalt der Vorstellung die R. immer; dem Gegenstand kommt bald R. zu, bald nicht» [18].

In HUSSERLS ausgereifter Phänomenologie als «Wesensschau» («eidetische» oder «phänomenologische Psychologie»), als transzendentale Philosophie (seit den ‹Ideen I› von 1913) und in der Reflexion über ihr gegenseitiges Fundierungsverhältnis, scheint der Begriff der R. eine besondere Problematik zu implizieren. «Am liebsten hätte ich auch das arg belastete Wort Real ausgeschieden, wenn sich mir nur ein passender Ersatz dargeboten hätte» [19]. Auf der einen Seite vertritt Husserl die These, daß «R.» nur als «Titel für gewisse gültige Sinneseinheiten» auftreten kann, – «Eine absolute R. gilt genau so viel wie ein rundes Viereck ...» [20], – auf der anderen Seite argumentiert er: «R. hat einen Seinsvorzug vor jedweder Irrealität, sofern alle Irrealitäten wesensmäßig auf wirkliche oder mögliche R. zurückbezogen sind» [21]. Der Begriff ‹p.R.› soll auf die 'Gegenstände' der empirischen Psychologie als faktische und 'dogmatische' Wissenschaft verweisen bzw. deren Aufgaben und Befugnisse gegen die phänomenologische Forschung abgrenzen. Entgegen Brentanos Einteilung in psychische und physische Phänomene bevorzugt Husserl (wie Twardowski) eine Dreiteilung des Seienden, hält auch das Kennzeichen des Intentionalen für nicht ausreichend zur Charakterisierung des Psychischen [22]; im Unterschied zu Brentanos Forderung, deskriptive und genetische Psychologie getrennt zu behandeln [23], will Husserl beides, Analyse und «Genese» der Bewußtseinsweisen in ihrem Verweisungscharakter auf Seiendes, d.h. das Problem ihrer Wahrnehmung, das Problem ihrer «Schichtung» oder Fundierung und das Problem ihrer Geltung zusammen verhandeln. Indem Husserl «Sein als Erlebnis» und «Sein als Ding» gegenüberstellt und diesen «Gegensatz» mit den «Gegensätzen» ‹reell/real› und ‹immanent/transzendent› korreliert, soll sich die «prinzipielle Unterschiedenheit der Seinsweisen, die kardinalste, die es überhaupt gibt, die zwischen Bewußtsein und R.», an dem prinzipiellen Unterschied der Gegebenheitsart (der Wahrnehmung) festmachen lassen. «Das Ding nehmen wir dadurch wahr, daß es sich 'abschattet' nach allen gegebenenfalls 'wirklich' und eigentlich in die Wahrnehmung 'fallenden' Bestimmtheiten. Ein Erlebnis schattet sich nicht ab», so definiert Husserl den wichtigsten, obgleich nicht einzigen Unterschied zwischen der dinglichen und p.R. [24].

Die Dreiteilung ergibt sich aus der «Fundierung» oder «Schichtung». Husserl unterscheidet «reines (transzendentales) Ich», «reales psychisches Subjekt» und «Seele» und merkt an, daß das seelische Subjekt «nicht ohne weiteres» mit der Seele zu identifizieren sei [25]. «Mit der Betonung der substantiellen R. der Seele ist gesagt, daß die Seele in einem ähnlichen Sinn wie das materielle Leibesding eine substantiell-reale Einheit ist im Gegensatz zum reinen Ich, das ... eine solche Einheit nicht ist» [26]. Vom reinen Ich also abgesehen «ordnen sich ... zwei Arten der realen Erfahrung nebeneinander, die 'äußere' Erfahrung, die physische, als Erfahrung von materiellen Dingen, und die seelische Erfahrung, als Erfahrung von seelischen R.en. Jede dieser Erfahrungen ist grundlegend für entsprechende Erfahrungswissenschaften ... Die Analogien ... zwischen Materie und Seele ... gründen in einer Gemeinsamkeit der ontologischen Form, ... durch die sich ein formal-allgemeiner und offenbar höchst wichtiger Begriff von R., nämlich substantieller R., aus originären Quellen bestimmt. Sprechen wir danach nebeneinander von materieller und seelischer R., so drückt das gemeinsame Wort einen gemeinsamen Sinn, bzw. eine gemeinsame Form in den beiden verschiedenen Begriffen aus» [27]. «Substantielle R.» wird in beiden Fällen als «verharrendes Sein gegenüber wechselnden Umständen» ausgewiesen, aber die R. der Seele zeigt «keine verharrenden Eigenschaften derselben Art wie die dinglichen ... Das Ding konstituiert sich als Einheit von Schemaien, näher, als Einheit der kausalen Notwendigkeit ... Die Seele dagegen schematisiert sich nicht» [28]. ‹Schema› wird hier statt ‹Abschattung› verwendet, denn «der Ausdruck 'Abschattung'» hat sich als «ein vieldeutiger» erwiesen [29].

Die Begründung der p.R. und mehr noch die Frage nach den Beziehungen zwischen empirischer Psychologie, eidetischer und transzendentaler Phänomenologie bleiben unabgeschlossen Thema im gesamten Werk Husserls [30]. In der französischen Phänomenologie wird der Begriff vornehmlich kritisch verwendet. J.-P. SARTRE behandelt ihn in seinen psychologischen Schriften unspezifisch wie: «L'image est une réalité psychique certaine» [31], während er im Hauptwerk nur noch von «menschlicher R.» spricht [32]. M. MERLEAU-PONTY argumentiert, einerseits der scharfen Kritik G. POLITZERS am psychologischen Realismus [33] Rechnung tragend, andererseits zur Abfertigung des Behaviorismus: «Man übersieht, daß man es von dem Moment an, wo das Verhalten 'in seiner Einheit' und seinem menschlichen Sinn erfaßt wird, nicht mehr mit einer materiellen R. zu tun hat und ebensowenig auch mit einer p.R., sondern mit einem bedeutsamen Ganzen oder einer Struktur, die weder der äußeren Welt zugehört noch dem inneren Leben. Man müßte den Realismus ganz generell in Frage stellen» [34].

3. *Die p.R. als transzendente unbewußte seelische R.* – In einer neuen Problemstellung, die entscheidend von TH. LIPPS ausging und phänomenologische wie psychoanalytische Theoriebildung beeinflußte, wird die Identität des Psychischen mit den Bewußtseinstatsachen oder -erlebnissen in Frage gestellt. Lipps postuliert, daß die Psychologie vom empirisch Gegebenen der bewußten Erlebnisse zwar auszugehen habe, aber nicht bei deren bloßer Beschreibung stehen bleiben könne [35]. Wir müßten eine «psychische Kraft» annehmen, deren R. zwar bewußtseinstranszendent bliebe, deren Wirken also unbewußt, aber für die psychologische Erklärung unverzichtbar sei [36]. Lipps unterscheidet zwischen dem unmittelbar erlebten (empirischen) Ich und dem «realen Ich», dem «an sich unbekannten Etwas», das dem unmittelbaren Subjektivitätsbewußtsein «denkend zu Grunde» gelegt werden muß [37]. Man könne es «Substanz» nennen, aber wichtiger «als die Substanzialität des realen Ich ist uns hier dies, dass wir in ihm ein erstes psychisches Unbewusstes haben. Das reale Ich ist, auch wenn es für mein Bewusstsein nicht besteht» [38].

Im gleichen Sinne äußert sich E. STEIN über eine bewußtseinstranszendente p.R. Sie grenzt unter Bezugnahme auf Lipps und Husserl das reale Ich als Träger der Bewußtseinseigenschaften und eigentlich Psychisches vom Bewußtsein ab. Gegenübergestellt werden: «Bewußtsein als Reich des 'bewußten' reinen Erlebens und das Psychische als ein Bereich der sich in Erlebnissen und Erlebnisgehalten bekundenden transzendenten R.». Stein will (wie Husserl) das reale Ich nicht verwechselt sehen mit «dem reinen Ich, dem als Ausstrahlungspunkt der reinen Erlebnisse ursprünglich erlebten ...» [39].

Auch M. GEIGER setzt sich 1921 für die Möglichkeit eines unerlebten Psychischen ein. Wie die Dinge der Außenwelt fortexistieren, wenn sie nicht wahrgenommen werden, so dauere das Psychische fort, auch wenn es nicht erlebt würde [40]. Geiger betont, daß er ein unbewußtes Psychisches nur als Bestandteil metaphysischer Reflexion anerkenne und daß eine Psychologie, «die das Seelenleben unter dem Gesichtspunkt der p.R. ansieht, ... heute noch Postulat» sei [41].

Dem psychoanalytischen Konzept der unbewußten p.R. haftet eine gewisse Zweideutigkeit an, die aus S. FREUDS Schwanken zwischen einer an Romantik und Lebensphilosophie orientierten, bevorzugt das triebhaft-irrationale Seelische in den Blick nehmenden und einer den Wissenschaftsbegriff der Psychoanalyse als Naturwissenschaft auszuweisenden positivistischen Einstellung rührt. 1897 trennt Freud sich von der zusammen mit J. Breuer vertretenen psychopathologischen Traumatheorie, die in der neurotischen Reaktion eine Fixierung an ein wirkliches, in seiner Tragweite nicht bewußt verarbeitetes seelisches Erleben diagnostizierte [42]. Freud postuliert dagegen, daß vielmehr verdrängte «unbewußte» Phantasien als eigentliche «Ursache» anzusehen seien. In einem Brief an W. Fließ äußert er «die sichere Einsicht», «daß es im Unbewußten ein R.-Zeichen nicht gibt, so daß man die Wahrheit und die mit Affekt besetzte Fiktion nicht unterscheiden kann» [43]. Dies kontrastiert mit der drei Jahre später vertretenen These, daß das Unbewußte «nach dem Ausdruck von Th. Lipps als allgemeine Basis des psychischen Lebens angenommen werden [muß] ... Das Unbewußte ist das eigentlich reale Psychische ...» [44]. Ebenfalls in einem gewissen Kontrast stehen der gegen die Bewußtseinspsychologie geführte Kampf [45] und die positivistische Standortbestimmung der Psychoanalyse als «eine auf Wissenschaft aufgebaute Weltanschauung», die «außer der Betonung der realen Außenwelt wesentlich negative Züge [hat,] wie die Bescheidung der Wahrheit, die Ablehnung der Illusionen» [46].

Freud verwendet den Begriff ‹p.R.› in zwei Bedeutungen: a) im Sinne einer quantitativ-lokalisatorischen Bestimmung des unbewußten Psychischen, des Es, als der umfangreichere, tieferliegende, bedeutendere Teil im «psychischen Apparat»; b) in der positivistisch-pragmatistischen Bedeutung des «bloß» Vorgestellten, Phantasierten, dem eine am «Lustprinzip» orientierte, zur (äußeren) R.-Bewältigung unfähige seelische Einstellung korreliert. Mit Nachdruck wird letztere Bedeutung ab 1911 zur Charakterisierung der Neurose, freilich auch der neurotischen Anteile im sog. 'normalen' Seelenleben, ja jeglicher die 'faktische' oder 'materielle' R. irgendwie transzendierenden Denkweise verwendet. Derartiges Transzendieren (in religiöser, künstlerischer, philosophischer wie «neurotischer» Einstellung), bedeutet nach Freud Wirklichkeitsflucht, Verlust der «fonction du réel» (P. JANET [47]), infantil-regressive Befriedigung an Traum- und Phantasiewelt [48]. Expressis verbis erscheint der Terminus in dieser Bedeutung erstmals 1912: «Die Neurose ist dadurch charakterisiert, daß sie die p.R. über die faktische setzt, auf Gedanken ebenso ernsthaft reagiert, wie die Normalen nur auf Wirklichkeiten» [49]. In dieser Sicht der Dinge stellt sich das «eigentlich reale Psychische» als das genuin Fiktionale dar.

4. *Die positivistische Zurückweisung.* – Im letzten Drittel des 19. Jh. entwickelt sich in der empiriokritizistischen Schule von E. MACH und R. AVENARIUS eine dezidiert antimetaphysisch formulierte Position, die eine p.R. und den der «natürlichen Einstellung» schlechterdings widersprechenden Versuch einer Sonderung des Physischen und Psychischen zurückweist, kaum daß er formuliert worden war. «Warum sollte die 'innere Erfahrung' eine 'unmittelbare', die äußere nur eine 'mittelbare' R. besitzen?» [50] Die Sonderung sei im Rahmen des «natürlichen Weltbegriffs» als ein Vorgefundenes nicht auszumachen. Dem Postulat gesonderter Existenzen liege immer das theoretische «Truggebilde» der «Introjektion» zugrunde [51]. «Was berechtigt uns aber, eine Tatsache der andern gegenüber für Wirklichkeit zu erklären und die andere zum Schein herabzudrücken? ... Auch der wüsteste Traum ist eine Tatsache ...» [52]. Gemeint ist freilich der Traum und nicht sein unbewußter Sinn. Einerseits insistieren Avenarius und Mach auf der Neutralität letzter, das Psychische wie das Physische fundierender Elemente [53], andererseits sagt Mach: «Die Psychologie ist Hilfswissenschaft der Physik» [54].

An diese Position anknüpfend verneint der Logische Positivismus des frühen 20. Jh. bereits die Frage als solche: «Die Wissenschaft kann in der R.-Frage weder bejahend noch verneinend Stellung nehmen, da die Frage keinen Sinn hat» [55]. Wissenschaft wird als «Einheitswissenschaft» begriffen, die Psychologie als ein Zweig der Physik apostrophiert: «Es gibt grundsätzlich nur eine Art von Objekten, nämlich die physikalischen Vorgänge ...» [56], deren R. wohl problemlos vorauszusetzen ist.

Dagegen verhält sich die moderne Wissenschaftstheorie in bezug auf die Psychologie unpathetisch und zieht sich auf einen rein «gegenstandskonstituierenden» Standpunkt zurück: «Die Modelle der Psychologie sind metaphorische Modelle. Sie schaffen psychische Wirklichkeiten, weil sie von andernorts importiert werden und dazu dienen, den Menschen so zu verstehen, als sei er gemäß dieser importierten Idee konstituiert. Psychologische Modelle haben im wesentlichen Als-ob-Charakter» [57].

Anmerkungen. [1] Vgl. M. SCHELER: Die transz. und die psycholog. Methode (1899). Ges. Werke 1 (1971) 308. – [2] Vgl. B. NITZSCHKE: Die reale Innenwelt. Anm. zur p.R. bei Freud und Schopenhauer (1987); F. SEIFERT: Seele und Bewußtsein. Betr. zum Problem der p.R. (1962). – [3] F. BRENTANO: Psychol. vom empir. Standpunkt I, 1 (1874) § 3, hg. O. KRAUS (1924) 28. – [4] W. DILTHEY: Einl. in die Geisteswiss., Vorrede. Ges. Schr. 1 (^{5}1962) XVIII. – [5] Ideen über eine beschreib. und zerglied. Psychol., a.O. 5 (^{7}1982) 143f. – [6] H. RICKERT: Die Grenzen naturwiss. Begriffsbildung (^{5}1929) 121. – [7] a.O. 128. – [8] 150. – [9] 152. – [10] 145. – [11] O. KÜLPE: Die Realisierung. Ein Beitr. zur Grundl. der Realwiss.en 2, hg. A. MESSER (1920) 190. – [12] a.O. 170. – [13] 190. – [14] BRENTANO, a.O. [3] 129. – [15] Vgl. P. F. LINKE: Grundfragen der Wahrnehmungslehre (^{2}1929) 79f. – [16] Vgl. R. HALLER: Einl. zu: K. TWARDOWSKI: Zur Lehre vom Inhalt und Gegenstand der Vorst. (1894). – [17] TWARDOWSKI, a.O. 36. – [18] a.O. 30. – [19] E. HUSSERL: Ideen zu einer reinen Phänomenol. und phänomenolog. Philos. I, Einl. (^{2}1922) 6. Husserliana [Hua.] 3/1 (Den Haag ^{2}1976) 8. – [20] Ideen I, § 55, a.O. 106. Hua. 3/1, 120. – [21] Formale und transz. Logik § 64 (1929) 150f. Hua. 17 (1974) 177. – [22] Ideen I, § 85, a.O. [19] 174f. Hua. 3/1, 195f. – [23] O. KRAUS: Einl. zu BRENTANO, a.O. [3] XVII. – [24] HUSSERL: Ideen I, § 42, a.O. [19] 77. Hua. 3/1, 87f.; dazu vgl. J. YAMAGUCHI: Passive Synthesis und Intersubjektivität bei E. Husserl (Den Haag 1982) 67ff. – [25] Ideen II, § 30. Hua. 4 (1952) 120. – [26] a.O. – [27] § 30f., a.O. 125f. – [28] § 32, a.O. 127. – [29] a.O. 130. – [30] Vgl. H. DRÜE: E. Husserls System der phänomenolog. Psychol. (1963). – [31] J.-P. SARTRE: L'imagination (Paris 1936, ^{3}1950) 138. – [32] L'être et le néant (Paris 1943). – [33] G. POLITZER: Kritik der klass. Psychol. (1974) 32f. 39f. – [34] M. MERLEAU-PONTY: La structure du comportement (Paris 1942); dtsch.: Die Struktur des Verhaltens (1976) 209. – [35] TH. LIPPS: Der Begriff des Unbewußten in der Psychol. (1896); ND in: L. LÜTKEHAUS (Hg.): 'Dieses wahre innere Afrika' (1989) 235. – [36] Grundtatsachen des Seelenlebens (1883) 126. – [37] a.O. [35] 242. – [38] a.O. 243. – [39] E. STEIN: Beitr. zur philos. Begründ. der Psychol. und der Geisteswiss. Jb. Philos. phänomenolog. Forsch. 5 (1922) 20. – [40] M. GEIGER: Frg. über den Begriff des Unbewußten und die p.R., a.O. 4 (1921) 78. – [41] a.O. 137. – [42] S. FREUD: Stud. über Hysterie (1895). Ges. Werke 1-18 (1940-68) 1, 77-312. – [43] Br. an W. Fließ, hg. J. M. MASSON (1986) 284. – [44] Die Traumdeutung (1900), a.O. 2/3, 617. – [45] Das Unbewußte (1915), a.O. 10, 264f. – [46] Über eine Weltanschauung, a.O. 15, 197. – [47] P. JANET: Les névroses (Paris 1909). – [48] FREUD: Formulierungen über die zwei Prinzipien des psych. Geschehens (1911), a.O. [42] 8, 234. – [49] Totem und Tabu (1912f.), a.O. 9, 192. – [50] J. PETZOLD: Einiges zur Grundlage der Sittenlehre. Vjschr. wiss. Philos. 18 (1894) 35. – [51] R. AVENARIUS: Bemerk. zum Begriff des Gegenstandes der Psychol., a.O. 19 (1895) 1ff. – [52] E. MACH: Analyse der Empfindungen und das Verhältnis des Physischen und Psychischen [1886] (^{9}1922, ND 1985) 8f. – [53] a.O. 11. – [54] 278. – [55] R. CARNAP: Scheinprobleme in der Philos. (1928, ^{2}1966) 61. – [56] Psychol. in physikal. Sprache. Erkenntnis 3 (1932) 108. – [57] W. HERZOG: Modelle und Theorien in der Psychol. (1984) 92.

M. KAISER-EL-SAFTI

Realität der Außenwelt. I. KANT, der den Terminus selbst nicht verwendet, formuliert gleichwohl das Problem, das unter dem Stichwort ‹R.d.A.› diskutiert wird, wenn er feststellt, es bleibe «immer ein Skandal der Philosophie und allgemeinen Menschenvernunft», daß das «Dasein der Dinge außer uns» nicht bewiesen, sondern nur geglaubt werden könne [1]. Kants eigene Beweisführung in seiner ‹Widerlegung des Idealismus› sieht so aus, daß «das Dasein der Gegenstände im Raum außer mir» die Bedingung der Möglichkeit meines Bewußtseins von meinem eigenen Dasein in der Zeit sei und durch dieses empirisch gegebene Bewußtsein meiner selbst bewiesen werde [2].

J. G. FICHTE greift das transzendentale Argument auf, betont aber, daß das Dasein der Dinge außer uns ein «bloßer Glaubensartikel» sei [3]. Als solcher sei es notwendige Bedingung des Selbstbewußtseins, indem das Ich sich im Selbstbewußtsein nur als ein endliches setzen könne, d.h. «zugleich eine Grenze seiner praktischen Thätigkeit setzen muß, ... eine Welt ausser sich» [4]. Das bedeute freilich, daß der so gesetzten Außenwelt «lediglich eine Realität für den philosophierenden Verstand» zukomme [5]. Zugleich folge daraus, daß unser Glaube an die R.d.A. nur so weit reiche, wie wir unser praktisches Vermögen als durch die Einwirkungen der Außenwelt begrenzt setzten. Aus dieser Konsequenz der Selbstbeschränkung des Ich leitet Fichte ein verbreitetes Argument für die R.d.A. ab, das in der zweiten Hälfte des 19. Jh. unter dem Begriff ‹Widerstand (der Außenwelt)› auftaucht: «Daher auch die Philosophen von jeher ihre Beweise für die Realität einer Welt ausser uns aus der Einwirkung derselben auf uns geführt haben; ein Beweis der freilich voraussetzt, was erwiesen werden soll ...» [6].

In der Tradition des Fichteschen Idealismus stehend, nimmt A. SCHOPENHAUER 1819 zum «thörichte[n] Streit über die R.d.A.» Stellung [7]. Töricht ist ihm eine kausale Deutung des Erkenntnisvorgangs, wie sowohl der Realismus als auch der Idealismus sie vornehmen. Ein Kausalverhältnis könne, wie auch die anderen aus dem Satz vom zureichenden Grunde herauspräparierten Verhältnisse, nur zwischen Objekten bestehen, nicht jedoch zwischen Subjekt und Objekt. «Der Streit über die R.d.A. beruht eben auf jener falschen Ausdehnung der Gültigkeit des Satzes vom Grunde auch auf das Subjekt, und von diesem Mißverstandnisse ausgehend konnte er sich selbst nie verstehn» [8]. Im Erkenntnisvorgang erschöpften sich die Objekte darin, kausal verknüpfte Vorstellungen des Subjekts zu sein. Als solchen komme ihnen empirische Realität, nicht aber Unabhängigkeit zu, denn die Kausalverknüpfung sei eine der Erfahrung vorausgehende und sie bedingende Leistung des Verstands [9].

Die Frage nach der R.d.A., «hervorgegangen aus einer bis zum Mißverstehn ihrer selbst gehenden Verirrung der Vernunft» [10], hält Schopenhauer aber dort für berechtigt, wo sie sich für den ontologischen Status unserer Vorstellungen interessiert: «giebt es ein sicheres Kriterium zwischen Traum und Wirklichkeit? zwischen Phantasmen und realen Objekten?» [11]. Hier versucht er eine Rekonstruktion des Kantischen Kriteriums, wonach das Kausalgesetz nur im Leben, nicht im Traum wirkt; einen wesensmäßigen Unterschied zwischen beiden sieht er jedoch nicht, «ist genöthigt, den Dichtern zuzugeben, daß das Leben ein langer Traum sei» [12].

Nachdem die Frage nach der R.d.A. im Sinne der Unabhängigkeit der Außenwelt einerseits mit Hinweis auf die Abhängigkeit der kausalverknüpften Vorstellungen vom Erkenntnissubjekt zurückgewiesen ist, andererseits in ihrem als berechtigt anerkannten Anliegen, Realität und Traum auseinanderzuhalten, nicht befriedigend gelöst werden kann, reformuliert Schopenhauer sie folgendermaßen: «Was ist diese anschauliche Welt noch außerdem, daß sie meine Vorstellung ist? Ist sie, deren ich mir nur ... als Vorstellung bewußt bin, ... einerseits *Vorstellung*, andererseits *Wille*?» [13]. Damit hat er sich das Programm für das zweite Buch von ‹Welt als Wille und Vorstellung› gegeben und zugleich jenen Begriff aufgebracht, der, auch als ‹(Willens-)Impuls›, korrelativ zu ‹Widerstand› die Debatte um die R.d.A. begleitet.

So bestimmt sich für H. VON HELMHOLTZ die R.d.A. aus dem naturgesetzlichen Verhältnis zwischen unseren «Willensimpulsen» und dem, was sich ihrem Einfluß entzieht. Helmholtz zieht es dabei vor, vom «Wirklichen» oder der «Wirklichkeit» der Außenwelt zu sprechen anstatt von «Reellem/Realität/Objektivem», da letztere Begriffe, seiner Ansicht nach, eine wahrnehmungsunabhängige Substanz suggerieren [14]. Die Außenwelt sei «das, was wir als räumlich bestimmt wahrnehmen» [15]. Sie sei insofern «wirklich», als sie – in einem jeweils zu erforschenden Kausalzusammenhang – auf unsere Empfindungsnerven «wirke» und auf diesem Wege unsere Wahrnehmungen hervorrufe [16].

E. ZELLER unterscheidet in seiner Abhandlung ‹Ueber die Gründe unseres Glaubens an die R.d.A.› zunächst ähnlich wie Schopenhauer – dessen erkenntnistheoretischen Idealismus er allerdings verwirft – die Schwierigkeit, «Wahrnehmungsbilder» und «blosse Phantasiebilder» auseinanderzuhalten, einerseits von der Begründungsbedürftigkeit der Hypothese, unsere Wahrnehmungsbilder seien auf außer uns liegende Ursachen zurückzuführen, andererseits [17]. In beiden Fällen liefert ihm der Begriff ‹Widerstand› den Schlüssel für die Begründung. So setzten die «wirklichen» Gegenstände, im Gegensatz zu den «selbsterzeugten», unseren Bewegungen einen Widerstand entgegen: «... unser Glaube an die Aussenwelt gründet sich auf die Einwirkungen, die wir von ihnen [sc. den Dingen außer uns] zu erfahren glauben» [18].

Daß wir die Ursache der erfahrenen Einwirkungen in einem (in Anlehnung an Helmholtz konzipierten) meist unbewußten Schluß außer uns, in der Außenwelt vermuteten, hänge wiederum mit dem Widerstand zusammen, auf den unsere Bewegungen treffen. Er zeige uns an, daß unsere Wahrnehmungen nicht von unserer Tätigkeit abhängen, «weil sie uns nicht blos unwillkürlich entstehen, sondern sich uns oft auch gewaltsam und gegen unseren Willen aufdrängen und uns Unlustgefühle verursachen, die wir vermeiden würden, wenn wir könnten». Gerade eine unerwartete Wahrnehmung könne per definitionem nicht unsere Schöpfung, sondern müsse unabhängig von uns sein [19].

Auch für A. RIEHL stellen die Dinge der Außenwelt ihre Realität «als Grenzen unseres Willens» unter Beweis, «und zwar vor allem dadurch, daß sie sich unserem Willen widersetzen» [20]. Unabhängig davon sieht Riehl ein starkes Argument für die R.d.A. in der Selbständigkeit unserer Sinne, die uns verschiedene, inkommensurable Ausschnitte der Außenwelt liefern, welche wir niemals auf ein und dasselbe Objekt beziehen könnten, wären dazu nicht «objektive Gründe» vorhanden [21].

W. DILTHEYS Versuch, unseren Glauben an die R.d.A. philosophisch zu rekonstruieren, steht unter zwei erschwerenden Voraussetzungen: Erstens setzt Dilthey als «oberste[n] Satz der Philosophie» den sog. «Satz der Phänomenalität» (s.d.) an, wonach «alles, was für mich da ist, ... Tatsache meines Bewußtseins» ist [22]; die Annahme einer realen Außenwelt scheint dadurch von vornherein ausgeschlossen. Zweitens will Dilthey in Abgrenzung von Helmholtz und Zeller unseren Glauben an die R.d.A. nicht auf einen vom Verstand hergestellten Kausalzusammenhang gründen; er verzichtet also auf die in der Annahme einer R.d.A. häufig implizierte Kausalhypothese [23]. Lebensphilosophisch begründet sich dieser Verzicht damit, daß der Glaube an die R.d.A. «nicht aus einem Denkzusammenhang, sondern aus einem in Trieb, Willen und Gefühl gegebenen Zusammenhang des Lebens» zu erklären sei [24].

In dem Augenblick, in dem wir die Erfahrung unseres Willens und des ihm entgegengebrachten Widerstandes machten, werde uns die Außenwelt gleichzeitig mit unserem Ich oder Selbst zur Bewußtseinstatsache. Wille und Widerstand sind für Dilthey die Faktoren unseres Glaubens an die R.d.A. [25]. In dem Maße, in dem sich unsere Erfahrungen von Wille/Impuls, Druck und Widerstand verdichteten, «wächst der Charakter von Wirklichkeit» [26]. Daß wir diese Wirklichkeit als eine uns äußerliche auffassen, daß wir «ein Außen im Denken konstruieren», erklärt Dilthey mit Rekurs auf den Begriff der Kraft: Wenn unsere Wahrnehmungen – bei Dilthey Empfindungsverbindungen – unabhängig vom Impuls seien, wenn unsere Triebe gehemmt und unsere Bedürfnisse nicht befriedigt würden, dann trete uns eine Kraft entgegen, «die wir dann als eine äußere, von uns getrennte auffassen müssen» [27]. Gleichwohl seien auch die von der Kraft in uns hervorgerufene Empfindungsverbindung und das in ihr «sitzende» Objekt eine Bewußtseinstatsache: «Das Selbst und die Objekte liegen ... beide innerhalb des Bewußtseins» [28]. Die hier naheliegende Möglichkeit, die R.d.A. im Sinne des subjektiven Idealismus zu leugnen, weist Dilthey mit Hinweis auf die Gleichzeitigkeit der antagonistischen Kräfte Wille und Widerstand zurück, welche einen gleichen Ursprung beider (im Bewußtsein) ausschließe. Dilthey sieht selbst, daß er mit dieser Antwort erneut vor dem Exterioritäts- und dem Kausalitätsproblem des Glaubens an die R.d.A. steht [29].

Diltheys Konzeption von der R.d.A. nimmt im 20. Jh. R. KÖNIG positiv auf. In der Hypothese, daß wir die Außenwelt, einschließlich anderer Personen, in der Weise eines Widerstands erfahren, sieht König eine bedeutende Parallele zu E. DURKHEIM [30]. Zudem sei auch bei Durkheim die Außenwelt nicht im Sinne räumlicher Exteriorität zu verstehen, sondern wie bei Dilthey internalistisch, da sie konstituierende Widerstand soziologisch lediglich als sozialer Druck faßbar und relevant sei und dieser bei Durkheim darin bestehe, internalisierte moralische Normen und Konventionen einzufordern. Diese internalistisch verstandene Außenwelt besitze «für den Handelnden den gleichen Wirklichkeitsgrad ... wie die physisch-materielle Außenwelt, vielleicht sogar – das schien ... bei Dilthey schon durch – einen höheren!» [31].

O. F. BOLLNOW hält Diltheys Widerstandsargument hingegen für ergänzungsbedürftig und letztlich für sekundär. Die R.d.A. werde uns nicht nur in der Widerstandserfahrung gewiß, sondern auch in der «Erfahrung der fördernden und helfenden Kraft, die das eigne Dasein trägt und stützt und von der her es eigentlich überhaupt erst lebt»; und diese Erfahrung des «Widerhalts» in der Außenwelt sei ursprünglicher als jene des Widerstands [32].

M. HEIDEGGER stellt die Voraussetzungen, unter denen das von ihm sog. «Realitätsproblem» seit Kant diskutiert wird, grundsätzlich in Frage. Ob man die R.d.A. mit Kant zu beweisen suche, ob man mit Dilthey an sie glaube oder ihre Annahme für notwendig erkläre: «... dergleichen Versuche setzen ... ein zunächst weltloses bzw. seiner Welt nicht sicheres Subjekt voraus, das sich im Grunde erst einer Welt versichern muß» [33]. Damit verfehlten die erkenntnistheoretischen Ansätze das «ontologisch Entscheidende»: «die Grundverfassung des 'Subjektes', des Daseins, als In-der-Welt-sein» [34]. Diese Seinsverfassung des Daseins, die ein «Strukturganzes» sei, könne mittels eines Beweises der R.d.A. prinzipiell nicht eingeholt werden, und der «'Skandal der Philosophie' besteht nicht darin, daß dieser Beweis bislang noch aussteht, sondern darin, daß solche Beweise immer wieder erwartet und versucht werden» [35]. Zu beweisen sei nicht eine R.d.A., sondern «aufzuweisen ist, warum das Dasein als In-der-Welt-sein die Tendenz hat, die 'Außenwelt' zunächst 'erkenntnistheoretisch' in Nichtigkeit zu begraben, um sie dann erst durch Beweise auferstehen zu lassen» [36]. Den Grund sieht Heidegger in der im Verfallen des Daseins an die Welt gründenden Verengung des Seinsverständnisses auf Sein als Vorhandenheit, als 'Realität'. Mit dieser Verengung werde die Weltlichkeit als konstitutiver Bestandteil des In-der-Welt-Seins «übersprungen» und der Weg zu einer existenzialen Analytik des Daseins verstellt [37].

Die angelsächsische Diskussion zur R.d.A. ist eigene Wege gegangen [38]. B. RUSSELL analysiert «our knowledge of the external world» mit Hilfe der «logical-analytical method» in einer Weise, die die als «very powerful» eingeschätzten Argumente des Berkeleyschen Idealismus zu integrieren sucht [39]. Die von Berkeley angeführten unterschiedlichen Erscheinungsweisen ein und desselben Objekts für verschiedene Betrachter sowie für denselben Betrachter über die Zeit hinweg beschreibt Russell als ebensoviele «private worlds»; und die Summe aller privaten Welten, d.h. aller aktuellen Sinneswahrnehmungen, und der möglichen (nicht-aktuellen) Sinneswahrnehmungen faßt er als ein «system of perspectives», welches der Gegenstand in der Außenwelt selbst sei [40]. Dieser sei daher nur eine logische Konstruktion, die aktuellen Sinneswahrnehmungen hingegen sämtlich real [41].

G. E. MOORE formuliert in Auseinandersetzung mit Kant seinen sog. Common-sense-Realismus. Für solche Dinge, deren numerische Identität in der Wahrnehmung durch verschiedene Individuen garantiert ist [42], gilt demnach, daß aus dem Nachweis ihrer Existenz unmittelbar ihre Existenz in der Außenwelt, d.h. «external to our minds», folgt [43]. Moore postuliert, daß die Existenz solcher Dinge, z.B. zweier menschlicher Hände, eines «perfectly rigorous proof» fähig sei, und daß es demzufolge nicht nur einen – den Kantischen – Beweis für die R.d.A. gebe, sondern ebensoviele wie eben Beweise für die Existenz numerisch identischer Dinge beizubringen seien [44].

Anmerkungen. [1] I. KANT: KrV B XXXIX (Anm.). – [2] KrV B 275-279; vgl. B XL (Anm.). – [3] J. G. FICHTE: Von der Sprachfähigkeit und dem Ursprung der Sprache (1795). Akad.-A. I/3, hg. R. LAUTH/H. JACOB (1966) 112 (Anm.). passim; Die Best. des Menschen (1799/1800), a.O. I/6, hg. R. LAUTH/H. GLIWITZKY (1981) 246. – [4] Grundl. des Naturrechts nach Principien der Wiss.lehre (1796), a.O. I/3, 335; vgl. Best. des Menschen, a.O. I/6, 246f.; Grundl. der ges. Wiss.lehre als Handschr. für seine Zuhörer (1794/95), a.O. I/2, hg. R. LAUTH/H. JACOB (1965) 432f. – [5] Grundl. des Naturrechts ..., a.O. I/3, 336. – [6] a.O. 337. – [7] A. SCHOPENHAUER: Die Welt als Wille und Vorst. I/1 (1819) § 5. Sämtl. Werke, hg. A. HÜBSCHER 2 (³1972) 15. – [8] a.O. 16. – [9] 17. – [10] 18. – [11] 19. – [12] 21. – [13] 22. – [14] H. VON HELMHOLTZ: Hb. der Physiolog. Optik § 26 (²1896) 592; vgl. Die

Thatsachen in der Wahrnehmung (1878/79) 38f. – [15] a.O. 588.
– [16] a.O. 580. 587f. – [17] E. ZELLER: Vortr. und Abhandl. 3
(1884) 244f. – [18] a.O. 250. 248f. – [19] 253. 266-268. – [20] A.
RIEHL: Der philos. Kritizismus (1879, ²1925) 2, 21. – [21] a.O.
229. – [22] W. DILTHEY: Beitr. zur Lösung der Frage vom Ursprung unseres Glaubens an die R.d.A. und seinem Recht (1890).
Ges. Schr. 5, hg. G. MISCH (1923, ²1957) 90; vgl. Ausarbeitungen
zum 2. Bd. der Einl. in die Geisteswiss., 4.-6. Buch [ca. 1880-90],
a.O. 19, hg. H. JOHACH/F. RODI (1982) 58ff. 70ff. – [23] Ursprung ..., a.O. 5, 95. 114; vgl. Einl. in die Geisteswiss. (1883),
a.O. 1, hg. B. GROETHUYSEN (⁴1959) XIX. – [24] Ursprung ...,
a.O. 5, 95. – [25] a.O. 98. 130f.; vgl. Frühe Entwürfe zur Erkenntnistheorie und Logik der Geisteswiss. [vor 1880], a.O. 19, 22f.;
Ausarbeit. ..., a.O. [22] 172f.; Leben und Erkennen. Ein Entwurf
zur erkenntnistheoret. Logik und Kategorienlehre [ca. 1882/83],
a.O. 350. – [26] Ursprung ..., a.O. [22] 131. – [27] a.O. 131f. – [28]
132. – [29] 134. – [30] R. KÖNIG: Einl., in: E. DURKHEIM: Die
Regeln der soziolog. Methode [1894] (1961) 54. – [31] a.O. 58. –
[32] O. F. BOLLNOW: Das Wesen der Stimmungen (1941, ²1943)
101. – [33] M. HEIDEGGER: Sein und Zeit § 43 (1927, ¹⁵1979) 206.
– [34] a.O. 204. – [35] 205. – [36] 206. – [37] 201; § 14, a.O. 64ff. –
[38] Vgl. Art. ‹Realismus III. Analyt. Philos.›. – [39] B. RUSSELL:
Our knowledge of the external world (1914) 71f. – [40] a.O. 95. –
[41] 96. – [42] G. E. MOORE: Proof of an external world. Proc.
Brit. Acad. 25 (1939) 10ff. – [43] a.O. 23. – [44] 25.

Literaturhinweise. R. ZIMMERMANN: Der 'Skandal der Philos.'
und die Semantik (1981). – B. SCHMIDT: Das Widerstandsargument in der Erkenntnistheorie (1985). K. GRÜNEPÜTT

Realitätsprinzip ist ein 1911 von S. FREUD geprägter Begriff: Die Enttäuschung direkter oder halluzinatorischer
Befriedigung führt – phylogenetisch und ontogenetisch –
den «Psychischen Apparat» dazu, das unmittelbare Regiment des «Lustprinzips» zu suspendieren, «die realen
Verhältnisse der Außenwelt vorzustellen und die reale
Veränderung anzustreben. Damit war ein neues Prinzip
der seelischen Tätigkeit eingeführt; es wurde nicht mehr
vorgestellt, was angenehm, sondern was real war, auch
wenn es unangenehm sein sollte. Die Einsetzung des R.»
[1] – durch die «das Ich die Umwandlung von Lust-Ich
zum Real-Ich durchmacht» [2] – dient der «Selbstbehauptung des Organismus unter den Schwierigkeiten der
Außenwelt» [3], der «Sicherheit», «Selbsterhaltung» [4]
und der Ausbildung der «Kultur» [5]. In den psychischen
Erkrankungen suspendiert der Mensch das R. und erleidet so «Realitätsverlust» [6]. Der späte Freud, der «Jenseits des Lustprinzips» [7] denkt, überführt die Opposition von R. und Lustprinzip in die von «Ich» und «Es»
[8]; daran anschließend entwickelt sich einschlägig eine
differenzierte innerpsychoanalytische Diskussion [9]. In
deren Zusammensetzung betont J. LACAN, daß die Psychoanalyse selber nicht dem R. im Sinne des Wissenschaftsideals der Physik gehorche, sondern «jenseits des
R.» [10] agiere.

Bei der philosophischen Freudrezeption wird vor allem in der Frankfurter Schule die durch das R. verlangte
«Anpassung» an «das Bestehende» kritisiert; so bei TH.
W. ADORNO: die Psychoanalyse unterwerfe den Menschen «dem R.» [11], d.h. «dem Rationalisierungsmechanismus, der Anpassung» [12], und erlaube ihm dadurch
nur «Gesundheit zum Tode» [13]; so sei bei Freud «das
letzte großkonzipierte Theorem der bürgerlichen Selbstkritik ... zu einem Mittel geworden, die bürgerliche
Selbstentfremdung in ihrer letzten Phase zur absoluten
zu machen» [14]. Demgegenüber hat H. MARCUSE aus
ähnlicher spätmarxistischer Position heraus auf das entfremdungskritische Potential der Psychoanalyse gesetzt:
Freud analysierte den Menschen nur «unter der Herrschaft des R.» [15] und verwechselte dabei – unhistorisch – das R. mit der «vorherrschenden historischen
Form des R.», dem «Leistungsprinzip» [16], das die vorhandene – bürgerliche – Kultur zu einer «unterdrückenden Kultur» [17] macht. Marcuse betont «die historischen Grenzen des geltenden R.» [18] und «extrapoliert»
aus Freuds Psychoanalyse die Idee «eines neuen R.»
[19], «eines nicht-unterdrückenden R.» [20] und die Vision einer – durch «nicht-repressive Sublimierung» [21]
charakterisierten – «Kultur ohne Unterdrückung und
Verdrängung» [22] «jenseits des R.» [23], in der Lustprinzip und R. versöhnt und identisch werden.

Gegen diese Illusion ohne Zukunft – die aus der Verweigerung der Bürgerlichkeit folgt – wird eine philosophische Rehabilitierung des R. fällig; denn der «Versuch, die Psychoanalyse zum Treuhänder der Wahrheit
des Marxismus einzusetzen, weil der Marxismus selbst
es nicht mehr ist, und Freud zum amtierenden Linkshegelianer zu küren, wo die offiziellen Linkshegelianer zu
Funktionären der Repression sich gewandelt haben, tut
das um den Preis der Ohnmacht seiner Vernunft: er
'bleibt frei von der Kontrolle des R. – um den Preis,
machtlos zu werden, inkonsequent, unrealistisch'» [24].

Anmerkungen. [1] S. FREUD: Formulierungen über die zwei
Prinzipien des psych. Geschehens (1911). Ges. Werke, hg.
A. FREUD (London 1940ff.) 8, 229-238, bes. 231f. – [2] a.O. 237. –
[3] Jenseits des Lustprinzips (1920), a.O. 13, 1-69, bes. 6. – [4]
Abriß der Psychoanalyse (1938), a.O. 17, 63-138, bes. 129f. – [5]
Das Unbehagen in der Kultur (1930), a.O. 14, 419-506, bes. 425.
– [6] Der Realitätsverlust bei Neurose und Psychose (1924), a.O.
13, 361-368. – [7] a.O. [3] 1-69. – [8] a.O. [4] 129. – [9] Vgl.
Encycl. of psychoanalysis, hg. L. EIDELBERG (New York/London
1968) 367f. – [10] J. LACAN: Au-delà du 'Principe de réalité'
(1936). Ecrits (Paris 1966) 73-92. – [11] TH. W. ADORNO: Minima Moralia (1951). Ges. Schr., hg. R. TIEDEMANN 4 (1980) 70.
– [12] a.O. – [13] 63. – [14] 72. – [15] H. MARCUSE: Triebstruktur
und Ges. (1955). Schr. 5 (1979) 17. – [16] a.O. 38. – [17] 54. – [18]
115ff. – [19] 136. – [20] 123. – [21] 179. – [22] 170. – [23] 113ff. –
[24] O. MARQUARD: Transz. Idealismus, Romantische Naturphilos., Psychoanalyse [1963] (1988) 264; vgl. MARCUSE, a.O. [15]
125.

Literaturhinweise. L. EIDELBERG s. Anm. [9]. – J. LAPLANCHE/
H. B. PONTALIS: Das Vokabular der Psychoanalyse (1973) 427-
431. – O. MARQUARD s. Anm. [24]. O. MARQUARD

Realpsychologie. Mit dem Begriff ‹R.› charakterisiert
insbesondere der junge DILTHEY seinen Versuch einer
neuen Konzeption von Psychologie, die er der in der
zweiten Hälfte des 19. Jh. vorherrschenden naturwissenschaftlich orientierten, von ihm so genannten «erklärenden» oder «konstruktiven» Psychologie entgegensetzt.

Dilthey bildet den Begriff ‹R.› unter Rückgriff auf
Überlegungen von NOVALIS, Psychologie (d.h. auch
Anthropologie) und Geschichte miteinander zu verbinden. Novalis nannte dies «reale Psychologie»; F. von
Baader war für ihn «ein realer Psycholog» und sprach
«die ächte psychologische Sprache» [1]. Für DILTHEY ist
die R. «eine Psychologie, welche den *Inhalt* unserer
Seele selber zu ordnen, in seinen Zusammenhängen aufzufassen, soweit möglich zu erklären unternimmt» [2].
Die R. tritt damit in Gegensatz zur traditionellen Psychologie empiristischer oder herbartscher Provenienz,
die Dilthey als bloß «formale» Psychologie kritisiert, da
sie sich darauf beschränke, die Formen zu untersuchen,
«innerhalb derer die Seele thätig ist» [3].

Diese von Dilthey postulierte «inhaltliche» Psychologie [4], die er etwa seit Mitte der siebziger Jahre vornehmlich «deskriptive» Psychologie nennt [5], hat in Diltheys Projekt einer umfassenden Begründung der Geisteswissenschaften die Funktion einer psychologischen Grundlagenwissenschaft zu erfüllen. So ist die R. «die Grundlage aller Erkenntnis des geschichtlichen Lebens, wie aller Regeln der Leitung und Fortbildung der Gesellschaft» [6]. Den Gegenstand dieser psychologisch-anthropologischen Grundwissenschaft bilden die gesellschaftlich-geschichtlich vermittelten Individuen, d.h. «die Elemente, aus welchen Gesellschaft und Geschichte sich aufbauen» [7]. Um ihrer Grundlegungsaufgabe gerecht zu werden, muß sich diese R. strikt «in den Grenzen einer deskriptiven Wissenschaft» halten [8], d.h. auf jeden Versuch einer «Erklärung» von Phänomenen des Seelenlebens, etwa durch Deduktion aus einer hypothetisch angenommenen «begrenzten Zahl von eindeutig bestimmten Elementen» [9], die in einem gesetzlichen Wechselwirkungszusammenhang stehen, verzichten [10]. Gegen den Deduktionismus der «erklärenden» Psychologie setzt Dilthey das Postulat einer strengen induktiven Erforschung der Tatsachen und Prozesse des Seelenlebens, so daß er gelegentlich seine Konzeption auch als «induktive» oder «empirische» Psychologie bezeichnen kann [11].

Diese auch «konkret» genannte Psychologie [12] mündet Anfang der neunziger Jahre in die umfassende Konzeption einer «Struktur-Psychologie» [13]. Diese «Struktur-Theorie» ist zentriert in den Gedanken zur «Struktur des Seelenlebens», die Dilthey in den späten achtziger Jahren in seinen poetologischen und pädagogischen Schriften entwickelt hatte [14]. Aufgenommen und weiterentwickelt wird Diltheys Strukturpsychologie, zu der er auch in seinem Spätwerk noch einige bedeutende Beiträge geliefert hat [15], insbesondere durch die verschiedenen Formen der «geisteswissenschaftlichen» oder «verstehenden» Psychologie [16].

Anmerkungen. [1] NOVALIS: Frg. Nr. 308. Schr., hg. P. KLUCKHOHN/R. SAMUEL 2 (²1960) 593. – [2] W. DILTHEY: Novalis. Preuß. Jb. 15 (1865) 622, in: Das Erlebnis und die Dichtung (1906, ¹⁵1970) 213; vgl. auch: Ideen über eine beschreib. und zerglied. Psychol. (1894). Ges. Schr. [GS] 5 (1924) 156; zum Begriff der realen Psychol. bei Novalis vgl. auch: Leben Schleiermachers 1 (1870). GS 13/1 (1970) 380. – [3] Novalis, a.O.; zur Kritik der formalen Psychol. vgl. auch: Versuch einer Analyse des moral. Bewußtseins. GS 6 (1924) 43 bzw.: System der Ethik. GS 10 (1958) 111f. und: Einl. in das wissenschaftl. Studium des Menschen, der Ges. und Gesch. GS 18 (1977) 5. – [4] Leben Schleiermachers 2. GS 14 (1966) 370; Die Kategorien des Lebens. GS 7 (1927) 239; Das geschichtl. Bewußtsein und die Weltanschauungen. GS 8 (1931) 15. – [5] Über die Einbild.kraft der Dichter. Z. Völkerpsychol. Sprachwiss. 10 (1878) 59; Über das Studium der Gesch. der Wiss.en vom Menschen, der Ges. und dem Staat. GS 18 (1977) 70-72; Ausarbeitung der deskript. Psychol. GS 18 (1977) 112-185; vgl. Art. ‹Psychologie, beschreib. und zerglied.›, in: Hist. Wb. Philos. 7 (1989) 1653-1655. – [6] Einl. in die Geisteswiss.en (1883). GS 1 (1922) 32. – [7] a.O. 28. – [8] 32, vgl. 33. – [9] Ideen ..., a.O. [2] 139. – [10] Zu Diltheys Kritik der «erklärenden» Psychol. vgl. neben: Ideen ... GS 5 (1924) 139-237 u.a. auch: Über die Einbild.kraft der Dichter, a.O. [5] 49f.; GS 1 (1922) 32f. 375-378; GS 18 (1977) 70-78; GS 19 (1982) 95f. 330f. – [11] Die große Phantasiedichtung und andere Studien zur vergl. Lit.gesch. (1954) 299. – [12] Die Kategorien ..., a.O. [4]. – [13] Ideen ..., a.O. [2] 139-237. – [14] Dichterische Einbild.kraft und Wahnsinn (1886). Vgl. Die Einbild.kraft des Dichters (1887), a.O. 143; Über die Mögl. einer allgemeingült. pädagog. Wiss. (1888), a.O. 63. – [15] Vgl. etwa: Der psych. Strukturzusammenhang (1905). GS 7 (1927) 3-23; Der Strukturzusammenhang des Wissens (1905), a.O. 24-69. – [16] Vgl. Art. ‹Psychologie, geisteswiss. und verst.›, a.O. [5] 1656-1658.

H.-U. LESSING

Realrelation/Idealrelation. Die im Spannungsfeld zwischen Ontologie, Bewußtseinsphilosophie und Sprachphilosophie angesiedelte Frage, ob Relationen (s.d.) eine ontologische Dignität besitzen oder ob es sich lediglich um Organisationsprinzipien des Verstandes handelt, reicht bis in die Antike zurück. Größere Bedeutung erlangt sie in der Scholastik im Zusammenhang mit dem Universalienstreit. THOMAS VON AQUIN zufolge gründen die Relationen in den Objekten: «relatio fundatur in aliquo sicut in causa» [1]. Vertreter des Nominalismus bestreiten diese These [2].

F. SUÁREZ unterscheidet mit den «relationes rationis» und den «relationes reales» verschiedene Typen von Relationen und sucht in der Beantwortung der Frage nach dem Status von Relationen nach einem dritten Weg [3]. Letztere gründen in den Dingen selbst, während erstere allein dem Verstand zukommen.

In der neueren Diskussion hat der Brentano-Schüler A. MEINONG in seinen Studien zur Humeschen Philosophie mit der Unterscheidung zweier Grundklassen von Relationen, den Rr. und Ir., die Lehre von der bloßen Subjektivität der Relationen korrigiert. Ir. sind «Relationen zwischen Vorstellungsobjekten», Rr. «Relationen zwischen wirklichen Dingen» [4]. Ir. werden als Resultat einer «psychischen Tätigkeit» begriffen, die den Dingen außerhalb dieser Tätigkeit nicht zukommen [5]. Rr. gegenüber hingegen verhält sich das Subjekt nur wahrnehmend, sie sind objektiv und finden sich in den Dingen selbst. Ir. betreffen vorrangig «Vorstellungsobjekte», weshalb Meinong für diese auch den Terminus «Vorstellungsrelationen» benutzt [6].

In der neueren Philosophie hat sich Meinongs Terminologie nicht weiter durchgesetzt. Ähnliche Unterscheidungen finden sich allerdings im Werk A. BRUNSWIGS («Es gibt Relationen, denen ein ... reales Sein ... in der unabhängig von unserem Erkennen bestehenden Wirklichkeit zuerkannt werden muß» [7]) oder in der Systematik D. MAHNKES, der «formal-begriffliche», «reale» und «intentionale» Relationen unterscheidet [8]. Die ältere, scholastische Unterscheidung zwischen den «relationes rationis» und den «relationes reales» findet man in modifizierter Form auch in der sprachanalytischen Tradition im Gewand der Begriffe «logische» und «deskriptive Relationen» bzw. «Zeichen» [9].

Anmerkungen. [1] THOMAS VON AQUIN: In 4 Sent. 27, I, 1, 1 ad 3. – [2] Vgl. die allg. Darst. der Auseinandersetzung zw. Anselm und Roscelin bei M. GRABMANN: Die Gesch. der scholast. Methode (1909) 293ff.; ferner: M. DE WULF: Gesch. der mittelalterl. Philos. (1913) 130ff. – [3] F. SUÁREZ: Disput. metaph. II, 47, s. 3, 2ff. – [4] A. MEINONG: Hume-Stud. II. Zur Relationstheorie. Ges.ausg. 2: Abh. zur Erk.theorie und Gegenstandstheorie (1971) 140. – [5] a.O. 142. – [6] a.O. – [7] A. BRUNSWIG: Das Vergleichen und die Realitätserkenntnis (1910) 184. – [8] D. MAHNKE: Eine neue Monadologie (1917) 30ff. – [9] R. CARNAP: Einf. in die symbol. Logik (³1963) 16f.

CH. DEMMERLING

Rechnen (griech. λογίζεσθαι; lat. rationem reddere, ratiocinari, calculare, computare)

I. – Das deutsche Wort ‹R.›, eigentlich «zur sammlung, ordnung, bereitschaft bringen» [1], wird nur am Rande auch in der Bedeutung von 'Denken', 'Überlegen', 'Schließen' verwendet [2]. In dieser Bedeutung tritt es das Erbe von griech. λογίζεσθαι und lat. ‹ratiocinari› an [3], die sowohl das R. mit Zahlen wie auch das Überlegen und logische Schließen bezeichnen.

Nachdem Rechenverfahren für ökonomische, technische und astronomische Zwecke bereits in vorgriechischer Zeit bekannt waren [4], soll PYTHAGORAS sich mit Zahl und Zahlverhältnis (λόγος ἐστὶ πάντων τῶν ἀριϑμῶν πρὸς ἀλλήλους [5]) zum ersten Mal theoretisch befaßt haben. Das Auslegen der Rechensteine (ψήφους τιϑέναι, auch 'rechnen') dient dazu, in den entstehenden Figuren die Ordnung der Zahlen und so auch der Dinge einsichtig werden zu lassen [6]. Für PLATON ist von der alltäglichen Zahlen- und Rechenkunst (ἡ ἀριϑμητικὴ [τέχνη], ἡ λογιστικὴ [τ.]) jeweils die wissenschaftliche zu unterscheiden, die nicht zählbare Gegenstände, sondern Zahleigenschaften bzw. Zahlverhältnisse [7] zum Gegenstand hat und zum einsichtigen Denken führt [8]. Der Pythagoreer ARCHYTAS VON TARENT (um 400 v.Chr.) räumt der Rechenkunst wegen ihrer Genauigkeit und weiteren Anwendung den Vorrang vor der Geometrie ein [9], doch werden Rechenverfahren, wenn überhaupt, meist mit Mitteln der geometrischen Algebra begründet [10]. Da deren Methoden auch auf irrationale Größen anwendbar sind, wird die Geometrie zur mathematischen Grundwissenschaft [11]. EUKLID widmet nur drei der dreizehn Bücher der ‹Elemente› arithmetischen Fragen und versteht den nach ihm bekannten Algorithmus weniger als Rechenverfahren denn als Aufweis von Zahleigenschaften [12]. ARISTOTELES zählt die Mathematik zu den drei betrachtenden Wissenschaften, billigt aber dem R., etwa dem Gebrauch einer Rechentafel, nur die Bedeutung einer Technik zu, in der man geübt sein sollte [13]. Im Neuplatonismus wird die doppelte Unterscheidung zwischen praktischer und theoretischer Arithmetik bzw. Logistik auf den einfachen Gegensatz von (theoretischer) Arithmetik und (praktischer) Logistik reduziert [14].

Bis zur Zeit des Humanismus bleibt R. bloße Technik, was sich am Gebrauch des Rechenbretts, des Abakus, zeigt [15]. Als «mathematische Methode» wird hingegen das Beweisen nach dem Vorbild der aristotelischen Syllogistik oder euklidischen Axiomatik verstanden [16]. Die Abakisten verlieren ihre Stellung als Rechenmeister an die Algorithmiker durch die Einführung der indischen Positionsschreibweise, die sich durch die Entsprechung von Zahldarstellung und Rechenverfahren auszeichnet. Die Fortbildung des «R. mit der Feder» zu einem Kalkül liefert zwei wichtige Anstöße: Erstens ergibt sich die Möglichkeit der Reduktion des Rechenvorgangs auf kleinste, auch mechanisch ausführbare Schritte, und zweitens ist R. nicht mehr begrenzt als Manipulation zählbarer Gegenstände oder meßbarer Größen, sondern als Symbolmanipulation verstanden. Zwar findet man bereits in der Antike die Verwendung von Buchstaben als Zahlbezeichnungen [17], doch setzt sich der Gebrauch von Formeln erst mit der «logistica speciosa» des F. VIETA (1540-1603) durch [18]. R. DESCARTES sieht in der Fortbildung der Arithmetik zur Algebra eine Wiederholung dessen, was die antiken Geometer für die Figuren leisteten [19], und hebt die Bedeutung einer zweckmäßigen Notation hervor [20], versteht aber das R. von seinem Gegenstand, den meßbaren Größen, her [21] und beschränkt es auf ein Hilfsmittel der intuitiven Erkenntnis, da sich der Grund für die Wahrheit des Resultats nicht im Rechenvorgang zeigt [22] und dessen Regeln ihrerseits der Begründung bedürfen [23]. TH. HOBBES führt alle Rechenvorgänge auf wenige, elementare Operationen zurück, die auch Denken ausmachen, und setzt daher ‹Denken› mit ‹R.› gleich [24]; er bleibt jedoch hinter dem erreichten Stand zurück, indem er das R. einerseits von Zahlen als geometrischen Größen, andererseits von Zahlworten her begreift [25]. G. W. LEIBNIZ beruft sich ausdrücklich auf Hobbes' Gleichsetzung [26], entwirft aber seinen Logikkalkül nach dem Modell der «Algebra Nova» Vietas, deren Vorzug im Gebrauch von Formeln, die Erkenntnis ermöglichen, besteht [27]. Von der «ars combinatoria» des Raimundus Lullus setzt sich Leibniz dadurch ab, daß er die «operatio per characteres» [28] ausdrücklich als R. versteht [29], von Hobbes' Nominalismus dadurch, daß die Zeichen weder willkürlich [30] noch bloßes Hilfsmittel des Denkens sind [31]. Die Wahrheiten, auf die Denken zielt, sind in den Formeln enthalten und müssen durch rechnerische Umformungen nur aufgedeckt werden. Der Objektivität der Begriffsformeln entspricht, daß die Welt ihrerseits 'mathematisch' ist; mit dieser metaphysischen Begründung des Kalküls nimmt Leibniz einen pythagoreischen Gedanken wieder auf [32].

Die Vertreter der im 19. Jh. aufkommenden mathematischen Logik werden oft als Nachfolger von Leibniz angesehen [33], übernehmen jedoch nicht die metaphysische Begründung des Kalküls [34]. G. FREGE kritisiert formale Kalküle wie die Algebra G. Booles, deren Formeln «leere Schemata» [35] seien, und strebt eine Vereinigung von inhaltlichem Denken und formalem Operieren mit Zeichen an, indem er mit seiner ‹Begriffsschrift› nicht einen bloßen «calculus ratiocinator», sondern auch eine «lingua characterica» nach Leibniz' Vorbild schaffen will [36]. Daß die formal korrekte Anwendung von Regeln allein keine Inhalte erschließen kann, gilt auch für die Mathematik selbst, wie bereits G. BERKELEY in seiner Kritik am Differentialkalkül Newtons hervorhebt; im formalen Operieren mit Zeichen können sich inhaltliche Leere, Unklarheiten oder sogar Widersprüche verbergen, solange die grundlegenden Prinzipien nicht verstanden sind und den Zeichen keine Bedeutung gegeben ist [37]. Auch E. HUSSERL hält das Grundlegungsproblem noch nicht für gelöst: «Die heutige Arithmetik ist eine in Rücksicht auf den Umfang und die praktische Verläßlichkeit ihrer Regeln unübertreffliche Kunst; sie ist aber keine Wissenschaft, wofern wir eben unter Wissenschaft ein System von Erkenntnissen verstehen» [38]. Verdeckt wird dieses Problem durch eine Zweideutigkeit im Begriff des R., worunter einerseits eine «im wesentlichen begriffliche Operation», andererseits, als Herleitung von Zeichen aus Zeichen, eine «im wesentlichen sinnliche Operation» [39] verstanden wird. Da der «Mechanismus der symbolischen Methodik sich von seinen begrifflichen Anwendungssubstraten völlig loslösen läßt» [40], kann es zur Reduktion des R. auf eine Technik ohne Erkenntnischarakter kommen [41]. Umgekehrt sieht L. WITTGENSTEIN den Fehler gerade darin, dem R. einen Wahrheitsanspruch zuschreiben zu wollen: «Die Mathematik besteht ganz aus Rechnungen. In der Mathematik ist alles Algorithmus, nichts Bedeutung» [42].

Die Angleichung des R. an einen Mechanismus bildet neben der Formalisierung die zweite wichtige Entwicklung der Neuzeit und führt im 17. Jh. zum Bau von Rechenmaschinen. Im materialistischen Kontext erhält der Vergleich menschlicher und maschineller Fähigkeiten einen reduktionistischen Akzent, so bei E. B. DE CONDILLAC: «... lorsque je raisonne, les mots sont pour moi ce que sont les chiffres ou les lettres pour un mathématicien qui calcule; ... je suis assujetti à suivre mécaniquement des règles pour parler et pour raisonner» [43]. Wird Denken nach dem Vorbild des R. als Regelanwendung und diese wiederum als mechanische Wiederholung begriffen, erscheint eine Teilung auch der geistigen Arbeit möglich, wie Ch. Babbage sie vorschlägt [44]. Er vollzieht außerdem mit seinem Projekt, nicht nur Daten, sondern auch die Operationen der Maschine in symbolischer Form zu speichern, den Schritt von den bereits verbreiteten Rechenmaschinen zu programmierbaren Rechenautomaten [45].

Je nachdrücklicher R. als paradigmatischer Fall von Denken verstanden oder gar dieses auf jenes reduziert wird, um so bemerkbarer wird eine kritische Gegenströmung. Während I. Kant den Wesensunterschied zwischen (philosophischem) Denken und mathematischer Erkenntnis noch erkenntnistheoretisch begründet [46], drückt sich später, etwa in A. Schopenhauers Verurteilung des R. als «niedrigster aller Geistestätigkeiten» [47], eher der Verzicht auf eine Begriffsbestimmung von ‹R.› aus. Diese Strömung setzt sich über K. Fischer [48], L. Klages [49] u.a. bis in die Gegenwart hinein fort.

In den dreißiger Jahren wurden unterschiedliche Präzisierungen des Begriffs der Berechenbarkeit entwickelt, die sich als äquivalent erwiesen und nach A. Churchs weitgehend akzeptierter These dem intuitiven Begriff des Rechenverfahrens entsprechen [50]. A. M. Turing definiert den Begriff der berechenbaren Zahl durch die Beschreibung der später nach ihm benannten «universalen Rechenmaschine» und schafft so die theoretischen Grundlagen für den Bau des Computers («Rechners») als programmgesteuerter, universeller, symbolverarbeitender Maschine [51]. Mit dem nach ihm benannten «Test» gibt er ein Kriterium dafür an, ob solchen Maschinen Intelligenz zuzuschreiben ist, und sagt voraus, daß geeignete Maschinen den Test mit einiger Wahrscheinlichkeit bestehen werden [52]. H. Putnam nimmt Turings Unterscheidung zwischen den abstrakten, «logischen» Zuständen der Maschine und ihrer physikalischen Realisierung auf, um eine Lösung des Leib-Seele-Problems vorzuschlagen, die als «Funktionalismus» bekannt geworden ist [53]. 1956 wird die Bezeichnung ‹Artificial intelligence› für die Disziplin geprägt, die die Entwicklung von Computern mit geeigneten Programmen zur Simulation und Erklärung intelligenten Verhaltens zum Ziel hat [54]. Schwierigkeiten ergeben sich daraus, daß die bekannten Problemlösungsverfahren nicht immer Algorithmen im strengen Sinn sind [55] und daß ein intelligentes System auch Informationen aus der Umwelt aufnehmen müßte, die nicht schon in der Form gegeben sind, die ihre Verarbeitung ermöglichte [56]. Eine allgemeine Lösung der beiden Schwierigkeiten ist bisher nicht gelungen, doch hat die Forschung Erfolge bei der Entwicklung von Systemen vorzuweisen, die Probleme eines speziellen Typs lösen können [57]. Diese Entwicklung hat dazu geführt, daß der Begriff des R. als ‹computation› an Schärfe verloren hat; er bezeichnet nun nicht mehr die Anwendung eines Algorithmus, sondern jede Symbolmanipulation, deren Verlauf von den formalen Merkmalen der Symbole und einer Repräsentation ihrer aufeinanderfolgenden Zustände abhängig ist [58]. Umstritten ist, ob die Angabe der formalen, 'syntaktischen' Merkmale des symbolverarbeitenden Systems für die Erklärung intelligenten Verhaltens ausreicht (worin J. R. Searle eine Wesensverschiedenheit im Vergleich zum Menschen sieht [59]), ob man semantische Begriffe zu seiner Beschreibung lediglich aus pragmatischen Gründen zuläßt [60] oder ob die verarbeitenden Symbole eine Bedeutung nicht im bloß abgeleiteten Sinn besitzen [61]. Die Grundannahmen der «representational» oder «computational theory of mind» werden gegenwärtig von einem anderen Ansatz her in Frage gestellt, der dem Aufbau intelligenter Systeme nach dem Vorbild des Gehirns größeres Gewicht einräumt. Aus Gründen der Effektivität verzichtet man bei «konnektionistischen Systemen» auf eine explizite Repräsentation der Informationen und ihrer logischen Zusammenhänge zugunsten einer impliziten Darstellung in der Struktur des Systems [62]. Während aber herkömmliche Systeme als universale Turingmaschinen aufgefaßt werden können, was allgemeine Aussagen über ihre Fähigkeiten erlaubt, fehlt bisher eine vergleichbare Möglichkeit für konnektionistische Systeme; auch bleibt, abgesehen von begrenzten Anwendungsmöglichkeiten, das Paradigma der Symbolmanipulation nach dem Vorbild des R. in der «Cognitive science» leitend [63].

Anmerkungen. [1] Grimm 8, 348. – [2] a.O. 353. – [3] Vgl. Art. ‹Denken›, in: Hist. Wb. Philos. 2 (1972) 64ff. – [4] K. Vogel: Vorgriech. Math. 1: Vorgesch. und Ägypten (1958); vgl. Art. ‹Mathematik›, ‹Arithmetik›. – [5] Pythagoras: Frg. 58, B 2. VS I, 451; vgl. Aristoteles: Met. I, 985 b 23ff. – [6] O. Becker: Grundlagen der Math. in geschichtl. Entwickl. (^{2}1964) 34-37; Herodot: Hist. II, 36, 23 gebraucht ψήφοις λογίζεσθαι. – [7] Platon: Phileb. 56 d 1-57 a 4; 57 c 10-d 8; Gorg. 451 b 1-c 4; vgl. D. H. Fowler: The math. of Plato's Academy (Oxford 1987). – [8] Resp. 522 c 1-523 a 3; 524 d 6-526 c 7; Polit. 259 e-260 a. – [9] Archytas von Tarent: Frg. 47, B 4. VS I, 438. – [10] M. Kline: Mathem. thought from ancient to modern times (New York 1972) 135. – [11] a.O. – [12] Euklid: Elem. VII. – [13] Aristoteles: Top. VIII, 14, 163 b 17-28. – [14] J. Klein: Die griech. Logistik und die Entstehung der Algebra I (1934), NA [engl.] (Cambridge, Mass. ^{2}1972) ch. 2. 5. – [15] S. Krämer: Symbol. Maschinen. Die Idee der Formalisierung in geschichtl. Abriß (1988) 54-58, Anm. 166. – [16] H. Schüling: Die Gesch. der axiomat. Methode im 16. und beg. 17. Jh. (1969) 9-34. – [17] z.B. Aristoteles: Anal. post. I, 12, 78 a 14-21. – [18] F. Vieta: In artem analyticam isag. seu Algebra nova (Tours 1591). Op. math. 4 (Leiden 1646, ND Hildesheim 1970). – [19] R. Descartes: Regulae ad dir. ing., Reg. 4 [1628/29]. Oeuvr., hg. Ch. Adam/P. Tannery 10 (Paris ^{2}1986) 373. – [20] Disc. de la méthode (1637), a.O. 6 (1973) 20. – [21] Reg. 14, a.O. [19] 441; diese Begrenzung gilt auch für die «mathesis universalis»; vgl. Hist. Wb. Philos. 5 (1980) 937f. – [22] a.O. 375. – [23] Disc., a.O. [20] 21. – [24] Th. Hobbes: Element. philos. I: De corpore 1, 1, 2f. (1655). Op. philos. lat., hg. W. Molesworth (London 1839-45, ND 1961) 1, 2f.; vgl. Leviathan (1651) Kap. 4f. – [25] H. M. Pycior: Math. and philos.: Wallis, Hobbes, Barrow, and Berkeley. J. Hist. Ideas 48 (1987) 270-274. – [26] G. W. Leibniz: Diss. de arte comb. (1666). Philos. Schr., hg. C. I. Gerhardt (1875-90) [PSG] 4, 64; Math. Schr., hg. C. I. Gerhardt (1849-63) [MSG] 5, 42. – [27] Opusc. et frg. inéd., hg. L. Couturat (Paris 1903) 531; vgl. Nouv. ess. IV, 17, § 13. Akad.-A. VI/6, 489 und Art. ‹Kalkül›. – [28] Br. an Tschirnhaus (Mai 1678). MSG 4, 462; vgl. Fundam. calc. ratiocin. [1686]. PSG 7, 206. – [29] W. Risse: Die Logik der Neuzeit (1964/70) 1, 532; 2, 172; vgl. Art. ‹Ars combinatoria›. – [30] Leibniz: Diss. prael. zu M. Nizolius: De veris princ. ... (1670). PSG 4, 158; Medit. de cogn., ver. et id. (1684), a.O. 425; Disc. de mét. (1686), a.O. 450. – [31] PSG 4, 574; 7, 191. 204. – [32] PSG 7, 184. 199. – [33] Vgl. Art. ‹Logistik›. – [34] H. Poser: Zum Verhältnis von Logik und Math. bei Leibniz. Stud. leibn., Sh. 15 (1988) 197ff. – [35] G. Frege: Über den Zweck der Begr.schr. (1883), in: Begr.schr. und andere Aufsätze, hg. I. Angelelli (^{3}1988) 103. – [36] a.O. 98. – [37] G. Berkeley: The analyst (Dublin/London 1734). Works, hg. A. C. Fraser (Oxford 1901) 3, §§ 8. 47. – [38] E. Husserl: Begriff der allg. Arithmetik (1890). Husserliana 12 (Den Haag 1970) 377f. – [39] Philos. der Arithmetik (1891), a.O. 257. – [40] a.O. 258. – [41] 259. – [42] L. Wittgenstein: Philos. Grammatik [1931-34] II, 7, 40: Zur Mengenlehre. Schriften 4 (1969) 468. – [43] E. B. de Condillac: La langue des calculs (Paris 1798), hg. A. M. Chouillet (Lille 1981) 226. – [44] Ch. Babbage: On the econ. of machinery and manufactures (London 1832) § 241. – [45] On a method of expressing by signs the action of machinery. Philos. Transact. Royal Soc. (1826) 2, 250. – [46] I. Kant: KrV A 712-

724/B 740-752. – [47] A. SCHOPENHAUER: Parerga und Paralipomena (1851) 2, § 356. – [48] K. FISCHER: System der Logik (1852, ND 1983) 266. – [49] L. KLAGES: Der Geist als Widersacher der Seele (1929). Werke, hg. E. FRAUCHIGER u.a. (1969) 1, 765f. – [50] Vgl. Art. ‹Algorithmus›. – [51] A. M. TURING: On computable numbers, with an appl. to the Entscheidungsproblem. Proc. London Math. Soc. (2) 42 (1936/37) 230-265; A correction, a.O. 43 (1937) 544-546; dtsch. in: Intelligence Service. Schr., hg. B. DOTZLER/F. KITTLER (1987) 17-60. – [52] Computing machinery and intelligence. Mind 59 (1950) 433-460, dtsch. a.O. 147-182. – [53] H. PUTNAM: Minds and machines, in: Dimensions of mind, hg. S. HOOK (New York 1960), dtsch. in: A. BECKERMANN (Hg.): Analyt. Handlungstheorie 2 (1977) 364-397; vgl. N. BLOCK (Hg.): Readings in philos. of psychol. 1 (Cambridge, Mass. 1980) Teil 3. – [54] M. RINGLE: Philos. and artif. intelligence, in: M. RINGLE (Hg.): Philosoph. perspectives in artif. intelligence (Brighton 1979). – [55] A. NEWELL/H. A. SIMON: Human problem solving (Englewood Cliffs, N.J. 1972). – [56] M. MINSKY: A framework for representing knowledge, in: P. WINSTON (Hg.): The psychol. of computer vision (New York 1975). – [57] Vgl. A. BARR/E. FEIGENBAUM: The handbook of artificial intelligence (New York 1981ff.). – [58] Z. W. PYLYSHYN: Computation and cognition (Cambridge, Mass. ^{5}1989) 69-74. – [59] J. R. SEARLE: Minds, brains and sci. (London 1984), dtsch.: Geist, Hirn und Wiss. (1986) Kap. 2f. – [60] D. C. DENNETT: Intentional systems. J. Philos. 68 (1971), dtsch. in: P. BIERI (Hg.): Analyt. Philos. des Geistes (1981) 162-183. – [61] PYLYSHYN, a.O. [58] Kap. 2. – [62] Vgl. J. A. ANDERSON/E. ROSENFELD (Hg.): Neurocomputing. Found. of research (Cambridge, Mass. 1988). – [63] J. A. FELDMAN: Structured neural networks in nature and in computer sci., in: R. ECKMILLER/CH. VON DER MALSBURG (Hg.): Neural computers (1988); J. A. FODOR/Z. W. PYLYSHYN: Connectionism and cognit. archit.: a crit. analysis. Cognition 28 (1988) 3-71.

Literaturhinweise. H. DINGLER: Philos. der Logik und Arithmethik (1931). – H. HERMES: Aufzählbarkeit, Entscheidbarkeit, Berechenbarkeit (1961). – W. RISSE s. Anm. [29]. – H. SCHÜLING s. Anm. [16]. – H. W. ARNDT: Methodo scientifica pertractatum. Mos geometricus und Kalkülbegriff in der philos. Theorienbildung des 17. und 18. Jh. (1971). – M. KLINE s. Anm. [10]. – H. J. ENGFER: Philos. als Analysis. Stud. zur Entwickl. philos. Analysiskonzeptionen unter dem Einfluß mathem. Methodenmodelle im 17. und im frühen 18. Jh. (1982). – S. KRÄMER s. Anm. [15]; Berechenbare Vernunft. Kalkül und Rationalismus im 17. Jh. (1991).

M. TICHY

II. – Im 20. Jh. werden ‹R.›, ‹rechnendes Denken› oder ‹Rechenhaftigkeit› zu grundlegenden Begriffen der Rationalitätskritik, da man mit ihnen folgenschwere Engführungen des neuzeitlichen Denkens namhaft machen zu können glaubt [1]. M. SCHELER führt in seiner Darstellung der Lebensphilosophie Bergsons «die Angst, welche moderne Rechenhaftigkeit und den Berechnungswillen der Dinge gebiert», auf den «Willen zu 'Beherrschung'» zurück, dem er die «Bewegung der Sympathie, des Daseingönnens,» entgegensetzt [2]. O. SPENGLER setzt in seinem weitverbreiteten Werk das «Verstandesmäßige» mit Kausalität und «Berechnung» gleich und fordert demgegenüber die «Kraft des Schauens» [3].

Einen dominierenden Rang erhält ‹R.› in der Metaphysik- und Technikkritik M. HEIDEGGERS. R. im weiteren Sinne als «Vergegenständlichung des Wirklichen» ist für Heidegger der Grundzug neuzeitlicher Rationalität [4]. Grundgelegt im λόγον διδόναι (Rechenschaft geben) und in der «ratio reddenda» des Prinzips vom zureichenden Grund [5], komme im R. eine spezifische Haltung zum Seienden zur Vorherrschaft, die in der modernen Technik kulminiere [6]. Die Wissenschaft denkt nicht, sondern verschreibt sich der Berechenbarkeit: Die Naturwissenschaft stellt der Natur als «einem berechenbaren Kräftezusammenhang» nach [7], die Historie «verrechnet» «das Einmalige und Mannigfaltige der Geschichte» auf das «Beständige im Vergangenen», «das Vergleichbare» [8], und die formalisierte Sprache wird zur «rechnerischen Bestellbarkeit des Sagens» [9]. Zur Überwindung des seinsvergessenen, der bloßen Herrschaft über das Seiende verfallenen rechnenden Denkens wird ein «besinnliches Denken» [10] oder auch ein «wesentliches Denken» angemahnt, das dem «Anspruch des Seins» antwortet [11].

In der Elimination qualitativ-mimetischer Elemente des Denkens und in der Reduktion des Denkens auf ein logisch-mathematisch-rechnendes Verfahren sehen TH. W. ADORNO und M. HORKHEIMER den alles beherrschenden Zug der Aufklärung. «Was dem Maß von Berechenbarkeit und Nützlichkeit sich nicht fügen will, gilt der Aufklärung für verdächtig ... Die formale Logik war die große Schule der Vereinheitlichung. Sie bot den Aufklärern das Schema der Berechenbarkeit der Welt» [12]. Die zunächst positiven Ansätze der «Aufklärung im umfassendsten Sinne fortschreitenden Denkens», nämlich «von den Menschen die Furcht zu nehmen» [13] und die Chimären des Mythos durch Wissen zu stürzen, schlagen schließlich in der Hypertrophierung und ausschließlichen Geltung des rechnenden Denkens in deren Gegenteil um: in die Unterdrückung und Zerstörung all dessen am natürlichen und menschlichen Sein, was nicht in die Rechnung eingehen kann. In dieser Reduktion, in der «Umrechnung» [14] der Qualitäten in Funktionen, vollzieht sich eine Verarmung des Denkens und der Erfahrung: Sie «ähnelt ... die Erfahrungswelt der Völker ... tendenziell wieder der der Lurche an» [15]. Das rechnende Denken feiere in der positivistisch-wissenschaftlich-technischen Welt der Gegenwart seine größten Triumphe, sei aber bereits im Ursprung der abendländischen Rationalität grundgelegt [16].

Die Festlegung des Denkens auf den Aspekt des R. und der Instrumentalität wird in der Fortführung der Kritischen Theorie durch J. HABERMAS revidiert: Dem instrumentell-strategischen Handeln bzw. dem ökonomisch-administrativen System wird das kommunikative Handeln, der Eigensinn der Lebenswelt und die Ausdifferenzierung der Wertsphären in Wissenschaft, Moral und Kunst kontrastiert [17].

Anmerkungen. [1] Für die 1. Hälfte des 20. Jh. vgl.: CH. Graf VON KROCKOW: Die Entscheidung (1958). – [2] M. SCHELER: Versuche einer Philos. des Lebens, in: Vom Umsturz der Werte. Ges. Werke 3 (^{4}1955) 325. – [3] O. SPENGLER: Der Untergang des Abendl. (1923) 1, 154ff.; (ND 1983) 153ff. (‹Schicksalsidee und Kausalitätsprinzip›) – [4] M. HEIDEGGER: Wiss. und Besinnung, in: Vorträge und Aufs. (1954, ^{4}1978) 54; vgl. auch: Nietzsche: Der europ. Nihilismus. Ges.ausg. 48 (1986) 310. – [5] Holzwege (1950). Ges.ausg. 5 (1977) 72; Der Satz vom Grund (^{4}1972) 167ff. – [6] Vgl. G. SEUBOLD: Heideggers Analyse der neuzeitl. Technik (1986). – [7] HEIDEGGER: Die Frage nach der Technik, in: Vortr. ... a.O. [4] 25. – [8] Die Zeit des Weltbildes, in: Holzwege (1950). Ges.ausg. 5 (1977) 82. – [9] Unterwegs zur Sprache (1959), a.O. 12 (1985) 252. – [10] Gelassenheit (1959, ^{5}1977) 21-26. – [11] Was ist Met., Nachwort (1943, ^{5}1985) 54. – [12] M. HORKHEIMER/TH. W. ADORNO: Dial. der Aufklärung (1947), in: ADORNO: Ges. Schr. 3, hg. R. TIEDEMANN (1981) 22ff. – [13] a.O. 19. – [14] 53. – [15] a.O. – [16] 23f.; vgl. auch: Exkurs I: Odysseus oder der Mythos der Aufklärung. – [17] J. HABERMAS: Theorie des kommunikat. Handelns (1981); vgl. Die Verschlingung von Mythos und Aufklärung. Bemerk. zur Dial. der Aufkl. – Nach einer erneuten Lektüre, in: K. H. BOHRER (Hg.): Mythos und Moderne (1983) 405-431.

Literaturhinweise. H. MÖRCHEN: Macht und Herrschaft im Denken von Adorno und Heidegger (1980); Adorno und Heidegger. Unters. einer philos. Kommunikationsverweigerung (1981).

G. SEUBOLD

Recht (griech. δίκη, θέμις, νόμος; lat. ius, lex; frz. droit; engl. law; ital. diritto; niederl. recht)

I. – In einer ersten Annäherung stellt sich ‹R.› als Relationsbegriff dar, der Handlungen – oder auch Zustände – in Beziehung zu einem Maßstab setzt. Gemessen an diesem Maßstab erweisen sich die Bezugsgegenstände dann als 'dem R. entsprechend' oder 'nicht dem R. entsprechend' (unrecht). Da es mehrere Bezugspunkte normativer Art gibt, an denen Handlungen oder Zustände gemessen und bewertet werden können, ergibt sich stets die Frage der Abgrenzung des R. gegenüber andersartigen Bewertungsmaßstäben (wie z.B. Ethik, Moral, Sitte usw.).

Der relationale Charakter des R. kommt vielfach schon in der Sprachpraxis zum Ausdruck. So verweist etwa THOMAS VON AQUIN auf die Eigenschaft des «iustari», die der «iustitia» (mit «ius» als Objekt) eigen sei [1]. Auch Wendungen wie 'sich richten nach' verankern den Gedanken, daß es bei rechtlicher Betrachtung um ein 'Justieren' geht, im Sprachbewußtsein.

Während die relationale Struktur im Laufe der R.-Geschichte mehr oder weniger deutlich in unterschiedlichen Verständnisweisen des R. anzutreffen ist [2], gilt das für die differenzierende inhaltliche Bestimmungen nicht in gleichem Maße. Folglich können sich die verschiedenen R.-Systeme nicht bruchlos als Teil einer allgemeinen Geschichte vom Verständnis des R. begreifen lassen: Es gibt keine durchgehende inhaltliche Bestimmung dessen, was R. ist. In der weniger begriffsgeschichtlich als vielmehr enzyklopädisch orientierten lexikalischen Tradition ist diese Schwierigkeit meist pragmatisch dadurch bewältigt worden, daß ‹R.› als mehrdeutiger Begriff behandelt wurde. Auf diese Weise blieb im Wege der Aufzählung der verschiedenen Bedeutungsgehalte der äußere Zusammenhang trotz Diversität in der Sache gewahrt.

Im juristischen Denken, das sich durch einen Hang zu dichotomischer Betrachtungsweise auszeichnet, wird das für ‹R.› Charakteristische häufig im Vergleich mit verwandten oder gegensätzlichen Phänomenen entwickelt. Für eine systematisch orientierte Begriffsgeschichte liegt es nahe, diesen Gegenüberstellungen nachzugehen.

1. *R. und Religion.* – Die frühesten für uns faßbaren altorientalischen R.-Ordnungen lassen eine feste Verankerung des R. im religiösen Bereich erkennen. R. ist zwar nicht identisch mit Religion, kann aber ohne religiöse 'Rückbindung' nicht verstanden werden. HAMMURABI stellt im Prolog seines Gesetzgebungswerkes R.-Setzung als Verwirklichung des göttlichen Auftrags dar, «Gerechtigkeit (mesaram) im Land sichtbar zu machen (= erstrahlen zu lassen), den Ruchlosen und Bösen zu vernichten, vom Starken den Schwachen nicht entrechten zu lassen» [3]. Das Mittel, die Gerechtigkeit zur Erscheinung zu bringen, ist das R.: «Vom Starken den Schwachen nicht entrechten zu lassen, der Witwe, der Waise R. zu verschaffen, R. des Landes zu richten» [4]. Auch in Israel ist jegliches R. göttliches R. Gott ist der Gesetzgeber: «Er zeigt Jakob sein Wort, Israel seine Sitten und R. So tut er keinem Heiden. Sie kennen sein R. nicht» [5].

Konsequenterweise wird eine gesetzgebende Gewalt des Königs nicht angenommen. Er ist zur R.-Setzung nicht befugt, sondern allein zur Anwendung des R. im richterlichen Spruch [6]. Betrachtet man die Frühzeit des römischen R., so ist auch dort die Verwurzelung des Rechtlichen im Religiösen zu beobachten. «Ius» bedeutet «die richtige Abgrenzung menschlicher Zustände und Verhaltensweisen zu den Mächten der römischen religio ..., jenen Mächten, die nach der Grundüberzeugung des römischen Glaubens die Wirklichkeit des Gemeinwesens nach allen seinen Lebensäußerungen hin beherrschten» [7].

Im biblisch fundierten R.-Denken bleibt die Zusammenschau von Gottes Handeln und R. auch in späteren Zeiten gewahrt. In äußerster Zuspitzung formuliert der Prolog zum ‹Sachsenspiegel› sogar eine Identitätsthese: «Got is selve recht, dar umme is em recht lef» [8]. Das Mittelalter leitet aus der Nähe des R. zu Gott die eschatologische Verantwortlichkeit desjenigen ab, der R. zu Un-R. verkehrt. FREIDANK schreibt dazu: «Swer unreht wil ze rehte hân, / der muoz vor got ze rehte stân / an dem jungsten tage» [9].

2. *R. und Natur.* – Oft nur noch in mythischen Erinnerungen, metaphorischen Nachklängen oder etymologischen Spuren bleibt die Erinnerung daran aufbewahrt, daß in einem ursprünglichen Zustand die gute Ordnung der Dinge (die Natur eingeschlossen) als vollkommene Ausprägung des R. angesehen wurde. Die Nähe des R. zu Natur und Fruchtbarkeit klingt etwa noch beim Propheten JESAJA an: «Laßt von oben triefen, Himmel, / und die Wolken sollen fließen von Gerechtigkeit! / Die Erde tue sich auf und bringe Heil hervor, / und Gerechtigkeit sprosse zugleich, ich Jahwe schaffe es» [10]. Die Abwendung von einer naturwüchsig-magischen Sicht kommt dadurch zum Ausdruck, daß das R. als Tat Jahwes gesehen wird. Die bildhafte Einbettung zeigt jedoch noch deutlich an, welche naturhaften Bezüge mitgedacht werden.

Eine Linie naturrechtlichen Denkens geht auf diese ganzheitliche Sicht der Dinge zurück, die auch die außermenschliche Natur in das R.-Denken mit einbezieht. Das römische R. bewahrt die Erinnerung daran auf, indem es als Natur-R. das ansieht, was die Natur alle Lebewesen gelehrt hat: «Ius naturale est, quod natura omnia animalia docuit: nam ius istud non humani generis proprium, sed omnium animalium, quae in terra, quae in mari nascuntur, avium quoque commune est» («Natur-R. ist, was die Natur alle Lebewesen gelehrt hat: Dieses R. ist also nicht eine Eigentümlichkeit des Menschen, sondern ist allen Lebewesen, die der Erde oder dem Meer entstammen, ja selbst den Vögeln eigen») [11]. Die so zum Ausdruck kommende Einbeziehung jeglicher Kreatur in den Raum des R. verfiel nie ganz der Vergessenheit. Noch das ‹Ostfriesische Land-R.› notiert: «dat Natürlicke R. is, welckes de Natuer mede bringet und welcker oeck alle Gedeerte mede gebruicket, und is under Minschen ein Underscheed des gueden und des boesen dinges unde is ein Natuerlik Erkenntniße Goedes» [12].

3. *R. und Gerechtigkeit.* – Obwohl es nicht in allen Sprachen so nahegelegt wird wie im Lateinischen und Deutschen, stellt sich doch sprachübergreifend die Frage des Verhältnisses von ‹ius› und ‹iustitia› bzw. von ‹R.› und ‹Gerechtigkeit› [13]. In einer ersten Systematisierung eröffnen sich drei, auch begriffshistorisch anzutreffende Möglichkeiten: a) Identifiziert man beide Ordnungen, worauf die verbreitete Paarformel ‹R. und Gerechtigkeit› hindeutet [14], so ist die R.-Geschichte als Gerechtigkeitsgeschichte zu behandeln. Hält man b) jedoch einen Gegensatz (und sei es auch nur partiell) für möglich, so rechnet man mit der Möglichkeit ungerechten R. In Frage kommt als Konstruktionsmöglichkeit schließlich c) noch die von einem strikten R.-Positivismus praktizierte Haltung, die an das R. gerichtete Frage nach

dessen Gerechtigkeitsgehalt als nicht sinnvoll abzuweisen.

Die für die vom römischen R. bestimmten R.-Ordnungen zentrale Begriffsbestimmung ULPIANS aus den ‹Digesten› setzt (verbunden mit der etymologischen These, das Wort ‹ius› sei von ‹iustitia› abgeleitet [15]) R.-Gewährung in einen Gerechtigkeitskontext: «Iustitia est constans et perpetua voluntas ius suum cuique tribuendi» («Gerechtigkeit ist der feste und dauernde Wille, jedem das ihm zustehende R. zuteil werden zu lassen») [16]. Konsequenterweise steht und fällt auch die Klugheitslehre vom R. mit der Fähigkeit zur Unterscheidung von Gerechtem und Ungerechtem: «Juris prudentia est divinarum atque humanarum rerum notitia, iusti atque iniusti scientia» («Jurisprudenz ist das Wissen um göttliche und menschliche Angelegenheiten, um Gerechtes und Ungerechtes») [17].

Begriffsgeschichtlich von großer Bedeutung war angesichts der zentralen Stellung von ISIDORS ‹Etymologien› die dort fortgesetzte, mit dem römischen R.-Verständnis in Einklang stehende Verklammerung von ‹ius› und ‹iustus›, die im Rahmen der darauf bezogenen Tradition zum ständigen Nachdenken über diese Parallelisierung Anlaß gegeben hat [18]. Der etymologischen Nähe von ‹ius› und ‹iustus› konnte man, wie dies THOMAS VON AQUIN an Isidor anknüpfend tat, dadurch einen vertieften methodischen Gehalt abgewinnen, daß man «ius» als «obiectum iustitiae» bestimmte [19]. In diesem Sinne bleibt R. untrennbar mit Gerechtigkeit verbunden und empfängt von dort seinen Gehalt, zugleich geht die Begriffsgeschichte von ‹R.› damit systematisch in der Geschichte des Gerechtigkeitsbegriffs auf. Eine dann immer noch verbleibende Differenzierungsmöglichkeit beruht auf der Unterscheidung einer materialen und einer formalen Komponente der Gerechtigkeit.

Der *materialen* Komponente der Gerechtigkeit verpflichtet ist ULPIANS Bestimmung der «iuris praecepta» als «honeste vivere, alterum non laedere, suum cuique tribuere» («anständig zu leben, den andern nicht zu schädigen, jedem das Seine zuzugestehen») [20]. Ulpian legt damit einen rechtsphilosophischen Reflexionshorizont fest, der in der römischrechtlichen Tradition verbindliches Argumentationsgut geblieben ist. Alle drei 'Grundnormen' sind inhaltlich gedacht, sie beruhen auf nicht-formalen Wertungen zur Untadeligkeit der Lebensführung, zum geschützten Entfaltungsraum des Mitmenschen und zu dem jedem Menschen Zustehenden. Als ein *formales* oberstes R.-Prinzip (und Mittel zur Definition von ‹R.›) fungiert die 'Goldene Regel'. In Anlehnung an Matth. 7, 12 und Luk. 4, 31 wird sie im kanonischen R. zu einer Fundamentalregel. GRATIAN stellt sie folgendermaßen an den Anfang seines Dekrets: «Jus naturae est, quod in lege et evangelio continetur, quo quisque iubetur alii facere, quod sibi vult fieri, et prohibetur alii inferre, quod sibi nolit fieri» («Das Natur-R., wie es in Gesetz und Evangelium erscheint, weist jeden an, andere so zu behandeln, wie er selber behandelt sein will und verbietet es, anderen etwas anzutun, was einem selbst nicht widerfahren soll») [21]. In anderer Weise, aber gleichfalls formal bestimmt I. KANT das R. als «Inbegriff der Bedingungen, unter denen die Willkür des einen mit der Willkür des andern nach einem allgemeinen Gesetze der Freiheit zusammen vereinigt werden kann» [22]. Diese Begriffsbestimmung setzt die im kategorischen Imperativ enthaltene Universalisierbarkeit voraus und bleibt damit indirekt der 'Goldenen Regel' verbunden.

Während die Säkularisierung des R.-Denkens zu tiefgreifender Skepsis gegenüber Versuchen material-gerechtigkeitsorientierter R.-Fundierungen geführt hat, findet die Bindung des R. an formale Gerechtigkeitsforderungen eine ungebrochene Resonanz. H. KANTOROWICZ hat ihr einen anthropologischen Ort zugewiesen: «Es scheint, daß wir als vernunftbegabte Wesen – bewußt oder unbewußt – eine Pflicht fühlen, die Regeln, die wir anerkennen, einer Rationalisierung zu unterwerfen und sie so von Widersprüchen und Lücken zu befreien, sie in ein zusammenhängendes und in sich vollständiges System zu gießen, so daß wir imstande sind, Gleiches gleich zu behandeln; denn darin liegt ja das Wesen der Gerechtigkeit» [23]. R.-Dogmatik als Versuch, diesem Postulat gerecht zu werden, hat hier ihren Ort in der Arbeit mit und an dem R.

4. *R. und Wahrheit.* – Insoweit ‹Wahrheit› mit ‹Richtigkeit› zusammenhängt, legt im Deutschen die sprachliche Nähe von ‹R.› und ‹richtig› eine Verbindung auch zwischen ‹R.› und ‹Wahrheit› nahe, wie sie bereits zu Beginn des 12. Jh. belegt ist [24]. Indessen hängt eine Assoziierung von ‹R.› und ‹Wahrheit› nicht von naheliegenden etymologischen Zusammenhängen allein ab, wie das russische Beispiel zeigt. Dort sind ‹istina› und ‹pravda› in einer semantischen Symbiose anzutreffen, die die Bedeutungsgehalte von ‹R.› und ‹Wahrheit› eng miteinander verschwistert, und zwar so eng, daß ‹pravda› schließlich 'Wahrheit' und 'Recht' bedeuten kann [25].

5. *R. und Gesetz.* – ‹R.› ist in der Tradition immer wieder als Inbegriff der Gesetze verstanden worden. Das warf notwendigerweise die Frage auf, ob auch außerhalb der Gesetze noch ein Raum für das R. zu sehen sei. Die Kategorie des Gewohnheits-R. steht für diese Möglichkeit. Identifiziert man jedoch (positives) Gesetz und R., bleibt für derartige Rechtsquellen kein Raum. Allerdings sind auch im Rahmen einer derartigen Identifikation noch unterschiedliche Formen des R.-Verständnisses denkbar. Das zeigt etwa ein Vergleich der sokratischen Position mit der des neuzeitlichen R.-Positivismus. SOKRATES hat die Frage, ob das Gesetzmäßige mit dem Gerechten zu identifizieren sei, bejaht [26]. Der auf diese Weise dem Gesetz eingeräumte Gerechtigkeitsgehalt stellt für den strikten R.-Positivismus der neueren Zeit keine akzeptierbare Fragestellung mehr dar.

Ohne strikte Festlegung auf eine andere Möglichkeiten ausschließende Gleichsetzung gehört die Arbeitshypothese, jedenfalls eine der möglichen Bedeutungen von ‹R.› sei «Gesamtheit der Gesetze», zu einem traditionellen Gemeingut, das in ZEDLERS ‹Universal-Lexicon› knapp so rekapituliert wird: «Erstlich bedeutet solches [sc. das Wort ‹R.›] offters soviel als ein Gesetz, oder vielmehr den Begriff vieler Gesetze, als wenn man sagt: das Bürgerliche R., das Canonische R.» [27]. Die Formel 'Gesetz und R.' läßt ohne nähere Zusätze oder Kontextinformationen die Frage offen, ob paarformelartig ‹Gesetz› mit ‹R.› identifiziert wird oder ob die Möglichkeit eines übergesetzlichen R. postuliert werden soll. Diese Auslegungsfrage gewinnt Bedeutung etwa für Art. 20 ‹Grundgesetz›, wo die vollziehende Gewalt und die R.-Sprechung an 'Gesetz und R.' gebunden werden.

Für die Begriffsgeschichte von ‹R.› hat die Bedeutungsvariante «R. als Gesamtheit der Gesetze» zur Folge, daß R. zu einer vom Gesetzesbegriff abhängigen Größe wird und die für das Gesetz (s.d.) [28] gegebenen Bestimmungen zu Determinanten des R.-Verständnisses werden.

6. *R. und Gewohnheit.* – Eine Herausforderung für die Konzepte, die ‹R.› und ‹Gesetz› gleichsetzen, stellt die Kategorie des Gewohnheits-R. dar, die schon von der Terminologie her den Anspruch eines R. außerhalb der Gesetze aufrechterhält. Im Digestentitel 1.3 (‹De legibus senatusque consultis et longa consuetudine›), der neben dem gesetzten R. auch das Gewohnheits-R. zum Gegenstand hat, finden sich zwar Stellen, die dem Gewohnheits-R. eine dem Gesetzes-R. dienende Rolle zuzuweisen scheinen, so etwa, wenn die Gewohnheit als «optima legum interpres» («beste Auslegerin der Gesetze») [29] bezeichnet wird. Daneben steht aber auch die Meinung JULIANS, wonach die «inveterata consuetudo pro lege ... custoditur» («daß die langgeübte Gewohnheit als Gesetz angesehen wird»), mit der Konsequenz, daß ein Gesetz «tacito consensu omnium per desuetudinem» («in stillschweigender Übereinstimmung außer Gebrauch komme») abrogiert werden kann [30]. Gestützt darauf hat sich die Lehre vom Gewohnheits-R. entwickelt, die eine langandauernde gleichförmige Übung verbunden mit der Überzeugung, es werde R. praktiziert («opinio juris» oder, gleichbedeutend, «opinio necessitatis»), als Entstehungsgrund annimmt.

Das gewohnheitsrechtliche Denken ist auch ein Fundament der folgenreichen Rechtsquellentheorie F. C. VON SAVIGNYS, der seine Stellungnahme gegen eine Kodifikation u.a. damit begründet, daß «alles R. ... durch Sitte und Volksglaube, dann durch Jurisprudenz erzeugt wird, ... nicht durch die Willkür eines Gesetzgebers» [31]. Die Formel durch «Sitte und Volksglaube» nimmt das Motiv des Gewohnheits-R. als Legitimationsgrund auf. Neu im Vergleich dazu ist die Delegation der Ausformung des so zur Geltung kommenden R. an den Juristenstand.

Die Auffassung, daß Gewohnheits-R. eine eigenständige Rechtsquelle sei, ist noch heute Teil der von der Praxis rezipierten Rechtsquellentheorie: «Gewohnheits-R.: Seine Entstehung erfordert eine lang dauernde tatsächliche Übung. Hinzukommen muß die Überzeugung der beteiligten Verkehrskreise, durch die Einhaltung der Übung bestehendes R. zu befolgen, sogenannte opinio necessitatis» [32]. Überall, wo Gewohnheits-R. als Rechtsquelle akzeptiert wird, ergibt sich die zwingende Konsequenz, daß dessen schriftliche Niederlegung, anders als beim Gesetz, kein konstitutives Element seiner Entstehung bildet.

7. *R. und Methode.* – Folgenreich für die römischrechtliche Tradition war die definitorische Verknüpfung von ‹ius› und ‹ars›. ULPIAN referiert die «elegante» Definition von CELSUS, wonach «ius» die «ars boni et aequi» sei [33]. THOMAS VON AQUIN registriert die Einbeziehung der kunstgerechten Handhabung eines Mittels in den Begriff dieses Instruments als Bedeutungsverschiebung, allerdings als eine nicht ungewöhnliche Transposition der Bedeutung. ‹Medizin› habe zuerst das Medikament bezeichnet, dann auch dessen kunstgerechte Anwendung. Genau so verhalte es sich mit dem R.: «Ita etiam hoc nomen ius primo impositum est ad significandum ipsam rem iustam; postmodum autem derivatum est ad artem qua cognoscitur quid sit iustum» («So ist der Begriff ‹jus› zunächst zur Bezeichnung der gerechten Sache selbst gebildet worden, später aber ist er in abgeleiteter Weise Name der Wissenschaft geworden, die lehrt, was das Gerechte sei») [34]. Die Sicht, die das R. zusammen mit seiner kunstgerechten Handhabung als eine Wortbedeutung von ‹ius› aufführte, war in der Neuzeit im Bereich des rezipierten römischen R. so sehr Allgemeingut, daß Lexika sie als selbstverständlich referierten, so z.B. ZEDLERS ‹Universal-Lexicon› mit der Formel, «R. (ius, droit)» stehe in einer Bedeutung «für die Jurisprudenz oder für eine Kunst, welche das R. zu lehren und zu handhaben beschäfftiget ist» [35].

Das so verstandene ‹ius› entzieht sich der Trennung von Inhalt und Methode, es ist methodische Form. Zu beachten ist allerdings, daß eine Entwicklungslinie des ars-Begriffs diesen statisch nur noch als (abgeschlossene) Einteilung sah und damit die Entwicklungsdynamik ausklammerte, die einer prozeduralen Sicht der Methode innewohnt. Wo ius als durch ars strukturiertes rechtliches Material gesehen wird, ist die R.-Dogmatik als Lehre vom geltenden R. zugleich Methodenlehre. Es entspricht dies dem an den Erfahrungswissenschaften geschulten Verständnis von R.-Dogmatik, das entwicklungsgeschichtlich nicht mit dem theologischen Dogmatik-Begriff zusammenhängt [36].

8. *R. und Verfahren.* – Die alte Paarformel 'recht und schlecht' verbindet ‹recht› dadurch mit einem prozeduralen Aspekt, daß die Ergebnisse von 'richten und schlichten' als 'recht und schlecht' angesehen werden. Dabei werden ‹richten› und ‹schlichten› im Unterschied zu heute nicht als Gegensätze verstanden. ‹Richten› kann auch die Bedeutung 'einen Streit beilegen' bzw. 'versöhnen' haben, so wie ‹schlichten› auch für «das gerechte behandeln einer streitsache in richterlichem spruche» stehen kann [37]. Ähnlich wie bei der Integration des Methodenaspekts in den R.-Begriff wirkt sich die begriffliche Bindung an das Verfahren dahingehend aus, daß R. nicht mehr als bloßer Zustand gedacht werden kann. Allerdings besteht auch die Möglichkeit, daß der Verfahrensaspekt sich verselbständigt und daß man dann in äußerster Zuspitzung (so der amerikanische R.-Realismus) R. als Beschreibung richterlichen Verhaltens ansieht [38].

Aufgabe einer begriffsgeschichtlichen Betrachtung kann nicht die Suche nach dem 'richtigen' R.-Begriff sein. Trotzdem bleibt eine synthetische Aufgabe. Will man es nicht beim bloßen Zusammenstellen der Bedeutungsnuancen belassen, stellt sich die Frage nach einem Arbeitsbegriff von R., der zur Konstitution eines Gegenstandsbereichs für eine Disziplin wie die R.-Geschichte geeignet ist. Erklärtermaßen mit dieser Zielsetzung hat H. KANTOROWICZ 1939 in seiner Einleitung zur geplanten ‹Oxforder Geschichte der R.-Wissenschaft› in sorgfältiger Erwägung der historischen Entwicklung und der methodischen Notwendigkeiten den folgenden Definitionsvorschlag unterbreitet: «R.» solle verstanden werden als «eine Gesamtheit von sozialen Regeln, die äußeres Verhalten vorschreiben und als gerichtsfähig angesehen werden» [39]. Als «gerichtsfähig» werden dabei die Regeln bezeichnet, die als «geeignet angesehen werden, von einem richterlichen Organ in einem bestimmten Verfahren angewandt zu werden» [40]. Will man historisch mit diesem Begriff operieren, bleibt immer noch notwendig, was D. SIMON postuliert hat: «Um des 'Rechtlichen' habhaft zu werden, muß ... zur Ausgrenzung des rechtshistorischen Forschungsbereiches das gesamte zur Verfügung stehende nomologische Wissen über mögliche Ordnungs- und Organisationssysteme menschlicher Gesellschaft herangezogen werden» [41].

Anmerkungen. [1] Thomas von Aquin: S. theol. II-II, 57, 1. – [2] Vgl. dazu Art. ‹Naturrecht›, ‹Dike›, ‹Gerechtigkeit›, ‹Gesetz I.›, ‹Nomos›, ‹Physis/Nomos›. – [3] HAMMURABI, zit. nach V. KOROSEK: Keilschriftrecht, in: Hb. der Orientalistik 1. Abt., Erg.bd. 3 (Leiden 1964) 97. – [4] a.O. – [5] Ps. 147, 19f. – [6] Vgl.

R. DE VAUX: Das AT und seine Lebensordnungen 1 (²1964) 241-245. – [7] O. BEHRENDS: Ius und ius civile. Unters. zur Herkunft des ius-Begriffs im röm. Zivil-R., in: D. LIEBS (Hg.): Sympotica F. Wieacker (1970) 11-58. – [8] K. A. ECKARDT (Hg.): Das Land-R. des Sachsenspiegels (1955) 26. – [9] FREIDANK: Bescheidenheit, zit. nach H. FEHR: Das R. in der Dichtung (Bern o.J. [1931]) 160. – [10] Jes. 59, 15-17. – [11] ULPIAN: Dig. 1.1.3. – [12] M. VAN WICHT: Das Ostfriesische Land-R. III, 103 (1746) 844. – [13] Vgl. Art. ‹Gerechtigkeit› und ‹Dike›. – [14] Vgl. Nachweise bei GRIMM 8 (1893) 376f. (Art. ‹Recht› III, 1, g). – [15] ULPIAN: Dig. 1.1 pr. – [16] a.O. 1.10 pr. – [17] 1.10.2. – [18] ISIDOR VON SEVILLA: Etymol. 5,3. – [19] THOMAS AQU., a.O. [1]. – [20] ULPIAN: Dig. 1.10.1. – [21] GRATIAN: Dist. 1, 1; vgl. Art. ‹Regel, goldene›. – [22] I. KANT: Met. der Sitten (1797). Akad.-A. 6, 230 (‹Einl. in die R.-Lehre› § B). – [23] H. KANTOROWICZ: Der Begriff des R. (o.J.) 47. – [24] Vgl. FEHR, a.O. [9] 75. – [25] Vgl. W. GOERDT: Pravda. Wahrheit (Istina) und Gerechtigkeit (Spravedlivost'). Arch. Begriffsgesch. 12 (1968) 58-85. – [26] XENOPHON: Mem. 4, 4, 12. – [27] J. H. ZEDLER: Grosses vollst. Univ.-Lex. (1732-54) 30, 1327 (Art. ‹R.›). – [28] Vgl. auch Art. ‹Nomos›. – [29] ULPIAN: Dig. 1.3.37. – [30] a.O. 1.3.32. – [31] F. C. VON SAVIGNY: Vom Beruf unserer Zeit für Gesetzgebung und R.-Wiss. (1814, ³1840) 13f. – [32] O. PALANDT/H. HEINRICHS: BGB (1990) Einl. V, 1, e. – [33] ULPIAN, a.O. [15]. – [34] THOMAS AQU., a.O. [1]. – [35] ZEDLER, a.O. [27] 1328. – [36] Vgl. M. HERBERGER: R.-Dogmatik. Zur Gesch. von Begr. und Methode in Medizin und Jurisprud. (1981). – [37] GRIMM 8, 880f. (Art. ‹Richten›); 9 (1899) 670f. – [38] KANTOROWICZ, a.O. [23] 34f. – [39] a.O. 90. – [40] a.O. – [41] D. SIMON: Art. ‹R.-Geschichte›, in: A. GÖRLITZ (Hg.): Handlex. zur R.-Wiss. (1972) 314-318, hier: 316.

Literaturhinweise. – Allgemein: P. J. A. FEUERBACH: Versuch über den Begriff des R. (1795), in: W. MAIHOFER (Hg.): Begriff und Wesen des R. (1973) 1-16. – A. TRENDELENBURG: Die Def. des R. (1862), a.O. 17-25. – B. WINDSCHEID: R. und R.-Wiss. (1854), a.O. 59-68. – G. RÜMELIN: Eine Definition des R. (1862), a.O. 222-243. – A. FRANKEN: Vom Juristen-R., in: Festgabe R. von Gneist (1888, ND 1974). – J. C. BLUNTSCHLI: Art. ‹R.›, ‹R.-Begriff›, in: J. C. BLUNTSCHLI/K. BRATER (Hg.): Dtsch. Staatswb. 8 (1864) 480-503. – A. AFFOLTER: Unters. über das Wesen des R. (Solothurn 1889). – E. R. BIERLING: Zur Kritik der jurist. Grundbegriffe (1877-83, ND 1965). – J. HARING: Der R.- und Gesetzesbegriff in der kathol. Ethik und mod. Jurisprud. (Graz 1899). – G. D'AGUANNO: Die Grundl. des Rechts und die rechtsphilos. Systeme. ARWP 1 (1908) 25ff. – V. CATHREIN: R., Natur-R. und posit. R. Eine krit. Unters. der Grundbegr. der R.-Ordnung (²1909). – F. MÜNCH: Kultur und R. Nebst einem Anhang: R.-Reformbewegung und Kulturphilos. (1918). – K. LARENZ (Hg.): R.-Idee und Staatsgedanke. Beitr. zur R.-Philos. und zur polit. Ideengesch., Festgabe J. Binder (1930). – J. BINDER: R.-Begriff und R.-Geschichte (1932). – H. KANTOROWICZ s. Anm. [23]. – E. KEMPERMANN: Richtiges R. und posit. R. Arch. R.- Soz.philos. 30 (1936/37) 86-103. – G. KRAUSS: Der R.-Begriff des R. Eine Unters. des posit. R.-Begriffs im bes. Hinblick auf das rechtswiss. Denken R. Solms (1936). – L. BAGOLINI: Def. of law and vistas of justice. Arch. R.- Soz.philos. 52 (1966) 321-347. – M. P. GOLDING (Hg.): The nat. of law. Readings in legal philos. (New York 1966). – E.-W. BÖCKENFÖRDE: Der R.-Begriff in seiner geschichtl. Entwickl. Arch. Begriffsgesch. 12 (1968) 145-165. – E. BENVENISTE: Le vocab. des instit. indo-europ. 1: Economie, parenté; 2: Pouvoir, droit, religion (Paris 1969). – H. H. SCHMID: Gerechtigkeit als Weltordnung (1968). – H. L. A. HART: Der Begriff des R. (1973). – W. MAIHOFER (Hg.): Begriff und Wesen des R. (1973) (mit ausführl. Bibl.). – M. HERBERGER s. Anm. [36]. – TH. VIEHWEG/F. ROTTER (Hg.): R. und Sprache (1977). – Sources du droit. Archives Philos. Droit 27 (1982). – F. BYDLINSKI: Jurist. Methodenlehre und R.-Begriff (Wien 1982). – P. KOLLER: R. – Moral – Gerechtigkeit. Jurist. Bl. 106 (1984) 286-301. – D. MAYER-MALY/O. WEINBERGER/M. STRASSER (Hg.): R. als Sinn und Institution (1984). – M. HERBERGER: Sprach- und Handlungsmuster in der R.-Gesch. der Schlichtung, in: W. KALLMEYER (Hg.): Kommunikationstypologie. Jb. Inst. dtsch. Sprache (1985) 27-44. – R. DREIER: Der Begriff des R. Neue jurist. Wschr. 39 (1986) 890-896. – K. OBERMAYER: Über das R.-Gefühl. Juristenztg. (1986) 1ff. – S. PRAKASH-SINHA: Why has it not been possible to define law? Arch. R.- Soz.philos. 75 (1989) 1-26. – *Antike:* G. LANDSBERGER: Die babylon. Termini für Gesetz und R., in: Symbolae ... P. Koschaker dedic. (Leiden 1939) 219-234. – E. WOLF: Griech. R.-Denken 1-2 (1950/52). – A. LESKY: Zum Gesetzesbegriff der Stoa. Österr. Z. öff. R. NF 2 (1950) 587-599. – H. WELZEL: Natur-R. und mat. Gerechtigkeit (1951, ⁴1962). – J. W. JONES: The law and legal theory of the Greeks (Oxford 1956). – W. PREISER: Zur rechtl. Natur der altoriental. 'Gesetze', in: Festschr. K. Engisch (1969) 17-36. – O. BEHRENDS s. Anm. [7]. – J. DE ROMILLY: La loi dans la pensée grecque des orig. à Arist. (Paris 1971). – H. J. WOLFF: Vorgesch. und Entsteh. des R.-Begriffs im frühen Griechentum, in: W. FIKENTSCHER (Hg.): Entsteh. und Wandel rechtl. Trad. (1980) 557-580. – V. GOLDSCHMIDT: La théorie épicur. du droit. Arch. Philos. Droit 26 (1981) 73-91; ital.: La teoria epicurea del diritto. Elenchos 2 (1981) 290-316. – A. BISCARDI: Diritto greco ant. (Florenz 1982). – L. GERNET: Droit et instit. en grèce ant. (Paris 1983). – A. LESKY: Grundzüge griech. R.-Denkens. Wiener Stud. 98, NF 19 (1985) 5-40; 99, NF 20 (1986) 5-26. – M. GAGARIN: Early Greek law (Berkeley 1986). – O. GIGON/M. W. FISCHER (Hg.): Antike R.- und Soz.philos. (1988). – *Mittelalter:* G. STRATENWERTH: Die Naturrechtslehre des Joh. Duns Scotus (1951). – K. KROESCHELL: R. und R.-Begriff im 12. Jh., in: Probleme des 12. Jh. (1968) 309-335; Haus und Herrschaft im frühen dtsch. R. (1968). – R. C. VAN CAENEGEM: Das R. im MA, in: FIKENTSCHER (Hg.), a.O. (1980) 609-668. – A. HYMAN: A note on Maimonides classific. of law. Proc. Amer. Acad. Jewish Res. 46/47 (1979/89) 323-343. – *Frühe Neuzeit:* F. WIEACKER: Privatrechtsgesch. der Neuzeit unter bes. Berücksicht. der dtsch. Entwickl. (1952, ²1967). – G. OTT: R. und Gesetz bei G. Biel. Z. R.-Gesch., Kanonist. Abt. 38 (1952) 250-274. – U. KLUG: Die R.- und Staatsphilos. des F. Suárez. Eine rechtsphilos. Unters. (1958). – J. HECKEL: Lex charitatis. Eine jurist. Unters. über das R. in der Theol. M. Luthers (1963, ²1973). – W. WIEBKING: R., Reich und Kirche in der Lehre des Ch. Thomasius (1973). – J.-L. GARDIES: La rationalité du droit chez Leibniz. Arch. Philos. Droit 23 (1978) 115-129. – M. WALTHER: Spinoza und der R.-Positivismus. Affinitäten der R.-Theorie Spinozas und der Reinen Rechtslehre H. Kelsens. Arch. R.- Soz.philos. 68 (1982) 407-419. – H. J. M. BOUKEMA: Grotius' concept of law, a.O. 69 (1983) 68-73. – P. E. FORTE: R. Hooker's theory of law. J. mediev. renaiss. Studies 12 (1982) 133-157. – M. HECKEL: Luther und das R. Neue jurist. Wschr. 36 (1983) 2521-2527. – P. CARRIVE: La conception de la loi chez Hobbes, Bacon et Selden, in: Th. Hobbes. Philos. première (Paris 1990) 305-325. – *18./19. Jh.:* W. MAIHOFER: Demokratie im Sozialismus. R. und Staat im Denken des jungen Marx (1968). – M. STOLLEIS: Staatsraison, R. und Moral in philos. Texten des späten 18. Jh. (1972). – A. BARATTA: R. und Gerechtigkeit bei Marx, in: R. BÜSSER (Hg.): K. Marx im Kreuzverhör der Wiss. (1974) 91-113. – P. PHILLIPS: Marx and Engels on law and laws (Oxford 1980). – R. DREIER: R. – Moral – Ideologie. Stud. zur R.-Theorie (1981). – S. GOYARD-FABRE: Kant et l'idée pure du droit. Arch. Philos. Droit 26 (1981) 133-154. – J. T. HOPTON: Kants two theories of law, in: Hist. polit. thought 3 (1982) 51-76. – W. KERSTING: Sittengesetz und R.-Gesetz. Die Begründ. des R. bei Kant und den frühen Kantianern, in: R. BRANDT (Hg.): R.-Philos. der Aufklärung (1982) 148-177. – M. H. MITIAS: Hegel's concept of law. Rivista. int. Filos. Diritto 59 (1982) 223-231. – G.-W. KÜSTERS: R. und Vernunft. Bedeut. und Problem von R. und R.-Philos. bei Kant. Zur jüngeren Interpret.gesch. der R.-Philos. Kants. Philos. Rdschau 30 (1983) 209-239. – L. SIEP: Das Problem einer philos. Begründ. des R. bei Fichte und Hegel. Giornale Metafisica 5 (1983) 263-279. – D. QUAGLIO: Concetto e idea del diritto in G. Del Vecchio. Rivista int. Filos. Diritto 60 (1983) 595-618. – D. TRIPP: Der Einfluß des naturwiss., philos. und hist. Positivismus auf die dtsch. R.-Lehre im 19. Jh. (1983). – F. MARTY: Droit et liberté. La doctr. kant. du droit, in: J.-F. CATALAN (Hg.): Le droit (Paris 1984) 35-60. – H. FOLKERS: Einheit in geschichtl. R.-Begriffen? Zum Begriff des R. bei Kant, Hegel und Benjamin. Arch. R.- Soz.philos. 71 (1985) 246-262. – R. DREIER: R.-Begriff und R.-Idee. Kants R.-Begriff und seine Bedeut. für die gegenwärt. Diskussion (1986). – H. ALWART: R. und Handlung. Die R.-Philos. in ihrer Entwickl. vom Naturrechtsdenken und vom Positivismus zu einer analyt.

Hermeneutik des R. (1987). – A. CATANIA: Il diritto tra forza e consenso. Saggi sulla filos. giurid. del novecento (Neapel 1987). – G. J. POSTEMA: Bentham and the common law trad. (Oxford 1989). – *20. Jh.:* F. LOOS: Zur Wert- und R.-Lehre M. Webers (1970). – O. HÖFFE (Hg.): Über J. Rawls' Theorie der Gerechtigkeit (1977). – K. ANDERBRÜGGE: Völkisches R.-Denken. Zur R.-Lehre in der Zeit des Nationalsozialismus (1978). – B. ROMANO: Soggetto libertà e diritto nel pensiero contemp. da Nietzsche verso Lacan (Rom 1983). – K. CAMPBELL: Contemp. Anglo-Amer. legal philos. The problem of the unity of concepts. Rev. Synthèse 106 (1985) 205-217. – W. S. HAMRICK: An existent. phenomenol. of law: M. Merleau-Ponty (Dordrecht 1987). – D. MILOVANOVIC: Weberian and Marxian analysis of law. Developm. and functions of law in a capitalist mode of production (Aldershot, Hampsh./Broodfield, Utah 1989).

M. HERBERGER

II. *Recht, Rechte (engl. rights, claims) in der Analytischen Philosophie.* – J. BENTHAM [1] entwickelte die Position, R.e würden erzeugt, wenn ein Gesetzgeber der Gesellschaft nützliche Pflichten mit der Absicht auferlegt, daß eine Person (oder eine Menge von Personen) von der Einhaltung dieser Pflichten profitiere. Von einer Person zu sagen, sie habe ein R. auf X, sei daher mit der Behauptung gleichzusetzen, daß diese Person der Nutznießer aus der Einhaltung einer Pflicht hinsichtlich X sei. Diese ursprüngliche Formulierung der «Nutzen- oder Interessentheorie» der R.e sowie einige nähere Bestimmungen Benthams sind unklar und waren vielfältiger Kritik ausgesetzt. Wenn beispielsweise ein Gesetzgeber einer sozialen Gruppe die Pflicht auferlegt, höhere Steuern zu zahlen, und eine andere Personengruppe davon indirekt profitiert, dann wäre es unplausibel zu behaupten, die zweite Gruppe habe gegenüber der ersten ein R. auf die Zahlung der Steuern [2]. D. LYONS hat die Position Benthams deshalb als qualifizierte Nutzentheorie zu reformulieren versucht [3]. Er kommt zum Resultat, daß nur diejenigen nützlichen Pflichten korrelative R.e implizieren, die die Funktion haben, die direkten, mit dem Inhalt der Pflicht in relevanter Beziehung stehenden Interessen genau bestimmbarer Einzelpersonen zu schützen (z.B. das interessengestützte R. des Gläubigers auf Rückgabe der geliehenen Sache durch den Schuldner).

H. L. A. HART [4] hat dieser Konzeption die Auffassung des R. als «gesetzlich geschützter Wahlmöglichkeit» (Willens- oder Wahltheorie der R.e) gegenübergestellt. Von einer Person zu sagen, daß sie ein R. auf X habe, sei gleichzusetzen mit der Behauptung, diese Person habe die gesetzlich anerkannte und geschützte Möglichkeit, über die korrelative Pflicht einer anderen Person frei zu entscheiden. Diese freie Entscheidung schließe insbesondere auch die Möglichkeit ein, die andere Person von deren Pflicht zu entbinden. Deshalb werden bei Hart nur Ansprüche auf zivilrechtlich, nicht aber Ansprüche auf strafrechtlich geschützte R.-Güter als R.e im strengen Wortsinne aufgefaßt, da bei Offizialdelikten die geschädigte Person nicht die Möglichkeit hat, die Verfolgung des R.-Verletzers durch eine Willensentscheidung zu verhindern. So verstanden seien R.e als disponibles, normatives Eigentum ihrer Inhaber anzusehen. Gegen die Nutzentheorie sei insbesondere einzuwenden, daß sich Beispiele für die logische Dissoziation der Ausdrücke 'ein R. haben' und 'Nutznießer sein' finden lassen: Wenn A gegenüber B verspricht, etwas für C zu tun, so sei B der R.-Inhaber, aber kein Nutznießer, während C der Nutznießer der Pflichterfüllung, aber kein R.-Inhaber sei [5].

Aus der sprechakttheoretischen Analyse von Sätzen der Form 'Ich habe ein R. auf X' haben J. FEINBERG, N. D. MACCORMICK und S. STOLJAR [6] eine dritte Konzeption vertreten. Danach wäre der obige Satz ein Beispiel für eine Äußerung, die die illokutionäre Funktion des 'Beanspruchens' bzw. des 'Anspruchserhebens auf' zum Ausdruck bringt, d.h. als eine Sprechhandlung des «begründeten bzw. gültigen Forderns» zu interpretieren ist. Der Ausdruck 'ein R. haben' sei äquivalent mit dem Ausdruck 'einen gültigen bzw. begründeten Anspruch haben' (engl. «to have a valid claim»). Dieser Begründungsaspekt der R.e zeige, daß es sich beim Ausdruck ‹R.› um einen normativen Begriff handelt, dessen sinnvolle Verwendung die Existenz eines juristischen Regelsystems bzw. moralischer Prinzipien voraussetze. Aufgrund ihres normativen Charakters seien alle R.e strukturell gegen potentielle Verletzer ausgerichtet («to have a claim to» und «to have a claim against»). Der Begründungsaspekt impliziere zugleich einen Anspruch auf juristische oder moralische Hilfe bei drohender Verletzung des R. (MACCORMICK) [7]. Die genannten Autoren stimmen darin überein, daß ihre Analyse sowohl den Kerngedanken der Nutzentheorie als auch den der Willenstheorie integrieren könne: Die Nutzentheorie erkläre das Motiv für die Aktivität des Beanspruchens (der R.-Inhaber reklamiert ein für ihn nützliches Gut), während es für viele R.e zutreffe, daß ihre faktische Beanspruchung in den willentlichen Ermessensspielraum ihres Inhabers falle [8].

Bezugspunkte für die Diskussion des Verhältnisses von ‹R.› und ‹Pflicht› sind die grundlegenden Arbeiten von J. BENTHAM und W. N. HOHFELD. BENTHAM [9] unterscheidet zwei Hauptklassen von R.en. Die eine Klasse werde erzeugt, wenn ein Gesetzgeber der Gesellschaft Pflichten auferlege, während die andere Klasse auf Erlaubnissen des Gesetzgebers gründe, sich also über die Abwesenheit von Pflichten definieren lasse [10]. HOHFELD [11], den die meisten Autoren dahingehend interpretieren, daß er vier verschiedene Unterbegriffe eines einheitlichen Oberbegriffs ‹R.› unterscheidet, hat den streng relationalen Charakter aller von ihm abgegrenzten Ausdrücke hervorgehoben. Jede wahre Zuschreibung eines der Begriffe an eine Person (oder Partei) A impliziere die wahre Zuschreibung eines korrelativen Ausdrucks an eine Person B. Dabei müsse die Verwendung des speziellen, korrelativen Begriffs ‹Pflicht› auf den Fall beschränkt werden, in dem einer Person A ein R. im strengen Sinne des Wortes, ein Anspruchs-R. (engl. «claim-right») sinnvoll zugeschrieben werden kann. Habe eine Person A dagegen ein Freiheits-R. (engl. «liberty-right») inne, so korrespondiere mit diesem nicht eine Pflicht, sondern ein Nicht-R. auf seiten B's.

Diese beiden Typen von R.en lassen sich, ausgehend vom Ausdruck 'ein R. auf X haben', durch verschiedene Einsetzungen für X abgrenzen. Es können R.e mit dem Inhalt, daß andere Personen etwas tun oder unterlassen sollen (Anspruchs-R.e) von R.en unterschieden werden, denen zufolge der R.-Inhaber selbst etwas tun darf (Freiheits-R.e). Abweichend von Hohfeld ergänzen viele zeitgenössische Autoren diese inhaltlichen Unterscheidungen um ein Spezifizierungskriterium, anhand dessen überprüft wird, ob sich ein R. gegen eine bestimmte Person richtet ('ein R. gegen B haben') oder in einem weniger eindeutigen Sinne gegen die ganze Gesellschaft (oder die ganze Welt) gerichtet ist [12].

Kontrovers wird in der Literatur die Frage diskutiert, ob einige oder alle Freiheits-R.e in einem signifikant anderen Verhältnis zu Pflichten stehen als Anspruchs-R.e oder ob auch alle Freiheits-R.e als korrelativ zu einem bestimmten Typ von Pflichten, den Unterlassenspflichten (engl. «duties not to interfere»), aufzufassen sind. Diese Kontroverse betrifft die Frage nach der Plausibilität der Korrelativitätsthese, die besagt: Jede Aussage von der Form 'A hat ein R. auf X' impliziert eine Aussage von der Form 'B hat hinsichtlich X eine Pflicht gegenüber A' [13].

LYONS [14] hat die Korrelativitätsthese auf exemplarische Weise problematisiert. Er unterscheidet zwischen aktiven R.en (Freiheits-R.en), also dem R., X zu tun, und passiven R.en (Anspruchs-R.en), z.B. dem R., den an B verliehenen Geldbetrag zurückzuerhalten. Das passive R. sei in zweifacher Weise spezifiziert: Es habe einen genauen Adressaten, gegen den es sich richte (B) und einen definiten Inhalt ('den an B verliehenen Geldbetrag zurückzuerhalten'). Deshalb gebe es eine einzige, bestimmte Aussage über eine korrespondierende Pflicht auf seiten B's, die besagt, daß B die Pflicht hat, A den geliehenen Geldbetrag zurückzugeben. Da die Bedeutung beider Aussagen äquivalent sei, müsse die Korrelativitätsthese hinsichtlich des passiven R. stärker formuliert werden: Beide Aussagen stünden in einem wechselseitigen Implikationsverhältnis. Demgegenüber sei ein bestimmtes aktives R., z.B. das R., öffentlich seine Meinung zu äußern, nicht durch eine korrespondierende Pflicht, sondern nur durch die generelle Verpflichtung geschützt, Angriffe auf Personen zu unterlassen. Diese Pflicht sei allen Angehörigen einer Gesellschaft auferlegt, schütze ein ganzes Bündel verschiedener aktiver R.e und existiere insofern unabhängig vom Bestehen dieses bestimmten aktiven R. In diesem Fall sei die Korrelativitätsthese nur dann wahr, wenn man das Wort ‹impliziert› in einem schwachen Sinne verstehe. Zwar ist ein Schluß vom Bestehen des aktiven R. auf die generelle Pflicht, die es schützt, möglich, aber dieser sei nicht signifikant, weil die Pflicht auch dann bestehen bleibe, wenn A sein spezifisches aktives R. verliere. Lyons gelangt zum Resultat, die Korrelativitätsthese solle auf den engen Sinn beschränkt bleiben, den sie im Falle der passiven R.e habe.

A. R. WHITE [15] hat in der Diskussion um die Korrelativitätsthese den extremen Standpunkt eingenommen, ein analytischer begrifflicher Zusammenhang zwischen ‹R.›/‹Pflicht› sei zu bestreiten. Es hänge von der Natur des durch ein R. beanspruchten Guts X ab, ob mit einem bestimmten R. eine Pflicht korrespondiere. Sollte es eine solche geben, so sei dies ein kontingenter gesetzlicher Fakt.

STOLJAR [16] stimmt den Kritikern der Korrelativitätsthese darin zu, daß verschiedene Typen von R.en in einem jeweils unterschiedlichen Zusammenhang zu Pflichten stünden. Dennoch müsse die Korrelativitätsthese nicht abgeschwächt, sondern angemessener expliziert werden. Stoljar analysiert die jeweilige Funktion der Verwendung des mit dem Begriff ‹R.› zusammenhängenden Vokabulars vor dem Hintergrund paradigmatischer Anwendungskontexte. Er gelangt zum Resultat, daß auch die Berufung auf Freiheits-R.e neben anderen Aspekten eine normative Komponente (A darf hinsichtlich X etwas tun) sowie eine Schutzkomponente einschließe, die beide nur relativ zu komplementären, im Begriff der Pflicht implizierten Komponenten verständlich seien. In der Korrelativitätsthese komme zum Ausdruck, daß die verschiedenen komplementären Aspekte einen funktionell einheitlichen, normativen Zusammenhang zwischen zwei Personen und einem Gut X bilden.

Die Bekräftigung der Korrelativitätsthese hat zur Folge, daß die Redundanzthese plausibel erscheint. C. ARNOLD [17] geht als Vertreter dieser Auffassung davon aus, daß die Begriffe ‹R.›/‹Pflicht› in ihrer Eigenschaft als logisch gleichwertige, unanalysierbare Grundbegriffe des juristischen und moralischen Argumentierens wechselseitig aufeinander reduzierbar seien. Arnold begründet diese Auffassung, indem er das fragliche Begriffspaar mit anderen nicht-symmetrischen, nicht-reflexiven und korrelativen Relationsausdrücken (z.B. 'links von A sein'/'rechts von B sein') vergleicht. Entscheidend sei, daß die Verwendung eines jeden Ausdrucks denselben Informationsgehalt übermittele wie sein korrelativer Ausdruck. Ein und dieselbe Relation zwischen A und B werde aus jeweils unterschiedlichen Perspektiven beschrieben, was eine rein stilistische Differenz ausmache. Da mit der präzisen Explikation des Ausdrucks ‹R.› größere Probleme verbunden seien, sollte seine Verwendung zugunsten des Begriffs ‹Pflicht› aufgegeben werden.

J. RAZ [18] hat exemplarisch ein Gegenargument vertreten, demzufolge nur eine Aussage über das R. einer Person, nicht aber die dazu korrelative Pflicht-Aussage einen spezifischen Begründungs- oder Rechtfertigungszusammenhang zum Ausdruck bringe. 'A hat ein R. auf X' impliziere nicht nur mindestens eine Aussage über eine korrespondierende Pflicht, sondern behaupte zusätzlich, daß die Verpflichtung seitens B deshalb bestehe, weil A ein R. auf X habe. Umgekehrt sei derselbe Zusammenhang nicht abzuleiten, da eine Pflicht-Aussage auch auf andere Weise begründet werden kann: z.B. 'Ich habe gegenüber A die Pflicht, X zu tun, weil es tugendhaft ist, X zu tun'. Ein ähnliches Argument gegen die Redundanzthese besagt, nur die Bezugnahme auf R. mache verständlich, warum es überhaupt die Institution des 'Pflichten-Auferlegens' gebe [19]. Dieses Argument weist auf einen Vorschlag von W. D. LAMONT [20] zurück, der die Umkehrung der seit Bentham üblichen Definition von R.en über Pflichten ins Auge faßt.

Die Abgrenzung moralischer R.e gegenüber gesetzlichen R.en hat zu einer Vielzahl spezifischer Begriffsanalysen und moraltheoretischer Untersuchungen geführt. Ein Beispiel ist die Gegenüberstellung der Begriffe ‹prima facie (bedingtes) R.›/‹absolutes (unbedingtes) R.›, die auf eine Unterscheidung von W. D. Ross zurückgeht [21]. Ein weiteres Beispiel ist die Diskussion um eine angemessene Explikation des Begriffs des natürlichen R., der von BENTHAM scharf kritisiert worden war [22]. Von J. S. MILL wurde die große Bedeutung betont, die dem Begriff des R. bei der Explikation des Gerechtigkeitsbegriffs zukommt, was verschiedene zeitgenössische Autoren aufgegriffen haben [23]. In jüngster Zeit wurde die Frage aufgeworfen, ob utilitaristisch begründete Moraltheorien aufgrund der Schutzfunktion, die R.e für individuelle Interessen haben, in der Lage seien, den Begriff ‹R.› theoretisch adäquat zu integrieren [24]. Darüber hinaus wird die Frage diskutiert, ob es möglich und sinnvoll ist, moraltheoretische Begründungsansätze zu entwickeln, die den Begriff ‹R.› ins Zentrum stellen [25].

Anmerkungen. [1] Vgl. H. L. A. HART: Bentham on legal rights, in: A. W. B. SIMPSON (Hg.): Oxford ess. in jurisprud. (Oxford 1973) 171-201; R. HARRISON: Bentham, ch. IV (London 1983) bes. 90ff.; vgl. auch J. S. MILL: Utilitarianism V, 250. Coll. works, hg. F. E. L. PRIESTLEY/J. M. ROBSON 10 (Toronto 1969)

203-259. – [2] Vgl. D. LYONS: Rights, claimants and beneficiaries. Amer. philos. Quart. 6 (1969) 173-185, zit.: 179. – [3] a.O. 175ff. – [4] Vgl. HART, a.O. [1] 171-201; Are there any nat. rights? Philos. Review 64 (1955) 175-191. – [5] Zur Kritik vgl. LYONS, a.O. [2] (Abschn. III). – [6] Vgl. J. FEINBERG: Duties, rights, and claims, in: Rights, justice, and the bounds of liberty (Princeton 1980) 130-142; The nature and value of rights, a.O. 143-155; S. STOLJAR: An analysis of rights (London/Basingstoke 1984) ch. I; N. D. MACCORMICK: Rights, claims and remedies. Law Philos. 1 (1982) 337-357. – [7] Vgl. MACCORMICK, a.O. bes. 355. – [8] Vgl. STOLJAR, a.O. [6] ch. IV; MACCORMICK, a.O. – [9] J. BENTHAM: Introd. to the princ. of morals and legislation (1789). Coll. works 1, hg. J. H. BURNS/H. L. A. HART (London 1968); Of laws in general. Works, hg. J. BOWRING (Edinburgh 1838-43) Bd. 3, zit. nach: HART, a.O. [1] 171, Anm. 1; HARRISON, a.O. [1]. – [10] Vgl. HARRISON, a.O. 90ff.; HART, a.O. 174. – [11] W. N. HOHFELD: Fundamental legal conceptions (New Haven 1919, ³1964) 35ff.; vgl. auch T. PERRY: A paradigm of philos.: Hohfeld on legal rights. Amer. philos. Quart. 14 (1977) 41-50 sowie L. W. SUMNER: The moral found. of rights (Oxford 1989) ch. II. – [12] Vgl. z.B. FEINBERG: Duties ..., a.O. [6] 134; STOLJAR, a.O. [6] ch. IV. – [13] Vgl. z.B. J. RAZ: On the nature of rights. Mind 93 (1984) 194-214, zit.: 199f. – [14] D. LYONS: The correlativity of rights and duties. Nous 4 (1970) 45-55. – [15] A. R. WHITE: Rights and claims. Law Philos. 1 (1982) 315-336, zit.: 332ff. – [16] STOLJAR, a.O. [6] ch. II und IV. – [17] C. ARNOLD: Analyses of right, in: E. KAMENKA/A. S. TAY (Hg.): Human rights (New York 1978) 74-86. – [18] RAZ, a.O. [13]. – [19] Vgl. z.B. STOLJAR, a.O. [6] 46f. (ch. IV). – [20] W. D. LAMONT: Rights, in: Sympos. on rights. Proc. Arist. Soc., Suppl. 24 (1950) 83-94, zit.: 93f. – [21] Vgl. W. D. Ross: The right and the good (Oxford 1930) ch. II und App. I; H. MORRIS: The status of rights. Ethics 92 (1981) 40-51; G. VLASTOS: Justice and equality, in: J. WALDRON (Hg.): Theories of rights (Oxford 1984) 41-76, bes. 47f. – [22] Vgl. HARRISON, a.O. [1]; SUMNER, a.O. [11] ch. IV; HART: Are there ..., a.O. [4] 175f.; Essay 8 – Utilitarianism and nat. rights, in: Essays in jurisprud. and philos. (Oxford 1983); W. K. FRANKENA: Nat. and inalienable rights, a.O. 212-232. – [23] Vgl. MILL, a.O. [1] 241ff.; J. RAWLS: A theory of justice (Oxford 1973) ch. I; VLASTOS, a.O. [21] 42ff. – [24] Vgl. HART: Essays ..., a.O. [22] Ess. 8 und 9; G. F. GAUS: The convergence of rights and utility: The case of Rawls and Mill. Ethics 92 (1981) 57-72; D. LYONS: Utility and rights, in: WALDRON, a.O. [21] 110-136. – [25] Vgl. J. L. MACKIE: Can there be a right-based moral theory? in: WALDRON, a.O. 168-181; J. RAZ: Right-based moralities, a.O. 182-200; SUMNER, a.O. [11] ch. V-VII.

Literaturhinweise. D. LYONS s. Anm. [2]. – H. L. A. HART s. Anm. [1]. – J. FEINBERG s. Anm. [6]. – J. RAZ s. Anm. [13]. – S. STOLJAR s. Anm. [6]. – J. WALDRON s. Anm. [21]. – L. W. SUMNER s. Anm. [11].
L. RIEBOLD

Recht, positives; Rechtspositivismus

1. *Der Begriff des positiven Rechts.* – Vom ‹positiven Recht› [p.R.] sprechen heißt, einen R.-Begriff annehmen, der dem Merkmal 'Positivität' (vgl. Art. ‹Positiv, Positivität›, bes. I. 4.) eine kategoriale Bedeutung zuerkennt. Der Ausdruck ‹p.R.› indiziert eine R.-Kategorie unter anderen, die die Abgrenzung des R. von nichtrechtlichen Regelungsbereichen voraussetzen. Seit ARISTOTELES bestimmt dabei vor allem das Begriffspaar ‹p.R.›/‹Naturrecht› (s.d.; vgl. auch ‹Physis/Nomos› bzw. ‹Physis/Thesis›) das Streben nach Definitionen. Es erscheint in den Alternativen ‹R.› und ‹Gerechtigkeit›, ‹formales› und ‹materiales R.›, ‹verbindliches› und ‹richtiges R.›, ‹p.› und ‹überpositives R.› mit dessen Anspruch auf höhere Maßgeblichkeit. Diese Alternativen lassen erkennen, daß ein einheitlicher R.-Begriff nicht gewiß ist und deshalb erst aus dem Verhältnis der Aspekte von Positivität und Idealität erschlossen werden kann. Wer vom R. mehr als Positivität verlangt, wird der begrifflichen Erfassung des p.R. dessen Bewertung nach Maßgabe des richtigen R. folgen lassen. Wer dagegen dem p.R. von vornherein die Qualität des Richtigen eingestiftet weiß, wird sich mit Kollisionen von R. und Moral oder Sitte von Rechts wegen nicht befassen. So diente die aus TH. HOBBES' Kontext abstrahierte Sentenz «authoritas, non veritas, facit legem» dazu, den R.-Begriff auf das p.R. zu konzentrieren.

Was das p.R. auszeichnet, steht allerdings nicht apriorisch fest. Der Sache nach tritt gesetztes R. nämlich schon seit dem Mittelalter in Erscheinung, bevor der Begriff zum Problem wird: zunächst mit der Behauptung, altes R. nur ans Licht zu heben, dann, insbesondere bei der landesherrlichen Polizeygesetzgebung, ausgesprochen statutarisch; auch ist der Ausdruck ‹p.R.› schon vor dem Rechtspositivismus [Rp.] geläufig, so aus dem Kirchenrecht oder aus CH. DE S. DE MONTESQUIEUS Erklärungen der «lois positives».

Deshalb kann es nur auf historisch bestimmte, konventionelle Begriffsentwicklungen ankommen. Diese standen und stehen vor dem Problem, daß der Begriff und sein Gegenstand sich wechselseitig konstituieren. Ob etwa das Stadtrecht von Gortyn, das R. der römischen Zwölf Tafeln, Gewohnheitsrecht, der friderizianische Machtspruch, die informale Regel des modernen Staates und das sog. 'soft law' der Staatengemeinschaft p.R. sind, hängt von dessen Verständnis und zugleich von der – abstimmungsbedürftigen – Begriffsabsicht ab, derartigen Regeln die Geltungskraft des p.R. zuzusprechen oder zu versagen. Wer mit N. LUHMANN das p.R. als Instrument moderner Gesellschaftsentwicklung wertet, sieht vom Traditions-R. ab, das gerade der als geltendes R. berücksichtigen muß, der wie W. BLACKSTONE mit dem «common law» zu rechnen hat. Einen sinnvollen Begriffsrahmen gibt jedoch der moderne Staat ab, der sein R.-Setzungsmonopol behauptet. Besteht Einigkeit darin, daß der Objektbereich des p.R. bestimmte Regeln erfassen soll, dann hat der Begriff dem Rechnung zu tragen, so daß ein historisch-konventioneller Begriff des p.R. zustande kommen kann. Zweckmäßigerweise geht der Begriff von den als R. gehandhabten Regelwerken aus, andernfalls er das Risiko eingänge, der Unterscheidung des positiven vom Naturrecht noch eine weitere hinzufügen zu müssen. Dabei sind außer den nationalen auch die supra- und internationalen Dimensionen zu bedenken, so daß es heute um folgende R.-Quellen geht: Verfassungen, Gesetze, R.-Verordnungen, Satzungen, Allgemeinverbindlichkeitserklärungen zu Tarifverträgen, R.-Satzvereinbarungen, Gewohnheits- sowie Richterrecht und die zu diesen deutschen hinzukommenden ausländischen R.-Quellen; europarechtliche Verordnungen, Richtlinien und Entscheidungen gemäß Art. 189 EWGV sowie Entscheidungen und Empfehlungen gemäß Art. 14 EGKSV; das Völkervertrags- und Gewohnheitsrecht sowie die gemäß Art. 38 Abs. 1 IGH-Statut vom Internationalen Gerichtshof anzuwendenden allgemeinen R.-Grundsätze. Die Zusammenstellung dieser R.-Quellen erklärt sich durch gewisse Gemeinsamkeiten: Die Bildung erfolgt nicht naturwüchsig, sondern durch Verfahren; die Verbindlichkeit wird kraft legislativer oder kooperativer oder judikativer Entscheidung über die Setzung oder Feststellung von R.-Sätzen hergestellt, letzteres namentlich durch Gerichte bei der Anwendung von Gewohnheitsrecht; die Verlautbarung ist Geltungsvoraussetzung; die R.-Geltung wird durch R.-Anwendung gesichert.

Demnach ist p.R. das ausdrücklich gegebene im Unterschied zu einem idealen, aufgegebenen R. Es ist verlautbart, gemeinhin verbrieft und umfaßt die bestehenden, effektiv geltenden R.-Sätze, deren Geltung auf einer Entscheidung beruht. Positivität durch Entscheidung kennzeichnet den Geltungsgrund ungeachtet der Entstehung und der Qualität seines Inhaltes. Abhängig von der setzenden oder anerkennenden Entscheidung ist p.R. veränderbar und aufhebbar. Die rechtsetzende Stelle ist Autorin des R. auch der Sache nach, wenn sie zugleich den R.-Inhalt schafft, das heißt: aus vorhandenen R.-Vorstellungen auswählt, R.-Materien definiert, R.-Maßgaben bestimmt, also R.-Gestaltung betreibt.

2. *Rechtspositivismus.* – Die R.-Theorien, die unter dem Titel ‹Rp.› zusammengefaßt werden, betrachten die Positivierung als maßgebendes Kriterium für die Unterscheidung von R. und Nicht-R.; sie fassen zudem die Vorgänge der materiellen R.-Setzung als Rückbindungen an Seinsgegebenheiten auf. Demnach wird R. dann und deshalb für positiv gehalten, wenn und weil es unter Ausschluß metaphysischer Vorstellungen aus der Erkenntnis 'positiv' vorgegebener Sachverhalte hergeleitet wird.

Der Rp. entsteht als Ausprägung einer europäischen Denkrichtung, die A. COMTES Werk ‹Cours de philosophie positive› (1830-1842) ihren Titel verdankt. In Frankreich ist es die 'Ecole de l'exégèse', in England sind es J. BENTHAM, J. AUSTIN und heute H. L. A. HART, in Deutschland namentlich G. HUGO, G. F. PUCHTA, B. WINDSCHEID, P. LABAND und K. BERGBOHM, die das Natur- und Vernunftrecht verabschieden, um angeblich sicheren R.-Boden zu betreten. Die Seinsgegebenheiten, an denen die R.-Theorien des Rp. sich orientieren, sind sozial-ökonomischer, sozialpsychologischer, begriffsrealistischer oder normativer Provenienz, so daß sich unterschiedliche Denksysteme als Spielarten des Rp. ergeben.

Dem Vorbild der Naturwissenschaften folgend, liegt es nahe, an 'natürliche' Lebenssachverhalte anzuknüpfen und aus tatsächlichen Befundnahmen R. induktiv zu entwickeln. Der R.-Tatsachenforschung kommt demnach eine maßgebende Bedeutung für die R.-Setzung zu: Aus der Erfahrung sollen Entwicklungsmaßstäbe folgen, die zum angemessenen R. führen.

Der *soziologische* Rp. konzentriert das R. dabei auf das beobachtete soziale Verhalten innerhalb einer gegebenen Gesellschaft: «Aber nur die konkreten Übungen, Herrschafts- und R.-Verhältnisse, Verträge, Satzungen, letztwilligen Anordnungen ergeben die Regeln des Handelns, nach denen die Menschen sich richten. Und erst aufgrund dieser Regeln entstehen die Entscheidungsnormen der Gerichte und die gesetzlichen Bestimmungen ...» [1], so daß der «zur R.-Norm werdende habituelle Standard» [2] Ursprung und Richtung der Regelungssubstanz definiert. Statt auf das Sozialverhalten kann auch auf das Wirtschaftsgeschehen Rekurs genommen werden: Nach der von F. ENGELS zitierten materialistischen Geschichtsauffassung gelten die ökonomischen Ursachen als die zwar nicht allein, aber doch «in letzter Instanz ... schließlich», nach der Wechselwirkung der verschiedenen Momente des Überbaus, «entscheidenden» Wirkkräfte [3].

Die *sozialpsychologische* Variante des Rp. knüpft dagegen hauptsächlich an vorfindbare Einstellungen, Vorstellungen und Willensinhalte an, um dessen Gehalt und Geltung zu begründen. So erscheinen R.-Normen als Regeln, deren Wirksamkeit ein vom kollektiven R.-Bewußtsein getragenes «habituelles Respektieren» voraussetzt [4]. Ähnlich argumentiert die Interessenjurisprudenz, wenn sie R. VON JHERINGS Überzeugung folgt, daß das ganze R. «nichts als eine einzige Zweckschöpfung» sei [5], und dieses aus den Wirkkräften der Interessen hervorgehen läßt. Auch hier erscheint das R. als Resultante von positiv vorgegebenen Umständen, nämlich den verschiedenen Interessenstandpunkten und -richtungen.

Demgegenüber verabsolutiert der *wissenschaftliche* Rp. die Erträge der R.-Dogmatik, indem er dem R.-Begriff, und namentlich den rechtswissenschaftlichen Begriffen eine logische Qualität zumißt, die den Juristen befähigt, aus der Begriffswelt R.-Sätze abzuleiten und zu einem geschlossenen, lückenlosen R.-System zu entfalten. Hervorgegangen aus der Pandektenwissenschaft, emanzipiert die Begriffsjurisprudenz sich in den Lehren von WINDSCHEID, PUCHTA und LABAND von ethischen, politischen und ökonomischen Vorgaben zugunsten eines selbstgenügsamen Dogmensystems; die «Natur der Dinge» wird deshalb als Referenzsystem verworfen [6].

Historisch neueren Datums und deshalb auf das Werk der R.-Wissenschaft weniger angewiesen als auf das des Gesetzgebers, erkennt der *normative* Rp. den Gegenstand seiner Reflexion in den R.-Sätzen des geltenden R. Dazu bietet H. KELSENS ‹Reine Rechtslehre› (1934, ²1960) das Programm: die R.-Ordnung als ein System von R.-Normen, das von nichtnormativen Seinsgegebenheiten, Zweckbezügen und Wertvorstellungen gereinigt ist. Zwar werden Wechselwirkungen zwischen der Seins- und der Sollensordnung anerkannt, doch bleibt dem R. sein eigenes, auf Normativität beruhendes Dasein vorbehalten. Für sich bestehend, macht es die Positivität des R. aus und begründet laut Kelsen [7] die «Eigengesetzlichkeit des R. gegenüber jener der Natur». Da sich infolgedessen die Frage nach dem richtigen R. erübrigt, läßt sich jeder beliebige Inhalt des R. denken, so daß die R.-Ordnung der staatlichen R.-Setzungsmacht überantwortet wird.

Diese Konsequenz deckt sich mit den Lehren des Gesetzespositivismus, der den *begriffsrealistischen* und den *normativen* Positivismus auf die etatistisch-legislative Spitze treibt. Für BERGBOHM, den profiliertesten Vertreter dieser Denkrichtung, ist es selbstverständlich, daß der Gesetzgeber außer an Zuständigkeiten und Verfahren an keinerlei Inhaltsbeschränkungen gebunden ist [8]; formell korrekt erzeugt, sei jedes Gesetz verbindlich. Zwar weisen andere darauf hin, daß die juristische Allmacht und Selbstherrlichkeit des Gesetzgebers in der ethisch-politischen Verpflichtung auf die R.-Ideen der «Gerechtigkeit» und des «Gemeinwohls» [9] ihre Grenzen finden, doch lassen sie im Konfliktsfall dem geltenden Gesetz den Vorrang: Es sei die «artbestimmende Tendenz des modernen Staates ..., daß die Dezision über das Gerechte und Zweckmäßige dem Gesetzgeber gebührt» [10].

Der Rp. bietet mithin zwar kein einheitliches Bild vom R. Seine verschiedenen früh- und spätkonstitutionell entstandenen Ausprägungen greifen jeweils nur einzelne Aspekte eines komplexen Zusammenhangs von Seinsgegebenheiten und Sinngebungen auf: einerseits das Sozialverhalten der Gesellschaftsmitglieder, andererseits die Entscheidungshoheit der Staatsorgane. Aber alle rechtspositivistischen Theorien stimmen in ihrer Abneigung gegen idealistische R.-Konzepte, die ein «richtiges», unvorgreiflich gültiges R. als gegeben voraussetzen, ebenso überein wie in der Auffassung, daß sie auf die Autorität einer R.-Setzungsinstanz, zumindest eines anerkannten R.-Stabes bauen. Die Positivierung unterscheidet R. von Moral und Politik. Sie schafft R., bewirkt die Wirklichkeit des R. und beläßt alle nicht positivierten R.-Vorstellungen im Vorhof der R.-Bildung. Statt des idealen bringt sie zeit- und umständebedingtes, aber gewisses R. hervor. R. erscheint so als ein in der Geschichte stehendes, hergestelltes Werk. In diesem Sinne erklärt etwa R. VON MOHL [11] die «Normen, welche in einem bestimmten einzelnen Staate zur Regelung desselben von einer zuständigen Auctorität ausgesprochen sind» als «positives Staatsrecht»: «Für die Ordnung des wirklichen Lebens genügen die Sätze des philosophischen Staatsrechts nicht. Theils sind sie nicht immer zweifellos; theils steigen sie nicht in alle Einzelheiten der täglichen Vorfälle herab; theils und hauptsächlich aber haben sie nur eine logische Wahrheit aber keine zwingende äußere Gewalt. Es bedarf also eines bestimmt ausgesprochenen, ausführlichen und äußerlich gültigen Rechtes.»

3. *Rechtsgeltung und Rechtsgültigkeit.* – Aus rechtspositivistischer Sicht ergibt die Positivierung nicht nur die Feststellung des maßgeblichen R.-Inhalts, genauer gesagt: dessen entscheidende Kreation, sondern auch «die spezifische Seinsweise des R.: seine Geltung» [12]. Dabei meint Geltung Effizienz der gesetzten Regel: «Das Dasein alles R. besteht darin, daß es Wirkungen auszuüben vermag» [13]. Sie wird in erster Linie auf die organisierte Macht des souveränen Staates gestützt, der sein R. auch durchsetzen kann. Daß Souveränität und Gesetzgebungshoheit gleiches meinen, ist seit langem, längst vor dem sich theoretisch ausbildenden Rp. geläufig; W. BLACKSTONE ist dieser These bereits hinsichtlich der ‹Laws of England› gefolgt [14]. Im kontinentalen Europa entwickelt der Staat parallel zur Entwicklung des Rp. nicht nur Autorität, sondern auch die Zwangsgewalt, die VON MOHL «zur Ordnung des wirklichen Lebens» für erforderlich hält. Diese Gewalt wird vornehmlich in der Legislative, dazu aber in dem zur R.-Anwendung geschaffenen Staatsapparat erkannt. Mit dessen Ausbildung nimmt die Neigung der R.-Theorie zu, R.-Geltung und Durchsetzungskraft zu verknüpfen. Ersichtlich wirken dabei die Argumente: Zwangscharakter des R. und Kompetenz des R.-Stabes in wechselseitiger Ergänzung. Jedenfalls konzentrieren sie die Qualität von R. auf dessen äußere, prozedurale Wirksamkeit. LABANDS Gesetzesbegriff kulminiert in Sanktion und Promulgation.

In dieses Ordnungssystem fügt sich das Gewohnheitsrecht nicht ohne weiteres ein. Schon bei BLACKSTONE fällt auf, daß das «common law» mit dem legislativen Souveränitätsanspruch nicht in Einklang gebracht werden kann, wenn anzunehmen ist, daß «it's weight and authority» auf der Unvordenklichkeit der Übung beruhen [15]. Auch der Rp., der sich an sozialem Verhalten orientiert, müßte die positive R.-Setzung vermissen. PUCHTA, der ‹Das Gewohnheitsrecht› zweibändig dogmatisiert (1828, 1837), umgeht das Bedenken, indem er jene seinerzeit noch reichhaltigen R.-Massen den still wirkenden Kräften des Savignyschen Volksgeistes entzieht und dem Juristenstand zu wissenschaftlich-rechtspositiver Handhabung überantwortet. Damit nähert er sich Vorstellungen, die später als R.-Stabstheorie deklariert werden. R. VON MOHL rettet seinen konstitutionellen Ansatz hingegen mit einer – schon in Hobbes' ‹Leviathan› angewandten – systemkonformen Fiktion: Zwar sei Gewohnheitsrecht «nicht von einer förmlich bestellten gesetzlichen Gewalt ausgegangen», sondern nur von «Staatstheilnehmern» als «verbindlich für sich» anerkannt; aber man müsse doch die Zustimmung des Staatsoberhauptes unterstellen, um einem Mangel im «allgemeinen R.-Bewußtsein» zu entgehen [16]. Ein halbes Jahrhundert später führt KELSEN das Gewohnheitsrecht in die Bahnen der dann maßgebenden Staatsform, indem er es eine «extrem demokratische» Art positiver R.-Setzung durch R.-Genossen nennt; merkwürdigerweise stellt er zugleich auf die R.-Anwendung ab [17], Zwangs- und R.-Stabsaspekte verwendend. So zeigt es sich auch beim Gewohnheitsrecht, daß R.-Geltung, R.-Positivität, Staatsautorität und Staatsgewalt nach positivistischer Auffassung im Wirkverbund stehen. Wer allerdings auf das sog. Leben schaut, weist zudem darauf hin, daß Befehle ohne Anerkennung und Befolgung wirkungslos bleiben, und relativiert damit die positivistischen Ansätze. Gleichwohl bleibt die Frage, ob das, was effektiv gilt, auch 'richtig' und gültig ist. Für die Begriffsjurisprudenz und für die Positivisten, die sich in der Nachfolge Montesquieus an den Umständen und Verhältnissen orientieren, ist sie nicht brennend, weil sie ihr dogmatisch begegnen können. Der Gesetzespositivismus hat jedoch mit der Kollision von p.R. und R.-Ideal zu rechnen. Wenn er für das geltende Gesetz votiert und damit für die Staatsgewalt, votiert er jedoch prinzipiell nicht gegen Gerechtigkeit und Sachgemäßheit. Vielmehr läßt sich annehmen, daß eine gute und gerechte R.-Ordnung deshalb erwartet wird, weil der – bürgerliche, konstitutionell verfaßte – Staat wohlgeordnet und in seinen staatsleitenden Organen ausgewogen besetzt ist.

Insofern stellt die Alternative ‹p.› oder ‹richtiges R.› sich solange nicht, wie der Gesetzgeber institutionelles Vertrauen genießt. Nach dem Zusammenbruch staatlicher Selbstsicherheit im Ersten Weltkrieg und nach den Erfahrungen mit der nationalsozialistischen Herrschaft verlieren die Grundannahmen des Rp. ihre Überzeugungskraft. In seiner ‹Verfassungslehre› betont C. SCHMITT, wenige Jahre bevor er dem Führer die R.-Herrschaft zugesteht, die in der Allgemeinheit des Gesetzes zu sichernden Werte der Richtigkeit, Vernünftigkeit und Gerechtigkeit [18]. Gleichfalls in dieser Zeit bezeichnet es R. THOMA [19] als einen «Imperativ der R.-Ordnung», daß der Gesetzgeber sich von «Erwägungen der Gerechtigkeit und des Gemeinwohls» leiten zu lassen habe. Dieser Imperativ wirkt allerdings, wie man inzwischen weiß, nur nach Maßgabe richterlicher Prüfungs- und Nichtanwendungs- oder Verwerfungsbefugnisse, wie sie heute das Bundesverfassungsgericht besitzt. Dieses Gericht hat gerade in den ersten Jahren seines Bestehens die rechtsethischen, namentlich in den Menschenrechten enthaltenen, materiellen Bindungen der staatlichen Gesetzgebung – «die jedem geschriebenem R. vorausliegenden überpositiven R.-Grundsätze» [20] – betont, aber zugleich daran festgehalten, daß ein verwerfliches Gesetz nur kraft Richterspruch unanwendbar werden kann. Demgegenüber ist der Rückgriff auf positivistisches Gedankengut im Beamten-Urteil von 1953 [21] bemerkenswert: «Zwar mag das ... vom Nationalsozialismus gesetzte R. in einem höheren, philosophischen Sinne 'Unrecht' darstellen. Aber es würde eine in hohem Grade unrealistische Betrachtungsweise sein, diesen Gedanken positivrechtlich dahin auszubauen, daß dieses (formale) R. ex post als nichtig ... betrachtet würde.» Im Jahre 1957 wird diese These dahin variiert [22], «daß auch eine ungerechte ... Gesetzgebung durch das auch ihr innewohnende Ordnungselement Geltung gewinnen kann», zumindest komme ihr eine «soziologische Geltungskraft» zu, sofern nicht «offenbares Unrecht» gesetzt sei; dies müsse «jeder Wirkung» entbehren.

4. *Das Rechtssystem des positiven Rechts.* – Naturrechtslehren und Rp. schätzen die Bedeutung des p.R. unterschiedlich ein: Ist das p.R. dort in den Zusammenhang eines umfassend begriffenen R. eingeordnet und gilt die Legalordnung dort nur unter dem Vorbehalt ihrer Legitimität, so bildet sie hier das R. und gliedert überpositive Maßstäbe aus dem Bereich des R. aus. Der Rp. trennt R. von Politik und Moral, ohne deren andersartige Wirksamkeit zu leugnen, um die Eigenständigkeit des gesetzten R. und damit die Eigenständigkeit des Staates zu begründen. Der Rp. gesteht dem p.R. die foro externo entscheidende Kraft und den Vorrang vor anderen Regelsystemen einer Gesellschaft zu. Infolgedessen hat das – positive – R. die zur Ordnung und Entwicklung einer Gesellschaft erforderlichen Leistungen aus sich heraus zu erbringen. Entstehung und Geltung beruhen dabei allerdings auf Voraussetzungen, die das p.R. selbst nicht schaffen, sondern nur sichern kann: Sie setzen Entscheidungslagen, Entscheidungs- und Durchsetzungsmacht in Form einer organisierten Wirkeinheit sowie eine zur R.-Gemeinschaft bereite Gesellschaft voraus. Die normative Kraft des Faktischen zeigt sich im Fall der Revolution. So wird die Weimarer Reichsverfassung auf die «Grundanschauung» gestützt, daß «jede Revolution Quelle neuen R. sein kann, und daß sie es dann ist, wenn sie es sein will und es ihr gelingt, diesen Willen durchzusetzen» [23]. Danach kommen Zuständigkeits- und Verfahrensvorschriften die weichenstellenden Funktionen innerhalb der etablierten R.-Ordnung zu. Im verfaßten Staat gehören sie zum Kernbestand der Verfassung. Als die Theorien des Rp. im 19. Jh. entwickelt wurden, stand die Organisation der Gesetzgebung im Mittelpunkt des rechtspolitischen Interesses.

Wenn R. nur p.R. ist, gilt die Einheit der R.-Ordnung als Prinzip. R.-Einheit zielt dabei in erster Linie auf die Widerspruchsfreiheit von R.-Folgen samt R.-Begriffen [24]. Deshalb braucht ein aus Positivierungen hervorgehendes R.-System Kollisionsregeln mindestens für das Verhältnis des später erlassenen R. zum früheren R. und für das Verhältnis der Produkte mehrerer R.-Setzer zueinander. Letzterenfalls gilt es, eine Normenhierarchie im Rahmen des p.R. herzustellen, die für dessen Verhältnis zum Naturrecht nach naturrechtlicher Auffassung «von Natur aus» gilt und rechtsdogmatisch deklariert werden kann. Im System des p.R. kommt der R.-Dogmatik eine tragende Rolle insoweit zu, als die Begriffsjurisprudenz trägt. Der Ausbau der Legalordnung begrenzt an und für sich rechtsdogmatische R.-Fortbildungen: «das p.R. hat überhaupt keine Lücken» [25]. Auslegung von Gesetzen heißt dann vornehmlich normlogische Erfassung dessen, was positiv vorgegeben ist, und hat zur Folge, daß teleologische Erwägungen ebenso unangebracht sind wie Analogien und Generalklauseln. Allerdings ist zu bedenken, daß rechtspositivistische Theorien Juristen-, Richter- und Gesetzesrecht in unterschiedlicher – unterschiedlich erfahrener – Weise in Ansatz bringen und daß deshalb rechtssystematische Folgerungen theoriekonform oder systemwidrig erscheinen können. Jedenfalls besteht die Bindung der rechtsanwendenden Stellen, insbesondere der Gerichte, an das p.R. ausnahmslos. Diese R.-Bindung schließt den Rückgriff auf außerrechtliche Maßstäbe zum Zwecke rechtsverbindlicher Entscheidungen aus und hat die Folgepflicht der R.-Adressaten zur Folge.

Der Rp. hat das p.R. damit als wesentliches Mittel zur R.-Sicherheit erklärt. Wenn p.R. so funktioniert, wie gedacht, ist es bestimmt, erkennbar und effektiv. Historisch gesehen, kam es den Ordnungsinteressen einer in Bewegung geratenen Gesellschaft entgegen, um der Entwicklung Grund und Rahmen zu bieten und sie von Wertungsproblemen zu entlasten. Sozialtheoretisch gesehen, ermöglicht die Positivität des R., die Vorzüge von Stabilität und Variabilität zu verbinden (N. Luhmann): p.R. stabilisiert Lagen und Wertungen, weil es Tatbestandsvoraussetzungen und R.-Folgen einander zugeordnet fixiert; es hält die R.-Entwicklung offen, weil R.-Änderungen in den vorgesehenen Formen und Verfahren jederzeit möglich sind [26].

Dem Rp. wird häufig seine Selbstgenügsamkeit vorgeworfen, die in der These 'Gesetz ist Gesetz' ihren pointierten Ausdruck findet. Dabei geben totalitäre Pervertierungen des R. diskreditierende Beispiele ab. Die Vorwürfe übersehen jedoch, daß jene Pervertierungen durch ideologische Vereinnahmungen des R.-Systems veranlaßt und durch Mittel bewirkt wurden, vor denen der Rp. eigentlich schützen will: vage Präambelmaßgaben, unbestimmte Begriffe, Generalklauseln, Analogien bei Eingriffsgesetzen, besonders im Strafrecht, Orientierung an «gesundem Volksempfinden» und Parteiräson. A. Baratta hat darauf hingewiesen, daß der Rp. eigentlich denselben Anliegen wie das Naturrecht dienen sollte, nämlich durch R.-Sicherheit die R.-Stellung des Individuums ebenso vor dem Staat wie vor Theologen und Ideologen abzuschirmen [27]. Der Gesetzesvorbehalt sowie die Allgemeinheit und Bestimmtheit des Gesetzes sind daher seit dem Konstitutionalismus die rechtsstaatlichen Garantien für Eigentum und Freiheit.

Nach wie vor ist die moderne Gesellschaft auf die Vorzüge der Positivität von R. vor der «Tyrannei der Werte» (C. Schmitt) angewiesen. Die weltweit steigende Produktion von R.-Normen ist dafür ebenso Beweis wie die Regulierungsschwäche außerrechtlicher Normen. R. kann nur als p.R. gelten; Moral und Politik können nur in der Form des p.R. Geltungskraft erreichen. Diesem Umstand trägt der Verfassungsstaat Rechnung, der materiale Legitimitätsgründe in sein positiviertes Verfassungsprogramm aufnimmt: Menschenrechte, Staatszielbestimmungen, gesichert durch eine Verfassungsgerichtsbarkeit, die R.-Fortbildung zu betreiben imstande ist. Insoweit kommt es darauf an, im Rahmen des p.R. begrenzte Wertungsspielräume vorzusehen und anzuerkennen, um Kollisionen zwischen den Normensystemen des R., der Moral und der Politik handhabbar zu machen und die Risiken eines von überpositiven Standpunkten vorgetragenen Widerstands gegen das geltende R. rechtsstaatlich aufzufangen. Ansonsten bleiben überpositive R.-Vorstellungen die Mittel der R.- und Verfassungspolitik.

Anmerkungen. [1] E. Ehrlich: Grundleg. der Soziol. des R. (1913) 405. – [2] Th. Geiger: Vorstud. zu einer Soziol. des R. (1964) 193. – [3] F. Engels: Br. an J. Bloch (21. 9. 1890). MEW 37, 463. – [4] P. Bierling: Jurist. Prinzipienlehre 1 (1894, ND 1961) 46. – [5] R. von Jhering: Zweck im R. 1 (⁴1904) 344. – [6] B. Windscheid: Lehrb. des Pandektenrechts 1 (⁷1891) 57. – [7] H. Kelsen: Allg. Staatslehre (1925, ND 1966) 47. – [8] K. Bergbohm: Jurisprudenz und R.-Philos. 1 (1892, ND 1973) 144. – [9] R. Thoma: Grundbegriffe und Grundsätze, in: G. Anschütz/R. Thoma: Hb. des dtsch. Staatsrechts 2 (1932) 140f. – [10] a.O. 144. – [11] R. von Mohl: Encykl. der Staatswiss. (²1872) 382. – [12] H. Henkel: Einf. in die R.-Philos. (²1977) 499. – [13] Bergbohm, a.O. [8] 436. – [14] W. Blackstone: Comm. on the Laws of England 1 (Oxford 1783, ND 1978) 66. – [15] a.O. 67. – [16] von Mohl, a.O. [11] 390f. – [17] Kelsen, a.O. [7] 232. – [18] C.

SCHMITT: Verfassungslehre (³1928, ND 1957) 139. – [19] THOMA, a.O. [9] 140. – [20] BVerfGE 1, 14/61. – [21] BVerfGE 3, 58/118f. – [22] BVerfGE 6, 389/414f. – [23] G. ANSCHÜTZ: Die Verfassung des dtsch. Reichs vom 11. 8. 1919 (¹⁴1933, ND 1965) 3. – [24] BERGBOHM, a.O. [8] 407. – [25] a.O. 372. – [26] Vgl. N. LUHMANN: Positivität des R. als Voraussetzung einer modernen Ges. Jb. Rechtssoziol. Rechtstheorie 1 (1970) 175-202; Legitimation durch Verfahren (1969). – [27] Vgl. A. BARATTA: Rp. und Gesetzespositivismus. Arch. Rechts- Soz.philos. 54 (1968) 325-350.

Literaturhinweise. O. VON GIERKE: Labands Staatsrecht und die dtsch. R.-Wiss. Schmollers Jb. 7 (1883) 1097ff. – V. CATHREIN: R., Naturrecht und p.R. (²1909). – G. DEL VECCHIO: Sulla positività come carattere del diritto (1911). – G. JELLINEK: Allg. Staatslehre (³1914, ND 1959). – H. KELSEN: Hauptprobleme der Staatsrechtslehre entwickelt aus der Lehre vom Rechtssatze (²1923, ND 1960). – E. TATARIN-TARNHEYDEN: Rp. und mod. Naturrecht in ihrer methodolog. Berechtigung. Z. öffentl. R. 7 (1928) 20-44. – PH. HECK: Begriffsbildung und Interessenjurisprudenz (1932). – W. SCHÖNFELD: Der Traum des p.R. Arch. civilist. Praxis 135 (1932) 1-66. – S. KUTTNER: Sur les orig. du terme 'droit positif'. Rev. hist. Droit franç. étr. (1936) 728-740. – E. RIEZLER: Der totgesagte Positivismus, in: Festschr. F. Schulz 2 (1951) 330-344. – F. WIEACKER: Privatrechtsgesch. der Neuzeit (1952). – E. SCHMIDT: Gesetz und Richter. Wert und Unwert des Positivismus (1952). – H. WELZEL: Naturrecht und Rp., in: Festschr. H. Niedermeyer (1953) 279-294. – G. RADBRUCH: R.-Philos. (⁵1956). – H. KELSEN: Reine Rechtslehre (²1960). – S. GAGNÉR: Stud. zur Ideengesch. der Gesetzgebung (1960). – A. KAUFMANN: Rp. und Naturrecht in rechtstheoret. Sicht, in: R.-Philos. im Wandel (1961, ²1984) 69-99. – W. MAIHOFER (Hg.): Naturrecht oder Rp.? (1962, ²1966). – H. WELZEL: Naturrecht und mat. Gerechtigkeit (⁴1962) 183ff. – E. VON HIPPEL: Allg. Staatslehre (1963). – A. VERDROSS: Abendländ. R.-Philos. (Wien ²1963). – TH. VIEHWEG: Was heißt Rp.? (1964/65). – H. KELSEN: Was ist jurist. Positivismus? Juristen Ztg. (1965) 465-469. – A. BARATTA s. Anm. [27]. – H. RYFFEL: Grundprobl. der R.- und Staatsphilos. (1969) 216-219. – N. LUHMANN s. Anm. [26]. – G. ROELLECKE: Der Begriff des pos. Gesetzes und das Grundgesetz (1969). – D. LANG-HINRICHSEN: Von der ewigen Wiederkehr des Rp., in: Festschr. E. Mezger, hg. K. ENGISCH/R. MAURACH (1969). – A. KAUFMANN/W. HASSEMER: Grundprobl. der zeitgenöss. R.-Philos. und der R.-Theorie (1971) 10ff. – J. BLÜHDORN: Zum Zus. von 'Positivität' und 'Empirie' im Verständnis der dtsch. R.-Wiss. zu Beginn des 19. Jh., in: J. BLÜHDORN/J. RITTER (Hg.): Positivismus im 19. Jh. Beitr. zu seiner geschichtl. und systemat. Bedeut. (1971) 123-159. – W. ROSENBAUM: Naturrecht und p.R. Rechtssoziolog. Unters. zum Einfluß der Naturrechtslehre auf die R.-Praxis in Dtschl. seit Beginn des 19. Jh. (1972). – F. BÖCKLE/E.-W. BÖCKENFÖRDE (Hg.): Naturrecht in der Kritik (1973). – R. GRAWERT: Art. ‹Gesetz›, in: O. BRUNNER/W. CONZE/R. KOSELLECK: Geschichtl. Grundbegriffe 2 (1975) 863-922. – K. LARENZ: Methodenlehre der R.-Wiss. (³1975) 29ff. – W. OTT: Der Rp. (1976). – H. HENKEL: Einf. in die R.-Philos. (²1977). – H. DREIER: H. Kelsen und N. Luhmann. Positivität des R. aus rechtswiss. und systemtheoret. Perspektive. Rechtstheorie 14 (1983) 419-459. – F. MÜLLER: Positivismus, in: Lex. des R. 2/400 (7. 3. 1986). – R. DREIER (Hg.): Rp. und Wertbezug des R. (1990). – E. KAUFMANN: Rp., in: Handwb. zur dtsch. R.-Gesch. 4 (1990) 321-335. R. GRAWERT

Rechte des Menschen, Menschenrechte (engl. human rights, rights of man; frz. droits de l'homme). Menschenrechte [M.e] sind solche R.e, die dem Menschen als Menschen zugesprochen werden. Bedeutungsgehalt und Katalog der M.e hängen wesentlich vom historischen Bedingungsgefüge ab, das insgesamt durch die zeitgebundene anthropologische Perspektive, insbesondere durch geistig-kulturelle, gesellschaftlich-wirtschaftliche und politische Faktoren konstituiert ist. Zu einer festumrissenen, durchgehend anerkannten Fassung des M.-Begriffs ist es deshalb trotz des universalen Geltungsanspruchs von M.en nie gekommen. Bedeutung, Begründung und Hierarchie der Begriffsgehalte sind strittig. Eine Abgrenzung zu benachbarten Begriffen wie ‹Natur-R.› (s.d.), ‹Freiheits-R.›, ‹Grund-R.›, ‹Bürger-R.› behält willkürliche Akzente [1].

M.e werden, was für ihre Akzeptanz und R.-Qualität von Belang ist, naturrechtlich, religiös und diskursethisch begründet oder rein positivistisch als vereinbarte oder gesetzte R.-Norm betrachtet [2]. Sie können als vorstaatliche Abwehr-R.e der Individuen gelten und dem Staat seine Bestimmung geben, in ihnen können aber auch vom Staatsverband gewährte Schutz-R.e gesehen werden [3]. Schließlich kann das Auseinandertreten von menschenrechtlicher Freiheitsverheißung und real gegebener Freiheit den M.-Begriff zum politischen Kampfbegriff machen. Zum Erscheinungsbild der jüngeren M.-Debatte gehört ebenso die Operationalisierung der M.e für politische und gesellschaftliche Zwecke wie der Streit um die universale Geltung sozialer und wirtschaftlicher M.e [4]. M.-Forderungen sind immer auch Ausdruck politischer Interessen und virulenter sozialer und politischer Bedürfnisse, ihre Durchsetzung hängt wesentlich von der Zustimmung des sozialen Wertbewußtseins ab [5]. Die Vielfalt ihrer geistigen und materiellen Lagerungsbedingungen, die Mannigfaltigkeit der Begriffszusammenhänge und die Probleme ihrer Durchsetzung haben Genese, Bedeutung, Wandel, Verwirklichung und Theorie der M.e zu einem breiten Feld interdisziplinärer Forschung in Geistes- und Sozialwissenschaft werden lassen [6].

Zum vollen Durchbruch gelangte der M.-Gedanke erst in den revolutionären Krisen des 18. Jh., im engeren Sinne in der Katalogisierung universaler M.e in der französischen ‹Déclaration des droits de l'homme et du citoyen› vom 26. August 1789. Mit der Reklamierung natürlicher, unveräußerlicher, nationenübergreifender R.e als verbindlicher Grundlage jeder Verfassung begründete die revolutionäre Erklärung den unaufhaltsamen Siegeszug der M.e. Fortan nahmen sie eine Schlüsselrolle in der neueren Verfassungsgeschichte ein.

Die ideengeschichtlichen Voraussetzungen der M.e werden zwar weit zurückgreifend in den Freiheitslehren der antiken Philosophie, insbesondere in den Anthropologien der griechisch-römischen Stoa und des Christentums gesucht, die jüngere Forschung hat jedoch vor allem die wirkungsgeschichtlichen Impulse mittelalterlicher R.-Verbriefungen und individueller Berechtigungen (1), der Natur-R.-Lehre der frühen Neuzeit (2), der politischen Philosophie und Publizistik der Aufklärungszeit (3) und schließlich der revolutionären Prozesse hervorgehoben, in denen es zu einschlägigen R.e-Erklärungen kam (4).

1. Die mittelalterlichen R.e-Erklärungen (z.B. ‹Magna Carta›, 1215; ‹Tübinger Vertrag›, 1514) enthielten R.-Versprechungen zugunsten von Ständen. Mit ihren anders gelagerten institutionellen und sozialen Rahmenbedingungen und der ausdrücklichen Beschränkung der R.-Gewährung auf Privilegierte unterscheiden sie sich wesentlich von den neuzeitlichen M.-Erklärungen. Sie vermittelten jedoch den Gedanken der rechtlichen Machtbeschränkung sowie der schriftlichen Fixierung und Katalogisierung von Fundamental-R.en. Zudem erfaßten sie in ihren ständischen R.-Verbriefungen dem Ansatz nach Freiheits-R.e, die modifiziert und erweitert in der Neuzeit als allgemeine M.e erscheinen: Die ‹Magna Carta› enthält die grundlegende Bestimmung (A 39), daß «kein freier Mann» «verhaftet, gefangen gehal-

ten, enteignet, geächtet, verbannt oder auf irgend eine andere Art zugrunde gerichtet werden» dürfe, «es sei denn aufgrund gesetzlichen Urteilsspruchs von seinesgleichen oder aufgrund des Landes-R.s» [7]. Im Schutz vor Gefangennahme, vor Enteignung oder Vernichtung liegt ein erster Hinweis auf die spätere Trias der M.e auf Leben, Freiheit und Eigentum, auch wenn diese R.e hier nur dem «liber homo» zugestanden wurden [8]. Die moderne rechts- und sozialgeschichtliche Forschung hat ferner dargelegt, daß sich im Gehäuse der altständischen Gesellschaft des Mittelalters und der frühen Neuzeit eine Zone quasi-individueller Berechtigungen ausbildete, welche die ständische Libertät in Richtung auf menschenrechtliche Freiheiten überschritt [9]. Dies gilt für die Normenhaftigkeit von Bestimmungen, die auf den Schutz der Persönlichkeit zielten und Ehre, Leib und Gut zu sichern suchten [10].

2. Zur mittelalterlichen und frühneuzeitlichen R.-Kultur tritt als zweite Wurzel für die neuzeitlichen Grund- und Freiheits-R.e die Natur-R.-Lehre der frühen Neuzeit. Die spanische Natur-R.-Lehre des 16. Jh., die auf die Herausforderungen der skrupellosen Konquistadoren und des beginnenden konfessionellen Absolutismus antwortete, gelangte noch nicht zum Begriff unveräußerlicher M.e, näherte sich ihm aber in der Fortentwicklung der Natur-R.-Lehre des THOMAS VON AQUIN. FRANCISCO DE VITORIA verband mit der im Glauben an die Gottesebenbildlichkeit des Menschen gründenden Idee grenzüberschreitender menschlicher Solidarität die Vorstellung natürlicher, für die Völkergemeinschaft des gesamten Erdkreises geltender R.e [11]. In der Zurückweisung gewaltsamer bzw. kriegerischer Bekehrung gesellte sich zu den R.en auf Leben und Eigentum in ersten Umrissen ein R. auf Religions- und Gewissensfreiheit (s.d.) [12]. Die naturrechtliche Völker-R.-Lehre des H. GROTIUS und die antiabsolutistische Staatslehre des J. ALTHUSIUS haben an die spanische Natur-R.-Schule von Salamanca angeknüpft, vor allem an die Lehre des Vitoria-Schülers F. VASQUEZ, der mit der Berufung auf das Glücksstreben sichernde «iura naturalia quasi immutabilia» die Vorstellung individueller R.e akzentuierte [13]. ALTHUSIUS trat in seinem rationalen System einer allgemeinen politischen Gesellschaftslehre für die Bindung von Herrscher und Volk durch das natürliche R., für die grundgesetzliche Einhegung der Staatsgewalt und mit ihr für die Sicherung der Freiheits-R.e durch ein Widerstands-R. ein [14]. GROTIUS betonte in Anlehnung an Vasquez die Geltung des sich der Vernunft erschließenden, grenzüberschreitenden Natur-R.; er suchte mit dem Gedanken der völkerrechtlichen Gleichberechtigung der Staaten die Vorstellung von der Einheit der Menschheit im R. zum Durchbruch zu bringen, womit er der Anerkennung staatenübergreifender M.e vorarbeitete [15]. Die Wirkungsgeschichte der Natur-R.-Lehren und die von ihnen ausgehenden Impulse für die Bildung menschenrechtlicher Werthaltungen sind zwar bislang nur begrenzt erforscht, doch ist die Schlüsselstellung von Althusius für die Entwicklung der menschenrechtsrelevanten naturrechtlichen Staatsvertragstheorien und des Widerstands-R. gegen rechtswidrige Ausübung der Staatsgewalt ebenso zweifelsfrei erwiesen wie die universale Bedeutung von Grotius für ein vom Menschheitsgedanken getragenes Völker-R.

Die naturrechtliche politische Theorie hat nicht nur einen nachhaltigen Einfluß auf die calvinistische Staats- und Gesellschaftsauffassung gehabt, die seit G. JELLINEKs Studie über die Erklärung der Menschen- und Bürger-R.e als wegweisend für die Entfaltung individueller Freiheits-R.e gilt [16], sie hat auch in der am Sozialitätsprinzip orientierten Fortbildung durch S. PUFENDORF eine bedeutende Wirkung entfaltet [17]. Das sogenannte ‹Preußische Natur-R.› hat in seinen wichtigsten Vertretern neben und nach Pufendorf, CH. THOMASIUS und CH. WOLFF, zur Verrechtlichung der absolutistischen Staatstätigkeit beigetragen und eine Atmosphäre der Toleranz und der R.-Orientiertheit schaffen helfen, die dem absolutistischen Preußen unter Friedrich dem Großen den Ruf eines «R.-Staates» eintrug und eine begrenzte Annäherung an M.-Prinzipien in der Gesetzgebung absolutistischer Reformstaaten erleichterte [18].

3. Für die geistige Überwindung des Absolutismus und die Begründung der Menschen- und Bürger-R.e ist die Rolle der aufgeklärten politischen Theorie unbestritten. Vor allem J. LOCKE, der die Frage nach der gerechten Staatsordnung auf dem Boden der werdenden bürgerlichen Gesellschaft neu stellte, wird als Schöpfer der menschenrechtlichen Trias von Leben, Freiheit und Eigentum ein erheblicher Einfluß auf die Geschichte der M.e zugesprochen [19]. Die Parallelen zwischen einschlägigen Passagen des ‹Second Treatise of Government› und der amerikanischen Unabhängigkeitserklärung sind unverkennbar. Lockes politischer Philosophie, die den Gesellschafts- und Staatszweck in der Bewahrung und Sicherung von Leben, Freiheit und Eigentum der Individuen sieht, entspricht nicht nur die Kernaussage der amerikanischen Unabhängigkeitserklärung über den Zweck des Staates, auch die französische Menschen- und Bürger-R.-Erklärung vom 26. August 1789 mißt den Staat im Sinne der Lockeschen Theorie an der Leistung für die Wahrung der M.e [20]. Mit der Lehre von der Gewaltenteilung hat Locke zudem eine nicht unerhebliche Wirkung auf Montesquieu ausgeübt. Mochte CH. DE MONTESQUIEU auch weniger ein naturrechtlich orientiertes Freiheitskonzept als die tradierten Freiheiten der ständischen Gesellschaft und ihrer Institutionen als Gegengewicht gegen den Absolutismus im Auge haben, so hat er doch einen Grundgedanken der modernen freiheitlichen Verfassungstheorie propagiert, wonach es «ohne Verfassungsstaat im Grunde keine M.e» gebe [21]. Damit ist Montesquieu trotz seiner traditional aristokratischen Werthaltung im Unterschied zu J.-J. ROUSSEAU, der seine radikale Gleichheitsforderung nicht mit entsprechenden gleichheitssichernden Verfassungskautelen umgab [22], zum Wegbereiter eines die M.e sichernden Verfassungsstaates geworden.

Insgesamt lieferte die aufgeklärte Reflexion über die wahre Natur des Menschen und eine ihr angemessene Ordnung der bürgerlichen Gesellschaft wesentliche geistige Anstöße und Artikulationshilfen für die Ausbildung des M.-Gedankens. So waren auch in der deutschen einschlägigen publizistischen Diskussion «um 1770... die Ausdrücke R.e der Menschheit bzw. M.e bereits durchaus geläufig» [23]. Die bloße Gedankenarbeit aufgeklärter Philosophen und Publizisten, von Enzyklopädisten oder Physiokraten mündete jedoch nirgendwo in die Positivierung von M.en. Erst ein Bedingungsgefüge von geistigen Voraussetzungen, sozialen Strukturen und politischen Verfassungen begünstigte eine die M.-Idee fördernde Mentalität und deren vollen Durchbruch in revolutionären Prozessen. Dies dokumentiert die Geschichte der Grundfreiheiten und M.e in England (4a), Nordamerika (4b), Frankreich (4c) und Deutschland (4d).

4. a) In *England*, wo 1642 die Spannungen zwischen

Krone und Parlament, Court und Country, wo die politische, gesellschaftliche und konfessionelle Krisensituation in den Bürgerkrieg mündeten, kam es zu den ersten neuzeitlichen Grund-R.-Katalogen in den ‹Agreements of the People› [24]. Die sich auf hauptstädtische Handwerker und Soldaten der New Model Army stützende Leveller-Bewegung, die diese Verfassungsentwürfe hervorbrachte, wandte sich sowohl gegen die Krone als auch gegen die Souveränitätsanmaßungen des Parlaments. Sie stand mit der Akzentuierung von Gleichheits- und Freiheitsforderungen im weiteren Kontext eines breitere Schichten umfassenden freiheitsorientierten Denkens [25]. Mit der Berufung auf die Idee angeborener Natur- und Freiheits-R.e, mit ihrem Beharren auf grundgesetzlicher Sicherung der Religions- und Gewissensfreiheit, auf Gleichheit vor dem Gesetz, auf R.-Sicherheit, auf dem Prinzip der Volkssouveränität sowie auf dem Widerstands-R. haben die Leveller eine bedeutende ideengeschichtliche Wirkung entfaltet und nachweislich auch auf Amerika hinübergewirkt [26]. – Die aus der für England einflußreicheren unblutigen ‹Glorious Revolution› von 1688 hervorgegangene ‹Bill of Rights› nimmt zwar keinen herausragenden Platz unter den revolutionären freiheitsrechtlichen Deklarationen der Neuzeit ein, sie hat aber die Stellung des Monarchen mit der Einschränkung der monarchischen Prärogative, der strengen Bindung an die Gesetze, geschwächt und die Rolle des Parlaments gestärkt, indem sie dessen freie Wahl, Redefreiheit und Periodizität gesetzlich sanktionierte und die Unterhaltung des stehenden Heeres ohne parlamentarische Zustimmung als ungesetzlich brandmarkte. Sie hat damit die Entwicklung eines monarchischen Absolutismus verhindern helfen und mit ihren die individuelle Freiheit sichernden R.-Schutzbestimmungen die Weichen für die freiheitliche Verfassungsentwicklung Englands gestellt [27]. – Mit der Positivierung von Freiheits-R.en der Engländer waren hier noch nicht M.e, wohl aber die institutionellen Ansätze für deren Verwirklichung gegeben.

b) Erst in der *amerikanischen Revolution* ist es zur Proklamation allgemeiner, angeborener (‹Virginia Bill of Rights› vom 12. Juni 1776) und unveräußerlicher R.e des Menschen (‹Declaration of Independence› vom 4. Juli 1776) gekommen [28]. Der Bruch mit dem englischen Mutterland hat die Berufung nicht auf R.e des Engländers oder das Common Law, sondern auf natürliche R.e des Menschen als höherrangiges R. nahegelegt [29]. Die Rezeption der Natur-R.-Lehre aufgeklärter politischer Philosophen (Locke) und das Denken oppositioneller radikaler Whigs haben den geistigen Horizont der amerikanischen Revolution geprägt, wobei der Pioniersituation und der Sozialstruktur der Kolonien die Dynamik des Natur-R. entgegenkam: Der Mensch selbst erschien als Träger angeborener R.e, zu denen mit dem R. auf Leben und auf Schutz der individuellen Freiheitssphäre das R. auf Erwerb und Sicherheit des Eigentums sowie das Streben nach Glück und Sicherheit gehörten. – Die Universalität des amerikanischen M.-Konzepts erscheint zwar durch den Umstand verdunkelt, daß seine Väter mit TH. JEFFERSON als «slave holding spokesmen of freedom» in die Geschichte eingegangen sind [30]. Aber war es auch nicht das Unrechtsbewußtsein, waren es vielmehr die Interessen und Machtverhältnisse, die 1865 der Sklavenhaltung in den USA ein Ende bereiteten, so hatte sich doch die M.-Perspektive selbst als wirklichkeitsgestaltende Potenz erwiesen, die in den Staaten ihre Dynamik und Effizienz nicht zuletzt durch die Gerichtsbarkeit entfaltete. – Stärkere weltgeschichtliche Wirkungen als von den amerikanischen R.-Deklarationen sind von der französischen ‹Erklärung der R.e des Menschen und des Bürgers› vom 26. August 1789 ausgegangen.

c) Die historische Forschung zur Entstehung und Redaktion der *französischen Menschen- und Bürger-R.-Erklärung* hat auf die vielfältigen ideengeschichtlichen Einflüsse der Erklärung ebenso wie auf die Ausstrahlung der amerikanischen Revolution hingewiesen [31]. In zahlreichen vorrevolutionären Flugschriften und Abhandlungen sind Freiheitsforderungen im Hinblick auf das amerikanische Vorbild erhoben worden, und einige ‹Cahiers› des Dritten Standes enthielten nicht nur M.-Postulate, sondern nach amerikanischem Vorbild Entwürfe von M.-Deklarationen. Unter den reklamierten Freiheits-R.en stand im vorrevolutionären Schrifttum die Forderung auf Achtung und Schutz der persönlichen Freiheit obenan [32]. Hinzu trat die Einforderung weiterer Freiheits-R.e wie des R. auf freie Meinungsäußerung und des R. auf die Respektierung des Briefgeheimnisses. Neben der Forderung nach Pressefreiheit als einem aus der freien Meinungsäußerung folgenden Freiheits-R. stand die Religionsfreiheit. Vertreter des Dritten Standes äußerten das Verlangen nach Herstellung der naturgegebenen Gleichheit und forderten Gleichheit vor dem Gesetz, der Chancen beim Zugang zu öffentlichen Ämtern und bei der Besteuerung. Vereinzelt wurde auch das Widerstands-R. gegen Willkürherrschaft verlangt. Begriffe, die in nur leicht abgewandelter Form in die M.-Erklärungen der Revolution eingingen, wie «droits naturels d'humanité», «droits sacrés imprescriptibles et inaliénables» tauchten häufig auf, und es war nicht nur von R.en, sondern auch von Pflichten die Rede: «droits et devoirs de l'homme et du citoyen» [33].

Daß das Eigentums-R. mit dem R. auf Freiheit eng verknüpft sei, daß willkürliche Eingriffe in das Eigentums-R. zu verhindern seien und eine Enteignung überhaupt nur im öffentlichen Interesse und gegen Entschädigung vorzunehmen sei, gehörte zu den im Sozialinteresse des Bürgertums liegenden Grundüberzeugungen. Auch die Vorstellung sozialer Grund-R.e wurde geäußert, doch waren es nur vereinzelte Stimmen, die über den Schutz von Freiheit, Eigentum und die Gleichheitsforderung hinausgehend positive R.e auf allgemeine staatliche Leistungen den einzelnen zugesprochen wissen wollten. Es dokumentierte sich hier die Vorstellung einer Verpflichtung der Gemeinschaft für die Unterstützung in Not geratener Bürger, von einigen Autoren wurde auch ein R. auf Arbeit und Mindestlohn verlangt. Dabei wird eine im wirtschaftlich-technischen Sinne rückwärtsgewandte Haltung sichtbar: Durch ein Verbot der maschinellen Güterproduktion sollten Arbeitsplätze gesichert werden.

Im ganzen war im vorrevolutionären Schrifttum wie in den ‹Cahiers› das in die Deklaration von 1789 eingegangene Spektrum von Menschen- und Freiheits-R.en gegeben. Hinzu kommt, daß einige Beschwerdeführer, die selbst an programmatischen Entwürfen der ‹Cahiers› beteiligt waren oder sie selbst verfaßt hatten, am 5. Mai 1789 in die Ständeversammlung einzogen. Der sich in der M.-Deklaration vom 26. August 1789 dokumentierende Wandel von einer vorrevolutionären, eher statischen zu einer dynamischen R.-Konzeption wurde sozialgeschichtlich vom Übergang von der ständischen zur modernen bürgerlichen Gesellschaft begleitet und begründet. Das zeigte sich mit besonderer Deutlichkeit im Fortgang der Französischen Revolution, in der der Primat des Freiheitsprinzips zunehmend vom Gedanken der Gleichheit bedrängt wurde und in der die klassischen M.e auf Freiheit und Eigentum im Zuge des Demokratisierungsprozesses relativiert wurden. Daß Menschen- und Freiheits-R.e auf bestimmte politische und gesellschaftliche Bedingungen antworten, daß sie mit der Veränderung der politischen und gesellschaftlichen Lage modifiziert oder uminterpretiert werden können, ist in den wenigen Jahren der Radikalisierung der Revolution zwischen 1789 und 1794 demonstriert worden [34].

Hinter der nie in Kraft getretenen Verfassung des Konvents von 1793 stand mit dem politischen Radikalismus ein neuer sozialer Wille: In der Menschen- und Bürger-R.-Erklärung der republikanischen Verfassung vom 24. Juni 1793 war das Eigentum an die letzte Stelle gerückt; es hatte den geheiligten Charakter verloren, von dem die Menschen- und Bürger-R.-Erklärung vom 26. August 1789 gesprochen hatte («La propriété étant inviolable et sacrée», Art. 17). Jetzt hieß es: «Das Eigentumsrecht ist das, wonach jedem Bürger zusteht, seine Güter und seine Einkünfte, die Früchte seiner Arbeit und seines Fleißes zu genießen und nach Gutdünken darüber zu verfügen» (Art. 16.). Der soziale Emanzipationsprozeß wurde weiter sichtbar in der Fürsorgepflicht des Staates für den in Not geratenen Bürger und der Unterrichtspflicht des Staates (Art. 21 f.). Die öffentliche Unterstützung der Bedürftigen erschien jetzt als heilige Verpflichtung des Staates, an den der emanzipierte Bürger seine Ansprüche stellte [35].

Mit den M.-Erklärungen hat die Französische Revolution ein Tor zu einer neuen Entwicklung aufgestoßen. Dessen war sich die Mehrheit der Nationalversammlung bewußt, die die Menschen- und Bürger-R.-Erklärung im August 1789 verabschiedete. Eine Gesellschaft, in der die Garantie der R.e nicht gesichert sei, habe keine Verfassung (Art. 16). Auch darin kam zum Ausdruck, daß die M.-Erklärungen der Französischen Revolution im Unterschied zu den amerikanischen Erklärungen eher ein Kampfinstrument anhaltender Revolutionierung als ein Instrument des M.-Schutzes waren [36]. Das Streben nach der Garantie von Grund- und Freiheits-R.en war eine mentalitätsbildende politische Kraft geworden, die wohl stellenweise an Elan einbüßte oder zeitweise unterdrückt wurde, im ganzen aber aufgrund einer neuen in der Revolution manifest gewordenen Sicht eines R.-Anspruchs des Menschen fortwirkte. Allein für die Zeit zwischen 1795 und 1830 sind siebzig Verfassungen gezählt worden, die ihren Anstoß von der Französischen Revolution empfingen und in der Regel Grund-R.-Kataloge enthielten [37].

d) *Deutschland* nimmt in der Geschichte der Grund- und Freiheits-R.e trotz des beachtlichen Standes der politischen Philosophie im 17. und 18. Jh. und trotz des gelegentlichen Auftretens vorrevolutionärer M.-Postulate und -Kataloge, wie in der aufgeklärten Natur-R.-Philosophie eines Ch. Wolff, eher eine passive Rolle ein. Es ist insgesamt nicht Schöpfer, sondern Empfänger von M.en gewesen [38]. Eine durchgreifende Änderung ergab sich erst mit der Französischen Revolution und den von ihr verkündeten R.en des Menschen und Bürgers [39]. Die Idee einer förmlichen M.-Erklärung, der Gedanke verfassungsmäßig verankerter M.e wirkte von Nordamerika aus über Frankreich auf Deutschland ein.

Während im westlichen Staatsdenken Widerstandslehre, Volkssouveränität und unveräußerliche Freiheits-R.e einen vorzüglichen Platz einnahmen, trat in der deutschen Staatslehre vor dem Hintergrund des absolutistischen Fürstenstaates und seines Bedürfnisses nach einer dienstwilligen Beamtenschaft der Pflichtgedanke in den Vordergrund. Die Vorstellung im Naturgesetz begründeter Pflichten, Pufendorfs durchdachte Lehre der Pflichten gegen Gott, sich selbst und den Nächsten, akzentuierte die Bindungen in mitmenschlicher Gemeinschaft und im Staatsverband. Daß in der Verzahnung von Pflichtethos und Natur-R.-Lehre die Pflicht in der Gemeinschaft dem natürlichen individuellen R. übergeordnet wurde, war durch das Zusammenwirken von protestantischer Tradition und absolutistischem Wohlfahrtsstaat begünstigt. Der Erfolg dieser Lehre beschränkte sich denn auch nicht auf eine breite Rezeption in der Staatslehre des 18. Jh., der Pflichtgedanke schlug über die Natur-R.-Schulung der Beamten auch auf die Staatspraxis durch [40].

Die Vorstellung einer engen Verbindung von R. und Pflicht hat nicht nur das deutsche Staatsdenken des 18. Jh. und das im aufgeklärten Geist kodifizierte ‹Preußische Allgemeine Land-R.› beherrscht, es hat auch auf die frühkonstitutionellen Grund-R.-Kataloge eingewirkt, in denen wie in der Verfassung Bayerns von 1818 oder Württembergs von 1819 neben den R.en der Untertanen auch die Pflichten genannt wurden, insbesondere die Steuer- und Verteidigungspflicht [41]. Die von der Tradition geprägte Grundeinstellung gegenüber dem Staat sollte sich ebenso als Hindernis erweisen, dem Staat vom Primat individueller Freiheits-R.e aus seine Bestimmung zu geben, wie die äußeren politischen und sozialen Rahmenbedingungen. Vor 1848 konnte in Deutschland nur eine revolutionäre Minderheit die volle Entfaltung individueller Freiheits-R.e fordern [42]. Sie fand sich in der radikalen oppositionellen Protestbewegung, deren Vertreter 1832 oder 1847 mit dem entschiedenen Eintreten für Pressefreiheit und eine demokratisch republikanische Verfassung den Staat wie ihre westlichen Nachbarn auf die Grundlage individueller Freiheits-R.e zu stellen suchten.

Erst das Jahr 1848 stellt für die Geschichte der Grund-R.e in Deutschland wie in Österreich einen epochemachenden Einschnitt dar. Das deutsche Bürgertum verlangte in der Revolution von 1848/49 die Einsetzung in die ihm nach seiner Auffassung zukommende verfassungsgeschichtliche Rolle und die Anerkennung der ihm bislang vorenthaltenen Freiheits-R.e [43]. – Insgesamt enthielt das Frankfurter Gesetz vom 27. Dezember 1848 eine Reihe wichtiger grundlegender und auch in die Zukunft weisender Bestimmungen, wie das R. auf Freiheit der Wissenschaft. Der Katalog umfaßte die Freiheit der Person und des Eigentums wie den Schutz der Wohnung und die Freizügigkeit, das Briefgeheimnis und die Glaubensfreiheit, das R. der freien Meinungsäußerung und die Wissenschaftsfreiheit, das R. auf freie Berufswahl, das Vereins- und Versammlungs-R. und das R. der Selbstverwaltung für die Gemeinden – ein spezifisch deutscher Beitrag zur Grund-R.-Geschichte [44].

Mit dem Scheitern der Revolution 1849 ging das Handeln auch im Bereich der Grund-R.-Entwicklung an die Einzelstaaten über. Es ist jedoch nicht bloß bei einer inneren, auf Einflüsse auf Gesetzgebung und R.-Sprechung der Einzelstaaten reduzierten Wirkung der Grund-R.e geblieben, die Fernwirkung der Frankfurter Grund-R.-Erklärung auf die Weimarer Verfassung ist wie die langfristige Wirkung der österreichischen Grund-R.e von 1848 unverkennbar; der Zusammenbruch von 1918, der den Boden für die Verfassung der parlamentarischen Demokratie bereitete, hat in Deutschland bewußt an die Grund-R.-Erklärung von 1848 anknüpfen lassen. In Österreich einigte man sich 1920 darüber, es prinzipiell bei dem Grund-R.-Katalog von 1867 zu belassen, der seine Wurzeln im Jahre 1848 hatte. – Schließlich hat die deutsche Katastrophe, haben die Mißachtung der Menschenwürde und der M.e unter dem Nationalsozialismus den Freiheits- und Grund-R.-Gedanken in der Bundesrepublik Deutschland sehr viel stärker akzentuieren lassen. Das Grundgesetz der Bundesrepublik steht hier zweifellos exemplarisch für den Durchbruch des M.-Gedankens nach dem Zweiten Weltkrieg [45].

5. Die verheerenden M.-Kränkungen durch die faschistische Machtpolitik und den von ihr entfesselten Zweiten Weltkrieg bilden einen tiefen Einschnitt in der zweihundertjährigen Geschichte der M.-Kodifikationen. Aus der Perspektive der M.-Geschichte kann geradezu von einer Epoche der «Auflösung der klassischen M.-Kataloge unter den faschistischen Regimen Europas» gesprochen werden [46]. Die Destruktion der M.-Prinzipien hat noch während des Zweiten Weltkrieges die Alliierten zur Formulierung menschenrechtlicher Kriegsziele veranlaßt und nach dem Kriege in einer bislang nicht gekannten universalen intellektuellen Anstrengung zur Aktivierung, Verbreitung und Realisierung des M.-Gedankens geführt. Zu der von der Kommission für M.e der United Nations ausgearbeiteten allgemeinen Erklärung der M.e vom 10. Dezember 1948 sind internationale Konventionen, wie der ‹International Covenant on Civil and Political Rights› und der ‹International Covenant on Economic, Social and Cultural Rights› vom 19. Dezember 1966 getreten [47]. Als erfolgreich hat sich vor allem die ‹Europäische Konvention zum Schutze der M.e und Grundfreiheiten› vom 4. November 1950 erwiesen, weil sie mit ihrer R.-Setzungsmaschinerie die Individuen zum Völker-R.-Subjekt gemacht hat [48].

Die hier greifbar werdende internationale Verrechtlichung des M.-Schutzes ist der bedeutendste Aspekt der jüngeren M.-Geschichte. Sie weist auf einen tiefgreifenden Strukturwandel der internationalen Beziehungen seit dem Zweiten Weltkrieg hin. Dieser Strukturwandel wird durch die internationalen zwischenstaatlichen Organisationen mitgeprägt, die auf die M.-Fragen einen erheblichen Einfluß haben. Hinzu tritt mit den weltweit wirkenden Medien und dank der Aktivitäten privater M.-Organisationen die Entstehung einer internationalen Öffentlichkeit, die allenthalben M.-Verletzungen ins Bewußtsein hebt und zu einer bewegenden Kraft für den M.-Gedanken geworden ist [49].

Inzwischen sind die M.e selbst weltweit politisch instrumentalisiert und zu einer Waffe auch in internationalen Beziehungen der Staaten geworden. Dabei hat sich die Geschichte weit von den klassischen M.-Katalogen des Anfangs wegbewegt. Das Auseinandertreten der stärker am sozialen M.en und der «volonté générale» orientierten sozialistischen M.-Positionen einerseits und der die individuellen R.e betonenden liberalen Konzeptionen andererseits läßt sich als eine Entfaltung der in den M.-Erklärungen der Französischen Revolution gegebenen Ansätze begreifen.

Anmerkungen. [1] Vgl. J. R. PENNOCK: Rights, natural rights, and human rights – A general view, in: J. R. PENNOCK/J. W. CHAPMAN (Hg.): Human rights (New York/London 1981) 1-28; G. KLEINHEYER: Art. ‹Grund-R.e›, in: O. BRUNNER/W. CONZE/ R. KOSELLECK (Hg.): Geschichtl. Grundbegr. 2 (1979) 1047-1082; G. BIRTSCH (Hg.): Grund- und Freiheits-R.e im Wandel von Ges. und Gesch. (1981) 16f. (Einl.); D. GRIMM: Die Grund-R.e im Entstehungszus. der bürgerl. Verfass., in: Die Zukunft der Verfass. (1991) 67-100. – [2] T. R. MACHAN: Some recent work in human rights theory. Amer. philos. Quart. 17 (1980) 103-115; A. CORTENA: Diskursethik und M.e. Arch. R.- Soz.philos. 76 (1990) 37-49; H. RYFFEL: Philos. Wurzeln der M.e, a.O. 70 (1984) 400-415; J. SCHWARTLÄNDER (Hg.): M.e. Aspekte ihrer Begründ. und Verwirkl. (1978); E.-W. BÖCKENFÖRDE/R. SPAEMANN (Hg.): M.e und Menschenwürde. Hist. Voraussetzungen – Säkulare Gestalt – Christl. Verständnis (1987). – [3] Zur Problematik überstaatlicher R.-Gewährung: H. FOLKERTS: Zur Theorie der M.e – Perspekt. ihrer Weiterentwickl. Arch. R.- Soz.philos. 76 (1990) 12-36, bes. 23ff.; grundsätzlich über Begründungsversuche: N. LUHMANN: Grund-R.e als Institution (²1974) bes. 38ff.; zur krit. Analyse jüngster Grund-R.-Theorien: H. WILLKE: Stand und Kritik der neueren Grund-R.-Theorie (1975). – [4] L. KÜHNHARDT: Die Universalität der M.e. Studie zur ideengeschichtl. Bestimm. eines polit. Schlüsselbegriffs (1987) 33ff. – [5] BIRTSCH, a.O. [1] 12f. – [6] Siehe den entwickl.geschichtl. Überblick von G. OESTREICH: Über die M.e und Grundfreiheiten im Umriß (²1978); zur Erschließung der reichen Forsch.lit.: G. BIRTSCH/M. TRAUTH/I. MEENKEN: Grundfreiheiten, M.e 1500-1850: Eine int. Bibliogr. 3 (1992). – [7] Magna Carta Libertatum von 1215. Quellen zur neueren Gesch. 16, hg. E. WALDER (Bern ²1973); J. C. HOLT: Magna Carta (Cambridge 1969) 175ff. – [8] Über ‹Magna Carta› als «a starting point»: B. SCHWARTZ: The great rights of mankind. A hist. of the Amer. Bill of Rights (New York 1977) 2ff. – [9] B. SUTTER: Der Schutz der Persönlichkeit in mittelalterl. R.en. Zur hist. Genese der mod. Grund- und Freiheits-R.e, in: G. BIRTSCH (Hg.): Grund- und Freiheits-R.e von der ständischen zur spätbürgerl. Ges. (1987) 17-41. – [10] W. SCHULZE: Ständische Ges. und Freiheits-R.e, a.O. 161-179. – [11] A. VERDROSS: Abendländ. R.-Philos. Ihre Grundl. und Hauptprobleme in geschichtl. Schau (Wien ²1962) 92ff.; E. REIBSTEIN: Volkssouveränität und Freiheits-R.e. Texte und Stud. zur polit. Theorie der 14.-18. Jh. 1-2 (1979) 1, 104ff. – [12] F. DE VITORIA: De indis recenter inventis et de iure belli Hispanorum in barbaros relectiones (1539), hg. W. SCHÄTZEL (1953) 129; H. F. KÖCK: Der Beitr. der Schule von Salamanca zur Entwickl. der Lehre von den Grund-R.en (1987) 55. – [13] VERDROSS, a.O. [11] 109f.; E. REIBSTEIN: Die Anfänge des neueren Natur- und Völker-R. Stud. zu den ‹Controversiae Illustres› des F. Vasquius (1559) (Bern 1949) 26. – [14] Vgl. E. REIBSTEIN: J. Althusius als Fortsetzer der Schule von Salamanca (1955). – [15] Vgl. REIBSTEIN, a.O. [11] 1, 207ff. – [16] G. JELLINEK: Die Erklärung der Menschen- und Bürger-R.e, in: R. SCHNUR (Hg.): Zur Gesch. der Erklärung der M.e (1964) 1-77; E. TROELTSCH: Die Bedeut. des Protestantismus für die Entsteh. der mod. Welt. Hist. Z. 97 (1906) 1-66; J. BOHATEC: Die Vorgesch. der Menschen- und Bürger-R.e in der engl. Publizistik in der ersten Hälfte des 17. Jh., in: England und die Gesch. der Menschen- und Bürger-R.e. Drei nachgel. Aufs., hg. O. WEBER (Graz 1956) 13ff. – [17] Vgl. H. DENZER: Moralphilos. und Natur-R. bei S. Pufendorf (1972). – [18] Dazu H. CONRAD: R.-Staatl. Bestrebungen im Absolutismus Preußens und Österreichs am Ende des 18. Jh. (1961); G. BIRTSCH: Der Idealtyp des aufgeklärten Herrschers. Aufklärung. Interdiszipl. Z. Erforsch. 18. Jh. Wirkungsgesch. 2 (1987) 9-47, hier: 32f. – [19] Vgl. KÜHNHARDT, a.O. [4] 82ff.; L. HENKIN: The rights of man today (London 1979) 9f. – [20] Vgl. J. SANDWEG: Rationales Natur-R. und revolut. Praxis. Unters. zur ‹Erklärung der Menschen- und Bürger-R.e› von 1789 (1972) 289. – [21] K. D. BRACHER: M.e und polit. Verfass., in: Gesch. und Gewalt. Zur Politik im 20. Jh. (1981) 40. – [22] Entsprechend kritisch über Rousseau: J. L. TALMON: The rise of totalitarian democracy (London 1952); über Rousseau und die M.-Frage vgl. S.-J. SAMWER: Die frz. Erklärung der Menschen- und Bürger-R.e von 1789/91 (1970) 287ff. – [23] H. E. BÖDEKER: M.e im dtsch. publizist. Diskurs vor 1789, in: BIRTSCH (Hg.), a.O. [9] 392-433, zit.: 397; für die Idee der M.e im alten Natur-R. vgl. D. KLIPPEL: Polit. Freiheit und Freiheits-R.e im dtsch. Natur-R. des 18. Jh. (1976) 72ff. – [24] Vgl. W. W. WITTWER: Grund-R.e bei den Levellern und der New Model Army. Ein Beitr. zur Vorgesch. des M.-Gedankens (1972). – [25] H.-C. SCHRÖDER: Die Revolutionen Englands im 17. Jh. (1986) 95ff. – [26] WITTWER, a.O. [24] 273. – [27] L. G. SCHWOERER: The Declaration of Rights, 1689 (Baltimore/London 1981); die individualrechtsgeschichtlich größere Bedeutung der ‹Petition of Right› von 1628, die den Bedürfnissen des R.sschutzes gegenüber der Krone Ausdruck gab, unterstreicht G. STOURZH: Grund-R.e zwischen Common Law und Verfass., in: BIRTSCH, a.O. [1] 59-74, hier: 69. – [28] SCHWARTZ, a.O. [8] 72 nennt die ‹Virginia Declaration› «a landmark in the development that was to culminate in the federal Bill of Rights». – [29] Vgl. R. POUND: The developm. of constitut. guarantees of liberty (Yale ^{4}1963) 75. – [30] Vgl. E. S. MORGAN: Slavery and freedom. The Amer. paradox. J. Amer. Hist. 59 (1972/73) 5-29, hier: 7. – [31] Vgl. bes. SANDWEG, a.O. [20] 24ff.; SAMWER, a.O. [22] 229ff.; J. IMBERT: Les droits de l'homme en France (Paris 1985) 7ff.; M. GAUCHET: Die Erklärung der M.e. Die Debatte um die bürgerl. Freiheiten 1789 (1991) 63ff. – [32] SAMWER, a.O. 24ff. – [33] a.O. 21. – [34] Vgl. J. GODECHOT: La Révol. franç. et la liberté, in: BIRTSCH (Hg.), a.O. [1] 243-257. – [35] Vgl. P. KRAUSE: Die Entwickl. der soz. Grund-R.e, a.O. 402-431. – [36] Vgl. KÜHNHARDT, a.O. [4] 96. – [37] a.O. 98. – [38] G. BIRTSCH: Gemäßigter Liberalismus und Grund-R.e, in: W. SCHIEDER (Hg.): Liberalismus in der Ges. des dtsch. Vormärz (1983) 22-38, hier: 25. – [39] U. SCHEUNER: Die rechtl. Tragweite der Grund-R.e in der dtsch. Verfass.entwickl. des 19. Jh., in: E. FORSTHOFF (Hg.): Festschr. E. R. Huber (1973) 139-165. – [40] Vgl. E. HELLMUTH: Natur-R.-Philos. und bürokrat. Werthorizont. Stud. zur preuß. Geistes- und Soz.gesch. des 18. Jh. (1985). – [41] Vgl. W. VON RIMSCHA: Die Grund-R.e im süddtsch. Konstitutionalismus (1973). – [42] P. WENDE: Radikalismus im Vormärz. Unters. zur polit. Theorie der frühen dtsch. Demokratie (1975). – [43] Vgl. H. SCHOLLER (Hg.): Die Grund-R.-Diskuss. in der Paulskirche. Eine Dokum. (^{2}1981); O. DANN: Die Proklamation von Grund-R.en in der dtsch. Revol. von 1848/49, in: BIRTSCH (Hg.), a.O. [1] 515-532. – [44] Über den Einfluß der Frankfurter Reichsverfassung und ihres Grund-R.-Katalogs vgl. J. D. KÜHNE: Die Reichsverfass. der Paulskirche. Vorbild und Verwirkl. im späteren dtsch. R.-Leben (1985). – [45] Vgl. H. H. KLEIN: Die Grund-R.e im demokrat. Staat. Krit. Bemerk. zur Auslegung der Grund-R.e in der dtsch. Staatslehre der Gegenwart (1972). – [46] F. ERMACORA: M.e in der sich wandelnden Welt 1: Hist. Entwickl. der M.e und Grundfreiheiten (Wien 1974) 408. – [47] Vgl. M. S. McDOUGAL/H. D. LASSWELL/L. CHEN: Human rights and world public order. The basic policies of an int. law of human dignity (New Haven 1980) 180ff.; vgl. auch P. SIEGHART: The lawful rights of mankind. An introd. to the int. legal code of human rights (Oxford 1985) hier: II: ‹How the code was made and how it works› 47ff.; K. VASAK: Les dimensions int. des droits de l'homme. Manuel destiné à l'enseignement des droits de l'homme dans les univ. (Paris 1980). – [48] ERMACORA, a.O. [46] 443; McDOUGAL/LASSWELL/CHEN, a.O. 297f. – [49] ERMACORA, a.O. 581ff.; R. J. VINCENT: Human rights and int. relations (Cambridge 1986).

Literaturhinweise. Zur Erschließung einschlägiger Quellen und Lit. mit Hilfe systemat. Register vgl. G. BIRTSCH/M. TRAUTH/I. MEENKEN s. Anm. [6] Bde. 1-5 (1991/92). – H. BIELEFELDT/W. BRUGGER/K. DICKE (Hg.): Würde und Recht des Menschen. Festschr. J. Schwartländer zum 70. Geb. (1992). – H. WAGNER: Die Würde des Menschen (1992).   G. BIRTSCH

Rechtfertigung (griech. λόγον διδόναι; lat. rationem reddere; – griech. δικαίωσις; lat. iustificatio; engl. justification; frz. justification; ital. giustificazione)

I. *Griechische Antike; Logik und Dialektik.* – Der griech. Ausdruck λόγον διδόναι [λ.δ.] wurde ursprünglich auf zwei Weisen verwendet. In seinem nicht-terminologischen Gebrauch umfaßt er ein ziemlich weites, aber klar abgegrenztes Bedeutungsfeld: Er bedeutet hier 'diskutieren', 'beraten' oder 'argumentieren' [1], an anderen Stellen 'überlegen' oder 'nachdenken' [2]. Die λόγοι, um die es sich hier handelt, geben so etwas wie die Gründe an, die tatsächlich in Erwägung gezogen werden oder die jedenfalls in Erwägung gezogen werden sollten, um angemessene Entscheidungen zu treffen. Als Terminus technicus wird λ.δ. im Zusammenhang mit der Überprüfung von Beamten benutzt. In Athen mußte ein Beamter bei offiziellen Prüfungen Rechenschaft (d.h. einen λόγος) darüber ablegen, wie er seine Pflichten erfüllt hat, und insbesondere eine Bilanz (d.h. einen λόγος) über die ihm anvertrauten Gelder liefern [3].

Wenn Alkibiades im platonischen ‹Protagoras› sagt, daß er sehr erstaunt wäre, wenn irgend jemand Sokrates in der Kenntnis des λόγον δοῦναι καὶ δέξασθαι – des Gebens und Nehmens von λόγοι – gleichkäme [4], mag man versucht sein anzunehmen, daß PLATON den Ausdruck hier in seiner ersten Verwendungsweise benutzt. Dazu paßte gut, daß Sokrates ja tatsächlich vieles mit seinen Unterrednern diskutiert und sich ja als ganz besonders geschickt in diesen Diskussionen erweist. Dennoch ist λ.δ. hier und an anderen Stellen bei Platon im Sinne der zweiten, technischen Verwendung zu verstehen. Denn wenn Alkibiades an derselben Stelle des ‹Protagoras› auch sagt, Sokrates sei im διαλέγεσθαι hervorragend, ist hiermit nicht vom Diskutieren oder Sich-Unterhalten ganz allgemein die Rede, sondern vom διαλέγεσθαι ἐν ἐρωτήσει καὶ ἀποκρίσει, dem Diskutieren mittels Frage und Antwort. Und diese Methode der Diskussion besteht ihrerseits nicht einfach darin, Fragen zu stellen und zu versuchen, sie zu beantworten, sie ist vielmehr eine wesentlich präzisere Methode mit ganz spezifischen Regeln. Diese Fragen und Antworten sind Teile von 'Frage-und-Antwort-Spielen' oder 'Wettbewerben' (ἀγῶνες λόγων), an denen mindestens zwei Parteien teilnehmen, von denen die eine fragt und die andere antwortet (ein Schiedsrichter oder etwaige Zuhörer können eine dritte Partei bilden). Der eigentliche Wettbewerb besteht aus zwei Phasen. Am Anfang bietet der Fragende dem Antwortenden zwei Alternativen an, mittels einer Frage der Form: 'Ist X Y, oder nicht?', z.B. 'Ist die Tugend lehrbar, oder nicht?' Der Befragte muß die eine oder andere Antwort wählen. Diese wird dann, für die Dauer des 'Spiels', seine These. Die zweite Phase besteht aus einer Reihe von Fragen, die alle so gestellt sind, daß 'Ja' und 'Nein' mögliche Antworten sind. Der Antwortende muß tatsächlich immer mit 'Ja' oder 'Nein' antworten; die einzige andere erlaubte Erwiderung ist, den Fragenden (oder den Schiedsrichter) auf irgendwelche Mehrdeutigkeiten o.ä. in einer Frage aufmerksam zu machen, so daß die Frage dann umformuliert werden muß. Der Fragende stellt seine Fragen mit dem Ziel, daß der Antwortende entweder etwas bejaht, was seiner These (oder irgend einer anderen Behauptung, die er vorher bejaht hat) widerspricht, oder etwas ablehnt, was aus seiner These (oder aus anderen Behauptungen, die er akzeptiert hat) folgt. Gibt der Befragte eine Antwort, die in dieser Weise problematisch ist, hat der Fragende das Spiel gewonnen; wenn der Antwortende dies innerhalb der erlaubten Zeit vermeidet, so hat er gewonnen.

Die detaillierteste antike Abhandlung zu dieser Weise des Argumentierens ist das achte Buch der ‹Topik› des ARISTOTELES. Kap. 5 und 6 geben die Regeln für Fragende und Antwortende an [5]. Blickt man im Licht dieser Darstellung auf PLATONS Dialoge zurück, wird klar, daß sie Frage-und-Antwort-Wettbewerbe dieser Art präsentieren. Im ‹Protagoras› z.B. hat Sokrates die Rolle des Fragenden, Protagoras die des Antwortenden. Als Antwort auf Sokrates' Frage wählt Protagoras als seine These, daß die Tugenden verschieden sind und jede eine eigene Funktion hat [6]. Sokrates stellt dann eine Reihe von Ja/Nein-Fragen und versucht damit, Protagoras in einen Widerspruch zu führen [7]. Im ‹Menon› geht Sokrates in seinen Fragen an den jungen Sklaven über die Geometrie-Aufgabe in fast der gleichen Art vor [8]. Ähnlich in anderen frühen Dialogen, aber auch in späten, z.B. dem ‹Theaitet›. Sokrates ist indes nicht immer der Fragende. Im ‹Protagoras› schlägt Sokrates, nachdem Protagoras mehr und mehr unzufrieden wird und das Gespräch zu scheitern droht, einen Rollentausch vor: Protagoras soll fragen, und Sokrates wird antworten [9]. Im ‹Parmenides› ist Parmenides der Fragende, und Sokrates und ein anderer sind die Befragten, im ‹Euthydem› stellen Euthydem und sein Bruder die Fragen, Sokrates und Kleinias antworten [10].

Die Tatsache, daß Sokrates' Gesprächspartner sich als vertraut mit dieser Methode des Argumentierens erweisen, legt nahe, was man ohnehin auf Grund verschiedener Texte aus dem späten 5. und frühen 4. Jh. annehmen muß, nämlich daß diese Art und Weise des Argumentierens nicht eine Entdeckung oder Erfindung des Sokrates ist [11]. Vielmehr handelt es sich bei dieser Methode um einen Teil des sophistischen Lehrgangs. Wenn auch unklar ist, welche Rolle genau die Methode von Frage und Antwort bei den *Sophisten* gespielt hat, ist wohl doch sicher, daß sie benutzt wurde, um bei den Schülern die Disputierkunst und überhaupt die Fertigkeit im Argumentieren zu entwickeln. Sokrates interessiert diese Methode hingegen, weil die Rolle des Fragenden von jemandem gespielt werden kann, der selber gar nichts über das in Frage stehende Thema weiß; er braucht nicht einmal irgendwelche Meinungen darüber zu haben [12]. Und Sokrates behauptet ja immer wieder, daß er selber nichts über die Sachen weiß, in denen sich seine Unterredner angeblich so gut auskennen. Er benutzt also die Methode der Frage und Antwort, um seine Gesprächspartner zu zwingen, zuzugeben, daß sie nicht in der Lage sind, die Behauptungen, die sie ursprünglich aufgestellt haben, wirklich aufrechtzuerhalten. Denn Sokrates meint, wer widersprüchliche Behauptungen akzeptiert, beweise damit, daß er nicht wirklich die Wahrheit über die zur Diskussion stehende Sache weiß. Diese Meinung mag durchaus als fragwürdig erscheinen. Sie ist aber ein Indiz für die sehr hohen Forderungen, die Sokrates und Platon an den Begriff des Wissens stellen.

Vor dem Hintergrund dieser dialektischen Frage-und-Antwort-Spiele zeigt sich deutlich, was es bedeutet, Kenntnis im λόγον δοῦναι καὶ δέξασθαι, im Geben und Nehmen von λόγοι, zu haben. Die λόγοι, welche jemand gibt oder nimmt, sind die, die in diesen dialektischen Wettbewerben vorkommen. Das Nehmen von λόγοι ist also die kritische Auseinandersetzung mit einer Meinung oder Theorie, wobei der, um dessen Meinung oder Theorie es geht, die Fragen beantwortet, und der, der die Gültigkeit der Meinung (besser, die Fähigkeit des Meinenden, seine Meinung zu verteidigen) untersucht, die Fragen stellt. Und das Geben oder Ablegen von λόγοι besteht darin, eine Meinung oder Theorie durch eine solche dialektische Untersuchung der Kritik auszusetzen. Einer, der seine Meinung erfolgreich aufrechterhalten hat, wird also Rechenschaft über sie abgelegt haben, d.h. diese Meinung wird nach der dialektischen Untersuchung gerechtfertigt sein. Und schließlich ist jemand, wenn er einen λόγος zur Verfügung hat [13], in der Lage, sich und seine Meinung einer solchen Untersuchung erfolgreich auszusetzen.

Durch die Praxis des Gebens und Nehmens von λόγοι ist auch bestimmt, was Dialektik im ‹Staat› sein kann. Hier heißt es, der Dialektiker sei imstande, von jeder Sache zu sagen, was sie eigentlich ist, er könne den λόγος von jeder Sache nehmen und anderen wie auch sich selbst solche λόγοι geben [14]. Diese positiven Resultate der (erhofften) Dialektik stehen in starkem Kontrast zu den aporetischen und negativen Resultaten der Frühdialoge. So hat man gemeint, Platon arbeite hier mit einer völlig anderen Vorstellung von Dialektik. Doch es bleibt auch im ‹Staat› ein Merkmal des Dialektikers, Fragen «auf die wissenschaftlichste Weise» zu stellen und zu beantworten [15]. Die Methode von Frage und Antwort ist also entweder nach wie vor die Dialektik schlechthin oder zumindest einer ihrer wesentlichsten Bestandteile. Die Begriffe ‹Dialektik› und λ.δ. werden im ‹Staat› völlig parallel zueinander verstärkt.

An anderen Textstellen heißt es schließlich, daß das sokratische Fragen letzten Endes die Gesprächspartner dazu zwingt, ihr Leben zu rechtfertigen [16], d.h., einen λόγος von oder über ihr Leben abzulegen. Der Zusammenhang ist etwa folgender: Die Fragen, die Sokrates stellt, betreffen die Grundfragen des Lebens und er fragt sie immer wieder, auf immer neue Weise. Wenn einer sein Leben nach Prinzipien führt, die er in dialektischen Auseinandersetzungen verteidigen kann, dann kann er in einem nicht trivialen Sinn Rechenschaft über sein Leben geben. Sokrates unterscheidet sich von den Eristikern folglich u.a. dadurch, daß er nicht jedes dialektische 'Spiel' als für sich bestehend betrachtet, was bedeutete, daß die jeweiligen Resultate keine Konsequenzen für die zukünftigen 'Spiele' hätten. Er betrachtet vielmehr alle dialektischen Untersuchungen als zusammenhängend, so daß der λόγος, den ein Mensch (und Sokrates glaubt: jeder Mensch) demnach zu geben hat, letztlich der seines Lebens ist. Dieser Gedanke läßt klar erkennen, wie Sokrates eine Methode, die er, ohne sie formal zu verwandeln, von der Sophistik übernimmt, zu radikal neuen Zwecken verwendet.

Gegen die Methode des Argumentierens in Frage und Antwort erhebt sich leicht ein Einwand, nämlich daß es immer leichter ist, die Fragen zu stellen als sie zu beantworten. Platon ist sich dessen bewußt. Im ersten Buch des ‹Staats› protestiert Thrasymachos, Sokrates tue alles andere lieber als zu antworten; er habe entdeckt, daß es leichter sei, zu fragen [17]. Wenn man dialektische Wettbewerbe als bloße Spiele ansieht, liegt hier in der Tat ein nicht zu übersehender Mangel. Ein Spiel, nach dessen Regeln ein Spieler leichter siegen kann als der andere, scheint unfair. Diese Wettbewerbe wurden freilich nicht als bloße Spiele entwickelt und praktiziert (sehen wir einmal von ihrer Verwendung zur Übung ab). Es ist durchaus sinnvoll, die Kenntnisse dessen, der behauptet, ein Experte oder Fachmann zu sein, ernster zu nehmen als die Meinungen, die ein jeder über die fragliche Angelegenheit hat, und an ihre R. entsprechend höhere Anforderungen zu stellen. Was die Methode des Fragens und Antwortens und mit ihr das λ.δ. erreicht, ist, daß die Kluft zwischen angeblichen Experten und Nicht-Experten zumindestens bis zu einem gewissen Grad nivelliert wird. Selbst jemand, der kein Experte ist, kann durch seine Fragen prüfen, ob ein anderer wirklich ein Experte ist. Das paßt gut zum Rationalismus des 5. Jh. Zuvor war die Tatsache, daß etwas durch die Tradition überliefert war, ausreichende R. und Legitimation. Wenn aber die Tradition einmal in Frage gestellt ist und neue Gedanken an die Stelle der altbewährten treten sollen, wird man wissen wollen, wieso gerade diese Meinung richtig ist und nicht jene. Die neuen vermeintlichen Experten rufen sozusagen die neuen höheren Standards ins Leben.

Und so bietet die dialektische Praxis ganz allgemein und Sokrates' Dialektik im besonderen eine Möglichkeit, sich gegen die Autorität solcher angeblicher Experten zur Wehr zu setzen.

Der in der Philosophie ursprüngliche Gebrauch des Ausdrucks λ.δ. im Kontext der dialektischen Frage-und-Antwort-Methode hat in der Akademie weitergelebt. ARISTOTELES schwankt freilich in einem wichtigen Punkt: Gleich zu Anfang der ‹Sophistischen Widerlegungen› schreibt er, daß einer, der sich mit einer Sache auskennt, vermeiden muß, Falsches über sie zu sagen; außerdem muß er einen, der sich in ihr nicht auskennt, aber dennoch Behauptungen aufstellt, widerlegen können. Die eine Aufgabe erfordert das Geben, die andere das Abnehmen von λόγοι [18]. Später sagt Aristoteles dann – ganz im Sinne des Sokrates –, daß man die λόγοι auch ohne Wissen abnehmen könne [19].

In der nach-aristotelischen Philosophie wird der Ausdruck λ.δ. weiterhin gebraucht [20]; er scheint hier aber eher 'begründen' u.ä. zu bedeuten, wie dies auch CICEROS Übersetzung «rationem reddere» [21] zeigt. Diese Tatsache ist dadurch zu erklären, daß sich der Begriff der Dialektik selbst geändert hat. Die *Stoiker* definieren die Dialektik manchmal zwar noch als «das korrekte Disputieren, wobei die λόγοι in Frage und Antwort» vorgebracht werden (τὸ ὀρθῶς διαλέγεσθαι περὶ τῶν ἐν ἐρωτήσει καὶ ἀποκρίσει λόγων [22]), und selbst für EPIKTET bleibt die Methode von Frage und Antwort trotz seiner Bedenken wichtig [23]. Aber Wettbewerbe dieser Art haben sich nicht als eine wirkliche, lebendige Praxis bewährt, obwohl es eine Reihe von Stellen in der späteren griechischen Philosophie gibt – besonders solche, die Trugschlüsse präsentieren –, die fiktive Frage-und-Antwort-Spiele voraussetzen [24]. So umfaßt 'Dialektik' in der nach-aristotelischen Philosophie die Logik bzw. formale Logik schlechthin, nicht mehr nur die Methode von Frage und Antwort. Damit verliert auch der Ausdruck λ.δ. weitgehend seinen terminologischen Sinn und bedeutet nun in der Philosophie etwa dasselbe wie in der Umgangssprache, wenngleich die Standards dafür, was jeweils als eine adäquate Begründung gilt, aus der Philosophie selbst stammen.

Anmerkungen. [1] z.B. HERODOT: Hist. 1, 97. – [2] a.O. 34. 209; 6, 138; vgl. auch SOPHOKLES: Oedip. Tyr. 538. – [3] Inscript. graecae I/1 (1981) 52, 27; 292, 2; vgl. auch HERODOT: Hist. 3, 142f.; vgl. LYSIAS: Or. 24 [‹Über die Verweigerung einer Rente für den Gelähmten›], 26. – [4] PLATON: Prot. 336 b-c. – [5] Vgl. dazu: J. BRUNSCHWIG: Introd., in: ARISTOTE: Les Top. I-IV (Paris 1967); P. MORAUX: La joute dialect. d'après le 8ème liv. des Top., in: G. E. L. OWEN (Hg.): Arist. on dial.: The Top. (Oxford 1968) 277-311; G. RYLE: Dialectic in the Academy, a.O. 69-79; J. BRUNSCHWIG: Arguments without winners or losers. Wiss.kolleg Berlin, Jb. (1984/85) 31-40. – [6] PLATON: Prot. 329 d-e. – [7] Prot. 332 a-333 a; 333 d-334 c; vgl. auch 329 e-331 c. – [8] Men. 82 b-85 b. – [9] Prot. 338 b-e. – [10] Zu Platon bes. P. STEMMER: Platons Dialektik (1992) § 9: Die Regeln des Elenchos. – [11] Vgl. HIPPOKRATES: De nat. hom., hg. J. JOUANNA. Corp. med. graec. I/1, 3 (1975) 164, 5-166, 4; De morbis I. Oeuvr. compl., hg. E. LITTRÉ (Paris 1839-61) 6, 140, 1-2; 142, 7-12; Dissoi logoi, Frg. 8, 1. 13. VS II, 415f.; ARISTOPHANES: Nub. 934-938. 955-958; Ran. 875-884; vgl. J. DUCHEMIN: L'AGON dans la tragédie grecque (Paris 1968); ferner z.B. PLATON: Prot. 335 a 4; Hipp. min. 364 a 7-9; vgl. G. E. R. LLOYD: Magic, reason and experience (Cambridge 1979) ch. 2: Dial. and demonstration. – [12] Vgl. ARISTOTELES: Soph. el. 183 b 7ff. – [13] Vgl. PLATON: Phileb. 62 a-b. – [14] Resp. 533 b. 534b. – [15] Resp. 534 b-c. – [16] Theat. 175 c-d; Lach. 187 d-188 b; Apol. 39 c. – [17] Resp. 337 a. 336 c. – [18] ARISTOTELES: Soph. el. 165 a 25-28. – [19] 183 b 7ff. – [20] EPIKTET II, 20. 36; PLOTIN: Enn. VI, 3, 18, 9; IAMBLICH: De comm. math. scient., hg. N. FESTA/U. KLEIN (1975) 39, 25. – [21] CICERO: De nat. deor. III, 6; Acad. II, 105; De fin. III, 58. – [22] DIOG. LAERT. VII, 42; vgl. 47f. – [23] EPIKTET I, 7, 1-21; II, 16, 1-4; 25, 1-3. – [24] Vgl. CHRYSIPP: Quaest. log. III, 9, 7-12, in: A. A. LONG/D. N. SEDLEY: The Hellenist. philosophers (Cambridge 1987) Frg. 37 G; CICERO: Acad. II, 92; SEXTUS EMP.: Pyrrh. hyp. II, 231. 234; Adv. math. I, 68f; SIMPLIKIOS: In Cat. comm. CAG 8, hg. K. KALBFLEISCH (1907) 24, 13-20.

W. MANN

II. *Rezeption.* – In der Neuzeit ist der lateinische Ausdruck ‹rationem reddere› für 'rechtfertigen', 'begründen' weiterhin in Gebrauch und findet sich so auch bei G. W. LEIBNIZ in einer Formulierung des Satzes vom Grund («principium rationis sufficientis») als «principium reddendae rationis» [1]. – M. HEIDEGGER gibt dem 'reddendae' in seiner Interpretation des Satzes vom Grund als einem Angelpunkt der Seinsgeschichte eine tragende, gleichsam die Seinsgeschichte einfangende Bedeutung: «Rationem reddere heißt: den Grund zurückgeben. ... Gemäß dem principium reddendae rationis muß das Vorstellen, wenn es ein erkennendes sein soll, den Grund des Begegnenden auf das Vorstellen zu und d.h. ihm zurückgeben (reddere)» [2]. «Das reddendum, der Anspruch auf die Zustellung des Grundes», das sich «zwischen die denkenden Menschen und seine Welt geschoben [hat], um sich des menschlichen Vorstellens auf eine neue Weise zu bemächtigen» [3], grenzt Heidegger vom ursprünglichen griechischen λόγον διδόναι ab, und zwar ganz im Sinne seiner Deutung des Logos als Sammlung [4]: «Man kann diese griechische Wendung richtig übersetzen durch: Rechenschaft ablegen, den Grund angeben; aber man denkt dabei nicht eigentlich griechisch. Griechisch gedacht sagt λόγον διδόναι: etwas Anwesendes in seinem so und so Anwesen und Vorliegen darbieten, nämlich dem versammelnden Vernehmen» [5].

Anmerkungen. [1] G. W. LEIBNIZ: Specimen invent. de admir. naturae gener. arc. [1686]. Philos. Schr., hg. C. I. GERHARDT 7 (1890) 309; vgl. Art. ‹Principium rationis sufficientis›, in: Hist. Wb. Philos. 7 (1989) 1325-1336. – [2] M. HEIDEGGER: Der Satz vom Grund (1957) 45. – [3] a.O. 48. – [4] 178f. – [5] 181.

Red.

III. *Analytische Philosophie.* – Der Begriff der R. (justification) findet in der analytischen Philosophie in ganz unterschiedlichen Bereichen Anwendung. Als gerechtfertigt gilt, was (gut) begründet ist [1], dessen Richtigkeit nachgewiesen ist [2] oder was gewissen Beurteilungsstandards entspricht [3]. Zentrale Anwendungsbereiche sind a) in der praktischen Philosophie die R. von Handlungen, Normen, Prinzipien und Institutionen, b) in der Erkenntnistheorie die R. von Meinungen und Überzeugungen, epistemischen Methoden, Verfahren und Prinzipien sowie c) allgemeine, metaphysische Aussagen oder Prinzipien, wie die Geltung des Induktionsprinzips, die Existenz anderer denkender Wesen oder der Existenz Gottes. Ausführliche begriffsanalytische Untersuchungen finden sich vor allem im Diskussionskontext zur *epistemischen R.* Die dort vorgenommenen Differenzierungen lassen sich auf die meisten anderen Anwendungsfelder übertragen.

Der Begriff der *epistemischen R.* bezieht sich auf Meinungen und Überzeugungen. Aber nicht jede gerechtfertigte Meinung kann als epistemisch gerechtfertigt gelten, da Meinungen z.B. auch unter Nützlichkeitsgesichtspunkten gerechtfertigt sein können (pragmatische R.). Charakteristisch für die epistemische R. ist ihr Wahrheitsbezug [4].

Grundsätzlich lassen sich zwei Konzeptionen von R. unterscheiden [5]: Gemäß der *deontologischen* Konzeption gilt etwas als gerechtfertigt, wenn kein Anlaß zu Vorwürfen besteht. Dabei wird gewöhnlich vorausgesetzt, daß dasjenige, um dessen R. es sich handelt, in der Verfügungsgewalt des jeweiligen Subjekts steht. Demgegenüber macht die *evaluative* Konzeption keine derartige Voraussetzung. Als gerechtfertigt gilt hier, was im jeweiligen Kontext als richtig zu beurteilen ist.

Zu unterscheiden ist zwischen demjenigen, was rechtfertigt, dem R.-Grund (reason, justifying ground, warrant, evidence), der Prozedur, durch die etwas gerechtfertigt wird, dem R.-Verfahren, und demjenigen, was gerechtfertigt wird.

Eine Meinung ist *indirekt* oder inferentiell gerechtfertigt, wenn ihre R. auf anderen Meinungen beruht. Meinungen sind *direkt* oder unmittelbar gerechtfertigt, wenn in ihre R. keine anderen Meinungen eingehen [6]. Es ist umstritten, ob es direkt gerechtfertigte Meinungen gibt und wie die Art ihrer R. zu beschreiben ist [7]. Als Beispiele für direkt gerechtfertigte Meinungen werden diskutiert: selbst-evidente Meinungen [8]; selbst-bewahrheitende Meinungen (self-warrant beliefs) [9]; intuitiv einleuchtende Meinungen [10]; Meinungen, die auf einem unmittelbaren Bewußtsein des für wahr gehaltenen Sachverhalts beruhen [11].

Entsprechend der Art der Beziehung zwischen begründenden und begründeten Meinungen lassen sich unterschiedliche *R.-Formen* unterscheiden. In *deduktiven* R.en folgt die Wahrheit der begründeten Meinung aus der Wahrheit der begründenden Meinungen. Häufig werden alle Typen nicht-deduktiver R. oder Begründung als induktive R.en (im weiteren Sinn) bezeichnet [12]. Bei *induktiven* R.en im engeren Sinn handelt es sich um Generalisierungen auf der Basis geeigneter Einzelfälle. Eine probabilistische R. liegt vor, wenn die Wahrheit der begründenden Meinungen die begründete Meinung wahrscheinlich macht. Eine Meinung gilt als *abduktiv* gerechtfertigt, wenn sie eine gute (bzw. die beste) Erklärung der begründenden Meinung darstellt [13].

Wissen als wahre gerechtfertigte Meinung: Die neuere Diskussion zur epistemischen R. schließt an die Frage nach den Bedingungen für Wissen an. Weitgehend unkontrovers ist 1), daß eine Person nur dann weiß, daß p, wenn sie die wahre Meinung hat, daß p; daß dies aber 2) keineswegs schon hinreichend für Wissen ist [14]. Es stellt sich daher die Frage, welche zusätzliche Bedingung an eine wahre Meinung zu stellen ist, wenn sie als Wissen gelten soll. Der auf PLATON zurückgehenden Standardanalyse des Wissens zufolge ist Wissen wahre gerechtfertigte Meinung. Diese Standardanalyse ist in einem kurzen, einflußreichen Artikel von E. L. GETTIER [15] kritisiert worden. Gettiers Gegenbeispiele beruhen darauf, daß in die R. eines Wissensanspruchs falsche Meinungen eingehen, obwohl die gerechtfertigte Meinung selber wahr ist. Im Anschluß an Gettiers Artikel wurden aber auch andere Typen von Gegenbeispielen ausführlich diskutiert [16]. Einwände dieser Art haben zu unterschiedlichen Reaktionen geführt. Sie lassen sich in drei Hauptklassen einteilen: 1) Die R.-Bedingung wird durch andere Bedingungen ersetzt; 2) die Standardanalyse wird um weitere Bedingungen erweitert; 3) die R.-Bedingung wird in einer Weise präzisiert, daß Gettier-Gegenbeispiele nicht mehr als Fälle gerechtfertigter Meinung gelten. Im Zusammenhang von 3) wurden die folgenden Bedingungen vorgeschlagen und kontrovers diskutiert [17]: a) die R. darf nicht wesentlich auf falschen Meinungen beruhen; b) die R. muß auf zwingenden Gründen beruhen; c) die R. muß so beschaffen sein, daß sie nicht durch zusätzliche relevante Informationen ihre Gültigkeit verlieren kann.

Weitere Differenzierungen ergeben sich aus dem Problem des *R.-Regresses*. Geht man von der Annahme aus, daß eine Meinung nur dann gerechtfertigt ist, wenn sie auf guten Gründen beruht, so liegt es nahe, von den Gründen selbst zu fordern, daß sie gerechtfertigt sind. Auf diese Weise entsteht ein R.-Regreß, wenn die Gründe nur dann als gerechtfertigt gelten können, wenn sie ihrerseits auf gerechtfertigten Gründen beruhen [18].

Die Reaktionen auf den R.-Regreß lassen sich folgendermaßen klassifizieren [19]. Der *Skeptizismus* zieht aus dem R.-Regreß die Folgerung, daß eine R. von Meinungen unmöglich ist. *Kontextualistischen* Theorien zufolge endet die Kette der Gründe in einer letztlich unbegründeten Meinung, die durch den Kontext der Begründung oder das 'Sprachspiel' der Begründung festgelegt wird [20]. *Fundamentalistische* Theorien unterstellen die Existenz von unmittelbar gerechtfertigten Meinungen, die nicht auf anderen Meinungen beruhen und die R.-Basis für alle anderen Meinungen bilden. Unmittelbar gerechtfertigte Meinungen werden dabei entweder als *selbst-rechtfertigend* [21] oder als durch Gründe, die selber keine Meinungen sind, gerechtfertigt bestimmt [22]. Die *Kohärenztheorie* schließlich versucht, den R.-Regreß durch eine wechselseitige Stützung der Meinungen untereinander zu umgehen [23]. In den letzten Jahren sind vor allem Mischpositionen entwickelt worden, die sowohl fundamentalistische wie auch kohärenztheoretische Elemente enthalten [24].

Internalismus und Externalismus: Eine weitere Differenzierung ergibt sich, wenn man sich fragt, ob eine Meinung schon dann als gerechtfertigt gelten kann, wenn bestimmte externe Bedingungen erfüllt sind. Als extern gelten dabei solche Bedingungen, deren Erfülltsein dem jeweiligen Subjekt nicht in geeigneter Weise zugänglich sein muß. Internalistische Theorien verlangen dagegen, daß solche Bedingungen nicht nur de facto erfüllt sein müssen, sondern daß das jeweilige Subjekt darüber hinaus der (gerechtfertigten) Meinung sein muß, daß diese Bedingungen erfüllt sind. Externalistische Theorien verzichten auf eine derartige Zusatzbedingung [25].

Die wichtigsten externalistischen Theorien sind die *Kausaltheorien, kontrafaktische Theorien* und *Verläßlichkeitstheorien:* Die Grundidee der Kausaltheorien besteht darin, daß eine Meinung dann gerechtfertigt ist, wenn sie in geeigneter Weise von dem für wahr gehaltenen Sachverhalt verursacht ist [26]. Kontrafaktische Theorien beruhen auf einer Verallgemeinerung dieser Idee: Eine Meinung, daß p, gilt danach als gerechtfertigt, wenn ihr Bestehen bzw. Nichtbestehen gesetzmäßig von der Wahrheit bzw. Falschheit von p abhängt [27]. Verläßlichkeitstheorien stellen einen Spezialfall kontrafaktischer Theorien dar: Eine Meinung ist gerechtfertigt, wenn sie Ergebnis eines verläßlichen Meinungsbildungsprozesses ist [28].

Verwandt, aber nicht deckungsgleich mit der Unterscheidung zwischen internalistischen und externalistischen Theorien ist die Differenzierung in *subjektivistische* und *objektivistische* Theorien [29]. Objektivistische Theorien der R. binden die R. an das Erfülltsein objektiver Sachverhalte, während für subjektivistische Theorien die R. einer Meinung nur von den Meinungen, Informationen usw. der betreffenden Individuen (oder Gruppen) abhängt. Die meisten vorgeschlagenen Theorien sind objektivistisch. Eine einflußreiche subjektivistische Position ist von R. FOLEY vorgeschlagen worden [30].

Anmerkungen. [1] L. BONJOUR: The struct. of empir. knowledge (Cambridge, Mass. 1985) 5f. – [2] A. GEWIRTH: Reason and morality (Chicago 1978) 7f. – [3] BONJOUR, a.O. [1] 6; P. BIERI (Hg.): Analyt. Philos. der Erkenntnis (1987) 39f. – [4] W. P. ALSTON: Epistemic justif. (Ithaca 1989) 3ff. 83; BIERI, a.O. 40f.; BONJOUR, a.O. [1] 6ff. – [5] ALSTON: Ep. just., Ess. IVf., a.O. 81-152. – [6] D. M. ARMSTRONG: Belief, truth and knowledge (Cambridge 1983) ch. 11ff.; G. S. PAPPAS/M. SWAIN (Hg.): Essays on knowledge and justif. (Ithaca 1978) 30ff. – [7] Vgl. T. TRIPLETT: Recent work on foundationalism. Amer. philos. Quart. 27 (1990) 93-116. – [8] R. CHISHOLM: Theory of knowledge (Englewood Cliffs ²1977) 16ff. – [9] ALSTON: Ep. just., Ess. Xf., a.O. [4] 249-318. – [10] A. QUINTON: The nature of things (Oxford 1973) ch. 5. – [11] B. RUSSELL: The problems of philos. (Oxford ¹¹1983). – [12] Vgl. B. SKYRMS: Choice and chance (Chicago ²1975) 6ff. – [13] Vgl. E. SOSA: Knowledge in perspective (Oxford 1991) 79ff. – [14] ARMSTRONG, a.O. [6] ch. 10; BIERI, a.O. [3] Teil 1; PAPPAS/SWAIN, a.O. [6]. – [15] E. L. GETTIER: Is justified true belief knowledge? Analysis 23 (1963) 121-123; dtsch. in BIERI, a.O. [3] 91-93. – [16] Vgl. PAPPAS/SWAIN, a.O. [6]; R. K. SHOPE: The analysis of knowing (Princeton 1983). – [17] a.O. – [18] ARMSTRONG, a.O. [6] ch. 11; PAPPAS/SWAIN, a.O. 31ff.; QUINTON, a.O. [10] 119ff. – [19] Vgl. P. K. MOSER/A. VANDER NAT (Hg.): Human knowledge (Oxford 1987) 12ff.; TRIPLETT, a.O. [7]. – [20] R. RORTY: Philos. and the mirror of nature (Oxford 1980); vgl. L. WITTGENSTEIN: Über Gewißheit (1984). – [21] CHISHOLM, a.O. [8]. – [22] RUSSELL, a.O. [11]; P. K. MOSER: Empir. justif. (Boston 1985); vgl. C. I. LEWIS: An essay in knowledge and valuation (LaSalle 1946) ch. 7-9; W. SELLARS: Empiricism and the philos. of mind, in: Sci., perception and reality (London 1963). – [23] W. V. O. QUINE: Two dogmas of empiricism, in: From a log. point of view (New York 1953); K. LEHRER: Knowledge (Oxford 1974); vgl. J. DANCY: An introd. to contemp. epistemol. (Oxford 1985). – [24] ALSTON, a.O. [4]; BONJOUR, a.O. [1]; SOSA, a.O. [13]. – [25] Vgl. ALSTON, a.O. [4] Teil III. – [26] ARMSTRONG, a.O. [6]; A. I. GOLDMAN: A causal theory of knowing, in: PAPPAS/SWAIN, a.O. [6] 67-86. – [27] R. NOZICK: Philos. explanations (Oxford 1981) ch. III/1. – [28] ARMSTRONG, a.O. [6]; A. I. GOLDMAN: Epistemology and cognition (Cambridge, Mass. 1986) Teil I, bes. ch. 3-5. – [29] GOLDMAN, a.O. 71f. – [30] R. FOLEY: The theory of epistemic rationality (Cambridge, Mass. 1987). B. THÖLE

IV. *Christlich-theologische Tradition.* – R. (iustificatio) des Sünders ist der heilsgeschichtliche Vollzug, in welchem Gott der Vater durch die Preisgabe des Sohnes in der Vollmacht des Hl. Geistes den vor ihm schuldig gewordenen, seinem Strafgericht verfallenen Menschen losspricht und erneut zur Kindschaft annimmt (reconciliatio, Versöhnung). Im Wort der Zusage (promissio) drängt jenes dynamisch-eschatologische Geschehen durch den Tod und das Jüngste Gericht hindurch zum ewigen Leben bei Gott.

Vor allem PAULUS benutzt den Begriff der R. durch den Glauben unter Berufung auf Gen. 15, 6 («Abraham glaubte an Gott, und das rechnete dieser ihm zur Gerechtigkeit an») [1] gegen die Auffassung, daß die Erfüllung des Gesetzes, der alttestamentlichen Vorschriften (wie der Beschneidung) und das Verdienst der Werke zur R. führe: «So halten wir dafür, daß der Mensch gerechtfertigt werde (δικαιοῦσθαι) ohne des Gesetzes Werke, allein durch den Glauben» [2]. «Doch weil wir glauben, daß der Mensch nicht durch des Gesetzes Werke gerecht werde (δικαιοῦται), sondern durch den Glauben an Christus Jesus, sind auch wir gläubig geworden an Christus Jesus, damit auch wir gerecht werden (δικαιωθῶμεν) durch den Glauben an Christus und nicht durch des Gesetzes Werke, denn dadurch wird kein Fleisch gerecht (δικαιωθήσεται)» [3].

Die Kirche sucht in ihrer Geschichte den umfassenden Sinn des paulinischen Zeugnisses auszuschöpfen. Obwohl der Begriff im frühen Christentum gelegentlich gebraucht wird [4] und bei TERTULLIAN und griechischen Kirchenvätern in Auslegung des ‹Römerbriefs› des öfteren von der «Gerechtigkeit Gottes», die auch ein Gerechtmachen des Menschen ohne die Werke des Gesetzes bedeutet, gesprochen wird [5], entfalten IRENÄUS u.a. eher die kosmologisch-heilsgeschichtliche Komponente (Vergöttlichung des Menschen) [6]. Der volle Sinn des R.-Begriffs wird erst wieder bei AUGUSTINUS offenbar. Gegen den Manichäismus akzentuiert er die verantwortliche Freiheit des Menschen, gegen Pelagius die Gnadenhaftigkeit der R.; dabei ringt er um das Freiwerden unseres unter Schuld und Ohnmacht versklavten Willens: Christus ist gerecht («iustus») und rechtfertigt («iustificans») uns durch seinen Opfertod, so daß wir durch seine unverdient verliehene Gnade («gratis per gratiam ipsius») aus Sündern zu Gerechtfertigten («iustificati») werden [7]. Die R. («iustificatio») erfolgt somit ohne unser Verdienst und ohne die Werke des Gesetzes («sine operibus legis»), allein durch die Gnade («gratuita gratia») und den Glauben [8]. Christus nahm unsere Sünden auf sich, so daß seine Gerechtigkeit zu unserer wurde und unsere vermeintlichen Verdienste in Wahrheit Gottes Gaben sind [9]. «Der dich ohne dich schuf, rechtfertigt dich nicht ohne dich. Also schuf er den Unwissenden, rechtfertigt er den Wollenden. Dennoch rechtfertigt er selbst, damit deine Gerechtigkeit nicht sei» [10]. Augustinus' R.- und Gnadenlehre wurde durch das kirchliche Lehramt im wesentlichen bestätigt, wenn auch dabei der Begriff ‹R.› nur beiläufig fällt [11].

Die Frühscholastik ordnet die R. in die Bußlehre ein [12]. In der Hochscholastik bilden sich zwei Verstehensschemata aus: das heilsgeschichtlich orientierte des franziskanischen Augustinismus («gratuita voluntas Dei», «liberalis passio Christi», «gratia ut habitus animi») und das aristotelisch-psychologische von WILHELM VON AUXERRE, ALBERTUS MAGNUS und THOMAS VON AQUIN (zwei Einwirkungen Gottes; «infusio gratiae» und «remissio peccatorum»; eine zwiegerichtete Antwort des Menschen: Hinwendung zu Gott im Glauben und Abkehr von der Sünde in der Reue und Buße, «contritio», «poenitentia»). Dementsprechend hat der R.-Begriff seinen Ort sowohl in der Gnaden- als auch in der Bußlehre [13].

M. LUTHER durchdenkt die R. aus der Innenschau des seiner Sündhaftigkeit bewußten und von Gott ergriffenen Menschen heraus und gewinnt Einsichten, die sich bei THOMAS VON AQUIN unter dem Stichwort 'Hoffnungsgewißheit' anbahnten [14]. Weil ‹R.› «Realkategorie» im Handeln Gottes ist, kann sie «Erkenntniskategorie» im Menschen werden [15]. Die R.-Lehre steht für LUTHER und die Reformatoren «über allen Arten von Lehren» («super omnia genera doctrinarum»); mit ihr steht und fällt die Kirche [16]. Als R. begreift Luther in Zurückweisung der spätmittelalterlichen Bußpraxis die dem Sünder anstelle seiner eigenen Gerechtigkeit durch Gott zugerechnete «fremde Gerechtigkeit» Christi und die Annahme des Menschen als Gerechtfertigten [17]. Es ist eine R. nicht durch die Werke des Gesetzes, sondern aus dem Glauben und durch die Gnade, d.h. nur durch fremde Hilfe («per alienum auxilium»); der Mensch wird sich seiner Ohnmacht, über die «Sünde Herr zu werden», bewußt, vertraut sich ganz Gott an und verhält sich so nur passiv, ein göttliches Geschenk empfangend [18]. Es ist deshalb eine R. von innen heraus statt der äußerlichen durch die Werke [19]. «Der Glaube, Christus und Gottes Annahme oder Zurechnung (acceptatio vel reputatio) – diese drei hängen zusammen; der Glaube ergreift Christus, hat ihn gegenwärtig und umschließt ihn wie ein Ring den Edelstein, und wer in solchem Glauben erfunden wird ..., den erklärt Gott für gerecht (illum reputat Deus iustum). ... Weil du an mich glaubst, spricht Gott, und dein Glaube Christus ergreift, den ich dir gegeben habe, damit er dein Rechtfertiger (iustificator) und Erretter sei, bist du gerecht» [20]. Durch diese R. erlangt der Sünder eine «revera regeneratio» zu neuem Leben, so daß er fortan in einer zweiten, durch die erste, fremde Gerechtigkeit bewirkten Gerechtigkeit lebt und jetzt, im Glauben, auch die guten Werke Gott wohlgefällig sind [21]. «Es wird also in der Schrift eine doppelte R. (duplex iustificatio) überliefert, eine des Glaubens vor Gott, die andere der Werke vor der Welt» [22]. Die R. ist aber noch nicht vollendet, sondern im Werden («in agendo»): «Es ist noch ein Bau». Vollendet wird sie erst im Tode und im Jüngsten Gericht; bis dahin sind die Menschen gerecht und Sünder zugleich [23].

PH. MELANCHTHON sucht ab 1532 die R.-Lehre «docendi causa» in einen tradierbaren «Methodus» zu bringen [24]. Dabei reduziert sich die R. zunehmend auf einen forensischen Gottesakt; Glaube wie Handeln des Menschen werden eigenständig psychologisierend entfaltet. «R. bedeutet Sündenvergebung und Versöhnung oder die Annahme der Person zum ewigen Leben. Denn für die Hebräer ist R. ein juristischer Begriff» [25]. Sie ist zugleich eine Abtötung des Fleisches und der Affekte [26]. Die Konkordienformel sucht den hieraus erwachsenden formalen Synergismus einzudämmen [27]. Auch bei J. CALVIN ist der forensische Charakter der R. vorherrschend: «So verstehe ich unter R. einfach die Annahme, mit der Gott uns in Gnaden aufnimmt und als gerecht gelten läßt. Und ich sage, daß sie in der Vergebung der Sünden und in der Zurechnung der Gerechtigkeit Christi besteht» [28]. Zugleich entwirft Calvin einen «ordo iustificationis»: Gott, der das Unvermögen des Menschen, gerecht zu werden, erkennt, nimmt aus sich selbst die Ursache der R. Er berührt ihn mit dem Empfinden des Glaubens, damit er in den Besitz des Heils gelangt. Trotz dieser R. kann der Mensch Gott nicht Genüge tun und bleibt auf dessen fremde Gerechtigkeit angewiesen [29].

Das Konzil von Trient befehdet einen abstrakt forensisch-imputativen R.-Begriff. Das reformatorische Anliegen ist jedoch keimhaft enthalten im Satz: «Der Glaube ist Grundlage und Wurzel aller R.» («Fides est ... fundamentum et radix omnis iustificationis») [30].

In der protestantischen Orthodoxie schrumpft die R. zu einem dogmatischen Locus zusammen [31]. Im Pietismus wird sie zurückgedrängt durch die Begriffe ‹Bekehrung› und ‹Wiedergeburt› [32], zumindest kann sie nicht ohne «neue Geburt» und «Erneuerung» bestehen [33]. In der Aufklärung wird sie – mit Ausnahmen – vollends preisgegeben [34].

Für I. KANT muß die R. als «Lossprechung des Menschen von seiner Schuld» mit einer gänzlichen Änderung in der «Gesinnung» einhergehen, dem «Ablegen des alten und Anziehen des neuen Menschen, da das Subject der Sünde ... abstirbt, um der Gerechtigkeit zu leben» [35]. – F. D. E. SCHLEIERMACHER kommt es darauf an, daß der Glaube nicht als eine «werkzeugliche Ursache» der R. verstanden wird, sondern als «unsere lebendige Empfänglichkeit» für die göttliche Gnade. Durch die R. wird der Mensch in ein neues «konstantes Verhältnis zu Gott» gesetzt, «in die Kindschaft Gottes aufgenommen» [36].

Erweckungsbewegung und Konfessionalismus des 19. Jh. beleben die R.-Lehre neu. Für J. H. NEWMAN gehören R. und Heiligung, Erneuerung und Annahme unlöslich zusammen. Nicht der Glaube allein, sondern der das Leben des Menschen umwandelnde Glaube «is the sole mean and instrument of justification» [37]. M. KÄHLER [38] und H. CREMER [39] entdecken die biblischen Wurzeln der R.; die Lutherrenaissance ihre reformatorische Vielgestalt [40]. A. RITSCHL sieht in ihr (Vergebung der Sünden, Aufhebung der Schuld und Versöhnung mit Gott) eine spezifisch protestantische Lehre; sie bildet die «Voraussetzung für die Lösung der sittlichen Aufgaben» in der Welt, bedeutet also eine innerweltliche Verbindung von Ethos und Religion [41]. Nach K. HOLL hebt die R. das Dilemma auf, in dem der Mensch vor Gott steht: Er will eine selbständige «Persönlichkeit» sein und kann doch vor Gottes Gericht nicht bestehen. Aber «derselbe Gott, der den Menschen zerbricht, gibt ihm eine neue Existenz» [42].

Diese «Paradoxie» im R.-Begriff haben verschiedene Autoren im 20. Jh. weiter ausgeführt [43]. Gott «fällt sein paradoxes Urteil: Der Mensch des Glaubens, der vor seinem Schöpfer verstummt, weil er schuldig ist, der Sünder also, der nichts mehr ist noch sein will als dieses, der ist gerecht» [44]. Den Gerichtsaspekt der R. betont auch P. ALTHAUS: Gottes Urteil ist ein Freispruch des Sünders; dieser erfolgt «hin auf die Erneuerung», auf «die Aufnahme in die Gemeinschaft mit Gott» [45]. P. TILLICH entwickelt eine objektive und subjektive Seite des R.-Vorgangs: objektiv ist er ein «Akt Gottes ..., in dem Gott den annimmt, der unannehmbar ist». Subjektiv ist er die menschliche Bejahung dieser Annahme «durch Gnade im Glauben». Dazu gehört, daß der Mensch im «Erlebnis der Sinnlosigkeit» und in der «Verzweiflung» vom «letzten Sinn» und von der Wahrheit «ergriffen» wird [46]. Für K. BARTH heißt ‹R.› vor allem, daß «Gott sich dem bundbrüchigen Menschen gegenüber ins Recht setzt, in welchem er ihn nämlich zu sich hin umkehrt und so mit sich selber versöhnt». «Gott bejaht in dieser Aktion allererst sich selbst.» Er «rechtfertigt zuerst und vor allem sich selber». Diese R. meint zugleich die Verurteilung des Sünders und seinen Freispruch zu «wirklicher Freiheit»; «Gottes mächtige Entscheidung darüber, was der Mensch ist und nicht ist» [47].

Seit H. KÜNG Ähnlichkeiten zwischen der R.-Lehre des Tridentinums und der K. Barths feststellte [48], verstärken sich die Bemühungen, einen interkonfessionellen Konsens über den R.-Begriff zu erreichen. Während 1963 (Konferenz des Lutherischen Weltbundes in Helsinki) noch kein Durchbruch erzielt wurde [49], brachte die Konferenz von Malta (1973) eine Annäherung zwischen Katholiken und Protestanten, die in jüngster Zeit zu der gemeinsamen Feststellung geführt hat, daß das «R.-Geschehen» als «schlechthin unverdienbare Tat Gottes am sündigen Menschen» zu verstehen sei. «Diese paulinische Grunderkenntnis läßt Zuspitzungen der konfessionellen ‹Unterscheidungslehren› zurücktreten» [50].

Anmerkungen. [1] PAULUS: Röm. 4, 3; Gal. 3, 6. – [2] Röm. 3, 28; vgl. 3, 20. 24-30; 5, 1; 8, 33; Lk. 18, 14; Apg. 13, 39; der Begriff fehlt im AT und bei JOHANNES; zur Diskussion um R. im AT vgl.

H. Graf Reventlow: R. – ein Verständnisprinzip für das AT? in: W. Lohff/Ch. Walther (Hg.): R. im neuzeitl. Lebenszusammenhang (1974) 30-76; dagegen: U. Wilckens: R. als Freiheit (1974); vgl. A. Peters: R., in: Hb. systemat. Theol. 12 (1984) 282ff. – [3] Gal. 2, 16; vgl. 3, 8. 11. 24; jedoch Jak. 2, 20-26. – [4] 1. Clemensbr. 32, 4, hg. A. Jaubert. Sources chrét. 167 (Paris 1971) 152; Justinus: Dial. 92; Irenäus: Adv. haer. IV, 5, 5; 27, 2. MPG 7, 986. 1058; Polykarp: Ep. ad Phil. I, 3, hg. P. Th. Camelot. Sources chrét. 10 (Paris 1958) 204; Origines: In Rom. comm. III, 8. 9; IV, 1. MPG 14, 946. 952f. 965. – [5] Vgl. P. Stuhlmacher: Gerechtigkeit Gottes bei Paulus (^{2}1966) 13ff.; K. H. Schelkle: Paulus, Lehrmeister der Väter (1959). – [6] Irenäus: Adv. haer. III, 18, 7; 19, 1; IV, 33, 4. MPG 7, 937. 939. 1074; Athanasius: Or. de incarn. 54. MPG 25, 191. – [7] Augustinus: Ep. CLXXXV, 40. MPL 33, 810; vgl. CLXXV, 37. MPL 33, 809; CXCIV, 3. MPL 33, 876f.; C. Jul. Pel. II, 8, 23. MPL 44, 689; bereits Ambrosius: De Jac. I, 6, 21. MPL 14, 607: «non justificamur ex operibus legis». – [8] De spir. et lit. XIII, 22; XXVI, 45. MPL 44, 214f. 228. – [9] Enarr. in Ps. XXI, 3. MPL 36, 472; De trin. XIII, 10, 13. MPL 42, 1024; vgl. Serm. CCXCVII, 4, 6. MPL 38, 1361; Enarr. in Ps. XVII, 5. MPL 36, 99; De nupt. et conc. II, 27, 46. MPL 44, 463. – [10] Serm. CLXIX, 11, 13. MPL 38, 923; vgl. CLXX, 10; CCCXXXIII, 5. MPL 38, 932. 1466. – [11] Synode von Karthago (418), in: H. Denzinger/A. Schönmetzer (Hg.): Enchir. symbol. (^{32}1968) Nr. 225; Konzil von Orange (529), a.O. Nr. 375. 391. – [12] Petrus Lombardus: Sent. 4, d. 17, 1. MPL 192, 880; [Alexander von Hales:] Summa Halensis III, n. 633-636 (Quaracchi 1924-48) 4, 1000-1009; weit. ausführl. Mat. zu dieser Zeit bei: Ch. P. Carlson Jr.: Justific. in earl. Mediev. theol. (Den Haag 1975). – [13] Bonaventura: In 4 sent., d. 17, p. 1, a. 1-2. Op. omn. (Quaracchi 1882-1902) 4, 418-434; Breviloqu. V, 3, a.O. 5, 254-256; Albertus Magnus: In 4 sent., d. 17, a. 8-16. Op. omn., hg. A. Borgnet (Paris 1890-99) 29, 669-686; Summa theol. II, 16, 104, a.O. 33, 264-270; Thomas von Aquin: S. theol. I-II, 113; Quaest. disp. de ver. 28; In 4 sent., d. 17, q. 1, a. 1-5; Wilhelm von Auxerre: Summa aurea I, 15 (Paris 1500, ND 1964) fol. XXX^v; Wilhelm von Auvergne: De meritis. Op. omn. (Paris 1674, ND 1963) 314; vgl. O. H. Pesch: Gottes Gnadenhandeln als R. des Menschen, in: Mysterium Salutis 4 (1973) 833-835. – [14] Thomas von Aquin: S. theol. II-II, 18, 4; vgl. O. H. Pesch: Die Theol. der R. bei M. Luther und Thomas von Aquin (1967) 748ff. (mit weit. Bel.). – [15] G. Gloege: Gnade für die Welt (1964) 37. – [16] M. Luther: Promotionsdisput. von Palladius und Tilemann (1537). Weim. Ausg. [WA] 39/1, 205; In XV Psalmos graduum (1532/33). WA 40/3, 352; Schmalkald. Art. (1537). Die Bekenntnisschr. der evang.-luth. Kirche [BSelK] (^{9}1982) 415; weitere Stellen bei O. H. Pesch/A. Peters: Einf. in die Lehre von Gnade und R. (1981) 119f.; vgl. F. Loofs: Der articulus stantis et cadentis ecclesiae. Theol. Stud. Kritiken 90 (1917) 323-420. – [17] Luther: Römerbr.vorles. (1515/16). WA 56, 22. 39. 41f. 48. 172. 215. 158f.; Kirchenpostille (1522). WA 10/1, 468; Komm. zum Galaterbr. (1519). WA 2, 510f.; Vorles. über 1 Mose (1535-45). WA 42, 563-567. – [18] Comm. in ep. ad Gal. (1531/35). WA 40/1, 33. 40f. 363-373; Vorrede zu den Opera lat. 1 (1545). WA 54, 186; De servo arbitrio (1525). WA 18, 772; Römerbr.vorles. WA 56, 298f. 220f. – [19] Komm. zum Galaterbr. WA 2, 489ff. 458. – [20] Comm. in ep. ad Gal. WA 40/1, 233. – [21] Promotionsthesen von Weller und Medler (1535). WA 39/1, 48; Sermo de duplici iustitia (1519). WA 2, 145; Römerbr.vorles. WA 56, 255. 267; Von den guten Werken (1520). WA 6, 204f.; Von der Freiheit eines Christenmenschen (1520). WA 7, 32-34. – [22] Promotionsdisput. WA 39/1, 208. – [23] Disputationsthesen über Röm. 3, 28 (1536). WA 39/1, 83; Promotionsdisput. WA 39/1, 252; Römerbr.vorles. WA 56, 347. 258f. – [24] Ph. Melanchthon: Römerbr.-Komm. (1532). Werke in Auswahl, hg. R. Stupperich (1951-55) 5, 99ff. 111; vorher: Augsb. Konfession, a. O. BSelK 56; Apologie der Augsb. Konfession, a. O. IV, 2. 43. BSelK 159. 168; Loci communes (1521). Werke 2/1, 109. – [25] Loci praecipue theol. (1559). Werke 2/2, 359; vgl. 764f.; Loci (1535). Corp. Reform. 21, 421. – [26] Ann. in Ev. Matth. (1523). Werke 4, 173. – [27] Konkordienformel III (1579). BSelK 781ff. 917ff. – [28] J. Calvin: Instit. rel. christ. (1559) III, 11, 2; vgl. III, 11, 3f. 8. 13. 21-23; III, 14, 17. 21; III, 16, 1-3. – [29] a.O. III, 11, 16. – [30] Tridentinum, sessio VI: Decretum de iustificat., in:

Denzinger/Schönmetzer (Hg.), a.O. [11] Nr. 1532; so fast wörtlich auch Melanchthon: Ann. in ep. Pauli ad Cor. (1522). Werke, a.O. [24] 4, 65. – [31] L. Hutter: Compendium locorum theol. (1610), hg. W. Trillhaas (1961) 52ff.; G. Calixt: Epitome theologiae (1634) 171ff.; J. Gerhard: Loci theol. (1610-25), hg. G. H. Müller (1863-75) 3, 301ff.; A. Calov: Systema locorum theol. (1655-77) 10, 159ff.; J. A. Quenstedt: Theologia didactico-polemica (1702) 3, 514ff.; D. Hollaz: Examen theol. acroamaticum (1707, ND 1971) 2, 441ff. – [32] M. Schmidt: Wiedergeburt und neuer Mensch (1969) 174. 176; J. Baur: Salus christiana: Die R.-Lehre in der Gesch. des christl. Heilsverständnisses (1968) 95-110; E. Peschke: Speners Wiedergeburtslehre, in: Traditio – Krisis – Renovatio. Festschr. W. Zeller (1976) 206-224, bes. 222; Pesch/Peters, a.O. [16] 227-248. – [33] A. H. Francke: Sonn-, Fest- und Apostel-Tags-Predigten (^{5}1720) 1, 902. – [34] Pesch/Peters, a.O. [16] 248-262; Baur, a.O. [32] 111-172. – [35] I. Kant: Die Relig. innerhalb ... (1793). Akad.-A. 6, 74. – [36] F. D. E. Schleiermacher: Der christl. Glaube (^{2}1830) § 109, 2. 4, hg. M. Redeker (1960) 2, 175f. 182. – [37] J. H. Newman: Lect. on the doctrine of justif. (1838). Works (Westminster, Md. 1966) 63. 81. 223. 225. – [38] M. Kähler: Die Wiss. der christl. Lehre (1883/84, ^{3}1905) 227-247. – [39] H. Cremer: Die paulin. R.-Lehre im Zus. ihrer geschichtl. Voraussetzungen (1899). – [40] K. Holl: Die R.-Lehre in Luthers Vorles. über den Römerbr. (1910). Ges. Aufs. zur Kirchengesch. 1 (1921) 111-154; Zur Verständigung über Luthers R.-Lehre. Neue kirchl. Z. 34 (1923) 165-183; dazu: W. Walther: Neue Konstruktionen der R.-Lehre Luthers, a.O. 50-64; vgl. R. Herrmann: Betracht. zu Luthers R.-Lehre, in: Festschr. R. Seeberg (1929) 239-256, auch in: Ges. Stud. zur Theol. Luthers und der Reformat. (1960) 77-89. – [41] A. Ritschl: Die christl. Lehre von der R. und Versöhnung (1870-74, ^{3}1888/89) 3, 36f. 83. – [42] K. Holl: Was hat die R.-Lehre dem mod. Menschen zu sagen? (1907) 23f. – [43] W. Elert: Der christl. Glaube (1940, ^{5}1960) 474; P. Althaus: Die christl. Wahrheit (1947/48, ^{8}1969) 601; P. Tillich: Systemat. Theol. (1955-66) 2, 162; 3, 257-265. – [44] Elert, a.O. 475. – [45] Althaus, a.O. [43] 600f. 635ff. – [46] Tillich, a.O. [43] 2, 191; 3, 262f.; vgl. R. und Zweifel. Ges. Werke 8 (1970) 85-100. – [47] K. Barth: Die kirchl. Dogm. 4/1 (1953) 102. 592f. 629. 633. 575. 106; vgl. 634ff. 660ff.; 1/2 (^{4}1948) 356-397; 2/2 (^{3}1948) 245f.; 4/3 (1959) 581f.; zur Trias von R., Heiligung und Berufung: 4/2 (1955) 565-578; 4/3, 553ff. – [48] H. Küng: R. Die Lehre K. Barths und eine kathol. Besinnung (1957); dazu skeptisch: E. Schott: Einig in der R.-Lehre? Luther-Jb. 26 (1959) 1-24; H. Volk: Die Lehre von der R. nach den Bekenntnissen der evang.-luth. Kirche, in: Pro veritate. Ein theol. Dialog. Festgabe für Erzbischof Jaeger und Bischof Stählin (1963) 96-131. – [49] R. heute. Stud. und Ber., hg. von der Theol. Kommission des Luth. Weltbundes (1965) 5-17: Dok. 75; über die Referate: J. Rothermundt, a.O. 21-74; vgl. U. Wilckens (Hg.): Helsinki 1963 (1964). – [50] Lehrverurteilungen – kirchentrennend? hg. K. Lehmann/W. Pannenberg (1986-89); Justif. by faith. Lutherans and Catholics in dialogue 7 (Minneapolis 1985); krit. jedoch: J. Baur: Einig in Sachen R.? (1989); D. Lange (Hg.): Überholte Verurteilungen? (1991); dazu wiederum: W. Pannenberg: Die R.-Lehre im ökumen. Gespräch. Z. Theol. Kirche 88 (1991) 232-246.

Literaturhinweise. G. Traub: Ein Beitr. zur Gesch. des R.-Begriffs. Theol. Stud. und Kritiken (1900) 457-472. – A. Harnack: Lehrb. der Dogmengesch. (^{4}1909/10, ND 1964). – J. Rivière: Art. ‹Justification›. Dict. de théol. cath. 8 (Paris 1925) 2042-2277. – K. Holl: Die R.-Lehre im Licht der Gesch. des Protestantismus. Ges. Aufs. zur Kirchengesch. 3 (1928, ND 1965) 525-557. – E. Stakemeier: Glaube und R. ... dargest. nach den Verhandl. und Lehrbestimm. des Konzils von Trient (1937). – W. Joest: Die kath. Lehre von der R. und Gnade (1954) (Texte). – E. Kinder: Die evang. Lehre von der R. (1957) (Texte). – W. Joest/E. Kinder: Art. ‹R.›, in: RGG^3 5, 828-840. – A. Schlatter: Gottes Gerechtigkeit. Ein Komm. zum Römerbr. (^{3}1959). – W. Dantine: Die Gerechtmachung des Gottlosen (1959). – R. Seeberg: Lehrb. der Dogmengesch. (^{5}1959). – S. Pfürtner: Luther und Thomas im Gespräch (1961). – A. Peters: Glaube und Werk. Luthers R.-Lehre im Lichte der Hl. Schr. (1962); s. Anm. [2] und [16] (mit weit. Lit.hinw.). – V. Vajta: Gelebte R. (1963).

– R. Schnackenburg/J. Auer u.a.: Art. ‹R.›, in: LThK² 8, 1033-1050. – G. Ebeling: Morphol. des Luthertums (³1965) 1, 64-78. 79-93. – M. Greschat: Melanchthon neben Luther (1965). – P. Stuhlmacher s. Anm. [5]. – H. A. Obermann: 'Iustitia Christi' and 'Iustitia Dei': Luther and the Scholast. doctr. of justific. Harvard theol. Review 59 (1966) 1-26. – O. H. Pesch s. Anm. [14] und [16]. – F. Loofs: Leitfaden zum Studium der Dogmengesch. (⁷1968). – V. Pfnür: Einig in der R.-Lehre? Die R.-Lehre der Conf. Aug. (1530) und die Stellungnahme der kath. Kontroverstheol. zwischen 1530 und 1535 (1970). – H. G. Pöhlmann: R. Die gegenwärt. kontroverstheol. Problematik der evang.-luth. und der röm.-kath. Kirche (1971). – W. Lohff/Ch. Walther (Hg.) s. Anm. [2]. – Ch. P. Carlson Jr. s. Anm. [12]. – Ch. Hempel: R. als Wirklichkeit (1976). – G. Müller: Die R.-Lehre (1977). – V. Subilia: Die R. aus Glauben (1981). – H. Meyer/G. Gassmann (Hg.): R. im ökumen. Dialog. Dok. und Einf. (1987). – G. Sauter (Hg.): R. als Grundbegr. evang. Theol. Eine Textsamml. (1989).   A. Peters

Rechtsakt. Die Problematik der Einordnung normativer Akte als R., d.h. die Frage nach den Definitionskriterien des R., findet sich bereits bei Perikles [1]. In einem von Xenophon überlieferten Gespräch zwischen Perikles und dem jungen Alkibiades vertritt Perikles zunächst die Ansicht, daß für die Erzeugung von Recht bereits die Erfüllung formaler Kriterien (z.B. schriftliche Festlegung) ausreichend sei. Auf die Frage des Alkibiades, ob auch der Akt eines Tyrannen Recht sei, wenn er nur die erforderlichen formalen Kriterien erfülle, kommen Perikles Zweifel an der zuvor von ihm geäußerten Ansicht, und er schränkt seine Position dahingehend ein, daß einem Akt auch ein gewisser materieller Gehalt zukommen müsse, um als R. qualifiziert zu werden. Auch die Frage nach dem Verhältnis von Recht und Gewalt kommt zur Sprache. Damit sind die wesentlichen Punkte genannt, die die Diskussion um den Begriff des R. in der Folgezeit beherrscht haben, und die entscheidenden Gegenpositionen der Naturrechtslehre einerseits und des Rechtspositivismus andererseits sind bereits zu erkennen.

Mehr als zwei Jahrtausende später nimmt I. Kant zur Abgrenzung von Recht und anderen Normen menschlichen Verhaltens Stellung. Danach überläßt das Recht es dem Adressaten, den Zweck seiner Handlung selbst zu bestimmen, denn es verlangt nur ein äußeres (und kein inneres) Verhalten. Lediglich die Maxime seiner Handlung sei a priori bestimmt: «daß nämlich die Freiheit des Handelnden mit Jedes anderen Freiheit nach einem allgemeinen Gesetz zusammen bestehen könne» [2]. Die Normen der Ethik hingegen stellen nach Kant dem Adressaten die Auswahl seiner Handlungszwecke nicht frei, sondern schreiben ihm gerade vor, bestimmte Zwecke sich zu eigen zu machen [3]. Ferner sei die «Rechtspflicht» von der «Tugendpflicht» darin unterschieden, daß zu ihrer Durchsetzung ein «äußerer Zwang moralisch-möglich» sei; die Erfüllung der «Tugendpflicht» beruhe «auf dem freien Selbstzwange» [4].

Während bei den genannten Autoren der Begriff ‹R.› nicht explizit verwendet wird, wird ihm in der «Reinen Rechtslehre» H. Kelsens breiter Raum gegeben. Zum einen unterscheidet die Reine Rechtslehre den R. von anderen Akten normativer Art (u.a. auch von dem Befehl eines Räubers), andererseits differenziert sie innerhalb der Rechtsordnung zwischen solchen R., mit denen eine generelle Norm gesetzt wird (Gesetz), und denjenigen R., die eine generelle Norm anwenden und somit ihrerseits individuelle Normen bilden. Begriffsnotwendig für den R. sei es, daß die durch ihn geschaffene Norm in eine Stufenbauordnung eingefügt sei, die aus höheren und niederen Normen bestehe. Die jeweils höheren Normen würden dabei die Erzeugung der jeweils niederen Normen bestimmen [5]. Die Geltungsberechtigung der höchsten positiven Rechtsnorm liege in der sogenannten Grundnorm, die nicht positiv gesetzt, sondern nur zum Zwecke des Abbruches des (ansonsten unendlichen) Normerzeugungsregresses vorausgesetzt werde. Inhaltlich ordne die Grundnorm lediglich an, daß man sich verfassungsgemäß verhalten solle [6]. In der Postulierung einer solchen (nicht positiv gesetzten) Grundnorm liege kein Zugeständnis an die Naturrechtslehre, da die Grundnorm keinen materiellen, sondern nur einen formellen Charakter besitze [7]. Weil die Einordnung eines Aktes als R. nicht allein mit Hilfe einer logischen Subsumtion eines konkreten Sachverhalts unter einen abstrakten Begriff geleistet werden könne, sondern eine Interpretation der Rechtsordnung erfordere, sei eine Entscheidung, d.h. ein Willensakt notwendig. Dieser Willensakt werde ausschließlich von den in der Rechtsordnung bestimmten Organen und nicht etwa von der Rechtswissenschaft gesetzt [8]. – Im Falle der revolutionären Totaländerung einer Verfassung tritt die Situation ein, daß der neue verfassunggebende Akt kein Bestandteil der alten Rechtsordnung sein kann und es auch nicht sein will, wodurch ihm eigentlich der Charakter eines R. überhaupt nicht zukäme. Die Reine Rechtslehre löst dieses Problem dadurch, daß sie die durch den verfassunggebenden Akt inaugurierte neue Rechtsordnung als eine potentielle begreift, welche erst dadurch, daß sie wirksam werde (d.h. indem die Individuen diese Ordnung tatsächlich im großen und ganzen befolgen), zur aktuellen Rechtsordnung werde. In diesem Fall werde von den Normadressaten nicht mehr die alte, sondern die neue Grundnorm vorausgesetzt [9].

Auch A. J. Merkl erblickt das Wesen des R. in seiner Einbettung in einen Stufenbau von Normen. Die R. unterliegen nach Merkl dem Prinzip der Bedingtheit, d.h. jeder R. muß sich als von der jeweils höheren Rechtsstufe bedingt erweisen und gleichzeitig die jeweils nächst niedrigere Stufe bedingen. Ausnahmen bilden nur die höchste und die niedrigste Stufe, wobei letztere als vollziehender R. nicht mehr bedingend wirke und die Ursprungsnorm als höchste Norm nicht mehr bedingt werden könne [10].

Anmerkungen. [1] Xenophon: Memor. I, 2, 40-46. Opera omn., hg. E. C. Marchant 2 (Oxford ²1921, ND 1949). – [2] I. Kant: Met. der Sitten II. Met. Anfangsgr. der Tugendl., Einl. II (1797). Akad.-A. 6, 382. – [3] a.O. – [4] a.O. 383. – [5] H. Kelsen: Was ist ein R.? Österr. Z. öffentl. Recht, NF 4 (1951/52) 263-274, ND in: H. Klecatsky u.a. (Hg.): Die Wiener Rechtstheoret. Schule. Ausgew. Schr. von H. Kelsen, A. Merkl und A. Verdross (Wien 1968) 2, 1382. – [6] a.O. – [7] a.O. 1383. – [8] 1384. – [9] 1390f. – [10] Vgl. die Darst. bei S. L. Paulson: Zur Stufenbaulehre Merkls in ihrer Bedeut. für die Allg. Rechtsl., in: A. J. Merkl – Werk und Wirksamkeit, hg. R. Walter (Wien 1990) 93ff.   A. Trupp

Rechtsdogmatik. In der Wissenschaftsgeschichte der Jurisprudenz war lange Zeit die Meinung vorherrschend, daß die Juristen das Konzept einer R. von den Theologen übernommen hätten [1]. Für diese Annahme schien es gewichtige Indizien zu geben: G. W. Leibniz hatte in seiner Schrift ‹Nova methodus› eine «wunderbare Ähnlichkeit» zwischen Theologie und Jurisprudenz festgestellt [2]. G. Hugo knüpfte mit seinem Vorschlag für die

Einteilung der Jurisprudenz an einen Auszug aus der ‹Nova methodus› an, übersetzte «didactica» mit «Dogmatik» [3] und bestätigte so scheinbar, daß der Vergleich von Theologie und Jurisprudenz für die Juristen Anlaß war, eines ihrer Fächer ‹Dogmatik› zu nennen. Nahm man dann noch die Beobachtung hinzu, daß CH. WOLFF von «dogmatischen Büchern» sprach, so glaubte man die Annahme als gesichert ansehen zu können, daß der Dogmatikbegriff «im Laufe des 18. Jh. über Christian Wolff und seine Schüler in die Rechtswissenschaft gelangte» [4]. Diese Hypothese ist jedoch unzutreffend.

Von ‹Dogmatik› sprachen die Juristen in Anlehnung an ein in der medizinischen Wissenschaftstheorie begründetes Konzept. Diese medizinische Dogmatik, über die GALEN umfassend informiert, versteht sich als Methodologie für den korrekten Umgang mit Dogmen. «Dogma» ist für Galen ein aus der Erfahrung durch Verallgemeinerung gewonnener Allsatz mit Wahrscheinlichkeitscharakter [5]. Ein Dogma ist nicht etwa der Kritik entzogen. Vielmehr muß man «das Dogma durch Erfahrung kritisch prüfen» [6]. Instrument der Kontrolle ist «die Sinneswahrnehmung, mit der man das Dogma überprüft» [7].

Die erfahrungsgestützten Dogmen sind nicht isoliert zu betrachten, sondern müssen sich in das System einer dialektischen τέχνη einfügen. Dabei haben sie dem Postulat der Widerspruchsfreiheit zu genügen [8]. Außerdem gilt es, die Dogmen auf Prinzipien zurückzuführen, was dann umgekehrt einen Beweis für Dogmen durch Ableitung aus diesen Grundannahmen ermöglicht [9]. In diesem Modell kommen als «Prinzipien der Beweisführung» die Sachverhalte in Frage, «die der Sinnes- und Verstandeswahrnehmung als evident erscheinen» [10]. Für die Ableitungsregeln verweist Galen auf die aristotelische Logik [11]. Hinzu kommt die von ihm in seiner ‹Institutio logica› dargestellte Aussagenlogik [12].

Eine in dieser Weise systematisch strukturierte τέχνη ermöglicht nach Galen im wesentlichen drei Dinge: Erstens hat sie heuristische Bedeutung im Forschungsprozeß. Sie erlaubt es, neue Hypothesen zu finden, so daß auf diese Weise die theoriegeleitete Überlegung (λόγος) und die Erfahrung (πεῖρα) zusammenwirken. Das Wort λόγος καὶ πεῖρα wird so zur Maxime der 'dogmatischen' Ärzte [13]. – Zweitens ist im Rahmen eines in der dargestellten Form ausgearbeiteten 'technischen' Systems die kritische Prüfung von Dogmen nicht mehr nur durch direkten Vergleich mit der Erfahrung möglich. Vielmehr sieht Galen es als besonderes Kennzeichen seiner Methode an, «daß man auf Grund eines kurzen elementaren Prinzips auf alle einzelnen Teile übergehen kann und daß man in der Lage ist, alles zu prüfen, was fälschlicherweise behauptet wird, indem man wie an einem Richtmaß die falschen Ansichten auf Grund der wissenschaftlichen Theoreme untersucht» [14]. Es wird also überprüft, ob ein vorgelegter Satz mit den theoretischen Grundannahmen vereinbar ist. – Drittens dienen die Dogmen der τέχνη einer Erklärung, da eine Erklärung ohne erfahrungsgestützte Allsätze nicht möglich ist: «Im Zusammenhang mit den Ursachen muß man es [das Dogma] aussprechen, wie wir es tun werden in den Erörterungen über die Ursachen der Pulszustände. Dort werden wir nämlich alle Ursachen durchgehen, die den Zustand des Pulses verändern, und deswegen gezwungen sein, Dogmen zu verwenden» [15].

Alle wesentlichen Punkte der von Galen befürworteten Methodologie sind in der Folge Gegenstand lebhafter Kontroversen zwischen drei Ärzteschulen: der dogmatischen, der empirischen und der methodischen. Dabei konzentriert sich der interdisziplinär interessante Teil der Auseinandersetzung auf eine erkenntnistheoretische und eine methodologische Frage.

In erkenntnistheoretischer Hinsicht sind die beiden extremen Standpunkte anzutreffen, daß jede Einzelwahrnehmung theoriegeleitet sei bzw. daß alle Einzelwahrnehmungen theorielos möglich seien. Im ersten Falle hat die Erfahrung keinen eigenständigen Wert neben der Theorie, im zweiten Falle dominiert die theorielose Erfahrung als einzige Erkenntnisquelle. Gegen die Methodiker und einen Teil der Dogmatiker verteidigt Galen die Möglichkeit evidenter Sinneswahrnehmungen und deren Wert. Gleichzeitig greift er die Vorstellung der Empiriker an, daß man alle Dinge durch Erfahrung allein (ohne λόγος) erkennen könne: «Aber wir sagen, daß einige durch Erfahrung und einige durch Vernunft gefunden werden» [16]. Die erwähnte Devise λόγος καὶ πεῖρα dient auch dazu, diesen ausgleichenden Standpunkt zu markieren.

Auf dem Feld der Methodologie wendet sich Galen gegen die Methodiker und die Empiriker. Den Methodikern bestreitet er, entgegen der von ihnen in Anspruch genommenen Bezeichnung, überhaupt eine Methodenlehre zu haben [17]. Die Empiriker greift er wegen deren Ablehnung der dialektischen Methodenlehre an [18]. Hier ist er mit den Dogmatikern einig, die sich wegen ihrer Befürwortung der Dialektik auch als «logische Schule» bezeichnen [19].

Als Ergebnis der Schulkontroversen scheint sich innerhalb der dogmatischen Schule eine mittlere Richtung gebildet zu haben, die der Erfahrung eine eigenständige Bedeutung beimaß. Die wesentlichen Punkte der Methodologie Galens dürften mit den Ansichten dieser vermittelnden Dogmatikerschule übereingestimmt haben. Was die Wirkungsgeschichte der Ideen Galens angeht, entstand aufgrund dieser Nähe die Meinung, Galen sei Dogmatiker gewesen. Solange man die Echtheit der Schrift ‹Über die beste Schulrichtung› nicht in Frage stellte, konnte man sich zur Stützung dieser These auch auf die in dieser Schrift anzutreffende Identifikation mit der dogmatischen Position berufen [20]. Auf diese Weise wurden ‹dogmatisch› bzw. das dazu synonyme ‹logisch› zu Zentralbegriffen einer an Galen orientierten normativen Wissenschaftstheorie der Erfahrungswissenschaften.

Die römischen Juristen lernten das Konzept Galens aller Wahrscheinlichkeit nach im Rahmen interdisziplinärer Gespräche zwischen Vertretern von Medizin, Rhetorik, Musik, Geometrie, Arithmetik, Astronomie und Grammatik kennen. Galen erwähnt die νομικοί ausdrücklich als Teilnehmer [21]. Soweit die Methodenlehre der römischen Juristen rekonstruierbar ist, lassen sich auch vielfältige Berührungspunkte zur dogmatischen Methodologie erkennen [22]. Besonders bedeutsam und für die Überlieferung entscheidend ist dabei die Tatsache, daß der juristische Zentralbegriff ‹Gesetz› in Dig. 1.3.2 unter Rückgriff auf ein Demosthenes-Zitat mit Hilfe des Gattungsbegriffs ‹dogma› definiert wird. Diese Definition steht zugleich in einem Umfeld, aus dem erkennbar wird, daß man den Umgang mit juristischem Wissen als erfahrungsorientierte τέχνη begreift [23].

In der mittelalterlichen Jurisprudenz wird die Anknüpfung an die dogmatische Methodenlehre zuerst beim Stichwort ‹dogma› sichtbar. Im ‹Prooemium› zur Institutionen-Summe von 1564 spricht Azo von den «dogmata» der Institutionen, die eine «doctrina» bilden und «regelgerecht abgeleitet» sind («regulariter derivata»). Er behandelt dann die notwendige Sicherung der Widerspruchsfreiheit und fährt fort: «Aber jede Wissenschaft hat ihre Prinzipien und Wurzeln, auf denen regelgerecht das Fundament aufgebaut wird» («sed habet quaelibet scientia principia et radices, super quibus regulariter constituitur fundamentum») [24]. Auf diese Weise bleibt die Jurisprudenz in den Kreis derjenigen Fächer einbezogen, die sich um den systematischen Aufbau einer aus Dogmen bestehenden widerspruchsfreien «doctrina» bemühen. Im weiteren Gang der Entwicklung fällt dann auf, daß aus Gründen, die überwiegend aus der Theologie stammen, das Wort ‹dogma› vermieden wird. ‹Dogma› bezeichnet nämlich verschiedentlich häretische Ansichten [25] und kann wegen dieser negativ akzentuierten Verwendungsweise nur noch schwer in einem davon losgelösten wissenschaftstheoretischen Sinn gebraucht werden. Die Überlieferung konzentriert sich deswegen auf den nicht vorbelasteten Terminus ‹doctrina›, der sowohl die systematisch geordnete Lehre als Ganzes, wie auch die zum Aufbau dieser Lehre verwandten Einzeldoktrinen, ihre Einteilung und die Methode ihrer Behandlung bezeichnet. Im Zuge dieser Tendenz ersetzt ‹doctrinalis› das bisher gebräuchliche ‹dogmaticus› bzw. dessen Synonyme ‹rationalis› und ‹logicus› [26]. Als Kernpunkt der «doktrinalen Methode» wird dabei die «demonstratio propter quid» angesehen, die in der antiken dogmatischen Methodenlehre als kausaler Beweis mit Hilfe von Dogmen ebenfalls eine zentrale Rolle gespielt hatte [27]. In dem so abgesteckten neuen terminologischen Rahmen kehren dann im Laufe des Mittelalters alle methodischen Gesichtspunkte wieder, die aus der älteren Dogmatikdiskussion bekannt sind.

Zu Beginn der Neuzeit knüpft U. ZASIUS an die ältere Dogmatikterminologie an. Er unterscheidet von den Gesetzen die in verallgemeinernder Absicht darauf bezogenen metasprachlichen Aussagen, die er «regulae dogmaticae» nennt. Während die Gesetze durch deontische Modalitäten gekennzeichnet sind, fehlt den «regulae iuris» diese Eigenschaft: «Sie sind nur dogmatisch, sie lehren, bilden aus, geben Regeln» («dogmaticae tantum sunt, docent, erudiunt, dant regulas») [28]. Auf diese Weise wird die sachlich nicht unterbrochene Diskussion auch terminologisch wieder in die alten Bahnen gelenkt: Die «regulae dogmaticae» sind auf das Recht als Erfahrungsgrundlage bezogen und damit (weil erfahrungsgestützt) auch falsifizierbar. Sie müssen systematischen Anforderungen genügen und bilden die Grundlage für Schlußfolgerungen und Beweise «propter quid» [29].

Im weiteren Verlauf der Neuzeit tritt neben die Auswertung derjenigen Tradition, die Anlaß für die Ausbildung eines dogmatischen Denkens in der Jurisprudenz war, in gesteigertem Maße auch wieder ein direkter Kontakt zur medizinischen Methodenlehre. Da dort der Schulgegensatz zwischen Dogmatikern, Methodikern und Empirikern nach wie vor diskutiert wird und man außerdem keinen terminologischen Wandel durchgemacht hat, stärkt dieser Gedankenaustausch die Anlehnung des Konzepts einer R. an die medizinische dogmatische Methodenlehre. Am informativsten für diesen interdisziplinären medizinisch-juristischen Dialog ist das Buch von CH. EHEM ‹De principiis iuris› (1566), das jedoch hinsichtlich der darin vergleichend erörterten Thematik keineswegs alleine steht. Ehem stellt die empirische, die methodische und die dogmatische Ärzteschule vor, wobei die dogmatische Medizin das Modell abgibt. Ihre für die Jurisprudenz übernommene Methodologie wird mit derjenigen identifiziert, die GALEN zu Beginn seiner ‹Ars parva› beschreibt [30].

Die weitere Begriffsgeschichte wird dadurch belastet, daß sich ein einflußreicher Sprachgebrauch herausbildete, der ‹dogmatisch› mit ‹unkritisch› identifiziert. Maßgeblich daran beteiligt ist M. NIZOLIUS, der in persuasiver Weise folgendermaßen definiert: «Dogmatiker. Einer dessen Freiheit der Erörterung verlorengegangen ist, der beim Disputieren nicht seinem Urteil folgt, sondern der Autorität anderer gehorcht» («dogmaticus. cuius libertas disserendi amissa est, quique in disputando non suum iudicium sequitur, sed autoritati aliorum parit») [31]. Damit ist der Weg dafür frei, das faktische Verhalten mancher medizinischer Dogmatiker als Anwendungsfall von deren Wissenschaftstheorie auszugeben und so die Theorie als unkritisch zu diskreditieren. Auf lange Sicht gesehen erklärt sich u.a. dadurch, warum ‹didaktisch› und ‹methodisch› nun zu neuen Schlüsselbegriffen werden und den vorher mit ‹dogmatisch› verbundenen Bedeutungsgehalt übernehmen. Dies geschieht allerdings schrittweise, und man kann noch bis ins 19. Jh. die erfahrungswissenschaftlich orientierte Dogmatikterminologie verfolgen.

Entgegen der von Nizolius favorisierten Umdefinition von ‹dogmatisch› halten einflußreiche Vertreter der frühneuzeitlichen Naturwissenschaft trotz mancher Nuancierung am Grundgedanken des ursprünglichen Dogmatikverständnisses fest. Für A. LIBAVIUS etwa hat die «dogmatica» als Forschungstheorie nichts mit sklavischem Festhalten an autoritativen Texten zu tun [32]. Ebenso ist für H. CONRING Dogmatiker derjenige, der behauptet, «daß die ars nicht durch Erfahrung allein, sondern nur durch diese erworben werden kann, wenn sie mit der Vernunft verbunden ist» («qui artem non sola experientia sed hac cum ratione coniuncta demum acquiri et comparari profitentur») [33]. «Medicina dogmatica» ist diesem Verständnis nach nicht autoritätsgebunden, sondern, wie LEIBNIZ klarstellt, gerade von der «medicina autoritate nixa» zu unterscheiden [34]. Folglich kann auch die «jurisprudentia dogmatica», die Leibniz bei gleicher Gelegenheit erwähnt, nicht durch das Eingeschworensein auf Lehrautoritäten definiert sein; ihr muß vielmehr ein an der dogmatischen Methodologie orientierter Gedanke zugrunde liegen. Dieses dogmatische Konzept wird mit beachtlichen Auswirkungen im juristischen Bereich noch einmal zusammenfassend von CH. WOLFF dargestellt.

Wolff begreift die Dogmen als Allsätze, die mit dem Anspruch auf Wahrheit vorgetragen werden und wahr sind [35]. Mit der schriftlichen Darlegung der Dogmen befassen sich die «libri dogmatici», die als «libri dogmatici historici» die Dogmen ohne Beweis anführen, als «libri dogmatici scientifici» hingegen die Dogmen mit den zugehörigen Beweisen darstellen. Die ‹Elemente› Euklids beispielsweise sind ein dogmatisch-wissenschaftliches Buch [36]. Dieses Methodenkonzept versteht sich als fächerübergreifend und will auf Theologie, Jurisprudenz, Medizin und Philosophie in gleicher Weise angewandt werden [37]. Die juristischen Schüler Wolffs haben mit dieser Anregung für ihr Fach Ernst gemacht und den der R. gemäßen «stylus dogmaticus» [38] in vielfältiger Weise praktiziert. Zu Beginn des 19. Jh. ist der Zusammenhang des R.-Konzeptes mit der skizzierten wissenschaftstheoretischen Tradition noch greifbar. HUGO, der in methodologischer Hinsicht an

Leibniz anknüpfen will, übersetzt den § 3 der ‹Nova Methodus› frei folgendermaßen: «Die Dogmatik und Polemik machen eigentlich die Rechtsgelehrsamkeit aus, die Geschichte und Exegese sind die unentbehrlichen Mittel, dazu zu gelangen» [39]. Der rationale Kern der R. wird dadurch angedeutet, daß diese es (wie Geschichte und Exegese) mit «Gründen und Gegengründen» zu tun hat, und zwar in systematischer Absicht [40]. Außerdem umfaßt die R. die Theorie der juristischen Praxis [41], was wiederum ihren methodologischen Charakter unterstreicht und sie von einer bloßen autoritätsorientierten Stoffwiedergabe abhebt.

Trotz dieser Äußerungen Hugos verblaßt im weiteren Verlauf des 19. Jh. in der juristischen Diskussion das Bewußtsein, mit dem Dogmatikbegriff in der Tradition einer interdisziplinären, erfahrungswissenschaftlich orientierten, rationalen Methodenlehre zu stehen. Selbst dort, wo dem methodologischen Inhalt nach Teile dieser Tradition auftauchen, geschieht dies ohne erkennbaren Rückgriff auf den hier angedeuteten Entwicklungshintergrund. Damit war der Boden für das eingangs umrissene wissenschaftshistorische Mißverständnis bereitet, das die juristische Dogmatik in methodengeschichtlicher Hinsicht als Ableger der theologischen Dogmatik ansah. Statt dessen ist es heute möglich, die analytischen Traditionen wieder deutlicher zu erkennen, die als 'dogmatische' in der Rechtswissenschaftsgeschichte eine wichtige Rolle gespielt haben und vielleicht sogar die theologische Dogmatikkonzeption mitbestimmten.

Anmerkungen. [1] E. J. THUL: Unters. zum Begriff der R. Diss. Mainz (1959) 45-50. – [2] G. W. LEIBNIZ: Nova meth. discendae docendaeque jurisprudentiae II, § 4 (1667). Akad.-A. VI/1 (1930) 294. – [3] G. HUGO: Civilist. Magazin 3/1 (1810) 14f. – [4] THUL, a.O. [1] 33. – [5] Vgl. die Nachweise bei M. HERBERGER: Dogmatik. Zur Gesch. von Begriff und Methode in Med. und Jurispr. (1981) 83 (Anm. 3)-84 (Anm. 8). – [6] GALEN: Adv. Lycum et adv. Iulianum lib., in: Corp. medicorum Graec. V, 10, 3, hg. E. WENKEBACH (1951) 66. – [7] De placitis Hippocratis et Platonis lib. novem, hg. PH. DE LACY (1978) 233. – [8] Lyc., a.O. [6] 4. – [9] De plac., a.O. [7] 801. 300. – [10] De meth. medendi 1, 4. Op. omn., hg. K. G. KÜHN 1-20 (1821-33, ND 1964f.) 10, 39. – [11] De plac., a.O. [7] 170. – [12] Instit. logica, hg. K. KALBFLEISCH (1896). – [13] De sanit. tuenda 5, 11, a.O. [10] 6, 368; vgl. die Nachweise bei HERBERGER, a.O. [5] 88, Anm. 26. – [14] De san. 2, 4, a.O. 6, 119. – [15] De diff. pulsuum 3, 6, a.O. 8, 684. – [16] De meth. med. 3, 1, a.O. 10, 159. – [17] Vgl. HERBERGER, a.O. [5] 95, Anm. 60. – [18] Vgl. K. DEICHGRÄBER: Die griech. Empirikerschule (1930, ND 1965) 81f. 103. 105. 288. – [19] Vgl. die Nachwirkung: HERBERGER, a.O. [5] 98. – [20] a.O. 101. – [21] GALEN: Adhort. ad artes addisc. 14, a.O. [10] 1, 38f.; De propriorum animi cuiusque affectuum dignotione et curatione, a.O. 5, 103. – [22] Vgl. HERBERGER, a.O. [5] 107-114. 136-145. – [23] a.O. 74-76. – [24] Azo: In ius civile summa (Lyon 1564). Summa institutionum, fol. 278ʳ. – [25] Zur Gleichsetzung von Dogma und Häresie und zu weiteren Gründen vgl. HERBERGER, a.O. [5] 189-191. – [26] a.O. 193-197. – [27] ALBERT DER GROSSE: Phys. II, 1, 8. Op. omn., hg. A. BORGNET (Paris 1890-99) 3, 110. – [28] U. ZASIUS: In Dig. vet. comm. De legibus [zu Dig. 1.3.7]. Op. omn., hg. J. U. ZASIUS/J. MÜNSINGER (Lyon 1550, ND 1964) 1, 368. – [29] Vgl. HERBERGER, a.O. [5] 221. – [30] a.O. 240-246. – [31] M. NIZOLIO: Thesaurus Ciceronianus (Lyon 1584) s.v. ‹dogmaticus› in der angehängten Liste. – [32] A. LIBAVIUS: Syntagma selectorum undiquaque et perspicue traditorum alchymiae arcanorum (1611), App. necess. Syntagmatis (1615) 2, nr. 1. – [33] H. CONRING: Introd. in univ. artem medicam (1726) 44. – [34] LEIBNIZ: Idea ... bibliothecae publicae. Op. omn., hg. L. DUTENS (Genf 1768) 5, 210. – [35] CH. WOLFF: Philosophia rationalis sive Logica meth. scient. pertract. § 750 (1740) 540; vgl. ergänzend HERBERGER, a.O. [5] 330, Anm. 249. – [36] §§ 750f., a.O. 540f. – [37] § 789, a.O. 568. – [38] J. U. VON CRAMER: Akadem. Reden über die gemeine Bürgerl. Rechtslehre 1 (1765) Vorrede, 2 (unpag.). – [39] HUGO, a.O. [3] 14f. – [40] a.O. 14. – [41] Civilist. Mag. 3 (1812) 101f.

Literaturhinweis. M. HERBERGER s. Anm. [5].

M. HERBERGER

Rechtsgleichheit (Gleichheit der Rechte, Gleichheit vor dem Gesetz, Gleichberechtigung; griech. ἰσονομία; lat. ius aequum, aequalitas iuris; engl. equality of rights; frz. égalité des droits). Der Ausdruck ἰσονομία kommt im antiken Griechenland um 500 v.Chr. als Verfassungsbegriff im Zuge der Erweiterung der politischen Rechte nichtadliger Volksschichten auf [1]. Die ersten philosophischen Reflexionen finden sich im Kontext der Unterscheidung des von Natur (φύσει) und des kraft Gesetzes (νόμῳ) Gerechten in der Sophistik. Die argumentative Rolle dieser mit der Unterscheidung von Unveränderlichem, Verbindlichem und Veränderlichem, Kritisierbarem verbundenen Entgegensetzung wechselt jedoch: Einige leiten aus dem, was den Menschen von Natur gegeben ist, die Gleichheit, andere die Ungleichheit der Rechtsansprüche ab [2].

ARISTOTELES erreicht dann durch Analyse der Struktur von Argumenten, die das Gerechte aus Gleich- oder Ungleichheiten der menschlichen Natur bestimmen, eine neue Reflexionsstufe. Daß das Gerechte ein Gleiches sei, so Aristoteles, geben alle zu. Zu Streitigkeiten komme es aber nicht nur, wenn Gleiche Ungleiches, sondern auch wenn Ungleiche Gleiches erhalten [3]. Da tatsächlich die Menschen in einigen Hinsichten gleich, in anderen ungleich sind, muß bestimmt werden, in welcher Eigenschaft Personen jeweils gleich sein müssen, um gleich behandelt zu werden [4]. Entsprechend unterscheidet Aristoteles zwei Arten von Gleichheit: Personen bekommen quantitativ Gleiches, wo nur ihre gleiche Eigenschaft, Personen zu sein, in Betracht kommt. Wo dagegen unterscheidende Eigenschaften der Personen in Betracht kommen, bekommen sie quantitativ Ungleiches, aber im gleichen Verhältnis zu einer gegebenen Ungleichheit in der relevanten Eigenschaft [5]. In der antiken Staatsformenlehre ist es die Demokratie, in der man die Gleichheit κατ' ἀριθμὸν ἀλλὰ μὴ κατ' ἀξίαν («der Zahl, aber nicht der Würde nach») walten läßt [6]. PLATON, für den die proportionale Gleichheit die «wahrhafteste und beste Gleichheit» ist [7], kritisiert die Demokratie [8], und auch ARISTOTELES ordnet dem politischen Bereich die proportionale Gleichheit zu, während die numerische Gleichheit im Bereich des vertraglichen Verkehrs angemessen sei [9].

Der Begriff des «ius aequum» im römischen Recht bedeutet vor allem die Gleichbehandlung der römischen Bürger vor dem Gesetz, nicht aber deren gleiche politische Mitwirkung. CICERO schreibt: «Privatum autem oportet aequo et pari cum civibus iure vivere» («Der Privatmann aber muß in gleichem und demselben Recht mit seinen Mitbürgern leben») [10], weist aber eine gleiche Beteiligung an der Herrschaft nach dem Muster der attischen Demokratie zurück: Solche «aequabilitas» sei «iniqua, cum habet nullos gradus dignitatis» («unbillig, da sie keine Stufen der Würdigkeit kennt») [11]. Die an der Vernunftnatur des Menschen orientierten naturrechtlichen Gleichheitsvorstellungen der stoischen Ethik und die Vorstellung der Gleichheit vor Gott im frühen Christentum waren nicht rechtspolitisch gedacht, konnten aber im Zusammenhang mit späteren Forderungen zur legitimierenden Anknüpfung dienen. Formulierungen wie bei LAKTANZ: «Deus enim, qui homines generat, et inspirat, omnes aequos, id est pares esse voluit ... Si enim cunctis idem pater est, aequo iure omnes liberi sumus» («Denn Gott, der die Menschen erschafft und beseelt, möchte, daß sie alle gleich, das heißt ebenbürtig sind ... Denn wenn er allen gleichermaßen Vater ist, sind wir alle mit gleichem Rechte frei») [12], zielen auf die christliche Demut auch der Reichen und Herren, nicht auf die Beschneidung ihrer Rechte [13]. Die Historisierung der geschöpflichen Gleichheit in der Urstands- und Endzeitlehre der Patristik ermöglicht die Einfügung einer Staatslehre, die Herrschaft als Veranstaltung Gottes gegen die Sünde rechtfertigt.

Die Scholastik führt unterschiedliche Grade der Verbindlichkeit in das christliche Naturrecht ein und erleichtert damit die Anpassung seiner Inhalte an die besonderen Verhältnisse des status corruptionis, so daß schließlich eine Anerkennung der bestehenden Ungleichheitsverhältnisse im Namen des Naturrechts selbst möglich wird. BONAVENTURA kann sagen: «Ius naturale dictat ordinem hierarchicum» [14]. Nach THOMAS VON AQUIN hat bereits im Urstand keine Gleichheit der Menschen bestanden: «Aequalitas iustitiae locum habet in retribuendo; iustum est enim quod aequalibus aequalia distribuantur. Non autem habet locum in prima rerum institutione» («Die Gleichheitsgerechtigkeit hat ihren Ort beim Austeilen; gerecht ist nämlich, daß Gleichen Gleiches zugeteilt werde. Nicht dagegen hat sie ihren Ort bei der ersten Einrichtung der Dinge») [15]. Die frühchristlichen Ideale, darunter die Lehre vom natürlichen Gemeinbesitz aller Güter, werden jedoch im Kirchenrecht als Verpflichtungen des geistlichen Standes und dort insbesondere der Ordensgemeinschaften tradiert. Die im Spätmittelalter von dort aus einsetzende Kritik betrifft zunächst die innerkirchliche Hierarchie und mündet bei den Reformatoren in die Einebnung des Unterschieds von Klerikern und Laien überhaupt. Aus der Gleichheit der Christen in der Sünde und in der Rechtfertigung durch den Glauben schließt M. LUTHER: «Es ist unter den Christen keyn uberster denn nur Christus selber und alleyn. Und was kan da fur uberkeyt seyn, da sie alle gleych sind und eynerley recht, macht, gut und ehre haben?» [16] Den über die Kirchenreform hinausgehenden politischen Anliegen, eskalierend im Bauernkrieg, versagt Luther die Unterstützung. Die Forderung der Bauern nach Aufhebung der Leibeigenschaft kommentiert er mit den Worten: «Es will dißer articel alle menschen gleich machen, und aus dem geystlichen reich Christs eyn welltlich eusserlich reich machen, wilchs un muglich ist. Denn welltlich reich kan nicht stehen, wo nicht ungleichheyt ist, ynn personen» [17].

Die Entwicklung des für das «welltlich reich» folgenreichen R.-Begriffs der neuzeitlichen Naturrechtslehren setzt denn auch den Übergang von theologischen zu juristischen Begründungsformen voraus. Bereits der Investiturstreit des Mittelalters bereitet die Anwendung vertragstheoretischer Kategorien in der Staatslehre vor. Die Säkularisierung der weltlichen majestas wird von der kaiserlichen Partei mit dem Ziel der Gewinnung einer kirchenunabhängigen (anfangs: historisch-positiven) juristischen Legitimationsbasis, von kirchlicher Seite mit dem Ziel der Rechtfertigung der Superiorität des Kirchenrechts betrieben, das im Unterschied zum weltlichen Recht unmittelbar göttlichen Ursprungs sei. Die später fast universelle Akzeptanz der Theorie des Herrschaftsvertrags, also der Konstituierung der Herrschaftsgewalt durch einen ursprünglichen consensus populi, erklärt sich daraus, daß durch entsprechende Gestaltung des Vertrags den verschiedensten politischen Erfahrungen und Tendenzen Rechnung getragen werden konnte [18]. Die unterschiedlichen, mehr absolutistischen (zum Beispiel J. BODIN) oder volkssouveränitätstheoretischen (zum Beispiel J. ALTHUSIUS) Auslegungen der gemeinsamen juristischen Begrifflichkeit führen in der Folge zur genaueren Herausarbeitung der unterstellten Vertragsschließungsmotive und damit zur erklärungs- und begründungsorientierten Schilderung der vorvertraglichen Verhältnisse. Dabei wird eine Klärung des Rechtssubjektcharakters der universitas populi und damit auch der Bestimmung ihres Verhältnisses zu den Einzelpersonen als den empirischen Subjekten von Ablehnung oder Zustimmung erforderlich.

Die prinzipielle Bedeutung, die unabhängig von allen materiellen – zum Beispiel anthropologischen – Annahmen bereits der geschilderte Wechsel der argumentativen Struktur selbst für das Verständnis von R. hat, tritt bei TH. HOBBES deutlich hervor. Mit der christlichen Urstandslehre oder anderen Gleichheitsidealen utopischen Charakters hat der Hobbessche Krieg aller gegen alle, der den Naturzustand charakterisiert, nichts mehr gemein. Die Gleichheit der Menschen, die ihre gleiche Teilnahme am Staatsvertrag begründet, ist weder eine Gleichheit vor Gott noch eine vollständige körperliche oder eine geistige oder moralische Gleichheit. Die einzige Gleichheit, die Hobbes voraussetzt, ist die gleiche Möglichkeit, einander Schaden zuzufügen – und entsprechend das gleiche Interesse, dieser Situation zu entkommen: «they are equalls who can doe equall things one against the other; but they who can doe the greatest things, (namely kill) can doe equall things» [19]. Hobbes sieht durchaus, daß die Behauptung einer ursprünglichen Ungleichheit an Rechten keinen Feststellungs-, sondern einen Anspruchscharakter hätte, und daß Ansprüche nichts sind ohne «mutual acceptation» [20]. Daher kommt es, sofern nur die naturgegebene Möglichkeit besteht, Rechtsansprüche zu verweigern, auf natürliche Gleich- oder Ungleichheiten im übrigen gar nicht an: «if nature have made men unequal; yet because men that think themselves equal, will not enter into conditions of peace, but upon equal terms, such equality must be admitted» [21]. Der gleiche Status der Einzelpersonen als Rechtssubjekte des Vertragsschlusses folgt also aus der gleichen Erforderlichkeit ihrer Zustimmung, ohne die so etwas wie «Rechte» eine von fallweise zu erkämpfenden Handlungsspielräumen unterscheidbare Existenz gar nicht haben.

Aus dem bei Hobbes alle anderen Motive überwiegenden Selbsterhaltungsinteresse ergibt sich die vollständige Übergabe aller Rechte an den Herrscher, der seinerseits nur an die Pflicht der Gewährleistung dieses Grundbedürfnisses gebunden ist. Einen den Herrschaftsvertrag überdauernden Rechtsstatus haben dagegen die Beherrschten bei den Theoretikern der Volkssouveränität. Die dann freilich konkretisierungsbedürftige Form der Teilhabe oder Kontrolle wird, sofern sie über die Konstatierung eines Widerstands- oder Absetzungsrechts hinausgeht, von Althusius bis in die vorrevolutionäre Zeit hinein den politischen Möglichkeiten entsprechend als ständische Repräsentation gedacht. Nach der frühen Niederlage des Absolutismus in England treten die liberalen Konsequenzen der vertraglichen Konstruktion der Herrschaft als begrenzter, staatszweckgebundener Herrschaft bei J. LOCKE deutlich hervor: Der Staat ist eine zweckmäßige Einrichtung zum Schutz der vorstaatlichen Rechte liberty und property, von denen die Individuen nur so viel aufgeben, wie zum desto sichereren Genuß dieser Rechte erforderlich ist [22]. Wenn dabei nach Locke auch die natürliche Gleichheit (equality) verlorengeht, so erweitert doch der im Bezug auf individuelle Freiheitsrechte vollzogene Übergang von der Ursprünglichkeit zur Unaufgebbarkeit, da es sich um allen gleicherweise zukommende Rechte handelt, auch den R.-Begriff um das für die weitere politische Entwicklung bedeutsame grundrechtliche Element. Seine programmatische Positivierung findet es erstmals in der ‹Virginia Bill of Rights› von 1776.

Noch im 17. Jh. hatte sich mit der Unterscheidung von «entia physica» und «entia moralia» bei S. PUFENDORF der Übergang von der naturrechtlichen zur explizit vernunftrechtlichen Grundlegung des R.-Gedankens vorbereitet. I. KANT unterscheidet zwischen Naturgesetz und praktischem Vernunftgesetz und gründet dieses allein auf den transzendentalphilosophischen Autonomiegedanken, in dem die Anerkennung der gleichen Freiheit aller Vernunftwesen schon mitgedacht ist. Der so bestimmte Freiheitsbegriff, den Kant zum transzendentalen Rechtsprinzip erhebt [23], ermöglicht formal das widerspruchslose Zusammendenken von Freiheit und Gleichheit im Rechtszustand. Die gleiche Teilhabe am Prozeß der Konkretisierung und Verwirklichung dieses als «regulative Idee» gekennzeichneten Rechtsbegriffs leitet Kant daraus nicht ab. Im aufgeklärten Absolutismus des ausgehenden 18. Jh. war die Realisierung bürgerlicher R., um die es zunächst ging, ja auch in der Tat eher durch den Herrscher als gegen diesen zu erwarten. Die Kodifikationen dieser Zeit bestätigen zwar die auf ständischer Ungleichheit beruhende Rechtsordnung («Personen, welchen, vermöge ihrer Geburt, Bestimmung, oder Hauptbeschäftigung, gleiche Rechte in der bürgerlichen Gesellschaft beygelegt sind, machen zusammen Einen Stand des Staats aus») [24]. Sie lassen sie jedoch als vom Gesetzgeber gewährte und damit seiner Disposition unterworfene und von der Staatsräson abhängige Ordnung erscheinen. Bei C. G. SVAREZ, dem Schöpfer des Preußischen ‹Allgemeinen Landrechts› (1794), kommt das die Reformgesetzgebungen zu Beginn des folgenden Jahrhunderts ermöglichende Prinzip der gleichen Unterwerfung aller Untertanen unter das Gesetz zum Ausdruck: «Jeder Unterschied der Rechte, welcher bloß durch die Geburt entsteht, gründet sich nicht in dem Rechte der Natur, sondern in positiven Gesetzen des Staates» [25].

Den Grundsatz der Gleichheit vor dem Gesetz und sein Verhältnis zur naturrechtlichen Gleichheit hatte in Frankreich mit breiter Wirkung MONTESQUIEU formuliert: «Dans l'état de nature, les hommes naissent bien dans l'égalité; mais ils n'y sauraient rester. La société la leur fait perdre, et ils ne redeviennent égaux que par les lois» [26]. Die für die revolutionäre Entwicklung in Frankreich bestimmende Wendung gibt dem Naturrecht jedoch J.-J. ROUSSEAU. Seine vertragstheoretische Neuerung ist der völlige Verzicht auf den Herrschaftsvertrag. Der «contrat social» als Vereinigungsvertrag konstituiert nicht Herrscher und Beherrschte, sondern einen Souverän, der aus allen besteht und alle gleich verpflichtet. Die Gegenseitigkeit des Verzichts auf die natürlichen Rechte begründet die R. aller als «citoyens»: «comme il n'y a pas un associé sur lequel on n'acquière le même droit qu'on lui cède sur soi, on gagne l'équivalent de tout ce qu'on perd» [27]. Die Einsetzung einer Regierung («gouvernement»), die den Souverän handlungsfähig macht, hat dagegen keinen Vertragscharakter, begründet also keine Rechte der Regierenden gegenüber dem Souverän. Unmittelbarer als die liberale Konstruktion des begrenzten, die gleichen natürlichen Rechte partiell unangetastet lassenden Herrschaftsvertrags bietet also Rousseaus Konstruktion den Anknüpfungspunkt für die Forderung nach gleicher Teilhabe an der Staatsgewalt, das heißt nach gleichen politischen Rechten.

In der französischen Menschenrechtserklärung von 1789, auf die neben den Rousseauschen Ideen auch das liberale Gedankengut eingewirkt hat, lautet der erste Satz von Art. 1: «Les hommes naissent et demeurent libres et égaux en droits». Mit der Abschaffung der ständischen Ordnung in der französischen Revolution und deren innerer Dynamik ist dann ein Wendepunkt in der Geschichte des R.-Begriffs erreicht. Neben die Forderung nach Gleichheit vor dem Gesetz, die eben auch Gleichheit vor einem Gesetz sein konnte, das ständische Unterschiede anzuerkennen beschloß, war die demokratische Forderung politischer Gleichberechtigung zur Sicherung der Gleichheit des Gesetzes selbst getreten. Deren Einschränkung durch Wahlzensusbestimmungen und die seit Rousseaus radikaler Gesellschaftskritik bekannte Herleitung der Ungleichheit aus der Institution des Privateigentums [28] verschaffen nun dem Begriff der «égalité des droits» den seine emanzipatorischen Intentionen überbietenden Gegenbegriff der «égalité de fait» als Begriff für jene vor allem ökonomischen Voraussetzungen, die der R. erst ihren Sinn verleihen. «Il nous faut non pas seulement cette égalité transcrite dans la Déclaration des Droits de l'Homme et du Citoyen, nous la voulons au milieu de nous, sous le toit de nos maisons», heißt es im ‹Manifeste des Egaux› der egalitaristischen Bewegung um G. BABEUF [29].

Die Unbefangenheit des Rückgriffs auf den R.-Begriff der Naturrechtstradition hat damit ein Ende. Im 19. Jh. ist insbesondere in den deutschen Staaten wohl in konkreten politischen Zusammenhängen, aber kaum noch in der theoretischen Reflexion von einer «Gleichheit der Rechte» die Rede ohne vorangehende Klagen über die Mißverständlichkeit dieses Begriffs und häufig polemische Abgrenzungen insbesondere zwischen dem liberalen, dem demokratischen und dem sozialistischen Verständnis. Die Eindeutigkeit jeweils vorgenommener begrifflicher Unterscheidungen («formale» vs. «materiale» R., Gleichheit «des Rechts» vs. Gleichheit «der Rechte») hängt von der Eindeutigkeit der politischen Haltung des Autors ab und ergibt sich aus dieser. Eine ideologiekritische Analyse des Begriffs leistet K. MARX, der schließlich die Abstraktheit des Rechts als solche zum hinreichenden Merkmal für seine Ungleichheit erklärt – nämlich gegenüber den jeweils nicht berücksichtigten, insbesondere den ökonomischen, aber auch den natürlichen Differenzen, die sich unter dem Schutz des Rechts zu ökonomischen entwickeln. Selbst das Prinzip des gleichen Lohns für gleiche Arbeit sei daher ungleiches Recht, nämlich für ungleiche Arbeit, und daher «ein Recht der Ungleichheit, seinem Inhalte nach, wie alles Recht» [30].

In die meisten deutschen Verfassungen des 19. Jh. geht neben einer Reihe von konkreten staatsbürgerlichen Rechten (Freizügigkeit, Berufsfreiheit, Eigentumsgarantie, Religionsfreiheit u.a.), die eine unmittelbare juridische Wirkung gegenüber noch entgegenstehenden oder einschränkenden einfachgesetzlichen Regelungen jedoch nicht haben, der Grundsatz der Gleichheit vor dem Gesetz ein. Der weitere Privilegienabbau sowie die schrittweise Verbesserung der Rechtsstellung

Benachteiligter (Unehelichgeborene, Juden, Frauen usw.) konnten unter diesem Grundsatz bis zum Ende des Kaiserreichs ihr nichtrevolutionäres Tempo beibehalten. Im Zusammenhang mit konkreten rechtspolitischen Forderungen wird seit der zweiten Jahrhunderthälfte meist der bis heute übliche Ausdruck ‹Gleichberechtigung› verwendet. Nach der Positivierung des Gleichheitssatzes in Art. 109 I WRV («Alle Deutschen sind vor dem Gesetz gleich») konzentriert sich die nun stärker als rechtsdogmatische geführte Diskussion auf die Frage, ob bzw. inwieweit damit über die Rechtsprechung hinaus auch der Gesetzgeber gebunden sei. Nach dem Ende des Nationalsozialismus, dessen Staatslehre den Gleichheitssatz durch das rassentheoretisch gedeutete Konzept der «Artgleichheit» der «Volksgenossen» substituiert, bekommt die in Art. 1 III GG ausgesprochene Bindung des Gesetzgebers an die Grundrechte in Form des Bundesverfassungsgerichts eine institutionalisierte Kontrolle. Die Rechtsprechung des Bundesverfassungsgerichts hat die Interpretation des nun wieder als Menschenrecht formulierten Gleichheitssatzes (Art. 3 I GG: «Alle Menschen sind vor dem Gesetz gleich») als sogenanntes Willkürverbot akzeptiert. Danach darf der Gesetzgeber nicht «wesentlich Gleiches» willkürlich ungleich, wohl dagegen «wesentlich Ungleiches» ungleich behandeln [31]. Insoweit hatte dies auch Aristoteles schon so gesehen. Die proportionale Gerechtigkeitsidee wirkt sich jedoch mit der ja inzwischen ihrerseits juridischen Verbindlichkeit sozialstaatlicher Grundsätze zunehmend nicht nur als Konservierung, sondern auch als Korrektiv natürlicher und ökonomischer Ungleichheiten aus. Eine Geschichte hat der R.-Begriff denn auch nicht im Hinblick auf seine Definition, sondern im Hinblick auf die Geschichte des Begründungsdiskurses samt der aus diesem selbst heraus entstandenen Geschichte der verfahrensmäßigen Herstellung und Kontrolle der Rechtsverbindlichkeit seiner Ergebnisse.

Anmerkungen. [1] Dazu CH. MEIER: Die Entstehung des Politischen bei den Griechen (^{2}1989) 55ff. 119; vgl. Art. ‹Isonomie›. – [2] Vgl. ANTIPHON: Frg. 44 B. VS 2, 352f. und PLATON: Gorg. 483 c. d; vgl. Art. ‹Physis/Nomos, Physis/Thesis›. – [3] ARISTOTELES: Eth. Nic. 1131 a. – [4] Vgl. Pol. 1282 b. – [5] Vgl. Eth. Nic. 1130 b-1132 b. – [6] Pol. 1317 b; vgl. Pol. 1301 a. – [7] PLATON: Leg. 757 b. c. – [8] Resp. 558 c. – [9] ARISTOTELES: Eth. Nic. 1131 b; 1132 b. – [10] CICERO: De off. 1, 124. – [11] De re publ. 1, 43; vgl. 1, 53; zur Bedeut. von ‹aequitas› bei Cicero und den röm. Juristen vgl. O. BEHRENDS: Röm. Privatrechtsordnung und Grundrechtstheorie, in: G. DILCHER/N. HORN (Hg.): Soz.wiss.en im Studium des Rechts 4 (1978) 13-42. – [12] LAKTANZ: Div. inst. 5, 15. MPL 6, 598. – [13] Vgl. 5, 16, a.O. 599-602. – [14] BONAVENTURA: De perf. evang. 4, 1, 7. Op. omn. (Quaracchi 1882-1902) 5, 180. – [15] THOMAS VON AQUIN: S. theol. I, 65, 2; vgl. I, 96, 3. 4. – [16] M. LUTHER: Von weltl. Oberkeit (1523). Werke. Weimarer Ausg. (1883ff.) [WA] 11, 271. – [17] Ermahnung zum Frieden auf die zwölf Artikel der Bauernschaft in Schwaben (1525). WA 18, 327. – [18] Im einzelnen: O. VON GIERKE: J. Althusius und die Entwickl. der naturrechtl. Staatstheorien (^{3}1913). – [19] TH. HOBBES: De cive (1642, engl. 1651) 1, 3. Philos. works, hg. H. WARRENDER (Oxford 1983) 3, 45. – [20] Lev. (1651) 1, 14. Engl. works, hg. W. MOLESWORTH (London 1839-45, ND 1966) [EW] 3, 125. – [21] a.O. 1, 15. EW 3, 141. – [22] J. LOCKE: Two treat. of governm. (1690) 2, 9, 131. Works (London 1823, ND 1963) 5, 414. – [23] I. KANT: Metaph. der Sitten (1797) 33. Akad.-A. 6, 230. – [24] Allg. Landrecht für die Preuß. Staaten (1794), Erster Theil, Erster Titel, § 6. – [25] C. G. SVAREZ: [Nachlaß], zit. nach: G. KLEINHEYER: Aspekte der Gleichheit in den Aufklärungskodifikationen und den Konstitutionen des Vormärz. Der Staat, Beih. 4 (1980) 10. – [26] CH.-L. DE S. DE MONTESQUIEU: De l'esprit des lois (1748) 8, 3, hg. V. GOLDSCHMITT (Paris 1979) 1, 245. – [27] J.-J. ROUSSEAU: Du contrat soc. (1762) 1, 6. – [28] Disc. sur l'orig. et les fond. de l'inégalité parmi les hommes (1755). – [29] Manifeste des égaux (1796), in: V. ADVIELLE: Hist. de G. Babeuf et du Babouvisme 1 (Paris 1884) 198. – [30] K. MARX: Krit. des Gothaer Progr. (1875). MEW 19, 21. – [31] Entscheid. des Bundesverf.gerichts 1 (1952) 10, 52.

Literaturhinweise. F. FLÜCKIGER: Gesch. des Naturrechts 1: Altertum und Frühmittelalter (1954). – G. LEIBHOLZ: Die Gleichheit vor dem Gesetz (1959). – W. HILL: Gleichheit und Artgleichheit (1966). – E. REIBSTEIN: Volkssouveränität und Freiheitsrechte. Texte und Stud. zur Polit. Theorie des 14.-18. Jh. 1-2, hg. C. SCHOTT (1972). – G. KLEINHEYER: Art. ‹Grundrechte, Menschen- und Bürgerrechte, Volksrechte›, in: O. BRUNNER/W. CONZE/R. KOSELLECK (Hg.): Geschichtl. Grundbegr. (1975) 2, 1047-1082; s. Anm. [25] 7-31. – O. DANN: Gleichheit und Gleichberechtigung. Das Gleichheitspostulat in der alteurop. Trad. und in Deutschland bis zum ausgeh. 19. Jh. (1980). – M. KRIELE: Art. ‹Freiheit und Gleichheit›, in: E. BENDA/W. MAIHOFER/H. J. VOGEL (Hg.): Hb. des Verf.rechts (1983) 129-168. – R. ZIPPELIUS/G. MÜLLER: Der Gleichheitssatz. Veröff. der Verein. der Dtsch. Staatsrechtslehrer 47 (1989) 7-62.

W. LÜBBE

Rechtsgut. Die Festlegung unterschiedlicher Güter und deren Rangverhältnis zueinander findet sich schon in der altgriechischen Philosophie. ARISTOTELES gründet die Ethik auf den Begriff des höchsten Gutes [1]. Er unterscheidet Güter der Seele, des Leibes, äußere, unmittelbare und mittelbare Güter [2]. PLATON stellt eine Gütertafel auf [3] und benutzt bereits die Figur des Abwägens [4]. TH. HOBBES betont die Bedeutung des staatlichen Gesetzes und damit des Rechtes für den Erhalt des Guten und der Güter. Er definiert das bürgerliche Gesetz als «eine Regel, welche der Staat mündlich oder schriftlich ... jedem Bürger gibt, um daraus das Gute und Böse zu erkennen und danach zu handeln» [5]. Die Güterlehre der Deutschen Naturrechtsschule wird im Zusammenhang mit der Herausbildung des R.-Begriffes zwar nur vereinzelt erwähnt, an sie knüpft jedoch C. G. SVAREZ, der Schöpfer des ‹Preußischen Allgemeinen Landrechts›, an. Er entwickelt in seinen Vorträgen vor dem preußischen Kronprinzen den Güterschutz als Rechtszweck. Bei der Klassifikation der Verbrechen unterscheidet er zwischen Gütern des Staates, angeborenen und erworbenen Gütern und stellt zur Ermittlung des Strafbarkeitsgrades auf die Wichtigkeit und Wiederherstellbarkeit des verletzten Gutes ab [6]. Svarez formuliert Verhältnismäßigkeitsgrundsätze und löst Kollisionsfälle zwischen staatlichen und individuellen Gütern durch eine konkrete Güterabwägung.

Die maßgeblichen Impulse erhält die Entwicklung des R.-Begriffs jedoch erst in der zweiten Hälfte des 19. Jh. durch K. BINDING. Soweit ersichtlich verwendet Binding als erster das Wort ‹R.›; er geht davon aus, daß es von jeher die Aufgabe der Normen gewesen ist, die Voraussetzungen eines friedlichen Zusammenlebens zu garantieren. Personen, Dinge und Zustände nennt Binding «wegen ihrer Gut-Eigenschaft für das Rechtsleben 'R.er'» [7] und definiert: «Sonach ist R. alles, was selbst kein Recht doch in den Augen des Gesetzgebers als Bedingung gesunden Lebens der Rechtsgemeinschaft für diese von Wert ist, an dessen unveränderter und ungestörter Erhaltung sie nach seiner Ansicht ein Interesse hat, und das er deshalb durch seine Normen vor unerwünschter Verletzung oder Gefährdung zu sichern bestrebt ist» [8].

Seine hervorragende Bedeutung für das Strafrecht erhält der R.-Begriff durch F. VON LISZT, der die R.er als materiale Verbrechensobjekte erkennt. Während Binding die Bestimmung von R.ern formal-positivistisch einer beliebigen Wertung des Gesetzgebers überläßt, wählt von Liszt den Menschen als Ausgangspunkt und Kriterium seiner Begriffsprägung. Aus dem Begriff des R. folgt, warum gerade mit dieser und nicht mit einer anderen Tatsache Rechtsfolgen verknüpft sind. «Alles Recht ist der Menschen willen da; ihre Interessen ... sollen geschützt und gefördert werden durch die Satzungen des Rechts. Die rechtlich geschützten Interessen nennen wir R.er. Es ist klar, daß mit dem 'R.e' der Zweckgedanke seinen Einzug in das Gebiet der Rechtslehre hält, daß die teleologische Betrachtung des Rechts beginnt und die formal-logische ihr Ende findet» [9]. Von Liszt vertritt zwar eine strikte Unterscheidung zwischen ‹R.› und ‹subjektivem Recht›, geht jedoch von einer weitgehenden Gleichsetzung von ‹R.› und ‹Interesse› aus [10]. Hiervor hatte BINDING zur Abgrenzung und zum Erhalt der unterschiedlichen Begriffsinhalte von ‹R.› und ‹Interesse› gewarnt [11]. Nach C. GAREIS werden R.er außer durch Gewohnheitsrecht durch staatliche Gesetzgebung geschaffen. Dabei handelt es sich um «die Herrscherwillenserklärung, daß ein gewisses bestimmtes Lebensinteresse ein R. sei» [12]; «... unter dem Namen von Grundrechten – so führt Gareis weiter aus – nehmen einige R.er «eine hervorragende Stellung» ein und erfreuen sich der Verfassungsgarantie [13]. Konstatierte von Liszt bereits den Beginn der teleologischen Betrachtung des Rechts, so führt in der Folgezeit die Skepsis gegenüber der Leistungsfähigkeit eines materiell inhaltserfüllten R.-Begriffs zur Herausbildung des methodischteleologischen R.-Begriffs. Das geschützte R. wird nur noch als der «vom Gesetzgeber in den einzelnen Strafrechtssätzen anerkannte Zweck in seiner kürzesten Formel» [14], als eine «Abbreviatur des Zweckgedankens» [15] oder als die «ratio legis» [16] verstanden. Gegen Ende der zwanziger Jahre dieses Jahrhunderts gewinnt die geisteswissenschaftliche Methode mit ihrem teleologischen Ansatz unter Einbeziehung materialer Wertlehren an Bedeutung. G. LEIBHOLZ betont die Bedeutung dieser Methode für die Auslegung nicht eindeutiger Rechtssätze: «Man untersucht etwa, welches R. durch die Verfassungsbestimmung geschützt werden sollte, ob von der Verfassung geschützte andere R.er vorhanden sind, die höherwertiger sind als das durch das betreffende Grundrecht geschützte R., um je nach dieser auf Einschaltung von Zweckmäßigkeitserwägungen beruhenden Güterabwägung dem betreffenden Begriff eine weitere oder engere Bedeutung zuzuschreiben» [17].

Seit 1949 setzt sich nicht zuletzt unter dem Einfluß der Rechtsprechung des Bundesverfassungsgerichts das Verständnis des Grundgesetzes als Wertordnung durch. Eben daran haben W. SAX [18], H.-J. RUDOLPHI [19] und M. MARX [20] den Begriff des R. orientiert. Sein traditioneller Anwendungsbereich ist zunächst das Strafrecht. § 34 S.1 StGB bestimmt: «Wer in einer gegenwärtigen nicht anders abwendbaren Gefahr für Leben, Leib, Freiheit, Ehre, Eigentum oder ein anderes R. eine Tat begeht, um die Gefahr von sich oder einem anderen abzuwenden, handelt nicht rechtswidrig, wenn bei Abwägung der widerstreitenden Interessen, namentlich der betroffenen R.er und des Grades der ihnen drohenden Gefahren, das geschützte Interesse das beeinträchtigte wesentlich überwiegt». Die Vorschrift läßt die zentrale Bedeutung des R.-Begriffes für das Strafrecht erkennen. Dessen Aufgabe wird nach der herrschenden Ansicht als R.er-Schutz definiert [21]. Das R. ist Ausgangspunkt und materieller Kern jeder Verhaltensnorm. Den Deliktstatbeständen liegt immer ein R. als Schutzobjekt zugrunde. Der R.-Begriff dient außerdem der Beschränkung des Strafrechts auf sozialschädliches Verhalten, indem als vom Strafrecht zu schützende R.er nur die elementaren und eindeutig substantiierbaren Lebensinteressen anderer oder der Gesellschaft als R.-Träger anerkannt werden.

Im Zivilrecht ist der R.-Begriff im Rahmen des Deliktsrechts von Bedeutung [22]. – Im Öffentlichen Recht wird der Begriff des R. oder Verfassungsrechtsgutes in der höchstrichterlichen Rechtsprechung und in der Literatur häufig verwandt. Das BVerfG spricht von «verfassungsrechtlich geschützten R.ern» [23] – und daneben vom nur «gesetzlich geschützten R.» [24]. Im Verfassungsrecht wird im Zusammenhang mit den Grundrechten, der Grundrechtstheorie und dem Grundsatz der Verhältnismäßigkeit vom R.-Begriff Gebrauch gemacht. Fester Bestandteil der Grundrechtsjudikatur sind die Argumentationsfiguren der Wertordnung, der Güterabwägung und der Wechselwirkungstheorie. – Im Verwaltungsrecht findet der R.-Begriff vornehmlich im Geltungsbereich des materiellen Polizeibegriffs und im engen Zusammenhang damit beim Verhältnismäßigkeitsgrundsatz Anwendung [25].

Insbesondere in der Strafrechtsdogmatik hat der R.-Begriff Kritik erfahren [26]. Teilweise wird dem R.-Begriff jegliche Existenzberechtigung abgesprochen, teilweise wird seine Untauglichkeit für eine Gesetzgebungslehre [27] oder für das öffentliche Recht konstatiert [28]. Diese Kritik vermochte die Bedeutung des R.-Begriffes jedoch nicht zu schmälern.

Anmerkungen. [1] ARISTOTELES: Eth. Nic. I, 2, 1094 a 18ff. – [2] a.O. 4, 1096 b 13ff.; 8, 1098 b 12ff.; VII, 10, 1151 a 35ff. – [3] PLATON: Phileb. 59 dff. – [4] Prot. 356 a 8ff. – [5] TH. HOBBES: Leviathan 26; De homine 11, 6ff.; De cive 3, 21; 14, 17. – [6] C. G. SVAREZ: Vortr. über Recht und Staat, hg. H. CONRAD/G. KLEINHEYER (1960) 20 (25). – [7] K. BINDING: Die Normen und ihre Übertretung. Eine Unters. über die rechtmäßige Handlung und die Arten des Delikts 1 (⁴1922) 340. – [8] a.O. 353-355. – [9] F. VON LISZT: R. und Handlungsbegriff im Bindingschen Handbuche [Z. ges. Strafrechts-Wiss. 6 (1886) 66], in: Strafrechtl. Aufsätze und Vortr. 1 (1905) 212ff. 223. – [10] Der Begriff des R. im Strafrecht und in der Encykl. der Rechtswiss. Z. ges. Strafrechts-Wiss. 8 (1888) 136ff. – [11] BINDING, a.O. [7] 366ff. – [12] C. GAREIS: Allg. Staatsrecht, in: H. MARQUARDSEN (Hg.): Hb. des Oeffentl. Rechts der Gegenwart 1 (1883) 19. – [13] a.O. 119f. – [14] R. HONIG: Die Einwilligung des Verletzten (1919) 94. – [15] M. GRÜNHUT: Method. Grundlagen der heutigen Strafrechtswiss., in: Festgabe R. von Frank zum 70. Geb. 1 (1930) 1ff. 8. – [16] E. SCHWINGE: Teleolog. Begriffsbildung im Strafrecht (1930) 27ff. – [17] G. LEIBHOLZ: Zur Begriffsbildung im öffentl. Recht, in: Bl. Dtsch. Philos. 5 (1931/32) 179. – [18] W. SAX: Grundsätze der Strafrechtspflege, in: K. A. BETTERMANN/H. C. NIPPERDEY/U. SCHEUNER (Hg.): Die Grundrechte, Hb. der Theorie und Praxis der Grundrechte III/2 (²1972) 909ff. – [19] H.-J. RUDOLPHI: Die versch. Aspekte des R.-Begriffs, in: Festschr. R. M. Honig (1970) 151ff. – [20] M. MARX: Zur Definition des Begriffs ‹R.› (1972) 6. – [21] RUDOLPHI, in: RUDOLPHI u.a.: Systemat. Komm. zum StGB I, Allg. Teil (⁵1988) vor § 1, Rdn. 2. – [22] Vgl. 823ff. BGB. – [23] Entscheid. des Bundesverf.gerichts (BVerfGE) 34, 269 (283). – [24] BVerfGE 7, 198 (210). – [25] B. H. SCHULTE: R.-Begriff und Öffentl. Recht (1980) 31ff. – [26] Nachw. bei: P. SINA: Die Dogmengesch. des strafrechtl. Begriffs ‹R.› (1962) 63f. – [27] P. NOLL: Gesetzgebungslehre (1973) 206ff. – [28] H. RUPP: Grundfragen der heutigen Verwaltungsrechtslehre (1965) 224ff.

B. SCHULTE

Rechtsidee. Der rechtsphilosophische Terminus ‹R.›, der seinen begriffsgeschichtlich bedeutsamen Anstoß vom Kantianismus und Hegelianismus [1] bekommt, hat es unmittelbar zu tun mit der Frage nach der Richtigkeit rechtlicher Anordnungen. Allgemein handelt es sich um die Suche nach Maßstäben, anhand deren beurteilt werden soll, ob das positive Recht gut oder schlecht ist, ob es erhalten oder reformiert werden soll, ob es überhaupt 'Recht' ist oder nicht vielmehr in Gesetzesform gegossenes Unrecht. Der Begriff ‹R.› steht dann in engem Zusammenhang mit oder fungiert gar als Synonym für verwandte Begriffe wie ‹Rechtsideal›, ‹richtiges Recht›, ‹Rechtswert› oder ‹Rechtszweck› (s.d.). In dieser allgemeinen Form bildet das Nachdenken über die Idee des Rechts den Kern der Bemühungen rechtsphilosophischen Denkens überhaupt, so etwa in PLATONS Theorie einer Gerechtigkeit, die als natürliche Wesensbestimmung einer sozialen Gemeinschaft und jedes Einzelnen den Rechtssinn oder die R. behauptet. Ohne sich terminologisch eindeutig zu konkretisieren, tritt die Frage nach der R. im Grunde bereits in der vorsokratischen Naturphilosophie auf, sie findet sich im Rechtsdenken der Antike ebenso wie in der christlichen Rechtsmetaphysik oder im neuzeitlichen Naturrecht.

1. Außerhalb des deutschen Idealismus gewinnt der Begriff ‹R.› weiterhin Profil in den Auseinandersetzungen um den Positivismus im ausgehenden 19. und in der ersten Hälfte des 20. Jh. In diesem Kontext wird er bei F. C. VON SAVIGNY [2] und bei F. J. STAHL aufgenommen, der der spekulativen Rechtsphilosophie Hegels und den rationalistischen Naturrechtssystemen seit Grotius entgegentritt. Recht ist ihm «äußere gegenständliche Ordnung». Die R. gilt ihm nicht «von selbst, sondern [sie muß] erst positiv werden» [3]. Auch in den Gedankenzusammenhängen der historischen Rechtsschule findet sich eine Hinwendung zur R.; O. VON GIERKE sucht in Abgrenzung zum Rechtspositivismus (Windscheid, Binding) und zum soziologischen Positivismus (Jhering) einen materialen Maßstab des Rechts. «Wie in allen Zweigen der Geschichte, so ist auch in der Rechts- und Verfassungsgeschichte das wahrhaft Bleibende und Wesentliche die sich entfaltende Idee, während das Thatsächliche und Stoffliche nur die Symptome und die Erkenntnisquellen desselben bietet» [4]. H. AHRENS definiert 1846 die Rechtsphilosophie geradezu als «die Wissenschaft, welche aus dem Wesen des Menschen und der Menschheit das höchste Prinzip oder die Idee des Rechts ableitet» [5].

2. Ihre eigentliche wissenschaftliche Reifestunde erfährt die R. in den neuidealistischen Rechtsphilosophien des späten 19. Jh. Besondere Erwähnung verdient dabei R. STAMMLER. Für ihn handelt es sich beim «Gedanken der R. nicht um einen zu verwirklichenden Zustand ..., sondern um die Vorstellung eines ordnenden Verfahrens, nach dem die jeweils gegebenen Bestrebungen und alles mögliche bedingte Wollen zu richten sind, wenn sie in Einheit auf festem Grund stehen sollen» [6]. Die R. erscheint hier als formales, regulatives Prinzip, nach dem jedes positive Recht seinem «allgemeinen Sinne» gemäß strebt. Zwar kann das positive Recht im einzelnen als unrichtig erkannt werden, aber im ganzen ist es, eben als Recht, immer «ein Versuch, richtiges Recht zu sein» [7]. Diese Gedanken nimmt der Schweizer Rechtsphilosoph und Rechtshistoriker E. HUBER auf, der bei der Rechtsentstehung in der R. ein «regulatives Ordnungsprinzip» erkennt [8].

Gegen die neukantianische Position wendet sich von neuhegelianischer Seite J. BINDER, dessen Hauptthese lautet, daß sich die R. im Recht in seinen Wandlungen einen mehr oder minder adäquaten Ausdruck und praktische Geltung verschaffe. Hatte Binder die R. anfangs noch als ethisches Postulat begriffen [9], so sieht er sie später als das Sinn-Apriori des positiven oder geschichtlichen Rechts. Als solches sei sie nicht nur ein «formales» Denkprinzip, sondern notwendig inhaltserfüllt. In ihren Ausstrahlungen sei die R. die Fülle des im positiven Recht verwirklichten rechtsethischen Sinnes; das Recht sei der objektive Geist eines Volkes, die R. mithin der «Volksgemeinschaft» immanent [10]. Das Ziel der Proklamation dieser R. bestand darin, das gesamte deutsche Recht und seine Anwendung der nationalsozialistischen Doktrin zu unterwerfen. Bei K. LARENZ findet sich eine Zuspitzung dieses Gedankens: «Die Idee ist in ihrer Konkretheit als wirkliche geistige Macht völkisch und blutsmäßig bedingt ... Der Nationalsozialismus hat in Deutschland eine neue, die spezifisch deutsche R. zur Geltung gebracht. Nicht zum mindesten darin liegt seine weltgeschichtliche Bedeutung» [11].

3. Die weitreichendste Bestimmung der R. und zugleich den Versuch ihrer Rehabilitation unternahm G. RADBRUCH. Ausgehend von Windelband, Lask und Rickert begreift er das Recht als «wertbezogene Wirklichkeit» [12] und die R. als den Wert, zu dem das Recht hinstrebt. Inhaltlich differenziert sich die R. nach drei Seiten hin: als Rechtssicherheit, als Gerechtigkeit und als Zweckmäßigkeit. Als Reaktion auf den Nationalsozialismus nimmt Radbruch 1946 eine Neuorientierung vor, und zwar in seinem Aufsatz ‹Gesetzliches Unrecht und übergesetzliches Recht› [13]. Die Trias von (formaler) Gerechtigkeit, (prinzipieller) Rechtssicherheit und (idealer) Zweckmäßigkeit wird nun dergestalt modifiziert, daß in besonders gelagerten Kollisionsfällen die Gerechtigkeit der Rechtssicherheit übergeordnet wird: «Wo Gerechtigkeit nicht einmal erstrebt wird, wo Gleichheit, die den Kern der Gerechtigkeit ausmacht, bei der Setzung positiven Rechts bewußt verleugnet wurde, da ist das Gesetz nicht etwa nur 'unrichtiges Recht', vielmehr entbehrt es überhaupt der Rechtsnatur» [14]. Diesen Gedanken eines normierenden Maßes in jedem positiven Recht konnte Radbruch nicht mehr ausführen. Er hat indes angedeutet, daß in den universalistischen Menschenrechten auch der Inhalt der R. niedergelegt sei, und mit Blick auf die R. von einem einheitlichen, unter Umständen auch theologischen Gefüge menschlicher Zwecke gesprochen [15]. An Stellen wie dieser wird die Tendenz erkennbar, die R. dem Begriff des positiven Rechts entgegenzusetzen [16].

4. Außerhalb Deutschlands fand die Lehre von der R. vor allem in Italien Widerhall. Im Bereich der neukantianischen Philosophie sind es Autoren wie I. PETRONE, A. BARTOLOMEI, A. RAVÀ und vor allem G. DEL VECCHIO, die in Entgegensetzung zum Positivismus die Bedeutung der R. betonen. Del Vecchio weist auf die Vernunftgrundlage des Rechts hin. In seiner Rechtsphilosophie sagt er, daß «die Frage nach dem Ideal des Rechts und die nach dessen Begriff voneinander zu trennen sind und einander unabhängig gegenüberstehen» [17]. Ähnlich wie für Stammler ist die R. für Del Vecchio regulativer und formaler Natur. Zwar verweist er auf «die Überwindung der eigenen Individualität, die Unterwerfung seiner selbst unter einen übersubjektiven Maßstab» [18] als Ziel, aber der Inhalt der R. bleibt unbestimmt. Parallel dazu nahm der rechtsidealistische Neuhegelianismus in Italien einen ähnlichen Verlauf

wie in Deutschland. Insbesondere durch das Werk B. Croces und die von ihm inaugurierte geistige Bewegung stieg er zur beherrschenden rechtsphilosophischen Lehre der ersten Hälfte des 20. Jh. auf. G. GENTILE führte diese Strömung unmittelbar in die faschistische Volks- und Staatslehre. Den Gedanken der R. koppelte er an die Lehre vom «atto puro». Dabei erkannte er im Recht nur noch das abstrakte Moment des moralischen Wollens [19].

5. Die Entwicklung der Lehre von der R. zur nationalsozialistischen bzw. faschistischen Herrschaftsapotheose hat in den Nachkriegsjahren trotz der neuen naturrechtlichen Strömungen zu einem zurückhaltenden Begriffsgebrauch geführt. Hinzu traten die Veränderungen, die positivistische, hermeneutische, materialistische und andere Strömungen in der Rechtsphilosophie bewirkten [20]. In der deutschen rechtsphilosophischen Literatur der Nachkriegszeit taucht die R. unter Bezugnahme auf die Ontologie N. Hartmanns auf: Aus der Kategorie des «geistigen Seins» wird dem Recht eine ideale Seinsweise außerhalb seiner sozialen Realität zuerkannt. Jeder Rechtssatz und jedes Rechtsinstitut soll durch den ihm eigenen Sinn zugleich hinausweisen auf einen Gesamtsinn des Rechts, auf die R. «Die Idee des Rechts begreift nicht ein besonderes Wollen in seinem Unterschiede von anderen Arten des Wollens, sondern bedeutet den unbedingt gleichmäßigen Grundgedanken für alle besonderen Bestrebungen, die nach dem Begriffe des Rechts übereinstimmend erfaßt sind, indem es diese wieder in das Reich des Wollens überhaupt in gesetzmäßiger Weise zurückführt» (H. COING) [21]. Eine aktuelle Variante der Lehre von der R. hat in die Theorie von der Natur der Sache Eingang gefunden [22]. A. KAUFMANN sieht der Normsetzung durch den Gesetzgeber «allgemeine Rechtsgrundsätze» zugrunde liegen, welche den Sinnbezug der Norm auf die R. vermittelten. Doch können, wie Kaufmann betont, weder aus der R. einzelne Normen deduziert werden, noch enthält die Norm selbst bereits die Entscheidung eines konkreten Falles. R. und Gesetz seien nur die Möglichkeit von Recht. Das wirkliche Recht erwachse daraus, daß beide zu den Lebensverhältnissen in Einklang gebracht würden [23].

Anmerkungen. [1] EISLER⁴ 2, 633-654, bes. 642f. (Art. ‹Rechtsphilos.›). – [2] Vgl. F. C. VON SAVIGNY: System des heut. Röm. Rechts (1840) 1, 25f. – [3] F. J. STAHL: Die Philos. des Rechts 1-2 (1870) 1, 233f. 361; vgl. dazu: E. KAUFMANN: R. und Recht (1960) 1ff. – [4] O. VON GIERKE: Rechtsgesch. der dtsch. Genossenschaft (1868) 5; Das dtsch. Genossenschaftsrecht 1-4 (1913, ND 1954); vgl. dazu weiter: G. KLEINHEYER/J. SCHRÖDER: Dtsch. Juristen aus fünf Jh. (³1989) 92ff. – [5] H. AHRENS: Rechtsphilos. (1846, ⁴1852) 2f.; Jurist. Encycl. (1855) 11ff. – [6] R. STAMMLER: Theorie der Rechtswiss. (²1923) 266. – [7] Die Lehre vom richtigen Recht (1926) 57. – [8] E. HUBER: Recht und Rechtsverwirklichung (1921). – [9] J. BINDER: Rechtsbegriff und R. (1915); vgl. H. MITTEIS: Die R. in der Gesch. (1957) 278ff. – [10] System der Rechtsphilos. (1937). – [11] K. LARENZ: Dtsch. Rechtserneuerung und Rechtsphilos. (1934) 38. – [12] G. RADBRUCH: Rechtsphilos. (⁸1973) 114. – [13] a.O. 339ff. – [14] 345. 346; vgl. aber auch: Die Natur der Sache als jurist. Denkform (1960), wo er auf S. 13ff. auf theolog. Hintergründe der R. hinweist. – [15] Natur ..., a.O. 13f. – [16] Vgl. F. WIEACKER: Privatrechtsgesch. der Neuzeit (1952) 14f. 351f. – [17] G. DEL VECCHIO: Lezioni di filos. del diritto (Rom 1928); dtsch.: Lehrb. der Rechtsphilos. (1951) 225. – [18] La giustizia (Bologna 1924); dtsch.: Die Gerechtigkeit (1950) 59. – [19] G. GENTILE: I fondamenti della filos. del diritto (Pisa 1916, 1937). – [20] Erkennbar wird eine Zurückhaltung bei J. VON KEMPSKI: Recht und Politik. Stud. zur Einheit der Sozialwiss. (1965) 40f.; eine Übersicht bieten A. KAUFMANN/W. HASSEMER: Einf. in die Rechtsphilos. und Rechtstheorie (1989). – [21] H. COING: Grundzüge der Rechtsphilos. (1950, ²1969) 73. – [22] A. BARATTA: Natur der Sache und Naturrecht, in: A. KAUFMANN (Hg.): Die ontolog. Begründ. des Rechts (1965) 104ff. – [23] A. KAUFMANN: Rechtsphilos. im Wandel (1972).

A. BARATTA/H. WAGNER

Rechtsirrtum. Unter dem Begriff ‹R.› wird vornehmlich der Irrtum eines Täters über die Existenz einer Strafnorm verstanden. Wird der Begriff in dieser Bedeutung verwendet, ist er synonym mit ‹Verbotsirrtum›.

Allgemein ist es für frühe Gesellschaften charakteristisch, auf ein Verschulden als Voraussetzung einer Sanktion zu verzichten. Als hinreichender Grund für die Verhängung einer Sanktion galt allein der vom Täter herbeigeführte Verletzungserfolg [1]. Diese Sicht war an den Interessen des Verletzten orientiert, dessen Restitutions- oder Vergeltungsbedürfnis von einem Verschulden des Täters unabhängig war. Die Frage nach den rechtlichen Folgen eines Verbotsirrtums konnte erst relevant werden, als das Verschuldensprinzip das Verursachungsprinzip ersetzt hatte.

Im germanischen Rechtskreis ließ ein derartiger Irrtum die Strafbarkeit völlig unberührt. Es galt vielmehr der Grundsatz: Unkenntnis des Rechts schützt nicht vor Strafe [2]. Das römische Recht berücksichtigte den R. (error iuris) nur ausnahmsweise, und zwar für den Fall, daß der Täter spezifisch römische Rechtsnormen verletzte, die nicht bei allen Völkern gleichermaßen Geltung besaßen [3].

Bis zum 18. Jh. weist die deutsche Literatur keine gegenüber den römischen Grundsätzen abweichenden Gesichtspunkte auf [4]. Die meisten deutschen Rechtswissenschaftler des 18. und 19. Jh. verlangten für den Begriff der vorsätzlichen Begehung einer Tat das Bewußtsein des Täters, eine Rechtsnorm zu verletzen (Vorsatztheorie). Fehlte ein solches Bewußtsein der Rechtswidrigkeit bei Ausführung der Tat, so schied eine Bestrafung wegen vorsätzlicher Verwirklichung eines Deliktes aus [5]. Derjenige, der die Strafbarkeit seines Tuns nicht positiv kannte, habe sich nicht gegen die Rechtsordnung aufgelehnt und könne daher nicht in gleicher Weise bestraft werden wie jemand, der im vollen Bewußtsein der Rechtswidrigkeit gehandelt hat. Eine solche Auffassung erblickt den Strafgrund in der Auflehnung des Täters gegen die Autorität des Staates. In letzter Konsequenz ist gemäß dieser Position weder die Verletzung naturrechtlich geschützter Rechtspositionen noch der Schutz bestimmter gesellschaftlicher Rechtsgüter der primäre Grund für die Existenz von Strafe.

Freilich mußten die Vertreter dieser strengen Vorsatztheorie ihren theoretischen Ansatz in der Rechtspraxis einschränken. Es konnte nicht hingenommen werden, daß ein Täter seiner Bestrafung nur deshalb vollständig entging, weil er sich auf einen ohne weiteres vermeidbaren R. berief. Die Lösung dieses Dilemmas lag bei den meisten Autoren darin, den Täter bei Vermeidbarkeit seines Irrtums wegen fahrlässiger Verwirklichung des gesetzlichen Tatbestandes zu bestrafen [6]. Dieser Vorschlag verdeutlicht in besonderer Weise, daß die Zuerkennung von Schuld nicht von dem bewußten oder fahrlässigen Herbeiführen eines rechtlich unerwünschten physischen Erfolges, sondern vielmehr von der Mißachtung staatlicher Autorität abhängen soll. Viele Autoren wollten dem Täter allerdings bei bestimmten Delikten von vornherein die Berufung auf den R. verwehren, weil die Kenntnis dieser Verbote beim Täter unterstellt werden könne [7]. Anderersits wurde von anderen Autoren sogar die Forderung aufgestellt, der Täter müsse nicht nur die Rechtswidrigkeit seines Handelns, sondern auch die Schwere der zu erwartenden Strafe bei der Ausführung seiner Tat gekannt haben, da nicht zuletzt davon der Grad des Ungehorsams gegen die Norm abhänge [8].

Die sich im 19. Jh. bildende Gegenmeinung will dem Täter die strafbefreiende Berufung auf den R. versagen. Der Grund der Strafe wird in dem Schutz wichtiger Interessen der Gesellschaft und nicht in der Reaktion auf den Ungehorsam gegenüber der Rechtsnorm erblickt [9]. Eben dieses Ziel erfordere es, den R. als unbeachtlich zu behandeln [10]. Wäre er strafbefreiend oder auch nur strafmildernd zu berücksichtigen, so würde derjenige, der es versäumt, sich mit den geltenden Rechtsnormen vertraut zu machen, im Hinblick auf die Strafbarkeit seines Verhaltens im Vergleich zum Kundigen privilegiert. Die Weigerung, sich Kenntnis vom geltenden Recht zu verschaffen, würde gleichsam belohnt werden. Dadurch würde dem Ziel des Schutzes wichtiger Interessen der Gesellschaft entgegengearbeitet werden. Die mögliche Ungerechtigkeit im Einzelfall trete hinter der noch größeren Ungerechtigkeit zurück, die sich gegenüber der Gesellschaft ergäbe, wollte man dem R. Beachtung schenken [11].

Das geltende deutsche Strafgesetzbuch hat sich im § 17 gegen die Vorsatztheorie, aber dennoch prinzipiell für die Beachtlichkeit des R. entschieden. Der Vorsatz-Schuldvorwurf und damit die Bestrafung entfällt, wenn der R. unvermeidbar war. Bei Vermeidbarkeit kann die Bestrafung (die trotz des R. aus dem Vorsatz-Tatbestand erfolgt) gemildert werden.

Anmerkungen. [1] Vgl. A. KAUFMANN: Das Unrechtsbewußtsein in der Schuldlehre des Strafrechts (1950) 22f. – [2] Vgl. R. JOHN: Das Strafrecht in Norddtschl. zur Zeit der Rechtsbücher (1858) 127ff. – [3] Vgl. P. FARINACIUS: Praxis et theoria criminalis (1597). – [4] HEINEMANN: Zur Dogmengesch. des R. Z. ges. Strafrechtswiss. 13 (1893) 371-453, bes. 371. – [5] Vgl. die Darst. von HEINEMANN, a.O. – [6] Vgl. z.B. E. HENKE: Hb. des Criminalrechts und der Criminalpolitik 1 (1823) 332ff. – [7] Vgl. J. H. BÖHMER: Observ. sel. ad Carpzovii practicam novam (1759). – [8] G. STRUBE: Rechtl. Bedenken 2 (1782). – [9] A. MERKEL: Über Bindings Hb. des Strafrechts, I. Bd. Z. ges. Strafrechtswiss. 6 (1886) 496-521, hier: 513. – [10] O. VON WÄCHTER: Dtsch. Strafrecht. Vorles. (1881) § 57. – [11] Vgl. HEINEMANN, a.O. [4] 411.

Literaturhinweise. HEINEMANN s. Anm. [4]. – TH. MAYER-MALY: Art. ‹R.›, in: A. ERLER/E. KAUFMANN (Hg.): Handwb. zur dtsch. Rechtsgesch. 4 (1990) 302-307.   A. TRUPP

Rechtskraft. In der Rechtswissenschaft wird zwischen formeller und materieller R. eines Rechtsaktes, insbesondere eines Urteils, unterschieden. Die *formelle* R. ergibt sich aus der Überlegung, daß jeder Rechtsstreit einmal ein Ende haben muß. Die formelle R. eines Urteils ist daher gleichbedeutend mit seiner Unanfechtbarkeit. Die rechtlichen Gründe für den Eintritt der formellen R. können vielgestaltig sein: Zum einen kann gegen ein Urteil ein Rechtsmittel überhaupt nicht statthaft sein (so bei letztinstanzlichen Urteilen), zum anderen kann aufgrund der besonderen Gegebenheiten des Rechtsstreites (z.B. Geringfügigkeit der im Urteil ausgesprochenen Beschwer) die Zulässigkeit des Rechtsmittels zu verneinen sein; nicht zuletzt kann die Zulässigkeit des Rechtsmittels an der Nichtbeachtung von Fristen scheitern. – Die formelle R. findet ihre rechtspolitische Legitimation vornehmlich in der Wahrung des Rechtsfriedens. Dem gleichen Ziel soll die *materielle* R. eines Urteils dienen [1]. Sie hat zur Folge, daß in einem eventuellen zweiten Prozeß das Gericht an den Inhalt des ersten Urteils gebunden ist.

Neben der Unterscheidung zwischen formeller und materieller R. werden noch weitere Differenzierungen vorgenommen: Die R. kann sich in personaler Hinsicht nur auf die am Prozeß beteiligten Parteien oder aber auf alle Rechtsgenossen erstrecken (R. inter partes bzw. inter omnes). Die erste Alternative ist der Regelfall. Die R. kann sich unter Umständen dann auf alle Rechtsgenossen beziehen, wenn das rechtsprechende Organ im Urteilsausspruch die Nichtigkeit einer Rechtsnorm feststellt. Des weiteren kann entweder nur der sogenannte Urteilstenor (d.h. die Urteilsformel selbst), oder aber es können die Urteilsgründe R. beanspruchen.

Als Begründer einer systematischen R.-Lehre im 19. Jh. wird allgemein F. C. VON SAVIGNY angesehen [2]. Die Bindung des zweiten Gerichts an den Tenor des ersten Urteils war für Savigny keine aus dem Begriff des Urteils mit Notwendigkeit abzuleitende Konsequenz. Vielmehr hielt er es zunächst für eine einfache Forderung der Gerechtigkeit, einen im ersten Urteil enthaltenen Irrtum nicht auch noch im zweiten Prozeß zu wiederholen [3]. Gegen dieses scheinbar gerechte und natürliche Verfahren brachte er jedoch selbst ernsthafte Bedenken vor. Da in jedem neuen Verfahren die Gefahr der Ungewißheit sowohl über die der Entscheidung zu Grunde liegenden Tatsachen als auch über den Inhalt der anzuwendenden Rechtsregeln bestehe, wäre jedes Urteil der reellen Gefahr der späteren Aufhebung ausgesetzt. Dieser Gefahr könne freilich auch das aufhebende Urteil selbst nicht entrinnen, und so ad infinitum. Der drohenden Rechtsunsicherheit könne nur durch einen bestimmten rechtspolitischen Schritt, nämlich nur durch die Schaffung eines rechtlichen Instituts begegnet werden, das er als «R.» bezeichnet [4]. Die R. ist für Savigny gleichbedeutend mit der Fiktion der Wahrheit.

Die These von der R. als Fiktion der Wahrheit hat im weiteren Verlauf des 19. Jh. sowohl Kritik als auch eine Steigerung erfahren. O. VON BÜLOW will die R. mit dem Argument begründen, die unzufriedene Partei habe die Möglichkeit eines günstigeren Urteils verwirkt, indem sie nicht wirkungsvoll genug auf das rechtsetzende Organ eingewirkt habe [5]. Um die Wende zum 20. Jh. vertritt M. PAGENSTECHER die Ansicht, durch die R. des Urteils werde die Wahrheit nicht fingiert, sondern konstituiert [6]. Eine abweichende Begründung der R. liefert im 19. Jh. W. ENDEMANN. Danach erscheint das richterliche Urteil als «Quasikontrakt». Die Unumstößlichkeit der Entscheidung beruhe auf einer vorherigen Einigung der Parteien [7].

In der ersten Hälfte des 20. Jh. nimmt die «Reine Rechtslehre» H. KELSENS zum Phänomen der R. Stellung. Die Aussage, eine rechtliche Norm (als individuelle Norm in Gestalt eines richterlichen Urteils) sei rechtswidrig, enthält gemäß der Reinen Rechtslehre einen Widerspruch. Gäbe es rechtswidriges Recht, so wäre die Einheit des Normensystems und damit die Rechtsordnung aufgehoben [8]. Ähnlich wie die Frage, ob die Voraussetzungen einer bestimmten Norm erfüllt seien, mit der Frage verbunden werden müsse, wer darüber zu entscheiden habe, so könne auch die Frage, ob ein richterliches Urteil einer höherrangigen Norm (z.B. Gesetz) entspreche, nicht von der Frage getrennt werden, wer zur Feststellung der Übereinstimmung oder Nichtübereinstimmung mit der Rechtsordnung berufen sei [9]. Beurteilungen von Nichtberufenen (Parteien, Anwälte, Rechtslehrer) seien ohne rechtliche Relevanz und damit außerrechtlich. Die Tatsache, daß der letztinstanzlichen Entscheidung R. zukommt, bedeute, daß nicht nur eine materielle Norm existiere, die den Inhalt der gerichtlichen Entscheidung vorausbestimmt (Bürgerliches Gesetzbuch, Strafgesetzbuch usw.), sondern daß darüber hinaus eine weitere Norm Geltung besitze, derzufolge das Gericht den Inhalt der Entscheidung selbst bestimmen kann. Beide Normen bilden nach der Reinen Rechtslehre eine Einheit. Eine Verpflichtung des Gerichts, vorrangig das geltende materielle Recht auf den zu entscheidenden Fall anzuwenden, sei als Rechtspflicht nicht auszumachen; denn die Abweichung des Gerichts vom materiellen Recht sei sanktionslos. Demgemäß seien die Parteien zwar nach prozessualen Regeln gehalten, die Anfechtung eines erstinstanzlichen Urteils mit dessen Rechtswidrigkeit zu begründen, rein tatsächlich seien jedoch die subjektiven Ansichten der Parteien irrelevant. Die Anfechtung erfolge allein deshalb, weil die Aufhebung des Urteils dem Interesse der Partei entspreche [10]. – In letzter Konsequenz stellt die Lehre Kelsens den verfassungsrechtlichen Grundsatz der Gebundenheit der Rechtsprechung an das Gesetz in Frage. Über das rechtliche Institut der R. wird das rechtsstaatliche Prinzip einer an das Gesetz gebundenen Judikative durch das Prinzip der Willkür ersetzt.

Ebenfalls in der ersten Hälfte des 20. Jh. wurde die Frage diskutiert, ob neben den gerichtlichen Entscheidungen auch den Entscheidungen der Verwaltungsbehörden R. zukommen könne. Nach A. MERKL stellen die verwaltungsbehördlichen Entscheidungen gewissermaßen das den Verwaltungsbehörden übertragene Stück der Rechtspflege dar [11]. Dem wird entgegengehalten, daß das öffentliche Interesse die rechtliche Möglichkeit der Behörde zur Aufhebung auch eines für den betroffenen Bürger längst unanfechtbar gewordenen Verwaltungsaktes erforderlich mache [12]. Den Verwaltungsakten könne daher nicht die gleiche Bestandskraft wie gerichtlichen Urteilen zukommen. – In der Gegenwart sind prozessuale R.-Theorien vorherrschend, die die R. nicht mit der stillschweigenden Erweiterung materiellrechtlicher Normen erklären, sondern lediglich prozessuale Gründe (Rechtssicherheit) anführen [13].

Anmerkungen. [1] Vgl. L. ROSENBERG/K. H. SCHWAB: Zivilprozeßrecht (¹⁴1986) § 152 I. – [2] H. F. GAUL: Die Entwickl. der R.-Lehre seit Savigny und der heutige Stand, in: Festschr. W. Flume zum 70. Geb. (1978) 445; zur vorlaufenden Entwickl. im röm. und mittelalterl. Recht vgl. P. JESSEN: Art. ‹R.›, in: A. ERLER/E. KAUFMANN (Hg.): Handwb. zur dtsch. Rechtsgesch. 4 (1990) 307-310. – [3] F. C. VON SAVIGNY: System des heutigen röm. Rechts 6, § 280 (1847, ND 1981) 257-265. – [4] a.O. 261. – [5] O. VON BÜLOW: Civilprozessualische Fiktionen und Wahrheiten. Arch. civilist. Praxis 62 (1879) 95f. – [6] M. PAGENSTECHER: Zur Lehre von der mat. R. (1905) 305. – [7] W. ENDEMANN: Prinzip der R. (1860) 5. 8. – [8] H. KELSEN: Reine Rechtslehre (Wien ²1960) 271. – [9] a.O. 272. – [10] 272-274. – [11] A. MERKL: Zum Problem der R. in Justiz und Verwaltung. Z. öffentl. Recht 1 (1919) 630ff. – [12] a.O. – [13] Vgl. Entscheidungen des Bundesgerichtshofes in Zivilsachen (BGHZ) 3 (1951) 85.

Literaturhinweise. H. F. GAUL s. Anm. [2]. – H. WIELING: Subjektive Reichweite der materiellen R. im röm. Recht. Z. Savigny-Stift. Rechtsgesch., Rom. Abt. 102 (1985) 291-326. – P. JESSEN s. Anm. [2].   A. TRUPP

Rechtslehre. Terminologisch nicht exakt festgelegt, kann ‹R.› – soweit damit nicht ganz unspezifisch ‹Rechtsgelehrsamkeit› bzw. ‹Rechtskunde› oder das Rechtsdenken eines bestimmten Autors gemeint ist – je nach Verwendungskontext und begrifflicher Ausrichtung unterschiedliche Bedeutungsgehalte annehmen: als «metaphysische» R. überspannt sie bei KANT Rechtsethik und Rechtsempirie (1.), als «allgemeine» R. sucht sie die unhintergehbaren Grundfiguren einer jeden Rechtsordnung zu erfassen (2.), als «reine» R. im Sinne KELSENS bezeichnet sie die konsequenteste Theorie des Rechtspositivismus (3.); die «strukturierende» R. schließlich benennt eine anspruchsvolle Rechtsmethodik (4.).

1. Als erster Teil von I. KANTS ‹Metaphysik der Sitten› entwerfen die ‹Metaphysischen Anfangsgründe der Rechtslehre› eine auf der ‹Kritik der praktischen Vernunft› aufbauende «Metaphysik des Rechts» [1], dessen «empirische Mannigfaltigkeit» [2] dann in den Anmerkungen zum eigentlichen Text Berücksichtigung findet. In Abgrenzung von der Tugendlehre und vor dem Hintergrund der prinzipiellen Differenz zwischen Legalität und Moralität [3] bestimmt Kant die «R. (Ius)» als den «Inbegriff der Gesetze, für welche eine äußere Gesetzgebung möglich ist» [4]. Als vernunftgebotene Koexistenzordnung ausgleichsbedürftiger, weil potentiell konfligierender Rechtsansprüche der als frei und gleich gedachten Individuen ist das zwangsbewehrte Recht «Inbegriff der Bedingungen, unter denen die Willkür des einen mit der Willkür des andern nach einem allgemeinen Gesetze der Freiheit zusammen vereinigt werden kann» [5]. Die im Naturzustand zwar bereits vorhandenen, indes lediglich 'provisorischen', weil stets gefährdeten Rechte des Einzelnen bedürfen der 'peremptorischen' Sicherung und Garantie durch den Staat, der auf einem fiktiven, aber denknotwendigen ursprünglichen Vertrag («contractus originarius oder pactum sociale») gründet [6]. Der Vernunftidee der gleichen Freiheit aller zufolge können die dazu erforderlichen Gesetze nur dem «vereinigten Willen des Volkes» [7] entspringen; doch es genügt, wenn die Bürger als Urheber der Gesetze gedacht werden können. Der Republikanismus fungiert insoweit als regulative Idee. Doch führt auch eine sichtbare Kluft zwischen den Sätzen des natürlichen, «auf lauter Principien a priori» [8] beruhenden Rechts und den positiven, statuarischen Rechtsregeln der konkreten Herrschaftsordnung [9] nicht zur Delegitimation des politischen Gemeinwesens. Unter strikter Negation eines jeglichen Widerstandsrechtes [10] setzt Kant ganz auf den historischen Progreß innerer, an den Vernunftprinzipien des apriorischen Rechts orientierter Reformen [11]. Ziel ist die als repräsentative Demokratie organisierte «reine Republik» [12], in der der vereinigte Wille aller nicht lediglich den «Probierstein der Rechtmäßigkeit» [13] der Gesetze, sondern ihren Realgrund bildet. Recht ist für Kant also weder identisch mit der Summe faktisch geltender Vorschriften, noch erschöpft es sich in ethischen Prinzipien. Es ist vielmehr Modus der Höherentwicklung der menschlichen Gattung. Die R. reflektiert und begleitet diesen Prozeß, in dessen Fluchtpunkt sich Politik als ausübende R. [14] darstellt.

Sofern die Literatur der folgenden Jahrzehnte über bloße Kant-Paraphrasierungen hinausgeht, findet sich keine spezifische Verwendung des Terminus ‹R.›. Ohne signifikante Unterscheidungsmerkmale sind die in der Vernunftrechttradition stehenden Werke, wie im 18. Jh., als Moralphilosophien, Naturrecht, «natürliche» oder «philosophische» R.n betitelt [15]. Einigkeit herrscht darin, daß es eine rein «positive» oder «empirische» R. ohne Fundierung durch eine «philosophische» nicht geben könne.

2. Dieser Auffassung widerspricht auch die dann im letzten Drittel des 19. Jh. im Aufschwung neukantianischer Wissenschaftstheorie Profil gewinnende «Allgemeine R.» (A. MERKEL, E. R. BIERLING, K. BERGBOHM, später F. SOMLO) [16]. Überwiegend als Substitution der seinerzeit vollständig entwerteten materialen Rechtsphilosophie durch eine «Philosophie des positiven Rechts» intendiert [17], beabsichtigt diese auch von den überwältigenden Erfolgen der Naturwissenschaften inspirierte Richtung primär weder die Auffindung unverlierbarer ethischer Rechtsprinzipien noch die bloße systematische Aufbereitung und Interpretation des positiven Rechtsstoffes, sondern die umfassende Erschließung der den einzelnen juristischen Teildisziplinen aller Rechtsordnungen inhärenten – wenn nicht gar apriorischen – Grundbegriffe. Dahinter steht «die unpathetische Kühle vermeintlich wertindifferenter Wissenschaftlichkeit» [18] und das Bedürfnis nach wissenschaftlicher Abstraktion ebenso wie die Einsicht in die Notwendigkeit einer theoretischen Fundierung dogmatischer Arbeit [19]. Für die Fülle der unterschiedlichen Rechtssysteme sollte diese den «internationalen Charakter der Rechtswissenschaft» [20] betonende kategoriale Disziplin durch die Fixierung ihrer Grundbestandteile gleichsam deren Tiefengrammatik bilden: Der der Wissenschaft vorgegebene Rechtsinhalt, schreibt SOMLO, sei «einem Text vergleichbar, der sich einer überreichen Bilderschrift bedient, die die Jurisprudenz zu entziffern und deren also gewonnenen Inhalt sie mittels eines möglichst entsprechenden Alphabets, das sie sich selbst schaffen muß, wiederzugeben hat» [21]. Durch die entsprechende systematische Ausbildung universaler Begriffe und Institute zielt dieser «allgemeinste Teil der Rechtswissenschaft» [22] letztlich auf eine Lehre vom möglichen Recht. Als Versuch rechtskonstruktiver Überholung aller zukünftig positivierten Rechtsordnungen will die «Allgemeine R.» dem wissenschaftskritisch gemeinten Verdikt J. H. VON KIRCHMANNS («drei berichtigende Worte des Gesetzgebers und ganze Bibliotheken werden zu Makulatur» [23]) entgehen, ohne im Stile der «vitalistischen Rechtsgenealogie» [24] R. VON JHERINGS oder des rechtswissenschaftlichen Positivismus selbst zur Rechtsquelle zu werden. Sie blieb deswegen trotz zuweilen geäußerter weitergehender Ansprüche [25] auf die induktive Generalisierung der Eigenheiten prinzipiell aller vorfindbarer Rechtsordnungen angewiesen, ohne die Geltung einer einzigen positiven Norm in Frage stellen zu können [26]. – Die heute eher selten gewordenen Darstellungen einer Allgemeinen R. [27], die als Vorläuferin der Rechtstheorie von dieser weitgehend absorbiert wurde, beschränken sich auf Grundlageninformationen über die Strukturen der Rechtsordnung und fungieren nur partiell als Brückendisziplin für Rechtsphilosophie, Rechtssoziologie und Rechtsdogmatik.

3. H. KELSEN präsentiert sein rechtstheoretisches Hauptwerk ebenfalls als Allgemeine R. [28]. Mit der ‹Reinen R.› will er in doppelter Frontstellung gegen die Kausalwissenschaften einerseits und die Normwissenschaften andererseits die Autonomie der Rechtswissenschaft wahren und zugleich ihren Bezug auf das positive Recht sicherstellen [29]. Seine auf eine umfassende Strukturanalyse der Rechtsordnung gerichtete Lehre ist «Theorie des positiven Rechts», die «die Rechtswissenschaft von allen ihr fremden Elementen befreien» will [30]. Sie versteht sich nicht als Lehre des «reinen» Rechts, sondern als «reine» (wissenschaftlich-neutralobjektive) Lehre des positiven Rechts im Unterschied zu politischer Rechtssetzung oder aktiver Rechtsgestaltung.

Die gegenüber älteren Entwürfen hervorzuhebende Besonderheit und Originalität der «Reinen R.» liegt in der spannungsvollen Verknüpfung von neukantianischer Geltungsbegründung des Rechts, wertrelativistischer Grundüberzeugung und positivistischer Beschränkung des Objektbereiches der Rechtswissenschaft. Im Einklang mit anderen neukantianischen Rechtstheorien sowohl der Marburger als auch der Südwestdeutschen Schule des Neukantianismus [31] knüpft Kelsen bei der Reflexion des Geltungsgrunds des Rechts als einer vom Sein scharf zu trennenden Sollens-Kategorie nicht an Kants praktische Philosophie, sondern an dessen Transzendentallogik in der KrV an. Im Unterschied zu jenen Theorien aber löst er sich vollständig von der (sei es noch so formalisierten und wertlogisch abstrahierten) Vorstellung, das Recht sei wesensgemäß auf inhaltliche Wertverwirklichung gerichtet und könne Anspruch auf objektive Gültigkeit erheben. Der transzendentallogische Charakter der Gesamtkonstruktion schrumpft bei Kelsen auf die Annahme einer den Geltungsregreß im Stufenbau der Rechtsordnung abschließenden, normativitäts- wie einheitsstiftenden Grundnorm [32]. Im Sinne einer hypothetischen oder fiktiven Annahme fungiert diese lediglich als Platzhalter der für die juristische Arbeit notwendigerweise zu unterstellenden, aber nicht intersubjektiv verbindlich auszuweisenden Geltung der «im großen und ganzen wirksamen Zwangsordnungen» [33], als welche Kelsen die Rechtsordnungen definiert. Recht ist für ihn nicht eine bereits werthaft durchgebildete Kulturrealität, sondern ein künstlich erzeugtes «Deutungsschema» [34]. Die Rückführung des normativen Rechtsgehalts auf die Grundnorm, die als Surrogat für die verlorengegangene Möglichkeit der Fundierung des Rechts in außerempirischen Prinzipien einer materialen Vernunftethik oder in sonstigen unhinterfragbaren metaphysischen Wahrheiten dient, unterscheidet Kelsens Lehre nachhaltig von allen Varianten eines kruden «naturalistischen Rechtsempirismus» [35]. Die bloße Existenz des positiven Rechts sagt über seine Güte, moralische Dignität und Anerkennungswürdigkeit nichts aus. Noch weniger wird ein objektiver Befolgungsanspruch und eine Pflicht zum Rechtsgehorsam behauptet. In bewußter Abwehr jedweder «falschen Ethisierung des Rechts» [36] überläßt der Wertrelativist Kelsen dessen sittliche Bewertung dem selbstverantwortlichen Urteil des Einzelnen. Auf dem Hintergrund dieser kritischen Dissoziation von Recht und Gerechtigkeit, Rechtsgeltung und Werturteil beschränkt der Rechtspositivist Kelsen nun unter Verneinung aller überempirisch vorgegebenen, nicht auf Setzung beruhenden rechtlichen Sollenssätze den Erkenntnisgegenstand der Rechtswissenschaft auf die positiven, stets veränderbaren Normen einer im großen und ganzen wirksamen Zwangsordnung, die als bloßes Menschenwerk jeden, also auch unsittlichen oder sonst wertwidrigen Inhalt annehmen können [37]. Insofern ist die «Reine R.» die positivistische Rechtstheorie schlechthin. In der neutralen Deskription positiver Rechtsordnungen sieht Kelsen die allein legitime Aufgabe der Rechtswissenschaft als einer normbeschreibenden, nicht normsetzenden Disziplin, weil nur diese wertungsabstinente Selbstbeschränkung zum Ziel führen könne, die juristische Behandlung des Rechts in Anlehnung an das als vorbildlich empfundene Exaktheitsideal der Naturwissenschaften «auf die Höhe einer echten Wissenschaft, einer Geistes-Wissenschaft zu heben» [38].

4. Auf anderen Fundamenten ruhend, aber mit vergleichbar weitreichender Intention hat F. MÜLLER als Quintessenz seiner rechtsmethodischen Studien eine dezidiert nachpositivistische «Strukturierende R.» vorgelegt [39]. Sie stellt den rechts(norm)theoretisch informierten und vorrangig am Verfassungsrecht exemplifizierten Versuch dar, die rechtsstaatlich wie demokratietheoretisch geforderte Rationalität und Nachvollziehbarkeit des Rechtsfindungsprozesses mit Hilfe eines hochdifferenzierten Verfahrens der als Rechtsnorm*konstruktion* begriffenen Konkretisierung des Normtextes hin zur 'Fallnorm' zu erhöhen. Als methodisch disziplinierendes und kontrollierbares Analyse- und Arbeitsprogramm des stets schöpferischen Rechtsanwendungsvorganges versteht sich die Strukturierende R. mithin als «Rechtserzeugungsreflexion» [40].

Anmerkungen. [1] I. KANT: Met. der Sitten I (1797) Vorrede. Akad.-A. 6, 205. – [2] a.O. – [3] a.O.; Einl. in die Met. der Sitten III, a.O. 214. 218ff.; Einl. in die R. § E, a.O. 232f. – [4] § A, a.O. 229. – [5] § B, a.O. 230. – [6] Über den Gemeinspruch: Das mag in der Theorie richtig sein, taugt aber nicht für die Praxis (1793). Akad.-A. 8, 297; Eintheil. der Met. der Sitten überh. III. Akad.-A. 6, 242; R., Erster Theil § 8f., a.O. 255ff.; R. Zweiter Theil § 44f., a.O. 312f. – [7] § 46, a.O. 313. – [8] Eintheil. der R. B, a.O. 237. – [9] a.O.; Einl. in die R. § B, a.O. 229f. – [10] R. Zweiter Theil, Allg. Anm., a.O. 318ff. – [11] Vgl. C. LANGER: Reform nach Prinzipien (1986) 55ff. 95ff.; H. DREIER: Demokrat. Repräsentation und vernünft. Allgemeinwille. Arch. öffentl. Rechts 113 (1988) 469ff. – [12] KANT: R. Zweiter Theil § 52, a.O. [1] 340. – [13] Über den Gemeinspr., a.O. [6]. – [14] Zum ewigen Frieden (1795) Anhang I. Akad.-A. 8, 370. – [15] Umfangreiche Nachweise bei W. T. KRUG: Allg. Handwb. der philos. Wiss.en nebst ihrer Lit. und Gesch. 3 (1838) 409ff. (Art. ‹R.›); L. A. WARNKÖNIG: Rechtsphilos. als Naturlehre des Rechts (1839) 137ff.; ein später Nachläufer ist L. NELSON: System der philos. R. und Politik (1924). – [16] Vgl. G. RADBRUCH: Grundzüge der Rechtsphilos. (1914) 14ff.; H. COING: Grundzüge der Rechtsphilos. (⁴1985) 64f. 292f.; marxist. Analyse bei E. PASCHUKANIS: Allg. R. und Marxismus (1924), dtsch. (1929, ³1970). – [17] RADBRUCH, a.O. 16; vgl. vor allem A. MERKEL: Über das Verhältnis der Rechtsphilos. zur 'positiven' Rechtswiss. und zum allg. Teil derselben (1874). Ges. Abh. aus dem Gebiet der allg. R. und des Strafrechts (1899) 291ff. 302. 308. 314f. 321; K. BERGBOHM: Jurisprud. und Rechtsphilos. 1 (1892) 7ff. 25ff. 90ff. 102ff.; E. R. BIERLING: Jurist. Prinzipienlehre 1 (1894) 1ff.; ferner S. PACHMANN: Über die gegenwärt. Bewegung in der Rechtswiss. (1882) 65ff. 76ff. – [18] RADBRUCH, a.O. 18. – [19] MERKEL, a.O. [17] 299ff. 305ff. – [20] a.O. 305; vgl. J. KORNFELD: Allg. R. und Jurisprudenz (1920) 4ff. – [21] F. SOMLO: Jurist. Grundlehre (²1927) 18. – [22] BERGBOHM, a.O. [17] 34; vgl. TH. STERNBERG: Allg. R. 1 (1904) 170ff. – [23] J. H. VON KIRCHMANN: Die Wertlosigkeit der Jurisprud. als Wiss. (1847), hg. H. MEYER-TSCHEPPE (1988) 29. – [24] F. WIEACKER: Privatrechtsgesch. der Neuzeit (²1967) 452, Anm. 64. – [25] SOMLO, a.O. [21] 5ff. 8ff. – [26] PACHMANN, a.O. [17] 76ff.; K. LARENZ: Rechts- und Staatsphilos. der Gegenwart (²1935) 18. – [27] H. NAWIASKY: Allg. R. als System der rechtl. Grundbegriffe (²1948); R. SCHREIBER: Allg. R. (1969); S. STRÖMHOLM: Allg. R. (1976). – [28] H. KELSEN: Reine R. (²1960) VII. 1. – [29] Dazu H. DREIER: R., Staatssoziol. und Demokratietheorie bei H. Kelsen (²1990) 27ff. – [30] KELSEN, a.O. [28] 1. – [31] DREIER, a.O. [29] 70ff. 83ff. – [32] KELSEN, a.O. [28] 196ff.; DREIER, a.O. 42ff. – [33] KELSEN, a.O. 34ff. 45ff. 51ff. 206ff. – [34] a.O. 3. – [35] G. HOHENAUER: Der Neukantianismus und seine Grenzen als Ges.- und Rechtsphilos. Bl. Dtsch. Philos. (1928/29) 327. – [36] A. BARATTA: Rechtspositivismus und Gesetzespositivismus. Arch. Rechts- Soz.philos. 54 (1968) 331. – [37] KELSEN, a.O. [28] 201. – [38] a.O. III. – [39] F. MÜLLER: Strukturierende R. (1984). – [40] Jurist. Methodik (⁴1990) 272.

Literaturhinweise. H.-G. DEGGAU: Die Aporien der R. Kants (1983). – W. KERSTING: Wohlgeordnete Freiheit, Imm. Kants Rechts- und Staatsphilos. (1984). – H.-M. PAWLOWSKI/S. SMID: Art. ‹Allg. R.›, in: Erg. Lex. des Rechts 2/10 vom 27. Nov. 1985. – C. LANGER s. Anm. [11]. – R. CHRISTENSEN: Art. ‹Strukturierende R.›, in: Erg. Lex. des Rechts 2/560 vom 14. Juli 1987. – G.-W. KÜSTERS: Kants Rechtsphilos. (1988). – B. LUDWIG: Kants R. (1988). – R. LIPPOLD: Reine R. und Strafrechtsdoktrin (1989). – H. DREIER s. Anm. [29]. – H. HOFMANN: Rechtsphilos., in: P. KOSLOWSKI (Hg.) Orientierung durch Philos. (1991). 118ff.

H. DREIER

Rechtsnorm. Die Kombination zweier im Sprachgebrauch längst geläufiger Begriffe hat sich zu Beginn des 20. Jh. gegenüber anderen, bis dahin bedeutungsgleich verwendeten Ausdrücken (‹Norm›, ‹Recht›, ‹Rechtsquelle›, ‹Gesetz›) verselbständigt. Sie verdankt ihre Entstehung insbesondere dem Bestreben der Rechtswissenschaft um Verselbständigung und Abgrenzung von anderen Normwissenschaften, welche seit der zweiten Hälfte des 19. Jh. unter dem Signum des Positivismus gefordert und betrieben wurde [1]. Die wohl früheste systematische Untersuchung stammt von H. KELSEN [2]. Der dort entwickelte R.-Begriff der Wiener Schule ist in zweifacher Hinsicht als Antithese konzipiert: Als Gegenbegriff zum kausal verstandenen «Naturgesetz» und zu dem – eigentlich im Zentrum von Kelsens Abhandlung stehenden – «Rechtssatz». Die R. ist danach jede Sollensanordnung, die Bestandteil einer als «Recht» verstandenen Ordnung ist. In Entgegensetzung zum Naturgesetz bezieht sie ihre Eigenart aus der Unterscheidung von Sein und Sollen, Kausalität und Zurechnung, Erklärung und Geltung. Daneben ist sie aber als Gegenbegriff zum «Rechtssatze», verstanden als wissenschaftliche Aussage über R.en, konzipiert. Charakteristikum der R. ist für Kelsen ihre Geltung, sie ist Teil der Rechtsordnung, Kennzeichen des Rechtssatzes dagegen ist seine Wahrheit oder Unwahrheit, er ist Teil der Rechtswissenschaft. Diese Dichotomisierung hat sich sprachlich in Deutschland allerdings kaum durchgesetzt: Nach einem anderen Sprachgebrauch werden gegenwärtig die Begriffe ‹R.› und ‹Rechtssatz› gleichgesetzt [3].

Das herrschende Begriffsverständnis nahm seinen Anknüpfungspunkt aber nicht bei der Wiener Schule, sondern beim angelsächsischen Rechtspositivismus J. AUSTINS. Seine «philosophy of positive law» [4] umschreibt «the large and vague expression law» als «a rule laid down for the guidance of an intelligent being by an intelligent being having power over him». Dieser – von allen ethischen, moralischen oder religiösen Kriterien gelöste Begriff – erlaubt Austin die Bildung von zwei Kategorien: den «laws of god» («laws of nature») und «laws set by men to men»; bei diesen unterscheidet er wiederum zwischen zwei Arten: a) «laws set by political superiors» und b) «laws set by men not political superiors». Davon separiert er zwei ähnliche Phänomene: c) «laws improperly but by close analogy so called, being rules set and enforced by mere opinion» («law of honour», «law set by fashion») und d) «laws metaphorically so called» (Naturgesetze).

Die Rezeption Austins in der deutschen Rechtsphilosophie hat den Begriff der R. für die unter a) genannte Gruppe von Normen verwendet [5]. Dessen Umschreibung erfolgte fortan durch drei Merkmale: 1) Das Vorhandensein einer *Sollensanordnung* als konstituierendes Element jeder Norm [6]; diese wird auch als Willensakt, «Imperativ» oder «Zwangselement» bezeichnet. 2) Die

Zugehörigkeit dieser Norm zu einer normativen Ordnung, welche als *Rechtsordnung* zu bezeichnen ist. Dieses Merkmal soll die R. von den religiösen, moralischen oder sittlichen Normen abgrenzen [7]. Dabei wird die gesamte Ordnung nicht als R. bezeichnet [8]. 3) Ein gewisses Maß an *Allgemeinheit* der Norm: Sollensanordnungen, welche sich nur an eine einzelne Person richten oder nur einen einzelnen Fall betreffen, wurde die Bezeichnung ‹R.› regelmäßig abgesprochen [9].

Erscheint bis hierher der Begriff der R. allein als Sondergut des Rechtspositivismus, so sind die drei genannten Begriffselemente seitdem ohne ausdrückliche Bezugnahme auf Austin oder die Wiener Schule auch in nichtpositivistischen Rechtstheorien Gemeingut geworden [10]. Sie fügen ihm bisweilen weitere, je nach ihrem rechtstheoretischen Vorverständnis unterschiedliche Definitionselemente hinzu, ohne dadurch aber zu einem substantiell anderen R.-Begriff zu gelangen. Unter welchen Voraussetzungen ein Phänomen zustande kommt, welches die genannten Anforderungen erfüllt und daher als R. zu qualifizieren ist, ist keine rechtstheoretische Frage, sondern nach der im jeweiligen Einzelfall anwendbaren Rechtsordnung zu beantworten. Unter den Begriff werden einhellig Gesetze, Rechtsverordnungen, Satzungen und das Gewohnheitsrecht subsumiert. In jüngerer Zeit wird auch Regelwerken, welche von Privaten stammen, die Eigenschaft der R. zuerkannt.

Diskussionen entstanden in der Folgezeit nicht aus unterschiedlichen Auffassungen über jene Merkmale, sondern aus der geringen Konkretheit jener Begriffselemente selbst. Nach dem Zweiten Weltkrieg gerät insbesondere die Frage in die Diskussion, wann eine Norm Bestandteil einer Rechtsordnung sei. Hier wird die Fundierung des Begriffs der R. im rechtswissenschaftlichen Positivismus zum Problem. Die Frage entzündet sich am Begriff des Rechts; also daran, ob auch ungerechte Normen R.en sein könnten. Soweit im Anschluß an G. RADBRUCH [11] 'ungerechten' Gesetzen der Rechtscharakter abgesprochen wird, kommen ihre Normen nicht als R.en in Betracht. Die Konsequenzen dieser Lehre liegen darin, daß 'ungerechte' Normen frühere R.en nicht aufheben bzw. ein Handeln nicht rechtfertigen können. Dieser Lehre kam praktische Bedeutung insbesondere bei der Beurteilung der Gültigkeit bzw. Rechtmäßigkeit nationalsozialistischer Handlungen zu. Mit dieser Modifikation war der Begriff der R. in den rechtsphilosophischen Streit um den Rechtsbegriff hineingezogen. Zugleich war sie aber auch die Vorbedingung für seine Rezeption durch nicht-positivistische Rechtsphilosophien.

Die neuere Rechtsphilosophie wendet sich partiell gegen den Charakter der – genauer: aller – R. als «Sollensanordnungen» [12]. Der Grund dafür liegt in der Beobachtung, daß nicht alle Normen, denen gewöhnlich das Prädikat ‹R.› zugesprochen wird, eine Sollensanordnung enthalten. Das gilt um so eher, wenn das 'Sollen' mit Zwang gleichgesetzt wird. Die Diskussion hat zu einer stärkeren Differenzierung der möglichen Inhalte von R.en geführt [13]. Gegenwärtig werden die folgenden möglichen Inhalte von R.en anerkannt: Gebieten, Erlauben, Ermächtigen, Erläutern, Einschränken, Verweisen, Fingieren, Derogieren (eine R. für alle oder bestimmte Fälle außer Kraft setzen). Das Kriterium der Sollensanordnung wird dann nicht mehr als Begriffselement der einzelnen R., sondern nur noch als solches der Rechtsordnung insgesamt anerkannt.

Unter Rückgriff auf angelsächsische Vorarbeiten ist in jüngerer Zeit eine weitere begriffliche Differenzierung zu beobachten. Sie neigt dazu, den Begriff ‹R.› entweder einzuschränken oder stärker zu strukturieren [14]. Ihr zentrales Anliegen ist die Unterscheidung von ‹Rechtsregel› und ‹Rechtsprinzip›. Regeln sind danach Normen, welche im Wege der Subsumtion anwendbar sind nach den deontischen Kriterien 'erfüllt/nicht erfüllt' (Beispiel: '*A* ist ein Mörder' bzw. '*A* ist kein Mörder'). Hingegen sind Prinzipien solche Normen, die nicht einfach angewandt, sondern nur optimiert werden können (Beispiel: 'Die Bundesrepublik ist ein Sozialstaat'). Rechtsprinzipien erfüllen alle begrifflichen Elemente der R.en; sie sind daher eine Teilmenge dieser Normen.

Anmerkungen. [1] Zu wissenschaftl. Vorläufern: G. LÜBBE-WOLFF: Hist. Funktionen der Unterscheidung von Recht und Moral. Arch. Rechts- Soz.philos., Beih. 23 (1985) 43ff. – [2] Bes. H. KELSEN: Hauptprobl. der Staatsrechtslehre (1911); Reine Rechtslehre (²1960); Allg. Theorie der Normen (1979). – [3] So noch: E. ZITELMANN: Irrtum und Rechtsgeschäft (1879) 205; gegenwärtig etwa: K. LARENZ: Methodenlehre der Rechtswiss. II, Kap. 2 (⁶1991). – [4] J. AUSTIN: Lect. on jurispr. (1885) 86ff. – [5] F. SOMLÓ: Jurist. Grundlehre (1917) § 23; A. ROSS: Theorie der Rechtsquellen (1929) 83ff. – [6] a.O. 59f. – [7] 66ff. – [8] 97f. – [9] Dazu krit.: a.O. 64f. mit weit. Nachweisen; ablehnend: KELSEN: Reine Rechtsl., a.O. [2] 252ff. – [10] Umfassende Nachweise bei F. KIRCHHOF: Private Rechtssetzung (1987) 57ff. – [11] G. RADBRUCH: Gesetzl. Unrecht und übergesetzl. Recht. Süddtsch. Juristenztg. 1 (1946) 105. 107; ebenso etwa F. BYDLINSKI: Jurist. Methodenlehre und Rechtsbegriff (1982) 325ff. – [12] Vgl. KELSEN: Allg. Theorie der Normen, a.O. [2] 76ff; LARENZ, a.O. [3] II, Kap. 2, 2. – [13] KELSEN, a.O.; LARENZ, a.O. – [14] Für die erstere Richtung: J. ESSER: Grundsatz und Norm in der richterl. Fortbildung des Privatrechts (³1974); für die zweite Richtung: R. ALEXY: Theorie der Grundrechte (1985) 71ff.

Literaturhinweise. A. ROSS: Theorie der Rechtsquellen (1929). – U. MEYER-CORDING: Die R.en (1971). – F. KIRCHHOF s. Anm. [10].

CH. GUSY

Rechtsontologie. 1. Der Begriff ‹R.› bezeichnet einerseits eine bestimmte Fragestellung, andererseits eine bestimmte Position der Rechtsphilosophie. Im ersteren Sinne bezieht er sich auf die Gesamtheit der Voraussetzungen, die als Bedingungen geltenden Rechts angenommen werden. In dieser, gegenüber inhaltlichen Aussagen indifferenten Verwendung des Begriffs kann man auch von der Ontologie metaphysikkritischer Rechtsauffassungen wie der des Rechtspositivismus sprechen [1].

Im zweiten, engeren Sinne bezeichnet der Begriff eine rechtsphilosophische Position, die aus der angenommenen Struktur des Rechts oder rechtlich relevanter Seinsbereiche normative Folgerungen ableitet. Der Rekurs auf unterschiedliche Seinsebenen (Sphäre des idealen Seins, soziale Strukturen, natürliche Tatsachen) bedingt eine Vielfalt teilweise äußerst heterogener Ansätze [2]. Soweit auf empirisch erforschbare Sphären des Seins Bezug genommen wird, überschneiden sich die Gegenstandsbereiche der R. einerseits, der empirischen Disziplinen (Rechtssoziologie, empirische Rechtsanthropologie) andererseits, von denen sich die R. methodisch durch die normative Ausdeutung der Seinsstrukturen unterscheidet. ‹R.› i.e.S. bezieht sich damit auf einen Seinsbegriff, der im Sinne des Methodenmonismus die Distanz zwischen Sein und Sollen durch die Einbeziehung axiologischer Momente überbrücken soll.

2. Soweit Normen eines vorpositiven Rechts aus der Existenz bestimmter natürlicher Tatsachen abgeleitet werden, liegt explizit oder implizit ein normativ aufgela-

dener Naturbegriff zugrunde, der dem Begriff des 'Unnatürlichen' die Bedeutung des 'Nichtseinsollenden' verleiht. Implizit ist dieser Naturbegriff bereits in der sophistischen Naturrechtslehre (GORGIAS) präsent, wenn aus der faktischen Überlegenheit des physisch Stärkeren auf dessen Recht zur Beherrschung des Schwächeren geschlossen [3] und die Volksherrschaft mit der Begründung kritisiert wird, sie behandle alle Bürger gleich, obgleich zwischen ihnen erhebliche natürliche Unterschiede bestünden [4]. Wird hier die bloße Faktizität zum Maßstab des Rechts erhoben, so erfährt die normative Überhöhung des Natürlichen bei ARISTOTELES eine philosophische Fundierung in einer Metaphysik, die Sein und Sollen in einer teleologischen Naturkonzeption zusammenschließt. Der Gedanke der Entelechie wird im anthropologischen Bereich zu der Zielsetzung des vollkommenen Lebens konkretisiert, die sich nur in der Gemeinschaft verwirklichen läßt und deshalb die 'naturrechtliche' Begründung des staatlichen Gemeinwesens trägt [5]. Mit dem Auftreten einer christlich-theologisch geprägten Naturrechtslehre gerät die ontologische Herleitung des Rechts in ein Spannungsverhältnis zu seiner voluntaristischen Begründung. An der Frage, ob das Gute gut sei, weil Gott es wolle, oder ob Gott das Gute wolle, weil es gut sei, scheiden sich die verschiedenen Strömungen des christlich-mittelalterlichen Naturrechts [6]. Die rationalistische Richtung kulminiert im Naturrechtssystem THOMAS VON AQUINS, das auf der Basis eines explizit wertdifferenten Seinsbegriffs («ens et bonum convertuntur») [7] die «lex aeterna» als Gesetz der Schöpfungsordnung Gottes zum universellen Bewertungsmaßstab aller Dinge erhebt. Im Unterschied zu den vernunftlosen Geschöpfen nimmt der Mensch kraft seiner Vernunft an der «lex aeterna» teil; diese Teilnahme ist die «lex naturalis» («talis participatio legis aeternae in rationali creatura lex naturalis dicitur») [8].

3. Eine R. mit nur schwachem normativem Anspruch entwickelt A. REINACH auf der Basis der Phänomenologie E. Husserls. Die rechtlichen Gebilde (wie Ansprüche, Verträge, dingliche Rechte) besitzen danach «ein Sein ... so gut wie Zahlen, Bäume oder Häuser» [9]. Das positive Recht findet die rechtlichen Grundbegriffe vor; es erzeugt sie ebensowenig wie die mathematische Wissenschaft die Zahlen. Ebenso wie diese rechtlichen Wesenheiten selbst haben auch die von ihnen geltenden Gesetze apriorischen Charakter; es handelt sich um synthetische Sätze a priori. Die rechtlichen Grundbegriffe und die von ihnen geltenden Wesensgesetze sind aber nicht Bestandteile der Rechtsordnung. Das positive Recht kann beliebig von den Wesensgesetzlichkeiten, die für die rechtlichen Gebilde gelten, abweichen [10]. Reinach warnt vor «jedem Ontologismus ..., der positivrechtliche Theorien binden will an Wesensgesetzlichkeiten» [11]. Gleichwohl bleiben die Wesensgesetzlichkeiten nicht ohne jede normative Kraft. Denn es werde sich jede Bestimmung des positiven Rechts «zunächst nach dem wesensgesetzlich Seienden richten, insofern dies Seiende, an und für sich betrachtet, stets auch das Seinsollende ist» [12].

4. In bewußter Wendung gegen die Marginalisierung des Rechts in der ontologischen Analyse der menschlichen Existenz bei M. Heidegger unternimmt W. MAIHOFER den Versuch, auf der Grundlage der Philosophie Heideggers eine existiale Ontologie des Rechts zu entwickeln [13]. Menschliches Dasein sei nicht nur Selbstsein; es werde vielmehr gleichursprünglich durch das Existential des Alsseins bestimmt. Der Gedanke «Dasein in der Welt ist Selbstsein im Alssein» [14] soll der Existenzphilosophie den Zugang zu der Welt der sozialen Ordnung und damit auch der Welt des Rechts eröffnen. Grundlegend ist dabei die Feststellung, die Individualentfaltung der Person vollziehe sich «seinsnotwendig in bestimmter, von der Person her vorgezeichneter Sozialgestalt», in der der Mensch in die Sphäre der Ordnungen und damit auch der Ordnung des Rechts trete [15]. Die Übernahme einer sozialen Rolle begründet bestimmte Verhaltenserwartungen an den Rollenträger, die als «natürliche» und «vernünftige» Erwartungen normativ bedeutsam sind. So tritt neben das existentielle Naturrecht des Selbstseins das institutionelle Naturrecht des Alsseins als Recht aus der «Natur der Sache» (als «Natur» von Lebenssachverhalten).

5. Zur philosophischen Fundierung einer R. wird teilweise auf die Schichtenlehre (N. HARTMANN) zurückgegriffen. Im Stufenbau der realen Welt gehört das Recht als Wirklichkeitserscheinung zur Schicht des Geistes, und zwar als objektiver (herrschendes Recht) und objektivierter Geist (kodifiziertes Gesetz) [16]. Kennzeichnend für die Rezeption der Schichtenlehre durch die akademische Rechtsphilosophie ist dabei die Normativierung des geistigen Seins: Indem zur «Eigenart des Rechts als geistiges Sein» dessen Geltungsanspruch gerechnet wird [17] bzw. Recht nicht mehr als Wirklichkeitserscheinung, sondern als System von Normen verstanden wird, die eine Geltung eigentümlicher Art besitzen [18], wird die Philosophie des geistigen Seins zur Legitimationsbasis für den Verbindlichkeitsanspruch des Rechts [19]. Vereinzelte Versuche, die Ontologie der Werte in der materialen Wertethik für die Rechtsphilosophie fruchtbar zu machen [20], konnten sich gegen die auch im rechtsphilosophischen Schrifttum überwiegende erkenntnis- und sprachtheoretisch ausgerichtete Kritik an der materialen Wertethik [21] nicht durchsetzen.

6. Einen eigenständigen rechtsontologischen Ansatz hat A. KAUFMANN entwickelt. Die Frage nach der ontologischen Struktur des Rechts wird unter Rückgriff auf die «ontologische Differenz» von Dasein (Existenz) und Sosein (Essenz) auf die Alternative zugespitzt, ob der Existenz des Rechts Vorrang vor seiner Essenz (Position des Rechtspositivismus) oder der Essenz des Rechts Vorrang vor seiner Existenz (naturrechtliche Positionen) zukommt. Beide Extrempositionen werden von Kaufmann verworfen: Der Realität des Rechts entspreche nur eine Position, die Existenz und Essenz als notwendige Bedingungen realen Rechts anerkenne [22]. Recht ist in seinem Sein durch den Modus der Geschichtlichkeit bestimmt, der von der auf Wesensverwirklichung angelegten und insofern geschichtlichen menschlichen Personalität her zu verstehen ist. Die menschliche Person steht auch im Mittelpunkt der von Kaufmann in späteren Arbeiten in bewußter Abkehr von der Substanzontologie herangezogenen Relationenontologie [23]. Im Bereich der juristischen Methodik führt die Einsicht in den schöpferischen Charakter des Rechtsfindungsprozesses Kaufmann zur Position einer «hermeneutischen R.» [24].

7. Die Problematik rechtsontologischer Positionen liegt zum einen im erkenntnistheoretischen, zum andern im logisch-methodischen Bereich. Die erkenntnistheoretisch ansetzende Kritik moniert den spekulativen Charakter (rechts)ontologischer Prämissen; teilweise wird diese Kritik sprachtheoretisch untermauert [25]. Unter

logisch-methodischem Aspekt ergibt sich das Problem der Ableitbarkeit eines Sollens aus einem Sein. In diesem Punkt stehen sich die Positionen des Methodendualismus (Verneinung der Ableitbarkeit) und des Methodenmonismus (Bejahung der Ableitbarkeit) unversöhnlich gegenüber; sie beruhen letztlich auf jeweils unterschiedlichen Seinsbegriffen [26]. Anerkennt man die Möglichkeit eines normativen Seins, so gewinnt die Deduktion Validität, allerdings um den Preis einer erhöhten erkenntnistheoretischen Anfälligkeit der Position. Umgekehrt führt die Reduktion des Seins auf den Bereich der Faktizität zu einer prinzipiellen Kluft zwischen Sein und Sollen. Versuche, diese Kluft mit Hilfe einer Argumentation aus der «Natur der Sache» (s.d.) zu überbrücken [27], laufen letztlich darauf hinaus, Normen nicht allein aus Seinsaussagen, sondern aus allgemein akzeptierten (und deshalb im Hintergrund bleibenden) normativen Prämissen in Verbindung mit deskriptiven Aussagen über den zu regelnden Lebensbereich zu gewinnen.

Anmerkungen. [1] E. VON HIPPEL: Zur Ontol. des Rechts, in: A. KAUFMANN (Hg.): Die ontolog. Begründ. des Rechts (1965) 405-421. – [2] G. ELLSCHEID: Das Naturrechtsproblem. Eine systemat. Orient., in: A. KAUFMANN/W. HASSEMER (Hg.): Einf. in Rechtsphilos. und Rechtstheorie der Gegenwart (^{5}1989) 143-211, bes. 191. – [3] GORGIAS: Frg. 82, B 11 (6). VS II, 289f. – [4] KALLIKLES in der Darst. bei PLATON: Gorg. 484 a-484 c. – [5] ARISTOTELES: Pol. 1252 b-1253 a. – [6] H. WELZEL: Naturrecht und mat. Gerechtigkeit (^{4}1962) 48-127. – [7] THOMAS VON AQUIN: S. theol. I-II, 18, 1. – [8] a.O. 91, 2. – [9] A. REINACH: Zur Phänomenol. des Rechts (1953) 14. – [10] a.O. 17. – [11] 221. – [12] 201. – [13] W. MAIHOFER: Recht und Sein (1954); Vom Sinn menschl. Ordnung (1956); Die Natur der Sache, in: KAUFMANN (Hg.), a.O. [1] 52-86. – [14] Recht und Sein, Vorwort. – [15] a.O. 83. – [16] N. HARTMANN: Das Problem des geist. Seins (^{3}1962) 274-276. 522-523. – [17] H. COING: Grundzüge der Rechtsphilos. (^{3}1976) 288; teilw. anders (^{4}1985) 298. – [18] H. HENKEL: Rechtsphilos. (^{2}1977) 549. – [19] U. NEUMANN: Neuere Schr. zu Rechtsphilos. und Rechtstheorie. Philos. Rdsch. 28 (1981) 189-216, bes. 190-196. – [20] COING, a.O. [17] (^{4}1985) 116 ff. – [21] HENKEL, a.O. [18] 223; H. RYFFEL: Grundprobleme der Rechts- und Staatsphilos. (1969) 159f.; R. ZIPPELIUS: Rechtsphilos. (^{2}1989) 135f.; A. PODLECH: Wertungen und Werte im Recht. Arch. öffentl. Rechts 95 (1970) 185-223. – [22] A. KAUFMANN: Die ontolog. Struktur des Rechts, in: KAUFMANN (Hg.), a.O. [1] 470ff. 490ff. – [23] Vorüberleg. zu einer jurist. Logik und Ontol. der Relationen. Rechtstheorie 17 (1986) 258-276; Theorie der Gerechtigkeit (1984) 39-42. – [24] Die 'ipsa res iusta', in: KAUFMANN: Beitr. zur Jurist. Hermeneutik (1984) 52-64. – [25] D. HORN: Rechtssprache und Kommunikation (1966); H. RODINGEN: Pragmatik der jurist. Argumentation (1977). – [26] ELLSCHEID, a.O. [2] 196-199. – [27] W. MAIHOFER: Die Natur der Sache, a.O. [13]; A. BARATTA: Natur der Sache und Naturrecht, in: KAUFMANN (Hg.), a.O. [1] 104-163.   U. NEUMANN

Rechtsordnung, ein Ausdruck, der außerhalb des deutschen Sprachraums keine wirklichen Äquivalente hat, bürgert sich in dieser zusammengesetzten Form erst mit dem Übergang zum 19. Jh. ein. Als Bezeichnung für ein empirisch begrenzbares rechtliches Ganzes kommt ‹R.› im Zusammenhang mit der Positivierung des Rechtsdenkens und der Verwissenschaftlichung des öffentlichen und des Staatsrechts terminologisch in Gebrauch. Die Rede von der R. setzt dabei nicht nur eine weitgehend säkularisierte Rechtsbegründung voraus. Sie impliziert überdies die Möglichkeit, auf Institution und Institutionalisierung des Rechtswesens als in sich geschlossenem Teilbereich einer empirischer Beschreibung zugänglichen Gesellschaft zu reflektieren. In den schwankenden Wortgebrauch finden ideengeschichtlich ältere Motive Eingang: die Vorstellung des corpus, der ordo oder des Systems der Rechte, die Idee der Ordnung als Normzweck (bis hin zur Formel 'Recht und Ordnung'), der Gedanke des geordneten Zustandes (der staatlichen/zivilen 'Verfassung'), schließlich der auch satzungstechnische Sinn von ‹ordo› bzw. ‹ordinatio› (Ordnung/Anordnung), indem man bei der Normierung von Prozeduren z. B. von Geschäfts- oder Prozeßordnung spricht.

Als deskriptiver Oberbegriff in Rechtssoziologie, -theorie, -vergleichung und -geschichte wird ‹R.› heute entweder unspezifisch weit verwendet und umfaßt dann Begriffe wie ‹Gesetzes-›, ‹Rechts-› oder auch ‹Legalsystem› (legal system), ‹Rechtsverfassung› bzw. ‹-zustand› (état du droit), ‹bürgerliche Ordnung› usw. ‹R.› kann auch in einem engeren Sinne das inhaltliche ('materielle') Ganze des Rechts meinen. Soll dann zugleich ein bestimmter normativer Gehalt umrissen werden, steht der Ausdruck ‹R.› in Opposition zur positivistischen Terminologie, heute vor allem zum funktionalen Begriff des Rechtssystems in der angelsächsischen und systemtheoretisch geprägten Soziologie.

1. Faßt man sie nur allgemein genug, dann ist die Vorstellung von einem in Rechtsgestalt mehr oder weniger unmittelbar gegebenen Ordnungszusammenhang bereits in der Antike mit der Idee und der Praxis des Rechts überhaupt nachweisbar. Der zunächst geringe Grad der Kodifizierung und die unmittelbare kosmologische Einbettung des Rechtlichen schließen jedoch sowohl für den auf den Rechtsspruch konzentrierten Positivismus der Sophisten als auch für die naturrechtlichen Nomos- und Staatsformenlehren von PLATON und ARISTOTELES das Thema einer selbständigen, durch die Gesetze systematisch verkörperten Ordnung aus.

Für die Rechtsverfassung der res publica gilt ebenfalls, daß der naturrechtliche Begründungsdiskurs sich auch bei zunehmender Institutionalisierung auf die exemplarische Einbettung des Gesetzes (lex) in seinen (ontologisch richtigen, guten) natürlichen und politischen Zusammenhang konzentriert. Bei CICERO erscheint das «wahre Gesetz» («lex vera») als ordentlich deduzierbares im Sinne einer «ratio summa, insita in natura» [1]; in diesem Sinne bleibt der Hintergrund ein selbstverständlicher, von dem sich die spätrömische Kasuistik entwickelt. Die Kodifizierung durch JUSTINIAN versteht sich als «collectium» [2], das instituierte Ganze der «ordo iuris» als «compositio» («taxis», «syntaxis», in den ‹Digesten› nur einmal: «systema»). Auch strukturierende Maßnahmen wie ULPIANS Hierarchisierung der Rechtsquellen ändern nichts an dieser anwendungsbezogen organisierten, auf den eigenen 'Ordnungscharakter' nicht weiter reflektierenden Rechtsbegrifflichkeit.

2. Die Vorstellung eines integralen, durch das kodifizierte Recht gebildeten Zusammenhangs ist an die päpstliche Kanonisierung der Justinianischen Tradition und der «ordo digestorum» gebunden, die sich im 12. und 13. Jh. vollzieht. Der ‹Corpus iuris Romani›, ‹Corpus iuris civilis› wird nun erst als solcher bezeichnet und bleibt für die theologischen Naturrechtslehren sowie für die Art der dogmatischen Bezüge der «leges» auf das «ius» weit über das Mittelalter hinaus entscheidend. Die Körpermetapher meint mit der Form zugleich materiellrechtliche und reale Gehalte: Der «Corpus iuris» *ist* die gerechte, göttliche und in diesem Sinne zugleich 'wahre' Ordnung. Sukzessive erst werden positive Rechtsgestalten thematisierbar – was zunächst nicht das Ganze der

Rechtsform, aber doch das Ganze des (besseren, besten) Rechts betrifft. Zu den souveränitätstheoretischen Grundsatzfragen, mit denen der Konflikt zwischen kirchlichen und weltlichen Instanzen zu einer eminent rechtspolitischen Debatte wird, tritt Ende des 15. Jh. der philosophische Argumentationsrahmen der wiederentdeckten aristotelischen Polislehre. Beides begünstigt in der Folgezeit das säkulare Argument: Voluntaristisch oder rationalistisch deduziert, kann über das einzelne Gesetz (lex) hinaus auch das Recht (ius) nicht allein in der Anerkennung der Gesetzgebungsautorität Gottes gegründet sein, sondern bezieht im Namen des «bonum commune» auch das nachweislich sinnvolle Ganze einer bestimmten Rechtsstruktur im politischen Diesseits mit ein. Bei THOMAS VON AQUIN ist transzendenter Ausgangspunkt einer «lex naturalis» nicht mehr allein göttliches «ius», sondern eine «lex aeterna». Die legitimierende Instanz wird ihrerseits nicht nur rechts-, sondern primär gesetzesförmig gedacht. Weder der Zusammenhang einer Ordnung von weltlichen Gesetzen noch das göttliche Ganze des Rechts stehen dabei systematisch für sich. Thomas formuliert vielmehr auf der Höhe der Theologie wie der Rechtskunde seiner Zeit die Doppelorientierung des weltlichen Gesetzes an den Ordnungen von Vernunft und Gemeinschaft, wenn er es als das definiert, «quae nihil est aliud quam quaedam rationis ordinatio ad bonum commune, ab eo qui curam communitatis habet, promulgata» («nichts anderes als eine vernunftgemäße Regelung im Interesse des Gesamtwohls, verkündet von demjenigen, dem die Sorge für die Gemeinschaft obliegt») [3].

3. Mit M. LUTHERS voluntaristischer Zuspitzung der Wirklichkeit göttlicher Ordnung fallen im «Reich der Welt» göttliches und weltliches Recht unvermittelt zusammen. Faktisch gegeben ist ein Gesetz unmittelbar gottgewollt – und kann nun auch ohne theologische Begründung, vor allem aber unabhängig von kirchenrechtlichen Institutionen bestehen. Bei J. CALVIN findet Luthers «Oberkeit» ihre rigide staatstheoretische Ausformulierung in Gestalt des souveränen «ordre de justice» [4]. Der Begriff zielt allerdings weniger auf ein positivrechtliches Ganzes als auf eine juridisch uneingeschränkte Befehlsgewalt der politischen Macht. Es ist der aus sich heraus gerechte Status der Herrschaft ihrer Institutionen, den die säkulare Form der Justiz von nun an gegenüber den traditionellen Instanzen des theologischen Urteils vindiziert. Die «iuris prudentia» des 16. Jh. formiert sich als Wissenschaft, womit sich die – more geometrico – logische und später («usus modernus») methodische Bemühung um Rationalisierung der kodifizierten Traditionen deutlich verstärkt. Die Stichworte «ars», «methodus», «ordo», »syntagma», «systema» meinen, wo sie fallen, dennoch wenig mehr als «Zusammenstellung» i.S. (z.B. pädagogisch) sinnvoller Begriffsordnung [5]. Die Aneignung des byzantinischen Rechts steht im Hintergrund, wenn naturrechtliche Argumente humanistischer, am Modell der Polis und des Gemeinwohls orientierter Juristen (J. OLDENDORP, H. GROTIUS) bestimmend werden. Für die eigenständige Formierung des rechtlichen Bereichs kommt der bei J. ALTHUSIUS vorgenommenen Entkoppelung des Rechts nicht nur von der Theologie, sondern auch von der Politik entscheidende Bedeutung zu [6]. Zwar ist von der R. noch nicht als solcher die Rede, doch alle Argumente um das «ius bonum commune» mobilisieren einen auch dem Politischen mehr oder weniger selbständig gegenübertretenden dogmatischen Bereich «des Rechts».

4. Zugleich setzen sich vertragstheoretische Begründungen politischer Souveränität durch; angebahnt durch die im Bereich der germanischen Rechtstradition überaus wirkungsvollen Schriften des MARSILIUS VON PADUA nehmen sie eine Legitimationsfigur in Anspruch, die auf neue Weise bereits als solche auf einem in sich rechtlichen Konzept basiert. TH. HOBBES ordnet nicht nur erstmals den säkularisierten Bereich des Rechts («law») in den geschlossenen Rahmen einer Staatstheorie ein, auch seine naturrechtliche Begründung des Rechts verzichtet auf jegliche, die Form des Rechts transzendierende Ordnung. Vielmehr fallen, durch die Fiktion eines strikt ordnungslosen Naturzustands, in Hobbes' Staatskonstruktion Humanität, Vernunft und Faktizität der politischen Ordnung mit deren Rechtsförmigkeit in eins. Der als Abtretungsvertrag konzipierte Herrschaftsvertrag beweist die Rechtsform als humane Grundbedingung, der Staat behauptet sie und setzt sie zugleich um. Hobbes' Konzeption bedient sich einer dreistufigen Unterscheidung des «law», um dies zu leisten. Abgelöst von der konstitutiven Vernunft («law of nature»), die zum Vertragsschluß bewegt sowie das Individuum – qua erwiesener Bereitschaft zum Kontrakt – anthropologisch als «Menschen» qualifiziert, gründet sich das konkrete System der Gesetze («system», «body») auf das allgemeine Niveau sog. natürlicher Gesetze («natural laws»). Diese sind durch die vertragstheoretische Begründung von Gesellschaftlichkeit direkt impliziert und bewirken, wie im übrigen auch die zu neuem anthropologischem Rang erhobene Idee vom Subjekt als Rechts- und Willensträger, die universelle Juridifizierung der Begründung der Institution Recht. Noch das Recht zur absoluten Ordnung gründet Hobbes so über Vorläufer wie J. BODIN hinaus in einer autonom juridischen Figur. Empirische Ordnung ist in einem neuen Sinne nicht mehr nur mit dem Gesetz, sondern mit dem Recht formal identisch – und sie insinuiert unmittelbar einen Staat, dessen Ordnung als Exekutive seiner selbst die ontologisch einzig mögliche Alternative zum Chaos verspricht. «Convenants without the sword, are but words, and of no strength to serve a man at all» [7] – die Garantie, eine Figur aus dem Vertragsrecht, begründet damit Anthropologie und Logik: Auf sich selbst verweisend legitimiert sich in der bürgerlichen Ordnung das Recht selbst.

5. Mit und gegen Hobbes problematisiert das 18. Jh. das Recht und die Rechte, zugleich aber ist das Recht auch in der systematischen Form seiner eigenen philosophischen Begründung präsent. Die politische und juristische Literatur bewegt sich dabei im Spannungsfeld zwischen Menschenbild, Staatsformenlehre und der jeweils in der dogmatischen Arbeit am Gesetzessystem sich formierenden Vernunftkonzeption. Im deutschen Rechtsraum bleibt die Begründungsproblematik dabei aufs engste an die Idee des mit der Tradition sinnvoll zu vereinbarenden Ganzen von Rechten und Pflichten sowie entsprechenden, im Sinne der Gemeinwohlperspektive 'guten', Gesetzen gebunden. Deutsche Naturrechtslehrer (S. PUFENDORF, CH. WOLFF) behalten aristotelische Basis und theologische Orientierung, vor allem aber die entsprechende Auffassung vom lose gefügten Rechtsganzen bei. «Ius naturale est *systema* vel *congeries omnium Legum Naturalium*», lautet eine knappe Formulierung dieser Perspektive bei J. BURLAMAQUI [8]. Die Jurisprudenz als anwendungsbezogene «ars» leistet kompilatorische Arbeit, realisiert aber allmählich die im Systematisierungsversuch greifbar werdende hi-

storische Distanz: Der aktiv ordnende Blick auf das Materialganze nimmt (mit Autoren wie J. H. BÖHMER, J. S. PÜTTER) von sich Notiz, was man als Stärkung positivrechtlicher Momente bereits im Systemdenken des 18. Jh. werten kann [9]. Ausdrücklich wird die Ordnung *des* Rechts bzw. das Recht *als* Ordnung für die Rechtswissenschaft jedoch erst später brisant. Die explizite Rede von der R. setzt offenbar den modernen, Privatrechtsordnung und bürgerlich-legislative Souveränität verbindenden Reflex auf Rechtspolitik und Staatlichkeit voraus.

Im angelsächsischen und französischen Raum nehmen die Vertragstheorien des Staates nach HOBBES zunächst weiterhin unspezifisch auf 'das' Recht («law», «droit») Bezug und sprechen für das positive Recht und die Gesetzgebung sowie in Verfassungsfragen von Gesetzen («laws», «loix») oder vom «System der Gesetze». Dies geschieht unabhängig davon, ob letzten Endes – vernunftrechtlich – auf eine empirisch erkennbare Natur der Dinge (J. LOCKE, CH.-L. DE S. DE MONTESQIEU) oder – naturrechtlich – auf einen gesellschaftlichen Urzustand rekurriert wird (J.-J. ROUSSEAU). Für die staatstheoretische Karriere des (von der Frage der Befehlsgewalt abgelösten) Begriffs der Ordnung spielt dennoch – auch für den deutschsprachigen Raum – Rousseau eine wichtige Rolle. Der «ordre social», im vergesellschafteten Zustand immer schon an die Stelle des «ordre naturel» getreten, fällt im Staat ausdrücklich mit dem Normzweck der «guten Ordnung» zusammen – die rechtliche Verfassung als solche ist wiederum immanent vertragsrechtlich begründet. Gebunden an das Ideal der Zustimmung durch die «volonté générale» als unbeschränktem und letztlich nicht repräsentierbarem Souverän, hat die politische Ordnungsfrage wiederum die Gestalt eines juridischen Verhaltens («acte») eines politischen Gesamtkörpers («corps») zu sich selbst [10]. Wiederum sind es die «loix», die – «du tout au tout, ou du Souverain à l'Etat» – diese Beziehung regeln, nur ist es nicht das Modell der einmaligen Abtretung (HOBBES), sondern das der permanenten Zustimmung, auf dem die bürgerliche Verfassung beruht. Äußere Ausübung der Macht, die «großen Staatsmaximen» übersteigen die Fassungskraft des Volkes, insofern sind nicht nur die «loix politiques», sondern auch als «droit politique» eine Konzession, die das Volk mittelbar an seine Oberen, primär aber an die Realität machen muß, denn «l'ordre veut qu'il [das Volk] leur laisse tout l'éclat extérieur et qu'il s'attache uniquement au solide» [11]. Im Unterschied zu Montesquieus wirkmächtiger Staatsformenlehre schließt ROUSSEAU auf Vorläufigkeit aller rechtsförmig verfaßten Ordnung: «Car s'il n'y a dans chaque Etat qu'une bonne manière de l'ordonner, le peuple qui l'a trouvée doit s'y tenir: mais si l'ordre établi est mauvais, pourquoi prendroit-on pour fondamentales des loix qui l'empêchent d'être bon?» [12]. Erst unter diesem Vorbehalt bezeichnet der ‹Contrat social› die «lois de l'état» dann als ein «System» [13]. Dessen Starrheit – «l'ordre et la lenteur de formes demandent un espace des temps que les circonstances refusent quelquefois» [14] – bedeutet für die Gesellschaft die Gefahr einer schon durch die Ordnung als Ordnung gegebenen Ungerechtigkeit. Die Außerkraftsetzung der Gesetze, notfalls gerechtfertigt, wird trotzdem als Eingriff in einen «ordre publique» [15] bezeichnet. In den Gedanken, das Recht *sei* die Ordnung, mischt also auch Rousseau das klassische Motiv der Ordnung als eines dem positiven Recht äußerlichen Zwecks der Norm.

6. Im Rahmen eines transzendentalen Begründungszusammenhanges macht I. KANT das positive Recht auf neue Weise zum idealen Bestandteil der bürgerlichen Staatsverfassung. Die Kulmination der moralisch-sittlichen und der juristischen Verpflichtung im und zum Staat wird von J. G. FICHTE, F. W. J. SCHELLING, G. W. F. HEGEL noch überboten – das idealistische Rechtsdenken bleibt jedoch begrifflich am 'Rechtssystem' orientiert und das heißt: vernunftrechtlich und vergleichsweise abstrakt. Deduziert wird erstens das Recht (im Sinne von ‹ius›) und zweitens der Staat in derjenigen allgemeinen Gestalt, die sich aus freiheitlicher Vernunftverfassung ergeben soll und ergibt. In der bürgerlichen Gesellschaft ergäbe sich von daher mit dem Recht zugleich auch das positive Gesetz; in diesem Sinne vermerkt Hegel, daß es «nicht darum zu tun sein kann, ein System ihrem *Inhalte* nach *neuer* Gesetze zu machen, sondern den vorhandenen gesetzlichen Inhalt in seiner bestimmten Allgemeinheit zu erkennen, d.i. *denkend* zu erfassen» [16]. Die Dimension des positiven Rechts bleibt gegenüber der Vernunft, die sich in ihr ausdrückt, sekundär. Dem entspricht, daß die idealistischen Philosophen selbst nicht von ‹R.› oder auch nur ‹Ordnung der Rechte› reden, sondern – in der Tradition des 18. Jh. – allein vom Recht in rational bereits erschlossener Form, als 'Rechtssystem'.

Auch KANT behält den Begriff der «Ordnung» dem Normzweck vor, so wenn er einen gesellschaftlichen Antagonismus als geeignet bezeichnet, um eine «gesetzmäßige Ordnung» hervorzubringen [17]. Die Kantische Rechtslehre – bestimmt als Metaphysik allein derjenigen Sitten, «welche äußerer Gesetze fähig» sind [18] – formuliert für sich genommen nichts entscheidend Neues, wirkt sich aber insofern folgenreich aus, als sie die alte Unterscheidung von ‹ius› und ‹lex› transzendental zu untermauern vermag: als metaphysisch deduzierbares System «des Rechts», dem die Anwendungsfälle, «die Rechte» im Plural, «welche auf besondere Erfahrungsfälle bezogen werden», im Wege der Subsumtion anzunähern sind [19]. Entscheidend ist nach Kant allein «das Recht». Unter Absehung von «den Rechten» ist seine systematische Gestalt Thema und Ziel der praktischen Philosophie. Der Rest bleibt Anwendung und damit Sache der Jurisprudenz – in diesem Sinne, vermittelt durch TH. SCHMALZ, J. F. FRIES u.a., wird die Transzendentalphilosophie auf die Rechtsdogmatik übertragen. Die ‹Metaphysik der Sitten› setzt folglich, wenn auch indirekt, einen auf neue Weise der Empirie überlassenen Raum des Positivrechtlichen frei.

7. Ein Umbruch in der rechtswissenschaftlichen Dogmatik trägt dem Rechnung. Er setzt mit dem Wechsel zum 19. Jh. ein und zieht deren umfassende Positivierung nach sich – im Rahmen einer Umwälzung, die sich freilich auch in Deutschland weniger der Transzendentalphilosophie, als vielmehr dem doppelten Eindruck der revolutionären Verfassungen und des napoleonischen ‹Code civil› verdankt. Über traditionelle Rechtsbegründung und systematische Auslegungskunst hinaus ist das Ordnungsproblem von nun an auch aus der Perspektive der Juristen unmittelbar mit der politischen und nationalen Gesetzgebungsfrage (der Frage des Rechts *als* Recht) verknüpft. Während in Frankreich die Justiz auf der Basis der neuen Kodifikationen – P. CRUSSAIRE spricht vom «système de législation uniforme» bzw. vom «cadre du système uniforme» [20] – weitgehend 'positiv' funktioniert («Tout le droit civil est le Code civil» wird zum geflügelten Wort), bleibt der deut-

Rechtsordnung

sche Rechtsraum heterogen. Quellenkritische, um Rechtsfindung, -bildung und -konstruktion kreisende Debatten bringen einen expliziten Positivismus, eine positive Rechtswissenschaft hervor. Die Rechtstheorie reflektiert nicht mehr allein auf das «System» im Sinne einer Vorgabe von seiten des positiven Rechts, sie sieht ihre eigene konstruktiv entscheidende Rolle an der Nahtstelle zwischen einer (sei es historischen, sei es empirischen) «R.» und dem juristisch präzise abgeklärten «Rechtssystem». Der Versuch, die 1792 unter das Dach des ‹Allgemeinen Preußischen Landrechts› gestellten Rechtsstoffe theoretisch weiterhin zusammenzuhalten, dokumentiert sich zunächst in historischen Bemühungen um die Quellen und integrative Neuaneignung der römischrechtlichen und germanischen Überlieferung [21]. Die Historische Schule F. C. von Savignys zielt, orientiert am römischen Vorbild, auf den «lebendigen Besitz des Rechtssystems» [22]. Das aktuelle Rechtsganze behält dabei jedoch den Charakter des diffus-umfänglichen Mediums: Savigny spricht nicht von der Ordnung, sondern vom «Rechtszustand» der Gegenwart [23], von dem wir ohne systematische Darstellung «nur die äußere Erscheinung wahrnehmen, nicht das innere Wesen begreifen» [24]. Auch Savignys Kritiker (P. J. A. Feuerbach, A. F. J. Thibaut) beziehen sich auf die Vorstellung vom Recht als Zustand, und noch G. F. Puchta spricht vom (vergangenen) «Rechtszustand», aus dessen historischer Untersuchung «für die Gegenwart» die Aufstellung eines «Systems» resultiert [25]. Historische Rechtsforschung, juristisches Systemdenken und immanente Bearbeitung der (Zivil-)R. sind es also nicht allein, die im 19. Jh. für das Rechtsganze das Kompositum ‹R.› nahelegen. Der Ordnungsgesichtspunkt wird zugleich von seiten der Staatstheorie und -philosophie an die Rechtsbegrifflichkeit herangetragen. Bei den Juristen selbst tritt in der Folgezeit entsprechend der historische Maßstab hinter die Orientierung an Staat und Gesetzgebung zurück. Was für den positiven «Rechtsstoff» zunächst bleibt, ist die Idee vom in Geschichte gewachsenen «organischen Ganzen» des Rechts (Savigny) und die Idee vom historischen «Zustand» der Gegenwart. 'Die' Geschichte (wie auch naturrechtliche Argumente) kommen anderswo, in Politik, Staatsphilosophie und Rechtskritik, zum Tragen.

Anknüpfend an G. Hugo, der selbst nicht von R. spricht, radikalisiert eine Rechtswissenschaft, die sich zunehmend vom Gegebenen her versteht, den Gesichtspunkt des Rechtsganzen als gesetzgeberischer und juristischer Positivität. Die Hobbesianische Tradition sowie die Tendenz zur Selbstbegründung des juristischen Diskurses mag dabei wichtiger sein als der erst spät greifbare Einfluß des französischen Wissenschaftspositivismus von A. Comte [26]. Ziel des im positiven Stoff wissenschaftlich zu erstellenden «Systems» ist nach C. F. von Gerber, anknüpfend an die more geometrico-Tradition des Vernunftrechts, das «reine Rechnen mit Begriffen» [27]; jedes Gesetz ist staatliche «Anordnung» (P. Laband) und hat so schon, als Gegebenes, seinen Zweck in sich selbst. Naturrechtstheorie erscheint dementsprechend zwangsläufig als «idealer Anarchismus» [28] – auf dieser Basis stellt R. von Jhering dem philosophisch dominierenden, aber statischen «System des Naturrechts» die «positive R.» entgegen: den vorgefundenen Rechtsstoff, aus dessen Analyse sich erst die dynamische Systemstruktur ergibt. Letztere ist Leistung einer produktiven Jurisprudenz, die sich allein auf die in einer hypothetischen «Grundnorm» verankerten Delegationsnormen bezieht. Die Grundnorm ist durch den staatlichen status quo, in keiner Weise aber inhaltlich bestimmt: «Was sie zu leisten hat ist nicht, eine gerechte Ordnung, aber eine sinnvolle Ordnung zu begründen» [29]. In Jherings späten Texten erscheint das Recht nurmehr als evolutionärer Zweckzusammenhang, aber auch dann gibt das staatspolitische Moment der sich selbst sanktionierenden Ordnung den Ausschlag. Über manifesten Zwang und faktische Normsetzung hinaus muß für den «Rechtszustand» verlangt werden, «daß die Staatsgewalt sich selbst an die von ihr erlassenen Normen binde. Erst dadurch wird der Zufall in der Anwendung der Norm verbannt – an die Stelle der Willkür tritt Gleichmäßigkeit, Sicherheit, Berechenbarkeit des Gesetzes. Das ist es, was die Sprache unter R. versteht» [30].

8. Ein entsprechend untergründiger Hegelianismus verbindet gesetzespositivistische Rechtsdogmatik und Begriffsjurisprudenz mit dem weiten Spektrum der emphatischen Staats- und Rechtsphilosophien der Zeit. Anknüpfend an Schelling bestimmt F. J. Stahl den Staat als «sittliches Reich», greift aber nicht (wie später z.B. J. K. Bluntschli [31]) auf die Körpermetaphorik einer Staatspersönlichkeitslehre zurück, sondern vielmehr auf die kosmologische ordo-Tradition. Recht, «die menschliche *Ordnung* des Gemeinlebens ... zur Erhaltung von Gottes Weltordnung», erfährt seine Verwirklichung durch den Staat, «die Anstalt menschlicher *Beherrschung* des Gemeinlebens in Vollmacht Gottes und für von Gott gesetzte Zwecke. Der erste dieser Zwecke aber ist eben jene Ordnung» [32]. Gegen Grotius, Rousseau, Kant, Fichte und deren Naturrecht beschwört Stahl den «alte[n] positive[n] Glauben und die alte Treue gegen die positiven geschichtlichen Ordnungen» [33]. Mit dem Ziel der «Erhaltung der Weltordnung Gottes ..., wiewohl in selbständiger und freier menschlicher Ausführung» [34], bilden Staat und Recht die ethisch gegründete bürgerliche Ordnung, wobei aber nicht jeder Befehl der rechtlichen Autorität Bestandteil der R. ist. Diese bemißt sich vielmehr transzendent. «Gedanken und Gebote Gottes», ein göttlicher Plan im Sinne einer «Weltökonomie», der sich «ähnlich wie die Naturschöpfung» entfaltet, geben den Rechtsinstituten eine natürliche Basis. «Die Gerechtigkeit ist nicht das ursprüngliche und gestaltende, aber sie ist das erhaltende und befestigende Princip, sie ist das letzte Siegel der R.» [35]. Ähnlich begründet die R. auch der an K. Ch. F. Krause anknüpfende Fichteaner H. Ahrens. Seine Naturrechtslehre «auf philosophisch-anthropologischer Grundlage», 1846 zunächst französisch publiziert, bestimmt die R. als den Horizont jeglicher Rechtsphilosophie. Sofern letztere aus dem «Wesen des Menschen und der Menschheit» wissenschaftlich das höchste Prinzip ableitet, beschäftigt sie sich «mit der *Idee* und dem *Ideal* des Rechts, sowie der darin begründeten Verhältnisse und Einrichtungen des menschlichen Lebens, welche zusammengesetzt die R. oder den *Staat* bilden» [36]. Diese Parallelisierung von R., Staatsidee und bürgerlicher Verfassung ist typisch und herrscht auch bei Kritikern von Naturrecht und romantischem Ganzheitsstaat vor, so bei dem Konstitutionalisten R. von Mohl [37].

L. von Stein deutet die als theokratische Struktur weltgeschichtlich vorherrschende «Rechts- und Staatsordnung» [38] genealogisch: Die «zu Recht gewordene Ordnung der Geschlechter» [39] erstarrt, hinzu treten andere «Gesellschaftsordnungen», insbesondere die ständische, bis der Staat sich «in seiner Majestät über alle zugleich» erhebt [40]. Auch bei Stein ist der Systembegriff dem Begriff der R. subsidiär – unter die R. fallen «Rechtssysteme, wie das adelige, das unfreie, das bürgerliche Recht» [41]. «Das Recht entsteht erst durch die Aufrichtung als äußere Ordnung im Leben der Gemeinschaft» [42]; diese Stahlsche Formulierung markiert den Grundkonsens zwischen Staatstheorie und Gesetzespositivismus, auf dessen Linie man 'das' Recht bis zum Ende des 19. Jh. durchgängig rechtsstaatlich bestimmt. Die R. geht dabei dem 'System' voraus und steht für einen unabdingbaren, real zwingend instituierten Ordnungsgehalt, dessen 'innere' Systematisierung allein den Juristen obliegt. Inhaltlich bestimmt sich der Ordnungsrahmen vor allem über das Staatsziel. So definieren schließlich auch historisch arbeitende Juristen das Recht als «Friedensordnung» vernünftiger Art [43]. Auf der Linie der positivistischen Opposition von «Ordnung» und (naturrechtlichem, metaphysischem) «System» kritisiert für das Staatsrecht C. TH. WELCKER im Namen erkennbarer Gültigkeit der «wahren selbständigen» und «freien R.» idealistische Ableitungen des Rechts aus «nicht objektiven individuellen Anschauungen». Solche «Systeme», namentlich Fichtes, aber auch Kants, Schellings, Hegels, «begründen niemals objektiv oder äußerlich und gesellschaftlich allgemein erkenn- und beweisbare, für alle Rechtsmitglieder gültige Gesetze» [44].

9. Um die Jahrhundertwende ist der Begriff ‹R.› omnipräsent. Im Sinne des vorherrschenden Gesetzes- und Gesetzgebungspositivismus zieht er die äußeren oder 'wirklichen' Aspekte von Recht und Staat zusammen. Die kulturtheoretische Perspektive, vor allem aber die neuentstehende Rechtssoziologie ist es, die nun den empirischen Blickwinkel radikalisiert. 1918 formuliert E. EHRLICH über den Gesetzespositivismus hinaus seine deskriptive Perspektive wie folgt: «Das, was es in der Gesellschaft an Rechtseinrichtungen gibt, bildet eine R., sie mögen in Rechtssätzen geregelt sein oder nicht. Von den Rechtssätzen, zumal von den Gesetzen, hängt sie nur insofern ab, als diese bestimmen können, wie sie vom Richter gewertet werden soll» [45]. Während Ehrlich das empirische Material vor allem zu rechtsvergleichenden Studien nutzt, wird bei M. WEBER die R. neben der Wirtschaftsordnung zum Hauptgegenstand der Soziologie. Gemäß der Bestimmung: «Recht ist für uns eine 'Ordnung' mit gewissen spezifischen Garantien für die Chance ihrer empirischen Geltung. Und zwar soll unter 'garantiertem objektivem Recht' der Fall verstanden werden: daß die Garantie in dem Vorhandensein eines 'Zwangsapparates' ... besteht» definiert Weber solche sozialen Zwangsmittel als «die 'R.en' der betreffenden Vergemeinschaftung». Nicht alle durch Einverständnis geltenden Ordnungen der Vergemeinschaftung sind R.en, «auch nicht alles geordnete 'Organhandeln' ..., sondern nur jenes ..., dessen geltender Sinn dahin geht: die Befolgung einer Ordnung durchzusetzen lediglich *als solche*, also rein formal *um deswillen, weil* sie als verbindlich *geltend* in Anspruch genommen wird» [46]. Webers Definitionen stellen einerseits also ganz auf das Handeln ab. Auch die soziale Handlung selbst wird andererseits aber als ein am Bestehen legitimer Ordnung orientiertes Phänomen begriffen: Der 'legale' Legitimitätstypus (also die Handlungsbegründung durch 'Recht') ist nur einer unter mehreren, die ebenfalls sinnvoll nur im Sinne von 'legitim' zu denken sind. Diese übergreifende Vorstellung von Handlungsrationalität qua Legitimierung macht das Modell des Rechts letztlich zum Paradigma von 'Geltung' und von empirischer Ordnung schlechthin. Wo Weber die Funktionszusammenhänge von R. und Wirtschaftsordnung letztlich im Sinne der 'Chancen' motivgeleiteten Handelns beschreibt, da analysiert die Rechtssoziologie heute statt individuell-zweckrationaler eher die institutionelle Funktionalität, in deren Kontext so etwas wie Handlung erst erscheint, und sie spricht in deskriptiver Hinsicht weniger von ‹R.›, als (analog zum englischen legal system) vom ‹Rechtssystem›. Klar auf den materiellen Normzusammenhang begrenzt begreift die soziologische Systemtheorie, die das funktionale Moment des Handelns auf den Gesichtspunkt binärer Handlungscodierung reduziert, den Begriff ‹R.›. Nach der Definition von N. LUHMANN besteht dann, formal umfassend, das Rechtssystem «aus allen sozialen Kommunikationen, die mit Bezugnahme auf das Recht formuliert werden» [47].

10. Im Rechtsdenken der Weimarer Zeit herrscht nicht nur in der Soziologie und der Kulturhistorie des Rechts (E. LASK), sondern auch in der Rechtswissenschaft selbst der Gedanke einer Kontingenz der Rechtsnormen und des weitgehend empirischen Charakters der R. vor. Über Staatstheorie und Rechtspositivismus hinaus verwenden auch Juristen der Historischen Schule (O. VON GIERKE) [48] und reformorientierte Kritiker des Rechts (G. RADBRUCH, H. HELLER) [49] das Wort in deskriptiver, radikal 'wirklichkeitsorientierter' Absicht. Nachdem sich die marxistische Theorie zunächst, wie K. Marx selbst, auf die Kritik am ideologischen Charakter der «Rechtsform» beschränkt, definiert A. MENGER: «Die R. ist der Inbegriff der in einem Lande dauernd anerkannten Machtverhältnisse. Ursprünglich leben diese Machtverhältnisse bloß in dem Bewußtsein und in der Übung der Völker; später werden sie auch in Gesetzen aufgezeichnet» [50]. Im Sinne der «Bestrebungen der unteren Volksmassen» für «eine ihren Interessen entsprechende R.» [51] wäre das «Rechtssystem» folglich erst zu schaffen, «welches den Nutzen der großen Volksmassen und nicht den der wenigen Mächtigen anstrebt» [52].

Es ist der Neukantianer R. STAMMLER, der seiner Definition der R. erstmals den expliziten Hinweis voranstellt, er sehe hier einen bisher «merkwürdig» unbefragten Begriffsgebrauch. «Die rechtlichen Fragen treten in der Geschichte immer in der Abteilung von *einzelnen R.en* auf. Es fragt sich also, wodurch sich dieser Begriff einer R. kennzeichnet. *Was ist eine R.? Worin* liegt ihr *bedingendes Merkmal*?» [53] Als anderes Recht ordnendes Recht und zugleich Bedingung rechtsunterstellenden Wollens bestimmt Stammler das übergeordnete Ganze der R. als «Inbegriff von bestimmtem objektivem Rechte, das als Rechtsgrund alles darunterstehenden rechtlichen Wollens gedacht ist» [54]. Den durch Geltung ausgezeichneten R.en stehen die «bedingten Rechtssysteme» gegenüber, letztere sind Resultate eines logischen Vorgangs, der juristischen Konstruktion [55]. Wie der Positivismus assoziiert Stammler zunächst das Naturrecht mit dem Begriff ‹Rechtssystem›: Idealistische Richtungen «versuchen, ein ausgeführtes Rechtssystem *mit besonderem Inhalte* als ideales Ziel des positiven Rechtes zu geben. Das ist ein Fehler. Denn der Inhalt der R. geht auf Regelung von menschlichem Zusammenwirken, das auf Bedürfnisbefriedigung gerichtet ist; alles, was sich aber auf menschliche Bedürfnisse und auf die Art von deren Befriedigung richtet, ist *bloß empirisch* ...» [56]. Der Begriff ‹R.› hat hier also noch eine deutlich metaphysikkritische Pointe: Die empirische

Geste bejaht den staatlichen und gesetzespositivistischen Hintergrund.

Syntagmata spezifizieren den allzu allgemeinen Ausdruck. So situiert G. JELLINEK zwischen Staatsmetaphysik und positivistischer Empirie seinen vermittelnden Entwurf einer «staatlichen R.». Demnach ist es zwar im Prinzip allein die empirisch gegebene Überzeugung eines Volkes, die «die Überzeugung begründet, daß die Staatsordnung selbst R. sei». Da aber die hinreichend weit verbreitete Überzeugung, ein dahingehender herrschaftlicher Anspruch sei Recht, «die letzte Quelle des Rechts selbst ist, so ist damit der Rechtscharakter des öffentlichen Rechts unwiderleglich dargetan» [57]. Jede über ein privatrechtliches Minimum hinausgehende, nach landesüblichen «Regeln» ausgeübte Herrschaft wäre in diesem Sinne «staatlich» – empirisch rückgebunden an das «Faktische» ist also wiederum der Staat als Grund der allgemeinen R. bestimmt [58]. Für den rechtswissenschaftlichen Diskurs heute folgenreich wird der neopositivistische Rahmen der ‹Reinen Rechtslehre›. H. KELSEN macht Jherings Ausdruck von der «positiven R.» zum Zentralbegriff und bestimmt das Recht empirisch als «Ordnung menschlichen Verhaltens» und «normative Ordnung», die, wie bei Weber, ihre Identität durch die Sanktionsart gewinnt: «Als Zwangsordnung unterscheidet sich das Recht von anderen Gesellschaftsordnungen» [59]. Kelsens Anspruch geht auf Einheit wissenschaftlicher «Erkenntnis» des Rechts, und er plädiert in der Frage des Verhältnisses von staatlicher R. und Völkerrecht strikt gegen Völkerrechtspluralismus. Sein Stichwort von der neuen «Weltrechtsordnung» [60] bildet seither den universalistischen Horizont für das politische Fernziel einer internationalen Dogmatik positiven Rechts.

11. Gegen jede naturrechtliche oder sonstwie normative Verankerung des Rechtsganzen, aber auch gegen den politisch freischwebenden Rechtspositivismus Kelsens richtet C. SCHMITT das Motiv der den Status des Rechtlichen übersteigenden politischen Entscheidungssituation. Ausgehend von der positivistischen Formel «Jede Ordnung ist eine R. und jeder Staat ist ein Rechtsstaat» [61] setzt er der normativ geordneten Normallage die sich im politischen Ausnahmefall bewährende souveräne Dezision entgegen. Im Zustand der Ausnahme «besteht im juristischen Sinne immer noch eine Ordnung, wenn auch keine R. ... Die Entscheidung macht sich frei von jeder normativen Gebundenheit und wird im eigentlichen Sinne absolut. Im Ausnahmefall suspendiert der Staat das Recht, kraft eines Selbsterhaltungsrechtes, wie man sagt. Die zwei Elemente des Begriffes «Rechts-Ordnung» treten hier einander gegenüber und beweisen ihre begriffliche Selbständigkeit» [62]. In getrennter Schreibweise zielt der Begriff auf die das Recht *als* Ordnung transzendierende Dezision. Die Entscheidung muß im Ernstfall die überpositive Legitimität einer «konkreten Gemeinschaft» bzw. «konkreten Ordnung» verkörpern. Erscheint gemessen daran jeder geordnete Zustand als in Wahrheit entscheidungsbedingt («Alles Recht ist Situationsrecht» [63]), dann bedarf es nach Schmitt um so mehr des «Denktypus» eines «konkreten Ordnungs- *und Gestaltungsdenkens*» [64], der die R. «schützt», indem er sie eigenverantwortlich bricht.

Zu dem unter positivistischen bzw. empirischen Vorzeichen nicht-normativ eingeführten Begriff von R. tritt in den dreißiger Jahren ein zweiter. Volkstypus- bzw. denktypusbezogen ist es nun genau umgekehrt ein normativ gesetzter Ordnungsbegriff, der sich dem allzu neutralen Systemdenken entgegenstellt. Zugunsten des völkisch Konkreten, mittels der juristischen Auslegungslehre vom «konkreten Begriff» (K. LARENZ) und plausibilisiert durch diffuse Lebensmetaphorik, geht man in der nationalsozialistischen Theoriebildung polemisch gegen naturrechtliche Begriffsorientierung, vor allem aber gegen «jüdischen» Positivismus vor. «Eine systematische Rechtswissenschaft, die mit der Interessenjurisprudenz nur die Interessen, nicht aber auch die Begriffe und ihre Bildung, nur die 'Normierung', nicht aber auch die 'Formulierung', nur die Rechtssätze, nicht aber auch die R. als Lebensvorgang auffaßt, gleicht einer Medizin, die den Menschen mit künstlichen Gliedern für das Normale ausgibt, weil sie von seinem natürlichen Gliederbau keine Kenntnis nimmt» [65]. Gegen die «luxuriöse Fassade» der Systematik wird unter Berufung auf Hegel ein organischer Ordnungsbegriff, ein «System als lebendige Gliederung» [66] propagiert, denn «... das Recht ist das Rechtssystem, es ist die R., um deutsch zu sprechen» [67].

12. Im Gegensatz zur Rechtssoziologie, die bevorzugt von ‹Rechtssystem› bzw. ‹Legalsystem› spricht und dann mit ‹R.› die Normordnung, und also materiellrechtliche Inhalte meint, behält die Rechtswissenschaft der Nachkriegszeit den antipositivistischen Ordnungsbegriff bei. Auch da, wo man die unrühmliche Rolle der Jurisprudenz am Ende der Weimarer Republik und danach nicht als «moralischen und geistigen Zusammenbruch» eines «entarteten Positivismus» [68] interpretiert, macht sich eine gewisse Renaissance naturrechtlicher Ideen bemerkbar. Für den deutschen «Rechtskörper», zunächst «in zwei sich z.T. kaum noch ähnelnde Gebilde zerspalten», versucht man zunächst, im Namen der «bürgerlichen Lebensordnung» das Privatrecht als Teilgebiet einer «Gesamt-R.» [69] zu bewahren. Staatsrechtlich zieht dann das ‹Grundgesetz› seine Lehren aus den Erfahrungen von Weimar, und dies insbesondere da, wo es zum Schutz vor den Feinden der Freiheit für einen der höchstrichterlichen Ausgestaltung überlassenen normativen Bestand die Formel der «freiheitlich-demokratischen Grundordnung» (Art. 18, 21, 91 GG) prägt. Der quasinaturrechtliche Gedanke der R. als «Grundordnung» setzt sich gegen seine Kritiker (H. RIDDER, W. ABENDROTH) durch und hat sich seither nicht nur zum flexiblen ordnungspolitischen Instrument, sondern auch zum integralen Bestandteil bundesdeutscher Verfassungsdogmatik weiterentwickelt [70]. Die rechtsphilosophische Verankerung eines normativen Minimalbestandes bleibt indes bis heute heterogen. Ein materiellrechtlicher Rahmen der R. der bürgerlichen Gesellschaft läßt sich anthropologisch fundieren mit A. GEHLEN: «Undiskutable Bejahung des Eigentums, ferner der Wille zur Stabilität, der in Jahreszeiten, Jahren und Generationen denkt, sowie endlich die Bereitwilligkeit zur Unterordnung unter etwas Allgemeines und Unbeeinflußbares ... all diese Grundkategorien kristallisieren zum Inbegriff traditioneller Kultur, zur *R.*» [71]. Formal bestimmt über die Aufgabe, «Kollisionen zwischen Handlungen zu verhüten» [72], soll sich in einer neukantianisch inspirierten Strukturtheorie des Rechts nach J. VON KEMPSKI eine R. auf logischem Wege «rein strukturell» bestimmen lassen, so daß sich «eine R. auf der Basis der Gleichheit und der maximalen Freiheit des Einzelnen in der Verfolgung seiner Interessen aus sich selbst legitimiert» [73]. Die positivistische Systematik arbeitet ihr Theorem vom Stufenbau der R. bzw. den «Relevanzstufen einzelner Norm-Schichten» [74] weiter

aus, denn «für die R. gilt naturgemäß das logische Postulat der Widerspruchsfreiheit» [75]. Auf ontologische Wertgehalte der sozialen Rollen der «Sitten-Ordnung und Rechts-Ordnung» hebt dagegen W. MAIHOFER ab [76]. Auch W. R. BEYER bezeichnet die R. als ontologische «Ordnungs-Letztheit» [77]. In der Rechtstheorie heute wird zunehmend auf Theorien rationaler Verständigung rekurriert. Normative Konsensbildung durch Orientierung an den kommunikativen Strukturen einer idealen Kommunikationsgemeinschaft (J. HABERMAS, K.-O. APEL) soll im Rahmen eines dem öffentlichen Argument zugänglichen Gesellschaftsganzen das Recht auf eine vernünftige Grundlage stellen. Eine Analyse des Rechts als «discours» (M. FOUCAULT), die jenseits der empirischen Funktionsbeschreibung ihrer Institutionen sowie der kommunikationstheoretischen Begründung ihrer Normen die Aktualität der R. kritisch befragt, steht dagegen noch aus.

Anmerkungen. [1] CICERO: De leg. I, 18. – [2] Dig. I, 1. – [3] THOMAS VON AQUIN: S. theol. I-II, 90, 4. – [4] J. CALVIN: Instit. rel. christ. I, 5, 5. – [5] Als Erstbeleg von ‹systema› gilt für den jurist. Kontext der ‹Index› des S. NAEVIUS (Leipzig 1607); vgl. H. E. TROJE: Wissenschaftlichkeit und System in der Jurispr. des 16. Jh., in: J. BLÜHDORN/J. RITTER (Hg.): Philos. und Rechtswiss. Zum Problem ihrer Bez. im 19. Jh. (1969) 63-88. – [6] E. WOLF: Große Rechtsdenker (⁴1963) 198f. – [7] TH. HOBBES: Lev. 17. Engl. works, hg. W. MOLESWORTH 3 (London 1839) 154. – [8] J. BURLAMAQUI: Juris nat. elem. (Genf 1754) 126. – [9] Vgl. schon A. B. SCHWARZ: Zur Entsteh. des mod. Pandektensystems. Z. Rechtsgesch., Rom. Abt. 42 (1921) 578ff. – [10] J.-J. ROUSSEAU: Du contrat social [1754]. Oeuvr. compl., hg. B. GAGNEBIN/M. RAYMOND 3 (Paris 1946) 393. – [11] Lettres écrites de la montagne (1764), a.O. 826f. – [12] a.O. 393f. – [13] 456. – [14] 455. – [15] Vgl. 456. – [16] G. W. F. HEGEL: Grundl. der Philos. des Rechts (1821) § 211. – [17] I. KANT: Idee zu einer allg. Gesch. in weltbürgerl. Absicht (1784). Akad.-A. 8, 20. 22. – [18] Met. der Sitten II, Einl. (1797). Akad.-A. 6, 379. – [19] Vgl. I, Vorrede, a.O. 205. – [20] P. CRUSSAIRE: Analyse des observations des tribunaux d'appel et du tribunal de cassation sur le projet de Code Civil (Paris 1802). – [21] Vgl. dazu J. BLÜHDORN: Zum Zusammenhang von 'Empirie' und 'Positivität' im Verständnis der dtsch. Rechtswiss. zu Beginn des 19. Jh., in: J. BLÜHDORN/J. RITTER (Hg.): Positivismus im 19. Jh. (1971) 135-159. – [22] F. C. VON SAVIGNY: Vom Beruf unserer Zeit für Gesetzgebung und Rechtswiss. (1814), in: J. STERN (Hg.): Thibaut und Savigny (1914, ND 1973) 123. – [23] System des heutigen Röm. Rechts (1840) XV. XVIII. passim. – [24] a.O. XV. – [25] Vgl. G. F. PUCHTA: Das Gewohnheitsrecht (1828) 123ff. – [26] Vgl. TH. VIEHWEG: Positivismus und Jurispr., in: BLÜHDORN/RITTER (Hg.), a.O. [21] 105-122. – [27] C. F. VON GERBER: Ges. jurist. Abh. (1872) 68. – [28] Vgl. R. VON JHERING: Die philos. Grundl. der Naturrechtslehre und des Rechtspositivismus (1928) 10. – [29] a.O. 15. – [30] Der Zweck im Recht 1 (1877) 344. – [31] Vgl. J. K. BLUNTSCHLI: Allg. Staatslehre (1886, ND 1965). – [32] F. J. STAHL: Philos. des Rechts 2 (1830, hier: (⁴1870) 210. – [33] a.O. Xf. (Vorrede zur 3. Aufl.). – [34] a.O. 200. – [35] 209f. – [36] Vgl. H. AHRENS: Die Rechtsphilos. (⁴1852) 2f. – [37] Vgl. z.B. R. VON MOHL: Enzykl. der Staatswiss. (1859) 325. – [38] L. VON STEIN: Gegenwart und Zukunft der Rechts- und Staatswiss. Deutschlands (1876, ND 1970) 185. – [39] a.O. 178. – [40] a.O. – [41] a.O. 177. 220. – [42] STAHL, a.O. [32] 235. – [43] Vgl. F. DAHN: Art. ‹Rechtsphilos.›, in: J. K. BLUNTSCHLI u.a. (Hg.): Dtsch. Staatswb. 8 (1864) 542. – [44] C. TH. VON WELCKER: Art. ‹Recht›, in: C. VON ROTTECK u.a. (Hg.): Staatslex. 13 (1842) 494f. – [45] E. EHRLICH: Die jurist. Logik (²1925) 219. – [46] M. WEBER: Wirtschaft und Ges., hg. J. WINCKELMANN (⁵1976) 182. – [47] N. LUHMANN: Die Ausdifferenzierung des Rechts (1981) 35. – [48] O. VON GIERKE: Dtsch. Privatrecht 3 (1917) VI. – [49] H. HELLER: Staatslehre (⁶1983) 99ff. – [50] A. MENGER: Neue Staatslehre (1903) 210. – [51] a.O. 5. – [52] 4. – [53] R. STAMMLER: Lehrb. der Rechtsphilos. (1922) 274. – [54] a.O. 275. – [55] Vgl. 276. – [56] Art. ‹Recht›, in: J. CONRAD/L. ELSTER u.a. (Hg.): Handwb. der Staatswiss.en 6 (²1901) 327-341. – [57] G. JELLINEK: Allg. Staatslehre (³1959) 355. – [58] Vgl. a.O. 478; System der subjektiven öffentl. Rechte (²1919) 8-11. – [59] H. KELSEN: Reine Rechtslehre (Wien ²1960) 36. – [60] Vgl. a.O. 333ff. – [61] C. SCHMITT: Röm. Katholizismus und polit. Form (1925) 34. – [62] Polit. Theologie (²1934) 18f. – [63] a.O. 20. – [64] Über drei Arten des rechtswissenschaftl. Denkens (1934) 57. – [65] W. SCHÖNFELD: Gesch. der Rechtswiss. im Spiegel der Met. (1943) 43. – [66] a.O. 87. – [67] 91. – [68] F. WIEACKER: Privatrechtsgesch. der Neuzeit (1952) 14f. 326. – [69] Vgl. G. BÖHMER: Grundl. der Bürgerl. R. 1 (1950) XIIff. – [70] Vgl. E. KAUFMANN: Was ist eine freiheitlich-demokrat. Grundordnung? in: Autorität und Freiheit (1960) 515-528. – [71] A. GEHLEN: Die Seele im techn. Zeitalter (1957) 72. – [72] J. VON KEMPSKI: Recht und Politik (1965) 10. – [73] a.O. 40. – [74] O. WEINBERGER: Rechtslogik (1970) 229. – [75] a.O. 214f. 228. – [76] W. MAIHOFER: Vom Sinn menschl. Ordnung (1956) 51f. 80. – [77] W. R. BEYER: Recht und Rechts-Ordnung (1951) 83.

Literaturhinweise. A. B. SCHWARZ s. Anm. [9]. – W. WILHELM: Jurist. Methodenlehre im 19. Jh. (1958). – S. GAGNÉR: Stud. zur Ideengesch. der Gesetzgebung (1960). – H. COING: Der jurist. Systembegriff bei R. von Jhering, in: J. BLÜHDORN/J. RITTER (Hg.) s. Anm. [5] 149-171. – H. KRÜGER: Kant und die Staatslehre des 19. Jh., a.O. 49-55. – H. E. TROJE s. Anm. [5]; Graeca leguntur. Die Aneignung des byzant. Rechts und die Entsteh. eines humanist. Corpus iuris civilis in der Jurispr. des 16. Jh. (1971). – J. BLÜHDORN s. Anm. [21]. – M. SATTLER (Hg.): Staat und Recht. Die dtsch. Staatslehre im 19. und 20. Jh. (1972). – N. LUHMANN: Rechtssystem und Rechtsdogmatik (1974); s. Anm. [47]. – W. BUSCH: Die Entsteh. der krit. Rechtsphilos. Kants (1979). – H. HATTENHAUER: Die geistesgeschichtl. Grundl. des dtsch. Rechts (²1980). – H. BERMAN: Law and revolution. The format. of Western legal trad. (1983); dtsch. (1991).

P. GEHRING

Rechtspflicht. ‹R.› bezeichnet das Verhältnis des einzelnen zu den im Rechtssatz statuierten Verhaltensnormen des Rechts.

1. Der Begriff findet sich zuerst in antiken und mittelalterlichen Naturrechtslehren, die Recht und Sittlichkeit als einheitliche Vernunftordnung für das menschliche Handeln verstehen [1]. ‹R.› deckt sich hier mit ‹sittlicher Pflicht›; beide Begriffe bezeichnen ein an die freie, vernünftige Person gerichtetes, von der Naturnotwendigkeit unterschiedenes, im Gewissen bindendes Sollen. Das positive, vom Staat erlassene Gesetz verpflichtet nur insoweit, als es dem natürlichen Sitten- und Rechtsgesetz übereinstimmt bzw. aus ihm abgeleitet ist. R.en gibt es z.B. bei THOMAS VON AQUIN nur als sittliche Pflichten [2].

Im gleichen Sinne verwendet noch S. PUFENDORF den Begriff ‹R.›. Die verpflichtende Kraft der Gesetze wird im Gegensatz zum Zwang als die Kraft definiert, dem Gewissen innerlich eine Notwendigkeit aufzuerlegen [3]. Der Charakter der R. ist mit dem der Moralpflicht identisch. Nur diejenigen positiven Gesetze, die dem Naturrecht nicht widersprechen, verpflichten überhaupt [4]. Pufendorf charakterisiert aber das Recht im Unterschied zur Moral dahingehend, daß jenes sich größtenteils nur mit den äußeren Handlungen der Menschen befasse, während es die innere Gesinnung bei äußerlich ordnungsmäßigem Verhalten unberücksichtigt lasse. R. und Moralpflicht treten also insofern auseinander, als das Innere bei rechtmäßigem (legalem) Verhalten gleichgültig und nur bei äußerlich rechtswidrigem (illegalem) Verhalten von Bedeutung ist [5].

Pufendorfs Schüler, CH. THOMASIUS, entwickelt dann als erster in Aufnahme Hobbesscher Gedanken vom Wirklichkeitscharakter des Rechtes einen besonderen, von der sittlichen Pflicht unterschiedenen R.-Begriff. Er bezeichnet mit dem überlieferten Terminus ‹Pflicht› generell die Abhängigkeit des unfreien Willens von den jeweils psychologisch stärksten Motiven und unterscheidet innere und äußere Verbindlichkeit [6]. Die innere entsteht aus dem Bewußtsein einer naturgesetzlich mit einem Verhalten verbundenen Gefahr oder eines Vorteils, während die äußere von menschlicher Willkür abhängt und sich auf einen Befehl gründet. Die R. ist äußere Verpflichtung; sie folgt aus dem positiven Gesetz, das einen Befehl des Herrschers enthält und allein Recht i.e.S. genannt werden darf. Das Naturrecht verliert damit den Rechtscharakter; es verpflichtet innerlich und gehört mehr zu den Ratschlägen als zu den Befehlen [7]. Die hierin liegende Trennung von Recht und Sittlichkeit (auch) auf der Pflichtseite wird im Ergebnis dadurch wieder gemildert, daß Thomasius zwischen den Geboten des Naturrechts und denen des positiven Rechts eine inhaltlich weitgehende Übereinstimmung annimmt, so daß äußere und innere Pflicht nebeneinander stehen und auf die gleichen Inhalte gerichtet sind [8].

Mit seiner Unterscheidung von innerer Moralpflicht und äußerer R. findet Thomasius in der Rechtslehre des 18. Jh. verbreitete Zustimmung [9], auch bei I. KANT zeigt sich ihr Einfluß. Kant kennzeichnet die R. im Unterschied zur Tugendpflicht durch die Merkmale der Legalität, der Äußerlichkeit und der Erzwingbarkeit. Zur R. gehört nicht wie zur Tugendpflicht, daß subjektiv um des Gesetzes willen (moralisch), sondern lediglich, daß dem Gesetze gemäß (legal) gehandelt wird. Das Recht begnügt sich mit Legalität, während die Sittlichkeit Moralität fordert. Der Unterschied zwischen beiden Pflichten liegt in der Verschiedenheit des Verhältnisses des Willens zum Gesetz: «Alle Gesetzgebung ... kann doch in Ansehung der Triebfedern unterschieden sein. Diejenige, welche eine Handlung zur Pflicht und diese Pflicht zugleich zur Triebfeder macht, ist ethisch. Diejenige aber, welche das Letztere nicht im Gesetze mit einschließt, mithin auch eine andere Triebfeder, als die Idee der Pflicht zuläßt, ist juridisch» [10].

Es wäre falsch, einer verbreiteten Meinung folgend anzunehmen, Kant habe Recht und Sittlichkeit streng trennen und die R. als ein Verhältnis bloß äußerer, zwangsweiser Gesetzesunterworfenheit verstehen wollen [11]. Zwar verwendet Kant auch den Begriff des «strikten Rechts», dem nichts «Ethisches beigemischt» ist und das als die «Möglichkeit eines ... durchgängigen wechselseitigen Zwanges vorgestellt werden kann» [12]. Diese Betrachtungsweise betrifft aber nur die eine Seite der Sache. Auch das (natürliche) Rechtsgesetz wird aus dem kategorischen Imperativ hergeleitet, es ist ein «reiner praktischer Vernunftbegriff der Willkür unter Freiheitsgesetzen» [13], nicht bloß eine Formel für die empirische Verträglichkeit verschiedener Maximen im Sinne eines Miteinanderbestehenkönnens. Bloße Legalitätspflichten finden wir bei Kant nicht; als reine Zwangsordnung könnte das Recht den Begriff der Pflicht nicht begründen. Kant definiert ‹Verbindlichkeit› gemeinsam für Rechts- und Tugendlehre als die «Notwendigkeit einer freien Handlung unter einem kategorischen Imperativ der Vernunft». Die R.en sind daher nur Pflichten, weil sie auch sittliche Pflichten sind. Obwohl ihre Gesetzgebung eine äußere, juridische ist, nennt Kant sie ‹indirect-ethische› Pflichten [14].

Bleibt damit auch auf der Pflichtseite die Verbindung von Recht und Sittlichkeit gewahrt, so wird in der Folgezeit die bei Kant angelegte Trennung wesentlich weiter verschärft. P. J. A. FEUERBACH beschränkt den Begriff der Pflicht allein auf das Gebiet der Moral. «Pflicht ist die moralische Notwendigkeit zu einer bestimmten Handlung.» Das Recht wird dagegen als eine «durch die Vernunft bestimmte Möglichkeit des Zwanges» definiert [15]. Feuerbach gründet es auf ein eigenes, vom Sittengesetz verschiedenes, Rechte gebendes Vermögen der praktischen Vernunft. Da dieses aber um des Sittengesetzes willen gegeben ist, um die Moralität als Endzweck der Welt zu ermöglichen, und da die Grenzen der äußeren Rechte durch die (sittliche) Pflicht bestimmt werden, andere vernünftige Wesen nicht als willkürliche Mittel zu beliebigen Zwecken zu behandeln, wird die strenge methodische Trennung von Recht und Sittlichkeit praktisch wieder hinfällig [16]. Infolge der Spaltung der praktischen Vernunft in ein moralisches und ein juridisches Vermögen deutet sich bei Feuerbach immerhin der Begriff einer selbständigen, von der Ethik unterschiedenen rechtlichen Verbindlichkeit an [17].

Bei G. W. F. HEGEL finden wir wieder einen einheitlichen Pflichtbegriff. Zwar kennt die der kantischen Legalität vergleichbare Sphäre des abstrakten Rechtes nur die «Schuldigkeit», eine bloß äußerliche Notwendigkeit [18]. Pflicht begegnet erst auf der Ebene der subjektiven Moralität, ihre Wurzel bildet die reine, unbedingte Selbstbestimmung des Willens [19]. Beide Ebenen sind aber nur unselbständige Momente der im Staat wirklichen Sittlichkeit. «In der Pflicht befreit das Individuum sich zur substantiellen Freiheit» [20].

2. Der *Rechtspositivismus,* der sich in der 2. Hälfte des 19. Jh. durchsetzt, nimmt den Begriff der äußeren R. wieder auf und führt die bei Thomasius, Kant und Feuerbach angelegte Trennung von Recht und Sittlichkeit weiter. Zunehmend werden die ideellen, normativen Elemente aus dem R.-Begriff des geltenden Rechts entfernt; damit verschwindet auch der überlieferte Begriff einer von der sittlichen Pflicht strukturell nicht verschiedenen R.

Eine Gruppe von Theorien erklärt den Zwang in seinen verschiedenen Spielarten zum entscheidenden Kriterium des Rechtes. R. VON JHERING z.B. versteht darunter die Form der durch die Zwangsgewalt des Staates sichergestellten Lebensbedingungen der Gesellschaft. Die staatliche Zwangsnorm bewirkt als gesellschaftlicher Imperativ die rechtliche Bindung ihrer Adressaten. ‹R.› bedeutet daher das «Bestimmungsverhältnis der Person für die Zwecke der Gesellschaft» [21]. H. VON FERNECK erklärt auf der Basis des Determinismus die Pflicht überhaupt als psychischen Zwang; Recht ist danach «sozialpsychischer Zwang durch Drohung» [22].

J. BINDER verweist dann als erster den Pflichtbegriff überhaupt aus dem Recht und ersetzt ihn durch den der Haftung. Die tatsächlichen Befehle einer mit Zwangsgewalt versehenen Instanz können ein Sollen in irgendeiner durch den Wortsinn noch gedeckten Bedeutung nicht begründen. Pflichten kennt nur die Ethik: «Die Pflicht ist kein juristischer Begriff; überall da, wo wir von Pflichten, die durch die Rechtsordnung begründet sind, zu reden gewohnt sind, handelt es sich in Wahrheit um etwas ganz anderes ... In allen diesen Fällen handelt es sich in Wahrheit um Haftungen ..., um Haftungen, die so empfindlich in die Existenz des Haftenden eingreifen, daß er sie häufig als einen Zwang zu bestimmtem Verhalten empfinden und entsprechend reagieren wird» [23].

Demgegenüber entwickelt die von H. KELSEN begründete ‹Reine Rechtslehre› einen besonderen, anethischen R.-Begriff. Unterschieden von aller dem Sein zugewandten, psychologischen und soziologischen Betrachtungsweise hat es die Rechtswissenschaft nur mit einem Sollen, den positiven Rechtsnormen als spezifischen Sinngehalten zu tun. Ihre Aufgabe besteht darin, die Struktur des positiven Rechtes zu analysieren. Dabei verwendet sie als grundlegenden Begriff neben denen der Norm und des Rechtssatzes den der Pflicht. Diese bedeutet nicht psychisch-reale, sondern spezifisch rechtliche Gebundenheit. Rechtsnormen sind ihrem subjektiven Sinn nach auf ein menschliches Verhalten gerichtet, sie sind Gebote [24]. Die R. «ist nichts anderes als die positive Rechtsnorm, die das Verhalten dieses Individuums dadurch gebietet, daß sie an das gegenteilige Verhalten eine Sanktion knüpft» [25]. Den Inhalt einer R. bildet also das Gegenteil des im Rechtssatz als Bedingung für den Einsatz von staatlichem Zwang genannten Verhaltens.

Die R. ist damit nur ihrem subjektiven Sinne nach gekennzeichnet. Als objektive Norm muß sie nach Kelsen jeweils von einer höherrangigen Sollensnorm ableitbar sein. Der notwendige Rekurs führt über die «Staatsverfassung hinaus zu einer hypothetischen Grundnorm», die im juristischen Denken vorausgesetzt werden muß, damit eine Sozialordnung als Rechtsordnung betrachtet werden kann. Eine Grundnorm kann aber für eine bestimmte Ordnung nur dann angenommen werden, wenn diese wirksam ist, d.h. wenn das tatsächliche Verhalten der Menschen ihr im großen und ganzen entspricht [26]. Das rein ideelle Normgebilde 'Recht' geht damit letztlich in einem Faktum auf. Das rechtliche Sollen wird zu einem fiktiven Deutungsschema, mit dessen Hilfe sich jede tatsächlich funktionierende Zwangsordnung als normativ-verpflichtende Ordnung begreifen läßt. Im Ergebnis weicht Kelsens R.-Lehre von den Zwangstheorien nicht wesentlich ab [27].

3. Einen für Recht und Sittlichkeit gemeinsamen Pflichtbegriff suchen demgegenüber die vorherrschenden *Anerkennungstheorien* zu wahren, auf deren «ethisierenden» Grundzug Kelsen zutreffend hingewiesen hat. Bei im einzelnen sehr verschiedener Ausprägung kommen sie darin überein, daß sie die Verpflichtungskraft des Rechtes auf eine Anerkennung bzw. Billigung seiner Normen durch die Rechtssubjekte gründen.

Zuerst findet sich der Gedanke, die Verbindlichkeit des Rechts hänge von der Anerkennung durch den einzelnen ab, in einer 1813 erschienenen Schrift C. TH. WELCKERS [28]. Soll sinnvolles Leben möglich sein, muß das Sittengesetz auch für das Recht gelten. «Es ist nicht möglich, daß R.en nicht zugleich als Gewissenspflichten zu betrachten wären» [29]. Nun versteht Welcker das Sittengesetz aber rein individuell-autonom: Gesetzgeber kann nur die durch individuelle Gefühle und Erkenntnisse geleitete Stimme des Einzelgewissens sein. Die Brücke zwischen diesem Gesetz und dem notwendig allgemeinen, äußeren Recht bildet die Anerkennung. Durch «freie Anerkennung und Einwilligung über gewisse moralische Normen» entsteht eine äußere Sphäre des Rechts, ein freies objektives Dürfen. Diesem korrespondiert «vermöge aller Anerkennung des Rechts des Berechtigten ein objektives sowohl, als ein subjektives Gebundensein, dem Rechte die R.» [30]. Diese soll innere, autonome Gewissenspflicht bleiben.

Von einem psychologisch verstandenen Begriff der Anerkennung geht dann später E. R. BIERLING aus. «Eine Rechtsnorm erscheint dem Rechtsgenossen als Inhalt seiner R., sofern er diese Norm einerseits als von anderen Rechtsgenossen an ihn gerichtete, anderseits als von seinem eigenen Willen anerkannte weiß» [31]. ‹R.› bedeutet also das «Gebundensein an eine Norm, beruhend auf der Anerkennung derselben als Norm des staatlichen Zusammenlebens» [32]. Eng verwandt mit Welcker ist auch R. LAUNS auf neukantianischer Grundlage entwickelte Lehre vom autonomen Recht [33]. Das von der bloßen Gewalt unterschiedene wahre Recht gründet sich auf die billigende Zustimmung des Gewissens oder des Rechtsgefühls des einzelnen. Die Pflicht, dem positiven, äußeren Recht gehorchen zu müssen, beruht auf einem nicht weiter ableitbaren «Urerlebnis des Sollens» [34].

Alle Lehren freilich, die auf die Anerkennung durch den einzelnen abstellen, entgehen der Anarchie bzw. der Erschütterung des Rechts nur dadurch, daß sie – letztlich inkonsequent – doch nicht die Billigung des einzelnen entscheiden lassen [35].

4. Nicht vom einzelnen, sondern von der Anerkennung seitens der überwiegenden Mehrheit eines Volkes soll die verpflichtende Kraft des Rechtes dagegen nach der generellen Anerkennungstheorie abhängen. Ihre Ursprünge finden sich, soweit ersichtlich, in der Mitte des 19. Jh. bei J. BREMER, der die Auffassung vertritt, die Überzeugung der Untertanen müsse zu einer vom Gesetzgeber geschaffenen Norm hinzukommen [36]. A. MERKEL entwickelt die Theorie näher: Der Begriff der R. kann demnach nur im Zusammenhang mit der Moral verwendet werden. Der Gesamtcharakter einer Rechtsordnung, ihr oberster Imperativ, muß mit den im Volke lebenden moralischen Kräften in Einklang stehen [37]. G. JELLINEK übernimmt ähnliche Vorstellungen in seine einflußreiche ‹Allgemeine Staatslehre›: Die zunächst rein faktische Macht wandelt sich dadurch in rechtliche, daß diese Macht vom Durchschnitt eines Volkes anerkannt wird und die Überzeugung hinzutritt, dieses Faktische sei normativer Art [38].

Die generelle Anerkennungstheorie ist heute in der Rechtslehre vorherrschend [39]. Ihre Gedanken verbinden sich vielfach mit Vorstellungen aus der Zwangstheorie, so u.a. bei F. SOMLÓ und in anderen, soziologischen Rechtslehren. Unter ‹R.› wird hier etwa die tatsächliche Belastungsrelation zwischen einer gewöhnlich befolgten, Sanktionen verhängenden, umfassenden Macht und dem einzelnen verstanden [40]. Doch rückt daneben wieder der eigentlich normative Aspekt in den Mittelpunkt der Überlegungen. Die Frage der «Sollgeltung», d.h. die Frage, weshalb ein tatsächlicher Zustand, etwa die Anerkennung durch die Mehrheit, für alle verbindlich ist, berühren Zwangs- und Anerkennungstheorien nicht [41]. Doch sie bedenken die Konsequenzen, zu denen ein beziehungsloses Nebeneinander von Recht und Moral und die strikte Trennung von R. und Moralpflicht führen würden und suchen eine bei aller Unterscheidung gemeinsame normative Sphäre wiederzugewinnen [42].

Anmerkungen. [1] H.-L. SCHREIBER: Der Begriff der R. (1966) 3ff. – [2] THOMAS VON AQUIN: S. theol. I-II, 96, 5 ad 1. – [3] S. PUFENDORF: De jure naturae et gent. 8/1, § 6 (1759, ND 1962) 2, 296; auch 1/6, § 10, a.O. 1, 95. – [4] 3/4, § 6, a.O. 1, 364. – [5] De officio hominis et civis (1682, ND New York 1927) Praef. VIIf.; H. WELZEL: Die Entsteh. des mod. Rechtsbegr. Der Staat 8 (1969) 441-448. – [6] CH. THOMASIUS: Fundam. juris naturae et gent. I/4, §§ 60. 62. – [7] a.O. § 61; I/5, § 34, Prooem. IX. – [8] I/5, § 53. – [9] SCHREIBER, a.O. [1] 23ff. – [10] I. KANT: Met. der Sitten I. Metaph. Anfangsgr. der Rechtslehre (1797). Akad.-A. 6, 218f. – [11] Vgl. die Nachweise bei SCHREIBER, a.O. [1] 41 (Anm. 184f.). – [12] KANT, a.O. [10] 232. – [13] a.O. 249f. 221. – [14] 221f. – [15] P. J. A. FEUERBACH: Krit. des natürl. Rechts (1796)

181. 259. – [16] Schreiber, a.O. [1] 56f. – [17] Feuerbach, a.O. [15] 186ff.; näher: Schreiber, a.O. [1] 59. – [18] G. W. F. Hegel: Propaed. I, § 32. Jub.ausg., hg. H. Glockner (1927-40) 3, 75; System ... § 474 (Anm.), a.O. 10, 374f.; Rechtsphilos. § 19 (Anm.). – [19] Rechtsphilos. §§ 133. 135. – [20] a.O. §§ 148f.; System ... § 486. – [21] R. von Jhering: Der Zweck im Recht (³1893/99) 2, 227. – [22] H. von Ferneck: Die Rechtswidrigkeit (1904) 1, 84. 76. – [23] J. Binder: Rechtsnorm und R. (1912) 45. – [24] H. Kelsen: Reine Rechtslehre (²1964) 26. 45. – [25] a.O. 121. – [26] 48. 217ff. – [27] H. Welzel: Die Frage nach der Rechtsgeltung (1966) 28; Schreiber, a.O. [1] 144ff. – [28] C. Th. Welcker: Die letzten Gründe von Recht, Staat und Strafe (1813). – [29] a.O. 53. – [30] 78. 53; näher: Schreiber, a.O. [1] 87ff. – [31] E. R. Bierling: Jurist. Prinzipienlehre 1 (1894) 171; schon: Zur Krit. der jurist. Grundbegr. 1 (1877) 3; 2 (1883) 37. – [32] Näher: Schreiber, a.O. [1] 92ff. – [33] R. Laun: Recht und Sittlichkeit (³1935). – [34] a.O. 4. 19. – [35] Schreiber, a.O. [1] 89. 95. 103. – [36] Welzel, a.O. [27] 10. – [37] A. Merkel: Ges. Abh. (1890) 1, 313; 2, 590f. 607. – [38] G. Jellinek: Allg. Staatslehre (1900, ND 1960) 341f. 334. – [39] Welzel, a.O. [27] 12 (Anm. 28). – [40] F. Somló: Jurist. Grundlehre (²1927); weitere Nachweise etwa bei M. Kriele: R. und die positivist. Trennung von Recht und Moral. Österr. Z. öff. Recht (1966) 413. – [41] Diese beiden Aspekte werden bei M. Weber bereits deutlich unterschieden, vgl.: Wiss.lehre (²1951) 468ff. – [42] Vgl. Welzel, a.O. [27]; Kriele, a.O. [40]; Schreiber, a.O. [1].

Literaturhinweise. K. Larenz: Das Problem der Rechtsgeltung (1929, ND 1967). – H.-L. Schreiber s. Anm. [1]. – H. Welzel s. Anm. [27]. – M. Kriele s. Anm. [40]. – K. Kühl: Die Bedeut. der Kantischen Unterscheidungen von Legalität und Moralität sowie von R.en und Tugendpflichten – ein Problemaufriß, in: H. Jung (Hg.): Recht und Moral. Beitr. zu einer Standortbestimmung (1991) 139-196. H.-L. Schreiber

Rechtsphilosophie (engl. philosophy of law, legal philosophy, jurisprudence; frz. philosophie du droit; ital. filosofia del diritto; span. filosofía del derecho; port. filosofia do direto; niederl. Wijsbegeerte van het Recht, Rechtsfilosofie) ist eine Wort- und Begriffsbildung des 18. Jh. Ihre Probleme wurden bis dahin unter den Begriffen φύσει δίκαιον, ‹lex naturalis›, ‹Naturrecht› oder ‹moral philosophy› abgehandelt. Das junge Datum der R. wird oft außer acht gelassen, besonders in bezug auf das Denken der Griechen oder des Mittelalters. Die Begriffsgeschichte beginnt überhaupt erst im Umkreis von F. Bouterweks ‹Abriß akademischer Vorlesungen über die R.› (1798). I. Kant nennt sein rechtsphilosophisches Hauptwerk noch 1785 ‹Metaphysik der Sitten›, während G. Hugo sein im Jahre 1798 erscheinendes ‹Lehrbuch des Naturrechts› bereits als eine «Philosophie des positiven Rechts» ankündigt, und W. T. Krug veröffentlicht 1800 seine ‹Aphorismen zur Philosophie des Rechts›. Auch J. F. Fries, K. Ch. F. Krause und Ch. Weiss benutzen den Ausdruck ‹R.› gelegentlich. Besonders wirksam für die Begriffsentwicklung ist gewesen, daß G. W. F. Hegel 1821 unter dem gemeinsamen Titel ‹Naturrecht und Staatswissenschaft im Grundrisse› seine ‹Grundlinien der Philosophie des Rechts› herausgab. Wenig später veröffentlicht F. J. Stahl, dessen Werk seinerzeit kulturpolitisch äußerst bedeutungsvoll war [1], zwischen 1830 und 1837 ‹Die Philosophie des Rechts›. Seitdem wird der Rechtsbegriff der R. durchweg als Recht in seiner Positivität verstanden. Diese Ansicht setzt sich im europäischen Sprachraum weitgehend durch. Im angelsächsischen Bereich wird allerdings der Begriff ‹jurisprudence› trotz parallel laufender Entwicklungen beibehalten; dies entspricht teilweise der heute gebräuchlichen Unterscheidung zwischen R. und Rechtstheorie.

Jede Darstellung einer R. sollte zwei allgemeine philosophische Themen im Auge behalten, nämlich Subjektivität und Objektivität von Recht im 'Recht'. Der Aspekt der Subjektivität erinnert daran, wie sehr die juristische Auffassung des Subjekts, beispielsweise als 'Autonomie', ein wesentlicher Bestandteil der abendländischen Geschichte ist. Der Gesichtspunkt der Objektivität bestimmt jedoch ebenfalls Recht und Kultur: Sie sind ohne objektivierende Gestaltung undenkbar. Natürlich gehören beide Begriffe zur philosophischen Tradition und zum Wörterbuch unserer Erkenntnis. Sie sind hilfreich für eine juristische Interpretation der sozialen Verhältnisse des abendländischen Menschen.

A. Der Begriff der *Subjektivität* hat die R. auf Vorstellungen über den Anfang des Rechtsdenkens geführt. Die historische Semantik des Subjekt-Begriffs zeigt, daß soziale Beziehungen auch ohne juristische Konnotation funktionieren.

1. Mein und Dein sind adäquat, auch ohne auf Rechte zu verweisen oder gar einen juristisch fixierten Eigentumsbegriff zu beanspruchen. Wohlbefinden konnte empfunden werden ohne zugespitzt individualisierte und juristisch ausformulierte Freiheitsauffassung. Pflicht und Verpflichtung konnten ohne rechtliche Verbindlichkeit anerkannt werden. Sowohl die Auffassung von Subjektivität als auch die Sprache der Moral ändern sich, wenn ‹Recht› ein Begriff der Alltagssprache wird [2]. Subjektivität, die nicht als Rechtssubjektivität gedacht wird, befindet sich jenseits von possessivem Individualismus (MacPherson), einer juristisch verstandenen und rechtlich interpretierbaren Autonomie der Person oder einer individualisierten Freiheit. So hat man etwa bei W. von Ockham eine Sprache gefunden, die auf ältere Konzepte zurückgeht, wie etwa ‹potestas›. Im 12. Jh. besteht die Differenzierung von ‹meritum› und ‹dignitas›, welche auf Aristoteles' Idee einer distributiven Gerechtigkeit und vielleicht auf Cicero zurückgeht. Einerseits weist die lateinische Rechtssprache des 4. Jh. v.Chr. bereits Termini auf, bei denen die Kontinuität zu heutigen juristischen Bedeutungen erkennbar ist, andererseits ist noch nicht einmal bei J. Locke die Verbindung zwischen dem Person-Begriff und dem Konzept der Verantwortung bzw. der Haftung zustande gekommen. Kein Wunder, daß Kant den Begriff der Person durch Achtung und nicht durch Recht festzulegen versucht [3].

2. Der Nomos-Begriff, im frühgriechischen Denken ohne implizite Trennung von Recht und Moral verflochten mit den Ordnungen der Polis, wird oft als Grund des gesetzten Rechts betrachtet [4]. Die bindende Kraft des Nomos bezieht sich nicht auf die personale Freiheit des Individuums, doch sie unterstützt die Freiheit der Willensentscheidung. Im Athen des 5. Jh. v.Chr. ist Rechtssubjektivität denkbar. Intentionalität und Urteilsvermögen bilden sich. Aber das führt niemals zu einer autonomen Individualität. Der frühgriechische Rechtsbegriff ist nach allen Seiten flüssig und mehrdeutig [5].

3. Besondere Beachtung verdient die frühgriechische Tragödie. Ihr Gegenstand ist das soziale Denken der Polis und das sich dort entwickelnde juristische Denken. Die Tragödie als experimentum juris, das ist die These von L. Gernet [6]. Sie gilt mutatis mutandis auch für die Ethik [7]. Die Tragödie bringt seit dem 6. Jh. v.Chr. neue Werte und neuartige juristische Formeln hervor, welche in bezug auf die werdende Polis überprüft werden. Aber auch Grenzen von Recht und Unrecht, von rechtlicher Autorität und Gewalt werden hier behandelt.

Sind die Tragödiendichter dieses Jahrhunderts deshalb als die ersten Rechtsphilosophen des Abendlandes aufzufassen? Offensichtlich bekommt das sich positivierende Recht seine Begründung und seine dramatische Struktur, noch bevor es ausdrücklich auf Prinzipien und Kohärenz, auf Formalität und Universalität abzielt. Dike selbst ist oftmals düster und unverständlich; unzuverlässig und keineswegs rational ist der Nomos. Eine δίκη bekämpft eine andere; Recht verwandelt sich. Es befragt herkömmliche Sicherheit, religiöse Vorstellung, soziale Praxis. Die Tragödie und die tragische Poetik (Rosenzweig/Benjamin) erscheinen oft als eine besondere rechtsphilosophische Praxis: als Praxis der Distanz. Das Rätsel der Positivierung ist das Rätsel des Rechts [8].

4. Seit dem 16. Jh. erscheint die Dimension der Subjektivität in Gestalt einer besonderen Rechtssubjektivität, die vornehmlich am Begriff der Person orientiert ist. Sie ist namentlich seit Descartes durch Hobbes, aber auch durch Spinoza, Leibniz, Locke, Kant, Fichte und Hegel bis zur Phänomenologie und Existenzphilosophie weitergereicht und entwickelt worden. Mit der durch Th. Hobbes getroffenen Unterscheidung zwischen «persona naturalis» und «persona fictitia» wird z.B. der Staat als ein künstliches Gebilde beschreibbar [9]. Solche und ähnliche Unterscheidungen deuten voraus auf die technische Bedeutung der (Rechts-)Subjektivität, auf eine Identität, die mit dem Menschen verbunden wird, ohne daß er mit ihr völlig zusammenfiele [10]. Die R. der Aufklärung [11], besonders bei S. Pufendorf und Ch. Wolff, zeigt die Rechtsperson als Bezugspunkt sozialer Regelungen, ohne jedoch Rechtsfähigkeit als Wesensmerkmal des Menschseins hervorzuheben. Die askriptive These (im Sinne der angelsächsischen 'ascriptive speechacts'), daß der Mensch ein Recht hat, in eine Person zu sein, findet man im Naturrecht des 17. Jh. ebenso wie in Kants ‹Grundlegung zur Metaphysik der Sitten› (1785). Für Kant ist die Person ein Bezugspunkt eingeschränkter Willkür und – wie gesagt – wesentlich durch Achtung gekennzeichnet. Für Hegel bildet dann der freie Wille des autonomen Subjekts die Grundlage für den Zusammenhang aller Beziehungen bezüglich der Person. Das gilt für die Rechtsbeziehungen, für die sozialen und ökonomischen Beziehungen, für die Verfassung und für den Staat. Subjektivität ist jetzt der Terminus für die höchste Abstraktion und zugleich die höchste Konkretion des Menschen. Die Rechtsfähigkeit des Menschen spiegelt seine Fähigkeit, sozial zu funktionieren. Im Hinblick darauf ist, wie Hegel formuliert, jedes Ich zugleich eine allgemeine Person, worin alle identisch sind. Diese Identität bleibt, mindestens seit der Marxschen Kritik dieser Allgemeinheit, ein Thema für die Moderne.

5. Über den Deutschen Idealismus, über die Historische Rechtsschule und über die Kritik der Kodifikationsbestrebungen hinweg bleibt das klassische Thema ‹persona naturalis› – ‹persona fictitia› von Gewicht für das Rechtsdenken und seine Praxis, in H. Kelsens Analyse der Rechtssubjektivität und der juristischen Person. «Rechtssubjekt ist nach traditioneller Theorie, wer Subjekt einer Rechtspflicht oder einer Berechtigung ist» [12]. Die offensichtliche Reduktion auf ein duales Verhältnis von Recht und Pflicht wird als Konstruktion eines juristischen Hilfsbegriffs vorgestellt. «Ihr Gebrauch ist nur zulässig, wenn man sich dieses ihres Charakters bewußt ist.» Die juristische Person ist eine Konstruktion der Rechtswissenschaft. Kelsen schließt sich der philosophischen Tradition an, indem er darauf hinweist, daß Rechtspflichten und subjektive Rechte menschliches Verhalten zum Inhalt haben. Ist Recht um seiner Positivität willen genötigt, die Rechtsperson als rein technische Abwandlung der natürlichen vorzustellen [13], dann stellt sich das Problem der juristischen Ideologie im Zentrum ihrer referentiellen Aktivität. Eine derartige Ideologiekritik des Rechts wurde von marxistisch inspirierten französischen Philosophen vorgetragen [14]. P. Ricœur hat diese Auffassung von Ideologie relativiert, indem er die Vorstellung innerhalb des Bildes, das sich die Menschen von der Wirklichkeit machen, als Symbol hervorhebt, von dem das 'falsche Bewußtsein' eine Pervertierung ist [15]. In unserer niemals erschöpfend reflektierbaren Zugehörigkeit zu einer Kultur schaffen wir uns Bilder und Selbstdarstellungen, in denen unterschiedliche Funktionen von Ideologie zum Ausdruck kommen. Solche Erwägungen sind auch für die Menschenrechte von Gewicht, denn auch da ist die (Selbst-)Repräsentation zentral. Sie bilden in diesem Sinne die Ideologie der modernen Politik und der modernen Demokratie. Aber die Realität, die sie zum Ausdruck bringen, läßt sich weder gänzlich durch die Wahrheit dieser Form hervorheben noch ideologisch abdecken. Recht, Politik oder Ethik können, wie C. Lefort betont, die Wahrheit über eine Gesellschaft niemals endgültig aussagen [16].

B. *Objektivität* in der R. besagt: Recht ist ohne eine objektivierende Gestaltung nicht denkbar. Immer wieder wird man, wie bereits Hobbes bemerkt hat, mit Recht als Form konfrontiert [17], mit einer gewissen mimetischen Theatralität einerseits, mit dogmatischen Formen im Recht andererseits. Rechtsphilosophisch ist von Gewicht, daß derartige Formen dem Recht nicht äußerlich sind.

1. Die theatralische Handlungssituation, wie Gernet sie für das Recht beschrieben hat [18], vermittelt Subjektivität und Objektivität. Juristische Ausdrücke, die bereits im 6. Jh. v.Chr. vorkommen, weisen demnach erst im 5. Jh. Objektivierungen auf, die mit Begriffen wie ‹Haftung›, ‹Verantwortung›, ‹Intention›, ‹Willen›, ‹Pflicht› oder ‹Verpflichtung› zusammenhängen. Auch dann sind diese noch primär als wertbezogene Termini zu verstehen und weniger als determinierende Prädikate [19]. Die Objektivierung rechtlicher Formen ist aus einer später nicht mehr bekannten und seinerzeit nicht ausformulierten Unmittelbarkeit der Lebensordnung entstanden [20]. Sie ist ein wesentlicher Teil der Rechtsentwicklung, aber eine geradlinige Entstehungsgeschichte von Recht und R. ist daraus nicht abzuleiten. So entsteht der λόγος nicht einfach aus dem vorangehenden μῦθος und der νόμος nicht aus dem vorangehenden λόγος. Sophisten zeigen das erstere, Sokrates das letztere. Im Gefüge des λόγος ist Objektivierendes anzutreffen, sobald das Recht als normative Kraft anerkannt wird; ein erfahrungsjenseitiges Etwas wird rational bestimmbar und als Geltungsgrund für die Autorität des Rechts anerkannt. Aber Norm und Geltung sind weder greifbar noch ausformulierbar ohne Allgemeinheit und Objektivität, ohne Platons κοινόν, ohne dessen ἰδέα.

2. Es muß klar zum Ausdruck gebracht werden: Recht als Form und als besondere Objektivität ist Recht in seiner dogmatischen Gestalt. R. ist daher grundsätzlich und zu allen Zeiten Philosophie einer besonderen Dogmatik. Aber was verstehen Theoretiker und Praktiker unter Dogmatik? Praktiker setzen voraus: die Rechts-

praxis verfahre weniger dogmatisch als die Theoretiker des Rechts behaupten. Das führt in extremis zu der Frage, ob im modernen Recht nicht vorwiegend eine R. bzw. eine Rechtstheorie ohne Recht herrsche [21]. Auch heben Praktiker hervor, daß der common law weniger dogmatisch als fallweise entscheide. Theoretisch ist jedoch klar, daß Präzedenzfälle wie Regeln wirken und umgekehrt, so daß das Rechtsdenken aus der Einheit von common law und kodifiziertem Recht entsteht [22]. Diese Allgemeinheit des Rechts wird philosophisch oft als Universalität interpretiert. So kommen viele Aussagen über den Wahrheitsgehalt des Rechts sowie über die Richtigkeit der Gesetzesinterpretation oder über die Rechtmäßigkeit der richterlichen Rolle zustande [23]. Die deutsche Rechtswissenschaft erlebte um 1850 eine Schwächung des strengeren dogmatischen Verständnisses zugunsten organizistischer Theoriemodelle. Die alte Dogmatik wich einer theoretischen Auffassung, kurz: Es entstand die Rechtstheorie (s.d.). Die entscheidende Frage dieses Wandels lautete, ob es möglich sei, die juristische Dogmatik als innere Form des Rechts zu definieren [24]. Das Ergebnis war eine neue Ordnung der formalen Elemente des Rechts. In der Triade von a) Dogmatik (oder Rechtslehre), b) Rechtstheorie und c) R. beherrscht die Dogmatik den Aufbau, die Funktion und die Selbstbestimmung des juristischen Diskurses. Die Rechtstheorie wiederum theoretisiert dieses besondere, der juristischen Qualifikation dienende Vokabular, während schließlich die R. sich die Bestimmung dieser Bereiche als philosophisches Thema zur Aufgabe macht [25].

3. Eine prägende Frage der Objektivierung lautet seit je: Wie ist der Rechtsstaat möglich? Die Antwort sagt entweder, das Recht gehe dem Staat voran, oder sie betont, daß der Staat dem Recht vorangehe. Wer das letztere erwägt, dem wird erwidert: Der Staat ist nicht nur eine Rechtsquelle, sondern auch ein Rechtsgebilde, also ein Bild. Aber diese Darstellung ist kein einfaches Abbildverhältnis. Jene besondere Mimesis ist immer mit Macht (Weber, Kantorowicz) und Ideologie (Marx) verbunden. Wahrscheinlich ist die R. aus diesem Grunde oft in der Hauptsache als Staatsphilosophie verstanden worden. Der Staat als Bild wird dann aufgefaßt als die Realität der Freiheit und als Inbegriff einer positivierten Rechtsordnung, einer vollkommenen Gemeinschaft, so daß die Positivität des Rechts im Staat zugleich auf das Recht schlechthin verweist. Sehr klar wurde der theokratisch gedachte Staat als Abbild aufgefaßt, als irdisches Abbild einer überirdischen Vollkommenheit. Die mimetische Potenz ist offensichtlich. Nicht die Quantität, sondern die Qualität, die differentia specifica einer Gemeinschaft, bestimmt danach die Gestalt des Staates. Zwei mimetische Vorgänge sind hier miteinander verschränkt: Das a) Bild soll als b) Vorstellung kontinuierlich präsent sein. Aber kein Staat ohne Dogmatik; und beide, der Staat ebenso wie die Dogmatik, bedürfen einer Grundlage, um die Referenz als Bedingung aller Darstellung aufrechtzuerhalten. Die Diskussion über Bedingungen des Zusammenlebens im Staat (Hobbes, Locke, Rousseau) gehören in diesen Zusammenhang. Es ist das Mensch-Mensch-Verhältnis, welches in einer ersten Bewegung aus der Unmittelbarkeit des Erlebens herausgehoben wird, um sodann Objekt der Reflexion und schließlich einer fixierenden Darstellung zu werden. Dieses Verhältnis wird zu einem formalen Element der gesellschaftlichen Ordnung, des Staates. Zugleich wird es im Staat zu einem Dargestellten, aufgrund dessen die Darstellung des Staates sich vollziehen kann und sich vollziehen muß. Es darf nicht vergessen werden: der Staat war immer auch ein Bild. Die Antwort auf die Frage 'Bild wovon?' wurde selten eindeutig und offen beantwortet. Die elementare Darstellung des dualen Mensch-Mensch-Verhältnisses war oft ein gut bewahrtes Geheimnis. In der Utopie verbarg sich jenes alte Anliegen, zumal in den Sozialutopien. Das Abendland ist reich an Bildern; der Staat ist vielleicht das nachhaltigste Bild dieser Kultur [26].

C. *Vertrag.* – Die R. hat sich oft mit einer der beiden Positionen, also mit Subjektivität oder Objektivität identifiziert. Doch soll die R. auch den Verflechtungen solcher Positionen nachgehen, wie sie beispielsweise in der Idee des Vertrags und im vertragsmäßigen Verhalten zum Ausdruck kommt. F. NIETZSCHE zufolge ist das Vertragsverhältnis zwischen Gläubiger und Schuldner so alt, wie «es überhaupt 'Rechtssubjekte' gibt»; es weist seinerseits zurück «auf die Grundformen von Kauf, Verkauf, Tausch, Handel und Wandel». Im Hinblick auf den Staat fügt er hinzu: «ich denke, jene Schwärmerei ist abgethan, welche ihn mit einem 'Vertrage' beginnen liess» [27].

1. Ist also die Idee des Sozialvertrags eine Schwärmerei? Es ist klar, daß hier nicht ein Vertrag im technisch-juristischen Sinn gemeint ist. Denn eine Ausdifferenzierung des dogmatischen Vertragsbegriffs im positiven Recht findet erst später statt. Aber es ist zu beachten, daß hier eine juristische Form herangezogen wird, die zugleich als Legitimation bestehender Sozialformen fungiert. Die Ordnung der Gesellschaft wird von der inneren Kraft dieser Form getragen. Formen sozialer Beziehungen, ihre Interpretation und ihr obligatorischer Charakter, werden daraus abgeleitet. Dieses Verfahren läßt Variationen zu. GROTIUS, HOBBES oder LOCKE erklären und legitimieren den sozialen Zusammenhang und seinen Zwangscharakter, während ROUSSEAU oder KANT die Frage nach der gerechten Gesellschaft hervorheben. Immer bildet der Vertrag als Form auch die Mitte zwischen Anarchie und Absolutismus. Aber, so fragt die moderne R., kann diese Form zugleich juristische Institution, also Ermöglichung und Ermächtigung sozialen Lebens, und konkrete Verwirklichung, also Vertragsform und Vertragserfüllung sein? Noch ROUSSEAU versucht das Problem zu lösen, indem er die Metapher des Körpers aufgreift [28]. Aber dieses theoretische Mittel reicht nicht aus. Weder die Rechtstheorie noch eine kontraktuelle Theorie der Gerechtigkeit oder eine pragmatische Rechtslehre vermag den Zusammenhang auf Dauer sicherzustellen [29].

2. Wesentlich ist, daß Vertragstheorien keinen juristischen Vertrag zum Gegenstand haben: Sie sind im Grunde sozialphilosophische Theorien mit staats- und rechtsphilosophischer Relevanz. Der juristische Vertrag stellt die soziale Beziehung als Beziehung zweier rationaler, autonomer und willensfreier Individuen dar. Das kommt einer geradezu unendlichen Variabilität sozialer Atomismus gleich. Autonomie und Voluntarismus dominieren im Recht [30]. Im Vertragsbegriff stößt man auf eine juristische Semantik, die durch die R. dargestellt und als Kernstück ihres Anliegens betrachtet wird [31]. Themen der R. entfalten sich innerhalb der Vertragsidee, wie J. RAWLS' ‹Theorie der Gerechtigkeit› nachweist. Dabei ist das Vertragsrecht im modernen Recht sehr ausdifferenziert worden und der Begriff selbst fast schon zu grob für eine zielsichere juristische Qualifikation. Der gesamte juristische Diskurs ist je-

doch durch die Koordinaten des Vertrags bestimmt [32]. – Wichtig ist der Beitrag der analytisch orientierten R. und Rechtstheorie. Der common law dürfte unverhüllter den Akzent auf Freiheit, Autonomie und Willen des Vertragspartners legen: Dieser bekommt allein schon durch das Eintreten in eine solche Beziehung die formale Gestalt und Semantik des Rechtssubjekts. Die fallweise Behandlung bringt eine differenziertere Grammatik zustande als das Anwendungsdenken eines kodifizierten Rechtssystems. Das Zusammentreffen von Vertrag und Versprechen (promise) erweckt in noch stärkerem Maße die Illusion, daß die juristische und die alltägliche Semantik dieses Themas zusammenfallen. Vorausgesetzt wird, daß derjenige, der verspricht, Erwartungen (reasonable expectations) hegt hinsichtlich des zukünftigen Verhaltens anderer. Recht soll der Enttäuschung angemessener Erwartungen vorbeugen. Wer verspricht, der verpflichtet sich. Wer so handelt, wie es erwartet werden darf, kommt der Verpflichtung nach; sein Sprechakt hat performativen Charakter; Sprach- und Rechtsphilosophie kommen hier zusammen. P. DE MAN erweitert diese Beobachtung, indem er sagt, daß ein Versprechen den illokutionären Charakter aller Gesetze offen zutage treten läßt. Vertragstheorie und juristischen Vertrag kennzeichnet er als «textuelle Allegorie» [33]. Im Handels- und Wirtschaftsrecht kann man sehen, wie eine solche Form Entwicklungen prägt. Dort entsteht in einer Organisation eine Vielzahl von Einzelverträgen, so daß das Haftungsrecht die Haftung der Gesamtorganisation in die Individualhaftung der Mitglieder auflöst. Diese sind dann nicht mehr als Partner, sondern vielmehr als Zurechnungspunkte in einem Netzwerk zu verstehen [34]. Strukturell betrachtet bleiben die alten Definitionen bestehen; die Desanthropomorphisierung hebt offensichtlich die Wirkung der anthropomorphen Metaphorik nicht auf.

3. Die Denkform des Vertrags reproduziert sich fortwährend in zwischenmenschlichen Beziehungen und prägt deren Selbstverständnis. Es sind Beziehungen zwischen autonomen und willensfreien Individuen bzw. Zurechnungspunkten. Jenes Bild einer dualen Beziehung ist jedoch kein Naturbild des Menschen, sondern das Ergebnis von Verinnerlichungen. So bleibt der Dialog im Recht eine Alter-Ego-Beziehung, die von der juristischen Semantik geprägt ist. Es gibt kein 'nicht-juridisiertes', kein 'nicht-juristisch vergesellschaftetes' Subjekt. Alle Vergesellschaftung impliziert juristische Semantik. Auch hier gilt: Kein Mensch geht dem Menschen voran [35]. Recht und Moral sind keine von außen angebrachten Sicherungen, keine «Außenstützpunkte» (A. GEHLEN). Individuelles Werden findet immer schon in Recht und Moral statt. J. PIAGETS Theorie der humanen Entwicklungslogik, die Logik von den kontinuierlichen Wert- und Bedeutungstransformationen, enthält wichtige Anregungen für die R. [36]. Sie zeigt, wie juristische Semantik und Vertragsidee zur Norm für das Selbst- und Sozialverständnis eines Individuums werden [37].

D. *Positivität*. – «Die Existenz des Rechts ist eine Sache, sein Wert oder Unwert eine andere», sagt J. AUSTIN [38], und R. MARCIC schreibt: «Die Erscheinung des Rechts ist seine Positivität» [39]. Ob als Regelsystem, als Diskurs, als Argumentation oder als Institution [40] – immer ist die Präsenz des Rechts in mehrerlei Hinsicht problematisch.

1. Die juristische Selbstreflexion ist an eine spezifische Methodologie ihrer Wissenschaft gebunden. Diese entfaltet sich jenseits der Beurteilung vom Wert oder Unwert des Rechts. Juristische Dogmatik ist insoweit positivistisch, als sie die Ausdifferenzierung ihrer Dogmatik als technisch-szientischen Fortschritt versteht. Pragmatismus, Instrumentalismus und Utilitarismus sind Charakterzüge des positivistischen juristischen Denkens.

2. Die Rechtskritik erfaßt modernes Recht als Phänomen der neuzeitlichen Vernunft [41]. So wird der Positivismus im Recht sichtbar, denn Recht ist eingefangen in das Registrieren und technische Qualifizieren von Fakten, also in das Regulieren von Zweck-Mittel-Verhältnissen. Solches führt zu einer Desubstanzialisierung, zu einer Abstraktion und Formalisierung sozialer Beziehungen und deren humaner Essenz [42]. Besondere Merkmale charakterisieren den vieldiskutierten Rechtspositivismus. «Man muß sich darauf besinnen, daß der etwa hundertjährigen Herrschaft des Positivismus Jahrtausende vorangegangen sind, die an ein übergesetzliches Recht glaubten, mochten sie es nun Naturrecht, Vernunftrecht oder Gottesrecht heißen. Freilich: es dürfen nur seltene Ausnahmefälle, Fälle himmelschreienden Widerspruchs zwischen Gesetz und Gerechtigkeit sein, in denen man formell ordnungsgemäßen Gesetzen auf Grund übergesetzlichen Rechts die Rechtsgeltung wird versagen dürfen», schreibt G. RADBRUCH 1947 [43]. Die Prozesse von Nürnberg und Tokio bilden ein Relief für solche Sätze. Theoretisch kann man sagen, daß dem Rechtspositivismus ein Oberbegriff fehlt, so daß man fragen konnte, ob die gemeinsamen Merkmale der verschiedenen Formen von Positivismus nicht lediglich Familienähnlichkeiten im Sinne Wittgensteins sind [44]. Man kann nicht Konvention und menschliche Satzung des Rechts sowie die Gesetzes als letzte und einzige Rechtsquelle anerkennen, ohne daß dadurch Gerechtigkeit zu Gesetzlichkeit wird. Wenn Recht ein normativer Gegenstand ist, muß es auch faktisches Geschehen sein; wenn es richtiges Recht ist, muß es gesetztes Recht sein; und wenn es Gegenstand einer R. sein will, muß es als Wissenschaft und Dogmatik formuliert sein.

3. Die juristische Hermeneutik zeigt, wie sehr dieses Verhältnis auf verschiedensten Ebenen wirksam ist. Sie hat im Recht eine lange Tradition und trifft heute auf eine differenzierte Dogmatik und technisch verfeinerte formal-juristische Begriffsbildung. Es ist darum nicht verwunderlich, daß eine Auffächerung von philosophischen und theoretischen Perspektiven stattfindet, die jeweils auf besondere Weise mit dem Positivismus verbunden sind. Das gilt für die analytische (HART), institutionalistische (WEINBERGER, MACCORMICK) oder formal-logische (KLUG, ALCHOURRON und BULYGIN) R. genauso wie für die naturrechtlich (A. KAUFMANN, MAIHOFER), hermeneutisch (GADAMER, ESSER, KAUFMANN, HRUSCHKA), sprachtheoretisch (AUSTIN, PERELMAN, VIEHWEG), diskurstheoretisch (ALEXY, BROEKMAN) oder systemtheoretisch (LUHMANN, TEUBNER) orientierte R. In all diesen Varianten spielt zugleich die naturrechtliche Wertfrage eine Rolle. Ist sie gesellschaftsimmanent oder -transzendent zu behandeln? Letzteres führt zu naturrechtlichen Interpretationen der Rechtspraxis. Eine für die Praxis besonders wichtige Tradition, von R. POUND über manche soziologische Rechtstheorie bis zu J. ESSER, betont hingegen die Gesellschaftsimmanenz. Das juristische Vorverständnis ist für Esser der positive Teil des hermeneutischen Zirkels. Das Vorverständnis baut demnach die juristische Erkenntnis und Entscheidungsfähigkeit auf, statt sie logisch zu widerle-

gen [45]. Essers gesellschaftsimmanente Theorie des Vorverständnisses und Gadamers Hermeneutik sind zusammen mit der Semiotik und sogar dem analytisch-pragmatischen Konventionalismus (DWORKIN, MACCORMICK) in die allgemeinere Problematik der Narrativität überführt worden [46]. Die Lehre vom Verstehen wurde dabei zu einer Lehre – und teilweise einer Theorie – von den Zeichen und vom Text. Die Dimension des Verstehens ist in ein umfassenderes Verständnis von Sprache/Sprechakt, Text und Institution aufgenommen. Der Gesichtspunkt der Narrativität relativiert die juristische Dogmatik, ohne sie freilich aufzuheben. Er hebt hervor, daß die Dogmatik ein Bedeutungskomplex unter mehreren möglichen ist. Die instrumentalistische und utilitaristische Interpretation von Sprache und Verhalten wird als besondere Spielart anderer möglicher Bedeutungsverleihungsprozesse dargestellt.

4. Die R. ist insoweit der Gesellschaft und Kultur der Moderne verpflichtet, als die Juristen von ihr unmittelbare Praxisrelevanz verlangen – sei es durch Unterstützung bei der Ausdifferenzierung von Rechtstheorien, sei es durch Verfeinerung der Dogmatik oder durch Verstärkung der Legitimationsfähigkeit des modernen Rechts. Angesichts dieser Sachlage bleibt die Frage, welches Recht nun Objekt der R. ist.

a) Juristisch muß hier genau formuliert werden, denn es herrscht keine Eindeutigkeit. Die Rechtspraxis behauptet, daß die Dogmatik wegen ihres theoretischen Charakters keineswegs mit der faktischen Rechtspraxis zusammenfällt. Aber zur R. besteht ebenfalls Distanz. Hier werden eher Themen wie Staat und Gemeinschaft, Solidarität und Feindschaft, Sein und Sollen, Sprache und Text, Gerechtigkeit und Legitimität behandelt. So lange der R. das Bewußtsein für die Dogmatik fehlt, wird ihr auch nicht bewußt werden, daß die Rechtspraxis jedes Problematisieren von Rechtsfiguren als theoretische Intervention auffaßt. Doch diese Beobachtung verschärft noch die Frage: 'Welches ist das Recht der R.?'

b) Historisch ist es schwer, diese Thematik in den Griff zu bekommen. Der Zusammenhang zwischen Tragödie und Recht läßt sich noch literarisch ausdrücken. Aber wenn man das Römische Recht ausformuliert, ist der philosophische Kontext kaum zu bestimmen. Und welchen Namen trägt die Positivität des Rechts im Mittelalter, wenn sie auch philosophisch als ius naturalis oder ius aeterna bekannt ist? Dasselbe gilt für die Theorien des Sozialvertrags – auch dort beschäftigt sich die R. nicht mit dem positiven Recht ihrer Zeit.

c) Was hier für die R. gesagt wird, gilt auch für die Rechtsgeschichte oder die Ethik. Dennoch bleibt die Grundüberzeugung, daß das Recht der R. ein Recht betrifft, welches als unüberbietbare Rationalität persönlicher, intersubjektiver und gesellschaftlicher Verhältnisse zu gelten hat. Sollte auch hier die Überzeugung der Praxis gelten, daß es nicht nur eine Rechtstheorie, sondern auch eine R. ohne Recht gibt?

M. FOUCAULT hat gelegentlich den Vorbehalt geäußert, daß die Philosophen sich auf andere Disziplinen nicht wirklich einlassen [47]. Sie arbeiten mit einer eigenen Auffassung von Mathematik, Biologie, Geschichte. Damit wird der eingangs ausgelegte Faden wieder aufgenommen. Erst ab Ende des 18. Jh. spricht man von ‹R.›. Wie kann man wissen, was in Philosophie und Recht geschehen mußte, damit die heutige Verallgemeinerung und Legitimation einer R. entstand? Von seiten der Rechtsentwicklung ist zu sagen, daß es von großem Belang wäre, zu verzeichnen, wie sehr der Ausdruck ‹R.› im westeuropäischen Raum geradezu zusammenfällt mit einer Kodifikationsbewegung. Das kann kein Zufall sein; die Grundidee jener Bewegung teilt der R. nicht nur eine vom Recht abgesonderte reflexive, sondern auch eine legitimierende Funktion zu. Die Verselbständigung einer R. impliziert eine deutliche Trennung von der Rechtslehre und Rechtsdogmatik. So wurde die bekannte Arbeit von F. GÉNY [48] als wegweisender Beitrag zur Rechtslehre aufgenommen, nicht aber als Beitrag der R. oder gar als früher Entwurf einer juristischen Hermeneutik. Auch heute lesen Juristen und Philosophen diese Arbeit in sehr unterschiedlicher Weise. Diese Situation hat sich kaum geändert, und auch heute sind die Positionen noch klar zu erkennen. Die Positivität des Rechts und der Rechtsausübung bleibt im Alltag der Juristen weithin verborgen. Als Selbstverständlichkeit dieses Alltags soll sie nicht zum Gegenstand einer kontinuierlichen Reflexion werden. Von seiten der Philosophie betrachtet, ist die Lage komplexer. Foucaults Bemerkung führt zu der Schlußfolgerung, daß die Philosophie das positive Recht nur als Idee in ihre eigenen transzendentalen Ordnungen projiziert. Daher ist es verständlich, wenn die juristische Praxis in der R. kaum zum Gegenstand wurde. Das Recht der juristischen Positivität bleibt der R. weiterhin unbekannt: ein Motiv für die Rechtspraktiker, um sich auch heute noch von der R. abzuwenden. R. bleibt in ihren Augen, aber auch im Rahmen der Philosophie überhaupt, ein theoretisches Verhalten. Das wird bestätigt und wissenschaftstheoretisch festgelegt in der effektiven Abgrenzung von R. und Rechtslehre. Wichtig ist folgende Schlußfolgerung: Wenn Krug, Hegel und andere von R. sprechen, dann geht es um Philosophie und um ein *philosophisches* Rechtsverständnis, nicht um das Recht der Rechtswissenschaft oder der juristischen Praxis einer Zeit. Unterschiede und gegensätzliche Meinungen in der R. betreffen somit nicht juristische Differenzen, sondern philosophische Positionen. Eine derart 'theoretische' Einstellung der Philosophie gegenüber einer so eminent wichtigen gesellschaftlichen Praxis wie der juristischen, dürfte exemplarisch sein für das philosophische Verständnis unserer Kultur.

Anmerkungen. [1] H. WELZEL: Gedanken zur Begriffsgesch. der R., in: Festschr. W. Gallas (1973) 1-5; Naturrecht und mat. Gerechtigkeit 4 (1962); M. RIEDEL: Mat. zu Hegels R. 1 (1975). – [2] M. GOLDING: The significance of rights language. Akten Int. Vereinig. Rechts- Soz.philos. 1989 (1992); Art. ‹Philos. of law, History of›, in: P. EDWARDS (Hg.): The encycl. of philos. 6 (New York/London 1967) 254ff.; N. LUHMANN: Gesellschaftsstruktur und Semantik 2 (1980); A. I. MELDEN: Rights in moral lives (Berkeley 1988). – [3] I. KANT: Opus Postumum. Akad.-A. 21 (1936) 113; Met. der Sitten (1797) I, § 62. Akad.-A. 6, 353; Die Relig. innerh. der Grenzen der bloßen Vernunft (1793), a.O. 115; E. ADICKES: Kants Lehre von der doppelten Affektion unseres Ich (1929); H. HEIMSOETH: Persönlichkeitsbewußtsein und Ding an sich in der Kantschen Philos. Kantstud. Erg.-H. (1956) 226f.; A. W. H. ADKINS: Merit and responsibility. A study in Greek values (Oxford 1960). – [4] E. WOLF: Griech. Rechtsdenken 1 (1950) 169ff.; vgl. Art. ‹Gesetz I.›, in: Hist. Wb. Philos. 3 (1974) 480-493; Art. ‹Nomos›, a.O. 6 (1984) 893-895; Art. ‹Physis/Nomos, Physis/Thesis›, a.O. 7 (1989) 967-971. – [5] J.-P. VERNANT/ P. VIDAL-NAQUET: Mythe et pensée chez les grecs (Paris 1972) 73; Mythe et tragédie en Grèce anc. (Paris 1972) 72f.; B. SNELL: Die Entdeckung des Geistes (1975) 56f. 151f. 283f.; TH. MOMMSEN hat den röm. Begriff der *Lex* als die bindende Kraft aller Rechtssubjekte vorgestellt, vgl.: Röm. Staatsrecht 3/1 (1887) 308f. – [6] L. GERNET: Rech. sur le développ. de la pensée jurid. et mor. en Grèce (Paris 1917); Anthropol. de la Grèce ant. (Paris

1968, 1982); Droit et institution en Grèce ant. (Paris 1968, 1982); J.-P. VERNANT: Mythe et société en Grèce anc. (Paris 1974); TH. W. OUDEMANS/A. P. M. H. LARDINOIS: Tragic ambiguity. Anthrop., philos. and Sophocles' Antigone (Leiden/New York 1987); VERNANT: Religions, histoires, raisons (Paris 1979); W. FIKENTSCHER: Methoden des Rechts 1 (1975) 235ff.; SNELL, a.O. [5] 231ff.; CH. MEIER: Die polit. Kunst der griech. Tragödien (1988) 43f.; K. EDEN: Poetic and legal fiction in the arist. trad. (Princeton, N.J. 1986). – [7] M. C. NUSSBAUM: The fragility of goodness (Cambridge/New York 1986) 12ff. – [8] L. GERNET beurteilt dies als Regression; es indiziert ebenso die Positivierung des Rechts, vgl.: Droit et inst., a.O. [6] 121-157; VERNANT: Aspects myth. de la mémoire et du temps, in: Mythe et pensée chez les Grecs 1 (Paris 1974) 80f. – [9] Diese Künstlichkeit nannte Hauriou und nennen heute Weinberger und MacCormick den institutionellen Charakter von Recht und Staat: vgl. D. N. MACCORMICK: Law as an institut. fact (Edinburgh 1973); O. WEINBERGER: Die Norm als Gedanke und Realität. Österr. Z. öffentl. Recht 2 (1970); MACCORMICK/WEINBERGER: Grundl. des Institutionalist. Rechtspositivismus (1985). – [10] H. VULTEJUS: Jurisprud. roman. (1594); S. SCHLOSSMANN: Persona und Prosopon im Recht und christl. Dogma (1968); D. LEUZE: Die Entwickl. des Persönlichkeitsrechts im 19. Jh. (1962); vgl. Art. ‹Person IV.›, in: Hist Wb. Philos. 7 (1989) 322-335. – [11] R. BRANDT (Hg.): R. der Aufklärung (1982); CH. WOLFF: Jus naturae (1740-48). Ges. Werke II/17-24, hg. J. ECOLE/M. THOMANN (1968-72); S. PUFENDORF: De jure naturae et gentium (1759, ND 1967). – [12] H. KELSEN: Reine Rechtslehre (^{2}1960) 33 (Kap. 4). – [13] N. ACHTERBERG: Die Rechtsordnung als Rechtsverhältnisordnung (1982); W. KRAWIETZ: Recht als Regelsystem (1984) 120ff. – [14] Vgl. L. ALTHUSSER: Lire le capital (Paris 1968); Positions (Paris 1976); B. EDELMAN: Le droit saisi par la photographie (Paris 1973); K.-H. LADEUR: Rechtssubjekt und Rechtsstruktur (1978). – [15] P. RICŒUR: Ideologie und Ideologiekritik, in: B. WALDENFELS/J. M. BROEKMAN/A. PAŽANIN (Hg.): Phänomenol. und Marxismus 1 (1977) 197ff. – [16] C. LEFORT: Les formes de l'histoire. Essais d'anthropol. polit. (Paris 1978); L'invention démocrat. (Paris 1981); Essais sur le politique. XIXe et XXe s. (Paris 1986); Les droits de l'homme en question. Rev. interdiscipl. Et. jurid. 13 (1984) 11-47. – [17] J. M. BROEKMAN: Le droit comme forme dans une forme. Déviance et société (Genf 1987) 205-219, hier: 206f. – [18] GERNET: Recherches, a.O. [6] 353. 437; vgl. auch: VERNANT: Mythe et trag., a.O. [5] 15. – [19] ADKINS, a.O. [3] 4. 222. 225. – [20] J. DE ROMILLY: Time in Greek tragedy (Ithaca/New York 1968) 130. 141; La loi dans la pensée grecque (Paris 1979); La construction de la vérité chez Thucydide (Paris 1990). – [21] G. JAHR/W. MAIHOFER (Hg.): Rechtstheorie. Beitr. zur Grundlagendiskussion (1971); H.-P. SCHNEIDER: Rechtstheorie ohne Recht? in: Mensch und Recht. Festschr. E. Wolf (1972) 108ff.; L. NELSON: Die Rechtswiss. ohne Recht 2 (1949); R. DREIER: Recht – Moral – Ideologie (1981) 17-43. – [22] R. CROSS: Precedent in Engl. law (Oxford 1979) 183. 188; P. S. ATIYAH/R. S. SUMMERS: Form and substance in Anglo-Amer. law (Oxford 1987) 28f. 117f.; P. S. ATIYAH: Pragmatism and theory in Engl. law (London 1987) 2ff.; J. ESSER: Vorverständnis und Methodenwahl in der Rechtsfindung (1970) 107f.; R. POSNER: The decline of law as an autonomous discipline: 1962-1987. Harvard Law Review 100 (1986/87) 761-780. – [23] J. AUSTIN: The province of jurisprudence determined (1955) 365ff.; vgl. auch: J. RAWLS: A theory of justice (Cambridge 1971); R. DWORKIN: Taking rights seriously (London 1978); Law's empire (London 1986). – [24] Zur jurist. Dogmatik vgl. insbes.: TH. WÜRTENBERGER (Hg.): R. und Rechtspraxis (1971); M. HERBERGER: Dogmatik. Zur Gesch. von Begründung und Methodik in Med. und Jurisprudenz (1981); C. SALUTATI: De nobilitate legum et medicinae [14. Jh.], dtsch.: Über den Vorrang der Jurisprudenz oder der Med., hg. E. GRASSI/R. KESSLER (1991); TH. SCHAPP: Theoriestrukturen und Rechtsdogmatik (1989); vgl. auch Art. ‹Rechtsdogmatik›. – [25] G. RADBRUCH: R. 8 (1978); A. KAUFMANN/W. HASSEMER: Einf. in die R. und Rechtstheorie der Gegenwart (1977) 122; N. LUHMANN: Rechtssystem und Rechtsdogmatik (1974); J. ESSER: Grundsatz und Norm (1964); Möglichkeiten und Grenzen des dogmat. Denkens im mod. Zivilrecht. Arch. civilist. Praxis 172 (1972) 97-130; SCHAPP, a.O. – [26] E. WOLF: Das Problem der Naturrechtslehre (1955); G. JEL-LINECK: Allg. Staatslehre 3 (1913); WELZEL: Naturrecht, a.O. [1]; A. DIEMER: Grundriß der Philos. 2 (1964); E. BLOCH: Das Prinzip Hoffnung 2 (1955); J. HABERMAS: Naturrecht und Revolution, in: Theorie und Praxis (1963) 52ff.; R. SAAGE: Polit. Utopien der Neuzeit (1991). – [27] F. NIETZSCHE: Zur Genealogie der Moral II, § 17 (1887). Krit. Ges.ausg., hg. G. COLLI/M. MONTINARI 6/2 (1969) 340. – [28] J.-J. ROUSSEAU: Du contrat social (1e version, 1754), hg. B. GAGNEBIN/M. RAYMOND 3 (Paris 1964) 290. – [29] T. HONORÉ: Making law bind (New York 1987) 115f. 139f.; RAWLS, a.O. [23]; P. S. ATIYAH: Promises, morals, and law (Oxford 1981) 106f.; a.O. [22]. – [30] D. TALLON/D. HARRIS (Hg.): Le contrat aujourd'hui: Comparaisons franco-angl. (Paris 1987) 28ff.; J. GHESTIN: La notion de contrat. Droits 12 (1990) 24. – [31] KELSEN, a.O. [12]. – [32] C. DALTON: An essay on the deconstruction of contract doctrine. Yale Review 94/5 (1985) 997f. – [33] P. DE MAN: Allegories of reading (New Haven 1979) 273f.; T. C. DAINTITH/G. TEUBNER (Hg.): Contract and organization (1986); G. TEUBNER: Verbund, Verband oder Verkehr? Z. Handelsrecht Wirtschaftsrecht 154 (1990) 295f.; vgl. S. L. PAULSON: Analyt. Rechtstheorie, in: W. KRAWIETZ (Hg.): Lex. des Rechts 27 (1987) 2/20. – [34] Es handelt sich folglich nicht um einen Dialog der Ich-Du-Beziehung im Sinne Bubers. Ein jurist. Du trägt notwendig den Namen 'Rechtssubjekt'; vgl. M. BUBER: Das dialog. Prinzip (1962); R. GROSCHNER: Dialogik und Jurisprudenz (1982). – [35] S. MOSCOVICI: Essai sur l'hist. hum. de la nature (Paris 1977). – [36] J. PIAGET: Le langage et la pensée chez l'enfant (Neuenburg 1923); La représentation du monde chez l'enfant (Paris 1926); L. KOHLBERG: Essays on moral developm. 1 (San Francisco 1981); G. NUNNER-WINKLER: Wissen und Wollen, in: A. HONNETH (Hg.): Zwischenbetrachtungen: Im Prozeß der Aufklärung (1989) 574f.; S. BENHABIB: Autonomy, modernity, and community, a.O. 373f. – [37] J. M. BROEKMAN: Mens en mensbeeld van ons recht 1 (Löwen ^{4}1990) 115f. – [38] AUSTIN, a.O. [23] 184f.; R. M. DWORKIN: The philos. of law (London 1977) 18. – [39] R. MARCIC: Gesch. der Philos. (1971) 167f. – [40] W. KRAWIETZ: Jurist. Entscheidung und wiss. Erkenntnis (1978); Recht und mod. Systemtheorie. Rechtstheorie, Beih. 10 (1987); G. TEUBNER: Recht als autopoiet. System (1989); LUHMANN, a.O. [25]; Soz. Systeme (1984); Zweckbegriff und Systemrationalität (1973); Die Einheit des Rechtssystems. Rechtstheorie 14 (1983) 129; H. L. A. HART: The concept of law (Oxford 1961); J. M. BROEKMAN: Recht und Anthropol. (1978); R. ALEXY: Theorie der jurist. Argumentation (1978); CH. PERELMAN/L. OLBRECHTS-TYTECA: Traité de l'argumentation: La nouv. rhétorique 2 (Brüssel 1970); Logique jurid. (Brüssel 1976); TH. VIEHWEG: Topik und Jurisprudenz (1953); G. OTTE: 20 Jahre Topik-Diskussion. Rechtstheorie 1 (1970) 381ff.; M. VAN DE KERCHOVE/F. OST: Le système jurid. entre ordre et désordre (Paris 1988); H. SCHELSKY: Die jurid. Rationalität (1980); MACCORMICK/WEINBERGER, a.O. [9]; MACCORMICK, a.O. [9]; O. WEINBERGER: Institutionstheorie und Institutionalist. Rechtspositivismus, in: H. Schelsky als Soziologe und polit. Denker (1985) 134f.; H. KLIEMT: Moralische Institutionen (1985). – [41] TH. W. ADORNO: Negat. Dial. (1966); M. HORKHEIMER/TH. W. ADORNO: Dial. der Aufklärung (1947); M. HORKHEIMER: Eclipse of reason (New York 1947), dtsch.: Kritik der instrument. Vernunft (1967); J. HABERMAS: Theorie und Praxis (1963); A. WELLMER: Krit. Geschichtstheorie und Positivismus (1967); R. M. UNGER: Knowledge and politics (New York 1975). – [42] W. OTT: Der Rechtspositivismus (1976); MACCORMICK/WEINBERGER, a.O. [9]; J. M. BROEKMAN: The minimum content of positivism. Rechtstheorie 16 (1985) 349-366; vgl. auch Art. ‹Recht, positives; Rechtspositivismus›. – [43] G. RADBRUCH: R., hg. E. WOLF (^{6}1963) 120. – [44] WEINBERGER, a.O. [9] 146; H. L. A. HART: Art. ‹Legal positivism›, in: P. EDWARDS (Hg.), a.O. [2] 4 (1967) 419. – [45] J. ESSER: Vorverständnis und Methodenwahl in der Rechtsfindung (1970); Grundsatz und Norm in der richterl. Fortbildung des Privatrechts (1956); H.-G. GADAMER: Wahrheit und Methode (1960); P. RICŒUR: De l'interprétation (Paris 1965); dtsch. (1969); J. HABERMAS: Erkenntnis und Interesse (1968); zum Verhältnis von Recht und Moral vgl. H. L. A. HART: Positivism and the separation of law and morals. Harvard Law Review 71 (1958) 593-629; J. RAWLS: A theory of civil disobedience, in: R. M. DWORKIN (Hg.): The philos. of law (London 1977) 66ff. 83ff. 89ff.; L. L. FULLER: The morality of law (New

Haven 1969); HART: Social solidarity and the enforcement of morality. Chicago Law Review 35 (1967/68) 1-13. – [46] J. B. WHITE: The legal imagination (Boston/Toronto 1973); B. S. JACKSON: Law, fact and narrative coherence, roby (Liverpool 1988); P. RICŒUR: Temps et récit 1-3 (Paris 1983-85), dtsch.: Zeit und Erzählung 1-2 (1988/89); J. CULLER: The pursuit of signs (London 1981); DE MAN, a.O. [33]; R. DWORKIN: Law's empire (London 1986); P. NERHOT (Hg.): Law, interpretation, and reality (Dordrecht/Boston 1990); E. LANDOWSKI (Hg.): Int. J. Semiotics Law 1ff. (1988ff.); R. A. POSNER: Law and lit. (Cambridge, Mass. 1988). – [47] M. FOUCAULT: Interview. La Quinzaine littéraire 01-03-1968. – [48] F. GÉNY: Méthode d'interprét. et sources en droit privé positif 1-2 (Paris 1899).

Literaturhinweise. K. LARENZ: Rechts- und Staatsphilos. der Gegenwart (1935). – G. RADBRUCH: R. (1953). – L. STRAUSS: Naturrecht und Gesch. (1953). – C. J. FRIEDRICH: Die Philos. des Rechts in hist. Perspektive (1955). – M. VILLEY: Cours d'hist. de la philos. du droit (Paris 1963). – H. WELZEL s. Anm. [1]. – J. M. BROEKMAN: Recht und Anthropol. (1978). – J. M. BROEKMAN: Jurist. Diskurs und Rechtstheorie. Rechtstheorie 11 (1980) 17-47. – G.-W. KÜSTERS: Kants R. (1988). – G. ROELLECKE: Theorie und Philos. des Rechts., in: ROELLECKE (Hg.): R. oder Rechtstheorie? (1988) 1-24. – J.-F. MATTEI (Hg.): La naiss. de la raison en Grèce (Paris 1990). – M. FROMMEL: Die Rezeption der Hermeneutik bei K. Lorenz und J. Esser (1981).

J. M. BROEKMAN

Rechtssoziologie. Als eine der speziellen Soziologien befaßt sich die R. einmal mit dem Wechselspiel von staatlich anerkanntem Recht (positivem Recht) bzw. einem Teilbereich desselben (z.B. Wirtschaftsrecht, Strafrecht, auch einzelnen Institutionen des Rechts) und der Gesellschaft bzw. begrenzten sozialen Prozessen, zum anderen «mit dem sozialen Ordnungsmechanismus in seiner Gänze» [1]. Dieser Ordnungsmechanismus beruht auf einer Reihe von sozialen Ordnungsgefügen; das Recht macht in diesem Mechanismus nur ein Ordnungsgefüge neben anderen «außerrechtlichen» oder «vorrechtlichen» Ordnungsgefügen aus. Auch diese zum 'Recht' zählen zu wollen, hieße, einem inzwischen vorwiegend von der ethnologischen Rechtsforschung und von Forschungen zum ‹jus vivens› ad absurdum geführten Panlegalismus das Wort zu reden.

Die aktuelle R. hat es sowohl mit den rechtlichen Normen, ihren sozialen Bedingungen und Wirkungen, als auch mit den sozialen Normen zu tun, die sich ihrerseits in verschiedene Systeme aufgliedern lassen, die sich in Reichweite, «sozialer Unmittelbarkeit» [2] und der Struktur des Reaktions- und Sanktionsmechanismus voneinander unterscheiden. TH. GEIGER definiert bei diesen Vorgegebenheiten das Recht als «die soziale Lebensordnung eines zentral organisierten gesellschaftlichen Großintegrats, sofern diese Ordnung sich auf einen von besonderen Organen monopolistisch gehandhabten Sanktionsapparat stützt» [3]. Überrechtliche Normen, Moral-Normen werden von ihm – in Auseinandersetzung mit der Uppsala-Schule – als «verinnerlichte Ordnungsgefüge» mit diffusen Inhalten («Schisma der Moralen») eingeschätzt.

Aus historischer Sicht ist die Zweiteilung der Ordnungswirklichkeit und deren Überwindung durch ein Übergewicht allgemein gültiger (staatlicher) Normsysteme fast ein Leitmotiv von zunehmender Verrechtlichung. Dies betrifft die Unterscheidung von geschriebenem und nicht geschriebenem Recht in den antiken Rechtsauffassungen, von Sitten und Rechten bei N. MACHIAVELLI, «regular and irregular systemes» bei TH. HOBBES, von Normen in Gruppen («corps») und von (offiziellen) Gewalten bei CH. DE MONTESQUIEU – bis hin zu «customary law», zu Stammesrecht und staatlichem Recht in den erst im 20. Jh. unabhängig gewordenen Staaten. Dieses Leitmotiv findet unter den Bedingungen der «postindustriellen» Gesellschaft (D. BELL) und bei beträchtlichem Anwachsen des staatlichen Rechts seine Fortsetzung. Die «Flucht in die Generalklauseln» und die Aufnahme «unbestimmter Rechtsbegriffe» (‹Sozialadäquanz›, ‹Natur der Sache›, ‹Verkehrssitte›) haben den Trend nicht brechen können, aber sie haben die Relevanz rechtssoziologischer Sichtweisen und Forschungsmethoden deutlich gemacht und erhöht. Im Gegenzug erfuhr der Rechtspositivismus eine beträchtliche Relativierung, ohne daß dadurch freilich das «Absterben von Staat und Recht» im Marxschen Sinne eingeleitet worden wäre. Einstweilen bleibt der Ruf nach der «rule of law», nach «Verrechtlichung» und «Rechtsvereinheitlichung» wegen der Internationalisierung der Lebenssphären und damit der Normkonflikte erhalten. Von Vertretern einer emanzipatorischen Sozialtheorie und einer konfliktabbauenden «Universalpragmatik» wird dieser Prozeß indes kritisch betrachtet. Es werden neben oder anstelle rechtlicher Verfahren außergesetzliche Konfliktlösungen vorgeschlagen [4]. Gegen solche Kritik kann auf die neuen Formen personaler und Gruppen-Macht verwiesen werden, die sich gerade in rechtsfreiem Raum – oder «rechtsverdünntem» Raum – gegen Regeln der Ethik und des Rechts entfalten können. Nach wie vor hat aber GEIGERS Auffassung grundlegende Bedeutung: «Die Entwicklung des sozialen Lebens vom Machtprinzip hin zum durchgeführten Rechtsprinzip erscheint als der wesentliche Inhalt der Menschheitsgeschichte» [5].

Die R. kam erst lange nach der Begründung der Soziologie durch A. Comte als Reaktion auf den Rechtspositivismus im Anschluß an die großen Kodifikationen im ausgehenden 19. Jh. auf. Die vermeintlich «geschlossenen» Gesetzeswerke hielten der Vielfalt tatsächlicher und möglicher sozialer Sachverhalte nicht stand. Lücken im Gesetz konnten nicht immer aus dem Gesetz durch Deduktion geschlossen werden; neue soziale Erscheinungen ließen sich nicht immer den Gesetzen subsumieren. Gesetze als Instrumente der Vereinheitlichung konfligierender sozialer Normen förderten nicht zwangsläufig die Lösung von Normkonflikten. Zudem kam die Erkenntnis auf, daß die soziale Wirklichkeit in weiten, wenn nicht wesentlichen Bereichen latent «geordnet» sei, aber nicht durch Rechtsnormen oder übergesetzliche Normen. Interessanterweise kamen auch unter anderen Bedingungen als den kodifizierten Rechten spezifische rechtssoziologische Fragestellungen auf, so im angelsächsischen Rechtsbereich («case law»), dem ein unmittelbareres Verhältnis zur sozialen Wirklichkeit nachgesagt wird [6].

Im deutschsprachigen Bereich wurde lange Zeit hindurch E. EHRLICH [7] als «Vater der R.» apostrophiert, wiewohl sich der erste deutsche Soziologentag – insbesondere H. KANTOROWICZ und M. WEBER – bereits mit diesem Fachgebiet befaßt hatte [8]. Tatsächlich waren in einigen romanischen Ländern schon Jahrzehnte vorher rechtssoziologische Untersuchungen erschienen [9].

Mit Blick auf die Diskussion in Deutschland ist vor allem auf A. H. POST zu verweisen, der sich zunächst (1884) mit dem «Aufbau einer allgemeinen Rechtswissenschaft auf soziologischer Grundlage» befaßte und alsdann in seinen Untersuchungen zur ethnologischen Jurisprudenz wesentlich an einer Horizonterweiterung und einer Relativierung eurozentristischen Denkens mitwirkte. In all diesen Arbeiten steht die Frage nach den sozialen Grundlagen und Bestimmungsgründen des Rechts im Mittelpunkt des Interesses. Ein kulturkritischer Impetus ist insbesondere bei den frühen italienischen 'Rechtssoziologen' unverkennbar. Wesentliche Analysen widmeten sich spezielleren Teilbereichen der Gesetzeswerke, so dem Eigentumsrecht und dem Strafrecht. Dabei konnte die R. eine enge Verbindung mit der Wirtschaftssoziologie eingehen.

Die Abgrenzung der R. von der 'allgemeinen Rechtslehre', der Kriminologie und der Rechtstheorie war und ist nicht immer leicht. Angeregt vor allem durch die ethnologische Rechtsforschung (A. H. POST, G. MAZZARELLA) und die Rechtsvergleichung (J. KOHLER, TH. MOMMSEN), die schon im ausgehenden 19. Jh. empirische, wenn auch mehr oder weniger begriffsidealistisch geleitete Untersuchungen durchführten, wuchs das wissenschaftliche Interesse an sozialen Prozessen mit Ordnungscharakter, die dem staatlichen Recht genetisch und historisch voranzugehen scheinen. Hinsichtlich solcher Prozesse wurde später erkannt, daß sie tatsächlich mit dem Recht und neben dem Recht die soziale Ordnungswirklichkeit ausmachen und bestimmen. Sie werden heute meist als soziale Ordnungsgefüge bezeichnet und sind nach der Auffassung von KANTOROWICZ wirksamer als die Rechtsregeln [10]. Als wegweisend erweist sich die Beobachtung E. DURKHEIMS: «Le droit ne réfléchit donc qu'une partie de la vie sociale ...» [11] – eine Feststellung, die J. CARBONNIER später aufgreift und pointiert: «Das Recht ist ein winziges Häutchen auf der Oberfläche der sozialen und zwischenmenschlichen Beziehungen» [12]. Die umfassendste genetisch-systematische Darstellung der sozialen Ordnungsgefüge ist bisher TH. GEIGER [13] gelungen. Gewohnheit, Brauch, Sitte, Recht zeichnen sich demzufolge dadurch aus, daß sie bei normwidrigem Verhalten über spezifische Reaktionsmechanismen verfügen, die in den vorrechtlichen Ordnungsgefügen von der «Gruppenöffentlichkeit» getragen werden. Nur im Ordnungsgefüge Recht ist der Mechanismus an eine Institution, die Zentralmacht oder die richterliche Gewalt, delegiert. Für die Aktivität der Gruppenöffentlichkeit wird heute der Begriff der sozialen Kontrolle verwendet, wobei also nicht auf ein bestimmtes Ordnungsgefüge abgestellt wird. Für R. POUND ist soziale Kontrolle insbesondere durch «Recht» und in Analogie zu Recht gewährleistet [14]. Das Gewicht der Ordnungsgefüge neben dem Recht wird allerdings im allgemeinen noch unterschätzt, namentlich in kodifizierten Rechtssystemen.

R. umfaßt auch wesentliche Bereiche der Ideologiekritik, ja R. gibt sich häufig im Gewande der Ideologiekritik (wohl zuerst bei A. HÄGERSTRÖM und der Uppsala-Schule). Bei K. MARX ist Recht «ideologischer Überbau» der sozio-ökonomischen Gegebenheiten [15]. Heute zielt die Ideologiekritik im Recht insbesondere auf die Tatsache, daß einmal gesetztes Recht erweislich starke Beharrungstendenzen in sich trägt, während die soziale Wirklichkeit im Wandel begriffen ist. So sind manche Rechtsnormen bald überholt (dazu vor allem H. LÉVY-BRUHL), werden ideologische Gehalte («theoretisch gemeintes A-theoretisches», TH. GEIGER) auf Epochen übertragen, in denen sie den sozialen Gegebenheiten nicht mehr adäquat sind.

Die *empirische* R. verfügt heute in den richterlichen Entscheidungen über ein immenses, kaum durchforschtes empirisches Material. Sie hat eine besondere Bedeutung in der Rechtssprechung und Gesetzgebung, vor allem bei der Lückenausfüllung, der Entwicklung neben dem Gesetz, der Auslegung von Rechtsnormen, der empirisch-analytischen Behandlung «unbestimmter Begriffe». Sie kann in ihrem Bemühen, aus sozialen Prozessen Ordnungsgehalte herauszuarbeiten und die Interdependenz von staatlichem Recht und sozialer Wirklichkeit zu erforschen, geschieden werden von der *theoretischen* R. Die empirische R. wendet die Methoden der empirischen Sozialforschung auf rechtliche Institutionen und Verfahren an (E. BLANKENBURG), zum anderen betreibt sie die sozialwissenschaftliche Analyse konkreter sozialer Beziehungen im Bereich des Rechts (Soziologie des Rechtsstabes, der Richter und Gerichte usw.). Von besonderem Interesse für den Gesetzgeber sind die Wirkungen von neuen Normen, von denen ja bestimmte soziale Prozesse gesteuert werden sollen, wobei aber auch Wirkungen auf den Gesetzgeber untersuchenswert erscheinen [16]. Rechtspolitische Grundsatzfragen gehören ebenso hierher [17] wie die Anwendung soziologischer Paradigmen und Verfahren durch den rechtsanwendenden Juristen [18] und durch Organe der Rechtspflege [19]. – Die R., namentlich bei Autoren, die als vollausgebildete Juristen zur Soziologie gestoßen sind (WEBER, GEIGER, LUHMANN u.a.), wird zunehmend zu einer allgemeinen soziologischen Theorie.

Die *theoretische* R. ist aus der Rechtsdogmatik hervorgegangen, insbesondere aus dem französischen ‹Droit administratif›, aber auch aus der soziologischen Theorie M. WEBERS, die über T. PARSONS, R. K. MERTON, P. BLAU in der neueren Gesellschaftstheorie als Systemtheorie fortwirkt und eine zuvor nie erreichte Integration verschiedener Denkansätze und -wurzeln erreicht hat. Für die Theorie von N. LUHMANN ist die Frage nach der Funktion des «positiven» Rechts im weitesten Sinne zentral: «Kein Lebensbereich ... findet ohne Recht zu einer dauerhaften sozialen Ordnung. Immer steht soziales Zusammenleben schon unter normativen Regeln» [20]. Ein Mindestbestand der Rechtsorientierung sei überall unerläßlich. In diesem Punkt sind sich die Rechtssoziologen immer einig gewesen; unterschiedliche Beurteilung betreffen die Begründung von Tragweite und Integrationsmöglichkeiten strukturell unterscheidbarer und unterschiedlich wirksamer Normsysteme, die alle zusammen in ihrer (graduell abgestuften) gegenseitigen Durchdringung und unter dem Oberbegriff ‹Recht› die Ordnungswirklichkeit ausmachen. Das Autopoiesis-Konzept, von Luhmann in die soziologische Theorie eingeführt, hat in den letzten Jahren die R. beflügelt [21]. Die Anregungen Geigers hat insbesondere H. POPITZ aufgenommen [22]. PH. SELZNICK und L. M. FRIEDMAN [23] behandeln das Verhältnis Legitimität und Legalität und die schwierige Verbindung der verselbständigten Wissenschaften vom Recht und von der Gesellschaft. Diese erneute Zusammenführung ist in den letzten Jahrzehnten mit zunehmender Intensität angestrebt worden.

Anmerkungen. [1] TH. GEIGER: Vorstud. zu einer Soziol. des Rechts (1947), hg. M. REHBINDER (⁴1987) 19f. – [2] P. TRAPPE: Krit. Realismus in der R. (1983) 37. – [3] a.O. [1] 297. – [4] Vgl. J. HABERMAS: Theorie des kommunikat. Handelns (1981); V. GESSNER/W. HASSEMER/B.-O. BRYDE (Hg.): Gegenkultur und Recht (1985). – [5] a.O. [1] 338. – [6] Vgl. W. G. SUMMER: Folkways. A study of the sociolog. importance of usages, manners, customs, mores and morals (New York 1906); N. S. TIMASHEFF: An introd. to the sociol. of law (Cambridge, Mass. 1939); J. STONE: Social dimensions of law and justice (Sydney 1966), dtsch.: Lehrbuch der R. (1976); PH. NONET/PH. SELZNICK: Law and society in transition. Toward responsive law (New York 1978); W. FRIEDMANN: Law and social change in contemp. Britain (London 1951); L. M. FRIEDMAN/M. REHBINDER (Hg.): Zur Soziol. des Gerichtsverfahrens (Sociol. of the Judicial Process) (1976); L. M. FRIEDMAN: Legal rules and the processes of social change. Stanford Law Review 4 (1967) 786-840. – [7] Vgl. E. EHRLICH: Grundleg. der Soziol. des Rechts (1913, ³1967); dazu M. REHBINDER: Die Begründ. der R. durch E. Ehrlich (²1986); R. (1977). – [8] Verhandl. des Ersten Dtsch. Soziologentages 1910 (1911, ND 1962) 275-335; vgl. auch: H. KANTOROWICZ: The def. of law (Cambridge 1958), dtsch.: Der Begriff des Rechts (1963) und M. WEBER: Wirtschaft und Ges. II, 2 (1921) 7. Kap.: R.; R. (1960, ²1976). – [9] Vgl. S. J. TAPARELLI: Saggio teoret. de diritto appogiato sul fatto (Palermo 1840); L. T. AZEGLIO: Essai théoret. de droit nat. basé sur les faits (Paris 1857); G. CARLE: La vita del diritto nei suoi rapporti colla vita soc. (Turin 1880); G. P. CHIRONI: Sociol. e diritto civile (Turin 1886); G. TARDE: Les transformations du droit. Et. sociolog. (Paris 1889); D. ANZILOTTI: La filos. del diritto e la sociol. (Florenz 1892); M. A. VACCARO: Le basi del diritto e dello stato (Turin 1893); F. CONSENTINI: Filos. del diritto e la sociol. (Neapel 1904); F. SQUILLACE: Sociol. e diritto (Catanzaro 1906); C. NARDI-GRECO: La sociol. giurid. (Turin 1907); A. GROPPALI: Sociol. e filos. del diritto (Piacenza 1908); zur Vervollständigung vgl. P. TRAPPE: Int. Bibliogr. der R., in: GEIGER, a.O. [1] 421-466. – [10] Vgl. H. KANTOROWICZ: Rechtswiss. und Soziol. (1911, ND 1962); a.O. [8]. – [11] E. DURKHEIM: De la division du travail soc. (Paris 1893). – [12] J. CARBONNIER: Die großen Hypothesen der theoret. R., in: E. E. HIRSCH/M. REHBINDER (Hg.): Studien und Mat. zur R. Kölner Z. Soziol. Sozialpsychol., Sh. 11 (1967) 373-412; Sociol. jurid. (Paris 1972), dtsch.: R. (1974). – [13] GEIGER, a.O. [1]. – [14] R. POUND: Soc. control through law (New Haven, Conn. 1942). – [15] Marx et le droit moderne. Arch. Philos. Droit, N.F. 12 (1967); M. CAIN/A. HUNT: Marx and Engels on law (London/ New York 1979); P. LASCOUMES/H. ZANDER: Marx: du 'vol de bois' à la crit. du droit. Marx à la ‹Gazette rhénane› (Paris 1984). – [16] Vgl. P. NOLL: Gesetzgebungslehre (1973); K. EICHENBERGER u.a.: Grundfragen der Rechtssetzung (1978). – [17] R. WASSERMANN: Der soziale Zivilprozeß (1978); W. ZITSCHER: Normtheorie und Feldtheorie (1982). – [18] Vgl. V. AUBERT: Sociol. of law (London 1969); R. (Oslo 1982); H. SCHELSKY: Die Soziologen und das Recht (1980); K.-D. OPP: Soziol. im Recht (1973). – [19] Vgl. R. WEIMAR: Zur Psychol. des judizierenden Verhaltens (Basel 1969). – [20] N. LUHMANN: R. 1-2 (1972, ²1984). – [21] Vgl. z.B. G. TEUBNER: Autopoietic law (1988). – [22] Vgl. H. POPITZ: Die normat. Konstruktion von Ges. (1980). – [23] SELZNICK und FRIEDMAN, a.O. [6].

Literaturhinweise. E. Ehrlich s. Anm. [7]. – M. Weber s. Anm. [8] 1-2 (1921, ⁴1956) (bes. Kap. VII). – R. THURNWALD: Die menschl. Ges. in ihren ethnosoziolog. Grundlagen 5 (1934). – N. S. TIMASHEFF s. Anm. [6]. – TH. GEIGER s. Anm. [1]. – A. GURVITCH: Grundzüge der Soziol. des Rechts (1960), erweit. Fassung der engl. Ausg. (1942). – H. KANTOROWICZ s. Anm. [8]. – E. E. HIRSCH: 'Was kümmert uns die R.?' Juristen-Jb. 3 (1963) 131-148. – P. TRAPPE s. Anm. [9]. – J. STONE s. Anm. [6]. – E. E. HIRSCH/M. REHBINDER s. Anm. [12]. – E. BLANKENBURG (Hg.): Empir. R. (1975). – J. CARBONNIER s. Anm. [12]. – N. LUHMANN s. Anm. [20]. – K.-D. OPP s. Anm. [18]. – K. A. ZIEGERT: Zur Effektivität der R.: Die Rekonstr. der Ges. durch Recht (1975). – R. MANGABEIRA UNGER: Law in modern soc. (1976). – K. SCHRAPE: Theorien normat. Strukturen und ihres Wandels 1-3 (Basel 1977-79) [Soc. strategies 8-10]. – K. EICHENBERGER u.a. s. Anm. [16]. – R. WASSERMANN s. Anm. [17]. – H. POPITZ s. Anm. [22]. – N. LUHMANN: Ausdifferenzierung des Rechts (1981). – W. ZITSCHER s. Anm. [17]. – P. TRAPPE s. Anm. [2]. – H. WILKE: R. und Allg. Soziol., in: Lex. des Rechts 3/200 (7. März 1986). – W. HUTMACHER: Rechtssoziol. Schrifttum, a.O. – K. F. RÖHL: Soziol. Rechtsbegriff, a.O. 3/240 (9. November 1987). – J. HABERMAS s. Anm. [4]. – G. TEUBNER s. Anm. [21].

P. TRAPPE

Rechtsstaat ist eine dem deutschen Sprachraum eigene, in anderen Rechtssprachen so nicht auffindbare Wortverbindung (die angelsächsische ‹rule of law› ist kein inhaltlicher Parallelbegriff), die im frühen 19. Jh. aufkommt. Sie bezeichnet einen legitimitätsspendenden, staats- und verfassungstheoretischen wie auch staatsrechtlichen Grundbegriff, dessen Inhalt von wechselnden Vorstellungen bestimmt wird.

1. Der Begriff ‹R.› wird gebräuchlich im Staatsdenken des deutschen Frühliberalismus. Zwar läßt sich das Wort ‹R.› schon bei A. MÜLLER 1809 und ein Vor-Begriff bereits bei J. W. PLACIDUS 1798 auffinden [1], als eigenständiger Begriff hingegen tritt ‹R.› zuerst bei C. TH. WELCKER 1813, dann bei J. CH. Frhr. VON ARETIN 1824 und bei R. VON MOHL 1828 auf, durch den er in die allgemeine staatsrechtliche und politische Diskussion eingeführt wird. Der R. wird verstanden als eigene Staats*gattung* (nicht Staatsform), als «Staat der Vernunft» (WELCKER) [2] bzw. Staat, «in welchem nach dem vernünftigen Gesamtwillen regiert und nur das allgemeine Beste erzweckt wird» (VON ARETIN) [3]; Gegenbegriffe sind ‹Despotie› und ‹Theokratie›, nicht ‹Monarchie› oder ‹Aristokratie› [4]. Für den R. sind wesentlich: 1) die Anerkennung des freien Individuums und seiner irdischen Lebenszwecke als Bezugspunkt der staatlichen Ordnung und damit das Abrücken von jeglicher transpersonalen Staatsvorstellung und -zielsetzung; 2) die Begrenzung der Staatszwecke und -aufgaben auf Sicherung der individuellen Freiheit und Ermöglichung der individuellen Selbstentfaltung, worunter z.T., wie bei MOHL, auch subsidiäre Wohlfahrtsförderung begriffen wird [5]; 3) die Organisation des Staates und die Regelung der Staatstätigkeit nach Vernunftgrundsätzen, wozu die ausgrenzende Gewährleistung der bürgerlichen Freiheit (Freizügigkeit, Vertrags-, Vereinigungs-, Gewerbe- und Eigentumsfreiheit), die Rechtsgleichheit, geschriebene Verfassung, allgemeine Gesetze, Sicherheit der Rechtspflege (Unabhängigkeit der Richter), das Vorhandensein einer Volksrepräsentation und deren Teilnahme an der gesetzgebenden Gewalt (und insofern auch die Trennung der Gewalten) gehören.

Der Sache nach ist der R. in diesem Sinne schon bei I. KANT vorgebildet, der darin seinerseits die vernunftrechtliche Staatstheorie aufnimmt. Wenn Kant den Staat als «Vereinigung von Menschen unter Rechtsgesetzen» definierte [6], so waren die Rechtsgesetze er näher ausführte, im wesentlichen jene Vernunftprinzipien, die als formende Merkmale des frühen R.-Begriffs erschienen und von der Staatsrechtslehre weiter konkretisiert wurden. Der Staat ist gemeines Wesen (res publica) im Interesse des Wohls aller Einzelnen. Die Substanz des Daseins verlagert sich aus dem Bereich des Öffentlichen und Politischen in den Bereich des Vorstaatlichen, d.h. Privaten und Gesellschaftlichen, auf den das Öffentliche und Politische funktional bezogen wird. An die Stelle auch transpersonaler Güter als Umwillen staatlich-öffentlicher Ordnung tritt begrenzend die Selbsterfüllung und Selbstgesetzgebung des autonomen (freilich transzendental rückgebunden gedachten) individuellen Subjekts. Indem die staatlich zu schaffenden Voraussetzungen dafür in der Gewährleistung von Freiheit und (individuellem) *Eigentum* gesehen werden, wird der bürgerliche (erwerbs- und besitzbezogene) Charakter rechtsstaatlicher Ordnung konstituiert. Als einheitliches, materiell wie formell sich ausprägendes Staats*prinzip* relativiert der R. die überkommenen Staatsformen zu Regierungsformen. Der R.-Begriff hat eine freiheitliche, nicht unbedingt eine demokratische Tendenz. Die politische Freiheit der Bürger als deren aktive Teilnahme am Staatsleben gilt als Vollendung und Gewähr der bürgerlichen Freiheit; von daher empfängt sie Maß und Grenze [7].

Für die verfassungsmäßige Ausformung des R. erhält der *Gesetzesbegriff* kardinale Bedeutung; er wird zur Achse der rechtsstaatlichen Verfassung. Der rechtsstaatliche Gesetzesbegriff verbindet in sich ein sachlich-inhaltliches und ein formelles Merkmal zu einer untrennbaren Einheit: Das Gesetz ist allgemeine (rationale) Regel, die unter Zustimmung der Volksrepräsentation in einem durch Diskussion und Öffentlichkeit gekennzeichneten Verfahren zustande kommt [8]. Die Zustimmung der Volksrepräsentation wahrt das Prinzip der Freiheit und die Subjektstellung des Bürgers; die Allgemeinheit des Gesetzes verhindert gezielte Eingriffe in den Bereich der bürgerlichen und gesellschaftlichen Freiheit über deren allgemeine, d.h. für alle gleichermaßen geltende Eingrenzung bzw. Ausgrenzung hinaus; das durch Diskussion und Öffentlichkeit bestimmte Verfahren verbürgt das menschlich erreichbare Maß an Vernünftigkeit des Gesetzesinhalts. Das so beschaffene Gesetz ist rechtsverbindlich für die handelnde Verwaltung (Gesetzmäßigkeit der Verwaltung), die dadurch gelenkt und begrenzt wird. Es erscheint als der «freie» Staatswille, in dem Allgemeinwille und Selbstbestimmung der einzelnen vermittelt sind; seine Herrschaft ist «die Herrschaft des Prinzips der staatsbürgerlichen Freiheit» (L. VON STEIN) [9].

2. Die weitere Entwicklung des R.-Begriffs im 19. Jh. ist gekennzeichnet durch eine Reduktion auf den sog. formellen R.-Begriff. Diese Reduktion erfolgt aus verschiedenen, in ihrer politischen Tendenz z.T. gegenläufigen Gründen und trägt demzufolge auch jeweils verschiedenartige Akzente. Die klassisch gewordene Umschreibung hat F. J. STAHL gegeben: «Der Staat soll R. sein ... Er soll die Bahnen und Grenzen seiner Wirksamkeit wie die freie Sphäre seiner Bürger in der Weise des Rechts genau bestimmen und unverbrüchlich sichern und soll die sittlichen Ideen von Staats wegen, also direkt, nicht weiter verfolgen, als es der Rechtssphäre angehört, d.i. bis zur notwendigsten Umzäunung ... er bedeutet überhaupt nicht Ziel und Inhalt des Staates, sondern nur Art und Charakter, dieselben zu verwirklichen» [10]. In dieser Definition schwingt zwar die Absage an Sittlichkeitsstaat und Theokratie weiter mit, aber der R. ist nicht mehr Staats*gattung,* vielmehr ein von Staatszweck und Staatsform geschiedenes und insofern 'unpolitisches' Formelement, das sich mit unterschiedlichen politischen Herrschaftssystemen – die politische Herrschaftsgewalt jeweils mäßigend – verbinden kann. Im Ausbau und in der Konkretisierung dieses Formelements wird auf der Grundlage der inzwischen fast überall ins Leben getretenen konstitutionellen Verfassung zunehmend das Spezifische des R. gesehen. Die Unverbrüchlichkeit des Gesetzes auch für die Verwaltung, das Bestehen gerichtlichen Rechtsschutzes gegenüber der Verwaltung (Verwaltungsgerichtsbarkeit), die zunehmende legislative Ausformung des materiellen Verwaltungsrechts und des Verwaltungsverfahrens sind wesentliche Kennzeichen des R. So erscheint der R. als Staat, der «eine Rechtsordnung und Rechte der Untertanen anerkennt und aufrecht erhält auch in der Verwaltung» (MAYER); sein «spezifischer Begriff» beginnt dort, «wo ... der Staatsbürger durch das verfassungsmäßige Recht des Staates in Stand gesetzt wird, jedes ihm gesetzlich zustehende, einmal erworbene Recht im Namen des Gesetzes auch gegen die vollziehende Gewalt zur Geltung zu bringen» (L. VON STEIN) [11].

Während für F. J. STAHL bei seiner reduzierten, sog. formellen Bestimmung des R. die Ablehnung der vernunftrechtlich-individualistischen Zielausrichtung des frühen R.-Begriffs im Vordergrund steht, um die von ihm vertretene transpersonale Staatsbegründung und Bestimmung der Staatszwecke offenzuhalten, erhält bei R. VON GNEIST der formelle R.-Begriff eine besondere institutionelle Ausprägung durch die Verbindung mit seinem staatspolitischen Konzept der «staatlichen Ordnung der Gesellschaft», dies stellt er dem auf den Ideen von 1789 beruhenden Konzept einer «Gesellschaftlichen Ordnung des Staates» entgegen, wie er es bei J. S. Mill gegeben sieht [12]. R. bedeutet für Gneist Aufbau und Erhaltung einer über den gesellschaftlichen Interessengegensätzen stehenden, gesetzlich ausgestalteten, durch eigene Autorität, spezifische Formen, Verfahren und einen organisatorischen Gliederbau (selfgovernment) gekennzeichneten staatlichen Ordnung; in ihr soll die Versöhnung von öffentlicher Pflicht und privatem Erwerbstrieb in der Teilnahme der Bürger in staatlichen Ämtern (Ehrenbeamte) an den Staatsaufgaben wirklich werden.

Demgegenüber geht es O. BÄHR und O. VON GIERKE beim R.-Begriff primär um die rechtliche Ordnung des staatlichen Lebens und die darauf bezogene Kontrolle staatlichen Handelns. R. ist ein Staat, der «das Recht zur Grundbedingung seines Daseins» erhebt, auf daß «alles in ihm rege Leben ... in den Grundregeln des Rechts sich bewege». Für Bähr ebenso wie später für Gierke ist der Staat ein Genossenschaftsverband neben anderen (z.B. Familie, Gemeinde, Verein), nicht ein oder der spezifisch politische(r) Verband; er selbst wie sein Recht sind dem anderer Genossenschaften «generisch gleichartig» [13]. Der Staat als R. hat sich wie die übrigen Genossenschaften *in* das Recht, nicht über das Recht zu stellen. Dies verwirklicht sich am besten, wenn das gesamte staatliche Handeln der Kontrolle durch die allgemeine (unabhängige) Gerichtsbarkeit unterliegt, nicht besonderen, der Verwaltung irgendwie verbundenen Verwaltungsgerichten.

Der individualistisch-vernunftrechtliche Impetus in der Zuordnung von Staat und Recht und damit im Begriff des R. wirkt bei BÄHR weiter; das Recht soll «nicht der Willkür des zeitigen höchsten Trägers der Staatsgewalt überlassen sein, sondern eine selbst ihn überragende geistige Macht im Staate bilden» [14]. In der Verwirklichung und Einhaltung des Rechts realisiert der Staat den «ersten Keim seiner Idee», ohne auf diesen Zweck beschränkt zu sein.

Im Zeichen der Herrschaft des juristischen Positivismus, die in der zweiten Hälfte des 19. Jh. anhebt, wehrt die spätkonstitutionelle Staatsrechtslehre solche staats- oder verfassungstheoretischen Vorstellungen als «politisches Raisonnement» vollends ab. Sie eliminiert auch jedes Zweckmoment aus dem juristischen Staatsbegriff. ‹R.› ist für sie nur ein staatsrechtlich-dogmatischer, nicht mehr ein staats- und verfassungstheoretischer Begriff; seine theoretische Reduktion vollendet sich in formell-juristischer Präzision. ‹R.› meint eine «bestimmte Ordnung des Verhältnisses zwischen Gesetz, Verwaltung und Individuum», und zwar dergestalt, «daß die Verwaltung weder gegen ein Gesetz (contra legem), noch ohne gesetzliche Grundlage (praeter, ultra legem) in die Freiheitssphäre des Individuums eingreifen darf» (ANSCHÜTZ) [15]. Gegenbegriff ist nicht mehr die Despotie (als andere Staatsgattung), sondern der Polizeistaat des 18. Jh.

In diesem R.-Begriff lebt der Gedanke der «Herrschaft des Gesetzes» als Gewähr bürgerlicher Freiheit durchaus fort, nunmehr konzentriert und begrenzt auf die «Gesetzmäßigkeit der Verwaltung», in deren Sicherung auch allein die Funktion der Grundrechte gesehen wird. Doch tritt an dieser Stelle eine weitere, dem Positivismus zugehörige Reduktion hinzu. Formal wird der R.-Begriff nämlich auch insofern, als irgendeine Begrenzung der juristischen Allmacht des Gesetzgebers kategorisch abgelehnt wird. Die Vernunftbeziehung des Gesetzes, ehedem die innere Legitimation der «Herrschaft des Gesetzes», erscheint als «metajuristische» Kategorie; real am Gesetz ist nur der Willensakt der gesetzgebenden Instanz. Auch die Allgemeinheit des Gesetzes ist allenfalls ein naturale, keinesfalls ein essentiale des Gesetzesbegriffs. R. THOMA sieht es als Preisgabe der R.-Idee an, «den Staat als Ganzes unter irgendein, menschlicher Satzungsgewalt spottendes absolutes Recht» zu bringen [16]. Dahinter steht freilich nicht nur sein juristischer Positivismus, sondern ebenso die Einsicht in die Friedensfunktion des positiven Rechts und der gesetzgeberischen Letztentscheidung angesichts einer weltanschaulich nicht mehr homogenen Gesellschaft; in ihr impliziert die Berufung auf ein 'absolutes Recht' oder absolute Werte ein politisches Privileg für bestimmte Gruppenvorstellungen, sich unter Berufung auf die Absolutheit *ihrer* Rechtsvorstellung dem Einigungszwang im vorgesehenen Gesetzgebungsverfahren zu entziehen.

3. Dieser formelle, auf die Schaffung formaler und verfahrensmäßiger Garantien zur Gewährleistung gesetzlicher Freiheit zurückgenommene, worin freilich auch bewährende R.-Begriff bleibt bis zum Ende der Weimarer Republik vorherrschend, ist freilich auch, vor allem in deren letzten Jahren, zunehmend der Kritik ausgesetzt. In der geistigen Zeitströmung der Abkehr von Liberalismus und Individualismus, ebenso von konservativer wie sozialistischer Seite vorgetragen, deckt diese Kritik, befördert durch die politische und wirtschaftliche Krisenlage der Weimarer Republik, Grenzen und Schwächen des nur formellen R.-Begriffs auf; primär auf Ausgrenzungen und Verfahren ausgerichtet, vermochte er nach dem Wegfall seines politischen Gegenspielers, der Monarchie, keine eigene *politische* Ordnungsidee zu begründen. Für die Kritik sind die politischen, geistigen und ökonomischen Voraussetzungen, aus denen heraus dieser R. erwachsen und auf die hin er gestaltet war, mit dem Ende der Monarchie und den strukturellen Änderungen der staatlichen Ordnung durch Krieg und Kriegsfolgen, ferner mit dem durch die Demokratie ermöglichten auch politischen Hervortreten des sozialen Antagonismus entfallen. Sie wendet sich gegen die inhaltliche Entleerung und Formalisierung des Gesetzesbegriffs, die dem rechtsstaatlichen Prinzip der «Herrschaft des Gesetzes» samt seinen Ausformungen den materiellen Bezug und die legitimierende Kraft genommen und es zu einer bloß technischen Funktion der Gewähr von Rechtssicherheit und Berechenbarkeit umgebildet habe [17]. So erscheint «die rechtsstaatliche Legalität außer Stande, die Legitimität zu ersetzen» (HELLER) [18].

Dieses Legitimitätsvakuum ruft andererseits neue, materielle Definitionen des R. hervor, die freilich je nach den dahinter stehenden, auch ideologisch-politisch bestimmten Gerechtigkeitsvorstellungen unterschiedlich ausfallen; der Rückgriff auf eine gemeinsame (individualistisch orientierte) Vernunfttradition, die den frühen R.-Begriff kennzeichnete, ist angesichts des geistig-ethischen und politischen Pluralismus nicht mehr möglich. Wie weit der überkommene R.-Begriff in Fluß geraten ist, zeigt sich nicht zuletzt am Wandel der Grundrechtsinterpretation: Einst ein Kernstück ausgrenzender individueller Freiheitsgewährleistung gegenüber dem Staat, erscheinen die Grundrechte jetzt neben ihrer Abwehrfunktion oder sogar primär als objektive Institutionen oder wertsetzende Bestimmungen, die den Staat nicht so sehr begrenzen und kontrollieren, als vielmehr zur Erfüllung materieller Aufgaben und Zwecke anleiten und legitimieren (SMEND, NEUMANN, HUBER) [19].

Die sozialistische Kritik greift den formellen R.-Begriff überdies an, weil er die ökonomische Position des Bürgertums befestigt und ausgebaut hatte. Sein formeller Charakter bedeutete in seiner praktischen Auswirkung nämlich keineswegs «leere Form», sondern eine Verformung und Objektivierung der Sicherheit von Freiheit und Eigentum; er sicherte die bestehende Güterverteilung, statt sie zu verändern, indem er durch seine Formen und Verfahren, insbesondere durch die Eigentumsgarantie, den unmittelbaren Zugriff auf das individuelle Eigentum zum Zweck sozialer Umverteilung erschwerte, wenn nicht gar verwehrte. Für die radikale sozialistische Kritik hat er nur noch einen «Übergangswert», solange die eine Klasse nicht mehr, die andere noch nicht stark genug ist, an der Ausschließlichkeit ihres politischen Systems festzuhalten [20]; die gemäßigte Kritik will die Freiheitsrechte des demokratischen R. als Garanten der Werthaftigkeit des Individuums und einer allein demokratischen Ermittlung des Volkswillens erhalten, fordert aber, daß der R. sich den «Forderungen der sozialen Demokratie des Proletariats» öffnet, d.h. die Arbeits- und Güterordnung einer materiellen, auf ökonomische und soziale Gleichheit bezogenen Organisation unterwirft. Damit werde er zum «sozialen R.», als der allein er überleben könne [21].

Demgegenüber bleibt das R.-Denken in den politisch ruhigen und ökonomisch sicheren Verhältnissen der Schweiz von dieser Kritik und Infragestellung des überkommenen R.-Begriffs unberührt. Der R.-Begriff war hier auch weit weniger der Reduktion auf einen nur formellen Begriff unterlegen als in Deutschland, hatte vielmehr seinen inhaltlich-liberalen Grundgehalt, der sich ebenso formell (Gewaltenteilung, Gesetzesbindung, Rechtskontrolle der Verwaltung) wie materiell (unmittelbar geltende individuelle Freiheitsrechte) ausprägt, im wesentlichen beibehalten. Als solcher wird er in ungebrochener Kontinuität fortgetragen. Seine Begründung erhält er nicht vernunftrechtlich, sondern politisch als Teil der freiheitlichen schweizerischen Staatsidee, wie sie im Schweizervolk verwurzelt sei. Individuelle (bürgerliche) Freiheit und politische Freiheit, die sich in der Demokratie ausformt, erscheinen als sich bedingend und stützend; die Freiheitsrechte, die ideell wie funktionell eine Grundlage des demokratischen Staates bilden, stellen zugleich auch eine Rechtsschranke gegen die Wirksamkeit des demokratischen Staates dar [22]. Damit wird, ohne die Spannungsmomente zu negieren, eine auf die Verbindung von R. und Demokratie zielende Akzentuierung des R.-Begriffs gefunden, die dem deutschen R.-Denken eher fremd geblieben war.

4. Nach der Machtergreifung durch die Nationalsozialisten im Frühjahr 1933 kommt es in Deutschland zu einer Phase grundsätzlicher, teilweise durchaus polemischer R.-Kritik. Sie nimmt die Kritik am formellen R.-

Begriff während der Weimarer Republik verschärfend auf, greift aber auch die Grundidee des ursprünglichen R.-Begriffs (samt dessen formellen, institutionellen und materiellrechtlichen Ausprägungen) mehr oder minder frontal an. Grundlage ist die entschiedene Abkehr von jedwedem liberalen Staatsdenken, von der auch die zugehörige Organisationsform, der jetzt abschätzig so genannte «bürgerliche» R., mit erfaßt wird. Dieser bürgerliche R. erscheint nun als «Staat ohne Gehalt» (FORSTHOFF): Die ihm eigene individualistische, auf das freie, selbstbestimmte Individuum mit seinen irdischen Lebenszwecken bezogene Zielausrichtung bedeutet eine «Entleerung und Degradierung des Staates», instrumentalisiert ihn für die Interessenkämpfe partikularer Gruppen und Kräfte; das Prinzip der Herrschaft des Gesetzes eliminiert echte, persönliche Herrschaft zugunsten des Funktionalismus an generellen Normen orientierter berechenbarer Abläufe; die Formalisierung des Gesetzesbegriffs neutralisiert den R. gegenüber materiellen Gehalten und der inhaltlichen Beziehung zum (völkischen) Recht. Insgesamt stellt sich der bürgerliche R. als «Prototyp einer Gemeinschaft ohne Ehre und Würde» dar [23].

Dem so entwerteten R. wird die völkische, nationale oder auch nationalsozialistische Staatsidee gegenübergestellt. In ihr fließen anti-liberale, autoritär-gemeinschaftsbezogene, völkisch-nationale, teilweise auch totalitär-rassistische Vorstellungen in einer diffus bleibenden Gemengelage zusammen. Sie kennt keinen gemeinschaftsfreien Raum, setzt an die Stelle individueller Freiheitsrechte die volksgenössische Rechts- und Pflichtstellung, gewinnt dem Staat die unbegrenzte Fülle sachlicher Betätigungsfelder zurück und organisiert ihn im Führerprinzip zur geschlossenen politischen Einheit anstelle gewaltenteilender Auffächerung und Pluralisierung [24]. Der vom Positivismus getrennte Zusammenhang von Gesetz und Recht soll im Gedanken des vom Staat nicht geschaffenen, sondern nur formulierten völkischen Rechts wieder hergestellt werden. Dieses hat freilich, führt man die Formeln auf ihren Kern zurück, seinen Sitz (nur) im Willen des Führers und steht damit unkontrolliertem Belieben offen. Ein Höchstmaß von Entformalisierung und Entgrenzung des Rechts wird dem R. entgegengestellt und bestätigt eben dadurch dessen auf Freiheit bezogene Struktur; nur vereinzelt wird das Moment der Rechtssicherheit und des richterlichen Rechtsschutzes als neutral gegenüber dem unterschiedlichen politischen Gehalt der Staatsordnung erklärt und daher auch als mit der neuen Staatsidee vereinbar postuliert [25]. Ungeachtet der Verwerfung des bürgerlichen R. wird der Versuch gemacht, den Begriff ‹R.› auch für die neue Staatsordnung zu verwenden, weil sie erst der wahre und wirkliche R. sei. Es kommt zu Wortverbindungen wie «nationaler R.» oder auch «nationalsozialistischer R.» [26]. Die politisch legitimierende Kraft, die der Wortverbindung ‹R.› innewohnt, zeigt darin ihre Wirkung; sie soll nutzbar gemacht und der Gedanke abgewehrt werden, die neue Staatsordnung sei das Gegenteil eines R., nämlich ein Unrechtsstaat. Doch bleibt die Frage in der Staatsrechtslehre umstritten, nicht zuletzt aus der Einsicht in die politische Funktion und das Risiko des Versuchs, Begriffe der politischen Sprache inhaltlich neu zu besetzen [27].

5. Nach 1945 setzt, angetrieben durch die Erfahrung des Rechtsmißbrauchs in der NS-Zeit, eine Neubestimmung und Umprägung des R.-Begriffs ein. Sie zielt, teilweise anknüpfend an die Diskussion in der Weimarer Republik, auf den Begriff des sozialen statt des liberalen R. und auf einen materiellen statt des formellen R.-Begriffs.

a) Der liberale (bürgerliche) R., wie er aus der ursprünglichen Grundidee des R. hervorging, konnte von seinen Prinzipien her keine Antwort auf die soziale Frage geben, die er selbst mit hervorbrachte. Die Trias von Rechtsgleichheit, bürgerlicher (Erwerbs-)Freiheit und Garantie des erworbenen Eigentums, ein Kernstück rechtsstaatlicher Gewährleistungen, emanzipierte nicht nur aus ständisch-feudalen und kooperativen Bindungen, sie setzte ebenso das Erwerbsinteresse und – infolge der Niederlegung ständischer Rechtsschranken – die natürliche Ungleichheit der einzelnen zur vollen, nur durch die gleiche Freiheit des andern begrenzten Entfaltung frei. Die damit in Gang gesetzte gesellschaftliche Bewegung führte nicht nur die besitzbestimmte soziale Ungleichheit, sondern, in deren Stabilisierung und Verschärfung, auch den klassenmäßigen Antagonismus der Gesellschaft und damit neue, soziale Unfreiheit auf dem Boden der Rechtsgleichheit herauf. Diese in ihrer Dialektik zuerst von L. VON STEIN und K. MARX begriffene Bewegung weist ebenso wie der durch die industrielle Entwicklung hervorgerufene Verlust an beherrschtem Lebensraum über den liberalen, 'bürgerlichen' R. hinaus. Sie erfordert den sozial intervenierenden, daseinsvorsorgenden und umverteilenden Staat, der der sozialen Ungleichheit und Bedürftigkeit aktiv entgegenwirkt, um nicht die vom R. intendierte individuelle Freiheit und rechtliche Gleichheit für eine wachsende Zahl von Bürgern zur leeren Form werden zu lassen. Dieser Herausforderung sucht man durch den Einbau 'sozialer' Strukturelemente in den überkommenen R.-Begriff Rechnung zu tragen, ohne daß allerdings in der gegenwärtig noch keineswegs abgeschlossenen Diskussion schon eine Einigkeit darüber besteht, wie weit eine solche Verbindung ohne Aufgabe wesentlicher rechtsstaatlicher Verfassungselemente möglich ist und welcher Art die den liberalen R. verändernden sozialen Strukturelemente im einzelnen sein sollen. Die Auffassungen reichen von der «Unvereinbarkeit von R. und Sozialstaat auf der Verfassungsebene» über «soziale Rücksichtnahme» und «Solidaritätsverpflichtung» als Merkmale des sozialen R. bis hin zum Auftrag zu umfassender sozialer Umverteilung und Wirtschaftsplanung [29].

Soll die Diskussion hierüber nicht in Äquivokationen ohne sachlich-begrifflichen Bezug auseinanderlaufen, bedarf es der Klarheit darüber, ob im Begriff des sozialen R. das rechtsstaatliche Element gegenüber dem sozialstaatlichen prägende Kraft behalten soll, so daß sich sozialstaatliche Forderungen und Ausgestaltungen dem Rahmen rechtsstaatlicher Gewährleistungen einfügen müssen, oder ob der Sozialstaat als ein neuer, zum R. gegenläufiger Verfassungstyp intendiert ist, der nur, soweit möglich, rechtsstaatliche Modalitäten beachtet. Für die Bundesrepublik Deutschland ist die Frage durch das positive Recht (verfassungsrechtliche Koordination von R. und Sozialstaat in Art. 20 des Grundgesetzes) und dessen verfassungsgerichtliche Interpretation im ersteren Sinn entschieden.

b) Die Wendung zum materiellen R.-Begriff wird durch die schon am Ende der Weimarer Republik und über Deutschland hinaus einsetzende, nach der NS-Zeit sich verstärkende Abkehr vom Positivismus herbeigeführt. Bei aller Vielfalt der Formulierungen ist der materielle R.-Begriff dadurch gekennzeichnet, daß die staatliche Gewalt vorab an bestimmte oberste Rechtsgrundsätze oder Rechtswerte gebunden erachtet und die Verwirklichung des R. primär nicht in formalen Verbürgungen, sondern in der Verwirklichung, sei es bestimmter kulturbezogener Werte, sei es eines materiell gerechten Rechtszustandes gesehen wird [30]. Die Freiheitsverbürgung wird als Moment, aber nur als Moment darin einbezogen. Die Verfassung beschränkt sich nicht mehr auf die Begrenzung der Staatsgewalt gegenüber der bürgerlichen Freiheit und die (gliedernde und begrenzende) Organisation der politischen Willensbildung und Herrschaftsausübung, sie wird zur rechtlichen Positivierung der Lebensordnung der Gemeinschaft und ihrer «Grundwerte» [31]. Darin liegt der Ausgriff in eine neue Totalität. Die formalen rechtlichen Unterscheidungen, Trennungen und Ausgrenzungen, die den frühen und insbesondere den formellen R. auszeichneten, werden teils als überholtes Trennungsdenken abgelehnt, teils unter Berufung auf die Gemeinschaftsgebundenheit des Einzelnen und/oder die Integrationsaufgabe des Staates relativiert. Werden die materiellen Festlegungen einer Verfassung dabei als «Wertentscheidungen» und «objektive Wertordnung» verstanden, wie es in Staatsrechtslehre und (verfassungsgerichtlicher) Rechtsprechung vielfach geschieht, so muß ein solches «Wertsystem» Geltung für alle Bereiche des Rechts verlangen [32]. Die in diesem Sinn material und ausgreifend konzipierte Verfassung sanktioniert bestimmte ethisch-politische Grundüberzeugungen, denen sie allgemeine Rechtsgeltung verleiht, und diskriminiert andere, die diesen entgegenstehen, bleibt dabei freilich aus sich global. Freiheit gewährleistet sie nicht mehr unbedingt, im Wege rechtlich-formaler Ausgrenzung, sondern nur *innerhalb* der Wertgrundlage der Verfassung; stellt sich jemand außerhalb dieser Wertgrundlage, liegt es in der Konsequenz, daß er den Rechtsanspruch auf politische Freiheit verliert (Parteiverbote; Zugang zum öffentlichen Dienst).

Ungeachtet der damit verbundenen Verflüssigung der überkommenen rechtsstaatlichen Verfassungsstruktur findet der werthaft fundierte materielle R.-Begriff heute weithin Zustimmung, vor allem mit dem Argument, der R. müsse gegen Inhaltlosigkeit und formale Entleerung gesichert werden [33]. Das Problem dieses Rufes nach dem materiellen R. liegt darin, daß zumeist der freiheitsverbürgende und insofern materiale Sinn gerade formaler rechtlicher Garantien und Verfahren unterschätzt wird. Sie verwehren den unmittelbaren Zugriff auf den Einzelnen im Namen absolut gesetzter oder geglaubter materialer Inhalte oder Werte, sichern eben dadurch seine Subjektstellung und erweisen sich als Institutionen der Freiheit. Werden ethisch-politische Postulate oder materiale Werte über die Sicherung der gleichen Freiheit aller und die Grunderfordernisse eines geordneten Zusammenlebens hinaus mit Rechtsverbindlichkeit ausgestattet, folgt daraus mit Notwendigkeit ein Abbau individueller Freiheit und Autonomie; sie wird, zumal in einer geistig-ethisch pluralistischen Gesellschaft, der Herrschaft derjenigen unterstellt, die das Interpretationsmonopol für diese Postulate oder Werte innehaben bzw. sich zu eigen machen. Das gilt bei der Berufung auf materiale *Werte* in besonderem Maße, weil Werte aus sich heraus ethisch-sittliche Gehalte nicht rational begründen, vielmehr nur einen behaupteten oder postulierten Konsens bezeichnen, dessen Notwendigkeit und Gehalt offensteht und praktisch durch subjektives Erleben, Evidenzerfahrung und Weltanschauung substituiert wird [34]. Damit stellt sich die Frage, ob die Einigkeit über das Unabstimmbare, die ein politisches Gemeinwesen nicht entbehren kann, vom R. her gesehen nicht vorausgesetzt werden muß und der R. selbst in Erosion gerät, wenn er diese Einigkeit durch Verfassungs- und Rechtsgebot, das im Streitfall von der Mehrheit ausgeht, schaffen oder festhalten will.

c) Während der R.-Begriff nach 1945 in der Bundesrepublik und in der Schweiz im wesentlichen gleichlaufend diskutiert wird, in Österreich seine formellen Elemente stärker betont werden, kommt es während der Teilung Deutschlands (1949 bis 1990) in der DDR erst nach 1960 zu einer Befassung mit dem R.-Begriff, die nur wenige Jahre dauert. Sie entfaltet sich in der Kritik an den «bürgerlichen R.-Theorien» in der Bundesrepublik und formuliert einen ebenfalls materiellen R.-Begriff, der aus marxistisch-klassentheoretischer Sicht positiv besetzt wird. Leitbild ist der «sozialistische deutsche R.», der allein auch demokratischer R. ist. Er ist «Gerechtigkeitsstaat» und verwirklicht als wesentliches Merkmal die «Gerechtigkeit der Rechts- und Lebensordnung im großen und kleinen»; dafür gefordert ist die Übereinstimmung von gesellschaftlichen und persönlichen Interessen, die sich «auf der Grundlage der sozialistischen Eigentumsordnung ... in der politisch-moralischen Einheit des Volkes» verwirklicht [35]. Dementsprechend sind auch die Grundrechte keine «rechtlich umzäunte Individualsphäre»: Als sozialistische Staatsbürgerrechte lassen sie sich nicht in Abgrenzung vom Staat, sondern nur «in der Hinwendung zur sozialistischen Gemeinschaft» begreifen [36]; ihr ausgrenzender Gehalt wird geleugnet.

6. Ungeachtet seiner verschiedenen inhaltlichen Ausprägungen ist der R.-Begriff durch eine Verlegenheit gegenüber dem Phänomen politischer Herrschaft gekennzeichnet. Er richtet sich seinem Grund-Sinn nach, solange er nicht ideologisch verzeichnet und instrumentalisiert wird, auf die Begrenzung und Eingrenzung staatlicher Macht und Herrschaft im Interesse der Freiheit des Einzelnen bzw. der Verwirklichung materiellen Rechts; der Primat des (gesetzlichen) Rechts gegenüber der Politik erscheint als immer wiederkehrendes Postulat rechtsstaatlichen Denkens. Der R.-Begriff fragt jedoch nicht nach den Voraussetzungen all dessen, nämlich dem Bestehen politischer Herrschaft, heute in der Form des Staates als politischer Macht- und Entscheidungseinheit, die an Gesetz und Recht zu binden ist und der gegenüber Freiheitsräume zu sichern sind. Das Denken vom R. her hat die Tendenz, den modernen Staat allein vom Recht her zu begründen und zu erklären: «Vom Prinzip der Rechtsstaatlichkeit her ist nicht der Staat wie ein auffindbarer und vom Recht nur noch zu formender Stoff vorgegeben, sondern wächst der Staat aus dem Recht, durch das Recht und gemeinsam mit dem Recht» [37]. Dieses Denken steht in der Gefahr, die Eigenart des modernen Staates, insbesondere die ihn kennzeichnende Macht und Kompetenz zur verbindlichen Letztentscheidung (Souveränität), kraft deren er durch die Herstellung und Sicherung der Normallage – des innerstaatlichen Friedenszustandes – erst die Bedingung für die Normgeltung des gesetzlichen Rechts und damit auch des R. schafft, zu vernachlässigen [38]. Die Dialektik von Recht und Macht, ebenso auch die von Recht und Staat kommen nicht ins Blickfeld, und es entsteht ein introvertiertes rechtsstaatliches Denken, das die Bedingungen der Möglichkeit des R. außer acht läßt.

Durch seinen vagen Wortsinn ist der R.-Begriff in weitem Umfang mehrdeutig. In seiner Wortverbindung erfaßt er aber ein Grundproblem staatlicher Ordnung, nämlich die für deren Bestand gegebene Notwendigkeit, als auf Recht bezogen und rechtmäßig zu erscheinen. Deshalb gehört der R.-Begriff, seit er in die öffentliche Diskussion eingeführt ist, zu jenen politischen Grundbegriffen, die geeignet sind, sich wandelnde Legitimitätsvorstellungen und -anforderungen an die staatliche Ordnung in sich einzufangen und umgekehrt selbst Legitimität zu begründen. Das begründet seine immer wiederkehrende ideenpolitische Macht und seine Eignung als politischer Kampfbegriff und erklärt den Umstand, daß die verschiedenartigsten politischen Regime samt ihrer wissenschaftlichen und publizistischen Begleitung darauf bedacht sind, die von ihnen geschaffene oder erstrebte Ordnung als R. auszuweisen. Gleichwohl erscheint dem R.-Begriff ein bestimmter verfassungstheoretischer Gehalt gleichsam eingestiftet, der ungeachtet aller inhaltlichen Variationen doch niemals zum Verschwinden kommt und an dem mancher Versuch der Umprägung des Begriffs Widerstand findet oder auch scheitert: die Bezogenheit auf Sicherung persönlicher Freiheit und Begrenzung staatlicher Macht.

Anmerkungen. [1] A. MÜLLER: Elem. der Staatskunst (1809), hg. J. BAXA 1 (1922) 200; J. W. PLACIDUS: Litteratur der Staatslehre. Ein Versuch (Straßburg 1798) 73 (§ 7): «Ungleich philosophischer ist der Geist, mit welchem die Widerspruchspartei – die kritische oder die Schule der Rechts-Staats-Lehrer zu Werke geht». – [2] C. TH. WELCKER: Die letzten Gründe von Recht, Staat und Strafe (1813) 1. Buch, Kap. 6, 25. – [3] J. CH. Frhr. VON ARETIN: Staatsrecht der konstitut. Monarchie 1 (1824) 163. – [4] WELCKER, a.O. [2] Kap. 3, 11; ARETIN, a.O. 1f.; R. VON MOHL: Das Staatsrecht des Kgr. Württemberg 1 (1829) § 2. – [5] MOHL, a.O. § 2, 8f.; Die Polizeiwiss. nach den Grundsätzen des R. 1 (³1866) 4-7. – [6] I. KANT: Metaph. Anfangsgr. der Rechtslehre (1797) §§ 43. 45. 46 und bes. 52. Akad.-A. 6, 311. 313ff. 339-342; Über den Gemeinspruch ... (1793) II. Vom Verhältniß der Theorie zur Praxis im Staatsrecht (Gegen Hobbes). Akad.-A. 8, 289-306. – [7] ARETIN, a.O. [3] 159ff.; MOHL: Das Staatsrecht ..., a.O. [4] 453ff.; J. C. BLUNTSCHLI: Allg. Staatsrecht 1 (⁴1863) 318-324. – [8] MOHL: Das Staatsrecht, a.O. [4] § 36f.; J. CH. VON ARETIN/ K. VON ROTTECK: Staatsrecht der konstitut. Monarchie 1 (²1838) 169; WELCKER: Art. ‹Gesetz›, in: Staatslex., hg. ROTTECK/ WELCKER 6 (1838) 739. 743; L. VON STEIN: Die Verwaltungslehre 1 (²1869) 74f. 85-87. – [9] STEIN, a.O. 87. – [10] F. J. STAHL: Die Philos. des Rechts 2 (³1856) § 36. – [11] O. MAYER: Dtsch. Verwaltungsrecht 1 (1895) 65; L. VON STEIN: Rechtsstaat und Verwaltungspflege. Grünhuts Z. priv./öff. Recht 6 (1879) 50. – [12] R. VON GNEIST: Verwaltung, Justiz, Rechtsweg (1869) 57; Der R. und die Verwaltungsgerichte in Deutschland 2 (²1879) 26-37. – [13] O. BÄHR: Der R. (1864) 2. 45f.; O. VON GIERKE: Das dtsch. Genossenschaftsrecht 1 (1868) 831f. – [14] BÄHR, a.O. 16; vgl. auch GIERKE, a.O. 831f. – [15] G. ANSCHÜTZ, in: G. MEYER/ G. ANSCHÜTZ: Lehrb. des dtsch. Staatsrechts (⁷1919) 29 N.b.; Dtsch. Staatsrecht, in: Enzykl. der Rechtswiss., hg. F. VON HOLTZENDORFF/J. KOHLER 2 (1904) 593. – [16] R. THOMA: R.-Idee und Verwaltungsrechtswiss. Jb. öff. Rechts Gegenwart 6 (1910) 204. – [17] H. HELLER: R. oder Diktatur? (1930). Ges. Schr. 2 (1971) 460; C. SCHMITT: Verfassungslehre (1928) 142; Legalität und Legitimität (1932) 8. 24. 30ff. – [18] H. HELLER: Staatslehre (1934) 221. – [19] R. SMEND: Verfassung und Verfassungsrecht (1928); Staatsrechtl. Abh. (²1968) 265. 267; F. NEUMANN: Die soz. Bedeut. der Grundrechte in der Weimarer Verfassung (1930), in: Wirtschaft, Staat, Demokratie (1978) 57-75; E. R. HUBER: Bedeut.wandel der Grundrechte. Arch. öff. Rechts NF 23 (1933) 1ff., bes. 84; vgl. auch: R. THOMA: Die jurist. Bedeut. der grundrechtl. Sätze der dtsch. Reichsverfassung im allg., in: H. C. NIPPERDEY (Hg.): Die Grundrechte und Grundpflichten der Deutschen 1 (1929) 1-54, bes. 9. 11. 45. – [20] O. KIRCHHEIMER: Bedeut.wandel des Parlamentarismus (1929), in: Von der Weimarer Republik zum Faschismus (1976) 63. – [21] HELLER, a.O. [17] 451. 462. – [22] F. FLEINER: Schweiz. Bundesstaatsrecht (1923) 15ff. 25. 318ff.; Z. GIACOMETTI: Das Staatsrecht der Kantone (Zürich 1941) 162-168. – [23] E. FORSTHOFF: Der totale Staat (1933) passim, bes. 11. 13. 18; C. SCHMITT: Staat, Bewegung, Volk (²1934) 24f.; H. LANGE: Vom Gesetzesstaat zum R. (1934) bes. 6 (dort die letzte Zitat). – [24] FORSTHOFF, a.O. 38. 42; H. NICOLAI: Der Staat im nat.soz. Weltbild (1933) 16. 22; SCHMITT, a.O. 15; O. KOELLREUTTER: Der dtsch. Führerstaat (1934) 7. 15ff.; LANGE, a.O. 26. 37. – [25] Etwa KOELLREUTTER, a.O. 20-22. – [26] Nachweise bei U. SCHELLENBERG: Die R.-Kritik, in: E.-W. BÖCKENFÖRDE (Hg.): Staatsrecht und Staatsrechtslehre im Dritten Reich (1985) 80-83. – [27] C. SCHMITT: Was bedeutet der Streit um den R. Z. ges. Staatswiss. (1935) 196-201; G. KRAUSS/O. VON SCHWEINICHEN: Disp. über den R. (1935) bes. 30. – [28] Vgl. E.-W. BÖCKENFÖRDE: Lorenz von Stein als Theoretiker der Bewegung von Staat und Ges. zum sozialen Staat (1963), in: Staat, Ges., Freiheit (1976) 156-161, – [29] E. FORSTHOFF: Begriff und Wesen des sozialen R., in: Veröff. der Vereinig. der dtsch. Staatsrechtslehrer 12 (1954) 8-36; CH. F. MENGER: Der Begriff des soz. R. im Bonner Grundgesetz (1953); W. ABENDROTH: Zum Begriff des demokrat. und soz. R. im Grundgesetz der BRD, in: Festschr. C. Bergstraesser (1954) 279ff. – [30] Statt vieler: W. KÄGI: R. und Demokratie, in: Demokratie und R. Festgabe Z. Giacometti (Zürich 1953) 133ff.; H. HUBER: Niedergang des Rechts – Krise des R., a.O. 59ff.; H. VON MANGOLDT/F. KLEIN: Das Bonner Grundgesetz 1 (1956) Anm. VI A zu Art. 20 (600); U. SCHEUNER: Die neuere Entwickl. des R. in Deutschland (1960), in: Staatstheorie und Staatsrecht (1978) 205ff.; H. J. WOLFF: Verwaltungsrecht 1 (1956) § 11. II; differenzierend K. HESSE: Der R. im Verfassungssystem des Grundgesetzes, in: Staatsverfassung und Kirchenordnung. Festgabe R. Smend (1962) 77ff. – [31] W. KÄGI: Die Verfassung als rechtl. Grundordnung des Staates (Wädenswil 1945); SMEND, a.O. [19] 177ff. – [32] Grundlegend die Entscheidung des (deutschen) Bundesverfassungsgerichts vom 15. Jan. 1958, BVerfGE 7, 198 (205). – [33] SCHEUNER, a.O. [30] 205ff.; KÄGI, a.O. [30] 132ff.; HESSE, a.O. [30] 78f. 84f. – [34] Vgl. A. BRECHT: Polit. Theorie (1959) 155ff. 342ff.; A. PODLECH: Werte und Wertungen im Recht. Arch. öff. Rechts 95 (1970) 202ff.; E.-W. BÖCKENFÖRDE: Zur Kritik der Wertbegründung des Rechts, in: R. DREIER (Hg.): Rechtspositivismus und Wertbezug des Rechts (1990) 41-45. – [35] R. MEISTER: Das R.-Problem in der westdtsch. Gegenwart (1966) 258ff. 268ff.; Die Funktion der bürgerl. R.-Ideologie in der formierten Ges. des staatsmonopolist. Kapitalismus und der Kampf für einen demokrat. und soz. R. in Westdeutschland, in: Staat und Recht (1967) 1483ff. (1491ff.); R. ohne Gerechtigkeit, a.O. (1964) 1500ff. (1150). – [36] R.-Problem ..., a.O. 274-276. – [37] A. ARNDT: Demokratie – Wertsystem des Rechts, in: Notstandsgesetz – aber wie? (1960) 10. – [38] KÄGI, a.O. [30] 107-142.

Literaturhinweise. Zu den in den Anm. angeführten Quellenwerken: K. VON ROTTECK: Lehrb. des Vernunftrechts und der Staatswiss.en 1-2 (1829/30). – F. DARMSTÄDTER: Die Grenzen der Wirksamkeit des R. (1930). – F. GARZONI: Die R.-Idee im schweiz. Staatsdenken im 19. Jh. (Zürich 1952). – H. BÄUMLIN: Die rechtsstaatl. Demokratie (1954); Art. ‹R.›, in: Evangel. Staatslex. (²1975). – U. SCHEUNER: Begriff und Entwickl. des R., in: H. DOMBOIS/E. WILCKENS (Hg.): Macht und Recht (1956). – H. CONRAD: Rechtsstaatl. Bestrebungen im Absolutismus Preußens und Österreichs am Ende des 18. Jh. (1961). – H. KRÜGER: Allg. Staatslehre (1964, ²1966) § 34, II. – E. FORSTHOFF: R. im Wandel (1964, ²1976); Rechtsstaatlichkeit und Sozialstaatlichkeit, hg. E. FORSTHOFF (1968). – E.-W. BÖCKENFÖRDE: Entstehung und Wandel des R.-Begriffs (1969), a.O. Anm. [28]. – D. SUHR: Rechtsstaatlichkeit und Sozialstaatlichkeit. Der Staat 9 (1970) 67-93. – K. STERN: Das Staatsrecht der BRD 1 (²1984) § 20 I (Lit.).

E.-W. BÖCKENFÖRDE

Rechtstheorie (engl. theory of law, legal theory, jurisprudence; frz. théorie du droit; ital. teoria del diritto; span. teoría del derecho; niederl. rechtstheorie). Die R. bemüht sich um die Analyse, Bestimmung und Legitimation des positiven Rechts sowie seines Zusammenhangs mit anderen Disziplinen. Im Unterschied zur juristischen Dogmatik bezieht sich die R. nicht nur auf juristische, sondern auch auf außerrechtliche Theorien. Ihr Rechtsverständnis dient der Ausbildung einer Theorie des Rechts, der Rechtswissenschaft und der Jurisprudenz. So ist es verständlich, daß sie als das «wissenschaftliche Gewissen der Rechtswissenschaft» und als «Basisdisziplin der Jurisprudenz» [1] bezeichnet werden konnte [2]. Die R. unterscheidet sich programmatisch von der Rechtsphilosophie (mitsamt ihren ideologischen Konnotationen) ebenso wie von der Rechtslehre (und ihren legalistischen Tendenzen). Gleichwohl ist sie oft getragen von einer bestimmten Auffassung von Wissenschaft (Logik, Hermeneutik, Semiotik, Sprachtheorie, Institutionenlehre). Wenn sie durch juristisch-dogmatische Lehrsätze ausdifferenziert wird (Allgemeine Methodenlehre, Allgemeine Rechtsgrundsätze, Juristische Interpretationslehre, Theorie der Präzedenz und Analogie, Juristische Argumentationstheorie), ist dabei oft ein soziologisches Idiom wirksam.

A. *Ortsbestimmungen.* – Die Systematik und die Geschichte des Begriffs sind kaum voneinander zu trennen. Die R. entsteht etwa gleichzeitig mit der Rechtsphilosophie. Um die Wende zum 19. Jh. entwickeln G. HUGO und J. F. FRIES [3] R.n auf dem Boden der Kantischen Erkenntniskritik [4]. Das Wort ‹R.› selbst kommt jedoch erst bei R. STAMMLER (in Auseinandersetzung mit der sog. historischen R.) und bei K. BERGBOHM (in Anknüpfung an den englischen Utilitarismus) vor [5]. Die abstrakt-formalistische Haltung des Neukantianismus verpflichtet dieses Rechtsdenken auf den 'reinen' Rechtsbegriff und bereitet so den Boden für eine epistemologisch ausgerichtete R., die rein, abstrakt, formal und allgemein sein soll [6]. Auch R. VON JHERING, E. EHRLICH und L. DUGUIT wollen mit ihren R.n den Gegensatz von Methodik und Dogmatik überwinden. H. KELSEN seinerseits möchte die wissenschaftstheoretische Begründung einer R. benutzen, um dem Druck des Ideologischen und den Zwängen der Rechtspraxis auszuweichen. U. KLUGS Ausformulierung einer juristischen Logik (1958) soll ebenfalls den Anschluß an die Wissenschaftstheorie sicherstellen, etwa im Gegenzug zu G. RADBRUCHS Neubelebung des Naturrechts; ähnlich verfährt CH. PERELMANS ‹Nouvelle Rhétorique›. S. TOULMINS juristisches Argumentationsmodell in ‹The Uses of Argument› (1958) sowie TH. VIEHWEGS ‹Topik und Jurisprudenz› (1953) heben hingegen epistemologische Fragen der R. hervor.

So bedeutet die Einführung des Begriffs mehr als nur den Versuch einer Formalisierung oder der Substitution eines naturalistisch verstandenen Rechtsbegriffs. Positives Recht wird nicht mehr nur gemäß seiner materialen Legitimität, sondern auch nach seiner formalen Legalität beurteilt und begründet [7]. Diese Diskussion über die empirisch-logischen Entstehungs- und Geltungsgründe des positiven Rechts ist bis heute aktuell. Bereits J. VON KIRCHMANN vertrat die Auffassung, die Akzentuierung des Formalen führe zur «Wertlosigkeit der Jurisprudenz als Wissenschaft» (1848), also zu einer R. ohne Recht.

Die Formel weist hin auf a) eine Kluft zwischen dem Rechtsbegriff der Praxis einerseits und dem der Rechtsphilosophie und der R. andererseits; b) die Tatsache, daß Recht kein Objekt von Wissenschaft sein kann, weil es auf einen wissenschaftlichen Begriff nicht festzulegen sei; und c) die Bedeutungslosigkeit einer R., die Rechtswerte abstrahiert [8]. Tatsächlich wird die R. ständig mit zwei Erkenntnisweisen konfrontiert: mit einer Erkenntnis von Recht aus Recht und mit einer Erkenntnis von Recht außerhalb des Rechts. Seit Mitte des 19. Jh. versucht die Methodik des Rechts mit Hilfe einer 'juristischen Konstruktion' eine Erkenntnis von Recht aus Recht zu entwickeln. Dieser Gedanke bildet für viele Juristen bis heute das Herzstück jeder möglichen R. [9]. Erkenntnis von Recht außerhalb des Rechts erarbeitet hingegen N. LUHMANNS Systemtheorie. R. ist hier eine Selbstbeschreibung des Rechtssystems, die sich auf die Identität des Systems bezieht [10].

Eine beträchtliche Neubelebung hat die R. in den siebziger Jahren erfahren, und zwar durch Institutionalisierung, durch Internationalisierung und durch Interdisziplinarität. Institutionell betrachtet war bereits die Gründung des ‹Archivs für Rechts- und Wirtschaftsphilosophie›, später ‹Archiv für Rechts- und Sozialphilosophie› (ARSP) 1907 durch J. KOHLER und F. BEROLZHEIMER von großem Gewicht. 1911 wurde in demselben Zusammenhang die ‹Internationale Vereinigung für Rechts- und Sozialphilosophie› ins Leben gerufen. Damals waren schon fünfzehn nationale Vereinigungen angeschlossen, heute sind es vierzig. Seit 1971 sind elf Weltkongresse organisiert worden, die die Diskussion, auch durch die Zeitschrift ARSP, immer stärker internationalisiert haben [11]. Eine vergleichbare Wirkung hat die Zeitschrift ‹Rechtstheorie›, die seit 1970 erscheint. Die Interdisziplinarität verstärkte sich im Zusammenhang mit dieser Internationalisierung. Dies deutet auf den wachsenden Anteil außerrechtlicher Einflüsse und Methoden in der R.

B. *Problembewußtsein.* – I. KANT zufolge ist die Definition des Rechts unbestimmt. Rechtsauffassungen der R. werden von der Praxis oft abgelehnt, doch besteht auch innerhalb der R. selbst kaum Einmütigkeit. Im übrigen diskutiert sie nicht die Thematik von Gerechtigkeit, Gewalt, Macht oder gar die Bedingungen einer Ethik. Auch wenn sie vorgibt, als Theorie einen Abstand zur Rechtslehre zu bewahren, folgt die R. der traditionellen Themenstellung der juristischen Dogmatik, die letztendlich auf das Recht selbst ausgerichtet ist.

Analytische Philosophie, Logik, Semantik, Argumentationstheorie und Diskurstheorie haben vielfältige Diskussionen und Differenzierungen angeregt, und auch hier ist der Versuch auffallend, außerrechtliche Daten und Erkenntnisweisen durch die R. rechtsrelevant zu machen. Die Theorie der R. ist somit weit mehr als Deskription oder Darstellung (KELSEN): Sie ist semantische Transformationsarbeit. Die dominante Struktur der Konzeptualisierung betrifft namentlich das juristische Argumentieren (legal reasoning), d.h. das Zustandebringen juristischer Interpretationen, Urteile und Erkenntnis [12]. Die theoretische Analyse der Rechtsentwicklung beansprucht im juristischen Diskurs ein besonderes Interesse. Sie ist ein traditionelles Thema der analytischen Philosophie [13], stößt aber auch in der deutschen, spanischen oder französischen Diskussion auf Interesse [14]. Die Rechtsentwicklung wird dabei als eine besondere juristische Konzeptentwicklung vorgestellt. Es hat sich gezeigt, daß nicht nur Logik und Semantik eine Rolle spielen, sondern ebenfalls der seit dem Römischen Recht anerkannte Grundsatz von der Notwendigkeit einer streng determinierbaren Verwandtschaft und argumentativ darstellbaren Abstammungsgeschichte aller dogmatischen Begriffe [15].

Als Besonderheit der R. ergeben sich folgende Merkmale: Die R. besitzt keine klare Auffassung ihres Rechtsbegriffs; in der R. findet, oft unter dem Stichwort ‹Interdisziplinarität›, eine fortwährende Überschreitung der Grenze zwischen dem Inner- und dem Außerrechtlichen statt; schließlich ist die doppelte Bedeutung des Begriffs ‹R.› zu bedenken: Einmal bezieht er sich auf die herrschende Dogmatik und ist dann geradezu identisch mit der Rechtslehre, zum anderen beansprucht die R. eine eigenständige Theoretizität. Tatsächlich aber ist dies kein Gegensatz. Charakteristisch für das Recht ist vielmehr, daß die erstgenannte Form die zweite für sich in Anspruch nehmen kann.

C. *Richtungen, Forschungsschwerpunkte, Methoden.* – Heute verfügt die R. über eine Fülle methodologischer Ansätze. Trotz dieser Vielfalt bleibt das Thema der Grenzbestimmung zwischen Recht und Nicht-Recht bestehen. J. SHKLAR bezeichnet das fortwährende Interesse für diese Grenze als typisch legalistisch. Man muß jedoch mit LUHMANN berücksichtigen, daß kein Recht von außerhalb des Rechts in den juristischen Diskurs eintreten kann. Die Grenze ist institutionell, semantisch, sozial tatsächlich präsent, und konzeptuell bestimmt sie auch die R. Sie ist wie alle Theorie wesentlich auf Kohärenz, Systematizität, Form und Gestalt ausgerichtet. Nur so dient sie der Vorstellung von einer Gesellschaft, die als 'gerecht' qualifiziert werden kann.

Namentlich zehn Richtungen und Forschungsperspektiven zählen heute zu den Bausteinen der R. Dazu einige Stichworte: 1. Die Analytische R. (analytical jurisprudence) hauptsächlich angelsächsischer Herkunft [16] fußt auf J. AUSTINS Souveränitätstheorie [17] und besitzt Gemeinsamkeiten mit dem amerikanischen und skandinavischen Realismus. H. L. A. HART betrachtet Rechte nicht als selbständige und von menschlichem Verhalten unabhängige Entitäten, sondern beschreibt sie im Zusammenhang mit Regeln als Bestandteile einer Rechtsordnung. Juristische Validität wird dadurch zum Interpretationsproblem, und so ist die Grundlage geschaffen für eine positivistische Trennung von Recht und Moral [18]. – 2. Eine besondere Ausarbeitung findet das analytische Denken in dem von O. WEINBERGER und D. N. MACCORMICK ausformulierten 'Institutionalistischen Rechtspositivismus' [19], der an M. HAURIOU, G. SANTI ROMANO, E. DURKHEIM ebenso anschließt wie an die Wiener Rechtstheoretische Schule und an den skandinavischen Rechtsrealismus. Grundlage ist hier eine formale Handlungstheorie, welche zu einer rationalen Rekonstruktion menschlichen Handelns führen kann, die letztendlich zur Rekonstruktion von Recht, Norm und Gesellschaft beiträgt [20]. Daraus ergibt sich die Auffassung, daß Rechtstatsachen als institutionelle Tatsachen zu verstehen sind [21]. – 3. Eine weitere Variante der R. ist H. ALBERTS Kritischer Rationalismus. Er formuliert das Dilemma eines Positivismus, der von außen auf die Rechtsfortbildung Einfluß nehmen möchte. Der Gegensatz zwischen Naturrecht und Rechtspositivismus macht erkennbar, wie groß die Spannungen zwischen sozialen Idealen und den Gegebenheiten tatsächlich sind. Der kritische Rationalismus vertritt einen Pluralismus der Wertungen [22]. – 4. Eine wichtige Entwicklung stellen die Rechtssoziologie und die Systemtheorie N. LUHMANNS dar. Luhmanns Anliegen ist weniger rechts- als gesellschaftstheoretischer Natur, doch die seit etwa 1984, mit dem Buch ‹Soziale Systeme›, entwickelte Theorie der Autopoiesis sucht das Dilemma dieser Alternative zu überwinden [23], indem sie den Akzent auf die Selbstreferenz des (sozialen) Systems legt [24]. Wichtig erscheint dabei erneut das besondere Problem des Zusammenhangs von Recht und Gesellschaft. Selbstreferenz ist nach G. TEUBNER allen sozialen Systemen gemein, und so existiert offenbar eine Kompatibilität zwischen Rechtssystem und Sozialsystem. Ein Rechtssystem hat sich als autopoietisches in einer Welt gleichartiger Systeme zu identifizieren und zu erhalten, und daraus können sich operative Konsequenzen ergeben [25]. – 5. Die Juristische Logik hat im Rahmen der R. eine weltweite Beachtung gefunden [26]. Sie bezieht sich vornehmlich auf die Methodologie des juristischen Argumentierens, insbesondere des Richters und seines Erkenntnisverfahrens [27]. Nach G. KALINOWSKI wird Deontische Logik juristisch oder mathematisch praktiziert [28]. Der Beitrag der Logik zum Recht wird oft nur als Frage nach der juristischen Relevanz einer deontischen Logik ausformuliert. Die Unterscheidung zwischen einem Zugriff, der die formale Logik akzentuiert, und der nichtformalistischen Position ist bedeutsam. J. HOROVITZ nennt in diesem Zusammenhang die wichtigsten Argumente für oder wider die formale Logik [29]. Dabei entscheidet die R. jedoch weder, welche Rolle die (formale) Logik im juristischen Argumentieren faktisch spielt, noch welche Rolle ihr theoretisch zuerteilt werden könnte [30]. – 6. Dialektische Argumentation und Topische Jurisprudenz gehören zusammen. Letztere verlangt nach einer neuen Methode im Recht [31]. Ihr zentrales Anliegen ist eine Dogmatikkritik, die das legalistische Gesetzesdenken relativieren will. Die Anforderungen des Sachverhalts überwiegen, nicht das Systembedürfnis interpretierender Juristen. Kritisiert wird, daß der Methodenbegriff zu undifferenziert ist, daß der Topik-Begriff nicht abgrenzbar sei und daß Hinweise auf die Methode der römischen Juristen sowie den Anschluß an Aristoteles fehlgreifen [32]. Die topische Jurisprudenz kommt der Interpretationstheorie von R. DWORKIN nahe [33]. – 7. Die Theorie des juristischen Diskurses findet seit M. FOUCAULTS ‹L'ordre du discours› (1971, dtsch. 1974, 1991) auch in ethischen, rechtsphilosophischen und -theoretischen Diskussionen Resonanz. Er enthält eine wichtige philosophische Pointe: Wertungen und Normen werden nicht als semantische Reproduktion ontologisch vorgegebener Realitäten betrachtet, sondern als hergestellt, nämlich in einer argumentativen, durch Rede zustandegebrachten Erörterung. Die Systematizität des Diskurses ist entweder ein «Gesetzbuch der praktischen Vernunft» (ALEXY) oder eine «politische Ökonomie des Sprechens und der Bedeutung» (BROEKMAN) [34]. Die Verschiedenheit der europäischen Sprachen gibt dem Begriff unterschiedliche Konnotationen: Im Deutschen verweist der Diskurs auf einen Argumentations- und Handlungskontext, der besonders durch Rekonstruktion der betreffenden Sprechakte zu erhellen wäre. Der 'discours' im Französischen ist hingegen eine begriffliche Einheit semantischer Natur, während der angelsächsische 'discourse' als Einheit konkreter linguistischer Ausdrücke und nicht als ideale sprachliche Entität verstanden wird.

Grob formuliert ist also zu unterscheiden zwischen 'Diskurs' als Lebensform, 'discours' als Sprachform, 'discourse' als sprachliche Kommunikationseinheit [35]. Bei J. HABERMAS überwiegt die deutsche Konnotation: Er betrachtet den Diskurs als Kommunikations- und Lebensform, in dem Geltungsansprüche diskutiert, legitimiert und zum Konsens gebracht werden [36]. Juristisch fanden diese Gedanken ihre Parallele und Ausarbeitung in VIEHWEGS Topik, PERELMANS Rhetorik, in der juristischen Methodenlehre, in BROEKMANS anthropologischer Verankerung des juristischen Diskurses und in ALEXYS prozeduraler Theorie. Diese Akzentuierungen haben die Diskussion des Legalismus belebt, der wiederum den Hintergrund bildet für eine hauptsächlich amerikanische Richtung, die ‹Critical Legal Studies Movement› (CLSM) [37]. – 8. Die CLSM stellt eine Herausforderung für die Rechtspraxis dar, die ihrerseits darauf hinweist, daß am Rechtsdenken der CLSM fast nur Philosophen und Theoretiker teilnehmen. Die CLSM beanstandet, daß die Rechtspraxis a) sich auf den politischen Liberalismus stützt, b) formalistisch vorgeht, c) starke Objektivierungstendenzen aufweist, d) einer unerlaubten Universalisierung in ihrer Konzeptualisierung und politischen Praxis nachstrebt und e) das Recht als eine Form der Ökonomie praktiziert. Wie Realismus und Pragmatismus [38] bestreitet die CLSM, daß Rechtsentscheidungen auf Argumente gründen, die aus allgemein anerkannten Regeln abgeleitet sind. Diese Bedenken stützen sich auf Einsichten und Verfahrensweisen der Kuhnschen Paradigmatheorie, der kritischen Theorie Frankfurter Herkunft und der neueren Literaturtheorie [39]. – 9. Nicht ohne Bezug auf die CLSM ist die amerikanische R. der Gruppe ‹Law and Economics› entstanden. Ökonomische Grundsätze und Gedankengänge, so lautet der zentrale Gedanke, tragen dazu bei, das Recht zu verstehen und auszugestalten [40]. Theoretisch führt die ökonomische Analyse dazu, die Konzeptualisierungen des Rechts zu erweitern. Topik, Hermeneutik, Semiotik und Semantik, Diskurstheorie und Interpretationstheorie, ‹Law and Economics› zeigen je für sich und auf ihre Weise, daß Recht als narrative Struktur aufgefaßt werden kann. – 10. Die Narrative R. schließlich erklärt: Recht wird erzählt – und durch eben diese Erzählung werden Tradition, Geschichte, Norm, Wertung, Fakt und Wirklichkeit auf Rechtsfolgen hin konstruiert. Die Welt wird auch juristisch erzählt und gedeutet, und zwar innerhalb einer imaginären Totalität von Geschichten. Im Anschluß an J. P. FAYE läßt sich das Recht als totalitäre Sprache kennzeichnen, weil diese Praxis des Erzählens den juristischen Diskurs funktionieren läßt, so daß weitere Praktiken auf die erste aufbauen und sich durch sie legitimieren. So entsteht eine Wahrheit des jeweiligen Diskurses im Diskurs [41].

Drei Ausprägungen dieser R. sind heute zu verzeichnen: a) die Law and Literature-Auffassung, b) Semiotik und Narrativität und c) Dekonstruktionismus. a) Law and Literature wird von R. A. POSNER vertreten. Er vergleicht das Recht mit Formen und Strukturen literarischer Werke [42]. Die Anlehnung an die Methodologie und Terminologie der Literaturwissenschaft bietet die Möglichkeit, den juristischen Diskurs in einer nicht an die Dogmatik gebundenen Weise zu verstehen. Das führt über die Frage DWORKINS hinaus, ob Recht parallel zur Literatur zu interpretieren sei. J. B. WHITE [43] hat gezeigt, daß ein solches Rechtsverständnis eine neuartige Didaktik des Rechts und der Rechtspraxis erlauben würde. Aber auch die Faktizität juristischer Tatsachen kann auf Fiktivität und Institutionalität hin überprüft werden [44]. b) Die juristische Semiotik hat ihre Vorgängerin in der ‹Significhe Beweging› in Amsterdam, die auf Anregung von Lady WELBY bereits zu Beginn des 20. Jh. den Spuren menschlicher Expressivität in Literatur, Mathematik, Philosophie und Recht nachgegangen ist [45]. Das Thema ‹Recht und Sprache› hat sich hier zuerst auf den juristischen Sprachgebrauch gerichtet, dann aber auch auf die mit der Bedeutungstransformation der juristischen Kodifikation verbundene Semantik. Die heutige juristische Semiotik untersucht im Anschluß daran Prozesse der Bedeutungsverleihung: ihren prozessualen und strategischen Charakter [46]. c) Der Dekonstruktionismus schließlich bildet eine wichtige Komponente der narrativen R. Sein Einfluß geht zurück auf die amerikanische Rezeption des französischen Philosophen J. DERRIDA [47] und wurde verstärkt durch die Anregungen von P. DE MAN, später auch H. BLOOM, G. HARTMANN, J. H. MILLER, N. FRYE. ‹Dekonstruktion› heißt im Hinblick auf den juristischen Diskurs und damit als Grundsatz einer narrativen R., daß Sprache und Bedeutung nicht zusammenfallen. Bedeutung ist aus Sprache zu «ent-nehmen»: Die Differenz von Sprache und Bedeutung soll problematisiert werden. Juristisch heißt das: Der Kommentar ist nicht logisch-kausal mit dem Text verbunden, er ist wiederum dem Text zu «ent-nehmen». Weiterhin werden juristische Texte ebenso interpretationsbedürftig wie literarische Texte – das gilt praktisch, kritisch und grundsätzlich. Texte sind keine Träger einer offensichtlichen Bedeutung, und sie sind keine klare Quelle der Extrapolierung. Das gilt ebenso für juristische Entscheidungen und die mit ihnen verbundene Meinungsbildung. Die Denkweise der Rechtswissenschaft könnte bereichert werden, wenn die Grundzüge einer Ethik des Entscheidens, wie sie in der Weltliteratur dargestellt ist, Einfluß gewinnen könnten. Die juristische Entscheidung beruht nicht auf einer Meinungsbildung, sondern auf einem kreativen und i.S. der ursprünglichen Bedeutung poetischen Vorgang [48].

Insgesamt und abschließend ist zu bemerken, daß diese zehn Richtungen in einer sehr unterschiedlichen Art und Weise juristische Wertungen als gemeinsamen Gegenstand haben. Sie bearbeiten die Problematik und ihre juristische Form, ohne dabei unmittelbar konkrete Rechtsfiguren zu studieren oder zu fördern. Die R. ist offensichtlich keine Rechtslehre.

Anmerkungen. [1] W. MAIHOFER: Zum Verhältnis von Rechtssoziol. und R., in: G. JAHR/W. MAIHOFER (Hg.): R. Beitr. zur Grundlagendiskussion (1971) 247f.; M. SCHULTE: Art. ‹R. und Rechtsphilos.›, in: W. KRAWIETZ (Hg.): Lex. des Rechts 26 (1987) 2, 490; vgl. auch: Art. ‹Rechtsdogmatik› und ‹Rechtsphilos.›, in: Hist. Wb. Philos. – [2] O. BALLWEG: Rechtswiss. und Jurisprud. (1970); W. KRAWIETZ: Jurist. Entscheidung und wiss. Erkenntnis (1971); N. LUHMANN: Ausdifferenzierung des Rechts (1981). – [3] H.-P. SCHNEIDER: R. ohne Recht? in: Festschr. E. Wolf. Mensch und Recht (1972) 108f.; R. DUBISCHAR: Einf. in die R. (1983) 23f. – [4] G. HUGO: Lehrb. des Naturrechts (1819); F. VON HIPPEL: G. Hugos jurist. Arbeitsplan (1931); J. F. FRIES: Philos. Rechtslehre und Kritik aller posit. Gesetzgebung (1803); J. KRAFT: Die Methode der R. in der Schule von Kant und Fries (1924); E. KAUFMANN: Kritik der neukant. Rechtsphilos. (1921); R. STAMMLER: Über die Methode der geschichtl. R. (1888); Theorie der Rechtswiss. (1911); K. BERGBOHM: Jurisprud. und Rechtsphilos. (1892); G. RADBRUCH: Rechtsphilos. (^{6}1963). – [5] SCHNEIDER, a.O. [3] 113f.; STAMMLER, a.O.; BERGBOHM, a.O. – [6] H. WELZEL beschreibt diese hist. Entwicklung in Deutschland als Gegenstück und Komplement des Rechtspositivismus, vgl.: Naturrecht und mat. Gerechtigkeit (1951); J. HABERMAS: Zur Logik der Soz.wiss. (1967); Theorie und Praxis (1972); Theorie des kommunikat. Handelns (1981); Die neue Unübersichtlichkeit (1985). – [7] E. EHRLICH: Grundleg. der Soziol. des Rechts (1913); Die jurist. Logik (1918); R. VON JHERING: Der Zweck im Recht 1-2 (1877/83); Der Kampf ums Recht (1872); L. DUGUIT: L'état, le droit objectif et la loi posit. (Paris 1901); Souveraineté et liberté (Paris 1922); U. KLUG: Jurist. Logik (1958); CH. PERELMAN: Rhét. et philos. (Paris 1952); CH. PERELMAN/L. OLBRECHTS-TYTECA: Traité de l'argumentation (Brüssel 1970); PERELMAN: Et. de logique jurid. (Brüssel 1976); S. TOULMIN: The uses of argument (Cambridge 1958), dtsch.: Der Gebrauch von Argumenten (1975); TH. VIEHWEG: Topik und Jurisprud. (1953); K.-L. KUNZ: Die analyt. R.: Eine 'Rechts'theorie ohne Recht? (1977). – [8] J. VON KIRCHMANN: Die Wertlosigkeit der Jurisprud. als Wiss. (1848); vgl. L. NELSON: Die Rechtswiss. ohne Recht (1917); DUBISCHAR, a.O. [3] 46f.; F. WIEACKER: Zur prakt. Leistung der Rechtsdogmatik, in: R. BUBNER u.a. (Hg.): Hermeneutik und Dialektik 1 (1970). – [9] DUBISCHAR, a.O. 8f.; W. FIKENTSCHER: Methoden des Rechts 1-4 (1975-77) 3, 673ff.; W. FRIEDMANN: Legal theory (London 1944); J. DABIN: La théorie gén. du droit (Brüssel 1944); R. DAVID: Les grands systèmes de droit contemp. (Paris 1964). – [10] N. LUHMANN: Rechtssoziol. (1972); Ausdifferenzierung des Rechts (1981) 446. – [11] G. SPRENGER: Das Arch. für Rechts- und Sozial(Wirtschafts-)philos. als Z. des Rechtsdenkens 1907-1987. Arch. Rechts- Soz.philos. 73 (1987) 1-14; K. A. MOLLNAU (Hg.): Die Int. Vereinig. für Rechts- und Sozialphilos. und ihre Z. Arch. Rechts- Sozialphilos. Beih. 38 (1989); L. LOTZE/W. SCHIER: F. Berolzheimer und das Archiv. Arch. Rechts- Soz.philos. 73 (1987) 15-29; S. RIALS (Hg.): Définir le droit. Droits 10/11 (1989) 5f. 3f. – [12] J. C. JENSEN: The nature of legal argument (Oxford 1957); R. WASSERSTROM: The judicial decision (Stanford 1961); N. MACCORMICK: Legal reasoning and legal theory (Oxford 1978); A. AARNIO: On legal reasoning (Turku 1977); R. ALEXY: Theorie der jurist. Argumentation (^{2}1990); Theorie der Grundrechte (1985). – [13] H. L. A. HART: Art. ‹Philos. of law, Problems of›, in: P. EDWARDS (Hg.): Encycl. of philos. 5 (New York/London 1967); The concept of law (Oxford 1961); H. KANTOROWICZ: The def. of law (Cambridge 1958), dtsch.: Der Begriff des Rechts (1958). – [14] E. GARZÓN VALDES (Hg.): Span. Stud. zur R. und Rechtsphilos. (1990). – [15] P. LEGENDRE/A. PAPAGEORGIOU-LEGENDRE: Filiation (Paris 1990); P. LEGENDRE: Le désir polit. de Dieu (Paris 1988); Le dossier occidental de la parenté (Paris 1988). – [16] H. L. A. HART: The concept of law (Oxford 1961). – [17] J. AUSTIN: The province of jurisprudence determined (London 1832); Lect. on jurisprudence (London 1861). – [18] FIKENTSCHER, a.O. [9] 2 (1975) 42ff. – [19] D. N. MACCORMICK/O. WEINBERGER: Grundl. des Institutionalist. Rechtspositivismus (1985); WEINBERGER: Recht, Institution und Rechtspolitik (1987); MACCORMICK: Law as an institut. fact (Edinburgh 1973). – [20] WEINBERGER: Stud. zur formal-finalist. Handlungstheorie (1983). – [21] G. E. M. ANSCOMBE: On brute facts. Analysis 18 (1958) 3; WEINBERGER: Tatsachen und Tatsachenbeschreibungen (1979). – [22] H. ALBERT: Traktat über krit. Vernunft (1968); Konstruktion und Kritik (1972). – [23] N. LUHMANN: Rechtssoziol. (1972); Zweckbegriff und Systemrationalität (1973); Rechtssystem und Rechtsdogmatik (1974); J. HABERMAS/N. LUHMANN: Theorie der Ges. oder Sozialtechnologie (1971). – [24] LUHMANN: Die Einheit des Rechtssystems. Rechtstheorie (1983); Soziale Systeme. Grundriß einer allg. Theorie (1984); The selfproduction of law and its limits, in: G. TEUBNER (Hg.): The dilemmas of law in the welfare state (1985); Die Codierung des Rechtssystems. Rechtstheorie (1986) 171-203; Closure and openness: on reality in the world of law, in: TEUBNER (Hg.): Autopoietic law: A new approach to law and soc. (1987); TEUBNER: Reflexives Recht. Arch. Rechts- Soz.philos. 68 (1982) 13-59; Recht als autopoiet. System (1989); TH. ECKHOFF/N. K. SUNDBY: Rechtssysteme. Eine systemtheoret. Einf. in the R. (1988). – [25] TEUBNER: Recht als autop. Syst. (1989) 15f. 83. 87. – [26] E. EHRLICH: Die Jurist. Logik (1918); U. KLUG: Jurist. Logik (1951); G. KALINOWSKI: Introd. à la logique jurid. (Paris 1965); J. HOROVITZ: Law and logic (1972); C. A. ALCHOURRON/E. BULYGIN: Normative systems (New York 1971). – [27] J. RÖDIG: Die Theorie des gerichtl. Erkenntnisverfahrens (1973). – [28] G. KALINOWSKI: La logique des normes (Paris 1972) 135f.; Zur Semantik der Rechtssprache. Rechtstheorie, Beih. 1 (1979) 239-252. – [29] G. KALINOWSKI: Y a-t-il une logique jurid. Logique Analyse 5 (1959) 48-53; CH. PERELMAN: Logique jurid. (Paris 1976), dtsch.: Jurist. Logik als Argumentationslehre (1979). – [30] R. HILPINEN (Hg.): Deontic logic: introduct. und systemat. readings (Dordrecht 1971); New studies in deontic logic: Norms, actions and the found. of ethics (Dordrecht 1981); G. H. VON WRIGHT: Norm and action (London 1963); Practical reason (Oxford 1983); Explanat. and underst. (London 1971); The varieties of goodness (New York 1963); Handlung, Norm und Intention (1977); I. TAMMELO: Outlines of modern legal logic (1969); Modern logic in the service of law (Wien/New York 1978); O. WEINBERGER: Rechtslogik. Versuch einer Anwendung mod. Logik auf das Jurist. Denken (Wien/New York 1970); Stud. zur Normenlogik und Rechtsinformatik (1974); Normentheorie als Grundlage der Jurisprud. und Ethik (1981); Log. Analyse in der Jurisprud. (1979); L. AQVIST: Introd. to deontic logic and the theory of normat. systems (Dordrecht 1987); A. L. LINDAHL: Position and change. A study in law and logic (Dordrecht/Boston 1977); J. RAZ: Practical reasons and norms (Oxford 1975); A. SOETEMAN: Logic in law (Dordrecht/Boston 1989). – [31] VIEHWEG, a.O. [7]; O. BALLWEG/TH.-M. SEIBERT/TH. VIEHWEG: Rhetor. R. (1982); G. STRUCK: Top. Jurisprud. (1971); Zur Theorie jurist. Argumentation (1977); H. RODINGEN: Aussage und Anweisung (1975); Pragmatik der jurist. Argumentation (1977); vgl. auch [44]. – [32] R. ZIPPELIUS: Problemjurisprud. und Topik. Neue jurist. Wschr. 48 (1967) 2229-2284; F. HORAK: Rationes decidenci (1969); G. OTTE: 20 Jahre Topik-Diskussion. Rechtstheorie 1 (1970) 183-197. – [33] J. ESSER: Vorverständnis und Methodenwahl in der Rechtsfindung (1972); Wert und Bedeut. der Rechtsfiktionen (1969); A. KAUFMANN: Durch Naturrecht und Rechtspositivismus zur jurist. Hermeneutik. Juristenztg. (1975); Beitr. zur jurist. Hermeneutik (1984); R. DWORKIN: A matter of principle (Cambridge, Mass. 1985); Law's empire (Cambridge, Mass. 1986). – [34] R. ALEXY: Theorie des jurist. Diskurses (1986); Theorie der Grundrechte (1985); W. KRAWIETZ/R. ALEXY (Hg.): Metatheorie der jurist. Argumentation (1983); J. M. BROEKMAN: Recht und Anthropol. (1979); Jurist. Diskurs und R. Rechtstheorie 11 (1980) 17-47; Sprechakt und Intersubjektivität, in: B. WALDENFELS/J. M. BROEKMAN/A. PAŽANIN (Hg.): Phänomenol. und Marxismus 3 (1978) 66-114; Die Rationalität des jurist. Diskurses, in: KRAWIETZ/ALEXY, a.O. 88-116; S. J. SCHMIDT: 'Sozialsysteme' und 'Autonomie', in: G. LUKE (Hg.): Grundfragen des Privatrechts (1988); C. BRAUN: Diskurstheoret. Normenbegründung in der Rechtswiss. Rechtstheorie 19 (1988) 238-261. – [35] Speziell zur angelsächsischen Diskussion vgl.: R. M. HARE: The language of morals (Oxford 1961); Freedom and reason (Oxford 1963); A. J. AYER: Language, truth and logic (London 1948); C. L. STEVENSON: Die emotive Bedeut. ethischer Ausdrücke, in: G. GREWENDORF/G. MEGGLE (Hg.): Sprache und Ethik (1974) 116-139; G. E. MOORE: Principia Ethica (Cambridge 1903); W. D. ROSS: The right and the good (Oxford 1930). – [36] J. HABERMAS: Wahrheitstheorien, in: F. FAHRENBACH (Hg.): Wirklichkeit und Reflexion (1973) 211-265; Vorbereitende Bemerkungen zu einer Theorie der kommunikativen Kompetenz, in: HABERMAS/LUHMANN, a.O. [23]; Theorie des kommunikat. Handelns (1981); Law and morality, in: The Tanner lect. on human values 8 (Cambridge 1988); A. AARNIO/K. TUORI (Hg.): Law, morality, and discursive rationality (Helsinki 1989). – [37] R. M. UNGER: The crit. legal studies mov. (Cambridge 1986). – [38] R. S. SUMMERS: Instrumentalism and american legal theory (Cornell 1982), dtsch.: Pragmatischer Instrumentalismus und amer. R. (1982). – [39] R. M. UNGER: Knowledge and politics (New York 1975); Law in modern soc. (New York 1976); Politics. A work in construct. soc. theory 1-3 (Cambridge 1987f.); A. HUTCHINSON: From cult. construction to hist. deconstruction. Yale Law J. 94 (1984) 209-237; M. V. TUSHNET: A note on the revival of textualism in constitut. theory. South. Calif. Law Review 58 (1985) 683-700; J. W. SINGER: The player and the cards: Nihilism and legal theory. Yale Law J. 94 (1984) 1-70; DAVID KENNEDY: The turn to interpretation. South. Calif. Law Review 58 (1985) 251-275; A. HUTCHINSON/P. MONAHAN: Law, politics and the crit. legal scholars: the unfolding drama of Amer. legal thought. Stanford Law Review 86 (1984) 129-245; DUNCAN KENNEDY: Form and substance in private law adjudication. Harvard Law Review 89 (1976) 1685-1778; The structure of blackstone's comment. Buffalo Law Review 28 (1979) 205-382; A. HUNT: The theory of crit. legal stud. Oxford J. legal Stud. 6 (1986) 1-45; D. F. BROSNAN: Serious but not critical. South. Calif. Law Review 60 (1987) 259-396; J. M. BALKIN: Deconstruct. practice and legal theory. Yale Law J. 96 (1987) 734-786; M. KELMAN: A guide to crit. legal stud. (Cambridge, Mass. 1987); W. EWALD: Unger's philos.: a crit. legal stud. Yale Law J. 97 (1988) 665-756; R. M. DWORKIN (Hg.): The philos. of law (London 1977). – [40] I. EHRLICH/R. A. POSNER: An econ. analysis of legal rulemaking. J. legal Stud. 3 (1974) 257-286; POSNER: Econ.

analysis of law (Boston ³1986); Antitrust law (Chicago 1976); G. S. BECKER: The econ. approach to human behavior (Chicago 1976); POSNER: The economics of justice (London 1981); zur Auseinandersetzung und Kritik vgl. POSNER: Law and lit. (Cambridge, Mass. 1988) 176f.; a.O. [46]; K. JONES: Law and economy (London/New York 1983); L. A. KORNHAUSER: L'analyse écon. du droit (Paris 1985); J. BUCHANAN/G. TULLOCK: The calculus of consent (Michigan 1962); BUCHANAN: The limits of liberty (Chicago 1975), dtsch.: Die Grenzen der Freiheit (1984); G. CALABRESI: The cost of accidents (New Haven 1970); F. A. HAYEK: Law, legislation and liberty 1-3 (London 1973), dtsch.: Recht, Gesetzgebung und Freiheit (1980); H.-D. ASSMANN/C. KIRCHNER/F. SCHANZE: Ökonom. Analyse des Rechts (1978); P. BEHRENS: Die ökonom. Grundlagen des Rechts (1986); R. O. ZERBE (Hg.): Research in law and economics (London 1987). – [41] J. P. FAYE: Langages totalitaires (Paris 1972), dtsch.: Totalitäre Sprachen (1977); Théorie du récit (Paris 1972), dtsch.: Theorie der Erzählung (1977); J. M. BROEKMAN: Fetisch und Erkenntnis, in: WALDENFELS/BROEKMAN/PAŽANIN (Hg.), a.O. [34] 4 (1979) 235-247; H.-N. CASTAÑEDA: Thinking and doing. The philos. found. of institutions (Dordrecht 1975). – [42] R. A. POSNER: Law and lit. A misunderstood relation (Cambridge, Mass. 1988). – [43] J. B. WHITE: The legal imagination. Studies in the nature of legal thought and expression (Boston 1973). – [44] W. SCHREKKENBERGER: Rhetor. Semiotik. Analyse von Texten des Grundgesetzes und von rhetor. Grundstrukturen der Argumentation des Bundesverfassungsgerichts (1978); weitere Lit.: R. A. FERGUSON: Law and letters in Amer. culture (Cambridge, Mass 1984); R. H. WEISBERG: The failure of the word: The protagonist as lawyer in modern fiction (New Haven/London 1984); J. B. WHITE: When words lose their meaning: Constitutions and reconstitutions of language, character, and community (Chicago 1984); Heracles' bow: Essays on the rhetoric and poetics in the law (Madison, Wisc. 1985); Justice as translation: An essay in cultural and legal criticism (Chicago 1990); B. THOMAS: Cross examinations of law and lit.: Cooper, Hawthorne, Stowe, and Melville (Cambridge/New York 1987); W. R. PREST: The rise of the Barristers (Oxford/New York 1986); R. A. POSNER: Antitrust doctrine and the sway of metaphor. Georgetown Law J. 75 (1986) 395-422; C. K. OGDEN: Bentham's theory of fictions (London 1932); M. S. BALL: Lying down together: Law, metaphor, and theology (Madison, Wisc. 1985). – [45] H. W. SCHMITZ: De Hollandse Significa (Assen 1990). – [46] D. BREUER: Einf. in die pragmat. Texttheorie (1974); U. ECO: La struttura assente (Mailand 1968), dtsch.: Einf. in die Semiotik (1972); H. KRONASSER: Hb. der Semasiologie (1952); E. J. LAMPE: Jurist. Semantik (1970); P. LORENZEN: Normat. logic and ethics (1969); S. J. SCHMIDT: Bedeut. und Begriff (1969); Texttheorie (1973); H. P. SCHNEIDER: Pragmatik als Basis von Semantik und Syntax (1975); E. WALTER: Semiot. Analyse, in: H. KREUZER (Hg.): Math. und Dichtung (1965); A. BECK: The semiology of law. Oxford J. legal Stud. 7 (1987) 475-488; D. CARZO/B. S. JACKSON (Hg.): Semiotics, law and social sci. (Rom 1985); A. J. GREIMAS: Pour une théorie des modalités. Langages 43 (1976) 90-107; On meaning (Minneapolis 1987); A. HUNT: Legal positivism and positivist semiotics (book review, JACKSON). J. Law Soc. 13/2 (1986) 271-278; JACKSON: Semiotics and legal theory (London/Boston 1985); Law, fact and narrative coherence (Roby 1988); G. KALINOWSKI: Sémiotique et philos. (Paris 1985); E. LANDOWSKI: Towards a semiotic and narrative approach to law. Int. J. Semiotics Law 1 (1988) 79-105; B. VON ROERMUND: On 'narrative coherence' in legal contexts, in: C. FARALLI/E. PATTARO (Hg.): Reason in law 3 (Mailand 1984); Narrative coherence and the guises of legalism, in: P. NERHOT (Hg.): Law, interpretation and reality (Dordrecht 1990). – [47] G. BENNINGTON/J. DERRIDA: J. Derrida (Paris 1991). – [48] J. DERRIDA: Force de loi: le 'Fondement mystique de l'autorité'. Cardozo Law Review 11 (1990) 99-107, dtsch.: Gesetzeskraft. Der 'Myst. Grund der Autorität' (1991); Mémoires – pour P. de Man (Paris 1988); Préjugés: Devant la loi, in: La faculté de juger (Paris 1985); P. DE MAN: Blindness and insight (New York 1971); Allegories of reading (New Haven/London 1979); The resistance to lit. theory. Yale French Stud. 63 (1982); H. BLOOM: The anxiety of influence (London 1973); A map of misreading (New York 1975); Poetry and repression (New Haven/London 1976); G. HARTMAN: Beyond formalism (New Haven/London 1970); The fate of reading (Chicago 1975); Criticism in the wilderness (New Haven/London 1980); Saving the text (Baltimore 1981); H. J. MILLER: Fiction and repetition (Chicago 1982); N. FRYE: Anatomy of criticism (Princeton 1965), dtsch.: Analyse der Lit.kritik (1964); ST. FISH: Is there a text in this class? (Cambridge, Mass. 1980); Self-consuming artefacts (1972); M. FRANK: Das Sagbare und das Unsagbare (1980); H. R. JAUSS: Ästhet. Erfahrung und lit. Hermeneutik (1977); J. CULLER: Theory and criticism after structuralism (London 1983); The pursuit of signs (New York 1981); H. BLOOM/P. DE MAN/J. DERRIDA: Deconstruction and criticism (New York 1979); G. ROSE: Dialectic of nihilism (Oxford 1984); J. M. BALKIN: Deconstruct. practice and legal theory. Yale Law J. 96 (1987) 743-786; O. M. FISS: The death of the law? Cornell Law Review 72 (1986) 1-16; Objectivity and interpretation. Stanford Law Review 34 (1982) 739-763; TH. C. GREY: The constitution as scripture. Stanford Law Review 37 (1984) 1ff.; POSNER: Law and lit., a.O. [42]. J. M. BROEKMAN

Rechtsverhältnis. Die erste systematisch ausgearbeitete Verwendung des Begriffs ‹R.› stammt von F. C. VON SAVIGNY. Seine Terminologie war während ihrer Entstehung noch zahlreichen Unsicherheiten und Schwankungen unterworfen. In der «vorläufigen Übersicht» seines Systems [1] überschreibt er die Hauptabschnitte als «Rechtsquellen», «R.e» und «Anwendung der Rechtsregeln auf die R.e». Diese Unterteilung hat er im folgenden nicht beibehalten. Das R. erscheint schon im ersten Paragraphen des Abschnitts über die Rechtsquellen [2], in dem er die Quellen des römischen Rechts vom organisch verstandenen Begriff des R. her untersucht. Seinen Inhalt beschreibt er als «eine Beziehung zwischen Person und Person, durch eine Rechtsregel bestimmt» [3]. Wann aber ist die bestimmende Regel eine «Rechtsregel», wann eine sonstige Regel? Die Antwort sucht Savigny in einem an Kant zumindest terminologisch anknüpfenden Begriff. Danach stehe der Mensch in seiner Umgebung in Berührung mit anderen. Diese Berührung bedürfe der Anerkennung einer unsichtbaren Grenze, innerhalb welcher das Dasein und die Wirksamkeit jedes einzelnen einen sicheren, freien Raum gewinne. Die Regel, wodurch jene Grenze und damit dieser freie Raum bestimmt wird, sei das Recht. Das Recht wird so von seiner Funktion als Medium von Freiheit und Sittlichkeit her bestimmt. Als einzelne R.e bezeichnete Savigny das Sachen-R., das Obligationen-R. und das Familien-R. [4].

In der Folgezeit erhält sich der Begriff, nicht zuletzt durch seine Aufnahme in § 256 der Zivilprozeßordnung (1877); dagegen schwindet seine philosophische Fundierung durch Savigny. Seine Bedeutung wird fortan eher technisch verstanden und praktisch einhellig durch drei Elemente umrissen: 1) eine soziale Beziehung 2) zwischen mehreren Beteiligten, 3) auf welche Rechtsnormen anwendbar sind [5]. Der ursprüngliche Versuch Savignys, das Recht vom R. her zu bestimmen, kehrt sich nunmehr um: Fortan wird das R. durch die Anwendbarkeit der Rechtsordnung begründet. Abgrenzungsbemühungen richten sich insbesondere auf die Unterscheidung zwischen dem R. und dem subjektiven Recht; dieses wird nun in der Regel als eine Ausprägung des R. angesehen. Infolge seiner Allgemeinheit und damit geringen inhaltlichen Konturierung tritt die praktische Bedeutung des allgemeinen Begriffs des R. zugunsten derjenigen einzelner R.e (Schuldverhältnis u. ä.), besonders seit der Schaffung des ‹Bürgerlichen Gesetzbuches› (1900), zurück.

Eine Sonderentwicklung nimmt – bei prinzipiell gleicher Definition – der Begriff des R. im Staatsrecht. Seit der Etablierung des juristischen Staatsbegriffs (1837) [6] kommt auch der Staat prinzipiell als Beteiligter an R.en in Betracht. Dies gilt jedenfalls, wenn man das R. – im Unterschied zu Savigny – nicht als Medium der Verwirklichung bloß individueller Freiheit versteht und damit in einen Gegensatz zur staatlichen Herrschaft setzt. Partiell wird hier der Staat selbst als R. gedeutet [7]. Dieses Konzept setzt sich aber gegen die Kritik nicht durch. Die Rolle des Staates im R. beschränkt sich demzufolge auf diejenigen sozialen Beziehungen, die Gegenstand von Rechtsnormen sind. Wer – wie im Konstitutionalismus üblich – als Gegenstand des Rechts lediglich die Außenbeziehungen des Staates ansieht, kann R.e nur zwischen Staat und anderen Rechtssubjekten erkennen. Besonders der staatliche Innenbereich bleibt dann rechtsfrei («Impermeabilitätslehre») [8]. Erst mit der Überwindung dieser Lehre wird der Weg frei für die Einsicht, daß auch zwischen Staatsorganen Beziehungen bestehen, die durch Normen geregelt sind, welche formal die gleichen Strukturen aufweisen wie (Außen-) Rechtsnormen [9].

In jüngerer Zeit lassen sich im Staatsrecht drei Tendenzen der Begriffsverwendung ausmachen. Eine Richtung geht dahin, unter Anknüpfung an Savigny die freiheitlichen und sittlichen Gehalte des R. neu zu entdecken und für die Grundrechts- wie die demokratischen Lehren des Grundgesetzes fruchtbar zu machen. Eine zweite Richtung versucht, unter Anschluß an die ältere, zivilrechtlich geprägte R.-Lehre die Problemlösungskapazität dieses Begriffs auch für das öffentliche Recht fruchtbar zu machen. Parallel dazu verläuft die Entwicklung einer Aufspaltung des Begriffs auch im öffentlichen Recht in einzelne Erscheinungsformen (Verwaltungsrechtsverhältnis; Sozialrechtsverhältnis u.ä.).

Anmerkungen. [1] F. C. VON SAVIGNY: System des heut. röm. Rechts 1 (1840). – [2] a.O. § 4. – [3] § 52. – [4] § 53. – [5] A. VON TUHR: Der allg. Teil des Dtsch. Bürgerl. Rechts (1910) 123f., mit weit. Nachweisen; ebenso H. DERNBURG: Pandekten 1 (1884) 88; B. WINDSCHEID: Lehrb. des Pandektenrechts 1-3 (²1867-71, ⁹1906, ND 1984) § 37a; K. LARENZ: Allg. Teil des dtsch. Bürgerl. Rechts (⁷1989) 194ff. – [6] W. A. ALBRECHT: Grundsätze des heut. dtsch. Staatsrechts, syst. entwickelt von Dr. R. Maurenbrecher. Gött. Gel. Anz. 99 (1837) III, 1489ff. 1508ff. – [7] A. HAENEL: Dtsch. Staatsrecht 1 (1892) 96ff.; K. LOENING: Art. ‹Staat›, in: J. CONRAD u.a.: Handwb. der Rechtswiss. 7 (³1911) 702ff. – [8] Dazu H. H. RUPP: Grundfragen der heut. Verwaltungsrechtslehre (²1991) 15ff. – [9] H. KELSEN: Reine Rechtslehre (²1960) 167ff.

Literaturhinweise. N. ACHTERBERG: R.e als Strukturelemente der Rechtsordnung. Rechtstheorie 9 (1978) 385; Die Rechtsordnung als R.-Ordnung (1982). – H. KIEFNER: Das R., in: Festschr. H. Coing 1 (1982) 149. – R. GRÖSCHNER: Das Überwachungs-R. (1992).
CH. GUSY

Rechtszweck. Unter dem Begriff ‹R.› kann zum einen der Zweck einer einzelnen Vorschrift, zum anderen der Zweck des Rechts im allgemeinen verstanden werden. In der ersten Bedeutung handelt es sich um einen juristisch-dogmatischen Begriff: Das rechtsanwendende Organ ermittelt den rechtspolitischen Zweck einer Vorschrift, um diese auf einen zu beurteilenden Sachverhalt anzuwenden. In der zweiten Bedeutungsvariante liegt ein rechtsphilosophischer oder rechtstheoretischer Begriff vor. In der Geschichte der Philosophie ist der Zweck des Rechts von verschiedenen philosophischen Schulen unterschiedlich bestimmt worden. Den Naturrechtsschulen ist gemein, den Zweck des Rechts im Streben nach Verwirklichung überpositiver Werte zu erblicken [1]. Diese überpositiven Werte können sein: der Wille Gottes, die Gerechtigkeit, die Vernunft. Seit der Aufklärung wird der Zweck des Rechts zunehmend (auch) soziologisch bestimmt: Das Recht diene der Sicherung der Existenzbedingungen der Gesellschaft, dem Schutz wichtiger Güter wie Leben und Eigentum [2].

Im 19. Jh. haben K. MARX und F. ENGELS in dezidierter Weise zum Zweck des Rechts Stellung bezogen. Auch ihre Bestimmung des R. kann als soziologisch angesehen werden. Danach dient das Recht den Interessen der jeweils herrschenden Klassen in der Gesellschaft. Welche Klassen in der Geschichte zur Herrschaft über andere Klassen berufen sind, ist kein Ergebnis historischer Zufälligkeit, sondern durch das Gesetz der Übereinstimmung von Produktivkräften und Produktionsverhältnissen bestimmt. Das Recht erscheint als Instrument zur Sicherung von Macht [3].

Am Ende des 19. Jh. hat der Zweck im Recht in ganz besonderer Weise durch R. VON JHERING Einfluß auf das Rechtsdenken gewonnen. Nach Jhering ist der Zweck der Schöpfer des gesamten Rechts. Ziel des Rechts könne niemals die Verwirklichung des an sich Wahren sein. Wahrheit sei das Ziel der auf Erkenntnis gerichteten Wissenschaft. Für einen auf Handeln bezogenen Willensinhalt gebe es jedoch nicht den absoluten Maßstab der Wahrheit, sondern es könne nur den relativen Maßstab der Richtigkeit geben. Ob ein Handeln richtig sei, entscheide sich danach, ob es den angestrebten Zweck verwirkliche, ob es also die ‹Richtung› des Zwecks besitze [4]. Die historische Wandlungsfähigkeit des Rechts, d.h. seine wechselnden Inhalte, erklärten sich aus den wechselnden Zwecken, die die Gesellschaft mit dem Recht verfolge. Die Idee eines ewig gleichen Rechts sei um nichts besser als die Forderung, daß die ärztliche Behandlung aller Kranken gleich sein müsse [5]. Allem Recht gemein sei lediglich der abstrakte Zweck der Sicherung der (jeweils unterschiedlichen) Lebensbedingungen der Gesellschaft [6]. Dieser Zweck könne natürlich bei vielen gesetzlichen Detailregelungen nicht unmittelbar erkannt werden, da solche Regelungen ohne weiteres auch durch andere Regelungen hätten ersetzt werden können. Ein modernes Beispiel ist die vom Gesetzgeber zu entscheidende Frage, ob im Straßenverkehr rechts oder links gefahren werden soll. Für Jhering dient das «Ob» einer Regelung dem genannten Zweck der Sicherung der Lebensbedingungen der Gesellschaft, nicht unbedingt auch das «Wie». Letzteres könne «frei» sein [7].

Nach Jhering nimmt das Recht seine Aufgabe in der Weise wahr, daß die Sicherung der Lebensbedingungen der herrschenden Schichten Vorrang genießt. Doch der Schwache profitiere davon, daß der Starke eben durch das ungleiche Recht gehindert sei, den status quo noch weiter zu Lasten der anderen Gruppen der Gesellschaft zu verschieben [8]. Eine Fortentwicklung dieser Gedanken stellt die Interessen- und Wertungsjurisprudenz dar, die sich im ersten Drittel des 20. Jh. entwickelte. Danach wird die Rechtsetzung von Interessen bestimmt, die zueinander in Widerstreit treten. Jedes Rechtsgebot entscheidet einen Interessenkonflikt (Konflikttheorie) [9]. Der Zweck des Rechts verkörpert sich demnach in der Förderung des in diesem Konflikt obsiegenden Interesses, doch ist die konkrete Ausgestaltung der Rechtsnorm auch davon abhängig, ob dem unterliegenden Interesse zumindest graduell entsprochen wird [10]. – Die Wertungsjurisprudenz korrigiert die Interessenjurisprudenz dahingehend, daß die Interessen nicht etwa ähnlich wie Naturkräfte, d.h. gleichsam von selbst eine Rechtsnorm formen könnten, sondern dazu vielmehr ein Auslese- und Bewertungsverfahren der Interessen erforderlich sei [11].

Anmerkungen. [1] Vgl. H. COING: Grundzüge der Rechtsphilos., Kap. IV, Abschn. III (⁴1985) 203f. – [2] Vgl. J. LOCKE: Of civil governm. § 134. Works 1-10 (London 1823, ND 1963) 5, 416. – [3] Vgl. die gedrängte Darst.: F. ENGELS: Karl Marx. MEW 19, 102-104; vgl. Art. ‹Recht›, in: G. LABICA/G. BENSUSSAN (Hg.): Krit. Wb. des Marxismus (1987) 6, 1112-1118. – [4] R. VON JHERING: Der Zweck im Recht 1 (²1884) 436f. – [5] a.O. 440. – [6] 443. – [7] 451. – [8] 553f. – [9] PH. HECK: Interessenjurisprudenz (1933) 13. – [10] a.O. – [11] Vgl. R. MÜLLER-ERZBACH: Die Rechtswiss. im Umbau (1950) 68.

Literaturhinweis. H. WAGNER: Die Würde des Menschen (1992) § 16: Rechtsprinzipien und R.   A. TRUPP

Recta ratio (engl. right reason; frz. droite raison; dtsch. rechter Begriff, rechte Einsicht). – Der Begriff ‹r.r.› wird wie der ihm entsprechende und zugrundeliegende griech. Ausdruck ὀρϑὸς λόγος (s.d.) heterogen, d.h. teils in einem subjektiven, teils in einem objektiven Sinne verwendet. In den verschiedenen Bedeutungen tritt jedoch immer der Gedanke einer Norm oder eines verpflichtenden Gesetzes hervor. Verwendung findet der Terminus ‹r.r.› vor allem in der Ethik, in der er bei der Bestimmung des sittlichen Verhaltens eine Rolle spielt. Grundlegend für die wechselnde begriffliche Deutung der r.r. waren die Ausführungen des ARISTOTELES über den ὀρϑὸς λόγος als konkret und subjektiv bedingte Größe und die in der *Stoa* und bei AUGUSTINUS entwickelten objektiv ausgerichteten Gedanken eines 'ewigen Gesetzes' bzw. 'Gesetzes der Natur'. Es lassen sich in der Bestimmung dieses Begriffes seit der lateinischen Antike mehrere Momente unterscheiden, die sowohl getrennt wie auch in gegenseitiger Ergänzung auftreten. Zum einen wird die r.r. verstanden als Klugheit, d.h. als ein partikulärer, lediglich auf die Mittelfindung beschränkter rechter Begriff von dem, was in einer konkreten Situation zu tun ist. Zum anderen tritt sie hervor als objektives, allgemein gültiges Gesetz von Handlungen, wobei sie gelegentlich der ersteren Bestimmung durch die Hinzufügung ‹universalis› bzw. ‹divina› explizit entgegengesetzt wird. Schließlich findet sie, auch außerhalb der Ethik, Verwendung als richtige Schlußfolgerung, als Mitte zwischen Übermaß und Mangel und als eine im göttlichen Intellekt liegende Norm oder Idee, die das Urbild und Prinzip alles Geschaffenen ist.

1. Lateinische Antike. – Als göttliches, objektives Gesetz wird die r.r. in ‹De re publica› des CICERO dargestellt, wo der Stoiker LAELIUS ausführt, daß sie einzig, ewig, unveränderlich sei, sich in alle Menschen ergieße («diffusa in omnis») und alle Völker zu aller Zeit beherrsche. Gott sei der Erfinder («inventor») dieses Gesetzes, das durch Befehle («iubendo») zur Pflicht rufe und durch Verbieten («vetando») von Betrug abschrecke [1]. Dieser letzte Aspekt wird auch in ‹De legibus› hervorgehoben, wo es weiter heißt, daß dieses als «ratio recta summi Iovis» bestimmte Gesetz zugleich mit dem göttlichen Geist entstanden sei und Götter und Menschen verbinde [2]. In einer subjektiven und individuellen Deutung tritt die r.r. in den ‹Tuskulanen› hervor, in denen es um die Beherrschung und Lenkung des seelischen Strebens geht, obgleich auch hier der Gedanke eines objektiven Gesetzes mitklingt. So heißt es hier, die Beherrschung («temperantia») bewirke, daß die Strebungen der r.r. gehorchten, und erhalte so die überlegten Entscheidungen oder Einsichten des Geistes («considerata iudicia mentis») aufrecht [3]. Hier ist nicht nur das objektive, allgemeine Gesetz gemeint, sondern auch und vor allem die geistige Einsicht in das richtige individuelle sittliche Verhalten, wozu jeder Mensch ein eigenes Urteilsvermögen hat.

Diese doppelte Deutung der r.r. findet sich auch bei SENECA, der in den ‹Briefen an Lucilius› die r.r. als die Tugend («virtus») überhaupt bestimmt, die geistig, göttlich und einzig sei, allen anderen Tugenden zugrunde liege und die Seele recht und unveränderlich mache [4]. Von der Tugend, die ein Gut ist, heißt es weiter, daß sie ein wahres und unveränderliches Urteil sei («iudicium verum et inmotum»), nach dem alles, was von einer Tugend berührt worden ist, als ein Gut und als ein jedem anderen Gut Gleiches beurteilt werde [5]. Das objektive, unveränderliche Gesetz ist nach Seneca daher immer in einem richtigen subjektiven Urteil präsent. Ist die Vernunft des Menschen recht und vollendet («recta et consummata»), d.h. lebt er in Übereinstimmung mit der r.r. als dem objektiven Gesetz, so hat er die vollkommene Glückseligkeit («felicitas») erreicht, liegt doch die eigentliche Bestimmung und das Gut des Menschen in seiner vernünftigen Natur: «In homine quid est optimum? Ratio» [6].

Die stoische Gesetzeslehre wird von AUGUSTINUS aufgegriffen und im christlichen Sinne umgedeutet. Seine Darstellungen haben die verschiedenen, auch gegensätzlichen philosophischen und theologischen Interpretationen der r.r. im Mittelalter und der frühen Neuzeit nachhaltig beeinflußt. Nach ihm ist das allumfassende, ewige und unveränderliche Gesetz, die «lex aeterna», Gott selbst, oder auch die göttliche Vernunft oder der Wille Gottes, der die natürliche Ordnung zu bewahren befiehlt [7]. Dieses Gesetz ist als «lex naturalis», «lex rationis» bzw. «lex intima» in die vernünftige Seele des Menschen eingeschrieben. Grundinhalt dieses Naturgesetzes im Innersten des Menschen ist die allgemeine, subjektiv ausgerichtete Forderung, keinem das zuzufügen, was man selbst nicht will, daß es einem geschehe [8]. Die Tugenden werden bestimmt als die verschiedenen Arten der Liebe zu Gott, wobei die Klugheit die Liebe ist, die richtig («bene») unterscheidet zwischen dem, was sie zu Gott führt, und dem, das dazu nicht dient [9]. Schließlich hat Augustins Lehre von den Ideen als den im göttlichen Geiste liegenden ewigen und unveränderlichen «rationes» der zu schaffenden Dinge prägend auf die Deutung der r.r. als Regel und Maßstab der Geschöpfe gewirkt [10].

2. Mittelalter. – Letztere Bestimmung der r.r. findet eine Anwendung u.a. bei ROBERT GROSSETESTE, der in seiner Schrift ‹De veritate› die r.r. als Norm («regula») der Richtigkeit («rectitudo») und Wahrheit eines jeden Dinges hervorhebt. Die Wahrheit des Geschöpfes besteht nach Grosseteste in seiner Übereinstimmung («conformitas») mit der Form («ratio») im Ewigen Worte, die «secundum se recta est». Entspricht das Geschöpf dieser «ratio recta», so ist es, wie es sein soll, d.h. wie es vom Schöpfer gewollt ist [11].

Bei ALBERTUS MAGNUS wird die r.r. im Anschluß an Aristoteles als Maß und Prinzip der Richtigkeit («rectitudo») einer Handlung betrachtet, als das, was ihre Mitte («medium») zwischen Übermaß und Mangel bestimmt, wobei Albertus ferner noch zwischen einer r.r. in bezug auf uns («quoad nos») und einer r.r. gemäß der Natur der Sache («secundum naturam rei») unterscheidet [12].

THOMAS VON AQUIN verwendet den Begriff in divergierenden Kontexten als die jeweils leitende Instanz der Ausübung der verschiedenen Arten intellektueller, produktiver oder im eigentlichen Sinne moralischer Tugenden. So definiert er die «scientia» als «r.r. scibilium», die «ars» als «r.r. factibilium» und die «prudentia» als «r.r. agibilium» [13]. Im letzteren Sinne ist die r.r. die Einsicht, die eine konkrete Handlung hic et nunc zum Gegenstand hat und diese dem allgemeinen, obersten Prinzip des Naturgesetzes («lex naturalis») 'Tue das Gute, meide das Böse' und den daraus abgeleiteten naturrechtlichen Vorschriften wie dem Tötungsverbot und dem Gebot der Ehe zuordnet [14]. Die r.r. wird dabei vom Gewissen bewegt, das der praktischen Vernunft die obersten, allgemeinen Weisungen als Ziel gegenwärtig gibt («synderesis movet prudentiam»), wodurch sie in der Beurteilung einer konkreten Situation («ad prudentiam pertinet recte iudicare de singulis agibilibus, prout sint nunc agenda») die allgemeinen Regeln des Naturgesetzes einhalten kann [15]. Eine Handlung ist im moralischen Sinne gut («bona»), wenn sie die in dem partikularen Urteil gründende, von der r.r. gesetzte Vorschrift befolgt [16].

Auch JOHANNES DUNS SCOTUS deutet die r.r. als eine sittliche Norm, die vorschreibt («dictat»), wie in einer konkreten Situation moralisch gut zu handeln sei. Sie beachtet dabei die gebührende Proportion («debita proportio») zwischen den einzelnen Elementen: der Natur der handelnden Person, ihrem Handlungsvermögen («potentia»), der Handlung selbst, dem Handlungsziel, der Art («modus»), dem Ort und der Zeit der Handlung [17]. Er hält an der Lehre der Synderesis als ‹habitus› der praktischen Prinzipien fest [18], jedoch ist nach ihm anders als bei Thomas nur das Gebot der Gottesliebe bzw. das Verbot des Gotteshasses im engen Sinne ein aus sich selbst heraus einsichtiges, vom göttlichen Willen unabhängiges, praktisches Prinzip und Ziel. Liebt man Gott als das Höchste, so ist diese Handlung «conformis rationi naturali rectae» [19]. Alle anderen Gesetze sind Setzungen des göttlichen freien Willens, der immer aus vollkommener Liebe zu sich selbst handelt, und verpflichten entweder, weil sie mit dem höchsten Gebot auf eine für die Vernunft nachvollziehbare Weise im Einklang stehen («consonant») oder von Gott gewollt sind [20].

WILHELM VON OCKHAM knüpft an die Vorgaben des Scotus an, führt sie aber entscheidend weiter. Die r.r. wird als ein den Umstand der sittlichen Handlung in Betracht ziehender ‹actus dictativus› gedeutet, den der Wille befolgen muß, um moralisch gut zu handeln, wobei das Wie entscheidend ist: Die Vorschrift der r.r. soll als Vorschrift gewollt sein («velle dictatum a ratione propter hoc quod est dictatum») [21]. Ein dem Menschen aus sich einsichtiges oberstes Prinzip wie bei Scotus gibt es bei Ockham nicht. Alle Normen des Guten sind letztlich Setzungen des allmächtigen, göttlichen Willens, der selbst jedoch immer nach der r.r. handelt, wodurch eine Identität von Naturrecht und göttlichem Recht gegeben ist [22]. Sind diese Vorschriften durch die natürliche Vernunft, ohne die göttliche Anordnung, in ihrer Güte einsichtig, so läßt der Mensch sich, wenn er sie befolgt, von der Einsicht der «ratio recta pure naturalis», der «ratio universalis recta» bzw. des «naturale dictamen rationis» leiten. Liegt der sittlichen Einsicht der Befehl der Offenbarung zugrunde, so ist von einer «ratio recta accepta ex illis, quae sunt nobis divinitus revelata» die Rede [23].

GREGOR VON RIMINI hebt in seinem Sentenzenkommentar vor allem die Allgemeinheit und Einigkeit der r.r. hervor. So stimmt nach ihm die r.r., die vorschreibt, wie in einer bestimmten Situation gut zu handeln sei, bei Gott, Menschen und Engeln überein: «circa idem quaelibet ratio recta cuilibet rationi rectae consonat» [24]. Handelt man also einer Weisung der r.r. zuwider, so verstößt man gegen jede r.r. Um weiter die Sünde als Verstoß nicht nur gegen Gott, sondern auch gegenüber der r.r. überhaupt zu unterstreichen, führt Gregor den theoretischen Fall an, in dem die göttliche Vernunft irrt oder nicht existiert. Auch dann sündigt der, der sich an der r.r. eines jeden anderen Vernunftwesens vergeht [25]. Zugleich aber heißt es bei ihm, dem antipelagianischen Theologen, daß eine Handlung nur dann «moraliter rectus» sei, wenn sie letztendlich («ultimate») auf Gott ausgerichtet ist [26]. Dem ungläubigen Heiden wird die Erkenntnis der richtigen praktischen Prinzipien und Regeln zugestanden, jedoch handelt er nicht moralisch gut und nach der r.r., da er von der Liebespflicht zu Gott, dem notwendigen Ziel jeder guten Handlung, nichts weiß [27].

In den ‹Defensiones› des Thomisten JOHANNES CAPREOLUS schließlich wird zwischen der geschöpflichen r.r. als «regula proxima» einer konkreten Handlung und der dieser zugrundeliegenden göttlichen allgemeinen Norm als «prima mensura» unterschieden [28].

3. *Neuzeit*. – Die Neuzeit knüpft einerseits an die verschiedenen scholastischen Vorgaben an, die zum Teil säkularisiert und umgedeutet werden. Andererseits hebt sie die r.r. als wahre und gewisse Schlußfolgerung hervor. – Der spanische Scholastiker F. SUÁREZ setzt in seiner Schrift ‹De legibus› die «naturalis r.r.», die als «dictamen rationis» leitet und verbietet, dem geschaffenen, in der menschlichen Vernunft («ratio») liegenden natürlichen Gesetz («lex naturalis») gleich, insofern als sie ihm die Kraft gibt zu gebieten und zu verbieten. Dieses Gebieten und Verbieten ist natürlich, aber geschieht gemäß den Vorschriften des göttlichen Willens, der als «r.r. per essentiam» «per se recta» ist [29]. – Auch bei TH. HOBBES wird das natürliche Gesetz als r.r. und als «dictamen rectae rationis» betrachtet, welches dem Menschen im Naturzustand vorschreibt, was zu einer möglichst langen Erhaltung des Lebens und der Glieder, dem ersten Prinzip des Naturrechts, zu tun und zu lassen ist. Es handelt sich hierbei nicht um ein unfehlbares Vermögen («facultas infallibilis»), sondern um eine individuelle und richtige Schlußfolgerung («ratiocinatio propria et vera») eines jeden in bezug auf seine Handlungen, auch insofern diese das Wohl und den Schaden der anderen betreffen [30]. Da die individuelle r.r. fehlbar ist, soll man sich, wo es zu Streitigkeiten kommt, nicht der eigenen «right reason» oder der eines anderen, sondern der von allen anerkannten Vernunft («reason») eines «arbitrator», d.h. dem Gesetze des Staates oder der «ratio civitatis pro recta habenda» unterwerfen [31].

G. W. LEIBNIZ deutet in den ‹Elementa juris naturalis› die r.r. als «prudentia», welche er als fest verbunden sieht mit der Gerechtigkeit («justitia») und dem Guten («bonum proprium»), dessen Maßstab, wie es in den ‹Nouveaux essais› heißt, eine unveränderliche Vernunftregel ist, deren Aufrechterhaltung Gott durch Strafen und Belohnungen auf sich genommen hat [32]. In den ‹Essais de théodicée› wird der entsprechende Ausdruck «droite raison» bzw. «droite et véritable raison» verwendet für eine nach den Regeln der Logik gebildete Verkettung («enchaînement») von bewiesenen Wahrheiten, die der durch Vorurteile getrübten «raison corrompue» entgegengestellt ist [33].

Auf der Grundlage der Lutherischen Lehre von der Verderbtheit der natürlichen Vernunft und ihrer Polemik gegen die Auffassung, «nach dem Erbfall Adae ... [habe] der Mensch ... von Natur eine rechte Vernunft ..., wie die Philosophi solchs lehren» («Post Adae lapsum ... hominem naturaliter habere rationem rectam») [34], hebt A. RÜDIGER – unter dem Einfluß von CH. THOMASIUS [35] – die r.r. als «lumen acquisitum» deutlich vom natürlichen Intellekt und dem «lumen naturale» ab. Sie ist als «logica artificialis» ein durch Regeln zur Ausmerzung der Affekte und Vorurteile erworbener Habitus («habitus regulis comparatus, quibus affectus et praejudicia eraduntur, et hic vocatur logica artificialis, itemque r.r.») [36], der durch das ausgewogene Verhältnis der intellektuellen Vermögen von «iudicium», «ingenium» und «memoria» konstituiert wird [37]. Nach RÜDIGER ist es geradezu das Ziel der Logik, die natürliche Vernunft in eine r.r. zu verwandeln («intellectum mutare in rectam rationem») [38].

In den Werken der sogenannten *englischen Moralisten* finden Ausdrücke wie «right reason» und «dictate of right reason» auch häufig Verwendung, so z.B. bei S. CLARKE, der das allgemeine, ewige «Law of Nature» als «right Reason» versteht, und bei J. BALGUY, der die Maxime «that every moral Agent intend the Good of the Whole, or aim at universal Good» als erste Vorschrift der r.r. deutet [39].

Bei I. KANT treten die verschiedenen Gedanken der r.r., jedoch ohne Verwendung des Ausdrucks, in den Bestimmungen der Imperative hervor, die als Forderungen oder Normen der Vernunft dem Willen sagen, «daß etwas zu thun oder zu unterlassen gut sein würde» [40]. So stellt der kategorische Imperativ, der der Autonomie des Willens entspringt, unabhängig vom gewollten Gegenstand, eine Handlung als an sich gut und so als notwendiges Prinzip des der Vernunft gemäßen Willens vor, und besagt der hypothetische Imperativ, wo nicht der Wille sich selbst, sondern das Objekt diesem das Gesetz gibt, daß eine mögliche Handlung gut sei als Mittel, um zu etwas anderem, das man will, zu gelangen [41]. Letztere, hypothetische Imperative werden als «pragmatisch» und als subjektiv bedingte «Rathschläge der Klugheit» verstanden, wohingegen erstere als «moralisch» und als objektive, allgemein gültige und notwendige «Gebote (Gesetze) der Sittlichkeit» gelten [42].

Seit dem Ende des 18. Jh. verliert der Gebrauch des Terminus ‹r.r.›, wie schon bei Kant und auch Hegel festgestellt werden kann, an Bedeutung und wird meistens nur noch in den scholastisch geprägten ethischen Werken verwendet [43].

Anmerkungen. [1] CICERO: De re publ. 3, 22, 33. – [2] De leg. 2, 4, 10; 1, 7, 23. – [3] Tusc. disp. 4, 9, 22; 4, 15, 34. – [4] SENECA: Ep. mor. 66, 10-13. 32f. – [5] a.O. 71, 32f. – [6] 76, 9f. – [7] AUGUSTINUS: C. Faustum 22, 27. MPL 42, 418. – [8] De div. quaest. 53, 2. MPL 40, 36; Ep. 157, 3, 15. 18. MPL 33, 681. 683; Enarr. in Psalmos 57, 1. MPL 36, 673. – [9] De mor. eccl. 1, 15, 25. MPL 32, 1322. – [10] De div. quaest. 46, 1f. MPL 40, 29f.; vgl. Art. ‹Regel I.›. – [11] ROBERT GROSSETESTE: De veritate. Philos. Werke, hg. L. BAUR (1912) 137. – [12] ALBERT DER GR.: Sup. eth. 6, 1, 466. Op. omn. (1951ff.) 14/2, 396f.; vgl. ARISTOTELES: Eth. Nic. 6, 1138 b 18ff. – [13] THOMAS VON AQUIN: S. theol. II-II, 55, 3; I-II, 56, 3; 57, 3f.; In eth. VI, 11, 1284. – [14] S. theol. II-II, 47, 6; 49, 5 ad 2; I-II, 94, 2. – [15] S. theol. II-II, 47, 6 ad 3; De virt. in comm. 6 ad 1. – [16] In eth. II, 2, 257. – [17] JOH. DUNS SCOTUS: Ordin. I, 17, n. 62. Ed. Vat. (Rom 1950ff.) 5, 164; Quodl. 18, n. 5f. Op. omn., hg. L. WADDING (Lyon 1639) 12, 476. 479. – [18] Ordin. II, 39, 1. 2, n. 4, a.O. 6/2, 1020. – [19] Ordin. III, 27, n. 2, a.O. 7/2, 645. – [20] Ordin. II, 21, 2, n. 3; III, 37, n. 5-8; IV, 17, n. 3-8, a.O. 6/2, 835f.; 7/2, 898f.; 9, 296ff.; Rep. par. II, 22, n. 3, a.O. 11/1, 361. – [21] WILHELM VON OCKHAM: Sent. III, 12. Op. philos. et theol. [OP/OT] (St. Bonaventure, N.Y. 1967ff.) 6, 412; Quodl. III, 16. OT 9, 263; Quaest. var. 7, 4. OT 8, 395. – [22] Sent. I, 14, 2. OT 3, 432; I, 41, q. u. OT 4, 610; II, 15. OT 5, 352f. – [23] Quodl. II, 14, 1. 2. OT 9, 177; Quaest. var. 8, 2. OT 8, 423; Opus nonag. dierum 65. Op. pol. (Manchester 1940ff.) 2, 574. – [24] GREGOR VON RIMINI: Lect. sup. prim. et sec. Sent. II, 34-37, 1, 2, hg. D. TRAPP/V. MARCOLINO (1979-87) 6, 235. – [25] a.O. – [26] 29, 1, 2; 38-41, 1, 2, a.O. 144. 310. – [27] 29, 1, 2, a.O. 141. – [28] JOH. CAPREOLUS: Def. theol. divi Thomae Aqu. II, 35, 1, 3 ad 2, hg. C. PABAN/TH. PÈGUES (Tours 1900-08) 4, 416a. – [29] F. SUÁREZ: De legibus II, 2, n. 8; 5, n. 12; 6, n. 7f. – [30] TH. HOBBES: De cive 1, 7; 2, 1. Op. philos. lat., hg. W. MOLESWORTH [OL] (London 1839-45, ND 1966) 2, 163f. 169f. (und Anm.). – [31] Lev. 1, 5. Engl. works, hg. W. MOLESWORTH [EW] (London 1839-45, ND 1966) 3, 31; De cive a.O. OL 170; Quest. conc. liberty, necessity and chance 14. EW 5, 194. – [32] G. W. LEIBNIZ: Elem. juris nat. Akad.-A. 6/1 (1971) 461; Nouv. essais 2, 28, 5. Akad.-A. 6/6 (1962) 250. – [33] Théod., Disc. prélim. §§ 1. 62. Philos. Schr., hg. C. I. GERHARDT 6 (1885, ND 1965) 49. 84. – [34] Articuli Smalcaldici III, 1, in: Die Bekenntnisschr. der evang.-luther. Kirche (1930, [7]1976) 1, 434. – [35] Vgl. H. SCHEPERS: A. Rüdigers Methodologie und ihre Voraussetz. (1959) 31-42. – [36] A. RÜDIGER: Instit. eruditionis I, tr. 1, c. 1 ([2]1711) 16. – [37] Philos. pragmatica I (1723) § 32. – [38] a.O. § 37. – [39] S. CLARKE und J. BALGUY, in: Brit. moralists, hg. L. A. SELBY-BIGGE 2 (Oxford 1897, ND New York 1965) 29, n. 506; 98, n. 581. – [40] I. KANT: Grundl. zur Metaph. der Sitten. Akad.-A. 4, 413. – [41] a.O. 414f. 440f. – [42] 416f. – [43] Vgl. E. ELTER: Compend. philos. moralis (Rom [3]1950) s.v.

Literaturhinweise. A. SCHUBERT: Augustins Lex-Aeterna-Lehre (1924). – O. LOTTIN: Psychologie et morale aux XIIe et XIIIe s. 1-6 (Louvain/Gembloux 1942-60). – W. KÖLMEL: Das Naturrecht bei W. Ockham. Franzisk. Stud. 35 (1953) 39-85; Von Ockham zu Biel, a.O. 37 (1955) 218-259. – H. SCHEPERS s. Anm. [35]. – H. WELZEL: Naturrecht und materiale Gerechtigkeit ([4]1962). – R. HOOPES: Right reason in the Engl. Renaiss. (Cambridge, Mass. 1962). – K. BÄRTHLEIN: Zur Lehre von der r.r. in der Gesch. der Ethik von der Stoa bis Ch. Wolff. Kantstudien 56 (1966) 125-155. – E. DE ANGELIS: L'idea di buon senso. Osserv. su alcuni scritti comparsi tra il 1584 ed il 1690 (Rom 1967). – V. J. BOURKE: Hist. of ethics (Garden City/New York 1968); Right reason in contemp. ethics. Thomist 38 (1974) 106-124; Right reason as the basis for moral action, in: L'agire morale. T. d'Aqu. nel suo sett. cent. 5 (Neapel 1977) 122-127. – J. MIETHKE: Ockhams Weg zur Sozialphilos. (1969). – F. J. YARTZ: Order and right reason in Aquinas' ethics. Mediaev. Stud. 37 (1975) 407-418. – W. KLUXEN: Philos. Ethik bei Th. von Aquin ([2]1980). – W. F. FRANKENA u.a.: Right reason in Western ethics. Monist 66 (1983) 3-159. – G. S. KAVKA: Hobbesian moral and pol. theory (Princeton, N.J. 1986). – M. RHONHEIMER: Natur als Grundlage der Moral (Innsbruck/Wien 1987). – M. SCHULZE: Contra rectam rationem. Gab. Biel's reading of Gregory of Rimini, versus Gregory, in: Via augustini. Augustine in the later Middle Ages, Renaissance and Reformation, hg. H. A. OBERMAN (Leiden 1991) 55-71.

M. J. F. M. HOENEN

Recte/oblique. Die terminologische Unterscheidung von ‹recte› und ‹oblique› hat in der Geschichte der Logik und Sprachphilosophie den Boden für fruchtbare Diskussionen und Entwicklungen bereitet. (Die genannten Wörter finden sich als Adjektive ‹rectus›, ‹direkt›, ‹obliquus›, ‹indirekt›; die entsprechenden griechischen Adjektive ὀρϑός und πλάγιος begegnen bei den Stoikern

[1].) Zum einen bringen die Ausdrücke Eigenschaften von Termen zur Sprache (die Terme können sowohl singulär als auch allgemein sein, eine Unterscheidung, die vor der Logik G. FREGES nicht wirklich beachtet wurde). Zum anderen bezeichnen die Ausdrücke ‹recte› und ‹oblique› Eigenschaften von Sätzen bzw. der Rede. Terme kommen recte vor, wenn sie im Nominativ stehen; in allen anderen Fällen hingegen oblique. Auf Sätze werden die Wörter ‹direkt› und ‹indirekt› nicht im allgemeinen angewendet, sondern nur auf solche, die von einem Sprecher benutzt werden, um die Gedanken eines anderen wiederzugeben, auf *zitierte* Sätze also. Enthält ein Zitat den genauen Wortlaut einer Äußerung, handelt es sich um direkte Rede (oratio recta); wird hingegen die ursprüngliche Äußerung an die Konstruktion des Satzes angeglichen, in dem sie zitiert wird, so handelt es sich um indirekte Rede (oratio obliqua).

In der traditionellen Logik hat man die obliquen Vorkommen von Termen im Vergleich zu den direkten negativ behandelt. ARISTOTELES z.B. zählt oblique vorkommende, d.h. in einem anderen Kasus als dem Nominativ stehende Nomen, erst gar nicht zur Klasse der Nomen [2]. Die aristotelische Auffassung wurde unter den Scholastikern zu einem unumstrittenen Theoriestück, so z.B. bei JOHANNES A SANCTO THOMA, der die obliquen Fälle von der Klasse der Nomen ausschließt, weil diese nicht unmittelbar und durch sich selbst bedeuten («quia non significant directe et per se nominando») [3]. Derselbe Autor bewertet das oblique Vorkommen von Termen sogar niedriger als «infinite» Namen (nämlich Namen der Form «non-*N*»): Sie sind zum Prädikats- oder Subjektsbegriff weniger geeignet, weil sie hinsichtlich der richtigen Art der Prädikation defizient sind («propter defectum et obliquitatem a modo requisito ad praedicationem, scilicet ut significetur per modum quid seu tamquam id, quod praedicatur vel subicitur») [4]. Diese Entwicklung wurde von DOMINICUS DE SOTO auf die einprägsame Formel «solo nominativo nominamus» («Nur im Nominativ bezeichnen wir etwas») gebracht [5].

Obschon eine negative Bewertung des obliquen Vorkommens von Ausdrücken dominierte, waren sich die gut ausgebildeten Logiker darüber im klaren, daß oblique Vorkommen ein dem direkten bzw. nominativischen Vorkommen vergleichbares semantisches, d.h. referentielles Gewicht besitzen. Der einer Äußerung zugrundeliegende Gegenstandsbereich der Rede wird nämlich durch die Referenten der indirekten Vorkommen eines Terms ebenso konstituiert wie durch diejenigen der direkten Vorkommen. Man betrachtete z.B. den Satz: 'omnis equus alicuius hominis currit'. Die Wörter ‹hominis› und ‹equus› müssen sich, sofern sie sich überhaupt auf irgendetwas beziehen, auf *verschiedene* Objekte beziehen. 'Menschen' sind etwas anderes als 'Pferde'. In diesem Sinne hat das Wort ‹hominis›, obwohl es im angeführten Beispiel oblique vorkommt, eine eigene Referenz und funktioniert semantisch genauso wie das recte vorkommende ‹equus›. Die *solo nominativo nominamus*-These ist mit Blick auf das genannte Beispiel mehr als irreführend.

Fälle wie der genannte haben dazu geführt, gegen die kraft Tradition geltenden Vorurteile eine spezielle Logik obliquer Vorkommen zu entwickeln. Diese ist an der Logik direkter Vorkommen von Termen orientiert, die sie in einem bestimmten Sinne verdoppelt. Zur Logik 'normaler', d.h. direkter, Vorkommen gesellt sich eine Logik «de propositionibus de terminis obliquis» [6]. Einige Autoren folgten einer gewagteren Strategie: Obliquität wurde im voraus eliminiert, so daß nur die Standardlogik direkter Vorkommen angewandt werden mußte. Diesen Weg hat z.B. PAULUS PERGULENSIS mit seiner Theorie der *Konversion* beschritten: «In obliquis casibus primo reducas ad rectum deinde convertas» («Oblique Fälle sind zunächst auf richtige zurückzuführen und dann umzuwandeln»). So erhält der Satz: «anima mea taedet vitae meae» («meine Seele ist meines Lebens überdrüssig») nacheinander die Formen: «anima mea est illa res quam taedet vitae meae» und «res quam taedet vitae meae est anima mea» [7]. G. W. LEIBNIZ, der in dieser Lösung die einzige Möglichkeit sah, überflüssige Verdopplungen der Logik zu vermeiden, ist dem gefolgt. «Nam nisi obliquos casus resolvas in plures propositiones, nunquam exibis quin cum Jungio novos ratiocinandi modos fingere cogaris» [8]. Er blieb allerdings nicht bei einer bloßen Reduktion obliquer Vorkommen auf direkte stehen, sondern trat grundsätzlich für eine Befreiung der logischen Theorie von dem falsch verstandenen Gewicht oblique vorkommender Terme ein: «in grammatica rationali necessarii non sunt obliquii» («in der grammatica rationalis sind oblique Ausdrücke unnötig») [9].

Erst mit G. FREGE konnte sich eine neue, dem obliquen Vorkommen von Termen angemessene Sicht etablieren. Entgegen dem äußeren Anschein beabsichtigt er in der ‹Begriffsschrift› nicht die Zurückweisung des Begriffspaars ‹Subjekt–Prädikat› bei der Analyse von Sätzen. Ihm geht es vielmehr um die Kritik des Tripels ‹Subjekt–Prädikat–Objekt›, wobei ‹Objekt› hier im grammatischen Sinn zu verstehen ist. Trotz der mißverständlichen Formulierung, «Eine Unterscheidung von Subjekt und Prädicat findet bei meiner Darstellung nicht statt», zeigt er unmittelbar darauf, was sein eigentliches Ziel ist: «Wenn man sagt: 'Subjekt ist der Begriff, von dem das Urteil handelt', so passt dies auch auf das Objekt» [10]. Das Objekt soll aus seiner untergeordneten Rolle als Bestandteil des Prädikats losgelöst und auf eine Ebene mit dem Subjekt gestellt werden. Subjekt und Objekt, also direkte und oblique Vorkommen von Termen werden gleichwertig, da Frege für beide die Kategorie des *Arguments* benutzt, während er das Prädikat ‹Funktion› nennt. Unter der Voraussetzung, daß es mehr als ein Subjekt geben kann, hätte er z.B. auch das Begriffspaar ‹Subjekt–Prädikat› beibehalten können. Es ist interessant, daß dies alles von einem Philosophen, der die Begriffe ‹recte› und ‹oblique› in bezug auf Terme gar nicht benutzt, geleistet wurde.

Sofern sie sich auf Sätze beziehen, scheinen die Wörter ‹recte› und ‹oblique› in der klassischen Logik keine Rolle zu spielen; sie gehören in diesem Sinn vielmehr in die Geschichte der Sprachwissenschaft [11]. In der Logik werden sie auf Sätze erst seit Frege angewandt. Frege unterscheidet bekanntlich *Sinn* und *Bedeutung* von Ausdrücken [12]. Im Zusammenhang mit dieser Unterscheidung zeigt er, daß Ausdrücke weder in der direkt noch in der indirekt zitierten Rede ihre gewöhnliche Bedeutung (ihre Referenz) behalten. In der direkten Rede ist die Bedeutung eines Ausdrucks dieser selbst, in indirekter Rede bedeutet ein Ausdruck seinen gewöhnlichen Sinn; Frege nennt diesen auch «ungerade» Bedeutung. Eine kritische Diskussion dieser Überlegungen findet man bei R. CARNAP [13].

Anmerkungen. [1] Vgl. SVF II, 183 = DIOG. LAERT. 7, 63. – [2] ARISTOTELES: Cat. and De int., übers. J. A. ACKRILL (Oxford 1963); Ackrill bemerkt in seinem Komm. 118: «Oblique cases of names cannot perform as subject-expressions, cannot play the naming role in a sentence». – [3] JOH. A SANCTO THOMA: Cursus philos. thomisticus, hg. B. REISER (Turin 1936) 1, 118. – [4] a.O. 121. – [5] DOMINICUS DE SOTO: Summulae (Burgos 1529, Salamanca ³1554), ND, hg. W. RISSE (1979) lib. II, c. 1: De nomine. – [6] JOH. BURIDANUS: Tract. de consequentiis, hg. H. HUBIEN (Löwen 1976) 3, 2, 1. – [7] P. PERGULENSIS: Logica and Tract. de sensu composito et diviso, hg. M. A. BROWN (St. Bonaventure 1961) 16. – [8] G. W. F. LEIBNIZ: Opusc. et fragm. inéd., hg. L. COUTURAT (Paris 1903) 287. – [9] a.O.; vgl. B. MATES: Nominalism and Evander's sword. Studia Leibn., Suppl. 21 (1980) 214. – [10] G. FREGE: Begriffsschr. (1879) § 3. – [11] Vgl. z.B. J. CH. GOTTSCHED: Dtsch. Sprachkunst (1763) 479. – [12] Vgl. G. FREGE: Über Sinn und Bedeutung. Z. Philos. philos. Kritik 100 (1892) 25-50. – [13] R. CARNAP: Meaning and necessity (Chicago 1947) insbes. 122f.

I. A. ANGELELLI

Redlichkeit (lat. probitas; engl. probity; frz. probité; ital. probità; span. entereza; dän. redelighed). Der sich im Felde der praktischen Philosophie bewegende Begriff ‹R.› [1] läßt sich von sinnverwandten Begriffen wie ‹Aufrichtigkeit›, ‹Wahrhaftigkeit›, ‹Rechtschaffenheit›, ‹Ehrlichkeit› u.ä. nur schwer abgrenzen [2]; terminologische Prägnanz gewinnt er erst in der frühen Neuzeit. Wenn F. NIETZSCHE bemerkt, «dass weder unter den sokratischen, noch unter den christlichen Tugenden die R. vorkommt» [3], so trägt er damit dem Aufkommen des Individuums in seiner spezifisch neuzeitlichen Gestalt Rechnung. Ist dieses gekennzeichnet durch ein Auseinandertreten von innerem Bewußtsein von sich selbst und äußerer zufälliger Bestimmung, so entspricht die zunehmende Verwendung des Begriffs ‹R.› dem allgemeinen Interesse am Nachweis der Kongruenz beider Bereiche, die das Subjekt in Rede und Handlung zu erbringen hat. Sofern dieses Ideal der Aufrichtigkeit unter dem Terminus ‹R.› thematisiert wird, umfaßt es stets den doppelten Aspekt der Wahrhaftigkeit gegen sich selbst wie auch gegen andere.

1. Ähnlich wie die lateinische ‹probitas› (und auch der neben εὐγνωμοσύνη häufig als seine Entsprechung verwendete Ausdruck καλοκἀγαθία [4]) kann auch der neuzeitliche Begriff ‹R.› in umfassender Bedeutung für 'Sittlichkeit schlechthin' stehen und so besonders im 18. Jh. nicht nur im moralphilosophischen Kontext [5], sondern auch in den moralischen Wochenschriften [6], in der Physiognomik [7] und nicht zuletzt in Lyrik [8] und Drama [9] thematisch werden. In seiner kritischen Wendung gegen die einseitige Vernunftkultur der französischen Aufklärung beklagt J.-J. ROUSSEAU den Verlust der R. (für ihn Inbegriff der ursprünglichen, natürlichen Sittlichkeit), der notwendig eintritt, sobald der Mensch seine Erkenntniskräfte entwickelt. R. beruhe auf einem reinen Gefühl, dessen Reinheit gerade in der Unwissenheit («ignorance») besteht [10]. Mit der Entwicklung der Wissenschaften und Künste verliert jedes Volk seine «ignorance», damit auch seine R. und wird lasterhaft [11]. Rousseau betont das besondere Verhältnis der Frauen zur R., die allein aufgrund ihres natürlichen Schamgefühls die R. wiederherzustellen vermögen [12]. Die Bedeutung der R. als sittliche Bestimmung des Menschen bei I. KANT läßt sich ex negativo aus seiner Definition von Unredlichkeit schließen. Der Mensch ist an die Bedingung der Übereinstimmung der (inneren) Gedanken mit der (äußeren) Erklärung gebunden, also gegen sich selbst zur R. verpflichtet [13]. «Unredlichkeit ist blos Ermangelung an Gewissenhaftigkeit, d.i. an Lauterkeit des Bekenntnisses vor seinem inneren Richter ...» [14], R. demnach umgekehrt die Lauterkeit der Absicht, sich selbst gegenüber wahrhaftig zu sein. Die «Unlauterkeit (impuritas, improbitas) des menschlichen Herzens» [15] – für Kant also synonym für Unredlichkeit – ist der Hang zur Vermischung, zur Unreinheit der moralischen Maxime in der menschlichen Natur, nämlich eine pflichtmäßige Handlung «nicht rein aus Pflicht» zu begehen [16]. R. entspräche demnach der «Idee des Sittlichguten in seiner ganzen Reinigkeit» [17].

2. Besondere Relevanz erhält die R. in der aufkommenden Opposition des gesellschafts- und hoforientierten Ideals der «honnêteté» und dem 'neuen' Ideal der individuellen Wahrhaftigkeit zu Beginn der Neuzeit [18]. In diesem Horizont tritt die R. häufig als Gegeninstanz zu dem auf gesellschaftliche Anpassung bedachten Eigeninteresse auf. Für B. GRACIÁN besteht R., unabdingbare Eigenschaft des Weltmannes, im beständigen Anhängen an die Wahrheit («razón») [19] und steht deshalb der pejorativ gefaßten, weil immer auf den eigenen Vorteil gerichteten Klugheit entgegen. Allerdings bleibt Gracián pessimistisch, was die Verwirklichung der R. anlangt [20]. Bei LA ROCHEFOUCAULD vertieft sich dieser Pessimismus zur skeptischen Frage, ob R. überhaupt möglich bzw. erkennbar ist und nicht vielmehr auch immer berechnender Geschicklichkeit entspringt [21], und noch VAUVENARGUES betont den Zusammenhang zwischen R. und verborgener Eigenliebe [22]. Auch im höfischen Bereich gewinnt das Ideal der R. mehr und mehr an Bedeutung, insofern der Fürst auf die Aufrichtigkeit seiner Ratgeber angewiesen erscheint [23]. Für LA BRUYÈRE ist daher eine unbestechliche R. [24] notwendige Voraussetzung für einen Aufstieg bei Hofe, doch noch FRIEDRICH II. muß die mangelnde R. der Höflinge beklagen [25].

3. Insofern der Begriff ‹R.› nicht nur die Pflicht der Wahrhaftigkeit sich selbst gegenüber, sondern auch gegen andere umfaßt, nimmt er daneben im Bereich der Naturrechts- bzw. Staatsphilosophie der Neuzeit die Bedeutung von natürlicher Rechtlichkeit oder Verbindlichkeit gegenüber den Mitmenschen an. Die strenge Pflicht des redlichen Verhaltens, der nach bestem Wissen nachzukommen sei [26], schafft die Voraussetzung eines Vertrauensverhältnisses zwischen den Gliedern einer Gesellschaft und bildet so die Grundlage der staatlichen Ordnung [27]. Damit bleibt die R., die nun in die Nähe der Gerechtigkeit rückt, nicht mehr nur auf den gesellschaftlich-höfischen Tugendkanon beschränkt, sondern wird zur bürgerlichen Tugend schlechthin. Für H. MORE ist die R. («probitas») neben der Frömmigkeit («pietas») eine Seite der Gerechtigkeit («justitia») [28]: Während die Frömmigkeit die Einhaltung der Pflichten gegenüber Gott ist, umfaßt die R. die Pflichten den Mitmenschen gegenüber («qua hominibus quae sua sunt tribuimus») [29], die More in «probitas politica» (wechselseitige Verpflichtungen von Magistrat und Volk), «probitas oeconomica» (Pflichten zwischen pater familias und Hausgemeinschaft) und «probitas ethica» (allgemeine Pflichten der Menschen untereinander) unterteilt [30]. Auch J. CH. GOTTSCHED stellt später in seiner Tugendlehre die R. neben die Gerechtigkeit [31], wohingegen für J. H. G. VON JUSTI die R. als Bürgerpflicht noch über die Gerechtigkeit hinausgeht, insofern sie nicht nur die Sicherheit eines Staates gewährleisten, sondern auch noch seinen Wohlstand mehren soll [32]. Noch C. F. DE VOLNEY sieht die R. als eine Form («forme») der Gerechtigkeit («justice») an. R. ist hier eine Anwendung («application») der Gerechtigkeit und steht im Einklang

mit dem Eigeninteresse, denn «la probité n'est autre chose que le respect de ses propres droits dans ceux d'autrui, respect fondé sur un calcul prudent et bien combiné de nos intérêts comparés à ceux des autres» [33]. Mit der Bestimmung der R. als bürgerliche Pflicht ist auch das Problem ihrer Verbindlichkeit verknüpft. So definiert der Artikel ‹Probité› in der ‹Encyclopédie› die R. als Inbegriff der bürgerlichen Tugend: «La probité est un attachement à toutes les vertus civiles» [34]. Allerdings muß sie hier in der Religion verankert sein, die ihr erst Beständigkeit gegenüber der Eigenliebe verleiht und so die Bürger an die gesellschaftlichen Pflichten bindet. J.-J. ROUSSEAU sieht ebenfalls die Religion als die eigentliche Grundlage der Verbindlichkeit der R. an [35]. Für J. G. FICHTE vermag die R. allein den Rechtszustand zwischen den Gliedern der Gesellschaft nicht zu begründen. Auf dem Gebiet des Naturrechts ließe sich ein Rechtsverhältnis zwischen Personen zwar verabreden, es beruhe jedoch nur auf deren R., auf «Treue und Glauben» [36], die aber selbst ohne Grund [37] und daher unverbindlich sind [38]. Die deshalb immer schon «verdächtige R.» [39] vermag also nicht die Sicherheit der Personen zu gewährleisten, ist sie doch bloß die innere Absicht, den je eigenen Willen moralisch zu bestimmen, auf die niemand rechtmäßig Anspruch erheben kann. A. SCHOPENHAUER, der R. als echtes moralisches, von der Religion unabhängiges Motiv [40] ansieht und als «objektive Anhänglichkeit an Treue und Glauben, mit dem Entschluß, sie heilig zu halten», definiert, unterstreicht ihre immense Bedeutung für das Vertrauensverhältnis der Individuen untereinander, das die Basis einer Gemeinschaft ausmacht [41]. Für ihn fungiert die R. im Idealfall als Gegengewicht zur Eigenliebe [42]. An die französischen Moralisten anknüpfend stellt sich allerdings auch für ihn die Frage, ob R. nicht bloß konventionell [43] und ein vom Egoismus erzeugter Schein [44] sei.

Einen besonderen Akzent erhält die R. als bürgerliche Tugend in der Staatstheorie des 18. Jh., so etwa bei CH. DE MONTESQUIEU, der sie in erster Linie der republikanischen Verfassung zuordnet, die – anders als die von einem Oberhaupt gelenkte Monarchie oder Despotie – auf den Zusammenhalt aller ihrer Glieder angewiesen sei [45]. Für J.-J. ROUSSEAU ist die R. ebenfalls nur in einer freiheitlichen Gesellschaft denkbar [46], und auch F. BOUTERWEK knüpft daran an, wenn er noch in der Schweiz die «alte R.» findet, die darin besteht, daß der Mensch «auf den Menschen rechnen» kann [47].

4. Neben den genannten Bedeutungen von R. findet sich neuzeitlich der Begriff auch zur spezifischen Charakterisierung der Gelehrten, die sich die kritische Beobachtung der Gesellschaft mit dem Ziel einer möglichen Veränderung zur Aufgabe machen [48]. Während P. BAYLE von der R. noch eingeschränkt als der besonderen Eigenschaft des Historikers spricht [49] und damit in erster Linie dessen Verhältnis zu seiner Sache meint, wird die R. im 18. Jh. zur notwendigen Tugend des Gelehrten schlechthin erklärt, der eine verantwortungsvolle Aufgabe innerhalb der Gesellschaft zu erfüllen hat. So umfaßt etwa D. DIDEROTS Ideal des Philosophen nicht allein die theoretische Klarheit des Geistes, sondern auch die R. im Sinne einer praktischen Fähigkeit, in der Gesellschaft zu leben, sie zu ehren und ihr zu nützen [50]. Aufgeklärte Vernunft und R. des Philosophen sind nicht unabhängig voneinander zu denken, sondern R. ist die in die gesellschaftliche Praxis übersetzte Vernunft, da der aufgeklärte Geist nicht anders als gesellig zu sein und redlich zu handeln vermag [51]. Auch für J. G. FICHTE besteht die Aufgabe des Gelehrten darin, seine Kenntnisse für die Gesellschaft nutzbar zu machen und so seine Bestimmung als Lehrer des Menschengeschlechts zu erfüllen. Seine R. ist dabei Voraussetzung des Vertrauensverhältnisses zwischen dem Gelehrtenstand und dem ungebildeten Volk [52]. ‹R.›, bei Fichte synonym mit ‹Rechtschaffenheit› gebraucht, ist «selbst die göttliche Idee in ihrer allgemeinsten Gestalt, und kein nur redliches Gemüth ist ohne Gemeinschaft mit der Gottheit» [53]. Der Gelehrte weiß sich dabei in besonderer Weise von der R. «dazu bestimmt, dass die göttliche Idee von der Beschaffenheit der Welt ihn ergreife, und in ihm eine bestimmte Klarheit und einen bestimmten Einfluss auf die ihn umgebende Welt erhalte» [54]. Einen ganz anderen Charakter erhält die R. in diesem Zusammenhang bei A. SCHOPENHAUER, der sie als die Bedingung einer vorurteilsfreien, unbefangenen Betrachtung der Welt auffaßt und sich in ihrem Namen gegen den Schein der zeitgenössischen Philosophie wendet, die er als bloß spekulative Theologie [55] entlarvt. Den «Charakter der R.», des gemeinschaftlichen Forschens mit dem Leser [56], habe die Philosophie inzwischen verloren, so daß nun eine «Periode der Unredlichkeit» begonnen habe, zu deren Hauptvertretern er Schelling, Fichte und den «Scharlatan Hegel» zählt [57]. Auf dieses Verdikt Schopenhauers gegen den deutschen Idealismus bezieht sich noch K. R. POPPER in seiner eigenen Kritik an Hegels dialektischer Methode, die für ihn zum Inbegriff der intellektuellen Unredlichkeit («dishonesty») wird [58].

5. Die sich bei Schopenhauer abzeichnende Verwendung des Begriffs im Sinne der Entlarvung eines Scheins gewinnt im weiteren 19. Jh. bei S. KIERKEGAARD [59] und F. NIETZSCHE entscheidende Bedeutung, so daß R. bei beiden Autoren geradezu zu einem Schlüsselbegriff in ihrer Opposition gegen Amtschristentum bzw. christliche Moral avancieren kann. Für KIERKEGAARD stellt sich das Problem der R. zunächst im Zusammenhang mit der sokratischen Ironie [60]. Er umreißt die Aufgabe, die das ethische Individuum (im Gegensatz zum ästhetischen) in sich setzt, als die Forderung, «sich selbst in das allgemeinste Individuum zu verwandeln» [61], dieser Möglichkeit zur Individualität gegenüber auch selbst redlich zu sein [62], und definiert die R. der ethischen Persönlichkeit so, «daß man handeln will nach dem, was einem gesagt wird, sein Leben danach einrichten will» [63]. Für den späten Kierkegaard markiert die R. den programmatischen Inhalt seiner Kritik am bestehenden Christentum, das den Schein erweckt, es sei das Christentum des Neuen Testamentes [64]. Eine ebenso zentrale Rolle spielt der Begriff ‹R.› im Denken NIETZSCHES [65], zunächst als philologische Tugend, dann aber vor allem als moralisches Motiv [66]. Er betont die radikale Neuheit der R.: Während der antiken und christlichen Moral die R. abgehe [67] und sie daher auf einer solchen Stufe der Wahrhaftigkeit stünden, wo sie es «mit der Wahrheit leichter ... nehmen» [68], ist die R. als «eine der jüngsten Tugenden» [69] der Wille, den «Werth der Wahrheit ... versuchsweise einmal in Frage zu stellen» [70] und unablässig die Umwertung der Werte vorzunehmen [71]. Damit bestimmt sich für Nietzsche die R. als wesentlich «werdende» Tugend [72], insofern der Denkende diesen Willen im Kampf gegen sich selbst beständig hervorzubringen hat [73]. Die R. als «Gewissen des Geistes» wird somit zum Ideal der «Gewissenhaften» [74], das diese nötigt, über sich hin-

auszugehen und die «freien Geister» [75] zu werden. Nietzsche unterstreicht den einzigartigen Charakter dieser R., die für ihn die Tugend par excellence des neuen Menschen ist und deshalb von ihm emphatisch «unsere R.!» [76] genannt wird. Allerdings birgt sie die Gefahr der Eitelkeit [77], mehr noch der Überanstrengung und damit des Rückfalls in die Moral. Sie bedarf daher einer «Gegenmacht», die sie in der Kunst, als dem «guten Willen zum Scheine» findet [78].

6. Für das 20. Jh. bleibt der philosophische Begriff nur in einer verengten Bedeutung als «intellektuelle R.» [79] relevant, der damit gewissermaßen an die Tradition der R. als Gelehrtentugend anknüpft. Intellektuelle R. umfaßt aber nun in erster Linie die Bestimmungen von Selbstkritik und Toleranz. Vorbereitet findet sich diese Bedeutung von R. als «grenzenlose Offenheit» [80] bei K. Jaspers, für den sie zur Grundhaltung einer Vernunft werden muß, die sich als «totalen Kommunikationswillen» bestimmt. Diese R. an sich hervorzubringen ist die unendliche Aufgabe des Philosophen [81]. Für Popper ist die intellektuelle R. der Ausdruck der Verantwortung der Intellektuellen gegenüber der Menschheit und bildet die Grundlage ihrer «neuen Berufsethik». Sie besteht in der kritischen Selbstprüfung des eigenen Standpunktes und der grundsätzlichen Bereitschaft, Toleranz gegenüber anderen Positionen zu üben [82], und ist damit Basis eines «kritischen Pluralismus» [83]. Gegen solchen Anspruch auf radikale Offenlegung des Gedankenprozesses wendet sich Th. W. Adorno, für den die Forderung nach intellektueller R. zum einen uneinlösbar erscheint, will sie nicht zu einer «Sabotage der Gedanken» führen, zum anderen sogar «selbst unredlich» [84] ist, verhehlt sie doch, daß Erkenntnis niemals frei von Vorurteilen und daher nie transparent sein kann. Die vielberedete R. des Intellektuellen, sein Bemühen um «geistigen Ernst» und «bescheidene Sachlichkeit» ist für ihn zu einer Attitude heruntergekommen, die nicht anders als suspekt sein kann [85].

Anmerkungen. [1] Vgl. dagegen mhd. ‹redelich›, ‹redelicheit› in der Bedeutung von ‹vernunftbegabt›, ‹Vernunft› bei Meister Eckhart: Pr. 15. Die dtsch. Werke, hg. J. Quint 1 (1958) 249; Pr. 49, a.O. 440f.; Pr. 76, a.O. 3 (1976) 315; Pr. 86, a.O. 482; vgl. H. Seuse: Dtsch. Schr., hg. K. Bihlmeyer (1907, ND 1961) 328; vgl. G. Ehrismann: Die Grundlagen des ritterl. Tugendsystems. Z. dtsch. Altertum 56 (1919) 152 (Anm. 2). – [2] Zur Lexikographie vgl. F. Kluge: Etymolog. Wb. der dtsch. Sprache (^{20}1967) 589; J. H. Zedler: Grosses vollst. Univ.-Lex. (1732ff.) 30, 1639; J. Ch. Adelung: Gramm.-krit. Wb. der Hochdtsch. Mundart. (1796) 3, 1015; J. A. Eberhard: Synon. Handwb. der dtsch. Sprache (1802) §§ 167. 58f.; J. H. Campe: Wb. der dtsch. Sprache (1807ff.) 3, 782; Grimm 8 (1893) 482. – [3] F. Nietzsche: Morgenröthe V, § 456 (1881/87). Krit. Ges.ausg., hg. G. Colli/M. Montinari (1967ff.) 5/1, 279. – [4] L. Beyerlinck: Magnum theatrum vitae hum. (London 1665) 4, 627-629 gibt für ‹probitas› εὐγνωμοσύνη und καλοκἀγαθία an und definiert beide mit «prudens bonitas»; Stephanus unterscheidet καλοκἀγαθία als «absoluta et consummata probitas», die Ehrenhaftigkeit der Sitten, von der εὐγνωμοσύνη, die er mit «aequitas animi et probitas» wiedergibt: H. Stephanus: Thes. graecae lingu. 3, 1841 bzw. 4, 896; für die lat. ‹probitas› als ‹Sittlichkeit› vgl. Cicero: Laelius 28, 29, 32; vgl. Seneca d.Ä. bei P. Bayle: Dict. hist. crit. (Amsterdam/Leiden ^{4}1730) 1, 131 [Art. ‹Albutius Silus›]; vgl. Boethius: Consol. philos. IV, 3, 37; 6, 118; vgl. Augustinus: De civ. Dei II, 26. – [5] Vgl. D. Hume: Enqu. conc. human underst. I, hg. L. A. Selby-Bigge/P. H. Nidditch (Oxford 1975) 6; für das 17. Jh. vgl. P. Charron: Les trois livres de la sagesse (Amsterdam 1662) Préf. 7^v. – [6] Vgl. W. Martens: Die Botschaft der Tugend. Die Aufkl. im Spiegel der dtsch. moral. Wochenschriften (1968) 35. 188. 195. 591. – [7] J. C. Lavater: Physiognom. Frg. zur Beförd. der Menschenkenntnis und der Menschenliebe (1776) 2, 55ff.; 4, 393ff. – [8] L. H. Ch. Hölty: Der alte Landmann an seinen Sohn (1776). Sämtl. Werke, hg. W. Michael (1914) 1, 197. – [9] J. M. von Loen: Der redliche Mann am Hofe (1742); C. E. Graf von Traun: Die belohnte R. eines Landmädchens (1781); [Anon.]: R. ist lieb und achtenswert (1795). – [10] J.-J. Rousseau: Emile V. Oeuvr. compl., hg. B. Gagnebin/M. Raymond (Paris 1959ff.) 4, 767; vgl. 3, 5. 16. – [11] Vgl. Disc. sur les arts et les sciences, a.O. 3, 10; Dern. réponse, a.O. 3, 79 und Lettre à Grimm, a.O. 63. – [12] Dern. réponse, a.O. 76 (Anm.); vgl. dagegen A. Schopenhauer: Grundlage der Moral III, § 17. Sämtl. Werke, hg. A. Hübscher (1948) 6, 215. – [13] Vgl. I. Kant: Met. der Sitten (1797) II. Metaph. Anf.gr. der Tugendl. I, § 9. Akad.-A. 6, 428f. – [14] a.O. 430. – [15] Die Relig. innerh. der Grenzen der bloßen Vernunft (1793) I, 2, a.O. 29f. – [16] a.O. 30. – [17] II, 2, a.O. 83. – [18] Vgl. R. Galle: Honnêteté und sincérité, in: Französ. Klassik, hg. F. Nies/K. Stierle (1985) 37ff. – [19] B. Gracián: Oraculo manual XXIX. Obras compl., hg. M. Batllori/C. Peralta (Madrid 1969) 1, 380. – [20] XXIX, a.O. 380. – [21] La Rochefoucauld: Réfl. ou sentences et maximes morales 170. Oeuvr. compl., hg. L. Martin-Chauffier (Paris 1964) 425. – [22] L. de Clapiers Marquis de Vauvenargues: Réfl. et maximes 98. Oeuvr. compl. (Paris 1805) 2, 16. – [23] Vgl. N. Machiavelli: Il principe XXIII. Opere, hg. S. Bertelli (Verona 1968) 1, 72f. – [24] J. de La Bruyère: Les caractères, hg. A. Adam (Paris 1975) 183. – [25] Friedrich II. der Grosse: Anti-Machiavell. Werke, hg. G. B. Volz (1913) 7, 100. – [26] Vgl. Ch. A. Crusius: Anweisung vernünftig zu leben. Die philos. Hauptwerke (1744), ND, hg. G. Tonelli (1969) 1, 531. – [27] Vgl. etwa J. A. Schottelius: Ethica (1669) 520; ähnlich Friedrich II.: Die Eigenliebe als Moralprinzip, a.O. [25] 8, 49. – [28] H. More: Enchiridium ethicum, cap. V (London 1711) 135. – [29] cap. VI, a.O. 143. – [30] Vgl. hierzu Leibniz' Exzerpt aus Mores ‹Enchir. eth.›, in: G. W. Leibniz: Akad.-A. VI/3 (1980) 352-363. – [31] J. Ch. Gottsched: Erste Gründe der ges. Weltweisheit, prakt. Teil (1762) III, §§ 667. 346. – [32] J. H. G. von Justi: Die Grundfeste zu der Macht und Glückseligkeit der Staaten (1761) 2, 228f. – [33] C. F. de Volney: La loi nat. XII. Oeuvr. choisis (Paris 1833) 410. – [34] Encycl. ou Dict. raisonné des sciences, des arts et des métiers (Paris 1751ff.) 13, 440; diese Definition findet sich wörtlich bei Vauvenargues: Introd. à la connaissance de l'esprit humain 45 (1747), a.O. [22] 1, 83. – [35] J.-J. Rousseau: Mélanges de litt. et de morale X, a.O. [10] 2, 1301. – [36] J. G. Fichte: Grundlage des Naturrechts nach den Prinzipien der Wiss.lehre (1796). Akad.-A., hg. R. Lauth/H. Jacob I/3 (1966) 424. – [37] a.O. 394. – [38] 425. – [39] 394. – [40] A. Schopenhauer: Über Relig. Parerga und Paralip. II, 15 (1851), a.O. [12] 6, 374. – [41] Preisschr. über die Grundlage der Moral (1840) III, § 13, a.O. 4, 189. – [42] Die Welt als Wille und Vorst. (1819) I/4, § 62, a.O. 2, 399. – [43] a.O. [41] 190f. – [44] Vgl. Aphorismen zur Lebensweisheit V, a.O. 5, 493. – [45] Ch.-L. de S. de Montesquieu: L'esprit des lois III, 3. Oeuvr. compl., hg. R. Caillois (Paris 1958) 2, 251; vgl. auch VI, 11, a.O. 320. – [46] Vgl. J.-J. Rousseau: Disc. sur l'inégalité, a.O. [10] 3, 191. – [47] F. Bouterwek: Schweizerbriefe an Cäcilien (1800) 160f. – [48] Vgl. L. Trilling: Das Ende der Aufrichtigkeit, übers. H. Ritter (1983) 33. – [49] Bayle, a.O. [4] 4, 47 a+b [Art. ‹Remond› rem. D]. – [50] D. Diderot: Art. ‹Philosophe›, in: Encycl., a.O. [34] 12, 510. – [51] a.O. 510f. – [52] J. G. Fichte: Vorles. über die Bestimmung des Gelehrten (1794) 4. Vorles. Sämmtl. Werke, hg. I. H. Fichte (1845/46) I/6, 330. – [53] Ueber das Wesen des Gelehrten, und seine Erscheinungen im Gebiete der Freiheit (1805) 3. Vorles., a.O. 381. – [54] 4. Vorles., a.O. 385. – [55] Schopenhauer: Ueber die Univ.-Philos. Parerga und Paral. I, a.O. [12] 5, 203. – [56] Grundl. der Moral II, § 6, a.O. [41] 147. – [57] a.O. – [58] K. R. Popper: The open soc. and its enemies II: The high tide of prophecy (London 1945) 56. – [59] Vgl. Index verborum til Kierkegaards samlede Værker. Comp. by A. McKinnon (Leiden 1973). – [60] S. Kierkegaard: Über den Begriff der Ironie. Ges. Werke (1961) 31, 155; vgl. C. A. Scheier: Klass. und existent. Ironie: Platon und Kierkegaard. Philos. Jb. 97 (1990) 238-250. – [61] Entweder – Oder II, a.O. 2. 3, 278. – [62] Begriff der Angst V, § 5, a.O. 11. 12, 162f. – [63] Der Liebe Tun, a.O. 19, 197. – [64]

Der Augenblick, a.O. 34, 51. – [65] Vgl. G.-G. GRAU: Christl. Glaube und intellekt. R. (1958); W. S. WURZER: Nietzsche's hermeneutic of R. J. Brit. soc. Phenomenol. 14 (1983) 258-270. – [66] Vgl. J.-L. NANCY: ‹Unsere R.!› Über Wahrheit im moral. Sinn bei Nietzsche, in: W. HAMACHER (Hg.): Nietzsche aus Frankreich (1986) 169-192. – [67] NIETZSCHE, a.O. [3]; vgl. ähnlich: Die fröhl. Wiss. (1882/87) III, § 159, a.O. 5/2, 175. – [68] a.O. [3]. – [69] a.O.; vgl. auch: Zarathustra I (1883), a.O. 6/1, 33. – [70] Geneal. der Moral (1887) III, § 24, a.O. 6/2, 419. – [71] Vgl. Zarathustra, a.O. 6/1, 32; vgl. NANCY, a.O. [66] 177. – [72] Morgenr., a.O. [3]. – [73] Morgenr. IV, § 370, a.O. 246. – [74] Zarathustra IV, a.O. 6/1, 308. – [75] Jenseits von Gut und Böse (1886) 7, § 227, a.O. 6/2, 168f. – [76] a.O. 169. – [77] a.O. – [78] Die fröhl. Wiss. II, § 107, a.O. 5/2, 140. – [79] Als Variante von gleicher Bedeutung findet sich auch ‹intellektuelle Rechtschaffenheit›, vgl. etwa M. WEBER: Wiss. als Beruf. Ges. Aufs. zur Wiss.lehre, hg. J. WINCKELMANN (⁴1973) 601. – [80] K. JASPERS: Philos. Logik I: Von der Wahrheit (1947) 115. – [81] a.O. 551. – [82] K. R. POPPER: Duldsamkeit und intellekt. Verantwortlichkeit, in: Auf der Suche nach einer besseren Welt (1984) 215. – [83] a.O. 217. – [84] TH. W. ADORNO: Minima moralia § 50. Ges. Schr. (1980) 4, 88. – [85] a.O. §§ 87. 149.

Literaturhinweis. W. S. WURZER s. Anm. [65].

A. VON DER LÜHE

Reductio ad absurdum [r. ad a.] heißen in der Logik Argumentationen oder Beweise, die wesentlich darauf beruhen, daß aus einer Aussage *A* eine unbestreitbar falsche Aussage *F* («Absurdität») folgt. Die Herleitung eines solchen *F* erlaubt es, auf die Falschheit mindestens einer der dabei benutzten Prämissen zu schließen. Die r. ad a. dient insbesondere häufig dazu, von der durch sie gezeigten Unmöglichkeit einer negierten Aussage ¬*A* zu der Wahrheit von *A* überzugehen. Die r. ad a. wird so zum logischen Kern der *Demonstratio per impossibile* oder des apagogischen, indirekten Beweises [1]. Dieser nimmt dabei z.B. die folgende Form an: Zunächst wird aus einer Annahme ¬*A* ein 'Widerspruch' *F* abgeleitet. Da somit ¬*F* und (aus der bewiesenen Aussage ¬*A* → *F*) durch Kontraposition ¬*F* → ¬¬*A* gelten, ergibt sich ¬¬*A* durch *Modus ponens* und daraus *A* nach der *Duplex-negatio*-Regel. – Ein anderer Weg setzt den Satz vom ausgeschlossenen Dritten und damit *A* ∨ ¬*A* voraus. Aus dem wie oben gewonnenen ¬¬*A* ergibt sich dann *A* nach der Regel des disjunktiven Syllogismus (*A* ∨ *B*, ¬*B* ⇒ *A*).

Der Beweis durch r. ad a. wird bereits in der griechischen Mathematik häufig benutzt – wenn auch terminologisch nicht so benannt –, so beim Beweis des Satzes, daß die Diagonale eines Quadrates und seine Seite inkommensurabel sind (indem die Annahme der Kommensurabilität ad absurdum geführt wird [2]), oder an vielen Stellen bei EUKLID [3]. – Auch bei den griechischen Philosophen spielt die r. ad a. eine große Rolle. Dies gilt für die Schulen der Eleaten, der Megariker und der Sophisten ebenso wie für den Sokrates der platonischen Dialoge [4]. Bei ARISTOTELES wird die r. ad a. als ἡ εἰς τὸ ἀδύνατον ἀπαγωγή («reductio ad impossibile») terminologisch fixiert [5] und im Rahmen seiner Beweise für die Geltung der unvollkommenen Syllogismen benutzt [6]. Er unterscheidet dabei Schlüsse «ad impossibile» von Beweisen der Geltung von Syllogismen durch «reductio ad impossibile» [7].

Damit die r. ad a. in indirekten Beweisen fungieren kann, müssen im allgemeinen Bestände der klassischen Logik wie die *Duplex-negatio*-Regel (nach der von der doppelten Negation von *A* zu *A* selbst übergegangen werden darf) oder das *Tertium non datur* vorausgesetzt werden, welche in der logischen Grundlagendiskussion umstritten sind und insbesondere in der intuitionistischen Logik [8] oder im logischen Konstruktivismus [9] als nicht ohne weiteres verfügbar angesehen werden. Von der genannten Kritik der klassischen Logik unberührt bleibt die Verwendung der r. ad a. zum Beweis der Negation einer Aussage.

Anmerkungen. [1] Vgl. auch Art. ‹Beweis 4.›. – [2] Vgl. TH. L. HEATH: A hist. of Greek math. (Oxford 1921) 2, 168. 488f. – [3] a.O. 372. – [4] Vgl. W./M. KNEALE: The developm. of logic (Oxford 1962) 7ff. – [5] ARISTOTELES: Anal. pr. I, 6, 28 b 21; 7, 29 b 6. – [6] I, 23, 41 a 23ff.; ferner zu den Anwendungen: I, 5-6. – [7] Vgl. G. PATZIG: Die aristot. Syllogistik (³1969) § 29: ‹Die Beweise durch Reductio ad impossibile›. – [8] Vgl. Art. ‹Intuitionismus III.›. – [9] Vgl. Art. ‹Logik, konstruktive›.

Literaturhinweise. M. DOROLLE: La valeur des conclusions par l'absurde. Rev. philos. 86 (1918) 309-313. – W./M. KNEALE s. Anm. [4]. – N. RESCHER: Hypothetical reasoning (Amsterdam 1964). – G. PATZIG s. Anm. [7]. – A. HEYTING: Intuitionism. An introd. (Amsterdam ³1971). – R./V. ROUTLEY: Ryle's r. ad a. argument. Austral. J. Philos. 51 (1973) 124-138. – J. M. LEE: The form of r. ad a. Notre Dame J. formal Logic 14 (1973) 381-386. – G. RYLE: Philos. arguments. Coll. pap. 2 (Bristol 1990) 194-211.

N. RESCHER/Red.

Reduktion (von lat. reducere zurückführen; engl. reduction; frz. réduction; ital. riduzione)

I. *Logik und Mathematik.* – Es ist zweckmäßig, fünf Arten von R. zu unterscheiden [1]: a) ontologische R.: die Entität *X* wird auf die Entität *Y* reduziert; b) begriffliche R.: der Begriff *f* wird auf den Begriff *f'* reduziert; c) sprachliche R.: der Ausdruck *e* wird auf den Ausdruck *e'* reduziert; d) theoretische R.: die Theorie *T* wird auf die Theorie *T'* reduziert; e) logische R.: diese läßt sich in drei Unterarten gliedern:

1. *Rein logische R.* – In diesem Falle werden logische Strukturen (z.B. Urteilsformen) oder Prozeduren (Schlußformen) aufeinander reduziert; in manchen Fällen sogar alle Strukturen oder Schlußformen auf eine einzige. So forderte schon ARISTOTELES die Rückführung (ἀπαγωγή) der Syllogismen aller anderen Schlußfiguren auf die vollkommenen Syllogismen der ersten Schlußfigur. Weitreichender sind die späteren Versuche einer R. aller logischen Schlußformen auf solche der Syllogistik. Diese scheitern schon wegen der Beschränkung syllogistischer Sätze auf die Subjekt-Prädikat-Form an der R. relationaler Schlüsse. Der erste, der dies klar gesehen hat, ist GALEN. Von da an wird die Konversion der Relation zum Paradebeispiel einer asyllogistischen Schlußform [2].

Beispiele in neuerer Zeit sind monistische Vorstellungen von Logik, nach denen es nur eine Logik gibt. Alle anderen Formen von Logik müssen entweder auf diese eine kanonische Form reduziert oder eliminiert werden. Vertreter dieser monistischen Richtung aus unterschiedlichen Motiven sind z.B. B. RUSSELL und L. E. J. BROUWER gewesen. In der gegenwärtigen Praxis hat sich dagegen eher eine pluralistische Auffassung durchgesetzt, nach der eine Vielfalt von Logiken auch eine Vielfalt von Methoden garantieren soll [3].

2. *Logisch-mathematische R.* – In diesem Falle versucht man, Logik auf Mathematik oder auf eine ihrer Teildisziplinen zu reduzieren. Ein Beispiel dafür sind die Bemühungen von R. DESCARTES und seiner Schule im 17. Jh. [4].

Durch den Erfolg der analytischen Geometrie beeindruckt, sehen die Cartesianer die Algebra als die grundlegende Formalwissenschaft an, auf die alle anderen, also auch die Logik, reduziert werden können. Ihr Programm charakterisieren sie als 'Mathesis universalis' (s.d.) [5]. G. W. LEIBNIZ argumentiert gegen diesen Algebraismus. Er vertritt die Auffassung, daß es eine beiden übergeordnete Formalwissenschaft gibt, die er «Characteristica universalis» (s.d.) nennt. Diese allgemeine Zeichenlehre soll sowohl Mathematik als auch Logik als Teildisziplinen enthalten [6]. Die spätere Boole-Schrödersche «Algebra der Logik» (s.d.) ist kein Reduktionismus von Logik auf Mathematik, sondern eine Erweiterung der Mathematik durch die Einfügung einer Klassen-Algebra.

3. *Mathematisch-logische R.* – Einflußreicher und philosophisch bedeutsamer als die Algebra der Logik sind die Versuche G. FREGES und B. RUSSELLS, die Gesetze der Arithmetik auf solche der Logik zu reduzieren. Hier spricht man von «Logizismus» (s.d.) [7]. Auch die Mengenlehre (s.d.) kann als eine Realisierung des Logizismus angesehen werden, insofern ihre Grundbegriffe zur Logik gerechnet werden. Dazu ist noch eine gemischte Art von R. zu erwähnen, nämlich:

4. *Die metaphysisch-logische oder ontologisch-logische R.* – In diesem Falle werden ontologische oder metaphysische Strukturen durch logische ausgedrückt und manchmal auch auf sie reduziert. Ein Beispiel dafür ist die logische Formulierung des Individuenbegriffes durch LEIBNIZ, die in einer R. individueller Substanzen auf die maximal-konsistente Menge ihrer Eigenschaften besteht. Mit Hilfe der Relation des Fallens-unter-einen-Begriff wird diese Relation intensional durch die Begriffsinklusion oder die Beziehung Begriff–Teilbegriff repräsentiert [8].

Anmerkungen. [1] L. B. PUNTEL: Art. ‹Reductionism›, in: Handbook of metaphysics and ontology (1991). – [2] Vgl. J. M. BOCHEŃSKI: Formale Logik (1956) 165; vgl. H. BURKHARDT: Logik und Semiotik in der Philos. von Leibniz (1980) 65f. – [3] Vgl. S. HAACK: Philos. of logics (Cambridge 1978) 221f. – [4] R. DESCARTES: Regulae ad dir. ing. Oeuvr., hg. CH. ADAM/P. TANNERY (Paris 1897ff.) 10, 349-469: La géometrie, a.O. 6, 367-485; vgl. G. LOECK: Descartes' Größenlogik am Beispiel orthogonaler Verknüpfungen, in: Praktische Logik, hg. P. KLEIN (1990) 85-119; H. W. ARNDT: Methodo scient. pertractatum. Mos geometr. und Kalkülbegriff in der philos. Theorienbildung des 17. und 18. Jh. (1971) 30f. – [5] Vgl. BURKHARDT, a.O. [2] 190f. – [6] L. COUTURAT: Opusc. et fragm. inéd. de Leibniz (Paris 1903) 37. 98-99. 341-343. 530-531. 548-555. 563; vgl.: La logique de Leibniz (Paris 1901) 292; BURKHARDT: The Leibnizian characteristica universalis as link between grammar and logic. Speculat. grammar, univ. grammar and philos. analysis of language (Amsterdam 1987) 43-63. – [7] Vgl. Art. ‹Grundlagenstreit 2.›. – [8] COUTURAT: Opusc. ..., a.O. [6] 403; vgl. BURKHARDT, a.O. [2] 166f.   H. BURKHARDT

II. *Naturphilosophie.* – Das Wort ‹R.› hat in der Naturphilosophie spät, im Grunde genommen erst im Rahmen des wissenschaftstheoretischen Reduktionismus eine scharfe terminologische Bedeutung erhalten. Wenn man von den umgangssprachlichen Verwendungen, die vor allem im angelsächsischen Sprachraum (reduction) häufig sind, absieht, lassen sich der Sache nach zwei Formen der R. in der Naturphilosophie finden: Die erste hat dinglichen Charakter und meint, daß sinnlich wahrnehmbare Eigenschaften eines Gegenstandes zurückgeführt werden sollen auf bestimmte Relationen zwischen einer endlichen Anzahl von unveränderlichen Elementarbestandteilen. Dieses Konzept kann realistisch verstanden werden oder aber auch im heuristischen Sinne, wobei letzteres zur Konstruktion von Modellen führt, die theoretische Entwürfe veranschaulichen sollen [1]. Die zweite Form der R. ist theoretischer Art und meint die Rückführung von Theorien oder ganzen Disziplinen auf Basistheorien oder -disziplinen. Während die erste Form eine bis in die Antike zurückreichende Tradition besitzt und aufs engste mit dem Atomismus und der Lehre von den primären und sekundären Qualitäten verbunden ist [2], hat sich die zweite Form erst spät herausgebildet, da sie voraussetzt, daß es fertig ausgebildete Theorien und Disziplinen schon gibt.

So ist es nicht verwunderlich, daß reduktionistische Ansätze dieser Art ihre Blütezeit erst im 19. Jh. erlebten: In der Physik versuchte man, die in Makrotheorien beschriebenen thermischen und elektromagnetischen Phänomene durch Mikrotheorien zu erklären bzw. zu veranschaulichen (L. BOLTZMANN, J. C. MAXWELL); in der Biologie hoffte man, mit Hilfe der sich rasch entwickelnden organischen Chemie, die traditionellen funktionalen Erklärungen auf molekularbiologische Erklärungen reduzieren zu können (G. R. TREVIRANUS, K. W. VON NÄGELI, J. LIEBIG); schließlich schien in unserem Jahrhundert durch die Entwicklung der Quantentheorie eine R. der Chemie auf die Physik erreichbar [3]. Die methodologische und naturphilosophische Reflexion dieser fachwissenschaftlichen Entwicklungen schlug sich im späten 19. Jh. und zu Beginn unseres Jahrhunderts in physikalistischen Ansätzen nieder [4].

Eine besondere Variante der genannten allgemeinen Formen der R. findet sich in der romantischen Naturphilosophie, insbesondere bei J. W. RITTER, F. VON HARDENBERG (NOVALIS) und F. W. J. SCHELLING. Hier lehnte sich die Verwendung des Begriffs ‹R.› eng an die Entwicklung des terminologischen Gebrauchs in der Chemie an.

In der Chemie versteht man unter R. die Aufnahme von Elektronen durch ein Molekül (Atom), wobei das abgebende Molekül (Atom) oxidiert wird. R. bedeutet also insbesondere die Rückgängigmachung eines Oxidationsvorgangs. Bevor man die Elektronentheorie der Valenz [5] entwickelt hatte, verstand man R. und Oxidation als stoffliche Vorgänge, nämlich als Vereinigung eines Moleküls (Atoms) mit Wasserstoff (R.) bzw. Sauerstoff (Oxidation). Diese Auffassung von R. konnte sich natürlich erst nach A.-L. DE LAVOISIER entwickeln und durchsetzen.

Vor Lavoisier hatte der Begriff ‹reductio› in der Chemie eine recht unscharfe Bedeutung. Im 17. Jh. spricht z.B. J. JUNGIUS davon, daß ein Körper reduziert werde, «wenn er, nachdem er durch irgendeine Änderung (mutatio) entstanden ist, wieder in denselben Körper übergeht (transeat), aus dem er entstanden ist» [6]. Diese Formulierung hat ihre Wurzeln im speziellen Interesse der damaligen Chemie an Verfahren, welche Metalloxide auf ihre Metalle reduzieren [7]. Jungius unterscheidet übrigens diese Form des Reduktionismus von der R. im theoretischen Sinne (ein Phänomen wird auf Prinzipien des Erkennens reduziert, wenn es daraus abgeleitet werden kann [8]). Mit dieser Begriffsbestimmung haben Jungius und seine Nachfolger die R. an die chemische Analyse gebunden: Einen Stoff reduzieren heißt, ihn in seine ursprünglichen Bestandteile zerlegen. Die Aufgabe der stofflichen Analyse wurde von der Chemie allerdings nur zögernd aufgegriffen, da sie aus der Sicht traditioneller, aus der Alchemie und der aristotelischen Naturphilosophie stammender Vorstellungen als nicht sinnvoll erscheinen mußte: Synthetische Prozesse wurden traditionell als Entwicklungsprozesse im organischen Sinne gedeutet, und solche Prozesse des Wachsens und Reifens können nicht einfach rückgängig gemacht werden. Selbst R. BOYLE, obwohl als Physiker Atomist, glaubte als Chemiker an die unbeschränkte Wandelbarkeit der Materie, weswegen ihm der Versuch einer R. von Verbindungen auf letzte stoffliche Elemente als vergebliche Anstrengung erschien [9].

Erst mit A.-L. DE LAVOISIER erlebte die chemische Analyse ihren Durchbruch und dies nicht zuletzt aufgrund einer praxisnahen Bestimmung des Elementbegriffs: Ihm galten solche Substanzen als «einfach», die sich mit chemischen Mitteln nicht weiter zerlegen lassen. Diese «Elemente» bleiben bei physikalischen oder chemischen Veränderungen erhalten und können durch künstliche oder natürliche Prozesse zu neuen Substanzen vereinigt werden, wobei diese Vereinigung zumindest im Labor rückgängig gemacht werden kann (mit Hilfe dieses Kriteriums erhielt Lavoisier eine erste Liste von Elementen, darunter allerdings auch den Wärmestoff und das Licht [10]). Lavoisier vermochte mit Hilfe seines neuen Elementbegriffs auch der alten, aus der Alchemie stammenden Redeweise von den «Prinzipien» einen neuen Sinn zu geben: Die einfachen Substanzen sind die Träger jener Eigenschaften, durch die Stoffklassen bestimmt werden und die damit ein «Prinzip» verkörpern (z.B. liegt allen Säuren ein allgemeines säurebildendes Prinzip zugrunde, die Eigenarten der unterschiedlichen Säuren werden dann durch das Hinzutreten eines weiteren stoffspezifischen Prinzips erklärt [11]).

Für die romantische Naturphilosophie war die Chemie Leitwissenschaft; durch die Aufarbeitung ihrer jüngsten Entwicklung wollte man neue Orientierungen für die Naturphilosophie gewinnen. Dabei konzentrierte man sich insbesondere auf den Umstand, daß chemische Vorgänge anders als mechanische eine zeitliche Richtung haben, also als Prozesse [12] in Erscheinung treten und – nach damaligem Kenntnisstand – von zwei Prinzipien, Oxidation und R. (Desoxidation, Hydrogenation), beherrscht werden. Diesem Aspekt versuchte man, ein generelles Prinzip abzugewinnen: Alle Naturvorgänge werden durch gegengerichtete Prinzipien auf dem Pfade ihrer Entwicklung (Prozeß) gehalten. In diesem Sinne versuchte J. W. RITTER Oxidations- bzw. R.-Vorgänge mit der Dynamik der Erdgeschichte und der Geschichte des Lebens in Verbindung zu bringen (R. = Regeneration, Leben, Freiheit; Oxidation = Erstarrung, Tod, Abschluß [13]). Zugleich stellte er auch eine Verbindung zu galvanischen Prozessen her; hierbei zeigte sich, wie fruchtbar er die naturphilosophische Orientierung in experimentelle Arbeit umsetzen konnte: Durch einfache Versuche an der galvanischen Zink-Kupfer-Kette konnte er zeigen, daß galvanische Prozesse immer mit Oxidations- und R.-Vorgängen verbunden sind [14]. Seine Überzeugung, daß auch Licht einen «chemischen Gegensatz» in sich trägt, führte ihn zur Entdeckung der Ultraviolettstrahlen und zur Erkenntnis, daß an der Luft (ultra)violettes Licht reduzierend, (ultra)rotes oxidierend wirkt [15].

Während G. W. F. HEGEL im Rahmen seiner naturphilosophischen Ausführungen kaum [16], NOVALIS nur fragmentarisch, aber in ähnlicher Weise wie Ritter auf R. eingeht, hat F. W. J. SCHELLING dem Prinzip der R. in seiner Naturphilosophie einen zwar spekulativen, aber dennoch deutlich erkennbaren Ort eingeräumt [17]. Sein Anliegen war es insbesondere, die Kluft zwischen anorganischer und organischer Natur zu überbrücken.

Dazu ging er von der Vorstellung aus, daß alle Heterogenität der Materie Folge des in unterschiedlichem Maße erfolgenden Zusammenwirkens zweier Prinzipien ist: einem positiven, reduzierenden und einem negativen, oxidierenden Prinzip. Durch das Licht werden Pflanzen in die Lage versetzt, «Lebensluft» zu produzieren, die dann vom «tierischen Leben» aufgenommen wird, welches im Austausch zersetzte Lebensluft an die Pflanzen abgibt. Das Licht wird dabei als Mittel der R., die Vegetation als negativer, das tierische Leben als positiver Lebensprozeß bestimmt. Im tierischen Leben selbst stehen den durch die Aufnahme von Lebensluft bedingten Oxidationsprozessen R.-Prozesse gegenüber, welche sich in der Fähigkeit, auf Reize zu reagieren (Irritabilität), zeigen. Durch das Zusammenwirken von Oxidation und R. wird ein Organisationszusammenhang gestiftet, der sich nicht – jetzt im theoretischen Sinne verstanden – auf Mechanik reduzieren läßt [18]. Neben Schelling räumte L. OKEN dem Oxidations- bzw. R.-Prinzip eine zentrale Stelle im Aufbau seiner Naturphilosophie ein, wobei er diese Prinzipien mit Spekulationen von der Umwandlung des Äthers in Materie durch das Licht verband [19]. Schließlich sei noch H. STEFFENS erwähnt, der Schellings Vorstellungen direkt aufnahm und versuchte, sie bei der Konstruktion einer Naturgeschichte der Erde zu nutzen [20].

Anmerkungen. [1] So z.B. schon bei D. BERNOULLI: Hydrodynamica (Straßburg 1738); dtsch.: Hydrodynamik (1965) 10. Teil. – [2] Vgl. Art. ‹Atomismus›, ‹Qualität›. – [3] Vgl. H. PRIMAS: Chemistry, quantum mechanics and reductionism (1981). – [4] Art. ‹Physikalismus›, ‹Reduktionismus›, ‹Materialismus› (physiologischer Materialismus). – [5] C. A. RUSSELL: The hist. of valency (Leicester 1971). – [6] J. JUNGIUS, in: H. KANGRO: J. Jungius' Experimente und Gedanken zur Begründ. der Chemie als Wiss. (1968) 31. – [7] Bis Lavoisier wurde der Begriff ‹reductio› in der Chemie auch in dieser spez. Bedeut. verwendet, vgl. z.B. Art. ‹Reductio Chymica›, in: J. H. ZEDLER: Großes vollst. Univ.-Lex. 30 (1741, ND 1961). – [8] KANGRO, a.O. [6]. – [9] R. BOYLE: The sceptical chymist (London 1661); dtsch.: Der skept. Chemiker (1929). – [10] Vgl. A.-L. DE LAVOISIER: Traité élément. de chimie, prés. dans un ordre nouveau et d'après les découvertes mod. 1-2 (Paris 1789). – [11] Vgl. hierzu J. R. PARTINGTON: A hist. of chemistry 3 (London 1962) ch. IX. – [12] Vgl. Art. ‹Prozeß› und K. RÖTTGERS: Der Ursprung der Prozeßidee aus dem Geiste der Chemie. Arch. Begriffsgesch. 27 (1983) 93-157. – [13] J. W. RITTER: Frg. aus dem Nachlaß eines jungen Physikers 1-2 (1810); Auswahl (1968) Frg. Nr. 51. 71. 209. – [14] Beiträge zur näheren Kenntnis des Galvanismus und der Resultate seiner Untersuchung 1-2 (1801/05). – [15] Physisch-chem. Abh. in chronolog. Folge 2 (1806). – [16] Vgl. D. VON ENGELHARDT: Hegel und die Chemie (1976) 98. – [17] Vgl. bes. F. W. J. SCHELLING: Von der Weltseele, eine Hypothese der höheren Physik zur Erkl. des allg. Organismus (1798). Sämmtl. Werke, hg. K. F. A. SCHELLING I/2 (1857). – [18] a.O. 549. – [19] L. OKEN: Lehrb. der Nat.philos. (Zürich ³1843, ND 1991) bes. 2. Teil. – [20] H. STEFFENS: Über den Oxydations- und Desoxydations-Prozeß der Erde. Z. spekulat. Physik 1/1 (1800) 137-168. R. KÖTTER

Reduktion, eidetische, (Ideation) ist in der Phänomenologie E. HUSSERLS das methodisch gesicherte Verfahren der Wesensschau [1]. Ihr Ziel ist die Erfassung des Apriori als «Eidos» [2]. Wie die Erfahrung empirischer Allgemeinheiten geht auch die e.R. von Singulärem aus. Im Unterschied zu jener aber löst sich die e.R. vom faktischen Vorkommen einer Vielheit von Individuen (empirische Variation) [3]. Sie geht im Rahmen der phänomenologischen Epoché (s.d.) von einem als Exempel angesetzten wirklichen oder phantasierten individuellen

Gegenstand aus und erzeugt die zur Erfassung des Allgemeinen notwendige Mannigfaltigkeit in freier, phantasiemäßiger Variation [4]. Das Exempel ist von vornherein nur als eine unter endlos vielen möglichen Varianten in Anspruch genommen. Die phantasiemäßig beliebig erzeugte Mannigfaltigkeit von Varianten (eidetische Variation) ist der erste Schritt der e.R. [5]. Der zweite Schritt besteht darin, die erzeugte Mannigfaltigkeit als Ganzes im Blick zu behalten. Das Festhalten der Mannigfaltigkeit bewirkt eine überschiebende Deckung, in der alle Varianten als Abwandlungen voneinander erscheinen. Alle Varianten kommen hinsichtlich gewisser Bestimmtheiten überein, während sie hinsichtlich anderer, sich widersprechender Bestimmtheiten voneinander differieren [6]. Der dritte Schritt der e.R. besteht nur darin, den Inbegriff jener Bestimmungen, die in aller Variation invariant verbleiben, als das notwendige 'Was' aller Varianten, d.h. als Eidos [7] zur Anschauung zu bringen [8]. Dieses Eidos impliziert, da die seine Erfassung ermöglichende Variation in reiner Phantasie statthat, nicht die Setzung eines faktischen Individuums jenes Eidos. Es ist reine Möglichkeit, welche zugleich Wesensnotwendigkeit besagt [9].

Anmerkungen. [1] E. HUSSERL: Ideen zu einer reinen Phänomenol. und phänomenolog. Philos. 1, Einl. (1913) 4. Husserliana [Hua.] 3/1 (Den Haag 1976) 6. – [2] Ideen ... 1, § 3, a.O. 14; vgl. Formale und transz. Logik (1929) 219 und: Phänomenolog. Psychol. Vorles. SS 1925. Hua. 9 (1962) 72ff. – [3] Form. und transz. Log., a.O. 219. – [4] a.O. – [5] Phän. Psych., a.O. [2] 77f. – [6] Erfahrung und Urteil. Unters. zur Genealogie der Logik (^{3}1964) 418; vgl. a.O. [5]. – [7] Form. und transz. Log., a.O. [2]. – [8] Phän. Psychol., a.O. [2] 78; vgl. Erf. und Urteil, a.O. [6] 419. – [9] Cartes. Meditationen, IV. Medit., § 34. Hua. 1 (^{2}1963) 105; vgl. Ideen ... 1, § 6, a.O. [1] 19.

Literaturhinweise. J. BEDNARSKI: The eid. red. Philos. today 6 (1962) 14-24. – F. MONTERO MOLINER: El analisis del lenguaje y la red. eid. Convivium 34 (1971) 5-22. – J. PALERMO: Apodictic truth: Husserl's eid. red. versus induction. Notre Dame J. formal. Logic 19 (1978) 69-80.　　　　　　U. CLAESGES

Reduktion, phänomenologische, ist ein zentraler Methodenbegriff der Phänomenologie E. HUSSERLS, der von ihm jedoch in zweifacher Bedeutung gebraucht wird: 1. gleichbedeutend mit ‹phänomenologische Epoché› (s.d.); 2. gleichbedeutend mit ‹transzendentale Reduktion› (s.d.). M. SCHELER übernimmt den Begriff ‹ph.R.›, gebraucht ihn jedoch in anderem Sinn. Sofern bei ihm die ph.R. das «Absehen von aller Setzung (Glaube und Unglaube) der Besonderheit des Realitätskoeffizienten» [1] bedeutet, ist sie verwandt mit Husserls Begriff der phänomenologischen Epoché. Während aber die phänomenologische Epoché bei HUSSERL den Sinn einer Thematisierung des reinen Bewußtseins hat [2], ist die ph.R. bei SCHELER die Erfassung des reinen Soseins (Wesen) des Gegebenen [3]. Damit bedeutet die ph.R. hier soviel wie die Methode der Wesensschau.

Anmerkungen. [1] M. SCHELER: Schr. aus dem Nachlaß 1: Zur Ethik und Erkenntnislehre (^{2}1957) 394. – [2] E. HUSSERL: Ideen zu einer reinen Phänomenol. und phänomenolog. Philos. 1 (1913) § 33. Husserliana 3/1 (Den Haag 1976) 68. – [3] SCHELER, a.O. [1]; vgl. Idealismus–Realismus. Philos. Anz. 2 (1927/28) 282.

Literaturhinweise. H. WINTHROP: The constitution of error in the phen. red. Philos. phenomenolog. Res. 9 (1949) 741-748. – J. BEDNARSKY: Two aspects of Husserl's reduction. Philos. today 4 (1960) 208-223. – R. BOEHM: Basic reflection on Husserl's phen. red. Int. philos. Quart. 5 (1965) 183-202. – A. AGUIRRE: Genet. Phänomenol. und Reduktion. Zur Letztbegründung der Wiss. aus der radikalen Skepsis im Denken E. Husserls (Den Haag 1970). – E. FINK: Reflexionen zu Husserls ph.R. Tijdschr. Filos. 33 (1971) 540-558. – K. HARTMANN: Abstraction and existence in Husserl's phen. red. J. Brit. Soc. Phenomenol. 2 (1971) 10-18. – I. T. SHOUERY: Reduction in Sartre's ontology. Southwest J. Philos. 2 (1971) 47-53. – H. SPIEGELBERG: Is the reduction necessary for phenomenology: Husserl's and Pfänder's replies. J. Brit. Soc. Phenomenol. 4 (1973) 3-15. – P. J. BOSSERT: The sense of the 'epoché' and 'reduction' in Husserl's philos. J. Brit. Soc. Phenomenol. 5 (1974) 243-255. – J. J. DRUMMOND: Husserl on the ways to the performance of the reduction. Man World 8 (1975) 47-69. – F. F. SEEBURGER: Heidegger and the phen. red. Philos. phenomenolog. Res. 36 (1975) 212-221. – S. CUNNINGHAM: Language and the phen. red. of E. Husserl (Den Haag 1976). – Q. SMITH: Husserl's theory of the phenomenological in the ‹Logical Investigations›. Philos. phenomenolog. Res. 39 (1979) 433-437. – T. W. BUSCH: Sartre's use of the reduction, in: H. J. SILVERMAN (Hg.): Jean-Paul Sartre (Pittsburgh 1980) 17-29. – S. PANOU: Reduktion und Bewußtsein: Zur Kritik des Psychizismus bei Husserl. Philosophia 10-11 (1980/81) 192-199. – G. SCRIMIERI: I problemi della rid. fenomenol. tra M. Heidegger ed E. Husserl. Raccolta Studi Ricerche 4 (1983) 177-210. – J.-F. COURTINE: L'idée de la phénoménologie et la problématique de la réduction, in: J.-L. MARION/G. PLANTY-BONJOUR (Hg.): Phénoménologie et métaphysique (Paris 1984) 211-245.　　　　　　U. CLAESGES

Reduktion, transzendentale. In seiner strengen Fassung bezeichnet der Begriff ‹t.R.›, um dessen zureichende Wesensbestimmung sich E. HUSSERL zeitlebens bemüht hat, den methodischen Zugang zur transzendentalen Subjektivität. Im Laufe der philosophischen Entwicklung Husserls lassen sich grundsätzlich zwei Fassungen des Reduktionsgedankens unterscheiden: 1) Zunächst gebraucht Husserl den Begriff der Reduktion als «erkenntnistheoretische» oder «phänomenologische Reduktion» (s.d.) völlig gleichbedeutend mit dem Begriff der «phänomenologischen Epoché» (s.d.) [1]. 2) Aufgrund der Einsicht, daß die Epoché zwar die Freilegung der Sphäre des reinen Bewußtseins ermöglicht, diese Sphäre jedoch nicht notwendig den Sinn der transzendentalen Subjektivität hat, unterscheidet Husserl nunmehr die t.R. im strengen Sinn von der transzendentalen oder phänomenologischen Epoché [2]. Letztere wird, sofern sie eine rein phänomenologische Psychologie ermöglicht, «phänomenologisch-psychologische Reduktion» genannt [3].

Die t.R. als Zugang zur transzendentalen Subjektivität setzt zunächst eine Radikalisierung der phänomenologischen Epoché voraus. Diese hat sich nicht nur auf alle Horizontimplikationen des reinen Bewußtseins, sondern auch auf die «verweltlichende (mundane) Selbstapperzeption» des Bewußtseins [4] oder, korrelativ gesprochen, auf die «Bodengeltung der Welt» [5] zu erstrecken. Die t.R. besteht dann in einer radikalen Umdeutung, die die «bodenlos» [6] gewordene Innerlichkeit des reinen Bewußtseins als transzendentale Subjektivität auffaßt [7]. Dadurch erst wird das bisher vom Weltboden und der mundanen Selbstapperzeption getragene reine Bewußtsein zum konstitutiven Ursprung der Welt [8]. Die t.R. ermöglicht damit die transzendentale Erfahrung im strengen Sinn, deren Entfaltung als Selbsterkenntnis der transzendentalen Subjektivität die Theorie der transzendentalen (statischen wie genetischen) Konstitution [9] ist.

Anmerkungen. [1] E. HUSSERL: Die Idee der Phänomenol. Fünf Vorles. (1907). Husserliana [Hua.] 2 (Den Haag ^{2}1958) 43f.; vgl. Ideen zu einer reinen Phänomenol. und phänomenolog. Philos. 1 (1913) § 33. Hua. 3/1 (1976) 68f. – [2] Die Krisis der europ. Wiss.en und die transz. Phänomenol. III, § 41. Hua. 6 (^{2}1962) 154; vgl. Phänomenolog. Psychol. Vorles. SS 1925. Hua. 9 (1962) 292ff. – [3] Krisis ... III, § 69, a.O. 239; vgl. Erste Philos. (1923/24). 2. Teil: Theorie der phänomenolog. Red. Hua. 8 (1959) 276. – [4] Cartes. Meditationen. V. Medit., § 45. Hua. 1 (^{2}1963) 130. – [5] Krisis ... III, § 72, a.O. [2] 265. – [6] Krisis ..., Beilage XXIX, a.O. [2] 514. – [7] Krisis ... III, §§ 71. 42, a.O. 259. 155f. – [8] a.O. [6]. – [9] Vgl. Art. ‹Konstitution, phänomenologische›.

Literaturhinweise. E. FINK: Die phänomenol. Philos. E. Husserls in der gegenwärt. Kritik. Kant-Studien 38 (1933) 321-383; ND in: Studien zur Phänomenol. 1930-1939 (Den Haag 1966) 79-156. – R. SCHMITT: Husserl's transc.-phenomenolog. red. Philos. phenomenolog. Res. 20 (1959) 238-245. – L. LANDGREBE: Phänomenolog. Bewußtseinsanalyse und Metaphysik, in: Der Weg der Phänomenol. (^{2}1967) 75-110. – C. MACANN: Genetic production and the transc. red. J. Brit. Soc. Phenomenol. 2 (1971) 28-34. – R. J. DEVETTERE: Merleau-Ponty and the Husserlian reductions. Philos. today 17 (1973) 297-308. – H. SPIEGELBERG: 'Epoché' without reduction: Some replies to my critics. J. Brit. Soc. Phenomenol. 5 (1974) 256-261. – M. TAVUZZI: Existential judgement and transc. red. A crit. analysis of E. Husserl's ‹Phaenomenologische Fundamentalbetrachtung› (Ideen I 27-62) (Mailand 1982). – T. J. STAPLETON: The 'logic' of Husserl's transc. red. Man World 15 (1982) 369-382. – T. L. MAZURAK: Toward the transc. red. A reading of E. Husserl's ‹Ideas›. University Microfilms International 1984.   U. CLAESGES

Reduktion von Komplexität ist ein systemtheoretischer Begriff. Er taucht in der kognitiven Psychologie auf, um zu bezeichnen, daß ein System eine Vielzahl verschiedenartiger Umweltsachverhalte zusammenfassen und auf je einen Ausdruck bringen muß, um sie intern verarbeiten zu können [1]. Dabei arbeitet das System, wie auch neurophysiologische Untersuchungen bestätigen, nach eigenen Direktiven. R.v.K. setzt deshalb Eigenkomplexität des Systems voraus und kann zugleich dazu benutzt werden, diese Eigenkomplexität zu entwickeln.

Der Begriff formuliert systemtheoretische Einsichten und leuchtet dadurch ein, ist aber als Begriff nicht eindeutig definiert. Immerhin lassen sich aufgrund allgemeiner systemtheoretischer Forschungen die folgenden Bestimmungen beitragen:

1) Der Begriff setzt die *System/Umwelt-Differenz* voraus. Es hat wenig Sinn, abstrakt zu sagen, Komplexität müsse reduziert werden.

2) Der Begriff setzt auf Seiten des Systems *Selbstreferenz* voraus, oder genauer: die Einführung der Unterscheidung von System und Umwelt in das System (re-entry im Sinne von G. SPENCER BROWN [2]). Nur Systeme, nicht Umwelten, können Komplexität reduzieren, dies aber sowohl im Hinblick auf die Komplexität der Umwelt als auch im Hinblick auf die Eigenkomplexität des Systems.

3) Da Komplexität üblicherweise durch die Beziehungen definiert wird, die zwischen Elementen zugelassen sind bzw. berücksichtigt werden, kann Reduktion entweder durch Verringerung der Elemente oder durch Verringerung der Beziehungen zustandekommen. Dabei geht es um Herstellung verringerter Komplexität, nicht einfach um Bestimmung von etwas im Unterschied zu anderem. Nur Komplexität kann Komplexität reduzieren. In den ordnungstechnisch und evolutionär erfolgreichen Fällen geschieht dies dadurch, daß geringere Komplexität durch Selektivitätsverstärkung kompensiert wird. Ein verwandter Begriff ist ‹Selbstsimplifikation› [3], und auch der Modellbegriff wird oft in ähnlichem Sinne eingesetzt [4].

4) R.v.K. muß deshalb von *Selektion* unterschieden werden. Sie ist eine Voraussetzung für Selektion und besteht darin, die Selektion durch vorgeschaltete Vereinfachungen erst zu ermöglichen. Dies kann ad hoc geschehen durch Situationsdefinition, aber auch durch Festlegung von Strukturen, die für viele Situationen gelten. Man kann die R.v.K. selbst als Selektion auffassen, kommt damit aber nur zur Frage, welche R.v.K. (z.B.: Einrichtung einer System/Umwelt-Differenz) R.v.K. ermöglicht.

5) R.v.K. ist Erzeugung einer *Differenz,* nämlich der Differenz von unreduzierter (unbestimmt bleibender) und reduzierter Komplexität. Die Ergiebigkeit der Reduktion ist die Ergiebigkeit dieser Differenz, also weder auf ein Naturgesetz noch auf eine Norm oder ein Rationalitätsprinzip zurückzuführen. Repetitiv und anschlußfähig eingesetzt, kann diese Differenz durch Ausgrenzung unbestimmter Komplexität weitere Komplexitätsreduktionen ermöglichen. Die Anschlußreduktion formuliert ihre Differenz dann durch Ausgrenzung von nicht hinreichender Bestimmtheit. Auf diese Weise erzeugt ein System durch Bifurkationen der Reduktionsleistung eigene Komplexität, aber auch eigene Differenzierungen und nicht zuletzt die Irreversibilität einer eigenen Geschichte.

Neben diesem systemtheoretischen Begriffsgebrauch zeichnet sich die Möglichkeit einer evolutionstheoretischen Verwendung ab. Die Darstellung von Evolution als Prozeß mit Richtung auf «zunehmende Komplexität» ist oft kritisiert worden als weder umfassend noch präzise genug. Auch läßt sich die Voraussetzung dieser Theorie, Komplexität sei überlebensrelevant, in dieser allgemeinen Form empirisch nicht halten. Statt dessen könnte man auf Steigerung reduzierbarer Komplexität abstellen und als Evolutionsumweg auf Steigerung durch R.v.K.

Anmerkungen. [1] J. S. BRUNER u.a.: A study of thinking (New York 1956) 90. – [2] G. SPENCER BROWN: Laws of form (New York 1972) 69ff. – [3] R. LEVINS: The limits of complexity, in: H. H. PATTEE (Hg.): Hierarchy theory (New York 1973) 109-127. – [4] Vgl. R. S. CONANT/W. R. ASHBY: Every good regulator of a system must be a model of that system. Int. J. Systems Sci. 1 (1970) 89-97.

Literaturhinweise. J. S. BRUNER s. Anm. [1]. – K. BURKE: A grammar of motives (1962) 59ff. – N. LUHMANN: Soziale Systeme (1984) bes. 48ff.   N. LUHMANN

Reduktionismus (von lat. reductio, reducere zurückführen; engl. reductionism; frz. réductionisme). Unter dem neuen, erst seit der Mitte des 20. Jh. verbreitet gebräuchlichen Begriff ‹R.› werden alte Probleme der Philosophie (z.B. Mechanismus, Materialismus) und der Methodologie der Einzelwissenschaften verhandelt [1]. Allgemein stellt der R. Behauptungen der Form auf, daß Aussagen einer bestimmten Art aus Aussagen anderer Art ableitbar sind: Seelische Vorgänge könnten auf materielle Prozesse zurückgeführt [2], die Sprache der Moral auf Imperative reduziert [3] oder Ethik und Erkenntnistheorie durch Soziologie, Psychologie oder Verhaltensbiologie ersetzt werden (wobei ‹R.› oft pejorativ gebraucht wird [4]). Spezieller definiert W. V. O. QUINE in Anspielung auf R. CARNAPS Reduktionssätze: «... reductionism: the belief that each meaningful statement is equivalent to some logical construct upon terms which refer to immediate experience» [5]. Ab 1950, in der Spätphase des logischen Empirismus, breitet sich der Begriff ‹R.› schnell aus, wobei die Anwendungen immer vielfältiger werden. Im Zentrum der Auseinandersetzungen steht die These, daß das Verhalten komplexer Systeme durch das Zusammenwirken der Bestandteile erklärt werden kann. Dies betrifft vor allem das Verhältnis des Organischen zum Anorganischen, des Psychischen zum Physischen und der Gesellschaft zum Individuum [6].

Das klassische reduktionistische Programm von P. OPPENHEIM und H. PUTNAM [7] hat seine Wurzeln in der in den 30er Jahren u.a. von R. CARNAP und O. NEURATH propagierten Idee der Einheit der Wissenschaft. Es verfügt über einen am Deduktionsmodell der Erklärung orientierten Reduktionsbegriff [8], der mit einer Teil-Ganzes-Relation die Theorien für verschiedene Stufen oder Schichten der Realität verbindet (Mikroreduktion). Als Stütze des Programms dient u.a. die empirische Evolutionshypothese, nach der die höheren Stufen (Zellen, Organismen) aus den niederen (Atome und Moleküle) entstanden sind. In der Theorie der Formalwissenschaften und in der Ontologie gibt es allerdings reduktionistische Strategien, die nicht an die Annahme eines Schichtenaufbaus gebunden sind [9].

F. J. AYALA [10] unterscheidet zwischen dem *ontologischen* R. (z.B. der Behauptung, daß allen Lebensphänomenen materielle Objekte zugrunde liegen, daß also der Vitalismus falsch ist), dem *methodologischen* R. (nach dem alle Erklärungen von den Konstituenten ausgehen müssen, wodurch etwa spezielle Methoden gegenüber der Physik bedroht sind) und dem sog. *epistemologischen* R. (bei dem es um die logischen und semantischen Beziehungen zwischen den zugehörigen Theorien geht).

Die erfolgreichsten Reduktionsversuche verbinden verschiedene Theorien innerhalb der *Physik* [11]. U.a. wegen ganzheitlicher Korrelationen, die bei sog. verschränkten Systemen der Quantenmechanik auftreten, wird dagegen die Reduzierbarkeit der Chemie auf Physik prinzipiell bestritten und statt dessen ein Theorienpluralismus mit gleichberechtigten, sich ergänzenden und kontextabhängigen Beschreibungsweisen gefordert [12].

Die umfangreiche Debatte um den R. in der *Biologie* setzt eine Auseinandersetzung fort, die die gesamte Geschichte der Biologie durchzieht: Kann das Leben aus seinen anorganischen Bestandteilen erklärt werden [13]? Die sich in den 20er Jahren entwickelnde organismische Auffassung versucht mit systemtheoretischen Überlegungen einen dritten Weg zwischen Atomismus und Vitalismus zu gehen, der (ähnlich wie der gleichzeitig aufblühende Holismus) die ganzheitlichen Aspekte betont, aber ohne übernatürliche Faktoren auskommt [14]. Die Erfolge der Molekularbiologie seit Mitte der 50er Jahre haben den Streit neu belebt. Antireduktionistisch sind verschiedene Spielarten des Organismus, während der R. vor allem von Biochemikern und Wissenschaftstheoretikern vertreten wird [15]. Zahlreiche Fallstudien befassen sich mit der Reduzierbarkeit der klassischen Genetik auf molekularbiologische Theorien [16].

Die Fortschritte der Neurophysiologie und der Computerwissenschaften haben der Diskussion um das *Leib-Seele-Problem* neues Material gegeben. Antireduktionistisch sind der Dualismus (J. C. ECCLES) oder auch K. R. POPPERS Drei-Welten-Theorie. Andere Angriffe auf den R. berufen sich auf Intentionalität, phänomenale Qualitäten oder die unvermeidbare Standpunktbezogenheit mentaler Zustände (TH. NAGEL) [17]. Im Funktionalismus (H. PUTNAM), der mentale Zustände mit ihrer Funktion für das Gesamtsystem identifiziert (wie die durch ein Programm beschriebenen Zustände eines Computers), vereinigen sich ein grundsätzlicher Materialismus und die Forderung nach Autonomie der Psychologie. Aus frühen Formen der Identitätstheorie (H. FEIGL, J. J. C. SMART, D. M. ARMSTRONG) ging als extremer R. der eliminative Materialismus hervor (R. RORTY, P. M. CHURCHLAND), der mentale Ausdrücke ganz durch neurophysiologische Terme ersetzen will. Diese Forderung wird von den Vertretern eines nichtreduktiven Materialismus (J. KIM, J. HAUGELAND) zurückgewiesen (Supervenienz-Theorie) [18].

In den *Sozialwissenschaften* ist ‹R.› eine häufige Bezeichnung für Versuche, soziale Phänomene durch das Verhalten von Individuen zu erklären. In diesem Sinn erklärt J. S. MILL, daß die Gesetze der gesellschaftlichen Phänomene von den Gesetzen der Natur der Individuen abgeleitet und in sie aufgelöst werden können [19]. Als Basis dienen etwa rationale Entscheidungsmodelle (F. A. VON HAYEK, K. R. POPPER, J. B. WATSON) oder psychologische Lern- und Verhaltenstheorien (G. C. HOMANS, H. J. HUMMEL/K.-D. OPP). Die Auseinandersetzung zwischen diesem methodologischen Individualismus [20] und den zuweilen als Kollektivismus bezeichneten Gegenpositionen (z.B. E. DURKHEIM) geht bis in die Aufklärung zurück (Mechanismus vs. Organizismus, Atomismus vs. Holismus) [21]. Da soziale Phänomene und Gesetzmäßigkeiten das Resultat der Handlungen von Individuen sind, müssen sie nach Auffassung des R. durch das Verhalten von Individuen erklärt werden, wobei insbesondere Faktoren wie einer Volksseele oder welthistorischen Notwendigkeiten jede Erklärungskraft abgesprochen wird. Die Gegner des R. sehen durch seine konsequente Anwendung die Theoriebildung zu sehr eingeschränkt und damit die Autonomie der Soziologie und die Fruchtbarkeit makrosoziologischer Ansätze gefährdet [22].

In der philosophischen Anthropologie wird ‹R.› vor allem mit der ungerechtfertigten Übertragung naturwissenschaftlicher («objektivistischer») Methoden auf den Menschen verbunden, d.h. mit ‹Szientismus› gleichgesetzt. So rechnet man in Gegenüberstellung zu hermeneutischen Interpretationen der Psychoanalyse (P. RICŒUR, J. HABERMAS, A. LORENZER) das an den Naturwissenschaften orientierte Wissenschaftsverständnis von S. FREUD zuweilen dem R. zu [23].

Als reduktionistisch bezeichnet man auch Versuche einer biologischen Begründung des Sozialverhaltens, der Kulturwissenschaften und der Ethik, wie sie neuerdings insbesondere im Rahmen der Soziobiologie unternommen werden [24].

Bei dieser Spielart des R. geht es auch um Wertfragen: «Statements of the form 'X is nothing but Y' often are put forth with debunking intent ... Reductionist views reduce the more valuable to the less valuable, the more meaningful to the less meaningful; the reduction is a reduction in value, in worth» [25]. Damit wird eine neue Ebene der Auseinandersetzung betreten: «In presenting his theory, the reductionist theorist is unresponsive ... to people's value as value ... Reductionism is not simply a theoretical mistake, it is moral failing» [26].

Die Aufgabe der Wissenschaftstheorie ist vor allem die Präzisierung der Reduktionsbeziehung. Das Vorbild für die Rekonstruktion der Theoriereduktionen in den empirischen Wissenschaften waren Reduktionen in den Formalwissenschaften [27], vor allem die der Mathematik auf Logik. Reduktionen sind dann wissenschaftliche Erklärungen, im Idealfall durch Definition der Begriffe und Deduktion der Gesetze (C. G. HEMPEL). So muß nach der klassischen Analyse von E. NAGEL [28] die reduzierte Theorie aus der allgemeineren Theorie logisch abgeleitet werden.

In den 70er Jahren wurde diese Standardauffassung aufgrund historischer Fallstudien z.T. heftig kritisiert, z.T. modifiziert. Als schwieriges Problem haben sich die Brückenprinzipien herausgestellt, die als synthetische Identitäten das Vokabular der beiden Theorien verbinden. Die Reduktion ist oft erst nach einer Modifikation der Theorie und in der Regel nur approximativ möglich. Für die Reduktionsbeziehung wurden deshalb verschiedene Präzisierungen vorgeschlagen (u.a. modelltheoretische) [29].

Zum Argument gegen den R. wurde die Beziehung von Theorien, die ihren Gegenstandsbereich ganz unterschiedlich klassifizieren [30]. Viel diskutiert ist der Fall aufeinanderfolgender Theorien, die logisch nicht vergleichbar sind, etwa weil die Begriffe ihre Bedeutung geändert haben (Inkommensurabilität) [31]. Beim R. geht es jedoch vor allem um Mikroreduktionen, d.h. das Verhältnis von Theorien für verschiedene Schichten (Biologie/Physik) ist wichtiger als die theoriendynamischen Probleme (etwa in der Ablösung der klassischen Mechanik durch die Relativitätstheorie) [32].

In der Auseinandersetzung um den R. spielt der Begriff ‹Emergenz›, der schon im 19. Jh. geprägt wurde [33], eine wichtige Rolle. Als Fachbegriff wurde ‹emergent› später in den 20er Jahren populär, etwa durch C. L. MORGAN [34]. Eine einheitliche Verwendung hat sich nicht durchgesetzt. Emergent nennt man manchmal Eigenschaften, die nur dem Ganzen, nicht aber seinen Teilen zugesprochen werden können. Emergenz und R. können vereinbar sein, wenn solche Systemeigenschaften und Gesetze als emergent bezeichnet werden, die man nicht aus den Gesetzen der isolierten Komponenten und ihrer Anordnung vorhersehen und ableiten kann [35]. Die Gleichung für einen elektrischen Schwingkreis z.B. folgt nicht aus den Gesetzmäßigkeiten, die ausreichen, um seine isolierten Komponenten zu beschreiben. Sie läßt sich jedoch aus der vollständigen Maxwellschen Theorie bei Angabe der entsprechenden Randbedingungen gewinnen. Oft nennt man aber gerade diejenigen Eigenschaften emergent, die prinzipiell nicht reduzierbar sind.

Eine differenzierte Position zum R. kann aus der Pragmatik des Erklärens entwickelt werden: Selbst wenn man überzeugt ist, daß mentale Zustände auf physischen Prozessen beruhen, muß man nicht erwarten, daß die Elementarteilchenphysik die Psychologie in jeder Hinsicht ersetzen kann. Der ontologische R. schließt nicht ein, daß gute Erklärungen nur von der tieferen Ebene her möglich sind [36].

Anmerkungen. [1] M. SCRIVEN: Definitions, explanations, and theories. Minnesota Stud. Philos. Sci. 2, hg. H. FEIGL/M. SCRIVEN/G. MAXWELL (Minneapolis 1958) 123. – [2] So eine frühe Verwendung des Begriffs ‹R.› bei A. C. GARNETT: Scient. method and the concept of emergence. J. Philos. 39 (1942) 477-486. – [3] R. M. HARE: The language of morals (Oxford 1952) 180. – [4] Vgl. V. FRANKL: Reductionism and nihilism, in: A. KOESTLER/J. R. SMYTHIES (Hg.): Beyond reductionism (London 1969) 396-416; dtsch.: Das neue Menschenbild (1970). – [5] W. V. O. QUINE: Two dogmas of empiricism. Philos. Review 60 (1951) 20; dtsch. in: Von einem log. Standpunkt (1979) 27. – [6] M. SCHLICK: Über den Begriff der Ganzheit (1935). Ges. Aufs. (1938) 251-266; ND in: E. TOPITSCH (Hg.): Logik der Sozialwiss. (1971) 213-224. – [7] P. OPPENHEIM/H. PUTNAM: Unity of sci. as a working hypothesis, in: FEIGL/SCRIVEN/MAXWELL, a.O. [1] 3-36; dtsch. in: L. KRÜGER (Hg.): Erkenntnisprobleme der Naturwiss. (1970) 339-371. – [8] E. NAGEL: The meaning of reduction in the natural sci., in: R. C. STAUFFER (Hg.): Sci. and civilization (Madison 1949) 99-135. – [9] R. GROSSMANN: Ontolog. reduction (Bloomington 1973). – [10] F. J. AYALA: Introd., in: F. J. AYALA/T. DOBZHANSKY (Hg.): Studies in the philos. of biology. Reduction and related problems (Berkeley 1974) VIII. – [11] R. M. YOSHIDA: Reduction in the phys. sci. (Halifax 1977). – [12] H. PRIMAS: Chemistry, quantum mechanics and reductionism (1981); Kann Chemie auf Physik red. werden? Chemie in unserer Zeit 19 (1985) 109-119. 160-166; R. HEDRICH: Komplexe und fund. Strukturen (1990). – [13] Vgl. J. GOODFIELD: 19th and 20th cent. reductionist attitudes, in: AYALA/DOBZHANSKY, a.O. [10] 65-86; Z. KOCHANSKI: Kann Biol. zur Physiko-Chemie red. werden? in: B. KANITSCHEIDER (Hg.): Materie-Leben-Geist (1979) 67-120, Abschn. 1. – [14] KOCHANSKI, a.O. 83f. – [15] a.O. 75f. 88f. – [16] Vgl. K. SCHAFFNER: The Watson-Crick model and reductionism. Brit. J. Philos. Sci. 20 (1969) 325-348; The peripherality of reductionism in the developm. of molec. biology. J. Hist. Biol. 7 (1974) 111-139; A. ZUCKER: Holism and reductionism: A view from genetics. J. Med. Philos. 6 (1981) 145-163. – [17] Vgl. TH. NAGEL: The view from nowhere (Oxford 1986); die Reduzierbarkeit der Konzepte ‹Person› und ‹personale Identität› verteidigt dagegen D. PARFIT: Reasons and persons (Oxford 1984) 210f. 275f. – [18] Vgl. P. BIERI (Hg.): Analyt. Philos. des Geistes (1981); P. S. CHURCHLAND: Neurophilos. (Cambridge, Mass. 1986); bei der Supervenienz beruhen die mentalen auf physischen Eigenschaften, sind aber nicht durch sie definierbar, vgl. J. KIM: Supervenience and nomolog. incommensurables. Amer. philos. Quart. 15 (1978) 149-156. – [19] J. S. MILL: A system of logic (London 1843) VI, 7, § 1. – [20] Diesen Begriff prägte 1908 J. A. SCHUMPETER, vgl. W. HEINE: Methodolog. Individualismus (1983) 12. – [21] Vgl. V. VANBERG: Die zwei Soziologien (1975) und HEINE, a.O. – [22] Vgl. H. SPINNER: Sci. without reduction. Inquiry 16 (1973) 16-94. – [23] Vgl. W. MERTENS (Hg.): Neue Perspektiven der Psychoanalyse (1981) 17-32. – [24] Etwa von C. J. LUMSDEN/E. O. WILSON: Genes, mind and culture (Cambridge, Mass. 1981); vgl. M. RUSE: Sociobiol. and reductionism, in: P. HOYNINGEN-HUENE/F. WUKETITS (Hg.): Reductionism and systems theory in the life sci. (Dordrecht 1989) 45-83. – [25] R. NOZICK: Philos. explanations (Oxford 1981) 627-628. – [26] a.O. 631. – [27] D. A. BONEVAC: Reduction in the abstract sci. (Indianapolis 1982). – [28] E. NAGEL: The structure of sci. (New York 1961) Kap. 11. – [29] K. SCHAFFNER: Approaches to reduction. Philos. Sci. 34 (1967) 137-147; L. SKLAR: Types of inter-theoretic reduction. Brit. J. Philos. Sci. 18 (1967) 109-124; T. NICKLES: Two concepts of intertheoretic reduction. J. Philos. 70 (1973) 181-201. – [30] J. A. FODOR: Special sci. Synthese 28 (1974) 97-115. – [31] Vgl. P. K. FEYERABEND: Explanation, reduction, and empiricism. Minnesota Stud. Philos. Sci. 3, hg. H. FEIGL/G. MAXWELL (Minneapolis 1962) 28-97; gek. dtsch. Fassung in: FEYERABEND: Probleme des Empirismus (1981) 73-125; TH. S. KUHN: The struct. of scient. revol. (Chicago 1962); dtsch.: Die Struktur wiss. Revolutionen (1967). – [32] W. C. WIMSATT: Reductionism, levels of organization, and the mind-body problem, in: G. C. GLOBUS/G. MAXWELL/I. SAVODNIK (Hg.): Consciousness and the brain (New York 1976) 205-267. – [33] Erstmals in: G. H. LEWES: Problems of life and mind (London 1874); vgl. NAGEL, a.O. [28] 366-380 und R. L. KLEE: Micro-determinism and concepts of emergence. Philos. Sci. 51 (1984) 44-63. – [34] C. L. MORGAN: Emergent evolut. (London 1923); vgl. die Diskussion in: E. S. BRIGHTMAN (Hg.): Proc. of the sixth int. congr. of philos. (New York 1927) 1-46. – [35] Vgl. M. STÖCKLER: A short hist. of emergence and reductionism, in: E. AGAZZI (Hg.): The problem of reductionism in sci. (Dordrecht 1991) 71-90. – [36] Vgl. F. A. HAYEK: Die Theorie komplexer Phänomene (1972); H. PUTNAM: Mind, language, and reality (Cambridge 1975) 295-298; W. C. WIMSATT: Reductionistic research strategies, in: T. NICKLES (Hg.): Scient. discovery: Case studies (Dordrecht 1980) 213-259; R. RORTY: Non-reductive physicalism, in: K. CRAMER (Hg.): Theorie der Subjektivität (1987) 278-296.

Literaturhinweise. - Allgemein: K. SCHAFFNER: Reduction, reductionism, values, and progress in the biomed. sci., in: R. G. COLODNY (Hg.): Logic, laws, and life (Pittsburgh 1977) 143-171. - B. KANITSCHEIDER s. Anm. [13]. - W. C. WIMSATT: Reduction and reductionism, in: P. D. ASQUITH/H. E. KYBURG (Hg.): Current research in philos. of sci. (East Lansing, Mich. 1979) 352-377. - J. D. ROBERT: Actualité du réductionnisme? Arch. Philos. 42 (1979) 127-144. - G. VOLLMER: Was können wir wissen? 2: Die Erkenntnis der Natur (1986) 163-233. - P. S. CHURCHLAND s. Anm. [18] Part II. - P. HOYNINGEN-HUENE/F. WUKETITS s. Anm. [24]. - E. SCHEIBE: Das Reduktionsproblem und die Einheit der Naturwiss., in: P. WEINGARTNER/G. SCHURZ (Hg.): Philos. der Naturwiss. (Wien 1989) 305-317. - *Biologie:* F. J. AYALA/T. DOBZHANSKY s. Anm. [10]. - Z. KOCHANSKI s. Anm. [13]. - D. L. HULL: Philos. and biology, in: G. FLOISTAD (Hg.): Contemp. philos. 2 (Den Haag 1982) 282-297. - *Psychologie/Leib-Seele-Problem:* Art. ‹Reductionism›, in: Encycl. of bioethics 4, hg. W. REICH (New York 1978). - N. BLOCK (Hg.): Readings in philos. of psychol. 1 (Cambridge, Mass. 1980). - A. CLARK: Psycholog. models and neural mechanisms (Oxford 1980). - P. BIERI s. Anm. [18]. - TH. METZINGER: Neuere Beitr. zur Disk. des Leib-Seele-Problems (1985). - TH. NAGEL s. Anm. [17]. - *Sozialwissenschaften:* M. BRODBECK (Hg.): Readings in the philos. of the social sci. (New York 1968) Sect. 4. - J. O'NEILL (Hg.): Modes of individualism and collectivism (London 1973). - W. BÜHL (Hg.): Reduktionist. Soziol. (1974). - R. ERLENKÄMPER: Redukt. Erkennen (1976). - G. EBERLIN/H. J. VON KONDRATOWITZ (Hg.): Psychol. statt Soziol. (1977). - J. W. SMITH: Reductionism and cult. being (Den Haag 1984). - *Logik und Wiss.theorie:* K. SCHAFFNER s. Anm. [29]. - W. C. WIMSATT s. Anm. [32]. - R. L. CAUSEY: Unity of sci. (Dordrecht 1977). - C. A. HOOKER: Towards a general theory of reduction. Dialogue (Kanada) 20 (1981) 38-59. 201-236. 496-529. - D. A. BONEVAC s. Anm. [27].

M. STÖCKLER

Redundanz. Das Verb ‹redundo› und das Substantiv ‹redundatio› (Überfluß) bezeichnen in der Rhetorik einen der Fehler in der Gestaltung der Rede [1].

Als Fachterminus wurde ‹R.› von C. E. SHANNON [2] aufgenommen und in Abhängigkeit vom Begriff ‹Entropie› für die Textstatistik definiert. Shannon führt aus, daß die R. des Englischen praktisch 50% sei, wenn wir nur statistische Abhängigkeiten zwischen Buchstaben berücksichtigten, die maximal acht Buchstaben voneinander entfernt seien. Das bedeute, daß, wenn wir Englisch schreiben, die Hälfte der Buchstaben bereits durch die statistischen Abhängigkeiten zwischen den Buchstaben bestimmt seien und nur der Rest frei gewählt werden könne. Solle ein Text übertragen werden, so bräuchten eigentlich nur die frei gewählten Buchstaben codiert zu werden, während die Angaben für Buchstaben, die aufgrund statistischer Abhängigkeiten bestimmt sind, für die Übertragung also überflüssig, d.h. redundant seien. Formal gilt: Die maximal mögliche Unterscheidungskapazität von Mitteilungen einer bestimmten Länge sei I_{max}. Jede normale Mitteilung gleicher Länge ist normalerweise nicht optimal codiert, hat daher einen kleineren Informationswert I. Im Rahmen der Informationstheorie (s.d.) wird dann das Maß der absoluten R. durch $R_{abs} = I_{max} - I$ definiert und dasjenige der relativen R. durch $R_{rel} = (I_{max} - I)/I_{max}$.

Anmerkungen. [1] Vgl. CICERO: De orat. 1, 20; Brut. 316; QUINTILIAN: Instit. orat. 8, 3, 57. - [2] C. E. SHANNON: The math. theory of communication (Urbana 1949, ¹⁰1964) 56.

H. SCHNELLE

Reell

I. - Das in Umgangssprache und philosophischen Texten im Sinne von ‹real› gebrauchte [1] Adjektiv ‹reell› bekommt in der Phänomenologie E. HUSSERLs eine eigene terminologische Kontur. «Reell» heißt dort die Seinsart der noetischen Gehalte des Bewußtseinslebens, sofern diese als identische und individuelle Objekte vermöglicher Reflexion an einem bestimmten Jetzt (oder einer Jetztfolge) der immanenten Zeit vorhanden und in diesem Sinne «wirklich» sind [2]. «Reell» wird bei Husserl unterschieden von «real» [3], womit er die Seinsart des raumzeitlich, in sinnlicher Wahrnehmung Gegebenen bezeichnet, und «ideal» [4], der Seinsart des eidetisch Erfaßbaren, das nicht an einer Zeitstelle lokalisiert, sondern allzeitlich ist. Reales und Ideales stehen als die beiden Bereiche des Noematischen dem Reellen als dem Noetischen gegenüber.

Anmerkungen. [1] Vgl. Art. ‹R.›, in: Dtsch. Fremdwb., bearb. O. BASLER/A. KIRKNESS/E. LINK u.a. 3 (1977) 210f.; dort auch Verweis auf G. F. MEIER: Met. (1755-59) § 132. - [2] E. HUSSERL: Ideen zur einer reinen Phänomenol. und phänomenol. Philos. 1 (1913) § 88. Husserliana 3/1 (Den Haag 1976) 202ff. - [3] § 49, a.O. 104ff. - [4] Erfahrung und Urteil. Unters. zur Genealogie der Logik (²1954) 309ff.

K. HELD

II. - In der *Mathematik* bezeichnet der Begriff ‹reell› jene Menge der Zahlen, die als Zahlengerade veranschaulicht werden kann. Die Menge $\mathbb{R}$ der reellen Zahlen umfaßt die ganzen, die rationalen und die irrationalen, nicht als Bruch ganzer Zahlen darstellbaren (aperiodisch-unendliche Dezimalbrüche) Zahlen. Die vollständige algebraische Abgeschlossenheit findet der Zahlenraum allerdings erst in der Erweiterung der Menge $\mathbb{R}$ um die imaginären Zahlen zur Menge $\mathbb{C}$ der komplexen Zahlen. Die präzise Differenzierung anhand der Begriffe ‹reell› und ‹imaginär› findet sich zuerst in der ‹Géometrie› (1637) von R. DESCARTES [1].

Die Unterscheidung kommensurabler und inkommensurabler Größen (anhand der Nichtdarstellbarkeit von $\sqrt{2}$ als Zahlenverhältnis) durch die Pythagoräer verrät ein Vertrautsein mit den reellen Zahlen der Sache nach [2]; ein Vorverständnis kann sogar bis zu den Babyloniern und Ägyptern [3] verfolgt werden. EUDOXOS VON KNIDOS gibt in seiner Theorie der Größenverhältnisse eine erste Theorie der reellen Zahlen [4].

Im Zuge der Einführung der Dezimalbrüche im 16. Jh. [5] breitet sich der Gebrauch reeller Zahlen aus, aber erst 1821 liefert A.-L. CAUCHY ein vollständiges Konstruktionsprinzip der reellen Zahlen [6]; R. DEDEKIND (1872) und G. CANTOR (1883) zeigen weitere, bis heute gültige Konstruktionsweisen des Körpers der reellen Zahlen [7].

Auch der Gebrauch imaginärer Zahlen reicht weiter zurück als ihre Formalisierung (bis ins 16. Jh.) [8]; noch G. W. LEIBNIZ äußert sich skeptisch über ihre Existenz [9]; erst C. F. GAUSS liefert ein präzises Konstruktionsverfahren für die Menge der komplexen Zahlen und die Zahlenebene als Veranschaulichung [10].

Anmerkungen. [1] R. DESCARTES: La géometrie 3. Oeuvr., hg. CH. ADAM/P. TANNERY 6 (Paris 1965) 453. - [2] VS 58. - [3] Vgl. O. NEUGEBAUER: Vorles. über die Gesch. der Math. 1 (1934) 33ff. - [4] Überliefert in: EUKLID: Elementa V. - [5] Vgl. F. KLEIN: Elementarmath. 1 (1933) 35f. - [6] A.-L. CAUCHY: Cours d'analyse de l'école royale polytechn. (1821). Oeuvr. compl. II/3 (Paris 1897). - [7] Vgl. R. DEDEKIND: Stetigkeit und irrat. Zahlen (1872). Ges. math. Werke 3 (1932) 315ff.; G. CANTOR: Über unendl., lineare Punktmannichfaltigkeiten 5, § 9. Math. Annalen 21 (1883) 564ff. - [8] So wird der Gebrauch imag. Zahlen z.B. bereits H. Cardano zugeschrieben, vgl. KLEIN, a.O. [5] 61. - [9] Vgl. G. W. LEIBNIZ: Specimen novum analyseos pro scientia

infiniti circa summas et quadraturas (1702). Math. Schr., hg. C. I. GERHARDT 5 (1858, ND 1971) 350-361, bes. 357. – [10] C. F. GAUSS: Anzeige der Theoria residuorum biquadraticorum. Comment. sec. (1831). Werke 2 (1876, ND 1973) 169-178, bes. 174ff.
C. BORCK

Referenz, Referenztheorie. Um den Gegenstandsbezug eines Namens zu bezeichnen, wird in Anlehnung an englisch ‹reference› der Ausdruck ‹R.› gebraucht. Vielfach versucht man durch Verwendung des Ausdrucks ‹Bezugnahme› diese Neuprägung zu umgehen. ‹Reference› hat sich im Englischen seit M. BLACKS Übersetzung von G. FREGES Aufsatz ‹Über Sinn und Bedeutung› [1] als ‹Sense and reference› eingebürgert [2]. Zuvor wurde Freges ‹Bedeutung› mit ‹indication› [3], ‹denotation› [4] und ‹nominatum› [5] übertragen. Doch auch die Übersetzung mit ‹reference› ist nicht unumstritten [6], und neuerdings wurde sie durch ‹meaning› ersetzt [7].

Die Debatte um Rth.n ist zunächst eng mit der Diskussion von Freges Unterscheidung von Sinn und Bedeutung bei Eigennamen verbunden. Die Bedeutung oder, in der Rückübersetzung, die R. eines Eigennamens ist für FREGE der durch den Namen bezeichnete Gegenstand. Im Unterschied zu J. S. MILL [8], nach dem Eigennamen wie ‹Dartmouth› und ‹Aristoteles› lediglich bezeichnen (denotation), nicht jedoch mitbezeichnen (connotation), haben für FREGE auch Eigennamen einen Sinn, der die Bedeutung bestimmt. Frege ist sich jedoch darüber im Klaren, daß «Meinungen über den Sinn auseinandergehen können» [9]. ‹Aristoteles› mag nach dem einen den Schüler Platons und Lehrer Alexanders des Großen bezeichnen, nach dem andern hingegen den aus Stagira gebürtigen Lehrer Alexanders des Großen.

B. RUSSELL [10] greift Freges Lehre an, daß Eigennamen einen Sinn besitzen, und schlägt statt dessen vor, sie als Beschreibungen zu analysieren [11]. Russells Vorschlag hat insbesondere Vorteile bei der Analyse von Eigennamen, die sich auf einen Gegenstand beziehen, der nicht existiert, wie 'der goldene Berg', 'der König von Frankreich', da er nicht wie A. Meinong, mit dem sich Russell ausführlich auseinandersetzte, nichtexistierende Gegenstände postulieren muß.

Mit Russells Theorie der Beschreibung setzt sich P. STRAWSON [12] auseinander. Er behauptet, daß ein Ausdruck als solcher zwar sinnvoll oder sinnlos sein kann, daß jedoch nur ein bei einer bestimmten Gelegenheit verwendeter Ausdruck referieren könne. Er wirft Logikern wie Russell vor, sich durch die Beschäftigung mit Definitionen und formalen Systemen dazu verführen haben zu lassen, die Abhängigkeit der Referenz vom Kontext und von Konventionen zu übersehen.

Strawsons Gedanken, daß ‹R.› ein pragmatischer Begriff sei, greift J. SEARLE [13] auf. Eigennamen referieren demnach in andrer Weise als Beschreibungen; Searle vergleicht sie mit «Pflöcken» (pegs), an die man Beschreibungen hängen kann. Gleichwohl vertritt auch Searle die Ansicht, daß Eigennamen aufgrund von Beschreibungen referieren, diese sind jedoch nicht spezifiziert, sondern die Benutzer der Namen entscheiden mehr oder weniger willkürlich, was die Kriterien für den jeweiligen Referenten, etwa für den Namen ‹Aristoteles›, sind. Es hängt somit für Searle von pragmatischen Faktoren ab, ob der Satz 'Tully = Cicero' analytisch oder synthetisch ist. Später faßt Searle [14] die R. ebenso wie die Prädikation als Sprechakt auf und formuliert Regeln der R., die erfüllt werden müssen, wenn der R.-Akt glücken soll.

K. DONNELLAN [15] führt die Unterscheidung zwischen dem referentiellen und dem attributiven Gebrauch einer Kennzeichnung ein. Ein Sprecher, der eine Kennzeichnung in einer Behauptung attributiv gebraucht, behauptet etwas über denjenigen oder dasjenige, das so beschaffen ist, wie in der Kennzeichnung beschrieben. 'Der Mörder von Schmitt ist verrückt' macht, wenn die darin enthaltene Kennzeichnung attributiv verwendet wird, eine Aussage über den tatsächlichen Mörder von Schmitt, der u.U. nicht die Person ist, an die der Sprecher denkt. Dagegen wird eine Kennzeichnung referentiell gebraucht, wenn der Sprecher es dem Hörer ermöglichen will, eine bestimmte Person herauszugreifen. In diesem Fall kann auf eine bestimmte Person als Mörder von Schmitt referiert werden, selbst wenn sie nicht der Mörder von Schmitt ist. Nach Donnellan geht Russells Rth. fehl, da sie nicht mit dem referentiellen Gebrauch von Kennzeichnungen vereinbar ist, während Strawsons Rth. Elemente beider Gebrauchsweisen miteinander vermengt.

Die Rth.n von Strawson und Searle, die davon ausgehen, daß der Referent derjenige ist, der die meisten der Beschreibungen erfüllt, sind insbesondere von H. PUTNAM und S. KRIPKE einer radikalen Kritik unterzogen worden [16]. Sie schlagen statt dessen eine kausale (oder historische) Analyse der R. vor. Dabei greift PUTNAM [17] die These an, daß die den Gegenstandsbezug herstellende Bedeutung «im Kopf» sei. Als Begründung führt er ein Gedankenexperiment ein, das eine Zwillingserde annimmt, die sich von unserem Planeten nur dadurch unterscheidet, daß Wasser dort eine andere chemische Verbindung hat als bei uns. Die Menschen dort sollen jedoch das gleiche denken wie hier, und es sollen die gleichen neurophysiologischen Prozesse in ihnen ablaufen. Der Ausdruck ‹Wasser› wird daher auf den beiden Planeten auf unterschiedliche natürliche Arten referieren; da jedoch nach der Hypothese die Gedanken und die neurologische Struktur der Personen gleich sind, wenn sie auf das referieren, was sie ‹Wasser› nennen, kann die die R. herstellende Bedeutung nicht im Kopf sein. Nach Putnam ist die R. vielmehr sozial bestimmt, insofern aufgrund einer gesellschaftlichen Arbeitsteilung z.B. die Chemiker bestimmen werden, worauf auf der jeweiligen Erde ‹Wasser› referiert. Auch Ostension kann R. herstellen.

Nach der von KRIPKE [18] skizzierten kausalen Analyse der R. bezeichnet ein Name aufgrund einer Kommunikationskette, die auf das entsprechende R.-Objekt zurückgeht; der Name, den ein Sprecher verwendet, bezeichnet den jeweiligen Gegenstand aufgrund der Tatsache, daß der Sprecher zu einer Sprachgemeinschaft gehört, die den Namen von Glied zu Glied weitergegeben hat. Dabei ist es gleichgültig, wie der jeweilige Sprecher zu seiner R. gekommen ist, relevant ist vielmehr die tatsächliche Kette der Kommunikation. Die R. hängt daher nach Kripke nicht davon ab, was der Sprecher denkt, oder von einem mit dem Namen verbundenen Bündel von Beschreibungen, sondern von der Geschichte, wie ihn der Name erreicht hat, und damit von der Sprachgemeinschaft.

Doch auch die kausale Theorie ist mit Problemen verbunden, die, wie G. EVANS [19] zeigt, vor allem damit zusammenhängen, daß sie kontextuelle Information vernachlässigt. In seiner eigenen Rth., die auch dem Phänomen des Bedeutungswandels Rechnung tragen will, verbindet er Elemente der deskriptiven und kausalen Rth. mit einer Kommunikationstheorie.

W. V. O. Quine, der die Problematik einer Theorie der (intensionalen) Bedeutung anprangert, zu deren Kernbegriffen ‹Synonymie›, ‹Signifikanz› und ‹Analytizität› gehören, betont die Bedeutung der Rth., deren Kernbegriffe ‹Benennung›, ‹Wahrheit›, ‹Denotation› und ‹Extension› sind [20]. In der Tradition Tarskis stehend, bestimmt Quine ‹R.› als Erfüllungsrelation, womit der kommunikationstheoretische Aspekt der R. in den Hintergrund rückt. Namen sind für Quine konstante Ersetzungen von Variablen, deren Wertebereich die benannten Entitäten bilden. ‹'Zu sein' heißt 'Wert einer Variablen zu sein'» [21]. Ein Name referiert demnach genau dann auf etwas, wenn die Existenzgeneralisierung in bezug auf diesen Namen eine gültige Form des Schlusses ist. Eine Konsequenz dieses Ansatzes ist, daß zur Rth. nun auch der Begriff der ontologischen Festlegung gehört. Der Nominalismus kann etwa dadurch gekennzeichnet werden, daß er im Unterschied zum Realismus abstrakte Entitäten als Werte von Variablen nicht zuläßt.

Im gesamten Werk Quines steht die Frage nach dem Funktionieren des referentiellen Apparats der Sprache im Vordergrund. So besagt etwa Quines These von der Indeterminiertheit der Übersetzung, daß die R. von Ausdrücken radikal fremder Sprachen anders als die Reizbedeutung nicht durch empirisch zugängliche Methoden feststellbar ist [22]. Außerdem hat Quine einen schematischen Vorschlag zur Psychogenese der R. geliefert [23].

Mit Ausnahme von Quine steht bei den angeführten Rth.n weitgehend die singuläre R. im Mittelpunkt, die vielfach als Testfall für eine allgemeine Rth. angesehen wird. Weitere Formen der R. sind *plurale R.*, etwa 'die Anzahl der Bäume im Sherwood Forest', die für eine Theorie der Anzahl von Bedeutung sein könnte [24], die *generische R.*, etwa 'der Affe' in dem Satz 'der Affe gehört zu den Säugetieren' [25], sowie die *anaphorische R.*, die auf etwas Bezug nimmt, was bereits erwähnt wurde [26].

Anmerkungen. [1] G. Frege: Über Sinn und Bedeutung. Z. Philos. philos. Kritik NF 100 (1892) 25ff. – [2] Sense and reference. Philos. Review 7 (1948) 207-230. – [3] B. Russell: The principles of math. (London 1901) 502. – [4] On denoting. Mind 14 (1905) 479-493. – [5] R. Carnap: Meaning and necessity (Chicago 1947) 118. – [6] Vgl. E. Tugendhat: The meaning of 'Bedeutung' in Frege. Analysis 30 (1970) 177-189. – [7] Frege: On sense and meaning, in: Coll. papers on math., logic, and philos. (Oxford 1984) 157-177. – [8] J. S. Mill: A system of logic (1843, London 1943) I, 2, § 5. – [9] Frege a.O. [2] 27, Anm. 2. – [10] Russell, a.O. [4]. – [11] Vgl. Art. ‹Kennzeichnung, Kennzeichnungstheorie›. – [12] P. Strawson: On referring. Mind 59 (1950) 320-344. – [13] J. Searle: Proper names. Mind 67 (1958) 166-173. – [14] Speech acts (Cambridge 1969). – [15] K. Donnellan: Reference and definite descriptions. Philos. Review 75 (1966) 281-304. – [16] Vgl. Art. ‹Name III.›. – [17] H. Putnam: The meaning of 'meaning', in: K. Gunderson (Hg.): Language, mind and knowledge (Minneapolis 1975) 131-193. – [18] S. Kripke: Naming and necessity, in: G. Harman/D. Davidson (Hg.): The semantics of natural languages (Dordrecht 1972) 253-355. – [19] G. Evans: The causal theory of names. Proc. Aristot. Soc., Suppl. 47 (1973) 187-208; The varieties of reference (Oxford 1982). – [20] W. V. O. Quine: Notes on the theory of reference, in: From a logical point of view (New York ²1961) 130-138. – [21] Designation and existence. J. Philos. 36 (1939) 701-709. – [22] Word and object (Cambridge, Mass. 1960). – [23] The roots of reference (LaSalle 1974). – [24] Vgl. P. Simons: Three essays in formal ontology, in: B. Smith (Hg.): Parts and moments (1982) bes. 160-260. – [25] Vgl. G. Heyer: Generische R. (1987). – [26] Vgl. C. McGinn: The mechanism of reference. Synthese 49 (1981) 157-186.

Literaturhinweise. L. Linsky: Referring (London 1967). – E. Tugendhat: Vorles. zur Einf. in die sprachanalyt. Philos. (1976). – R. Chisholm: The first person (Minneapolis 1981). – M. Dummett: The interpret. of Frege's philos. (Cambridge, Mass. 1981). – H.-N. Castaneda: Sprache und Erfahrung (1982). – E. Runggaldier: Zeichen und Bezeichnetes (1985). – U. Wolf (Hg.): Eigennamen (1985). – K. Bach: Thought and reference (Oxford 1987). D. Münch

Reflex, Reflexbewegung (engl. reflex, reflex action; frz. réflexe, acte réflexe; ital. reflesso, atto reflesso). Bei im einzelnen sehr verschiedener Weite der Definition versteht die moderne Physiologie unter ‹Reflexbewegung› [Rb.] eine Klasse von Bewegungen, die unwillkürlich ablaufen, nicht erlernt sind, eine gesetzmäßige Abhängigkeit der Reaktion vom Reiz zeigen und deren Zustandekommen an die Existenz eines R.-Bogens gebunden ist, der aus einem afferenten Neuron, (mindestens) einer zentralnervösen Schaltstelle und einem efferenten Neuron besteht [1].

1. Vorgeschichte. – Die Antike benutzte den R.-Begriff noch nicht; hingegen war die Existenz unwillkürlicher Bewegungen durchaus bekannt. Nach Aristoteles gibt es neben der «freiwilligen» (ἑκούσιος) Bewegung, die von einem Vorsatz abhängt [2], die «nicht freiwillige» Bewegung (z.B. Schlaf/Wachen, Atmung), die gewöhnlich nicht vom Willen abhängt, aber durch ihn beeinflußbar ist, und die «unfreiwillige» (ἀκούσιος) Bewegung des Herzens und der Genitalien, die, dem Einfluß der Vernunft entzogen, durch qualitative Änderung (ἀλλοίωσις) der Organe stattfindet [3]. Die Organe der freiwilligen Bewegung bilden die Knochen und die «Nerven» (= Sehnen) [4]. Das Herz dagegen ist, als Sitz der «tierischen Wärme» [5], nicht Organ, sondern Ursprung sämtlicher Bewegungen des tierischen und menschlichen Organismus [6], die es den Organen mit Hilfe des «angeborenen Pneumas» (σύμφυτον πνεῦμα) übermittelt [7].

Zwei Generationen nach Aristoteles wird durch die alexandrinische Ärzteschule (Eratosthenes, Herophilos) die Rolle des Gehirns für die Willkürbewegung entdeckt und zwischen Muskeln und Nerven unterschieden [8]. Auf den Einsichten der Alexandriner aufbauend und sich auf Platon und Hippokrates berufend, unterscheidet Galenos zwei Klassen tierischer Bewegungen: Die Willkürbewegung (κίνησις καυ'ὁρμήν) entsteht aus dem Gehirn und wird durch das im Nervensystem verteilte «psychische Pneuma» («spiritus animalis») den Muskeln vermittelt; die «natürliche Bewegung» (κίνησις φυσική) entsteht aus dem Herzen und wird durch das in den Arterien befindliche «vitale Pneuma» kommuniziert [9]. Nach Galenos sind solche Bewegungen willkürlich, die durch den Vorsatz unterdrückt und hervorgerufen werden können [10]. Daher zählen auch im heutigen Sinn «reflektorische» Bewegungen zu den Willkürbewegungen (z.B. Bewegungen im Schlaf, Atmung, Gehen); ihre scheinbare Unwillkürlichkeit erklärt sich aus der undeutlichen Wirkung der Seele im Schlafen bzw. aus der mangelnden Begleitung der Bewegung durch das Denken im Wachzustand; beides führt zu sofortigem Vergessen der entsprechenden Bewegungen [11].

Die galenische Unterscheidung zwischen «motus voluntaris» und «motus vitalis» läßt sich noch bis weit in die Neuzeit hinein nachweisen [12] und verzögerte die Einsicht in die Beteiligung des Nervensystems am Zustandekommen unwillkürlicher Bewegungen. Ähnliches gilt für die hippokratische Lehre von den «Sympathien», d.h. den (vor allem pathologischen) Wechselwirkungen zwischen Organen, die man sich durch das Blut oder unmittelbar durch die Seele vermittelt dachte [13]. Vitalbewegungen und Sympathien (oder «konsensuelle Bewegungen») sind die Phänomene, zu deren Erklärung der neuzeitliche R.-Begriff konzipiert wurde, und treten noch bis Ende des 18. Jh. als Synonyme für R. oder Rb. auf.

2. Die Herausbildung des R.-Begriffs im 17. und 18. Jh. – Seit der Mitte des 19. Jh., im Zuge des Sieges der mechanistischen über die vitalistische Physiologie, gilt R. DESCARTES als der «Vater» des R.-Begriffs [14]; doch vom begriffsgeschichtlichen Standpunkt nicht zu Recht. Zwar spricht Descartes an *einer* Stelle der ‹Passions de l'âme› davon, daß die «esprits animaux» an der Zirbeldrüse «reflektiert» werden, von dort in die Nerven gehen und dadurch Bewegungen der Beine und des Herzens bewirken [15]. Aber er möchte dadurch keinen R. im heutigen Sinne, sondern eine emotionale, seelisch vermittelte und durch Erfahrung und Temperament modulierte Reaktion erklären. Problemgeschichtlich ist es um die Priorität von Descartes besser bestellt. Denn er beschreibt (freilich nicht als erster) einige R.e und gibt ein mechanisches Modell für ihr Zustandekommen an: «Fädchen» im Nerv werden durch den Reiz «gezogen» und öffnen so Poren im Gehirn, durch welche die Lebensgeister in die Nerven einfließen können [16]. Eine Vorwegnahme der mechanistischen R.-Physiologie ist auch sein Gedankenexperiment, daß alle Bewegungen ohne Intervention der «anima rationalis» entstehen könnten [17]. Allerdings ist seine mechanistische Physiologie noch mit zu seiner Zeit schon archaischen, aristotelischen Vorstellungen über das «innere Feuer» im Herzen und der daraus folgenden Ablehnung des von W. Harvey entdeckten Blutkreislaufs verknüpft.

Da das R.-Wortfeld (‹reflektieren›, ‹Reflexion› usw.) aus der Optik stammt, muß seine Übertragung auf die Physiologie durch eine 'Licht'- oder 'Feuer'-Konzeption der Tätigkeit des Nervensystems motiviert sein. Es ist das Verdienst von G. CANGUILHEM [18], diesen Zusammenhang nachgewiesen zu haben, und zwar bei TH. WILLIS, der demgemäß als der eigentliche Begründer des R.-Begriffs anzusprechen ist. Willis beschreibt die Nerven weniger als mechanische Einrichtungen denn als «Zündschnüre», die ihre Wirkungen nach Art einer «Explosion» hervorrufen, und das Gehirn als «Sonne», die ihre Strahlen durch das Nervensystem verbreitet. In diesem Zusammenhang verwendet er häufig die Vokabeln «reflexio» und «motus reflexus», und zwar im Gegensatz zur «direkten» Ausbreitung der «Irradiation» und zur Erklärung von unwillkürlichen Bewegungen wie z.B. dem Kratz-R. [19]. Willis bricht mit der galenischen Tradition, wonach «vitale Bewegungen» im Herzen ausgelöst werden, und läßt alle Bewegungen aus dem Gehirn entstehen. Andererseits nimmt er (nach Art des Blutkreislaufs) periphere «Anastomosen» zwischen Nerven an. Diese Hypothese wird durch J. ASTRUC zurückgewiesen, der im übrigen wie Willis von der «Reflexion» der Lebensgeister durch das Gehirn spricht und diesem Vorgang eine mechanistische Erklärung im Geiste von Descartes gibt [20]. Explananda der «Reflexion» sind «organische Sympathien» wie Lidschluß, Erbrechen, Krampf usw.

Im 18. Jh. mehren sich die experimentellen Belege dafür, daß dekapitierte Tiere zwar keine spontanen Bewegungen ausführen, aber durch äußere Einwirkungen zu Bewegungen veranlaßt werden. Das theoretische Fazit aus diesen Beobachtungen zieht R. WHYTT, allerdings ohne den R.-Begriff zu verwenden. Whytt [21] erkennt die Rolle des Reizes («stimulus») bei der Auslösung der «involuntary motion» und betont ihren gesetzmäßigen Ablauf. Er gibt den experimentellen Beweis, daß die unwillkürlichen Bewegungen einerseits auch beim dekapitierten Tier ausgelöst werden können, andererseits wegfallen, wenn das Rückenmark exstirpiert wurde, und erweist so das Rückenmark als Sitz des «sentient principle», durch das unwillkürliche Bewegungen vermittelt werden. Auch bei A. VON HALLER, der ausführlich über die Experimente an dekapitierten Tieren berichtet und häufig Willis zitiert, findet sich der R.-Begriff nicht. Verantwortlich dafür ist seine Konzeption der Irritabilität des Muskels, die diese als «vis insita» des Muskels auffaßt und nicht notwendig an eine Erregung durch Nerven bindet. Das Wort «actus reflexus» bezeichnet bei Haller gerade das Gegenteil des R., nämlich das überlegte Handeln [22].

Die Wiederbelebung des um die Mitte des 18. Jh. halb vergessenen R.-Begriffs ist J. A. UNZER und G. PROCHASKA zu verdanken. UNZER führt die R.-Terminologie in die deutsche Sprache ein. Im Gegensatz zu Whytt betont er, daß beim dekapitierten Tier der «äußere sinnliche Eindruck», ohne empfunden zu werden, die gleichen Bewegungen hervorrufen kann, als wenn er empfunden worden wäre. Beim Tier mit Gehirn bewirkt der äußere Eindruck eine «materielle Idee»; gleichzeitig wird er im Gehirn «umgewendet und gleichsam reflektiret» und wendet sich als «innerer Eindruck» zu den Nerven, die den Muskel bewegen [23]. PROCHASKA betont gegenüber Haller, daß die «Nervenkraft» («vis nervosa») teilbar ist und in einzelnen Segmenten des Rückenmarks wirken kann. Die Funktion des «sensorium commune», das im Rückenmark lokalisiert ist, besteht in der Reflexion der sinnlichen Eindrücke in motorische Eindrücke; das Bewußtsein braucht dabei nicht beteiligt zu sein. Dies gilt vor allem für den «sympathischen Nerven»; «er scheint ... seine Eindrücke ohne Bewußtsein der Seele in seinen Knoten und Geflechten zu reflectiren» [24]. Die Seele verwendet bei allen ihren Handlungen das Nervensystem als Instrument, als einen Apparat, der auch unabhängig von ihr funktionieren kann [25].

3. Die R.-Physiologie: vom exzito-motorischen System zur integrativen Tätigkeit des Nervensystems. – PROCHASKA hatte ohne genaue Kenntnis des anatomischen Substrats «alles Wesentliche über den R.-Vorgang dargelegt» [26]. Die strukturelle Konzeption des R.-Bogens setzt die Entdeckung des getrennten Eintritts der motorischen und sensiblen Nerven ins Rückenmark (Bell-Magendie'sches Gesetz [27]) voraus. An Bell anknüpfend, formuliert M. HALL 1833 die Gesetze der «R.-Funktion» des Rückenmarks [28]. Die «reflex action» läuft rein mechanisch ab und ist völlig unwillkürlich; sie wird durch einen strukturell und funktional autonomen Teil des Nervensystems, das spinale «excitomotorische System» vermittelt. Unabhängig von ihm stellt J. MÜLLER [29] den Kenntnisstand über «die Reflexion in den Bewegungen nach Empfindungen» zusammen und lehnt die Annahme eines separaten Systems für Rb.en ab. Vor allem in Deutschland findet der mechanistische Ansatz von M. Hall zunächst wenig Anklang; er bereitet auch angesichts der Zweckmäßigkeit, die sich selbst an den Rb.en des spinalen Tieres beobachten läßt, erhebliche Schwierigkeiten. E. PFLÜGER [30] spricht daher auch isolierten Rückenmarkssegmenten «sensorische Funktion» und damit Beseeltheit zu – eine Auffassung, die

H. Lotze, der die adaptive Funktion spinaler R.e teils in Zweifel setzt, teils durch Übungswirkungen erklärt, zurückweist [31]. Damit wird auch in Deutschland ein Umschwung zu einer mechanistischen Konzeption des R.es eingeleitet. Im Rahmen des Darwinismus können objektiv zweckmäßige Bewegungen ohne das Dazwischentreten einer seelischen Instanz erklärt werden; die philosophische Diskussion über die Bewußtseinsfunktion des Rückenmarks wird folgerichtig in der 2. Hälfte des 19. Jh. durch die empirische Erforschung des Zusammenwirkens der Rb.en ersetzt. Das R.-Prinzip wird jetzt auf das gesamte Nervensystem ausgedehnt, indem «nach oben» das Gehirn [32] und «nach unten» die Regulation vegetativer Funktionen [33] seiner Herrschaft unterworfen werden. Voraussetzung für diese Expansion ist die Entdeckung, daß es auch hemmende R.-Wirkungen gibt; die hemmende und bahnende Wechselwirkung zwischen R.en wird jetzt zum zentralen Erklärungsbegriff. Gegen Ende des 19. Jh. ist – unterstützt durch die Neuronentheorie (strukturelle und funktionelle Einheit des Nervensystems ist die einzelne Nervenzelle) – die Neurophysiologie im wesentlichen zur R.-Physiologie geworden. Auf dem abschließenden Höhepunkt dieser Entwicklung (Ch. Sherrington [34]) wird der einfache R. nur noch als analytische Fiktion betrachtet; die R.e gelten aber als Träger der integrativen Funktion des Nervensystems, und das Ziel besteht in der Erklärung des gesamten Verhaltens aus einer komplexen Interaktion von R.en.

4. *R., Automatismus und Willkürhandlung in der introspektiven Psychologie.* – Parallel zur Entwicklung der eigentlichen R.-Physiologie findet sich eine zunehmende Tendenz, den R.-Begriff in eine im übrigen introspektiv-assoziationstheoretische Psychologie zu integrieren und die Willkürhandlung aus dem R. abzuleiten. Terminologisch segelt sie zunächst nicht unter der Flagge ‹R.›, sondern unter derjenigen des Automatismus. Pionier ist hier um 1750 D. Hartley [35], der dem «automatism» als unwillkürlicher Reaktion eine wichtige Stelle einräumt und ihn nach Prinzipien der Newtonschen Physik konzipiert. Automatismen werden durch direkte Übertragung sensorischer in motorische Vibrationen erklärt, während die Willkürbewegung durch «vibratiuncles» als physischem Korrelat der Vorstellungen («ideas») ausgelöst wird. Die Willkürbewegung geht genetisch aus «primären» (angeborenen) Automatismen durch Assoziation mit der Vorstellung der den Automatismus auslösenden Reize hervor; durch vielfache Wiederholung wird die Willkürbewegung in einen «sekundären» (erlernten) Automatismus überführt, der wieder unwillkürlich abläuft.

Hartleys Paradigma wird erst hundert Jahre später wieder aufgenommen, wobei der «primäre Automatismus» durch den R.-Begriff ersetzt wird und die genetische Ableitung der Willkürhandlung aus dem R. zum Zentralproblem wird. Ausgangspunkt dieser Bewegung, die am Ende des 19. Jh. zur Elimination des Willens aus der Psychologie führt [36], ist das 1852 von W. B. Carpenter formulierte Prinzip der ideomotorischen Handlung: Jede Vorstellung hat die Tendenz, in Bewegung überzugehen, wenn sie nicht durch antagonistische Vorstellungen gehindert wird [37]. Daran anschließend, lassen H. Lotze [38] und W. James [39] die Willkürhandlung aus dem R. hervorgehen, da jede Bewegung bereits einmal stattgefunden haben müsse, bevor sie durch eine «Bewegungsvorstellung» ausgelöst werden könne (worin das Kennzeichen der Willkürbewegung bestehe). Der Übergang von R. zu Willkürhandlung wird durch das «Gesetz der Gewohnheit» bewirkt, wonach sensorische Konsequenzen von R.en durch «zeitliche Rückverlagerung» zu Antezedentien von Willkürbewegungen werden. Im Sinne dieser Konzeption beschreibt H. Münsterberg [40] 1888 den Willen als «Empfindungskomplex», während W. James noch für den Fall der Wahl zwischen verschiedenen Zielvorstellungen ein «mental fiat» als spezifisches Willenserlebnis zuläßt.

Gegenüber der sensualistischen Ableitung des Willens aus R.en und deren sensorischen Konsequenzen vertritt W. Wundt [41] eine ältere Denktradition, indem er vom genetischen Primat spontaner Triebhandlungen ausgeht. Wundt leitet die Rb., die durch das Fehlen eines bewußten Motives gekennzeichnet ist, aus der Triebhandlung ab; dies kann entweder unmittelbar oder auf dem Umweg über die Willkürhandlung geschehen, die zunächst durch Hinzutreten weiterer Motive aus der Triebhandlung entsteht und dann durch Wiederholung zu einem R. werden kann. Als sensualistischer Theoretiker unterscheidet Th. Ziehen [42] zwischen ontogenetischen und phylogenetischen Übergangsstufen zwischen R. und Willkürbewegung. Mit «Automatismus» und «Deflex» kennt er zwei Arten von «reflexähnlichen Gebilden», die ebenso wie die einfache Rb. unwillkürlich ablaufen, jedoch im Gegensatz zu ihr durch «interkurrente Sinnesreize» modifiziert werden können. Der Automatismus entsteht ontogenetisch durch häufige Wiederholung aus der Willkürhandlung, während der Deflex phylogenetisch durch natürliche Selektion aus der einfachen Rb. hervorgeht.

5. *Von der «psychischen R.-Aktion» zur Reflexologie und zum Behaviorismus.* – Die introspektive Psychologie gelangt auf einem Umweg, nämlich durch Betonung der sensorischen Antezedentien der Willkürhandlung, zu deren Auflösung in R.e. Daneben läuft im 19. Jh. noch eine andere Tendenz, welche das Psychische unmittelbar nach dem Modell der R.-Aktion zu konstruieren trachtet. Einen ersten Schritt in diese Richtung tut W. Griesinger [43], der 1843 den Übergang von Empfindungsreizen in Bewegungsimpulse als «psychische Reflexaction» zur Grundtatsache des Seelenlebens erklärt. Griesinger nimmt noch eine Stufenleiter in der Klarheit der den R. begleitenden Vorstellungen an. Um die Jahrhundertmitte wird von Philosophen [44] und Physiologen die Introspektion als Erkenntnisquelle in Zweifel gezogen. Zwar spricht man auch weiterhin von «psychischen R.en» [45], faßt diese aber als «unbewußte Hirntätigkeit» («unconscious cerebration» [46]) oder als «Hirn-R.e» [47] auf, die sich nur noch durch ihre größere Komplikation und durch die Beteiligung von Hemmungsvorgängen von einfachen R.en unterscheiden. Nach I. M. Setschenow sind Wille und Denken Hirn-R.e, bei denen der afferente bzw. der efferente Anteil gehemmt ist [48].

Seinem Vorbild schließen sich I. P. Pawlow [49] und W. Bechterew [50] an, deren reflexologische Konzeptionen keinen Unterschied zwischen R. und Willkürhandlung kennen. Bechterew weitet den R.-Begriff auf alle Formen der Reizbeantwortung durch das Zell-Protoplasma aus. Pawlows Definition des R.es ist restriktiver und schließt sich an das R.-Bogen-Konzept an [51].

Unabhängig von Pawlow konstruiert auch der frühe Behaviorismus J. B. Watsons das gesamte Verhalten aus der Verkettung angeborener R.-Bögen [52]. In der weiteren Entwicklung verliert der R.-Begriff seine zentrale Bedeutung; verantwortlich hierfür ist teils die Betonung des erlernten Verhaltens, teils wissenschaftstheoretische Überlegungen, die einen Rekurs auf das physiologisch-anatomische Substrat des Verhaltens ablehnen. So wird der R. von B. F. SKINNER anfänglich noch operational als «Korrelation zwischen Reiz und Reaktion» definiert [53]. Mit der Anerkennung des von auslösenden Reizen unabhängigen operanten Verhaltens wird die Gültigkeit des so definierten R.-Konzepts auf das «reizbeantwortende Verhalten» («respondent behavior») eingeschränkt [54]. Der R.-Begriff besitzt in neo-behavioristischen Ansätzen keine Bedeutung mehr, während er in der an Pawlow orientierten Psychologie dazu verwendet wird, die Gesetzmäßigkeit des Verhaltens zum Ausdruck zu bringen.

6. *Abschied von der R.-Physiologie: Spontanaktivität und Reafferenzprinzip.* – Klassische R.-Physiologie, Assoziationspsychologie und Reflexologie sind sich über die Gültigkeit zweier grundlegender Prämissen des R.-Begriffs einig: 1) Die Tätigkeit des Zentralnervensystems (bzw. das daraus resultierende Verhalten) ist ausschließlich als reizbeantwortend anzusehen, eine Spontanaktivität existiert also nicht. 2) Der Wirkungsverlauf vom Reiz zur Reaktion (bzw. von der Wahrnehmung zur Bewegung) ist einsinnig gerichtet, es findet also keine Einflußnahme der Efferenz auf die Afferenz statt. Physiologie und Verhaltenstheorie des 20. Jh. sind sich in der Ablehnung beider Prämissen einig.

G. BROWN weist als erster nach, daß gewisse rhythmische Lokomotionsbewegungen auch nach vollständiger Ausschaltung der sensiblen Nerven (= Deafferentation) erhalten bleiben. Er bestimmt daher die «rhythmische Tätigkeit» als grundlegende Funktion des Zentralnervensystems und sieht im R. lediglich eine Modifikation des autonomen zentralen Rhythmus durch afferente Erregungen [55]. E. VON HOLST schließt sich dieser Annahme an; seine Analyse des Zusammenspiels zentraler Rhythmen im völlig deafferentierten Tier [56] gibt K. LORENZ die Möglichkeit, die vordem als «Ketten-R.» bestimmte Instinkthandlung (H. E. ZIEGLER [57]; K. LORENZ [58]) auf den «endogenen Automatismus» zurückzuführen, der spontan entsteht und sich periodisch «entladen» muß [59]. Diese Konzeption hat in der modernen Ethologie zunächst weitgehend Zustimmung gefunden [60], wird heute aber eher zurückhaltend betrachtet, ohne daß damit eine Rückkehr zur Konzeption von Instinkten als Ketten-R.en verbunden wäre.

Schwierigkeiten für die reflex-physiologische Annahme eines einsinnig gerichteten Wirkungsverlaufs Afferenz–Efferenz ergeben sich angesichts der Tatsache, daß das Zentralnervensystem in der Lage ist, aktive Bewegungen des Organismus bei der Verarbeitung der Afferenz «in Rechnung zu stellen» (erstmals G. HEERMANN [61]): Eine auf aktive Bewegung des Organismus zurückgehende Afferenz ruft ganz andere phänomenale und motorische Wirkungen hervor als dieselbe, jedoch auf passive Bewegung zurückgehende Afferenz. So führt z.B. ein und dieselbe Verschiebung des Netzhautbildes bei aktiver Augenbewegung zur Wahrnehmung einer ruhenden Umwelt, bei passiver Augenbewegung jedoch zur «Trugwahrnehmung» einer bewegten Umwelt. Dieser Sachverhalt nötigt die Assoziationspsychologie zur Annahme von «Innervationsgefühlen» [62] als sensorischem Äquivalent der zentralnervösen motorischen Innervation; dabei wird jedoch der R.-Bogen als grundlegender Erklärungsansatz beibehalten.

Nachdem schon CH. BELL von einer kreisförmigen Anordnung von Afferenz und Efferenz ausgegangen war [63], ersetzt J. DEWEY [64] von neuem das Bild des R.-«Bogens» durch dasjenige eines Wahrnehmung und Bewegung umfassenden «Kreises», der als Gesamthandlung («total act») der Beschreibung des Verhaltens zugrunde gelegt wird. V. VON WEIZSÄCKERS [65] «Gestaltkreis»-Lehre bestimmt ähnlich den «biologischen Akt» als Grundeinheit des Verhaltens; hier stehen Wahrnehmung und Bewegung im Verhältnis gegenseitiger Äquivalenz und Verschränkung, wodurch eine Erklärung der Leistungen des Organismus aufgrund neurophysiologischer Daten unmöglich gemacht werde.

Dieser Erklärungspessimismus wird von gestalttheoretischen und kybernetischen Ansätzen nicht geteilt; K. KOFFKA [66] bestimmt den R. zwar als selbstregulierendes System, in dem eine stete Rückwirkung der Motorik auf die Eingangsdaten der Sensorik stattfindet, betont aber die physikalische Erklärbarkeit dieses Sachverhaltes aufgrund feldtheoretischer Prinzipien. Der kybernetische Ansatz ordnet afferente und efferente Vorgänge in zentralnervöse Steuerungs- und Regelmechanismen ein. Entgegen den Annahmen der Gestaltkreislehre treten hier nur einsinnig gerichtete Wirkungsverläufe auf. Damit wird jedoch das reflex-physiologische Postulat einer ausschließlichen Wirkungsrichtung Afferenz–Efferenz nicht wieder aufgenommen; ebensogut kann die Afferenz von der Efferenz abhängig sein [67]. Ein Beispiel dafür liefert das «Reafferenzprinzip» E. VON HOLSTS und H. MITTELSTAEDTS [68]: Das Zentralnervensystem «kompensiert» mit Hilfe einer vom Bewegungskommando abgezweigten «Efferenzkopie» die durch die Ausführung einer Bewegung hervorgerufene und durch ein Sinnesorgan zurückgemeldete «Reafferenz». In der frühen Fassung des Reafferenzprinzips ist dieser Kompensationsvorgang unabhängig von der Willkürlichkeit der Bewegung [69], solange die Bewegung aktiv ausgeführt wird; in späteren Arbeiten von Holsts wird jedoch die Efferenzkopie als Folge eines «Willkürimpulses» beschrieben [70]. Damit zeichnet sich die Möglichkeit einer funktionalen Kennzeichnung der «Willkürmotorik» als einer Klasse von Bewegungsimpulsen ab, die neben der efferenten Innervation eine zentrale «Nebenentladung» («corollary discharge» [71]) aufweisen und dadurch im sensumotorischen Wirkungszusammenhang als «Führungsgröße» auftreten können [72].

Anmerkungen. [1] F. FEARING: Reflex action (New York/London 1930) 4f. – [2] ARISTOTELES: De motu anim. 700 b 23. – [3] 703 b 5-12. – [4] 701 b 9-10. – [5] De part. anim. 679 a 24. – [6] De motu anim. 703 a 13-15. – [7] a.O. Kap. 10. – [8] A. SOUQUES: D'Hérophile à Galien (Connaiss. neurolog.). Rev. Neurol. 65 (1936) 489-525. – [9] GALENUS: De Hippocr. et Plat. decretis. Op. omn., hg. C. G. KÜHN (1821-33, ND 1964f.) 5, 239. 277. 645f. – [10] De motu muscul., a.O. 4, 442. – [11] a.O. 440. 445. – [12] FEARING, a.O. [1] 76f. 208. – [13] G. S. HALL: A sketch of the hist. of reflex action. Amer. J. Psychol. 3 (1890) 71-86. – [14] G. CANGUILHEM: La formation du concept de réflexe aux 17ème et 18ème s. (Paris 1959) 139 weist nach, daß E. DU BOIS-REYMOND 1858 den «Descartes-Mythos» initiiert hat. – [15] R. DESCARTES: Les passions de l'âme 36 (1649). Oeuvr., hg. CH. ADAM/P. TANNERY 11 (Paris ^{2}1986) 358f. – [16] Traité de l'homme (1664), a.O. 141ff. – [17] a.O. 202. – [18] CANGUILHEM, a.O. [14] ch. 3. – [19] TH. WILLIS: De motu muscularum (London 1681). – [20] Vgl. J. CAYRADE: Recherches crit. et expérim. sur les mouvements (Paris 1864) 15ff. – [21] R. WHYTT: An ess. on the vital and other involuntary motions of animals. The compl. works ... publ. by his son (Edinburgh 1768). – [22] CANGUILHEM, a.O. [14] 93. – [23] J. A. UNZER: Erste Gründe einer Physiol. der eigentl. thierischen Natur thierischer Körper (1771) Abschn. 366. – [24] G. PROCHASKA: De functionibus systematis nervosi (1784); Lehrsätze aus der Physiol. des Menschen (1791) Abschn. 217. – [25] CANGUILHEM, a.O. [14] 121. – [26] K. E. ROTHSCHUH: Gesch. der Physiol. (1953) 86. – [27] CH. BELL: Idea of a new anatomy of the brain, submitted for the observation of his friends (London 1811); F. MAGENDIE: Mém. sur quelques découvertes récentes relatives aux fonctions du système nerveux. Mém. Acad. Sci. (Paris 1823). – [28] M. HALL: On the reflex function of the medulla oblongata and medulla spinalis. Philos. Transact. Royal Soc. II (London 1833) 635-665. – [29] J. MÜLLER: Hb. der Physiol. des Menschen für Vorles. (1833); in (^{3}1838) anerkannte Müller die Priorität von M. Hall; andererseits hatte dieser ein Plagiat an Prochaska begangen; vgl. FEARING, a.O. [1] 138. – [30] E. PFLÜGER: Die sensorischen Functionen des Rückenmarks der Wirbelthiere nebst einer neuen Lehre über die Leitungsgesetze der Reflexionen (1853). – [31] R. H. LOTZE: Rez. von Pflüger (a.O.). Gött. gel. Anz. 3 (1853) 1737-1776. Kl. Schr. 3 (1891) 145-175. – [32] J. SETSCHENOW: Physiolog. Stud. über die Hemmungsmechanismen für die R.-Thätigkeit des Rückenmarks im Gehirne des Frosches (1863). – [33] Zur Entdeck.gesch. vasomotorischer R.e vgl. R. H. GAULT: A sketch of the hist. of reflex action in the latter half of the 19th cent. Amer. J. Psychol. 15 (1904) 526-568. – [34] C. S. SHERRINGTON: The integrative action of the nervous system (New York 1906). – [35] D. HARTLEY: Observ. on man, his frame, his duty, and his expectations (London 1749) prop. 16. 18f. 21. – [36] E. SCHEERER: On the will: An hist. perspective, in: W. A. HERSHBERGER (Hg.): Volitional action (Amsterdam 1989) 39-55. – [37] W. B. CARPENTER: Electrobiology and Mesmerism. Quart. Review 93 (1852) 501-557. – [38] H. LOTZE: Medicin. Psychol. oder Physiol. der Seele (1852). – [39] W. JAMES: The princ. of psychol. (London 1890). – [40] H. MÜNSTERBERG: Die Willenshandlung: Ein Beitr. zur physiolog. Psychol. (1888). – [41] W. WUNDT: Grundzüge der physiolog. Psychol. (^{6}1908/11) 3, 243ff. – [42] TH. ZIEHEN: Leitfaden der physiolog. Psychol. (^{12}1924). – [43] W. GRIESINGER: Über psych. R.-Actionen. Mit einem Blick auf das Wesen der psych. Krankheiten. Arch. physiol. Heilkunde 2 (1843) 76-113. – [44] Vgl. F. A. LANGE: Gesch. des Materialismus (1864). – [45] CH. RICHET: Les réflexes psychiques. Rev. philos. 25 (1888) 225-237. 387-422. 500-528. – [46] W. B. CARPENTER: Princ. of mental physiol. (London ^{4}1896). – [47] Die Rede von «Hirn-R.en» wurde begonnen durch TH. LAYCOCK: On the reflex functions of the brain. Brit. foreign med. Review 19 (1845) 298-311. – [48] I. M. SEČENOV: Reflexy golovnogo mozga (St. Petersburg 1863); engl.: Reflexes of the brain. Sel. works (Moskau/Leningrad 1935) 264-322. – [49] I. P. PAWLOW: Vorles. über die Arbeit der Großhirnhemisphären. Sämtl. Werke 4 (1953). – [50] W. BECHTEREW: Allg. Grundl. der Reflexologie des Menschen (1926). – [51] PAWLOW, a.O. [49] 7. – [52] J. B. WATSON: Behavior: An introd. to comparat. psychol. (New York 1914). – [53] B. F. SKINNER: The concept of the reflex in the description of behavior. J. gen. Psychol. 5 (1931) 427-458; The generic nature of the concepts of stimulus and response, a.O. 12 (1935) 40-65. – [54] Sci. and human behavior (New York 1953). – [55] G. BROWN: Die R.-Funktion des Zentralnervensystems mit bes. Berücksichtigung der rhythm. Tätigkeiten beim Säugetier II. Ergebn. Physiol. 15 (1916) 480-790. – [56] E. VON HOLST: Die relative Koordination als Phänomen und als Methode zentralnervöser Funktionsanalyse, a.O. 42 (1939) 228-306. – [57] H. E. ZIEGLER: Der Begriff des Instinktes einst und jetzt (1904, ^{2}1910). – [58] K. LORENZ: Betracht. über das Erkennen der arteigenen Triebhandlungen der Vögel. J. Ornith. 80 (1932). Ges. Abh. 1 (1965) 70-114. – [59] Taxis und Instinkthandlung in der Einrollbewegung der Graugans. Z. Tierpsychol. 2 (1938), a.O. 343-379. – [60] N. TINBERGEN: The study of instinct (Oxford 1951). – [61] G. HEERMANN: Über die Bildung der Gesichtsvorstellungen aus den Gesichtsempfindungen (1835). – [62] E. SCHEERER: Muscle sense and innervation feelings: A chapter in the hist. of perception and action, in: H. HEUER/A. F. SANDERS (Hg.): Perspectives on perception and action (Hillsdale, N. J. 1987) 171-194. – [63] CH. BELL: On the nervous circle which connects the voluntary muscles with the brain. Philos. Transact. Royal Soc. 116/I (1826) 163-173. – [64] J. DEWEY: The reflex arc concept in psychology. Psychol. Review 3 (1896) 357-370. – [65] V. VON WEIZSÄCKER: Der Gestaltkreis (^{3}1947). – [66] K. KOFFKA: Die Grundl. der psych. Entwicklung (1921). – [67] N. BISCHOF: Stellungs-, Spannungs- und Lagewahrnehmung, in: K. GOTTSCHALDT u.a. (Hg.): Hb. der Psychol. I/1 (1966) 409-497, bes. 417f. – [68] E. VON HOLST/H. MITTELSTAEDT: Das Reafferenzprinzip. Naturwiss. 37 (1950) 464-476. – [69] a.O. 469. – [70] E. VON HOLST: Aktive Leistungen der menschl. Gesichtswahrnehmung. Studium Generale 10 (1957) 231-243. – [71] H. L. TEUBER: Alterations of perception after brain injury, in: J. C. ECCLES (Hg.): Brain and conscious experience (1966.) – [72] N. BISCHOF: Psychophysik der Raumwahrnehmung, in: GOTTSCHALDT u.a. (Hg.), a.O. [67] 307-408, bes. 398f.

Literaturhinweise. J. CAYRADE s. Anm. [20]. – C. ECKHARD: Gesch. der Entwickl. der Lehre von den R.-Erscheinungen. Beitr. Anat. Physiol. 9 (1881) 29-192. – G. S. HALL s. Anm. [13]. – C. F. HODGE: A sketch of the hist. of reflex action. Amer. J. Psychol. 3 (1890) 149-167. 343-363. – R. H. GAULT s. Anm. [33]. – F. FEARING s. Anm. [1]. – E. MARX: Die Entwickl. der R.-Lehre seit A. von Haller bis in die zweite Hälfte des 19. Jh. Sber. Heidelb. Akad. Wiss., Math.-nat.wiss. Kl. 10 (1938) 3-126. – E. HOFF/P. KELLAWAY: The early hist. of the reflex. J. Hist. Med. 7 (1952) 211-249. – G. CANGUILHEM s. Anm. [14].   E. SCHEERER

Reflexion (von lat. reflectere zurückbeugen; engl. reflection; frz. réflexion; ital. riflessione)

1. ‹R.› ist ein Terminus aus der Optik, der erst spät in den philosophischen Sprachgebrauch eingeht [1] als Grundbegriff einer Hauptrichtung der neuzeitlichen Philosophie, die nur im kritischen Rückgang auf die menschliche Geistestätigkeit eine gesicherte Erkenntnis gewährleistet sieht. Durch seine Herkunft bleibt der R.-Begriff später auch häufig mit der Metapher des Spiegels und des Sich-Spiegelns verbunden [2]. Vom 17. Jh. an ist er auch im Englischen und Französischen alltagssprachlich im weiteren Sinne von ‘Überlegung’, ‘nachdenkende Betrachtung’ gebräuchlich [3].

Die Vorgeschichte des philosophischen Begriffs reicht bis in die Antike zurück, wo sich bei PLATON und ARISTOTELES mit der Rede vom «Wissen des Wissens», in welchem wir «unser Wahrnehmen wahrnehmen und unser Denken denken» [4], R. als denkende Zurückwendung auf die geistigen Akte selbst anbahnt. Im Neuplatonismus, vor allem bei PROKLOS, gewinnt diese Rückwendung des Geistes auf sich – terminologisch nun fixiert als ἐπιστροφή – einen zentralen systematischen Ort [5]. Da der proklische Terminus im lateinischen Mittelalter mit ‹reditio› bzw. ‹reditio in seipsum› (von redire zurückgehen) [6] oder ‹conversio› (von convertere umlenken) [7] übersetzt wird, sind die daran anschließenden zahlreichen sachlichen Auseinandersetzungen an diese Termini geknüpft, die nicht nur als begriffsgeschichtliche Vorläufer zu ‹R.›, sondern auch zu ‹Selbsterkenntnis› und ‹Selbstbewußtsein› betrachtet werden müssen. THOMAS VON AQUIN verwendet zuweilen auch das lateinische ‹reflexio› bedeutungsgleich mit ‹reditio› [8].

2. Die eigentliche Geschichte des R.-Begriffs beginnt aber erst in der Neuzeit im Zuge der zweifelnden Selbstvergewisserung des Subjekts als einer von der Außenwelt klar unterschiedenen Substanz, wie sie R. DESCARTES einleitet. Unter Bezugnahme auf ihn geht der Begriff der R. zuerst durch J. LOCKE in den allgemeinen philosophischen Sprachgebrauch ein. «Reflection» wird aus der Gegenüberstellung zur «sensation» bestimmt: Während diese als äußere Wahrnehmung alle sinnlichen Inhalte liefert, stellt jene die innere Wahrnehmung «der Tätigkeiten (operations) unseres eigenen Geistes (mind) dar» [9], zu denen auch die Vorstellung («idea») selbst gehört. Für die weitere Geschichte des R.-Begriffs ist es

bedeutsam geworden, daß bei Locke das Verhältnis von «reflection» und «sensation» in mehrfacher Hinsicht unklar bleibt: Einmal erscheint R. psychogenetisch von der letzteren abhängig, dann wieder erscheint sie als eine gleichwertige und unabhängige Erkenntnisquelle, der schließlich sogar in wörtlicher Anlehnung an Descartes [10] als intuitives Wissen der Vorrang vor der «sensation» eingeräumt wird. In anderer Hinsicht kann R. bei Locke einerseits als Selbstvergewisserung alles innerlich Gegebenen verstanden werden und so wie bei G. W. Leibniz [11] in den Begriff des Selbstbewußtseins und der Apperzeption übergehen, andererseits (wie z.B. bei Ch. Bonnet und H. S. Reimarus [12]) als ein Vergleich der Vorstellungen aufgefaßt werden.

Der die Geistesgeschichte durchziehende Gedanke, daß R. eine Preisgabe der Unmittelbarkeit mit sich bringt, wird zuerst von Fénelon geäußert [13] und später bei J.-J. Rousseau zur Auffassung vom Verlust der Unschuld des natürlichen Zustands radikalisiert: ‹l'état de réflexion est contre nature›. Bei H. von Kleist heißt es dann am Schluß des ‹Marionettentheaters› ähnlich: «Wir sehen, daß in dem Maße, als in der organischen Welt die R. dunkler und schwächer wird, die Grazie immer strahlender und herrschender hervortritt.» [14]

J. G. Herder gibt der geschichtsphilosophischen Deutung der R. durch den Rekurs auf die Sprache größere Bestimmtheit. Diese ist insofern Bedingung der R., als aus dem «Ocean von Empfindungen» durch ein «Merkwort» ein Moment fixiert werden muß, damit der Verstand sich an ihm als einer dem flüchtigen Augenblick überhobenen Abstraktion reflektieren kann [15]. Da die Menschen diesen «sprachmässigen» Akt der R. nicht je für sich vollziehen, sondern mit den Worten schon die früher fixierten «Zustände der Besonnenheit» übernommen werden, erscheint die Geschichte als eine «Kette von Gedanken», in der «jeder Zustand, der durch R. so verkettet ist, besser denken, mithin auch besser sprechen muss» [16]. Die Geistesgeschichte stellte sich von hier aus als ein überindividueller R.-Zusammenhang dar [17].

3. Die epochale Bedeutung der Philosophie I. Kants für die Geschichte des R.-Begriffs beruht in der kritischen Aufdeckung ihrer «Amphibolie» durch eine «transzendentale R.», wie sie der bedeutsame Anhang der transzendentalen Analytik enthält [18]. Kant wendet sich vor allem gegen die «logische R.» von Leibniz, die bei der «Einerleiheit» eines inneren Substrates enden muß [19], weil hier die allgemeinen Begriffe für sich genommen und im Hinblick auf ein Substratum, «das keine äußeren Verhältnisse mehr in sich enthält», in Beziehung gesetzt werden. Durch dieses Abstrahieren der R. «von allen Bedingungen der Anschauung» werden die realen Verschiedenheiten eliminiert; sie kommt nie zu den Dingen, und es bleibt uns «im bloßen Begriffe nichts übrig, als das Innere überhaupt» [20]. Umgekehrt kommt man nur zur «Verschiedenheit» und zum «Widerstreit» [21], wenn man die allgemeinen Verstandesbegriffe aus der Anschauung zu gewinnen sucht, was nach Kant der Fehler von Locke ist, der die Verstandesbegriffe im Gegensatz zu Leibniz, der sie «intellektuierte», insgesamt «sensifiziert» [22]. Es gilt vielmehr, in einer transzendentalen R. die Zweideutigkeit der Begriffe in bezug auf die Anschauung und die Kategorien des Verstandes zu durchschauen, damit man in einer «transzendentalen Topik» [23] ihre Reichweite für die empirische und metaphysische Erkenntnis abschätzen kann. Zu dieser Bestimmung helfen neben Einerleiheit und Verschiedenheit noch drei Paare von «R.-Begriffen» (s.d.), nämlich Einstimmung und Widerstreit, Inneres und Äußeres, Bestimmbares (Materie) und Bestimmung (Form). Die transzendentale R. ist so die sich an diesen Alternativen orientierende «Handlung, ... wodurch ich unterscheide, ob sie [die Begriffe] als zum reinen Verstande oder zur sinnlichen Anschauung gehörend untereinander verglichen werden» [24]. Transzendental ist diese «Überlegung», wie Kant «reflexio» verdeutscht, weil sie es nicht mit den Gegenständen selbst zu tun hat, «um geradezu von ihnen Begriffe zu bekommen», sondern erst «die subjektiven Bedingungen ausfindig» macht, «unter denen wir zu Begriffen gelangen können» [25]. Das Ergebnis dieser R. ist die kritische Reduktion der Erkenntnis auf Erscheinungen.

4. Von dieser kritischen Beschränkung ging der Impuls aus, die transzendentale wiederum durch eine «absolute R.» zu überbieten und dabei gleichzeitig auch der geschichtlichen Seite der R. gerecht zu werden. Dieses Bemühen kennzeichnet den Deutschen Idealismus und zeigt sich zunächst bei J. G. Fichte. Er sucht das Entstehen des Bewußtseins oder der Subjektivität und Objektivität in ihrer Unterschiedenheit und Einheit aus der gedoppelten «zentrifugalen» und «zentripetalen» Tätigkeit des nun absoluten Ich zu erklären, die er «R.» und «Streben» nennt [26]. Durch beide entsteht zunächst erst die Ichheit als solche, die eine «in sich selbst zurückgehende, sich selbst bestimmende Tätigkeit» [27] ist. Durch eine weitere «freie R.» und Abstraktion wird dann das in der ersten Tätigkeit notwendig Verbundene getrennt und dadurch «in eine neue Form, die Form des Wissens oder des Bewußtseins aufgenommen» [28]. R. ist so das «für sich Seyn des Wissens» [29], in welchem jedoch dessen Grund, die Freiheit und Einheit, nie völlig gegenständlich wird. Die R. spaltet vielmehr das Wissen von sich als «das und das», und diese Spaltung erscheint als «das wesentliche Grundgesetz der R.» und zugleich als ihre Grenze. So wird nämlich jeweils zugleich Einheit und Mannigfaltigkeit gesetzt, so daß, wenn das Ich «ins Unendliche fort von R. auf R. reflektiert», in «jeder neuen R. die Welt in einer neuen Gestalt» erscheint, wobei aber «deren Auffassung nie vollendet werden kann», weil die R. als die Spaltung selbst sich die Einheit des Einen und Mannigfaltigen nicht wirklich zu vergegenwärtigen vermag [30]. Wie das unmittelbare Sein mit dem reflektierten zusammenhängt, ist «höher denn alle R.» [31] und nur in der Liebe erfahrbar, die «in Gott sich selbst rein vernichtende R.» [32] ist. Auf dem Wege zu dieser «unendlichen R.» hat das Ich fünf R.-Stufen oder Stationen des geistigen Lebens zu durchlaufen, von denen die letzte diejenige der Wissenschaft im Sinne der Wissenschaftslehre ist, die die R. in das Absolute zurückführt.

In Auseinandersetzung vor allem mit Fichte, aber auch im Rückgriff auf ältere Traditionen, geben die Romantiker dem R.-Begriff einen spezifischen, verinnerlichten Inhalt [33]. Bei Novalis tritt besonders neuplatonisches Gedankengut deutlich hervor: «In sich zurückgehen bedeutet bei uns, von der Außenwelt abstrahieren. Bei den Geistern heißt analogisch das irdische Leben eine innre Betrachtung – ein in sich Hineingehen – ein immanentes Wirken. So entspringt das irdische Leben aus einer ursprünglichen R. – einem primitiven Hineingehen, Sammeln in sich selbst» [34].

5. Für F. W. J. Schelling ebenso wie für G. W. F. Hegel bewegt sich die denkende Seele zunächst «in der Sphäre der R. und Entzweiung» [35]. Sie muß sich durch

intellektuelle Anschauung zur Einheit ergänzen, da die «bloße R. ... eine Geisteskrankheit des Menschen» ist, die «sein geistiges Leben ... in der Wurzel tödtet» [36]. So bestimmt SCHELLING sein ‹System der Philosophie› 1801 als eines, «welches sich vom Standpunkt der R. völlig entfernt, weil diese nur von Gegensätzen ausgeht» [37]. Allerdings darf die R., die das moderne Bewußtsein besonders auch in der Gestalt des Christentums als einer Entzweiung des Unendlichen und Endlichen bestimmt [38], nicht übergangen, sondern muß in das System einbezogen werden. Dies geschieht am ausführlichsten im ‹System des transcendentalen Idealismus›, das der R. aus der doppelten Deduktion von Ich und Natur einen von Fichte abweichenden Sinn gibt. Die eigentliche «freie R.» gehört innerhalb der theoretischen Philosophie erst der «3. Epoche» an und ist weder das ursprünglich Beschränkende (1. Epoche) noch auch eine der drei Relationen zwischen dem objektiv und dem subjektiv Beschränkten (2. Epoche) – hier spricht Schelling allerdings auch von «notwendiger R.» [39] –, sondern die freie Handlung, durch welche das Ich dem bisher in sich bleibenden Organismus gegenübertritt und sich selbst in dieser Ablösung oder Abstraktion zu Bewußtsein bringt. Hierin zeigt sich die R. als analytisch und unterscheidet sich von der synthetischen Anschauung, auf welche sie sich stets als der Identität von Anschauendem und Angeschautem bezieht [40]. Die Entwicklung innerhalb der Sphäre der R. ist dadurch gekennzeichnet, daß sich das Ich des Raumes und der Zeit sowie der Kategorien als des Ideal-Realen bewußt wird und gleichzeitig mit der reflektierten Trennung, durch die das Bewußtsein entsteht, die jenseits von diesem bleibende Identität von «Objekt und ... Begriff, und umgekehrt Begriff und Objekt» [41] erfährt. Durch die im Ich vollzogene freie R. auf die ideal-reale Gesetzlichkeit erhebt es sich absolut über alle Objekte, und die theoretische Philosophie erreicht ihre höchste Möglichkeit, da die Handlung dieser freien R. «eine absolute Abstraktion» ist, die «aus keiner anderen in der Intelligenz mehr erklärbar ist» [42]. Durch die Forderung, diese in der abstrahierenden R. erreichte Absolutheit auch zur Geltung zu bringen, geht die theoretische Philosophie in die praktische oder zum «absoluten Willensakt» des Ich über. Hierauf zurückblickend unterscheidet Schelling in einer späteren Schrift [43] drei Arten von R.: Die erste (notwendige) ist der «Akt, wodurch Wirklichkeit und Natur zuerst entstanden» [44]; die zweite (willkürlich-freie) R. stellt sich das Produkt der ersten R. als «intelligible Welt» vor, ohne an ihm etwas zu verändern und nur willkürlich Teile von ihm aufnehmend; die dritte oder «philosophische R.» vereinigt als die «alles umfassende R.» die erste und zweite R. und «ist die Natur zum höchsten Bewußtsein gebracht» [45]. Von dem in der Naturphilosophie gewonnenen Naturbegriff aus wendet sich Schelling später [46] ausdrücklich gegen Fichtes R.-Begriff: Die Schranke, an der sich bei Fichte das Ich reflektiere, sei ein Begriff, der «überall nichts Positives» involviere, und als selbst vom Ich gesetzte sei sie «in der Tat ein völliges Nichts» [47]. Das Ich kommt in dieser R. «nie aus dem Kreis des Bewußtseins hinaus» [48] und kann deshalb auch nicht eigentlich über das Objekt oder die Natur als eine selbständige Potenz des Absoluten reflektieren, da «die durch das Bewußtsein gesetzte Gleichheit zwischen dem Objekt, über welches philosophirt wird ... und dem Subjekt, welches philosophirt, und welches in demselben Akt das Reflektierende, Zuschauende ist, niemals aufgehoben» [49] wird. Diese Zweideutigkeit von «darüber denken» oder reflektieren und dem «seienden Denken» trifft allerdings Schelling selbst, und er hat sie in seiner Spätphilosophie mit deutlicher Polemik auch gegen Hegel durch die theosophische Überhöhung seiner R. [50] und durch die Unterscheidung einer «positiven» und «negativen» Philosophie zu überwinden versucht.

6. Im Frühwerk HEGELS [51] gewinnt der Begriff der R. zuerst eine kritisch-theologische Bedeutung. Sodann werden im Zuge seines immer weiter ausgreifenden Denkens die philosophischen Bestimmungen der R. selbst wieder unter logischen und geschichtlichen Hinsichten systematisiert. Der Aufsatz ‹Glauben und Wissen› (1802) faßt so die neuere Philosophie unter dem Titel «R.-Philosophie der Subjektivität» zusammen und sieht ihre möglichen Grundformen durch Kant, Jacobi und Fichte repräsentiert. Sie alle verbleiben noch innerhalb der R. – für Hegel «die trennende Thätigkeit» überhaupt [52] –, insofern bei ihnen die absolute Endlichkeit einem leeren Absoluten gegenüberstehen bleibt und dieses somit in seiner Identität aufgehoben wird [53]. Die Trennung und R. wird deshalb bei Hegel «als positives Moment des Absoluten erfaßt» [54] und als solches grundsätzlich in der ‹Wissenschaft der Logik› entwickelt. Nach ihr macht die R. «die eigene Bestimmung des Wesens» aus, insofern dieses nicht mehr das unmittelbare, sondern «das in sich gegangene oder in sich seyende Seyn» [55] ist. Durch diese «R. in sich» wird zunächst die Identität des Wesens gesetzt, die «an die Stelle der Unmittelbarkeit des Seyns» [56] tritt, wobei das letztere einerseits vorausgesetzt, andererseits selbst erst gesetzt wird. Von dieser «setzenden R.» hebt sich die «äußere» oder reale R. ab, die sich auf das gesetzte Unmittelbare dadurch bezieht, daß sie dieses durch ihr eigenes Setzen aufhebt oder negiert und zugleich das «Aufheben dieses ihres Setzens» ist, also «im Negiren das Negiren dieses ihres Negirens» [57] darstellt. Die Negativität der «äußeren R.» wird durch diese «Negation der Negation» wieder positiv, und die «bestimmende R.» stellt die Einheit von setzender und äußerer R. wieder her, indem in ihr «die äußere R. nicht [nur] äußere, sondern ebenso sehr immanente R. der Unmittelbarkeit selbst ist» [58]. Aus diesen drei logischen Formen der R. werden dann im folgenden Kapitel die «Wesenheiten oder die R.-Bestimmungen» abgeleitet, die von der Identität über den Unterschied bis zum Widerspruch fortgehen und an ihm in der Doppelbedeutung bei Hegel «zu Grunde gehen». Nachdem durch die «unendliche R.» das substantielle Wesen in die Subjektivität des Begriffs übergegangen ist, tritt die R. in dessen Sphäre wieder als Urteil und Schluß der R. auf. Stellte diese «R. überhaupt» die sich in sich selbst vermittelnde Bewegung des Seins zum Wesen dar, das sich dann in der Subjektivität des Begriffenen artikuliert, so muß von ihr sowohl die «R. des Bewußtseins», wie sie die «Phänomenologie» entfaltet, als auch die noch «bestimmtere R. des Verstandes» [59] in den einzelnen Bereichen des Wissens unterschieden werden. Hier ist sie von der Anschauung abzuheben; diese «hat das Ganze des Gegenstandes vor sich, unsere R. unterscheidet, faßt verschiedene Seiten auf, erkennt eine Mannigfaltigkeit in ihnen und entzweit sie. Bei diesen Unterschieden hält die R. die Einheit derselben nicht fest, vergißt einmal das Ganze, das andere Mal die Unterschiede, und wenn sie Beides vor sich hat, so trennt sie doch von dem Gegenstande die Eigenschaften und stellt beides so, daß das, worin Beide Eins sind, ein Drittes wird, das von dem Gegenstande und den Eigenschaften verschieden ist» [60].

Weiterhin ist innerhalb der theoretischen und praktischen R. zwischen «relativer» und «absoluter oder unendlicher R.» zu unterscheiden: Bei der ersteren kommt man von einem Endlichen immer wieder zu einem weiteren Endlichen, sei dies nun ein Gegenstand oder ein Trieb, bei der zweiten dagegen richtet sich das Ich nur auf sich als denkendes und handelndes und ist als dieses reine Beziehung, die allerdings unbestimmt bleibt und sich durch die relative R. fortlaufend zu bestimmen sucht [61]. Dadurch wird das Sein des Menschen zu einem Bewußtseinsprozeß, der die verschiedenen Stufen der R. zeigt; denn «das Bewußtseyn macht die Stufe der R. oder des Verhältnisses des Geistes, seiner als Erscheinung, aus» [62]. Mit diesen Stufen der R. als unvollkommenen Weisen der Vergegenwärtigung des Absoluten setzt sich die gesamte Geistphilosophie Hegels, vor allem aber die Religionsphilosophie auseinander [63].

7. Die Steigerung der R. von der sinnlichen über die logische zur transzendentalen und schließlich zur absoluten R. schlägt in der nachidealistischen Philosophie in ihre Herabsetzung auf die empirische Subjektivität um. Schon bei J. F. FRIES [64], der seinerseits durch Jacobi beeinflußt ist, gewinnt der Begriff der R. eine transzendentale und psychologische Zweideutigkeit, indem die R. einmal auf «unmittelbare Vernunfterkenntnis» zurückgeht, zum anderen aber als das empirisch vermittelte, willkürliche Vermögen «innerer Selbstbeobachtung» bestimmt wird. Als dieses gehört die R. neben Erkennen, Vernunft, äußerem und innerem Sinn zu den «Vorstellungsvermögen» [65] und wird auch mit dem Verstand, dem «R.-Vermögen überhaupt», oder dem Vermögen, willkürlich vorzustellen», gleichgesetzt. Durch es werden wir uns «bei Gelegenheit sinnlicher Anschauungen» der unmittelbaren Erkenntnis «nie im Ganzen, sondern nur in zerstreuten Einzelheiten oder allgemeinen Formen bewußt» [66]. Diese Auffassung verschärfte sich in den folgenden Jahrzehnten zum «Psychologismus», der die R. ohne Berücksichtigung ihres Fundierungs- und Aktcharakters wie empirisch Gegebenes behandelte. Erst die auf F. BRENTANO zurückgehende Einsicht, daß die «innere Wahrnehmung ... nie innere Beobachtung werden kann» [67], obwohl an sie jegliches Bewußtsein der Phänomene geknüpft ist, wird bei E. HUSSERL zum Ausgangspunkt eines neuen, phänomenologischen R.-Begriffs, der auch für M. SCHELER [68] und vor allem für die sogenannten Existenzphilosophen bedeutsam wird. Die R. wird in der Phänomenologie insofern zentral, als unter ihr die «Bewußtseinsmethode für die Erkenntnis von Bewußtsein überhaupt» verstanden wird, da «unter den Begriff der R. alle Modi immanenter Wesenserfassung und andererseits immanenter Erfahrung fallen» [69]. R. hat so eine «universelle methodologische Funktion» [70], und von ihr hängt die Leistungsfähigkeit und Möglichkeit der Phänomenologie ab. Deren Hauptaufgabe ist es, «die verschiedenen 'R.en' zu unterscheiden und in systematischer Ordnung vollständig zu analysieren» [71]. Diese Ordnung ergibt sich daraus, daß die «R.en ... abermals Erlebnisse» sind und «als solche Substrate neuer R.en werden» können. Die erste, «immanente R.» bezieht sich dabei ihrerseits immer auf «soeben gewesen seiendes» [72], nämlich auf den in der «Retention» erlebten Sachverhalt [73], und durch jede folgende R., vor allem aber durch die R. auf die R. selbst, ist eine Erlebnis- oder Bewußtseinsmodifikation gegeben, so daß sich das «Studium des Erlebnisstromes» in R.-Stufen vollzieht, deren höchste die transzendental-eidetische R. auf das nicht mehr mundane «reine Ich» ist [74].

8. Die reflexive Reduktion auf die reine Subjektivität birgt ein neues Problem und eine neue Zweideutigkeit der R., die vor allem M. MERLEAU-PONTY mit direktem Bezug auf Husserl aufgedeckt hat [75] und die auch J.-P. SARTRE, G. MARCEL, K. JASPERS und M. HEIDEGGER in je verschiedener Weise zu einer Überwindung des auf der transzendentalen Subjektivität gegründeten R.-Begriffes veranlaßte. Das intellektualistische «reine Ich» macht nämlich einerseits in seiner Konstitution «die Welt derartig durchsichtig (transparent), daß nicht mehr einsehbar ist, wieso die R. den Umweg über die Lebenswelt (monde vécu) nehmen mußte», andererseits bleibt die R. auf die präreflexive «Undurchdringlichkeit» («opacité») der Welt bezogen, und zwischen dieser Auslegung der R. und der ersteren schwankt die Phänomenologie Husserls [76]. MERLEAU-PONTY fordert deshalb eine zusätzliche «phénoménologie de la phénoménologie» [77], die über die Deskription hinaus mit einem neuen Stil der R. vertraut machen müsse, indem sie die R. sowohl in Abhängigkeit vom Präreflexiven des Seins der Wahrnehmung als auch in ihrer relativen schöpferischen Selbständigkeit erhellt. Eine «radikale R.» muß nämlich «constater ce fait de la réflexion qui domine et maintient à la fois l'opacité de la perception» [78], was daran liegt, daß «weder das Bewußtsein (conscience) noch das reine Sein (l'être pur)» gegeben sind, sondern die «communication d'un sujet fini avec un être opaque d'où il émerge mais où il reste engagé» [79]. Wegen dieser Endlichkeit und Bezogenheit darf die R. sich nicht als «simple retour à une raison universelle» mißverstehen [80] und ihre Mitte («centre») nicht suchen in einer «subjectivité transcendentale autonome, située partout et nulle part» [81]; denn «nie vermag die R. sich selbst über jede Situation (hors de toute situation) zu erheben, ... stets ist auch sie selbst sich selbst erfahrungsmäßig (donnée à elle-même dans une expérience)» im Sinne Kants «gegeben» [82]. G. MARCEL gibt dem sich stets schon Vorfinden der R. in einer Einheit eine onto-theologische Deutung. Er unterscheidet eine «réflexion primaire», die sich von Gegenständen her auf das Subjekt richtet und die «zunächst dargebotene Einheit aufzulösen strebt», von einer «réflexion seconde» und eigentlich philosophischen, die den Bereich des «Habens» von Objekten transzendiert und das «Sein» als das jede Objektivation Umgreifende und namentlich die Trennung von Leib und Seele, Ich und Du überwindende «Mysterium» wiederzuerlangen sucht [83]. Auch J.-P. SARTRE geht davon aus, daß einerseits «die R. durch eine Seinsverbundenheit mit Reflektiertem vereint sein» muß («unie par un lien d'être au réfléchi») [84], andererseits es aber «zugleich nicht sein» kann, da zu jeder R. Distanz gehört. Die R. besteht so als «unglückliches Bewußtsein» [85] «in dem doppelten gleichzeitigen Bemühen um Objektivierung und Verinnerlichung» («en une double tentative simultanée d'objectivation et d'intériorisation») und ist als solches zum Scheitern verurteilt [86]. Die genauere Struktur der R. wird darin gesehen, daß ein reflexives Für-sich durch die «ek-stase» der Existenz genichtet wird und sich in der R. wiederzuerlangen sucht, die somit das Bemühen ist, «das Für-sich für das Für-sich» («le pour-soi pour le pour-soi») [87] zu erlangen. Damit stellt die R. aber gerade das eigentliche und zweite «stade de néantisation» dar, da sie als «die Rückwendung (retournement) des Seienden (être) zu sich nur den Abstand (distance) erscheinen» läßt, «zwischen dem, was sich zurückwendet, und dem, auf das die Rückwendung geschieht». Einem ursprünglichen Für-sich steht so ein

zweites fiktives, sich auf es zurückwendendes Für-sich in einem «absoluten Abstand» («distance absolue») gegenüber, während andererseits «diese beiden Seienden (être) doch das gleiche Wesen (le même être) sein» sollen. Anstatt im Sinne Hegels «zu einer höheren Integration zu führen», vertieft so diese «Spaltung» («scission») der R. um so unwiderruflicher das Nichts («le néant»), das das Bewußtsein («conscience») von sich trennt [88]. In bezug auf die Zeitlichkeit unterscheidet Sartre die «reine (pure) R.» von der «unreinen (impure)» oder «mitschuldigen (complice) R.». Die erstere entdeckt die «drei ek-statischen Dimensionen» («dimensions ek-statiques») der Zeitlichkeit in ihrer «non-substantialité originelle», ihrer «Weigerung, an-sich zu sein» («refus d'être en-soi») [89], während die unreine R., die auch die «constituante» genannt wird, «das Reflektierte als An-sich zu sein» («est-pour-être le réfléchi comme en-soi») [90] sucht, was unmöglich ist und sie zu einer «unaufrichtigen R.» macht. Diese «Unwahrhaftigkeit» zeigt sich nach dem reflexiven und dem reflektierten vor allem im dritten «procès de néantisation», dem «Für-Andere-Sein» («le pour-autrui»), in welchem sich die R. darüber hinwegtäuscht, daß jeder Versuch des Für-sich scheitern muß, «être autrui en restant soi» [91].

Für K. JASPERS ist im Rückgriff auf Kierkegaard die «existentielle Selbst-R.» [92] «ein mir nirgends sich schließendes Medium». Die «Identität meiner mit mir in einem gegenständlich gewordenen Bestand» ist «in der Wurzel vereitelt»; denn in der existentiellen R. «suche ich mich als hervorgehend aus meinem Urteil über mich», und dieser Vorgang ist nie abgeschlossen. Die R. verfehlt das Sein aber auch, wenn sie zur «auflösenden» wird, die durch den endlosen Progreß der Negation alles Geurteilten nur freilegen will, was ich selbst als Möglichkeit bin, und damit «jeden Anfang meiner Wirklichkeit» zerstört. So müssen in der R. sowohl die unmittelbare Ichheit als auch deren Auflösung berücksichtigt werden, und die Selbst-R. erscheint als «transitorisches Medium verlorengegangener und wiederherzustellender Unmittelbarkeit» [93]. «Existenz kann erst in der steten Gefahr der Endlosigkeit ihrer R.», in welcher sie «die grenzenlose Offenheit wagt, zu sich kommen» [94]. Gegenüber dem Offenen stellt sich die R. als eine «Auslegung des Seins als Position» [95] heraus, wie M. HEIDEGGER an «Kants These über das Sein» als repräsentativ für die neuzeitliche Metaphysik der Subjektivität aufweist. Die transzendentale R., wie sie Kant im ‹Anhang› der ‹Analytik› als «äußersten Schritt» in der Auslegung des Seins durchführt, ist «die R. auf das Ortsnetz im Ort des Seins» [96], insofern sie Ort und Verhältnis der Begriffe zu erfassen sucht. Dabei ist das Denken «auf eine zweifache Weise im Spiel: einmal als R. und dann als R. der R.» [97]. Die einfache R. meint dabei den «Zugang zur Subjektivität» [98], in dem die R. als «einfaches Setzen den Horizont» vorgibt, darin «dergleichen wie Gesetztheit, Gegenständigkeit erblickt werden kann». «R. der R. meint dagegen das Verfahren, wodurch, sowie das Instrument und Organon, womit das im Horizont der Gesetztheit erblickte Sein ausgelegt wird» [99]. Diese Zweideutigkeit der R. als Horizont und als «Organon der Auslegung des Seins des Seienden» ist «durch die ganze Geschichte des abendländischen Denkens hindurch» [100] bestimmend.

J. HABERMAS bindet den R.-Begriff über seine bisherigen Bestimmungen hinaus vor allem auch an die kommunikative Kompetenz der Vernunft an: «Die kommunikative Alltagspraxis ist in sich gleichsam reflektiert. Freilich ist ‹R.› nicht mehr eine Sache des Erkenntnissubjekts, das sich objektivierend auf sich bezieht. An die Stelle dieser vorsprachlich-einsamen R. tritt die ins kommunikative Handeln eingebaute Schichtung von Diskurs und Handeln» [101].

Über die hiermit skizzierte philosophisch-strengere Entfaltung des Begriffs hinaus gilt ‹R.› und ‹Reflektiertheit› in einem ebenso weiten wie meist vagen Sinne als für den modernen Intellektuellen charakteristisch. In seinem kritischen Verhältnis zur Welt, das allerdings weniger von universellen als von spezifischen, oft fachlichen Hinsichten bestimmt wird, tritt er das Erbe der «philosophes» der Aufklärung an, die sich dem «esprit de réflexion» verpflichtet sahen [102].

Anmerkungen. [1] Vgl. R. GOCLENIUS: Lex. philos. (1613) 970f.; J. MICRAELIUS: Lex. philos. (²1662) 1208; E. CHAUVIN: Lex. philos. (1713) 559ff. – [2] Dazu R. KONERSMANN: Spiegel und Bild (1988); vgl. auch PLOTIN: Enn. I, 4, 10. – [3] Dtsch. Fremdwb. 3 (1977) 213f.; Le grand ROBERT (Paris 1987) 7, 148; Oxford Engl. dict., s.v. – [4] PLATON: Charm. 171 c; ARISTOTELES: Eth. Nic. IX, 9, 1170 a 32; vgl. Art. ‹Noesis noeseos›. – [5] PROKLOS: Elem. theol., prop. 15. 42f. 83, hg. E. R. DODDS (Oxford 1963) 16f. 44ff. 76f.; vgl. dazu W. BEIERWALTES: Proklos (²1979) 123ff. – [6] ‹Lib. de causis› § 14, hg. O. BARDENHEWER (1882); zur weitreichenden Rezeption im MA vgl. H. D. SAFFRAY: Einl. zu THOMAS VON AQUIN: Sup. lib. de causis expos. (Freiburg/Löwen 1954). – [7] Vgl. WILHELM VON MOERBEKES Übers. von PROKLOS: Elem. theol., hg. H. BOESE (Löwen 1987); vgl. auch Art. ‹Conversio›. – [8] Alle Stellen zu ‹reflexio› bei THOMAS führt auf: J. WÉBERT: 'Reflexio'. Et. sur les opérations réflex. dans la psychol. de S. Thomas d'Aqu., in: Mélanges Mandonnet (Paris 1930) 1, 285-325; vgl. ferner: F.-X. PUTALLAZ: Le sens de la réflexion chez Thomas d'Aqu. (Paris 1991); R. L. FETZ: Ontol. der Innerlichkeit. Reditio completa und Processio interior bei Thomas von Aqu. (Fribourg 1975). – [9] J. LOCKE: Ess. conc. human underst. (1690) II, 1, § 4, hg. P. H. NIDDITCH (Oxford 1975) 105. – [10] IV, 9, § 3, a.O. 618. – [11] G. W. LEIBNIZ: Nouv. ess., Préf. Die philos. Schr., hg. C. I. GERHARDT 5 (1882) 45. – [12] CH. BONNET: Ess. analyt. XVI (Kopenhagen 1760, ND 1973) 174; H. S. REIMARUS: Vernunftlehre (1756) § 57, hg. F. LÖTZSCH (1979) 59f. – [13] Vgl. R. SPAEMANN: R. und Spontaneität (1964) 108ff. – [14] J.-J. ROUSSEAU: Disc. sur l'orig. et le fond. de l'inégalité parmi les hommes (1755). Oeuvr. compl., hg. B. GAGNEBIN/M. RAYMOND 3 (Paris 1964) 138; vgl. J. STAROBINSKI: J.-J.Rousseau et le péril de la réflexion, in: L'œil vivant (Paris 1961) bes. 156ff.; vgl. H. VON KLEIST: Über das Marionettentheater (1810). Sämtl. Werke 2 (1952) 338-345. – [15] J. G. HERDER: Über den Ursprung der Sprache (1772). Werke, hg. B. SUPHAN 5 (1891) 34. – [16] a.O. 101. – [17] 134. – [18] I. KANT: KrV B 316-346; vgl. M. HEIDEGGER: Kants These über das Sein (1962), in: Wegmarken (1967). Ges.ausg. I/9, hg. F.-W. VON HERRMANN (1976) 443-480. – [19] KrV B 318f. – [20] B 339. 341. – [21] B 319f. – [22] B 327. – [23] B 324ff. – [24] B 317. – [25] B 316. – [26] J. G. FICHTE: Grundl. der ges. Wiss.lehre III, §§ 5f. (1794). Akad.-A., hg. R. LAUTH/H. JACOB I/2 (1965) 385ff. – [27] Grundl. des Naturrechts (1796), a.O. I/3 (1966) 329. – [28] Über den Begriff der Wiss.lehre II, § 7 (1794), a.O. 142. – [29] Darst. der Wiss.lehre (1801), a.O. II/6 (1983) 158. – [30] Anweisung zum seligen Leben (1806). Werke, hg. F. MEDICUS 5 (1910) 168. – [31] a.O. 252. – [32] 254. – [33] W. BENJAMIN: Der Begriff der Kunstkritik in der dtsch. Romantik I: Die R. Ges. Schr. I/1 (1978) 18-61; vgl. W. MENNINGHAUS: Unendl. Verdoppelung: Die frühromant. Grundleg. der Kunstkritik im Begriff absoluter Selbst-R. (1987). – [34] NOVALIS: Blütenstaub (1797/98). Schr., hg. P. KLUCKHOHN/R. SAMUEL 2 (³1981) 431. – [35] F. W. J. SCHELLING: Philos. und Relig. (1804). Werke, hg. M. SCHRÖTER (1927-54) 4, 9. – [36] Ideen zu einer Philos. der Natur (1797), a.O. 1, 663. – [37] Darst. meines Systems der Philos. (1801), a.O. 3, 9. – [38] Über das Verhältnis der Naturphilos. zur Philos. überhaupt (1802), a.O. 539. – [39] System des transz. Idealismus (1800), a.O. 2, 501. – [40] a.O. 505. – [41] 506. – [42] 524. – [43] Über die Konstruktion in der Philos. (1803), a.O. 3, 545-571. – [44] a.O. 565. – [45] 566. – [46] Vgl. vor allem: Darleg.

des wahren Verhältnisses der Naturphilos. zu der verbesserten Fichteschen Lehre (1806), a.O. 595-720. – [47] a.O. 603f. – [48] Über den wahren Begriff der Naturphilos. (1801), a.O. 2, 719. – [49] a.O. – [50] K. JASPERS: Schelling. Größe und Verhängnis (1955) 87ff. 222f., bes. 230. – [51] Vgl. G. W. F. HEGEL: Theolog. Jugendschr., hg. H. NOHL (1907), bes. 379 (1. Fassung). – [52] Diff. des Fichte'schen und Schelling'schen Systems der Philos. (1801). Akad.-A. 4 (1968) 63. – [53] Vgl. a.O. 16-19: «R. als Instrument des Philosophirens». – [54] Phän. des Geistes (1807) Vorrede. Akad.-A. 9 (1980) 19. – [55] Enzykl. (1827) § 112. Akad.-A. 19 (1989) 111. – [56] § 113, a.O. 111f. – [57] Wiss. der Logik I: Die objektive Logik (1812/1813). Akad.-A. 11 (1978) 253. – [58] a.O. 254. – [59] 258. 254. – [60] Vorles. über die Philos. der Relig. Jub.aus., hg. H. GLOCKNER 15 (1928) 39. – [61] Philos. Propädeutik (1809/11), a.O. 3 (⁴1961) 41ff. – [62] Enzykl. § 413, a.O. [55] 316. – [63] Vgl. bes. a.O. [60] 183-203: «Das vermittelte Wissen als Beobachtung und als R.» und «Die Endlichkeit auf dem Standpunkte der R.». – [64] J. F. FRIES: Neue oder anthropolog. Kritik der Vernunft 1-3 (1807, ²1828). – [65] a.O. 1, 25. – [66] System der Logik (1811, ³1837). Sämtl. Schr., hg. G. KÖNIG/L. GELDSETZER I/7 (1971) 52. 67. – [67] F. BRENTANO: Psychol. vom empir. Standpunkt 1 (1874), hg. O. KRAUS (1924) 40f. – [68] Vgl. M. SCHELER: Die Idole der Selbsterkenntnis (1911). Ges. Werke 3 (⁴1954) 234; Der Formalismus in der Ethik und die mat. Wertethik (1916), a.O. 2 (⁴1954) 385. 397. – [69] E. HUSSERL: Ideen zu einer reinen Phänom. und phänom. Philos. 1, § 78. Husserliana 3/1 (Den Haag 1976) 165f. – [70] § 77, a.O. 162. – [71] a.O. 165. – [72] 162f. – [73] a.O. – [74] Vgl. W. SZILASI: Einf. in die Phän. E. Husserls (1959) 77-85. – [75] M. MERLEAU-PONTY: Phén. de la perception (Paris 1945) 412. – [76] a.O. 419. – [77] a.O. – [78] a.O. 53. – [79] 253. – [80] 74. – [81] 75. – [82] 53. – [83] G. MARCEL: Le mystère de l'être 1: Réflexion et mystère (Paris 1951) 97. – [84] J.-P. SARTRE: L'être et le néant (Paris 1943, 1963) 198. – [85] HEGEL, a.O. [54] 121-131. – [86] SARTRE, a.O. [84] 200. – [87] a.O. – [88] 200f. – [89] 201. 204. – [90] 206. – [91] 208. – [92] K. JASPERS: Philos. II (1956) 35ff. – [93] a.O. 40. – [94] 43f. – [95] HEIDEGGER, a.O. [18] 472. – [96] a.O. 473. – [97] 477f. – [98] 474. – [99] 478. – [100] a.O. – [101] J. HABERMAS: Der philos. Diskurs der Moderne (1985) 375. – [102] ANON. [C. CH. DU MARSAIS]: Le philosophe, in: Nouv. libertés de penser (Amsterdam 1743) 200; dtsch., in: DU MARSAIS: Essay über die Vorurteile, hg. W. SCHRÖDER (1972) 284.

Literaturhinweise. W. BENJAMIN s. Anm. [33]. – J. WÉBERT s. Anm. [8]. – H. WAGNER: Philos. und R. (1959). – W. SCHULZ: Die absolute R. (1962). – M. LIEDTKE: Der Begriff der R. bei Kant. Arch. Gesch. Philos. 48 (1966) 207-216. – Y. BELAVAL: Le probl. de la réflexion chez Leibniz. Studia leibn., Suppl. 3 (1969) 1-19. – K. DÜSING: Spekulation und R. Zur Zusammenarbeit Schellings und Hegels in Jena. Hegel-Stud. 5 (1969) 95-128. – W. JANKE: Fichte: Sein und R. (1970). – CH. FREY: R. und Zeit (1973). – E. BEHLER: Die Kunst der R. Das frühromant. Denken im Hinblick auf Nietzsche (1973), in: Stud. zur Romantik und zur idealist. Philos. (1988). – R. HÉBERT: Introd. à l'hist. du concept de réflexion: Position d'une recherche et matériaux bibliogr. Philosophiques 2 (1975) 131-152. – W. JAESCHKE: Äußerl. R. und immanente R. Gesch. des R.-Begriffes in Hegels Logik-Entwürfen. Hegel-Stud. 13 (1978) 85-117. – D. HENRICH: Hegels Logik der R. Neuere Fassung, a.O., Beih. 18 (1978) 203-324. – W. MENNINGHAUS s. Anm. [33]. L. ZAHN

Reflexionsbegriffe (Vergleichungsbegriffe). Unter dem Titel ‹R.› faßt I. KANT vier Paare korrelativer Begriffe (‹Einerleiheit› und ‹Verschiedenheit›, ‹Einstimmung› und ‹Widerstreit›, ‹Inneres› und ‹Äußeres›, ‹Materie› und ‹Form›) zusammen, die ihm als die allgemeinsten und grundsätzlich verbindlichen Gesichtspunkte der Reflexion, d.h. – in einem in der vorkantischen Fachsprache schon vorgeprägten Sinn dieses Wortes [1] – der vergleichenden Betrachtung, der Beziehungs- und Kontrastbestimmung von Vorstellungsinhalten gelten [2]. Die R. weisen zwar auf dieselbe Gesetzlichkeit und Gesetzgebung des Verstandes zurück, die auch in den Kategorien sich bekundet; von diesen sind sie gleichwohl insofern sorgfältig zu unterscheiden, als sie keine konstitutive Funktion für die Erkenntnis, d.h. für den Objekt- und Objektivitätscharakter der in ihr sich darstellenden Objekte haben. Sie sind nicht «Begriffe der Verknüpfung und dadurch des Objects selbst», sondern Begriffe «der bloßen Vergleichung schon gegebener Begriffe» [3].

Das Thema der R. erörtert Kant in der KrV vornehmlich in Rücksicht auf die Gefahr ihrer transzendentalen Amphibolie: Die Amphibolie, d.h. die Mißdeutung der R. ist ein exemplarischer Fall von «Verwechselung der reinen Verstandesobjects mit der Erscheinung» [4] und von ontologischem Mißbrauch logischer Gesichtspunkte. Sie läßt außer Betracht, daß der Sinn und Anwendungsbereich der R. durch den Bezug der Erkenntnis auf Anschauung, auf raumzeitlich Gegebenes festgelegt ist, daß z.B. Einerleiheit und Verschiedenheit von Gegenständen nicht allein in Hinsicht auf ihren begrifflichen Inhalt, sondern nur in zusätzlicher Rücksicht auf ihre raumzeitliche Position ausgesagt werden dürfen. Vor der transzendentalen Amphibolie – sie steht im Zentrum der Kantschen Leibniz-Kritik – bewahrt die transzendentale Reflexion, als deren systematisches Resultat Kant die transzendentale Topik postuliert. In freilich sehr lockerer Analogie zur Amphibolie der R. in der theoretischen Philosophie wird in der ‹Metaphysik der Sitten› eine «Amphibolie der moralischen R.» konzipiert, die darin besteht, daß «das, was Pflicht des Menschen gegen sich selbst ist, für Pflicht gegen Andere» gehalten wird [5].

Im Kantschen Nachlaß wird die scharfe Trennung von ‹Kategorie› und ‹Reflexionsbegriff› nicht immer durchgehalten [6]. In der neueren Literatur steht der Ausdruck ‹Reflexionsbegriff› nicht selten außerhalb seines ursprünglich transzendentalphilosophischen Bezugsfeldes, etwa, wenn er für die Auslegung der aristotelischen Prinzipien in Anspruch genommen wird [7].

Zwar in historischer Reminiszenz an Kant, gleichwohl im gänzlich eigenständigen Geist der «Wissenschaft der Logik» konzipiert G. W. F. HEGEL seine «Reflexionsbestimmungen»: Die Reflexion, als deren Bestimmungen im einzelnen Identität, Unterschied, Widerspruch und Grund (als «aufgehobene Bestimmung») genannt werden, gilt ihm nicht als Bewußtseinstätigkeit, sondern als in der Sache selbst, im Wesen des Wesens liegende Reflexivität, d.h. Spiegelung im Anderssein. Die Reflexionsbestimmung ist «Beziehung auf ihr Andersseyn an ihr selbst», ist Bestimmung, die ihr Bestimmtsein gegen anderes in sich selbst reflektiert und «aufhebt» [8].

Anmerkungen. [1] Vgl. CH. WOLFF: Vern. Ged. von Gott (1720) §§ 272. 733; H. S. REIMARUS: Die Vernunftlehre (³1766) § 12, ND, hg. F. LÖTZSCH (1979) 2, 7. – [2] I. KANT: KrV A 260ff./B 316ff. – [3] Proleg. (1783) § 39. Akad.-A. 4, 326. – [4] KrV A 270/B 326. – [5] Metaph. der Sitten (1797). Tugendlehre § 16. Akad.-A. 6, 442. – [6] R. EISLER: Kant-Lex. (1930, ND 1964) 295: ‹Kategorie›. – [7] Vgl. W. WIELAND: Die aristot. Physik (1962) 202ff. – [8] G. W. F. HEGEL: Wiss. der Logik. 1. Bd.: Die objektive Logik (1812/13), hg. F. HOGEMANN/W. JAESCHKE. Akad.-A. 11 (1978) 244-257, zit.: 257.

Literaturhinweise. O. DÖRING: Der Anhang zum analyt. Teile der KrV über die Amphibolie der R. Diss. Leipzig (1904). – E. ZILSEL: Bem. zur Abfassungszeit und Methode der Amphibolie der R. Arch. Gesch. Philos. 26 (1913) 431-448. – N. HARTMANN: Die Philos. des dtsch. Idealismus II: Hegel (1929, ²1960) 437ff. – F. INCIARTE: Die Reflexionsbestimmungen im dialekt. Denken. Diss. Köln (1957). – R. WALTER: R. Gedanken zu einer schwierigen Begriffsgattung und zu einem unausgeführten Lehrstück der KrV. Philosophia nat. 19 (1982) 125-150. W. HALBFASS

Reflexionsphilosophie. Unter ‹R.› faßt G. W. F. HEGEL, in sachlicher Nähe zu F. W. J. SCHELLING während der Zeit der Zusammenarbeit mit diesem am ‹Kritischen Journal der Philosophie› (1802), ganz allgemein die verschiedenen Formen der neuzeitlichen Verstandesphilosophie zusammen. Ihre Urheber erblickt er vorzüglich in D. Hume und J. Locke, die «das Philosophiren in diese Endlichkeit und Subjectivität versenkt» hätten, «Erkenntniß und Kritisiren der menschlichen Gemüthskräfte an die Stelle des Erkennens» setzten und «durch Analyse sinnlicher Erfahrung die Metaphysik vertrieben» [1]. Allgemeines Kennzeichen der R. ist nach HEGEL das Fixieren und Isolieren des Besonderen mittels starrer Verstandesbegriffe, durch welche nie der lebendige Zusammenhang des Ganzen oder das Übergehen des Einen in das Andere erfaßt wird, ein Gedanke, der später besonders in der Lebensphilosophie von F. Nietzsche, H. Bergson und L. Klages wieder aufgenommen wurde und eine Reflexionsfeindschaft begründete. HEGEL, der die Reflexion erhalten, aber ihre Trennungen nur als 'Momente' begriffen wissen möchte, verbindet so mit dem Titel ‹R.› eine Kritik an der gesamten Aufklärung, aber auch an dem «gemeinen Menschenverstand» als der niedrigsten Form eines Denkens in abstrakten Entgegensetzungen [2]. Eine zweite Form der R. kritisiert er in der Gestalt des alten und neuen Skeptizismus, der nur auf die «Differenzen der Systeme» reflektiert, ohne in ihnen ein fortlaufendes, niedrigeres oder höheres Sichselbsterfassen der Vernunft zu erkennen [3].

Während K. FISCHER in dem bei Hegel durch W. T. Krug und G. E. Schulze repräsentierten gemeinen Menschenverstand und Skeptizismus nur Formen der «Unphilosophie» (Ausdruck Hegels) sieht [4], hält H. GLOCKNER Krug und Schulze für Vertreter der R.; für Glockner gelten alle Aufsätze Hegels dem «Kampf gegen die R.» und bilden untereinander einen bis zur höchsten Gestalt der R. aufsteigenden Zusammenhang [5]. In ‹Glauben und Wissen› sieht Hegel diese höchste Gestalt in der «R. der Subjectivität ... als Kantische, Jacobische und Fichtesche Philosophie». Den drei Denkern ist gemeinsam, daß sie das «Reflexionswesen» nur «weitläufiger und systematischer ausgesponnen», nicht aber überwunden haben, da bei ihnen das sich ganz innerhalb seiner selbst bestimmen wollende Subjekt wieder dem Verstande verfällt, was sich u.a. in dem aus der Trennung von Inhalt und Form hervorgehenden Formalismus, vor allem aber in der absoluten Entgegensetzung des Endlichen (Wissen) und Unendlichen (Glauben) zeigt. Ist dies der «allgemeine Charakter der R.» der Subjektivität, so stellt jeder der drei Denker eine der drei möglichen Formen derselben dar, nämlich Kant die «objektive Seite» als die von der praktischen Vernunft postulierte «Idealität an und für sich», Jacobi die subjektive oder «romantische» des Gefühls, Fichte die ebenfalls noch unvollkommene, weil nur in das Subjekt hineinverlegte Synthese von beiden [6].

Von der entweder subjektiv, positiv vorgegeben oder gesellschaftlich gefaßten Existenz wird die Spekulation Hegels bei S. KIERKEGAARD [7], dem späten SCHELLING [8] und K. MARX [9] selbst wieder als eine bloß 'rationale' oder 'negative' R. aufgefaßt; sie versuchen, «die Selbstreflexion des Denkens zum Stillstand zu bringen» [10]. H.-G. GADAMER hat im Anschluß an E. Husserl und M. Heidegger die Grenze der R. zu bestimmen versucht, um der zum Absoluten führenden Konsequenz der Hegelschen «totalen Selbstvermittlung der Vernunft» zu entgehen [11].

Anmerkungen. [1] G. W. F. HEGEL: Glauben und Wissen, oder die R. der Subjectivität ... (1802). Akad.-A. 4 (1968) 375. – [2] Wie der gemeine Menschenverstand die Philos. nehme ... (1801), a.O. 174-187. – [3] Verhältniß des Skepticismus zur Philos. ... (1802), a.O. 197-238. – [4] K. FISCHER: Hegels Leben, Werke und Lehre 1 [Gesch. der neuern Philos. 8] (1901, ⁵1976) 247ff. – [5] H. GLOCKNER: Hegel 2 (1940, ²1958) 245ff. – [6] HEGEL, a.O. [1] 315. – [7] Vgl. bes. S. KIERKEGAARD: Abschließ. und unwissenschaftl. Nachschr. zu den philos. Brocken (1846). Ges. Werke 16/1-2 (1959, ND 1982). – [8] F. W. J. SCHELLING: Vorrede zu einer philos. Schr. des Herrn V. Cousin (1834). Werke, hg. M. SCHRÖTER 4. Erg.bd. (1959) 456ff.; Zur Gesch. der neueren Philos. (1827), a.O. 5 (1928) 196ff. – [9] K. MARX: Ökon.-philos. Ms.: Zur Kritik der Hegelschen Dialektik (1843/44). MEGA I/2 (1982) 275-278. – [10] K. LÖWITH: Von Hegel zu Marx (1941, ⁴1958) 134. – [11] H.-G. GADAMER: Wahrheit und Methode (²1960) 324-329. L. ZAHN

Reflexologie ist die von W. BECHTEREW ab 1910 bevorzugte Bezeichnung für seine objektive Psychologie [1], in der die psychischen Vorgänge nur in ihren angeblich objektiven Erscheinungen betrachtet werden. Alles Verhalten wird als Ergebnis der Kombination von Reflexen angesehen. Der Unterschied zu I. P. PAWLOWS Physiologie der bedingten Reflexe [2] besteht einerseits in den metaphysischen Grundlagen (eindeutige Opposition zu materialistischen Auffassungen; es wird zuerst ein psychophysischer Parallelismus vertreten) und andererseits in der vorwiegenden Verwendung von Reflexen der Skelettmuskulatur im Gegensatz zu Pawlows wichtigsten Untersuchungen der Drüsenreaktionen [3]. Die höchsten psychoreflektorischen Funktionen (also komplexe Intelligenz- und Zielhandlungen) sind nach BECHTEREW ohne Übergang mit niederen, reflektorischen Funktionen des Rückenmarks verbunden; die Tätigkeit des ganzen Nervensystems von den niederen bis zu den höheren Zentren ist nur eine allmähliche Komplikation des Verhältnisses zwischen Außenreizen und Reaktionen [4].

Assoziationsreflexe (Psychoreflexe) sind ebenso wie einfache Reflexe durch folgendes Schema gekennzeichnet: 1. zentripetale (Reiz-)Leitung, 2. Erregung in Zentren und 3. zentrifugale (motorische) Leitung; bei den ersteren geht aber die Impulsleitung nicht wie bei den letzteren nur durch ein, sondern durch zwei, drei oder mehr Zentren [5]. Wo das Schema durch assoziative Reproduktion (Belebung von physiologischen Spuren früherer Reize) kompliziert wird, entsteht ein neuropsychischer Prozeß. Bechterews R. ist, besonders in den ausgedehnten spekulativen Partien, der traditionellen Assoziationspsychologie verwandt und unterscheidet sich von ihr nur darin, daß Bechterew es ablehnt, Vorstellungen und andere Bewußtseinstatsachen mit in die Erklärung aufzunehmen [6]. Bechterew hat in seinem Leningrader Labor mit dressierten Tieren gearbeitet und auch bei Menschen Assoziationsreflexe untersucht. Ein angeblich erzielter Assoziationsreflex zwischen Ton und Kniesehnenreflex ist allerdings später nicht reproduziert worden. Bechterew untersucht nicht nur äußere Assoziationsreflexe, sondern auch «innere» wie Pawlow. Seit 1918 veranlaßte er einfache sozialpsychologische Leistungsexperimente (ohne genügende Kontrolle der Versuchsvariablen), die er zur kollektiven R. rechnete [7].

Die Verwendung des Ausdrucks ‹R.› für alle Reiz-Reaktions-Theorien ist kaum gebräuchlich, obwohl es sich in der Sache um nah verwandte Auffassungen handelt. J. B. WATSON hat sich von Bechterews R. distanziert, insbesondere wegen des in ihr ausgesprochenen psychophysischen Dualismus, den BECHTEREW später selbst nicht mehr vertreten hat [8].

Anmerkungen. [1] W. M. BECHTEREW: Objektive Psychol. oder Psychoreflexologie. Die Lehre von den Assoziationsreflexen 1-3 [russ. 1907-1912] (1913). – [2] Vgl. Art. ‹Reaktion, bedingte›. – [3] BECHTEREW: Allg. Grundlage der R. des Menschen [russ. 1910] (1926). – [4] BECHTEREW, a.O. [1] 16f. – [5] a.O. 38f. – [6] Vgl. Bechterews Auseinandersetzung mit Th. Ziehen, a.O. 19. – [7] W. M. BECHTEREW/M. DE LANGE: Die Ergebnisse des Experiments auf dem Gebiete der kollektiven R. Z. angew. Psychol. 24 (1924) 305-344. – [8] Vgl. BECHTEREW: Kollektive R. [russ. 1921] (1928).

Literaturhinweis. W. M. BECHTEREW s. Anm. [1] und [8].
R. BERGIUS

Reform. Die Verbalform ‹reformare› ist schon in der Antike verbreitet und stellt die Notwendigkeit einer Veränderung gegenwärtiger verderbter Zustände in Richtung auf Wiederherstellung früherer Zustände vor Augen [1]. Auch im mittelalterlichen Sprachgebrauch wird mit ‹reformare› und ‹reformatio› die Rückführung zu alten Grundlagen oder Normen verbunden; ‹reformatio› ist metaphorisch mit dem Begriff ‹Reinigung› assoziiert [2]. Danach reichert sich der Begriff ‹Reformation› mit utopischen Qualitäten an. Unter dem Einfluß der religiös-sozialen Protestbewegungen im 15./16. Jh. werden unter ‹Reformation› verschiedene Einzelforderungen unterschiedlicher Radikalität zusammengefaßt, die durch die Berufung auf ein universelles «göttliches Recht» legitimiert werden. Daneben findet sich ‹Reformation› als allgemein gefaßter juristischer Begriff und bezeichnet Verbesserungen im Bereich von Verwaltung und Kirche. Hiermit nähert sich der Reformationsbegriff dem zukunftsorientierten Bedeutungsgehalt des modernen R.-Begriffs an.

Seit dem frühen 18. Jh. vollzieht sich eine Historisierung des Reformationsbegriffes: Die Reformation wird als historische Epoche betrachtet, in der – in protestantischer Perspektive – die «christliche Religion von einigen überhand genommenen Irrthümern und Mißbräuchen gereiniget» [3] wurde. Seitdem bezeichnet ‹Reformator› das soziale Subjekt politischer Veränderung. ‹Reformation› wird in der Aufklärungsbewegung bisweilen auch pejorativ gebraucht und – als Reaktion auf zunehmende gesellschaftliche R.-Haltungen – mit «Reformirsucht» in Zusammenhang gebracht [4].

Noch im 18. Jh. hat der Reformationsbegriff Konjunktur. Er findet sich vor allem als Terminus technicus in der Rechtssphäre und bezeichnet allgemein «ein jedwedes Gesetz oder Verordnung, so entweder von neuem bestätiget oder auch in einigen Puncten geändert [wird]» [5]. Daneben wird in Deutschland seit dem späten 17. Jh. das französische Verb ‹réformer› adaptiert. Es vollzieht sich eine bedeutungsvolle normative Aufladung des Wortes ‹reformieren›, das bis dahin nur allgemein als 'ändern' verstanden oder als chemischer, kriegs- und münztechnischer Fachausdruck verwendet worden war. Die Möglichkeiten von 'Verbesserungen' innerhalb des aufgeklärten Absolutismus werden erwogen. Bezeichnenderweise tauchen in der Aufklärungspublizistik zunehmend R.-Kataloge auf. Kriterien für R.en sind eine gewisse Dauer und Wirkungsmächtigkeit politischer Maßnahmen. Aufgeklärte Fürsten wie auch die aufgeklärte Bürokratie tragen gemeinsam den R.-Prozeß. Seit den 1780er Jahren erkennen die Aufklärer die Grenzen und Zwänge ihrer R.-Praxis, was sie allerdings nicht dazu veranlaßt, ihre reformerischen Aktivitäten abstrakt-begrifflich zu reflektieren.

Vor 1789 war es noch möglich gewesen, ‹R.› und ‹Revolution› als austauschbare Begriffe zu verwenden: Eine Rezension über die «preußische JustizReform» identifiziert diese 1783 mit einer «großen Revolution [in der] GerichtsVerfassung» [6]. Erst durch den Anstoß der Französischen Revolution erfolgen bedeutungsvolle Umprägungen und eine weitere Historisierung des R.-Begriffs: In dem Maße, in dem bei den (radikalen) deutschen Aufklärern die Notwendigkeit einer raschen und fundamentalen, d.h. die politische und gesellschaftliche Machtverteilung tangierende Umgestaltung politischer Strukturen unterstrichen wird, wird von ‹Revolution› als Transformationskonzept gesprochen. Der wachsenden Konvergenz von R. und Revolution bei den deutschen Radikalaufklärern liegt die Vorstellung einer friedlichen Revolution zugrunde. CH. M. WIELAND gibt 1788 der Hoffnung Ausdruck, «der gegenwärtige Zustand in Europa» nähere sich «einer wohltätigen Revoluzion» ohne «wilde Empörungen und Bürgerkriege» [7]. ‹R.› bzw. ‹Revolution› bezeichnen die Durchsetzung der Aufklärungsbewegung in Staat und Gesellschaft [8].

Von den französischen Aufklärern wird die R. als eine Daueraufgabe angesehen, mit der sich der Absolutismus an objektive gesellschaftliche Begebenheiten anpassen könne und müsse. Es vollzieht sich eine Aufwertung der Begriffe ‹innovation›, ‹réforme›, ‹réformation›, ‹redressement›, ‹renouvellement›, ‹rénovation›, ‹novation› und ‹novateur›, die nun alle in einem neuerungsfreundlichen Sinn verstanden werden [9]. Da die Mehrheit die R.-Fähigkeit der Monarchie sehr hoch einschätzt, erweitern die «philosophes» im Zuge ihres prospektiven Zeithorizonts schrittweise ihr Konzept und verlangen schließlich eine «réforme universelle». Um den damit verbundenen Systemcharakter des R.-Prozesses auszudrücken, bedienen sie sich zunehmend des Begriffs ‹révolution› [10], der dadurch seit den 1770er Jahren eine Aufwertung erfährt, die zuletzt den semantischen Austausch von ‹Revolution› und ‹R.› herbeiführt: ‹Revolution› wird so einerseits «zu einem zukunftsoffenen Bewegungsbegriff ... für die erhoffte und geforderte Reformierung und Regeneration Frankreichs», andererseits aber auch eine «Bezeichnung für die politisch-soziale Krise der Zeit und den befürchteten Umsturz» [11].

In dem Maße, wie das R.-Revolution-Modell der Enzyklopädisten Züge eines radikalen Bruches mit den Herrschaftstraditionen annimmt, verschärft sich das Problem der Gewaltanwendung. Der Verlauf der Französischen Revolution führt bei den meisten deutschen Intellektuellen, nach anfänglicher enthusiastischer Aufnahme des politischen Verfassungsprogramms von 1789/91, zum Wandel ihres Urteils. Die realhistorischen und semantischen Innovationen der Revolution zwingen zur analytischen Durchdringung des Geschehens und mithin zur Konturierung des R.-Begriffs, der nun zum Gegen- und Alternativbegriff wird. A. L. SCHLÖZER, der 1788 noch für eine künftige Umwälzung in Richtung der Gewaltenteilung nach dem Modell Montesquieus ein gewisses Ausmaß an Gewalt in Kauf genommen hatte [12], hält 1791 die Durchsetzung der Menschenrechte nur noch «one Revolution», d.h. «one Gewalt» für sinnvoll, wobei er die Revolution letztlich noch immer als «Aufklärung ... von unten» deutet [13]. 1793, angesichts der Jakobinerdiktatur, grenzt er ‹R.› und ‹Revolution› noch deutlicher voneinander ab: Nur von «sachten R.en, ohne Revolution» sei die Durchsetzung wahrer Aufklärung zu erwarten: «Wozu auch Revolution, deren Ausgang immer ungewiß ist, und die gewöhnlich ihren Unternehmern verderblich ist?» [14].

I. KANT sympathisiert mit den Verfassungsprinzipien der ersten Phase der Französischen Revolution und tritt im ‹Streit der Fakultäten› für das Recht des Volkes ein, «sich eine bürgerliche Verfassung zu geben, wie sie ihm selbst gut zu sein dünkt» [15]. Er verwirft aber das Recht auf Widerstand und Aufruhr [16]. Statt dessen entwickelt er ein positives Konzept von R., demzufolge in Deutschland von oben her, d.h. durch die Souveräne selbst, langfristig «republicanische» Verfassungen eingeführt werden sollen. Auch Monarchien können «durch allmähliche R.en» «eine dem Geiste eines repräsentativen Systems gemäße Regierungsart» erreichen [17]. «Eine Veränderung der (fehlerhaften) Staatsverfassung, die wohl bisweilen nöthig sein mag – kann also nur vom Souverän selbst durch R., aber nicht vom Volk, mithin durch Revolution verrichtet werden» [18]. Damit vertritt Kant das Konzept einer prinzipiengeleiteten Staats-R. von 'oben', was voraussetzt, daß die Interessen der Staatsspitze und der gesellschaftlichen R.-Kräfte letztlich identisch sind.

Das Konzept der 'R. von oben', wie es sich nun ausbreitet, ist im Gegensatz zum R.-Konzept der Aufklärer vor 1789 geschichtsphilosophisch verortet: Mit dem Nachbarbegriff der Evolution in Beziehung gesetzt, wird das Wort ‹R.› zunächst synonym zu ‹Evolution› verwendet, zuletzt aber als Kontrastbegriff abgesetzt. Der naturrechtliche wird vom geschichtsphilosophischen R.-Begriff abgelöst: Statt Rückkehr zu legitimen Zuständen bedeutet er nun Schritthalten mit einer objektiven, progressiven Entwicklung. Durch die semantische Präzisierung von ‹Evolution› bzw. ‹Entwicklung›, die einen «gleichsam naturnotwendigen Ablaufzwang der Geschichte» [19] bezeichnet, kann ‹R.› stärker als intentionaler Vorgang, als Planungsbegriff verstanden werden. R.en sind demnach ein Mittel, das politische System so fortzuentwickeln, daß es mit dem Selbstlauf der Gesellschaft Schritt hält. Unterbleiben – letztlich permanent durchzuführende – R.en oder werden sie zum falschen Zeitpunkt eingeleitet, droht die Revolution von 'unten'. Insofern erfährt ‹R.› eine konservative Umprägung, eben die der Revolutionsverhinderung, die bei den im 19. Jh. entstehenden politischen Strömungen allerdings sehr unterschiedlich akzentuiert wird. Auch Konservative sind seitdem nicht mehr in der Lage, die 'Bewegung' und ihren geschichtsphilosophischen R.-Begriff zu ignorieren, sofern es ihr Ziel ist, die Revolution zu verhindern [20].

In seiner Rigaer Denkschrift vom September 1807 bezeichnet K. A. VON HARDENBERG das Anliegen der preußischen Reformer als «Revolution im guten Sinne». Sie unterscheide sich von der Französischen Revolution dadurch, daß sie «durch Weisheit der Regierung und nicht durch gewaltsame Impulsionen von innen oder außen» durchgeführt werde. Die Einleitung von R.en soll an die vorrevolutionäre Aufklärung anknüpfen und der Modernisierungsleistung der Französischen Revolution gleichkommen. R.en sind damit zum Mittel der Transformation von 'oben' geworden, die Ergebnisse von revolutionärer Qualität zeitigen, zugleich aber den Bruch mit der Herrschaftstradition vermeiden sollen, geht es doch um die «gänzliche Wiedergeburt» Preußens [21]. Ansonsten sprechen die preußischen Reformer von «R.en» oder synonym von «Verbesserungen» und von «Reorganisation», wenn sie Veränderungen meinen, die im Einklang mit dem stehen, was sie den «Geist der Zeit», den «heutigen Zustand der Dinge» oder die «Wünsche im Publikum» nennen: Sie verbinden das Ziel einer vernunftrechtlichen Verfassung mit evolutionären Tendenzen. Insgesamt liegt dem R.-Begriff der preußischen R.-Bürokratie die Vorstellung zugrunde, daß eine Revolution kurzfristig ablaufe, während es sich bei R.en um einen längeren Prozeß handle, dessen «Früchte erst für die folgenden Generationen reifen können» [22].

Begriffsgeschichtlich relevant und noch heute nachwirkend ist der R.-Begriff der gemäßigten Liberalen seit dem frühen 19. Jh. Charakteristisch sind die Optionen für die reformerische Gestaltung «von oben her», die mit der «Umwälzung der Verfassung» kontrastiert [23]. Generell werden die Kriterien der Langfristigkeit, der verfassungsmäßigen Legitimität und der Gewaltlosigkeit sowie die Notwendigkeit der Anpassung von staatlichen Handlungsfeldern an die herrschenden liberalen Ideen betont. Der normative Sinn des R.-Begriffs der gemäßigten Liberalen schlägt sich vor allem in der Betonung der Kalkulierbarkeit [24] und der Kontinuität von R. nieder [25]. Dieses Argument unterstreicht F. ANCILLON, wenn er der R. gerade wegen ihres Teilcharakters die Qualität zuschreibt, «nie das große Gesetz der Stetigkeit» zu verletzen, «welches in der moralischen, wie in der physischen Welt» herrschen soll [26].

Dieser um 1820 entwickelten Position, die «das Gleichgewicht zwischen dem erhaltenden und dem beweglichen, neuernden Prinzip» [27] hervorhebt, widerspricht allerdings mehr und mehr die radikalliberale Publizistik. Insbesondere wird die zunehmende Diskrepanz zwischen sozialer Evolution und tatsächlichem Tempo staatlicher R.-Politik aufgegriffen. In der Spannung zwischen restaurativer Staatsverfassung und radikalisierten politischen Erwartungshaltungen verstärkt sich die Gewißheit, daß nicht die Staatsspitze und die Verwaltung Verfassungs-R.en durchführen werden, sondern nur das «Volk» selbst, das sich in einer «politisch-reformatorischen Bewegung» organisieren solle [28]. «Volks-R.en» treten an die Stelle der fürstlichen: Die «Volksfreiheit» könne nur durch das Volk selbst, nicht aber durch «Staatsverbesserer» erreicht werden [29]. Die R. von unten nimmt eine kritisch-normative Bedeutung an und wird mit der Forderung nach «totaler Reparatur» des politischen Systems verbunden. Gegen das Gleichgewichtsmodell Ancillons stellt F. MURHARD im Rotteck/Welckerschen ‹Staatslexikon› die These, der R.-Prozeß sei von 'unten' her zu beschleunigen. R.en sind für ihn im Unterschied zu Revolutionen zwar durch ihre «Allmählichkeit» gekennzeichnet und dadurch, daß sie stets auf langfristige R.-Bündnisse und -Interessen gegründet sind. Doch läßt Murhard keinen Zweifel, daß er die Zeit für reif hält, ein konsistentes, wenn auch immer nur Teilbereiche umfassendes, «durchgreifendes» R.-Programm durchzusetzen, das auch Verfassungsänderungen einschließt [30]. Angesichts dieses R.-Radikalismus stellt sich das Problem der Rechtfertigung der Französischen Revolution: Wie konnte die an sich vernünftige Revolution zur «Pöbelherrschaft» entarten? G. G. GERVINUS führt hier die R.-Feindlichkeit von Adel und Klerus an: Diese hätten die «R. von oben» verhindert und damit die ‹furchtbare Revolution von unten» begünstigt. Die Beweislast für die Alternative ‹R./Revolution› wird somit umgekehrt. Doch wie sich die Ablösung der Herrschaftsordnung ohne «zu große und erschöpfende Zerrüttungen» [31] vollziehen soll, bleibt bei den Radikalliberalen ungeklärt [32].

Innovativ für die Wortbedeutung von ‹R.› ist bei den radikalliberalen Publizisten die Wendung «Sociale R.». Ausdrücklich wird nun die gesellschaftliche Sphäre in den Kreis des zu Reformierenden einbezogen, wobei sich bereits Konturen sozialpolitischer Interventionsmodelle abzeichnen [33]. Maßgeblich für das Sinnverständnis von «Sozial-R.» oder «gesellschaftlicher R.» ist L. VON STEIN, der 1850 die fundamentale Frage nach der Legitimierbarkeit der monarchischen Staatsverfassung in der entstehenden bürgerlichen Klassengesellschaft aufwirft. Die «Staatsgewalt» müsse die Bedürfnisse der arbeitenden Klasse aufgreifen, d.h. eine aktive Sozialpolitik betreiben. Stein unterscheidet zwischen «politischen» R.en der Verfassung und der Verwaltung auf der einen und der «socialen R.» zur Lösung der «gesellschaftlichen Frage» auf der anderen Seite. Selbst eine prinzipielle Änderung der Verfassung ist noch ‹R.› zu nennen, wenn sie durch «Organe der alten Verfassung» durchgeführt wird [34]. Steins Annahme, daß sich das «Königtum der gesellschaftlichen R.» gegenüber gesellschaftlichen Interessen autonom verhält, beruht auf der Voraussetzung, daß die «Machthabenden» zu einer solchen R.-Politik die Einsicht und «Klugheit» besitzen [35]. Gegenüber der Polarisierung sozialökonomischer Klassenformationen soll das Königtum «die Einheit der Steuerung gesellschaftspolitischer R.en ... konstituieren» [36]. Stein entwirft die Theorie eines sozialpolitisch intervenierenden Staates, der sich über die permanente und institutionalisierte Aufgabe der Sozial.-R selbst realisiert. Für Stein, der mit diesem Gedanken die Argumentation der Hegelschen ‹Rechtsphilosophie› aufnimmt, ist die bürgerliche Gesellschaft der Selbstregulation unfähig. Sie bedarf des mit autonomer Sittlichkeit begabten Staates, um nicht von ihren Antagonismen zerrieben zu werden. Indem das «Königtum der socialen R.» zur Regulierungsinstanz der in der «industriellen Gesellschaft» aufbrechenden, primär sozialen Konflikte wird, entgeht es der ansonsten «unausbleiblichen» Revolution [37].

Eine Generation später (1877) hebt G. SCHMOLLER auf einen vorsichtigen Reformismus ab, «der dessen eingedenk ist, daß die Zukunftsentwicklungen unsicher sind» [38]. «Nein, den Gefahren der socialen Zukunft kann nur durch ein Mittel die Spitze abgebrochen werden, ... dadurch, daß das König- und Beamtentum, daß diese berufensten Vertreter des Staatsgedankens, diese einzig neutralen Elemente im socialen Klassenkampf ... entschlossen und sicher die Initiative zu einer großen sociale R.-Gesetzgebung ergreifen ...» [39]. Die «Sociale R.» stelle angesichts zunehmender Klassenpolarisierung die einzige Chance dar, ein ‹freundliches Verhältnis der socialen Klassen unter sich» wieder herzustellen [40]. Konkreter als Stein antizipiert Schmoller in seinem ‹Sendschreiben› an H. von Treitschke das Programm der Sozial.-R.: «größere Annäherung an das Princip der verteilenden Gerechtigkeit», mithin eine sozialen Kriterien folgende Sozial-, Steuer- und Wirtschaftsgesetzgebung, die letztlich zur «sittliche[n] und materielle[n] Hebung der unteren und mittleren Klassen» beitrage. Bemerkenswert ist, daß Schmoller das materielle und direkte Eingreifen des Staates in die Wirtschaftssphäre fordert, nicht bloß die Setzung von Rahmenbedingungen. Auch grenzt sich Schmoller von der zeitgenössischen bürgerlichen Sozial-R.-Bewegung dadurch ab, daß er die materiellen Grundlagen der «Sittlichkeit» der arbeitenden Klassen und nicht die Restauration der Gesinnung selbst zur R.-Aufgabe macht. Dieses Konzept der Sozial-R. hebt auf einen paternalistischen Staat ab, der zugunsten der Arbeiter interveniert, nicht aber diese selbst zum Subjekt der Sozial-R. erhebt. Eine Transformation oder Parlamentarisierung des monarchischen Systems wie etwa bei den sozialdemokratischen «Reformisten» ist nicht beabsichtigt.

Demgegenüber möchte H. H. VON BERLEPSCH den Gegensatz von Kapital und Arbeit ausgleichen und den Arbeitern durch die Anerkennung ihrer Organisationen und die Herstellung der Koalitionsfreiheit einen gleichberechtigten Platz im gesellschaftlichen und politischen Leben sichern. Dieses emanzipative Sozial-R.-Verständnis enthält eine geschichtsphilosophische Komponente, indem hier Mittel (Arbeiterbewegung) und Ziel (Schaffung sozialer Chancengerechtigkeit) der Sozial-R. zusammenfallen [41]. Bei Schmoller und Berlepsch bahnt sich bereits die weitere Entwicklung des Begriffs der Sozial-R. im 20. Jh. an: Nach dem Intermezzo der katholischen Sozialbewegung der Zwischenkriegszeit gehen beide, Inhalt wie Begriff, in der staatlichen Sozialpolitik der Bundesrepublik auf. Vom alten Motiv der Revolutionsverhinderung findet sich in der gegenwärtigen Debatte nichts mehr; es wird gleichsam technizistisch ausgefiltert, weil die Drohung einer Revolution 'von unten' verschwunden ist.

Begriffsgeschichtlich relevant ist daneben die im späten Kaiserreich geführte Debatte um den «Revisionismus» (s.d.). Der Sozialdemokratie stellt sich die Frage, ob man über R.en schrittweise zu einer Gesamttransformation des politischen und gesellschaftlichen Systems gelangen könne. Da E. BERNSTEIN von der Möglichkeit ausgeht, über eine «vernünftige» bzw. «systematische R.-Politik» [42] akkumulativ zur politischen und sozialen Demokratie zu gelangen, sind für ihn ‹Utopie›, ‹Terrorismus› und ‹Revolution› synonyme Vorstellungsreihen, die sämtlich einer irrationalen Attitüde entspringen. Ihr werden die Begriffe ‹Evolution›, ‹Praxis› und ‹R.› als Mittel des «aufbauenden Sozialismus» entgegengestellt [43]. Bernsteins Gegner, allen voran R. LUXEMBURG, unterstreichen dagegen den «unzertrennlichen Zusammenhang ... zwischen der Sozial-R. und der sozialen Revolution, ... indem ihr [der Sozialdemokratie] der Kampf um die Sozial-R. das Mittel, die soziale Umwälzung aber der Zweck ist» [44].

Für die Gegenwart ist auf die Debatte über die 1969 von der sozialliberalen Koalition initiierte und auch explizit so genannte «R.-Gesetzgebung» hinzuweisen. Deutlich stehen hier die auf konkrete Modernisierung und «Demokratisierung» ausgerichteten Konzepte gesellschaftlicher und politischer R. im ideologischen Wettbewerb mit dem konservativen Ziel der Erhaltung der Verhältnisse [45]. Es ging den sozialliberalen R.-Theoretikern darum, Basisbewegungen so zu kanalisieren, daß «R.-Druck» auf die staatlichen Entscheidungsträger ausgeübt werden konnte. Man begegnet hier einem theoretisch durchgeformten Konvergenzmodell von R. und Revolution, das in letzter Instanz eine Neuauflage von Bernsteins Transformationskonzept darstellt. Auf dieses reagieren alte wie neue Gegner mit dem Vorwurf, ein akkumulativer Übergang zur politischen und sozialen Demokratie sei unmöglich, schon der Versuch dazu laufe auf einen «Reformismus» hinaus, der R.en zum Selbstzweck, nicht mehr zum Mittel der sozialen Veränderung erhebe [46]. Mit dem Ende der sozialliberalen Ära kommt es im öffentlichen Sprachgebrauch schließlich zu einem erheblichen und raschen Verschleiß des normativen Gehalts des R.-Begriffs. In der politischen Sprache der Gegenwart hat sich der Sinn von ‹R.› auf den Bedeutungsgehalt von ‹Veränderung› reduziert. Der Begriff ‹R.› steht inzwischen jeder politischen Richtung offen.

Anmerkungen. [1] Zum folgenden E. WOLGAST: Art. ‹R., Reformation›, in: O. BRUNNER/W. CONZE/R. KOSELLECK (Hg.): Geschichtl. Grundbegriffe 5 (1984) 313-360, hier: 313ff. – [2] Vgl. P. BURKE: Renaissance, Reformation, Revolution, in: R. KOSELLECK/P. WIDMER (Hg.): Niedergang (1980) 137-147, hier: 141. – [3] J. H. ZEDLER (Hg.): Grosses vollst. Univ.-Lex. 30 (1741, ND Graz 1961) 1676. – [4] Vgl. Förmer und Störmer oder die Reformatoren. Ein Nachtstück, in: Dtsch. Museum 1 (1776) 85-94; Etwas für die medicinischen Reformatoren, in: Almanach für Ärzte und Nichtärzte (1786) H. 1, 22-36. – [5] a.O. [3]. – [6] Statsanzeigen 3, 11 (1783) 283. – [7] CH. M. WIELAND: Prosaische Schr. II (1783-94). Ges. Werke (1909-40, ND 1986f.) I/15, 224. – [8] R. KOSELLECK/N. BULST/CH. MEIER: Art. ‹Revolution, Rebellion, Aufruhr, Bürgerkrieg›, in: BRUNNER u.a. (Hg.), a.O. [1] 653-788, hier: 725f. – [9] K.-H. BENDER: Revolutionen. Die Entsteh. des polit. Revol.begr. in Frankreich zw. MA und Aufkl. (1977) 171f. – [10] Vgl. C. DIPPER: Art. ‹Réforme, Réformateur›, in: R. REICHARDT u.a. (Hg.): Hb. pol.-soz. Grundbegr. in Frankreich 1680-1820 14 (1993). – [11] R. REICHARDT: Selbstanzeige zu: R. und Revolution (1973). Arch. Begriffsgesch. 21 (1977) 157. – [12] a.O. [6] 12, 48 (1788) 443. – [13] a.O. 16, 64 (1791) 456ff. – [14] A. L. SCHLÖZER: Allg. StatsRecht und StatsVerfassungsLere (1793) 162. – [15] I. KANT: Der Streit der Fakult. (1798). Akad.-A. 7, 85f. – [16] Zum folgenden vgl.: Zum ewigen Frieden (1795), a.O. 8, 382; Met. der Sitten (1797), a.O. 6, 319f.; zur Interpretation: I. FETSCHER: I. Kants bürgerl. Reformismus, in: K. VON BEYME (Hg.): Theory and politics. Festschr. zum 70. Geb. für C. J. Friedrich (Den Haag 1971) 70-95; D. SCHEFFEL: Kants krit. Verwerfung des Revolutionsrechts, in: R. BRANDT (Hg.): Rechtsphilos. der Aufkl. (1982) 178-217; C. LANGER: R. nach Prinzipien. Unters. zur polit. Theorie I. Kants (1986). – [17] Zum ewigen Frieden, a.O. 352f. – [18] Met. der Sitten, a.O. 321f. – [19] KOSELLECK u. a., a.O. [8] 751. – [20] Vgl. A. W. REHBERG: Ueber den dtsch. Adel (1803) 9f. – [21] K. A. VON HARDENBERG: Rigaer Denkschrift, in: G. WINTER (Hg.): Die Reorganisation des preuß. Staates unter Stein und Hardenberg I/1 (1931) 304-363, bes. 306. – [22] H. SCHEEL (Hg.): Das R.-Ministerium Stein. Akten zur Verfass.- und Verwalt.gesch. aus den Jahren 1807/08 2 (1967) 657; vgl. auch: 1 (1966) 17. 203. 213; 3 (1968) 707. 709. – [23] J. H. TIEFTRUNK: Evolution von 'oben', in: Philos. Unters. über das Privat- und öffentl. Recht zur Erläut. und Beurt. der metaph. Anfangsgründe der Rechtslehre von Herrn Prof. Imm. Kant (1798) 502-509, zit. nach: Z. BATSCHA/J. GARBER (Hg.): Von der ständ. zur bürgerl. Gesellschaft. Polit.-soz. Theorien im Dtschl. der zweiten Hälfte des 18. Jh. (1981) 369-381, hier: 372f. – [24] Vgl. K. H. PÖLITZ: Das constitut. Leben, nach seinen Formen und Beding. (1831) 52. – [25] ANON.: Art. ‹Revolution›, in: K. VON ROTTECK/K. WELCKER (Hg.): Staatslex. (³1856-66) 13, 722-740, hier: 722. – [26] F. ANCILLON: Ueber die Staatswiss. (1820) XXVIII. – [27] Ueber den Geist der Staatsverfassungen und dessen Einfluß auf die Gesetzgebung (1825) 118. – [28] J. G. A. WIRTH: Die polit.-reformator. Richtung der Deutschen im 16. und 19. Jh. (Belle-Vue 1841). – [29] G. G. GERVINUS: Einl. in die Gesch. des 19. Jh. (1853) 130. – [30] F. MURHARD: Art. ‹R.en, politische›, in: ROTTECK/WELCKER (Hg.), a.O. [25] 13 (1842) 594-620, bes. 598. 606. 616. – [31] GERVINUS, a.O. [29] 180. – [32] Vgl. WOLGAST, a.O. [1] 353f.; P. WENDE: Radikalismus im Vormärz. Unters. zur polit. Theorie der frühen dtsch. Demokratie (1975) 197ff. – [33] Vgl. WIRTH, a.O. [28] 175ff. – [34] L. VON STEIN: Der Begriff der Ges. und die soc. Gesch. der frz. Revol. bis zum Jahre 1830 (1850) XC. – [35] a.O. XCVIII. – [36] E. PANKOKE: L. von Steins staats- und ges.wiss. Orientierungen, in: D. BLASIUS (Hg.): L. von Stein: geschichts- und ges.wiss. Perspektiven (1977) 79-180, hier: 120. – [37] STEIN, a.O. [34] CXXX. – [38] M. PRISCHING: Schmollers Theorie der Sozialpolitik. Arbeitspapier, Zeist (1991) 13. – [39] G. SCHMOLLER: Zur Social- und Gewerbepolitik der Gegenwart. Reden und Aufs. (1890) 62. – [40] Über einige Grundfragen des Rechts und der Volkswirtschaft. Ein offenes Sendschreiben an Herrn Prof. Dr. H. von Treitschke (1874/75), in: Über einige Grundfragen der Socialpolitik und der Volkswirthschaftslehre (1898) 1-211, hier: 117. – [41] C. DIPPER: Sozial-R. Gesch. eines umstritt. Begriffs. Arch. Soz.gesch. 32 (1992) 10. – [42] E. BERNSTEIN: Grundlinien des soz.demokr. Reformismus. Sozialist. Mh. 3 (1908) 1511-1519, hier: 1514. 1517. – [43] Vgl. K. LENK: Theorien der Revol. (1973) 133-139. 142. – [44] R. LUXEMBURG: Sozial-R. oder Revol., in: Polit. Schr. (Leipzig 1970) 7-99, hier: 7. – [45] M. GREIFFENHAGEN: Überlegungen zum R.-Begriff, in: GREIFFENHAGEN (Hg.): Zur Theorie der R. (1978) 7-34; CH. Graf VON KROCKOW: R. als polit. Prinzip (1976) 12ff. 29ff. – [46] Vgl. KOSELLECK u.a., a.O. [8] 755.

Literaturhinweise. R. REICHARDT: R. und Revol. bei Condorcet. Ein Beitr. zur späten Aufkl. in Frankr. (1973). – R. KOSELLECK/N. BULST/CH. MEIER s. Anm. [8]. – E. WOLGAST s. Anm. [1]. – H. MOHNHAUPT (Hg.): Revolution, R., Restauration. Formen der Veränderung von Recht und Ges. (1988).

C. ZIMMERMANN

Reformation (lat. reformatio; engl. reformation; frz. réformation; ital. riforma). ‹R.› ist zusammen mit ‹Renaissance› das Hauptglied einer Wortfamilie, der ‹Regeneration›, ‹Rekapitulation›, ‹Renovation›, ‹Restauration›, ‹Restitution›, ‹Repristination› und weitere verwandte Ausdrücke angehören, die oftmals synonym, ebenso aber «ungenau abgegrenzt» [1] gebraucht werden. ‹Reformare(-ari)› bedeutet, als Übersetzung des zu dem griech. Lehnwort μεταμόρφωσις (Gestaltwandel) gehörigen Verbs, ursprünglich ‹umgestalten›. Neben der – hintergründig religiösen [2] – poetischen [3] entwickelt sich, auch schon im 1. Jh., eine moral-philosophische [4] und politische [5] sowie, im 2. Jh., eine juristische Verwendung, nun auch des Substantivs ‹reformatio› [6]. Da auch die Benennung der jene Handlung vollziehenden Instanz als ‹reformator› schon im 1. Jh. vorkommt, «ist der begriffliche Inhalt von 'reformatio' bereits auf Dauer festgelegt» [7]: daß man jemanden oder etwas «in pristinum habitum reformaret» («in die frühere Beschaffenheit wandelt») [8], die durch «deformatio» (Verunstaltung) eingebüßt worden war [9]. Denn diese Bedeutung schimmert auch noch im veräußerlichtsten und inflationären, absoluter Maßstäbe baren, vom Wort ‹R.› schließlich gelösten Gebrauch von ‹Reform› durch [10].

Der Sprachgebrauch des 1. Jh. begegnet auch im griechischen und lateinischen ‹Neuen Testament› [11]. Neben 2 Kor. 3, 18, Phil. 3, 21 und Mk. 9, 2 (Matth. 17, 2) ist besonders wichtig Röm. 12, 2, wo «reformari» eine Verbindung mit ἀνακαίνωσις eingeht, einer 'Erneuerung', die sachlich Eph. 4, 23f. (vgl. Kol. 3, 10) präzise beschrieben wird. Denn daraus entwickelt sich bei den Kirchenvätern ein an der verlorenen, in Jesus Christus wieder präsenten Bestimmung des Menschen gemäß Gottes Schöpfung (Mk. 10, 6) ausgerichtetes «in melius reformare(-ari)» («zum Besseren umwandeln») [12], wie TERTULLIAN wohl erstmals formuliert [13]. Diese «reformatio» des Menschen [14] von seiner «deformitate» durch Gott den «reformator» [15] in Christus hat AUGUSTIN, in seine Gnadenlehre eingeordnet («Non enim reformare se ipsam potest [illa imago], sicut potuit deformare» [16]; «denn jenes Bild kann nicht sich selbst neugestalten, wie es sich verunstalten konnte»), bewußt als eine R. «non in pristinum, sed in melius» («nicht zum Früheren, sondern zum Besseren») [17] verstanden [18].

Seitdem wird ‹R.› bis zum Beginn des 16. Jh. kein neuer Sinngehalt mehr gegeben. Mit wachsender Institutionalisierung (Hierarchie, Kurie), Verrechtlichung (Dekretalen) und Verinnerlichung (Mönchtum) der mittelalterlichen Kirche und mit der Zweigipfligkeit des «corpus christianum» in «imperium» und «sacerdotium» wächst aber rapide der Verfallsgedanke an und gibt sich schon 1215 den unerhörten Ausdruck: «reformationem universalis ecclesiae ... intendere» [19] («eine R. der gesamten Kirche anstreben»), ja 1308 den der «ecclesia ... reformanda tam in capite quam in membris» [20], der als «R. der Kirche an Haupt und Gliedern» zum «Morgenwort» und zur «Scheidemünze» [21] wird und z.B. im Dekret des Konstanzer Konzils vom 6. 4. 1415 gleich zweimal auftritt [22]. Diese Verwendung meint, wie die gleichzeitige auf den Zustand auch des Reiches («beide stend», «ecclesiam et imperium»), der Städte, der Universitäten, der Verwaltung bezogene, vorwiegend, wie die antik-juristische, die Rückbildung der *Verfassung* «in antiquum» oder «pristinum statum», nämlich zu den «moribus et sacris statutis primitivae ecclesiae» («den Sitten und heiligen Festsetzungen der anfänglichen Kirche») [23]. Um den erhaltenen altkirchlichen Begriff des «intus reformari» («innerlich verwandelt werden») [24] legt sich das Verständnis des Christentums als «Gesetz»: «Wir, die wir alle Christen zu reformieren wünschen (cunctos Christianos reformare cupimus), können ihnen ja keine andere Form, die sie nachahmen sollen, vorlegen als die Christi. Diese ist das lebendige Gesetz und die vollkommene Form» [25].

M. LUTHER setzt zwar voraus, «daß ... man (wie man sagt) für die R. beider Stände arbeitet», aber dazu muß man «sich auf das reine Evangelium (puro evangelio) legen ... Denn hier ist die Angel der Dinge, hier die Summe rechtmäßiger R. (legitimae reformationis)» [26]: Sie besteht in der von Menschen nicht zu leistenden, nur Gott möglichen Enthüllung, daß die Gott-Mensch-Beziehung objektiv konstituiert ist allein im Glauben an Gott *vor* allem Handeln. Aus diesem *wahren* Inhalt des Evangeliums der Urkirche in der Heiligen Schrift *folgt* erst R. im mittelalterlichen Sinne, und diese ist nichts weiter als «des christlichen Standes Besserung» [27] – keine «voranderung der weldt», wie sich TH. MÜNTZER «eine treffliche unuberwintliche zukünfftige reformation» mittels «des gantzen göttlichen gesetzes» vorstellte [28]. Daher ist das Wort bei den «primi nostri temporis reformatores» («ersten Reformatoren unserer Zeit») [29] verhältnismäßig selten, ja wird bei PH. MELANCHTHON [30] und H. ZWINGLI wie bei ERASMUS VON ROTTERDAM zugunsten von Renaissance-Termini vermieden [31] und in J. CALVINs Hauptwerk nur im augustinischen Sinne verwandt [32]. Doch ist LUTHER der «Reformator der Kirchen» [33], ja «verus ille *Reformatorum* reformator» («*der* wahre Reformator schlechthin») [34], MELANCHTHON der «Praeceptor ... Germaniae» [35]. Die «Reformatio Ecclesiarum Hassiae» [36], die FRANZ LAMBERT VON AVIGNON 1526 unter dem mittelalterlichen «Titulus primus. Omnia reformanda, quae deformata sunt ...» [37] propagierte, wurde von LUTHER als «ein hauffen gesetze» abgelehnt [38]. Aber für «Visitation [!] und R. in den Kirchen» [39], «Kirchenordnung und R.» [40] oder kurz «Kirch R.» [41] setzt sich das Wort allgemein durch [42], seit 1555 gestützt durch das aufgrund des Augsburger Religionsfriedens verrechtlichte, seit dem Ende des 16. Jh. von den Juristen sog. «ius reformandi» [43], das 1648 ausdrücklich ins Reichsrecht eingeht [44]; «worauß ... es der gemeinen Schlußrede nach billich heißt: Cuius est regio, illius etiam est religio, hoc est, dispositio de religione, eius ... et reformatio» («wessen die Herrschaft, dessen ist auch die Religion, d.h. die Anordnung der Religion, auch ihre R.») [45]. Entsprechend «eigneten» die «evangelici» («Evangelischen») [46] und ihre «evangelischen», «der Augsburgischen Confession verwandten», «Stände» [47] sich «den Namen» «église(s) réformée(s)» [48] – «ecclesia(e) reformata(e)» («reformierte Kirche(n)») [49] – «an» («pris le nom» [50]). Innerhalb der «reformatae ecclesiae omnes» («aller reformierten Kirchen») [51], denen «also der Name 'reformierte Kirche' nicht aberkannt werden kann» [52], entsteht die Bezeichnung «reformierte Kirche(n)» bzw. «Religion» für die «Calvinisten» *allein* [53] erst im Zusammenhang vor allem mit der «Reformatione calvinistica superioris Hassiae» [54] von 1605 und durch «die Calvinische R. in der Kurbrandenburg» [55] von 1613. Diesen spöttisch sog. «Reformanten» [56] wird als «falsch genanten Reformierten» [57] nunmehr von «den wahrhaft reformierten und genuin lutherischen Kirchen» («ecclesiis vere reformatis ac γνησίως Lutheranis» [58] aus «lutherischer R.» («Reformationis Lutheranae») [59] vorgehalten, sie «eigneten sich den Namen» der «Evangelischen Reformirten Kirchen» [60] zu Unrecht allein «an» («usurpant») [61]. «Die parteiischen Namen» [62] werden 1648 reichsrechtlich sanktioniert [63] und haben sich im kirchlichen und theologischen Sprachgebrauch bis heute erhalten. Unter dem Wort ‹R.› wird jetzt, wie CALVIN präzise formuliert, «la reformation, à laquele la Parole de Dieu nous convie et [!] laquele est conforme à l'estat et prattique de l'Eglise primitive» [64], verstanden. Wenn PHILIPP VON HESSEN in seinem Testament von 1557 mit «guter reformation» gleichsetzt, «das sie inhalt der Augspurgischen confession und dem evangelio und neuen testament gemeß lehren, auch dass sie ein gutt christlich leben fueren und dem volck kein ergernus geben» [65], so umfaßt der Begriff die zwei früheren Bedeutungen mit: «die R. besteht ... zuerst in der von Religion (religione) und Gottesdienst (cultu); dann der der Sitten. In beidem bedarf es der R. (opus est reformatione)», und «die reinste R. (reformatio purissima) geschieht innerlich im Gemüt (intus in animis ipsis)» [66].

A. SCULTETUS bringt 1618 [67] nicht nur dieses Selbstverständnis klassisch und bleibend [68] zum Ausdruck; er faßt die R. auch als eine räumliche wie zeitliche Einheit auf, das «tempus» oder «saeculum reformationis», auf das nach wie schon vor ihm viele Autoren zurückblicken [69]. Wenn der gleichfalls reformierte Theologe J. H. HOTTINGER dafür 1648 die Bezeichnung «historia Reformationis» einführt [70], so bahnt sich damit die Verwendung «als Epochenbezeichnung» [71] ebenso an wie der heute ebenso übliche unmißverständlich *absolute* Gebrauch von ‹R.›, bezogen auf die Ereignisse von ZWINGLIS Predigt in Glarus 1516 [72] bis zum Böhmischen Aufstand 1618. Damit stimmen nicht nur Historiker überein, die von «Spät-R.» im Sinne von «verlängerte R.» sprechen [73], sondern wieder die Zeitgenossen, die, enttäuscht von der Symbiose von R. und aufblühender Kulturgesellschaft der protestantischen Länder, eine «Allgemeine und General R. der gantzen weiten Welt» [74] postulieren. «Ziel dieses Projektes ist die Reformierung der Welt aus dem Geist eines wahren praktischen Christentums auf der Grundlage christlichen Glaubens und christlicher Wissenschaft» [75]. In solcher Terminologie bewegen sich J. A. COMENIUS [76], J. BÖHME [77], W. RATKE [78] und J. V. ANDREÄ [79], die letzteren klar *innerhalb* der Orthodoxie, die es ihrerseits «erregt, daß die Kirche, welche die R. der Lehre (reformationem doctrinae) recht bekannt hat, in den meisten ihrer Glieder nichts weniger als eine Besserung des Lebens zeigt» [80], so scharf sie, wie andere Zeitgenossen [81], ablehnt, was «unter dem Schein irgendeiner neuen R. (novae reformationis)» [82] auftritt.

Schon nach der Mitte des 16. Jh. wird eine *Theorie* der R. entwickelt [83], am Beginn des 17. Jh. steht eine erste *Definition*: «Est autem reformatio ecclesiae a debita perfectione deflexae a vitiis repurgatio, et ad genuinam formam revocatio» («R. aber ist die Reinigung der von der geschuldeten Vollkommenheit abgewichenen Kirche von ihren Fehlern und Rückführung zu ihrer echten Gestalt») [84]. In seinem großen ‹Tractatus ... De ecclesiae deformatae Reformatione› geht G. VOETIUS [85] unter Berufung auf den vorchristlichen Sprachgebrauch von einem Allgemeinbegriff aus: «Generell bezeichnet R. (reformatio in genere) die Rückführung einer Sache oder Person in eine bessere Gestalt». Er unterscheidet dann: «Reformatio est vel politica, vel ecclesiastica» («R. ist entweder politische oder kirchliche»); von letzterer gilt: Ihr «Ausgangspunkt ist die Verunstaltung und Verderbung von Religion und Kirche», ihr «Ziel ist die Einführung einer gewandelten Gestalt». Das kann (muß aber nicht) «vier» Ebenen gleichzeitig betreffen: die der Organisation («regiminis»), des Gottesdienstes («cultus publici»), der Lehre («falsis dogmatis ... traditis et tradendis», «traditionis errorum et haeresion», «der Verpflichtung zur Weitergabe falscher Dogmen, Irrlehren») und der Lebensführung («circa praxin pietatis»); für diese «Frömmigkeitspraxis» oder «vitae et morum reformationem» hat Voetius den Namen einer «specialis novae aut innovatae reformationis» («besonderen neuen oder erneuerten R.»). Bezüglich ihrer Instanzen («per quem») heißt es, wie schon traditionell [86], «verweise ich zuerst auf Gott». «Verbum Dei ... et reformationis ... est ... unica norma» («das Wort Gottes ist auch für die R. die einzige Norm»). Dann nennt er die «iure divino reformatores» («Reformatoren göttlichen Rechts»), die «entweder außergewöhnlich von Gott dazu gesandt oder gewöhnliche» sind, wobei letztere ihr entweder als «antecessores et praecursores» («Vorläufer») zuarbeiten («was jedem Kirchenmitglied ... zusteht») oder sie «publice et palam» («öffentlich») einführen («actualis reformatio»). «Notwendig» war diese, als die «Deformation der West- oder römisch-päpstlichen Kirche» auf allen vier Ebenen «umfassend und vorherrschend war». Sie geschah grundlegend durch die «tatsächliche Wiederherstellung (actualis ... restitutio) der reinen Predigt des Wortes Gottes». Die «primi reformatores» seit «1516 und 1517» fallen, «eine Übereinstimmung der Evangelischen in der Gestaltprinzip des Protestantismus» («in Protestantismo formali») vorausgesetzt [87], hinsichtlich ihrer «Berufung» («vocatio») «ad singulare ... opus revelationis Antichristi» («zum einzigartigen Werk der Offenbarung des Christentum Ausschließenden») alle auch unter die erste Kategorie, die der Propheten und Apostel [88]. Als «Reformationis huius ... συναίτια» («Mitursache dieser R.») wird, wie schon traditionell [89], die Renaissance («Renascentia bonarum literarum») von Voetius eingehend beschrieben.

Die von Zürich ausgegangene R. hat gegenüber der Wittenberger behauptet: «diejenigen Kirchen lügen, die sich reformiert nennen (se dicunt esse reformatas), solange sie noch irgendetwas vom Papsttum beibehalten» [90]. Sie versteht sich als der «puriori ecclesiarum reformatarum reformationi» («der reineren R. der reformierten Kirchen») [91] verpflichtet, sieht diese als «ecclesias reformatiores» («reformiertere Kirchen») [92] oder sich als «ecclesiam ... purgatiorem» («reinere Kirche») [93], welche somit die «R. ... angefangen, immer fortgesetzt und erweytert» oder «eine völligere und bessere R. angefangen» habe [94]. «Zweyte R.» wird 1633 noch rein numerisch («zum zweyten Mahl») gebraucht [95]. Aber 1676 bezeichnet Voetius die «aliquamdiu continuatam reformationem» («eine Zeitlang fortgesetzte R.») gegenüber der «ersten» («prima») als «qualitativ zweite» («secundis curis») R.; ja er weist die Abwehr «talium novarum reformationum» («solcher neuen R.») zurück [96]. (Der seit 1859 gelegentlich vorkommende, harmlose Gebrauch von «zweite R.» [97] wird als das «(Schlag-)Wort [!] von der 'zweiten R.'» – nicht unterschieden vom «Begriff» [!] – fälschlich und irreführend, wie der Historikerstreit dann zeigt [98], von J. MOLTMANN um hundert Jahre zurückdatiert [99].) Damit kann die Überzeugung, daß die Kirche «semper reformata non fuerit» («nicht immer reformiert war») [100], vielmehr «reformanda fuit ..., ut ... repurgata haberet» («zu reformieren war, um eine gereinigte zu besitzen») [101], von J. VAN LODENSTEIN unter dem Deckmantel anonymer Autorität ins Gegenteil gewandelt werden: «... een geleerd Man de Gereformeerde Kerke genoemt woude hebben, niet Reformata of Gereformeerd, maar Reformanda of te Reformeeren». An der Grenze der Orthodoxie steht «'t gebod van Reformatie» [102]: «Reformatio ... *ordinaria* continua esse debet, quia ... in veritate atque pietate proficiendum semper est ... Nam ... ecclesia in terris ... sic formata est, ut ... identidem reformanda sit» («Die normale R. muß eine beständige sein, da man in der Wahrheit und Frömmigkeit immer fortschreiten [!] muß. Die Kirche auf Erden ist so gestaltet, daß sie mehrfach zu reformieren ist») [103]. Das geht der Sache nach auf J. COCCEIUS zurück [104].

Am Anfang des 18. Jh. wird man sich bewußt, daß «im 16. Jh. durch die R. (per reformationem) eine große Veränderung vieler [!] Dinge entstanden ist» [105], durch deren Nichtaufhaltbarkeit sich nun auch der Begriff ‹R.› entscheidend *erweitert* um den Gehalt fortschreitender Vollendung: «aber zu beachten ist, daß das R.-Werk (reformationis opus) erstens unterbrochen wurde, zweitens unvollendet blieb. Wir sehen also ein: man muß daran arbeiten herzustellen, was zu vollkommener R. (ad perfectam reformationem) erforderlich ist» [106]. Und die ursprüngliche Überzeugung, daß die R. «die wahre Christliche Freyheit», d.h. «freye Gewissen» gebaut auf «einen festen Glaubens-Grund» [107] bewirkt habe, das wird, wie zuerst schon G. CALIXT akzentuiert hatte [108], jetzt erweitert verstanden als «ihr Principium ... freie Überzeugung, Prüfung und Selbstbestimmung; ... Geist der Freiheit» [109]; gipfelnd bei G. W. F. HEGEL [110], durch den, unter Leugnung des mit ‹R.› gesetzten «Jenseitigen» [111], die *Umdeutung* des Begriffs in «(Frühbürgerliche) Revolution» [112] oder seine *Preisgabe* zugunsten allgemeingesellschaftlicher «Transformation» möglich wurde [113]. Theologen projizieren gelegentlich «eine R. nach der vernünftigen und thätigen Religion» [114] in den Ursprung des Christentums.

Demgegenüber sagt C. HARMS: «Mit der Idee einer fortschreitenden R. ... reformiert man ... das Christentum aus der Welt hinaus» [115]. Das trifft nicht F. D. E. SCHLEIERMACHER, der sowohl lehrt, daß «die R. ... das Ziel hat, einen ewigen Vertrag zu stiften zwischen dem ... Glauben und der ... wissenschaftlichen Forschung ...» (andernfalls «bedürfen [wir] noch einer andern»), als auch: «Die evangelische Kirche ... muß das (reformatorische Handeln ihrer Stifter) fortsezen ...», und zwar «geht (die Kirchenverbesserung) fort» «in dem Sinne von Correction oder R., nicht von Fortschreitung, Melioration», d.h. sie ist «Wiederherstellung, nämlich ... Rükbildung», «immerwährendes Fortschreiten» «auf die Schrift gegründet und ... (d)er Übereinstimmung mit der ersten normalen Kirche bewußt» [116].

Erst W. SCHNEEMELCHER und K. G. STECK haben 1952 die Formel «ecclesia semper reformanda» geschaffen [117]. Obwohl K. BARTH sie 1953 übernahm [118], fand sie zunächst kaum Beachtung [119]. Erst als 1959 [120] «Hans Küng ... die römisch-katholische Kirche als 'ecclesia semper reformanda' beschrieben» [121] hatte [122], wurde der Ausdruck seit 1961 populär [123]. Da H. KÜNG dem «Programmwort» [!] eine «Geschichte» unterstellte [124], gab er zu historisch irreführenden Spekulationen Anlaß [125], obwohl die Wendung tatsächlich vage Reminiszenzen an die bei Schleiermacher ungenannt präsente reformierte Tradition enthält [126].

So drang die einst wie jetzt «sog. R.» [127] scheinbar [128] in den Sprachgebrauch der römischen Kirche ein, da hier die «Ecclesia ... semper purificanda» [129] als ihre «perennem reformationem» [130] «nicht ... die Reform der kirchlichen Institutionen» [131] bezeichnet, geschweige «eine Ermächtigung, die Religion zu reformieren (reformandi religionem) und die Lehre der Katholiken zu bekämpfen» [132] «durch die Schrift allein» [133], da diese seit 1871 «definitive» («endgültig») als «irreformabiles» («unreformierbar» irrtumslos) [134] «bezeichnet werden» [135]. Dem entspricht, daß, zuerst 1654, unter «Gegen-R.» [136] oder unter einer «katholischen R.» (belegt 1628 [137]) im Einklang mit dem mittelalterlichen Begriff sachlich schon 1520 die äußere Wiederherstellung des römischen Kirchenwesens und dessen «durchgreifende innere Reform» [138] verstanden [139] wurde: «zweyerley R. ...: eine, deß Lebens halber, gehet uns Catholischen an. Euch aber seind alle bede von noethen, der Religion, deß Glaubens, und darnach deß Lebens» [140].

Anmerkungen. [1] P. E. SCHRAMM: Kaiser, Rom und Renovatio ... 1 (1929) 38. 129 (Anm. 5); E. ISERLOH: Kirche – Ereignis und Institution. Aufs. und Vortr. 2 (1985) 1. – [2] Theolog. Wb. zum NT 4 (o.J. [1942]) 762, 33-765, 6; bes. 764, 12-14. 21 (J. BEHM). – [3] K. BURDACH: R., Renaissance, Humanismus (²1926) 54. – [4] G. B. LADNER: The idea of reform ... in the age of the fathers (Cambridge, Mass. 1959) 40. – [5] BURDACH, a.O. [3] 56. – [6] E. WOLGAST: Art. ‹Reform, R.›, in: O. BRUNNER/W. CONZE/R. KOSELLECK (Hg.): Geschichtl. Grundbegr. 5 (1984) 314. – [7] a.O. 313. 316. 323. – [8] BURDACH, a.O. [3] 196. – [9] WOLGAST, a.O. [6] 314 (Anm. 16). – [10] a.O. 324f. 330f.; P. RAMUS: Comm. de relig. christ. (1576, ND 1969) Vita (24) (TH. BANOSIUS); M. CHEMNITZ: Ber. vom newen ... Gregoriano Calendario ... (1584) («reformationis Calendarii» = «corrigirten C.»); 375 Jahre Univ. Gießen (1982) 25. 117 (1617); R. DESCARTES: Disc. de la méthode (1637) II. Oeuvr., hg. CH. ADAM/P. TANNERY 6 (1982) 13-15; F. SCHILLER: Die Räuber (1781) I, 2; I. KANT: Was ist Aufklärung? (1784). Akad.-A. 8, 37; F. NIETZSCHE: Wiss. und Weisheit im Kampfe (1875). Werke, hg. K. SCHLECHTA (²1960) 3, 342. Krit. Ges.ausg., hg. G. COLLI/M. MONTINARI (1967ff.) 4/1, 181; P. K. FEYERABEND: Xenophanes, in: G. ANDERSSON (Hg.): Rationality in sci. and politics (Dordrecht 1984) 102f. – [11] LADNER, a.O. [4] 41f. – [12] WOLGAST, a.O. [6] 316. – [13] LADNER, a.O. [4] 134. – [14] AUGUSTINUS: De trin. XIV, 16, 22. MPL 42, 1053f. – [15] Enarr. in Ps. 32 (33) II, 2, 16. MPL 36, 294. – [16] a.O. [14] 1053. – [17] De Gen. ad lit. VI, 20, 31. 24, 35. MPL 34, 352. 353. – [18] LADNER, a.O. [4] 170. – [19] WOLGAST, a.O. [6] 318. – [20] GUILLELMI DURANDI ... De modo generalis concilii tract. ... Ed. princ. (Lyon 1531) fol. 4ʳ; vgl. P. D'AILLY: De reformatione ecclesiae, in: F. OAKLEY: The polit. thought of P. d'Ailly (1964) 314-342. – [21] W.-E. PEUKERT: Die große Wende ... (1948) 195-212. – [22] C. MIRBT: Quellen zur Gesch. des Papsttums und des röm. Katholizismus (⁴1924) Nr. 392 (gekürzt). – [23] WOLGAST, a.O. [6] 316-325. – [24] P. BRUNNER: Reform – R. Einst – Heute (1967), in: ... Aufsätze (1977) 11 (Anm. 4). – [25] Reformatio generalis concepta per ... Nicolaum de Cusa (1459), hg. S. EHSES. Hist. Jb. 32 (1911) 285; vgl. B. LOHSE: Was heißt R.? in: Lutherdeutung heute (1968) 9 (Joh. von Segovia). – [26] M. LUTHER: Pr. für den Propst von Leitzkau (1512). Weim. Ausg. 1, 12, 9-11; 13, 27f. 33f.; vgl. H. PREUSS: Luther der Prophet (1933) VII. 232-235; BRUNNER, a.O. [24] 17-19. 22f. 25-28; H. A. OBERMAN: Die R. (1986) 164-166. 169-171. 175f. 179. – [27] LUTHER: An den christl. Adel dtsch. Nation von des christl. Standes Besserung (1520). Weim. Ausg. 6, 404, 2. 14. 17; 414, 7f. 15f.; 427, 31; 449, 8; 457, 12; 467, 33; 469, 17; vgl. OBERMAN, a.O. 163f. 171-174. 180-183. 187f. – [28] TH. MÜNTZER: Krit. Ges.ausg., hg. G. FRANZ/P. KIRN (1968) 255, 16. 24f.; 262, 16f. = 548, 3-6; vgl. WOLGAST, a.O. [6] 328 («zerstörung»); F. LEPP: Schlagwörter des R.-Zeitalters. Diss. Leipzig (1908) 20 (U. Rhegius 1524 gegen A. Karlstadt); OBERMAN, a.O. 162f. 171. – [29] H. ZANCHI: Opera 4 (1617) 794 (vor 1576); 7/1 (1618) 75 (zit. H. Bullinger 1561); vgl. G. VOETIUS: Politica ecclesiastica 3 (1676) 483; WOLGAST, a.O. [6] 330 (Anm. 130). – [30] PH. MELANCHTHON: De corrigendis adolescentiae studiis (1518). Werke, hg. R. STUPPERICH 3 (1961) 30, 7. 16f.; 31, 1; 34, 19; 35, 33f.; 41, 13; 42, 11; Epitome renovatae ecclesiasticae doctr. ... (1524), a.O. 1 (1951) 179; 180, 34; 187, 20; Br. vom Okt. 1518. Opera, hg. K. G. BRETSCHNEIDER/H. E. BINDSEIL. Corpus reform. [CR] 1, 53; Relation des Regensburger Relig.gesprächs (1541). CR 4, 425; Die Bekenntnisschr. der evang.-luth. Kirche (²1952) 43, 21. 35 neben 29f.; 153, 28f. 32f.; CH. SCHMIDT: Ph. Melanchthon (1861) 525 (1549). – [31] P. WERNLE: Die Renaissance des Christentums im 16. Jh. (1904) 1. – [32] J. CALVIN: Instit. christ. relig. (1539/59) I, 15, 4; II, 1, 9; 3, 6. 7. 8; 5, 5. 15; 12, 7; III, 3, 6. 9; 11, 6; 20, 43; IV, 15, 5. Opera sel., hg. P. BARTH/W. NIESEL (²1952-70) 3, 179, 9-180, 5; 239, 9-15; 279, 24; 281, 11; 283, 6; 303, 6. 11. 13f.; 315, 10-12. 17. 19; 445, 19-22; 4, 60, 24-27; 63, 11-64, 4; 187, 24; 355, 6. 8-11; 5, 289, 5; 2, 89, 12 (Catechismus Genevensis [1545] Frage 96); CR 51, 208f. (zu Eph. 4, 24); Consensus Tigurinus (J. Calvin und H. Bullinger 1549 [1551]); E. F. K. MÜLLER (Hg.): Die Bekenntnisschr. der reform. Kirche (1903, ND 1987) 159, 37f.; 160, 8. 45; 162, 31; wie LUTHER, a.O. [27] 39/1, 177, 9f. (1536). – [33] E. W. ZEEDEN: M. Luther und die R. im Urteil des dtsch. Lutherthums 2: Dokumente (1952) 15 (J. Bugenhagen 1546). – [34] D. HEINRICI: Articuli Visitationis ... recensiti cum explicatione (1662) 4. 10. – [35] H. BUSCHER: Harmonia logicae Philipporameae (1595, ²1597) Praef. – [36] E. SEHLING (Hg.): Die evang. Kirchenordnungen des 16. Jh. 8 (1965) 43. 65. – [37] Que F. LAMBERTUS AVENIONENSIS apud sanctam Hessorum synodum Homberg congregatam pro ecclesiarum reformatione Dei verbo disputanda et deservienda proposuit (1527), in: H. VON DER HARDT (Hg.): Historia lit. reformationis (1717) 5, 98-102. – [38] LUTHER: Br. an Philipp von Hessen (7. 1. 1527). Weim. Ausg., Br.wechsel 4, 157, 11-14. – [39] H. N. A. JENSEN/A. L. J. MICHELSEN: Schleswig-Holsteinische Kirchengesch. 3 (1877) 202 (1557); vgl. F. BALDUIN: Comm. in omnes epistolas ... Pauli ... (1664) 764 zu Gal. 1, 6 (1622). – [40] Kirchenordnung und R. unser Albrechts und Philipsen Gebrüder Graven zu Nassaw ..., wie es ... mit der Lehr, ... Leben und Wandel ... und dergleichen ... gehalten werden sol (1576). – [41] ZEEDEN, a.O. [33] 24 (J. Mathesius 1566). – [42] J. GROPPER (1540), in: MELANCHTHON: CR 3, 1169; JOHANN FRIEDRICH I. VON SACHSEN (1541), in: CR 4, 345; KARL V. (1541), a.O. 391; MELANCHTHON: Relation ..., a.O. [30]. CR 4, 422. 424-428; G. MÜLLER (Hg.): Die Religionsgespräche der R.-Zeit (1980) 48 (M. Bucer 1541); Confessio Virtembergica ... 1551, hg. E. BIZER (1952) 189 (J. Brenz) bzw. 56 (Granvela, Malvenda); vgl. WOLGAST, a.O. [6] 327; MÜLLER (Hg.), a.O. [32] 170, 35-39 (H. Bullinger 1562); M. CHEMNITZ: Examen concilii Tridentini, hg. E. PREUSS (1861) 422 a (1566). 745 (1573); Corpus doctrinae ... Julii Hertzogen zu Braunschweig ... [Wolfenbüttel 1576] (1603) Vorrede (1-3. 7. 10. 11) (Chemnitz); Die Bekenntnisschr. ..., a.O. [30] 830, 8 (1577); W. TESCHENMACHER: Annales ecclesiastici [reformationis ecclesiarum Cliviae, Juliae, Montium ...] [1633] (1962) 3 («Kirchenordnungen, R.-Concepten»). – [43] M. HECKEL: Staat und Kirche nach den evang. Juristen Deutschlands in der ersten Hälfte des 17. Jh. (1968) 222. 17. 118. 145; Evang. Staatslex. 1 (³1987) 1416-1420. – [44] MIRBT, a.O. [22] Nr. 521. – [45] D.

REINKINGK: Bibl. Policey (1653 u.ö.) 1, 6. – [46] H. HEPPE: Ursprung und Gesch. der Bezeichnungen ‹reformierte› und ‹lutherische› Kirche (1859) 2. 3. 15. 16. 26; W. RICHARD: Unters. zur Genesis der reform. Kirchenterminologie (1959) 10. 13; Zwingliana 8 (1944/48) 485; H. LEUBE: Kalvinismus und Luthertum ... (1928) 115. 126. 167 (1616/31/48). – [47] MELANCHTHON: Frankfurter Abschied (1558). CR 9, 504. 490. – [48] RICHARD, a.O. [46] 19. – [49] HEPPE, a.O. [46] 14. 41. 42. 68. 69; Gesch. des dtsch. Prot. ... 1555-1581, 3 (1858) Beil. 79. 170. – [50] HEPPE, a.O. 3. – [51] M. CHEMNITZ: Harmonia evang. ... (1593) Dedic. (P. Leyser); G. CALIXT: Werke, hg. I. MAGER 1 (1978) 438, 16f. («Reformati sive, ut appellantur, Protestantes») (1643); HEPPE, a.O. 80. 92. 94 (1578-1673). – [52] B. MENTZER: Opera lat. 1 (1669) 492 (1621); vgl. HEPPE, a.O. 87 (1584, 1587). 89 (1606); HEINRICI, a.O. [34] 10f., zit. dazu: Die Bekenntnisschr. ..., a.O. [30] 831, 31 und 833, 15; vgl. weiter a.O. 835, 16. 17. 19f. aufgrund: Corp. doctr. ... Julii, a.O. [42] Vorrede (6: «in den Reformirten Evang. Kirchen») und Wolgegründter Bericht ... 48. 96 (M. Chemnitz). – [53] Sachlich vgl. unten die Anm. [90-94]; J. G. SIGWART: Handbüchlein, in welchem die ... Hauptpuncten Christl. Lehre ... erkläret ... (1604, ^{5}1613) 289f. («die Calvinisten ... wöllen ... jederman reformieren»). – [54] L. HUTTER(US): Concordia concors (1614) cap. 58; vgl. Ä. HUNNIUS: Opera 5 (1609) Praef.: «1591 [in Anhalt] susceptae Calvinianae reformationis» (H. Garthius); H. BECKER: Der wesentl. Anteil Anhalts an der Festlegung der Bezeichnung ‹reformiert› als Kirchenname in Deutschland. Theol. Stud. Kritiken 74 (1901) 264. – [55] LEUBE, a.O. [46] 77 (D. Cramer 1628). – [56] HEPPE, a.O. [46] 72. 89. – [57] P. LEYSER: Christianismus, Papismus et Calvinismus (1602) Vorrede (7); vgl. F. BALDUIN: Nothwendige Antwort auff das ... Lesterbuch eines Berlinischen Politici ... (1616) 1. 12; a.O. [39] 285a zu 1. Kor. 1, 12f. (1620); J. HIMMEL: Concordia concors Papae-Calvinistica ... (1625) 127a; N. HUNNIUS: Diaskepsis theol. de fundamentali dissensu doctrinae Evangelicae-Lutheranae et Calvinianae seu Reformatae (1626); ANON. [J. FEURBORN]: Gründliche Außführung ... wider das ... Buch genant Wechselschrifften ... (1636) Approb. 3, Vorrede 13; HEINRICI, a.O. [34] 1; HEPPE, a.O. 73. 77. 89. 97. 98. – [58] L. HUTTER(US): Loci communes theol. (Wittenberg 1619) 9a (postum); a.O. [54] a2a. – [59] J. HIMMEL: Memoriale biblicum (Speyer 1616) Dedicatio. – [60] MÜLLER (Hg.), a.O. [32] 740, 33. 43; 741, 30; 842, 30f.; 843, 2; vgl. TESCHENMACHER, a.O. [42] 243. 289 u.ö.; HEPPE, a.O. [46] 73. 75-77. 84. 87. 88-91; LEUBE, a.O. [46] 53. 69. 91f. 132. 136. 158. – [61] MENTZER, a.O. [52] 486. – [62] HEPPE, a.O. [46] 79 (1584). 81. 94. 98. 104 einerseits; andererseits: HEPPE, a.O. 11f. 22. 23f. 31-33. 37. 45; MENTZER, a.O. [52] 492f.; BALDUIN, a.O. [39] 284-287 (1620). – [63] HEPPE, a.O. [46]; MIRBT, a.O. [22] Nr. 525; BECKER, a.O. [54] 242-252; LEUBE, a.O. [46] 163-191 passim. 311. 321. 334. – [64] J. CALVIN: De mutata aut mutanda religione. CR 10/1, 186. – [65] G./E. FRANZ (Hg.): Urkundl. Quellen zur hess. R.-Gesch. 3 (1955) Nr. 814; vgl. WOLGAST, a.O. [6] 328 (Anm. 19). – [66] ZANCHI, a.O. [29] 7/1 (1618) 147 (postum); vgl. Z. URSINUS: Explicationes catech., hg. D. PAREUS (1598 u.ö.) zu Frage 17; B. KECKERMANN, zit. in: O. RITSCHL: Dogmengesch. des Prot. 3 (1926) 279; A. RIVET(US): Opera 3 (1660) 867a (1645); CHEMNITZ: Examen ..., a.O. [42] 140b (1566); BALDUIN, a.O. [39] 218 zu Röm. 12, 2 (1611); 923a zu Eph. 4, 22f. (1622) 1015a zu Phil. 3, 21 (1622); J. J. BREITHAUPT: Oratio ... de reformationis evang. naturae indole, quam ... 18. Nov. a[nno] 1691 habuit (Halle o.J. [1693]) B 4a: «causam interiorem»; D 1a: «non externam». – [67] A. SCULTETUS: Annales evangelii passim per Europam 15. salutis partae saec. renovati (1618-20), ND in: VON DER HARDT (Hg.), a.O. [37] 5, 19-203. – [68] W. LOHFF (Hg.): Die Konkordie reformat. Kirchen in Europa. Leuenberger Konkordie (1985) 13f., Nr. 4 (1973). – [69] TH. BEZA, zit. in: Zwingliana 8 (1944/48) 104 (1575!); H. LEUCHTER: Antiqua Hessorum fides ... (1607) 317; CALIXT, a.O. [51] 440, 16 (1643); VOETIUS, a.O. [29] I/1 (1663) 560; J. MARCKIUS: Compendium theol. christ. (1686 u.o.) 25, 19; J. H. HEIDEGGER: Corpus theol. christ. (1700) 2, 542b. – [70] J. H. HOTTINGER: Diss. continens historiae reformationis ecclesiast. partem 1. ... (1648), zit. in: G. A. BENRATH: Reformierte Kirchengesch.schreib. an der Univ. Heidelberg im 16. und 17. Jh. (1963) 94 (Anm. 4). – [71] WOLGAST, a.O. [6] 329ff. – [72] SCULTETUS, a.O. [67] 22a; vgl. A. LAUBE: Art. ‹R.›, in: Europ. Enzykl. zu Philos. und Wiss. 4 (1990) 91b; K. R.

HAGENBACH: Vorles. über Wesen und Gesch. der R. 1 (1834, ^{3}1857) 18. – [73] P. F. BARTON, in: M. GRESCHAT (Hg.): Gestalten der Kirchengesch. 6 (1981) 277 (Barton und P. Chaunu). – [74] J. V. ANDREÄ: Fama fraternitatis (1614) ..., hg. R. VAN DÜLMEN (1973, ^{3}1981) 16; weitere (mangelhaft disponierte) Belege: W.-E. PEUKERT: Das Rosenkreutz (1928, ^{2}1973). – [75] S. WOLLGAST: Philos. in Dtschl. zw. R. und Aufklärung 1550-1650 (1988) 326; vgl. 320f. 324. 331. – [76] J. A. COMENIUS: De rerum humanarum emendatione consultatio cathol. Ed. princ. (Prag 1966) 1, 4. 9. 132. 226; 2, 361f. 367. 422. – [77] J. BÖHME: Theosoph. Sendbr. (1624) 52, 2; 58, 13; 63, 9. 8. – [78] Ber. von J. KROMAYER vom 6. 8. 1623. Pädagog. Bl. Lehrerbildung 19 (1890) 562. – [79] ANDREÄ, a.O. [74] 17. 21. 38; Theophilus [1649], hg. R. VAN DÜLMEN (1973) 64. 72. 90. 108. 116. 122. 140. 168; M. BRECHT, in: Theologen und Theol. an der Univ. Tübingen (1977) 312. 315; weiter vgl. unten [106]. – [80] RIVET, a.O. [66] 2 (1652) *2b (1626); vgl. Deß ... Fürsten ... Ernstens, Hertzogen zu Sachsen ... Außschreiben, wie es bey der General Visitation ... gehalten werden soll (Erfurt 1640) C 1a («R., nicht ... der ... Lehre, welche ... dar ist, sondern deß Lebens»); J. K. DANNHAUER: Catechismus-Milch 6 (1657) Bericht an den ... Leser («Reformatio ... befohlen, wie im Leben, also auch in der Lehr»!); TH. GROSSGEBAUER: Wächterstimme aus dem verwüsteten Zion (1661), in: Drey ... Schrifften ... (^{3}1682) Kap. 17; Documenta Reformatoria ..., hg. J. N. BAKHUIZEN VAN DEN BRINK u.a. (Kampen 1960) 408f. (W. Teellinck 1627); J. VAN LODENSTEIN: Beschouwinge van Zion ... (1674/78, ^{5}1729) 12. 241; Pr. über Ez. 37, 7f. (postum 1683), a.O. (Anhang) Zz 2a. 4a («Reformation in de leer ... Reformatie in de seden»); vgl. Documenta ..., a.O. 436f.; W. GOETERS: Die Vorbereitung des Pietismus in der reform. Kirche der Niederlande ... (1911, ND 1974) 29. 112f.; zu a.O., Anm. 2: M. GEIGER: Die Basler Kirche im Zeitalter der Hochorthodoxie (1952) 37 (F. Hotman schon 1579!); H. LEUBE: Die Reformideen in der dtsch. luther. Kirche zur Zeit der Orthodoxie (1924) 35. 37-39. 77. 83. 98. 99. 126. 169; ZEEDEN, a.O. [33] 198 (Ph. J. Spener 1677). – [81] PH. NICOLAI: Theoria vitae aeternae [1606] (Frankfurt 1707) Vorrede J. D. Arcularius, Anm. (d); M. NICOLAI (1622), nach J. BAUR, in: Theologen ..., a.O. [79] 244; LEUBE, a.O. 36f. (V. E. Löscher); 38 (J. Quistorp); 39 (A. Kesler); aber auch: ANDREÄ, nach: Theologen ..., a.O. 308. 312 und WOLLGAST, a.O. [75] 242f. 301. 242 (J. Kepler). 273 (M. Bernegger). 341 (A. Libavius). 343 (J. Böhme). – [82] RIVET, a.O. [66] 926 (1642 gegen H. Grotius). – [83] ZANCHI, a.O. [29] 7/1 (1618) 439f. (1566); 7/2 (1618) 147f.: «De reformatione ecclesiarum» (postum); 4 (1617) 791-794 (postum 1597); 5 (1617) 54b (postum). – [84] Breves ... de ecclesiarum particularium Reformatione quoad doctrinam et ritus aphorismi ..., quos Praeside ... Casparo Sturmio ... tueri conabitur ... Hieronymus Quantzius ... die 21. Martii (Marburg 1606) 2; vgl.: ZEEDEN, a.O. [33] 123 (J. K. Dannhauer 1661); HEINRICI, a.O. [34] 10; V. E. LÖSCHER: Vollständige R.-Acta ... 1 (1720) 105; E. S. CYPRIAN: Überzeugende Belehrung vom Ursprung und Wachsthum des Papstthums ... (1721, ^{5}1736) 709f. – [85] VOETIUS, a.O. [29] 431-488 (984). – [86] LUTHER: Resolutiones disput. de indulgentiarum virtute (1518). Weim. Ausg. 1, 267, 30-33; CALVIN: Supplex exhortatio ad ... ordines ..., ut restituendae ecclesiae curam velint suscipere (1543). CR 6, 510; Br. an Eduard VI. (1. 1. 1551). CR 13, 672; ZANCHI, a.O. [29] 7/2 (1618) 147; 4 (1617) 54b; BREITHAUPT, a.O. [66] A 4a.b; E 1b («Reformator Deus»); F 2b; LÖSCHER, a.O. [84] 110f. 146. 302. 307. 308; CYPRIAN, a.O. [84] 814; ZEEDEN, a.O. [33] 262 (J. G. Walch 1750); 281 (J. S. Semler 1774); F. D. E. SCHLEIERMACHER: Oratio in sollemnibus ecclesiae per Lutherum emendatae saecularibus tertiis ... (1817). Sämmtl. Werke I/5 (1846) 311f.; Harmonia quatuor evangelistarum ... 2 (1652) 250b (J. Gerhard 1627: «normam reformationis ... solam atque unicam esse Dei verbum»). – [87] J. F. TURRETTINI: De necessaria secessione nostra ab ecclesia Romana (^{2}1687) 8, 33f. – [88] Instit. theol. elencticae (^{2}1689) 18, 25, 16 wie – nur für Luther – HUNNIUS, a.O. [54] 491 (1593); ZEEDEN, a.O. [33] 75f. (J. Gerhard 1617); 111f. (J. Müller 1634 [1645]); 210 (G. Arnold 1699); HECKEL, a.O. [43] 144ff. (D. Reinkingk, B. Carpzov). – [89] W. K. FERGUSON: The Renaissance in hist. thought (1948) 44f. 54-57 (Th. Beza 1580?); 74-77 (vgl. VOETIUS, a.O. [69] 458); CALIXT, a.O. [51] 245, 24-246, 13; 248, 7-15; 250, 1-5. 14-16. – [90] ZANCHI, a.O. [29] 7/2 (1618) 148; vgl. 5 (1617) 54f. –

[91] H. HEPPE: Die Einf. der Verbeßerungspunkte in Hessen von 1604-1610 ... (1849) 12 bzw. E. HOFSOMMER: Die «kirchl. Verbesserungspunkte» des Landgrafen Moritz ... (1910) 41 (1605). – [92] H. HEPPE: Der kirchl. Verkehr Englands mit dem evang. Dtschl. im 16. Jh. ... (1859) 50 («reformatiorem doctrinam»!). – [93] HUTTER, a.O. [54] 141a (1577). – [94] TESCHENMACHER, a.O. [42] 5. 54. 26; vgl. 55. 77. 105. 224f. 240. 293; G. KRAUSE: Andreas Gerhard Hyperius ... (1977) 30. 32 (W. Orth 1564); E. K. STURM: Der junge Zacharias Ursin ... (1972) 229 (Anm. 37) (Th. Erastus 1577); W. H. NEUSER, in: H. SCHILLING (Hg.): Die reform. Konfessionalisierung in Dtschl. Das Problem der «Zweiten R.» (1986) 381 («vollkommenere R.» 1581); BECKER, a.O. [54] 262 («vollend» = «Anfang» 1596/97); MÜLLER (Hg.), a.O. [32] LVI («angehender ... R.» 1614); LEUBE, a.O. [46] 96 («plena reformatio» 1614); BENRATH, a.O. [70] 50 (H. Alting 1638); N. VEDELIUS: De ... potestate magistratuum reformat. circa res ecclesiast. (1642 = 1661) Praef. («Reformatio ... suscepta ac continuata»). – [95] TESCHENMACHER, a.O. 293. 327; gegen E. MÜLHAUPT: Immer währende R. (1968), in: Luther im 20. Jh. ... (1982) 269. – [96] VOETIUS, a.O. [29] 443-445; vgl. HEPPE, a.O. [46] 71f. (1597). – [97] HEPPE, a.O. 70; MÜLLER (Hg.), a.O. [32] LIII (gegenüber «der ersten R.» 737); P. WERNLE: Der schweiz. Prot. im 18. Jh. 1 (1923) 267. 269; W. BELLARDI: ... Der Versuch einer 'zweiten R.' (in Straßburg) (1934, ND 1971). – [98] Zusammenfassend: SCHILLING (Hg.), a.O. [94]. – [99] J. MOLTMANN: Ch. Pezel (1539-1604) ... (1958) 13 mit Anm. 2; vgl. 77. 79f. – [100] F. BURMANN: Synopsis theol. ... (1671, ³1687) VIII, 20, 14. – [101] TURRETTINI, a.O. [88] 18, 10, 36. – [102] VAN LODENSTEIN, a.O. [80] 241. 185; danach GOETERS, a.O. [80] 29 sowie W. A. VISSER'T HOOFT: The renewal of the church. The Dale lect. ... 1955 (London 1956) 81f. (Anm. 1: Hinweis J. Lindebooms auf J. Koelman, J. Hoornbeek und G. Voetius ohne Beleg). – [103] HEIDEGGER, a.O. [69] 530b. 532a; mangelhaft zit. in: A. SCHWEIZER: Die Glaubenslehre der evang.-reform. Kirche 2 (1847) 674; vgl. 1 (1844) XXII. 133; Homiletik der evang.-prot. Kirche (1848) 142. – [104] J. COCCEIUS: Opera (²1689) 2, 1116b zu Jes. 59, 1-8 («causam impediti progressus Reformationis») (postum). – [105] J. F. BUDDEUS: Isagoge hist.-theol. ad theologiam univ. ... (1727) 780a; vgl. ZEEDEN, a.O. [33] 267 (J. G. Walch); 338f. (Friedrich der Gr.); J. W. GOETHE zu Eckermann 11. 3. 1832 («was ... der R. im allgemeinen alles zu danken»). – [106] J. F. OSTERWALD: Compendium theol. christ. (1739, ³1755) II, 5, 4, 3f.; vgl. Documenta ..., a.O. [80] (J. de Labadie 1667: «R. Generale»); ZEEDEN, a.O. [33] 198f. 201 (Ph. J. Spener 1677/80/84); A. H. FRANCKE: Werke in Auswahl, hg. E. PESCHKE (1969) 108 (1701); BREITHAUPT, a.O. [66] F 2a: «... scimus universam orbem reformatum iri ...»); C. VITRINGA: Comm. in Jesajam 2 (1719) zu Jes. 58, 2 («Reformationis opus ... non est perfectum»); ZEEDEN, a.O. 278. 279 (J. S. Semler); 373 (J. G. Herder); WERNLE, a.O. [97] 2 (1924) 454 (D. Müslin 1794) bzw. 3 (1925) 473; a.O. 304 (J. K. Häfeli 1790); 551 (J. Heß 1796); vgl. R. MÜLLER-STREISAND, in: Bl. württemb. Kirchengesch. 60/61 (1960/61) 262 (K. Leyser 1554: «caremus de perfecta reformatione»!). – [107] LÖSCHER, a.O. [84] 200. 198. – [108] CALIXT, a.O. [51] 240, 24-31 (postum 1656). – [109] ZEEDEN, a.O. [33] 371. 369 (J. G. Herder 1794. 1801); 273. 279 (J. S. Semler 1781. 1774); W. E. MÜLLER (Hg.): Kirchenverbesserung in Oldenburg. Dok. zum R.-Jub. 1817 (1988) 37 (A. G. Hollmann); SCHLEIERMACHER, a.O. [86] 674 (1831). – [110] G. W. F. HEGEL: Vorles. über die Philos. der Gesch. Jub.ausg., hg. H. GLOCKNER 11 (⁴1961) bes. 519ff. – [111] Vorles. über die Gesch. der Philos., a.O. 19 (³1959) 253. 254. – [112] R. WOHLFEIL: Einf. in die Gesch. der dtsch. R. (1982) 63-67. 224-226 (Lit.). – [113] WOLGAST, a.O. [6] 333. 336-338; WOHLFEIL, a.O. 50. 54f. 56. 57f. 69. 72f. 75; OBERMAN, a.O. [26] 162f. – [114] H. S. REIMARUS: Apologie oder Schutzschr. für die vernünft. Verehrer Gottes, hg. G. ALEXANDER (1972) 1, 30. – [115] C. HARMS: Lebensbeschreib. verf. von ihm selber (²1851) 230 (1817). – [116] SCHLEIERMACHER: Zweites Sendschreiben an Lücke (1829), a.O. [86] I/2 (1836) 617f.; Die christl. Sitte (1826/27), a.O. I/12 (1843) 178. 210. 211; Beil. 111. 112; vgl. I/5 (1846) 682. 674. – [117] Ecclesia semper reformanda. Festschr. E. Wolf (1952) 3; vgl. 2. – [118] K. BARTH: Kirchl. Dogmatik IV/1 (1953) 770. 773. 787; vgl. MÜLHAUPT, a.O. [95] 267. 270. – [119] VISSER'T HOOFT, a.O. [102] 81 («now famous expression»); R. KOCH: Erbe und Auftrag ... (1957) 6. 85; P. JACOBS, in: H. LAMPARTER (Hg.): Und ihr Netz zerriß. Die Großkirchen in Selbstdarstellungen (1957) 283; O. WEBER: K. Barths Kirchl. Dogmatik (¹¹1989) 237. – [120] G. BÁRCZAY: Ecclesia semper reformanda ... (1961) 19. – [121] G. MARON, in: Materialdienst des Konfessionskundl. Inst. 12 (1961) 41. – [122] H. KÜNG: Konzil und Wiedervereinigung ... (1960, ⁵1962) 51; Strukturen der Kirche (1962) 342 (Barth-Zitat); Kirche im Konzil (1963) 29. 31; Die Kirche (1967) 400. 404f. – [123] RGG³ 5 (1961) 884. 902; BÁRCZAY, a.O. [120]; MARON, a.O. [121]; H. DIEM: Die Kirche und ihre Praxis (1963) 23; Reformatio 13 (1964) 27; Reformata Reformanda. Festschr. H. Jedin (1965) Dedik.; MÜLHAUPT, a.O. [95] 267 (1967); BRUNNER, a.O. [24] 13; LThK². Das zweite Vatikanische Konzil 2 (1967) 29a (1963) 71; Ecclesia semper reformanda ..., hg. H. R. GUGGISBERG (1980); P. MUSALL, in: Taschenlex. für Relig. und Theol. (⁴1983) 3, 94; H.-G. FRITZSCHE: Lehrb. der Dogmatik 4 (1988) 53; W. HÄRLE, in: Theol. Realenzykl. 18 (1988) 293, 34. – [124] KÜNG: Konzil ..., a.O. [122] 19. 125. – [125] a.O.; BÁRCZAY, a.O. [120]; J. WEERDA: Art. ‹Reformierte Kirche›, in: RGG³ 5 (1961) 884; MÜLHAUPT, a.O. [95] 268f.; LThK², a.O. [123] 71; unabhängig davon: VISSER'T HOOFT, a.O. [102]. – [126] MÜLHAUPT, a.O. [95] 269f.; E. Wolf nach BÁRCZAY, a.O. [120]; ‹Erneuerung der Kirche› im Lichte der R. ... Evang. Theol. 6 (1946/47) = Peregrinatio 2 (1965) 154; ZEEDEN, a.O. [33] 198 («Die R. eine ständige Aufgabe»); K. LEESE: Der Protestantismus im Wandel der neueren Zeit ... (1941) XXII ('Die R. geht noch fort', sagte Schleiermacher» [nicht]). 57. 167. 230; J. PARPERT: Die endlose R. (1939); C. LÜLMANN: Schleiermacher, der Kirchenvater des 19. Jh. (1907) 90 («'Die R. geht noch fort', das war seine Überzeugung»); Realenzykl. für prot. Theol. und Kirche 11 (³1902) 572, 35-37; 17 (³1906) 770, 32; 19 (³1907) 474, 34 (S. D. VAN VEEN: «weitergehende R.»); R. ROTHE: Stille Stunden. Aphorismen (²1883) 246f. 253, NF 52 (postum); I. A. DORNER: System der christl. Sittenlehre (1885) 550. 552 («Kirche ... in fortgehender Reform»); G. KELLER: Das verlorne Lachen (1874) 2. Kap. («die sich reformierende Kirche»); Br. vom 29. 6. 1875 («Alexander Schweizer»); Ein nachhaltiger Rachekrieg (1879); A. SCHWEIZER: Die Christl. Glaubenslehre ... 1 (1863) 49. 127f. 128f. 183. 185f.; 2/2 (1872) 326. 342. 363. 368. 371; Homiletik ..., a.O. [103] 141f. («Sichstetsreformiren der sichtbaren Kirche»); Glaubenslehre ..., a.O. [103]; C. ULLMANN: Reformatoren vor der R. ... (1841, ²1866) XVI; L. F. O. BAUMGARTEN-CRUSIUS: Compendium der Dogmengesch. (1840) 321 («die R. ... ein fortgehendes Werk»); HAGENBACH, a.O. [72] 17 («immer müsse die R. fortdauern»); SCHLEIERMACHER, a.O. [116]; H. G. TZSCHIRNER: Vorles. über die christl. Glaubenslehre (1829) 53f. (postum); ZEEDEN, a.O. [33] 276. 278 (J. S. Semler 1781. 1774: «weiter reformirt»); LÖSCHER, a.O. [84] 2. 3; J. S. SEMLER: Versuch einer freiern theol. Lehrart ... (1777) Vorrede (zit.: Ph. J. Spener 1676: «ulteriorem reformationem»); HEIDEGGER, a.O. [103]; VAN LODENSTEIN, a.O. [80] 184 («'t Kerk-reformeeren ... voortgaan moet»). 186 («de Reformatie altijd noodsakelijk is»); TESCHENMACHER, a.O. [42] 5. 54; Documenta ..., a.O. [80] 408 (W. Teellinck 1627: «altydts te dringen op de Reformatie in de Kercke»). – [127] WETZER/WELTE's Kirchenlex. 10 (1879) 881 (Weber); LEPP, a.O. [28] 22 (H. Emser 1521; J. Cochläus 1528: «vermeinte R.»); RICHARD, a.O. [46] 53f. XVI («la religion prétendue réformée»); Dict. de Théol. cath. 13 (Paris 1937) 2020 («impropre»); LThK², a.O. [123] 94 («sub nomine Reformationis ... veniunt»). – [128] LThK², a.O. 29b. 524b. – [129] LThK² 1 (1966) 174. – [130] 2 (1967) 70. 62. – [131] 65a. – [132] ZEEDEN, a.O. [33] (M. Becanus 1616; LThK² 2 (1967) 73a. – [133] a.O. 524. – [134] MIRBT, a.O. [22] 466, 2; LThK² 1 (1966) 238. 240. – [135] 240. – [136] WOLGAST, a.O. [6] 330; CH. A. PESCHECK: Gesch. der Gegen-R. in Böhmen (1844, ²1850) 1. 4f. («In dieser Schrift ... Gegen-R. genannt») passim. – [137] PESCHECK, a.O. 241f. – [138] L. VON RANKE: Die röm. Päpste ... im 16. und 17. Jh. 1 (1834, ¹¹1907) 156. – [139] E. ISERLOH/J. GLAZIK/H. JEDIN: R., Kath. Reform und Gegen-R. (1967/75/85) 449f. 692 (Lit.). – [140] LEPP, a.O. [28] (Rosenbusch 1586).

Literaturhinweise. H. HEPPE s. Anm. [46]. – F. LEPP s. Anm. [28]. – K. BURDACH s. Anm. [3]. – E. W. ZEEDEN s. Anm. [33]. – W. RICHARD s. Anm. [46]. – G. B. LADNER s. Anm. [4]. – G. BÁRCZAY s. Anm. [120]. – P. BRUNNER s. Anm. [24] 9-33. – B. LOHSE s. Anm. [25] 5-18. – E. MÜLHAUPT s. Anm. [95] 267-275. –

R. WOHLFEIL s. Anm. [112] 44-79. – H. A. OBERMAN s. Anm. [26] 162-188. – E. WOLGAST s. Anm. [6] 313-339. – K. A. FRECH: Reform an Haupt und Gliedern. Unters. zur Entwickl. und Verwend. der Formulierung im Hoch- und Spät-MA (1992).

TH. MAHLMANN

Regel (lat. regula; engl. rule; frz. règle; ital. regola)
I. – 1. *Antike.* – ‹Regula›, neben ‹norma› die lat. Entsprechung zum griech. Wort ‹Kanon› (κανών) (s.d.), gehört zum Verb ‹regere› (lenken, leiten, richten) und bezeichnet deshalb grundsätzlich etwas Gerades, Richtunggebendes, z.B. eine Latte, eine Leiste oder ein Lineal. Für die Übertragung auf abstrakte Sachverhalte besonders geeignet war die Bedeutung 'Richtscheit', 'Richtmaß': Die «regula», die auch mit Maßeinteilungen versehen sein konnte, war (neben der Waage) das Werkzeug, mit dem der Handwerker die Ebenheit des Mauerwerks maß, während die Exaktheit der rechten Winkel mit der «norma» und der senkrechte Stand der Wände mit dem Bleilot («perpendiculum») geprüft wurden. («Longitudines ad regulam et ad lineam, altitudines ad perpendiculum, anguli ad normam respondentes exigantur» [1]). Das Bild von einer Baustelle stellt uns LUKREZ [2] vor Augen, wenn er mit Epikur die Zuverlässigkeit der Sinneswahrnehmung verteidigt; wer mit schlechtem Handwerkszeug (regula, norma, libella) arbeitet, muß sich nicht wundern, wenn das Haus windschief wird und einzustürzen droht. Die Sinne sind die «regula prima» in der Erkenntnis; erwiesen sie sich als trügerisch, dann könnte auch die «ratio» nichts mehr ausrichten.

EPIKURS Werk ‹Kanon› wird in CICEROS Dialog ‹De natura deorum› vom Epikureer Velleius als «illud caeleste Epicuri de regula et iudicio volumen» [3] gepriesen. Auch in ‹De finibus› spielt Cicero auf Epikurs Kanonik an: «es wird besser um uns bestellt sein, wenn wir gelernt haben werden, was die Natur verlangt. Dann aber, wenn wir ein zuverlässiges Wissen über die Wirklichkeit besitzen werden aufgrund der Einhaltung jener R., die gleichsam vom Himmel herabgekommen ist zur Erkenntnis aller Dinge und nach der sich alle Urteile über die Wirklichkeit zu richten haben, werden wir niemals, durch irgendjemandes Rede besiegt, von unserem Urteilsspruch abgehen» («denique etiam morati melius erimus, cum didicerimus quid natura desideret. Tum vero, si stabilem scientiam rerum tenebimus, servata illa, quae quasi delapsa de caelo est ad cognitionem omnium, regula, ad quam omnia iudicia rerum dirigentur, numquam ullius orationi victi sententia desistemus») [4]. Nicht nur für die Epikureer sind die Sinne die Richtschnur für unsere Erkenntnis, auch das Wahrheitskriterium der Stoa kann als sensualistisch bezeichnet werden. Auf diesem Hintergrund wird ‹regula› schließlich ein Schlagwort im Kampf der 'dogmatischen' Schulen gegen die Skepsis der Mittleren Akademie. Es muß nach Antiochos von Askalon [5] etwas geben, aufgrund dessen man den Unterschied zwischen wahr und falsch beurteilen kann. Die Konstitution des Wahren und Falschen, des Erkannten und Unerkannten ist die «regula» der ganzen Philosophie. Der Vorschlag, das Wahrscheinliche als «regula» für Theorie und Praxis anzunehmen, ist ungenügend [6]. Es gibt die Kunst («ars») der Unterscheidung auch bei Dingen, die sehr ähnlich sind, wenigstens für den Weisen: «habeo enim regulam, ut talia visa vera iudicem qualia falsa esse non possint; ab hac mihi non licet transversum, ut aiunt, digitum discedere» («ich habe nämlich eine Richtschnur, so daß ich solches Erscheinendes als wahr beurteilen kann, das nicht falsch sein kann; von dieser Richtschnur auch nur sozusagen einen Finger breit abzuweichen, ist mir nicht erlaubt») [7].

In der praktischen Philosophie verwendet Cicero «regula» im Sinne von 'Handlungs-' oder 'Beurteilungsmaßstab'. Im Falle eines (scheinbaren) Widerstreits zwischen dem Nützlichen und dem Sittlich-Guten ist als «regula notissima» anzuerkennen, «daß entweder dasjenige, das als nützlich erscheint, nicht schändlich ist, oder daß es, wenn es schändlich ist, auch nicht nützlich scheint» [8]. Das rechte Maß für einen Politiker, der sich beim Volk durch Geschenke beliebt machen will, ist – gut aristotelisch – die «regula mediocritatis» [9]. Stoisch ist die Unterscheidung zwischen allgemeiner und eigener Natur. Wir sollen in unserem Handeln die universale Natur, den Welt-Logos, bewahren, dabei aber gerade unserer eigenen Natur folgen und nicht Ideale anstreben, die unserem individuellen Charakter widersprechen. Unsere individuelle Natur ist die «regula», wonach wir unsere Bestrebungen messen sollen («Sic enim est faciendum, ut contra universam naturam nihil contendamus, ea tamen conservata propriam nostram sequamur, ut etiamsi sint alia graviora atque meliora, tamen nos studia nostra nostrae naturae regula metiamur» [10]).

Die stoisch verstandene «natura» ist auch die «norma legis», nach der beurteilt werden kann, ob ein positives Gesetz gut oder schlecht ist; die «lex naturae» wiederum als die «ratio summa» ist der Ursprung des Rechts. «Sie ist nämlich die Kraft der Natur, sie ist der Geist und die Vernunft des klugen Menschen, sie ist die regula des Rechts und des Unrechts («ea est enim naturae vis, ea mens ratioque prudentis, ea iuris et iniuriae regula» [11]).

Im römischen Recht ist «regula» ein kurz formulierter, allgemeingültiger Rechtsgrundsatz, der eine Vielheit von Einzelentscheidungen zusammenfaßt: «regula est, quae rem quae est breviter enarrat». In Buch 50, 17 der justinianischen ‹Digesten› sind solche abstrakten Rechts-R.n zusammengestellt. «Regulae» hatten den Status gesetzlicher Vorschriften, doch durfte ihre Anwendung nicht zu einem Widerspruch mit dem geltenden Recht führen: «non ex regula ius sumatur, sed ex iure quod est, regula fiat» [12].

Für SENECA ist die Tugend der absolute Maßstab, die «regula», die alles andere beurteilt, über die aber nichts anderes urteilt» («haec de omnibus rebus iudicat, de hac nulla») [13]. Sie ist, so habe es Sokrates gesagt, die Wahrheit. Das bedeutet, daß die Wahrheit ebensowenig wie die Tugend und damit auch die «regula» ein Mehr oder Weniger zuläßt. Die «regula» ist, was sie ist, nämlich der Inbegriff des Geraden und kann in keiner Weise das Gegenteil, also das Krumme in sich aufnehmen. Wahrheit heißt Mitsichselbstgleichsein, und so ist der Imperativ, der zum richtigen Leben führt: «unam ... regulam prende» [14]. Es soll keine Unähnlichkeit entstehen zwischen Worten und Taten, zwischen dem, was man heute will und morgen will. Hat man keine R., an der man sich orientieren kann, fehlt es in der Praxis an Beständigkeit und Sicherheit; es ist mehr oder weniger Zufall, wenn etwas Richtiges dabei herauskommt [15]. Dabei ist es nützlich, sich ein zum eigenen Charakter passendes Vorbild vor Augen zu halten und an dieser R. seine Lebensweise auszurichten [16].

AUGUSTINUS verwendet den Begriff ‹regula› besonders häufig in seinen Werken über die «artes liberales» – erhalten sind ‹De grammatica› und ‹De musica› –, die kurz nach seiner Bekehrung in Cassiciacum entstanden sind [17]. Die «artes» bzw. «disciplinae» haben es gewissermaßen per definitionem mit R.n zu tun, wie die Bemerkungen von CASSIODOR («disciplina, quae merito tali nomine nuncupatur, quoniam incommutabili semper regulae veritatis obsequitur»; «Diziplin, die mit Recht so genannt wird, da sie immer der unwandelbaren Richtschnur der Wahrheit gehorcht» [18]) und ISIDOR VON SEVILLA zeigen («ars vero dicta est, quod artis praeceptis regulisque consistit»; «Kunst wird so genannt, weil sie aus den Vorschriften und R. der Kunst besteht» [19]). Grund dafür ist die «ratio», die die Wissenschaften findet und entwickelt, um sie als Stufen für ihren Aufstieg vom Sinnlichen zum Intelligiblen zu benutzen. Die «ratio» ordnet, strukturiert und regelt den Gegenstand der Wissenschaften: «notavit etiam ista [sc. Buchstaben, Worte, Wortarten im Falle der Grammatik] et in regulas certas disposuit» [20]. Schließlich erkennt die «ratio» bei ihrer Rückkehr in die intelligible Welt, daß die unveränderliche Ordnung, die sie findet und nicht selbst schafft, auf den Zahlen beruht: «incommutabiles regulas habent neque ullo modo ab hominibus institutas, sed ingeniosorum sagacitate compertas» [21]. Der Mensch ahmt in der Entwicklung und Anwendung von «artes» den Schöpfer nach, der die «ars» selbst ist («ars» wird üblicherweise der 2. Person der Trinität appropriiert), indem er die ewigen R.n in seinem eigenen Geiste sieht. Diese Verbindung des menschlichen Geistes mit den ewigen Ideen ist für AUGUSTINUS das Argument, das den Skeptizismus überwindet. Nicht die Sinne vermitteln uns die Wahrheit, wie der stoisch-epikureische Sensualismus angenommen hatte, denn ihre R.n sind unzuverlässig und trügerisch [22]; vielmehr ist es die Vernunft, der ein unveränderlicher Maßstab für die Beurteilung aller Dinge eingegeben ist. Die «regulae supra mentem nostram incommutabiles manentes» [23], die Sein, Erkennen und Handeln bestimmen, erlauben uns die Beurteilung von allem, was sich im Schattenreich der veränderlichen Welt abspielt [24]. Die «regulae» sind also nichts anderes als die «rationes aeternae» (s.d.), die Ideen, die ewigen Urbilder von Dingen wie von Tugenden und die Zahlen und damit die Wahrheit, also Gott selbst, der alles durch seine «sapientia», seine «ars» oder sein «verbum» geschaffen und nach Maß, Zahl und Gewicht geordnet hat. Die menschliche Vernunft als Abbild Gottes hat an den Ideen teil und kann, wenn sie sich nach den R.n der Kunst verhält, also vor allem die Dialektik als die «disciplina disciplinarum» und die Mathematik beherrscht, zur Schau der Wahrheit aufsteigen. Daß die intelligible Welt, in der das Ewige, Unveränderliche, Unzerstörbare zu Hause ist, besser ist als der «mundus sensibilis», ist ebenfalls eine Einsicht, die als «regula» bezeichnet werden kann [25]. In dieser Bedeutung kommt ‹regula› dem Begriff ‹Axiom› nahe, und so wird der Begriff auch in der Axiomenschrift von BOETHIUS verwandt («praeposui terminos regulasque quibus cuncta quae sequuntur efficiam» [26]).

2. *Mittelalter und Neuzeit.* – ALANUS AB INSULIS [27] erklärt in seinen ‹Regulae de sacra theologia›, jede Wissenschaft stütze sich auf ihre R.n wie auf ihr eigenes Fundament. Die Dialektik z.B. habe als R.n Maximen, die Rhetorik «loci communes», die Ethik allgemeine Urteile, die Geometrie Theoremata, und auch die Theologie, die «supercoelestis scientia», werde nicht um ihre R.n betrogen. Ihre R.n zeichnen sich durch höhere Würde und absolute und unverbrüchliche Notwendigkeit aus.

ANSELM VON CANTERBURY denkt zwar Wahrheit und Gerechtigkeit als «rectitudo» (Rechtheit), doch spielt bei ihm der Begriff ‹R.› keine besondere Rolle. Erwähnenswert ist allerdings, daß er das Urbild, nach dem man etwas zu schaffen gedenkt, als «forma, vel similitudo, aut regula» [28] bezeichnet. Ansonsten kommt ‹R.› bei ihm hauptsächlich in der Bedeutung von 'Ordens-R.' vor.

Bei THOMAS VON AQUIN ist ‹R.› ein zentraler Begriff in der Lehre von den menschlichen Handlungen. Erstes Prinzip der Handlung ist die Vernunft, deren wesentliche Aufgabe im Etablieren von Ordnung und Regelmäßigkeit sowohl im theoretischen als auch im praktischen Bereich besteht. Für den menschlichen Willen ist die nächste und «homogene» Richtschnur (‹homogen› hier verstanden im Sinne von: 'gleichermaßen wie er, der Wille selbst, zu den Fähigkeiten der menschlichen Seele gehörig') die menschliche Vernunft, die erste und höchste R. dagegen ist die «lex aeterna», die gewissermaßen als die «ratio» Gottes bezeichnet werden kann, wenn man dabei mit dem Begriff ‹ratio› nicht diskursives Denken verbindet («regula autem voluntatis humanae est duplex: una propinqua et homogenea, scilicet ipsa humana ratio; alia vero est prima regula, scilicet lex aeterna, quae est quasi ratio Dei»; oder auch: «in his vero quae aguntur per voluntatem, regula proxima est ratio humana; regula autem suprema est lex aeterna» [29]). In diesem Sinne kann «regula» gleichbedeutend mit «lex» verwendet werden. Die berühmte Definition am Anfang des Gesetzes-Traktats der ‹Prima Secundae› lautet denn auch: «lex quaedam regula est et mensura actuum» [30]. Dieses Richtmaß braucht das Handeln, weil es auf ein Ziel hingeordnet ist. Die «lex naturae» ist die Weise, wie die menschliche Vernunft an der «lex aeterna» partizipiert.

Konkretisiert oder determiniert wird das natürliche Gesetz durch positive menschliche Gesetze. Somit gibt es verschiedene Stufen der Angemessenheit der Handlung an Ordnungsprinzipien: die Angemessenheit an die «regula divinae legis», an die «regula rationis» und – da der Mensch auch ein «animal sociale» ist – an die Gesetze der politischen Gemeinschaft [31]. Entscheidend ist, daß die R. identisch ist mit der Vernunft, sei es derjenigen Gottes, sei es derjenigen des Menschen. Das Licht der natürlichen Vernunft ist schließlich ein Widerschein («refulgentia») der göttlichen «claritas» [32]. In diesem Licht urteilt die menschliche Vernunft über Gut und Böse, Wahr und Falsch. Von Gott hat sie ihre Kraft («virtus»), R. des menschlichen Willens zu sein, so daß sich die Gutheit der Praxis nach ihr bemißt [33]. Falschheit bzw. Schlechtigkeit oder Bosheit ist somit nichts anderes als Unordnung, ein Abstandnehmen von der Vernunft, ein Zurückbleiben hinter dem Angemessenen, eine Nichtübereinstimmung mit den R.n der (Meß-)Kunst, die die Mitte zwischen einem Zuviel und einem Zuwenig festlegen («aversio quaedam a regula rationis» [34]).

Die fast architektonische Parallelität zwischen theoretischer und praktischer Vernunft bei Thomas ist auch in dieser Frage zu bemerken. Die praktische Vernunft bestimmt, was sein soll, und ist in diesem Sinne Prinzip, Richtschnur und Maß der Handlung. Der Gegenstand der praktischen Philosophie ist geradezu definiert als das «ens regulabile per rationem» [35], wie es in einem anonymen ‹Metaphysik›-Kommentar heißt. Die theoretische Vernunft konstituiert nicht die Gegenstände selbst, wohl aber das Abbild der Gegenstände. Anders als beim göttlichen Geist, der die Dinge erschafft, sind für die menschliche Vernunft die zu erkennenden Dinge Maß und R. ‹Wahrheit› heißt hier 'Angleichung der Vernunft an die Dinge'. Doch ist der menschliche Geist im Besitz der ersten Prinzipien, die im Licht der tätigen Vernunft [36] gesehen werden. Diese Prinzipien sind die R.n oder Werkzeuge, deren Anwendung Voraussetzung für Erkenntnis ist. Von einem gesicherten Wissen kann nur dort die Rede sein, wo eine «conclusio» durch Analyse auf die ersten Prinzipien oder eine Wirkung auf ihre Ursachen zurückgeführt werden kann. Dieses Urteilen und Messen («mensurari») ist so typisch für den menschlichen Geist, daß er von daher «mens» genannt wird [37]. Thomas bringt hier sanft, aber bestimmt eine Korrektur an der augustinischen Auffassung von Erkenntnis an. Nicht *über* uns sehen wir die «rationes aeternae», sondern wir haben sie – durch das in der Schöpfung eingegebene Licht der Vernunft – *in* uns. Der «intellectus agens» ist Partizipation am Sein Gottes [38], aber er gehört (als eine Seelenpotenz) wirklich zum individuellen Menschen. Eine besondere Weise der Einheit mit Gott, die die menschliche Existenz verwandelt, ermöglicht es, daß der Mensch aus dieser Einheit heraus anderes regelt und ordnet [39]. Thomas selbst zieht es vor zu sagen, daß die R.n für Theorie und Praxis, insofern es sich um die ersten Prinzipien handelt, dem Menschen immanent sind, da sie durch das Licht der tätigen Vernunft erkannt werden [40].

Beachtung verdient auch noch eine weitere Verwendung des Begriffs ‹regula› bei Thomas. Ein neuplatonisch klingender, aber dennoch aristotelischer Grundsatz besagt, daß das Erste in einer Reihe an sich und seinem Wesen nach ist, was es ist, alles andere in dieser Reihe aber durch Partizipation an diesem Ersten («id quod est per se est mensura et regula eorum quae dicuntur per aliud et per participationem» [41]). Dabei ist das Prinzip oder das Erste, z.B. das Weiße im Bereich der Farben oder die erste Kreisbewegung unter den Bewegungen der Himmelskörper, oder die Eins in der Reihe der Zahlen [42] Maß und R. dessen, was durch Partizipation an ihm ist. In analoger Weise ist das Gesetz (als das Prinzip) R. und Richtmaß für alle menschlichen Handlungen. Die Stellung jedes Dinges ergibt sich aus Ähnlichkeit und Unähnlichkeit, und das heißt aus Nähe und Ferne zu diesem Ersten, das das Maß aller Dinge ist.

Anklänge an Augustinus findet man bei BONAVENTURA. Gott ist die «regula» selbst, und deshalb kann er auch nicht irren; denn die Möglichkeit des Irrtums besteht nur dann, wenn R. und Geregeltes nicht identisch sind [43]. Die höchsten Vermögen der menschlichen Vernunft berühren die ewigen R.n und können durch sie mit Gewißheit urteilen und definieren, wenn die Vernunft sie auch nicht «clare et plene et distincte» erfaßt [44]. Die ewigen R.n werden aber nicht zu einem Habitus des Geistes, sondern bleiben über ihm in der ewigen Wahrheit.

RAIMUNDUS LULLUS, der Vorläufer all jener, die von einer alles Wissen umfassenden «ars generalis» träumen, versucht allgemeine Fragestellungen oder R.n zu entwickeln, mit deren Hilfe das Wißbare systematisch erfaßt werden kann. R. ist «eine kurze geeignete Zusammenfassung allgemeiner Prinzipien, in denen die wissenswerten partikulären Gegenstände (wie einbegriffen) erscheinen» [45]. NIKOLAUS VON KUES stellt einen einzigen Grundsatz als «regula doctae ignorantiae» auf: daß in den Dingen, die ein Mehr oder Weniger aufnehmen, man niemals zu einem schlechthin Größten oder zu einem schlechthin Kleinsten gelangt, wenn auch sehr wohl zu einem aktuell Größten und Kleinsten («haec est ratio regulae doctae ignorantiae, quod in recipientibus magis et minus numquam devenitur ad maximum simpliciter vel minimum simpliciter, licet bene ad actu maximum et minimum») [46].

Das Vorhaben, die Erforschung der Wahrheit auf eine sichere Methode zu gründen, hat sich R. DESCARTES zu eigen gemacht. Die ‹Regulae ad directionem ingenii› sind die Programmschrift für dieses Unternehmen. «Unter Methode verstehe ich aber sichere und leichte R.n; jeder, der sie genau befolgt, wird niemals Falsches für Wahres annehmen ..., sondern, schrittweise stets sein Wissen vermehrend, wird er zur wahren Erkenntnis all der Dinge gelangen, deren er fähig sein wird» («Per methodum autem intelligo regulas certas et faciles, quas quicumque exacte servaverit, nihil unquam falsum pro vero supponet ..., sed gradatim semper augendo scientiam, perveniet ad veram cognitionem eorum omnium quorum erit capax») [47]. Die R.n bestehen z.B. in der Rückführung komplexer Sätze auf einfachere und im Aufstieg von intuitiv erfaßten einfachsten Sachverhalten zum Komplexen. An sie muß sich halten, wer an die Erkenntnis der Dinge herantreten will, und zwar «in nicht geringerem Maße als derjenige, der in ein Labyrinth eintreten will, sich am Faden des Theseus orientieren muß» («haec regula non minus servanda est rerum cognitionem aggressuro, quam Thesei filum labyrinthum ingressuro») [48]. Auch I. NEWTON formuliert R.n, die als methodische Anweisungen für die Forschung zu betrachten sind. Die erste R. ist, daß nicht mehr Gründe zur Erklärung der Phänomene angenommen werden sollen, als unbedingt notwendig ist [49].

Das Bild des Ariadnefadens wird von G. W. LEIBNIZ wieder aufgegriffen. Wenn es z.B. darum geht, eine geometrische Figur zu konstruieren, dann ist «die R. ein Instrument des Handelns, welches die Form der Handlung bestimmt, durch die andauernde und sukzessive Anlehnung des Handelnden an die Teile des Instruments» («Regula est instrumentum agendi determinans formam actionis, perpetua ac successiva applicatione agentis ad instrumenti partes») [50]. Ein Zirkel wäre also keine «regula», weil er zwar «die Gestalt der Bewegung bestimmt», aber der Benutzer sich nicht kontinuierlich an das Instrument anlehnt. Der Definition entspricht aber der Ariadnefaden, an dem man sich entlangbewegt, oder ein Pfad im Gelände, dem man Schritt für Schritt nachgeht. Selbst etwas Krummes kann eine R. sein, z.B. eine flache, runde Scheibe, mit deren Hilfe man einen Kreis malt. Die Instruktion, die ein Fürst seinem abreisenden Gesandten mitgibt, ist eine R., wenn sie so geschrieben ist, daß der Gesandte ihr nur der Reihe nach folgen kann. Es kommt also bei der R. auf den «ordo agendi» an. Entgegen dem bekannten Sprichwort ist Leibniz der Ansicht, daß eine R. keine Ausnahme duldet, da sie sonst nicht leistet, was sie soll: «den Geist beruhigen, damit er sicher ist, in allen Arten des Subjekts das Prädikat zu erhalten» («Officium enim regulae tranquillare animum, ut certus sit in omnibus speciebus subjecti praedicatum obtinere»). Ließen die R.n Ausnahmen zu, so wären sie nutzlos, weil man ihnen nicht trauen könnte. Leibniz vergleicht das Prinzip 'Keine R. ohne Ausnahme' mit dem Lügner-Paradox. Dieser Satz ist selbst eine R. und hebt sich bei Selbstanwendung auf. Das Übel, daß Sätze als R.n behauptet würden, für die es mehr Ausnahmen als Beispiele gebe, sei nicht nur in der Jurisprudenz, sondern leider auch in der Philosophie weit verbreitet [51].

So strikt wurden R.n aber nicht immer verstanden. So vertritt etwa M. LUTHER, wohl vor allem aus Rücksicht auf die Lehre von der «potentia absoluta» Gottes, den Grundsatz, daß es keine R. ohne Ausnahme gebe. Gott hat zwar alles durch sein Wort geordnet und nach R.n geschaffen, aber er ist nicht an diese R.n gebunden. Daß R.n nicht durchgängig eingehalten werden, ist aber nichts Außergewöhnliches. «Wir sehen nämlich, daß weder die Grammatik noch andere artes so geregelt sind, daß sie nicht ihre Ausnahmen hätten» («videmus enim neque grammaticam nec alias artes sic regulatas esse, quin habeant suas exceptiones») [52]. Dort gibt es z.B. die R., daß im Lateinischen Substantive mit der Endung -a feminin sind; dann ist das Wort ‹poema›, ein Neutrum, gleichsam ein Wunder, das dieser R. widerfährt. Ähnlich ist es in der Jurisprudenz, in der es neben den Gesetzen das Prinzip der Epikie (s.d.), das «miraculum juristarum», gibt. Auch in der Medizin und in der Theologie wäre es geradezu schädlich, ohne Rücksicht auf die Umstände stur die R.n zu befolgen [53]. Dennoch sind sie zu lehren und im Normalfall auch einzuhalten. Gott kann es zwar gefallen, die gewöhnlichen Verhaltensmaßstäbe bei besonders Auserwählten aufzuheben, aber diese sind äußerst selten, und im Zweifelsfall gehört man nicht dazu [54]. R. GOCLENIUS erhebt gerade diejenige Art R., die eine Ausnahme zuläßt, zur R. im eigentlichen Sinne: «regula accipitur proprie pro praecepto, quod patitur exceptione». Dagegen ist die R. im uneigentlichen Sinne das, «was niemals trügt, was immerwährend ist» («quod numquam fallit, quod perpetuum est») [55]. Diese letzte Definition erinnert an die Charakterisierung der ewigen Ideen bei Augustinus und kommt nach neuzeitlichem Sprachgebrauch eher dem (Natur-)Gesetz zu. Auf die Anfänge der terminologischen Verwendung des Begriffs ‹R.› in den «artes liberales» verweist A. BAUMGARTEN, für den ein systematisch geordneter Komplex von R.n die Kunst ausmacht [56]. Dabei ist die Kunst um so vortrefflicher, je weitreichender, gewichtiger, deutlicher, gewisser usw. die R.n sind [57]. Der Grundzug, daß R.n Ordnungsfaktoren sind, mit deren Hilfe die Vernunft eine «ars» strukturiert, bleibt also erhalten, wobei als «Artefakt» sowohl die Natur (als von Gott geschaffenes Werk) als auch die Wissenschaften, die Sprache, die Sitten, das Recht, die Kunst und das Spiel (also in der mittelalterlichen Ontologie die «entia rationis» und die «entia moralia») gelten können.

Anmerkungen. [1] VITRUV: De architect. VII, 3, 5; für eine spez. Bedeutung vgl. Art. ‹Regula lesbia›. – [2] T. LUCRETIUS CARUS: De rerum nat. 4, 513-521. – [3] CICERO: De nat. deor. 1, 43. – [4] De fin. 1, 63. – [5] Acad. 2 [Lucullus], 29. – [6] a.O. 32 – [7] 58. – [8] De off. 3, 81. – [9] a.O. 2, 59. – [10] 1, 110. – [11] De leg. 1, 19. – [12] PAULUS: Dig. 50, 17, 1; vgl. G. DULCKEIT/F. SCHWARZ/W. WALDSTEIN: Röm. Rechtsgesch. (^{8}1989) 167; vgl. Dig. 50, 17: De diversis regulis iuris antiqui; vgl. B. SCHMIDLIN: Regula iuris: Standard, Norm oder Spruch-R.? Zum hermeneut. Problem des R.-Verständnisses, in: D. MEDICUS/H. H. SEILER (Hg.): Festschr. M. Kaser (1976) 91-109. – [13] L. ANNAEUS SENECA: Ep. mor. ad Lucilium 71, 19. – [14] a.O. 20, 3. – [15] 95, 39. – [16] 11, 10. – [17] Vgl. C. P. MAYER: Herkunft und Normativität des Terminus Regula bei Augustin. Augustiniana 40 (1990) 127-154, hier: 132. – [18] CASSIODOR: Instit. II, 2, 17; vgl. I. HADOT: Arts libéraux et philos. dans la pensée ant. (Paris 1984) 194. – [19] ISIDOR VON SEVILLA: Etymol. I, 1, 1-3 (2). – [20] AUGUSTINUS: De ord. 2, 12, 36. – [21] De doctr. christ. 2, 38, 56. – [22] De civ. Dei 8, 7. – [23] De trin. 9, 6. – [24] a.O. 14, 15. – [25] De lib. arb. 2, 10, 28-29. – [26] BOETHIUS: De hebdomad. 16. – [27] ALANUS AB INSULIS: Regulae de sacra theol. MPL 210, 621. – [28] ANSELM VON CANTERBURY: Monologion 9. Op. omn., hg. F. S. SCHMITT (Edinburgh 1946ff.) 1, 24, 14. – [29] THOMAS VON AQUIN: S. theol. I-II, 71, 6c; 21, 1c. – [30] a.O. 90, 1c; vgl. den Komm. zu dieser Stelle von O. H. PESCH in der dtsch. Thomas-Ausg. 13. – [31] 72, 4c. – [32] In Ps. 35, 7; vgl. S. theol. I-II, 19, 4 und Spirit. creat. qu. un., a. 10c; zur Rolle des «intellectus agens» bei Thomas: L. OEING-HANHOFF: Wesen und Formen der Abstraktion nach Thomas von Aquin. Philos. Jb. 71 (1963) 14-37. – [33] S. theol. I-II, 19, 4. – [34] a.O. 73, 7, ad 3; Mal. 2, 1c. – [35] Quaest. commentario praemissae, qu. 6 (ms. Peterhouse Cambridge 152, fol. 292 rb), zit. nach: A. ZIMMERMANN: Ontol. oder Met.? Die Diskussion über den Gegenstand der Met. im 13. und 14. Jh. (Leiden/Köln 1965) 13. – [36] THOMAS AQU.: De ver. 11, 1c. – [37] S. theol. I, 79, 9, ad 4; vgl. JOHANNES DAMASCENUS: De fide orth. II, 22. MPG 94, 941. – [38] S. theol. I, 79, 4c. – [39] 3 Sent., d. 34, qu. 1, a. 2. – [40] a.O. ad 9. – [41] In ep. ad Rom. 1, 3. – [42] S. theol. I-II, 90, 1c. – [43] BONAVENTURA: 1 Sent., d. 35, a. un., qu. 1, ad 4. Op. omn. (Quaracchi 1882-1902) 1, 602b. – [44] De scientia Christi 4, a.O. 24. – [45] RAIMUNDUS LULLUS: Tabula generalis. Obres, hg. M. OBRADOR Y BENNASSAR u.a. (Palma de Mallorca 1906-50) 16, 337; zit. nach E. W. PLATZECK: Raimund Lull. Sein Leben, seine Werke. Bibl. Francisc. 5/6 (Rom 1962/64) 1, 283. – [46] NIKOLAUS VON KUES: De venat. sapient. 26, n. 79; vgl. De docta ign. 1, 3 (n.). – [47] R. DESCARTES: Regulae ad dir. ing. [1628/29], Reg. IV. Oeuvr., hg. CH. ADAM/P. TANNERY 10, 371f. – [48] Reg. V, a.O. 379f. – [49] I. NEWTON: Philosophiae naturalis princ. math. III (London 1687); Regulae philosophandi, hg. S. HORSLEY (London 1779-85, ND 1964) III, 2-3. – [50] G. W. LEIBNIZ: De magnitudine [1676?]. Akad.-A. 6/3, 483. – [51] Nova methodus discendae docendaeque iurisprud. (1667), a.O. 6/1, 309. – [52] M. LUTHER: Vorles. über 1 Mose Kap. 1, 6 (1535-45). Weim. Ausg. 42, 21. – [53] Vorles. ... Kap. 19, 9b, a.O. 43, 62. – [54] a.O. [52]. – [55] R. GOCLENIUS: Lex. philos. (1613, ND 1964) 974f. – [56] A. G. BAUMGARTEN: Aesthetica (1750/58) § 68. – [57] a.O. § 70.

Literaturhinweise. H. OPPEL: Κανών. Zur Bedeut.gesch. des Wortes und seiner lat. Entsprechungen (regula, norma). Philologus, Suppl. 30/4 (1937). – B. SCHMIDLIN s. Anm. [12]. – C. P. MAYER s. Anm. [17].   B. KIBLE

II. – A. *17. bis 19. Jh.* – In der *Neuzeit* wird der Begriff der R. *moralphilosophisch* bedeutsam im Sinne einer *moralischen Maxime* (s.d.) einerseits und eines *ethischen Prinzips* andererseits.

R. DESCARTES hat für seine «morale par provision» [1], die übergangsweise bis zur Errichtung eines vollständigen Systems des Wissens verbindlich sein soll, «trois ou quatre maximes» [2] als «principales règles ... de la morale» [3] formuliert. Diese Regeln sind: 1) den Gesetzen und Sitten des Vaterlandes sowie den Geboten der Religion zu gehorchen [4]; 2) nach bestem Wissen entschlossen zu handeln [5]; 3) die dem menschlichen Können durch Natur und Schicksal gesetzten Grenzen anzuerkennen [6] und 4) Verstand und wissenschaftliche Methoden auszubilden [7].

I. KANT versteht unter einer moralischen R. eine «R. der Freiheit» bzw. eine «praktische R. der Vernunft». «Die praktische R. ist jederzeit ein Product der Vernunft, weil sie Handlung als Mittel zur Wirkung als Absicht vorschreibt. Diese R. ist aber für ein Wesen, bei dem Vernunft nicht ganz allein Bestimmungsgrund des Willens ist, ein Imperativ, d.i. eine R., die durch ein Sollen ... bezeichnet wird» [8]. Autonomie ist die Voraussetzung «zur apodiktischen praktischen R., dergleichen die moralische sein muß» [9]. Kant charakterisiert auch die hypothetischen Imperative als praktische R.n, wenn er materiale (zufällige) von formalen (notwendigen) praktischen R.n unterscheidet. Erstere sind den Willen subjektiv bestimmende Maximen («R.n der Geschicklichkeit» [10], «R.n der Kunst ..., der Klugheit» [11]), deren Prinzip Glückseligkeit bzw. Selbstliebe ist; letztere bestimmen den Willen objektiv und kategorisch «durch die bloße Form der praktischen R.» [12] und heißen «Gesetze der Freiheit» [13]. «Die praktische R. ist also unbedingt, mithin als kategorisch praktischer Satz a priori vorgestellt, wodurch der Wille schlechterdings und unmittelbar (durch die praktische R. selbst, die hier also Gesetz ist), objektiv bestimmt wird» [14]. In der «Tafel der Kategorien der Freiheit» führt Kant «in Ansehung der Begriffe des Guten und Bösen» als qualitative Kategorien praktischer R.n des Begehrens, des Unterlassens und der Ausnahmen an [15]. Aufgabe der praktischen Urteilskraft ist es nach Kant, Handlungen zur Beurteilung ihrer Sittlichkeit auf die praktischen R.n der Vernunft zu beziehen und von daher als moralisch geboten, verboten oder erlaubt zu erweisen [16].

L. NELSON hat später auf Kants Unterscheidung hypothetischer und kategorischer Imperative zurückgegriffen, wobei auch für ihn nur letztere moralische R.n darstellen. «Hypothetische Imperative können ... nicht als moralische R.n gelten, sondern nur als technische. Die Notwendigkeit, die sie ausdrücken, ist gar kein Sollen, sondern ein Müssen, keine praktische Notwendigkeit, sondern eine Naturnotwendigkeit» [17].

A. COMTE verwahrt sich gegen den Einfluß theologischer Dogmen auf die inhaltliche Bestimmung moralischer R.n. Die neue Philosophie soll moralische R.n positiv begründen. «On ne peut, sans doute, espérer de jamais rendre suffisamment accessibles à toutes les intelligences ces preuves positives de plusieurs règles morales destinées pourtant à la vie commune: mais il en est déjà ainsi pour diverses prescriptions mathématiques, qui néanmoins sont appliquées sans hésitation dans les plus graves occasions» [18].

Anmerkungen. [1] R. DESCARTES: Disc. de la méth. III, 1. Oeuvr., hg. CH. ADAM/P. TANNERY 6, 22. – [2] a.O. – [3] Vorspann, a.O. 1. – [4] III, 2, a.O. 22f. – [5] III, 3, a.O. 24f. – [6] III, 4, a.O. 25f. – [7] III, 5, a.O. 27f. – [8] I. KANT: KpV (1788) A 36. Akad.-A. 5, 20. – [9] Grundleg. zur Met. der Sitten (1785) 94, a.O. 4, 444. – [10] KpV A 46, a.O. 5, 25. – [11] KU (²1793) XIII, a.O. 172. – [12] KpV A 45, a.O. 24. – [13] A 119, a.O. 68. – [14] A 55, a.O. 31. – [15] A 117, a.O. 66. – [16] A 118ff., a.O. 67ff. – [17] L. NELSON: Krit. der prakt. Vernunft (1917, ²1972) 86. – [18] A. COMTE: Disc. sur l'esprit pos. (Paris 1844, ND 1956) 145-146.

Literaturhinweise. M. MORITZ: Kants Einteil. der Imperative (Lund 1960). – K. DÜSING: Die Theol. in Kants Weltbild (1968). – A. KLEMMT: Descartes und die Moral (1971).

B. *20. Jh.* – Im angelsächsischen Sprachraum wird in der Metaethik einerseits, im Utilitarismus andererseits die Funktion moralischer R.n im Sprachspiel der Moral bzw. in einer Handlungsgemeinschaft diskutiert. In Deutschland ist es vor allem die Diskurstheorie, die sich des R.-Begriffs bedient, um Sprache und Handeln miteinander zu verbinden.

1. *Metaethik.* – G. E. MOORE bezeichnet «moralische R.n oder Gesetze im normalen Sinn» als «R.n, die besagen, daß es unter mehr oder weniger üblichen Umständen im allgemeinen für *jeden* nützlich ist, eine bestimmte Art von Handlung zu vollziehen oder zu unterlassen» [1]. Was durch eine moralische R. geboten wird, muß von einem Mitglied der Gesellschaft, in der diese R. gilt, willentlich befolgt werden können [2]. Moore entwickelt eine intuitionistische Konzeption des intrinsisch Guten, der gemäß durch moralische R.n diejenigen Handlungen vollzogen werden sollen, deren Folgen der Bewahrung und Mehrung intrinsisch guter Dinge – wie persönliche Zuneigung und ästhetische Wertschätzung – dienen. «Neben präzisen R.n darüber, welche Dinge in sich *besser* oder *schlechter* sind, stellt unsere Theorie ebenso präzise R.n darüber auf, welche Dinge in sich *gut* und *schlecht* und *indifferent* sind» [3]. Diese R.n sind nicht unter allen Umständen und ausnahmslos zu befolgen: «bei den meisten der gewöhnlichen moralischen R.n scheint es äußerst unwahrscheinlich, daß sie ausnahmslos immer die bestmöglichen Ergebnisse erzielen werden, wenn man sie befolgt» [4]. An einer R.-Befolgung auch dann festzuhalten, wenn der Weltzustand dadurch intrinsisch schlechter wird, ist Moore zufolge falsch. Deshalb sind moralische R.n «als allgemeine R.n zu akzeptieren, die nur sehr wenige Ausnahmen zulassen», und niemand würde behaupten, «daß sie absolut universell sind» [5].

W. D. ROSS, der in der Tradition Moores steht, erörtert das Problem, inwiefern moralische R.n, die in bestimmten Situationen miteinander konfligieren können, dennoch ihre jeweilige, durch Intuition einsehbare Gültigkeit behalten. «The only way to save the authority of such rules is to recognize them not as rules guaranteeing the rightness of any act that falls under them, but as rules guaranteeing that any act which falls under them tends so far as that aspect of its nature goes, to be right, and can be rendered wrong only if in virtue of another aspect of its nature it comes under another rule by reason of which it tends more decidedly to be wrong» [6].

H. A. PRICHARD hebt hervor, daß die Anwendung moralischer R.n in der Vermittlung zwischen konkreter Situation und abstraktem Sollensanspruch Probleme evoziert. «How am I to know that some moral rule is applicable to me here and now?» [7] Sowohl bei der Einschätzung der Situation wie bei der Beurteilung der in Frage kommenden R.n handelt es sich prinzipiell um ein hypothetisches Wissen. «In fact, reflection ... compels us to admit that no moral rule can express knowledge, and that, to express knowledge, we must substitute a hypothetical statement in which we replace the word 'when' of a moral rule by 'if'» [8].

M. SCHLICK, dessen neopositivistische Ethikkonzeption den angelsächsischen Emotivismus A. J. Ayers und C. L. Stevensons maßgeblich beeinflußte, analysiert moralische R.n nicht als intuitionistische Aussagen über ethische Qualitäten von Handlungen und Zuständen, sondern als schlichte Tatsachenfeststellungen über die Art und Weise, in der faktisch gewertet wird. «Die gemeinsamen Merkmale, die eine Gruppe von 'guten' Handlungen oder Gesinnungen aufweist, kann man in eine R. zusammenfassen in der Form: Eine Verhaltensweise muß soundso beschaffen sein, um 'gut' (bzw. 'böse') heißen zu können. Eine solche R. kann man auch 'Norm' nennen. Ich mache aber ... darauf aufmerksam, daß eine solche 'Norm' durchaus nichts anderes ist als die bloße Wiedergabe einer Tatsache der Wirklichkeit, sie gibt nämlich nur die Umstände an, unter denen eine Handlung oder eine Gesinnung oder ein Charakter tatsächlich als 'gut' bezeichnet ... werden» [9].

D. DEWEY skizziert – ebenfalls in der Tradition des Neopositivismus – eine wissenschaftliche Theorie der Wertung, die die Aufstellung von R.n durch empirische Erkenntnisse zu fundieren sucht [10]. «The resulting general propositions provide rules for valuation of the aims, purposes, plans, and policies that direct intelligent human activity. They are not rules in the sense that they enable us to tell directly, or upon bare inspection, the values of given particular ends (a foolish quest that underlies the belief in a priori values as ideals and standards); they are rules of methodic procedure in the conduct of the investigations that determine the respective conditions and consequences of various modes of behavior» [11].

Während die Emotivisten die Rationalität moralischer R.n grundsätzlich bestreiten und sie als Ausdruck einer kollektiven Vorliebe oder Abneigung gegenüber bestimmten Handlungsweisen deklarieren, halten die Rationalisten unter den Metaethikern daran fest, daß moralische R.n aus der praktischen Vernunft stammen und insofern nicht nur problematisiert, sondern auch rational begründet und gerechtfertigt werden können.

S. E. TOULMIN hebt hervor, daß moralische R.n als konfliktregulierende Prinzipien einen großen Bereich menschlicher Praxis nicht abzudecken vermögen, in dem es um die Realisation je individueller Glücksvorstellungen geht. Diese werden vielmehr in der Befolgung einer Lebens-R. angestrebt, «a 'rule of life' ... with the help of which, when moral considerations are no longer relevant, we can choose between different courses of action. In developing this 'rule of life', we have, of course, not only our own experience to guide us; we have the records which the others have left of their attempts, failures and successes in the same quest» [12].

P. H. NOWELL-SMITH unterscheidet zwischen höherrangigen und untergeordneten moralischen R.n. «Subordinate rules are those that nobody would think of calling absolute or ultimate rules of morality»[13]. Sie werden im Zusammenhang mit den höherrangigen moralischen R.n gerechtfertigt. «Superior rules can be subdivided into two classes: (i) the general obligation to promote the welfare of others and (ii) rules of 'special obligation' ..., the duty to pay debts, keep promises, tell the truth, and to distribute good and evil according to merit. I shall call the first class 'duties of benefice' and the second 'duties of justice'» [14].

R. M. HARE bestimmt als Aufgabe der Ethik: zu untersuchen, «welche Bedeutungen die moralischen Wörter haben, und somit, was die 'R.n' des moralischen 'Spiels' sind» [15]. Hare grenzt seine präskriptive Theorie sowohl gegen die intuitionistische wie gegen die emotive und naturalistische Analyse moralischer R.n ab. Er betont, daß aufgrund der präskriptiven Bedeutung moralischer Sprache der in Frage stehende R.-Charakter verändert wird. Moralische Urteile sind zwar aufgrund ihrer deskriptiven Bedeutung ebenso universalisierbar wie rein deskriptive Urteile, im «Fall von moralischen Urteilen sind jedoch die universellen R.n, die diese deskriptive Bedeutung festlegen, keine bloßen Bedeutungs-R.n, sondern inhaltliche moralische Grundsätze» [16]. Entsprechend lautet Hares zentrale These: «Es gibt im Grund nur zwei R.n für das moralische Begründen; sie entsprechen ... zwei Merkmalen moralischer Urteile ..., nämlich der Präskriptivität und der Universalisierbarkeit. Wenn wir uns in einem konkreten Fall in der Frage, was wir tun sollten, zu entscheiden versuchen, dann halten wir dabei ... nach einer Handlung Ausschau, auf die wir uns selbst festlegen können (Präskriptivität), von der wir aber auch zugleich bereit sind, sie als Beispiel für einen Handlungsgrundsatz zu akzeptieren, der auch für andere in ähnlichen Umständen als Vorschrift zu gelten hat (Universalisierbarkeit)» [17].

Im Zusammenhang mit dem Universalisierungsprinzip haben eine Reihe von Autoren die Frage nach dem Unterschied zwischen moralischen Prinzipien und moralischen R.n gestellt. Schon W. WHEWELL bezeichnet moralische Prinzipien als «fundamentale Maximen oder R.n», die den spezifisch moralischen R.n zugrunde liegen. Um moralische R.n aufzustellen oder anzuwenden, bedürfe es der Festlegung moralischer Prinzipien (z.B. des Nutzenprinzips), auf deren Grundlage sich moralische R.n erst als solche bestimmen ließen [18]. – K. BAIER sieht die Verschiedenheit von moralischen Prinzipien bzw. Gesetzen und moralischen R.n darin, daß die ersteren nicht bewußt zu sein brauchen. Ein moralisches Gesetz oder Prinzip wird zur moralischen R. dadurch, daß es bewußt gemacht wird [19]. Baier charakterisiert den Standpunkt der Moral insgesamt als ein Handeln «aufgrund von Prinzipien und nicht nach Faust-R.n (rules of thumb), die den eigenen Zwecken dienen sollen. Das bedeutet auch, daß man sich an die R.n hält, unabhängig davon, ob man damit den eigenen Zwecken oder den Zwecken anderer dient oder nicht» [20]. Moralische R.n müssen folgenden formalen Kriterien genügen: Sie müssen «ganz offen und jedermann ohne Unterschied gelehrt werden» [21]. Darüber hinaus dürfen sie weder «selbstaufhebend» noch «selbstzerstörerisch» noch «moralisch unmöglich» sein [22]. Als inhaltliches Kriterium gilt: «Moralische R.n müssen zum Nutzen von jedermann ohne Unterschied sein» [23]. – M. G. SINGER unterscheidet drei Klassen von moralischen R.n: 1) «fundamentale R.n» (z.B. nicht zu lügen, zu töten, zu stehlen); 2) «lokale R.n» (z.B. Standards, Bräuche, Traditionen), 3) «neutrale Normen» (z.B. Verkehrs-R.n) [24]. Generell definiert er: «Moralische R.n besagen, was *normalerweise* richtig oder nicht richtig ist» [25]. Dabei wird unterstellt, daß «moralische R.n nicht unter allen Umständen» gelten, wohingegen moralische Prinzipien ausnahmslos gültig sind [26]. Da die Verletzung einer moralischen R. immer zu rechtfertigen ist, muß man das Prinzip kennen, auf dem sie beruht; dieses ist für Singer das Prinzip der Verallgemeinerung [27]. «Moralische R.n werden mit Hilfe des Arguments der Verallgemeinerung eingeführt. Eine R., die nicht aus einer Anwendung des Arguments der Verallgemeinerung abgeleitet werden kann, ist nicht zu rechtfertigen» [28]. Das Verallgemeinerungsprinzip gibt als moralisches Prinzip auch das Kriterium dafür ab, wie man in R.-Konflikten zu entscheiden hat [29].

Nach W. J. REES kann man einen R.-Konflikt zwischen moralischen R.n nur vermeiden, indem man moralische R.n «als verschlüsselte Bedingungssätze versteht», d.h. man muß die einschränkenden Bedingungen angeben, unter denen eine moralische R. gelten soll [30]. – J. D. MABBOTT teilt moralische R.n in zwei Klassen ein: «Moralische R.n sind ... konstitutiv oder bloß regulativ. Es gibt einige R.n, ohne die keine zivilisierte Gemeinschaft überleben und nur wenige Güter erlangt werden können. ... Weiter gibt es regulative R.n, die eine Alternative darstellen gegenüber anderen R.n einer gegebenen Gemeinschaft oder Institution, und die verändert werden können, ohne daß sich die Struktur der Gemeinschaft im ganzen ändern würde» [31]. – Auch J. R. SEARLE differenziert zwischen regulativen und konstitutiven R.n. «Regulative rules regulate activities whose existence is independent of the rules; constitutive rules constitute (and also regulate) forms of activity whose existence is logically dependent on the rules» [32]. Institutionen wie z.B. die Ehe oder das Geben von Versprechen sind Systeme konstitutiver R.n, innerhalb deren Aktivitäten als institutionale Tatsachen gelten. Von solchen R.-Systemen ausgehend zeigt Searle – in Abgrenzung gegen Hare –, wie man ein 'Soll' aus einem 'Sein' erschließt: «1. The classical picture fails to account for institutional facts. 2. Institutional facts exist within systems of constitutive rules. 3. Some systems of constitutive rules involve obligations, commitments, and responsibilities. 4. Within those systems we can derive 'ought's' from 'is's' on the model of the first derivation» [33].

Ph. Foot wendet sich gegen eine dezisionistische Analyse moralischer R.n und argumentiert – wie Searle – gegen die These, aus einem Sein könne *kein* Sollen abgeleitet werden. «Anyone who uses moral terms at all, whether to assert or deny a moral proposition, must abide by the rules for their use, including the rules about what shall count as evidence for or against the moral judgement concerned. ... These rules could be entailment rules, forbidding the assertion of factual propositions in conjunction with the denial of moral propositions» [34].

P. F. Strawson betont, daß nicht alle moralischen R.n universalisierbar seien in dem Sinn, daß sie sich an alle Menschen als Menschen richteten. Er hebt demgegenüber die Kulturabhängigkeit, Vielfalt und Unterschiedlichkeit der R.-Systeme hervor [35].

S. Hampshire qualifiziert moralische R.n als sowohl kontingent wie stringent. «The contingency of the rules does not detract from their stringency: on the contrary, a consciousness of the contingency, a belief that the rules could have been different, with the constancies of human nature remaining the same, tends to reinforce the shared sense that the rule must not be broken, except for an overriding consideration, to break it is to undermine morality more generally» [36].

Aus handlungstheoretischer Sicht stellen sich moralische R.n als Wert- und Beurteilungsmaßstäbe einer individuellen wie gesellschaftlichen Praxis dar, auch als Gründe, Ursachen oder Motive einer Handlung.

G. H. Mead vertritt die These, daß man «nicht im vorhinein starre R.n für die zu setzenden Handlungen aufstellen» kann [37]. «Die einzige R., die uns eine Ethik zu bieten vermag, besagt, daß sich ein Individuum mit allen bei einem spezifischen Problem auftretenden Werten rational auseinandersetzen sollte» [38]. Die Institution als Träger der R.n ist der Garant der Identität des Individuums, das sich nach Maßgabe der R.n der Ethik mit den institutionellen R.n auseinandersetzen muß [39].

Entsprechend der unterschiedlichen Perspektive von Akteur und Betrachter differenziert L. W. Beck zwischen Handlungs-R.n («regulative rules») und Beurteilungs-R.n («counting rules»). «Handlungs-R.n sind Normen für Handelnde, Beurteilungs-R.n sind Normen für Betrachter» [40]. Wem es gelingt, sich ganz in einen anderen Menschen hineinzuversetzen, für den fallen Handlungs- und Beurteilungs-R.n zusammen [41]. –
G. H. von Wrights Differenzierung erhellt die unterschiedlichen Bedeutungen des R.-Begriffs in der Ethik und der Handlungsphilosophie («philosophy of action»). «Es ist wichtig, zwischen Normen, die Verhalten regulieren (vorschreiben, erlauben oder verbieten) und R.n, die verschiedene soziale Praktiken und Institutionen definieren, zu unterscheiden. Beide werden 'Normen' oder 'R.n' genannt. ... Normen der ersten Art sagen uns, daß gewisse Dinge getan werden sollten oder getan werden dürfen. Normen der zweiten Art sagen uns, wie gewisse Handlungen vollzogen werden. ... Um die zwei Typen von Normen oder R.n auseinanderzuhalten, werde ich sie ... faute de mieux, als primäre bzw. sekundäre Normen (R.n) bezeichnen» [42]. Während moralische R.n als primäre R.n den Untersuchungsgegenstand von Ethik und Metaethik darstellen, befassen sich Sprach- und Handlungsphilosophie (L. Wittgenstein, G. E. M. Anscombe, G. H. von Wright u.a.) [43] sowie sozialphilosophische Theorien (M. Weber, G. H. Mead, P. Winch u.a.) [44] vorwiegend mit sekundären R.n.

Anmerkungen. [1] G. E. Moore: Principia ethica (Cambridge 1903) 162; dtsch. (1970) 228. – [2] a.O. 160; dtsch. 227. – [3] Ethics (Oxford 1912, 1978) 27; dtsch.: Grundprobl. der Ethik (1975) 48. – [4] a.O. 76; dtsch. 109. – [5] a.O. – [6] W. D. Ross: Found. of ethics (Oxford 1939) 313. – [7] H. A. Prichard: Moral obligation (Oxford 1949) 22. – [8] a.O. 23. – [9] M. Schlick: Fragen der Ethik (1930, 1984) 63-64. – [10] D. Dewey: Theory of valuation (Chicago 1939, 1972) 62-66. – [11] a.O. 57-58. – [12] S. E. Toulmin: An exam. of the place of reason in ethics (Cambridge 1950, 1970) 157. – [13] P. H. Nowell-Smith: Ethics (Harmondsworth 1954) 230. – [14] a.O. 230-231. – [15] R. M. Hare: Freedom and reason (Oxford 1963, 1978) 89; dtsch.: Freiheit und Vernunft (1973) 108. – [16] a.O. 89-90; dtsch. 108. – [17] a.O. – [18] W. Whewell: The elem. of morality (London ^{3}1854) 117. – [19] K. Baier: Decisions and descriptions. Mind 60 (1951) 199. – [20] The moral point of view (Ithaca/London 1958, 1974) 191; dtsch.: Der Standpunkt der Moral (1974) 181. – [21] a.O. 196; dtsch. 185. – [22] 196-197; dtsch. 186-187. – [23] 200; dtsch. 190. – [24] M. G. Singer: Generalization in ethics (New York 1961); dtsch.: Verallgemeinerung in der Ethik (1975), darin: Kap. V: Moralische R.n und Prinzipien, 124-171, zit.: 142. – [25] a.O. 127. – [26] 131. – [27] 133. – [28] 149. – [29] 165. – [30] W. J. Rees: Moral rules and the analysis of 'ought'. Philos. Review 62 (1953) 27. – [31] J. D. Mabbott: Moral rules. Proc. Brit. Acad. 39 (1953) 97-118, zit.: 109f. – [32] J. R. Searle: How to derive 'ought' from 'is' (1964), in: Ph. Foot: Theories of ethics (Oxford 1967) 101-114, zit.: 112. – [33] a.O. 113-114. – [34] Foot: Virtues and vices and other essays in moral philos. (Oxford 1978) 105. – [35] P. F. Strawson: Freedom and resentment and other essays (London 1974) 36-44. – [36] S. Hampshire: Morality and conflict (Oxford 1983) 156. – [37] G. H. Mead: Identität und Ges. [engl. Chicago 1934] (^{2}1975) 439. – [38] a.O. – [39] a.O. 230ff. – [40] L. W. Beck: The actor and the spectator (Yale 1975); dtsch.: Akteur und Betrachter. Zur Grundleg. der Handlungstheorie (1976), darin: Kap. III: Gründe, R.n, Ursachen, 83-125, zit.: 111. – [41] a.O. 117. – [42] G. H. von Wright: Explanation and underst. (Ithaca, N.Y. 1971); dtsch.: Erklären und Verstehen (1974) 137. – [43] L. Wittgenstein: Philos. Unters. (1960); G. E. M. Anscombe: Intention (Oxford 1957); dtsch.: Absicht (1986). – [44] M. Weber: Methodol. Schr. (1968); P. Winch: The idea of a social sci. (London 1958); dtsch.: Die Idee der Soz.wiss. und ihr Verhältnis zur Philos. (1966, 1975).

Literaturhinweise. H. J. N. Horsburgh: The criteria of assent to moral rule. Mind 63 (1954) 345ff. – W. G. Maclagan: How important is moral goodness? Mind 64 (1955) 213ff. – D. S. Shwayder: Moral rules and moral maxims. Ethics 67 (1957) 269ff. – B. Gert: The moral rules (New York 1966); dtsch. (1983). – H. Schwyzer: Rules and practices. Philos. Review 78 (1969) 451ff. – H. Steiner: Moral conflict and prescriptivism. Mind 82 (1973) 586ff. – E. Hyland: Towards a radical crit. of morality and moral education. J. moral Educ. 8 (1979) 156ff.

2. *Utilitarismus.* – Während der klassische Utilitarismus (vertreten durch J. Bentham, J. S. Mill, H. Sidgwick) [1] als Akt- oder Handlungsutilitarismus («act-utilitarianism») gilt, insofern er jede einzelne Handlung bezüglich ihrer moralischen Richtigkeit (d.h. ihrer besten Folgen) direkt am Nutzenprinzip (d.h. das größte Glück der größten Zahl) überprüft wissen will, vertreten die zeitgenössischen Utilitaristen einen R.-Utilitarismus («rule-utilitarianism»), der nicht die Konformität von Handlungen, sondern von Handlungs-R.n mit dem Nutzenprinzip als Moralkriterium formuliert. Handlungen sind dann moralisch, wenn sie einer moralischen R. folgen, und eine R. ist dann moralisch, wenn sie dem Nutzenprinzip entspricht. Doch lassen sich schon bei Mill

Ansätze zu einem R.-Utilitarismus erkennen: «Die R.n der Moral für verbesserungsfähig zu halten heißt nicht, sich über die mittleren allgemeinen Prinzipien hinwegzusetzen und jede einzelne Handlung unmittelbar am obersten Prinzip prüfen zu wollen» [2]. Ein solches mittleres Prinzip ist für Mill z.B. die Gerechtigkeit als «der Name für eine Reihe moralischer R.n, die für das menschliche Wohlergehen unmittelbar bestimmend und deshalb unbedingter verpflichtend sind als alle anderen R.n des praktischen Handelns» [3].

J. O. URMSON bestimmt auf der Basis einer Neuinterpretation des von Mill entwickelten utilitaristischen Konzepts den R.-Utilitarismus als ein zweistufiges Verfahren zur Überprüfung der moralischen Richtigkeit von Handlungen. «Eine einzelne Handlung ist als richtig gerechtfertigt, wenn man zeigen kann, daß sie mit einer moralischen R. übereinstimmt. ... Eine moralische R. erweist sich als korrekt, wenn man zeigen kann, daß die Anerkennung dieser R. das letzte Ziel (i.e. das Allgemeinwohl) befördert» [4]. Moralische R.n sind keine bloßen «Faust-R.n» («rules of thumb») [5]; sie stellen vielmehr einen «Handlungstyp mit Verbots- und Gebotscharakter» dar [6], je nachdem, ob die Befolgung der moralischen R. regelmäßig schlechte oder gute Folgen für eine Handlungsgemeinschaft hat.

J. RAWLS unterscheidet gemäß der «summarischen Ansicht» («summary view») und der «Praxis-Auffassung» («practice conception») zwei Arten von moralischen R.n. Summarisch betrachtet erscheinen «R.n als Zusammenfassungen von vergangenen Entscheidungen», bei denen das Nutzenprinzip direkt auf einzelne Fälle angewendet wurde [7]; moralische R.n sind, so verstanden, Maximen oder Faust-R.n im Sinne von verallgemeinerten Erfahrungen Einzelner [8]. Faßt man hingegen «R.n als Definitionen einer Praxis» oder Institution auf [9], so haben sie keine empirische, sondern normative Geltung. «Wer einer Praxis verpflichtet ist, erkennt die R.n als ihre Definition an» [10], gesteht ihnen damit Maßstabfunktion zu und rechtfertigt einzelne Handlungen unter Bezugnahme auf Praktiken.

J. J. C. SMART vertritt eine Form des R.-Utilitarismus, der gemäß «Handlungen anhand von R.n und R.n anhand von Konsequenzen zu prüfen» sind. «Ob die R. als eine annehmbare moralische R. anzusehen ist, muß ... aufgrund einer Erwägung der Konsequenzen entschieden werden, die aus der Annahme der R. folgen» [11].

Für R. B. BRANDT ist der Handlungsutilitarismus eine «atomistische Theorie: die Richtigkeit einer einzelnen Handlung wird durch ihre Folgen für die Welt bestimmt. Der R.-Utilitarismus dagegen vertritt die Ansicht, daß die Richtigkeit einer Handlung nicht durch ihren relativen Nutzen bestimmt wird, sondern durch den Nutzen, der daraus resultiert, daß man eine relevante moralische R. hat» [12]. Brandt bezeichnet einen Kodex moralischer R.n als ideal, «wenn seine Geltung in einer bestimmten Gesellschaft mindestens ebensoviel Gutes pro Person ... hervorbringen würde wie die Geltung irgendeines anderen Moralkodex» [13]; moralische R.n sind demnach «insoweit verbindlich, als sie im Vergleich zu anderen möglichen moralischen R.n das Wohlergehen maximieren» [14]. – Wie wenig der Unterschied zwischen Handlungs- und R.-Utilitarismus historisch gerechtfertigt ist, zeigt sich darin, daß Brandts Theorie des idealen Moralkodex schon bei H. SIDGWICK angelegt ist, der gegen Mill gewendet zum Schluß gelangt, «daß wir die Sitten-R.n des gemeinen Menschenverstandes nicht für den Ausdruck eines 'consensus' von sachverständigen Beurteilern halten können» [15]. Es sei deshalb Pflicht des systematischen Utilitarismus, «diese R.n gänzlich umzuändern», wobei vorausgesetzt wird, «daß wir mit vollkommener Genauigkeit ein System von R.n bilden können, das den wahren Sittenkodex für menschliche Wesen aus utilitaristischen Prinzipien darstellt» [16].

Die Kritiker des R.-Utilitarismus (D. LYONS, W. K. FRANKENA, der späte RAWLS, J. L. MACKIE u.a.) [17] wollen das Nutzenprinzip durch das Fairneß- oder Gerechtigkeitsprinzip ergänzt wissen, um sicherzustellen, daß der auf der für alle verbindlichen Basis moralischer R.n gemeinsam erzielte Nutzen so verteilt wird, daß niemand unzulässig bevorzugt oder benachteiligt wird.

FRANKENA bemerkt, für einen R.-Utilitaristen sei es Pflicht, «einer R. einfach deshalb zu folgen (etwa der R., die Wahrheit zu sagen), weil es nützlich ist, diese R. zu haben, selbst wenn im konkreten Fall die Befolgung der R. nicht zu den besten Folgen führt» [18]. Weiterhin stellt er fest, «daß eine bestimmte R. zwar die Summe des Guten in der Welt maximal vergrößern mag, aber trotzdem ungerecht sein kann in der Art, wie sie diese Summe verteilt. ... Danach wäre also das Kriterium für die Aufstellung moralischer R.n nicht bloß ihre Nützlichkeit, sondern auch ihre Gerechtigkeit» [19].

Anmerkungen. [1] J. BENTHAM: An introd. to the principles of morals and legislation (London 1789); J. S. MILL: Utilitarianism (London 1863); H. SIDGWICK: The methods of ethics (London 1874). – [2] MILL, a.O.; dtsch.: Der Utilitarismus (1976) 42. – [3] a.O. 103. – [4] J. O. URMSON: The interpret. of the moral philos. of J. S. Mill. Philos. Quart. 3 (1953) 33-39; dtsch., in: Einf. in die utilitarist. Ethik, hg. O. HÖFFE (1975) 87-95, zit.: 89. – [5] a.O. 91. – [6] 92. – [7] J. RAWLS: Two concepts of rules. Philos. Review 64 (1955) 3-32; dtsch., in: HÖFFE (Hg.), a.O. 96-120, zit.: 108. – [8] a.O. 110. – [9] a.O. – [10] ebda. – [11] J. J. C. SMART: Extreme and restricted utilitarianism. Philos. Quart. 6 (1956) 344-354; dtsch., a.O. 121-132, zit.: 122. – [12] R. B. BRANDT: Some merits of one form of rule-utilitarianism. Univ. Colorado Stud. Philos. 3 (1967) 39-65; dtsch., a.O. 133-162, zit.: 137. – [13] a.O. 142. – [14] 154. – [15] H. SIDGWICK: Die Methoden der Ethik 2 (1909) 243. – [16] a.O. – [17] D. LYONS: Forms and limits of utilitarianism (Oxford 1965); W. K. FRANKENA: Ethics (New York 1963); dtsch.: Analyt. Ethik (1972), darin: Utilitarismus und Gerechtigkeit, 54-76; RAWLS: Justice as fairness. Philos. Review 67 (1958) 164-194; dtsch., in: O. HÖFFE (Hg.): Gerechtigkeit als Fairneß (1977) 34-83; J. L. MACKIE: Ethics. Inventing right and wrong (Harmondsworth 1977); dtsch.: Ethik. Auf der Suche nach dem Richtigen und dem Falschen (1981), darin Kap. 7: Der Utilitarismus, 157-189. – [18] Analyt. Eth., a.O. 56. – [19] a.O. 59.

Literaturhinweise. A. F. GIBBARD: Rule-utilitarianism: Merely an illusory alternative? Amer. J. Philos. 43 (1965) 211ff. – G. EZORSKY: Utilitarianism and rules, a.O. 225ff. – N. HOERSTER: Utilitarist. Ethik und Verallgemeinerung (1971). – G. F. GAUS: Mill's theory of moral rules. Austr. J. Philos. 58 (1980) 265ff.

3. *Diskursethik.* – Für die moderne Diskursethik – vor allem in ihrer Ausformulierung durch J. HABERMAS, K.-O. APEL und W. KUHLMANN – ist der R.-Begriff insofern zentral, als die R.n sinnvoller Argumentation zugleich als fundamentale ethische R.n aufgewiesen werden. Somit beruht der Kerngedanke der Universal- und Transzendentalpragmatik auf dem Begriff der R.

HABERMAS geht in seiner Theorie des kommunikativen Handelns von der «Interaktion von mindestens zwei sprach- und handlungsfähigen Subjekten» aus, die «eine Verständigung über die Handlungssituation [suchen], um ihre Handlungspläne und damit ihre Handlungen einvernehmlich zu koordinieren» [1]. «Der Begriff eines *normenregulierten* Handelns bezieht sich nicht auf das Verhalten eines prinzipiell einsamen Aktors, der in seiner Umwelt andere Aktoren vorfindet, sondern auf Mitglieder einer sozialen Gruppe, die ihr Handeln an gemeinsamen Werten orientieren» [2].

APEL fordert eine «universale, d.h. intersubjektiv gültige Ethik solidarischer Verantwortung» [3], die im «Apriori der Kommunikationsgemeinschaft» als nichthintergehbarem Faktum des Diskurses letztbegründet ist. Im «Lichte einer transzendentalen *Sprachpragmatik* [muß] jeder, der argumentieren will ..., die in der Struktur des argumentativen Diskurses überhaupt implizierten R.-Bedingungen erfüllen» [4]. Nur so ist eine im Sinne der praktischen Vernunft notwendige Ergänzung der «technisch-instrumentellen Handlungs-R.n durch ethische R.n – d.h. insbesondere durch Normen des sozialen Zusammenlebens» vorstellbar [5].

KUHLMANN präzisiert das Verfahren einer reflexiven Letztbegründung: «Wir haben als Argumentierende immer schon R.n anerkannt, die sich auf das Miteinander von handelnden Menschen beziehen. ... Ferner, wenn gilt: Wir haben die Voraussetzungen und R.n sinnvoller Argumentation immer schon unhintergehbar anerkannt, nämlich so, daß wir die R.n weder in ihrer Geltung bestreiten noch uns gegen ihre Anerkennung entscheiden können, wir können sie nicht nicht anerkennen, dann haben wir mit diesen R.n absolut verbindliche, absolut verpflichtende R.n anerkannt. R.n, die vor allen anderen als kategorisch gebietende Vorrang haben. Solche R.n aber sind, als die erste Antwort auf die Frage: 'Was wollen wir tun?' eben darum schon ethische R.n oder Normen» [6]. Mit dieser Bestimmung wird die Diskursethik an die außermoralische Verwendung des Terminus ‹R.› in der Sprach- und Handlungstheorie angeschlossen, so daß sich über den R.-Begriff ein enger Zusammenhang zwischen Ethik, Sprach- und Handlungsphilosophie abzuzeichnen beginnt. – H. KRINGS hat in kritischer Auseinandersetzung mit der Diskurstheorie um die Ursprungsdimension moralischer Normen eine «sittlich-humane Begründbarkeit politisch-ethischer R.n» [7] versucht, indem er den «Prozeß der R.» als transzendentale Rekonstruktion der Genese von Regelhaftigkeit schlechthin darlegt [8] und dabei den Freiheitsursprung jedweder verbindlichen R.-Setzung aufdeckt. «Die transzendentale R. aller R.-Setzung zielt also dahin, daß jedwede durch praktische Freiheit gesetzte R. die transzendentale Affirmation der Freiheit zum Grunde habe. Diese Begründetheit gibt der R. die Qualität des Sittlichen. Dies gilt auch für die R.n des guten Lebens wie für die transzendentalpragmatisch universalisierbaren R.n des Diskurses» [9].

Anmerkungen. [1] J. HABERMAS: Theorie des kommunikat. Handelns 1 (1981) 128. – [2] a.O. 127. – [3] K.-O. APEL: Das Apriori der Kommunikationsgemeinschaft, in: Transformation der Philos. 2 (1973) 363. – [4] Warum transzend. Sprachpragmatik? in: H. M. BAUMGARTNER (Hg.): Prinzip Freiheit (1979) 13-43, zit.: 29. – [5] Weshalb benötigt der Mensch Ethik? in: Prakt. Philos./Ethik: Dialoge (1984) 54. – [6] W. KUHLMANN: Reflexive Letztbegründung (1985) 27-28. – [7] H. KRINGS: Empirie und Apriori. Zum Verhältnis von Transzendentalphilos. und Sprachpragmatik, in: System und Freiheit (1980) 69-98, zit.: 96. – [8] a.O. 92f. – [9] 97.

Literaturhinweise. H. J. HERINGER (Hg.): Der R.-Begriff in der prakt. Semantik (1974). – A. KEMMERLING: R. und Geltung im Licht der Analyse Wittgensteins. Rechtstheorie 5/1 (1975).

4. *Psychologie.* – J. PIAGET verfolgt die Genese moralischer R.n entwicklungspsychologisch. «Jede Moral ist ein System von R.n, und das Wesen jeder Sittlichkeit besteht in der Achtung, welche das Individuum für diese R.n empfindet. ... Das Kind empfängt die moralischen R.n, die es zu beachten lernt, zum größten Teil von den Erwachsenen, d.h. in fertiger Form» [1]. Die «Praxis der R.» geht dem «Bewußtsein der R.» voraus [2], d.h. das Kind durchläuft eine Reihe von zunächst heteronomen Stadien, bis es zum autonomen R.-Bewußtsein gelangt [3] und schließlich fähig ist, selber R.n zu prüfen und zu setzen. «Damit ein Verhalten als moralisch bezeichnet werden kann, bedarf es mehr als einer äußeren Übereinstimmung seines Inhalts mit dem der allgemein anerkannten R.n: es gehört auch noch dazu, daß das Bewußtsein nach der Moralität als nach einem autonomen Gut strebt und selbst imstande ist, den Wert der R.n, die man ihm vorschlägt, zu beurteilen» [4].

Anmerkungen. [1] J. PIAGET: Das moral. Urteil beim Kinde (1981) 7. – [2] a.O. 8f. – [3] 25ff. – [4] 458.

A. PIEPER/M. HOFMANN-RIEDINGER

III. – ‹R.› heißt in einem *Kalkül* eine Anweisung zur schematischen Herstellung von Figuren aus gewissen Ausgangspositionen, den Grundfiguren oder Anfängen des Kalküls. Eine *Kalkül-R.* wird üblicherweise mitgeteilt durch einen Pfeil $\Rightarrow$, gelesen 'wenn–dann', dem die Prämissen der R. vorhergehen und die Konklusion der R. folgt. Ist z.B. m eine Figurenvariable für beliebige aus Kreuzen und Kreisen durch Aneinandersetzen hergestellte Figuren, also ein Zeichen, für das jede beliebige im Kalkül

$$\Rightarrow +$$
$$\Rightarrow \circ$$
$$n \Rightarrow n\circ$$
$$n \Rightarrow n+$$

ableitbare Figur eingesetzt werden kann, so teilt die R. $m \Rightarrow +m+$ mit, daß aus einer Figur durch Anfügen je eines Kreuzes links und rechts eine neue Figur hergestellt werden darf. Wenn man noch weiß, wie man anfangen darf, etwa mit der Grundfigur +, mitgeteilt durch den Anfang (die prämissenlose R.) $\Rightarrow +$, so sind mit Hilfe von $m \Rightarrow +m+$ aus + nur Figuren, bestehend aus Kreuzen, und zwar in ungerader Anzahl, ableitbar. In keiner ableitbaren Figur kommt ein Kreis vor, obwohl natürlich $m \Rightarrow +m+$ es erlaubt, z.B. auch +$\circ$+ *aus* $\circ$ herzustellen. Der R.-Pfeil symbolisiert das *praktische* 'wenn–dann' und darf nicht mit dem *logischen* 'wenn–dann', einer logischen Partikel, die zwei Aussagen zu einer dritten zusammenfügt, verwechselt werden [1].

Auf diese Verwendung des R.-Begriffs in der Kalkültheorie kann sowohl der Begriff einer *Schluß-R.* in der Logik bezogen werden als auch der Begriff einer *grammatischen R.*, gleichgültig ob syntaktisch, morphologisch, phonologisch, semantisch oder anders bestimmt, in Theorien des Sprachbaus [2]. Je nach Grammatiktheorie werden zahlreiche Arten grammatischer R.n unterschieden mit teilweise äquivoken Bezeichnungen; z.B. bedeuten Transformations-R.n in einer generativen Grammatik vom Chomsky-Typ etwas anderes als Transformations-R.n in einer applikativen Grammatik vom Šaumjan-Typ; Ersetzungs-R.n («rewriting rules») wiederum sind charakteristisch in generativen Grammatiken, Kürzungs-R.n hingegen in Kategorial-Grammatiken [3]. Um allerdings in allen diesen Fällen wirklich Kalkül-R.n zu bekommen, müssen gegebenenfalls nur inhaltlich formulierte Bedingungen an die Anwendung einer R. erst in schematische Form gebracht werden, z.B. die Bedingung 'x frei für y in A' bei der Substitution von y für x in der quantorenlogischen Schluß-R. $\wedge_x A \Rightarrow \sigma_y^x A$ (in Worten: Ist die Formel 'A für alle x' herstellbar, so ist es regelgerecht, auch die Formel A unter Einsetzung von y überall dort in A, wo x frei vorkommt, sofern bei der Einsetzung von y in keinem Fall y in den Wirkungsbereich eines y-Quantors gerät, herzustellen), was mit geeigneten Hilfskalkülen möglich ist [4].

Deshalb läßt sich auch die Verwendung des R.-Begriffs in der logischen Grammatik, z.B. bei Prädikatoren-R.n [5] oder Bedeutungspostulaten («meaning postulates») [6], kalkültheoretisch verstehen.

Von anderer Art ist der R.-Begriff im Zusammenhang von *Handlungs-R.n*, darunter Wahrnehmungsweisen, Sitten, Spiel-R.n usw., in den Reflexionen auf künstlerische Tätigkeit oder in sozialwissenschaftlichen Theoriebildungen und ihren philosophischen Grundlagen, bes. in Erkenntnistheorie und praktischer Philosophie. Hier kann im allgemeinen nicht davon ausgegangen werden, daß ein geregeltes Nacheinander von Handlungsvollzügen durch ein entsprechendes Nacheinander von Herstellungshandlungen mit Figuren – seien diese die jeweiligen Resultate der Handlungsvollzüge oder deren Symbolisierungen – adäquat darstellbar ist. Deshalb nämlich, weil schon eine Handlungs*kompetenz*, also das Verfügen über ein Handlungs*schema*, als Fähigkeit verstanden wird, Handlungsvollzüge im Sinne von *Aktualisierungen* des Schemas regelgeleitet hervorzubringen. Jedes Schema ist danach eine R. für die Aufeinanderfolge seiner Instanzen, bes. auch jede schematische Kalkül-R., z.B. $n \Rightarrow n$o, selbst schon eine Darstellung für die R. ihrer einzelnen Anwendungen, z.B. $+ \Rightarrow +$o, o$+ \Rightarrow$ o$+$o usw. «Die Verwendung des Wortes 'R.' ist mit der Verwendung des Wortes 'gleich' verwoben» [7], stellt L. WITTGENSTEIN im Zusammenhang seiner Unterordnung der Praxis des 'einer Regel folgen' unter die Gepflogenheiten fest [8].

Schon bei I. KANT sichert erst die *Schematisierung* der reinen Verstandesbegriffe ihre Anwendbarkeit auf Erscheinungen, nämlich «als eine R. der Bestimmung unserer Anschauung gemäß einem gewissen allgemeinen Begriffe» [9], die Kant als Zeitbestimmungen a priori liest, mit der die Einheit alles Mannigfaltigen der Anschauung erreicht wird. Angewendet auf den Begriff der Kausalität nun ist dessen Schema die «Succession des Mannigfaltigen, in so fern sie einer R. unterworfen ist» [10], also die Allgemeinheit des Ursache-Wirkungs-Zusammenhangs, wie sie bis heute Gegenstand von Auseinandersetzungen um *Naturgesetze* als ausgezeichneter Regularitäten geblieben ist. Unbeachtet blieb dabei, daß beim Übergang von der Schematisierung bei Begriffen erster Stufe – vom Verfügen über ein Handlungsschema – zur Schematisierung bei Begriffen zweiter Stufe – zum Verfügen über schematische Zusammenhänge zwischen Handlungsschemata (z.B. im Falle der Kausalität oder im Falle des Zählens – Zahl ist bei Kant das Schema von Größe) – der R.-Begriff eine Unbestimmtheits-Stelle erhält, die auf mindestens zwei Weisen ausgefüllt werden kann.

Auf der Ebene schlichter Handlungskompetenzen lassen sich Bedingungen an ihre Ausübung (und damit *regulative R.n* zur einschränkenden Bestimmung zulässiger Ausübungen) [11] noch nicht artikulieren, dazu bedarf es der Kompetenzen zweiter Stufe; und zugleich damit entsteht die Alternative zwischen den ontischen Modalitäten Können (eine Aktualisierung selbst wählen) und Müssen (zu einer Aktualisierung 'gezwungen' werden) bzw. den deontischen Modalitäten Dürfen (eine Aktualisierung wird freigegeben) und Sollen (zu einer Aktualisierung 'verpflichtet' sein). Nur im Fall von 'natürlichem' Müssen und 'moralischem' Sollen aber gibt es eine schematische Allgemeinheit des Zusammenhangs zwischen dem Schema der Bedingungen und dem Handlungsschema selbst, es liegt eine *notwendige R*. vor. Darunter fallen normalerweise Verkehrs-R.n ebenso wie moralische Gebote und andere Maximen, hingegen weder die zu den Ratschlägen zählenden Klugheits-R.n [12] noch durchweg die methodischen R.n aus den Methodologien von Philosophie oder Einzelwissenschaften [13]. Hier handelt es sich um den Fall von Können oder Dürfen, wo es zwar bei einem geregelten und insofern schematischen Zusammenhang zwischen Bedingungsschema und Handlungsschema bleibt, der aber nicht mehr allgemein in bezug auf den Bereich ihrer Aktualisierungen ist. Hierher gehören auch die Herstellungs-R.n in Kalkülen.

Erst dadurch, daß man sich in der Kalkültheorie auf Aussagen über die Herstell*barkeit* von Figuren beschränkt, was darauf hinausläuft, die Schemata selbst und nicht ihre Aktualisierungen zu den Bezugsgegenständen zu machen, ist der schematische Zusammenhang zwischen den Schemata wieder als ein allgemeiner darstellbar. (Im Beispiel $\Rightarrow +$; $n \Rightarrow n$o; $n \Rightarrow +n+$ etwa gilt zwar nicht allgemein 'wenn x hergestellt ist, dann ist xo hergestellt', wohl aber gilt allgemein 'wenn x herstellbar ist, dann ist xo herstellbar'.)

Anmerkungen. [1] Vgl. P. LORENZEN: Einf. in die operative Logik und Math. (^{2}1969) § 1 (Schematisches Operieren). – [2] Vgl. R. BARTSCH/T. VENNEMANN: Sprachtheorie, in: H. P. ALTHAUS/H. HENNE/H. E. WIEGAND (Hg.): Lex. der Germanist. Linguistik (^{2}1980) 57-82. – [3] Vgl. z.B. R. DIETRICH/S. KANNGIESSER (Hg.): Sprachwissenschaft (1974). – [4] Vgl. P. LORENZEN: Metamathematik (1962) 91ff. – [5] W. KAMLAH/P. LORENZEN: Log. Propädeutik. Vorschule des vernünftigen Redens (^{2}1973) 73ff. – [6] R. CARNAP: Meaning and necessity. A study in semantics and modal logic (Chicago 1947, ^{2}1956) Suppl. B. – [7] L. WITTGENSTEIN: Philos. Unters. (1953) § 225. – [8] a.O. § 199ff.; vgl. Art. ‹Regelfolgen›. – [9] I. KANT: KrV B 180. – [10] B 183. – [11] Vgl. J. RAWLS: Two concepts of rules. Philos. Review 64 (1955) 3-32. – [12] Vgl. KANT: Grundleg. zur Met. der Sitten (1785) A 42ff. Akad.-A. 4, 415ff. – [13] Vgl. z.B. R. DESCARTES: R.n zur Leitung des Geistes [1628/29].

Literaturhinweise. P. WINCH: The idea of a social science (London 1958). – D. S. SHWAYDER: The stratification of behavior (London 1965). – H. B. CURRY/R. FEYS: Combinatory logic (Amsterdam 1968). – H. MAURER: Theoret. Grundlagen der Programmiersprachen, Theorie der Syntax (1969). – U. STEINVORTH: Art. ‹R.›, in: H. KRINGS/H. M. BAUMGARTNER/CH. WILD (Hg.): Hb. philos. Grundbegriffe 2 (1973) 1212-1220. – K. LORENZ: Rules versus theorems, in: R. E. BUTTS/J. R. BROWN (Hg.): Constructivism and science (Dordrecht/Boston/London 1989) 59-76. K. LORENZ

IV. – 1. Der paradigmatische Fall der *konstitutiven R.n* sind die R.n des Schachspiels. Ihre Eigentümlichkeit kann durch einen Vergleich der Schach-R.n mit den Verkehrs-R.n erhellt werden. Während die R.n des Straßenverkehrs eine Tätigkeit (den Verkehr) ordnen, deren Denkbarkeit, Möglichkeit und Wahrnehmbarkeit unabhängig von R.n ist, stehen die Schach-R.n in einem anderen Verhältnis zur Praxis des Schachspiels. Erst und nur durch die R.n entsteht dieses Spiel, wird es konstituiert. Konstitutive R.n dieser Art lassen sich, weil sie ein Eidos im Sinne Husserls konstituieren, *eidetisch-konstitutive R.n* nennen.

2. Die eidetische Konstitutivität läßt sich zum einen ontologisch, zum anderen semantisch verstehen. Nach der ontologischen Charakterisierung sind die eidetisch-konstitutiven R.n *gegenstandsbestimmende R.n*, die eine Praxis und ihre Praxiseinheiten, die Praxeme, konstituieren (Praxeme des Schachspiels sind Läufer, Rochade, Schachmatt ...). Als Gegenstandsbestimmungen scheinen sich die eidetisch-konstitutiven R.n der Deontik zu entziehen, wenn die Deontik als Theorie des Sollens aufgefaßt wird.

Nach der semantischen Charakterisierung sind die eidetisch-konstitutiven R.n *sinnbestimmende R.n*, die den Sinn (die Intension) der Praxembezeichnungen konstituieren, d.h. der Termini, die die jeweiligen Praxeme bezeichnen (Praxembezeichnungen des Schachspiels sind ‹Läufer›, ‹Rochade›, ‹Schachmatt›...) [1].

3. Die eidetisch-konstitutiven R.n sind unter dem Namen «constitutive rules» von J. R. SEARLE untersucht worden, der sie in ihrer Opposition zu den «regulative rules» erörtert hat [2]. Weder die Bezeichnung ‹konstitutive R.›, noch der Begriff ‹regulative R.› sind allerdings von Searle selbst eingeführt worden.

Die Bezeichnung ‹konstitutive R.› kommt schon bei A. PAGLIARO (1951) und J. D. MABBOTT (1953) vor. Für PAGLIARO sind die «regole costitutive» eines Spiels R.n, die die Struktur des Spielsystems (game vs. play, ludus vs. lusus) ausmachen [3]. MABBOTT versteht die «constitutive rules» eines Spiels als wesentliche (wesenhafte) R.n des ludus, welche «make the game the game that it is», z.B. im Fußball die «handling-rule» («The footballer should not carry the ball about in his hands»). Die so definierten «constitutive rules» eines ludus werden von Mabbott anderen ludus-R.n entgegensetzt, die er «regulative rules» nennt. Die «regulative rules» des ludus (z.B. im Fußball die offside-rule) sind R.n, die das Spiel nicht wesentlich ausmachen. Da die «regulative rules» ludus-R.n sind, die dem ludus nicht wesenhaft anhaften, können sie verändert werden, ohne daß der ludus selbst verändert wird [4].

Die Idee, daß es eidetisch-konstitutive R.n gibt, die eine Praxis und ihre Praxeme (die Praxiseinheiten) konstituieren, ist darüber hinaus vor Searle bei vielen Autoren belegt. Diese Autoren beziehen sich fast alle auf die Praxis des Schachspiels und auf ihre Praxeme (Figuren, Pragmeme, ludische Status). Was die Praxis des Spiels betrifft, so ist die These, daß die Spiel-R.n das Spiel konstituieren, mehrfach bei L. WITTGENSTEIN belegt: «... das Schachspiel ist dies Spiel durch alle seine R.n» [5]; diese R.n gehören «zur Grammatik des Wortes 'Schach'» [6].

Als erster scheint der Pole Cz. ZNAMIEROWSKI die R.-Bezogenheit einer regelkonstituierten Praxis betont zu haben. Eine konstitutive R. (auf polnisch: «norma konstrukcyjna») schafft neue Handlungsmöglichkeiten: «Norma konstrukcyjna stwarza nowe możliwości działania» [7]. Ohne Bezug auf Znamierowski und Wittgenstein hat J. RAWLS von R.n gesprochen, die einer Praxis «logically prior» sind, und sie von anderen R.n unterschieden, bei denen diese logische und/oder ontologische Priorität nicht besteht [8]. Rawls' Unterscheidung (die bei Znamierowski vorweggenommen ist, und die es bei Wittgenstein nicht gibt) ist der Ausgangspunkt der Analyse von Searle geworden.

Was die Praxeme (Praxiseinheiten) betrifft, so ist die These der R.-Bezogenheit der Praxeme besonders klar für die Schachfiguren formuliert worden. Der erste Autor, der die R.-Bezogenheit der Schachfiguren behauptet hat, scheint der deutsche Mathematiker J. THOMAE zu sein. Eine Schachfigur wird «durch ihr Verhalten gegen die Spielregeln bestimmt» [9]. Auch nach E. HUSSERL werden die Schachfiguren konstituiert durch «die Spielregeln, welche ihnen ihre feste Spielbedeutung geben» [10]. Die R.-Bezogenheit der Schachfiguren wird ferner vom Erfinder der Termini ‹deontisch› und ‹Deontik›, E. MALLY, in der postumen Schrift ‹Formalismus I› scharf betont. «Eine Figur ... hat, im Formalismus des Schachspiels, eine bestimmte, durch die R.n ihrer Handhabung ihr zugeteilte 'funktionale Bedeutung'. Durch sie ist eine Figur als 'König', eine andere als 'Läufer', eine dritte als 'Bauer' gekennzeichnet». Durch ihre «funktionale Bedeutung» wird eine Schachfigur «wesentlich bestimmt» [11].

Der Autor aber, der am konsequentesten die R.-Bezogenheit der Schachfiguren hervorgehoben hat, ist ohne Zweifel WITTGENSTEIN. Die Spiel-R.n bestimmen die Figuren, ergeben ihren «logischen Ort», konstituieren ihre Idee: «Ich kann nicht sagen: das ist ein Bauer *und* für diese Figur gelten die und die Spielregeln. Sondern die Spielregeln *bestimmen* erst diese Figur: der Bauer *ist* die Summe der R.n, nach welchen er bewegt wird» [12]. «What idea do we have of the king of chess, and what is its relation to the rules of chess? ... What the king can do is laid down by the rules. Do these rules follow from the idea? ... No. The rules are not something contained in the idea and got by analyzing it. They constitute it» [13]. «Die Gesamtheit der Spielregeln» ist das, was «den logischen Ort des Bauern ergibt» [14]. Ein Korrelat dieser These ist, daß ein «token» einer Schachfigur erst und nur als solches erkannt werden kann, wenn man die R.n kennt, die den «type» dieses «token» konstituieren. «Wenn man jemandem die Königsfigur im Schachspiel zeigt und sagt 'Das ist der Schachkönig', so erklärt man ihm dadurch nicht den Gebrauch dieser Figur, – es sei denn, daß er die R.n des Spiels schon kennt» [15].

Das Paradigma *konstitutive R.* vs. *regulative R.* wird von SEARLE (und nach ihm von J. ALLWOOD) apodiktisch mit den erkenntnistheoretischen Unterscheidungen verbunden, welche Kant den Ausdrücken ‹konstitutiv› und ‹regulativ› zuordnet [16]. Jedoch haben die Termini ‹regulativ› und ‹konstitutiv› bei SEARLE nicht denselben Sinn wie in Kants KrV [17].

4. Die eidetisch-konstitutiven R.n zerfallen in zwei Mengen: *deontische eidetisch-konstitutive R.n* (z.B.: 'Der Läufer soll diagonal gezogen werden'; 'Der König soll dem Schach entzogen werden') und *adeontische eidetisch-konstitutive R.n* (z.B.: 'Schachmatt liegt vor, wenn der König unter Schach ist und sich durch keinen Zug dem Schach entziehen kann') [18]. Die adeontischen eidetisch-konstitutiven R.n können nicht in deontische R.n übersetzt werden. Für die Deontik ist es bedeutsam, daß die Standardform der eidetisch-konstitutiven R.n adeontisch ist: 'X counts as Y', 'X gilt als Y'.

Der adeontische Charakter der adeontischen eidetisch-konstitutiven R.n wird verkannt, wenn man sich die Frage stellt: 'Kann man die R., die das Schachmatt festlegt, überhaupt verletzen?' Diese Frage (die für eine adeontische R. offensichtlich unangebracht ist) kommt sowohl bei G. C. J. MIDGLEY als auch bei R. B. NOLTE vor [19].

Die deontischen eidetisch-konstitutiven R.n zerfallen

ihrerseits in zwei Untermengen: *paradigmatische* und *syntagmatische R.n.* Die paradigmatischen eidetisch-konstitutiven R.n (z.B. 'Der Läufer soll diagonal gezogen werden') bestimmen das Paradigma der möglichen Fortsetzungsweisen des Spiels. Die syntagmatischen eidetisch-konstitutiven R.n schreiben dagegen eine bestimmte Fortsetzung des Spiels vor (z.B. 'Der König unter Schach soll sich dem Schach entziehen').

Die Heterogenität der paradigmatischen und der syntagmatischen eidetisch-konstitutiven R.n erklärt die (sonst paradox anmutende) Tatsache, daß ein und derselbe Zug nach zwei eidetisch-konstitutive Spiel-R.n erfolgen kann. Zwei heterogene eidetisch-konstitutive R.n sind am Werk, wenn sich der König (einer syntagmatischen R. folgend) dem Schach dadurch entzieht, daß er (einer paradigmatischen R. folgend) in eines der angrenzenden Felder zieht [20].

5. Die (bisher untersuchten) deontischen und adeontischen eidetisch-konstitutiven R.n sind notwendige Bedingung einer Praxis und ihrer Praxeme. Diese Charakterisierung der eidetisch-konstitutiven R.n ist der Ausgangspunkt einer hexadischen Typologie der konstitutiven R.n überhaupt geworden.

Die konstitutiven R.n werden als R.n definiert, die entweder eine Bedingung des Geregelten sind oder eine Bedingung des Geregelten setzen. Da die Bedingungsarten drei sind (notwendige Bedingung, hinreichende Bedingung, notwendige und hinreichende Bedingung), ergeben sich kombinatorisch sechs Typen von konstitutiven R.n: a) konstitutive R.n, die notwendige Bedingung des Geregelten sind (*eidetisch-konstitutive R.n*); b) konstitutive R.n, die hinreichende Bedingung des Geregelten sind (*thetisch-konstitutive R.n*); c) konstitutive R.n, die notwendige und hinreichende Bedingung des Geregelten sind (*noetisch-konstitutive R.n*); d) konstitutive R.n, die eine notwendige Bedingung des Geregelten setzen (*anankastisch-konstitutive R.n*); e) konstitutive R.n, die eine hinreichende Bedingung des Geregelten setzen (*metathetisch-konstitutive R.n*); f) konstitutive R.n, die eine notwendige und hinreichende Bedingung des Geregelten setzen (*nomisch-konstitutive R.n*).

Die Bildung dieser sechs Begriffe (eidetisch-, thetisch-, noetisch-, anankastisch-, metathetisch-, nomisch-konstitutive R.) ist kein Selbstzweck. Diese Begriffe sind vielmehr fruchtbare Idealtypen für die Theorie und für die Metatheorie der Konstitutivität. Zwei Beispiele: Die Grundnorm eines Normensystems kann als eine noetisch-konstitutive R. gedeutet werden; die von G. CARCATERRA theoretisierten «norme costitutive» [21] können anhand des Begriffs ‹thetisch-konstitutive R.› interpretiert werden.

6. Für die Deontik als Theorie des Sollens sind die anankastisch-konstitutiven R.n (R.n, die eine notwendige Bedingung setzen) besonders relevant, weil das Sollen in ihnen nicht deontisch, sondern anankastisch ist. Als Beispiele für anankastisch-konstitutive R.n können folgende R.n angeführt werden: 'Das Testament soll eigenhändig unterschrieben werden' und 'Die Bewerber dürfen das zweiundfünfzigste Lebensjahr noch nicht vollendet haben' (im zweiten Beispiel ist die gesetzte Bedingung negativ). G. H. VON WRIGHT, der das Adjektiv ‹anankastisch› in die Deontik eingeführt hat, sieht gleichwohl die Eigentümlichkeit der anankastisch-konstitutiven R.n nicht ein. In ‹Explanation and understanding› behandelt er eidetisch-konstitutive R.n und anankastisch-konstitutive R.n undifferenziert unter dem Namen «secondary rules» [22].

Anmerkungen. [1] A. G. CONTE: Paradigmi d'analisi della regola in Wittgenstein, in: R. EGIDI (Hg.): Wittgenstein (Neapel 1983) 37-82. – [2] J. R. SEARLE: How to derive 'Ought' from 'Is'. Philos. Review 71 (1964) 43-58; What is a speech act? in: M. BLACK (Hg.): Philos. in America (London 1964) 121-139. – [3] A. PAGLIARO: Le regole del giuoco. Idea 3/22 (1951) 1. 6. – [4] J. D. MABBOTT: Moral rules. Proc. Brit. Acad. 39 (1953) 97-118. – [5] L. WITTGENSTEIN: Bemerk. über die Grundlagen der Math. I, § 130 (Oxford 1956, ²1974) 89. – [6] Philos. Grammatik I/I, § 13 (Oxford 1969) 50-51. – [7] CZ. ZNAMIEROWSKI: Podstawowe pojęcia teorji prawa (Poznań 1924) 103; (²1934) 149. – [8] J. RAWLS: Two concepts of rules. Philos. Review 64 (1955) 3-32. – [9] J. THOMAE: Gedankenlose Denker. Jahresber. Dtsch. Mathematiker-Vereinigung 15 (1906) 435. – [10] E. HUSSERL: Log. Unters. II/1, I, § 20 (1901, ²1913) 69. Husserliana 19/1 (1984) 74. – [11] E. MALLY: Log. Schr. (Dordrecht 1971) 189. – [12] WITTGENSTEIN: Philos. Bemerk., Zweiter Anhang (Oxford 1964) 327f. – [13] Wittgenstein's Lectures, Cambridge 1932-35, hg. A. AMBROSE (Oxford 1979) 86. – [14] F. WAISMANN: Wittgenstein und der Wiener Kreis (Oxford 1967) 104. – [15] WITTGENSTEIN: Philos. Unters. I, § 31 (Oxford 1953, ²1958) 15. – [16] SEARLE, a.O. [2]; J. ALLWOOD: Linguist. communication as action and cooperation: A study in pragmatics (Göteborg 1976) 28. – [17] W. HOGREBE: Kant und das Problem einer transzend. Semantik (1974). – [18] CONTE: Regola costitutiva in Wittgenstein, in: F. CASTELLANI (Hg.): Uomini senza qualità (Trient 1981) 51-68. – [19] G. C. J. MIDGLEY: Linguistic rules. Proc. Aristot. Soc. 59 (1958/59) 271-290; R. B. NOLTE: Einf. in die Sprechakttheorie J. R. Searles (1978) 41. – [20] CONTE: Variationen über Wittgensteins R.-Begriff, in: R. HALLER (Hg.): Sprache und Erkenntnis als soz. Tatsache (Wien 1981) 69-78. – [21] G. CARCATERRA: Le norme costitutive (Mailand 1974); La forza costitutiva delle norme (Rom 1979). – [22] G. H. VON WRIGHT: Explan. and underst. (London 1971).

Literaturhinweise. CZ. ZNAMIEROWSKI s. Anm. [7]. – A. PAGLIARO s. Anm. [3]. – J. D. MABBOTT s. Anm. [4]. – J. RAWLS s. Anm. [8]. – J. R. SEARLE s. Anm. [2]. – S. G. FRENCH: Kant's constit.-regulat. distinction. Monist 51 (1967) 623-639. – G. CARCATERRA s. Anm. [21]. – A. KEMMERLING: R. und Geltung im Lichte der Analyse Wittgensteins. Rechtstheorie 6 (1975) 104-131. – A. G. CONTE: Konstit. R.n und Deontik, in: E. MORSCHER (Hg.): Ethik (Wien 1981) 14-18; s. Anm. [20]; Idealtypen für eine Theorie der konstit. R.n, in: T. ECKHOFF (Hg.): Vernunft und Erfahrung (1986) 243-250. – G. KALINOWSKI (Hg.): Les fondements log. de la pensée normative (Rom 1985). – J.-L. GARDIES: L'erreur de Hume (Paris 1987). – G. P. M. AZZONI: Il concetto di condizione nella tipologia delle regole (Padua 1988). – A. G. CONTE: Semiotics of constit. rules, in: M. HERZFELD (Hg.): Semiot. theory and practice 1 (1988) 145-150; Deontica wittgensteiniana. L'uomo, un segno, NS 1 (1990); L'enjeu des règles. Droit Société 17/18 (1991) 122-143.   A. G. CONTE

Regel, goldene (lat. regula aurea; engl. golden rule; frz. règle d'or)

I. *Antike bis Aufklärung.* – 1. Obwohl die mit der Formel ‹g.R.› gemeinte *Sache* in der Geschichte des menschlichen Denkens schon relativ früh bekannt war, ist der Begriff als solcher doch erst seit dem 18. Jh. in Gebrauch gekommen, und zwar in der englischen Literatur häufiger als in der deutschen [1]. Nach dem Ersten Weltkrieg bemühte sich ein in New York ansässiges *International Golden Rule Committee* um die Einführung eines ‹International Golden Rule Sunday›, um die g.R. zu einem allgemein gültigen Handlungsprinzip zu machen und auf diese Weise wenigstens einen Teil der Nöte der Welt zu lösen. Die g.R. gilt als Kernsatz der sittlichen Erziehung, so daß man sie schon als «sittliche Grundformel der Menschheit» [2] bezeichnet hat. Als Grundsatz der praktischen Ethik, sich dem Nächsten gegenüber ebenso zu verhalten, wie wir es von ihm uns gegenüber erwarten, gehört die g.R. zu den Urformen menschlicher Soziabilität. Das Verhalten im Sinne der g.R. beruht auf Gegenseitigkeit und bewirkt Stabilisierung und Sicherheit, indem vom Gegenüber ein auf Daseinserhaltung gerichtetes Verhalten erwartet werden kann, das andererseits auch für das eigene Verhalten verbindlich ist.

Die g.R. erscheint in zwei Versionen – der positiven, die nach Matth. 7, 12 und Luk. 6, 31 lautet: «Alles, was ihr wollt, daß euch die Leute tun sollen, das tut ihr ihnen auch», – und der negativen: «Was du nicht willst, daß man dir tu, das füg auch keinem andern zu» (Tob. 4, 5). Sinngemäß findet sich die g.R. auch in vor- und außerchristlichen Traditionen: Eine assyrische Parallele (7. Jh. v.Chr.) lautet: «Wer dir Böses tut, dem vergilt mit Gutem» [3]. Im westlichen Kulturkreis begegnet die g.R. erstmalig sicher belegt bei HERODOT. In seiner Antrittsrede nach dem Sturz des Polykrates beteuert Maiandrios, er wolle das, was er bei anderen tadle, nach Möglichkeit selbst nicht tun [4]. Schon vorher wird die g.R. THALES und PITTAKOS, zwei Vertretern der 'Sieben Weisen', zugeschrieben: «Worüber du beim Nächsten unwillig wirst, das tue selbst nicht» [5]. Weitere Beispiele sophistischer Gnomik finden sich bei ANTIPHON [6] und bei ISOKRATES [7]. Bei Griechen und Römern ist die g.R. weit verbreitet, weniger bei den Philosophen platonisch-aristotelischer Provenienz als in dem von der Sophistik geprägten Schrifttum und bei den Rhetoren [8], Historikern [9] und Popularphilosophen [10], in Sentenzensammlungen [11] und in der Dichtung [12]. Ebenso findet sich die g.R. auch in der epigraphischen Überlieferung [13], wo ein Grabschänder gewarnt wird, er möge andern nicht antun, was er für sich selbst nicht zu erleben wünscht; ähnlich lautet eine Inschrift von Salona [14]. – Zum Schatz der vulgären, halbphilosophisch-paränetischen Ethik gehört auch die g.R. in beiderlei Gestalt. Schon ARISTOTELES zeigt anhand der g.R. das normale Verhalten der Menschen [15]. Ähnlich erklärt sich auch das Vorkommen der g.R. in der stoischen Tradition [16]: Die g.R. gilt als Maxime einer natürlichen Ethik, gleichsam als naturrechtliches Axiom. So zählt sie SENECA zu den Grundsätzen («praecepta bona»), «deren Wahrheitsgehalt ohne Begründung unmittelbar evident ist und die deshalb in ein Stadium sittlicher Unterweisung zu setzen sind, das der philosophischen, d.h. grundsätzlichen Belehrung vorangehen muß» [17]. Wenn Seneca die g.R. zu den guten Geboten zählt, dann denkt er dabei offenbar nicht an den Grundsatz der Vergeltung oder Rache (Talion), sondern versteht sie als Weisung, Gutes zu tun [18].

Daß sich die positive Fassung der g.R., als Exhortativ zum guten Handeln, neben der negativen auch im nichtchristlichen Raum findet, zeigt u.a. der von AELIUS LAMPRIDIUS in seiner Biographie des Kaisers Alexander Severus überlieferte Satz: Er rief öfter, was er von gewissen Juden oder Christen gehört hatte und sich zu eigen machte: Was du nicht willst, daß man dir tu, das füg auch keinem andern zu [19].

Wie aus den obigen Zitaten hervorgeht, wird die g.R. als Gemeingut der Juden und Christen empfunden. In der Tat findet sie sich bereits im hellenistischen Judentum, wenn auch nicht unter der Firmierung ‹g.R.›. Älteste Belege sind Stellen im Buch ‹Tobit› (4, 15; ca. 200 v.Chr.) und im ‹Aristeasbrief› (ca. 130 v.Chr.): Vater Tobias ermahnt seinen Sohn vor dessen Aufbruch nach Medien: «Was dir selbst verhaßt ist, das mute auch einem andern nicht zu!» Im ‹Aristeasbrief› (207), einem fiktiven Bericht von der Entstehung der ‹Septuaginta›, lautet die Antwort auf die Frage nach dem Kern der Weisheit: «Wie du nicht das Schlechte erleiden, sondern an allem Guten teilhaben willst – wenn du dies den Untergebenen und Sündern tust, wenn du die ehrenwerten Menschen milde zurechtweisest.» Unverkennbar ist bei diesen Aussagen der eudämonistische Unterton. Ähnlich heißt es bei ‹Jesus Sirach› (31, 15), wo der Anklang an das Gebot der Nächstenliebe auffällt: «Sorge für deinen Nächsten wie für dich selbst / und denk an all das, was auch dir zuwider ist» [20]. Eine positive Fassung der g.R. erscheint im ‹slav. Henoch›: «Was ein Mensch vom Herrn erfleht für sich selbst, das soll er auch jedem Lebewesen tun» (61, 1).

Der Talmud-Traktat ‹Schab 31 a› ist der Locus classicus für die g.R. im rabbinischen Judentum. Nachdem der strenge Rabbi Schammaj einen Heiden, der Proselyt werden wollte unter der Bedingung, daß er ihn die ganze Thora lehre, während er auf einem Bein stehe, brüsk zurückgewiesen hatte, entsprach der mildere Hillel diesem Begehren, indem er sagte: «Was dir verhaßt ist, das tue deinem Nächsten nicht. Das ist die ganze Thora; das andere ist Auslegung. Geh, lerne!» – Ob man in diesem Apophtegma nun einen «kühnen theologischen Gedanken» [21] oder nur eine Notbrücke sieht, die den Fragenden zur Thora hinführen will [22], sei dahingestellt. Jedenfalls ist schon im Judentum die Berührung zwischen der g.R. und dem Gebot der Nächstenliebe eng, vgl. Rabbi AKIBA, ‹Avot des Rabbi Natan› B 26: «Was dir verhaßt ist, wenn man es dir antut, das tue deinem Nächsten nicht». Bemerkenswert ist, daß die negative Fassung der g.R. im nachbiblischen Judentum wesentlich häufiger ist als die positive [23].

Über das Verhältnis von positiver und negativer Fassung bzw. von g.R. und Liebesgebot hat es im 19. und 20. Jh. zwischen Juden und Christen heftige Auseinandersetzungen gegeben [24]. Von christlicher Seite ist vielfach behauptet worden, die negative Fassung, die im Judentum vorherrscht, sei der positiven zweifellos unterlegen und enthalte die Forderung der Nächstenliebe nicht, die erst durch Matth. 7, 12 gestellt ist. Von jüdischer Seite ist dem entgegengehalten worden, wenn das sittliche Handeln ganz vom Anderen her bestimmt werde, komme das Ich des Handelnden zu kurz, zudem sei den Christen die richtige Theorie wichtiger als die Praxis.

Im Kontext der ‹Bergpredigt› (Matth. 5-7) benennt die g.R. als Zusammenfassung der göttlichen Forderungen im «Gesetz und den Propheten» den Inhalt dessen, was die 'bessere Gerechtigkeit' der Christen darstellt. Als grundlegende ethische Maxime gilt sie nicht nur bei MATTHÄUS, sondern in der ganzen frühchristlichen Literatur [25]. Innerhalb der christlichen Bekehrungstradition wird die g.R. ein wichtiger Topos [26]. Sie wird für die Neubekehrten eine kurze Zusammenfassung des «Weges zum Leben» [27]. Während R. BULTMANN [28] und A. DIHLE [29] in der g.R. ein Weiterwirken des für die gesamte Antike typischen Vergeltungsdenkens sehen und als Eindringen popularethischer Vorstellungen abwerten, sehen andere Exegeten in der g.R. in Verbindung mit dem Gebot der Feindesliebe (Lk. 6, 31) gerade ein Verlassen des antiken Vergeltungsmotivs [30]. Jedenfalls «liegt der Wert der g.R. darin, daß sie an die Erfahrung des natürlichen Menschen anknüpft und diesem damit die Möglichkeit bietet, einen direkten Zugang zu einem christlichen Wertesystem zu gewinnen» [31].

Im frühen Christentum war die g.R. sehr verbreitet [32]. Der Gallier EVAGRIUS läßt im Streitgespräch zwischen dem Juden Simon und dem Christen Theophilus [33] den Christen von der Beschneidung des neuen Bundes reden, die von der Sünde freimacht, wobei die Maxime gilt: «Was du nicht willst, daß es dir geschehe, das tue auch dem andern nicht». Auch AUGUSTINUS macht von dieser Maxime häufig Gebrauch [34].

Für die Verbreitung der g.R. vor allem im nordafrikanischen Raum scheint der Verweis auf die Bestimmung des Apostelkonzils (Act. 15, 20. 29) in der Tradition des ‹Codex D› bzw. der in Afrika verbreiteten Übersetzung der ‹Vetus latina›, wie sie sich in den Schriften des CYPRIAN (‹Testimonia›) und des IRENÄUS (‹Adversus haereses›) findet, wichtig gewesen zu sein [35].

2. *Die g.R. im religionsgeschichtlichen Umfeld.* – Als Spruchweisheit findet sich die g.R. in den meisten Kulturen. Im *Konfuzianismus* gehört zur rechten Lebensführung des Weisen das situationsgerechte Verhalten in den verschiedenen Lebensrollen als Vater oder Sohn, Untergebener oder Herr, älterer oder jüngerer Sohn sowie als Freund, wobei als Maßstab die Erwartung gilt, die man selbst dem Verhalten des Partners entgegenbringt [36]: «Was er nicht gerne von rechts entgegennimmt, das laß ihm nicht von links aufladen – das ist der Maßstab, mit dem man wie mit einem Metermaß seinen Weg regeln kann» [37]. – In der Spruchweisheit des LAO-TSE finden sich Anklänge an die g.R., die jedoch auf dem Hintergrund des taoistischen Indifferentismus gesehen werden müssen [38]. Aus dem jeweiligen Kontext ergibt sich, daß KONFUZIUS wesentlich an Wohlfahrt und Glück der Vielen interessiert war, Lao-Tse dagegen am individuellen Glück [39]. – Auch der *indische Kulturkreis* kennt die Aussage: «Was ein Mensch sich nicht von anderen angetan wünscht, das füge er auch nicht anderen zu, da er an sich selbst erfahren hat, was unangenehm ist» [40]. Auch hier kennt man neben der negativen eine positive Formulierung der Gegenseitigkeitspflicht: «Wer selbst das Leben liebt, wie mag der einen anderen ermorden? Was er für sich selbst wünscht, dafür sorge er auch bei den anderen» [41]. – Auch im *Brahmanismus* finden sich Ansätze zur Überwindung des Wiedervergeltungsgedankens als Inhalt des Gerechtigkeitsbegriffs. – Im *Buddhismus* basiert das Verhältnis zum Nächsten auf der Identifizierung des Nächsten mit dem eigenen Ich. «Was immer liebevolle Menschen einem geliebten Wesen tun, das tun sie selbst ihrem eigenen Ich. Aus diesem Grunde ist ihnen ihr Ich lieb» [42].

Im *Parsismus* gilt als Weisheitsregel, daß nur der gut ist, der einem anderen nicht zufügt, was für ihn selbst nicht gut ist [43]. – Im *Islam* wird in einer sekundären Überlieferungsreihe die g.R. als ein Spruch MOHAMMEDS behauptet, die zu den fünf religiösen Grundpflichten als sechste hinzukommt: daß du den Menschen bietest, was du wünschest, daß dir geboten werde, und den Menschen gegenüber vermeidest, was du nicht liebst, daß es dir zugefügt werde; ähnlich als 13. der 40 Traditionen des Nanawi der selbständige angebliche Spruch des Propheten: «Niemand von euch ist gläubig, bis er nicht für seinen Bruder liebt, was er für sich selbst liebt» [44]. – Beim mystischen Theologen AL-GHAZALI (1058-1112) treffen wir öfter auf die g.R. In seiner Schrift ‹Anfang der Leitung›, einer Vorschule der Ethik, teilt er die Menschen in drei Gruppen: Die einen sind der Nahrung vergleichbar, also unentbehrlich; die anderen sind der Arznei vergleichbar, die man ab und zu braucht; und die letzten sind der Krankheit vergleichbar, von denen man sich am besten fernhält. Der Umgang mit den negativen Gestalten kann als Warnung dienen, daß man das Verabscheuenswerte selbst meidet. Weiterhin unterscheidet al-Ghazali drei Stufen in der Behandlung der Menschen: In der ersten ist es das Verhältnis des wohlwollenden Herrn zum Diener, in der zweiten stellt man sich dem Bruder gleich (das ist die Stufe der g.R.), und in der dritten stellt man den Nächsten über seine eigene Person bis hin zur Lebenshingabe [45]. Über die arabische Übersetzung der in Orient und Okzident weitverbreiteten ‹Achikar-Legende› fand die positive Fassung der g.R. in ‹Tausend und eine Nacht› Eingang: «Tue deinen Leuten nur das, was du wünschest, daß dir selbst geschehe» [46].

Mögen zwischen den Religionen auch Übergänge und Abhängigkeiten hinsichtlich des Vorkommens der g.R. bestehen, so erscheint es doch unmöglich, diese wissenschaftlich zu fixieren.

3. *Die g.R. im abendländischen Denken bis zur Aufklärung.* – Bei den altkirchlichen Apologeten dient die g.R. als Beweismittel dafür, daß die christliche Religion die wahrhaft vernünftige Religion sei und die christliche Sittenlehre mit der 'natürlichen' Sittlichkeit übereinstimme. AUGUSTIN zitiert sie in seiner Anleitung zur Erziehung als «ein allgemein verbreitetes Sprichwort» [47] in der Formulierung, niemandem anzutun, was man sich selbst nicht angetan wünscht. Dabei werden bei Augustin Gottes- und Nächstenliebe durch die Selbstliebe vermittelt; letztere ist der Maßstab, an dem beide zu messen sind. Diese Auffassung hat in der mittelalterlichen Scholastik tiefgreifend nachgewirkt.

Im ‹Decretum Gratiani›, der Grundschrift des katholischen Kirchenrechts, findet eine Gleichsetzung der g.R. mit dem Naturrecht statt: Naturrecht heißt das, was in Gesetz und Evangelium enthalten ist, und wodurch jeder gehalten ist, das, was man für sich selbst wünscht, auch andern zu tun, und wodurch es verboten ist, einem andern etwas zuzufügen, was man für sich selbst nicht wünscht [48]. PETRUS LOMBARDUS ergänzt die g.R.: Man dürfe andern nur das nicht zufügen, was ungerecht («iniuste») sei [49]. THOMAS VON AQUIN nennt die g.R. eine «Regel für die Liebe zum Nächsten» [50]. Andere Autoren bezeichnen sie als Inbegriff des für alle Völker, also auch für die Heiden geltenden Naturgesetzes [51].

Der mittelalterliche Nominalismus wandte gegen die positive Fassung der g.R. ein, man dürfe nur das Gute, nicht aber auch das Schlechte, das man vom Nächsten hinzunehmen bereit sei, fordern; die richtige Anwendung der g.R. setze die Anerkennung des christlichen Liebesgebotes voraus [52].

M. LUTHER schließt sich zunächst dem herkömmlichen Sprachgebrauch an, indem er das göttliche Liebesgebot mit der g.R. gleichsetzt [53]. Er sucht die antike Erosliebe, die den Nächsten um des ihm innewohnenden Wertes willen liebt, zu überwinden. Er sieht in der g.R. einen Weg, die Selbstliebe zu töten und zur Nächstenliebe zu gelangen. So wird die g.R. für Luther zu mehr als einer Klugheitsregel oder einem Regulativ für Wohlanständigkeit, nämlich zu einer Aussage über den inneren Menschen und seine Herzenshärte im Sinne des «usus elencticus» [54].

TH. HOBBES bezeichnet die g.R. als Summe der Naturgesetze [55]. Bei G. BERKELEY und SHAFTESBURY vertritt der Begriff des «(moral) common sense» das mit der g.R. gemeinte Handlungsregulativ, das beim vernünftigen Menschen nicht nur die Selbstliebe, sondern «das allgemeine Glück der Menschheit» [56], das «public good» [57] zum Maßstab hat. – Bei J. S. MILL erhält die g.R. eine utilitaristische Note [58].

Gegen die g.R. bringt S. PUFENDORF vor, ihr sei ein universaler Charakter, d.h. allgemeine Anwendbarkeit nicht zuzusprechen, denn dann müßte ein Richter den Straßenräuber freisprechen, statt ihn zum Tod zu verurteilen; oder man müßte einem Bedürftigen genau soviel geben, wie er von mir fordert. Auch wenn die g.R. nicht nur meine zufälligen Wünsche, sondern auch die Verbindlichkeiten des andern berücksichtigt, könne sie nicht als erster Grundsatz des Rechts gelten, sei also kein Axiom, sondern eine Folgerung aus dem Gleichheitssatz [59]. Im Gefolge dieser Ansicht halten die schottischen und englischen Kommentatoren Pufendorfs die g.R. für ein heilsames Mittel zur Bekämpfung eigensüchtiger Selbstliebe [60].

CH. THOMASIUS kommentiert Pufendorf und stellt schließlich die beiden Vulgar-Fassungen der Regel in den Mittelpunkt seines Systems: «Quod vis ut alii tibi faciant, tu ipsis facies – Quod tibi non vis fieri, alteri ne feceris» [61]. Immerhin sieht er die Grenzen des für die g.R. grundlegenden Gleichheitssatzes, indem er die g.R. im Verhältnis zwischen Ungleichen (Herr/Diener) für nicht anwendbar erklärt. Das von ihm konstruierte Prinzip des Ehrenhaften («honestum»): «Quod vis, ut alii sibi faciant, tute tibi facies» («Was du willst, daß andere es sich selbst tun, das tue auch dir selbst») hat kaum Anhänger gefunden [62].

Auf der Suche nach brauchbaren Maximen inmitten der politischen Wirren des ausgehenden 17. Jh. entdeckt G. W. LEIBNIZ «nächst der Gottesfurcht wohl dieses [als] die größte Glückseligkeit eines Landes, wenn die Einwohner sich miteinander freundlich und brüderlich betrügen und oft bedächten, ob ihnen das lieb sein würde, was sie andern tun» [63].

VOLTAIRE findet in der g.R. den Ausgleich von Leidenschaft und Vernunft: «Tous ces peuples ne nous ressemblent que par les passions, et par la raison universelle qui contre-balance les passions, et qui imprime cette loi dans tous les cœurs: 'Ne fais pas ce que tu ne voudrais pas qu'on te fît'» [64]. J.-J. ROUSSEAU aber glaubt, daß durch die Vernunft allein kein moralisches Gebot begründet werde. Auch die g.R. müsse im Gewissen und im natürlichen moralischen Gefühl verankert sein, um befolgt zu werden [65]. Die Verbindung der g.R. mit dem Prinzip der Verallgemeinerung bei G. ACHENWALL wurde für Kant bedeutsam [66].

Anmerkungen. [1] G. CARMICHAEL: Komm. zu S. PUFENDORF: De off. hominis et civis juxta legem nat. lib. duo (Edinburgh ²1724) I, 7, § 3, Anm. 1: «aurea et catholica regula»; vgl. J. HRUSCHKA: Die Konkurrenz von g.R. und Prinzip der Verallgem. in der jurist. Disk. des 17./18. Jh. als geschichtl. Wurzel von Kants kategor. Imperativ. Juristenztg. 42 (1984) 941-952, hier: 942, Anm. 10. – [2] H. REINER: Die g.R. Die Bedeut. einer sittl. Grundformel der Menschheit. Z. philos. Forsch. 3 (1948) 74-105. – [3] W. F. ALBRIGHT: Von der Steinzeit zum Christentum (1949) 390. – [4] HERODOT: Hist. III, 142; vgl. VII, 136. – [5] THALES: VS 11, A 1, 36; PITTAKOS: VS 10 ε, A 4. – [6] ANTIPHON: VS 87, B 58. – [7] ISOKRATES: Nic. 49. 62. – [8] DEMOSTHENES: Prooem. XXII, 3; LIBANIOS: Or. 21. – [9] DIO CASSIUS LII, 34, 1; 39, 2. – [10] XENOPHON: Kyrupaed. VI, 1, 47. – [11] SEXTUS: Sent. 87. 90 / Dicta Catonis I, 11. 30. – [12] OVID: Ex Pont. III, 1, 71-73. – [13] Vgl. Carmina lat. epigr. 192, hg. F. BÜCHELER 1 (1895) 93. – [14] B. GABRISEVIĆ (Hg.), in: Acts of the fifth int. congr. of Greek and Latin epigr. (Cambridge 1967) 319f. – [15] ARISTOTELES: Rhet. II, 6, 1384 b 3-11. – [16] Vgl. A. DIHLE: Art. ‹g.R.›, in: RAC 11, 934. – [17] SENECA: Ep. 94, 26. 34; 47, 11; De benef. II, 1, 1; Frg. 119 bei LACTANTIUS: Div. inst. I, 16, 10. – [18] Vgl. A. BASTIAENSEN: Le ‹praeceptum aureum› dans la trad. épigraph. et litt. Rev. bénédict. 98 (1988) 251-257. – [19] Vgl. R. EGGER: Von Römern, Juden, Christen und Barbaren. Sber. Österr. Akad. Wiss., Phil.-hist. Kl. 247, 3 (1965). – [20] So auch PHILO ALEX.: Hypothetica bei EUSEBIUS: Praep. evang. VIII, 7, 6. – [21] J. JEREMIAS: Paulus als Hillelit, in: Neotestamentica et semitica. Stud. in hon. of M. Black (Edinburgh 1969) 89. – [22] A. NISSEN: Gott und der Nächste im ant. Judentum. Unters. zum Doppelgebot der Liebe (1974) 398f. – [23] L. J. PHILIPPIDIS: Die g.R. relig.geschichtl. untersucht (1929) 41. – [24] Vgl. H.-P. MATHYS: Art. ‹g.R. I›, in: Theol. Realenzykl. 13 (1984) 572. – [25] Vgl. auch: Thomas-Evang., Logion 6. – [26] Vgl. den Zusatz im westl. Text des Aposteldekrets: Act. 15, 20. 29. – [27] Didache 1. – [28] R. BULTMANN: Gesch. der synopt. Trad. (1921, ³1957) 107. – [29] DIHLE, a.O. [16] 937. – [30] G. SCHNEIDER: Die Neuheit der christl. Nächstenliebe. Trierer Theol. Z. 82 (1973) 257-275. – [31] R. HEILIGENTHAL: Art. ‹g.R. II›, a.O. [24] 575. – [32] Vgl. A. DIHLE: Die g.R. (1962) 107. – [33] EVAGRIUS: Altercatio legis, hg. R. E. DEMEULENAERE. CCSL 64 (1985) 276; weit. Beisp.: RUFINUS VON AQUILEIA: Sent. 89, 179; BENEDIKT VON NURSIA: Reg. 61, 14; 70, 7; Reg. Magistri 3, 9; TERTULLIAN: Adv. Marc. IV, 16, 13-17. CCSL 1, 584f.; BASILIUS MAGN.: Hom. sup. hexaem. IX, 9. Sources chrét. 26, 496f. – [34] AUGUSTINUS: Enarr. in Ps. 35, 51; 57, 1; Tract. in evang. Joh. 49, 12; Sermo 9, 10. 14-16; 260, 1; De vera relig. 46, 87; De quant. animae 33, 73; C. Faust. 15, 7. – [35] BASTIAENSEN, a.O. [18] 253. – [36] KUNG-FU-TSE: Lun Yu XII, 2; XV, 23; Li Gi (Li Yi), in: J. LEGGE (Hg.): The Chin. classics (Oxford 1893, ND Hongkong 1960) 394. – [37] Lî Kî [Buch der Sitten] 29, 23; 28, I, 33, in: The sacred books of China, hg. J. LEGGE (Oxford 1885) 4, 419. 305f.; für die Verbreitung im Europa des 18. Jh. vgl. CH. WOLFF: Rede über die prakt. Philos. der Chinesen (1726), lat.-dtsch., hg. M. ALBRECHT (1985) 164f.; S. PUFENDORF: De iure nat. et gent. II, 3, § 13 (Lund 1672, Frankfurt/Leipzig 1759, ND 1967) 200. – [38] LAO-TSE: Tao te king XLIX, 2: «Zu den Guten bin ich gut, und zu den Nichtguten bin ich auch gut: denn das Leben ist die Güte.» – [39] Vgl. H. H. ROWLEY: The Chinese sages and the golden rule, in: Submission in suffering (Cardiff 1954) 74-107. – [40] Vier philos. Texte des Mahâbhâratam, hg. P. DEUSSEN/O. STRAUSS (1906, ND 1980) 20, v. 9248f. – [41] a.O. 22, v. 9250f. – [42] Samyuttanikâja III, 1, 14. – [43] Dâdistàn-i Dînîk 94, 5, in: The sacred books of the east 18 (London/New York 1882) 271; vgl. O. DU ROY: La réciprocité (Paris 1970) 34f.; dort (Anm. 23) auch Nachweis im Denken der Inkas. – [44] zit. PHILIPPIDIS, a.O. [23] 56f. – [45] AL-GHAZALI: Badâjat al kidâja [Anfang der Leitung], vgl. PHILIPPIDIS, a.O. 57ff. – [46] Tausendundeine Nacht, hg. M. HABICHT u.a. (1836) 15, 117. – [47] AUGUSTINUS: De ord. II, 25. MPL 32, 1006. – [48] GRATIANUS: Decretum, Exord. MPL 187, 29. – [49] PETRUS LOMB.: 3 Sent., dist. 37. MPL 192, 832. – [50] THOMAS AQU.: S. theol. I-II, 99, 1. – [51] ALBERTUS MAGN.: De bono. Opera omn. 28 (1951) 261, 78ff.; 263, 26ff.; ANSELM VON CANTERB.: Lib. de volunt. Dei II. MPL 158, 582; JOHANNES VON SALISB.: Polycraticus IV, 7. MPL 199, 527; ANSELM VON LAON: Sent., hg. F. P. BLIEMETZRIEDER. Beitr. Gesch. Philos. MA 18, 2-5 (1919) 79; HUGO VON ST. VIKTOR: De sacr. I, 12, 4. MPL 176, 351; BONAVENTURA: De decem praecept. I, 23. Opera omn. (Quaracchi 1882-1902) 5, 510. – [52] PETRUS ABAELARDUS: Expos. in Pauli ad Rom. I. MPL 178, 814; JOH. DUNS SCOTUS: In 4 sent., d. 21, q. 2, n. 8. Opera omn. (Paris 1891-95, ND 1969) 18, 735. – [53] M. LUTHER: Instr. pro confess. peccatorum (1518). Weim. Ausg. 1, 259, 14. – [54] Vgl. TH. HECKEL: Regula aurea. Zur polit. Pr., hg. ev.-luth. Dek. München (1952) 57-66. – [55] TH. HOBBES: Leviathan XV (1651). Engl. works, hg. W. MOLESWORTH (London 1839-45) 3, 144; De cive III, §§ 14. 26. Opera lat., a.O. 2, 189f. 194; Elements of law nat. and pol. I, 17, § 9, hg. F. TÖNNIES (London 1889) 92. – [56] G. BERKELEY: Alciphron I (1732). The works, hg. A. A. LUCE/T. E. JESSOP (London 1964) 3, 61. – [57] A. A. COOPER Earl of SHAFTESBURY: Sensus communis III, 1. Charact. of men, manners, opinions, times (1711), hg. J. M. ROBERTSON (Gloucester, Mass. 1963) 1, 70. – [58] J. S. MILL: Utilitarianism (1861). Coll. works, hg. F. E. L. PRIESTLEY u.a. 10 (Toronto/London 1969) 218; dtsch.: Der Utilitarismus (1976) 30. – [59] PUFENDORF, a.O. [37]. – [60] CARMICHAEL, a.O. [1]; TH. JOHNSON: Komm. zu PUFENDORF: De off. hom. et civis (Cambridge ²1737) I, 7, § 3, Anm. 7. 8; F. HUTCHESON: A system of moral philos. (1755). Coll. works, hg. B. FABIAN (1969) 16; vgl. 137f. – [61] CH. THOMASIUS: Instit. jurisprud. divinae I, 4, § 18;

II, 3, § 21 (1688, [7]1720, ND 1963) 76. 116. – [62] Fundam. juris nat. et gent. (1705, [4]1718, ND 1963) I, 6, § 41f. 177. – [63] G. W. LEIBNIZ: Einige patriot. Gedanken (1697). Dtsch. Schr., hg. W. SCHMIED-KOWARZIK 2 (1916) 4. – [64] VOLTAIRE: Essai sur les mœurs et l'esprit des nations (1765) II, 143. Oeuvr. compl., hg. L. MOLAND 12 (Paris 1878) 370. – [65] J.J. ROUSSEAU: Emile (1762) IV. Oeuvr. compl., hg. B. GAGNEBIN/M. RAYMOND 4 (Paris 1969) 523; dtsch., hg. L. SCHMIDTS ([6]1983) 239; vgl. Disc. sur l'inégalité (1755), a.O. 3 (1964) 156; dtsch., hg. K. WEIGAND (1955) 177. – [66] G. ACHENWALL: Proleg. iuris naturalis (1758, [5]1781) § 84f.; vgl. HRUSCHKA, a.O. [1] 949ff.

Literaturhinweise. L. J. PHILIPPIDIS s. Anm. [23]. – H. REINER s. Anm. [2]; Die Grundlagen der Sittlichkeit ([2]1974) 269f. 281-300. 348-379; Die g.R. und das Naturrecht. Studia Leibn. 9 (1977) 231-254. – R. STAUFFER: Die Botschaft Jesu damals und heute (1959) 55-60. – N. J. HEIN/J. JEREMIAS: Art. ‹g.R.›, in: RGG[3] 3, 1687-1689. – A. DIHLE s. Anm. [16] und [32]. – O. DU ROY s. Anm. [43]. – J. STRAUB: Regeneratio imperii (1972) 314-321. – H.-P. MATHYS/R. HEILIGENTHAL/H.-H. SCHREY: Art. ‹g.R.›, in: Theol. Realenzykl. 13, 570-583. – J. HRUSCHKA s. Anm. [1].

H.-H. SCHREY

II. *Die g.R. seit Kant.* – Nachdem J. G. HERDER 1784 die g.R. noch als die «Regel der Gerechtigkeit und Wahrheit», als «das große Gesetz der Billigkeit und des Gleichgewichts», gefeiert hat [1], glaubt I. KANT 1785 die moralphilosophischen Ansprüche dieser Regel vollständig diskreditieren zu können: Obgleich «Elemente sowohl der g.R. als auch des Prinzips der Verallgemeinerung» [2] in der ersten Formulierung seines kategorischen Imperativs («handle nur nach derjenigen Maxime, durch die du zugleich wollen kannst, daß sie ein allgemeines Gesetz werde» [3]) unverkennbar sein dürften, warnt er nachdrücklich vor dem Irrtum, in der zweiten Formulierung seines Moralprinzips («Handle so, daß du die Menschheit sowohl in deiner Person, als in der Person eines jeden andern jederzeit zugleich als Zweck, niemals bloß als Mittel brauchst» [4]) nichts wesentlich anderes zu sehen als «das triviale: quod tibi non vis fieri etc.» [5]. Denn dieses Prinzip sei, «obzwar mit verschiedenen Einschränkungen, nur aus jenem abgeleitet; es kann kein allgemeines Gesetz sein, denn es enthält nicht den Grund der Pflichten gegen sich selbst, nicht der Liebespflichten gegen andere (denn mancher würde es gerne eingehen, daß andere ihm nicht wohlthun sollen, wenn er es nur überhoben sein dürfte, ihnen Wohlthat zu erzeigen), endlich nicht der schuldigen Pflichten gegen einander; denn der Verbrecher würde aus diesem Grunde gegen seine strafenden Richter argumentiren, u.s.w.» [6]. Zwar sind diese Einwände (großenteils) schon lange vor Kant zu finden [7] und (ausnahmslos) durch neuere Forschungen ernstlich in Frage gestellt [8]; doch scheint die große Autorität Kants wesentlich dazu beigetragen zu haben, daß die g.R. bis ins 20. Jh. hinein insbesondere von Philosophen kaum noch beachtet wurde.

Kants so deutliche Geringschätzung der g.R. hat A. SCHOPENHAUER nicht vor der Fehldeutung zu bewahren vermocht, daß die erste Formulierung des kategorischen Imperativs, «bloß als Formel betrachtet, nur eine Umschreibung, Einkleidung, verblümter Ausdruck der allbekannten Regel quod tibi fieri non vis, alteri ne feceris ist, wenn man nämlich diese, indem man sie ohne non und ne wiederholt, von dem Makel befreit, allein die Rechts- und nicht die Liebespflichten zu enthalten» [9]. «Denn offenbar ist dieses die Maxime, nach der ich (versteht sich mit Rücksicht auf meine möglicherweise *passive* Rolle, mithin auf meinen Egoismus) allein wollen kann, daß Alle handeln. Diese Regel ... ist aber selbst wieder nur eine Umschreibung, oder, wenn man will, Prämisse, des von mir, als die einfachste und reinste Ausdruck der von allen Moralsystemen einstimmig geforderten Handlungsweise, aufgestellten Satzes: Neminem laede, imo omnes, quantum potes, juva [Verletze niemanden, vielmehr hilf allen, soweit du kannst]» [10]. Vermutlich unter dem Einfluß dieser Schopenhauer-Stelle spricht auch F. NIETZSCHE von «jener Kantischen Aufforderung 'thue das was du willst daß dir gethan werde'», fügt allerdings hinzu: «Der Satz Kant's ergiebt eine kleinbürgerliche Privat-Achtbarkeit der Sitte und steht im Gegensatz zu ökumenischen Zwecken: von deren Existenz er nicht einmal einen Begriff hat» [11].

Wesentlich ernster genommen wird der Unterschied zwischen g.R. und kategorischem Imperativ in einer anderen philosophiegeschichtlichen Entwicklungslinie, die ebenfalls von Kant ausgeht. Im Anschluß an dessen zweite Formulierung des kategorischen Imperativs leitet J. F. FRIES 1803 das «Rechtsgesetz» ab, «daß Menschen sich einander in der Beschränkung ihrer freien Tätigkeiten als *gleich* behandeln sollen» [12]. Später greift L. NELSON dieses «Gesetz der persönlichen Gleichheit oder ... der Gerechtigkeit» wieder auf [13]. Da er jedoch, über Kant und Fries [14] hinausgehend, «unter der Würde der Person den Anspruch auf Berücksichtigung ihrer Interessen» versteht [15], transformiert er dieses «Rechtsgesetz», und damit letztlich den kategorischen Imperativ Kants, in «eine Regel für die Abwägung der von einer Handlung betroffenen Interessen» [16]: «Handle nie so, daß du nicht auch in deine Handlungsweise einwilligen könntest, wenn die Interessen der von ihr Betroffenen auch deine eigenen wären» [17]. Das so formulierte «Abwägungsprinzip» oder «-gesetz» [18] weckt ohne Zweifel Assoziationen mit der g.R. [19]; doch will Nelson beide unterschieden wissen: «Es genügt nicht für die Entscheidung, sich in die Situation der behandelten Person zu versetzen und von da aus auf Grund ihrer Neigungen zu entscheiden; sondern wir müssen uns der Reihe nach in die eine und andere Situation versetzen und dabei von der Vorstellung ausgehen, daß unsere Interessen im einen und anderen Fall kollidieren, so daß wir auf die Wahl zwischen ihnen angewiesen sind und nur das eine befriedigen können, auf die Befriedigung des anderen dagegen verzichten müssen» [20].

Mit diesen Worten bringt Nelson genau das in scharfen Gegensatz zur g.R., was L. KOHLBERG für den eigentlich angemessenen und moralisch reifen Gebrauch der g.R. hält. Kohlberg hat empirisch eine Typologie von sechs Stufen der moralischen Urteilsbildung entwickelt [21] und bezüglich der g.R. insbesondere den folgenden Unterschied festgehalten: Während die mit einem moralischen Dilemma konfrontierten Personen auf Stufe 3 (das sind etwa Zehnjährige) das von der g.R. geforderte Gedankenexperiment eines Rollentauschs («ideal role taking or reversing perspectives») [22] «nicht vollständig», nämlich nur einseitig oder selektiv, durchführen [23], kommt es auf der obersten Stufe 6 (die von nicht einmal 5% der erwachsenen Amerikaner erreicht werde [24]) zu einem 'second-order' use der g.R. [25], nämlich zu einem «multilateralen» Rollentausch: «In diesem Verfahren übernimmt jeder in seinen Vorstellungen die Rolle jedes anderen von derselben Situation Betroffenen und berücksichtigt die Ansprüche, die vom jeweiligen Standpunkt aus erhoben werden» [26]. «Where claims in one party's shoes conflict with those in another's, imagine each to trade places. If so, a party should drop his conflicting claim if it is based on non-recognition of the other's point of view» [27].

Bei diesem Verfahren wird offensichtlich «ein vollständiges Wissen über die Position und Werte jeder beteiligten Person vorausgesetzt» [28]. Dennoch kann Kohlberg mit Recht den Anspruch erheben, eine solche vollständige Anwendung des «Golden Rule role taking» sei dem Gedankenexperiment von J. RAWLS «formally equivalent» [29], in einem hypothetischen «Urzustand» hinter einem «Schleier des Nichtwissens» – gemeint ist vollständig fehlende *Tatsachen*-Kenntnis bei unbeschränkter Kenntnis natur- und sozialwissenschaftlicher *Gesetze* – über die Grundsätze der Gerechtigkeit zu entscheiden [30]; auch dieses könne «als eine Variante oder als eine Ausformulierung der 'g.R.' verstanden werden» [31].

Dem entspricht die Einschätzung R. M. HARES, seine eigene Theorie des moralischen Argumentierens [32] – die Theorie der von ihm mit Recht so genannten «'golden-rule' arguments» [33] – sei der Rawlsschen Theorie der Gerechtigkeit unter einer naheliegenden Interpretation und trotz der fundamentalen methodologischen Unterschiede [34] «practically equivalent in its normative consequences» [35]. Wie KOHLBERG [36] meint auch HARE, moralische Konflikte seien idealiter lösbar, «once each fully represents to himself the situation of the other» [37], und wie Kohlberg betrachtet auch er einen solchen «'second-order' use» der g.R. (Kohlberg) als eine «Alternative» zu dem von Rawls entwickelten hypothetischen Entscheidungsverfahren hinter dem Schleier des Nichtwissens [38].

Bedenkt man nun, daß sich Kohlberg, Rawls und Hare gleichermaßen ausdrücklich auf Kant beziehen [39] und daß man eine «überraschende Übereinstimmung, ja man muß fast sagen, Identität zwischen Nelsons Ansatz und der von Hare entwickelten Auffassung» feststellen konnte [40] – beide «schreiben auf verschiedene Weisen dasselbe Verfahren vor» [41] –, dann wird man zusammenfassend sagen dürfen, daß Nelson, Hare, Rawls und Kohlberg bei allen Unterschieden in der Methode doch eines gemeinsam haben: Sie alle versuchen einen reflektierten und mittelbar oder unmittelbar durch Kant mitgeprägten Gebrauch der g.R. für die Theorie des moralischen Argumentierens fruchtbar zu machen.

Diesen Fortschritten in der 'prozeduralen' *Verwendung* oder 'Operationalisierung' der g.R. stehen im 20. Jh. auch verstärkte Bemühungen um ihre angemessene *Interpretation* zur Seite. H. REINER unterscheidet «drei Wesensformen der g.R.» (die sich übrigens «mit dem Unterschied von negativer und positiver Fassung kreuzen») [42]: a) die «Einfühlungsregel», verstanden «als Forderung, dem Verhalten zum andern eine Einfühlung in diesen zugrunde zu legen», z. B.: «Keiner tue dem andern an, was er selbst nicht erleiden will» (AUGUSTINUS) [43]; b) die «Autonomieregel», verstanden «als Forderung, dem eigenen Verhalten die eigene sittliche Beurteilung des Verhaltens anderer zu Grunde zu legen», z.B.: «Was du am Nächsten tadelst, das tue selbst nicht!» (PITTAKOS) [44]; c) die «Klugheitsregel des sozialen Verhaltens», die empfiehlt, »das eigene Verhalten nach der vom andern zu *erwartenden* Vergeltung zu richten» [45]. In der Literatur zu Reiner wird an dritter Stelle statt der «Klugheitsregel» gern die «Gegenseitigkeitsregel» genannt [46]; doch diese (z. B.: «Alles, von dem ihr wollt, daß es die Menschen euch tun, das tut ihr auch ihnen», Matth. 7, 12) stellt für Reiner 1948 keine «Wesens-» oder «Bedeutungsform» dar, sondern nur einen «sprachlichen Formtypus» der g.R., der seiner «Bedeutung nach zwischen der dritten und den beiden andern Bedeutungsformen hin und her schillert» [47]. Später freilich hat auch Reiner selbst an dieser Unterscheidung nicht konsequent festgehalten [48].

Wie Reiner, so mißt auch M. G. SINGER dem Unterschied zwischen negativen und positiven Formulierungen der g.R. keine große Bedeutung bei. Der Unterschied ist für ihn nur psychologischer oder rhetorischer Art [49], und entgegengesetzte Auffassungen führt er auf fehlerhafte Analyse oder theologische Vorurteile zurück [50]. Grundlegend ist für ihn dagegen die Unterscheidung zwischen der «particular interpretation» der g.R. («Do unto others *what* [whatever in particular] you would have them do unto you») und ihrer «general interpretation» («Do unto others *as* [on the same principle or standard as] you would have them do unto you» [51]. Die 'partikuläre' Deutung lehnt Singer ab, da sie eine Gleichförmigkeit der menschlichen Natur voraussetze oder an exzentrischen (etwa: perversen) Neigungen scheitere [52]. Doch auch die von ihm favorisierte 'generelle' Deutung, nach der die g.R. von uns bloß verlange, auch den – möglicherweise sehr verschiedenen – «interests, desires, needs, and wishes» unserer Mitmenschen angemessen Rechnung zu tragen [53], unterliegt schwerwiegenden Einwänden [54]: Indem sie auf konkrete Handlungssituationen keinerlei Bezug nimmt, begünstigt sie verbreitete Tendenzen, die g.R. entweder dem Gebot der Nächstenliebe [55] oder dem Prinzip der Gleichheit (Fairness, Gerechtigkeit, Unparteilichkeit, Verallgemeinerung, Universalisierbarkeit) zu assimilieren [56]; doch selbst wenn die g.R. in dieser 'generellen' Deutung ihre Brauchbarkeit als Richtschnur für mein Handeln im Einzelfall nicht verlieren sollte, müßte sie wegen der mangelnden Unterscheidung zwischen dem, was jemand (evtl. launenhaft) *will*, und dem, was in seinem ('wohlverstandenen') *Interesse* liegt [57], immer wieder zu miteinander unvereinbaren Handlungsempfehlungen führen.

Nicht betroffen von den Einwänden gegen die 'partikuläre' und gegen die 'generelle' Deutung der g.R. wird eine (nennen wir sie: 'modifiziert-partikuläre') Deutung, die a) den Unterschied zwischen den eigenen und den fremden Eigenschaften und b) den Unterschied zwischen zwei Formulierungen des relevanten Wollenssatzes – damit de facto auch zwischen situationsabhängigen Wünschen und längerfristigen Interessen – beachtet: a) «*B* has got, not to imagine himself in *A*'s situation with his own (*B*'s) likes and dislikes, but to imagine himself in *A*'s situation with *A*'s likes and dislikes» [58]; b) «when we are asking *B* to imagine himself in the position of his victim, we phrase our question, never in the form 'What *would* you say, or feel, or think, or how *would* you like it, if you were he?', but always in the form 'What *do* you say (*in propria persona*) about a hypothetical case in which you are in your victim's position?'» [59]. Logisch gesprochen, handelt es sich bei b) um die richtige Stellung des Wollensoperators: Auf die falsch gestellte (irrelevante) Frage würde im Beispielsfall eines Gastwirts die Antwort ergehen müssen: «Für jeden Zeitpunkt *t* gilt: wenn ich zu *t* betrunken bin und ohne zwingenden Grund ans Steuer will, dann will ich zu *t*, daß mich niemand daran hindere», auf die richtig gestellte (relevante) Frage hingegen: «Ich will (jetzt, ein für allemal), daß für jeden Zeitpunkt *t* gelte: wenn ich zu *t* betrunken bin und ohne zwingenden Grund ans Steuer will, dann hindere mich irgend jemand daran» [60].

Viele Autoren verraten durch ihre Verwendung des irrealen Konjunktivs ('würde', 'would', 'voudrais'), daß sie eine nach b) gerade irrelevante Deutung der g.R. im Sinn haben [61], und diese Verwechslung scheint auch dem (Richter-)Einwand KANTS zugrunde zu liegen, die g.R. begründe nicht die «schuldigen Pflichten gegen einander» [62]. Auch der zweite (Misanthrop-)Einwand Kants, sie begründe nicht die «Liebespflichten gegen andere», läßt sich durch die 'modifiziert-partikuläre' Deutung der g.R. entkräften, nämlich als Verwechslung nach a) erklären. Gegen diese Deutung spricht allenfalls, daß sie dem weiteren – aber wohl nicht so gravierenden [63] – Einwand Kants nicht gewachsen ist, die g.R. werde den «Pflichten gegen sich selbst» nicht gerecht. Denn das Bedenken, auch diese Deutung lasse die methodologisch wichtige Frage offen, wie ich mich wirklich davon überzeugen könne, «daß ich für jedes einzelne Element einer ganzen Klasse von hypothetischen Fällen eine bestimmte Art der Behandlung will» [64], läßt sich wohl durch den Hinweis auf eine multilaterale Interessenabwägung im Sinne von Nelson, Hare oder Kohlberg ausräumen.

Schließlich sei noch eine verallgemeinerte Fassung der g.R. genannt: «Wenn ich will, daß niemand in einer Situation von der und der Art soundso handelt, dann bin ich moralisch verpflichtet, in einer Situation von der und der Art nicht soundso zu handeln» [65]. Diese Fassung hat folgende Vorteile [66]: a) Sie ist nichts anderes als eine deontisch normierte Rekonstruktion der ältesten abendländischen Versionen der g.R. [67], in denen «nur ein Verhalten an sich beurteilt [wird], ganz gleichgültig, gegenüber wem es stattfindet, und ob es vielleicht ein Verhalten des andern nur bei und zu sich selbst ist» [68]. b) Aus diesem Grunde läßt sie sich ohne weiteres auch auf Pflichten gegen sich selbst anwenden, falls man solche Pflichten zulassen möchte. c) Sie ist im konkreten Einzelfall wirklich anwendbar, da sich das Erfülltsein ihrer Bedingung («Ich will, daß niemand in einer Situation von der und der Art soundso handelt») mit Hilfe eines 'Nathan-David-Verfahrens' gemäß 2 Sam. 11-12 nachweisen läßt. d) Unter der Voraussetzung einer – unabhängig von dieser Überlegung zu fordernden – wollenslogischen Analyse des Verpflichtungsbegriffs kann man zeigen, daß die verallgemeinerte Fassung der g.R. ein analytischer Satz ist [69], dessen Wahrheit allein auf den Bedeutungen der verwendeten Ausdrücke, insbesondere «(moralisch) verpflichtet sein» und «wollen», beruht [70]; dies aber würde nicht nur die Forderung J. LOCKES nach einer Begründung (und zwar einem Wahrheitserweis) der g.R. erfüllen [71], sondern endlich auch zufriedenstellend erklären [72], warum sie «unabhängig an mehreren Orten entstanden ist» [73].

Anmerkungen. [1] J. G. HERDER: Ideen zur Philos. der Gesch. der Menschh. Sämmtl. Werke, hg. B. SUPHAN 13 (1887, ND 1967) 160. – [2] HRUSCHKA, a.O. [1 zu I.] hier: 951; vgl. 949-952; I. KANT: Akad.-A. 27/2, 2, 1329-1338. – [3] KANT: Grundl. zur Met. der Sitten (1785). Akad.-A. 4, 421. – [4] a.O. 429. – [5] 430, Anm. – [6] a.O. – [7] Zuerst wohl: R. SHARROCK: De off. sec. naturae jus 2, 11 (Oxford 1660) 63-65; weitere Angaben bei HRUSCHKA, a.O. [1 zu I.] 942f. – [8] H.-U. HOCHE: Die g.R. Neue Aspekte eines alten Moralprinzips. Z. philos. Forsch. 32 (1978) 355-375; A. T. CADOUX: The implicat. of the golden rule. Int. J. Ethics 22 (1911/12) 272-287. – [9] Vgl. auch HRUSCHKA, a.O. 951, Anm. 160. – [10] A. SCHOPENHAUER: Preisschr. über die Grundlage der Moral (1840) II, § 7. Sämtl. Werke, hg. J. FRAUENSTÄDT/A. HÜBSCHER 4 (1938) 158; vgl. H. RÜPING: Die Naturrechtslehre des Ch. Thomasius und ihre Fortbildung in der Thomasius-Schule (1968) 110; G. FUNKE: Gutes Gewissen, falsches Bewußtsein, richtende Vernunft. Z. philos. Forsch. 25 (1971) 226-251, hier: 227. – [11] F. NIETZSCHE: Nachgel. Frg. (Ende 1876-Sommer 1877) 23[154]. Krit. Ges.ausg., hg. G. COLLI/M. MONTINARI (1967ff.) 4/2, 556. – [12] J. F. FRIES: Philos. Rechtslehre (1803). Sämtl. Schr., hg. G. KÖNIG/L. GELDSETZER 9 (1971) 33; vgl. 31-34. – [13] L. NELSON: System der philos. Rechtslehre und Politik (1924) [Vorles. über die Grundl. der Ethik 3]. Sämtl. Werke [SW] 6 (1964) 91; vgl. 90ff.; Fortschritte und Rückschritte der Philos. Aus dem Nachl., hg. J. KRAFT. Ges. Schr. [GS] 7 (1970) 703f.; 8 (1971) 65. – [14] FRIES, a.O. [12] 32. – [15] NELSON: Kritik der prakt. Vern. (1917) 132. – [16] Die krit. Ethik bei Kant, Schiller und Fries – Eine Revision ihrer Prinzipien (1914). GS 8, 65. – [17] a.O. [15] 133. – [18] a.O. 133f. – [19] Vgl. SW 6, 105; GS 7, 249; A. GYSIN: Zur Rechtsphilos. von J. F. Fries und L. Nelson. Ratio 10 (1968) 94-115, hier: 97f. – [20] NELSON, a.O. [15] 177; vgl. 134. – [21] L. KOHLBERG: The philos. of moral developm. Moral stages and the idea of justice (San Francisco 1981) bes. 16-19. 409-412. – [22] a.O. 202. – [23] 203. – [24] 192. – [25] 203f. – [26] L. KOHLBERG/D. R. BOYD/CH. LEVINE: Die Wiederkehr der sechsten Stufe: Gerechtigkeit, Wohlwollen und der Standpunkt der Moral, in: W. EDELSTEIN/G. NUNNER-WINKLER (Hg.): Zur Bestimmung der Moral. Philos. und soz.wiss. Beitr. zur Moralforsch. (1986) 205-240, hier: 225. – [27] KOHLBERG, a.O. [21] 199; vgl. C. I. LEWIS: An anal. of knowledge and valuation (La Salle 1946) 546f.; Values and imperatives (Stanford 1969) 75-77. 181f.; J. W. MCGRAY: The golden rule and paternalism. J. interdiscipl. Studies 1 (1989) 145-161, hier: 147f. – [28] KOHLBERG/BOYD/LEVINE, a.O. [26] 220f. – [29] KOHLBERG, a.O. [21] 199; vgl. bes. 193-201. 204. – [30] J. RAWLS: A theory of justice (Oxford 1971), dtsch. (1975) bes. Kap. 3. – [31] KOHLBERG/BOYD/LEVINE, a.O. [26] 220. – [32] R. M. HARE: Freedom and reason (Oxford 1963), dtsch. (1973) Kap. 6-9; vgl. H.-U. HOCHE: Zur log. Struktur von 'G.-R.'-Argumenten im Sinne Hares. Kantstudien 74 (1983) 453-478; R. KESE: Zur Methodol. und Logik von 'G.-R.'-Argumenten, a.O. 81 (1990) 89-98. – [33] HARE, a.O. 6.7; 6.9; 8.1-2; 8.4; Relevance, in: A. I. GOLDMAN/J. KIM (Hg.): Values and morals (Dordrecht 1978) 73-90, passim. – [34] Vgl. auch: Crit. study: Rawls' theory of justice I-II. Philos. Quart. 23 (1973) 144-155. 241-252; bes. 146-150. – [35] a.O. 152; vgl. 154f. 241; Eth. theory and utilitarianism, in: H. D. LEWIS (Hg.), Contemp. Brit. philos., 4th ser. (London 1976) 113-131, hier: 115. – [36] KOHLBERG, a.O. [21] 193. 204. – [37] HARE: Moral thinking (Oxford 1981) 6.2; vgl. Freedom..., a.O. [32] 123. 199. 219; Crit. study..., a.O. [34] 155, mit Anm. 1; Eth. theory ..., a. O. [35] 117; HOCHE, a.O. [32] 9.5-7. – [38] a.O. 7.5; vgl. RAWLS, a.O. [30] § 30. – [39] Vgl. etwa KOHLBERG, a.O. [21] 192-194; RAWLS, a.O. § 40; HARE: Freedom ..., a.O. [32] 34; Mor. think., a.O. [37] 4f. 187. – [40] G. PATZIG: Der Unterschied zw. subjekt. und objekt. Interessen und seine Bedeut. für die Ethik (1978) 13; vgl. 14. – [41] R. ALEXY: R. M. Hares Regeln des moral. Argumentierens und L. Nelsons Abwägungsgesetz, in: P. SCHRÖDER (Hg.): Vernunft Erkenntnis Sittlichkeit (1979) 95-122, hier: 110; vgl. 95. 103-106. 108. – [42] H. REINER: Die g.R. Z. philos. Forsch. [ZphF] 3 (1948) 74-105, hier: 81f. – [43] a.O. 82; vgl. 83-88; Die g.R. und das Naturrecht. Studia Leibn. [SL] 9 (1977) 231-254, hier: 237f. – [44] ZphF 88; vgl. 89-98; SL 238f. – [45] SL 241; vgl. ZphF 103-105. – [46] A. LUTZ: Die g.R. Z. philos. Forsch. 18 (1964) 467-475, hier: 473f.; G. SPENDEL: Die g.R. als Rechtsprinzip, in: J. ESSER/H. THIEME (Hg.): Festschr. Fritz von Hippel (1967) 491-516, hier: 506; O. DU ROY: La réciprocité (Paris 1970) 31-49 [ch. II: La règle d'or ou le fondement interpers. de toute moralité; hier: 42-44. – [47] REINER: ZphF [42] 82; vgl. 99. 104. – [48] SL [43] 237. 240. – [49] M. G. SINGER: The golden rule. Philosophy 38 (1963) 293-314, hier: 294. 305-306; ähnlich: B. BRÜLISAUER: Die g.R. – Analyse einer dem Kat. Imperativ verwandten Grundnorm. Kantstudien 71 (1980) 325-345, hier: 327. 333; dagegen z. B.: H. SIDGWICK: Outlines of the hist. of ethics (London 1886, 6 1931) 167, mit Anm. 1; J. O. HERTZLER: On golden rules. Int. J. Ethics 44 (1934) 418-436, hier: 429-434. – [50] SINGER: Art. ‹Golden rule›, in: P. EDWARDS (Hg.). Encycl. of philos. (New York 1967) 3, 365-367, hier: 365; ähnlich: G. B. KING: The 'negative' golden rule. J. Religion 8

(1928) 268-279, bes. 275-278; gute Beispiele: SPENDEL, a.O. [46] 506-512 (Fehlplazierungen des Negators); E. BISCHOFF: Jesus und die Rabbinen (1905) 93; vgl. 104-107 (Antisemitismus); vgl. E. STAUFFER: Die Botschaft Jesu damals und heute (1959) 55-60 [Kap. 7: Die g.R.]; E. G. HIRSCH: Art. ‹Golden rule›, in: Jew. encycl. (New York/London 1904) 7, 21f. – [51] SINGER, a.O. [49] 299-301. – [52] a.O. 296-300; a.O. [50] 366; vgl.: Generalization in ethics (New York 1961), dtsch. (1975) Kap. II, Einl.; B. SHAW: Man and superman (London 1903, 1931) 211 (Maxims for revolutionists; The golden rule); A. E. GARVIE: The contrast of the golden rule and the competit. industr. system. Stockholm 1 (1929) 221-234, hier: 223; P. WEISS: The golden rule. J. Philosophy 38 (1941) 421-430, hier: 421f.; Philos. in process. Man's freedom (Carbondale, Ill. 1950) 138-154 [ch. IX: The golden rule], hier: 139f.; H. KELSEN: Reine Rechtslehre (Wien ²1960) 367f.; SPENDEL, a.O. [46] 509-511. 515; N. HOERSTER: Utilitarist. Ethik und Verallgem. (1971) 69-71; REINER, a.O. [43] SL 237, Anm. 17; PATZIG, a.O. [40] 9. – [53] SINGER, a.O. [49] 300; vgl. HARE, a.O. [32] 7.1; F. RICKEN: Die Begründ. moral. Urteile nach R. M. Hare. Theologie Philosophie 51 (1976) 344-358, hier: 356. – [54] Vgl. HOCHE, a.O. [8] 359f.; a.O. [32] 9.2. – [55] Vgl. bes. M. JOSEPH: Judaism as creed and life (London/New York ³1919) 392-402 [III, ch. VII: Duties to others – The golden rule]; HECKEL, a.O. [54 zu I.]; G. FRIEDRICH: Der Christ und die Moral. Z. evang. Ethik 11 (1967) 276-291, bes. 287-290; ferner: KING, a.O. [50] 274f.; H. VAN OYEN: Die g.R. und die Situationsethik, in: J. GRÜNDEL/H. VAN OYEN: Ethik ohne Normen (1970) 89-136, hier: 98. 106-108. 130; E. W. HIRST: The cat. imp. and the golden rule. Philosophy 9 (1934) 328-335, hier: 333f.; HERTZLER, a.O. [49] 418; E. H. ERIKSON: The golden rule and the cycle of life (1963); dtsch.: Die g.R. im Licht neuer Einsicht, in: Einsicht und Verantwortung – Die Rolle des Eth. in der Psychoanal. (1966) 198-222, hier: 199f. 211; S. EILETZ: Moral und Ethos – Zur psychoanalyt. Problematik der Identität. Wissenschaft Weltbild 27 (1974) 263-280, hier: 269f. 274. 276; KOHLBERG/BOYD/LEVINE, a.O. [26] 213; BRÜLISAUER, a.O. [49] 344f. – [56] Vgl. bes. H. SIDGWICK: The methods of ethics (Cambridge ⁷1907, ND Indianapolis 1981) 379f. 384f.; H. WELZEL: Naturrecht und mat. Gerechtigkeit (⁴1962) 55, Anm. 22 (mit Bezug auf DUNS SCOTUS und PUFENDORF); J. A. GOULD: The not-so-golden rule. Southern J. Philosophy 1 (1963) 10-14, bes. 11; B. SCHÜLLER: Die g.R., in: Die Begründ. sittl. Urteile (1973) 56-71, hier: 57f. 60. 62. 66; KOHLBERG, a.O. [21] 197; mit Einschränkungen: SINGER, a.O. [49] 302. 309; Generaliz. ..., a.O. [52]; HOERSTER, a.O. [52] 68f. 71; R. M. Hares Fassung der g.R. Philos. Jb. 81 (1974) 186-196, hier: 192. 194. 196; dagegen HARE: Freedom ... 3.1-2, a.O. [32] 34; BRÜLISAUER, a.O. [49] 327. – [57] Vgl. zu ‹Interesse› bes. HARE, a.O. 122. 157; Essays on the moral concepts (London 1972) 97f.; Abortion and the golden rule. Philosophy publ. Affairs 4 (1975) 201-222, hier: 206. 214. 218f.; Eth. theory ..., a.O. [35] 118f. 122; ALEXY, a.O. [41] 115, Anm. 17; PATZIG, a.O. [40]; zum Problem eines Zus. von Interessen-Orientierung der g.R. und Bevormundung: MCGRAY, a.O. [27]. – [58] HARE: Freedom ... 7.1, a.O. 113; vgl. Eth. theory ..., a.O. 119f.; Relev. ..., a.O. [33] 79. – [59] Freedom ... 6.9, a.O. 108; mißdeutet bei: J. P. STERBA: Prescriptivism and fairness. Philos. Studies 29 (1976) 141-148, hier: 143f.; C. W. TAYLOR: Crit. notice of R. M. Hare, Freedom and reason. Mind 74 (1965) 280-298, hier: 286f. 289f.; dazu HARE: Relev., a.O. 77. – [60] Vgl. HOCHE, a.O. [8] 362-364. – [61] Vgl. VAN OYEN, a.O. [55] 104; PATZIG, a.O. [40] 9; SIDGWICK, a.O. [56] 379f.; JOSEPH, a.O. [55] 396; GARVIE, a.O. [52] 224; R. M. MACIVER: The deep beauty of the golden rule, in: R. N. ANSHEN (Hg.): Moral princ. of action (New York/London 1952) 39-47, hier: 42. 45; K. BAIER: The moral point of view (Ithaca/London 1958) 202f.; SINGER, a.O. [49] 299-301; KOHLBERG, a.O. [21] 202; L. LAVELLE: Conduite à l'égard d'autrui (Paris 1957) 211; CH. PERELMAN: Über die Gerechtigkeit. Arch. Rechts Soz.philos. 51 (1965) 167-231, hier: 184. – [62] KANT, a.O. [5]; vgl. HOCHE, a.O. [8] 364f. – [63] Vgl. etwa CADOUX, a.O. [8] 273f. 285. – [64] HOCHE, a.O. [8] 368f. – [65] Elem. einer Anatomie der Verpflichtung (in Vorb.) 4.6; vgl. a.O. 371; LEWIS: Values ..., a.O. [27] 75. 82. – [66] HOCHE, a.O. [8] 369-372. – [67] THALES und PITTAKOS, a.O. [5 zu I.]; vgl. aber BRÜLISAUER, a.O. [49] 329, mit Anm. 18. – [68] LUTZ, a.O. [46] 471; vgl. REINER: ZphF [42] 75. 88f.; Das Kantische Sittengesetz im sittl. Bewußtsein der

Antike. Kantstudien 39 (1934) 1-26, hier: 11-16. – [69] Vgl. dagegen HARE: Freedom ... 3.2, a.O. [32] 34. – [70] Vgl. H.-U. HOCHE/W. STRUBE: Analyt. Philos. (1985) 134-142. 144; HOCHE: Elem. ..., a.O. [65]. – [71] J. LOCKE: An essay conc. human underst. (1690) I, 3, 4; vgl. G. W. LEIBNIZ: Nouv. essais (1703-05) I, 2, 4. Akad.-A. VI/6, 91f. – [72] Vgl. SINGER, a.O. [50] 366. – [73] PHILIPPIDIS, a.O. [23 zu I.] 96.

Literaturhinweise. F. SCHLEIERMACHER: Pr. 8 (1831). Sämmtl. Werke II/3 (1843) 84-95. – R. WHATELY: Lessons on morals (Cambridge, Mass. 1857) bes. ch. IV. – J. S. MILL: Utilitarianism (1861) ch. 2; dtsch.: Der Utilitarismus (1976) 30. – W. A. SPOONER: Art. ‹Golden rule›, in: J. HASTINGS (Hg.): Encycl. of relig. and ethics 6 (Edinburgh/New York 1913) 310-312. – J. PIAGET: Le jugement moral chez l'enfant (Paris 1932); dtsch. (²1976) Kap. 3. – R. M. MACIVER: The pursuit of happiness (New York 1955) [Kap. über g.R.]. – E. FECHNER: Rechtsphilosophie. Soziol. und Met. des Rechts (1956) 101-104. – H. REINER: Die philos. Ethik (1964) 186-195. – F. LACHMAYER: Normentheoret. Aspekte des Naturrechtes. Wissenschaft Weltbild 26 (1973) 109-114, bes. 112. – J. P. SCHULTZ: Reciprocity in Confucian and Rabbinic ethics. J. relig. Ethics 2 (1974) 143-150. – J. L. MACKIE: Ethics. Inventing right and wrong (Harmondsworth 1977); dtsch. (1981) Kap. 4. – P. RICŒUR: Entre philos. et théol.: La règle d'or en question. Rev. Hist. Philos. relig. 69 (1989) 3-9.

H.-U. HOCHE

Regelfolgen (to follow [obey] a rule). Der Begriff ‹R.› ist ein sprachphilosophischer Terminus, der in den auf die Sprachpraxis rekurrierenden Überlegungen des späten WITTGENSTEIN eine systematisch bedeutsame Rolle spielt: Er erweist sich gegenüber den in der Sprachtheorie häufig verwendeten Termini ‹Regel› bzw. ‹Sprachregel› als der grundlegendere.

Die Regel, so Wittgenstein, begründet die Praxis nicht, sondern regelgeleitetes Verhalten ist bereits eine ihrer Ausprägungen. Das heißt: Es gibt keinen hinter den einzelnen Wortverwendungen stehenden abstrakten Maßstab, der ‹Regel› genannt werden kann und jegliche Anwendung determiniert, sondern die korrekte Wortverwendung, das richtige Befolgen einer Regel wird durch die Praxis bestimmt. Darin kommt dann auch die *Bedeutung* eines Wortes zum Ausdruck.

Die Hinführung zu dieser Position erfolgt bei Wittgenstein via negativa durch die Widerlegung einer hinter dem Gebrauch liegenden und nicht auf die Anwendung bezogenen Regel. Aus einer Reihe von verschiedenen Möglichkeiten lassen sich in den ‹Philosophischen Untersuchungen› als Extremfälle zwei Regeltypen unterscheiden, die Wittgenstein ad absurdum führt: Zum einen Regelmuster, die etwa mit Farbmustern (§ 73) oder projizierbaren geometrischen Figuren (§ 141) vergleichbar sind, zum anderen über einzelne Anwendungen indirekt zugängliche Regeln, die analog zur mathematischen Reihe verstanden werden müssen (§ 185). Auf letztere sollte man durch eine Anzahl von Verwendungsbeispielen schließen, ebenso wie man die allgemeine Funktion aus dem Anfang der mathematischen Reihe ableitet. Die im ersten Fall auftretenden Schwierigkeiten wegen der Unbestimmtheit der Projektionsmethode und die sich im zweiten Falle ergebende sprachphilosophische Variante des Induktionsproblems machen die Erklärungsmodelle des Regelbegriffs unbrauchbar.

Die Bedeutung eines Wortes enthält deshalb nach Wittgenstein keine zwei verschiedenen, auf mysteriöse Weise miteinander verbundenen Komponenten, die als Regel und ihre Anwendung bezeichnet werden können, sondern erschöpft sich im Gebrauch. Denn die Kenntnis der Regel zeigt sich in der korrekten Wortverwendung.

Diese wiederum ist ein Kriterium für das richtige Verständnis der Regel. So kann der in unserer Sprachpraxis übliche Gebrauch eines Wortes auch als R. beschrieben werden.

Diese Auffassung hat im wesentlichen zwei Konsequenzen: Erstens können die in der Theorie formulierten allgemeinen Sprachregeln nur als Abstraktionen der in der Praxis ausgeführten R. verstanden werden. Zweitens muß ‹Regel› als sprachtheoretischer Terminus dem in der Praxis fundierten und durch dieselbe bestimmten Begriff ‹R.› systematisch nachgestellt werden.

Literaturhinweise. S. H. HOLTZMAN/C. M. LEICH: Wittgenstein: To follow a rule (London 1981). – S. KRIPKE: Wittgenstein, On rules and private language (Oxford 1982). – J. SCHULTE: Seguire una regola: Nuovi studi su Wittgenstein. Lingua Stile 17 (1982) 497-512. – S. G. SHANKER: Sceptical confusions about rule-following. Mind 93 (1984) 423-429. – G. BAKER/P. M. S. HACKER: Language, sense and nonsense: A crit. investig. into modern theories of language (Oxford 1984); Scepticism, rules and language (Oxford 1984); Wittgenstein, rules, grammar and necessity (Oxford 1988). – W. STEGMÜLLER: Kripkes Deutung der Spätphilos. Wittgensteins: Komm.versuch über einen versuchten Kommentar (1986). – J. BOUVERESSE: La force de la règle. Wittgenstein et l'invent. de la nécessité (Paris 1987). – N. MALCOLM: Wittgenstein on language and rules. Philosophy 64 (1989) 5-28. – D. PEARS: Rule-following in ‹Philos. investig.›. Grazer philos. Stud. 33/34 (1989) 249-261.   A. BIRK

Regellogik/Satzlogik
1. Die Frage, ob die (formale) Logik als System von Regeln oder von wahren Sätzen zu begreifen ist, beantworten die hellenistischen Herausgeber der Logik des ARISTOTELES im Grunde schon im Titel seiner logischen Schriften: Sie ist «Organon» oder Werkzeug [1]. Die Syllogistik ist in der Tat eine *Regellogik* [R.], ein in drei (bzw. wenn man die Reihenfolge der Prämissen für relevant hält: vier) Schluß*figuren* (σχήματα) gegliedertes System syntaktisch formulierter Umformungsregeln $s' \Rightarrow s$ und $s', s'' \Rightarrow s$ von Sätzen bzw. Satzformen. Der rechte Gebrauch dieser Regeln in Deduktionen ist Kunst, τέχνη oder ars, dies insbesondere dann, wenn man 'analytisch' nach Prämissen ('Axiomen' und 'Definitionen') oder auch nach Zwischengliedern (vermittelnden Begriffen) sucht, aus denen sich eine (gegebene, zu beweisende) Konklusion gemäß den Regeln ergibt. Freilich werden die syllogistischen Deduktionsregeln (etwa der Art: 'wenn jedes A ein B ist und kein B ein C, dann ist kein A ein C') nicht willkürlich gesetzt, sondern ihrerseits als 'richtig' begründet. Dies geschieht auf der Basis *formalsemantischer* Voraussetzungen. Aristoteles zeigt nämlich in den ‹Ersten Analytiken› (Kap. 4-7) zunächst: Wenn die Bedeutungen der für einen Schluß relevanten einstelligen Begriffsworte $A, B, ...$ in einem Gegenstandsbereich (einem Oberbegriff, einer Gattung) kriterial so scharf begrenzt sind, daß die Begriffe selbst als Grenzen (griech.: ὅροι; lat.: termini) und ihre 'mereologischen' Verhältnisse (des 'Enthaltenseins') etwa in Diagrammen oder räumlich darstellbar sind, dann führen die syllogistischen Regeln immer von 'wahren' Sätzen zu 'wahren' Sätzen [2]. Betrachtet werden dabei allerdings nur die vier syllogistischen Satzformen, deren mereologische Formulierungen etwa so zu fassen sind: A ist ganz (bzw. teilweise) in B enthalten bzw.: ganz A (bzw. ein Teil von A) ist nicht in B enthalten. Aristoteles kann daher [3] unter Ausnutzung einer Zweideutigkeit des Wortes ὅρος die Termini als Begrenzungen, d.h. als Anfang und Ende dieser *Sätze*, also als ihr Subjekt und Prädikat charakte-

risieren. Er zeigt weiter, daß man auf das *indirekte* Schließen, in welchem man Annahmen widerlegt, verzichten kann und jeden in bezug auf die mereologische Semantik (!) formal ('allgemein') gültigen Schluß als direkte Deduktion, also als Anwendung syllogistischer Regeln, darstellen kann [4].

Die *megarische* und die *stoische Logikerschule* berücksichtigen dann schon die formalen Wahrheits(wert)bedingungen der Satzverknüpfungen (Junktoren) 'und', 'oder', 'nicht' und sogar des Subjunktors (der sogenannten 'materialen Implikation') 'falls' (εἰ) – im Unterschied zum implikativen 'weil' (ἐπεί), mit welchem ein Schluß ausgedrückt wird [5]. Nun erst wird es möglich, die Logik als Theorie allgemein gültiger *Satzformen* zu behandeln. Es lassen sich jetzt nämlich Regeln wie die Syllogismen mit Hilfe des Subjunktors (in Zeichen: →) und der Konjunktion 'und' (∧) als Satzformen $p \wedge q ... \rightarrow r$ darstellen. Logik ist daher für ZENON VON KITION ein System geordneter Sätze [6], Wissenschaft, ἐπιστήμη oder scientia – womit am Ende aber nur der Aspekt der semantischen Begründung der gültigen Satz- und Schlußschemata stärker betont wird als ihre Anwendung als Schlußregeln. Freilich werden damit die wichtigen Differenzen zwischen Satz und Satzform, Schluß und Schlußregel, Wahrheit, Wahrheitsbedingungen und formalanalytischer Gültigkeit von den Stoikern beachtet. Der unberechtigte Vorwurf (etwa schon von ALEXANDER VON APHRODISIAS oder GALEN), die stoische Logik sei zu spitzfindig und betone allzusehr die Ausdrucksformen (λέξεις) unter Vernachlässigung der Inhalte [7], war dann nicht unschuldig daran, daß man besonders in der mittelalterlichen Logik diese Differenzierungen nicht immer in ihrer Bedeutsamkeit begriff. Und trotz mancher Bemühungen, etwa auch Galens, um eine Zusammenführung der syllogistischen R. des Aristoteles mit der in gewissem Sinne fundamentaleren Aussagenlogik der Stoa gab es vor G. FREGE keine gemeinsame Theorie. Vollständig vorgeführt wurde eine solche erst durch J. ŁUKASIEWICZ [8]. Die syllogistischen Satzformen werden dabei in ihren prädikatenlogischen Übersetzungen aus Grundformeln über Grundregeln (etwa die Abtrennungsregel 'Modus ponens': $p, p \rightarrow q \Rightarrow q$) erzeugt oder, wie man zu dieser Darstellungsart heute sagt, axiomatisch-deduktiv 'bewiesen'. Da man dabei die mereologische formale Semantik des Aristoteles durch Freges funktionale Semantik (s.u.) ersetzt und auch der Syllogistik die formale Prädikatenlogik (s.d.) einfach überstülpt, ist der sich ergebende Vorwurf unberechtigt und systematisch eher irreführend, die (nicht axiomatisch-deduktiv gemeinten) Beweise der Gültigkeit der Syllogismen bei Aristoteles seien 'unvollständig', etwa weil unter anderem Axiome oder Regeln für den Gebrauch der Worte ‹und› oder ‹wenn–dann› fehlten (diese Worte werden bei Aristoteles als praktisch verstanden vorausgesetzt und nur auf der Metastufe gebraucht) und weil (angeblich) nicht erwähnt werde, daß die Begriffsumfänge 'ontologisch' nicht leer sein dürfen [9]. Dies müssen sie in der Tat, aber nur dann, wenn man syllogistisch aus Definitionen und wahren Sätzen hergeleitete Sätze der Form 'Ein Teil von A ist B' als ('ontologische') *Existenzaussagen* deuten will, also als Sätze der Art 'Es gibt ein x in A, dem das Prädikat B zukommt': Von den (relevanten) Satzsubjekten muß man nicht nur wissen, was sie sind, wie also ihr Umfang bestimmt ist, sondern auch, daß es sie, d.h.: etwas der betreffenden Art, gibt. Das weiß aufgrund genauer Lektüre des Aristoteles schon WILHELM VON OCKHAM: «De subiecto enim oportet praecognoscere, quid est et quia est» [10]. Daher, und weil die Existenz kein Prädikat ist, läßt sich keine Existenzaussage rein logisch (analytisch) deduzieren – was also nicht etwa erst I. KANT erkennt [11]. Indem die Scotisten des weiteren die in der Scholastik sonst allgemein übliche Deutung der Logik als absolute Grundlage der Wissenschaften (PETRUS HISPANUS: «ars artium et scientia scientiarum» [12]) ablehnen, kritisieren sie die Meinung, es handle sich bei den logischen Regeln um ein nicht weiter zu begründendes, a priori gegebenes Arsenal und Fundament des richtigen Denkens [13]. Und obwohl logische Erkenntnisansprüche, formal gesehen, nicht anders als solche über die Welt wahr (oder falsch) sind, ist Logik keine Realwissenschaft, weil die in ihr behandelten Bedeutungen nicht für (erfahrbare) Dinge stehen, wie auch schon OCKHAM sagt: «vera res est logica sicut scientia naturalis. Sed ... negatur esse scientia realis, quia non est de intentionibus supponentibus pro rebus» [14]: Logik wird als metastufige Wissenschaft über die Folgen von Gebrauchsregelungen der Sprache begriffen.

Anmerkungen. [1] Vgl. dazu Art. ‹Logik I. 7.› und ‹Logik II.›. – [2] Vgl. P. STEKELER-WEITHOFER: Grundprobl. der Logik. Elem. einer Kritik der formalen Vernunft 1: Begriffslogik bei Platon und Arist. (1986) bes. Kap. 3f.; W./M. KNEALE: The developm. of logic (Oxford 1962) bes. ch. II. 6. – [3] ARISTOTELES: An. pr. I, 1, 24 b. – [4] I, 23. – [5] Vgl. dazu KNEALE: The dev., ch. III. 3f., a.O. [2] 147f.; zu den Schlußschemata a.O. ch. III. 5. – [6] Vgl. Art. ‹Logik I. 3.›. – [7] ALEXANDER VON APHRODISIAS: In Arist. An. pr. I comm., hg. M. WALLIES. CAG II/1, 284; GALEN: Instit. logica, hg. C. KALBFLEISCH (1896) 11. – [8] J. ŁUKASIEWICZ: Aristotle's syllogistic from the standpoint of modern formal logic (Oxford 1951, ^{2}1957). – [9] Vgl. dazu auch Art. ‹Logik II.› und ‹Logik III. 3.›. – [10] WILHELM VON OCKHAM: Summa totius logicae III, 2, c. 3. Op. theol. et philos. 2/1, hg. PH. BOEHNER/G. GÁL/S. BROWN (St. Bonaventure, N.Y. 1974) 508, 6; vgl. dazu STEKELER-WEITHOFER, a.O. [2] § 4. 3. – [11] Vgl. ARISTOTELES: An. post. II, 7f., 92 b-93 b. – [12] Vgl. Art. ‹Logik I. 8.›. – [13] Zur weiteren Entwickl. der Auffassung der Logik als Denklehre vgl. Art. ‹Logik I. 9.›. – [14] WILHELM VON OCKHAM: Brevis summa libri physicorum, Prol., a.O. [10] 2/6 (1984) 5f.; Prolog des Physikkomm., in: Texte zur Theorie der Erkenntnis und der Wiss. (lat./dtsch.), hg. R. IMBACH (1984) 184f.

Literaturhinweise. C. PRANTL: Gesch. der Logik im Abendl. 1-4 (1855-70). – E. KAPP: Greek found. of trad. logic (New York 1942). – B. MATES: Stoic logic (Berkeley 1953). – I. M. BOCHEŃSKI: Formale Logik (^{2}1956). – G. PATZIG: Die Aristot. Syllogistik. Abh. Akad. Wiss.en Göttingen, Phil.-hist. Kl. III/42 (1959). – J. LEAR: Arist. and log. theory (Cambridge 1980).

2. Systematisch gesehen geht G. FREGES Semantik logisch zusammengesetzter Sätze über die Aussagenlogik der Junktoren wesentlich dadurch hinaus, daß sie 'offene Sätze' $S(x_1, ..., x_n)$ – in denen die Variablen Platzhalter für Benennungen sind und die als (komplexe) Prädikate aufzufassen sind – als Ausdrücke von Funktionen deutet mit zwei möglichen (formalen, abstrakten) Wahrheitswerten, die 'das Wahre' und 'das Falsche' heißen. Damit werden dann auch die Bedeutungen der Quantoren (s.d.) 'für manche x' (in Zeichen: $\vee_x$) und 'für alle x' (in Zeichen: $\wedge_x$) als Funktionen in diese Wahrheitswerte deutbar. Ihre Argumente sind, wie L. WITTGENSTEIN im ‹Tractatus› [1] bemerkt, die durch die offenen Sätze zum Ausdruck gebrachten (ggf. unendlichen) Folgen von Wahrheitswerten. Figürliche Satzformen (Formeln), die in bezug auf diese Semantik 'allgemeingültig' sind, und das heißt: in allen sogenannten modelltheoretischen Interpretationen (Modellen s.d.) 'wahr' werden, lassen sich zugleich als formal gültige Schlußregeln auffassen. Formal gültige Satzformen $p \to q$ lassen sich zugleich als zulässige Deduktionsregeln (Abtrennungsregeln) $p \Rightarrow q$ in Kalkülen gebrauchen, in denen nicht, wie in Schlüssen, die Wahrheit von schon interpretierten Sätzen aufgewiesen, sondern weitere formal gültige Satzformen in Gestalt von Formeln erzeugt werden. Umgekehrt lassen sich Schlußregeln vermöge der Subjunktion, wie schon gesehen, als Satzformen darstellen. Daher gibt es auch ganz verschiedene Möglichkeiten der Kalkülisierung der gültigen Formeln der Prädikatenlogik. Eher 'satzlogische' Kalküle sind die verschiedenen 'Axiomatisierungen' durch FREGE, HILBERT und andere [2], in denen aus Grundformeln, den sog. logischen Axiomen des Kalküls, sog. logische Theoreme über formale Deduktionsregeln erzeugt werden – wobei es, wie FREGE sofort bemerkt, Geschmackssache ist, ob man mit nur einer Abtrennungsregel (etwa der des Modus ponens [3]) auskommen will oder ob man die Anzahl der Satzschemata vermindert, die als formale Axiome angenommen werden, und dafür die Anzahl der Regeln erhöht. Wichtig ist nur, daß der Kalkül alle und nur die Satzformen resp. Schlußregeln erzeugt, welche bezüglich der Klasse der (intendierten) semantischen Interpretationen allgemein gültig sind, so daß der Kalkül in bezug auf die intendierte Semantik der logischen Worte *vollständig* ist [4]. Eher 'regellogische' Kalküle, in denen die Axiomenschemata auf ganz wenige oder gar keine reduziert sind, sind z.B. G. GENTZENS Systeme des 'natürlichen Schließens', seine Sequenzenkalküle [5], die womöglich auf einer Arbeit S. JAŚKOWSKIS aufbauen [6], und die analytischen Tableaus E. W. BETHS [7] oder auch die damit verwandten Varianten der (formalen) Dialogischen Logik (s.d.).

Anmerkungen. [1] L. WITTGENSTEIN: Tract. log.-philos. (1921) 5. – [2] G. FREGE: Begriffsschr. (1879) §§ 13-22; Grundgesetze der Arithmetik 1 (1893) §§ 47f.; vgl. D. HILBERT/W. ACKERMANN: Grundzüge der theoret. Logik (^{3}1949). – [3] Vgl. FREGE: Begr.schr., Vorwort, a.O. VII. 6; Grundgesetze ..., a.O. 13. – [4] K. GÖDEL: Die Vollständigkeit des log. Funktionen-Kalküls. Mh. Math. Phys. 38 (1931) 173-198. – [5] G. GENTZEN: Unters. über das log. Schließen. Mathemat. Z. 39 (1935) 176-210. 405-431. – [6] S. JAŚKOWSKI: On the rules of suppositions in formal logic. Studia logica 1 (1934) 5-32. – [7] E. W. BETH: Semantic entailment and formal derivability. Mededelingen Koninkl. Nederl. Akad. Wetenschapen (Amsterdam 1955).

3. Einer radikal verstandenen Regellogik geht es nicht nur um die kalkülmäßige Erzeugung von Satzformen und Regeln, die bezüglich einer schon gegebenen Bedeutung allgemein gültig sind, sondern um die Konstitution dieser Bedeutung selbst. Ziel ist es, die logischen Worte nicht als Ausdrücke für Funktionen in die beiden Wahrheitswerte und die Sätze nicht, wie Frege, als besondere Art der Benennungen derartiger Werte zu begreifen, sondern ihre Bedeutung zu definieren durch Regeln des *Satzgebrauchs*, die sich an der figürlichen Form der Sätze qua Ausdrücke orientieren und primär in der Erzeugung anderer Sätze bestehen. Derartiges geschieht z.B. in der 'Operativen Logik' (s.d.) oder auch in der (materialen) 'Dialogischen Logik' (s.d.). Diese und auch neuere Varianten einer regellogischen Semantik der logischen Worte und Satzformen sind im Grunde semantische Umdeutungen der zunächst im Rahmen einer mathematischen Beweistheorie (s.d.) zu verstehenden Untersuchungen GENTZENS zum 'natürlichen' Schließen [1], bleiben aber gerade deswegen oft formale (Beweis-) Technik, begleitet durch zumeist vage Behauptungen über ihre philosophische Bedeutung [2]. Tatsächlich lassen sich aber an der allgemeinen Art einer regellogischen

Bedeutungsfestlegung wesentliche Momente der (formalen) Begriffe der Konsistenz und Wahrheit logisch komplexer Sätze modellhaft zeigen.

Vorausgesetzt sei eine feste Klasse von Benennungen N und eine (dazu disjunkte) Klasse elementarer Aussagen, die (ggf. situationsbezogen) artikuliert sind durch solche Sätze S, in denen noch keine logischen Worte, wohl aber die Namen N vorkommen dürfen. Ersetzen wir zunächst in den elementaren und später dann auch in 'logisch zusammengesetzten' Sätzen S (qua Figuren) vorkommende Namen N durch ('freie') Variablen y_i, so entstehen offene Sätze $S(y_1, ..., y_n)$. Ferner setzen wir irgendein (nicht unbedingt schematisches) System von Kriterien K voraus, auf dessen Basis wir manche der elementaren (ggf. auch offenen) Sätze (bzw. Aussagen) als 'richtig', manche als 'fehlerhaft' ('unerwünscht', 'irreführend') erkennen können und das idealiter die elementaren Aussagen in genau zwei nichtleere Klassen, die der 'wahren' bzw. der 'falschen', einteilt. Man denke etwa an die Klasse der elementaren arithmetischen Sätze der Art $2 + 3 = 5$ oder an elementare Aussagen der Art, daß ein (wahrnehmbarer) Gegenstand mit Namen N die (wahrnehmbare) Eigenschaft P habe, oder auch nur an elementare Figurenketten, die in einem Computerprogramm herleitbar sind oder als herleitbar erwünscht sind. Mit Hilfe der logischen Junktoren und Quantoren bilden wir dann nach den üblichen syntaktischen Regeln logisch komplexe Sätze S. Ähnlich wie wir in der Prädikatenlogik gültige Formeln als gültige Regeln deuten konnten, können wir dann jeden beliebigen (auch offenen) Satz S als *Regel* zur Erzeugung weiterer Sätze deuten: Indem man S in einem System Σ von Sätzen für 'herleitbar' oder 'verfügbar' erklärt, sagt man zugleich, daß die mit S durch die folgenden allgemeinen Gebrauchsschemata verbundene Regel zur Erzeugung weiterer Sätze zur Verfügung steht: Elementare Sätze als Regeln gedeutet sagen dabei schlicht, daß sie selbst zur Verfügung stehen. Offene Sätze $S(y_i)$, etwa auch Gleichungen $y_i = y_i$ in der Arithmetik, artikulieren die Regel, daß alle $S(y_j)$ und beliebige $S(N)$ für herleitbar erklärt werden und damit als Regel zur Verfügung stehen – wobei sich die Ersetzungskonvention von selbst versteht.

Die *Grundbedeutung* der logischen zusammengesetzten Sätze $S, S', ...$ läßt sich dann generell dadurch erläutern, daß man sagt, wie diese als komplexe Artikulationen von *Regeln* in einem durch sie als sogenannte 'Prämissen' erweiterten Regelsystem $\Sigma = K, S, S' ...$ auf der Basis von K gebraucht werden. Dabei liegt folgende Festsetzung nahe:

(0) Alle in K herleitbaren (offenen) Sätze stehen (auch in 'prämissenlosen Herleitungen') zur Verfügung.

(1) Ein Satz der Form $S \wedge S'$ ist einfach eine notationelle Variante dafür, daß (in einer prämissenlosen Herleitung oder in Σ) für weitere Herleitungen beide Regeln, also S und S' zur Verfügung stehen. Damit ist auch die schematische Regel $S, S' \Rightarrow S \wedge S'$, welche uns mit den Sätzen S und S' auch den Satz $S \wedge S'$ zur Verfügung stellt, trivialerweise 'begründet'.

(2) Ein Satz der Form $\wedge_x S(x)$ ist eine Notationsvariante dafür, daß (in Σ) alle Regeln $S(y_i)$ und damit alle $S(N)$ zur Verfügung stehen. Damit ist auch das Regelschema $S(y_i) \Rightarrow \wedge_x S(x_i)$ generell begründet.

(3) Steht ein Satz der Form $S \to S'$ (in Σ) zur Verfügung, so bedeute dies, daß die Regel $S \Rightarrow S'$ zur Verfügung stehe, d.h., es steht die durch den Satz S' artikulierte Regel zur Verfügung, *wenn* der Satz/die Regel S in Σ zur Verfügung steht. – Eine Herleitung des Satzes S' unter allfälliger Benutzung der als weitere 'Annahme' zu Σ hinzugefügten Regel S (also aus $\Sigma + S$ gewissermaßen in einer Nebenrechnung) gemäß den hier und im folgenden erläuterten Regelschemata betrachten wir dabei als *Herleitung* des Satzes $S \to S'$ in Σ. Die Hinzunahme dieses 'Einführungsschemas' für die Subjunktion spielt eine wichtige Rolle im Zusammenhang der schematischen Anwendung einer Regel, die artikuliert ist durch einen Satz der Form $(S \to S') \to S''$, da sie uns sagt, wann in Σ die Prämisse herleitbar ist. Sie ändert trotzdem nichts Wesentliches an der Menge der in Σ zur Verfügung gestellten Sätze bzw. Regeln, da man für alle hier betrachteten Regelschemata immer folgenden 'Schnittsatz' zeigen kann, der die allgemeine Zulässigkeit des Regelschemas 'Modus ponens' beweist: Wenn in einem Σ sowohl S als auch $S \to S'$ herleitbar ist, so ist S' in Σ schon ohne die für $S \to S'$ (ggf.) nötige Neben- oder Umwegrechnung herleitbar.

(4) Hat ein durch Σ für verfügbar erklärter Satz die Form $S' \vee S$ (lies: S' oder S), so bedeute dies, daß (mindestens) eine der Regeln S' *oder* S zur Verfügung steht – wobei im allgemeinen durch Σ noch gar nicht festgelegt zu sein braucht, welche. Daher ist folgende Gebrauchsregelung für diese 'Alternativregeln' vernünftig: Jedenfalls dann, wenn neben $S' \vee S$ sowohl der Satz bzw. die Regel $S' \to S''$ als auch die Regel $S \to S''$ zur Verfügung stehen, steht auch der Satz bzw. die Regel S'' zur Verfügung. Die Regeln $S \to S \vee S'$ und $S \to S' \vee S$ sind damit unmittelbar einsichtig.

(5) Ein Satz der Form $\vee_x S(x)$ besagt dann, daß einer der Sätze/Regeln $S(N)$ (in Σ) zur Verfügung steht, wobei wir i.a. nicht wissen, welcher. Wenn aber neben $\vee_x S(x)$ auch $\wedge_x (S(x) \to S')$ zur Verfügung steht und in S' x nicht (frei) vorkommt, so steht uns auch S' zur Verfügung. Daher ist dann auch $S(t) \Rightarrow \vee_x S(x)$ ein 'vernünftiges', zur Deutung von $\vee_x S(x)$ passendes, Regelschema, wobei t entweder eine Variable y_i oder ein Name N sein kann.

(6) Wie man die Negation, d.h. einen Satz der Form $\neg S$ (lies: non-S) in einem solchen regellogischen Rahmen deuten soll oder will, ist zunächst offen. Es liegt aber nahe, $\neg S$ als Notation dafür zu gebrauchen, daß eine der Regeln $S \to p$ zur Verfügung steht, wobei p irgendein durch K für 'unerwünscht' oder 'falsch' erklärter Elementarsatz ist. Wenn man daher aus $\Sigma + S$ ein unerwünschtes p gemäß den hier erläuterten Regelschemata deduzieren kann, ist $\neg S$ in Σ hergeleitet. Damit gilt dann schon das folgende Prinzip der 'Reductio ad absurdum': Läßt sich in Σ sowohl S' als auch $\neg S'$ herleiten, so auch $\neg S$ für jedes S.

Die Regeln (0-6) lassen sich als universale Festlegungen einer synkategorematischen Gebrauchsbedeutung der logischen Worte in logisch komplexen Sätzen auf der Basis eines Grundkalküls K begreifen. Herleitungen von komplexen Sätzen S in einem System $\Sigma = K, S, S' ...$ sind nämlich rein schematisch daraufhin überprüfbar, ob sie den Regelschemata (0-6) [3] (und im folgenden auch den Schemata 0-8) gemäß sind oder nicht, wenn wir von der Überprüfung der relevanten Elementarsätze absehen: Deren Gültigkeit braucht nämlich nicht entscheidbar zu sein und kann durchaus, wie etwa in der höheren Analysis, durch Wahrheitsbedingungen anderer logisch komplexer Aussagen definiert sein. – Die übersichtlichsten Darstellungen der Deduktionstechnik dieser Regellogiken erhält man in den verschiedenen Varianten der Sequenzenkalküle der von GENTZEN entwickelten Art [4]. Der Schnittsatz nimmt dabei folgende Form an: Wenn die Sequenzen $\Sigma \parallel S$ und $\Sigma, S \parallel S'$ in einem passend eingerichteten Sequenzenkalkül herleitbar sind, so ist schon die Sequenz $\Sigma \parallel S'$ herleitbar.

(7) Stellt ein System Σ sowohl S als auch $\neg S$ zur Verfügung, so heißt das bisher nur, daß es mindestens einen bezügl. K unerwünschten Elementarsatz p gibt, den Σ für herleitbar erklärt (wobei wir ggf. nicht einmal wissen, welcher es ist). Die Regel (7) $S \wedge \neg S \rightarrow S'$ für beliebiges S und S' (ex falso quodlibet) macht die Negationen $\neg S$ gewissermaßen erst 'eindeutig', und zwar dadurch, daß alle in K für 'unrichtig' erklärten Elementarsätze und alle Regeln, die zu solchen führen, für 'falsch' (ungültig) und ihre Negationen für 'wahr', d.h. zu herleitbaren Sätzen erklärt werden. Der Schnittsatz bleibt gültig im System (0)-(7). Insbesondere gilt für prämissenlose Herleitungen: (*) Ist ein Satz der Form $S \vee S'$ herleitbar, so ist entweder S oder S' herleitbar.

(8) Bisher ist weder das Regelschema $S \vee \neg S$ noch das Schema $\neg\neg S \Rightarrow S$ für allgemein gültig bzw. verfügbar erklärt worden. Die Hinzunahme (eines) dieser Schemata bedeutet aber noch nicht, daß man für jedes S entweder S oder $\neg S$ für herleitbar erklärte. Die Formeln, die gemäß den Regeln (0-7) bzw. (0-8) prämissenlos herleitbar sind für jedes Grundregelsystem K, sind gerade diejenigen, welche der Kalkül der intuitionistischen bzw. klassischen Prädikatenlogik erzeugt und die rein aufgrund der Bedeutungsregeln (0)-(7) bzw. (0)-(8) 'gültig' sind. – Ein System Σ von komplexen Sätzen oder 'hypothetisch angenommenen' Regeln heißt genau dann konsistent in bezug auf ein zugehöriges Grundsystem K, wenn sich aus Σ gemäß den Regeln (0)-(7) bzw. (0)-(8) kein unerwünschter Elementarsatz ergibt. Eine (einfache) Folge des auch für die Schemata (0)-(8) gültigen Schnittsatzes ist die Konsistenz der durch sie auf der Basis von K herleitbaren Sätze oder Regeln: Die Regel (8) ist gerechtfertigt, wenn bzw. weil man häufig nur an dieser Konsistenz interessiert ist und nicht etwa an der Eigenschaft (*).

(9) Man kann nun die Kalküle (0)-(7) bzw. (0)-(8) erweitern durch folgende 'halbformale', weil nicht immer schematisch anwendbare bzw. überprüfbare Formen der 'Begründung' der 'Zulässigkeit' oder 'Verfügbarkeit' eines Allsatzes $\wedge_x S(x)$ in K: Wenn $S(N)$ (prämissenlos oder auf der Basis der zusätzlichen 'Axiome' Σ) verfügbar ist für jede Benennung N des Grundsystems K (oder als verfügbar bewiesen ist), so soll dies auch für $S(y_i)$ bzw. für $\wedge_x S(x)$ gelten. In halbformalen Begründungen mit Hilfe der 'Induktionsregel' (9) zeigen wir dann auf im allgemeinen nicht rein schematisch kontrollierbare Weise, daß bzw. warum gewisse quantifizierte Regeln in bezug auf K 'gültig' oder 'zulässig' sind. Z.B. zeigt man so (und muß man so zeigen), daß die Schemata der Peano-Axiome insgesamt arithmetisch gültig bzw. 'wahr' sind, woraus sich dann ergibt, daß ihre Anwendung als Regeln gemäß den Schemata (0)-(8) oder auch (0)-(9) nur zu 'wahren' arithmetischen Elementaraussagen führt. Wir erhalten so zwei Halbformalismen, die in bezug auf die herleitbaren Sätze äquivalent sind zu den materialen konstruktiven bzw. klassischen Dialogspielen der Dialogischen Logik (s.d.). Da man darüber hinaus zeigen kann (freilich nicht in der Form einer endlichen Deduktion), daß in beiden Halbformalismen der Schnittsatz gilt und daß sich daher aus den in ihnen begründeten Regeln kein durch K für falsch erklärter Satz herleiten läßt, ist die konstruktive und klassische Logik unter Einschluß der Induktionsregel als widerspruchsfrei erwiesen [5]. Beweise der gerade erwähnten Art sind metastufig artikuliert und zeigen Eigenschaften von Gesamtheiten schematischer Regeln, sind also nicht selbst bloße Anwendungen von Regelschemata.

In dieser Darstellung wird dann auch der Gehalt des ersten Gödelschen Unvollständigkeitssatzes ganz leicht verständlich: Ihm zufolge lassen sich mit Hilfe der Induktionsregel immer mehr 'wahre' komplexe arithmetische Sätze bzw. zulässige Rechenregeln beweisen als irgendein schematischer Kalkül, etwa ein formalaxiomatisches System der Arithmetik erster Stufe, erzeugen kann. Zugleich wird begreifbar, warum es Systeme komplexer arithmetischer Sätze Σ gibt, aus denen man durch Gebrauch der Regelschemata (0)-(8) keinen falschen Elementarsatz p erhält, die insofern 'deduktiv konsistent' sind, die aber inkonsistent werden, wenn man die Regel (9) zur Begründung weiterer verfügbarer Sätze/Regeln hinzunimmt. Daher ist zu unterscheiden zwischen bloß konsistenten Systemen Σ komplexer arithmetischer Sätze und solchen, die, wie wir sagen, nur wahre Sätze enthalten. Dieser Begriff der Wahrheit logisch komplexer Sätze über einem Grundsystem K ist definiert durch die deduktive Konsistenz des Gesamtsystems der als zulässig begründbaren Regeln und transzendiert insofern die je faktisch zur Verfügung stehenden, insbesondere die bloß schematischen Methoden ihrer Begründung. Ob ein gegebener Satz S in bezug auf vorausgesetzte Grundkriterien K zulässig bzw. wahr ist oder nicht, läßt sich also i.a. nicht schematisch entscheiden. Dies gilt unbeschadet der Tatsache, daß man mit der Behauptung der Wahrheit eines Satzes immer die Verpflichtung übernimmt, 'gute' (und d.h. keineswegs immer: wirklich für alle Fälle ausreichende und alle Zweifler überzeugende!) Gründe für die Behauptung anzugeben.

In vielen Fällen bedeutet die Bewertung eines Satzes oder einer Aussage als 'wahr' tatsächlich nicht viel mehr, als daß sein auf die hier vorgeführte Art geregelter Gebrauch als Schlußregel eine durch Grundkriterien K definierte Zweiteilung der elementaren Sätze nicht verändert, daß er zulässig ist, keinen 'Schaden anrichtet'. So heißen auch Naturgesetze als generische Sätze 'wahr', wenn ihre Anwendung beim Schließen den Kriterien, nach denen wir einzelne Erfahrungssätze als wahr oder falsch klassifizieren, nicht widerspricht. Wie schon L. Wittgenstein im ‹Tractatus› hat später auch K. R. Popper gerade aufgrund der Deutbarkeit logisch komplexer Sätze als Schlußregeln [6] gesehen, daß man so zu einem nichtmetaphysischen Begriff der Wahrheit als Grenzbegriff für die nur partiell 'begründeten', daher immer auch hypothetisch angenommenen generischen Sätze und Regeln der Naturwissenschaften gelangt, von dem sich ein (wenn auch etwas vager) Begriff der 'Wahrheitsähnlichkeit' oder der 'guten Begründung einer Hypothese' abhebt. Klar wird zugleich, warum formallogisch wahre Sätze oder Formeln nichts Inhaltliches aussagen, sondern bloß als für jedes unterstellte K zulässige Regeln des Operierens mit Satzfiguren aufzufassen sind. Der Nutzen logisch komplexer Sätze liegt dabei natürlich darin, daß sie in relativ kurzen Ausdrücken Regeln artikulieren, die (viele) weitere Sätze produzieren, daher komplexes Wissen übersichtlich artikulierbar und damit allererst relativ einfach tradierbar machen.

Anmerkungen. [1] Vgl. etwa D. Prawitz: Natural deduction. A proof theoret. study (Stockholm 1965); On the idea of a general proof theory. Synthese 27 (1974) 63-77; P. Schroeder-Heister: Unters. zur regellog. Deutung von Aussagenverknüpfungen. Diss. Bonn (1981); Structural frameworks with higher-level rules. Habil.schr. Konstanz (1987). – [2] Vgl. zu dieser Kritik etwa F. KAMBARTEL: Formalist. und sophist. Elemente in der 'dialogischen Logik', in: C. F. GETHMANN (Hg.): Logik und Pragmatik (1982); ferner den 3. Teil ‹Formale Argumentationslogik›, in: STEKELER-WEITHOFER, a.O. [2 zu 1.] bes. Kap. 12f. (‹R.›). – [3] Vgl. dazu auch I. JOHANSSON: Der Minimalkalkül, ein reduzierter intuitionist. Formalismus. Compositio mathematica 4 (1937) 119-136; dort werden die Sätze (ohne Namenkonstanten und zunächst ohne Quantoren) erzeugt, die für jedes Grundsystem K gemäß den Regeln (0)-(6) herleitbar sind. – [4] Vgl. Art. ‹Schließen, natürliches›. – [5] Vgl. dazu: P. LORENZEN/O. SCHWEMMER: Konstruktive Logik, Ethik und Wiss.theorie (^{2}1975) 81-86; G. GENTZEN: Die Widerspruchsfreiheit der reinen Zahlentheorie. Mathemat. Annalen 112 (1935) 493-565. – [6] K. R. POPPER: The trivialization of mathemat. logic, in: E. W. BETH u.a. (Hg.): Proc. of the 10th int. congr. of philos., Amsterdam 1948 (Amsterdam 1949) 722-727; vgl. ferner: V. RICHTER: Unters. zur operat. Logik der Gegenwart (1965).

Literaturhinweise. R. M. SMULLYAN: First-order-logic (1968). – M. DUMMETT: The philos. basis of intuitionist. logic, in: H. E. ROSE/J. E. SHEPERDSON (Hg.): Logic colloquium '73. Proc. of the Logic coll., Bristol, July 1973 (Amsterdam 1975) 5-40. – N. TENNANT: Natural logic (Edinburgh 1978).

P. STEKELER-WEITHOFER

Regelmäßigkeitsvoraussetzung (Principe d'Harlequin). Im Jahre 1687 formuliert G. W. LEIBNIZ im Rahmen seiner Auseinandersetzung mit dem Cartesianismus das Kontinuitätsgesetz (s.d.), das im Sinne einer umfassenden Ordnung des einheitlich gedachten Seins das Unendliche und das Endliche derselben Logik unterwirft. Eine Konsequenz aus diesem Gesetz ist die Annahme seiner Geltung auch auf anderen Planeten, auf denen es damit im Prinzip nicht anders zugehe als bei uns. Diese Annahme wird von Leibniz mitunter als «principe d'Harlequin» bezeichnet, wobei er sich auf ein 1683 anonym erschienenes satirisches Stück von NOLANT DE FATOUVILLE mit dem Titel ‹Arlequin, Empereur dans la Lune› bezieht. «C'est sur cette Analogie que Mr Hugens juge dans son Cosmotheoros, que l'estat des autres planettes principales est assés approchant du nostre ...: et Mr de Fontenelle qui avoit donné déja auparavant ses Entretiens pleins d'esprit et de savoir sur la pluralité des mondes, a dit de jolies choses là dessus ... On diroit quasi que c'est [comme] dans l'Empire de la lune de Harlequin tout comme icy» [1]. Nach LEIBNIZ vollzieht sich alles in der Natur kontinuierlich und ohne Sprung. Diskontinuitäten sind nur scheinbar. «Tout va par degrés dans la nature, et rien par saut, et cette regle à l'egard des changemens est une partie de ma loy de la continuité. Mais la beauté de la nature qui veut des perceptions distinguées, demande des apparences de sauts ...» [2]. Ebenfalls dem Gesetz der Kontinuität folgen die Veränderungen eines lebendigen Organismus als einem Aggregat von Monaden; auch hier verwendet Leibniz den Vergleich mit Harlequin, «qu'on vouloit depouiller sur le Theatre, mais on n'en pût venir à bout, parce qu'il avoit je ne sai combien d'habits les uns sur les autres ...» [3]. Das Kontinuitätsgesetz bestimmt auch den Übergang vom Leben zum Tod: «de même que les points distingués dans la courbe se peuvent determiner par la nature generale ou son Equation. On peut tousjours dire d'un animal, c'est tout comme icy, la difference n'est que du plus au moins» [4].

Für E. BECHER stellt die Annahme «einer Regelmäßigkeit der realen Welt», neben der Voraussetzung «des Erinnerungsvertrauens», eine «notwendige, d.h. unentbehrliche letzte Voraussetzung» für «unsere Realitätserkenntnis und Realwissenschaften» dar [5]. Diese beiden «apriorischen, aber nicht denknotwendigen Voraussetzungen» sind «erkenntnis-notwendig», da die «Realwissenschaften ... es nicht nur mit dem unmittelbar gegenwärtigen Bewußtseinswirklichen ..., das allein in direkter Wahrnehmung gegeben und darum grundlegenden Erfahrungsurteilen zugänglich ist», zu tun haben, sondern «auch vergangene und zukünftige, bewußte und außerbewußte Realobjekte» behandeln [6]. Im Unterschied zur «strengeren und bestimmteren wissenschaftlichen Gesetzmäßigkeitsvoraussetzung» ist die «R. ... natürlicher Besitz des vorwissenschaftlichen Erkennens» [7].

Anmerkungen. [1] G. W. LEIBNIZ: Nouv. essais IV, 16, § 12. Akad.-A. VI/6 (1962) 472. – [2] a.O. 473. – [3] III, 6, § 42, a.O. 329; vgl. auch: Br. an R. Ch. Wagner (4. 6. 1710). Philos. Schr., hg. C. I. GERHARDT 7 (1890) 530. – [4] Br. an N. Remond (11. 2. [27. 1.] 1715), a.O. 3 (1887) 635. – [5] E. BECHER: Geisteswiss.en und Naturwiss.en. Unters. zur Theorie und Einteil. der Realwiss.en (1921) 42f. – [6] a.O. 222ff. 42; vgl. Naturphilos., hg. C. STUMPF (1914) 79f. – [7] Geisteswiss.en ..., a.O. 231.

Literaturhinweis. G. SCHOLTZ: Sprung. Zur Gesch. eines philos. Begr. Arch. Begriffsgesch. 10 (1967) 206-237. Y. BELAVAL

Regelung (engl. control). Umgangssprachlich heißt ‹R.› eine von Menschen geschaffene Vorschrift, nach der bestimmte Vorgänge einander zugeordnet oder in eine zeitliche Ordnung gebracht werden. Das entspricht auch der allgemeinen Bedeutung des Wortes ‹regeln› (subst. Regel, von mlat. regula Ordensregel; klass. lat. Richtscheit, Lineal; übertr. Maßstab, Grundsatz). Derzeit verwendet man das Wort ‹R.› jedoch auch im Sinne von ‹selbsttätiger R.›, einem streng definierten Fachausdruck für technische, biologische, aber auch gesellschaftliche Vorgänge, die einen bestimmten Sollzustand (Sollwert) trotz der Wirkung verändernder Einflüsse dadurch aufrechterhalten, daß jede Abweichung gesetzmäßig, also selbsttätig, über einen gesonderten Funktionsweg (Rückkoppelung) eine Gegenwirkung verursacht.

Allgemein spricht man von ‹Rückkoppelung› (engl. feed back), wenn ein Zustand oder Vorgang Wirkungen auslöst, die ihn selbst auf einem gesonderten Funktionsweg rückwirkend wieder beeinflussen, und von ‹negativer Rückkoppelung›, wenn Änderungen eines Vorgangs oder Zustands gerade solche Rückwirkungen auslösen, die den Abweichungen entgegengesetzt sind. Durch die negative Rückkoppelung wird also ein Kreis von Kausalprozessen geschlossen: der Regelkreis. Dessen Funktionieren heißt ‹Regelprozeß›. Dieser hat im Normalfall stabilisierende Wirkung, kann aber bei zu langsamen Reaktionen der Rückkoppelung oder zu intensiven Gegenreaktionen, also allein auf Grund von funktionellen Eigenschaften, seine stabilisierende Wirkung verlieren und statt dessen in selbsterregte Schwingungen übergehen [1]. – Durch die vorstehend wiedergegebene Definition wird der Begriff der selbsttätigen R. zum Alternativbegriff der Steuerung (s.d.).

Als technischer Kunstgriff ist die selbsttätige R. seit der Antike viele Male ersonnen worden [2]. Nachdem die selbsttätige R. im Mittelalter und bis in die beginnende Neuzeit hinein trotz der fortlaufend bewundernswert verfeinerten Automaten- und Uhrentechnik keine nennenswerte Rolle gespielt hatte, entwickelten sich von der zweiten Hälfte des 17. Jh. an zahlreiche regelungstechnische Verfahren auf dem Gebiet der industriellen Technik. Besonders bekannt wurde der Fliehkraftregler (Zentrifugalregulator) für die Laufgeschwindigkeit der

Dampfmaschine von J. WATT (1736-1819). – Für selbsttätige R. in der Technik, aber auch andere Mechanismen der Konstanthaltung, war im 19. Jh. und ist auch heute vorwiegend das Wort ‹regulieren› in Gebrauch, desgleichen dessen Ableitungen ‹Regulation› [3] und auch (früher mehr als heute): ‹Regulator› [4]. – Eine erste Monographie mit dem Titel ‹Dynamik selbsttätiger R.› erschien 1944 [5].

Auch im Bereich der Wirtschaft sind Regelprozesse verwirklicht: Übermäßige Erzeugung einer bestimmten Ware führt zu geringeren Preisen und dies wieder zur Drosselung des Angebots; durch diese negative Rückkoppelung wird die Erzeugung annähernd konstant gehalten. In der zweiten Hälfte des 17. Jh. entwickelten sich entsprechende Vorstellungen sowohl für die Theorien der Volkswirtschaft als auch für die politische Ordnungskonzeption [6]. Jedoch wurde deren Verwandtschaft mit den Regelvorgängen der Technik erst um die Wende zum 20. Jh. explizit formuliert, so z.B. durch H. R. HALL, der zur Erfindung des Zentrifugalreglers bemerkte, hier sei «in die mechanischen Wissenschaften eine sehr schöne Anwendung des Gesetzes von Angebot und Nachfrage eingebracht worden» [7]. 1941 verwendete dann der deutsche Ingenieur H. SCHMIDT den Begriff der R.-Technik zur Kennzeichnung gemeinsamer Probleme und Lösungen auf wirtschaftlichem, sozialpolitischem und kulturpolitischem Gebiet. Er sah R.-Phänomene ausdrücklich nicht nur in den Bereichen der Technik, sondern auch in Verwaltungsproblemen von Großbetrieben und – zeitbedingt – in den Eroberungen des deutschen Reiches [8]. Er hielt es für denkbar, durch die R.-Technik «die natürliche Rangordnung von Leben und Maschine» wiederherzustellen und die durch die Maschine geschaffene «Soziale Frage» zu lösen [9].

R. in der organischen Natur ist die wichtigste Teilfunktion im Rahmen der Homöostase [10]. Die negative Rückkoppelung als biologisches Funktionsprinzip wurde von mehreren Biologen im 19. und 20. Jh. entdeckt [11]. Auf die Analogie zwischen biologischen und technischen Regelprozessen machten aber erst – unabhängig voneinander – H. SCHMIDT [12] und N. WIENER [13] aufmerksam. Vorgänge im Rahmen der Homöostase, die sich ohne negative Rückkoppelung vollziehen, fallen jedoch nicht unter den Begriff der R. [14].

Außerhalb der Technik und der Naturwissenschaft werden die Ausdrücke ‹R.›, ‹regeln›, aber auch ‹Regelsystem› vielfach in ihrer eingangs erwähnten umgangssprachlichen Bedeutung weiterverwendet.

Anmerkungen. [1] H. BARKHAUSEN: Schwingungserregung, in: E. KORSCHELT (Hg.): Handwb. der Naturwiss.en 8 (1913) 1145-1154, hier: 1153f. – [2] A. NEUBURGER: Die Technik des Altertums [1919] (1977) 231. 245; O. MAYR: Zur Frühgesch. der techn. R. (1969) 17ff. – [3] Vgl. Art. ‹Regulation›. – [4] Vgl. z.B. Art. ‹Regler›, ‹Regulator›, ‹Regulieren›, in: BERTELSMANN Lex. 3 (1954) 955. – [5] R. C. OLDENBOURG/H. SARTORIUS: Dynamik selbsttätiger R.en (1944). – [6] O. MAYR: Uhrwerk und Waage: Autorität, Freiheit und techn. Systeme in der frühen Neuzeit (1987) 197ff. – [7] H. R. HALL: Governors and governing mechanisms (Manchester 1903) 1. – [8] H. SCHMIDT: R.-Technik. Die techn. Aufgabe und ihre wirtschaftl., sozialpolit. und kulturpolit. Auswirkung. Z. Vereins dtsch. Ingenieure 85 (1941) 81-88. – [9] a.O. 88. – [10] Vgl. Art. ‹Homöostase›. – [11] B. HASSENSTEIN: Die geschichtl. Entwickl. der biolog. Kybernetik bis 1948. Nat.wiss. Rdsch. 13 (1960) 419-424. – [12] SCHMIDT, a.O. [8]. – [13] N. WIENER: Cybernetics (New York 1948); vgl. Art. ‹Kybernetik›. – [14] B. HASSENSTEIN: Kybernetik und biolog. Forschung, in: F. GESSNER (Hg.): Hb. der Biol. 1 (1960) 641f.

Literaturhinweise. H. SCHMIDT s. Anm. [8]. – N. WIENER s. Anm. [13]. – B. HASSENSTEIN s. Anm. [11] und [14]. – O. MAYR s. Anm. [2] und [6].   B. HASSENSTEIN/H. HILDEBRANDT

Regeneration (von lat. regenerare wieder erzeugen). Lebewesen können verlorengegangene Zellen, Gewebe und Organe ersetzen. Solche R.-Leistungen werden von Biologen wie folgt eingeteilt: a) Die ständig stattfindende physiologische R. dient bei Tieren der Ersatzbildung degenerierter, ausgeschiedener oder abgestoßener kurzlebiger Zellpopulationen (z.B. kernlose Erythrozyten, Sekrete holokriner Drüsen, Haut- und Schleimhautepithelien, Bildungen der Körperdecke). b) Auf zufällige Verletzungen hin treten bei allen Lebewesen Ereignisse der reparativen (traumatischen) R. ein, die von der Wiederherstellung vollständiger Exemplare bei Pflanzen und niederen Tieren aus Teilstücken über die Neubildung von Gliedmaßen und Geweben auch bei einigen Wirbeltieren bis zu eingeschränkten R.-Leistungen bei Säugetieren (Wundheilung und Ersatzbildung von Drüsengewebe) reichen [1].

Beide Formen der R. sind seit der Antike mehr oder weniger systematisch beobachtet und beschrieben worden; zur Deckung menschlichen Bedarfs wurden sie systematisch genutzt: ad (a) z.B. Schafschur, ad (b) zur Vermehrung von Gewächsen durch Stecklinge und Pfropfreiser [2]. ARISTOTELES galten Neubildungsprozesse bei Pflanzen als dem Lebenden eigentümliche Prozesse, wobei die vegetative Grundkraft als Ursache aktualer Einheit einer Pflanze ihre Möglichkeit zur Vielheit erweise [3]. Die Schwierigkeit, daß auch die Vermögen der allgemeinen Wahrnehmung und der örtlichen Bewegung, die auf der Basis des vegetativen Vermögens Tiere als individuelle Einheiten kennzeichnen, offensichtlich teilbar sind (zerschnittene Gliedertiere leben weiter), löst sich für ihn in der Beobachtung, daß das Organ, das Ausgangspunkt für Empfindung und Ortsbewegung ist, bei langen Gliedertieren vielfach vorliegt [4].

Mit den Untersuchungen R.-A. DE RÉAUMURS (1712) und A. TREMBLEYS (1744) setzte die Erforschung des Phänomens der reparativen R. (bei Tieren) ein [5]. Gleichwohl wurde der Begriff ‹R.› erst im 19. und 20. Jh. eindeutig gefaßt; zuvor wechselten die Bezeichnungen (u.a. ‹R.›, ‹Reproduktion›, ‹Reparation› [6]); seitdem wird reparative R. (auch: Restitution) eingeteilt in Reparation (Ersatzbildung durch erneute Zellteilungen an der Wundfläche) und R. (Auswachsen ruhender embryonaler Zellen) [7].

Die Ergebnisse der R.-Forschung haben mehrfach Auswirkungen auf die Theoriebildung in der Biologie gehabt. Im 18. Jh. ergaben sich Schwierigkeiten für die Präformationslehren, die – nach mechanischem Grundsatz, daß nichts neu entstehen könne – auf der Annahme beruhten, Entwicklung sei Ausfaltung (Evolution) der in den Keimzellen in langer Folge eingeschachtelten, vollständig angelegten Lebewesen. CH. BONNET versuchte alles Bildungsgeschehen auf das mechanische Verhalten von vorgebildeten Keimen, die im lebenden Körper verteilt sind, zurückzuführen. Dies war der Grundgedanke seiner «palingénésie» [8]. Werden Teile eines Organismus abgeschnitten, so aktiviert die Nahrung, die zuvor für das Wachstum des Ganzen bestimmt war, den der Schnittstelle nächsten Keim, und er kann sich durch Aufnahme der Nährflüssigkeit ausfalten. Die Ursache dafür, daß der Keim nur die Teile ausdehnt, die das

Ganze verloren hat, soll u.a. in der Beziehung zwischen der Struktur der Keime und der erhalten gebliebenen Körperstruktur zu finden sein [9]. Gleichwohl setzt sich im 18. Jh. die epigenetische Theorie der Entwicklung nicht zuletzt aufgrund der Ergebnisse der R.-Versuche durch. J. F. BLUMENBACH argumentierte, daß Entwicklung nach Zeugung, Erhaltung durch Ernährung und R. als Ersatzbildung gleichartige Vorgänge in Organismen seien, die nur als Wirkungen ein und derselben Kraft («Bildungstrieb»), nicht aber als Ausfaltungen einer Unzahl präformierter Keime widerspruchsfrei zu beschreiben seien. Er grenzte den Begriff ‹Bildungstrieb› («nisus formativus») ausdrücklich von ähnlich lautenden Bezeichnungen ab [10].

Stellt man als wesentliches Element der Darwinschen Lehre heraus, daß die geschlossene Einheit des Organismus nicht länger der Summe seiner Merkmale vorausgesetzt wird und diese lediglich als Erkennungszeichen zu klassifikatorischen Zwecken benutzt werden, daß statt dessen der Organismus als Aggregat seiner Eigenschaften, die in der Folge der Generationen (veränderbar) weitergegeben werden, aufgefaßt wird, so wird deutlich, daß gerade damit die Möglichkeit der Analyse der Bildungsfaktoren eröffnet wurde [11]. Die kausale Erforschung der Ontogenese reicht mit der Frage nach den wirksamen Faktoren in das Gebiet der Vererbungslehre hinein, wie sie, mit den Formbildungsvorgängen befaßt, der (kausalen) Morphologie verhaftet bleibt und gerade dabei Vorgänge, die in das Gebiet der 'Betriebsphysiologie' fallen, in die Untersuchungen einbeziehen muß. Dies erweitert das entwicklungsphysiologische Blickfeld auf Lebensvorgänge am entwickelten Organismus, die als Bildungsprozesse aufgefaßt werden können [12]. In dieser Hinsicht fördern insbesondere die Untersuchungen von R.-Leistungen (der Tiere) vielfältiges Material. H. DRIESCH beginnt einen «Entwurf einer analytischen Theorie der R.» mit einer zusammenfassenden Darstellung des Materials, um Bedingungen und Verlauf von R.en allgemein zu kennzeichnen, und um den Begriff ‹R.› nach Inhalt und Umfang zu klären. Er ordnet R.en als «organisatorische Regulationen» ein. Diese kompensieren im lebenden Organismus «irgendwie gesetzte Störungen» des «normalen Zustandes»; da letzterer das «gesamte Funktionsgetriebe» des Organismus bedeuten soll, spricht Driesch von «funktionellen Regulationen», und seine Klassifikation der verschiedenen R.-Erscheinungen geschieht nach Maßgabe der je besonderen funktionellen Reaktion auf Störungen [13].

Drieschs Bemühungen verweisen auf die Bedeutung, die das Phänomen der R. am Ende des 19. Jh. für die Erforschung der ontogenetischen Gestaltungsvorgänge der Tiere gewinnt [14]. W. ROUX hatte mit der «Entwicklungsmechanik» das kausal-analytische Experiment in das Gebiet der tierischen Formbildung eingeführt. Um die ontogenetische Entwicklung aus mechanischen Ursachen zu erklären, entwickelt er eine neue Präformationslehre: Alle Mannigfaltigkeiten sind am Anfang der Entwicklung vorhanden, nicht als vorgebildete Lebewesen, aber als Faktoren, deren Potenz, das Bildungsgeschehen zu bestimmen, in der Determinationsstruktur des Keimplasmas stofflich-räumlich repräsentiert ist [15]. A. WEISMANN führt diese Theorie einer Determinationsmaschine fort, indem er in der Lehre vom «Keimplasma» eine funktionale Beziehung von Vererbung und Entwicklung herstellt: Materiale Determinanten, die im «Id» bestimmt und dreidimensional angeordnet sind, leiten die Entwicklung. In erbungleicher Teilung werden die Determinanten – gemäß der Architektur des Ids – auf die Zellen verteilt; deshalb werden zur richtigen Zeit am richtigen Ort die von ihnen bestimmten Eigenschaften hervorgerufen [16]. Durch eine Zusatzannahme wird das Problem der R. der Keimplasmalehre adäquat gemacht: Zellen, die der R. fähig sind, verfügen über Ersatzdeterminanten, die als «Neben-Idioplasma» in einigen somatischen Zellfolgen weitergegeben werden [17]. Gegen diese mechanistische Vorstellung, derzufolge nicht nur sämtliche unabhängig vererbbaren Eigenschaften durch materiale Faktoren bestimmt, sondern auch die Anordnung der Teile auf allen Entwicklungsstufen (die atypischen eingeschlossen) im Strukturplan des Determinantenkomplexes präformiert sind, zieht DRIESCH aus den Ergebnissen der R.-Versuche an tierischen Keimen eine vitalistische Konsequenz: Keine nach den Raumrichtungen verschieden gebaute Maschine kann nach Teilung ganz bleiben. Die Hilfsannahme der Nebendeterminanten verweist auf die Schwierigkeit der Maschinenanalogie und auf die Autonomie des lebenden Ganzen. Da diese durch Teilung und räumliche Umlagerung nicht gestört wird, ist der Schluß auf einen Ganzfaktor, der als nichtstoffliches, unräumliches Agens dem Lebendigen auf allen Entwicklungsstufen immanent ist, notwendig [18].

Die Widerlegung von Weismanns präformistischer Theorie der Ontogenese ist nicht durch solche – von E. CASSIRER als «Vitalismus-Streit» [19] bezeichnete – theoretische Erörterung geschehen, sondern durch die experimentell gestützte begriffliche Klärung der Entwicklungsvorgänge [20]. Der Begriff der R. wird insbesondere von TH. H. MORGAN differenziert ausgearbeitet [21]. H. SPEMANN [22] und vor allem C. M. CHILD [23] haben anhand experimenteller Untersuchungen vorbereitet, daß R.en heute als allgemeine Wachstumsleistungen der Organismen aufgefaßt werden [24]: Sie können bei deren zunehmender Differenzierung abnehmen. Ihre Erklärung als Selektionsergebnisse von adaptivem Wert [25] reicht nicht aus, weil R.en damit an natürlicherweise auftretende Verletzungen gebunden werden.

Vergleichende Morphologie und Anatomie haben methodische Bedeutung für onto- und phylogenetische Studien. Aber wie ihre Begriffe, die auf statischen Verhältnissen basieren, Schwierigkeiten bereiten, wenn sie phylogenetisch (historisch) formuliert werden [26], so stößt ihre Interpretation an Grenzen, wenn es um die Darstellung der Dynamik entwicklungsphysiologischer Leistungen geht. TH. H. MORGAN nutzte Ergebnisse der R.-Forschung für die Kritik an E. HAECKELS Erklärung ontogenetischer Formen aus phylogenetischen Zuständen und umgekehrt [27] sowie an dessen «Gastraeatheorie» [28]: Wenn die R. verlorengegangener Teile in unterschiedlich weit differenzierten Stadien der Embryonalentwicklung und teilweise sogar beim ausdifferenzierten Tier zum gleichen Ergebnis führe wie der ursprüngliche Bildungsvorgang, obwohl Ausgangsmaterial und Weg unterschiedlich seien, dann trage eine «ontogenetische These nicht zur Erklärung» phylogenetischer Abläufe bei [29].

Da es heute möglich ist, die verschiedenen R.-Vorgänge unter vollständig kontrollierten Bedingungen ablaufen zu lassen, können die Mechanismen, die diese Prozesse kontrollieren, aufgeklärt werden. Biochemische Interpretationen der Resultate von R.-Versuchen machen es im weiteren möglich, die Zusammenhänge von physiologischen Signalen und spezifisch erfolgenden Reaktionen auf Zellniveau als regulierte Prozesse zu beschreiben [30]. Das hat praktische Konsequenzen für die Medizin [31].

Anmerkungen. [1] J. F. BLUMENBACH: Über den Bildungstrieb und das Zeugungsgeschäfte (1781), ND, hg. L. VON KÁROLYI (1971) 80f.; Handwb. der Nat.wiss.en (^{2}1933) 269ff.; P. FIORONI: Allgem. und vergleich. Embryologie der Tiere (1987) 40. – [2] ARISTOTELES: De part. anim. II, 2, 648 a 2-35; III, 2, 663 b 5-36; THEOPHRAST: Hist. plant. / Naturgesch. der Gewächse I, 1, 3; I, 2, 1f., hg. K. SPRENGEL (1822, ND 1971); G. PLINIUS SEC.: Hist. nat. VII, 63. 68. 211; XI, 130f. 166. 228ff.; XVII, 65f. 67f. 96f. 99ff. u.a.; L. I. COLUMELLA: Zwölf Bücher über Landwirtschaft, hg. W. RICHTER (1981-83) 4; 7, 4; 8, 12. – [3] De an. 411 b 19; 413 b 16. – [4] De part. anim. IV, 5, 682 a 1-29; 6, 682 b 28-683 a 22. – [5] B. MOESCHLIN-KRIEG: Zur Gesch. der R.-Forsch. im 18. Jh. Diss. Basel (1953). – [6] a.O. 5; vgl. dort auch die Titel der im bibliogr. Anh. angef. Quellen. – [7] H. DRIESCH: Die organ. Regulationen, Teil A, Kap. IV (1901) 55-91; E. STRASBURGER u.a.: Lehrb. der Botanik (^{28}1962) 271f. – [8] CH. BONNET: Oeuvres d'hist. nat. et de philos. 1-8 (Neuchâtel 1779-83). – [9] a.O. 3, 23f. – [10] BLUMENBACH, a.O. [1] 13-19. 72ff. 76ff. – [11] J. SCHAXEL: Grundzüge der Theoriebildung in der Biologie 3. 4 (1922) bes. 82ff. 59f. – [12] W. SCHLEIP: Entwicklungsmechanik und Vererbung bei Tieren, in: Hb. der Vererbungswiss. 3 (1927) 1. – [13] DRIESCH, a.O. [7] Teil A, Kap. IV; Teil B, Kap. If.; vgl. Art. ‹Regulation›. – [14] SCHAXEL, a.O. [11] 55-81. – [15] Zusammenfassend: SCHAXEL, a.O. [11]. – W. ROUX: Die Selbstregulation (1914) bes. 43-46. 55-60. – [16] A. WEISMANN: Die Continuität des Keimplasmas (^{2}1892). – [17] Vortr. über Descendenztheorie 2 (1902) Vortr. 21f. – [18] H. DRIESCH: Philos. des Organischen (1908, ^{2}1921) 1, 139f.; 2, 181f. – [19] E. CASSIRER: Das Erkenntnisproblem in der Philos. und Wiss. der neueren Zeit 4 (Zürich 1950) 195-222. – [20] SCHLEIP, a.O. [12] 12ff. 70ff. – [21] TH. H. MORGAN: Regeneration (London 1901), dtsch. (1907); zur Widerlegung der erbungleichen Kernteilung vgl. O. HERTWIG: Das Werden der Organismen (^{3}1922) 128ff.; MORGAN: The phys. basis of heredity (Philadelphia 1919), dtsch.: Die stoffl. Grundlage der Vererbung (1936) 19f. 131ff. – [22] H. SPEMANN: Experiment. Beitr. zu einer Theorie der Entwicklung (1936). – [23] C. M. CHILD: Die physiolog. Isolation von Teilen des Organismus als Auslösungsfaktor der Bildung neuer Lebewesen und der Restitution, in: W. ROUX (Hg.): Vortr. und Aufs. über Entwicklungsmechanik der Organismen 11 (1911). – [24] a. O. [1]. – [25] So bei WEISMANN, a.O. [17] 4f. 26f. 34f. u.a. – [26] Vgl. W. ZIMMERMANN: Evolution (1953) 519 (Homologiebegriff). – [27] E. HAECKEL: Gen. Morphologie der Organismen 2, Kap. 20. 26 (1866, ND 1988). – [28] Vgl. Welträtsel (1899) 93f.: «biogenet. Grundgesetz»; 69ff.: «Gastraea-Theorie». – [29] MORGAN: Reg, a.O. [21]. – [30] M. G. ORD: Cell and tissue regeneration. Cell Biology, Monographs 2 (New York 1984). – [31] J. L. VAN-LANCKER: Molecular and cellular mechanisms in disease 1-2 (1976) 2, 893-941.

Literaturhinweise. TH. H. MORGAN s. Anm. [21]. – C. M. CHILD s. Anm. [23]. – H. SPEMANN s. Anm. [22]. – B. MOESCHLIN-KRIEG s. Anm. [5]. – C. S. THORNTON u.a.: Vertebrate regeneration. Benchmark Papers biolog. Concepts 2 (Stroudsburg, Pa. 1973). H. HOMANN

Regio dissimilitudinis. Als ‹regiones› (Ort, Region, Bereich) werden in der Patristik und im lateinischen Mittelalter die größeren Bereiche des Weltalls bezeichnet, zuerst im engeren physikalischen (so etwa «r. aeris» [1], «suprema r. ignis», «inferior r. ignis» [2] u.ä.), danach auch im allgemeineren physikalischen Sinne («r. incorporeae naturae», «r. lucis et tenebrarum» [3]). MEISTER ECKHART benutzt oft den Ausdruck «Bereich des Intellekts» («r. intellectus», «r. intellectualis» [4]). HEINRICH SEUSE überträgt diesen Begriff mit «vernúnftige(s) land» [5].

Eine Sonderentwicklung hatte der Begriff ‹r.d.› (Land der Unähnlichkeit), den AUGUSTINUS mit Rekurs auf einen platonischen, wahrscheinlich über PLOTIN übernommenen Gedanken prägte. PLATON hatte in einer kosmologischen Allegorie die Welt mit einem Schiff verglichen, das von seinem Steuermann (Gott) davor bewahrt werden soll, in den «Ort der Unähnlichkeit» (ἀνομοιότητος ... τόπον), d.h. in den Ort des kosmischen Chaos zu versinken [6]. PLOTIN radikalisiert den Begriff des ἀνομοιότητος ... τόπος zum totalen spirituellen Untergang [7]; AUGUSTINUS übersetzt den Ausdruck mit «r.d.» und versteht ihn als den Ort des Scheins und der Sünde, in dem man sich befindet, wenn man sich von Gott entfernt hat: «ich nahm wahr, daß ich mich weit von Dir in dem Land der Unähnlichkeit befand» («inveni longe me esse a te in r.d.») [8]. Damit gibt Augustinus gleichzeitig eine elegante Deutung des biblischen Bildes eines «fernen Landes» («r. longinqua»), von dem in der Parabel des verschwenderischen Sohnes die Rede ist [9], und dies ganz im Sinne des Platonismus.

Im 12. Jh. wird der Begriff ‹r.d.› besonders bei den geistlichen Schriftstellern zu einem beliebten literarischen Topos und zum Schlüsselwort monastischer Spiritualität. Der wichtigste Beitrag zu seiner weiteren Konturierung stammt von BERNHARD VON CLAIRVAUX und WILHELM VON ST. THIERRY, die das «Land der Unähnlichkeit» als die irdische Welt verstehen, in die die Menschheit infolge der Sünde Adams verbannt worden ist [10]. Beide sind hierbei von Augustinus abhängig, doch im Falle von Wilhelm von St. Thierry ist die begründete Vermutung geäußert worden, daß er über den augustinischen Text hinaus einen direkten Zugang zu den platonischen und neuplatonischen Originalen gehabt haben mochte [11]. Bernhards und Wilhelms Interpretation folgten u.a. die Viktorinerschule (HUGO, JONAS, GOTTFRIED und RICHARD VON ST. VIKTOR) und die Theologen der Frühscholastik (ANSELM VON LAON, PETRUS LOMBARDUS), und sie taucht in der theologischen Literatur des 13. und 14. Jh. immer wieder auf (z.B. bei ALBERTUS MAGNUS [12] und THOMAS VON AQUIN [13]). In seinen deutschen Schriften übersetzt MEISTER ECKHART den Ausdruck mit «land des unglichnisses» [14] und adoptiert an zahlreichen Stellen die traditionelle Begriffsdeutung. Original klingt jedoch Eckharts Versuch, im Rahmen seiner negativen Theologie die «Unähnlichkeit» nicht mehr als menschliches, sondern als göttliches Merkmal zu verstehen: «im Gott aller Gnade selbst, ... wo es Gutes noch Süßes noch Sein gibt, sondern darüber hinaus im Land und im Reich der unbegrenzten Unähnlichkeit» («supra in r. et regno d. infinitae») [15]. Diese radikale Umdeutung, die keine Rezeption fand, dürfte der letzte, gescheiterte Versuch des Mittelalters gewesen sein, einem nun schon zum literarischen Topos erstarrten Begriff neues Leben zu verleihen.

Anmerkungen. [1] Sog. Summa Halensis ... (Quaracchi 1928) 2, 609. – [2] THOMAS VON AQUIN: S. theol. I, 68, 4 c. – [3] Quaest. disp. de ver. 19, 1, resp. a. 14; Sup. Evang. Iohannis 18, lect. 6, hg. R. CAI (Turin 1952) 439. – [4] MEISTER ECKHART: In Gen. II, n. 54. 80. Lat. Werke 1/1 (1964) 522. 542; Serm. 29. 54, a.O. 4 (1956) 270. 443 u.ö. – [5] HEINRICH SEUSE: Buch der Wahrheit 5. Dtsch. Werke, hg. K. BIHLMEYER (1907) 338, 19. – [6] PLATON: Polit. 273 d; belegt ist allerdings auch die Lesart πόντον statt τόπον, die manche Editoren bevorzugen: vgl. PLATON: Oeuvr. compl. 9/1, hg. A. DIES (Paris 1935) 28 (Anm.). – [7] PLOTIN: Enn. I, 8, 13. – [8] AUGUSTINUS: Conf. VII, 10. – [9] Luc. 15, 13. – [10] Vgl. z.B. BERNHARD VON CLAIRVAUX: Sermo de diversis 40. Opera, hg. J. LECLERCQ/C. H. TALBOT/H. M. ROCHAIS 6/1 (Rom 1970) 237; WILHELM VON ST. THIERRY: Meditativae orat. 4. MPL 180, 21 DB. – [11] J.-M. DÉCHANET: Guillaume et Plotin. Rev. moyen âge latin 2 (1946) 241-260. – [12] ALBERTUS MAGN.:

De natura boni 192. Op. omn. 25/1, hg. E. FILTHAUT (1974) 78; Sup. Matth. I, 1, a.O. 21/1, hg. B. SCHMIDT (1987) 12 sowie VI, 32, a.O. 239. – [13] THOMAS: Sent. I, d. 3, q. 4, a. 1, ad 7. – [14] MEISTER ECKHART: Pr. 37, in: Paradisus anime intelligentis, hg. PH. STRAUCH (1919) 85, 29-32; Pr. 1, a.O. 7, 23f. – [15] Serm. 9, a.O. [4] 2/2 (1958) 96f.

Literaturhinweise. G. DUMEIGE: Art. ‹Dissemblance›, in: Dict. de spiritualité 3 (Paris 1957) 1330-1346. – M. SCHMIDT: Regio dissim. Ein Grundbegriff mhd. Prosa im Lichte seiner lat. Bedeutungsgesch. Freiburger Z. Philos. Theol. 15 (1968) 63-108; mit ausführl. weiterf. Lit.angaben, bes. 64. – E. TE SELLE: 'Regio dissim.' in the Christian trad. and its context in Late Greek philos. August. Studies 6 (1975) 153-179; mit ausführl. Bibl.

L. STURLESE

Regression (von lat. regredi zurückgehen; subst. regressus, regressio)

I. – Mit ‹R.› bezeichnet man heute in der *Biologie* den Abbau von Merkmalen höherer Organisation in einer Organismenlinie, der in der Regel durch einen als phylogenetisch erworbene Abkürzung des Entwicklungsablaufs gedeuteten Wegfall von Endstadien der Individualentwicklung zustande kommt. Eine solche R. ist insbesondere feststellbar bei Organen, die im weitesten Sinne für den Nahrungserwerb entstanden sind und in für sessile oder parasitäre Lebensweisen geeigneten Biotopen funktionslos wurden [1]. Daneben dient ‹R.› in der Ökologie zur Bezeichnung einer Vegetationsentwicklung, die durch eine Entfernung von der Klimax gekennzeichnet ist und bis zur völligen Vernichtung alles Lebendigen in dieser Region reichen kann; solche Sukzessionsschritte sind die Folge geänderter Standortverhältnisse (Vermoorung, Regen- und Winderosion nach menschlichen Eingriffen) [2]. In der Ethologie schließlich werden bestimmte Verhaltensweisen dann mit ‹R.› bezeichnet, wenn sie als Reaktivierung ontogenetisch alter Verhaltensmuster in Konfliktsituationen gedeutet werden können [3].

Geschichtlich hat der Begriff ‹R.› seinen Ursprung in der Bezeichnung «reversion» («Rückschlag» [4]), die CH. DARWIN für das Phänomen einführt, daß im Vergleich zwischen aufeinanderfolgenden Generationen die Nachkommen gekreuzter Formen einem großelterlichen oder entfernteren Verwandten ähnlicher sind als ihren Eltern [5]. Der Fehlschlag des Versuchs von F. GALTON, die für dieses Phänomen von Darwin entwickelte Theorie der Pangenesis [6] experimentell zu überprüfen, veranlaßt jenen, Darwins Annahmen in großen Teilen abzulehnen und statistische Methoden der Vererbungsforschung zu entwickeln [7]. Unter Rückgriff auf die von A. Quetelet eingeführte mathematische Behandlung biologischer Variation untersucht Galton die Beziehung zwischen Populationen, die durch Vererbung miteinander verbunden sind (Generationsfolgen), als quantitative Relation ihrer Merkmale. Sein Ziel ist, mit der Erfassung der Abhängigkeit der Häufigkeit von Merkmalsausprägungen der Nachkommen von derjenigen ihrer Eltern ein Mittel zu gewinnen, die Merkmalswerte vorauszusagen. Berechnungen der Relation quantitativ-kontinuierlicher Merkmale in Populationen von Eltern und Nachkommen ergeben eine solche Regelmäßigkeit, daß Galton die statistische Beziehung zwischen den Mittelwerten zweier Variablen als Ausdruck zweifelsfreier gesetzmäßiger Verwandtschaftsbeziehungen ansieht und die «reversion» im Begriff der R. der Nachkommen auf die Eltern faßt [8] (z.B. ordnete er Eltern nach Größen in Klassen und errechnete die Durchschnittsgröße der Kinder in den verschiedenen Klassen. Daraus lassen sich R.-Linie und R.-Koeffizient errechnen). R. ist damit zum Maß der durchschnittlichen Erblichkeit eines Merkmals geworden.

Allerdings ermöglicht Galtons R.-Gesetz nicht, das Vererbungsgeschehen und die materielle Basis der Vererbung zu verstehen. W. JOHANNSEN bringt deshalb das R.-Gesetz in einen Zusammenhang mit der Frage, ob und wie Selektion an kleinen Abweichungen eines Merkmals vom «Typus» einer Population ansetzen und Evolution befördern könne. Mit der begrifflichen Unterscheidung von ‹Genotypus› und ‹Phänotypus› sowie mit der methodischen Abgrenzung beider Begriffe durch Züchtung «reiner Linien» legt er die Grundlage dafür, statistische Methoden inhaltlich begründet auf das Vererbungsgeschehen anzuwenden [9]. GALTONs Hoffnung, mit statistischen Verfahren – R. und Korrelation biologischer Messungen – die Gesetze der Vererbung zu erforschen, zielen auf deren überlegte Anwendung; er prägt den Terminus ‹Eugenik› als Namen einer Disziplin, die die Bedingungen der Verbesserung des menschlichen Erbguts untersuchen soll [10]. Sein Schüler K. PEARSON entwickelt die statistische Theorie in diesem Sinne weiter: als Band zwischen der Mathematik von R. und Korrelation und der Eugenik, deren Problem die erbliche Beziehung zwischen Generationen ist [11]. Der Grundgedanke ist der Zusammenhang zwischen R. (als Maß für die durchschnittliche Erblichkeit eines Merkmals) und Selektion: Selektion kann eine Veränderung der Merkmalsausbildung in Richtung ihrer wirksamen Faktoren bewirken, weil Nachkommenpopulationen eine gleichartige, aber weniger ausgeprägte Abweichung vom Mittel eines Merkmals zeigen wie die Elternpopulation. Später dehnt Pearson die R.- und Korrelationsrechnung auf die Beurteilung geistiger Fähigkeiten aus und begreift seine Meßmethoden als Instrumente der Anwendung der Darwinschen Selektionstheorie auf Bevölkerungs- und Bildungspolitik [12]. Ob geistige Fähigkeiten den dafür vorausgesetzten Axiomen der Meßtheorie genügen, ist bis heute in der Psychologie umstritten [13]. In der Biologie setzt sich nach dem Ersten Weltkrieg die Mendelsche Methode der Berechnung von Variabilität durch [14], was dem R.-Begriff seine Doppeldeutigkeit als statistisches Verfahren und realer Vorgang entzieht.

Anmerkungen. [1] B. RENSCH: Neuere Probleme der Abstammungslehre (1947) 261f. – [2] H. ELLENBERG: Vegetation Mitteleuropas (1978) 344ff.; J. BRAUN-BLANQUET: Pflanzensoziol. (1964) 652ff. – [3] W. WICKLER: Vergleichende Verhaltensforschung (1961). – [4] Vgl. die dtsch. Übers. in: CH. DARWIN: Ges. Werke, übers. J. V. CARUS (1875-88) u.a. 4, 1f. 405f.; vgl. auch: E. HAECKEL: Generelle Morphologie 2 (1866) 181f. – [5] CH. DARWIN: The variation of animals and plants under domestication [1868]. Works 8 (New York 1910, ND 1972) 394f. – [6] Pangenesis: Vererbung erworbener Eigenschaften durch kleinste Teilchen einer Zelle – Pangene bzw. Gemmulae –, die im Blut zirkulieren, vgl. a.O. 396-399. – [7] Vgl. A. BARTHELMESS: Vererbungswiss.en (1952) 137. – [8] Vgl. D. A. MACKENZIE: Statistics in Britain (Edinburgh 1981) 61ff. – [9] W. JOHANNSEN: Elemente der exakten Erblichkeitslehre (1909); vgl. BARTHELMESS, a.O. 234ff. – [10] H. STUBBE: History of genetics [orig.: Kurze Gesch. der Genetik (1902)] (Cambridge, Mass. 1972) 177ff. – [11] MACKENZIE, a.O. [8] Kap. 3. – [12] D. A. MACKENZIE: Statistical theory and social interest. Social Stud. Sci. 8 (1978) 34-83, hier: 54ff.; M. BILLIG: Die rassist. Internationale [Psychology, Racism & Fascism (Birmingham 1979)] (1981) 37ff. – [13] Vgl. B. ORTH: Einf. in die Theorie des Messens (1974); H. GRÜNWALD: Die sozialen Ursprünge psycholog. Diagnostik (1980). – [14] MACKENZIE, a.O. [8] Kap. 8.

Literaturhinweise. W. B. PROVINE: The origins of theoret. population genetics (Chicago 1971). – M. BILLIG s. Anm. [12]. – D. A. MACKENZIE s. Anm. [8].

H. HOMANN

II. – In der *Psychoanalyse* unterscheidet man mit S. FREUD ‹R.› als beschreibenden von ‹R.› als erklärendem Begriff. Im ersteren Sinne meint ‹R.› den Rückgang der Erinnerung zu den die Neurose auslösenden, traumatisch wirkenden Szenen und Ereignissen [1] wie auch den Rückgang empirisch beobachtbarer Ich-Leistungen und Triebentwicklungen unter dem Einfluß von psychischen bzw. somatischen Belastungen, insbesondere von solchen frustrierenden Charakters [2], auf ein niedrigeres, zeitlich schon früher einmal erreichtes Niveau des Verhaltens und Erlebens, das ontogenetisch und/oder phylogenetisch vorgebildet ist [3]. Vom Phänomen her gesehen handelt es sich dann um formale oder topische R. Wenn man unterstellt, daß der 'normale' Erregungsablauf vom Unbewußten – oder von sinnlichen Perzepten – über das Vorbewußte zum Bewußtsein progressiv verläuft, dann geht der pathologische, wie er paradigmatisch im Traum sich realisiert, umgekehrt, i.e. regressiv vonstatten [4]. Hierbei kommt es insbesondere zu R.en der psychischen Darstellungsmodi, insofern als nunmehr bevorzugt Bilder im Bewußtsein repräsentiert werden, die den Gesetzen des Primärprozesses unterliegen [5], was einer «funktionellen» R. entspricht [6].

Als erklärendes Konzept wird der Begriff ‹R.› benutzt, wenn eine Aussage über das Organisationsniveau der postulierten psychischen Systeme (Es, Ich, Über-Ich) gemacht werden soll, etwa in der Form 'Beim Patienten XY finden wir eine R. auf ein primitiv-archaisches Über-Ich', was möglich ist, weil das «primitiv Seelische ... im vollsten Sinne unvergänglich» ist [7]. Damit wird eine genetische R. der psychischen Apparate zur Erklärung des beobachteten Zustands eines Patienten herangezogen, der eine «strukturelle» R. [8] korreliert. Solchen Phänomenen wird zugleich eine «energetische» R. zugeordnet, d.h., es wird supponiert, daß die beobachteten Verhaltensformen mit triebnaher psychischer Energie ausgeführt werden [9].

Auch in therapeutischer Perspektive spielt der Begriff der R. in der Psychoanalyse und bei der Herstellung hypnotischer Zustände eine große Rolle. Die psychoanalytische Behandlungstechnik begünstigt die R. des Patienten zu infantilen Einstellungen und Erlebnisverarbeitungen. Auf diesem Wege soll der pathogene Konflikt des Kranken zu einer klareren Darstellung kommen wie auch die Chance gegeben werden, daß der Analysand Erinnerungen produziert, die an traumatische Situationen heranführen oder sie direkt schildern. Damit entsteht eine neue regressive Ausgangslage, die in Verbindung mit den Interventionen des Analytikers eine progressive Entfaltung des Analysanden, u.U. einen «Neuanfang» [10], ermöglicht und gleichzeitig den Wiederholungszwang aufhebt [11]. C. G. JUNG meint, und drückt damit eine Hoffnung aus, die von Freud kaum geteilt wird, aus dem «Unbewußten» der «kollektiven Psyche, ... (als) natürlicher Matrix des menschlichen Geistes», entfalte sich – sozusagen völlig autonom – «eine neue und brauchbare Einstellung» [12]. Falls die therapeutische R. günstig verläuft, spricht man von benigner R. Ihr steht die maligne R. gegenüber [13]; hier gehen infolge ungünstiger Verhältnisse die regressiven Verhaltens- und Erlebnisformen womöglich in chronisch-refraktäre Zustände über.

Eine bedeutsame Rolle spielen der R. verwandte Begriffe auch in der Neurologie und Psychiatrie. H. JACKSON, von dem evolutionistischen Gedanken H. Spencers beeinflußt, spricht vom Aufbau und Abbau, von der strukturellen Schichtung der zentral-nervösen Leistungen und ihren anatomischen Organen und postuliert analoge Verhältnisse für psychische Leistungen [14]. Ähnliche Auffassungen waren von anderen Autoren schon zuvor entwickelt worden, insbesondere aber wird dann durch P. JANET [15] und S. FREUD die Theorie von der genetisch-hierarchischen Gliederung der psychischen Systeme (Freud wandte das Modell in fruchtbarer Weise für die Erklärung der Aphasien an [16]) und ihrer Funktionen begründet. Im Sinne dieser Konzeption werden die 'Geistes'-Störungen (die Psychosen, Perversionen und Neurosen umfassen) «als Desorganisation des psychischen Wesens» betrachtet, und die Psychiatrie wird so zur Wissenschaft von diesen Auflösungen (Agenesien, Desintegrationen) [17].

Anmerkungen. [1] S. FREUD: Zur Gesch. der psychoanalyt. Bewegung (1914). Ges. Werke 10, 47. – [2] Vgl. A. FREUD: The mutual influences in the development of Ego and Id. Psychoanal. Study Child 7 (1952) 42-50, hier: 49f.; I. DOLLARD u.a.: Frustration and aggression (New Haven 1939); sowie R. BARKER/T. DEMBO/K. LEWIN: Frustration and regression; an experiment with young children. Studies Child Welfare 18, 1 [Studies in topolog. and vector psychol.] (Iowa 1941). – [3] S. FREUD: Totem und Tabu (1913). Ges. Werke 9. – [4] Die Traumdeutung (1900), a.O. 2/3, 542ff. 547-553. – [5] a.O. 593. 607; W. LOCH: R. Über den Begriff und seine Bedeutung in einer allgemeinen psychoanalyt. Neurosentheorie. Psyche 17 (1963/64) 516-545. – [6] J. E. GEDO/A. GOLDBERG: Models of the mind (Chicago/London 1973). – [7] Zeitgemäßes über Krieg und Tod (1915), a.O. 10, 337. – [8] J. SANDLER: From safety to superego (New York/London 1987). – [9] E. JACOBSON: The self and the object world (New York 1964) 16. – [10] M. BALINT: Therapeut. Aspekte der R. (1968). – [11] I. MALCALPINE: The development of the transference. Psychoanal. Quart. 19 (1950) 501; D. W. WINNICOTT: Withdrawal and regression. Coll. papers (New York 1958) 255-261. – [12] C. G. JUNG: Einige Aspekte der modernen Psychotherapie, in: Praxis der Psychotherapie (1958) 30-37, hier: 37. – [13] M. BALINT: The benign and the malignant forms of regression. Bull. Philadelphian Ass. Psychoanalysis 13 (1963) 203-205. – [14] H. JACKSON: Croonian lectures. Sel. writings, hg. H. STOUGHTON (London 1931). – [15] P. JANET: L'automatisme psycholog. (Paris 1889). – [16] S. FREUD: Zur Auffassung der Aphasien (1891). – [17] H. EY: Esquisse d'une conception organe-dynamique, in: H. W. GRUHLE u.a. (Hg.): Psychiatrie der Gegenwart 1-2 (1963) 725.

Literaturhinweise. M. BALINT: Angstlust und R. (1959). – J. A. ARLOW: Psychoanalytic concepts and the structural theory (New York 1964). – B. DEJUNG: R. im Verhalten des Menschen (1967). – F.-J. LAPLANCHE/J. B. PONTALIS: Das Vokabular der Psychoanalyse (1972).

W. LOCH

Regressus/progressus. Obwohl die Lehre des «r. demonstrativus» im aristotelischen Corpus nicht enthalten ist [1], gehört sie – spätestens seit der Erneuerung der Beweistheorie durch GALEN – zu einem der Hauptpunkte der wissenschaftstheoretischen Diskussion von THEMISTIUS [2] über AVERROES [3] bis in die Renaissance hinein. Bis zur 'wissenschaftlichen Revolution' des 17. Jh. (GALILEI, DESCARTES, NEWTON) war der r. gleichsam das Schlüsselergebnis der scholastischen Wissenschaftstheorie: das Instrument, mit dem man mit logischer Stringenz die näheren Ursachen der natürlichen Phänomene auffinden zu können meinte [4]. Der r. ist ein aus zwei zusammengesetzten Schlüssen bestehendes Verfahren: zum einen der Schluß von einer beobachteten Wirkung auf ihre Ursache, zum zweiten der Schluß von der Ursache auf ihre beobachtete Wirkung.

Eine zentrale Rolle wurde dem r. in der naturphilosophischen Forschung zugeschrieben, sein Ursprung ist aber rein logisch: Der r. entstammt einer in Anal. post. I, 13 (78 a 21ff.) von ARISTOTELES eingeführten Unterscheidung zwischen der ἀπόδειξις τοῦ διότι (demonstratio propter quid, Beweis des Grundes für den Sachverhalt) und der ἀπόδειξις τοῦ ὅτι (demonstratio quia, Beweis des Bestehens des Sachverhaltes). Ein Beispiel für die «demonstratio quia»: Himmelskörper, die der Erde nahe sind, funkeln nicht; Planeten sind der Erde nahe, also funkeln Planeten nicht. Der Schluß beweist das Enthaltensein einer beobachteten Wirkung (das Nichtfunkeln) in einem Subjekt (die Planeten) durch Bezug auf eine Mitte (die Nähe zur Erde), die als Ursache für den Sachverhalt dient. Bei demselben Beispiel läuft die «demonstratio propter quid» umgekehrt so, daß die Mitte (die Nähe zur Erde) nicht der Spezifikation der Wirkung, sondern der Ursache dient: Himmelskörper, die nicht funkeln, sind der Erde nahe; Planeten funkeln nicht; also sind Planeten der Erde nahe [5]. Durch solche Beispiele wollte Aristoteles klarmachen, wodurch sich der r. von dem «circulus in demonstrando» unterscheidet: Der «circulus» schreitet von der Wirkung zur Ursache unmittelbar fort (und umgekehrt), also ohne Einbeziehung einer von außen kommenden Mitte; der r. beweist dagegen per Kombination zweier wahrer Schlüsse – im r. werden nicht bloß zwei Sätze miteinander bewiesen, sondern ein beobachteter Sachverhalt in seinem Verhältnis von Grund und Folge geprüft [6].

Der r. ließ sich auf die konkrete Praxis der Naturwissenschaften durch die Unterscheidung zwischen dem ἡμῖν γνωριμώτερον (notius nobis, uns bekannter) und dem τῇ φύσει γνωριμώτερον (notius natura, der Natur nach bekannter) zurückführen [7]. Die zwei Wege aus Anal. post. I, 13 wurden durch einen dritten Weg – die «demonstratio potissima» – ergänzt, der die ersten in sich zusammenschließt; der r. wurde mit dem Prozeß gleichgesetzt, der von einer beobachteten Wirkung durch die drei Beweisarten zur Herausfindung der Ursache führt. In der Renaissance arbeitete man mit dem folgenden vierstufigen Schema: a) Wir erlangen durch Beobachtung eine 'konfuse' Erkenntnis von der Wirkung; b) durch Induktion und «demonstratio quia» (Analysis) haben wir eine 'konfuse' Erkenntnis der Ursache; c) durch eine vernunftgesetzte Erwägung (negotiatio mentalis, meditatio, consideratio) erlangen wir eine 'deutliche' Erkenntnis der Ursache und können die Notwendigkeit ihrer Verbindung mit der Wirkung begreifen; d) durch «demonstratio propter quid» (Synthesis) erlangen wir schließlich die 'deutliche' Erkenntnis der Wirkung vermittels der sie notwendig machenden Ursache (demonstratio potissima) [8].

Es ergibt sich die Frage, wie man diese «negotiatio mentalis» gestalten soll. In seinem Traktat ‹De regressu› (1578) gibt G. ZABARELLA (1533-1589) das folgende Beispiel: In Phys. I, 7 (189 b 31ff.) beweist ARISTOTELES, daß für das Stattfinden einer Entstehung eine zugrundeliegende Materie notwendigerweise da sein muß. Der Prozeß, der Aristoteles zu diesem Beweis führt, läßt sich als r. in vier Stufen rekonstruieren: a) Man geht von der Beobachtung aus, daß in einem natürlichen Körper eine Materie der substantiellen Form zugrunde liegt; b) durch Induktion und «demonstratio quia» findet man die Ursache der Entstehung in der Materie des Körpers, allerdings immer durch 'konfuse' Erkenntnis; c) eine Verdeutlichung dieses Sachverhaltes ergibt sich anläßlich der Erwägung des Begriffs ‹Materie›: Man stellt unter anderem fest, daß die Materie Grundlage der Entgegensetzung «privatio/habitus» und als solche auch Prinzip jeder Veränderung ist; d) diese Definition der Materie dient als Beweisgrund für den letzten Schritt des r., die «demonstratio potissima»: Durch Bezug auf die Materie kann die Entstehung in einem natürlichen Körper mit Notwendigkeit erklärt werden [9].

Über den Einfluß des aristotelischen r. auf G. GALILEI wurde heftig debattiert [10]. Sicher ist aber, daß die Idee des r. als Kern jedes wissenschaftlich orientierten Verfahrens angesehen werden kann: Es geht dabei um den Aufstieg von dem beobachteten Sachverhalt zu den mit ihm verbundenen theoretischen Strukturen und um den Abstieg (r.), der die beobachteten Daten aufgrund der Strukturen erklärt. Selbstverständlich ist mit dem r. eine Aporie verbunden: Seine Beweiskraft ist nicht gültig, weil der r. zum einen auf einer «petitio principii» über die Vernünftigkeit unserer «negotiatio mentalis» und zum anderen auf einer stillschweigenden Voraussetzung über den Realitätsbezug unserer Aussagen beruht. Um ein Beispiel zu geben: Wenn wir «per regressum» beweisen, daß sich das Lachen Peters im Theater durch sein Menschsein erklären läßt, müssen wir einerseits voraussetzen, daß das Lachen dem Menschen als «animal rationale» zugehört, und andererseits, daß unsere Aussage überhaupt einen Sinn hat [11]. Man sieht dennoch, daß das Interesse der modernen Wissenschaft für den r. genau darin liegt, daß sich unsere «negotiatio mentalis» in eine Überlegung über die logische Struktur des von uns verwendeten Sprachgebrauchs verwandelt. In der Tat hat die moderne Wissenschaftstheorie zwei Probleme klargestellt, die bei A. NIFO (1469/70-1538) und ZABARELLA ansatzweise vorhanden waren: a) das Bedürfnis nach einer Klärung der Bedeutung der Termini, die das Verhalten beobachteter physischer Objekte beschreiben; b) die Feststellung der Notwendigkeit, aufgrund der vielfältigen Natur der beobachteten Sachverhalte eine Liberalisierung und folglich eine Mehrzahl von regressiven Beweisarten in Betracht zu ziehen [12].

Anmerkungen. [1] Vgl. G. PAPULI: La teoria del r. come metodo scient. negli autori della scuola di Padova, in: L. OLIVIERI (Hg.): Aristotelismo veneto e scienza moderna (Padua 1983) 221-273 mit Bibliogr.; H. STEKLA: Der r. ad infinitum bei Aristoteles (1970). – [2] THEMISTIUS: Analyt. post. paraphr. I, 2-3, 20. 21-22; In lib. De anima paraphr. I, 7-10; vgl. PAPULI, a.O. 221. 273f. – [3] ARISTOTELIS opera cum AVERROIS comment. (Venedig 1562-74, ND 1962) I/2a, 207b-234b; I/2b, 53b-57b; IV, 6b-7a, 434a-b; vgl. PAPULI, a.O. 221. 274. – [4] Vgl. N. JARDINE: Epistemology of the sciences, in: CH. B. SCHMITT u.a. (Hg.): The Cambr. hist. of Renaiss. philos. (Cambridge 1988) 685-693. – [5] Vgl. G. ZABARELLA: De regressu. Opera logica (Köln 1597, ND 1966) 483f. – [6] Vgl. W. RISSE: Zabarellas Methodenlehre, in: OLIVIERI (Hg.), a.O. [1] 155-172, hier: 166. – [7] ARISTOTELES: Anal. post. I, 2, 71 b 9-12; Anal. prior. II, 23, 68 b 35ff.; Phys. I, 1, 184 a 10-16. – [8] Vgl. z.B. A. NIFO: Expos. sup. octo Arist. lib. De physico auditu (Venedig 1552) fol. 8ʳ; vgl. JARDINE, a.O. [4] 688. – [9] ZABARELLA, a.O. [5] 485-489; vgl. F. NICOLAI: Bem. über den log. Regressus, nach dem Begriffe der alten Kommentatoren des Aristoteles, in: Philos. Abh. (1808, ND 1968) 197-228; dazu H.-J. ENGFER: Philos. als Analysis (1982) 30-32. 92-97. – [10] Vgl. J. H. RANDALL: The development of scient. method in the School of Padua. J. Hist. Ideas 1 (1940, ND 1961) 177-206; A. KOYRÉ: Galileo and Plato. J. Hist. Ideas 4 (1943) 400-428; ENGFER, a.O. 97-102. – [11] Vgl. A. CRESCINI: La teoria del r. di fronte all'epistemologia moderna, in: OLIVIERI (Hg.), a.O. [1] 575-590, hier: 578. – [12] a.O. 580.

Literaturhinweise. R. GOCLENIUS: Lexicon philos. (1613, ND 1964) 973f. – J. MICRAELIUS: Lexicon philos. (²1661) 456: ‹Epanodos›; 1140-1142: ‹Progressio›; 1210: ‹Regressus›. – S. CHAUVIN: Lexicon philos. (Leeuwarden ²1713, ND 1967) 563f. – J. G. WALCH: Philos. Lex. (⁴1775, ND 1968) 600. – J. H. ZEDLER: Grosses vollst. Univ.-Lex. (1732-50) 30, 1902f. – J. H. RANDALL s. Anm. [10]. – N. W. GILBERT: Renaissance concepts of method (New York 1960) 164-179. – W. RISSE: Logik der Neuzeit 1 (1964) 217. 228. 246f. 289f. – H.-J. ENGFER s. Anm. [9]. – G. PAPULI s. Anm. [1]. – A. CRESCINI s. Anm. [11]. R. POZZO

Regressus/progressus in infinitum. Den Ausdruck ‹r. in i.› kennt die Scholastik nicht; sie spricht durchweg von einem ‹processus›, später auch von einem ‹progressus in infinitum› [p. in i.] [1], und zwar für die Logik, Physik und Metaphysik [2]. Der gleiche Sprachgebrauch findet sich noch bei R. DESCARTES [3], G. W. LEIBNIZ [4] und CH. WOLFF. Dieser verwendet allerdings die interessante Formulierung, die bereits den Umbruch ankündigt: «p. in i. ... [rectilineus] est, in quo a termino quocunque in eodem assumto continuo receditur» («gradlinig ist der Progreß, bei dem man von jedem in ihm angenommenen Grenzpunkt aus weiter fortschreitet») [5]. A. G. BAUMGARTEN gebraucht gleichbedeutend beide Ausdrücke: «p. (r.) in i. esset ...» [6]. I. KANT unterscheidet und trennt endgültig die beiden Termini: «r.» ist der Rückgang von dem gegenwärtigen Augenblick in die Vergangenheit, von der nächsten Bedingung einer Erscheinung in die zeitliche Reihe der entfernteren Bedingungen; «p.» das Voranschreiten in die Zukunft, von dem gegenwärtigen bedingten Augenblick zu möglichen künftigen bedingten [7]. Da der erste Vorgang der bei weitem wichtigere ist, verdrängt das Wort ‹r.› den Terminus ‹p.›; nur von manchen Neuscholastikern wird der letztere noch gebraucht. Im Anschluß an ARISTOTELES [8] hat freilich auch schon die Hochscholastik den infiniten Prozeß selber nach beiden Richtungen artikuliert, denn sie unterscheidet Aufstieg («ascensus in infinitum») – gemeint ist in der Hierarchie der Prädikate, so daß jeder Satz, aus dem etwas bewiesen wird, seinerseits wieder beweisbar wäre («ita quod quaelibet propositio, ex qua demonstratio procedit, sit demonstrabilis per aliam priorem demonstrationem») [9] – und Abstieg («descensus in infinitum») [10], der allerdings weniger logisch als physikalisch von Interesse ist. Außerdem kennt sie einen zirkulär infiniten Prozeß («per modum circulationis») [11].

Metaphysisch unterschied man in der Scholastik die *essentiell geordnete Reihe* und die *akzidentiell geordnete Reihe.* Man fand die essentiell geordnete Reihe in der hierarchischen Struktur des alten Kosmos verwirklicht. Da ein p. in i. in einer essentiell geordneten Reihe allgemein als unmöglich angesehen wurde, gelangte man zum ersten vollkommenen Sein, dem ersten unbewegten Beweger und der ersten Ursache. Eine akzidentiell geordnete Reihe hingegen ist horizontal und zeitlich-sukzessiv, z.B.: die Reihe der Generationen. Mit dem Untergang der alten Astronomie fallen auch die in der Physik und Metaphysik gebrauchten essentiell geordneten Reihen. Übrig bleiben nur die akzidentiell geordneten Reihen (auch wenn sie nicht so genannt wurden). Die Frage, ob in einer akzidentiell geordneten Reihe ein r. in i. möglich ist, wird verschieden, wenn auch meistens wohl bejahend, beantwortet. Aber auch im Falle einer bejahenden Antwort wird von der Schulphilosophie behauptet, daß es über der damit zugelassenen aktuell oder potentiell unendlichen Reihe eine höhere Ursache geben muß. Das Dogma von der Widersprüchlichkeit eines infiniten Prozesses beherrscht die peripatetische Vier-Ursachen-Lehre (bezogen auf die Wirk-, Zweck- und Formursache trägt es hier vor allem den scholastischen Gottesbeweis [12]), die peripatetische Wissenschaftstheorie [13] und die skotistische Begriffsanalyse [14]. Nicht betroffen hingegen ist ausdrücklich die akzidentielle Prädikation [15] und die moralphilosophische (im Unterschied zur naturphilosophischen) Begriffsbildung [16].

In der Wissenschaftstheorie gilt für die Schulphilosophie die «Notwendigkeit des Aufhörens» (ἀνάγκη στῆναι) des ARISTOTELES, die grundsätzliche Begrenztheit jeder wissenschaftlichen Erkenntnisgewinnung [17]. Jeder strenge Beweis basiert auf Grundsätzen, die eines Beweises weder fähig noch bedürftig sind. Die von B. PASCAL aufgestellte, allerdings von ihm selbst als utopisch erkannte Forderung, «alle Begriffe zu definieren und alle Sätze zu beweisen» [18], würde, wenn kein circulus vitiosus vorkommen soll, zu einem r. in i. führen. Nach LEIBNIZ führt die Analyse der notwendigen Wahrheiten zu letzten Definitionen und identischen Axiomen. Das Enthaltensein des Prädikates im Subjekt kann bei den notwendigen Wahrheiten in endlich vielen Schritten bewiesen werden, während für die kontingenten Wahrheiten gilt: «resolutio procedit in infinitum», und Gott allein kann diese unendliche Reihe überschauen [19]. Aber trotz dieses «processus in infinitum» muß es eine über der Reihe stehende erste (oder letzte) «causa» und «ratio» geben [20]. B. BOLZANO ist geneigt, Grundwahrheiten anzunehmen und damit andere Wahrheiten, die aus den Grundwahrheiten durch eine endliche Menge von Abfolgen hervorgehen. Daneben aber gibt es nach ihm ein Fortschreiten ins Unendliche in denjenigen Wahrheiten, die der unendlichen Reihe der Ursachen zugeordnet sind [21].

Damit, daß er gegen die kantianisierende Zeitströmung die Widersprüchlichkeit eines infiniten Progresses wieder einschärft, restituiert G. W. F. HEGEL nicht etwa die alten Forderungen nach Unbeweisbarkeit der Axiome und Undefinierbarkeit der Grundbegriffe, sondern kritisiert die solche Forderungen überhaupt erst veranlassende Logik des «Verstandesschlusses»: «Dieser Widerspruch des Schlusses drückt sich wieder durch einen unendlichen Progreß aus, als Forderung, daß die Prämissen gleichfalls jede durch einen Schluß bewiesen werden; da dieser aber zwei ebensolche unmittelbare Prämissen hat, so wiederholt sich diese, und zwar sich immer verdoppelnde Forderung ins Unendliche» [22]. Auf ihre Weise relativiert auch die moderne Axiomatik jene Postulate, so daß für sie das Problem eines r. in i. nicht mehr besteht.

Wieder diskutiert wird der r. in i. im Kritischen Rationalismus bei H. ALBERT als Teil des 'Münchhausen-Trilemmas' (s.d.).

Anmerkungen. [1] Vgl. Art. ‹Progreß, unendlicher›; F. SUÁREZ: Disp. met. (1597) 29, 1, 25ff. Op. omn. 26 (Paris 1866, ND 1965) 28ff. – [2] Zu den neutralen aristot. Termini vgl. H. BONITZ: Index aristot. (1961) s.v. ἄπειρον; SIMPLICIUS: Comm. in Phys. CAG X, hg. H. DIELS (1895) 1223: εἰς ἄπειρον ἡ πρόοδος; zum Argument des r. in i. bei den griech. Skeptikern vgl. J. BARNES: The toils of scepticism (Cambridge 1990) 36-57. – [3] R. DESCARTES: Medit. 3, 55. Oeuvr., hg. CH. ADAM/P. TANNERY 7 (Paris 1964) 50. – [4] G. W. LEIBNIZ: [De scient. univ. seu de calc. philos. 1692]. Op. philos., hg. J. E. ERDMANN (1840, ND 1959) 83 b; vgl. Philos. Schr., hg. C. I. GERHARDT 7 (1890) 198ff. – [5] CH. WOLFF: Cosmologia generalis (²1737) § 92. – [6] A. G. BAUMGARTEN: Metaphysica (1739, ⁷1779) § 380. – [7] I. KANT: KrV B 438f. – [8] ARISTOTELES: An. post. I, 20, 82 a 22-24. – [9] THOMAS

VON AQUIN: In Post. an. expos. (1269/72) 1, 31, 7-11. – [10] a.O. 31, 8-11; In octo libr. Phys. expos. (1268) 8, 11, 2; In XII lib. Met. expos. (1268/72) 2, 3, 7; SUÁREZ, a.O. [1] 28. – [11] a.O. 34, 6. – [12] S. c. gent. (1259) 1, 13. 38; In Met. 8, 3, 20; In Phys. 7, 2, 1; 7, 2, 4; 8, 9, 4; HEINRICH VON GENT: Summae quaest. ord. (Paris 1520, ND 1953) 1, 132ᵛ M-133ᵛ S; SUÁREZ: Disp. met. 15, 10, 65-69, a.O. 25, 555f.; 15, 11, 19ff., a.O. 563f. – [13] In Post. an. 1, 34, 8; 35, 2; In Met. 4, 6, 12; WILHELM VON OCKHAM: Summa logicae. Op. philos. 1 (St. Bonaventure 1974) 528. – [14] JOHANNES DUNS SCOTUS: Ord. 1, 3, 132. 136. Op. omn. (1950ff.) 3, 82ff.; FRANCISCUS DE MAYRONIS: Sent. 1, 3, 2 (Venedig 1520) 24r A; B. MASTRIO DE MELDOLA: Disp. ad mentem Scoti in XII lib. Met. 1, 2, 189 (1646, Venedig 1727) 77a. – [15] THOMAS VON AQUIN: S. theol. I/II, 1, 4, ra 2. – [16] a.O. 18, 10 c. – [17] ARISTOTELES: An. post. I, 3. 19-22. – [18] B. PASCAL: De l'esprit géom. [1655?] – [19] LEIBNIZ: Nouv. lettr. et opusc., hg. A. FOUCHER DE CAREIL (Paris 1857) 182; vgl. L. COUTURAT: La log. de Leibn. (1901) 211, Anm. 2. – [20] Phil., VII, 200, in: COUTURAT, a.O. 222, Anm. 1. – [21] B. BOLZANO: Wiss.lehre (1837) § 214f. – [22] G. W. F. HEGEL: Enzykl. (1830) I, § 185.

Literaturhinweise. H. FLEISCHMANN: De processu in inf. in causis efficientibus. Ephemerides theol. Lovan. 3 (1926) 5-28. – H. DINGLER: Zum Problem des r. in i., in: Philos. perennis, Festgabe J. Geyser (1930) 569-587. – P. BORGMANN: Die Unmöglichkeit des r. in i. in jeder wesensnotwendigen Stufenordnung. Franzisk. Stud. 25 (1938) 1-27. – R. GARRIGOU-LAGRANGE: Ἀνάγκη στῆναι selon S. Thomas. Actes du XIᵉ Congr. Int. de Philos. 12 (1953) 174-181. – J. BENDIEK: Über den Gebrauch von Reihen in den Gottesbeweisen. Franzisk. Stud. 45 (1963) 294-313; 48 (1966) 75-108. – H. STEKLA: Der r. ad i. bei Arist. (1970).　　　　　　　　　　　　　　J. BENDIEK/Red.

Regula Lesbia. Der metaphorische Gebrauch dieses aus dem griechischen Bauhandwerk stammenden Fachausdrucks begegnet zunächst bei ARISTOTELES. Er vergleicht bei seinen Ausführungen über die Billigkeit (ἐπιείκεια) die sinngemäße Konkretisierung oder Berichtigung eines allgemeinen Gesetzes im Blick auf einen bestimmten Fall mit der «lesbischen Bauweise» (Λεσβία οἰκοδομία). Da bei der polygonalen Bauweise aufgrund der unregelmäßigen Gestalt der Steine keine starre Richtschnur verwendet werden konnte, wurden mit Hilfe eines als Richtmaß (κανών) benutzten flexiblen Bleistücks die Steine den bereits gemauerten Steinen angepaßt [1].

In der Auslegung und Bewertung der aristotelischen Lehre von der Epieikia differieren humanistische Rechtsdenker und nehmen dabei Bezug auf den «bleiernen Richtscheit»: J. L. VIVES positiv [2], desgleichen G. BUDÉ, nach dem z.B. oberste Gerichte, die an die Vorschriften des Rechts nicht allenthalben gebunden sind, sich des «aequum et bonum» so bedienen müssen, «wie die Maurer, Zimmerleute und Bauleute das lesbische Richtmaß verwenden» [3]. C. CATIUNCULA dagegen lehnt die «Nachahmung der lesbischen Bauleute» bei der Abwägung des «aequum et bonum» als gefährlich ab und beharrt auf der Bindung an das Gesetz: Der Richter soll bei der Ausfüllung von Lücken des Gesetzes in die Prärogative des Gesetzgebers nicht eingreifen [4]. – Der Jurist C. DUPRÉ hat die Lehre von der Billigkeit und ausdrücklich die R.L. sogar als «basis atque fundamentum omnium legum» («Grundlage und Fundament aller Gesetze») aufgefaßt [5].

ERASMUS VON ROTTERDAM hat die R.L. in seine Sprichwörtersammlung aufgenommen: «Man spricht von einer R.L., so oft ... nicht das Faktische sich der Regel, sondern die Regel sich dem Faktischen anpaßt, wenn das Gesetz sich den Sitten anfügt, nicht die Sitten durch das Gesetz verbessert werden» [6]. An anderer Stelle geißelt Erasmus eine Anpassung der «göttlichen Philosophie», der «dogmata Christi» an verderbte menschliche Sitten nach dem Vorbild der R.L. [7], so auch TH. MORUS [8]. – M. LUTHER definiert: «Lesbia regula est epiikia.» Er betont, daß das Richtmaß der «gantzen schnur und bley» nicht verletzt werde durch die Abweichung einzelner «rauher stein» [9]. – In der Folgezeit ist diese Denkfigur sowohl in religionskritischer als auch -apologetischer Absicht eingesetzt worden. Der Atheist M. KNUTZEN bringt die Uneinheitlichkeit der Bibel, deren Gebote einander widersprächen, auf die polemisch gemeinte Formel, die Bibel sei ein «canon ... vere Lesbius» [10]. Dagegen interpretiert J. G. HAMANN die schmiegsame Autorität der Bibel mit der Metapher der R.L. gegen Lessings Angriffe im Fragmentenstreit auf der einen und gegen die Orthodoxen (das «scriptum est» als starres Gesetz) auf der anderen Seite [11].

Für G. B. VICO sind die «res humanae» so unwägbar und ungewiß, daß man an sie nicht mit dem Maßstab einer strengen Wissenschaft herangehen kann; sie sind vielmehr ein Fall für die «prudentia», deren Regel flexibel ist und sich an ihren Gegenstand anpaßt («non ex ista recta mentis regula, quae rigida est, hominum facta aestimari possunt; sed illa Lesbiorum flexili, quae non ad se corpora inflectit, spectari debent») [12].

Anmerkungen. [1] ARISTOTELES: Eth. Nic. V, 14, 1137 b 30; vgl. dazu J. A. STEWART: Notes on the Nic. Ethics of Arist. (New York 1973) 1, 531f.; THOMAS VON AQUIN: In Eth. Nic. expos., hg. R. SPIAZZI (Turin/Rom 1949) Lib. V, lect. XVI, n. 1088. – [2] J. L. VIVES: Aedes legum, zit. nach: G. KISCH: Erasmus und die Jurisprudenz seiner Zeit (1960) 84. – [3] G. BUDÉ: Annot. in lib. pandectarum (1508) 1, zit. nach: Kisch, a.O. 187f. (Übers.). 496f. (lat.). – [4] C. CATIUNCULA: Paraphrasis in librum I. Instit. Iust. (Lyon 1534) 33; vgl. KISCH, a.O. 103f. 155. 161. 296. 303. – [5] C. DUPRÉ: Gnoses generales juris (Lyon 1588); vgl. F. CONNAN: Comm. juris civilis (Basel 1557), beide zit. in: H.-E. JAEGER: La norme d'après la doctrine des humanistes et des auteurs du droit naturel, in: La norma en el derecho canónico. Actas III congr. int. de derecho canónico, Pamplona 10-15 de oct. 1976 (Pamplona 1979) 1, 314. 316; vgl. 310ff. – [6] D. ERASMUS VON ROTTERDAM: Adagia (1500) I, 5, 93. Op. omn. (Leiden 1703-06, ND 1962) 2, 217. – [7] Ratio verae theologiae (1519), a.O. 5, 89. – [8] TH. MORUS: Utopia (1516) I. Compl. works, hg. E. STUTZ/J. H. HEXTER 4 (New Haven/London 1985) 100. 376. – [9] M. LUTHER: Tischreden Nr. 557. Weim. Ausg., Tischreden 1, 255. – [10] M. KNUTZEN: Flugschr. und andere zeitgenössische sozialkrit. Flugschr., hg. W. PFOH (1965) 85. – [11] J. G. HAMANN: Konxompax (1779). Sämtl. Werke, hg. J. NADLER (1949-57) 3, 227. – [12] G. B. VICO: De nostri temporis studiorum ratione (1709) cap. VII, hg. W. F. OTTO: Vom Wesen und Weg der geistigen Bildung (1947) 66.

Literaturhinweise. S. J. APINUS (Praes.)/J. G. ECKSTEIN (Resp.): Diss. de regula Lesbia. Diss. Altdorf (1715). – G. KISCH s. Anm. [2]. – H.-E. JAEGER s. Anm. [5].　　　E. BÜCHSEL/Red.

Regulation (von lat. regulare ordnen, regeln, steuern) ist in der Biologie seit dem 19. Jh. der Oberbegriff für Mechanismen, die je nach Einrichtung der Zelle oder des gesamten Organismus (u.a. enzymatischer, hormoneller, nervöser Art) unter je gegebenen Bedingungen die Ordnung und Aufrechterhaltung der Vielfalt der organischen Vorgänge ermöglichen.

Mit Beginn des 19. Jh. setzt eine systematische Untersuchung der koordinierten Lebensvorgänge ein. Auf der Grundlage solcher Arbeiten gebraucht H. LOTZE den Ausdruck ‹R.›, um, gegen Hypothesen einer «Lebenskraft», den Ausgleich von Störungen durch nervöse

Rückwirkungen als übergreifende Funktionen mechanischer Art zu beschreiben [1]. 1866 weisen C. LUDWIG und E. CYON die nervöse Blutdrucksenkung nach; dies wird später (1960), nicht unumstritten, als Entdeckung eines «biologischen Regelkreises» aufgefaßt [2].

Aus der physikalischen Experimentalphysiologie ergibt sich ein Verständnis der elementaren Funktion der Organe und ihrer R. Auf ihr Zusammenwirken richtet C. BERNARD seine Forschung. Ihm zufolge «reguliert» das Nervensystem «... in jedem Organ den Blutfluß entsprechend den besonderen chemischen Funktionen der Organe» [3]. Unter Bezugnahme auf «innere Sekretion» (Funktion der Drüsen) und Zelltheorie entwickelt er das Konzept des «inneren Milieus», das die durch seine Ausgleichsfunktion gesicherte funktionelle Einheit der Zellen als Voraussetzung für das Gleichgewicht der Lebenserscheinungen kennzeichnet [4]. Der vorläufig als übergeordnete Funktion fixierte Begriff der R. kann in der Folge durch die Untersuchung der bei regulierten Vorgängen einsetzenden Mechanismen mit den Mitteln der Biochemie präzisiert werden.

Von der Seite der Chemie her geht A.-L. DE LAVOISIER den Ablauf physiologischer Prozesse an. Ende des 18. Jh. bestimmt er zusammen mit A. SEGUIN drei «Grundregler», mit denen die «tierische Maschine» ausgestattet ist: Chemisch (und physikalisch) beschreibbare Vorgänge wie Atmung, Transpiration und Verdauung haben die Funktion von «Reglern», die die Natur eingebaut hat, um einem «gestörten Gleichgewicht» gegenzusteuern [5]. LAVOISIERS Vorstellungen bleiben einer Idee immaterieller Prinzipien verhaftet. Als solche erscheinen bei ihm die Regulatoren der physischen Ordnung, wie auch die der moralischen Ordnung, deren menschliche Gesellschaften bedürfen, um existenzfähig zu sein [6]. In der Nachfolge von Lavoisier analysieren die mit chemischen Methoden arbeitenden Stoffwechselphysiologen die Abschnitte des Stoffwechselgeschehens durch Isolierung und Bestimmung der beteiligten Substanzen und der Reaktionen zwischen ihnen [7]. In den letzten Jahren des 19. Jh. wird es auf der Grundlage von Arbeiten von W. PFEFFER und J. H. VAN'T HOFF [8] möglich, die chemische Massenwirkung als ein wichtiges Moment im Stoffwechselgeschehen theoretisch zu begründen [9]. Für PFEFFER ist das harmonische Zusammenwirken definierter Teile unter wechselnden Bedingungen nur aufgrund von R. möglich [10]. Mit «Selbststeuerung» greift er in diesem Zusammenhang einen Aspekt auf, der u.a. von W. OSTWALD in der Chemie unter dem Begriff «Autokatalyse» diskutiert wird [11] und der, auf die Biowissenschaften angewandt, es ermöglicht, die wechselseitige Abhängigkeitsbeziehung zwischen Struktur und Funktion dynamisch aufzufassen und die Dynamik chemisch zu begründen [12]. Die Ausformulierung des Begriffs der R. seit Beginn des 20. Jh. kann als Reflex auf den Zusammenhang der verschiedenen Disziplinen der Wissenschaft vom Leben hinsichtlich ihres Gegenstandsbereiches interpretiert werden:

a) 1927 formuliert W. SCHLEIP die Problemstellung, die die ontogenetische Entwicklung für eine Theorie der R. bietet. Dabei könne eine enge Bindung an die Vererbungsforschung und vor allem an die «Betriebsphysiologie» die Analyse der Vorgänge mittels physikalisch-chemischer Untersuchungsmethoden befördern [13]. Denn seit 1905 hat die Suche nach den zahlreichen Zwischenprodukten des Stoffwechsels begonnen, die – z.T. kurzlebig – in den Zellen lebender Gewebe auftreten [14]. Damit schwindet die Grenze zwischen Struktur und Funktion: Der biologische Strukturbegriff ist auf die Anordnung und Verknüpfung der Elemente eines Systems reduziert, die nur als Zwischenstufe zyklischer Prozesse existieren [15]. Über die biochemische Beschreibung regulierter Vorgänge hinaus können die Mechanismen regulierten Geschehens in der Abfolge und Beziehung molekularer Prozesse aufeinander als selbstreguliert aufgeklärt werden. Die Prinzipien dieser Stoffwechsel-R. sind heute bekannt [16], Einzelheiten sind Gegenstand der Forschung [17]. Auch die R.-Mechanismen, mit denen bei mehrzelligen Organismen der Zellstoffwechsel über zentrale Bahnen des Kreislauf- und Nervensystems auf Änderungen der äußeren und inneren Bedingungen eingestellt wird, sind prinzipiell auf molekularer Ebene erklärt [18].

b) Die biochemische Aufklärung der Stoffwechselprozesse bezieht neben der Reaktionskinetik Theoreme der Thermodynamik in die Biologie ein, seit mit der Grundlegung einer Nicht-Gleichgewichts-Thermodynamik linearer irreversibler Prozesse durch L. ONSAGER (1931) eine Erweiterung thermodynamischer Beziehungen auf das Verhalten offener Systeme möglich ist [19]. Die vielfältigen R.-Mechanismen, die mit der Aufrechterhaltung des lebenden Zustands verbunden sind, lassen sich aus den Relationen, die thermodynamische Zustandsfunktionen angeben, deuten. Der Zustand des «Fließgleichgewichts» ist thermodynamisch durch einen Gehalt an (Gibbsscher) freier Energie gekennzeichnet, deren Abnahme infolge von Arbeitsleistung laufend durch Aufnahme energiereicher Stoffe kompensiert wird [20]. I. PRIGOGINE erweitert die Nicht-Gleichgewichts-Thermodynamik durch mehrere Theoreme (1946 und 1954 [21]), die eine thermodynamische Deutung nicht-linearer irreversibler Prozesse möglich machen [22]. Damit ergibt sich die Möglichkeit, eine einheitliche (quantitative) Theorie für die verschiedenen Entwicklungsvorgänge in (tierischen) Organismen zu konstruieren [23], aber es bleibt zweifelhaft, ob damit auch die Entstehung des regulierten Lebensgeschehens verstanden ist [24]. Ebenso bereitet es Schwierigkeiten, auf dieser Basis quantitative Theorien für zusammengesetzte Phänomene zu konstruieren: Wachstumsmodelle (in der Ökologie) stellen zwar eine formale Übereinstimmung der Kompensation zwischen Vermehrung und Absterben in Populationen mit der R. (bio)chemischer Reaktions- und Austauschprozesse her, aber dabei wird notwendig von speziellen Bedingungen der Zusammensetzung von realen Lebensgemeinschaften abgesehen [25].

c) Neben der Aufklärung der vegetativen Funktionen der Einstellung mehrzelliger Organismen auf wechselnde Umweltbedingungen ist auch die neurophysiologische Erklärung des Aufbaus der verschiedenen Verhaltensformen tierischer Lebewesen in Angriff genommen worden. Dabei sind Vorstellungen neuronaler R. entwickelt worden, die Umweltanpassungen auf Reflexe und Handlungen auf innere Dispositionen zurückführen. So bestimmt I. P. PAWLOW das Nervensystem als «Regulator» [26], der das Gleichgewicht des Systems der Stoffe und Kräfte im tierischen Organismus mit den Stoffen und Kräften der Umwelt kontinuierlich verbessert [27].

Pawlows Schüler P. K. ANOKHIN übernimmt die Vorstellung der Steuerfunktionen, die das Zentralnervensystem für die peripheren Strukturen hat. Der Zusammenhang zwischen letzteren und dem Zentralnervensystem konstituiert den Organismus als funktionales System [28]. Gegen eine maschinell-mechanistische Auslegung der Resultate neurophysiologischer und verhaltensbiologischer Untersuchungen in «Reiz-Reaktions»-Theorien [29] setzt W. KÖHLER die Gestaltetheit von Wahrnehmung und Handlung [30]. Das Problem der nervösen R. leitet zu einem Fragenkomplex über, der heute u.a. auch von seiten der (Kognitions-)Psychologie und der analytischen Philosophie des Geistes diskutiert wird: die Beziehung zwischen physischen und mentalen bzw. psychischen Phänomenen [31].

d) Seit N. WIENER 1948 eine allgemein einsetzbare Theorie der Regelung, Nachrichtenübertragung und Informationsverarbeitung vorgeschlagen hat [32], werden die Konzepte der Kybernetik in der Biologie zur Modellbildung von lokalen Problemen auf höherer Organisationsstufe (z.B. Erregung von Nerven und Muskeln) angewendet und ausgearbeitet [33]. Wieweit sie darüberhinaus zur Erklärung der fundamentalen R.- und Reproduktionseigenschaften von Organismen integriert werden können (z.B. Morphogenese), bleibt zweifelhaft, da die Kybernetik über technologische Konzepte ohne grundlegende Theoreme verfügt [34]. Der Physiologe H. SCHAEFER hat darauf hingewiesen, daß es im philosophischen Sinne einen grundlegenden Unterschied zwischen technischen Regelsystemen und Organismen gibt: Erstere sind für geplante, zwecksetzende Eingriffe konstruiert (der «Sollwert» der Regelung ist «psychologisch» bestimmt); genau in dieser Hinsicht aber ist der Organismus durch die geschlossene Struktur seiner Regelungen gekennzeichnet. Analogisierungen, die über die Darstellung der Wechselbeziehung von Teilen eines Systems hinausgehen, führen zwangsläufig auf metaphysische Implikationen («objektive Zwecke») [35].

Anmerkungen. [1] Vgl. H. LOTZE: Leben. Lebenskraft, in: R. WAGNER (Hg.): Handwb. der Physiol. 1 (1842) Einl. LII. – [2] Vgl. B. HASSENSTEIN: Die bisherige Rolle der Kybernetik in der biolog. Forsch. III. Naturwiss. Rdsch. 13 (1960) 419-424, bes. 419; dagegen R. WAGNER: Zur geschichtl. Entwickl. der Erkenntnis biol. Regelung, a.O. 14 (1961) 65-68, bes. 65. – [3] C. BERNARD: Über den Einfluß von zwei Arten von Nerven, welche die Farbänderungen des venösen Blutes in den Drüsenorganen hervorrufen (1858), in: Ausgew. physiolog. Schr., hg. N. MANI (1966) 79. – [4] Vgl. a.O.; Curare (1864); zu BERNARD vgl. auch G. CANGUILHEM: La formation du concept de régulation biol. aux XVIIIᵉ et XIXᵉ s. Vortrag am Coll. de France (1974), dtsch. in: W. LEPENIES (Hg.): G. Canguilhem, Wiss.gesch. und Epistemologie (1979) 89-109. – [5] Vgl. A.-L. DE LAVOISIER/A. SEGUIN: Prem. mémoire sur la respiration des animaux (1789); Prem. mémoire sur la transpiration des animaux (1790). Oeuvr. 2: Mémoires de chimie et de phys. (Paris 1862, ND New York 1965) 688-703. 704-714. – [6] Vgl. a.O. 713. – [7] z.B. L. J. GAY-LUSSAC: Bruttoreaktion alkohol. Gärung (1815); F. WÖHLER: Harnstoffsynthese (1828); vgl. P. KARLSON: Biochemie (1960, ¹⁰1977) 393; J. J. BERZELIUS: Einige Ideen über eine, bei der Bildung organ. Verbind. in der lebenden Natur wirksame, aber bisher noch nicht bemerkte Kraft (1836), in: K. E. ROTHSCHUH: Physiol. (1968) 244; vgl. L. PASTEUR: Et. sur la bière (1876). Oeuvr. 5 (Paris 1928); zu E. BUCHNER vgl. R. E. KOHLER jr.: The enzyme theory and the origin of biochemistry. Isis 64 (1973) 181-196, bes. 191. – [8] Vgl. W. OSTWALD: Der Werdegang einer Wiss. (²1908) 98ff. – [9] Vgl. W. PFEFFER: Pflanzenphysiol. Hb. des Stoff- und Kraftwechsels in der Pflanze 1 (1880, ²1897) 519f. – [10] Vgl. a.O. 517ff. – [11] Vgl. A. MITTASCH: Kurze Gesch. der Katalyse in Praxis und Theorie (1939) 95. – [12] Vgl. PFEFFER, a.O. [9] 517. – [13] Vgl. W. SCHLEIP: Entwicklungsmechanik und Vererbung bei Tieren, in: E. BAUR u.a. (Hg.): Hb. der Vererbungswiss. 3 (1927) 1. 5f. 76. – [14] Vgl. A. HARDEN/W. J. YOUNG: Das alkohol. Ferment des Hefesaftes. Proc. Royal Soc. (London) B 77 (1906) 405-420; vgl. O. F. MEYERHOF: Vorkommen des Koferments der alkohol. Hefegärung im Muskelgewebe und seine mutmaßl. Bedeut. im Atmungsmechanismus. Z. physiolog. Chemie 101 (1918) 165-175; vgl. H. STAUDINGER: Über Polymerisation. Ber. dtsch. chem. Ges. 53 (1920) 1073-1085; vgl. J. B. SUMNER: Inactivation of cristallized urease by water and its prevention. Proc. Soc. exp. Biol. Med. 24 (1927) 287f.; vgl. O. WARBURG u.a.: Absolutes Absorptionsspektrum des Atmungsferments. Biochem. Z. 204 (1928) 495-499; vgl. R. HILL: Oxygen produced by isolated chloroplasts. Proc. Royal Soc. (London) B 127 (1939) 192-210; vgl. H. A. KREBS: The citric acid cycle ... Biochem. J. 34 (1940) 775-779. – [15] Vgl. K. E. ROTHSCHUH: Gesch. der Physiol. (1953) 221. – [16] Vgl. H. R. MAHLER/E. H. CORDES: Biolog. chemistry (London 1966). – [17] Vgl. u.a. H. HOLZER (Hg.): Metabolic interconversion of enzymes 1980: Int. Titisee Conf. 1.-5. Okt. 1980 (1981). – [18] Vgl. P. KARLSON: Biochem. Wirkungsweise der Hormone. Dtsch. med. Wschr. 86 (1961) 668-672, bes. 668; H. VON FABER/H. HAID: Endokrinologie (1972). – [19] Vgl. L. ONSAGER: Reciprocal relations in irrevers. processes I-II, Phys. Review 37 (1931) 405-426; 38 (1931) 2265-2279; A. I. ZOTIN: Thermodynamic aspects of developmental biology (1972); vgl. W. J. MOORE: Phys. chemistry (1962) Kap. 1-8; vgl. auch Kap. 15. – [20] Vgl. H. KINZEL: Grundl. der Stoffwechselphysiol. (1977) 37-50, bes. 257; vgl. auch W. KÖHLER: Zum Problem der R. Arch. Entwickl.mechanik Organismen 112 (1927) 315-332. – [21] Vgl. I. PRIGOGINE/J. M. WIAME: Biologie et thermodynamique des phénomènes irreversibles. Experientia 2 (1946) 451-453; P. GLANSDORFF/I. PRIGOGINE: Sur les propriétés différentielles de la production d'entropie. Physica 20 (1954) 773-780. – [22] Vgl. ZOTIN, a.O. [19] ch. 1f. – [23] Eine Darst. dieser Möglichkeit gibt ZOTIN, a.O., anhand der thermodynam. Interpret. entsprechender Untersuchungen. – [24] Zur Fehldeutung der Entropie als Ordnung und der Cannonschen Information als «Negentropie» vgl. C. F. VON WEIZSÄCKER: Evolution und Entropiewachstum, in: E. VON WEIZSÄCKER (Hg.): Offene Systeme I (1974) 200-221, bes. 204-208; vgl. die tautolog. Argumentation, häufig als petitio principii vorgetragen, sowie den wiederholten Rekurs auf «Schöpfung» bei M. EIGEN, z.B. in: Das Spiel: Naturgesetze steuern den Zufall (²1976). – [25] Vgl. A. J. LOTKA: Elements of mathemat. biology (1956); G. E. HUTCHINSON: Circular causal systems in ecology. Annals N.Y. Acad. Sci. 50 (1948) 221-246; zur vielfält. Zusammensetzung der Phänomene in biolog. Gemeinschaften vgl. F. E. CLEMENTS/W. P. SHELFORD: Bio-Ecology (New York/London 1939). – [26] I. P. PAWLOW: Über die Wechselbeziehungen zwischen Physiol. und Med. in Fragen der Verdauung (1894), zit. nach: Die bedingten Reflexe. Eine Auswahl aus dem Gesamtwerk, hg. G. BAADER u.a. (1972) 1-14, bes. 6. – [27] Die 'echte Physiol.' des Gehirns (1917), a.O. 52-59, bes. 52f. – [28] Vgl. P. K. ANOKHIN: Biol. and neurophysiol. of the condit. reflex and its role in adaptive behavior (Oxford 1974) 207f. – [29] Vgl. die behaviorist. Rezeption PAWLOWS, insbes. die Annahme, das Verhalten werde durch Leitungsschaltungen und -umschaltungen reguliert; u.a. K. S. LASHLEY: Basic neural mechanisms in behavior. Psycholog. Review 37 (1930) 1-24; J. KONORSKI: Condit. reflexes and neuron organisation (Cambridge, Mass. 1948); C. L. HULL: Behavior postulates and corollaries. Psycholog. Review 57 (1950) 173-180. – [30] Vgl. W. KÖHLER, z.B.: Die phys. Gestalten in Ruhe und im stationären Zustand (1920), Psycholog. Probleme (1933) sowie seine zus.fass. Darst. in: The place of value in a world of facts (New York 1938), dtsch.: Werte und Tatsachen (1968). – [31] P. BIERI (Hg.): Analyt. Philos. des Geistes (1981); vgl. Art. ‹Parallelismus, psychophys.›, in: Hist. Wb. Philos. 7. – [32] Vgl. N. WIENER: Cybernetics (New York 1948). – [33] Vgl. H. DRISCHEL: Die vegetat. R. als theoret. Problem einer selbsttätigen Regelung. Acta neurovegetativa 6 (1953) 317-346. – [34] Vgl. R. THOM: Worüber soll man sich wundern? in: K. MAURIN u.a. (Hg.): Offene Systeme II. Logik und Zeit (1981) 41-107; zur Brauchbarkeit kybernet. Modelle bei der Darst. von R.-Problemen vgl. W. D. KEIDEL: Grenzen der Übertragbarkeit der Regelungslehre auf biolog. Probleme. Die Naturwiss. 48 (1961) 264-276, bes. 273. 276; zur techn. Regelung vgl. Art. ‹Regelung›. – [35] Vgl. H. SCHAEFER: Die Stellung der Regelungstheorie im System der Wiss., in: H. MITTELSTAEDT (Hg.): Regelungsvorgänge in der Biologie. Vortr. der Tagung 'Biolog. Regelung' (1956) 26-47, bes. 36-38.

Literaturhinweise. W. ROUX: Die Selbstregulation (1914). – W. KÖHLER s. Anm. [20]. – W. B. CANNON: Organisation for physiolog. homeostasis. Physiolog. Reviews 9/3 (1929) 399-431. – H. SPEMANN: Experiment. Beitr. zu einer Theorie der Entwickl.

(1936). – H. Drischel s. Anm. [33]. – A. I. Zotin s. Anm. [19]. – G. Canguilhem s. Anm. [4]. – H. Holzer (Hg.) s. Anm. [17].
G. Pauley/G. Grüner

Rehabilitation der Materie (des Fleisches). Die Forderung nach einer R.d.M. (d.F.) wendet sich gegen eine einseitige Auslegung des paulinischen Antagonismus von Fleisch und Geist sowie gegen eine enggeführte Deutungstradition der residual-manichäischen Konkupiszenzlehre von Augustinus. Gegen die asketische Fleischesverachtung in Verbindung mit einer rigiden Sündenlehre hatten bereits in der Patristik gewisse gnostische Sekten (Kanaiten [1], Nikolaiten [2]), im Mittelalter die Brüder vom freien Geiste [3] und während der Reformation die westfälischen Wiedertäufer [4] opponiert. Begrifflich faßbar wird die R.d.M. (d.F.) (réhabilitation de la chair) als zentraler Programmpunkt der Saint-Simonisten.

Wiewohl das Stichwort in der pazifistischen Sozialutopie und diesseitigen Wissenschaftsreligion von C.-H. de Rouvroy, Comte de Saint-Simon, einzig implizit [5] enthalten war, gewinnt es in der dezidiert religiösen Umprägung der Gesellschaftslehre durch seine Anhänger den Status eines Schlüsselbegriffs: Als «saint-simonistisches Dogma» lehrt B.-P. Enfantin die «lebendige Einheit» («union vivante») [6] von Geist und Stoff, die sich in der leiblichen Liebe zwischen Mann und Frau [7] manifestiere. E. Barrault verkündet die «Weihe des Stoffes» («consécration de la matière») [8]. A. Transon proklamiert die «Wiedereinsetzung der Bedürfnisse und der Freuden des Fleisches» («la réhabilitation des besoins et des jouissances de la chair») [9]. Die geforderte 'Erhebung des Fleisches' durch die Aufhebung der bürgerlichen Ehe und die Abschaffung der Prostitution zielt u.a. auf die Emanzipation der Frau [10].

Die saint-simonistische Doktrin einer R.d.M. (d.F.) wird von H. Heine zeitweilig [11] aufgenommen und in eine sozial-revolutionäre Prophetie transponiert. Er deutet die deutsche Religions- und Philosophiegeschichte als Opposition des 'Sensualismus', der «ein Rehabilitiren der Materie bezweckt und den Sinnen ihre Rechte vindizirt», gegen den vorherrschenden 'Spiritualismus', der aufgrund eines Primates des Geistes «die Materie zu zertreten» [12] sucht. Da aus der überkommenen christlichen Abwertung des Fleisches Heuchelei, Lüge und Sünde entstanden seien, gelte es in Zukunft «die Rehabilitazion der Materie, die Wiedereinsetzung derselben in ihre Würde» [13] zu erreichen, namentlich in einer Ästhetik, welche Kunst als Versinnbildlichung jener 'Doktrin' begriffe, «die den Menschen vielmehr schon auf dieser Erde beseligen möchte, und die sinnliche Welt eben so heilig achtet wie die geistige» [14].

Die von Heine inaugurierte Vernichtung des «Zweyerley» und die Beendigung der «Leiberquälerey» [15] begegnet leitmotivisch in F. Nietzsches «Fluch auf das Christenthum» [16]. Die 'Sünde' wird 'psychologisch' als historisches Phänomen, d.h. als Perversion des Bewußtseins durch das Christentum entlarvt. Entgegen einer «Verachtung des Leibes» [17] und einer asketischen Abtötung der Sinne rät Nietzsche zu Gesundung, Stärkung und «Unschuld der Sinne» [18]. – Auch in der hermetischen Dichtung von S. George wird das saint-simonistische Programm einer R.d.M. (d.F.) aufgenommen; die Formel «Den leib vergottet und den gott verleibt» [19] spiegelt den Grundsatz Enfantins wider.

Heines pantheistisches Plädoyer für die Leibesemanzipation wird von K. Rosenkranz [20] kritisch diskutiert; er weist auf die Gefahr hin, daß die grenzenlose Befreiung des Fleisches in eine 'Verknechtung' des Geistes umschlagen könnte. Mit der Position Nietzsches [21] und der Lehre der Saint-Simonisten [22] setzt sich W. Solowjew kritisch auseinander, indem er den Vorrang des Geistes aus der Hinordnung der Materie auf den Geist explizitert: «die Materie hat ein Recht auf ihre Vergeistigung» [23]. Aus dem sexuellen Libertinismus und dem faktischen Niedergang der Saint-Simonisten könne abgelesen werden, daß eine einseitige Akzentuierung der materiellen Seite des menschlichen Lebens die «Entfremdung gegenüber den höchsten geistigen Interessen» [24] und den sittlichen Grundvorstellungen zeitige.

Anmerkungen. [1] Vgl. H. Jonas: Gnosis und spätant. Geist 1 (³1964) 200f. 237. – [2] a.O. 307. – [3] R. Guarnieri: Il movimento del libero spirito. Archivio ital. Storia Pietà 4 (1965) 351-708. – [4] Vgl. R. van Dülmen: Reformation als Revolution (1977) 169-370. – [5] C.-H. de Saint-Simon: Nouveau christianisme. Oeuvres 3 [Ed. Anthropos] (Paris 1966) 153. – [6] Exposition de la doctrine II. Oeuvres de Saint-Simon et d'Enfantin (Paris 1865-78, ND 1964) 42, 291-293. – [7] Oeuvr. ... 45, 223. – [8] a.O. 43, 526-552. – [9] 45, 362. – [10] Vgl. M. Thibert: Le féminisme dans le socialisme français de 1830 à 1850 (Paris 1926) 9-67. – [11] H. Heine: Hist.-krit. Ges.ausg., hg. M. Windfuhr (1975ff.) 8/2, 530-533. – [12] Zur Gesch. der Relig. und Philos. in Deutschland, a.O. 8/1, 49. – [13] a.O. 60. – [14] Französ. Maler, a.O. 12/1, 34. – [15] Seraphine, a.O. 2, 34. – [16] F. Nietzsche: Der Antichrist (1888). Krit. Ges.ausg., hg. G. Colli/M. Montinari (1967ff.) 6/3, 163. – [17] Nr. 56, a.O. 237. – [18] Also sprach Zarathustra 1: Von der Keuschheit (1883), a.O. 6/1, 65. – [19] S. George: Der siebente Ring (1907). Sämtl. Werke, hg. G. P. Landmann 6/7 (1931, ND 1986) 53. – [20] K. Rosenkranz: Die Emanzipation des Fleisches. Neue Stud. 1: Stud. zur Culturgesch. (1875) 1-10. – [21] W. Solowjew: Die Rechtfertigung des Guten. Eine Moralphilos. [1897-99]. Dtsch. Ges.ausg. hg. W. Szylarski u.a. 5 (1976) 22-25. – [22] a.O. 479f. – [23] 480. – [24] a.O.

Literaturhinweise. E. M. Butler: The Saint-Simonian religion in Germany (Cambridge 1926, ND New York 1968). – J. Walch: Bibliogr. du saint-simonisme (Paris 1967). – M. Windfuhr (Hg.): Int. Heine-Kongreß 1972 (1973) 259-345. – D. Sternberger: H. Heine und die Abschaffung der Sünde (1976). – C. Wagner: Die R.d.M., in: Materie im MA (Fribourg 1986) 193-210.
C. Wagner

Reich, Drittes

1. ‹D.R.› meint ursprünglich einen an die johanneische Prophetie des Tausendjährigen Reiches [1] Christi auf Erden anschließenden Gedanken, der die Trinitätslehre zur Grundlage einer Periodisierung der Weltgeschichte als Heilsgeschichte erhebt, indem er auf das Reich des Vaters (Alter Bund) und das Reich des Sohnes (Neuer Bund) als D.R. das Reich des Hl. Geistes folgen läßt. So (Ende des 12. Jh.) für die Folgezeit maßgebend ausgeprägt bei Joachim von Fiore [2]. Der Gedanke selbst ist in Ansätzen bereits seit der Bewegung des Montanismus (in der zweiten Hälfte des 2. Jh.) wirksam [3]. In unterschiedlichsten Formen läßt sich (häufig nur untergründig) der Gedanke des D. (oder auch tausendjährigen) R. bis in das 20. Jh. verfolgen, teilweise unter Vermischung eschatologischer und politischer Ideen. Die Reihe der Einflüsse in der Philosophie reicht u. a. von Th. Münzer, Paracelsus, J. Böhme bis zu G. E. Lessing, der von einem «dritten Zeitalter» in der moralischen Entwicklung des Menschengeschlechts als «Zeit eines *neuen ewigen Evangeliums*» im Sinne einer Humanitätsreligion spricht [4]. Allgemein wandelt sich die ge-

schichtstheologische Triade im Verlaufe der Aufklärung zu einem geschichtsphilosophischen Deutungsmuster, wobei die Vernunft die Stelle des Hl. Geistes einnimmt und die eigene Epoche als das angekündigte dritte Zeitalter verstanden wird. Bleibt bei Joachim das D.R. die *Vor*stufe des Endes aller Zeiten im Jüngsten Gericht, so wird es im Zuge der Säkularisierung der Heilsgeschichte als *End*stufe einer Erfüllung innerweltlicher Utopien gedacht. In diesem Verständnis bleibt der Gedanke im Deutschen Idealismus (J. G. FICHTE) bestimmend, kehrt dabei aber in der Romantik auch zu geschichtstheologischen Deutungen zurück. So nimmt F. W. J. SCHELLING, der in seiner Lehre von den «drei Weltaltern» das dritte Weltalter als die Zeit der Freiheit und der Zukunft bestimmt, ausdrücklichen Rückbezug auf die mittelalterliche Trias von Vater, Sohn und Geist [5].

Die romantische Deutung wird aufgegriffen von F. M. DOSTOJEWSKI und den Vertretern des religiös-nationalen Denkens in Rußland, die auch die Vorstellung erneuern, in Moskau als dem Zentrum der orthodoxen Kirche das «Dritte Rom» (nach Rom und Byzanz) zu sehen [6]. In Polen verkündet A. VON CIESZKOWSKI eine messianisch gefärbte religiöse Philosophie «der Tat», in der die Gegensätze von Empfindung (erste Periode: Altertum) und Denken (zweite Periode: Christentum) in der dritten Periode des Willens versöhnt werden sollen. Die Vorstellung einer Endzeit fehlt dieser zukunftsorientierten «Philosophie der Praxis» [7].

An den Wortbildungen ‹drittes Zeitalter›, ‹drittes Weltalter›, ‹drittes Evangelium›, ‹drittes Rom›, ‹dritte Periode› (ergänzend lassen sich anfügen ‹drittes Testament›, ‹tertius status›) wird deutlich, daß die sich überlagernden Einflüsse nicht nur entlang der Terminologiegeschichte von ‹D.R.› erfolgen. Wir haben es ursprünglich vielmehr mit einem verzweigten Wortfeld zu tun, das rückblickend von den Theoretikern des 'Reiches' ihren eigenen Darstellungen einverleibt worden ist. Eine Unterordnung unter die ‹Reich›-Terminologie wird erst durch die neuere politische Wirkungsgeschichte nahegelegt. Parallel zu den genannten Wortbildungen orientiert sich die Dreierperiodisierung auch an ganz unterschiedlichen Einteilungen: Das ‹Dritte› folgt auf den ‹Alten und Neuen Bund›, das ‹Alte und Neue Testament›, auf ‹Judentum und Christentum›, ‹Altertum und Christentum›, ‹Katholizismus und Protestantismus› usw.

Eine einflußreiche Variante in diesem Spektrum, die sich auch des Terminus bedient, ist H. IBSENS Ausprägung des D.R. als Synthese von Hellenentum und Nazarenertum. So legt Ibsen in seinem Drama ‹Kejser og Galilæer› (1873) [dtsch. ‹Kaiser und Galiläer› (1888)] eine an Hegel erinnernde dialektische Entwicklung der Menschheit vom heidnischen Kindesalter (erstes Reich als «These») über das christliche Jünglingsalter (zweites Reich als «Antithese») zu einem künftigen d.R. zugrunde. Das erste Reich ist durch Sinnlichkeit, das zweite durch Sittlichkeit geprägt. Im d.R. (dem Mannesalter der Menschheit) soll der «Krieg» zwischen den beiden ersten Reichen in einer Synthese dialektisch überwunden sein, indem diese im d.R. «beide *unter*gehen – aber nicht *ver*gehen» [8]. In einer Überwindung des Dualismus von Materie (Körper) und Geist soll der Geist Fleisch und das Fleisch Geist werden [9]. Dieses d.R., das (wenn auch in säkularisierter Form) Züge religiöser Verheißung trägt, ist bei Ibsen ein Reich der Zukunft: «Das dritte Reich wird kommen!» [10] Hieran anschließend stellt H. ENGERT den Menschen des d.R. in die Nähe von Nietzsches Übermensch [11], «jenseits von gut und böse», und identifiziert ihn mit M. Stirners «Einzigem». Dieser wird dabei unter Berufung auf Ibsen («Er wird in dem sich selbst Wollenden») [12] zu seinem eigenen Messias und Stirner (neben Ibsen) zum Verkünder des d.R. stilisiert, bis zum Kuriosum, Zeitangaben auf das Erscheinen von Stirners Werk ‹Der Einzige› umzustellen. Das d.R. wird schließlich auch hier politisch-utopisch interpretiert im Sinne eines (antikommunistischen und antikapitalistischen) individualistischen Anarchismus und als das «endlich heraufdämmernde Mannesalter der Menschheit» begrüßt, «da der Staat zu einer wüsten Sage geworden sein, die Einzelpersönlichkeit aber sich stolz und frei und selbstherrlich entfalten wird» [13].

Der uns heute geläufige politische Gebrauch des Ausdrucks entstand, wenn auch unter Ausnutzung religiöser Nebenbedeutungen (insbesondere in Verbindung mit der Rede vom Tausendjährigen Reich), um die Jahrhundertwende. Er erwuchs zunächst aus der Unzufriedenheit mit der «kleindeutschen» Gründung des deutschen Kaiserreiches durch Bismarck. Danach hätte auf das mittelalterliche Heilige Römische Reich Deutscher Nation (Erstes Reich) und das Bismarckreich (Zweites Reich) noch ein D.R. zu folgen. Politisch folgenreich wurde dieser Gedanke aber erst nach dem Zusammenbruch des Zweiten Reiches (1918). Große Wirkung hatte vor allem das Buch ‹Das dritte Reich› des konservativ-revolutionären Denkers A. MOELLER VAN DEN BRUCK. Beeinflußt von der wert-idealistischen Weltanschauung von G. VON MUTIUS («Wer sich von seinem Selbst geschieden hat, der steht im dritten Reich») [14] schuf MOELLER seine (ursprünglich allerdings eher geistig-ideale und nicht politisch-reale) Konzeption des D.R.: «Es ist immer verheißen. Und es wird niemals erfüllt. Es ist das Vollkommene, das nur im Unvollkommenen erreicht wird» [15]. Zwar national gesonnen – er bekämpfte die Versailler Gebietsabtretungen – lehnte er den Patriotismus der Wilhelminischen Ära doch ab und wollte das D.R. weniger als Staatsgebilde denn als Kulturnation im Sinne einer «Wertungsgemeinschaft» (unter ausdrücklicher Ablehnung auch des völkischen Rassengedankens) verstanden wissen [16]. Dieser Umstand verhinderte aber nicht, daß der Ausdruck ‹D.R.› zum Schlagwort der ‹Deutschen Bewegung› wurde und Moellers Gedanken schließlich vom Nationalsozialismus vereinnahmt wurden [17]. Die Diskussion in den dreißiger Jahren ist denn auch wesentlich durch die Frage nach der Berechtigung dieser Vereinnahmung bestimmt, gegen die etwa A. DEMPF [18] von katholischer und E. BLOCH [19] von marxistischer Seite Front machten. Bloch versuchte dabei seinerseits die revolutionären Elemente der Tradition zugunsten seiner Deutung festzulegen, nach der das D.R. «in der Sowjetunion anfängt zu beginnen» [20].

Fragt man nach einer gemeinsamen Linie der angeführten Gebräuche von ‹D.R.› und der anderen Wortbildungen [21], so findet man sie eher in einer formalen Nutzung des Dreierschemas. Das Dritte wird dabei jeweils als Vollendung, Aufhebung oder Versöhnung von Entwicklungsstufen kontinuierlicher oder gegensätzlicher Art verstanden, seien diese nun regulativ-ideal oder historisch-real gemeint. Der Reichsgedanke selbst zehrt dabei auch in seiner säkularisierten Form noch von dem ursprünglichen religiösen Potential. Muß in mittelalterlicher Deutung zur Verwirklichung des D.R. einer reinen Geistkirche die institutionelle Weltkirche abtreten, wie es die an Vorstellungen des Urchristentums orientierten mehr oder weniger radikalen religiösen Bewegungen verlangten, so ist analog der Anarchismus auf das Absterben des Staates, der Nationalsozialismus auf das Aufgehen in der Volksgemeinschaft und der Marxismus auf die Aufhebung der Klassenschranken ausgerichtet. Es ist dabei auffällig, daß der Begriff der Gemeinschaft (an Stelle etwa des Begriffs der Gesellschaft) von der «Gemeinschaft der Heiligen» über die Gemeinschaft freier Individuen bis zur Volksgemeinschaft in den Mittelpunkt rückt.

2. Neben dem religiösen, geschichtsphilosophischen und politischen ist ein *logischer Gebrauch* des Ausdrucks ‹d.R.› (hier ‹drittes› stets klein geschrieben, sonst schwankend) zu nennen, den G. FREGE mit den Worten anführt: «Ein drittes Reich muß anerkannt werden. Was zu diesem gehört, stimmt mit den Vorstellungen darin überein, daß es nicht mit den Sinnen wahrgenommen werden kann, mit den Dingen aber darin, daß es keines Trägers bedarf, zu dessen Bewußtseinsinhalte es gehört. So ist z.B. der Gedanke, den wir im pythagoreischen Lehrsatz aussprachen, zeitlos wahr, unabhängig davon wahr, ob irgend jemand ihn für wahr hält. Er bedarf keines Trägers» [22]. Dieses d.R. ist das Reich von Frege schon früher so beschriebenen Objektiv-*Nicht*wirklichen, im Unterschied zum Objektiv-Wirklichen (d.i. Physischen) und Subjektiv-Wirklichen (d.i. Psychischen). Während die ursprüngliche Unterscheidung aber auch Zahlen, Wahrheitswerte u.a. als objektiv-nichtwirklich einschließt, werden als Repräsentanten des d.R. nun hauptsächlich die nicht-psychischen propositionalen Inhalte von Aussagesätzen genannt, verwandt den «Sätzen an sich» B. Bolzanos. Ein direkter Zusammenhang mit den zuvor genannten Sprachgebräuchen läßt sich wohl nicht herstellen. Zwar ist auch Freges d.R. ein Reich des «Geistes» [23], aber allenfalls des «objektiven» und nicht des «heiligen» Geistes. (Eine Verbindung, wie sie Hegel zwischen beiden Begriffen hergestellt hat, hätte die Zustimmung Freges, trotz seiner theologischen Interessen, sicher nicht gefunden.) Eher noch dürfte Frege aufgrund seiner nationalistischen Einstellung der politische Zusammenhang vertraut gewesen sein. Hier ergäbe sich aber höchstens ein assoziativer und jedenfalls kein sachlicher Anlaß für die Wortwahl. Anklänge insbesondere an Schellings Lehre von den drei Weltaltern finden sich immerhin bei Freges Vater K. FREGE, der eine Abfolge von Griechentum (Gott in der *Natur*), Judentum bzw. Christentum (*Geschichte* als Wirken Gottes) und Germanentum (freie Entfaltung der Persönlichkeit durch *Vernunft*) sieht. Eine parallele Dreiergliederung im Sinne der Dreieinigkeit kann mit dieser Abfolge nur unter Ausklammerung des Griechentums zur Deckung gebracht werden: Judentum (Vater), Christentum (Sohn), Germanentum (Geist). Bemerkenswert sind hier die Entsprechung von Geist und Vernunft und die zukunftsorientierte Auffassung der Philosophie als «die Aufgabe, das Hauptziel des dritten Weltalters» [24]. Ein begründeter Zusammenhang zwischen diesem geschichtlichen dritten Weltalter und dem logischen d.R. läßt sich aber nur schwer nachvollziehen, weil letzteres nur als ungeschichtlich zu denken ist. Der «Ausstieg» aus der Geschichte ist allerdings auch in manchen Konzeptionen des D.R. durchaus gegeben, sofern es einen angestrebten («ewigen») *Dauer*zustand als Endstufe der bisherigen Entwicklung zu realisieren gilt. Gleichwohl: Was von Dauer ist, bleibt *in* der Zeit.

In der internen Logiktradition ist insbesondere bei H. LOTZE außer von einer «Gedankenwelt», einem «Reich der Ideen» und einer «Ideenwelt» auch von einem «Reich der Inhalte» die Rede [25], das wie bei Frege den Bereichen des Physischen und Psychischen gegenübergestellt wird. In diesem Zusammenhang ist nun festzustellen, daß sich die Rede vom d.R. an die Rede von den zwei Reichen oder Welten («mundus intelligibilis»/«mundus sensibilis») [26] anschließen läßt, indem der «mundus sensibilis» unterteilt wird in die beiden Reiche des Wirklichen, nämlich des Physischen und des Psychischen. Eine solche Dreiteilung kommt der in der Antike üblichen Einteilung des Menschen in Leib (Soma), Seele (Psyche) und Geist (Pneuma) nahe. Ein Anschluß an dieses Verständnis ist bei FREGE durch Vermittlung LOTZES wahrscheinlich. So unterscheidet dieser mit ausdrücklichem Bezug auf Platon «das Reich der Gedanken und Begriffe» vom «Reich des Seienden» [27] bei gleichzeitiger Aufteilung des Seienden in Physisches und Psychisches. Zudem thematisiert Lotze in seiner Vorlesung zur Religionsphilosophie, die Frege nachweislich gehört hat, die Frage des Zusammenhangs zwischen «göttlichem Denken» und den «ewigen Wahrheiten», zu denen er «auch die logischen und mathematischen» rechnet [28], wobei er zu dem Ergebnis kommt, daß Gott das «Reich ewiger Wahrheiten» selbst sei [29]. Lotze dürfte hier von G. W. LEIBNIZ beeinflußt sein, für den der Verstand Gottes das «Reich (région) der ewigen Wahrheiten» ist [30]. Die theologische Verankerung gerade der logischen (und auch mathematischen) Sätze geht zurück auf deren platonisch-neuplatonische Deutung, die sich insbesondere bei AUGUSTINUS findet [31]. Im Rahmen seines Versuchs, der christlichen Lehre neuplatonisches Denken zu unterlegen, setzt Augustinus zunächst sogar das Reich Gottes (Christi) mit Platons Reich der Ideen gleich, indem er Joh. 18, 36 («Mein Reich ist nicht von dieser Welt») so deutet, «daß es noch eine andere Welt gibt, die unseren irdischen Augen weit entrückt ist, aber von der Vernunft weniger heiler Menschen geschaut wird» [32]. Später bemerkt er freilich den Kategorienfehler, den er mit dieser logischen Deutung einer eschatologisch gemeinten Aussage begangen hat [33]. Auch ohne diese Identifizierung der beiden Reiche bleibt ein Zusammenhang innerhalb der rationalistischen Tradition bestehen, so daß schließlich auch FREGES d.R. (wenn nicht intendiert, so doch wirkungsgeschichtlich) indirekt als ein säkularer Abkömmling aus dem Schoße theologischen Gedankenguts erscheint. Mindestens eine Bestimmung hält sich dabei durch: Analog zur Ewigkeit Gottes wird die Ewigkeit der Gedanken nicht als unendliche Dauer in der Zeit (wie im Falle des quasi «ewigen» tausendjährigen Reichs), sondern als Außerzeitlichkeit in dem Sinne verstanden, daß Zeitbestimmungen für sie kategorial fehl am Platze sind.

Entgegen der üblichen Auffassung findet sich der logische Gebrauch des Terminus ‹d.R.› jedoch nicht erst bei Frege, sondern bereits früher, und zwar zunächst negativ in Abwehr des Husserlschen Logismus bei dem Psychologisten W. JERUSALEM («Es gibt kein d.R., das zwischen dem psychologisch, d.i. naturgesetzlich Bedingten und dem Absoluten in der Mitte steht» [34]), dann positiv beim Neukantianer G. SIMMEL (hier in der Tat unter ausdrücklicher Anknüpfung an Hegels Begriff des «objektiven Geistes») in einem Frege antizipierenden Sinne: «Der Inhalt des Denkens ist wahr, gleichviel ob er gedacht wird oder nicht, gerade wie er gegebenenfalls falsch ist, mag er gedacht werden oder nicht» [35]. Dieser Inhalt wird dann jenseits «der objektiv-äußeren oder der subjektiv-seelischen Existenz» [36] in einem eigenen d.R. angesiedelt. Für LOTZE und SIMMEL, aber auch für FREGE gilt, daß sie einer Hypostasierung des d.R. als «existierend» zu entgehen suchen [37]. Die Linie Lotze – Simmel – Frege läßt sich mit H. RICKERT fortsetzen, der ebenfalls die Eigenständigkeit eines «Reichs des reinen 'Gedankens'» gegenüber der physischen und psychischen Wirklichkeit betont [38] und dieses Reich später mit der Bezeichnung ‹d.R.› belegt [39]. In dieser Tradition steht auch noch E. CASSIRER, wenn er vom «d.R.» als dem «Reich der reinen Bedeutung» und dem «Reiche des Gedankens» spricht [40]. Gegen die Anerkennung eines d.R. «des Logischen» wenden sich naturgemäß psychologistische Logiker wie TH. ZIEHEN [41].

In ausdrücklichem Anschluß an Frege hat K. R. POPPER dessen Auffassung neu belebt mit seiner Rede von einer «dritten Welt» («third world») oder, wie Popper später zu sagen vorzieht: «Welt 3». Dabei unterscheidet er ähnlich wie Frege «erstens die Welt der physikalischen Gegenstände oder physikalischen Zustände; zweitens die Welt der Bewußtseinszustände oder geistigen Zustände oder vielleicht der Verhaltensdispositionen zum Handeln, und drittens die Welt der *objektiven Gedankeninhalte*, insbesondere der wissenschaftlichen und dichterischen Gedanken und der Kunstwerke» [42]. Obwohl Popper den *Tatsachen* der Welt 3 Selbständigkeit zubilligt, ist diese Welt selbst mit ihren Gegenständen für ihn doch ein «menschliches Erzeugnis» [43]. In diesem Punkt unterscheidet sich Poppers Welt 3 von Freges d.R. und ist eher der älteren Auffassung LOTZES verwandt, der von Gedanken als «Produkten» von Denkhandlungen spricht, aber den «erzeugten» Gedanken dennoch «objektive Geltung» zubilligt [44]. Wenn POPPER es ein platonistisches Mißverständnis nennt, «daß der Charakter, der Status *der logischen Beziehungen zwischen den Gegenständen der Welt 3* (diese Beziehungen sind in der Tat zeitlos) diesen Gegenständen selbst zugesprochen werden soll» [45], so wiederholt er damit eine Auffassung, die bereits LOTZE in seiner Rekonstruktion der Platonischen Ideenlehre mit der Unterscheidung verschiedener Arten von ‹wirklich› gewonnen hatte [46].

Anmerkungen. [1] Vgl. Art. ‹Chiliasmus›; ausführlich: O. BÖCHER u.a.: Art. ‹Chiliasmus›, in: Theol. Realenzykl. 7 (1981) 723-745. – [2] JOACHIM VON FIORE: Liber concordiae vet. et novi testam. (Venedig 1519, ND 1964); vgl. R. E. LERNER: Art. ‹Joachim von Fiore›, in: Theol. Realenzykl. 17 (1988) 84-88. – [3] Vgl. Art. ‹Montanismus›. – [4] G. E. LESSING: Die Erzieh. des Menschengeschl. (1780) §§ 85-89. – [5] F. W. J. SCHELLING: System der Weltalter, hg. S. PEETZ (1990) 211. – [6] Vgl. W. SZYLKARSKY: Nachw. zu: A. MACEINA: Der Großinquisitor (1952) 227-289. – [7] A. VON CIESZKOWSKI: Proleg. zur Historiosophie (1838), ND mit Einl. R. BUBNER, Anh. J. GAREWICZ (1981) 129. – [8] H. IBSEN: Sämtl. Werke, hg. J. ELIAS/P. SCHLENTHER (1907) 3, 370. – [9] a.O. 406. – [10] 437. – [11] R. ENGERT: H. Ibsen als Verkünder des d.R. (1921) 29f.; vgl. auch: Frieden und Freiheit (Verlag des d.R.[!] 1923) 3-6. – [12] IBSEN, a.O. [8] 371. – [13] ENGERT: Die Würde der Persönlichkeit und ihre Wahrung durch die natürl. Wirtschaftsordnung (1925) 25. – [14] G. VON MUTIUS: Die drei Reiche (²1920) 226. – [15] A. MOELLER VAN DEN BRUCK: Das d.R. (1923, ³1931) 320. – [16] Dazu H.-J. SCHWIERSKOTT: A. Moeller van den Bruck und der revolut. Nationalismus in der Weim. Rep. (1962) 103-116. – [17] So in der im übr. informativen Darst. von H. HERTEL: Das d.R. in der Geistesgesch. (1934). – [18] A. DEMPF: Das D.R. Schicksale einer Idee. Hochland 29 (1931/32) 36-48. 158-171. – [19] E. BLOCH: Erbschaft dieser Zeit (1935) II/D: Zur Originalgesch. des D.R. Ges.ausg. 4, 126-152. – [20] Das Prinzip Hoffnung IV, 36 [1938-47], a.O. 5, 596. – [21] Vgl. G. SCHOLTZ: D.R. Begriffsgesch. mit Blick auf Blochs Originalgesch., in: Zwischen Wissenschaftsanspruch und Orientierungsbedürfnis (1991) 359-386. – [22] G.

FREGE: Der Gedanke. Beitr. zur Philos. des dtsch. Idealismus 1 (1918/19) 69. – [23] Vgl. a.O. 74. – [24] A. FREGE: Die Entwickl. des Gottesbewußtseins in der Menschheit in allg. Umrissen dargest. (1866) 151f. – [25] H. LOTZE: Logik (1874) § 347f. – [26] Vgl. Art. ‹Mundus intelligibilis/sensibilis›. – [27] LOTZE: Mikrokosmus 3 (²1872) 208. – [28] Grundzüge der Religionsphilos. (³1894) § 47ff. – [29] Mikrokosm., a.O. [27] 579. 587; Grundz. ..., a.O. § 48. – [30] G. W. LEIBNIZ: Monadologie § 43. – [31] Vgl. dazu die spätere affirmative Stellungnahme von H. SCHOLZ: Das theol. Elem. im Beruf des logist. Logikers (1935), ND in: Mathesis universalis, hg. H. HERMES u.a. (1961) 337ff. – [32] AUGUSTINUS: De ord. 1, 11, 32. – [33] Retract. 1, 3, 8. – [34] W. JERUSALEM: Der krit. Idealismus und die reine Logik (1905) 223. – [35] G. SIMMEL: Hauptprobl. der Philos. (1910, ⁹1989) 103f.; vgl. Die Probl. der Geschichtsphilos. (²1905) 93f. – [36] Hauptpr. ..., a.O. 108f. – [37] Dazu G. GABRIEL: Frege als Neukantianer. Kantstudien 77 (1986) 98-110; Einl. zu: H. LOTZE: Logik. Drittes Buch. Vom Erkennen (1989) XXII-XXVII. – [38] H. RICKERT: Zwei Wege der Erkenntnistheorie. Kantstudien 14 (1909) 195-197. 211. – [39] System der Philos. (1921) 5. Kap.; zum Verhältnis von Freges und Rickerts Auffassung des d.R.: B. BAUCH: Wahrheit, Wert und Wirklichkeit (1923) 62ff. – [40] E. CASSIRER: Das Symbolproblem und seine Stellung im System der Philos. (1927), ND in: Symbol, Technik, Sprache, hg. E. W. ORTH/J. M. KROIS (1985) 13; vgl. 10. 14. – [41] TH. ZIEHEN: Lehrb. der Logik (1920) 259f. – [42] K. R. POPPER: Objective knowledge. An evolutionary approach (Oxford 1972), dtsch. (1973) 123. – [43] a.O. 135f. – [44] LOTZE, a.O. [25] § 345. – [45] POPPER: Ausgangspunkte. Meine intellekt. Entw. (³1984) 271. – [46] LOTZE, a.O. [25] § 316.

Literaturhinweise. A. DEMPF s. Anm. [18]. – H. HERTEL s. Anm. [17]. – J. F. NEUROHR: Der Mythos vom D.R. (1957). – H.-J. SCHWIERSKOTT s. Anm. [16]. – H. DE LUBAC: La postérité spirit. de Joachim de Flore 1-2 (Paris 1979-81). – H. R. GANSLANDT: Art. ‹Dritte Welt›, in: Enzykl. Philos. und Wiss.theorie, hg. J. MITTELSTRASS 1 (1980) 499-500 (zu POPPER). – G. SCHOLTZ s. Anm. [21]. – M. A. NOTTURNO: Objectivity, rationality, and the third realm: Justification and the grounds of psychologism. A study of Frege and Popper (Dordrecht 1985) bes. ch. 9. – Zu ‹Tausendjähriges Reich› vgl. Lit. zu Art. ‹Chiliasmus›.

G. GABRIEL

Reich der Freiheit/der Notwendigkeit. Die konträren Begriffe ‹R.d.F.› und ‹R.d.N.› bilden sich in der Spätphilosophie I. KANTS und in der Frühphilosophie des Deutschen Idealismus heraus; in ihnen werden ältere, vor allem theologisch inspirierte Topoi wie die vom Reich Gottes (Christi) und vom Reich Satans (des Antichrist) oder vom Reich der Gnade und dem Reich der Natur philosophisch aufgenommen und umgedeutet. Kant bezeichnet im zweiten Stück der ‹Religionsschrift› (1791 verfaßt, 1793 veröffentlicht) in Übereinstimmung mit seiner kritischen Moralphilosophie durch den Ausdruck ‹R.d.F.› den Raum der prinzipiengeleiteten moralischen Entscheidungsfreiheit des Menschen, sei es zum Guten, sei es zum Bösen. ‹R.d.N.› steht in diesem Zusammenhang – in Abänderung seiner theologischen Bedeutung, die von Kant gleichwohl andernorts beibehalten wird [1] – für den Bereich der der menschlichen Entscheidungs- und Handlungsfreiheit entzogenen Naturnotwendigkeit [2]. Die jungen Tübinger Stiftler G. W. F. HEGEL, F. HÖLDERLIN und F. W. J. SCHELLING verstehen die biblische Rede vom Anbruch des Reichs Gottes, beflügelt vom Ausbruch der Französischen Revolution, sowohl geistig-religiös als auch politisch-gesellschaftlich, nämlich im Sinne der zugleich chiliastischen wie aufklärerischen Erwartung des Zeitalters des Geistes, der Vernunft, der Wahrheit und der Freiheit [3]. Obwohl die Wendung ‹R.d.F.› «gewissermaßen in der Tübinger Luft gelegen» haben mag [4], läßt sie sich bei HÖLDERLIN erst

1794 [5] und bei HEGEL erst 1798 [6] nachweisen, allerdings ohne daß sie philosophisch expliziert würde. Erst J. G. FICHTE führt sie in ‹Die Bestimmung des Menschen› (1800) philosophisch aus, und zwar in zweierlei Sinne: Einerseits umschreibt er mit ihr den freien bürgerlichen Rechtsstaat im Unterschied zu Gesellschaften und Staaten, in denen Unfreiheit herrscht [7]; andererseits, in kantischer Perspektive, nennt er den einzelnen, mit Wille und Gewissen zur moralischen Selbstbestimmung ausgestattet, einen «Mitbürger des R.d.F.» [8]. In seiner ‹Staatslehre› von 1813 erklärt Fichte dann allerdings das R.d.F. als mit rechtlichen und staatlichen Herrschafts- und Zwangsverhältnissen unvereinbar [9]. HEGEL benutzt demgegenüber die Formel vom R.d.F. einerseits, im 2. Band seiner ‹Wissenschaft der Logik› von 1816, zur Kennzeichnung der Funktion des Begriffs im Unterschied zu der von Sein und Wesen – «Im *Begriffe* hat sich daher das Reich der *Freyheit* eröffnet» [10] –; andererseits, in den ‹Grundlinien der Philosophie des Rechts› von 1820, ist «das Rechtssystem das Reich der verwirklichten Freiheit», und «die realisirte Freiheit [ist] der absolute Endzweck der Welt» [11].

In Aufnahme und Umformung der idealistischen Dialektik Hegels von Freiheit und Notwendigkeit wird der Ausdruck ‹R.d.F.›, ergänzt um sein dialektisches Gegenstück ‹R.d.N.›, zu einem wichtigen Theoriestück in den Spätschriften von K. MARX und F. ENGELS und in der von ihnen begründeten materialistischen Geschichtsphilosophie und Gesellschaftstheorie ausgebaut. Im 3. Band des ‹Kapital› formuliert Marx: «Das R.d.F. beginnt in der Tat erst da, wo das Arbeiten, das durch Not und äußere Zweckmäßigkeit bestimmt ist, aufhört; es liegt also der Natur der Sache nach jenseits der Sphäre der eigentlichen materiellen Produktion». Auch die gesellschaftlich organisierte und insofern befreite Arbeit bleibt «immer ein R.d.N. Jenseits desselben beginnt die menschliche Kraftentwicklung, die sich als Selbstzweck gilt, das wahre R.d.F., das aber nur auf jenem R.d.N. als seiner Basis aufblühen kann. Die Verkürzung des Arbeitstages ist die Grundbedingung» [12]. Marx sieht an dieser Stelle die Arbeit nicht als Selbstzweck an. Sie bleibt selbst unter Bedingungen, die sich der Umwälzung der Arbeitsbedingungen und Arbeitsweisen verdanken, dem R.d.N. verhaftet, nämlich der naturnotwendigen Selbstreproduktion des Menschen. Nicht die Arbeit selbst, sondern schöpferisches Tätigsein in der freien Zeit außerhalb der Arbeit gilt Marx nun, im Unterschied zu seiner Frühzeit, als Selbstverwirklichung des menschlichen Wesens. Das R.d.N. und das R.d.F. scheinen auch in der Wirklichkeit des Kommunismus für Marx geschieden zu bleiben. Bei ENGELS ist das Verhältnis von R.d.F. und R.d.N. eindeutiger: Die Aufhebung der Entfremdung der Arbeit geschieht durch die Umwälzung der Produktionsverhältnisse und durch die Umwandlung der Produktionsweise. Die Besitzergreifung der Produktionsmittel durch das Proletariat in der kommunistischen Revolution bedeutet den «Sprung der Menschheit aus dem R.d.N. in das R.d.F.», weil dadurch die geschichtlichen Kräfte «unter die Kontrolle der Menschen» treten, so daß sie nun «ihre Geschichte mit vollem Bewußtsein selbst machen» [13].

Sowohl der orthodoxe sowjetische Marxismus als auch die kritische, von Marx beeinflußte Gesellschaftstheorie Westeuropas bedienen sich der Rede vom R.d.F., um zu betonen, daß die wahre Freiheit des Menschen letztlich in seiner umfassenden Emanzipation von der Natur und den versklavenden kapitalistischen Gesellschaftsverhältnissen und in seiner ganzheitlichen gesellschaftsbezogenen Selbstentfaltung besteht. So betonen sowjetische Autoren, daß auch die sozialistische oder kommunistische Gesellschaft um der einzelnen Menschen und ihrer persönlichen Lebenserfüllung willen da sei und verstehen das R.d.F. als Überwindung der Entfremdung und allseitige Entwicklung der menschlichen Fähigkeiten [14]. Demgegenüber kann nach TH. W. ADORNO das R.d.F. weder begrifflich antizipiert noch unmittelbar handelnd realisiert werden, weil dies der universale Zwangszusammenhang nicht zulasse. Dieser Aporetik des Denkens und Handelns sucht Adorno in bewußter Antithese zu Hegel und Marx in einer sog. «negativen Dialektik» gerecht zu werden, die aber, als «Abdruck des universalen Verblendungszusammenhangs und dessen Kritik, in einer letzten Bewegung sich noch gegen sich selbst kehren» muß, weil sie, obwohl «das Selbstbewußtsein des objektiven Verblendungszusammenhangs, nicht bereits diesem entronnen» ist [15]. E. BLOCH dagegen beschreibt das R.d.F. als utopischen Zielzustand, auf den hin sowohl die Naturentwicklung als auch die Menschheitsgeschichte konvergieren, und identifiziert es mit dem höchsten Gut (s.d.), mit dem Reich Gottes (s.d.) und mit Kants Reich der Zwecke (s.d.) [16]. H. MARCUSE teilt die Skepsis Adornos gegenüber der orthodoxen marxistischen Überzeugung von der Herbeiführung des R.d.F. durch revolutionäre Umwälzungen der ökonomischen Sphäre allein; denn «die Geschichte ist das R.d.N.» [17]. Im übrigen haben für ihn die ökonomischen und technischen Entwicklungen im Spätkapitalismus zur Anonymisierung der Besitzverhältnisse an den Produktionsmitteln, zur Internationalisierung des Wirtschaftslebens, zur Automatisierung der Güterproduktion und zum Warenüberfluß geführt, so daß die sozialrevolutionären Antriebe ihre ursprünglichen Angriffspunkte verloren haben. Es bedarf deshalb einer Umwandlung der Bedürfnisstrukturen und materiellen Einstellungen, damit das R.d.F. auch subjektiv Wirklichkeit werden kann [18].

Während Marcuse noch wie Marx mit einer nahezu unerschöpflichen Naturbasis für die Ausweitung und die Befriedigung menschlicher Bedürfnisse rechnet, wird in marxistischem wie nicht-marxistischem Denken angesichts der drohenden Überforderung der Natur durch Technik und Konsum seit längerem die Forderung nach einer Überprüfung der bisherigen immer noch idealistisch erscheinenden Bestimmungen des Beziehungsverhältnisses zwischen dem R.d.F. und dem R.d.N. erhoben; denn «im Vordringen der Weltbemächtigung des Wissens zwingt der 'Geist' die Wirklichkeit der 'Natur' unter seine Füße, um jenseits des Reiches der Natur in einem R.d.F. sich als Geist zu behaupten» [19]. Der gesellschaftliche und ethische Aspekt des R.d.F. wird in jüngeren Diskussionen auch wieder direkt an Kant und seine Konzeption eines Reichs der Zwecke angeschlossen. Das R.d.F. wird dann bestimmt als eine «freie Gesellschaft», in der moralische Autonomie dadurch angestrebt wird, daß man zueinander in moralisch normierte Handlungs- und Zweckebeziehungen tritt: «Autonomie wird in einem R.d.F. insofern gewonnen, als auch die egoismusverursachte Herrschaft des Menschen über den Menschen handelnd überwunden wird. Zugleich wird einer moralischen Person zugemutet, ihre Identität nicht mehr für sich selbst zu gewinnen. In diesem Sinne tritt bei der moralischen Person zur Freiheit von der Natur und Herrschaft die Freiheit von sich selbst» [20].

Anmerkungen. [1] Vgl. I. Kant: KrV A 811f./B 839f. – [2] Relig. innerh. der Grenzen der bloßen Vernunft. Akad.-A. 6, 82. – [3] Vgl. A. T. P. Peperzak: Le jeune Hegel et la vision morale du monde (Den Haag 1960) 6-11; dazu J. Hoffmeister (Hg.): Dok. zu Hegels Entwickl. (1936) 175-192. – [4] L. Oeing-Hanhoff: Das R.d.F. als absol. Endzweck der Welt. Tübinger und weit. Persp., in: J. Simon (Hg.): Freiheit. Theoret. und prakt. Aspekte des Problems (1977) 61. – [5] F. Hölderlin: Br. an Ch. L. Neuffer (10. 10. 1794). Werke und Br. (1969) 829. – [6] H. Nohl (Hg.): Hegels theolog. Jugendschr. (1907) 393; zur Datierung: G. Schüler: Zur Chronol. von Hegels Jugendschr. Hegel-Stud. 2 (1963) 132, Nr. 80. – [7] J. G. Fichte: Akad.-A. I/6 (1981) 274. – [8] a.O. 280. – [9] Stellennachweise bei Oeing-Hanhoff, a.O. [4] 60, Anm. 20. – [10] G. W. F. Hegel: Akad.-A. 12 (1981) 15. – [11] Jub.ausg. 7, hg. H. Glockner (1927-40) 50. 188; weitere Stellennachweise bei Oeing-Hanhoff, a.O. [4] 61, Anm. 13. – [12] K. Marx: MEW 25, 828; vgl. E. Martens: «Das R.d.N.» und «das R.d.F.». Ein aristot. Lehrstück bei Marx. Z. philos. Forsch. 28 (1974) 118; dazu Aristoteles: Met. 981 b 17-25; 982 b 25-28. – [13] F. Engels: Die Entwickl. des Sozialismus von der Utopie zur Wiss. MEW 19, 226; Herrn Eugen Dührings Umwälzung der Wiss. (Anti-Dühring). MEW 20, 264. – [14] Vgl. J. J. O'Rourke: The problem of freedom in marxist thought. An anal. of the treatm. of human freedom by Marx, Engels, Lenin and contemp. sov. philos. (Dordrecht/Boston 1974) 180f. – [15] Th. W. Adorno: Negat. Dial. (1966) 395f.; vgl. 263. 346. – [16] E. Bloch: Das Prinzip Hoffnung (1959) 1561f. 1566. – [17] H. Marcuse: Der eindimens. Mensch. Stud. zur Ideologie der fortgeschr. Industrieges. (1967) 13. Schr. 7 (1989) 13. – [18] Freiheit und Notw. Bem. zu einer Neubestimmung. Schr. 8 (1984) 227-235. – [19] W. Kamlah: Der Mensch in der Profanität. Versuch einer Kritik der profanen durch vernehmende Vernunft (1949) 66. – [20] F. Kambartel: Autonomie, mit Kant betrachtet, in: Philos. der humanen Welt. Abh. (1989) 128.

Literaturhinweise. H. Arendt: The human condition (Chicago 1958); dtsch.: Vita activa oder Vom tätigen Leben (1960). – A. T. B. Peperzak s. Anm. [3]. – I. Fetscher: Die Freiheit im Lichte des Marx.-Lenin. (1963). – J. J. O'Rourke s. Anm. [14]. – L. Oeing-Hanhoff s. Anm. [4] 55-83. – H. Jonas: Das Prinzip Verantwortung. Versuch einer Ethik für die technolog. Zivilisation (1979) 343-373. – I. Fetscher: Überlebensbeding. der Menschheit. Zur Dial. des Fortschritts (1980). R. Wimmer

Reich der Gnade/der Natur (lat. regnum gratiae/naturae; frz. règne de la grâce/de la nature). Das durch G. W. Leibniz in die philosophische Terminologie aufgenommene Begriffspaar ‹R.d.G./d.N.› nimmt außer mit den Ausdrücken selbst auch in der Sache auf verschiedene theologische Motive und Lehrstücke Bezug, als deren säkular-rationalistische Abwandlung es in mancher Hinsicht gelten kann. Mehr noch als die theologische Verhältnisbestimmung von Natur und Gnade überhaupt – immerhin hat der Gnadentraktat, dessen Grundorientierung durch das Konzil von Orange (529) festgelegt war, seine eigentliche Ausgestaltung in dieser Frage erst nachtridentinisch, nämlich einerseits im «Gnadenstreit» [1], andererseits in der Zurückweisung der Lehren des M. Bajus und dann des Jansenismus erfahren [2] – ist es das Problem der in verschiedener Form sich vollziehenden göttlichen «gubernatio mundi», an das dabei angeschlossen wird. Wenn Leibniz das R.d.G., in dem Gott die geistbegabten Monaden statt nach mechanischen nach Gesetzen der Gerechtigkeit und der Liebe regiert und in dem er nicht Baumeister, sondern Monarch ist, ausdrücklich auch als «Respublica Dei» oder «cité de Dieu» bezeichnen kann [3], so ist zunächst die Anknüpfung an Augustins Unterscheidung von «civitas Dei» und «civitas terrena» offenkundig – eine Unterscheidung, die ihrerseits wiederum, unangesehen ihrer Vorprägung beim Donatisten Tyconius und möglichen manichäischen Reminiszenzen in ihr [4], als «enteschatologisierte» Aufnahme des neutestamentlichen Gegensatzes von Gottes- und Weltreich (βασιλεία τοῦ ϑεοῦ/τοῦ κόσμου) gelten kann. Allgemein vorauszusetzen ist aber auch M. Luthers Zwei-Reiche-Lehre, die im Gegenzug zur mittelalterlichen Anschauung vom Corpus mysticum christianum und im Rahmen einer bereits neuzeitlichen Entgegensetzung von Innerem und Äußerem eine bestimmte Autonomie des Äußerlich-Weltlichen gegenüber dem inneren, geistlichen Reich vertritt [5]; freilich schließt das im Äußeren verborgen bleibende göttliche Regiment immer ein, daß, wie Ph. Melanchthon in der ‹Apologie› des Augsburger Bekenntnisses formuliert hat, der «gemeine Lauf der Natur als Gottes Ordnung ... nichts am geistlichen Reich» «hindert» [6].

Eine eigene theologische Bestimmung finden die Begriffe ‹R.d.G./d.N.› allerdings erst bei den altprotestantischen Dogmatikern. Hier dienen sie dazu, die zu unterscheidenden göttlichen Herrschaftsweisen und -bereiche *christologisch* in der Lehre von den Ämtern Christi und zuletzt in der Zweinaturenlehre zu zentrieren. Bei einigen ekklesiologischen und bundestheologischen Anknüpfungspunkten und Parallelen in der ersten nachreformatorischen Theologie (H. Bullinger, A. Hyperius, K. Olevian u.a.) sind die wichtigsten Distinktionen in der Lehre vom «officium regium Christi» in vor allem lutherischer Formulierung die folgenden: 1. Das *Naturreich* oder «regnum potentiae» (die Reformierten wie z.B. J. H. Alsted sprechen vom «regnum naturale» oder auch «universale» bzw. «essentiale» [7]) meint jene «functio Christi ϑεανϑρώπου» (J. A. Quenstedt [8]), in welcher der Schöpfungsmittler Christus überhaupt eine «allgemeine Herrschaft über alles, nämlich die Lenkung von Himmel und Erde» («generale dominium super omnia, videl. gubernatio coeli et terrae» J. Gerhard [9]) ausübt; Leibnizens Titel «regne de la puissance» für das Reich der Wirkursachen [10] schließt hier terminologisch an. – 2. Das *Gnadenreich* oder «regnum gratiae» bedeutet die Herrschaft Christi über die Gläubigen der «ecclesia militans» oder auch – nach Quenstedt, der dabei Gottes «vorgängigen Willen über alle Menschen» berücksichtigt [11], – über schlechthin alle Menschen. – 3. Das *Vollendungsreich* oder «regnum gloriae» besteht in der Herrschaft Christi über die triumphierende Kirche bzw. über die Seligen. – 4. Ein gelegentlich angeführtes «quartum regnum», das auch dem Naturreich eingeordnet werden kann, meint den negativen und richterlichen Aspekt der Herrschaft Christi über die Verdammten und den Satan.

Leibniz hat sich der Begriffe ‹R.d.G./d.N.› bedient, um das Weltganze als nicht einsinnige, sondern in sich gebrochene und gedoppelte Totalität, als gegenstrebigeinige «prästabilierte Harmonie» darstellen zu können. Genauer sind es «deux Regnes Naturels, l'une des causes Efficientes, l'autre des Finales» auf der einen und das «Regne Moral de la Grace», das Reich der geistbegabten Monaden auf der anderen Seite, die in der für sich selbst zweckhaften und unvergänglichen Harmonie – dem philosophischen «regnum gloriae», wie man sagen könnte – übereinkommen [12]; das Natur- dient dem Gnadenreich [13], ohne daß dazu ein äußerer Zwang ausgeübt werden müßte. Der Sache nach gibt es dabei Berührungen mit dem Occasionalismus, vor allem mit N. Malebranches Auffassung von der Übereinstimmung des «ordre de la Grâce» und des «ordre de la Nature», einer Übereinstimmung, die die Weisheit und andere Attribute des gemeinsamen Schöpfers bezeugt [14]. Leibnizens Sprachgebrauch blieb allerdings in der Schulphilosophie der Folgezeit überraschend einflußlos. In der Mitte des 18. Jh. noch kann ein ‹Grosses vollständiges Universal-Lexicon› sich entsprechend damit begnügen, unter den betreffenden Voces ausschließlich auf die genannten theologischen Bestimmungen einzugehen [15]. Immerhin hat sich I. KANT, über den Endzweck der Schöpfung nach A. G. BAUMGARTENS ‹Metaphysik› lesend, die Stichworte ‹R.d.N.›, ‹R.d.G.›, ‹Himmelreich› notiert [16]. Die Begriffe begegnen freilich auch sonst bei ihm, so etwa in der KrV bei der Erörterung des höchsten Guts [17] oder im Zusammenhang mit eigenen Wendungen wie «Reich der Zwecke», «Reich der Sitten» o.ä. An die Stelle der Leibnizschen dialektischen Komplementarität und wesentlichen Bezogenheit der beiden Seiten tritt jetzt aber ein eher antinomisches Verhältnis: Denn eine Harmonie, wie Leibniz sie behauptet hat, ist nach Kant «aus der Beschaffenheit der Weltwesen» als solcher jedenfalls nicht erkennbar [18], und die «Zusammenstimmung» beider Reiche ist einerseits nur «als Bedingung der Möglichkeit des höchsten Guts zu denken» [19] und ergibt sich andererseits aus einem Wechsel in der Betrachtung: «Die Teleologie erwägt die Natur als ein Reich der Zwecke, die Moral ein mögliches Reich der Zwecke als ein R.d.N.» [20].

G. W. F. HEGEL erwähnt in der ‹Differenzschrift› das Vermögen der Religion, im «R.d.G. die Freyheit des Subjekts und die Nothwendigkeit des Objekts verschwinden» zu machen [21], versteht das Gnadenreich also als die spekulative Einheit des Unterschiedes und nicht mehr als eines von dessen irreduziblen Disjunkten. Was sich in der Folge findet, ist dann eher nurmehr ein übertragener Sprachgebrauch: so bei A. SCHOPENHAUER, der «den scheinbaren Widerspruch zwischen der Nothwendigkeit aller Aeußerungen des Charakters bei vorgehaltenen Motiven (R.d.N.) einerseits, und der Freiheit des Willens an sich, sich selbst zu verneinen und den Charakter, mit aller auf ihn gegründeten Nothwendigkeit der Motive aufzuheben (R.d.G.), andererseits» mit Hilfe der Begrifflichkeit ‹R.d.G./d.N.› aufhellen will [22]; so auch beim späten F. W. J. SCHELLING, der sich ihrer zur Verdeutlichung seiner Unterscheidung von «negativer» und «positiver Philosophie», von «Wissenschaft» und «Offenbarung» bedient [23], bevor sie im Auseinanderfallen der Wissenschaften von der ersten und der zweiten Natur, auf deren Beziehung sie ging, ihre Bedeutung verliert.

Anmerkungen. [1] Vgl. Art. ‹Gnadenstreit›, in: Hist. Wb. Philos. 3, 713f.; H. DENZINGER/A. SCHÖNMETZER: Enchir. symbol. ([36]1976) Nr. 371-395. 1997. 2008. – [2] Vgl. DENZINGER/SCHÖNMETZER, a.O. Nr. 1901-1980. 2001-2007. – [3] G. W. LEIBNIZ: Br. an R. Ch. Wagner (4. 6. 1710). Philos. Schr., hg. C. I. GERHARDT (1875-90) 7, 531; Syst. nouveau (1. Entw.), a.O. 4, 475; Br. an A. Arnauld (Sept./Okt. 1687), a.O. 2, 126f.; Monadol. §§ 85ff. – [4] A. ADAM: Der manich. Ursprung der Lehre von den zwei Reichen bei Augustin, in: H.-H. SCHREY (Hg.): Reich Gottes und Welt (1969) 30-39. – [5] H. BORNKAMM: Luthers Lehre von den zwei Reichen im Zus. seiner Theol., in: SCHREY (Hg.), a.O. 165-195. – [6] PH. MELANCHTHON: Apologia der Confession (1531) a. XVI., übers. J. JONAS, in: Die Bekenntnisschr. der evang.-luth. Kirche (1930, [8]1979) 309. – [7] Vgl. H. HEPPE/E. BIZER: Die Dogmatik der evang.-reform. Kirche (1935) 383ff. – [8] J. A. QUENSTEDT: Theol. didactico-polemica sive systema theol. (1685) III, 264. – [9] J. GERHARD: Loci theologici (1610ff.) III, 578. – [10] LEIBNIZ: Tentamen anagog. [ca. 1690-95], a.O. [3] 7, 273. – [11] QUENSTEDT, a.O. [8] 268. – [12] LEIBNIZ: Monad. § 87; vgl. Tent. anag., a.O. [10] 273; Princ. de la nature et de la grâce, fondés en raison (1712/14) § 15. – [13] Théod. (1710) §§ 112. 118. – [14] N. MALEBRANCHE: Traité de la Nature et de la Grâce (1680) I, 37. Oeuvr. compl. 5 (Paris [2]1976) 45. – [15] J. H. ZEDLER: Grosses vollst. Univ.-Lex. aller Wiss. und Künste 31 (1742) s.v. R.d.G., R.d.N., Reich Christi, Reich Gottes. – [16] I. KANT: Nachlaß zur Met. Akad.-A. 18, 471 [Refl. 6159]. – [17] KrV B 840/A 812. – [18] Über eine Entdeckung ... (1790). Akad.-A. 8, 250. – [19] KpV A 262. Akad.-A. 5, 145. – [20] Grundleg. zur Met. der Sitten (1785). Akad.-A. 4, 436, Anm. – [21] G. W. F. HEGEL: Diff. des Fichte'schen und Schelling'schen Systems der Philos. (1801). Akad.-A. 4 (1968) 14. – [22] A. SCHOPENHAUER: Die Welt als Wille und Vorstellung (1819) I/4, § 70. – [23] F. W. J. SCHELLING: Philos. der Offenbarung. Werke, hg. M. SCHRÖTER (1927-54) 6, 409.

Literaturhinweise. E. H. STOKES: The conception of a kingdom of ends in Augustin, Aquinas, and Leibniz (Chicago 1912). – E. HIRSCH: Gesch. der neuern evang. Theol. 2 (1951) 7-48. – K. HILDEBRANDT: Leibniz und das R.d.G. (Den Haag 1953). – K. RAHNER: Natur und Gnade, in: Schr. zur Theol. 4 (1960) 209-236. – H.-H. SCHREY s. Anm. [4]. – P. FRANSEN: Dogmengeschichtl. Entfaltung der Gnadenlehre. Mysterium Salutis 6/2 (1973) 631-772. – H. SCHMID: Die Dogmatik der evang.-luth. Kirche, hg. H. G. PÖHLMANN ([11]1990). TH. S. HOFFMANN

Reich der Zwecke ist ein zentraler Terminus in der Moral- und Rechtsphilosophie I. KANTS. Kant versteht unter ‹Reich› «die systematische Verbindung verschiedener vernünftiger Wesen durch gemeinschaftliche Gesetze»; unter ‹Zweck› versteht er einerseits – wie alltagssprachlich üblich – eine übergeordnete Handlungsorientierung als Resultat einer Zwecksetzung, andererseits den Menschen selbst als Person, d.h. als sittlich autonomes Vernunftwesen, das er «Zweck an sich selbst» nennt [1]. «Zwecke an sich selbst» (oder nachkantisch: Selbstzwecke) heißen Personen auch deshalb, weil sie absoluten Wert [2] und daher Würde haben [3], weswegen sie, der Selbstzweckformel des Kategorischen Imperativs gemäß [4], niemals völlig instrumentalisiert oder funktionalisiert, d.h. einem durch Handlungen oder Zwecksetzungen etablierten Zweckezusammenhang ein- und untergeordnet werden dürfen.

Nicht der einzelne Mensch, wohl aber die Menschheit als ganze ist zur Verwirklichung des R.d.Z. moralisch verpflichtet; der einzelne kann nur nach dem Maß seines Vermögens auf seine Realisierung hinarbeiten und sie befördern. Deshalb, und weil der gute Wille zu seiner Verwirklichung nicht als vorhanden unterstellt werden kann, ist das R.d.Z. «nur ein Ideal» [5]. Dennoch hat jeder so zu verfahren, «als ob» seine Etablierung nur von ihm selbst abhinge [6], weshalb die entsprechende R.d.Z.-Formel des Kategorischen Imperativs lautet: «handle nach Maximen eines allgemein gesetzgebenden Gliedes zu einem bloß möglichen R.d.Z.» [7]. Der entwickelte Begriff dieses Ideals enthält außer der Allgemeinheit seiner Gesetzesform und der Vernunftgemäßheit seines Inhalts die Aspekte der individuellen und der kollektiven Urheberschaft des Moralgesetzes und seiner auf die Urheber selbst bezogenen Adressierung. Die individuelle Urheberschaft und Selbstadressierung faßt Kant in den Begriff der Autonomie oder Selbstgesetzgebung [8], die kollektive Urheberschaft und Selbstadressierung in den des R.d.Z. [9].

Als Gegenbild zum R.d.Z. dient Kant die vernunftlose Natur, deren empirisch-kontingente Gesetze ebenfalls ein – allerdings nicht vernunftnotwendiges – System bilden. Deswegen sowie aufgrund ihrer Offenheit für die Zwecke von Vernunftwesen kann die Natur ebenfalls als «Reich» gelten [10]. Das «Reich der Natur» dient Kant zur Analogie für das R.d.Z. [11]. Darüber hinaus kann es selbst, jedenfalls für den Bereich des Lebendigen, als «System der Zwecke» beurteilt werden, allerdings nicht von der bestimmenden, sondern der reflektierenden Urteilskraft, somit nicht in konstitutiver, sondern nur in regulativer Hinsicht [12].

In seiner philosophischen Religionslehre beschreibt Kant das R.d.Z. unter Verwendung rechtlich-politischer und biblischer Begrifflichkeit als eine unter ethischen oder Tugendgesetzen stehende ethische Gemeinschaft, die, sofern jene Gesetze öffentlich gemacht werden, ein «ethisches gemeines Wesen» (Gemeinwesen) oder ein «ethischer Staat, d.i. ein Reich der Tugend» [13] oder auch «Volk Gottes» bzw. «Reich Gottes» genannt werden darf; «Reich Gottes», weil die Stiftung eines Volks Gottes «nicht von Menschen, sondern nur von Gott selbst erwartet werden kann» [14]. Da dieses Reich zugleich das «höchste Gut», d.h. den durch Gott zu erwirkenden moralisch «notwendigen Zusammenhang zwischen Sittlichkeit und der ihr proportionirten Glückseligkeit» [15] verkörpert, kann Kant es, in z.T. ausdrücklicher Bezugnahme auf G. W. LEIBNIZ, als «beste Welt» im Sinne einer «moralischen Welt» und als «das Reich der Gnaden» bezeichnen [16], das im Unterschied zum «Reiche der Natur» die «systematische Einheit der Zwecke» unter Gesetzen der Moral [17] – kurz: ein moralisches «R.d.Z.» darstellt [18].

KANTS Konzeption eines R.d.Z. ist auf z.T. von ihm selbst ausdrücklich bemerkte vielfache Weise mit philosophischen und theologischen Topoi der Tradition verknüpft: philosophisch mit Platons Ideal einer vollkommenen Republik [19], mit der antiken Lehre vom höchsten Gut (s.d.) und ihrer Aufnahme in die stoische Konzeption eines rechtlichen oder ethischen Kosmopolitismus (s.d.) [20]; theologisch mit dem neutestamentlichen und mittelalterlich-chiliastischen Begriff des Reichs Gottes (s.d.) in eins mit dem augustinischen Begriff des Gottesstaats und der lutherischen Zwei-Reiche-Lehre.

Kants Gegenüberstellung des R.d.Z. und des Reichs der Natur läßt sich als philosophisch rationalisierte Fassung des primär theologisch motivierten Begriffspaars ‹Reich der Gnade/Reich der Natur› (s.d.) lesen, die unter dem Einfluß der politischen Motive der Französischen Revolution und ihrer spekulativen Verarbeitung durch die Freiheitsphilosophie des Deutschen Idealismus (s.d.) vornehmlich durch K. MARX in das Gegensatzpaar ‹Reich der Freiheit/Reich der Notwendigkeit› (s.d.) transformiert wurde. Kants unmittelbare philosophische Nachfahren beziehen sich nur gelegentlich auf seine Konzeption des R.d.Z.: F. W. J. SCHELLING spricht vom «Reich moralischer Wesen» [21], und J. G. FICHTE ruft dazu auf, die «Eine große, freie, moralische Gemeine ... durch den gemeinschaftlichen pflichtmäßigen Willen», dem «Grundgesetz des großen sittlichen Reichs», hervorzubringen, welches Reich er als «Welt» oder «System» bezeichnet und als «Vereinigung und unmittelbare Wechselwirkung mehrerer selbständiger und unabhängiger Willen miteinander» beschreibt [22].

Anmerkungen. [1] I. KANT: Grundl. zur Met. der Sitten (1785). Akad.-A. 4, 433. – [2] a.O. 428. – [3] 434f. – [4] 429. – [5] 433. 438f. – [6] 438. – [7] 439. – [8] 431. 433. 440; KpV A 58. Akad.-A. 5, 33. – [9] 431. 433-436. 438f. – [10] 438f. – [11] a.O. sowie 436, Anm. – [12] KU B 301 (§ 67), a.O. 379. – [13] Relig. innerh. der Grenzen der bl. Vern. (1793). Akad.-A. 6, 94f. – [14] a.O. 100. – [15] KpV A 224. Akad.-A. 5, 124. – [16] A 225, a.O. 125; KrV A 811f./B 839f.; vgl. G. W. LEIBNIZ: Princ. de la nat. et de la grâce fondés en raison 15 (1714/1718); Monadol. 84-90 (1714/1720). – [17] KrV A 815/B 843. – [18] Über eine Entdeckung ... (1790). Akad.-A. 8, 250. – [19] Vgl. KrV A 316f./B 372f. – [20] Vgl. SVF II, 528; III, 333-348. – [21] F. W. J. SCHELLING: Neue Deduction des Naturrechts 15. 31 (1796/97). Akad.-A. I/3 (1982) 142. 145. – [22] J. G. FICHTE: Die Bestimmung des Menschen 3, IV (1800). Akad.-A. I/6 (1981) 298. 293. R. WIMMER

Reich Gottes (hebr. malkut Jhwh; griech. βασιλεία τοῦ Θεοῦ; lat. regnum Dei; engl. Kingdom of God)

1. *Im ‹Alten Testament›.* – Die alttestamentliche R.G.-Vorstellung ist eine Entfaltung der Prädikation Jahwes als des Herrn [1] und des «Königs» [2], der – gleich einem irdischen König – seinen Untertanen Gehorsam abverlangt und ihnen dafür Schutz und Hilfe verspricht und sich so als ein souveräner Bundespartner erweist [3]. Die «Idee des Gottesreiches» kann demnach auch als Entfaltung des israelitischen «Bundesgedankens» [4] betrachtet werden. Die theologischen Probleme ergeben sich aus der metaphorischen Komplexität der 'Königs'- bzw. 'Reichs'-Vorstellungen. Auf die Frage nach dem Beginn des R.G. kann mit dem sog. ‹Meerlied› [5] geantwortet werden, in dem Mose mit den Israeliten singt, daß Jahwe «immer und ewig» König sein wird oder daß er seine Königsherrschaft mit der Volkwerdung Israels in Ägypten beginnt [6] und seine Macht in «großen Taten» [7] manifestiert – und dies sowohl in der Geschichte als auch in der Natur [8]. Jahwe erscheint dann nicht nur als (partikularer) Herrscher der Gemeinschaft Israels [9], sondern als (universaler) Eigentümer der «Erde» und ihrer Bewohner [10], dessen Rechtsansprüche sich legitimieren aus seiner alles erst schaffenden Tätigkeit, so daß er als «König der Götter» [11], als Herr des Kosmos [12], als «Herrscher über die Völker» [13] und als der große Weltenrichter [14] proklamiert wird [15], wodurch die vielen Reiche in ein Reich aufgehoben und die vielen Geschichten einem Ende entgegengeführt werden [16]. Die Besiegung geschichtlicher Feinde im Exodus-Geschehen oder mythischer Gewalten in der Schöpfung berechtigt Jahwe dazu [17], sein Königtum in der Gegenwart anzutreten und sich im Gottesdienst Anerkennung zu verschaffen («Ihr sollt mir ein Königreich von Priestern und ein heiliges Volk sein») [18], damit die ihm eigene Königsmacht sich endlich manifestiert und der rechtmäßige Herrscher sich gegen die Götzen und Abgötter durchsetzt – und das z.T. gegen den Anschein qualitativer («leidender Knecht») und quantitativer («heiliger Rest») Gottunähnlichkeit. Die Exekution des Willens Jahwes wird durch «Engel» [19] unterstützt, also durch Boten, z.T. durch den «Satan» [20], die Proklamation seiner Gesetze und Satzungen erfolgt durch «Herolde», z.B. Charismatiker (Seher, Richter und Propheten) oder durch «beamtete Führer» (Priester, Könige), die die alten Grundgesetze des R.G. (‹Dekalog›, ‹Bundesbuch›) auslegen, auf neue Situationen anwenden und – in begrenztem Rahmen – auch rechtsschöpferisch werden, gegebenenfalls Gewohnheitsrechte verletzen und so Kritik und Widerstand provozieren: Besonders die Institution des (irdischen) Königs, dynastisch-erblich stabilisiert, wird zwiespältig beurteilt [21]: Desakralisiert die Weltüberlegenheit des R.G. irdische Könige, so wird mit der Nathan-Verheißung [22] die davidische Dynastie [23] zum Erwählten Jahwes, ihr Thron der Thron Jahwes [24]; ihr kommt eine konstitutive Rolle zu bei der Durchsetzung des R.G. (Weltherrschaft, Richten über andere Völker) [25] in der Gewißheit, daß die Rebellen und die sich autonom Dünkenden im «Himmel» schon ultimativ besiegt sind [26]; sie steht unter der Ver-

pflichtung, Geist und Weisung des Bundes zu bewahren [27]. Auch kann sich mit dem von einem Davididen errichteten Tempel als dem Wohnsitz oder dem Thron des Königs Jahwe die Vorstellung einer kultisch-sakramental vermittelten Gottesherrschaft verbinden. Vielleicht – so zumindest S. MOWINCKEL [28] – ist das im Kultus erlebte, ekstatische Innewerden übernatürlich-göttlicher Kräfte die Grundlage der in den sog. 'Thronbesteigungspsalmen' [29] überlieferten hymnischen Bekenntnisformel «Jahwe ist König geworden» [30]. Der Kultus verschafft seinen Teilnehmern die auch sinnlich erfahrbare Gewißheit des Triumphes Gottes, dessen Zukünftigkeit im Erleben präexistiert. Anläßlich eines derartigen 'Thronbesteigungsfestes' schaut der Prophet JESAJA – nach der (vielleicht) ältesten Überlieferung einer Bezeichnung Jahwes als eines Königs [31] – im irdischen Heiligtum Jahwe, den «König ... der Heere» [32], auf seinem von Seraphen umgebenen Thron in seinem «himmlischen Königspalast», nimmt so an der «himmlischen Ratsversammlung» [33] teil und wird als Bote delegiert [34], der gerade gegen den irdischen König Ahas die Bundestreue Jahwes in einem zu erwartenden, messianisch ausgelegten «Immanuel» ('Gott sei mit/bei uns') verheißt. Jesaja sieht die Durchsetzung des R.G. als eine spannungsvolle Entwicklung, in der das Gericht erst die Möglichkeit und die Geburt eines neuen, königlichen Kindes [35], das 'Angeld' auf die Neuschaffung durch Jahwe und auf Verwirklichung des Heils, bilden [36] (Herrschaft des göttlichen Geistes, von Weisheit, Einsicht, Gerechtigkeit, Treue, 'kosmisches' Heil] [37]: Als «Gericht» gedeutete Katastrophen (z.B. Kriege) und als «Erlöser» erhoffte Personen (z.B. Serubabel) dienen dem endlichen Sich-Durchsetzen des R.G. Gegenüber der in der höfischen Dichtung vorgenommenen Huldigung an David oder an einen anderen gegenwärtigen König bedeutet dann die besonders bei den Propheten vorliegende Hoffnung auf den Messias als stellvertretenden Repräsentanten der Königsherrschaft Jahwes eine «Opposition gegen den regierenden König» [38], der mit der Thronbesteigung des Messias abdanken wird. Von diesem eschatologisierten R.G. [39] als der Manifestation der ganzen Königsmacht Jahwes [40] werden angesichts der zerrissenen Gegenwart die Heilsgüter erhofft, die politischen (z.B. nationale Einheit, Völkerfriede, Rückkehr aus der Diaspora, Beseitigung der Fremdherrschaft, Vermehrung der Bevölkerung), sittlich-religiösen (z.B. Beseitigung des «Götzendienstes», vollkommene Gotteserkenntnis, Recht, Gerechtigkeit, Ausgießung des Geistes) oder eher 'mythischen' Charakter haben (z.B. Wiederkehr paradiesischer Zustände, Tierfrieden, Umwandlung der Natur und des Menschen) und sich zu einer «neuen Weltordnung» [41] verdichten, in der selbst der Tod aufgehoben sein wird [42]. Wenn das R.G. kommt, werden andere Reiche gerichtet und untergehen: Völker werden z.B. vernichtet [43], «Geld und Kriegswagen» [44] müssen der Herrschaft Jahwes weichen, Götter werden entmächtigt [45], «Sünder» aus der Gemeinde ausgetilgt [46], der Götzendienst beseitigt [47], widergöttliche Mächte gedemütigt, wenn Jahwe auf dem Berg Zion und in Jerusalem seine Königsherrschaft antreten wird [48] und sich als ein König erweist [49], der das einhält, was er verspricht: Bei dieser als Tag Jahwes angesprochenen Epiphanie [50] werden die Feinde Jahwes «hinweggerafft» und werden – in apokalyptisch dichter Bildhaftigkeit – Himmel und Erde wanken, zerschmelzen und die ganze Welt in Entsetzen geraten [51]; es wird vielleicht nur der Berg Zion als der

«Thronsitz» Jahwes [52] unversehrt bleiben, um als Mittelpunkt des R.G. Wallfahrtsort aller Völker zu werden [53].

Anmerkungen. [1] Vgl. L. KÖHLER: Theol. des AT (^{4}1966) 11ff. – [2] Vgl. G. VON RAD: Art. ‹βασιλεύς B.›, in: Theol. Wb. zum NT, hg. G. KITTEL 1 (1933) 567; G. KLEIN: ‹R.G.› als bibl. Zentralbegriff, in: A. HERTZ u.a.: Gottesreich und Menschenreich. Ihr Spannungsverhältnis in Gesch. und Gegenwart (1971) 7-50; M. BUBER: Königtum Gottes (^{3}1956) 53ff. – [3] O. EISSFELDT: Jahwe als König. Kleine Schr. 1 (1962) 184f.; vgl. R. BULTMANN: R.G. und Menschensohn. Theol. Rdsch. 9 (1937) 9. – [4] W. EICHRODT: Theol. des AT (^{5}1957) 1, 11f. – [5] Exod. 15, 18; Ps. 146, 10. – [6] EISSFELDT, a.O. [3] 185, Anm. 3. – [7] Das AT Deutsch. Das 2. Buch Mose. Exodus, übers. und erklärt M. NOTH (1959) 100; vgl. 1 Sam. 2, 10; Ps. 145, 12f.; 146, 10. – [8] z.B. Ps. 24; 29, 3. 10; 93, 2ff.; 95, 4f.; 96, 10; 100, 3. – [9] Exod. 19, 6; Num. 23, 21; Deut. 33, 5; Ps. 114, 2; Jes. 14, 21; Jer. 8, 19. – [10] Lev. 25, 23; Ps. 47; 50, 12; 89, 12; Jer. 10, 7. 10ff. – [11] Ps. 95, 3; 96, 4f.; 97, 9; 1 Kön. 22, 19ff. – [12] Ps. 47, 8f.; 97; 1 Chr. 29, 11f. – [13] Ps. 47, 3f.; 96, 10; 99, 1f. – [14] Ps. 96, 10. 13; 98, 9. – [15] Vgl. J. TAUBES: Abendländ. Eschatol. (1947) 19f. – [16] Am. 9, 7; Jer. 10, 7; Ps. 22, 29. – [17] Ps. 74; 145. – [18] Exod. 19, 6. – [19] Ps. 35, 5f.; 78, 49; 91, 11f. – [20] Hiob 1, 6ff.; 2, 1ff.; Sach. 3, 1ff.; vgl. G. HÖLSCHER: Gesch. der israelit. und jüd. Relig. (1922) 151ff. – [21] 1 Sam. 8, 1ff.; 10, 17ff.; vgl. BUBER, a.O. [2] 3ff.; EICHRODT, a.O. [4] 298ff. – [22] 2 Sam. 7. – [23] Vgl. die sog. Königslieder: Ps. 2; 18; 20f.; 45; 72; 101; 110; 144, 1-8. – [24] KLEIN, a.O. [2] 18f. – [25] Vgl. H.-J. KRAUS: Psalmen 1 (1960) 18ff. – [26] Ps. 2, 4; vgl. KRAUS, a.O. 16. – [27] 1 Sam. 12, 1ff.; Deut. 17, 14ff. – [28] S. MOWINCKEL: Psalmenstud. 2: Das Thronbesteigungsfest Jahwäs und der Ursprung der Eschatol. (Kristiania 1922); dagegen EISSFELDT, a.O. [3] 186f. – [29] z.B. Ps. 47; 93; 95-100. – [30] MOWINCKEL, a.O. [28] 3. – [31] EISSFELDT, a.O. [3] 185. 192f. – [32] Jes. 6, 5. – [33] H. WILDBERGER: Jesaja (1972) 1, 236. – [34] Jes. 6, 8. – [35] Jes. 9, 6. – [36] Jes. 11, 1-9; vgl. WILDBERGER, a.O. [33] 1, 436ff. – [37] a.O. – [38] H. GRESSMANN: Der Messias (1929) 222. 251. – [39] Jes. 24, 23; 33, 22; Zeph. 3, 15; Ob. 21; Sach. 14, 16. – [40] VON RAD, a.O. [2] 567; Jes. 32, 1-5; Mi. 5, 1-5; Jer. 23, 3f.; Hes. 34, 23f.; 37, 24f. – [41] GRESSMANN, a.O. [38] 163. – [42] Jes. 25, 6ff. – [43] Sach. 12, 3; Joel 3, 9ff. – [44] Am. 2, 6; 5, 26. – [45] z.B. Ps. 82, 6ff. – [46] Mal. 1-3. – [47] Jes. 1, 29-31; 2, 20; 17, 8; 27, 9; 30, 22; 31, 6f.; 57, 3ff.; 65, 1-4; Mi. 5, 9-13. – [48] Jes. 24, 23f. – [49] Num. 23, 19ff. – [50] Jes. 13, 6ff.; Hes. 30, 3; Joel 1, 15; Ob. 15; Sach. 14, 1. – [51] z.B. Jes. 13; Am. 8, 9; Hab. 3, 3ff.; Sach. 14. – [52] Jes. 24, 23; 52, 7; Jer. 3, 17; Ob. 21; Mi. 4, 7. – [53] Jes. 45, 23; 56, 7; 66, 18f.; Jer. 3, 17; Mi. 4, 2; Sach. 8, 20ff.; 14, 16ff.; vgl. VON RAD, a.O. [2] 569f.; O. CAMPONOVO: Königtum, Königsherrschaft und R.G. in den frühjüd. Schr. (1984) 72ff.

2. Im Spätjudentum. – «Ist schon in Kult und Prophetie das Bekenntnis zu Jahwes Königsherrschaft nicht nur das Bekenntnis zur Gegenwart, sondern zugleich ein Ausdruck der Hoffnung, so gilt für das späte Judentum erst recht: Das Offenbarwerden der Herrschaft Gottes ist Inbegriff der Hoffnung, die erst am Ende aller Zeiten Erfüllung finden wird. Noch ist sie verborgen, noch wird sie aufgehalten, noch regieren widergöttliche Mächte – Drangsal, Sünde und Tod – aber die Hoffnung auf das Erscheinen der Herrschaft Gottes hält unbeirrt an Gottes Sieg und der Gültigkeit seiner Verheißung fest. Darum kann es schon jetzt von dem, der zum Judentum sich bekehrt und seinem Gesetz gehorsam wird, und von dem Frommen, der das Bekenntnis zu Israels Gott betend spricht, heißen: er nimmt das 'Joch der Himmelsherrschaft auf sich'» [1]. In einer Welt der Fremdherrschaft und des identitätsbedrohenden, religiös-nationalen Synkretismus wird in der rabbinischen Theologie [2] – besonders unter Verweis auf Lev. 20, 26 («denn ich, der Herr, bin heilig, der euch abgesondert hat von den Völkern, daß ihr mein wäret») – die Gottesherrschaft wirklich, wenn der Gläubige das «Joch der Himmelsherrschaft» auf sich nimmt, d.h. die ‹Tora› annimmt und den Einen Gott bekennt. «Wer die völlige Gottesherrschaft auf sich nehmen will, der verrichte seine Notdurft, wasche seine Hände und lege die Gebetsriemen an; darauf rezitiere er das Schema und bete das Achtzehn-Gebet; das ist die völlige Gottesherrschaft ...» [3].

Der Gläubige entgeht so der Entfremdung und lebt in der Gewißheit, daß sein Gehorsam eines Tages universal sein wird. «[Alle Bewohner des Erdkreises] werden das Joch deiner Herrschaft auf sich nehmen, und du wirst als König über sie herrschen immer u. ewiglich; denn die Herrschaft ist dein u. ewiglich wirst du als König herrschen in Herrlichkeit» [4]. Ist Gott - so wird heilsgeschichtlich gedacht - ewig der König 'im Himmel', wird er mit Abraham auch König unter den Menschen, als solcher im Bundesschluß bestätigt und sichtbar in der Herrschaft Salomos («Salomo saß auf dem Throne Jahwes») [5], dann aber nicht mehr anerkannt, so daß erst im Glaubensgehorsam seine Wiedereinsetzung als (irdischer) König beginnt, um in der zukünftigen Welt in Herrlichkeit von allen Erdbewohnern anerkannt zu werden. «Es werden Befreier hinausziehen auf den Berg Zion, um die große Stadt Esaus [d.h. Rom] zu richten, und offenbaren wird sich die Königsherrschaft Jahwes über allen Bewohnern der Erde, u. die Königsherrschaft Jahwes wird sein in alle Ewigkeiten» [6].

Glaubt das Rabbinat, daß die Ankunft der (messianischen) Heilszeit durch Buße, Halten der Gebote, Torastudium und Wohltätigkeiten eventuell beschleunigt werden kann [7], interpretieren die Essener und besonders die Zeloten [8] das R.G. aktivistisch, indem sie sein Kommen durch Gehorsamsverweigerung, Gewalt und Krieg (z.B. Heiliger Krieg von 40 Jahren gegen die «gottfeindlichen» Römer und Volksverräter) «herbeidrängen» wollen, um die vor allem in der Herrscherkult sichtbar werdende Majestätsbeleidigung Jahwes zu beenden: Zerstört der Feind sich schon nicht selbst [9] (z.B. durch einen Bürgerkrieg), so muß unter dem Vorzeichen eines theologischen Synergismus und der Gewißheit, selbst im Vollzug des Eschatons zu stehen, gerichtet und abgerechnet werden [10], so daß die in der spätjüdischen Apokalyptik erhoffte Besiegung der Feinde und die Umkehrung der Machtverhältnisse nunmehr geschichtsimmanent vorweggenommen wird [11]. Das im Kampf zu erwartende Martyrium wird angenommen, da Blut die Dringlichkeit einer Wende intensiviert, die Weltzeit verkürzt und als Aufforderung an Gott betrachtet wird, den Tod zu rächen («Unser Vater, unser König, gib vor unseren Augen Rache für das Blut Deiner Knechte, das vergossen wurde») [12]. - Wird das R.G. auch erst am Tag Jahwes offenbar, so hat es jetzt schon seine Untertanen (in den Rabbinern, den Zeloten, den Essenern), die für es tätig sind und trotz der Verborgenheit (der «Ferne») doch in der Gewißheit (der «Nähe») seiner Wirklichkeit leben. Besonders für den Apokalyptiker verstärkt sich diese Gewißheit zu einem Wissen um die Berechenbarkeit und Irreversibilität des Geschichtsprozesses: Die «Fülle der Zeit» wirft ihre Schatten (z.B. Verwüstung, Kriege, Plagen, Armut, Zweifel, Verzweiflung, Dürre, Kindesmißhandlungen) voraus, weil die Zeit für den 'Satan' knapp geworden ist, (messianische) Wehen der Geburt eines neuen Äons vorangehen, die in der Krisis geforderte Bewährung die endgültige Scheidung einleitet und die Regentschaft der «Nichtse» das Eingreifen des Weltenkönigs notwendig macht - das Wissen um die geschichtliche Determination macht das Leiden begreifbar und erträglich [13].

Anmerkungen. [1] G. BORNKAMM: Jesus von Nazareth (1956) 59. – [2] KLEIN, a.O. [2 zu 1.] 22f. – [3] H. L. STRACK/P. BILLERBECK: Komm. zum NT aus Talmud und Midrasch, 1: Das Evang. nach Matth. (1922) 177. – [4] a.O. 178. – [5] 175. – [6] 179; vgl. G. DALMAN: Die Worte Jesu (1930) 1, 79ff. – [7] KLEIN, a.O. [2 zu 1.] 20ff.; STRACK/BILLERBECK, a.O. [3] 1, 599f. – [8] H. BRAUN: Qumran und das NT (1966) 2, 271; M. HENGEL: Die Zeloten (1976) 283ff. – [9] P. VOLZ: Die Eschatol. der jüd. Gemeinde im neutestamentl. Zeitalter (²1934) 157. – [10] HENGEL, a.O. [8] 313. 95ff. – [11] VOLZ, a.O. [9] 316f. – [12] Nach HENGEL, a.O. [8] 273. – [13] Dan. 12, 12; vgl. V. MAAG: Malkut Jhwh (1960) 129ff.; J. SCHREINER: Sion - Jerusalem, Jahwes Königssitz (1963).

3. *Im ‹Neuen Testament›.* – Die von Jesus wie auch von Johannes dem Täufer [1] verkündete Nähe des R.G. (bei MATTHÄUS «Himmelreich», griech. βασιλεία τῶν οὐρανῶν) [2] steht in einer polemischen Spannung zum Reich des Satans [3], den Reichen der Welt [4] und den politischen Reichen, deren Machthaber sich Gott widersetzen [5] und von Jesus als «Könige auf Erden» [6] bezeichnet werden: Sowohl der Glaube an Gott als «König der Völker» [7] als auch die Vorstellung vom Messias als einem «König der Könige» [8] mag für diese Entgegensetzung den Hintergrund bilden, deren Motivik anschaulich wird in dem mit der Nähe des R.G. veränderten Selbst- und Weltverständnis der Umkehr (μετάνοια) [9]: Dienen [10], nicht berechnende Güte [11], entschlossene Bereitschaft zum Gehorsam [12] und Verzicht auf die geistige und ethische Selbstrechtfertigung [13] ermöglichen das «Hineingehen» in das R.G. («Wer seine Hand an den Pflug legt und sieht zurück, der ist nicht geeignet für das R.G.») [14]. Polemisch verhält sich die R.G.-Verkündigung Jesu gegen den sich im Erkennen und «frommen» Handeln ausdrückenden Verfügungswillen auch gegenüber Gott [15]: Das Kommen des R.G. kann nicht berechnet werden («Das R.G. kommt nicht mit erkennbaren Zeichen; man wird auch nicht sagen: Siehe, hier ist es!») [16] und entzieht sich dem Denken der «Welt» [17] gerade deswegen, weil es durch ein Eingreifen Gottes «vom Himmel her» kommt, wenn es Gott gefällt [18] (vgl. griech. αὐτομάτη von ihm selbst). Darum ist es nicht allen gegeben, «die Geheimnisse des Himmelreichs zu verstehen» [19], sondern den «Auserwählten» [20] als denen, die an der Grenze der Welt und ihrer Möglichkeiten leben (den Armen, den Trauernden, den Demütigen, den Barmherzigen), für die als Erben «das Reich ... vom Anfang der Welt an bereitet ist» [21] und die deswegen in der Gewißheit leben dürfen, daß das R.G. sich durchsetzen wird, weil sie zeichenhaft sehen können, daß das R.G. in Jesu Person und Werk gegen den Anschein seiner Niedrigkeit gegenwärtig ist [22] trotz des Ausbleibens einer apokalyptischen Umwandlung und einer nationalpolitischen Neukonstitution Israels (das Große, z.B. ein Baum, ist in etwas Kleinem, z.B. einem Senfkorn verborgen) [23]. Die Dämonenaustreibung wie auch die für die Endzeit erwartete Entthronung Satans und die (messianischen) Taten (z.B. Heilungen) geben zu verstehen, daß das zukünftige R.G. in Jesus bereits gegenwärtige Wirklichkeit ist, die endzeitlichen Ereignisse sich bereits in der Gegenwart vollziehen, der ferne Herrgott zum nahen Vater wird [24], so daß unter diesem heilspräsentischen Aspekt das R.G. «mitten unter euch» [25] ist. Die Zukunft des kommenden R.G. und seine Gegenwart finden in der Gegenwart und Zukunft übergreifenden Identität des Erniedrigten und Erhöhten ihren Einheitsgrund [26]. Ablehnung oder Anerkennung haben schicksalsentscheidende, das zeit-

liche Werden transzendierende Folgen [27]: Angesichts der in apokalyptischer Sprache von (messianischen) Wehen [28], Kriegen, Erdbeben, Verfolgungen und kosmischer Verwirrung [29] ausgedrückten Krise [30] der Welt wird die Entscheidung gegenüber Jesus zum Kriterium der Scheidung von «Geretteten» und «Verdammten» [31]: Werden die einen in Finsternis leben, so die anderen mit «Abraham und Isaak und Jakob im Himmelreich zu Tische sitzen» [32], am messianischen Mahl teilnehmen «im R.G.» [33]. Wer in der Nachfolge Jesu die Hungernden gesättigt, die Traurigen getröstet, die Feinde geliebt, die Gemeinschaft auch mit «Zöllnern und Sündern» [34] gesucht und ihnen darin Vergebung zugesprochen hat, wird auch den Untergang irdischer Wirklichkeiten überstehen und «eingehen» ins R.G. Die Entäußerung in die Niedrigkeit wird sich als Herrlichkeit erweisen («Wenn ihr nicht umkehrt und wie die Kinder werdet, so werdet ihr nicht ins Himmelreich kommen. Wer nun sich selbst erniedrigt und wie dies Kind wird, der ist der Größte im Himmelreich») [35]. – Innerhalb der neutestamentlichen Forschung wird die Bedeutung der R.G.-Verkündigung Jesu von drei (oder vier [36]) Ansätzen her kontrovers diskutiert. Die sog. 'konsequente Eschatologie' (z.B. von J. WEISS, A. SCHWEITZER, M. WERNER) versteht Jesu Tun und Denken aus der Apokalyptik zuzuordnenden Gewißheit des unmittelbar bevorstehenden Kommens des R.G.: In der kurzen noch verbleibenden Zeit gilt es, in «Ausnahmegesetzen» [37] oder in einer «Interimsethik» [38] sich bereit zu halten und den Bruch mit der 'Welt' zu vollziehen, die angesichts des himmlischen Triumphes des R.G. an Wert verloren hat. «Das R.G. ist überhaupt in der Anschauung Jesu nicht sittliches Ideal, sondern ganz allein höchstes religiöses Gut, ein Gut, welches Gott auf gewisse Bedingungen hin schenkt» [39].

Die Vertreter der sog. «realized eschatology» (C. H. DODD u.a.) [40] verstehen unter dem R.G. jedoch eine «ewige Ordnung», die in Jesus in die Geschichte kommend sich in ihm verwirklicht, nicht abhängig ist von zeitlichen, noch ausstehenden 'futurischen' Ereignissen, nicht zukünftig, sondern 'überweltlich' ist. Das in der apokalyptischen Sprache nur unzureichend Symbolisierte ist die transzendierende Bewegung des Menschen in diese ewige Ordnung. «The Kingdom of God in its full reality ... is that to which men awake when this order of time and space no longer limits their vision ... 'The Day of the Man' stands for the timeless fact» [41].

Eine weitere enttemporalisierende Herausnahme des R.G. aus einem linearen Zeitschema liegt in der unter existentialistischen Prämissen vollzogenen Entmythologisierung R. BULTMANNS vor. Als Kern der hinter den zeitbedingten Ausdrucksformen von Naherwartung und Weltende zu entdeckenden Rede von dem R.G. (griech. βασιλεία τοῦ Θεοῦ, von Bultmann mit «Gottesherrschaft» übersetzt) verbirgt sich der je neu zu aktualisierende 'Ruf der Entscheidung'. Da für den Glauben immer letzte Stunde ist, erübrigt sich für ihn eine mythisierende Ausmalung eines futurischen Endzustandes und einer universalgeschichtlichen Vollendung. «Das R.G. ist 'Gerechtigkeit, Heil und Freude im heiligen Geist' (Röm. 14, 17). Das heißt, daß die Auffassung von Heil bestimmt ist durch das Heil des Einzelnen, der in Christus ein neues Geschöpf ist (2 Kor. 5, 17). Und dieses Heil ist gegenwärtig für den Glaubenden, der 'in Christus' ist» [42]. Es braucht nicht erst für die Zukunft erwartet zu werden.

Eine an der Heilsgeschichte interessierte Theologie sieht in der Einheit von präsentischem und futurischem R.G.-Verständnis die Möglichkeit einer umfassenden Deutung der Geschichte, deren Ganzheit sich erschließt aus dem Inkarniertsein des R.G. in Christo als der «Mitte der Zeit» [43]: Das in Christo erschienene R.G. berechtigt zum Hoffen auf die universalgeschichtliche Vollendung [44]. Der Glaubende kann «das Heilsgeschehen in seinen großen Etappen und der ganzen Zielrichtung ... begreifen» [45] und weiß um die weltumspannende, sich durchsetzende «Königsherrschaft Christi» [46]. «Die Kennzeichen des Gottesreiches zeigen indirekt an, daß er, Jesus, der Kommende ist, denn er ist es ja, der jene Werke ausführt. So läßt sich der Satz auch umdrehen: weil Jesus der Kommende jetzt auf Erden ist, deshalb ist das R.G. schon da» [47].

Für PAULUS ist durch Jesu Tod und Auferstehung eine Äonenwende eingetreten [48], durch die die «in Christo Lebenden» schon Geschöpfe der «neuen» Welt sind [49]. Mit der im Tode Christi geschenkten Gerechtigkeit [50], der Besiegung des Todes [51] und der Auferstehung [52], der Geistverleihung [53] und der Liebe [54] sind die endzeitlichen Gaben zu gegenwärtigen, antizipierten Wirklichkeiten geworden. In der Teilnahme an ihnen setzt sich die «Königsherrschaft Christi» (regnum Christi, βασιλεία τοῦ Χριστοῦ) durch, in der der seit der Himmelfahrt zur Rechten seines Vaters sitzende Christus [55] bis zu seiner Wiederkunft [56] regiert. In das «Reich seines lieben Sohnes» [57] versetzt, ist der Christ in der Welt 'über ihr', in ihr und doch nicht in ihr [58], «gerettet, doch auf Hoffnung» [59], bis Christus sein «Reich dem Vater» [60] übergeben wird, nachdem er alle Herrschaft und Gewalt vernichtet hat [61]. Durch die Differenzierung zwischen dem «regnum Christi» und dem «regnum Dei» wird es möglich, die mit Christo gekommene Erlösung als Vorwegnahme einer endzeitlichen Erlösung der gesamten Schöpfung zu deuten [62], das Sein «in Christo» als Spannung zwischen dem 'Schon' der Erlösung und dem 'Noch-Nicht' der vollkommenen Erlösung zu deuten und das Sein der «Kirche» aus der Spannung zwischen Gegenwart und Ende zu bestimmen: Hat der «in Christo» Lebende schon den (endzeitlichen) Geist, so hat er ihn doch nur als «Angeld» [63] oder als «Erstlingsgabe» [64]; ist er durch Taufe und «Herrenmahl» geweiht, ist er der «Versuchung» nicht gänzlich enthoben [65] und bedarf der paränetischen Ermahnung [66]; betet er beim Herrenmahl «Maranatha», so bittet er um das gegenwärtige Kommen des Auferstandenen in die versammelte Gemeinde und um das zukünftige Kommen am Ende aller Zeiten [67]. Die Spannung zwischen Gegenwartsbesitz und Zukunftsgewißheit, zwischen dem Glauben an den Kyrios und dem Hoffen auf seine Wiederkunft charakterisiert die Gegenwart als «Zwischenzeit» [68], in der die «Kirche» konstituiert wird, die die «Königsherrschaft Christi» verkündet und nach der Apokalypse des JOHANNES beim Schlußakt des «regnum Christi» in einem «Tausendjährigen Reich» (χίλια ἔτη) als eine «Gemeinschaft der Gerechten» (regnum justorum, sanctorum) [69] mit Christo zusammen herrschen wird [70].

Anmerkungen. [1] Matth. 3, 2. – [2] Mk. 1, 15; Matth. 10, 7; Lk. 10, 9. – [3] Matth. 12, 26. – [4] Matth. 4, 8. – [5] Matth. 2, 1ff.; Lk. 1, 5ff.; Mk. 6, 14ff. – [6] Matth. 17, 25; 10, 18; Mk. 13, 9; vgl. K. L. SCHMIDT: Art. ‹βασιλεύς E.›, in: Theol. Wb. zum NT, hg. G. KITTEL 1 (1933) 576f. – [7] Apk. 15, 3. – [8] Apk. 19, 16; 17, 14. – [9] Mk. 1, 15; Matth. 4, 47. – [10] Lk. 22, 26-29. – [11] Matth. 20, 1ff. – [12] Lk. 14, 15ff. – [13] Mk. 10, 13ff.; Matth. 21, 28ff. – [14] Lk. 9, 62. – [15] Matth. 11, 12. – [16] Lk. 17, 20f. – [17] Joh. 18,

36. – [18] Mk. 4, 26ff.; vgl. BORNKAMM, a.O. [1 zu 2.] 66f. – [19] Matth. 13, 11. – [20] Matth. 22, 14; Mk. 13, 20; 4, 10ff. – [21] Matth. 25, 34. – [22] BORNKAMM, a.O. [1 zu 2.] 64ff. – [23] Matth. 13, 31ff.; Mk. 4, 31ff. – [24] Vgl. J. MOLTMANN: Trinität und R.G. (1980) 86f.; TAUBES, a.O. [15 zu 1.] 51. – [25] Matth. 12, 28. – [26] W. G. KÜMMEL: Verheißung und Erfüllung. Unters. zur eschatol. Verkündigung Jesu (²1953) 98ff. – [27] Matth. 25, 31ff. – [28] Mk. 13, 1ff. – [29] Lk. 21, 5ff. – [30] Vgl. BORNKAMM, a.O. [1 zu 2.] 60f. 85f. – [31] Matth. 25, 31ff. – [32] Matth. 8, 11. – [33] Mk. 14, 25. – [34] Matth. 25, 31ff. – [35] Matth. 18, 3f.; vgl. BORNKAMM, a.O. [1 zu 2.] 84f. – [36] W. JAESCHKE: Die Suche nach dem eschatol. Wurzeln der Geschichtsphilos. (1976) 55ff. – [37] J. WEISS: Die Predigt Jesu vom R.G. (1892, ²1900, ND 1964) 139. – [38] H. VAN OYEN: Art. ‹Interimsethik›, in: RGG³ 3, 792. – [39] WEISS, a.O. [37] nur (1892) 64; vgl. A. SCHWEITZER: R.G. und Christentum (1967); M. WERNER: Die Entstehung des christl. Dogmas (1941). – [40] JAESCHKE, a.O. [36] 70ff. – [41] C. H. DODD: The parables of the kingdom (New York 1961) 82f.; The apostolic preaching and its developments (London 1944) 95f. – [42] R. BULTMANN: Gesch. und Eschatol. im NT. Glauben Verstehen 3 (1960) 101; vgl. JAESCHKE, a.O. [36] 77ff. – [43] O. CULLMANN: Christus und die Zeit. Die urchristl. Zeit- und Geschichtsauffassung (1962) 84ff. – [44] KÜMMEL, a.O. [26] 146f. – [45] CULLMANN, a.O. [43] 83. – [46] Königsherrschaft Christi und Kirche im NT (²1946); vgl. K. LÖWITH: Weltgesch. und Heilsgeschehen (⁷1979) 168ff. – [47] CULLMANN: Heil als Gesch. (²1967) 174. – [48] TAUBES, a.O. [15 zu 1.] 67. – [49] 2 Kor. 5, 17; vgl. KLEIN, a.O. [2 zu 1.] 33ff. – [50] Röm. 3, 23f. – [51] 1 Kor. 15, 55; 2 Tim. 1, 10. – [52] 1 Kor. 15, 20ff. – [53] Röm. 8, 9ff.; 1 Kor. 12, 13. – [54] Gal. 5, 22; Röm. 12, 9ff.; 1 Kor. 13, 1ff. – [55] Phil. 2, 5ff.; vgl. Apg. 2, 34. – [56] Apg. 1, 11. – [57] Kol. 1, 13. – [58] 1 Kor. 7, 31. – [59] Röm. 8, 24. – [60] 1 Kor. 15, 24. – [61] 1 Kor. 15, 25ff. – [62] Röm. 8, 18ff.; vgl. O. CULLMANN: Die ersten christl. Glaubensbekenntnisse (1943) 56ff. – [63] 2 Kor. 1, 22. – [64] Röm. 8, 23. – [65] 1 Kor. 10, 1ff. – [66] CULLMANN, a.O. [62]. – [67] a.O. [43] 79f. 144. – [68] J. WEISS: Die Idee des R.G. in der Theol. (1901) 16f. – [69] Apk. 20, 1ff. – [70] WEISS, a.O. [68] 15. 12f.

4. Patristik und Mittelalter. – Bei den Apostolischen Vätern wird das künftige R.G., das durch heiligen Lebenswandel und gerechte Werke erlangt werden wird, noch als nahe bevorstehend geschildert [1]. Es heißt aber, daß wir den Zeitpunkt seines Eintreffens nicht kennen [2]. Christus, der Leid und Tod auf sich genommen hat, ist das «Tor», durch das allein man in das R.G. eingehen wird [3]. So wird die Formulierung ‹R.G.› oft durch «Reich des Herrn» (βασιλεία τοῦ κυρίου) oder «Reich Christi» (βασιλεία τοῦ Χριστοῦ) ersetzt [4]. – Die Apologeten sprechen nur selten vom R.G., gelegentlich von «Christi Reich» als dem «Reich der Herrlichkeit und Erlösung» [5]. JUSTIN hebt hervor, daß es kein irdisches Reich sei und die Christen deshalb das Martyrium nicht fürchteten [6]. So wehrt man unter Hinweis auf die Jenseitigkeit des R.G. den Vorwurf der Staatszersetzung ab: «Über Christus und sein Reich befragt, von welcher Art es sei und wann und wo es erscheinen werde, gaben sie zur Antwort, es sei kein irdisches, sondern ein himmlisches (ἐπουράνιος) ..., das in der Vollendung der Zeit in Herrlichkeit kommen werde, zu richten die Lebenden und die Toten und einem jeden nach seinen Werken zu vergelten. Daraufhin verurteilte der Kaiser [Domitian] sie nicht ... und befahl die Verfolgungen einzustellen» [7].

Andererseits wird die Metaphorik des R.G. genutzt, um, z.T. in Anknüpfung an Philon und dessen Analogie von Kosmos und Polis, die Alleinherrschaft Gottes in der Welt zu explizieren [8]. In Entsprechung zum irdischen Reich (z.B. Rom) sieht sich der Christ als Soldat (miles) Christi [9], der, im R.G. und des Friedens lebend, den Glauben als Helm, die Liebe als Lanze, die Geduld als Rüstung trägt und das ewige Leben als Beute erwartet. Dies wird er entweder mit dem kosmisch gedachten Kommen des R.G. oder nach seinem Tod erlangen [10]. «Du Menschenkind, er [Christus] hat wahrhaft durch sein Blut und durch sein Wort sein Heer einberufen, das kein Blut vergießt, und er hat ihm das Himmelreich (βασιλείαν τῶν οὐρανῶν) zugedacht» [11].

Das himmlische Reich kann gedacht werden als das einem griechischen Symposion ähnliche himmlische Gastmahl [12], als höchste Stufe einer heilsgeschichtlichen Verklärung des Fleisches durch den Geist [13] oder ‹realistisch› als ein üppiger Garten [14]. Die Rezeption platonischer Gedanken und die Abwehr chiliastischer Deutungen führt in Alexandrien z.T. zu einer ‹Verinnerlichung› des R.G. unter Berufung auf den Vers: «Das R.G. ist mitten unter euch» (Lk. 17, 21): ORIGENES weiß zwar um den eschatologischen Charakter des R.G. [15], hebt aber zudem hervor, daß die Kirche schon jetzt ein Abbild des zukünftigen R.G. ist [16] und daß es sich in jeder dem Gesetz Gottes gehorchenden Seele verwirklicht und um so mehr vervollkommnet, je mehr sie sich selbst regiert wie eine wohl eingerichtete Stadt, so daß bei ihr der Vater und der Sohn zugegen sind. Unter dem R.G. versteht er «den seligen Zustand des herrschenden Willens und die Ordnung der weisen Gedanken» im Vater, unter dem «Reich Christi» die «zum Heil für die Hörer gesprochenen Worte und die vollbrachten Werke der Gerechtigkeit» [17]. Christus vertritt das himmlische Reich, er ist selbst das R.G. (αὐτοβασιλεία) [18]. So kann auch die zweite Vater-unser-Bitte spiritualistisch verstanden werden als Bitte um die Sendung des Hl. Geistes [19].

Der junge AUGUSTINUS identifiziert das R.G. mit dem vom Neuplatonismus übernommenen Begriff des «mundus intelligibilis» [20] und integriert das Heilsgut des R.G. in das Vollkommenheitsideal der «vita contemplativa» des Weisen [21]. Später wird das R.G. zu einem transzendenten Hoffnungsgut eschatologisiert [22], zu dem die pilgernde Gottesgemeinschaft unterwegs ist. Damit distanziert sich Augustinus auch von den nach der Konstantinischen Wende unternommenen Versuchen, das politische Imperium und die christliche Ökumene, Augustus und Christus, die pax Romana und das R.G. nach dem Schema von Abbild und Urbild einander anzugleichen [23] und als Stufen einer Entwicklung zu deuten. Er ordnet die empirische und transzendente Geschichte danach, in welcher «civitas» (Genossenschaft, Bürgerschaft, Reich) [24] das Ziel des Genusses Gottes (fruitio Dei) erreicht wird. Die mit dem R.G. identifizierte «civitas Dei» [25] ist die Gemeinschaft der den überweltlichen Gott allein liebenden und nur ihn genießenden Bürger (cives), die im Kampf mit der «civitas terrena» stehen (civitas caelestis/terrena, temporalis/aeterna, immortalis/mortalis; deus/diabolus; populus fidelium/infidelium; societas piorum/impiorum; ex fide vivere/non ex fide vivere) [26]. Diese nach Gott lebende («secundum Deum vivens») Gemeinschaft bildet das R.G., dessen Merkmale gleichnishaft (mystice) [27] in Entsprechung zu einer irdischen «civitas» entfaltet werden: Gott als «König und Gründer dieser Stadt» («rex enim et conditor civitatis huius») [28] verleiht aus Gnade das Bürgerrecht in seinem Reich, belehrt die aus verschiedenen Rassen und Nationen stammenden Bürger über ihre wahre Seligkeit und das Leben in seinem Reich, so daß diese in dem geschichtlich-irdischen Zeitraum zwischen Sündenfall und Jüngstem Gericht nur auf der Pilgerschaft (peregrinatio) sind, in der Gewißheit des «letztlichen Sieges und vollkommenen Friedens» («victoria ultima et pace perfecta») leben und nicht genießend bei den «irdischen und zeitlichen Dingen» («terrenae res ac temporales») verweilen [29]. In der aus diesen Menschen gebildeten «civitas» ereignen sich bereits die in der ‹Johannes-Apokalypse› für das endzeitliche Millenium erwartete (erste) Auferstehung nach dem Sündenerlaß und die tausendjährige Bindung des Teufels durch die Verführungsresistenz der Gemeinschaft der Heiligen («societas sanctorum»). In dieser bereits seit Christi Menschwerdung angebrochenen Herrschaft der Heiligen («regnum sanctorum cum Christo») ist das R.G. schon in der Kirche (ecclesia) verwirklicht, freilich in gebrochener Weise («alio aliquo modo, longe quidem impari») [30]. Denn die Kirche geht mit den dereinst Vollendeten schwanger, aus ihnen wird sich die zukünftige Gemeinschaft der Erwählten zusammensetzen [31]. «Ergo et nunc ecclesia regnum Christi est regnumque caelorum. Regnant itaque cum illo etiam nunc sancti eius, aliter quidem, quam tunc regnabunt; nec tamen cum illo regnant zizania, quamvis in ecclesia cum tritico crescant» («Also ist auch jetzt die Kirche Reich Christi und Himmelreich. Es herrschen demnach mit ihm auch jetzt schon seine Heiligen, anders freilich, als sie dereinst herrschen werden. Dagegen herrscht nicht mit ihm das Unkraut, obschon es in der Kirche mit dem Weizen wächst») [32].

In der Applizierung von Apk. 20, 4 («Ich sah die Stühle und die darauf saßen, und es wurde ihnen Gericht gegeben») auf die Kirchenleitung [33] vollzieht sich eine schon mit CYPRIAN [34] einsetzende «Gleichsetzung der hierarchischen Heilsanstalt mit der civitas Dei auf Erden» [35], die aber durch institutionskritische Distinktionen zwischen einer diesseitigen und jenseitigen, exoterischen und esoterischen Kirche begrenzt wird [36].

In der Augustinus folgenden Tradition bleibt der Status der «ecclesia» bzw. «civitas Dei» kontrovers: Ist sie ein «imperium christianum» [37], das mit dem Sieg des Christentums sich durchzusetzen beginnt, dessen innergeschichtliche Herrschaft den Grund der Gewißheit des Glaubens an «die Verheißung des Himmelreichs» abgibt und als dessen übernatürliche Vollendung allein noch die Unsterblichkeit erhofft zu werden braucht [38]? Oder ist sie eine den realen geschichtlichen Gemeinschaften gegenüberstehende ideale Gemeinschaft i.S. einer «ecclesia invisibilis» [39]? Oder ist sie eine primär sakramental zu verstehende Größe [40]?

JOACHIM VON FIORE entfaltet die Trinität heilsgeschichtlich: Das eine R.G. entwickelt sich in verschiedenen Stufen (Vater – Sohn – Hl. Geist; Wissenschaft – Weisheit – Fülle der Erkenntnis; Sklaven – Söhne – freie Kinder; Furcht – Glauben – Liebe) [41]. So kann er mit dem Gedanken einer die Wirklichkeiten überholenden «ecclesia spiritualis» [42] die Selbstverständnis endzeitlich geprägter Gruppen bestimmen (novus dux, regeneratio, renovatio mundi) [43], die das R.G. für die Zukunft erwarten oder es handelnd herbeiführen wollen.

Anmerkungen. [1] 1. Clemens-Br. 42, 3; 50, 3; 2. Clemens-Br. 5, 5; 6, 9. Die apostol. Väter, hg. K. BIHLMEYER (²1956) 58. 62. 73f. – [2] 2. Clemens-Br. 11, 7; 12, 1ff., a.O. 76. – [3] HERMAS: Sim. IX, 12, 3-8, hg. R. JOLY [Sources chrét. 53] (Paris 1958) 316-318; vgl. IX, 15, 2f.; 16, 2, a.O. 324. 326. – [4] Barnabas-Br. IV, 13; VII, 11; VIII, 5f., hg. P. PRIGENT/R. A. KRAFT [Sources chrét. 172] (1971) 104. 136. 140; vgl. aber XXI, 1, a.O. 214: βασιλεία τοῦ Θεοῦ; vgl. R. FRICK: Die Gesch. des R.G.-Gedankens in der alten Kirche bis Origenes und Augustinus. Z. neute-stamentl. Wiss. Kunde ält. Kirche, Beih. 6 (1928) 30f. – [5] JUSTIN: Dial. c. Tryph. XXXIX, 7; CXVI, 2: CXVII, 3. MPG 6, 561. 744. 748. – [6] Apol. I, 10, 2; 11, 1, hg. G. RAUSCHEN [Florileg. Patrist. 2] (²1911) 23f. – [7] EUSEBIUS VON CÄSAREA: Hist. eccl. III, 20, 4f. – [8] Vgl. E. PETERSEN: Der Monotheismus als polit. Problem (1935) 34ff. – [9] A. VON HARNACK: Militia Christi (1905, ND 1963). – [10] WEISS, a.O. [68 zu 3.] 7f. – [11] CLEMENS VON ALEXANDRIEN: Protreptikos XI, 116, 2, hg. O. STÄHLIN. GCS 12 (1905) 82; vgl. J.-M. HORNUS: Polit. Entscheidung in der alten Kirche (1963) 72. – [12] CLEMENS VON ALEX.: Strom. VII, 7, 36; vgl. FRICK, a.O. [4] 90; vgl. 92ff. – [13] IRENÄUS VON LYON: Adv. haer. III, 11, 1; 25, 1, hg. W. HARVEY (Cambridge 1857) 50. 115; TERTULLIAN: De resurr. mort. L, 1-4. Opera 1-2 [CCSL 1-2] (1954) 2, 992; vgl. De or. V, a.O. 1, 260; vgl. FRICK, a.O. [4] 60; JAESCHKE, a.O. [36 zu 3.] 221ff. – [14] Apokr. Petrus-Apokalypse XIV-XVI, zit. bei FRICK, a.O. 77. – [15] ORIGENES: In Matth. comm. XVI, 5, hg. E. KLOSTERMANN. GCS 40 (1935) 479; In Joh. comm. X, 14, 83, hg. E. PREUSCHEN. GCS 10 (1903) 185. – [16] De princ. I, 6, 2. – [17] De or. XXV, 1, hg. P. KOETSCHAU. GCS 2-3 (1899) 356f. – [18] In Matth. comm. XIV, 7, a.O. [15] 289; vgl. FRICK, a.O. [4] 101; A. A. T. EHRHARDT: Polit. Met. von Solon bis Augustin (1959-69) 2, 213. – [19] GREGOR VON NYSSA: De or. dom. III. MPG 44, 1157; vgl. WEISS, a.O. [68 zu 3.] 10, Anm. – [20] AUGUSTINUS: De ord. I, 11, 32. MPL 32, 993f.; Solil. I, 1, 3, a.O. 870; vgl. U. DUCHROW: Christenheit und Weltverantwortung (1970) 186f. 241. 267. – [21] De catech. rud. XIX, 31. CCSL 46, 156. – [22] Vgl. DUCHROW, a.O. 192. 224f. – [23] AUGUSTINUS: De civ. Dei III, 30; vgl. PETERSEN, a.O. [8] 68ff. – [24] H. SCHOLZ: Glaube und Unglaube in der Weltgesch. (1911) 86f. – [25] AUGUSTINUS: De civ. Dei XIV, 2 mit Bezug auf Gal. 5, 21; vgl. XVIII, 31. – [26] X, 1, 1; V, 18; XXI, 1. 11; XVII, 20; XX, 9. 11; XIV, 13; XIX, 17; vgl. SCHOLZ, a.O. [24]. – [27] De civ. Dei XV, 1. – [28] De civ. Dei, Praef. – [29] Praef.; XIX, 17. – [30] XX, 9. – [31] Enarr. in Ps. V, 8. MPL 36, 86; vgl. DUCHROW, a.O. [20] 237. – [32] De civ. Dei XX, 9. – [33] a.O. – [34] Belege bei FRICK, a.O. [4] 117. 123f. – [35] a.O. 151; vgl. SCHOLZ, a.O. [24] 119. – [36] AUGUSTINUS: De civ. Dei XV, 1f.; XXI, 25; vgl. SCHOLZ, a.O. 122ff. – [37] TAUBES, a.O. [15 zu 1.] 79ff.; E. ISERLOH: Das R.G. auf Erden – Antrieb und Versuchung, in: HERTZ, a.O. [2 zu 1.] 61f. – [38] OTTO VON FREISING: Chronica sive historia de duabus civitatibus IV, 4, dtsch.-lat. hg. W. LAMMERS (1961) 309. 311. – [39] H. REUTER: Augustinische Studien. Z. Kirchengesch. 4 (1881) 547f. – [40] J. RATZINGER: Herkunft und Sinn der Civitas-Lehre Augustins, in: W. LAMMERS (Hg.): Geschichtsdenken und Geschichtsbild im MA (1965) 55-75. – [41] JOACHIM VON FIORE: Concordia Novi ac Veteris Testamenti V, 84 (Venedig 1519, ND 1964) fol. 112ʳ; vgl. E. BENZ: Creator Spiritus. Die Geistlehre des Joachim von Fiore. Eranos-Jb. 25 (1956) 314f.; F. GERLICH: Der Kommunismus als Lehre vom tausendjähr. Reich (1921); MOLTMANN, a.O. [24 zu 3.] 221ff.; TAUBES, a.O. [15 zu 1.] 92f. – [42] E. BENZ: Ecclesia spiritualis. Kirchengesch. und Geschichtstheol. der Franziskan. Reform (1934). – [43] Vgl. J. MIETHKE: Das R.G. als polit. Idee im späteren MA, in: Relig.theorie und Polit. Theol., hg. J. TAUBES 3: Theokratie (1987) 267-278; TAUBES, a.O. [15 zu 1.] 86ff.

5. *Neuzeit.* – M. LUTHER, der z.T. an Augustinus anknüpft [1], bestimmt das R.G. als die durch ihr Selbstverständnis geprägte Gemeinschaft der «recht glewbigen ynn Christo unnd unter Christo. Denn Christus ist der herr und könig ym reych Gottis ... Und er auch darumb komen ist, das er das reych Gottis anfienge und ynn der welt auffrichtet. Darumb spricht er auch fur Pilato: 'meyn reych ist nit von der welt, sondern wer auß der warheytt ist, der höret meyne stym', und ymer ym Evangelio das reych Gottis antzeucht und spricht: 'Bessert euch, das reych Gottis ist erbey komen.' Und er nennet das Evangelion eyn Evangelion des reych Gottis, darumb das es das reych Gottis leret, regirt und enthellt» [2]. Im Gegensatz zum «weltlichen Regiment» wird das R.G. mit der Rechten regiert [3]; es vollzieht sich in der Vergebung der Sünden («Regnum Christi est remissio peccatorum») [4] und in der Freiheit vom (anklagenden)

Gesetz durch Verkündigung und Sakrament. Luther identifiziert das «gnaden reich» mit dem «himel reich oder Christus reich» [5], in dem der Mensch gerechtfertigt ist. Er unterscheidet es als Evangelium von dem «außer Christo» (extra Christum) konstituierten «Reich der Welt» (Familie, Staat, Wirtschaft) als dem Bereich des Gesetzes, in dem Gott als Folge der Sündhaftigkeit des Menschen durch das «Schwert» Ordnung erzwingt und erhält, und führt beide «Regimenter», das geistliche und das weltliche, auf die in Liebe (Vergebung) und Recht (Strafe) paradox sich äußernde Güte Gottes zurück («duplex regnum, Christi et Caesaris») [6], der der Christ als Diener am Nächsten entspricht. Da Gott auch im Reich der Welt regiert, ist dieses «wol auch unsers herr Gotts reich», wenn auch ein «zeitlich gesetze und regiment, aber er wil gleichwol haben, das man es hallt, und ist das Reich mit der lincken hand, Sed sein rechts Reich ist» [7]. Da das geistliche Regiment des weltlichen und das weltliche zur angemesseneren Wahrnehmung seiner Aufgaben des geistlichen bedarf [8], nimmt der Christ an beiden Reichen teil: Als Bürger des Gnadenreichs lebt er zugleich in dem der Welt und des Gesetzes, ist aber durch das Evangelium befreit von der Gerechtigkeit der Werke [9]. «Das Königtum, das Reich, die Obrigkeit (Regnum, Imperium, Magistratus), der Lehrer, der Schüler, der Vater, die Mutter, der Herr, die Herrin, der Knecht, die Magd – all das sind Larven, Masken (personae), von welchen Gott will, daß sie in Ehrfurcht verehrt und als seine Kreatur anerkannt werden. Es muß sie in diesem Leben geben, aber er will nicht, daß man ihnen ein göttliches Wesen zuschreibt» [10].

Die von Luther vorgenommene Rechtfertigung des Reiches der Welt und die Komplementarität beider Reiche bis zur überzeitlichen Ablösung am Ende der Welt («Also gehets denn beydes feyn mit eynander, das du zu gleych Gottis reych und der wellt reich gnug thuest, eußerlich und ynnerlich» [11]) wird dann problematisch, wenn die «res civiles» [12] als Hindernisse für das R.G. erachtet werden. Ist das R.G. angemessen verstanden als «Gerechtigkeit und Leben in den Herzen» («regnum Dei est iustitia et vita in cordibus») [13]? Ist das bei Luther im «Wort» und in der «Kraft» des Hl. Geistes ankommende R.G. identisch mit dem von Jesus erwarteten Reich, müssen Recht und Staat vom Gedanken der Königsherrschaft Christi neu begründet werden, oder muß das R.G. nicht das Reich der Welt dynamisch (schwärmerisch) verändern [14]? So wendet sich M. BUCER – anders als Luther, nach dem Christus in «seinem Reich» nicht lehrt, «wie wir sollen ackern, pflügen, säen, ernten, haushalten, Geld sammeln, Krieg führen, Land und Leute regieren» [15], – direkt an den englischen König und predigt Christus primär als Gesetzgeber, das Wort als Gesetzeswort (und nicht als Gnadenwort) und hält es für «nötig», daß das R.G. voll und ganz unter uns wiederhergestellt werde» («necessarium est, ut regnum Dei plene apud nos restituatur») [16]. «Das R.G. kommt nicht in der Predigt, sondern in der Tugend» («Regnum Dei non in sermone consistet, sed in virtute») [17], d.h. in der durch Recht und Gesetze (z.B. Ehegesetzgebung, Armenpflege, Sonntagsheiligung) konstituierten «res publica christiana», die der König nach Beratung mit der Geistlichkeit verwirklichen soll; das R.G. geht in einer «administratio vitae totius» («Regelung des gesamten Lebens») auf [18]. «Deine [Eduard VI.] erhabene Majestät und alle christlichen Könige, Fürsten und Staatslenker müssen das Reich Christi für ihre Völker wiederherstellen, d.h. sowohl die Religions- wie die gesamte Staatsverwaltung nach der Lehre Christi unseres Erlösers und höchsten Königs einrichten und befestigen» [19].

Zur selben Zeit versucht das chiliastische Täufertum, in der Erwartung, daß «in kurzer Zeit Christus auf Erden ein zeitlich Reich anfahen wird», (z.B. in Münster) die Wiederherstellung der sündenfreien Welt und die Errichtung des Neuen Jerusalem durchzuführen: «Gott weiß, daß wir nichts anderes suchen und wünschen als das Reich Christi» [20]. – Obwohl auch der englische Puritanismus die Verbindung von Staat und Religion kennt, hat O. CROMWELL doch darauf geachtet, daß das «Kingdom of Christ» und «new Jerusalem» nur mit geistlichen Mitteln herbeigeführt und nicht mit dem weltlichen Königreich vermischt werden dürfe [21].

Hinter dem Streit um die richtige Definition des R.G. entdeckt TH. HOBBES einen Kampf um die Herrschaft über Menschen [22]. Weil «die Lehrsätze über das R.G. ... das Reich der Menschen in so hohem Maße» beeinflussen [23], bedarf eine Theorie staatlicher Souveränität einer Re-Interpretation des R.G. Dazu unterscheidet Hobbes zwischen dem «natürlichen R.G.», in dem Gott durch die natürliche Vernunft regiert, und dem «prophetischen R.G.», in dem Gott auch unmittelbar durch das Wort, durch Erlaß positiver Gesetze, regiert [24]. Letzteres ordnet Hobbes allein der Theokratie des alttestamentlichen Israel zu und läßt es erst wieder im Jenseits erwarten. Die Rivalität zwischen Staat und R.G. wird somit begrenzt. Da der Glaube an Christus nur die innerliche, unsichtbare Person betrifft, kann jeder Christ in Geduld auf das Kommen Christi hoffen. Die Dynamik der R.G.-Vorstellung wird neutralisiert, so daß es nun in listiger Bibelexegese möglich ist, «nur einem Herrn [dem weltlichen] zu dienen» [25]. Genügt «der Glaube an den Satz: 'Jesus ist der Christus' ... für unsere Aufnahme in das R.G.» [26], so meint die von Jesus verkündete Nähe des R.G. die entdogmatisierende Vereinfachung der Heilsbedingung: «Das Gottesreich ist ein bürgerliches Königreich, das zuerst in der Verpflichtung des Volkes von Israel gegen jene Gesetze bestand, die ihnen Mose vom Berg Sinai bringen und die der amtierende Hohepriester später dem Volke ... verkünden sollte. Dieses Königreich sollte ... nach Weissagung der Propheten durch Christus erneuert werden, und um seine Erneuerung beten wir täglich, wenn wir im Vaterunser sagen: 'Denn dein Reich komme'. ... Dieses Evangelium annehmen (was der Herrschaft Gottes Gehorsam geloben heißt) bedeutet im Gnadenreich sein, da Gott denjenigen die Macht geschenkt hat, später Untertanen, das heißt Kinder Gottes, zu sein, wenn Christus einmal in seiner Majestät erscheinen wird, um die Welt zu richten und über sein eigenes Volk tatsächlich zu herrschen, was das Reich der Herrlichkeit genannt wird» [27].

B. SPINOZA teilt zwar Hobbes' Unterscheidung von natürlichem und prophetischem R.G. nicht; schon für Israel galt, daß das R.G. «allein in dem Recht der Gerechtigkeit und Liebe oder der wahren Religion» besteht, Verbindlichkeit aber erst durch den Gesetzgeber erhält. So betont auch Spinoza den Vorrang des staatlichen Souveräns: «Gott hat kein Reich unter den Menschen, es sei denn durch die Regierungsgewalt» [28].

J. COCCEJUS stellt den Gedanken des R.G. ins Zentrum seiner Theologie. Er konstruiert eine «historia regni Dei» [29], eine 'Ökonomie' des Alten und Neuen Bundes, nach der sich die geistgewirkte Freiheit als Ziel der Heilsgeschichte gegen das Reich der Unfreiheit (z.B.

die alttestamentliche Gesetzesherrschaft, den weltlichen und geistlichen Imperialismus Roms) durchsetzt, bis zur Erreichung des R.G., «in dem niemand außer Gott regiert» («status populi Dei, ut neminem praeter Deum habeat regem, dominum ac principem, quod est regnum libertatis et Christi») [30]. Unter Berufung auf Luk. 17, 20f. heißt es: «Das R.G. kommt nicht mit äußeren Gebärden» und erkennbaren Zeichen; in ihm braucht Gott nicht durch Delegierte vertreten zu werden [31]. – Für J. A. BENGEL als einem weiteren Vertreter der sog. reichsgeschichtlichen Theologie [32] wird besonders die ‹Offenbarung› des Johannes zur Urkunde vom R.G.: «In der That hält diß Buch in sich die allerwichtigste ... Geheimnisse und speciellste Umstände des R.G., und der Widerwärtigkeiten, durch welche es sich durchschlagen muß» [33]. Die ‹Apokalypse› ermöglicht eine chiliastisch gefärbte Schau der «göttlichen Haushaltung in Erziehung des Menschengeschlechts» und «in der Regierung des Volks von den ersten Zeiten bis zu der letzten» [34]. So erscheint die Geschichte auch bei J. J. HESS als Manifestation der Heilspädagogik des sein Reich verwirklichenden Gottes: «Was ich ... R.G. nenne, ... verstehe [ich] von derjenigen wirklichen Leitung der menschlichen Angelegenheiten, welche aus dieser [biblischen] Geschichte erkennbar ist» [35]. – Die unter dem Einfluß Bengels artikulierte Naherwartung des mit dem vielleicht von PARACELSUS über J. BÖHME [36] vermittelten Gedanken von einer «güldenen Zeit» bzw. eines «güldenen Reichs» [37] richtet sich bei dem schwäbischen Pietisten F. CH. OETINGER auf ein innergeschichtlich beginnendes Reich, das als eine «allerbeste Regierung» alles übertreffen wird, was «bisher in der Welt gewesen» [38]. «Das Reich ist nahe, darum ändert euren Sinn, war damals die Predigt Johannes und Jesu Christi, wie viel mehr soll es jetzt das Motiv und der Inhalt aller Zusprüche und Ermahnungen sein, da die Welt in so großen Geburtswehen zu den größten Revolutionen liegt, und das Seufzen der Kreatur zur Freiheit der Söhne Gottes nun größer ist als jemals» [39].

J. G. HERDER dagegen versteht unter dem R.G. die Bildung der den Menschen natürlichen Anlagen zur Humanität und Religion, die der «Menschensohn» Jesus auch zum Zwecke seines Reichs bestimmt habe: «Das Reich, das er ankündigte, nannte er das R.G., ... zu welchem er ... mit einer Aufforderung zu reinen Geistes- und Gemüthstugenden einlud. ... Als ein geistiger Erretter seines Geschlechts wollte er Menschen Gottes bilden, die, unter welchen Gesetzen es auch wäre, aus reinen Grundsätzen andrer Wohl beförderten und, selbst duldend, im Reich der Wahrheit und Güte als Könige herrschten» [40].

I. KANT erörtert den Begriff des R.G. im Interessenhorizont der praktischen und nicht der spekulativen Vernunft. Bei der Bestimmung des höchsten Guts des Handelns sind Epikureer und Stoiker nicht zur richtigen Begriffsbestimmung gelangt: die einen, weil sie Glückseligkeit und damit einen der Sittlichkeit fremden Antriebsgrund annahmen, die anderen, weil sie zwar richtig die Tugend als «oberstes praktisches» Gesetz zugrunde legten, sie aber dem «Weisen» als einem gottgleichen Wesen ansonnen und «das zweite Element des höchsten Guts, eigene Glückseligkeit, wegließen». «Die christliche Sittenlehre ergänzt nun diesen Mangel ... durch die Darstellung der Welt, darin vernünftige Wesen sich dem sittlichen Gesetze von ganzer Seele weihen, als eines R.G., in welchem Natur und Sitten in eine jeder von beiden für sich selbst fremde Harmonie durch einen heiligen Urheber kommen, der das abgeleitete höchste Gut möglich macht» [41]. Dieses, die «Verknüpfung der Glückseligkeit mit der Tugend», ist aber nicht «durch die pünktlichste Beobachtung der moralischen Gesetze» erreichbar [42], da der Mensch nicht auch Schöpfer der Natur ist, so daß ein Zusammenhang von Glück und Tugend nur als möglich gedacht werden kann: Das R.G. kommt nicht als eine berechenbare Wirklichkeit, sondern überläßt «dem Geschöpfe» nur den «Fortschritt ins Unendliche», die «Hoffnung», daß, «was nicht in unserm Vermögen ist, uns anderweitig werde zu statten kommen» [43]. Wenn die Moral «vollständig vorgetragen worden: alsdann allererst kann, nachdem der ... moralische Wunsch das höchste Gut zu befördern (das R.G. zu uns zu bringen), ... erweckt und ihm zum Behuf der Schritt zur Religion geschehen ist, diese Sittenlehre auch Glückseligkeitslehre genannt werden» [44]. Damit ist die weitere Bestimmung des R.G. und die «Annäherung» daran an eine philosophisch-rationale Begründung der Religion und den «allmähligen Übergang» vom «Kirchenglauben zur Alleinherrschaft des reinen Religionsglaubens» verwiesen [45].

Hier braucht «der Wunsch aller Wohlgesinneten ...: 'daß das R.G. komme'», nicht allein Gott überlassen zu werden [46]; die erstrebte «Verbindung der Zweckmäßigkeit aus Freiheit mit der Zweckmäßigkeit der Natur» [47] kann möglich werden in einem «ethisch gemeinen Wesen unter der göttlichen moralischen Gesetzgebung», einer «unsichtbaren Kirche», die als «Idee» und «Urbild» jeder sichtbaren Kirche zugrunde liegt: «Die wahre (sichtbare) Kirche ist diejenige, welche das (moralische) R.G. auf Erden, so viel es durch Menschen geschehen kann, darstellt» [48]. Die öffentliche Proklamation der Grundsätze dieser Vereinigung der Menschen unter Tugendgesetzen ist schon der Anfang der Herrschaft des guten Prinzips. Kant hat keine «Bedenken», «die jetzige» Zeit am geeignetsten für den Übergang zum «wahren Religionsglauben» zu halten, weil in ihr der «Keim» dazu wenigstens «doch öffentlich gelegt worden» und sich nun «ungehindert» weiter «entwickeln» könne; so ist «eine continuirliche Annäherung zu derjenigen alle Menschen auf immer vereinigenden Kirche zu erwarten, die die sichtbare Vorstellung (das Schema) eines unsichtbaren R.G. auf Erden ausmacht» [49].

In der Kant-Nachfolge wird z.B. bei J. H. TIEFTRUNK das R.G. als das «Reich der absoluten Zwecke» verstanden, in das der autonom-vernünftige Mensch versetzt ist und seine Sinnlichkeit überwindet [50]. «Hierdurch sehen wir uns in ein Reich versetzt, welches Christus das Himmelreich nennt. In dieses Reich soll der Mensch nicht erst nach dem Tode kommen, sondern er ist schon jetzo insofern in demselben, als er ein Gesetz dieses Reiches als das seinige anerkennt» [51].

Durchaus im Sinne Kants verhandelt F. D. E. SCHLEIERMACHER den Begriff des R.G. im Horizont einer «teleologischen» Frömmigkeit im Unterschied zum «ästhetischen» Typus der sich fügenden Zustimmung. «Jenes ... so bedeutende ... Bild eines R.G. ist ... nur der allgemeine Ausdruck davon, daß im Christentum aller Schmerz und alle Freude nur insofern fromm sind, als sie auf die Tätigkeit im R.G. bezogen werden» [52]. Die durch Christi erlösende und versöhnende Tätigkeit vermittelte «Annäherung an den Zustand der Seligkeit» [53] versetzt den Gläubigen in einen «Zustand schlechthinniger Leichtigkeit und Stetigkeit frommer Erregungen» [54], so daß die Welt nicht mehr als «Lebenshemmung» [55] erscheint, die vom R.G. erwartete

Erlösung sich nicht mehr auf eine Erlösung aus dem «Jammertal» [56] oder vom Tode bezieht, sondern nur auf die «Furcht vor dem Tode» [57] oder auf die Aufhebung des Zusammenhangs von «Strafwürdigkeit» [58] und Übel. Unter Bestreitung der Apostolizität der ‹Apokalypse› ist nach der Inkarnation als dem «Naturgewordensein des R.G.» und dem Ausgießen des Hl. Geistes «nichts zu denken, was dem R.G. noch Wesentliches fehlen könne» [59], da die Gläubigen in der «Empfänglichkeit», «die Gnade Gottes in sich aufzunehmen» und in eine neue Lebensgemeinschaft mit Gott zu treten, den Zutritt zum R.G. haben [60]. Sie können nun frei und selbsttätig an der Verwirklichung des R.G. arbeiten und es in einem System von Zweckbegriffen der «christlichen Sitte» – vor allem im Berufsleben – gestalten. «In dem christlichen Glauben, daß alles zu dem Erlöser geschaffen ist, liegt ..., daß schon durch die Schöpfung alles vorbereitend und rückwirkend eingerichtet ist in bezug auf die Offenbarung Gottes im Fleisch und zu der möglich vollständigsten Übertragung derselben auf die ganze menschliche Natur zur Gestaltung des R.G.» [61]. Trotzdem wird «die Kirche als das R.G. ... immer im Gegensatz gegen die Welt fortbestehen» [62].

Bei den jungen SCHELLING, HÖLDERLIN und HEGEL lebt ein vielleicht von Oetinger angeregter [63] Begriff vom R.G. weiter, der in «der Losung 'R.G.'» [64] die «Sehnsucht nach der großen, umfassenden Einheit alles Seins» formuliert [65] und das R.G. tätig herbeiführen will: «Das R.G. komme, und unsre Hände seien nicht müßig im Schoße» [66]. Später jedoch gehört für Hegel die «polemische Art von Frömmigkeit», in der die Kirche sich «als R.G. oder wenigstens als den Weg und Vorplatz dazu, den Staat aber als das Reich der Welt, d.i. des Vergänglichen und Endlichen» betrachtet, der Vergangenheit an [67]. Der Begriff des R.G. drückt das Neue der Lehre Christi aus, «das Bewußtsein der Versöhntheit des Menschen mit Gott». «Dies R.G. hat seine Verknüpfung mit den Individuen, die zu demselben gelangen sollen, durch jenes eine Individuum [Christus]. Jenes Reich ist die noch vorgestellte, allgemeine Idee, sie tritt durch dies Individuum in die Wirklichkeit herein, und an dieser göttlichen Wirklichkeit hat sich die Geschichte des Geistes, der konkrete Inhalt des R.G. darzustellen» [68]. Die christliche Gemeinde muß aber auch eine «äußerliche Existenz» als Kirche annehmen; «... in dieses R.G. nun muß eine Organisation eintreten», damit «die Idee des Geistes auch in die Welt der geistigen unmittelbaren Gegenwart eingebildet werde»: Während die Religion «ein Tempel vorgestellter Wahrheit und Freiheit in Gott ist», ist der Staat der «Tempel menschlicher Freiheit», und das «Geschäft der Geschichte ist nur, daß ... das religiöse Princip, das dem Herzen der Menschen inwohnt, auch als weltliche Freiheit hervorgebracht werde» [69].

Die von Hegel durchgeführte Vermittlung von Christentum und Welt, R.G. und Geschichte, Glaube und Vernunft wird jedoch von S. KIERKEGAARD als Verrat am Skandalon-Charakter des christlichen Glaubens gesehen: in seiner 'Novelle' ‹Am ersten das R.G.› wird der mit dem «spekulativen Blick durch die Weltgeschichte» schauende Christ satirisch als der entlarvt, der «am ersten alles andere und zuletzt das R.G.» erstrebt [70].

Unter Berufung auf dieselbe Bibelstelle (Matth. 6, 33) ruft der Frühsozialist W. WEITLING dazu auf, den «morschen Bau der alten gesellschaftlichen Ordnung [zu] zertrümmern» [71]. ‹Trachten wir nach dem R.G., so wird uns dies alles zufallen.› Es ist dies so klar, so deutlich, so handgreiflich! Schauen wir darum nicht immer oben hinauf, in die blauen Lüfte, wenn von dem R.G. die Rede ist; hier auf Erden ist auch ein R.G. zu gründen» [72]. Zur selben Zeit verkündet M. HESS die «religiös-soziale» Erneuerung der Menschheit und das «neue Jerusalem»: «Es nahet die Zeit, wo die im Ganzen gestörte Einheit wieder hergestellt, wo der Staat wieder heilig, wo das R.G. erscheinen wird» [73]. F. ENGELS lobt L. Börne als den «Johannes Baptista der neuen Zeit, der den selbstzufriedenen Deutschen von der Buße predigt und ihnen zuruft, daß die Axt schon an der Wurzel des Baumes liege und der Stärkere kommen wird, der mit Feuer tauft» [74]. Engels sieht gerade in der «ungebildeten» Klasse diejenige, die «Fortschritt» und «Zukunft hat»: «selig sind die Armen, denn ihrer ist das Himmelreich, und wie lange wird's dauern – auch das Reich dieser Welt» [75].

Innerhalb der Theologie wurde vor allem die R.G.-Deutung A. RITSCHLS folgenreich. Er vermißt in der bisherigen Theologie eine Gleichberechtigung der im Anschluß an Kant ethisch verstandenen Idee des R.G. und der Erlösung und formuliert sein Anliegen im Bild einer Ellipse mit den beiden Brennpunkten der Erlösung und dem R.G. Dieses ist die «Organisation der Menschheit durch das Handeln aus dem Motiv der Liebe» [76], auf das die Erlösung zu beziehen ist. «Das Christenthum also ist die monotheistische, vollendet geistige und sittliche Religion, welche auf Grund des erlösenden und das Gottesreich gründenden Lebens ihres Stifters in der Freiheit der Gotteskindschaft besteht, den Antrieb zu dem Handeln aus Liebe in sich schließt ... und in der Gotteskindschaft wie in dem R.G. die Seligkeit begründet» [77]. Im R.G. konvergieren göttliches und menschliches Interesse: Die Rechtfertigung des Menschen durch Gott schenkt das Vertrauen auf die «Lösung der sittlichen Aufgaben» [78], weil in der Liebe des Vaters zu seinem Sohn die Freunde des Sohnes mitaufgenommen sind. Der Mensch gelangt zu seiner geistigen Persönlichkeit durch die Nächstenliebe im tätigen «Dienst gegen Gott in dem R.G.» [79]. «Das Handeln in den engeren und natürlich bedingten Gemeinschaften wird dadurch dem allgemeinsten Endzweck des R.G. untergeordnet und direkt auf denselben bezogen, wenn die in jenen Gebieten obliegende regelmäßige Arbeitstätigkeit in der Form des sittlichen Berufes zum gemeinen Nutzen ausgeübt wird» [80].

Gerade dies aber wird Anlaß der Kritik: F. NIETZSCHE sieht im R.G. nur das Kompensat der «Schwachen», die sich an ihm «schadlos halten ... für jenes Erden-Leben 'im Glauben, in der Liebe, in der Hoffnung'» [81]; im «Glauben an einen Fortschritt zum Ideal» erblickt er das «auf die Erde, in's Menschliche» verlegte R.G. [82]. Die Kirche hat aber Christi Lehre vom R.G. entstellt: «Das 'Himmelreich' ist ein Zustand des Herzens – nicht Etwas, das 'über der Erde' oder 'nach dem Tode' kommt. ... Das 'R.G.' ist nichts, das man erwartet; es hat kein Gestern und kein Übermorgen, es kommt nicht in 'tausend Jahren' – es ist eine Erfahrung an einem Herzen» [83]. Der Neutestamentler J. WEISS trennt den bei Ritschl vorliegenden Synergismus Gottes mit den Menschen durch die Herausarbeitung der transzendenten, «unter Umständen gegen den Willen der Menschen» hereinbrechenden Ankunft des R.G. [84] und weist gegenüber Ritschls Erhebung der Berufsarbeit als Arbeit am R.G. darauf hin, daß Jesus «für die wirkliche Vorbereitung aufs R.G. den Beruf als Hindernis ansah». Jesus wollte in der Verkündigung des R.G. nicht «halbe Mittel

... anwenden» [85]. «Der christliche Glaube lernt es an Jesus, daß es niemals eine Verschmelzung von Gottesreich und Menschenreich auf dieser Erde und dieser Menschheit geben wird, daß das R.G. ... jenseits alles menschlichen Wollens in der durch die Todesgrenze verborgenen Ewigkeit liegt» [86].

Die frühe dialektische Theologie erklärt einerseits: «Das R.G. fängt nicht erst mit unseren Protestbewegungen an. Es ist eine Revolution, die vor allen Revolutionen ist. Die große Negation geht den kleinen voran»; andererseits lehrt sie aber auch die «Bejahung der Welt» und sieht das R.G. sich gleichnishaft vollziehen «innerhalb der Socialdemokratie» und der «Opposition gegen das Bestehende» [87]. So bleibt «der R.G.-Gedanke ... das unruhige Element in der Geschichte der neueren Staatslehre» [88]. So gerät z.B. L. TOLSTOJ durch seine Interpretation des R.G. (Anerkenntnis der Schuld, Aufgabe der Selbstrechtfertigung und des Zwangs zur 'heuchlerischen' Ordnungsanbetung, radikale Besinnung auf die urchristliche Verweigerung z.B. der Steuern, des Schwörens, der Wehrpflicht) in seinem 1893 geschriebenen Buch ‹Das Reich Gottes ...› in Konflikt mit dem Staatskirchentum seiner Zeit und wird 1901 aus der orthodoxen Kirche ausgeschlossen [89]. In Abwandlung eines Wortes von A. LOISY («Jesus kündete das Reich an, und die Kirche war's, die kam» [90]) könnte man sagen: Jesus erwartete das Reich, und es kam die Hoffnung auf dessen Realisierung in der Weltgeschichte. «Hat sich etwa der Glaube, nach dem Bilde eines Schöpfergottes geschaffen zu sein, die Hoffnung auf ein zukünftiges R.G. und das christliche Gebot, allen Völkern zu ihrem Heil das Evangelium zu verkünden, in die weltliche Anmaßung verwandelt, daß wir die Welt nach dem Bilde des Menschen in eine bessere umformen und primitive Völker erlösen sollen?» [91]. Die nach C. SCHMITT bis zum «Jüngsten Gericht» wohl immer wieder gestellte Frage, wer letztlich entscheidet, «was geistlich und was weltlich ist» [92], wird innerhalb eines «politischen Katholizismus» [93] virulent, wenn das R.G. als die universelle Verbundenheit mit Gott ausgelegt wird, in der «auch die zeitlichen Dinge» als von der Gnade des R.G. durchdrungene begriffen werden: «Man kann das R.G. nicht auf eine Dimension dieser Welt reduzieren, nicht einmal die religiöse ... Das Reich drückt den letzten und endgültigen Willen Gottes aus. Diese Welt, so wie wir sie erleben, kommt an ein Ende» [94]. Eine solche «Theologie der Befreiung» will Ernst machen mit der Verwirklichung des R.G.: «Mit der Wiederkunft richtet Jesus Christus in schwerster weltgeschichtlicher Stunde sein Friedensreich auf ... Dann werden allen Weltmächten ihre blutigen Zepter aus der Hand genommen» [95]. «Die Predigt von der Nähe der Königsherrschaft» behält «ihre Geltung, auch wenn der apokalyptische Horizont versinkt» [96]. Dies trifft auf den Widerspruch anderer Theologen: Das R.G. «ist der Aktivität des Menschen grundsätzlich entzogen». Es kommt nur in der Rückverwandlung des «rebellischen Menschen ... zum gehorsamen Geschöpf und ist schon im Evangelium präsent» [97]. Vielleicht muß auch der progressistisch vorgetragene Angriff der Theologie der Befreiung gemäßigt werden durch eine «Theologie der Schöpfung»: «Das Wort der Schrift 'Suchet zuerst das R.G.' (Mt. 6, 33) hebt das andere 'Hütet die Erde und macht sie euch untertan' (Gen. 1, 28) nicht auf, steht aber in Spannung zu ihm» [98].

Zweifel an der Geschichte als einem fortschreitenden Heilsprozeß und an der «Überzeugung von der glanzvoll angeordneten Zukunft, von dem Neuen Jerusalem» [99] haben die Frage wieder akut werden lassen, was die Verkündigung vom R.G. angesichts des befürchteten «Endes der Geschichte» [100] bedeutet. Nach P. TILLICH kann sich der Mensch des «Symbols» des R.G. in seiner politischen (Frieden, Berg Zion, Neues Jerusalem), sozialen (Frieden, Gerechtigkeit), personalen (Erfüllung der Menschheit in jedem Menschen) und universalen (Erfüllung allen Lebens) Dimension bedienen, um «die Frage nach dem letzten Sinn», «die Frage nach dem Sinn der Geschichte» zu beantworten [101]. Da aber «das transzendente R.G. nicht erreichbar ist ohne Partizipation an dem Kampf des innergeschichtlichen R.G.», kann auch die persönliche Aufopferung für das R.G. verlangt werden, die dann jedoch «die Erfüllung dessen bedeutet, der sich opfert» [102].

Anmerkungen. [1] DUCHROW, a.O. [20 zu 4.] 441. 477; E. KINDER: Gottesreich und Weltreich bei Augustin und bei Luther, in: H.-H. SCHREY (Hg.): R.G. und Welt. Die Lehre Luthers von den zwei Reichen (1969) 40-69. – [2] M. LUTHER: Von weltlicher oberkeit (1523). Weimarer Ausg. [WA] 11, 249. – [3] Pr. des Jahres 1532. WA 36, 385, 6. – [4] Pr. des Jahres 1525. WA 17/1, 463, 18; vgl. 15, 724, 2-5. – [5] Der 117. Psalm ausgelegt (1530). WA 31/1, 245, 9f. – [6] Wochenpredigten über Matth. 5-7 (1530/32). WA 32, 387, 8; Pr. des Jahres 1528. WA 27, 259f.; Ein Sendbr. von dem harten Büchlein wider die Bauern (1525). WA 18, 389, 19ff.; vgl. WA 30/2, 562, 10-12; 51, 238f.; 45, 252, 21ff.; 49, 137, 11ff. – [7] Pr. des Jahres 1532. WA 36, 385, 7-9; vgl. WA 32, 390, 13. – [8] a.O. [2] 271ff. – [9] Vgl. P. ALTHAUS: Die Ethik M. Luthers (1965) 50ff. 65; WEISS, a.O. [68 zu 3.] 34ff.; G. EBELING: Luther (⁴1981) 198ff. 226f. – [10] LUTHER: In epist. S. Pauli ad Gal. comm. (1535). WA 40/1, 3-6. – [11] a.O. [2] 255, 12ff. – [12] Augsburg. Konf. (1530). XVI. Von der Polizei und weltlichem Regiment, in: Die Bekenntnisschr. der evang.-luth. Kirche (⁶1967) 70f.; vgl. 307f. – [13] PH. MELANCHTHON: Apol. der Konf. (1531) XXVII, a.O. 386. – [14] E. WOLF/W. SCHMAUCH: Königsherrschaft Christi (1958) 20ff.; H.-D. WENDLAND: Die Weltherrschaft Christi und die zwei Reiche, in: Kosmos und Ekklesia. Festschr. W. Stählin (1953) 33. 37. 39. – [15] LUTHER: Hauspostille. Erlanger Ausg. (1826-57) 2, 299. – [16] M. BUCER: De regno Christi I, 15 (1557). Op. lat. 15 (1955) 93; vgl. G. SCHRENK: Gottesreich und Bund im älteren Protestantismus vornehml. bei J. Coccejus (1923) 160. – [17] De regn. I, 3, a.O. 52; vgl. W. PAUCK: Das R.G. auf Erden (1928) 8. – [18] SCHRENK, a.O. [16] 162. – [19] BUCER: De regn., Concl., a.O. [16] 293; vgl. H. SCHRÖER: R.G. bei Comenius, in: K. SCHALLER (Hg.): Comenius. Erkennen – Glauben – Handeln (1985) 87-93. – [20] Zit. bei SCHRENK, a.O. [16] 178. – [21] O. CROMWELL: The letters and speeches, hg. C. H. FIRTH (London 1904) 2, 109. 123; vgl. H. KITTEL: O. Cromwell. Seine Relig. und seine Sendung (1928) 169ff.; TAUBES, a.O. [15 zu 1.] 119f.; ISERLOH, a.O. [37 zu 4.] 61f.; vgl. jedoch die spätere Identifizierung von «Kingdom of Heaven and Earth» und «Empire» bei S. BALDWIN (1932), zit. bei E. TOPITSCH: Gottwerdung und Revolution (1973) 164f. – [22] TH. HOBBES: Leviathan 47 (London 1651), dtsch., hg. I. FETSCHER (1966) 525f. – [23] Lev. 38, a.O. 346. – [24] 31, a.O. 272. – [25] 42, a.O. 430. – [26] 43, a.O. 453. – [27] 35, a.O. 316f.; zum ganzen vgl. auch: De cive 15-18 (1642). – [28] B. SPINOZA: Tract. theol.-polit. 17 (1670), dtsch., hg. G. GAWLICK (1976) 286f. – [29] J. COCCEJUS: Oratio de dono linguarum (1636) 531; vgl. SCHRENK, a.O. [16] 200. – [30] COCCEJUS: Summa theol. XC, § 16. Op. omn. theol. (1689) 6/2, 315; vgl. WEISS, a.O. [68 zu 3.] 40ff.; W. NIGG: Das ewige Reich (1944) 269ff. – [31] COCCEJUS: Schola in ev. Luc. XVII, 5, a.O. 4, 55; Summa doctr. ... § 530, a.O. 6/1, 109; vgl. SCHRENK, a.O. [16] 227. – [32] Vgl. WEISS, a.O. [68 zu 3.] 52ff. – [33] J. A. BENGEL: Erklärte Offenbarung Johannis oder vielmehr Jesu Christi (1740, ³1746) 157. – [34] BENGEL, zit. bei J. GOTTSCHICK: Art. ‹R.G.›, in: Realencykl. für protest. Theol. und Kirche 16 (³1905) 799. – [35] J. J. HESS: Von dem R.G. Ein Versuch von dem Plan der göttl. Anstalten und Ordnungen (1774, ²1781) Vorrede; vgl. WEISS, a.O. [68 zu 3.] 58ff. – [36] W.-E. PEUCKERT: Das Leben J. Böhmes (1924) 8. – [37] Vgl. R. PIEPMEIER: Aporien des Lebensbegriffs seit Oetinger (1978)

191ff.; Nigg, a.O. [30] 291f. – [38] F. Ch. Oetinger: Die güldene Zeit (1759-61). Sämmtl. Schr., hg. K. Ch. E. Ehmann 6 (1864) 11. 27. – [39] a.O. 6, 9. – [40] J. G. Herder: Ideen zur Philos. der Gesch. der Menschheit 17. Sämmtl. Werke, hg. B. Suphan (1877-1913) 14, 290f. – [41] I. Kant: KpV (1788) 228f. 231f. Akad.-A. 5, 126-128. – [42] 205, a.O. 113f. – [43] 229 (Anm.), a.O. 128. – [44] 235, a.O. 130. – [45] Die Relig. innerh. der Grenzen der bloßen Vernunft (1793). Akad.-A. 6, 115. – [46] a.O. 101. – [47] 5. – [48] 101. – [49] 131f. – [50] J. H. Tieftrunk: Versuch einer Kritik der Relig. und aller relig. Dogmatik (1790), zit. bei M. Baumotte: Die Frage nach dem hist. Jesus (1984) 25. – [51] Tieftrunk: Einzig mögl. Zweck Jesu (1789), zit. bei Weiss, a.O. [68 zu 3.] 95. – [52] F. D. E. Schleiermacher: Der christl. Glaube (^{2}1830) § 9, hg. M. Redecker (1960) 1, 61-63. – [53] § 87, a.O. 2, 15. – [54] § 14, a.O. 1, 94. – [55] § 75, a.O. 412. – [56] a.O. 53. – [57] a.O. [55]. – [58] § 101, a.O. 2, 99. – [59] § 103, a.O. 2, 114f. – [60] § 70, a.O. 1, 372. – [61] § 164, a.O. 2, 441. – [62] § 113, a.O. 2, 210. – [63] Vgl. R. Schneider: Schellings und Hegels schwäb. Geistesahnen (1938); E. Benz: Schellings theol. Geistesahnen. Studia philos. 14 (1954) 189ff. – [64] F. Hölderlin: Br. an Hegel (10. 7. 1794). Große Stuttg. Ausg., hg. F. Beissner/A. Beck 6 (1954) 126. – [65] H. Fuhrmans, in: M. Frank/G. Kurz (Hg.): Mat. zu Schellings philos. Anfängen (1975) 74f. – [66] G. W. F. Hegel: Br. an Schelling (Jan. 1795). Br. von und an Hegel, hg. J. Hoffmeister 1 (1952) 18; vgl. J. Hoffmeister: Die Heimkehr des Geistes (1946) 218ff. – [67] Hegel: Grundlinien der Philos. des Rechts (1821) § 270, hg. J. Hoffmeister (^{4}1955) 224. 227. – [68] Vorles. über die Philos. der Relig., hg. G. Lasson (1966) 2/2, 151. 155f.; vgl. 215f. – [69] Vorles. über die Philos. der Gesch. Jub.ausg., hg. G. Glockner (1927-40) 11, 425. 429. – [70] S. Kierkegaard: Der Augenblick (1855). Ges. Werke, hg. E. Hirsch u.a. 34 (1959) 232f.; vgl. E. Staehelin (Hg.): Die Verkündigung des R.G. in der Kirche Jesu Christi (o.J.) 6, 521ff. – [71] W. Weitling: Garantien der Harmonie und Freiheit (1842), hg. B. Kaufhold (1955) 281. – [72] Das Evang. des armen Sünders (1846), hg. W. Seidel-Höpper (1967) 122; vgl. Nigg, a.O. [30] 351. – [73] M. Hess: Die hl. Gesch. der Menschheit (1837). Philos. und sozialist. Schr., hg. A. Cornu/W. Mönke (1961) 65. 72. – [74] F. Engels: A. Jung, Vorles. über die moderne Lit. der Deutschen (1842). MEW 1, 438. – [75] Br. aus London I (1843), a.O. 468f. – [76] A. Ritschl: Die christl. Lehre von der Rechtfertigung und Versöhnung (^{4}1895) 3, 12. – [77] a.O. 13f. – [78] 36. – [79] 192; vgl. Gottschick, a.O. [34] 805f.; Weiss, a.O. [68 zu 3.] 110ff. – [80] Ritschl: Unterricht in der christl. Relig. (1875, ND 1966) 30, § 28. – [81] F. Nietzsche: Zur Geneal. der Moral (1887) I, 15. Krit. Ges.ausg., hg. G. Colli/M. Montinari (1967ff.) 6/2, 297; vgl. Götzen-Dämmerung (1889) Moral als Widernatur 6, a.O. 6/3, 79. – [82] Nachgel. Frg. (Nov. 1887-März 1888) 11 [226], a.O. 8/2, 330f.; vgl. Der Antichrist 40 (1888/95), a.O. 6/3, 212. – [83] Antichr. 34, a.O. 204f. – [84] Weiss, a.O. [68 zu 3.] 112. – [85] a.O. 129; a.O. [37 zu 3.] (1892) 46. 48. – [86] E. Hirsch: Gottesreich und Menschenreich, in: Mutuum Colloquium. Festgabe H. Kittel, hg. P. C. Bloth u.a. (1972) 148f. – [87] K. Barth: Der Christ in der Ges. (1919), in: Anfänge der dialekt. Theol., hg. J. Moltmann (1970) 1, 20. 32f. – [88] E. Hirsch: Die R.G.-Begriffe des neueren europ. Denkens (1921) 7. – [89] L. N. Tolstoj: Das R.G. ist inwendig in Euch oder das Christentum als eine neue Lebensauffassung, nicht als eine mystische Lehre. Ges. Werke, hg. R. Löwenfeld 8 (1911). – [90] A. Loisy, zit. bei H. Fries: Art. ‹R.G.›, in: LThK² 8, 1118. – [91] Löwith, a.O. [46 zu 3.] 185. – [92] C. Schmitt: Polit. Theol. 2 (1970) 107. – [93] Röm. Katholizismus und polit. Form (1925). – [94] L. Boff: Vaterunser (1981) 14. 100. – [95] G. Bergmann: Kirche am Scheideweg (1967) 209. – [96] H. Braun: Jesus. Der Mann aus Nazareth und seine Zeit (1969) 61. – [97] Klein, a.O. [2 zu 1.] 29. 31. 50. – [98] Iserloh, a.O. [37 zu 4.] 72. – [99] C. Amery: Das Ende der Vorsehung (1972) 122; vgl. E. Drewermann: Der tödl. Fortschritt (^{5}1981) 80. – [100] P. Tillich: Systemat. Theol. 3 (^{2}1978) 417. – [101] a.O. 407ff. 417. – [102] 445.

Literaturhinweise. J. Weiss s. Anm. [37 zu 3.]. – J. Gottschick s. Anm. [34 zu 5.]. – E. Hirsch s. Anm. [88 zu 5.]. – D. Bonhoeffer: Kirche und Eschatol. (oder: Kirche und R.G.) (1927). Werke 9 (1986). 336-354. – R. Frick s. Anm. [4 zu 4.]. – G. von Rad s. Anm. [2 zu 1.]. – R. Otto: R.G. und Menschensohn (^{2}1940). – J. Taubes s. Anm. [15 zu 1.]. – G. W. H. Lampe: Some notes on the significance of βασιλεία τοῦ ϑεοῦ and βασιλεία τοῦ Χριστοῦ in the Greek fathers. J. theolog. Studies 49 (1948) 58-73. – H. J. Kraus: Die Königsherrschaft Gottes im AT (1951). – E. Staehelin s. Anm. [70 zu 5.]. – W. G. Kümmel s. Anm. [26 zu 3.]. – M. Buber: Königtum Gottes (^{3}1956). – R. Schnackenburg: Gottes Herrschaft und Reich (1959). – Ch. Walther: Typen des R.G.-Verständnisses (1961). – O. Eissfeldt s. Anm. [3 zu 1.] 172-193. – E. Lohmeyer: Das Vater-Unser (^{5}1962). – A. Alt: Gedanken über das Königtum Jahwes, in: Kleine Schr. zur Gesch. des Volkes Israel (^{4}1968) 1, 345-357. – A. Hertz u.a. s. Anm. [2 zu 1.]. – M. Völkel: Zur Deutung des ‘R. G.’ bei Lukas. Z. neutestamentl. Wiss. Kunde ält. Kirche 65 (1974) 57-70. – J. Moltmann s. Anm. [24 zu 3.]. – H. Schürmann: Das Gebet des Herrn (^{4}1981). – M. Hengel/A. M. Schwemer (Hg.): Königsherrschaft Gottes und himml. Kult im Judentum, Urchristentum und in der hellenist. Welt (1991).

M. Arndt

Reifung. Der Begriff der R. läßt sich einerseits gegenüber dem Begriff des Wachsens, andererseits im Hinblick auf den Begriff des Lernens abgrenzen: 1) Die Gegenüberstellung von Wachsen als irreversibler und quantitativer Zunahme von Größe, Gewicht u.dgl. und R. als qualitativ bestimmter Strukturbildung und Integration ist sehr abstrakt und künstlich. Der unmittelbaren Verschränkung der Vorgänge wegen erscheint eine solche begriffliche Trennung wenig brauchbar [1]. 2) Im Sinne einer strengen Alternative unterscheidet K. Koffka, ähnlich wie viele andere Forscher, «Entwicklung als Wachstum oder R.» und «Entwicklung als Lernen». Im ersten Falle handelt es sich um «ererbte» Eigentümlichkeiten des Entwicklungsverlaufs und der Merkmalsausprägung, die zwar nicht vollständig, aber unter normalen Bedingungen weitestgehend durch immanente Gesetze determiniert sind, im zweiten Falle um erblich nicht festgelegte Veränderungen, die sich nicht zu vollziehen brauchen, die jedoch, wenn sie stattfinden, eine «Neuerwerbung» darstellen [2]. Mit etwas anderer Akzentuierung setzt H. Thomae der R. als den «Vorgängen der endogen gelenkten Ausformung eines bestimmten Endzustandes in mehr oder minder deutlich voneinander abgehobenen Schritten» die «Lernvorgänge als Inbegriffe der von der Erfahrung gelenkten Anpassungsschritte» entgegen [3].

Kriterien, nach denen zuverlässig R.- und Lernanteile unterschieden werden können, sind nicht eindeutig. N. L. Munn versucht eine Definition der R. losgelöst vom angenommenen Erbmaterial und nennt als Merkmale eines auf R. beruhenden Verhaltens die Universalität der Verhaltensschemata, die schrittweise (sequentielle) Entwicklung und die spezielle Anpassung. Doch ist schon die Universalität einer Verhaltensweise, ihr Auftreten bei allen Mitgliedern einer biologischen Gruppe, kein Indikator für lernunabhängige Ausformung. Denn auch universelle Reaktionsformen können erworben werden, wenn sie 1) die einzig oder die am meisten adäquaten sind oder 2) durch starken sozialen Druck von allen möglichen Verhaltensmustern als einzig angepaßte gefordert werden. Nicht anders steht es mit der sequentiellen Ordnung, die auch bei vielen erlernten Tätigkeiten allein deshalb nachweisbar ist, weil spätere Entwicklungen einer Fertigkeit frühere Stadien in der Entwicklungshierarchie voraussetzen. Außerdem zeigen viele nachweisbar nicht erlernte Reaktionen keineswegs äußerlich feststellbare Entwicklungsfolgen. Daß die besondere Angepaßtheit kein differenzierendes Kriterium sein kann, zeigt der Vergleich mit dem Lernen, das ebenfalls eine individuell angepaßte Verhaltensänderung bewirkt, die für längere oder kürzere Zeit andauert [4].

Die Schwierigkeit liegt nicht nur in der Abgrenzung des Begriffs der R. gegenüber dem des Lernens, sondern auch darin, daß im Begriff der R. zwei Aspekte der Entwicklung vermengt werden. H. HECKHAUSEN trennt deshalb zwischen Entwicklung im Sinne der «organismischen R. des Funktionsinstruments als Bedingung der Möglichkeit schlechthin» und Entwicklung im Sinne der «sachimmanenten Entfaltungslogik von Strukturen und Systemen». Entwicklung im dritten Sinne ist dann das Lernen i.e.S. als «Aneignung bestimmter Verhaltensweisen durch Erfahrungsniederschläge». Die ersten beiden Aspekte werden im allgemeinen nicht auseinandergehalten und als ‹Wachstum› oder ‹R.› bezeichnet. Entwicklung im zweiten und dritten Sinne folgt «offenbar denselben Gesetzen des Erfahrungs- und Erkenntniserwerbes» [5]. Es ist deutlich, daß der Reifestand im Sinne der sachimmanenten Entfaltungslogik jeweils nur die erreichte Stufe, nicht aber eine obere Grenze der Differenzierung festlegt, daß also auch das Ziel dieser R. nicht festliegt.

Mit der 'kognitiven Wende' in der Psychologie gewinnt die Diskussion um die Unterscheidung zwischen ‹R.› und ‹Lernen› neue Brisanz. Linguisten wie N. CHOMSKY argumentieren, daß der Erwerb grammatischer Sprachkompetenz aufgrund der realen Armut an Lernreizen in der Ontogenese unmöglich auf Lernprozessen, sondern nur auf ausgelösten R.-Prozessen interner Gehirnstrukturen basieren kann, eine Behauptung, die sowohl heuristisch als auch empirisch noch umstritten ist [6].

Anmerkungen. [1] U. UNDEUTSCH: Entwickl. und Wachstum, in: Hb. Psychol. 3 (1959) 79-103, hier: 79. – [2] K. KOFFKA: Die Grundl. der psych. Entwickl. (1921). – [3] H. THOMAE: Entwickl.begriff und Entwickl.theorie, a.O. [1] 3-20, hier: 10. – [4] N. L. MUNN: The evolution and growth of human behavior (London 1955) 49ff. – [5] H. HECKHAUSEN: Wachsen und Lernen in der Genese von Persönlichkeitseigenschaften, in: Ber. über den 24. Kongr. der Dtsch. Ges. für Psychol. (1964) 124-132, hier: 125. – [6] Vgl. N. CHOMSKY: Rules and representations. Behavioral Brain Sci. 3 (1980) 1-15 und die sich daran anschließende Debatte: 15-61.

Literaturhinweis. H. THOMAE (Hg.): Hb. Psychol. 3 (1959).

G. MÜHLE

Reinheit, Reinigung (griech. καθαρότης, καθαρισμός, κάθαρσις; lat. puritas, purificatio, lustratio; engl. purity, purification; frz. pureté, purification; ital. purità, purgazione)

I. *Einleitung.* – R.-Vorstellungen und Rg.-Gebräuche dürften, so weit sich das überblicken läßt, zu allen Zeiten und in allen Kulturen einen wichtigen Bestandteil der alltäglichen Lebenspraxis wie auch in Kult und Ritus der Völker gebildet haben. Im Kult braucht der zugrunde liegende Vorgang des Waschens als Rg. von Schmutz nur noch symbolisch ausgeführt zu werden, um eine Befleckung, Sünde oder einen Makel zu löschen. Schließlich erhält ‹R.› vollends den Status der Metapher (wie z.B. in 'reine Vernunft'), unter deren Hülle die ursprüngliche Waschhandlung kaum noch durchscheint und auch nicht präsent sein muß.

Umfassende Definitionen, die den ganzen Phänomenbereich abdecken, sind angesichts der Fülle der Anwendungssphären und Bedeutungsebenen schwierig oder wenig aussagekräftig. Trotzdem sind sie versucht worden: Im Bedürfnis nach R. artikuliert sich das Bestreben, eine gefährdete, außer Kontrolle geratene oder zerstörte Ordnung durch Erlangung einer neuen 'Makellosigkeit' aufzuheben und auf einer neuen Stufe die Ordnung der Welt zu bestätigen. Denn als unrein gilt alles, was als Anormales eine Gefährdung dieser Ordnung darstellt [1]. «R. schließt alles von sich aus, was gegen einen Wert verstößt» [2]. In den heterogenen R.-Vorstellungen soll «eine innere Beruhigung der Personen durch Vornahme gewisser Handlungen» gewonnen werden, «eine Sicherung ..., die oft nur eine nach außen projizierte innere Unruhe zu beschwichtigen hat» [3].

Das Spektrum der Rg.-Verfahren und -Disziplinen variiert stark nach den jeweiligen Kulturen. So sind etwa gewisse Tiere oder Speisen bei den einen unrein, aber bei anderen nicht. Trotzdem sind die Ursachen der Verunreinigung vielen, besonders frühen Kulturen und Völkern gemeinsam. Sie kann erfolgen durch Geburt, Pubertät, Sexualität, Menstruation, Heirat, Krankheit und Tod oder durch Kontakt mit Fremden (auch fremden Göttern), unreinen Dämonen und allem Profanen. Neben dem Wasser als bevorzugtem Rg.-Mittel (Wasserbehälter vor ägyptischen, römischen und islamischen Gotteshäusern) dienen Feuer, Luft, Schlagen (Austreiben von unreinen Geistern), Salz-Streuen, Haar- und Nägel-Schneiden, Anlegen neuer Gewänder u.v.a. der Wiederherstellung der R. Als medizinische Rg. können Hygiene und Prophylaxe (z.B. Fasten und Vegetarismus) fungieren. In der nicht immer ganz abzutrennenden kultisch-religiösen Sphäre reicht das Spektrum von Baden und Waschungen, Räucherungen, Aussegnungen, Exorzismus und präventiver Magie (Talismane, Amulette, Kräuter) über sexuelle R. (Keuschheit) vor allem der Priester(innen) und reine (heilige) Tempelbezirke [4] bis zur Annahme eines Rg.-Ortes nach dem Tode (purgatorium) [5] und eines endzeitlichen, reinigenden Weltenbrandes (stoisch und frühchristlich ἐκπύρωσις), eines apokalyptischen Weltuntergangs [6]. Im Hinduismus und im indischen Buddhismus bezeichnen die Begriffe ‹suddhi› (sanskrit: shuddhi) bzw. ‹visuddhi› [7], im Chinesischen der Begriff ‹chai› [8], oft mit den beiden Stufen ‹san chai› und ‹chih chai›, sowohl die gewöhnliche Rg. als auch die kultische Rg. und R., die Erlösung als Ziel der Rg.-Übungen [9].

In übertragener Bedeutung heißt z.B. ein chemisches Element 'rein', wenn es unvermischt mit anderen vorliegt [10]. Die R. der Lehre Gottes und der Kirche wird von allen reformatorischen Bemühungen erstrebt; so schreibt z.B. M. LUTHER: «Dis ist gered von der lere, welche mus rein und lauter sein, nemlich das liebe, selige, heilige und einiges Wort Gottes, on allen Zusatz» [11]. R. eines Textes wird erlangt durch philologische Akribie [12]; sie tritt auf als Stil-R. in der Nachahmung der Antike [13], aber auch durch Pflege eines besonderen künstlerischen, von fremden Einflüssen freien Ausdrucks [14], als Sprach-R. durch die Vermeidung von Fremdwörtern, und «idiomatische, d.h. mit dem System der betreffenden Sprache übereinstimmende Korrektheit ... der Rede» [15] und schließlich in der klassischen Rhetorik als «Rechtfertigungsrede» (purgatio), in der der Angeklagte «seine gute Absicht ... bei der Durchführung der Tat behauptet ... und die Tat als unter dem Einfluß zufälliger Umstände zustandegekommen hinstellt» [16]. Von R. und Rg. wird mithin immer dann gesprochen, wenn etwas abgesondert und 'sauber' getrennt von ihm nicht zugehörigen Beimischungen erhalten oder als solches wiedererlangt werden soll.

Anmerkungen. [1] M. DOUGLAS: R. und Gefährdung (1988) 71ff. – [2] N. HARTMANN: Ethik (1926, ⁴1962) 407. – [3] R. THURNWALD: Art. ‹R., Rg.›, in: M. EBERT (Hg.): Reallex. der Vorgesch. (1924-32) 11, 82. – [4] Vgl. als Überblick: E. N. FALLAIZIE u.a.: Art. ‹Purification›, in: Encycl. of relig. and ethics 10 (Edinburgh/New York 1918) 455-505. – [5] Vgl. A. MICHEL: Art. ‹Purgatoire›, in: Diction. de théol. cath. 13/1 (Paris 1936) 1163-1326; E. FLEISCHHACK: Fegfeuer (1969); CH. DE SEYSSEL: Art. ‹Purgatoire›, in: Diction. de spiritualité 12 (Paris 1986) 2652-2676; J. LE GOFF: La naissance du purgatoire (Paris 1981); dtsch.: Die Geburt des Fegefeuers (1984). – [6] Vgl. U. H. J. KÖRTNER: Weltangst und Weltende (1988) 189ff. (auch zur profanierten Variante der Welterneuerung nach einem nuklearen Feuertod). – [7] Vgl. BUDDHA GHOSA: Visuddhi-Magga/Weg zur R. – [8] So schon im altchin. ‹Li Gi›, dann auch im Konfuzianismus und Taoismus. – [9] FALLAIZIE, a.O. [4] 468ff. 470ff. 490f. 496ff.: mehrere Begriffe im Islam. – [10] Vgl. HERODOT: Hist. IV, 166; ARISTOTELES: De aud. 801 b 28; De sensu 440 a 5. – [11] M. LUTHER: Wider Hans Worst (1541). Weim. Ausg. 51, 520; weitere Belege bei GRIMM 8 (1893) 688f. – [12] Vgl. z.B. K. JASPERS: Plato (³1985) 9: Platons Schr. wurden philologisch «gereinigt und geordnet». – [13] Vgl. H. G. RÖTZER: Traditionalität und Modernität in der europ. Lit. (1979) 15. 21. 32f. 36. 40f. – [14] So K. MANN: André Gide und die Krise des mod. Denkens (1984) 182. – [15] H. LAUSBERG: Elem. der lit. Rhet. (⁵1976) 44; «R. der Sprache» bereits bei DIONYSIOS VON HALIKARNASS: Comp. I, 3; Dem. V; dtsch. Belege bei GRIMM 10/1 (1905) 2276f. – [16] LAUSBERG, a.O. 22; vgl.: Hb. der lit. Rhet. (²1973) 1, 103f.

II. *Antike.* – 1. *Griechische Antike.* – Das griech. καθαρός bedeutet zunächst im eigentlichen Sinn 'rein', 'sauber', 'klar' [1] und bezeichnet so etwa die R. von Wasser [2], Licht [3], Metallen u.ä. [4]. Es heißt weiterhin 'frei', 'offen' (Freiheit eines Platzes oder Feldes) [5]. In übertragener Bedeutung meint es die moralische R., das Frei-Sein von Schuld [6]. Der äußeren R. (καθαρότης) korrespondiert dann eine sittsame, heilige, innere Haltung [7].

PLATON unterscheidet in einer 'etymologischen' Zurückführung des Götternamens ‹Apollo› auf ἀπολούειν (abwaschen) vier Funktionen dieses «reinigenden und abwaschenden Gottes» (ὁ καθαίρων θεὸς καὶ ὁ ἀπολούων) [8]. In Anlehnung daran lassen sich vier, allerdings nicht säuberlich von einander zu trennende Bereiche der R.-Vorstellung der griechischen Antike unterscheiden: der kultisch-rituelle, der dinghaft-tabuistische, der medizinische und der ethische.

In der kultisch-rituellen Sphäre muß der Mensch rein sein bzw. R. erlangen, wenn er sich den göttlichen Mächten in Riten (Opfern, Gebeten, Wallfahrten usw.) nähert; er muß sich aller 'gottfremden' Dinge entledigen, z.B. wie im Kult der Aphrodite und des Herakles [9], darf kein Schweinefleisch essen und muß sich auch sonst gewisser Speisen enthalten [10], reine Kleider anziehen, sich waschen und baden [11]. Besonders Priester und Tempelbesucher unterliegen solchen R.-Vorschriften. Unreinen ist der Zutritt zum Tempel verwehrt [12]. Deshalb lautet die Inschrift am Asklepios-Heiligtum in Epidauros: «Nur wer rein ist, betrete die Schwelle des duftenden Tempels, niemand aber ist rein, außer wer Heiliges denkt» (ἁγνείη δ' ἔστι φρονεῖν ὅσια) [13]. Bevorzugtes Rg.-Mittel ist Wasser (vor griechischen, aber auch ägyptischen, römischen und später islamischen Gotteshäusern stehen Wasserbehälter) [14], daneben auch Feuer, Luft und Salz [15].

Nach der dinghaft-tabuistischen Vorstellung, die vielleicht erst in nachhomerischer Zeit auftritt, erfordern einige 'kritische' Begebenheiten des Lebens wie Geburt, Sexualität, Heirat und Tod apotropäische Rg., um entweder ein befürchtetes Unheil abzuwenden, das vielleicht von neidischen und unreinen Dämonen (ἀκάθαρτοι δαίμονες) bewirkt wird [16], oder um nachträglich wieder rein zu werden. Um der Ansteckung und Übertragung von Un-R. durch einen Toten und damit der Gefahr des Todes zu entgehen, reinigt man sich auch hier vor allem mit Wasser [17]. Eine ganze Stadt kann gereinigt werden, wie etwa Athen durch den sagenhaften Epimenides, der im 7. Jh. die Stadt zur Besänftigung der Götter durch Rg.en (καθαρμοῖς) entsühnte [18]. Vorzüglich ORPHEUS gilt als Urvater der «Weihen, Rg.en von Sünden, der Krankenheilungen und Abwendungen von Götterzorn» [19]. Er soll Bücher mit Vorschriften für «Rg.en (καθαρμοί) von Verbrechen durch Opfer» verfaßt haben [20]. Die Seele eines so gereinigten Verstorbenen spricht: «Rein von Reinen geboren trete ich vor die Götter» [21]. Die Orphiker, bei denen das menschliche Dasein unter der ethischen Dringlichkeit von Schuld und Buße gesehen wird [22] und die leibliche Existenz als Befleckung erscheint, sehen sich selbst als «die Reinen (Heiligen)» (οἱ ὅσιοι) und erwarten, durch Askese ein Leben mit den Göttern zu erlangen [23]. «Der Gereinigte (ὁ δὲ κεκαθαρμένος) und der Geweihte (τελεσμένος) wird, wenn er dort im Hades angekommen ist, mit den Göttern wohnen» [24]. Eine Rg. als Vorstufe zu Weihen (τελεταί) und zur Erlösung (λύσις) ist auch für die Mysterien von Eleusis bezeugt [25]. Allgemein ist καθαρμός (lat. lustrum) der Rg.- und Sühnevorgang, das Rg.-Opfer, durch das z.B. ein Verbrecher, auch der ungewollte, wieder als Unbefleckter in die Gemeinschaft aufgenommen wird, wie z.B. Orest von der Blutschuld gereinigt wird [26]. Apollo [27] und Zeus [28] führen den Beinamen des reinigenden, sühnenden (καθάρσιος) Gottes. (Auch καθάρσιος selbst hat die Bedeutung von 'Rg.-Opfer' [29].)

Nach der medizinischen Bedeutung heißt ‹Rg.› die Aussonderung von überschüssigen Körpersäften usw. zur Wiederherstellung des körperlichen Gleichgewichts und des natürlichen Gleichmaßes [30]. Diese Funktion übernimmt nach HIPPOKRATES der Stuhlgang und die Diarrhöe [31], nach PLATON die Tätigkeit der Milz [32]. Der Arzt wird zum Kathartiker. Die Pythagoreer ordnen die Rg. von somatischen Leiden der Arztkunst, die von psychischen Leiden der Musik zu: Sie «bedienten sich zur Rg. (κάθαρσις) des Körpers der Heilkunst (διὰ τῆς ἰατρικῆς), zur Rg. der Seele der Musik (τῆς δὲ ψυχῆς διὰ τῆς μουσικῆς)» [33]. Der Enthaltsamkeit von einigen Speisen entspricht eine Rg. des Denkens (τῆς διανοίας κάθαρσις), eine Säuberung durch die Wissenschaft und Heiligung (ἁγνεία) der Person [34]. Dazu dienen auch Waschungen, Weihungen und Sich-Reinigen nach Bestattungen u.a. [35]. Die Kleidung des PYTHAGORAS soll «weiß und rein» (λευκῇ καὶ καθαρᾷ) gewesen sein [36]. Eine besonders im Dionysos-Kult praktizierte Therapie ist die homöopathische Brechung eines Affektes durch dessen vorherige Steigerung [37], eine Rg. durch musikalisch-rhythmisch induzierte Wahnsinn: Korybantismus als Rg. von Wahnsinn [38]. In den Kontext von Rg. und Medizin stellt dann auch ARISTOTELES die neben der «ethischen» und «praktischen» dritte Unterart der Musik, die «enthusiastische», deren Lieder die Verzückten als «ärztliche Cur und Katharsis erfahren» [39], eine «homöopathische Rg.» von den Affekten Furcht und Mitleid und eine «wohltuende Erleichterung» [40].

Die ethische R.-Vorstellung, die auch im außerphilosophischen Sprachgebrauch belegt ist [41], wird seit den Vorsokratikern auf eine neue Reflexionsebene gehoben: «Hast du rein den Sinn, so bist du am ganzen Körper rein» (καθαρὸν ἂν τὸν νοῦν ἔχῃς, ἅπαν τὸ σῶμα καθαρὸς εἶ) [42]. EMPEDOKLES schreibt, vielleicht als Schüler des Pythagoras [43], ein Gedicht Καθαρμοί (Rg.en, Entsühnungen), in dem die sterbliche Existenz des Menschen auf eine 'vorzeitliche' Befleckung (μύσος) zurückgeführt wird [44] und die Vermeidung allen Tötens und Blutvergießens als reinigender Weg zur Glückseligkeit paränetisch empfohlen wird: Propheten, Dichter und Ärzte schauen den kosmischen Zusammenhang und zeigen den Weg zur erlösenden Rg. [45]. HERAKLIT kritisiert, evtl. den alttestamentlichen Propheten vergleichbar [46], die konventionelle Sühnevorstellung, nach der ein Blutopfer die Beschmutzung mit Blut beheben soll: Die Menschen «wollen sich reinigen, indem sie sich mit neuem Blut besudeln» [47]. Bei XENOPHANES entspricht der R. des Hauses und der Speisen die der Seele der Teilnehmer am Gastmahl: «Denn nun ist ja der Fußboden rein und aller Hände und Becher ... Kaltes Wasser ist da, süßes und reines ... Da ziemt's zuerst wohlgesinnten Männern, dem Gotte lobzusingen mit frommen Geschichten und reinen Worten» (εὐφήμοις μύθοις καὶ καθαροῖσι λόγοις) [48]. Für ANAXAGORAS ist der νοῦς, der alles im Kosmos lenkt und ordnet, dadurch ausgezeichnet, daß er als einziger «rein und unvermischt mit anderen Dingen» und für sich allein ist. Denn er ist das «feinste» von allem und das «reinste (καθαρώτατον), und er besitzt von allem alle Kenntnis und hat die größte Kraft» [49]. PLATON lehrt, daß die Seele dann glücklich wird, wenn sie entweder keinen Anteil an der Schlechtigkeit hat oder sich von dieser durch Strafe entledigt und befreit [50], d.h., wenn sie «rein (καθαρά) ist von allen dem Leibe anhängenden Übeln und Begierden» und allein nach der Tugend verlangt [51]. Der Leib - und die durch ihn vermittelte Welt- und Zeitabhängigkeit - ist das Hindernis, von dem die Philosophierenden befreit werden müssen, denn er betrügt sie in der Präsentation scheinhafter Abbilder. «Und wird nicht das eben die Rg. (κάθαρσις) sein, was schon immer in unserer Rede vorgekommen ist, daß man die Seele möglichst vom Leibe absondere und sie gewöhne, sich von allen Seiten her aus dem Leibe für sich zu sammeln und zusammenzuziehen und soweit wie möglich, sowohl gegenwärtig wie hernach, für sich allein zu bestehen, befreit, wie von Banden, von dem Leibe?» [52] Für diese Rg. reichen die konventionellen, bei Homer und Orpheus beschriebenen rituellen Rg.-Praktiken nicht aus: Opfer, Weihegesänge, Gebete sind keine «Lösungen und Rg.en von Verbrechen» (λύσεις τε καὶ καθαρμοὶ ἀδικημάτων) [53]. Die Philosophie als die Erkenntnis der wahren Tugend ist die echte Rg.: «Besonnenheit und Gerechtigkeit und Tapferkeit und Vernünftigkeit selbst sind Rg.en» (καθαρμοί); der «Gereinigte und Geweihte» (ὁ δὲ κεκαθαρμένος τε καὶ τελεσμένος) ist der, der richtig philosophiert, der den «wahren Himmel und das wahre Licht und die wahre Erde» schaut, einen Ort, der «reiner und schöner» (καθαρώτερος καὶ καλλίων) ist als die niedere Welt [54]. Pädagogisch vorbereitet wird die Fähigkeit zur R. durch die «reinigende» Auswahl der Tonarten, Rhythmen und Musikinstrumente [55], deren Melodien die Schüler zu der Besonnenheit und Mäßigung anleiten, Odie die Perversion des Tyrannen verhindern, der politische Rg.-Maßnahmen durchführt und jedem «notwendig feind ist und ihnen nachstellt, bis er die Stadt gereinigt hat. - Eine schöne Rg.» und «entgegengesetzt der, wie die Ärzte den Leib reinigen; denn diese führen das Schlechteste aus und lassen das Beste übrig, er aber umgekehrt» [56]. Eine reine und sich unbefleckt erhaltende Seele [57] wird sich nur um das Ihrige kümmern und nicht mit den anderen freveln, sondern «frei von Ungerechtigkeit (καθαρὸς ἀδικίας) und unheiligen Werken dieses Leben hinbringen und ... daraus ... zuversichtlich scheiden» [58]. Die «reinigende Kunst» (καθαρτικὴ τέχνη) ist Teil der aussondernden Kunst (διακριτικῆς τέχνης) und unterteilt sich selbst wieder in eine des Körpers und eine der Seele [59]. Sie ist eine Wirkung des Gottes Apollo, der sofort nach dem 'Sonnengleichnis' genannt wird (erst die Sonne verleiht die «reine Sehkraft», καθαρὰ ὄψις) [60] und der der «reinigende und abwaschende und erlösende Gott» ist [61]. In seinem Spätwerk überliefert Platon die Rg.-Vorschriften bei verschiedenen Strafdelikten [62].

Die R.-Lehre Platons wurde im vollen Sinn erst vom Neuplatonismus wiederaufgenommen. Die Stoiker nahmen eine Rg. des ganzen Kosmos (κάθαρσις τοῦ κόσμου τούτου) durch einen periodisch auftretenden Weltbrand (ἐκπύρωσις) an [63]. Nach EPIKTET besteht das Ideal des menschlichen Lebens darin, rein zu werden in der Gegenwart des reinen Selbsts (καθαροῦ σαυτοῦ) und in der Gegenwart Gottes [64]. PLUTARCH kritisiert die traditionellen Rg.-Vorschriften als ἀκάθαρτοι καθαρμοί (unreine Rg.en) [65].

Anmerkungen. [1] z.B. HOMER: Od. VI, 61; EURIPIDES: Cyc. 35. 562. – [2] EURIPIDES: Hipp. 209; Ion 96; PLATON: Phaedr. 229 b; vgl. HERODOT: Hist. II, 40. – [3] PINDAR: Pyth. VI, 14; IX, 90. – [4] HERODOT, ARISTOTELES, a.O. [10 zu I.]. – [5] HOMER: Il. VIII, 491; XIII, 61; HERODOT: Hist. I, 132; VII, 183; PINDAR: Ol. VI, 23. – [6] HOMER: Od. XXII, 462; HESIOD: Erga 336f.; HERODOT: Hist. I, 35; AISCHYLOS: Eum. 313. 474; Suppl. 654; HERAKLIT: VS 22, B 136. – [7] XENOPHON: Mem. II, 1, 22; PLATON: Leg. 778 c. – [8] PLATON: Crat. 405 a-406 a. – [9] TH. WÄCHTER: R.-Vorschriften im griech. Kult (1910) 82ff. – [10] HAMBURG: Art. καθαρμός, in: RE 10, 2515. – [11] HOMER: Il. I, 1313ff.; XVI, 228ff.; vgl. P. STENGEL: Die griech. Kultusaltertümer (³1920) 156. – [12] Leges Graecae sacrae, hg. L. ZIEHEN 2/1 (1906) n. 49, 2f.; 91, 9ff. – [13] Zit. bei STENGEL, a.O. [11] 156. – [14] WÄCHTER, a.O. [9] 7. – [15] HAMBURG, a.O. [10] 2517. – [16] Scholien zu AISCHINES: C. Tim. 23, hg. F. SCHULTZ (1865) 258; vgl. P. NILSSON: Gesch. der griech. Relig. (³1967) 1, 51; WÄCHTER, a.O. [9] 3; zur psychoanalyt. Deutung vgl. E. R. DODDS: The Greeks and the irrational (Berkeley 1959) 46ff. 154. – [17] F. HEILER: Erscheinungsformen und Wesen der Relig. (²1979) 39ff.; L. MOULINIER: Le pur et l'impur dans la pensée des Grecs d'Homère à Arist. (Paris 1952) 78ff. – [18] EPIMENIDES: VS 3, B 10; vgl. DODDS, a.O. [16] 141ff.; E. ROHDE: Psyche. Seelencult und Unsterblichkeitsglaube der Griechen (²1898, ND 1961) 2, 96ff. – [19] PAUSANIAS: Graec. descr. IX, 30, 4; vgl. J. BURCKHARDT: Griech. Kulturgesch. (1977) 2, 166, Anm. 178; STENGEL, a.O. [11] 168f. – [20] ORPHEUS: VS 1, B 5 (= PLATON: Resp. 364 e). – [21] a.O. B 18f. – [22] ROHDE, a.O. [18] 126; vgl. BURCKHARDT, a.O. [19] 171. – [23] ROHDE, a.O. 121ff. 127. – [24] Orphica, hg. E. ABEL (1885) 247, Nr. 228; vgl. ROHDE, a.O. 129. – [25] W. BURKERT: Antike Mysterien (²1991) 79-83. 88; HAMBURG, a.O. [10] 2516. – [26] AISCHYLOS: Coeph. 968; Eum. 278. 283. 474; SOPHOKLES: Oed. Tyr. 99. 1228; EURIPIDES: Iph. Taur. 1163. 1221. 1231. 1332; Bacch. 77; HERODOT: Hist. VII, 197; vgl. II, 37; PLATON: Resp. 364 e; Phaedr. 244 e; Leg. 865 a-866 c; vgl. HAMBURG, a.O. [10] 2513ff.; BOEHM: Art. ‹Lustratio›, in: RE 26, 2029ff.; STENGEL, a.O. [11] 156f. – [27] AISCHYLOS: Eum. 63. – [28] HERODOT: Hist. I, 44. – [29] AISCHINES, I, 23; HERODOT: Hist. I, 35. – [30] HIPPOKRATES: De nat. mul. 18; De morb. mul. 128; zahlreiche weit. Belege: J.-H. KÜHN/U. FLEISCHER: Index Hippocr. (1989) 405-408; PLATON: Resp. 567 c; Soph. 226 d; Leg. 628 d; ARISTOTELES: Met. V, 2, 1013 b 1; Hist. anim. 574 b 4; De gen. anim. 775 b 4; GALEN: In Hippocr. aph. comm. I. Op. omn., hg. C. G. KÜHN (1821-27, ND 1964/65) 17/2, 358. – [31] MOULINIER, a.O. [17] 158ff. – [32] PLATON: Tim. 72 c. – [33] PYTHAGORAS: VS 58, D 1; vgl. IAMBLICH: Vita Pyth. 110. 114; vgl. MOULINIER, a.O. [17] 119; W. BURKERT: Weisheit und Wiss. (1962) 145f. 335. – [34] IAMBLICH, a.O. 70. 74. 77f. 106f. – [35] PYTHA-

GORAS: VS 58, B 1 a (= DIOG. LAERT. VIII, 33). – [36] IAMBLICH, a.O. [33] 149; vgl. 153. – [37] PLATON: Ion 534 a; Phaedr. 265 b; 244 d-245 a: καθαρμοί καὶ τελεταί (Rg.en und Einweihungen); Leg. 790 e-791 a. – [38] Symp. 215 c-e; Euthyd. 277 d; Leg. 815 c; vgl. WÄCHTER, a.O. [9] 42f.; ROHDE, a.O. [18] 47ff.; zur psychoanalyt. Deutung vgl. DODDS, a.O. [16] 76ff. – [39] J. BERNAYS: Grundzüge der verlorenen Abh. des Arist. über Wirkung der Tragödie (1857), hg. K. GRÜNDER (1970) 7. – [40] ARISTOTELES: Pol. 1341 b 30-1342 a 14; Poet. 1449 b 24-28; vgl. Art. ‹Katharsis›; zur Fortwirkung: ARISTIDES QUINTILIANUS: De mus. III, 25, hg. R. P. WINNINGTON-INGRAM (1963) 129, 11. 15; vgl. BURKERT, a.O. [25] 55f. – [41] PINDAR: Pyth. V, 2: καθαρὰ ἀρετή (reine Tugend); XENOPHON: Cyr. VIII, 7, 23; ἔργα καθαρά (reine Taten). – [42] EPICHARMOS: VS 23, B 26. – [43] Vgl. M. R. WRIGHT (Hg.): Empedocles, the extant fragments (New Haven o.J.) 4f.; W. SCHADEWALDT: Die Anfänge der Philos. bei den Griechen (1978) 433f. – [44] EMPEDOKLES: VS 31, B 128; vgl. WRIGHT, a.O. 62f. – [45] WRIGHT, a.O. 80f.; vgl. W. KRANZ: Die Katharmoi und die Physika des Empedokles. Hermes 70 (1935) 111-119. – [46] Vgl. F. HAUCK/R. MEYER: Art. καθαρός, in: Theol. Wb. zum NT 3 (1938) 420. – [47] HERAKLIT: VS 22, B 5; vgl. SCHADEWALDT, a.O. [43] 445f. – [48] XENOPHANES: VS 21, B 1. – [49] ANAXAGORAS: VS 59, B 12; vgl. A 100. – [50] PLATON: Gorg. 478 d-e. – [51] Crat. 404 a. – [52] Phaed. 67 c. – [53] Resp. 364 e; dagegen jedoch: Leg. 716 d-e. – [54] Phaed. 69 b-c; 109 d-e. – [55] Resp. 399 e. – [56] a.O. 567c. – [57] 611 c. 621 c. – [58] 496 d. – [59] Soph. 231 b; vgl. 226 d-227 d. – [60] Resp. 508 a. d. – [61] Crat. 405 b. – [62] Leg. 865 a-866 c. – [63] CHRYSIPP: De mundo, Frg. 598. SVF 2, 184. – [64] EPIKTET: Diss. II, 18, 19. – [65] PLUTARCH: De superst. 171, 2.

Literaturhinweise. – TH. WÄCHTER s. Anm. [9]. – J. A. G. VAN DER VEER: Reiniging en reinheid bij Plato (Amsterdam/Paris 1936). – L. MOULINIER s. Anm. [17]. M. ARNDT

2. *Judentum*. – Der auf der hebräischen Bibel, dem ‹Alten Testament›, basierende Begriff ‹ṭahor› (rein), ‹ṭhr› (rein sein) (seltener ‹ṭohar›, R.; ‹Septuaginta›: καθαρός) bezeichnet denjenigen religiösen Status einer Person oder bestimmter Gegenstände, der diese zur Anwesenheit im kultischen Bereich, zur Annäherung an die Gottheit im Gebet und zu ungehindertem Verkehr in der Gesellschaft befähigt. Umgekehrt drückt ‹Un-R.› kultisch-ethische Befleckung aus und ist auf verschiedene Weise übertragbar.

Der späteren Generationen so wichtige Begriff fußt auf den levitischen und numerischen Gesetzesvorschriften (Num. 12; Lev. 17) und bezieht sich dort konkret auf den Tempelbezirk, die Zulassung bzw. den Ausschluß vom dort stattfindenden Ritus. Als Ursache der Un-R. gelten Gegenstände, denen als solchen stofflich Unreines anhaftet. Theologisch werden diese Zusammenhänge im AT nicht erläutert, sondern als Tatsache vorausgesetzt. Gewisse Tiere gelten als unrein und sind daher vom Verzehr ausgeschlossen; gonorrhische Ausflüsse, das Blut einer Menstruierenden oder Gebärenden gelten als unrein, ebenso Aussatzkranke und Tote. Von diesen Gegenständen wird die Un-R. (temporär) durch Berührung usw. übertragen. Die Rg. erfolgt durch das Einhalten bestimmter Wartezeiten unter Ausschluß von Gesellschaft und Kult, durch Besprengen mit unterschiedlich qualifiziertem und effektivem Wasser bzw. durch ein vollständiges Bad (2 Kön. 5, 10-14; Lev. 12, 7) oder durch Sühneopfer. Hierbei sind die Opferung der ‘Roten Kuh’, deren Bestandteile nach dem Verbrennen in Verbindung mit anderen Elementen auf den verunreinigten Gegenstand appliziert werden, und das Taubenopfer von besonderer Bedeutung.

Neben dieser eher kultischen Tradition existiert der Begriff der R. in übertragenem Sinn, d.h. in bezug auf das menschliche Verhalten und sein Verhältnis zu Gott (Hiob 14, 4). Un-R. drückt in diesem Zusammenhang die durch moralisches Verhalten oder Götzendienst hervorgerufene Zurückweisung Gottes aus (z.B. Jes. 30, 22; Ez. 23, 30). Ebenso finden wir eine ausdrückliche Höherbewertung dieses Verständnisses gegenüber dem kultischen in 2 Chron. 30, 18-19.

Die pseudepigraphischen und apokryphen Schriften aus der Zeit des Zweiten Tempels sprechen zwar sehr oft von ‹R.›, doch finden sich hier kaum wirklich neue Interpretationen, vielmehr werden die alten Begriffe nur neu bewertet und gewichtet. So zeigt sich deutlich, daß 2 Makk. sowie JOSEPHUS die biblische Vorstellung auf ihre Zeit anwenden: Menelaus berührte mit seinen unreinen Händen die heiligen Tempelgeräte [1]; die Rettung des Volkes steht unmittelbar bevor, da Gott Jerusalem gereinigt hat [2]. Beeinflußt von seiner griechischen Umwelt, gibt PHILON dem Begriff einen eher symbolischen Gehalt: bestimmte Krankheiten, wie z.B. Lepra, symbolisieren mangelnde Charakterfestigkeit [3]. In der Qumransekte gewannen ‹R.› und ‹Rg.› zentrale Bedeutung. Als das «eigentliche Israel», welches den Bund durch treueste Befolgung der mosaischen Gesetze erneuerte, sich vom sündigen Rest absonderte und dem beschmutzten Tempel – bis zum nahen Ende aller Zeiten – in der Sekte verinnerlichte, erweitert ‹Qumran› sowohl durch seine besonderen kultischen R.-Vorschriften als auch durch das immerwährend nach Rg. verlangende Schuldgefühl den traditionellen Rahmen. Den kultischen Ursachen der Un-R. fügten die Essener noch weitere hinzu: Öl [4] und den Kontakt zu Außenstehenden; besonderer Wert wird auf die R. bei der Verrichtung der Notdurft gelegt [5]. In Nachfolge der Propheten verbinden die Essener R. mit innerer Umkehr. Ursachen der Un-R. sind der «Geist der Verderbtheit», «Taten der Gottlosigkeit» und die Treulosigkeit der Vorfahren. So leben die Essener in dem ständigen Bewußtsein, Beute ihrer eigenen Schuld zu sein. Diesem Besorgtsein entspricht das Bedürfnis nach asketischem, zölibatärem Leben, nach den häufig wiederholten Rg.-Bädern, deren Wasser, gleich dem Taufbad, «vom Schmutz der Menschen und von der Sünde der Menschensöhne» [6] reinigt. Eine vollständige Rg. wird jedoch erst im Rahmen des Letzten Gerichts erfolgen können.

Im nach-biblischen Judentum führt die mischnische Kodifizierung der R.-Gesetze gegen Ende des 2. Jh. zu einer Erweiterung und Verfeinerung des Begriffs: Die Arten der Un-R. werden nach Ursachen und Grad, die affizierten Gegenstände thematisch geordnet; dementsprechend gliedern sich die Arten der Rg. Unter den verschiedenen Ursachen der Un-R. haben die Rabbinen das Fremde (Götzendienst, Nichtjuden usw.) besonders betont. Im rabbinischen Denken wird so der zerstörte Tempel gewissermaßen spiritualisiert; sein Status und seine Regeln werden konsequent auf das gesamte Volk bezogen. Parallel dazu erscheint vereinzelt die Auffassung, daß die Einhaltung der R.-Gesetze nicht etwa ein Sich-Schützen vor dem immanent Bösen darstelle, sondern schlichter Gehorsam gegenüber nicht vollständig einsehbaren göttlichen Anforderungen sei [7].

Anmerkungen. [1] 2 Makk. 5, 16. – [2] 2 Makk. 2, 16-19. – [3] PHILO ALEX.: De somn. (Über Träume) I, 202. – [4] FLAVIUS JOSEPHUS: De bello Jud. II, 8, § 123. – [5] Kriegsregel VII, 6-7. – [6] Sektenregel XI, 13-15; vgl. H. HUPPERT: ṭhr und ṭhrh in der Sektenregel von Qumran. Theol. Z. 13 (1957) 350f. – [7] z.B. RABBI YOHANAN BEN SAKAI: Midrasch ba-midbar Rabbah XIX, 8.

Literaturhinweise. J. PEDERSEN: Israel I-II (London 1926) 474-496; III-IV (1940) 264-295. 447-465. – W. H. GISPEN: The distinct. betw. clean and unclean. Oudtestamentische Studiën 5 (1948) 190-196. – G. W. BUCHANAN: The role of purity in the structure of the Essene sect. Review Qumran 4 (1963/64) 397-406. – F. MAAS: Art. ‹ṭhr›, in: E. JENNI/C. WESTERMANN (Hg.): Theol. Handwb. zum AT 2 (1971) 646-652. – Art. ‹Purity and impurity›, in: Encycl. Judaica 13 (Jerusalem 1972) 1405-1414. – J. NEUSNER: The idea of purity in anc. Judaism (Leiden 1973). – H. CAZELLES: Art. ‹Pureté et impureté› (AT), in: Dict. de la Bible, Suppl. 9 (Paris 1979) 491-507. – S. LÉGASSE: Art. ‹Pureté, Purification› (AT, NT), in: Dict. de spiritualité 12 (Paris 1986) 2627-2637.
M. NIEHOFF

III. *‹Neues Testament›, Gnosis, Neuplatonismus, Patristik.* – 1. Das NT setzt sich mit dem gesetzlichen Beobachten der R.-Vorschriften des Judentums auseinander. CHRISTUS «erklärte alle Speisen für rein», weil nicht das, «was von außen in den Menschen hineingeht», sondern das, «was aus dem Menschen herauskommt, den Menschen unrein» macht, seine bösen Worte, Mißgunst, Lästerung, Habsucht usw. (Mk. 7, 18-22). Christus nimmt die unreinen Aussätzigen in die Gottesgemeinschaft auf (Matth. 8, 2ff.; 11, 5; Lk. 17, 14ff.). Kreatürliche Un-R. trennt nicht vom Heilsgut (Röm. 14, 14; Tit. 1, 15). Die Erlösung der Gläubigen neutralisiert die äußerliche Antithetik von rein und unrein. Da Gott selbst das Unreine für rein erklärt (Apg. 10, 15; 11, 9), ist auch der Gläubige in dem neuen Äon zur Begegnung mit den vom Gesetz her für unrein geltenden Menschen freigeworden (Apg. 10, 28). Das eschatologische Bewußtsein konzentriert die Heilsbedingung auf die R. des Herzens (Apg. 15, 9), d.h. auf das geschenkte Pneuma, durch das sich die Urgemeinde konstituiert und herausgehoben weiß aus den 'verunreinigenden' Gewalten des gerichteten Äons. Dadurch erübrigt sich der Kampf um die rituellen Vorschriften und um die äußere, sichtbare Erkennbarkeit der neuen Qualität (Tit. 1, 13ff.; 1 Tim. 4, 3ff.). Ist die Entmächtigung des Satans in der Heilsgemeinschaft real, so wird diese ein «reines Volk» (Tit. 2, 14), für das das wiederholte reinigende Blutopfer mit dem Kreuzesgeschehen ein für allemal überholt ist. Fortan kann es nichts Unreines geben, das von sich aus den Begnadeten gefährden könnte (Hebr. 10, 1-4), weder Speisen noch Sexualität (1 Tim. 4, 3), weder Krankheit (Lk. 5, 12f.) noch körperliche Un-R. (Mk. 7, 1) oder bestimmte Berufe (Apg. 9, 43). In der Liebe sind die Furcht und kreatürliche Scheu vor der Berührung des Unreinen genommen. Solange die eschatologische Ausgegrenztheit aus der Welt sich in einem Verhalten äußert, das aus dem Geschenk der Gnade folgt, ist die Welt für den in Christus Befreiten in ihrem Schöpfungscharakter wiederhergestellt (1 Kor. 3, 21f.; 10, 26; 1 Tim. 4, 4; Tit. 1, 15; Röm. 14, 14. 20) und kein Raum für eine gesetzlich gefaßte asketische Norm (1 Kor. 7, 7).

Diese ist erst dann notwendig, wenn auf dem Hintergrund eines akosmischen Dualismus das Ende der Welt nicht geglaubt, sondern erwirkt werden muß. Deshalb figuriert in der Gnosis, die in der Welt schlechthin die Verhinderung des Heils sieht, die Fortpflanzung als die «zeitliche Verewigung des Reiches der Finsternis» [1]. Besonders im Manichäismus wird die «Rg. der Dinge» durch die Ablehnung «der Ehe, der Liebesfreuden und der Kinderzeugung» vertreten, «damit nicht die Kraft durch die Erbfolge der Geschlechter länger in der Hyle weile» [2]. 'Weltlich leben' wird so identisch mit 'unrein leben'. In kosmogonischer Spekulation wird das apokalyptische Ende der Welt als Hinauswerfen aller «Un-R.» und Einsammeln des «Lichts, das in allen Dingen ist», erwartet [3]. Rg. ist unter diesem weltverneinenden Aspekt das Ausbrechen aus der diabolischen Verstrickung der Welt: Diese ist das «Gefängnis für alle Mächte der Finsternis ... und zugleich ... Rg.-Ort für die Seele, die in ihn verschlungen war» [4]. Dem Gnostiker MARCION wird nachgesagt, daß er in Nachahmung der ‹Katharmoi› des Empedokles den asketischen Aufruf zur R. als Aufhebung der Ehe interpretierte [5]. «Unrein, schmutzig, sündhaft (immundus)» sind für ihn alle fleischlichen Begierden, Zeugung, Geburt und Schwangerschaft [6]. Gott dagegen, das Pneuma, ist «seiner Natur nach unbefleckt, rein und unsichtbar» (ἄχραντος γὰρ καὶ καθαρὸς καὶ ἀόρατος) [7]. Dieses Pneuma ist auch «der Unbeschreibliche ..., dessen Namen man nicht sagen kann ..., das unermeßliche Licht, die heilige, lautere R.», auch «die Quelle des Lebenswassers, das Licht, das von R. erfüllt ist» [8]. In dem unter dem Namen des HERMES TRISMEGISTOS zusammengefaßten Textcorpus fungiert der Nus als «anwesend bei den Heiligen und Guten und Reinen (καθαροῖς) und Barmherzigen und Frommen», aber «fern von törichten, bösen, verderbten ... und gottlosen Menschen» [9]. Rg. ist die Bedingung für den Aufstieg der Seele zu den Mysterien: «Reinige dich (κάθαραι σεαυτόν) von den unvernünftigen Strafen der Materie» [10]. Rg.en und Waschungen sind ein unerläßliches Mittel zur Befreiung von der «bösen Schöpfung»: Das «lebendige, sprudelnde Wasser» ist ein «Rg.-Bad» (λουτρόν), «in dem sich die pneumatischen und lebendigen Menschen waschen» [11]. Taufen, Waschungen und Purgatorien dienen auch bei den Mandäern der Rg. der Seele von «allen Schlacken des Diesseits» vor ihrem Eintritt in das «Lichtreich oder Pleroma» [12].

Eine große Rolle spielen R. und Rg. auch bei neuplatonischen Philosophen der ersten nachchristlichen Jahrhunderte. PHILON VON ALEXANDRIEN (PHILO JUDAEUS) erkennt als das feinste und reinste Element der Schöpfung den Himmel [13], aus dessen «erhabener und reiner Wesenheit» Gott die Gedanken in die Seele des Menschen herabträufeln läßt [14]. Der Himmel bedeutet allegorisch einen reinen Stoff, «reinen Geist» (καθαρὸν νοῦν) [15], die «klare und reine» Vernunft Gottes [16], von der sich die Seele nährt, so daß sie in ihm nur «die unvermischten, reinen und weithin glänzenden Strahlen des lichtbringenden Gottes» erblickt [17]. Gott zeigt seine Eigenschaften «den einen hell und klar, wie im reinen Sonnenlicht (ἐν ἡλίῳ καθαρῷ), den andern schwach, wie im Schatten» [18]. Die Seele muß sich dazu von allem Sinnlichen lösen und selbst reiner Geist werden und Gott in R. dienen [19]. Sie fußt auf der Erde, dem Sinnlichen, ihr Haupt bildet «aber gleichsam das Himmlische: der reinste Geist» (ὁ καθαρώτατος νοῦς) [20]. Da sie aber in einem vergänglichen Körper wohnt, besteht die beste Rg. in der Erkenntnis dieser «geringwertigen» Herkunft [21], muß der Geist durch Sühnungen gereinigt werden [22], muß sie selbst rein werden von Affekten, Schwächen und Fehlern, rein in Gedanken, Worten und Taten, muß auch der Körper von allen ihn befleckenden Dingen rein werden [23]. Tugend und Unsterblichkeit können nur erlangt werden, wenn «du mit geläuterter Seele in voller R. lebst» [24]. Die Rg. vollzieht sich aber nicht durch das bloße Beobachten der Opfervorschriften; vielmehr sind diese allegorisch als Rg. der Seele des Opfernden zu verstehen, auf die Gott allein sieht [25]. So soll man «die Rg. der Seele selbst reinigen, indem man Gott das Reinwaschen überläßt und niemals glaubt, man sei ohne göttlichen Rat selbst imstande, das Leben voller Flecken abzuwaschen» [26].

Auch PLOTIN lehrt, daß sich die Seele vom Leib und von der Materie lösen und hinaufsteigen soll zum Guten, zu Zucht, Tapferkeit, Tugend und Weisheit, die selbst eine Rg. (κάθαρσις) sind. «Durch solche Rg. (καθαρθεῖσα) wird die Seele Gestalt und Form, völlig frei vom Leibe, geisthaft und ganz dem Göttlichen angehörig.» Sie wird «hinausgeführt zum Geist» [27]; denn der Geist bedarf keines leiblichen Werkzeugs, sondern entfaltet seine Wirkung ganz im Reinen (ἐν καθαρῷ) und kann nur so rein denken (λογίζεσθαι καθαρῶς) [28]. Befreit sich die Seele von den Begierden, reinigt sie sich von den Schlacken der Verkörperung, hat sie auch alles Häßliche abgelegt [29]. Eine Rg. und Abtrennung (κάθαρσις καὶ χωρισμός) heißt, daß die Seele durch nichts abgelenkt wird auf ihrem Weg vom Niederen nach oben und rein bei sich selbst verweilt (καὶ σαυτῷ καθαρός) [30]. Rg. durch höhere, theoretische Tugend und nicht durch die bürgerlichen Tugenden bedeutet, geistig tätig, d.h. ohne Affekte zu sein und mit Gott gleich zu werden; «denn das Göttliche ist ebenfalls rein» (καθαρόν) [31]. Rg. von den Leidenschaften und Selbst-Sein der Seele heißen «Vereinigung» mit und «Hinwendung» zum Guten als dem «Urverwandten» der Seele [32].

Ähnlich bedeuten bei PROKLOS Rg. und Läuterung ein Freiwerden des Denkens von der Mannigfaltigkeit des Seienden und Ruhe des Geistes in sich selbst. Das Denken richtet sich dann auf das Eine, auf das Göttliche allein, ohne von anderem abgelenkt zu werden [33]. Die Rg. erfolgt durch Einweihung, Philosophie und Dialektik; sie gleicht den «einweihenden Rg.en (τελεστικαῖς καθάρσεσι), die vor der heiligen Handlung uns von all den Befleckungen abwaschen (ἀπολούσαις ἡμᾶς τῶν μιασμάτων πάντων), die wir seit der Geburt mit uns herumtragen» [34]. Auch beim christlichen Neuplatoniker HIEROKLES wird durch Philosophie eine Rg. und Vollkommenheit des menschlichen Lebens erreicht, eine Rg. vom Ballast der Unvernunft (κάθαρσις μὲν ἀπὸ τῆς ὑλικῆς ἀλογίας) und vom sterblichen Körper, bedeutet sie eine Vollkommenheit (τελειότης) als Hinaufführung zur Verähnlichung mit Gott (πρὸς τὴν θείαν ὁμοίωσιν) [35]. Die Rg. erfolgt hier wie bei Plotin durch die kathartischen theoretischen Tugenden, die den Menschen zu Gott und d.h. zum vollkommenen Leben in der Theorie hinwenden [36].

Die frühen christlichen Kirchenväter gebrauchen den Begriff ‹R.› zunächst nur im Sinne der Lehre des NT: «Waschet euch die Seele ab von Zorn, Habsucht, Neid, Haß, und ihr werdet sehen: der Körper ist rein» (τὸ σῶμα καθαρόν ἐστι) [37]. Bald hat man sich jedoch der Rg.-Lehren des Neuplatonismus zu erwehren: R. von allem «Makel der Laster» («vitiorum contaminatione purgatus») und den Lohn der Unsterblichkeit kann man nur in Christus erlangen [38]. In der allegorischen Interpretation des NT bei ORIGENES wird der Gläubige durch Christi Leiden und Tod von den Sünden gereinigt [39]. Ein Rg.-Feuer wird am Ende der Welt diese verzehren [40]. Durch Züchtigung und Strafen wird der Mensch auf Erden einem Läuterungsprozeß unterzogen, damit die Seele gereinigt wird von allen Flecken der Un-R. und Unwissenheit («omnibus expurgatisque pollutionis atque ignorantiae maculis») und sie Gott schauen kann, der «das Sein in reiner und vollkommener Weise verliehen hat» («qui ut esset pure utique praestitit ac perfecte») [41]. «Wer sich aber nicht reinigt, wird wegen der Menge seines Schmutzes ein Gefäß zu Unehren sein, d.h. ein unwürdiges» [42]. Rein zu sein wie die Kinder [43], R. der Seele, R. des Körpers [44] sind bei CLEMENS VON ALEXANDRIEN und vielen anderen die Voraussetzung für den Empfang der wahren Lehre, der Anschauung Gottes [45] und des Aufstiegs der Seele in den Himmel [46], der Vereinigung mit Christus nach dem Tode [47]. Diese R. ist nicht nur äußerlich, sondern eine «R. im Geiste, in Werken und in Gedanken» [48]. Die Rg. der Seele bedeutet Annahme des Evangeliums und «Ablegen der weltlichen Dinge bis zur dankbaren Rückgabe der Leibeshülle nach dem Gebrauch durch die Seele» [49]. Für diese Rg. vom Sinnlichen und für diese Lösung vom Körper verweist Clemens auf die Lehren der antiken Philosophen, besonders Platons [50]. Erst bei Clemens, Origenes und anderen entsteht auch die Lehre von einem die Seelen vor ihrem Eintritt in das Himmelreich reinigenden Feuer ('Fegefeuer', purgatorium), die sich nur auf wenige Schriftstellen stützen kann, nun sukzessive weitergebildet wird und im 12. Jh. voll ausgestaltet ist, so daß sie auf dem Konzil von Florenz (1439) lehramtlich festgelegt werden kann [51].

Nach GREGOR VON NYSSA tritt der durch Züchtigung gereinigte Gläubige in die Gemeinschaft mit der R., d.h. mit Gott, der der Reine und das reine Sein selbst ist [52]. Bei GREGOR VON NAZIANZ erscheint Christus als reinigendes Feuer [53], der auch von uns das Opfer der Rg. und ein zerknirschtes Herz fordert [54]. Maria, die Gottesmutter, ist rein geblieben von der Erbsünde und wurde «gleichsam reingebrannt» (ἐκπυρώσασαν), um für «jedes fleischliche Verderben unzugänglich, unerreichbar» zu bleiben [55]. Gott heiligte sie, «die von R. glänzte, und machte sie ebenso rein, lauter und gesegnet, wie Eva vor ihrer Unterredung mit der Schlange gewesen war» [56]. AUGUSTINUS begreift die Taufe als eine Rg. («mundatio») des Kindes von der Erbsünde [57]. Durch die Menschwerdung Christi erfolgt eine Rg. der Seele, die gleichsam eine Reise in die Heimat («quasi ambulationem quandam et quasi navigationem ad patriam») ist [58].

Anmerkungen. [1] EN-NADIM: Fihrist-al-Ulum, zit.: H. JONAS: Gnosis und spätant. Geist (^{3}1964) 1, 311. – [2] ALEXANDER VON LYKOPOLIS: C. Manichaeos, zit.: JONAS, a.O. 313. – [3] Kephalaia c. 16, hg. H. IBSCHER 1 (1940) 54; vgl. JONAS, a.O. 319. – [4] Manichäische Strophe des Ps. 223, X, 25-29, in: A Manichaean Psalm-book 2, hg. C. R. C. ALLBERRY (1938) 10; vgl. JONAS, a.O. 422. – [5] EMPEDOKLES: VS 31, B 110; vgl. DODDS, a.O. [16 zu II. 1.] 175f. – [6] A. VON HARNACK: Marcion (^{2}1924) 103f. 273*; vgl. auch: Pistis Sophia c. 91, in: Kopt.-gnost. Schr. 1, hg. C. SCHMIDT/W. TILL (^{3}1962) 135. – [7] HERAKLEON: Frg. 24, in: ORIGENES: In Joh. comm. XIII, 25, hg. E. PREUSCHEN. GCS 10 (1903) 248. – [8] Apokryphon des Joh. XXIV, 1ff.; XXVI, 1; XXVII, 4, in: Die gnost. Schr. des kopt. Papyrus Berolinensis 8502, hg. W. C. TILL (1955) 89. 93. 95. – [9] Poimandres XXIIf., in: Corpus Hermet., hg. A. D. NOCK (Paris 1954-60) 1, 14. – [10] Corpus Hermet. XIII, 7, a.O. 2, 203. – [11] Initiationseid der Baruchgnostiker des Justinos, in: HIPPOLYT: Ref. omn. haer. V, 27, 2f. – [12] K. RUDOLPH: Die Gnosis (^{2}1977) 206; vgl. 198. 200f. – [13] PHILO ALEX.: De op. mun. 27. 114. 137; De plant. 20; De vita Moysis I, 113; De virt. 85; De spec. leg. IV, 235. – [14] Leg. all. 162. – [15] a.O. 88f. – [16] 170; vgl. Quod Deus sit imm. 29. – [17] De ebr. 44; vgl. De conf. ling. 92; De mut. nom. 6; Quod Deus ..., a.O. 3. – [18] De plant. 27. – [19] De somn. I, 84; Quis rer. div. her. 84; De fuga et inv. 71; De congr. erud. grat. 143. – [20] De somn. I, 146. – [21] De spec. leg. I, 264. – [22] De praem. et poen. 120. – [23] De spec. leg. I, 257-259; De mut. nom. 236-240. – [24] De spec. leg. II, 262. – [25] a.O. I, 277; II, 147. – [26] De somn. 25. – [27] PLOTIN: Enn. I, 6, 6; vgl. 6, 7; VI, 7, 28; V, 1, 12; I, 7, 3. – [28] a.O. V, 1, 10. – [29] I, 6, 5. – [30] 6, 9; III, 6, 5. – [31] I, 2, 3. – [32] I, 2, 4f.; vgl. J. TROUILLARD: La purification plotin. (Paris 1955). – [33] PROKLOS: In Alc. 1, 14-17; 280, 2ff. 11. – [34] a.O. 174, 4ff.; 175, 16-19; vgl. W. BEIERWALTES: Proklos (1965) 214. 284ff. – [35] HIEROKLES: In auream pythagoream carmen com. I, 1. – [36] a.O. XVI, 5; vgl. TH. KOBUSCH: Stud. zur Philos. des Hierokles von Alex. (1976) 111f. 159. – [37] JUSTINUS: Dial. XIV, 2. MPG 6, 504; vgl. IV, 3, a.O. 484. – [38] ARNOBIUS: Adv. nat. II, 66. CSEL 4, 101. – [39] ORIGENES: In Joh. comm. VI, 35; XXVIII, 18; XXXII, 17, a.O. [7] 144. 413. 472. – [40] C. Cels. IV, 21; V, 15, hg. P. KOETSCHAU (1899) 1, 290; 2, 16. – [41] De princ. I, 3, 8; vgl. II, 3, 7; 10, 6; III, 1, 13; IV, 3, 12. – [42] a.O. II, 9, 8; vgl. III, 1, 21. – [43] CLEMENS ALEX.: Strom. IV, 25, 160; V, 3, 13. – [44] Paed. II, 10, hg. O. STAEHLIN GCS 12 (^{3}1972) 217; vgl. III, 9, a.O. 264: Abwaschung der Seele, Rg. durch den Logos: καθαρσίῳ λόγῳ. – [45] Paed. I, 1, a.O. 91; Strom. VII, 10, 56; zu ‹Seelen-R.› vgl. auch: ATHANASIUS DER GR.: Or. c. gent. II. MPG 25, 8; GREGOR NAZ.: Or. XXVII, 3. MPG 36, 13. – [46] CLEMENS: Protr. X, 99. GCS 12, 72. – [47] Strom. VII, 12, 78f. – [48] Strom. IV, 22, 142f.; vgl. VI, 12, 97. – [49] IV, 25, 159. – [50] I, 6, 33; III, 3, 13; V, 1, 9; 2, 14; VII, 3, 20; 4, 27. – [51] Vgl. MICHEL, a.O. [5 zu I.]; FLEISCHHACK, a.O.; DE SEYSSEL, a.O.; LE GOFF, a.O. – [52] GREGOR NYSS.: Or. catech. XXVI. XXXVI. MPG 45, 69. 92; De perf. christ. form. MPG 46, 280; Virg. XI. MPG 46, 368; Or. dom. II. MPG 44, 1140. – [53] GREGOR NAZ.: Or. XL, 36. MPG 36, 409; vgl. CLEMENS: Protr. X, 110. GCS 12, 78. – [54] GREGOR NAZ.: Or. XVI, 2. MPG 35, 936. – [55] THEODOT VON ANKYRA: Hom. IV, 6. MPG 77, 1397. – [56] JAKOB VON BATHNÄ, zit.: G. SÖLL: Art. ‹Mariologie›, in: Hb. der Dogmengesch. Fasz. 3/4 (1978) 103f.; vgl. 247f. – [57] AUGUSTINUS: In. Joh. ev. LXXX, 3. MPL 35, 1840. – [58] De doctr. christ. I, 10f. MPL 34, 23.

Literaturhinweise. E. DE FAYE: Gnostiques et gnosticisme (Paris ^{2}1925). – J. TROUILLARD s. Anm. [32]. – H. JONAS s. Anm. [1]. – F. HAUCK/R. MEYER s. Anm. [46 zu II. 1.] 416-434. – S. LÉGASSE/M. DUPUY: Art. ‹Pureté, Purification›, in: Dict. de spiritualité 12 (Paris 1986) 2627-2652. – CH. ELSAS: Neuplaton. und gnost. Weltablehnung in der Schule Plotins (1975).

M. ARNDT

2. Die Weiterentwicklung und Strukturierung des Begriffs ‹puritas› erfolgte in der *Patristik* hauptsächlich unter dem Einfluß der in den monastischen Kreisen besonders verbreiteten und gelesenen ‹Conlationes› des JOHANNES CASSIAN. An die Worte Jesu: «Selig die Herzensreinen, denn sie werden Gott schauen» (Matth. 5, 8) anknüpfend, erhob Cassian die «puritas cordis» («R. des Herzens») zum Leitgedanken des anachoretischen Lebens, dessen Zweck die rein geistige Schau Gottes im ewigen Leben ist [1]. Die R. des Herzens ist in diesem Leben ein Vorgeschmack und eine Vorbereitung auf die künftigen himmlischen Freuden und besteht «im totalen und unaufhörlichen Anhaften des Gemütes an Gott und an den göttlichen Dingen» («Haec immobilis destinatio cordis iugiter adfectanda, ut divinis rebus ac deo mens semper inhaereat») [2]. Sie ist das Ergebnis eines graduellen, asketisch gefaßten Rg.-Prozesses, der durch die Übung des Verzichts (abrenuntiatio) auf die irdischen Güter, auf die Neigungen des Geistes und des Fleisches und schließlich auf das Denken aller irdischen, sinnlichen Dinge, zum Absterben gegenüber der Welt und dem eigenen Ich und zur totalen Gleichgültigkeit gegenüber der Sünde führen soll [3]. Cassian nannte diese Haltung «tranquillitas» und übernahm charakteristische Elemente der stoischen ἀπάθεια-Lehre, die er aus dem Werk des EVAGRIUS PONTICUS kannte. Indifferenz gegenüber der Sünde ist zugleich Liebe der Tugenden und Liebe zu Gott. Nach Cassian sind daher R. des Herzens und Liebe Gottes («caritas») identisch («caritas ... in sola cordis puritate consistit»: «die Liebe Gottes besteht allein in der R. des Herzens») [4].

Cassians Deutung der R. als höchster Stufe der Vollkommenheit des kontemplativen Lebens fand bei der lateinischen (JOHANNES CLIMACUS) und der griechischen Patristik (ORIGENES, GREGOR VON NYSSA) großen Widerhall [5]. Ps.-DIONYSIUS AREOPAGITA definierte die Heiligkeit selbst als vollkommene R. [6]. Obwohl im Zuge der historischen Entwicklung des abendländischen Mönchstums die Motive des anachoretischen Lebens und der ἀπάθεια bald in den Hintergrund traten, blieb Cassians R.-Auffassung das ganze Mittelalter hindurch bis zur ‹Devotio moderna› [7] lebendig, und dies besonders bei den geistlichen Schriftstellern. Zwei wichtige Stimmen beweisen dies: HUGO VON ST. VIKTOR verstand unter R. den Zustand der Seele, die sich von der Sünde befreit und von der Sinnlichkeit abgetrennt hat und die «sich in die Umarmung des göttlichen Lichts auflöst» («liquefacta in amplexu summi luminis» [8]), nachdem sie durch eine andächtige Selbstbetrachtung bis zur Erkenntnis ihres Schöpfers gelangt ist. Die Gottes- und Nächstenliebe, welche aus der demütigen Anerkennung der eigenen Nichtigkeit entsteht, war nach BERNHARD VON CLAIRVAUX – ganz im Sinne von Cassian – R.: «R. ist, alles, was man tut, entweder zugunsten des Nächsten oder zur Ehre Gottes erfolgen zu lassen» («Puritas autem est, ut quidquid agitur, aut ad utilitatem proximi aut ad honorem fiat Dei») [9]. R. ist die höchste Stufe der Anschauung der Wahrheit («Cum sint itaque tres gradus seu status veritatis ... ad tertium puritas rapit, qua ad invisibilia sublevamur») und verursacht das «Sich-Übersteigen in der Kontemplation Gottes» («excessus contemplationis») [10].

Parallel und im Unterschied zu Cassians ethisch-sittlichem, von der Hl. Schrift ausgehenden Verständnis von ‹R.› entwickelte sich jedoch bereits in der Patristik unter dem Einfluß der Schriften des Augustinus und des Boethius der Versuch, in ausdrücklicher Anlehnung an die platonische Tradition und unter Berücksichtigung der mit ihr verbundenen spekulativen Fragen eine feinere Deutung des R.-Begriffs zu geben.

Nach AUGUSTINUS ist R. der Zustand, in dem die Seele durch eine immer tiefere Selbstbetrachtung die Nähe des Göttlichen erfährt und hierdurch zur Schau Gottes befähigt wird [11]. Augustinus verdeutlicht die historischen Koordinaten seiner Lehre durch die Meinung des Sokrates, die Anschauung der idealen Ursachen der sinnlichen Welt sei nur möglich durch ein in tugendhaftem Leben «geläutertes Gemüt» («mundata mente») und durch die daraus entstandene «R. der Vernunft» («intelligentiae puritas») [12]. Unausgesprochene Voraussetzung der Lehre Augustins ist die Überzeugung, daß R. in höchstem Grad Gott und der Welt der geistigen Dinge deswegen zukommt, weil sie immateriell sind, und weiterhin das anaxagoreische Philosophem, daß Gleiches nur durch Gleiches erkannt werden könne. Die Verknüpfung beider Prinzipien begründet die Annahme, daß die Schau der Ideen im Wort Gottes nur einer «heiligen und reinen» («sancta et pura») vernünftigen Seele vorbehalten ist. Augustinus schreibt diese Lehre Platon zu [13], tatsächlich aber stellt er sie unter ausführlicher Benutzung plotinischer Gedankengänge dar [14]. Die enge Verknüpfung von R., Spiritualität und Immaterialität erhellt aus einem Text über die Eigenschaften der Körper der Auferstandenen, die «ihre irdische Schwäche in eine himmlische R. verwandeln werden» («spiritale corpus ... labe terrena in caelestem puritatem et stabilitatem mutata») [15]. Die für Augustinus charakteristische Verbindung von R., Immaterialität und geistiger Schau der idealen Wesenheiten ist auch bei BOETHIUS präsent: R. ist zugleich Eigenschaft der göttlichen Vernunft («divinae intellegentiae puritas») [16] und des höchsten Seelenvermögens des Menschen («Intellegentiae ... oculus ... simplicem formam pura mentis acie contuetur») [17]. Der Kommentar des THIERRY VON CHARTRES verdeutlicht die Voraussetzungen des boethianischen Gedankengangs: Die Vernunft kann die reinen Formen der Dinge deswegen erfassen, weil beide rein, d.h. immateriell sind [18]. R. wird hier mit «Unvermengtheit mit der Materie» gleichgesetzt.

Anmerkungen. [1] JOHANNES CASS.: Conl. I, 4. – [2] a.O. 8. – [3] 6. – [4] 6f.; vgl. M. OLPHE-GALLIARD: La pureté de cœur d'après Cassien. Rev. Ascét. Myst. 17 (1936) 28-60. – [5] Vgl. DUPUY, a.O. [Lit. zu 1.] 2638. – [6] Ps.-DIONYSIUS AREOPAGITA: De div nom. 12, 2. MPG 3, 973. – [7] «verus profectus vite spiritualis consistit in cordis puritate»: JACOBI TRAIECTI [DE VOECHT]: Narratio de inchoatione domus clericorum in Zwollis (Amsterdam 1908) 241. – [8] HUGO VON ST. VIKTOR: De contempl. et eius speciebus, hg. R. BARON (Tournai 1959) 86-88. 155, Anm. 65; vgl. R. BARON: Sci. et sagesse chez Hugues de Saint-Victor (Paris 1957) 170. 174. – [9] BERNARD VON CLAIRVAUX: Sermo de diversis 45. Opera, hg. J. LECLERCQ/C. H. TALBOT/H. M. ROCHAIS 6/1 (Rom 1970) 264f. – [10] De gradibus humilit. 6, n. 19, a.O. 3 (1963) 30f. – [11] AUGUSTINUS: De quantit. animae 33, n. 3 f. – [12] De civ. Dei VIII, 3. – [13] De div. quaest. LXXXIII 46. – [14] PLOTIN: Enn. I, 6; V, 9. – [15] AUGUSTINUS: De fide et symbolo 6 n. 13. – [16] BOETHIUS: Cons. IV, pr. 6, n. 8. – [17] a.O. V, pr. 4, n. 30. – [18] THIERRY VON CHARTRES: Comm. on Boethius by Th. of Ch. and his school, hg. N. M. HÄRING (Toronto 1971) 69-70. R. STURLESE

IV. *Mittelalter.* – Der augustinianisch-boethianischen Tradition war auch JOHANNES SCOTUS ERIUGENA verpflichtet, als er die R. als Bedingung für die intellektuelle Schau der «causae primordiales» deklarierte [1] und ausschloß, daß die menschliche Vernunft Gott denken könne, «auch wenn sie die reinste» sei («humano quamvis purissimo ... intellectu» [2]). Dem Begriff ‹R.› kommt jedoch bei Eriugena auch eine spezifisch naturwissenschaftliche Bedeutung zu. «Unsagbare Feinheit und R.» sind nämlich die hauptsächlichen Eigenschaften derjenigen unsichtbaren und geistigen Elemente, welche nach Eriugenas Ansicht den sichtbaren, materiellen und die irdischen Dinge konstituierenden vier Elementen unterstehen und diese begründen. Gerade aufgrund ihrer R. entziehen sich jene Elemente den menschlichen Sinnesvermögen («ineffabili sua naturali subtilitate atque puritate omnem sensum mortalem superant» [3]). Diese Auffassung von R. deckt sich zwar noch mit der negativen Eigenschaft ‹Immaterialität›. Aber im Zusammenhang mit Eriugenas Ausführungen über die Elemente – die HONORIUS AUGUSTODUNENSIS propagierte und ALFRED VON SARESHEL, DIETRICH VON FREIBERG und BERTHOLD VON MOOSBURG zustimmend erwähnten [4] – dürfte sich der Begriff des 'reinen Elements' herauskristallisiert haben, der den Ausgangspunkt für eine Erweiterung der engeren Auffassung von ‹R.› im spezifischen Sinne von 'Immaterialität' bis auf die allgemeinere Bestimmung 'frei von Beimischung' bildete. Letztere Bedeutung ist bei der mittelalterlichen Lexikographie weitgehend belegt («sine commixtione alicuius rei»: HUGUTIO VON PISA [5], JOHANNES BALBI [6]) und fand in der wissenschaftlichen Literatur erhebliche Verbreitung. HEINRICH BATE spricht von «reinen Farben» («puri colores») [7], nach HUGO VON STRASSBURG ist der Himmel «ein reiner Körper» («caelum est corpus purum») [8]. Aus ihrer Anwendung auf die Theologie und auf die Metaphysik entstand die Auffassung von ‹R.› als «in sich frei von fremdem, nicht zum Wesen der Sache gehörenden Zusatz bzw. Akzidens stehend», womit der Terminus eine technische philosophische Bedeutung gewann, die er bis in die Neuzeit beibehielt.

Die erwähnte Begriffsentwicklung läßt sich bereits bei PETRUS ABAELARDUS belegen, für den «die R. der Substanz Gottes» darin besteht, «daß ihr keine Akzidentien anhaften» («ut nulla videlicet penitus accidentia ... habeat» [9]). Die ‹Summa Fratris Alexandri› verrät die Existenz logisch-semantischer Reflexionen über den fachtheologischen Gebrauch des Wortes, indem die Verfasser auf die Tatsache hinweisen, daß «sich der Terminus ‹rein› ausschließlich auf das Wesen bzw. auf die Natur bezieht» («hec dictio ‹purus› facit exclusionem suam ratione essentie vel nature») [10]. Nach BONAVENTURA bildet die R. des «Seins selbst» («ipsum esse») – d.h. die Art und Weise, in der sich Gott als einheitliches Wesen offenbart – den Ausgangspunkt für die apriorische Deduktion aller Eigenschaften des göttlichen Wesens. Das «Sein selbst» zeigt sich nämlich dem betrachtenden Subjekt an erster Stelle als «rein im höchsten Grad» («esse purissimum»); dies bedeutet eine totale Verneinung vom Nicht-Sein («plena fuga non-esse»), welche zuerst den Grund für die Gewißheit der Existenz des Seins liefert [11] und danach dessen Aktualität, Ursprünglichkeit, Ewigkeit, Einfachheit, Vollkommenheit und höchste Einheit zu beweisen erlaubt [12]. Bonaventuras Lehre vom «ipsum esse» wurde durch HEINRICH SEUSE im 51. Kapitel seiner ‹Vita› wieder aufgegriffen. Dort lautet die mhd. Übersetzung von «esse purissimum»: «wesen ... daz unvermischet sie mit nútwesen» [13]. THOMAS VON AQUIN schreibt Gott «R. der Wirklichkeit» («puritas actus») zu [14] – öfter durch die Formel «Gott ist reine Wirklichkeit» («actus purus») ausgedrückt [15] –, wobei er den Akzent auf die wesentliche Einfachheit Gottes legt, sie als Unvermengtheit mit Materie oder mit jeder Art von Potentialität («cum nihil potentiae passivae ei admisceatur») [16] und daher als totale Selbstverwirklichung versteht. «Reine Wirklichkeit» bedeutet ferner, daß die Substanz Gottes getrennt und absolut in sich bleibt [17]. Damit nimmt Thomas einen alten Gedanken von THIERRY VON CHARTRES wieder auf, der ‹R.› und ‹Teilhabe› einander gegenübergestellt hatte [18]. Im Sinne des Thomas spricht MEISTER ECKHART von «R. des Wesens» Gottes («puritas essendi» [19], «lûterkeit des wesens» [20]), welche durch die doppelte Bejahung des «ich» im biblischen Lehrsatz «ich bin, der ich bin» (Exod. 3, 14) bestätigt wird [21]. Auf sie weist die Formulierung der Einheit Gottes als Verneinung der Verneinung («negatio negationis») hin: «das Begriffswort das Eine ... ist die Verneinung der Verneinung, das ist die reinste Bejahung und der bejahte Begriff im Vollsinn» ... «damit wird die Fülle und Reinheit seines Seins angedeutet» [22].

Wichtige Ansätze für eine Auffassung von R. in einem strikt philosophischen Sinne entwickelten sich vor allem im Zusammenhang mit dem im Mittelalter sehr verbreiteten, auch unter dem Titel ‹Liber de expositione bonitatis purae› kursierenden ‹Liber de causis› [23], das für längere Zeit als eine aristotelische Schrift galt und eine erhebliche Autorität genoß. Das «reine Gute», auf das der alternative Titel hinweist, wurde durch ALBERT DEN GROSSEN mit dem platonischen ἀγαθὸν καθ' αὑτόν und durch THOMAS VON AQUIN mit «dem subsistierenden Wesen der Gutheit» («ipsa essentia bonitatis subsistens») identifiziert, «das die Platoniker das Gute selbst nennen» («quam Platonici vocant ipsum bonum») [24].

Bei diesem Deutungsversuch, den Albert besonders ausführlich begründete, eröffnete sich die Möglichkeit, ‹rein› nicht nur in einem auf Gott beschränkten Sinne, sondern allgemein als synonym für ‹nicht anders als›, ‹in sich›, ‹inquantum tale› zu verstehen.

Anmerkungen. [1] Vgl. z.B. JOH. SCOTUS ERIUGENA: Periphyseon III, hg. I. P. SHELDON-WILLIAMS 3 (Dublin 1981) 184 (mit Zit.: AUGUSTINUS: De civ. Dei VIII, 3; vgl. oben Anm. [12 zu III. 2.]). – [2] Periph. I, hg. I. P. SHELDON-WILLIAMS 1 (Dublin 1978) 68, 21. – [3] a.O. 120, 5-7; vgl. auch: a.O. 2 (Dublin 1972) 66f. – [4] Vgl. L. STURLESE: Einl., in: DIETRICH VON FREIBERG: Op. omn. 4 (1985) XLIf. – [5] HUGUTIO VON PISA: Derivationes (unveröff.) s.v. – [6] JOH. BALBUS: Catholicon (Mainz 1460) s.v. – [7] HEINRICUS BATE: Speculum divinor. et quorundam natural. I, 12, hg. E. VAN DE VYVER (Löwen 1960) 125 (mit Zit.: ARISTOTELES: De sensu 439 b 33-440 a 6). – [8] HUGO VON STRASSBURG: Comp. theolog. veritatis II, 4, hg. A. BORGNET, in: ALBERTUS: Opera 34 (Paris 1895) 42. – [9] PETRUS ABAELARDUS: Introd. ad theol. Opera 2, hg. V. COUSIN (Paris 1859) 86. – [10] Sog. Summa Halensis III, 49 resp. (Quaracchi 1948) 73 a. – [11] BONAVENTURA: Itiner. mentis in Deum 5, 3. Op. omn. 5 (Quaracchi 1891) 308f. – [12] Itin. 5, 5, a.O. 309. – [13] H. SEUSE: Dtsch. Schr., hg. K. BIHLMEYER (1907) 176. – [14] THOMAS VON AQUIN: Sent. II, d. 1, q. 1, a. 1, c. – [15] C. gent. I, 16 c; S. theol. I, 3, 2, c; weit. Belege: L. SCHÜTZ: Thomas-Lex. (1958) 99. 666f.; Index Thomisticus (1974ff.) s.v. – [16] De pot. I, a. 2, c. – [17] a.O. – [18] ebda. – [19] MEISTER ECKHART: Quaest. Paris. 1. Lat. Werke 5 (1936) 45. – [20] Pr. 77. Dtsch. Werke, hg. J. QUINT 3 (1976) 341. – [21] Expos. libri Exodi. Lat. Werke 2 (1957ff.) 21f. – [22] In Sapient., a.O. 485. 483. – [23] O. BARDENHEWER: Die ps.-aristot. Schr. über das reine Gute, bekannt unter dem Namen Liber de causis (1882). – [24] ALBERTUS: De causis et proc. univ. II, tr. 1, c. 1. Op. omn., hg. A. BORGNET (Paris 1891) 434; THOMAS VON AQUIN: In De causis expos., prop. 9, hg. H.-D. SAFFREY (1954) 98, 9.

L. STURLESE

V. *Neuzeit.* – Die Philosophie der Renaissance erneuert das (neu-)platonische Ideal der Loslösung der Seele von allem Sinnlichen und ihrer Erhebung zu Gott. Wir sollen uns durch die Moralphilosophie und Dialektik von allen Affekten reinigen («animam purgemus»), den ganzen sinnlichen Bereich («totam sensualem partem») wie mit lebendigem Wasser abwaschen («quasi vivo flumine abluamus»), damit wir nicht unwürdig und beschmutzt («tanquam profani pollutique») von der Leiter des Aufstiegs herabgestoßen werden [1].

Dagegen vermutet M. LUTHER hinter dem ethischen Ideal der R. das selbstgefällige, Christus mißachtende Streben des natürlichen Menschen, «eyne leytter gen hymel [zu] bawen». R. und Führen eines «züchtig leben» dürfen nicht mehr dazu dienen, dem Menschen zum stolzen, die Eigenmächtigkeit betonenden Ruhm zu verhelfen. Der Christ soll «eyn still feyns, seuberlichs leben fur der welt furen» und sich trotzdem nicht an sie hängen («nichts davon halten») [2]. Je mehr er sein Gottverähnlichungsstreben aufgibt, desto eher wird er nichts von sich und alles von Gott erwarten. Betrachtet er sich selbst realistisch, ist er dem sehenden Auge nicht reiner als andere Menschen; aber diese Erkenntnis befähigt ihn, das Geschenk einer geglaubten R. anzunehmen. Christi Predigt lautet: «'Durch das wort seid ir rein ...', das ist: es bringet vergebung der sund und machet angeneme fur Gott, das umb des selbigen glawbens willen, durch welchen allein solch wort empfangen und ergriffen wird, wir ... gar rein und heilig fur Gott gerechnet und gehalten werden, ob wir wol unser natur und lebens halben noch nicht rein gnug sind, sondern imerdar sund, schwacheit und gebrechen, so noch zu reinigen sind, an uns bleiben, die weil wir auff erden leben» [3]. Sichtbar unrein, glaubt der Christ an seine ihm geschenkte R.: Allein «Gott durch den glauben und heyligen geyst mus das hertze reynigen», nicht die Werke [4], weil das, «was noch unreines und sunde an mir ist», mir nicht «zugerechnet» wird und Gott «die ubrige unreinigkeit an mir nicht ansihet» [5].

In der Erkenntnistheorie der Neuzeit strebt man nach letzter Sicherheit, die am ehesten dadurch gewonnen wird, daß die Gegenstände «klar und deutlich» erfaßt werden, und die, die dafür in Frage kommen, sind in erster Linie die Gegenstände der «reinen Mathematik» («purae Matheseos»). Diese werden z.T. von der Einbildungskraft, z.T. aber auch «von der reinen Verstandestätigkeit» («puram intellectionem») und vom «reinen Denken» begriffen [6]. Fortan wird zwischen der Einbildungskraft, die die Erkenntnisse durch die Sinne liefert, und der «reinen Vernunft» bzw. dem «reinen Verstand», der die Erkenntnisse a priori liefert, unterschieden [7]. So heißt schließlich bei I. KANT «eine Erkenntniß schlechthin rein ..., in die sich überhaupt keine Erfahrung oder Empfindung einmischt, welche mithin völlig a priori möglich ist» [8]. Anschauung und Begriff als die beiden «Elemente aller unserer Erkenntniß» sind entweder «rein» oder «empirisch»; im ersten Fall geben sie bloß die «Form» der Anschauung bzw. des Denkens und sind nur so «a priori möglich» [9]. Die «Vollendung des kritischen Geschäfts der reinen Vernunft» ist die Deduktion der Ideen [10]. Allerdings sind «moralische Begriffe» wie «Tugend und mit ihr menschliche Weisheit in ihrer ganzen Reinigkeit» zwar auch «Ideen», aber «nicht gänzlich reine Vernunftbegriffe», sondern «Ideale»; aber sie haben «als regulative Principien» «doch praktische Kraft», dienen als «Richtmaß unserer Handlungen» [11]. Pflicht als Befolgung des Sittengesetzes erfolgt aus «reiner Achtung fürs praktische Gesetz» [12]. Die «reine Vernunft enthält ... in einem gewissen praktischen, nämlich dem moralischen, Gebrauche Principien der Möglichkeit der Erfahrung, nämlich solcher Handlungen, die den sittlichen Vorschriften gemäß in der Geschichte des Menschen anzutreffen sein *könnten*.» «Die Idee einer moralischen Welt hat daher objective Realität, nicht als wenn sie auf einen Gegenstand einer intelligibelen Anschauung ginge ..., sondern auf die Sinnenwelt, aber als einen Gegenstand der reinen Vernunft in ihrem praktischen Gebrauche» [13].

J. G. HAMANN wendet gegen Kant ein, daß nach der «ersten Rg. der Philosophie» von Tradition und Glauben (in der Aufklärung) und der zweiten Rg. von der Erfahrung (durch Kant) noch «der dritte höchste ... Purismus» zu leisten wäre, der von der Sprache, und diese Klimax meint er als eine 'reductio ad absurdum' [14]. – Unter den Kantianern tradiert z.B. J. G. C. KIESEWETTER den Begriff der reinen (apriorischen) Erkenntnis [15]. S. MAIMON weist dagegen darauf hin, daß es apriorische Begriffe gebe, die nicht zugleich rein seien, wie etwa der des Zirkels [16]. Parallel zur Erkenntnistheorie fragen Theologie und Religionsphilosophie nach der reinen, von geschichtlichen Entstellungen auf ihren wahren Kern zurückgeführten Religion. Die Reformation bereits begriff sich als «a vitiis repurgatio» («Rg. von Fehlern») [17]. Besonders die Aufklärung hat dann das reine Christentum und die reine Religion wiederherzustellen versucht. Für den Deismus ist die Religion «purely» eine Angelegenheit des Inneren («an internal Thing») und unabhängig von Riten und äußerlichem Gottesdienst [18]. J. B. BASEDOW sucht eine Religion, die «gereinigt und abgesondert» von allem «fremden Zusatze», d.h.

«Schulgezänk und vielfachem Aberglauben» sei [19]. Für Neologen wie J. J. SPALDING besteht der «Hauptzweck» des Menschen darin, «daß er in der innerlichen Ordnung, in der Reinigkeit und Unschuld der Gesinnungen Gott angenehm und glückselig sey» [20]. Nach H. S. REIMARUS bestand Christi Sendung darin, «die Jüdische Religion von ihren Schlacken [zu] reinigen»; Christus habe eine «vernünftige Religion» verkündet, sie «von allem Tand gereinigt und sie wieder in ihrer natürlichen Schönheit dargestellet» [21]. Besonders vehement hat A. RIEM für eine Religion gestritten, die «rein und ohne alles Interesse sich dem moralischen Menschen als Pflicht annöthiget, und die Sittlichkeit, ohne sie zu verunreinigen, unterstützt und befördert» [22]. «Die reinste Art von Religion ist diejenige: welche im Gefühl der Achtung und Dankbarkeit gegen Gott, als den höchsten Geber und Mittheiler der Kraft, das Gute bewirken zu können, besteht» [23]. Nach KANT ist es dem Menschen aufgegeben, trotz des ihm innewohnenden Hangs zum Bösen den nicht völlig ausgelöschten «Keim des Guten in seiner ganzen Reinigkeit» wiederherzustellen [24]. Den Weg dazu bildet ein «reiner Religionsglaube» als «reiner Vernunftglaube». Obwohl ihm ein «statutarischer Kirchenglaube ... als Vehikel und Mittel der öffentlichen Vereinigung der Menschen ... beigegeben» werden muß, ist doch der «reine Religionsglaube» dessen «höchster Ausleger» und die «Annäherung des Reichs Gottes» [25].

Nach G. E. LESSING ist die «reine Wahrheit» nicht für den Menschen bestimmt, aber die mit «aufrichtiger Mühe» vollzogene «Nachforschung der Wahrheit» macht den «Wert» des Menschen aus [26]. Trotzdem zweifelt Lessing nicht daran, daß der Mensch die «höchsten Stufen der Aufklärung und Reinigkeit» erreichen könne, daß die «Zeit der Vollendung» kommen werde [27].

In der Transzendentalphilosophie ist es «die reine Thätigkeit des Ich allein», von der die Setzung aller objektiven Wirklichkeit ausgeht [28]. «Rein ist, was ohne Bezug auf Objekte gilt»; aber Aufgabe «der theoretischen und praktischen Philosophie» ist die «Lösung des Widerstreits zwischen dem reinen und empirischbedingten Ich» [29]. Bei G. W. F. HEGEL tritt an die Stelle des reinen Ich das «reine Denken» des Geistes, der als sich selbst denkender «ungetrennt die Bedeutung nicht nur eines seyenden Selbstbewußtseyns, sondern des rein gedachten oder absoluten Wesens» ist. «Gott ist allein in rein speculativen Wissen erreichbar, und ist nur in ihm und ist nur es selbst, denn er ist der Geist», der sich in der «Bewegung der reinen Momente» des Aus-sich-Heraustretens und In-sich-Zurückkehrens vollendet [30]. - Für F. D. E. SCHLEIERMACHER ist ein «reinigendes oder wiederherstellendes Handeln» auch in der «christlichen Gemeinde» nötig; es ist eine «Ausgleichsmethode», da der einzelne durch Sünde und Schuld nie ganz vollendet ist, sondern hinter dem ihm gesteckten Ziel der Sittlichkeit zurückbleibt [31].

In L. FEUERBACHS Religionskritik bedeutet z.B. die Verehrung Mariens als eines «reinen, vollendeten Bildes der Wirklichkeit» nur die «naturwidrige» Selbstentfremdung des Menschen [32], der in der Theologie die Negation seiner selbst vollzieht, indem er z.B. Gott als «reinen Geist, reines Wesen, reine Tätigkeit – actus purus – ohne Leidenschaften, ohne Bestimmungen von außen, ohne Sinnlichkeit, ohne Materie» denkt [33] oder im Glauben an das Jenseits nur das «von aller groben Materie gereinigte, das verschönte Diesseits» anschaut [34]. Aufgabe einer «Philosophie der Zukunft» ist es, «die Philosophie aus dem Reiche der 'abgeschiedenen Seelen' in das Reich der beköperten, der lebendigen Seelen wieder einzuführen ... Zu diesem Zwecke bedarf sie nichts weiter als einen menschlichen Verstand und menschliche Sprache. Rein und wahrhaft menschlich zu denken, zu reden und handeln ist aber erst den kommenden Geschlechtern vergönnt» [35]. Die eine R. wird durch eine andere ersetzt. Immerhin hat aber Feuerbach, so K. MARX, den «großen Vorzug vor den 'reinen' Materialisten, daß er einsieht, wie auch der Mensch 'sinnlicher' Gegenstand ist; aber er bleibt bei dem Abstraktum 'der Mensch' stehen» [36].

In der Politik bleiben ‹R.› und ‹Rg.› in übertragener Bedeutung erhalten. Die Metapher vom 'reinigenden Gewitter', schon im 18. Jh. gebräuchlich [37], dient in der Zeit um 1848 zur Deutung der eigenen Gegenwart: «Diese Krisis ist wie ein Gewitter. Sie mußte kommen, um die Luft zu reinigen» [38]. ‹Rg.› und ‹Säuberung› (épuration, radiation, élimination u.ä.) wurden schon in der Französischen Revolution oft als Metaphern für 'Beseitigung' in der Politik eingesetzt [39].

A. SCHOPENHAUER glaubt, daß sich durch eine quietistische Abtötung des Willens ein «reines Subjekt» bilden kann, das durch eine «von allem Wollen gereinigte, intuitive Auffassung» zum «klaren Weltauge» wird [40]. – Für S. KIERKEGAARD vermag «kein Mensch Gott zu sehen ohne R.»; aber dies heißt, sich als Sünder zu erkennen, «und die Sünde ist eben die Un-R.» [41].

In F. NIETZSCHES Wissenschafts- und Bildungskritik erscheinen die deutschen «Tugenden Treue, Selbstbeschränkung, Fleiß, Bescheidenheit, Reinlichkeit» in keinem günstigen Licht [42]; die jetzige Bildung hat keineswegs «erlösend für den deutschen Geist» und «reinigend für die deutschen Tugenden» gewirkt [43], vielmehr zeigt sich bei den Deutschen eine «Scheelsucht und eine gewisse Verstecktheit und Unreinlichkeit des Characters» [44]. Trotzdem sieht Nietzsche «eine Zeit kommen, in der ernste Menschen, im Dienste einer gänzlich erneuten und gereinigten Bildung ...,» erzieherisch wirken [45]: «an dem Bildungsziele, das durch das Gymnasium erstrebt wird, müssen sich alle anderen Institute messen, an den Verirrungen seiner Tendenz leiden sie mit, durch die Rg. und Erneuerung desselben werden sie sich gleichfalls reinigen und erneuern» [46]. Dies wäre aber nur von «Einzelnen» zu leisten, und es wäre «ein Werk, das gleichsam von den Spuren des Subjekts gereinigt und über das Wechselspiel der Zeiten hinausgetragen sein soll, als lautere Wiederspiegelung des ewigen und unveränderlichen Wesens der Dinge. ... Durch eine solche Rg. vom Subjekt» würde zugleich «die Geburt des Genius» vorbereitet [47]. Philosophen stehen aber «im Widerspruch mit dem, was die Menschen zumeist beglückt», «denn der reine Trieb zur Wahrheit ist so fremd und unerklärlich in dieser Welt», daß er «nicht nur unnütz, sondern auch schädlich» erscheint [48]. Nietzsche gesteht, daß auch dieser Trieb zur Wahrheit noch von jenem «Brande» zehrt, «den ein Jahrtausende alter Glaube entzündet hat, jener Christen-Glaube, ... dass Gott die Wahrheit ist, dass die Wahrheit göttlich ist» [49]. Die R. der Erkenntnis ist (eschatologisch) zugleich «ein schönes Mittel zum Untergang» [50].

S. FREUD analysiert die R.-Vorstellungen tiefenpsychologisch. Kinder gelten «als rein, als unschuldig», vollziehen die R.-Konventionen jedoch nicht mit, sondern «machen ihre animalischen Rechte geltend» und beweisen dadurch, «daß sie den Weg zur R. erst zurückzulegen haben» [51]. R.-Pflege kann unbewußte Selbstverbergung eines unreinen Bedürfnisses sein [52]. So ist z.B. der «Wasch- und Reinlichkeitszwang» eine Reaktion auf verdrängte «anal-erotische und sadistische Regungen» [53]. Waschen kann eine «symbolische» Ersatzhandlung für fehlende moralische R. sein [54]. Die von Freud mit J. BREUER ausgearbeitete «kathartische Methode» versucht, derartige Obsessionen (Hysterien, Phobien, Psychosen, Neurosen) dadurch zu heilen, daß sie eine «Zurückleitung der Erregung aus dem Körperlichen ins Psychische zielbewußt erzeugt, um dann den Ausgleich des Widerspruchs durch Denkarbeit und die Abfuhr der Erregung durch Sprechen zu erzwingen» [55]. Dadurch soll das nachgeholt werden, was zum Zeitpunkt der 'verunreinigenden' Traumatisierung auf natürliche Weise (z.B. Weinen, Rache) nicht geschah; Breuer und FREUD machen auf die Verwandtschaft ihrer Methode mit der Aussprache in der Beichte [56] und mit der hippokratischen Medizin (Homöostase durch Katharsis) aufmerksam [57]. Ohne Rg. verfiele das Ich dem «überstarken Über-Ich, welches das Bewußtsein an sich gerissen hat», und würde zum Exekutor des «Todestriebes» [58], wie der Mensch ohne R. dem Weltgericht verfällt: «Herr, reinige mich in diesem Leben und mach mich so, daß ich des Feuers der Rg. nicht mehr bedarf» [59].

Neben diesen Analysen und Kritiken der konventionellen R.-Vorstellungen steht in der Erkenntnis- und Wissenschaftstheorie des 19. Jh. etwa der Begriff der «reinen Erfahrung», «nämlich der Erfahrung als eines Ausgesagten, welches in allen seinen Komponenten rein nur Bestandteile unserer Umgebung zur Voraussetzung» hat [60]. Diese Philosophie der reinen Erfahrung bedeutet für W. JAMES eine «Mosaik-Philosophie» oder Philosophie der «plural facts», da sie den Teil, das Element und Individuum betont und das Ganze als «collection» daraus ansieht [61]. (Von hier aus ist der Begriff der reinen Erfahrung auch, in veränderter Bedeutung, in die Philosophie der Kyôto-Schule gelangt [62].) Daneben steht ferner der Begriff der R. und Sicherheit der Erkenntnis im Neukantianismus: «Die Kritik entdeckt das Reine in der Vernunft, insofern sie die Bedingungen der Gewissheit entdeckt, auf denen die Erkenntnis als Wissenschaft beruht» [63]. Diese muß ausgehen von der Logik als der notwendigen Grundlage des Denkens: «Alle reinen Erkenntnisse müssen Abwandlungen des Prinzips des Ursprungs sein. ... So wird die Logik des Ursprungs zur Logik der reinen Erkenntnis» [64]. In einer «reinen Logik», «dem Wesentlichen der ganzen Logik», werden «diejenigen Wahrheiten» gewonnen, «auf welche alle logische Regelung letztlich bezogen ist» [65]. In der Ethik lauten entsprechende Bestimmungen der R. etwa: Sie ist «sittliche Ordnung des Trieblebens» [66]; oder: Sie «schließt alles von sich aus, was gegen einen Wert verstößt», ohne aber «der zentrale sittliche Wert» zu sein [67].

Gegen das Streben nach der ganzen und reinen Wahrheit ist aber auch eingewandt worden, daß es leicht zu totalitären Hypertrophien führe. Wegen der «Schwäche des Menschen» solle an die Stelle des «Pathos reiner und absoluter Forderungen» besser «Kontinuität und Bindung» treten. Gerade in der Absage an «jeden Fortschrittsevolutionismus und jede Geschichtslogik» könne eher «ein reinigender und stärkender Anstoß zur Gewinnung eines neuen sozialen Wirklichkeitsbegriffes» liegen [68]. Vielleicht bleibt aber auch die völlige R. unerfahrbar und schon damit unerreichbar: «La pureté souveraine, d'abord, est comme Dieu dont on ne disserte que négativement, et par exemple en disant autre chose. C'est en effet l'impur qui est dicible et connaissable» [69].

Anmerkungen. [1] G. PICO DELLA MIRANDOLA: De hominis dign. Op. omn. (1557, ND 1969) 1, 317. – [2] M. LUTHER: Pr. vom 24. 6. 1525. Weim. Ausg. 17/1, 313. – [3] Das 14. und 15. Cap. S. Johannis gepredigt und ausgelegt, a.O. 45, 653. – [4] a.O. 17/1, 310. – [5] 45, 654. – [6] R. DESCARTES: Medit. 6 (1641). Oeuvr., hg. CH. ADAM/P. TANNERY 7, 71f.; «pura mathematica» im Gegensatz zur «mixta mathematica» bei F. BACON: De dignitate et augmentis scient. III, 6 (1623). Works, hg. J. SPEDDING u.a. (London 1857-74, ND 1961-63) 1, 577. – [7] G. W. LEIBNIZ: Nouv. ess. II, 4, § 3 (1765); dtsch., hg. E. CASSIRER (1971) 101; 5. Schr. an S. Clarke, § 129, in: S. CLARKE: Der Br.wechsel mit G. W. Leibniz von 1715/16, hg. E. DELLIAN (1990) 104; CH. WOLFF: Vern. Gedancken von Gott, der Welt und der Seele des Menschen (1751, ND 1983) 155, § 282; N. MALEBRANCHE: Rech. de la vér. III, 1 (1674-78). Oeuvr. 1 (Paris 1962) 380f. («entendement pur»); G. F. BILFINGER: Dilucidationes philos. § 274 (1725, ND 1982) 260. – [8] I. KANT: KrV A 11. – [9] B 74f. – [10] B 698. – [11] B 597. – [12] Grundleg. zur Met. der Sitten 1 (1785). Akad.-A. 4, 403. – [13] KrV B 835f. – [14] J. G. HAMANN: Metakritik über den Purismum der Vernunft (1784). Sämtl. Werke, hg. J. NADLER (1949-57) 3, 284; K. GRÜNDER: Sprache und Gesch. Zu J. G. Hamanns Metakritik über den Purismum der Vernunft, in: Reflexion der Kontinuitäten (1982) 48-54. – [15] J. G. C. KIESEWETTER: Grundr. einer reinen allg. Logik § 8 (1791) VI. – [16] S. MAIMON: Versuch über die Transc.philos. (1790, ND 1963) 56. – [17] Vgl. Art. ‹Reformation›, Anm. [84]. – [18] TH. MORGAN: The moral philosopher (London 1738-40, ND 1969) 1, 416. – [19] J. B. BASEDOW: Betracht. über die wahre Rechtgläubigkeit (1766) 18. – [20] J. J. SPALDING: Gedanken über den Werth der Gefühle in dem Christenthum (⁴1773) 128f. – [21] H. S. REIMARUS: Apologie oder Schutzschr. für die vernünft. Verehrer Gottes, hg. G. ALEXANDER (1972) 2, 20. 665; vgl. 1, 64. – [22] A. RIEM: Reines System der Relig. für Vernünftige (1793) 72; vgl. 95. – [23] Das reinere Christenthum oder Relig. der Kinder des Lichts (1789-94) 2, 193; vgl. dagegen G. F. MEIER: Betracht. über das Bemühen der christl. Relig. ihre erste Einfalt und Reinigkeit wieder herzustellen (1775). – [24] KANT: Die Relig. innerh. ... (1793). Akad.-A. 6, 45f. – [25] a.O. 6, 102. 104. 106. 109. 115. – [26] G. E. LESSING: Eine Duplik (1778). Werke, hg. G. GÖPFERT (1970-79) 8, 33. – [27] Die Erzieh. des Menschengeschl. § 81. 85, a.O. 508f. – [28] J. G. FICHTE: Grundl. der ges. Wiss.lehre (1794). Sämmtl. Werke, hg. I. H. FICHTE (1845/46) 1, 256. – [29] F. W. J. SCHELLING: Vom Ich als Princip der Philos. (1795). Sämmtl. Werke, hg. K. F. A. SCHELLING (1856-61) 1, 176. – [30] G. W. F. HEGEL: Die Phän. des Geistes VII, C (1807). Akad.-A. 9 (1980) 406f.; vgl. Wiss. der Logik I, Einl. (1812/13), a.O. 11 (1978) 21. – [31] F. D. E. SCHLEIERMACHER: Die christl. Sitte (1817). Sämtl. Werke 1/12 (²1884) 100. 108f. 140ff. 243. – [32] L. FEUERBACH: Über den Marienkultus (1842). Werke, hg. E. THIES (1975) 3, 151. – [33] Grundsätze der Philos. der Zukunft § 10 (1843), a.O. 257. – [34] Das Wesen des Christentums (1841), a.O. 5, 215. – [35] Grundsätze ..., Vorwort, a.O. [33] 247. – [36] K. MARX: Die dtsch. Ideologie. MEW 3, 44. – [37] I. ISELIN: Über die Gesch. der Menschheit (1791) 1, 381. – [38] F. LEWALD: Erinnerungen aus dem Jahre 1848, hg. D. SCHAEFER (1969) 58f.; vgl. H.-W. JÄGER: Polit. Metaphorik im Jakobinismus und im Vormärz (1971) 29ff. – [39] Nachweis bei F. BRUNOT: Hist. de la langue franç. 9 (Paris 1967) 818f. – [40] A. SCHOPENHAUER: Die Welt als Wille und Vorst. III, 30 (1819-44). Sämtl. Werke, hg. A. HÜBSCHER 3 (1936) 419. 424. – [41] S. KIERKEGAARD: Drei Reden bei gedachten Gelegenheiten (1845). Ges. Werke, hg. E. HIRSCH u.a. 13/14 (1964) 133. – [42] F. NIETZSCHE: Fünf Vorreden zu fünf ungeschriebenen Büchern (1872). Krit. Ges.ausg., hg. G. COLLI/M. MONTINARI 3/2, 273. – [43] a.O. 276. – [44] Nachgel. Frg. 1874, a.O. 3/4, 438. – [45] Über die Zukunft unserer Bildungsanstalten, Vorrede (1872), a.O. 3/2, 140. – [46] Über die Zuk. ... II, a.O. 167. – [47] IV, a.O. 221. – [48] Nachgel. Frg. 1873, a.O. 3/4, 176. – [49] Die fröhl. Wiss. § 344 (1882), a.O. 5/2, 259. – [50] Nachgel. Frg. 1872/73, a.O. 3/4, 64. – [51] S. FREUD: Vorles. zur Einf. in die Psychoanalyse (1917). Ges. Werke, hg. A. FREUD u.a. (1940-68) 1, 323. – [52]

Bem. über einen Fall von Zwangsneurose (1909), a.O. 7, 418ff. – [53] Die Disposition der Zwangsneurose (1913), a.O. 8, 446. – [54] Obsessions et phobie (1894), a.O. 1, 350. – [55] Die Abwehr-Neuropsychosen (1894), a.O. 64; vgl. Art. ‹Methode, kathartische›. – [56] Stud. über Hysterie (1908), a.O. 87; vgl. A. KOCH: Homiletisches Hb. (^{3}1939) 1/2, 445. 447. – [57] Int. encycl. of psychiatry, psychology, psychoanalysis and neurology (New York 1977) 1, 179. – [58] FREUD: Das Ich und das Es (1923). Werke 13, 283. – [59] KOCH, a.O. [56] 484. – [60] R. AVENARIUS: Kritik der reinen Erfahrung (1888-90, ^{3}1921) 1, 4; der Begriff der «reinen Erfahrung» (pure experience) unspezifisch schon bei D. HUME: An enqu. conc. human underst. V, 1, Anm. (London 1748), hg. L. A. SELBY-BIGGE (Oxford ^{3}1975) 44; krit. dazu: A. RIEHL: Zur Einf. in die Philos. der Gegenwart (^{2}1904) 74; W. WUNDT: Syst. der Philos. (^{3}1907) 1, 207f.; AVENARIUS: Ueber naiven und krit. Realismus. Philos. Stud. 13 (1898) 6f. – [61] W. JAMES: A world of pure experience [1904], in: Ess. in radical empiricism (1912). Works 3 (Cambridge, Mass./London 1976) 21-44, zit.: 22. – [62] Vgl. R. OHASHI (Hg.): Die Philos. der Kyôto-Schule (1990) 26ff. – [63] H. COHEN: Das Princip der Infinitesimal-Methode und seine Gesch. § 8(1883) 6. – [64] Logik der reinen Erkenntnis (^{2}1914) 36. – [65] E. HUSSERL: Log. Unters. I, § 20 (^{2}1913) 60; der Begriff der reinen im Gegensatz zur angewandten Logik schon bei S. MAIMON: Versuch einer neuen Logik oder Theorie des Denkens (1794), hg. B. C. ENGEL (1912) 128. – [66] P. NATORP: Sozialpädagogik (^{4}1920) 127. – [67] N. HARTMANN: Ethik (1926, ^{4}1962) 407. 415f. – [68] H. BLUMENBERG: Das Recht des Scheins in den menschl. Ordnungen bei Pascal. Philos. Jb. 57 (1947) 428. – [69] V. JANKÉLÉVITCH: Le pur et l'impur (Paris 1960) 8.   M. ARNDT

Reinkarnation (nlat. reincarnatio Wiedereinkörperung, Wiederverkörperung; frz. réincarnation). Der Begriff ist wahrscheinlich im Umkreis der französischen Theosophie erst in der Mitte des 19. Jh. entstanden und setzte sich bereits gegen Ende des Jahrhunderts international als Sammelbegriff für ‹Ensomatose›, ‹Metempsychose›, ‹Palingenesie›, ‹transmigratio/revolutio animae›, ‹Seelenwanderung›, ‹régéneration›, ‹réintégration›, ‹Wiedergeburt› durch.

1. A. KARDEC, in dessen Schriften der Begriff wohl zuerst ausführlich verwendet wird, versteht in Anlehnung an mystische Lehren des alten Ägypten und des antiken Pythagoreismus [1] unter ‹R.›: «retour de l'Esprit à la vie corporelle» [2]. Im Gegensatz zu antiken Vorstellungen wird eine R. menschlicher Seelen in Tiergestalt ausdrücklich ausgeschlossen [3]. Das zeitliche Eintreffen der R. ist der menschlichen Einsicht entzogen, die Erinnerung an frühere Erdenleben wird mit zunehmender Anzahl von R.en immer klarer. Zweck der R. ist die irdische Bußübung für unreine Seelen im Sinne einer kosmologischen Gerechtigkeit: «le but de la réincarnation est ... expiation, amélioration progressive de l'humanité; sans cela où serait la justice? ... A chaque existence nouvelle, l'Esprit fait un pas dans la voie du progrès» [4]. Die Folge der Wiedergeburten währt so lange, bis der Einfluß des Stofflichen überwunden und ein Zustand der «Perfektion und höchsten Glückseligkeit» erreicht ist [5].

2. Die Theosophinnen A. BESANT und H. P. BLAVATSKI reicherten die R.-Lehre mit buddhistischen und hinduistischen Elementen an. BESANT bestimmt R. als ein «lebendiges und individuelles Prinzip» [6] der Seele, die an einer ätherischen «Ursubstanz» teilhat, deren kosmologisches «Karma» zu unzähligen R.en in sieben unterschiedlichen mikro- und makrokosmischen Sphären treibt [7]. Obwohl dieser «Geist-Stoff» [8] das reinkarnierte Leben vollständig determiniert [9], besteht das Ziel der R. darin, «den tierischen Menschen aufwärts zu führen und zu veredeln, bis er befähigt ist, Eins zu werden mit dem Göttlichen» [10] und in das Nirwana einzugehen. Dieser «Aufstieg» wird durch klare Erinnerungen an frühere Leben erleichtert. – BLAVATSKI betont bei weitgehender Übereinstimmung mit den Ansichten Besants die Bußfunktion der R.: «Present life is what it justly should be, to atone for the sins of the past life», und betrachtet daher Karma als das oberste Gerechtigkeitsprinzip des Universums [11], dem das christliche Erlösungsprinzip untergeordnet bleibt [12].

3. In der anthroposophischen R.-Lehre R. STEINERS verschmelzen abendländisch-christliche Momente mit dem östlichen Karma-Gedanken zu einer Theorie zyklischer Wiedergeburten. Anleihen bei der zeitgenössischen Vererbungslehre (Darwin) und dem Monismus (Haeckel) dienen zum Beweis des Fortschrittscharakters der R.en [13]. Das Abendland hat mit dem Christus-Gedanken eine autochthone R.-Lehre entwickelt [14]: Durch die Inkarnation Gottes in Jesus hat die Menschheit einen «Lebensfond» erhalten, der zum Erhalt der Gattung erforderlich ist [15]. Im Gleichnis der Blindenheilung wird der Karmagedanke des Christentums direkt ausgesprochen [16]. Der Verlauf des reinkarnierten Lebens (beim Menschen alle 1100 Jahre alternierend als Mann und Frau [17]) wird durch das «Gesetz des Karma» determiniert: «Alles, was ich in meinem gegenwärtigen Leben kann und tue, ... hängt als Wirkung mit den früheren Daseinsformen meiner Seele zusammen, und als Ursache mit den späteren» [18]. Die Folge der R.en vor allem «historisch führender Persönlichkeiten» [19] wird allerdings oft durch das Eingreifen «höherer Wesenheiten» kompliziert, läßt sich jedoch am Leben der betreffenden Menschen nachprüfen (z.B. Elias – Johannes der Täufer – Raffael [20]). In der Anthroposophie wurden die verstreuten Hinweise Steiners zu einer systematischen R.-Lehre ausgebaut [21].

Anmerkungen. [1] A. KARDEC: Le livre des Esprits (Paris ^{2}1860) 96ff.; gelegentliche Erwähnung des Wortes schon (allerdings in bezug auf die jüdisch-christliche Auferstehungslehre) bei E. H. SEARS: Athanasia, or foregleams of immortality (Boston 1857) 272ff. – [2] Instruction prat. sur les Manifestations spirites (Paris 1858) 40. – [3] a.O. – [4] a.O. [1] 74f. – [5] a.O. – [6] A. BESANT: Die R.- oder Wiederverkörperungslehre. Aut. dtsch. Ausg. (1920) 51. – [7] a.O. 85ff. – [8] 89. – [9] 103. – [10] 111. – [11] H. P. BLAVATSKI: The key to theosophy (London ^{3}1920) 128ff. – [12] a.O. 134f. – [13] R. STEINER: R. und Karma (1903), ND in: Lucifer-Gnosis 1903-08. Aufs. zur Anthroposophie und Ber. aus der Z. ‹Lucifer› und ‹Lucifer-Gnosis›. Ges.ausg. 34 (1960) bes. 68-86. – [14] Das Markus-Evang. (1912) 1. Vortrag, 8. – [15] Das Joh.-Evang. im Verhältnis zu den drei anderen Evangelien – bes. zu dem Lukas-Evang. (1909) 12. Vortrag, 11. – [16] a.O. 14. Vortrag, 14. – [17] Vor dem Tore der Theosophie (1906) 20. – [18] a.O. [13] 87; vgl. auch: Wie Karma wirkt, a.O. 92-107. – [19] Okkulte Gesch. (1910/11) 3. Vortrag. – [20] Der irdische und der kosmische Mensch (1911/12) 8. Vortrag, 9. – [21] Vgl. F. RITTELMEYER: Wiederverkörperung (1931); E. BOCK: Wiederholte Erdenleben (1932); R. FRIELING: Christentum und Wiederverkörperung (1974); R. BUBNER: Evolution, R., Christentum (1975) bes. 77ff.   M. KROSS

Reiz und Reaktion

1. *Ursprung in der Physiologie des 18. Jh.* – Das Substantiv ‹R.› erscheint zuerst in der medizinischen Fachsprache des 18. Jh., und zwar als Bezeichnung für eine natürliche Klasse, deren Mitglieder ein wesentliches Merkmal gemeinsam haben. Das lateinische ‹stimulus› kommt bereits bei G. BAGLIVI [1] vor und bezieht sich auf äußere Einwirkungen, die Verletzungen hervorbrin-

gen (z.B. Verbrennungen, Stiche) oder pathologische Zustände lindern (z.B. Nachlassen von Schwellungen). Es herrscht jedoch eine mechanistische Auffassung solcher Einwirkungen vor.

Mit der Ausbreitung des physiologischen Experiments begegnen im Laufe des 18. Jh. wichtige Varianten des Begriffs wie ‹das Reizen› oder ‹die Reizung›, z.B. im Werk des Physiologen A. VON HALLER [2]. Solche Ausdrücke beziehen sich oft auf einen durch den Experimentator eingeleiteten Vorgang bei Tieren, an denen ein chirurgischer Eingriff vorgenommen wurde, oder bei isolierten Organen. Diese Vorgänge werden jedoch als analog zu den durch natürliche Bedingungen hervorgerufenen betrachtet. Der Begriff eröffnet einen Weg zur Feststellung der Relevanz von Laborforschung für die Erklärung gewisser Naturvorgänge.

Das Interesse der Physiologen richtet sich indessen stärker auf die Art der Reaktion auf R.e als auf die R.e selbst. Haller [3] unterscheidet zwischen zwei Reaktionsweisen, nämlich der Muskelkontraktion und der Empfindung. Die letztere ist Ergebnis der Reizung von Nerven und manifestiert sich bei Tierexperimenten durch äußere Anzeichen von Schmerz oder Unruhe. Diese Unterscheidung nimmt die zwei hauptsächlichen experimentellen Programme vorweg, welche den praktischen Kontext für die Entwicklung des R.-Begriffs im 19. Jh. bilden sollten: die Erforschung von Reflexbewegungen und die Untersuchung von Sinnesfunktionen.

Im 18. Jh. ist die technische Arbeitsteilung der Wissenschaft jedoch noch nicht soweit fortgeschritten. Die entscheidenden Probleme, mit denen man sich auseinanderzusetzen hat, haben mit der Abgrenzung der Methoden und Begriffe der biologischen von denen der physikalischen Wissenschaften zu tun. Bei der Definition dieser Probleme sollte der Begriff der Reaktion auf einen R. eine kritische Rolle spielen, und zwar zuerst in Großbritannien und danach auch in Deutschland.

Das dualistische Schema, das in der ersten Hälfte des 18. Jh. vorherrscht, kennt zwei grundlegende Klassen animalischer Bewegungen: Die unwillkürlichen sind rein physikalische, mechanisch determinierte Ereignisse; die willkürlichen schließen Bewußtheit und rationale Entscheidung ein. Hallers Zeitgenosse, der Edinburgher Physiologe R. WHYTT, fügt eine dritte Klasse hinzu: «Bewegung von einem R.» [4]. Für diese Konzeption werden die Bewegungen dekapitierter Tiere paradigmatisch. Sie können weder als willkürliche angesehen noch nach mechanistischen Prinzipien erklärt werden. Die Stärke der Reaktionen hängt nicht von der Stärke des angewandten R. ab; häufig wird von verschiedenen mechanisch möglichen Reaktionen zuverlässig diejenige gewählt, die eine mögliche Schädigung der verbleibenden Teile des Tieres vermeidet.

Für Whytt passen die Reaktionen von Lebewesen auf R.e weder in die Klasse der willkürlichen noch in diejenige der mechanischen Bewegung. Diese Reaktionen werden weder von den Gesetzen der Logik noch von den Gesetzen der Mechanik bestimmt, sondern durch ein Prinzip der «sentience», das darauf hinwirkt, die Integrität des Lebewesens zu erhalten. Die «empfindende Seele» («sentient soul») ist in jedem Teil des Nervensystems lokalisiert, und ihre Tätigkeit ist oft unbewußt. Whytts Konzept der von einem R. initiierten Bewegung beruht auf einer systematischen Abwendung vom Dualismus, und er unterscheidet es sorgfältig sowohl vom cartesischen Mechanismus wie auch von Stahls Animismus. R.e sind Auslöser eines für Lebewesen spezifischen Typs von Bewegung. R.e brauchen nicht physisch, sondern können auch geistig sein, z.B. wenn die Erinnerung an ein wohlschmeckendes Essen den Speichelfluß stimuliert [5]. Die Zugehörigkeit zu der Klasse der R.e ist funktionell und nicht durch den ontologischen Status bestimmt.

W. CULLEN [6], Whytts Nachfolger, entwickelt weitere Folgerungen aus dessen Konzeption der stimulierten Bewegung. Was etwas zum R.e macht, ist seine Kraft oder Potenz («power»), Bewegung in einem Lebewesen auszulösen. R.e üben ihren Einfluß entweder durch direkte Einwirkung auf das Gewebe oder indirekt über das Nervensystem aus. Im letzteren Falle entstehen Empfindungen, die ihrerseits als R.e wirken. Damit fallen Hallers beide Prinzipien unter den Begriff der ‹Reizung›.

Ging es Whytt hauptsächlich um die Rolle der R.e für das interne Funktionieren des Organismus, so betonte Cullen die entscheidende Rolle äußerer R.e für die Aufrechterhaltung der normalen physiologischen Aktivität [7]. Dies führt einerseits zu Entwicklungen in Richtung auf einen milieutheoretischen Akzent in der theoretischen Medizin und andererseits zu expliziten Verbindungslinien zwischen physiologischen Konzeptionen und der Philosophie des Empirismus – eine Verbindung, die von der späteren angelsächsischen Psychologie mit großer Energie verfolgt werden sollte.

Ein frühes, radikales Beispiel für diese Tendenz findet sich bei E. DARWIN, dem Großvater von Charles Darwin. Er formuliert eine vollständige Theorie des Verhaltens und Erlebens, die auf drei Grundbegriffen beruht: ‹Reizung›, ‹Muskelkontraktion› und ‹Empfindungskraft› («sensorial power») [8]. Anders als frühere medizinische Autoren, die ihre Beispiele für Verhalten nach dem R.-Reaktions-Schema im allgemeinen auf Verhaltensweisen wie Niesen, Schlucken und Erbrechen beschränkt hatten, analysierte Darwin alltägliche Willkürhandlungen mit Hilfe dieser Begriffe, indem er in das R.-Reaktions-Schema das Prinzip der Assoziation einführt, und zwar in der physikalistischen Form, die diesem von D. HARTLEY [9] gegeben worden war. Komplexe Handlungen können nun als Ketten von R.-Reaktions-Verbindungen dargestellt werden, wobei die Reaktion von einem Kettenglied als R. für das nächste Kettenglied wirkt. Die Assoziation führt auch zu adaptiven Modifikationen von R.-Reaktions-Verbindungen. Für E. DARWIN bildet dies sogar die Basis für eine Theorie der evolutionären Entwicklung der Organismen.

Anmerkungen. [1] G. BAGLIVI: De fibra motrice et morbosa 11. Op. omn. (Antwerpen 1740). – [2] A. VON HALLER: Elem. physiologiae corporis humani (Bern 1757/66). – [3] De partibus corporis humani sensibilibus et irritabilibus (1751); Von den empfindlichen und reizbaren Teilen des Körpers, hg. K. SUDHOFF (1922). – [4] R. WHYTT: On the vital and other involuntary motions of animals (1751). Works (Edinburgh 1768). – [5] a.O. 133. – [6] W. CULLEN: Anfangsgründe der prakt. Arzneywiss. (1778). – [7] J. THOMSON: An account of the life, lect. and writ. of W. Cullen (London 1832) 1, 315. – [8] E. DARWIN: Zoonomia (London 1794/96). – [9] D. HARTLEY: Observ. on man, his frame, his duty and his expectations (London 1749).

Literaturhinweise. M. VERWORN: Erregung und Lähmung (1914). – G. RUDOLPH: Hallers Lehre von der Irritabilität und Sensibilität, in: R. HERRLINGER/K. E. ROTHSCHUH (Hg.): Von Boerhave bis Berger – Die Entwickl. der kontinent. Physiol. im 18. und 19. Jh. mit bes. Berücksicht. der Neurophysiol. (1964). – K. E. ROTHSCHUH: Zur Gesch. der physiolog. Reizmethodik im 17. und 18. Jh. Gesnerus 23 (1966) 147-160; Physiologie – Der Wandel ihrer Konzepte, Probleme und Methoden vom 16. bis 19. Jh. (1968). – R. K. FRENCH: Robert Whytt, the soul and medicine (London 1969). – T. S. HALL: Ideas of life and matter (Chicago 1969). – H.-J. MÖLLER: Die Begr. ‹Reizbarkeit› und ‹R.›: Konstanz und Wandel ihres Bed.gehaltes sowie die Problematik ihrer exakten Def. (1975). – K. DANZIGER: Origins of the schema of stimulated motion. Hist. Sci. 21 (1983) 183-210. – T. BORSCHE: Der R. – Schwierigkeiten einer neuzeitl. Bestimm. der lebend. Natur. Allg. Z. Philos. 16 (1991) 1-26.

2. Deutsche Physiologie und Psychologie um die Wende des 18. zum 19. Jh. – In der deutschen physiologischen Literatur des späten 18. und frühen 19. Jh. entwickelt sich der Begriff der Reaktion auf einen R. im Zusammenhang mit systematischen Versuchen, die spezifischen Merkmale animalischer (im Unterschied zu rein mechanischer) Bewegung zu beschreiben. Die Theorie von J. A. UNZER ist dafür ein relativ frühes Beispiel, obwohl Unzers Interesse vor allem auf die von der Reizung des Nervensystems hervorgerufenen Eindrücke gerichtet ist [1].

Unzer betont die Ähnlichkeit der Bewegungen, die bei dekapitierten Tieren durch äußere Reizung hervorgerufen werden, und der Bewegungen intakter Tiere. Die innere Auslösung von Bewegungen unter Beteiligung des Gehirns – so resümiert er – stellt einen Vorgang dar, der ihrer Hervorrufung durch äußere Reizung analog ist. Das Gehirn ist das Organ der Seele. Das Schema der Reaktion auf R. kann also auf die Funktionsweise der Seele ausgedehnt werden, und zwar sowohl im Hinblick auf die Reaktion der Seele auf äußere Eindrücke wie auch im Hinblick auf die Auslösung körperlicher Bewegungen durch die Seele.

Im Anschluß an Unzer spricht G. PROCHASKA von einem «Seelenreiz» [2], um die Wirkungen von «Vorstellungen, Begriffen oder Ideen» und allgemein von «moralischen Ursachen» zu bezeichnen. Am Ende des 18. Jh. ist der Begriff der Reizung bereits von den Ursachen für Reaktionen spezifischer Körperorgane auf die Ursachen für Reaktionen des Organismus als Ganzem ausgedehnt worden. Im Zuge dieser Ausdehnung wird er jetzt erstmals auch auf rein psychologische Ursachen angewendet. Der R.-Begriff spielt dabei eine wichtige Rolle für die Entwicklung von Vorstellungen über eine naturalistische Basis der Psychologie. Wie im Falle der Biologie bietet das Schema der Reaktionen auf R.e für die Psychologie ein Modell natürlicher Verursachung, das vom Modell der mechanischen Verursachung verschieden ist. Diese Entwicklung hatte unter anderem eine enorme Ausdehnung des Bedeutungsfeldes von ‹R.› zur Folge. Dies führt zu einer anscheinend unvermeidbaren Mehrdeutigkeit, die für die psychologische Verwendung des Ausdrucks bis ins 20. Jh. kennzeichnend bleibt.

J. G. HERDER bietet ein frühes Beispiel für die Übertragung des R.-Begriffs von der Physiologie in die Psychologie. «Tiefer können wir wohl die Empfindung in ihrem Werden nicht hinabbegleiten als zu dem sonderbaren Phänomen, das Haller ‹R.› genannt hat» [3]. Denn Herder ist überzeugt: «Meines geringen Erachtens ist keine Psychologie, die nicht in jedem Schritt Physiologie sei, möglich» [4]. Aus dieser Erweiterung der Verwendung des R.-Begriffs folgt unter anderem die Einführung des Begriffs ‹innerer R.›. Dieser ensteht im lebenden Organismus statt in der Umwelt und stellt ein Schema der natürlichen Verursachung für beinahe jedes psychische Phänomen und nicht nur für Empfindungen bereit.

Schon vor dem Ende des 18. Jh. werden Vorstellungen als R.e [5] für die Anregung der Aufmerksamkeit behandelt. Der Wille ist ein weiterer R. mit derselben Wirkung. Vorstellungen und Körperbewegungen stimulieren einander [6]. Der Begriff der Reizung ermöglicht es, jegliche Verbindung zwischen physischen und seelischen Ereignissen oder auch zwischen psychischen Ereignissen im Rahmen einer natürlichen Determination zu beschreiben. Für G. R. TREVIRANUS [7] wirkt der Wille als (innerer) R. für Körperbewegungen, eine Wirkung, die derjenigen von äußeren, physikalischen oder chemischen R.en analog sein soll. Die Wirkung von R.en soll aufzählbaren Naturgesetzen unterworfen sein.

Man stellt sich jetzt die R.-Effekte als in Zeit und Raum ausgedehnt vor. Die «Fortpflanzung» oder «Progression» der R.e wird eingehend erörtert [8]. Ein auf linearen Ursache-Wirkungs-Ketten sukzessiver Reaktionen auf R.e beruhendes Modell beginnt die Erklärung entfernter R.-Wirkungen zu beherrschen. Auch können R.e langfristige Effekte haben, indem sie Änderungen im Zustand von Körperorganen einschließlich des Nervensystems hervorrufen.

Eine wichtige Klarstellung wird durch J. C. REIL vorgenommen, der zwischen einer weiten und einer engen Bedeutung des Ausdrucks ‹R.› unterscheidet [9]. Die erstere meint «jedes äußere Ding, das eine Veränderung in einem Organe des tierischen Körpers veranlassen kann». Im engeren Sinne ist ein R. etwas, das solche Veränderungen in einem Organ hervorruft, die für es charakteristisch sind, d.h. Licht ist für das Auge, aber nicht für das Ohr ein R. Es gibt eine natürliche Beziehung zwischen der Qualität des R. und der spezifischen Reizbarkeit des Organs. In der ersten Hälfte des 19. Jh. verliert der breite R.-Begriff, der in der medizinischen Theorie des 18. Jh. vorgeherrscht hatte, seine Funktion, da spezifischere Erklärungen pathologischer Bedingungen möglich werden. Dagegen breitet sich die engere Verwendung von ‹R.› erheblich aus.

Die wichtigste Bedeutungseinschränkung folgt der schon von Haller vorgezeichneten Richtung und nimmt die Form einer Unterscheidung zwischen der natürlichen Hervorbringung einer Muskelkontraktion und der natürlichen Hervorbringung von Empfindung aufgrund der Einwirkung auf ein Sinnesorgan an. Die grundlegende Unterscheidung zwischen Empfindungs- und Bewegungs-R. [10] verbindet sich mit zwei divergierenden Linien der Forschung und der begrifflichen Entwicklung. Die eine hat mit der physiologischen Grundlage der Empfindung zu tun, die andere mit der Erklärung der unwillkürlichen und letzten Endes auch der willkürlichen Bewegung. Die letztere Richtung ist eng mit der Entwicklung des Begriffs der Reflexbewegung verbunden.

Anmerkungen. [1] J. A. UNZER: Erste Gründe einer Physiol. der eigentl. thierischen Natur thierischer Körper (1771) 346-348. – [2] G. PROCHASKA: Lehrsätze aus der Physiol. des Menschen (Wien ³1810) 124. – [3] J. G. HERDER: Vom Erkennen und Empfinden der menschl. Seele. Bem. und Träume (1778). Sämmtl. Werke, hg. B. SUPHAN (1877ff.) 8, 171. – [4] a.O. 180. – [5] L. H. JAKOB: Grundr. der Erfahrungs-Seelenkunde 1 (²1795) 248. – [6] a.O. 55. – [7] G. R. TREVIRANUS: Biol. oder Philos. der lebenden Natur für Naturforscher und Aerzte 6 (1822) 57. – [8] a.O. 5 (1818). – [9] J. C. REIL: Von der Lebenskraft (1795, ND 1910) 49. – [10] a.O.

Literaturhinweise. M. DESSOIR: Gesch. der neueren dtsch. Psychol. (²1902). – K. M. FIGLIO: Theories of perception and the physiol. of mind in the late eighteenth cent. Hist. Sci. 13 (1975) 177-212. – T. LENOIR: Teleol. without regrets. The transformation of physiol. in Germany 1790-1847, in: Hist. and philos. of sci. 12 (1981) 293-354. – F. W. VOLKMANN VON VOLKMAR: Lehrb. der Psychol. vom Standpunkte des Realismus (³1884). – E. SCHEERER: Art. ‹Psychol.›, in: Hist. Wb. Philos. 7 (1989).

3. *Reflexe und das R.-Reaktions-Schema.* – G. Prochaska spricht von der Produktion von Bewegungen aufgrund einer zentralen «Reflektion» der von den Sinnesnerven produzierten Eindrücke auf die zu den Muskeln führenden Nervenkanäle [1]. Die Funktion der automatischen Reaktionsbewegungen ist dabei die Aufrechterhaltung der Integrität des Organismus (z.B. durch Niesen, Erbrechen). Je nach ihren Effekten könne man von «dem Leben zuträglichen oder abträglichen R.en» sprechen [2].

M. Hall [3] entwickelt den Begriff der «Reflexfunktion», um die automatische Reaktion auf R.e vom willkürlichen Handeln zu unterscheiden. Er postuliert einen besonderen Teil des Nervensystems, um dieser Funktion eine anatomische Basis zu verleihen [4]. Auch J. Müller beschäftigt sich ausführlich mit Reflexbewegungen [5].

Man hatte R.e im Hinblick auf zwei Wirkungen definiert, ihre Fähigkeit nämlich, Empfindungen und automatische Bewegungen zu verursachen. In der ersten Hälfte des 19. Jh. gibt es verschiedene Auffassungen zur Frage der Beziehung zwischen diesen beiden Effekten. Einige Autoren halten die sensorischen Effekte für primär und sprechen ihnen eine notwendige Rolle bei der Hervorbringung von Bewegungen zu [6]. Andere, wie M. Hall und R. D. Grainger [7], halten an der vollständigen Trennung dieser Funktionen fest, indem sie der Empfindung jegliche Rolle bei der Verursachung der automatischen Bewegung absprechen. Diese Meinung setzt sich durch. Obwohl es schwerwiegenden Widerspruch gibt (vgl. etwa die Kontroverse zwischen E. Pflüger [8] und H. Lotze [9]), ist es in der Physiologie der Mitte des 19. Jh. allgemeiner Konsens, daß auf R.e folgende unwillkürliche Reflexbewegungen nicht durch seelische Prozesse, auch nicht durch unbewußte, vermittelt werden. Dies bedeutet, daß der R.-Begriff in diesem Zusammenhang erneut eine rein physiologische Bedeutung bekommt.

Gleichzeitig entwickelt die Neurophysiologie eine eindeutig elementaristische Konzeption der Reflexe. Das Interesse verschiebt sich von einer allgemeinen Theorie der Reflexfunktion zur Analyse spezifischer Reflexe, die eine definitive anatomische Grundlage haben [10]. Dabei handelt es sich um angeborene Verbindungen zwischen spezifischen R.en und spezifischen Reaktionen, die im Grunde wie voneinander unabhängige Einheiten wirken. Erst mit der Arbeit von C. S. Sherrington [11] wird am Ende des 19. Jh. dieser Elementarismus durch eine stärker integrative Konzeption des Zusammenwirkens verschiedener Reflexe ersetzt.

Eine extreme Entwicklung der mechanistischen und elementaristischen Lehre der R.-Reaktions-Verbindungen begegnet in den Beiträgen von J. Loeb über die Tropismen von Tieren, wobei es sich um eine Ausweitung von Arbeiten z.B. über den Phototropismus von Pflanzen handelt [12]. Loeb selbst versucht, auch willkürliches Verhalten auf diese Begriffe zu reduzieren [13], aber eine einflußreichere Version dieser Herangehensweise wird erst durch seinen Schüler J. B. Watson, den Begründer des Behaviorismus im 20. Jh., vorgelegt [14]. Jegliches Verhalten, gleich wie komplex, wird nun als auf Ketten elementarer R.-Reaktions-Verbindungen reduzierbar betrachtet. Die Elemente in diesen Ketten können durch Lernen modifiziert werden.

Den Reflexbegriff als Grundlage für die Analyse komplexen Verhaltens zu verwenden, ist bereits seit der Mitte des 19. Jh. versucht worden. T. Laycock [15] dehnt das Reflexmodell auf die Arbeitsweise des Gehirns aus. W. Griesinger [16] fordert ebenfalls eine Analyse psychologischer Tatsachen auf der Grundlage von Reflexverbindungen zwischen Sinnes-R.en und motorischen Reaktionen. I. M. Sechenow [17] spricht von «Reflexen des Gehirns», welche die Basis einer materialistischen Psychologie bilden sollen. Laycocks Schüler J. H. Jackson [18], eine bedeutende Figur in der Geschichte der Neurologie, führt psychische Symptome infolge von Hirnverletzungen auf die «gestörte Entwicklung sensomotorischer Prozesse» zurück. Die frühen Versuche S. Freuds, eine psychophysiologische Erklärung der Neurosen zu geben [19], zeigen den Einfluß der im späten 19. Jh. gängigen Versionen des Reflexmodells.

Diese theoretischen Positionen schließen nicht unbedingt eine elementaristische Analyse ein; ihr Schwerpunkt liegt eher auf einem streng deterministischen Modell des willkürlichen Verhaltens. In vielen Fällen wird gleichzeitig die Bedeutung von Umwelteinflüssen betont, und das Reflexmodell bringt diese beiden Grundannahmen zum Ausdruck. So verwendet, verliert die R.-Komponente des Reflexmodells die Eigenschaft, eine besondere physikalische Einwirkung zu sein, die sie in der Experimentalphysiologie erhalten hatte, und nimmt eine allgemeinere Bedeutung an, wobei höchst mehrdeutige und komplexe Klassifikationen von Umweltereignissen gemeint sein können. Zum Beispiel spricht I. P. Pawlow in der Tradition Sechenows von solchen Entitäten wie Selbsterhaltungsreflex, Freiheitsreflex oder Zielreflex [20], deren R.-Komponenten sich einer eindeutigen physikalischen Definition entziehen.

Um die Mitte des 19. Jh. findet auch eine Verschmelzung des physiologischen R.-Reaktions-Modells mit der assoziationistischen Psychologie der britischen empiristischen Philosophie statt. A. Bain [21] und W. Carpenter [22] wiederbeleben den physiologischen Assoziationismus von D. Hartley [23], der bereits Bewegungen von Organismen in sein Schema aufgenommen hatte, ersetzen aber die Physiologie des frühen 18. Jh. durch jene der Mitte des 19. Jh. Eine sensumotorisch orientierte Psychologie wird von ihnen als neues Gegenstück zur R.-Reaktions-Physiologie des Reflexes entwickelt. Man betont die Modifizierbarkeit der Reaktionen auf R.e und erklärt sie durch die Prinzipien der Assoziation. Dies schließt einen besonderen Status für solche R.e ein, die mit angenehmen Empfindungen assoziiert sind, denn die Reaktionen auf solche R.e würden wiederholt werden. H. Spencer [24] entwickelt eine ähnliche Vorstellung.

Dadurch wird eine wichtige Änderung in der theoretischen Beziehung zwischen Bewegungen und äußeren Einflüssen eingeführt. Diese sind nicht nur Ursachen für aktuell auftretende Bewegungen, sondern können auch Ursachen für künftige Bewegungen oder zumindest für Bewegungsänderungen sein. Die Sprache der sensumotorischen Psychologie des 19. Jh. ist jedoch dualistisch und bezieht sich in der Regel auf Empfindungen statt auf R.e, die hypothetischerweise die Empfindungen verursachen sollen. In dieser Form wird die empiristische sensumotorische Psychologie Teil der frühen amerikanischen Psychologie, wie sie z.B. durch W. James [25] repräsentiert wird. Die Bezugnahme auf Empfindungen wird jedoch bald fallengelassen, und zwar zunächst in der Tierpsychologie (z.B. von E. L. Thorndike [26]) und später, unter dem Einfluß des Behaviorismus, auch in der Humanpsychologie. Das Ergebnis ist eine allgemeine «Lernpsychologie», die sich des R.-Reaktions-

Schemas bedient. Man betont jedoch eine Stimulation, die als Ergebnis von Handlungen und nicht zeitlich vor ihnen auftritt. Die amerikanischen «instrumentellen» Lerntheorien werden im allgemeinen von den konditionierten Reflexen Pawlows, die dem klassischen Reflexmodell näher blieben [27], abgehoben.

Es gibt keine logisch notwendige Beziehung zwischen der amerikanischen R.-Reaktions-Psychologie und dem Behaviorismus im engeren Sinne. Im Rahmen des Behaviorismus werden R.e und Reaktionen physikalistisch definiert, während viele amerikanische Psychologen eine rein funktionale Interpretation des R.-Reaktions-Schemas vorziehen, die sowohl eine psychologische als auch eine physikalische Deutung der wesentlichen Begriffe erlaubt. So trägt das Hauptlehrbuch der R.-Reaktions-Psychologie von R. S. WOODWORTH in einer seiner vielen Ausgaben den Untertitel ‹Eine Studie über das geistige Leben› [28]. Ein gleichartiger Gebrauch des R.-Reaktions-Schemas findet sich auch bei späteren Vertretern der amerikanischen funktionalistischen Psychologie wie H. A. CARR [29].

Im Kontext dieser Begriffsbildung findet sich eine Unterscheidung zwischen «peripheren» und «zentralen» R.en, wobei die letzteren durch die Tatsache abgegrenzt werden, daß sie nicht auf die Sinnesorgane wirken, sondern ihre Wirkungen «zentral» entfalten. Ein Gedanke kann z.B. ein zentraler R. für die Entwicklung eines anderen Gedankens sein, der dann die Reaktion auf ihn ist. Selbst vernunftgemäßes Schließen kann in solchen Termini eingefangen werden: «Der Prozeß des vernünftigen Schlußfolgerns läuft auf die Existenz zweier Tatsachen als R.en hinaus und die Reaktion, die 'Schluß' genannt wird, besteht darin, eine dritte Tatsache zu erkennen, die mit den beiden R.-Tatsachen verwickelt ist» [30].

Vor diesem Hintergrund gesehen, enthält das R.-Reaktions-Schema sowohl eine Reihe von Annahmen über den Gegenstand der Psychologie als auch eine theoretische Sprache, um psychologische Probleme zu formulieren, sowie mehrere Vorschriften darüber, wie psychologische Probleme untersucht werden sollten. Als explizite Annahme der R.-Reaktions-Psychologie ist die Grundbedingung, daß «jede Handlung eine Reaktion auf aktuell vorhandene R.e ist» (WOODWORTH), zu nennen, und weiter, daß «alle sensorischen R.e bestimmte Wirkungen auf die Aktivität des Organismus haben» (CARR). Eine solche Behauptung bleibt tautologisch, solange R. und Reaktion nur als Momente in einer funktionalen Beziehung gesehen werden. Sie wird allerdings dann eine bedeutsame psychologische Grundannahme, wenn den Begriffen ‹R.› und ‹Reaktion› eine konkrete Bedeutung zugemessen wird, z.B. als «sensorischer R.», «aktuell wirksamer R.», «offene Reaktion». Tatsächlich hat kaum einer der R.-Reaktions-Psychologen in sich konsistent am rein funktionalen Gebrauch festgehalten, was zu sehr charakteristischen Mehrdeutigkeiten in der Anwendung dieser Begriffe geführt hat.

Die Begriffe ‹R.› und ‹Reaktion› geben zudem ein sprachliches Gerüst für die Beschreibung einer uneingeschränkten Bandbreite von psychologischen Prozessen ab. Ihr Gebrauch setzt voraus, alle psychologischen Phänomene als eine Summe von Elementen und ihren spezifischen Wirkungen anzusehen und gleichzeitig anzunehmen, daß diese Elemente ihre Identität auch dann aufrechterhalten, wenn die Situationen sich ändern. W. KÖHLERS gestaltpsychologische Kritik konzentriert sich insbesondere auf diese Konsequenz [31]. Jedoch hatte die R.-Reaktions-Psychologie ihre stärkste Wirkung bei der normativen Festlegung der Ziele der psychologischen Forschung, indem sie diese auf die Analyse des Verhältnisses zwischen spezifischen R.en und Reaktionen festlegt. Demgemäß findet sich in der Literatur der R.-Reaktions-Psychologie seit Beginn der dreißiger Jahre im wachsenden Maße eine Austauschbarkeit der Begriffe ‹unabhängige› und ‹abhängige Variable› mit ‹R.› und ‹Reaktion›.

Die allgemeine Verbreitung des R.-Reaktions-Schemas im Kontext psychologischer Forschung hing immer mit bestimmten Reinterpretationen des Reflexbegriffs zusammen, die sich während des 19. Jh. herausgebildet hatten. Man kann die Reinterpretationen des Reflexbegriffs in zwei Hauptvarianten unterscheiden. Auf der einen Seite wird versucht, das globale Reflex-Schema in seine Einzelteile zu zerlegen und das Postulat einer festen Verbindung zwischen diesen Einzelteilen aufzugeben. Auf der anderen Seite wird hingegen eine stärkere Annäherung des R.- und Reaktions-Abschnitts eines Reflexes angestrebt, wodurch die Unterscheidung zwischen ihnen fragwürdig wird.

Es ist die Einführung von Konzepten wie ‹Reaktionselimination› und ‹R.- oder Reaktionssubstitution›, die die deterministische Beziehung zwischen R. und Reaktion zusammenbrechen läßt. Unter gewissen Bedingungen löst ein bestimmter R. nicht die ihm entsprechende Reaktion aus, sondern kann statt dessen zum Auslöser einer anderen Reaktionsweise werden. Das gleiche gilt für spezifische Reaktionen, die durch neue oder substituierte R.e erweckt werden können. Das bekannteste Beispiel für den ersteren Vorgang ist das Lernen im Sinne von «trial and error»; Pawlows konditionierte Reflexe stellen umgekehrt Beispiele für den letzteren Vorgang dar. Der Gebrauch des R.-Reaktions-Schemas als Elementarbaustein für eine allgemeine Psychologie des Lernens beruht auf einer solchen Aufweichung des Reflexvorgangs für die Zwecke der Psychologie.

Eine weitere Stufe einer solchen Aufweichung ist in der Psychologie von B. F. SKINNER [32] zu finden, wo R.-Reaktions-Verbindungen nicht mehr zu existieren brauchen, damit überhaupt Verhalten auftritt. Verhalten ohne Einfluß von R.en wird in dieser Theorie als emittiertes Verhalten gesehen und als operantes Verhalten von respondentem Verhalten abgegrenzt, insoweit letzteres als Folge der Einwirkung von R.en auftritt. Operantes Verhalten gerät erst durch die Wirkung von Lernprozessen unter die Kontrolle von R.en.

Das Konzept ‹operantes Verhalten› verdankt seine Existenz teilweise auch einer theoretischen Entwicklung, die die Beschränktheit des R.-Reaktions-Schemas durch eine stärkere Betonung der Einheit der in ihm vorhandenen Komponenten zu überwinden trachtete. Das klassische Schema beruhte dem Reflexmodell gemäß auf einer linearen Wirkungskette vom R. zur Reaktion. Bereits in J. M. BALDWINS [33] einflußreicher Theorie der Imitation findet man aber eine Betonung der Bedeutung der Reaktion für die Aufrechterhaltung oder Wiederherstellung des R.; J. DEWEY [34] hat dann als erster eine allgemeine Fassung einer integrierten R.-Reaktions-Konzeption formuliert, die eine wichtige Rolle in der amerikanischen Psychologie des 20. Jh. gespielt hat. Nach Dewey ist der Reflexvorgang eher als Phänomen einer Wechselwirkung statt einer linearen Wirkungsfortpflanzung zu sehen. Die entscheidenden Einheiten psychologischer Theorie und Forschung bestehen nach ihm nicht in einer Abfolge unterschiedlicher

Klassen von Ereignissen, die als R.e und Reaktionen zu identifizieren wären, sondern in der funktionalen Koordination von Handlungen und Erfahrungen, die wechselseitig aufeinander bezogen sind. In Deweys Theorie wird Reizung ein ausschließlich funktional bestimmbarer Vorgang, der nichts mit dem ontologischen Status des Vorgangs, seiner Existenz als physikalisches oder mentales Ereignis, zu tun hat und einzig und allein auf seiner aktuellen Rolle in der R.-Reaktions-Koordination beruht. Ähnliches gilt für die Kategorie der Reaktion. Die Bestimmung, ein R. für einen Organismus zu sein, ergab sich lediglich daraus, daß eine bestimmte Aktivität des Organismus mit ihm im Rahmen eines weiter angelegten teleologischen Zusammenhangs verbunden wird.

Eine funktionalistische Analyse des R.-Reaktions-Schemas wird von E. B. HOLT [35] fortgeführt, dessen Hauptinteresse jedoch weniger einem einzelnen Reflex als vielmehr der Zusammenarbeit von mehreren Reflexen in einer motorischen Gesamtkoordination galt. Untersuchungen des Physiologen SHERRINGTON [36] hatten bereits gezeigt, daß solche Verknüpfungen den Normalfall der motorischen Koordination bilden. Integriertes Verhalten, an dem mehrere Einzelreflexe beteiligt sind, ist dann nicht mehr Ergebnis eines einzelnen R., sondern Funktion einer bestimmten R.-Kombination bzw. einer Situation. Demgemäß betont HOLT den Bedeutungsverlust des unmittelbaren R. gegenüber dem Einfluß eines komplexen Objekts oder einer Situation, wenn es um die Erklärung eines bestimmten Antwortverhaltens ging. Weiter könne das R.-Objekt erst durch das integrierte Antwortverhalten konstituiert werden, das funktional mit ihm verbunden ist. Nach Holt kann von Verhalten im psychologischen Sinne erst gesprochen werden, wenn sich Antwortverhalten auf Objekte und Situationen statt auf einfache R.e bezieht.

Die Tradition der Holtschen Konzeption wird von E. C. TOLMAN [37] aufgenommen und benutzt, um seine Konzeption eines «molaren» Behaviorismus gegen die Version eines eher primitiven «molekularen» von J. B. WATSON abzugrenzen. Die richtigen Einheiten bei der Beschreibung von Verhalten sind nicht physikalische R.e und Muskelbewegungen, sondern unterschiedliche Ziele und Zeichen sowie die auf diese gerichteten Handlungen. Einzel-R.e und motorische Elemente des Verhaltens sind psychologisch unwichtig und praktisch unbegrenzt durch andere Teilelemente ersetzbar. TOLMAN hat deshalb die R.-Reaktions-Begrifflichkeit vollständig aufgegeben und statt dessen bei der Beschreibung des Verhaltens von Organismen Konzepte wie ‹Ziel› und ‹Erwartung› eingeführt.

Eine Reihe anderer Behavioristen, die mit Tolman die Unterscheidung zwischen der physiologischen und psychologischen Bedeutung der Begriffe von R. und Reaktion vollziehen, verzichten hingegen nicht auf deren Gebrauch. J. R. KANTOR [38] erkennt einerseits an, daß die Begriffe ‹R.› und ‹Reaktion› keinerlei Bedeutung außerhalb der Verbindung von R. und Reaktion haben. Trotzdem werden ihm zufolge Reaktionen mittels der R.-Funktion von Objekten erweckt. Und obwohl R.e gleichbedeutend sein können mit komplexen Objekten und Situationen und obgleich Reaktionen in Handlungsmustern statt in spezifischen Bewegungen bestehen können, ist die Relation zwischen beiden asymmetrisch und deshalb nicht durch andere Einheiten ersetzbar.

In SKINNERS Behaviorismus [39] findet man gleichfalls eine Anerkennung der funktionalen Gleichwertigkeit ganzer Klassen von R.en und Reaktionen und ein Festhalten am Gebrauch der Begriffe ‹R.› und ‹Reaktion›. Andererseits impliziert die bereits erwähnte Unterscheidung zwischen respondentem und operantem Verhalten aber eine Unterscheidung zweier funktionell unterschiedlicher Beziehungen zwischen R. und Reaktion. Einmal gehören die R.e in die Klasse der Ereignisse, die Reaktionen auslösen, im anderen Fall sind R.e Klassen von Ereignissen, die durch die Reaktionen erzeugt werden. Im letzteren Fall ist der R. ein Verstärkungs-R., dessen Wirkung vom Auftreten der Reaktion abhängig ist. Ein dritter Typ ist durch den Unterscheidungs-R. gegeben, der dadurch definiert wird, daß er den Akt der Verstärkung regelmäßig begleitet, aber nicht durch das Antwortverhalten produziert wird. Schließlich tritt die Reaktion immer dann ein, wenn ein Unterscheidungs-R. vorliegt. Insgesamt ist die Konzeption von Skinner dazu gedacht, eine Beschreibung von sinnvollem Verhalten ohne den Gebrauch teleologische Strukturen implizierender Begriffe zu liefern. Weil jedes Einzelelement im theoretischen System ausschließlich funktional und unter Bezugnahme auf andere Elemente definiert ist, kann es nur als Ganzes auf empirische Probleme angewandt werden. Empirische Anwendungen von isolierten Einzelelementen bergen hingegen die Gefahr, in Tautologien zu münden [40].

Anmerkungen. [1] G. PROCHASKA: De functionibus systematis nervosi (1784), engl. Übers. T. LAYCOCK (London 1851) Kap. 4. – [2] Physiol. oder Lehre von der Natur des Menschen (1820) 85. – [3] M. HALL: On the reflex function of the medulla oblongata and medulla spinalis. Philos. Transact. 123 (1833) 635-665. – [4] Lect. on the nervous system and its diseases (London 1836). – [5] J. MÜLLER: Hb. der Physiol. des Menschen 2 (1834) 4. Buch. – [6] R. LEYS: Backgr. to the reflex controv.: W. Allison and the doctr. of sympathy before Hall. Stud. Hist. Biol. 4 (1980) 1-66. – [7] R. D. GRAINGER: Observat. on the structure and functions of the spinal cord (London 1837). – [8] E. PFLÜGER: Die sensor. Functionen des Rückenmarks der Wirbelthiere nebst einer neuen Lehre über die Leitungsgesetze der Reflexionen (1853). – [9] H. LOTZE: Rec. von E. Pflüger (1853). Kl. Schr. 3 (1891) 145-175. – [10] A. W. VOLKMANN: Nervenphysiol., in: R. WAGNER: Handwb. der Physiol. 2 (1844) 542-548; R. WAGNER: Sympath. Nerv, Ganglienstructur und Nervenendigungen, a.O. 3 (1846) 398. – [11] C. S. SHERRINGTON: The integrat. action of the nervous system (London 1906). – [12] J. LOEB: Der Heliotropismus der Tiere und seine Uebereinstimmung mit dem Heliotropismus der Pflanzen (1890). – [13] The mechanist. conception of life (Cambridge 1912). – [14] J. B. WATSON: Psychol. from the standpoint of a behaviorist (Philadelphia 1919). – [15] T. LAYCOCK: On the reflex functions of the brain. Brit. foreign medical Review 19 (1845) 298-311. – [16] W. GRIESINGER: Über psych. Reflexactionen. Arch. physiolog. Heilkunde 2 (1843) 76-113. – [17] I. M. SECHENOW: Reflexes of the brain (1866). Select. physiolog. and psycholog. works (Moskau o. J.). – [18] J. H. JACKSON: On convulsions (1870). Select. writ. of H. J., hg. J. TAYLOR 1 (London 1931) 8-36. – [19] S. FREUD: Entwurf einer Psychol. (1895). Ges. Werke, Nachträge (1987) 387-477. – [20] I. P. PAWLOW: Sämtl. Werke 3 (Moskau 1953). – [21] A. BAIN: The senses and the intellect (London 1855). – [22] W. B. CARPENTER: Princ. of mental physiol. with their appl. to the training and discipl. of the mind and the study of its morbid cond. (London 1874). – [23] HARTLEY, a.O. [9 zu 1.]. – [24] H. SPENCER: Princ. of psychol. (London ²1871). – [25] W. JAMES: The princ. of psychol. (New York 1890) 1, 104-127; 2, 373-382. 579-592. – [26] E. L. THORNDIKE: Animal intelligence (New York 1911). – [27] E. R. HILGARD/D. G. MARQUIS: Conditioning and learning (New York 1940). – [28] R. S. WOODWORTH: Psychol. (New York 1921). – [29] H. A. CARR: Psychol. A study of mental activity (New York 1925). – [30] WOODWORTH, a.O. [28] 468. – [31] W. KÖHLER: Gestalt psychol. (New York 1929). – [32] B. F. SKINNER: The behavior of organisms (Englewood Cliffs 1938). – [33] J. M.

BALDWIN: Mental development in the child and the race (New York 1895). – [34] J. DEWEY: The reflex arc concept in psychol. Psycholog. Review 3 (1896) 357-370. – [35] E. B. HOLT: The Freudian wish and its place in ethics (New York 1915). – [36] SHERRINGTON, a.O. [11]. – [37] E. C. TOLMAN: Purposive behavior in animals and men (New York 1932). – [38] J. R. KANTOR: In defense of stimulus-response psychol. Psycholog. Review 40 (1933) 324-336. – [39] SKINNER, a.O. [32]. – [40] N. CHOMSKY: Skinner's 'Verbal Behavior'. Language 35 (1959) 26-58.

Literaturhinweise. F. FEARING: Reflex action (New York 1930). – G. CANGUILHEM: La formation du concept de réflexe aux XVIIe et XVIIIe s. (Paris 1955). – E. G. T. LIDDELL: The discovery of reflexes (Oxford 1960). – R. M. YOUNG: Mind, brain and adaptation in the 19th cent. (Oxford 1970). – R. SMITH: The backgr. of physiolog. psychol. in nat. philos. Hist. Sci. 11 (1973) 75-123. – J. BROZEK/S. DIAMOND: Die Ursprünge der objekt. Psychol., in: H. BALMER (Hg.): Die Psychol. des 20. Jh. 1 (Zürich 1976). – C. ECKHARD: Gesch. der Entwickl. der Lehre von den Reflexerscheinungen. Beitr. Anatomie Physiol. 9 (1881) 31-92. – K. DANZIGER: Mid-nineteenth cent. Brit. psycho-physiol., in: W. R. WOODWARD/M. G. ASH (Hg.): The problematic sci.: Psychol. in 19th-cent. thought (New York 1982).

4. *Psychologie der Sinnesempfindung und Wahrnehmung.* – Eine parallele Entwicklung des R.-Begriffes findet im Zusammenhang der Sinnesphysiologie und später der Sinnespsychologie statt. R.e werden hier nicht nur als Ursachen von Muskelbewegungen, sondern auch als Ursachen von Empfindungen bezeichnet. Im letzteren Fall müssen sie zu einem gewissen Grad auf die entsprechenden Sinnesorgane einwirken, bevor eine Empfindung bewirkt wird. In der experimentellen Sinnesphysiologie werden Bestimmungen der Empfindungsschwelle zunächst zur Beantwortung rein physiologischer Fragen angestellt. Aber der Vergleich von R.-Intensitäten verschiedener Stärke führt zur Bestimmung von Unterschiedsschwellen und dadurch zur Idee einer quantitativen Beziehung zwischen der physikalischen und der empfundenen R.-Intensität (E. WEBER [1]).

Eine Systematisierung solcher Beziehungen wird in der Psychophysik von G. TH. FECHNER [2] versucht, dem später zahlreiche andere Autoren wie etwa G. E. MÜLLER [3] und S. S. STEVENS [4] folgen. Psychophysische Forschungen nehmen in der Arbeit der frühen psychologischen Laboratorien, die dem Beispiel des Leipziger Laboratoriums von W. WUNDT [5] folgen, einen wichtigen Platz ein. Das Programm der Messung von R.en und ihren sensorischen Effekten beruht auf der experimentellen Isolation spezifischer R.-Dimensionen und ihrer sensorischen Äquivalente. R.e werden physikalisch und ihre Einflüsse auf die Empfindung elementaristisch definiert. Dies beinhaltet ein zweistufiges Modell des Entstehens der Wahrnehmung von Gegenständen in der Umwelt. Man nimmt an, daß solche Wahrnehmungen auf spezifischen kausalen Effekten von R.-Elementen beruhen und danach durch die Seele oder das Gehirn synthetisiert würden [6].

Die klassische Psychophysik beruht auf der künstlichen Isolation einfacher Empfindungen. Nicht speziell trainierte Personen beschreiben ihre Sinneserlebnisse in der Sprache ihrer Wahrnehmung und Kenntnis von Objekten – ein Phänomen, das von Psychologen wie E. B. TITCHENER [7] als «R.-Irrtum» («stimulus error») bezeichnet wird. Man nimmt an, daß direkte kausale Verbindungen nur zwischen R.-Elementen und Empfindungselementen bestehen und daß diese Verbindungen die unerläßliche Basis der Dingwahrnehmung sind.

Die Gestaltpsychologie [8] befindet sich in grundlegendem Widerspruch zu diesem Verständnis der Rolle der Reizung in der Wahrnehmung. Sie trifft mit anderen Tendenzen in der Psychologie des 20. Jh. zusammen, die zu einer spezifisch psychologischen statt physiologischen Verwendung des R.-Begriffes führen. K. KOFFKA [9] unterscheidet zwischen «Fern-R.en» («distal stimuli») und «Nah-R.en» («proximal stimuli»), eine Unterscheidung, die man auch bei E. BRUNSWIK [10] und F. HEIDER [11] antrifft. Distale R.e sind die physikalischen Gegenstände und Änderungen in der Umwelt des Individuums; proximale R.e sind jene physiologischen Ereignisse im Sinnesapparat, welche die unmittelbaren Antezedentien erlebter Wahrnehmungen bilden. Aber das Individuum reagiert nicht etwa auf ein Mosaik proximaler R.-Elemente, sondern auf organisierte Wahrnehmungen der distalen Umwelt. Obwohl die Gestaltpsychologie die Verwechslung zwischen den physikalischen R.en der «geographischen Umwelt» und der organisierten Wahrnehmungswelt der «Verhaltensumwelt» (KOFFKA [12]) kritisiert, breitet sich die Tendenz, die Dinge der letzteren als ‹R.› zu bezeichnen, in der Psychologie immer weiter aus.

Gleichzeitig wird in der Psychologie des 20. Jh. nach wie vor die ältere, an der Physiologie orientierte Konzeption des R. als eines Elements von äußerer, physikalischer Einwirkung verwendet. Die Anwendung der Prinzipien der Verhaltenspsychologie auf das menschliche Handeln beruht in weitem Maße auf einer mehrdeutigen Verwendung des R.-Begriffes, eine Mehrdeutigkeit, die sehr eindrucksvoll durch den Ausdruck ‹R.-Objekt› [13] illustriert wird. Im theoretischen Diskurs werden R.e in der Regel als physikalische Energien oder Ereignisse beschrieben (SKINNER [14], HULL [15]); geht es jedoch um Anwendungen auf menschliche Situationen, dann werden R.e zu sinnvollen Erlebnisgegenständen. Der Gebrauch des R.-Begriffes in letzterem Zusammenhang drückt die Grundannahme aus, daß die Beziehung zwischen den Individuen und den Dingen in ihrer Welt eine Beziehung natürlicher Verursachung und nicht eine Motivationsbeziehung im Sinne von E. HUSSERL [16] ist.

Diese Annahme liegt anscheinend auch den Versuchen von J. J. GIBSON [17] zugrunde, der Mehrdeutigkeit des R.-Begriffes durch die Unterscheidung zwischen potentiellen und effektiven R.en zu entgehen. Die ersteren werden nicht als elementare physikalische Phänomene aufgefaßt, sondern als komplexe Muster, die potentielle Information über die Welt tragen. Die Transformation potentieller R.e in effektive R.e, auf die das Individuum reagiert, wird als Teil der biologischen Anpassung der Organismen an ihre Umwelt behandelt.

Anmerkungen. [1] E. H. WEBER: De pulsu, resorptione, tactu et auditu (1834). – [2] G. TH. FECHNER: Elem. der Psychophysik (1860). – [3] G. E. MÜLLER: Zur Grundl. der Psychophysik (1878). – [4] S. S. STEVENS: Mathematics, measurement and psychophysics, in: STEVENS (Hg.): Handbook of experim. psychol. (New York 1951). – [5] W. WUNDT: Grundzüge der physiolog. Psychol. (^{3}1887). – [6] H. VON HELMHOLTZ: Die Thatsachen in der Wahrnehmung (1878). Vortr. und Reden 2 (^{5}1903) 213-247. – [7] E. G. BORING: The stimulus-error. Amer. J. Psychol. 32 (1921) 449-471. – [8] W. KÖHLER: Komplextheorie und Gestalttheorie. Psychol. Forsch. 6 (1925) 358-416. – [9] K. KOFFKA: Princ. of Gestalt psychol. (New York 1935). – [10] E. BRUNSWIK: The concept. framework of psychol., in: Int. encycl. of unif. sci. 1 (1950) Nr. 10. – [11] F. HEIDER: The psychol. of interpersonal relations (New York 1958). – [12] KOFFKA, a.O. [9] 27-52. – [13] W. KÖHLER: The select. papers of W. K., hg. M. HENLE (New York 1971) 104. – [14] SKINNER, a.O. [32 zu 3.]. – [15] C. L. HULL: Princ. of behavior (New York 1943). – [16] E. HUSSERL: Ideen zu einer reinen Phänomenol. und phänomenolog. Philos.

2. Husserliana 4 (Den Haag 1952) 189. – [17] J. J. GIBSON: The concept of the stimulus in psychol. Amer. Psychologist 15 (1960) 694-703.

Literaturhinweise. E. G. BORING: Sensation and perception in the hist. of experim. psychol. (New York 1942); A hist. of experim. psychol. (New York ²1950). – J. J. GIBSON: The senses consid. as percept. systems (Boston 1966). – W. METZGER: Psychol. – Die Entwickl. ihrer Grundannahmen seit der Einf. des Experiments (⁴1968). – H. GUNDLACH: R. – Zur Verwendung eines Begr. in der Psychol. (1976). – J. E. HOCHBERG: Sensation and perception, in: E. HEARST (Hg.): The first cent. of experim. psychol. (Hillsdale 1979).

5. R. und Reaktion in der Sozialpsychologie. – Eine eigentümliche Erweiterung hat der R.-Begriff in der experimentellen Sozialpsychologie gefunden. Nach einigen unklaren Bezugnahmen auf «kollektive R.e» durch W. MOEDE [1] führt F. H. ALLPORT [2] den Ausdruck «soziale R.e» («social stimuli») als Teil eines Programms zur Begründung einer behavioristischen Sozialpsychologie ein. Dieser Zweig der Psychologie soll Reaktionen des Individuums auf «den sozialen Anteil seiner Umwelt» [3] erforschen. Eine in soziale und nicht-soziale Anteile aufgeteilte menschliche Umwelt enthält sowohl soziale als auch nicht-soziale R.e. Die ersteren werden durch die Sprache (in Form von «verbalen R.en») und durch jegliches Verhalten menschlicher Individuen repräsentiert, das Reaktionen in anderen Individuen hervorruft. Sogar die bloße Anwesenheit von Mitmenschen kann ein sozialer R. sein.

Die Definition des Faches, die das Studium des Einflusses «sozialer R.e» auf das Individuum als seine eigentliche Aufgabe bestimmt, findet in der experimentellen Sozialpsychologie weithin Aufnahme [4]. Der Umfang der Kategorie des sozialen R. ist variabel und kann gelegentlich kulturelle Erzeugnisse einschließen [5]. Was nicht-soziale R.e sind, bleibt im allgemeinen unklar. Der Ausdruck ‹sozialer R.› impliziert eine sehr eigenartige Vorstellungsweise der gesellschaftlichen Welt. Es handelt sich um eine Welt, die objektive Bedeutung ausschließt und nur eine äußerliche Beziehung zu den Individuen kennt, eine Welt, die nur in Form der Einwirkung auf Individuen besteht und willkürlich manipulierbar ist.

Anmerkungen. [1] W. MOEDE: Experiment. Massen-Psychol. (1920). – [2] F. H. ALLPORT: Social psychol. (Boston 1924). – [3] a.O. 3. – [4] M. E. SHAW/P. R. COSTANZO: Theories of social psychol. (New York ²1982) 4. – [5] M./C. SHERIF: An outline of social psychol. (New York ²1956).

Literaturhinweise. S. MOSCOVICI: Society and theory in social psychol., in: J. ISRAEL/H. TAJFEL: The context of social psychol. – A crit. assessment (London 1972). – H. GUNDLACH s. [Lit. zu 4.] Kap. 11.   K. DANZIGER

Reizbarkeit (lat. irritabilitas; engl. excitability). Unter ‹R.› wird heute in der Biologie die Eigenart bestimmter Körperstrukturen verstanden, auf spezifische und unspezifische Reize mit einer gewebstypischen Eigenaktivität zu reagieren. Reaktion ist dann die durch Auslösungsvorgänge angeregte Entfaltung der Eigentätigkeit organisierter Glieder des Organismus [1]. Während die Bezeichnung ‹R.› gegenwärtig innerhalb der Psychologie und Verhaltensforschung noch Verwendung findet, haben sich in der Physiologie die synonymen Begriffe ‹Erregbarkeit› und ‹Erregung› durchgesetzt. Ein wirksamer, die Schwelle der Erregbarkeit eines Nervs erreichender Reiz löst die Nervenerregung aus, die durch einen Prozeß der Erregungsfortpflanzung oder Erregungsleitung in ein Organ gelangt, wo sie die Reaktion des Erfolgsorgans in Gang setzt. Die Äußerungen der R. an den reaktionsfähigen Organen, z.B. Kontraktion und Sinneswahrnehmung, werden bis zum Beginn der Neuzeit (etwa bei J. FERNEL [2]) meist als Aktionen der Seele und ihrer Vermögen (facultas) und weniger als Reaktionen aufgefaßt, die eines äußeren Anstoßes, eines Reizes bedürfen. Als Vermittler dieser Leistungen galten die «spiritus animales» und «vitales». Erst im 16. und im 17. Jh. beobachtet man an frisch herauspräparierten Organen bei äußerer Einwirkung von Stechen, Schneiden, Anblasen, Wärme usw. eine Eigentätigkeit, z.B. Kontraktion [3]. F. GLISSON deutet sie als Äußerung einer «vis insita» von Herz, Muskel und Nerv und bezieht sie auf ihre «irritabilitas» [4]. Er schreibt sie gemäß seiner theosophisch-neuplatonischen Grundhaltung allen lebendigen Teilen zu. Die Geschichte der Irritabilität beginnt also mit einer philosophischen Begriffsanalyse anstatt einer Untersuchung der Phänomene selbst. Die experimentelle Klärung der Erscheinungen betreiben erstmals A. VON HALLER und sein Schüler J. G. ZIMMERMANN, indem sie die Gewebe des Körpers systematisch der Reizeinwirkung unterziehen. HALLER nennt alle Teile «irritabel», die sich auf einen Reiz verkürzen, jene dagegen «sensibel», deren Reizung beim lebenden Tier Schmerzen verursacht [5]. Seine Lehre löst eine große Zahl tierexperimenteller Nachprüfungen aus [6]. Aber erst die Anwendung elektrischer Reiz- und Meßverfahren hat es möglich gemacht, die Ursachen und Besonderheiten der Erregbarkeit tierischer Organe aufzuklären und für die Erregbarkeit, die Erregung und die Erregungsleitung befriedigende Erklärungen zu gewinnen [7]. Die zur Zeit am besten begründete Theorie von J. A. L. HODGKIN stellt als physikalisch-chemische Grundlage des Erregungsgeschehens eine selektive Permeabilitätsänderung der Zellmembranen für K- und Na-Ionen in den Vordergrund [8].

Anmerkungen. [1] K. E. ROTHSCHUH: Theorie des Organismus (1963) 108. – [2] J. FERNEL: De naturali parte medicinae lib. sept. (Paris 1542). – [3] ROTHSCHUH: Zur Gesch. der physiol. Reizmethodik. Gesnerus 23 (1966) 147-160. – [4] F. GLISSON: Tractatus de ventriculo et intestinis (Amsterdam 1676) 168ff. – [5] A. VON HALLER: De partibus corporis humani sensibilibus et irritabilibus (Göttingen 1753), dtsch. in: Sudhoffs Klassiker der Med. 27 (1922) 14. – [6] Übersicht in G. RUDOLPH: Hallers Lehre von der Irritabilität und Sensibilität, in: ROTHSCHUH (Hg.): Von Boerhave bis Berger (1964) 14ff. – [7] F. SCHAEFER: Elektrophysiologie 1-2 (1940/42). – [8] J. A. L. HODGKIN: The Croonian lecture. Ionic movements and electrical activity in giant nerve fibres. Proc. Roy. Soc. London, Ser. B. 148 (1958) 1-37.

Literaturhinweise. M. VERWORN: Erregung und Lähmung. Eine allg. Physiologie der Reizwirkungen (1914). – A. BERG: Die Lehre von der Faser als Form- und Funktionselement des Organismus. Virchows Arch. 309 (1942) 333-460. – H. BUESS: Zur Entwickl. der Irritabilitätslehre, in: Festschr. Dr. J. Brodbeck-Sandreuter (1942) 299-333.   K. E. ROTHSCHUH

Reizsamkeit. Der Terminus ‹R.› wurde vom Kulturhistoriker K. LAMPRECHT eingeführt, um einen spezifischen «seelischen Habitus» und eine völlig neue «Form der sozialpsychischen Dissoziation» der zweiten Periode des Subjektivismus in Deutschland zu bezeichnen [1]. Die sie verursachende Reizflut – bedingt durch die wirtschaftlichen, sozialen und politischen Umwälzungen von 1848-1870/71 – führt zu einem «Prozeß der Neubildung» seelischer Dominanten, dem «Übergang zu dem Seelenleben der neuesten Zeit» [2]. So beinhaltet R. «die ins Schöpferische umgesetzte Fähigkeit bewußter Perzeption neuer, bis dahin wesentlich vorstellunglos gebliebener innerer Reizergebnisse» [3]. Die R. bildet die psychische Grundlage der naturalistischen und impressionistischen Kunst, der modernen Natur- und Geschichtswissenschaften und der sozialen Gesetzgebung [4].

Anmerkungen. [1] K. LAMPRECHT: Moderne Gesch.wiss. (1905) 56f. – [2] a.O. 57ff. – [3] Zur jüngsten dtsch. Vergangenheit 1 (³1920) 386. – [4] a.O. [1] 58f. 65.   H. ABELER

Rejektion heißt die Verbindung zweier Aussagen p und q zu einer Gesamtaussage, wenn diese dann und nur dann wahr ist, wenn jede der beiden Aussagen p und q falsch ist. Umgangssprachlich wird die R. als 'weder p noch q' ausgedrückt. Die Aussagenverbindung scheint zuerst bei CH. S. PEIRCE aufzutauchen, der $p \perp q$ schreibt und den Junktor (s.d.) $\perp$ «Ampheck» (nach griech. ἀμφήκης, um auszudrücken, daß «beide Wege abgeschnitten» sind) nennt [1]. Die polnische Notation hat Xpq [2], bei I. M. BOCHEŃSKI findet sich die Schreibweise $p \dagger q$ [3]. Auf diesen geht auch der Terminus ‹R.› zurück. Eine weitere Bezeichnung ist ‹Negatkonjunktion› (engl. ‹joint denial›) (wegen der Äquivalenz mit $\neg p \wedge \neg q$) unter Verwendung des Zeichens $\curlyvee$ bzw. $\downarrow$ für den Junktor [4]. In der klassischen Junktorenlogik kann man mit der R. wie mittels der Exklusion (s.d.) alle anderen aussagenlogischen Verbindungen definieren.

Anmerkungen. [1] CH. S. PEIRCE: Coll. papers 4, hg. C. HARTSHORNE/P. WEISS (Cambridge 1934) 215f. – [2] Vgl. A. PRIOR: Formal logic (Oxford ²1962) 10f. – [3] I. M. BOCHEŃSKI/A. MENNE: Grundriß der Logistik (1954) 3. 94. – [4] W. KAMLAH/P. LORENZEN: Log. Propädeutik (²1973) 155; W. V. O. QUINE: Mathem. logic (Cambridge, Mass. ³1951) § 9.

Literaturhinweis. W. V. O. QUINE s. Anm. [4].
A. MENNE/Red.

Rekognition (von lat. recognitio Prüfung, Wiedererkennung, Identifizierung; engl. recognition; frz. recognition; ital. ricognizione). Das lat. Wort ‹recognitio› gehört – trotz seiner gelegentlichen Verwendung im Sinne von ‹Selbsterkenntnis› (SENECA [1]) – nicht zur Terminologie der antiken Philosophie.

‹R.› heißt bei I. KANT eine die Apprehension und Reproduktion der Vorstellungen ergänzende, notwendige Bedingung aller Erfahrung. Ihre Funktion erhellt aus der Unterscheidung der drei ursprünglichen Vermögen der Seele: Sinn, Einbildungskraft und Apperzeption [2] als Instanzen, die eine dreifache Synthesis zu vollbringen haben, nämlich diejenige der «Apprehension der Vorstellungen als Modificationen des Gemüths in der Anschauung», der der «Reproduction derselben in der Einbildung» und die ihrer «Recognition im Begriffe» [3]: «Ohne Bewußtsein, daß das, was wir denken, eben dasselbe sei, was wir einen Augenblick zuvor dachten, würde alle Reproduction in der Reihe der Vorstellungen» mangels einer bestimmenden Einheit des Mannigfaltigen «vergeblich sein» [4]. Die zur Erreichung dieser Einheit geforderte Instanz ist die R. als das empirische Bewußtsein der Identität der reproduktiven Vorstellungen mit den ihnen zugrundeliegenden Erscheinungen [5]. Die «Gründe der Recognition des Mannig-faltigen, so fern sie blos die Form einer Erfahrung überhaupt angehen, sind ... Kategorien. Auf ihnen gründet sich also alle formale Einheit in der Synthesis der Einbildungskraft und vermittelst dieser auch alles empirischen Gebrauchs derselben (in der Recognition, Reproduction, Association, Apprehension) bis herunter zu den Erscheinungen, weil diese nur vermittelst jener Elemente der Erkenntniß ... unserm Bewußtsein ... angehören können» [6].

Nach H. SPENCER sind alle Denkoperationen «in das Erkennen [recognition] von Gleichheit und Ungleichheit» [7] zerlegbar. Bei J. DEWEY sind die R.en Vorbereitungen des eigentlichen Erkenntnisakts [8].

Anmerkungen. [1] SENECA: De ira III, 36, 2. – [2] I. KANT: KrV A 95. – [3] A 97. – [4] A 103. – [5] A 115. – [6] A 125. – [7] H. SPENCER: Princ. of ethics 1-2 (London 1879/92); dtsch.: Die Principien der Ethik, übers. B. VETTER (1879ff.) 347. – [8] J. DEWEY: Experience and nature (LaSalle, Ill. 1958) 267.
F. LÖTZSCH

Rekonstruktion. Der Begriff ‹R.› wurde wohl nicht im Anschluß an das selten belegte lat. Verb ‹reconstruere› (wiederaufbauen) [1] geprägt, sondern spontan zusammen mit der Bedeutungserweiterung und dem häufigen Gebrauch des Begriffs ‹Konstruktion› im Deutschen Idealismus [2]. Das Wort stellt sich im Deutschen erst an der Wende zum 19. Jh. ein und gewinnt im Verlauf dieses restaurierenden und rekonstruierenden 'historischen' Jahrhunderts so sehr an Gewicht, daß es an dessen Ende auch in die Konversationslexika einrückt. Inzwischen scheint kaum eine Wissenschaft auf den R.-Begriff verzichten zu wollen, handele es sich in der Technikgeschichte um den «R.-Versuch des prähistorischen Grubenbaus» oder in der Medizin um die «rekonstruktive Nasenplastik». In der Philosophie konnte die R. sogar «die philosophische Methode schlechthin» genannt werden [3]. Die moderne Wissenschaft, die die Erbaulichkeit verabscheut, liebt offensichtlich Baumetaphern: ‹Konstruktion›, ‹Struktur›, ‹R.›.

In den kunstphilosophischen Vorlesungen A. W. SCHLEGELs von 1801/02 lesen wir: «Ein echt künstlerisches Porträt kann nur dadurch zuwege gebracht werden, daß die Physiognomie verstanden und von innen heraus in ihrer Einheit gleichsam rekonstruiert wird» [4]. G. W. F. HEGEL gebraucht 1802 das Wort beiläufig im Sinne von 'Wiederherstellung', 'Wiederversöhnung' [5] und J. G. FICHTE 1804 für den Rekurs auf den Quell des Denkens, der dem Bewußtsein stets im Rücken liegt; es sei möglich, «nachzuconstr[uieren] die Urdisjunktion in *Seyn* u *Denken*» und eine «NachConstr[uktion] des Ansich» [6]. J. W. RITTER kann in seiner Naturphilosophie 1805 von der «R. des Organismus» sprechen; denn dessen Struktur wird durch den Blick auf seine Genese verständlich [7]. – Einen festen Platz scheint der Begriff sich zuerst in der *Hermeneutik* und *Historik* erobert zu haben. In F. K. VON SAVIGNYs ‹Juristische Methodenlehre› von 1802/03 heißt es: ‹Jedes Gesetz soll einen Gedanken so aussprechen, daß er als Regel gelten könne. Wer ein Gesetz also interpretiert, muß den im Gesetz liegenden Gedanken nachdenken, den Inhalt des Gesetzes nachfinden. Interpretation ist also vorerst: R. des Inhalts des Gesetzes» [8]. 1804 schreibt F. SCHLEGEL in seinem Lessing-Aufsatz: «Es ist nichts schwerer, als das Denken eines andern bis in die feinere Eigentümlichkeit seines Ganzen nachkonstruieren, wahrnehmen und charakterisieren zu können ... Und doch kann man nur dann sagen, daß man ein Werk, einen Geist verstehe, wenn man den Gang und Gliederbau nachkonstruieren kann» [9]. Einen Gedanken, einen Begriff «rekonstruieren» heißt für Schlegel, ihn «in seinem Werden [zu] konstruieren» [10], seine Entstehung und Ausprägung zu bestimmter Gestalt nachzuvollziehen. Und dazu müßten sich Philosophie und Historie verbinden. F. SCHLEIERMACHER bestimmt mit dem Begriff ‹R.› die Aufgabe der Hermeneutik als Ars, als «Kunstlehre»: Sie ziele ab auf «das geschichtliche und divinatorische objective und subjective Nachconstruiren der gegebenen Rede» [11], und das heißt auf ihre R. aus dem Allgemeinen der Sprache und der Individualität des Sprechers/Autors. Wie in Schleiermachers Auffassung der Platonischen Werke vor Augen geführt, verbindet diese Hermeneutik als «Nachconstruction der Gedankenreihe» und als «Nachconstruiren der Combination» [12] den historischen mit einem quasi-systematischen Aspekt: Ein Werk in seiner Struktur zu verstehen heißt, es als Ergebnis einer bestimmten Arbeit des Gedankens aufzufassen. «Nach-» oder «Reconstruiren» bedeutet bei Schleiermacher also soviel wie «nachbilden» [13], nach-denken, nach- und mitvollziehen im Gegensatz zum passiven Hinnehmen und Nachsprechen. Die Platonische und Fichtesche Überzeugung, jede Aufnahme eines Gedankens erfordere seine erneute Produktion, ist hier so stark gegenwärtig, daß ‹R.› und ‹Konstruktion› zuweilen synonym werden: «ich verstehe nichts was ich nicht als nothwendig einsehe und construiren kann» [14]. Die Pointe von Schlegels und Schleiermachers Wortgebrauch ist, daß der noch immer mit mathematischen Assoziationen besetzte (Re-)Konstruktionsbegriff nun auch auf die gegebene, individuelle Sprachäußerung Anwendung findet.

Anders, jedenfalls stärker als Schlegel und Schleiermacher, akzentuiert A. BOECKH mit ‹R.› die Wiedergewinnung des historisch Vergangenen im Medium der Wissenschaft. ‹R.› dient Boeckh zur Definition der «Philologie», und d.h. hier der historischen Geisteswissenschaften insgesamt: Die Philologie ist ihrer «Idee» nach «die Nachconstruction der Constructionen des menschlichen Geistes in ihrer Gesammtheit», die «R. der Gesammtheit des Erkennens», denn sie ist «ihrem Ziele nach eine Wiedererkenntnis und Darstellung des ganzen vorhandenen menschlichen Wissens» [15]. Der Begriff ‹R.› hat hier die wichtige Funktion, das Komplementärverhältnis von Philosophie und Philologie zu zeigen: Die Philosophie sei an Ideen orientiert und deshalb produktiv, die Philologie, der Geschichte zugewandt, reproduktiv; jene erkenne, diese erkenne wieder; deshalb sei jene konstruktiv tätig, diese «reconstructiv» [16]. Aber dies ist für Boeckh kein absoluter Gegensatz, denn auch das philosophische Erkennen ist platonische Anamnesis, und auch in der Philologie «ist das productive Vermögen ... die Hauptsache» [17]. Deshalb kann er die Tätigkeit des Philologen mit Schelling auch eine «historische Construction» nennen [18]. Solche Konstruktion aber denkt sich aus, sondern ist R., die Wiedergewinnung, Wiedererzeugung des authentischen Gehaltes der vergangenen Kultur «in uns»: Sie will «das Erkannte wiedererkennen, rein darstellen, die Verfälschung der Zeiten, den Missverstand wegräumen, was nicht als Ganzes erscheint, zu einem Ganzen vereinigen» [19]. Gleichwohl ist R. nicht bloße Restauration, sondern schließt Kritik ein. Die «philologische R. des Alterthums» zeigt dies als «klassisches» durch seine Kontrastierung mit der Moderne, durch seine Einschätzung im Kontext der ganzen Geschichte [20].

Zielt Boeckhs R.-Begriff wesentlich auf die Erschließung von Texten ab, so meint J. G. DROYSEN mit ‹R.› die Tätigkeit des Historikers, der aus den Zeugnissen der Vergangenheit eine sinnvolle Erzählung der Ereignisabfolge erarbeitet. Wie der Mathematiker aus einem Teil eines Kreisbogens den Mittelpunkt und dann den ganzen Kreis rekonstruiere, so rekonstruiere der Historiker «hypothetisch» aus den überlieferten «Resten» sowohl die in der Geschichte wirksamen Ideen wie den historischen Zusammenhang; erst dadurch seien die Tatsachen verständlich und gebe es nicht nur Richtigkeiten, sondern historische Wahrheit [21]. Auch unsere Gegenwart zeigt sich in ihrem Sinn nur und wird begreiflich, wenn wir «forschend das Gewordene rekonstruieren», und zwar zu einem «Nacheinander», zu einem «genetischen Bild» im Kontext der «ethischen Welt» [22]. Die Historie «rettet dem Menschen das Vergangene, sie erweitert ihm, dem νήπιος ἐφημέριος [Eintagsgeschöpf], der nur das Hier und Jetzt hat, sein armseliges Dasein und Jetztsein um die ganze Fülle dessen, was ihm vergangen ist; und erst in diesem großen Zusammenhang seines Seins wird ihm sein Leben ein sittliches ... Diese ἀνάμνησις [Wiedererinnerung] lehrt den Menschen alles Köstlichste, sie gibt ihm den Prometheischen Funken. Sie ist das rückwärtsgewandte Verstehen des Seienden als eines Gewordenen, ein Gegenbild desselben, das sich uns aus der R. seines Gewordenseins erzeugt und in dem uns dessen Wahrheit, dessen lebensvolle Kraft entgegentritt» [23]. – Das 19. Jh. aber kennt nicht nur die R. als Tat der Historiker, sondern auch als Werk der Politik und der Geschichte selbst. L. VON RANKE beschreibt die «R. von Europa» nach den Freiheitskriegen und meint damit den Prozeß der Reorganisation, Wiederherstellung und «Restauration» [24]. In diesem Sinn wird engl. ‹reconstruction› früh zum Term für den Wiederaufbau und die Reorganisation der USA nach dem Bürgerkrieg [25].

W. DILTHEY, «der Philosoph der historischen Schule», hat zwar Schleiermachers R.-Begriff zum Gegenstand genauer Untersuchung gemacht [26], ist selbst aber mit dem Begriff auffällig sparsam umgegangen. Gelegentlich heißt es über den Vorgang des Verstehens, es gehe jeweils «von einem erfaßten Zug weiter zu einem Neuen, das von ihm aus verstanden werden kann. Das innere Verhältnis ist in der Möglichkeit des Nacherzeugens, Nacherlebens gegeben. Dies ist die allgemeine Methode, sobald das Verstehen die Sphäre von Worten und dem Sinn derselben verläßt und nicht einen Sinn von Zeichen sucht, sondern den viel tieferen Sinn von Lebensäußerung» [27]. Die Frage «Wie kann nun ein individuell gestaltetes Bewußtsein durch solche Nachbildung eine fremde und ganz anders geartete Individualität zu objektiver Erkenntnis bringen?» [28] formuliert das Grundproblem der Geisteswissenschaften. E. HUSSERL hat kritisiert, Dilthey habe die Paradoxie nicht bemerkt, daß individuelle geistige Akte und Gebilde verständlich zu machen bedeute, «ihre individuelle Notwendigkeit sichtlich [zu] machen». Aber auch für ihn ist Verstehen 'R.': «Durch intuitive R. der konkreten Personen, ihres individuellen Erlebnis- und Vermögenszusammenhanges, in den diese Akte eingebettet sind, aber in dem sie auch aus der eigenen Motivation dieses intersubjektiven Erlebniszusammenhanges in jener motivierten Weise entsprungen sind, erschauen wir ihre individuelle Notwendigkeit, und nichts anderes heißt Verstehen ... Das Verstehen reicht genau so weit, als die Motivationsanalyse und R. reicht» [29]. Dieser Begriff des Verstehens als «intuitiver R.» ist durchaus noch in Gebrauch [30].

Zur Hochkonjunktur gelangte der Begriff ‹R.› in der Philosophie aber nicht durch die Hermeneutik, sondern durch die *Erkenntnis- und Wissenschaftstheorie*. Vielleicht bildet die *Psychologie* um 1900 den Übergang, denn in ihr bedeutete ‹R.› nicht mehr die «Erkenntnis des Erkannten», sondern den Rückgang zu den noch nicht oder kaum erkannten Fundamenten. DILTHEY setzte der bisherigen «erklärenden Psychologie» eine «beschreibende Psychologie» entgegen und konnte diese beiläufig auch eine «Nachkonstruktion der allgemeinen Menschennatur» nennen, da sie am «ursprünglichen Verfahren des Verstehens» festhalte [31]. Indem Dilthey von der Psychologie verlangte, nicht mehr von festen Elementen aus zu «konstruieren», sondern vom entwickelten Seelenleben auf die Faktoren seiner Entwicklung zurückzugehen [32], hatte sein Programm eine Ähnlichkeit mit demjenigen P. NATORPS. Dessen ‹Psychologie nach kritischer Methode› setzte sich die «R. der Subjektivität» zum Ziel, und deshalb ist sie «rekonstruktive Psychologie»: Sie macht es zur psychologischen Zentralaufgabe, so weit wie möglich zum vorsprachlichen und vorreflexiven unmittelbaren «Strom des Erlebens» zurückzugehen [33]: «Hiermit ergibt sich als die durchaus spezifische, von der der Naturwissenschaft wie aller objektivierenden Erkenntnis überhaupt grundverschiedene Methode der psychologischen Forschung die 'R.' des Unmittelbaren im Bewußtsein aus dem, was daraus gestaltet worden: aus den Objektivierungen, wie sie die Wissenschaft, und vor aller Wissenschaft, ohne jede bewußte Absicht, die alltägliche Vorstellungsweise der Dinge vollzieht. Sie besteht ... darin: daß man die Objektivierung, insofern sie Zerlegung und damit Zerstörung des Vollerlebnisses wäre, in Gedanken wieder ungeschehen macht, das durch Abstraktion Geschiedene in die ursprüngliche Verbindung wieder hineinstellt, den starren Begriffen die Bewegung zurückgibt, sie damit dem flutenden Leben des Bewußtseins wieder nähert, und durch dies alles das Vergegenständlichte auf die Stufe des subjektiven Gegebenseins wieder zurückleitet. Es ist, wie man sieht, die völlige und reine Umkehrung des Verfahrens der objektivierenden Erkenntnis, wissenschaftlicher wie vorwissenschaftlicher Art: während diese aus Erscheinungen Gegenstände macht, rekonstruiert die Psychologie aus den Gegenständen, als ob sie das Gegebene seien, die Erscheinungen» [34]. Diese Methode der «Subjektivierung» verhält sich laut Natorp zur «Objektivierung» der anderen Wissenschaften «korrelativ» [35].

Im Kontext psychologischer Überlegungen gebrauchte auch M. SCHLICK 1908 gelegentlich den Begriff ‹R.›, und zwar für die Erschließung von einfachen, ursprünglichen psychischen Funktionen, von denen aus kompliziertere wie das ästhetische Gefühl verständlich gemacht werden könnten. Er stützte sich dabei auf die «entwicklungsgeschichtliche Methode». Diese «verfolgt die Ausbildung der psychischen Funktionen zurück bis zu ihren einfachsten Formen. Freilich muß sie diesen Vorteil, es mit wirklich elementaren Phänomenen zu tun zu haben, dadurch erkaufen, daß sie dieselben nicht realiter, sondern nur in gedanklicher R. untersuchen kann» [36]. Der Begriff ‹R.› war also im sog. ‹Wiener Kreis› nicht unbekannt [37]. Zu einem Zentralbegriff der Philosophie wird ‹R.› aber erst 1928 durch R. CARNAP [38], der im psychologischen Problem der Begriffsbildung ein erkenntnistheoretisches sah [39]. Carnap fordert und betreibt «rationale R.», um ein «Konstitutionssystem» aufzubauen, d.h. ein «erkenntnismäßig-logisches System der Gegenstände und Begriffe», das allen Wissenschaften zugrunde liegt [40]. Dieses Vorhaben verlangt, die in den Wissenschaften schon intuitiv gefundenen richtigen Antworten auf unscharf gestellte Fragen und damit die gesamte, durch Wissenschaften aufgebaute Wirklichkeit in ihrem logischen Zusammenhang aufzuhellen, um «so die Intuition [nachträglich] rational zu rechtfertigen. Das Konstitutionssystem ist eine rationale Nachkonstruktion des gesamten, in der Erkenntnis vorwiegend intuitiv vollzogenen Aufbaues der Wirklichkeit» [41]. 1961 hat Carnap den für ihn noch gültigen Grundgedanken so zusammengefaßt: «Das Hauptproblem betrifft die Möglichkeit der rationalen Nachkonstruktion von Begriffen aller Erkenntnisgebiete auf der Grundlage von Begriffen, die sich auf das unmittelbar Gegebene beziehen. Unter rationaler Nachkonstruktion ist hier das Aufsuchen neuer Bestimmungen für alte Begriffe verstanden ... Die neuen Bestimmungen sollen den alten in Klarheit und Exaktheit überlegen sein und sich vor allem besser in ein systematisches Begriffsgebäude einfügen. Eine solche Begriffsklärung, heute oft 'Explikation' genannt, scheint mir immer noch eine der wichtigsten Aufgaben der Philosophie zu sein, insbesondere, wenn sie sich auf die Hauptkategorien des menschlichen Denkens bezieht» [42].

Carnap betonte, die rationale R. solle nicht den wirklichen Erkenntnisprozeß darstellen, sondern den logischen Aufbau der Wissenschaften aufdecken [43]. Seine Absicht, durch rationale R. die Wissenschaften als rationale Unternehmungen zu rechtfertigen, war deskriptiv und präskriptiv zugleich. H. REICHENBACH hat das so präzisiert: Die rationale R. beziehe sich auf den «Rechtfertigungszusammenhang» («context of justification»), nicht auf den «Entdeckungszusammenhang» («context of discovery»); sie sei noch nicht Wissenschaftskritik, sondern eine Beschreibung der gegebenen Wissenschaften, aber eine solche mit kritischem Ertrag (indem sie z.B. Inkonsistenzen aufdecken kann) [44]. Wenngleich K. POPPER sich vom Empirismus des ‹Wiener Kreises› distanzierte, hält auch er den Begriff in ähnlichem Sinne fest: Die rationale R. könne «ein logisches Gerippe des Prüfungsverfahrens» bereitstellen [45]. Vorausgesetzt ist hier jeweils, daß alle Wissenschaften zu jeder Zeit am selben Rationalitätsideal orientiert sind oder sein sollten.

Diese Voraussetzung aber wurde durch die Wissenschaftshistorie problematisch. TH. S. KUHN hat deshalb den Sinn der rationalen R. in Zweifel gezogen; ihr Ergebnis sei «im allgemeinen weder für den Wissenschaftshistoriker noch für den Wissenschaftler selbst als Wissenschaft wiedererkennbar», denn sie setze das Konstrukt des Philosophen an die Stelle der gegebenen Wissenschaftsgestaltungen; wirklich angemessene R.en erarbeite der Wissenschaftshistoriker [46]. Die Wissenschaftsgeschichte zeigte sich nun nicht mehr als Werk der einen wissenschaftlichen Vernunft. Laut W. STEGMÜLLER ist dadurch die heutige Wissenschaftsphilosophie in ein «fundamentales Dilemma» geraten: «Rationale R. ist außerordentlich wünschenswert, ja für viele Zwecke sogar dringend notwendig, aber sie ist nicht möglich» [47]. Diese Schwierigkeit zu beheben, hat I. LAKATOS eine rationale R.-Methode gefordert und vorgeschlagen, die den Test durch die Wissenschaftsgeschichte bestehen könne. Jede Wissenschaftshistorie setze eine rationale R. der Wissenschaften voraus, so wie diese immer auch zu einer bestimmten rationalen R. der Wissenschaftsgeschichte führe. Sein Ziel, rationale R.

der Wissenschaften und ihrer Geschichte einerseits und wirkliche Wissenschaftsgeschichte andererseits zu möglichst guter Passung zu bringen, drückt am besten Lakatos' «Lieblingsscherz» aus, «daß die Wissenschaftsgeschichte oft eine Karikatur ihrer rationalen R. ist; daß rationale R.en oft Karikaturen der wirklichen Geschichte sind; und daß einige Wissenschaftsgeschichten Karikaturen sowohl der wirklichen Geschichte als auch ihrer rationalen R. darstellen» [48]. STEGMÜLLER, der auch noch bei Lakatos die Gefahr sieht, «die historischen Erscheinungen zu entstellen» [49], hat in Anknüpfung an J. D. Sneed ein R.-Modell entwickelt, das keine kritischen Ziele mehr verfolgt und nicht den «Fachleuten durch Besserwisserei ins Handwerk zu pfuschen» gedenkt [50], sondern nur dem besseren Verständnis der Wissenschaften und ihrer Entwicklung dienen möchte; es sei möglich, mit Hilfe einer mengentheoretischen Sprache zu sagen, was die Wissenschaftler eigentlich meinen. «Was zunächst wie 'rekonstruktive Arroganz' der Strukturalisten aussah, hat sich bei genauerem Zusehen als hermeneutische Hartnäckigkeit in der Auslegung empirischer physikalischer Aussagen erwiesen» [51]. J. MITTELSTRASS stellte diesem «analytischen oder deskriptiven» ein «konstruktives Verständnis rationaler R.» entgegen: Orientiert am Gedanken einer «Gründegeschichte» könne die Wissenschaftsentwicklung auch kritisch beurteilt werden [52].

Besonders umstritten ist die Methode der rationalen R. dort, wo sie nicht auf die als richtig unterstellten Ergebnisse der Mathematik und Naturwissenschaften, sondern auf historisch vorgegebene Gestaltungen der Philosophie angewandt wurde und dort an die Stelle der hermeneutischen R. trat, die den gemeinten Sinn zu eruieren versucht hatte. Als J. DEWEY 1920 sein Buch ‹Reconstruction in Philosophy› [53] veröffentlichte, meinte er mit ‹R.› nur die Wiedergewinnung und die aktualisierende Vergegenwärtigung von wichtigen Positionen und Problemen der Philosophiegeschichte. Und in ähnlicher Weise zielte im selben Jahr E. ROTHACKERS Programm einer «R. der Geschichte der Geisteswissenschaften» auf deren historische Erforschung und Erinnerung [54]. Inzwischen aber fordert man unter dem Begriff der «rationalen R.» für die Philosophiegeschichte logische Klärung, Geltungsprüfung und systematische Aneignung. STEGMÜLLER grenzte diese R. von der «Direktinterpretation» und der «historischen R.» ab und nannte für eine geglückte rationale R. drei Bedingungen: Sie müsse mit dem Interpretandum in Einklang, ihm ähnlich sein, präzise Begriffe benutzen und eine konsistente Theorie darstellen [55]. H. POSER hat in diesem Verfahren eine Brücke zwischen Philosophie und Philosophiegeschichte gesehen und zugleich das Problem solcher R. gezeigt; abgesehen von der Unschärfe der Bedingungen gerate diese R. in Gefahr, entweder keine Aussagen über die zu interpretierende Philosophie zu treffen oder mit der «Direktinterpretation» zusammenzufallen [56]. MITTELSTRASS hat gefordert, die rationale R. müsse von einer dialogischen Vernunft betrieben werden, die das eigene systematische Wissen stets auch zur Disposition stelle. Mittelstraß setzt die rationale R., die auf die Erweiterung des systematischen Wissens abzielt, als «konstruktiv-hermeneutisches» Verfahren kritisch dem «historisch-hermeneutischen» Verfahren, das nur Meinungen ermittle, entgegen [57]. Aber dagegen erhebt sich auch hier der Einwand, daß jede Konstruktion dessen, was ein Autor vernünftigerweise hätte sagen sollen, bereits das hermeneutische Bemühen um das Verständnis dessen voraussetzt, was der Autor tatsächlich gemeint hat [58].

Im Zusammenhang der Theorien «rationaler R.» hat ‹R.› den Wortsinn 'Wiederaufbau' oft gegen die Bedeutung 'Neubau' ausgewechselt, so wie die «sozialistische R.» auf Neuordnung und Erneuerung abzielte [59]. Oft heißt aber ‹rationale R.› auch soviel wie 'Strukturerhellung', die 'Erhebung von Strukturen', die der wissenschaftlichen Arbeit zugrunde liegen, ohne bewußt zu sein. Daran anschließend hat J. HABERMAS eine rationale R. für alle «Gestalten des objektiven Geistes» für möglich gehalten [60]. Rekonstruktive Verfahren seien charakteristisch für «Wissenschaften, die vortheoretisches Wissen systematisch nachkonstruieren» [61]. Solche Wissenschaften vollzögen nicht (oder nicht nur) das Verstehen von gemeinten Inhalten, sondern das «rekonstruktive Verstehen», und dies sei eine «Bedeutungsexplikation im Sinne der rationalen Nachkonstruktion von Erzeugungsstrukturen, die der Hervorbringung symbolischer Gebilde zugrundeliegen» [62]. Beispiel für eine solche «R. von Gattungskompetenzen» ist besonders Chomskys Grammatiktheorie [63]. R. als das Herauspräparieren der intuitiv gewußten Regeln tritt hier an die Stelle der transzendentalen Analyse und unterscheidet sich von dieser dadurch, daß sie, logisches und empirisches Vorgehen verknüpfend, nur korrigierbare «R.-Vorschläge» der Bedingungen des Denkens und Handelns, nicht aber sog. Letztbegründungen liefert. Bereits 1915 hatte A. DELLEPIANE ein System «rekonstruktiver Wissenschaften» aufgestellt, aber das waren noch ausschließlich solche, die es mit der Vergangenheit von Natur und menschlicher Geschichte zu tun hatten [64].

Der Begriff kann also inzwischen sehr Verschiedenes bezeichnen: einerseits die Erschließung von Phänomenen der Vergangenheit (wie z.B. in der Sprachwissenschaft [65]) in Abgrenzung von der Interpretation [66], aber andererseits gerade auch diese, das Verstehen und Auslegen von Texten [67]; das hermeneutische Bemühen um den tatsächlich gemeinten Sinn von Aussagen, aber auch die Konstruktion des verpaßten Sinnes in ihnen (s.o.); die Wiedergewinnung von vergessenen Einsichten [68], aber auch die Rückeroberung verlorener Güter [69]; das schlichte Erzählen vergangener Ereignisse (s.o.), aber auch die Erhebung von inneren Entwicklungslogiken [70] und äußeren Regelmäßigkeiten in der Abfolge von Theorien und Ereignissen [71]; den Wiederaufbau verdrängter Theorien, aber auch deren völligen Neubau (s.o.); die Fundierung von Theorien durch ihre Rückführung auf ihre vorwissenschaftliche Basis [72], aber auch die transzendentalphilosophische Analyse [73]; überhaupt jedwede Herausarbeitung von etwas, das als ‹Struktur› bezeichnet werden kann. Wegen seiner mathematisch-kühlen Aura bei gleichzeitiger Vieldeutigkeit erfreut sich der Begriff wachsender Beliebtheit besonders in Buchtiteln.

Anmerkungen. [1] CASSIODORUS: Variarum II, 39, in: Monum. German. hist., Auct. ant. 12 (1894) 69. – [2] Art. ‹Konstruktion III›, in: Hist. Wb. Philos. 4, 1012ff. – [3] D. MARKIS: Art. ‹R.›, in: Wiss.theoret. Lex., hg. E. BRAUN/H. RADEMACHER (1978) 501. – [4] A. W. SCHLEGEL: Die Kunstlehre. Krit. Schr. und Br., hg. E. LOHNER (1963) 2, 185. – [5] G. W. F. HEGEL: Glauben und Wissen. Akad.-A. 4, hg. H. BUCHNER/O. PÖGGELER (1968) 407f. – [6] J. G. FICHTE: Wiss.lehre. Vorles. Akad.-A. IV/2, hg. R. LAUTH/H. GLIWITZKY (1978) 291. 298. – [7] J. W. RITTER (Hg.): Beytrage zur näheren Kenntnis des Galvanismus 2 (1805) 344 (Anm.). – [8] F. K. VON SAVIGNY: Jurist. Methodenlehre. Nach der Ausarbeitung des J. Grimm, hg. G. WESENBERG (1951) 18; vgl. System des heut. röm. Rechts (1840) 1, 213. – [9] F. SCHLE-

GEL: Lessings Gedanken und Meinungen 2. Krit. Ausg., hg. E. BEHLER I/3, 60. – [10] a.O. – [11] F. SCHLEIERMACHER: Hermeneutik, hg. H. KIMMERLE (1959) 87. – [12] a.O. 99. 113. – [13] 135. 140. 160; vgl. Entwürfe zu einem System der Sittenlehre, hg. O. BRAUN (^{2}1927) 60. – [14] 31; vgl. dazu H.-G. GADAMER: Wahrheit und Methode (1960) 157ff.; H. BIRUS: Hermeneut. Wende? Euphorion 74 (1980) 213-222. – [15] A. BOECKH: Enzykl. und Methodenlehre der philolog. Wiss., hg. E. BRATUSCHECK (1966) 16. 19. – [16] a.O. 17. – [17] 14. 16. – [18] 14. 17. 25. – [19] 15. 258. – [20] 255ff. – [21] J. G. DROYSEN: Historik 1, hg. P. LEYH (1977) 60, vgl. 57. 89. 181. 199. 208. 465. – [22] a.O. 159. 405. – [23] 41. – [24] L. VON RANKE: Aus Werk und Nachlaß, hg. W. P. FUCHS/TH. SCHIEDER 4: Vorles.-Einl., hg. V. DOTTERWEICH/W. P. FUCHS (1975) 309f. – [25] Vgl. z.B. J. S. MILL: Coll. papers, hg. F. E. MINEKA/D. N. LINDLEY 16: The later letters 1849-1873 (Toronto/Buffalo 1972) 1159. 1165 (Br. vom 15. 4. und 6. 5. 1866). – [26] W. DILTHEY: Leben Schleiermachers (2). Ges. Schr. 14, 672f. 679. 684. 688f. 706. 710f. 715. 717f. – [27] Der Aufbau der geschichtl. Welt in den Geisteswiss., a.O. 7, 234. – [28] Die Entstehung der Hermeneutik (1900), a.O. 5, 318; vgl. dazu S. OTTO: R. der Gesch.: Hist.-krit. Bestandsaufnahme (1982) 33-47. – [29] E. HUSSERL: Phän. Psychol.,Vorles. SS 1925. Husserliana 9 (Den Haag 1962) 18f. – [30] z.B. W. BOURGEOIS: Verstehen in der soc. sci. Z. allg. Wiss.theorie 7 (1976) 32. – [31] DILTHEY: Ideen über beschreib. und zerglied. Psychol. (1894). Ges. Schr. 5, 172. – [32] a.O. 168. 213f. – [33] P. NATORP: Einl. in die Psychol. nach krit. Methode des 88ff.; Allg. Psychol. nach krit. Methode (1912, ND Amsterdam 1965) z.B. 124. 190. 214. – [34] Allg. Psychol. a.O. 192f. – [35] a.O. 210ff. – [36] M. SCHLICK: Das Grundproblem der Ästhetik in entwickl.geschichtl. Beleuchtung. Arch. ges. Psychol. 14 (1909) 107. – [37] D. GERHARDUS: Wie läßt sich das Wort 'rekonstruieren' rekonstruieren? Conceptus. Z. Philos. 11 (1977) 156ff. – [38] R. CARNAP: Der log. Aufbau der Welt (1928); Scheinprobleme in der Philos. (1928); beide Schr. in: Der log. Aufb. der Welt (^{2}1961) [zit.]. – [39] Scheinprobl., a.O. 297. – [40] Der log. Aufb., a.O. 1. – [41] a.O. 139. – [42] IX; vgl. Art. ‹Explikation›. – [43] z.B. 74. – [44] H. REICHENBACH: Erfahrung und Prognose. Eine Analyse der Grundlagen und der Struktur der Erkenntnis. Ges. Werke 4 (1983) 2ff. – [45] K. R. POPPER: Logik der Forschung (^{2}1966) 6f. – [46] TH. S. KUHN: Die Entstehung des Neuen. Stud. zur Struktur der Wiss.gesch., hg. L. KRÜGER (1978) 62f. 71; an Kuhn anschließend: TH. NICKLES: The reconstr. of scient. knowledge. Philos. social Action 13 (1987) 91-104. – [47] W. STEGMÜLLER: Probleme und Resultate der Wiss.theorie und Analyt. Philos. 2: Theorie und Erfahrung. 3. Teilbd.: Die Entwickl. des neuen Strukturalismus seit 1973 (1986) 20. – [48] I. LAKATOS: History of sci. and its rat. reconstr., in: Criticism and the growth of knowledge, hg. I. LAKATOS/A. MUSGRAVE (London 1970); dtsch.: Kritik und Erkenntnisfortschritt (1974) 271-311, hier: 308; spätere Fassung in: Symposium: Hist. of sci. and its rat. reconstr. Boston Stud. in the Philos. of sci. 7, hg. R. C. BUCK/P. S. COHEN (Dordrecht 1971) 9-136; zur Diskussion vgl. die Beiträge von TH. S. KUHN, H. FEIGL, R. J. HALL, N. KOERTGE und I. LAKATOS, a.O., sowie A. SCHRAMM: Demarkation und rat. R. bei I. Lakatos. Conceptus. Z. Philos. 8 (1974) 10-16. – [49] STEGMÜLLER: Neue Wege der Wiss.philos. (1980) 171. – [50] a.O. [47] 2. Teilbd.: Theoriestrukturen und Theoriendynamik (1973) 310. – [51] a.O. 3. Teilbd., 323. – [52] J. MITTELSTRASS: Über den Begriff der R. Ratio 27 (1985) 71-82; Scientific rationality and its reconstr., in: Reason and rationality in nat. sci. A group of essays, hg. N. RESCHER (Pittsburgh 1985) 83-102. – [53] J. DEWEY: Reconstr. in philos. (New York 1920). – [54] E. ROTHACKER: Einl. in die Geisteswiss. (1920) XII. 5. – [55] STEGMÜLLER: Gedanken über eine mögl. rat. R. von Kants Met. der Erfahrung. Ratio 9 (1967) 1-30. – [56] H. POSER: Philos.gesch. und rat. R. Wert und Grenzen einer Methode. Studia Leibn. 3 (1971) 67-76, bes. 73; Art. ‹R., rationale›, in: Hb. wiss.theoret. Begr., hg. J. SPECK (1980) 3, 555f. – [57] MITTELSTRASS, a.O. [52]. – [58] POSER: Philos.gesch., a.O. [56] 76. – [59] Lex. der Kunst, hg. L. ALSCHER u.a. (1977) 83f.; vgl. H. ARNOLD/A. LANGE: Sozialist. R. der Industrie in der DDR (1959); H. LIEBSCH u.a.: Sozialist. R. der Industrie und internat. Wirtschaftsbeziehungen (1960); H. FRÜHAUF: Die sozialist. R. der Industrie und die Aufgabe der techn. Wiss. (1961) bes. 10. – [60] J. HABERMAS: Theorie des kommunikat. Handelns (1981) 1, 16f.; vgl. dazu W. KUHLMANN: Philos. und rekonstrukt. Wiss. Bemerk. zu J. Habermas' Theorie des kommunikat. Handelns. Z. philos. Forsch. 40 (1986) 224-234. – [61] Vorstud. und Ergänz. zur Theorie des kommunikat. Handelns (1984) 363. – [62] a.O. 368. – [63] 370. – [64] A. DELLEPIANE: Les sci. et la méth. reconstruct. (Paris 1915). – [65] Vgl. z.B. F. DE SAUSSURE: Grundfragen der allg. Sprachwiss. (^{2}1967) 262-267; M. KORHONEN: Über den Charakter der sprachgeschichtl. R.en. Nachrichten Akad. Wiss. Göttingen (1974) 111-125. – [66] Vgl. z.B. G. KLEIN: R. und Interpret. (1969); K. D. DUTZ/L. KACZMAREK (Hg.): R. und Interpret. (1985). – [67] z.B. B. WILLIM: Urbild und R. Zu Schleiermachers Konzept der Lit.auslegung ... (1983). – [68] z.B. F. M. SCHMÖLZ: Zerstörung und R. der polit. Ethik (1963); E. VOLLRATH: Die R. der polit. Urteilskraft (1977). – [69] z.B. B. SCHÜTZE: R. der Freiheit (1969). – [70] z.B. E. OESER: Wiss.theorie als R. der Wiss.gesch. (1979). – [71] z.B. STEGMÜLLER, a.O. [49] 171. – [72] z.B. A. LORENZER: Sprachzerstörung und R. (1971); R. BOHNSACK: Alltagsinterpret. und soziolog. R. (1983); A. BALOG: R. von Handlungen (1989). – [73] z.B. W. TEICHNER: R. oder Reproduktion des Grundes. Die Begründ. der Philos. als Wiss. durch Kant und Reinhold (1976).

G. SCHOLTZ

Relation (lat. relatio von referre zurücktragen, zurückbringen; griech. πρός τι bzw. τὰ πρός τι; lat. ad aliquid, zudem habitudo, respectus; engl. relation; frz. relation; ital. relazione)

I. *Antike.* – Lat. ‹relatio› im logischen Sinne findet sich wohl zuerst bei QUINTILIAN [1]. Im Griech. wird die R. oft präpositional (πρός τι) ausgedrückt, von manchen (SOTION, ACHAIKOS) unter Berufung auf Aristoteles stets im Plural (τὰ πρός τι), bei anderen Kommentatoren bisweilen im Plural, bisweilen auch im Singular [2].

Nicht selten wird darauf hingewiesen, daß die Philosophen der Antike noch nicht über eine Theorie der R. verfügt haben. Mit Blick auf die im 19. Jh. entwickelte R.en-Theorie (de Morgan, Peirce, Frege, Schröder) mag diese Behauptung nicht unberechtigt scheinen. Gleichwohl ist den antiken Philosophen ein starkes Interesse am Problem der Relativa zu attestieren. Vieles findet sich bei ihnen, was als Vorläufer moderner Positionen gelten kann. Wird in der Tat weder bei Platon noch etwa bei Aristoteles eine Theorie der R. geboten, so behält doch das Diktum von CH. S. PEIRCE seine Gültigkeit: «Relatives have since Aristotle been a recognized topic of logic» [3]. ARISTOTELES hat das Problem der Relativa recht eigentlich zuerst thematisiert und systematisiert. Dabei greift er allerdings in mancher Hinsicht auf Platon und auf die Diskussionen in der Akademie zurück [4].

Platon. – Man hat PLATON vorgeworfen, das Wesen der R. nicht richtig erkannt zu haben [5]. Bei der Bewertung von Platons Aussagen sind jedoch immer auch die Dialogform seiner Darlegungen und seine Ablehnung einer festen Terminologie zu berücksichtigen [6]. In den Dialogen finden sich Stellen [7], die erkennen lassen, daß Platon sich mit den Relativa und ihrer Problematik beschäftigt hat. Einzelausdrücke [8] und allgemeine Formulierungen [9], wie auch explizite Gegenüberstellung von relativ (πρὸς ἄλλα) und selbständig Seiendem [10] belegen, daß Platon zwischen absoluten und relativen Prädikaten zu differenzieren wußte [11]. Relative Prädikate sieht Platon im großen und ganzen in solchen Begriffen, die für ihre semantische Vollständigkeit den Bezug zu einem korrespondierenden Relativum erwarten lassen [12].

Platon geht also bei seiner Analyse – wie auch später ARISTOTELES – nicht von der Beziehung selbst, sondern von den Gegenständen (Relativa = Fundamente der R.) aus, die nur mit Blick auf anderes sind, was sie sind (πρός τι, ens ad quid). Anders als die moderne R.en-Logik sieht PLATON z.B. im relationalen Prädikat 'Simmias ist größer als Sokrates' [13] nur ‹Simmias› als Subjekt. ‹Sokrates› wird als Teil des Prädikats verstanden. Zwar erschwert dies eine Generalisierung, keineswegs verwechselt er jedoch unvollständige Relativprädikate mit unvollständigen Prädikatsattributen, wie bisweilen behauptet wird [14]. Gegen eine Kenntnis vom Wesen der R. spricht nicht, daß Platon bisweilen auch Attribute wie ‹klein/groß› als Relativa bezeichnet [15] und daß er von einem Ding sagen kann, es erscheine uns schön und auch häßlich. Bemerkungen wie z.B. über den Bogenschützen [16] zeigen Platons Problembewußtsein. Dafür sprechen auch die Analysen der logischen Widersprüchlichkeiten, die sich als Folge der Nichtbeachtung der Relativa im Dialog ‹Euthydem› ergeben [17]. Zudem formuliert Platon allgemeine Bestimmungen für die Relativa (z.B. ὅσα ἐστὶν οἷα εἶναί του, αὐτὰ μὲν μόνα αὐτῶν μόνων ἐστίν, τῶν δὲ ποιῶν τινων ποιά ἄττα) [18], die in den Dialogen mehrfach Anwendung finden [19]. Wichtig ist der μέγιστα γένη-Abschnitt im ‹Sophistes› [20], der als Antwort auf Fragen verstanden werden kann, die im ‹Charmides› [21], aber auch im ersten Teil des ‹Parmenides› aufgeworfen werden (Methexisproblematik). Platon weist im ‹Sophistes› auf den für das 'Anders-Sein' konstitutiven Charakter des Relativums hin.

Auch innerhalb der indirekten Überlieferung hören wir von Lehren, die möglicherweise zu Platons Vorlesung ‹Über das Gute› gehören und als «kategoriale Einteilung des Seienden: An-sich-Seiendes, Gegensätzliches, Relatives» das Relative (Beispiel: rechts/links, oben/unten, halb/doppelt) mit umfassen [22].

Wie auch schon in der Antike bei ARISTOTELES und in der akademischen Tradition wird in der Forschung die Frage diskutiert, ob nach Platons Auffassung R.en Ideen sein können. PLATON selbst äußert sich nicht explizit dazu, doch gibt es Stellen, die nahelegen, daß Platon bestimmte Relativa als Ideen angesehen hat [23]. Im ‹Parmenides› findet sich eine Formulierung, die man als Ausdruck für relative Ideen ansehen kann: ὅσαι τῶν ἰδεῶν πρὸς ἀλλήλας εἰσὶν αἴ εἰσιν («diejenigen Ideen, die nur sind, indem sie aufeinander bezogen sind») [24]. Das Argument von der Unerkennbarkeit der Ideen schließlich setzt die Existenz relativer Ideen oder jedenfalls ein Bewußtsein ihrer Problematik bei Platon voraus [25].

Man findet bei Platon viel, was Bezugspunkt für die weitere Diskussion der Problematik nicht nur innerhalb der griechischen, sondern auch der mittelalterlichen und modernen Philosophie geworden ist. Platon geht zumindest andeutungsweise in die Richtung, der Aristoteles dann später systematisch folgt. So haben bereits antike Kommentatoren darauf hingewiesen [26], daß ARISTOTELES offenbar in der Frage der Relativa begrifflich – wenn auch mit leichten Veränderungen – auf Platon zurückgreift [27], und BOETHOS wollte den grammatischen Aspekt der ersten aristotelischen Definition auf Platon zurückführen, was jedoch bestritten wurde [28]. PLATONS terminologische Unterscheidung καθ' αὑτά und πρὸς ἄλλα [29] schließlich ist in der Akademie traditionell geworden [30] und hat in der hellenistischen Philosophie fortgewirkt [31].

Aristoteles. – Wie Platon bietet auch ARISTOTELES keinen Terminus für ‹R.› oder ein Substantiv, das für ‹Beziehung› im allgemeinen Sinne steht. Während Zahlenverhältnisse etwa in der Mathematik, der Harmonielehre oder der Geometrie mit dem Wort λόγος bezeichnet werden, verwendet Aristoteles den substantivierten, präpositionalen Ausdruck τὰ πρός τι («das was in bezug auf etwas ist»). Dieser Ausdruck steht für die Relata, d.h. die Fundamente der R., nicht die R. selbst. Entsprechend ist Aristoteles an den Fundamenten der R. interessiert [32]. Eine vergleichende Betrachtung der Bestimmungen des Relativen, die Aristoteles in der ‹Topik›, der ‹Kategorienschrift› und der ‹Metaphysik› bietet, macht eine kleine, aber wesentliche Aspektverschiebung in Aristoteles' Behandlung der R. deutlich [33]. In der ‹Kategorienschrift›, in der ‹Topik› und auch in den ‹Sophistischen Widerlegungen› haben grammatische Beobachtungen als Kennzeichen der Relata Vorrang. In der ‹Topik› z.B. werden sprachlich ähnliche, inhaltlich aber verschiedene Aussagen über Einzeldinge analysiert, wie sie etwa bei PLATON in den eristischen Wortgefechten des ‹Euthydem› vorgeführt werden. Es geht also darum, mittels bestimmter Prädikationstypen Mehrdeutigkeiten zu vermeiden. Dabei wird die R.-Kategorie bei ARISTOTELES zum Ausgangspunkt einer Lehre determinierender Worte. Aristoteles konstatiert Unterschiede im sprachlichen Ausdruck relativer und nicht-relativer Begriffe und reflektiert über die Relativa als solche. Doch bereitet ihm die Abgrenzung der Relativa Schwierigkeiten. Da er den Regeln einer klassifikatorischen Logik folgt, hat er Schwierigkeiten, klare Merkmale für die Kategorie des Relativum anzugeben, die eine relationenlogische Darstellung verlangen [34], und Mischungen mit anderen Kategorien zu meiden.

Nicht grammatische Ergänzungsbedürftigkeit, sondern das Wesen des Dinges ist hingegen in der ‹Metaphysik› (Δ 15) Kriterium für das Relativum [35]. Und auch in der ‹Kategorienschrift› geht es nicht mehr rein um Sprache, sondern um die Dinge [36]. Dort (Kap. 7) bietet Aristoteles zwei Bestimmungen der Relativa. Nach einer ersten Definition [37], die das Kapitel eröffnet, kommt der Form der Aussage über Dinge entscheidende Bedeutung zu. Es handelt sich um Dinge, von denen gesagt wird, sie seien, was sie sind, bezüglich anderer Dinge oder in einem sonstigen Verhältnis zu anderen. Doch empfindet Aristoteles selbst diese Bestimmung als ungenügend. In der Tat ist auf diese Weise alles als Relatum zu bezeichnen, was z.B. der Ergänzung durch einen Kasus bedarf. Die Vieldeutigkeit des sprachlichen Ausdrucks läßt ein Kriterium eindeutiger Bestimmtheit nicht zu. Wenig später bietet Aristoteles eine neue Definition, die sich auf das Wesen der Fundamente bezieht. Nach dieser Definition haben Dinge als relativ zu gelten, deren Sein dasselbe ist wie das irgendwie geartete Sichverhalten zu etwas (ἔστι τὰ πρός τι οἷς τὸ εἶναι ταὐτόν ἐστι τῷ πρός τί πως ἔχειν) [38]. Diese eher ontologische Bestimmung der Relativa erinnert an PLATONS Bemerkungen im ‹Phaidon› [39]. Aristoteles spricht den Relativa nur den untersten Rang unter den Seienden zu. Grund hierfür ist, daß keine Veränderung am Gegenstand stattfindet, wenn R. hinzutritt oder weggeht. Fraglich ist allerdings, ob dies nach Aristoteles für alle R.en zutrifft [40]. Für Aristoteles gilt die Umkehrbarkeit von R.en [41], da sich Relativum und Korrelat gegenseitig fordern: ohne Doppeltes kein Halbes, ohne Halbes kein Doppeltes. Anders klingende R.en sind falsch formuliert [42]. Weiterhin behandelt ARISTOTELES die Selbstbeziehung als Sonderfall der R., die von Platon schon im ‹Charmides› thematisiert wird. Ausführlich sucht er zu begründen, daß Substanzen nicht relativ sind, ein Problem, das sich aus der ersten, unpräziseren Definition ergibt. Zählt die ‹Kategorienschrift› Relativa nur auf, so findet sich in der ‹Metaphysik› der Versuch einer Einteilung in auf zwei reduzierte Klassen: Relativa sind demnach Dinge, deren Sein auf etwas bezogen ist (doppelt/halb), und solche, auf die etwas anderes bezogen ist (Wißbares auf Wissen) [43]. Aristoteles handelt auch von akzidentiell Relativem [44]. Demnach tritt bisweilen die Eigenschaft des Relativen bei Gegenständen hinzu, die nicht zu den Relativa gehören. Aristoteles' Bemerkung gegen Ende des R.-Kapitels in der ‹Kategorienschrift› [45], wonach man die schwierige Frage der Relata mehrfach untersuchen müsse, zeigt sein Bewußtsein von der Größe des Problems. Zwar hat er auf Vorarbeiten PLATONs und Diskussionen der Akademie zurückgreifen können, doch die eigentliche Thematisierung und die Systematisierung des Problems sind wohl ihm zuzuschreiben. Auch ist zu beachten, daß bei ARISTOTELES durchaus Ansätze zu einer R.en-Logik zu erkennen sind. Besonders in der ‹Topik› werden Regeln etwa in bezug auf den Topos des 'Mehr' [46] aufgestellt, die relationenlogisch relevant sind. Weitere Regeln findet man an anderen Stellen seines Werkes [47]. Allerdings bleibt es nur bei Ansätzen, wie sie etwa auch später bei GALEN zu beobachten sind, der in der ‹Einführung in die Dialektik› (Εἰσαγωγὴ διαλεκτική) darauf hinweist, daß es 'relationale Syllogismen' (κατὰ τὸ πρός τι) gebe, die weder in die Analyse des Aristoteles noch in die der Stoa passen ('Sophroniskos ist Vater von Sokrates; also ist Sokrates der Sohn von Sophroniskos') [48]. Die Möglichkeit allgemeiner Prinzipien für die Gültigkeit derartiger Schlüsse wird angedeutet, aber nicht aufgezeigt. Möglicherweise gehen die Überlegungen Galens auf Quellen zurück, in denen Aristoteles' Reflexionen weiterentwickelt worden sind (THEOPHRAST oder EUDEMOS) [49].

Stoa. – Die R. gehört zu der von der Stoa systematisierten und reduzierten Kategorienreihe, die in zwei Formen überliefert ist: ὑποκείμενον, ποιόν, πὼς ἔχον, πρός τί πως ἔχον [50] und in einer zweiten Reihung, die nur SIMPLIKIOS bietet: τὰ καθ' αὑτά, τὰ κατὰ διαφοράν, τὰ πρός τι, τὰ πρός τί πως ἔχοντα [51]. Dabei kann man wohl peripatetische Einflüsse in der ersten, akademische in der zweiten Reihe feststellen [52]. Diese Kategorien werden klassifiziert, insofern die vorhergehende die nachfolgende voraussetzt. Innerhalb der Kategorien bereitet die Interpretation der R. besondere Schwierigkeiten. In der bekannteren, bei PLOTIN und SIMPLIKIOS überlieferten Kategorienreihe ist sie als 'relative Disposition' (πρός τί πως ἔχον) aufgeführt. In der anderen, bei Simplikios überlieferten Reihe hingegen wird differenziert zwischen der relativen Disposition (τὰ πρός τί πως ἔχοντα) als vierter und τὰ πρός τι als dritter Kategorie. Die 'relative Disposition' (τὰ πρός τί πως ἔχοντα) wird allein durch die Beziehung zu anderem definiert [53]. Kommt es zu einer Änderung des Relats, dann ändert sich zwar der Zustand des Gegenstandes, nicht aber dieser selbst (Vater ist ohne Veränderung nicht mehr Vater beim Tod des Sohnes) [54].

Die Relata (τὰ πρός τι) hingegen stehen für permanente Eigenschaften eines Dinges, die gleichwohl einen Bezug auch zu einem anderen Gegenstand implizieren (bitter/süß). Fallen bei der Formulierung der 'relativen Disposition' Ähnlichkeiten zu Aristoteles' zweiter Definition des Relativums auf, so dürfen gleichwohl Unterschiede nicht übersehen werden [55]. Diese Differenzierung ist in der Antike kritisiert worden, insofern man darauf hinwies, daß auch das bloße Verhältnis (τὰ πρός τί πως ἔχοντα) bestimmte Eigenschaften des Dinges voraussetze. Zudem sei die Verwendung des Begriffes πρός τι nicht eindeutig [56]. Die Quellenlage macht es schwierig, den Ursprung der stoischen Lehre von der Unterscheidung der R.en anzugeben [57]. Das Exposé des SIMPLIKIOS geht vermutlich auf BOETHOS VON SIDON zurück, doch gibt es keine Evidenz dafür, die Differenzierung CHRYSIPP oder einem der älteren Stoiker zuzuschreiben [58]. Möglicherweise ist sie aus einer Auseinandersetzung mit ARISTOTELES erwachsen. Allerdings ist das Phänomen einer bloß äußerlichen, den Gegenstand selbst nicht betreffenden Veränderung auch schon PLATON bekannt [59].

Epikureismus. – Im Epikureismus erhält der Begriff des 'Relativen' eine wichtige Funktion vor allem bei POLYSTRATOS. Polystratos bedient sich seiner bei der Verteidigung überkommener Wertmaßstäbe vor allem gegen die Kyniker [60]. Obgleich Wertmaßstäbe wie 'schön' oder 'häßlich' nicht immer so eindeutig sind wie Naturdinge (etwa 'Stein' oder 'Gold'), wendet sich Polystratos dagegen, sie für unwirklich zu halten. Die These von der Unwirklichkeit der Wertsetzungen widerlegt Polystratos auf zweifache Weise: Er vergleicht die Wertbegriffe mit Maßverhältnissen und Gegensatzpaaren und ordnet sie gemeinsam mit diesen der Kategorie der R. zu. Das Relative wiederum stellt er der Kategorie des Ansichseienden gegenüber. Weiterhin betont Polystratos, daß die Relativa (πρός τι) ebenso wie das, was an sich ist (καθ' αὑτά), am Sein teilhaben. Zwar ist das Relative eine andere Art des Seins als das Ansichseiende, doch handelt es sich auch bei ihm gleichwohl um ein Sein und also um Realität [61]. Polystratos versucht, mit Hilfe akademischer Lehre [62] die sophistisch-kynische Kritik der Wertbegriffe in einer systematischen Ontologie aufzufangen. Dies geschieht wohl auch, weil die akademische Einteilung der Kategorien sich durch Einfachheit der Unterteilung auszeichnet [63]. Als Beispiele dienen ihm die R. des Mehr/Weniger und die πράξεις oder δυνάμεις, welche in unterschiedlichen Umständen unterschiedlichen Wert oder Effekt haben [64].

Skepsis. – Eine wichtige Rolle spielt der Tropos der R. in der späteren Skepsis [65]. Dort wird er bisweilen als Übertropos gewertet (γενικώτατος) [66], dem der von den Skeptikern negierte Gegenbegriff des Unbezüglichen gegenübergestellt wird [67]. Im R.-Tropos läßt sich die altakademische Seinseinteilung von καθ' αὑτά und πρός τι fassen [68]. Das Prinzip der Relativität wird von der Skepsis elenktisch ausgewertet. Einmal zielt die Elenktik auf die Erkenntnislehre, insofern alle Erkenntnis als R. verstanden wird. Aus diesem Grunde können die Dinge in ihrem Ansichsein für unerkennbar erklärt werden. Zum anderen bedient sich die Skepsis der R. bei ihrer Auseinandersetzung mit der Stoa. Wichtige Grundbegriffe der stoischen Logik wie Zeichen (σημεῖον), Beweis (ἀπόδειξις) oder Ursache (αἴτιον) werden im Rahmen eines R.-Verhältnisses (πρός τι) gesehen. Auf diese Weise kommt die Skepsis dazu, den von der Stoa für möglich erachteten Erkenntnisfortschritt (bekannt/unbekannt) zu leugnen. Die R. ist wohl auch als Grundlage für den Tropos der Diallele anzusehen [69]. In der R. sehen die Skeptiker in Abwehr der aristotelischen Auffassung keine reale, sondern nur eine gedankliche Existenz [70]. Dabei bedienen sie sich der von der Stoa entwickelten begrifflichen Unterscheidung von ὕπαρξις und ἐπίνοια [71]. Nach Meinung der Skeptiker hat die Stoa selbst der R. eine reale Existenz abgesprochen [72]. Man kann vermuten, daß hier der Grund für die scholastische Unterscheidung zwischen der relatio realis und der relatio rationis gelegt ist [73].

Neuplatonismus. – Der Neuplatonismus ist geprägt durch den Dualismus der platonischen Philosophie. PLOTIN versucht, Aristoteles' Kategorienlehre mit der platonischen Lehre vom noetischen Bereich zu verbinden [74]. Er unterscheidet Kategorien der geistigen und der sinnlich wahrnehmbaren Welt. Von den auf fünf reduzierten aristotelischen Kategorien werden mit Ausnahme der οὐσία die anderen Kategorien als Akzidentien unter dem Begriff der R. zusammengefaßt. Diese wird somit zu einem fundamentalen Begriff der sinnlichen Welt [75]. Die Frage, ob die bezüglichen Dinge (πρός τι) eine reale Existenz haben oder nicht, untersucht Plotin in der Schrift VI 1 (42) 6.

Bei den R.en, die ihre Existenz allein aus dem Verhalten zu etwas haben (τὸ πρός τι ... οἷς ἡ ὑπόστασις οὐδαμόθεν ἢ ἐκ τῆς σχέσεως παραγίγνεται) [76], differenziert Plotin zwischen einer aktiven und einer passiven Art der R.: Unter die passiven Relativa (τὰ μὲν ἔχει ἀργὸν τὴν σχέσιν) fallen Begriffe wie ‹Gleichheit›, ‹Ähnlichkeit›, ‹Verschiedenheit›, unter die aktiven Relativa (τὰ δὲ μετὰ δυνάμεως καὶ ἔργου) solche, die einen Bezug zueinander haben, wie dies etwa bei ‹Wissen› und ‹Wißbarem› oder ‹Vater› und ‹Sohn› der Fall ist [77]. Die passiven Relativa haben keine Existenz außerhalb unseres Denkens. Bei den aktiven hängt die R. in gewisser Weise mit dem Wesen der Dinge zusammen (Vater/ Sohn) [78]. Unter aktiven Relativa versteht Plotin wirkende Formen (λόγοι) [79], die eine relative Existenz hervorbringen; die passiven hingegen existieren allein durch Teilhabe an einem Begriff, erzeugen nichts, sondern geben nur den Korrelaten ihre Namen [80].

Da das oberste Prinzip keine Beziehung zu den unteren Seinsbereichen hat, ist das Relative bei ihm ausgeschlossen [81]. Es wird vielmehr als Merkmal der unterhalb dieses Prinzips angesiedelten Bereiche angesehen [82]. Bisweilen wird von Neuplatonikern [83] die R. mit dem platonisch-pythagoreischen Urprinzip der Zweiheit (Dyas) in Verbindung gebracht. Für PROKLOS schließlich ist die R. konstitutiv für den Bereich des Gegensätzlichen und Aussagbaren [84], wohingegen das Eine als das oberste Prinzip über den Kategorien und auch über dem Bezüglichen steht (καὐὸ δὲ ἓν τὸ ἕν ἐστι ἕν, οὐκ ὂν τῶν πρός τι) [85]. Da dem Einen die Kategorie der Beziehung nicht zukommt, müssen ihm auch ‹Gleichheit›, ‹Ähnlichkeit› und ‹Selbigkeit› abgesprochen werden. Die R. findet man erst im intelligiblen Bereich.

Im Unterschied zum paganen ist im christlichen Neuplatonismus eine gewisse Aufwertung der R. zu konstatieren. Halten Plotin und die späteren heidnischen Platoniker das oberste Prinzip frei von einer R. zum Unteren, so ist im christlichen Platonismus die Trias als oberstes Prinzip durch R. bestimmt [86]. Vater, Sohn und Geist sind unterschieden vermöge ihrer gegenseitigen Bezogenheit. R. macht also einen wesentlichen Bestandteil in der Konzeption der Trinität aus. In diesem Zusammenhang verliert der Begriff der σχέσις seine bei den paganen Platonikern negative Konnotation (GREGOR VON NAZIANZ, BASILIOS). Vielmehr wird versucht, die trinitarischen Unterschiede (Vater, Sohn, Geist) mit Hilfe einer positiv gewerteten R. zu verstehen (GREGOR VON NYSSA). Die R. wird als für den obersten Seinsbereich konstituierend akzeptiert und als Beziehung zum ontologisch Niedrigeren – sich etwa in der Herabkunft Gottes in Christus manifestierend – positiv gewertet (vgl. ‹Hymnen› des SYNESIOS).

Auch bei AUGUSTINUS [87] sind die göttlichen Personen von göttlicher Substanz, abgesehen von ihrer Beziehung zueinander. Jedoch sind die Beziehungen (z.B. Vater/Sohn) bei Gott nicht Akzidentien, sondern ebenfalls Substanz [88]. Zwar teilt Augustinus mit Aristoteles grundsätzlich die Geringschätzung der R. innerhalb der Kategorienlehre. Jedoch gilt dies nicht für den göttlichen Bereich, etwa beim Selbstbezug des Geistes. Er kennt seine Substanz, wenn er sich kennt [89]. Augustinus rehabilitiert also ebenfalls die R. für den Bereich oberhalb der Dingwelt. Er zeigt dem Mittelalter den theologischen Aspekt der Kategorienlehre auf.

Anmerkungen. [1] QUINTILIAN: Inst. orat. VIII, 4, 21. – [2] Vgl. SIMPLIKIOS: In Cat., hg. K. KALBFLEISCH. CAG VIII, 159, 23-160, 10. – [3] CH. S. PEIRCE: Coll. papers, hg. CH. HARTSHORNE/ P. WEISS (Cambridge, Mass. 1931-66) 3, 643. – [4] E. HAMBRUCH: Log. Regeln der Platon. Schule in der Aristotel. Topik [Wiss. Beilage zum Jahresber. des Askan. Gymn. zu Berlin. Ostern 1904] (1904, ND New York 1976) 1. – [5] B. RUSSELL: Hist. of Western philos. and its connection with polit. and soc. circumstances from the earliest times to the present day (London ²1961) 143. – [6] PLATON: Theaet. 182 a; Politicus 261 e. – [7] Vgl. PLATON: Charm. 168 bff.; Phaed. 102 af.; Resp. 523 aff.; Theaet. 154 bff.; Parm. 130 eff. – [8] Vgl. Theaet. 160 b 8. – [9] z.B. Resp. 438 a. – [10] Vgl. 439 a; E. SCHEIBE: Über Relativbegriffe in der Philos. Platons. Phronesis 12 (1967) 28-49, hier: 31ff. – [11] M. MIGNUCCI: Platone e i relativi. Elenchos 9 (1988) 259-294, hier: 261ff. – [12] PLATON: Phaed. 99 dff. – [13] 102 b. – [14] J. BRENTLINGER: Incomplete predicate and the two-world theory of the Phaedo. Phronesis 17 (1972) 69-73; dagegen MIGNUCCI, a.O. [11] 284. – [15] PLATON: Resp. 523 e; vgl. MIGNUCCI, a.O. 285. – [16] Resp. 439 b 8-11; vgl. SCHEIBE, a.O. [10] 46. – [17] Vgl. M. ERLER: Der Sinn der Aporien in den Dialogen Platons (1987) 213ff. – [18] PLATON: Resp. 438 d 12. – [19] Gorg. 476 d; Soph. 257 b; SCHEIBE, a.O. [10] 38ff. – [20] Soph. 251 aff. – [21] SCHEIBE, a.O. 34f. 49 (Hinweis auf M. FREDE). – [22] K. GAISER: Platons ungeschr. Lehre (²1968) 497; SEXTUS EMP.: Adv. math. X, 263ff.; vgl. W. BRÖCKER: Mat. zur Gesch. der Philos. (1972) 132f. – [23] z.B. Größeres/Kleineres: Phaed. 65 d 4ff.; Schweres/Leichtes: Resp. 478 eff.; Warm/Kalt: Phaed. 103 c; Schnell/Langsam: Resp. 529 c; dazu SCHEIBE, a.O. [10] 41. – [24] Parm. 133 c 8. – [25] MIGNUCCI, a.O. [11] 286ff. – [26] Vgl. SIMPLIKIOS, a.O. [2] 159, 12-15. – [27] Vgl. die 1. Def. in: ARISTOTELES: Cat. 7, 6 a 36f. mit PLATON: Soph. 255 d; P. MORAUX: Der Aristotelismus bei den Griechen 1-2 (1973/84) 1, 157. – [28] SIMPLIKIOS, a.O. [2] 163, 6ff.; 202, 1ff. – [29] Vgl. PLATON: Soph. 255 c; Phileb. 63 b; DIOG. LAERT. III, 108f. – [30] Vgl. XENOKRATES: Frg. 12, in: R. HEINZE: Xenokr. Darst. der Lehre und Samml. der Frg. (1892, ND 1965). – [31] H. J. KRÄMER: Platonismus und Hellenist. Philos. (1971) 81ff. – [32] ARISTOTELES: Met. V, 15, 1021 b 6-8. – [33] K. OEHLER: Einl. und Anm. zu: ARISTOTELES: Kategorien. Werke in dtsch. Übers. 1/1 (1984) 252; (²1986) 308f. – [34] K. OEHLER: Logic of relations and inference from signs in Aristotle. Ars semeiotica. Int. J. Amer. Semiotic 4 (1981) 237-246; dtsch: Die Anfänge der R.en-Logik und der Zeichenschluß bei Arist., in: K. OEHLER (Hg.): Die Aktualität der altgriech. Semiotik (1982) 259-266, hier: 259. – [35] a.O. [33]. – [36] ARISTOTELES: Cat. and De int., transl., notes and gloss. J. L. ACKRILL (Oxford ⁵1974) 98f. – [37] Cat. 6 a 36f. – [38] 8 a 31f. – [39] OEHLER, a.O. [33] 155/186. – [40] ARISTOTELES: Met. XIII, 1, 1088 a 29-35; vgl. Phys. V, 2, 225 b 10-13 und Met. XI, 12, 1068 a 10-13; M. MIGNUCCI: The stoic notion of relatives, in: J. BARNES/M. MIGNUCCI (Hg.): Matter and met. (Neapel 1989) 129-217, hier: 162ff. – [41] Cat. 6 b 28. – [42] b 36ff. – [43] Vgl. auch Met. X, 6, 1056 b 34. – [44] Met. V, 15, 1021 b 8-11; Beispiele etwa: Soph. el. 13, 173 b 8f. – [45] Cat. 8 b 21. – [46] Top. II, 10, 114 b 38-115 a 14. – [47] Vgl. z. B. Anal. pr. I, 36, 48 b 10-14. 14-19. 20-27; dazu OEHLER, a.O. [33] 254/310f. – [48] GALEN: Inst. log. 16, 10, hg. K. KALBFLEISCH (1896) 40f.; zur Echtheit: K. KALBFLEISCH: Galens Einl. in die Logik. Jb. class. Philologie, Suppl. 23 (1897)

681-705; zur Schrift: J. Mau, in: Galen: Einf. in die Logik. Krit.-exeget. Komm. mit dtsch. Übers. (1960). – [49] Oehler, a.O. [33] 255/311f. – [50] SVF II, 371 = Plotin: Enn. VI, 1 (42), 25; Simplikios, a.O. [2] 66, 32f. = SVF II, 369. – [51] Simplikios, a.O. 165, 32ff. = SVF II, 403. – [52] Krämer, a.O. [31] 84-88. – [53] Simplikios, a.O. [2] 166, 28f. ἐν τῇ σχέσει μόνῃ τὸ εἶναι ἔχει = SVF II, 403. – [54] M. Forschner: Die stoische Ethik (1981) 50; Mignucci, a.O. [40] 158; vgl. Simplikios, a.O. 165, 32-166, 29 = SVF II, 403. – [55] Mignucci, a.O. 166. – [56] Moraux, a.O. [27] 1, 158. – [57] Mignucci, a.O. [40] 131ff. – [58] a.O. 216. – [59] Platon: Theaet. 155 bc; vgl. Mignucci, a.O. [40] 165. – [60] Polystratos: De contemptu, col. XXI, hg. G. Indelli, in: Polystr.: Sul disprezzo irraz. delle opinioni popolari (Neapel 1978); vgl. auch bes. 178ff. und M. Isnardi Parente: L'epicureo Polistrato e le categorie. Parola Passato 26 (1971) 280-289. – [61] a.O. col. XXV. XXVI. – [62] Krämer, a.O. [31] 83. – [63] Xenokrates, a.O. [30]; vgl. dazu: Isnardi Parente, a.O. [60] 283-286. – [64] Polystratos, a.O. [60] col. XXIV, 20f. – [65] Diog. Laert. IX, 87. – [66] Sextus Emp.: Pyrrh. hypotyp. I, 39: γενικώτατος. – [67] Krämer, a.O. [31] 96. – [68] a.O. 80f. – [69] 102. – [70] Vgl. Sextus Emp.: Adv. math. VIII, 459. – [71] Zur Begrifflichkeit (ὕπαρξις, ὑπόστασις, ἐπίνοια) vgl. H. Dörrie: ‘Ὑπόστασις’. Wort und Bedeut.gesch. Nachr. Akad. Wiss. Göttingen, phil.-hist. Kl. (1955) Nr. 3, 35-92, ND in: Platonica minora (1976) 12-69. – [72] Vgl. Sextus Emp., a.O. [70] 453 und Plotin: Enn. VI, 1 (42), 30, 23 = SVF II, 402. – [73] Vgl. Th. Kobusch: Sein und Sprache. Hist. Grundl. einer Ontol. der Sprache (1987) 394f. – [74] Wesentlich für die Problematik des Relativum sind: Plotin: Enn. VI, 1 (42); 2 (43); 3 (44). – [75] VI, 3 (44), 3. – [76] VI, 1 (42), 7. – [77] 8. – [78] a.O. – [79] 9. – [80] VI, 3 (44), 28. – [81] VI, 8 (39), 8. – [82] Vgl. Porphyrios: Sent. ad intell. duc. 40, hg. E. Lamberz (1975) 48, 4-7. – [83] Ps.-Jamblichos: Theologumena arith. 2, hg. V. De Falco (1922) 7, 14-14, 12; Joh. Lydos: De mensibus 2, 7, hg. R. Wünsch (1898) 23, 19-25, 2. – [84] W. Beierwaltes: Proklos. Grundzüge seiner Met. (²1979) 68. 346. – [85] Proklos: In Parm., hg. V. Cousin (Paris 1864) 1187, 24f. – [86] S. Vollenweider: Neuplaton. und christl. Theol. bei Synesios von Kyrene (1985) 125. – [87] K. Flasch: Augustinus (1980) 353. – [88] Augustinus: De civ. Dei XI, 10, 1. MPL 41, 325/CCSL 48, 330. – [89] De trin. X, 10, 16. MPL 42, 981/CCSL 50, 328.

Literaturhinweise. E. Hambruch s. Anm. [4]. – F. Heinemann: Plotin (1926) 259ff. – C. Cavarnos: The class. theory of relations. A study in met. of Plato, Arist. and Thomism (Belmont 1957). – D. Ross: Plato's theory of ideas (Oxford ⁶1961) 227-229 (zum sprachlichen Ausdruck in Phaed. 99 d-102 e). – Ch. Rutten: Les cat. du monde sensible dans les Ennéades de Plotin (Paris 1961). – W./M. Kneale: The development of logic (Oxford 1962). – A. Drews: Plotin und der Untergang der ant. Weltanschauung (1907, ND 1964) 158ff. – E. Scheibe s. Anm. [10]. – G. Ryle: Internal relations. Coll. papers 2 (London 1971) 85-100. – J. M. Rist: Categories and their uses, in: A. A. Long (Hg.): Problems in Stoicism (London 1971) 54. – M. Isnardi Parente s. Anm. [60]. – H. J. Krämer s. Anm. [31]. – J. Brentlinger s. Anm. [14]. – H.-N. Castaneda: Plato's Phaedo theory of forms. J. philos. Logic 1 (1972) 467-480; Plato's relations, not essences or accidents, at Phaedo 102 b-d. Canadian J. Philos. 7 (1978). – A. Nehamas: Predication and forms of opposites in the Phaedo. Review Metaphysics 26 (1972/73) 464f. – P. Henry: Trois apories orales de Platon sur les Cat. d'Aristote, in: Zetesis. Festschr. De Strycker (Utrecht 1973) 234-265. – G. Patzig: Art. ‹R.›, in: Hb. philos. Grundbegr., hg. H. Krings u.a. 2 (1973). – P. Moraux s. Anm. [27] bes. 1, 182-185; 2, 547. – J. L. Ackrill s. Anm. [36]. – D. Gallop: Relations in the Phaedo, in: R. A. Shiner/J. King-Farlow (Hg.): New essays on Plato and the Pre-socratics. Canadian J. Philos., Suppl. 2 (1976) 149-163. – A. Graeser: The stoic cat., in: J. Brunschwig (Hg.): Les stoïciens et leur logique (Paris 1978). – W. Beierwaltes s. Anm. [84]. – F. Caujolle-Zaslawsky: Les relatifs dans les Cat., in: P. Aubenque (Hg.): Concepts et catég. dans la pensée ant. (Paris 1980) 167-195. – M. Forschner s. Anm. [54]. – K. Oehler s. Anm. [34] und [33]. – M. Matthen: Plato's treatment of relational statements in the Phaedo. Phronesis 27 (1982) 90-100; Relationality in Plato's met.: reply to McPherran, a.O. 29 (1984) 304-312. – M. McPherran: Matthen on Castaneda and Plato's treatment of relational statements in the Phaedo, a.O. 28 (1983) 298-306; Plato's Parmenides theory of relations, in: F. J. Pelletier/J. King-Farlow (Hg.): New essays on Plato. Canadian J. Philos., Suppl. 9 (1983) 149-164; Plato's treatment of equality and other symmetrical relations. Pacific philos. Quart. 65 (1984) 292-302. – F. G. Fine: Relational entities. Arch. Gesch. Philos. 65 (1983) 234. – G. Sillitti: La concezione del πρός τι e il problema degli enti astratti in Aristotele. Elenchos 6 (1985) 357-377. – S. Vollenweider s. Anm. [86]. – R. Löbl: Die R. in der Philos. der Stoiker (1986). – M. Mignucci: Aristotle's definitions of relatives in Cat. 7. Phronesis 31 (1986) 101-127; s. Anm. [11] und [40]. – C. Luna: La relat. chez Simpl., in: I. Hadot (Hg.): Simplicius, sa vie, son œuvre, sa survie (1987).   M. Erler

II. *Spätantike, Mittelalter und Renaissance.* – Augustin erkennt im Rahmen seiner Analyse des menschlichen Geistes als solchen, der keinem bestimmten Menschen zugehört [1], sondern seine allgemeingültige Struktur in sich selbst entdeckt, dem Begriff der R. neben dem der Substanz eine konstitutive Funktion zu: Wenn der Geist in sich selbst drei Momente auffindet, sich selbst (mens), sein Erkennen (notitia) und seine Liebe (amor) oder sich selbst als Selbstbewußtsein (memoria), als Erkenntnis (intellegentia) und als Willen (voluntas), erkennt er diese drei Momente als Einheit, sofern sie nichts anderes als die eine lebendige Substanz des Geistes selbst sind, als Dreiheit aber, sofern sie, die als solche jeweils etwas für sich sind, wechselseitig aufeinander bezogen sind [2]. Der Geist ist zugleich dreiheitliche Einheit oder einheitliche Dreiheit und insofern ausgezeichnetes Bild (imago) der göttlichen Trinität [3], die selbst auch als dreiheitliche Einheit begriffen wird, so daß auch bei ihr neben dem Begriff der Substanz der der R. begegnet: In der Einheit des göttlichen Wesens (essentia) ist eine Dreiheit von Personen (personae, substantiae) anzunehmen, die als Personen jeweils etwas für sich sind und zugleich einen wechselseitigen Bezug zueinander aufweisen [4]. Darin manifestiert sich unmittelbar die Differenz des trinitarisch begriffenen Geistes zur göttlichen Trinität selbst und seine Konvenienz mit ihr, da die Gottheit im Gegensatz zur einen Substanz des Geistes drei Personen oder Substanzen auszeichnen, es dem Geist und der Gottheit aber gemeinsam ist, in sich jeweils relational strukturiert zu sein. Anders als Plotin, der dem Geist ein breites Spektrum von für ihn wesentlichen Konstituentien zuschreibt [5], reduziert Augustin die Struktur des Geistes, des Bildes der trinitarischen Gottheit, auf eine dreiheitliche Einheit, bedient sich aber zur Explikation seiner Geist- und Gottheitstheorie der aristotelischen Termini der Substanz und der R., wodurch er den bei Aristoteles selbst nur eine eingeschränkte Geltung besitzenden Begriff der R. [6] aufwertet.

Darin folgt ihm Boethius: «Ita igitur substantia continet unitatem, relatio multiplicat trinitatem» («So also impliziert die Substanz Einheit, die R. aber bewirkt Dreiheit in ihrer Vervielfachung») [7]. Erneut sind es die Termini der Substanz und der R., die Boethius zur Explikation dessen, was für die trinitarisch begriffene eine Gottheit signifikant ist, heranzieht: Die R. wird als Garant der trinitarischen Differenziertheit, die Substanz als das die differierenden und zugleich wechselseitig aufeinander bezogenen Personen seit je einende Wesen der Gottheit gedacht. Während Augustin und Boethius so im Blick auf die multiplikative Funktion der R. konkordieren, differieren sie hingegen – freilich nur terminologisch – hinsichtlich des Wesensbegriffs, da für Boethius die Bestimmungen ‹Substanz› und ‹R.› hinreichen, um die einheitlich-dreiheitliche Strukturiertheit der Gottheit zu explizieren, für Augustin aber ergänzend der Begriff des Wesens (essentia) erforderlich ist, weil allein das einheitliche Wesen die Einheit der voneinander verschiedenen und gleichwohl aufeinander bezogenen Substanzen (Personen) zu verbürgen vermag.

JOHANNES SCOTUS ERIUGENA ist noch dem Substanz-Akzidens-Schema des Aristoteles verhaftet, kritisiert es jedoch zugleich durch Aufwertung des Begriffs der R. Seine wichtigsten Einsichten: Die R. sei geradezu das Absolute, die Gottheit, selbst – was er dann aber wieder abschwächt durch den Hinweis auf eine metaphorische Redeweise –; die R. besitze einen Vorrang gegenüber allen Kategorien, da sie aufgrund ihrer Weite in allen anzutreffen sei – sie ist somit jeden Ding-Charakters entkleidet –; die R. sei nicht nur Beziehung, sondern wechselseitiges Ineinander ihrer Relate, so das Zugleich von Ruhe und Bewegung – spätplatonische Dialektik im Gewande eines korrigierten Kategorienschemas aristotelischer Provenienz [8].

In der Folgezeit erstarkte jedoch die Schullogik, ein dadurch noch begünstigter Vorgang, daß im 12. und 13. Jh. der Kanon aller logischen Schriften des Aristoteles bekannt wurde [9], ferner die aristotelisierenden R.-Theorien AVICENNAS (die R. besitzt objektive Realität, aber als akzidentelle, nicht als substantielle reale Instanz, wobei sie nur einem Zugrundeliegenden inhäriert, nicht etwa ihren beiden sie begrenzenden Extremen; darüber hinaus ist eine R. im Intellekt anzutreffen, wenn er Früheres mit Späterem – beides intelligible Intentionen – vergleicht) [10] und AVERROES' (die R. besitzt intramentale Realität: ohne Seele keine R.; sie ist eher den Prädikabilien als den Prädikamenten, eher dem gedanklichen als dem realen Seienden zugehörig) [11].

Angesichts der Problematik der Seiendheit (entitas) der R. vertritt ALBERT DER GROSSE die Ansicht – dies in explizitem Anschluß an die Lehrmeinung der Peripatetiker –, daß die Beziehung ein Sein besitze, freilich allein im Bezüglichen (relativum), dem «ad aliquid»: «... relatio habet esse, sed non habet esse nisi in relativo, quod est ad aliquid» [12]. Ein Bezügliches ist so auf ein anderes Bezügliches durch einen Bezug (respectus) bezogen, das zweite Bezügliche durch einen zweiten Bezug zugleich auch auf das erste Bezügliche; das Beziehungsverhältnis (habitudo) zwischen den beiden Bezügen als solches trägt dann den Namen der R.; während die Bezüge aber eine natürliche Realität besitzen, verdankt sich das Sein der R. der Seele [13]. Wird die R. aber selbst als Bezug gefaßt, dann besitzt sie ein reales Sein, das sich vom Bezüglichen herleitet, dessen Sein wiederum im Gegensatz steht zu jedem absoluten Sein [14], sei es zum Sein der an ihr selbst relationslosen Substanz, sei es zum Sein der an ihnen selbst relationslosen Akzidentien. Kurz: Für Albert besitzt die R. als solche aufgrund der ihre Extreme miteinander und gegeneinander vergleichenden Funktion der Seele ein intramentales Sein; aufgrund seiner Neigung, die R. dem Bezug anzunähern, wird ihr ein extramentales Sein zuerkannt; während die Bezüge wegen der Verschiedenheit ihrer Extreme selbst aber als verschiedene gedacht werden, wird die R. hingegen als ein Beziehungsverhältnis begriffen, das trotz der ihr aufgrund der Extreme immanenten Diversität durch das Merkmal einer zwischen den Extremen vermittelnden Einheit gekennzeichnet ist [15]. Im Anschluß an Aristoteles analysiert Albert dann R.en, bei denen die Relate wechselseitig aufeinander bezogen sind (so bei der numerischen Beziehung des Doppelten zum Halben oder bei der R. zwischen Aktivem und Passivem) oder eine nur einseitige Dependenz der Relate begegnet (so bei der irreversiblen R. zwischen dem der Natur nach früheren Wißbaren und dem auf dieses Wißbare bezogenen Wissen) [16]; dieser Analyse wesentlicher R.en steht eine kurze Betrachtung akzidenteller R.en ergänzend zur Seite [17].

Deutlicher als Albert – aber im Anschluß an ihn – entwickelt ULRICH VON STRASSBURG seine Theorie der R., indem er zwischen dem «ad aliquid», der «relatio» und dem «relativum» differenziert: Das «ad aliquid» steht im Gegensatz zum Absoluten und meint den Bezug (respectus) eines Zugrundeliegenden zu einem anderen, indem beide Extreme miteinander verglichen werden; wie dieser Vergleich aber real ist, so besitzt auch die R. als derartiger Bezug ein reales Sein; die «relatio» in strengem Sinne ist kein realer Bezug in der extramentalen Wirklichkeit, sondern nichts anderes als die bloße Mitte zwischen den Extremen unter Ausschluß der Extreme – so Ulrich gegen Albert, um den Gehalt der R. als R. prägnanter herauszustellen, – und insofern nur im Intellekt anzutreffen («... relatio est tantum in intellectu»); das «relativum» ist das Zugrundeliegende selbst, das seinen Namen als Bezügliches von eben dem Beziehungsverhältnis, das im realen Bezug zum Ausdruck kommt, herleitet und von daher als «ad aliquid», als das, was in Bezug zu einem anderen steht, angesprochen werden kann [18].

Für THOMAS VON AQUIN, der keineswegs «der erste umfassende R.-Theoretiker» [19] gewesen ist, besitzt die R. im Anschluß an Averroes unter allen Prädikamenten das schwächste Sein [20]; gleichwohl ist sie – wie alle Kategorien – zu den besonderen Seinsweisen [21] zu zählen, so daß ihr schon deshalb ein extramentales Sein zuzuerkennen ist, freilich nicht ausschließlich, da sich gerade die R. vor allen anderen Prädikamenten dadurch auszeichnet, auch rein gedankliche Beziehungsverhältnisse anzuzeigen [22]. Reale R.en sind nun notwendige Bestandteile der kosmischen Ordnung [23]. Das Charakteristikum der R. als R. aber ist es, nicht bloß – wie die anderen Akzidentien – als Akzidens der Substanz zu inhärieren, sondern ein Relat über sich hinaus- und zu einem anderen Relat in Beziehung treten zu lassen («... ratio propria relationis non accipitur secundum comparationem ad illud in quo est, sed secundum comparationem ad aliquid extra») [24]. Darüber hinaus hat Thomas als erster die «relatio rationis» differenzierter behandelt, indem er vier Arten unterschied: die «relatio relationis» (z.B. die zwischen der Ähnlichkeit selbst und den einzelnen ähnlichen Dingen bestehende Beziehung), die Selbstidentität einer Sache, die Beziehung eines aktuell Existierenden zu einem Nichtseienden und schließlich die Beziehung zwischen bloß Gedachtem, wie etwa zwischen «genus» und «species» [25].

SIGER VON BRABANT verfolgt seine Intention, die Natur der R. breit zu explizieren [26], zwar auch im Anschluß an Aristoteles, besonders aber an Avicenna. Grundlegend ist auch für Siger die Dichotomie ‹reale R.› (aufgrund realer Kausalität) / ‹gedankliche R.› (aufgrund der Leistung des Intellekts, der ein real Seiendes zu einem noch nicht real Seienden vergleichend in Beziehung setzt) [27].

Für HEINRICH VON GENT ist der Status einer R. prinzipiell dadurch definiert, eine bestimmte Seinsweise zu sein, ein «se habere ad aliud». Insofern ist die R. als solche nicht durch Akzidentalität bestimmt: Das Sich-zu-anderem-Verhalten ist freilich kein Sein-in-sich, aber auch kein Sein-in-einem-anderen; es ist lediglich Bezogen-sein-auf-ein-anderes, «habitudo nuda» [28]; damit ist die R. indifferent gegenüber göttlichen oder kreatürlichen, realen oder rationalen Beziehungsverhältnissen [29]. Die Modus-Theorie der R. ist so zwar in ihrem transprädikamentalen, aber noch nicht in ihrem transzendentalen Status auf den Begriff gebracht, eröffnet jedoch der Theorie der R. grundsätzlich eine innovative Weite.

RAIMUNDUS LULLUS, ein Außenseiter der Philosophie, greift zwar auf ALGAZELS Logik und auf neuplatonische Theoreme aus dem ‹Liber de causis› zurück, entwickelt jedoch eine neuartige Korrelativenlehre, bei der der Begriff der R. im Rahmen disjunktiver Ternare eine zentrale Rolle spielt: Erkenntnis- oder Seinsakte sind nur möglich durch das Bindeglied der R. [30].

Für DIETRICH VON FREIBERG ist die Disjunktion ‹wirkliches Seiendes› / ‹gedankliches Seiendes› nicht vollständig, wenngleich sie nicht nur bei Thomas, sondern auch bei ihm selbst begegnet [31], bei ihm selbst aber nur insofern, als sie ihn zum Weiterdenken veranlaßt. Neben rein gedanklichen Seienden, den sog. «res secundae intentionis», und reinen Naturgegenständen, den sog. «res primae intentionis», nimmt Dietrich Inhalte an, die vom Intellekt konstituiert und gleichwohl zu den Naturgegenständen zu zählen sind; auch diese Inhalte nennt er «res primae intentionis» [32]. Eine derartige «res primae intentionis» ist die R., die auf eine doppelte Ursächlichkeit zurückzuführen ist, auf die der Natur und die des Intellekts: Das relative Beziehungsverhältnis (relativa habitudo) ist im Blick auf die ihm eigentümlichen Prinzipien Produkt der Konstitutionsleistung des Intellekts und gehört gleichwohl zum Naturseienden, und zwar aufgrund des Fundaments der R., der in ihrem Begriff auftretenden Substanz, für die die Natur Ursache ist [33]. Wichtig für Dietrich: Die R. ist weder rein intra- noch rein extramental, sondern in ihren Prinzipien vom Intellekt konstituiert und zugleich ein natürliches Seiendes, eben eine «res primae intentionis» [34]. Unübersehbar ist die konstitutive Funktion des Intellekts hinsichtlich der Prinzipien der R., unübersehbar aber auch, daß die Naturkausalität die extramentale Realität der R. verbürgt, indem die Natur Ursache ist für das Fundament der R., die Substanz. Der R.-Begriff ist bei Dietrich jedoch nicht restringiert auf diese Perspektive, vielmehr durchwirken sein Denken besonders solche relationalen Strukturen, die dem Schularistotelismus entgegen sind und originär-aristotelisches mit neuplatonischem Philosophieren verknüpfen; hervorgehoben seien die R. zwischen dem tätigen Intellekt und seinem von ihm als Objekt erkannten Prinzip, der Gottheit, sowie die R. zwischen tätigem und möglichem Intellekt, zwischen quasi-absoluter und determinierter Intellektualität; die R. ist hier nicht Gegenstand theoretischer Reflexion, sondern notwendiges Ingrediens intellektualer Prozessualität [35].

Ähnliches gilt für ECKHART: Analogie-, Univozitäts- und Einheitstheoreme – als R.-Theoreme – sind für seine Philosophie und Theologie konstitutiv [36]. Das singuläre Diktum «Relatio autem totum suum esse habet ab anima et ut sic est praedicamentum reale ...» [37] («Die R. hat aber ihr ganzes Sein von der Seele und ist als solche eine reale Kategorie ...») läßt Dietrich-Nähe erkennen [38], ist aber eine Formulierung, die Dietrich so nicht unterschrieben hätte, da für ihn – nicht wie für Eckhart – Ursache des Seins der R. die Natur, nicht der Intellekt (oder die Seele) ist: Der Intellekt konstituiert die Prinzipien der R., die Natur über die Substanz als Fundament der R. ihr Sein. Dietrich und Eckhart ist freilich die Absicht gemeinsam, die R. zugleich als vom Intellekt konstituiert und als reale Kategorie zu begreifen, dies im Blick auf Beziehungsverhältnisse in der natürlichen Wirklichkeit.

Für JAKOB VON VITERBO sind R.en primär real, dies 1) als notwendige Strukturelemente des realen Universums [39], 2) als reale Verschiedenheit verbürgende; denn durch Aufhebung der R. würde auch die Verschiedenheit der Dinge beseitigt [40] – ein beachtenswerter Gedanke in freilich real-ontologischer Einkleidung, der philosophiehistorisch auf Platons dialektische (also sprachphilosophische) Theorie des Verschiedenen zurückgeht: Verschiedenheit impliziert Relationalität, wie umgekehrt Relationalität ohne Verschiedenheit nicht möglich ist –, 3) als Voraussetzungen für die zweiten Intentionen; denn setzten die zweiten Intentionen keine realen R.en als erste Intentionen voraus, wären sie sinnlos [41]. Reale R.en sind so zwar unabhängig vom Denken, aber als reale Modi abhängig von der Ding-Wirklichkeit, anders formuliert: Die R. ist ein Modus der anderen Kategorien [42]; insofern transzendiert sie die anderen Kategorien und ist zugleich selbst eine Kategorie. Der Topos, daß es sowohl reale als auch gedankliche R.en gibt, findet sich auch bei Jakob [43].

Erneut begegnet die Modus-Theorie bei DURANDUS DE S. PORCIANO, um den Status der R. zu verdeutlichen: Wie Subsistieren und Inhärieren Weisen des Seins sind, so ist auch die R. eine Seinsweise, nicht selbst in strengem Sinne eine Wirklichkeit (res, ens reale); die R. zeigt nur das Wie des Bezogen-Seins von etwas auf etwas an, ist selbst kein Dies oder Das [44]. Daß der R. gleichwohl ein «minimum de entitate» [45] verbleibt, läßt die Aporie dieser Theorie erkennen: Die Nicht-Wirklichkeit des Modus besitzt dennoch ein Sein, wenngleich nur ein minimales.

JOHANNES PICARDI VON LICHTENBERG übt trotz seiner grundsätzlich thomistischen Einstellung nicht nur an Averroes und Albert, sondern auch an Thomas explizit Kritik, dies im Blick auf ein Spezialproblem der R.-Theorie, nämlich auf das Problem der Beziehung zwischen Wißbarem, Wissen und Wissendem: Gegenüber den drei gewichtigen Autoritäten betont Johannes, daß das Wißbare zwar Maß des auf es bezogenen Wissens sei, nicht jedoch dessen Ursache sein könne, da die Ursache des Wissens allein der Wissende sei; Begründung: Es gebe ein Wissen, das nicht von den Dingen verursacht sei. So ist etwa der Gedanke, daß der Intellekt auf Dinge bezogen ist, die für ihn Maß sein mögen, selbst nicht abhängig von der R. ‹Intellekt/Dinge›. Johannes bemerkt selbst: Die Rede von jemandem, der die Dinge nicht kenne, könne gleichwohl wahr oder falsch sein [46]. Kurz: Die R. ‹Maß/Gemessenes› trifft auf die Beziehung ‹Wißbares/Wissen› zu, die R. ‹Ursache/Verursachtes› auf die Beziehung ‹Wissender/Wissen›; der Mensch als Wissender ist somit zwar Ursache seines Wissens, das Wissen gleichwohl nicht Ursache des Wißbaren [47]. Gegen Averroes, Albert und Thomas wird so der Wissende als Ursache seiner Wissensvollzüge anerkannt, somit auch gegen Aristoteles selbst eine R. zwischen dem Wissenden und seinem Wissen angenommen; daß das auf seine Gegenstände bezogene Wissen aber auch selbst eine Kausalfunktion gegenüber diesen Gegenständen besitze, wird angesichts der immer noch übermächtigen Maßfunktion des Wißbaren für sein es wissendes Wissen bestritten. Im Blick auf die Problematik ‹reale R.› sind für Johannes drei Momente erforderlich, um den Realitätsgehalt einer realen R. zu sichern: Die Extreme der R. müssen 1) Seiende, 2) real distinkt und 3) wechselseitig aufeinander hinordenbar sein – ohne prinzipielle Vertauschbarkeit [48]. Die R. als R. ist freilich indifferent gegenüber extra- oder intramentalen Bezugsverhältnissen [49], so daß immer dann, wenn ein Extrem oder beide Extreme der R. irreal sind, gedankliche R.en vorliegen.

JOHANNES DUNS SCOTUS ist der wohl strikteste Vertreter eines R.en-Realismus, entwickelt – ähnlich wie Jakob – eine Theorie transzendentaler Relationalität (terminologisch bedeutsam ist der Begriff der «relatio transcendens») und begreift sich als kompromißlosen Kritiker der Modus-Theorie der R., besonders der Heinrichs von Gent. Drei Kriterien sichern den Realitätsgehalt der R.: 1) Die Extreme der R., ihr Fundament und ihr Ziel, müssen real sein. 2) Zwischen den Extremen muß ein realer Unterschied bestehen. 3) Aus der Natur der Extreme ist eine reale R. zu folgern, ohne daß eine diese Extreme miteinander vergleichende Erkenntnisinstanz anzunehmen wäre [50]. Die prädikamentale R. füllt jedoch den Begriff der R. nicht erschöpfend aus: Nicht-gedankliche R.en sind nicht nur prädikamental, sondern auch transzendental bestimmt. «Identität und Verschiedenheit, Gleichheit und Ungleichheit, Ähnlichkeit und Unähnlichkeit sind als dem Seienden als solchen unmittelbar und notwendig innewohnende und untrennbar mit diesem verbundene Bestimmtheiten transzendentale R.en» [51]. Diese transzendentalen – terminologisch streng freilich: transzendenten – R.en stehen in engem Zusammenhang mit seiner Theorie der «formalitas» [52]. Gleichwohl gilt: Realitätsstrukturierend und realitätshaltig sind sowohl die prädikamentalen als auch die formal-transzendentalen R.en.

WILHELM VON OCKHAM restringiert den Begriff der R. auf transzendentale Beziehungen [53], hält also Johannes Duns Scotus' Verdoppelung des R.-Begriffes für redundant. Auch bricht er – wie bereits HEINRICH VON HARCLAY – mit der Tradition, Gott sei nur gedanklich auf die Geschöpfe, die Geschöpfe aber seien real auf Gott bezogen [54]; vielmehr ist die R. ‹Gott/Geschöpf› real [55]. Prinzipiell expliziert WILHELM seine Theorie der R. im Rahmen seiner Semantik im Blick auf absolute und konnotative Terme: Relationale Terme – wie ‹Ähnlichkeit› – bezeichnen z.B. ein Weiß-Sein und konnotieren ein zweites Weiß-Sein, und solange sie zugleich existieren, werden sie als ähnlich ausgesagt und benannt, und zwar ohne eine R. [56]. Für Wilhelm ist der Terminus der R. eine zweite Intention; in Sätzen supponiert er auf bezeichnende Weise nur für relative Begriffe, nicht für extramentale Dinge [57]. Eine reale R. sagt nur dies aus, daß die aufeinander bezogenen Extreme real sind, meint aber nicht einen mittleren Bezug zwischen den Korrelativa [58].

Eine akzentuiert konzeptualistische Theorie der R. vertritt PETRUS AUREOLI: «Sed in oppositum videtur quod relatio sit in sola apprehensione nullum esse habens in rebus» [59]. Die R. besitzt somit kein Sein in der natürlichen Wirklichkeit, sondern verdankt sich allein einem Erfassensakt, einem Werk des Intellekts (opus intellectus); denn was als Eines und Einfaches existiert, gleichwohl aber zwei real distinkte Momente berührt, ginge, wenn es nicht auf einen Akt des Intellekts zurückzuführen wäre, seines Einheitscharakters verlustig, da es in vielen Getrennten zugleich begegnete und dadurch selbst ein Vieles wäre. Die R. ist ein Akt des Vergleichens, ein Akt, den einzig der Intellekt vollzieht [60], ein Akt aber, der das potentielle Sein der R. in der natürlichen Wirklichkeit voraussetzt [61]. Ein radikaler Konzeptualismus ist so auch Petrus fremd, da seine Theorie der R. immer noch dem aristotelischen Potenz-Akt-Schema unterliegt.

In dieser Hinsicht progressiver ist JOHANNES BURIDAN: Die R. ist ein Akt der Seele, bei dem sie etwas auf etwas bezieht und etwas mit etwas vergleicht; dieser Akt ist ein intramentaler Begriff [62]. Die R. ist jedenfalls kein extramentales Akzidens, auch kein transzendentaler (oder besser: transzendenter) Begriff, sondern ein intramentaler Komparationsakt, sei es, daß Terminus für eine R. wieder eine R. ist [63], sei es, daß ein relativer Begriff eines ihm vorausgehenden absoluten Begriffs als Fundament bedarf [64]. Indem Buridan aber die R. als Bezeichnungsweise denkt, steht er in der nominalistischen Tradition.

NIKOLAUS VON KUES kennt die Prädikamentenlehre des Schularistotelismus und die relationstheoretischen Positionen des Neuplatonismus antiker und mittelalterlicher Provenienz, darüber hinaus die Korrelativenlehre Lulls. Sein ganzes System ist jedoch antiaristotelisch konzipiert, ist ein relationsdurchwirktes Denkgebäude ohne spezifische Thematisierung der R.: Alles in der Gottheit ist korrelativ – also notwendig aufeinander bezogen –, die Gottheit ist als Nicht-Anderes notwendiger Bezug zu allem Anderen, der Intellekt ist Bezug zur Gottheit und zur Seele, die Seele Bezug zum Intellekt und zum Körper – jeweils auf unterschiedliche Weisen. Cusanus' Schriften ‹De coniecturis› [65] und ‹De non aliud› [66] sind am meisten von R.-Strukturen durchzogen, sind Dokumente eines R.-Begriffs unverfestigter Prozessualität: Die Gottheit ist in sich und außer sich relationsbestimmt, der Intellekt und die Seele in gleicher Weise. Korrelationalität und Relationalität sind *die* Konstituentien der Philosophie des Nikolaus von Kues schlechthin.

Während bei M. FICINO keine relationstheoretischen Innovationen auszumachen sind – er kennt freilich die antiken Kontroversen zwischen den Sophisten und Platon, zwischen den Vertretern einer relativistischen Epistemologie (Protagoras) und einer anti-relativistischen, aber relationsdurchwirkten Theorie des Wissens (Platon) [67] –, begegnet hingegen bei A. NIFO die terminologisch bedeutsame Wendung «respectus transcendentalis» [68] – gemeint ist die sonst als «relatio transcendens» gefaßte Beziehungsstruktur.

F. SUÁREZ ist es, bei dem die transzendentale R. nicht nur terminologisch erneut anzutreffen ist, sondern auch eine breite Analyse erfährt. Er unterscheidet zwischen einer «relatio secundum esse» und einer «relatio secundum dici», einer realen und einer mental-sprachlichen R.; bei den realen R.en erfolgt dann eine Differenzierung zwischen «relationes praedicamentales» und «habitudines transcendentales», zwischen prädikamental-begrenzten und transzendental-unbegrenzten R.en, unbegrenzten deshalb, weil sie alle Prädikamente durchziehen [69].

Während G. BRUNO die aristotelischen Theoreme zur R. nur übersichtlich zusammenstellt [70], entwickelt T. CAMPANELLA eine betont antiaristotelische Theorie der R. Er hebt hervor: Aristoteles lasse nicht bei allen Prädikamenten Veränderung (mutatio) zu, sondern nur beim Ort (motus localis), bei der Qualität (alteratio), bei der Quantität (augmentum, decrementum) und bei der Substanz (generatio, corruptio); besonders im Falle der

R. (ad aliquid) werde Veränderung ausgeschlossen; z.B. könne eine Säule rechts von jemandem zu stehen kommen, ohne sich selbst dabei verändert zu haben, entsprechend auch nicht die R. Dem hält Campanella entgegen, daß gerade im Falle des genannten Beispiels eine Veränderung in der R. vorliege, wenngleich sich nur ein Relat verändert habe, das andere, die Säule, nicht; die Säule habe sich in der Tat nicht verändert hinsichtlich ihres absoluten, wohl aber hinsichtlich ihres relativen Seins; weil keine absolute Veränderung vorliege, bleibe das Wesen der Säule unverändert, aufgrund relativer Veränderung (mutatio respectiva) aber habe sich auch die Säule verändert. Wegen dieser Theorie der «mutatio in relatione» nimmt Campanella nicht nur eine minimale Korrektur am Prädikamentensystem des Aristoteles vor; er denkt vielmehr einen lebendigen Begriff von R., der das aristotelische kategoriale Koordinatensystem sprengt, ohne freilich die Theorie der Prädikamente aufzugeben [71]. Gleichwohl erweitert Campanella auch den Begriff ‹Prädikament›: Neben den üblichen «praedicamenta generica» ist von «praedicamenta transcendentalia» die Rede, bei denen wiederum zwischen «transcendentia transcendentalissima» (ens, verum, bonum, unum) und «transcendentia subalterna» (res, aliquid) zu unterscheiden sei [72] – eine Reminiszenz an THOMAS VON AQUINS Theorie der «transcendentia» [73], aber nicht ohne eine neuartige, distinktere Differenzierung. Daher nimmt es nicht wunder, wenn CAMPANELLA bei der Analyse des Prädikaments ‹Wesen› (essentia) – auch innovativ – der R. ein ihr eigentümliches Wesen zuerkennt: Was die R. als R. ist, das ist ihr Wesen, mag sich auch ihre Seiendheit darin manifestieren, auf anderes hingeordnet zu sein; wie alles Existierende sein ihm eigentümliches Wesen besitzt, so auch die R. insofern, als sie Koexistierendem zugehört [74]. Deutlicher hätte man die R. im Rahmen einer Theorie der Prädikamente nicht aufwerten können: Nicht nur selbständig Existierendes besitzt ein eigenes Wesen, sondern auch die R. als verbindende Instanz Koexistierender.

Anmerkungen. [1] Vgl. AUGUSTINUS: De trin. IX, 2, 2. – [2] Vgl. IX, 4, 4-7; X, 11, 18. – [3] XIV, 12, 15. – [4] Vgl. V, 5, 6-16, 17. – [5] Vgl. B. MOJSISCH: Platon, Plotin, Ficino. ‹Wichtigste Gattungen› – eine Theorie aus Platons ‹Sophistes›, in: O. PLUTA (Hg.): Die Philos. im 14. und 15. Jh. (Amsterdam 1988) 19-38. – [6] Vgl. ARISTOTELES: Met. XIV, 1, 1088 a 22-24. – [7] BOETHIUS: Quomodo trinitas unus deus ac non tres dii VI. Die Theol. Traktate, hg. M. ELSÄSSER (1988) 24, 7-9. – [8] Vgl. K. FLASCH: Zur Rehabilitierung der R. Die Theorie der Beziehung bei Joh. Eriug., in: W. F. NIEBEL/D. LEISEGANG (Hg.): Philos. als Beziehungswiss., Festschr. J. Schaaf (1971) 5-25. – [9] Vgl. B. G. DOD: Aristoteles Latinus, in: N. KRETZMANN/A. KENNY/J. PINBORG (Hg.): The Cambridge hist. of later mediev. philos. (Cambridge 1982) 45-79. – [10] Vgl. AVICENNA: Lib. de philos. prima III, 10, hg. S. VAN RIET (Löwen/Leiden 1977) 173, 11-183, 1. – [11] Vgl. AVERROES: In Praed. 3 (Venedig 1562) 38ᵛL-41ʳA; In Met. V (Venedig 1562) 128ᵛI-129ᵛM; vgl. J. R. WEINBERG: Abstraction, relation, and induction. Three ess. in the hist. of thought (Madison/Milwaukee 1965) 94f. – [12] ALBERTUS MAGNUS: Met. V, 3, 7. Op. omn. 16/1, hg. B. GEYER (1960) 266, 70f. – [13] Vgl. a.O. 266, 79f. – [14] Vgl. 267, 35-43. – [15] Vgl. 267, 98. – [16] Vgl. 268, 6-270, 71. – [17] Vgl. 270, 73-271, 26. – [18] Vgl. ULRICH VON STRASSBURG: De summo bono IV, 2, 18. Erlangen, Univ.bibl., Cod. 530/1, fol. 285ʳᵛ. – [19] So aber D. LEISEGANG: Die drei Potenzen der R. (1969) 16. – [20] Vgl. THOMAS VON AQUIN: I Sent. 26, 2, 2 ad 2. Op. omn. [OP] 7, hg. E. FRETTÉ/P. MARÉ (Paris 1882) 331; S. c. gent. 4, 14. OP 12, hg. E. FRETTÉ (1874) 498ff.; De pot. 7, 9; 8, 1 ad 4. OP 13, hg. E. FRETTÉ (1875) 237ff. 259. – [21] Vgl. De ver. 1, 1 resp. OP 14, hg. E. FRETTÉ (1875) 316ff. – [22] Vgl. 1, 5, ad. 16. OP 14, 329. – [23] Vgl. De pot. 7, 9. OP 13, 237ff. – [24] Vgl. 8, 2 ad 12, a.O. 263. – [25] De ver. 1, 5, ad 16. OP 14, 329; vgl. I Sent. 26, 2, 1. OP 7, 327ff. – [26] Vgl. SIGER VON BRABANT: Quaest. in Met. V, comm. 3. Quaest. in Met. Philosophes médiév. 24, hg. W. DUNPHY (Louvain-la-Neuve 1981) 338. – [27] Vgl. a.O. 343f. – [28] HEINRICH VON GENT: Quodl. IX, 3. Op. omn., hg. R. MACKEN 13 (Löwen/Leiden 1983) 56, 87. – [29] Vgl. a.O. 53, 84-86. – [30] Vgl. C. PRANTL: Gesch. der Logik im Abendlande 3 (1867, ND 1955) 145-177; E. W. PLATZECK: Raimund Lull 1 (1962) 200-207; K. FLASCH: Das philos. Denken im MA. Von Augustin zu Machiavelli (1986) 390ff. – [31] Vgl. DIETRICH VON FREIBERG: De vis. beat. 3. 2. 9. 2., 1. Op. omn. 1, hg. B. MOJSISCH. Corp. Philos. Teut. Medii Aevi [CPTMA] II/1 (1977) 88, 2-4; 3. 2. 9. 6., 1, a.O. 96, 2-5. – [32] Vgl. De orig. 5, 59. Op. omn. 3, hg. J. D. CAVIGIOLI u.a. [CPTMA II/3] 199, 618-629. – [33] Vgl. 5, 57, a.O. 198, 596-599. – [34] Vgl. A. DE LIBERA: La problématique des «intentiones primae et secundae» chez Dietrich de Freiberg, in: K. FLASCH (Hg.): Von Meister Dietrich zu Meister Eckhart (1984) 68-94. – [35] Vgl. B. MOJSISCH: Die Theorie des Intellekts bei Dietrich von Freiberg (1977) 46-92. – [36] Vgl. Meister Eckhart. Analogie, Univozität und Einheit (1983) 18-20. – [37] ECKHART: Quaest. Par. I, n. 4. Lat. Werke 5, hg. J. KOCH (1963) 40, 12f. – [38] Vgl. K. FLASCH: Kennt die mittelalterl. Philos. die konstitut. Funktion des menschl. Denkens? Eine Unters. zu Dietrich von Freiberg. Kantstud. 63 (1972) 206. – [39] Vgl. JAKOB VON VITERBO: Quaest. de divinis praedicamentis 11, hg. E. YPMA (Rom 1983ff.) 24. – [40] Vgl. a.O. 25. – [41] Vgl. 27f. – [42] Vgl. 52. – [43] Vgl. 40. – [44] Vgl. DURANDUS DE S. PORCIANO: Quodl. Avenionense I, 1, hg. P. T. STELLA (Zürich 1965) 56f. – [45] I, 2, a.O. 66. – [46] Vgl. JOH. PICARDI VON LICHTENBERG: Quaest. 9. Cod. Vat. lat. 859, fol. 158ᵛb. – [47] Vgl. a.O. – [48] Vgl. Quaest. 38, a.O. fol. 182ʳb. – [49] Vgl. a.O. fol. 182ʳa. – [50] Vgl. JOH. DUNS SCOTUS: Ord. I, 31, q. un., n. 6. Op. omn. 6, hg. C. BALIĆ (Rom 1963) 204, 17-21. – [51] J. P. BECKMANN: Die R.en der Identität und Gleichheit nach Joh. Duns Scotus (1967) 186. – [52] Vgl. a.O. 216ff. – [53] Vgl. G. MARTIN: Wilhelm von Ockham (1949) 137. 139ff. – [54] Vgl. bereits AUGUSTINUS: De trin. V, 16, 17. CCSL 50, hg. W. J. MOUNTAIN (Turnhout 1963) 224ff. – [55] Vgl. WILHELM VON OCKHAM: In I Sent., d. 30, q. 5. Op. theol. 4, hg. I. ETZKORN/F. E. KELLY (St. Bonaventure 1979) 385, 8-15; vgl. M. G. HENNINGER: Relations. Medieval theories 1250-1325 (Oxford 1989) 139. 112 (zu Heinrich von Harclay). – [56] Vgl. Report. II, q. 2, a.O. 5, hg. G. GÁL/R. WOOD (St. Bonaventure 1981) 39, 8-15. – [57] Vgl. Summa logicae I, 49. Op. philos. 1, hg. PH. BOEHNER/G. GÁL/S. BROWN (St. Bonaventure 1974) 155, 44-159, 143. – [58] Vgl. Report. II, q. 1, a.O. [56] 9, 7-10. – [59] P. AUREOLI: Scriptum, d. 30, zit. in: HENNINGER, a.O. [55] 152, Anm. 8. – [60] Vgl. HENNINGER, a.O. 163, Anm. 39. – [61] Vgl. a.O. 172, Anm. 60. – [62] Vgl. JOH. BURIDAN: Tract. de relationibus I, 24 (noch ungedruckt; vgl. Clm 18 789; Uppsala, Cod. C 605), in: R. SCHÖNBERGER: 'Ad aliquid'. Buridans Theorie der R. im Kontext seines Denkens und der Scholastik. Habil.-Schr. München (1990). – [63] Vgl. Tract. I, 19. – [64] Vgl. Quaest. in praedicamenta 13, hg. J. SCHNEIDER (1983) 96. – [65] Vgl. NIKOLAUS VON KUES: De coni. I, 4-13. Akad.-A. Heidelb. 3, hg. J. KOCH/C. BORMANN/J. G. SENGER (1972) 18-67. – [66] Vgl. Directio speculantis seu de non aliud 1-24. Akad.-A. Heidelb. 13, hg. L. BAUR/P. WILPERT (1944, 1950) 3-58. – [67] Vgl. M. FICINO: In Theaet. Platonis. Epitome. Op. omn. 2 (Basel 1576, ND Turin ²1962) 1274-1281. – [68] A. NIFO: In De anima (Venedig 1553) fol. 201ᵛb. – [69] F. SUÁREZ: Disp. metaph. XLVII, 3, 10. Op. omn. 26, hg. Y. A. ANDRÉ (Paris 1866) 797 b. – [70] Vgl. G. BRUNO: Summa terminorum metaphysicorum XVI. Op. lat. conscr. I/4, hg. F. TOCCO/H. VITELLI (Florenz 1889, ND 1962) 36f. – [71] T. CAMPANELLA: Met. I, 2, 8, a. 2 (Paris 1638, ND Turin 1961) 248 a-249 b. – [72] Vgl. a.O. 289 ab. – [73] Vgl. J.-F. COURTINE: Suárez et le syst. de la mét. (Paris 1990) 358-366. – [74] Vgl. CAMPANELLA, a.O. [71] 293 b.

Literaturhinweise. A. HORVÁTH: Met. der R.en (Graz 1914). – H. KNITTERMEYER: Der Terminus ‹transzendental› in seiner hist. Entwickelung bis zu Kant (1920). – J. PAULUS: Henri de Gand. Essai sur les tendances de sa mét. (Montreal 1938). – C. KOSSEL: St. Thomas's theory of the causes of relation. Modern Schoolman 25 (1948) 151-172. – A. MAURER: Ens Diminutum: a note on its origin and meaning. Mediaeval Studies 12 (1950) 216-222. – O. HOLZER: Zur Beziehungslehre des Doctor Subtilis

Joh. Duns Scotus. Franzisk. Stud. 33 (1951) 22-49. – A. KREMPEL: La doctr. de la relation chez St. Thomas. Exposé hist. et systémat. (Paris 1952). – G. MARTIN: Ist Ockhams R.-Theorie Nominalismus, in: Ges. Abh. 1 (1961) 19-34. – E. W. PLATZECK: R. Lulls allg. R.-Begriff unter bes. Berücksichtigung der aristot. Auffassung. Miscell. Mediaev. 2 (1963) 572-581. – J. R. WEINBERG s. Anm. [11]. – H. GREIVE: Zur R.-Lehre Wilhelms von Ockham. Franzisk. Stud. 49 (1967) 248-258. – D. LEISEGANG s. Anm. [19]. – K. FLASCH s. Anm. [8] und [30]. – A. GHISALBERTI: G. Buridano. Dalla met. alla fisica (Mailand 1975). – M. E. MARMURA: Avicenna's ch. ‹On the relative› in the Met. of the Shifā, in: G. F. HOURANI (Hg.): Ess. on Islamic philos. and sci. (Albany 1975) 83-99. – F. D. WILHELMSEN: Creation as a relation in St. Thomas Aquinas. Modern Schoolman 56 (1979) 107-133. – H. KRINGS: Ordo. Philos.-hist. Grundleg. einer abendländ. Idee (^{2}1982). – K. BOHRMANN: Die Welt als Verhältnis (1983). – B. MOJSISCH s. Anm. [35]. – M. G. HENNINGER s. Anm. [55]. – E. YPMA: La relation est-elle un être réel ou seulement un être de raison, d'après Jacques de Viterbe, in: J. JOLIVET/Z. KALUZA/A. DE LIBERA (Hg.): Lectionum Varietates. Homm. à P. Vignaux (1904-87). Et. philos. médiév. 65 (Paris 1991) 155-162.

B. MOJSISCH

III. *Neuzeit.* – Als Hauptmerkmale der Begriffsgeschichte der R. in der Neuzeit lassen sich die Ablösung von der aristotelischen Tradition und die immer wiederkehrende Problematik der Realität oder Idealität der R. und des Relativen ansehen. Generaltendenz dieser Epoche ist die wachsende Dominanz der Idealitätsthese und die Unterordnung des Substanz- und Dingbegriffs unter den R.-Begriff [1].

1. Die Begriffsbestimmungen der R. (relatio) und verwandter Begriffe der aristotelischen Schule finden sich in großer Vollständigkeit und Übersichtlichkeit in den Kap. VIII-X der ‹Logica Hamburgensis› des J. JUNGIUS (1635, ^{2}1638). Er nennt die R. und nicht das Relat ein «Praedicamentum» oder eine «Categoria» und definiert: «*Relatio*, quae etiam *Habitudo* σχέσις, item *Respectus* dicitur, est Accidens, secundum quod Subjectum ad aliquid relatum esse dicitur» («Die R., auch Verhältnis oder Bezugnahme geheißen, ist ein Akzidens, demgemäß man sagt, ein Subjekt sei auf etwas bezogen») [2]. Beispiele sind 'Herrschaft' und 'Knechtschaft' sowie 'Gleichheit'. Nach der R. im allgemeinen handelt er von der inneren (‹De relatione insita›) und der äußerlichen (‹De relatione adventitia›) R. – R. DESCARTES' Begriffe des «absolutum» und «respectivum» entsprechen dem Begriffspaar «absolutum/relativum» bei F. SUÁREZ [3] und stehen somit in der Tradition des Aristotelismus. «Respectus» bedeutet eine Beziehung, die im Begriff eines «respectivum» enthalten ist. Beispiele für «respectiva» sind 'Abhängiges', 'Wirkung', 'Zusammengesetztes', 'Besonderes', 'Vieles', 'Ungleiches', 'Unähnliches', 'Krummes', die jeweils mehrere Beziehungen in sich enthalten und desto respektiver oder entfernter vom Absoluten (d.h. Einfachen und für den Verstand Leichten) sind, je mehr Beziehungen sie enthalten [4]. Dabei sind das Absolute und das Respektive nur relativ aufeinander und auf den sie betrachtenden Verstand zu denken [5]. – Während für P. GASSENDI die R. «ein Werk des Geistes oder der Meinung ist, die eines auf das andere bezieht und sie vergleicht» [6], und auch nach B. SPINOZA R.en nur Gedankendinge, keine realen Dinge sind [7], ist nach TH. HOBBES unter ‹R.› sowohl das Vergleichen als auch die Beziehung, in der die Verglichenen stehen, zu verstehen. R. ist nicht «an accident differing from all the other accidents of the relative; but one of them, namely, that by which the comparison is made» [8]. Die Ähnlichkeit zweier weißer Gegenstände und die Unähnlichkeit von Weiß und Schwarz sind nichts anderes als das Akzidens des Weißseins selbst, so daß der Vergleich nur ein bestehendes Verhältnis konstatiert. Ebenso ist es bei den R.en der Gleichheit oder Ungleichheit zweier Größen, die nichts anderes sind als die bestimmte Größe der verglichenen Dinge selbst, «though under another name» [9].

2. J. LOCKE hat, wie bei anderen ontologischen Begriffen, auch im Falle der R. den «way of ideas» beschritten und eine Antwort auf die Frage gegeben, wie wir zur Vorstellung der R. gelangen, d.h. welche Handlungen des Geistes dazu erforderlich und hinreichend sind, um eine solche Idee zu bilden. R.en sind, neben den Ideen der Modi und der Substanzen, eine dritte Art von komplexen Ideen. Sie beruhen auf einem Akt des Vergleichens (comparing) [10], der darin besteht, daß zwei einfache oder komplexe Ideen zusammengebracht, nebeneinandergestellt und gleichzeitig betrachtet werden. Die aus dem Vergleich anderer Ideen entspringende komplexe Idee der R. kann für den betrachtenden Geist zunächst verborgen sein. So enthält die einfache Idee der Kraft (power) eine R. (zu Handlung und Veränderung), und Locke nimmt sogar an, daß alle unsere Ideen, insbesondere die der Ausdehnung, Dauer und Anzahl, eine Art von R. ihrer Teile enthalten, was bei den Ideen der Figur und Bewegung offensichtlich ist. Schließlich sind die sekundären Sinnesqualitäten wie Farben und Gerüche geradezu definierbar als die Kräfte verschiedener Körper in R. auf unsere Wahrnehmung. Aber auch als Bestimmungen der Dinge selbst betrachtet, hängen die sekundären Qualitäten der Körper von Masse, Figur, Textur und Bewegung ihrer Teile ab, die alle eine Art von R. zueinander haben [11]. Die Ideen, die aus der Vergleichung von Dingen und Ideen entstehen, verdanken ihre Existenz einer Handlung des Geistes, in der dieser seinen Blick von einem zum andern trägt, daher die Bezeichnungen ‹relatio› und ‹respectus›, während solche Bestimmungen, die Dinge in Beziehung auf andere haben, ‹relative Bestimmungen› und die Dinge selbst ‹relata› heißen [12]. Korrelative Termini wie ‹Vater› und ‹Sohn›, ‹größer› und ‹kleiner›, ‹Ursache› und ‹Wirkung› geben ihren R.-Charakter offen zu erkennen, während nur der aufmerksame Geist in den scheinbar positiven Termini ‹alt›, ‹groß› und ‹unvollkommen› eine R. entdecken wird [13]. Die Deutlichkeit der Ideen von R.en beruht darauf, daß man beim Vergleich zweier getrennter Relata eine klare und genaue Idee von dem hat, worin man sie vergleicht, dem Fundament der R. Alle besonderen R.en gründen letztlich in verglichenen einfachen Ideen der Sinnesempfindung oder Reflexion. Das gilt auch für die umfassendste R., in der alle möglichen und wirklichen Dinge stehen, die von Ursache und Wirkung. Zeit und Ort der Substanzen sind Grundlage für sehr viele R.en. So beruhen Identität und Verschiedenheit auf dem Vergleich eines zu einer bestimmten Zeit an einem bestimmten Ort existierenden Dinges mit ihm selbst zu einer früheren oder späteren Zeit. – Die Auffassungen Lockes von der R. sind in den Artikel ‹Relation› der ‹Encyclopédie› eingegangen [14].

Die Abhängigkeit der R.-Ideen von einer Handlung des Geistes ist eine J. LOCKE und G. W. LEIBNIZ gemeinsame Annahme. In den ‹Nouveaux Essais› erklärt Leibniz sich mit der Einteilung der komplexen Ideen in Substanzen, Modi und R.en einverstanden. Während die Qualitäten nur Modifikationen der Substanzen sind, «fügt der Verstand ihnen die R.en hinzu» [15]. Diese Abhängigkeit der R.en vom Verstand besagt jedoch nicht, daß sie kein Fundament in der Realität haben und nur Produkte des menschlichen Geistes sind. Vielmehr ist der höchste Verstand Gottes der bestimmende Grund der Realität aller Dinge, der einfachen Substanzen und ihrer R.en, inklusive ihrer phänomenalen Aggregate [16]. Gegen die These vom Ursprung der R.-Ideen aus der Vergleichung wendet Leibniz ein, daß die R. allgemeiner ist als die Vergleichung. Denn es gibt R.en (oder «Beziehungen», «rapports») der Vergleichung und R.en des Zusammenhangs, d.h. solche der Übereinstimmung und Nichtübereinstimmung (Identität und Verschiedenheit, Ähnlichkeit, Gleichheit, Ungleichheit usw.) und solche der Verknüpfung (von Ursache und Wirkung, Ganzem und Teilen, der Lage, der Ordnung usw.) [17]. Gelegentlich führt Leibniz die Aristotelischen Kategorien ‹Quantität›, ‹Lage› und ‹Ort› auf die Kategorie ‹R.› zurück [18]. Alle diese R.en, die zu den Substanzen und ihren Modifikationen durch die Vernunft hinzugefügt werden, haben in den Substanzen ihren Grund. Da aber alle möglichen Dinge durch die höchste Vernunft ursprünglich miteinander verknüpft wurden, so gibt es in Wahrheit gar keine «rein äußerliche Bestimmung» («denominatio pure extrinseca») von Substanzen, die nicht in ihnen begründet wäre [19]. Und schließlich gibt es keinen Gegenstand, der so abgetrennt von allen andern wäre, daß seine vollständige Analyse nicht zeigte, daß er R.en auf andere Dinge, ja auf alle andern Dinge in sich enthält [20]. Die umfassende R. der prästabilierten Harmonie der einfachen Substanzen ist ebenso in der Zusammenstimmung der Möglichkeiten aller Dinge im göttlichen Verstand gegründet, wie die Wahrheit aller Urteile über die einzelnen Substanzen in der vollständigen Idee, die Gott von ihnen hat. Korrespondierend zu dieser Metaphysik der R.en [21] findet sich bei Leibniz in der Auseinandersetzung mit S. Clarke über die Natur des Raumes eine Theorie der Abstraktion und Hypostasierung von R.en, durch die sie scheinbar unabhängig von den Subjekten, zwischen denen sie bestehen, existieren. So existiert der Raum qua abstraktes Größenverhältnis, das weder eine Substanz noch ein Akzidens ist, außerhalb der zugrundeliegenden Subjekte nur als ein rein ideales Ding, das aber in Newtons Naturphilosophie eine absolute Realität haben soll [22].

3. Nach G. BERKELEY erkennen wir Beziehungen (relations) zwischen Dingen oder Ideen, die verschieden sind von den aufeinander bezogenen Ideen oder Dingen selbst, da die letzteren von uns wahrgenommen werden können, ohne daß wir die ersteren wahrnehmen [23]. Sie bilden mit den Ideen und Geistern den Gegenstand der menschlichen Erkenntnis, und zwar so, daß wir einen Begriff (notion) und nicht eine Idee (idea) von ihnen haben, da Verhältnisse zwischen Dingen alle eine Handlung des Geistes implizieren [24], also nicht bloß passiv aufgenommen werden können. – Auch CH. WOLFFS ‹Ontologia› (1730, ²1736) definiert die R. vermittelst des intellektuellen Akts des Beziehens einer Sache auf etwas anderes: «Quod rei absolute non convenit, sed tum demum intelligitur, quando ad alterum refertur, id dicitur *Relatio*» («Was einer Sache für sich nicht zukommt, sondern erst dann erkannt wird, wenn sie auf etwas anderes bezogen wird, wird R. genannt») [25]. Dabei insistiert Wolff darauf, daß die R. den Relata keine sachliche Bestimmtheit (realitas) hinzufügt, sondern nur eine wirkliche oder erdachte Abhängigkeit eines Dinges von einem anderen darstellt [26]. So ist die Abhängigkeit des Sohns bzw. Untertans vom Vater bzw. Herrn eine wirkliche, die des Vaters bzw. Herrn vom Sohn bzw. Untertan aber eine nur in Gedanken bestehende, da ein Mensch nur wegen der Existenz eines Kindes bzw. Untertans ‹Vater› oder ‹Herr› genannt werden kann. Wolff betont die Übereinstimmung seiner Begriffsbestimmungen mit den recht verstandenen Lehren des Aristoteles und der Scholastiker hinsichtlich der Gegründetheit der R.en in den Sachen selbst. – Terminologisch unterscheidet A. G. BAUMGARTEN den «respectus» als entweder äußere oder innere R. von der «relatio» im engeren Sinne als der bloß äußeren R. [27].

R.en im philosophischen Sinne sind nach D. HUME solche komplexen Ideen, die aus der willkürlichen Vergleichung von Gegenständen entspringen [28]. Die erste und grundlegende Art der R. ist die der Ähnlichkeit, die für jeden Vergleich und damit für jede philosophische R. erforderlich ist. Identität von etwas mit sich selbst ist die allgemeinste R., da sie für jedes Wesen von einiger Dauer gilt. Die fünf weiteren Arten der R. sind Raum- und Zeitverhältnisse, Größen- oder Zahlenverhältnisse, Grade von gleichen Qualitäten verschiedener Objekte, Gegensätzlichkeit und Kausalität (das Verhältnis von Ursache und Wirkung) [29]. Dagegen ist Verschiedenheit die Negation von R., entweder der Ähnlichkeit (Artverschiedenheit) oder der Identität (numerische Verschiedenheit). Nur Ähnlichkeit, Gegensätzlichkeit, Qualitätsgrade und Größenverhältnisse hängen von den Ideen, zwischen denen sie bestehen, ab und können deshalb Gegenstand gewisser Erkenntnis sein; sie bilden die Grundlage aller beweisenden Wissenschaften. Die drei übrigen R.-Arten hängen nicht von Ideen ab und können bestehen oder nicht bestehen, während die Ideen dieselben bleiben. Von diesen erlaubt es nur die R. der Kausalität, von einer Existenz oder Handlung auf eine andere Existenz oder Handlung zu schließen, d.h. über unsere Sinne hinauszugehen und uns über Objekte zu unterrichten, die wir nicht wahrnehmen. Sie schließt die R.en der Kontiguität, Sukzession und beständigen Verbindung ein. Alle R.en bestehen psychologisch gesprochen nur in unserer natürlichen Neigung, von einer Idee zu einer andern überzugehen [30]. – Bei CH. A. CRUSIUS wird die R. vom erkennenden Subjekt her definiert als «eine solche Art zu existieren zwischen zweyen oder mehrern Dingen, wodurch es möglich wird, daß man von ihnen zugleich etwas abstrahiren kan, was sich von einem alleine nicht hätte abstrahiren lassen» [31]. – In seinen ‹Philosophischen Versuchen› (1777) wendet sich J. N. TETENS gegen Bonnets These, daß das Erkennen der Verhältnisse ein Fühlen sei. Gegenstand des Gefühls ist nach Tetens allein das Absolute in den Dingen außer uns und in uns, während Verhältnisse nur gedacht werden können [32]. Das Erkennen eines Verhältnisses in den Dingen, «das Appercipiren ... und was ich überhaupt den *Verhältnißgedanken* nenne» [33], sei ein Urteil, das aus dem «Gewahrnehmen» [34] der Dinge entstehe. Tetens unterscheidet die eigentlichen Verhältnisse der Dinge, Einerleiheit (und ihre Unterarten Ähnlichkeit, Gleichheit) und Verschiedenheit, von den Beziehungen, die er «Mitwirklichkeitsverhältnisse» [35] (Nähe, Entfernung, Berührung, Abstand) nennt. Die ersteren sind «nur subjektivisch in dem Verstande vorhanden», also «entia rationis» [36]. Bei den letzteren, den Lage- und Ordnungsbeziehungen, ist es Tetens zweifelhaft, ob auch sie nur ein «Machwerk» des Verstandes sind oder ob der Grund dieser Beziehungen «etwas Absolutes in den Objekten» [37] sei. Zu den Verhältnisbegriffen gehört auch der Begriff der Abhängigkeit [38], die überall da besteht, wo eine Ursache eine Wirkung hervorbringt.

4. In der formalen Logik hat I. KANT erstmals das kategorische, hypothetische und disjunktive Urteil als drei Momente der Funktion des Denkens in Urteilen unter den gemeinsamen Titel ‹R.› gebracht. Damit verlieren die kategorischen Urteile ihr «ausschließliches Ansehen» [39] und bilden nur noch eine besondere Art von Verhältnissen von Begriffen neben den beiden andern, die ein Verhältnis von Urteilen enthalten. Aber die Definition (der Wolffschule) eines Urteils als Vorstellung eines Verhältnisses zwischen zwei Begriffen ist nicht nur zu eng, sie bestimmt auch nicht das Spezifische eines Urteils im Unterschied zu bloßen Begriffsverbindungen oder Assoziationen von Vorstellungen. Das «Verhältniswörtchen *ist*» [40] in Urteilen bezeichnet vielmehr ein objektiv gültiges Verhältnis von Begriffen oder ihre Beziehung auf die für jeden Verstand als solchen notwendige Einheit des Selbstbewußtseins. Im kategorischen Urteil z.B. wird die Beziehung eines Subjekts auf ein Prädikat vermittelst der Kopula und dieses Verhältnis als objektiv gültig (wahr) gedacht, d.h. als ein Verhältnis der Subordination des Prädikats als Folge unter das Subjekt als bestimmenden Grund. Wahrheit und Schein, die nur im Urteil sind, gibt es nur im Verhältnis (der Übereinstimmung oder Nichtübereinstimmung) des Gegenstandes zu unserem zu urteilenden, d.h. solche Bedingungsverhältnisse denkenden Verstand.

Reale Verhältnisse entsprechen den logischen Funktionen der notwendigen Einheit von Begriffen im Urteil, sofern sie durch Kategorien der R. gedacht werden. Daß auch die Substanz zu den R.-Kategorien gehört, liegt an der Abgeleitetheit dieser Kategorie aus dem Verhältnis des Denkens im kategorischen Urteil: Sie subsistiert den ihr inhärierenden Akzidenzien. Unser Verstandesbegriff von Realverhältnissen besagt ferner, daß etwas die Ursache einer Bestimmung in einem andern sein kann (Kausalität und dynamische Gemeinschaft). Die R.-Kategorien betreffen die Existenz der Gegenstände in ihrer Beziehung aufeinander. Da uns Gegenstände nur in der sinnlichen Anschauung gegeben werden können, ist ihre R. nur in Abhängigkeit von Raum und Zeit als Formen der Sinnlichkeit möglich. Raum und Zeit sind Prinzipien der Verhältnisse der Substanzen und ihrer Zustände als Erscheinungen und nicht von ihnen oder den zugrundeliegenden Dingen an sich abstrahierte R.-Gefüge. Somit sind Raum- und Zeitverhältnisse a priori bestimmend für die in ihnen stehenden Erscheinungen, weil diese Erscheinungen nicht an sich selbst, sondern nur relativ auf ein Subjekt und seine Sinne existieren. Und umgekehrt: Da alles, was in unserer Erkenntnis zur Anschauung gehört, nur Verhältnisse enthält [41], können die Sinne nichts zur Erkenntnis der Dinge an sich (das jeweils schlechthin Innere als Subjekt dieser Verhältnisse) beitragen, weil ich ja «nichts als Beziehungen von etwas kenne auf etwas Anderes, davon ich gleichfalls nur äußere Beziehungen wissen kann» [42]. Man kann also von der Materie (der «substantia phaenomenon») und von der Seele als Gegenstand der inneren Erfahrung sagen, daß sie nur aus Verhältnissen bestehen oder Inbegriffe von R.en sind [43]: «... im Raum sind lauter äußere, im innern Sinn lauter innere Verhältnisse; das Absolute fehlt» [44]. Die scheinbare Absurdität dieser Aussagen entsteht nur aus der Nichtunterscheidung von Erscheinungen, als Gegenständen der Sinne, und Dingen an sich als Noumena oder Gegenständen einer intellektuellen Anschauung, die Kant u.a. Leibniz vorwirft. Die sog. Reflexionsbegriffe ‹Einerleiheit› und ‹Verschiedenheit›, ‹Einstimmung› und ‹Widerstreit›, ‹Inneres› und ‹Äußeres› sowie ‹Materie› und ‹Form› sind Begriffe von Verhältnissen der Vorstellungen (Anschauungen und Begriffe), wobei die richtige Bestimmung dieser Verhältnisse eine vorhergehende Reflexion auf die Heterogenität der Erkenntnisvermögen Sinnlichkeit und Verstand erfordert, die Leibniz nach Kant versäumte. Seine ‹Monadologie› beruht auf der Annahme eines schlechthin Inneren als unabhängigen Substrats aller R.en, einschließlich aller Zusammensetzung, weil er sich das Innere und Äußere nur nach Begriffen des Verstandes dachte und Raum und Zeit nur als verworren vorgestellte Formen der dynamischen Verhältnisse einfacher Substanzen auffaßte.

Die Relationalität der Erscheinungen beruht nicht nur auf Raum und Zeit als Formen a priori der sinnlichen Anschauung, sondern auch auf den Funktionen des Verstandes, der der Natur Gesetze vorschreibt. Diese Gesetze existieren «nur relativ auf das Subjekt, dem die Erscheinungen inhärieren, so fern es Verstand hat» [45]. Das transzendentale Naturgesetz der Verknüpfung aller Ereignisse mit ihren Ursachen wird von Kant so bewiesen, daß er zugleich eine Antwort auf die durch Hume veranlaßte Frage gibt: «... auf welchem Grunde beruht die Beziehung desjenigen, was man in uns Vorstellung nennt, auf den Gegenstand?» [46]. Diese transzendentale Frage betrifft vor allem die Wahrheit in der Beziehung einer inhaltlich bestimmten Erkenntnis auf ihren Gegenstand, sofern diese Beziehung a priori möglich sein soll. Kants Lösung dieses Problems liegt darin, daß die Kategorien als Prädikate von Grundsätzen fungieren, deren transzendentale Wahrheit in der konstitutiven Beziehung dieser Kategorien auf die Möglichkeit der Erfahrung und ihrer Gegenstände besteht. So beruht die Wahrheit des Kausalprinzips darauf, daß nur wenn die R. der notwendigen Verknüpfung eines Ereignisses mit einer vorhergehenden Ursache besteht, eine subjektive Wahrnehmungsfolge zur Erkenntnis eines objektiven Verhältnisses von Erscheinungen in der Zeit dienen kann. Die Möglichkeit der empirischen Erkenntnis von Ereignissen ist aber um der gemeinsamen Beziehung aller in der Zeit gegebenen Vorstellungen auf die objektive Einheit der Apperzeption willen notwendig. So begründet das Verhältnis der Vorstellungen zum Selbstbewußtsein bei Kant die Möglichkeit der Erkenntnisse objektiver (aber empirischer) R.en.

5. In der nachkantischen Philosophie haben R.en erst bei G. W. F. HEGEL wieder eine herausragende Bedeutung. Die wichtigsten Quellen für die Hegelschen Überlegungen zum Relativen und Absoluten sind der skeptische Haupttropus der R. (πρός τι) bei SEXTUS EMPIRICUS [47] und die damit teilweise verwandten Reflexionen J. ZWILLINGS, die uns in seinem Aufsatz ‹Über das Alles› erhalten sind. Hier heißt es über die Betrachtung der Beziehung, daß sie «auf ihrer höchsten Stufe Beziehung mit der Nichtbeziehung ist», daß also die «Kategorie der Beziehung überhaupt ... die Unendlichkeit selbsten ist, die wir ... als etwas Absolutes gesucht haben» [48]. – HEGEL hat in seiner Jenaer Rezension von Schulzes ‹Kritik der theoretischen Philosophie› den 8. Tropus bei Sextus Empiricus interpretiert, nach welchem «alles nur in Verhältniß zu einem andern ist». Das bedeutet nach Hegel die Bedingtheit alles Endlichen durch ein anderes Endliches [49], welches ein Grundsatz der Erkenntnis des Endlichen durch den Verstand sei. Vom Vernünftigen oder Absoluten dagegen könne nicht gesagt werden, daß es nur im Verhältnis oder in einer notwendigen Beziehung auf ein Anderes sei, «denn es selbst

ist nichts als das Verhältniß. Weil das Vernünftige die Beziehung selbst ist ...» [50]. Das Absolute ist also selbst R., nämlich Beziehung auf sich, wie es auf die sich selbst erkennende Vernunft zutrifft. Das Verhältnis ist zumal ein formaler Ausdruck der Endlichkeit, d.h. der Bezogenheit auf Anderes, des Endlichen, und drückt, wenn es von den Relaten abgelöst wird, die Unendlichkeit des selbstbezüglichen Unendlichen aus. Als bloß formaler Begriff des Absoluten steht der Begriff des Verhältnisses aber doch im Gegensatz zum Begriff des Nichtverhältnisses, da ein Verhältnis immer irgendeine Art der Differenz impliziert. Das Absolute kann also nur als «Einheit der Indifferenz und des Verhältnisses» [51] gedacht werden, sofern das Verhältnis für sich genommen nicht ein Ansichseiendes oder Absolutes, sondern «differente Beziehung» [52] bedeutet. Als solche ist das Verhältnis nach Hegels Auffassung von 1804/05 Gegenstand der Logik, während die Metaphysik Theorie der «sich selbst gleichen Indifferenz» [53] ist. Gleichwohl läßt sich dieser Gedanke der Indifferenz ex negatione aus der «Beziehung selbst» gewinnen. Denn da es «für die Vernunft kein Anderes gegen ein Anderes giebt» [54], muß die Beziehung selbst das Bezogensein auf Anderes in ihr selbst enthalten. Als der Entgegensetzung gegen Anderes enthoben ist die gegensatzlose Beziehung ein wahrhaft Unendliches, also ein nur auf sich bezogenes, sich selbst gleiches Absolutes. Diese Grundbestimmung des Absoluten, die Hegel ab 1802 in Auseinandersetzung mit dem skeptischen Tropus des Verhältnisses gewonnen hat, bleiben auch für die Zeit seines reifen Systems erhalten. Sie enthalten auch die Grundelemente der dialektischen Methode in Hegels ‹Logik›. In seiner Nürnberger ‹Logik für die Mittelklasse› (1810/11) definiert er: «Das Verhältnis ist eine Beziehung von zwei Seiten aufeinander, die teils ein gleichgültiges Bestehen haben, teils aber jede nur durch die andere und in dieser Einheit des Bestimmtseins ist» [55], und in der ‹Wissenschaft der Logik› (1812-16) sind «das wesentliche Verhältnis» und «das absolute Verhältnis» Reflexionsbestimmungen der «Erscheinung» und der «Wirklichkeit».

Hegels Konzeption der R. hat bei F. H. BRADLEY eine philosophische Nachfolge gefunden. In der übrigen nachhegelschen Philosophie finden sich gelegentlich Bemerkungen, in denen sich die fundamentale Rolle, die die R. in Kants theoretischer Philosophie hat, widerspiegelt. So heißt es bei A. SCHOPENHAUER, daß die dem Willen dienende Erkenntnis von Objekten «eigentlich nichts weiter, als ihre R.en» erkennt, denn nur durch seine mannigfaltigen Beziehungen in Raum, Zeit und Kausalität ist ein Objekt für das Individuum interessant, «d.h. hat ein Verhältnis zum Willen» [56]. - F. NIETZSCHE hat sich Kantische und Leibnizische Ideen auf seine Weise angeeignet: «Daß ein Ding in eine Summe von R.en sich auflöst, beweist nichts *gegen* seine Realität» [57]. Der Relativismus betrifft allerdings nicht nur die Erkenntnis, sondern auch das Sein der Dinge selbst: «Grundfrage: ob das *Perspectivische* zum *Wesen* gehört? Und nicht nur eine Betrachtungs-form, eine R. zwischen verschiedenen Wesen ist? Stehen die verschiedenen Kräfte in R., so daß diese R. gebunden ist an Wahrnehmungs-Optik? Diese wäre möglich, *wenn alles Sein essentiell etwas Wahrnehmendes wäre*» [58]. Das ist der Gedanke einer Monadologie ohne prästabilierte Harmonie.

Anmerkungen. [1] Vgl. E. CASSIRER: Substanzbegriff und Funktionsbegriff (1910). – [2] J. JUNGIUS: Logica Hamburgensis, hg. R. W. MEYER (1962) 41. 427. – [3] J.-L. MARION: Note de la Règle VI, in: MARION (Hg.): R. Descartes. Règles utiles et claires pour la dir. de l'esprit en la rech. de la vér. (Den Haag 1977) 171. – [4] R. DESCARTES: Reg. ad dir. ing. IX. Oeuvr., hg. CH. ADAM/ P. TANNERY 10 (Paris 1966) 401ff. – [5] MARION, a.O. [3] 173. – [6] P. GASSENDI: Philosophiae Epicuri synt. II, 1, 15. Op. omn. (Lyon 1658, ND 1964) 3, 24. – [7] B. SPINOZA: Korte Verhandeling van God, de Mensch, en deszelvs Welstand. Opera, hg. C. GEBHARDT 1 (1925) 49. – [8] TH. HOBBES: Elem. of philos. The Engl. works, hg. W. MOLESWORTH 1 (1839) 135. – [9] a.O. – [10] J. LOCKE: An essay conc. human underst. II, 11, § 4, hg. P. H. NIDDITCH (Oxford 1975) 157. – [11] II, 21, § 3, a.O. 234. – [12] 25 (Of relation), § 1, a.O. 319. – [13] 25, § 3, a.O. 320. – [14] Encycl. ou dict. rais. des sci., des arts et des métiers ... 14 (Neuchâtel 1765) 61f. – [15] G. W. LEIBNIZ: Nouv. ess. II, 12, § 3. Philos. Schr., hg. C. I. GERHARDT 5 (1882) 132. – [16] Vgl. 30, § 4; 25, § 1, a.O. 246. 210. – [17] 11, § 4, a.O. 129. – [18] Opusc. et fragm. inéd., hg. L. COUTURAT (Paris 1903) 9. – [19] Vgl. Primae veritates, a.O. 520. – [20] Nouv. ess. II, 25, § 5ff., a.O. [15] 211. – [21] Monadol. § 59. Philos. Schr., a.O. [15] 6 (1885) 616. – [22] Vgl. 5. Schr. an S. Clarke § 47. Philos. Schr., a.O. 7 (1890) 401f. – [23] G. BERKELEY: A treat. conc. the principles of human knowledge, hg. C. M. TURBAYNE (Indianapolis 1957) 66f. – [24] a.O. 96. – [25] CH. WOLFF: Philos. prima sive Ontologia § 856. Ges. Werke II/3, hg. J. ECOLE (1977) 636. – [26] § 857, a.O. 636-638. – [27] A. G. BAUMGARTEN: Metaphysica § 37 (⁷1779) 12. – [28] D. HUME: A treat. of human nature I, 1, 5 (Of relations), hg. L. A. SELBY-BIGGE (Oxford 1965) 13ff. – [29] I, 3, 1, a.O. 69f. – [30] II, 1, 9, a.O. 309. – [31] CH. A. CRUSIUS: Entwurf der notwend. Vernunftwahrheiten ... (²1753) 43. – [32] J. N. TETENS: Philos. Versuche über die menschl. Natur und ihre Entwickl., hg. W. UEBELE (1913) 186f. – [33] a.O. 188. – [34] 266. – [35] 270. – [36] 269. – [37] 271. – [38] 293. – [39] I. KANT: KrV B 141 (Anm.). – [40] B 141. – [41] B 66f.; Einige Bem. zu L. H. Jakob's Prüfung der Mendelssohn'schen Morgenstunden (1786). Akad.-A. 8, 153f. – [42] Einige Bem., a.O. 153. – [43] KrV B 321. 333. 340f. – [44] Nachträge zur KrV¹. Akad.-A. 23, 37. – [45] KrV B 164. – [46] Br. an M. Herz (21. 2. 1772). Akad.-A. 10, 130. – [47] SEXTUS EMP.: Pyrrhon. hypot. I, 135-140. – [48] J. ZWILLING: Nachlaß, hg. D. HENRICH/CH. JAMME (1986) 65. – [49] G. W. F. HEGEL: Verhältniß des Skepticismus zur Philos. Jenaer Krit. Schr. Akad.-A. 4, hg. H. BUCHNER/O. PÖGGELER (1968) 215. – [50] a.O. 220. – [51] Ueber die wiss. Behandlungsarten des Naturrechts, a.O. 433. – [52] Jenaer Systementwürfe II. Logik, Met., Naturphilos. Akad.-A. 7, hg. R. HORSTMANN/J. TREDE (1971) 127. – [53] a.O. 124. – [54] a.O. [49] 220. – [55] Philos. Propäd. II, § 49. Jub.ausg., hg. H. GLOCKNER (1927-40) 3, 125. – [56] A. SCHOPENHAUER: Die Welt als Wille und Vorst. I, 3, § 33 (²1844). Sämtl. Werke, hg. A. HÜBSCHER 2 (1949) 208. – [57] F. NIETZSCHE: Nachgel. Frg. (Herbst 1881) 13[11]. Krit. Ges.ausg., hg. G. COLLI/M. MONTINARI (1967ff.) 5/2, 518. – [58] Nachgel. Frg. (Sommer 1886-Herbst 1887) 5[12], a.O. 8/1, 192.

Literaturhinweise. J. R. WEINBERG s. Anm. [11 zu II.]. – J.-L. MARION: Ordre et relation. Archives Philos. 37 (1974) 243-274. – A. MEINONG: Hume-Stud. II: Zur R.-Theorie (1882). Abh. zur Erkenntnistheorie und Gegenstandstheorie, hg. R. HALLER (Graz 1971) 1-183. – B. RUSSELL: A crit. exposition of the Philos. of Leibniz (London 1900, ²1937). – M. MUGNAI: B. Russell e il problema delle relazioni in Leibniz. Rivista Filos. 64 (1973) 356-362; Bem. zu Leibniz' Theorie der R.en. Studia Leibn. 10 (1978) 2-21; On Leibniz's theory of relations. Studia Leibn. Sonderh. 15 (1988) 144-161. – P. SCHULTHESS: R. und Funktion. Eine ... Unters. zur theoret. Philos. Kants (1981). – K. WALL: Relation in Hegel (Washington, D.C. 1983).

M. BAUM

IV. *20. Jahrhundert.* – Rückblickend lassen sich in aller philosophischen Theorie zwei «Grundweisen» des Denkens [1] unterscheiden, wonach entweder «die Dinge vor den R.en» oder «die R.en vor den Dingen gelten» [2]; und eine der Grundtendenzen der Philosophie des 20. Jh. kann darin gesehen werden, dies selbst zum Thema zu machen. Den Ausgangspunkt bildet dabei die Kontroverse zwischen 'externen' und 'internen' R.en um die Jahrhundertwende [3]: Anknüpfend an

G. E. MOORES ‹Refutation of Idealism› (1903) macht B. RUSSELL gegen F. H. Bradleys Gedanken einer «Relationalität alles Seienden» [4] und den vermeintlich sich daraus ergebenden Primat der 'internen' R. geltend, daß «R.en etwas den R.-Gliedern Äußerliches sind» [5]. A. N. WHITEHEAD gibt aber zu bedenken, daß mit dieser Lehre das «Problem der Solidarität des Universums ... unlösbar wird» [6]. In der Tat faßt F. H. BRADLEY den Begriff der R. mit Blick auf die «whole relational situation» weiter: «The relation (even if it is one of diversity) must be between and must couple these terms; and the terms must enter into this, which so far makes them one» [7]. Auch für L. WITTGENSTEIN erschöpft sich das Verständnis «des Wesens der R.en» [8] nicht – obwohl er sie als die «eigentlichen R.en» [9] bezeichnet – im Begriff der «externen» R., insofern jede relationale Situation auch ihre «interne Natur» hat [10]. Wittgenstein vermag allerdings durch den unvermittelten Gegensatz von «Sagen» und «Zeigen» [11] das Zusammenspiel von externer und interner R. letztlich nicht zu klären, denn «das Bestehen solcher interner ... R.en kann ... nicht durch Sätze behauptet werden, sondern es zeigt sich ...» [12]. Seine spätere 'Gebrauchs'-Definition der relationalen Situation – wonach z.B. ein Besenbinder «meinen in der Ecke stehenden Besen», der im Sinne der internen R. als zuhandenen wesentlich, also als unteilbarer bestimmt ist, im Sinne der externen R. stets als zerlegbaren Gesamtgegenstand ansieht [13] – deutet dagegen auf den prinzipiellen *Vollzugscharakter* des Relationalen, dessen Rationalisierung freilich «nur in den einzelnen gegeneinander isolierten Sprachspielen partikulärer Lebensgemeinschaften» geschieht [14].

Während in den sich auf Wittgenstein berufenden Traditionen analytischer und linguistisch-strukturalistischer Provenienz die R.en als «Gegenstände» [15] unter anderem angesehen oder mit Berufung auf den Common sense als 'bloße' R.en überhaupt abgewertet werden, so daß mit einem Maximum an inhaltlicher Applikation von R.en – von ‹Struktur› über ‹Syntax›, ‹Semantik›, ‹Pragmatik› bis hin zu ‹Kompetenz› und ‹Performanz› – ein Minimum an deren Reflexion einhergeht [16], überschreitet mit der Marburger Schule des Neukantianismus das explizite Denken des Relationalen erstmals das Stadium der Latenz. Für P. NATORP tritt «die R. an die Spitze aller logischen Erwägung» [17]; «Denken heißt überhaupt Beziehen», und zwar als Prozeß der «Vereinigung des zugleich Geschiedenen, Differenzierung des zugleich Geeinten» [18]. Natorp kritisiert die «Vorstellung, ... als ob zu der erst unabhängigen Setzung der Relata die R. ... hinterher hinzutrete», und betont: «Die R. ist nicht R. zwischen Absoluten» [19]. Insofern ist sie «Quelle» [20] von allem, was ist: «Durch die R. müssen die Termini erst im Denken gesetzt sein, nicht durch die Termini die R.» [21]. Auch E. CASSIRER unterstreicht, daß wir «nur durch die Kategorie der Beziehung hindurch zur Kategorie des Dinges gelangen» können, unterscheidet aber explizit zwischen «Substanz-» und «Funktionsbegriff» [22]. In diesem Sinne definiert NATORP später ‹Substanz› als «R.-Grundlage», hält aber an ihrem «R.-Charakter» fest [23], den er nun durch «die letzte Zuspitzung des durch die R. eingeleiteten Prozesses ... auf das letzte Individuale» [24] – das «letzte Beziehungszentrum» [25] – kennzeichnet, mit der alle bloße «Verhältnismäßigkeit ... überboten» werden soll zur «Einzigung» [26], deren «Ergebnis» freilich «zuletzt R. ohne Relata» ist, «in welcher alles bloß Besondere ... völlig eingeschmolzen ist in die Totalität der Wechselbezüglichkeit» [27]. Demgegenüber gibt A. MEINONG, der bereits 1882 ‹R.-Theorie› als Disziplin einführte [28], zu bedenken: «R.en ohne nichtrelative, in diesem Sinne absolute Glieder kann es ... nicht geben: ein sozusagen absoluter Relativismus ist ausgeschlossen» [29]. Ebenso N. HARTMANN: «R.en setzen ein relatum voraus, das nicht R. ist. Die relata ... sind die Substrate der R.» [30]. Deren «Gegenstellung zur R.» [31] stellt gleichwohl den Rückfall in eine Metaphysik des 'Seins' «qua selbstverständlichem Gegenüber des Denkens» [32] dar.

Entsprechend bei M. HEIDEGGER, der schon 1914 auf den «Ausbau einer allgemeinen R.-Theorie» [33] hinweist und bis ‹Sein und Zeit› (1927) die Begriffsbildung als «formal anzeigend» mit einem «Bezugs-», «Vollzugs-» und «Gehaltssinn» charakterisiert [34], das Resümee der Diskussion um 1928 [35]: «Was 'Beziehung' eigentlich besagt, bleibt ungeklärt» [36]. Den «Zweck» des Husserlschen Intentionalitäts-Begriffs – des «Bewußtseins» als «Beziehung» [37] – sieht er in einer Beseitigung des «Scheinproblems» der «Subjekt-Objekt-Beziehung überhaupt», insofern dieser «das Problem der Transzendenz» zugrunde liege [38]: Das «In-der-Welt-Sein ist ... nicht erst die Beziehung zwischen Subjekt und Objekt, sondern das, was eine solche Beziehung zuvor schon ermöglicht» [39]. Dieses «Zusammenhalten im Auseinanderhalten» [40], durch welches das «Sein» – «das Verhältnis ... selbst» [41] – zugleich «entbirgt» und «verbirgt» [42], *als solches* zu denken, sieht Heidegger aber als noch «bevorstehende» Aufgabe an [43].

Mit dem Ziel einer Überwindung der traditionellen, auch in Heideggers Seins-Begriff sich durchsetzenden [44] Minimalisierung der R. und in Auseinandersetzung mit J. REHMKE [45] entwickelt J. SCHAAF die Grundprinzipien einer «universalen R.-Theorie» [46] als der «Universalmethode der Philosophie» [47]. In der R. sieht er deren «einzigen Grundbegriff»: «Alles was ist, ist Beziehung, und alles was nicht ist, ist ... Beziehung. Die Beziehung ist das Absolute selbst» [48]. Dabei unterscheidet er zwischen «äußeren» (ontologischen), ihre Träger (Substanzen) nachträglich verbindenden R.en und «inneren» (logischen), ihre Relata erst erzeugenden R.en und betont, daß weder «äußere» noch «innere» R.en dem wahren Wesen des Relationalen gerecht werden [49]; denn es ist «jeder Beziehung eigen, daß sie, indem sie eint, zugleich trennt, und indem sie trennt, zugleich eint» [50]. Diese Parallelität von Einheit und Differenz, den «Extremalmomenten» [51] der R., nennt Schaaf «transzendentale» R.: das «einzig und schlechthin Beziehungslose» [52], das – von W. CRAMER als «außer» bezeichnet [53] – als das «Übergegenständliche par excellence» [54] die «Totalität alles Seienden, des Wirklichen und des Unwirklichen ... bedeutet» [55]. D. LEISEGANG vertieft diesen Ansatz, indem er darauf hinweist, daß «jede Beziehung sich letztlich als transzendentale» ausweist [56]. Deshalb spricht er von den «drei Potenzen der R.» und betont, «daß die grundlegenden Charakteristika der Beziehung erster und zweiter Potenz, Trennung und Einheit, *Differenz und Identität, selbst als Beziehungen nicht aufrecht erhalten werden können*» [57], weil dies bei der «R. erster Potenz» zu einer unvermittelten «Dialektik von Idealität und Realität» führt [58] und bei der «R. zweiter Potenz» zu einer gleichgültigen «Dialektik von logischem Atomismus und Solipsismus» [59]. Die Komplettierung der 'universalen R.-Theorie' – als der «Synopsis» von «Methode (Vollzug) und System (Totalität)» [60] – durch eine Theorie der «Letztelemente» führt bei Leisegang zu einer Verabschiedung der Dialektik [61] zugunsten einer Betrachtungsweise, in der das Relationale (das Sein) als «höchste Dimensionalität» [62] begriffen wird, welche «Elemente bezieht, insofern sie alle sind» [63]: vom «bestimmungslosen» Punkt bis zur Totalität des «total informierten Bin» [64].

Im ganzen entspricht das Programm einer 'universalen R.-Theorie' TH. W. ADORNOS Forderung, «das Begriffslose mit Begriffen aufzutun, ohne es ihnen gleichzumachen» [65]; was ein Bedenken der ethischen – «asymmetrischen» – R. zum Anderen bei E. LEVINAS [66] mit einschließt. Denn in Ansehung der transzendentalen R. «geht es nämlich gar nicht so sehr um diese selbst ... als vielmehr um die Individuen, die sie *sein* läßt» [67].

Anmerkungen. [1] Vgl. B. WELTE: Über zwei Weisen des philos. Denkens und deren Folgen für die Relig.philos. Philos. Jb. 87 (1980) 1-15, zit.: 9. – [2] P. NATORP: Über Platos Ideenlehre (1914) 29. – [3] Vgl. Art. ‹Beziehung, interne/externe›. – [4] Vgl. H.-J. SCHÜRING: Studie zur Philos. von F. H. Bradley (1963) 5. – [5] B. RUSSELL: Philosophie. Die Entwickl. meines Denkens (1988) 65. – [6] A. N. WHITEHEAD: Prozeß und Realität (1979) 121. – [7] F. H. BRADLEY: Relations. Coll. ess. 2 (Oxford 1935) 658. – [8] L. WITTGENSTEIN: Tagebücher 1914-1916 (26. 11. 14). Schr. 1 (1969) 122. – [9] Tract. log.-philos. 4.122. – [10] Tageb. (22. 6. 15), a.O. [8] 162. – [11] Vgl. Tract. 4.1212. – [12] a.O. 4.122. – [13] Vgl. Philos. Unters. I, § 60. Schr. 1, 321f. – [14] J. SCHAAF: Hinweisende relationstheoret. Bemerk. zu Wittgenstein, in: Sprache und Begriff. Festschr. B. Liebrucks (1974) 64. – [15] M. SCHLICK: Allg. Erkenntnislehre (1918, ²1925, ND 1979) 427. – [16] Vgl. SCHAAF, a.O. [14] 54. – [17] NATORP, a.O. [2] 31; vgl. CH. VON WOLZOGEN: Pünktliche Bilanz? Cohen, Natorp und der Neukantianismus in neuer Sicht. Philos. Rdsch. 35 (1988) 15-32, zit.: 26. – [18] Die log. Grundl. der exakten Wiss.en (²1921) 67. 26. – [19] Philos., ihr Probl. und ihre Probleme (1911) 50. 52. – [20] a.O. [18] 46. – [21] a.O. 39. – [22] E. CASSIRER: Substanzbegriff und Funktionsbegriff (1910, ND 1969) 407. – [23] P. NATORP: Philos. Systematik. Aus dem Nachl. hg. H. NATORP (1958) 160. 159. – [24] a.O. 229. – [25] 194; vgl. J.-P. SARTRE: L'être et le néant (Paris 1943) 383, dtsch.: Das Sein und das Nichts (1966) 417. – [26] NATORP, a.O. [23] 231. – [27] a.O. 222. – [28] Vgl. A. MEINONG: Hume-Stud. II: Zur R.-Theorie (1882). – [29] Selbstdarst., in: R. SCHMIDT (Hg.): Philos. in Selbstdarst. (²1923) 115. – [30] N. HARTMANN: Der Aufbau der realen Welt (1940, ³1964) 214. – [31] a.O. – [32] NATORP, a.O. [23] XXXIV. – [33] M. HEIDEGGER: Rez.: F. Brentano, Von der Klassif. der psych. Phän. (1914). Frühe Schr. (1912-1916). Ges.ausg. I/1 (1978) 48. – [34] Vgl. C. F. GETHMANN: Philos. als Vollzug und Begriff. Heideggers Identitätsphilos. des Lebens in der Vorlesung vom WS 1921/22 und ihr Verhältn. zu SuZ. Dilthey-Jb. 4 (1986/87) 27-53. – [35] Vgl. Art. ‹R. (relatio)›, in: EISLER⁴ 2, 668-678. – [36] M. HEIDEGGER: Metaphys. Anfangsgründe der Logik im Ausg. von Leibniz (Vorles. 1928). Ges.ausg. II/26 (1978) 163. – [37] Vgl. CH. VON WOLZOGEN: 'Es gibt'. Heidegger und Natorps 'Prakt. Philos.', in: A. GETHMANN-SIEFERT/O. PÖGGELER (Hg.): Heidegger und die prakt. Philos. (1988) 317. – [38] HEIDEGGER, a.O. [36] 168f. – [39] Kant und das Probl. der Met. (1929, ⁴1973) 228. – [40] Der Satz vom Grund (1955/56, ⁵1978) 152. – [41] Brief über den Humanismus, in: Wegmarken (1967, ²1978) 329. – [42] a.O. [40] 113f. – [43] a.O. 152. – [44] Vgl. 331. – [45] Vgl. J. SCHAAF: Grundprinz. der Wissenssoziol. (1956) 12ff. – [46] Letztbegründ. als Theorie-Praxis-Vermittlung. Studia philos. 37 (1977) 157-175, zit.: 157. – [47] Beziehung und Idee. Eine platon. Besinnung, in: K. FLASCH (Hg): Parusia. Studien zur Philos. Platons und zur Problemgesch. des Platonismus. Festschr. J. Hirschberger (1965) 3. – [48] a.O. – [49] Beziehung und Beziehungsloses (Absolutes), in: D. HENRICH/H. WAGNER (Hg.): Subjektivität und Met. Festschr. W. Cramer (1966) 279ff. – [50] a.O. 284. – [51] 288. – [52] a.O. [47] 17. – [53] Vgl. Zur R.-Theorie, in: H. RADERMACHER/P. REISINGER (Hg.): Rationale Met. Die Philos. von W. Cramer 1 (1987) 280. – [54] a.O. 287. – [55] a.O. [47] 17. – [56] D. LEISEGANG: Die drei Potenzen der R. (1969) 100. – [57] a.O. – [58] Vgl. a.O. 13ff. – [59] 33f.; vgl. L. WITTGENSTEIN: Tract. 5.64. – [60] J. ENGELMANN: Ges. als Beziehung. Aspekte einer relationstheoret. Soziol. des Denkens (1974) 22ff. – [61] Vgl. LEISEGANG, a.O. [56] 81f. – [62] Dimension und Totalität. 'Entwurf einer Philos. der Beziehung' (1972) 15. – [63] a.O. 40. – [64] Vgl. 40ff. – [65] TH. W. ADORNO: Negat. Dial. (1966). Schr. 6 (²1977) 21. – [66] E. LEVINAS: Totalité et Infini. Essai sur l'extériorité (Den Haag 1961) 201, dtsch.: Totalität und Unendlichkeit (1987) 327f.; vgl. 81f./150f. – [67] ENGELMANN, a.O. [60] 122.

Literaturhinweise. J. SCHAAF: Über Wissen und Selbstbewußtsein (1947); s. Anm. [45] bis [47] und [49]. – D. LEISEGANG s. Anm. [56] und [62]. – J. ENGELMANN s. Anm. [60]. – W. F. NIEBEL/D. LEISEGANG (Hg.): Philos. als Beziehungswiss. Festschr. J. Schaaf (1974). – R.-P. HORSTMANN: Ontologie und R.en. Hegel, Bradley, Russell und die Kontroverse über interne und externe Beziehungen (1984). – CH. VON WOLZOGEN: Die autonome R. Zum Probl. der Beziehung im Spätwerk P. Natorps (1984).

CH. VON WOLZOGEN

V. *Mathematik; Logik.* – 1. In den verschiedensten Teilen der Mathematik kommen Aussagen vor, in denen das Bestehen von (zwei- und mehrstelligen) R.en zwischen Elementen gewisser Mengen zum Ausdruck gebracht wird. So finden wir z.B. in der Zahlentheorie der natürlichen Zahlen 1, 2, 3, ... die zweistellige R. 'teilt' (gleichwertig: 'ist Teiler von'), etwa mit der Aussage '7 teilt 35', oder die dreistellige R. 'größter gemeinsamer Teiler', etwa mit der Aussage '6 ist größter gemeinsamer Teiler von 24 und 30'. In der euklidischen Geometrie sind (gemäß dem axiomatischen Aufbau nach D. HILBERT) grundlegend die zweistellige R. 'liegt auf' zwischen Punkten und Geraden ('P liegt auf g'), die zweistellige R. 'kongruent' einerseits für Strecken, andererseits für Winkel, ferner die dreistellige R. 'zwischen' für Punkte ('P liegt zwischen Q und R'). Im fünften Buch der ‹Elemente› des EUKLID lautet der 14. Lehrsatz: «Hat eine erste Größe zur zweiten dasselbe Verhältnis wie die dritte zur vierten und ist dabei die erste größer als die dritte, dann muß auch die zweite größer sein als die vierte, gleich, wenn gleich, und kleiner, wenn kleiner». Hier wird für Größen (die bei Euklid durch Strecken dargestellt sind) die vierstellige R. der Verhältnisgleichheit oder Proportion in Zusammenhang gebracht mit den zweistelligen R.en 'größer', 'kleiner', 'gleich'.

Als Grundlage für ein einheitliches mathematisch-logisches Verständnis des R.-Begriffs haben sich in der 2. Hälfte des 19. und im beginnenden 20. Jh. die *Prädikatenlogik* (s.d.) und die *Mengenlehre* (s.d.) herausgebildet, wozu vor allem G. FREGE Entscheidendes beigetragen hat [1]. Der Prädikatenlogik liegt eine *ontologische Konzeption* zugrunde, nach der es Individuen und Attribute (Eigenschaften als einstellige und *R.en* als zwei- oder *mehrstellige* Attribute) gibt und Sachverhalte darin bestehen, daß bestimmte Attribute für gewisse Individuen zutreffen [2]. Die *Sprache der Prädikatenlogik* unterscheidet dementsprechend in ihrer Syntax zwischen Subjekten und Prädikaten, die als Namen von Individuen bzw. Attributen fungieren. Ferner verwendet sie Variable für Subjekte (Subjektsvariable) und Variable für Prädikate (Prädikatenvariable), letztere insbesondere beim axiomatischen Aufbau mathematischer Theorien, indem bei nicht näher fixierten Individuenbereichen als Grundmengen auch die grundlegenden Eigenschaften und R.en nicht konkretisiert, sondern durch Prädikatenvariable verwendende Axiome allein in ihren strukturellen Merkmalen charakterisiert werden.

Die Ein- bzw. Mehrstelligkeit von Prädikaten wird am deutlichsten durch Aussageformen mit Subjektsvariablen dargestellt, wie etwa 'x ist eine Primzahl', 'x teilt y', 'P liegt zwischen Q und R', 'a verhält sich zu b wie c zu *d'*. Das Zutreffen der zugehörigen Attribute für bestimmte Individuen kommt dann darin zum Ausdruck, daß bei Einsetzung der entsprechenden Individuennamen für die Subjektsvariablen die Aussageform in eine wahre Aussage übergeht, also im ersten Beispiel etwa in '7 ist eine Primzahl', im vierten Beispiel, falls s_1, s_2, s_3, s_4 bestimmte Strecken der Länge 3, 7, 15, 35 in der mit einem Abstandsmaß versehenen euklidischen Ebene bezeichnen, in 's_1 verhält sich zu s_2 wie s_3 zu s_4'. Auf dieser Basis könnte man die Aussageformen selbst als Prädikate verstehen, was in gewisser Weise bei Frege geschieht, der angesichts der durch die Subjektsvariablen gegebenen 'Leerstellen' von Ausdrücken spricht, die «ergänzungsbedürftig» und «ungesättigt» sind [3].

Will man in einer streng als Kunstsprache aufgebauten Prädikatenlogik Prädikate als 'abgeschlossene' Symbole für Attribute verstehen, so kann man die Abschließung durch den von A. CHURCH eingeführten λ-*Operator* erreichen [4], also das Primzahlprädikat oder das Teilt-Prädikat durch

λx (x ist eine Primzahl)   bzw.
λxy (x teilt y)

darstellen, wodurch die in der zugrundegelegten Aussageform auftretenden Subjektsvariablen gebunden werden und gebundene Umbenennungen zugelassen sind.

λx (x ist eine Primzahl) y und
λz (z ist eine Primzahl) y

bedeuten damit beide dasselbe: y ist eine Primzahl.

Für die *Präzisierung des Attributenbegriffs* hat CH. S. PEIRCE [5] in Analogie zur Booleschen Darstellung von Eigenschaften durch die Klassen oder Mengen derjenigen Individuen, denen die jeweilige Eigenschaft zukommt, bei den zweistelligen R.en auf die Menge derjenigen geordneten Paare zurückgegriffen, für die die R. zutrifft, und entsprechend bei drei- und mehrstelligen R.en auf die zugehörigen Mengen von n-Tupeln. Betrachten wir etwa die Teilt-R. auf der Grundmenge der natürlichen Zahlen von 2 bis 6, so wäre diese durch die Menge der geordneten Paare (2, 2), (3, 3), (4, 4), (5, 5), (6, 6), (2, 4), (2, 6), (3, 6) bestimmt. Im Sinne einer mengentheoretischen Deutung (durch mengentheoretische Abschließung der Prädikatenlogik) wäre also die Teilt-R. τ oder die R. γ des größten gemeinsamen Teilers (g.g.T.) auf einer Menge M von natürlichen Zahlen definiert durch

$\tau = \{(x, y) \mid x, y \in M$ und x teilt $y\}$ bzw.
$\gamma = \{(x, y, z) \mid x, y, z \in M$
und x ist g.g.T. von y und $z\}$.

Die Tatsache, daß 2 die 4 teilt oder 7 der g.g.T. von 21 und 28 ist, wäre dann, falls 2, 4, 7, 21 und 28 Elemente von M sind, ausdrückbar durch

(2, 4) $\in \tau$ bzw. (7, 21, 28) $\in \gamma$.

2. PLATON geht in seinen Dialogen häufiger auf Prädikate ein, die sich auf R.en beziehen, wie z.B. 'größer' und 'kleiner' oder Verwandtschaftsbeziehungen wie 'Vater', 'Bruder' [6]. Letztlich werden dabei in entsprechenden Aussagen wie 'Daidalos ist der Vater von Ikaros' Eigenschaftsaussagen gesehen, insofern als Eigenschaften danach unterschieden werden, ob sie im Hinblick auf die jeweiligen Gegenstände selbst oder im Hinblick auf etwas anderes zugesprochen werden, also 'Vater' stets in bezug auf einen anderen, der als Sohn oder Tochter Bestandteil der Eigenschaft ist. Entsprechendes gilt für ARISTOTELES in dessen Kategorienlehre [7]. Die Dominanz der Eigenschaftsbegriffe in der aristotelischen Logik, Ontologie und Metaphysik hat sich auf die Geschichte des Denkens und der Wissenschaft insgesamt hemmend ausgewirkt, insofern als relationales Denken und eine damit verbundene nicht an Begriffspyramiden orientierte, sondern den Strukturbegriff ermöglichende Abstraktionstheorie sich nicht entfalten konnte, wie im einzelnen in E. CASSIRERS ‹Substanzbegriff und Funktionsbegriff› dargelegt wird [8].

Relationale Zusammenhänge werden auch durch die *Struktur der indogermanischen Sprachen* verdeckt, insbesondere durch die vom logischen Standpunkt aus großen Unterschiede in der Verwendung der *Kopula* 'ist', wie sie in ihren ganz verschiedenen logischen Bedeutungen etwa in den Aussagen '7 ist eine Primzahl', 'Der Rabe ist schwarz', 'Goethe ist der Dichter des Faust', '7 ist ein Teiler von 21', '7 ist der g.g.T. von 21 und 28' vorliegen [9].

Die Besonderheiten von R.-Urteilen beschäftigen G. W. LEIBNIZ in seinem fünften Schreiben an Clarke: Das Verhältnis von zwei Strecken L und M kann man betrachten «als etwas von beiden Losgelöstes ..., ohne dabei zu erwägen, welches Glied das Vorhergehende oder Folgende, das Subjekt oder Objekt, ist. ... Man kann nicht sagen, daß alle beide, L und M zusammengenommen, das Subjekt für ein solches Accidens bilden, denn wir hätten dann ein Accidens in zwei Subjekten, das also gleichsam mit einem Fuße im einen, mit dem anderen im anderen Subjekt stände, was mit dem Begriff des Accidens unvereinbar ist. Man muß demnach sagen, daß die Beziehung ... außerhalb der Subjekte ist, daß sie aber, da sie weder Substanz noch Accidens ist, etwas rein Ideales sein muß, dessen Betrachtung jedoch nicht minder fruchtbar ist» [10].

Während Leibniz hier den R.en eine eigenständige Stellung zuschreibt, kommt in seiner *Monadologie* eine Position zum Ausdruck, nach der die R.en auf Eigenschaften zurückgeführt werden können, was auch als *Leibnizsche Reduzierbarkeitshypothese* bezeichnet wird [11]. Die prästabilierte Harmonie kommt in der Monadologie dadurch zustande, daß jede Monade in jedem ihrer Zustände den Zustand des Universums repräsentiert. Nach B. RUSSELLS Deutung ist dies das ontologische Korrelat der *logischen Reduzierbarkeitshypothese:* Die einstelligen prädikativen Aussagen sind die ausgezeichneten Aussagen, auf die alle prädikativen Aussagen reduzierbar sind [12]. H. SCHOLZ und G. HASENJAEGER haben diese Hypothese dahingehend präzisiert, daß es zu jedem prädikatenlogischen Ausdruck H einen einstelligen prädikatenlogischen Ausdruck H^* gibt, so daß H genau dann erfüllt ist, wenn H^* erfüllt ist [13]. Nun kann gezeigt werden, daß jeder einstellige prädikatenlogische Ausdruck, falls er erfüllbar ist, bereits in einem endlichen Individuenbereich erfüllbar ist [14]. Die logische Reduzierbarkeitshypothese würde also zur Folge haben, daß auch alle nicht-einstelligen Ausdrücke endlich erfüllbar wären. Dem widerspricht aber z.B. die Tatsache, daß der Ausdruck, welcher an eine R. die axiomatischen Bedingungen für eine strikte lineare Ordnung stellt und noch fordert, daß es zu jedem Element ein größeres gibt, nur in einem unendlichen Individuenbereich erfüllbar ist. Damit ist die Reduzierbarkeitshypothese für prädikatenlogische Ausdrücke und Attribute widerlegt.

Auch I. KANT ist von der Vorstellung der Fundiertheit der R.en in Eigenschaften geleitet, wenn er zu einer Schlußweise gelangt, die er 1769 in der Abhandlung ‹Von dem ersten Grunde des Unterschiedes der Gegenden im Raume› zugunsten der Existenz des absoluten Raumes und in den ‹Prolegomena› für die transzendentale Idealität des Raumes verwendet. Es geht um die

Beziehung der Spiegelsymmetrie im Raum, etwa zwischen der linken und der rechten Hand. Die R. 'gegenhändig' oder – wie durch Kants Hinweis in den ‹Prolegomena› (§ 13) auf «widersinnig gewundene Schnecken» nahegelegt wird – «widersinnig gewunden» ist zu Kants Verwunderung nicht in einer für sich heraushebbaren Eigenschaft des einen oder des anderen R.-Gliedes begründet; erst mit Bezug auf den Raum scheint sich für ihn eine solche Eigenschaft einzustellen. Bei genauer mathematischer Analyse zeigt sich, daß es hier in geometrischer Hinsicht um die Orientierbarkeit des euklidischen Raumes geht. Sie erlaubt primär und direkt die Identifikation einer R. 'gleich orientiert' für sog. Orientierungssimplexe im Raum, die sich als Äquivalenz-R. mit zwei Äquivalenzklassen herausstellt. Die mit 'links(-orientiert)' und 'rechts(-orientiert)' zu bezeichnenden Eigenschaften von Orientierungssimplexen, die in einfacher Weise auf Orientierungssimplexe erzeugende Objekte, wie Hände oder gewundene Schneckenhäuser, übertragbar sind, können dann jeweils mit einer der beiden Klassen identifiziert werden, was in rein konventioneller Weise (etwa durch beliebige Auswahl eines Orientierungssimplexes oder eines entsprechenden Objektes, dem dann etwa das Merkmal 'links(-orientiert)' zugesprochen wird) zu geschehen hat, da es primär keine unterscheidenden Merkmale für die Klassen gibt. Der R.-Begriff geht hier also dem Eigenschaftsbegriff voraus [15].

3. Von besonderer Bedeutung sind in der Mathematik die *zweistelligen* oder *binären* R.en. Zu ihnen gehören die *Ordnungs-R.en*, die *Äquivalenz-R.en* und die (einfachen) *Funktionen*. Für sie haben sich eigene Begriffsbildungen und Darstellungsweisen entwickelt, deren systematische Behandlung als *R.en-Theorie*, oder – in Absetzung zur *Klassenlogik* auch als *R.en-Logik*, unter Einschränkung auf bestimmte Verknüpfungen von R.en auch als *R.en-Algebra* bezeichnet wird. Im folgenden seien also mit ‹R.› stets zweistellige R.en gemeint.

Unter einer R. *R auf einer Menge M* wird nach den obigen Darstellungen zur Attributentheorie jetzt also eine Menge geordneter Paare von Elementen aus *M* verstanden. Bezeichnet man $M \times M$ die Menge aller geordneten Paare von Elementen aus *M*, so ist *R* also eine Teilmenge von $M \times M$: $R \subseteq M \times M$. Das Zutreffen der R. *R* auf das geordnete Paar (x, y) schreiben wir $(x, y) \in R$, verwenden aber auch die prädikative Schreibweise xRy. Zur *Darstellung* von R.en gibt es verschiedene Methoden [16]. Kann man sich die Elemente von *M* auf einer Geraden in der Ebene dargestellt denken, was insbesondere der Fall ist, wenn *M* eine Menge reeller Zahlen ist, so wählt man dieselbe Darstellung auf einer dazu senkrechten Geraden und kann die R. *R* auf *M* dann durch Punkte in der Ebene nach der Methode des Koordinatensystems darstellen. Falls *M* endlich und nicht zu groß ist, lassen sich die Elemente von *M* verstreut in der Zeichenebene darstellen und die Gültigkeit von $(x, y) \in R$ durch einen Pfeil, den man vom *x* darstellenden Punkt zum *y* darstellenden Punkt zieht. Falls gilt $(x, x) \in R$, so zeichnet man einen Rückkehrpfeil oder eine Schleife vom *x* darstellenden Punkt zu sich selbst.

Unter den R.en auf *M* gibt es in natürlicher Weise *ausgezeichnete R.en*, die *Total-R. T_M* auf *M*, die alles mit allem nach jeder Richtung in Beziehung setzt, also $T_M = M \times M$, die *leere R.*, die aus der leeren Menge Φ als Teilmenge von *M* besteht, ferner die *Identität I_M* auf *M*, die genau aus allen Paaren (x, x) mit $x \in M$ und im Pfeildiagramm genau aus allen Rückkehrpfeilen besteht.

Bei einer R. *R* auf *M* unterscheidet man den *Vorbereich V(R)* und den *Nachbereich N(R)*:
$V(R) = \{x \in M \mid$ es gibt y, so daß $(x, y) \in R\}$
$N(R) = \{y \in M \mid$ es gibt x, so daß $(x, y) \in R\}$
Gemäß der Pfeildarstellung besteht $V(R)$ bzw. $N(R)$ also aus allen Elementen (Punkten), von denen ein Pfeil ausgeht bzw. bei denen ein Pfeil ankommt. Für I_M z.B. gilt demnach $V(I_M) = N(I_M) = M$.

Da R.en Mengen sind, kann man die *mengentheoretischen Beziehungen* und *Operationen*, wie $\overline{R}$, $R \subseteq S$, $R \cap S$, $R \cup S$, auf sie anwenden [17]. $\overline{R}$ ist die Komplementärmenge von *R* in $M \times M$ und heißt *Komplementär-R.* zu *R*. Es gilt also
$(x, y) \in \overline{R} \Leftrightarrow (x, y) \notin R$ für alle $x, y \in M$.
Ferner gilt z.B.:
$(x, y) \in R \cap S \Leftrightarrow (x, y) \in R$ und $(x, y) \in S$.
Zu den für R.en typischen Operationen gehört die *Konversenbildung* und die *R.en-Verkettung*: R^{-1} und $R \circ S$. Der Konversenbildung entspricht im Pfeildiagramm die Umkehrung der Pfeilrichtungen. Es gilt
$(x, y) \in R^{-1} \Leftrightarrow (y, x) \in R$.
Sind *V*, *S*, *T* der Reihe nach die R.en 'hat als Vater', 'hat als Sohn', 'hat als Tochter', so gilt offensichtlich
$V^{-1} \subseteq S \cup T$.
Der *R.en-Verkettung* (auch: *R.en-Multiplikation*) entspricht die Bildung einer neuen R. aus gegebenen R.en *R* und *S* auf *M* gemäß
$(x, y) \in R \circ S \Leftrightarrow$ es gibt z, so daß $(x, z) \in R$ und $(z, y) \in S$.
Dem entspricht im Pfeildiagramm das Bestehen eines Pfeiles für die R. $R \circ S$ von *x* nach *y* genau dann, wenn ein *R*-Pfeil von *x* zu einem gewissen *z* und ein *S*-Pfeil von *z* zu *y* besteht, der neue Pfeil also die Zweierkette aus einem *R*- und einem *S*-Pfeil überbrückt. Ist *V* die R. 'hat als Vater' und *M* die R. 'hat als Mutter', so ist offensichtlich $V \circ M$ die R. 'hat als Großmutter väterlicherseits' und $M \circ V$ die R. 'hat als Großvater mütterlicherseits'. Die R.en-Verkettung ist also nicht *kommutativ*. Ferner gilt für alle R.en *R*, *S*:
$(R \circ S)^{-1} = S^{-1} \circ R^{-1}$.
Zur Charakterisierung von R.en werden häufig bestimmte *Eigenschaften von R.en* herangezogen:
reflexiv $R \Leftrightarrow$ für alle x: $(x, x) \in R$
symmetrisch $R \Leftrightarrow$ für alle x, y: $(x, y) \in R \Rightarrow (y, x) \in R$
transitiv $R \Leftrightarrow$ für alle x, y, z: $(x, y) \in R$ und $(y, z) \in R \Rightarrow (x, z) \in R$
linkseindeutig $R \Leftrightarrow$ für alle x, y, z: $(x, y) \in R$ und $(z, y) \in R \Rightarrow x = z$
rechtseindeutig $R \Leftrightarrow$ für alle x, y, z: $(x, y) \in R$ und $(x, z) \in R \Rightarrow y = z$.
Von besonderer Bedeutung in der Mathematik sind die *Äquivalenz-R.en* auf einer Menge *M*. Definitionsgemäß sind diese reflexiv, symmetrisch und transitiv, was z.B. zutrifft für R.en wie 'kongruent', 'ähnlich', 'parallel' in der Geometrie, 'gleichmächtig' in der Mengenlehre, 'isomorph' in der Strukturtheorie. Zu jeder Äquivalenz-R. in einer Menge *M* gehört eine Einteilung (Partition) von *M* nach Äquivalenzklassen, bei der alle äquivalenten Elemente in derselben Klasse, nicht äquivalente Elemente in verschiedenen Klassen liegen: Mit einer solchen Klassenbildung ist oft eine *Definition durch Abstraktion* verbunden. So entspricht der Klassenbildung gegenüber der Parallelität der Begriff der Richtung, gegenüber der Gleichmächtigkeit der Begriff der Kardinalzahl, gegenüber der Isomorphie der Begriff der Struktur.

In der *mathematischen Ordnungstheorie* ist der allgemeinste Begriff der der *Prä-* oder *Quasiordnung,* worunter eine reflexive und transitive R. verstanden wird [18]. – In die R.en-Theorie läßt sich auch die allgemeine *Funktionenlehre* einbauen. Eine R. *F* heißt Funktion, wenn sie rechtseindeutig ist. Wegen der Rechtseindeutigkeit läßt sich die Funktionenschreibweise mit Hilfe eines *Kennzeichnungsterms* einführen:

$F(x)$ = dasjenige y, für das $(x, y) \in F$

und demgemäß schreiben $y = F(x)$ für $(x, y) \in F$.

Anmerkungen. [1] G. FREGE: Grundgesetze der Arithmetik 1 (1893, ND 1962) § 1; Begriff und Gegenstand (1892) 205, ND in: Funktion, Begriff, Bedeutung. Fünf log. Stud., hg. G. PATZIG (^{4}1975) 80. – [2] Vgl. H. SCHOLZ/G. HASENJAEGER: Grundzüge der math. Logik (1961). – [3] Vgl. FREGE: Grundgesetze ..., a.O. [1]. – [4] Vgl. SCHOLZ/HASENJAEGER, a.O. [2] 127. – [5] CH. S. PEIRCE: Description of a notation for the logic of relatives (1870). Writings, hg. E. C. MOORE u.a. (Bloomington 1984) 2, 359-429. – [6] Vgl. E. SCHEIBE: Über Relativbegriffe in der Philos. Platons. Phronesis 13 (1967) 28-49. – [7] Vgl. ARISTOTELES: Cat. 7, 6 a 36-8 b 25. – [8] E. CASSIRER: Substanzbegriff und Funktionsbegriff (1910, ND 1980). – [9] Vgl. H. SCHOLZ: Abriß der Gesch. der Logik (1931, ^{2}1959) 60. – [10] G. W. LEIBNIZ: 5. Schr. an Clarke § 47. Philos. Schr., hg. C. I. GERHARDT 7, 401; dtsch.: Hauptschr. zur Grundleg. der Philos., hg. E. CASSIRER (1904) 1, 185. – [11] Vgl. SCHOLZ/HASENJAEGER, a.O. [2] 214. – [12] B. RUSSELL: A crit. expos. of the philos. of Leibniz (London 1900, ^{7}1967). – [13] SCHOLZ/HASENJAEGER, a.O. [2] 214. – [14] a.O. 213. – [15] Vgl. M. JAMMER: Concepts of space (Cambridge, Mass. 1954); dtsch.: Das Problem des Raumes (1960); H.-G. STEINER: Grundl. und Aufbau der Geometrie in didakt. Sicht (^{2}1978). – [16] Vgl. R. CARNAP: Einf. in die symbol. Logik (1954) 118. – [17] Vgl. Art. ‹Mengenlehre›. – [18] Vgl. M. ERNE: Einf. in die Ordnungstheorie (1982).

Literaturhinweise. G. FREGE s. Anm. [1]. – B. RUSSELL: The princ. of math. (Cambridge 1903). – E. CASSIRER s. Anm. [8]. – C. I. LEWIS: A survey of symb. logic (Berkeley 1918). – R. CARNAP s. Anm. [16]. – J. M. BOCHEŃSKI: Formale Logik (1962). – H.-G. STEINER: Mengen, Abbildungen, Strukturen, in: H. BEHNKE u.a.: Math. 1. Fischer-Lex. (1964). H.-G. STEINER

Relation des Urteils ist ein von I. KANT für seine Urteilstafel [1] eingeführtes Einteilungskriterium, das an die Stelle der von den Stoikern [2] und GALEN [3] eingeführten und durch PETRUS HISPANUS [4] allgemein üblich gewordenen Einteilung in einfache (kategorische) und zusammengesetzte (hypothetische) Urteile trat. ‹Hypothetisch› wird bei KANT in seiner Bedeutung eingeengt auf *eine* Art des zusammengesetzten Urteils, nämlich auf das konditionale; ‹kategorisch› wird zum Gegensatz von ‹hypothetisch› und erhält die Bedeutung ‹unbedingt›; es kommt zudem eine weitere Art der bisherigen hypothetischen (zusammengesetzten) Urteile hinzu: das disjunktive Urteil. Die übrigen Arten des zusammengesetzten Urteils finden sich bei Kant nicht mehr. Der Kantianer W. T. KRUG erläutert diese Konzeption: «Wird ... etwas schlechtweg ausgesagt, mithin ohne alle Bedingung gesetzt oder aufgehoben, so entsteht ein unbedingtes Urteil (iudicium categoricum); wird aber etwas nur bedingungsweise ausgesagt, mithin unter einer gewissen Bedingung gesetzt oder aufgehoben, so entsteht ein bedingtes Urteil (iudicium hypotheticum); wird endlich ein Mehrfaches ausgesagt, wovon unter gewissen Bedingungen das eine oder andere stattfinden könnte, so entsteht ein durch Entgegensetzung bestimmendes Urteil (iudicium disjunctivum)» [5]. Zu den Logikern der Folgezeit, die die Kantische Einteilung übernommen haben, gehören u.a. J. G. K. CH. KIESEWETTER [6], J. F. FRIES [7] und A. CH. TWESTEN [8]. H. LOTZE zeichnet sogar die R. gegenüber den anderen Einteilungen als «die wesentlichen Bestimmtheiten des Urteils» aus [9]. Etliche andere Logiker behandeln die R. dagegen lediglich historisch, ohne selbst für sie einzutreten. Schon B. BOLZANO bezeichnet die Einteilung als nicht vollständig [10]. Vor allem englische und neuscholastische Logiker erwähnen sie nicht einmal, während sie statt dessen zusammengesetzte Urteile ausführlich berücksichtigen. Diese Tendenz hat sich weitgehend durchgesetzt. CH. SIGWART schließt dabei ausdrücklich in Abgrenzung von Kant an die ursprüngliche (stoische) Tradition an und erklärt: «Sieht man auf den Gehalt der Behauptung, so sind kategorische und hypothetische, hypothetische und disjunktive Sätze vielfach nur grammatisch verschiedene Ausdrücke desselben Gedankens» [11]. Dieser Auffassung hat sich auch die moderne formale Logik angeschlossen, insofern sie etwa ein kategorisches Urteil wie ‹Menschen sind Lebewesen› in der generalisierten hypothetischen Form $\wedge_x (x \, \varepsilon \, \text{Mensch} \to x \, \varepsilon \, \text{Lebewesen})$ darstellt, wobei sich diese wiederum aufgrund aussagenlogischer Äquivalenz in eine disjunktive Form überführen ließe. Mit Sigwart übereinstimmend erklärt daher bereits der Begründer der formalen Logik, G. FREGE, daß die Unterscheidung der Urteile in kategorische, hypothetische und disjunktive ihm «nur grammatische Bedeutung» zu haben scheine [12].

Anmerkungen. [1] I. KANT: KrV A 70. – [2] FDS, Frg. 914. – [3] GALEN: Inst. logica, hg. C. KALBFLEISCH (1896) cap. II. III. VI. XIV. – [4] PETRUS HISP.: Tractatus (Summ. log.), hg. L. M. DE RIJK (Assen 1972) 3. 8. – [5] W. T. KRUG: Hb. der Philos. 1 (^{3}1828) 167. – [6] J. G. K. CH. KIESEWETTER: Grundriß einer allg. Logik nach Kantischen Grundsätzen (^{4}1824, ND Brüssel 1973) 87ff. – [7] J. F. FRIES: System der Logik (^{3}1837, ND 1971) 101ff. – [8] A. CH. TWESTEN: Die Logik (1825) 48. – [9] H. LOTZE: Logik (1874) § 38. – [10] B. BOLZANO: Wiss.lehre (1837) § 190. – [11] CH. SIGWART: Logik 1 (^{4}1911) 288. – [12] G. FREGE: Begriffsschr. (1879) § 4. A. MENNE/Red.

Relationismus, Relationieren. Die Begriffe ‹Relationismus› [R.s] und ‹Relationieren› [R.n] wurden von K. MANNHEIM geprägt und bilden zentrale Begriffe seiner wissenssoziologischen Methode. In seiner 1924 erstmals veröffentlichten Arbeit über den Historismus setzt Mannheim sich mit dem dem Historismus gegenüber erhobenen Vorwurf des Relativismus auseinander und erwägt, ob sich der Vorwurf einem zwar in den exakten Wissenschaften, nicht aber in der Geschichte angemessenen Gebrauch der Begriffe ‹relativ› und ‹absolut› verdankt. In letzterer nämlich seien Erkenntnisse prinzipiell standortgebunden, perspektivisch, allgemein: «seinsverbunden» [1], weil hier das Absolute selbst ein Werdendes und weil es immer nur von konkreten Standorten aus erfaßbar und formulierbar ist. Es ergibt sich – so Mannheim 1927 – aus dem Historismus «jener fruchtbare R.s, der ... den Betrachtenden selbst auf das über ihn hinausführende Werden hin relativiert» [2], woraus jedoch «keineswegs die Relativität der gewonnenen Erkenntnis» folge [3]. Die Einführung des Begriffs ‹R.s› hat die Funktion einer Rettung des Historismus vor dem Verdacht des Relativismus. Als eine wesentlich dynamische Konzeption grenzt der R.s sich sowohl von einer statischen Erkenntnistheorie, die auf die Ungeschichtlichkeit der Strukturen des Subjekts und/oder des Objekts baut, als auch von einem alle Werthaltungen nivellierenden Nihilismus ab [4]; «... der R.s in unserem Sinne besagt vielmehr, daß jede Aussage wesensmäßig nur relational formulierbar sei, und er schlägt nur dann in Relativismus um, wenn man ihn mit dem älteren statischen Ideal ewiger, desubjektivierter unperspektivischer Wahrheiten verbindet und an diesem ihm disparaten Ideal ... mißt» [5]; «... bestimmte historischlebendige und in diesem Sinne qualitative Einsichten sind nur bestimmten historisch und sozial formierten Bewußtseinsstrukturen zugängig, weshalb in diesem Gebiete auch der historischsoziale Aufbau des Subjekts für die Erkenntnistheorie von Bedeutsamkeit wird» [6].

Über den Begriff der «wissenssoziologischen Relationierung» (1929) kommt Mannheim 1931 zum Begriff ‹R.n› als dem spezifischen Verfahren der Wissenssoziologie. Es besteht darin, daß eine bestimmte geäußerte Meinung nicht nur auf das in ihr Gemeinte bezogen wird, sondern «stets auf eine bestimmte Art der Weltauslegung und diese wieder auf eine bestimmte soziale Struktur als auf ihre Seins-Voraussetzung» [7]. Verwendet man die relationistischen Thesen selbst-referentiell, d.h. fragt man nach den wissenssoziologischen Bedingungen der Möglichkeit wissenssoziologischer Forschung, so muß man nach Mannheim Distanzierungsprozesse analysieren, insbesondere solche, die dadurch entstehen, «daß im gleichen sozialen Raume zwei oder mehrere sozial gebundene Weltauslegungsarten miteinander ringen und sich in ihrer Kritik gegenseitig soweit durchleuchten und distanzieren, daß allmählich das Distanzierend-Sehen ... für sämtliche Positionen zunächst zur Möglichkeit, später zur stets realisierten Denkhaltung wird» [8].

Anmerkungen. [1] K. MANNHEIM: Historismus (1924), in: Wissenssoziol., hg. K. H. WOLFF (1964) 246-307. – [2] Das konservative Denken (1927), a.O. 408-508, hier: 468. – [3] a.O. [1] 271. – [4] Zur Problematik der Soziol. in Dtschl. (1929), a.O. 614-624. – [5] Ideologie und Utopie (⁵1969) 258. – [6] Die Bedeut. der Konkurrenz im Gebiete des Geistigen, a.O. [1] 566-613, hier: 570. – [7] a.O. [5] 242. – [8] a.O.   Red.

Relativismus (engl. relativism; frz. relativisme; ital. relativismo) ist ein sich erst im Übergang vom 19. zum 20. Jh. einbürgernder Terminus: MEYER [1] führt ihn 1889 noch nicht (sondern erst 1896), auch noch nicht PIERER [2] 1892. BROCKHAUS [3] verzeichnet erst 1895: «Die *Relativität* gehört zum wesentlichen Charakter der Erscheinung; ... alles, was irgendwie an die Grundbedingung des räumlich-zeitlichen Vorstellens gebunden ist, mithin unsere gesamte Erfahrungserkenntnis [bleibt] der Relativität unterworfen. ... Die Ansicht von den Dingen oder vielmehr von unserer Erkenntnis derselben, welche in diesem weitesten Sinne die Relativität alles für uns Erkennbaren behauptet, heißt *R.*» KIRCHNER [4] führt noch 1907 nur das Stichwort ‹Relativ›; erst 1911 [5] trägt er ein: «*R.* heißt in der *Erkenntnistheorie* die philosophische Auffassung, nach der alles Wissen relativ ist, unsere Erkenntnis also nur die Beziehungen und Verhältnisse der Dinge, nicht aber die Dinge selbst und ihre Eigenschaften umfaßt ... Der *ethische R.* besteht in der Leugnung der Existenz allgemeingültiger sittlicher Normen und nimmt an, daß die Begriffe von Gut und Böse sich ganz nach der Zeit, Nationalität und anderen äußeren Umständen gestalten.» Wie die Prägung von ‹R.› zu Beginn des 20. Jh. in Bewegung ist, dokumentieren die verschiedenen Auflagen des EISLER. Schon 1899 notiert R. EISLER [6]: «*R.* heißt die Lehre von der *Relativität* aller Erkenntnis, d.h. von ihrer Gültigkeit bloss in Bezug auf das (individuelle oder allgemeine) Bewusstsein» und nennt explizit als Vertreter die Sophisten, insbesondere Protagoras, die Skeptiker, Boethius, Kant, Herbart, Laas, Dilthey und Riehl; so subsumiert er ab 1904 den Begriff ‹R.› unter das Stichwort ‹Relativ› und macht dann folgende Unterscheidungen: «Der Standpunkt, daß alle Erkenntnis nur relativ sei, nur für einen bestimmten Standpunkt gelte, heißt R. Ein rein logischer R. ist unmöglich, hebt sich selbst auf, die Absolutheit der Denkaxiome sowie der Urteilsgültigkeit für ein Bewußtsein überhaupt (unabhängig von Zeit und Raum) ist nicht zu bestreiten ('Logischer Absolutismus'). Der R. ist nur erkenntnistheoretisch, und auch da nur für die direct-einzelwissenschaftliche Erkenntnis der Außenwelt, haltbar; das geistige Leben, das erkennendwollende Bewußtsein, das 'stellungnehmende' Subject ist nichts Relatives, sondern Urbedingung aller Relation» [7]. Näher differenziert er zwischen einem «subjectivistischen» R. des Protagoras, dem R. der (antiken) Skeptiker, dem «objectivistischen» R. von Goethe, dem «kriticistischen» R. Kants und dem «metaphysischen» R. Hegels. Den R. lehren sieht er F. A. Lange, Nietzsche, A. Mayer, F. Schultze, Helmholtz, Simmel, Weinmann, R. Goldscheid, L. Dilles und L. Stein. Als Anhänger eines «ethischen» R. «im Sinne der Bestreitung absoluter, an sich bestehender Normen, Werte und Zwecke» [8] sieht er Adickes. 1910 fügt er hinzu: «Auch der *ethische R.* ist nur eingeschränkt, d.h. nur für die Entwicklung konkreter Sittengebote, nicht für die Prinzipien des Sittlichen selbst berechtigt ... Es ist stets zu beachten, daß Urteile über Relationen absolute Geltung haben können» [9]. In die Liste der den R. Lehrenden nimmt er nun u.a. auf: Comte, Mill, Moleschott, Huxley, Ostwald, Mach, Stallo, Kleinpeter, Poincaré, James, F. C. S. Schiller, Dewey, Jerusalem, Bergson, Rey, Ardigo, Joul. Etwas später [10] definiert er noch allgemeiner: «R. heißt die Lehre von der Relativität der Erkenntnis, des Wissens, bzw. der Werte (Theoretischer u. praktisch-ethischer R.). Während der 'objektive' R., der auch als *Relationismus* bezeichnet werden kann, nur betont, daß wir die Wirklichkeit nicht 'an sich', sondern in deren Relation zum erkennenden Bewußtsein sowie die Dinge in deren raum-zeitlich-kausalen Relationen zueinander erkennen, ... ist für den R. im engeren Sinne jeder theoretische oder praktische Wert nur relativ, in Beziehung auf das erlebende, urteilende, wollende, wertende (psychologische) Subjekt gültig, gelten also Wahrheiten, Normen, sittliche u.a. Werte nur für das Subjekt, von einem gewissen Standpunkt, für gewisse Verhältnisse, unter gewissen Bedingungen, nicht allgemeingültig, notwendig, unbedingt.» Die Relativität aller Wahrheit lehren sieht er nun Protagoras, die Skeptiker, Ch. Lossius, z.T. Goethe, Nietzsche, Vaihinger, F. C. S. Schiller, Jerusalem, Avenarius sowie Mach und fährt fort: «Gegen den individuellen und spezifischen R. betonen die Absolutheit logischer (bzw. auch ethischer) Geltungen Husserl, Meinong, Windelband, Riehl, A. Messer, Rickert, Münsterberg, Natorp, Ewald, Nelson u.a.» [11]. Schließlich definiert er 1929: «Der Standpunkt, daß alle Erkenntnis nur relativ sei, nur für einen bestimmten Standpunkt gelte, heißt *R.*; '*Relationismus*' hingegen ist die Lehre, welche nur die Erkenntnis von – möglicherweise objektiv geltenden – Relationen anerkennt» [12], und fügt hinzu: «Auch der Kultur- und geschichtsphilosophische R. wird immer wieder vertreten und immer wieder bekämpft: in neuester Zeit z.B. vertreten ihn O. Spengler und Th. Lessing ..., während ihn Tröltsch, G. Mehlis u.a. zu widerlegen suchen» [13]. Relativisten «in verschiedener

Weise» sind ihm nun auch Montaigne, Hobbes, Locke, Hume, Condillac – und es findet sich bereits ein Querverweis auf die Relativitätstheorie Einsteins [14].

Die relativ späte Aufnahme des Begriffs läßt sich auch an einem Auflagenvergleich von G. HAGEMANN/A. DYROFFS zu seiner Zeit vielbenutzter ‹Logik und Noetik›, dem 1. Band der ‹Elemente der Philosophie› erkennen: Führt noch die 8. Aufl. 1909 lediglich «den sog. Skeptizismus» im Teil ‹Gewißheit und Zweifel› an [15], so enthält erst die 9./10. Aufl. 1915 erstmals einen Paragraphen: ‹Der R.›. In ihm heißt es: «Alle Verneinungen des absoluten Charakters der Wahrheit lassen sich als R. zusammenfassen. Vom Skeptizismus unterscheidet sich der R. der Absicht nach durch die Lehre, daß Erkenntnis der Wahrheit möglich sei. Aber er behauptet, alle uns zugängliche Erkenntnis sei notwendig nur relativ, d.h. nicht ohne alle Rücksicht und nicht unbedingt geltend. Zwei Formen des R. sind ... von vornherein denkbar. Entweder erklärt man: Jede Erkenntnis ist so, wie sie ist, ein für allemal relativ, bleibt also ewig gleichmäßig und unveränderlich von der absoluten Wahrheit entfernt (immobilistischer R.), oder: Jede Erkenntnis ist veränderlich wahr; mit jedem Fortschritt der wissenschaftlichen Kultur nimmt die einzelne Wahrheit eine andere Form an (evolutionistischer R.) ... Besonders gern aber betonen die Relativisten, daß alle Erkenntnis nur in Beziehung ('Relation') zum menschlichen Erkenntnisvermögen oder Bewußtsein gelte. Dann sind wieder zwei Richtungen im allgemeinen möglich. Entweder sagt man, die Wahrheit sei bei jedem Einzelmenschen wieder eine andere, also nur jedesmal für ihn gültig (individualistischer R.), oder sie sei nur für die menschliche Gattung, den sog. 'Gattungsmenschen', gültig (generalistischer R.)» [16]. Der R. erweist sich ihm sodann «beim näheren Zusehen sofort als versteckter Skeptizismus» [17]; Utilitarismus und Pragmatismus bzw. Instrumentalismus laufen seiner Ansicht nach letztlich auf den R. hinaus; nur «eine Abart» des R. ist ihm in der nächsten Auflage auch Vaihingers Fiktionalismus [18].

Schließlich sei darauf verwiesen, daß W. WUNDTS große ‹Untersuchung der Prinzipien der Erkenntnis und der Methoden wissenschaftlicher Forschung› noch 1908 im Register den R. nicht anführt [19] und noch 1919 lediglich bei der Erörterung des Prinzips der Konvention unter ‹R.› auf den Umstand verweist, daß, indem dieses Prinzip «jedes Begriffssystem als eines unter vielen gleich möglichen ansieht und dem einfachsten nicht als dem an sich notwendigen, sondern nur als dem nützlichsten den Vorzug einräumt», es gegenüber dem Prinzip der Ökonomie einen in noch höherem Grade «skeptisch-relativistischen Charakter» besitze [20].

Dennoch wurde in der Folge ‹R.› schnell zum Oberbegriff von Positionen wie bes. Perspektivismus, Historismus und Skeptizismus, aber auch Psychologismus, Anthropologismus, Biologismus, Evolutionismus, Positivismus, Empiriokritizismus, Pragmatismus und Fiktionalismus, so daß nun nahezu die ganze Philosophiegeschichte anhand von ‹R.› als Leitbegriff geschrieben werden konnte [21].

Trotzdem geschieht die Prägung des Terminus früher: J. GROTE will ihn schon im letzten Drittel des 19. Jh. anläßlich seiner Auseinandersetzung mit «Mill's Logic» bzw. «Dr Whewell's Philosophy of Science» gebildet haben: «The notion of the mask over the face of nature is exactly that which I am sure Dr Whewell does not wish to fall into – it is what I have called 'relativism'. If 'the face of nature' is reality, then the mask over it, which is what theory gives us, is so much deception, and that is what relativism really comes to»; «It seems to me a strange perversion of the notion of knowledge to suppose that we can know that anything is in its nature *un*knowable, except so far as the notion 'knowledge' is inapplicable to it, in which case nobody would talk of knowing it, or would call it unknowable. We do not talk of colours as inaudible, and if we do of sounds being invisible, it is because of the wide and loose way in which sight is used as the type of all sense. It is the giving a mere logical puzzle as a supposed wholesome humbling of the intellect which is what I call 'notionalism' or 'relativism'», so daß er zwei Irrtümer gegenüberstellen kann: «The notion that we can describe the growth of our knowledge by experience, as it is commonly called, and that this really represents all the fact, is the error of positivism, as the notion that we bring something from our mind to bear upon something which is in the universe, is the error which I have called by the name of 'relativism'» [22]. Fast gleichzeitig benutzt F. A. LANGE den Terminus: «Die Volkswirthschaft des Egoismus ist als einzig sicherer Anfang einer exakten Gesellschaftswissenschaft von unschätzbarem Werth, während die Erhebung ihrer bloß relativ gültigen Lehren zu absoluter Gültigkeit ein scheußliches Zerrbild der Wissenschaft hervorbringt. Mill erscheint mir auch in rein formeller Hinsicht als ein Meister in der Handhabung jenes R., der die Seele aller exakten Wissenschaften bildet» [23]. Wenn später H. HATZFELD auf Montesquieu mit einem ähnlichen Argument verweist [24], so geht auch hieraus hervor, was man die post-festum-Zuschreibung nennen könnte und eine Begriffsgeschichte besonders dieses Begriffs so schwierig macht. Hinzu kommt ein Argument, das z.B. auch bei E. SPRANGER [25] abzulesen ist: «Um jedoch dem Vorwurf zu entgehen, daß ich einen hoffnungslosen R. der Standpunkte lehre ...» und das F. MAUTHNER näher charakterisiert hat: «Wir in Deutschland stehen immer noch zu sehr unter dem Banne der nachkantischen Terminologie, lassen uns immer noch so sehr von dem Wortschalle *absolut* verblüffen, daß der R. als eine Weltanschauung gegen ein Vorurteil anzukämpfen hat ... Wenn aber *absolut*, wie ich ... zu zeigen versucht habe, nur ein Scheinbegriff ist, dann wird wohl weiter nichts übrig bleiben, als sich mit der Relativität aller menschlichen Erkenntnis zu begnügen» [26].

Aber auch die Einsicht in die «Notwendigkeit» der Bedingtheit und grundsätzlichen Hypothetizität wissenschaftlicher Aussagen, wie sie im Wandel vom klassischen zum modernen Wissenschaftsbegriff zum Ausdruck kommt [27], mag den Prozeß der späten Ausbreitung, starken Generalisierungs-, aber auch Spezifizierungstendenz des Begriffs ‹R.› erklären.

Schließlich kann diese Entwicklung auch unter den Auswirkungen der Diskussionen der Relativitätstheorie (s.d.) verstanden werden [28]. So verweist noch K. R. POPPER im Register zu seiner ‹Logik der Forschung› [29] unter dem Stichwort ‹R.› auf eine Stelle, in der H. WEYL im Anschluß an Gedanken Einsteins resümiert: «Dieses Gegensatzpaar: *subjektiv-absolut* und *objektiv-relativ* scheint mir eine der fundamentalsten erkenntnistheoretischen Einsichten zu enthalten, die man aus der Naturforschung ablesen kann. Wer das Absolute will, muß die Subjektivität, die Ichbezogenheit, in Kauf nehmen; wen es zum Objektiven drängt, der kommt um das Relativitätsproblem nicht herum» [30], was POPPER wiederum so kommentiert: «Im Grunde genommen ist diese Auffassung die konsequent durchgeführte Kantsche Theorie der Objektivität» [31].

Es haben wohl besonders die ‹Logischen Untersuchungen›, mit denen E. HUSSERL den Psychologismus als «skeptischen R.» erweisen wollte, den Begriff ‹R.› und seine Besonderungen in die philosophischen Auseinandersetzungen des 20. Jh. eingeführt: «Für die Zwecke einer Kritik des Psychologismus müssen wir noch den Begriff des ... *Subjektivismus* oder *R.* erörtern. Ein ursprünglicher Begriff ist umschrieben durch die Protagoreische Formel: 'Aller Dinge Maß ist der Mensch', sofern wir sie in dem Sinne interpretieren: Aller Wahrheit Maß ist der individuelle Mensch ... Wir können hier also auch die Formel wählen: Alle Wahrheit (und Erkenntnis) ist relativ – relativ zu dem zufällig urteilenden Subjekt. Nehmen wir hingegen statt des Subjekts die zufällige Spezies urteilender Wesen als den Beziehungspunkt der Relation, so erwächst eine neue Form des R. Aller menschlichen Wahrheit Maß ist also der Mensch als solcher. Jedes Urteil, das im Spezifischen des Menschen, in den es konstituierenden Gesetzen wurzelt, ist – für uns Menschen – wahr. Sofern diese Urteile zur Form der allgemein menschlichen Subjektivität (des menschlichen 'Bewußtseins überhaupt') gehören, spricht man auch hier von Subjektivismus ... Besser wählt man den Terminus *R.* und unterscheidet den *individuellen* und *spezifischen* R.» [32], dessen Kritik Husserl sich sodann zuwendet, zunächst einer Kritik des individuellen R., dann des gerade charakterisierten «spezifischen» R. und im besonderen des Anthropologismus. In beiden Formen sieht er «Spezialitäten des R. in einem gewissen weitesten Sinn des Wortes, als einer Lehre, welche die rein logischen Prinzipien irgendwie aus Tatsachen ableitet. Tatsachen sind 'zufällig', sie könnten ebensogut auch nicht sein, sie könnten anders sein. Also andere Tatsachen, andere logische Gesetze; auch diese wären also zufällig, sie wären nur *relativ* zu den sie begründenden Tatsachen» [33]. Da Husserl nun aber unter rein logischen Gesetzen «alle die Idealgesetze» versteht, «welche rein im Sinne (im 'Wesen', 'Inhalt') der Begriffe Wahrheit, Satz, Gegenstand, Beschaffenheit, Beziehung, Verknüpfung, Gesetz, Tatsache usw. gründen» [34], gründen sie «rein im Sinne *der* Begriffe, welche zum Erbgut *aller* Wissenschaft gehören, weil sie die Kategorien von Bausteinen darstellen, aus welchen die Wissenschaft als solche, ihrem Begriffe nach, konstituiert ist. Gesetze dieser Art darf keine theoretische Behauptung, keine Begründung und Theorie verletzen; nicht bloß weil sie sonst falsch wäre – dies wäre sie auch durch Widerstreit gegen eine beliebige Wahrheit – sondern weil sie in sich widersinnig wäre» [35]. Man sieht, daß Husserl durchaus noch auf dem Grund des klassischen Wissenschaftsbegriffs argumentiert. Dies ist besonders gut zu erkennen, wenn man W. V. O. QUINES Überlegungen ‹Von einem logischen Standpunkt› dagegenhält [36] und seine «relativistische These»: «Es ist sinnlos zu sagen, was die Gegenstände einer Theorie sind, es sei denn, wir beschränken uns darauf zu sagen, wie diese Theorie in einer anderen zu interpretieren oder zu reinterpretieren ist ... Über untergeordnete Theorien und ihre Ontologien zu sprechen ist sinnvoll, aber nur relativ zu der Rahmentheorie mit ihrer eigenen, vorgängig angeeigneten und letztlich unerforschlichen Ontologie» [37]. Theorien werden für Quine – ein halbes Jahrhundert nach Husserl – eben «vollständig relativ zu unseren eigenen Worten und relativ zu unserer heimischen Gesamttheorie, die hinter ihnen steht», interpretiert; dadurch werden auch die Gegenstände, von denen sie handeln, «nur relativ zu denen der heimischen Theorie festgelegt; und diese können nach Belieben wieder in Frage gestellt werden» [38]. Der Bezug auf pluralistische «Weisen der Welterzeugung» ist auch bei N. GOODMAN leitend: «Die Bereitschaft, zahllose alternative wahre oder richtige Weltversionen zu akzeptieren», bedeutet jedoch «nicht, daß alles erlaubt wäre, ... daß Wahrheiten von Falschheiten nicht mehr unterschieden würden, sondern nur, daß Wahrheit anders gedacht werden muß als Korrespondenz mit einer fertigen Welt» [39]. Ein solcher R., der den Unterschied zwischen richtigen und verkehrten Versionen zuläßt, leugnet gerade die «relativistische» These, «daß jede mögliche Repräsentation aus einem getreuen Bericht über 'die wirkliche Welt' besteht. Denn es gibt ... kein solches Ding wie die wirkliche Welt, keine einmalige, vorgefertigte, absolute Realität, losgelöst und unabhängig von allen Versionen und Visionen» [40].

Die R.-Diskussion ist in der Wissenschaftstheorie besonders durch TH. S. KUHN wiederbelebt worden, wobei freilich die Kennzeichnung gerade von Kuhns Paradigmen-Theorie (des Fortschreitens wissenschaftlicher Theorien) als R. problematisch ist [41]. «Obgleich die Versuchung verständlich ist, diesen Standpunkt als relativistisch zu beschreiben, scheint mir die Beschreibung falsch zu sein. Wenn dagegen dieser Standpunkt relativistisch sein soll, dann kann ich nicht erkennen, daß der Relativist etwas verlöre, das zur Erklärung der Eigenart und der Entwicklung der Wissenschaften erforderlich ist» [42].

D. DAVIDSON sieht durch das Dogma eines Dualismus von Schema und Realität die Begriffsrelativität und Wahrheit relativ zu einem Schema erzeugt: «Ohne das Dogma geht diese Art von Relativität über Bord. Natürlich bleibt die Wahrheit der Sätze sprachrelativ, aber objektiver geht es nun einmal nicht. Indem wir den Dualismus von Schema und Welt fallenlassen, verzichten wir nicht auf die Welt, sondern stellen die unmittelbare Beziehung zu den Gegenständen wieder her, deren Possen unsere Sätze und unsere Meinungen wahr oder falsch machen»; daher ist der Begriffs-R. «eine berauschende und exotische Theorie bzw. er wäre es, wenn wir uns wirklich einen Begriff davon machen könnten» [43].

Gleichzeitig in relativistischen und realistischen Begriffen zu denken schlägt dagegen Y. ELKANA vor: «Wenn man sagt, daß der Wahrheitswert einer Aussage eine Konvention sei, so ist das etwas ganz anderes, als wenn man sagt, daß eine Tatsache nur in bezug auf einen gegebenen Begriffsrahmen eine Tatsache sei und sie sich in bezug auf einen anderen als komplexe theoretische Entität (oder sogar eine Nichttatsache) herausstellen könnte. Mit anderen Worten, ich behaupte, daß die beiden Positionen (Realismus und R.) nicht unvereinbar sind ... Dies verstehe ich unter zweistufigem Denken ... Es macht epistemologisch keine Schwierigkeit, die beiden ... Ansichten gleichzeitig zu vertreten: die eine besagt, daß es unmöglich sei, verschiedene Begriffsrahmen objektiv nach ihrem Maß an Rationalität oder dem Maß ihrer Annäherung an eine kontextunabhängige Wahrheit zu ordnen; die andere meint, daß wir, sobald ein Rahmen vorgegeben ist, Kriterien für Rationalität und Wahrheit in bezug auf diesen festlegen und die Welt innerhalb dieses Rahmens nach jenen Kriterien ordnen könnten» [44].

Den R. am stärksten und umfangreichsten ausgeprägt

hat in der Gegenwart P. FEYERABEND, der dabei an Protagoras anschließt [45]. Er weist bei seinen sechs «Prinzipien des R.» darauf hin, daß «nicht Sätze oder Ideen oder philosophische Standpunkte, die ja erst auf einem reichen Hintergrund von Reaktionen, Einstellungen, Perzeptionen usw. verständlich werden», verglichen werden, sondern «Gesamtheiten von Ideen, Reaktionen usw., also Lebensformen oder Traditionen. Von ihnen gilt: 1. Traditionen sind weder gut noch schlecht; sie *sind* einfach. 'Objektiv', d.h. unabhängig von einer Tradition, gibt es keine Wahl ... 2. Traditionen haben erwünschte oder unerwünschte Züge nur, wenn man sie auf Traditionen bezieht, d.h. wenn man sie als Teilnehmer einer Tradition betrachtet und aufgrund der Werte dieser Tradition beurteilt». 3. Beide ersten Thesen «charakterisieren den R. des Protagoras. Dieser R. ist vernünftig, denn er beachtet die Vielzahl von Traditionen und Werten. Er ist zivilisiert, denn er nimmt nicht an, daß das winzige (intellektuelle) Dorf, in dem man wohnt, am Nabel der Welt liegt und daß seine seltsamen Sitten Maßstäbe für die ganze Welt sind. Er ist außerdem klug, denn er schließt nicht aus der Unvollständigkeit unserer Rede (kein Hinweis auf Teilnehmer und Teilnehmer) auf ihre 'Objektivität'. 4. Die Wechselwirkung von Traditionen besteht entweder in einem freien Austausch von Ideen, Glaubensannahmen, Produkten oder in einem gelenkten Austausch ... Beispiel eines gelenkten Austausches ist eine rationale Diskussion ... 5. Eine freie Gesellschaft ist eine Gesellschaft, in der alle Traditionen gleiche Rechte und gleichen Zugang zu den Zentren der Erziehung und anderen Machtzentren haben ... 6. Eine freie Gesellschaft trennt Staat und Traditionen, also auch Staat und Wissenschaft ...» [46]. Eine «relativistische Gerechtigkeitsphilosophie» hat schon H. KELSEN vertreten und dabei gefragt: «Hat diese überhaupt eine Moral? Ist R. nicht amoralisch oder gar unmoralisch, wie manche meinen?», um zu antworten: «das moralische Prinzip, das einer relativistischen Wertlehre zugrundeliegt oder aus ihr gefolgert werden kann, ist das Prinzip der Toleranz ... Es versteht sich von selbst, daß sich aus einer relativistischen Weltanschauung kein Recht auf absolute Toleranz ergibt; Toleranz nur im Rahmen einer positiven Rechtsordnung, die den Frieden unter den Rechtsunterworfenen garantiert, indem sie ihnen jede Gewaltanwendung verbietet, nicht aber die friedliche Äußerung ihrer Meinungen einschränkt» [47]. Simmel, Rickert und M. Weber sind es, die den «philosophischen Hintergrund» des «rechtsphilosophischen R.» auch bei G. RADBRUCH bilden [48].

Im Ausgang von F. BOAS findet sich im 20. Jh. ein pluralistischer «kultureller R.» vielfältig vertreten, so z.B. von R. BENEDICT als «konsequent relativistische Konfigurationstheorie» [49], von M. MEAD als «eklektischer und individuumsbezogener Kultur-R.», als «kulturologisch»-historische Theorie bei A. L. KROEBER und als «kulturpsychologische» Theorie bei E. SAPIR, A. KARDINER, A. I. HALLOWELL und M. E. SPIRO, aber auch von M. J. HERSKOVITS. Der Kultur-R. bestreitet «nicht eigentlich die Verbindlichkeit sittlicher Normen überhaupt», sondern weist «vielmehr nur die Behauptung ihrer kulturübergreifenden Verbindlichkeit zurück. Der Sache nach enthält die kulturrelativistische These zwei Behauptungen: erstens die Tatsachenbehauptung, daß sich die sittlichen Überzeugungen der Menschen in den verschiedenen Kulturen faktisch grundlegend voneinander unterscheiden (deskriptiver R.); und zweitens die normative Behauptung, daß ... die in den verschiede-

nen Kulturen faktisch geltenden sittlichen Normen trotz ihrer Unterschiedlichkeit und manchmal Widersprüchlichkeit dennoch für die Angehörigen der jeweiligen Kultur verbindlich sind» [50].

Dabei steht oft ein «ethischer R.» im Hintergrund, wobei wiederum zwischen normativ-ethischem R. (u.a. E. WESTERMARCK) und «meta-ethischem R.» (u.a. der «Emotivismus» von A. J. AYER, A. MOORE und B. BLANSHARD und der «Dezisionismus» von M. WEBER und N. HOERSTER) unterschieden werden kann [51].

Das Problem: «R. versus Universalismus» als Kontroverse über Verstehen und Übersetzen findet sich bis in die Gegenwart ausgeprägt in Sprachphilosophie [52] und Sprachwissenschaft («linguistische Relativitätstheorie»), wobei sich nun aber beide nicht auszuschließen brauchen [53]. Aber auch Geschichts- und Sozialwissenschaft [54], Erziehungswissenschaft [55] und sogar Geographie [56] sind betroffen.

Die Vielfalt relativistischer Positionen hat H. SCHNÄDELBACH, der wieder «Relationismus» («(1) eine Position, derzufolge wir nur Relationen in und zwischen Dingen erkennen können und nicht die Dinge selbst (E. Cassirer; R. Carnap); (2) das Grundprinzip der Wissenssoziologie K. Mannheims, demzufolge alle Wissensformen in Relation zu bestimmten sozialen Lebensformen zu sehen und zu interpretieren sind») von «R.» unterscheidet, zu strukturieren versucht durch Differenzierung von «ontologischem R.», «R. des Beschaffenseins», «R. der Wahrheit» («erkenntnistheoretischer R.») und «R. der Verbindlichkeit (der Werte, Normen, Imperative usf.)» («ethischer R.»): «Der R. ist immer wieder mit Positionen verwechselt worden, die irgendwelche Relativitätsthesen vertreten, z.B. daß alles nur relativ auf anderes oder in Relation zu anderem existiert. Auch die Anwendung dieses Grundsatzes auf Geltungsfragen – 'Nichts ist wahr/verbindlich an sich, sondern nur relativ auf anderes' – ist noch nicht das Spezifikum des R. Es besteht vielmehr darin, daß das, was ist und gilt, als abhängig von demjenigen behauptet wird, der es als seiend bzw. gültig erlebt oder beurteilt. Der R. deutet also 'Sein' und 'Geltung' um in 'Sein bzw. Geltung *für jemanden*', während der *Absolutismus* (als Gegenposition) sich weigert, diese Relativierung vorzunehmen und an 'Sein/Geltung *an sich*' festhalten zu können glaubt ... Die traditionelle Unterscheidung zwischen dem *Wahrheits-* und dem *Wert*-R. ist viel zu grob; R. bezieht sich mindestens auf viererlei: Existenz (1), Beschaffenheit (2), Wahrheit (3), Verbindlichkeit (4)» [57].

Anmerkungen. [1] MEYERS Konv.-Lex. Eine Encykl. des allg. Wissens 13 (^{4}1889) 714; vgl. auch: H. SCHULZ/O. BASLER: Dtsch. Fremdwb. 3 (1977) 284f. – [2] J. KÜRSCHNER (Hg.): Pierers Konv.-Lex. 10 (^{7}1892) 1224. – [3] BROCKHAUS' Konv.-Lex. 13 (1. Ausg. der ^{14}1895) 757. – [4] C. MICHAELIS (Hg.): Kirchner's Wb. der philos. (^{5}1907) 507. – [5] a.O. (^{6}1911) 812f. – [6] R. EISLER: Wb. der philos. Begriffe und Ausdrücke (1899) 645. – [7] a.O. 2 (^{2}1904) 251ff. – [8] a.O. 254. – [9] a.O. 2 (^{3}1910) 1197ff. – [10] Handwb. der Philos. (1913) 557ff. – [11] a.O. 558f. – [12] EISLER^4 2 (1929) 683. – [13] a.O. – [14] 685. – [15] G. HAGEMANN: Logik und Noetik, hg. A. DYROFF (^{8}1909) 221ff. – [16] a.O. ($^{9/10}$1915) 214ff. – [17] a.O. 215. – [18] a.O. ($^{11/12}$1924) 38. – [19] W. WUNDT: Logik 1-3 (^{3}1906-08). – [20] a.O. 1 (^{4}1919) 389. – [21] Vgl. bes. A. ALIOTTA: Art. ‹Relativismo›, in: Encicl. filos., hg. Centro di studi filos. di Gallarate 4 (Venedig 1957) 1-11. – [22] J. GROTE: Exploratio philos. 1 (Cambridge 1865, ^{2}1900) 229. 183; 2 (1900) 303. – [23] F. A. LANGE: J. St. Mill's Ansichten über die soc. Frage und die angebl. Umwälzung der Socialwiss. (1866) IV. – [24] H. HATZFELD: Gesch. der frz. Aufklärung (1922) 50. – [25] E. SPRANGER: Lebensformen (1921) XII. – [26] F. MAUTHNER: Wb. der Philos. 3 (^{2}1924) 40. – [27]

Vgl. hierzu z.B.: A. DIEMER/G. KÖNIG: Was ist Wiss.? in: A. HERMANN/CH. SCHÖNBECK (Hg.): Technik und Wiss. (1991) 1-28. – [28] Vgl. B. BAVINK: Ergebn. und Probl. der Naturwiss. (¹⁰1954) 119; vgl. hierzu auch: K. HENTSCHEL: Interpret. und Fehlinterpret. der spez. und der allg. Relativitätstheorie durch Zeitgen. A. Einsteins (1990) 92. – [29] K. R. POPPER: Logik der Forsch. (²1966) 75; zu Poppers späterer Bestimmung von R. vgl.: T. E. BURKE: The limits of relativism. Philos. Quart. 29 (1979) 193-207. – [30] H. WEYL: Philos. der Math. und Naturwiss. (²1928) 84. – [31] a.O. – [32] E. HUSSERL: Log. Unters. 1 (1900) § 34, hg. E. HOLENSTEIN. Husserliana 18 (Den Haag 1975) 122; vgl. Art. ‹Homo-mensura-Satz›. – [33] § 37, a.O. 129. – [34] a.O. – [35] ebda. – [36] W. V. O. QUINE: From a log. point of view (Cambridge, Mass. 1953); dtsch. (1979) 47. – [37] Ontolog. relativity and other essays (New York 1969); dtsch. (1975) 73f. – [38] a.O. 74. – [39] N. GOODMAN: Ways of worldmaking (Indianapolis 1978); dtsch. (1984) 117f. – [40] Of mind and other matters (Cambridge, Mass. 1984); dtsch. (1987) 182. – [41] Vgl. H. SIEGEL: Relativism refuted. A crit. of cont. epist. relativism (Dordrecht 1987) [dazu: R. NOLA: Review. Brit. J. Philos. Sci. 40 (1989) 419-427] sowie G. DOPPELT: Kuhn's epist. relativism: an interpret. and defense. Inquiry 21 (1978) 33-86. – [42] TH. S. KUHN: Die Struktur wiss. Revolutionen. Postskript 6: Revolutionen und R. [engl. 1969] (1976) 218. – [43] D. DAVIDSON: Inquiries into truth and interpretations (Oxford 1984); dtsch. (1990) 282. 261. – [44] Y. ELKANA: Anthropol. der Erkenntnis (1986) 30. – [45] Vgl. z.B. P. FEYERABENDS «Bemerkungen zum R.», in: Irrwege der Vernunft (1989) 35-129; dazu z.B.: S. YATES: Feyerabend's democratic relativism. Inquiry 27 (1984) 137-142 und C. F. ALFORD: Yates on Feyerabend's democratic relativism, a.O. 28 (1985) 113-118. – [46] Vgl. Art. ‹R. (2)›, in: H. SEIFFERT/G. RADNITZKY (Hg.): Handlex. zur Wiss.theorie (1989) 292-296; vgl. auch E. GELLNER: Art. ‹R. (1)›, a.O. 287-292. – [47] H. KELSEN: Was ist Gerechtigkeit? (1953) 40f.: vgl. hierzu auch: N. LESER: Sozialismus zw. R. und Dogmatismus. Aufsätze im Spannungsfeld von Marx und Kelsen (1974). – [48] Vgl. hierzu: Z. U. TJONG: Der Weg des rechtsphilos. R. bei G. Radbruch (1967); M. KRIELE: Kriterien der Gerechtigkeit. Zum Problem des rechtsphilos. und polit. R. (1963). – [49] Vgl. hierzu W. RUDOLPH: Der Kulturelle R. Krit. Analyse einer Grundsatzfragen-Diskussion in der amer. Ethnol. (1968) und K. NIELSEN: Rationality and relativism. Philos. Soc. Sci. 4 (1974) 313-331; M. J. HERSKOVITS: Cult. relativism. Perspectives in cult. pluralism (New York 1972). – [50] Vgl. R. GINTERS: R. in der Ethik (1978) 7. – [51] a.O.; hierzu auch: R. B. BRANDT: Ethical relativism, in: P. EDWARDS (Hg.): The encycl. of philos. 3 (New York/London 1967) 75-78 und K. DUNCKER: Eth. relativity? Mind 48 (1939) 39-57; F. E. HARTUNG: Cult. relativity and moral judgments. Philos. Sci. 21 (1954) 118-126; P. W. TAYLOR: Four types of eth. relativism. Philos. Review 63 (1954) 500-516; TH. MCCLINTOCK: The def. of eth. relativism. Personalist 50 (1969) 435-447; S. VON ENGESTRÖM: Eth. R. Stud. Theol. 27 (1973) 63-72; G. HARMAN: Moral relativism defended. Philos. Review 84 (1975) 3-22; R. COBURN: R. and the basis of morality, a.O. 85 (1976) 87-93; PH. HUGLY/CH. SAYWARD: Is moral relativism consistent? Analysis 45 (1985) 40-44. – [52] Vgl. S. FRETLÖH: R. vs. Universalismus. Zur Kontroverse über Verstehen und Übersetzen in der angelsächs. Sprachphilos.: Winch, Wittgenstein, Quine (1989). – [53] Vgl. F. KAINZ: Psychol. der Sprache 5/2 (1969) 30. – [54] Vgl. z.B. E. GELLNER: Relativism and the soc. sci. (Cambridge 1985); U. ENDERWITZ: Kritik der Geschichtswiss. Der hist. R., die Kategorie der Quelle und das Problem der Zukunft in der Gesch. (Wien 1983). – [55] Vgl. schon G. PFAHLER: Das Gesetz der eth. Wertung. Vom R. der mod. Pädag. und seiner Überwindung (1927). – [56] G. SCHULZ: Zum Problem des R. in der Geographie (1980). – [57] H. SCHNÄDELBACH: Art. ‹R.›, in: J. SPECK (Hg.): Hb. wiss.theoret. Begriffe 3 (1980) 556-560.

Literaturhinweise. H. SPIEGELBERG: AntiR., Kritik des R. und Skeptizismus der Werte und des Sollens (1935). – E. MAY: Am Abgrund des R. (1941). – E. WENTSCHER: Relative oder absolute Wahrheit? Eine Studie (1941). – F. SAUER: Naturgesetzlichkeit und R. Eine Einf. in die Philos. des Naturbegriffs (1943). – J. THYSSEN: Der philos. R. (1947). – L. DE RAEYMAEKER/W. MUND/J. LADRIÈRE: La relativité de notre connaissance (Löwen 1948). – H. WEIN: Das Problem des R. (1950). – PH. FRANK: Wahrheit – relativ oder absolut? Mit einem Vorwort von A. EINSTEIN (1952). – A. METZGER: Phänomenol. und Met. Das Problem des R. und seiner Überwindung (1966). – J. LADD (Hg.): Eth. relativism (Belmont, Cal. 1973). – P. STRASSER: Wirklichkeitskonstruktion und Rationalität. Ein Versuch über den R. (1980). – H. SCHNÄDELBACH s. Anm. [57]. – J. W. MEILAND/M. KRAUSZ (Hg.): Relativism. Cognitive and moral (Notre Dame 1982). – M. HOLLIS/S. LUKES (Hg.): Rationality and relativism (Oxford 1982). – R. J. BERNSTEIN: Beyond objectivism and relativism (Philadelphia 1983); dazu: B. SULLIVAN: The rationality debate and Gadamer's hermeneutics: reflections on beyond objectivism and relativism. Philos. soc. Criticism 11 (1985) 85-99. – P. UNGER: Philos. relativity (Oxford 1984). – P. E. STÜBEN: R., Anarchismus und Rationalismus. Eine ethnolog. Kritik reduktionist. Philos. (1985). – H. SIEGEL s. Anm. [41]. – R. NOLA: Relativism and realism in sci. (Dordrecht 1988). – E. GELLNER s. Anm. [46]. – K. ACHAM: Der Mensch im Zeitalter des kulturellen Pluralismus, in: A. HUTER (Hg.): Zukunft des Fernsehens – Ende der Kultur? (1990) 31-61. – K. ACHAM: Einheit – Differenzierung – Indifferenz. Über Relativierungstendenzen und Universalitätsansprüche in Wiss.- und Moralphilos., in: O. MARQUARD (Hg.): Einheit und Vielheit. 14. Dtsch. Kongreß für Philos. 1987 (1990) 130-152. – H. PUTNAM: Reason, truth and hist. (Cambridge 1981); dtsch.: Vernunft, Wahrheit und Gesch. (1990). – H. J. WENDEL: Moderner R. Zur Kritik antirealistischer Sichtweisen des Erkenntnisproblems (1990). – R. RORTY: Objectivity, relativism, and truth. Philos. papers 1 (Cambridge 1991).

G. KÖNIG

Relativitätstheorie. Die erste Publikation von A. EINSTEIN, die den Terminus ‹R.› enthält, datiert von 1907 [1]. Der Ausdruck ‹R.› und die Variante ‹Relativtheorie› liefen jedoch bereits vorher um. Dies dokumentieren etwa ein 1906 publizierter Vortrag von M. PLANCK [2], der «Relativtheorie» sagt, und dessen Diskussion, in der auch von «R.» die Rede ist [3].

Anmerkungen. [1] A. EINSTEIN: Über die vom Relativitätsprinzip geforderte Trägheit der Energie. Annalen Physik 23 (1907) 371-384, hier: 373. – [2] M. PLANCK: Die Kaufmannschen Messungen der Ablenkbarkeit der β-Strahlen in ihrer Bedeutung für die Dynamik der Elektronen. Physikal. Z. 7 (1906) 753-761, hier: 756. – [3] Vgl. a.O. 760, die Diskussionsbemerkung von A. H. BUCHERER. Red.

1. Spezielle Relativitätstheorie. – In der Newtonschen Mechanik gelten die dynamischen Grundgesetze, wenn man ihre mathematische Form betrachtet, in bezug auf jedes inertiale Bezugsystem, d.h. auf jedes System, das relativ zum Fixsternsystem gleichförmig, also geradlinig und mit konstanter Geschwindigkeit v, bewegt ist. Dieses Relativitätsprinzip RP gilt aus methodologischen Gründen, nämlich als Präsupposition der Definition der Grundbegriffe ‹Kraft› und ‹Masse› [1]. Der Übergang zwischen zwei derartigen Inertialsystemen S und S' wird vermittelt durch die *Galileitransformation* $x' = x - vt$, $y' = y$, $z' = z$, $t' = t$, wenn $t = t'$ die Variablen für die als ortsinvariant unterstellten Zeitzahlen sind, und wenn x bzw. x' die Koordinatenlängen einer Raumstelle in bezug auf die 'x-Achsen' von S bzw. S' vertreten, welche hier der Einfachheit halber in die Richtung der Bewegung von S' bzgl. S gelegt sind. Die Grundgleichungen der Elektrodynamik bleiben nun beim Übergang von einem Inertialsystem zu einem anderen, wie W. VOIGT zuerst erkannt hat, nur dann in ihrer mathematischen Form unverändert, wenn man auch die Zeitzahlen t auf entsprechende Weise mittransformiert [2].

Unabhängig voneinander und auf verschiedenen Wegen haben dann G. FITZGERALD, H. A. LORENTZ, H. POINCARÉ und A. EINSTEIN gesehen, daß die angenommene oder geforderte invariante Geltung der Gesetze der Elektrodynamik in bezug auf alle Inertialsysteme die *Lorentz-Transformation* (LT): $x' = x - vt$, $y' = y$, $z' = z$, und für die Zeitkoordinaten: $t' = \alpha(t - vx/c^2)$ mit $\alpha = 1/\sqrt{(1 - v^2/c^2)}$ und mit c als Zahlmaß der Lichtgeschwindigkeit als notwendige Bedingung verlangt [3]. LORENTZ bemüht sich dabei zunächst um eine Deutung der Experimente von A. A. MICHELSON und E. W. MORLEY [4], nach welchen sich Lichtsignale in alle geraden Richtungen gleich schnell ausbreiten, unabhängig vom jeweiligen Inertialsystem, in dem sich der Meßapparat befindet. LORENTZ deutet dieses Experiment und die in seiner Folge rein mathematisch entwickelte Transformationsregel *LT* dahingehend, daß sich der Arm des Meßapparats bei Bewegung gegenüber dem (von der Erde mitgeführten) Äther, an dem er zunächst ebenso festhält wie an einer absoluten Zeitrechnung, um die Größe $\sqrt{(1 - v^2/c^2)}$, die *Lorentzkontraktion*, verkürze [5]. Demgegenüber geht EINSTEIN davon aus, daß das Experiment gegen die Existenz eines Äthers als Medium der Lichtausbreitung und für ein allgemeines Prinzip der *Konstanz der Lichtgeschwindigkeit KL* spricht: Die Ausbreitung von Licht- oder Radarsignalen ist grundsätzlich unabhängig vom Bewegungszustand der Signalquelle Q, also unabhängig davon, in welchem Inertialsystem S sich diese im jeweiligen Moment befindet, wenn ihre Geschwindigkeit auf die Zeitrechnung von S bezogen wird. Diese Geschwindigkeit ist bestimmt durch Standarduhren, in bezug auf welche der dynamische Grundbegriff der gleichförmigen, (lokal) unbeschleunigten, Bewegung, also auch des Inertialsystems, allererst definiert ist. (Dabei ist S im Falle einer richtungsbeschleunigten Realbewegung von Q als Tangente bestimmt.) Die Standardzeiten (Eigenzeit-Zahlen) t des Sonnensystems sind z.B. nicht einfach durch eine beliebige Wahl irgendeiner periodischen Bewegung bestimmt, sondern – schon passend zu den Keplerschen Gesetzen der Himmelsmechanik – proportional zu den Flächengrößen, welche ein Planet 'in der Zeit t' überstreicht. Unsere Uhren approximieren diese im Sonnensystem 'absoluten' Zeiten, wenn wir von den allfälligen (ggf. rechentechnischen) Korrekturen absehen, durch die entweder der Gang der Planeten oder der Gang unserer Uhren für 'ungenau' oder leicht 'beschleunigt' erklärt werden kann.

Die Einstein-Synchronisation *ES* von Ereignissen an anderen Raumstellen S'' in bezug auf einen inertialen Ort S der Betrachtung berücksichtigt nun die Zeit der Informationsübertragung der Eigenzeitzahlen t, wobei man sich auf die faktisch schnellstmöglichen Signale, die der Licht- oder Radarausbreitung bezieht: Ein singuläres Momentanereignis e an einer anderen Raumstelle S'' wird als gleichzeitig zur Zeit t in S gewertet, wenn ein Radarsignal, das zur Zeit $t-\varepsilon$ in S abgesendet wurde, im Augenblick e in S'' ankommt und nach Reflexion in S'' zum Zeitpunkt $t+\varepsilon$ wieder in S anlangt. Zunächst hätte man statt ε auch irgendwelche Wahlen von Zahlen $\varepsilon_1 > 0$ und $\varepsilon_2 > 0$ betrachten können, die etwa auch von den relativen Bewegungszuständen von S und S'' abhängig gemacht werden könnten. Einsteins Synchronisationskonvention $\varepsilon = \varepsilon_1 = \varepsilon_2$ sorgt gerade dafür, daß der Raum qua Gesamtsystem der klassischen Inertialsysteme in bezug auf die Lichtausbreitung isotrop wird [6]. Die Postulate *RP* und *KL* sind dann im Blick auf diese Definition der Gleichzeitigkeit *ES* zu lesen und haben zur Folge, daß die Transformationen der Längen und Zeitzahlen einer Stelle S'' bei einem Wechsel der Perspektive von einem Inertialsystem S in ein anderes S' linear sein sollten, da *RP* verlangt, daß gerade Linien in gerade Linien übergehen sollen, und daß der Lichtweg $\sqrt{(x^2 + y^2 + z^2)} = ct = \sqrt{(x'^2 + y'^2 + z'^2)}$ gemessen in S bzw. in S' immer gleich bleibt (*KL*). Daraus ergibt sich schon die Lorentz-Transformation *LT*, wobei die dort auftretende Zeitzahl t' so zu deuten ist: Ein und dasselbe Momentanereignis e, das in bezug auf ein Inertialsystem S als Einsteingleichzeitig zur (Orts-)Zeit t in S gilt, gilt in bezug auf ein anderes Inertialsystem S' als Einstein-gleichzeitig zur (Orts-)Zeit t' in S'. Konkreter Inhalt oder Folge dieser Theorie ist zunächst: Die Lichtgeschwindigkeit c ist für die Relativbewegungen materiell-mechanischer Systeme, insbesondere für Inertialsysteme, unerreichbarabsolute Grenzgeschwindigkeit. Superpositionen ('Additionen') von zwei Unterlichtgeschwindigkeiten ergeben immer Unterlichtgeschwindigkeiten, Superpositionen mit einer Lichtgeschwindigkeit c ergeben in direkter Analogie zur mathematischen Addition mit etwas Unendlichem immer Lichtgeschwindigkeit.

Es muß nun unterschieden werden zwischen einer lokalen Längenmessung durch Verwendung (mehr oder minder) starrer, d.h. nach gewissen ('endlichen') Bewegungen (möglichst) in der Länge zueinander passender (also nicht kontrahierender) Meßstäbe, und einer Längenmessung, in welcher die als konstant postulierte Lichtgeschwindigkeit auf der Basis der auf einen Ort bezogenen Zeitmessung die Längenmaßzahlen bestimmt. Ein parallel zur Bewegungsrichtung liegender Stab, der im mitbewegten inertialen System S' gemessen die 'Ruhlänge' l hat, mißt im inertialen System S, gegen das er sich bewegt, die kleinere Länge $l - l' \cdot \sqrt{(1 - v^2/c^2)}$. Da die Deutung der Systeme als ruhend und bewegt vertauschbar ist, ist die Lorentzkontraktion von relativ zu einander bewegten Stäben natürlich reziprok. Diese ist nach Einstein zu begreifen als fundamentale Eigenschaft einer Längenbestimmung, bei der die Durchlaufzeit eines Lichtsignals durch die zu messende Strecke in bezug auf eine mit einem Inertialsystem S verbundene Zeitrechnung gemessen wird. 'Lokal' (und d.h. dann für das mathematische Modell: im Tangentialraum bzw. für alle 'infinitesimalen Größen') wird weiterhin die Euklidizität der Geometrie starrer Stäbe angenommen, zumal da (modellextern gesprochen) deren kontraktionslose Passungen nach lokalen Bewegungen ihre Starrheit, und dann auch die Winkelgrößen und die lokale Geradheit von Linien allererst definieren, und zwar so, daß approximativ euklidische Verhältnisse gelten.

Die «*Einsteinsche Zeitdilatation*» bzw. das «*Uhren- oder Zwillingsparadoxon*» Einsteins ergibt sich so: Eine Uhr ruhe in einem bezüglich dem Inertialsystem S inertial bewegten System S', etwa in dessen Nullpunkt. Ihre Zeitangabe, ihre Orts- oder Eigenzeit, sei t'. Mit $x' = 0$ ergibt die Transformation: $t' = t \cdot \sqrt{(1 - v^2/c^2)}$. t' ist ein kleinerer Zahlenwert als t. Das heißt: In bezug auf die Zeitmessung in S auf der Basis der Einsteinsynchronisation erscheinen die Zeiteinheiten in S' als vergrößert, 'dilatiert'. Die Reziprozität dieser Betrachtung hat die Konsequenz: Von zwei gegeneinander inertial bewegten Uhren geht jede von der anderen aus betrachtet nach. Diese Grundeigenschaft der Einsteinschen Zeitzahldefinition in bezug auf den Begriff der unbeschleunigten, inertialen, Bewegung bedeutet inhaltlich, daß richtungsbeschleunigte reale Uhren und alle entsprechenden mechanischen Systeme, welche in ihrer Bewegung die (tangentialen) Inertialsysteme wechseln, tatsächlich immer langsamer gehen als inertial ruhende Uhren. Dieses Ergebnis ist als solches unabhängig von der speziellen Konvention $\varepsilon = \varepsilon_1 = \varepsilon_2$ der Einsteinsynchronisation und liefert den eigentlichen Gehalt der Zeitdilatation, der gerade nicht die Symmetrie der Dilatation, sondern eine Asymmetrie für verschiedene (gekrümmte) Raum-Zeit-Linien behauptet: Der Weg, den irgend ein mechanisches System, etwa eine Uhr, im Gesamtraum der Inertialsysteme beschreibt, hat für die Geschwindigkeit der Abläufe in diesem System selbst dynamische Folgen, die bemerkbar werden, wenn man es (vorher und nachher) mit einem anders bewegten, aber ansonsten (qualitativ) ununterscheidbaren System vergleicht [7].

Trotz der sich ergebenden, vielleicht überraschenden, inhaltlichen Unterschiede ist die spezielle R. methodologisch gesehen eher eine Erweiterung als eine radikale Abkehr von Newtons Grundkonzept der Mechanik auf der Basis einer absoluten Raum-Zeit-Struktur mit ihren inertialen Bewegungslinien: Zu dem Prinzip RP tritt jetzt das Prinzip KL als präsuppositionale Basis für alle Raum- und Zeitmessungen und die Dynamik überhaupt, insbesondere für die quantitative Definition von Masse und Energie. Beide Prinzipien gelten 'absolut', werden dabei freilich gedeutet in bezug auf ES. Die Maxwellschen Gleichungen der Elektrodynamik erweisen sich dann unmittelbar als invariant gegenüber der Koordinatentransformation (LT). Auch die Newtonschen Grundgleichungen bleiben erhalten, wenn die Bewegungsgröße (Kraft) in bezug auf das gewählte Ruhsystem als das Produkt von Geschwindigkeit mit einer geschwindigkeitsabhängigen Masse $m = m_0/\sqrt{(1 - v^2/c^2)}$ eingeführt und als räumliche Komponente eines Vierervektors betrachtet wird, dessen vierte Komponente die Energie ist. Energie und Bewegungsgröße gehen beim Wechsel der Bezugssysteme ineinander über. Die Energie liefert einen Beitrag zur Masse und umgekehrt. Jede Energie hat träge Masse. Jede Masse ist Energie nach der Beziehung $E = mc^2$: Eine ruhende Masse ($v = 0$) ist der Energie $E_0 = m_0c^2$ äquivalent.

In H. MINKOWSKIS Beschreibung der speziellen R. wird die Absolutheit von dessen Konzept eines Raum-Zeit-Kontinuums ganz deutlich: Die (relevante) Lebensgeschichte eines Massenpunktes oder einer elektrischen Ladung M (deren Genidentität unterstellt ist) wird auch in der relativistischen Raum-Zeit-Lehre als vollständig dargestellt angesehen, wenn man in bezug auf ein (inertiales) Koordinatensystem S für jeden Zeitpunkt t seine Lage x_1, x_2, x_3 im Raum angeben kann. Die als (mehrfach) differenzierbar angenommene Raumkurve stellt die Weltlinie W_M von M in bezug auf S dar. Diese bestimmt in jedem Moment eine inertiale Tangente als auf K bezogene Darstellung des Inertialsystems, in welchem sich M gerade lokal, d.h. bei approximativer Betrachtung, befindet. Man reduziert wie üblich die drei Raumdimensionen zum Zwecke der anschaulichen Darstellung auf eine Dimension, die als x-Achse (Abszisse) gezeichnet wird, während der y-Achse (der Ordinate) die Zeitzahlen im als ruhend unterstellten System S entsprechen, und man wählt die Zeiteinheit so, daß der Lichtausbreitung bzw. ihrer Geschwindigkeit Strahlen mit Neigungswinkel von 45° zur Zeitachse entsprechen. Gemäß dem Prinzip KL ist jeder nach oben gerichtete 'Kegel' $K(M, t_0)$, der entsteht, wenn man in einem Moment t_0 von einer Stelle M aus Licht- oder Radarsignale aussendet, unabhängig vom tangentialen Inertialsystem S' bzw. vom Koordinatensystem S bestimmt. Alle Punkte innerhalb dieses 'Nachkegels' $K(M, t_0)$ repräsentieren mögliche Orts-Zeit-Stellen, die sowohl gemäß der Raum-Zeit-Rechnung der speziellen R. (unter ES) im als ruhend betrachteten Koordinatensystem S als auch in irgendeinem anderen Inertialsystem S' als (absolut) später als t_0 gewertet werden. Alle Punkte im um die Parallele zur Abszisse geklappten Vorkegel liegen (absolut) früher. Ob sie aber an verschiedenen Orten liegen, hängt von der Wahl des Ruh-Systems ab: Alle geraden Linien mit Neigungswinkel kleiner als 45° zur Ordinate repräsentieren (alle) möglichen Inertialsysteme und damit alle möglichen Tangenten der Weltlinien von Massenpunkten, dargestellt in bezug auf das System S. Zu jeder geraden Linie mit Winkel zur Ordinate größer als 45° gibt es ein Inertialsystem, so daß die Linie unter der entsprechenden Lorentztransformation in eine Gleichzeitigkeitslinie überführt wird. Je zwei Punkte im entsprechenden 'Raumkegel' sind räumlich absolut getrennt. Es gibt also für Ereignisse, die im erläuterten Sinn absolut nachzeitig stattfinden, keinen absoluten Begriff der Ortsgleichheit. Und es gibt für Ereignisse, die absolut an verschiedenen Orten stattfinden, keinen absoluten Begriff der Gleichzeitigkeit. In einer Darstellung der betrachteten Art repräsentieren die Parallelen zu den Abszissen die Ereignisse, die in bezug auf S als gleichzeitig zum Zeitpunkt t gewertet werden. Die Ortszeiten t' in anderen inertialen Systemen S' aber, in bezug auf welche der Augenblick t auf S (qua Eigenzeit) als gleichzeitig gewertet wird, liegen auf einer gegen die Linien der Lichtausbreitung asymptotisch konvergierenden Kurve.

Mathematisch darstellen läßt sich die Raum-Zeit möglicher momentaner Weltereignisse als eine vierdimensionale Mannigfaltigkeit. Eine solche ist abstrakt betrachtet ein topologischer Raum M von möglichen 'Punkten' E, den individuellen Ereignissen, auf welchem ein System möglicher vierdimensionaler Koordinaten $X: M \to R^4$ (das sind stetige und topologisch 'offene' Abbildungen) und lineare Koordinatentransformationen $\tau: X' \to X$ definiert sind, und zwar so, daß die Grundgleichung für die Lichtgeschwindigkeit c:

(*) $X_1^2(P) + X_2^2(P) + X_3^2(P) = c \cdot X_4^2(P)$

in bezug auf die 'Zeitkoordinate' X_4 τ-invariant erfüllt (oder nicht erfüllt) ist. Dabei entspricht die Forderung der Linearität für τ der Auszeichnung der Inertialsysteme durch das Postulat RP und besagt, daß jede Gerade in eine Gerade übergeht, genauer, daß es für jedes Paar X', X eine lineare Transformation $x: R^4 \to R^4$ gibt mit $X(P) = (x(X'(P)) = (\tau X')(P)$. (*) garantiert, daß x eine Lorentztransformation ist und definiert eine von den Koordinaten X unabhängige Metrik auf M. Minkowskis 'Postulat der absoluten Welt', nach dem «durch die Erscheinungen nur die in Raum und Zeit vierdimensionale Welt gegeben ist, aber die Projektion von Raum und Zeit noch mit einer gewissen Freiheit vorgenommen werden kann» [8], ist dann so zu verstehen, daß die 'absolute Welt' M mit ihren Elementarereignissen E selbst nicht anders als durch Abstraktion in bezug auf die Koordinatentransformationen x bzw. τ zu definieren ist, da das einzig Überprüfbare oder Reale die in einem der möglichen Koordinatensysteme vorgenommenen Messungen und die sich ergebenden Invarianzen oder ineinander transformierbaren Kovarianzen sind.

Anmerkungen. [1] Zum Begriff des Inertialsystems und zum Relativitätsprinzip vgl. auch den Artikel ‹Raum IV. A.›. – [2] W. VOIGT: Über das Doppler'sche Princip. Ges. Wiss. Göttingen, Nachr. 14 (1887) 41-51, zit.: 43ff.; ND in: Physikal. Z. 16 (1915) 381-386. – [3] Vgl. H. A. LORENTZ: Electromagn. phenomena in a system moving with any velocity less than that of light. Kon. Akad. Wetenschappen Amsterdam, Proc. Sect. Sci. 6 (1904) 809-831, zit.: 809; H. POINCARÉ: Int. Congr. of Arts and Sci. (St.

Louis 1904); A. EINSTEIN: Zur Elektrodynamik bewegter Körper. Annalen Physik 17 (1905) 891-921, zit.: 891, ND in: H. A. LORENTZ/A. EINSTEIN/H. MINKOWSKI/H. WEYL: Das Relativitätsprinzip (^{5}1923, 1958). – [4] A. A. MICHELSON/E. W. MORLEY: On the relative motion of the earth and the luminiferous aether. Philos. Mag. 24 (1887) 449-463, zit.: 449. – [5] Vgl. H. REICHENBACH: Philos. der Raum-Zeit-Lehre (1928) 31. – [6] Vgl. bes. dazu A. GRÜNBAUM: Philos. problems of space and time (Dordrecht/Boston ^{2}1974) 354ff. – [7] Vgl. dazu auch: L. MARDER: Time and the space-traveller (London 1971), dtsch.: Reisen durch die Raum-Zeit. Das Zwillingsparadoxon – Gesch. einer Kontroverse (1979). – [8] H. MINKOWSKI: Raum und Zeit. Phys. Z. 20 (1909) 104-111, zit.: 104.

2. *Allgemeine Relativitätstheorie.* – Bisher blieb das Relativitätsprinzip, nach welchem kein Bezugssystem für die Artikulation der Gesetze der Mechanik und Elektrodynamik von vornherein ausgezeichnet werden soll, auf relativ zum Fixsternsystem geradlinig gleichförmige Bewegungen beschränkt. Die Auszeichnung der Inertialstruktur des absoluten Raumes als Basis der dynamischen Theorien blieb in der speziellen R. EINSTEINs sogar ausdrücklich erhalten. Nun hatte aber schon E. MACH gefordert, daß alle unterstellten Grundkräfte, also insbesondere die Trägheitskräfte, als Folge der realen Verteilung der Materie darzustellen sind [1]. Es handelt sich dabei im Grunde um eine Neuauflage der Forderung von Leibniz bis Lagrange, den konventionellen mathematischen Teil der Darstellung 'inertialer' Bewegungen durch 'gerade' Linien von der physikalisch-realen Behauptung zu trennen, auf Linien dieser Form in bezug auf ein reales Ruhesystem würden sich Partikel bewegen, wenn nicht Gravitations- oder andere Kräfte sie aus dieser Bahn treiben würden. Die Forderung zielt auf ein allgemeines Prinzip der Kovarianz [2], d.h. auf eine Theorie, in der eine Beschreibung der Bewegungsbahnen der 'freien' Körper in bezug auf irgendeinen Standpunkt übersetzbar wird in eine Beschreibung von irgendeinem anderen Standpunkt aus, und zwar ohne daß man auf hochideale und fiktive Grundbegriffe wie den der gleichförmigen Bewegung als Basis zurückgreifen müßte. Zusammen mit der Einsicht, daß es keine Fernwirkung (s.d.) gibt (da sich Gravitationskräfte wie elektromagnetische Effekte in endlicher Fortpflanzungsgeschwindigkeit ausbreiten), hat die Orientierung an diesem Ziel zur Allgemeinen R. (ART) EINSTEINs [3] geführt, in der tatsächlich kein Bezugssystem mehr ausgezeichnet ist. Mathematische Grundlage einer derartigen Darstellung ist die von K. F. GAUSS und B. RIEMANN entwickelte Differentialgeometrie [4], in welcher es allererst möglich wird, die metrischen Komponenten räumlicher bzw. raumzeitlicher Verhältnisse von den rein topologischen zu trennen und ohne Einbettung in ein global als gegeben unterstelltes cartesisches Koordinatensystem, aber freilich in Bezugnahme auf einen verallgemeinerten Begriff der Koordinaten zu beschreiben. Das 'Raum-Zeit-Kontinuum' erhält so in Verallgemeinerung der Minkowskischen Raum-Zeit eine Darstellung als vierdimensionale Riemannsche Mannigfaltigkeit (M, K, T) mit Metrik und infinitesimalen Parallelogrammen. Ein solcher 'Riemannscher Raum' ist mathematisch definiert als ein topologischer Raum M, auf dem eine Familie K von n-dimensionalen Koordinaten ('Atlanten') X definiert ist, und eine zugehörige Familie T von (mehrfach) differenzierbaren, daher a fortiori stetigen Transformationen $\tau X' = X$ für jedes Paar von Koordinaten X' und X in K. Dabei ist X im allgemeinen seinerseits eine Familie von partiellen, auf gewisse Weise zueinander passenden und die Menge M überdeckenden Karten X^i, die im Sinne der Topologie offene, stetige Abbildungen einer offenen Teilmenge von M in den R^n sind. Wir nehmen hier der Einfachheit halber an, daß die vierdimensionalen Koordinaten $X = (X_1, X_2, X_3, X_4)$ jeweils (surjektive) Abbildungen der ganzen Raum-Zeit M in die Menge R^4 sind, betrachten X_4 als die jeweilige Zeitkoordinate und bezeichnen die zu τ gehörige Transformation, welche die Koordinatenwerte von X' in Koordinatenwerte von X überführt, kurz mit x. $x = (x_1, x_2, x_3, x_4)$ ist dabei so, sind obige Bedingungen zu lesen, immer eine umkehrbar stetig differenzierbare Transformation, ein Diffeomorphismus, im R^4. Dabei sind die Punkte P des mathematischen Modells der (raum-zeitlichen) Welt abstraktiv durch eine Gruppe G von derartigen Diffeomorphismen im euklidischen Zahlenraum R^4 definiert, indem man setzt: $P =_{df} \langle m_1, ..., m_4 \rangle^x = \langle k_1, ..., k_4 \rangle^y$ gelte genau dann, wenn $x(\langle m_1, ..., m_4 \rangle) = y(\langle k_1, ..., k_4 \rangle)$ ist. Dabei sind $\langle m_1, ..., m_4 \rangle$ bzw. $\langle k_1, ..., k_4 \rangle$ als mögliche quantitative Ergebnisse von Raum- und Zeitmessungen eines Ereignisses e je in bezug auf irgendeine Realisierung eines Koordinatensystems zu denken, x und y als quantitatives Korrelat eines Perspektivenwechsels, der zu den Maßzahlen für e von einem dritten 'Standpunkt' aus führt. Gemäß RIEMANNs Verallgemeinerung der Gaußschen Methode, eine Fläche intern, ohne Einbettung in einen vorgegebenen äußeren Raum, auszumessen [5], bestimmen dann reellwertige Fundamentaltensoren $g_{ik}(P) = g_{ki}(P)$ die metrische Komponente der Geometrie des jeweiligen Riemannschen Raumes bezogen auf eine gegebene Transformation τ bzw. x [6]. Im Falle $n = 4$ gibt es jeweils 10 verschiedene Tensorkomponenten dieser Art. Das Quadrat des Linienelements $ds^2 = \Sigma_{i,j}\, g_{ik}\, dx_i\, dx_k$ definiert eine Metrik auf M, und zwar so, daß eine Kurve k in M die Länge $_a\!\int^b ds = {_a}\!\int^b \sqrt{(\Sigma\, g_{ij}\, dx_i/dt\, dx_j/dt)}\, dt$ erhält, wenn das Bild von k unter X' durch die Abbildung $t: [a,b]\, R^4$ parametrisiert ist. Über die Tensoren ist auch die (vierdimensionale) Raumkrümmung in jedem Punkt P (aus der Perspektive der Koordinate X) definiert, wobei sich im Fall, daß die Krümmung nicht konstant ist, die Tensoren $g_{ik} = g_{ik}(P)$ natürlich mit dem Weltpunkt P aus M ändern. Wenn M ein euklidischer n-dimensionaler Raum ist und τ eine klassische Koordinatentransformation, ist die Krümmung immer 0.

EINSTEINs Realisierung des Riemannschen Programms, die Geometrie des physikalischen Raumes empirisch zu bestimmen [7], basiert auf folgenden Voraussetzungen: Nachdem Messungen von R. EÖTVÖS eine exakte Proportionalität von träger und schwerer Masse ergeben haben, läßt sich ein Äquivalenzprinzip zwischen Trägheits- und Gravitationskräften formulieren, wie es insbesondere notwendig wird, wenn man auch beliebige relativ zu anderen Körpern rotierende Körper als Ursprung oder Bezugspunkt eines Koordinatensystems zuläßt. Trägheitskräfte, die auf einen Probekörper wirken, sind damit, wie MACH schon annahm, von Gravitationskräften im Grunde nicht verschieden. Um Gravitationskräfte auszuschalten bzw. umzuformen, muß man nur ein hinreichend kleines Gebiet betrachten, das man für 'kräftefrei' oder ruhend erklärt. Die in bezug auf andere Koordinatensysteme durch Gravitationskräfte erklärten Relativbewegungen werden dann durch Beschleunigungswirkungen ersetzt, die artikuliert werden durch die zu den jeweiligen Koordinatentransformationen gehörigen Tensorgleichungen. EINSTEIN nimmt des weiteren an, daß es zu jeder gegebenen (möglichen)

Koordinate X' von M und zu jedem Weltpunkt P (wenn auch ggf. nur lokal um P) ein Koordinatensystem $X = \langle X_1, X_2, X_3, X_4 \rangle$ gibt, für welches das Linienelement ds und damit die Metrik die Minkowskiform $\sqrt{(dx_4^2 - dx_1^2 - dx_2^2 - dx_3^2)}$ annimmt. Das bedeutet, daß die Gesetze der pseudoeuklidischen Minkowskiwelt, also der speziellen R., lokal in Approximation gelten. Die Annahme, daß die Weltlinie eines kräftefreien Massenpunktes eine Gerade ist, geht jetzt über in den Satz bzw. in die Hypothese, daß die Weltlinie eines Massenpunktes oder Lichtstrahls eine in bezug auf die Metrik kürzeste Raum-Zeit-Linie, also eine geodätische Kurve im Vierdimensionalen beschreibt, die jetzt freilich nicht notwendig gerade im Sinne der globalen euklidischen Geometrie des R^4 oder auch im Sinne der Minkowski-Welt verlaufen muß. Diese geodätischen Linien ersetzen die 'inertialen' Linien der klassischen Mechanik und der speziellen R. in ihrer Rolle als präsuppositionale Basis für die quantitative Definition der (trägen bzw. schweren) Masse und aller dynamischen Kräfte [8]: Die Tensorkomponenten g_{ik}, welche zu einem Koordinatenwechsel von X' zu X gehören, übernehmen die Rolle von Schwerepotentialen. Dadurch werden 'Geometrie' und Materieverteilung, wie von MACH verlangt, miteinander gekoppelt: Das Trägheitsverhalten von Probekörpern wird durch die Impuls-Energie-Dichte der Materie und des Gravitationsfeldes bestimmt [9]. Die allgemeinen Feldgleichungen sind dann die einfachsten Tensorgleichungen, welche die Newtonschen und Maxwellschen Gleichungen als Grenzfälle enthalten. Der methodologische Vorteil dieser differentialgeometrischen Darstellung raumzeitlicher und zugleich dynamischer Verhältnisse besteht darin, daß man auf die krude Präsupposition einer globalen Inertialstruktur verzichten kann zugunsten lokaler und damit besser überprüfbarer und feiner an die wirklichen Erfahrungen angepaßter Grundtatsachen, die sich in den Ergebnissen realer Messungen zeigen. Jene Präsupposition ist ja tatsächlich, wie im Grunde G. W. F. HEGEL schon gesehen hat [10], wesentlich auch eine artikulationstechnische Notwendigkeit der mathematischen Darstellung, nicht nur eine empirisch wirklich überprüfte Tatsache. Die kontrollierbaren Folgerungen der dann im einzelnen ausgearbeiteten Theorie sind: Die Bahn eines Planeten ist eine Keplerellipse mit Perihelwanderung in Umlaufsrichtung. Nur beim Merkur überschreitet ihre Größe die Beobachtungsgenauigkeit. Der theoretische Wert von 43' im Jahrhundert widerspricht nicht den Beobachtungen. Ein Lichtstrahl hat Gewicht und wird im Schwerefeld sowohl wegen der Äquivalenz von Schwere und Beschleunigung wie auch wegen der Raumkrümmung am Gravitationszentrum abgelenkt. Ein Strahl von einem Fixstern soll am Sonnenrand um 1,75' abgelenkt werden. Die Beobachtungen machen einen etwas größeren Wert wahrscheinlich. Der theoretische Wert liegt aber in den Genauigkeitsgrenzen. Die Verschiebung der Frequenz der Spektrallinien bei verschiedenen Schwerepotentialen an Entstehungs- und am Beobachtungsort (z.B. Sonne-Erde Rotverschiebung) ist durch Messungen mit Hilfe des Mössbauereffektes im Schwerefeld der Erde gesichert [11]. Bei kosmologischen Fragen ergeben die Feldgleichungen unter der Annahme einer im Durchschnitt gleichmäßigen Dichteverteilung (langsam bewegte, kleine Massen) die Möglichkeit eines dreidimensionalen Raumes mit örtlich überall gleicher Krümmung, dessen Krümmungsradius entweder mit der Zeit ständig wächst oder periodisch von einem Minimalwert zu einem Maximum ansteigt und wieder abfällt. Wird die Rotverschiebung bei den Spiralnebeln als Dopplereffekt aufgefaßt, so ergibt sich ein Alter der Welt von 10 Milliarden Jahren, was mit den Beobachtungen verträglich ist.

In den philosophisch-methodologischen Auseinandersetzungen um EINSTEINS R. vertraten Konventionalisten in der Nachfolge POINCARÉS [12] und Konstruktivisten in der Nachfolge H. DINGLERS [13] die These einer Priorität der euklidisch-cartesischen Geometrie und Kinematik als Darstellungsrahmen der Physik [14]. Dazu wurde versucht, eine meßtheoretische Protophysik [15], bestehend u.a. aus einer teils operativ [16], teils formentheoretisch-normativ [17] gedeuteten euklidischen Geometrie des Raumes und einer Chronometrie [18] zu begründen, welche Einsteins Revision der klassischen Kinematik und Dynamik überflüssig und damit revidierbar machen soll [19]. Unbestreitbar ist, daß geometrische Formbeschreibungen auf der Basis bestimmter Grundprinzipien Normen dafür artikulieren, daß formstabile Körper, Oberflächen oder Linien auch nach Relativbewegungen zu- oder aufeinander passen, und daß wir diese Normen durch bestimmte Verfahren der Formung von Körpern abhängig von Material- und Bewegungsbedingungen mehr oder weniger perfekt erfüllen [20]. Ähnliches gilt für Passungseigenschaften, d.h. die relative Gangstabilität von Standarduhren. Dies zeigt aber bestenfalls, wie viele Kritiker bemerkt haben [21], daß die R. aus einsichtigen Gründen, wenn es um die Deutung mittlerer, und d.h. relativ zur Lichtgeschwindigkeit kleiner raum-zeitlicher Meßgrößen geht, approximativ und in der differentialgeometrischen Behandlung infinitesimaler Größen strikt an der Euklidizität der Raum-Zeit-Bestimmungen festhält. Denn (nur) bei der Deutung kleiner Größen kann man die für jede Raummessung ansonsten fundamentale Frage nach der Bestimmung der Gleichzeitigkeit vernachlässigen. Die konstruktivistischen Versuche, die Euklidizität der Kinematik zu begründen, zeigen nur die Anwendbarkeit der euklidischen Sätze zur Kontrolle des Grades, in welchem die erwünschten Passungsnormen einer Raum- und Zeitmessung jeweils erfüllt sind. Dieser Maßstab ist allerdings, wegen der für eine mathematische Geometrie notwendigerweise unterstellten Größen- und Ortsinvarianz der Rede über Formen, von vornherein als kontrafaktisches Ideal zu verstehen, was in der Tradition der Philosophie der Mathematik seit Platon selten ganz vergessen wurde. Die Herstellungsverfahren für Meßgeräte garantieren nämlich nicht per se, daß sich (ideale) Passungsnormen, welche die Ebenheit einer Fläche, die Geradheit einer Strecke oder ortsunabhängige Zeiten definieren, in beliebigem Grade erfüllen lassen, wenn man sie nur 'immer sorgfältiger' anwendet. Wie weit sich so Passungsbedingungen wirklich erfüllen lassen, ist vielmehr eine empirische Frage. Und auch die rein mathematische Einfachheit ist, anders als die Nachfolger Poincarés und Dinglers glauben, kein ausschlaggebendes Argument für die Wahl einer euklidischen Kinematik als Rahmen für die Dynamik, weil nämlich in Anbetracht der Probleme, welche die realen Erfahrungen mit unseren physikalischen Meßmethoden und Meßergebnissen aufwerfen, im Grunde all das als hinreichend einfach zu werten ist, was mathematisch und in bezug auf Koordinatensysteme invariant oder kovariant artikulierbar und rechentechnisch behandelbar ist.

Anmerkungen. [1] E. MACH: Die Mechanik in ihrer Entwickl. Hist.-krit. dargest. (^{1}1883, ^{9}1933) 221; ND (1988) mit Vorw. G. WOLTERS. – [2] Vgl. dazu B./I. FRIEDLÄNDER: Absolute und relat. Bewegung, hg. L. SIMON (1896) 17; REICHENBACH, a.O. [5 zu 1.] 34. – [3] A. EINSTEIN: Die Grundl. der allg. R. Annalen Physik 49 (1916) 769-822, zit.: 769. – [4] Vgl. dazu M. KLINE: Mathem. thought from ancient to modern time (Oxford/New York 1972) ch. 37. 48. – [5] K. F. GAUSS: Disquisitiones generales circa superficies curvas (1828), dtsch.: Allg. Flächentheorie, hg. A. WANGERIN (^{5}1921). – [6] Vgl. dazu REICHENBACH, a.O. [5 zu 1.] § 39. – [7] B. RIEMANN: Über die Hypothesen, welche der Geometrie zu Grunde liegen. Habil.vortrag 1854. Abh. Ges. Wiss.en Göttingen (1868) 1-20, hg. H. WEYL (1919). – [8] Vgl. dazu Art. ‹Raum IV. A.› – [9] H. HÖNL/H. DEHNEN: Allg.-relativist. Dynamik und Machsches Prinzip. Z. Physik 191 (1966) 313-334, zit.: 313. – [10] Vgl. dazu P. STEKELER-WEITHOFER: Hegels Analyt.. Philos. Die Wiss. der Logik als krit. Theorie der Bedeutung (1992) Kap. III, Abschn. 3.1. – [11] T. E. CRANSHAW/J. P. SCHIFFER/A. B. WHITEHEAD: Measurement of the gravitational red shift using the Mössbauer effect in Fe^{57}. Phys. Review Letters 4 (1960) 163f., zit.: 163. – [12] Zum Konventionalismus Poincarés und seinen Kritikern vgl. L. SKLAR: Space, time, and spacetime (Berkeley 1974) Sect. F. – [13] H. DINGLER: Die Grundl. der Physik. Synthet. Prinzipien der mathemat. Naturphilos. (1919); Aufbau der exakten Fundamentalwissen. (1964). – [14] B. THÜRING: Die Gravitation und die philos. Grundl. der Physik (1967). – [15] P. LORENZEN: Geometrie als meßtheoret. Apriori der Physik, in: J. PFARR (Hg.): Protophysik und R. (1981) 35-54; F. KAMBARTEL: Aprior. und empir. Elem. im method. Aufbau der Physik, in: G. BÖHME (Hg.): Protophysik – Für und wider eine konstrukt. Wiss.theorie der Physik (1976) 351-371. – [16] P. JANICH: Zur Protophysik des Raumes, in: BÖHME, a.O. 83-130. – [17] R. INHETVEEN: Konstrukt. Geometrie. Eine formentheoret. Begründung der euklidischen Geometrie (1983); P. LORENZEN: Elementargeometrie. Das Fundament der Analyt. Geometrie (1984). – [18] P. JANICH: Die Protophysik der Zeit (1969, ^{2}1980). – [19] P. LORENZEN: Eine Revision der Einsteinschen Revision. Philosophia Naturalis 16 (1976) 383-391; Relativist. Mechanik mit klass. Geometrie und Kinematik. Math. Z. 155 (1977) 1-9; P. JANICH: H. Dingler, die Protophysik und die spez. R., in: JANICH (Hg.): Method. Philos. Beitr. zum Begründungsproblem der exakten Wiss.en in Auseinandersetzung mit H. Dingler (1984) 113-127. – [20] Vgl. P. STEKELER-WEITHOFER: Pragmat. Grundl. der Geometrie, in: H. STACHOWIAK (Hg.): Hb. Pragmatik 4 (1992) 401ff. – [21] Vgl. dazu etwa die Texte in PFARR (Hg.) und BÖHME (Hg.), a.O. [15].

Literaturhinweise. M. BORN: Die R. Einsteins (1920) zus. mit W. BIEM (^{5}1969). – H. WEYL: Raum, Zeit, Materie (1923, ^{6}1970); Mathem. Analyse des Raumproblems. Vorles. geh. in Barcelona und Madrid (1923); Was ist Materie? Zwei Aufs. zur Naturphilos. (1924, ND 1977); Philos. der Math. und Naturwiss. (1927, ^{3}1966). – A. EINSTEIN: Über die spez. und allg. R. (1954). – J. L. SYNGE: Relativity, the Spec. Theory (Amsterdam 1956); Relativity, the Gen. Theory (Amsterdam 1960). – P. G. BERGMANN: Hb. der Physik 4 (1963). – A. GRÜNBAUM: Philos. problems of space and time (Dordrecht/Boston 1963, ^{2}1974). – P. MITTELSTAEDT: Philos. Probleme der mod. Physik (1963, ^{5}1976). – J. J. C. SMART: Problems of space and time (New York 1964). – R. SWINBURNE: Space and time (London/Melbourne 1968). – B. VAN FRAASSEN: An introd. to the philos. of time and space (New York 1970). – S. WEINBERG: Gravitation and cosmology. Principles and applic. of the Gen. Theory of Relativity (New York 1972). – P. MITTELSTAEDT: Der Zeitbegriff in der Physik (1976). – R. U. SEXL/H. K. SCHMIDT: Raum-Zeit-Relativität (1978). – A. I. MILLER: A. Einstein's Spec. Theory of Relativity. Emergence (1905) and early interpretation (1905-1911) (Reading, Mass. ^{3}1981). – W. RINDLER: Introd. to Spec. Relativity (Oxford 1982). – J. AUDRETSCH/K. MAINZER (Hg.): Philos. und Physik der Raum-Zeit (1988).

A. KRATZER/P. STEKELER-WEITHOFER

Religion (lat. religio; engl. religion; frz. religion; ital. religione)

I. *Einleitung.* – Obwohl es seit langem üblich ist, ‹R.› als Sammelbegriff für jede Verehrung transzendenter Mächte, jede Lehre vom Göttlichen und alle Glaubensbekenntnisse der Menschen zu verwenden, ist es fast unmöglich, genaue Äquivalenzbegriffe für ‹R.› in jenen Sprachen zu finden, die nicht das lat. ‹religio› aufgenommen haben, nicht zuletzt wegen des Bedeutungswandels von ‹religio› selbst. Schon F. M. MÜLLER war sich dieser Schwierigkeit bewußt und konstatierte für das Sanskrit mehrere Begriffe, die für die in Indien praktizierten R.en in Frage kommen könnten: ‹Dharma› (Gesetz, Sitte, Ordnung), ‹Srutri› (Hören), ‹Bhakti› (gläubiges Vertrauen, Verehrung der Gottheit [aber erst im späteren Sanskrit gebräuchlich]) und ‹Sraddhâ› (Glaube, etwa an die sich in Naturgewalten äußernde Gottheit) [1]. ‹Dharma› wird heute in Indien in der Regel mit engl. ‹religion› übersetzt [2]. Im Chinesischen wird ‹R.› heute zumeist mit ‹Zong jiao› (himmlische Lehre) wiedergegeben [3]. Dieser Begriff ist seit dem Buddhismus bekannt, bezeichnet aber zuerst nur dessen R. ‹Jiao› allein ist als 'Lehre', 'Belehrung', 'Erziehung' schon sehr früh gebräuchlich und wird dann z.B. so erläutert: «So benützt der Heilige den göttlichen Weg (tao), um Belehrung (jiao) zu spenden, und die ganze Welt fügt sich ihm» [4]. Der Heilige vermittelt dem Volk den göttlichen Weg. Auch im Konfuzianismus hat ‹jiao› eine wichtige Funktion: «Was der Himmel (dem Menschen) bestimmt hat, ist sein Wesen. Was dieses Wesen (zum Rechten) leitet, ist der Weg (tao). Was den Weg ausbildet, ist die Erziehung (jiao)» [5].

Ebenso schwierig ist es, einen adäquaten Originalbegriff dafür zu finden, was früher unreflektiert die «R. der Griechen» genannt wurde [6]. Heute werden verschiedene Annäherungsbegriffe vorgeschlagen, bes. θεῶν τιμή [7]. Will man andere Aspekte der griechischen R. hervorheben, so können dafür νόμος (religiöser Brauch, religiös-gesetzliche Ordnung), εὐσέβεια (lat. pietas, Frömmigkeit) und αἰδώς (Scheu vor den Göttern) eintreten [8]. Auch δεισιδαιμονία, «Furcht vor den Göttern», kann einen Aspekt antiker 'Religiosität' bezeichnen [9], jedoch heißt es auch abfällig «Aberglaube» [10]. Die Befolgung der kultischen Vorschriften, die Verehrung der Götter in Gebet und Opfer, der Gottesdienst, werden mit λατρεία, θεραπεία [11] und θρησκεία bezeichnet. Θρησκεία ist jedoch, obwohl schon bei HERODOT belegt (und dort für die ägyptischen Kulte gebraucht) [12], kein gemeingriechisches Wort. Nach sporadischem Vorkommen im ‹Alten Testament› [13] verwenden es erst PHILON VON ALEXANDRIEN und FLAVIUS JOSEPHUS wieder häufiger, vielleicht in Rückwirkung von lat. ‹religio› [14]. Auch im ‹Neuen Testament› und bei den frühen Kirchenvätern kommt es einige Male vor; die ‹Vulgata› übersetzt es regelmäßig mit «religio» [15]. Seine Bedeutung ist wie die von λατρεία und θεραπεία 'Gottesverehrung', 'Gottesdienst'. Es handelt sich also um eine relativ konstante Übersetzung, aber nicht um einen zentralen Begriff [16].

Forscht man weiter zurück nach einem entsprechenden hebr. Wort, so zeigt sich, daß dort, wo die ‹Vulgata› «religio» einsetzt, diesem zumeist das hebr. huqqat (Gesetz, Satzung, Kultordnung) (‹Septuaginta›: νόμος) [17], einmal auch ha-'abodā (‹Septuaginta›: λατρεία) zugrunde liegt [18]. Die wenigen Belege lassen keine weiterreichenden Schlüsse zu, zeugen aber wiederum davon, daß es sich nicht um einen Zentralbegriff handelt

[19]. Auch das Arabische weist keinen äquivalenten Begriff auf: Die Termini ‹Dīn› und ‹Scharia› (s.d.) sind keine Entsprechungen zu ‹R.›.

Obwohl es also in den einzelnen Sprachen keine durchgehend festen Korrespondenzbegriffe gibt, läßt sich der Befund, wie er sich an den genannten Übersetzungen zeigt, mit aller Vorsicht so zusammenfassen: a) Es gibt keinen Oberbegriff für alle R.en der Menschheit; b) es gibt keinen Begriff, der als einziger alles das umfaßt, was heute mit ‹R.› bezeichnet wird; auch zusammengenommen decken sie nicht alles das ab, was mit dem modernen R.-Begriff gemeint ist; c) entgegen einer modernen Bedeutung von ‹R.› legen die älteren Begriffe den Akzent auf den äußeren Vollzug der R., die Beobachtung kultischer Gebote und Vorschriften und die Befolgung des (religiösen) Gesetzes. Die Termini sind aber weder eindeutig zuzuordnen, noch treten sie in herausgehobener Funktion auf.

Anmerkungen. [1] F. M. MÜLLER: Natürl. R. (1890) 89-97. – [2] Vgl. Art. ‹Dharma›, in: Hist. Wb. Philos. 2 (1972) 161. – [3] X. ZHUO: Theorien über R. im heutigen China (1988) 27f. – [4] I Ging. Das Buch der Wandlungen, übers. R. WILHELM (1924, 1972) 439f. – [5] Li Gi. Das Buch der Sitte des älteren und jüngeren Dai, übers. R. WILHELM (1930) 3 (Dschung Yung. Maß und Mitte I, 1). – [6] z.B. O. KERN: Die R. der Griechen (1926-38); U. VON WILAMOWITZ-MOELLENDORF: Der Glaube der Hellenen (1931/32); M. P. NILSSON: Gesch. der griech. R. (1941-50). – [7] W. BURKERT: Griech. R. der archaischen und klass. Epoche (1977) 406; R. MUTH: Einf. in die griech. und röm. R. (1988) 25; vgl. W. KRAUSE: Die Griechen von Mykene bis Byzanz (1969) 155f.; Beleg z.B. bei PLATON: Apol. 24 b. – [8] K. KERÉNYI: Die antike R. (1952) 79-99. – [9] a.O. 78; BURKERT, a.O. [7] 408; E. DES PLACES: La religion grecque (Paris 1969) 330-333. – [10] THEOPHRAST: Charact. XVI; PLUTARCH: Περὶ δεισιδαιμονίας (Gegen die religiösen Ängste). – [11] Vgl. H. STRATHMANN: Art. ‹λατρεύω, λατρεία›, in: Theol. Wb. zum NT, hg. G. KITTEL 4 (1966) 58-66; H. W. BEYER: Art. ‹θεραπεία›, a.O. 3 (1957) 128-132. – [12] HERODOT: Hist. II, 18. 37. 64. – [13] Sap. 14, 18. 27; Sir. 22, 5; 4 Makk. 5, 7. 13. – [14] Vgl. BURKERT, a.O. [7] 409; J. CH. A. VAN HERTEN: Θρησκεία, Εὐλάβεια, Ἱκέτης. Bijdrage tot de kennis der religieuze terminologie in het Grieks. Diss. Utrecht (Amsterdam 1934); K. L. SCHMIDT: Art. ‹θρησκεία›, a.O. [11] 3 (1957) 155-159; zu αἰδώς, δεισιδαιμονία, εὐσέβεια, θρησκεία, ἱκέτης u.a. vgl. auch DES PLACES, a.O. [9] 365-374. – [15] Apg. 26, 5; Kol. 2, 18; Jak. 1, 26f. – [16] E. FEIL: Religio (1986) 55f. 79f. – [17] Exod. 12, 43; 29, 9; Lev. 7, 36; 16, 31; Num. 19, 2. – [18] Exod. 12, 26; vgl. Dict. de la Bible (Paris ²1926-60) 5, 1032. – [19] FEIL, a.O. [16] 53f.   U. DIERSE

II. *Antike und Alte Kirche.* – 1. Der Begriff ‹religio› wird in der *lateinischen Literatur* lange Zeit und in vielfacher Verwendung gebraucht. Der älteste Beleg ist wohl der von GELLIUS überlieferte Vers: «religentem esse oportet, religiosus ne fias» [1]. Diesen Vers zitiert Gellius aus NIGIDIUS FIGULUS, der ihn einem alten Lied entnimmt, um den Gebrauch des Wortes ‹religiosus› zu belegen. Der Vers besagt, daß man allerdings «gewissenhaft», d.h. gottesfürchtig sein müsse, aber nicht «abergläubisch ängstlich» sein dürfe. Gellius zitiert Nigidius, der ‹religiosus› so erklärt: «... wird religiosus der genannt, der sich einer übertriebenen und abergläubischen Gewissenhaftigkeit (superstitiosa religione) verschrieb» [2]. Das heißt, daß ‹religio› wie ‹religiosus› die gewissenhafte Erfüllung von Pflichten bezeichnen. Dies wird bei PLAUTUS [3] deutlich, wo eine nicht angenommene Einladung zu einem Essen damit erklärt wird, daß es eine «religio», d.h. eine Gewissenssache, gewesen wäre, die Einladung anzunehmen: Die Redewendung «religio est» gleicht einer verneinenden Vorschrift in ihrer Appellation an das Gewissen der Betroffenen. Mit der entsprechenden Formel «religiosum est» werden bestimmte Handlungen an bestimmten Tagen auf Grund religiöser Einwände als bedenklich gekennzeichnet.

Der Begriff ‹religio› kann aber durchaus auch positiven Charakter haben; so wenn LIVIUS [4] sagt, daß Numa während des Friedens Kulte («religiones») eingerichtet habe. ‹Religio› enthält beides: Positives und Negatives. Daher kann ‹religio› auch die Sache selbst, den Kult oder den Ritus bezeichnen. In einer Menge von oft verwendeten Verbverbindungen [5] wird dies deutlich. Es gibt Theorien, die vorgeben, religio sei ursprünglich ein objektiver Sachverhalt, «ein Tabu», gewesen, der dann langsam subjektiv geworden sei [6]. Aber man wird religio stets als eine objektive numinose Gegebenheit fassen, der eine Gewissensscheu korreliert. Dabei betont W. F. OTTO [7], daß «religio» kein «Gefühl» wiedergebe, sondern eine Handlung, die in der notwendigen Rücksicht und Vorsicht dem numen gegenüber vorgenommen werde. Religio umfaßt also einen Kult sowie die von einem numen hervorgerufene Scheu, die zu bestimmten Handlungen wie Meidungen führt. Die vielfache Verwendung des Begriffs entspricht der Weite seiner literarischen Verwendung. ‹Religio› war mit dem Begriff ‹ritus› eng verbunden [8].

Der Begriff ‹religio› kennzeichnet die Eigenart der römischen R. Sie ist durch die gewissenhafte Beachtung alles dessen, was auf Weisungen der numina hin – dies können z.B. gute wie böse Vorzeichen sein – getan werden muß. Die R. Roms, das sich für besonders gottesfürchtig hielt, war durch besondere Gewissenhaftigkeit bestimmt. So läßt CICERO den Pontifex Cotta sagen: «cumque omnis populi Romani religio in sacra et in auspicia divisa sit, tertium adiunctum sit si quid praedictionis causa ex portentis et monstris Sibyllae interpretes haruspicesve monuerunt, harum ego religionum nullam umquam contemnendam putavi» («Und da der gesamte Kult des römischen Volkes in Opfer und Deutungen des Vogelflugs eingeteilt ist und zu diesem als drittes noch besondere Fälle hinzukommen, wenn die Erklärer der Sibyllinischen Bücher oder die Haruspices aus ungewöhnlichen Ereignissen und naturwidrigen Erscheinungen weissagen, habe ich keinen dieser heiligen Bräuche jemals für verächtlich gehalten») [9]. Diese römische R. hat Cicero etymologisch zu erläutern gesucht. Er sagt, daß die, «welche alles, was für die Verehrung der Götter wichtig ist, sorgfältig bedenken und gleichsam immer wieder durchgehen (relegerent), religiosi genannt werden ex relegendo, wie elegantes, ex eligendo, ex diligendo diligentes, ex intellegendo intellegentes» [10]. Hiermit hat Cicero die Eigenart der römischen R. zutreffend charakterisiert. Das heißt: ‹religio› und ‹pietas› meinen, daß das gewissenhaft bedacht und immer wieder beachtet wird, was die Götter wollen. Diese römischen Götter sind numina, d.h. Mächtigkeiten oder Befehlsgewalten. Von diesen numina gab es weder Bildnisse noch Mythen. «Sie wurden gar nicht Gestalt» [11]. Der Begriff ‹religio› betrifft die Erfüllung dessen, was angeordnet ist. Dies betrifft Handlungen, die von Natur oder durch Brauch verbindlich sind und welche «legum metus et religio sanxit» («Beachtung der Gesetze und die religio geheiligt hat»). Diese Feststellung steht unter der Maßgabe von «iustitia» als «habitus», so daß schon Cicero hieraus die «religio» als eine der «iustitia» untergeordnete 'Tugend' ansehen konnte: «religio est quae superioris cuiusdam naturae, quam divinam vocant, curam cerimoniamque affert» («religio ist das, was die

Menschen eine höhere Ordnung der Natur, die sie göttlich nennen, dienen und anbeten läßt») [12]. Demnach ist «religio» «jene Haltung des Römers, die sich achtsam um die Erfüllung von Willensäußerungen des göttlichen numen und um die peinlich genaue Ausführung aller Kultvorschriften bemüht. Mehr ist allerdings aus dem Wort religio nicht zu gewinnen» [13].

2. 350 Jahre später (304-313) schreibt der Christ (und Prinzenerzieher am Hof Konstantins in Trier) LAKTANZ seine ‹Divinae institutiones›. Er gibt eine andere etymologische Erklärung von ‹religio› als Cicero: «Unter dieser Bedingung nämlich werden wir geboren, daß wir dem Gott, der uns erschaffen hat, gerechten und schuldigen Gehorsam erweisen, ihn allein anerkennen und ihm folgen. Durch diese Fessel der Frömmigkeit sind wir Gott verpflichtet und verbunden (religati). Von daher hat die R. selbst den Namen empfangen – nicht wie Cicero interpretierte von relegere» [14]. Es ist wahrscheinlich, daß Laktanz diese Herleitung von ‹religio› nicht selbst fand, sondern daß er sie übernahm [15]. Aber ausschlaggebend zu sein scheint, daß er sie als Christ übernahm. Die Verbundenheit mit Gott, die Laktanz aus der Schöpfung und der gehorsamen Nachfolge ableitet, gibt das wieder, worauf es ihm als Christen um diese Zeit ankam. AUGUSTIN konnte diese Deutung später übernehmen: «Streben wir zu dem einen Gott und bemühen uns, ihm allein ... unsere Seelen zu verbinden (religantes animas nostras), woher, wie man annimmt, das Wort religio stammt. Die in diesen Worten ausgesprochene Ableitung des Wortes religio gefiel mir mehr. Es ist mir nämlich nicht entgangen, daß lateinische Schriftsteller den Ursprung dieses Wortes auch anders erklärt haben, daß nämlich religio darum so heiße, weil sie von religere [sorgfältig beachten] abzuleiten sei» [16]. Es geht Augustin wie Laktanz um die Verbindung des Menschen mit dem einen oder dem Schöpfer-Gott, wenn sie an R. denken. Dies ist für Christen selbstverständlich. Die echt römische Charakteristik von religio als gewissenhafte Beachtung von erforderlichen Riten tritt zurück. Sie ist von dem christlichen Glauben des 4. Jh. weit entfernt. Die beiden sog. Etymologien zu ‹religio› verstehen sich also von den R. her, für die sie gedacht wurden, nämlich für die römische wie für die christliche, und charakterisieren den Unterschied beider zutreffend. Ohne die beiden Etymologien auf ihre Sachgerechtigkeit prüfen zu wollen, kann man an ihnen den Charakter der R. abnehmen, für die sie erdacht wurden, das römische R.-Wesen bei Cicero wie die christliche Gottesverbundenheit bei Laktanz.

3. Die Christen haben den Begriff ‹religio› schon früh übernommen [17]. Sie fügen entsprechende Epitheta hinzu, an denen deutlich wird, daß sie ihre christliche Gottesverehrung als «religio» oder auch als «religio vera» bezeichnen. Dieser Vorgang ist bei IRENÄUS VON LYON wie bei TERTULLIAN und ARNOBIUS beobachtbar [18]. Eine Theorie dazu hat erst AUGUSTIN in ‹De vera religione› gegeben. Diese frühe Schrift gibt Auskunft über die «religio», an die man sich in diesen «christlichen Zeiten» halten muß [19]. Diese «religio» eröffnet den Weg eines glücklichen Lebens, auf dem ein Gott verehrt («colitur») und in reinster Frömmigkeit als «Grund aller Wesen erkannt wird» («principium omnium naturarum cognoscitur») [20]. Diese «religio» ist mit der Philosophie als Streben nach der Weisheit eins! Das macht die Klarheit und Reinheit der christlichen R. gegenüber allen häretischen Torheiten aus [21]. Wenn man diese R. untersucht, so erkennt man als ihren Hauptinhalt die Geschichte wie die Prophetie der zeitlichen Wirkung der göttlichen Vorsehung für das Heil des menschlichen Geschlechtes [22]. Es ist mit ihr als wahrer R. so, daß ihre Autorität uns zur Einheit ruft, so wie im Wesen aller Dinge das Schwergewicht der Einzahl alles zur Einheit bringt [23]. Aller Götzendienst ersetzt das Eine durch das Viele der Erscheinungen, die man verehren will [24]. So fangen die Kindereien und Phantasien an, jenseits deren die «sacrosancta religio» beginnt [25]. Und nachdem Augustin aufgezählt hat, was diese unsere R. alles nicht verehrt [26], und demgegenüber festgestellt hat, daß er den Einen Gott als den Einen Ursprung aller Dinge erkenne und als die Weisheit, durch die jede Seele, die weise ist, weise sein kann [27], schließt er diese Gedanken mit dem Satz ab: «Möge uns die R. mit dem einen allmächtigen Gott verbinden (religet), weil zwischen unserem Geist ... und der Wahrheit ... keine Kreatur steht» [28].

Augustin füllt den Begriff ‹religio› mit den Inhalten der christlichen R., wie er sie sah. Dabei ist das Entscheidende, daß er sie mit der Philosophie als der Erkenntnis verbindet, die der Einheit aller Dinge zustrebt und die damit den einen Gott verehrt. «Religio» verehrt («colere») den einen Gott. Natürlich ist «religio» Kultus, was soll sie sonst sein? Aber indem sie diesen einen Gott verehrt, der die Weltgeschichte lenkt, ist sie Erkenntnis der Verbindung («religatio») zwischen Welt wie Selbst zu ihrem Ursprung wie Ziel. Diese christliche «religio» ist als «Gottesdienst», d.h. Kultus, erkennende oder denkende R. Darin steht sie der Philosophie nahe. Sie hat es wie die Philosophie mit der Wahrheit zu tun. Diese Wahrheit aber steht zur Einheit, d.h. dem einen Gott als Ursprung wie als Ziel, in unmittelbarem Kontakt.

Augustin befaßt sich auch in ‹De civitate Dei› wiederum mit der christlichen R., und zwar mit der These, der christlichen R. sei der Zerfall des römischen Staats zur Last zu legen: Grund genug, die Eigenart des Christentums als R. zu erwägen. Dabei wird Augustin zum Erfinder der apologetischen Bedeutung des Polytheismus [29], was nur auf der Folie des abstrakt 'einen' Gottes möglich war, auch in der römischen R. aber niemals so gemeint gewesen ist. In dieser Auseinandersetzung ist es wiederum selbstverständlich, daß die christliche wie die römische R. Gottesverehrung, d.h. Kult oder «Gottesdienst» («Dei cultum significare videatur, Graece Θρησκεία») sind [30]. Aber diese klare Selbstverständlichkeit hat auch in dieser Schrift ihre Eigenart darin, daß der Kult nicht die Zielbestimmung von religio ist; «religio» meint – über das kultische Geschehen hinaus – die Erkenntnis des Schöpfers als Einheit des Universums [31]. Darin sind «religio» und «sapientia» identisch [32]. Die «wahre R.» («vera religio») ist als denkende R. nicht nur Aufklärung über den Charakter alter Stammesgottheiten [33], sondern auch Begründung einer neuen Sittlichkeit und als solche ein Weg, dem derjenige als Vorbild zu folgen hat, der die R. verehrt [34]. So gewiß der Begriff ‹R.› bei Augustin der reinen Wortbedeutung nach Kult ist, so gewiß weist sie in ihrem weiteren Zusammenhang als Erkenntnis wie als sittliche Lebensbewegung über den Kult weit hinaus. Diese Erkenntnis aber wie auch die ihr zugehörige sittliche Lebensbewältigung sind R.!

Anmerkungen. [1] AULUS GELLIUS: Noctes Att. IV, 9, 1. – [2] a.O. 9, 2. – [3] PLAUTUS: Curculio 350. – [4] LIVIUS: Ab urbe cond. I, 32, 5. – [5] Zu «religione teneri», «liberare», «obligari» etc. vgl. M. KOBBERT: Art. ‹religio›, in: RE I/A, 1, 569f. – [6] a.O. 565-575; dazu W. F. OTTO: R. und Superstitio. Arch. R.-Wiss. 14

(1911) 406-422, bes. 406f. – [7] OTTO, a.O. 12 (1909) 533-544, bes. 542f. – [8] L. KOEP: Religio und Ritus als Problem des frühen Christentums. Jb. Antike Christentum 5 (1962) 43-46. – [9] CICERO: De nat. deor. III, 5. – [10] a.O. II, 72. – [11] A. WLOSOK: Röm. R.- und Gottesbegriff in heidn. und christl. Zeit. Antike Abendland 16 (1970) 40; K. LATTE: Röm. R.-Gesch. (1960) 55f. – [12] Vgl. CICERO: Rhet. [De inv.] II, 53. – [13] R. MUTH: Vom Wesen röm. religio, in: Aufstieg und Niederg. der röm. Welt II/16, 1 (1978) 349. – [14] LAKTANZ: Divin. instit. IV, 28, 2. – [15] WLOSOK, a.O. [11]; KOBBERT, a.O. [5]. – [16] AUGUSTIN: Retract. I, 12, 9. – [17] a.O. [8] 47f. – [18] TERTULIAN: Apol. XVI. CCSL 1, 115f.; IRENÄUS VON LYON: Adv. haer. I, 16, 3 (im griech. Text: θεοσέβεια); ARNOBIUS: Adv. nat. I, 3; III, 1. 7. CSEL 4, 5. 112. 116. – [19] AUGUSTIN: De vera rel. III, § 8. – [20] a.O. I, § 1. – [21] V, § 26. – [22] VII, § 39. – [23] XXV, § 127. – [24] XXXVII, § 190f. – [25] L, § 278. – [26] LV, § 295-301. – [27] § 308. – [28] § 310. – [29] De civ. Dei XIX, 17. – [30] a.O. X, 1. – [31] XII, 28. – [32] 21. – [33] VII, 33. – [34] VIII, 17.

Literaturhinweise. M. KOBBERT: De verborum 'religio' atque 'religiosus' usu apud Romanos, quaest. sel. Diss. Königsberg (1910); s. Anm. [5] 565-575. – W. F. OTTO s. Anm. [6] und [7]. – J. B. KÄTZLER: Religio. Versuch einer Worterkl. Jahresber. des bischöfl. Gymn. Schwaz (1952). – H. T. WILT: Religio. A semant. study of the prechristian use of the terms religio and religiosus. Diss. New York: Columbia-Univ. (1954). – K. LATTE s. Anm. [11]. – A. WLOSOK: Laktanz und die philos. Gnosis (1960); s. Anm. [11] 39-53. – L. KOEP s. Anm. [8] 43-59. – R. MUTH s. Anm. [13]. – G. LIEBERG: Consid. sull'etimol. e sul signif. di 'religio'. Riv. Filol. Istruz. class. 102 (1974) 34-57. – W. C. SMITH: The meaning and end of relig. (London 1978). – P. STOCKMEIER: Christl. Glaube und ant. Religiosität (1980). – E. FEIL: Religio (1986).

III. *Mittelalter.* – 1. Bald nach dem Tode Augustins ist diejenige Bedeutung von ‹religio› zuerst belegt, die dann das ganze Mittelalter hindurch als 'normalste' Bedeutung dieses Wortes bezeugt ist: ‹religio› heißt 'Orden', ‹status religionis› ist der 'Ordens-Stand' und mit ‹religiosus› wird der Mönch bezeichnet. Erstmals ist diese Bedeutung von ‹religio› in ‹De gubernatione Dei› (440) des Presbyters SALVIANUS AUS MARSEILLE belegt [1]. ‹Religio› hat diese Bedeutung im ganzen Mittelalter behalten. So zurückhaltend viele Autoren in der Verwendung des religio-Begriffs auch waren, als 'Orden' benutzen ihn alle. Diese Bedeutung bildet den einen Eckpfeiler in der Begriffsausprägung. Das Ordenswesen bestand in der Observanz, in der sich die altrömische R. erschöpfte. Diese religio gehört mit dem Kult und der Liturgie zusammen, die das Leben der Orden prägen. In ihnen also ist von altrömischer R. in der Deutung Ciceros immer noch Entscheidendes lebendig.

2. Dies gilt auch für den anderen Eckpfeiler der Begriffsprägung von ‹religio›; sie wird nämlich durchgängig als «virtus», d.h. als sittliches 'Vermögen' angesehen. Dabei wird «religio» der «iustitia» unterstellt. Diese Zuordnung ist ebenfalls von CICERO übernommen [2]. Die Erfassung der «religio» als sittliches Vermögen des Menschen bezieht sich auf Gott. Sie wird als «cultus» erläutert; der «religio» ist «pietas» eng verbunden. Der Charakter des Begriffes ‹religio› wird durch diese Zuordnung, die von der altrömischen aus völlig einleuchtet, geprägt und bei der kultischen Observanz festgehalten. ‹Religio› bezeichnet also ein dem Menschen angeborenes Vermögen, auf Grund dessen der Mensch Gott zugetan ist. So verschieden Autoren wie ABAELARD [3] oder ANSELM [4], ALBERTUS MAGNUS [5] oder BONAVENTURA [6] auch denken, in der Charakteristik der «religio» als einer «species iustitiae» und «virtus innata» sind sie sich völlig einig. Sie drücken den Tatbestand der christlichen R. neben dem Islam oder dem Judentum mit dem Oberbegriff der «secta» (Gefolgschaft) aus. Sie charakterisieren das Christentum als die geoffenbarte R., als «fides christiana». Der Begriff ‹religio› aber ist dem Kult vorbehalten, wie er aus einem dem Menschen eingeborenen Vermögen («virtus») hervorgeht. Unser Begriff ‹R.› gibt nicht wieder, was die mittelalterlichen Autoren mit ‹religio› auszudrücken suchen. Man hat darum ‹religio› in mittelalterlichen Belegen mit ‹Gottesverehrung› wiedergegeben [7].

3. THOMAS VON AQUIN hat der religio als einer «Tugend» («virtus») einen besonderen Teil seiner ‹Theologischen Summa› gewidmet [8]. Bei ihm wird ‹religio› als ein ‹natürliches› Vermögen besonders beachtet, weil sie es ist, durch deren Tun Gott das ihm Geschuldete erhält. Wie in einer Definition kann Thomas sagen: «Religio autem ... est quaedam virtus per quam aliquis ad Dei servitium et cultum aliquid adhibet» («Die religio ist eine Tugend, in der wir Gott zu Dienst und Ehren etwas darbringen») [9]. Es leuchtet daher ein, wenn Thomas in der kurzen Auslegung des Dekalogs die ersten drei Gebote als die Ausübung dieser «virtus» im Auge hat, die der vornehmste Teil der Gerechtigkeit ist [10]. Das erste Gebot ist insofern «quoddam fundamentum religionis». Es ist nämlich das «praecipuum impedimentum religionis» («Haupthindernis der Gottesverehrung»), wenn der Mensch einem falschen Gott anhängt [11].

In dem zum Menschen gehörigen Kult für Gott gehören innere und äußere Akte zusammen: «Hinc est quod Dei cultus religio nominatur, quia hujusmodi actibus quodammodo homo se ligat ut ab eo non evagetur, et quia etiam quodam naturali instinctu se obligatum sentit Deo ut suo modo reverentiam ei impendat, a quo est sui esse et omnis boni principium. Hinc est etiam quod religio nomen accepit pietatis» («Daher kommt es, daß die Gottesverehrung von religio genannt wird, weil sich der Mensch durch derartige Akte gewissermaßen bindet, um nicht von ihm abzuschweifen, und weil man sich auch durch einen natürlichen Antrieb Gott verbunden fühlt und auf seine Weise dem Verehrung zollt, von dem das eigene Sein und der Beginn alles Guten ausgeht. Deshalb wird die religio auch pietas, Ehrfurcht, genannt») [12]. Diese Darlegung ist auf den «naturalis instinctus» zentriert, der das religiöse Handeln des Menschen lenkt. Innerliche wie äußerliche Akte werden von diesem natürlichen Vermögen oder «religiösen Apriori» des Menschen gesteuert. Der Inhalt desselben ist Gott, «a quo est sui esse», also die Geschöpflichkeit bzw. «die schlechthinnige Abhängigkeit». Diese Bemerkung kehrt immer wieder. Daneben erscheint hier Gott als das «omnis boni principium», auf das der «naturalis instinctus» anspricht [13].

Den Orden als «religiones» gehört natürlich ein ganzer Komplex von ‹Quaestionen› [14]. In diesen Überlegungen wird zumal deutlich, was auch bei der Verhandlung der religio selbst sichtbar wird, daß religio nämlich ihrem ganzen Wesen nach Opfer ist. Der eine Satz: «religionis status ordinatur ad perfectionem charitatis» («Der Ordensstand ist ausgerichtet auf die Vollkommenheit der Liebe») und der andere Satz «ad religionem proprie pertinet sacrificium Deo offere» («Zum Ordensleben gehört es, Gott Opfer darzubringen») gehören zusammen [15]. Thomas stellt dazu fest, daß es «in jedem Zeitalter bei allen Völkern immer irgendeine Darbringung von Opfern gab». Das heißt aber, daß «religio» eben einer «lex naturalis» entspricht [16]. Der Mensch ist als solcher «de dictamine rationis naturalis» auf Opfer gewiesen [17].

Es ist sachgemäß, daß man diese Erfassung der religio bei Thomas nicht mit ‹R.› übersetzt. Man pflegt mit ‹Gottesverehrung› zu übersetzen. Das entspricht der Nähe von ‹religio› und ‹cultus› wie ‹pietas›. Aber damit ist nicht ganz ausgedrückt, daß es in der religio um ein naturhaftes Vermögen des Menschen geht, das in der Neuzeit als Religiosität wiedergegeben wird. Nur an einer Stelle [18] wird man stutzig. Hier sagt Thomas, daß es sein Vorhaben sei, in dieser ‹Summa› für Anfänger das zu schreiben, «quae ad christianam religionem pertinent» («was zur christlichen religio gehört»). Es liegt nahe, hier von der «christlichen R.» zu sprechen [19], aber nach dem Gesamtbestand der Redeweise von Thomas sollte man auch an dieser Stelle von 'Gottesverehrung' reden [20].

4. Wir können die in sich erstaunlich einheitliche Meinung der mittelalterlichen Autoren zum Begriff ‹religio› mit einem Blick auf eine Stelle bei ALANUS AB INSULIS abschließen, die repräsentativ für die weit verbreitete Einsicht ist: «Iustitia est virtus ius suum unicuique tribuens ... dividetur autem specialiter in illas species ... religio, pietas, severitas ... Religio est virtus quaedam superioris vitae, quam divinam vocant philosophi ... Unde religio dicitur a religo, religas, quia hac virtute religamur divino cultui ... Dividitur autem religio in has species: in fidem, spem et caritatem ... In his enim maxime consistit religio christiana ... Quare et Tullius in Rhetorica inventionum eam ponit primam speciem naturalis iuris tamquam principalem virtutem et generaliorem» («Die Gerechtigkeit ist die Tugend, jedem sein Recht zuzuteilen. Sie wird in jene drei Arten eingeteilt: religio, Frömmigkeit, Strenge. R. ist eine Tugend des höheren Lebens, das die Philosophen göttlich nennen. R. leitet sich ab von ‹religo›, ‹religas›, weil wir durch diese Tugend in Gottesverehrung gebunden werden. Eingeteilt wird sie in diese Arten: Glaube, Hoffnung, Liebe. In diesen besteht nämlich die christliche religio. Deshalb hat auch Cicero in seiner Rhetorik sie an die erste Stelle des Naturrechts gestellt, gleichsam als hauptsächliche und allgemeine Tugend») [21].

Anmerkungen. [1] CH. DU CANGE: Gloss. mediae et infimae Lat. (1883-87, ND 1954) 7, 111. – [2] CICERO: Rhet. [De inv.], zit.: THOMAS VON AQU.: S. theol. I-II, 95, 2 s. c. – [3] PETRUS ABAELARD: Dial. inter Philosophum, Judaeum et Christianum, hg. R. THOMAS (1970) Z. 2144ff. – [4] ANSELM VON CANT.: Ep. 276. 282. 311. 449. Opera omn., hg. F. S. SCHMITT (1938-61, ND 1968) 4, 191. 298; 5, 238 (‹religio› nur in den Br., nicht in den theol. Schr.). – [5] ALBERTUS MAGN.: De caelo et mundo I, 4, 1. Opera omn., hg. B. GEYER u.a. (1951ff.) 5/1, 79, 47; De bono V, 1, 3, a.O. 28, 274, 63-72; Sup. Dionys. De div. nom. II, a.O. 27/1, 70, 45f. – [6] BONAVENTURA: In sent. IV, 6, 1, 2. Opera omn. (Quaracchi 1882-1902) 4, 141: «habitus religionis, qui est signum bonitatis». – [7] So durchgängig in: Die dtsch. Thomas-Ausg., hg. Alb.-Magn.-Akad. Walberberg (1933ff.) und bei E. FEIL: Religio (1986). – [8] THOMAS AQU.: S. theol. II-II, 9. 80-100. – [9] a.O. 186, 1, resp. – [10] 122, 1, resp. – [11] 2, resp. – [12] S. c. gent. III, 119. – [13] Vgl. W. C. SMITH: Meaning and end of relig. (London 1978) 32: «The outward expression of faith; The inner motivation towards worshipping God and that worship itself». – [14] S. theol. II-II, 183-189. – [15] a.O. 188, 2, resp.; vgl. hierzu bes.: Contra impugnantes Dei cultum et religionem I, 1, 9. – [16] 85, 1 ad 1. – [17] 81, 2 ad 3. – [18] S. theol., prol. – [19] So die Übers. in der dtsch. Thomas-Ausg., a.O. [7] 1, 1. – [20] Vgl. E. HECK: Der Begriff religio bei Thomas von Aqu. (1971) passim. – [21] Unveröff. Ms., zit. in: O. LOTTIN: Psychol. et morale aux XIIe et XIIIe s. (Löwen/Gembloux 1942-60) 3/1, 316f.

Literaturhinweise. W. W. FOWLER: The Latin hist. of the word religio, in: Transact. of the 3rd int. congr. of the hist. of relig. (Oxford 1908). – O. LOTTIN s. Anm. [21]. – E. HECK: Roger Bacon, ein mittelalterl. Versuch einer hist. systemat. R.-Wiss. (1957); s. Anm. [20]. – W. C. SMITH s. Anm. [13]. – M. DESPLAND: La relig. en occident. Evolution des idées et du vécu (Montreal 1979). – E. FEIL s. Anm. [7].

IV. *Humanismus und Reformation.* – Die Bedeutung des Begriffs ‹religio› wandelt sich im Humanismus. Dies wird mit NIKOLAUS VON KUES, der den Begriff in seiner Schrift ‹De pace fidei› mehrfach gebraucht, sichtbar. Es geht hierin um die «concordia religionum» [1], nachdem der Kampf um Konstantinopel die Greuel eines R.-Krieges deutlich gemacht hatte. Der Grund der Möglichkeit der einen R. liegt im wesentlichen in der Einheit Gottes. Da seine Wahrheit eine ist, was ihre Unbegreiflichkeit ausmacht, so «sollte die Verschiedenheit der R.en zu dem einzigen rechten Glauben geführt werden» («perducetur omnis religionum diversitas in unam fidem orthodoxam») [2]. Hier sind die R.en die verschiedenen Glaubensweisen, die, wie Nikolaus meint, durch den freien Willen und seine Variabilitäten hervorgerufen sind. ‹Religio› bedeutet offenbar nicht mehr die Tugend der Observanz Gottes. ‹Religio› steht als etwas eigenes neben «latriae cultus» («Kult der Gottesverehrung») [3].

Im Eingang der Schrift ‹De pace fidei› heißt es, daß dem Verfasser eine Schau widerfuhr, durch die ihm gewiß wurde, daß durch die Erfahrung weniger weiser Leute alle die Verschiedenheiten, «quae in religionibus per orbem observantur» («welche in den R.en über den Erdkreis hin beobachtet werden»), in eine Einheit gebracht werden könnten «ac per eam in religione perpetuam pacem ... constitui» («und durch diese ein ewiger Friede in der R. begründet werde») [4]. Hier sind der Plural und der Singular von ‹religio› offenbar in verschiedener Bedeutung verwendet, die sich beide der mittelalterlichen Bedeutung der Gottesverehrung nicht fügen. Der Plural geht wie sonst in dieser Schrift auf die Vielheit der R.en. Der Singular könnte hier mit Gottesverehrung oder Kult wiedergegeben werden, wenn nicht wenige Zeilen weiter dieser Singular eindeutig die R. als Glaubensbekenntnis meinte: Die Klagen kommen vor Gott, daß «viele um der R. willen (ob religionem) die Waffen gegeneinander kehren» [5]. Die Generaldevise lautet in dieser Schrift: «Religio una in rituum varietate» («Eine R. in der Verschiedenheit der Riten») [6]. Religio ist grundsätzlich anderes als Ritus oder Kult und darin eigenständig.

In der Schrift ‹De coniecturis› behandelt Nikolaus den Menschen [7]. Er sieht die Menschen in einer dreifachen Ordnung. Die erste und oberste Gruppe sind die «Weisen», die ein Bild der geistigen («spiritualis») Welt in sich tragen. Die zweite Gruppe trägt noch von der Klarheit der ersten an sich, gehört aber zur Welt der Ratio. Die dritte Gruppe aber gehört den sinnlichen Eindrücken und ihren Begierden [8]. Die drei Gruppen gibt es auch «in ipsa religionis aut contemplationis parte» («im Teil der R. oder der Betrachtung»), so daß es hoch geistige, rationale wie sinnlich gebundene Gruppen von religiösen Menschen gibt. Das heißt also, daß «omnibus hominibus inest ... a natura specificata religio» («allen Menschen eine von Natur eigene R. innewohnt») [9]. Diese R. verspricht den Menschen «ein höheres unsterbliches Ziel». An dieser R. partizipieren die Menschen auf verschiedene Weise – und zwar in ihrer dreifach verschiedenen Eigenart. Die «unitas intellectualis illius religionis» («vernunfthafte Einheit jener R.») wird also verschiedenartig aufgenommen. Auch muß man sich klarmachen, daß der Eindruck, daß die R. – ebenso wie jede Herrschaftsform – längere Zeit stabil sei, ein Irrtum ist. Wie der Rhein sich ständig in jeder Hinsicht verändert: «So fließt die R. zwischen Spiritualität und Zeitlichkeit unbeständig dahin» («Ita et religio inter spiritualitatem et temporalitatem instabiliter fluctuat») [10]. So verschieden sind die R.en also auf Grund allgemeiner anthropologischer wie im ständigen Weltwandel gegebener Umstände. Aber in ihnen allen waltet ein angeborenes Verlangen («connatum desiderium»), dem die R. folgt («ad quam sequitur religio») und das sich in der Hoffnung auf Glück («felicitas») zeigt, derentwegen jede R. besteht («propter quam est omnis religio»). Diese so dem Verlangen verbundene R. ist dem Menschen angeboren [11].

In ‹De pace fidei› fragt Petrus den Syrer: «Ist nicht fast jede R. (omnis religio) – der Juden, Christen, Araber und der anderen vielen Menschen – der Meinung, daß die menschliche sterbliche Natur jedes Menschen nach dem zeitlichen Tod zu ewigem Leben auferstehen wird?» [12]. In dieser Frage wird die religio als dieser Auferstehungsglaube verstanden, und es wird zugleich deutlich, daß die verschiedenen R.en eben mit diesem Begriff bezeichnet werden können. An dieser Stelle verwendet der Kusaner für die verschiedenen R.en auch noch den mittelalterlichen Begriff ‹secta›, der ihm also noch bekannt war [13]. Das heißt offenbar, daß wir mit der Verwendung von ‹religio› für die verschiedenen R.en noch sehr am Anfang stehen.

In ‹De pace fidei› führt der Araber ein offenbar besonders wichtiges Gespräch mit dem «Wort» («verbum»). Das «Wort» hat von der absoluten Einheit der Weisheit gesprochen, in der sich die Einheit Gottes zeigt. Daraus folgt die Feststellung, daß also eine Einheit bestehe zwischen R. und Kult («una est igitur religio et cultus») und diese Einheit «in omni diversitate rituum» vorausgesetzt sei. Der Araber fragt nun nach dem Polytheismus. Das «Wort» antwortet, daß alle, die jemals mehrere Götter verehrten, die «Gottheit» («divinitatem») als eine vorausgesetzt hätten. Diese eine «divinitas» hätten sie angebetet, denn: «Wie es nämlich ohne Weißsein nichts Weißes gibt, so gibt es auch ohne Gottheit keine Götter». Diese Feststellung wird damit erläutert, daß es ja nur einen Ursprung («prima causa, principium aut creator universi») für alles geben könne [14].

Nikolaus von Kues setzt also 'die' R. als Eine in den verschiedenen R.en voraus. Ihre Einheit beruht auf dem einen Gott. Die Verschiedenheiten betreffen die Riten und Kultausübungen und sind in der Verschiedenheit der Menschen wie in dem stetigen Wandel der Welt gegeben. 'Die' R. ist dem Menschen angeboren. Sie gehört zum ebenfalls angeborenen Glückseligkeits-Streben des Menschen wie zu seiner Gewißheit von der Ewigkeit des Auferstehungslebens. Obwohl manchmal ein genereller R.-Begriff angedeutet ist, sind die R.en der Juden, Mohammedaner u.a. im wesentlichen deswegen R., weil sie mit Elementen der christlichen R. (Monotheismus, Unsterblichkeitsglaube usw.) an der wahren R. partizipieren [15]. Damit werden gegenüber dem Mittelalter Tendenzen eingeleitet, die maßgebend geworden und geblieben sind.

Im Gesamtwerk des Kusaners ist der religio-Begriff freilich sehr zurückhaltend gebraucht. Der Begriff ist in dieser Fassung offenbar ungewohnt. Das liegt ja auch auf der Hand. Dies bleibt auch bei den Reformatoren so. M. LUTHER hat noch am vielfältigsten von dem religio-Begriff Gebrauch gemacht. Aber auch bei ihm ist sein Vorkommen nicht hervortretend; bei PH. MELAN-CHTHON tritt der Begriff ganz zurück, bei J. CALVIN ist eigentlich nur die eine Verwendung wichtig, die wir unten behandeln werden.

LUTHER zeigt ein klares Bewußtsein von den verschiedenen Möglichkeiten, mit dem Begriff umzugehen. 1537 schreibt er im Zusammenhang seiner Besprechung von Konzilsbestimmungen über die Zulassung von Gebotsübertretern zum Sakrament: «Es setzt dasselbige Concilium, das diejenigen, so vom kriege lassen umb der R. willen ... Ich neme das wort R. jtzt an, as es heisse den gemein Christlichen Glauben» [16]. Aber ein wenig später bespricht er den Fall, daß Getaufte dem Kaiser Kriegsdienste leisten: «Es were denn, daß religio an diesem Ort nicht der Christliche Glaube, sondern Müncherei hiesse» [17]. Das heißt, Luther ist sich darüber klar, daß ‹R.› oder ‹religio› verschiedene Bedeutung haben können, nämlich den 'christlichen Glauben' ebenso wie die 'Möncherei'.

Luther hat ‹religio› sehr grundsätzlich für den christlichen Glauben verwendet: «Credere Christo et affici adfectibus dulcibus contra pauperem ... haec est nostra et Christiana religio. Deinde si crux accesserit est absoluta religio Christiana» («An Christus glauben und von Liebe gegen die Armen angeregt zu werden, das ist unsere christliche R. Wenn das Kreuz hinzukommt, so ist es die absolute christliche R.») [18]. Mit dem religio-Begriff kann Luther also die Einheit christlichen Glaubens und Handelns bezeichnen, die nach seinem Gesamtkonzept erst eine absolute wird, wo das Kreuz hinzukommt, d.h. wo die Anfechtung den Glauben «einübt». Das Miteinander des Glaubens an Christus und der sittlichen Affekte dieses Glaubens – eingeübt in der Anfechtung – ist R., ist christliche R.

Luther stellt den christlichen Glauben und das Wort Gottes eng zueinander. Dies ist die Basis seines ganzen Vorgehens. So sagt er, daß eine R., die sich nicht auf das Wort Gottes stützt, zu verurteilen ist [19]. Ferner heißt es: «allein Gottes Wort und die R. ist (solum verbum Dei est et religio) (so sie anders rechtschaffen rein und unverfälscht ist), da er allein will die Ehre von haben» [20]. Oder: «omnis talis religio qua colitur Deus sine verbo et mandato eius idolatria est» («eine jede solche R., in der Gott ohne sein Wort und Weisung verehrt wird, ist Götzendienst») [21]. Es ist deutlich, wie ‹R.› sowohl als Kennzeichnung von christlichem Glauben wie als Charakteristik speziell der Gottesverehrung verwendet werden kann. Mit dem R.-Begriff ist eben auch das Ganze des Glaubens gemeint: «Christiana religio est fidere misericordia et bonitate Dei propter Christum» («Christlich R. ist, auf die Barmherzigkeit und Güte Gottes vertrauen um Christi willen») [22].

Wenn der R.-Begriff also den christlichen Glauben in seinem Gottvertrauen «propter Christum» ebenso wie in seiner sittlichen Weltbewährung und Angefochtenheit ausdrücken kann, so kann er zugleich die außerchristlichen R.en – das Judentum wie den Islam – kennzeichnen. Luther sagt: «Omnes religiones, quae dissentiunt a vera religione christiana, sunt ex opere operato» («Alle R.en, die von der wahren christlichen R. differieren, sind solche aus dem Werk») [23], sie gründen also in Werkerei und Gesetzlichkeit. Ihnen gegenüber steht der christliche Glaube an die Rechtfertigung als das Feldzeichen, das ihn von allen anderen R.en unterscheidet [24]. Das Zentrum der Christologie – also die Gottheit Christi – ist der Glaube, von dem es heißt: «In diesem Artikel scheidet sich nu der Christen Glaube von aller andern menschen R. und Glauben» [25]. In der gleichen Predigt heißt es dann, daß man aus der Heilsgeschichte sieht, «daß aller ander Heiden, Türcken, jtziger Jüden und unchristen Glaube und R. und Gottesdienst allzeit gewest, und noch ist, nicht anders, denn ... nichtig ding» [26]. Das heißt: «Distinguo ergo inter religiones omnes mundi a Christo, qui soll über Mosen sein, remissio peccatorum et gratia soll etwas grossers sein quam cultus in toto mundo» («Ich unterscheide also unter allen R.en der Welt die aus Christus, die über Moses hinausgeht, Sündenvergebung und Gnade sind etwas Größeres als der Kult auf der ganzen Welt») [27]. Das heißt also, daß der Begriff ‹R.› die R.en als verschiedene Glaubensweisen charakterisieren kann, was im Mittelalter der Begriff ‹secta› übernommen hatte. Diesen Gebrauch kennt Luther zwar auch noch [28]. Aber der R.-Begriff kann die Rolle dieses Begriffs zu dieser Zeit voll übernehmen. Dabei ist wohl zu beachten, wie Luther ‹Glauben› und ‹R.› verbindet. In einer Predigt von 1545 spricht er von der «althergebrachten R. und christlicher glaube», von dem die Papisten nichts wissen [29]. Luther kann also von ‹Glauben› und ‹R.› durcheinander sprechen. Damit sind wir von R. als einem menschlichen Vermögen («virtus») weit entfernt. Luther kennt zwar auch noch den Gebrauch von ‹R.› für 'Möncherei' und 'Ordenswesen', aber der andere Gebrauch im Sinne des 'christlichen Glaubens' ist offenbar führend. Dabei kann dies auch so formuliert werden: «Nachdem er von der allergrößten Sachen auf Erden redet, vom Handel der R., nämlich vom ersten höchsten Gebot Gottes, was die rechte R., was der höchste und trefflichste Gottesdienst ist» [30].

Der R.-Begriff wird bei Luther nicht häufig verwendet. Aber er zeigt die ganze Ausdrucksbreite, wie sie ‹R.› seither eignet. Der Begriff ist zu dieser Zeit wohl nicht eindeutig – aber ist er das im 20. Jh.? Er ist offenbar beliebt, denn wir finden, daß sowohl H. ZWINGLI wie J. CALVIN ihn als Buchtitel verwenden [31]. Aber ‹R.› ist offenbar in seinem neuartigen Verwendungsbereich, der ihn von einem menschlichen Vermögen zum Ausdruck des Glaubens macht, noch nicht selbstverständlich und durchgesetzt.

Calvin verwendet den R.-Begriff häufig für die «wahre» R. als Kennzeichen z.B. der Alten Kirche [32], die immer wieder durch menschlichen Irrtum verdorben [33] und auch verspottet wird [34], die aber aller wahren Gotteserkenntnis dient [35]. Als solche ist die R. als «pura germanaque» die Quelle alles legitimen Kultes [36]. Wie sie also nicht einfach kultische Verehrung ist, so steht sie auch dem Bereich der «caritas» gegenüber [37]. Die R. gehört zum Glauben, und das heißt für Calvin zur Gotteserkenntnis. Die für Calvin besonders typische Verwendung des Begriffs findet sich in der Grundlegung der ‹Institutio› als «semen religionis». Dieses «semen religionis» ist dem Menschen angeboren [38]. Obwohl also alle Menschen das «religionis semen» haben [39], so weichen sie doch alle von der R. ab. Auch die Gesetze, die in allen Staaten versuchten, die R. zu erhalten, erwiesen sich als ein so schwaches Band, daß Gott selber sich offenbaren mußte [40].

Dieser kurze Überblick über die auch bei Calvin schmale Verwendung des R.-Begriffs zeigt, wie sich der Begriff auf seine neue Charakterisierung für das, was wir heute noch R. nennen, einspielt. ‹R.› kann, neben anderen, noch traditionellen Wortbedeutungen, die konkreten R.en einschließlich des christlichen Glaubens meinen, weil sie eine allgemeine menschliche Eigenart oder auch Vorgegebenheit ist. Mit dem Humanismus und der Reformation wird diese Wandlung sichtbar, die vom mittelalterlichen Denken fortweist und den neueren R.-Begriff vorbereitet.

Anmerkungen. [1] NICOLAUS CUS.: De pace fidei XIX. Philos.-theol. Schr., hg. L. GABRIEL (1966/67) 3, 706. – [2] De pace fid. III, a.O. 714. – [3] I, a.O. 712. – [4] 706. – [5] a.O. – [6] I, a.O. 710. – [7] De coniect. XIVf. – [8] De coniect. II, 15, a.O. [1] 2, 164. – [9] a.O. – [10] a.O. 166; vgl.: Idiota de mente XV, a.O. 3, 606: «connata religio», die stets in versch. Weisen erschienen ist, und zeigt, daß von Natur unseres Sinnes (mentis) Unsterblichkeit gegeben sei. – [11] De pace fid. XIII, a.O. 3, 764. – [12] a.O. 760. – [13] 760. 762; vgl.: De docta ignor. III, 1, a.O. 1, 428: «diversitas religionum et sectarum ac regionum». – [14] De pace fid. VI, a.O. 3, 724. – [15] Vgl. B. DECKER: Nik. von Cues und der Friede unter den R.en, in: J. KOCH (Hg.): Humanismus, Mystik und Kunst in der Welt des MA (Leiden 1953) 112. – [16] M. LUTHER: Von den Konziliis und Kirchen (1539). Weimarer Ausg. [WA] 50, 532. – [17] a.O. 535; vgl. 536. – [18] Annotat. in Ep. ad Titum (1527). WA 25, 11. – [19] Vorles. über Jesaja. Scholia (1532/34). WA 25, 383. – [20] WA. Tischreden 1, Nr. 136. – [21] In Ep. S. Pauli ad Gal. Comm. (1531/35). WA 40/II, 110. – [22] Vorles. über Jesajas (1527-30). WA 31/II, 54. – [23] WA. Tischreden 5, Nr. 5504. – [24] Vorwort zum ‹Libellus de ritu et moribus Turcarum› (1530). WA 30/II, 206. – [25] Pr. vom 4. Sonntag nach Epiphanias (1546). WA 51, 150. – [26] a.O. 155; vgl. 158. – [27] Enarr. Psalmi LI (1532/38). WA 40/II, 452. – [28] WA 51, 157. – [29] Pr. vom 12. 8. 1545. WA 51, 29. – [30] Deuteron. Mosis cum annot. (1525). WA 14, 732; dtsch. J. JONAS (1532) nach LUTHER: Sämmtl. Werke, Erlanger Ausg. 52 (1853) 403; zu ‹religio› = ‹Gottesdienst› vgl. Smith, a.O. [13 zu III.] 223, Anm. 80. – [31] H. ZWINGLI: De vera et falsa relig., comm. (1525); J. CALVIN: Instit. relig. Christ. (1535/6, ³1559). – [32] CALVIN, a.O. (³1559) I, 11, 13. Opera. Corp. reform. [CR] 30, 84. – [33] a.O. 3, 1. CR 30, 36. – [34] II, 8, 16. CR 30, 277f. – [35] I, 2, 1. CR 30, 34. – [36] 2, 2. CR 30, 35; Kult als «cum religione coniunctus est»: 12, 3. CR 30, 88. – [37] II, 8, 25. CR 30, 284. – [38] I, 5, 1. CR 30, 41. – [39] 4, 1. CR 30, 38. – [40] 5, 13. CR 30, 51.

Literaturhinweise. H. VOSSBERG: Luthers Kritik aller R. (1922). – K. HOLL: Was verstand Luther unter R.? in: Ges. Aufs. 1 (⁵1927) 1-110. – M. LUDWIG: R. und Sittlichkeit bei Luther (1931). – E. WOLF: Glaube, R., Evangelium im Verständnis reformat. Theol. Evang. Theol. 1 (1934) 226-244. – K. LAUK: Luthers Kritik aller R. Mschr. Pastoral-Theol. 23 (1937) 219-227. – B. DECKER s. Anm. [15] 94-121. – P. O. KRISTELLER: Die Philos. des M. Ficino (1972). – H. GRASS: Luther und die R. Luther. Z. Luther-Ges. 46 (1975) 25-39. – H. GRUNEWALD: Die R.-Philos. des Nik. von Kues und die Konzeption einer R.-Philos. bei G. Bruno (²1977). – R. HAUBST (Hg.): Der Friede unter den R.en nach Nik. von Kues (1984).   C. H. RATSCHOW

V. *Vom Beginn der Neuzeit bis zur Frühaufklärung.* – A. – In der *frühen Neuzeit* (1550-1700) kommt es zu einem Bedeutungswandel von ‹religio›. Für die Herausbildung eines R.-Begriffes in einer weiteren und allgemeineren Bedeutung, die es erlaubte, nun auch von ‹R.en› im Plural zu sprechen, wird man sicher verschiedene Faktoren verantwortlich machen müssen. Zunächst tragen wohl die synkretistischen Tendenzen und der ‹Konkordismus› (CH. B. SCHMITT) [1] der Renaissancephilosophie dazu bei. Deren Bewußtsein eines allen R.en gemeinsamen Kernes (der dann freilich im Christentum seinen reinsten Ausdruck finden soll) schlägt sich dann in traditionsbegründenden und programmatischen [2] Wendungen wie «prisca theologia» und «philosophia perennis» nieder. So kann etwa der Bibliothekar des Vatikan, A. STEUCHUS (1497-1548), in seinem 1540 erschienenen Hauptwerk schreiben: «In religionem veram cunctos Philosophos consensisse ...» [3]. Damit führt Steuchus Gedankengänge des G. PICO DELLA MIRANDOLA, der nur einige wahre Auffassungen als allen Traditionen gemeinsam gesehen hatte [4], fort.

Diesem humanistischen Ansatz zur Verallgemeinerung des R.-Begriffes verleiht TH. MORUS deutlichen und einflußreichen Ausdruck. Die Bewohner seines 'Utopien' machen die Glückseligkeit von wenigen, aber basalen und religiöser Überzeugung entspringenden Prinzipien abhängig, die in keinem Widerspruch zum Vernunftgebrauch stehen («... principia quaedam ex religione deprompta, tum philosophia quae rationibus utitur coniungant ...» [5]): Daß die Seele unsterblich und durch die Güte Gottes zur Glückseligkeit bestimmt sei. Daß unsere guten Taten im späteren Leben belohnt und unsere Sünden bestraft werden [6]. Diese Vorstellungen sind Teil eines gemeinsamen Bestandes von – auch dem Christentum kompatibel zu machenden [7] – religiösen Grundüberzeugungen. Morus steht bereits ein R.-Begriff von solcher Allgemeinheit und Wertneutralität zu Gebote, daß er von den «Religionibus Utopiensium» [8] sprechen kann, d.h. von einer Vielfalt von gleichermaßen legitimen Glaubensüberzeugungen und Kultpraktiken der Utopier. Obwohl sie verschiedenen R.en anhängen, kommen sie doch mit der vernünftigsten darin überein, daß es ein höchstes Wesen gebe, das Schöpfer und Herrscher der ganzen Welt sei [9].

Parallel zu (und wohl nicht unbeeinflußt von) diesem «religiös-universalen Theismus», wie W. DILTHEY [10] es später nennen wird, beginnt sich langsam die vergleichende R.-Betrachtung zu entwickeln, die sich verstärkt um eine objektive Sicht der paganen R.en bemüht. Von L. G. GYRALDUS (1479-1552) [11] über G. J. VOSSIUS (1577-1649) [12] bis hin etwa zu T. PFANNER (1641-1716) [13] wird das Heidentum (wie das Judentum und der Islam sonst auch) als «R.» angesprochen und durchaus positiv diskutiert, indem es entweder anachronistisch in Abhängigkeit vom Judentum – wie etwa bei P. D. HUET [14] – gesehen wird oder indem ihm Anteil an der 'allgemeinen Offenbarung' (die freilich als heilsinsuffizient betrachtet wird) und damit ein wahrer Kern zugesprochen wird.

Weiterhin stellte die Erweiterung des ethnographischen Horizontes im Gefolge der Entdeckungsreisen das Europa der frühen Neuzeit vor die Aufgabe der Sichtung, Klassifikation und Einschätzung bislang ganz unbekannter Formen der Gottesverehrung. Daß hierbei diese, wie auch alle anderen, durchaus als ‹R.› bezeichnet werden konnten, belegt denn etwa die oft gedruckte und in mehrere Sprachen übersetzte ‹Πανσέβεια, or a View of all Religions in the world› (London 1653, ⁶1696) [15] von A. Ross (1591-1654).

Schließlich hat sich unter dem Eindruck des «Unheils der interkonfessionellen Streitigkeiten, des staatlichen Glaubenszwangs und der Glaubenskriege» im Deismus (s.d.) der Gedanke von der Suffizienz der natürlichen R. (s.d.) herausgebildet als die Ablehnung der Auffassung, «das ewige Heil des Menschen sei überhaupt nur möglich, wenn er an eine bestimmte Offenbarung des göttlichen Willens oder an die Auslegung dieser Offenbarung durch eine bestimmte Kirche glaubte» [16].

Anmerkungen. [1] Vgl. CH. B. SCHMITT: Introd., in: A. STEUCHUS: De perenni philos. (Lyon 1540, ND New York 1972) VIIIf. – [2] Vgl. Art. ‹Philosophie, immerwährende›. – [3] STEUCHUS: De per. philos. X, 1, a.O. [1] 561. – [4] Vgl. SCHMITT, a.O. [1] XI. – [5] TH. MORUS: Utopia II, 6. The compl. works, hg. E. SURTZ/J. H. HEXTER 4 (New Haven/London 1965) 160. – [6] a.O. 162. – [7] II, 9, a.O. 216f. – [8] a.O. – [9] ebda. – [10] W. DILTHEY: Weltanschauung und Analyse des Menschen seit Renaiss. und Reformat. Ges. Schr. 2 (³1923) 145. – [11] L. G. GYRALDUS: De deis gentium varia et multiplex historia (Basel 1548). – [12] G. J. VOSSIUS: De theologia gentili (Amsterdam 1642). – [13] T. PFANNER: Systema theologiae gentilis purioris, qua quam propè ad veram religionem gentiles accesserint ... (Basel 1679); für den Zus. insges. vgl. O. GRUPPE: Gesch. der klass. Mythologie und R.-Gesch. (1921) 22-58; H. PINARD DE LA BOULLAYE: L'étude comp. des relig. 1: Son hist. dans le monde occid. (Paris ⁵1929); J. WAARDENBURG: Class. approaches to the study of relig. 2: Bibliogr. (Den Haag/Paris 1974) 3-11. – [14] P. D. HUET: Demonstratio evang. (Paris 1679). – [15] A. ROSS: Der gantzen Welt Religionen ... übergesetzt A. REIMARO (Amsterdam 1667); niederl.: s'Weerelds Gods-Diensten, of Vertoog van alle de Religien (Amsterdam 1663, ⁵1671); frz.: Les relig. du monde, ou demonstration de toutes les relig. (Amsterdam 1666). – [16] G. GAWLICK: Vorw., in: G. V. LECHLER: Gesch. des engl. Deismus (1841, ND 1965) Vf.

S. LORENZ

B. – Im Rahmen einer allmählich weniger konturierten Bedeutung von ‹R.› bleibt weiterhin auf lange Zeit ihre antik-christliche Prägung in Kraft, nach der sie die 'sorgfältige Beachtung' dessen meint, was 'Gott gegenüber zu tun' ist, für Christen dahingehend spezifiziert, daß es nur eine «vera religio», nämlich die ihre, geben kann. Dort ist diese Achtung der Vollzüge gegenüber Gott nicht eine heilswirksame, durch Gottes Gnade ermöglichte und folglich supernaturale, sondern dem Menschen «naturalis» (was gerade noch nicht ‹religio naturalis› bedeutet). Sie gehört, wie THOMAS VON AQUIN ausführt, zu den «virtutes morales» und hier als Untertugend zur «iustitia». «Naturalis» ist diese Tugend, wie die Gotteserkenntnis grundsätzlich dem Menschen von Natur eigen ist, aus der die Verpflichtung der Gottesverehrung resultiert. Indiz für diesen eingegrenzten Gebrauch von ‹religio› in dieser Tradition ist, daß dieser Terminus für andere Überzeugungen, die bes. als «Iudaei», «Mahometani» und «Gentiles/Pagani» bezeichnet werden, grundsätzlich nicht angewandt wird. Wo diese Überzeugungen in einem systematisch gleichberechtigten Rang mit der christlichen stehen, nämlich in der hochmittelalterlichen Astrologie (nach der die meist sechs oder sieben hauptsächlichen Überzeugungen einschließlich der christlichen aus Sternkonstellationen resultieren), wird als gemeinsamer Oberbegriff ‹secta› (im Sinn von 'Gefolgschaft') und bes. ‹lex› verwendet, wozu sich erst im Humanismus bes. bei G. PICO DELLA MIRANDOLA auch, aber nicht bevorzugt, ‹religio› hinzugesellt, ohne schon die Bedeutung von 'Beachtung dessen, was Gott gegenüber zu tun ist' zu verlieren [1].

Daß und in welchem Maße diese enge Fassung von ‹religio› noch im Humanismus um die Mitte des 16. Jh. gilt, zeigt G. CARDANO, wenn er grundsätzlich «religio» für die eigene Sache verwendet, als gemeinsame Benennung jedoch durchgängig «leges» sagt, und zwar pointiert: «Leges autem quatuor, Idolorum, Iudaeorum, Christianorum et Mahumetanorum» [2]. «Religio» ist also noch so positiv besetzt, daß den anderen Überzeugungen faktisch nur «superstitio» attestiert werden kann.

Die Wahrung des tradierten Sprachgebrauchs belegt darüber hinaus die in ihrer Folge durchaus wirkungsvolle spanische Spätscholastik. Noch und besonders F. SUÁREZ hat in einem ausführlichen Traktat die Konzeption des hohen Mittelalters und speziell des Thomas übernommen und «religio» als «virtus moralis», d.h. als zu den Kardinaltugenden gehörig, und grundsätzlich nicht als «virtus supernaturalis», d.h. zu Glaube, Hoffnung und Liebe gehörig, qualifiziert [3] (die gelegentliche und nicht näher reflektierte Bezeichnung der «religio» als «supernaturalis» [4] paßt nicht hierzu und bleibt auch bedeutungslos). Es gibt also noch bis ins 17. Jh.

hinein ausführliche Konzeptionen, die zwar eine dem Menschen natürliche «religio», aber eben keine «religio naturalis» kennen, die grundsätzlich nicht auf die Beachtung heilswirksamer Vollzüge gerichtet ist, sondern dem Menschen aufgrund seiner Natur (auf)gegeben ist; ihr Bezugspunkt ist nicht Gott selbst, sondern die Reverenz gegenüber Gott als Schöpfer, dem jedes Geschöpf Ehrerbietung schuldet.

Während im Bemühen, den konfessionellen Frieden herzustellen, nach dem Fehlschlagen von später sog. 'Religionsgesprächen' (etwa in Poissy 1561) vornehmlich französische Juristen vorangingen [5] und erste Schritte zur Toleranz einzuschlagen suchten [6], ergaben sich für die «religio» noch keine erkennbaren Neuerungen. Die These von ihrer Neutralisierung mit Verweis auf die Aussage «L'Estat et la Religion n'ont rien de commun» [7] ist problematisch, bleibt doch gerade hier eine Kompetenz des Gemeinwesens für sie [8]. Eine Neutralisierungsthese formulieren auch Konzepte zur «Politica» nicht: Uneingeschränkt setzen sie die Existenz Gottes voraus und auch die Notwendigkeit, ihm die geschuldete Ehre zu erweisen, ferner, daß diese nur eine wahre sein kann; J. BODIN will diese «religio» nicht im geheimen zulassen, da sie dort zu Verschwörungen beiträgt [9]; L. DANAEUS und mehr noch J. LIPSIUS wollen auch nur eine «religio» im Gemeinwesen [10], ohne zu sagen, wie diese Einheit hergestellt werden kann; gegenüber anderen setzt B. KECKERMANN die «religio» als über die Zuständigkeit des Gemeinwesens hinausgehendes Ziel an [11]. Statt einer Neutralisierung oder gar Privatisierung der Gottesverehrung geht es also nur um (konfessionellen) Frieden, wobei jeder Atheismus als politisch unzuverlässig abgelehnt wird; die Furcht vor ewiger Verdammnis hat folglich unmittelbar politische Relevanz [12]. Diese Einschätzung gilt, ob, wie durchgängig, die politische Legitimation von Gott oder aber, wie vereinzelt etwa bei J. ALTHUSIUS, vom Volk ausgeht [13]. Für fundamental hält die «religio» bzw., wie er bevorzugt sagt, die «pietas», jedoch lediglich LIPSIUS [14]. Alle aber weisen sie dem Magistrat oder Fürsten diesbezügliche Kompetenzen zu, raten aber meist zur Gewaltlosigkeit, insbesondere dann, wenn Gewalt ohnehin keinen Erfolg verspricht.

Überraschend wenig beachtet M. DE MONTAIGNE die «religion». Grundsätzlich differenziert er zwischen «nostre Religion» und «autres religions» [15]; und wenn er einmal «religion purement mentale» sagt, so in dem Sinn, daß der menschliche Geist nicht zu ihr, sondern nur zu einer Verehrung durch sinnliche Handlungen und Worte («par offices et paroles sensibles») in der Lage ist [16]. Etwa gleichzeitig verteidigt PH. DUPLESSIS-MORNAY die christliche als die einzig wahre «religio», die dem Menschen «naturaliter» eingegeben und zugleich, ohne daß dies als Problem erscheint, durch Gottes Offenbarung bekannt geworden ist und die durch Gott allein den Weg zum Heil zu weisen vermag [17]; dabei verwendet er «religio» konkret und nur ausnahmsweise, so im astrologischen Kontext, gemeinsam für Christen, Juden und Heiden, wo er aber auch «lex» sagt [18].

Eine wichtige terminologische, freilich noch unreflektierte Weiterführung findet sich in der Apologie christlichen Glaubens (und nicht der «religio») gegen die «Athei» von CH. DE CHEFFONTAINES mit dem Nachweis, daß diese «fides» mit der «naturalis ratio» der Philosophen, der «naturalis philosophia», übereinstimmt, die sich freilich wahrhaft nur bei Christen findet, kurz: daß die «natura» die «religio» lehrt – eine ja auch für die Hochscholastik nicht überraschende Annahme. Diese «religio» stimmt nun, wie Cheffontaines in einer abschließenden Formulierung sagt, mit der «naturalis religio» überein [19]. In diesem inzwischen frühesten bekannten Beleg für die «naturalis religio» erläutert er aber nicht, was er näherhin mit ihr meint. Die Selbstverständlichkeit der Verwendung läßt jedoch darauf schließen, daß es einen bislang noch unbekannten Gebrauch dieses Terminus – vermutlich mindestens bei französischen Humanisten – geben muß.

Bekanntlich hat J. BODIN das Thema «religio» nachhaltig aufgenommen, und dies in der Tradition kontroverstheologischer Dialoge; er läßt jedoch nicht nur – wie üblich – einen Juden, Christen und Mohammedaner diskutieren, sondern für die Christen je einen Vertreter der drei Konfessionen sowie zwei weitere Vertreter noch einmal differenter Positionen, von denen einer vorsichtshalber jeden «cultus» bzw. jede «religio» übt, die er jeweils vorfindet, da die eine wahre Verehrung Gottes sich nicht finden läßt, während der andere eine ursprüngliche Verehrung verficht, wie sie seit Adam bzw. meist wohl Abel bis zu Noah praktiziert wurde; diese nennen beide, freilich nur an drei Stellen, auch «religio naturae» bzw. «religio naturalis» [20]. Sie bleibt somit grundsätzlich einer historischen Epoche zugeordnet, wie dies bereits bei J. L. VIVES der Fall war, wo sie jedoch als dem Menschen von Natur aus eigene und d.h. ihm «naturalis» aufgefaßt wurde. Sie wurde jedoch auch dort noch nicht ‹religio naturalis› genannt, sondern, wie bei M. FICINO, allenfalls «communis religio» [21]. Hiermit stimmt überein, daß BODIN als allenthalben anerkanntes Kriterium für die «optima religio» (was im Hinblick auf die «vera religio» problematisch erscheint, die nicht die beste, sondern nur eine einzige sein kann) die «antiquissima» nennt [22]. Ein Ergebnis hat dieser Dialog Bodins gerade nicht: Die anfängliche Frage nach der Erlaubtheit einer Diskussion über die «religio (vera)» findet eine Antwort in deren Ergebnislosigkeit.

Die historische Charakterisierung der «religion» behält auch P. CHARRON bei, indem er von der «naturelle» für die Zeit vor der Sintflut die «gentile» für die Zeit danach unterscheidet [23].

Demgegenüber führt F. BACON die Thematik der «religion» nicht weiter, obwohl gerade er mit Nachdruck auf eine «Divine philosophy» bzw. «Natural Theology» abhebt [24]; darin zeigt sich, daß bis hierher zwischen der hinter Varro wohl auf Panaitios zurückgehenden, im Rahmen der «theologia tripertita» genannten «theologia physice» als der philosophischen und somit allein wesentlichen «theologia» [25] und der «religio naturalis» keine Verbindung besteht. Letztere hat Bacon denn auch nicht vertreten.

Die bislang früheste nachhaltig entwickelte Konzeption der «religio» hat T. CAMPANELLA vorgelegt, einmal, wenn auch nicht hinlänglich deutlich, in seiner ‹Metaphysica› [26], in aller Deutlichkeit kurz vorher aber in seiner Apologetik [27]; in ihr unterscheidet er vier Ebenen, eine «religio naturalis», «religio animalis», «religio rationalis» und schließlich «religio supernaturalis». Die erste meint die dem Schöpfer von der unbelebten Kreatur erwiesene Ehre: «Die Himmel rühmen des Ewigen Ehre» (wie Gellert viel später Ps. 19, 1 fassen und Beethoven den Text vertonen wird); die zweite bezeichnet die Verehrung Gottes durch die belebte Kreatur, etwa daß der Elefant den Mond verehrt; erst dann ergibt sich die Ebene der geistigen Verehrung durch die geistbegabte Kreatur, den Menschen, der schließlich für die rechte Ehrung Gottes dessen Hilfe bedarf, nämlich der «religio supernaturalis». Damit ist die «religio naturalis» auf die noch Menschen und Tieren vorausliegende, rein materielle Ebene verwiesen. Dies bestätigt, daß eine «religio», die dem Menschen «naturalis» ist, noch keine «religio naturalis» darstellt, ist doch die «religio rationalis» selbstverständlich dem Menschen «naturalis» [28]. Grundsätzlich bleibt auch bei Campanella ‹religio› traditionell bestimmt, nämlich zur Bezeichnung jener Vollzüge, die der Mensch – von Natur aus – Gott zu erweisen hat: Anbetung, Gebet, Opfer bis hin zum Eid [29] (vgl. Thomas von Aquin). Bei Campanella findet sich auch der bislang früheste Beleg für «religio politica» [30] (noch nicht «civilis»), der jedoch nicht schon für eine vertiefte politische Bedeutung von ‹religio› spricht.

E. HERBERT VON CHERBURY bestimmt ‹religio› durchaus im Rahmen der Tradition, für die sie ohnehin natürlich ist – eine Qualifikation, die erst dann spezifisch wird, wenn ihr – später – eine Beziehung zur Offenbarung entgegengesetzt wird, ggf. als «religio revelata» bzw. «supernaturalis». Auf der Suche nach der Begründung wahrer Erkenntnis geht es Cherbury um «communes notitiae», gleichfalls im Rahmen der Tradition der κοιναὶ ἔννοιαι, deren er fünf für die «religio» aufstellt, nämlich daß die Existenz eines höchsten göttlichen Wesens anzunehmen, daß dieses zu ehren, daß Tugend die beste Weise eines göttlichen «cultus» ist und daß Sünden wiedergutzumachen und nach dem Leben Lohn bzw. Strafe zu erwarten sind [31]. Daß – historisch genommen – Herbert von Cherbury dies nicht als «religio naturalis» ansieht, zeigt, daß der einzige bis jetzt bei ihm auffindbare Beleg für diesen Terminus nur in einem Manuskript steht, für den Druck aber gestrichen wurde [32]. Es mag somit dahinstehen, seit wann es einen 'Deismus' mit einer für ihn zentralen Annahme einer 'natürlichen R.' gibt, zumal der zeitgenössische Begriffsgebrauch von ‹Deismus› gerade jüngst in einer gewissen Mehrdeutigkeit erkannt worden ist [33]. Wesentliche Bedeutung erhält Herbert von Cherbury jedoch dadurch, daß er der «ratio» und zusammen mit ihr der «religio» gegenüber jegliche «fides», sei es für die Geschichte, sei es für die Theologie, abwertet, führt die «fides» doch nicht zur «veritas», sondern lediglich zum «verisimile» im Sinne eines 'veri-simile (wahr-scheinlich)'. Belegen läßt sich diese Interpretation an CH. KORTHOLT, der gegenüber Herbert von Cherbury feststellt, daß dieser nicht so sehr die «Religio Naturalis» gefestigt als vielmehr die «Revelata Religio» erschüttert hat (womit hier zugleich die – gegenüber ‹religio supernaturalis› – verbreitetere Antithese zu ‹religio naturalis› formuliert ist) [34].

Fast gleichzeitig formulierte U. ACOSTA (DA COSTA), der nach der zwangsweise erfolgten Christianisierung seiner Familie zum Judentum zurückgekehrte und von den Juden verschiedentlich exkommunizierte Emigrant, gegen Juden (und Christen) jene «una ... religio», die wirklich «religio» ist, die durch Noah und seine sieben Gesetze konstituiert ist; gegen das jüdische Gesetz wird diese «religio» durch die «recta ratio» als die «vera norma» der «naturalis lex» gefunden; Acosta nimmt als diese «religio» nicht eine «naturalis religio», sondern die «naturalis lex», die allen Menschen gemeinsam und eingeboren ist [35].

Eher pragmatisch argumentiert H. GROTIUS. In seiner besonders an Vives und Duplessis anknüpfenden Apologie bestimmt er die «religio» jedoch deutlicher als «non in ritibus, sed in animo» existierend [36]. Trotz der «Religionum genera» unter Einschluß der «religio Paganica» [37] ist nur die christliche auch die «vera religio» [38]. Widersprüchlich dazu charakterisiert er als «vera» im überstaatlichen Bereich eine zu allen Zeiten gemeinsame «religio», die er in vier Sätzen umschreibt (daß Gott existiert – der ein geistiges Wesen ist – die Geschichte lenkt – und alles geschaffen hat) [39]. Ihr gegenüber hält er die «religio» im Gemeinwesen für eingeengt [40], billigt er doch der höchsten Gewalt ein Herrschaftsrecht über die «sacra» und d.h. über die «religio» [41], vornehmlich über die dem Menschen von Natur eigene «religion» [42].

Eine wichtige Position nimmt TH. HOBBES ein: Angesichts der in seinen verschiedenen Werken differierenden Aussagen kann hier nur vom ‹Leviathan› gesagt werden, daß es im Naturzustand lediglich «the natural seed of religion» und d.h. nicht schon sie selbst gibt; dieser «Same» resultiert aus der Unkenntnis der letzten Ursachen und der daraus folgenden Furcht [43]. R. existiert somit nur im Rahmen menschlicher oder göttlicher Politik [44], d.h. als «formed religion» [45]; ihr muß jeder Untertan folgen bis hin zur Bereitschaft, bei Widerspruch das Martyrium auf sich zu nehmen (was ohnehin zum rechten Christsein gehört) [46], statt gegen den Souverän Widerstand zu leisten. Hier entfällt somit sogar jene dem Menschen von Natur eigene «religion».

Für B. PASCAL geht es um die «religion chrétienne», der seine Wette gilt, daß er sich eher fürchten würde, sich zu täuschen und zu erfahren, daß sie wahr sei, als sich nicht zu täuschen, indem er sie für wahr hielte [47]. Für sie reklamiert er gegen die «autres religions» [48], daß sie die Vernunft auf ihrer Seite hat [49]. Gegründet auf einer «religion», die ihr vorausgeht [50], behauptete sie sich immer und blieb unbeugsam, was Pascal göttlich nennt [51]. ‹Religion›, in gleicher Funktion wie ‹foy› gebraucht, steht für Pascal im Zentrum, ohne daß er näher entfaltet hätte, worin sie denn besteht. Faktisch bezeichnet der Terminus die Summe des Christseins wie auch dessen Zentrum.

Völlig anders stellt sich die R. bei B. SPINOZA dar. Dabei kann hier seine komplizierte und wohl auch problematische Konzeption außer acht bleiben, daß nicht nur Existenz, sondern auch Erkenntnis ohne Gott nicht möglich ist und somit jedes Ding in der Natur den Begriff Gottes in sich schließt [52] und daß dennoch zu den «fidei universalis dogmata», (die in den Bereich des Gehorchens gehören [53]), die Annahme der Existenz Gottes zählt [54]. Gleichwohl gibt es für Spinoza «Religio» nicht im Naturzustand [55]; Mose hat sie vielmehr zu seiner Zeit eingeführt [56]. Sie gewinnt Rechtskraft erst durch die Obrigkeit [57]. Damit geht Spinoza noch hinter Hobbes zurück, insofern noch nicht einmal Samen der «Religio» im Naturzustand vorliegen. Gegenüber der von Fälschern entstellten «Religio», die nicht mehr in der Liebe, sondern in der Verbreitung von Zwietracht und Haß besteht [58], und denn mit Philosophie bzw. Wissenschaft vermengten «Religionis dogmata» [59] will Spinoza eine «Religio», die von Spekulationen [60] und so von der Vernunft überhaupt getrennt [61] zusammen mit der «pietas» in der Übung von «charitas» und «aequitas» [62] bzw. im Gehorsam gegen Gott besteht [63], d.h. nicht so sehr in äußeren Handlungen als vielmehr «in animi simplicitate et veracitate», der also auch das höchste Recht zukommt, frei über sie zu denken [64]. Spinoza sagt noch nicht «interna» oder «externa religio», sondern «externus Religionis cultus» und «Dei internus cultus» [65]; hiermit geht er immerhin einen wichtigen Schritt auf eine 'innerliche R.' zu, die er als «Catholica» im Sinn der allgemeinen «Religio» ansieht [66]. Sie ist dieselbe, ob sie durch das «lumen naturale, sive Propheticum» oder ähnlich durch Gott geoffenbart wurde [67].

J. LOCKE erörtert «religion» weder philosophisch – hier bleibt er bei «reason» und «faith» überdies in einer sorgfältigen Abgrenzung beider [68] – noch politologisch [69], wohl aber in konkreten Fragen der Toleranz und der Vernunftgemäßheit des Christentums. Demnach liegt die «true and saving religion» «in the inward persuasion of the mind, without which nothing can be acceptable to God» [70]; faktisch aber verwendet Locke ‹religion› in gleicher Funktion wie ‹cultus/worship›. Bei aller Forderung der Toleranz bleiben von dieser Atheisten ausgeschlossen, da sie alle «religion» untergraben [71].

Insbesondere G. W. LEIBNIZ reflektiert bevorzugt die Kompatibilität von «Raison» und «Foy» [72]. Entsprechend weist er die Entgegensetzung von R. und Vernunft bei P. BAYLE zurück [73] und sieht den Stifter der reinsten und aufgeklärtesten «religion» [74] in Jesus Christus, der auch die «religion naturelle» zum Gesetz gemacht hat [75]. So lehrt uns die natürliche Vernunft die gute Moral und die «vraye Religion» [76], wobei sich LEIBNIZ gegen die Entgegensetzung von «religion naturelle» und Offenbarung wehrt [77].

Weniger im ‹Dictionnaire› als in theologischen Schriften hat BAYLE auf die R. Bezug genommen, die er trotz des Umstandes, daß er ihr keine moralbegründende Funktion zuschreibt, für das Staatswesen für nützlich hält [78]. Er unterscheidet dabei von inneren Dispositionen als deren Ausdruck «actes externes de Religion», in denen sich also die «Religion intérieure» manifestiert; als Wesen der «religion» bestimmt Bayle aber «certaine persuasion de l'ame par raport à Dieu» [79]. Dabei findet sich bei Bayle ein weiterer bedeutender Schritt zu einer Verinnerlichung der R. im neuzeitlichen Sinn, ohne daß er jedoch schon die vollständige Antithese durch die Formulierung einer «religion extérieure» vornähme.

Noch nicht bei L. OSIANDER [80], wohl aber in der entfalteten lutherischen Orthodoxie, bei G. CALIXT [81] und A. CALOV [82] bis hin zu D. HOLLAZ [83], gehört die «religio» in die Grundlegung der Theologie hinein. Dabei wird von der «religio» gesagt, daß sie den Menschen Gott unterwirft [84]. Bei CALIXT findet sich bislang erstmals die Verbindung «naturalis illa Theologia et religio» [85]. Dabei stellt die «naturalis religio» für die protestantische Tradition noch lange keine Alternative [86] oder gar Antithese zur «religio revelata» dar, sondern im Gegenteil jenes Wissen, das Gott dem Menschen gab, damit dieser ihn ehre und selbst ein ruhiges Gewissen habe, ohne daß die «religio» zum Heil führte [87].

A. SHAFTESBURY wendet sich gegen den Atheismus [88], dem er die «Religion» entgegensetzt, die Anbetung und Liebe Gottes nährt [89]. Nur gelegentlich spricht Shaftesbury von «natural Religion», dort, wo er die «intire Affection» als Folge des Lebens gemäß der Natur und der Gesetze der höchsten Weisheit als «Morality, Justice, Piety, and natural Religion» qualifiziert [90]. Als Grundlage von *«Piety* and *true Religion»* bestimmt Shaftesbury *«good humour»*, diese Stimmung schützt zugleich am besten gegen «Enthusiasm» [91].

Insgesamt scheint sich bezüglich der Konzeption von ‹religio› bis 1700 nur ein kaum merklicher Wandel vollzogen zu haben. Zwar wurde die Beschränkung auf den christlichen Bereich aufgegeben und ‹lex› bzw. ‹secta› von ‹religio› in dieser Funktion durchweg verdrängt,

aber eine spezifische Reflexion über sie blieb im Grunde aus. Nur langsam kam der Terminus ‹religio naturalis› auf, ohne schon eine einheitliche Bedeutung zu gewinnen – vor allem CAMPANELLA scherte hier aus – und insbesondere ohne grundsätzlich einen Gegensatz zur ‹religio revelata› darzustellen; er spielt jedoch faktisch noch keine Rolle, wie sich besonders bei SPINOZA zeigt. Wichtige Autoren, bei denen man dies hätte vermuten können, haben der «religio» keine Aufmerksamkeit gewidmet, so etwa J. Böhme, G. Bruno, R. Descartes oder F. Fénelon. Ein Durchbruch auf dem Weg zu einer 'R.-Philosophie' läßt sich mindestens bislang nicht konstatieren. Auch jenes bekannte und berühmte «Cuius regio, eius religio» hat sich bei den untersuchten Autoren nicht nachweisen lassen. Es stammt aus der protestantischen Kanonistik des 16. Jh. [92]. Selten bleiben Konzeptionen, nach denen «religio» sich entweder auf seiten der Vernunft und getrennt vom Glauben – wie bei HERBERT VON CHERBURY – oder aber hinter verschiedenen Ausformungen – wie bei ACOSTA – befindet, wobei letztere immerhin noch an Noah und somit historisch gebunden bleibt. Die Konzeption PH. MELANCHTHONS von einer hinter allen liegenden, überall und zu allen Zeiten gleichen R. mit jeweils verschiedenen Namen [93] fand sich bislang sonst nirgends; es bleibt die Ausnahme, wenn J. SELDEN die «religion» mit der Kleidung, mit einem Wams vergleicht; so hat jedermann seine «religion», wir unterscheiden uns nur in der Ausstaffierung [94].

Anmerkungen. [1] E. FEIL: Religio (1986) 208-213; vgl. 434-439. 578-587 u.a. zu G. PICO DELLA MIRANDOLA: Disput. adv. astrol. divin. Op. omn. (Basel o.J. [1572], ND 1971). – [2] G. CARDANO: De subtilitate XI. Op. omn. (Lyon 1662, ND 1967) 3, 551 b. – [3] F. SUÁREZ: De virtute et statu religionis I, 3, c. 3. Op. omn., hg. C. BERTON (Paris 1856-78) 9, 44ff. – [4] I, 2, c. 1, nr. 7, a.O. 9, 25 a. – [5] Vgl. R. SCHNUR: Die frz. Juristen im konfess. Bürgerkrieg des 16. Jh. (1962) – [6] Vgl. J. LECLER: Gesch. der R.-Freiheit 1-2 (1965). – [7] SCHNUR, a.O. [5] 67 mit Verweis auf ANON.: De la vraye et legitime constit. de l'Estat (Paris 1591); a.O. 9. 71; vgl. R. SCHNUR: Individualismus und Absolutismus (1963) 39. 77. – [8] LECLER, a.O. [6] 2, 162f. – [9] J. BODIN: Les six livr. de la république III, 7 (Paris 1583, ND 1961) 496f. – [10] L. DANAEUS: Politica Christiana III, 2. 6; V, 3 (Genf 1596) 170ff. 247ff.; J. LIPSIUS: Politica sive Civilis doctrina IV, 2 (Lyon 1589) 104ff. – [11] B. KECKERMANN: Systema disciplinae polit. 1 (1625) 23. – [12] Vgl. BODIN: Rép. VI, 1, a.O. [9] 847. – [13] J. ALTHUSIUS: Politica (Arnheim 1610) Praef. *4ʳ. – [14] LIPSIUS: Pol. I, 2, a.O. [10] 3-9. – [15] M. DE MONTAIGNE: Ess. II, 12, hg. A. THIBAUDET (Paris 1950) 484. 489. – [16] a.O. 572f. – [17] PH. DE MORNAY: De veritate religionis Christianae (Antwerpen 1583) 441ff. – [18] a.O. 759f. – [19] C. DE CHEFFONTAINES: Novae illustrationes Christianae fidei (Paris 1586) 76ᶠf. – [20] J. BODIN: Coll. heptaplomeres, hg. L. NOACK (1857, ND 1970) 143. 192. 351f. – [21] J. L. VIVES: De veritate fidei Christianae II, 1. Op. omn. (Valencia 1790, ND 1964) 8, 136f.; M. FICINO: Theologia Platonica XIV, 9f. Op. omn. (Basel 1576, ND 1959) 1, 320. 324. – [22] BODIN, a.O. [20] 133. 140ff. 351. – [23] P. CHARRON: Les trois veritez II, 1. Oeuvr. (Paris ²1635, ND 1970) 2, 67f. u.ö. – [24] Bes. F. BACON: Of the advancement of learning II. The works, hg. J. SPEDDING u.a. (London 1858-61, ND 1963) 3, 346f. – [25] E. FEIL: Von der 'polit. Theol.' zur 'Theol. der Revolution'? in: Disk. zur 'Theol. der Revolution' (1969) 110-132; G. LIEBERG: Die 'theologia tripertita', in: Aufstieg und Niedergang der röm. Welt I/4 (1973) 63-115. – [26] T. CAMPANELLA: Univ. philosophia, seu Metaphysicae res III, 16, 1 (Paris 1638) 196ff.; Metafisica, hg. G. DI NAPOLI (1967) 3, 176ff. – [27] Atheismus triumphatus (Paris 1636). – [28] Ath. tr. 9, a.O. 95ff. – [29] Univ. philos. III, 16, 1, 4, a.O. [26] 200; Met., a.O. 194. – [30] Univ. philos. III, 16, 5, 1, a.O. 207; Met., a.O. 228. – [31] E. Lord HERBERT VON CHERBURY: De veritate, hg. G. GAWLICK (London 1645, ND 1966). – [32] Vgl. M. M. ROSSI: La vita, le opere, i tempi di E. Herbert di Chirbury (Florenz 1947) 3, 415; vgl. GAW-

LICK: Einf., a.O. XLII, Anm 8. – [33] «Deistae» als «Novi Arriani» bzw. «Antitrinitarii»: vgl. E. FEIL: Die Deisten als Gegner der Trinität. Zur ursprüngl. Bedeut. und spez. Verwendung des Begriffs ‹Deistae› für die Sozinianer. Arch. Begriffsgesch. 33 (1990) 115-124. – [34] CH. KORTHOLT: De tribus impostoribus magnis (1680) 59. – [35] U. ACOSTA: Exemplar humanae vitae. Die Schriften des Uriel da Costa, hg. C. GEBHARDT (London u.a. 1922) 117f. – [36] H. GROTIUS: De veritate religionis Christ. Opera (Amsterdam 1679, ND 1972) 3, 69f. – [37] a.O. 63. 68. – [38] 33 u.ö. – [39] De iure belli ac pacis II, 20, 45. – [40] a.O. – [41] De imperio summarum potestatum circa sacra, a.O. [36] 3, 205. 222 u.ö. – [42] a.O. 211f. – [43] TH. HOBBES: Leviathan XII (1651). The Engl. works, hg. W. MOLESWORTH (London 1839-45, ND 1966) 3, 94-99. – [44] a.O. – [45] a.O. 105f. – [46] De cive 18 (1642). The Lat. version, hg. H. WARRENDER (Oxford 1983) 291f. – [47] B. PASCAL: Pensées Frg. 241 (L. BRUNSCHWICG). – [48] Frg. 251; vgl. bes. Frg. 601ff. – [49] Frg. 245. – [50] Frg. 619. – [51] Frg. 614. – [52] B. SPINOZA: Tractatus theol.-polit. 4 (1670). Opera, hg. C. GEBHARDT (1925) 3, 46. – [53] Tract. 14, a.O. 178. – [54] 14, a.O. 177f. – [55] 16, a.O. 198; vgl. dazu J. S. PREUS: Spinoza, Vico, and the imagination of religion. J. Hist. Ideas 50 (1989) 71-93. – [56] Tract. 5, a.O. 75. – [57] 19, a.O. 231. – [58] 7, a.O. 97. – [59] 19, a.O. 237. – [60] 11, a.O. 157. – [61] 15, a.O. 182. 184. – [62] 20, a.O. 247. – [63] 17, a.O. 206. – [64] 7, a.O. 116. – [65] 19, a.O. 229. – [66] 7. 12. 19, a.O. 116. 163. 231. – [67] 19, a.O. 230. – [68] J. LOCKE: An ess. conc. human underst. (London 1690). – [69] The second treat. of government (London 1690). – [70] Ein Br. über Toleranz (1685), hg. engl.-dtsch. J. EBBINGHAUS (1957) 14f.; lat.-engl., hg. R. KLIBANSKY/J. W. GOUGH (Oxford 1968) 68: «religio consistit in interna animi fide». – [71] a.O. 95. – [72] G. W. LEIBNIZ: Théod. (1710). Die philos. Schr., hg. C. I. GERHARDT 6 (1885) passim, bes. 49. 53ff. – [73] a.O. 38f. 273f. – [74] 25. – [75] 26. – [76] Nouv. essais IV, 16, § 4 (1704/05). Akad.-A. VI/6 (1962) 462. – [77] Préf., a.O. 68; Opusc. et fragm. inéd., hg. L. COUTURAT (Paris 1903, ND 1961) 508. – [78] P. BAYLE: Continuation des Pensées diverses. Ecrites à un Docteur de Sorbonne. Oeuvr. div. (Den Haag 1727, ND 1966) 3, 335. 358. – [79] Comm. philos. sur ces paroles de Jésus-Christ ..., a.O. 2, 371. – [80] L. OSIANDER: Institutio Christianae religionis (1582); vgl. dtsch.: Gründtlicher Underricht ... von allen Articuln unser Christlichen Religion (1582) 9. – [81] G. CALIXT: Einl. in die Theologie. Werke in Auswahl, hg. I. MAGER (1970-82) 1, 119-183. – [82] A. CALOV: Systema locorum theolog. (1655-61) I: «De Natura Theologiae, Religione, Revelatione divina, Scriptura S. et Articulis fidei in genere». – [83] D. HOLLAZ: Examen theolog. acroamaticum (1707, ND 1971) 1, 37-84, bes. 37-55. – [84] CALIXT, a.O. [81] 119. – [85] a.O. 150. – [86] Vgl. aber C. H. RATSCHOW: Luth. Dogmatik zw. Reformation und Aufklärung 1 (1964) 61, n. 3 und für den Zus. überhaupt K. BARTH: Die kirchl. Dogmatik I/2 (^{4}1948) 309-317. – [87] M. I. PROELEUS: Religio, hominis et boni civis, naturalis. Diss. Leipzig (1703) fol. A 4^r. – [88] A. A. COOPER Earl of SHAFTESBURY: An inquiry conc. virtue, or merit. Sämtl. Werke (Stand. ed.), hg. G. HEMMERICH/W. BENDA/U. SCHÖDLBAUER II/2 (1984) 28f. 94-97 u.ö. – [89] a.O. 99; vgl. 97. – [90] 203. – [91] A letter conc. enthusiasm, a.O. I/1 (1981) 334. – [92] Vgl. M. HECKEL: Staat und Kirche nach den Lehren der evang. Juristen Deutschlands in der 1. Hälfte des 17. Jh. (1968) 227-235. – [93] FEIL, a.O. [1] 244; zu Ph. Melanchthon: M. LUTHER: Br. Weim. Ausg. 9, 24. – [94] J. SELDEN: Table talk. The works III/1 (London 1726) 2067.

E. FEIL

VI. 18. Jahrhundert.

Im 18. Jh. wird wie in keiner Epoche zuvor der Begriff ‹R.› als solcher thematisiert und problematisiert, wird nach dem wahren Wesen der R. unabhängig von den einzelnen R.en gefragt, wird die Verbesserung der R. gefordert, wird sie auch ganz in Frage gestellt. Davon zeugt die Vielzahl der Veröffentlichungen zum Thema und Begriff ‹R.› ebenso wie die Entstehung neuer Begriffe wie ‹Irreligion› (R.-Leugnung, Atheismus) [1], ‹Privat-R.› [2], ‹Volks-R.› [3] und, gegen Ende des Jahrhunderts, ‹Religiosität› (s.d.).

Dabei ist nicht zu übersehen, daß es auch noch sehr traditionelle Bestimmungen von ‹R.› als Verehrung Gottes in Kultus und Ritus gibt. So heißt es bei CH. WOLFF: «religio» ist «modus colendi Deum» [4] und «justitia erga Deum» [5]. Und E. B. DE CONDILLAC definiert nur kurz: «Religion ... culte qu'on rend à la Divinité» [6]. Auch widmen sich keineswegs alle Autoren, deren Werke ‹R.› im Titel tragen, einer ausführlichen Reflexion oder gar Neubestimmung des Begriffs. Sie brauchen dies um so weniger, als sie sich die Verteidigung der *christlichen* R. gegen Angriffe des, wie man damals pauschal sagte, Deismus, Spinozismus und Atheismus zum Ziel setzen, also den R.-Begriff als solchen nicht thematisieren. Sie setzen damit eine Tradition apologetischer Literatur des 17. Jh. fort [7].

Früher als in anderen europäischen Ländern beginnen in *England*, anknüpfend an ältere Bestimmungen der Natur- bzw. Vernunft-R. und ermöglicht durch die weitgehende Freigabe religiöser Bekenntnisse nach der Glorious Revolution (1688), Diskussionen über R. und das Verhältnis von natürlicher und geoffenbarter R. So kann TH. WOOLSTON konstatieren: «This is an age of much controversy about religion», in dem auch die Vertreter einer und derselben «party» «are quarreling amongst themselves, and with more than ordinary heat» [8]. Und TH. MORGAN berichtet, daß sich ein Kreis von «Gentlemen» gebildet habe, um in «Debates and Conferences» die «Grounds and Principles of Religion in general, and particularly of Christianity as a Revelation distinct from the Religion of Nature» zu erörtern [9].

Ein Indiz für eine veränderte Bestimmung der R. dürfte die Betonung der praktischen Pflichten des Menschen, der Ausübung von Tugend und Gerechtigkeit, sein. Diese, so der Latitudinarier J. TILLOTSON, haben den Vorrang vor «worship» und «sacrifice», also «positive rites and institutions of Revealed Religion», und sie werden schon von der «natural Religion» gelehrt, welche «the foundation of all Instituted and Revealed Religion» ist. Für Gott selbst wäre «no positive part of Religion whatsoever» annehmbar, «when moral Duties were neglected». Die christliche R. beabsichtigt, «to restore and reinforce the practice of the natural Law» [10]. Die Hervorhebung der praktisch-moralischen Pflichten als des wesentlichen Teils der R. ist prägend für den R.-Begriff des gesamten 18. Jh. Sie findet sich vor allem bei den späteren englischen Deisten. CH. BLOUNT nimmt die fünf R.-Artikel Herberts of Cherbury auf und lehnt alle darüber hinausgehenden «disputes and controversies of Learned Men» ab [11]. «The Morality in Religion is above the Mystery in it» [12]. Auf diese Weise kann die Gemeinsamkeit aller R.en jenseits der besonderen einzelnen Ausformungen bestimmt werden. Diese kann aber auch darin gefunden werden, daß die R. auf eine der Vernunft gemäße Grundlage gestellt wird und alles ihr Widersprechende als Ausgeburten unserer «fancies» und «private designs» bezeichnet wird. J. TOLAND: «I prove first, that the true Religion must necessarily be reasonable and intelligible» [13]. So hat man, nach Vorformen im 17. Jh., im gesamten 18. Jh. die vernünftige bzw. natürliche R. von der geoffenbarten unterschieden, beide allerdings verschieden zugeordnet [14]. Toland mißt jeden Offenbarungsinhalt an der Vernunft und kann dies, weil, wie er beansprucht, das Christentum ihr nicht widerspricht, «that there is nothing in the gospel contrary to reason, nor above it»; weil «ceremonies» and «mystical Representations» dem Christentum entgegengesetzt sind [15]. Jüdische, islamische, christliche und heidnische R. kommen darin überein, daß ihr «gospel» «not in words but in virtue» besteht; daß es «inward and spiritual» ist und nicht in «formal and outward performances» aufgeht. Nur so erfüllt es das Kriterium echter R.; denn die Beachtung äußerer Formen und der Glaube an Dogmen macht die R. zu einer «mechanical and artificial R.», anstatt zu «reasonable worship and unaffected piety» zu führen [16].

Die Unterscheidung einer inneren, wahren R. als Liebe zu Gott, zur Wahrheit und zum Nächsten und einer äußeren, bloß formellen R. als Beachtung von Vorschriften ist ein weiteres bedeutendes Kennzeichen für den R.-Begriff des 18. Jh. Vielleicht kann in ihm das entscheidende Kriterium im Prozeß der Ablösung des älteren R.-Begriffs gesehen werden. «Internal, real Acts of Religion, and the external, modal Expressions of it, which ... may be infinitely different», müssen, so TH. MORGAN, unterschieden werden; sonst würde man «R. and Churchism» miteinander vermengen [17]. Erstere ist die universale R., die schon die Natur lehrt; sie besteht nur in «Moral Truth, Reason, or the Fitness of Things», während letztere als positive oder geoffenbarte R. die R. «of the hierarchy» heißt [18]: «Religion is purely an internal Thing, and consists ultimately in moral Truth and Righteousness, considered as an inward Character, Temper, Disposition, or Habit in the Mind.» Sie ist zu trennen von der R. der «mechanical Rituals» [19]. Nicht die «externals of Religion» und ihre «outward signs» machen die «real piety» aus; diese können nur sichtbare «marks» und das Produkt der «internal and mental» R. sein [20]; ohne den «inward sense of religion» bleibt alle «outward worship» nutzlos [21]. «The external worship must be the natural expression of the internal devotion of the soul»; und der «general sense of religion» ist Pflichterfüllung [22], ist, den Menschen zu vervollkommnen «in all moral Duties whatever» [23], ist also die tugendhafte Lebensführung in «social Virtue, and harmonious Love, the very Soul of Religion». Die darüber hinausgehende Annahme von Doktrinen führt nur zu gegenseitigen Verdammungen und Streitigkeiten [24]. Das natürliche Licht der Vernunft ist ausreichend für eine solche R. [25], und sie wird durch die Offenbarung nur verstärkt, «to render the Law of Natural Piety and Morality more effectual» [26]. Da alle Menschen als Vernunftwesen, d.h. unabhängig von Ort und Zeit, die Fähigkeit haben, «religious» zu sein, «as they are rational», muß die natürliche R. schon «absolutely perfect, universal, and immutable» sein. Die Offenbarung fügt ihr nichts Neues hinzu; die christliche R. «has existed from the Beginning»; Vernunft und R. sind «inseparable» [27]. «The truth of a revelation is an object of reason»; «natural religion and reason are always ... the same». Und das Christentum, zumindest das ursprüngliche, entspricht dem «universal law of nature»: «Christianity, as it stands in the gospel, contains not only a complete but a very plain system of religion; it is in truth the system of natural religion» [28].

Damit gehen M. TINDAL, H. ST. J. BOLINGBROKE u.a. wesentlich über diejenigen hinaus, die wie S. CLARKE die Notwendigkeit einer «particular Divine Revelation» behaupten, «to make the whole Doctrine of Religion clear and obvious» [29]; oder die wie G. BERKELEY meinen, «that the real belief of natural religion will lead a man to approve of revealed» [30]; oder die wenigstens, wie A. M. RAMSEY, demonstrieren wollen, daß «the essential doctrines of revealed religion are perfectly comfortable to Reason» [31].

Der Nachweis, daß alle R. schon von der Vernunft gelehrt werde, gelingt um so leichter, wenn, wie einige Deisten behaupten, aufgezeigt werden kann, daß die R. darin besteht, daß der Mensch sich nach der «moral fitness of things» richtet, nach solchen natürlichen «relations of things», die unabhängig «of any divine or human determination» sind, so daß Gott von uns nur fordert, diese «nature of things» zu erkennen und zu befolgen [32]. Der einzige Unterschied zwischen «Morality and Religion» ist der, «that the former is acting according to the Reason of Things consider'd in themselves; the other, acting according to the same Reason of Things consider'd as the Will of God» [33]. Diese Argumentation richtet sich gegen den Begriff eines Willkür-Gottes, der jederzeit nach seinem Belieben in die Schöpfung eingreifen kann; in diesem Fall sei es dem Menschen unmöglich, Gottes Willen zu erkennen, «to discover the true sense and meaning of it». Damit werde auch dem Begriff Gottes als eines «wise and good being» widersprochen [34]. Richtet sich Gott aber nur nach den natürlichen Verhältnissen der Dinge, so kann zwischen «true religion» und Täuschung («delusion») bzw. Aberglaube («superstition») unterschieden werden, und der Mensch kann letztere vermeiden [35].

Die Abgrenzung der wahren R. von allen ihren «corruptions», insbesondere Aberglauben und Schwärmerei, ist auch, nach dem Ende der eigentlichen deistischen Kontroversen, das Ziel von D. HUME [36]. Denn wenn Hume auch nicht mehr die Inhalte der deistischen natürlichen R. anerkennen kann, so lehnt er doch ebenso vehement wie diese alle Formen der traditionellen R. ab, und dazu zählt für ihn vor allem die «popular religion» aller Epochen, auch das in seiner Zeit praktizierte Christentum, da diese «Volks-R.en» auf Affekten wie Furcht, Schrecken und Hoffnung beruhen und in «nichtigen Bräuchen» und «frömmelnder Gläubigkeit» bestehen. Alle R., auch wenn sie ihre «eigentliche Aufgabe» erfüllt und nur «in der Stille wirkt und bloß die Antriebe der Sittlichkeit und Gerechtigkeit verstärkt», tendiert aber zu einer solchen Verderbnis, «mit Ausnahme der philosophischen Vernunft-R.». Diese ist aber nicht für die Mehrzahl der Menschen geeignet, für die «die Schrecken der R. meistens ihre Tröstungen» überwiegen. Die «feinen Modelle der R. gehören nur der Philosophie an». Diese R. bestünde allein in der Gotteserkenntnis, nicht in Opfern, Bitten, Lobpreisungen usw. «Alle andere Verehrung (worship) ist absurd, abergläubisch, ja gottlos» [37]. «The proper Office of Religion is to reform Men's Lives, to purify their Hearts ... Yet has this Species of Devotion been often found to degenerate into the most dangerous Fanaticism» [38]. So deutlich Hume die Trennung vom bisherigen R.-Begriff als äußerem Gottesdienst vollzieht, so skeptisch ist er, was die praktische Möglichkeit einer reinen, philosophischen R. anlangt. In jeder «popular religion» wird die Vorstellung von Gott als eines launenhaften, beeinflußbaren, vernunftwidrigen Gottes unter das herabgesetzt, was wir «jedem verständigen und tugendhaften Menschen ganz natürlich zuschreiben sollten!» [39].

Vertreter der schottischen Common-sense-Philosophie gründen unterdessen die R. auf den gesunden Menschenverstand [40]. - Von den Utilitaristen sucht W. PALEY die Evidenz der natürlichen und geoffenbarten R. aufzuzeigen [41], während J. BENTHAM den Nutzen der christlichen R. für das Glück der Menschen bestreitet und insbesondere jede öffentlich-rechtliche Form der R. ablehnt [42].

Auch für *Frankreich* sind breite Debatten über den Begriff der R. belegt, besonders seit, wie ein Apologet schreibt, die Philosophie der Aufklärung sich angemaßt habe, sich «an die Stelle des Christenthums zu setzen». Polemisch zugespitzt heißt es: «Alle kleine Bürschgen, welche der Schule oder der Universität entwischet sind; ... selbst das Frauenzimmer ... geben heut zu Tage in R.-Sachen Richter ab, und lassen sich beygehen, neue Lehren aufzubringen» [43]. «La Religion est aujourd'hui plus que jamais, le sujet de presque tous les entretiens» [44]. Aber nicht alle Denker der französischen Aufklärung haben an dieser Debatte mit grundsätzlichen Reflexionen über die R. teilgenommen. Dafür sind ihre Angriffe auf die institutionalisierte Form der R., die Kirche und ihre Lehren, auch auf die R. selbst, häufig radikaler als in England.

Von B. DE FONTENELLE werden zu seinen Lebzeiten nur wenige Äußerungen über die R. bekannt [45], etwa über Mythos und R. der Griechen, die durch die «lumières de la vraie religion, et ... de quelques rayons de la vraie philosophie» überwunden seien [46]. Bezeichnend ist, daß er in der «Religion Payenne» nur «cérémonies, et nuls sentimens du cœur» beobachtet [47]. In einer nachgelassenen Utopie skizziert Fontenelle eine R., die über die sonst in Utopien geläufige Vernunft-R. hinausgeht. Sie besteht nur aus dem Glauben an die göttliche Natur, aus der alles entsteht und in die alles wieder eingeht, und an die goldene Regel als Prinzip der Moral. «Point de culte public religieux, point de sacerdoce non plus» [48].

Auch von D. DIDEROT liegen nur wenige explizite Bemerkungen zum R.-Begriff vor. Früh schon bekennt er sich zu einer R., die die «vertus morales» befördert [49], zu einer ewigen und universalen Vernunft-R. ähnlich der des Deismus, d.h. zu einer R. ohne Kult, Offenbarungen, Wunder, Prophezeiungen und anthropomorphe Gottesvorstellungen. Diese können Gott nur beleidigen [50]. Die «religion naturelle» ist ausreichend, und «toutes les religions du monde ne sont que des sectes» von ihr [51]. Eine aufgeklärte R. lehrt nur die Liebe zum Nächsten [52]; sie stützt sich auf das «Zeugnis der Vernunft» und nicht auf «historische Beweise» wie die positiven R.en [53]. Deshalb muß zwischen einer von Gott gelehrten wahren und einer von den Menschen praktizierten unwahren R. unterschieden werden [54]. Eine solche Differenzierung lehnt Diderot aber später ab: «Je n'aime pas cette distinction frivole de la religion de Jésus-Christ et de la religion du prêtre. Dans le fait, c'est la même» [55]. Denn es bleibt die Frage, ob die Mißbräuche der R. von der wahren R. zu trennen sind. Die Geschichte spricht dagegen, daß die R. jemals einen günstigen Einfluß auf die Sitten haben wird [56].

Aus dem Blickwinkel des 'Soziologen' CH.-L. DE MONTESQUIEU ist diese Argumentation zu einfach, da sie nur *eine* der Komponenten, von denen die Menschen gelenkt werden, berücksichtigt (neben der R. das Klima, die Gesetze, Geschichte, Sitten und den Lebensstil) [57]. Die Beispiele vom schlechten Einfluß der R. auf die Moral besagen nichts grundsätzlich gegen sie, da auch Regierungen diesen gehabt haben und sie doch nicht abgeschafft werden. Deshalb untersucht Montesquieu als «écrivain politique» die R.en in ihrem Bezug zu den verschiedenen Gesellschaftszuständen der jeweiligen Völker und Nationen und fragt nicht nach der einen wahren R. [58]. Trotzdem fehlen Andeutungen über die vollkommene R. nicht: Sie dürfte nur wenige Vorschriften enthalten, muß zum Herzen sprechen («parler au cœur»), mit der Moral in Einklang stehen und wie die politischen Gesetze die Menschen zu «bons citoyens» machen. R., Gesetze und Staatsaufbau können aber auch als gegenseitiges Korrektiv dienen [59]. Unter diesem Aspekt hat auch der Kult seine Berechtigung: Er bindet die Menschen mit ihrem «penchant naturel pour les choses sensibles» fester an die sonst nur geistige R. [60]. Für sich genommen aber besteht die R. in der Achtung vor Gott, den Gesetzen und der Liebe zu den Menschen, d.h. nicht in Zeremonien [61]; diese dienen höchstens dazu, «pour exprimer ce sentiment» [62]. Montesquieu entscheidet sich aber nicht für eine bestimmte R. und auch nicht für die natürliche R. (die er der Ergänzung durch eine Offenbarung für bedürftig erachtet). Einige Äußerungen lassen erkennen, daß er die Verschiedenheit der R.en wegen ihres notwendig menschlichen Charakters gerade für unabdingbar hält: «Dieu est comme ce monarque qui a plusieurs nations sous son empire: elles viennent toutes lui porter le tribut, et chacune lui parle sa langue (Religions diverses)» [63].

VOLTAIRES fortdauerndem Kampf gegen das Christentum und die Kirche steht seine Überzeugung nicht entgegen, daß die Menschen der R. als Zügel («frein») bedürfen, die gut und gerecht zu sein [64]; daß es deshalb besser ist, eine schlechte als gar keine R. zu haben, wenn man nur nicht in Fanatismus verfällt [65]. Die beste R. wäre aber «la plus simple et la plus sensiblement fondée sur la loi naturelle» [66]. Die universelle R. aller Zeiten besteht in dem einfachen Satz: «Il y a un Dieu, et il faut être juste» [67], oder: «Adorez Dieu, et soyez juste» [68]. Auch Voltaire lehnt so alle Zeremonien, Opfer, metaphysisch-theologische Spekulationen und ähnliche «Absurditäten» ab. Die beste R. «enseignerait beaucoup de morale et très-peu de dogmes» [69]. Alles, was darüber hinausgeht, ist Aberglaube [70]. Voltaire nennt diese seine R., die zweifellos göttlichen Ursprungs sei, «puisqu'elle a été gravée dans nos cœurs par Dieu même», «Theismus» [71], auch «religion naturelle» [72] oder R. «du chrétien véritable» [73], während das jetzige Christentum «dans toutes ses cérémonies et dans tous ses dogmes» der «religion de Jésus» entgegengesetzt sei [74]. «Die einzige R., zu der man sich bekennen sollte, ist die, Gott zu verehren und ein anständiger Mensch zu sein. Es ist dieser reinen und ewigen R. ebenso unmöglich, Böses zu vollbringen, wie es dem christlichen Fanatismus unmöglich war, das Böse nicht zu tun.» Das Christentum setzte sich schon dadurch ins Unrecht, daß es sich als einzelne R., als Sekte, von den anderen R.en abgrenzte, anstatt sich als die allen Völkern und Zeiten gemeinsame «einfache und natürliche R.» zu verstehen [75].

J.-J. ROUSSEAU hat trotz aller Feindschaft zu Voltaire weitgehend denselben R.-Begriff vertreten wie dieser. Der «théisme ou la religion naturelle», in der Emile erzogen wird, ist frei von Offenbarung und allen subtilen Glaubenssätzen. In der Erkenntnis Gottes und der Ausübung der Tugend liegen die «élémens de toute Religion» [76]. Ihr wesentlicher Inhalt «consiste en la pratique, que non seulement il faut être homme de bien, miséricordieux, humain, charitable; mais que quiconque est vraiment tel en croit assez pour être sauvé» [77]. «Songez que les vrais devoirs de la Religion sont indépendans des institutions des hommes, qu'un cœur juste est le vrai temple de la divinité, qu'en tout pays et dans toute secte aimer Dieu par dessus tout est le sommaire de la loi ..., que le culte intérieur est le premier de ces devoirs, et que sans la foi nulle véritable vertu n'existe» [78]. Die einzelnen R.en, die wie bei Montesquieu von Klima, Volksgeist, Regierungsform und lokalen Umständen abhängig sind, haben aber trotzdem ihre Berechtigung: «Je regarde toutes les religions particulières comme autant d'institutions salutaires qui prescrivent dans chaque pays une manière uniforme d'honorer Dieu par un culte public ...: Je les crois toutes bonnes quand on y sert Dieu convenablement: le culte essenciel est celui du cœur. Dieu n'en rejette point l'hommage, quand il est sincère, sous quelque forme qu'il lui soit offert» [79]. Stärker als Voltaire sieht Rousseau die R. aber in ihrer politisch-sozialen Funktion: «La Religion la plus vraye est aussi la plus sociale et la plus humaine», und so ist in einer Gesellschaft die «religion nationale» als einigendes Band nötig bzw., in einem idealen Staat, die «religion civile». Sie dürfen aber nicht anderen Gesellschaften aufgezwungen werden, denn «la forme du culte est la police des Religions et non leur essence»: «Je crois qu'un homme de bien, dans quelque Religion qu'il vive de bonne foi, peut être sauvé. Mais je ne crois pas pour cela, qu'on puisse légitimement introduire en un pays des Religions étrangeres sans la permission du Souverain.» Denn auch der Ungehorsam gegen die Gesetze ist Ungehorsam gegen Gott [80]. Für sich selbst bekennt Rousseau: «Pour moi j'ai bien résolu ... de professer jusqu'à la mort la religion de J.[ésus] C.[hrist]»; diese ist aber dem Christentum seiner Zeit völlig entgegengesetzt [81].

Die ‹Encyclopédie› bestimmt zunächst allgemein: «Le fondement de toute religion est qu'il y a un Dieu, qui a des rapports à ses créatures, et qui exige d'elles quelque culte.» Aber der «culte intérieur» ist «le seul qui honore Dieu», ohne daß die Notwendigkeit eines «culte extérieur» geleugnet wird. Dieser ist aber nach örtlichen und zeitlichen Umständen verschieden: «chacun choississoit les cérémonies qu'il croyoit les plus significatives pour exprimer au dehors sa religion». Die «religion naturelle» wird hervorgehoben, die «religion révélée» aber nicht abgelehnt [82]. Es heißt sogar: «La morale peut être sans la religion; & la religion peut être, & est même souvent avec l'immoralité» [83]. Damit ist auch an hervorgehobener Stelle die R. als wesentlich innerer Akt bezeichnet, dessen Äußerungsformen variieren und nicht nach ihrer Wahrheit oder Falschheit beurteilt werden können.

Die Unterscheidung von «culte intérieur» und «culte extérieur» ist auch bei anderen Autoren verbreitet [84]. Sie zeigt an, daß, selbst wenn am älteren Begriff des Kultus festgehalten wird, der Kern der R. von ihren Beiläufigkeiten geschieden wird. Der wesentliche Zweck der R. ist, «de rendre les Hommes droits, équitables, vrais etc.» [85].

Dazu bedarf es aber, nach Meinung radikaler R.-Kritiker, der Ausmerzung aller bestehenden R.en, da diese die Tugend und das Glück der Menschen nicht befördert haben, und der Schaffung einer «religion universelle»: «Ce n'est plus désormais que sur la destruction de la plupart des religions qu'on peut dans les empires jeter les fondements d'une morale saine. ... La morale fondée sur des principes vrais est la seule vraie religion». Denn die Priester, die Kirche und die Herrscher haben, so C.-A. HELVÉTIUS, die «religion douce et tolérante de Jésus-Christ» für ihren Ehrgeiz mißbraucht [86]. P.-H. TH. D'HOLBACH geht noch einen Schritt weiter: Die R. hatte nicht nur bisher eine schädliche Wirkung auf die Tugenden, sie muß sie auch immer haben, da sie die Menschen auf ein höchstes Wesen und seinen Willen verpflichtet, auf ein zukünftiges Leben vertröstet und vom irdischen ablenkt, die Leidenschaften anstachelt und die Moral auf eingebildete Beziehungen zwischen Mensch und höheren Kräften anstatt auf die wahren Beziehungen der Menschen untereinander begründet, da sie also nur aus Illusionen und Widersprüchen besteht, die die realen Verhältnisse in der Natur und unter den Menschen umkehren [87]. «De tout cela l'on est obligé de conclure qu'il n'existe point de vraie Religion sur la terre, que les hommes n'ont que des superstitions, c'est-à-dire des Systèmes de conduire ridicule, arbitraire, insensés, & des opinions destituées de fondemens» [88]. Auch eine natürliche R. lehnt Holbach ab, da die Natur nichts über ein «système religieux» aussagt [89]. Die einzige «Religion nécessaire au genre humain» wäre eine «morale fondée sur ces principes immuables» [90], d.h. eine solche, die sich auf die evidenten Pflichten der Menschen untereinander stützt [91].

J.-O. DE LA METTRIE weist zwar die Existenz eines höchsten Wesens nicht zurück; daraus ergeben sich aber keine Konsequenzen für Moral und R. Alles was über die «religion ... de la nature» hinausgeht, ist Aberglaube und steht mit der Tugend im Widerspruch [92]. Alle auf historischem Zeugnis beruhenden R.en, so der anonyme «militaire philosophe», sind falsch oder zumindest unsicher: «Toutes les religions factices contiennent la religion naturelle, mais elles en défigurent les principes en les ouvrant de fausses conséquences» [93]. Alle bestehenden R.en, so J. MESLIER, sind nur Erfindungen, Illusionen und Betrug; so bleibt «point d'autre religion ... que celle de la véritable sagesse, et de la probité des mœurs, ... de la franchise, et de la générosité du cœur, point d'autre que celle d'abolir entièrement la tyrannie, et le culte superstitieux des dieux et de leurs idoles» [94]. In letzter Radikalisierung führt dies zu der Schlußfolgerung, daß die R. völlig durch die Moral ersetzt wird: «Wenn ich eine R. verwerfe, so verwerfe ich bloß einen denen Menschen von Gott nie offenbarten Dienst: Ich kan es aber geschehen lassen, daß sie unserntwegen und in Ansehung des Nächsten bestehe. Alsdann ist dieses die Gesellschaft.» «Natur und Vernunft sind Gottes, R.en aber Menschenwerke» [95]. Gott kann nicht als ein Wesen mit freiem Willen vorgestellt werden, sondern wie «une force semblable au destin, au sort, à la fortune». Deshalb wird er von Gelöbnissen und Gebeten nicht berührt, «ni par aucun culte; & par conséquent ... la religion est absolument inutile» [96].

F. GALIANI antwortet auf diese und vergleichbare R.-Kritiken, daß die R., verstanden nicht als «culte», sondern als «croyance d'un être invisible», das einzige Kennzeichen ist, das den Menschen vom Tier unterscheidet. Auch Tiere haben Moral, Vernunft, Gefühl: «L'homme seul est religieux» [97].

Trotz einer Vielzahl antireligiöser, oft nur handschriftlich im Untergrund verbreiteter Schriften [98] bleibt für viele Autoren des späten 18. Jh. die nützliche Wirkung der R. auf die Moral unbestritten und die R. deshalb zu retten. «La religion n'étoit-elle pas un plus sûr garant de la probité que l'athéisme?» [99] Sie ist «le complément des lois», und es ist deshalb nicht erlaubt, sie anzugreifen «dans ce qu'elle a de vrai, c'est-à-dire dans les vérités morales qui sont communes à toutes les religions» [100]. Wenn auch jeder «inventeur d'une religion fausse» eine Plage für die Menschheit ist, darf man auch eine falsche R. erst ersetzen, wenn eine neue, vernünftigere Moral eingerichtet ist [101].

So verwundert es nicht, daß gegen Ende des Ancien Régime J. NECKER die Bedeutung der R. als Mittel zur Zügelung unserer «penchans déréglés» hervorhebt [102] und in der Revolution von M. DE ROBESPIERRE u.a. der «culte» der Vernunft und des höchsten Wesens propagiert wird [103]. Daneben stehen aber auch in der ganzen 2. Hälfte des 18. Jh. zahlreiche Schriften zur Verteidigung der R. gegen die Aufklärung, von L. RACINES weit verbreitetem Gedicht [104] über die Werke von N. S. BERGIER [105] bis zu vielen anderen [106].

In *Deutschland* hält sich der R.-Begriff bis zur Mitte des 18. Jh. weitgehend in den Bahnen der Schulphilosophie, wie sie etwa von CH. WOLFF fixiert wurden [107]. ‹R.› ist ausschließlich durch ‹cultus› bestimmt (und dieser wird in «cultus Dei publicus & domesticus» und «Cultus privatus» differenziert), sie kann die äußere Verehrung nicht entbehren («Religio ceremoniis carere nequit») [108]. Andeutungsweise kennt Wolff auch die Doppelung in «cultus divinus internus» und «externus», aber wiederum so, daß beide aufeinander angewiesen sind [109]. J. CH. GOTTSCHED hat dies übernommen [110].

Häufig heißt es, daß die R. aus zwei gleichberechtigten Hauptteilen bestehe: der richtigen Erkenntnis Gottes, um nicht in falsche R.en zu verfallen, und im «Dienst» oder in der «Verehrung des wahren Gottes» [111]. Die Unterscheidung von innerer und äußerer R. hat dann vor allem A. G. BAUMGARTEN weitergeführt. Der Begriff ‹cultus› spielt zwar auch hier eine Rolle, aber vor ihm rangiert ‹religio› als «gloria Dei et eius illustratio» [112]. R. ist «viva entis perfectissimi cognitio» («lebendige Erkenntnis des höchsten Wesens»); sie führt uns zu unserem Endzweck («finem»), zu unserer Vollkommenheit und Glückseligkeit, d.h. zur Übereinstimmung unseres moralischen Verhaltens mit der Natur und zu einem Leben, das der Vernunft folgt («summam rationem sequens»). Die R. erleichtert die Befolgung der moralischen Pflichten [113]. Die Akte des äußeren Kults sind gut, sind aber nur Mittel zur Manifestation der inneren R. sind («ut media religionis internae, vel signa») [114].

Die allgemeine Definition der R. bei H. S. REIMARUS: «lebendiges Erkenntniß von Gott» [115] erinnert an Baumgarten. Auch die weiteren Bestimmungen halten sich im Rahmen der Aufklärung: R. bezweckt «eine vergnügende Einsicht in den Zusammenhang der Dinge, einen willigen Trieb zur Tugend und Pflicht, und eine ungestörte Zufriedenheit des Gemüths» [116]. Bemerkungen über Kultus und Zeremonien aber fehlen ganz. Zur R. gehört allein «Hochachtung für Gottes thätige Vollkommenheit und Weisheit, die Liebe zu seiner unendlichen Güte, das Vertrauen zu seiner gnädigen Vorsehung» und die «Hoffnung auf seine künftige Vergütung» [117]. Die R. «stellet uns zufrieden, indem sie unsere Begierden in Ordnung und Uebereinstimmung bringet, die unserer Natur gemäß ist». Sie verwehrt «uns keine Art des sinnlichen Vergnügens», sondern hindert uns nur an deren falschem Gebrauch, beruhigt die Seele und «erhöht das zeitliche Vergnügen durch die gewisse Hoffnung eines noch weit besseren Zustandes» in der Ewigkeit. «Dieses aber kann ein wirksames Erkenntniß Gottes und seiner Absichten, oder die R., allein bey uns ausrichten» [118]. Diesen Ausführungen korrespondiert, daß Reimarus in den ‹Wolfenbütteler Fragmenten› allen «bloßen äußerlichen Cerimonien-Dienst» wie den der Juden verwirft. Denn dieser macht «das Wesentliche des Gottesdienstes nicht aus». Jesus lehrte vielmehr, «daß es bey der Verehrung Gottes nicht so wohl auf diese äusserliche Stiftungen, als vielmehr auf die herzliche Liebe Gottes und des Nächsten, ankomme», d.h. er reinigte die R. und den Gottesdienst «von allem Tand» und lehrte «nichts anders als eine vernünftige praktische R.», welche «die Grundveste aller R.en» ist [119].

Wesentliche Impulse zu einer Umprägung des R.-Begriffs kommen auch aus der die altprotestantische Orthodoxie und den Pietismus ablösenden Neologie. Schon J. A. ERNESTI sieht das Hauptmittel zur Erlangung einer wahren R. weniger im Glauben an die Offenbarung als in der «richtigen Erkenntniß» Gottes [120], in der Prüfung der Wahrheit der R. durch den eigenen Vernunftgebrauch, in der «Uebung im Nachdenken über die Lehren der R.» [121]. «Eine R., oder Lehren derselben, die wir nicht verstehen, sind eigentlich weder R. noch Lehren» [122]. Ausdrücklich unterscheidet Ernesti «cultus internus» und «externus». Der innere Kult kann wohl ohne den äußeren, der äußere aber nicht ohne den inneren und damit als wahre Gottesverehrung bestehen [123].

Die Bestimmung des Verhältnisses von innerer und äußerer R. erweist sich als durchgehendes Kennzeichen der Folgezeit, auch über die Neologie hinaus und auch dort, wo am Begriff «cultus» («Gottesdienst») festgehalten wird: «Der innerliche Dienst ohne den äußerlichen ist ein träger Dienst, der äußerliche ohne den innerlichen ist eine Heucheley» [124]. «Die innerliche R. ist die Seele der gesamten R., der vornehmste und wesentlichste Theil derselben, ohne welchen gar keine R. gedacht werden kann» [125]. Und diese inner(lich)e R. besteht, das ist «das Wesen aller R. und des ganzen Christenthums», «lediglich und allein in dem Geist der Liebe zu Gott und zu unsern Mitmenschen» [126]. Sie ist damit das Korrektiv zum Eigennutz oder wenigstens das Pendant zur Selbstliebe.

Besonders vehement hat sich J. CH. EDELMANN gegen die äußeren Formen verhaftete R. gewandt. Er stellt ihr die «wahre R.» in einem «geistlichen Leben» entgegen. Da diese aber die völlige «Wieder-Vereinigung und Wieder-Verbindung mit Gott» bedeutet, ist sie sehr schwer zu erlangen. So bleibt jede R. mit «Dünsten menschlicher Meinungen angesteckt», und deshalb kann jeder, der Gott redlich und aufrichtig dient, selig werden, «in was vor äusserlichen Umständen der R.» er sich auch befindet. Und Gott wird auch «dergleichen äußerlichen obgleich geringen Dienst» anerkennen [127]. Jesus aber wollte keine neue R. errichten, sondern nur den Grundsatz «aller und jeder R.en» erneuern, die Liebe zu Gott und zum Nächsten, und zu dieser «wahren und allgemeinen R.» bekennt sich Edelmann [128].

Die Neologen haben sich zwar nicht so radikal geäußert, aber solche Bestimmungen aufgenommen und weitergeführt. Für J. J. SPALDING können die «äußerlichen R.-Handlungen» keinen Wert «an und für sich haben», sondern nur dazu dienen, «Gedanken und Empfindungen der R. zu erwecken und sie ... lebhafter und wirksamer zu machen». «Äusserliche Ceremonien und Gebräuche» sind, für sich genommen, eine Verderbnis der R., sie erfüllen ihren Zweck aber als «Beförderungsmittel des eigentlichen innerlichen Christenthums». Denn «R. ist einmal eine Sache der Seele und nicht des Leibes» [129]. Die R. lebt wesentlich in Gefühl und Empfindung Gottes als der «ersten und allgemeinen Quelle» der Schönheit und Ordnung der Welt: «Mich dünkt, ich empfinde, und mit einem entzückenden Schauder, die Wirklichkeit dieses obersten Geistes. Wahrlich, er belebt mich, er wirket in mir. Was würde ich seyn, ohne ihn?» [130] Eine solche «natürliche R.» widerstreitet nicht der christlichen Offenbarung; denn beide stellen «des Menschen Zweck und Schuldigkeit, seine Abhängigkeit von Gott und seine Glückseligkeit in demselben» vor und gehen «durchgehends und augenscheinlich auf den größten und letzten Zweck aller R., nämlich, den Menschen gut und glücklich zu machen». Die natürliche R. ist damit nicht mehr primär eine Sache der Vernunft und der verstandesmäßigen Gotteserkenntnis, sondern ebenso sehr eine Angelegenheit «der Empfindung und Bewegung», «der Andacht und der Heiligung», wie «die R. Jesu Christi» auch [131]. Da aber Gefühle und innere Bewegungen unzuverlässig sind, müssen sie abgesichert werden durch das «Gewissen» und das «Bewußtseyn herrschender richtiger Gesinnungen, die sich durchgängig und standhaft in einem guten Verhalten gegen Gott und Menschen thätig beweisen» [132]. Eine R., die «den Ueberzeugungen unsers Gewissens», auf «Rechtschaffenheit und Beruhigung des Herzens» beruht, ist «Ziel und Zweck aller R.en» [133]. «Eine R., die nicht an Gebräuchen hängt, die Tugend und Seelenruhe zu ihrer Hauptaufgabe macht», kann «zugleich R. des Weiseren und Einfältigeren, also R. der Völker ... werden» [134]. Sie soll aber nicht als «Trost und Schirm» verstanden werden oder in «leeren Gemüthsbewegungen» aufgehen. Sie ist vielmehr eine «Zuversicht zu einer, Alles lenkenden und Alles segnenden, Gottheit» [135].

Mit solchen Gedanken steht Spalding, Schleiermacher vorwegnehmend, in seiner Zeit nicht allein. «Empfindung» und «Gesinnung» müssen auch bei J. CH. DÖDERLEIN zur vernünftigen Gotteserkenntnis hinzutreten, um «wirkliche R. heißen» zu können [136]. Und CH. M. WIELAND konzipiert eine R. nicht so sehr «der speculativen Vernunft, als des vernünftigen Glaubens», in der das allen Menschen eigene «dunkle Gottesgefühl» zur Klarheit einer «echten Theosophie» erhoben wird. Er ist überzeugt, «daß R. eine Angelegenheit des Herzens, nicht des Kopfes ist. Daß sie nicht darin besteht, daß wir über das göttliche Wesen grübeln, sondern, daß wir uns bestreben, den Willen Gottes zu tun ... Daß ... thätige Liebe der Menschheit und lebendige Hoffnung eines bessern Lebens» den «Vereinigungspunkt» der Christen in einer «unverfälschten Christus-R.» bilden können [137].

Die Erkenntnis Gottes als eines «unendlich vollkommenen, weisen, gütigen, und freyen Wesens», der Vorsehung und der Unsterblichkeit sind für J. F. W. JERUSALEM «die drey großen Wahrheiten» und der «Grund aller R.» [138]. Eine auf der Vernunft beruhende R. ist gegen Unglauben und Aberglauben geschützt und kann «für alle Menschen und ... Zeiten» gelten. Ja, die R. fordert selbst, daß wir uns der Vernunft bedienen, daß wir «von der Wahrheit und Göttlichkeit unsrer R. uns immer mehr überzeugen» [139]. Der Inhalt der R. besteht auch für Jerusalem in der Anleitung zu Tugend, «Rechtschaffenheit» und «Menschenliebe». «Ohne diese läßt sich gar keine R. denken.» Durch sie kann «vollkommenste Zufriedenheit» und «Ruhe» erlangt werden [140]. Das Christentum ist «Wiederbekanntmachung» dieser Grundwahrheiten aller R., somit «aufgeklärte natürliche R.». «Wesentlich bleibt sie wahre R. dieselbe» [141]. R. und Philosophie bzw. Vernunft sind insofern «versöhnt», als sie «ihren gemeinschaftlichen Ursprung von dem Vater des Lichts, und die Ueberzeugung von der Unzertrennlichkeit ihrer Absichten» erkennen. So wird schließlich «eine Philosophie des Christenthums» möglich «und darin vorzüglich gelehrt werden, wie diese R. die wahre große Philosophie von Gott und den Menschen ist». Solange das Wesentliche der R. nicht tangiert ist, haben der Theologe und der Laie die Freiheit, nach ihrer privaten «Ueberzeugung zu denken» [142]. Denn die Wahrheit, auch die der R., wird erst durch fortschreitende, aber «langsame Bildung der menschlichen Gesellschaft» offenbar. Die R.-Begriffe müssen immer dem jeweiligen Fassungsvermögen der Menschheit angepaßt sein [143]. Deshalb verbietet sich eine dogmatische Einengung der R.-Inhalte.

Die Überzeugung, daß der Gebrauch der eigenen Vernunft für R. und Glauben unerläßlich sei, ist Allgemeingut unter den Theologen der Aufklärung, besonders bei den Neologen. W. A. TELLER hält es für notwendig, daß jeder selbständig «über das Wesentliche in der R.» nachdenkt [144], und entwirft eine «Erziehung zur R. der Vollkommnern durch das Christenthum», d.h. zu einer R., die sich aus einer nur historischen R. («Geschichts-R.») zum «selbstgedachten» Glauben und zu einer R. der «deutlich erkannten Wahrheit» wandelt («Sach-R.») [145]. Das Christentum ist dazu geeignet, weil es eine R. der Liebe zu Gott und den Menschen ist, weil es «in Gesinnungen» und nicht in «bloß äußerlichen Handlungen» besteht und «alle R.-Wahrheiten» in dem einen Satz zusammenfaßt, daß Gott «im Geist und der Wahrheit anzubeten» und der «göttliche Wille» zu befolgen sei [146].

Wenn, wie es jetzt weitgehende Meinung ist, die R. Tugend und «moralische Vervollkommnung» [147] zum Ziel hat, oder, wie J. G. TÖLLNER ergänzt, außerdem noch «Vertrauen» in Gottes Güte und Gerechtigkeit lehrt [148], wenn «Gott die R. im Menschen blos als ein Mittel zu guten Gesinnungen und Handlungen im Menschen» gestiftet hat [149] und wenn der Mensch dadurch schon auf Erden ein «glückseliges Geschöpf» wird [150], dann liegt die Schlußfolgerung nahe, daß alle R.en im wesentlichen übereinstimmen, da sie doch alle Gott in rechtmäßigen Handlungen dienen wollen. Denn auch in der falschesten R. kommt es allein auf den guten Willen an, «Gott zu gehorchen», und deshalb ist eine jede R. in irgendeiner Weise vollkommen: «Eine schlechterdings unvollkommene R. müste gar keine rechtmäßige Handlungen lehren ... Aber eine solche R. kenne ich nicht» [151]. Das schließt nicht aus, daß die R. nicht vervollkommnet werden kann und soll; denn die Natur des Menschen war zwar schon anfänglich imstande, den Kern der R. zu erfüllen, ohne daß sie deshalb bereits alle R.-Wahrheiten besessen hätte. Sie soll deshalb durch Offenbarung und Vernunft weiter verbessert werden. «Die ganze geoffenbarte R. beruht doch auf der Wahrheit der natürlichen» [152]. So entwirft Töllner eine «Philosophie über die Glaubenswahrheiten», in der er zeigt, wie der Gebrauch der Vernunft auf den verschiedenen Ebenen der Theologie, von der Exegese bis zur praktischen Anwendung der Schrift, für die Herausbildung einer vollkommenen R. notwendig ist: «Der Gottesgelehrte muß schlechterdings alles, was er lehrt, wohl verstanden, und innerlich und äußerlich möglich, und vernunftmäßig, und für den Zweck der R. mehr oder weniger erheblich befunden haben» [153].

Töllner gelingt es somit, den Bruch zwischen Vernunft und Offenbarung zu vermeiden: Man braucht nicht mehr, wie die Deisten und Rationalisten, zu behaupten, die anfängliche Natur des Menschen besitze schon alle R.-Wahrheiten und habe gar keine Weiterbildung durch die Offenbarung mehr nötig, das Christentum sei schon den ersten Menschen bekannt gewesen. Diese können durchaus religiös sein («Religiösität ist die Würde und der Ruhm jedes Menschen» [154]); ihre R. ist aber trotzdem verbesserungsfähig [155]. Zugleich ist wie bei JERUSALEM («Philosophie des Christenthums») auch terminologisch bei TÖLLNER («Philosophie über die Glaubenswahrheiten») der Schritt zur Ausbildung des Begriffs ‹R.-Philosophie› vollzogen.

Wie kein anderer unter den Theologen dieser Zeit hat J. S. SEMLER die These weiterentwickelt, daß die R. nicht schon von Anfang an vollkommen ausgebildet war: «Der ganze nüzliche Inhalt der christlichen R. in Absicht aller Zeiten; war niemalen schon ganz und vollendet abgemessen da; er begreift von kleinern Stufen ... bis zum größten Inhalt in mehrern und allen Zeiten, unzählige und unendliche Stufen ... Die Austheilung der Stufen hängt immer von Gott ab, und von der sehr ungleichen Lage so vieler Millionen Christen» [156]. Wie alle menschlichen Dinge hat sich auch die R. aus «kleinen Anfängen» entwickelt [157]. Solche Gedanken, wie die einer «stufenweisen» Offenbarung [158], waren zwar in Semlers Zeit nicht unbekannt; sie wurzeln letztlich in der Lehre von der göttlichen Heilsökonomie [159]; sie sahen aber meist die letzte Stufe in der Offenbarung durch Christus. Semler kennt eine weitergehende «Beförderung» durch R., etwa in der Reformation, die auch in Zukunft nicht abgeschlossen sein wird: «Ich behaupte, die Lehre von Jesu ... habe einen unendlichen Inhalt; der durch alle partikulären Vorstellungen einzeln genommen, nie geradehin erreicht wird» [160]. «Unter allen christlichen R.-Parteien ist Wahrheit»; deren Erkenntnis aber «behält Stufen, und läßt einen steten Wachstum zu; man kann darin keine Schranken, kein gewisses Maas für uns und künftige Zeiten festsetzen» [161]. Die Fortbildung der R. ist Aufgabe eines jeden Christen und seiner freien «Privat-R.»; sie darf durch keine kirchliche Lehre und Vorschriften behindert werden [162]; «Sonst ersticken wir die Privat-R. und beherrschen die Gewissen unserer kirchlichen Mitglieder» [163]. Denn der Inhalt der Privat-R. ist nicht die Beachtung «blos äusserlicher R.-Formen» [164], sondern besteht, als «wahre geistliche R.», in «Glaube und Liebe»; sie ist «practische christliche R.» [165]. «Moralische Gesinnung und unaufhörlich gutes Verhalten ... Hierin besteht das Wesen der christlichen R.». «Immerfort sollen Christen wachsen in dieser moralischen R.». In «innerer R., in Gesinnung gegen Gott» stimmen alle R.en überein [166]. «Ich suche nichts, als freien offnen Wachsthum der innern, der geistlichen, kräftigen R.» [167].

Große Bedeutung für die Ausbildung einer R.-Philosophie kommt auch G. F. MEIER zu, der zur selben Zeit wie Semler in Halle lehrte und als Schüler Baumgartens zwar manche seiner Bestimmungen aufnahm (R. als «Ehre Gottes» und «lebendige Erkenntnis Gottes»), aber doch über seinen Lehrer hinausging. Wie für viele andere liegt auch für Meier das Eigentliche der R. nicht in «äusserlichen Gottesdienstlichkeiten», sondern in «Liebe, Furcht, Anbetung Gottes, und hundert anderen Pflichten gegen Gott» [168]. Der äußerliche Gottesdienst ist zwar keine «überflüssige und unnöthige Sache», muß aber «eine Frucht und Würkung der vollkommensten innerlichen R. seyn» [169]. Entsprechend ist auch die natürliche R. in innerliche und äußerliche eingeteilt [170]. Da es Gottes Absicht ist, daß die R. möglichst vollkommen wird, muß auch die Offenbarung durch die (ebenfalls von Gott verliehene) Vernunft überprüft werden. Sie ist «rechtmäßiger Richter der übernatürlichen Offenbarung» und überprüft, was «ächt, oder erlogen und untergeschoben ist» [171]. «Die wahre gelehrte Erkenntnis des Lehrgebäudes der christlichen R. kan nicht anders entstehen, als wenn man über die geofenbarten Wahrheiten der heiligen Schrift philosophirt» [172]. Entsprechend verteidigt Meier die «Freyheit, die christliche R. zu prüfen», da es unleugbar ist, daß sie «mit unendlich vielen Irrthümern, untermengt und verunreiniget worden» [173].

Jede R. besteht aus einem theoretischen und praktischen Teil, aus der Erkenntnis durch die Vernunft und aus einem demgemäß tugendhaften Leben («Dienst Gottes»). Da aber Gott alles in der Welt zweckmäßig angeordnet hat, ist es Aufgabe der R., diese planvolle Ordnung und Harmonie zu erkennen und entsprechend zu handeln. Und «ohne R.» ist die «Vollkommenheit in der ganzen Welt» nicht zu begreifen. R. lenkt somit nicht von menschlichen Pflichten ab, sondern läßt den Menschen erkennen, wie er «vollkommener Theil der besten Welt» wird, lehrt ihn, «mitten in der Welt, alles rings um sich herum aufs möglichste zu nutzen» und damit Gottes Absichten zu entsprechen. Gott kann aber nicht gewollt haben, daß dieser «Dienst Gottes» erst mit der christlichen Offenbarung begann, da die Ordnung der Welt schon mit dem Beginn der Schöpfung gelegt wurde. Deshalb bedeutet die Offenbarung nur eine «übernatürliche Belebung des Menschen» zum Leben gemäß «der höchsten Regel der Ordnung und Volkommenheit der Welt» [174]. «Wenn wir uns einen entzückenden Begriff von der R. machen wollen, so müssen wir uns recht lebhaft vorstellen, daß sie uns mit der obersten Absicht der Welt, der Ehre Gottes, aufs genaueste zusammenstimme, und daß folglich die gantze Menschheit durch die R. in ihre rechte Lage und Ordnung gesetzet werde» [175]. Eine solche R. beinhaltet nicht nur besondere moralische Vorschriften, sondern betrifft alle unsere Handlungen. Sie ist also «die eintzige Beschäftigung des gantzen Menschen nach Leib und Seele». Durch sie wird der Mensch «an das gantze Weltgebäude gehörig angepaßt. Er wird also gantz in der R. verschlungen». So erfüllt die R. «eine iede Begierde»; auch das «Essen» kann «ein wahrer Gottesdienst seyn», da es einem Zweck in der Welt (hier: unserer Selbsterhaltung) dient [176]. Da schließlich «kein Volck unter der Sonne» so «abscheulich» ist, daß es nichts «als schändliche und durchaus sündhafte Handlungen sollte vorgenommen haben», findet man, so folgert Meier wie Töllner, bei allen Völkern «Spuren der wahren R.». Dies darf nicht als «Gleichgültigkeit gegen alle R.en» mißverstanden werden, da es ja unterschiedliche Grade der Vollkommenheit der R. gibt und sie stets weiter vervollkommnet werden soll [177]. Dies führt Meier zu einem letzten Gedanken: Alle R. wird, sobald sie gelehrt und tradiert wird, durch «menschliche Zusätze» vermehrt. Keine kann in der Sprache wiedergegeben werden, in der sie ursprünglich verkündet wurde, da Sprache und «Denkungsart» sich verändert haben. So ist also das Bestreben, die R. von allen «Nebenvorstellungen» zu reinigen und sie «in ihrer ersten reinen Einfalt zu entdecken», «ihre erste ursprüngliche Gestalt wiederum herzustellen», unangemessen. Die «Redensarten» der Hl. Schrift waren «der jüdischen Denkungsart gemäß»; die Aufgabe der jetzigen Zeit besteht darin, «den christlichen Gottesdienst zu einem vernünftigen zu erhöhen» [178].

G. E. LESSING trifft sich im Gedanken einer «Ökonomie des Heils» [179] mit manchen Neologen, obwohl er sich verschiedentlich von ihnen abgrenzt und z.B. an Semler bemängelt, dieser habe nicht deutlich erklärt, worin das Allgemeine der christlichen R. und worin ihre Beiläufigkeiten («das Locale») bestünden [180]. R. und Christentum sollen von aller Autorität, auch der der Bibel, unabhängig sein, denn die «Bibel enthält offenbar Mehr als zur R. gehöriges ... Auch war die R. ehe eine

Bibel war». Die «schriftlichen Überlieferungen» müssen ihre «innere Wahrheit» beweisen, und nicht umgekehrt die Schrift die Wahrheit erklären. Demnach ist «die Bibel nicht ... die R.», ist «die R. nicht wahr, weil die Evangelisten und Apostel sie lehrten ..., sondern sie lehrten sie, weil sie wahr ist» [181]. So sind auch «die R. Christi» und «die christliche R. zwei ganz verschiedene Dinge. Jene, die R. Christi, ist diejenige, die er als Mensch selbst erkannte und übte; die jeder Mensch mit ihm gemein haben kann», während die christliche R. eine historische, positive R. ist [182]. Lessing läßt gelegentlich die «wesentlichen Wahrheiten» der R. in einem «inneren Gefühl» verankert sein, das untrüglich ist und das er «unterstützen» will [183]. Er teilt mit vielen anderen seiner Zeit die Grundbegriffe der «natürlichen R.» (Erkenntnis Gottes nach dem «würdigsten Begriffe» und entsprechendes Handeln), aber sie hat für ihn nicht absoluten Vorrang. «Das Wesentliche» der R. kann «unmittelbar durch eines jeden Vernunft» und nach «dem Maße seiner Kräfte» begriffen werden. Da dieses Maß aber «bei jedem Menschen verschieden» ist, mußte die «R. der Natur» auch unterschiedlich ausgeprägt werden, mußte sie eine «positive R.» werden. Deshalb ist eine säuberliche Trennung von Vernunft und Offenbarung nicht möglich: «Die beste geoffenbarte oder positive R. ist die, welche die wenigsten conventionellen Zusätze zur natürlichen R. enthält, die guten Wirkungen der natürlichen R. am wenigsten einschränkt» [184]. Es wäre somit ein «Irrweg», jetzt nur die R. der Vernunft gelten zu lassen, da sie uns von den «Pflichten eines Christen» entfernen könnte: «Der Erkenntnis nach sind wir Engel, und dem Leben nach Teufel» [185]. So kann Lessing sagen: «Ich habe gegen die christliche R. nichts: ich bin vielmehr ihr Freund, und werde ihr Zeitlebens hold und zugetan bleiben. Sie entspricht der Absicht einer positiven R., so gut wie irgend eine andere» [186]. Die positiven R.en haben ihre notwendige Stelle in der Menschheitsgeschichte. Aber keine einzelne positive R. kann den Anspruch erheben, die allein wahre zu sein: «das Seligmachende in den verschiedenen R.en [muß] immer das Nämliche ... gewesen sein ... Gott könnte ja wohl in allen R.en die guten Menschen in der nämlichen Betrachtung, aus den nämlichen Gründen selig machen wollen: ohne darum allen Menschen von dieser Betrachtung, von diesen Gründen die nämliche Offenbarung erteilt zu haben» [187]. Deshalb ist aber nach der «Ökonomie» desselben Gottes, der bisher die Erziehung des Menschengeschlechts vollzog, ein vernünftiges Begreifen der Offenbarungswahrheiten nicht ausgeschlossen, sondern gerade zu erhoffen: «Warum wollen wir in allen positiven R.en nicht lieber weiter nichts, als den Gang erblicken, nach welchem sich der menschliche Verstand jedes Orts einzig und allein entwickeln können, und noch ferner entwickeln soll?» [188]

M. MENDELSSOHN ist von der «Evidenz der natürlichen R.», von der «Wahrheit der Vernunft-R.» überzeugt [189]. Sie beinhaltet nur die moralischen Pflichten gegen uns selbst und den Nächsten, keine Pflichten gegen Gott; denn Gott «verlangt keinen Dienst von uns». Damit ist auch vom Wort her die Trennung zwischen ‹R.› und ‹Gottesdienst› vollzogen. Das Judentum ist keine «geoffenbarte R.», sondern «geoffenbarte Gesetzgebung» [190]; es hat nicht einmal «ein Wort für das, was wir R. nennen» [191]; Gott hat ihm keine «allgemeine Menschen-R.» gegeben [192], sondern «Ceremonialgesetze», die die Juden nur von den anderen Völkern absondern sollten, die von der «ersten R.» abgewichen waren. Weil das Judentum diese aber wahrte, sollte sich die natürliche R. eher an «die übrigen Nationen» richten als an die Juden. Diese sehen, daß sich die Christen «in den wesentlichen R.-Punkten der Glaubenslehre» der jüdischen «Väter so merklich genähert» haben [193], daß für sie eine weitergehende «Glaubensvereinigung» nicht erstrebenswert ist, zumal diese doch nur in Worten bestünde, über die wieder jeder «eine eigene Meinung» hat und «Mannigfaltigkeit offenbar Plan und Endzweck der Vorsehung ist». «Die Menschheit ... behält ... in allen Perioden der Zeit ungefähr dieselbe Stufe der Sittlichkeit, dasselbe Maaß von R. und Irreligion, von Glückseligkeit und Laster» [194].

Verschiedene Autoren des späten 18. Jh. haben den allein auf Vernunft und Moral gegründeten R.-Begriff weiter ausgestaltet, häufig unter dem Einfluß von Kants praktischer Philosophie, aber noch ohne dessen ‹R. innerhalb der Grenzen der bloßen Vernunft› (1793) zu berücksichtigen [195].

Anmerkungen. [1] Nach sporadischem Gebrauch im 17. Jh. (vgl. E. LITTRÉ: Dict. de la langue franç. (Paris 1964-71) 4, 1158f.) häufig im 18. Jh.: I. JAQUELOT: Conformité de la foi avec la raison ou défense de la relig. (Amsterdam 1705) préf. fol. 4^v. 6^r; CH. WOLFF: Theol. naturalis § 514 (^{2}1741). Ges. Werke II/8 (1981) 498; TH. MORGAN: Physico-theology (London 1712) 143; D. DIDEROT/J. LE R. D'ALEMBERT (Hg.): Encycl. ou dict. raisonné des sci., des arts et des métiers (Paris 1751-80) 8, 909: Art. ‹Irréligieux›; A. VON HALLER: Discours sur l'irréligion (Lausanne 1760); J.-J. ROUSSEAU: Emile IV (1762). Oeuvr. compl., hg. B. GAGNEBIN/M. RAYMOND 1-4 (Paris 1959-69) 4, 606; CH.-L. DE MONTESQUIEU: Mes pensées, Nr. 2129. Oeuvr. compl., hg. R. CAILLOIS 1-2 (Paris 1949-51) 1, 1552; L.-A. DE CARACCIOLI: La relig. de l'honnête homme (Paris 1766) 213ff. 273ff.; P.-H. HUMBERT: Instructions sur les principales vérités de la relig. (Toul 1768) 365; N. S. BERGIER: Traité hist. et dogmat. de la vraie relig. (Paris 1780) 3, 516; dtsch.: Hist. und dogm. Abh. von der wahren R. (1788-92) 3, 473; CH. A. DÖDERLEIN: Theol. Abh. über den ganzen Umfang der R. (1780) 1, 14; J. MAUVILLON: Das einzig wahre System der christl. R. (1787) 233f.; S.-F. DE GENLIS: La relig. consid. comme l'unique base du bonheur et de la véritable philos. (Paris 1787) 2, 188; J. J. SPALDING: Vertraute Br., die R. betreffend (^{3}1788) 99. – [2] Zu J. S. SEMLER vgl. unten [156ff.]. – [3] Zu D. HUME vgl. unten [36ff.]. – [4] WOLFF, a.O. [1] 497 (§ 512); Philos. moralis sive Ethica § 518 (1750-52), a.O. II/14 (1970) 746. – [5] Philos. mor., a.O. 747 (§ 519). – [6] E. B. DE CONDILLAC: Dict. des synonymes. Oeuvr., hg. G. LE ROY (Paris 1947-51) 3, 485. – [7] z.B. F. DIROYS: Preuves et prejugez de la relig. chrest. et cath. ... (Paris 1683); J. ABBADIE: Traité de la vérité de la relig. chrét. (Rotterdam 1684); F. LAMY: Vérité évidente de la relig. chrét. ... (Paris 1694); M. LEVASSEUR: Entretiens sur la relig. ... (Blois/Paris 1705); JAQUELOT, a.O. [1]; J. BERNARD: De l'excellence de la relig. (Amsterdam 1714); J. DENYSE: La vérité de la relig. chrét. (Paris ^{2}1719); J.-C. SOMMIER: Hist. dogmat. de la relig. ... (Paris 1708-11); F. ILHARET DE LA CHAMBRE: Traité de la véritable relig. (Paris 1737); vgl. A. CH. KORS: Atheism in France, 1650-1729 1 (Princeton, N.J. 1990). – [8] TH. WOOLSTON: A free-gift to the clergy ... (London 1722) 1f. – [9] TH. MORGAN: The moral philosopher (London 1738-40, ND 1969) 1, VIIf. – [10] J. TILLOTSON: The works 1 (London 1712) 343. 348. 350; vgl. 413ff. – [11] CH. BLOUNT: Religio laici (London 1683) 49f. 87. – [12] Miscellaneous works 1: The oracles of reason (London 1695) 91. – [13] J. TOLAND: Christianity not mysterious (London 1696, ND 1964) XIII. XXVIII. – [14] Vgl. Art. ‹R. bzw. Theologie, natürliche bzw. vernünftige›. – [15] TOLAND, a.O. [13] 6. 172; vgl. 46. – [16] Nazarenus, or Jewish, Gentile and Mahometan Christianity (London 1718) V. XIV. – [17] MORGAN, a.O. [1] 282. 276. – [18] a.O. [9] 1, VIIIff. 94; vgl. 25. 198-200. – [19] a.O. [1], 416f. – [20] TH. CHUBB: The posthumous works (London 1748) 1, 246f.; vgl. 1, 35f. 256; 2, 373; The true gospel of Jesus Christ asserted (London 1738) 138. – [21] B. DE MANDEVILLE: Free thoughts on relig., the church, and national happiness (London 1720, ^{2}1729, ND 1969) 16; eine Gleichberechtigung von innerer und äußerer R. bei: J. BUTLER: The analogy of relig. II, 1. 10. 19. 21 (1736). Works, hg. W. E. GLADSTONE (Oxford 1897) 1, 159. 164f. – [22] F. HUTCHESON: A short introd. to moral philos. (Glasgow 1747). Coll. works, hg. B. FABIAN (1969-71) 4, 77; vgl.: A system of moral philos. (London 1755), a.O. 5, 217. – [23] M. TINDAL: Christianity as old as the creation (London 1730), ND, hg. G. GAWLICK (1967) 46. – [24] P. ANNETT: Judging for ourselves; or free-thinking, the great duty of relig. (London 1739) 23. – [25] a.O. 7; vgl. TH. CHUBB: A disc. conc. reason, with regards to relig. and divine revelation (London 1731) 3. 30. – [26] J. JACKSON: A plea for human reason, shewing the sufficiency of it in matters of relig. (London 1730) 9f. – [27] TINDAL, a.O. [23] 197. 4. 379; zu vergleichbaren Thesen bei: TH. SHERLOCK: A sermon preached ... (London 1716) vgl. GAWLICK, a.O. [23] 14*; gegen Tindal: J. FOSTER: The usefulness, truth, and excellency of the Christian revelation ... (London 1731); W. LAW: The case of reason, or natural relig. fairly and fully stated (London 1731). – [28] H. ST. JOHN, Viscount BOLINGBROKE: Essay the 4th. The works, hg. D. MALLET (London 1754, ND 1968) 4, 260. 282. 316; vgl. 631f. – [29] S. CLARKE: A disc. conc. the unchangeable obligations of nat. relig. and the truth and certainty of the Christian revelation (London 1706, ND 1964) 244. – [30] G. BERKELEY: Alciphron V, 30 (1732). The works, hg. A. A. LUCE/T. E. JESSOP (London 1964) 3, 209. – [31] A. M. RAMSEY: The philos. principles of nat. and revealed relig. (Glasgow 1748) 1, IV. – [32] TH. CHUBB: A coll. of tracts on various subjects (London 1730) 211; vgl. 212ff.; Posth. works, a.O. [20] 2, 370f.; MORGAN, a.O. [9] 1, VIII. 200ff.; auch: CLARKE, a.O. [29] 61ff. – [33] TINDAL, a.O. [23] 298; vgl. GAWLICK, a.O. [23] 17*. – [34] CHUBB: A coll. ..., a.O. [32] 213. 217. – [35] a.O. 215; MORGAN, a.O. [9] 1, 198; TINDAL, a.O. [23] III. 232ff. – [36] D. HUME: Essay X. Of superstition and enthusiasm (1741). Philos. works, hg. TH. H. GREEN/TH. H. GROSE (London 1882-86, ND 1964) 3, 144; dtsch.: Über Aberglaube und Schwärmerei, in: D. HUME: Die Naturgesch. der R., hg. L. KREIMENDAHL (1984) 73. – [37] Dial. conc. nat. relig. (1779). Works, a.O. 2, 463-466; dtsch.: Dial. über die natürl. R., hg. G. GAWLICK (1980) 112-120. – [38] Unpubl. Vorrede zu Vol. 2 der Hist. of Great Britain (1756), zit. in: E. C. MOSSNER: The life of D. Hume (Oxford 1954) 306f. – [39] The nat. hist. of relig. XV (1757). Works, a.O. [36] 4, 362; dtsch.: Die Naturgesch. ..., a.O. [36] 70. – [40] J. OSWALD: An appeal to common sense in behalf of relig. (Edinburgh 1766); J. BEATTIE: Evidences of the Christ. relig. (Edinburgh 1786, London [6]1814). – [41] W. PALEY: Nat. theol.: or, evidences of the existence and attributes of the deity (London 1802, ND 1970) VII. – [42] J. BENTHAM: Analysis of the influence of nat. relig. on the temporal happiness of mankind (1822); Constitutional code I, 14 (1827). The works, hg. J. BOWRING (1838-43, ND New York 1962) 9, 92ff.; vgl. J. E. CRIMMINS: Bentham on relig.: Atheism and the secular soc. J. Hist. Ideas 47 (1986) 95-110. – [43] C.-F. NONNOTTE: Dict. philos. de la relig. (o.O. 1772); dtsch.: Philos. Lex. der R. (1777) 2, 286. – [44] F. PARA DU PHANJAS: Les principes de la saine philos., conciliés avec ceux de la relig. (Paris 1774) 1, XI. – [45] B. DE FONTENELLE: De l'origine des fables (1724), hg. J.-L. CARRÉ (Paris 1932) 34f. – [46] a.O. 29. – [47] Hist. des oracles (1686), hg. L. MAIGRON (Paris 1908) 70. – [48] La républ. des philosophes, ou hist. des Ajaoiens (1768), hg. H.-G. FUNKE (1982) 43ff. 52. – [49] D. DIDEROT: Essai sur le mérite et la vertu (1745). Oeuvr. compl., hg. J. ASSÉZAT/M. TOURNEUX 1-20 (1875-79, ND 1966) 1, 9. – [50] Pensées philos. (1746), a.O. 129f. 161. – [51] De la suffisance de la relig. nat. (1770), a.O. 271. – [52] Art. ‹Législateur› der ‹Encycl.›, a.O. 15, 435. – [53] Introd. aux grands principes (1798), a.O. 2, 81. – [54] Art. ‹Pain béni› der ‹Encycl.›, a.O. 16, 686. – [55] Réfut. de l'ouvrage d'Helvétius intit. ‹L'homme› (1773-74), a.O. 2, 448; vgl. 4, 34f. – [56] Entret. d'un philosophe avec la maréchale de *** (1776), a.O. 2, 513. – [57] MONTESQUIEU: De l'esprit des lois (1748) XIX, 4; XXIV, 2, a.O. [1] 2, 558. 715f.; vgl. Mes pens. Nr. 1903, a.O. 1, 1458. – [58] De l'espr. XXIV, 1. 3-5, a.O. 2, 714. 716-718. – [59] XXIV, 7f. 14. 15f. a.O. 719f. 724-726. – [60] XXV, 2, a.O. 736. – [61] Lettres persanes (1721) XLVI, a.O. 1, 194. – [62] Mes pens. Nr. 1928, a.O. 1465. – [63] Nr. 2110. 2217, a.O. 1550f.; vgl. Nr. 2132, a.O. 1553. – [64] VOLTAIRE: Traité sur la tolérance (1763) XX. Oeuvr., hg. A. J. BEUCHOT 1-72 (Paris 1829-34) 41, 349f.; Dict. philos. (1764) Art. ‹Caractère›, a.O. 27, 450; ‹Enfer›, a.O. 29, 114. – [65] Dict. philos., Art. ‹Athéisme›, a.O. 27, 186. – [66] Br. an L. R. de La Chalotais (28. 2. 1763). Corresp., hg. TH. BESTERMAN 1-107 (Genf 1953-65) 51, 204. – [67] Dict. philos., Art. ‹Secte›. Oeuvr., a.O. [64] 32, 209. – [68] Dieu et les hommes (1769) IV, a.O. 46, 108; vgl. Catéchisme de l'honnête homme (1763), a.O. 41, 120; Socrate (1759) III, 1, a.O. 6, 523; Essai sur les mœurs et l'esprit des nations (1756) c. 197, a.O. 18, 486. – [69] Dict. philos., Art. ‹Religion›, a.O. 32, 95; vgl. Br. an Friedrich II. (30. 10. 1769). Corresp., a.O. [66] 73, 146; Hist. de l'établissement du christianisme, c. 25 (1777). Oeuvr., a.O. [64] 50, 518. – [70] Dict. philos., Art. ‹Superstition›, a.O. 32, 270; vgl. Br. an E. Bertrand (8. 1. 1764). Corresp., a.O. [66] 54, 26. – [71] Profession de foi des théistes (1768). Oeuvr., a.O. [64] 44, 113; Dict. philos., Art. ‹Théisme›, ‹Théiste›, a.O. 32, 348-352. – [72] Le pour et le contre (Lettre à Uranie) (1722), a.O. 12, 20. – [73] Alzire. Disc. prélim. (1736), a.O. 4, 155. – [74] Dict. philos., Art. ‹Tolérance›, a.O. 32, 378. – [75] Examen important de Milord Bolingbroke, ou le tombeau du fanatisme (1767), a.O. 43, 203. – [76] ROUSSEAU, a.O. [1] 606f. 609. – [77] Lettre à C. de Beaumont (1763), a.O. 962. – [78] Emile, a.O. [1] 631f. – [79] a.O. 627. – [80] Lettre, a.O. [77] 969. 976-978; Du contrat soc. IV, 8 (1762), a.O. 3, 460ff. – [81] Br. an Marcet de Mézières (16. 9. 1762). Corresp. gén., hg. TH. DUFOUR (Paris 1924-34) 8, 302; vgl. 8, 37. – [82] [L. DE JAUCOURT:] Art. ‹R.›, in: Encycl., a.O. [1] 14, 78. 80. 83. – [83] Art. ‹Irréligieux›, a.O. [1]. – [84] z.B. F. V. TOUSSAINT: Les mœurs (Amsterdam 1749, ND 1972) 54. 56; F. PARA DU PHANJAS: Elémens de métaphysique sacrée et profane (Paris 1780) 673f. – [85] [M. HUBER:] Lettres sur la relig. essentielle à l'homme, distinguée de ce qui n'en est que l'accessoire (Amsterdam 1738) 1, 139; vgl. 142f.; vgl. J. B. C. I. DELISLE DE SALES: De la philos. de la nat. (London [3]1777) 6, 471. 466. 478. – [86] C.-A. HELVÉTIUS: De l'homme ... (1773) VII, 1; I, 13; IX, 30. Oeuvr. compl. (Paris 1795, ND 1967) 10, 125ff.; 11, 42; 7, 97f.; dtsch.: Vom Menschen ... (1972) 346ff. 77f. 438. – [87] P.-H. TH. D'HOLBACH: Syst. de la nat. I, 9. 11. 13. 17; II, 5 (7). 7 (9). 10 (12). 11 (13) (1770, Paris 1821, ND 1966) 1, 183. 225. 259f. 321. 423ff. 435; 2, 167f. 250-264. 345. 351f. 390f.; dtsch.: System der Natur, hg. F.-G. VOIGT (1960) 116. 141. 160f. 198f. 261f. 268. 408f. 457-465. 512. 517f. 540f.; vgl. Le christianisme dévoilé ... ('London' 1766), dtsch. in: Relig.krit. Schr., hg. M. NAUMANN (1970) 69. 117. 122. 132. 153. 166ff.; Le bon sens ou idées nat. opposées aux idées sur-nat. (London 1772, ND Paris 1971) pass.; La contagion sacrée, ou hist. nat. de la superstition ('London' 1770) 1, 30; 2, 8. 11f. 55. 80. 142. – [88] La contagion, a.O. 1, 31. – [89] a.O. 2, 53; vgl. Syst. de la nat., a.O. [87] 2, 183, dtsch. 418. – [90] La contagion, a.O. [87] 2, 150. 155. – [91] Lettres à Eugénie ou préservatif contre les préjugés ('London' 1768), dtsch. in: Relig.krit. Schr., a.O. [87] 465; vgl. La morale univ. (Amsterdam 1776, ND 1970) 2, 145f. – [92] J. O. DE LA METTRIE: L'homme machine (1748). Oeuvr. philos. (Berlin/Paris 1796) 3, 162. 167. – [93] [ANON., bearb. J.-A. NAIGEON/HOLBACH:] Difficultés sur la relig. prop. au père Malebranche (le militaire philosophe) ... ('London' 1768), hg. R. MORTIER (Brüssel 1970) 143. 155. 165, zit.: 160; vgl. 311ff.; dazu F. DELOFFRE: Un ‹Syst. de relig. nat.›, in: O. BLOCH (Hg.): Le matérialisme du XVIIIe s. et la litt. clandestine (Paris 1982) 67-76; I. O. WADE: The clandestine organization and diffusion of philos. ideas in France from 1700 to 1750 (New York 1967) 45-64. – [94] J. MESLIER: Mém. des pensées et des sentiments, c. 96 (1761). Oeuvr. compl., hg. J. DEPRUN u.a. (Paris 1970-72) 3, 155; dtsch., hg. G. MENSCHING (1976) 397f. – [95] [ANON., wahrscheinlich H. DE BOULAINVILLIERS/C. CH. DU MARSAIS/J.-B. DE MIRABAUD:] Examen de la relig. (Trévoux 1745): eingeg. in: VOLTAIRE: L'Evang. de la raison (Amsterdam 1764), teilw. identisch mit: N. FRÉRET: Examen crit. des apologistes de la relig. chrét. (o.O. 1766), hier zit. nach der dtsch. Ausg.: Die wahre R., Oder die R.-Prüfung (1747) 243. 270. 280; zu den versch. Versionen und Ausg. vgl.: B. E. SCHWARZBACH/A. W. FAIRBAIRN: The ‹Examen de la religion›: A bibliogr. note. Stud. Voltaire and 18th cent. 248 (1987) 91-156; zur handschriftl. Verbreitung und Verfasser-Zuschreibung vgl. WADE, a.O. [93] 141-163. – [96] [N. FRÉRET:] Lettre de Thrasibule à Leucippe [ca. 1722] ('London' o.J. [ca. 1768]) 195; vgl. 268. 271f.; vgl. WADE, a.O. 186-204; R. SIMON: N. Fréret, académicien. Stud. Voltaire and 18th cent. 17 (1961) 173-190. – [97] F. GALIANI: Br. an Mme d'Epinay (11. 4. 1772).

Corresp. (Paris 1881-82) 2, 59; dtsch.: Br., hg. W. WEIGAND (²1914) 2, 320f. - [98] Vgl. M. BENÍTEZ: Liste et localisation des traités clandestins, in: BLOCH (Hg.), a.O. [93] 17-25; Mat. pour un invent. des manuscr. philos. clandestins des XVIIe et XVIIIe s. Rivista Storia Filos. 43 (1988) 501-531; WADE, a.O. [93] 1-29. - [99] G. B. DE MABLY: De la législation ou principes des lois (1778). Coll. compl. des œuvr. (Paris 1794-95, ND 1977) 9, 396. - [100] J. LE R. D'ALEMBERT: Essai sur les élém. de philos. (1759) (Paris 1805, ND 1965) 209. 494. - [101] J.-A.-N. DE CONDORCET: Diss. sur cette question s'il est utile aux hommes d'être trompés? (1779). Oeuvr., hg. A. CONDORCET O'CONNOR/M. F. ARAGO (Paris 1847-49, ND 1968) 5, 367. 382. - [102] J. NECKER: De l'importance des opinions relig. (London/Paris 1788) 519. - [103] Vgl. A. AULARD: Le culte de la raison et le culte de l'être suprême (1793-94) (Paris 1904). - [104] [L. RACINE:] La Relig. Poëme (Paris 1742, ⁹1775). - [105] N. S. BERGIER: La certitude des preuves du christianisme (Paris 1767), dtsch.: Gewißheit der Beweise des Christentums (1787); Apologie de la relig. chrét. (Paris ²1770); a.O. [1]. - [106] C. BUFFIER: Expos. des preuves les plus sensibles de la véritable relig. (Paris 1732), dtsch. (1779); J. LE FEBVRE: La seule relig. véritable ... (Paris 1747); J.-A. TURRETINI/J. VERNET: Traité de la vérité de la relig. chrét. (Genf 1730-36); C. ROUSSEL: Principes de relig., ou préservatif contre l'incrédulité (Paris 1751); J.-G. LE FRANC DE POMPIGNAN: La relig. vengée de l'incrédulité par l'incrédulité elle-même (Paris 1772); G. GAUCHAT: Lettres crit., ou analyses et réfut. de divers écrits mod. contre la relig. 1-19 (Paris 1755-63); DE GENLIS, a.O. [1]; NONNOTTE, a.O. [43]. - [107] WOLFF, a.O. [4]. - [108] Philos. mor., a.O. [4] 735f. 746 (§§ 509. 511. 518). - [109] Jus naturae I, §§ 1230ff. (1740). Ges. Werke II/17 (1972) 816ff. - [110] J. CH. GOTTSCHED: Erste Gründe der ges. Weltweisheit (1733-34, ND 1965) 2, 531; aber auch schon: G. B. BILFINGER: Dilucid. philos. de Deo ... (1725, ND 1982) 599 (§ 497). - [111] J. H. ZEDLER: Grosses vollst. Univ.-Lex. 31 (1742) 443; B. HAUSKNECHT: Beschreib. aller R.en in der Welt (²1782) fol. A 3ᵛ; J. G. TÖLLNER: Gedanken von der wahren Lehrart in der dogmat. Theol. (1759) 55f. - [112] A. G. BAUMGARTEN: Metaphysica (1739, ⁷1779, ND 1963) 388 (§ 947); Ethica (1740, ³1763, ND 1969) 10 (§ 11). - [113] Eth., a.O. 11. 13f. (§§ 13-15. 18. 21). - [114] a.O. 63 (§ 111). - [115] H. S. REIMARUS: Die vornehmsten Wahrheiten der natürl. R. (³1766) 1, ND, hg. G. GAWLICK (1985) 1, 69. - [116] a.O. 2, ND 1, 70; vgl. 752, ND 2, 820. - [117] 715, ND 2, 783; vgl. 574, ND 2, 642. - [118] 755. 761. 766, ND 2, 823. 829. 834. - [119] Apologie oder Schutzschr. für die vernünft. Verehrer Gottes, hg. G. ALEXANDER (1972) 2, 655; 1, 64; 2, 667. - [120] J. A. ERNESTI: Rez. über S. Ch. Lappenberg, in: Neue theol. Bibl. 10 (1769) 629. - [121] Christl. Predigten zur Verherrlichung Gottes und Jesu Christi (1768) [1], 226f. 241f. - [122] a.O, 3, 35. - [123] Initia doctrinae solidioris (1734-35, ⁵1776) 282. - [124] F. NEUMAYR: R. eines Vernünft. Mannes (1773) 91; Religio prudentium (1764) 77; so fast wörtlich auch: J. CH. DÖDERLEIN: Christl. R.-Unterricht nach den Bedürfnissen unserer Zeit (1785) 4; vgl. G. S. STEINBART: Syst. der reinen Philos. oder Glückseligkeitslehre des Christenthums (²1780) 266; J. H. S. FORMEY: Le philosophe chrét. (Leiden 1750-55) 2, 10; dtsch.: Der christl. Philosoph (1753-54) 2, 12; J. G. DARJES: Erste Gründe der philos. Sitten-Lehre (²1755) 1, 410: «der innerliche und der äusserliche Gottes-Dienst»; J. F. W. JERUSALEM: Betracht. über die vornehmsten Wahrheiten der R. (1768-79) 1, 380. - [125] G. F. MEIER: Philos. Sittenlehre (1753-61) 1, 122. - [126] STEINBART, a.O. [124] 267; ähnlich: FORMEY, a.O. [124] 2, 48; dtsch. 2, 49f.; vgl. J. M. VON LOEN: Die einzige wahre R. (1750) 1, 9ff. 57; I. ISELIN: Verm. Schr. 2 (1770) 62f. 69; J. B. BASEDOW: Betracht. über die wahre Rechtgläubigkeit ... (1766) 34ff.; Pract. Philos. für alle Stände (²1777) 2, 345ff.; J. C. LAVATER: Sämtl. kl. prosaische Schr. (1784) 1, 221; 2, 215; C. G. NEUMANN (?): Freundschaftl. Br. über den itzigen Zustand der R. unter den Lutheranern (1777) 30f. - [127] J. CH. EDELMANN: Unschuldige Wahrheiten (1735-43). Sämtl. Schr., hg. W. GROSSMANN (1969-87) 1, 17. 88-90; 5/2, 269-273; vgl. 8, 461-463. - [128] Abgenöthigtes ... Glaubens-Bekentniß (1746), a.O. 9, 146f. 314. 317. 322. - [129] J. J. SPALDING: Von dem eigentl. Werth äußerer R.-Gebräuche (o.J. [1785]) 6. 12f. - [130] Die Bestimmung des Menschen (³1768) 41f. - [131] a.O. 71. 74. 79. - [132] Gedanken vom Werth der Gefühle in dem Christenthum (⁴1773) VI. 255. - [133] Von der Einigkeit in der R. (1786) 21f.; vgl. 78f. - [134] Vertr. Br., a.O. [1] 132f. - [135] R., eine Angelegenheit des Menschen (1797) 96f. - [136] DÖDERLEIN, a.O. [124] 1f. - [137] CH. M. WIELAND: Gedanken über den freien Gebrauch der Vernunft in Gegenständen des Glaubens (1788). Sämtl. Werke (1853-58) 30, 16. 60. 76. - [138] JERUSALEM, a.O. [124] 1, 274. - [139] a.O. 408-410. - [140] 360. 378f. 401; vgl. 341. - [141] Nachgel. Schr. (1792-93) 1, 405. 576. - [142] a.O. 2, 524. 206f. 208f. - [143] a.O. [124] 3, 839f.; vgl. W. E. MÜLLER: J. F. W. Jerusalem (1984). - [144] W. A. TELLER: Lehrb. des christl. Glaubens (1764) Widmung. - [145] Die R. der Vollkommnern (1792) 59ff. 68. - [146] a.O. 29ff. 46. 69ff. - [147] J. D. SALZMANN: Kurze Abh. über einige wichtige Gegenstände aus der R.- und Sittenlehre (1776, ND 1966) 150; vgl. G. LESS: Wahrheit der Christl. R. (⁴1776) 196; Gesch. der R. 1 (²1786) 17ff.; F. HEMSTERHUIS: Ariste ou le vrai ami (1789). Oeuvr. philos., hg. L. S. P. MEYBOOM (Leeuwarden 1846-50) 3, 6f. - [148] J. G. TÖLLNER: Theol. Unters. 1/1 (1772) 134f. - [149] Kurze verm. Aufs. 2/1 (1769) 267f. - [150] Meine Ueberzeugungen (²1770) 46. - [151] a.O. [149] 154f. 151. - [152] 156ff. 170. 188f. - [153] Theol. Unters., a.O. [148] 264-298, zit.: 290. - [154] DÖDERLEIN, a.O. [124] 8. - [155] a.O. 26f. - [156] J. S. SEMLER: Ob der Geist des Widerchrists unser Zeitalter ausgeeichne? (1784) Vorrede (XVII); vgl. 18. - [157] Institutio ad doctrinam christ. liberaliter discendam (1774) 93. - [158] Vgl. E. LAW: Consid. on the theory of relig. (Cambridge 1745); dtsch.: Betracht. über die Gesch. der R. (1771) 36. 82f. 285-296; I. WATTS: Übereinstimmung aller R.en ... (1748) 12ff. - [159] Vgl. Art. ‹Ökonomie II.›. - [160] SEMLER, a.O. [156] Vorrede (XXI). 13. - [161] Vorrede zu: S. J. BAUMGARTEN: Gesch. der R.-Partheien (1766, ND 1966) 18f.; vgl. 7f. - [162] Vorrede zu: TH. THOMSON: Abh. über die vier Evangelien (1783) 2, XXIV. XXVII. XLIV. LVI. - [163] a.O. [156] Vorrede (XIIf.); vgl. Unterhaltungen mit Herrn Lavater über die freie pract. R. (1787) 33. 76. 81; Ueber hist., gesellschaftl. und moral. R. der Christen (1786) bes. Vorrede; vgl. G. HORNIG: Die Freiheit der christl. Privat-R. Semlers Begründung des relig. Individualismus ... Neue Z. systemat. Theol. R.-Philos. 21 (1979) 198-211; ‹Privat-R.› auch bei DÖDERLEIN, a.O. [124] 4. 14. - [164] SEMLER, a.O. [156] 24. - [165] Unterhaltungen ..., a.O. [163] IX. 153. 335f. 328; vgl. Letztes Glaubensbekenntnis über natürliche und christl. R. (1792) 339; Vorläufige Antwort auf eines Naturalisten unbillige Prüfung ... (1786) XXIf. - [166] Ueber hist. ... R., a.O. [163] 54. 60. 208: vgl. 133. 233ff. - [167] Unterhaltungen..., a.O. [163] XV. - [168] G. F. MEIER: Vertheidigung der Christl. R. wider Herrn J. Ch. Edelmann (²1749) 222f.; vgl. Gedancken von der R. (1749) 114f. - [169] Philos. Sittenl., a.O. [125] 2, 5f. 44. 46f. - [170] a.O. 1, 73-640; 2, 1-334. - [171] Met. (1755-59) 4, 353ff. 477f.; vgl. Philos. Sittenl., a.O. 1, 148. 536. - [172] Philos. Betracht. über die christl. R. (1761-64) 1, 4f. - [173] a.O. 1, 7ff. 13. 18. - [174] 3, 10-17; vgl. a.O. [125] 1, 144; Gedanken ..., a.O. [168] 28ff. - [175] Gedanken, a.O. 29f. - [176] a.O. 48. 56. 64. 82; vgl. 74f. - [177] 101f.; vgl. Betracht. über die würkl. R. des menschl. Geschlechts (1774). - [178] Betracht. über das Bemühen der christl. R. ihre erste Einfalt und Reinigkeit wieder herzustellen (1775) 12-16. 33; vgl. G. GAWLICK: G. F. Meiers Stellung in der R.-Philos. der dtsch. Aufklärung, in: Halle. Aufklärung und Pietismus. Wolfenbütteler Stud. zur Aufklärung 15 (1989) 157-176. - [179] G. E. LESSING: Gegensätze des Herausgebers der Papiere eines Ungenannten (1777). Werke, hg. G. GÖPFERT (1970-79) 7, 467. - [180] Gegen J. S. Semler, a.O. 8, 664. - [181] a.O. [179], a.O. 7, 458; vgl. 8, 131f. - [182] Die R. Christi (1780), a.O. 7, 711f. - [183] Eine Parabel (1778), a.O. 8, 123. - [184] Über die Entstehung der geoffenbarten R., a.O. 7, 282f. - [185] Gedanken über die Herrnhuter, a.O. 3, 688. - [186] Selbstbetracht. und Einfälle, a.O. 5, 789; vgl. 168. - [187] Gegensätze, a.O. [179] 475f. - [188] Die Erzieh. des Menschengeschl. (1780), a.O. 8, 489; vgl. G. HORNIG: G. E. Lessing, in: Theol. Realenzykl. 21 (1991) 20-33 (mit weit. Lit.). - [189] M. MENDELSSOHN: An die Freunde Lessing's (1786). Ges. Schr., hg. G. B. MENDELSSOHN (1843-45) 3, 14f. - [190] Jerusalem, oder über relig. Macht und Judenthum (1783), a.O. 319. - [191] a.O. 14. - [192] 319f. - [193] Betracht. über Bonnet's Palingenesie (1770), a.O. 169f. 175. - [194] a.O. 360. 318f. - [195] A. RIEM: Beyträge zur Berichtigung der Wahrheiten der christl. R. (1787); Das reinere Christenthum oder R. der Kinder des Lichts (1789-94); Reines System der R. für Vernünftige (1793); J. H. TIEF-

TRUNK: Einzigmögl. Zweck Jesu. Berlin. J. für Aufklärung 1 (1788) 97-114. 197-244; Versuch einer Kritik der R. und aller relig. Dogmatik (1790); C. F. BAHRDT: System der moral. R. (1787-92); Katechismus der natürl. R. (1790); Hb. der Moral für den Bürgerstand (1790), dort: 163f.: R. nicht «Gottesdienst»; Sonnenklare Unzertrennlichkeit der R. und der Moral ... (1791).

Literaturhinweise. F. LAURENT: La philos. du 18ᵉ s. et le christianisme (Paris 1866, ND 1972). – K. ANER: Die Theol. der Lessingzeit (1929). – K. FEIEREIS: Die Umprägung der natürl. Theol. in R.-Philos. (1965). – M. DESPLAND s. [Lit. zu III.]. – G. GAWLICK: Einl. zu TINDAL s. Anm. [23]. – I. O. WADE: The struct. and form of the French enlightenment (Princeton, N.J. 1977) 1, 177-239.
U. DIERSE

VII. *Kant, Anhänger und Gegner; Deutscher Idealismus.* – In entschlossener Wendung gegen die aufklärerische Konzeption einer natürlichen oder vernünftigen R. bindet J. G. HAMANN den Begriff der R. an den der Offenbarung [1]. Alle R. müsse «eine Beziehung auf den *Glauben* einer einzigen, selbständigen und lebendigen *Wahrheit* haben, die, gleich unserer *Existenz*, älter als unsere *Vernunft* seyn muß, und daher nicht durch die *Genesin* der letzteren, sondern durch eine unmittelbare *Offenbarung* der ersteren erkannt werden kann». Den Grund dieser R. sieht Hamann «außer der Sphäre unserer Erkenntniskräfte», nämlich «in unserer *ganzen Existenz*» [2]; in den «Geschichten, Gesetzen und Gebräuchen aller Völker» findet er den «sensum communem der R.» [3]. Die zeitgenössische Suche nach einer natürlichen R. verfehle hingegen die «wirkliche in jedem Verstand allgemeine, der geheimen Geschichte und Natur des menschlichen Geschlechts völlig entsprechende R.» [4]. Die «Theorie der wahren R. ist nicht nur jedem Menschenkinde angemessen und seiner Seele eingewebt oder kann darin wieder hergestellt werden; sondern eben so unersteiglich dem kühnsten Riesen und Himmelstürmer, als unergründlich dem tiefsinnigsten Grübler und Bergmännchen» [5]. Auch Dogmatik und Kirchenrecht bleiben dem Geist der R. fremd, «deren Herz im Himmel, und ihr Himmel im Herzen ist» [6]. Als das «im *Herzen* und *Munde* aller R.en verborgene Senfkorn» bezeichnet Hamann die «*Anthropomorphose* und *Apotheose*» [7].

Kaum weniger nachdrücklich wendet sich J. G. HERDER gegen eine räsonierend-moralisierende Deutung der R. Bereits 1774 betont er: «die ganze R. in Grund und Wesen ist Thatsache! Geschichte!» [8]. 1785 thematisiert er R. als «die älteste und heiligste Tradition der Erde» [9]. Erst aus der religiösen Tradition sieht er Kultur und Wissenschaft sich entwickeln. «Eine Art religiösen Gefühls unsichtbarer wirkender Kräfte im ganzen Chaos der Wesen ... mußte also jeder ersten Bildung und Verknüpfung abgezogner Vernunftideen vorausgehn und zum Grunde liegen» [10]. Der R. schreibt Herder die grundlegende Orientierungsleistung für das Leben zu: sie «ist überall zum Rath, Trost, Unterricht und wenn ich sagen darf, zur äussersten Nothwehr der Menschen erschaffen; denn sie wars allein, die von den armen schwachen Sterblichen über das Unsichtbare, Allmächtige, Allwirkende, ja über das Zukünftige so gar in seiner dunkelsten Form belehren, trösten und ruhig machen wollte» [11].

Mit ihrem zentralen Aspekt fügt sich Herders Sicht der R. jedoch dem Aufklärungsdenken ein: R. ist «die höchste Humanität, die erhabenste Blüthe der menschlichen Seele», «eine Uebung des menschlichen Herzens und die reinste Richtung seiner Fähigkeiten und Kräfte» [12]. Neben dieser Identifikation steht die Zweiheit von «Humanität und R.» [13] bzw. die Trias «Vernunft, Humanität und R.» [14]. Dieses Verständnis der R. als höchster Humanität bekräftigt Herder auch 1793 [15]. Später tritt der Humanitätsbegriff zugunsten einer konkreten inhaltlichen Bestimmung der R. zurück. Sie wird erläutert durch «innigste Verbindlichkeit des Willens» bzw. «das Mark der Gesinnungen eines Menschen» oder – mit J. J. SPALDING [16] – «innigste Angelegenheit» [17] und insbesondere durch «Gewissenhaftigkeit» und «Rechtschaffenheit» [18]. (Ein Nachklang hiervon findet sich in F. W. J. SCHELLINGS Bestimmung der Religiosität als «Gewissenhaftigkeit, oder daß man handle, wie man weiß, und nicht dem Licht der Erkenntniß in seinem Thun widerspreche» [19].) Als solche ist sie *eine* im Unterschied zur Vielfalt der Lehrmeinungen: «*R.* ist diese Ueberzeugung, d.i. unser innigstes Bewußtseyn dessen, was wir als Theile der Welt sind, was wir als Menschen seyn sollen und zu thun haben» [20]. Als neues Symbol formuliert HERDER die drei höchsten Regeln der Natur-R. («Folge dem Gesetz der Schöpfung ...»), der Menschen- und Völker-R. («Wirke, überwinde mit Liebe bis in den Tod ...») und der R. der Erfahrung («Sei deinem Gewissen treu: in ihm spricht der Geist Gottes ...»); zusammen bilden sie die «R. der Menschheit» [21]. Mit dieser Reformulierung des christlichen Credo sucht Herder den starren Gegensatz von natürlicher und positiver R. zu überwinden und der natürlichen R. einen konkreten Inhalt und der positiven eine allgemein menschliche Bedeutung zu geben.

Die zweite Weise, an der Einheit der R. festzuhalten [22] und deren Gehalt nicht auf die positiven Lehren zu beschränken, besteht in ihrer moralischen Deutung. Die hierzu im Denken der Aufklärung vorgegebenen Ansätze werden durch I. KANT systematisch begründet. In der ‹Kritik der reinen Vernunft› (1781) rückt er die R. nahe an die Moral heran, bezeichnet aber noch die – theoretischen – Annahmen eines Anfangs der Welt, der Einfachheit der Seele sowie der Freiheit und der Abstammung von einem Urwesen als Grundpfeiler der R. und Moral [23]. Ohne die genannten Grundannahmen der R. – eines weisen Urhebers und Regierers der Welt und eines künftigen Lebens – wäre die Vernunft genötigt, die moralischen Gesetze als leere Hirngespinste anzusehen [24]; die Ideen der Sittlichkeit seien dann zwar Gegenstände des Beifalls und der Bewunderung, aber nicht Triebfedern des Vorsatzes und der Ausübung der Sittlichkeit [25]. Während Kant hier der R. noch eine Begründungsfunktion für die Moral zuweist, reduziert er in der ‹Kritik der praktischen Vernunft› (1788) und ähnlich in der ‹Kritik der Urteilskraft› (1790) die R. auf Moral. Er definiert ‹R.› geradezu als «Erkenntniß aller Pflichten als göttlicher Gebote» [26]. Durch diese religiöse Interpretation werde das Sittengesetz aber nicht heteronom, da die göttlichen Gebote zugleich wesentliche Gesetze eines jeden freien Willens für sich selbst seien, die aber auch als Gebote des höchsten Wesens anzusehen seien, da nur dieses Verständnis, d.i. die R., die Hoffnung einer künftigen, mit der höchsten Moralität (= Heiligkeit) verknüpften Glückseligkeit begründen könne. R. fundiert also nicht die Moralität, sondern geht aus ihr hervor. Da aber andererseits ohne diese von der R. begründete Erwartung des höchsten Guts, d.h. der höchsten Moralität und Glückseligkeit, das Sittengesetz als «phantastisch und auf leere eingebildete Zwecke gestellt, mithin an sich falsch» angesehen werden müsse, wird die Geltung des Sittengesetzes wiederum von der R. abhängig [27].

Das strikt moralische Verständnis von R. schließt andere Deutungen aus. Restbestände eines nicht-moralischen Verständnisses spielen nur noch in die Formulierung hinein, daß die R. Gott als heiligen Gesetzgeber (und Schöpfer), gütigen Regierer (und Erhalter) und gerechten Richter zum Gegenstand habe [28]. Nicht-moralische Konnotationen des Gottesgedankens machten «die R. unmoralisch» [29]; eine R., die das höchste Wesen mit Eigenschaften ausstatte, nach denen die Gottwohlgefälligkeit auf nicht-moralischem Wege erlangt werden könne, sei Abgötterei. In seiner späten Schrift ‹Die R. innerhalb der Grenzen der bloßen Vernunft› (1793) entlarvt Kant derartige nicht-moralische Züge der traditionellen R. als Fetischglauben, Afterdienst und Idololatrie [30]. Gegenüber der ‹Kritik der praktischen Vernunft› und der ‹Kritik der Urteilskraft› betont er hier jedoch zugleich das anthropologische Fundament der R., ihre Verwurzelung im Wesen und in der Bedürfnisstruktur, in den «unvermeidlichen Einschränkungen» des Menschen [31], wodurch sich zugleich die Abweichung der vorhandenen R.en vom reinen praktischen Vernunftglauben erklärt.

Kants Identifizierung von R. und Moral hat die Diskussion in dem auf die ‹Kritik der praktischen Vernunft› folgenden Jahrzehnt weitgehend geprägt. Sie ist von zahllosen Nachfolgern wiederholt, dabei aber auch im Detail abgewandelt worden. Stellvertretend für diese Richtung seien C. L. REINHOLD, K. H. L. PÖLITZ, L. H. JAKOB, F. I. NIETHAMMER, G. CH. STORR, J. H. TIEFTRUNK und die frühen Arbeiten von J. SALAT genannt [32]. Trotz divergierender Beweisabsichten im einzelnen bedienen sie sich des moralischen R.-Begriffs, ohne das aufgebrochene Problem der Relation von R. und Moral einer Lösung näherzuführen. Auch J. G. FICHTE setzt das Wesen der R. in die Anerkennung Gottes als moralischen Gesetzgebers [33]. R. gilt ihm «als Mittel einer stärkern Bestimmung durchs Moralgesetz» [34]. Er verstärkt jedoch die bei Kant angelegte, über die reine praktische Vernunft hinaustreibende Tendenz. Von der reinen Vernunftidee unterscheide R. sich durch eine «Beymischung von Sinnlichkeit»: «Ganz rein von Sinnlichkeit ist in concreto keine R.; denn die R. überhaupt gründet sich auf das Bedürfniß der Sinnlichkeit» [35]. Marginal bleibt die auf Feuerbach vorausweisende Bemerkung, daß sich die «Idee von Gott, als Gesetzgeber durch's Moralgesetz in uns», «auf eine Entäußerung des unsrigen, auf Uebertragung eines Subjectiven in ein Wesen außer uns» gründe und diese Entäußerung «das eigentliche Princip der R., insofern sie zur Willensbestimmung gebraucht werden solle», bilde [36]. Erst Fichtes Schriften aus der Zeit des Atheismusstreits ziehen implizit Konsequenzen aus dieser Einsicht.

Zunächst jedoch bestreitet F. K. FORBERG die Überzeugungskraft von Kants Postulatenlehre. Er sieht den Ursprung der R. nicht in der Annahme Gottes um der Verwirklichung des höchsten Gutes willen, sondern in «*dem Wunsch des guten Herzens, daß das Gute in der Welt die Oberhand über das Böse erhalten möge*» [37]. Auch er sieht es als sittliche Pflicht an, R. zu haben, kennt jedoch keine Pflicht zu glauben, sondern nur, so zu handeln, als ob man glaube [38]. Die Frage nach der Existenz Gottes werde nur von der bloß spekulativen Neugierde gestellt, und die Antwort auf sie sei ungewiß [39]. Das Problem der Existenz Gottes wird somit vom moralischen Begriff der R. abgelöst: Auch der Atheist kann R. – im Sinne eines ernstlichen Trachtens nach der Verwirklichung des Guten – haben [40]. In seiner Antwort bestreitet FICHTE den Sinn einer über das Moralische hinausgehenden Frage nach Gottes Existenz. Der Begriff Gottes als einer besonderen Substanz sei unmöglich und widersprüchlich; «die lebendige und wirkende moralische Ordnung ist selbst Gott; wir bedürfen keines andern Gottes, und können keinen andern fassen» [41]. Fichte hält somit den Gottesbegriff allein um den Preis seiner Reduktion auf die moralische Weltordnung fest. Erst dadurch sind Moralität und R. «absolut Eins; beides ein Ergreifen des Uebersinnlichen, das Erste durch Thun, das Zweite durch Glauben» [42]. Der Glaube an die moralische Weltordnung wird so zur «wahren R. des freudigen Rechtthuns» [43]. F. W. J. SCHELLING stellt im Anschluß hieran die Frage nach dem Verhältnis zwischen Gott als der moralischen Weltordnung und der einzelnen Intelligenz. Den gemeinschaftlichen Grund der Harmonie dieser beiden Extreme denkt er als das Absolute; die Erhebung zu diesem Grund nennt er «das System der Vorsehung, d.h. R., in der einzig wahren Bedeutung des Worts» [44].

Parallel zu dieser Fortbestimmung des moralischen R.-Begriffs entfalten sich Ansätze in Spannung sowohl zu diesem als auch zum Selbstverständnis der positiven R. (R. als Inbegriff der Beziehungen des Menschen zu Gott). Gestützt auf den moralischen R.-Begriff und andere zeitgenössische Distinktionen fragt der junge G. W. F. HEGEL nach dem Verhältnis objektiver und subjektiver R. (d.h. von Lehre zu Empfindung und Handlung) sowie von Privat-R. und öffentlicher R. Auch wo er R. zur «Sache des Herzens» erklärt [45], folgt er noch dem moralischen R.-Begriff, und er fragt, wie eine Volks-R. «eingerichtet sein müsse, um a) negativ so wenig als möglich Veranlassung zu geben an dem Buchstaben und den Gebräuchen hängen zu bleiben, und b) positiv – daß das Volk zur Vernunft-R. geführt, Empfänglichkeit dafür bekäme» [46]. Andererseits weist Hegel schon hier nicht-moralischen Momenten eine konstitutive Bedeutung für die R. zu – so ihre Zusammengehörigkeit mit dem «Geist eines Volks, Geschichte, ... Grad der politischen Freiheit». Die Volks-R. bleibt nicht bloßes Vehikel der – subjektiven – Vernunft-R., sondern gewinnt einen eigenen Wert [47]. Nachdem Hegel zunächst versucht, das Leben Jesu allein mit Mitteln des moralischen R.-Begriffs darzustellen (1795) [48], entwirft er in den Fragmenten ‹Zur Positivität des Christentums› einen R.-Begriff, der sich nicht im Gedanken der reinen Tugendlehre erschöpft und dennoch R. nicht als bloß Positives faßt [49].

Eine weitere Korrektur am moralischen R.-Begriff erfolgt mit der bei Kant bereits angelegten Rückführung der R. auf die «Anlage und die Natur des Menschen» [50]. K. H. HEYDENREICH weist der Anthropologie die Aufgabe zu, «die Vorstellungsart der R.» im Zusammenhang mit den Gesetzgebungen des Vorstellungs-, Begehrungs- und Gefühlsvermögens zu entwickeln [51]. Diese Deutung findet Eingang in den Umkreis des moralischen R.-Begriffs. Mit seiner Betonung der Sinnlichkeit, der Verankerung der R. in der psychischen Disposition des Menschen verläßt insbesondere L. H. JAKOB [52] die Sphäre der reinen praktischen Vernunft. In sachlicher Nähe zu Herder erscheint R. zunehmend als etwas spezifisch Menschliches, als Innerstes des Menschen, und das Studium der R. als «Studium des Menschen» [53]. Als «Organ der R.» werden Phantasie [54], Gefühl und Herz genannt: «Indem sich das Herz, abgezogen von allen einzelnen wircklichen Gegenständen – sich selbst empfindet, sich selbst zu einem idealischen Gegenstande macht, entsteht R.» [55]. J. W. GOETHE nennt später die «Ehrfurcht vor dem, was über uns», «was uns gleich» und «was unter uns ist», als Quelle der «ethnischen», der «philosophischen» und der «christlichen R.»; gemeinsam bringen sie «die Ehrfurcht vor sich selbst» und damit die wahre R. hervor [56].

Die R. wird damit nicht gänzlich von der Sphäre des Sittlichen gelöst; diese wird jedoch nicht mehr auf Moralität im Kantischen Sinn beschränkt. F. SCHILLER sieht den Charakter speziell des Christentums in der Aufhebung «*des Gesetzes* oder des Kantischen Imperativs» zugunsten der «freien Neigung»; es sei «in seiner reinen Form Darstellung *schöner* Sittlichkeit oder der Menschwerdung des Heiligen und in diesem Sinne die einzige *ästhetische* R.» [57]. Ähnlich denkt HEGEL in seinen Frankfurter Fragmenten (1797-1800) R. vom Gedanken der Liebe her, die Subjekt und Objekt, Freiheit und Natur vereint – eine Vereinigung, die von Einbildungskraft bzw. Vorstellung bzw. Reflexion zum Ideal gestaltet wird, das Gegenstand der R. ist [58]. Auch in den gleichzeitigen Fragmenten von NOVALIS wird ‹Liebe› zum Schlüsselbegriff für R.: «Absolute Liebe, vom Herzen unabhängige, auf Glauben gegründete, ist R.» [59]. An anderer Stelle bestimmt Novalis R. als «Mischung von Poesie und Tugend» [60] bzw. R.-Lehre als «Synthesis von Poetik und Philosophik» [61]. Damit nähert er sich dem R.-Begriff des frühen F. SCHLEGEL, der ebenfalls Poesie und Philosophie als «Faktoren der R.» bezeichnet [62]; darüber hinaus umschließt für ihn R. den gesamten Bereich der individuellen und gesellschaftlichen Lebensgestaltung. R. wird zum «Universalsystem»; sie umfaßt Moral, ethische Poesie, Kritik und Historie [63]; mit ihr müsse alles anfangen und enden [64]. Neben diesem Universalbegriff steht der Versuch, R. i.e.S. aufgrund ihrer Beziehungen zu Philosophie, Physik, Poesie, Mythologie, Historie, Politik und Moral zu bestimmen [65]. Während in seinen frühen Fragmenten bis hin zu den ‹Ideen› (verfaßt 1799) die Beziehung der R. zur Poesie dominiert, bestimmt Schlegel in seiner ‹Transzendentalphilosophie› (1800/01) die R. wieder mehr in Relation zur Moral; beide seien in der Philosophie des Lebens als Extreme entgegengesetzt und würden durch Politik bzw. Mythologie dergestalt vermittelt, daß im ersten Fall die Moral, im zweiten die R. dominiere [66].

Auch F. D. E. SCHLEIERMACHER setzt in seinen Reden ‹Über die R.› (1799) die R. ins Verhältnis zur Moral – jedoch nicht, um beide zu vermitteln, sondern um die Eigenständigkeit und Irreduzibilität der R. herauszuarbeiten. Zwar habe R. mit Metaphysik und Moral den Gegenstand gemeinsam – das Universum und das Verhältnis des Menschen zu ihm –, doch nicht in der Weise des Denkens oder Handelns, sondern der Anschauung und des Gefühls. Als «Sinn und Geschmack fürs Unendliche» bildet R. ein für die Vollendung der menschlichen Natur unentbehrliches Gegenstück zu Spekulation und Praxis [67], jedoch nicht im Sinne von NOVALIS, daß sie teils theoretisch, teils praktisch sei [68]. «Anschauung des Universums» ist nach SCHLEIERMACHER nicht als bloß theoretisches Verhältnis zu den Gegenständen zu verstehen; sie bestehe darin, das Einzelne als Teil des Ganzen, das Beschränkte als Darstellung des sich ununterbrochen offenbarenden Universums zu fassen [69]. Den eigentlichen Gegenstand der R. bilden jedoch nicht äußere Begebenheiten, sondern das Gemüt, in dem sich das Universum abbildet [70].

R. kann deshalb bedeuten, «alle Begebenheiten in der Welt als Handlungen eines Gottes» vorzustellen [71]. Anders als der Begriff des Universums oder des Unendlichen ist der Gottesbegriff aber nicht konstitutiv für R. Eine R. ohne Gott kann besser sein als eine andere mit Gott. Ob man einen Gott annimmt, hängt von der Richtung der Phantasie ab [72]. Der R.-Begriff wird somit wiederum vom Gottesbegriff abgelöst, da der Begriff Gottes als eines «Genius der Menschheit» hinter den des Universums zurückfällt. F. H. JACOBI hingegen versteht gleichzeitig und in einer fast wortgleichen Wendung R. als Lehre nicht vom Universum, sondern «von dem höchsten Wesen und dem Verhältnisse des Menschen zu demselben» [73]. J. F. FRIES jedoch schließt sich enger an Schleiermachers R.-Verständnis an; R. besteht für ihn im Gefühl der Ahndung, «daß das endliche Seyn die Erscheinung des Ewigen sey, daß uns in der Natur das Ewige selbst erscheine». Theoretisches Wissen und praktischen Glauben schließt Fries aus der R. aus; alle positive Erkenntnis des Ewigen gehe auf ein bloßes unaussprechliches Gefühl zurück. Da aber der Widerschein des Ewigen in der Schönheit besteht, gerät die R. für Fries in enge Verbindung zur Kunst [74]. W. M. L. DE WETTE schließt sich an Schleiermacher und insbesondere an Fries an, verändert dessen Ansatz jedoch, sofern er R. aus zwei Elementen bestehen sieht: dem von Fries ausgeschlossenen Glauben und dem Gefühl, aus Wahrheit und Schönheit. Die vollkommenste R. sei diejenige, in der beide Elemente im richtigen Ebenmaß verbunden seien [75]. Während Fries und de Wette innerhalb des Gefühls der Ahndung Begeisterung, Ergebung (Resignation) und Andacht unterscheiden [76], versteht F. BOUTERWEK das religiöse Gefühl primär als Anbetung einer übermenschlichen Macht, von welcher die menschliche Natur abhängig sei; hierfür setzt er eine Überzeugung von der objektiven Wirklichkeit des Gegenstandes der Anbetung voraus [77]. Auch D. TH. A. SUABEDISSEN hält an der Doppelheit im Wesen der R. fest: Sie bestehe einerseits im Wissen von Gott, andererseits in der Frömmigkeit [78].

Der in SCHLEIERMACHERS ‹Reden› entwickelte R.-Begriff ist dem gängigen Verständnis nicht weniger entgegengesetzt als der moralische. Die geschichtlichen R.en sind ihm zufolge eher unvollkommene, verzerrte Erscheinungen des Wesens der R.; die Geschichte der R.en bildet eine Geschichte der menschlichen Torheiten [79]. Die religiöse Anschauung des Universums ist notwendig einzeln, sie läßt sich nicht konservieren und systematisieren; wahre R. ist individuelle R. Der Versuch, einen Zusammenhang oder eine Abhängigkeit unter den einzelnen Anschauungen und Gefühlen vom Dasein und Handeln des Universums herzustellen, gerät zur leeren Mythologie [80]. SCHELLING hingegen nimmt zwar Schleiermachers Bestimmung der R. als «Anschauung des Universums» auf, unterscheidet jedoch R. und Mythologie als Anschauung des Endlichen im Unendlichen bzw. Anschauung des Unendlichen im Endlichen [81]. R. und Mythologie gehören für ihn bei geschichtlich wechselnder Priorität zusammen.

Trotz der perspektivischen Auflösung der «Anschauung des Universums» in eine Mannigfaltigkeit einzelner Anschauungen hält SCHLEIERMACHER am Begriff eines Wertes der R. fest, der sich nach der Art dieser Anschauung des Universums und des in seinen Handlungen gefundenen Prinzips bemißt [82]. Auch das Ziel der R. bestimmt er – über die individuellen Gesichtspunkte hinaus – einheitlich: «Den Weltgeist zu lieben und freudig seinem Wirken zuzuschauen» [83]. R. hat damit zugleich den Charakter der individuellen Erhebung zum Unendlichen, wie auch HEGEL im ‹Systemfragment› (1800) R. als Erhebung «vom endlichen Leben zum unendlichen Leben» bestimmt [84]. K. CH. F. KRAUSE betont dagegen stärker die Bedeutung des Gottesgedankens für die R. Sie ist ihm eine Verkettung des Menschen mit Gott, «Wechselleben mit Gott»; Religiosität ist «Gottinnigkeit» [85].

Noch radikaler als Herders ‹Christliche Schriften› trennen SCHLEIERMACHERS ‹Reden› scharf zwischen theologischen Lehrmeinungen und einer individuellen R., die nicht mehr durch ihre Übereinstimmung mit Dogma und Lehrsätzen definiert ist. Doch obgleich ihm «jede ursprüngliche und neue Anschauung des Universums» als Offenbarung gilt [86], schließt er sich nicht der Forderung und Erwartung einer neuen R. bzw. Mythologie an, wie sie im ‹Ältesten Systemprogramm des deutschen Idealismus› sowie von F. SCHLEGEL, NOVALIS, SCHELLING und HEGEL vorgetragen wird [87]. Diese Forderung richtet sich sowohl gegen eine moralische als auch eine positive als auch eine individuelle R. Die neue R. soll die mannigfaltigen, die Gegenwart bestimmenden Entzweiungen überwinden: von Vernunft und Phantasie, des Theoretischen und Praktischen, von Kunst, R. und Wissenschaft, von Einzelnem und Gesellschaft, aber auch der Gebildeten und der niederen Stände innerhalb der Gesellschaft und schließlich der natürlichen und der positiven R. und der christlichen Konfessionen. In dem Maße, wie die romantische Forderung und Prophezeiung einer solchen universellen neuen R. sich nicht erfüllt, gewinnen die positiven R.en wieder an Interesse, das sich teils in philologischer Forschung und religionsgeschichtlicher Konstruktion den R.en des Orients zuwendet, teils das Christentum in geläuterter positiver oder in philosophisch begriffener Form als überlegene R. wiederentdeckt.

Im Zusammenhang teils mit Kants Lehre vom Primat der praktischen Vernunft, teils mit dem romantischen Universalbegriff der R. erscheint die Philosophie zumeist – anders SCHLEIERMACHER [88] – als der R. untergeordnet. Selbst die Ideen von Gott, Unsterblichkeit und Freiheit gelten als Eigentum der R.; mit ihnen – so F. SCHLEGEL – setze die Philosophie den Geist an der Schwelle der neuen R. ab [89]. Auch für HEGEL muß – am Ende seiner Jugendperiode – die Philosophie «mit der R. aufhören» [90], weil diese über die Entgegensetzungen der philosophischen Reflexion hinausliegt. Im Zuge der Herausbildung der idealistischen Systementwürfe kehrt sich die Rangordnung um. Mit der Konzeption eines Vernunftsystems, das die Entgegensetzungen in sich aufzuheben beansprucht, entfällt der Grund für die Überordnung der R.; die wahre Anschauung Gottes fällt nicht mehr in die R., sondern in die Philosophie [91]. Für SCHELLING war die Philosophie zunächst eins mit der R., spaltete sich aber wegen deren Verunreinigung von ihr ab; auch strukturell gilt die R. als die Philosophie unterlegen, weil sie das Erscheinen Gottes nur als vorübergehendes kennt. Die Philosophie sucht «das Licht der Wahrheit» auch in dem dunklen Raum zu verbreiten, «den Mythologie und R. für die Einbildungskraft mit Dichtungen erfüllt haben» [92]. J. G. FICHTE faßt die R. zwar als die «klare Erkenntnis», daß das «Heilige, Gute und Schöne, keineswegs unsre Ausgeburt, oder die Ausgeburt eines an sich nichtigen Geistes, ... sondern, daß es die Erscheinung des innern Wesens Gottes, in Uns, als dem Lichte, unmittelbar sei». Gleichwohl stuft er die R. in einer Folge von Weltansichten als «die vierte Ansicht der Welt» ein; sie wird als «bloßer, dem ohngeachtet jedoch, unerschütterlicher, Glaube» von der Wissenschaft als der fünften Weltansicht aufgehoben und in ein «Schauen» verwandelt [93]. K. W. F. SOLGER hingegen dementiert eine Überordnung von Philosophie oder R.; diese ist ihm «Erkenntniß und Wahrnehmung des Göttlichen und Leben in demselben»; in ihr «ist das Ewige ganz Thatsache, Wirklichkeit und Gegenwart». Sie ist «der nothwendige Schlußstein aller unserer Gedanken und Erkenntnisse» – aber nicht im Gegensatz zur Philosophie, sondern vielmehr «eins und dasselbe» mit ihr. Die R. als «Sache des bloßen Gefühls anzusehen» gilt ihm als Ausflucht der menschlichen Schwachheit [94].

Während der R.-Begriff in SCHELLINGS Schriften seit 1805 zurücktritt, gewinnt er für HEGEL im Zuge der Herausbildung seines Systems (1801-1831) konstitutive Bedeutung. Im Gegensatz zu Schleiermacher versteht er R. von Anbeginn seiner systematischen Bestrebungen an nicht als je einzelne «Anschauung des Universums», sondern als Werk eines Volkes [95]. Zu diesem gesellschaftlichen Aspekt tritt wenig später der historische: Als Werke des Volksgeistes bilden die R.en bestimmte, in einer tendenziell begrenzten Zahl geschichtlich auftretende und einander zugeordnete Gestalten. Wichtiger als dieser geschichtliche und gesellschaftliche Aspekt ist der metaphysische: R. ist diejenige Gestalt des Selbstverhältnisses des Absoluten, in der dieses «als Geist sich resumirt, in sich zurückkehrt und sich selbst erkennt, und als diese Bewegung eben das absolute Wesen ist» [96]. Diesen Begriff der R. arbeitet Hegel von seiner ersten Systemskizze im Fragment ‹Die Idee des absoluten Wesens› (1801) bis in seine letzte Vorlesung (1831) kontinuierlich aus. In seinen späten Jenaer Jahren bestimmt er R. als «Wissen des *absoluten* Geistes von sich als absolutem *Geiste*» [97]. Im weiten Sinne bezeichnet ‹R.› die gesamte Sphäre des Selbstbewußtseins des Geistes in Kunst, R. und Philosophie [98], im engen Sinne diejenige Gestalt dieses Selbstbewußtseins, die sich der Form der Vorstellung bedient und sich damit von Kunst und Philosophie unterscheidet, die denselben Gegenstand in Form der Anschauung bzw. des begreifenden Denkens thematisieren [99]. Weil aber die R. ihren Gegenstand, den Geist, nur in Form der Vorstellung und nicht des begreifenden Wissens hat, erkennt sie ihn nicht als das, was er eigentlich ist. Noch die am höchsten stehende, die christliche R. ist «das geistige Selbstbewußtseyn, das sich nicht als dieses Gegenstand ist, oder sich nicht zum Bewußtseyn seiner selbst aufschließt» [100]. In seinen ‹Vorlesungen über die Philosophie der R.› legt Hegel diese Deutung sowohl systematisch als auch religionsgeschichtlich umfassend dar. Ihrem spekulativen Begriff nach ist R. nicht ein Verhältnis des Menschen zu Gott, sondern «der Geist, der seines Wesens, seiner selbst bewußt ist. Der Geist ist bewußt, und das, dessen er bewußt ist, ist der wahrhafte wesentliche Geist; dieser ist sein Wesen, nicht das Wesen eines Anderen» [101]. In diesem Selbstverhältnis des Geistes besteht seine Freiheit – von den mannigfachen geschichtlichen Gestalten, in denen der einzelne Geist noch kein adäquates Wissen von sich hat, bis hin zur christlichen R., die das, was R. ihrem Begriff nach ist – wissendes Selbstverhältnis des Geistes –, zum Inhalt ihrer Dogmatik hat und deshalb die vollendete R. ist. Für einen vergleichbaren, aber ohne expliziten Rückgriff auf Hegel konzipierten Prozeß der Verwirklichung des Wesens der R. durch die Mannigfaltigkeit der besonderen R.en hindurch zur vollen Lebendigkeit der R. prägt SUABEDISSEN den Begriff «Geschichtlichkeit der R.» [102].

Gegen die von Schellings Identitätsphilosophie und Hegel, dem «neuen Hyperidealismus» [103] oder «kalten moralischtodten Idealismus» [104], aber auch gegen eine im Namen der positiven R. vollzogene Trennung von R. und Moral [105] beharren die stärker der Aufklärung verhafteten Richtungen wie der Rationalismus auf dem Zusammenhang beider, wenn auch nicht in dessen strenger Kantischer Form. Für J. SALAT gehen Moral und R. aus *einem* Prinzip hervor, ohne Primat der einen oder der anderen; sie sind wissenschaftlich zu scheiden, aber nicht von einander zu trennen. Die moralische Anlage bestehe aus Vernunft und Freiheit unter Voraussetzung des Gefühlsvermögens, die religiöse aus Vernunft- und Gefühlsvermögen unter Voraussetzung der Freiheit [106].

Auch F. SCHLEGEL wendet sich in der Zeit seiner Annäherung an die christliche R. gegen eine bloß ästhetische und politische Betrachtung der R. und ihre Trennung von Moral, macht aber die Moral von der R. abhängig und hält deshalb eine R. des Gefühls für unzureichend [107]. Gleichwohl hält er es für notwendig, sich über die bloße R. zu erheben und Moral und R. «in einem gewissen Sinne» zu trennen, «um das Wesen der R. nur erst zu erkennen». Dieses Wesen bestimmt Schlegel im Kontext von Ausführungen über die griechische Philosophie als «das Bestreben, den gesunkenen Menschen zum ersten Prinzip seines Daseins, zum göttlichen, unendlichen zurückzuführen»; die R. soll den Menschen «überall mit Andeutungen und Erinnerungen seines göttlichen Ursprungs ansprechen, ... das Göttliche und sein Verhältnis zu ihm *in Zeichen* und *Sinnbildern* darstellen, damit er seiner hohen Abkunft, seiner erhabenen Bestimmung auch nicht einen Augenblick vergesse» [108]. In anderem Kontext kommt Schlegel jedoch auf die Rede vom Herzen und Gefühl als Sitz der R. zurück. Der historisch-philosophischen Kritik der R. wie auch der Forderung nach dogmatischer Korrektheit gegenüber sieht er «die innere Stimme, die freie Wahl des Gefühls» [109] als überlegene, wenn auch unzureichende Form an. Im Rahmen seiner späteren Lehre von einer dreifachen Offenbarung bezeichnet er nur noch die zweite Stufe als R. – und zwar als «R. des innern Gefühls» [110] –, vermeidet aber sonst den R.-Begriff.

SCHLEIERMACHER führt in seiner Dogmatik sogar die Ausdrücke «*Glaubensart* oder Glaubensweise» ein, um sich «des aus dem Heidenthume abstammenden und eben deshalb so schwer befriedigend zu erklärenden Wortes R. vorläufig ganz enthalten zu können» [111]. Dieses Zurücktreten des R.-Begriffs kennzeichnet auch den «Streit um die Göttlichen Dinge» (1811/12) zwischen JACOBI und SCHELLING: Von R. ist nur beiläufig die Rede; dagegen dominieren die Begriffe des Glaubens und der Offenbarung.

Dieses Verhältnis bleibt auch in Schellings positiver Philosophie erhalten, obgleich er hier die Annahme sowohl der Vernunft als auch des Gefühls als Prinzip der R. kritisiert und dieses in ein reales Verhältnis des Menschen zu Gott setzt. Der Begriff der R. bildet für Schelling nun zwar das oberste Genus; er teilt ihn in die wissenschaftliche (= rationelle) und die nicht-wissenschaftliche, auf einem von der Vernunft unabhängigen Prinzip basierende R.; bei letzterem handle es sich um einen entweder natürlichen oder übernatürlichen Vorgang, woraus die beiden Spezies Mythologie bzw. Offenbarung entstünden. Die «R. der freien philosophischen Erkenntniß» hingegen erzeuge sich erst als «Drittes, als durch die beiden andern Begriffe Vermitteltes» [112]. Trotz seiner systematischen Überordnung tritt der Begriff der R. – wie auch der der R.-Philosophie – in der «Philosophie der Mythologie» bzw. «der Offenbarung» hinter diesen beiden Begriffen in den Hintergrund.

Anmerkungen. [1] J. G. HAMANN: Bibl. Betrachtungen (1758). Sämtl. Werke, hg. J. NADLER 1-6 (Wien 1949-57) 1, 8. – [2] Zweifel und Einfälle (1776), a.O. 3, 191. – [3] Brocken (1758), a.O. 1, 303. – [4] a.O. [2]. – [5] Proleg. über die neueste Auslegung ... (1774), a.O. 3, 132. – [6] Golgotha und Scheblimini (1784), a.O. 312. – [7] a.O. 192. – [8] J. G. HERDER: Funfzehn Provinzialblätter. An Prediger (1774). Sämmtl. Werke, hg. B. SUPHAN (1877-1913) 7, 265. – [9] Ideen zu einer Philos. der Gesch. der Menschheit IX, 5 (1785), a.O. 13, 387. – [10] a.O. 391f. – [11] 458f. 162. – [12] Ideen IV, 6, a.O. 163. – [13] a.O. 154. – [14] 387. – [15] Br. zur Beförd. der Humanität (1793), a.O. 17, 121; vgl.: Christl. Schr., a.O. 20, 176. – [16] J. J. SPALDING: R., eine Angelegenheit des Menschen (1798). – [17] HERDER: Christl. Schr. V. Samml. (1798), a.O. [8] 20, 141. – [18] a.O. 141. 248. – [19] F. W. J. SCHELLING: Philos. Unters. über das Wesen der menschl. Freiheit (1809). Sämmtl. Werke, hg. K. F. A. SCHELLING (1856-61) [SW] I/7, 392. – [20] HERDER, a.O. [17] 159. – [21] a.O. 190f. – [22] I. KANT: Zum ewigen Frieden (1795). Akad.-A. 8, 367. – [23] KrV A 466. 745. – [24] A 811. – [25] A 813. – [26] KpV 233; KU 477. Akad.-A. 5, 129. 481. – [27] KpV 205. Akad.-A. 5, 114. – [28] KpV 236, a.O. 131. – [29] KU 442 (§ 89), a.O. 460. – [30] a.O. 6, 193. 168f. – [31] a.O. 6f. – [32] C. L. REINHOLD: Br. über die Kantische Philos. 1-2 (1790-92); K. H. L. PÖLITZ: Beitr. zur Kritik der R.-Philos. und Exegese unsers Zeitalters. Ein Versuch auf Veranlassung der neusten zur Begründung einer eigenen R.-Wiss. angestellten Untersuchungen (1795); L. H. JAKOB: Philos. Abh.: Über die R., in: Vermischte philos. Abh. aus der Teleologie, Politik, R.-Lehre und Moral (1797) 115-158; Die allg. R. Ein Buch für gebildete Leser (1797); F. I. NIETHAMMER: Ueber R. als Wiss. zur Bestimmung des Inhalts der R. und die Behandlungsart ihrer Urkunden (1795); G. CH. STORR: Bemerk. über Kant's philos. R.-Lehre. Aus dem Lat. Nebst einigen Bemerk. des Uebers. über den aus Principien der prakt. Vernunft hergeleiteten Ueberzeugungsgrund von der Möglichkeit und Wirklichkeit einer Offenb. in Bezieh. auf Fichte's Versuch einer Critik aller Offenb. (1794, ND Brüssel 1968); J. H. TIEFTRUNK: Die R. der Mündigen (1800); J. SALAT: Geht die Moral aus der R., oder diese aus jener hervor? Einige Winke zur neuern Gesch. und Kritik der R. Philos. Journal 5/3 (1797) 197-240. – [33] J. G. FICHTE: Versuch einer Critik aller Offenb. (1792). Akad.-A. I/1, 32. – [34] a.O. 58. – [35] 40. – [36] 33. – [37] F. K. FORBERG: Entwickl. des Begriffs der R. Philos. Journal 8/1 (1798) 27. – [38] a.O. 38. – [39] 41. – [40] 48. – [41] FICHTE: Ueber den Grund unsers Glaubens an eine göttl. Weltregierung (1798). Akad.-A. I/5, 354-356. – [42] a.O. 428. – [43] 356. – [44] SCHELLING: System des transz. Idealismus (1800). SW I/3, 601. – [45] G. W. F. HEGEL: Theolog. Jugendschr., hg. H. NOHL (1907) 9. – [46] a.O. 17. – [47] 27. – [48] 75-136. – [49] 139-239. – [50] PÖLITZ, a.O. [32] 115. – [51] K. H. HEYDENREICH: Encyclopäd. Einl. in das Studium der Philos. nach den Bedürfnissen unsers Zeitalters (1793) 45. – [52] JAKOB: Philos. Abh. ..., a.O. [32] 209. 230; Die allg. R., a.O. XIIff. – [53] F. SCHLEGEL: Philos. Frg. (1799). Krit. Ausg., hg. E. BEHLER (1958ff.) [KA] 18, 235. – [54] Ideen 8. KA 2, 257. – [55] NOVALIS: Frg. und Studien (1799-1800). Schr., hg. P. KLUCKHOHN/R. SAMUEL 3 (²1968) 570. – [56] J. W. GOETHE: Wilhelm Meisters Wanderjahre oder die Entsagenden (1821) 2, 1. Soph.-Ausg. I/24, 239-244. – [57] F. SCHILLER: Br. an Goethe (17. 8. 1795). Nat.ausg. 28, hg. N. OELLERS (1969) 28. – [58] HEGEL, a.O. [45] 374ff. 297. – [59] NOVALIS: Fragmentblatt (1797), a.O. [55] 2 (²1960) 395; vgl. 597; a.O. 3, 562. – [60] Logolog. Frg. (1797), a.O. 2, 534. – [61] Das allg. Brouillon (1798/99), a.O. 3, 421. – [62] SCHLEGEL: Ideen 46. 149. KA 2, 260. 271. – [63] Philos. Frg. (1798). KA 18, 71. 135. – [64] Frg. zur Poesie und Lit. KA 16, 258. – [65] a.O. [63] 172. 201. 225. 227; Frg. zur Poesie ... KA 16, 279. 283. 304. – [66] KA 12, 61f. 90. – [67] F. D. E. SCHLEIERMACHER: Reden über die R. (1799). Krit. Ges.ausg., hg. H. BIRKNER u.a. (1980ff.) [KGA] I/2, 211f. – [68] NOVALIS, a.O. [61] 471. – [69] SCHLEIERMACHER, a.O. [67] 214. – [70] a.O. 227. – [71] 214. – [72] 244f. – [73] F. H. JACOBI: An Fichte (1799). Werke, hg. F. ROTH/F. KÖPPEN 3 (1816, ND 1976) 47. – [74] J. F. FRIES: Wissen, Glaube, Ahndung (1805) 235. 60. 178. – [75] W. M. L. DE WETTE: Ueber R. und Theologie. Erläut. zu seinem Lehrbuche der Dogmatik (1815) 65. 76. – [76] a.O. 59; FRIES: Hb. der prakt. Philos. oder die philos. Zwecklehre 2: Die R.-Philos. als die Weltzwecklehre (1832) 5. – [77] F. BOUTERWEK: Lehrb. der philos. Wiss.en (1820) 1, 216-218. – [78] D. TH. A. SUABEDISSEN: Die Grundzüge der philos. R.-Lehre (1831) 7. 14. – [79] SCHLEIERMACHER, a.O. [67] 199. – [80] a.O. 214-216. – [81] SCHELLING: Philos. der Kunst (1802/03). SW I/5, 439. 454; Vorles. über die Methode des akad. Stud. (1802), a.O. 293. – [82] SCHLEIERMACHER, a.O. [67] 244. – [83] a.O. 224. – [84] HEGEL, a.O. [45] 347. – [85] K. CH. F. KRAUSE: Zur R.-Philos. und speculat. Theol., hg. P. HOHLFELD/A. WÜNSCHE (1893) 2f. – [86] SCHLEIERMACHER, a.O. [67] 239f. – [87] Das älteste Systemprogramm. Stud. zur Frühgesch. des dtsch. Idealismus, hg. R. BUBNER (1973) 263-265; SCHLEGEL: Rede über die Mythol. (1802). KA 2, 311-322; NOVALIS: Schr., a.O. [55] 3, 493; 2, 288; SCHELLING: Über das Verhältnis der Naturphilos. zur Philos. überhaupt (1802). SW I/5, 120; Vorles. über die Methode ..., a.O. 286-295; Philos. der Kunst, a.O. 442ff.; HEGEL: Naturrechtsvorles., in: K. ROSENKRANZ: G. W. F. Hegels Leben (1844) 140f. – [88] SCHLEIERMACHER, a.O. [67] 210. – [89] SCHLEGEL, a.O. [53] 200. – [90] HEGEL, a.O. [45] 348. – [91] Differenz des Fichte'schen und Schelling'schen Systems der Philos. (1801). Akad. 4, 75f.; Die Idee des absoluten Wesens ..., a.O. 5, 264. – [92] SCHELLING: Philos. und R. (1804). SW I/6, 16. 19. 57. – [93] FICHTE: Die Anweisung zum seligen Leben, oder auch die R.-Lehre (1806), hg. H. VERWEYEN (1983) 81. 83. – [94] K. W. F. SOLGER: Briefe, die Mißverständnisse über Philos. und deren Verhältniß zur R. betr. Nachgel. Schr. und Br.wechsel, hg. L. TIECK/F. VON RAUMER (1826, ND 1973) 2, 22. 49-52. – [95] HEGEL: Die Idee ..., a.O. [91]. – [96] a.O. 262. – [97] Naturphilos. und Philos. des Geistes (1805/06). Akad.-A. 8, 280. – [98] Zu dieser Dreiheit vgl.: SCHELLING: Zur Gesch. der neueren Philos. (1827). SW I/10, 118f. – [99] HEGEL, a.O. [97] 265; Enzykl. (1830) § 554. – [100] Phänomenol. des Geistes (1807). Akad.-A. 9, 420. – [101] Vorles. über die Philos. der R., hg. W. JAESCHKE 1 (1983) 86. – [102] SUABEDISSEN, a.O. [78] 196ff. – [103] J. SALAT: Grundlinien der R.-Philos. Eine Vorarbeit in Hinsicht auf die zweyte, ganz von Neuem ausgearb. Aufl. seiner Darst. ders. (1819) 20. – [104] J. A. L. WEGSCHEIDER: Ueber die von der neusten Philos. geforderte Trennung der Moral von R. (1804, ND Brüssel 1969) 58. – [105] C. A. ESCHENMAYER: Die Philos. in ihrem Übergang zur Nichtphilos. (1803); Der Eremit und der Fremdling. Gespräche über das Heilige und die Menschen. (1805) 92-94. – [106] SALAT: Grundl. ..., a.O. [103] 9-11; Die R.-Philos. (1811) 22. 394ff. – [107] SCHLEGEL: Die Entwickl. der Philos. in zwölf Büchern (1804/05). KA 13, 94. 172; Stollberg-Rez. (1808). KA 8, 87. – [108] Die Entwickl. der Philos. ... KA 12, 188f.; Gesch. der europ. Lit. (1803/04). KA 11, 108. 111. – [109] Entwickl. ... KA 12, 295; 13, 94; Stollberg-Rez. KA 8, 87-89. – [110] Jacobi-Rez. (1812). KA 8, 444f. – [111] SCHLEIERMACHER: Der christl. Glaube nach den Grundsätzen der evangel. Kirche im Zus. dargest. (1821/22) § 6. KGA I/7, 1 (1980) 20. – [112] SCHELLING: Philos. der Offenb., 9. Vorles. (1858). SW II/3, 190-193.

Literaturhinweise. K. FEIEREIS: Die Umprägung der natürl. Theol. in R.-Philosophie. Ein Beitr. zur dtsch. Geistesgesch. des 18. Jh. (1965). – H. TIMM: Die heilige Revolution. Das relig. Totalitätskonzept der Frühromantik. Schleiermacher-Novalis-F. Schlegel (1978). – W. JAESCHKE: Die Vernunft in der R. Stud. zur Grundleg. der R.-Philos. Hegels (1986). – F. WAGNER: Was ist R.? Stud. zu ihrem Begriff und Thema in Gesch. und Gegenwart (1986). – H. E. BÖDEKER: Die Religiosität der Gebildeten, in: K. GRÜNDER/K. H. RENGSTORF (Hg.): R.-Kritik und Religiosität in der dtsch. Aufkl. (1989) 145-195.

W. JAESCHKE

VIII. *Vom 19. Jh. bis zum Beginn des 20. Jh.* – Die Geschichte des Begriffs ‹R.› während des 19. Jh. sowie in den ersten Jahrzehnten des 20. Jh. ist durch folgende Faktoren geprägt: Zunächst etabliert sich erst jetzt die R.-Philosophie (s.d.) und damit die eingehende Beschäftigung mit dem Phänomen ‹R.› in fast allen Strömungen des europäischen und nordamerikanischen Denkens. Dies bewirkt nicht nur ein enormes Anwachsen der Literatur, sondern auch eine erhebliche Differenzierung der R.-Begriffe. Im weiteren emanzipieren sich eigene R.-Wissenschaften, die ihrerseits neue Begriffsdefinitionen einbringen. Auch dadurch kommt Bewegung in das bis dahin herrschende Verständnis von R. Sodann tritt R.-Kritik großen Stils auf. In verschiedener Hinsicht, aber bezüglich der Begriffsgeschichte mit demselben Effekt ergibt sich sowohl auf seiten der Verteidiger als auch auf seiten der Kritiker der R. noch einmal die Notwendigkeit einer ausgiebigen Differenzierung des Begriffes. Schließlich ist jedoch zu beachten, daß trotz dieser Veränderungen des Begriffsverständnisses die R.-Philosophien Humes, Kants, Hegels und Schleiermachers wichtige Referenzpunkte für die neuen Bestimmungen von ‹R.› bleiben und in diesem Sinne die vermittelnden Konstanten abgeben, an denen die mannigfachen Veränderungen sichtbar werden.

1. Im Anschluß an den Deutschen Idealismus und die deutsche Romantik entwickeln sowohl *Rechtshegelianer* als auch *Spätidealisten* sowie einzelne Vertreter der älteren *liberalen Theologie* ihren R.-Begriff. Sie setzen freilich verschiedene Akzente.

Die sogenannten Rechtshegelianer betonen die Theorie Hegels von der R. als «Selbstbewußtsein Gottes», dank dessen der Mensch von Gott weiß, «insofern Gott im Menschen von sich selbst weiß» [1] (vgl. u.a. PH. K. MARHEINEKE [2]). Die R. hat im wesentlichen dieselbe Systemstelle wie bei Hegel: Sie ist Versöhnung des Subjekts mit dem Absoluten, aber noch in der Form des Gefühls, der Autorität und Tradition. Die R. steht damit über der Kunst, aber unter der Philosophie, die die Versöhnung im Begriff und im Denken leistet [3]. Die beiden anderen Richtungen bemühen sich um eine kritische Vermittlung des idealistischen Begriffs mit Schleiermachers Verständnis von der R. als «schlechthinigem Abhängigkeitsgefühl» [4]. So meint I. H. FICHTE, daß im «R.-Gefühle, dem Gipfel aller Gefühlsentwicklung und zugleich dem Mittel- und Zielpunkt alles Bewußtseins» [5] «zwei Gefühlselemente miteinander in einem natürlichen Kampfe liegen: das Gefühl des eigenen Selbst und das Abhängigkeitsgefühl, beide gleich mächtig, gleich ursprünglich und soweit gleich unaustilgbar» [6]. R. ist deshalb jedoch nichts Subjektives, sondern «die gelungene Wirkung des Urdenkens in unserem ... entselbsteten Geist» [7] bzw. der «Durchbruch des Ewigen ins endliche Bewußtsein» [8]. Ähnlich äußert sich H. ULRICI, der R. als «eine durch unmittelbare Einwirkung Gottes entstehende Affection der Seele» [9] begreift, welche bewirkt, daß jedes echte «Selbstgefühl ... ein Gottesgefühl involvirt» [10]. Gegenüber Schleiermacher spricht er allerdings weniger vom bloßen Abhängigkeitsgefühl als vom «Gefühl der Gottähnlichkeit» und von der «Liebe» zu Gott. Erst dank dieser Liebe, die sich ursprünglich als «Sehnsucht nach einem unbekannten höheren Seyn» [11] äußert, entsteht R. CH. H. WEISSE dagegen will einer Versubjektivierung der R. von vornherein entgegenwirken und wählt dafür den Begriff der «Erfahrung» als Ausgangspunkt, da dieser «nothwendig ... zwei Momente in sich schliesst»: die subjektive Seite (R. als Gefühl wie bei Schleiermacher) und die objektive (Repräsentation der R. in den «sittlich-religiösen» Gemeinschaften) [12]. So ist für ihn «jede einzelne geschichtliche R. als ein Versuch zu betrachten ..., in jener eigenthümlichen Richtung sittlicher Willensthätigkeit, welche dem unmittelbaren Selbstbewusstsein sich im religiösen Gefühl ankündigt ..., für den menschlichen Geist ein oberstes oder höchstes Gut zu gewinnen, das von allen Gütern der weltlichen Sittlichkeit wesentlich unterschieden ist» [13].

Der liberale Theologe A. E. BIEDERMANN will die R. vor jeglicher Psychologisierung bewahren. Er definiert R. als «Beziehung des Menschen auf Gott, auf Grund der Beziehung Gottes zu den Menschen» [14]. Damit wird die Offenbarung zu einem Wesensbestandteil der R. Nicht nur Gefühl und Selbstbewußtsein sind Äußerungsformen der R., sondern auch das «theoretische Bewusstsein» bzw. «die Beziehung beider aufeinander» [15]. In dieser Ansicht erhält Biedermann die ausdrückliche Zustimmung von E. ZELLER, der noch deutlicher das «Wesen der R.» als das «bestimmte Verhältniss des Wissens und Handelns zum Gefühl» definiert, das sich aus der Beziehung «des persönlichen Selbstbewusstseins ... aufs Gottesbewusstsein» [16] ergibt.

Eine weitere Richtung der liberalen Theologie schließt an Kant an. A. RITSCHL, der in seiner Güterlehre Schelers Formalismuskritik vorwegnimmt, definiert R. «als Deutung des in welchem Umfang auch immer erkannten Weltlaufs, in dem Sinne, daß die erhabenen geistigen Mächte (oder die geistige Macht), welche in oder über demselben walten, dem persönlichen Geiste seine Ansprüche oder seine Selbständigkeit gegen die Hemmungen durch die Natur oder die Naturwirkungen der menschlichen Gesellschaft erhalten oder bestätigen» [17]. Sie bewirkt, daß die Menschen «gemäß ihrer geistigen Kraftausstattung sich von aller Natur unterscheiden, und sich zu einer übernatürlichen Bestimmung angelegt fühlen». So hilft sie «dem Menschen über den Contrast zwischen seiner natürlichen Lage und seinem geistigen Selbstgefühl hinweg» [18]. Im selben Sinne versteht Ritschls Schüler A. LIPSIUS R. als «das Verhältnis, in welchem das Selbstbewustsein und das Weltbewustsein im Menschen zu einem Gottesbewustsein, jene beiden aber durch Vermittelung von diesem zu einander stehn» [19]. Differenzierter äußert sich aus derselben Schule W. HERRMANN. Er betrachtet in markanter Hinwendung zum jungen Schleiermacher und unter dem Einfluß der Lebensphilosophie die R. als etwas wesenhaft Subjektives, Individuelles und «ursprünglich Lebendiges» [20], das seinerseits auf das «verborgene Leben der Seele» zurückweist, welches «stets nur vor dem Einzelnen als ein Wirkliches stehen kann» [21]. Daraus folgt für Herrmann, «daß es eine Wissenschaft von der R. nicht geben kann» [22], «weil diese tot, die R. aber Leben ist» [23]. Objektivität erlangt R. nur aufgrund der Sittlichkeit; sie beginnt, «wenn der Mensch solchen Ernst macht mit der Wahrheit des sittlichen Gedankens, daß er sich selbst richtet. Nicht schon in der Begeisterung für die sittliche Idee, sondern in dem daraus entsprungenen Eingeständnis seiner eigenen sittlichen Not nimmt der Mensch die Richtung auf das religiöse Jenseits einer neuen Existenz» [24].

2. Ebenfalls ausgehend vom Deutschen Idealismus, doch in entgegengesetzter Intention und mit radikal verschiedenem Ergebnis bilden die sogenannten *Linkshegelianer* ihren R.-Begriff aus, der bei ihnen eine weitgehend negative Bedeutung erhält. Die R.-Kritik ist hier eine Hauptaufgabe der Philosophie.

Innerhalb der Theologie eröffnet D. F. STRAUSS diesen Weg. Schon 1835/36 nimmt er nicht nur an der Wurzel des «evangelischen Mythos», sondern an der Wurzel jeder R. eine unbewußte, mythenschaffende Phantasie an [25]. Diese «Phantasie», die Strauß später auch einfach «Gemüth» nennt, erhebt sich auf dem Boden von «Gefühlen und Vorstellungen», die eine «abschliessende Befriedigung» des nach «Einheit seines Wesens» strebenden Menschen [26] gewähren. Entsprechend diesem Ursprung hat es R. weder mit historischer noch mit absoluter Wahrheit zu tun. Letzteres ergibt sich für Strauß aus der Unmöglichkeit der Hegelschen These, nach der R. zwar über einen absoluten Inhalt, nicht jedoch über eine entsprechende absolute Form verfüge. Da die Form der R. der «Sache inadäquat» ist, «kann auch der Inhalt dieser R. nicht als absoluter verwirklicht sein» [27]. Was aber Inhalt der religiösen Intentionalität ist, bestimmt Strauß erst 1872 deutlich: «Das Gefühl der unbedingten Abhängigkeit» als «Grundbestandteil aller R.» [28] richtet sich auf das «Universum», auf die Welt als die «Werkstätte» und die «Urquelle alles Vernünftigen und Guten» [29]. Diesem gegenüber gebührt «dieselbe Pietät», die «der Fromme alten Stils für seinen Gott» empfunden hat [30].

Genauso wie Strauß sieht es B. BAUER als unmöglich an, daß «von der R. die Form der Vorstellung abgetrennt werden kann, ... ohne daß ihr wesentlicher Inhalt verändert werde» [31]. Er deutet aber R. von vornherein als bestimmte Gestalt des Selbstbewußtseins, in der der Mensch nicht Gott, sondern sich selbst begegnet [32]. Allerdings geschieht dies in einer den Menschen entmenschlichenden Form. «Die R. ist die Vorstellung des menschlichen Wesens, die Affirmation desselben, aber da sie es als fremdes, jenseitiges darstellt, zugleich die Negation desselben. Beides, die Affirmation und die Negation, sind in der R. noch unbefangen verbunden» [33]. Was sie daher bietet, ist nicht der Mensch, der sich selbst gefunden hat, sondern der «unmenschliche Mensch» [34], der «die Unmenschlichkeit als sein Wesen verehrt» [35].

L. FEUERBACH schließt sich dieser Ansicht zunächst an: «Die R., wenigstens die christliche, ist das Verhalten des Menschen zu sich selbst oder richtig: zu seinem (und zwar subjektiven) Wesen, aber das Verhalten zu seinem Wesen als zu einem andern Wesen. Das göttliche Wesen ist nichts andres als das menschliche Wesen oder besser: das Wesen des Menschen, gereinigt, befreit von den Schranken des individuellen Menschen, verobjektiviert, d.h. angeschaut und verehrt als ein andres, von ihm unterschiednes, eignes Wesen» [36]. Feuerbach sieht jedoch darin, «daß die R. das Verhalten des Menschen zu seinem eignen Wesen ist», auch «ihre Wahrheit» [37]. Besteht nämlich dieses Wesen in der Fähigkeit, als «Selbstbewußtsein» jegliche Schranke des endlichen Bewußtseins überwinden zu können, so ist R. dieses «Bewußtsein des Unendlichen» [38]. Wird darüber hinaus bedacht, daß in der genannten Unendlichkeit der Mensch nicht auf Gott, sondern auf sich selbst stößt und daß ferner «im Ursprunge der R. ... gar kein qualitativer oder wesentlicher Unterschied zwischen Gott und dem Menschen» getroffen wurde, so besitzt R. als «das kindliche Wesen des Menschen» [39] eine wohl begrenzte, letztlich aber auch unentbehrliche Funktion im Prozeß der menschlichen «Selbsterkenntnis» [40]. In seinen ‹Vorlesungen über das Wesen der R.› (1851) bildet R. zudem einen Ausdruck des unentrinnbaren Abhängigkeitsgefühls von der «bewußtlosen Natur», das sich vor allem in der Angst vor dem Tod konzentriert («wenn ... kein Tod wäre, so wäre auch keine R.» [41]). Die wesentliche Funktion der R. besteht darin, den Menschen, der nicht bloß «Phantasie und Gefühl, sondern auch ... den

Trieb hat, glücklich zu sein», dahin zu drängen, seine Wünsche zu formulieren und bildlich zu gestalten [42]. So erreicht der Mensch durch sie die Überwindung der Abhängigkeit von der Natur.

M. HESS, der zunächst einen «neuen heiligen Bund» zwischen «R. und Politik», die Schaffung einer «Staats-R.» anstrebt [43], tritt später für eine scharfe Trennung und sogar für die Entlarvung und Überwindung beider ein: «R. und Politik sind Übergänge von der Bewußtlosigkeit zum Selbstbewußtsein des Geistes» [44]. Noch später sieht er im Judentum die Einheit von R., Nation und sozialen Institutionen verwirklicht und erhofft sich deshalb von ihm als «Geschichts-R.» die Übernahme der «letzten Mission» in der Geschichte, die Lösung aller gesellschaftlichen und religiösen Widersprüche [45].

H. HEINE wendet sich unter dem Einfluß des Saint-Simonismus gegen die traditionellen R.en, die dem Menschen nur ein Bewußtsein seiner Sündhaftigkeit und somit nur Schmerz und Trübsal gebracht haben («Delinquenten-R.») [46]. Statt dessen verkündet er eine «Natur-R.», «wo wieder freudige Götter aus den Wäldern und Steinen hervorwachsen und auch die Menschen sich göttlich freuen», eine «R. der Freude» und der Freiheit, eine «R. der neuen Zeit», die schon auf Erden die «Seligkeit etablieren» soll [47]. Später leugnet er jedoch, «der Stifter einer neuen R.» gewesen zu sein und bekennt sich zur «Wiedererweckung meines religiösen Gefühls» durch die Lektüre der Bibel [48].

K. MARX stimmt mit den übrigen Linkshegelianern insofern überein, als auch für ihn die R. ein «Machwerk des Menschen» [49] und «diejenige Form des Selbstbewußtseyns [ist], dem sein allgemeines Wesen als eine ihm jenseitige Macht, als seine Substanz erscheint» [50], bzw. «jenes Kunststück, daß das Ich sich ... wie in einem Spiegel verdoppelt» [51]. Er erweitert den religionskritischen R.-Begriff jedoch dahingehend, daß er R., die er allgemein auch als «Theorie dieser Welt» [52] oder als «Ideologie» [53] definiert, zum «Phänomen der weltlichen Beschränktheit» [54], konkret zum Ausdruck gesellschaftlich-wirtschaftlicher Mißstände erklärt. «Und zwar ist die R. das Selbstbewußtsein und das Selbstgefühl des Menschen, der sich entweder noch nicht erworben oder schon wieder verloren hat. Aber der Mensch, das ist kein abstraktes, außer der Welt hockendes Wesen. Der Mensch, das ist die Welt des Menschen, Staat, Sozietät. Dieser Staat, diese Sozietät produzieren die R., ein verkehrtes Weltbewußtsein, weil sie eine verkehrte Welt sind. Die R. ist die allgemeine Theorie dieser Welt, ... ihr allgemeiner Trost- und Rechtfertigungsgrund. Sie ist die phantastische Verwirklichung des menschlichen Wesens, weil das menschliche Wesen keine wahre Wirklichkeit besitzt» [55]. Zu dem berühmten Satz: R. «ist das Opium des Volks» [56] wurde Marx möglicherweise von B. Bauer, H. Heine oder M. Hess [57], vielleicht sogar von Hegel [58] inspiriert. Dieses später vor allem von W. I. LENIN hochgespielte Diktum [59], dem MARX selbst noch keinen zentralen Stellenwert innerhalb seines Denkens einräumt, muß aus dem Kontext verstanden werden, der da lautet: «Das religiöse Elend ist in einem Ausdruck des wirklichen Elends und in einem die Protestation gegen das wirkliche Elend. Die R. ist der Seufzer der bedrängten Kreatur, das Gemüt einer herzlosen Welt, wie sie der Geist geistloser Zustände ist» [60]. Im Unterschied zum Marxismus-Leninismus hält sich Marx selbst bezüglich der R. auch bei der expliziten Verwendung des (aus der ökonomischen Fachsprache seiner Zeit übernommenen) Begriffschemas ‹Basis-Überbau› zurück. Die spätere Verbindung von «Staat, Recht, R., Moral, Philosophie und Kunst» mit dem «Überbau» als «Wirkung», «Ausdruck» und «Fassade» von ökonomischen Basisstrukturen wird von ihm nur in ihrer Möglichkeit grundgelegt, nicht jedoch ausdrücklich eingesetzt [61].

M. STIRNER geht insofern noch über Bauer, Feuerbach und Marx hinaus, als er selbst in dem von diesen repräsentierten «politischen», «sozialen» und «humanen Liberalismus», der eigentlich die Stelle der übernommenen R. hätte einnehmen sollen, eine R. erblickt. «R. ist der Liberalismus darum, weil er mein Wesen von Mir trennt und über Mich stellt, weil er 'den Menschen' in demselben Maße erhöht, wie irgendeine andere R. ihren Gott oder ihren Götzen, weil er das Meinige zu einem Jenseitigen, ... nämlich ein 'Wesen' macht» [62]. Für alles, was mich in meiner absoluten Einzelheit bindet – und sei es nur die Rede vom 'Wesen des Menschen' –, darf ich «das welsche Wort 'R.'» [63] verwenden. Denn in jedem Fall, in dem etwas über mich gestellt wird, «das Mir nicht eigen» und damit «unheimlich» und «fremd» ist, installiert sich die «Fessel» des «Heiligen» [64].

3. S. KIERKEGAARD entwickelt seine christliche Existenzphilosophie ebenfalls in der Auseinandersetzung mit Idealismus und Romantik. Obwohl es dieser Philosophie im Letzten darum geht, dem jeweils «Einzelnen» maieutisch zum ernsthaften «Stehen vor Gott» zu verhelfen, taucht der Begriff ‹R.› selten explizit auf. Sieht man von gelegentlichen Tagebuchnotizen ab, in denen sich Kierkegaard ablehnend zum R.-Begriff Schleiermachers und Hegels äußert [65] bzw. sich gegen die Betrachtung des Christentums als R. verwahrt [66], so stößt man vor allem auf das Wort «Religieusitet» sowie auf den Begriff des «religiösen Stadiums» bzw. der «religiösen Existenzsphäre». Kierkegaard führt die auch für die *dialektische Theologie* wichtige Unterscheidung von «Religieusitet A» und «Religieusitet B» ein. Mit «Religieusitet A» bezeichnet er eine Existenzform, die sich zwar von der «ästhetischen» Existenzform radikal unterscheidet und die «ethische» Existenzform wesentlich vertieft, aber noch «nicht die spezifisch christliche» «Religieusitet» ist, sondern «die Menschennatur im Allgemeinen zu ihrer Voraussetzung» [67] hat. In ihr «resigniert» der Mensch um des «absoluten τέλος» willen radikal gegenüber der konkreten Welt, den «relativen» Zielen, und entscheidet sich angesichts der «ewigen Seligkeit» für das «Leiden» [68]. «Religieusitet» wird in diesem Sinne mit «Innerlichkeit» als dem Ort, an dem das Individuum mit sich selbst zu tun hat, genauer mit «verborgener Innerlichkeit» gleichgesetzt [69]. Die «Religieusitet B» (auch «paradoxe Religieusitet» [70]) dagegen ist das Christentum im engeren Sinne, d.h. ein Verhältnis zur ewigen Seligkeit, das nicht mehr durch den Menschen «innerhalb der Immanenz» vertieft werden kann, sondern «gegen die Immanenz» [71] auf die Initiative des sich offenbarenden Gottes in Jesus Christus zurückgeht. Ihr «Pathos» ist der «Glaube», in dem der Einzelne sich zum Ewigen nicht mehr bloß mittels der Negation des Positiven verhält, sondern kraft jenes «Absurden» und «Paradoxen» [72] existiert, daß «über die ewige Seligkeit des Individuums in der Zeit durch das Verhältnis zu etwas Geschichtlichem» entschieden wird.

4. Abermals religionskritisch, jedoch weniger vom Idealismus und der Romantik als von Schopenhauer inspiriert, definiert F. NIETZSCHE, was er unter ‹R.› versteht. A. SCHOPENHAUER begriff R. noch als eine «Volksmetaphysik» [73], die «unter dem Schleier der Allegorie»

[74] und mit Hilfe der «Mythen» [75] ein Urbedürfnis der Menschen nach Aufklärung der Welträtsel stillt und «der Menschheit im Großen» [76] eine «Auslegung des Lebens» bietet, dank deren selbst «dem rohen Sinn und ungelenken Verstande ... die hohe Bedeutung des Lebens» [77] angekündigt wird, das «moralische Bewußtseyn ... Bestätigung und Anhalt von außen» erhält und der Mensch eine «unerschöpfliche Quelle des Trostes und der Beruhigung» [78] findet. Hat R. somit für Schopenhauer noch dieses Positive an sich, daß sie dem Leben dient und – wenn auch «im Gewande der Lüge» [79] – Wahrheit vermittelt, so meint NIETZSCHE: «R.en sind Pöbelaffairen» [80], die in keinem Falle eine positive Funktion erfüllen. Ganz im Gegenteil: «... noch nie hat eine R., weder mittelbar noch unmittelbar, weder als Dogma noch als Gleichnis, eine Wahrheit enthalten» [81]. Grund dafür ist nicht allein die Tatsache, daß «Gott ... todt» ist [82], sondern prinzipieller noch der Umstand, daß R. ein Zeichen von Lebensunfähigkeit, von Krankheit ist: «... ein Fall von 'altération de la personnalité'. Eine Art Furcht und Schreckgefühl vor sich selbst ...», «eine Ausgeburt eines Zweifels an der Einheit der Person» [83], «eine Verwandtschaft mit dem Irrsinn, mit der Neurasthenie» [84] oder eine «Menge von Hallucinationen und von möglichen Hysterien» [85]. R. ist freilich nicht Ursache der Krankheit. Diese liegt vielmehr darin, daß es «bei dem Menschen wie bei jeder anderen Thierart einen Überschuss von Missrathenen, Kranken, Entartenden, Gebrechlichen, nothwendig Leidenden» [86] gibt bzw. «die Furcht vor dem Bösen» [87] herrscht. R. ist allerdings auch nicht bloß ein Symptom von Krankheit, sondern bereits eine Strategie, mittels deren das letztlich nicht zu bewältigende Krankheitsleid erträglich wird. Da die R. selbst darüber zumeist kein Wissen besitzt [88], verklärt, verschönert und rechtfertigt sie wohl das Dasein der Schwachen; sie verkennt dabei aber, daß sie etwas erhält, «was zugrunde gehen sollte», weil es das Leben als höchster Wert so vorgesehen hat [89]. Dadurch vergeht sie sich an den elementaren Lebensgesetzen und wird insofern selbst Krankheit. Von diesem Baum der Lebensverneinung stammen die entsprechenden Früchte: anstelle des gesunden Menschen «eine sublime Missgeburt» [90], anstelle der Wirklichkeit eine «reine Fiktions-Welt» [91], anstelle der Lebensfreude eine «zur Epidemie gewordene Müdigkeit und Schwere» [92], anstelle der eigenen Person «eine fremde Macht», «eine stärkere Person, eine Gottheit» [93], anstelle des sich entfaltenden Lebens schließlich ein «physiologischer Rückgang, eine décadence» [94].

5. Daß weder die pessimistische Philosophie Schopenhauers noch die Lebensphilosophie Nietzsches die genannten Konsequenzen hinsichtlich des R.-Begriffs haben müssen, bezeugen G. TH. FECHNER, E. VON HARTMANN und R. EUCKEN. FECHNER glaubt, daß die Wissenschaft «ohne Abschluß im religiösen Gefühl, ... ohne Ziel» sei und deshalb «die R. nicht verfallen dürfe» [95]. Obwohl HARTMANN den Pessimismus Schopenhauers teilt und den Sinn der Wirklichkeit in ihrer Auflösung sieht, ist für ihn R. doch «der höchste Kulturfaktor der Menschheit, der Mittelpunkt im Geistesleben des Einzelnen und der unentbehrliche Grund der sittlichen Gesinnung» [96]. Dies gilt nur deshalb, weil die R. der «einheitlichen religiösen Funktion» des Bewußtseins entspricht, d.h. weil sie sowohl die Wirklichkeit des religiösen Objekts als auch dessen «Beziehung zum Subjekt» voraussetzt [97]. Höchster Kulturfaktor aber wird R. dadurch, daß sie das menschliche «Bedürfnis ..., von Übel und Schuld erlöst zu werden» [98], in die richtige Richtung lenkt und den Menschen «in den Dienst eines ganz andern Daseinszwecks als der Glückseligkeit» [99] stellt. Dieser Daseinszweck besteht in der «Rückgängigmachung der Schöpfung», in ihrer «Wiederaufhebung und Zurücknahme in Gott» [100]. EUCKEN teilt mit Nietzsche die Überzeugung, daß das «Leben» der absolute Wert aller Wirklichkeit ist. R. hat daher für ihn nur unter der Voraussetzung Berechtigung, daß sie dem Leben dient. Sie darf deshalb «nicht nachträglich zum Leben hinzukommen, sondern [muß] ... notwendig aus ihm hervorwachsen» [101]. Dies jedoch geschieht konkret so, daß sie im Leben, verstanden als geistiges Leben, «Gegensätze» erzeugt, die den «Dämmerzustand des Durchschnittslebens» zerstören, und so «aus der Bewegung des Lebens gegen sich selbst immer neues Leben» [102] erweckt. Diese R. kann nur als «universale R.» verstanden werden, die jeder einzelnen R. vorhergeht und sie bemißt [103]. Sie kann auch nur, davon ist man im öffentlichen Leben zu Ende des 19. Jh. vielfach überzeugt, eine R. ohne Dogma sein und muß sich nach dem Untergang der positiven R. etwa zu einer «irreligion» der freien Spekulation in Kosmologie und Metaphysik [104] oder zu einer «R. des Freidenkers» [105] transformieren.

6. Das Ziel der französischen Philosophen der Restauration und der Romantik ist es nicht, den Begriff der R. grundsätzlich zu überdenken oder die R. gar in Frage zu stellen. Das (katholische) Christentum erfüllt für sie den wahren Inhalt der R. Gegen die religionsfeindlichen Bestrebungen der Aufklärung und Revolution soll die Verbindung zwischen Politik und R. wiederhergestellt [106], ihre «salutaire influence» gesichert [107] und vor allem die Unentbehrlichkeit der R. für den Zusammenhalt der gesellschaftlichen Ordnung erkannt werden [108]. Einige nehmen ein unabhängig von allen vergänglichen Formen der R. bestehendes unauslöschliches «sentiment religieux» an [109], andere bekämpfen jeden Indifferentismus in der R. und betonen die notwendigen «rapports de la religion avec l'ordre politique et civil» [110]. Auch C. H. DE SAINT-SIMON ist von der «importance sociale» der R. überzeugt; aber es muß eine neue R., ein neues Christentum sein, das vor allem das Los der Armen verbessern will [111]. Seine Schüler verkünden eine «religion de l'avenir», die sich mit Politik, Moral und besonders der Wissenschaft verbünden und zum individuellen und sozialen Fortschritt beitragen wird [112]. P.-J. PROUDHON dagegen sieht die R. als ewige Gegnerin der Wissenschaft und des Fortschritts, die deshalb dem Untergang geweiht ist [113].

7. In welcher Weise sich der R.-Begriff wandelt, wenn das durch ihn bezeichnete Phänomen mit den Erkenntnissen der modernen Natur- und Geisteswissenschaften konfrontiert wird, illustrieren sowohl die untereinander zusammenhängenden Philosophien des *Positivismus*, des *Utilitarismus* und des *Pragmatismus* als auch die sich – nach 1850 – etablierenden Zweige der *R.-Wissenschaft*.

Entsprechend seiner Überzeugung, daß im «Mannesalter unseres Geistes» die einzige wahre und nützliche Erkenntnis darin besteht, «überall anstelle der unerreichbaren Bestimmung der eigentlichen Ursachen die einfache Erforschung von Gesetzen, d.h. der konstanten Beziehungen zu setzen, die zwischen den beobachtbaren Phänomenen bestehen» [114], bzw. «all unsere Theorien auf wirklich erreichbare Forschungs(objekte) zu beschränken» [115], erscheint in der «philosophie positive» von A. COMTE die R. als überholtes Stadium der «évolution intellectuelle de l'Humanité». Nach dem Drei-Stadien-Gesetz ist der «état théologique ou fictif» das erste Stadium, das der «enfance de l'Humanité» entspricht [116] und in dem eine spezifische Naturerklärung herrscht, nämlich die personifizierende Reduktion der Phänomene [117]. Aber auch noch das zweite, das «metaphysische oder abstrakte Stadium» ist religiös bestimmt, sofern es ausdrücklich als «philosophie intermédiaire» [118] verstanden wird, die «une sorte de théologie graduellement énervée» [119] darstellt. Der späte Comte allerdings konzipiert eine «vraie religion de l'Humanité» und des «Grand-Etre», in deren «état religieux» [120] der «esprit général de la vraie religion» bewirkt, daß die Menschheit sich unwiderruflich auf die Grundlagen ihrer Natur stützt. Diese sind die drei anthropologischen Grundakte: «penser, aimer, agir» [121].

Wie Comte spricht J. S. MILL von einer «R. der Menschheit» [122], die bei ihm «die starke und ernsthafte Ausrichtung unserer inneren Regungen und Wünsche auf einen idealen Gegenstand, dem die höchste Vollkommenheit zuerkannt wird und der mit Recht über allen Gegenständen unserer selbstsüchtigen Wünsche steht», bezeichnet [123]. Der genannte «ideale Gegenstand» ist jedoch nicht Gott, sondern die Einheit aller Menschen in spontan empfundener sittlicher Solidarität. R. entspringt so aus «einer Empfindung», die «das Gefühl der untrennbaren Zusammengehörigkeit mit der Menschheit und ein tiefes Gefühl für das allgemein Beste» verbindet [124].

Unter den Exponenten des Pragmatismus hat sich W. JAMES am deutlichsten zur R. geäußert. Er gibt freilich keine definitive Bestimmung des Begriffs ‹R.› [125]. Was er als Bedeutung des Wortes ‹R.› gelten lassen will, nämlich «Gefühle, Handlungen und Erfahrungen von einzelnen Menschen in ihrer Einsamkeit, sofern diese sich selber als Personen wahrnehmen, die in Beziehung zu etwas stehen, das sie in irgendeinem Sinne als das Göttliche betrachten» [126], gilt nur als Arbeitstitel für seine Bemühungen, die religiösen Emotionen als «konkrete Zustände der Seele, gebildet aus einem Gefühl plus einer spezifischen Art von Objekten» [127], in ihrer unendlichen Vielfalt psychologisch zu analysieren. Unter diesem Vorzeichen sind die weiteren Erkenntnisse zu bewerten, die James den «Reaktionen» der einzelnen Menschen auf «das Göttliche», als der «ursprüngliche[n] Realität ..., von der das Individuum sich zu feierlicher und ernster Antwort getrieben fühlt» [128], abgewinnt. R. bereichert den Menschen um eine «zusätzlich eröffnete Dimension des Gefühls», konkret um einen «neuen Spielraum der Freiheit» sowie um einen «feierlichen Zustand des Geistes», der von «Glückseligkeit» und einer «Stimmung begeisternden Annehmens» erfüllt ist [129]. R. gewährt die «Überzeugung, daß es eine unsichtbare Ordnung gibt und daß unser höchstes Gut in einer harmonischen Anpassung an diese liegt» [130].

Auch den *R.-Wissenschaften* geht es nicht von Anfang an und überall um Definitionen von ‹R.›. In ihnen herrscht häufig der Optimismus, daß sich aus der Erforschung der R.en, wie sie in der Geschichte aufgetreten sind und immer noch auftreten, das Wesen der R. von selbst erweise. Überzeugt davon, daß «unter der Hülle aller R.en ... die R. selbst» liege (F. SCHILLER [131]), vermeiden es sogar zahlreiche Forscher, den Begriff ‹R.› genau zu klären. Sie begnügen sich meist mit der Annahme J. KAFTANS: «Das Wesen der R.en, nach dem wir fragen, bedeutet nicht mehr und nicht weniger als diejenigen Merkmale, welche allen geschichtlichen R.en gemeinsam sind» [132]. In dem Moment freilich, in dem erkannt wird, daß mit dieser Vorgangsweise den Ansprüchen auf wissenschaftliche Korrektheit nicht nachzukommen ist, wird die Begriffsbestimmung unvermeidlich. Diese wiederum erfolgt je nach Zweig der R.-Wissenschaft unterschiedlich.

Für die *geschichtliche Erforschung* der R.en ergeben sich vor allem drei Möglichkeiten: Die eine besteht darin, Definitionen zu wählen, die (zumindest fürs erste) nicht aus der Empirie stammen und auf spekulativ-philosophischem Wege gefunden werden. Beispiele hierfür bieten F. M. MÜLLER und A. RÉVILLE. MÜLLER versteht R. zunächst als «jene allgemein geistige Anlage, welche den Menschen in den Stand versetzt, das Unendliche unter den verschiedensten Namen und wechselndsten Formen zu erfassen, eine Anlage, die nicht nur unabhängig von Sinn und Verstand ist, sondern, ihrer Natur nach, im schroffsten Gegensatz zu Sinn und Verstand steht» [133]. Nach heftigen Diskussionen um die Unabhängigkeit dieser «geistigen Anlage» ordnet Müller den «Impuls zur R.» jedoch überwiegend den Sinnen zu, wobei er allerdings festhält, daß das unmittelbar Geahnte sowohl für die Sinne als auch für Verstand und Sprache unerreichbar ist [134]. RÉVILLE hingegen definiert: «La religion est la détermination de la vie humaine par le sentiment d'un lien unissant l'esprit humain à l'esprit mystérieux dont il reconnaît la domination sur le monde et sur lui-même et auquel il aime à se sentir uni» [135]. Dieses «sentiment de l'union» hält Réville gegen Schleiermachers Rede vom «sentiment de dépendance» [136] fest. Darüber hinaus sieht er in der R. eine Form der Kontingenzbewältigung, sofern ihre Beziehungen zum «mystère indéfinissable» Garantien «contre l'inconnu de la destinée» [137] bieten.

Fruchtbarer erweisen sich die beiden anderen Möglichkeiten. Die eine von ihnen wird durch die evolutionistischen Thesen von H. SPENCER eröffnet. Ausschlaggebend dabei ist weniger Spencers Definition von ‹R.›, die nicht besonders aufschlußreich ist (R. ist die «Überzeugung, daß die Existenz der Welt, mit Allem was sie enthält und Allem was sie umgibt, ein Geheimnis sei, das stetsfort nach Aufklärung verlangt» [138]), als vielmehr seine Theorie, nach der alle Entwicklung von anfänglicher Gleichartigkeit zu immer größerer Komplexität und Differenziertheit verlaufe [139]. Die Suche nach dem Ursprung und dem ersten geschichtlichen Auftreten von R. wird so für viele Forscher identisch mit der Suche nach der Definition von ‹R.›. Unter dieser Rücksicht sind alle Theorien zu interpretieren, die eindeutige Aussagen hinsichtlich des Beginns der R.-Geschichte treffen: E. B. TYLORS «Animismus»-These, d.h. die Annahme eines aus primitiven Kausalanalysen erwachsenen «Glaubens an geistige Wesen» und an die «Seele» [140], J. G. FRAZERS Abgrenzung der R. als «personification of natural phenomena» gegenüber der Magie [141] sowie dessen, – bereits von A. Comte, A. Bastian, F. Schultze u.a. vertretene – Ansicht, daß der Fetischismus bzw. Totemismus das erste Auftreten von R. signalisiere [142], R. MARETTS Postulat eines anfänglichen Gefühls der Ehrfurcht und des Staunens angesichts einer als unpersönlich empfundenen Macht der Natur («mana») [143], A. LANGS Begriff des ursprünglichen Glaubens an einen «Hochgott» [144], W. SCHMIDTS Hypothese eines Urmonotheismus [145] sowie viele andere Theorien zum selben Thema.

Die dritte Möglichkeit bildet schließlich ein Mittelweg, der sich einerseits allzu konkreter Aussagen zur Entstehung der R. enthält, trotzdem aber tatsachenbezogener als die bloße Spekulation vorgeht. Konkret eröffnet wird dieser Weg durch R. OTTOS Analysen zur «Kategorie des Heiligen» [146]. Das Heilige verweist auf eine Bewußtseinsintentionalität sui generis und «lebt in allen R.en als ihr eigentlich Innerstes» [147]. Ziel dieser Intention ist das «Numinose», das Otto als «tremendum», «majestas», «energicum», «mysterium», «mirum», «fascinans», «augustum» und «sanctum» beschreibt [148]. Dem Heiligen entspricht auf der Seite des menschlichen Subjekts ein anfängliches «primitives religiöses Gefühl», das sich im Zuge eines Rationalisierungs- und Versittlichungsprozesses zur «Gottesfurcht», zum «Glauben», zur bewußten «religio», zum ausdrücklichen Sündenbewußtsein usw. umgestaltet [149]. Wurzel jeglicher R. ist für Otto jedoch eine «verborgene Anlage des menschlichen Geistes», die nicht bloß «a priori» ermöglicht, daß der Mensch zur konkreten R. veranlaßt wird [150], sondern die diesen auch in die Lage versetzt, eine «synthetische Erkenntnis a priori» der beiden Momente des Heiligen, des Rationalen und Irrationalen, zu gewinnen [151]. Freilich sind «Erkenntnisse a priori nicht solche, die jeder Vernünftige hat ..., sondern die jeder haben kann» [152]. Deshalb muß R. «erweckt» werden. Dies wiederum geschieht in der Geschichte durch die «Begabten» und die «Profeten», die ein besonderes Vermögen der «Divination», d.h. der Erkenntnis und Anerkenntnis des Heiligen haben [153].

Ähnlich wie W. James geben auch die anderen Vertreter der frühen *R.-Psychologie* kaum endgültige Definitionen von R. Vor allem in den amerikanischen Schulen überwiegen die bloß operativen Begriffsbestimmungen. Einen gewissen Durchbruch schafft erst J. H. LEUBA, der bemerkenswerte Differenzierungen zwischen ‹R.› und ‹Magie› trifft und darüber hinaus – in Abgrenzung zu den übrigen R.-Begriffen der neueren Zeit – R. als ein sowohl passives als auch aktives Verhalten des Einzelnen begreift, das diesen mit all seinen Wünschen, Emotionen, Reaktionen, Handlungen und Ideen fordert und im Rahmen der Lebensbewältigung zu Mächten in Beziehung setzt, die psychische, ja personale Mächte genannt werden dürfen [154]. Demgegenüber nennt W. WUNDT die «R. von Hause aus ein völkerpsychologisches, kein individualpsychologisches Thema» [155]. Entsprechend behandelt er sie im kulturgeschichtlichen Zusammenhang. Gegenüber dem Mythos ist R. der «Glaube an eine ideale, übersinnliche Welt, in der das menschliche Streben und Handeln mit eingeschlossen liegt, und in der sich der Mensch die Ideale seines eigenen Strebens verwirklicht denkt» [156]. R. wird so gesehen eine «metaphysisch-ethische Schöpfung», die übersinnliche Ideale aufstellt, welche wiederum komplexe «Wertgefühle» und schließlich «das religiöse Gefühl» erzeugen [157].

Unter dem Eindruck der Völkerpsychologie W. Wundts sowie der übrigen Ergebnisse der R.-Wissenschaften entwickelt S. FREUD seine frühe R.-Theorie. Bei aller Selbstbescheidung, nicht beanspruchen zu wollen, «etwas so Kompliziertes wie die R. aus einem einzigen Ursprung abzuleiten» [158], und in Anerkennung des «schneidenden Unterschieds» zwischen individueller Religiosität und kollektiver R. [159] identifiziert er doch schon 1907 R. mit einer «universellen Zwangsneurose», d.h. mit einer krankhaften Wirklichkeitsbewältigung, die auf der Verdrängung ungelöster Triebkonflikte sowie auf der Erfindung von Ersatzlösungen beruht. 1913 präzisiert Freud, an welche Neurose er konkret denkt. Es ist dies der sogenannte «Ödipus-Komplex», in dem die «Anfänge der R., Sittlichkeit, Gesellschaft und Kunst» zusammentreffen [160]. Alle R.en «erweisen sich als Lösungsversuche desselben Problems» [161], das dieser Komplex im Schuldbewußtsein des Menschen erzeugt. Im Gegensatz zu Freud sieht C. G. JUNG die R.en als die «großen psychotherapeutischen Systeme» [162] an, in denen jene «Urkräfte» [163] zu Wort kommen, die alle Menschen in einem kollektiv Unbewußten verbinden und die apriorischen Ermöglichungsbedingungen der menschlichen Vorstellungsformen bilden.

Schließlich sind auch in der *R.-Soziologie* Definitionen von ‹R.› nicht immer das erste Anliegen. So genügt es M. WEBER, R. als einen Fall gesellschaftlichen Verhaltens zu betrachten, d.h. als «ein mindestens relativ rationales Handeln», das «aus dem Kreise des alltäglichen Zweckhandelns» [164] verstehend erschlossen werden kann. Spezifikum dieses wert- und zweckorientierten Handelns ist dessen Ausrichtung nach übernatürlichen Mächten [165]. Abgesehen von dieser Minimalbestimmung beschränkt sich Weber darauf, R. aus der faktisch erfolgten Geschichte des menschlichen Geistes, die sich ihm als Prozeß zunehmender Rationalisierung der Wirklichkeit darstellt, zu betrachten: Ist R. zunächst ein «Weltbild», das einen Rationalisierungsschub bewirkt, sofern es die ökonomischen und sozialen Verhältnisse der Gesellschaft neu regelt und dadurch eine «Ausdifferenzierung» der Lebensbereiche ermöglicht [166], so wird sie später deren Opfer. Je mehr sich ökonomisches, ethisches und soziales Verhalten gegenüber dem religiösen verselbständigt und das Prinzip der Rationalität an sich zieht, desto mehr tendiert R. in Richtung «Irrationalität» [167], desto mehr wird sie, wie in der Moderne, «in das ... Irrationale geschoben» [168].

Für G. SIMMEL kann die R. trotz aller «Analogie», die «zwischen dem Verhalten des Individuums zur Gottheit und dem zur sozialen Allgemeinheit» besteht, nicht mit ihrer gesellschaftlichen Funktion und Erscheinung identifiziert werden [169]. Aus einer einzelnen Bewußtseinsintentionalität oder einer bestimmten Verhaltensform entspringt allenfalls Religiosität, keinesfalls aber schon R. [170]. R. kann nur als «eine Totalität des Weltbildes» begriffen werden, die neben anderen «theoretischen und praktischen Totalitäten» «die Gesamtheit des Lebens zu einem besonderen, auf eine allumfassende Färbung gestellten Bild» [171] zusammenfügt. R. ist in diesem Sinne eine schöpferische Sicht der Wirklichkeit, die dem Leben nicht bloß eine spezifische «Stimmung», «Tonart» und «Färbung» verleiht bzw. «eine gewisse Übertreibung empirischer Tatsachen» zuläßt und «einen neuen Aggregatzustand der sozialen Norm» garantiert, sondern «ihre Gegenstände» in der Weise schafft, daß «der religiöse Mensch die Dinge von vornherein so erlebt, daß sie gar nicht anders können, als ihm die Güter zu gewähren, die er als Religiöser begehrt» [172]. Die Analogie zwischen religiösem und sozialem Verhalten sieht Simmel schließlich in der «Einheit einer seelischen Kategorie» begründet, «die sich einmal an dem Material menschlicher Wechselwirkungen auslebt, ein andermal – nicht umbildend, sondern unmittelbar bildend – ebendieselben Impulse an rein autochthonen Gestaltungen bewährt» [173]. R. entspringt zwar dem Leben, gelangt dann aber «durch eine radikale Drehung zur Zentrierung und Sinnfindung in sich selbst», bildet eine autonome, «sich selbst tragende Welt» [174].

Sieht Simmel die R. primär in der Religiosität des

Individuums entspringen und erst in der Folge zu einem Gestaltungsprinzip der Gesellschaft werden, so betrachtet die französische R.-Soziologie unter der Führung von E. DURKHEIM R. ausschließlich als Phänomen der Gesellschaft. Durkheims klassische Definition, der es sowohl um die 'differentia specifica' gegenüber anderen Gesellschaftssystemen als auch um die Unterscheidung der R. von der Magie geht, lautet: «Eine R. ist ein solidarisches System von Überzeugungen und Praktiken, die sich auf heilige, d.h. abgesonderte und verbotene Dinge, Überzeugungen und Praktiken beziehen, die in einer und derselben moralischen Gemeinschaft, die man Kirche nennt, alle vereinen, die ihr angehören» [175]. In unverkennbarer Konvergenz zu diesem Ansatz bestimmten M. MAUSS und H. HUBERT «das Opfer» als ursprüngliches Phänomen von R. überhaupt und zugleich als deren bleibendes Wesen [176]. Wohl in Abgrenzung zu Durkheim, doch in derselben Überzeugung wie ein Großteil der zeitgenössischen R.-Wissenschaft, daß sich nämlich das Wesen der R. an ihrem geschichtlichen Ursprung zeige, weist L. LÉVY-BRUHL die R. der «prälogischen Mentalität» der primitiven Völker zu [177].

8. R. bleibt trotz der Ansprüche der R.-Wissenschaften weiterhin auch Thema der Philosophie. Dies dokumentieren vor allem die *Neukantianer*, die Analysen der Lebensformen durch W. DILTHEY und E. SPRANGER sowie die Prozeß-Kosmologie A. N. WHITEHEADS.

Bei aller Differenzierung, die zwischen *Marburger* und *Südwestdeutschem Neukantianismus* getroffen werden muß, herrscht hinsichtlich des R.-Begriffs doch in folgenden Punkten Übereinstimmung: 1) R. ist aus dem «zweckvollen Zusammenhang der Funktionen des vernünftigen Bewußtseins» [178] bzw. aus dem «einheitlichen System der Philosophie» [179] zu begreifen. Dabei spielt es keine große Rolle, ob dies im Ausgang von einer systemimmanenten «transzendentalen Frage» [180] oder im Blick auf «die wirkliche R.» [181] geschieht. – 2) R. repräsentiert keine eigene Gestalt der Vernunft neben theoretischer, praktischer und ästhetischer Vernunft. Anders als Logik, Ethik und Kunst stellt sie daher auch kein eigenes Systemglied dar [182]. R. ist vielmehr eine Form des Bewußtseins, die sich in allen Gestalten der Vernunft äußert und diese folglich koordinieren, ja sogar begründen und vereinheitlichen kann. W. WINDELBAND nennt sie «das Normalbewußtsein des Wahren, Guten und Schönen», das gegenüber dem empirischen Bewußtsein die faktischen Antinomien des Vernunftvollzuges antizipierend überwunden hat. Er weist diesem daher «metaphysische Realität» bzw. «transzendente Wirklichkeit» zu und bezeichnet es kurz als «das Heilige» [183]. Ganz anders spricht P. NATORP – ähnlich allerdings wie H. COHEN [184] – im Zusammenhang mit der R. vom «Mutterschoß alles Bewußtseins», d.h. vom Bereich «des Unmittelbaren, subjektiv Ursprünglichen, Umfassenden, aber noch Gestaltlosen» als Mitte der «Innerlichkeit des seelischen Lebens», konkret der «Subjektivität» und «Individualität» [185]. – 3) Ursprüngliches Element der R. ist im Sinne Schleiermachers das Gefühl, genauer ein «unendliches Gefühl» [186] bzw. ein «transzendentes Fühlen» [187], das sich im Zuge der kulturellen Entfaltung der Vernunft auch zu einem transzendenten Vorstellen, Wollen und Schaffen steigert. – 4) Anstoß zur Erweckung des religiösen Gefühls bildet die Erfahrung der unaufhebbaren Diskrepanz zwischen Normativität und Faktizität der Vernunft [188]. Sofern R. den «Glauben» an die Überwindung dieser Diskrepanz ermöglicht, leistet sie nicht bloß einen hohen Beitrag zum «Kulturleben» [189], sondern bewirkt sie als «transzendentes Leben» das «Sichnichtgenügenlassen am empirisch Wirklichen» [190], das «Bewußtsein einer überempirischen Realität» [191] sowie die «Rettung der Individualität» der Menschen [192]. – 5) R. steht in enger Verbindung zur Sittlichkeit. Ist sie mit dieser auch nicht identisch, so «erwächst sie doch aus dem Kern des sittlichen Bewußtseins und bewahrt in jedem ihrer Stadien den Zusammenhang mit ihm». In dieser Hinsicht nähert sich die von der R. intendierte Transzendenz der Transzendenz von sittlichen Normen an. Inhalt der R. wird so die «Humanität» des Einzelmenschen sowie der Gemeinschaft [193].

Für W. DILTHEY bezieht sich R. nur vordergründig auf «gesellschaftlich aufeinander bezogene Individuen», die gemeinsam einen bestimmten «Sachverhalt» als «Teilinhalt ihres Lebens» akzeptieren. Ursprünglicher betrachtet bildet R. eine «Weltanschauung», die zum Charakteristikum «den Verkehr mit dem Unsichtbaren» hat. Dieser Weltanschauung korrespondiert eine «religiöse Erfahrung», die genau besehen «die Besinnung ist, welche die Vorgänge des Verkehrs mit dem Unsichtbaren begleitet» [194]. Anders als die philosophische Weltanschauung, der sie sich annähern und die sie vorbereiten, bleiben R. und Religiosität an bestimmte «Erlebnisse» gebunden. Sie sind «subjektiv, in den sie bestimmenden Erlebnissen partikular, ein Unauflösliches, höchst Persönliches» [195].

Letzteres wird auch von E. SPRANGER hervorgehoben, der Dilthey in mehrfacher Hinsicht nahesteht. R. zeichnet für ihn eine «Lebensform» aus, die auf einem «Werterlebnis» basiert, das sowohl den Sinn des eigenen Lebens als auch den Sinn der ganzen Welt bestimmt [196]. Sie ist «höchstes Werterlebnis»; sein Inhalt ist die «Werttotalität», «der höchste Wert», «Gott». Der Mensch verdankt ihm das, was weder Wissenschaft noch Philosophie bieten können: «den Totalsinn der Welt» [197].

A. N. WHITEHEAD betont noch drastischer als Dilthey und Spranger, daß R. nicht «primär eine soziale Tatsache» sei. Im Gegenteil, R. ist «Solitärsein», genauer: «... das, was das Individuum aus seinem eigenen Solitärsein macht» [198]. Whitehead kann auch sagen: «R. ist die Kraft des Glaubens, der die Innerlichkeit reinigt» [199]. Je mehr einer R. bewußt wird, daß ihr eigentliches Element im «Solitärsein» liegt, um so höher ist sie entwickelt. Mit diesem Bewußtsein tritt nämlich die «Ablösung von unmittelbaren Umgebungen» und damit die Öffnung zur «Universalität» und «Rationalität» ein [200]. Aus demselben Grunde schließt das «Solitärsein» den Bezug zur Gesellschaft und vor allem zur Natur keineswegs aus. R. ist vielmehr «Solitärsein» und «Welt-Loyalität» [201] in einem. So kann Whitehead präzisierend definieren: «R. ist die Kunst und die Theorie des inneren menschlichen Lebens, sofern es von dem Menschen selbst und dem abhängt, was an der Natur der Dinge beständig ist» [202]. Umgekehrt gilt ebenso: «... alles, was auf eine Kosmologie zielt, bringt auch eine R. hervor». R. bietet die Einsicht, «daß die Welt eine wechselseitig abgestimmte Ordnung von Dingen ist» [203], daß es «eine wirkliche Welt [nur] gibt, weil eine Ordnung der Natur existiert», und daß erst aufgrund dieser Ordnung alles Wirkliche seinen Wert erhält [204]. Gewonnen wird besagte Einsicht, die eo ipso «religiöse Erfahrung» ist, aus «Intuitionen», die wohl nach «Ausdruck» und «Dogma» streben, sich darin jedoch niemals erschöpfen [205].

9. Die Entwicklung des R.-Verständnisses ist in der *protestantischen Theologie* wesentlich bedeutsamer als in der *katholischen*, weil sich evangelische Theologen an der Bildung der philosophischen R.-Theorien unvergleichlich stärker und nachhaltiger beteiligt haben als ihre katholischen Kollegen. Außer bei den bereits genannten wird dies noch einmal bei E. TROELTSCH sowie bei den Vertretern der *dialektischen Theologie* deutlich.

Obwohl TROELTSCH die Ergebnisse der zeitgenössischen R.-Wissenschaft nicht so intensiv rezipiert wie O. PFLEIDERER [206] und obwohl seine Problemstellungen den Einfluß Lotzes, Windelbands, Rickerts, Diltheys und M. Webers bekunden [207], resümiert TROELTSCH doch das, wovon sich die Theologie des 20. Jh. abwenden wird. R. ist für ihn «der Glaube an Präsenz und Wirkung übermenschlicher Mächte mit der Möglichkeit der Verbindung mit ihnen» [208] bzw. «die Beziehung auf eine unendliche ... Macht». Psychologisch betrachtet äußert sich R. in einer spezifischen Intentionalität, die als Kombination von Gefühl, Intellekt und Wille konstituiert ist [209]. In Entsprechung dazu tritt sie ursprünglich nicht als Theorie, sondern als «Mystik» auf [210]. R. ist deshalb für Troeltsch aber keineswegs etwas Vernunft-Feindliches. Im Gegenteil, Troeltsch setzt alles daran, die «Vernunftnotwendigkeit der religiösen Ideenbildung» zu erweisen, und zwar durch die Annahme eines «religiösen Apriori», aufgrund dessen es der Vernunft prinzipiell geboten ist, «alles Wirkliche und insbesondere alle Werte auf eine absolute Substanz als Ausgangspunkt und Maßstab» zu beziehen [211]. Um aber die Gefahr einer Reduktion der R. auf die Vernunft zu vermeiden, beschreibt Troeltsch das «religiöse Apriori» schließlich als «mehr oder minder dunkle Präsenz des Göttlichen in der Seele» [212]. Genau dies vermag er aber im Rahmen seines transzendentalen Ansatzes nicht plausibel zu machen. So trägt er entscheidend dazu bei, daß die *dialektische Theologie* R. als «Angelegenheit des gottlosen Menschen» bzw. als «Häresie» brandmarken und als «Religionismus» der modernen R.-Kritik überlassen kann [213].

K. BARTH, der wichtigste Exponent der dialektischen Theologie, grenzt R. rigoros von der «Offenbarung» ab. Während diese ausschließliche Tat Gottes und seiner Gnade ist, repräsentiert jene die «zäheste Stelle der Humanität» bzw. eine «titanische Menschenmöglichkeit» [214]. Als solche fällt R. unter die paulinische Kategorie des «Gesetzes» und damit in den Bereich der «Sünde» («Gerade hier 'überfließt' die Sünde») [215]. Sofern aber «Golgotha ... das Ende des Gesetzes, die Grenze der R.» bedeutet und die «Grenze der R. ... die Todeslinie [markiert], welche scheidet zwischen dem, was bei den Menschen und dem, was bei Gott möglich ist», verhalten sich R. und Offenbarung (Gnade) zueinander «wie Tod und Leben» [216]. Seit Gottes Zuwendung in Jesus Christus, seit der «Krisis», ist offenbar geworden, daß R. an der exemplarischen «Krankheit zum Tode» leidet, deren wesentlichstes Symptom «das Entsetzen des Menschen vor sich selbst» ist. R. ist so gesehen weder ein Weg zu Gott noch eine positive Kraft des «humanen Kultursystems» [217]. Sie muß vielmehr als «ein sich selbst widersprechendes» und «in sich selbst unmögliches Unternehmen» betrachtet werden. Gibt es überhaupt ein Stehen vor Gott und damit auch ein richtiges Verhältnis des Menschen zu sich selbst – im herkömmlichen und übertragenen Sinn eine «wahre R.» [218] –, so ist dieses einzig und allein in der von Gott in Jesus Christus eröffneten Existenzmöglichkeit zu finden.

Auf seiten des *katholischen* Denkens kristallisieren sich im 19. Jh. zum R.-Begriff zwei tonangebende Positionen heraus. Die eine wird von der sogenannten *Neuscholastik* vertreten. Sie findet ihren Niederschlag nicht zuletzt in den Äußerungen des kirchlichen Lehramtes. Ihre Aussage läuft im wesentlichen darauf hinaus, R. mit der klassischen «theologia naturalis» zu identifizieren und in einer spezifischen Interpretation des ‹Römerbriefes› (1, 18ff.) als «Vernunft» und «Gewissen» zu verstehen. Das Dokument ‹Dei filius› (1870) des 1. Vatikanischen Konzils [219] belegt dies ebenso wie die Enzyklika ‹Pascendi› (1907), in der ausdrücklich die Annahme einer religiösen Erfahrung neben der Vernunft verurteilt wird [220]. Die andere Position wird von Theologen und Philosophen vertreten, die sich um eine positive Rezeption des neuzeitlichen Denkens bemühen. Unter ihnen sind besonders die Theologen der *Tübinger Schule* zu nennen, allen voran J. S. DREY [221] und J. E. KUHN [222]. Sie bestimmen R. in der Auseinandersetzung mit den romantischen und idealistischen R.-Theorien. Dabei gelangt Kuhn dazu, R. als «ein objektives Wissen von Gott und seinen Beziehungen zur Welt» zu definieren, das seinem Wesen nach «schlechthin einfach und allseitig zugleich» ist, d.h. «absolutes Gleichgewicht des Wissens, Gefühls und Tuns» darstellt. Darüber hinaus legitimiert die R. nach Kuhn ihre Objektivität aus sich selbst [223], da die «Offenbarung» nicht nur mit der R. «ein und dasselbe» ist, sondern auch «das Ursprüngliche ... von aller R., das principium essendi alles religiösen Bewußtseins, und die Basis der R.-Wissenschaft» [224].

Von einem ganz anderen philosophischen Ansatz aus versteht B. BOLZANO R. «als Inbegriff aller derjenigen Meinungen dieses Menschen, die einen entweder wohltätigen oder nachtheiligen Einfluß auf seine Tugend oder auf seine Glückseligkeit äußern, und zugleich so beschaffen sind, daß eine eigene Versuchung da war, sich ohne gehörigen Grund entweder für oder wider sie zu bestimmen» [225]. Eigenwillig nimmt sich im Spektrum der katholischen Theorien die Meinung F. BRENTANOS aus, der seine geistige Herkunft immerhin in der Neuscholastik hat. Er nennt R. einen Glauben, «der dem Volk einen Ersatz für die philosophische Erkenntnis gibt und statt ihrer im Volksleben Einfluß gewinnt» [226]; der so bestimmten Funktion kommt nach Brentano das Christentum am nächsten [227]. Folgenreich wird schließlich die Ansicht J. H. NEWMANS, derzufolge das «Gewissen» als Mitte der Person der Sitz einer selbständigen, mit eigener Evidenz und erkenntnisrichtender Kraft ausgestatteten religiösen Erfahrung ist [228]. Diese These erhält nicht erst in der Theologie des 20. Jh. ein nachhaltiges Echo, sondern schon früher im Kreis der englischen *Modernisten*. Deren wichtigster Repräsentant, G. TYRRELL, versteht das Gewissen als «die primäre Gegebenheit (datum) der R.» [229]. Im Gewissen besitzt der Mensch eine «religious faculty or capacity» [230], die Gott in einem «religious sense» unmittelbar fühlt («felt directly» bzw. «immediately felt»). R. ist nichts anderes als die Explizierung und Bewußtmachung jener zunächst in «vague apprehensions» erhaltenen «Offenbarung» und «fortschreitende Selbstäußerung Gottes im religiösen Leben der Menschheit» [231].

Anmerkungen. [1] G. W. F. HEGEL: Vorles. über die Philos. der R. Jub.ausg., hg. H. GLOCKNER (1927-40) 16, 496. – [2] PH. K. MARHEINEKE: Die Grundlehren der christl. Dogmatik als Wiss. (^{2}1827) 10-18 (§§ 21-32). 66ff. (§§ 113-115). – [3] J. E. ERDMANN: Vorles. über Glauben und Wissen (1837) 27f. 36; K. ROSEN-

KRANZ: System der Wiss. (1850) 575f. 589; C. L. MICHELET: Das System der Philos. als exacter Wiss. (1876-79) 3, 454. 510. – [4] F. D. E. SCHLEIERMACHER: Der christl. Glaube (²1830) Einl. § 4 (bes. 4, 2. 4); § 6, 2; § 32, 1f. – [5] I. H. FICHTE: Psychol. (1864) 1, 210. – [6] a.O. 727. – [7] 717f. – [8] 720. – [9] H. ULRICI: Gott und Mensch (1866) 1, 704. – [10] a.O. 705. – [11] 715. – [12] CH. H. WEISSE: Philos. Dogmatik oder Philos. des Christenthums (1855) 1, 24. 36. 52. 61. – [13] a.O. 62. – [14] A. E. BIEDERMANN: Christl. Dogmatik (1869) 35. – [15] Die freie Theol. oder Philos. und Christenthum in Streit und Frieden (1844) 40f. – [16] E. ZELLER: Über das Wesen der R., in: O. LEUZE (Hg.): E. Zellers Kleine Schr. (o.J.) 3, 127f. – [17] A. RITSCHL: Die christl. Lehre von der Rechtfertigung und Versöhnung (1874) 3, 17. – [18] a.O. 173f. – [19] A. LIPSIUS: Lehrbuch der evang.-prot. Dogmatik (1876) 26. – [20] W. HERRMANN: R. (1905). Schr. zur Grundlegung der Theol., hg. P. FISCHER-APPELT (1966) 1, 288. – [21] Dogmatik (1925) 14. – [22] a.O. 284. – [23] 287. – [24] Ethik (⁵1913) 90. – [25] D. F. STRAUSS: Leben Jesu (²1837) 74ff. 98ff. – [26] Die christl. Glaubenslehre in ihrer geschichtl. Entwickl. und im Kampfe mit der mod. Wiss. (1840) 1. 5ff. 22. – [27] a.O. 15. – [28] Der alte und der neue Glaube (1872) 37. – [29] a.O. 94. – [30] 97. – [31] B. BAUER: Die Gute Sache der Freiheit und meine eigene Angelegenheit (1842) 15. – [32] D. F. Strauß, Die christl. Glaubenslehre ..., in: Dtsch. Jahrbücher (1843) 87. – [33] a.O. 93. – [34] 85. – [35] Das entdeckte Christentum, in: E. BARNIKOL (Hg.): Das entdeckte Christentum im Vormärz (1927) 138. – [36] L. FEUERBACH: Das Wesen des Christentums (1841). Werke, hg. E. THIES (1976) 5, 32. vgl. 219. 234. 254. – [37] a.O. 219. – [38] 18. – [39] 50. – [40] 31f. – [41] Sämtl. Werke, hg. W. BOLIN/F. JODL (1960) 8, 41. – [42] a.O. 250. – [43] M. HESS: Die heilige Gesch. der Menschheit (1837). Philos. und sozialist. Schr., hg. A. CORNU/W. MÖNKE (1961) 69. 127; vgl. 42. 73. 105. 133f. – [44] Philos. der That (1843), a.O. 214. vgl. 188. 227. 229. – [45] Rom und Jerusalem, die letzte Nationalitätenfrage (1862). Ausgew. Schr., hg. H. LADEMACHER (1962) 230. – [46] H. HEINE: Sämtl. Werke, hg. K. BRIEGLEB (²1975-85) 1, 415f.; 2, 493. 516; 3, 409. – [47] a.O. 1, 451; 2, 533. 601; 3, 519; vgl. 4, 62; 5, 540. – [48] 5, 1031; 6/1, 479f. 488. – [49] B. BAUER: Die Posaune des jüngsten Gerichts über Hegel den Atheisten und Antichristen (Ein Ultimatum) (1841), in: K. LÖWITH (Hg.): Die Hegelsche Linke (1962) 185. – [50] a.O. 219. – [51] 212. – [52] K. MARX: Zur Kritik der Hegelschen Rechtsphilos. MEW 1, 378. – [53] K. MARX/F. ENGELS: Die dtsch. Ideologie. MEW 3, 26. – [54] MARX: Zur Judenfrage. MEW 1, 352; vgl. J. KADENBACH: Das R.-Verständnis von K. Marx (1970) 130-164. – [55] a.O. [52] 378. – [56] a.O. – [57] R. SEEGER: Herkunft und Bedeutung des Schlagwortes 'R. ist Opium für das Volk' (1935). – [58] KADENBACH, a.O. [54] 190ff. – [59] a.O. 193f. 236ff. – [60] MARX, a.O. [52]. – [61] KADENBACH, a.O. [54] 168ff. – [62] M. STIRNER: Der Einzige und sein Eigentum (1844/45), hg. A. MEYER (²1981) 192; vgl. 61f. 269. – [63] a.O. 52f. – [64] 40. 237. 379; vgl. 310f. – [65] S. KIERKEGAARD: Die Tagebücher, hg. und übers. H. GERDES (1962-74) 1, 50. 131 – Papirer (Kopenhagen 1968/69) I, A 273; II, A 91. – [66] a.O. 4, 293f. – Pap. X⁴, A 10. – [67] Philos. Brosamen und Unwissenschaftl. Nachschr. (1844/46), hg. N. THULSTRUP/H. DIEM/W. REST (1976) 764; vgl. 759ff. – [68] a.O. 559ff. 611ff. 726ff. – [69] 613 (Anm.). 615ff. 619. 703ff. 753ff. 760. – [70] a.O. – [71] 776f. – [72] 762ff. – [73] A. SCHOPENHAUER: Sämtl. Werke, hg. A. HÜBSCHER (³¹1972) 3, 181. – [74] a.O. 186. – [75] 6, 434ff. – [76] 353. – [77] 343f. – [78] 356. – [79] 354. – [80] F. NIETZSCHE: Ecce homo. Krit. Ges.ausg., hg. G. COLLI/M. MONTINARI (1967ff.) 6/3, 363. – [81] Menschl., Allzumenschl., a.O. 4/2, 110. – [82] Nachgel. Frg., a.O. 5/2, 930; vgl. Die fröhl. Wiss., a.O. 158-160; Also sprach Zarathustra, a.O. 6/1, 8. – [83] Nachgel. Frg., a.O. 8/3, 98f. – [84] a.O. 157. – [85] 7/2, 109. – [86] Jenseits von Gut und Böse, a.O. 6/2, 79. – [87] Nachgel. Frg., a.O. 8/2, 132. – [88] Zur Genealogie der Moral, -a.O. 6/2, 396. – [89] a.O. [86] 79-81. – [90] a.O. 81. – [91] Der Antichrist, a.O. 6/3, 179. – [92] a.O. [88]. – [93] a.O. [83] 97f. – [94] a.O. [91] 181. – [95] G. TH. FECHNER: Die Tagesansicht gegenüber der Nachtansicht (1879, ³1919) 58. – [96] E. VON HARTMANN: System der Philos. im Grundriß 7: Grundriß der R.-Philos. (1909) V. – [97] a.O. 19. – [98] 54. – [99] 24. – [100] 76. – [101] R. EUCKEN: Der Wahrheitsgehalt der R. (1901) 237. – [102] a.O. 205. – [103] 155ff. – [104] J. M. GUYAU: L'irreligion de l'avenir (Paris 1887); dtsch. (1910) 10. 13. – [105] L. BÜCHNER: Am Sterbelager des Jahrh. (1898) 155. – [106] J. DE MAISTRE: Consid. sur la France (1796). Oeuvr. compl. (Lyon 1891) 1, 122. – [107] F. R. DE CHATEAUBRIAND: Le génie du Christianisme. Préf. (1802). Oeuvr. compl. (Paris 1855-63) 2, III. – [108] L. G. A. DE BONALD: Du principe constitutif de la soc. (1830). Oeuvr. compl., hg. J. P. MIGNE (Paris 1859) 1, 35; Théorie du pouvoir polit. et relig. (1796), a.O. 164; vgl. a.O. 167ff.; 2, 56; 3, 659. – [109] B. CONSTANT: De la relig. (1833). Oeuvr., hg. A. ROULIN (Paris 1957) 1377. 1384. – [110] H.-F.-R. DE LAMENNAIS: Essai sur l'indifférence en matière de relig. 1 (Paris 1817). Oeuvr. compl. (Paris 1836/37, ND 1967) bes. 1, 223ff. 271ff.; De la relig. considérée dans ses rapports avec l'ordre polit. et civil (1825/26). Oeuvres 7, 292. – [111] C.-H. DE SAINT-SIMON: Nouveau Christianisme (1828). Oeuvr. chois. (Brüssel 1859, ND 1973) 3, 328. 357. – [112] Doctrine de Saint-Simon. Expos. 1ère année 1829, hg. C. BOUGLÉ/E. HAVÉLY (Paris 1924) 404f. 408f. 486f. 497; dtsch.: Die Lehre Saint-Simons, hg. G. SALOMON-DELATOUR (1962) 222. 225. 279f. 288. – [113] P.-J. PROUDHON: De la création de l'ordre dans l'humanité (1843). Oeuvr. compl., Nouv. éd. 5 (Paris 1927) 44ff. 54ff. 63ff. – [114] A. COMTE: Disc. sur l'esprit pos. (1844), dtsch.: Rede über den Geist des Positivismus, hg. I. FETSCHER (1956, ³1979) 27f. – [115] a.O. 47; der Begriff ‹religion› nicht, das Adjektiv ‹religieux› wenig gebraucht, z.B. 65. 140. – [116] 54. – [117] 65ff. – [118] 16. – [119] 20. – [120] Système de politique posit. ou traité de sociologie. IIème volume. Oeuvr. (1852) 8, 24. – [121] a.O. 20. – [122] J. S. MILL: Die Nützlichkeit der R. (1858), in: Three essays on relig. (1874), dtsch.: Drei Essays über R., hg. L. LEHMANN/D. BIRNBACHER (1984) 93. 103f. 105 u.ö. – [123] a.O. 97. – [124] a.O. – [125] W. JAMES: The varieties of relig. experience (New York/London 1902), dtsch.: Die Vielfalt religiöser Erfahrung, hg. E. HERMS (1979) 36ff. 49. – [126] a.O. 41. – [127] 38. – [128] 48. vgl. 459. – [129] 58. 448f. – [130] 63. 448f. – [131] F. SCHILLER: Ueber den Gebrauch des Chors in der Tragödie. Nat.ausg. 10, 15. – [132] J. KAFTAN: Das Wesen der christl. R. (1881) 3. – [133] F. M. MÜLLER: Einl. in die vergleich. R.-Wiss. (1874) 15f. – [134] Vorles. über den Ursprung und die Entwickl. der R. (1880) 425. – [135] A. RÉVILLE: Prolég. de l'hist. des relig. (Paris 1881) 34. – [136] a.O. 103. – [137] 40. 107. – [138] H. SPENCER: A system of synthetic philos. (London 1862ff.), dtsch.: Grundlagen der Philos., hg. B. VETTER (1875ff.) 1, 44. – [139] a.O. 282-365. – [140] E. B. TYLOR: Primit. culture II: relig. in primit. culture (London 1871). – [141] J. G. FRAZER: The golden bough. A study in magic and relig. (London/New York 1890). – [142] Totemism and exogamy 1-4 (London 1910). – [143] R. R. MARETT: The threshold of relig. (London 1900). – [144] A. LANG: The making of relig. (London/New York 1898). – [145] W. SCHMIDT: Der Ursprung der Gottesidee 1-12 (1912-55). – [146] R. OTTO: Das Heilige (1917, 1979). – [147] a.O. 6. – [148] 8-55. 66-74. – [149] 134f. – [150] 137-141. – [151] 165-171. – [152] 204. – [153] 203-205. – [154] J. H. LEUBA: A psycholog. study of relig. (New York 1912), frz. L. CONS (Paris 1914) 70ff. 75-89. – [155] W. WUNDT: Völkerpsychol. 1-10 (1900-20) 6, 513. – [156] a.O. 521; vgl. 522ff. – [157] 536. – [158] S. FREUD: Totem und Tabu. Ges. Werke (1940-68) 9, 122. – [159] Zwangshandlungen und R.-Übungen, a.O. 7, 131f. – [160] a.O. [158] 188. – [161] 175. – [162] C. G. JUNG: Wandlungen und Symbole der Libido (1911/12). Ges. Werke, hg. M. NIEHUS-JUNG u.a. (1958ff.) 5, 455. – [163] a.O. 346 (Anm. 155). – [164] M. WEBER: Wirtschaft und Ges. (1922, ⁵1972) 245. – [165] a.O. 247. – [166] 249ff. – [167] 259ff. – [168] Ges. Aufs. zur R.-Soziol. (1905ff., ⁶1972) 1, 253. – [169] G. SIMMEL: Die R. (1906) 77. 22. 27. – [170] a.O. 16f. 77. – [171] 11. 27. – [172] 11f. 16. 21. 27-29. 32f. – [173] 34. – [174] Lebensanschauung (1918) 87f. – [175] E. DURKHEIM: Les formes élém. de la vie relig. (Paris 1912), dtsch.: Die elementaren Formen des relig. Lebens, hg. L. SCHMIDTS (1981) 75. – [176] M. MAUSS/H. HUBERT: Introd. à l'analyse de quelques phénomènes relig. (1906). Oeuvr. (Paris 1968) 1, 3-39. – [177] L. LÉVY-BRUHL: La mentalité primit. (Paris 1922). – [178] W. WINDELBAND: Das Heilige (1902), in: Präludien (⁵1915) 2, 295. – [179] H. COHEN: Der Begriff der R. im System der Philos. (1915) 9. 14. – [180] a.O. 10. 14. – [181] WINDELBAND, a.O. [178] 296. – [182] a.O. 297ff.; COHEN, a.O. [179] 15. 108ff.; P. NATORP: R. innerh. der Grenze der Vernunft (1908) 44ff. – [183] WINDELBAND, a.O. [178] 304f.; H. RICKERT: System der Philos. (1921) 1, 338f. – [184] COHEN, a.O. [179] 108ff. – [185] NATORP, a.O. [182] 35, vgl. 24f. 32f. – [186] 24f. 38f. – [187] WINDELBAND, a.O. [178] 306ff. – [188] a.O. 300-304; NATORP, a.O. [182] 46ff.; RICKERT, a.O. [183] 340f. – [189] RICKERT, a.O. [183] 341. – [190] WINDELBAND, a.O. [178] 305. – [191] NATORP, a.O. [182] 55. – [192] COHEN, a.O. [179] 134. – [193] NATORP, a.O. [182] 15. 44-61. – [194] W. DILTHEY: Das Wesen der Philos. (1907). Ges. Schr. 5 (1924) 381f. – [195] a.O. 385. 390. – [196] E. SPRANGER: Lebensformen (1914, 1950) 236f. 265. 269f. – [197] a.O. 265; vgl. 239; Definition der R.: 236. – [198] A. N. WHITEHEAD: Wie entsteht R.? (1926), dtsch. H. G. HOLL (1985) 15. 17. 39. 47. – [199] a.O. 14, 47 u.ö. – [200] 24ff. 39ff. – [201] 48, vgl. 68. – [202] 15. 47ff. – [203] 106f. – [204] 47ff. 80 u.ö. – [205] 48-53. 93-111. – [206] Vgl. R. LEUZE: Theol. und R.-Gesch. Der Weg O. Pfleiderers (1980). – [207] K. E. APFELBACHER: Frömmigkeit und Wiss. E. Troeltsch und sein theol. Programm (1978). – [208] E. TROELTSCH: Wesen der R. und der R.-Wiss. Ges. Schr. (^{2}1922) 493. – [209] Die Selbständigkeit der R. Z. Theol. Kirche 5 (1895) 406f. 381. – [210] a.O. [208]. – [211] 494. – [212] Psychol. und Erk.theorie in der R.-Wiss. (1905, ^{2}1922) 36. – [213] K. BARTH: Kirchl. Dogmatik I/2 (1938) 316. 317f. 327. – [214] Der Römerbr. (^{2}1922) 221. 231. – [215] a.O. 211-253. – [216] 215. 217ff. 220. 232ff. 237f. – [217] 216. 226. 240. 249. 252. – [218] a.O. [213] 343. 356f. 386. – [219] H. DENZINGER/A. SCHÖNMETZER: Enchiridion symbol. (^{34}1967) Nr. 3000-3045, bes. 3005. – [220] a.O. Nr. 3475-3500, bes. 3484. 3489. 3500. – [221] Vgl. E. TIEFENSEE: Die relig. Anlage und ihre Entwickl. Der relig.philos. Ansatz J. S. Dreys (1988) 73ff. 104ff. – [222] Vgl. H. G. TÜRK: Der philos.-theol. Ansatz bei J. E. Kuhn (1979) 99-159. 181-330. – [223] J. E. KUHN: Einl. in die kath. Dogmatik (1846) 3. 5f. 26. – [224] Ueber den Begriff und das Wesen der spekulat. Theol. oder christl. Philos. Theol. Quartalschr. Tübingen 14 (1832) 253-304. 411-444, hier: 423f. – [225] B. BOLZANO: Lehrb. der R.-Wiss. 1-4 (1834) 1, 60f.; vgl. 96f. – [226] F. BRENTANO: R. und Philos., hg. F. MAYER-HILLEBRAND (1954) 78; vgl. 28. 35ff. – [227] a.O. 31ff. 81ff. – [228] Vgl. H. FRIES: Die R.-Philos. Newmans (1954) 54ff. – [229] G. TYRRELL: Essays on faith and immortality, hg. M. D. PETRE (New York/London 1914) 11. 19. – [230] Through Scylla und Charybdis; or, the old theol. and the new (London/New York 1907), dtsch.: Zwischen Skylla und Charybdis, hg. E. WOLFF (1909) 276. – [231] Lex Orandi; or, prayer and creed (New York 1903) XXIIff. 205ff. 208f. 238. 277. 286. 315.

Literaturhinweise. M. ELIADE: Die Sehnsucht nach dem Ursprung (1969), dtsch. H. BRONOLD (1973) 27-73. – C. ELSAS (Hg.): R. Ein Jahrh. theol., philos., soziol. und psychol. Interpretationsansätze (1975). – R. LEUZE s. Anm. [206]. – F. WAGNER s. [Lit. zu VII.]. – W. PANNENBERG: Systemat. Theol. 1 (1988) 133-206.

H. M. SCHMIDINGER

10. Wenn E. HAECKEL im *Monismus* (s.d.) das «Band zwischen R. und Wissenschaft» [1] sieht, so ist dabei ein R.-Begriff («Theophysik» [2]) vorausgesetzt, der Gott («Allgott» bzw. «Pantheos») schlechthin mit der Natur gleichsetzt. Diese R., für die Bruno, Spinoza und Goethe als Vorläufer und Gewährsmänner [3] reklamiert werden und die Haeckel mitunter als «vernünftige R.» [4] oder als «monistische Natur-R.» [5] bezeichnet, ist dem Theismus («Theomystik» [6]) mit seiner Annahme eines «Personal-Gottes» («Schulgott» bzw. «Ontheos» [7]) entgegengesetzt. Gegenstand dieser R. sei das «Wahre, das Gute und das Schöne» als die «drei hehren Gottheiten, vor denen wir anbetend unser Knie beugen ... Diesem 'dreieinigen Gottes-Ideale', dieser naturwahren Trinität des Monismus wird das herannahende zwanzigste Jahrhundert seine Altäre bauen!» [8]

Für P. CARUS stellt sich die Forderung: «The dual system of religious truth and scientific truth must go» [9]. Ihr kann nur nachgekommen werden, wenn die Wissenschaft und ihre Ergebnisse – so etwa die Darwinsche Entwicklungslehre [10] – selbst in den Rang einer religiösen Offenbarung gehoben («Science is a religious revelation ...» [11]) und als das Ziel einer solchen R. die «practical application of truth» angegeben wird: «the sole purpose of religion is to teach man ethics, to make him a moral enthusiast, to point out to him the way to salvation. And there is no other saviour but truth» [12].

Dagegen spricht W. OSTWALD vom «allmählichen Entbehrlichwerden der R.» [13] und vom «Ersatz» des religiösen Denkens «durch die wissenschaftlich-monistische Denkweise» [14]. So hat denn auch die quasi-religiöse Überhöhung von Natur und Wissenschaft nicht nur außerhalb des Monismus ihre Kritiker gefunden [15].

Der Monismus stellt sich selbst die Frage: «Kann von R. bei demjenigen noch die Rede sein, der die Voraussetzung, daß ein außerweltliches Machtwesen auf den natürlichen Gang des Naturgeschehens einwirkt, aus irgend welchen Gründen hat aufgeben müssen?» [16] Die positive Beantwortung dieser Frage ist dann gebunden an eine zumeist vage und ins Allgemein-Beliebige laufende Definition von R.: Sie wird etwa bestimmt als «Bejahung der Entwicklung, als Kulturwille, als Bejahung der sittlichen, d.h. der schöpferischen Kräfte im Menschen, als Bejahung der Idee von der Gottnatur, deren höchste Offenbarung uns im Kulturwillen der Menschheit erscheint. Die R. des Monismus ist eine R. der Kraft und der Lebensbejahung» [17].

Diese Religiosität des Monismus, die sich als «Lebens- und Zukunftsglaube», als «R. im eigentlichen Sinn» [18] hat empfehlen wollen, hat dann nicht nur Berührungspunkte mit der Bewegung der Freireligiösen [19], sondern auch mit Teilen der zeitgenössischen protestantischen Theologie [20] gehabt: Sinnfällig ist dafür die Tatsache, daß der Theologe A. KALTHOFF zum Vorsitzenden des Monistenbundes [21] werden konnte. Kalthoffs Definition eines wiederzugewinnenden «ursprünglichen Christentums» verortet dieses dann auch konsequent in der «Menschenseele»; dort liege es in «ihrem Hunger und Durst nach Gerechtigkeit, in ihrer ewigen Liebessehnsucht und Glaubenskraft». Dieses Christentum – das sich dem «historischen» entgegensetzt – «liegt nicht in der Bibel, nicht in Palästina und nicht in Rom» [22].

P. DE LAGARDE sieht eine strenge Alternative von (katholischer) «Weltreligion ... und nationale[n] R.en» [23]. Er plädiert für eine «neue R.» [24], in der sich die «germanische Naturanlage» [25], bestimmt als «Ehrlichkeit und Wahrhaftigkeit» [26], zu einer «Kirche der Zukunft» [27] formieren soll. Deren Lehrbegriff soll gekennzeichnet sein durch «das Bestreben, besser zu werden, weil nur dieses auf das Gute hinauswill, das mit Gott eines und dasselbe ist» [28]. Wenn de Lagarde die Frömmigkeit für den Einzelnen und für ein Volk als Ganzes bestimmt als «Bewußtsein höchster Gesundheit» [29], so bereitet er damit einem R.-Verständnis den Boden, das sich dann mit Schlagworten wie «Germanisierung des Christentums» (A. BONUS [30]) oder «deutsche R.» (J. LANGBEHN [31]) geltend macht.

Anmerkungen. [1] E. HAECKEL: Der Monismus als Band zw. R. und Wiss. Glaubensbekenntnis eines Naturforschers (1892). – [2] Gott-Natur (Theophysis). Studien über monist. R. (^{3}1922) 60. – [3] a.O. – [4] a.O. [1] 28. – [5] a.O. 30. – [6] a.O. [2] 60. – [7] a.O. – [8] a.O. [1] 35f. – [9] P. CARUS: The message of Monism to the world. The Monist 4 (Chicago 1893-94, ND New York 1966) 556. – [10] Vgl. The relig. of sci., a.O. 3 (1892-93, ND 1966) 353. – [11] a.O. [9] 556. – [12] a.O. 559. – [13] W. OSTWALD: Wiss. contra Gottesglauben. Aus den atheist. Schr. des großen Chemikers, hg. F. HERNECK (1960) 100. – [14] Das Christentum als Vorstufe zum Monismus (1914) 46. – [15] Vgl. E. BOUTROUX: Sci. et relig. dans la philos. contemp. (Paris 1908), dtsch.: Wiss. und R. in der Philos. unserer Zeit (1910) 111-154; F. KLIMKE:

Der Monismus und seine philos. Grundlagen. Beitr. zu einer Kritik mod. Geistesströmungen (1911); F. JODL: Relig. and modern sci. The Monist 3 (1892-93, ND 1966) 329-351; Replik von CARUS, a.O. [10] 352-361; vgl. auch die von F. STEUDEL: Monismus und R., in: A. DREWS (Hg.): Der Monismus. Dargest. in Beitr. seiner Vertreter 1 (1908) 164 (Anm.) referierte Kritik von F. LIPSIUS. – [16] STEUDEL, a.O. 137. – [17] a.O. 161. – [18] a.O. – [19] Vgl. Art. ‹Freireligiöse›, in: RGG 2 (²1928) 768-770. – [20] Vgl. A. MESSER: Die Philos. der Gegenwart (²1918) 61; H. STEPHAN/M. SCHMIDT: Gesch. der dtsch. evang. Theol. seit dem dtsch. Idealismus (²1960) 204. – [21] Vgl. Art. ‹Monistenbund›, in: RGG 4 (²1930) 175-177; 177: Auszug aus den ‹Hamburger Richtlinien› (1920): Stellung zur R. – [22] Zit. nach STEUDEL, a.O. [15] 169f. – [23] P. DE LAGARDE: Die R. der Zukunft. Dtsch. Schr. Ges.ausg. letzter Hand (⁵1920) 254. – [24] a.O. 252. – [25] 257. – [26] 269. – [27] 257. – [28] 237. – [29] 269. – [30] Vgl. Art. ‹Germanisierung des Christentums›, in: RGG 2 (²1928) 1069-1071. – [31] J. LANGBEHN: Rembrandt als Erzieher (⁴⁹1909) 356; zum R.-Begriff Langbehns nach der Konversion zum Katholizismus («Vollreligion») vgl.: Der Geist des Ganzen (1930) 140-143; 143: außerkathol. Kirchen als «Surrogatkirchen».

Literaturhinweise. F. STEUDEL s. Anm. [15]. – E. BOUTROUX s. Anm. [15]. – H. SIEGEL: R. im Monismus. Diss. masch. Münster (1950). – H. HILLERMANN: Der vereinsmäßige Zusammenschluß bürgerl.-weltanschaul. Reformvernunft in der Monismusbewegung des 19. Jh. (1976). S. LORENZ

IX. 20. Jh. – 1. *Philosophie und Theologie 1920-1945.* – Verbindungen neuer philosophischer Ansätze mit dialektischer bzw. neuscholastischer Theologie bilden einen Hauptstrang der Entwicklung des Begriffs ‹R.› von den zwanziger Jahren bis zum Ende des Zweiten Weltkriegs. K. Barths theologische Kulturkritik einerseits und M. Heideggers Existentialphilosophie andererseits aufnehmend, bestimmte R. BULTMANN R. als «Privatsache», weil sie «Sich-Schenken-Lassen» und damit ein Geschehen am Individuum bedeutet. R. ist Erleben, das «immer nur ein und dasselbe 'Problem' ... individuell aufs Neue zu lösen» sucht, nämlich «die Macht zu finden, der gegenüber freie Selbsthingabe möglich ist» [1]. Die Objektivierungen solchen Erlebens sind nicht R., sondern nur Hinweise auf sie. Deshalb sind die religiösen Äußerungen in existentialer Interpretation auf das in ihnen wirksame Selbstverständnis hin zu befragen. Eben mit dem Ausdruck, den sein Existenzverständnis gefunden hat, «und also in besonderer Weise seine[r] R.» ist «der Mensch in seiner Existenz, als ganzer», «Anknüpfungspunkt» für den Widerspruch des Evangeliums gegen die eigene Existenzsicherung [2].

Etwa gleichzeitig wandte M. SCHELER in seiner Wertphilosophie den von seinem Lehrer E. Husserl begründeten phänomenologischen Ansatz, der «das Gemeinte» zu ergründen sucht, auf die R. an. Durch Wesensschau sollen die Werte, die absoluten, unveränderlichen Wesenheiten, inhaltlich erfaßt werden. Unter ihnen nehmen die religiösen Werte des Heiligen den höchsten Rang ein. Veränderlich ist nur unsere Erkenntnis von ihnen. Während die Metaphysik in Erkenntnisdrang und begrifflicher Ausdrucksform Gott hypothetisch bestimmen mag, speist sich die R. aus Heilsverlangen, und ihre Ausdrucksform ist das Symbol. Doch da das 'Sein an sich' hier wie dort das letzte logische Subjekt der Prädizierungen bildet, läßt sich mit der scholastischen Tradition davon ausgehen, daß sich positive und natürliche R. nur darin unterscheiden, daß entweder die Offenbarung durch eine besondere Gottverbundenheit bestimmter Personen erfolgt oder daß sie als eine generelle Offenbarung verstanden wird, die von den konstanten Wesenstatsachen symbolisch vermittelt ist: «Die R. besitzt ... in der Selbstgegebenheit des Gegenstandes, auf den der religiöse Akt gerichtet ist – in erster Linie Gottes – und in der Evidenz, in der sich diese Selbstgegebenheit dem Bewußtsein erschließt, ihren letzten und höchsten Erkenntnismaßstab» [3]. Der religiöse Akt begründet die religiöse Erfahrung, in deren «Ursprünglichkeit und Unableitbarkeit» «nur und ausschließlich» der «Seins- und Wertbereich» der R. «zugänglich ist» [4]. Doch zuvor und zugleich ist «der Gegenstand der religiösen Akte die Ursache ihres Daseins». Der intentionale religiöse Akt ist auf eine übernatürliche Wirklichkeit hin gerichtet und geordnet und wird vom Menschen «notwendig vollzogen», weil er eine «Mitgift der menschlichen geistigen Seele ist» [5].

In § 17 seiner ‹Kirchlichen Dogmatik› [6] bestimmt K. BARTH die recht verstandene göttliche Offenbarung geradezu als «Aufhebung der R.» [7]. Dabei ist eine ablehnende Sicht auf die Entwicklung der neueren protestantischen Theologie vorausgesetzt [8], deren Endpunkte Barth pejorativ als «Religionismus» [9] bezeichnet: «Es war und ist ein Charakteristikum seines [sc. des modernistischen Protestantismus] uns hier beschäftigenden theologischen Denkens ..., daß er in seinen großen Vertretern und ausschlaggebenden Richtungen nicht die R. von der Offenbarung, sondern die Offenbarung von der R. her gesehen und erklärt hat» [10].

Für Barth, der es nicht verschmäht, ein Diktum P. de Lagardes als Motto zu verwenden («Das Wort R. ist im entschiedensten Gegensatz gegen das in der lutherischen, reformierten und katholischen Kirche geltende Wort Glauben eingeführt und setzt überall die deistische Kritik des allgemeinen christlichen Offenbarungsbegriffs voraus» [11]), geht es dabei «im Grunde ganz schlicht noch einmal» um «die Frage, ob die Theologie als Theologie, ob die Kirche als Kirche, schließlich ob der Glaube sich selbst oder vielmehr den Grund ihrer selbst ernst zu nehmen willens und in der Lage sind» [12]. Die «Umkehrung des Verhältnisses von Offenbarung und R.» [13] ist dem Verlust der altprotestantischen Einsicht geschuldet: «daß in Jesus Christus ein für allemal und in jeder Hinsicht die Entscheidung gefallen ist über den Menschen, daß eben Jesus Christus sein Herr ist, auf daß er, der Mensch, sein eigen sei und in seinem Reich unter ihm lebe und ihm diene, und also darin, daß er nicht sein, sondern Jesu Christi Eigentum ist, seinen einigen Trost habe im Leben und im Sterben» [14].

Ohne diese Einsicht und die Anerkennung der Gnade bleibt der «Bereich menschlicher R. ...» ein «Bereich der Versuche des Menschen, sich vor einem eigensinnig und eigenmächtig entworfenen Bilde Gottes selber zu rechtfertigen». Nur die Kirche ist «insofern die Stätte der wahren R., als sie durch Gnade von Gnade lebt» [15].

Der Logiker H. SCHOLZ hat, um gegenüber Kant die Existenz philosophisch ernst zu nehmender R. unabhängig von ihrer Schöpfung durch den menschlichen Geist zu erweisen, sich auf Erlebnisse bezogen, die durch intensivste Gefühlsbetonung irdischen Eindrucks religiöse Erfahrungen «unirdischen» Eindrucks auslösen können: Wenn nämlich ein deutlich gefühltes «Bewußtsein, von einer Realität erfaßt zu werden», hinzutritt [16]. Das religiöse Evidenzgefühl beruht so auf dem Unvergleichlichkeitsanspruch der religiösen Erfahrung und geht über die Eindrücke von Gegenständen der Welt, damit auch über die Grenzen der durch Allgemeingültigkeit gesicherten Erfahrung hinaus, weshalb ihr die religiöse Erfahrung als andersartig und nicht an deren Norm gebunden zur Seite zu stellen ist. Auch dem Gotteserlebnis gegenüber wird das Göttliche noch als ein «Mehrsein» empfunden [17], das die mit der religiösen Erfahrung gegebenen Tatbestände transzendiert. R. ist «Ertrag dieser Grunderfahrung» als «Bestimmtheit des Lebensgefühls» [18]. Ihr Wissen kann nur aus der Offenbarung des Göttlichen als dem «Unirdischen» stammen, und die Selbstaussagen des religiösen Bewußtseins werden zur Richtschnur für die Wesensbestimmung der R. als «intuitives Gottesbewußtsein» [19].

In der späten Lebensphilosophie H. BERGSONs ist die «statische R.» nur «eine Abwehrmaßnahme der Natur gegen das, was sich bei der Betätigung der Intelligenz an Niederdrückendem für das Individuum und an Auflösendem für die Gesellschaft ergeben könnte». Sie gibt dem Menschen, indem sie Geschichten erzählt, Vertrauen und macht ihn «anhänglich an das Leben». Die den «élan vital» verwirklichende «dynamische R.» jedoch würde sich als eine «neue R.» von den Einzeldingen lösen, wieder auf die Intuition (statt auf die Intelligenz) stützen und, wie die Mystik, mit der Transzendenz eins zu werden versuchen [20].

Der Neukantianismus wurde besonders durch E. CASSIRER weitergeführt, der «das Ineinander von 'Sinn' und 'Bild'» als charakteristisch für «die innere Spannung der R.» herausarbeitete, auf der ihre Bedeutung als spezifische «symbolische Form» beruht [21]. Mit diesem Spezifikum ist die R. wie die Sprache ein «Vermögen des Gemüts, das Übersinnliche sinnlich, das Sinnliche übersinnlich zu fassen» [22].

Gleichzeitig entwickelte F. EBNER seine Ableitung der Ich-Du-Philosophie direkt aus der R. als Grundlage der Geistigkeit menschlicher Existenz unter der Überschrift ‹Zum Problem der Sprache und des Wortes›: «Das Ich, als Urwort, war und ist ein Anruf Gottes, sein erster und letzter Sinn begreift in sich die Beziehung auf den Sinn des Wortes Gott, das Verhältnis zum Du» [23].

In der Existenzphilosophie von K. JASPERS gehört die R. als «zeitliche Teilnahme am eigentlichen Sein» neben dem Staat und der Kultur zu den drei Gestalten der Objektivität. R. als «Beziehung auf Transzendenz in Kultus und tradiertem Wissen» kann in Konkurrenz zur Philosophie treten: Beide können sich aber auch gegenseitig anerkennen [24]. – Nach G. MARCEL stützt sich die R., anders als die Wissenschaft, nicht auf das abstrakte Denken, sondern «sur la pensée individualisée qui a posé entre elle-même ... et son expérience intégrale une relation intime par l'acte de foi» [25]. In der R. sieht sich das Subjekt der Transzendenz, «einem Etwas gegenübergestellt, das zu erfassen ihm verweigert ist» [26].

P. TILLICH verband unterschiedliche Gedankenstränge zu einem bis heute einflußreichen Gesamtentwurf. Er bestimmt R. als Erfahrung schlechthinniger Realität aufgrund der Erfahrung schlechthinniger Nichtigkeit und darin Erfahrung dessen, «was uns unbedingt angeht» («ultimate concern»): «Zustand des Ergriffenseins von einem letzten Anliegen» [27]. In Auseinandersetzung mit der dialektischen Theologie betonte er aber: «Nur in der Verbindung mit außerreligiösen Kulturfunktionen hat das religiöse Prinzip Existenz» [28]. Das Heilige ist das, «was den Werten den Wert gibt». Es liegt gegenüber dem Neukantianismus allerdings nicht in der Sinneinheit, sondern gewissermaßen hinter ihr – statt von der R. als einer Funktion des menschlichen Geistes auszugehen und Gott zu einem Korrelat von Welt zu machen, ist von Gott auszugehen [29]. R. ist so einerseits Antwort auf die in der Endlichkeit des Seins liegende Frage und stellt doch andererseits mit Gott als Gegenüber zur Existenznot das Gegenüber zum Weltgeschehen dar. Einerseits ist sie «Weg der Selbsterlösung», weil sich in ihr das Fragen nach der Durchbrechung aller Entfremdung konzentriert. Andererseits hat dieser menschliche Aufbruch aus der Entfremdung das zu erreichende Ziel zu seiner Voraussetzung: «Die Frage nach der Erlösung kann gestellt werden allein, wenn die Erlösung bereits am Werke ist» [30]. So ist R. «Selbst-Transzendierung des Lebens in der Dimension des Geistes». R. «bedarf der R.en und bedarf ihrer Verneinung». Denn da der vorausgesetzte Sinngehalt durch keine Sinnform eingeholt werden kann, wie sie die Kultur bereitstellt, sind nur Vertretungen möglich in Gestalt von Symbolen, die in der Gemeinschaft anerkannt sein müssen, um die Erfahrung der letzten Wirklichkeit zu erschließen, und kann eben deshalb der Vorgang als solcher nicht sich selbst gelten. Tillich setzt deshalb neben diese R.-Definition eine zweite, die R. als Antwort auf Anforderungen von «jenseits» des Lebens versteht und dann von Heiligkeit der R. sprechen läßt, «insofern sie auf Manifestationen des Heiligen selbst, nämlich des Grundes des Seins beruht» [31]. Die Selbständigkeit der R. ist dadurch gegeben, daß sie allein das Unbedingte selbst thematisiert, es ist jedoch eine relative, weil auf die kulturelle Gestaltung bezogene Selbständigkeit, insofern die R. mit dem Unbedingten zugleich die Voraussetzung aller kulturellen Gestaltung benennt. Ihre Funktion der Selbsttranszendierung kommt darin zum Tragen, daß sie in Erinnerung an die Unbedingtheit des unerschöpflichen Sinngehaltes Moralität und Kultur daran hindert, bestimmte Ausgestaltungen zu verabsolutieren, und daß sie damit zur Veränderung und Neugestaltung anregt. Es geht um «die Überwindung der R. durch die Gegenwart des Geistes und das Protestantische Prinzip» [32] als R. ohne Bindung an bestimmten Mythos und Kultus, damit die Wirkung des von Gott geschenkten neuen Seins in und für Moralität und Kultur frei wird.

Eine gewisse Entsprechung haben solche Gedanken bei D. BONHOEFFER, der vor seiner Hinrichtung als politischer Widerstandskämpfer gegen Hitler das Stichwort von der Transzendenz Gottes in einem religionslosen Diesseits gab. Auch hier ist R. mehr als ihr Niederschlag in Lehren und Riten: Form des Menschseins in Widerstand und Ergebung innerhalb einer jenseitig-diesseitigen Bindung [33]. P. ALTHAUS hielt demgegenüber an der Lehre einer «Uroffenbarung» in der Geordnetheit der Welt fest, in der Gott aus dem Weltgeschehen selbst hervortritt – alle R.en enthalten diese Wahrheit, führen aber, indem sie die Verborgenheiten Gottes selbst auflösen wollen, in die Irre [34]. – Für A. SCHLATTER besteht die R. aus den drei Elementen Gebet, Bekenntnis und Opfer. Auf Einwände, daß im Kultus einer R. Gott vom Menschen abhängig gemacht werde, antwortet er, daß im wahren Kultus die «Priorität des göttlichen Willens und Handelns» gewahrt bleibe [35].

2. *R.-Phänomenologie.* – R.-Definitionen, wenn nicht von Gott als Grundgegebenheit von R., doch jedenfalls vom Gegenstand der R. her lagen auch der sich entwickelnden R.-Phänomenologie zugrunde. F. HEILER stellte das Gebet als Ursprung und Zentralphänomen lebendiger R. heraus, verstanden als «Umgang mit dem gegenwärtigen, lebendigen Gott» [36], und bemühte sich, von ihren «höchsten und reinsten Äußerungen» her die «Einheit der R. in der Vielheit der R.en» aufzuzeigen: die R. als «aus der Erfahrung göttlicher Gnade fließende Gemeinschaft des Menschen mit der transzendenten Wirk-

lichkeit» [37]. G. VAN DER LEEUW bestimmte, zurückhaltender mit dem Begriff ‹Gott›, R. von ihrem allgemeinen Distanzgefühl gegenüber einem auffallend anderen her, das durch «Macht» (mana) aus dem Gewöhnlichen herausfällt. In ständiger Konfrontation von Fremd- und Eigenerfahrung sucht der R.-Phänomenologe dabei «den Sinn der Erscheinungen» in deren «Struktur» aufzuspüren [38]. Denn mit der R. versucht der Mensch, im Leben einen Sinn zu finden, «um es zu beherrschen» – bis er mit dem letzten Sinn, dem «Sinn des Ganzen», «endlich an der Grenze steht und sieht, daß er letzte Überlegenheit nie erreichen wird, sondern daß sie ihn erreicht» [39].

Für die *R.-Soziologie* unterschied J. WACH entsprechend das persönliche religiöse Erleben letzter Wirklichkeit als primär und transzendent und seinen sozialen Ausdruck als diesseitige und äußere Folge des diesem eigenen Imperativs, der den Gläubigen zu handeln zwingt: «R. ist jene letzte Quelle, aus der sich alle menschliche Existenz speist und von der sie in allen ihren Aspekten abhängt: die Kommunikation des Menschen mit Gott» [40].

Für G. WIDENGREN ist der Hochgottglaube, der mit einem göttlichen Gegenüber in erster Linie als Schicksalsmacht rechnet, Ausgangspunkt aller Entwicklung der R. in deren «Mustern» des religiösen Ausdrucks im historischen Kontext [41]. R. Ottos Schüler G. MENSCHING definierte dann: «R. ist erlebnishafte Begegnung des Menschen mit heiliger Wirklichkeit und antwortendes Handeln des vom Heiligen existentiell irgendwie bestimmten Menschen» [42]. Auch M. ELIADE ging davon aus, daß das Heilige «als etwas vom Profanen völlig Verschiedenes» in die Welt einbricht, indem es «Hierophanie» wird und darin eine von Kultur zu Kultur wechselnde Erscheinungsform annimmt. Anders als in der heutigen «desakralisierten Welt» ist der archaische «religiöse Mensch» stets bemüht, «in einem heiligen Universum zu leben» [43]. Hinter allen Manifestationen ist dabei das immer gleiche Heilige verborgen, weshalb sie danach tendieren, «sich ihrem eigenen Archetyp zu nähern» [44]. So ist R. für G. LANCZKOWSKI «ein unableitbares Urphänomen», konstituiert «durch die existentielle Wechselbeziehung zwischen der Gottheit einerseits, deren Manifestation der Mensch erfährt, und andererseits den Reaktionen des Menschen, seiner ‘Richtung auf das Unbedingte’» als der «Transzendenz, die in der personhaften Gottheit verehrt wird» [45].

3. *Diskussion um funktionale und substantielle Definitionen in Ethnologie und R.-Soziologie.* – a) Daneben stehen Definitionen von ‹R.› im Hinblick auf deren Leistung und Funktion, wie sie in der Ethnologie an Frazer, Marett, Wundt, Freud und Durkheim anknüpfend der funktionalistische Ansatz von B. MALINOWSKI mit seinem harmonistischen Modell der Kultur anregte: Da die biologischen Bedürfnisse beim Menschen nicht durch angeborene Verhaltensmuster geregelt sind, befriedigt der Mensch seine Bedürfnisse in dem künstlich gestalteten Raum der Kultur. Wissenschaft, Magie und R. stehen dabei in Relation zueinander. Wenn es unmöglich ist, durch rationale Handlung ein Ziel zu erreichen, kommt es zu einer Ersatzhandlung. «Sowohl Magie als auch R. entstehen und sind wirksam in Situationen emotionaler Spannungen.» Doch gibt R. auf die Grundprobleme des Mensch-Seins schlechthin Antwort, die grundsätzlich nicht verschwinden, und hat darin eine bleibend wichtige integrative Funktion für die Kultur. Deshalb wird «Magie als eine praktische Kunst definiert, die aus Handlungen besteht, welche nur Mittel für ein bestimmtes Ziel sind, R. dagegen als eine Gesamtheit in sich abgeschlossener Handlungen, die selbst die Erfüllung ihres Zweckes sind» und «eine Angelegenheit aller, an der jeder aktiven und äquivalenten Anteil nimmt» [46]. A. R. RADCLIFFE-BROWN sprach dann von R. als einem vor allem in Handlungen sich vollziehenden Ausdruck eines «Gefühls der Abhängigkeit von einer Macht außerhalb» [47]. Für A. E. JENSEN war sie «Ergriffenheit» – nicht von einer fremden Macht, sondern von der Idee der Weltordnung, in die man sich einfühlt, wobei «die echteste Form religiösen Verhaltens das Bewußtmachen und das Lebendigerhalten eines besonderen ‘Wissens’ vom Wesen der Wirklichkeit ist» [48].

b) In der *Soziologie* begründete T. PARSONS einen auf Durkheim und Weber gestützten Strukturfunktionalismus, der in den Symbolen der R. «Aspekte von ‘Realität’» sieht, «die für das menschliche Leben und die menschliche Erfahrung signifikant sind, sich jedoch wissenschaftlicher Beobachtung und Analyse entziehen» [49] und damit eine Definition der R. auf ihre Bedeutung in der sozialen Sphäre begrenzen, wo die religiösen Überzeugungen und Werte als «höchstes» und allgemeinstes kulturelles «Niveau» die «Sinngehalte» darstellen. R. M. BELLAH nannte das «Civil Religion» [50]. J. M. YINGER hielt fest, «daß die Funktionen für den einzelnen besser erfüllt werden von einer R., die auch die Gesellschaft integriert» [51]. Er betonte aber bei seiner Definition der R. als «System von Überzeugungen und Praktiken, durch welche eine Gruppe von Menschen mit [den] letzten Problemen des menschlichen Lebens ringt», den mit den religiösen Überzeugungen gegebenen individuellen Aspekt: «das menschliche Individuum» kann «Zukünftiges vorausdenken», den «eigenen Tod» vorauswissen und «Vorstellungen von idealen Lebensumständen ausdrücken und Normen aufstellen». Es lebt «unter ständiger Bedrohung» eines «absolut Bösen». R. ist so «der Versuch des Menschen, diese Schwierigkeiten zu relativieren, indem er sie als Teil von etwas übergreifendem Guten und als Element in einer Vorstellung des Absoluten deutet» [52].

c) Der französische Strukturalismus mit C. LÉVI-STRAUSS lehrte die R. als Zeichensystem zweiter Ordnung verstehen, da sich die religiöse Botschaft zumindest der Sprache, der Handlung und des Bildes bedient, um der Gesellschaft mit Hilfe der kultischen Institutionen, die die geschichtliche Bedrohung in ein zeitloses System integrieren, einen Sinn des Ganzen zu verschaffen [53]. C. GEERTS hat das zu einem weiten, auch politische Bewegungen wie Nationalismus, Kommunismus, Faschismus einbeziehenden R.-Begriff verallgemeinert: «eine R. ist (1) ein Symbolsystem, das darauf zielt, (2) starke, umfassende und dauerhafte Stimmungen und Motivationen in den Menschen zu schaffen, (3) indem es Vorstellungen einer allgemeinen Seinsordnung formuliert und (4) diese Vorstellungen mit einer solchen Aura von Faktizität umgibt, daß (5) die Stimmungen und Motivationen völlig der Wirklichkeit zu entsprechen scheinen» [54]. In der britischen Anthropologie griff nach E. E. EVANS-PRITCHARD [55], R. HORTON [56], J. GOODY [57] und A. WALLACE [58] auch M. E. SPIRO wieder auf Tylors substantielle Definition von R. als Glaube an geistige Wesen zurück und definierte R. als «an institution consisting of culturally patterned interaction with culturally postulated superhuman beings». Denn «religion can be differentiated from other culturally constituted institutions by virtue only of its reference to superhuman beings» [59].

d) In der Wissenssoziologie hat dann TH. LUCKMANN schon das Einüben in ein übergreifendes Sinngefüge in der Sozialisierung als «Transzendieren» der biologischen Verfassung auf die Menschwerdung hin und damit als prinzipiell religiös und als eine Art religiöser Konstante im menschlichen Dasein begriffen, so daß auch Säkularisierung lediglich den Transformationsprozeß der R. umschreibt. Daneben verweist eine «symbolische Transzendenz» noch jenseits dieses gesellschaftlichen Gefüges als «geistige Ordnung» auf die «universale Sinnhaftigkeit menschlich-gesellschaftlichen Daseins» [60]. Mit Luckmann zusammen trat P. L. BERGER für eine vom Alltagswissen einer Gesellschaft ausgehende funktionale und sehr weit greifende Definition von R. ein: jedes der Integration und Legitimation dienende System sozialer Ordnung ist auch dann in seiner Funktion als R. zu begreifen, wenn die Existenz einer Transzendenz darin nicht vorausgesetzt wird [61]. Doch wollte Berger R. nicht darin aufgehen lassen: «es ist eine Sache, die anthropologischen Grundlagen der R. in der menschlichen 'Exzentrizität' aufzudecken, eine ganz andere aber, R. und Selbst-Transzendierung gleichzusetzen». Zur Dialektik von R. und Gesellschaft gehört, daß die gesellschaftslegitimierende Funktion der R. immer davon abhängt, «daß dasselbe menschliche Handeln, das eine Gesellschaft hervorbringt, auch ihre R. hervorbringt» [62]. Dieses bleibt Konstruktionsprinzip der religiösen Inhalte selbst bei einer «Erfahrung, mit der eine übermenschliche Erfahrung in das menschliche Leben injiziert wird» [63]: «R. ist der kühne Versuch, das gesamte Universum auf den Menschen zu beziehen und für ihn zu beanspruchen.» «R. ist das Unterfangen des Menschen, einen heiligen Kosmos zu errichten ... R. ist Kosmisierung auf heilige Weise» [64]. Berger ist damit bei einer ihrer Struktur nach funktionalistischen Definition geblieben, fügt aber, um nicht jede Kosmisierung als religiöse zu interpretieren, ein substantielles Element ein: die vorausgesetzte Existenz eines heiligen Kosmos.

In Richtung einer substantiellen und Realdefinition argumentierte auch R. ROBERTSON: «Religiöse Kultur ist das Gefüge von Überzeugungen und Symbolen (und Werten, die sich direkt daraus ergeben), die eine Unterscheidung zwischen einer empirischen und einer überempirischen, transzendenten Realität betreffen, wobei alles, was das Empirische berührt, von der Bedeutung her dem Nicht-Empirischen untergeordnet ist» [65]. A. M. GREELEY sprach von einer «sakralisierenden Tendenz» in der menschlichen Natur und verstand diese als Reaktion auf Erfahrungen von Wunder, Mysterium, Gnade, die menschliche Hoffnung erneuern [66]. N. LUHMANN hat dann R. als soziales System im Relationsgefüge der anderen gesellschaftlichen Teilsysteme bestimmt, das weitgehend funktional äquivalent mit diesen ist, jedoch substantielle Besonderheiten hat, die für die subjektive Bewältigung gegebener funktionaler Differenzierungen, der «Kontingenz», besonders wichtig sind: «die spezifische Funktion der R. liegt in der Bereitstellung letzter grundlegender Reduktionen, die die Unbestimmtheit und Unbestimmbarkeit des Welthorizontes in Bestimmtheit oder doch Bestimmbarkeit angebbaren Stils überführen» [67].

4. *Theologie und Philosophie ab 1945.* – Sowohl biblisch-theologische als auch marxistisch fundierte Überlegungen stellten sich in der Nachkriegszeit quer zu den funktionalen Definitionen. C. H. RATSCHOW bestimmte die Geschichtserfahrung und das aus ihr resultierende Gefühl der Lebensspaltung als Grundlage von R. gegenüber der geschichtslosen unio magica [68], um von daher das Widerfahren der Gegenwart Gottes und seines Handelns – bzw. im Buddhismus den «Ereigniszusammenhang der plötzlichen 'Erleuchtung'» zur Grundlage des R.-Begriffs zu erklären [69]: «R.en haben ihren Ursprung in der Erfahrung einer Gotteszuwendung. Sie gehen zurück auf Epiphanien eines Gottes oder einer göttlichen Macht, die sich kontingent manifestieren ..., auf ein solches Grundereignis beziehen sich die R.en als ihr heilvolles 'Einmal' zurück ... Seine Wiederholung – nämlich die Einholung des Gottes ins Leben – führt zur Institutionalisierung» [70].

K. RAHNER hat dann die unüberbietbare Erfüllung des R.-Begriffs durch das Christentum daraus gefolgert, daß die Vereinigung des menschlichen Geistes mit dem absoluten Sein, die in jedem Akt menschlicher Subjektivität intendiert wird, in der Menschwerdung des göttlichen Wortes (Joh. 1, 14) «eminent erfüllt ist» [71]. Die Aussagen des II. Vatikanums schlossen daran an.

Als engagierter Atheist sieht B. RUSSELL einen fundamentalen Konflikt zwischen Wissenschaft und R. (als Anspruch auf ewige und absolut gewisse Wahrheit). Nur Wissenschaft kann dazu verhelfen, die auf Angst gegründete und für die Zivilisation schädliche R. zu überwinden [72].

Dagegen unterschieden Marxisten wie E. FROMM und E. BLOCH R.en, von den Trägergruppen abhängig, als «autoritäre» oder «humanistische» [73] bzw. danach, ob sie in der Hoffnung, im «Überschießen» begründete «progressive» R. oder in der Rückbindung an von oben auferlegte Autoritäten begründete «regressive» R. seien [74]. H. R. SCHLETTE ist daraufhin zu dem Schluß gekommen: «Gerade als philosophisch gefaßter Begriff wird ‹R.› jetzt über das Moment des Bezuges zum Unbedingten hinaus zur Verweigerung des Einverständnisses mit der Verfaßtheit der Wirklichkeit im ganzen» und steht gegen jede Form eines positivistisch-szientistischen 'Einverständnisses' im besonderen [75].

In Diskussion besonders mit W. PANNENBERG [76], T. RENDTORFF [77], G. SAUTER [78] und R. SPAEMANN [79] sowie im Anschluß an N. LUHMANN hat H. LÜBBES funktionalistische Charakteristik der R. beansprucht, «diejenige Funktion der R. benannt zu haben, die sowohl aufklärungs- wie säkularisierungsresistent ist»: R. ist «Kontingenzbewältigungspraxis» als Anerkennung des Sinnes des «Zufalls», der «eine Handlung handlungssinnwidrig betrifft», und damit das, «was im Prinzip die totalitäre Verschmelzung individueller und politisch-kollektiver Interessen verhindert» [80]. «Die funktionale Nicht-Äquivalenz von R. und Ideologie» wird so «der entscheidende Grund», von Ottos «definitorischem Charakteristikum der 'vita religiosa', durch das Ergriffensein von der Präsenz des Numinosen und Faszinosen keinen Gebrauch zu machen» und auch dem «Zivilreligionsbegriff exklusiv diejenigen Symbole» usw. zuzuordnen, «durch die innerhalb des politischen Systems öffentlich ein Sinnbezug zu prinzipiellen nicht disponiblen Voraussetzungen» hergestellt und «der Grund benannt und anerkannt wird, der uns normativ festlegen läßt, was prinzipiell menschlicher Dispositionsfreiheit entzogen sein soll» [81].

R. SCHAEFFLER hat anerkannt, daß mit der Systemtheorie «der R. ein unverwechselbarer Ort im System menschlicher Subjektivität zugewiesen wird», doch angemerkt, «daß der R.-Begriff, der auf solche Weise zustandekommt, vom jeweiligen philosophischen Verständnis des umfassenden Ganzen menschlicher Subjektivität abhängt» und vom «Anspruch, dieses System als ganzes zu kennen». Zugleich sah er jedoch die Möglichkeit, «daß auch die Funktion der R. auf eine Art und Weise beschrieben werden kann, die nicht nur ihre Sekundärfolgen betrifft, sondern die spezifische Eigenart ihrer Akte und Gegenstände»: weil es zur Eigenart der R. gehört, «daß sie zwar durch spezifisch religiös strukturierte Akte konstituiert wird, die sich auf Gegenstände spezifisch religiöser Qualität beziehen, daß sie sich aber in dieser Korrelation nicht erschöpft» [82].

Außerhalb dieser Diskussion steht der phänomenologische R.-Begriff von E. LÉVINAS: R. beruht auf der Begegnung mit dem Anderen, d.h. nicht auf der Erkenntnis des Seienden als Seiendem, sondern auf seiner «Anrufung», auf der «Gemeinschaft» mit ihm, in der das Seiende nicht schon der Herrschaft der Vernunft unterworfen ist [83].

5. *Gegenwärtige R.-Wissenschaft.* – Damit ergeben sich Verbindungslinien zur R.-Wissenschaft, auch wenn diese sich zunehmend als Kulturwissenschaft von Theologie, Philosophie und bisheriger R.-Phänomenologie absetzte, vor allem von jeder «realen», normativen Definition von ‹R.›, die vorweg offenzulegen behauptet, was R. tatsächlich ist [84]. Angeregt von W. C. SMITH setzte sich verstärkt die Einsicht durch, daß unser Konzept ‹R.› und entsprechend auch ‹Magie› usw. ein historisches Produkt unserer eigenen Kultur ist: Nur nachklassische westliche Sprachen besitzen überhaupt ein besonderes Wort für ‹R.› und trennen anders als andere Zivilisationen 'religiöse' von andern kulturellen Manifestationen [85]. Deshalb schlug C. COLPE eine negative Formaldefinition vor: «R. sei die Qualifikation einer lebenswichtigen Überzeugung, deren Begründung, Gehalt und Intention mit den innerhalb unserer Anschauungsformen von Raum und Zeit gültigen Vorstellungen und mit dem Denken in den dazugehörenden Kategorien weder bewiesen noch widerlegt werden kann» [86]. Dieses «Lebenswichtige» wurde oft im Anschluß an Tillich «Letztwichtiges» («ultimate») genannt, doch blieb die Möglichkeit, dies wertfrei-untheologisch zu verstehen, umstritten [87] – ist «relation to reality» gemeint [88] oder «focus of interest ... on both the cosmic and personal sides» [89]?

H. MOL sprach von R. als der «sacralization of identity» in der Funktion «to modify or stabilize the differentiations it has been unable to prevent»: «Its relevance therefore lies both in the interpretation of existence, for example in the dramatization of the dialectic of sin and salvation, and in healing or reconciling of the fragile identity» [90]. D. WIEBE griff die drei darin enthaltenen Elemente Transzendenz, menschliche Begrenzung und Erlösung auf, fügte aber in Anlehnung an Spiro hinzu: «the essential point is the 'otherness' of that world or of the 'gods'. There must exist a distinct bifurcation between the sacred and the secular» [91]. J. G. PLATVOET hat dann R. definiert als «any process of communication between believers and their 'meta-empirical' beings» «in a 'field', or 'network', of culturally pre-set role-relationships» [92]. Dem entspricht der hermeneutische Ansatz bei J. WAARDENBURG mit dem Verständnis von R. als «Orientierung» und «eigenartige Art von Zeichensprache»: deren «Elemente ebenso wie das ganze 'System' haben für den betreffenden Menschen Zeichen- oder Symbolwert und weisen auf die Wirklichkeit hin» [93].

Anmerkungen. [1] R. BULTMANN: R. und Kultur (1920), in: J. MOLTMANN (Hg.): Anfänge der dialekt. Theol. 2 (^{2}1967) 22f. – [2] Anknüpfung und Widerspruch (1946). Glaube und Verstehen 2 (^{5}1968) 131. – [3] M. SCHELER: Vom Ewigen im Menschen (1921). Ges. Werke 5 (^{5}1968) 288. – [4] a.O. 170. – [5] 255. 261. – [6] K. BARTH: Die kirchl. Dogmatik I/2 (^{4}1948) 304-397. – [7] a.O. 304. – [8] Vgl. dazu: Die prot. Theol. im 19. Jh. (1947, ^{2}1952). – [9] a.O. [6] 321. – [10] a.O. 309. – [11] a.O. – [12] 308. – [13] 318. – [14] a.O. – [15] 304. – [16] H. SCHOLZ: R.-Philos. (1921, ND ^{2}1974) 103. – [17] a.O. 437. – [18] 108. – [19] 150. – [20] H. BERGSON: Les deux sources de la morale et de la relig. (Paris 1932); dtsch.: Die zwei Quellen der Moral und der R. (1980) 203. 208-212. 214. – [21] E. CASSIRER: Philos. der symbol. Formen 2 (^{4}1964) 311. – [22] a.O. 303. – [23] F. EBNER: Frg., Aufsätze, Aphorismen. Zu einer Pneumatol. des Wortes (1928, 1963) 709. – [24] K. JASPERS: Philos. (1932) 2, 351f.; 1, 294-301. – [25] G. MARCEL: Journal métaphys. (Paris 1927, 1968) 45f. – [26] Etre et avoir (Paris 1935); dtsch.: Sein und Haben (1954) 203. – [27] P. TILLICH: Das Christentum und die Begegnung der Welt-R.en. Ges. Werke 5 (1964) 52. – [28] R.-Philos. der Kultur (1920, 1968) 34. – [29] Die Überwindung des R.-Begriffs in der R.-Philos. (1922). Ges. Werke 1 (^{2}1966) 380. – [30] Systemat. Theol. 2 (^{2}1958) 89. – [31] a.O. 3 (^{2}1966) 118-120. – [32] 3, 275f. – [33] D. BONHOEFFER: Widerstand und Ergebung (1951, 1970). – [34] P. ALTHAUS: Grundriß der Dogmatik 1 (1929, ^{5}1959) 137f.; Die christl. Wahrheit (^{3}1952) 165ff. – [35] A. SCHLATTER: Das christl. Dogma (^{2}1923, ND 1977) 199f. – [36] F. HEILER: Das Gebet (1919) 147f. – [37] Erscheinungsformen und Wesen der R. (1961, ^{2}1979) 564. – [38] G. VAN DER LEEUW: Einf. in die Phänomenol. der R. (1925, ^{2}1961) 3. – [39] Phänomenol. der R. (1933, ^{2}1956) 779. – [40] J. WACH: R.-Soziol. (1951) 438. – [41] G. WIDENGREN: R.-Phänomenol. (1969). – [42] G. MENSCHING: Die Welt-R.en (1959) 284. – [43] M. ELIADE: Das Heilige und das Profane (1957) 8f. – [44] Die R.en und das Heilige (1954) 522. – [45] F. LANCZKOWSKI: Einf. in die R.-Wiss. (1980) 23. – [46] B. MALINOWSKI: Magie, Wiss. und R. (1983) 71f. – [47] A. R. RADCLIFFE-BROWN: Relig. and soc. J. royal anthropol. Instit. 75 (1945) 35. – [48] A. E. JENSEN: Mythos und Kult bei Naturvölkern (^{2}1960) 101. – [49] T. PARSONS: The structure of soc. action (Glencoe/London ^{2}1949) 421. – [50] R. N. BELLAH: Civil relig. in America. Daedalus 96/1 (1967) 1-21; dtsch. in H. KLEGER/A. MÜLLER (Hg.): R. des Bürgers (1986) 19-41. – [51] J. M. YINGER: R., society and the individual (New York 1957); dtsch. in: F. FÜRSTENBERG (Hg.): R.-Soziol. (1964) 99. – [52] The scient. stud. of relig. (London 1970) 7. 15; dtsch. in: J. HACH: Ges. und R. in der BRD (1980) 34. – [53] C. LÉVI-STRAUSS: Strukturale Anthropol. (1965). – [54] C. GEERTZ: Relig. as a cultural system, in: M. BANTON (Hg.): Anthropolog. approaches to the study of relig. (London 1966) 1-46, dtsch.: in: C. GEERTZ: Dichte Beschreibung (1983) 44-95, hier: 48. – [55] E. E. EVANS-PRITCHARD: Theorien über primit. R. [engl. 1956] (1968). – [56] R. HORTON: A definition of relig. and its uses. J. royal anthropol. Instit. 90 (1960) 201-226. – [57] J. GOODY: Relig. and ritual. The definit. problem. Brit. J. Sociol. 12 (1961) 142-164. – [58] A. WALLACE: Relig. An anthropolog. view (New York 1966). – [59] M. E. SPIRO: Relig. Problems of definition and explanation, in: BANTON (Hg.), a.O. [54] 85-126, hier 96. 98. – [60] TH. LUCKMANN: Das Problem der R. in der mod. Ges. (1963) 35; erweit. in: The invisible relig. (New York 1967). – [61] P. L. BERGER/TH. LUCKMANN: Sociol. of relig. and sociol. of knowledge. Sociol. social Res. (July 1963) 69f.; Die soziale Konstruktion der Wirklichkeit (1970). – [62] P. L. BERGER: Zur Dialektik von R. und Ges. (1973) 167. 47. – [63] Der Zwang zur Häresie (1980) 65. – [64] Zur Dial. ..., a.O. [62] 28. 26. – [65] R. ROBERTSON: Einf. in die R.-Soziol. (1973) 64. – [66] A. M. GREELEY: Relig. in the year 2000 (New York 1969) 11; Relig. A secular theory (New York/London 1982) 162f. – [67] N. LUHMANN: R. als System. Thesen, in: K. W. DAHM/N. LUHMANN/D. STOODT: R. System und Sozialisation (1972) 11; Funktion der R. (1977). – [68] C. H. RATSCHOW: Magie und R. (^{2}1955). – [69] Die R.en und das Christentum. Z. systemat. Theol. 9 (1969) 88-128, hier: 106. – [70] RATSCHOW u.a. (Hg.): R.en, Religiosität und christl. Glaube (1991) 15. – [71] K. RAHNER: Die anonymen Christen. Schr. 6 (1965) 548f. – [72] B. RUSSELL: Relig. and sci. (Oxford 1935, ^{7}1960) 14; Why I am not a Christian (London 1957), dtsch: (1963) 35ff. – [73] E. FROMM:

Psychoanalysis and relig. (New Haven 1950) 34ff.; dtsch.: Ges.ausg. 6 (1980) 248ff. – [74] E. BLOCH: Atheismus im Christentum (1968). – [75] H. R. SCHLETTE: Art. ‹R.›, in: Hb. philos. Grundbegriffe (1974) 1233-1250, hier: 1247. – [76] W. PANNENBERG: Macht der Mensch die R. oder macht die R. den Menschen? in: T. RENDTORFF (Hg.): R. als Problem der Aufklärung (1980) 151-157. – [77] T. RENDTORFF: R. «nach» der Aufklärung, a.O. bes. 186-201. – [78] G. SAUTER: «Sinn und Wahrheit», a.O. 78-91. – [79] R. SPAEMANN: Funktionale R.-Begründung und R., in: P. KOSLOWSKI (Hg.): Die relig. Dimension der Ges. (1985) bes. 18f. 52-60. – [80] H. LÜBBE: R. nach der Aufklärung, in: RENDTORFF (Hg.), a.O. [76] 174. – [81] R. nach der Aufklärung (1986) 239. 320f. – [82] R. SCHAEFFLER: Auf dem Weg zu einem philos. Begriff der R., in: W. KERN u.a. (Hg.): Hb. der Fundamentaltheol. 1: Traktat R. (1985) 57-72, hier: 63f. 71f.; vgl. P. ANTES, a.O. bes. 53; M. SECKLER, a.O. bes. 184. – [83] E. LÉVINAS: Die Spur des Anderen (1983) 113f.; vgl. Wenn Gott ins Denken einfällt (1985) 107. 140. 234. – [84] N. SMART: The sci. of relig. and the sociol. of knowledge (Princeton 1973); A. W. EISTER (Hg.): Changing perspectives in the scient. study of relig. (New York 1974); U. BIANCHI: The history of relig. (Leiden 1975); R. MACHALEK: Definitional strategies in the study of relig. J. scient. Study Relig. 16 (1977) 395-401; K. RUDOLPH: Basic positions of R.-Wiss., in: R. 11 (1981) 97-107; B. GLADIGOW/H. G. KIPPENBERG (Hg.): Neue Ansätze in der R.-Wiss. (1983); H. ZINSER (Hg.): R.-Wiss. (1988). – [85] W. C. SMITH: The meaning and end of relig. (New York 1962); Faith and belief (Princeton 1979); A. BRELICH: Prolégomènes à une histoire des relig., in: H. PUECH (Hg.): Histoire des relig. 1 (Paris 1970) 1-59; E. J. SHARPE: Understanding relig. (London 1983) 43-48; F. STOLZ: Grundzüge der R.-Wiss. (1988) 9-11; X. ZHUO: Theorien über R. im heutigen China und ihre Bezugnahme zu R.-Theorien des Westens (1988). – [86] C. COLPE: Myth. und relig. Aussage außerhalb und innerhalb des Christentums (1968) 19, in: Theol., Ideol., R.-Wiss. (1980); ähnlich: J. VAN BAAL: Symbols for communication (Assen 1971) 3f. – [87] J. S. HELFER (Hg.): On method in the history of relig. (Middletown 1968) 3ff.; F. J. STRENG: Understanding religious life (Encino/Belmont 1969, ²1976) 6ff.; R. D. BAIRD: Category formation and the hist. of relig. (Den Haag 1971) 18f.; TH. P. VAN BAAREN/H. J. W. DRIJVERS (Hg.): R., culture and methodol. (Den Haag 1973) 41. 57; J. E. BARNHART: The study of relig. and its meaning (Den Haag 1977) 3. 10. – [88] G. SCHMID: Principles of integral sci. of relig. (Den Haag 1979) 150. – [89] D. A. CROSBY: Interpretative theories of relig. (Den Haag 1981) 294ff. – [90] H. MOL: Identity and the sacred (Oxford 1976) 1. 3. 266. – [91] D. WIEBE: Relig. and truth (Den Haag 1981) 14f. – [92] J. G. PLATVOET: Comparing relig.: a limitative approach (Den Haag 1982) 30. – [93] J. WAARDENBURG: R.en und R. (1986) 34. 36. 254.

Literaturhinweise. J. WAARDENBURG: Classical approaches to the study of relig. 1/2 (Den Haag 1973). – CH. ELSAS (Hg.): R. Ein Jh. theolog., philos., soziol. und psychol. Interpretationsansätze (1975). – F. WHALING (Hg.): Contemp. approaches to the study of relig. 1-2 (Den Haag 1984/85). – K. GRÜNDER: Einige begriffsgeschichtl. Bemerk., in: P. KOSLOWSKI (Hg.): Die relig. Dimension der Ges. R. und ihre Theorien (1985) 281-287. – F. WAGNER: Was ist R.? Stud. zu ihrem Begriff und Thema in Gesch. und Gegenwart (1986). – G. KEHRER: Einf. in die R.-Soziol. (1988).

CH. ELSAS

Religion bzw. **Theologie, natürliche** bzw. **vernünftige** (lat. religio bzw. theologia naturalis bzw. rationalis; engl. natural religion bzw. theology, religion of nature; frz. religion bzw. théologie naturelle). Die R.en der Geschichten, der Mythen und der heiligen Bücher stehen seit dem Beginn der Philosophie in einem klärungsbedürftigen Verhältnis zu solchen Formen des Wissens von Gott, die unabhängig von Offenbarung, Mythen und Geschichten sind. Dieses Verhältnis zu benennen und zu klären, war – ansatzweise in der Antike, verbreitet aber erst in der Neuzeit – die Funktion des Begriffspaares ‹natürliche› vs. ‹übernatürliche›, ‹positive›, ‹geoffenbarte› Religion/ Theologie. Die n.R./n.Th. gewinnt ihr Wissen von Gott und den menschlichen Pflichten allein mit Hilfe der natürlichen Erkenntniskräfte des Menschen, ohne sich auf eine übernatürliche göttliche Offenbarung zu stützen. Unter methodologischen Gesichtspunkten lassen sich zwei Varianten unterscheiden: Aus dem 'Buch der Natur', der Schöpfung, gewinnt die eine Variante der n.R. bzw. n.Th. ihr Wissen von Gott, die dann in die Strömung der Physikotheologie (s.d.) mündet. Die Vernunft, das «lumen naturale», ist das Erkenntnisprinzip der anderen Spielart der n.R. bzw. n.Th., die auch als ‹Vernunftreligion› bzw. ‹Rationaltheologie› bezeichnet wurde. In einem verhältnismäßig späten Stadium der Geschichte dieses Begriffsfeldes zweigt der Ausdruck ‹Naturreligion› als Bezeichnung für Glaube und Kult der 'Natur'-Völker ab.

A. – In *Antike* und *Mittelalter* hat der gelegentlich verwendete Begriff ‹n.Th.› (und dies auch dort, wo der Sache nach zwischen einer natürlichen bzw. rationalen und einer auf Offenbarung gegründeten Gotteserkenntnis unterschieden wird) nicht die Bedeutung für das Selbstverständnis der Theologie, die er in der frühen Neuzeit erlangen sollte. Antike und mittelalterliche Belege für ‹n.R.› sind nicht bekannt; die frühesten Nachweise stammen aus dem späten 16. Jh. [1]. Älteren religionsphilosophischen Ansätzen, die die «religio» zur natürlichen Ausstattung des Menschen rechnen und so als etwas 'Natürliches' auffassen [2], ist eine Entgegensetzung der *per se* 'natürlichen' Religion zur positiven Religion etwa des Christentums fremd. Die Vorgeschichte des Kompositums ‹n.Th.› reicht weiter zurück.

Stoischen Ursprungs ist die Unterteilung der Götterlehre in die mythische Theologie der Dichter, die politische Theologie der Gesetzgeber und die n.Th., die von den Philosophen gelehrt wird (διδάσκεται δὲ τὸ μὲν φυσικὸν εἶδος ὑπὸ τῶν φιλοσόφων, τὸ δὲ μυθικὸν ὑπὸ τῶν ποιητῶν, τὸ δὲ νομικὸν ὑφ' ἑκάστης ἀεὶ πόλεως συνίσταται [3]). AUGUSTINUS hat diese von VARRO (der von einem «[genus] mythicon», «physicon» und «ciuile» der Theologie spricht [4], aufgegriffene Einteilung dem lateinischen Westen überliefert und die Götterlehre bzw. Mytheninterpretation der paganen Philosophie wohl erstmalig mit dem Ausdruck «theologia naturalis» belegt [5]. Vor allem deshalb ist der Terminus trotz seiner Einführung an exponiertem Ort, in AUGUSTINUS' ‹Gottesstaat›, im Mittelalter nicht zur gängigen Bezeichnung für die philosophische Theologie der Scholastik geworden [6].

Wenn diese Disziplin – wie in der ‹Theologia naturalis› des Skotisten N. BONETUS (um 1330) [7] – doch bisweilen unter diesem Titel erscheint, so kann dies als Ausnahme gelten. Und der ‹Liber naturae sive creaturarum› (vollendet 1436) des RAIMUNDUS SABUNDUS [8] erhielt seinen wirkungsgeschichtlich bedeutsamen Titel ‹Theologia naturalis› erst im Verlauf seiner Druckgeschichte [9]. Zentrale Aspekte dessen, was später ‹n.Th.› heißen sollte, sind aber schon im Prolog der intensiv rezipierten [10] Schrift ausgesprochen, in dem Sabunde das Programm seiner «Scientia ... libri naturae» [11] entwirft. Ziel dieser Wissenschaft sind «Selbsterkenntnis, die Erkenntnis des Schöpfers, aller Pflichten, die dem Menschen als Menschen obliegen, und des Naturrechts» [12]. Gewonnen wird dieses Wissen allein aus der Betrachtung des 'Buchs der Natur', der Schöpfungsordnung («creaturarum ... scala» [13]). Es ist unabhängig von der Heiligen Schrift und der theologischen Lehrtradition («Haec scientia nihil allegat, nec Scripturam sacram, nec aliquem doctorem» [14]). Es soll zu einem angemessenen Schriftverständnis führen [15] und die «Irrtümer der alten heidnischen Philosophen und der Ungläubigen» widerlegen [16]. Der provozierende Anspruch, «alles Heilsnotwendige» («omnia, quae sunt necessaria homini ad salutem» [17]) einem «unfehlbaren» Wissen («infallibiliter» [18]) zugänglich zu machen, hat zur Indizierung des Prologs (1564) geführt, zumal auch Glaubensinhalte wie Trinität, Erbsünde und Erlösung, die Sakramente und die vier letzten Dinge Gegenstand dieser Wissenschaft sind. Geschichtlich wirksam war weniger dieser Versuch, suprarationale Glaubensinhalte rational einzuholen, als vielmehr das Programm einer offenbarungsunabhängigen Theologie. Auch die spezifische Ausführung dieses Programms in Sabundes Werk hat in der Folgezeit Nachahmer gefunden: ‹n.Th.› heißt bis ins 19. Jh. nicht nur die (durch die Vernunft, das 'Licht der Natur' gewonnene) Rationaltheologie, sondern auch die wie bei Sabunde auf das 'Buch der Natur' sich stützende [19] Lehre von Gott.

Anmerkungen. [1] J. BODIN: Colloquium heptaplomeres, hg. L. NOACK (1857, ND 1966) 143. 351; P. CHARRON: Les trois veritez contre tous athées, idolatres (!), Juifs, Mahumetans, heretiques, & schismatiques (1593, ²1594) 100. 104. – [2] M. FICINO: Theologia platonica. Opera (Basel 1576) 324; De Christiana religione, a.O. 2. – [3] H. DIELS (Hg.): Doxographi Graeci (⁴1965) 295. – [4] VARRO bei AUGUSTINUS: De civ. Dei 6, 5. CCSL 47, 170, vgl. A. SCHMEKEL: Die Philos. der mittleren Stoa (1892) 116ff.; G. WISSOWA: Relig. und Kultus der Römer (1902) 61; P. BOYANCÉ: Sur la théologie de Varron. Etudes ac. 57 (1955) 57-84; J. PÉPIN: Mythe et allégorie (Paris 1958) 276-392; G. LIEBERG: Die 'Theologia Tripertita' in Forschung und Bezeugung, in: H. TEMPORINI/W. HAASE (Hg.): Aufstieg und Niedergang der Röm. Welt I/4 (1973) 66-115; G. PASOREK: Eine hist. Notiz zur Scheidung von ‹theologia civilis› und ‹naturalis›, in: J. DALFEN u.a. (Hg.): Symmicta philologica. Festschr. G. Pfligersdorffer (Rom 1980) 87-103. – [5] De civ. Dei 6, 5f., a.O. 171-173; vgl. R. A. MARCUS: Saint Augustine and theologia naturalis. Studia Patristica 6 [= Texte und Unters. zur Gesch. der altchristl. Lit. 81] (1962) 476-479. – [6] Wenn etwa THOMAS VON AQUIN von einer «philosophischen Theologie» (Expos. s. lib. Boethii de Trin. 5, 4) spricht, ist nicht eine n.Th. gemeint; vgl. L. OEING-HANHOFF: Art. ‹Metaphysik IV. 1.›, in: Hist. Wb. Philos. 5 (1980) 1218. – [7] N. BONETUS: Theologia naturalis, in: Habes Nicholai Bonetti ... quattuor volumina: Metaphysicam videlicet. naturalem philosophiam. praedicamenta. nec non theologiam naturalem (Venedig 1505) fol. 91-133. – [8] RAIMUNDUS SABUNDUS: Theol. nat. seu liber creaturarum (1852), ND, hg. eingel. F. STEGMÜLLER (1966). – [9] Dieser Titel erstmals in der Ausg. Deventer 1485; vgl. STEGMÜLLER, a.O. 11*. – [10] RAIMUNDUS SAB.: La theologie naturelle ..., traduicte nouvellement en Francois par messire Michel, Seigneur de Montaigne (Paris 1569, 1581); Apologie de Raimon Sebond [= Essais II, 12]. Oeuvres compl., hg. A. THIBAUDET/M. RAT (Paris 1962) 415-589; vgl. auch die Bearbeitung des Werkes durch J. A. COMENIUS: (Oculus fidei) Theologia nat. (Amsterdam 1661). – [11] RAIMUNDUS SAB., a.O. [8] 26*. – [12] a.O. 26*. – [13] 47*. – [14] 35*. – [15] 27*. – [16] 28*. – [17] 27*. – [18] 28*. – [19] Vgl. Art. ‹Physikotheologie›.

B. *17. und 18. Jh.* – 1. Eine Tradition kontinuierlicher, unter dem Titel ‹n.Th.› betriebener Theoriebildung läßt sich seit der Wende um 17. Jh. verfolgen. Gegenstand, Methode und Erkenntnisquellen der n.Th. sowie ihr Ort im Wissenschaftsgefüge, speziell ihr Verhältnis zu Philosophie und Offenbarungstheologie waren umstritten und auch innerhalb der Blöcke der konfessionell fraktionierten Schulphilosophie nicht einheitlich definiert. So wird die n.Th. durchaus nicht allgemein als Teildisziplin der Metaphysik (metaphysica specialis) verstanden. Wie für viele andere Kompendien aus der *calvinistischen Schulphilosophie* gilt dies für J. H. ALSTEDs ‹Theologia naturalis›. Alsted weist der n.Th. – mit kritischer Wendung gegen die «Peripatetici» [1] – einen von der als «sapientia generalissima» definierten Metaphysik [2] unabhängigen Ort im Gefüge der Wissenschaften (nicht der Philosophie; Alsted bestreitet, «Theologiam naturalem esse partem philosophiae» [3]) zu. Ihre Erkenntnisquellen sind Vernunft («lumen naturae») [4] und Schöpfungsordnung («liber naturae») [5]; sie stützt sich aber auch auf rational einsehbare Lehren der Bibel [6]. In den Kern der christlichen Lehre, ihre «mysteria», soll sie und kann sie nicht vordringen [7]. Ihre Aufgabe ist es vielmehr, eine rudimentäre Einsicht in die «Theologia ... supernaturalis» zu ermöglichen [8], zu einem angemessenen Schriftverständnis zu führen [9], damit den Menschen auf die Gnade vorzubereiten («hominem praeparare ad scholam gratiae» [10]), schließlich im apologetischen Disput «cum hominibus profanis» argumentative Dienste zu leisten [11]. Die Abtrennung der n.Th. von der Metaphysik ist im calvinistischen Milieu häufig anzutreffen. Als Wissenschaft von geistigen Gegenständen (Gott, die Engel, die vom Körper getrennte Seele: «Theologia», «Angelographia», «Psychologia» [12]) trägt sie dann den Titel «Pneumatologia» [13]. Bisweilen wird der n.Th. auch zugemutet, über eine allgemeine Erkenntnis dieser Gegenstände hinaus auch spezifische konfessionelle Lehrinhalte, etwa die calvinistische Prädestinationslehre, zu begründen [14].

Einer anderen, bis ins 18. Jh. wirksamen Tradition zufolge ist die n.Th. ein Teil der Metaphysik. So hatte F. SUÁREZ die «prima philosophia» bzw. «metaphysica», sofern sie auf die Erkenntnis Gottes aus ist [15], unter Berufung auf ARISTOTELES [16] als «theologia», und zwar zum Unterschied zur auf Offenbarung gegründeten «theologia supernaturalis» [17] als «theologia naturalis» [18] bezeichnet, weil sie ihr Wissen von Gott allein mit Hilfe des 'natürlichen Lichts' («naturali lumine») [19], der Vernunft, gewinnt. Ihr Fundament ist die (später als ‹metaphysica generalis› bezeichnete und von SUÁREZ zur ersten Philosophie gerechnete) Wissenschaft von den metaphysischen Grundbegriffen ‹Sein›, ‹Substanz›, ‹Ursache› [20]. Anders als die «theologia supernaturalis», die auch «veritates practicae» gewinnt, zielt die n.Th. lediglich auf «veritates speculativae» [21]. Aber auch im katholischen Raum – etwa bei TH. RAYNAUD [22] – findet die Auffassung Vertreter, daß die Metaphysik als Wissenschaft vom Seienden als Seienden von der n.Th. als Wissenschaft von den immateriellen Substanzen (Gott, die Intelligenzen, nicht aber die «anima rationalis» [23]) zu trennen ist [24].

Der Einfluß der katholischen Tradition macht sich in der *lutherischen Schulphilosophie und Theologie* bemerkbar. Zwar waren hier Widerstände zu überwinden, die sich vor allem aus Luthers Reserve gegenüber Philosophie und spekulativer Theologie speisten. So stellt der frühe Vertreter der lutherischen Orthodoxie J. GERHARD die Theologie noch insgesamt auf das Fundament der Heiligen Schrift [25], doch trägt er der biblisch verbürgten (Röm. 1, 19f.) natürlichen Gotteserkenntnis Rechnung, die er, ohne ihr allerdings eine tragende Rolle in seinem Aufriß der Theologie zuzuweisen, «theologia naturalis» nennt [26]. Eine Generation später jedoch hat sich – gegen die Widerstände D. Hoffmanns und anderer philosophiefeindlicher Theologen und unter wirksamer Berufung auf den späten Melanchthon («autoritate Philippi» [27]) – die n.Th. als Disziplin etabliert, auch wenn die Frage, ob es überhaupt eine n.Th. gibt, gelegentlich noch gestellt wird [28]. Ihre Leistungsfähigkeit wird (aufgrund des sündenfallbedingten Vernunftdefekts) als sehr gering eingeschätzt [29]. Zur Erlangung des Heils reicht sie keinesfalls aus [30]. Als zur Gnade hinführende [31] und damit gewissermaßen 'pädagogische' Theologie («paedagogica» [32]) sowie als Instrument der Apologetik erfüllt sie jedoch eine für unverzichtbar gehaltene Funktion. Ihr Verfahren ist auch im Luthertum zumeist zweigleisig: Ihre Gotteserkenntnis zieht sie sowohl aus eingeborenen Begriffen wie aus der Betrachtung der Schöpfungsordnung [33]. Die im 17. Jh. von einigen Autoren getroffene Unterscheidung zwischen einer «theologia naturalis subjectiva» («notiones ... mentibus insculptae») und «objectiva» («intuitu creaturae») bezieht sich auf diese beiden Verfahrensweisen [34]. Als Teil der Metaphysik und somit als spekulative Wissenschaft [35] wird die n.Th. nicht durchweg verstanden, sondern oft auch (da sie auf die äußerste Glückseligkeit des Menschen zielt) als «Scientia ... Practica» [36].

Trotz der vielfältigen Bestimmungen der n.Th. bzw. n.R. war es für die Theologie der Großkirchen weithin unbestritten, daß es ein offenbarungsunabhängiges Wissen von Gott gibt. Um so auffälliger ist die Ablehnung jeglicher n.R. und n.Th. im von Anbeginn unter Rationalismusverdacht stehenden *Sozinianismus*. Für F. Sozzini selbst ist die Religion als solche nicht 'natürlich', sondern, wenn sie wahr ist, göttliche Offenbarung («religio nequaquam res naturalis [est], sed, si vera est, patefactio ... [est] quaedam divina» [37]). Und der jüngere Sozinianer A. Wissowatius hatte keineswegs eine offenbarungsunabhängige n.R., sondern die Vernunftgemäßheit des Christentums im Auge, als er einer heftig umstrittenen [38] Abhandlung den Titel ‹Religio rationalis› gab [39]. Der Orthodoxie jedoch galt die sozinianische Theologie geradezu als Inbegriff einer antisupranaturalistischen, bloß n.Th. («Socinianam Religionem ... prorsus eandem esse cum Theologia naturali» [40]).

G. W. Leibniz kennt einerseits die Bestimmung der n.Th. als «Wissenschaft von den unkörperlichen Substanzen» («[scientia] de substantiis incorporalibus sive Theologia naturalis» [41]), also als Pneumatik. Die n.R., deren Grundwahrheiten «uns eingepflanzet» [42] sind, schließt aber überdies neben den «grandes dogmes» von der Einheit Gottes und der Unsterblichkeit der Seele [43] auch eine Pflichtenlehre («obligationes religionis naturalis» [44]) ein. Leibniz stellt die n.R. nicht in einen Gegensatz zum Christentum, denn sie hat durch dieses die «autorité d'un dogme public» [45] erhalten.

Stärker als in Deutschland ist in England jene Spielart der n.Th. vertreten, die sich nicht als spekulative Metaphysik versteht, sondern im Sinne der Definition F. Bacons als «rudiment of knowledge concerning God which may be obtained by the contemplation of his creatures» [46]. Die Grenzen zwischen der so aufgefaßten n.Th. und der Physikotheologie (s.d.) sind dementsprechend fließend, und wie diese versucht auch die n.Th. von den Ergebnissen der experimentellen Naturwissenschaft («experimental philosophy») zu profitieren [47]. Die Abkehr von einer strengen, a priori prozedierenden n.Th. hat bei einigen Autoren zur Folge, daß der Anspruch auf infallible Gewißheit aufgegeben und aufgrund eines Wahrscheinlichkeitskalküls nur mehr die «reasonableness and Credibility of the Principles of Natural Religion» reklamiert wird [48].

Bei J. Locke überwiegen kritische Akzente gegen die dogmatische, aus (wie in der deistischen Religionsphilosophie von E. Herbert of Cherbury) angeborenen Ideen abgeleitete n.R. bzw. n.Th [49]. So ist auch seine 1695 erschienene Schrift über die «Reasonableness of Christianity» kein Kompendium der «precepts of natural religion» [50], von denen er gelegentlich spricht, sondern eine Apologie des biblischen Christentums [51].

Anmerkungen. [1] J. H. Alsted: Theologia nat. (1623) 29. – [2] a.O. – [3] a.O. 20. – [4] Encyclopaedia septem tomis distincta (1630), ND, hg. W. Schmidt-Biggemann (1989) 17. – [5] a.O.; der auf dem 'liber naturae' basierenden n.Th. ist der II. Teil der ‹Theologia nat.›, a.O. 233-676, gewidmet. – [6] Theol. nat., a.O. [1] 28. – [7] a.O. 34. – [8] 13. – [9] a.O. – [10] a.O. – [11] a.O. – [12] P. Voet: Theologia nat. reformata (Utrecht 1656) 3. – [13] a.O. 5; A. Heereboord: Pneumatica (Leiden 1659); vgl. auch Art. ‹Pneumatologie, Pneumatik›. – [14] a.O. 331-372. – [15] F. Suárez: Disp. met. 1, 1 [1597]. Opera omnia, hg. C. Berton 25 (Paris 1861) 2. – [16] Aristoteles: Met. I, 6, 1026 a 19. – [17] Suárez: Disp. met. 1, 1, 5, 5, a.O. [15] 38. – [18] a.O. – [19] ebda. – [20] 1, 1, 5, 15, a.O. 41. – [21] a.O. [17]. – [22] Th. Raynaud: Theologia nat. (Lyon 1622); Raynaud folgt hier der Einteilung der philosophischen Disziplinen durch B. Pererius: Physicorum sive de principiis rerum naturalium ... libri quindecim (Rom 1562). – [23] a.O. 6. – [24] 17. – [25] J. Gerhard: Loci theologici 1 (Genf 1639) 1. – [26] a.O. 2, 4. – [27] A. Calov: Theologia nat. et revelata secundum tenorem Augustanae confessionis (1646) 204. – [28] Ch. Reuchlin: Erotema, an detur theologia nat. Diss. Wittenberg (1684); vgl. auch P. Bayles Zweifel an der Möglichkeit einer konstruktiven n.R. bzw. n.Th.: Art. ‹Acosta›, Rem. G., in: Dict. hist. et crit. (Amsterdam ⁴1740) 1, 69. – [29] Calov: Isagoges ad SS. Theologiam libri duo (1652) 74; Calov stützt sich auf einen Vergleich der n.Th. mit der «Theologia Paradisiaca», a.O. 45; J. Meisner: Compendium theol. § 9 (1652) n.p.; J. Musaeus: Introd. in theologiam, qua de natura theologiae nat. et revelatae ... agitur (1679) 45. – [30] Isag. ..., a.O. 87. – [31] J. W. Baier: Compendium theologiae positivae (1691) 12. – [32] Calov: Isag. ..., a.O. [29] 70. – [33] a.O. 76; Musaeus, a.O. [29] 15; D. Hollaz: Examen theol. acroamaticum (1718) 6. – [34] Theol. nat. ..., a.O. [27] 79. – [35] Ch. Scheibler: Theologia nat. et Angelographia, Hoc est, svmmaria repetitio totvs Doctrinae Metaphysicae de Deo et Angelis (1621). – [36] Musaeus: Introd. ..., a.O. [29] 28; Baier: Compend. ..., a.O. [31] 12. 8; S. Pufendorf: De officio hominis et civis 1, 4, 1 [1673] (Basel 1739) 78. – [37] F. Sozzini: De Sacrae Scripturae autoritate libellus. Bibliotheca fratrum Polonorum 1 ('Irenopoli post annum 1656') 273; Praelectiones theologicae, a.O. 1, 538. – [38] Ch. Kortholt (Praes.)/B. Kempe (Resp.): Disp. inaug. opposita tractatui A. Wissowatii. Diss. Kiel (1685); vgl. aber auch Leibniz' positives Urteil, in: Textes inéd., hg. G. Grua (Paris 1948) 69-72. – [39] A. Wissowatius: Religio rationalis [1685], hg. Z. Ogonowski (1982) 41, hier auch Berufung auf Röm. 12, 1. 2. – [40] A. Calov: Decas dissertationum de Pseudo-Theologias (!) Socinianae Ortu, Methodo, et Progressu (1639) bes. 85. – [41] G. W. Leibniz: Consilium de encyclopaedia nova, in: Opusc. et fragm. inéd., hg. L. Couturat (Paris 1903, ND 1961) 40. – [42] Frg. Jur. VI, 41-42/III, 4, 57-59 (um 1678?), in: Textes inéd., a.O. [38] 603. – [43] Essais de Théodicée, préf. (1710). Philos. Schr., hg. C. I. Gerhardt 6 (1885) 27. – [44] Br. an H. E. Kestner (Anfang 1710), in: Textes inéd., a.O. [38] 690. – [45] Théodicée, Préf., a.O. [43] 26f. – [46] F. Bacon: Of the advancement of learning 2, 6, 1. The works, hg. J. Spedding/R. L. Ellis/D. D. Heath 6 (New York/Cambridge 1870) 211f. – [47] R. Boyle: The Christian virtuoso. The works, hg. Th. Birch 5 (London 1772) 522. – [48] J. Wilkens: Of the principles and duties of natural religion (London 1693), ND, hg. H. G. van Leeuwen (New York/London 1962) 392. – [49] J. Locke: An essay conc. human understanding I, 2, 15, hg. A. C. Fraser (New York 1959) 1, 80ff. – [50] III, 9, 23, a.O. 2, 12. – [51] The reasonableness of Christianity, as delivered in the Scriptures (1695). The works (London ¹⁰1801) 7, 1-158.

2. In der *antisupranaturalistischen und deistischen Religionsphilosophie* der frühen Neuzeit, dann der Aufklärung, wird die n.R bzw. n.Th. zum Maßstab der kritischen Prüfung der christlich-jüdischen und der geoffenbarten Religion überhaupt. Diese für die Aufklärung

weithin charakteristische Funktion der n.R. als «Criterion or Test of reveal'd Truths and Doctrines» [1] und «Grund- und Prüfe-Stein» [2] der Religionskritik läßt allerdings Raum für eine Vielfalt von Bestimmungen der n.R. und ihres Verhältnisses zur geoffenbarten Religion. Die radikalste Position, die Behauptung der Überflüssigkeit der geoffenbarten aufgrund der allgemeinen Zugänglichkeit und Suffizienz der n.R. ist schon am Ende des 16. Jh. in J. BODINS Dialog ‹Colloquium heptaplomeres› ausgesprochen worden. Wenn die n.R. in den Geist aller Menschen eingepflanzt («naturalis religio, mentibus hominum insita» [3]) und durch überzeugende Beweise abgesichert ist, entfällt die Notwendigkeit einer Offenbarung durch Christus und andere Religionsstifter: «Si ... religio naturalis ... perspicuis demonstrationibus explicatur ..., quid Christo, quid Mohammede ... opus est?» [4] Die Einfachheit und Universalität der «naturalis religio» [5], an der alle Menschen vermöge ihrer Vernunft, des «dictamen luminis naturalis» [6], teilhaben, wird von der Religionskritik immer wieder gegen die jeweilige Partikularität und die verwirrende Vielfalt der Offenbarungsreligionen [7] ausgespielt [8]. Vor allem dort, wo der Inhalt der n.R. auf grundlegende moralische Gebote beschränkt wird [9] und keine elaborierte philosophische Gotteslehre einschließt, kann der Vorzug der n.R. vor den Offenbarungsreligionen, abgesehen von ihrer «immutabilité» und «universalité» [10], auch darin gesehen werden, daß sie «la plus facile à suivre» [11] ist.

Die Beschränkung auf wenige fundamentale Sätze ist den meisten Entwürfen einer n.R. gemeinsam. Fünf allgemeine Wahrheiten («veritates catholicae» [12]) machen für E. HERBERT OF CHERBURY den Inhalt der von Offenbarung unabhängigen, in sich abgerundeten «religio rotunda» [13] aus: 1) Es existiert ein höchstes Wesen. 2) Dieses muß verehrt werden. 3) Moralische Lebensführung ist der wesentlichste Teil der Gottesverehrung. 4) Für Vergehen ist Buße zu tun. 5) Es wird Strafe und Belohnung nach diesem Leben geben [14]. Diese Grundwahrheiten der n.R. sind – sei es durch Vernunftüberlegung oder aber wie bei Herbert «sine discursu» durch den allen Menschen gemeinsamen «instinctus naturalis» [15] – allgemein zugänglich. Im Gegensatz zur n.Th. der Schulphilosophie, die diese als wissenschaftliche Disziplin betrieb, kann die n.R. von den Deisten deshalb der Idee nach als 'Religion für alle', als ‹Religio laici› [16] propagiert werden. Aufgrund ihrer allgemeinen Konsensfähigkeit konnte Herbert in den Fundamentalartikeln der n.R. die Bedingung für einen Frieden («pacis universae») der konkurrierenden Religionen und Konfessionen erblicken [17]. Ein ähnlicher Katalog von Grundwahrheiten der allgemeinen und n.R. («religio catholica, quae maxime naturalis est» [18]) dient später bei B. SPINOZA dazu, den Bereich des Glaubensnotwendigen von jenem Feld abzugrenzen, für das Denkfreiheit und Toleranz religiöser Überzeugungen zu fordern ist.

Die Unterwerfung der positiven Religion unter den Maßstab der n.R. hat aber auch bei zahlreichen Autoren, die dem Deismus zugerechnet werden, die Anerkennung der (insbesondere christlichen) Offenbarung zum Ergebnis. Von Überformungen der Dogmengeschichte gereinigt und zumeist auf ethische Gebote reduziert, kann die Lehre Jesu als konform mit der n.R. und damit als zustimmungsfähig gelten [19]. Neben dem verbreiteten Topos der Religionskritik, demzufolge die reine n.R. den positiven Religionen als ihren Degenerationsformen historisch vorausgeht [20], wird aber auch die inhaltliche Übereinstimmung zwischen dem ursprünglichen Christentum und der n.R. behauptet und in eine religionsgeschichtliche Theorie integriert, die n.R. und Offenbarung nicht als Gegensätze versteht, sondern im historischen Prozeß aufeinander bezogen und angewiesen sein läßt. In diesem Sinne stellte M. TINDAL die vieldiskutierte These auf, das Christentum sei die «restoration» bzw. «republication» [21] der als moralische Pflichtenlehre verstandenen n. R. [22]. Angesichts der Unmöglichkeit einer «allgemeinen gleichartigen Ausübung» der n.R. war es aus G. E. LESSINGS Sicht unumgänglich, «aus der Religion der Natur ... eine positive Religion [zu] bauen» [23]. Dabei gilt als die «beste geoffenbarte oder positive Religion ... die, welche die wenigsten conventionellen Zusätze zur n.R. enthält» [24].

Die mit dem Deismus aufkommende Tendenz, die n.R. nicht mehr als Gegenstand der akademischen Disziplin der n.Th. aufzufassen und sie, wie H. S. REIMARUS es in seinen vielgelesenen Abhandlungen über die «Vornehmsten Wahrheiten der n.R.» tut, «auf eine begreifliche Art» [25] einem breiten, auch nichtakademischen Publikum zugänglich zu machen, gipfelt am Ende des 18. Jh. in der häufig erhobenen Forderung nach einer «Einführung des öffentlichen Bekenntnisses der n.R.» [26]. Um den «drei christlichen Kirchen ... das Monopol in Glaubenssachen» [27] zu nehmen, soll die Obrigkeit nach C. F. BAHRDT «einzig die n.R. zum Objekt ihrer landesväterlichen Fürsorge machen» [28], d.h. praktisch allein diese als «Grundlage alles Religionsunterrichts in der Jugend» [29] zulassen.

Anmerkungen. [1] TH. MORGAN: The moral philosopher (London 1738, 1740), ND, hg. G. GAWLICK (1969) 1, 15. – [2] H. S. REIMARUS: Apologie oder Schutzschrift für die vernünftigen Verehrer Gottes, hg. G. ALEXANDER (1972) 1, 54. – [3] J. BODIN: Coll. heptapl. ..., a.O. [1 zu I.] 143; vgl. J. DIECKMANN: De naturalismo cum aliorum, tum maxime Jo. Bodini (1683 u.ö.). – [4] BODIN, a.O. 192; vgl. auch: 141f. 351. – [5] ANON.: De tribus impostoribus, hg. G. BARTSCH (Berlin-Ost 1960) 52. – W. GERICKE: Das Buch ‹De Tribus Impost.› (1982) 66. – [6] a.O. – [7] 50. – [8] ANON.: Of natural religion, as opposed to Divine revelation, in: CH. BLOUNT: The oracles of reason (London 1693) 197-211. – [9] M. TINDAL: Christianity as old as the creation (London 1731), ND, hg. G. Gawlick (1967) 298; MORGAN, a.O. [1] 1, 418; J. CH. EDELMANN: Die Göttlichkeit der Vernunft (1741) 456; als Synonym von «morale ou éthique» wird ‹n.R.› angeführt in D. DIDEROT/J. D'ALEMBERT: Art. ‹Religion›, in: Encycl. 14 (Neuchâtel 1765) 78. – [10] D. DIDEROT: De la suffisance de la relig. nat. Oeuvres compl., hg. J. ASSÉZAT 1 (Paris 1875) 266. – [11] a.O. 268. – [12] E. Lord HERBERT OF CHERBURY: De veritate ... Cui operi additi sunt duo alii tractatus: Primus, de causis errorum; alter, de religione laici (London 1645), ND, hg. G. GAWLICK (1966) [De relig. laici] 140. – [13] a.O. 224f. – [14] 208-222; ähnlich CH. BLOUNT: Religio Laici. Written in a letter to John Dryden Esq. (London 1683) 49f.; vgl. CH. FRANCKE: Diss. de religione nat. contra naturalistas et remonstrantes, maxime E. Herbertum et Curcellaeum (1666); G. TITUS: Disp. theol. de insufficientia religionis mere naturalis (1667); J. MUSAEUS: Examen Cherburianismi sive de luminis naturae insufficientia ad salutem (1708). – [15] 224f. – [16] a.O. [12]; BLOUNT, a.O. [14]. – [17] 43. – [18] B. SPINOZA: Tractatus theol.-polit., hg. G. GAWLICK/F. NIEWÖHNER (1979) 403f. – [19] J. TOLAND: Christianity not mysterious (London 1696), ND, hg. G. GAWLICK (1964) 158; MORGAN, a.O. [1] 1, 412. 418. 442. – [20] TOLAND: Letters to Serena (London 1704), ND, hg. G. GAWLICK (1964) 130; TH. L. LAU: Meditationes, theses, dubia philos.-theol. (1719) 10. – [21] TINDAL, a.O. [9] 200. 13; vgl. auch J. G. WACHTER: Der Spinozismus im Jüdenthumb (Amsterdam 1699) 1, 57. – [22] a.O. 298. – [23] G. E. LESSING: Über die Entstehung der geoffenbarten Relig. Sämtl. Schr., hg. K. LACHMANN/F. MUNCKER 14 (1898) 312f. – [24] a.O. 313. – [25] REIMARUS: Die vornehmsten Wahrheiten der n.R. (^{3}1766), hg. G. GAWLICK

(1985) Titelbl. – [26] ANON.: Ist es im 18. Jh. zu früh, sich zur n.R. zu bekennen? (1792) XXVII. – [27] C. F. BAHRDT: Würdigung der n.R. und des Naturalismus in Beziehung auf Staat und Menschenrechte (1791) 281. – [28] a.O. 262. – [29] Katechismus der n.R. (1795) III; kritisch dazu: J. CH. JANI: Versuch einer Beantwortung der Frage: Ob eine allg. reine Vernunftrelig. in dieser Welt möglich und von der Umschaffung oder Abschaffung der christl. Relig. zu erwarten sey? (1804).

3. Die «Emancipation der n.Th.» und n.R. [1], die sich im Deismus anbahnt, greift in der *protestantischen Theologie* und in der *akademischen Philosophie* im Laufe des 18. Jh. weitgehend Platz. Zunächst aber stößt sie noch auf deren Widerstand: Zwar muß die n.R. gegen mutmaßliche Atheisten wie Spinoza verteidigt werden [2]. Aber ihre Insuffizienz als Heilsmittel [3] und die Überlegenheit der Offenbarungsreligion, der die n.R. als «pädagogische» [4] Vorstufe untergeordnet ist, stehen wie im 17. Jh. weitgehend außer Frage. Neu gegenüber den orthodoxen n.Th.en des 17. Jh. (denen oftmals mehr Spitzfindigkeit als Nutzen – «plus subtilitatis quam utilitatis» [5] – kritisch attestiert wird) ist der Gedanke, daß die n.Th/n.R. nicht nur apologetische Stütze der Offenbarungsreligion bzw. -theologie ist, sondern die «criteria» für die Wahrheit ihrer Lehren an die Hand gibt [6]. Die allgemein geteilte Auffassung, daß das Christentum diesen Kriterien auch genügt [7], ist weniger merkwürdig als die Tatsache, daß sich hiermit auch in der protestantischen Theologie eine Reduktion der Glaubenslehre auf die Inhalte der n.R. anbahnt. So meint J. SPALDING, daß Christus «eben das sagt, was die n.R.» lehrt [8]. Und J. F. W. JERUSALEM, Vertreter der Neologie wie Spalding, macht sich den deistischen Topos [9] zu eigen, das Christentum sei in seinem Wesen eine «Wiederbekanntmachung ... der n.R.» [10], die «aufgeklärte n.R.» [11] schlechthin, ein Gedanke, der in England auch bei Gegnern des kritischen Deismus (wie etwa dem in Deutschland einflußreichen J. FOSTER) häufig belegt ist: «there is none of the peculiar doctrines, which our blessed Saviour taught, but what ... is adapted to confirm and enforce the ... natural religion» [12]. Auf dem Boden des Judentums stehend, dem die Aufnötigung übernatürlicher Glaubenssätze fremd ist, kann M. MENDELSSOHN der christlichen Position entgegentreten, «daß das Judenthum und mehr noch die n.R. zur künftigen Glückseligkeit der Menschen unzureichend» sei [13].

Daß die n.Th. (als «scientia de religione naturali» [14]) der geoffenbarten Religion durch Apologie zuarbeitet, deren suprarationalen Lehrbestand nicht antastet, ja sogar einer Ergänzung durch biblische Lehren bedarf [15], ist eine weithin geteilte Überzeugung innerhalb der akademischen Philosophie, die im 18. Jh. zahllose Kompendien der n.Th. produziert. Abgesehen von dieser Einmütigkeit in bezug auf die Verträglichkeit von n.R. bzw. n.Th. und Offenbarung herrscht Methodenpluralismus vor: Apriorische Verfahrensweisen [16] werden ebenso eingesetzt, wie unter dem Titel ‹n.Th.› Physikotheologie betrieben wird [17]. Der Unterteilung der n.Th. in einen theoretischen und praktischen Teil [18] (dazu manchmal noch die «theologia naturalis polemica» als apologetische Unterdisziplin [19]) steht eine Beschränkung der n.Th. auf theoretische Philosophie gegenüber, wie sie von CH. WOLFF und seiner Schule vertreten wurde. Die n.Th. wird hier wieder als Teil der Metaphysik («metaphysice pars») verstanden [20]. Die natürliche Pflichtenlehre ist nicht Thema der n.Th., sondern des Naturrechts [21]. Die apologetische Leistung der n.Th. [22] und der «consensus Theologiae naturalis cum Scriptura sacra» [23] werden auch von Wolff betont, und noch überboten durch den Gedanken, es sei die Aufgabe der n.Th., die «Unzulänglichkeit der n.R. und die Vortrefflichkeit und Notwendigkeit der geoffenbarten Religion» darzutun («ut religionis naturalis insufficientia et revelatae excellentia atque necessitas rectius agnoscatur» [24]). Trotzdem ist unter Berufung auf Wolff immer wieder die Forderung erhoben worden, die n.R. «an die Stelle der übernatürlichen Offenbarungen zu setzen» [25]. Und als im letzten Viertel des Jahrhunderts die Geschichte der «natürlichen Gottesgelehrsamkeit» geschrieben wird, muß konstatiert werden, «noch nie» sei die n.R. «so beliebt gewesen ... wie in unseren Tagen. So weit ist es leider! gekommen, daß viele ... keine andere Lehrsäze zum Christenthum mehr rechnen wollen, als die Lehrsäze der n.R.» [26].

Anmerkungen. [1] W. BENDER: Zur Gesch. der Emancipation der n.Th. Jb. prot. Theol. (1883) No. 4/5, 529-592. – [2] J. LANGE: Causa dei et religionis nat. adversus atheismum (^{2}1727); I. PROELEUS (Praes.)/J. I. HAMILTON (Resp.): Religio hominis et boni civis naturalis vindicata ab objectionibus Bened. Spinosae et Th. Hobbesii. Diss. Leipzig (1703). – [3] TH. HALYBURTON: Natural relig. insufficient, and reveal'd necessary to man's happiness in his present state (Edinburgh 1714); weitere Lit. bei M. LILIENTHAL: Theol. Bibliothec (!) (1714) 234f. – [4] J. F. BUDDE: Isagoge hist.-theol. ad theologiam universam (1730) 249. – [5] a.O. 260; dieser Hieb zielt auf die n.Th.en den «Scholasticorum», insbes. Raynauds; vgl. a.O. [22 zu B. 1.]. – [6] 249; J. G. WALCH: Philos. Lex. (^{4}1775) 2, 613; J. H. ZEDLER: Grosses vollst. Univ.-Lex. 23 (1740) 1027. – [7] TH. CH. URSINUS: De religione nat., cultuque Dei vere nat. (1728); BUDDE: Theses theol. de atheismo et superstitione (1717) 621. – [8] J. SPALDING: Die Bestimmung des Menschen, Anhang (^{3}1749) 33. – [9] Vgl. a.O. [21 zu B. 3.]. – [10] J. F. W. JERUSALEM: Nachgel. Schr. 1 (1792) 405. – [11] a.O. 1, 576. – [12] J. FOSTER: Discourses on all the principal branches of nat. relig. and social virtue (London 1749. 1752) 1, 267; vgl. auch: 1, 360. – [13] M. MENDELSSOHN: Br. an den Erbprinzen von Braunschweig-Wolfenbüttel. Jub.ausg. 7 (1930, ND 1974) 302. – [14] J. CARPOV: Elementa theol. nat. dogmaticae a priori methodo scientifica adornata (1742). – [15] S. J. BAUMGARTEN (Praes.)/CH. J. SUCRO (Resp.): De praestantia religionis revelatae prae naturali (1743). – [16] CARPOV, a.O. [14]. – [17] CH. F. WALCH: Grundsätze der nat. Gottesgelahrtheit (1760) 19f. – [18] WALCH, a.O. [6] 2, 1128. – [19] CARPOV, a.O. [14] 9. – [20] I. G. CANZ: Theol. nat. thetico-polemica (1742) 1; A. G. BAUMGARTEN: Metaphysica § 800ff. (^{7}1779, ND 1963) 329ff.; G. B. BILFINGER: Dilucidationes de deo anima mundo (1743) 4; für den Wolffianer G. F. MEIER: Philos. Sittenlehre 1-5 (1753-61) ist die n.R. aber auch eine praktische Disziplin. – [21] CH. WOLFF: Theologia nat. methodo scientifica pertractata 1 (1739). Ges. Werke, hg. J. ECOLE II/7 (1978) proleg. 5. – [22] a.O., proleg. 19. – [23] proleg. 14. 18. 20. – [24] praef. 26*; vgl. auch: Von dem Vergnügen, welches aus der Erkenntnis der geoffenb. Wahrh. zu erhalten stehet. Ges. kleine philos. Schr. 5 (1740). Ges. Werke I/21, 5 (1981) 385. – [25] G. SCHADE: Die unwandelbare und ewige Religion (1760) 39f.; vgl. auch J. W. HECKER: Die Religion der Vernunft (1752). – [26] CH. F. POLZ: Nat. Gottesgelehrsamkeit darinne ... auch die Litt. und philos. Gesch. derselben ... zu finden ist (1777) Vorw.

4. Die Hochblüte der n.R. im 18. Jh. wird von kritischen Stimmen nicht allein aus dem theologischen Lager begleitet. D. HUMES ‹Dialogues concerning natural religion› führen das Scheitern des Versuchs vor Augen, aus der Weltordnung, die die Existenz eines höchsten Wesens verbürgt [1], auch dessen personale Eigenschaften abzuleiten [2]. Die Bemühungen des konstruktiven Deismus auf dem Felde der n.R. bzw. n.Th. sind damit in einer zentralen Hinsicht in Frage gestellt. Die Religionskritik des Atheisten und Materialisten P.-H. TH.

D'HOLBACH kann zwar die Moral (im uneigentlichen Sinne) als die «einzig natürliche Religion des Menschen» anerkennen [3], die Gottes- und Unsterblichkeitslehre der n.R. aber entbehrt aus seiner Sicht ebenso wie die Offenbarungsreligion der rationalen Begründung: «la religion naturelle ... n'est rien moins que naturelle, ou fondée sur la raison» [4]. Mit dem Eindringen geschichtlichen Denkens in die Religionsphilosophie artikuliert sich dann auch zunehmend der Verdacht, daß die n.R. ein mit der geschichtlichen Wirklichkeit der Religion nicht vermitteltes Theoriekonstrukt ist. So ist die n.R. für J. G. HERDER bloß die «späte destillierte Religion» der «Voltaires» und anderer Aufklärer [5], und J. G. HAMANN verspottet – unter deutlicher Anspielung auf Reimarus [6] «jene schöne Wolffianerinn, die weiland in Schaafkleidern die ganze Dogmatik an ihren zehn Fingern demonstrirte, und die vornehmsten Wahrheiten unsrer naturalisirten Religion auf eine begreifliche Art erklärte und rettete» [7]. Im Versuch einer apologetischen Stützung der Offenbarungsreligion durch die n.R. sieht Hamann die Gefahr des Verlustes jener religiösen Gehalte, die rationale Einsicht übersteigen.

Das Werk I. KANTS markiert einen Einschnitt in der Geschichte der n.R. bzw. n.Th.; von zahlreichen Zeitgenossen wurde es – sicher nicht differenziert genug – als Schauplatz der «völlige[n] Vernichtung der n.R. durch die kritische Philosophie» [8] wahrgenommen. Den (etwa vom Wolffianismus erhobenen) Anspruch, die «Grundsätze der n.Th.» als «der größten philosophischen Evidenz fähig» zu erweisen, hatte der junge Kant noch verteidigt [9]. Mit der kritischen Wende wurde er hinfällig: Die Existenz und die Eigenschaften Gottes wie auch die Unsterblichkeit der Seele können mitnichten von der «Vernunft in ihrem bloß speculativen Gebrauch» [10], also nicht in der Weise, wie die dogmatische n.R. bzw. n.Th. es leisten zu können meinte, erwiesen werden. Schlechthin überflüssig sind n.R. und n.Th. damit indessen nicht. Als ein «Haupttheil» der Metaphysik behält die «rationale Theologie» ihren Platz in der Architektonik der reinen Vernunft [11], wobei zwei Varianten unterschieden werden: a) die «transzendentale Theologie», die auf das Dasein eines höchsten Wesens entweder «von einer Erfahrung überhaupt» («Kosmotheologie») oder «durch bloße Begriffe ohne Beihülfe der mindesten Erfahrung» («Ontotheologie») schließt [12], und b) die «natürliche Theologie», die sich der Existenz Gottes unter Rekurs auf die «natürliche» («Physikotheologie») oder die «sittliche Ordnung» («Moraltheologie») vergewissern will [13]. Hinsichtlich ihres Erkenntniswerts sind diese Bemühungen «null und nichtig» [14]. Im Hinblick auf unangemessene (vor allem anthropomorphistische [15]) Gottesvorstellungen aber erfüllt das «Ideal» [16] des höchsten Wesens, das die transzendentale Theologie entwirft, die unentbehrliche Funktion einer «Censur» der «durch Sinnlichkeit oft genug getäuschten» Vernunft [17]. Sie ist damit «von wichtigem negativen Gebrauche» [18]. Entsprechend dem Gedanken, daß die n.Th. bzw. n.R. der Offenbarungsreligion nicht allein «zum criterio und Probierstein dienen» [19], sondern als die «Hypothesis aller Religion» aufgefaßt werden muß [20], wird die n.R. in der Religionsschrift von 1793 als Bestandteil einer jeden Geltungsansprüche erhebenden Offenbarungsreligion bestimmt: «jede, selbst die geoffenbarte Religion [muß] doch auch gewisse Principien der natürlichen enthalten» [21]. Im Hinblick auf die Lehre des ‹Neuen Testaments› ist dies aus Kants Sicht auch der Fall. Als eine die «n.R. als Moral» [22] umfassende und damit «vollständige Religion, die allen Menschen durch ihre eigene Vernunft faßlich und überzeugend vorgelegt werden kann» [23], kann die «christliche Religion als n.R.» [24] betrachtet werden. Was aber am Christentum und anderen Offenbarungsreligionen als «bloßer Religionswahn und Afterdienst Gottes» [25] abzulehnen ist, bemißt sich am Maßstab der als moralische Vernunftreligion bestimmten n.R. – Auch für den Kantianer K. H. HEYDENREICH hat die n.Th. bzw. «Transcendentaltheologie» [26] nur mehr eine klärende und kritische Funktion. Sie wird damit der Sache nach zu einer Religionsphilosophie [27], die «nichts ausser ihrer Vorstellung Wirkliches» zu erkennen beansprucht, sondern lediglich aufzeigt, «wie sie sich den letzten Grund des Bedingten *nicht* denken darf» [28], und damit den moralischen Vernunftglauben von supranaturalen und abergläubischen Überformungen befreit. Kantianer wie Heydenreich, kann auch L. H. JAKOB nicht mehr von der theoretisch ausweisbaren Wahrheit, sondern nur noch «von den Vortheilen» der n.R., d.h. «des moralischen Vernunftglaubens» sprechen [29].

Anmerkungen. [1] D. HUME: A treatise on human nature (1739), hg. L. A. SELBY-BIGGE/P. H. NIDDITCH (Oxford 1978) 633. – [2] Dialogues conc. nat. relig., hg. N. KEMP SMITH (Indianapolis 1963), dtsch., hg. G. GAWLICK (⁴1968). – [3] P.-H. TH. D'HOLBACH: Lettres à Eugenie ou préservatif contre les préjugés 12 (1768). Relig.krit. Schr., hg. M. NAUMANN (Berlin/Weimar 1970) 465. – [4] Système de la nature II, 5 [1770] (Paris 1821, ND 1966) 2, 183; vgl. auch: 190. – [5] J. G. HERDER: Sämmtl. Werke, hg. B. SUPHAN 6 (1883) 309. – [6] REIMARUS, a.O. [25 zu B. 2.]; vgl. auch J. L. S. FORMEY: La belle Wolfienne (Den Haag 1741-53), ND, hg. J. ECOLE (1983). – [7] J. G. HAMANN: Konxompax (1779), hg. E. JANSEN SCHOONHOVEN, in: J. G. HAMANNS Hauptschr. erklärt, hg. F. BLANKE/K. GRÜNDER 5 (1962) 243. – [8] ANON.: Immanuel ... Oder: die völlige Vernichtung der n.R. durch die krit. Philos. (1805). – [9] I. KANT: Unters. über die Deutlichkeit der Grundsätze der n.Th. und der Moral (1764). Akad.-A. 2, 296. – [10] KrV B 667. – [11] B 874. – [12] B 660. – [13] a.O. – [14] B 664. – [15] B 668. – [16] B 599. – [17] a.O. – [18] B 668. – [19] Frg. einer späteren Rationaltheol. nach Baumbach. Akad.-A. 28, 1323. – [20] Religionslehre Pölitz. Akad.-A. 28, 997. – [21] Die Relig. innerhalb der Grenzen der bloßen Vernunft (1793). Akad.-A. 6, 156. – [22] a.O. 157. – [23] 162. – [24] 157. – [25] 170. – [26] K. H. HEYDENREICH: Betrachtungen über die Philos. der n.R. 1 (1790) 87. – [27] K. FEIEREIS: Die Umprägung der n.Th. in Relig.philos. (Leipzig 1965). – [28] HEYDENREICH, a.O. [26] 1, 83. – [29] L. H. JAKOB: Die allg. Relig. (1797) 553; vgl. auch: Krit. Anfangsgründe zu einer allg. Metaphysik (1788) 300.

C. *19. und 20. Jh.* – Die Berechtigung einer rationalistischen Einengung des Religionsbegriffs sowie die Möglichkeit einer philosophischen (metaphysischen) Theologie sind seit dem späten 18. Jh. zunehmender Skepsis ausgesetzt. Zwar bleibt die n.Th. im katholischen Raum unangefochten; speziell im englischen Sprachraum ist «natural theology» noch lange als programmatischer Titel physikotheologisch orientierter Arbeiten geläufig [1], und auch der aufklärerische Begriff der n.R. wird noch als «Maßstab (Norm oder Kriterium) jeder positiven» Religion gelegentlich in Anspruch genommen [2]. Aber Kants Destruktion der als metaphysica specialis sich verstehenden n.Th. bleibt ebensowenig folgenlos wie das Eindringen geschichtlichen Denkens in Religionsphilosophie und Theologie. Die beiden spektakulärsten Folgen sind zum einen eine nur mehr polemisch-distanzierende Verwendung der Begriffe und die Preisgabe ihres Gehalts, zum anderen ein (im frühen 19. Jh. einsetzender) grundlegender Bedeutungswandel der Termini, die nun für Religion und Kult der 'Primitiven' und 'Wilden', der 'Naturvölker', stehen [3].

Im protestantischen Raum kann sich die n.Th. lange Zeit nicht vom Vorwurf der Ahistorizität, wie ihn Herder formulierte, erholen; seit F. D. E. SCHLEIERMACHER ist die Verbannung der n.Th. für Generationen evangelischer Theologen verbindlich gewesen. Religion ist als solche immer «bestimmte», «individuelle», «positive» Religion [4]. Demgegenüber besteht das «Wesen der n.R. ... in der Negation alles Positiven und Charakteristischen in der Religion» [5]. Sie kann daher nicht als «eigne individuelle Darstellung der Religion» [6] gelten. Entsprechend sieht auch H. STEFFENS die «n.R. ... nur als das Abstraktum einer wirklich gegebenen» [7] an; für F. SCHLEGEL ist sie die Religion «der höchsten Stände» [8]. Wie die n.R. als Produkt des aufgeklärten «Zeitalters, dessen Steckenpferd eine erbärmliche Allgemeinheit und eine leere Nüchternheit» war [9], verabschiedet werden muß, so ist für die christliche Dogmatik eine radikale Trennung von der Disziplin der n.Th. unerläßlich [10].

Die breit rezipierte [11] Neubestimmung des Begriffs der n.R. durch G. W. F. HEGEL vollzieht sich einerseits vor dem Hintergrund des Bedeutungswandels des Naturbegriffs (in Abkehr von der traditionellen Gleichsetzung von ‹natürlich› und ‹vernünftig› ist «unter Natürlichem ... das Sinnlich-natürliche, das Unmittelbare» [12] zu verstehen) und andererseits unter dem Eindruck der «völligen Umänderung» der «philosophischen Denkweise» durch die kantische Revolution: «Wo lassen ... sich Laute der vormaligen Ontologie ... oder selbst gar der vormaligen n.Th. noch vornehmen ...?» [13] Während der Titel ‹n.Th.› nur mehr für die historisch obsolet gewordene «rationelle Theologie der alten Metaphysik» steht, die «nicht *Vernunft*wissenschaft, sondern *Verstandes*wissenschaft von Gott» war [14], wird der Terminus ‹n.R.› nun auf die «primitive Religion» [15] bezogen, in der «Gott als natürliches gesetzt» ist [16]. Was dagegen in der Aufklärung ‹n.R.› hieß, läßt sich «nicht eigentlich n.R. nennen; es ist das Letzte, das Extrem des abstracten Verstandes» [17]. Auch F. W. J. SCHELLING hält es für unangemessen, die «rationale Religion», die ein «Erzeugniß der bloßen Vernunft» ist, als «n.R.» zu bezeichnen [18], und reserviert den Begriff der «natürlichen – sich natürlich erzeugenden – Religion» für die Mythologie [19].

Im 20. Jh. verlagern sich die Diskussionen über n.Th. und n.R. (sofern sie nicht als «religion ... of primitive peoples» Gegenstand von Ethnologie und Religionswissenschaft sind [20]) fast gänzlich auf das Feld der Theologie und ihr Grenzgebiet zur Philosophie. Während im Katholizismus die Möglichkeit natürlicher Gotteserkenntnis vom I. Vaticanum festgeschrieben wurde [21] und n.Th. bis in die Gegenwart unbekümmert betrieben wird [22], stehen auf seiten des Protestantismus n.Th. und n.R. im Zentrum heftiger Debatten. Strittig ist nicht die theologische Illegitimität einer philosophischen, offenbarungsunabhängigen n.Th., sondern die Möglichkeit einer natürlichen Gotteserkenntnis *innerhalb* der christlichen Theologie. So hat auf der einen Seite E. BRUNNER auf der Unverzichtbarkeit einer «christlichen theologia naturalis» [23] bestanden. Nur unter der Voraussetzung einer «Offenbarung Gottes in der Natur» («sowohl in der außermenschlichen als auch ... der menschlichen» [24]) sei «die Möglichkeit des Verstehens der Verkündigung» [25] gegeben. K. BARTH hat hier die «unbändigste Hybris» der Vernunft, die die biblische Offenbarung philosophischen Wahrheitskriterien unterwirft, am Werk [26] und damit die Gefahr eines Rückfalls in den Neuprotestantismus [27] gesehen. Daraus ergibt sich für ihn die radikale Forderung, die n.Th. müsse «erbarmungslos ausgeschieden werden» [28]. Als «Selbstauslegung und Selbstrechtfertigung des Menschen» [29], die der «Alleinherrschaft Jesu Christi» [30] widerstreitet, zeitigt die n.Th. eine «Domestizierung der Offenbarung» und «Verbürgerlichung des Evangeliums» [31]. – Aus der Befürchtung, daß «doch wieder ein außer-, ein vorchristlicher Gottesbegriff zum kritischen Maßstab gemacht» [32] und die «Exklusivität der christlichen Offenbarung» [33] in Frage gestellt werden könnte, wendet sich auch R. BULTMANN gegen eine Rehabilitierung der n.Th. als «religionsphilosophischer Unterbau der Dogmatik» [34]. Im Aufweis der «Fragwürdigkeit» der «ungläubigen Existenz» finde sie jedoch eine legitime Aufgabe [35].

Anmerkungen. [1] W. PALEY: Natural theology, or evidence of the existence and attributes of the deity collected from the appearance of nature (London 1802 u.ö.). – [2] W. T. KRUG: Allg. Handwb. der philos. Wiss.en 3 (1833) 28. – [3] Vgl. K.-H. KOHL: Naturreligion. Zur Transformationsgesch. eines Begriffs, in: R. FABER/R. SCHLESIER (Hg.): Die Restauration der Götter (1986) 198-214. – [4] F. D. E. SCHLEIERMACHER: Über die Religion. Reden an die Gebildeten unter ihren Verächtern (1799) 242-275f. – [5] a.O. 277. – [6] 276. – [7] H. STEFFENS: Christl. Relig.philos. 1 (1839) 1. – [8] F. SCHLEGEL: Philos. Fragmente. Krit. Ausg., hg. E. BEHLER II/18 (1963) 339; vgl. auch: 294. 439. – [9] SCHLEIERMACHER, a.O. [4] 277; H. E. BÖDEKER: Die Religiosität der Gebildeten, in: K. GRÜNDER/K. H. RENGSTORF (Hg.): Relig.kritik und Religiosität in der dtsch. Aufklärung (1989) 145-195. – [10] Der christl. Glaube (1821/22). Krit. Ges.ausg., hg. H.-J. BIRKNER u.a. I/7, 1 (1980) 15f. 127f. – [11] Vgl. etwa K. ROSENKRANZ: Die Naturreligion (1831). – [12] G. W. F. HEGEL: Vorles. über die Philos. der Relig. 1. Jub.ausg., hg. H. GLOCKNER (1927-40) 15, 279. – [13] Wiss. der Logik I (1812/13) Vorrede, hg. F. HOGEMANN/W. JAESCHKE. Akad.-A. 11 (1978) 5. – [14] Encycl. § 36 Zus. (1830). Jub.ausg., a.O. [12] 8, 113. – [15] Philos. der Relig., a.O. 15, 282; Phänomenol. des Geistes (1807), hg. W. BONSIEPEN/R. HEEDE. Akad.-A. 9 (1980) 369ff. – [16] a.O. 15, 295. – [17] a.O. 280. – [18] F. W. J. SCHELLING: Philos. der Offenbarung. Werke, hg. M. SCHRÖTER (1927-54) 3. Erg.-Bd., 190. – [19] a.O. 189; vgl. auch Einl. in die Philos. der Mythologie 10, a.O. 6, 247ff. – [20] G. FRAZER: The worship of nature (New York 1926) 16f. – [21] Vat. I, Sess. III: Cst. de fide cath., in: H. DENZINGER/A. SCHÖNMETZER (Hg.): Enchiridion symbolorum 3004 ([36]1976) 558. – [22] Vgl. H. BECK: Nat. Theol. (1986); G. KRAUS: Gotteserkenntnis ohne Offenb. und Glaube? Nat. Theol. als ökumenisches Problem (1987). – [23] E. BRUNNER: Natur und Gnade (1934, [4/5]o.J.) 52. – [24] a.O. 56. – [25] 58. – [26] K. BARTH: Nein! Antwort an Emil Brunner (1934) 55; vgl. dazu: P. TILLICH: Systemat. Theol. 2 (1958) 20f. – [27] a.O. 27. – [28] Kirchl. Dogmatik II/1 (Zollikon/Zürich [3]1948) 190. – [29] a.O. 182. – [30] 183. – [31] 157. – [32] R. BULTMANN: Die Frage nach der nat. Offenbarung (1941), in: Glauben und Verstehen. Ges. Aufs. 1 ([5]1964) 80. – [33] a.O. 95. – [34] Das Problem der 'natürlichen Theologie', a.O. 302. – [35] a.O. 298.

Literaturhinweise. CH. F. POLZ s. Anm. [26 zu B. 3.]. – W. BENDER s. Anm. [1 zu B. 3.]. – H. J. BIRKNER: Nat. Theol. und Offenbarungstheol. Neue Z. systemat. Theol. 3 (1961) 279-295. – R. A. MARCUS s. Anm. [5 zu I.]. – K. FEIEREIS s. Anm. [27 zu B. 4.]. – E. NAERT: L'idée de la religion nat. selon Leibniz, in: Leibniz. Aspects de l'homme et de l'œuvre (Paris 1968) 97-104. – S. ZAC: Religion nat. et religions révélées selon Kant. Rev. Métaph. Morale 73 (1968) 105-126. – CH. GESTRICH: Die unbewältigte n.Th. Z. Theol. Kirche 68 (1971) 82-120. – J.-L. VIEILLARD-BARON: La ‹religion de la nature›. Etude de quelques passages de la ‹Phénoménol. de l'Esprit› de Hegel. Rev. Métaph. Morale 76 (1971) 323-343. – CH. LINK: Die Welt als Gleichnis. Studien zum Probl. der n.Th. (1976). – K.-H. KOHL s. Anm. [3 zu C.]. – S. ZURBUCHEN: Naturrecht und n.R. bei S. Pufendorf. Studia phi-

losophica 45 (1986) 176-186. – P. BYRNE: Natural religion and the nature of religion. The legacy of deism (London/New York 1989).
W. SCHRÖDER

Religionsfreiheit. In der griechischen Antike wurde inhaltlich zwischen R., Glaubensfreiheit (Gewissensfreiheit), Kultfreiheit und Toleranz nicht unterschieden. Solange die Anerkennung der staatsschützenden Götter gewahrt blieb (staatserhaltende Funktion von εὐσέβεια bzw. pietas), war auch die Verehrung anderer Götter von seiten des Staates geduldet, R. gewährleistet. Erst wenn die staatlich anerkannten Gottheiten, sei es faktisch, sei es nur dem Anschein nach, in Frage gestellt oder geleugnet wurden, hörten staatliche Toleranz und R. auf. Symptomatisch dafür ist die Anklage gegen SOKRATES: «Sokrates hat sich vergangen, weil er die Götter nicht verehrt, die der Staat verehrt, und weil er andere, neue Gottheiten einführt, dann aber dadurch, daß er die Jugend verdirbt», d.h. zur Abkehr von der εὐσέβεια, zur ἀσέβεια aufruft [1].

Auch bei den Römern waren staatliche Toleranz und R. gewährleistet, solange die religiösen Grundlagen des Staates anerkannt wurden [2]. Daher erfolgte zur Zeit der ersten Christenverfolgungen die Forderung der Apologeten nach Kultfreiheit, nach «libertas religionis» [3], nicht zuletzt mit dem Hinweis auf die Achtung des staatlichen Bereichs durch die Christen: «Oramus etiam pro imperatoribus, pro ministris eorum et potestatibus, pro statu saeculi, pro rerum quiete, pro mora finis» («Wir beten auch für die Kaiser, für ihre Diener und die Machthaber, für den Zustand der Welt, für die Ruhe der Staaten, für den Aufschub des Endes») [4].

Die Mailänder Beschlüsse von 313 (KONSTANTIN und LICINIUS), denen bereits 311 ein «Toleranzedikt» (durch GALERIUS) vorausgegangen war [5], schufen insofern eine grundsätzlich neue Situation, als sie die Christenverfolgungen beendeten und die christliche Religion den anderen gleichstellten, und zwar mit der Begründung: «... ut daremus et Christianis et omnibus liberam potestatem sequendi religionem quam quisque voluisset» («... daß wir sowohl den Christen als auch allen anderen die Freiheit geben, derjenigen Religion anzuhängen, die ein jeder für sich wählt») [6]. Das Religionsedikt von THEODOSIUS I. und GRATIAN (380) erhob dann die christliche Religion zur Staatsreligion [7], schränkte Kultfreiheit und R. der nichtchristlichen Religionen ein und identifizierte die Anerkennung der staatlichen Herrschaft mit jener der christlichen Religion. Damit war die noch kurz zuvor christlicherseits geforderte Toleranz selbst im innerkirchlichen Bereich in Frage gestellt, wie am Donatistenstreit deutlich wird.

Aus dieser Situation wird verständlich, warum sich bereits AMBROSIUS [8] gegen religiösen Zwang und für einen freien intellektuellen Diskurs in Glaubensfragen aussprechen konnte: «Nam mea primitus sententia non erat, nisi neminem ad unitatem Christi esse cogendum, verbo esse agendum, disputatione pugnandum, ratione vincendum, ne fictos catholicos haberemus, quos apertos haereticos noveramus.» Die frühe Anerkennung des Christentums als Staatsreligion und die damit einhergehende Verknüpfung von Staats- und Religionsinteressen mündete in das mittelalterliche Ottonisch-Salische Reichskirchensystem. Die Abhängigkeit der Kirche (Religion) vom Staat führte innerhalb dieses Systems zu Diskussionen, welche zunehmend eine Trennung des geistlichen vom weltlichen Bereich (z.B. Cluniazenser Reform) und die Befreiung der Kirche (Religion) von der staatlichen Umklammerung (Berufung auf die «libertas ecclesiae») forderten sowie umgekehrt die Vorherrschaft der Kirche (Papsttum) über die weltliche Macht (Politischer Augustinismus, Berufung auf die Zwei-Schwerter-Theorie des «Dictatus Papae» GREGOR VII., 1075) [9].

Der von manchen Humanisten seit dem 14./15. Jh. geführte literarische Kampf gegen die enge Verflechtung von Staat und Kirche bzw. gegen eine kirchliche Präponderanz im öffentlichen Bereich [10] kann einerseits als Fortsetzung dieser mittelalterlichen Diskussionen angesehen werden. Andererseits stand er auch unter dem Einfluß der Konziliarsidee, der positiven Auseinandersetzung mit der Ostkirche und der zumindest intellektuellen Duldung nichtchristlicher Religionen, so etwa bei NIKOLAUS VON KUES, der konstatiert: «Quibus examinatis omnem diversitatem [religionum] in ritibus potius compertum est fuisse quam in unius Dei cultura» («Bei ihrer Überprüfung stellte sich heraus, daß alle Verschiedenheit der Religionen eher in den Riten als in der Verehrung des einen Gottes gelegen ist») [11]. Der dem Humanismus und insbesondere ERASMUS VON ROTTERDAM [12] eigene Rückgriff auf Inhalte der Antike («imitatio») bedeutete gleichzeitig eine Besinnung auf die Freiheitswerte des Urchristentums (Bibel, Kirchenväter). Die Reformatoren des 16. Jh. gelangten mit Hilfe desselben methodischen Rückbezugs auf Urkirche und Kirchenväter (z.B. AUGUSTINUS) zunächst zu einer Entflechtung des geistlichen vom weltlichen Bereich (Zwei-Reiche-Lehre). M. LUTHER bemühte sich freilich bald um den politischen Schutz (Obrigkeit) für die «Freiheit des Evangeliums» (R.) und ihre mit dem römischen Katholizismus ebenbürtige, öffentliche Anerkennung (Konfessionsfreiheit): «Drumb sag ich, die weil weltlich gewalt von got geordnet ist, die boßen zustraffen und die frumen zuschutzen, ßo sol man yhr ampt lassen frey gehn unvorhyndert durch den gantzen corper der Christenheit» [13]. Luther begründete zwar Freiheit primär theologisch (Freiheit durch die Rechtfertigung im Glauben) [14]. Doch die gleichzeitige Betonung persönlicher Glaubenselemente und die sich rasch zu unabhängigen Kirchen differenzierende Christenheit führten, ohne den alten Häresiebegriff auszuschließen [15], zur Forderung nach Konfessions- und R.

Die neue Einstellung gegenüber Fremdreligionen und deren Aufwertung erfolgte seit dem 17. Jh. (auch im Zusammenhang mit der Indien- und Chinamission). Sie hatte auch Einfluß auf jene Vorurteilsbekämpfung der Aufklärung, die im politischen Bereich die Verquickung bzw. Identifizierung von religiöser und politischer Ideologie zu trennen wußte und Religion nicht mehr als Legitimation für politische Herrschaft gelten ließ, Religion vielmehr in Fortsetzung des Ansatzes der Reformation der privaten Sphäre zuwies. Unterstützung erfuhr diese Entwicklung durch einen Standpunkt, der den Menschen niemals im Vollbesitz, vielmehr nur auf unterschiedlichen Stadien auf dem Wege zur Wahrheit erblickte, wie ihn im weiteren 18. Jh. etwa G. E. LESSING und CH. M. WIELAND vertraten [16], und daher verstärkt für Gewissens- und Glaubensfreiheit plädierte [17].

Nach J. LOCKE hat der Staat R. zu garantieren, solange die religiöse Überzeugung und ihr öffentliches Bekenntnis «bürgerliche Interessen» nicht stören [18]. Ähnlich argumentiert wenig später J.-J. ROUSSEAU: Man muß «alle die Religionen tolerieren, welche ihrerseits die anderen Religionen tolerieren, sowie ihre Dogmen in nichts den Pflichten des Staatsbürgers entgegenstehen» [19]. Die praktische Konsequenz solcher Überlegungen war die volle subjektive Freiheit für Religion, wie sie z.B. Rousseau im ‹Emile› gefordert hatte [20], und eine äußere, staatliche Garantie für Religion, d.h. staatlich garantierte R.

Das Denken des 19. Jh. über Religion und R. führte die Überlegungen der Aufklärung fort und wurde vor allem von G. W. F. HEGEL [21] und F. D. E. SCHLEIERMACHER [22] beeinflußt. Zu einer intellektuellen Vertiefung von R. trug auch die von E. TROELTSCH getroffene und von R. OTTO aufgenommene Unterscheidung zwischen dem jeder Religion inhärenten allgemein Religiösen und ihrer historischen Erscheinung bei [23]. K. BARTHS [24] radikal-orthodoxe These einer prinzipiellen Trennung von Religion (geschichtlich) und Offenbarung (Heil), die sich jedem historischen Zugriff entziehe, kann als Gegenposition zu einer solchen 'Relativierung' angesehen werden, während die 'Säkularisierungsthese' D. BONHOEFFERS und F. GOGARTENS [25] Toleranz und R. erneut theologisch zu begründen suchte.

Die im Naturrechtsdenken des 17. und 18. Jh. verankerte Konzeption von R. fand vor allem in den Menschenrechtsdeklarationen des 18. Jh. ihre juristische Ausformung. Während die Grundrechte von Virginia (1776) in Art. 16 «Zwang und Gewalt» religiösen Überzeugungen gegenüber ablehnen und bestimmen, daß «alle Menschen gleicherweise zur freien Religionsausübung berechtigt» seien, und die Französische Menschenrechtsdeklaration (1789) in Art. 10 Freiheit der Religion zusichert, «sofern ihre Äußerung die durch die Gesetze errichtete öffentliche Ordnung nicht stört» [26], deutet die ‹Französische Charta› von 1814, ungeachtet der katholischen Staatsreligion, in Art. 5 bereits die Freiheitsüberzeugung des Liberalismus in Religionssachen an: «Jeder übt seine Religion mit gleicher Freiheit aus und erhält für seinen Gottesdienst den gleichen Schutz» [27]. Dies ist zwar noch nicht das vom Liberalismus des 19. Jh. erhobene Postulat der radikalen Trennung von Kirche und Staat (vgl. die Devise CH. DE MONTALEMBERTS: «Eglise libre dans l'état libre»), kann aber als Vorstufe zu der in Art. 18 der Menschenrechtsdeklaration der UNO (1948) und in Grundgesetzen zahlreicher Staaten zum Ausdruck gebrachten R. angesehen werden: «Jeder Mensch hat Anspruch auf Gedanken-, Gewissens- und R.; dieses Recht umfaßt die Freiheit, seine Religion oder seine Überzeugung zu wechseln, sowie die Freiheit, seine Religion oder seine Überzeugung allein oder in Gemeinschaft mit anderen, in der Öffentlichkeit oder privat, durch Lehre, Ausübung, Gottesdienst und Vollziehung von Riten zu bekunden» [28]. R. beinhaltet demnach sowohl die freie Wahl der Religion (Glaubens- und Gewissensfreiheit) als auch die Freiheit der ungehinderten (öffentlichen) Religionsausübung. Durch das II. Vaticanum wurde diese Position zur R. auch von katholischer Seite grundsätzlich anerkannt.

Anmerkungen. [1] XENOPHON: Mem. I, 1, 1. – [2] Zum Verbot des Dionysoskultes 186 v.Chr. vgl.: LIVIUS 39, 16; vgl. B. KÖTTING: R. und Toleranz im Altertum. Rhein.-Westfäl. Akad. Wiss.en, Geisteswiss.en: 27. Jahresfeier am 18. Mai 1977, hg. Rhein.-Westfäl. Akad. Wiss.en (1977) 20. – [3] TERTULLIAN: Apol. 24, 6. – [4] a.O. 39, 2. – [5] Quellenhinweise dazu vgl. in: R. LORENZ: Das 4.-6. Jh. (Westen), in: K. M. SCHMID/E. WOLF (Hg.): Die Kirche in ihrer Gesch. 1, C (1970) 5f. – [6] LAKTANZ: De mortibus persecutorum 48, 2; vgl. 48, 5; in der bei EUSEBIUS: Hist. eccl. 10, 5, 2 wiedergegebenen Texttradition des ‹Rescriptum Mediolanense› wird «religionis libertas» (ἐλευθερία τῆς θρησκείας) explizit genannt. – [7] LORENZ, a.O. [5] 38ff. – [8] AMBROSIUS: Ad Vincentium ep. 5, 17. – [9] GELASIUS I.: Ep. 12, 2-8, in: C. MIRBT/K. ALAND (Hg.): Quellen zur Gesch. des Papsttums und des Röm. Katholizismus 1 (^{6}1967) 222f.; GREGOR VII.: Regestrum II, 55 a (Dictatus papae), a.O. 282f.; vgl. G. TELLENBACH: Die westl. Kirche vom 10. bis zum frühen 12. Jh., in: K. M. SCHMID/E. WOLF (Hg.): a.O. [5] 2 (1988). – [10] z.B. MARSILIUS VON PADUA und LORENZO VALLA in: De falso credita et ementita Constantini donatione (1440), in: W. SEITZ: L. Vallas Schr. gegen die Konstant. Schenkung (1975) 1*-50*. – [11] NIKOLAUS VON KUES: De pace fidei. Philos.-theol. Schr., hg. L. GABRIEL 3 (1967) 705-797, zit.: 796. – [12] ERASMUS VON ROTTERDAM: Bittschr. an Hadrian VI. Opus epist. (Oxford 1906ff.) 5, 145f. – [13] M. LUTHER: An den christl. Adel dtsch. Nation (1520). Weim. Ausg. 6, 409, 16f.; die Anerkennung des «regimen politicum» erfolgte auch durch J. CALVIN: Instit. III, 19, 15. – [14] z.B. Von der Freiheit eines Christenmenschen (1520). – [15] Vgl. Confessio Augustana, art. 1, 5: «Derohalb werden verworfen alle Ketzereien, so diesem Artikel zuwider ...». – [16] CH. M. WIELAND: Frg. von Beiträgen zum Gebrauch derer, die sie brauchen können oder wollen. Werke, hg. F. MARTINI/H. W. SEIFFERT 3 (1967) 412-431, bes. 420f.; G. E. LESSING: Eine Duplik. Werke, hg. H. G. GÖPFERT 8 (1979) 33. – [17] Vgl. Art. ‹Glaubens- und Gewissensfreiheit›, in: Hist. Wb. Philos. 3 (1974) 665-670; außerdem R. WOHLFEIL/H. J. GOERTZ (Hg.): Gewissensfreiheit als Bedingung der Neuzeit (1980); H. SCHOLLER: Zum Verhältnis von (innerer) Gewissensfreiheit zur (äußerlichen) religiösen Bekenntnis- und Kultfreiheit, in: G. BIRTSCH (Hg.): Grund- und Freiheitsrechte vom Ausgang des MA bis zur Revolution von 1848 (1981) 183ff.; Gewissensfreiheit als Argument in England vom 16.-18. Jh., in: BIRTSCH (Hg.): Grund- und Freiheitsrechte von der ständischen zur spätbürgerlichen Ges. (1987) 88-116. – [18] Vgl. J. LOCKE: Ein Br. über Toleranz (1689), in: H. R. GUGGISBERG: Religiöse Toleranz. Dok. zur Gesch. einer Forderung (1984) 184. – [19] J.-J. ROUSSEAU: Vom Gesellschaftsvertrag. Sozialphilos. und Polit. Schr., hg. E. KOCH u.a. (1981) 388ff. – [20] Emile oder Über die Erziehung, a.O. 275ff. – [21] G. W. F. HEGEL: Vorles. über die Philos. der Relig. 1-2, hg. G. LASSON (1925-29, ND 1974). – [22] F. D. E. SCHLEIERMACHER: Reden über die Relig. an die Gebildeten unter ihren Verächtern (1799). – [23] E. TROELTSCH: Die Absolutheit des Christentums und die Relig.gesch. (^{2}1922); R. OTTO: Das Heilige (1917). – [24] K. BARTH: Kirchl. Dogmatik 1-4 (1932-70). – [25] Vgl. Art. ‹Säkularisierung›; speziell D. BONHOEFFER: Widerstand und Ergebung (1951); vgl. E. BETHGE: D. Bonhoeffer, Theologe, Christ, Zeitgenosse (^{5}1983); F. GOGARTEN: Verhängnis und Hoffnung der Neuzeit (1953). – [26] W. HEIDELMAYER (Hg.): Die Menschenrechte. Erklärungen, Verfassungsartikel, Intern. Abkommen (1972) 56. 58. – [27] a.O. 68. – [28] 243.

Literaturhinweise. E. MELICHAR: Das Problem der relig. Freiheit. Z. öffentl. Recht 18 (1939) 546-640. – CH. S. WILLIAMS: Religious liberty (Evanston 1941). – M. S. BATES: Religious liberty. An inquiry (New York/London 1947). – R. SMEND: Glaubensfreiheit als innerkirchl. Grundrecht. Z. evang. Kirchenrecht 3 (1953/54) 113-125. – J. LECLER: Hist. de la tolérance au siècle de la réforme 1-2 (1955); dtsch.: Gesch. der R. (1965). – Art. ‹R.›, in: RGG^3 5, 984. – P. FEDELE: La libertà relig. (Mailand 1963). – E.-W. BÖCKENFÖRDE: R. als Aufgabe der Christen. Stimmen Zeit 176 (1964/65) 199ff. – G. DE BROGLIE: Le droit nat. et la liberté relig. (Paris 1964). – L. JANSSENS: Liberté de conscience et liberté relig. (Paris 1964). – P. LANARÈS: La liberté relig. dans les conventions int. et dans le droit public gén. (Roanne 1964). – R. SCHNUR (Hg.): Zur Gesch. der Erklärung der Menschenrechte (1964). – K. RAHNER u.a.: R. Ein Problem für Staat und Kirche (1966). – TH. C. VAN BOVEN: De volkenrechtlijke bescherming van de godsdienstvrijheid (Assen 1967). – E. MCDONAGH: The declaration on relig. freedom of Vatican Council II. The text with comm. in the context of the church-state disc. (London 1967). – E. CASTELLI u.a.: L'ermeneutica della libertà relig. (Padua 1968). – J. KRAUTSCHEIDT/H. MARRE (Hg.): Essener Gespräch zum Thema Staat und Kirche (1969). – RAC 8 (1972) 269-306. – B. KÖTTING: R. und Toleranz im Altertum (1977). – H. LUTZ (Hg.): Zur Gesch. der Toleranz und R. (1977). – C. ARONSFELD: The ghosts of 1492. Jewish aspects of the struggle

for relig. freedom in Spain 1848-1976 (New York 1979). – R. GURLICH (Hg.): R. und Glaubensfreiheit als Menschenrecht (1980). – P. LENDVAI (Hg.): R. und Menschenrechte. Bilanz und Aussicht (1983). – E. FISCHER: Trennung von Staat und Kirche. Die Gefährdung der R. und Weltanschauungsfreiheit in der BRD (³1984). – H. LÜBBE: Relig. nach der Aufklärung (1986). – U. RUH/D. SEEBER/R. WALTER (Hg.): Handwb. relig. Gegenwartsfragen (1986) Lit. – W. SCHULZE: Concordia, Discordia, Tolerantia. Dtsch. Politik im konfess. Zeitalter. Z. hist. Forsch., Beih. 3 (1987) 43-79. – Staatslex. 4 (⁷1988) 820-837. – G. BIRTSCH (Hg.): Die Menschenrechte. Grundzüge ihrer Entwicklung (1990).
M. CSÁKY

Religionsgeschichte (nlat. historia religionis bzw. religionum; engl. history of religion; frz. histoire des religions)

I. – Das schon im 16. Jh. belegte Kompositum ‹R.› (‹historia religionis› [1]) bezeichnet in seinem frühen Gebrauch (der weiten Bedeutung von ‹historia›/‹Geschichte› entsprechend) Faktensammlungen und historische Darstellungen der jüdisch-christlichen Religion, aber auch nichtchristlicher Religionen [2]. Hierbei kommen sowohl polemisch-apologetische [3] als auch historisch-deskriptive Zielsetzungen [4] zum Tragen. Die großen Werke der frühen vergleichenden R. von G. J. VOSSIUS oder E. HERBERT VON CHERBURY tragen jedoch zumeist nicht den Titel ‹R.› [5]. Seit dem 18. Jh. wird das Fach ‹R.› systematisch von der Kirchengeschichte abgegrenzt [6] und zunehmend als Beschreibung eines Entwicklungsprozesses begriffen [7]. J. G. HERDER, der die R. als Geschichte von «Meinungen» und «Irrtümern» versteht, fordert ihre Unabhängigkeit von der Dogmatik [8].

D. HUMES ‹Natural history of religion› (1757) [9], deren Programm auf die Ermittlung der anthropologischen und psychischen Grundlagen der Religion zielt und somit nicht mit R. zusammenfällt, hat dennoch mit dem Gedanken einer gesetzmäßigen Abfolge der Religionsformen («natural progress of human thought» [10]) die R. beeinflußt. So findet sich die Auffassung von R. als Teil der einem natürlichen Entwicklungsgesetz folgenden Menschheitsgeschichte 1785 bei CH. MEINERS, der alle Religionen in ihre Grundelemente aufzulösen sucht, um in einem religionsgeschichtlichen Abriß deren «natürliche» Abfolge zu rekonstruieren [11]. An Vorlesungen Meiners anknüpfend, definiert auch J. G. LINDEMANN R. als Beitrag «zur Geschichte des menschlichen Verstandes, und zum Fortgange der menschlichen Vernunft» [12].

Ausgehend von der Unterscheidung zwischen Historie und Vernunft bestreitet I. KANT die Möglichkeit von R. als «Universalhistorie des menschlichen Geschlechts» [13], da Religion im Sinne seiner Definition als «Erkenntniß aller Pflichten als göttlicher Gebote» [14] nur individuell, nicht öffentlich bestimmt werden könne. Einer historischen Darstellung sei lediglich das Verhältnis der jeweiligen Ausformung des «Kirchenglaubens» zur allgemeinen, unveränderlichen und reinen Vernunftreligion fähig. Als «Geschichte der Idee von Gott» [15] in seinen historischen Gestalten und jeweiligen Auswirkungen auf die Menschen, die von der «allgemeinen R.» als dem idealen Entwicklungsgang der Vernunftreligion zu unterscheiden sei, [16] hält der Kantianer I. BERGER R. allerdings dennoch für möglich. – Sofern R. zu Ende des 18. Jh. als Teilgebiet der Theologie aufgefaßt wird, fällt der Begriff weitgehend mit dem der «historischen Theologie» [17] zusammen.

1806/07 legt CH. MEINERS das erste Lehrbuch der R. vor [18]. Richtungsweisend ist seine Anordnung des Stoffs, der nicht chronologisch, sondern nach einer Systematik der Vorstellungen und Verehrungsformen des Numinosen («Fetischismus, Todten-Dienst, Sternen-Dienst, Bilderdienst») aufgebaut ist. Seine induktive, nicht konstruierende Methode rückt seine Konzeption der R. in die Nähe der (späteren) Religionsphänomenologie [19].

Im 19. Jh. dominiert zunächst das in den großen spekulativen Systemen explizierte Verständnis von R. als einer durch immanente Vernunftgesetze determinierten Entwicklung. G. W. F. HEGEL bestimmt R. als die Abfolge von «besonderen Gestalten» der Religion, deren «Stufengang» einer dem Begriff der Religion innewohnenden Notwendigkeit, dem ihm immanenten «Geist» folge [20]. Für F. W. J. SCHELLING ist R. die «fortgehende Offenbarung, oder symbolische Darstellung» religiöser Ideen, die wie Geschichte überhaupt als «fortgehende Entwicklung des moralischen WeltPlans ... prädestiniert durch die Vernunft» [21] zu verstehen sei.

Die weitere Geschichte des Begriffs im 19. Jh. wird durch drei Entwicklungen bestimmt: Erstens verlagert sich der Gegenstand der R. von den allgemeinen Betrachtungen über die Geschichte der Religion, die nach den großen konstruierenden Systemen nur noch geringes Interesse finden, auf die empirisch orientierte Untersuchung einzelner Religionen in begrenzten Phasen. Seit F. MAX MÜLLER dokumentiert sich der damit einhergehende Anspruch auf Wissenschaftlichkeit in der programmatischen Ersetzung des Begriffs ‹R.› durch ‹Religionswissenschaft› [22], die sich bis zum Ende des Jh. weitgehend durchsetzt (zu Abgrenzungsversuchen s.d.). – Durch die Erfolge der vergleichenden Sprachwissenschaft und der Ethnologie, die von der R. zunehmend als Materialbasis genutzt werden, gewinnen zweitens komparative Methoden derart an Einfluß, daß die Begriffe ‹R.›, ‹vergleichende R.› und ‹(vergleichende) Religionswissenschaft› relativ synonym verwendet werden [23]. Der religionswissenschaftliche Impuls F. MAX MÜLLERS wurde vornehmlich von Altphilologen (H. USENER, E. NORDEN, R. REITZENSTEIN, W. BURKERT, H. CANCIK) aufgenommen. – Am Problem des Ursprungs der Religion(en) orientiert, konstruieren drittens Vertreter unterschiedlicher Disziplinen bis in das 20. Jh. hinein religionsgeschichtliche Entwicklungslinien (z.B. J. LUBBOCK: Atheismus, Fetischismus, Totemismus, Schamanismus, Anthropomorphismus, Schöpfergott [24]) und bleiben damit dem älteren, von Max Müllers Konzept einer nichtkonstruierenden, empirischen Religionswissenschaft zu unterscheidenden Begriff von R. verpflichtet [25].

Der Säkularisierung der R. will die sog. «religionsgeschichtliche Schule» um A. EICHHORN u.a. durch die «Idee einer religionsgeschichtlichen Theologie» entgegenwirken, indem sie mit der «Forderung eines Aufbaus der Theologie auf historischer, universalgeschichtlicher Methode» an die Ansätze historischer Kritik des Deismus der Aufklärungszeit sowie an die Arbeiten von Lessing, Kant, Herder, Schleiermacher, de Wette, Hegel, Bauer und Lagarde anknüpft [26].

Anmerkungen. [1] J. SCHOPPER: Newe Chronographia (1582); vgl. P. E. GEIGER: Das Wort ‹Geschichte› und seine Zusammensetzungen. Diss. Freiburg i.Br. (1908) 74. – [2] G. TH. MEIER: Historia religionum christiana judaicae gentilis et muhammedanae a condito mundo ad nostra usque tempora (1697); TH. HYDE: Veterum Persarum religionis hist. (Oxford 1700). – [3] J. CH. KOECHER: Vollständiger Abriß aller iemals in der Welt bekannten und üblichen Religionen ... (1756). – [4] J. VON GRO(E)NING: Historie der heutigen Religionen (1702); S. J. BAUMGARTEN [Gesch. der Religionspartheyen, hg. J. SEMLER (1766, ND 1966) 12] unterscheidet auch terminologisch den «usus historicus» vom «usus polemicus» der R. – [5] G. J. VOSSIUS: De theologia gentili (Amsterdam 1641); E. Lord HERBERT VON CHERBURY: De religione gentilium errorumque apud eos causis (Amsterdam 1663), ND, hg. G. GAWLICK (1967); vgl. L. G. GIRALDUS: De Deis gentium varia et multiplex hist. (Basel 1548, Lyon ²1565). – [6] J. CH. GATTERER: Hb. der Universalhistorie (1765); vgl. GEIGER, a.O. [1] und A. ANWANDER: Die allg. R. im kath. Deutschland während der Aufklärung und Romantik (Salzburg 1932) 90. – [7] Vgl. den konzeptionellen Wandel zwischen CH. W. F. WALCH: Neueste R. 1-9 (1771-83) und G. J. PLANCK: Neueste R. fortgesetzt 1-3 (1787-93). – [8] J. G. HERDER: Ueber die verschiedenen Relig. Sämmtl. Werke, hg. B. SUPHAN 32 (1899) 145ff. – [9] D. HUME: The philos. works, hg. TH. H. GREEN/TH. H. GROSE (London 1882) 4, 309-363. – [10] a.O. 311. – [11] CH. MEINERS: Grundriß der Gesch. aller Relig. (1785) III-V; Versuch über die R. der ältesten Völker bes. der Egyptier (1775) 9ff. – [12] J. G. LINDEMANN: Gesch. der Meinungen älterer und neuerer Völker ... nebst einer besondern R. der Aegypten, Perser ... 1 (1784) XVIII. – [13] I. KANT: Relig. innerh. der Grenzen der bloßen Vernunft III, 2 (1793). Akad.-A. 6, 124. – [14] KpV 233, a.O. 5, 129. – [15] I. BERGER: Ueber den Begriff der Relig., Relig.wiss., R. und ihrer Principien, in: Beitr. zur Gesch. der Relig. und der Theol. und ihrer Behandlungsart, hg. CH. W. FLÜGGE (1797) 199-226, hier: 201. – [16] a.O. 214; vgl. auch: Idee zur Philos. der R., in: Beitr. zur Philos. und Gesch. der Relig. und Sittenlehre, hg. K. F. STÄUDLIN 4 (1798) 222-289; CH. W. FLÜGGE: Versuch über das Studium der R., a.O. 2 (1797) 1-92. – [17] J. A. NÖSSELT: Anweisung zur Kenntniß der besten Bücher in allen Theilen der Theol. (³1790) 379f.; Anweisung zur Bildung angehender Theologen (²1791) 2, 101f. – [18] CH. MEINERS: Allg. krit. Gesch. der Relig. 1-2 (1806/07). – [19] Vgl. H. WENZEL: Ch. Meiners als Relig.historiker (1917) 26f. – [20] G. W. F. HEGEL: Vorles. über die Philos. der Relig. Jub.ausg., hg. H. GLOCKNER (1927-40) 15, 92. – [21] F. W. J. SCHELLING: Ueber Offenbarung und Volksunterricht (1798). Akad.-A. 1 (1975) 4. 255. – [22] Vgl. E. HARDY: Was ist Relig.wiss.? Arch. Relig.wiss. 1 (1898) 9-42, hier: 10, Anm. 1. – [23] a.O. 9ff. – [24] J. LUBBOCK: The origin of civilisation and the primitive condition of man (London 1870); dtsch. (1875). – [25] Vgl. W. SCHMIDT: Ursprung und Werden der Relig. [Hb. der vergleich. R.] (1930); O. GRUPPE: Gesch. der klass. Mythologie und R. (1921) 214-245. – [26] E. TROELTSCH: Über hist. und dogmat. Methode in der Theol. Ges. Schr. (1922-25) 2, 729-753, hier: 738; vgl. auch C. CLEMEN: Die relig.geschichtl. Methode in der Theol. (1904).

Literaturhinweise. E. HARDY s. Anm. [22]; Zur Gesch. der vergleich. Relig.forsch. Arch. Relig.wiss. 4 (1901) 45-66. 97-135. 193-228. – M. JASTROW: The study of religion (London 1901). – L. H. JORDAN: Compar. religion. Its genesis and growth (Edinburgh 1905). – P. E. GEIGER s. Anm. [1]. – C. VON ORELLI: Allg. R. (1911) I, 22ff. – H. LEHMANN: Zur Wiss.lehre der R. Z. Missionskunde Relig.wiss. (1916) 203-207. 239-249. 269-276. 333-341. – H. PINARD DE LA BOULLAYE: L'étude comparée des religions 1-2 (Paris 1922-25). – E. LEHMANN: Zur Gesch. der R., in: D. CHANTEPIE DE LA SAUSSAYE: Lehrb. der R., hg. A. BERTHOLET/E. LEHMANN (⁴1925) I, 1-22; Der Lebenslauf der R. Actes du Vᵉ congr. int. d'hist. des religions [Lund 1929] (Paris 1930) 44-52. – W. SCHMIDT s. Anm. [25]. – A. ANWANDER s. Anm. [6]. – G. VAN DER LEEUW: Phänomenologie der Relig. (²1956) 788-798.

D. KEMPER

II. – Die R. steht im 20. Jh. vor der Aufgabe, den religiösen Pluralismus zu ordnen und in bestimmter Reihenfolge aufzugliedern. Die Charakteristika, die hierfür als maßgebend angenommen werden [1], können quantitativer Art sein und die zahlenmäßige Höhe der Bekenner sowie die Größe der Verbreitungsgebiete von Religionen derart betreffen, daß zwischen Weltreligionen und regional gebundenen Religionen unterschieden wird [2]. Eine Aufgliederung nach der Höhe der den jeweiligen Religionen zugehörigen Kulturen sondert Hochreligionen von sogenannten Primitivreligionen [3]. Qualitative Gesichtspunkte bestimmen eine Ordnung nach dem Wesen des Gottesglaubens oder nach dem Wert an ethischen Gehalten [4]. Prinzip der Unterscheidung können auch historische Gesichtspunkte sein, die gestiftete Religionen von solchen trennen, die keinen Stifter erkennen lassen [5]. Prophetische Religionen treten durchweg als gestiftete in Erscheinung; sie sind außerdem gekennzeichnet durch den sachlichen Gegensatz zur Mystik. Die Problematik einseitiger Verwendung bestimmter Charakteristika für die sehr komplexen Gebilde der Religionen bedingt die häufige Verwendung des religionsgeographischen Einteilungsprinzips als des relativ neutralsten [6]. Gegen die Ausklammerung der christlichen Religionen bei D. CHANTEPIE DE LA SAUSSAYE [7] und C. VON ORELLI [8] wendet sich S. REINACH [9].

Anmerkungen. [1] Zur Problematik der Einteilungskriterien vgl. auch N. SÖDERBLOM: Einf. in die R. (1920, 6ff.; F. MAX MÜLLER: Einl. in die vergleich. Relig.wiss. (1874) 112-128; U. BIANCHI: Problemi di storia delle religioni (Rom 1958); dtsch.: Probleme der R. (1964). – [2] So z.T.: C. CLEMEN (Hg.): Die Religionen der Erde. Ihr Wesen und ihre Gesch. (1927); P. WURM: Hb. der R. (²1908); G. MENSCHING: Allg. R. (²1949). – [3] Vgl. vorwiegend in: TIELE-SÖDERBLOMS Kompendium der R., hg. N. SÖDERBLOM (⁶1931); J. P. ASMUSSEN/J. LÆSSØE (Hg.): Hb. der R. (Kopenhagen 1968-71), dtsch. (1971). – [4] Zur «Klassifizierung der Religionen nach Inhalt und Wesen» vgl. BIANCHI, a.O. [1] 29-73. – [5] a.O. 21-29. – [6] Vgl. D. CHANTEPIE DE LA SAUSSAYE: Lehrb. der R., hg. A. BERTHOLET/E. LEHMANN (⁴1925); in Kombination mit einem chronolog. Raster in: F. KÖNIG (Hg.): Christus und die Religionen der Erde. Hb. der R. (²1956). – [7] a.O. – [8] C. VON ORELLI: Allg. R. (1911). – [9] S. REINACH: Orpheus. Allg. Gesch. der Religionen (²1910) 2f.

Literaturhinweise. G. WOBBERMIN: Gesch. und Historie in der Relig.wiss. (1911). – A. KUENEN: Volksgodsdienst en wereldgodsdienst (Leiden 1882). – A. BERTHOLET (Hg.): Relig.geschichtl. Lesebuch (1908). – J. WACH: Relig.wiss. Prolegomena zu ihrer wiss.theoret. Grundlegung (1924). – H. FRICK: Vergleich. Relig.wiss. (1928). – U. BIANCHI s. Anm. [1]. – F. HEILER (Hg.): Die Religionen der Menschheit in Vergangenheit und Gegenwart (1959, ²1962). – H. RINGGREN/A. V. STRÖM (Hg.): Die Religionen der Völker (1959). – H.-J. SCHOEPS: Religionen. Wesen und Gesch. (1961). – M. ELIADE/J. M. KITAGAWA (Hg.): Grundfragen der Relig.wiss. (Salzburg 1963). – G. LANCZKOWSKI: Relig.wiss. als Problem und Aufgabe (1965). – K. GOLDAMMER: Religionen, Relig. und christl. Offenbarung. Ein Forsch.ber. zur Relig.wiss. (1965). – C. J. BLEEKER/G. WIDENGREN (Hg.): Historia Religionum (Leiden 1969-71). – E. DAMMANN: Grundriß der R. (1972). – K. RUDOLPH: Historia Religionum. Bem. zu einigen neueren Handbüchern der R. Theolog. Lit.ztg. 98 (1973) 401-418. – G. LANCZKOWSKI: Einf. in die R. (1983).

G. LANCZKOWSKI

Religionskritik (engl. critique of religion; frz. critique de la religion; ital. critica della religione)

A. – Der Begriff ‹R.› verdankt seine Entstehung der kritischen Philosophie KANTS. Unter ihrem Einfluß wird die Forderung laut, Religion mit einer Vernunftsprinzipien zur Geltung bringenden Kritik zu versöhnen. Nach J. H. TIEFTRUNK sollen «denkende Schriftausleger» keinen Schritt tun, «ohne ihn unter den Augen der R. rechtfertigen zu können» [1]. Den mit diesem Anspruch heraufbeschworenen Konflikt zwischen Offenbarungsglauben und kritischer Philosophie sucht K. F. STÄUDLIN mit dem Hinweis zu beruhigen, «zwischen dem Religionszweifel und dem Religionsglauben» sei «die große Kluft nicht, die man sich gewöhnlich vorstellt» [2], und auch F. SCHLEIERMACHER deutet «immerwährendes Polemisieren» und Selbstkritik als Spezifikum der christlichen Religion [3]. Die keineswegs auf das Christentum beschränkte konstitutive Verbindung von Religion und R. [4] berechtigt zur Feststellung, R. sei «ein vergleichsweise neuer Begriff für eine fraglos alte Sache» [5]. Dies um so mehr, als sich, lange bevor das Kompositum ‹R.› in der philosophischen Terminologie heimisch werden konnte, grundsätzlicher und partieller Dissens mit religiösen Überzeugungen und Handlungen artikuliert.

Die retrospektive Übertragung auf weit zurückliegende Epochen entspricht dem Kantischen Begriff aus dem späten 18. Jh. so genau, daß sie mit mehr Recht als in analogen Fällen in eine Begriffsgeschichte von ‹R.› einbezogen werden kann und muß. So hat man von antiker R. gesprochen [6], hebt in diesem Zusammenhang aber neben der epikureischen Tradition der R. [7] meist die Leistungen der Eleaten, namentlich des XENOPHANES hervor, bei dem sich bereits der religionskritische Topos der Projektion anthropomorpher Vorstellungen findet [8]. Im Hintergrund dieser wie auch der späteren Erschütterungen verlieren religiöse Weltbilder an Selbstverständlichkeit, ein Prozeß, der durch Rationalisierungsbemühungen gemildert und aufgefangen, zugleich aber auch verschärft wird.

Obwohl die Vagheit des Religionsbegriffs es schwer macht, den mit ‹R.› bezeichneten Sachverhalt begrifflich zu präzisieren, konnten sich namentlich in der Theologie einige Spezifikationen durchsetzen, von denen die Unterscheidung zwischen externer und interner bzw. immanenter R. die geläufigste ist. Die Aufteilung deckt sich jedoch semantisch nicht mit der in der älteren Formulierung «Kritik der Religion» durch das Äquilibrium von Genitivus subjectivus und Genitivus objectivus ausgesprochenen Ambivalenz.

Anmerkungen. [1] J. H. TIEFTRUNK: Versuch einer Kritik der Relig. und aller relig. Dogmatik, mit bes. Rücksicht auf das Christenthum (1790) 343f. – [2] K. F. STÄUDLIN: Gesch. und Geist des Skepticismus, vorzüglich in Rücksicht auf Moral und Relig. (1794) 127. – [3] F. D. E. SCHLEIERMACHER: Über die Relig. Reden an die Gebildeten unter ihren Verächtern (1799, ⁶1967) 196. – [4] Vgl. W. POST: R., in: Sacramentum Mundi (1969) 4, 222-229; vgl. B. CASPAR: Wesen und Grenzen der R. Feuerbach-Marx-Freud (1974) 92f.; D. RÖSSLER: Die Vernunft der Relig. (1976) 9. – [5] N. SCHIFFERS/H.-W. SCHÜTTE: Zur Theorie der Relig. (1973) 99. – [6] Vgl. J. BAUR: Die Unausweichlichkeit des Religiösen und die Unableitbarkeit des Evangeliums, in: H. BREIT/K.-D. NÖRENBERG (Hg.): R. als theolog. Herausforderung (1972) 88ff. (mit zahlr. Belegen); vgl. auch: K.-H. WEGER: Einf., in: R. von der Aufklärung bis zur Gegenwart. Autoren-Lex. von Adorno bis Wittgenstein (1979) 13-17. – [7] Vgl. L. STRAUSS: Die R. Spinozas als Grundlage seiner Bibelwiss. Unters. zu Spinozas Theolog.-polit. Traktat (1930) 10ff. – [8] XENOPHANES: 21, B 11-19. VS I, 132f.; vgl. F. MAUTHNER: Der Atheismus und seine Gesch. im Abendlande (1923) 1, 83; 4, 196; G. BORNKAMM: Stud. zu Antike und Urchristentum. Ges. Aufs. (1970) 2, 24f.

B. *17. und 18. Jh.* – Die Motivation der neuzeitlichen R. ist ausgesprochen vielschichtig. Zu ihren Konstanten zählen die auf die begriffliche Disjunktion von Glauben und Wissen bzw. Moral folgenden Diskussionen über die Vereinbarkeit von Religiosität mit Rationalismus und politischer Emanzipation, d.h. von Religion und einer sich zunehmend und in einem durchaus vieldeutigen Sinne als kritisch begreifenden Philosophie.

1. *Französische Aufklärung.* – P.-H. TH. D'HOLBACH radikalisiert die voraufgegangenen Auseinandersetzungen, indem er Religion schlechthin, einschließlich der deistischen Vernunftreligion, dem Verdacht aussetzt, «zur stärksten Triebfeder einer ungerechten und niederträchtigen Politik geworden» zu sein [1]. Er prägt das in der Folgezeit populär gewordene [2] Wort von der narkotisierenden Wirkung der Religion. «Die Religion ist die Kunst, die Menschen durch Schwärmerei trunken zu machen, um sie daran zu hindern, sich mit den Übeln zu befassen, mit denen ihre Herrscher sie hienieden plagen» [3]. Vor dem «Tribunal der Vernunft» [4] wird die Religion der Korruption und der Unterstützung illegitimer Herrschaft bezichtigt und ihre Unvereinbarkeit mit einer der menschlichen Natur angemessenen Moral konstatiert [5]. «Analysieren wir ihre Prinzipien», ermuntert d'Holbach, «verfolgen wir ihren Weg, und wir werden feststellen, daß sie, gegründet auf Betrug, auf Unwissenheit und Leichtgläubigkeit, niemals den Menschen nützlich war und sein wird, ausgenommen jenen, die es für einträglich halten, das Menschengeschlecht zu betrügen» [6]. Mit ihrer politischen Stoßrichtung gehen d'Holbachs Thesen entschieden über VOLTAIRES Polemiken gegen die von Leibniz vorgetragene Theodizee hinaus. Der bekannte Vers «Si Dieu n'existait pas, il faudrait l'inventer» [7] wendet sich gegen den Atheismus D. DIDEROTS [8] und namentlich d'Holbachs [9], dem Voltaire in seiner deistischen Ethik unter Berufung auf Spinoza [10] den Verweis auf die Nützlichkeit des Gottesglaubens für menschliches Glück und soziale Stabilität gegenüberstellt. Voltaires heikler Rehabilitationsversuch relativiert die Geltung der im übrigen von ihm selbst vertretenen [11] Theorie vom Priesterbetrug.

Anmerkungen. [1] P.-H. TH. D'HOLBACH: Le christianisme dévoilé, ou examen des principes et des effets de la relig. chrét. ('London' 1761), dtsch. in: Religionskrit. Schr., hg. M. NAUMANN (1970) 167; vgl. auch: Système de la nature ('London' 1770) 344. – [2] Vgl. die Angaben bei E. SCHAPER: Relig. ist Opium für das Volk. Z. Kirchengesch. 59 (1940) 425-429; P. MEINHOLD: 'Opium des Volkes?' Zur R. von H. Heine und K. Marx. Mschr. Pastoraltheol. 49 (1960) 160-176; H. GOLLWITZER: Die marxist. R. und der christl. Glaube (⁷1981) 23ff. – [3] D'HOLBACH, a.O. [1] 344. – [4] a.O. 55. – [5] Vgl. 117. 132 und: Lettres à Eugénie ou préservatif contre les préjugés ('London' 1768), dtsch., a.O. [1] 444; vgl. VOLTAIRE: Le philosophe ignorant. Oeuvres compl., hg. L. MOLAND (Paris 1877ff.) 26, 47-95. – [6] a.O. [1] 69f. – [7] VOLTAIRE: Epîtres. Oeuvr., a.O. [5] 10, 403; vgl. auch: Essai sur les mœurs et l'esprit des nations, a.O. 11, 179f. – [8] D. DIDEROT. Lettre sur les aveugles à l'usage de ceux qui voient ('London' 1749). – [9] VOLTAIRE: Br. an Mme de Saint-Julien (15. Dez. 1766). Compl. works, hg. TH. BESTERMAN (1974ff.) 115, 147f. (D 13737). – [10] Tout en Dieu. Oeuvr., a.O. [5] 28, 91-102. – [11] Br. an Helvétius (27. Okt. 1760). Works, a.O. [9] 106, 248f. (D 9354) und Br. an E. N. Daminaville, a.O. 108, 255 (D 10295).

2. *Englische und deutsche Aufklärung.* – Trotz teilweise scharf formulierter Angriffe auf klerikale Kreise und gewisse Formen praktischer Religionsausübung hält namentlich die deutsche Aufklärung Vernunft- und Glaubensgrundlagen für vermittelbar. J. CH. EDELMANN rechtfertigt die These J. LOCKES von der Vereinbarkeit von Vernunft und Religion [1] gegenüber den Einwürfen von J. EDWARDS [2] und nennt das dem Klerus «unterworfene» Christentum «eine Gesellschafft unvernüfftiger und im höchsten Grad bezauberter Thoren» [3]. Mit Locke hebt EDELMANN hervor, daß die «Vernunfftmäßigkeit desselben» unzweifelhaft sei [4]. Die auch von H. S. REIMARUS [5] verfochtene Apologie der Vernunft

gründet auf der Überzeugung, «daß Gott, Vernunfft, Glaube und Gewissen in der That einerley sey» [6]. Jesus ist gekommen, um «die Menschen von dem thörichten *Pfaffen-Glauben* frey zu machen» [7]. Der durch die Schriften von E. HERBERT VON CHERBURY [8], J. TOLAND [9], SHAFTESBURY [10] und M. TINDAL [11] gestärkte Deismus sucht die Ansprüche der Offenbarungsreligion unter Berufung auf einen Kanon religiöser Grundartikel, der eine aller Religion gemeinsame Basis formuliert, zurückzuweisen und die Religion vernunftgemäß zu gestalten. Die dabei im 18. Jh. immer deutlicher werdenden Vermittlungsschwierigkeiten führen zu unterschiedlichen Lösungsversuchen: Hatte TH. HOBBES Wissenschaft und Religion als grundsätzlich verschieden begriffen, jedoch die absolute politische Herrschaft zur Erhaltung des Staatswesens noch mit einer bürgerlich beschränkten Religion vermittelt, so stellt D. HUME resigniert fest: «No theological absurdities so glaring that they have not, sometimes, been embraced by men of the greatest and most cultivated understanding» [12]. Dem Kritiker bleibe nur die Flucht «into the calm, though obscure, regions of philosophy» [13]. G. E. LESSING dagegen löst die für «natürlich erkannten Religions-Wahrheiten» von ihren historischen Konkretionen, den «positiven und geoffenbarten Religionen» ab, die zwar von der «natürlichen Religion» Zeugnis ablegen, aber insgesamt als «gleich wahr und gleich falsch» qualifiziert werden müssen [14].

Trotz einiger weniger Assonanzen im Französischen [15] gewinnt der Begriff ‹R.› erst in der deutschen Philosophie Kontur. «Wenn die Quelle gewisser sanctionirter Lehren *historisch* ist», legitimiert I. KANT 1798 das Vorhaben der R., «so mögen diese auch noch so sehr als heilig dem unbedenklichsten Gehorsam des Glaubens anempfohlen werden: die philosophische Facultät ist berechtigt, ja verbunden, diesem Ursprunge mit kritischer Bedenklichkeit nachzuspüren» [16]. Dem «Zeitalter der Kritik», so Kant bereits 1781, kann sich auch Religion nicht länger entziehen, will sie «auf unverstellte Achtung ... Anspruch machen, die die Vernunft nur demjenigen bewilligt, was ihre freie und öffentliche Prüfung hat aushalten können» [17]. Die Kritik sondert Offenbarungsreligion, deren Objektivationen analog der Unterscheidung Lessings als historisch erkannt werden, und Vernunftreligion, die – im Gegensatz zu der auf «statutarische» Gesetzlichkeit sich berufenden Offenbarung – einen jeden «aus sich selbst durch seine eigene Vernunft den Willen Gottes, der seiner Religion zum Grunde liegt, erkennen» läßt [18]. Obwohl dieser Prätention unter Hinweis auf das Abhängigkeitsverhältnis, in das Religion gegenüber dem Urteil der Vernunft gerät, lebhaft widersprochen wird (J. G. HAMANN [19], A. W. SCHLEGEL [20]), kann sich der Begriff ‹R.› durchsetzen. Anders jedoch als in den französischen Kontroversen, deren Wortführern NOVALIS «Religions-Haß» [21] bescheinigt, begreift sich die unter mittelbarem und unmittelbarem Einfluß Kants vorgetragene R. als interne. K. L. REINHOLD meldet 1789 Bedenken an, ob «die entfesselte Vernunft» nicht im Kampf gegen Bigotterie und Aberglaube «zaumlose Schwelger» und «ungläubige Wilde» hervorbringen könnte, «wenn nicht an ihrer Stelle ächte vollwichtige Münze geprägt, und in Umlauf gebracht würde» [22]. Seine streitbaren Artikel werben für «ächtes Christenthum» [23], d.h. für eine Vermittlung zwischen dem «Geist der ältesten Zeiten des Christenthums» und der «Aufklärung» [24]. In durchaus reformerischer Absicht kündigen sie an, «Mißbräuche ... in der Religion ... fingerdeutend der Kritik verrathen» zu wollen [25], um Glaube und Vernunft neu zu verbinden.

Auch J. H. TIEFTRUNK gestaltet seine Auseinandersetzung mit der Religion als kritische Sichtung der Dogmatik, seine Kritik fragt aber über Reinholds Vermittlungsversuch hinaus nach den Prinzipien, die einem mit den Grundlagen der Vernunft ausgesöhnten Glauben zugrundeliegen müssen. «Denn die Kritik», so der Verfasser in dem 1790 anonym publizierten ‹Versuch einer Kritik der Religion›, «urtheilt nicht nach einem schon gangbaren System, sondern ... bahnt sich durch sich selber einen Weg sowohl zur Gründung eines Systems als zur Censur aller vorhandenen Lehrbegriffe» [26]. Eng mit dieser Intention verbunden ist die historische und systematische Sondierung auch der nichtchristlichen Religionen, die CH. MEINERS vorlegt [27]. Den voraufgegangenen Auseinandersetzungen wird nun die Schärfe genommen: TIEFTRUNKS Kritik rekonstruiert Religion als ein allen vernünftigen Wesen gemeinsames Bedürfnis, das der souveränen Vernunft unterstellt bleibt, weil «eine Religion der Unmündigen ein Unding» ist [28], das jedoch ebensowohl als Komplement menschlicher Grundeigenschaften ausgelegt und als solches – sofern von «Irrthum und Schwärmerei befreiet» [29] – sanktioniert wird. Die Zweifel F. V. REINHARDS an der «Vereinbarkeit» des Christentums mit einer kritischen Philosophie, die sich jeder Offenbarung als heteronomer Autorität widersetzen müsse [30], sucht K. F. STÄUDLIN zu zerstreuen, indem er einen «Vergleich» von theologischer und philosophischer Fakultät in Aussicht stellt, der auf Vernunftgrundsätzen beruhen soll. Nur auf der Basis der Vernunft, erläutert Stäudlin übereinstimmend mit E. PLATNER [31], kann «der Streit der Theologie und Philosophie beygelegt werden, oder es ist überhaupt keine Beylegung möglich» [32].

Damit ist das aktuelle Anliegen der seit TIEFTRUNK ausdrücklich so genannten R. umrissen [33]. Anders als der französische Materialismus richten sich die Bemühungen der frühen Kantianer auf die Reflexion der Bedingungen der Möglichkeit von Religion und suchen die Zulänglichkeit vernünftigen Urteilens auch auf dem Gebiet des Glaubens zu bestätigen. R., so definiert Tieftrunk die Aufgaben des mit der Etablierung der «kritischen» Philosophie Kants möglich gewordenen Unternehmens, «zügelt die Anmaaßungen des Dogmatikers, hemmt die Zerstöhrungen des Skeptikers und führt zu einem Lehrbegriff, der durch sich selbst haltbar ist und noch den Vortheil gewährt, daß man die Stärke und Schwäche eines jeden andern Systems ermessen kann» [34]. Dieser Befund kommt mit dem Resümee J. G. FICHTES, der indes nach dem sogenannten Atheismusstreit den Terminus «Religions-Theorie ... in wissenschaftlicher Absicht» [35] bevorzugt, überein. Fichtes ‹Critik der Offenbarung aus Principien a priori› urteilt, die Möglichkeit des Glaubens an eine gegebene Offenbarung sei, «wenn dieselbe nur vor dem Richterstuhle ihrer besondern Critik» bestanden habe, «völlig gesichert, alle Einwendungen dagegen auf immer zur Ruhe verwiesen, und aller Streit darüber auf ewige Zeiten beygelegt» [36].

Anmerkungen. [1] Vgl. J. LOCKE: The reasonableness of christianity (London 1695). – [2] Vgl. J. EDWARDS: Socinianism unmasked (London 1696); dtsch.: Der Socinianische Glaube oder ein kurtzer Bericht bekanter Lehr-Sätze der Ausländischen und unter uns wohnenden Socinianer (1719). – [3] J. CH. EDELMANN: Die Göttlichkeit der Vernunfft (1742, ND 1977) 428. – [4] a.O. – [5] Vgl. H. S. REIMARUS: Die vornehmsten Wahrheiten der natürl. Relig. (1754), hg. G. GAWLICK (1985); vgl. H. SCHULTZE: R.

in der dtsch. Aufklärung. Theolog. Lit.ztg. 103 (1978) 705-713. – [6] EDELMANN, a.O. [3] 198. – [7] Abgenöthigtes jedoch Andern nicht wieder aufgenöthigtes Glaubens-Bekenntniß (1746, ND 1969) 213. – [8] E. Lord HERBERT VON CHERBURY: De veritate (London ³1645), ND, hg. G. GAWLICK (1966); dazu F. W. KANTZENBACH: R. der Neuzeit. Einf. in ihre Gesch. und Probleme (1972) 19ff. – [9] Vgl. J. TOLAND: Christianity not mysterious (London 1696, ND New York/London 1978); dtsch.: Christentum ohne Geheimnis (1908); Letters to Serena (London 1704); dtsch.: Br. an Serena. Über den Aberglauben, über Materie und Bewegung, hg. E. PRACHT (1959). – [10] Vgl. A. A. COOPER Earl of SHAFTESBURY: A letter conc. enthusiasm, in: Characteristics of men, manners, opinions, times (London 1711, ND 1978). – [11] Vgl. M. TINDAL: Christianity as old as the creation (London 1730, ND 1967). – [12] D. HUME: The natural history of relig. The philos. works, hg. TH. H. GREEN/TH. H. GROSE 4 (London 1882, ND 1964) 362. – [13] a.O. 363. – [14] G. E. LESSING: Über die Entstehung der geoffenbarten Relig. Werke, hg. H. G. GÖPFERT (1970ff.) 7, 282f.; vgl. auch: Axiomata, wenn es deren in dergleichen Dingen gibt. Wider den Herrn Pastor Goeze, in Hamburg, a.O. 8, 136ff.; dazu H. LEY: Zu Lessings R., in: E. LANGE (Hg.): Philos. und Relig. Beitr. zur R. der dtsch. Klassik (Weimar 1981) 140-161. – [15] Vgl. N. S. BERGIER: Apologie de la relig. chrét., contre l'auteur du christianisme dévoilé & contre quelques autres critiques (Paris 1770). – [16] I. KANT: Der Streit der Facult. (1798). Akad.-A. 7, 32f. – [17] KrV A XI, Anm. Über die darin zum Ausdruck gebrachte neue Selbstsicherheit der Kritik vgl. R. KOSELLECK: Kritik und Krise. Eine Studie zur Pathogenese der bürgerl. Welt (1959, ³1979) 89ff. – [18] Die Relig. innerhalb der Grenzen der bloßen Vernunft (1793). Akad.-A. 6, 104. – [19] Vgl. J. G. HAMANN: Konxompax (1779). Sämtl. Werke, hg. J. NADLER (1949ff.) 3, 225. – [20] Vgl. A. W. SCHLEGEL: Allg. Übersicht des gegenwärt. Zustandes der dtsch. Lit. (1803). Krit. Schr. und Br., hg. E. LOHNER (1964) 3, 69ff. – [21] NOVALIS: Die Christenheit oder Europa (1799). Schr., hg. P. KLUCKHOHN/R. SAMUEL (1960) 3, 515; ebenso F. SCHLEGEL: Über eine merkwürd. Verteidigungsschrift der franzҁös. Grundsätze (1809). Krit. Ausg., hg. E. BEHLER (1966) I/7, 94. – [22] K. L. REINHOLD: Theol. und Kirchenwesen, in: Realzeitung, oder Beiträge und Anzeigen von gelehrten und Kunstsachen, Nr. 49 (1782) 769f.; ND, in: Schr. zur R. und Aufklärung 1782-1784, hg. Z. BATSCHA (1977) 128f. – [23] a.O. (ND) 203. – [24] 251. – [25] 144. – [26] TIEFTRUNK, a.O. [1 zu A.] 116. – [27] CH. MEINERS: Grundriß aller Religionen (²1787). – [28] J. H. TIEFTRUNK: Die Relig. der Mündigen (1800) 1, 5. – [29] a.O. [1 zu A.] 342. – [30] F. V. REINHARD: System der christl. Moral (³1797) 1, XXIVff. – [31] E. PLATNER: Gespräch über den Atheismus, in: D. HUME: Gespräche über natürl. Relig. (1781) 392ff.; vgl. STÄUDLIN, a.O. [2 zu A.] 88ff. 133ff. – [32] K. F. STÄUDLIN: Ueber den Werth der krit. Philos. vornähmlich in moral. und relig. Hinsicht, in: Beytr. zur Philos. und Gesch. der Relig.- und Sittenlehre, hg. K. F. STÄUDLIN 5 (1799) 346. – [33] Vgl. TIEFTRUNK, a.O. [1 zu A.] 259. 343f.; vgl. auch: Censur des Christl. Protestant. Lehrbegriffs nach den Prinzipien der R. mit bes. Hinsicht auf die Lehrbücher des Herrn D. J. C. Döderlein und D. S. F. N. Morus (1791) bes. 1, 4. – [34] a.O. [1 zu A.] 230; vgl. G. KERTZ: Die Relig. philos. J. H. Tieftrunks. Kantstudien, Erg.-H. 4 (1907). – [35] J. G. FICHTE: Aus einem Privatschreiben (im Jänner 1800). Akad.-A., hg. R. LAUTH/H. JACOB (1964ff.) I/6, 369. 377. 380. – [36] Versuch der Critik aller Offenb. (1792), a.O. I/1, 115; vgl. Nachgel. Schr. 1791-1794, a.O. II/2, 111; vgl. auch: STÄUDLIN, a.O. [32] 347f.

C. *19. und 20. Jh.* – Die Religionsphilosophie G. W. F. HEGELS entfaltet eine «Kritik der Kantischen Kritik der Beweise für das Dasein Gottes» [1] und hebt den damit verbundenen «affirmativen Gehalt» ihrer «Kritik» ausdrücklich hervor [2]. Sie begreift sich als Überwinderin der «verständigen Religion», dem «Resultat der Kantischen Kritik» [3]. Nachdem Hegel 1795 behauptet hatte, die Religion habe stets «gelehrt, was der Despotismus wollte, Verachtung des Menschengeschlechts» [4], erklärt er 1802 den von der Aufklärung aufgerissenen Gegensatz von «Glauben und Wissen» für überwunden. Einer von der Theologie nicht abtrennbaren Philosophie ist es nunmehr «einzig nur darum zu tun, die Vernunft der Religion zu zeigen» [5]. Diese Demonstration ist allerdings insofern prekär, als sich das göttliche Selbstbewußtsein «in dem Wissen des Menschen weiß» [6], der, wie noch die Jugendschriften ausdrücklich erklären, im Gegenzug die Vernünftigkeit und «Göttlichkeit der eigenen Natur» [7] erfährt. Das in der Aufklärung verbreitete und auch von NOVALIS aufgegriffene [8] Anthropomorphismusargument dient HEGEL als Ausweis göttlicher Bestimmung. «Die Vorstellung», notiert Hegel, «welche der Mensch von Gott hat, entspricht der, welche er von sich selbst, von seiner Freiheit hat» [9]. Es kann aber, wie die Junghegelianer beweisen, auch religionskritisch gewendet werden.

1. *Junghegelianismus.* – Schon Hegel befindet, «daß das endliche Bewußtsein diesen Gott, der sein Wesen ist, zum Gegenstande hat und ihn als sein Wesen weiß, sich gegenständlich macht» [10]. B. BAUER radikalisiert diese Bestimmung der Religion als Selbstbewußtsein des Geistes, indem er sie eindeutig als Vorstellung des Menschen ausspricht. In der Travestie ‹Die Posaune des jüngsten Gerichts›, einer polemischen Inanspruchnahme Hegels für die Sache des Junghegelianismus, die Bauer in der Maske des Frömmlers verfaßt, bereitet Hegel das «Grab der Religion» [11]. Im Gegensatz zu Bauers Adaptionsversuch betont L. FEUERBACH die Notwendigkeit eines «radikalen Bruchs» mit Hegel [12], weil dieser den «articulus fidei ohne weiteres als eine logisch-metaphysische Wahrheit» demonstriere [13]. Feuerbach bedient sich zunächst einer an Kant erinnernden Terminologie, die indes, da das von den Kantianern entwickelte Begriffsverständnis allgemeine Verbindlichkeit nicht hatte erlangen können, der ausdrücklichen Klarstellung bedarf. Die Präsenz der «reinen» bzw. «kritischen Kritik», der Einfluß der «kritischen Philosophie» und die Erinnerung an die externe R. zumal der französischen Aufklärung verunsichern das zeitgenössische Urteil über Feuerbachs «kritische» Ambition. «Ich bin nichts weniger als ein nicht unterscheidender, *unkritischer,* fanatischer Gegner der Religion» [14], präzisiert Feuerbach gegenüber seinem Kritiker J. MÜLLER [15]. «Kant schrieb eine 'Kritik der reinen Vernunft'», so hatte FEUERBACH sein Hauptwerk annonciert, «meine Parvität schreibt an der 'Kritik der unreinen Vernunft'» [16]. Nachdem es zunächst anonym als «Beitrag zur Kritik der speculativen Religionsphilosophie» bzw. «zur Kritik der reinen Unvernunft» [17] angekündigt wird, fällt schließlich die Entscheidung für den – gleichfalls nicht ohne polemische Absicht gewählten [18] – Titel ‹Das Wesen des Christentums›. Zuvor hatte Feuerbach mehrere «Kritiken» veröffentlicht, darunter allein drei der Anhängerschaft Schellings gewidmete «Kritiken des modernen Afterchristentums». Der Terminus ‹R.› kann sich jedoch, obwohl die Rezeption im Falle Feuerbachs mit größter Selbstverständlichkeit von ‹R.› spricht [19], bei Feuerbach ebensowenig durchsetzen wie bei Bauer oder D. F. STRAUSS [20]. Freilich wird er durch Formulierungen präjudiziert, in denen die Tragweite des kritischen Anspruchs deutlich wird, so in B. BAUERS «Auflösung des Christentums durch die Kritik» [21] oder in Feuerbachs Konjunktion von Theologie und spekulativer Philosophie. «Wir kritisieren die Spekulation nur durch die Kritik der Religion, beschränken uns nur auf das Ursprüngliche, Fundamentale. Die Kritik der Spekulation ergibt sich durch bloße Folgerung» [22]. Während E. BAUER 1843 notiert, die Kritik richte «sich gegen

Gott und die Religion» [23], bestimmt FEUERBACH, wie vor ihm bereits SPINOZA [24], das religiöse Weltbild als illusionistische Verkehrung elementarer menschlicher Dispositionen [25]. FEUERBACH rehabilitiert die Religion als Darstellung menschlicher Abhängigkeiten, Bedürfnisse, Träume und Wünsche, geht es ihm letztlich doch darum, «durch die *Kritik der göttlichen* Philosophie die *Wahrheit der menschlichen* zu begründen» [26]. Unmißverständlich stellt Feuerbach fest: «Der Vorwurf, daß nach meiner Schrift die Religion Unsinn ... sei, hätte nur dann Grund, wenn ihr zufolge das, worauf ich die Religion zurückführe, ... der Mensch, die Anthropologie, Unsinn ... wäre» [27]. Indem sie, wie Feuerbach im Anschluß an Schleiermachers Reden ‹Über die Religion› argumentiert, die Vernunftorientierung der Philosophie durch Sinnlichkeit und Gefühl ergänzt, offenbart die Religion menschliches Selbstbewußtsein und bezeugt mit dem durch den allgemeinen Gottesbegriff nach außen projizierten Wesen der Gattung all ihre Vollkommenheiten. Die neue, sich der nunmehr anerkannten Elemente der Religion versichernde Kritik nennt Feuerbach «Anthropotheismus» – «die Religion, *die sich selbst versteht*» [28]. Feuerbach bezieht sich dabei vor allem auf das Christentum, das die Hauptschrift als «Religion der Kritik und Freiheit» apostrophiert [29]. Die «genetisch-kritisch» verfahrende Analyse [30] beleuchtet die Religion «mit der Fackel der Vernunft» und hintertreibt den Einfluß jener «menschenfeindlichen Mächte ..., die sich noch heute des Dunkels der Religion zur Unterdrückung des Menschen bedienen» [31]. Im Ergebnis demonstriert die *«Erkenntnis der Religion»* [32] «nicht die Identität des menschlichen und eines *andern* Wesens, sondern die Identität des Wesens des Menschen *mit sich selbst*» [33]. «*Homo homini Deus* est, dies ist der oberste praktische Grundsatz –, dies der Wendepunkt der Weltgeschichte» [34].

Die Selbsteinschätzung Feuerbachs, das «Purgatorium der Gegenwart» [35] entfacht zu haben, wird von den Zeitgenossen bestätigt, seine R. aber als unzureichend moniert. So selbstverständlich es einerseits für R. HAYM ist, «daß der Weg der Geschichte der Philosophie» nach Hegel künftig durch «die unbequeme Pforte der Feuerbach'schen Kritik der Religion hindurchgeht» [36], so nachdrücklich bemängeln andererseits B. BAUER [37] und vor allem M. STIRNER, Feuerbach habe den christlichen Gott lediglich durch einen menschlichen ersetzt, seine Kritik sei folglich «nur die letzte Metamorphose der christlichen Religion» [38] und die letzte Konsequenz der spekulativen Formel: «Gott ist Mensch geworden» [39].

Anmerkungen. [1] G. W. F. HEGEL: Vorles. über die Philos. der Relig. Theorie Werkausg., hg. E. MOLDENHAUER/K. M. MICHEL (1969) 17, 421ff.; vgl. K. ROSENKRANZ: Krit. Erläut. des Hegel'schen Systems (1840, ND 1963) 222f. – [2] a.O. 17, 386. – [3] 16, 259. – [4] Br. an Schelling (16. 4. 1795), in: Weltgeist zwischen Jena und Berlin. Briefe, hg. H. ZINSER (1982) 19; vgl. 16f. – [5] a.O. [1] 17, 341. – [6] Vorles. über die Beweise vom Dasein Gottes, a.O. 17, 385. – [7] Der Geist des Christentums und sein Schicksal, a.O. 1, 382. – [8] Vgl. die Nachweise bei S. RAWIDOWICZ: L. Feuerbachs Philos. Ursprung und Schicksal (1931, ND 1964) 210ff. und U. SCHOTT: Die Jugendentwickl. L. Feuerbachs bis zum Fakultätswechsel 1825. Ein Beitr. zur Genese der Feuerbachschen R. (1973) 44. – [9] HEGEL: Vorles. über die Philos. der Relig., hg. G. LASSON (1925) 2, 7. – [10] a.O. 4, 4. – [11] B. BAUER: Die Posaune des jüngsten Gerichts über Hegel den Atheisten und Antichristen (1841), in: Die Hegelsche Linke, hg. K. LÖWITH (1962) 204; vgl. 150; vgl. E. BARNIKOL: B. Bauer, der radikalste Religionskritiker und konservativste Junghegelianer.

Das Altertum 7 (1961) 41-49. – [12] L. FEUERBACH: Br. an A. Ruge (15. 2. 1842). Sämtl. Werke [SW], hg. W. BOLIN/F. JODL 13 (^{2}1964) [= Erg.-Bd. 3: Ausgew. Br. von und an L. Feuerbach, neu hg. H.-M. SASS 2] 391. – [13] Das Wesen des Christentums (1841). Ges. Werke [GW], hg. W. SCHUFFENHAUER (1967ff.) 5, 3. – [14] Beleuchtung einer theolog. Recension vom ‹Wesen des Christenthums› (1842). SW 7, 222f. – [15] Vgl. J. MÜLLER: ‹Das Wesen des Christenthums› von L. Feuerbach 1841, in: Theolog. Stud. und Kritiken (1842) 171-269. – [16] FEUERBACH: Das Pathos der Kritik und die Kritik der unreinen Vernunft, in: Kleinere Schr. 2. GW 9, 81. – [17] Br. an O. Wigand (5. 1. 1841), a.O. [12] (SW 13) 55. – [18] Vgl. GW 5, 13. – [19] Vgl. F. A. B. NITZSCH: Lehrb. der evangel. Dogmatik (1889) 49f.; M. MEYER: L. Feuerbachs Moralphilos. in ihrer Abhängigkeit von seinem Anthropologismus und seiner R. Diss. (1899); ebenso E. VON HARTMANN: Gesch. der Metaphysik (1900) 2, 444. – [20] Vgl. H. STEUSSLOFF: Die R. von D. F. Strauß. Dtsch. Z. Philos. 10 (1962) 744-757. – [21] B. BAUER: Die Fähigkeit der heutigen Juden und Christen, frei zu werden, in: Feldzüge der reinen Kritik (1968) 192. – [22] FEUERBACH, a.O. [13] 369. – [23] E. BAUER: Streit der Kritik mit Kirche und Staate (1844) 31. – [24] Vgl. B. SPINOZA: Ethica I, App. Opera, hg. C. GEBHARDT 2 (o.J.) 79; dazu P.-F. MOREAU: Marx und Spinoza (1978) 56ff. – [25] FEUERBACH: Aus dem Vorwort zur ersten Ges.ausg. (1846). SW 2, 411. – [26] Grundsätze der Philos. der Zukunft. Werke, hg. E. THIES (1975ff.) 3, 247f. – [27] GW 5, 19. – [28] Vorläufige Thesen zur Reform der Philos. Werke, a.O. [26] 3, 236; vgl. auch: Br. an A. Ruge (2. 3. 1842), a.O. [12] (SW 13) 393; dazu C. ASCHERI: Feuerbachs Bruch mit der Spekulation (1969) 72ff. – [29] GW 5, 74. – [30] Zur Kritik der Hegelschen Philos. SW 2, 194; vgl. H.-J. BRAUN: Die Relig.philos. L. Feuerbachs. Kritik und Annahme des Religiösen 2 (1972). – [31] Vorles. über das Wesen der Relig. GW 6, 30. – [32] a.O. – [33] Zur Beurteilung der Schr. ‹Das Wesen des Christentums›. Werke, a.O. [26] 3, 220; vgl. GW 5, 379f. – [34] GW 5, 444. – [35] Luther als Schiedsrichter zwischen Strauß und Feuerbach. Werke, a.O. [26] 3, 246; der 1927 von D. RJAZANOV noch Marx zugeschriebene Artikel [vgl. K. MARX: MEGA I, 1.1, XLf.; vgl. auch: Frühe Schr., hg. H.-J. LIEBER/P. FURTH (1962) 1, 107ff.] dürfte, wie neuere Forschungen ergeben haben, von Feuerbach selbst verfaßt sein; vgl. die edit. Notiz von E. THIES in: Werke, a.O. [26] 3, 368ff. – [36] R. HAYM: Feuerbach und die Philos. Ein Beitr. zur Kritik Beider (1847) 101; vgl. E. ZELLER: Über das Wesen der Relig., 1. Art. Theolog. Jbücher 4 (1845) 72. – [37] Vgl. B. BAUER: Zur Charakteristik L. Feuerbachs. Wigands Vjschr. 3 (1845) 86-146; zum ultimativen Anspruch der Bauerschen Kritik vgl.: Was ist jetzt Gegenstand der Kritik? in: a.O. [21] bes. 205f. – [38] M. STIRNER: Der Einzige und sein Eigentum und andere Schr., hg. H. G. HELMS (1968) 119; vgl. 212f.; vgl. W. A. SCHULZE: Zur R. Max Stirners. Z. Kirchengesch. 69 (1958) 98-110. – [39] HEGEL, a.O. [1] 17, 204.

2. Marxismus. – Gleichwohl macht sich der junge MARX Argumente Feuerbachs zu eigen und betont 1843 gegenüber Ruge, wie «bei Feuerbachs Kritik der Religion» gehe es gegenwärtig darum, «die religiösen und politischen Fragen in die selbstbewußte menschliche Form» zu bringen [1]. «Die *Kritik der Religion»*, Voraussetzung aller weiteren Kritik, sei «für Deutschland ... im wesentlichen beendigt» [2]. Diese Diagnose ist wörtlich zu nehmen, denn nunmehr «endet» die Kritik der Religion «mit dem *kategorischen Imperativ, alle Verhältnisse umzuwerfen,* in denen der Mensch ein erniedrigtes, ein geknechtetes, ein verlassenes, ein verächtliches Wesen ist» [3]. Mit gewandeltem Religionsbegriff gewinnt bei Marx auch die R. einen neuen Stellenwert. Wird die Religion zugleich aufgefaßt als «allgemeiner Trost- und Rechtfertigungsgrund» der Welt und, wie es die Lesart der «Kritik der Religion» als Genitivus subjectivus nahelegt, als *«Protestation»* gegen das wirkliche Elend» [4], dann muß sich die Kritik weniger dieser Verkehrung zuwenden als unmittelbar «jener *Welt,* deren geistiges

Aroma die Religion ist» [5]. Konsequenterweise wird Feuerbachs anthropologischer Argumentationszusammenhang – teils unter Berufung auf die kritischen Bemerkungen Stirners [6] – endgültig abgewiesen. «Die Kritik des Himmels verwandelt sich damit in die Kritik der Erde, die *Kritik der Religion* in die *Kritik des Rechts*, die *Kritik der Theologie* in die *Kritik der Politik*» [7]. Die angestrebte «Emanzipation von der Religion» [8] wird zu einer vornehmlich praktischen Aufgabe, d.h. sie ist Bestandteil der Revolutionierung der gesellschaftlichen Verhältnisse. Diese werden nach Marx «ihren mystischen Nebelschleier» abstreifen, «sobald sie als Produkt frei vergesellschafteter Menschen unter deren bewußter planmäßiger Kontrolle» [9] stehen. Die Religion erscheint als soziales und als ideologisches Problem, dessen «Entstehung aus den wirklichen irdischen Verhältnissen» [10] es nachzuweisen gilt. «Für eine Gesellschaft von Warenproduzenten», so lautet der Befund im ‹Kapital›, «ist das Christentum ... die entsprechendste *Religionsform*» [11]. Seinen scharfen publizistischen Angriffen gegen das Christentum [12] stellt Marx Analysen der sozialen Verhältnisse und ihrer ökonomischen Basis zur Seite, in denen der externe Charakter der historisch-materialistischen R. und die funktionale Betrachtungsweise religiöser Phänomene und religiös motivierter Verhaltensweisen erkennbar werden. Eine von der Sozialkritik gesonderte R., ein die Negation Gottes und ausschließlich die «Aufhebung der Religion» [13] propagierender Atheismus ist fortan obsolet, und die Behauptung und Erörterung selbständiger religiöser Gehalte muß als solche bereits unter Ideologieverdacht geraten.

Einige Neomarxisten hingegen entnehmen der Marxschen Rhetorik soteriologische und eschatologische Reminiszenzen und integrieren zugleich die R. in die Gesellschaftskritik. R. wird damit zu einem zweideutigen Unternehmen. Definiert sie sich einerseits im Sinne der Marxschen Intention als Analyse einer ideologischen Formation, deren Entfremdungscharakter außer Zweifel steht, so zeigt sich die neomarxistische R. andererseits daran interessiert, religiöse Gehalte zu profanisieren und zu beerben. So anerkannte etwa R. GARAUDY antizipatorische und transzendierende Orientierungsleistungen der Religion [14], hielt aber, bevor er Muslim wurde, an der Perspektive ihres gänzlichen Verschwindens durchaus fest [15]. E. BLOCH folgt der Marxschen Feuerbachkritik [16], um sodann «das *in der Religion* einzig *bedeutbare Erbsubstrat*» herauszustellen. «*Hoffnung in Totalität* zu sein, und zwar sprengende» [17]. Während Feuerbachs R. «den Menschen ... nur in seiner bisher erschienenen Vorhandenheit» kennt, entdeckt Bloch «seine Unabgeschlossenheit» [18]. Als Teil einer ontologisch fundierten Hoffnungsphilosophie übernimmt R. die Funktion, religiöse Motive «als transzendierte Vorwegnahme des Fürsichseins» [19] zu deuten, und zwar mit dem Ziel, die Religion in mehrfachem Sinne aufzuheben. «Die Wahrheit des Gottesideals ist einzig die Utopie des Reichs, zu dieser ist gerade Voraussetzung, daß kein Gott in der Höhe bleibt, indem ohnehin keiner dort ist oder jemals war» [20].

Anmerkungen. [1] K. MARX: Br. an A. Ruge (Sept. 1843). MEW 1, 346; vgl. Ökon.-philos. Manuskripte. MEW Erg.-Bd. 1, 468. – [2] Kritik der Hegelschen Rechtsphilos. Einl. MEW 1, 378. – [3] a.O. 385; vgl. F. ENGELS/K. MARX: Die heilige Familie oder Kritik der krit. Kritik. MEW 2, 147. – [4] MARX, a.O. [2] 378. – [5] a.O. – [6] Vgl. F. ENGELS: Br. an K. Marx (19. 11. 1844). MEW 27, 11f. – [7] MARX, a.O. [2] 379. – [8] Zur Judenfrage. MEW 1, 353. – [9] Das Kapital. MEW 23, 94. – [10] K. MARX/F. ENGELS: Die dtsch. Ideologie. MEW 3, 40; vgl. F. ENGELS: L. Feuerbach und der Ausgang der klass. dtsch. Philos. MEW 21, 304. – [11] MARX, a.O. [9] 93; vgl. 96. – [12] Vgl. Der Kommunismus des ‹Rhein. Beobachters›. MEW 4, 200; vgl. a.O. [8] 352; zur Entwickl. der Marxschen R. vgl. K. KORSCH: Marxismus und Philos. (1966) 124. – [13] a.O. [1] MEW Erg.-Bd. 1, 546. – [14] Vgl. R. GARAUDY/J. B. METZ/K. RAHNER: Der Dialog (1966) 72. – [15] Vgl. R. GARAUDY: Marxismus im 20. Jh. (1966) 100ff. – [16] Vgl. E. BLOCH: Das Prinzip Hoffnung. Ges.ausg. (1977) 5, 307. 1607; Atheismus im Christentum. Zur Relig. des Exodus und des Reichs, a.O. 14, 278ff. – [17] a.O. 5, 1404; vgl. Thomas Münzer als Theologe der Revolution, a.O. 2, 207ff. – [18] a.O. 5, 1517; vgl. Subjekt-Objekt. Erläut. zu Hegel, a.O. 8, 403ff. – [19] a.O. 5, 1522. – [20] a.O. 1524; vgl. G. RAULET: Crit. of relig. and relig. as crit.: The secularized hope of E. Bloch. New German Critique 9 (1976) 71-85; R. SCHAEFFLER: Was dürfen wir hoffen? Die kath. Theol. der Hoffnung. Zwischen Blochs utop. Denken und der reformator. Rechtfertigungslehre (1979); H. DEUSER/P. STEINÄCKER (Hg.): E. Blochs Vermittlungen zur Theol. (1983).

3. Religionskritische Tendenzen seit Ende des 19. Jh. – Ohne dem Begriff weitere originelle Dimensionen hinzuzugewinnen, wendet bereits F. NIETZSCHE seine Aufmerksamkeit auf die mentalen Folgen der «vernichtet» [1] geglaubten Religion und namentlich des Christentums. Damit setzt sich die funktionale Betrachtungsweise der Religion weiter durch. Wie F. OVERBECK erkennt NIETZSCHE die «Zerfallenheit der Gegenwart mit dem Christentum» [2] und erklärt die religionskritischen Anstrengungen der Vergangenheit für abgetan. «Ehemals suchte man zu beweisen, dass es keinen Gott gebe, – heute zeigt man, wie der Glaube, dass es einen Gott gebe, *entstehen* konnte ...: dadurch wird ein Gegenbeweis ... überflüssig» [3]. In den Mittelpunkt des Interesses rückt die religiöse Motivation des Schuldbewußtseins der traditionellen Ethik insgesamt. Das Christentum hat es nach Nietzsche vermocht, «aus dem Menschen eine *sublime Missgeburt* zu machen» [4]. Nietzsches letztlich um der Überwindung kodifizierter Wertvorstellungen willen geführter «Kampf gegen das latente Christentum» gilt folglich auch seinen subtilen Nachwirkungen «in der Musik, im Sozialismus» [5] und in der Philosophie des deutschen Idealismus, die Nietzsche als protestantische Hinterlassenschaft und damit als «eine *hinterlistige* Theologie» [6] zu begreifen empfiehlt. Während dies durchaus im Einklang mit Feuerbach gesagt ist, erscheint die Kritik Kants rückblickend als «Schleichweg zum alten Ideal», als «Theologen-Erfolg» [7]. Nietzsches «Kritik des *christlichen Gottesbegriffs*» [8] erläutert jedoch abweichend von Feuerbachs Rehabilitationsversuch die christlichen Jenseitsvorstellungen als «reine *Fiktions-Welt*», die «die Wirklichkeit fälscht, entwertet, verneint» [9]. «Religion gehört ganz und gar unter die *Psychologie des Irrtums*» [10].

Eindeutiger noch als Nietzsche, bei dem sich zuletzt fragmentarische Hinweise auf einen Gott «als das Jenseits ... von ‹Gut und Böse›» [11], auf einen «Gott als *Maximal-Zustand*, als eine *Epoche*» [12] finden, führt S. FREUD die von Marx demonstrierte funktionale Betrachtungsweise des Religiösen weiter. Freud läßt konsequenterweise dogmatische Fragen gänzlich außer acht und beschränkt seine Aufmerksamkeit weitgehend auf das «religiöse Zeremoniell» [13] und das, «was der gemeine Mann unter seiner Religion versteht» [14]. Religion erscheint als eine die Psyche des einzelnen entlastende «universelle Zwangsneurose» [15], deren entschieden sexualfeindliche Tendenz später W. REICH besonders betont [16], als eine «Illusion», die das Produkt einer komplexen Wunschökonomie darstellt [17]. Als

Elemente dieses Zusammenhangs aber weiß FREUD religiöse Aussagen, deren Gesetz eine illusionslose Wissenschaft zu entschlüsseln hat, durchaus noch unaufgeklärt. «Man weiß noch zu wenig», hält Freud 1927 fest, «um ihnen kritisch näher zu rücken» [18].

In der Folgezeit ersetzen analytische Aussagen zunehmend die im 19. Jh. vorgetragene R., und ihre Fortführung liefe darauf hinaus zu bestreiten, «was zu bestreiten sich niemand interessiert zeigt» [19]. Gerade im Anschluß an die funktionale Betrachtungsweise, wie sie etwa in N. LUHMANNS These von der Kontingenzbewältigung durch Sinnstiftung [20] fortgeführt wird, wächst jedoch der Religion erneut die Exklusivität einer «säkular nicht substituierbare[n] Funktion» [21] zu, die vornehmlich in der Aufgabe der Orientierungsleistung gesehen wird. An solcher auf das anthropologisch begründete Entlastungstheorem A. GEHLENS [22] zurückgreifenden Funktionszuweisung rügt TH. W. ADORNO die fatale «Bereitschaft, mit der Macht es zu halten» [23]. Analog zu Voltaires Absage an die Leibnizsche Theodizee [24] begreift sich Adornos R. in einer Gegenwart nach der Katastrophe. «Kein vom Hohen getöntes Wort, auch kein theologisches, hat unverwandelt nach Auschwitz sein Recht» [25]. Da Religion nicht mehr positivierbar ist, zeigt sich R. «als Ent-bindung» [26], die von der Gewißheit ausgeht, daß ihr Gegenstand, wie W. BENJAMIN 1940 erklärt, «heute bekanntlich klein und häßlich ist und sich ohnehin nicht darf blicken lassen» [27].

Für die Theologie bleibt die Striktheit solcher Negativität unannehmbar. Wo die R. nicht, wie im Fall der Feuerbach-Apologie durch K. BARTH, als Dialogpartnerin angenommen werden kann und in Gestalt unversöhnlicher Ideologiekritik indisponible Bestände angreift, gilt theologisch das Spannungsverhältnis zwischen der Hypostasierung «anschaulicher Gestalten» und ihrer «Zersetzung in der Lauge der Kritik» [28] auch weiterhin als offenes Problem. «Die wahre Nachfolge», bestätigt M. HORKHEIMER 1935 das theologische Dilemma, «führt nicht zur Religion zurück» [29].

Zur Strukturierung der aspektreichen, sachlich unter dem Begriff der R. zusammenlaufenden historischen und aktuellen Diskussionen haben die Religionswissenschaften begriffliche Differenzierungen entwickelt. Die *immanente* R., so die in Übereinstimmung mit einer älteren, von L. STRAUSS [30] vorgetragenen Formulierung getroffene terminologische Übereinkunft, «bleibt auf der Grundlage der Gemeinschaft stehen, gegen die sie sich zugleich richtet», die *externe* Kritik hingegen «bestreitet ihr als ganzer die Glaubwürdigkeit und Nützlichkeit» [31]. Anknüpfend an diese Sprachregelung wird des weiteren zwischen einer «internen R. im *engeren Sinne* und der *interreligiösen* R.» unterschieden [32], wobei hier wie dort eingeräumt wird, daß Zuordnungen bisweilen schwierig sind. Dies wird besonders deutlich in der Rede von der «theologischen R.» [33], die sich auf ein Wort D. BONHOEFFERS über K. BARTH berufen kann [34]. Sie stellt die «Korrespondenz» heraus zwischen einer permanent ihre Grundlagen befragenden, ihrem Selbstverständnis als 'Ecclesia semper reformanda' folgend sich beständig reformulierenden religiösen Verkündung auf der einen Seite und einer i.e.S. als «philosophisch» apostrophierten R. auf der anderen Seite. R. ist danach «kein propädeutisches Unternehmen, das auf den kirchlichen Idealzustand der 'wahren Religion' abzielt, sondern permanente Revolution aller bestehenden kirchlichen und religiösen Verhältnisse» [35]. Wie K. LÖWITH zur Entwicklung der R. resümierend bemerkt, gestaltet sich R. «von seiten der Kritik wie von seiten der Religion» als «ein spezifisch deutsches, weil *protestantisches* Ereignis» [36], das mit der prekären Versöhnung von Religion und Philosophie durch den deutschen Idealismus beginnt und, dem engeren Begriffsverständnis Löwiths zufolge, mit Nietzsches Absage an das Christentum endet.

Anmerkungen. [1] F. NIETZSCHE: Menschliches, Allzumenschliches I, 34 (1878). Krit. Ges.ausg., hg. G. COLLI/M. MONTINARI [KGA] (1967ff.) 4/2, 50. – [2] F. OVERBECK: Christentum und Kultur, hg. C. A. BERNOULLI (1919, ND 1963) 69. – [3] NIETZSCHE: Morgenröthe 95 (1881/87). KGA 5/1, 82. – [4] Jenseits von Gut und Böse 62 (1886). KGA 6/2, 81. – [5] Nachgel. Frg., Herbst 1887. KGA 8/2, 119. – [6] Der Antichrist 10 (1888). KGA 6/3, 174. – [7] a.O. 174f. – [8] Der Antichrist 16, a.O. 180. – [9] Der Antichrist 15, a.O. 179. – [10] Götzen-Dämmerung (1889). Die vier grossen Irrthümer 6, a.O. 89. – [11] a.O. [5]. KGA 8/2, 247. – [12] a.O. 201. – [13] S. FREUD: Zwangshandlungen und Religionsausübung (1907). Ges. Werke (London 1940-52/68) [GW] 7, 127ff. – [14] Das Unbehagen in der Kultur (1930). GW 14, 431. – [15] a.O. [13] 139. – [16] Vgl. W. REICH: Die drei Grundelemente des relig. Gefühls. Sex-Pol-Ztg. 2 (1935); vgl. Der Einbruch der sexuellen Zwangsmoral (1975) 119ff. – [17] Vgl. S. FREUD: Die Zukunft einer Illusion (1927). GW 14, 352ff. – [18] a.O. 354. – [19] H. LÜBBE: Relig. nach der Aufklärung, in: T. RENDTORFF (Hg.): Relig. als Problem der Aufklärung (1980) 176; vgl. auch: Relig. nach der Aufkl. (1986); vgl. bereits TH. W. ADORNO: Vernunft und Offenbarung (1958), in: Stichworte. Krit. Modelle 2 (⁴1978) 20. – [20] Vgl. N. LUHMANN: Die Funktion der Relig. (1977). – [21] LÜBBE, a.O. [19]. – [22] Vgl. A. GEHLEN: Relig. und Umweltstabilisierung, in: O. SCHATZ (Hg.): Hat die Relig. Zukunft? (1971) 83-97. – [23] ADORNO, a.O. [19] 90. – [24] Negat. Dialektik (1970) 352. – [25] a.O. 358. – [26] K. RÖHRING: Th. W. Adorno, in: W. SCHMIDT (Hg.): Die Relig. der R. (1972) 108. – [27] W. BENJAMIN: Über den Begriff der Gesch. Ges. Schr., hg. R. TIEDEMANN/H. SCHWEPPENHÄUSER (1974ff.) I/1, 693; vgl. R. KONERSMANN: Erstarrte Unruhe. Walter Benjamins Begriff der Gesch. (1991) 20ff.; den zeitgenössischen Bezug vertieft C. E. BÄRSCH: Religiöse Dimensionen der nat.soz. Ideologie (1991). – [28] B. WELTE: Relig.philos. (³1980) 147. – [29] M. HORKHEIMER: Nachbemerkung. Z. Sozialforsch. 4 (1935, ND 1970) 308; vgl. auch: R. WIGGERSHAUS: Die Frankfurter Schule. Gesch. – Theoret. Entwicklung – Polit. Bedeutung (1986) 156f. 178. 248. – [30] Vgl. STRAUSS, a.O. [7 zu A.] 2. – [31] H. ZIRKER: R. (1982) 13; vgl. M. F. J. MARLET: Grundzüge und Phasen der R., in: K.-H. WEGER (Hg.): R. Beitr. zur atheist. R. der Gegenwart (1976) 13-24. – [32] H. R. SCHLETTE: Zur Erforschung der R. Kairos. Z. Relig.wiss. Theol. NF 24 (1982) 71. – [33] H.-J. KRAUS: Theolog. R. (1982). – [34] Vgl. K. BARTH: Die kirchl. Dogmatik I/2, § 17 (Zollikon/Zürich ⁴1948) 304-397; D. BONHOEFFER: Widerstand und Ergebung (1977) 312. – [35] KRAUS, a.O. [33] 29. 16. – [36] K. LÖWITH: Von Hegel zu Nietzsche. Der revolutionäre Bruch im Denken des 19. Jh. (⁴1958) 350.

Literaturhinweise. S. RAWIDOWICZ s. Anm. [8 zu C. 1.]. – K. LÖWITH s. Anm. [36 zu C. 3.]. – P. CH. LUDZ: R. und utop. Revolution. Kölner Z. Soziol. Sozialpsychol., Sh. 6 (1962) 87-111. – F. SKODA: Die sowjetruss. philos. R. heute (1968). – W. POST: Kritik der Relig. bei K. Marx (1969). – M. NAUMANN: Die Bedeutung des ‹Christianisme dévoilé›, der ‹Théologie portative› und der ‹Lettres à Eugénie› für die weltanschaul. Kämpfe in der französ. Aufklärung zwischen 1760 und 1770, in: P.-H. TH. D'HOLBACH: Relig.krit. Schr., hg. M. NAUMANN (1970) 5-49. 473-490. – W. WEISCHEDEL: Der Gott der Philosophen. Grundleg. einer philos. Theol. im Zeitalter des Nihilismus (³1975) bes. 1, 378ff. – G. SAUTER: Relig. und R. Ausgew. Lit.hinweise und -empfehlungen, in: H. BREIT/K.-D. NÖRENBERG (Hg.) s. Anm. [6 zu A.] 133-140. – N. SCHIFFERS/H.-W. SCHÜTTE s. Anm. [5 zu A.]. – G. DI LUCA: Critica della relig. in Spinoza (L'Aquila 1982). – H. R. SCHLETTE s. Anm. [32 zu C. 3.]. – K. GRÜNDER/K. H. RENGSTORF (Hg.): R. und Religiosität in der dtsch. Aufklärung [Wolfenbütteler Stud. zur Aufkl. 11] (1989).

R. KONERSMANN

Religionsphänomenologie. Eine «Phänomenologie der Religion» als Bestandteil der Religionsgeschichte, der religiöse Erscheinungen so erfaßt und ordnet, daß «die wichtigsten Seiten und Gesichtspunkte aus dem Material selbst hervortreten» [1], findet sich erstmals 1887 (also *vor* Husserl) bei dem Leidener Religionswissenschaftler P. D. CHANTEPIE DE LA SAUSSAYE, der den ersten religionsphänomenologischen Gesamtaufriß veröffentlicht und die R. als Erforschung der religiösen «Thatsachen des menschlichen Bewußtseins» versteht [2].

Den Begriff ‹R.› verwendet dann vor allem G. VAN DER LEEUW, der 1924 in terminologischem Anschluß an Husserl, Jaspers und insbesondere Scheler [3] R. als eine besondere «Art, die Religionsgeschichte zu behandeln» [4] faßt. M. SCHELER hatte bereits 1916 von einer «Phänomenologie der Gottesidee», 1921 von der «Wesensphänomenologie der Religion» [5] gesprochen. Bei VAN DER LEEUW sucht die R. unter Verzicht auf alle normativ-wertenden Aspekte (Epoché) religiöse Erscheinungen zu systematisieren und deren Bedeutung durch die Einordnung in strukturelle Zusammenhänge zu erschließen; sie ist damit im eigentlichen Sinne vergleichende Religionswissenschaft, die auf den Ergebnissen der Religionsgeschichte aufbaut und aus verschiedensten Religionen Phänomene, die in formaler und intentioneller Hinsicht typologisch vergleichbar sind, zusammenfassend beschreibt. Seit van der Leeuws für die Etablierung einer eigenen Teildisziplin bahnbrechenden ‹Phänomenologie der Religion› von 1933 bezeichnet der Begriff einen selbständigen Zweig der Religionswissenschaft.

Während in der Mehrzahl religionsphänomenologischer Arbeiten die bereits von van der Leeuw [6] erhobene kritische Forderung, R. nur in enger Verbindung mit der Religionsgeschichte zu betreiben, um damit die Herauslösung religiöser Phänomene aus ihrem historischen Zusammenhang und der diesem gemäßen Intention zu vermeiden [7], Berücksichtigung findet, wird R. gelegentlich auch in erweitertem Sinne als die zentrale Forschungsaufgabe der Religionswissenschaft verstanden [8].

Anmerkungen. [1] P. D. CHANTEPIE DE LA SAUSSAYE: Lehrbuch der Relig.gesch. 1. Aufl. (1887-1889) 1, Vf. – [2] a.O. 48-170: «Phänomenologischer Theil»; zit.: 48; dieses Kap. fehlt in der 2. (1897) und 3. (1905) Aufl. und erscheint erst wieder in der Bearbeitung von A. BERTHOLET und E. LEHMANN in der 4. Aufl. (1925). – [3] G. VAN DER LEEUW: Inleiding tot de Phaenomenol. van den Godsdienst (Haarlem 1924); dtsch.: Einf. in die Phänomenol. der Relig. (²1961) 5. – [4] a.O. 1. – [5] M. SCHELER: Der Formalismus in der Ethik und die mat. Wertethik. Ges. Werke 2 (⁵1966) 299; Probleme der Relig.: Die Wesensphänomenol. der Relig., a.O. 5 (⁴1954) 157ff. u.ö.; vgl. auch O. GRÜNDLER: Elemente in einer Relig.philos. auf phänomenolog. Grundlage (1922), Vorwort von M. Scheler. – [6] VAN DER LEEUW: Phänomenol. der Relig. (1933) V. – [7] P. LAMBRECHTS: De fenomenolog. methode in de Godsdienstwetenschap (Brüssel 1964); G. WIDENGREN: R. (1969). – [8] R. JESPEN: Anm. zur Phänomenol. der Relig., in: Festschr. A. Bertholet (1950) 267-280.

Literaturhinweise: G. D'ALVIELLA: De l'emploi de la méthode comparat. dans l'étude des phénomènes relig. Rev. Hist. Religions 44 (1901) 1-15. – C. J. BLEEKER: Inleiding tot een Phaenomenol. van den Godsdienst (Assen 1934, Amsterdam ²1961). – E. HIRSCHMANN: Phänomenol. der Relig. Eine hist.-systemat. Unters. von 'R.' und 'religionsphänomenolog. Methode' in der Relig.wiss. (1940). – H. FRICK: Die aktuelle Aufgabe der R. Theol. Lit.ztg. 75 (1950) 641-646. – W. BREDE KRISTENSEN: The meaning of relig. Lect. in the Phenomenol. of relig. (1960). – F. HEILER: Erscheinungsformen und Wesen der Relig. (1961). – G. LANCZKOWSKI: Einf. in die R. (1978). G. LANCZKOWSKI

Religionsphilosophie

1. Obgleich sich Aussagen über Religion und Gott oder die Götter bis in die Anfänge der Philosophie zurückverfolgen lassen, ist R. erst in der späten Aufklärung als philosophische Disziplin in der Nachfolge der Theologia naturalis begründet worden. Kurz zuvor lassen sich die Bezeichnungen ‹Philosophie der Religion› und ‹R.› erstmals belegen. Angeregt vermutlich durch A. F. RUCKERSFELDERS ‹Philosophia de religione naturali› [1] veröffentlicht S. VON STORCHENAU anonym ‹Die Philosophie der Religion› [2]. Ungeachtet des neuartigen Titels enthält Band 1 eine natürliche Theologie; Band 3 erweist die Notwendigkeit einer Ergänzung der natürlichen Religion durch die geoffenbarte, Band 7 widerlegt den Protestantismus als eine Quelle des Unglaubens. R. ist hier noch keine philosophische Disziplin, sondern Teil der katholischen Apologetik: Sie dient dem Nachweis, daß die «ächte Philosophie, wohl angewendet, ... eine der mächtigsten Beschützerinnen der Religion» sei. – M. CLAUDIUS bezweifelt den Sinn von «dergleichen Bemühungen die Religion durch Philosophie zu stützen» und bemerkt: «Der Titel wäre nicht viel sonderbarer wenn er umgekehrt würde, und die Religion der Philosophie hieße» [3]. Storchenaus ‹Geistliche Reden› wertet F. NICOLAI als Versuch, den übernatürlichen Glaubenswahrheiten ein philosophisches Mäntelchen umzuhängen; ihrer Forderung nach Gefangennahme und Abschlachtung der Vernunft und aller natürlichen Einsichten begegnet Nicolai mit dem Wunsch: «Der Himmel bewahre uns vor so einer R.» [4]. – In Frankreich begegnet der Begriff ‹R.› als eine von vielen Neubildungen (‹Geschichtsphilosophie› u.ä.) sporadisch zur Bezeichnung einer mit der Religion versöhnten philosophisch-kritischen Untersuchung [5].

2. Der Jesuit Storchenau war 1772 Professor für Logik und Metaphysik in Wien; dort trat gleichzeitig C. L. REINHOLD in den Jesuitenorden ein. Trotz seiner späteren Polemik gegen Storchenaus ‹Philosophie der Religion› [6] führt er den Begriff in die Debatte um Kants Ethikotheologie ein. In den ‹Briefen über die Kantische Philosophie› spricht er hinsichtlich der vorkantischen «theologia naturalis» und «psychologia rationalis» von «bisherigen Blößen» der «Philosophie der Religion» [7]. Den Vorblick der ‹Kritik der reinen Vernunft› auf die praktische Begründung des Gottesgedankens und der Unsterblichkeit begrüßt er mit Aussicht auf eine «systematische Philosophie der Religion, welche die Lehre von der Wirklichkeit und Beschaffenheit des zukünftigen Lebens neben der eigentlichen Theologie ... umfaßt» [8]. – J. F. KLEUKER nimmt den Begriff in diesem, auf Kants moralischen Religionsbegriff bezogenen Sinn in einen Buchtitel auf. Das neue, aus Kants Sätzen zusammengesetzte Ding «Philosophie der Religion» «lehrt uns, was reine Religion sey, und wie dieselbe beschaffen seyn müsse, wenn sie kein Gift, vielmehr ein Balsam für die Menschheit seyn soll» [9]. Da das Evangelium mit philosophischen Meinungen nichts zu tun habe, lehnt Kleuker solche R. ab [10]. J. CH. G. SCHAUMANN dagegen sieht den moralischen Religionsbegriff in Harmonie mit der Lehre Jesu und nimmt die R. – als Wissenschaft von den (moralischen) Vernunftprinzipien, die der Religion zugrunde liegen – in den Kanon der philosophischen Disziplinen auf [11]; seine R. ist bereits «zu akademischen Vorlesungen geschrieben», in Vorwegnahme von I. KANTS Vorschlag, an die biblische Theologie «eine besondere Vorlesung über die reine *philosophische* Religionslehre» anzuschließen [12]. Mitte der 1790er Jahre

finden die neuen Bezeichnungen ‹R.›, ‹Philosophie der Religion› und ‹Religionstheorie› weite Verbreitung, auch im Titel von Zeitschriften [13]. Inhaltlich bleiben sie zunächst auf die Bezeichnung der Arbeiten Kants und der Kantianer (u.a. K. H. L. PÖLITZ, L. H. JAKOB [14]) sowie des theologischen Rationalismus beschränkt – etwa in F. W. J. SCHELLINGS Übersicht über die zur R. erschienenen Schriften [15], ähnlich bei F. I. NIETHAMMER [16]. J. G. FICHTE kündigt bereits für 1795 eine Vorlesung über «philosophiam religionis pragmaticam» an [17] und spricht im Zusammenhang mit dem Atheismusstreit geläufig von seiner R. bzw. philosophischen Religionslehre bzw. Religionstheorie [18].

Gegen Ende der 1790er Jahre führt die Kritik an der Beschränkung dieses «stolzen Namens» auf die Kantianische R. zur Enthistorisierung des Begriffs [19]. J. G. HERDER verwirft Kants R. als «scherzhafte» bzw. als «ewigen Proceß des Menschengeschlechts gegen Gott vor dem Tribunal des Satans» [20]; mit der «sogenannten R. der Kantianer» [21] wird die R. der Gnostiker [22], der Kabbala oder die aristotelisch-scholastische R. [23] als untauglicher Versuch kritisiert, «Lehrmeinungen» zu Religion zu erheben. F. SCHLEGEL lobt hingegen die «eigentliche R.» Spinozas, Platos und Böhmes [24] und kontrastiert die verkehrte «*populäre* R.» Fichtes und Schleiermachers mit der abgesonderten Heiligkeit und dem unzugänglichen Lichtglanz der Theosophie Taulers, Böhmes und Bonaventuras [25]. I. BERGER schließlich stellt die gesamte Geschichte des Nachdenkens über Religion unter den Titel ‹R.›, zumal alle Religionsideen philosophischen Ursprungs seien [26].

3. Neue Ansätze zur Bestimmung des systematischen Ortes der R. und ihres Inhalts erwachsen im Anschluß an die moralische R. Kants und der Kantianer unter Einschluß von Anregungen aus dem Umkreis der Romantik, insbesondere des Gefühlsbegriffs von F. D. E. SCHLEIERMACHERS Reden ‹Ueber die Religion›. J. J. STUTZMANN stellt Kantische und romantische Elemente sowie Anregungen Schellings und Jacobis eklektisch nebeneinander [27]. J. SALAT bleibt stärker dem moralischen Religionsbegriff verbunden, leitet jedoch die R. nicht von der Ethik ab, sondern versteht sie als selbständigen Zweig der Metaphysik neben der Metaphysik der Sitten; die eine könne ohne die andere nicht bestehen [28]. J. F. FRIES hingegen versteht die «R. oder die Weltzwecklehre» als den auf die Ethik folgenden Teil der praktischen Philosophie, da sie über die vom Wissen entgegengesetzten Wahrheitsgefühle des Glaubens und der Ahndung belehre [29]; sie umfaßt neben der eigentlichen «Glaubenslehre» und einer Abhandlung über die positive Religion auch die «Schönheitslehre» oder Ästhetik. Für D. TH. A. SUABEDISSEN steht R. zwischen Metaphysik und der zeitlicher Wirklichkeit zugewandten Philosophie, da sie teils den Gottesbegriff, teils die Frömmigkeit und «Geschichtlichkeit der Religion» zum Gegenstand hat [30]. F. BOUTERWEK läßt die R. zunächst auf Apodiktik und Metaphysik folgen. Gleichwohl betont er die Mittelstellung der R. zwischen Metaphysik und Moral; sie resultiere aus der doppelten Aufgabe, die Existenz des moralisch als verehrungswürdig erkannten Gegenstands metaphysisch darzutun [31]. Seine spätere R. hat neben der Zerstörung der Altäre der falschen Götter der pantheistischen Spekulation zum Ziel, den Glauben an Gott als selbstbewußtes, absolut gutes Prinzip allen Daseins als vernünftig zu erweisen und damit den Theismus philosophisch zu begründen [32]. Zur bloßen Apologetik wird die R. bei C. A. ESCHENMAYER: Ihr wahrer Gegenstand bestehe darin, am Maßstab des Evangeliums die Harmonie von Rationalismus und Supranaturalismus aufzuzeigen, zumal aller Irrtum der Intelligenz und alle Gewißheit dem Glauben angehöre [33]. – Angesichts solcher Gegensätze bemängelt SCHLEIERMACHER das Fehlen einer allgemein anerkannten R.; die vorhandenen Ansätze seien «bald mehr geschichtlich bald mehr speculativ, aber in beider Hinsicht ohne feste Grundlage, sondern von den widersprechendsten Hypothesen ausgehend». Schleiermacher fordert eine R. als Zweig der «wissenschaftlichen Geschichtskunde», die «von einem rein geschichtlichen Streben» aus und nach einem «vergleichenden Verfahren» vorgeht, «um nach allen Seiten hin für jede eigenthümliche Glaubensweise den Ort auszumitteln», also eine vergleichende Religionswissenschaft im Dienste der Grundlegung der theologischen Dogmatik [34].

4. Auch die im gleichen Jahr erstmals gehaltenen Vorlesungen G. W. F. HEGELS über R. verfahren teils geschichtlich, teils spekulativ. Obgleich Hegel bereits zwanzig Jahre zuvor den Ort einer «Philosophie der Religion und Kunst» im System – als Rückkehr der reinen Idee aus ihrer Verwirklichung in Natur und Sittlichkeit zur «Anschauung Gottes» – bestimmt hat [35], arbeitet er diesen Systemteil nach weiterer Vorbereitung in der ‹Naturphilosophie und Philosophie des Geistes› (1805/06) und der ‹Phänomenologie des Geistes› (1807) [36] erst in seinen Berliner Vorlesungen (1821-1831) umfassend aus. Seinen einleitenden Worten zufolge hat die R. «im allgemeinen ... denselben Zweck als die vormalige metaphysische Wissenschaft hatte, die man theologia naturalis nannte» [37], doch präzisiert er, der Gegenstand sei die Religion und Gott, sofern er in der Religion gewußt werde [38]. Als vernünftige Erkenntnis des in der Religion wirklichen Selbstverhältnisses des Geistes ist die R. die das System der Philosophie abschließende Disziplin, sein Resultat, das Bewußtsein der Freiheit des Geistes [39]; als Darstellung der Versöhnung Gottes mit sich selbst trägt sie zur Versöhnung von Religion und Weltlichkeit bei [40]. – Diesen Begriff der R. behält auch die Hegelsche Rechte nur mit Einschränkungen bei; J. E. ERDMANN konzipiert die R. nur noch als «Phänomenologie des religiösen Bewußtseins», als philosophische Entwicklung des Gottesbewußtseins [41]. Kritiker Hegels verwahren sich gegen eine Fundierung der Religion in der Vernunft und erklären das Evangelium zum verbindlichen Maßstab [42].

5. Wie in den 1790er Jahren der Begriff ‹R.› fast ausschließlich auf die auf moralischen Prinzipien fußende R. begrenzt war, so ist er in den 1830er Jahren weitgehend durch Hegels R. besetzt. Gegenüber einer «verbrecherisch» gewordenen Spekulation, die R. als – u.U. gottloses oder gar gottwidriges – Philosophieren über Religion verstehe, sucht F. X. VON BAADER die religiöse Philosophie zu erneuern [43]. Vor der Veröffentlichung der Hegelschen Vorlesungen spricht K. CH. F. KRAUSE von ‹R.› im kritischen Blick auf Bouterwek und Schleiermacher [44]; danach verwirft A. SCHOPENHAUER die R. als «Fusion» von Philosophie und Religion, «als eine Art Gnosis» bzw. als seltsamen Zwitter oder Kentauren, der zu einem «Hauptabsatzartikel der Universitätsphilosophie» geworden sei [45]. SCHELLING bezeichnet seine «Philosophie der Mythologie und Offenbarung» nicht als R., sondern verwendet den Terminus im – z.T. implizit bleibenden – Blick auf Hegels R. [46]. Bei den spekulativ-theistischen Kritikern Hegels verdrängt das Interesse am Erweis der außerweltlichen

Persönlichkeit Gottes die R. zugunsten der spekulativen Theologie. CH. H. WEISSE bleibt nach der Publikation von Hegels Vorlesungen die zuvor angekündigte R. schuldig [47]; J. J. SENGLERS spekulative Theologie verzichtet auf den Begriff ‹R.› [48]. I. H. FICHTE führt «allgemeine Religionslehre» zwar noch im Titel seiner ‹Spekulativen Theologie›, die er als den auf Erkenntnislehre und Ontologie folgenden Teil der Metaphysik versteht, weist ihr aber keine eigenständige Bedeutung zu [49]. Ähnlich identifiziert K. PH. FISCHER die R. mit der spekulativen Theologie, spricht jedoch auch davon, daß sich die religionsphilosophische Erkenntnis in der Ethik vollende [50]. Von den spekulativen Theisten hält allein H. ULRICI zunächst am Begriff ‹R.› fest; die R. kommt in seinem System sowohl auf der Stufe des Realismus als auch des Idealismus vor. Die «realistische R.» verstehe das religiöse Wissen als das erste, unmittelbare Wissen von Gott; als Philosophie der Religionsgeschichte unterwerfe sie die Religionen einer Beurteilung anhand des Begriffs Gottes als denkenden und ethischen Wesens; die «spekulative R.» gehe – als Disziplin der spekulativen Ethik – vom Willen Gottes aus; sie zeichne die Spuren der geschichtlichen Offenbarungstätigkeit Gottes nach [51]. Später entwirft er die Grundlegung eines «Systems der Metaphysik und R.», ohne jedoch den Begriff ‹R.› zu erörtern [52]. Auch bei den Linkshegelianern tritt der Begriff ‹R.› zurück; L. FEUERBACH sieht in seinem ‹Wesen des Christenthums› zwar kritische «Elemente zu einer Philosophie der positiven Religion oder Offenbarung»; R. ist für ihn jedoch primär entweder die spekulative Hegels oder die kindisch-phantastische der christlichen Mythologie [53]. K. MARX reduziert die R. vollends auf Religionskritik [54].

Neben dieser Vermeidung des Begriffs ‹R.› zeigt sich auch jetzt eine Tendenz zu seiner Enthistorisierung durch Ausweitung seines geschichtlichen Umfangs: Wie schon Herder versteht F. CH. BAUR – ähnlich A. F. DÄHNE – die Gnosis als christliche R., als deren neuzeitliche Vertreter er Böhme, Schelling, Schleiermacher und Hegel nennt [55]. Ebenfalls in Anlehnung an Hegel schreibt S. HIRSCH die Geschichte der «R. der Juden» [56]; J. FÜRST begründet eine Reihe mit Übersetzungen jüdischer Religionsphilosophen des Mittelalters [57]. Die zuvor universal orientierte R. wird damit auf den Horizont geschichtlicher Religionen eingeschränkt. J. G. F. BILLROTH räumt ein, seine R. könne wegen ihrer Beschränkung auf die christliche Religion «Philosophie des Christenthums» genannt werden [58]; so versteht sich auch WEISSES ‹Philosophische Dogmatik›; für H. STEFFENS ist das Christentum sowohl Gegenstand als auch Grundlage der «christlichen R.» [59]. M. W. DROBISCH hält hingegen am Begriff der R. sowie an seiner Universalität fest und will ihn von Herbarts Philosophie aus neu bestimmen; entgegen Herbart sieht er die R. aus Gründen ihres Inhalts und ihrer Bedeutung nicht als Teil der angewandten Metaphysik, sondern erklärt sie – wie Hegel – «in jeder Beziehung für den *Schlußstein* des Lehrgebäudes der *gesammten* Philosophie». Inhaltlich bleibt auch seine R. «christliche R.»; neben ihrer theoretischen Aufgabe weist er ihr die praktische zu, das Versöhnungswerk von Religion (eingeschränkt auf den Protestantismus) und Philosophie zu vollbringen [60].

6. Der Verlust der Verbindlichkeit der Metaphysik nach der Jahrhundertmitte bleibt nicht ohne Folgen für die Begründungsfunktion der R. Ihre Aufgabe sieht H. LOTZE darin «zu zeigen, wie unser Geist durch seine, theoretischen, ästhetischen und moralischen, Bedürfnisse genöthigt wird, zu der Anschauung der Erfahrungswelt bestimmte Ergänzungen durch die Annahme einer übersinnlichen Welt hinzuzusuchen» [61]. Auch für H. SIEBECK hat die R. die Rechtfertigung der Religion nur noch als einer «Ergänzung» des Kulturlebens durch das Moment der Transzendenz zum Ziel [62]. Das Zurücktreten des spekulativen Moments führt zu einer Historisierung, Psychologisierung und Methodendifferenzierung der R.; O. PFLEIDERER und G. CH. B. PÜNJER schreiben die Geschichte der R. seit Lessing und Spinoza [63] bzw. der Reformation, Pünjer auch aus apologetischem Interesse gegenüber den ungebildeten Massen und der religionsfeindlichen Wissenschaft [64]. O. FLÜGEL setzt die Historisierung fort durch die von ihm veranlaßte Reihe ‹R. in Einzeldarstellungen› [65]. In einem zweiten Sinn erfolgt eine Historisierung, indem PFLEIDERER sein Projekt einer ‹R. auf geschichtlicher Grundlage› [66] gegen die zeitgenössische Tendenz richtet, die R. ausschließlich auf eine psychologische Basis zu stellen wie etwa I. H. FICHTE, der die R. jetzt nicht mehr mit der spekulativen Theologie identifiziert, sondern als «rein psychologische, von allen metaphysisch-theologischen Beziehungen freigehaltene Erforschung des religiösen Gefühles» bestimmt [67]. In Absetzung von der «seichten Psychologie» Feuerbachs führt Fichte jedoch das Andachts- bzw. Religionsgefühl auf einen vorempirischen, apriorischen Ursprung zurück und schließt auf eine erregende Ursache im Unendlichen. Trotz ihrer anthropologisch-psychologischen Methode wird die R. dadurch zu einem psychologischen Gottesbeweis [68]. In einer ähnlichen Wendung fordert F. E. BENEKE bereits 1840 die Begründung der R. streng auf Erfahrung statt auf die «Hirngespinste» der Spekulation; auf diesem empirischen Wege gelangt er zur Annahme einer unmittelbaren Fortdauer der Seelen und der Wiederbringung Aller sowie zur Rechtfertigung eines dezidiert anthropomorphischen Theismus, der – angesichts der Gleichgültigkeit der metaphysischen Wahrheit für das religiöse Bewußtsein – dessen Bedürfnissen und Bestrebungen entgegenkomme [69].

Gegenüber dem Vordringen der Religionspsychologie erklärt A. LASSON die Kirche zum Objekt der R., wodurch diese – als Wissenschaft «von der inneren Form der kirchlichen Gemeinschaft» und der in dieser liegenden ideellen Bestimmungen – zum abschließenden Teil der Ethik würde [70]. Sein Versuch bleibt ohne Resonanz; auch wo R. nicht auf Religionspsychologie reduziert wird, gewinnt diese im Zuge einer Methodendifferenzierung an Gewicht. So suchen L. W. E. RAUWENHOFF [71] und andere [72] sowohl dem streng wissenschaftlichen wie auch dem religiösen Bedürfnis durch ihre R. entgegenzukommen. Bei G. RUNZE [73] und H. HÖFFDING [74] sind Erkenntnistheorie, Ethik und Psychologie die Hauptdisziplinen der R. Diese Methodendifferenzierung findet sich auch in Werken, die noch in stärkerer Kontinuität zur idealistischen R. stehen. A. E. BIEDERMANN nennt Metaphysik und Religionspsychologie als Hauptbestandteile der R., d.i. des ersten, prinzipiellen Teils seiner ‹Christlichen Dogmatik› [75]. A. DORNERS R. enthält neben der eigentlichen «Metaphysik der Religion» (einem Zweig der «Metaphysik der Welt») auch empirische Disziplinen wie eine Phänomenologie des religiösen Bewußtseins und eine Religionspsychologie [76]. E. VON HARTMANN unterscheidet einen religionsgeschichtlichen und einen systematischen Teil, der selbst wieder in Religionspsychologie, Religionsmetaphysik und Religionsethik untergliedert ist

[77]. Restbestände der früheren metaphysisch ausgerichteten R. firmieren jetzt unter ‹Religionsmetaphysik›; ‹R.› fungiert nur noch als Obertitel, dem keine spezifische Methode mehr entspricht. Eine Ausnahme hiervon machen die Arbeiten W. VATKES, A. DREWS' und J. CAIRDS, die in besonderem Maße Hegels Tradition verpflichtet sind [78], sowie R. SEYDEL, der die Differenzierung seiner R. in religiöse Glaubenslehre, Ästhetik und Ethik nicht methodologisch, sondern vom Gegenstand her begründet [79]. Werke außerhalb der Schulphilosophie oder -theologie wie diejenigen J. S. MILLS [80], G. TH. FECHNERS [81] und F. NIETZSCHES verstehen sich trotz des Gegenstands 'Religion' nicht als R. Die aufstrebende vergleichende Religionswissenschaft [82] und Religionsgeschichte [83], die sich in der zweiten Jahrhunderthälfte durch Erschließung einer Fülle neuen Materials über vergangene orientalische und sog. primitive Kulturen zu je einem eigenen Zweig der Religionswissenschaft herausbilden, verstehen sich ebenfalls nicht als Teile der R., sondern als empirische Wissenschaften.

7. Die bereits vor der Jahrhundertwende deutliche Tendenz zur Preisgabe des metaphysischen Begriffs der R. und zur Verselbständigung ihrer Momente zu eigenständigen Disziplinen prägt die beiden ersten Jahrzehnte des 20. Jh. Die ausschließliche Basierung auf Psychologie und Geschichte an Stelle der Metaphysik kann nun – etwa bei A. SABATIER [84] – als angemessene Methode gelten. E. TROELTSCH formuliert als Konsens, daß die metaphysische R. durch Analyse des religiösen Bewußtseins ersetzt sei [85]; daneben stünden die religionsgeschichtliche Forschung auf ethnologischer und philologischer Basis sowie die christliche Theologie [86]. Dieses Konzept erweitert er wenig später zu einer in Religionspsychologie, Erkenntnistheorie, Geschichtsphilosophie und Metaphysik der Religion gegliederten Religionswissenschaft [87]. Erst mit der Untersuchung der philosophischen Begründbarkeit der religiösen Idee in der letzten Teildisziplin gehe die Religionswissenschaft in R. über [88]. Auch wenn Troeltsch an anderer Stelle die Religionspsychologie von W. James als wirkliche R. – im Sinne der «Anwendung einer ... philosophischen Theorie auf das Verständnis und die Beurteilung der Religion» – versteht [89], vollzieht seine Viergliederung die Abtrennung der Religionspsychologie von der R. i.e. Sinn, und sie antizipiert die Abtrennung der unterschiedlich verfahrenden Religionssoziologien M. WEBERS, G. SIMMELS oder E. DURKHEIMS [90], nicht jedoch der empirischen vergleichenden Religionswissenschaft u.a. C. P. TIELES oder der späteren Religionsphänomenologie G. VAN DER LEEUWS [91]. Umgekehrt dient für W. JAMES ‹R.› als abwertende Bezeichnung der damaligen schottischen Reminiszenzen der kontinentaleuropäischen R. [92], während er den Begriff ‹Science of religion› akzeptiert [93]. T. K. OESTERREICH geht nicht auf den Begriff ‹R.› ein [94]; G. WOBBERMIN weist der Religionspsychologie unter Ignorierung der R. die Begründungsleistung für die systematische Theologie zu, die zuvor der R. zugefallen war [95]. An anderer Stelle hält er zwar am Begriff ‹R.› fest und sieht ihre Aufgabe in den beiden Problemen des Wesens und der Wahrheit der Religion, doch bildet für ihn auch dort allein die psychologische Analyse der Struktur des religiösen Bewußtseins die methodische Basis der R. [96]. Nach ihrer Ablösung von der R. entwickelt sich die Religionspsychologie teils zur Völkerpsychologie [97], teils zur Individualpsychologie auf experimenteller Grundlage [98],

teils sucht sie die Resultate der noch jungen Psychoanalyse aufzunehmen [99].

Die weiterhin als R. firmierenden Ansätze definieren sich aus der Entgegensetzung gegen die Religionspsychologie. R. EUCKEN will wegen der Unsicherheit der Theorielage seiner Zeit kein «System der R.» entwerfen [100], kritisiert aber die Versuche, die Religionspsychologie zur Grundlage zu machen, statt ihr die zweite Stelle zuzuweisen [101]. Für TROELTSCH ist R. zwar Analyse des religiösen Bewußtseins, jedoch nicht als psychologische, sondern als erkenntnistheoretische. Der psychologisch-positiven Methode setzt er die erkenntnistheoretisch-absolute entgegen [102], dem Anthropologisch-Genetischen das Teleologisch-Normative [103]; ihre prinzipielle Scheidung sieht er als ein Hauptproblem für die Zukunft der R. [104]. Die erkenntnistheoretische Untersuchung des Gültigkeits- oder Wahrheitswerts der psychischen Vorgänge ziele auf «ein im Wesen der Vernunft liegendes apriorisches Gesetz der religiösen Ideenbildung..., das seinerseits in einem organischen Zusammenhang mit den übrigen Apriori der Vernunft steht» [105].

In diesem Aspekt berührt sich die Fragestellung von Troeltsch mit der des Neukantianismus sowohl der Marburger als auch der Südwestdeutschen Schule. Aufklärung über die Grundlagen der Religion in den Bewußtseinsgesetzen fordert auch P. NATORP; ob sie R. genannt werde oder nicht, hält er für belanglos [106]. W. WINDELBAND formuliert als Aufgabe der R., die Stellung der Religion im «zweckvollen Zusammenhange der Funktionen des vernünftigen Bewußtseins» aufzuweisen, «systematisch darzulegen, welche Steigerungen die immanenten Funktionen des Seelenlebens dadurch erfahren, daß sie in dem transscendenten Leben der Religion auf das Ueberempirische bezogen werden» [107]. Die erkenntnistheoretische Analyse des religiösen Bewußtseins wird jedoch überführt in die Frage nach dem systematischen Ort der Religion und R. Die traditionelle Lehre von der Einheit des Bewußtseins in seinen drei Vermögen Erkennen, Wollen und Fühlen läßt keinen Platz für eine spezifisch religiöse Bewußtseinsfunktion und deshalb auch nicht für eine eigenständige R. neben theoretischer Erkenntnis, Ethik und Ästhetik. H. COHEN verweist zunächst die Religion in die Ethik; eine eigenständige R. entfällt [108]. Er betont aber den traditionellen Zusammenhang von Ethik und R., insbesondere für das Judentum [109]. Geschichtlich gesehen habe die R. «das geschichtliche Faktum ... der Religionen zum Material ihres Problems», und sie habe es «aus dem Gesichtspunkte der philosophischen Ethik zu lösen» [110]; systematisch betrachtet komme ihr aber keine Eigenständigkeit zu. Später sichert Cohen zwar die Eigenart der Religion innerhalb der Systematik der Philosophie, nicht jedoch die Selbständigkeit einer R., deren Terminus so «schwankend» [111] sei, daß ihr keine Stelle im System der Philosophie zukommen könne [112].

Indem Cohen die Verbindung von der Einheit des Systems der Philosophie zur Einheit des Kulturbewußtseins [113] herstellt, nähert er sich der Tendenz, «R. als Kulturphilosophie» [114] bzw. als «Wertphilosophie» zu konzipieren. Nach A. GÖRLAND ist ihr, «als Philosophie, die Sorge um die Einheit der Kultur letztlich auferlegt. Sie hat die Aufgabe zu lösen, wie angesichts der Mannigfaltigkeit besonderer Religionswissenschaften Einheit des religiösen Kulturerlebens möglich sei» [115]. Vor allem hat sie die Frage zu beantworten, ob das Kulturfaktum Religion zugleich ein besonderes Wertgebiet bilde und wie gegebenenfalls sein Verhältnis zu anderen Gebieten zu bestimmen sei – ob mit WINDELBAND als «Ergänzung» und Fundierung der anderen Kulturgebiete durch das übermenschliche und -weltliche Heilige [116], mit J. COHN als eine den anderen Wertgebieten immanent bleibende «teleologische Ergänzung» durch einen «religiösen Abschluß» [117], mit G. MEHLIS als Wissen um das Göttliche, das dem Mangel des Endlichen abhilft [118], oder mit H. RICKERT als eigenes Wertgebiet, das zwar enge Beziehungen zu Kunst und Sittlichkeit aufweist, durch die Annahme des Göttlichen als eines Übermenschlichen jedoch über beide hinausgeht [119], wodurch für GÖRLAND die R. zum vierten Glied eines Systems kritischer Philosophie wird [120]. MEHLIS erweitert den Begriff, sofern er die R. im Sinne einer «Wertlehre» oder «Wertwissenschaft» oder gar «höchsten Wertwissenschaft» [121] als R. «von oben» durch eine Analyse des religiösen Bewußtseins als R. «von unten» ergänzt [122]. Gegen die Betrachtung der Religion und insbesondere des Heiligen als einer besonderen Kulturfunktion sowie in Nähe zur Kritik der dialektischen Theologie am Religionsbegriff betont P. TILLICH 1922, die R. sei «nie und nimmer eine Ergänzung der Geistes- oder Wertphilosophie» [123]; andererseits charakterisiert er 1925 die R. als «Wissenschaft von der religiösen Sinnfunktion und ihren Kategorien» durch den Aufweis des Ortes der Religion im Aufbau der Sinnwirklichkeit; als solche sei sie eine Geistes- oder Normwissenschaft, neben der – gleichfalls normativen – systematischen Theologie und der Geistesgeschichte der Religion [124].

Als Wertwissenschaft wird die R. auch über den Neukantianismus hinaus bestimmt, etwa von F. BRUNSTÄD [125] oder K. DUNKMANN, der sie zunächst in den Kontext einer Metaphysik der Geschichte stellt [126]; später nimmt er in die Grundlegung seiner systematischen Theologie den Begriff der R. als einer Wertwissenschaft auf, die den normativen Wert der Religion darzutun, d.h. «die in der Einheit des Geistes wurzelnde Notwendigkeit der Religion nachzuweisen» hat [127]. E. SPRANGER hingegen sieht – da Werte auch auf objektiv irrigen Sätzen beruhen können – das Grundproblem der R. in der Frage: «... bezieht sich Religion auf ein gegebenes eigenes Objekt, oder ist sie bloßes Bewußtseinsprodukt, eine Projektion unserer Wert- und Unwerturteile in die symbolische Sprache der Phantasie?» [128] Auch H. SCHOLZ greift hinter den Wertbegriff zurück, indem er fragt, was der R. die moralischen und soziologischen Ponderabilien helfen, «wenn die Voraussetzung, aus der sie sich herleiten, also das Gottesbewußtsein, ein Phantasma ist?» Ihn führt die Ansicht der R. als einer «Analysis der geistigen Werte» zur Konzeption einer «prägnanten R.», die sich auf die Betrachtung der «ponderablen Religion» beschränkt, die durch nicht-mythischen Charakter und «evidente Hochwertigkeit» des Gottesbewußtseins ausgezeichnet ist [129]. M. SCHELER hingegen nimmt zwar den Wertbegriff zur Bestimmung der Religion auf [130], konzipiert jedoch nicht eine Wertwissenschaft der Religion, sondern eine Religionsphänomenologie als «philosophische Wesenslehre (Eidologie) des religiösen Gegenstandes und Aktes», in Abgrenzung gegen die Religionspsychologie. Der Terminus ‹R.› dient dagegen vornehmlich zur Bezeichnung der verworfenen Ansätze vom Thomismus über den Idealismus bis hin zum Pragmatismus [131]. Im Anschluß an Scheler sowie in Erneuerung der traditionellen Problemkreise der Selbständigkeit und Wahrheit der Religion sowie des Verhältnisses des Wesens der Religion zu den geschichtlichen Religionen betrachtet J. HESSEN später die phänomenologische als die grundlegende Methode der R., die er jedoch hinsichtlich der Wesens- bzw. der Wahrheitsfrage durch die spekulative bzw. kritische Methode ergänzt; dadurch «wird sie – ungewollt – zu einer Apologia religionis» [132].

8. Als ein Reich erdentrückter Spekulation stellt H. LEISEGANG die R. vor dem Ersten Weltkrieg dem konfessionellen Kampfplatz der Nachkriegsjahre gegenüber [133]. Eine Ausnahme hiervon bilden C. CLEMEN, der in Auseinandersetzung mit der damaligen Forschung eine Phänomenologie der Religion sowie eine Kritik der Ursprungs- und der Wahrheitstheorien der Religion entwickelt [134], und E. CASSIRER, der seine «Kritik des mythischen Bewußtseins» aber nicht als R. bezeichnet [135]. Als Teil der christlichen Apologetik hatte H. SCHELL zwar bereits 1901 die R. zu erneuern gesucht [136], aber erst zwischen den Weltkriegen verlagert sich die R. von der Philosophie in die Theologie, näher in die beiden christlichen Konfessionen, zumal das Hauptwerk der jüdischen R. dieser Zeit – F. ROSENZWEIGS ‹Stern der Erlösung› – die Bezeichnung als R. ablehnt [137]. Auch von protestantischer Seite wird der Begriff ‹R.› zumeist zurückgewiesen. R. JELKE bezeichnet seinen Ansatz zwar als «protestantische R.» [138], von seiten der dialektischen Theologie unterscheidet E. BRUNNER jedoch eine von der Philosophie ausgehende R., die «Sinn und Recht der Religion innerhalb des philosophisch erkannten Sinngrundes» aufweise, und eine vom Glauben ausgehende: «dasjenige ‹Kapitel› der christlichen Theologie, dessen Aufgabe es ist, von der bestimmt christlichen Voraussetzung aus das Verhältnis zwischen Offenbarung und Vernunfterkenntnis einerseits, zwischen Offenbarung und Religion andererseits begründend darzustellen». Letztere sei jedoch nur eine «uneigentliche R.» [139]. Die Kritik der dialektischen Theologie am Religionsbegriff trifft zugleich die R. In «weiten Kreisen der evangelischen Theologie» gilt «der Begriff ‹R.› als Schreckgespenst» [140]. P. TILLICHS oder L. LAMBINETS Festhalten an diesem Begriff – selbst im Blick auf K. Barth – bildet eine Ausnahme [141]. Noch 1961 folgt U. MANN Brunners Unterscheidung zwischen einer philosophischen und einer theologischen R., die von der Offenbarung her denke und deshalb «kritische», in philosophischer Perspektive jedoch «christliche Philosophie» sei [142]. Auch durch die Arbeiten von E. HIRSCH [143] und N. H. SØE [144] wird die Distanz der protestantischen Theologie zum Begriff ‹R.› bewußt nicht aufgehoben.

Unterschiedliche Ansätze der R. entfalten sich auch innerhalb der katholischen Theologie und ihres Umkreises. J. P. STEFFES begründet die R. als «rein *philosophische* Betrachtung der Religion um ihrer selbst willen, d.h. ohne apologetische Zwecksetzung», die sonst «innerhalb der katholisch eingestellten Religionswissenschaft und Philosophie» nicht üblich gewesen sei [145]. Ähnlich – jedoch unter stärkerer Akzentuierung der Religionsgeschichte – bestimmt H. STRAUBINGER den Begriff der R. [146]. Auch P. ORTEGAT versteht die R. nicht als Theologie oder Apologetik, sondern als «métaphysique critique» [147]. Noch vor kurzem hat B. WELTE hervorgehoben, die R. habe «aus der Freiheit und Selbständigkeit des Denkens über die dem Denken vorgegebene Sache der Religion» nachzudenken [148]. A. DEMPF betont das entschiedene Ringen der R. um ein einheitliches Welt- und Menschenbild; ihre Aufgabe bilde die Wesensbestimmung der Religion, des Kultur-

und Menschheitsideals und des Verhältnisses «der Religion zur allgemeinen und persönlichen Kultur» [149]. Sie stütze sich dabei auf eine Vielfalt von normativen, dialektischen und soziologischen Methoden. Die kritische R., die Dempf den naiven R.en der unterschiedlichen Weltanschauungen entgegenstellt, habe ihren Ursprung im Kampf der Theologie mit der jeweiligen Zeitphilosophie und Wissenschaft; R. wird somit wieder zum Instrument der Apologetik [150].

Die Phänomenologie SCHELERS hat auch auf die i.e.S. katholische R. gewirkt, unterstützt von seiner Aussage, daß die Phänomenologie «mit den Grundsätzen der überlieferten christlichen Philosophie eine tiefere Verwandtschaft» aufweise «als irgendeine moderne philosophische Schule seit Cartesius» [151]. O. GRÜNDLER unterstellt die katholische R. der Norm des Glaubens. Als ihre «grundlegende Quelle» gilt «das eigene religiöse Erleben» [152]. H. FRIES unterscheidet die rein philosophisch bestimmte R. zwar von der Theologie, läßt sie aber die «Offenbarungswahrheiten katholischen Glaubens als negative Norm und verpflichtende Instanz» anerkennen [153].

Für E. PRZYWARA und K. RAHNER wird die R. zum Instrument der Begründung der Theologie. Den drei Typen der R., der Immanenz, Transzendenz und Transzendentalität, die Gott zu einer Funktion des Bewußtseins machen, setzt PRZYWARA die «allgemeine katholische Religionsbegründung» der «analogia entis» entgegen [154]. In Auseinandersetzung mit zwei Typen protestantischer R. versteht RAHNER R. als «das *vom Menschen her* erreichbare Wissen um das rechte Verhältnis des Menschen zu Gott». Sie sei die «von unten her» einzig mögliche Begründung der Theologie, und zwar als «metaphysische Anthropologie des Menschen als des in seiner *Geschichte* auf eine mögliche Offenbarung Gottes Horchenden». Als «Ontologie einer potentia oboedientialis für die Offenbarung» sei die R. wesentlich «christliche Philosophie» [155].

9. Die gegenwärtigen Bemühungen um R. teilen sich in zwei ungleiche Gruppen: einerseits die an phänomenologischen, transzendentalphilosophischen oder spekulativen Fragestellungen orientierten, eher isolierten Arbeiten, andererseits die breite Strömung der analytischen R. Den «Inbegriff der R.» findet O. SPANN in den religiösen Kategorien, unter denen er die «*Gottverwandtschaft des Menschen*» als «lebendigsten Quell aller Religiosität» auszeichnet; die «Königsfrage aller R.» liege im Verständnis der «geschichtlichen Religionen als Erscheinungsweisen der *einen* Religiosität, welche ... in sich selbst absolute Wahrheit enthält» [156]. Auch für S. HOLM muß die R. die Frage nach der Gültigkeit und Wahrheit der Religion stellen; er grenzt sie als philosophisch-kritische Wissenschaft von der psychologischen und historisch-genetischen ab. Innerhalb des Systems der Philosophie ordnet er die R. der Metaphysik zu, sofern beide auf die Totalität der Wirklichkeit gerichtet seien, und der Wertphilosophie, sofern R. eine wertende Wissenschaft sei [157]. U. MANN schließt sich Holms These an, daß die Existenzberechtigung auch der Religion entfalle, wenn die R. keinen notwendigen Platz im System der Philosophie erhalte; sie sei zwar «schon durch die Faktizität einer Gültigkeiten behauptenden Religion formal hinreichend gerechtfertigt», müsse aber zu «gültigen, wenn auch möglicherweise vorwiegend formal bleibenden Aussagen über den Sinn der Religion» gelangen. R. sei «als gleichrangige Partnerin der Religion nicht zu entbehren, wenn die Religion sich dem kritischen Geist unserer Zeit wirklich aussetzen und stellen will» [158]. Auch in H. WAGNERS Sicht bildet «die Wahrheitsfrage der Religion gegenüber» «das Zentralthema der europäischen R., der R. überhaupt». Er sieht jedoch eine Aporie der R. darin, daß sie die Wahrheitsfrage stellen müsse, um R. zu sein, aber nicht stellen könne, ohne aufzuhören, R. zu sein [159]. R. sei die «auf ein einheitliches Thema und eine einheitliche Leitidee bezogene Theorie der Religion selbst»; frühere Formen der R. wie Entlarvung, Rechtfertigung und Eintreten für eine 'frisierte' Religion erklärt er als unzulässig [160]. Im Stichwort «Aporetik» berührt sich H. R. SCHLETTES «Skeptische R.» mit H. WAGNER; für diesen liegt sie im Zugleich von a) Wirklichkeit und fraglicher Möglichkeit der R. sowie Notwendigkeit und Möglichkeit b) der Unterscheidung zwischen Glauben und Wissen, c) der Wahrheitsfrage und d) der Wertfrage; für SCHLETTE generell in der Notwendigkeit, die metaphysischen und religionsphilosophischen Fragen nach Gott, Freiheit und Unsterblichkeit stellen zu müssen, ohne sie beantworten zu können [161]. Die Aporetik ist nicht mehr Strukturprinzip von R., sondern dieser vorgeordnet: Als Teil der aporetischen Philosophie sei R. – gegen U. Mann – weder Begründung noch Kritik der Religion; sie könne «allenfalls mit äußerster Skepsis danach Ausschau halten, ob irgendwo Zeichen oder Indizien zu entdecken sind, die – ohne 'begründend' zu sein – die Überschreitung der Aporie-Grenze als motiviert und verantwortbar erscheinen lassen» [162]. Im Gegensatz hierzu sieht F. WAGNER das Kernproblem der R. in der «Aporie des religiösen Bewußtseins, von einem absoluten Grund zu dependieren, der durch das religiöse Bewußtsein selbst bedingt ist». Dieser Aporie und damit auch den Einwänden der radikalen Religionskritik verfalle jede R., die am religiösen Bewußtsein ansetze ohne vorgängige «Verankerung in einer philosophischen oder theologischen Theologie, die ihrerseits als Theorie des Absoluten auszuarbeiten ist» [163]. Die gegenteilige Konsequenz der «Reduktion auf das Bewußtsein» und der Entlastung von der vermeintlichen Gegenstandswelt zieht W. TRILLHAAS; er entwirft eine «kritische R.», deren kritischer Charakter eben darin liege, daß sie die Frage nach der Wirklichkeit des vom religiösen Bewußtsein Intendierten, «die Seite eines von der Subjektivität unterschiedenen Gegenstandsbereiches» preisgebe und sich ausschließlich der religiösen Intention zuwende [164]. Angesichts des relativen Rechts und der relativen Defizienz der unterschiedlichen Ansätze fordert R. SCHAEFFLER ein «Zusammenspiel dreier religionsphilosophischer Methoden ...: der philosophischen Theologie in der besonderen Gestalt einer transzendentalphilosophischen Gotteslehre, der Analyse der religiösen Sprache und der Phänomenologie der Religion» [165].

10. Eine der Reduktion auf das religiöse Bewußtsein analoge Entlastung der R. von traditionellen und weithin als aporetisch geltenden Problemstellungen resultiert aus ihrer Reduktion auf die Analyse des religiösen Sprachgebrauchs. Die restriktiven Sprachtheorien des logischen Atomismus (B. RUSSELL, L. WITTGENSTEINS ‹Tractatus logico-philosophicus›) und logischen Empirismus (R. CARNAP, A. J. AYER) erheben den Vorwurf der Sinnlosigkeit gegen die religiöse Rede und machen damit R. obsolet; im Anschluß an den späten Wittgenstein (‹Philosophische Untersuchungen›) und die weiteren Entwicklungen in der britischen Sprachphilosophie – mit Ausstrahlung insbesondere in die USA und nach

Skandinavien – wird eine Analyse des religiösen Sprachgebrauchs begründet, die sich teils als «Logik der Religion» [166], teils als «philosophische Theologie» [167], vor allem aber als «analytical philosophy of religion» versteht [168]. R. wird zur Analyse der «Bedeutung des religiösen Sinnzusammenhangs»; «durch logisch-philosophische Analyse des eigentlich Religiösen sucht sie zu seinen innersten Voraussetzungen, zu den auf diesem Gebiet herrschenden Kategorien vorzudringen oder, anders ausgedrückt, die 'Regeln', die die religiöse Sprache beherrschen, zu erforschen» [169]. Gegenüber dem Sinnlosigkeitsvorwurf werden einesteils die kognitiven Gehalte religiösen Sprechens betont; im Interesse ihrer Anerkennung wird eine Verständigung über geeignete Methoden der Verifikation und Falsifikation religiöser Sätze angestrebt [170]. Anderenteils treten – nicht zuletzt durch die dabei erkennbaren Schwierigkeiten – neben der kognitiven Funktion des religiösen Sprachgebrauchs die expressive [171], interpretative [172] und performative [173] und ihre Verflechtung u.a. mit der moralischen Sprache in den Blick. Unter dieser Bedingung bleibt es problematisch, einen Wirklichkeitsbezug religiöser Aussagen zu erheben, der den Horizont religiösen Sprechens bzw. die individuell-positionelle Sehweise transzendiert. Ausdrücklich abgewehrt wird solcher Bezug in den enger an Wittgenstein anknüpfenden Theorien des religiösen Sprachspiels, das nicht mehr «externen Rationalitäts- oder Sinnkriterien wie dem Verifizierbarkeits- oder Falsifizierbarkeitsprinzip» unterworfen werden dürfe, sondern «gemäß seiner internen Kriterien» zu verstehen sei [174]. Problem und Gegenstand sind nicht die Existenz- oder Seinsweise der im religiösen Kontext auftretenden Objekte, sondern ihre sprachliche Gegebenheit. R. ist nicht Anweisung zur rechten Rede von Gott, sondern «kritische Aufklärung der Regeln des religiösen Redens von Gott»: «metatheologische und metareligiöse Reflexion der logischen, sprach- und situationslogischen Probleme des empirisch faßbaren Redens von Gott» [175]. Trotz der genannten methodologischen Beschränkung weist man es von seiten der analytischen R. als «grobes Mißverständnis» zurück, «die pragmatisch-linguistische Kehre der philosophischen Analyse als Reduktion religionsphilosophischer und theologischer Bemühungen auf die Arbeit der empirischen Linguistik anzusehen. Man analysiert religiösen Sprachgebrauch nicht nur, um ihn um seiner selbst willen besser zu verstehen, sondern um Antworten auf materiale religionsphilosophische Probleme zu finden» [176].

In jüngster Zeit finden sich Versuche, über die bloße Kritik [177] hinaus im modifizierten Anschluß an die Einsichten und Methoden der analytischen R. fortzuschreiten zu einer «post-analytischen» [178] bzw. einer «paradigmenbezogenen R.», die über die Sprachanalyse hinaus die in ihr enthaltenen Leitbegriffe und methodischen Eigenheiten thematisiert und sie «zugleich als notwendige Regulative für das Denken und Handeln» versteht [179]. A. GRABNER-HAIDER erweitert den Begriff «analytische R.» zur «wissenschaftlichen R.», «die sich in allen ihren Einzelschritten wissenschaftstheoretisch und epistemologisch rechtfertigen läßt» [180]. Ihre Aufgabe sei es, «den Emanzipationsprozeß unserer Verhaltensnormierung zu unterstützen und weiterzuführen» durch Kritik der religiösen Phänomene am Maßstab «menschlicher Selbstfindung und zwischenmenschlicher Kommunikation» [181].

Anmerkungen. [1] A. F. RUCKERSFELDER: Philosophia de religione naturali lib. duo seu theologiae naturalis pars theoretica de Deo eiusque operibus et pars practica de hominis officio (1770). – [2] [S. VON STORCHENAU:] Die Philos. der Relig. (1772) (nochmals erschienen als Bd. 1 von: Die Philos. der Relig. 1-7 (1773-81); vgl. Des Verf. der R. geistl. Reden auf alle Sonntage des Jahres ... (1784-86); Seltnere Urkunden aus dem innern Archive der R. Vom Verf. derselben (1791); Der Glaube des Christen, wie er seyn soll. Ein philos.-theol.-moral.-prakt. Werk. Vom Verf. der R. (1792); Die Moral des Christen, wie sie seyn soll ... vom Verf. der R. (1794-96). – [3] M. CLAUDIUS: Wandsbecker Bote (1772) 199. Sämtl. Werke, hg. J. PERFAHL (1968) 826. – [4] F. NICOLAI: Allg. Dtsch. Bibliothek 64, 2 (1785) 386-392. – [5] F. PARA DU PHANJAS: Les principes de la saine philos. conciliés avec ceux de la relig.; ou la philos. de la relig. (Paris 1774). – [6] C. L. REINHOLD: Herzenserleichterung zweyer Menschenfreunde, in vertraul. Br. über Joh. C. Lavaters Glaubensbekenntniß (1785) 10. – [7] Br. über die Kantische Philos., in: Der Teutsche Merkur (Juli 1787) 71 (6. Br.) = Br. über die Kantische Philos. 1 (1790) 238 (9. Br.). – [8] a.O. (Febr. 1787) 119 (4. Br.) = a.O. 185 (7. Br.). – [9] J. F. KLEUKER: Neue Prüfung und Erklärung der vorzüglichsten Beweise für die Wahrheit und den göttl. Ursprung des Christenthums, wie der Offenbarung überhaupt ... Zweiter Theil, welcher eine Kritik der neuesten Philos. der Relig. enthält (1789) Vorbericht bzw. 7. – [10] a.O. 3 (1794) 15. – [11] J. CH. G. SCHAUMANN: Philos. der Relig. überhaupt und des christl. Glaubens insbes. (1793) 232. 73. – [12] I. KANT: Die Relig. innerh. der Grenzen der bloßen Vernunft (1793) Vorrede zur 1. Aufl. Akad.-A. 6, 10. – [13] H. PH. K. HENKE: Magazin für R., Exegese und Kirchengesch. 1-6 (1793-97); K. F. STÄUDLIN: Beitr. zur Philos. und Gesch. der Relig. und Sittenlehre überhaupt und der versch. Glaubensarten und Kirchen insbes. 1-5 (1797-99). – [14] K. H. L. PÖLITZ: Beitr. zur Kritik der R. und Exegese unsers Zeitalters (1795); L. H. JAKOB: Philos. Abh.: Über die Relig., in: Vermischte philos. Abh. aus der Teleologie, Politik, Relig.lehre und Moral (1797) 115-158; Die allg. Relig. Ein Buch für gebildete Leser (1797); [A. H. M. KOCHEN:] Versuch einer neuen Theorie der R. nebst einer krit. Darst. des Verhältnisses, in welchem der Judaismus und der auf ihm gegründete Christianismus zum wahren Interesse der Relig. stehen (1797). – [15] F. W. J. SCHELLING: Allg. Uebers. der neuesten philos. Litt. (1797). Akad.-A. I/4, 63. 68. – [16] F. I. NIETHAMMER: Verantwortungsschrift, in: J. G. FICHTE: Akad.-A. I/6, 112. – [17] J. G. FICHTE: Ueber den Grund unsers Glaubens an eine göttl. Welt-Regierung. Akad.-A. I/5, 347. – [18] Br. Akad.-A. III/3, 208. 332; III/4, 371; Aus einem Privatschreiben. Akad.-A. I/6, 377; Zu Artikeln im «Philos. Journal», a.O. 416. – [19] J. G. HERDER: Christl. Schriften. Sämtl. Werke, hg. B. SUPHAN (1877-1913) 20, 173. – [20] a.O. 222. – [21] F. SCHLEGEL: Athenäum, Notizen. Krit. Ausg., hg. E. BEHLER (1958ff.) 2, 275. – [22] HERDER, a.O. [19] 212. – [23] 223f. 150. 249. – [24] SCHLEGEL: Philos. Lehrjahre (1799), a.O. 21 (1963) 18, 391. – [25] Philos. Lehrj., Beilage IX (1808/09), a.O. 19, 275. – [26] I. BERGER: Gesch. der R., oder Lehren und Meinungen der originellsten Denker aller Zeiten über Gott und Relig., hist. dargest. (1800) IV. – [27] J. J. STUTZMANN: Systemat. Einl. in die R. 1 (1804). – [28] J. SALAT: Die R. (1811) 17. 22. 396; (²1821); Grundlinien der R. Eine Vorarbeit in Hinsicht auf die zweyte, ganz von Neuem ausgearb. Aufl. seiner Darst. derselben (1819) 9ff. – [29] J. F. FRIES: Hb. der prakt. Philos. oder der philos. Zwecklehre, 2. Die R. oder die Weltzwecklehre [rechtes Titelblatt: Hb. der R. und philos. Ästhetik] (1832) 1. – [30] D. TH. A. SUABEDISSEN: Die Grundzüge der philos. Relig.lehre (1831) IIIf. 196ff. – [31] F. BOUTERWEK: Lehrb. der philos. Wiss. 1: Einl., Apodiktik, Met., R. (1820) 228. – [32] Die Relig. der Vernunft. Ideen zur Beschleunigung der Fortschritte einer haltbaren R. (1824) Vf. 48. – [33] C. A. ESCHENMAYER: R. 1-3 (1818-24) 1, 15f. 168. – [34] F. D. E. SCHLEIERMACHER: Der christl. Glaube nach den Grundsätzen der evang. Kirche im Zus. dargest. 1-2 (1821/22) § 7. Krit. Ges.ausg., hg. H. BIRKNER u.a. (1980ff.) I/7, 1, 24f. – [35] G. W. F. HEGEL: Die Idee des absoluten Wesens ... Akad.-A. 5, 264. – [36] Akad.-A. 8, 280-286; 9, 363-421. – [37] Vorles. über die Philos. der Relig. 1, Einl. (Ms.), hg. W. JAESCHKE. Vorles. 3 (1983) 3. – [38] a.O. 5; Einl. (1824), a.O.; Einl. (1827), a.O. 61. – [39] Der Begriff der Relig. (1827), a.O. 265-267. 281. – [40] a.O.

265. 269. – [41] J. E. ERDMANN: Die R. als Phänomenol. des relig. Bewußtseins, in: Vermischte Aufs. (1846) 62f.; Vorles. über Glauben und Wissen als Einl. in die Dogmatik und R. (1837). – [42] C. A. ESCHENMAYER: Die Hegelsche R. (1834) IV. 131. 160f.; von kathol. Seite F. A. STAUDENMAIER: Darst. und Kritik des Hegel'schen Systems. Aus dem Standpunkte der christl. Philos. (1844). – [43] F. X. VON BAADER: Vorles. über relig. Philos. im Gegensatze der irrelig. älterer und neuerer Zeit (1827). Sämtl. Werke, hg. F. HOFFMANN/J. HAMBERGER 1 (1851, ND 1963) 155. – [44] K. CH. F. KRAUSE: Die absolute R. in ihrem Verhältnisse zu dem gefühlsglaubigen Theismus und nach der in ihr gegebenen unendlichen Vermittlung des Supranaturalismus und Rationalismus. Dargest. in einer philos. Prüfung und Würdigung von F. Bouterwek's Schrift: ‹Die Religion der Vernunft›, und F. Schleiermacher's Einleitung zu dessen Schrift ‹Der christliche Glaube›, hg. H. VON LEONHARDI (1834). – [45] A. SCHOPENHAUER: Die Welt als Wille und Vorst. 2. Sämtl. Werke, hg. A. HÜBSCHER (^{2}1946-50) 3, 185; Parerga und Paralip. 1, a.O. 5, 153f. – [46] F. W. J. SCHELLING: Philos. der Offenb., 6. 9. Vorles. Sämmtl. Werke, hg. K. F. A. SCHELLING (1856-61) II/3, 122. 190. 193. – [47] CH. H. WEISSE: Die Idee der Gottheit (1833) IV. – [48] J. J. SENGLER: Die Idee Gottes 1-2 (1845-52). – [49] I. H. FICHTE: Grundzüge zum System der Philos. 3: Spekul. Theol. oder allg. Relig.lehre (1846). – [50] K. PH. FISCHER: Grundzüge des Systems der Philos. 3: Die Wiss. der Idee des absoluten Geistes oder der speculat. Theol. (1855) 5 [das linke Titelblatt lautet: Grundzüge des Systems der speculat. Theol. oder der R.]. – [51] H. ULRICI: Das Grundprincip der Philos., krit. und speculat. entwickelt 2: Speculat. Grundleg. des Systems der Philos. oder die Lehre vom Wissen (1846) 287ff. 387f. – [52] Glauben und Wissen, Speculation und exacte Wiss. Zur Versöhnung des Zwiespalts zwischen Relig., Philos. und naturwissenschaftl. Empirie (1858) IV. – [53] L. FEUERBACH: Das Wesen des Christentums. Ges. Werke, hg. W. SCHUFFENHAUER (1967ff.) 5, 3; Das Wesen der Relig., a.O. 6, 11. – [54] K. MARX: Zur Kritik der Hegelschen Rechts-Philos., in: Dtsch.-Frz. Jahrbücher (1844) 71. 79. MEW 1, 378ff. – [55] F. CH. BAUR: Die christl. Gnosis oder die christl. R. in ihrer geschichtl. Entwickl. (1835); A. F. DÄHNE: Geschichtl. Darst. der jüd.-alexandrin. Relig.-Philos. 1-2 (1834). – [56] S. HIRSCH: Die R. der Juden oder das Prinzip der jüd. Relig.anschauung und sein Verhältniß zum Heidenthum, Christenthum und zur absoluten Relig. dargest. und mit den erläuterten Beweisstellen aus der heiligen Schrift, den Talmudim und Midraschim versehen (1842). – [57] J. FÜRST (Hg.): Die jüd. Relig.philosophen des MA oder Uebersetzungen der seit dem 10. Jh. verfaßten jüd. R.en (1845). – [58] J. G. F. BILLROTH: Vorles. über R., hg. J. E. ERDMANN (^{2}1844) 10. – [59] CH. H. WEISSE: Philos. Dogmatik oder Philos. des Christenthums 1-3 (1855-62); H. STEFFENS: Christl. R. 1-2 (Breslau 1839). – [60] M. W. DROBISCH: Grundlehren der R. (1840) 251. 261. – [61] H. LOTZE: Grundzüge der R. Dictate aus den Vorles. (^{2}1884) 4. – [62] H. SIEBECK: Lehrb. der R. (1893) 40-42. 444. – [63] O. PFLEIDERER: Gesch. der R. von Spinoza bis auf die Gegenwart (^{3}1893); vgl. R. SEYDEL: R. im Umriß. Mit hist.-krit. Einl. über die R. seit Kant, hg. P. W. SCHMIEDEL (1893). – [64] G. CH. B. PÜNJER: Gesch. der christl. R. seit der Reformation 1-2 (1880-83) 1, 4. – [65] O. FLÜGEL (Hg.): R. in Einzeldarst. (1906) (zu Descartes, Spinoza, Leibniz, Jacobi, Schleiermacher, Hegel). – [66] O. PFLEIDERER: R. auf geschichtl. Grundlage (1878, ^{3}1896). – [67] I. H. FICHTE: Die Seelenfortdauer und die Weltstellung des Menschen. Eine anthropol. Unters. und ein Beitrag zur R. wie zu einer Philos. der Gesch. (1867) XIV. – [68] a.O. XXff. – [69] F. E. BENEKE: System der Met. und R., aus dem natürl. Grundverhältnisse des menschl. Geistes abgeleitet (1840) V. 465. 547. – [70] A. LASSON: Ueber Gegenstand und Behandlungsart der R. (1879) 20f. 27. 39. – [71] L. W. E. RAUWENHOFF: R., hg. J. R. HANNE (1889) 475. 491. – [72] ANON.: R. auf modern-wissenschaftl. Grundlage, hg. J. BAUMANN (1886). – [73] G. RUNZE: Katechismus der R. (1901). – [74] H. HÖFFDING: R., hg. F. BENDIXEN (1901). – [75] A. E. BIEDERMANN: Christl. Dogmatik 1 (^{2}1884) XIII. – [76] A. DORNER: Grundriß der R. (1903). – [77] E. VON HARTMANN: R. 1-2 (^{2}1881/82); Grundriß der R. (1909). – [78] W. VATKE: R. oder allg. philos. Theol. Nach Vorles. hg. H. G. S. PREISS (1888); A. DREWS: Relig. als Selbst-Bewußtsein Gottes (1906); J. CAIRD: Introd. to the philos. of relig. (Glasgow ^{2}1889). – [79] SEYDEL, a.O. [63]. – [80] J. S. MILL: Three essays on relig., hg. H. TAYLOR (London 1874). – [81] G. TH. FECHNER: Die drei Motive und Gründe des Glaubens (^{2}1910). – [82] F. M. MÜLLER: Einl. in die vergleich. Relig.wiss. (Straßburg 1874). – [83] C. VON ORELLI: Allg. Relig.gesch. 1-2 (^{2}1911); P. D. CHANTEPIE DE LA SAUSSAYE u.a.: Lehrb. der Relig.gesch. 1-2 (^{3}1905). – [84] A. SABATIER: R. auf psycholog. und geschichtl. Grundlage (1898) X. XVIIff. – [85] E. TROELTSCH: Über den gegenwärtigen Stand der R., in: Die Philos. im Beginn des 20. Jh. Festschr. K. Fischer, hg. W. WINDELBAND u.a. (^{2}1907) 425. – [86] a.O. 425. 456. – [87] Wesen der Relig. und der Relig.wiss. Ges. Schr. 2 (^{2}1922) 492-497. – [88] a.O. 490. 462. – [89] Empirismus und Platonismus in der R. Zur Erinnerung an W. James, a.O. 365. 368. – [90] M. WEBER: Ges. Aufs. zur Relig.soziol. 1-3 (1920-21); G. SIMMEL: Die Relig. (1906, ^{2}1912); E. DURKHEIM: Les formes élément. de la vie religieuse. Le système totémique en Australie (Paris ^{4}1960). – [91] C. P. TIELE: Elem. of the sci. of relig. (Edinburgh/London 1897-99), dtsch. (1899-1901); G. VAN DER LEEUW: Phänomenol. der Relig. (1933). – [92] W. JAMES: The varieties of religious experience. A study in human nature (London 1902, ^{24}1913) 434 (gegen CAIRD, a.O. [78]). – [93] a.O. 433. 455. – [94] T. K. OESTERREICH: Einf. in die Relig.psychol. als Grundlage für R. und Relig.gesch. (1917). – [95] G. WOBBERMIN: Systemat. Theol. nach relig.psychol. Methode 1: Die relig.psycholog. Methode in Relig.wiss. und Theol. 1-3 (1913-26). – [96] R. (1924) 12. – [97] W. WUNDT: Völkerpsychol. Eine Unters. der Entwicklungsgesetze von Sprache, Mythus und Sitte 4-6: Mythus und Relig. (^{2}1910-15). – [98] K. GIRGENSOHN: Der seelische Aufbau des relig. Erlebens. Eine relig.psycholog. Unters. auf experiment. Grundlage (1921). – [99] O. HOFMANN: Relig.psychol. 1: Die Lebendigkeit der Relig. (1923). – [100] R. EUCKEN: Der Wahrheitsgehalt der Relig. (1901, ^{4}1912) VII. – [101] Hauptprobleme der R. der Gegenwart (^{5}1912) 171-182. – [102] TROELTSCH: Ges. Schr., a.O. [87] 2, 382. – [103] a.O. [85] 426. – [104] a.O. 473. – [105] a.O. [102] 494; vgl. A. NYGREN: Die Gültigkeit der relig. Erfahrung (1922). – [106] P. NATORP: Relig. innerhalb der Grenzen der Humanität (^{2}1908) 83. – [107] W. WINDELBAND: Das Heilige. (Skizze zur R.), in: Präludien (^{2}1903) 356. 367f. – [108] H. COHEN: Ethik des reinen Willens (1904, ^{2}1907) 52ff. 586f. – [109] Ethik und R. in ihrem Zus. (1904) 20. – [110] Relig. und Sittlichkeit. Eine Betracht. zur Grundleg. der R. (1907) 61f. – [111] Der Begriff der Relig. im System der Philos. (1915) 43. – [112] a. O. 7. 9. – [113] 133. – [114] J. COHN: Relig. und Kulturwerte (1914) 4. – [115] A. GÖRLAND: R. als Wiss. aus dem Systemgeiste des krit. Idealismus (1922) 22. – [116] WINDELBAND, a.O. [107] 359. – [117] COHN, a.O. [114] 9f. 18. – [118] G. MEHLIS: Einf. in ein System der R. (1917) 132. 103. – [119] H. RICKERT: System der Philos. 1: Allg. Grundleg. der Philos. (1921) 339-341. – [120] GÖRLAND, a.O [115] 26. – [121] R. RICHTER: R. (1912) 111. – [122] MEHLIS, a.O. [118] 55. – [123] P. TILLICH: Die Überwindung des Relig.begriffs in der R. (1922). Ges. Werke (1959) 381. – [124] R. (1925), a.O. 306. 300. – [125] F. BRUNSTÄD: Die Idee der Relig. Prinzipien der R. (1922) 67. – [126] K. DUNKMANN: Met. der Gesch. Eine Studie zur R. (1914). – [127] Systemat. Theol. 1: R. Kritik der relig. Erfahrung als Grundleg. christl. Theol. (1917) 10. 157. – [128] E. SPRANGER: Hauptprobleme der R. vom systemat. Standpunkt (1910/11). Ges. Schr., hg. H. W. BÄHR 9 (1974) 139; vgl. 351. – [129] H. SCHOLZ: R. (^{2}1922, ND 1974) 26. 7. 15f. 19. – [130] M. SCHELER: Vom Ewigen im Menschen (1921). Ges. Werke 5 (^{5}1968) 170. – [131] a.O. 125f. – [132] J. HESSEN: R. (1948, ^{2}1955) 2, 21f. 334. – [133] H. LEISEGANG: R. der Gegenwart (1930) 2f. – [134] C. CLEMEN: Grundriß der R. (1934). – [135] E. CASSIRER: Philos. der symbol. Formen 2: Das myth. Denken (1925, ^{2}1953). – [136] H. SCHELL: Apologie des Christentums 1: Relig. und Offenbarung (1901, ND 1967) 1. Teil: R. – [137] F. ROSENZWEIG: Der Stern der Erlösung (1921, Den Haag ^{4}1976) 155. – [138] R. JELKE: R. (1927) 87. – [139] E. BRUNNER: Relig. evang. Theol. (1927) 3f. 6. – [140] G. WOBBERMIN: R. als theolog. Aufgabe. Kantstudien 33 (1928) 200-218. – [141] P. TILLICH: Die Frage nach dem Unbedingten. Schr. zur R. Ges. Werke 5 (1964); darin u.a.: Zwei Wege der R. (1946); L. LAMBINET: Christozentrische R.? Eine krit. Unters. des Relig.begriffes Dialekt. Theol. (1938). – [142] U. MANN: Theolog. R. im Grundriß (1961) 14-17. 21. – [143] E. HIRSCH: Hauptfragen christl. R. (1963). – [144] N. H. SØE: R. Ein

Studienbuch (1967) 9. – [145] J. P. STEFFES: R. (1925) V. 27. – [146] H. STRAUBINGER: R. mit Theodizee (^{2}1949), 1. Aufl. u.d.T.: Einführung in die R. (1929). – [147] P. ORTEGAT: Philos. de la relig. Synthèse crit. des systèmes contemp. en fonction d'un réalisme personnaliste et communautaire 1-2 (Löwen/Paris 1948) 9. – [148] B. WELTE: R. (1978) 27. – [149] A. DEMPF: R. (1937) 36. 84. – [150] a.O. 84-105. 83f. – [151] M. SCHELER: Vorwort, in: O. GRÜNDLER: Elem. zu einer R. auf phänomenolog. Grundlage (1922). – [152] GRÜNDLER, a.O. 33-35. 39f. – [153] H. FRIES: Die kathol. R. der Gegenwart. Der Einfluß M. Schelers auf ihre Form und Gestalten (1949) 25. 30. – [154] E. PRZYWARA: R. kathol. Theol. (1927) 27f. – [155] K. RAHNER: Hörer des Wortes. Zur Grundleg. einer R. (1941), neu bearb. J. B. METZ (1963) 20. 29. 37-41. – [156] O. SPANN: Ges.ausg. 16, hg. E. SULEK (^{2}1970) 324f. – [157] S. HOLM: R. (Kopenhagen 1955), dtsch. (1960) 15. 56. – [158] U. MANN: Einf. in die R. (1970) 13-15. 17. 19. – [159] H. WAGNER: Existenz, Analogie und Dialektik. Religio pura seu transcendentalis (1953) 19. 27; vgl. Philos. und Reflexion (1959) 403ff. – [160] Existenz..., a.O. 31. 23. – [161] a.O. 25. – [162] H. R. SCHLETTE: Skept. R. Zur Kritik der Pietät (1972) 25. 40. – [163] F. WAGNER: Was ist Relig.? Stud. zu ihrem Begriff und Thema in Gesch. und Gegenwart (1986) 573. 571. – [164] W. TRILLHAAS: R. (1972) 61. 57; R. oder philos. Theol.? Eine Kontroverse zw. W. Trillhaas und W. Weischedel. Neue Z. systemat. Theol. 15 (1973) 87-101. – [165] R. SCHAEFFLER: R. (1983) 249. – [166] J. M. BOCHEŃSKI: Logik der Relig. [engl.1965], übers. A. MENNE (1968). – [167] A. FLEW/A. MACINTYRE (Hg.): New essays in philos. theology (London 1955). – [168] z.B. W. F. ZURDEEG: An analyt. philos. of relig. (New York 1959); J. HICK: Philos. of relig. (Englewood Cliffs, N.J. 1963, ^{2}1973); H. D. LEWIS: Philos. of relig. (London 1965); J. L. GOODALL: An introd. to the philos. of relig. (London 1966); F. FERRÉ: Basic modern philos. of relig. (New York 1967); G. E. ABERNETHY/T. A. LANGFORD (Hg.): Philos. of relig. (New York 1968); N. SMART: Philos. of relig. (New York 1970); S. M. CAHN (Hg.): Philos. of relig. (New York 1970); B. MITCHELL (Hg.): The philos. of relig. (London 1971); H. H. PRICE: Essays in the philos. of relig. (Oxford 1972); W. I. ROWE/W. J. WAINWRIGHT: Philos. of relig.: Selected readings (New York 1973). – [169] A. NYGREN: Sinn und Methode. Prolegomena zu einer wissenschaftl. R. und einer wissenschaftl. Theol. (1979) 23. 392. – [170] BOCHEŃSKI, a.O. [166] 45; vgl. I. U. DALFERTH (Hg.): Sprachlogik des Glaubens. Texte analyt. R. und Theol. zur relig. Sprache (1974) 84-166: A. FLEW/B. MITCHELL/R. M. HARE: Theol. und Falsifikation. Ein Symposium (84-95), I. M. CROMBIE: Die Möglichkeit theolog. Aussagen (96-145), J. HICK: Theol. und Verifikation (146-166). – [171] R. B. BRAITHWAITE: Die Ansicht eines Empiristen über die Natur des relig. Glaubens, in: DALFERTH (Hg.), a.O. 167-189; HARE, a.O. 87-90; ZURDEEG, a.O. [168]. – [172] I. T. RAMSEY: Religious language. An empir. placing of theolog. phrases (London 1957); Models and mystery (London 1964); F. FERRÉ: Language, logic and God (London 1962). – [173] L. BEJERHOLM/G. HORNIG: Wort und Handlung. Unters. zur analyt. R. (1966). – [174] I. U. DALFERTH: Einf. in die Analyt. R., in: DALFERTH (Hg.), a.O. [170] 50; D. Z. PHILIPPS: Relig. Glaubensansichten und Sprachspiele, a.O. 258-282. – [175] DALFERTH: Relig. Rede von Gott (1981) 21f. – [176] a.O. [170] 53. – [177] P. J. ETGES: Kritik der analyt. Theol. (1973). – [178] H. SCHRÖDTER: Analyt. R. Hauptstandpunkte und Grundprobleme (1979) 252. – [179] K. WUCHTERL: Philos. und Relig. Zur Aktualität der R. (1982) 172. – [180] A. GRABNER-HAIDER: Vernunft und Relig. Ansätze einer analyt. R. (1978) 10. – [181] a.O. 45. 51. 49.

Literaturhinweise. H. STRAUBINGER: Die Relig. und ihre Grundwahrheiten in der dtsch. Philos. seit Leibniz (1919). – J. HESSEN: Die R. des Neukantianismus (^{2}1924). – H. LEISEGANG s. Anm. [133]. – J. HESSEN s. Anm. [132] 1: Methoden und Gestalten der R. – K. FEIEREIS: Die Umprägung der natürl. Theol. in R. (1965). – W. JAESCHKE: Die Vernunft in der Relig. Stud. zur Grundleg. der R. Hegels (1986). – F. WAGNER s. Anm. [163]. – A. HALDER/K. KIENZLER/J. MÖLLER (Hg.): R. heute. Chancen und Bedeut. in Philos. und Theol. (1988). W. JAESCHKE

Religionspsychologie (engl. psychology of religion bzw. religious psychology; frz. psychologie de la religion bzw. psychologie religieuse). Der späten Prägung des Begriffs ‹R.› im 19. Jh. geht eine weit zurückreichende Tradition meist religionskritischer Bemühungen um eine Herleitung der Religion aus psychischen Gegebenheiten voraus. Seit der Antike wurden vielfach Affekte wie Furcht und Hoffnung («Primus in orbe Deos fecit timor»; «Die Furcht hat als erste die Götter geschaffen» [1]) als Quelle religiöser Überzeugungen und Praktiken namhaft gemacht. Auch in der neuzeitlichen Religionskritik spielen der Sache nach religionspsychologische Argumente eine erhebliche Rolle: Von TH. HOBBES [2] und B. SPINOZA [3] bis zu D. HUME [4] und P.-H. TH. D'HOLBACH [5] wurde zu zeigen versucht, daß die Religion sich nicht auf rationale Gründe stützen kann, sondern ihre Entstehung und ihren Fortbestand irrationalen psychischen Ursachen, insbesondere den Affekten, verdankt. In dieser Tradition bilden psychologische Argumente das Instrumentarium der Religionskritik, sie schließen sich jedoch in keiner Weise zur Konstitution einer Disziplin ‹R.› zusammen, tragen daher – abgesehen von der modernen retrospektiven Verwendung des Begriffs – auch nicht diesen Namen.

Der Begriff der ‹R.› entstand in der Auseinandersetzung mit der Theologie F. D. E. SCHLEIERMACHERS, der 1822 seinen Ausführungen über das Wesen der Religion die methodische Überlegung voranstellt, daß zu ihrer Erforschung nichts anderes gegeben sei, «als die Seelen, in welchen wir die frommen Erregungen antreffen» [6]. Bereits frühe Kritiker kennzeichnen diese Begründung der Religionsidee als «psychologisch-kritisch» [7] und erkennen deren «psychologische Bestimmtheit» [8] an.

Von einer ‹R.› spricht 1837 der schwedische Theologe H. REUTERDAHL [9], der den Schleiermacherschen Studienplan von 1811 [10] in dessen erstem Teil (Apologetik und Polemik) um die Bereiche «R.» und «Philosophie der Religionsgeschichte» erweitert. Für Reuterdahl erhält die Theologie ihr Objekt von der Psychologie, weshalb die philosophische Theologie mit der – von ihm erstmals als Teildisziplin konzipierten – «R.» einzusetzen habe [11]. Anders systematisieren in den achtziger Jahren E. A. BIEDERMANN [12] und E. VON HARTMANN [13] bei ihrem Versuch, zur Wesensbestimmung der Religion eine methodische Abfolge religionswissenschaftlicher Teildisziplinen festzulegen: Die «R.» soll zunächst auf der Basis von Erfahrungstatsachen den «psychologischen Begriff» der Religion entwickeln, die «Religionsmetaphysik» fragt dann nach ihrem metaphysischen Grund und sucht daraus das «innere Wesen» der Religion abzuleiten [14].

Als selbständiger Forschungszweig etabliert sich die R. in den achtziger und neunziger Jahren, wobei der Begriff heterogen besetzt wird. Einen normativ-religionsphilosophischen Ansatz vertritt M. REISCHLE mit seiner «Moral- und R.», die den inneren Vorgängen religiöser Erlebnisse auf der historisch vollkommensten Stufe der Religion beschreibt, um so zur «Entfaltung des formal bestimmten Normbegriffs der Religion» [15] zu gelangen. Der Begriff der R. fällt bei Reischle mit dem der modernen Religionsphilosophie zusammen [16]. In strikter Abgrenzung von der Religionsphilosophie, die das «ontologische und axiologische» Problem der Wesensbestimmung der Religion behandelt, definiert dagegen G. RUNZE die «psycho-biologisch-genetische» Frage nach ihrer Entstehung als Gegenstandsbereich der R. [17]. In der Anwendung von Fragestellungen und Methoden der Psychologie auf die Theologie entwickelt G. VORBRODT in seinen frühen Arbeiten das Programm einer R. mit den Teilbereichen der Psychologie des Glaubens, der Bibel, der praktischen Theologie, der Enzyklopädie und der Dogmengeschichte [18].

Stärker als diese an theologischen Fragestellungen orientierten Ansätze der frühen deutschen R. wirkt die ungefähr zeitgleich einsetzende nordamerikanische Richtung um G. S. HALL und W. JAMES auf die Begriffs- und Disziplingeschichte des 20. Jh. ein. HALL [19], psychologischer Statistiker und Pädagoge, und sein Schüler E. STARBUCK [20] verstehen unter R. eine streng empirische Methode zur Erfassung und Beschreibung der psychologisch-naturwissenschaftlichen Seite religiöser Phänomene und entwickeln die später auch in Deutschland und Frankreich [21] angewandte statistische Analyse von Fragebögen. In der phänomenologischen Konzeption des Hauptvertreters der amerikanischen Schule, W. JAMES [22], wird der Begriff der R. stärker aus philosophischen Fragestellungen entwickelt. James sucht «religiöse Neigungen» («religious propensities») in ihrer Mannigfaltigkeit zu erfassen und inhaltlich zu beschreiben, um so auf das Wesen der religiösen Erfahrung zu schließen. Durch die bevorzugte Methode der Auswertung schriftlich fixierter religiöser Erlebnisse und Krisen gewinnt sein Begriff der R. eine religionspathologische Komponente.

Diesen stärker philosophischen Ansatz nimmt in Deutschland insbesondere der James-Übersetzer G. WOBBERMIN auf, der R. nicht als (Teil-)Disziplin, sondern als grundlegende Methode jeder religionswissenschaftlichen Arbeit [23] und der gesamten evangelischen Theologie nach Schleiermacher auffaßt [24]. In seinem Programm einer ‹Systematischen Theologie nach religionspsychologischer Methode› [25] sucht er theologische Fragestellungen Schleiermachers und Ritschls mit der Methode von James zu einer «transzendentalen» R. zu verbinden, in deren Mittelpunkt die Frage nach der Wahrheit des jeweiligen religiösen Phänomens steht [26]. – Nach R. OTTO gewinnt die Religionswissenschaft den empirischen Begriff der Religion, von dem sie ausgehen muß, durch die religionspsychologische «Selbstbeobachtung des religiösen Bewußtseins» [27]. In Abkehr von der Tendenz, die Religion, das «Heilige» in ein bloßes psychisches Phänomen aufzulösen und so zu subjektivieren, wahrt Otto aber zumeist Distanz zu dem «nicht ganz einwandfreien Ausdrucke ‹R.›» [28]. Durch die Verbindung der «komparativ-statistischen» Methoden des amerikanischen Empirismus mit den «beschreibenden und erklärenden» der französischen Schule um Flournoy konzipiert G. VORBRODT [29] eine auf empirische Bereiche eingeschränkte R., die die transzendentalen Fragestellungen Wobbermins ausklammert und sie der Erkenntnistheorie zuschlägt [30].

In der weiteren Entwicklung wird der Begriff je nach angewandter Methode und einzelwissenschaftlichem Fundament in unterschiedlichster Weise besetzt. Dem individualpsychologisch ausgerichteten Empirismus der Amerikaner bleiben die evangelischen Theologen K. GIRGENSOHN, W. STÄHLIN und W. GRUEHN mit ihrer auf Reizwörtern und religiösen Texten basierenden Fragebogenauswertung am deutlichsten verpflichtet [31]. Sie erweitern jedoch das amerikanische Konzept der R., indem sie die gedankliche Seite des religiösen Erlebens gegenüber der emotionalen aufwerten. F. RITTELMEYER, ein häufiger Mitarbeiter an dem von W. STÄHLIN begründeten ‹Archiv für R.›, und auch dieser selbst nahmen später in Absetzung von der relativierenden Abstraktion der R. Positionen ein, die als deren Gegenteil begriffen werden können: Stählin als beherrschende Figur der liturgischen Bewegung in der Evangelischen Kirche, Rittelmeyer als Begründer der anthroposophischen Christengemeinschaft [32]. V. GRØNBÆK (und nach ihm eine ganze Reihe skandinavischer Forscher bis heute [33]) arbeitet ebenfalls auf der Grundlage empirischer Erhebungen, bezieht jedoch auch die Ergebnisse anderer Methoden in die R. ein und entwickelt sie in Richtung auf die Persönlichkeitspsychologie (G. W. Allport, Ch. Bühler) weiter [34]. P. E. JOHNSON gestaltet dies zu einer «interpersonalen» R. aus [35]. Grundsätzliche Kritik an jeder Art individualpsychologischer R., ob sie nun wie in der «voluntaristischen» Richtung (Schleiermacher) auf dem Gefühl, oder wie in der «intellektualistischen» (Hegel) auf dem Erkennen basiere, übt W. WUNDT in seiner völkerpsychologisch konzipierten R. [36], die historisch auf die Analyse der Entstehung, Entwicklung und kulturellen Bedeutung von Religion(en) abzielt. Die R. nimmt bei Wundt eine Zwischenstellung zwischen Völkerkunde und Geschichte einerseits, und Religionsphilosophie als der auf ihr aufbauenden Reflexionsstufe andererseits ein [37]. Auf psychologisch-anthropologischer Basis definiert B. EXARCHOS die R. als «Teildisziplin der allgemeinen Kultur- bzw. Geistespsychologie» [38], in die auch kulturelle Phänomene als Objektivationen des religiösen Seelenlebens einbezogen werden [39]. Eine historisch-sozialpsychologische Begriffskomponente findet sich auch bei W. HELLPACH, der durch Kombination individual- und «kollektivpsychologischer» Aspekte religiöse Phänomene mit Hilfe von «umweltlichen Daseinsbedingungen» und «sozialpsychologischen Verschiebungen oder völkerpsychologischen Besonderheiten» [40] erklären will.

Einen Neuansatz auf der Grundlage der geisteswissenschaftlichen, verstehenden Psychologie W. Diltheys unter Ablehnung der experimentellen Methode bietet T. K. OESTERREICH. Die R. sei «auf ein inneres Verständnis fremden Innenlebens gerichtet» [41]. In diesem Sinne bildet auch bei W. TRILLHAAS das Einfühlen in religiöse Erlebnisse und deren Beschreibung den Mittelpunkt der R. [42]. – Auf der Basis der Psychoanalyse S. Freuds arbeitet E. JONES die R. aus. Die Religion wird gedeutet als «eine ins Kosmische projizierte Dramatisierung» der frühen Eltern-Kind-Beziehung [43]. Demgegenüber tangiert nach O. PFISTER die «Psychanalyse» den Wahrheitsgehalt der Religion selbst nicht [44]. – Das Konzept des Hauptvertreters der katholischen R., G. WUNDERLE, zeichnet sich durch die Methode der Introspektion und «vereinigten Selbstwahrnehmung» aus [45]; mit ihrer Hilfe soll der Anspruch auf Wissenschaftlichkeit bei gleichzeitig vorausgesetzten eigenen, tiefen Religionserlebnissen erfüllt werden. – Vertreter der Psychiatrie wie K. SCHNEIDER [46] und H. J. WEITBRECHT [47] bilden mit der «Religionspsychopathologie» eine eigene Richtung der R., die krankhafte Formen des religiösen Seelenlebens untersucht, deren Analysen jedoch auch Rückschlüsse auf das gewöhnliche religiöse Leben zulassen sollen.

Anmerkungen. [1] Der vielzitierte Vers ist überliefert durch PETRONIUS: Fragm. 22, und STATIUS: Thebais 3, 661. – [2] TH. HOBBES: Leviathan XII. Engl. works, hg. W. MOLESWORTH 3 (London 1839) 94-98. – [3] B. SPINOZA: Tract. theol.-pol., praef., hg. G. GAWLICK/F. NIEWÖHNER (1979) 4-8. – [4] D. HUME: The nat. hist. of relig. (1757). The philos. works, hg. TH. H. GREEN/ TH. H. GROSE 4 (London 1882, ND 1964) 313-316; vgl. dazu G.

STREMINGER: David Humes R., in: K. SALAMUN (Hg.): Sozialphilos. als Aufklärung. Festschr. E. Topitsch (1979) 297-314. – [5] P.-H. TH. D'HOLBACH: Système de la nat. ('London' 1770, ND 1966) 2, 170f. – [6] F. D. E. SCHLEIERMACHER: Der christl. Glaube § 7, 4. Krit. Ges.ausg., hg. H.-J. BIRKNER u.a. I/7, 1 (1980) 25; vgl. G. WOBBERMIN: Die relig.psychol. Methode in Relig.wiss. und Theol. [System. Theol. nach relig.psychol. Methode 1] (1913) 256-264. – [7] H. SCHMID: Über Schleiermacher's Glaubenslehre mit Bez. auf die Reden über die Relig. (1835) 16. – [8] C. I. NITZSCH: System der christl. Lehre (1829) § 9. – [9] H. REUTERDAHL: Inledning till theologien (Lund 1837). – [10] SCHLEIERMACHER: Kurze Darst. des theol. Studiums (1811) §§ 32-68. – [11] REUTERDAHL, a.O. [9] 40. – [12] E. A. BIEDERMANN: Christl. Dogmatik 1 (²1884) 174ff. – [13] E. VON HARTMANN: Relig.philos. 2 (²1882). – [14] Dritter Schritt bei Hartmann: die «Religionsethik». – [15] M. REISCHLE: Die Frage nach dem Wesen der Relig. (1889) 65f. 71. – [16] a.O. 93. – [17] G. RUNZE: Psychol. der Relig., in: G. KAFKA (Hg.): Hb. der vergleich. Psychol. 2/2 (1922) 94. – [18] G. VORBRODT: Psychol. in Theol. und Kirche? (1893); Psychol. des Glaubens (1895) 7. – [19] G. S. HALL: Adolescence 1. 2 (New York 1904); zuvor bereits unter Halls Einfluß: W. H. BURNHAM: A study of adolescence. Pedagogical Seminary 1 (1891) 174ff. – [20] E. D. STARBUCK: The psychol. of relig. An empir. study of the growth of religious consciousness (London 1899); dtsch.: 1-2 (1909); vgl. J. H. LEUBA: A study in the psychol. of religious phenomena. Amer. J. Psychol. 7 (1895/96) 309-385; The psycholog. origin and the nature of relig. (London 1921). – [21] TH. FLOURNOY: Les principes de la psychol. relig. Arch. Psychol. 2 (1903) 33-57; Observ. de psychol. relig., a.O. 327-366; dtsch.: Beitr. zur R. [Experimentalunters. zur Relig.-, Unterbewußtseins- und Sprachpsychol. 1] (1911). – [22] W. JAMES: The varieties of relig. experience (New York 1902). The works, hg. F. H. BURKHARDT u.a. (Cambridge, Mass. 1985); dtsch.: Die religiöse Erfahrung in ihrer Mannigfaltigkeit, hg. G. WOBBERMIN (1907). – [23] a.O. (dtsch.) VI. – [24] a.O. VII. – [25] G. WOBBERMIN: Systemat. Theol. nach relig.psychol. Methode 1-3 (1913-25). – [26] Aufgabe und Bedeut. der R., in: Der Streit um die R. (1913) 1-27, zit.: 10f. – [27] R. OTTO: Kantisch-Fries'sche Relig.philos. und ihre Anwendung auf die Theol. (1909) V; vgl. auch: Aufs. das Numinose betr. (1923) 251. – [28] a.O. 251. – [29] G. VORBRODT: Die Stellung der R. zur Theol. Z. Theol. Kirche 20 (1910) 431-474, zit.: 439; vgl. seine Einl., in: FLOURNOY, a.O. [21]. – [30] Zur theol. R. (1913) 48f. – [31] Vgl. K. GIRGENSOHN: Der seel. Aufbau des relig. Erlebens (1921) 16f.; W. STÄHLIN: Experiment. Unters. über Sprachpsychol. und R. Arch. R. 1 (1914) 117-194; W. GRUEHN: Das Werterleben (1924); R. (1926). – [32] Zu RITTELMEYER und STÄHLIN vgl. RGG³ 5, 1119f.; 6, 314. – [33] E. EHNMARK: Religionsproblemet hos Nathan Söderblom (Lund 1949); H. SUNDÉN: Die Relig. und die Rollen [schwed.] (1959, 1966); R. [schwed.] (1977, 1982); N. THUNE: Art. ‹Religionspsykologi›, in: Nordisk teologisk uppslagsbok 3 (Lund/Kopenhagen 1957) 301-304, vgl. dazu: TH. KÄLLSTAD: The psychol. of relig. Acta Universitatis Uppsaliensis. Uppsala University 500 years. Faculty of theology at Uppsala University (Uppsala 1976) 25-39 [mit weiterer Lit.]. – [34] V. GRØNBÆK: Det religiøse i alderdommen (Kopenhagen 1954); Religionspsykologi (Kopenhagen 1958); vgl. L. RICHTER: Zum Situationsbewußtsein der gegenwärt. R. Theol. Lit.ztg. 85 (1960) 333-342. – [35] P. E. JOHNSON: Psychol. of relig. (New York/Nashville ²1959) 51. – [36] W. WUNDT: Völkerpsychol. 6 (³1923) 510ff. – [37] a.O. 509. 512f. – [38] B. EXARCHOS: Zur näheren Bestimmung des Gegenstandes der Relig.psychol. Forsch. Arch. R. 7 (1962) 31-41, zit.: 32. – [39] a.O. 36. 40. – [40] W. HELLPACH: Grundriß der R. (1951) 1; vgl.: Übersicht der R. (1939). – [41] T. K. OESTERREICH: Einf. in die R. (1917) 7. – [42] W. TRILLHAAS: Grundzüge der R. (1946), 2. Aufl. unter dem Titel: Die innere Welt (1953) 20f.; vgl. Art. ‹R.›, in: RGG³ 5, 1021-1025. – [43] E. JONES: R. (1926), in: Zur Psychoanalyse der christl. Relig. (1970) 7-14, zit.: 12; vgl. TH. REIK: Probleme der R. (1919) (mit einer Vorrede von S. Freud); H. FABER: R. (1972). – [44] O. PFISTER: Relig.wiss. und Psychanalyse (1927); Das Christentum und die Angst. Ein relig.psychol., hist. und relig.hygien. Unters. (1944). – [45] G. WUNDERLE: Aufgaben und Methoden der modernen R. (1914) 1, 25f.; zur kath. R. auf empirischer Grundlage vgl. auch W. KEILBACH: Grundriß der R. (1951); Religiöses Erleben (1973), dort 31ff. weitere Lit. – [46] K. SCHNEIDER: Zur Einf. in die Relig.psychopathol. (1928). – [47] H. J. WEITBRECHT: Beitr. zur Relig.psychopathol., insbes. zur Psychopathol. der Bekehrung (1948).

Literaturhinweise. American J. of religious Psychol. and Education (Worcester, Mass. 1904ff.). – G. WOBBERMIN s. Anm. [6]. – Archiv für R. (1914ff.). – G. RUNZE s. Anm. [17]. – R. MÜLLER-FREIENFELS: Psychol. der Relig. 1-2 (1920). – W. KOEPP: Einf. in das Studium der R. (1920). – Art. ‹R.›, in EISLER⁴ 2, 727f. – L. W. GRENSTED: The psychol. of relig. (London 1952). – W. H. CLARK: The psychol. of relig. (New York 1958). – W. CANZIANI: Das relig.psychol. Schrifttum der letzten Jahrzehnte. Arch. R. 7 (1962) 265-276. – W. KEILBACH: Die empir. R. als Gegenstand der Relig.wiss., a.O. 13-30. – V. RÜFNER: R. heute. Münchener theol. Z. 14 (1963) 76-84. – W. PÖLL: R. (1965). – A. VERGOTE: R. (1970). – U. MANN: Einf. in die R. (1973). – H. SUNDÉN s. Anm. [33]. – W.-U. KLÜNKER: Psychol. Analyse und theol. Wahrheit. Die relig.psychol. Methode G. Wobbermins (1985).

D. KEMPER

Religionssoziologie. – 1. *Entstehung und Fragestellung.* – Die frühen Vertreter der Soziologie im 19. Jh. haben dem Gegenstand Religion große Aufmerksamkeit gewidmet, doch der Begriff ‹R.› taucht bei ihnen nicht auf. A. COMTE [1] stellt die Entwicklung des Bewußtseins in drei Stadien dar, wobei das erste, ursprüngliche Stadium von ihm als das theologische bezeichnet wird. Er denkt es sich in Fetischismus, Polytheismus und Monotheismus untergliedert. K. MARX deutet in seinen Frühschriften Religion als Symptom fehlender Emanzipation bei Juden und Christen und als *«Opium des Volks»* [2]. Bei beiden Autoren wird trotz der fundamentalen Unterschiede ihrer Argumentation eine spezifische Variante der evolutionistischen Sicht der Kultur erkennbar: Religion ist auf einem wenig entwickelten Niveau noch notwendig, wird jedoch bei fortschreitender Differenziertheit des Denkens überflüssig (Comte) oder gar schädlich (Marx). E. DURKHEIM fordert in seinen Vorlesungen der Studienjahre 1887/88 und 1888/89 dazu auf, die Religion als Kernpunkt der Sozialwissenschaften zu betrachten, doch immer noch ohne Verwendung des Begriffs ‹R.›. Sein Aufsatz über ‹Individuelle und kollektive Vorstellungen› von 1898 [3], der beklagt, daß man das enge Band zwischen religiösen Glaubensinhalten und der Organisation der Gesellschaft nicht bemerkt habe, enthält den Begriff nicht.

Ebenfalls 1898 veröffentlicht G. SIMMEL seinen Aufsatz ‹Die Soziologie der Religion› [4]. Zwar fehlt auch hier die ausdrückliche Verwendung des Begriffs, doch die Wahl des Titels darf als wichtiger Schritt in der Begriffsbildung gesehen werden. Simmel bricht mit der atheistischen Ausrichtung seiner Vorgänger: Unter dem Eindruck Spinozas bezieht er Wandel und Entwicklung ausdrücklich nur auf die *Vorstellungen* der Menschen, die er von jenseitigen Wirklichkeiten scheidet. Das entlastet die R. von der Wahrheitsfrage, die wissenschaftlich ohnehin nicht entschieden werden kann, und konzentriert sie auf solche Gegenstände, wie auch die *Wissenssoziologie* sie untersucht. Charakteristisch für die R. Simmels ist ferner die Scheidung von *Vorstellungsinhalten* einerseits und dem ihnen durch das vorstellende Subjekt verliehenen *Realitätsstatus* andererseits. Dabei stößt die R. notwendig auf Fragen der Wertung, die in der Emotionalität des Menschen verankert sind. Die Vorstellungsinhalte bewegen sich in den meisten Religionen im Umkreis personaler Beziehungen zu jenseitigen Personen, zu Gott, Göttern, Heiligen. Dem Gläubigen begegnen aus seinem jeweiligen Jenseits Väter, Mütter, Vorfahren, bewunderte Vorbilder, verehrte Angehörige des anderen Geschlechts. Diese transzendenten Sozialbeziehungen haben für den Gläubigen entweder den Charakter unverbrüchlicher Realität aufgrund *seiner* Religiosität, oder sie existieren nur als irrige Vorstellungen, die man im Denken *anderer* Menschen antreffen kann und die sich in der Außenperspektive als Aberglaube oder Ideologie darstellen. Simmel vergleicht das religiöse Erlebnis mit Verliebtheit. Sowohl Religion als auch Liebe hängen von der konstruktiven Kreativität der Person ab, die zu Religiosität bzw. Verliebtheit als subjektiver Erfahrung führen. Primäre Quelle der Wirklichkeit ist demnach die emotionale Verfassung, in welcher die liebende Person sich befindet. Es kommt Simmel in seiner R. nicht darauf an, ob Gott vor dem intelligenten Urteil eines Menschen wahrhaft existiert, sondern darauf, ob er Gott liebt und daher als real erlebt.

Als M. WEBER 1904/05 die beiden Folgen seines Artikels ‹Die protestantische Ethik und der Geist des Kapitalismus› veröffentlicht [5] und damit die R. als eigenes Forschungsgebiet begründen hilft, fehlt auch hier der Begriff. Während DURKHEIM als eines der Wesensmerkmale aller Religionen die Unterscheidung zwischen dem Heiligen und dem Profanen nennt, meint WEBER, das religiöse oder magische Handeln und Denken sei aus dem Kreise des alltäglichen Zweckhandelns gar nicht auszusondern. Religion und Magie sind für Weber instrumentelle Maßnahmen, die unabhängig von ihrer Intentionalität der Durchsetzung diesseitiger alltäglicher und nicht selten ökonomischer Ziele dienen. Die Ausdifferenzierung in die Teilbereiche, die wir heute ‹Religion›, ‹Magie› oder ‹Zauberei› nennen, gibt es unter den ursprünglichen Bedingungen einfachster Kulturen noch nicht. Weber gesteht ein Kontinuum zu, entlang dessen er nach der größeren oder geringeren Alltäglichkeit der Erscheinungen zu unterscheiden vorschlägt. Er schreibt, daß nicht jeder beliebige Stein die Eignung besitze, als Fetisch verwendet zu werden, und daß auch nicht jede beliebige Person in gleicher Weise die Fähigkeit habe, «in Ekstase zu geraten» [6]. Darum werden die «*außeralltäglichen* Kräfte» ausgesondert und mit dem Namen «Charisma» versehen.

Die größte Wirkung auf die fachübergreifende wissenschaftliche Diskussion hat Weber mit seinen Untersuchungen über den Zusammenhang zwischen protestantischer Ethik und kapitalistischem 'Geist' erzielt. Als Trägerschicht dieses Geistes sieht Weber zunächst den gewerblichen Mittelstand, aus dem dann die kapitalistischen Unternehmer hervorgehen, daneben aber auch den Lohnarbeiter. Mit seiner Argumentation geriet Weber in Gegensatz auch zu W. SOMBART [7], der die Meinung vertrat, das Bürgertum emanzipiere sich von den ethischen Schranken, die traditionellerweise dem Gelderwerb gesetzt waren, und könne daraufhin unbegrenzt akkumulieren und Kapital schaffen. Dem hält Weber entgegen, «daß das Gewinnstreben selber ethische Qualifizierung bekommt» [8].

Die christliche Tradition war geprägt durch die These von der Unvereinbarkeit von Frömmigkeit und Reichtum. Das signalisiert die (auf einem exegetischen Mißverständnis beruhende) Formel von dem Kamel und dem Nadelöhr. Der Besitz wird nach Weber im Calvinismus umdefiniert zu einem sichtbaren Erweis der Erwählung und verliert so seine heilsgefährdende Qualität, allerdings nur unter der Voraussetzung, daß der puritanische Protestant streng asketisch lebt. Er darf seinen Reichtum gerade *nicht* zum Genuß verwenden, sondern muß ihn stets neu investieren und selbst dabei Askese üben. So verwaltet er die irdischen Güter stets im Dienst eines ethischen Imperativs. Die zunächst religiöse Dimension dieses Berufsethos verliert sich aber allmählich aufgrund des Vorgangs, den Weber die «säkularisierende Wirkung des Besitzes» nennt. Man kann die Position Webers in folgende drei Punkte zusammenfassen: 1) Weber setzt sich in Gegensatz zur Meinung, diesseitige Rationalität sei eine einzige, alle Bereiche gesellschaftlicher Entwicklung bestimmende Tendenz. – 2) Religion stellt er – anders als die Tradition der Aufklärung – nicht dar als das Irrationale im Gegensatz zur Vernunft, sondern er erkennt in der Religion eine eigene Form der Rationalität. – 3) Der Fortgang der Geschichte ist folglich nicht nur das Ergebnis der Dynamik einer nichtreligiösen Rationalität, sondern die Religion kann *selbst* zur *wirkenden* Kraft der Geschichte werden.

1916 veröffentlicht B. MALINOWSKI seinen Aufsatz ‹Baloma: The spirits of the dead in the Trobriand Islands›, in dem er hervorhebt, «that there is a 'social dimension' to a belief» und daß daher eine «sociology of belief» betrieben werden müsse [9]. Ähnlich wie bei Simmel liegt der Begriff ‹R.› bei Malinowski nahe, doch ausdrücklich formuliert wird er offenbar erst im Titel der ‹Gesammelten Aufsätze› WEBERS (1920) und in J. WACHS ‹Religionswissenschaft› (1924). Wach schreibt dort: «Durch die Arbeiten von Sombart, Troeltsch, Scheler und vor allem von Max Weber ist die 'R.' im eigentlichen Sinne begründet worden» [10].

2. *Methoden und Entwicklung*. – Einen neuen Inhalt erhielt der Begriff ‹R.› während des Zweiten Weltkriegs. Dem Interesse kirchlicher Institutionen an Daten über das quantifizierbare Verhalten gläubiger Menschen kam eine Entwicklung der R. entgegen, die vom Kanonisten G. LE BRAS seit 1942 ausging [11]. So dominiere nach 1945 eine R., die nicht an die theoretische Tradition anknüpfte, sondern mit positivistischen Methoden arbeitete. Aus der Perspektive eines solchen Ansatzes ist Religion das, was sich materiell vorfinden läßt. Man kann in einem Land die Zahl und die Größe der Tempel, Pagoden, Synagogen oder Kirchen zählen; man kann die Zahl der Personen ermitteln, die diese Bauwerke aufsuchen; man kann feststellen, mit welcher Häufigkeit und auch in welcher Kleidung sie das tun, ob nur Männer teilnehmen oder auch Frauen, ob Kinder zugelassen sind, ob das religiöse Geschehen hinter verschlossenen Türen oder öffentlich stattfindet, woran man im Bedarfsfall das Mitglied der Gemeinde vom Außenseiter unterscheiden kann, usw. Alle auf solche Weise gewonnenen Fakten sind für die religionssoziologische Forschung unentbehrlich. Was aber der *Religion* wesentlich ist, bleibt dabei gänzlich außer Frage.

Der funktionalistische Ansatz stellt sich in die Tradition Durkheims. Hier ist es Ziel der Forschung, zu beschreiben, was *Religion* in der Gesellschaft *bewirkt*, welche *Aufgaben* im Dienste des Ganzen sie kontinuierlich wahrnimmt. Dieses bei T. PARSONS [12] und N. LUHMANN [13] weiter ausgearbeitete Programm rückt die Makroperspektive ins Zentrum der Forschung und untersucht die Gesellschaft als Adressatin religiöser Wirkungen. Sie bringt aber ähnliche Schwächen mit sich wie der positivistische Ansatz: Der Gegenstand kann auch hier *nicht* von seinem eigenen inneren Wesen her untersucht werden. Der Funktionalismus gelangt zu Einsichten wie: 'Keine Gesellschaft ohne Religion.' Staatskommunismus und Nationalsozialismus treten in dieser Sicht als funktionale Äquivalente von Religion auf, und man hilft sich aus dieser Verlegenheit mit Begriffen wie ‹Sozialreligion› oder ‹Ersatzreligion›.

Den erfolgreichen Rückgriff auf die klassische Theorietradition, zu der außer Durkheim eben auch die Begründer des *verstehenden* Ansatzes Simmel und Weber gehören, hat P. L. BERGER geleistet [14]. Er bringt in seinen ungewöhnlich auflagenstarken Publikationen wieder dogmatische Inhalte religiösen Bewußtseins zur Sprache. Berger hat dazu beigetragen, daß die moderne R. sich dem notwendigen Ausgleich zwischen theoretischer und empirischer Ausrichtung der Forschung annähert.

Anmerkungen. [1] A. COMTE: Cours de philos. positive 4: La partie dogmat. de la philos. sociale (Paris 1839). – [2] K. MARX: Zur Kritik der Hegelschen Rechtsphilos. (1843/44). MEW 1, 378. – [3] E. DURKHEIM: Soziol. und Philos. (1970) 45-83; Erstveröff.: Rev. Mét. Morale 6 (1898); Les formes élément. de la vie relig. (1912), dtsch.: Die elementaren Formen des relig. Lebens (1981); dazu R. ARON: Hauptströn. des mod. soziolog. Denkens (1967) 42ff. – [4] G. SIMMEL: Die Soziol. der Relig. Neue dtsch. Rdsch. 9 (1898) 111-123. – [5] M. WEBER: Die protestant. Ethik und der Geist des Kapitalismus. Arch. Sozialwiss. Sozialpolitik 20 (1905) 1-54; 21 (1905) 1-110, überarb.: Ges. Aufs. zur R. (1920, ^{8}1986) 1, 1-206. – [6] Wirtschaft und Ges., Kap. 3, § 10 (^{4}1956) 1, 179ff. – [7] W. SOMBART: Die Juden und das Wirtschaftsleben (1911); Der Bourgeois (1913); zu der von Weber angeregten Diskussion, in die auch L. Brentano und E. Troeltsch eingriffen, vgl. PH. BESNARD (Hg.): Protestantisme et capitalisme. La controverse post-Weberienne (Paris 1970) mit Bibliogr. – [8] G. KÜENZLEN: Die R. M. Webers. Eine Darst. ihrer Entwickl. (1980) 29; vgl. Ausgew. Bibliogr., in: Seminar: Religion und gesellschaftl. Entwickl. Stud. zur Protestantismus-Kapitalismus-These M. Webers, hg. C. SEYFARTH/W. M. SPRONDEL (1973) 367-378. – [9] B. MALINOWSKI: Baloma ... (London 1916), dtsch.: Baloma – Die Geister der Toten auf den Trobriand-Inseln, in: Magie, Wiss. und Relig. und andere Schr. (1973) 131-241; engl.: Magic, sci. and relig. and other essays (Boston 1948, 1954). – [10] J. WACH: Relig.wiss. (1924) 105; vgl. Einf. in die R. (1931); Sociol. of relig. (Chicago 1944), dtsch. (1951). – [11] G. LE BRAS: Et. de sociol. relig. 1-2 (Paris 1955/56). – [12] T. PARSONS: The theoret. development of the sociol. of relig. (1944), in: Essays in sociolog. theory (London 1949, 1964) 197-221. – [13] N. LUHMANN: Funktion der Relig. (1977). – [14] P. L. BERGER: The sacred canopy (Garden City, N.Y. 1969), dtsch.: Zur Dial. von Relig. und Ges. (1973); A rumor of angels (Garden City, N.Y. 1969), dtsch.: Auf den Spuren der Engel – Die mod. Ges. und die Wiederentdeckung der Transzendenz (1970).

Literaturhinweise. J. WACH s. Anm. [10]. – G. MENSCHING: Soziol. der Relig. (1947, ^{2}1968). – J. MATTHES: Relig. und Ges. Einf. in die R. 1 (1967). – R. N. BELLAH: The sociol. of relig., in: D. L. SILLS (Hg.): Int. Encycl. of the soc. sci. (New York 1968, 1972) 13, 406-413. – D. GOLDSCHMIDT/J. MATTHES (Hg.): Probleme der R. Kölner Z. Soziol. Sozialpsychol., Sonderh. 6 (1971). – M. HILL: A sociol. of relig. (1973). – J. KEHRER: Art. ‹R.›, in: H. CANCIK/B. GLADIGOW/M. LAUBSCHER (Hg.): Hb. relig.wissenschaftl. Grundbegriffe (1988) 1, 59-86; Einf. in die R. (1988).

H. J. HELLE/Red.

Religionswissenschaft. Bis zur Mitte des 19. Jh. bleibt der Wortgebrauch von ‹R.› relativ unbestimmt. Von einer R. spricht bereits 1795 F. I. NIETHAMMER in seiner Apologie der Kantschen Schrift ‹Religion innerhalb der Grenzen der bloßen Vernunft›. Für Niethammer fällt der R. die Aufgabe zu, die Einsicht in die ausschließliche, zweckhafte Orientierung der Religion auf die moralische Verbesserung des Menschen, wie sie als dunkles Gefühl dem Gemüt bereits vorschwebe, zu einer wissenschaftlich begründeten Überzeugung aufzuklären, die auf Prinzipien gründet und für ihre Urteile Allgemeingültigkeit beanspruchen darf [1].

Gegen den Einwand, religiöse Ideen seien kein Gegenstand des Wissens, faßt der Kantianer I. BERGER 1797 R. als «eine Wissenschaft von den subjektiv nothwendigen Bedingungen zur Erfüllung des Sittengesetzes» [2]. Die theoretische R. untersucht danach die Beschaffenheit der Idee einer moralischen Welt und die ihr zugrunde liegende Idee von Gott als den notwendigen Voraussetzungen zur Erfüllung des Sittengesetzes, während die praktische R. zeigt, «wie ihnen gemäß gehandelt werden soll» [3].

Das erste den Begriff im Titel führende Periodikum, H. PH. K. HENKES ‹Museum für R.› (1803-1806), vereinigt heterogene religionsgeschichtliche Beiträge, ohne das Konzept einer R. genauer zu definieren. J. FRINTS erstes ‹Handbuch der R.› gibt eine religionsphilosophische Einführung, in der aus «allgemeinen Vernunft-Principien» [4] eine theoretische und eine praktische Religionslehre deduziert werden. Frint unterscheidet die «R. im objectiven Sinne» als «Inbegriff der in ein System gebrachten Religions-Wahrheiten» von der «R. in subjectiver Bedeutung», der «Kenntniß dieses Systemes» [5]. Als «Wissenschaft von der vollkommensten Religion» [6] fällt R. auch bei B. BOLZANO, der sie als «Unterricht ... in denjenigen Lehren, welche die Tugend und Glückseligkeit des Menschen am allermeisten befördern» [7], versteht, mit Religionsphilosophie zusammen.

Als Begründer der Disziplin der R. gilt F. MAX MÜLLER, der 1867 als erster den Begriff der Religionsgeschichte durch den der R. ersetzt, um so den Anspruch auf – z.T. an den Naturwissenschaften orientierter [8] – Wissenschaftlichkeit der sich von der Philosophie und Theologie emanzipierenden Religionsgeschichte programmatisch zu dokumentieren [9]. Bei seinem Versuch, «nach dem Vorbilde der Sprachwissenschaft den Plan einer R.» [10] zu entwerfen, entwickelt er ein «genealogisches» Konzept der R., das aufbauend auf der These einer «mit den Sprachen parallel laufenden Classification der Religionen» [11] zur stemmatischen Rekonstruktion einer indogermanischen Urreligion führt [12].

Die Bindung des Begriffs ‹R.› an eine neue, zunächst von Theologen und Philologen betriebene Disziplin wird durch die Einrichtung von religionswissenschaftlichen Lehrstühlen in fast allen europäischen Ländern in den Jahren nach der ersten Gründung 1873 in Genf gefestigt [13]. R. und Religionsgeschichte sind dabei zeitgenössisch nicht exakt zu trennen, während sich in Deutschland, England und Amerika der Begriff ‹R.› durchsetzt, dominiert ‹Religionsgeschichte› in Frankreich, Belgien und den Niederlanden [14].

1898 versucht E. HARDY, den seit Müller relativ unbestimmten, größtenteils synonymen, teils auch einander ausschließenden Gebrauch der Begriffe ‹R.› und ‹Religionsgeschichte› zu vereinheitlichen, indem er den Begriff ‹Religionsgeschichte› auf die Position zurückführt, Religion bestehe nur aus ihrer geschichtlichen Entwicklung, R. hingegen auf die Annahme, Aufschlüsse über das Wesen der Religion ließen sich insbesondere durch die Vergleichung vieler, auch nicht miteinander verwandter Religionen gewinnen [15]. Darauf aufbauend unterscheidet er einen engeren Begriff der R. als vergleichende R., die er als Geisteswissenschaft mit dem besonderen Hilfsverfahren der Vergleichung faßt, und einen weiteren, der die Gesamtheit aller Studien über Religion und Religionen, also auch die Religionsgeschichte, umschließt [16].

Diese Differenzierung zwischen einer engeren und

einer weiteren Begriffsverwendung setzt sich durch, wobei R. im engeren Sinne unterschiedlich definiert wird. TH. ACHELIS unterscheidet 1904 einen geschichtlichen und einen philosophischen Teil der R., die mit der Prüfung des religionsgeschichtlichen Materials unter Heranziehung der Ergebnisse der vergleichenden Sprachwissenschaft, der Folkloristik und Völkerkunde einsetzt und dann zur «psychologischen und erkenntnistheoretischen Erörterung» übergeht [17].

Bei C. P. TIELE fällt R. als die «philosophische Untersuchung der allgemeinen menschlichen Erscheinung, welche wir Religion nennen» [18] noch 1901 terminologisch mit Religionsphilosophie zusammen. Als Geisteswissenschaft untersucht die R. zunächst «morphologisch» die Entwicklung der Religion(en), dann «ontologisch» die dabei wiederkehrenden Erscheinungen («phänomenologisch-analytisch») und psychologischen Komponenten («psychologisch-synthetisch») [19].

Anknüpfend an die «Kantisch-Schleiermacherische Methode der R.» [20] setzt E. TROELTSCH sein religionsphilosophisches Konzept der R. gegen dasjenige positivistischer Strömungen ab. Als «Untersuchung über das Wesen der Religion», die ihrerseits als «Bewußtseins-Phänomen» [21] definiert wird, behandelt die moderne R. psychologische, erkenntnistheoretische, geschichtsphilosophische und metaphysische Fragestellungen und umfaßt die entsprechenden Teildisziplinen. Das Ziel der R. sieht Troeltsch in ihrer Wirkung auf die Theologie, indem sie die Verteidigung «alter kirchlicher Autoritätslehren» [22] durch den Geist der Toleranz ersetzt.

Ein bis heute viel beachtetes Konzept [23], die von der Theologie und Philosophie emanzipierte R. im Anschluß an DILTHEY [24] «in das System der Geisteswissenschaften einzugliedern», legt 1924 J. WACH vor. Unter «Einklammerung der Gültigkeits-(Wahrheits)frage» [25] untersucht die allgemeine R. als empirische Wissenschaft analog zu den anderen Geisteswissenschaften ihren Gegenstand, die Mannigfaltigkeit der Religionen, entweder in der Teildisziplin der Religionsgeschichte historisch-«längsschnittmäßig» oder in der systematischen R. nach systematischen (aber nicht religionsphilosophisch-konstruierenden) Kriterien «querschnittmäßig» [26].

In Wiederaufnahme der zu Beginn des Jahrhunderts u.a. von A. VON HARNACK und A. DEISSMANN geführten Diskussion über die Berechtigung einer eigenständigen Disziplin der R. und deren Verhältnis zur Theologie [27] versucht J. P. STEFFES 1928, gegen Wach die R. durch die Betonung ihrer Nähe zur Missionswissenschaft und durch den Einbezug normativer Fragestellungen der Religionsphilosophie an die Theologie heranzuführen, doch bleiben solche Ansätze ohne Wirkung auf die etablierte Begriffsverwendung [28].

Für R. OTTO liegt das Ziel der R. als einer wissenschaftlich betriebenen Religionsgeschichte und -psychologie in der Erfassung des «individuellen Sondergeistes der einzelnen Religionen» [29]. Einen ähnlich weiten Sprachgebrauch zeigt F. HEILER, der unter (allgemeiner) R. Religionsgeschichte, vergleichende R., Religionspsychologie und Religionsphilosophie faßt [30]. H. FRICK gliedert die R. und ihre Teildisziplinen, je nachdem sie die Wirklichkeit von Religion (Religionsgeschichte und -psychologie) oder ihr Wesen (Religionstypologie bzw. vergleichende R. im engeren Sinne und Religionsphilosophie) zum Forschungsgegenstand wählen [31].

Der im Hinblick auf die ein- bzw. ausgeschlossenen Teildisziplinen schwankenden Begriffsverwendung trägt G. LANCZKOWSKI Rechnung, indem er der R. alle nichtnormativen Teildisziplinen von der Religionsgeschichte über die Religionsphänomenologie, -typologie, -geographie, -ethnologie und -soziologie bis hin zur Religionspsychologie zuweist [32].

Anmerkungen. [1] F. I. NIETHAMMER: Ueber Relig. als Wiss. (1795) 4-6. – [2] I. BERGER: Ueber den Begriff der Relig., R., Relig.gesch. und ihrer Principien. Beitr. zur Gesch. der Relig. und der Theol. und ihrer Behandlungsart (1797) I, 199-226, hier: 213. – [3] a.O. 213f.; vgl. auch: Aphorismen zu einer Wiss.lehre der Relig. (1796). – [4] J. FRINT: Hb. der R. für die Candidaten der Philos. (Wien 1806-08, ²1813-15) 1.1, 88. – [5] a.O. 89. – [6] B. BOLZANO: Lehrb. der R. (1834) 1, 3. – [7] a.O. 5. – [8] F. MAX MÜLLER: Natürl. Relig. Gifford-Vorles. (1890) 12ff. – [9] E. HARDY: Was ist R.? Arch. R. 1 (1898) 9-42, hier: 10, Anm. 1; Zur Gesch. der vergleich. Relig.forschung, a.O. 4 (1901) 45-66. 97-135. 193-228, hier: 193ff.; daneben auch ein unspezifisch weiter Gebrauch von ‹R.› bei F. MAX MÜLLER: Vorles. über den Ursprung und die Entwickelung der Relig. (1880) 7f. – [10] F. MAX MÜLLER: Essays I (²1897) IX; auch I, 278. 392; vgl. auch: Vorles. ..., a.O. 294f.; H. PINARD DE LA BOULLAYE: L'étude comparée des religions 1-2 (Paris 1922-25) belegt den Ausdruck «science des religions» bereits für die dreißiger bis sechziger Jahre, ohne daß jedoch vor Müller ein einheitlicher Sprachgebrauch festzustellen wäre. – [11] Einl. in die vergleich. R. (1874) III. – [12] Vgl. a.O. 96. – [13] Vgl. G. LANCZKOWSKI: Einf. in die R. (1980) 76ff. – [14] E. HARDY: Was ist R.? a.O. [9] 10, Anm. 1. – [15] a.O. 9f. – [16] 17. 21. 28ff. – [17] TH. ACHELIS: Abriß der vergleich. R. (1904) 5-7; Zur Einf. Arch. R. 1 (1898) 1-8. – [18] C. P. TIELE: Grundzüge der R. [1901] (1904) 1; vgl.: Einl. in die R., I: Morphologie, II: Ontologie (nld. 1897-99) (1899-1901). – [19] a.O. 2ff. – [20] E. TROELTSCH: Wesen der Relig. und die R. (1909). Ges. Schr. (²1922, ND 1962) 2, 452-499, hier: 488. – [21] a.O. 488. – [22] 497. – [23] Vgl. G. ROSENKRANZ: Art. ‹R.›, in: Evang. Kirchenlex. 3 (²1959) 609-617; R. FLASCHE: Die R. Joachim Wachs (1978). – [24] W. DILTHEY: Das Problem der Religion (1911). Ges. Schr. 6 (⁵1962) 288-305; J. WACH: Wilhelm Dilthey über ‹Das Problem der Religion›. Z. Missionskunde R. 40 (1925) 66-81. – [25] J. WACH: R. Prolegomena zu ihrer wiss.theoret. Grundlegung (1924) 26. – [26] a.O. 21ff. 72ff.; vgl. auch: Art. ‹R.›, in: RGG² 4 (1930) 1954-1959. – [27] Vgl. A. VON HARNACK: Die Aufgabe der theolog. Fakultäten und die allg. Relig.gesch. Reden und Aufsätze (²1906) 2, 159-187; A. DEISSMANN: Der Lehrstuhl für Relig.gesch. (1914). – [28] J. P. STEFFES: Gesch., Stand und Aufgaben der allg. R. Z. Missionswiss. R. 18 (1928) 4-20; vgl. zur weiteren Entwicklung: LANCZKOWSKI, a.O. [13] 66ff. – [29] R. OTTO: Vischnu Narayana. Texte zur ind. Gottesmystik I (1917) 154; vgl. auch: Das Heilige (1917, ¹⁷1929) 219; B. FORELL/H. FRICK/F. HEILER: R. in neuer Sicht (1951). – [30] F. HEILER: Das Gebet (1919, ²1920) 6. – [31] H. FRICK: Vergleich. R. (1928) 9f. – [32] LANCZKOWSKI, a.O. [13].

Literaturhinweise. E. HARDY s. Anm. [9]. – A. ANWANDER: Die allg. Relig.gesch. im kathol. Deutschland während der Aufklärung und Romantik (Salzburg 1932). – H. PINARD DE LA BOULLAYE s. Anm. [10]. – G. MENSCHING: Gesch. der R. (1948). – J. WACH: Vergleich. Relig.forschung (1962) 35-52. – M. ELIADE/J. M. KITAGAWA (Hg.): Grundfragen der R. (Salzburg 1963). – K. GOLDAMMER: Religionen, Religion und christl. Offenbarung. Ein Forschungsber. zur R. (1965). – G. LANCZKOWSKI: R. als Problem und Aufgabe (1965). – P. MEINHOLD: Entwickl. der R. im MA und zur Reformationszeit, in: U. MANN (Hg.): Theol. und R. (1973) 357-380; Entwickl. der R. in der Neuzeit und in der Gegenwart, a.O. 381-412. – G. LANCZKOWSKI (Hg.): Selbstverständnis und Wesen der R. (1974). – H. ZINSER (Hg.): R. Eine Einf. (1988). – H. CANCIK/B. GLADIGOW/M. LAUBSCHER (Hg.): Hb. relig.wiss. Grundbegriffe (1988ff.). D. KEMPER

Religiosität (engl. religiousness; frz. religiosité)

1. Das Spätlateinische (APULEIUS) kennt zwar ‹religiositas› und ‹religiosus› als Übersetzung des griechischen ὁσιότης und ὅσιος [1], doch das Mittelalter bevorzugt zur Bezeichnung von Frömmigkeit, Andacht, Gottes-

fürchtigkeit und -ergebenheit ‹devotio›, ‹pietas› und ‹religio›. An der Tugend der religio unterschied man einen äußeren Akt (Kulthandlungen) und einen inneren, den auf Äußerung drängenden Gemütszustand der Verehrung Gottes («affectus efficax colendi Deum») [2], und hinsichtlich dieser inneren religio konnte z.B. COMENIUS sehr wohl von denen reden, die in abergläubischer Frömmigkeit («superstitiosa religiositate») die Bibel nur nach ihrem Literalsinn nehmen [3]; aber die Verwendung dieses Substantivs blieb höchst selten und gänzlich beiläufig. Das Adjektiv hingegen wurde, zugleich in der Bedeutung 'einem geistlichen Stande angehörig', häufiger verwendet, und das deutsche und französische ‹religios›, ‹religieux/se›, ‹religiös› findet sich in der literarischen Sprache schon im 13. Jh. Mit einiger Verzögerung, im 17. Jh., wurde auch das Substantiv ‹R.› gebildet [4]. Das 18. Jh. hat zwischen objektiver Religion als Glaubenswahrheiten und subjektiver Religion als Einstellung eines Menschen zu diesen unterschieden und Religion – als auf die Moralität und Sittlichkeit der Menschen zielend – der Theologie als reiner Theorie vorgeordnet [5].

Diese drei Linien konnte man im Begriff ‹R.› bündeln, der freilich als Substantiv offenbar nur im Deutschen Bedeutsamkeit gewann, und zwar am Ende des 18. Jh. in Kontroversen über das Verhältnis eines seelischen Vermögens der Hervorbringung von Religion zu ausgebildeten Religionssystemen und über das Verhältnis zwischen Religion und Moralität. Die zunehmende empirische Kenntnis über Religionen, die mannigfaltigen, gegen die herrschenden Orthodoxien und deren Institutionen gerichteten religiösen Strömungen, die Bemühungen der Aufklärungsphilosophie um eine natürliche Religion, die Forderung nach Toleranz und nicht zuletzt die atheistischen Tendenzen des Zeitalters legten es nahe, hinter die vielen Religionen, deren jede allgemein verbindliche Kraft nicht mehr beanspruchen zu können schien, zurückzugehen, um jenseits ihrer, in affirmativer oder kritischer Absicht, ein Gemeinsames zu gewinnen, das sich in den mannigfaltigen Formen der vielen Religionen objektiviert. Wenigen galt mit der Religion auch die R. nichts, andere witterten in ihr die Gefahr der Schwärmerei, der durch Verstand und Vernunft Zügel anzulegen seien; ihre Sympathisanten hingegen sahen in ihr jenes zugleich beharrliche und geschmeidige Vermögen, das sich gleichsam organisch entfaltet zu einem lebendigen Ganzen aus Überzeugungen, Empfindungen und Handlungen, oder die Intensität eines gewissermaßen vernünftigen Gefühls, in jedem Fall aber ein ebenso plastisches wie bildendes Vermögen, das unterhalb der Abstraktionen des Verstandes diese zwar vielleicht mitproduziert, ihrer aber eigentlich nicht bedarf und in seinem Eigenleben sogar durch sie bedroht, wenn nicht zerstört wird.

J. G. FICHTE definiert die R. als «das *undeutliche Gefühl* ..., das Ringen und Streben» nach dem Übersinnlichen, kurz: als «den doch einmal nicht ganz auszurottenden Sinn für das Ewige». Die «innere, wahre R.» treibt den Menschen zu nichts, was er nicht auch, «dem Pflichtgebote in seiner Brust» gehorchend, getan hätte, sie «vollendet ihn innerlich in sich selbst» [6]: «Wie vor der Moralität alles äußere Gesetz verschwindet, so verschwindet vor der R. selbst das innere» [7].

Gegen eine solche Verengung und Instrumentalisierung der R. durch Moralität wendet sich W. VON HUMBOLDT und trennt beide voneinander. Die Verbindlichkeit einer moralischen Handlung entspringe aus etwas Allgemeinem, nämlich «der Natur der menschlichen Seele», eine vergleichbare Allgemeinheit aber könne der Religion gar nicht zukommen, denn sie sei «im strengsten Verstande subjektiv» [8]. Zwischen dem Individuum und den verschiedenen Religionssystemen steht R. als «religiöse Gefühle», «religiöseste Stimmung» [9] oder auch «Sehnsucht nach religiösen Ideen» [10]. Ihre jeweilige Eigenart und Richtung empfängt sie vom Charakter, Temperament und der Empfindungsweise dieses Menschen und lenkt ihn ihrerseits auf ein bestimmtes Religionssystem aus der Fülle der gegebenen und möglichen hin. Einige Beispiele für diese Abhängigkeitsfolge sollen nach Humboldt genügen zu zeigen, «dass die wahre R., so wie auch jedes wahre Religionssystem, im höchsten Verstande aus dem innersten Zusammenhange der Empfindungsweise des Menschen entspringt» [11], woraus folge, daß jede Option des Staates für bestimmte religiöse Ideen die freie Entfaltung der Seelenkräfte unterdrücke und deshalb nicht statthaft sei [12].

Während ‹R.› bei Humboldt eine innere Tendenz der Seelenkräfte meint, sich in Religionsideen auszudrücken und darzustellen, rückt J. G. HERDER beide in einen scharfen Gegensatz. Noch nicht einmal den Namen ‹Religion› will Herder den Religionssystemen zugestehen, so daß diesen beide Begriffe, sowohl ‹R.› als auch ‹Religion›, gegenübertreten, die er allerdings wieder mit ‹Moralität› und ‹Tugend› zusammenführt. Religion habe mit Lehrmeinungen nichts zu tun, sie sei vielmehr «das Mark der Gesinnungen eines Menschen» [13]. Schon Moses habe keine Lehrmeinungen vorgeschrieben, sondern zur Liebe und Treue gegenüber dem Gott seines Landes, seiner Väter aufgerufen – «der stärkste Ausdruck der R. in einem Staat, der ganz auf Religion gebauet war», «bürgerlich-moralische R. im eigentlichsten Sinn» [14], und so habe auch Christus gegen das Formelwesen der Pharisäer «die R.», die er «in seinem Herzen hatte und in anderen weckte», gepredigt. Zur Religion verhält sich R. dann als «das Gefühl für echte Religion» [15]. Aus dem selbst zu einem System von Lehrmeinungen erstarrten Christentum habe der Protestantismus den ersten Schritt zurück zur wahren Religion getan [16].

Auch F. D. E. SCHLEIERMACHER trennt Religion und R. scharf von Lehrmeinungen und Dogmen, noch entschiedener aber von Moralität. Religion sei – gegen den Begriff der natürlichen Religion in der Aufklärung – keine Theorie des Universums und bilde es auch nicht moralisch-praktisch fort, ihr Wesen sei vielmehr je individuell geprägte und eigentümlich sich darstellende «Anschauung und Gefühl», «Sinn und Geschmak fürs Unendliche» [17], fürs Universum. Er spricht von «verschiedenen Graden in der R.» [18], je nachdem, wie stark der «Trieb» oder «Sinn» ist, im Gefühl und Gemüt «das Unendliche zu ergreifen»: «So wie die besondere Art wie das Universum sich Euch in Euren Anschauungen darstellt, das Eigenthümliche Eurer individuellen Religion ausmacht, so bestimmt die Stärke dieser Gefühle den Grad der R.» [19].

Wieder an Moralität und Sittlichkeit orientiert, stellt F. SCHLEGEL von den Urvölkern bis zu den Türken insgesamt elf vergangene oder nichteuropäische Gestalten der R. von Völkern oder Religionen mitsamt ihren Parteiungen und Sekten dar. Die Tätigkeit des einem jeden Menschen angeborenen Triebs zur «Erweiterung seiner Erkenntnis» wird «religiöser Natur, wenn sie auf irgend eine Weise auf das Ewige und Unvergängliche gerichtet ist, auf den Urheber des Daseyns», und sie wird R., wenn sie «nicht bloß Anschauung, Betrachtung und müßige

Beschäftigung des Verstandes bleibt, sondern in Gesinnungen und Handlungen übergeht, die dadurch eine besondere Richtung und eigene Antriebe erhalten» [20]. Schlegels Sympathien für die R. der Griechen und anderer sind unverkennbar, doch es geht ihm behutsam, aber nachdrücklich, wie die Bindung der R. an Erkenntnis bereits anzeigt, um die «Beförderung des ächten Geistes der R.» [21], «ächter R.» [22], die zu der Vernunft und den Forderungen einer reinen Ethik nicht im Widerspruch stehen darf [23]. - G. W. F. HEGEL kann «Moralität, Sittlichkeit, R.» nur würdigen, sofern sie in der sich verwirklichenden Vernunft ihren Boden haben [24]. Die einfache R. der Bauern und Hirten, aber auch und vor allem die der zeitgenössischen Moralität – der «innere Mittelpunkt, diese einfache Region des Rechts der subjektiven Freiheit, der Heerd des Wollens, Entschließens und Tuns, der abstracte Inhalt des Gewissens» – dürfen sich nicht gegen den Weltlauf aufspreizen [25]. Befürworter und Kritiker der R. kommen darin überein, in Gefühl, Empfinden auf der einen und Verstand, Denken auf der anderen Seite ihrer Tendenz nach einander ausschließende Strebungen zu sehen. – Eine kühne Synthese versucht W. BRAUBACH: «Unvollkommenheit» [26] als Signatur des Menschen erschließt sich diesem ebenso erst im höchsten Gefühl wie im tiefsten Denken. Im Extrem geht eines in das andere über, und daraus entsteht R.: «aus der intellektuellen Unvollkommenheit entspringt die R. Das höchste Gefühl soll aber mit dem tieffsten Denken, Moralität mit R. verbunden seyn» [27].

Gegen solche Konstruktionen und gegen R. insgesamt hält der Kantianer A. BAUMSTARK. Er sieht R. «im Gemüthe da, wenn in Allem an die Gottesidee gedacht wird» [28], bestimmt die «ächte R.» als «die vernünftige R., welche keine andere als nur eine vernünftig begründete Ueberzeugung zugibt» [29], und behauptet einen engen Zusammenhang zwischen R. und Unfreiheit im Staat.

Anmerkungen. [1] APULEIUS: De dogmate Platonis II, 7. – [2] JOH. DUNS SCOTUS: 4 Sent. d. 13, qu. add. 1. Op. omn., hg. L. WADDING (Lyon 1639, ND 1968) 8, 814. – [3] RAIMUNDUS SABUNDUS: (Oculus fidei) Theologia naturalis sive liber creaturarum ... a Johanne A. Comenio oblatus (Amsterdam 1661) unpag. Vorr. – [4] Vgl. G. ALEXANDER/J. FRITSCHE: 'Religion' und 'R.' im 18. Jh. Eine Skizze zur Wortgesch., in: K. GRÜNDER/K. H. RENGSTORF (Hg.): Religionskritik und R. in der dtsch. Aufklärung (1989) 11–24. – [5] Vgl. Art. ‹Religion›. – [6] J. G. FICHTE: Grundzüge des gegenwärt. Zeitalters (1804). Sämmtl. Werke, hg. I. H. FICHTE (1845/46) 7, 230f.; vgl. auch: Versuch einer Crit. aller Offenb. (1792). Akad.-A. I/1 (1964) 35ff.; Tagebuch über die merklichsten Erziehungsfehler, die mir zu wissen gekommen sind (1789), a.O. II/1 (1962) 176. – [7] Grundzüge ..., a.O. 234. – [8] W. VON HUMBOLDT: Ideen zu einem Versuch, die Grenzen der Wirksamkeit des Staates zu bestimmen (1792). Ges. Schr. I/1 (1903) 153. – [9] a.O. 152. – [10] 154. – [11] 155. – [12] 156f. – [13] J. G. HERDER: Von Relig., Lehrmeinungen und Gebräuchen (1798). Sämmtl. Werke, hg. B. SUPHAN 20 (1880) 141. – [14] a.O. 144f. – [15] 146. – [16] 147ff. – [17] F. D. E. SCHLEIERMACHER: Über die Relig. Reden an die Gebildeten unter ihren Verächtern (1799). Krit. Ges.ausg., hg. H.-J. BIRKNER u.a. I/2 (1984) 211f. – [18] a.O. 270. – [19] 219. – [20] F. SCHLEGEL: Über den Geist der R. 1 (1819) 2. – [21] a.O. 1, VIII (Vorwort). – [22] 2, 210 u.ö. – [23] 1, 33. – [24] G. W. F. HEGEL: Vorles. über die Philos. der Gesch. Jub.ausg., hg. H. GLOCKNER 11 (1949) 50. – [25] a.O. 54. – [26] W. BRAUBACH: Tieffstes Denken und höchstes Gefühl, oder die letzten Gründe von R. und Sittlichkeit (1829) 22. 24 u.ö. – [27] a.O. 24. – [28] H. BUSCHE [A. BAUMSTARK]: Die freie relig. Aufklärung (1846) 16. – [29] a.O. 134f.

2. Damit ist zunächst sowohl die Bandbreite des unter dem Begriff ‹R.› Denkbaren entfaltet als auch sein agonales Potential erschöpft. In der Zeit nach dem Idealismus scheint er so selbstverständlich geworden zu sein, daß man ihn benutzte, ohne ihn eigens zu thematisieren oder zu definieren. Das Pathos der «echten» R. gegenüber den vielen Religionen und anderen Formen der R. tritt hinter eine deskriptiv-analytische Verwendung zurück. Man bezeichnet mit ‹R.›, oft aus soziologischer Perspektive, das Ganze aus Sitten, Gebräuchen, Riten und Vorstellungen eines Volkes, einer Konfession, Gruppe oder eines Individuums und den Geist, den wesentlichen Grundzug, der dieses Ensemble trägt, beseelt und die Handlungen der Menschen bestimmt, um diese R. mit der anderer zu vergleichen.

O. SPENGLER meint in der Religionsgeschichte (Beispiele: der Mithraskult und andere Religionen der römischen Kaiserzeit) das Phänomen einer «zweiten R.» ausmachen zu können. Von einem solchen Wiedererstehen der «echten, ersten und frühen» Religion nach einer Phase des «Rationalismus» und des «schrankenlosesten Verstandesoptimismus» der «Aufklärung» sei die moderne abendländische Welt allerdings «noch um viele Generationen entfernt» [1]. – F. NIETZSCHE sieht zwar in der nicht-knechtischen Beziehung zwischen Menschen und Göttern das «Vornehme der griechischen R.» [2], und auch R. OTTOS Anmahnung, die christliche Glaubenslehre könne auf das Moment des 'augustum' «nicht verzichten, wenn sie christliche und biblische R. vertreten will» [3], impliziert innerhalb seiner Herausarbeitung der authentischen Erfahrung des Heiligen durchaus eine Wertung. Aber M. WEBERS leidenschaftslose Rede und Analyse von «asiatischer» R., der des «asketischen Protestantismus» [4] u.a. wie auch der ständige, unkommentierte Verwendung von ‹R.› in der ‹Religionssoziologie› [5] zeigen, wie konfliktlos, selbstverständlich und deshalb allgemeinst verwendbar der Begriff geworden war. Diese Verallgemeinerung und affektive Neutralisierung reflektiert M. HEIDEGGER und votiert für eine spezifischere Fassung. R. gehört eher der Neuzeit an, dem «Vor-stellen» [6] und dem «Subjectum»-Werden des Menschen [7], ist selbst aktives Moment dieser intrikaten, qua Verfügbarmachung aus dem Sein entgleitenden Distanzierung, an deren vorläufigem Ende die wissenschaftliche Rede über sie steht. Denn die «Entgötterung», «der Zustand der Entscheidungslosigkeit über den Gott und die Götter», – als «fünfte Erscheinung der Neuzeit» – «schließt die R. so wenig aus, daß vielmehr erst durch sie der Bezug zu den Göttern sich in das religiöse Erleben abwandelt. Ist es dahin gekommen, dann sind die Götter entflohen. Die entstandene Leere wird durch die historische und psychologische Erforschung des Mythos ersetzt» [8]. Diese Spezifizierung der R. wird dadurch möglich, daß Heidegger die in ihr wirksame Instanz sehr viel tiefer ansiedelt, als es in der Orientierung an der Moralität und noch in der Religionssoziologie geschehen war. Schon 1929 hatte C. SCHMITT in R. etwas tätig gesehen, das sich transformiert und dabei als Identisches erhält in Gestalten, in denen man früher gewiß nur das Gegenteil und den Verlust aller R. gesehen hätte. Denn in der «Religion des technischen Fortschritts» wird für die «großen Massen industrialisierter Länder» «aus der Religion des Wunder- und Jenseitsglaubens ohne Mittelglied gleich eine Religion der technischen Wunder, menschlicher Leistungen und Naturbeherrschung. Eine magische R. geht in eine ebenso magische Technizität über» [9]. In solchen Überlegungen wird angesichts des Nachfolgekandidaten Technik die anfängliche Auseinandersetzung über R. sichtbar als Ausdruck des Verschwindens von R. selbst – Beleg für A. GEHLENS Bemerkung «von der selbstverständlichen, schon wieder unbewußten Reflektiertheit, die alle wesentlichen geistigen Kategorien haben. Wer z.B. über die R. spricht anstatt über Gott, denkt schon innerhalb der Aufklärungstradition» [10].

Aber eben Gehlens Überzeugung: «Das Zeitalter der Aufklärung scheint uns abgelaufen, ihre Prämissen sind tot, aber ihre Konsequenzen laufen weiter» [11], könnte erklären, warum das Phänomen und der Begriff ‹R.›, seit den fünfziger Jahren von den USA aus, einen bemerkenswerten Aufschwung im allgemeinen Leben erfährt und entsprechend in Soziologie und Psychologie reflektiert wird. Orientierungsfunktion hat immer noch CH. Y. GLOCKS fünfdimensionale Differenzierung der R. («religiousness») von der «experiential dimension» (Gefühle, Eindrücke, die erfahren und definiert werden als Kommunikation mit einem göttlichen Wesen) über die «ritualistic» und die «ideological» Dimension bis zur «intellectual» und zur «consequential» Dimension, den religiös motivierten Aktivitäten und Einstellungen im Alltag [12]. Es geht um den Zusammenhang zwischen R. und psychischem Wohlbefinden und wieder um die Frage, ob die zunehmende Abstinenz gegenüber den Veranstaltungen der offiziellen Kirchen «das nahe Ende der Religion» anzeigt oder eine Entwicklung, «die der R. als solcher keinen Abbruch tut» [13].

In diesem Zusammenhang gewinnt R. ihre politischagonale Qualität zurück und zugleich eine Orientierung an der Zukunft, verbunden mit einer Distanzierungs- und Innovationsfähigkeit gegenüber der Tradition, deren Ausblenden schon SCHLEGEL bei Herder moniert hatte [14]. D. SÖLLE sieht in R., im religiösen Bedürfnis den «Wunsch, ganz zu sein, das Bedürfnis nach einem unzerstückten Leben» [15]. So steht ‹R.› vielfach programmatisch für Bemühungen, den Weg zu bahnen für alle nicht monotheistisch-personalistisch dominierten Erfahrungsweisen, in der «total verweltlichten Welt» die «Heimholung des Jenseits ins Diesseits, des Unbedingten ins Bedingte» [16] zu versuchen. Eher konservative Theologen halten hingegen den Gedanken der «Personalität Gottes» [17] für unerläßlich.

Anmerkungen. [1] O. SPENGLER: Der Untergang des Abendlandes (1923, 1983) 941f. 145. 548. 1130. – [2] F. NIETZSCHE: Menschl., Allzumenschl. I, 111 (1878). – [3] R. OTTO: Das Heilige. Über das Irrationale in der Idee des Göttlichen und sein Verhältnis zum Rationalen (1917, 1979) 72. – [4] M. WEBER: Die protestant. Ethik und der Geist des Kapitalismus, in: Ges. Aufs. zur Relig.soziol. 1 (1920) 15. 58 u.ö. – [5] Wirtschaft und Ges. (1921) I/2, Kap. V. – [6] M. HEIDEGGER: Die Zeit des Weltbildes (1936), in: Holzwege. Ges.ausg. I/5 (1977) 87. – [7] a.O. 88. – [8] 76. – [9] C. SCHMITT: Das Zeitalter der Neutralisierungen und Entpolitisierungen (1929), in: Der Begriff des Politischen (1963) 84. – [10] A. GEHLEN: Die Seele im techn. Zeitalter. Sozialpsycholog. Probleme in der industr. Ges. (1957) 76. – [11] a.O. – [12] CH. Y. GLOCK: On the study of religious commitment. Res. suppl. Religious Education 57 (1962) 98-110; vgl. U. BOOS-NÜNNING: Dimensionen der R. (1972); C. P. G. TILANUS: Empir. Dimensionen der R. Strukturen, Fragen, Modelle (1972); A. HAHN: Relig. und der Verlust der Sinngebung. Identitätsprobleme in der mod. Ges. (1974); A. FELLING/J. PETERS/O. SCHREUDER: Relig. im Vergleich: BRD und Niederlande (1987); A. DÖRR: R. und Depression. Eine empir.-psycholog. Unters. (1987). – [13] HAHN, a.O. 11. – [14] SCHLEGEL, a.O. [20 zu 1.] 1, X (Vorwort). – [15] D. SÖLLE: Der Wunsch, ganz zu sein. Gedanken zur neuen R., in: I. RIEDEL (Hg.): Der unverbrauchte Gott. Neue Wege der R. (1976) 8; vgl. auch: G. SZCESNY: Relig. als Beschäftigung des gottlosen Menschen, a.O. 25. – [16] SZCESNY, a.O. 33. – [17] H. AICHELIN: «Die Seele kann so schnell nicht fliegen», krit. Dialog mit der neuen R., a.O. 57.

Literaturhinweise. C. P. G. TILANUS s. Anm. [12 zu 2.]. – G. ALEXANDER/J. FRITSCHE s. Anm. [4 zu 1.].   J. FRITSCHE

Remissio/intensio formarum

1. Mit der Bezeichnung ‹remissio formarum› [r.f.] wird auf die Diskussion der Qualitätsveränderung in der mittelalterlichen Theologie und Philosophie Bezug genommen; ‹r.› bezeichnet dabei die Abnahme einer qualitativen Bestimmung, während deren Zunahme ‹intensio› [i.] heißt. Die Termini ‹i.› und ‹r.› gehen auf den Kommentar des SIMPLICIUS zu den Aristotelischen ‹Kategorien› zurück [1]. Bei dieser Diskussion lassen sich in sachlicher Hinsicht im wesentlichen die beiden Fragen nach dem Substrat und nach dem Modus der fraglichen Veränderung unterscheiden; bei der erstgenannten Frage lautet die Alternative: die Qualität selbst oder ihr Träger. In zeitlicher Hinsicht verschiebt sich das Interesse zunehmend vom Was zum Wie der Veränderung.

2. In der Zeit vor der vollständigen Aristoteles-Rezeption wird u.a. [2] die Frage, ob die in der «caritas» wirksame Gnadenkraft zunehmen kann, zum Anlaß, ein der Qualitätsveränderung vergleichbares Problem zu diskutieren. Dies geschieht im Anschluß an die betreffende Untersuchung im ersten Sentenzenbuch des PETRUS LOMBARDUS [3]. Dieser bejaht zwar das «augmentum caritatis» für den Menschen, begreift diesen Vorgang aber nicht als Intension. Der Versuch, den theologischen Tatbestand analog der Veränderung sinnlich-qualitativer Momente zu kennzeichnen, wurde mit dem Bekanntwerden des vollständigen ARISTOTELES allerdings nicht leichter. Denn zwar gesteht dieser die Intensivierung einer (akzidentellen) Form der ersten und dritten Qualitätsart zu, wenn etwa aus einem Warmen ein Wärmeres wird [4]. Doch dem steht der Grundsatz der Unveränderbarkeit der Spezies gegenüber. Die Gleichsetzung des «augmentum caritatis» mit der i.f. wird etwa von BONAVENTURA [5] und PETRUS VON TARANTAISE [6] ausdrücklich abgelehnt. Bei ALBERTUS MAGNUS scheint ein «Mosaik aus sämtlichen möglichen Auslegungen» der einschlägigen Quellen vorzuliegen, «ohne daß eine eigentliche Theorie herauskäme» [7].

THOMAS VON AQUIN ist der erste, der die Vorstellung der Intensivierung bzw. Verminderung sinnlicher Qualitäten auf Wachstum bzw. Minderung der Gnadenkraft überträgt [8]. In der Frage des Substrats dieser Veränderung entscheidet sich Thomas dafür, daß «i.» und «r.f.» nicht «secundum essentiam», d.h. in den Qualitäten selbst stattfinden; denn dies bedeutete die Veränderbarkeit der Spezies. Vielmehr vollziehen sich Zu- und Abnahme «secundum participationem subiecti», also am konkreten Gegenstand, der die Qualität aufweist [9]. Thomas will auf diese Weise zwar einen Unterschied in der Betrachtungsweise machen. Das Wie der Veränderung bleibt dabei aber eigentlich offen.

Die Lösung ergibt sich, nachdem in der Frage des Substrats der Veränderung zugunsten der Form selbst, für die Zu- und Abnahme «secundum essentiam» entschieden wird. Zu den auf diesem Weg wichtigen Autoren zählt neben AEGIDIUS ROMANUS, HEINRICH VON GENT und HERVAEUS NATALIS [10] insbesondere GOTTFRIED VON FONTAINES. Zwar bleibt bei ihm die Unveränderbarkeit der Form unangetastet. Doch gibt es Modifikationen der Qualitäten «secundum rationem individui»

[11]; nicht die Qualität als solche kann zu- und abnehmen, wohl aber das konkrete Inhärens, die Spezies «secundum contractam ad individuum» [12]. Vermittelt über WILHELM VON WARE knüpft JOHANNES DUNS SCOTUS hier an, um sich auf der Grundlage seiner Lehre von der «natura communis» (s.d.) für die «i.» und «r.f.» «secundum essentiam» zu entscheiden. Den Kern der Scotischen Lehre macht demnach die Unterscheidung von wesentlichen oder formalen und materialen oder akzidentellen oder individuellen Teilen der Form aus. Zu- und Abnahme vollziehen sich in der Form selbst, durch Vermehrung oder Verminderung ihrer Teile oder Grade, freilich nur der akzidentellen: «essentia speciei in se considerata non habet in se magis et minus ... sed ipsa in uno supposito est perfectior seipsa in alio supposito» [13]. War vorher das Weiße der weiße Gegenstand, so ist das Weiße jetzt die weiße Farbe, die dem Gegenstand inhäriert. Die Schwierigkeit der Scotischen Lösung, die zugleich ein grundsätzliches Problem dieses Ansatzes berührt, liegt in der Antwort auf die Frage nach dem Verhältnis der einzelnen Formindividuen: Wenn zu einem Teil oder Grad einer Form ein neuer «eiusdem rationis» hinzutritt, spricht man entweder dem jeweils neuen Grad seinen vollen Realitätscharakter (das «unum fieri») ab, wie es PETRUS AUREOLI [14] tut; in diesem Falle handelt es sich allerdings eher um ein quantitatives Wachstum, vergleichbar dem Zuwachs einer Wassermenge durch eine andere, und es kann der Vorwurf erhoben werden, die von Aristoteles streng getrennten Kategorien der Qualität und der Quantität zu vermischen [15]. Oder man nimmt wie JOHANNES BASSOLIS [16] dieses Moment des «unum fieri» in die Definition des individuellen Grades mit auf; freilich ergibt sich dann eher eine Verdopplung denn Intensivierung. WILHELM VON OCKHAM spricht sich ebenfalls für diese Lösung aus [17]. Infolge der Begrenzung extramentaler Realität auf singuläre Entitäten wird für ihn zugleich die Frage nach einem Substrat qualitativer Veränderung gegenstandslos [18]. Für die additive Veränderung votieren ebenfalls zahlreiche, zu den sog. Oxforder Kalkulatoren zählende Autoren wie THOMAS BRADWARDINE, WILLIAM HEYTESBURY und RICHARD SWINESHEAD [19]. Die Entscheidung zugunsten einer Qualitätsveränderung «secundum essentiam» in bezug auf die akzidentellen Grade z.B. der weißen Farbe erlaubt demnach, die Frage nach dem Modus der Veränderung in den skizzierten beiden Varianten mit dem Hinweis auf Addition zu beantworten. Die letztgenannte Alternative, die Lösung zugunsten einer Verdopplung, rückt zugleich in die Nähe einer von WALTER BURLEY vertretenen Auffassung. Sie setzt den Vorgang der Veränderung in Analogie zur Bewegung und begreift von daher das, was dort eher als Verdopplung erscheint, als Zerstörung und Neuerzeugung der Form, d.h. als einen Vorgang sukzessiver und nicht additiver Veränderung. Zwar gibt es neben- oder nacheinander innerhalb derselben Art unterschiedlich intensive Qualitäten; doch niemals unterliegt die Intensität derselben und numerisch einen Form einer Modifikation [20]. DURANDUS VON S. PORCIANO folgt eher dem Vorschlag Burleys [21], während JOHANNES VON RIPA die additive mit der sukzessiven Betrachtungsweise zu vermitteln sucht [22].

A. MAIER hat darauf aufmerksam gemacht [23], daß JOHANNES BURIDANUS Bewegung als ein «intrinsece aliter et aliter se habere» faßt, d.h. als bloße Zuständlichkeit. Bewegung ist demnach ein «ens pure successivum», ein selbständiger «fluxus», der verschieden ist vom bewegten Körper [24]. Weiter kennzeichnet Buridan momentane Bewegungszustände als Intensitäten, d.h. als Momentangeschwindigkeiten [25]. Die Intension ist für sich betrachtet nichts anderes als die Intensität oder der Grad, den die betreffende Qualität in jedem Moment besitzt. Findet hier keine Veränderung, z.B. keine weitere Erwärmung statt, bleibt der erreichte Wärmezustand erhalten [26]. Buridan hätte nun, so schließt A. MAIER weiter, annehmen können, daß ein Bewegungszustand von bestimmter Intensität oder Geschwindigkeit ebenfalls erhalten bleiben kann [27]. Unterscheidet man aber zwischen der Bewegung (selbst) als bloßer Zuständlichkeit und dem bestimmten bewegten Körper [28], dann kann nur der Bewegungszustand dieses Körpers erhalten bleiben, nicht aber der der Bewegung (als solcher). Ebensowenig kann dann auf die Erhaltung der Intensität von Bewegung (als solcher), sondern nur auf die etwa des erwärmten Wassers geschlossen werden. Damit bestimmte Bewegung (eines Körpers) möglich ist, muß die (ursprüngliche) Bewegungszuständlichkeit als ausgedehnt gedacht werden. Der Nachweis der Realität des Momentes der Ausgedehntheit (oder ursprünglicher Zuständlichkeit) gelingt in dem Maße, wie sich ein Körper dem Volumen nach zugleich verändern und nicht verändern läßt, ohne daß beides auf eine Form oder Qualität zurückgeführt werden kann. BURIDAN führt diesen Nachweis der «quantitas materiae» oder der physikalischen Undurchdringlichkeit der Körper im experimentellen Beweis der Realität des Momentes der «magnitudo» [29]. Aufgrund des Verständnisses der Bewegung als einer, mit BLASIUS VON PARMA gesagt, «qualitas gradualis, intensibilis et remissibilis» [30] vermag BURIDAN die «i.» und «r.f.» als einen sukzessiven, sich kontinuierlich vollziehenden Vorgang zu begreifen, bei dem sich die verschiedenen 'Teile' oder Grade addieren und subtrahieren [31]. Das Nebeneinander von Sukzession und Addition bei Buridans Schüler ALBERT VON SACHSEN [32] deutet auf ein ähnliches Verständnis hin. Ebenso ist für F. SUÁREZ das Maß der sukzessiv sich verändernden Intensität durch Addition von Graden bestimmt [33]. Inwieweit auch NIKOLAUS ORESMES Versuch der graphischen Darstellung intensiver Größen auf dem Hintergrund der Buridanschen Lösung des Problems der Qualitätsveränderung in neuem Licht erscheint, ist noch zu prüfen. Oresme erweitert bei dieser Darstellung der «quantitas qualitatis» die traditionelle Vorstellung der Linearität intensiver Größen von der punktförmigen auf ausgedehnte, mehrdimensionale Qualitäten. Die entsprechenden «configurationes qualitatum» betrachtet er als ihre tatsächliche, konkrete Gestalt [34].

Anmerkungen. [1] SIMPLICIUS: Comm. sur les Cat. d'Arist., trad. G. DE MOERBEKE, Ed. crit. 2, hg. A. PATTIN (Paris 1971-75) 391; vgl. dazu N. TSOUYOPOULOS: Die Entstehung physikal. Terminologie aus der neoplaton. Met. Arch. Begriffsgesch. 13 (1969) 7-33, bes. 22f. – [2] Nach A. MAIER: Zwei Grundprobl. der scholast. Naturphilos. (Rom ²1951) 14 (Anm. 24) wird das Problem der i. und r.f. auch in der med. Lit. erörtert. – [3] PETRUS LOMBARDUS: Lib. I Sent., d. 17, c. 5 (Quaracchi 1916) I, 111. – [4] ARISTOTELES: Phys. IV, 9, 217 a 33f.; ähnlich V, 2, 226 b 2ff. – [5] BONAVENTURA: Op. omn. 1 (Quaracchi 1882) 311. – [6] PETRUS VON TARANTAISE [INNOZENZ V.]: Sent. I, d. 17, q. 2, hg. T. TURCO/G. B. DE MARINIS (Toulouse 1652). – [7] MAIER, a.O. [2] 20. – [8] THOMAS VON AQUIN: S. theol. II-II, 24, 5. – [9] S. theol. I-II, 52, 1. – [10] Vgl. dazu MAIER, a.O. [2] 28-35. – [11] GOTTFRIED VON FONTAINES: Quodl. II, q. 10, hg. M. DE WULF/A. PELZER. Philos. belges 2 (Löwen 1904) 145; vgl. dazu J. F. WIPPEL: Godfrey of Fontaines on intension and remission of accidental forms. Francisc. Stud. 39 (1979) 316-355. - [12] Quodl. IX, q. 4, hg. J. HOFFMANS. Philos. belges 4 (Löwen 1924) 221. - [13] JOH. DUNS SCOTUS: Quaest. sup. praedicamenta, q. 36, a. 28. Op. omn., hg. L. WADDING (Lyon 1639) 1, 519; dazu MAIER, a.O. [2] 50-54. - [14] PETRUS AUREOLI: Sent. I, d. 17, p. 3 (Rom 1596) 435ff.; vgl. dazu MAIER, a.O. [2] 55f. - [15] Vgl. A. C. CROMBIE: Quantification in mediev. physics. Isis 52 (1961) 143-160, zit.: 151. - [16] Vgl. dazu MAIER, a.O. [2] 56f. - [17] WILHELM VON OCKHAM: Script. in I Sent. ordin., d. 17, q. 6. Op. theol., hg. G. GÁL u.a. 3 (St. Bonaventure, N.Y. 1977) 511. - [18] Expos. in lib. praedic., c. 14. Op. philos., hg. G. Gál 2 (1978) 271. 287. - [19] Vgl. dazu E. D. SYLLA: Mediev. quantifications of qualities: the 'Merton School'. Arch. Hist. exact Sci. 8 (1971/72) 9-39. - [20] Vgl. dazu MAIER, a.O. [2] 66ff.; H. SHAPIRO: W. Burley and the intension and remission of forms. Speculum 34 (1959) 413-427. - [21] Vgl. dazu MAIER, a.O. [2] 70-73. - [22] Vgl. dazu A. COMBES: L'intensité des formes d'après Jean de Ripa. Arch. Hist. Doctr. litt. MA 37 (1970) 17-147. - [23] Vgl. A. MAIER: Forma fluens oder fluxus formae, in: Zwischen Philos. und Mechanik. Stud. zur Naturphilos. der Spätscholastik 5 (Rom 1958) 117-133. - [24] JOH. BURIDAN: Komm. zur Aristot. Physik (Paris 1509, ND 1964) fol. 50ᵛa-b. - [25] Vgl. MAIER: Bewegung als intensive Größe, a.O. [23] 151. 166-184. - [26] Die entsprechenden Texte aus der Physik und Ethik Buridans finden sich bei MAIER: Bewegung ..., a.O. zitiert. - [27] Bewegung ..., a.O. 177ff. - [28] Vgl. dazu und zum weiteren Hintergrund dieses Schrittes Buridans G. KRIEGER: Weltbeherrschung statt Weltbetrachtung. Das Prinzip des Wandels der Theorie als Prinzip der Transformation der Met. (Buridanus-Tartaretus-Galilei-Kant) Habil.-Schr. Bonn (1990). - [29] Vgl. dazu MAIER: Das Problem der Quantität oder der räuml. Ausdehnung, in: Metaph. Hintergründe der spätscholast. Naturphilos. Stud. zur Naturphilos. der Spätscholastik 4 (Rom 1955) 209-217. - [30] Der entsprechende Text findet sich ediert bei MAIER: Forma fluens ..., a.O. [23] 141f. - [31] Vgl. dazu die entsprechenden Texte bei MAIER: Bewegung ..., a.O. [25]. - [32] Vgl. dazu J. Sarnowsky: Die aristot.-scholast. Theorie der Bewegung. Stud. zum Komm. Alberts von Sachsen zur Physik des Arist. Beitr. Gesch. Philos. Theol. MA, NF 32 (1989) 257-271. - [33] F. SUÁREZ: Disput. metaph. 46, 3. - [34] Vgl. dazu MAIER: Die Math. der Formlatituden, in: An der Grenze von Scholastik und Naturwiss. Stud. zur Naturphilos. der Spätscholastik 3 (Rom ²1952) 289-384; M. CLAGETT (Hg.): N. Oresme and the mediev. geometry of qualities and motions. A treat. on the uniformity and difformity of intensities known as Tractatus de configurationibus qualitatum et motuum (Madison/London 1968).

Literaturhinweise. - Allgemein: P. DUHEM: Le système du monde 7 (Paris 1913-17, 1956) 480-534. - A. MAIER s. Anm. [2] 1-109 und [25] 144-186. - H. BLUMENBERG: Die Vorbereitung der Neuzeit. Philos. Rdsch. 9 (1961) 93-97. - A. C. CROMBIE s. Anm. [15] 143-160. - E. D. SYLLA s. Anm. [19]. - *Zu den einzelnen Autoren:* H. SHAPIRO s. Anm. [20] (zu W. Burley). M. CLAGETT s. Anm. [34] (zu N. Oresme). - D. SKABELUND/A. THOMAS: Walter of Odington's math. treatment of the primary qualities. Isis 60 (1969) 331-350. - A. COMBES s. Anm. [22] (zu Joh. von Ripa). - J. F. WIPPEL s. Anm. [11] (zu Gottfr. von Font.). - J. SARNOWSKY s. Anm. [32] (zu Albert von Sachsen).

G. KRIEGER

Renaissance. Das frz. ‹renaissance› leitet sich wie seine Entsprechungen in den übrigen europäischen Sprachen (ital. rinascimento, rinascita; engl. renaissance) aus dem lat. ‹renasci› (wiedergeboren werden, wiederentstehen, wiederwachsen) ab. Die vielfältigen Kontexte, in denen dieses Verb in der lateinischen Literatur begegnet, haben an eine entsprechende Vielzahl von Konnotationen des Begriffs ‹R.› denken lassen. So kann ‹renasci› für die sakramentale Wiedergeburt in der Taufe stehen [1]. Andererseits ist ‹renasci› auch schon in der klassischen Latinität als botanischer Fachausdruck für das Wiederwachsen (dtsch. in der Niederwaldwirtschaft 'Wiederwuchs') bzw. Wiederausschlagen gekappter oder gefällter Bäume geläufig [2]. - Erst seit dem 19. Jh. bezeichnet ‹R.› den künstlerischen Stil und dann auch den gesamten Zeitraum, der in Italien etwa 1300 bis 1600, nördlich der Alpen das 16. Jh. umfaßt. In der frühen Neuzeit findet sich das Wort in Zusammensetzungen ‹renaissance des lettres›, ‹renaissance des arts› neben anderen Begriffen (frz. restauration, rétablissement; engl. restoration, revival; Wiederherstellung, Wiederbelebung ...), die einzelne Bereiche der Erneuerung klassischer Latinität, der Gelehrsamkeit oder der Wissenschaften, einzelner Künste oder einer umfassenderen kulturellen Bewegung meinen. Das Bewußtsein dieser Erneuerung der literarischen Kultur und der bildenden Kunst prägt sich in Italien und besonders in Florenz bei den Humanisten selbst schon im 14. und bei den über ihr Metier schreibenden Künstlern im 15. Jh. deutlich aus im Bezug auf das als vorbildlich geltende Altertum und in Gegensatz und Abwehr des davon unterschiedenen, aber weithin fortdauernden 'dunklen' Mittelalters und einer erhofften oder schon beginnenden neuen Zeit. Diese Auffassung führt dazu, daß Gelehrsamkeit, Philosophie, Wissenschaften und Künste bis ins 18. Jh. in aller Regel in diesen Bestrebungen keine abgegrenzte Epoche, sondern den Anfang der neuen Zeit erblicken, der sie selbst angehören, auch wenn man in der allgemeinen Geschichte das 15. Jh. noch dem Mittelalter zurechnet.

Es ist damit ein qualitativer Epochenbegriff geschaffen, der wie ‹Aufklärung› eine Tätigkeit bezeichnet, notwendig partiell ist und problematisch und nicht unbestritten bleibt. Hatte ‹R.› durch J. MICHELET [3] und J. BURCKHARDT als dynamisches Prinzip gegen ein eher statisches Mittelalter, als bewußter Neubeginn gegen das bloße Fortdauern von Traditionen seine polemische Stellung und seinen verführerischen Klang gewonnen, so versuchten die Mediävisten den Begriff auf alle Neuansätze des Mittelalters anzuwenden, auf die karolingische 'Renovatio', auf die ottonische und die 'R.' des 12. Jh. [4]. Und umgekehrt konnte man mit längst bekannten Tatsachen der wirtschaftlichen und sozialen Entwicklung, die im 13. Jh. ihren Höhepunkt hatte, oder der gleichzeitigen Hochscholastik die R. als eigene Epoche in Frage stellen. Partiell und ungleichmäßig ist auch die 'Wiedergeburt' der Antike, das Fortleben einzelner Elemente, die Neuentdeckung anderer, die Amalgamierung einzelner Motive und Ausdrucksformen in neue Zusammenhänge sowie ihre Objektivierung und Erforschung aus der nun erst gewonnenen Distanz und qualitativen Eingrenzung auf ein klassisches Altertum.

Gegenstand und Ausdehnung dessen, was jeweils als erneuert oder wiedergeboren gilt, wechseln. Es ist deshalb nichts unhistorischer, als einer erst im 19. Jh. möglichen Konzeption ‹R.› als der alle Lebensbereiche und das Lebensgefühl selbst umfassenden Kultur eines Volkes eine Vorgeschichte zu konstruieren oder gar das Wort ‹R.› als Leitfaden dafür zu benutzen. Die seltenen Belege mit lat. ‹renasci›, das kein Substantiv bildet, oder mit frz. ‹renaissance› werden mehrere Generationen lang nicht wieder aufgenommen, während die Kunst oder Literatur dieser Zeit stetiger Ausgangspunkt kritischer und schöpferischer Arbeit bleibt. Bis ins 19. Jh. spricht die kunsthistorische Forschung (C. F. VON RUMOHR; F. KUGLER/J. BURCKHARDT [5]) statt von 'R.' schlicht von der «neuen», «neueren» oder «modernen» Kunst. Am R.-Begriff orientierte retrospektive Untersuchungen geraten dagegen in Gefahr, aus zu wenigen Belegen Fiktionen der fernen Verursachung einer allgemeinen Kultur zu errichten, die dieses Wortes nicht bedurfte und es nur in vereinzelten und nicht prägenden Verwendungen gebrauchte, solange sie lebendig war.

Aus vielerlei Anknüpfungen an die Antike, erneuerter Kenntnis ihrer Schriftsteller und versuchten Nachahmungen erheben sich Werk und Ruhm DANTES und in der gleichen Generation die Erneuerung der Malerei durch GIOTTO, und mit wachsender Kenntnis und Nachahmung lateinischer Literatur eine Generation später PETRARCA und seine Konzeption der «tenebrae», der zu verabschiedenden «dunklen» Jahrhunderte, welche doch die des herrschenden Christentums waren [6]. Mit dieser Umwertung der Geschichte wird die Zuerkennung der Lichtmetaphern vertauscht und das «Moderne» seit Konstantin als schlecht bewertet. G. BOCCACCIO vergleicht zuerst (um 1350) die Leistung Petrarcas mit der Giottos, der «diese Kunst wieder ans Licht brachte, die viele Jahrhunderte lang verborgen lag unter den Irrtümern einiger, die eher malten, um die Augen der Unwissenden zu vergnügen als dem Verstand der Kenner zu gefallen» [7]. Als Metapher der Erneuerung wählt er das Zurückführen der Malerei, die (wie in der Antike) an der Natur gemessen wird, aus der Verborgenheit des Grabes an das Licht. Von Petrarca sagt Boccaccio, daß er «Apollo wieder in sein altes Heiligtum einsetzte» und «den Römern das tausend Jahre nicht verehrte Kapitol von neuem weihte» [8].

In der in Florenz entwickelten Parallele der Literatur mit der ebenfalls «ars» und «ingenium» erfordernden bildenden Kunst schreibt F. VILLANI (1404) auch Giotto das Verdienst zu, die Malerei wiederhergestellt zu haben («picturam restituit») [9]. Diese Gleichzeitigkeit beider Tätigkeiten erblickt AENEAS SYLVIUS PICCOLOMINI (um 1450) schon in der griechischen und römischen Antike: «als jene [die Redekunst] wiederaufblühte [revixit], erhob auch diese [die Malerei] ihr Haupt wieder» [10]. L. GHIBERTI hat (um 1420-1448 schreibend) eine deutliche Vorstellung vom Niedergang antiker Kunst durch äußere Verwüstung (Barbaren) und innere Unterdrükkung (herrschendes Christentum) und rühmt am Neubeginn der Malerei durch Giotto die Natürlichkeit und Anmut und die Beachtung der Proportionen [11]. A. MANETTI nennt F. BRUNELLESCHI den «Wiederentdecker oder Erfinder» («ritrovatore o inventore») der Perspektive [12], C. LANDINO (um 1480) zuerst DONATELLO einen «grande imitatore degli antichi» [13].

‹Wiedergeburt› als Begriff für eine Erfahrung, ein Gefühl, findet sich zuerst 1460/64 bei A. A. FILARETE, der seinen Geschmackswechsel vom «modernen», d.h. gotischen Stil der Architektur zum «antiken» der florentinischen Früh-R. als Bekehrung beschreibt und bekennt: «ich scheine wie neu geboren, wenn ich diese edlen Bauwerke sehe» («mi pare rinascere a uedere questi degni hedificij») [14]. Ein Gleichnis aus religiöser, aber auch medizinischer Sprache (die Gesundung bezeichnend) beschreibt eine Kunsterfahrung, ein Stilgefühl, 200 Jahre nach N. Pisanos Entlehnungen antiker Formen, 100 Jahre nach der quasi-religiösen Verehrung antiker Kunstwerke in der Generation Petrarcas, und ohne Bezug auf religiöse Erneuerungsbewegungen des 13. Jh. Das Stilgefühl setzt sich in dieser Zeit ohne diesen Begriff durch.

Die Erneuerung, die wir ‹R.› nennen, bezeichneten die Humanisten mit verschiedenen Metaphern. Für die bewußte Tätigkeit, zu deren Ausdruck ‹renasci› ungeeignet ist, stehen nebeneinander: 'aus dem Grab ans Licht zurückbringen', 'vom Tode wiederbeleben', 'von der Zerstörung wiederherstellen', 'aus dem Schlaf aufwecken' und 'aus dem Exil heimführen' [15]. Als unpersönliches Geschehen kann ein (goldenes) Zeitalter wiederkehren, ein Baum nach dem Fällen neu ausschlagen (renasci) und ein Mensch durch die Taufe im Geiste neu geboren werden (renasci wie Joh. 3, 3 und 3, 5 in der Übersetzung der ‹Vulgata›: «nisi quis fuerit renatus denuo ...»; M. LUTHER: «es sey denn / das jemand von newen geborn werde ...»). Als Wiedererstehen nach Zerstörung (durch die Goten 410) hatte RUTILIUS NAMATIANUS «renasci» mit dem Rom-Mythos verbunden: «Ordo renascendi est crescere posse malis» («Gesetz des Wiedererstehens, aus Übeln wachsen zu können») [16] in Anspielung auf VERGIL: «Magnus ab integro saeclorum nascitur ordo» («Von neuem beginnt der Jahrhunderte mächtiger Kreislauf») [17].

Den italienischen Humanisten liegt das bewußte Wiederherstellen (der Künste) oder Erwecken (der Musen) und auch die Erfahrung des Exils für den Vergleich näher als die Taufe, wobei ‹renasci› neben der geistlichgeistigen Wiedergeburt stets das natürliche Wiedererstehen meinen kann. Ausgerechnet in einer spät und selten auftretenden, schon säkularisierten Metapher für ein häufig beschriebenes Phänomen dessen Wesen erkennen zu wollen, führte die Forschung auf Abwege, die im einzelnen zu verfolgen nicht lohnt. Die frühesten vereinzelten Anwendungen auf die wiedererstandene Redekunst finden sich um 1430 beim französischen Petrarca-Schüler N. DE CLAMANGES («eloquentiam diu sepultam ... renasci») [18] und beim Florentiner Humanisten M. PALMIERI, der es als Variante zu «nascere» und «rilevare» für die Pflege einzelner Künste in pragmatisch bestimmter Zeitfolge gebrauchte: «denn es ist natürlich, daß verlorene Künste wiedererstehen [rinascere], wenn man sie pflegen will, wie es im antiken Griechenland und Rom war» [19]. A. POLIZIANO kann am Ende des 15. Jh. die Genauigkeit historischer Studien als wiedererstanden bezeichnen («Felix historiae fides renatae») [20], N. MACHIAVELLI Anfang des 16. Jh. bei Gelegenheit von Cola di Rienzos mißglückter Erneuerung Roms von «Roma rinata» sprechen [21]. PH. MELANCHTHON verwendet «renasci» («renascentes Musae», «litterae renascentes» [22]). A. DÜRER versucht eine Übersetzung des pflanzlich gedeuteten Wiedererstehens der Kunst in Italien vor «anderthalb hundert jorn» nach tausendjähriger Unterbrechung und nennt sie «itzige widererwaxsung» [23].

Die klassische und seither am meisten aufgenommene Fassung des Begriffs prägte G. VASARI 1550, als das Zeitalter der ‹R.› zu Ende gegangen war. Er faßt in den Lebensbeschreibungen die zuvor getrennt behandelten drei bildenden Künste zusammen und begreift ihren geschichtlichen Verlauf seit der Antike als «Vollendung, Zerstörung und Wiederherstellung oder besser gesagt Wiedergeburt» («perfettione, e rouina, e restauratione, e per dire meglio rinascità»). Rückblickend erkennt er in der Kunstentwicklung die Phasen organischen Lebens, die auch den drei Jahrhunderten der ‹R.› entsprechen, «Entstehung, Wachstum, Alter und Tod» («il nascere, il crescere, lo inuecchiare, et il morire») und sieht darin den «Fortgang ihres Wiedererstehens» («il progresso della sua rinascità») [24]. Diese Entwicklung der Künste von Giotto an zu Leonardo, Raffael und Michelangelo, welche die Natur bezwangen und die Antike wiedererstehen ließen, ist als Prozeß fortschreitender Vollendung anschaulicher und eindrücklicher als in anderen Bereichen und hebt das Selbstbewußtsein der Künstler, die RAFFAEL in der ‹Schule von Athen› als antike Philosophen figurieren lassen kann, während das Ansehen der Humanisten sinkt. Angesichts der vollendeten Kunst kehrt VASARI auch den Wortgebrauch von «moderno» um; stand es bisher für den abgelehnten gotischen Stil, so bezeichnet es jetzt als «buona maniera moderna, il moderno si glorioso» den Stil der R. [25]; bei der Vergangenheit unterscheidet Vasari «vecchio» für das schlechte Alte des Mittelalters von «antico» für das, was auch wir «antik» nennen [26].

Die humanistische Erneuerung wird in Frankreich im 16. Jh. entsprechend mit den Begriffen «restitution des bonnes lettres», «restauration», «renaistre et florir en ce noble royaume les bonnes lettres» (J. AMYOT, 1559) bezeichnet. Völlig vereinzelt steht dafür das Substantiv «renaissance» bei P. BELON (1553), der das Wiedererstehen so vieler «bonnes disciplines» zu seiner Zeit eine «tant eureuse et desirable renaissance» nennt [27].

Im protestantischen Deutschland hatte PH. MELANCHTHON versucht, den Humanismus mit der Reformation zu verbinden. Mit der Frühaufklärung sieht man in der Zeit der R. den Beginn der eigenen Bemühungen, «eine größere Freyheit zu philosophiren» und damit freie Wahl der traditionell als «sectae» bezeichneten antiken Philosophenschulen [28]. CH. THOMASIUS nennt Erasmus, Reuchlin und Hutten als «rechte Erneuerer der guten Gelehrsamkeit in Teutschland» [29]. Terminologisch bemerkenswert ist D. G. MORHOF, der nach der üblichen Beschreibung, wie die Studien aus den Mönchszellen, wo sie wie in Gräbern verborgen waren, in die «Musea» der Gelehrten «ins Leben und ans Licht zurückgerufen wurden» («in vitam & lucem revocarentur»), das Ergebnis «illa παλιγγενεσία literaria» [30] nennt. J. J. BRUCKER wird die Erneuerung der Philosophie in der Zeit der R. historisch breiter ausführen [31].

‹R.› als Epochenbegriff, den verschiedene Wörter bezeichnen, beschränkt sich somit auf die Kunstgeschichtsschreibung und die Historia literaria einschließlich der Philosophiegeschichte. In der großen Sammlung der italienischen Städtechroniken und Biographien, den ‹Scriptores rerum Italicarum› von L. A. MURATORI, bildet das 14. und 15. Jh. den Abschluß der Zeit (500-1500), die wir ‹Mittelalter› nennen [32], und entsprechend auch noch in S. DE SISMONDIS wirtschaftsgeschichtlich bemerkenswerter ‹Histoire des Républiques italiennes au moyen âge› [33]. Eine Ausweitung ist erst von der Kulturgeschichte her möglich. Bei VOLTAIRE sind die Werke der Kunst und Wissenschaft Zeugnisse des «esprit humain», die zu bestimmten Zeiten kulminieren und deren Beziehung auf die politische Macht ins Blickfeld rückt [34]. Seit Petrarca legte man sich Rechenschaft ab über den Untergang Roms und den Untergang der Gelehrsamkeit und der Künste. Deren Wiedererstehen im Italien der R. prägte die europäische Bildung über das 18. Jh. hinaus, es sperrte sich aber gegen die unmittelbare Beziehung auf oder gar Verursachung durch eine starke politische Macht wie in den Zeiten von Alexander, Augustus oder Ludwig XIV. E. GIBBON kann sogar am Ende seines großen Werkes die überlegene Verdienst der Künstler der R. mit dem Ruhm ihrer Auftraggeber konfrontieren [35]. Die Epoche der R. sprengt das Schema der die Macht rühmenden und begleitenden Kunst und Wissenschaft, deren Leistungen die der Politik an Größe und Wirkung übertreffen.

Aus diesem Grunde auch wird der Begriff und das Wort ‹R.› thematisiert, wo es vom begrenzten Stilbegriff auf die allgemeine Geschichte ausgeweitet wird, weil in dieser Epoche die Kultur die Weltgeschichte bestimmt.

MICHELET faßt das 16. Jh. in der ‹Geschichte Frankreichs› (in Vorlesungen seit 1840, als Buch 1855) als das einer europäischen Erneuerung gegen die Traditionen, die vom italienischen Anstoß aus die Welt verändert, durch Kolumbus, Kopernikus, Luther und Galilei. Dafür verwendet er «l'aimable mot de renaissance» und erweitert seine Bedeutung [36]. BURCKHARDT präzisiert die R. anschließend (1860), wenn er mit Michelets Formel «die Entdeckung der Welt und des Menschen», das moderne Individuum mit seiner Bildung, seiner Stellung zu Staat und Religion am Ort der Entstehung verfolgt, in Italien seit Beginn des 14. Jh. Die italienische Kultur der R. entstand in modernen, nicht in großen Staaten und nicht während der höchsten wirtschaftlichen Blüte; sie wurde im 16. Jh. zerstört, aber ihre Bildung wurde die des modernen Europäers. Nicht das Altertum, sondern das freie Umgehen mit einzelnen Motiven, Formen, Gedanken in einer modernen Kultur bildet die «Lebensatmosphäre» einer nicht mehr ausschließlich kirchlich geprägten Kultur [37].

R. ist damit etwas ganz anderes geworden als die in den französischen Wörterbüchern seit der Wende zum 18. Jh. registrierte «renaissance des lettres, renaissance des arts» oder die als «wiederbringung der mahlerey» (P.-E. JABLONSKI) [38], «Wiederherstellung ...», «Wiederaufleben der Wissenschaften» (CH. MEINERS, A. HEEREN) [39] und «Wiederbelebung des classischen Altertums» (G. VOIGT) [40] bezeichnete Erneuerung einer Disziplin. Für Künste, Wissenschaften und kritische Gelehrsamkeit sind Künstler und Humanisten der R. bis ans Ende des 18. Jh. noch unmittelbare Vorläufer, deren Bestrebungen man fortsetzt, deren Leistungen die eigene Arbeit ermöglichen und in deren Zusammenhang gewürdigt werden. Erst im 19. Jh. rücken alle diese einzelnen Bestrebungen zusammen und gemeinsam in eine Distanz, die sie als Elemente einer Kultur und ihres Lebensgefühls ansehen läßt. BURCKHARDT sah den Menschen im Mittelalter unter einem «Schleier ... aus Glauben, Kindesbefangenheit und Wahn» sich selbst nur in korporativen Ordnungen erkennen: «In Italien zuerst verweht dieser Schleier in die Lüfte; es erwacht eine objektive Betrachtung und Behandlung des Staates und der sämtlichen Dinge der Welt überhaupt; daneben aber erhebt sich mit voller Macht das Subjektive, der Mensch wird geistiges Individuum und erkennt sich als solches» [41]. Der Gegensatz ist nicht mehr der von Tod und Leben, Irrtum und Wahrheit, falschem und richtigem Stil, sondern der von Dämmern und Bewußtsein, Kindheit und Reife und – in veränderter Bedeutung – der von Barbarei und Kultur. Burckhardt hatte durchaus Sinn für die Kultur des Mittelalters, aber er beschwört die der R., weil er die damals neu erstandene Kultur des modernen Europäers durch die Barbarei grenzenlosen Erwerbsstrebens und militärischer Massenstaaten gefährdet sah.

Burckhardt beschreibt weniger das Vergangene als das unvergangen Bleibende; sein in der Gattung ‹Kulturgeschichte› abschließendes Werk hat die Forschung sowohl paralysiert wie gefördert; diese arbeitete in Folge in den Bereichen am fruchtbarsten, die Burckhardt nur gestreift hat: Geschichte der Wirtschaft, der Wissenschaften, der Philosophie. Die Polemik gegen Burckhardts R.-Begriff stützte sich meist auf ihm bekannte Tatsachen; R.-Mythos, Zurückverlegung der 'R.' ins Mittelalter und Vervielfältigung der 'R.en' erwiesen sich als abwegig. Das Forschungsfeld ‹R.› wurde im 20. Jh. wesentlich vertieft und erweitert. A. WARBURG und seine Schule stellten neue Fragen und verbanden die Disziplinen. Die Philosophie der R. trat ins Blickfeld (E. CASSIRER, P. O. KRISTELLER, E. GARIN). In Frankreich stand das 16. Jh. im Zentrum historischer Forschung (L. FEBVRE, F. BRAUDEL). Die früher bedeutende deutsche R.-Forschung verlagerte sich durch die Emigration nach den USA und nach England und ist nur unzureichend ersetzt; sie fehlt seither in der geistigen Kultur des deutschsprachigen Raumes merklich.

Anmerkungen. [1] K. BURDACH: Sinn und Ursprung der Worte ‹R.› und ‹Reformation› (1918); vgl. auch R. HILDEBRANDT: Zur sog. R. Beitr. zum dtsch. Unterricht (1879) 284-289; K. BORINSKI: Die Weltwiedergeburtsidee in den neueren Zeiten 1. Der Streit um die R. und die Entstehungsgesch. der hist. Beziehungsbegriffe 'R.' – 'MA'. Sitzber. Bayer. Akad. Wiss. (1919). – [2] J. TRIER: R., in: Holz. Etymologien aus dem Niederwald (1952) 144-167. – [3] J. MICHELET: La renaiss., in: Hist. de France 7 (Paris 1855); vgl. L. FEBVRE: Comment J. Michelet inventa la renaiss. Festschr. F. Luzzatto 2 (Mailand 1950) 1-11. – [4] J. BURCKHARDT: Die Kultur der R. in Italien (1860); C. H. HASKINS: The Renaiss. of the 12th cent. (1927); E. R. CURTIUS: Europ. Lit. und lat. MA (1948). – [5] C. F. VON RUMOHR: Ital. Forsch. (1827-31), hg. J. SCHLOSSER (1920); F. KUGLER/J. BURCKHARDT: Hb. der Gesch. der Malerei (²1847). – [6] TH. E. MOMMSEN: Petrarch's concept of the dark ages. Speculum 17 (1942) 226-242. – [7] G. BOCCACCIO: Decam. VI, 5. – [8] Lettere, hg. F. CORAZZINI (Florenz 1877) 189ff. – [9] F. VILLANI: De origine civitatis Florentiae et eiusdem famosis civibus (1404), in: J. SCHLOSSER: Quellenbuch zur Kunstgesch. (1896) 370ff. – [10] AENEAS SYLVIUS PICCOLOMINI: Br. 119. Opera (Basel 1571) 646. – [11] L. GHIBERTIS Denkwürdigkeiten (Commentarii), hg. J. SCHLOSSER (Wien 1910) 1, 35ff. – [12] A. MANETTI: Biogr. Brunelleschis, in: C. FREY: Le vite di F. Brunelleschi (1887) 61. – [13] C. LANDINO, in: J. SCHLOSSER: Die Kunstlit. (1924) 92. – [14] A. A. FILARETE: Trakt. über die Baukunst XIII, hg. W. VON OETTINGEN (1890) 428; vgl. E. PANOFSKY: Die R. der europ. Kunst (1979) 33. 334. – [15] B. L. ULLMAN: Studies in the Ital. renaiss. (Rom 1955) 11-25. – [16] RUTILIUS C. NAMATIANUS: Itinerarium (De reditu suo) I, 140. – [17] VERGIL: Bucol., Ecl. IV, 5. – [18] N. DE CLEMENGIIS (CLAMANGES): Br. 46. Opera omn. (Leiden 1613) 141. – [19] M. PALMIERI: Della vita civile, in: C. VASOLI: Umanesimo e rinascimento (Palermo 1969, 1976) 342. – [20] A. POLIZIANO: Widmungsgedicht zu seiner Herodian-Übers. Opera omn. (Basel 1553) 621. – [21] N. MACHIAVELLI: Le istorie fiorentine (Florenz 1532) I, 31. – [22] PH. MELANCHTHON: Wittenberger Antrittsvorl. 1518. Opera (Corp. Reformat.), hg. K. G. BRETSCHNEIDER/E. BINDSEIL (1834-60) 11, col. 15. 16. 24. – [23] DÜRERS schriftl. Nachlaß, hg. H. RUPPRICH 2 (1966) 144. – [24] G. VASARI: Opere, hg. G. MILANESI (Florenz 1878-1906) 2, 243. – [25] a.O. 4, 8. – [26] 1, 249. – [27] J. AMYOT: Dedik. der Plutarch-Übers.: Vies des hommes illustr. (1559) unpag.; P. BELON, zit. in: ULLMAN, a.O. [15] 24; kein weiterer Beleg bis 1675. – [28] J. F. BUDDE: Licht der Weißheit (1709) 94. – [29] CH. THOMASIUS: Hof-Philos. (1710) 38. – [30] D. G. MORHOF: Polyhistor lit. (1714) 16; vgl. ALDUS MANUTIUS: Ilias (1504) Dedikation: «renasci quodammodo videantur libri ... διὰ τὴν τοιαύτην παλιγγενεσίαν. – [31] J. J. BRUCKER: Historia crit. philos. (1742-44). – [32] L. A. MURATORI: Scriptores rerum Italicarum 1-23 (1723-51). – [33] S. DE SISMONDI: Hist. des républ. ital. au moyen âge 1-16 (1807-18). – [34] VOLTAIRE: Le siècle de Louis XIV (1751); Essai sur les mœurs et l'esprit des nations (1756). – [35] E. GIBBON: Decline and fall of the Roman empire (1776-87) LXXI. – [36] MICHELET, a.O. [3] Introd. § 1. – [37] BURCKHARDT, a.O. [4], hg. H. GÜNTHER (1989) 176. – [38] P.-E. JABLONSKI: Allg. Lex. der Künste und Wiss.en (1721) 2, 419 (Art. ‹Mahler›). – [39] CH. MEINERS: Lebensbeschreib. berühmter Männer aus den Zeiten der Wiederherstellung der Wiss. 1-3 (1795-97); A. HEEREN: Gesch. des Studiums der class. Lit. seit dem Wiederaufleben der Wiss. 1-2 (1797/1801); H. ERHARD: Gesch. des Wiederaufblühens wissenschaftl. Bildung 1-3 (1827-32). – [40] G. VOIGT: Die Wiederbelebung des klass. Altertums (1859). – [41] BURCKHARDT, a.O. [37] 137.

Literaturhinweise. J. E. SANDYS: A hist. of class. scholarship 2 (Cambridge 1906). – E. CASSIRER: Individuum und Kosmos in der Philos. der R. (1927). – A. WARBURG: Ges. Schr. 1-2 (1932). – W. K. FERGUSON: The renaiss. in hist. thought (Boston 1948). – F. SIMONE: La coscienza della rinascita negli umanisti francesi (Rom 1949); Il rinascimento francese (Turin 1961). – H. BAEYENS: Begrip en probleem van de R. (Löwen 1952). – F. CHABOD: Machiavelli and the renaiss. (London 1958) Lit. – P. O. KRISTELLER: Humanismus und R., hg. E. KESSLER 1-2 (1974/76). – E. PANOFSKY s. Anm. [14]. – W. TOTOK (Hg.): Hb. der Gesch. der Philos. 3 (1980) 47f.
H. GÜNTHER

Repräsentation

Vorbemerkung. – Das vom (klassisch-)lateinischen Verb ‹repraesentare› abgeleitete Wortfeld ‹Repräsentation› [R.] hat im mittelalterlichen Latein und in den modernen Sprachen, in denen es nicht als 'Fremdwort' wirkt (frz. ‹représentation›, engl. ‹representation›, ital. ‹rappresentazione›) eine weitere Bedeutung als im Deutschen, wo es – je nach Kontext – mit ‹Vorstellung›, ‹Darstellung›, ‹Abbild›, ‹Bild› oder ‹Stellvertretung› wiedergegeben werden kann. So kann von einem «Wortfeld» ‹R.› oder von einem «Sinnbezirk der R.» gesprochen werden. – Im engeren philosophischen Kontext ist ‹R.› ein klassischer Terminus der Erkenntnistheorie (I.), der dann im 19. und 20. Jh. vor allem im Neukantianismus, in der Phänomenologie und in der Sprachphilosophie im Gebrauch bleibt (III.). Auch in die Einzeldisziplinen der Psychologie und Kognitionswissenschaft hat er Eingang gefunden (IV.). In politisch-juristischen Zusammenhängen (II.) ist von ‹R.› unter dem Aspekt der 'Stellvertretung' die Rede. Daneben ist neuerdings für die Vorstellung der Inadäquatheit menschlicher Zeichensysteme (V.) die Wendung «Krise der R.» aufgekommen.

In der philosophischen und psychologischen Tradition tritt bis heute ‹R.› im wesentlichen in folgenden vier Bedeutungen auf: 1) ‹Vorstellung› im weiteren Sinn, d.h. mentaler Zustand mit kognitivem Gehalt; 2) ‹Vorstellung› im engeren Sinn, d.h. ein mentaler Zustand, der einen früheren mentalen Zustand reproduziert, aus ihm abgeleitet ist oder sich auf ihn bezieht; 3) ‹Darstellung›, d.h. strukturerhaltende Abbildung durch Bilder, Symbole und Zeichen aller Art; 4) ‹Stellvertretung›. Die Bedeutungen 1) und 2) sind per definitionem mentalistisch, doch begegnen auch 3) und 4) in mentalistischer Verwendung, während umgekehrt zumindest 1) im Mittelalter allgemein und gelegentlich auch in der Neuzeit auf nicht-menschliche bzw. auf überindividuelle geistige Sachverhalte bezogen wurde. Eine Begriffsgeschichte von ‹R.› am Leitfaden dieser vier Grundbedeutungen bleibt ein Desiderat. Zwar kann man angeben, bei welchem Autor oder in welchem intellektuellen Kontext die Grundbedeutungen 2) bis 4) erstmals auftreten, aber die immer bestehenden Äquivokationen von ‹R.› verhindern die Herausbildung deutlicher Konturen in der Begriffsgeschichte; diese müßten immer Konstruktion bleiben, auch angesichts der stets mitschwingenden nicht-technischen Konnotationen des Wortfeldes.

I. Erkenntnistheorie. – *1. Antike.* – Das Verb ‹repraesentare› kommt in der Spätantike in einer (alltags-)psychologischen Bedeutung vor, die etwa dem deutschen 'sich etwas lebhaft vorstellen' entspricht. PLINIUS D.J. [1] meint, daß ein Freund sich ihm mit einem Brief «repräsentiert» (d.h. 'vor Augen stellt'), und QUINTILIAN [2] beginnt seine Darstellung der Mnemotechnik mit dem Grundsatz, daß die «memoria» die Kraft hat, etwas zu «repräsentieren» («vis memoriae repraesentat aliquid»). Was die Griechen φαντασίαι und die Römer ‹visiones› nennen, 'repräsentiert' dem Geist die Bilder abwesender Dinge, «so daß wir sie mit den Augen zu erkennen und gegenwärtig zu haben scheinen» [3]. Spontan auftretende «visiones» sind pathologisch; der Redner, der sie absichtlich einsetzt, produziert eine Rede, die «nicht so sehr zu sprechen als zu zeigen scheint» [4]. Eine solche Rede heißt in der rhetorischen Tradition ‹illustratio›, ‹evidentia› oder ‹repraesentatio› [r.] [5].

Anmerkungen. [1] PLINIUS D.J.: Ep. IX, 28, 3. – [2] QUINTILIANUS: Instit. orat. XI, 2, 1. – [3] VI, 2, 29. – [4] a.O. 32. – [5] VIII, 3, 61; vgl. J. MARTIN: Antike Rhetorik: Technik und Methode (1974).

Literaturhinweis. H. HOFMANN: R. – Studien zur Wort- und Begriffsgesch. von der Antike bis ins 19. Jh. (1974).

2. *Mittelalter.* – Das mittelalterliche Latein verwendet das Wortfeld um ‹repraesentare› in einer Vielzahl von Bedeutungen [1], von denen die meisten sich auf konkrete Handlungen im juristischen und wirtschaftlichen Bereich beziehen. Philosophisch relevant ist der semantische Bezirk der bildlichen Darstellung. ‹Repraesentare› bezeichnet zunächst die extramentale Darstellung durch Bilder; so fragt z.B. ABAELARD [2], ob es richtig sei, «Jesus Christus durch materielle Bilder zu repräsentieren». In der Hochscholastik wird die Problematik der R. häufig in theologischen Kontexten diskutiert, z.B. bezüglich der Frage, ob die Kreaturen Gott «repräsentieren» und umgekehrt [3] oder ob die Eucharistie das Leiden Christi «repräsentiert» [4]. Im folgenden wird von diesen theologischen Kontexten abstrahiert.

a. *Die Bedeutungen von ‹repraesentatio› bei Thomas von Aquin.* – THOMAS VON AQUIN verwendet das Wortfeld ‹repraesentare› (‹repraesentatio›) ungemein häufig [5], und zwar vielfach in nicht-technischer Bedeutung [6]. Als philosophischer Fachterminus gehört im Mittelalter, bei Thomas und später, ‹R.› in die Zeichentheorie: Jede R. geschieht durch Zeichen [7] («omnis r. fit per aliqua signa»), bzw. die Signifikation ist geradezu mit der R. identisch [8] («idem est significare quod repraesentare»). Und zwar unterscheidet Thomas vier Arten der R.: 1) die R. nach Art eines Bildes («r. ad modum imaginis») – Beispiele sind eine Statue des Merkur, aber auch ein angezündetes Licht im Hinblick auf die Flamme, durch die es entzündet wurde – repräsentiert die Ursache in bezug auf die Ähnlichkeit der Form (sc. zwischen Ursache und Wirkung); 2) die R. nach Art einer Spur («r. ad modum vestigii») – Beispiele sind Fußspuren oder Rauch im Hinblick auf Feuer – repräsentiert nur die Kausalität, nicht aber die Form der Ursache [9]; 3) die R. durch einen Spiegel («r. speculi»), die sich unmittelbar auf Dinge bezieht, die Formen der Dinge enthält und nicht durch die Erkenntnis vermittelt ist und 4) die R. durch ein Buch («r. libri»), die durch die Erkenntnis vermittelt ist und durch ein Zitat aus ‹Peri hermeneias› [10] gekennzeichnet wird: Geschriebene Wörter sind Zeichen gesprochener Wörter, diese sind Zeichen «dessen, was im Intellekt ist», und nur dieses ist den Dingen ähnlich [11].

Die Klassifikation besteht aus zwei in verschiedenen Kontexten formulierten Dichotomien (Bild/Spur: ‹Summa theologiae›; Spiegel/Buch: ‹De veritate›), und dies mag erklären, warum sie (vom heutigen Standpunkt) mehrere Gesichtspunkte konfundiert: bildliche/symbolische R., natürliche/konventionelle Zeichen, extramentale/mentale R. Aber sie war jeweils durch Autoritäten sanktioniert und kann ihrerseits als Leitfaden für die hochscholastische Diskussion der R. dienen.

Der R.-Begriff des Aquinaten ist so allgemein, daß ihm keine 'Ähnlichkeitstheorie' der R. unterstellt werden kann, heißt doch sogar das Verzeichnis der geretteten Seelen im Buch des Lebens «R.» [12]. Anders steht es mit der Anwendung des Begriffs in seiner Erkenntnislehre. Die Funktion der «species» wird von ihm häufig als «repraesentare» beschrieben [13]; die «species» sind hinsichtlich der Form «Ähnlichkeiten» (similitudines) der Dinge, und gemäß dem Prinzip «die Erkenntnis folgt der R. der Form» [14] («cognitio sequitur formae repraesentationem») ist die Erkenntnis auf Ähnlichkeit zu den Dingen angewiesen, wobei diese Ähnlichkeit ausschließlich in der R. und damit in der Form, nicht aber in der (materiellen) «Übereinstimmung» (convenientia, conformitas) der Erkenntnis mit den Dingen besteht [15]. «Je ähnlicher die species der Sache (res) nach dem Modus der R. ist, desto bestimmter ist die Erkenntnis» [16]. Das Endergebnis der Erkenntnis, soweit es in einem Wort oder Bild kommunizierbar ist, bezeichnet Thomas als «r. expressa», wobei er Grade der «Expressivität» kennt [17].

Der folgenden Skizze einiger zeichentheoretischer Überlegungen der Scholastik zur r. wird die Einteilung der Arten der R. durch Thomas zugrunde gelegt.

b. *R. durch Bilder.* – Diese Form der R. wurde gewöhnlich den Diskussionen über sinnliche Erkenntnis zugrunde gelegt. Dabei ist die Geschichte des R.-Begriffs im wesentlichen identisch mit der Geschichte der species-Theorie und wird besser in deren Zusammenhang behandelt. Hier sei, wegen ihrer Aktualität für moderne, 'formalistische' Theorien der R. [18] die Konzeption des JOHANNES DUNS SCOTUS erwähnt. Ihr Bezugspunkt ist die klassische Auffassung des Aquinaten über das Verhältnis von singulärer und allgemeiner Erkenntnis, wonach die sensiblen «species» die Dinge in ihrer Singularität repräsentieren, die intelligiblen «species» aber gemäß ihrer allgemeinen Natur [19], wobei diese allgemeine Natur aus dem Phantasma gleichsam 'extrahiert' wird. Duns Scotus hält dagegen, daß das Phantasma die Dinge nur in ihrer Singularität repräsentiert und die intelligible «species» das Allgemeine als Allgemeines repräsentiert. Denn R. geschieht immer im Hinblick auf eine bestimmte «ratio», und ein und dieselbe Sache kann nicht unter verschiedenen «rationes» durch ein und dieselbe R. erfaßt werden [20]. «Formal» heißt die R. jetzt nicht mehr wegen ihrer Formähnlichkeit zu den Sachen, sondern deswegen, weil sie (im erkennenden Subjekt) immer an eine «ratio repraesentandi» gebunden ist.

c. *R. durch 'Spuren'.* – Die «vestigiale R.» hatte die Autorität von AUGUSTINUS [21] und konnte daher nicht einfach beiseite geschoben werden, obwohl sie als rein kausale, nicht auf Ähnlichkeit beruhende Form der R. sozusagen einen Fremdkörper bildete. Die Äußerungen von THOMAS VON AQUIN lassen erkennen, daß er sie als einen defizienten Modus der R. ansah [22]. Auch hier geht DUNS SCOTUS einen neuen Weg, indem er für die «Spur» die «proportionale R.» in Anspruch nimmt; diese liegt dann vor, wenn im Gegenstand nicht die «ratio» der R. ist, sondern etwas, das der «ratio» «proportional ist», bei einer Fußspur etwa das Verhältnis vom Teil zum Ganzen und damit die Ähnlichkeit zwischen Ähnlichem. Ähnlichkeit braucht aber überhaupt nicht vorzuliegen, wie etwa beim Maß [23].

d. *R. durch Spiegel.* – Diese ist sozusagen das direkte Gegenteil der 'Spuren'-R., da hier prima facie perfekte Ähnlichkeit zwischen R. und Gegenstand vorliegt. Indessen wird in der Spätscholastik im allgemeinen abgelehnt, daß ein Spiegel überhaupt repräsentiert; man sieht in ihm den Gegenstand selbst, wenn auch durch einen reflektierten Sehstrahl [24]. Die Auseinandersetzung mit der R. durch Spiegel ist nicht nur für die Optik relevant, sondern hat fundamentale Bedeutung für die Revision oder Zurückweisung der species-Lehre. DURANDUS VON SAINT-POURÇAIN konstatiert, daß die «species» wegen des Gesichtssinns «eingeführt worden» seien, weil die Farbe im Medium «ihre species zu machen scheint», indem sie im Sinnesorgan «refraktiert», wie in einem Spiegel, sinnlich wahrnehmbar erscheint. Da nun alles, «wodurch das Erkenntnisvermögen wie durch eine R. zu etwas anderem gebracht wird, zuerst erkannt ist» («omne illud per quod tamquam per repraesentationem potentia cognitiva fertur in alterum est primo cognitum»), müßte die «species» der Farbe im Auge schon erkannt sein, um als R. wirken zu können. Sie kann aber von dem, der sieht, nicht gesehen werden; sie ist «unerkannt», und es ist absurd, daß das Erkenntnisvermögen «durch ein solches repraesentativum, das ihm selbst unbekannt ist», «zur Erkenntnis von irgendetwas geführt wird» [25]. Es ist daher falsch, die Erkenntnis durch irgendwelche «species» oder «similitudines» der Dinge zu erklären. Durandus hat mit dem Spiegel-Beispiel (ob als erster, bleibt zu prüfen) ein vielfach wiederholtes Standard-Argument des «direkten Realismus» gegenüber der R.-Theorie der Erkenntnis formuliert [26], das in der Spätscholastik unter die Maxime «Keine R. ohne vorausgehende Kognition» («nulla r. sine praevia cognitione») gestellt wurde.

e. *R. durch sprachliche Zeichen.* – Nach J. PINBORG [27] tritt «in den semantischen Analysen der Logik und Grammatik des späten Mittelalters» das Wort ‹repraesentare›, weil «zu global und daher nichtssagend», «ganz zurück». Dennoch ergeben Stichproben eine nicht völlig «nichtssagende» Verwendung des Wortfeldes. Zunächst einmal deswegen, weil es gerade wegen seiner Globalität geeignet war, die semiotische Funktion im Hinblick auf ihre kognitiven Voraussetzungen zu kennzeichnen. In diesem Sinne unterscheidet DURANDUS zwischen natürlicher («r. ex se et naturaliter») und konventioneller R. («r. ad placitum et ex institutione») – eine alte, jetzt jedoch in R.-Terminologie ausgedrückte Dichotomie. Die natürliche R. (so 'repräsentieren' die Schreie von Kranken deren Schmerzen) hat keine von der R. selbst verschiedene «ratio», sondern fließt aus ihrem eigenen Wesen, während die konventionelle R. (z.B. «voces», sinnvolle sprachliche Äußerungen) eine von ihr verschiedene «ratio» hat, die ihr durch den Verstand beigelegt wird [28] («per rationem aliquam sibi per intellectum attributam»).

Während WILHELM VON OCKHAM seine einflußreiche und heute weithin so aktuelle Theorie der «oratio mentalis» [29] im wesentlichen in der Terminologie der Signifikation vorträgt, läßt sich aus anderen logisch-semantischen Traktaten in dieser Tradition schließen, daß ‹R.› dann verwendet wurde, wenn es um die kognitiven Effekte der Signifikation ging. Nach PETER VON AILLY heißt «significare», «etwas irgendwie einem Erkenntnisvermögen durch vitale Modifikation desselben zu repräsentieren» [30]. Wenn jemand einen geschriebenen Satz liest und versteht, dann – so meint Peter von Ailly im Gegensatz zur Tradition von ‹Peri hermeneias› – «repräsentiert der geschriebene unmittelbar und ohne Vermittlung durch den gesprochenen den mentalen Satz» [31]. Geschriebene und gesprochene Sprache wird also dadurch verstanden, daß sie die mentale Sprache repräsentiert.

f. *Wilhelm von Ockham: R. als direkter mentaler Akt.* – OCKHAM unterscheidet drei Verwendungsweisen von ‹repraesentare›: 1) «das, wodurch etwas erkannt wird» – in diesem Sinne ist die Kognition selbst repräsentierend; 2) «das schon Erkannte, wodurch etwas anderes erkannt wird» – zum Beispiel repräsentiert ein Bild dasjenige, wovon es ein Bild ist, durch einen Akt der Erinnerung – und 3) «etwas, das die Kognition bewirkt» – in diesem Sinne bewirkt der Erkenntnisgegenstand oder das Verstehen die Kognition: «‹Repraesentare› accipitur multipliciter: uno modo accipitur pro illo quo aliquid cognoscitur; et sic repraesentans est cognitio et repraesentare est esse illud quo aliquid cognoscitur, sicut cognitione aliquid cognoscitur. Aliter accipitur ‹repraesentare› pro illo quo cognito aliquid aliud cognoscitur, sicut imago repraesentat illud cuius est per actum recordandi. Tertio modo accipitur ‹repraesentare› pro aliquo causante cognitionem, sicut obiectum vel intellectus causat cognitionem» [32]. In der Ockham-Forschung ist umstritten, ob dieser Passus eine für die Scholastik völlig neue Perspektive auf die R. bietet [33]. Immerhin fällt auf, daß in ihm weder Ähnlichkeit noch Form noch «species» erwähnt werden, und daß Gegenstand und Verstand ohne irgendein 'Medium' Ursachen der R. sind. Der Passus ist daher konsistent mit Ockhams Zurückweisung der species-Theorie. Unter den Gründen, die Ockham für die (von ihm für überflüssig gehaltene) Einführung der «species» aufzählt, ist auch die R.: Ockham gibt drei Gründe an, warum «species» für die R. nicht notwendig sind: 1) Intuitive Erkenntnis benötigt nur den Akt und den Gegenstand, jedes dazwischen eingeschobene Medium wäre ein Verstoß gegen das Sparsamkeitsprinzip; 2) «species», welche nach Art eines Bildes einen Gegenstand repräsentieren, sind überflüssig, da sie nur erkannt werden können, wenn der Gegenstand schon bekannt ist; 3) «species» werden auch nicht zur Vermeidung der «actio in distantia» benötigt, da Ockhams Physik diese durchaus zuläßt [34]. Ockham stellt nicht in Abrede, daß dem Sinnesorgan etwas «imprimiert» wird, aber dabei handelt es sich um eine «Qualität» und nicht um eine «species». Auch die Imagination beruht nicht auf einer «species», sondern auf einer erworbenen Disposition (inclinatio), ein früher wahrgenommenes Objekt wiederzuerkennen [35].

Da mithin die Kognition keiner R. des Objekts bedarf und selbst repräsentierend ist, ist für Ockham R. nicht Inhalt, sondern Akt des Erkennens. GABRIEL BIEL, der die Lehre Ockhams als übereinstimmend mit derjenigen des Aristoteles erweisen will, meint sodann, Aristoteles habe mit «species» die kognitiven Akte selbst bezeichnet und diese deswegen «species» genannt, weil sie eine R. des Gegenstandes enthalten; der Ort dieser «repräsentativen Akte» oder R.en sei der Geist. Doch hält Biel an der traditionellen Gleichsetzung von ‹R.› und ‹similitudo› fest [36].

g. *R. als aktuelle, aber vermittelte Kognition.* – Die Existenz von «species» ganz und gar abzulehnen, war auch solchen Scholastikern zu radikal, die Ockhams Erkenntnislehre insgesamt positiv gegenüberstanden. Es entwickelte sich daher ein Kompromiß, wonach «species» zwar existieren, aber nur als Medium, nicht als Inhalt der Kognition: Die Kognition geschieht «per speciem non in specie», so faßt F. SUÁREZ im Ausgang der Scholastik diese von ihm geteilte Position zusammen [37].

Ein Spätscholastiker, der die Annahme eines «objectum medium repraesentativum» für nötig hält, ist PETER VON AILLY. Die «species sensibiles» heißen nicht so, weil sie empfunden werden können, sondern weil von ihnen Empfindung bewirkt werden kann [38]. «Species» werden benötigt, um zu erklären, warum zwischen aktuellen Erkenntnisakten in der Seele etwas zurückbleibt [39] und warum der intentionale (scholastisch: der «objektive») Gegenstand nicht derselbe sein muß wie der extramentale [40]. Peter von Ailly verwendet «r.» offenbar in einem weiteren und in einem engeren Sinne. Der weitere Sinn liegt vor, wenn er fragt, ob ein Spiegel den in ihm abgebildeten Gegenstand «repräsentiert» (vgl. oben). Der engere Sinn kommt z.B. in der Wortfügung «phantasiata r.» vor, die Peter an die Stelle von «phantasma» setzen will, um damit das «Vorstellen» als mentalen Akt zu kennzeichnen; denn wenn eine solche R. aufhört, dann hört alle «aktuelle Geistestätigkeit» (intellectio) auf [41]. Allgemein benötigen alle inneren Sinne ein repräsentatives Medium; eine Ausnahme ist, wenn der Geist versteht, daß er gerade einen Akt hat («intelligendo se intelligere seu habere actum»), doch verlangt die Erinnerung an frühere mentale Akte wieder ein Medium [42]. R. wird hier also zu einer Bezeichnung für 'höhere', vermittelte Kognition, sofern sie aktuell vollzogen wird, während für die dispositionelle Seite der Kognition der species-Begriff reserviert bleibt.

h. *Intentionale R. bei F. Suárez.* – In der Metaphysik von F. SUÁREZ wird die R. im Kontext des Wahrheitsproblems diskutiert. Suárez weist die These zurück, daß Wahrheit der Erkenntnis die «Gleichförmigkeit» (conformitas) des Erkenntnisgegenstandes mit dem erkannten Ding an sich selbst ist, und entscheidet sich für die These, daß Wahrheit die intentionale Gleichförmigkeit zwischen Erkenntnis und Ding an sich ist. Denn in der intentionalen R. besteht nicht Gleichförmigkeit, sondern Identität zwischen Erkenntnisgegenstand und Ding an sich: «Das erkannte bzw. repräsentierte Ding hat, wenn es wirklich erkannt bzw. repräsentiert ist, kein anderes 'objektives' (d.h. intentionales) Sein als jenes, was es an sich selbst hat». Wenn aber der Erkenntnisgegenstand so genommen wird, wie er von der Kognition oder von der ihn repräsentierenden Form benannt wird, dann ist der Gegenstand als erkannter und repräsentierter mit sich selbst gleichförmig, wenn die Form selbst, durch die er erkannt und repräsentiert wird, gleichförmig ist mit dem erkannten und repräsentierten Ding an sich. Die Wahrheit der Erkenntnis besteht also in der «unmittelbaren Gleichförmigkeit der Form, durch die (der erkannte Gegenstand) erkannt oder repräsentiert wird, mit dem erkannten oder repräsentierten Ding an sich» [43].

Suárez setzt also Kognition und (wahre, wirkliche) R. gleich und bestimmt sie als 'Ort' der Wahrheit. Dabei unterscheidet er zwischen intentionaler und formaler R. Die intentionale R. trägt ihren Namen, weil sie in ihrem Gegenstand «terminiert», so wie ein Liebender auf den geliebten Gegenstand ausgerichtet ist [44]; sie bezeichnet also den Objektpol der Erkenntnis, während ‹formale R.› sich auf den Subjektpol der Erkenntnis bezieht. Allerdings ist formale R. nicht mit einem «inneren Abbild» gleichzusetzen, denn sie ist nicht «real» vom Erkenntnisakt verschieden, sondern nur «modal», als «actus cognoscendi in facto esse», im Gegensatz zum Akt selbst, «actus cognoscendi in fieri» [45]. Die Wahrheit der Erkenntnis besteht nicht in der «Ähnlichkeit eines formalen Abbildes oder einer solchen R., wie sie in einem formalen Abbild ist», denn eine solche «reale Form» ist für die Erkenntnis nicht notwendig [46]. Die von Suárez gemachte Unterscheidung zwischen intentionaler und formaler R. ist für das Verständnis dieser Ausdrücke bei Descartes unentbehrlich.

Die metaphysische Bestimmung der Wahrheit durch Suárez setzt seine Kognitionspsychologie voraus, die zwar im Gewande der species-Terminologie auftritt, den «species» aber, unter dem Gesichtspunkt der R. betrachtet, eine andere als die traditionelle Deutung gibt. Suárez räumt ein, daß intentionale «species» einem kognitiven Vermögen «imprimiert» werden, aber die «species» repräsentieren nicht formal, sondern nur der Wirkung nach [47] («species intentionales non repraesentant formaliter objecta, sed effective tantum»). Die R. ist «effektiv», weil sie auf ein kognitives Vermögen wirkt, indem sie dessen Aktualisierung «determiniert». Formale Ähnlichkeit zum Objekt ist dafür nicht erfordert; vielmehr werden die «species» gleich «Samen» der Objekte dem Erkenntnisvermögen wie einem «Uterus» zur Bildung von «conceptus» anvertraut. Sie sind daher nur kausale, nicht aber formale R.en der Objekte [48]. Die formale R. (im oben erwähnten «aktpsychologischen» Sinn) residiert (bei theoretischer Erkenntnis) im «mentalen Wort» (verbum mentis) und (bei praktischer Erkenntnis) im Vorstellungsbild. Jede Betätigung des Erkenntnisvermögens, gleichgültig, ob ein Objekt präsent ist oder nicht, produziert ein mentales Wort oder etwas ihm Vergleichbares [49]. Das Wort des Geistes ist eine «similitudo intentionalis oder species expressa» des Objektes [50]; es ist weder Gegenstand der Erkenntnis noch steht es «an Stelle» des Gegenstandes («vicem objecti»), sondern es ist der formale «conceptus», durch den der Gegenstand erkannt wird.

Anmerkungen. [1] J. F. NIERMEYER: Mediae latinitatis lex. minus (Leiden 1976) s.v. – [2] ABAELARD: Sic et non 45, hg. B. BOYER/R. MCKEON (Chicago/London 1976/77) 204-210. – [3] z.B. WILHELM VON OCKHAM: Quodl. IV, 3: Utrum deus repraesentet creaturas. Op. theol. 9, hg. J. C. WEY (St. Bonaventure, N.Y. 1980) 310. – [4] Hinweis auf diesen Problemzusammenhang bei HOFMANN, a.O. [Lit. zu I. 1.]. – [5] Der ‹Index thomist.› (1980) s.v. listet etwa 850 Verwendungen auf. – [6] R. J. DEFERRARI: A lex. of St. Thomas Aquinas (Washington 1948) s.v. – [7] THOMAS VON AQUIN: In Ps. 26, 6. Op. omn. 18 (Paris 1876) 377. – [8] In IV Sent., d. 1, q. 1, a. 1, 5, 4, a.O. 10 (1873) 7. – [9] S. theol. I, 45, 7. – [10] ARISTOTELES: De int. I, 1. – [11] THOMAS AQU.: Quaest. disp. de veritate, q. 7, a. 1, resp. ad 14. Op. omn. 22/1 (Rom 1975) 201. – [12] a.O. 199. – [13] Vgl. die Nachweise s.v. ‹repraesentare› und seinen Formen: Ind. thom., a.O. [5]. – [14] De ver., q. 8, a. 16, a.O. [11] 22/2 (1972) 274. – [15] a. 11, resp. ad 3, a.O. 256. – [16] q. 3, a. 1, resp. ad 2, a.O. 22/1, 100f. – [17] In I Sent., d. 3, q. 3, a. 1, resp. ad 4, a.O. [7] 7 (1873) 60. – [18] Vgl. M. M. TWEEDALE: Mental representations in later mediev. scholasticism, in: J. C. SMITH (Hg.): Hist. foundations of cognitive sci. (Dordrecht 1990) 34-51. – [19] THOMAS AQU.: Sententia lib. De an. II, 12. Op. omn. 45/1 (Rom 1984) 115. – [20] JOH. DUNS SCOTUS: Ordin. I, d. 3, p. 3, q. 1. Op. omn. 3 (Rom 1954) 211f. (§ 352). – [21] AUGUSTINUS: De trin. VI, 10, 12. MPL 42, 932. – [22] Ind. thom., a.O. [5] s.v. ‹vestigium›. – [23] DUNS SCOTUS: Ordin. I, d. 3, p. 2, q. un., a.O. [20] 182f. (§ 300). – [24] Hier nach PETER VON AILLY: Tract. de anima 8, 3, hg. O. PLUTA [Die philos. Psychol. des Peter von Ailly] (Amsterdam 1987) 47; die Meinung geht, wie Peter von Ailly selbst angibt, auf Averroes zurück. – [25] DURANDUS A S. PORCIANO: Sentenzen-Komm. 2, d. 6, q. 6, a. 10f. (Venedig 1571, ND 1964) fol. 139f. – [26] Es findet sich, praktisch unverändert, noch bei A. ARNAULD (vgl. unten 4. c.). – [27] J. PINBORG: Bezeichn. in der Logik des 13. Jh., in: A. ZIMMERMANN (Hg.): Der Begriff der r. im MA: Stellvertretung, Symbol, Zeichen, Bild. Miscell. Mediaev. 8 (1971) 238-281, hier: 238. – [28] DURANDUS: Sent.-Komm. 1, d. 35, q. 2, a. 16, a.O. [25] fol. 95. – [29] W. HÜBENER: 'Oratio mentalis' und 'oratio vocalis' in der Philos. des 14. Jh., in: J. P. BECKMANN u.a. (Hg.): Sprache und Erkenntnis im MA. Miscell. Mediaev. 13/1 (1981) 488-497. – [30] PETER VON AILLY: Conceptus, hg. L. KACZMAREK [Modi significandi und ihre Destruktionen] (1980) 81; engl., in: P. N. SPADE: Peter of Ailly: Concepts and insolubles; an annot. transl. (Dordrecht 1980) 16. – [31] Insolubilia, in: Conceptus et insolub., hg. D. ROCE (Paris o.J. [ca. 1495]); engl., in: SPADE, a.O. 36. – [32] OCKHAM, a.O. [3]. – [33] E. HOCHSTETTER: Stud. zur Met. und Erk.lehre Wilh. von Ockham (1927) hält die Stelle (a.O. [32]) für den Ausdruck einer ganz neuen, rein instrumentellen Sichtweise der R., während P. BOEHNER: Coll. articles on Ockham (St. Bonaventure, N.Y. 1958) sie als Zusammenfassung der scholast. Durchschnittsauffassung der R. bezeichnet; G. LEFF: W. of Ockham: The metamorphosis of scholast. discourse (Manchester 1975) erwähnt den Passus überhaupt nicht. – [34] OCKHAM: Quaest. in lib. II Sent., q. 12f. Op. theol. 5, hg. G. GÁL/R. WOOD (St. Bonaventure, N.Y. 1981) 274f. – [35] Für Ockhams Psychol. der Erkenntnis vgl. HOCHSTETTER und LEFF, a.O. [33]. – [36] GABRIEL BIEL: Comm. in II Sent., d. 3, q. 2, zit. nach W. HAMILTON: Supplement. dissertations, in: TH. REID: The works, hg. W. HAMILTON (Edinburgh ⁶1863) 954. – [37] F. SUÁREZ: Tract. de anima 3, c. 5, a. 9. Op. omn., hg. C. BERTON (Paris 1856-78) 3, 633. – [38] PETER VON AILLY: Tr. de an. 8, 3, a.O. [24] 48. – [39] 8, 2, a.O. 46. – [40] 9, 4, a.O. 57. – [41] 10, 4, a.O. 61. – [42] 12, 4, a.O. 78. – [43] F. SUÁREZ: Disp. met. 8, s. 1, a. 4, a.O. [37] 24, 276; Übers. in Anlehnung an H. SEIGFRIED: Wahrheit und Met. bei Suárez (1967) 13. – [44] Tr. de an. 3, c. 2, a. 20, a.O. [37] 620. – [45] c. 5, a. 7, a.O. 632; vgl. auch H. RÖSSELER: Die Entsteh. der sinnl. Wahrnehmung und der Verstandeserkenntnis nach Suárez. Philos. Jb. Görres-Ges. 35 (1922) 185-198. – [46] Disp. met. 8, s. 1, a. 6, a.O. [43] 277. – [47] Tr. de an., a.O. [44]. – [48] 3, c. 2, a. 22, a.O. 621. – [49] c. 5, a. 7, a.O. 632. – [50] c. 5, a. 11, a.O. 634.

Literaturhinweise. W. HAMILTON s. Anm. [36]. – H. RÖSSELER s. Anm. [45]. – E. HOCHSTETTER s. Anm. [33]. – H. SEIGFRIED s. Anm. [43]. – A. ZIMMERMANN (Hg.) s. Anm. [27]. – H. HOFMANN s. [Lit. zu I. 1.]. – G. LEFF s. Anm. [33]. – W. HÜBENER s. Anm. [29]; Kognitive R. im MA. Habil.-Schr. Berlin [Typoskr.]. – A. PODLECH: Art. ‹R.›, in: O. BRUNNER u.a. (Hg.): Geschichtl. Grundbegr. 5 (1984) 509-547. – M. M. TWEEDALE s. Anm. [18].

E. SCHEERER

3. *Schulphilosophie des 16. und 17. Jh.* – Der R.-Begriff hat hier seinen systematischen Ort vor allem im Konfinium von Logik und Erkenntnistheorie, wie es in den logisch-semantischen Eingangserörterungen der summulistischen Logik im Rahmen der Bestimmung der Termini und ihrer Bezeichnungsweisen vorliegt. Damit ist der Begriff des «repraesentare» stets eng mit dem des «significare» (Bezeichnen) verknüpft, mit dem er entweder gleichgesetzt oder aber zu dessen Bestimmung er herangezogen wird. Erörterungen über den Begriff des «repraesentare» beziehen sich daher zumeist direkt auf sein Verhältnis zum Begriff des «significare».

In erkenntnistheoretischer Rücksicht dient das Begriffsfeld der R., wie im Mittelalter, zur Charakterisierung der kognitiven Funktion von «conceptus», «notitia» [1], «apprehensio» [2] usw. Hierbei ist das Repräsentieren formal bestimmt 1) als Herstellung von intentionaler Präsenz, d.h. als das Vergegenwärtigen eines Gegenstandes gegenüber einem Erkenntnisvermögen («repraesentare est aliquid facere praesens potentiae cognoscenti») [3] und das ihn mit diesem Verbundensein-lassen («facere obiectum praesens seu unitum potentiae») [4]; dies wird in etymologisierenden Formulierungen auch als «rem praesentem facere» [5] oder «re praesens sistere» [6] beschrieben; 2) als ein das Erkenntnisvermögen zum Erkennen Bewegen («Repraesentare est mutare potentiam cognitivam ad cognoscendum») [7] oder aktiv zur Formation des Erkenntnisakts bzw. des geistigen Begriffs Beitragen («active concurrere ad formationem actus vel conceptus») [8] und damit 3) im weitesten Sinne als ein «facere cognoscere» («Erkennen-machen»): «repraesentare est facere cognoscere aliquid vel aliqua vel aliqualiter» («repräsentieren ist etwas oder mehreres oder auf irgendeine Weise erkennen lassen») [9].

In logisch-semantischem Kontext wird WILHELM VON OCKHAMS Konstatierung der unterschiedlichen Auffassungsweisen des «repraesentare» (s.o.) in der Pariser Logik um 1500 zum Lehrstück vom «vierfachen Repräsentieren» («quadrupliciter repraesentare») systematisiert. So unterscheidet, wie später auch JOHANNES DE CELAYA [10] und J. MARTINEZ SILICEO [11], G. LAX folgende vier Weisen des Repräsentierens: 1) «obiective repraesentare» («gegenständlich repräsentieren»), d.h., sich nach Art eines den Begriff oder die Kenntnis irgendeines Dinges verursachenden Gegenstandes zu verhalten («est habere se per modum obiecti ad causandum noticiam alicuius rei»); in diesem Sinne repräsentiert jedes Ding der Welt sich selbst; 2) «effective repraesentare» («bewirkend repräsentieren»), d.h., nach Art einer Wirkursache einen Begriff verursachen («causare noticiam alicuius rei in ratione cause efficientis»); in dieser Weise repräsentiert die Seele selbst all jenes, dessen Begriffe sie verursachend in sich erzeugt («isto modo anima repraesentat effective omnia illa quorum noticiam causat»); 3) «formaliter repraesentare», d.h., Begriff einer Sache oder der Akt sein, durch den etwas erkannt wird, und auf diese Weise repräsentieren allein die Mentaltermini bzw. die geistigen Begriffe («esse noticiam alicuius rei vel esse actum quo solo mediante potest aliquid ... cognosci: et isto modo soli termini mentales repraesentant»); 4) «instrumentaliter repraesentare», d.h., das Instrument sein, durch dessen Vermittlung etwas erkannt wird; in dieser Weise repräsentieren oder bezeichnen die sprachlichen Ausdrücke («esse instrumentum quo mediante cognoscimus ... aliquid ... et isto modo termini vocales significant ...») [12]. Wo ‹repraesentare› und ‹significare› in ihrer generellen Bestimmung als «facere cognoscere» übereinkommen und synonym verwendet werden, kann, wie bei J. DOLZ [13] oder ALPHONSUS DE CORDOBA [14], das Modell der vier R.-Weisen in identischer Form auf den Begriff des «significare» angewendet werden. Eine solche koextensive Verwendungsweise von «facere cognoscere», «repraesentare» und «significare» kritisiert DOMINICUS DE SOTO später als den Grund für die terminologische Verwirrung und das Wanken der Logik («inde coepit res Dialectica labare dum pro suo quisque placito coeperunt abuti terminis») [15] und strukturiert die vier Modi als hierarchisches Gefüge neu: «latius ... extendit facere cognoscere, quam repraesentare, et repraesentare quam significare ... facere cognoscere contingit quadrupliciter, effective, obiective, formaliter, et instrumentaliter. Repraesentare tamen tripliciter, obiective, formaliter, et instrumentaliter. Sed significare tantum dupliciter, formaliter, et instrumentaliter. Et per consequens ... illa tria non sunt idem, sed habeant sicut superius, et inferius» («Das Erkennenmachen erstreckt sich weiter als das Repräsentieren und das Repräsentieren weiter als das Bezeichnen. ... Erkennen-machen gibt es in vierfacher Weise, nämlich bewirkend, gegenständlich, formal und instrumental. Repräsentieren jedoch in dreifacher Weise, gegenständlich, formal und instrumental. Aber Bezeichnen nur auf zweifache Weise, formal und instrumental. Folglich sind diese drei nicht dasselbe, sondern verhalten sich wie Über- und Untergeordnetes») [16]. Diese Differenzierung wurde später vielfach, z.B. von D. MASIUS [17] und JOHANNES A S. THOMA [18] übernommen. Mit der subordinativen Verhältnisbestimmung von «facere cognoscere», «repraesentare» und «significare» wird erstens das «repraesentare effective», die reflexive Selbst-R. ausgeschlossen. Zwar findet sich eine solche wie bereits im Hagenauer Petrus Hispanus-Kommentar («anima formans in se conceptum lapidis repraesentat lapidem ..., tamen non significat lapidem ...»; «Die Seele, die in sich den Begriff des Steins hervorbringt, repräsentiert den Stein ... bezeichnet jedoch nicht den Stein ...») [19] oder, in der expliziten Form eines «sibi repraesentare aliquid», – hinsichtlich Gottes – bei J. MAJOR («deus ... sibi repraesentat omne verum»; «Gott repräsentiert sich alles Wahre») [20] und A. CORONEL («deus quamlibet rem possibilem sibi ... repraesentat»; «Gott repräsentiert sich jedwedes mögliche Ding») [21] auch später noch verschiedentlich, z.B. bei R. AVERSA («Homo in seipso cognoscit, sibique repraesentat obiectum, per actum suae cognitionis»; «Der Mensch erkennt in sich selbst den Gegenstand und repräsentiert ihn sich durch seinen Erkenntnisakt») [22] oder B. BARO («potentia repraesentat sibi significatum eliciendo intellectionem eius»; «Das Erkenntnisvermögen repräsentiert sich das Bezeichnete, indem es die Erkenntnis desselben hervorbringt») [23]. Überwiegend wird sie jedoch abgelehnt, da, wie RODRIGO DE ARRIAGA feststellt: «potentia est, cui repraesentatur obiectum, non quae repraesentat» («das Erkenntnisvermögen ist das, dem der Gegenstand repräsentiert wird, nicht dasjenige, welches repräsentiert») [24]. Zweitens wird die gegenständliche Selbst-R. (das «se repraesentare») der Dinge zum Abgrenzungskriterium von «repraesentare» und «significare» und damit drittens das Zeichen auf formale und instrumentale Bezeichnung festgelegt. Diese – durchaus traditionelle – Abgrenzung wurde zumeist anerkannt. Hiergegen spricht auch nicht die geläufige Definition des «significare» als «potentiae cognoscenti aliquid repraesentare» [25], da durch die bekannte Etymologie des «aliquid» als «aliud quid» (ein anderes, was) der Fall der gegenständlichen Selbst-R., also das «repraesentare obiective» bzw. «repraesentare per modum rei» [26] oder «materialiter repraesentare» [27] vom Zeichen im eigentlichen Sinne ausgeschlossen bleibt. Entsprechend stellen die ‹Conimbricenses› fest: «... negandum est idem esse repraesentare, ac significare. ... Quia significare solum se extendit ad alia diversa a significante; repraesentare vero, et ad alia, et ad ipsum repraesentans» («Man muß verneinen, daß repräsentieren und bezeichnen dasselbe ist. ... Denn 'bezeichnen' erstreckt sich nur auf anderes, vom Bezeichnenden verschiedenes; 'repräsentieren' aber sowohl auf anderes als auch auf das Repräsentierende selbst») [28]. Gleichwohl bleiben R. und Zeichen unmittelbar aufeinander bezogen, so daß die R. als das Wesen («Essentia signi») [29] oder der Grund («Ratio signi») des Zeichens [30] genannt wird und das ‹repraesentare› zumeist als Gattungsbegriff des ‹significare› in die Definition desselben eingeht. Hiergegen wendet sich JOHANNES A S. THOMA, indem er, in ausführlichen Erörterungen die Stellvertretung des Signifikats gegenüber einem Erkenntnisvermögen als den formalen Begriff des Zeichens («ratio formalis signi») von dessen repräsentierender oder manifestierender Funktion abhebend [31], die R. nicht als das Genus, sondern als das Fundament des als dreistellige Relation gefaßten Zeichens bestimmt [32].

Anmerkungen. [1] Vgl. A. BROADIE: Notion and concept (Oxford 1989) 12f.; vgl. PETER VON AILLY: I Sent., q. 3, a. 1. – [2] Vgl. M. SMIGLECIUS: Logica (Oxford 1643) 109f. – [3] Vgl. P. HURTADUS DE MENDOZA: Disp. de univ. philos. (Lyon 1617) 143; D. MASIUS: Comm. in Porphyrium et univ. Aristotelis log. (1617) 8a; CH. SCHEIBLER: Metaphysica (Genf 1636) 365. – [4] JOHANNES A S. THOMA: Cursus philos., hg. B. REISER (Madrid 1930) 1, 679b. – [5] P. VALLIUS: Logica (Lyon 1622) 611b. – [6] A. CALOVIUS: Scripta philos. (1651) 625. – [7] HECTOR BOETHIUS: Explic. quorundam vocabulorum (Paris 1519) fol. a 2^{r}a. – [8] (Ps.-)MARSILIUS VON INGHEN: Comm. in primum et quartum tract. Petri Hispani (1495, ND 1967) fol. p 5^v. – [9] G. LAX: Parve divisiones terminorum (Paris 1502) fol. a 5^{r}a; vgl. JOHANNES DE CELAYA: Introd. dial. (Paris 1511) fol. a 4^{v}b; P. HURT. DE MENDOZA, a.O. [3] 8. – [10] JOH. DE CELAYA, a.O. fol. a 4^{v}b. – [11] J. MARTINEZ SILICEO: Prima sectio dial. (Salamanca 1517) fol. 13^{r-v}. – [12] LAX, a.O. [9] fol. a 5^{r}a-b. – [13] J. DOLZ: Termini (Paris 1511) fol. 9^{v}b-10^{r}a. – [14] Vgl. V. MUÑOZ DELGADO: Los ‹Principia Dialectices› (1519) de Alonso de Córdoba: La ciudad de Dios 185 (1972) 55. – [15] DOM. DE SOTO: Summulae (Burgos 1529, Salamanca 1554, ND 1980) fol. 2^{v}a. – [16] a.O. fol. 2^{v}a-b. – [17] D. MASIUS: Logica (1617) 7b-8a. – [18] JOH. A S. THOMA, a.O. [4] 9b. – [19] (Ps.-)MARSILIUS VON INGHEN, a.O. [8]. – [20] J. MAJOR: Libri in artibus (Lyon 1508) fol. 5^{r}a. – [21] A. CORONEL: Termini (Paris 1506) fol. B 3^{v}a. – [22] R. AVERSA: Logica (Rom 1623) 124b. – [23] B. BARO: Per universam philos. quaestionum t. pr. (Köln 1664) 4a. – [24] RODRIGO DE ARRIAGA: Cursus philos. (Lyon 1668) 214a-b. – [25] z.B. J. VERSOR: Summulae logic. cum Versorii ... expos. (Venedig 1572, ND 1981) fol. 6^v; DOM. DE SOTO, a.O. [15] fol. 2^{r}b; C. JAVELLUS: Logicae compend. (Venedig 1555) fol. 16^v; P. FONSECA: Instit. dial. (1572) 11; C. TIMPLER: Metaphysicae systema methodicum lib. V (1606) 317; B. TELLEZ: Summa univ. philos. (Lissabon 1642) 77a. – [26] VERSOR, a.O. [25] fol. 7^r. – [27] F. GONÇALES: Logica tripartita (Rom 1639) 91a. – [28] Commentarii in univ. dial. Arist. (1607) col. 14f. – [29] Vgl. TELLEZ, a.O. [25] 80a. – [30] Vgl. NICOLAUS A S. IOHANNE BAPTISTA: Philos. augustiniana (Genua 1687) 28. – [31] JOH. A S. THOMA, a.O. [4] bes. 649. – [32] a.O. 654.

S. MEIER-OESER

4. 17. und 18. Jh. – a. *Idee und R. bei Descartes.* – Vor allem in der angelsächsischen Philosophie wird R. DESCARTES schon seit längerem als der Begründer des neuzeitlichen «Repräsentationalismus» angesehen [1]. Man unterstellt dabei, daß die Cartesischen 'Ideen' immaterielle mentale Objekte sind, und daß die Erkenntnis materieller Dinge nur über solche, sie vertretende Mentalobjekte möglich ist. In den letzten Jahren zeichnet sich eine Neubewertung der Cartesischen Erkenntnislehre ab, indem die Ideen als geistige Akte gedeutet werden, die im Sinne des «direkten Realismus» eine unmittelbare Beziehung zu ihren extramentalen Referenten aufweisen [2]. In den einschlägigen Debatten wird die Verwendung des Wortfeldes ‹R.› durch Descartes selbst kaum beachtet, da es offenbar nicht als Teil seiner philosophischen Terminologie angesehen wird [3]. Die substantivische Form findet sich bei Descartes in der Tat selten, während er das Verb häufig benutzt, und zwar sowohl im Lateinischen wie im Französischen, nicht selten reflexiv («sibi repraesentare aliquid»; «se représenter quelque chose»), was ohne weiteres durch 'sich etwas vorstellen' wiederzugeben ist. Daneben hat ‹repraesentare/représenter› durchaus eine technische philosophische Bedeutung, und zwar zur Kennzeichnung eines Aspektes des Begriffs ‹Idee›.

In der Vorrede zu den ‹Meditationen› weist Descartes auf eine Äquivokation des Wortes ‹Idee› hin: Es kann «materiell, für eine geistige Operation» oder auch «objektiv, für das von jener repräsentierte Ding genommen werden» («sumi potest vel materialiter, pro operatione intellectus ... vel objective, pro re per istam repraesentata») [4]. Die Ideen haben außerdem noch einen «formellen» Aspekt, sie sind dann «die Form jedes Gedankens, jene Form, durch deren unmittelbare Wahrnehmung (immediata perceptio) ich mir des betreffenden Gedankens bewußt (conscius) bin» [5]. Hier wird offenbar eine scholastische Terminologie vorausgesetzt, wonach ‹Objekt› die «res ut cognita», ‹objektiv› die gegenständliche und ‹formal› die mentale (bei Descartes: die bewußte) Seite mentaler Akte bezeichnet [6]. In diesem Sinne ist R. die Funktion der Ideen, wobei noch einige weitere Bestimmungen zu beachten sind:

1) Ideen sind zwar «Modifikationen der Seele», aber sie erhalten ihre Individualität nicht qua Modifikation, sondern qua R.: «Wenn die Ideen nur gewisse Modi des Denkens sind, erkenne ich unter ihnen keine Verschiedenheit ...; aber insofern eine [Idee] eine Sache und die andere eine andere repräsentiert, ist es klar, daß sie sehr verschieden voneinander sind» («quatenus ideae istae cogitandi quidam modi tantum sunt, non agnosco ullam inter ipsas inaequalitatem ...; sed, quatenus una unam rem, alia aliam repraesentat, patet easdem esse ab invicem valde diversas») [7].

2) Die «objektive» R.-Funktion der Ideen ist obligatorisch, d.h. «es kann keine Idee geben, die uns nicht etwas zu repräsentieren scheint» [8]. Die Vorstellung des ‚Nichts' ist daher nicht im eigentlichen Sinne eine Idee, sondern eine «notio communis».

3) Die «objektive» Realität der Ideen kann auch als «Effekt» aufgefaßt werden, dessen «Ursache» «formell» in der repräsentierten Sache selbst liegt. Da eine Wirkung höchstens die gleiche «Perfektion» haben kann wie ihre Ursache, kann aus dem Vorliegen einer Idee mit einer bestimmten Perfektion entnommen werden, daß der sie verursachenden «res» mindestens die gleiche Perfektion zukommt [9] – ein wichtiger Grundsatz der Philosophie von Descartes, auf dem u.a. seine Version des Gottesbeweises beruht. Aber er ist auch für die mundane Erkenntnis wichtig, da die Idee selbst – vorausgesetzt, sie ist klar und deutlich – die Realität («Perfektion») der gemeinten Sache verbürgt. Mithin kann die R. durch Ideen bei Descartes nicht als bloße Stellvertretung aufgefaßt werden, vielmehr ist sie eine intrinsische Eigenschaft der Ideen selbst.

Der Cartesische Begriff der R. wird dadurch kompliziert, daß ‹R.› nicht nur von Ideen, sondern auch von «images» ausgesagt wird. Dabei ist eine weite und eine enge Bedeutung von «image» zu unterscheiden. Die weite Bedeutung liegt vor, wenn Descartes die Ideen von anderen Arten von Gedanken (z.B. Affekte, Willensakte) dadurch unterscheidet, daß sie «sozusagen Bilder der Dinge» sind [10]. Hier dient «image» dazu, die «objektive», repräsentationale Funktion der Ideen hervorzuheben, doch das bedeutet nicht, daß Ideen bildhafte Ähnlichkeit mit ihren Gegenständen aufweisen müßten; in den Antworten auf Gassendi und Hobbes hat Descartes daher die Gleichsetzung von ‹idées› und ‹images› als irreführend zurückgewiesen, da sie u.a. implizieren würde, daß wir keine «Idee» von Gott oder von materiellen Dingen hätten [11].

Im engeren Sinne bezeichnet «image» die materielle Realisierung von Ideen durch die «imagination», die Descartes in Übereinstimmung mit der peripatetischen Tradition als körperliches Organ auffaßt; die Gleichsetzung von «idées» mit «images», solange sie in der «körperlichen Imagination» sind, wird in einem Brief an Mersenne ausdrücklich abgelehnt [12]. Über die R. durch körperliche Organe hat sich Descartes nicht einheitlich geäußert. Da er das Netzhautbild kennt, hätte es nahegelegen, der visuellen Wahrnehmung eine ausgesprochen piktoriale R. zuzuschreiben. Doch in der ‹Dioptrik› wendet sich Descartes gerade gegen eine solche Interpretation; ausgehend von dem Gedanken, daß «es keine Bilder geben kann, die den von ihnen repräsentierten Objekten völlig ähnlich sind», da man sonst das Bild von seinem Gegenstand nicht unterscheiden könnte [13], beschreibt er den Vorgang des Sehens in rein mechanischen, kausalen Termini und lehnt den Gedanken ab, daß durch ein «zweites Auge» ein «Bild» betrachtet werden könnte. Das Netzhautbild ähnelt zwar seinem Gegenstand, aber diese Ähnlichkeit ist nicht dasjenige, wodurch wir Gegenstände empfinden. Vielmehr «bezeichnet» (signifiziert) die Einwirkung auf das Sinnesorgan die Idee, welche ihrerseits den Gegenstand «repräsentiert» [14].

Andererseits gibt es bei Descartes Stellen, an denen er ausdrücklich von «Figuren» spricht, die im Gehirn «gemalt» oder «gezeichnet» werden, und im ‹Traité de l'homme› werden diese Figuren als Ideen bezeichnet [15], welche die rationale Seele «betrachtet», wenn sie mit dem Körper vereinigt wird. Diese Ausdrucksweise mag den spezifischen Zwecken des hier durchgeführten Gedankenexperiments, alle seelischen Funktionen ohne Beteiligung der rationalen Seele zu erklären, geschuldet sein. Anders steht es mit der Erklärung der Imagination durch die Fähigkeit der Seele, in der Abwesenheit von Objekten diese «im Gehirn zu repräsentieren und zu bilden» und solche selbsterzeugte Bilder zu betrachten, mit der Folge, daß wir uns wegen der Körperlichkeit der Imagination ein Tausendeck nur «konfus» vorstellen können [16]. Hier dürfte ein Zugeständnis an die psychische Realität «mentaler Bilder» vorliegen; doch folgt daraus nicht, daß Ideen immaterielle, bildhafte Objekte sind, da die Imagination ja gerade körperlich ist.

Descartes lehnt es ab, die repräsentierende Funktion von Ideen auf bildhafte Ähnlichkeit zu reduzieren, doch spielt der Ähnlichkeits-Begriff in seiner Erkenntnislehre durchaus eine Rolle. Die aus den Sinnen abgeleitete Idee der Sonne ist der Sonne unähnlich, doch die Idee, die der Astronom von der Sonne hat, ist ihr ähnlich [17]. ‹Ähnlichkeit› drückt hier die wahre Erkenntnis aus, den Sachverhalt, daß die Idee «objektiv» (in unserer Erkenntnis) genau dasjenige enthält, was das Objekt «formell» (d.h. extramental, an sich) enthält [18] – eine gut scholastische Doktrin.

Wenn Descartes mithin von ‹Ideen› spricht und deren Funktion als ‹R.› beschreibt, so bedeutet das nicht, daß Ideen zwischen Akt und Gegenstand eingeschobene, für die Erkenntnis obligatorische ‚Mentalobjekte' sind. In diesem Sinne hat er keine ‚repräsentationalistische' Theorie der Erkenntnis vertreten.

b. *Gassendi, Hobbes, Foucher: R. als extrinsische Denomination, als Stellvertretung und als Wirkung.* – In ihren Einwänden gegen die Cartesischen ‹Meditationen› präsentieren sich TH. HOBBES und P. GASSENDI als ‚Konservative', die den neuen Begriff der Idee ablehnen und ihn auf denjenigen des durch Ähnlichkeit zum Gegenstand definierten «Bildes» reduzieren wollen. Doch bedeutet das nicht, daß sie in ihrer eigenen, teilweise auf Descartes reagierenden Philosophie bloße Ähnlichkeitstheoretiker wären. Vielmehr bekämpfen sie vor allem die Cartesische Konzeption einer intrinsischen R.-Funktion der Ideen.

Als Wiederentdecker der antiken Atomistik scheint GASSENDI prima facie für eine reine Bildertheorie der R. prädestiniert zu sein. Damit eine Idee einen Gegenstand mit Teilen repräsentieren kann, muß sie selbst (räumlich unterschiedene) Teile aufweisen [19]. R. wird hier darauf zurückgeführt, daß Idee und Gegenstand gemeinsame Eigenschaften haben, und in diesem Sinne setzt Gassendi nicht selten «r.» und «similitudo» gleich [20]. Doch braucht sich die Ähnlichkeit nicht auf die sensorische Oberfläche der Dinge zu beschränken. Kriterium der Erkenntnis ist neben der Empfindung die «anticipatio» (die πρόληψις Epikurs in der Deutung Gassendis), die durch Aggregation und Abstraktion «allgemeine Ideen» bildet; eine allgemeine Idee ist «um so vollkommener, je vollständiger sie ist und je reiner sie dasjenige repräsentiert, in dem die Einzelnen übereinstimmen» («idea generalis est tanto perfectior, quanto est completior, ac repraesentat purius id, in quo singularia conveniunt») [21]. Auch Gassendi spricht den Ideen Grade der «Perfektion» zu, doch läßt sich die «Perfektion» des Gegenstandes nicht aus derjenigen der Idee ablesen. Die Idee ist ausschließlich relational definiert, in dem doppelten Sinne, daß sie eine interne relationale Struktur besitzt, die in Relation zur Struktur des Objektes steht; oder, in der Sprache der 'Schule', die Relation zwischen Idee und Objekt ist im Hinblick auf die Idee eine «rein extrinsische Denomination» [22].

HOBBES spricht selten von ‹R.›, aber wenn er es tut, dann in Disjunktion zu «resemblance». Im engsten Sinne ist ein Bild (image) die «resemblance» von etwas Sichtbarem und heißt dann «idea», «idol», «phantasm» oder «apparition». In einem weiteren Sinn sind Bilder Fiktionen; hier besteht Ähnlichkeit nicht zu einem körperlichen Objekt, sondern zu einem «phantastischen Bewohner des Gehirns» dessen, der das Bild macht. Und im weitesten Sinn heißt ‹Bild› «any representation of one thing by an other» [23]; von Ähnlichkeit kann dabei keine Rede sein, wie Hobbes auch an Beispielen juristischer R. (d.h. Vertretung) klarmacht [24]. Hobbes verwendet mithin ‹R.› als Allgemeinbegriff, der immer dann anwendbar ist, wenn etwas für etwas anderes steht, gleichgültig, ob zwischen beiden Ähnlichkeit besteht oder nicht. Er ist damit der (moderne) Begründer der Stellvertretungs-Konzeption der R.

Ähnlich wie Gassendi die Philosophie Epikurs, will S. FOUCHER die (akademische) Skepsis wiederbeleben. Seine Polemik richtet sich allerdings nicht mehr nur gegen Descartes, sondern nun auch gegen Malebranche. Foucher kritisiert die Äquivokation des Cartesischen Ideenbegriffs; aus der Tatsache, daß Ideen Modi unseres (mentalen) Seins sind, läßt sich nicht folgern, daß sie etwas uns Äußerliches repräsentieren [25]: «Man versteht unter 'repräsentieren' nichts anderes als eine Sache präsent zu machen», d.h. «denselben oder wenigstens einen ähnlichen Effekt zu machen, wie wenn die Sache selbst aktuell wirken würde» [26]. Da wir nun nach Cartesischer Auffassung die Sachen nur durch ihre Ideen kennen, können wir die Effekte von Sachen und Ideen nicht miteinander vergleichen; es ist also unmöglich festzustellen, was durch eine Idee repräsentiert werden soll. Fouchers Konzept der R. ist demjenigen von Hobbes ähnlich, nur daß er ein Kriterium für das Vorliegen von R. angibt; in der Idee selbst kann dieses aber nicht liegen.

c. Objekte oder Akte als Substrat der R.: die Kontroverse zwischen Malebranche und Arnauld. – Die Problematik der R. hat wesentlich zum Zerfall des Cartesianismus als einheitlicher philosophischer Schule beigetragen. Das «Paradox der Ähnlichkeit» konnte nicht gelöst werden: Auf psychologischem und physiologischem Niveau lehnte man bildhafte Ähnlichkeit ab und betonte die arbiträre Natur der Beziehung zwischen Idee und extramentalem Gegenstand [27]; andererseits forderte man epistemische Ähnlichkeit (Ideen sollen die Gegenstände adäquat erfassen, und dazu ist Ähnlichkeit erfordert), die aber wiederum an der metaphysischen Unvergleichbarkeit zwischen «res extensa» und «res cogitans» ihr Hindernis fand [28]. Infolgedessen wurde die R. als irreduzible, wunderbare Eigenschaft des menschlichen Geistes betrachtet, so etwa bei J. CLAUBERG [29], an dem sich auch die Unsicherheiten des cartesianischen R.-Begriffs verifizieren lassen. Denn Clauberg stellt einerseits fest, daß R. etwas anderes ist als «Indikation», indem sie eine «gewisse Ähnlichkeit zu dem bezeichneten Ding, bzw. eine imago oder ein simulacrum erfordert» [30]; andererseits exemplifiziert er die «objektive» (d.h. repräsentationale) «Realität» einer Idee durch das Beispiel einer Münze, deren Wert völlig willkürlich ist und allein durch die Autorität ihres Emittenten zustande kommt [31]. Dem entspricht auch seine Terminologie; er verwendet die Ausdrücke ‹objektiv›, ‹intentional› und ‹stellvertretend› (vicarius) synonym, um den Gegenstandsbezug der Ideen zu kennzeichnen [32].

Wenn Ideen extramentale Objekte «vertreten» können, sind sie selbst «Objekte» – ein Schluß, den Clauberg selbst nicht zieht [33], wohl aber (vorgeblich im Sinne von Descartes) N. MALEBRANCHE. Seine langjährige Kontroverse mit A. ARNAULD, deren religiöse Motive hier beiseite gelassen werden [34], signalisiert das Auseinanderbrechen der cartesianischen 'Schule' entlang der Bruchlinie der «objektiven» bzw. der «formalen» Realität der Ideen; Malebranche nimmt die Ideen als Objekte, Arnauld «formal», d.h. als mentale Akte. Vom heutigen Standpunkt ist Malebranche «Repräsentationalist», Arnauld «direkter Realist». Doch für sie selbst ging es um die Existenz von «êtres représentatifs» – ein Ausdruck, der nicht etwa von Malebranche verwendet wurde [35], sondern (als Übersetzung eines scholastischen Fachterminus) Arnauld als «Kampfbegriff» diente [36]. Überhaupt ist, terminologisch gesehen, Arnauld der «R.-Theoretiker», da er ständig (auch zur Kennzeichnung seiner eigenen Position) das Wortfeld ‹R.› benutzt, während Malebranche eher sparsam damit umgeht.

MALEBRANCHE räumt ein, daß das Wort ‹Idee› äquivok ist. Manchmal habe er es «für alles, was dem Geist irgendein Objekt repräsentiert», genommen, manchmal «für alles, was das unmittelbare Objekt des Geistes ist» [37]. Doch obwohl Malebranche die zweite Verwendung für allgemeiner hält als die erste, fallen sie in seiner Ideenlehre zusammen: Ideen sind (unmittelbare) Objekte des Geistes, die dem Geist Objekte repräsentieren. Der Geist nimmt das wahr, was ihm repräsentiert wird [38], und dabei handelt es sich um die äußeren Objekte, welche von den Ideen repräsentiert werden [39]. Wenn wir äußere Körper betrachten («regarder»), sehen («voir») wir zwar diese Körper, aber nur indirekt; direkt nehmen wir nur die Ideen wahr [40]. Und zwar handelt es sich dabei um die intelligible Idee des Körpers (z.B. die «Sonne des Astronomen»), nicht aber um den Körper, so wie er uns erscheint; denn die Empfindungen («sentiments» oder «sensations») sind bloße Modifikationen der Seele, sie leisten keine R., sondern «färben» die intelligiblen Ideen, d.h. statten sie mit sinnlichen

Qualitäten aus. Dagegen sind Ideen keine Modifikationen der Seele, da die Seele kein Wissen um äußere Objekte erlangen kann, solange sie nur ihre eigenen Modifikationen kennt [41]. Ideen sind also (modern gesprochen) extramental. Da die Seele sich nicht zu den äußeren Gegenständen (etwa der realen Sonne) begeben kann, müssen die Ideen ihr so nahe wie möglich sein [42]. Gott ist der Seele am nächsten, und daher sehen wir die Ideen «in Gott».

Das «Sehen der Ideen in Gott» war schon den Zeitgenossen von Malebranche problematisch, doch kann seine Wahrnehmungstheorie auch intramundan interpretiert werden. Seine «intelligiblen Ideen» erweisen sich dann als abstrakte R.en, welche die «Deutung» der an sich nicht repräsentationalen «Sinnesdaten» aufgrund eines «natürlichen Urteils» ermöglichen [43]. In der Tat hat Malebranches R.-Theorie eine empirische, wahrnehmungspsychologische Grundlage, die als Beleg für die These dient, daß wir die Dinge nicht so perzipieren, wie sie an sich sind [44]. Ihr Grundmotiv ist jedoch die von vielen Zeitgenossen geteilte Überzeugung, daß die kognitive Präsenz von Gegenständen ihre räumliche Nähe und damit ihre R. durch Ideen voraussetzt [45]. An eben diesem Punkt setzt die Kritik von Arnauld ein.

ARNAULD lehnt den Begriff der R. nicht ab, sondern nur die Vorstellung, es gäbe «êtres représentatifs», die «von den als Perzeptionen genommenen Ideen real unterschieden sind»; denn wie die Reflexion zeigt, «sind alle unsere Perzeptionen essentiell repräsentationale Modalitäten» («J'entends par les êtres représentatifs ... ceux que l'on s'imagine être réellement distingués des idées prises pour des perceptions ... Toutes nos perceptions sont des modalités essentiellement représentatives») [46]. Ideen sind (aktive) Modifikationen der Seele, keine Objekte wie bei Malebranche, und als mentale Akte repräsentieren sie die wirklichen Gegenstände. Die Funktion des Wissens ist, uns in unserem täglichen Verhalten zu leiten, etwa beim Essen; und dazu brauchen wir Kenntnis über die wirkliche und nicht irgendeine intelligible Nahrung [47]. Lebte die Seele in einem «Prachtbau» («édifice») von Ideen, wie er durch Malebranche errichtet wurde, würde sie von der wirklichen Welt abgeschnitten [48].

Zu «falschen, schimärischen» Ideen-Objekten à la Malebranche gelangt man durch die Übertragung von Erlebnissen aus dem realen, körperlichen Sehprozeß auf das «geistige» Sehen. Um sichtbar zu sein, muß ein Gegenstand vor unseren Augen «präsent» sein, und gelegentlich sehen wir nicht direkt präsente Gegenstände in Spiegeln o.ä. «repräsentiert». So kommt man auf den Gedanken, daß auch beim geistigen Sehen repräsentationale Entitäten als Stellvertreter der Objekte auftreten. Tatsächlich verwendet man aber ein falsches Bild vom «körperlichen» Sehen, denn dieses verlangt Objekte, welche die Augen nicht direkt berühren, und im Spiegel sieht man den Gegenstand selbst. Lokale Präsenz ist also schon beim körperlichen Sehen nicht erfordert, um so weniger beim geistigen Sehen [49]. Überdies wird der Ausdruck ‹R.› häufig in unangemessener Weise auf Bilder, Wörter und andere Zeichen angewendet, als ob diese an sich R.en wären; in Wirklichkeit ist R. ausschließlich eine Funktion unserer Perzeptionen, und Bilder o.ä. «repräsentieren» nur, insofern und solange sie von jemandem betrachtet und als solche erkannt werden [50].

Auch abstrakte wissenschaftliche Begriffe verlangen keine «êtres représentatifs». Wir sind uns unserer Ideen als mentaler Modifikationen immer bewußt, und insofern kann man Ideen als «unmittelbare Gegenstände unseres Denkens» bezeichnen [51]. Diese «Reflexion» ist im allgemeinen «virtuell», aber sie kann «explizit» («expresse») gemacht werden, indem wir eine Perzeption durch eine andere Perzeption «erforschen». Dann machen wir eine Idee zum «Gegenstand» unseres Denkens, aber bei diesem Gegenstand handelt es sich um einen Akt, der sich auf einen realen Gegenstand bezieht. Auf der «réflexion expresse» beruhen alle abstrakten Wissenschaften wie z.B. Metaphysik, Geometrie und Algebra [52].

d. *Idee und R. im britischen Empirismus.* – Auch J. LOCKES Theorie der Ideen wird derzeit einer Umbewertung unterzogen, mit der Tendenz, ihre nicht-repräsentationalistischen Momente stärker hervorzuheben [53]; doch wie bei Descartes geschieht dies ohne Berücksichtigung der Verwendung von «to represent» durch Locke selbst. Der (noch nicht vollständig erforschte) Sprachgebrauch zeigt, daß er das Wortfeld in mindestens drei Bedeutungen verwendet.

1) Im allgemeinsten Sinn ist ‹R.› vergleichbar mit ‹Signifikation› und hat die Funktion, dem Geist die «Dinge, die er betrachtet», präsent zu machen, und zwar als «Zeichen oder R. des Dinges, das er betrachtet»; alle Ideen sind solche Zeichen oder R.en. Ideen sind hier, ebenso wie die sie bezeichnenden Wörter, «Instrumente des Wissens» und bilden den Gegenstand der Semiotik [54].

2) Im spezielleren Sinn, dem der «adäquaten R.», kommt nicht allen, sondern nur den «wahren», «wirklichen» Ideen die Funktion der R. zu. ‹R.› meint hier vom Intellekt intendierte Stellvertretung («to stand for») oder Referenz («to refer»). In diesem Sinne «repräsentieren» adäquate Ideen «vollkommen jene Archetypen, von denen die Ideen, wie wir annehmen, «genommen sind», während bei inadäquaten Ideen nur eine «partielle oder unvollständige R. jener Archetypen, auf die sie bezogen werden», vorliegt [55]. Adäquat sind alle einfachen Ideen, da hier eine perfekte Korrespondenz zwischen den Empfindungen und den sie auslösenden «Potenzen» («powers») der Dinge selbst besteht. Adäquat sind aber auch die komplexen Ideen, sofern ihre Archetypen vom Geist selbst produziert sind, denn «was nur sich selbst zu repräsentieren bestimmt (designed) ist, kann niemals falscher R. fähig sein» [56]. Komplexe Ideen, deren «Muster» den Ideen eines anderen Menschen entnommen ist, können dagegen inadäquat sein [57]. Ideen von Substanzen sind immer inadäquat, da sie zwar wie einfache Ideen «Kopien» sind, aber niemals festgestellt werden kann, ob in der Idee alle Qualitäten und Potenzen der supponierten Substanz «gesammelt» sind [58].

3) Ideen brauchen ihren 'Archetypen' nicht ähnlich zu sein, um sie zu repräsentieren; Korrespondenz reicht aus. Doch verwendet Locke ‹R.› auch im Sinne von ‹Bild› («image»), und zwar, um den Unterschied zwischen den einfachen Ideen primärer und sekundärer Qualitäten zu kennzeichnen: «Die einfachen Ideen von primären Qualitäten sind die Bilder oder R.en dessen, was außerhalb von uns existiert» [59]; bei sekundären Qualitäten liegt eine solche bildhafte R. nicht vor.

Viele moderne Kommentatoren sprechen Locke im Hinblick auf sekundäre, nicht aber primäre Qualitäten eine R.-Theorie zu [60], in genauem Gegensatz zu seinem eigenen Wortgebrauch und demjenigen seiner Epoche. Denn die Gleichsetzung von ‹R.› und ‹Bild› war in ihr weitverbreitet und erhielt durch die stürmische Entwicklung der Optik in dieser Periode noch Unterstützung. Insbesondere schien das neuentdeckte Netzhautbild zu zeigen, daß die Objekte des Sehens dem Geist in Form einer bildhaften Repräsentation «präsent» (d.h. räumlich nahe) sind [61]. Diese 'optische' Auffassung der R. wurde gelegentlich gegen den von Lockes «Weg der Ideen» befürchteten Skeptizismus geltend gemacht; z.B. meint H. LEE, die wahre Bedeutung von ‹Idee› sei «sichtbare R. oder Ähnlichkeit (resemblance) des Objektes, die – wenigstens zu einem gewissen Grade – wie das Ding ist, von dem sie eine Idee ist» [62].

Die weite Verbreitung des Konzepts der Ähnlichkeits-R. zu Beginn des 18. Jh. erweist sich u.a. daran, daß G. BERKELEY in seiner Bekämpfung des Materialismus konsequent an es anknüpft. Berkeley läßt seinen Materialisten «Hylas» konzedieren, daß «Ideen nicht außerhalb des Geistes existieren», daß sie aber «Kopien, Bilder (images) oder R.en gewisser Originale sind», die außerhalb des Geistes existieren [63]. Da die Ideen «empfindbar» («sensible») sind, materielle Dinge aber nicht empfunden werden können, gibt es keinerlei Basis, die unterstellte R.-Beziehung festzustellen. Materielle Dinge existieren nicht, da sie durch Ideen nicht repräsentiert werden können.

In Berkeleys eigener Philosophie kann ‹R.› nur eine intramentale Beziehung bezeichnen, die wiederum nur jeweils innerhalb eines Sinnes auf Ähnlichkeit beruhen kann [64]. Ideen können «Bilder» («pictures») hinsichtlich anderer Ideen genannt werden, wenn der Geist seine Ideen miteinander vergleicht [65]. An einer wenig beachteten Stelle seiner ‹Neuen Theorie des Sehens› entwickelt Berkeley eine Theorie der R., die überraschende Anklänge an Leibniz aufweist. Ein visuelles Quadrat ist «besser geeignet, ein taktiles Quadrat zu repräsentieren», als ein visueller Kreis, nicht weil es dem taktilen Quadrat ähnlicher ist als dieser oder weil sich visuelle und taktile Quadrate auf dieselbe «species» beziehen, sondern weil sowohl visuelles als auch taktiles Quadrat «vier distinkte und gleiche Teile» aufweisen. Die R.-Beziehung zwischen Figuren aus verschiedenen Sinnen gleicht der R.-Beziehung zwischen Lauten und Buchstaben; sie ist auf der Ebene der einzelnen Zuordnung arbiträr, aber dies vorausgesetzt, wird sie auf der Ebene der Kombinationen von Zeichen nicht-arbiträr [66].

Charakteristischer für Berkeley ist jedoch die reine Stellvertretungs-Konzeption der R.; bekanntester Kontext ist dieser: Da abstrakte allgemeine Ideen nicht vorstellbar sind, existieren sie auch nicht; «eine an sich betrachtete partikuläre Idee wird allgemein, indem man sie alle anderen partikulären Ideen repräsentieren, d.h. für sie stehen läßt» [67] – ein Prozeß, der übrigens bei Berkeley primär auf der Ebene der Ideen und nur sekundär auf derjenigen der Worte angesiedelt ist.

Eine dritte Bedeutung von ‹R.› tritt in der Klassifikation von «Ideen» auf: Ideen werden entweder aktuell den Sinnen «imprimiert», oder sie entstehen durch Beachtung der passiven und aktiven Zustände des Geistes, oder sie werden mit Hilfe des Gedächtnisses und der Imagination gebildet und «kombinieren, trennen, oder repräsentieren lediglich» die anderen beiden Arten von Ideen [68]. R. ist hier Re-Präsentation, obwohl Berkeley den Ausdruck ‹Präsentation› noch nicht verwendet.

D. HUME schließt im wesentlichen an die dritte Bedeutung von ‹R.› bei Berkeley an, nur daß er sie konsequent im Sinne der Ähnlichkeit («resemblance») auffaßt. Ideen unterscheiden sich von Impressionen zwar durch ihre geringere Lebhaftigkeit, aber in jeder anderen Hinsicht sind sie den ihnen korrespondierenden Impressionen ähnlich. Der Vergleich zwischen einer Impression und einer Idee desselben Gegenstandes erweist die letztere als eine «exakte R.» der ersteren. Originär gilt dies Prinzip nur für einfache Ideen bzw. Impressionen [69], kann aber auf komplexe Ideen/Impressionen übertragen werden, insofern sie aus einfachen gebildet werden. Hume hält Berkeleys R.-Theorie der Abstraktion für «eine der größten Entdeckungen der letzten Jahre» [70]; seine eigene Erklärung, warum einige «Ideen in ihrer Natur partikulär, in ihrer R. aber allgemein» sind [71], ist anders als diejenige Berkeleys strikt nominalistisch, d.h. sie leitet die «Stellvertretung» aus dem Vorhandensein von Wörtern mit variabler Bedeutung ab.

Impressionen sind keine R.en, sondern werden durch die Sinne «präsentiert» [72]. Dasselbe gilt für Passionen, die als «sekundäre Impressionen» oder «Impressionen der Reflexion» keine «repräsentative Qualität» enthalten, die sie zu einer «Kopie» einer anderen Modifikation machen würde [73]. In solchen Passagen deutet sich bei Hume schon die im 19. Jh. kurrente Unterscheidung zwischen Präsentation und R. an.

Einigen Stellen des ‹Treatise› wurde neuerdings entnommen, daß Hume die Beziehung zwischen Ideen und Impressionen nicht ausschließlich im Sinne der bildlichen R. aufgefaßt hat, sondern eher eine Äquivalenz des informationalen Gehaltes im Auge hatte [74]. Er selbst hält freilich das Erkennen bisher nie gesehener Impressionen – d.h. die Existenz einer Idee *vor* der ihr korrespondierenden Impression – für ein «partikuläres und singuläres Beispiel», das nicht zu einer Änderung seiner allgemeinen Maxime zwingt [75].

e. *R. und Expression bei Leibniz.* – Unter allen Philosophen der Neuzeit ist G. W. LEIBNIZ derjenige, dessen Denken am durchgängigsten nicht nur der Sache nach, sondern auch terminologisch durch den Begriff der R. bestimmt ist. Die lexikalische Darstellung muß sich auf die Grundzüge beschränken und kann auf Details der Entwicklungsgeschichte des R.-Begriffs bei Leibniz kaum eingehen. Der Begriff findet sich nicht erst 1686, im ‹Discours de métaphysique› und im daran anschließenden Briefwechsel mit Arnauld, sondern wird in zahlreichen seinerzeit unveröffentlichten Manuskripten seit 1671 ausgearbeitet [76]. Umfassende Orientierung über den R.-Begriff bei Leibniz bietet die Monographie von A. GURWITSCH [77]. Terminologisch ist festzuhalten, daß LEIBNIZ die Wörter ‹R.› («repraesentatio», «représentation») und ‹Expression› («expressio», «expression») einschließlich der entsprechenden Verbalformen («repraesentare», «exprimere» und ihre frz. Äquivalente) im wesentlichen gleichbedeutend verwendet [78]. Ihre Herkunft dürfte jedoch verschieden sein, wobei für ‹Expression› eher an die Mathematik, für ‹R.› eher an die Jurisprudenz zu denken ist [79]. Der wohl einzige Ansatz, den Leibniz zu einer Bedeutungsdifferenzierung gemacht hat, findet sich im Kontext der «Characteristica universalis»: ‹R.› wird hier einzelnen Zeichen und deren Beziehung zum Denken zugesprochen («Characterem voco notam visibilem cogitationes repraesentantem»), während ‹Expression› Zeichen-Aggregate und deren Beziehung zur «Sache» denotiert («Expressio est aggregatum characterum rem quae exprimitur repraesentantium») [80]. Doch ist Leibniz auf diese Unterscheidung nicht zurückgekommen. In den späteren Schriften und in psychologischen Kontexten scheint ‹R.› zu überwiegen, das Leibniz im Französischen auch in der umgangssprachlichen Bedeutung 'sich etwas vorstellen' vorlag. Doch ist auch ‹R.› bei Leibniz niemals ein rein psychologischer Begriff geworden.

Definiert hat Leibniz zuerst den Begriff ‹Expression›, und zwar in einem mathematisch-darstellungstheoretischen Sinn. Eine frühe Definition findet sich in ‹Quid sit idea› (ca. 1678): «Eine Sache drückt eine andere aus, wenn sie Eigenschaften (habitudines) hat, die den Eigenschaften der auszudrückenden Sache entsprechen» («Exprimere aliquam rem dicitur illud, in quo habentur habitudines, quae habitudinibus rei exprimendae respondent»); das Modell der Maschine drückt die Maschine aus, die perspektivische Zeichnung den (dreidimensionalen) Körper, die Rede Gedanken und Wahrheiten, die Zahlzeichen die Zahlen: «Allen diesen Ausdrücken ist gemeinsam, daß wir durch die bloße Betrachtung der Eigenschaften des Ausdrückenden zur Erkenntnis der Eigenschaften des Ausgedrückten gelangen»; Ähnlichkeit ist dazu nicht erfordert, eine «gewisse Analogie» der Eigenschaften genügt [81]. Für die Expression reicht es aus, daß es ein «gewisses konstantes Gesetz der Relationen» gibt, durch das die Einzelnen im Einen auf die entsprechenden Einzelnen im Anderen bezogen werden können, wie z.B. ein Kreis in perspektivischer Projektion durch eine Ellipse «repräsentiert» werden kann [82]. Die bekannteste Definition steht in einem Brief an Arnauld von 1687: «Nach meinem Sprachgebrauch 'drückt eine Sache eine andere aus', wenn eine beständige und geregelte Beziehung (un rapport constant et reglé) zwischen dem besteht, was sich von der einen und von der anderen aussagen läßt.» Die Expression ist ein Gattungsbegriff, von dem die natürliche Perzeption, die Empfindung und die intellektuelle Erkenntnis Unterarten sind [83].

In der modernen Leibniz-Interpretation besteht Einigkeit darüber, daß der Gedanke der eindeutigen Zuordnung bzw. der strukturerhaltenden Abbildung das Fundament der Leibnizschen Metaphysik, Erkenntnislehre und Psychologie der R. bildet. «Aufgrund der eindeutigen Zuordnung gewinnt das Zeichen den Sinn des Stellvertreters für die bezeichnete Sache» [84]. Die Wahl eines Zeichensystems kann durchaus willkürlich sein, doch ist sie durch die Erfordernis der Strukturerhaltung eingeschränkt. In diesem Sinne kann Leibniz sagen, daß die R. eine «natürliche Beziehung» zum Repräsentierten aufweist. Die R. eines Quadrats durch einen Kreis wäre unpassend. Die R. ist oft selektiv, doch niemals kann sie dem Repräsentierten etwas hinzufügen; dann wäre sie nämlich falsch. Auch zwischen den verschiedenen R.en ein und derselben Sache besteht eine «exakte Beziehung» [85]; R. besteht also nicht nur zwischen Zeichen und Dingen, sondern auch zwischen Zeichensystemen, aber nur aufgrund des ihnen gemeinsamen Bezugs auf denselben Sachverhalt.

Die Perzeption wird von GURWITSCH [86] als «zentralisierte R.» bezeichnet. Das Wort findet sich bei LEIBNIZ selbst nicht. Definierend für ‹Perzeption› ist jedenfalls, daß «das, was teilbar und materiell ist und sich auf verschiedene Wesen verstreut vorfindet, in einem einzigen unteilbaren Wesen oder einer Substanz, die eine wahre Einheit besitzt, ausgedrückt oder repräsentiert wird». In der vernünftigen Seele ist die Perzeption von «Bewußtsein» («conscience») «begleitet», während dies der «natürlichen Perzeption» und der «Empfindung» fehlt. Die Perzeption ist demgemäß kein psychischer Sachverhalt im üblichen Sinn, obwohl «unsere Seele» ein Beispiel für die «Möglichkeit einer derartigen R. mehrerer Sachen in einer» liefert [87].

Die Perzeption ist die Tätigkeit der «individuellen Substanz» oder «Monade». Der Begriff der Monade setzt das logische Prinzip des Enthaltenseins aller Prädikate im Subjekt einer wahren Proposition und die Neufassung des Substanzbegriffs im Sinne einer innenbestimmten, dynamischen Kraftäußerung voraus. Aus dem allgemeinen Begriff der Substanz folgt, daß die «Zustände der Seele ihrer Natur und ihrem Wesen nach Ausdrücke der entsprechenden Zustände der Welt» sind [88]. Der Begriff der Substanz erklärt daher sowohl die Abfolge der Zustände und damit die Identität und Individualität der Substanz als auch den Zusammenhang mit dem Universum, das sich in ihr ausdrückt.

Jede individuelle Substanz repräsentiert das Universum «unter einem bestimmten Gesichtspunkt» [89]. Während Leibniz in seinem frühen Denken den Standpunkt einer individuellen Substanz konkret räumlich auffaßt, hat er später zurückgewiesen, daß es zwischen Monaden «irgendeine räumliche oder absolute Nähe oder Entfernung» [90] gäbe. Man versteht daher die wesentlich standortgebundene R. durch Monaden besser als deren Stellung in einem «inneren Zusammenhang», bei dem jeder Teil nicht nur durch das Ganze bestimmt wird, sondern in «einseitig-partieller Darstellung» das Ganze ist [91]. In einem uneigentlichen Sinne sind die Monaden freilich lokalisiert, da sie einen ihnen zugeordneten organischen Körper besitzen [92]. «Obwohl die Monaden selbst nicht ausgedehnt sind, so haben sie doch eine Art von Lage (situs) in der Ausdehnung, d.h. ein geordnetes Verhältnis der Koexistenz zu anderem und zwar durch die Maschine, die sie beherrschen» [93].

Jede Seele «drückt sowohl ihren Körper wie durch ihn alles übrige aus» [94]. Das Verhältnis zwischen Seele und Körper hat Leibniz bekanntlich unter der Bezeichnung «prästabilierte Harmonie» gefaßt. Gegenüber verkürzenden Deutungen muß bemerkt werden, daß die prästabilierte Harmonie bei Leibniz nur ein auf das Leib/Seele-Problem bezogener Sonderfall der universellen Harmonie ist; diese bestimmt sich nach GURWITSCH als «R. im Sinne durchgehender Entsprechung und Zuordnung aller Substanzen durch alle» [95]: «Die Anpassung aller erschaffenen Dinge an jedes einzelne von ihnen und jedes einzelnen an alle anderen bewirkt, daß jede einfache Substanz in Beziehungen eingeht, die alle anderen ausdrücken, und daß sie folglich ein dauernder lebendiger Spiegel des Universums ist» [96]. Das Prinzip der universellen Harmonie ist damit das «ontologische Äquivalent des allgemeinsten Begriffs der R.» [97].

In Leibnizens Begriff der R., der auf dem Sachverhalt der eindeutigen Zuordnung durch Zeichensysteme beruht, sind die Momente der (objektiven) «Darstellung» und der (subjektiven) «Vorstellung» in eins gesetzt. Dadurch erhält er heute im Zuge der Kognitionswissenschaft, die ihren Zentralbegriff der mentalen R. ähnlich bestimmt, neue Aktualität; dies nach S. KRÄMER [98] auch deswegen, weil Leibniz als erster das Denken als formale Symbolmanipulation beschrieben hat. In der «Nachwirkung», bei CH. WOLFF, wurde der leibnitianische Begriff der R. allerdings «psychologisiert» und einseitig im Sinne von ‹Vorstellung› gedeutet [99].

Anmerkungen. [1] Vgl. A. B. GIBSON: The philos. of Descartes (New York 1932). – [2] Vgl. B. E. O'NEIL: Epistemolog. direct realism in Descartes' philos. (Albuquerque, N.M. 1974); zwei neuere Beispiele: M. J. COSTA: What Cartesian ideas are not. J. Hist. Philos. 21 (1983) 537-549; M. COOK: Descartes' alleged representationalism. Hist. Philos. Quart. 4 (1987) 176-195. – [3] ‹R.› ist z.B. kein Stichwort in: J. M. MORRIS: Descartes dict.

(New York 1971). – [4] R. DESCARTES: Medit., Praef. (3). Oeuvres, hg. CH. ADAM/P. TANNERY (Paris 1897-1913, 1964ff.) [A/T] 7, 8. – [5] Medit., 2. resp., Rationes (217), a.O. 160. – [6] Art. ‹Objekt›, in: Hist. Wb. Philos. 6 (1984) 1026-1051. – [7] Medit. III (40). A/T 7, 40. – [8] Entretien avec Burman (16. 4. 1648). A/T 5, 153. – [9] Medit., Praef., a.O. [4]; 2. resp., Rat. (223f.), a.O. [5] 165. – [10] Medit. II (36), a.O. 37. – [11] Obj. 3, resp. (248f.), a.O. 181. – [12] Br. an Mersenne (Juli 1641). A/T 3, 392. – [13] La dioptr., Disc. IV. A/T 6, 112-115. – [14] Zurückweisung der Ähnlichkeit als Medium der R.: Disc. VI, a.O. 130; Unterscheidung von Signifikation und R. beim Sehvorgang: Le monde ou traité de la lumière. A/T 11, 4; vgl. hierzu: J. W. YOLTON: Perceptual acquaintance from Descartes to Reid (Oxford 1984) 24. – [15] Traité de l'homme. A/T 11, 176f. – [16] a.O. [8] 162f. – [17] Medit. III (39f.). A/T 7, 39. – [18] III (43), a.O. 42. – [19] P. GASSENDI: Obj. 5, In Medit. VI (478f.), a.O. 338. – [20] z.B.: Disquis. metaphysica. Op. omn. (Lyon 1658) 3, 329. 331. – [21] Syntagma philos., a.O. 1, 95. – [22] O. R. BLOCH: La philos. de Gassendi: Nominalisme, matérialisme et mét. (Den Haag 1971) 129. – [23] TH. HOBBES: Leviathan. The Engl. works, hg. W. MOLESWORTH (London 1839-45) 3, 650. – [24] a.O. 147-149. – [25] Hier und im folgenden nach R. A. WATSON: The downfall of Cartesianism 1673-1712 (Den Haag 1966). – [26] S. FOUCHER: Diss. sur la recherche de la vérité, ou sur la logique des académiciens (Dijon 1673) 52, zit. nach: WATSON, a.O. 51. – [27] z.B. G. W. LEIBNIZ: Br. an de Volder (27. 12. 1701). Die philos. Schr., hg. C. I. GERHARDT (1875-90) [GP] 2, 234. – [28] WATSON, a.O. [25] führt den «downfall of Cartesianism» im wesentlichen auf das ungelöste «Paradox der Ähnlichkeit» zurück; dort auch Einzelnachweise für (frz.) «orthodoxe» Cartesianer. – [29] J. CLAUBERG: De cognitione Dei et nostri ... exercit. Op. omn. philos., hg. J. T. SCHALBRUCH (Amsterdam 1691) 2, 617. – [30] Met., a.O. 1, 336. – [31] De cogn. ..., a.O. 2, 607f. – [32] a.O. 607. 617. – [33] ‹R.› ist im Stichwortindex der ‹Opera› aufgeführt und weist bona fide Cartesische Verwendungen auf; Ideen werden als «modus cogitandi, qui sunt rerum quasi imagines et repraesentamina» definiert: a.O. 1, 497. – [34] Vgl. S. M. NADLER: Arnauld and the Cartesian philos. of ideas (Manchester 1989). – [35] Der Ausdruck findet sich nicht in dem sorgfältigen Stichwortverzeichnis von: N. MALEBRANCHE: Oeuvr., hg. A. ROBINET 1-21 (Paris 1958-70). – [36] A. ARNAULD: Des vraies et fausses idées (1683). Oeuvr. 38 (Paris/Lausanne 1780). – [37] MALEBRANCHE: Rech. de la vér., a.O. [35] 3, 44. – [38] a.O. 8, 920. – [39] a.O. 910. – [40] Vgl. hierzu NADLER, a.O. [34] 75f. – [41] MALEBRANCHE, a.O. [35] 1, 443f. – [42] a.O. 413f. – [43] Malebranches Analyse der Wahrnehmung mit Hilfe «natürlicher Urteile» ist allerdings nicht lückenlos in seine Ideenlehre integriert, die er erst in Auseinandersetzung mit Arnauld zu voller Konsequenz entwickelt hat. – [44] Schon von E. CASSIRER: Das Erkenntnisproblem in der Philos. und Wiss. der neueren Zeit 1-4 (^{3}1922/^{2}1957, ND 1974) 1, 567 wurde der psycholog. Ausgangspunkt der Ideenlehre von Malebranche betont. – [45] Zu der beinahe ubiquitären Verbreitung dieses Motivs im 17./18. Jh. vgl. YOLTON, a.O. [14]. – [46] ARNAULD, a.O. [36] 38, 199. – [47] a.O. 231f. – [48] 210. – [49] 194. – [50] 584. – [51] 203. – [52] 209. – [53] Vgl. z.B. YOLTON, a.O. [14]. – [54] J. LOCKE: Essay conc. human underst. IV, 21, § 4. Works 1-10 (London 1823, ND 1963) 3, 175. – [55] II, 31, § 1, a.O. 2, 125. – [56] IV, 4, § 5, a.O. 2, 386. – [57] II, 31, § 4, a.O. 2, 128. – [58] § 13, a.O. 135. – [59] Br. an den Bischof von Worcester, a.O. 4, 75. – [60] Vgl. die einschlägigen Beiträge in: R. ASHCRAFT (Hg.): J. Locke: Crit. assessments (London 1991) IV. – [61] So z.B. Lockes Freund W. MOLYNEUX: Dioptrica nova (1692) 104f., zit. nach: C. M. TURBAYNE: Berkeley and Molyneux on retinal images. J. Hist. Ideas 16 (1955) 339-355. – [62] H. LEE: Anti-Scepticism (London 1702) 2. – [63] G. BERKELEY: Hylas and Philonous I. The works, hg. A. A. LUCE/T. E. JESSOP 1-9 (London 1948-57) 2, 205. – [64] Principles of human knowledge I, 8, a.O. – [65] A new theory of vision § 119, a.O. 1, 219. – [66] A new theory §§ 141ff., a.O. 228f. – [67] Princ., Intr. 12, a.O. 2, 32. – [68] Princ. I, 1, a.O. 41. – [69] D. HUME: A treat. of human nature I, 1, § 1. The philos. works, hg. T. H. GREEN/T. H. GROSE (London ^{2}1882-86, ND 1964) 1, 314. – [70] § 7, a.O. 325. – [71] a.O. 330. – [72] I, 2, § 4, a.O. 480. – [73] II, 3, § 3, a.O. 2, 195. – [74] J. BIRO: Hume and cognitive sc. Hist. Philos. Quart. 2 (1985) 257-274 mit Lit. – [75] HUME: A treat. I, 1, § 1, a.O. [69] 1,

315f. – [76] Eine (ganz unvollst.) Unters. von «Représenter bei Leibniz vor 1686» findet sich bei P. KÖHLER: Der Begriff der R. bei Leibniz (Bern 1913). – [77] A. GURWITSCH: Leibniz – Philos. des Panlogismus (1974). – [78] Das bei R. FINSTER u.a.: Leibniz Lex. (1988) zusammengestellte Material erlaubt keine «Differentialdiagnose». – [79] Schon KÖHLER, a.O. [76] 46 fiel auf, daß ‹exprimere› in den Math. Schr. ungleich häufiger ist als ‹repraesentare›; umgekehrt zeigen die vorliegenden philos. Bände der Akad.-A. ein Überwiegen von ‹repraesentare› im jurist. Sinn. – [80] LEIBNIZ: Ms. Philos. V, 6, Bl. 16, in: E. BODEMANN: Die Leibniz-Handschr. ... zu Hannover (1895) 80; vgl. GURWITSCH, a.O. [77] 39. – [81] Quid sit idea. GP 7, 263f. – [82] Opusc. et fragm. inéd., hg. L. COUTURAT (Paris 1903, ND 1966) 16. – [83] Br. an Arnauld (9./19. 10. 1687). GP 2, 112. – [84] GURWITSCH, a.O. [77] 38. – [85] LEIBNIZ: Théod. III, § 356f. GP 6, 326f. – [86] GURWITSCH, a.O. [77] 40. – [87] LEIBNIZ, a.O. [83] 112. – [88] a.O. 114. – [89] Disc. de mét. § 14. GP 4, 327. – [90] Br. an des Bosses (16. 6. 1712). GP 2, 450. – [91] GURWITSCH, a.O. [77] 236 mit Belegen. – [92] LEIBNIZ: Br. an de Volder (20. 6. 1703). GP 2, 253; 5. Schr. an Clarke § 61. GP 7, 406. – [93] a.O. 2, 253. – [94] a.O. – [95] GURWITSCH, a.O. [77] 248. – [96] LEIBNIZ: Monad. § 56. GP 6, 616. – [97] GURWITSCH, a.O. [77] 249. – [98] S. KRÄMER: Berechenbare Vernunft. Kalkül und Rationalismus im 17. Jh. (1991). – [99] Vgl. unten IV.

Literaturhinweise. P. KÖHLER s. Anm. [76]. – E. CASSIRER s. Anm. [44] Bde. 1-2. – R. MCRAE: 'Idea' as a philos. term in the 17th cent. J. Hist. Ideas 26 (1956) 178-190. – J. W. YOLTON: J. Locke and the way of ideas (Oxford 1956); Ideas and knowledge in 17th-cent. philos. J. Hist. Philos. 13 (1975) 145-165; s. Anm. [14]. – H. JALABERT: La fonction explicat. de la notion de 'représentation' dans l'ontol. de Leibniz. Akten Int. Leibniz-Kongr. (1966) 1, 123-138. – R. A. WATSON s. Anm. [25]. – A. GURWITSCH s. Anm. [77]. – M. A. KULSTAD: Leibniz's conception of expression. Stud. Leibn. 9 (1977) 55-76. – E./F. S. MICHAEL: Corporeal ideas in 17th-cent. psychol. J. Hist. Ideas 50 (1989) 31-48. – S. M. NADLER s. Anm. [34]. – S. KRÄMER s. Anm. [98].
E. SCHEERER

II. *R. in Politik und Recht.* – Unter den Voraussetzungen eines hierarchisch geordneten Weltbildes, in dem die Gesellschaft als eine sinnhaft strukturierte Ganzheit vorgestellt wird, wird ‹R.› seit dem Spätmittelalter für den Bereich von Politik und Recht zu einem Zentralbegriff für das Verhältnis des gesellschaftlichen Ganzen zu seinen Teilen und bezeichnet den Anspruch eines bestimmten, an der Spitze plazierten Teils, den Sinn des Ganzen in besonders prominenter und vollständiger Weise darzustellen. Der Sache nach ist das überall dort so, wo gesellschaftliche Hierarchie formuliert wird. Zum festen Begriff wird ‹R.› jedoch erst im 14. Jh. mit der Verfestigung einer rechtsphilosophischen und juristischen Terminologie, in der Elemente christlicher Theologie und römischen Rechts zusammenfließen. In der Neuzeit verengt sich die Bedeutung von ‹R.› durch die Bindung an die sich entwickelnden ständischen und parlamentarischen Institutionen und bezeichnet heute im allgemeinen die Vorstellung, daß die politische Willensbildung im demokratischen System wesentlich durch gewählte Vertreter mit freiem Mandat in Parlamenten geschieht. Als konstantes Strukturmoment zieht sich durch die Begriffsgeschichte die Problematik eines ideellen Zusammenhangs, der unter den Bedingungen historischer Kontingenz zwar zur abbildhaften Darstellung kommen kann, niemals jedoch zu einer uneingeschränkten Verwirklichung. Diese Konstante ist als herrschaftskritisches, aber auch als antiutopisches Element wirksam gewesen.

1. *Antike.* – Wortgeschichtlich sind bereits im Spätlateinischen mehrere sachlich heterogene Bedeutungsfelder nachzuweisen, die von ‹Anwesenheit›, ‹Ereignis›,

‹theatralische Darstellung›, ‹Vergegenwärtigung› bis ‹sofortige Bezahlung› reichen [1]. Was immer es an repräsentativen Einrichtungen in der Antike gegeben hat, wird mit anderen Begriffen bezeichnet [2]. Im 3. Jh. benutzt TERTULLIAN ‹R.› besonders häufig, ohne dabei zu einem eindeutigen Begriffsgehalt zu gelangen. Christus repräsentiert den Vater, die Eucharistie repräsentiert den Leib Christi [3], und in bezug auf die griechischen Kirchenversammlungen (concilia) heißt es: diese seien «ipsa repraesentatio totius nominis Christiani» [4]. Man hat darin das älteste Zeugnis für den modernen Begriff einer Vertretungskörperschaft gesehen, in der Abgeordnete verschiedener geographischer und sozialer Gliederungen beanspruchen, repräsentativ für ein Ganzes zu stehen [5]. Die genauere philologische Einordnung stützt diese institutionelle Interpretation jedoch nicht, vielmehr legt sich eine Deutung von ‹R.› als Vergegenwärtigung der Einheit der Christenheit in Übereinstimmung mit Tertullians pneumatischem Kirchenbegriff nahe [6].

Anmerkungen. [1] H. RAUSCH: R. und Repräsentativverfassung. Anm. zur Problematik (1979) 114ff. – [2] J. A. O. LARSEN: Representative government in Greek and Roman hist. (Berkeley/Los Angeles 1955). – [3] TERTULLIAN: Adv. Marcionem I, 14, 3; vgl. RAUSCH, a.O. [1] 141. – [4] TERTULLIAN: De ieiunio adv. psychicos 13. MPL 2, 972B. – [5] O. VON HINTZE: Weltgeschichtl. Bedingungen der Repräsentativverfassungen (1931), in: Staat und Verfassung. Ges. Abh. zur allg. Verfass.gesch. (²1962) 145. – [6] RAUSCH, a.O. [1] 141ff.

Literaturhinweise. L. SCHNORR VON CAROLSFELD: Representatio und Institutio. Zwei Unters. über den Gebrauch dieser Ausdrücke in der röm. Lit. Festschr. P. Koschaker 1 (1939) 103ff. – H. HOFMANN s. [Lit. zu I. 1.]. – H. RAUSCH s. Anm. [1].

2. *Mittelalter.* – Im 13. und 14. Jh. entwickelt sich eine juristische Fachsprache, in der ‹R.› prozeßrechtlich gebraucht wird und im allgemeinen die tatsächliche Präsenz, die Vorführung, Herbeischaffung oder das Sich-Einfinden in einem Verfahren meint. ‹Aliquem› oder ‹personam alicuius repraesentare› gewinnt von dieser Grundbedeutung ausgehend den Sinn der rechtlichen, später auch den der politischen Stellvertretung [1]. Bedeutungsvoll ist auch, daß die Delegation zu den frühen ständischen Versammlungen als eine solche Stellvertretung verstanden wird, wofür neben dem rechtstechnischen Begriff der Prokuratur auch ‹R.› stand, und daß diese also sowohl politisch als auch privatrechtlich verstanden werden kann [2]. Von besonderer Bedeutung für die Begriffsgeschichte sind ferner die scholastischen Auseinandersetzungen um die abbildhafte oder reale Präsenz des Leibs Christi im Abendmahl gewesen. Für dessen sakramentale Bedeutung ist ‹R.› im Sinne der Vergegenwärtigung Christi oder der Darstellung seines Opfertods eine der häufigsten Umschreibungen [3]. Die hier entwickelten Bestimmungen konnten um so leichter in einen gesellschaftlichen Kontext übertragen werden, als auch die Kirche selbst gemäß Röm. 12, 1 Kor. 6 u.ö. als Leib Christi verstanden wurde; seit Mitte des 12. Jh. ist ‹corpus mysticum›, im Gegensatz zum ‹corpus verum› der Eucharistie, ein ekklesiologischer, nicht mehr sakramentaler Begriff [4]. In Christus repräsentiert, d.h. bildet die Kirche einen geheimnisvollen Leib; verbindlich formuliert das 1302 die Bulle ‹Unam Sanctam› von BONIFAZ VIII.: «[ecclesia] unum corpus mysticum representat huius caput Christus vero Deus». Bei THOMAS VON AQUIN enthält ‹R.› ein Moment des Bildhaften, mit dem sich die urbildhafte Wahrheit in die gemäß der «analogia entis» verstandene Wirklichkeit vermittelt. In dieser Weise gebraucht Thomas ‹R.› auch im Kontext der Rechtfertigung politischer Herrschaft. Weil diese Gottes Herrschaft in der Ordnung der Welt «repräsentiert», ist für ihn die Monarchie den anderen Formen vorzuziehen: «quia huiusmodi regimen maxime repraesentat divinum regimen, quo unus Deus mundum gubernat a principio» [5]. Daran knüpft die Fachsprache der kanonistischen und legistischen Theorien an, in denen ‹R.› zum Terminus wird, um die rechtliche korporative Einheit sowie Handlungs- und Zurechnungsfähigkeit einer juristischen Person zu bezeichnen. Zuvor waren meist ‹corpus› und ‹universitas› die unbestimmteren Termini dafür. «Unum corpus repraesentare»: Eine rechtliche Einheit bilden, ist die stehende Formel. Seit JOHANNES MONACHUS (gest. 1313) spricht man von «persona repraesentata»; auch «corpus repraesentatum» oder «persona mystica» kommen vor [6]. An den Personbegriff wird angeküpft, um die für die individuelle Person (persona vera) schon entwickelten Rechtsbestimmungen analog übertragen zu können. Als «repräsentativ» wird sie bezeichnet, weil ihre korporative Einheit sich nicht von selbst versteht, sondern erst ausdrücklich konstituiert werden muß, begrifflicher Natur ist und daher abbildhafter Vergegenwärtigung bedarf. Ein Einfluß nominalistischen Denkens muß zur Erklärung dieser Begriffswahl nicht angenommen werden, auch wenn der Ausdruck ‹persona ficta›, der gleichbedeutend mit ‹persona repraesentata› benutzt wird, dies nahelegen mag [7]. ‹R.› ist ein ontologischer Begriff, der Differenz und Einheit von substantiellem und abbildhaftem Sein artikuliert. R. ist ein zeitübergreifendes [8] identitätsstiftendes Konstituieren, durch das die Teile zu einer realen Einheit integriert werden, die bei aller Differenz Abbild und Urbild miteinander vermittelt. Der hierarchisch orientierten Denkstruktur entsprechend [9], setzt die Einheit in der Verschiedenheit aber einen herrschenden Teil voraus, der sie mit Autorität artikuliert. Hierfür steht die Analogie von Haupt und Gliedern [10]. Identität und Rechtsfähigkeit eines Ganzen bestehen nur, wenn tatsächlich ein Haupt dafür sorgt. Zwischen beiden besteht eine Identitätsbeziehung, weil die konstituierte Einheit nicht ohne die Wirkung der Repräsentanten zu denken ist. Hierfür hat JOHANNES VON SEGOVIA (1441) den Ausdruck «Identitäts-R.» geprägt [11].

a. Auf gesamtgesellschaftlicher Ebene geriet dieser R.-Begriff in eine Krise durch die Rivalität der geistlichen und der weltlichen Macht um den Platz an der Spitze, die noch verschärft wurde durch die kirchenpolitische Verfassungskrise, als die Stellung des Haupts der Kirche durch das große Schisma nach 1378 prekär geworden war, so daß die Konzile den Anspruch authentischer R. erheben konnten. Das Konzil von Konstanz dekretierte 1415, es repräsentiere die Kirche («ecclesiam catholicam militans repraesentans»), und dem fügte das Basler Konzil (1439) noch hinzu: «supra Papam». Für die weitere Entwicklung war dabei folgenreich die Verlagerung des Repräsentanzanspruchs vom Haupt auf eine Versammlung der Glieder.

Eine aporetische Fassung der Frage, wer zur R. der Kirche als ganzer berufen sei, findet sich bei WILHELM VON OCKHAM [12]. Er spricht es gleichermaßen dem Papst wie dem Konzil ab, uneingeschränkt die Kirche repräsentieren zu können. Konkret bezieht sich das auf die Ansprüche auf Unfehlbarkeit sowie auf das Recht, über Häresie entscheiden zu können. Allein die unsichtbare «ecclesia universalis», deren Haupt Christus ist, könne im eigentlichen Wortsinn die Apostelgemeinde als ursprüngliche Kirche repräsentieren («perfectissime repraesentat» [13]), niemals könne das jedoch die körperschaftlich verfaßte irdische «ecclesia Romana» oder eines ihrer Organe. Papst und Konzil sind gleichermaßen Repräsentanten, aber gleichermaßen auch nur fehlbare Glieder. Für die Begriffsgeschichte von ‹R.› bedeutet das eine enorme Verschärfung der Differenz zwischen repräsentiertem Sinn und repräsentierender Wirklichkeit, die niemals voll überbrückt werden kann. Die Beziehung beider ist zwar eigentlich legitimitätsstiftend, aber bei konkurrierenden Repräsentanzansprüchen begründet dieser Gedanke keine Entscheidungsmöglichkeit mehr.

NIKOLAUS VON KUES hat in der Konziliarismusdebatte vor seinem Schwenk zur päpstlichen Seite eine vermittelnde Stellung bezogen [14]. Er anerkennt die Repräsentationsansprüche von Papst und Konzil, deren Antithetik er aber durch ein bis dahin in der Korporationstheorie nur untergründig wirksames Moment im R.-Begriff entschärfen will: den Konsens. R. ist kein aus eigenem Recht bestehender Herrschaftsanspruch, sondern Artikulation eines impliziten oder ausdrücklichen Konsenses der Gläubigen: «Repraesentacio in consensu tacito vel expresso est» [15]. Konsens kann unmittelbar oder mehr oder weniger institutionell vermittelt bestehen; dementsprechend gibt es Stufen der R. von der allgemeinen Versammlung der Gläubigen über die Konzile bis hin zur am wenigsten bestimmten Repräsentanz im Papst. In seinen späteren Schriften wird Cusanus diese vorausweisende Fassung von ‹R.› allerdings zugunsten der päpstlichen Identitäts-R. zurücknehmen [16].

b. Bei MARSILIUS VON PADUA (1324) gewinnt ‹R.› eine aristotelisch-politische, nicht mehr theologisch bestimmte Färbung. Marsilius spricht von den städtischen Gesellschaften Oberitaliens, unabhängig von der theologischen Sinnbestimmung der Gesamtgesellschaft, die gerade neutralisiert werden soll. Innerhalb seiner säkularen politischen Bestimmung der Gesellschaft reproduziert er seinerseits das Schema von Teil und Ganzem zur Legitimation von Herrschaft. Politisches Handeln ist für ihn Sache des «gewichtigeren Teils», der «pars valencior» der Bürgerschaft, die die politische Einheit verkörpert: «que totam universitatem representat» [17]. Marsilius knüpft damit an eine Formel aus dem kanonischen Recht an, nach der das Votum der «maior et sanior pars» (s.d.) anders gewichtet werden sollte als eine Stimme, die sich nicht auf die bessere Vernunft stützen könne [18]. Auch bei Marsilius ist das «valencior» nicht von der Idee der hierarchischen Ordnung zu trennen; R. geschieht «secundum gradum» [19] und kommt nur einer «honorabilitas» zu. Das relativiert die zweifellos vorhandene Modernität seiner Konzeption [20].

Insgesamt verfestigt sich im 14. und 15. Jh. eine Bedeutung von ‹R.›, die einerseits die Begriffsinhalte ‹Konstitution› und ‹Bildung› aus Legistik und Kanonistik und andererseits ‹Stellvertretung› zusammenfügt und auf den Legitimitätsanspruch bestimmter Vertretungskörperschaften verlagert, deren Entscheidungen eine für die Gesamtheit bindende Verpflichtung entfalten. Die Konziliarismusdebatte hat entscheidend dazu beigetragen, den Begriff mit repräsentativen Versammlungen zu assoziieren. Zwar wird noch daran festgehalten, daß durch R. eine sachlich von Natur aus vorgegebene Einheit und hierarchische Gliederung vergegenwärtigt werde. Dennoch ist die thematische Verschiebung von der naturrechtlichen Einheit des Ganzen auf das Verfahren bedeutsam, in dem diese zum Ausdruck kommt. Die Paradoxie des statischen korporationstheoretischen Begriffs, daß ein Teil das Ganze darstellt, ohne aufzuhören Teil zu sein, wird zwar nicht aufgelöst, tritt aber hinter das neue prozedurale Interesse zurück.

Anmerkungen. [1] Dies zum ersten Mal wohl im «vicem universitatis repraesentare» bei ALBERT VON GANDINO, vgl. PODLECH, a.O. [Lit. zu I. 2.] 512 und HOFMANN, a.O. [Lit. zu I. 1.] 159f. – [2] D. STERNBERGER: Kritik der dogmat. Theorie der R. Schr. 3 (1980) 181. – [3] Vgl. J. RATZINGER: Art. ‹Leib Christi›, in: LThK² 6 (1961) 907-912. – [4] E. KANTOROWICZ: The King's two bodies. A study in mediev. polit. theology (Princeton 1957) 194ff. – [5] THOMAS VON AQUIN: S. theol. I-II, 105, 1. – [6] Vgl. PODLECH, a.O. [Lit. zu I. 2.] 511; HOFMANN, a.O. [Lit. zu I. 1.] 159f. – [7] So O. VON GIERKE: Das dtsch. Genossenschaftsrecht 3 (1881); vgl. HOFMANN, a.O. 136. – [8] Vgl. W. KRAWIETZ: Art. ‹Körperschaft›, in: Hist. Wb. Philos. 4 (1976) 1116. – [9] G. DUBY: Les trois ordres ou l'imaginaire du féodalisme (Paris 1978). – [10] Vgl. bes. JOHANNES VON SALISBURY: Policraticus 5. Op. omn. (Leipzig 1969) 3, 261-340; Policr. 6, a.O. 4, 1-79. – [11] PODLECH, a.O. [1]. – [12] J. MIETHKE: R. und Delegation in den polit. Schr. Williams von Ockham, in: ZIMMERMANN, a.O. [27 zu I. 2.] 163-185; G. DE LAGARDE: L'idée de représentation dans les œuvres de Guillaume d'Ockham. Bull. Int. Comm. Soc. Sci. 9 (1937) 425-451; HOFMANN, a.O. [Lit. zu I. 1.] 231ff. – [13] WILHELM VON OCKHAM: Dialogus III, tr. 1, lib. 3, c. 9. – [14] Vgl. bes.: NIKOLAUS VON KUES: De concord. cath. Op. omn. XIV/1-4, hg. G. KALLEN (1959-68); R. HAUBST: Wort und Leitidee der repraesentatio bei Nik. von Kues, in: ZIMMERMANN (Hg.), a.O. [27 zu I. 2.] 139-162; P. PERNTHALER: Die R.-Lehre im Staatsdenken der Concordantia Catholica, in: N. GRASS (Hg.): Cusanus-Gedächtnisschr. der Rechts- und staatswiss. Fak. der Univ. Innsbruck (1970) 45-99. – [15] NIK. VON KUES: Br. vom 8. 11. 1439, in: J. KOCH (Hg.): Cusanus-Texte IV. Br.wechsel des Nik. von Cues, 1. Sammlung. Sber. heidelb. Akad. Wiss. (1944) 47. – [16] HOFMANN, a.O. [Lit. zu I. 1.] 313. – [17] MARSILIUS VON PADUA: Der Verteidiger des Friedens (Defensor Pacis) I, 12, 5, hg. H. KUSCH 1 (1958) 122; vgl. 13, 2, a.O. 130. – [18] F. ELSENER: Zur Gesch. des Majoritätsprinzips (Pars maior und Pars sanior), insbes. nach schweiz. Quellen. Z. Savigny-Stiftung Rechtsgesch., Kanonist. Abt. 42 (1956) 73-116, zit.: 104; vgl. J. QUILLET: Universitas populi und représentation au 14ᵉ s., in: ZIMMERMANN (Hg.), a.O. [27 zu I. 2.] 186-201, zit.: 193. – [19] MARSILIUS VON PADUA, a.O. [17] I, 12, 5; «secundum gradum» ist eine charakteristisch mittelalterliche Hinzufügung zu Aristoteles' Begriff politischer Teilhabe, auf den sich Marsilius an gerade dieser Stelle beruft; vgl. D. STERNBERGER: Die Stadt und das Reich in der Verfass.lehre des Marsilius von Padua. Sber. wiss. Ges. J. W. Goethe-Univ. Frankfurt a.M. 18/3 (1981) 131. – [20] H. BIELEFELDT: Von der päpstl. Universalherrschaft zur autonomen Bürgerrepublik. Z. Savigny-Stiftung Rechtsgesch., Kanonist. Abt. 73 (1987) 70-130, zit.: 123ff.

Literaturhinweise. O. VON GIERKE s. Anm. [7]. – A. ZIMMERMANN s. Anm. [27 zu I. 2.]. – H. HOFMANN s. [Lit. zu I. 1.]. – A. PODLECH s. [Lit. zu I. 2.].

3. *Neuzeit.* – a. In der Folge bleibt R. der institutionengeschichtlichen Entwicklung verbunden, die von den ständisch geordneten Versammlungen zum modernen Parlamentarismus führt und so eine immer weitergehende Demokratisierung der R. zur Folge hat. Eine Ausnahme bildet die im Gegenzug dazu verfestigte absolutistische R.-Theorie, die die Stellvertretungsbedeutung der R. zur Personifikation des Ganzen im souveränen Herrscher verschärft. Wirkungsgeschichtlich gesehen war dies allerdings nur in Völkerrecht und Diplomatie von Bedeutung [1]. Bei TH. HOBBES ist die konsequenteste Fassung von absolutistischer R. zu finden. Sie ist Kern seiner Vertragstheorie. Im staatskonstituierenden Unterwerfungsvertrag wird von den Untertanen akzeptiert, daß sie eine den Naturzustand beendende souveräne Rechtsperson schaffen, die durch R. im Herrscher

in Erscheinung tritt, deren Einheit von ihnen selbst aber unabhängig ist. Ohne das Handeln des Repräsentanten gäbe es nur eine unstrukturierte Menge; ein Volk wird es erst durch den Willen des Herrschers: «For it is the Unity of the Representer, not the Unity of the Represented, that maketh the Person One» [2]. Noch schärfer heißt es, daß der König das Volk in seiner rechtlichen Verfassung «ist»: «quanquam paradoxum sit, rex est populus» [3]. Hobbes negiert also am R.-Begriff alle früher ausgearbeiteten Momente von Konsens oder Gemeinsamkeit im Bilden einer Rechtsperson und auch alle Beschränkungen der vormundschaftlichen R. Daher kann man nicht einmal mehr von einer Identitätsbeziehung sprechen, sein Herrscher «absorbiert» alle Unterschiede von Repräsentierten und Repräsentant, von Teil und Ganzem.

Für die Vorgeschichte der demokratischen R. war das Modell Englands, wo die verfassungsgeschichtliche Entwicklung zum Parlamentarismus früher einsetzte als auf dem Kontinent, höchst einflußreich [4]. Das Parlament war schon im 11. Jh. entstanden als Steuerungsinstrument der königlichen Zentralgewalt; es hatte dabei immer größere Selbständigkeit gewonnen. Sein Selbstverständnis wird im 14. Jh. vom ‹Modus Tenendi Parliamentum›, einer Beschreibung der geltenden Satzungen, formuliert [5]. Darin heißt es in korporationsrechtlicher Tradition, daß die Abgeordneten die gesamte Gemeinschaft ganz Englands repräsentieren: «repraesentant totam communitatem Angliae» [6]. Daneben heißt ‹R.› aber auch, daß die Vertreter für ihre besonderen Stände oder Korporationen sprechen, von denen sie ein ausdrückliches Mandat («plena potestas») haben [7]. «Repraesentatio in toto» und «repraesentatio singulariter» bestehen nebeneinander [8]. Die weitere Entwicklung in England führt mit großer Konsequenz im 16. und 17. Jh. zur Lehre vom souveränen Parlament, das gemeinsam mit dem König die Einheit der Nation «repräsentiert», und dessen Abgeordnete mit einem freien Mandat, aber als «trustees» des Volkes nach freier Beratschlagung ihre Entscheidungen treffen. J. LOCKES Sprachgebrauch steht am Ende dieser Entwicklung (1679). Den König nennt er «representative» des Reichs, schreibt seiner R. aber eine nur noch deklaratorische Funktion zu; wenn der Monarch einen eigenen Willen statt des Gesetzes verwirklichen will, geht er seiner R. verlustig. Die wirklichen «representatives» sind die Abgeordneten des Parlaments [9]. E. BURKES ‹Reflections on the Revolution in France› (1790) sind noch eine späte emphatische Verteidigung dieser R., für die eine aus Wahlen stammende Legitimität weniger wichtig ist als die Verpflichtung der Mandatsträger auf ein gemeinsames Ganzes [10]; dieses Motiv trägt auch noch J. S. MILL (1861) [11]. In seinem Englandkapitel des ‹Esprit des Lois› deutet CH. DE MONTESQUIEU (1748) das Vorbild der englischen ständischen R.-Verfassung als Ausübung der Legislativgewalt durch den «peuple en corps», der sich dazu aber hilfsweise der Repräsentanten bedienen müsse. Die traditionelle ständische Gesellschaftsgliederung bleibt auch hier der Ausgangspunkt [12].

b. In *Deutschland*, wo sich keine zentrale politische Gewalt herausgebildet hatte, konnte der Reichstag keine im englischen Sinne repräsentative Rolle beanspruchen. Auch die landständischen Versammlungen gewannen kein vergleichbares Gewicht in den Territorialstaaten des Reichs. Im Staats- und Verfassungsrecht spielt daher ‹R.› nur eine untergeordnete, wenn auch quantitativ durchaus nicht zu vernachlässigende Rolle; ein herausragender Beitrag stammt von J. ALTHUSIUS (1614), der ständische R. und Herrschaftsvertrag miteinander verbindet [13].

c. Die *Amerikanische* und die *Französische Revolution* bedeuten auch für ‹R.› eine begriffsgeschichtliche Zäsur. In der Verfassungsdiskussion nach der amerikanischen Unabhängigkeitserklärung [14] wurden die Grundsätze und Institutionen des neuen Staatswesens ausdrücklich als «government by representation» oder «representative Democracy» entworfen. Demokratische Legitimität liegt beim souveränen Volk; das Volk aber kann seine Souveränität ausschließlich in repräsentativen Staatsorganen ausüben. ‹R.› wird daher der Schlüsselbegriff, in dem sich demokratische Legitimität und verfassungsrechtlich definierte, aus Wahlen hervorgehende politische Verantwortung verbinden. R. ist institutionelle Mediatisierung der Volkssouveränität [15].

Die Differenz zwischen der Souveränität des Volks und seiner Wahrnehmung durch einen verantwortlichen Repräsentanten wird dabei als Treuhandschaft («the representative trust») [16] formuliert; sie ersetzt die im hierarchischen R.-Begriff liegende Differenz zwischen herrschendem und beherrschtem Teil. ‹R.› umfaßt in einem formalen Sinn alle öffentlich-rechtlichen Institutionen. Dazu tritt jedoch ein materiales demokratisches Element, das ‹R.› an «responsiveness» [17] bindet: In den repräsentativen Organen muß sich die tatsächliche öffentliche Meinung einer Gesellschaft artikulieren. Wichtigstes Zeugnis hierfür sind die (vor allem von J. MADISON verfaßten) ‹Federalist Papers› (1789) [18]. Einflußreich waren auch die Schriften TH. PAINES, bes. ‹The Rights of Man› (1791), der die R. als technische Entdeckung der Amerikanischen Revolution feiert [19]. R. soll ein Höchstmaß an gesellschaftlich wünschbarem Pluralismus zu einem für alle zumutbaren einheitlichen Willen integrieren. Madisons Formel für ‹R.› heißt «Veredelung und Erweiterung öffentlicher Meinungen» [20]. Durch institutionelle Arrangements und Öffentlichkeit sollen partikulare Perspektiven auf das Ganze so ins politische System transformiert werden, daß sie einen höheren Allgemeinheitsanspruch erreichen können. Durch die Zusammenführung der Motive von Demokratie, Konstitutionalismus und politischer Verantwortung im Begriff der R. wird ein neuer Verfassungstyp etabliert, der für die demokratische Staatstheorie maßgeblich geblieben ist [21].

d. J.-J. ROUSSEAU hat im ‹Contrat Social› (1762) unversöhnlich Stellung gegenüber jeder Form von R. bezogen. Seine Ablehnung ist begründet im Schwanken zwischen idealer Prinzipienreflexion und politikwissenschaftlicher Institutionenlehre [22]. Im Gedanken des Allgemeinen Willens sucht er die Freiheiten der selbstbestimmten Individuen zu einer politischen Einheit («corps moral et politique») zu integrieren. Eine Verwirklichung des souveränen allgemeinen Willens in repräsentativen Institutionen schließt er kategorisch aus. «La Souveraineté ne peut être représentée ...; elle consiste essenciellement dans la volonté générale, et la volonté ne se représente point» [23]. Allgemeiner Wille und R. sind unvereinbar; «à l'instant qu'un Peuple se donne des Représentans, il n'est plus libre; il n'est plus» [24]. Gemeint ist offenbar das freie Mandat des englischen Parlaments, gegen das er erbittert polemisiert, weil er es als oligarchische vormundschaftliche Stellvertretung deutet [25]. Pointiert stellt er sie der aktiven Teilnahme an der Bürgerversammlung gegenüber. Diese ist für Rousseau, bei aller Distanzierung vom empirischen Gemeinwillen, der «volonté de tous», die der Idee des Allgemeinen Willens wohl am meisten entsprechende empirische Gestalt. Da in ihr der Souverän präsent ist, findet keine R. statt, «parce qu'où se trouve le Représenté, il n'y a plus de Représentant» [26]. Es ist Rousseaus zentraler Gedanke, daß eine legitime Legislative nur direkt im «peuple en personne», ohne intermediäre Brechungen liegen könne. Nur für die Exekutive als Einzelfallanwendung der Gesetze ist eine R. möglich und auch notwendig [27]. Zu einem stärker pragmatischen Durchdenken gezwungen, konzediert Rousseau später, in den großen Staaten könne die Legislative nicht «selbst» handeln: «la puissance législative ne peut s'y montrer elle-même, et ne peut agir que par députation» [28]; dieses Zugeständnis bindet er allerdings an das gebundene Mandat und einen häufigen Wechsel der Amtsträger [29].

Gegen Rousseau, und in Parallele zur englischen Verfassung, skizziert D. DIDEROT in aller Knappheit ein liberales Verständnis von ‹R.›. Er entwirft eine Körperschaft von gewählten, durch Eigentum definierten und mit ungebundenem Mandat ausgestatteten Vertretern: «Les représentants d'une nation sont des citoyens choisis, qui ... sont chargés par la société de parler en son nom» [30]. Vermittelt vor allem über E.-J. SIEYÈS [31] bestimmte diese Idee die Entwicklung, die von 1789 bis zur ersten französischen Verfassung vom 3. 9. 1791 führte [32]. Anders als nach der amerikanischen Revolution wird hier die Nation zur neuen Bezugsgröße der R. Ihr allgemeiner Wille artikuliert sich in der Nationalversammlung: «La Nation de qui seule émanent tous les pouvoirs, ne peut les exercer que par délégation. La Constitution française est représentative ...» [33]. ‹Volkssouveränität› und ‹allgemeiner Wille› bleiben zwar die legitimierenden Grundbegriffe; aber das entscheidende Argument gegen Rousseau zugunsten der R. formuliert Sieyès mit der Arbeitsteilung der modernen Gesellschaft, die die Bürger wirtschaftlich «unabkömmlich» mache, so daß die freigestellten Repräsentanten das allgemeine Interesse besser interpretieren könnten [34].

e. I. KANTS politische Philosophie steht in sachlicher Affinität zu den Theorien um die Amerikanische und Französische Revolution [35]. In Kants Rechtslehre nimmt ‹R.› unterschwellig einen zentralen Platz ein [36], ohne selbst allerdings explizit behandelt zu werden. In den veröffentlichten Schriften tritt der Begriff selbst relativ selten auf, dann allerdings an Schlüsselstellen; häufiger ist er in den Vorarbeiten und Reflexionen. Kant bestimmt das Recht als einen Sonderfall der praktischen Vernunft, die a priori gebietet, die Willkürfreiheiten auf die Bedingungen ihrer Koexistenz einzuschränken. Alle wechselseitigen Abhängigkeiten müssen als symmetrische, gesetzliche Einschränkungen, als «Vereinigung einer Menge von Menschen unter Rechtsgesetzen» [37], d.h. als Staat rekonstruierbar sein. In einem konstituierten Staat drückt sich ein allgemeiner Wille aus; anders als bei Rousseau gibt es für Kant den allgemeinen Willen aber prinzipiell nur in repräsentierter Form. Der Staat als Bedingung der Möglichkeit eines allgemeinen Willens ist eine Vernunftidee («res publica noumenon»), die über konkrete rechtliche und politische Strukturen keine Auskunft gibt. Zwischen beiden Ebenen gibt es eine unauflösbare Differenz, aber auch eine Beziehung, die Kant ‹R.› nennt. Gegenbegriff ist eine identifizierende Beziehung, nämlich Despotie oder Autokratie, die sich nicht als R. der Rechtsidee versteht und beschränkt. «Alle bürgerliche Systeme (status civilis) sind entweder autocratisch oder repräsentativ. Jene sind despotisch diese sind Systeme der Freiheit ...» [38]. Auch in den Souveränitätsbegriff muß die Differenz zum Vernunftstaat aufgenommen werden. «Nur der Staat ist absoluter Herr; der souverain ist dessen repraesentant» [39]. «Monarch ist der, welcher die höchste, Autokrator aber oder Selbstherrscher der, welcher alle Gewalt hat; dieser ist der Souverän, jener repräsentirt ihn bloß» [40]. Ein anderer Gegenbegriff ist die väterliche Gewalt, die Kant für den politischen Bereich ablehnt, denn anders als in der Familie ist der politische «Regent» «nicht vater sondern repraesentant» [41]. ‹R.› deckt sich bei Kant mit der von ihm sog. republikanischen «Regierungsart» («forma regiminis»), die er in allen «Herrschaftsformen» («forma imperii») für möglich hält. Während die republikanische Regierungsart vernunftgeboten ist, kann über die verschiedenen Herrschaftsformen nur a posteriori geurteilt werden. Monarchie, Aristokratie und Demokratie könnten theoretisch gleichermaßen die reine Republik repräsentieren [42], wenn die Machthaber sich als Amtsträger der Rechtsidee verstehen; umgekehrt gilt aber: «Alle Regierungsform ..., die nicht repräsentativ ist, ist eigentlich eine Unform» [43], weil sie es zuläßt, daß ein besonderer privater Wille sich als allgemeiner Wille ausgeben kann. Dieser Vorwurf trifft nach Kant besonders die Demokratie, wenn sie im Mehrheitskonsens ohne Bindung an eine republikanische Verfassung schon den allgemeinen Willen verwirklicht sieht. Positiv formuliert gehört also zur republikanischen Regierungsart, «wenn sie dem Rechtsbegriffe gemäß sein soll, ... das repräsentative System» [44]. Persönlich favorisierte Kant für Deutschland die aufgeklärte Monarchie, der er die größten Entwicklungschancen einräumte. Der reinen Republik als «der einzig rechtmäßigen Verfassung» kommt aber eine parlamentarische Demokratie doch näher: «Alle wahre Republik aber ist und kann nichts anders sein, als ein repräsentatives System des Volks, um im Namen desselben, durch alle Staatsbürger vereinigt, vermittelst ihrer Abgeordneten (Deputirten) ihre Rechte zu besorgen» [45].

Kants Unterscheidung ist von seinem Schüler W. T. KRUG aufgegriffen worden, der ebenfalls die autokratische von der republikanischen Herrschaftsform unterscheidet und diese mit der repräsentativen Verfassung identifiziert [46]. J. G. FICHTE schließt sich an Kant insofern an, als er das Volk (die «Gemeine») nicht für unmittelbar handlungsfähig hält, sondern ebenfalls an der «absoluten Nothwendigkeit einer R.» i.S. einer Übertragung politischer Macht festhält [47]. Wo Kant zu deren Kontrolle nur die Freiheit der Feder für vernunftgeboten hält, will Fichte noch ein Kontrollorgan («Ephoren») unter Rückführung auf denselben Legitimitätsgrund einführen; er gelangt dadurch aber zu einer Verdoppelung der R., die bei Konflikten eine Lösung unmöglich macht [48].

f. In den Jahren, in denen G. W. F. HEGEL seinen Begriff von R. bildete, stand das «Repräsentativsystem» in Deutschland im Zentrum massiver Auseinandersetzungen. Konservative Ideologien, die eine ständische Gesellschaftsgliederung und R. als ständische Verfassung konservieren wollten (F. von Gentz, Stahl), standen liberalen Vorstellungen gegenüber, die die Legislative als «Volks-R.» oder «National-R.» entwarfen (K. vom Stein, E. M. Arndt, F. C. Dahlmann) [49]. Während nach dem Wiener Kongreß das «monarchische Prinzip» für Deutschland verbindlich wurde, konnte die ständische Interpretation von R. sich nicht durchsetzen. Unter dem Einfluß der Französischen Revolution wurde ‹R.› zum Synonym für den Anspruch gewählter Volksvertretungen gegenüber der fürstlichen Gewalt auf politische Kontrolle und Mitwirkung. Dies bewirkte einen Dualismus der R. zwischen Fürsten und Parlamenten, der zu Übergangstheoremen von «doppelter R.» führte, die sich auch bei Hegel im problematischen Verhältnis von Fürst und Legislative andeuten [50]. Hegels Begriffsverständnis hat sich kontinuierlich entwickelt. Bereits in seiner Schrift über die ‹Verfassung Deutschlands› (1802) deutet er eine geschichtsphilosophische Synthese an, die die R. als ein gemeineuropäisches Modernisierungsphänomen der ständisch gegliederten Gesellschaft versteht, das durch das Aufkommen eines «Bürgerstandes» erzwungen wurde. ‹R.› erscheint als moderne Transformation des antiken Begriffs politischer aktiver Freiheit [51]. 1817 befürwortet Hegel die Einführung einer «repräsentativen Verfassung, eines gesetzmäßigen Zustandes und einer Einwirkung des Volkes bei der Gesetzgebung» [52]. Damit ist das altständische Verständnis abgelehnt. Zugleich kritisiert er die Bindung der R. an den Wahlakt der einzelnen, dabei nur als «isolierte Atome» handelnden Bürger und an ihre soziale Qualifizierung durch einen Vermögenszensus [53]. Diese Reserve gegenüber der auf Wahlen beruhenden Repräsentativverfassung hat er beibehalten [54]. R. müsse anknüpfen an konkrete Gliederungen, in denen der Einzelne lebt «kraft eines Amtes, Standes, einer bürgerlich anerkannten Gewerbsgeschicklichkeit und Berechtigung nach derselben, Meisterschaft, Titel usf.» [55]. In der ‹Rechtsphilosophie› (1821) rekonstruiert Hegel R. als ein systematisch notwendiges Vermittlungsstück zwischen bürgerlicher Gesellschaft und Staat. Die Stände und Korporationen, wie sie Hegel entwirft, gliedern das «Arbeitswesen der bürgerlichen Gesellschaft» [56] in Berufs- und Interessengruppen, in denen die Einzelnen füreinander tätig sind und in denen sich eine Solidarität zeigt, die den egoistischen Einzelnen «versittlicht» und zu einer «allgemeinen Tätigkeit» führt [57]. Von solcher Gliederung der ökonomischen Gesellschaft in typische «besondere Kreise» her muß auch das demokratische Element des modernen Staats bestimmt werden. Das auf die Subjektivität der Einzelwillen gestellte allgemeine Wahlrecht kann die Partikularität nicht überwinden; und weil die einzelne Stimme in der Menge kaum zählt, ist «Gleichgültigkeit» die Folge. Der richtige Ort für das Individuum, sich zu artikulieren, ist die «öffentliche Meinung» [58], und diese hat mit R. nichts zu tun. Was dagegen auf organische Weise in der gesetzgebenden Gewalt repräsentiert werden muß, sind die «wesentlichen Sphären» oder «großen Interessen» [59]. R. heißt nicht, daß die Einzelnen die Abgeordneten und Amtsträger autorisieren; sie sollen nur ein «Zutrauen» haben, ihre Sache werde «nach bestem Wissen und Gewissen» behandelt werden [60]. Entscheidend ist, daß die realen Interessen, soweit sie berechtigt sind, im Entscheidungsprozeß gegenwärtig sind. Hegels letzte Schrift über das Gesetz zur englischen Parlamentsreform (1831) begrüßt daher bei aller Kritik an den sozialen Zuständen Englands, die zu reformieren das Gesetz ungeeignet sei, daß es die Möglichkeit einräume, die Zufälligkeit der Interessen-R. durch eine realistische Neustrukturierung zu überwinden [61]. Zentrales Anliegen von Hegels R.-Begriff ist die Integration der pluralistischen Interessen der von Desorganisation bedrohten Gesellschaft in ein Ganzes. Die bürgerliche Gesellschaft bringt Ansätze zu solcher Integration und Vermittlung selbst schon hervor; diese müssen allerdings vom Staat aufgegriffen und als wirkliche Allgemeinheit formuliert werden. Das demokratische Interesse, die politische Macht auf R. als Mandatserteilung zurückzuführen, tritt hinter den Ganzheitsaspekt zurück [62].

g. K. MARX kommentiert 1843/44 die entsprechenden Paragraphen der Hegelschen Rechtsphilosophie [63]. Er kritisiert nicht Hegels Anknüpfung an die großen Interessen, sondern fundamentaler seine Beibehaltung des Staates als einer eigenen politischen Ebene. Marx identifiziert den von Hegel entwickelten Staat mit der «repräsentativen Verfassung». Diese sei «der unverhohlene Widerspruch» [64] von Staat und Gesellschaft in der bürgerlichen Epoche. Im repräsentativen Staat schafft sich die besitzende Klasse ein Herrschaftsinstrument; in der Demokratie als dem aufgelösten Rätsel aller Verfassungen wäre diese Verdopplung zurückgenommen, und es gäbe weder parlamentarische noch sonstige Amtsträger. Die Politik wäre nur eine Gattungstätigkeit wie alle anderen, wäre «R. in dem Sinne, wie *jede* Funktion repräsentativ ist, wie z.B. der Schuster, insofern er ein soziales Bedürfnis verrichtet, mein Repräsentant ist, ... wie jeder Mensch der Repräsentant des anderen ist. Er ist hier Repräsentant nicht durch ein anderes, was er vorstellt, sondern durch das, was er *ist* und *tut*» [65]. Die Gesellschaft könnte sich ohne politische Herrschaft selbst regulieren, mit der repräsentativen Verfassung verschwindet auch der Staat. «Indem er endlich tatsächlich Repräsentant der ganzen Gesellschaft wird, macht er sich selbst überflüssig ... Der erste Akt, worin der Staat wirklich als Repräsentant der ganzen Gesellschaft auftritt – die Besitzergreifung der Produktionsmittel im Namen der Gesellschaft – ist zugleich sein letzter selbständiger Akt als Staat» [66]. Eher als Hegels besonderer R.-Begriff wird durch Marx' und Engels' Kritik die ganze Tradition des Begriffs mit ihrer Differenz von Ganzheit und Partikularität getroffen. Die bei Marx durch die Eliminierung dieser Differenz entstehenden Probleme der Strukturierung nachrevolutionärer Gesellschaften werden allerdings nicht mehr behandelt [67].

Die sozialistische Theorie folgte nach Marx der Analyse des Staats als Instrument der herrschenden Klasse und sah im Repräsentativsystem keine adäquate Möglichkeit, auch die Interessen der Arbeiterklasse zu artikulieren. Die revolutionäre Fortsetzung der sozialistischen Tradition entwarf die «Rätedemokratie» als Gegenmodell. Der sog. 'Revisionismus' [68] brachte eine stärkere Annäherung; dennoch wurden weiterhin Alternativen zum liberalen Parlamentarismus gesucht, um Elemente unmittelbarer Demokratie und stärkerer Parteienbindung einzubringen [69]. Ein politisierter Begriff war ‹R.› jedoch nicht mehr; Spuren davon zeigen sich allenfalls noch darin, daß ihn die herrschende Staatslehre des Kaiserreichs vermied, da in ihr das Parlament nicht auf ein Volks-, sondern ein Verfassungsmandat zurückgeführt wurde [70]. Bei M. WEBER wird ‹R.› als formaler Zurechnungsbegriff verstanden, der je nach Herrschaftstyp material verschieden ausgefüllt werden kann; für die parlamentarische R. sieht er eine plebiszitäre Gefährdung entstehen durch die um prominente Führer zentrierten Parteien mit ihrer Bürokratie [71].

h. Erst in der politisierten Atmosphäre der Weimarer Republik erfuhr der Begriff ‹R.› eine neue Zuspitzung durch C. SCHMITT [72]. Schmitt versucht, dem neuen Phänomen der «Massendemokratie» und des «Parteienstaates» dadurch Rechnung zu tragen, daß er R. als

Idealtypus ausschließlich der liberalen Vorstellung vorbehalten will, im Parlament würde ohne Verpflichtung durch gesellschaftliche Interessen argumentativ diskutiert. Die moderne Demokratie dagegen organisiere über Parteien Machtgruppen, die durch Propaganda die Massen für sich gewinnen. Leitbegriff der Demokratie – und damit Gegenbegriff zu ‹R.› – ist ‹Identität›: Nach der demokratischen Idee bestehe im Volk schon ohne R. politische Einheit. Sie beruhe auf sozialer und kultureller Homogeneität, die es einem Volk erlaube, idealerweise im Plebiszit Entscheidungen zu treffen. Jeder moderne Staat könne nur als Mischung beider Idealtypen ‹R.› und ‹Identität› existieren. Im einzelnen gehöre zur R., daß sie sich in der Öffentlichkeit vollziehe, daß sie nicht eine natürliche, sondern eine höhere, eben politische Art des Seins eines Volks vergegenwärtige und daß dieses erst darin seine Einheit finde [73]. Schmitts ausdrückliche «Dialektik» von Abwesenheit der politischen Einheit und Anwesenheit im Repräsentanten [74] steht in Kontinuität mit der Begriffsgeschichte. Die eigentümliche Schärfe seiner Theorie liegt darin, daß sie die neuzeitliche Demokratisierung der R. einem ihr entgegengesetzten Prinzip zuschreibt und von beiden Idealisierungen aus die parlamentarische Wirklichkeit vernichtend kritisiert. Schmitts rousseauistische Polarisierung von ‹Identität› und ‹R.› beeinflußt das Begriffsverständnis bis heute [75]. Daran hat sich insbesondere G. LEIBHOLZ angeschlossen. Schmitts historische Idealtypen werden bei ihm im Sinne einer überhistorisch-phänomenologischen Wesensbestimmung interpretiert [76].

i. Nach 1945 war es dominierendes Motiv der deutschen Politikwissenschaft, die westliche verfassungspolitische Tradition wieder in Deutschland einzubürgern. In diesem Zusammenhang stehen gewichtige Beiträge zum R.-Begriff von E. FRAENKEL [77], W. HENNIS [78], D. STERNBERGER [79] und U. SCHEUNER [80]. Gemeinsames Motiv ist es, die repräsentative Demokratie als eigenständigen, wenn auch gemischten Verfassungstyp, zu zeigen, der gegenüber idealisierten Demokratievorstellungen von eigener Dignität ist.

Im deutschen Verfassungsrecht steht ‹R.› heute für die auch unter den Bedingungen des von Parteien getragenen Parlamentarismus aufrechtzuerhaltene eigenverantwortliche Stellung der Parlamentsabgeordneten, die das ‹Grundgesetz› für die Bundesrepublik Deutschland (1949) in Art. 38 garantiert [81]. Die R. der Staatseinheit im Staatsoberhaupt ist dagegen nach innen auf die konsensartikulierende Rede und nach außen auf das diplomatische Zeremoniell zurückgenommen. Politische Probleme der R. ergeben sich vor allem in bezug auf die Parteien, denen das ‹Grundgesetz› in Art. 38 den direkten Durchgriff auf die Abgeordneten als staatliche Amtsträger verbietet, obwohl es ihnen ausdrücklich die «Mitwirkung» an der staatlichen Willensbildung zuspricht und obwohl ohne eine innerparteipolitische Disziplin kein Parlament entscheidungsfähig sein kann. R. im Sinne des Art. 38 garantiert, daß innerhalb der Parteien selbst nicht ohne Publizität und Demokratie entschieden wird [82]. Kritik an der R. als Inbegriff eines bloß formalen Demokratieverständnisses ist besonders seit 1968 in Deutschland unter der Leitvorstellung verstärkter allgemeiner Partizipation verbreitet [83], aber auch jüngst wieder wirksam geworden in Bürgerinitiativen, der Partei der Grünen oder auch in den Oppositionsgruppen der späten DDR [84]. Unter ähnlichen Vorzeichen wird die Ergänzung der repräsentativen Willensbildung durch Momente direkter Sachentscheidung durch die Wählerschaft eingefordert, die das «plebiszitäre Defizit des Grundgesetzes» [85] korrigieren sollen. Auch hier sprechen gewichtige Gründe für Zurückhaltung [86].

‹R.› ist heute auf diese verfassungsrechtliche und politikwissenschaftliche Thematik beschränkt. Eine gewisse Ausnahme ist die Theorie der modernen Gesellschaft von N. LUHMANN, der ‹R.› als eine Kontrastfolie aus der Vormoderne heranzieht. In der modernen, funktional differenzierten Gesellschaft habe jedes Teilsystem einen monadischen Weltentwurf, von dem aus es sich als das Ganze konstruiert, wobei die zusammenfassende Denkfigur der Hierarchie, in der einem Teil die privilegierte R. des Ganzen zugedacht wurde, entfällt. Ein partielles Äquivalent dafür ist die Reflexion, durch die die Teile ihre Stellung in bezug aufeinander rekonstruieren. Der entscheidende Unterschied ist, daß es keine Reflexion geben kann, die ihre Partikularität transzendieren und die Gesellschaft als Ganze in der Gesellschaft selbst repräsentieren könnte [87]. Demgegenüber hat J. HABERMAS für seine vom Begriff der Kommunikation ausgehende Theorie der Gesellschaft herausgestellt, daß sie mit der Unterstellung einer intersubjektiven Lebenswelt auch eine gesamtgesellschaftliche Identitätsbildung denkbar macht. In der Verständigung der den konkurrierenden Lebenswelten zugrundeliegenden Totalitätsentwürfe entstehe zwar nur «ein diffuses Gemeinbewußtsein» [88], aber doch auch eine «Selbst-R. der Gesellschaft» [89].

Anmerkungen. [1] Vgl. E. DE VATTEL: Droits des gens 1 (1748) 42. – [2] TH. HOBBES: Leviathan I, 16. The Engl. works, hg. W. MOLESWORTH (London 1839-45) 3, 151. – [3] De cive 12, § 8. Op. lat., hg. W. MOLESWORTH (London 1839-45) 2, 291; vgl. H. F. PITKIN: Hobbes' concept of representation. Amer. polit. Sci. Review 58 (1964) 328-340. 902-918. – [4] K. KLUXEN: Gesch. und Problematik des Parlamentarismus (1983). – [5] M. V. CLARKE: Mediev. representation and consent (London 1936); H. M. CAM: Mediev. representation in theory and practice. Speculum 29 (1954) 347-355. – [6] Zit. nach: CLARKE, a.O. 383. – [7] G. POST: Plena Potestas and consent in mediev. assemblies: A study in the romano-canonical procedure and rise of representation 1150-1325, in: Studies in mediev. legal thought (Princeton 1964) 91-162. – [8] Zu diesem von B. DE JOUVENEL geprägten Begriffspaar vgl. E. SCHMITT: Repraesentatio in toto and repraesentatio singulariter. Hist. Z. 213 (1971) 529-576. – [9] J. LOCKE: Two treat. of government II, § 157f. Works, hg. TH. TEGG u.a. 5 (London 1832, ND 1963) 432f. – [10] E. BURKE: Reflections on the Revolution in France. Works 3 (London 1899); D. STERNBERGER: E. Burkes Verteidigung der R. Schr. 3 (1980) 229-259. – [11] J. S. MILL: Considerat. on representat. government, hg. H. B. ACTON (New York 1972). – [12] CH. DE MONTESQUIEU: De l'esprit des lois XI, 6. Oeuvr. compl. 2 (Paris 1951) 400f.; vgl. S. GOYARD-FABRE: L'idée de représentation dans l'esprit des lois. Dialogue, Canad. philos. Review 20 (1981) 1-22. – [13] Vgl. RAUSCH, a.O. [1 zu II. 1.] 207ff.; vgl. HOFMANN, a.O. [Lit. zu I. 1.] 345ff. 358; O. VON GIERKE: Althusius und die naturrechtl. Staatstheorien (⁷1981); H. HOFMANN: R. in der Staatslehre der frühen Neuzeit. Zur Frage des R.-Prinzips in der ‹Politik› des J. Althusius, in: Recht – Politik – Verfassung (1986) 1-30. – [14] G. S. WOOD: The creation of the Amer. republic (New York 1972); B. BAILYN: The ideolog. origins of the Amer. revolution (Cambridge, Mass. 1967). – [15] B. HALLER: R. – Von der hierarch. Ges. zum demokrat. Verfass.staat (1987) 121; dazu: H. DREIER: Demokrat. R. und vernünftiger Allgemeinwille. Arch. öffentl. Rechts 118 (1988) 450-483. – [16] J. JAY/A. HAMILTON/J. MADISON: The federalist papers, hg. G. WILLS (New York 1982) 290 (Nr. 57). – [17] H. F. PITKIN: The concept of representation (Berkeley/Los Angeles 1967) 232ff.; A. H. BIRCH: Representative and responsible government (London 1964). – [18] G. WILLS: Explaining America: The federalist (New York 1981); B. A. ACKERMAN: The Storr lectures: Discovering the constitution. Yale Law J. 93 (1984) 1027-1072. – [19] TH. PAINE: The rights of man, hg. H.

COLLINS (Harmondsworth 1969); D. STERNBERGER: Die Erfindung der Repräsentat. Demokratie. Eine Unters. von Th. Paines Verfass.ideen. Schr. 3 (1980) 59-81. – [20] Federalist papers Nr. 10, a.O. [16] 46; diese Formel geht auf Hume zurück und kehrt bei Kant wieder; vgl. I. KANT: KU § 60. Akad.-A. 5, 356; vgl. B. HALLER: Die auf Meinung gegründete Republik, in: J. SCHWARTLÄNDER/D. WILLOWEIT (Hg.): Meinungsfreiheit (1986) 85-104. – [21] K. STERN: Grundideen europ.-amer. Verfass.staatlichkeit (1984). – [22] O. VOSSLER: Rousseaus Freiheitslehre (1963). – [23] J.-J. ROUSSEAU: Du contrat soc. III, 15. Oeuvr. compl., hg. B. GAGNEBIN/M. RAYMOND (Paris 1964) 3, 429. – [24] a.O. 431. – [25] 430. – [26] 428. – [27] 430. – [28] Consid. sur le gouvernement de Pologne, a.O. 978. – [29] R. DERATHÉ: Rousseau et la sci. polit. de son temps (Paris 1950) 276ff.; R. FRALIN: Rousseau and representation. A study of the development of his concept of polit. institutions (New York 1978). – [30] D. DIDEROT: Art. ‹Représentants›, in: Encycl. 28 (Lausanne/Bern 1780) 362. – [31] J. ROELS: La notion de représentation chez l'Abbé Sieyès. Rev. gén. Belge 99 (1963) 87-105; La notion de représentation chez les révolutionnaires français. Anc. Pays Assembl. d'Etats 37 (1965) 151-168. – [32] E. SCHMITT: R. und Revolution. Eine Unters. zur Genesis der kontinent. Theorie und Praxis parlamentar. R. aus der Herrschaftspraxis des Ancien Régime in Frankreich 1760-89 (1969). – [33] Franz. Verfassung vom 3. 9. 1791, Titel 3, art. 2, zit. nach: HOFMANN, a.O. [Lit. zu I. 1.] 406. – [34] E.-J. SIEYÈS: Polit. Schr. 1 (1796) 510ff. – [35] HALLER, a.O. [15] 170ff. – [36] K. BORRIES: Kant als Politiker. Zur Staats- und Ges.lehre des Kritizismus (1928) 193; G. SCHRAMM: Das Problem der Staatsform in der dtsch. Staatstheorie des 19. Jh. (1938) 93. – [37] I. KANT: Met. der Sitten, Rechtslehre II, § 45. Akad.-A. 6, 313; vgl. Akad.-A. 19, 562; W. KERSTING: Wohlgeordnete Freiheit. – I. Kants Rechts- und Staatsphilos. (1984). – [38] Vorarb. zur Met. der Sitten. Akad.-A. 23, 342. – [39] Refl. 1399, a.O. 15, 610. – [40] a.O. [37] § 51. Akad.-A. 6, 339. – [41] Refl. 7749, a.O. 19, 507. – [42] Vgl. a.O. 23, 342. – [43] Zum Ewigen Frieden 2 (1795). Akad.-A. 8, 352. – [44] a.O. 353; vgl. Art. ‹Mehrheit, Mehrheitsprinzip›. – [45] a.O. [37] § 52. Akad.-A. 6, 341; vgl. Vorarb. zum ‹Ewigen Frieden›. Akad.-A. 23, 166. – [46] W. T. KRUG: Das Repräsentativsystem (1816). – [47] J. G. FICHTE: Grundl. des Naturrechts nach Princ. der Wiss.lehre. Akad.-A. I/3, hg. R. LAUTH/H. JACOBS (1966) 439. – [48] G. DUSO: Der Begriff der R. bei Hegel und das mod. Problem der polit. Einheit (1990) 21f. – [49] Vgl. PODLECH, a.O. [Lit. zu I. 2.] 530f. – [50] H. BOLDT: Dtsch. Staatslehre im Vormärz (1975) 25f. 84f.; G. PLANTY-BONJOUR: Du régime représentat. selon Sieyès à la monarchie constitut. selon Hegel, in: H. CH. LUCAS/O. PÖGGELER (Hg.): Hegels Rechtsphilos. im Zus. der europ. Verfass.gesch. (1986) 13ff. – [51] G. W. F. HEGEL: Die Verfass. Deutschlands. Polit. Schr., hg. J. HABERMAS (1966) 93; vgl. S. AVINERI: Hegels Theorie des mod. Staats (1976) 69; R. K. HOCEVAR: Stände und R. beim jungen Hegel. Ein Beitr. zu seiner Staats- und Ges.lehre sowie zur Theorie der R. (1968); CH. JAMME: Die Erzieh. der Stände durch sich selbst. Hegels Konzeption der neuständ.-bürgerl. R. in Heidelberg 1817/18, in: LUCAS/PÖGGELER (Hg.), a.O. 149ff. – [52] HEGEL: Verhandl. in der Versammlung der Landstände des Kgr. Württemberg im Jahre 1815 und 1816, a.O. 144. – [53] a.O. 161ff. – [54] Vorles. über die Philos. der Weltgesch., hg. J. HOFFMEISTER (1955) 144. – [55] a.O. [51] 160. – [56] Grundlinien der Philos. des Rechts § 251. – [57] § 255. – [58] § 308. – [59] § 311. – [60] § 309, Zusatz. – [61] Über die engl. Reformbill, a.O. [51] 300. – [62] G. MALUSCHKE: Philos. Grundlagen des demokrat. Verfass.staats (1982) 281ff. versucht, vom demokrat. Amtsauftrag ausgehend, eine Korrektur des Hegelschen Staatsbegriffs, die um den Begriff ‹Volks-R.› zentriert ist. – [63] K. MARX: Zur Kritik der Hegelschen Rechtsphilos., Kritik des Hegelschen Staatsrechts (§§ 261-313). MEW 1 (1976) 201ff. – [64] a.O. 279. – [65] 325; vgl. R. BRANDT: Dichotomie und Verkehrung. Zu Marx' Kritik des Hegelschen Staatsrechts. Hegel-Stud. 14 (1979) 225-242. – [66] F. ENGELS: Herrn E. Dührings Umwälzung der Wiss. (Anti-Dühring). MEW 20 (1972) 261f. – [67] K. HARTMANN: Die Marx'sche Theorie. Eine Unters. zu den Hauptschr. (1970) 511ff. – [68] Vgl. Art. ‹Revisionismus›. – [69] M. ADLER: Demokratie und Rätesystem (1919). – [70] P. LABAND: Das Staatsrecht des dtsch. Reichs (⁴1901) bes. 272f.; anders G. JELLINEK: Allg. Staatslehre (³1960) 586, der die Autorisierung der Abgeordneten durch die Wählerschaft als «erstes Staatsorgan» betont; vgl. PODLECH, a.O. [Lit. zu I. 2.] 546; V. HARTMANN: R. in der polit. Theorie und Staatslehre in Deutschland (1979) bes. 153. – [71] M. WEBER: Wirtschaft und Ges. (⁴1956) 171. 173. – [72] C. SCHMITT: Verfass.lehre (1928) 200ff.; Die geistesgeschichtl. Lage des heutigen Parlamentarismus (²1926). – [73] Verfass.lehre, a.O. 204ff. 208f. – [74] a.O. 209; vgl. J. H. KAISER: Die Dialektik der R., in: Festschr. C. Schmitt (1959) 72ff. – [75] Vgl. etwa E.-W. BÖCKENFÖRDE: Demokratie und R. (1963); M. KRIELE: Einf. in die Staatslehre (1975); zustimmend auch J. HABERMAS: Strukturwandel der Öffentlichkeit. Unters. zu einer Kategorie der bürgerl. Ges. (1962, ⁸1976) 20; dort auch der Hinweis auf H.-G. GADAMER: Wahrheit und Methode (1960) 134. 476. – [76] G. LEIBHOLZ: Das Wesen der R. und der Gestaltwandel der Demokratie im 20. Jh. (1929); Art. ‹R.›, in: Evang. Staatslex. (³1987) 2986-2993. – [77] E. FRAENKEL: Die repräsentat. und die plebiszit. Komponente im demokrat. Verfass.staat (1958). – [78] W. HENNIS: Meinungsforsch. und repräsentat. Demokratie (1957); Amtsgedanke und Demokratiebegriff, in: Festschr. R. Smend (1962) 51-70. – [79] D. STERNBERGER: Kritik der dogmat. Theorie der R. Schr. 3 (1980) 175-226. – [80] U. SCHEUNER: Das repräsentat. Prinzip in der mod. Demokratie, in: Festschr. H. Huber (1961) 224-246. – [81] E.-W. BÖCKENFÖRDE: Demokrat. Willensbildung und R., in: J. ISENSEE/P. KIRCHHOFF (Hg.): Hb. des Staatsrechts der BRD 2 (1987) 29-48; K. STERN: Das Staatsrecht der BRD 1 (²1984) bes. 959; H. P. SCHNEIDER: Das parlamentar. System, in: E. BENDA/W. MAIHOFER/H. J. VOGEL (Hg.): Hb. des Verfass.rechts (1983) 239-294; ein weiteres, auch die anderen Verfass.organe einbeziehendes R.-Verständnis hat R. HERZOG: Allg. Staatslehre (1971) 216f. – [82] K. HESSE: Die verfass.rechtl. Stellung der polit. Parteien im mod. Staat. Aussprache zu den Ber. in den Verh. der Tagung der dtsch. Staatsrechtslehrer zu Wien am 9./10. 10. 1958. Veröff. der Vereinig. der Dtsch. Staatsrechtslehrer 17 (1959) 115-117. – [83] Probleme der Demokratie heute. Tagung der dtsch. Vereinigung für polit. Wiss. 1969 (1971); H. GREBING: Volks-R. und imperative Demokratie. Polit. Vjschr. 13 (1972) 162-180; H. P. SCHNEIDER: R. und Partizipation des Volkes als Problem demokrat. Legitimität, in: Festschr. H. Simon (1987) 243-260. – [84] B. GUGGENBERGER/U. KEMPF: Bürgerinitiativen und repräsentat. System (1978). – [85] W. MAIHOFER: Abschließende Äußerungen, in: BENDA u.a. (Hg.), a.O. [81] 1381-1416, zit.: 1409. – [86] P. KRAUSE: Verfass.rechtl. Möglichkeiten unmittelbarer Demokratie, in: ISENSEE/KIRCHHOFF (Hg.), a.O. [81] 313-337. – [87] N. LUHMANN: Die Wiss. der Ges. (1990) 719 u.ö.; Soz. Systeme (1984) 27 u.ö.; HALLER, a.O. [15] 88ff. – [88] J. HABERMAS: Der philos. Diskurs der Moderne, 12 Vorles. (1985) 417. – [89] a.O. 435.

Literaturhinweise. E. VOEGELIN: The new sci. of politics (Chicago 1952). – J. KAISER: Die R. organisierter Interessen (1956). – H. KURZ: Volkssouveränität und Volks-R. (1965). – CH. MÜLLER: Das imperative und das freie Mandat (Leiden 1966). – H. F. PITKIN s. Anm. [17]. – H. RAUSCH (Hg.): Zur Theorie und Gesch. der R. und der Repräsentativverfassung (1968). – J. ROELS: Le concept de représ. polit. au 18ᵉ s. français (Löwen 1969). – E. SCHMITT s. Anm. [32]. – H. HOFMANN s. [Lit. zu I. 1.] – W. MANTL: R. und Identität (1975). – K. BOSL: Der mod. Parlamentarismus und seine Grundl. in der ständ. R. (1977). – V. HARTMANN: R. in der polit. Theorie und Staatslehre in Deutschland (1979). – A. PODLECH s. [Lit. zu I. 2.]. – B. HALLER s. Anm. [15]. – G. DUSO: La rappresentanza: Un problema di filos. polit. (Mailand 1988). – J. KIMME: Das Repräsentativsystem (1988). – H. HOFMANN: Der spätmittelalterl. Rechtsbegriff der R. in Reich und Kirche. Der Staat 27 (1988) 523-545. – CH. GUSY: Demokrat. R. Z. Politik 36 (1989) 264-285. B. HALLER

III. *19. und 20. Jh.* – Die Feststellung E. CASSIRERS, daß der «Begriff und Terminus der R. ... trotz aller Angriffe, die gegen ihn gerichtet wurden, in der Geschichte der Erkenntnislehre dauernd eine zentrale Stellung behauptet hat» [1], kann man dahingehend ergänzen, daß Entsprechendes auch für die Geschichte der Zeichentheorie, der Sprachphilosophie und der Philosophie des Geistes gilt.

1. *Leibniz-Rezeption.* – Auf die zunehmende Verwendung und Erörterung des Begriffs ‹R.› im 19. und 20. Jh. hatte die verstärkte Rezeption der Leibnizschen Schriften beträchtlichen Einfluß. In vielbeachteten Darstellungen von L. FEUERBACH, E. ZELLER und K. FISCHER [2] wurden der Monadologie und dem Begriff der R. bereits im 19. Jh. eingehende Untersuchungen gewidmet. In seiner «neuen Darstellung der Leibnizschen Monadenlehre» hob E. DILLMANN dann hervor: «Der interessanteste und tiefste, zugleich der wichtigste Begriff der leibnizischen Monadenlehre, derjenige, ohne dessen volles Verständnis ein tieferes Eindringen in die letztere von vornherein ausgeschlossen ist, ist der Begriff der R.» [3]. Dillmanns eigene Explikation – «Eine Sache repräsentiert eine andere, wenn sie das in einer bestimmten Form *A*, was die letztere in einer bestimmten Form *B* ist» [4] – vermochte (wie mancher andere Vorschlag aus dieser Zeit) weder in der Sache noch als Beitrag zur Erhellung der Leibnizschen Lehren zu befriedigen. Einen Fortschritt stellte demgegenüber die Untersuchung von P. KÖHLER [5] dar, welche eingehend den mathematischen Darstellungsbegriff berücksichtigte. Daneben werden die antike eidolon-Lehre sowie die Auffassung des Mikrokosmos als einer R. des Makrokosmos als ideengeschichtlicher Hintergrund des reifen Leibniz festgestellt, der die repräsentative Natur der Monaden zum Mittelpunkt seines Systems machte. Daß die Beschäftigung mit Leibniz im 19. und 20. Jh. in eigene Theorienbildung übergehen konnte, wird wohl am besten durch den Hinweis auf eine Reihe 'neuer Monadologien' (CH. RENOUVIER, D. MAHNKE u.a. [6]) belegt. Vor allem aber wirkte die Einsicht von Leibniz, in einer Beziehung der R. sei keinerlei Verhältnis der Ähnlichkeit (sondern nur eine gewisse Analogie der Verhältnisse) vonnöten, in der Zeichen- und in der Erkenntnistheorie vielfach fort: «Der erste und entscheidende Schritt zur Überwindung der 'Abbildtheorie' ist getan» [7]; an ihre Stelle tritt im 19. Jh. nach und nach eine 'Symboltheorie' der Wahrnehmung und der Erkenntnis (H. VON HELMHOLTZ, H. HERTZ u.a.).

2. *R. vs. Präsentation.* – In einer besonders im 19. und beginnenden 20. Jh. verbreiteten Verwendung von ‹R.› gewinnt der Kontrast zu dem, was ‹Präsentation› genannt wird, eine bedeutungsbestimmende Rolle. Vermutlich hat sich das Begriffspaar zunächst in der angelsächsischen Psychologie eingebürgert, bevor es in die französische und deutsche Terminologie übernommen wurde. J. WARDs Artikel ‹Psychology› in der ‹Encyclopedia Britannica› dürfte nochmals enorm zur Ausbreitung beigetragen haben [8]. Im Deutschen hat man die Gegenüberstellung zuweilen mit dem Begriffspaar ‹Gegenwärtigung› – so E. HUSSERL und M. HEIDEGGER [9] – und ‹Vergegenwärtigung› nachzuahmen versucht. Bei aller Uneinheitlichkeit des Gebrauchs [10] läßt sich festhalten: Tendenziell wird ‹Präsentation› für das unmittelbare Gegenwärtigsein eines Inhalts im Bewußtsein verwendet, während ‹R.› für die Fälle des Bewußthabens eines Inhalts reserviert wird, bei denen ein Moment der Bearbeitung, Reproduktion oder Verdoppelung im Spiel ist (wie etwa bei Erinnerungsvorstellungen). H. SPENCER führte weitere Differenzierungen ein, indem er zwischen «presentative», «presentative-representative», «representative» sowie «re-representative» – angewandt sowohl auf «cognitions» als auch auf «feelings» – unterschied [11]. Ohne allgemeine Zustimmung zu finden, plädierte H. BERGSON dafür, ‹R.› strikt für die sekundären Bearbeitungen geistiger Inhalte zu reservieren, da für das ursprüngliche Gegenwärtigsein das Wort ‹Präsentation› aus der englischen Psychologie zur Verfügung stehe: «Notre mot 'représentation' est un mot équivoque, qui devrait, d'après l'étymologie, ne jamais désigner un objet intellectuel présenté à l'esprit pour la première fois. Il faudrait le réserver aux idées ou aux images qui portent la marque d'un *travail* antérieur effectué par l'esprit. Il y aurait lieu alors d'introduire le mot *présentation* (également employé par la psychologie anglaise), pour désigner d'une manière générale tout ce qui est purement et simplement présenté à l'intelligence» [12].

3. *Neokritizismus, Neukantianismus.* – Im französischen ('néo-criticisme' genannten) und deutschen Neukantianismus wurden in bezug auf den R.-Begriff und das Verhältnis von ‹R.› und ‹Präsentation› eigene Akzente gesetzt. Für den einflußreichsten Neokritizisten CH. RENOUVIER ist R. die allgemeine Form des gesamten Bewußtseins, wobei er die Bedeutungsweite des so gefaßten Begriffs als einen Vorzug ansieht: «Le mot est trop utile avec son sens universel pour que je consente à m'en priver» [13]. Der Umfang von «représentation» sei vergleichbar dem Umfang von Descartes' pensée-Begriff; ausdrücklich heißt es: «On remarquera donc bien que par *se représenter* je n'entends pas plutôt dire *imaginer* ou *sentir* que *généraliser, comparer* ou même *désirer, vouloir*, etc.» [14]. «Représentation» und «chose», «représentatif» und «représenté» sind Korrelativbegriffe [15]. An die Kategorienlehre von Renouvier knüpft sein bedeutendster Schüler O. HAMELIN in dem ‹Essai sur les éléments principaux de la représentation› modifizierend an. Auch für Hamelin ist R. wesentlich an Bewußtsein geknüpft. Die idealistische Kernthese – «La représentation est l'être et l'être est la représentation» [16] – wird mit der Bemerkung eingeleitet: «La représentation, contrairement à la signification étymologique du mot, ... ne représente pas, ne reflète pas un objet et un sujet qui existeraient sans elle: elle est l'objet et le sujet, elle est la réalité même» [17].

P. NATORP hebt zunächst den radikalen begrifflichen Unterschied zwischen präsentativem und repräsentativem Bewußtsein hervor [18]; im «wirklichen Leben des Bewußtseins» zeige sich der Unterschied gleichwohl fließend [19]. Schließlich gelangt er zum Resultat, daß «alles eigentliche Bewußtsein Beziehung – das heißt aber: nicht die Präsentation, sondern die R. das Ursprüngliche [ist], die Präsentation nur aus dem repräsentativen Bewußtsein, als in ihm eingeschlossenes Moment, abstrahiert ist» [20]. Diese These vom Primat der Beziehung (und damit der R. vor der Präsentation) wird von E. CASSIRER geteilt: Ohne R. «gäbe es auch keinen 'präsenten', keinen unmittelbar gegenwärtigen Inhalt; denn auch dieser besteht für die Erkenntnis nur, sofern er einbezogen ist in ein System von Relationen, die ihm erst seine örtliche und zeitliche, wie seine begriffliche Bestimmung geben» [21]. R. als eine in der Struktur des Bewußtseins gegründete Funktion liegt auch dem Symbol zugrunde; von daher wird der Begriff der R. nicht zuletzt für die «Philosophie der symbolischen Formen» bedeutsam [22].

4. *Brentano-Schule, Phänomenologie.* – F. BRENTANOs Kennzeichnung der psychischen Phänomene durch die «intentionale (auch wohl mentale) Inexistenz eines Gegenstandes», «die Beziehung auf einen Inhalt», «die Richtung auf ein Objekt», «die immanente Gegenständ-

lichkeit» [23] stellte den folgenden Generationen die Aufgabe, die Intentionalität des Mentalen sowie die je verschiedenen intentionalen Relationen aufzuklären. Während sich Brentano und K. TWARDOWSKI [24] vorzugsweise des Ausdrucks ‹Vorstellung› bedienen, spielen bei A. MEINONG ‹Präsentation› (s.d.) und bei E. HUSSERL auch ‹R.› eine zentrale Rolle. Gerade weil bei Husserl «Intentionalität» der Leitbegriff, der «Problemtitel, der die ganze Phänomenologie umspannt» [25], wurde und blieb, konnte er in verschiedenen Stadien dem R.-Begriff eine enger gesteckte Rolle zuweisen. So bemühte er sich in den Jahren 1893/94 um eine Abgrenzung von Anschauung und R.: Während Anschauungen psychische Erlebnisse sind, welche ihre Gegenstände «als immanente Inhalte wirklich in sich fassen» [26], «intendieren» R.en ihre Gegenstände bloß, wobei eine eigentümliche «Weise des Bewußtseins (des 'Zumuteseins', der psychischen Anteilnahme)» [27] vorliege. Später werden «R.» und «Form der R.» in einen engen Zusammenhang mit «Auffassung» und «Auffassungsform» gerückt [28].

5. *Semiotik.* – Unter den Fortsetzern der semiotischen Tradition, die im 19. und 20. Jh. den Terminus ‹R.› aufgriffen, ragt CH. S. PEIRCE heraus. In einem Wörterbuchartikel zum Stichwort ‹Represent› gab er eine elementare Erläuterung: «To stand for, that is, to be in such a relation to another that for certain purposes it is treated by some mind as if it were that other» [29]. Wie umfangreich dieser Begriff sein soll, unterstreichen die Beispiele: «Thus a spokesman, deputy, attorney, agent, vicar, diagram, symptom, counter, description, concept, premise, testimony, all represent something else, in their several ways, to minds who consider them in this way» [30]. Als Terminus technicus ist ‹R.› bei Peirce für seine Zeichendefinitionen sowie für seine Kategorienlehre zentral. Eine charakteristische Zeichenexplikation lautet: «A sign, or *representamen,* is something which stands to somebody for something in some respect or capacity. It addresses somebody, that is, creates in the mind of that person an equivalent sign, or perhaps a more developed sign. That sign which it creates I call the *interpretant* of the first sign. The sign stands for something, its *object*. It stands for that object, not in all respects, but in reference to a sort of idea, which I have sometimes called the *ground* of the representation» [31]. Kategorientheoretisch entspricht ‹R.› der Fundamentalkategorie der Drittheit; rückblickend bemerkt Peirce zu seinen terminologischen Entscheidungen: «my categories, I then named them Quality, Relation and Representation. ... I did not then know enough about language to see that to attempt to make the word *representation* serve for an idea so much more general than any it habitually carried, was injudicious. The word *mediation* would be better. Quality, reaction and mediation will do. But for scientific terms, Firstness, Secondness, and Thirdness, are to be preferred as being entirely new words without any false associations whatsoever» [32]. In der Weiterentwicklung einer semiotisch fundierten Metaphysik durch J. ROYCE gewinnt der Begriff eines selbstrepräsentativen Systems an Bedeutung [33]. Die semiotischen Bemühungen im engeren Sinne wurden fortgeführt von CH. MORRIS, S. K. LANGER und N. GOODMAN [34].

6. *Neuere Entwicklungen.* – In den letzten Jahrzehnten zeichnet sich das Projekt einer allgemeinen Theorie der R. ab, in welcher die psychologischen und zeichentheoretischen Bedeutungen einer gemeinsamen Klärung zugeführt werden sollen: «What is needed is nothing less than a completely general theory of representation, with which we can explain how words, thoughts, thinkers, pictures, computers, animals, sentences, mechanisms, states, functions, nerve impulses, and formal models (inter alia) can be said to represent one thing or another. It will not do to divide and conquer here – by saying that these various things do not represent in the same sense. Of course that is true, but what is important is that there is something that binds them all together, and we need a theory that can unify the variety» [35]. Neben den sog. 'mentalen' (geistigen, internen) R.en, denen mittlerweile das Hauptinteresse gilt, stehen verschiedene Arten äußerer R.en, besonders sprachliche und bildhafte, im Mittelpunkt. In der Diskussion um die mentalen R.en werden *R.en in Computern* als Modell – oder zumindest zu Vergleichszwecken – herangezogen. Schließlich sprechen manche Autoren von *natürlichen R.en,* wobei sie im allgemeinen an den traditionellen Begriff des natürlichen Zeichens anknüpfen. – Die philosophischen Beiträge zum interdisziplinären Vorhaben einer allgemeinen Theorie der R. umfassen Begriffsanalysen, vergleichende Untersuchungen zu Symbolsystemen und ihren Funktionsweisen [36] sowie wissenschaftstheoretische Analysen zur Frage, welche (explanatorische) Rolle Begriffe wie ‹(mentale) R.› in empirischen Theorien (der kognitiven Psychologie, der Linguistik usw.) spielen [37].

a. *Allgemeines.* – ‹R.› wird verwendet α) im Sinne eines Etwas, einer Entität, – PEIRCE benutzt dafür «representamen» [38] –, wenn etwa von Bildern, sprachlichen Zeichen, mentalen R.en u.ä. die Rede ist, und β) im Sinne einer Relation, die näherhin als nicht-reflexiv, nicht-symmetrisch [39] und nicht-transitiv bestimmt werden kann. – Große Uneinigkeit besteht darüber, welche grundlegenden Merkmale – falls überhaupt – die verschiedenen Arten der R.en verbinden sollen. Die meisten Theorien stimmen darin überein, daß es zum Begriff der R. gehört, daß R.en semantische Eigenschaften oder Bewertungen (Sachbezug, Inhalt, Wahrheit/Falschheit, Erfüllungsbedingungen) sinnvoll zugeschrieben werden können und daß R.en Elemente von R.-Systemen sind. (Ob man in besonderen Fällen von R.en und R.-Systemen auch dann reden kann, wenn bloß syntaktisch beschreibbare Etwasse vorliegen, ist umstritten.) In der Regel enthalten R.-Systeme nicht nur atomare, sondern auch zusammengesetzte R.en mit innerer syntaktischer und semantischer Struktur. Paradigmatische R.-Systeme (Sprachen, Bildsysteme) lassen *singulär bezugnehmende, generell bezugnehmende* und *im Sachbezug leere R.en* zu. Für R.en sind ferner normalerweise gewisse Richtigkeitsstandards in Geltung. Wo richtige R. möglich ist, sollte begrifflich auch falsche oder Fehl-R. möglich sein. (Welche der genannten Bestimmungen auf die 'natürlichen R.en' zutreffen können, ist wiederum umstritten.) – Am Beispiel der bildhaften R. hat N. GOODMAN auf eine Mehrdeutigkeit von Ausdrücken der Art '*r* ist eine R. von *a* (bzw. von *Fs*)' aufmerksam gemacht. Die Wendung kann zum einen bedeuten: 'Es gibt *a* (bzw. *Fs*), und *r* repräsentiert *a* (*Fs*)'. Manchmal besagt sie jedoch nur: '*r* ist eine *a*-R. (bzw. *F*-R.)', d.h. eine R. einer bestimmten Art. Allgemein gilt: «Thus with a picture as with any other label, there are always two questions: what it represents (or describes) and the sort of representation (or description) it is» [40].

b. *Bildhafte Darstellung.* – Die Vielfalt miteinander verzahnter Fragen und theoretischer Ansätze wird bereits am Beispiel der Diskussion um die bildhafte R. deutlich, welche seit den sechziger Jahren – unter dem Einfluß von E. H. GOMBRICH und N. GOODMAN [41] – mehr und mehr zugenommen hat. (Statt ‹pictorial representation› wird zuweilen abkürzend ‹representation› gesagt.) In der Debatte geht es u.a. um die Fragen: Wie ist ‹bildhafte R.› zu definieren? Wie unterscheiden sich Bilder von anderen, insbesondere von sprachlichen Symbolen? Wodurch wird im Falle von bildhaften R.en der Sachbezug festgelegt? Die Unzulänglichkeiten der traditionellen Ähnlichkeitstheorie sind immer deutlicher zutage getreten [42]. Als Alternative werden u.a. kausale, intentionalistische, konventionalistische sowie Illusions- und Sehen-Als-Theorien der bildhaften R. erörtert, die jedoch z.T. Antworten auf unterschiedliche Fragen liefern. Viel diskutiert wird die zeichensystembezogene Analyse der Bildhaftigkeit von GOODMAN, derzufolge Bilder Elemente analoger (syntaktisch und in der Regel auch semantisch dichter) Symbolsysteme sind: «Nothing is intrinsically a representation; status as representation is relative to symbol system. ... A system is representational only insofar as it is dense; and a symbol is a representation only if it belongs to a system dense throughout or to a dense part of a partially dense system. Such a symbol may be a representation even if it denotes nothing at all» [43].

c. *Sprachliche Darstellung.* – 'Sprachliche R.' ist häufig nur eine harmlose 'Façon de parler', wenn über sprachliche Zeichen, sprachlichen Bezug und sprachliche Bedeutung geredet wird. Einige haben jedoch eine anspruchsvollere (und problematische) R.-Theorie der Sprache im Sinn. Im 20. Jh. sind die recht unterschiedlichen Vorschläge von K. BÜHLER und dem jungen L. WITTGENSTEIN von besonderem Gewicht. Bühler begrüßte es, daß H. GOMPERZ in seiner ‹Semasiologie› [44] die scholastische Formel 'aliquid stat pro aliquo' aufgegriffen und fortentwickelt hatte; BÜHLER selbst ging es primär um eine Rehabilitation der Idee der sprachlichen Darstellung: «Die Rede von einer stellvertretenden Funktion der Sprachzeichen stammt aus dem klassischen Altertum und hat einen guten Sinn; es gilt nur ihn zu differenzieren» [45]. Eine solche Differenzierung wird durch die Unterscheidung mehrerer Darstellungsfelder der Sprache (Lautstrom in der Zeitreihe/innere Anschauung/Inbegriff syntaktischer Schemata [46]) geleistet. Neben dem Begriff des Darstellungsfeldes ist besonders die Unterscheidung zwischen Erscheinungstreue und Relationstreue von semiotischem Interesse [47]. – Vor anderem historischem Hintergrund (H. HERTZ, G. FREGE, B. RUSSELL) hat WITTGENSTEIN in der ‹Logisch-philosophischen Abhandlung› (1921) eine Theorie sprachlicher Darstellung – und von R. überhaupt – entwickelt. Gemäß dieser sog. 'Bildtheorie des Satzsinnes' sind Sätze und Gedanken logische Bilder von Sachverhalten, wozu gehört, daß Repräsentierendes und Repräsentiertes dieselbe logische Mannigfaltigkeit besitzen [48]. Trotz der Kritik, die Wittgenstein selbst später an ihr übte, sind die Grundgedanken dieser Bildtheorie immer wieder einmal in systematischer Absicht aufgegriffen worden (u.a. von E. STENIUS, J. F. ROSENBERG, D. W. STAMPE [49]).

d. *Mentale R.en.* – In der zweiten Hälfte dieses Jahrhunderts avancierte ‹mentale R.› zu einem Schlüsselbegriff in der psychologischen und philosophischen Theorienbildung – und zwar besonders in den kognitiven Wissenschaften und in der Analytischen Philosophie des Geistes. (Die Wortverbindung ‹mental representation› o.ä. taucht bereits im 19. und frühen 20. Jh. vereinzelt auf, z.B. bei J. DEWEY [50]; eher ablehnend bei W. JAMES [51]; H. SPENCER spricht u.a. von «representative cognitions» [52]; ähnliche Wendungen lassen sich bis ins Mittelalter zurückverfolgen.) – Als 'repräsentationalistisch' kann man alle die Theorien des Geistes bezeichnen, die – zur Erklärung des Verhaltens sowie der geistigen Vorgänge von Menschen (und womöglich anderen geistbegabten Wesen) – mentale R.en postulieren, wobei darunter im allgemeinen innergeistige Entitäten verstanden werden, welche syntaktische und semantische Eigenschaften besitzen und zu einem R.-System gehören. Vorwiegend werden solche Theorien für die sog. 'höheren' geistigen Funktionen erörtert; aber auch in Wahrnehmungstheorien werden vielfach wieder interne R.-Systeme postuliert [53]. Repräsentationalistische Theorien des Geistes waren eine Zeitlang verpönt: In der Psychologie war es der Behaviorismus (J. B. WATSON, B. F. SKINNER), in der Philosophie waren es die Kritiken G. RYLES und L. WITTGENSTEINS an verschiedenen Aspekten des traditionellen Mentalismus, die ein ungünstiges Klima für solche Ansätze schufen. Dies begann sich bereits in den fünfziger, dann bes. in den sechziger und siebziger Jahren zu ändern. Rückblickend kann man Vorläufer wie K. CRAIK [54] ausmachen, der in den vierziger Jahren die Hypothese entwickelte, das Gehirn operiere mit analogen internen Modellen von Aspekten der Außenwelt. – Die Renaissance repräsentationalistischer Theorien des Geistes wurde durch eine Reihe von Strömungen unterschiedlicher historischer Provenienz begünstigt. Mathematische und technische Fortschritte ermöglichten die Entwicklung erster Computer-Generationen, die bald darauf für das Forschungsprogramm 'Artificial Intelligence' eingesetzt werden konnten. (Auch außerhalb dieses Programms wurde der Wirkungsweise von Computern Modellcharakter für die des Geistes zugesprochen.) Der Linguist N. CHOMSKY und der Psychologe und Philosoph J. A. FODOR setzten sich mit den Mentalismus-Kritiken von Skinner, Ryle und Wittgenstein auseinander und bemühten sich um einen am Cartesianismus orientierten Mentalismus, der gleichwohl den Substanzdualismus und andere unhaltbare Konsequenzen vermeiden sollte [55]. P. GEACH und R. CHISHOLM [56] förderten die Wiederentdeckung der Intentionalitätsdiskussion der Scholastik und der Brentano-Schule in der englischsprachigen Philosophie. Unter diesen veränderten Rahmenbedingungen wurde die Rede von mentalen R.en wieder salonfähig. – Als Prototyp einer repräsentationalistischen Theorie des Geistes gilt die Version von FODOR [57]. Fodors Ausgangspunkt ist seine Überzeugung, daß die besten verfügbaren (und die einzigen aussichtsreichen) psychologischen Theorien unabdingbar die Annahme interner R.en erfordern. Grundsätzlich geht er davon aus, daß die Alltagspsychologie, welche menschliches Verhalten unter Berufung auf propositionale Einstellungen ('glauben, daß p'; 'wünschen, daß p' u.a.) erklärt, den geeigneten begrifflichen Rahmen für eine wissenschaftliche Psychologie liefere. Intentionale Zustände gibt es Fodor zufolge wirklich; sie verursachen Verhalten und andere Geisteszustände. Zugleich sind sie semantisch bewertbar (die Überzeugungen mit 'wahr' bzw. 'falsch'; die Wünsche mit 'erfüllt' bzw. 'unerfüllt'). Intentionale Zustände sind Relationen zwischen Menschen (oder anderen Organismen) und mentalen R.en. Letztere werden als logisch strukturierte Entitäten aufgefaßt, die zu einem sprachartigen R.-System, einer «language of thought», gehören. (Fodor läßt damit die spätantike und scholastische lingua-mentis-Hypothese wieder aufleben.) Die R.-Theorie ist mit einer Computer-Theorie des Geistes verknüpft. Kognitive Prozesse entsprechen formalen Operationen über mentale R.en. Zwischen den kausalen Beziehungen, durch welche die Geisteszustände miteinander verknüpft sind, und den logisch-semantischen (inferentiellen) Relationen, die unter den zugehörigen mentalen R.en bestehen, soll ein strenger Parallelismus herrschen. – So gut wie jedes Detail dieses extremen Repräsentationalismus ist gegenwärtig heftig umstritten [58]. Zu den meisterörterten Fragen gehören: Ist das begriffliche Grundgerüst der Propositionale-Einstellungen-Psychologie wirklich adäquat für eine wissenschaftliche Psychologie? Sollte man unsere Praxis der Zuschreibung intentionaler Zustände (statt realistisch) nicht besser instrumentalistisch (im Sinne eines idealisierten Erklärungs- und Vorhersagekalküls) deuten? Kann die Rede von mentalen R.en – insbesondere auch von Fehl-R. – in einer naturalistisch akzeptablen Weise expliziert werden? Müssen mentale R.en und R.-Systeme sprachartig sein? Sind für die Individuierung von Geisteszuständen nur Tatsachen maßgeblich, welche das Innere der Person betreffen, die in dem Geisteszustand sein soll, oder spielen die äußere natürliche und soziale Umgebung hierfür eine oder die maßgebliche Rolle? Die radikalste Frage ist natürlich: Gibt es überhaupt mentale R.en (im hier erörterten Sinne), d.h. sind interne R.en zur Erklärung menschlichen Verhaltens und geistiger Vorgänge unabdingbar?

Anmerkungen. [1] E. CASSIRER: Substanzbegr. und Funktionsbegr. (1910) 373; vgl. unten: ‹V. Krise der R.›. – [2] L. FEUERBACH: Darst., Entwickl. und Kritik der leibn. Philos. (1837); E. ZELLER: Gesch. der dtsch. Philos. (1875) 93. 111f.; K. FISCHER: Gesch. der neueren Philos. 3: Leibniz (⁴1902). – [3] E. DILLMANN: Eine neue Darst. der leibn. Monadenlehre (1891) 304. – [4] a.O. 308. – [5] KÖHLER, a.O. [76 zu I. 4.]. – [6] CH. RENOUVIER/L. PRAT: La nouvelle monadol. (Paris 1899); D. MAHNKE: Eine neue Monadol. (1917). – [7] E. CASSIRER: Das Erkenntnisproblem in der Philos. und Wiss. der neueren Zeit 2 (1907) 83. – [8] J. WARD: Art. ‹Psychology›, in: Encycl. Brit. 9 (⁹1896, ND Washington 1977) 37-85. – [9] E. HUSSERL: Log. Unters. II, § 37 (1901) 588; (²1913) II/2, 116. Husserliana [Hua.] 19/2 (1984) 646; Die Krisis der europ. Wiss. en § 46 (1936). Hua. 6 (Den Haag 1954) 163; M. HEIDEGGER: Sein und Zeit § 69b (1927, ¹⁰1963) 363. – [10] Belege bei: EISLER⁴ 2, 490f. 728; LALANDE¹⁰ 820f. 920ff. – [11] H. SPENCER: The princ. of psychol. 2 (1855) 579f. – [12] H. BERGSON: Disc. à la soc. franç. de philos. (23. 5. 1901). Bull. Soc. franç. Philos. 1 (1901) 98-103, in: Mélanges, hg. A. ROBINET (Paris 1972) 506; vgl. LALANDE¹⁰ 820f. – [13] CH. RENOUVIER: Essais de critique gén. I/1 (Paris 1912) 7. – [14] a.O. – [15] 7. 9. – [16] O. HAMELIN: Essai sur les élém. principaux de la représentation (Paris 1907) 374. – [17] a.O. – [18] P. NATORP: Allg. Psychol. (1912) 53. – [19] a.O. 54. – [20] 56. – [21] CASSIRER, a.O. [1] 377. – [22] Philos. der symbol. Formen 1-3 (1923-29, ⁹1988). – [23] F. BRENTANO: Psychol. vom empir. Standpunkte 1 (1924) 124. – [24] K. TWARDOWSKI: Zur Lehre vom Inhalt und Gegenstand der Vorstellungen (Wien 1894). – [25] E. HUSSERL: Ideen zu einer reinen Phänomenol. und phänomenolog. Philos. 1, § 146. Hua. 3 (1950) 357. – [26] Psychol. Stud. zu element. Logik II, § 2 (1894). Hua. 22 (1979) 108. – [27] a.O. 115. – [28] Log. Unters. II/2, VI, § 26f. Hua. 19/2 (1984) 621ff.; zur Disk. vgl. E. LÉVINAS: La ruine de la représentation, in: E. Husserl 1859-1959 (Den Haag 1959) 73-85; B. RANG: R. und Selbstgegebenheit. Die Aporie der Phänomenol. der Wahrnehmung in den Frühschr. Husserls, in: U. GUZZONI u.a. (Hg.): Der Idealismus und seine Gegenwart. Festschr. W. Marx (1976) 378-397. – [29] CH. S. PEIRCE: Art. ‹Represent›, in: Dict. of philos. and psychol. 2, hg. J. M. BALDWIN (1902) 464. – [30] a.O. – [31] Coll. pap. 2 (1931) Nr. 2.228. – [32] Coll. pap. 4 (1933) Nr. 4.3. – [33] J. ROYCE: The world and the individual (New York 1900-01); The problem of Christianity (New York 1913). – [34] CH. MORRIS: Signs, language, and behavior (Englewood Cliffs 1946); S. K. LANGER: Philos. in a new key (Cambridge, Mass. 1942); N. GOODMAN: Languages of art. An approach to a theory of symbols (Indianapolis 1968). – [35] D. C. DENNETT: Brainstorms. Philos. essays on mind and psychol. (Montgomery, Vt. 1978) 91. – [36] Vgl. bes. GOODMAN, a.O. [34]. – [37] R. CUMMINS: The nat. of psychol. explanation (Cambridge, Mass. 1983); Meaning and mental representation (Cambridge, Mass. 1989). – [38] PEIRCE, a.O. [29] u.ö. – [39] K. BÜHLER: Die Axiomatik der Sprachwiss. Kantstud. 38 (1933) 19-90, hier: 27; GOODMAN, a.O. [34] 4. – [40] GOODMAN, a.O. 31. – [41] E. H. GOMBRICH: Art and illusion (London 1960); GOODMAN, a.O. – [42] GOMBRICH, a.O. passim; GOODMAN, a.O. [34] Kap. 1; O. R. SCHOLZ: Bild, Darst., Zeichen. Philos. Theorien bildhafter Darst. (1991) Kap. 1. – [43] GOODMAN, a.O. 226; vgl. SCHOLZ, a.O. Kap. 4. – [44] H. GOMPERZ: Weltanschauungslehre II/1: Semasiologie (1908); vgl. BÜHLER, a.O. [39] 27ff. – [45] K. BÜHLER: Über den Begriff der sprachl. Darstellung. Psychol. Forsch. 3 (1923) 282-284, hier: 282. – [46] Die Symbolik der Sprache. Kantstud. 33 (1928) 405-409, hier: 409. – [47] Vgl. auch: Sprachtheorie (1934) § 12. – [48] L. WITTGENSTEIN: Log.-philos. Abh. (1921). – [49] E. STENIUS: Wittgenstein's Tractatus (Oxford 1960); J. F. ROSENBERG: Linguistic representation (Dordrecht 1974); D. W. STAMPE: Towards a causal theory of linguistic representation. Midwest Studies Philos. 2 (1977) 81-102. – [50] J. DEWEY: Logic (New York 1938) 523ff. – [51] Vgl. z.B. W. JAMES: Essays in radical empiricism (Cambridge, Mass. 1976) 27. – [52] SPENCER, a.O. [11]. – [53] D. MARR: Vision (New York 1982). – [54] K. CRAIK: The nat. of explanation (Cambridge 1943); daran anknüpfend: P. N. JOHNSON-LAIRD: Mental models (Cambridge 1983). – [55] Vgl. J. A. FODOR: Psychol. explanation (New York 1968). – [56] Vgl. P. GEACH: Mental acts (London 1957); R. CHISHOLM: Art. ‹Intentionality›, in: Encycl. of philos., hg. P. EDWARDS (New York 1967) 4, 200-204. – [57] J. A. FODOR: The language of thought (New York 1975); Representations (Cambridge, Mass. 1981); Psychosemantics (Cambridge, Mass. 1987); Darst. und Kritik bei: A. KEMMERLING: Mentale R.en. Kognitionswiss. 1 (1991) 47-57. – [58] Vgl. die Hinweise bei KEMMERLING, a.O. [57] und die daran anknüpfende Disk. mit A. BECKERMANN, in: Kognitionswiss. 2 (1991) 91-104.

Literaturhinweise. P. KÖHLER s. Anm. [76 zu I. 4.]. – E. CASSIRER s. Anm. [22]. – N. GOODMAN s. Anm. [34]. – J. A. FODOR s. Anm. [57]. – N. BLOCK (Hg.): Readings in philos. of psychol. 1-2 (London 1981); Imagery (Cambridge, Mass. 1982). – D. C. DENNETT: Styles of mental representation. Proc. Aristot. Soc. 83 (1982-83) 213-226. – S. SILVERS (Hg.): Rerepresentations (Dordrecht 1989). – O. R. SCHOLZ s. Anm. [42]. – B. BECKER (Hg.): Zur Terminologie in der Kognitionsforsch. (1991).

O. R. SCHOLZ

IV. *Psychologie und Kognitionswissenschaft.* – Der Begriff ‹mentale R.› spielt in der heutigen Kognitionswissenschaft (Cognitive Science) eine zentrale Rolle. Seine Vorgeschichte wird in der Regel, wenn überhaupt, dann problemgeschichtlich thematisiert [1]. Die folgende Darstellung ist begriffshistorisch orientiert und spart demgemäß solche Verwendungsweisen im wesentlichen aus, die der Sache nach zur Problematik der R. gehören, jedoch unter einer anderen Rubrik (z.B. ‹Darstellung›, ‹Vorstellung›, ‹Idee›, ‹Symbol›) geführt werden.
Im ersten Teil wird der historische Hintergrund für die Psychologie breiter entfaltet, während er für die anderen kognitionswissenschaftlichen Disziplinen im zweiten Teil retrospektiv nur angedeutet wird.

1. *R. in der Psychologie vor der 'kognitiven Wende'.* – a. *R. als seelisches Grundvermögen.* – Am Beginn der Psychologie als einer in Lehrbüchern dieses Titels abgehandelten philosophischen Teildisziplin [2], bei CH. WOLFF, steht die von Leibniz übernommene Konzeption, wonach die R., als «vis repraesentativa», die fundamentale «Kraft» des Seelischen ist, aus der alle anderen

seelischen Vermögen abgeleitet werden. Wolff übernimmt von Leibniz den Gedanken, daß die Seele das gesamte Universum repräsentiert; die «vis repraesentativa» – sie ist das Wesen (essentia) der Seele – ist allerdings materiell durch die Lage des Organismus (corpus organicum) im Universum und formell durch die Struktur (constitutio) der Sinnesorgane eingeschränkt [3]. Träger der R. sind die Ideen, wobei zwischen materiellen und immateriellen (sensiblen oder intellektuellen) Ideen zu unterscheiden ist. Materielle Ideen repräsentieren das Zusammengesetzte im Zusammengesetzten, immaterielle Ideen das Zusammengesetzte im Einfachen («compositum in simplici») [4]. Ferner repräsentieren materielle Ideen «in sich», immaterielle Ideen aber «außer sich», d.h. sie zeigen (nach Art eines Hohlspiegels) den Gegenstand nicht am Ort der R., sondern außerhalb desselben [5]. Und schließlich repräsentieren immaterielle Ideen nicht nur den augenblicklichen, sondern auch den vergangenen und zukünftigen Zustand der Welt, während materielle Ideen «auf die Grenzen ihres Objektes beschränkt sind». Daher sind die Perzeptionen der Seele (ihre sensiblen Ideen und Phantasmen) Abbilder, die «durch keine menschliche Kunst nachgeahmt werden können» [6].

Zwar liegt bei der Bestimmung der R. durch immaterielle Ideen ein leibnitianischer Gedanke vor, doch Wolff verwendet in seiner Psychologie nicht die abstrakte darstellungstheoretische Konzeption Leibnizens, sondern bestimmt die Beziehung zwischen sensibler Idee und Gegenstand als (bildartige) Ähnlichkeit [7]. Das Ähnlichkeitsprinzip gilt auch für den Begriff (notio), denn dieser ist ein Akt der Aufmerksamkeit, der aufgrund der Ähnlichkeit einzelner Objekte «species» und «genera» konstituiert und das ihnen Gemeinsame grundsätzlich nur in einem Einzelding repräsentieren kann [8]. Auch die symbolische Erkenntnis (cognitio symbolica) impliziert keine Abweichung vom Prinzip der Ähnlichkeits-R. Zwar sind Wörter ihren Gegenständen unähnlich, aber sie können wie auch andere Zeichen nur dann verstanden werden, wenn wir uns ihrer Denotate bewußt sind [9]. Die «mechanische R.» von abstrakten Begriffen durch den Körper geschieht durch materielle Ideen, die den sensiblen Ideen der sie bezeichnenden Wörter korrespondieren [10]. Der Intellekt «überschreitet» die Grenzen der R.-Kraft der Seele daher nicht [11]. Das gleiche gilt von Affekten, denn diese sind «heftigere Tendenzen, antizipierte Perzeptionen zu produzieren oder zu hemmen» («conatus vehementiores producendi perceptiones praevisas aut impediendi») [12]. Als einfache Substanz kann die Seele nur eine Kraft (vis) haben, obwohl sich diese in verschiedenen Vermögen (facultates) äußern kann [13]. Bei dieser einfachen Kraft handelt es sich um die R. – ein Satz, dessen Beweis für jede einzelne Betätigung der Seele einen wesentlichen Anteil der rationalen Psychologie Wolffs ausmacht.

Begriffsgeschichtlich gesehen, fällt die Herrschaft der Leibniz-Wolffschen R.-Theorie der Seele mit jenem Zeitraum zusammen, in dem (außerhalb der katholischen Länder) die Psychologie in lateinischer Sprache behandelt wurde. Der wohl letzte Beleg findet sich 1779 bei A. G. BAUMGARTEN: «Anima mea est vis repraesentativa» [14]. In die deutsche Fachsprache wurde jedoch nicht das Fremdwort ‹R.›, sondern, schon von WOLFF selbst [15], das deutsche Wort ‹Vorstellung› aufgenommen. Bis Ende des 19. Jh., als die deutschsprachige Psychologie sich auch terminologischen Einflüssen aus England und Frankreich öffnete, fällt daher für den deutschen Sprachraum die Begriffsgeschichte von ‹R.› mit derjenigen von ‹Vorstellung› zusammen. Die Äquivalenz von ‹Vorstellung› und ‹R.› im Leibniz-Wolffschen Sinn, die sich auch anhand der lateinischen Schriften von I. KANT [16] und J. F. HERBART [17] nachweisen läßt, hatte zur Folge, daß in einer etwa durch die Namen Kant, Herbart und Schopenhauer zu charakterisierenden Traditionslinie mit ‹Vorstellung› alle Arten kognitiven Gehalt aufweisender mentaler Zustände bezeichnet wurden. Letzter Exponent dieser Linie ist W. WUNDT, für den die Wahrnehmung als komplexer, objektbezogener psychischer Inhalt unter den Begriff ‹Vorstellung› fällt [18] – eine Ausdrucksweise, die durchaus dem heutigen Begriff der mentalen R. entspricht, nach 1900 aber weitgehend abgelehnt wurde [19].

b. *R. als vermittelte (indirekte) Erkenntnis; R. und Präsentation.* – In der britischen Psychologie des 19. Jh. ist das Begriffspaar ‹Präsentation›-‹R.› zur Bezeichnung des Unterschiedes zwischen direkter (unmittelbarer) und indirekter (vermittelter) Erkenntnis fest verankert. Der Wortgebrauch wurde durch W. HAMILTON eingeführt, und zwar zunächst im Zuge der Abgrenzung des von ihm selbst und seinen Vorgängern in der schottischen Common sense-Philosophie vertretenen «natürlichen Realismus» von der Ideenlehre (Locke, Berkeley, Hume), der er eine «representative theory» der Wahrnehmung unterstellt [20]. Hamilton selbst vertritt in bezug auf Wahrnehmung und Selbstbewußtsein eine «präsentative» Theorie, hält jedoch Phantasie und Imagination für «repräsentative» Funktionen. In seiner Psychologie unterscheidet er demgemäß unter den kognitiven Vermögen (neben anderen) ein präsentatives und ein repräsentatives Vermögen [21]. R. ist ein mentaler Akt (kein Inhalt oder Objekt), der von der Reproduktion unterschieden werden muß, an das Bewußtsein gebunden ist und in der Fähigkeit des Geistes besteht, die aus dem Unbewußten reproduzierten Gedanken lebhaft vor sich hin zu stellen [22].

Da man in der britischen Tradition gewohnt war, die Funktion von Ideen als «R.» zu beschreiben, bot sich Hamiltons Unterscheidung zwischen ‹Präsentation› und ‹R.› als bequemes Mittel zur Bezeichnung geläufiger Dichotomien wie «impression/idea» (D. HUME) und «sensation/ideation» (J. MILL) [23] an. Sie fand daher breite Resonanz, und zwar nicht nur bei Psychologen verschiedenster Überzeugungen, sondern auch außerhalb der Psychologie. Der Hirnanatom D. FERRIER bezeichnete 1876 die Unterscheidung zwischen präsentativen und repräsentativen Bewußtseinszuständen als selbstverständliches Gemeingut der britischen Psychologie [24]. Die Abtrennbarkeit von ‹Re-› in ‹R.› wurde von H. SPENCER dazu verwertet, die «Re-R.» als höchste Funktion der Kognition zu bezeichnen, in der Aggregate von R.en repräsentiert werden [25]. Folge dieser Loslösung des Begriffspaars ‹R.›-‹Präsentation› von der aktpsychologischen Konzeption Hamiltons war, daß ‹R.› auch (und vorwiegend) auf mentale Inhalte angewendet und wie z.B. bei Spencer im Sinne der Stellvertretung aufgefaßt wurde. In diesem Zusammenhang kam es auch zu den ersten Verwendungen des Begriffs ‹mentale R.›.

Durch J. MCCOSH [26] wird der schottische Realismus und seine psychologische Terminologie in die USA verpflanzt, wo J. M. BALDWIN 1889 seinem ‹Handbook of Psychology› völlig unverändert die Hamiltonsche Unterscheidung zwischen ‹R.› und ‹Präsentation› zugrunde legt [27]. In Deutschland findet sich die entsprechende Terminologie nur ganz vereinzelt, wie etwa bei B. ERDMANN [28], der vorschlägt, die Wahrnehmungen als «Präsente» und die aus ihnen abgeleiteten Erinnerungen als «Repräsente» zu bezeichnen, wobei er sich auf mentale Inhalte bezieht. Angesichts der andersartigen heimischen Sprachtradition in Frankreich ist der britische Einfluß dort dafür verantwortlich, daß die Unterscheidung ‹présentation/représentation› in die Fachsprache übernommen wird [29].

Gegen Ende des 19. Jh. kommt es in Großbritannien zu einer etwas anderen Akzentuierung des Begriffspaares, und zwar infolge vertiefter Beschäftigung mit der deutschen Tradition (Kant, Herbart, Brentano). J. WARD [30] und sein Schüler G. F. STOUT [31] bezeichnen alle Objekte des Bewußtseins oder der Aufmerksamkeit als «presentations» und sehen dies als beste Wiedergabe dessen, was Locke als «idea» und Kant und Herbart als «Vorstellung» bezeichnet hatten [32]. ‹R.› ist dabei nicht mehr ein Gegensatz zu ‹Präsentation›, sondern bezieht sich auf eine Unterklasse der Präsentationen, nämlich diejenigen des assoziativ geformten «Gedächtniskontinuums». Ward schreibt daher konsequent «re-presentation».

c. *'Mentale R.': Einige Erstverwendungen.* – Bis heute ist nie untersucht worden, von wem und wann erstmals die Wortfügung ‹mentale R.› verwendet wurde. Hier einige frühe Beispiele, die alle aus der britischen Psychologie um 1860/70 stammen. J. MILL bezeichnet 1829 komplexe Ideen, die zwar von Empfindungen abgeleitet, aber arbiträr aus ihnen kombiniert werden – also «Ideen von Ideen» – als «mentale Ideen» [33]. Sein Sohn und Kommentator J. S. MILL setzt 1869 dafür «mental representations» ein, meint jedoch, die «mentalen Ideen» J. Mills seien nicht Ideen von Ideen, sondern wiederholte Ideen [34]. – Etwa gleichzeitig bezeichnet der Physiologe W. B. CARPENTER als «mental representation» eine «idea» des Objektes, «die von unserem unmittelbaren Erleben ganz abgehoben ist und den Charakter einer unabhängigen geistigen Realität annimmt» [35]; und H. SPENCER wirft dem Idealismus vor, an die Stelle von Impressionen Ideen von Impressionen und damit mentale R.en zu setzen [36]. Diese Beispiele lassen erkennen, daß ‹mentale R.› als psychologischer Terminus ursprünglich nicht Ideen schlechthin (im Sinne von Descartes und Locke), sondern eine besondere, mental verursachte Klasse von Ideen, bzw. die Theorie, daß Ideen mental verursacht sind, bezeichnete. – Davon zu unterscheiden, zeitlich aber damit zusammenfallend, ist die Erstverwendung von «mental representation» durch CH. S. PEIRCE 1865; diese ist zeichentheoretisch motiviert und dient der Unterscheidung zwischen extramentalen R.en und mentalen Zuständen, «die eine gegebene R. als R. repräsentieren» [37].

d. *Die R. von Begriffen.* – Weniger in der Psychologie als in der psychologistischen Logik findet auch im deutschen Sprachraum in Reaktion auf Berkeleys Zurückweisung der Realität von Allgemeinvorstellungen eine Spezialbedeutung von ‹R.› weite Verbreitung. «Der Begriff an sich selbst ist unvorstellbar», er muß durch eine «repräsentative Vorstellung» vertreten werden, behauptet u.a. W. WUNDT [38]. Von der «R.-Theorie der Allgemeinvorstellung» [39] existieren verschiedene Varianten, die hier nicht referiert werden, da es nur um die Dokumentation der um 1900 geläufigen Ausdrucksweise ‹R.-Vorstellung› geht.

e. *Verschwinden und 'Rückzugsfelder' des R.-Begriffs in der ersten Hälfte des 20. Jh.* – Dem 'klassischen' psychologischen Begriff der R. war inhärent, daß die R. als Bewußtseinsphänomen gefaßt wurde; der Begriff ‹R.› verschwindet daher spätestens im Zuge des Paradigmenwechsels von der Bewußtseinspsychologie zur objektiven bzw. behavioristischen Psychologie. Tatsächlich setzt sein Verschwinden schon in der Bewußtseinspsychologie selbst ein, und zwar bei ihrem Übergang zu einer 'immanenten' (sensualistisch-positivistischen) Konzeption des Bewußtseins, also um die Jahrhundertwende [40]. Dennoch hatte er einige 'Rückzugsfelder', bevor er vor der kognitiven Wende reaktiviert wurde [41]. Dafür drei Beispiele:

1) Die Unterscheidung zwischen ‹Präsentation› und ‹R.› wird durch W. METZGER, allerdings in verdeutschter Form, als Unterscheidung zwischen «Angetroffenem», das uns «leibhaft begegnet», und «Vergegenwärtigtem», dem bloß Gedachten, in die Gestaltpsychologie aufgenommen [42].

2) E. CASSIRER bezeichnet mit ‹R.› die «Darstellung eines Bewußtseinselementes in einem anderen und durch ein anderes» und sieht in ihr, bei der eine «Durchdringung und Wechselwirkung sinnlicher und begrifflicher Faktoren» vorliegt, eine «wesentliche Voraussetzung für den Aufbau des Bewußtseins selbst» und «Bedingung seiner Formeinheit» [43]. Cassirers R.-Begriff ist ursprünglich aus der Betrachtung der Sprache gewonnen, wurde dann aber auf den Gesamtbereich der symbolischen Erkenntnis ausgeweitet – wobei übrigens der Gedanke des Einzelnen als «Repräsentant» des Ganzen terminologisch und sachlich Pate stand [44]. Unabhängig von ihm gewinnt K. BÜHLER aus der Übertragung der Darstellungsfunktion der Sprache [45] auf die Psychologie die «Darstellung» als einen von drei obligatorischen Aspekten der Psychologie [46], und CASSIRER registriert in diesem Punkt seine «prinzipielle Übereinstimmung» mit Bühler [47].

3) Der Begriff der R. 'überlebt' auch in der anglo- und frankophonen Entwicklungspsychologie. J. M. BALDWIN hält in seiner «genetischen Logik» an der Terminologie von ‹Präsentation› und ‹R.› fest, nun aber nicht mehr im Sinne bloßer Klassifikation, sondern mit dem Ziel, das Entstehen von R.en ontogenetisch zu rekonstruieren. Er unterscheidet, teilweise an A. Meinong orientiert, zwischen mentalem Inhalt (Präsentation) und mentalem Objekt; das mentale Objekt enthält «meaning and intent taken with the content» [48] und wird dann zur R., wenn es aus dem momentanen sensorischen Kontext herausgelöst und zu einem Gedächtnis-Objekt wird, von dem gesagt werden kann, daß es «zu dem Sinnesobjekt paßt, zu ihm hindrängt, es bedeutet, aber nicht mit ihm identisch ist» [49]. Im weiteren Fortgang der ontogenetischen Entwicklung werden immer abstraktere Ebenen der R. konstruiert, wobei die R.en höherer Ordnung durch die Eigenschaften der Objekte auf der nächst-niedrigeren R.-Ebene «kontrolliert» werden [50].

Anfangs verwendet J. PIAGET den Ausdruck ‹représentation› umgangssprachlich, wenn er z.B. durch Interviews die «représentation du monde» (d.h. das «Weltbild») des Kindes festzustellen sucht und dieses durch die Stufen des Realismus, des Animismus und des Artifizialismus verfolgt [51]. Später wird sein Sprachgebrauch technischer, aber nicht einheitlich. Global gehört R. zum «figurativen» (etwa: «abbildenden») Aspekt der Erkenntnis, der von ihrem «operativen» (auf die Transformation der Realität gerichteten) Aspekt zu unterscheiden, ihm jedoch koordiniert ist. Allerdings setzt die R. eine Unterscheidung zwischen Signifikanten und Signifikaten (die semiotische Funktion) voraus, so daß z.B. die Wahrnehmung figurativ, aber nicht repräsentational ist [52]. In Übereinstimmung mit der philosophischen Tradition verwendet Piaget ‹R.› in einem weiten, mit ‹Denken› identischen («begriffliche R.») und in einem engeren, auf Gedächtnisbilder bezogenen Sinn («symbolische» bzw. «bildliche R.») [53], doch hält er die beiden Bedeutungen nicht immer auseinander. R. im engeren Sinne tritt schon in der Phase präoperationalen Denkens auf, während die R. im weiteren Sinne an das operationale Denken gebunden ist, ohne indessen mit der Sprache zusammenzufallen; beim räumlichen Denken kann ein inneres Bild im Vergleich zu Sprache ein «tauglicheres Instrument zur Bezeichnung des Inhalts des operationalen Denkens sein» [54].

Anmerkungen. [1] Dies gilt auch für die auf mentale R. bezogenen Beiträge in J.-C. SMITH (Hg.): Hist. foundations of Cogn. Sci. (Dordrecht 1990). – [2] Vgl. dazu E. SCHEERER: Art. ‹Psychologie›, in: Hist. Wb. Philos. 7 (1989) 1599-1653. – [3] CH. WOLFF: Psychologia rationalis (^{2}1740). Ges. Werke, hg. J. ECOLE u.a. II/6 (1972) § 63. – [4] a.O. §§ 83. 87. – [5] § 90. – [6] § 189. – [7] § 91. – [8] § 427. – [9] § 428. – [10] § 396. – [11] § 387. – [12] § 504. – [13] § 60. – [14] A. G. BAUMGARTEN: Metaphysica (^{7}1779) § 506. – [15] CH. WOLFF: Vernünfftige Gedancken von Gott, der Welt und der Seele des Menschen ... (^{11}1751). Ges. Werke I/2 (1983) § 754: «vorstellende Kraft». – [16] I. KANT: De mundi sensibilis ... §§ 3f. (1770). Akad.-A. 2, 392: sensatio = repraesentatio. – [17] J. F. HERBART: Commentatio de realismo naturali. Sämtl. Werke, hg. K. KEHRBACH/O. FLÜGEL 11 (1906, ND 1964) 6: «Distingui iubet repraesentationes (Vorstellungen) a sensatione et perceptione» (krit. Bem. Herbarts). – [18] W. WUNDT: Grundzüge der physiolog. Psychol. (^{6}1908-11). – [19] Vgl. TH. ZIEHEN: Die Grundlagen der Psychol. 2 (1915) 87: «Der Volksgebrauch und die Geschichte der Wissenschaft haben gegen Wundt ... entschieden». – [20] W. HAMILTON: Diss. on various subjects (Edinburgh 1852) 51; Hamilton dehnt diesen Vorwurf allerdings auch auf einige Vertreter der schottischen Schule wie etwa Th. Brown aus und macht Th. Reid den Vorwurf, nicht zwischen präsentativen und repräsentativen Theorien der Wahrnehmung unterschieden zu haben. – [21] Lect. on met. and logic 2 (Edinburgh/London ^{2}1861, ND 1969) 13. 25. – [22] a.O. 260. 263. – [23] J. MILL: Analysis of the phenomena of the human mind (London ^{2}1869) 1, 53; «ideation» ist ein von J. Mill geprägter Neologismus; da er Ideen wechselweise als «Kopien» und als «R.en» von Empfindungen bezeichnet, lag die Gleichsetzung von ‹Ideation› mit dem geläufigeren ‹R.› nahe. – [24] D. FERRIER: The functions of the brain (London 1876) 429. – [25] SPENCER: Princ., a.O. [11 zu III.] § 480. Works (London 1899) 5, 579. – [26] J. MCCOSH: The intuitions of the mind, inductively investig. (New York ^{3}1872). – [27] J. M. BALDWIN: Handbook of psychol. 1 (New York 1889) 80f. – [28] B. ERDMANN: Grundzüge der Reproduktionspsychol. (1920) 5; Erdmann bezieht sich auf eine frühere Arbeit von 1901; weiterer deutschsprachiger Beleg für ‹Präsentation/R.› bei F. JODL: Lehrb. der Psychol. (^{5}1924) 166; Jodl empfiehlt die Unterscheidung als «gänzlich unbeeinflußt vom bisherigen Sprachgebrauch»; zustimmend zu den Vorschlägen von Erdmann und Jodl äußert sich ZIEHEN, a.O. [19] 87. 118. – [29] Vgl. oben Teil III. – [30] WARD, a.O. [8 zu III.]. – [31] G. F. STOUT: Analyt. psychol. (London 1902) 1, 47: «presentations» sind Modifikationen des individuellen Bewußtseins, welche die Ausrichtung des Denkens auf ein Objekt bestimmen; ‹representation› kommt im Text nicht vor. – [32] J. WARD: Psycholog. principles (Cambridge ^{2}1920) 46. – [33] MILL, a.O. [23] 138ff. – [34] a.O. 99. 421. – [35] W. B. CARPENTER: Princ. of mental physiol. (London 1864, New York ^{4}1896) 220f. – [36] SPENCER, a.O. [11 zu III.] 5, 510f. – [37] CH. S. PEIRCE: Logic of the sci. (1865). Writings, hg. C. J. W. KLOESEL u.a. (Bloomington, Ind. 1982ff.) 1, 323. – [38] W. WUNDT: Logik (^{4}1919) 1, 50ff. – [39] ZIEHEN, a.O. [19] 153f.; Logik (1920) 337f.; Leitfaden der physiolog. Psychol. (^{10}1914) 239. – [40] Vgl. zu diesen hist. Entwick-

lungen: SCHEERER, a.O. [2]. – [41] Vgl. zu ‹R.› in Phänomenologie und Neukantianismus: oben Teil III. – [42] W. METZGER: Psychol. (1942) 18ff. – [43] CASSIRER, a.O. [22 zu III.] 1, 35. 41. – [44] a.O. 3, 133. – [45] BÜHLER, a.O. [45 zu III.] 282ff. – [46] Die Krise der Psychol. (1927). – [47] CASSIRER, a.O. [22 zu III.] 3, 128. – [48] J. M. BALDWIN: Thoughts and things ..., or genetic logic (London 1906, ND New York 1975) 1, 40. – [49] a.O. 63ff. – [50] Zu Baldwin vgl.: J. M. BROUGHTON/J. FREEMAN-MOIR (Hg.): The cognitive-developmental psychol. of J. M. Baldwin (Norwood, N.J. 1982). – [51] J. PIAGET: La représentation du monde chez l'enfant (Paris ^{2}1938). – [52] Piaget's theory, in: P. H. MUSSEN (Hg.): Carmichael's manual of child psychol. (New York ^{3}1970) 717. – [53] J. PIAGET: La formation du symbole chez l'enfant (Neuchâtel 1946) 68f. – [54] B. INHELDER/J. PIAGET: L'image mentale chez l'enfant (Paris 1966) 446; zu Piagets Theorie der R. vgl. H. G. FURTH: Intelligenz und Erkennen: Die Grundl. der genet. Erk.theorie Piagets (1972) Kap. 2.

2. Die heutige Kognitionswissenschaft kann mit einigem Recht als Komplex jener Disziplinen bestimmt werden, die sich mit der Erforschung mentaler R.en befassen. Im folgenden wird zunächst dargestellt, wie sich Terminologie und Problematik der R. in einigen einschlägigen Disziplinen etabliert haben, und zwar primär in den USA, wo dieser Vorgang stattgefunden hat.

a. *Kognitionspsychologie.* – In der Psychologie vollzieht sich zwischen 1955 und 1970 die 'kognitive Wende', beschrieben als Abwendung von dem bis dato vorherrschenden (Neo-)Behaviorismus. Doch war die Wende nicht ganz so radikal [1]; die psychologischen Kognitivisten waren weniger kognitiv und die Neobehavioristen stärker kognitiv ausgerichtet als es der Gemeinplatz will. Im Rahmen des Neobehaviorismus formuliert C. E. OSGOOD [2] 1957 eine R.-Theorie, in der zwischen der Projektions-, der Integrations- und der R.-Ebene unterschieden wird. Die Assoziation bedeutungshaltiger Reaktionen und Reize spielt sich auf der R.-Ebene ab; erst auf ihr verbindet der Organismus seine Eigenaktivität mit Umweltereignissen und hört auf, im umgangssprachlichen Sinne «mindless» zu sein.

R.-Terminologie findet sich auch bei J. BRUNER [3], einem Vertreter der 'new look'-Bewegung in der Wahrnehmungspsychologie. Er bekämpft eine angeblich 'klassische' R.-Theorie der Wahrnehmung, welche die Veridikalität der Wahrnehmung als gegeben unterstellt. Demgegenüber bezeichnet bei Bruner der Begriff der R. das Ergebnis der perzeptiven Kategorisierung und unterscheidet sich von dem 'klassischen' Begriff dadurch, daß er durch eine gradweise Abstufung prädiktiver Veridikalität bestimmt wird. Perzeptive R.en gehen über die gegebene Information hinaus, indem sie prädiktive Schlußfolgerungen von bereits wahrgenommenen auf noch nicht überprüfte Eigenschaften von Objekten und Ereignissen ermöglichen. In seiner Entwicklungspsychologie nimmt Bruner die Existenz von drei Ebenen (enaktiv, ikonisch, symbolisch) der R. an. Er betont Systematizität und Regelgebundenheit der R.; Systeme von R.en sind Regelmengen, mit deren Hilfe «Begegnungen mit Ereignissen bewahrt werden» [4]. R.en sind an ein bestimmtes Medium gebunden; sie sind selektiv und summarisch, aber ihre Selektivität ist nicht zufällig oder willkürlich, sondern ergibt sich aus der Anwendung allgemeiner Regeln auf spezifische Ereignisse.

Der frühen Kognitionspsychologie hätte in Gestalt der erwähnten Ansätze schon eine Terminologie der mentalen R. zur Verfügung gestanden. Dennoch ist sie in lexikalischer Hinsicht zunächst völlig durch das um ‹Code› gelagerte Wortfeld bestimmt worden. Bis Ende der 60er Jahre kreist alles um ‹Code› und die davon abgeleiteten Ausdrücke. Der Begriff ‹R.› breitet sich zu Beginn der 70er Jahre in der Psychologie aus, doch ohne die Codierungs-Terminologie zu verdrängen [5]. ‹Code› bezeichnet jetzt einen bestimmten Aspekt der mentalen R. Die Kognitionspsychologie hat keinen eigenständigen R.-Begriff entwickelt, vielmehr ist dessen Vordringen der Rezeption von Impulsen aus einigen Nachbardisziplinen zu verdanken.

b. *Linguistik.* – Hier hat sich ‹R.› zwischen 1968 und 1972 durchgesetzt. Den Anstoß gab dazu durch J. KATZ und J. A. FODOR [6] entwickelte linguistische Beschreibungsmodell, in dem zwischen einer syntaktischen, einer phonologischen und einer semantischen Komponente unterschieden wird. Zunächst wurde in dessen Rahmen nur von einer phonetischen R., jedoch von einer semantischen Interpretation gesprochen. Erst ab 1970 wendet N. CHOMSKY die Terminologie der R. in konsequentem Parallelismus auf die semantische wie auch auf die phonologische Komponente an [7]. R.en sind einesteils unter Anwendung von Regeln aus strukturellen Beschreibungen abgeleitet, weisen aber andererseits eine 'Binnenstruktur' auf, die ihnen eine gewisse Autonomie gegenüber den strukturellen Beschreibungen sichert, aus denen sie abgeleitet sind.

c. *Künstliche-Intelligenz-(KI-)Forschung.* – In der Informatik kam man lange mit dem Wortfeld ‹Code› aus, das ursprünglich auch auf Computerprogramme angewendet wurde, solange diese noch ausschließlich im Maschinen-'Code' geschrieben wurden. Auch hier hat sich die R.-Terminologie um 1972 endgültig durchgesetzt. Anders als in Psychologie und Linguistik wird durch die KI-Forschung die Einführung des R.-Begriffs explizit motiviert, und zwar durch den Kontrast zwischen der Starrheit früherer KI-Systeme und der Flexibilität natürlicher Intelligenz, deren Simulation variable Formen der R. der Problemsituation verlange. Man unterscheidet zwischen (relativ starren) äußeren, wahrnehmungsnahen R.en und durch den Problemraum bestimmten, variablen inneren R.en. Ein kognitives System, so führt A. NEWELL [8] aus, unterscheidet sich von einem einfachen Kommunikationssystem durch das Fehlen einer Eins-zu-Eins-Beziehung zwischen Eingangsinformation, Code und Ausgangsinformation. Alle Arten der Verarbeitung werden mittels interner R.en geleistet, so daß die Vorstellung der einfachen «Decodierung» eines Codes durch den «unbestimmten Begriff der Verwendung der internen R.» ersetzt werden muß.

Der R.-Begriff der KI-Forschung weist einige Charakteristika auf, von denen hier drei erwähnt werden sollen: 1) R.en werden als formale Darstellung konzipiert. Schon vom sprachlichen Befund her fällt als Spezifikum der KI auf, daß hier eine Verdoppelung stattfindet: Man repräsentiert Wissen, Gedächtnis, Problemsituationen usw., also Zustände oder Strukturen, die ihrerseits repräsentationale Funktion haben. Das erklärt charakteristische Wendungen wie ‹representation of knowledge›, ‹Wissens-R.› usw. Wissen muß in der KI immer formal repräsentiert werden; Digitalrechner sind per definitionem 'formal' arbeitende Maschinen. Man wählt diejenige formale Darstellungsweise, welche die Wissens- und Problemstruktur möglichst explizit macht und ökonomisch beschreibt. 2) Die KI betrachtet R.en grundsätzlich auf dem Hintergrund von R.-Systemen, wobei unter ‹System› einesteils das jeweils gewählte formale Notationssystem und anderenteils die mit Hilfe des Notationssystems dargestellte Struktur gemeint ist. Die Zuordnung von R. und Gegenstand geschieht nicht auf dem Niveau einzelner R.en und einzelner Sachverhalte, sondern auf dem Niveau der Datenstruktur und der von ihr abgebildeten Domäne. 3) Vom Standpunkt der KI sind R.en identisch mit Daten, d.h. Komponenten von Datenstrukturen, auf die mit Hilfe definierter Prozesse 'zugegriffen' wird; oder anders ausgedrückt: R.en 'bewirken' nur dann etwas, wenn und solange an ihnen 'operiert' wird; für sich allein betrachtet, sind sie 'inaktiv' oder kausal 'inert'. Auf eine bestimmte Datenstruktur kann nur mit einem bestimmten Prozeß zugegriffen werden, und umgekehrt verlangt ein bestimmter Prozeß auch eine bestimmte Datenstruktur, um aktiv werden zu können. Strukturen und Prozesse sind also grundsätzlich zueinander komplementär. Daraus folgt, daß R.-Systeme auch durch die mit ihnen ausführbaren Operationen definiert werden können [9].

d. *Philosophie des Geistes.* – Der Begriff der R. in der analytischen Philosophie des Geistes wird in Teil III dargestellt. Daher an dieser Stelle nur die ergänzende Bemerkung, daß die Zuwendung der modernen Philosophie zur R.-Problematik auch durch außerphilosophische Einflüsse motiviert wurde. Sie entstammten der Linguistik und der KI-Forschung; erstere steuerte vor allem die Idee einer semantischen R. mit Konstituentenstruktur und syntaktischen Transformationsregeln bei, letztere den Gedanken, daß R.en formal spezifizierbare Symbolstrukturen sind. Beide Impulse wurden (außer von vielen anderen) durch J. A. FODOR aufgenommen, dessen Buch ‹The Language of Thought› [10] die Integration der Philosophie des Geistes in die Kognitionswissenschaft einleitete und zu einem dichten philosophischen Diskurs über mentale R. führte.

In terminologischer Hinsicht fällt auf, daß der Ausdruck ‹mentale R.› zunächst im Zusammenhang mit der Problematik 'geistiger Bilder' Eingang in die heutige philosophische Fachsprache fand [11], während der an KI-Forschung und Linguistik orientierte R.-Begriff seine Herkunft durch die Bezeichnung ‹interne R.› verrät [12].

e. *Dimensionen und Arten der R.* – ‹R.› ist nach S. E. PALMER [13], der damit einen kognitionswissenschaftlichen Konsensus zum Ausdruck bringen dürfte, ein fünfstelliges Prädikat, welches ein repräsentierendes und ein repräsentiertes System, die jeweils aus diesen Systemen herausgegriffenen repräsentierenden und repräsentierten Aspekte oder Eigenschaften und die zwischen beiden bestehende Abbildungsrelation umfaßt. Nach H. L. ROITBLAT [14] hat eine vollständige Beschreibung eines R.-Systems in folgenden Dimensionen zu erfolgen: die Domäne, die umschriebene Klasse von Situationen oder Aufgaben, auf die es angewendet wird; der Inhalt, jene Eigenschaften der repräsentierten 'Welt', die in der R. enthalten sind; der Code, die Transformationsregeln, die der Abbildungsrelation (mapping) zwischen R.-System und repräsentiertem System zugrunde liegen; das Medium, die materielle Realisierung des R.-Systems; die Dynamik von R.en, d.h. ihre zeitabhängigen Veränderungen. Und schließlich enthalten R.-Systeme grundsätzlich Verarbeitungskomponenten.

Bestimmt man R.en durch ihren Inhalt, dann können sie durch verschiedene 'Codes' implementiert werden. Die Begriffe ‹R.› und ‹Code› unterscheiden sich also dadurch, daß ersterer sich auf den Inhalt eines inneren Zustandes, letzterer sich auf die mit einem bestimmten Darstellungsmittel oder Notationssystem ausgedrückte Abbildungsrelation bezieht. Um mißverständlichen Bedeutungen von ‹Code› auszuweichen [15], sollte der Ausdruck durch ‹Format› ersetzt werden. Die folgende Aufzählung dichotomer Klassifikationen von R.en ist vor allem an ihrem so definierten Format orientiert (vgl. [16] für ausführliche Einzelnachweise).

Strukturiert/holistisch. Faßt man, wie dies im 'Hauptstrom' der Kognitionswissenschaft geschieht [17], mentale Prozesse als Verarbeitung interner Symbole auf, dann ergibt sich das Prinzip der strukturierten R. R.en sind innere Zustände, die semantisch interpretierbar sind und eine transparente Binnenstruktur aufweisen, so daß sie durch Anwendung von syntaktischen Regeln transformiert werden können und insbesondere eine komplexe R. aus einfachen R.en mit kontextfrei definierter Semantik 'zusammengesetzt' werden kann [18]. Holistische R. liegt beim Fehlen einer Binnenstruktur vor, so daß außer der bloßen Zuordnung zwischen R.en und ihren Gegenständen keine systematische Abbildungsrelation definiert ist. Holistische R.en können zwar 'Teile' oder unterscheidbare 'Momente' haben, aber diese sind keiner selbständigen semantischen Interpretation zugänglich.

Lokal/verteilt. Diese Dichotomie wird häufig mit der gerade genannten verwechselt, aber sie bezieht sich nicht auf die Abbildungsrelation, sondern auf das Medium der R. Bei lokaler R. hat jede R. ihren eigenen 'Ort', bei verteilter R. kann ein gegebener Ort Teil verschiedener R.en sein, und im Extremfall ist jede R. auf alle verfügbaren Orte des Mediums verteilt. In der Regel wird der 'Ort' räumlich definiert sein, prinzipiell könnte er aber auch zeitlich bestimmt sein.

Analog/symbolisch. Symbolische R.en sind aus Symbolen, d.h. diskreten, semantisch interpretierbaren, aus einem abgrenzbaren Inventar entnommenen und syntaktisch verkettbaren Zuständen aufgebaut. Nach Überzeugung der Symbolverarbeitungs-Theorie müssen alle R.en symbolisch sein. Andere Theoretiker [19] nehmen die Existenz analoger R.en an, wobei als Minimaldefinition von ‹analog› die syntaktische und semantische 'Dichte' anzusprechen ist – zwischen je zwei Zuständen kann sich immer noch ein dritter, semantisch interpretierbarer befinden [20].

Propositional/räumlich. Auch hier besteht eine Äquivokation zur vorher genannten Dichotomie, insofern ‹propositional› mit ‹symbolisch› und ‹analog› mit ‹räumlich› gleichgesetzt wird. Tatsächlich bezieht sich die Unterscheidung jedoch auf den Inhalt der R. Propositionale R.en denotieren Propositionen, also solche Zustände, denen ein Wahrheitswert zugesprochen werden kann und die unter Beibehaltung des Wahrheitswertes in ein inferentielles Netzwerk eingeordnet werden können. Sie können nach bis vor kurzem gültiger Überzeugung nur symbolisch 'codiert' werden, doch gibt es neuere Ansätze, die von diesem Postulat abweichen [21]. Umgekehrt ist es möglich, räumliche Sachverhalte symbolisch auszudrücken. Da nach Überzeugung der Symbolverarbeitungs-Theorie jedem inhaltlichen Unterschied zwischen R.en ein formaler Unterschied korrespondieren muß [22], erfolgt die Spezifikation propositionaler bzw. räumlicher R.en in einem Symbolsystem durch die auf sie anwendbaren Operationen. J. R. ANDERSON, der diesen Ansatz vertritt [23], nimmt neben propositionalen und räumlichen R.en auch zeitliche R.en an; die Oberflächenstruktur eines Satzes wird (im Gegensatz zu seiner propositionalen Tiefenstruktur) durch derartige «strings» (zeitlich geordnete Symbolverkettungen) dargestellt.

Intrinsisch/extrinsisch. Unterstellt man einmal, daß es 'innere Bilder' im Sinne analog-räumlicher R.en gibt, dann läßt sich die Spezifik des Bildlichen als 'intrinsisch' repräsentierend kennzeichnen [24]. Eine intrinsische R. liegt vor, wenn die durch sie abgebildeten Relationen als Relationen in der R. selbst enthalten sind und aus ihr unmittelbar 'abgelesen' werden können. Bei extrinsischer R. werden die Relationen zusätzlich zu den Relaten explizit benannt, wie z.B. bei der sprachlichen Beschreibung räumlicher Sachverhalte.

Primärer/sekundärer Isomorphismus. Ein primärer oder 'physischer' Isomorphismus liegt nach R. N. SHEPARD vor [25], wenn die Relationen oder Eigenschaften des Inhalts der R. in der R. selbst enthalten sind. Dagegen liegt sekundärer oder 'funktionaler' Isomorphismus vor, wenn Ähnlichkeiten zwischen den Objekten der Domäne durch Relationen zwischen den Elementen eines R.-Systems abgebildet werden. Sekundäre Isomorphismen sind imstande, die Ordnungsstruktur holistischer R.-Systeme aufzudecken.

f. *Einige philosophische Kontroversen.* – R.en gelten in der Philosophie des Geistes im allgemeinen als Träger intentionaler Zustände. Hier seien die daran ansetzenden Kontroversen kurz benannt [26]. Der intentionale Realismus [27] spricht den intentionalen Zuständen kausale Wirkung zu, wobei der Inhalt auf dem Wege über die Form strukturierter R.en wirkt. Demgegenüber verlegt der vor allem von D. C. DENNETT [28] vertretene Instrumentalismus die Intentionalität «ins Auge des Beobachters», nämlich als gegenüber Systemen, die nach Optimalitätskriterien konstruiert wurden bzw. sich evolutionär herausgebildet haben, angemessene «intentionale Einstellung». Die realistische Position wiederum kann funktionalistisch konstruiert werden; dann individuiert sie intentionale Zustände bzw. mentale R.en ausschließlich nach ihrer kausalen Rolle gegenüber anderen mentalen Zuständen und dem beobachtbaren Verhalten und behauptet ihre «multiple Instantiierbarkeit» durch verschiedenartige materielle Systeme. Der u.a. von J. SEARLE [29] vertretene nicht-funktionalistische Realismus geht dagegen von einer intrinsischen, nicht relativ zu anderen Zuständen definierten Intentionalität aus und lehnt die Prinzipien der multiplen Instantiierung und der strukturierten (syntaktischen) R. ab. Der Eliminativismus behauptet die Nicht-Realität intentionaler Zustände, die auf dem Wege von der Alltagspsychologie zur Wissenschaft eliminiert werden müssen. An ihre Stelle treten bei S. STICH [30] rein syntaktisch definierte innere Zustände und bei P. M. CHURCHLAND [31] und P. S. CHURCHLAND [32] neurale Zustände. Wird letzterer Schritt (eliminativer Materialismus) vollzogen, dann geht die Philosophie des Geistes in «Neurophilosophie» über. Auch sie kann mit dem Begriff der R. arbeiten, faßt diesen aber als «neurokomputationalen» Zustand und definiert ihn im Sinne der meßtheoretischen Konzeption.

g. *Stellvertretung, Kovarianz und 'das Maß des Geistes'.* – Die 'Lesarten' von ‹R.› in der Kognitionswissenschaft sind so vielfältig, daß fraglich ist, ob es in ihr einen einheitlichen Begriff der R. geben kann. Geeignet ist dafür nur die weiteste Lesart, die der 'Stellvertretung'. Sie muß jedoch präzisiert werden, da ein Kriterium dafür angegeben werden muß, wann ein innerer Zustand als R. fungiert. Dazu gibt es zwei Ansätze:

1) Die Kovarianz-Konzeption der R. – sie wird von R. CUMMINS [33] auf Locke zurückgeführt – nimmt an, daß innere Zustände dann R.en sind, wenn sie als «na-

türliche Zeichen» äußerer Zustände fungieren; dies tun sie dann, wenn sie von den entsprechenden äußeren Zuständen kausal abhängig sind oder mit ihnen kovariieren. In Symbolsystemen werden die R.en dadurch «in Schritt» mit ihren Inhalten (den repräsentierten Gegenständen) gebracht, daß das System eine Funktion instantiiert, welche die Inhalte als Argumente und Werte von Argumenten hat [34]. Die Kovarianz besteht also nicht direkt, sondern nur auf dem Hintergrund einer formalen Darstellung.

2) Die meßtheoretische Konzeption [35] fordert neben der Korrespondenz zwischen äußeren Entitäten und «stellvertretenden» inneren Zuständen Korrespondenz zwischen den Operationen, denen die 'Stellvertreter' unterzogen werden, und den kombinatorischen Prozessen, denen die von ihnen denotierten Entitäten unterworfen sind, mit dem Resultat, daß die kombinatorischen Prozesse im repräsentierenden System zu zutreffenden Antizipationen von Ereignissen und Relationen im repräsentierten System führen.

Seit etwa 1985 wendet sich die Kognitionswissenschaft statt dem Paradigma der Symbolverarbeitung einem anderen Paradigma, bekannt als «Konnektionismus» [36], «neurale Netzwerkmodellierung» [37] oder «Theorie der parallel-verteilten Verarbeitung» [38] zu. Die Implikationen dieses Umschwungs für den R.-Begriff setzen die Kenntnis dieser neueren Ansätze voraus und werden daher unter dem Stichwort ‹Science, Cognitive› behandelt.

Anmerkungen. [1] Zur Geschichte der 'kognitiven Revolution': H. GARDNER: The mind's new sci. (New York 1985); Relativierung der 'Revolution': E. SCHEERER: Towards a hist. of Cogn. Sci. Int. Soc. Sci. J. 40 (1988) 7-20. – [2] C. E. OSGOOD: A behavioristic analysis of perception and language as cogn. phenomena: Contemp. approaches to cognition (Cambridge, Mass. 1967) 75-118. – [3] J. S. BRUNER: On perceptual readiness. Psychol. Review 64 (1957) 123-152. – [4] Beyond the information given (New York 1973). – [5] Beispiele: In U. NEISSER: Cogn. psychol. (New York 1967) taucht der Begriff nur in Form eines kurzen Verweises auf Bruners Theorie der R.-Systeme auf; zwei kurz nacheinander erschienene Bücher eines und desselben Autors: W. KINTSCH: Learning, memory and concept. processes (New York 1970); The representation of meaning in memory (New York 1974). – [6] J. J. KATZ/J. A. FODOR: The struct. of a semantic theory. Language 39 (1963) 170-210. – [7] N. CHOMSKY: Studies of semantics in generat. grammar (Den Haag 1972). – [8] A. NEWELL: Artificial intelligence and the concept of mind, in: R. C. SCHANK/K. M. COLBY (Hg.): Computer models of thought and language (San Francisco 1973) 1-60. – [9] J. R. ANDERSON: The architecture of cognition (Cambridge, Mass. 1983). – [10] FODOR, a.O. [57 zu III.] (1975). – [11] Erstverwendung in diesem Sinn bei E. SOBER: Mental representations. Synthese 33 (1976) 101-148. – [12] In ‹Language of Thought› verwendet FODOR noch ausschließlich den Ausdruck «internal representation». – [13] S. E. PALMER: Fundamental aspects of cogn. representation, in: E. ROSCH/B. B. LLOYD (Hg.): Cognition and categorization (Hillsdale, N.J. 1978) 259-303. – [14] H. L. ROITBLAT: The meaning of representation in animal memory. Behav. Brain Sci. 5 (1982) 353-406. – [15] P. BIERI: Informational accounts of perception and action: Some sceptical reflections, in: O. NEUMANN/W. PRINZ (Hg.): Relationships between perception and action (1990) 345-365. – [16] E. SCHEERER: Berichte aus dem Zentrum für interdisziplinäre Forschung der Univ. Bielefeld (ZiF): Projekt Mind and Brain (1990) Nr. 72. – [17] Dieser wird ‹theory of physical symbol systems› oder ‹computational theory of mind› genannt; beste Darstellung der 'Axiomatik' in: Z. W. PYLYSHYN: Computation and cognition (Cambridge, Mass. 1984); vgl. auch: A. NEWELL: Physical symbol systems. Cogn. Sci. 4 (1980) 135-183; The knowledge level. Artif. Intell. 18 (1983) 87-127. – [18] Erläuterung und Verteidigung dieses Ansatzes bei: J. A. FODOR/Z. W. PYLYSHYN: Connectionism and cogn. psychol.: A crit. analysis. Cognition 28 (1988) 1-71. – [19] S. M. KOSSLYN: Ghosts in the mind's machine: Creating and using images in the brain (New York 1983). – [20] Diese Kennzeichnung in Anlehnung an: GOODMAN, a.O. [34 zu III.]. – [21] Vgl. T. GOSCHKE/D. KOPPELBERG: Connectionist representation, semantic compositionality, and the instability of concept structure. Psychol. Res. 52 (1990) 253-270. – [22] Dieses 'Formalitäts-Postulat' wird vor allem vertreten durch J. A. FODOR: Methodolog. solipsism consid. as a research strategy in cogn. psychol. Behav. Brain Sci. 3 (1980) 63-110. – [23] ANDERSON, a.O. [9]. – [24] Der Ausdruck stammt von PALMER, a.O. [13]. – [25] R. N. SHEPARD/S. CHIPMAN: Second-order isomorphism of internal representations. Cogn. Psychol. 1 (1970) 1-17. – [26] Darst. in Anlehnung an: J. A. FODOR: Fodor's guide to mental representation: The intelligent auntie's vade-mecum. Mind 94 (1985) 76-100. – [27] Sein Hauptvertreter ist FODOR. – [28] DENNETT, a.O. [35 zu III.]; The intentional stance (Cambridge, Mass. 1987). – [29] J. R. SEARLE: Minds, brains, and programs. Behav. Brain Sci. 3 (1980) 417-458. – [30] S. STICH: From folk psychol. to cogn. sci.: The case against belief (Cambridge, Mass. 1982). – [31] P. M. CHURCHLAND: A neurocomputational perspective: The nat. of mind and the struct. of sci. (Cambridge, Mass. 1990). – [32] P. S. CHURCHLAND: Neurophilosophy: Toward a unified science of the mind-brain (Cambridge, Mass. 1986). – [33] R. CUMMINS: Meaning and mental representation (Cambridge, Mass. 1989). – [34] a.O. 135. – [35] Konzise Darstellung bei C. R. GALLISTEL: Representations in animal cognition: An introd. Cognition 37 (1990) 1-22. – [36] J. A. FELDMAN/D. H. BALLARD: Connectionist models and their properties. Cogn. Sci. 6 (1982) 205-254. – [37] H. RITTER u.a.: Neuronale Netze (^{2}1991). – [38] D. E. RUMELHART/J. L. MCCLELLAND: Parallel distrib. processing (Cambridge, Mass. 1986).

Literaturhinweise. S. PALMER s. Anm. [13]. – J. A. FODOR s. Anm. [26]. – H. GARDNER s. Anm. [1]. – E. SCHEERER s. Anm. [1] und [16]. – R. CUMMINS s. Anm. [33]. – S. SILVER (Hg.): ReRepresentations (Dordrecht 1989). – M. EIMER: Informationsverarbeitung und mentale R. (1990). – O. R. SCHOLZ s. [42 zu III.]. – B. SHANON: Representations: Senses and reasons. Philos. Psychol. 4 (1991) 355-374. – J.-C. SMITH s. Anm. [1 zu IV. 1.] Abschn. 1. – K. STERELNY: The representational theory of mind (Oxford 1990). – W. LYONS: Intentionality and modern philos. psychol.: II. The return to representation. Philos. Psychol. 4 (1991) 83-102.

E. SCHEERER

V. *Krise der R.* – Die Erfahrung des ausgehenden 18. und beginnenden 19. Jh., daß die im klassischen Zeitalter als zureichend empfundenen menschlichen R.-Systeme (insbesondere die Sprachen) sich als der 'Wirklichkeit' nicht mehr adäquat erweisen und somit R. ihre die Ordnung der Dinge verbürgende Allgemeingültigkeit als Erkenntnisform verliert, wird mit einem erst jüngst gebildeten Ausdruck als ‹crise de la représentation› bezeichnet. In den 20er Jahren dieses Jahrhunderts erneuert sich in einer Auseinandersetzung mit der Romantik das Krisenbewußtsein aus der Sehnsucht nach der Verbindlichkeit des klassischen, ganzheitlichen R.-Modells heraus. Die in den 60er Jahren einsetzende Gegenwartsdiskussion (Diskursanalyse, Dekonstruktion, Poststrukturalismus) wendet sich zurück ins 18. Jh. auf die Vorgeschichte des Verlusts der R. im Sinne eines übergreifenden epistemologischen Paradigmas und analysiert nachfolgend die Dekonstruktion des zeichentheoretischen Sprachbegriffs (die prinzipielle Inadäquanz von Zeichen und Bezeichnetem) in der Moderne (Mallarmé u.a.). Die vormals noch partiell für möglich gehaltene R. wird auf die «Liste des Nicht-mehr-Möglichen» der Postmoderne gesetzt [1].

In seiner ‹Theorie des Romans› (1920) deutet G. LUKÁCS die «Undarstellbarkeit» als «die Unfähigkeit» der Welt, «die Form der Totalität ... und ... die der Kohärenz zu finden» [2]. Mit der Erfindung des «Gestaltens» und der «Produktivität des Geistes» [3] wird die in sich abgerundete, geschlossene «Seinstotalität» [4] der griechischen Welt und damit die Möglichkeit echter R. vernichtet. Die Kunst ist nicht mehr «Abbild», «denn alle Vorbilder sind versunken» [5]; sie muß in einem ewigen Werden alles aus sich selbst hervorbringen, ohne je Formvollendung zu erreichen [6]. «Erkennen und Tun» [7], Ich und Welt sind voneinander getrennt. Die vormalige Substantialität der Welt wird ins Ich verlagert und in Reflexion aufgelöst [8]. Das Subjekt kann in seiner Begrenztheit die fragmentische Welt nur partiell widerspiegeln [9]. Einzig der Roman, in dem Ironie eine formale Totalität schafft [10], ist für Lukács die «repräsentative Form des Zeitalters» [11] – Ausdruck der «transzendentalen Obdachlosigkeit» [12] als dem «wahren Zustand des gegenwärtigen Geistes» [13].

Im Vorwort zur 2. Auflage seines Buchs ‹Politische Romantik› (1924) konstatiert C. SCHMITT, daß die Romantik «ohne die Verpflichtung zu einer großen oder strengen Form oder Sichtbarkeit», «ohne Werke großen Stils», «ohne Publizität» und daher «keiner R. mehr fähig» sei [14]. Die Möglichkeit zu einer im Ontologischen [15] wurzelnden Wiedergabe der «konkreten Wirklichkeit» [16] sieht Schmitt vernichtet durch die im «Nur-Ästhetischen» [17] (d.h. in «Kunst und Kunstkritik» [18]) gründende geistige Produktivität der Romantiker; damit einher gehen: Form- und Begriffslosigkeit [19], Verabsolutierung der Kunst, Ästhetisierung und Privatisierung aller Lebensbereiche, Vermischung und Verfälschung der Geistesgebiete [20]. Die Unfähigkeit der Romantiker zu eigener Form- und Begriffsbildung führt Schmitt auf die jede Entscheidung suspendierende romantische Ironie [21], die die Unendlichkeit der Möglichkeiten der tatsächlichen Realität vorzieht [22], und vor allem auf einen «subjektivierten Occasionalismus» [23] zurück, der «statt der Lösung des Problems eine Auflösung der Faktoren des Problems» [24] unternimmt. Das Subjekt, bereits von Descartes statt an die äußere Wirklichkeit ans eigene Denken verwiesen [25] und in der bürgerlich-liberalen Demokratie intellektuell zunehmend isoliert, individuiert und auf sich selbst zurückgeworfen [26], setzt sich nun selbst an die Stelle einer die metaphysische Objektivität verbürgenden «letzten Instanz» [27]: Es begreift Schmitt zufolge die Welt nicht als Gegenstand und Objekt, sondern als «occasio», als «Anlaß und Gelegenheit seiner romantischen Produktivität» [28], die, derart subjektiviert, über ursächliche oder zweckhafte Zusammenhänge oder Normbindungen erhaben ist [29] und in ihrer Unberechenbarkeit den Begriff der «causa» negiert [30]. Dieser nicht mehr am Gegebenen, sondern am Selbst orientierte Occasionalismus des romantischen Subjekts im Zeichen schrankenloser Subjektivierung, unendlicher Reflexion, Punktualisierung und Poetisierung der Welt mündet in eine «subjektivistische Wirklichkeitskonstruktion» [31], die Schmitts eigenem vorromantischen Kunst- und Formbewußtsein als «phantastisch» [32] widerstrebt. Für Schmitt zielt der Romantiker demnach nicht auf Wiedergabe des «wirklichen Seins» [33], sondern darauf, «die Realität aus sich selbst zu produzieren» [34]. Auch für seine eigene Zeit beklagt Schmitt den Verlust der R. [35]. Die zeitgenössische Kunst – Schmitt verweist auf die «fabelhafte», romantisch geprägte russische Moderne – bezeugt die Unvereinbarkeit von Romantik und R. in der «seit der Romantik herrschende[n] Unfähigkeit zu erkennen, daß alle große Kunst repräsentativ und nicht romantisch ist» [36]. Die von der Romantik eingeleitete Tendenz zur Auflösung des Überkommenen und zur «Romantisierung fremder Formen» [37] und ihrer anschließenden Ablehnung als unechte Surrogate [38] behauptet sich demnach bis in die Moderne. Von Marx – Schmitt nennt F. Engels [39] und die «ökonomische Geschichtsauffassung» [40] – bis hin zum «soziologische[n] und psychologische[n] Denken des 19. und 20. Jh.» [41] reicht die These von der «Verkleidung» oder Verschleierung der Realität: «Heute wird überall gleich die 'Kulisse' konstruiert, hinter der sich die eigentlich bewegende Wirklichkeit verbirgt» [42].

K. MARX hat diese Mystifizierung der Realität als Form der Ideologie analysiert [43], als Zusammenspiel gesellschaftlicher R.en, die auf illusionären (von Partikularem und Partiellem abstrahierenden) menschlichen Vorstellungen aufbauen und die dann in die Sprache einfließen. Diese Vorstellungen verlieren ihre Bedeutung, sobald das sie produzierende Bewußtsein sich mit der Teilung der Arbeit von der bestehenden materiellen Praxis emanzipiert, aber noch wähnt, «wirklich etwas vorzustellen, ohne etwas Wirkliches vorzustellen» [44]. Der Zusammenbruch philosophischer und politischer R.en und das Wirken 'wahrer' Vorstellungen setzt für Marx mit dem Niedergang der bürgerlichen Staats- und Gesellschaftsform ein [45].

Für M. HEIDEGGER meint «repraesentatio» oder «Vorstellen» [46] die mit der Neuzeit einsetzende und seit dem Ende des 18. Jh. in der Anthropologie verwurzelte Leistung [47], «das Vorhandene als ein Entgegenstehendes vor sich [zu] bringen, auf sich, den Vorstellenden zu, [zu] beziehen und in diesen Bezug zu sich als den maßgeblichen Bereich zurück[zu]zwingen» [48]. Mit Descartes' «cogito» als dem «vorstellende[n] Bezug zum Vorgestellten» [49] wird der Mensch zum «Subjekt», zur «Bezugsmitte» [50] und zum Mitvorgestellten [51] der Welt, des «Seienden im Ganzen» [52]. Die Welt wird zum Bild, der «vorstellend-herstellende Mensch» [53] zum Repräsentanten, zur «Szene, in der das Seiende fortan sich vor-stellen, präsentieren, d.h. Bild sein muß» [54]. Das Seiende wird für Heidegger in der Neuzeit erst im Vorstellen vergegenständlicht und damit seiend, d.h. es wird dem Vorstellen als Gegenstand verfügbar und in seiner Berechenbarkeit gewiß [55], geht jedoch damit «in gewisser Weise des Seins verlustig» [56]. Der Vorstellung entzieht sich das Riesenhafte in der modernen Welt der Technik, das «aus dem Quantitativen in eine eigene Qualität umspringt» [57] und somit unberechenbar wird. Dieser «unsichtbare Schatten» um die Dinge [58] ist das Nicht-Seiende, das Sein, «dessen Wahrheit der Mensch dann übereignet wird, wenn er sich als Subjekt überwunden hat, und d.h., wenn er das Seiende nicht mehr als Objekt vorstellt» [59].

Historisch soll die R. und damit ihre Krise in den Zeichentheorien des 17. und 18. Jh. wurzeln. Im französischen «âge classique» gilt, wie M. FOUCAULT aus der ‹Logique de Port-Royal› belegt, R. als unmittelbare Verbindung zwischen «signifiant» und «signifié»: «deux idées, l'une de la chose qui représente, l'autre de la chose représentée» [60], die dadurch gewährleistet ist, daß der Signifikant nicht nur eine andere Vorstellung repräsentiert, sondern auch seine Fähigkeit zu repräsentieren mit darstellt [61]. Zur Bezeichnung der Vorstellung oder Idee von einer Sache ist demnach – als Stellvertreter dieser Idee – ein Zeichen nötig, das denselben Gegenstand wie die Idee hat [62]. Diese «représentation dedoublée et redoublée sur elle-même» [63] fußt auf einer Engführung von Sprache und Denken, derzufolge syntaktische Verknüpfungen die Formen logischer Urteile spiegeln [64]: «la langue représente la pensée, comme la pensée se représente elle-même» [65]. Diese «Reflexivität des Denkens» [66] verweist auf «'Subjektivität' (als Träger der Selbstreflexivität der Vorstellung)» [67]. M. FRANK, der mit dieser Fortführung des Gedankens eine Heideggersche Definition von R. als «unmittelbare Selbstgegenwärtigung eines Anwesenden» [68] auf Foucault anwendet, folgt der für die deutsche (nicht aber für die französische [69]) Philosophie belegten Ansicht, daß «im Laufe des 18. Jh. ... die obligatorische Objektrelation der 'Vorstellung' zunehmend hinter ihrer selbstreflexiven Beziehung auf das Subjekt des Vorstellens zurück[tritt]» [70], und stellt mit dieser als kontinuierlich begriffenen Entwicklung Foucaults These vom Epochenbruch zwischen dem Zeitalter der R. und der Moderne in Frage [71].

Die Entwicklung des historischen Bewußtseins, die in der Zeit von 1775 bis 1825 beginnende Subjektivierung und Historisierung des Wissens brechen die Geltung der R. als universales und invariables Modell des Erkennens. Das Band zwischen Sprache und Denken wird aufgelöst, R. ist nicht mehr der verbürgende Grund [72] für die Ordnung der Dinge. Die Bedingung «de lier entre elles les représentations ou entre eux les éléments de chacune» [73] liegt nun außerhalb der R., in einem «espace interne», in der unsichtbaren Tiefe der historisch und reflexiv gewordenen Dinge selbst, die «s'enroulent sur elles-mêmes» [74] und der R. en nur noch stückweise [75] zugänglich sind: «L'être même de ce qui est représenté va tomber maintenant hors de la représentation elle-même» [76]. Für den Menschen sind dies die ihn bedingenden [77] empirischen «quasi-transcendantaux», «la Vie, le Travail, le Langage» [78]. Mit der 'Erfindung des Menschen', «que la démiurgie du savoir a fabriquée de ses mains» [79] am Ende des 18. Jh., wird das Wissen zum «savoir lui-même comme mode d'être préalable et indivis entre le sujet qui connaît et l'objet de la connaissance» [80] und der Mensch zu einem «étrange doublet empirico-transcendantal, puisque c'est un être tel qu'on prendra en lui connaissance de ce qui rend possible toute connaissance» [81]. Diese Selbstverdopplung des Menschen in ein empirisches Objekt und ein transzendentales Subjekt der Erkenntnis ist aporetisch [82], da das Subjekt seine eigene Tiefe («l'impensé» [83] und «l'inconscient» [84] als «l'Autre de l'homme» [85]) nicht begründen, seinen Ursprung, der ihm immer schon vorausliegt, nicht einholen kann [86]. Die Wissensbemühungen des modernen «cogito», Seinsgewißheit des «sum» zu erlangen – ob in der Form positivistischer Tiefensicht [87] oder durch Historisierung in der Hermeneutik –, sind daher unendlich und unabschließbar [88]. Dem «vieux privilège de la connaissance réflexive» [89] setzt Foucault die vollkommen intransitive, selbstreflexive Sprache der modernen Literatur entgegen: «Détaché[e] de la représentation» [90], «elle rompt avec toute définition de 'genres' comme formes ajustées à un ordre de représentation» [91]. Diese Sprache sagt nur sich selbst, nur ihr Sein aus. «... avec Nietzsche, avec Mallarmé, la pensée fut reconduite, et violemment, vers le langage lui-même, vers son être unique et difficile» [92]. Anders als im Menschen, in dem Denken und Sein geschieden sind, bereitet diese Rückführung des Denkens in das Sein der Sprache ein «retour du langage» [93] in ihrem ungeteilten Sein vor und ermöglicht es, daß das Denken «va se ressaisir en son entier et s'illuminer à nouveau dans l'éclair de l'être» [94]. Foucault läßt offen, ob dieses Ergebnis ein neues Denken einleitet oder ein Zuendedenken der Moderne bedeutet [95]. Aus dieser Unentschiedenheit liest FRANK eine Erneuerung des R.-Modells [96], die er mit dem Gedanken des «retour» [97] der Sprache und mit der bei Foucault nicht belegten Gleichsetzung von «Denken» und «Repräsentieren» begründet [98].

Frank beschreibt die «implizite Intellektualität der Anschauung» [99] als «Re-präsentation von allgemeinen Ideen» [100]. Bis zu Hegel bleibt in der Anschauung aufgrund ihrer metaphorischen Analogiebeziehung zum Begriff [101] «der von ihr durch ein versinnlichendes Nomen repräsentierte 'eigentliche' Ausdruck mit präsent» [102]: Die *Metapher als Reflexion* ist «als Zeichen» «die repräsentative Verdopplung dieses Sinns, dessen bloßer Träger es ist» [103]. Frank deutet auf Kant, der das Anschauungsvermögen vom Verstand emanzipiert habe [104] und bei dem die eindeutige Abbildbarkeit des Begriffs in der Anschauung einer Unendlichkeit von Sinn weiche [105], wie sie sich in der Unausdeutbarkeit der «ästhetischen Ideen» manifestiere. Die Frühromantiker reflektieren, nach Frank, diese Inadäquatheit mimetischer Darstellung durch Ironie und Allegorie [106]. Nietzsche schließlich weist den «Verlust der Repräsentanz einer 'absoluten Wahrheit'» [107] auf, indem er die Begriffe als Metaphern, als Derivate von Anschauungen entlarvt [108]. Die Metapher als Reflexion ist nicht nur «Transfiguration» (statt Widerspiegelung), sie verweist auch auf einen «irreduzibel vielfältigen Ursprung» [109] oder gar auf Ursprungslosigkeit: «Die von ihrem Reflex prävenierte Reflexion ... stellt das Signifikat ganz und gar in den Schatten des Signifikanten. Sie zerstört ebenso nachhaltig die Semiotik der R.» [110]. Die Zeichen präsentieren sich – wie Frank in Anlehnung an eine Mallarmé-Lektüre J. DERRIDAS [111] hervorhebt – nun in einer «doppelten Markierung»: «insofern (1.) jedes Zeichen – in Ermangelung eines authentischen Repräsentats – sein eigenes mimetisches Doppel mit sich führt» und «insofern (2.) das Intervall, das Sinn von Sinn und Wort von Wort abspaltet, in den poetischen Text 'en position de valence supplémentaire' oder als 'marque supplémentaire' miteingetragen ist» [112]. Diese «Markierung des weißen Grundes» bei Mallarmé ist «condition ... de la lecture» [113] und bedeutet auch das Weiß «eines fehlenden Signifikanten» [114].

Als geschichtliche Vorbedingung der R.-Krise am Ausgang des 18. Jh. konstatiert H. U. GUMBRECHT das «Bewußtwerden einer Ausdifferenzierung der Teilsysteme» auf der Grundlage sich legitimierender nationaler bürgerlicher Staats- und Gesellschaftsformen [115]. Diese zunehmende Aufgliederung und Vervielfältigung sozialer Sinnstrukturen – die Pluralisierung von 'Weltbildern' – führt im 'Individuum' zu einem Gefühl der Exzentrizität gegenüber 'der Gesellschaft'. Das Bestreben der Wissenschaft im 19. Jh. um Erkenntnisgewißheit, um objektives Wissen von der Wirklichkeit 'an sich', erscheint als eine Geschichte der Verdrängung der Krise der R.: In Frankreich reagiert der Positivismus mit seiner «Tiefensicht» [116] auf das Schwinden eines übergreifenden, gesamtgesellschaftlich verbindlichen Wirklichkeitsbildes. In Deutschland dagegen etablieren sich die neuen universitären Disziplinen als – geschichtsphilosophisch geprägte – historische Wissenschaften auf der Grundlage der Hermeneutik. Anders als das französische Verständnis von Wissenschaft als einer systematischen Erforschung der «menschlichen Natur», die auf einem anthropologischen Universalitätsanspruch basiert, gründen die historischen Wissenschaften auf der Vorstellung historisch zu erlangender geschichtlicher Totalität von Wissen und Erkennen in einem sich sequentiell entfaltenden und schließlich vervollkommnenden Prozeß. Seit dem Ende des 19. Jh. erneuert sich die Erfahrung der Krise der R. in Formen «sekundärer Entmythisierungen», d.h. «Entmythisierungen gegenüber dem Entmythisierungsanspruch aus der Aufklärung hervorgegangener Wissenschaften» [117], von denen zwei distinkte Modalitäten unterscheidbar sind. Vertreter der ersten Form und ihre Nachfolger beklagen die historische Nichterfüllung subjektiver Erkenntnisgewißheit, implizieren jedoch in ihren Schriften weiterhin ein Bedürfnis nach Realisierung dieses Ideals (J. DERRIDA, P. DE MAN, H. BLOOM). Die sekundäre Entmythisierung des zweiten Typs gibt den Glauben an subjektive Erkenntnisgewißheit auf zugunsten der Möglichkeit «kommunikativer Intersubjektivität» [118], gemäß welcher Wirklichkeit immer nur als gesellschaftliches Konstrukt erlebbar ist. Eine dritte Möglichkeit bieten Systemtheorie und Konstruktivismus [119] an, wenn sie subjektive Sinngebungen innerhalb einer «Pluralisierung von Wirklichkeiten», die zwar je sozial konstituiert, jedoch nicht mehr gesamtgesellschaftlich verbindlich sind, gelten lassen [120].

DERRIDA als Vertreter der ersten Form sekundärer Entmythisierung unterscheidet R. als Vergegenwärtigung oder Präsentmachen von Wiedervergegenwärtigung [121], in der das Repräsentierte immer schon ein Zeichen ist und aufgrund seiner Iterabilität (d.h. Wiederholung und Veränderung) nicht als ein Identisches faßbar ist. Die Voraussetzungen einer vollständigen Selbstpräsenz des Zeichens im ersten Sinne, der Möglichkeit also, Bedeutung zu fixieren [122], problematisiert Derrida mit dem Konzept der «différance» [123], d.h. dem unendlichen Aufschub der Präsenz und der unaufhebbaren Differenz innerhalb des Zeichens, das, in sich selbst gespalten, immer Spuren anderer Zeichen in sich trägt. Dieses Spiel der Differenz von undarstellbaren Verweisungen oder «renvois», d.h. «renvois» auf der Grundlage anderer «renvois» [124] in einer unabschließbaren, dezentrierten Struktur, macht R. als Vergegenwärtigung unmöglich.

Aus der Unmöglichkeit unmittelbaren Ausdrucks von Befindlichkeiten in Sprache folgert P. DE MAN die prinzipielle Diskrepanz zwischen «Zeichen» und «Bezeichnetem» («signifiant» und «signifié»), die in der intersubjektiven Alltagssprache [125] zu «Duplizität, Verwirrung und Unwahrheit» führe [126]. Der poetischen Sprache jedoch rechnet er einen Erkenntnischarakter zu, der sich – jenseits aller Interpretation – im selbstreflexiven Hinweis der Literatursprache auf ihre eigene Fiktionalität erfüllt. Diese den Texten immanente Erkenntnis der Inkongruenz von Zeichen und Bedeutung wird erfahrbar im Prozeß des Lesens. Die Unfähigkeit der Sprache zu Mimesis und gleichzeitiger Selbstreferenz deutet De Man als «Krise» [127]; er entdeckt «a recurrent epistemological structure that characterizes all statements made in the mood and in the rhetoric of crisis» [128]. Am Beispiel Husserls zeigt er diesen Sachverhalt auf: Husserl erkennt die Lage der europäischen Philosophie («insight»), wendet jedoch dieses Krisenbewußtsein nicht auf seinen eigenen philosophischen Diskurs an («blindness»). Daraus schließt De Man «the fact that philosophical knowledge can only come into being when it is turned back upon itself» [129]. Wie De Man die Krise sprachlicher R. in den Triumph poetischer Selbstreferenz umwendet, so bezieht H. BLOOM aus der Unmöglichkeit 'richtiger' Interpretation die Stärke revisionären, konstruktiven Mißverstehens («misreading» oder «misprision») [130].

J.-F. LYOTARD widerspricht Wittgensteins Auffassung, daß wir uns Bilder von einer dem Abbild vorausliegenden Welt machen [131]: «il n'y a pas de représentation, en ce sens» [132]; der Referent ‹Welt› entzieht sich dem Test der Wirklichkeit – vielmehr sind es Phrasen, die die Welt nur noch präsentieren, da sie seit dem Verschwinden des universal gültigen «Meta-Diskurses» ihre allgemeingültige Repräsentativität eingebüßt haben. R. versagt nicht nur vor der Ästhetik des Erhabenen seit Kant und dem Riesenhaften in der modernen Technik bei Heidegger. Die «Verabschiedung des historischen und transzendentalen Denkens» [133] und der Subjektphilosophie ermöglicht ein bodenlos gewordenes, neues Denken jenseits der R., dessen Gesetz – wie das des R.-Verbots in der jüdischen und islamischen Religion [134] – es ist, «[to] transgress the figure of all possible representation. Which is difficult to conceive, as it is difficult to conceive anything at all beyond representation, but commits us perhaps to thinking altogether differently» [135].

Anmerkungen. [1] A. HUYSSEN, in: D. WELLERSHOFF: Im Sog der Entropie. Th. Pynchons ‹Die Enden der Parabel›. Merkur 472 (1988) 487; vgl. auch S. WOOLGAR: The ideology of representation and the role of the agent (1989), in: H. LAWSON/L. APPIGNANESI (Hg.): Dismantling truth. Reality in the post-modern world (New York 1989) 131-144. – [2] G. LUKÁCS: Die Theorie des Romans (^{3}1976) 69. – [3] a.O. 25. – [4] 11f. 30. – [5] 29. – [6] Vgl. 30. – [7] 26. – [8] Vgl. a.O. – [9] Vgl. 44. – [10] 63. – [11] 82; vgl. 63. – [12] 32. – [13] 63; vgl. zu Lukács: D. CARROLL: Representation or the end(s) of hist. The subject in question (Chicago/London 1982) 88-118. – [14] C. SCHMITT: Polit. Romantik (^{3}1986) 20; vgl. zu Schmitt auch: N. BOLZ: Auszug aus der entzauberten Welt (1989) 61ff. 128. – [15] Vgl. SCHMITT, a.O. 78; vgl. hierzu auch: K. H. BOHRER: Die Kritik der Romantik (1989) 285; HOFMANN, a.O. [Lit. zu I. 1.] 18. – [16] SCHMITT, a.O. 25. – [17] a.O. 21. – [18] 20. – [19] Zu ‹Form›, a.O. 10; zu ‹Begriff›, a.O. 11. 33. 35. 111. – [20] Vgl. 21. – [21] Vgl. 83. – [22] Vgl. 98f. – [23] 23. – [24] 135. – [25] 78; vgl. auch: BOHRER, a.O. [15] 286f. – [26] Vgl. SCHMITT, a.O. [14] 26. – [27] a.O. 23. – [28] 23; vgl. auch H. KALLWEIT: Szenerien der Individualisierung, in: M. FRANK/A. HAVERKAMP (Hg.): Individualität (1988) 414: «Produktivität scheint am Beginn der Moderne das Gemeinsame der ganz unterschiedlichen Entwürfe zu sein, in denen die Entdeckung der Individuen ausgearbeitet wird». – [29] Vgl. SCHMITT, a.O. [14] 22. – [30] Vgl. a.O. 22. – [31] 119. – [32] 109. – [33] 99 – [34] 96. – [35] Vgl. 18f. 44, Anm. 2. – [36] 44, Anm. 2. – [37] 18. – [38] 19. – [39] a.O. – [40] 18. – [41] a.O. – [42] 19. – [43] Bei den frz. «idéologues», von denen M. FOUCAULT sein R.-Modell bezieht, bezeichnet ‹Ideologie› noch die kausalpsycholog. Erklärung individueller R.en; vgl. H. LEFÈBVRE: Sociol. de Marx (Paris 1968) 49f. – [44] K. MARX: Die dtsch. Ideologie (1845/46). MEW 3 (1959) 31. – [45] a.O. 27; vgl. auch: LEFÈBVRE, a.O. [43] 121f. – [46] Vgl. dazu: J. DERRIDA: Sending: On representation, in: G. L. ORMISTON/A. D. SCHRIFT (Hg.): Transforming the hermeneut. context (Albany, N.Y. 1990) 107-138. – [47] Vgl. M. HEIDEGGER: Die Zeit des Weltbildes (1938), in: Holzwege (^{6}1980) 91. – [48] a.O. 89. – [49] 106, Zus. 9. – [50] 86. – [51] a.O. [49]. – [52] 87. – [53] a.O. – [54] 89. – [55] Vgl. 84f. – [56] 99, Zus. 6. – [57] 93. – [58] a.O. – [59] 110, Zus. 14. – [60] M. FOUCAULT: Les mots et les choses (Paris 1966) 78. – [61] Vgl. a.O. 77ff.; vgl. auch: L. WITTGENSTEIN: Tract. log.-philos. (1921) 2.1513: es «gehört also zum Bilde auch noch die abbildende Beziehung, die es zum Bild macht». – [62] Vgl. dazu: M. FRANK: Was ist Neostrukturalismus? (1983) 163. – [63] FOUCAULT, a.O. [60] 79. – [64] Vgl. dazu: FRANK, a.O. [62] 38. 156f. – [65] FOUCAULT, a.O. [60] 92. – [66] FRANK, a.O. [62] 162. – [67] M. FRANK: 'Ein Grundelement der historischen Analyse: die Diskontinuität' – Die Epochenwende von 1775 in Foucaults ‹Archäologie›, in: R. HERZOG/R. KOSEL-

LECK (Hg.): Epochenschwelle und Epochenbewußtsein (1987) 114. – [68] FRANK, a.O. [62] 165. – [69] Vgl. H. BIRUS: Zwischen den Zeiten. F. Schleiermacher als Klassiker der neuzeitl. Hermeneutik, in: H. BIRUS (Hg.): Hermeneut. Positionen (1982) 49, Anm. 68; Birus zitiert die «nicht-mentale Bedeutung» des Verbums ‹représenter› in der ‹Encyclopédie› (1765). – [70] a.O. 28. – [71] Vgl. FRANK, a.O. [62] 179. – [72] FOUCAULT, a.O. [60] 251. – [73] a.O. 252. – [74] a.O. – [75] ebda. – [76] 253. – [77] 328f. 333. – [78] 262. – [79] 319. – [80] 264. – [81] 329. – [82] Vgl. dazu: J. HABERMAS: Der philos. Diskurs der Moderne (1985) 304ff.; zu Foucaults «Sehnsucht nach der Aufhebung des Gegensatzes von Subjekt und Objekt» vgl. P. BÜRGER: Die Wiederkehr des Analogie. Ästhetik als Fluchtpunkt in Foucaults ‹Die Ordnung der Dinge›, in: CH./P. BÜRGER (Hg.): Postmoderne: Alltag, Allegorie und Avantgarde (1988) 118f. – [83] FOUCAULT, a.O. [60] 333-339. – [84] a.O. 335. – [85] 339. – [86] Vgl. «Le recul et le retour de l'origine», a.O. 339-346. – [87] Vgl. die europ. Erfindung der «profondeur», a.O. 263. – [88] Vgl. 335; anders FRANK, a.O. [67] 126; vgl. dagegen wiederum: H. U. GUMBRECHT: Déconstruction Deconstructed. Transformationen frz. Logozentrismus-Kritik in der amer. Lit.theorie. Philos. Rdsch. 33 (1986) 6. – [89] FOUCAULT, a.O. [60] 337. – [90] a.O. 315. – [91] 317. – [92] a.O. – [93] 315. – [94] 317. – [95] 318. – [96] Vgl. FRANK, a.O. [62] 174. – [97] a.O. 212. – [98] a.O. – [99] Die Aufhebung der Anschauung im Spiel der Metapher. Neue Hefte Philos. 18/19 (1980) 65. – [100] a.O. 63. – [101] Vgl. 67. – [102] 61. – [103] 62. – [104] Vgl. 66. – [105] a.O. – [106] Vgl. 68; vgl. auch: M. FINLAY: The Romantic irony of semiotics. F. Schlegel and the crisis of representation (1988). – [107] FRANK, a.O. [99] 74. – [108] Vgl. a.O. 68f. – [109] 70. – [110] 73. – [111] Vgl. J. DERRIDA: La dissémination (Paris 1972) 199-318. – [112] FRANK, a.O. [99] 74f. – [113] a.O. 75. – [114] 76. – [115] GUMBRECHT, a.O. [88] 5. – [116] a.O. 6; vgl. auch: FOUCAULT, a.O. [60] 263. – [117] GUMBRECHT, a.O. [88] 8. – [118] a.O. 9. – [119] Vgl. S. J. SCHMIDT (Hg.): Der Diskurs des Radikalen Konstruktivismus (1987). – [120] Vgl. GUMBRECHT, a.O. [88] 34. – [121] DERRIDA, a.O. [46] 116f.; vgl. auch: a.O. [111]. – [122] a.O. [46] 110f. – [123] Vgl. dazu: Positions (Paris 1972) 38-41. – [124] a.O. [46] 136. – [125] Vgl. P. DE MAN: Criticism and crisis (1967), in: Blindness and insight (Minneapolis 1986) 11. – [126] a.O. 9. – [127] 8. – [128] 14. – [129] 16. – [130] Vgl. H. BLOOM: The anxiety of influence (New York 1973); zu «méconnaissance» vgl. FOUCAULT, a.O. [60] 333. – [131] Vgl. WITTGENSTEIN, a.O. [61] 2.1ff. – [132] J.-F. LYOTARD: Le différend (Paris 1983) 121 (Nr. 133). – [133] BÜRGER, a.O. [82] 114 (über Foucault). – [134] DERRIDA, a.O. [46] 137. – [135] a.O.

K. BEHNKE

Reproduktion (aus lat. re- wieder und producere hervorbringen, erzeugen; engl. reproduction; frz. reproduction; ital. riproduzione)

Der Begriff ‹R.› fand, anders als das bereits im Mittelalter belegte ‹productio›, von dem er abgeleitet ist, erst spät Eingang in die Terminologien der Philosophie und der Wissenschaften. In der Erkenntnistheorie seit Kant sind ‹produktiv› und ‹reproduktiv› die Charakteristika der Einbildungskraft (s.d.). In Naturphilosophie und Ökonomie hat der R.-Begriff die wesentlichen Kontexte seines Vorkommens mit ‹Produktion› (s.d.) gemeinsam.

1. *Ökonomie und Soziologie.* – Eine erste breite Verwendung findet der R.-Begriff in der zweiten Hälfte des 18. Jh. im ökonomischen System der Physiokraten. F. QUESNAYS ‹Tableau économique› [1] ist der erste Versuch in der Geschichte der politischen Ökonomie, den Kreislauf des gesellschaftlichen Gesamtkapitals und den volkswirtschaftlichen R.-Prozeß als Ganzes darzustellen. Das ‹Tableau› ist mit dem Begriff ‹Gesamt-R.› überschrieben, und drei Klassen der Bevölkerung, «classe distributive» (Grundbesitzer), «classe productive» (Pächter) und «classe stérile» (Handwerk, Handel), finden in der Formel Berücksichtigung. Die Lohnarbeiterschaft («classe passive») wird nicht aufgeführt, da sie nach Quesnay für die R. unbedeutend ist. Quesnay vermacht der klassischen Ökonomie die Idee, daß eine Wachstumstheorie, die auf den Voraussetzungen von Mehrprodukt und R. basiert, nicht ohne eine Analyse des Preises und des Marktes auskommt. Darüber hinaus zeigt Quesnay als erster die enge Verzahnung von Wert- und Klassentheorie für die Ökonomie auf.

Neben Quesnay war für den marxistischen R.-Begriff die Bevölkerungstheorie von TH. R. MALTHUS [2] sowie die klassische Nationalökonomie bedeutsam. F. ENGELS knüpfte an die Sprache der Nationalökonomie an, insofern die Nachfrage nach Arbeitern im Kapitalismus, gerade wie die nach irgendeiner anderen 'Sache', die Quantität der erzeugten Menschen und somit ihre R. reguliert. Die Regulation der R. erfolgt danach über die Kosten für den Unterhalt der Arbeiter, die sich in der Produktion und im Mehrwert 'reproduzieren' müssen [3]. Die Dynamik dieser Beziehung zwischen Kapital und Arbeit markiert nach Marx und Engels den Unterschied zwischen antiker Produktionsweise mit Unterhaltsgarantie für die Sklaven und dem Kapitalismus, der zwischen Produktions- und R.-Kosten unterscheidet, um die Existenz der Arbeiter dann an die R.-Kosten (Unterhaltskosten) zu binden. K. MARX erweitert diesen frühen R.-Begriff zum Prozeß der einfachen und der erweiterten R. (Akkumulation) [4], der gesellschaftlichen Produktion der Arbeitskräfte, der Bevölkerung, der Produktionsverhältnisse und des Volksvermögens oder Nationaleinkommens (R.-Schemata). Danach ist die R. für die Existenz und Entwicklung der menschlichen Gesellschaft objektiv notwendig, da jeder gesellschaftliche Produktionsprozeß gleichzeitig ein R.-Prozeß ist. Die kapitalistische R. ist nach Marx stets erweiterte R. (Akkumulation), da durch sie sowohl die materiellen Bedingungen als auch die gesellschaftlichen Verhältnisse der kapitalistischen Produktion reproduziert werden. Die Phasen der R. sind in einem R.-Prozeß zusammengeschlossen, der die Produktion, Distribution (Verteilung), Zirkulation und Konsumtion umfaßt.

R. LUXEMBURG übt Kritik an den Marxschen R.-Schemata, vor allem am Verständnis des Begriffs der erweiterten R. [5], indem sie auf das Angewiesensein auf nichtkapitalistische Schichten und Gesellschaften nicht nur als Absatzmarkt, sondern in Form von Wert- und Sachbeziehung (z.B. Grund, Boden, Bodenschätze, landwirtschaftliche Produkte und Gewerbe) hinweist. R. Luxemburg sieht hierin den Antrieb zur imperialistischen Expansion und zum Kampf des Kapitalismus mit naturalwirtschaftlichen Gesellschaften angesiedelt.

O. BAUER kritisiert R. Luxemburgs theoretischen Nachweis der «mechanischen Unmöglichkeit, den Mehrwert zu realisieren» in Marx' R.-Schemata [6]. Er modifiziert ihre Auffassung zur Entstehung des Imperialismus dahingehend, daß durch ihn zwar die erweiterte R. begünstigt, sie aber nicht auf ihn angewiesen sei. Nach seiner Auffassung ist der Kapitalismus auch ohne Expansion denkbar, und damit die erweiterte R. nicht Ursache seines Niedergangs, den er vielmehr in einem psychologischen Argument der «Empörung der Volksmassen» sieht.

Moderne Beiträge zum kapitalistischen R.-Prozeß konzentrieren sich auf die Möglichkeit der Regulierung kapitalistischer Krisen [7] und eine Analyse des Instrumentariums (z.B. Politik, Verwaltung, Wissenschaft, Technik), das für Interventionen geeignet ist. Hierbei finden im wesentlichen die von Marx und Engels entwickelten Kategorien der politischen Ökonomie Verwendung.

Eine Weiterentwicklung des R.-Begriffs auf der Basis einer immer schon intern differenzierten und kompartimentierten Gesellschaftsstruktur liefert die soziologische Systemtheorie. Angeregt durch die Begriffsbildung in den Biowissenschaften – vor allem durch das Konzept der autokatalytischen R. oder Selbst-R. – hat, vermittelt durch die Systemtheorie, der Begriff der R. Eingang in die theoretische Soziologie gefunden. Danach grenzt sich die Gesellschaft durch R. von Kommunikation durch Kommunikation gegen eine 'Umwelt' andersartiger Systeme ab [8]. N. LUHMANN spricht von «autokatalytischer R.», durch deren Elemente ein System in seinem Sinn erst definiert und damit abgrenzbar wird, z.B. müssen Handlungssysteme immer wieder durch Handlungen, biologische Systeme dagegen durch Makromoleküle, Zellen usw. reproduziert werden. Während Luhmann nach diesem Konzept von der Selbstreferenz der sich reproduzierenden Elemente spricht, betont A. N. WHITEHEAD die Temporalität der Elemente und hebt damit ein für diesen R.-Begriff konstitutives zeitliches Merkmal hervor, nämlich daß die der R. unterliegenden Elemente auf den ständigen Zerfall angewiesen sind, um für Nachfolgeelemente Platz und Bedarf zu schaffen [9]. Kennzeichen dieser Systemtheorien, die ausdrücklich mit dem von der Molekularbiologie inspirierten Konzept der R. argumentieren, ist – im Unterschied zu den klassischen Systemtheorien des Gleichgewichts mit ihrer statischen Stabilität – die Annahme einer dynamischen Stabilität. Die Tradition dieses Verständnisses von R. in den Gesellschaftstheorien hat bereits vor Marx und Engels eingesetzt. «Aus den Produkten produciren heißt reproduciren» [10]. Die systemtheoretische Gesellschaftstheorie postuliert ein dynamisches Wechselspiel der verschiedenen R.-Momente, indem sie von der wechselseitigen Abhängigkeit von Auflösung und R. spricht und die Konditionierung dieser Interdependenz zur eigentlichen Systemleistung abstrahiert. Diese Konditionierung erfolgt über die Sicherung der unaufhörlichen R. der Systemelemente. Damit ist die R. nicht einfach eine Wiederholung der Produktion des Gleichen, sondern eine «reflexive Produktion, Produktion aus Produkten» [11]. Dieses Konzept einer «dynamischen Stabilität» bezieht die Terminologien des biologischen und des gesellschaftlichen Stoffwechsels aufeinander. Der Begriff der autopoietischen R. soll einsichtig machen, daß es sich bei der R. nicht um die identische Wiederholung des Gleichen, sondern um das Ersetzen entfallener Elemente handelt, wobei jedes folgende Element gleich wahrscheinlich sein soll. Dies gilt im systemtheoretischen Gewand in gleicher Weise für Moleküle und Arbeitskräfte. Über die autopoietische R. eröffnet sich ferner die Möglichkeit, gesellschaftliche Differenzierungsprozesse zu beschreiben [12].

G. ANDERS hat demgegenüber den inhaltlichen Versuch unternommen, «die Antiquiertheit der Produkte» über das R.-Prinzip nachzuweisen. Er zieht damit aus der gleichen gesellschaftlichen Entwicklung, die auch die Systemtheorie im Auge hat, andere Konsequenzen. «Das R.-Prinzip der heutigen Industrie besagt nicht nur, daß die im Serienprozeß erzeugten Produkte hinfällig und vergänglich sind, ... sondern daß sie an einer höchst eigentümlichen Sterblichkeit kranken, ... daß sie nämlich sterben sollen, daß sie bestimmt sind zur Vergänglichkeit» [13].

2. *Psychologie.* – Der psychoanalytische R.-Begriff, wie er von S. FREUD entwickelt worden ist [14], ist ein negativer Schlüsselbegriff im Hinblick auf die Aneignung der unbewußten Geschichte und steht in enger Verbindung mit dem Wiederholungszwang, den Freud in der gesamten organischen Natur am Werke sieht [15], indem er z.B. das Regenerations- bzw. R.-Vermögen von Organen und die Instinktäußerungen der Tiere aufgrund ihrer «konservativen Natur» analog zu den seelischen Vorgängen dem R.-Prinzip unterworfen sieht. Die sich darin äußernde Animalität des Menschen zu überwinden, sieht Freud im Anspruch der Therapie erfüllt, «Neurosen durch die Sicherung von Triebbeherrschung» [16] zu heilen. Der naturalistische Begriff der R., wie ihn Freud als negativen Gegenbegriff zur Erinnerung in der psychoanalytischen Therapie eingeführt hat, ist für die gesellschaftliche Analyse wirkungslos geblieben.

In der experimentellen Psychologie ist ‹R.› bis ins 20. Jh. Analogon zu ‹Gedächtnis› [17]. S. L. RUBINSTEIN unterscheidet die R. – verstanden als die Möglichkeit, daß ein Gedächtnisinhalt wieder bewußt wird – von den Assoziationen, die als hypothetische Grundlage der R. fungieren sollen [18]. W. KÖHLER, einer der Begründer der Gestaltpsychologie, versteht unter den experimentell ermittelten spontanen R.en Erinnerungen, die ohne spezifische Einstellung zustande kommen sollen [19]. Demgegenüber wird unter der aktiven R. eine bewußte Rekonstruktion des Vergangenen verstanden, wobei dem Gedächtnis die Rolle der R., dem davon getrennten Denken die der Rekonstruktion zukommt; beide sind aber zu einer untrennbaren Einheit verflochten.

3. *Biologie und Medizin.* – Als Bezeichnung für die Fortpflanzung hat sich der Terminus ‹R.› erst spät in der neuzeitlichen Biologie und Medizin eingebürgert. Noch im 18. und 19. Jh. war der R.-Begriff nicht für die experimentellen Naturwissenschaften, wohl aber für die spekulative Naturphilosophie bedeutsam. Die Begriffe der Selbstorganisation und der R. sind durch die Naturphilosophie F. W. J. SCHELLINGS – in Anknüpfung an I. KANTs ‹Kritik der Urteilskraft› [20] – vermittelt: «Es ist schlechterdings kein Bestehen eines Produkts denkbar, ohne ein beständiges Reproducirtwerden. Das Produkt muß gedacht werden als in jedem Moment vernichtet, und in jedem Moment neu reproducirt. Wir sehen nicht eigentlich das Bestehen des Produkts, sondern nur das beständige Reproducirtwerden» [21]. SCHELLING hat dabei sowohl die Fortpflanzung des individuellen Organismus und die Erhaltung der Art, wie auch den Stoffaustausch mit der Umgebung der anorganischen Natur im Blick. Zusätzlich inspiriert durch die Biowissenschaften seiner Zeit bildet die R. gemeinsam mit der Sensibilität und Irritabilität die drei «Systeme», die die «Gestalt» des tierischen Organismus ausmachen. Dabei zeichnet G. W. F. HEGEL die R. besonders aus. «Die beyden ersten Momente, die Sensibilität und die Irritabilität, sind abstracte Bestimmungen; in der Reproduction ist das Leben Concretes und Lebendigkeit, es hat in ihr, als seiner Wahrheit, erst auch Gefühl, und Widerstandskraft» [22]. Das Ganze des Lebensprozesses wird in den Blick genommen, um sowohl das Kreisen der Lebensvorgänge im tierischen Organismus selber als auch den Wirkungsaustausch, in dem er mit seiner Umwelt steht, zu thematisieren [23]. Der R.-Begriff ist hier also in seiner logischen Bestimmung aus der Naturphilosophie herausgelöst zum Bestandteil der Geistesphilosophie geworden. Die methodologischen Parallelen der Betrachtung Hegels zum Lebensprozeß und der Auffassungen von Marx zum gesellschaftlichen R.-Prozeß sind

offensichtlich. Inhaltlich bleibt dagegen Hegels R.-Begriff sowohl in der ‹Logik› wie in der ‹Phänomenologie› an biologische Systeme gebunden.

Der Begriff ‹Replikation› ist von ‹R.› nicht scharf abgegrenzt worden. Beide Begriffe nehmen häufig Bezug auf das genetische Material (die Nukleinsäurestränge von DNS und RNS), während nur ‹R.› bei größeren Einheiten (Zellen, Organismen, Populationen) Verwendung findet. In der unbelebten Natur gibt es nichts Entsprechendes zur R. von Lebewesen. Von großer systematischer Bedeutung für den R.-Begriff ist, daß das zugrundeliegende genetische Programm selbst nicht der Veränderung unterliegt. Danach wird Leben heute als Selbstproduktion mit Mutationen ('spontanen' ungerichteten Änderungen im Erbgut einer Zelle) und damit im Sinne Darwinscher Evolution von abgegrenzten Stoffsystemen (Individuen) definiert, wobei die Wechselwirkung von DNS- und Protein-(Eiweiß-)Synthese deren autokatalytische R. bewirkt.

Für den evolutiven Wettbewerb kann zwischen verschiedenen R.-Strategien unterschieden werden. Die Vermehrung von Organismen läßt sich durch eine Exponentialfunktion beschreiben, die von der Anzahl der Individuen und der sogenannten R.-Rate (r) in der Zeit abhängig ist. Diese Rate, von R. N. CHAPMAN 1928 als «Biotisches Potential» [24] definiert, ist abhängig von der Anzahl der Nachkommenschaft pro Generation, der Anzahl der Generationen pro Zeiteinheit und der Überlebenschance unter gegebenen Umgebungsbedingungen. Den aus diesen Parametern resultierenden relativen R.-Erfolg bezeichnet man als ‹Fitness›. Mit der Annahme einer artspezifischen R.-Rate (r) und der bestimmbaren Kapazität eines Lebensraumes (K) haben R. H. MAC ARTHUR und E. O. WILSON (1967) zwischen einer r- und einer K-Strategie für die R. bzw. Fortpflanzung unterschieden [25]. Im ersten Fall wird eine Massenproduktion von Nachkommen bei geringer Generationsdauer angenommen, von denen nur wenige Geeignete überleben werden. Im zweiten Fall wird eine Selektion der Erhaltung weniger 'wertvoller' Individuen in Abhängigkeit vom zur Verfügung stehenden Lebensraum gefordert.

Auf der Anwendungsebene etabliert sich seit Anfang der achtziger Jahre unseres Jahrhunderts der Sammelbegriff der sogenannten R.-Technologien, der vom Begriff der R.-Technik [26] abzugrenzen ist, womit die Wiedergabe, das Abbilden und die Vervielfältigung von Vorlagen wie Bücher, Karten, Bilder, Photographien usw. gemeint ist. Die R.-Technologie unterscheidet die beiden Großbereiche Gentechnologie und R.-Medizin. Während die Gentechnologie das Ziel hat, auf molekulargenetischer Basis Vererbungsstrukturen zu isolieren, sie dann nach Möglichkeit wunschgemäß zu verändern, um die mit ihnen verbundenen neuen biochemischen Eigenschaften im Organismus zu verankern und gegebenenfalls biotechnologisch nutzbar zu machen, umfaßt die R.-Medizin jene Spezialgebiete der Medizin, die sich mit der menschlichen Fortpflanzung und ihren Störungen auseinandersetzt.

Anmerkungen. [1] F. QUESNAY: Tabl. écon. (1758), dtsch. (1965); vgl. G. VAGGI: The economics of F. Quesnay (Basingstoke 1987) 190ff.; vgl. Art. ‹Produktion II.›. – [2] TH. R. MALTHUS: An ess. on the princ. of population (1798). The works, hg. E. A. WRIGLEY/P. SOUDEN 1 (London 1986); dtsch.: Das Bevölkerungsgesetz (1977) 134. – [3] F. ENGELS: Die Lage der arb. Klasse in England (1845). – [4] K. MARX: Das Kapital I, 21. 23; II, 3. 21. MEGA II/5, 456ff.; II/6, 523ff. 561ff.; II/10, 506ff. 549ff. – [5] R. LUXEMBURG: Die Akkumulation des Kapitals (1912). Ges. Werke 5 (1975) 79-137. – [6] O. BAUER: Die Akkumulation des Kapitals. Die Neue Zeit 31 (1913) 831-838. – [7] J. HIRSCH: Staatsapparat und R. des Kapitals (1974). – [8] N. LUHMANN: Ökolog. Kommunikation (1986) 24. – [9] A. N. WHITEHEAD: Process and reality. An essay in cosmol. III, 2 (New York 1929, 1960) 30. 364f. – [10] J. J. WAGNER: Philos. der Erziehungskunst (1803) 48, zit. bei: N. LUHMANN: Soz. Systeme (1984) 79. – [11] LUHMANN, a.O. 79. 61. 387. – [12] Y. BAREL: La reproduction soc.: Systèmes vivants, invariance et changement (Paris 1973). – [13] G. ANDERS: Die Antiquiertheit des Menschen (1981) 2, 38. – [14] S. FREUD: Jenseits des Lustprinzips (1920). Ges. Werke 1-18 (London 1940-68) 13, 1-45. – [15] Vorles. zur Einf. in die Psychoanalyse (1916/17), a.O. 11, 278. 280; Neue Folge der Vorles. zur Einf. in die Psychoanalyse (1933), a.O. 15, 133f. – [16] Die endl. und die unendl. Analyse (1937), a.O. 16, 57-100. – [17] EISLER^4 1, 457-464; 2, 729-734. – [18] S. L. RUBINSTEIN: Probleme der allg. Psychol. [Moskau 1946] (1981). – [19] W. KÖHLER: Psycholog. Probleme (1933). – [20] I. KANT: KU § 65, B 293. Akad.-A. 5, 374f.; vgl. M.-L. HEUSER-KESSLER: Die Produktivität der Natur. Schellings Nat.philos. und das neue Paradigma der Selbstorganisation in den Nat.wiss.en (1986); vgl. Art. ‹Produktion, Produktivität›. – [21] F. W. J. SCHELLING: Einl. zu dem Entwurf eines Systems der Naturphilos. § 6, IV (1799). Sämmtl. Werke, hg. K. F. A. SCHELLING (1856-61) I/3, 288f. – [22] G. W. F. HEGEL: Wiss. der Logik II (1816). Akad.-A. 12, 186. – [23] a.O. – [24] R. N. CHAPMAN: Animal ecology with especial reference to insects (New York 1931). – [25] R. H. MACARTHUR/ E. O. WILSON: The theory of island biogeography (Princeton 1967) 89. 149f.; E. O. WILSON: Sociobiology. The new synthesis (Cambridge, Mass. 1975). – [26] H. WILLKOMM: Grundl. der R.-Technik (1978).

Literaturhinweise. J. F. BLUMENBACH: Über den Bildungstrieb und das Zeugungsgeschäfte (1781, ND 1971). – F. H. A. MARSHALL: The physiol. of reprod. (1922), hg. A. S. PARKES (London 1962-66). – R. J. HARRISON: Reprod. and man (London 1967). – K. E. ROTHSCHUH: Physiologie. Der Wandel ihrer Konzepte, Probleme und Methoden vom 16. bis 19. Jh. (1968). – F. JACOB: La logique du vivant. Une hist. de l'hérédité (Paris 1970); dtsch.: Die Logik des Lebenden (1972). – K. NEELSEN: Die R. und Zirkulation des gesellschaftl. Gesamtkapitals (1974). – D. KRAMER: Freizeit und R. der Arbeitskraft, R. des Menschen. Beitr. zu einer interdiszipl. Anthropol. (1975). – E. R. DIRKSEN (Hg.): Cell reprod. (New York 1978). – J. HABERMAS/N. LUHMANN: Theorie der Ges. oder Sozialtechnol. – Was leistet die Systemforschung? (1979). – M. MORISHIMA: Marx's economics: a dual theory of value and growth (1977). – M. TURBAN: Marxsche R.-Schemata und Wirtschaftstheorie (1980). – H. RÖSSNER (Hg.): R. des Menschen. Beitr. zu einer interdiszipl. Anthropol. (1981). – H. V. KOHR: R. von Ges. (1983). – A. LEBER (Hg.): R. der frühen Erfahrung (1983). – E. MAYR: Die Entwickl. der biol. Gedankenwelt (1984). – Drucksache 10/6775. Ber. der Enquête-Komm. des Dtsch. Bundestages ‹Chancen und Risiken der Gentechnol.› (1987). – V. BRAUN: Eth. und rechtl. Fragen der Gentechnol. und der R.-Med. (1987). – T. VON SCHELL: Biotechnik, Gentechnol., R.-Med. (1988).   R. SCHULZ

Republik (lat. res publica; engl. republic; frz. république; ital. repubblica; span. república)

1. ‹Res publica› in der römischen Antike und im frühen Mittelalter. – Die Geschichte des Begriffs ‹R.› geht auf die römische Antike zurück [1]. Der Ausdruck ‹res publica› gehörte zu den einschlägigen Termini der politisch-sozialen Sprache, seitdem vom 3. und 2. Jh. v.Chr. an eine dichtere Quellenüberlieferung einsetzte. In der klassischen Latinität umschrieben ‹res publica› sowie der bedeutungsgleiche Ausdruck ‹res Romana› die Angelegenheiten und Interessen des Volkes (populus), d.h. der in den Komitien zusammentretenden und politisch handelnden Bürger (cives). Wortgeschichtlich leitet sich ‹publicus› im übrigen wohl von ‹populus› her. Der

Gegenbegriff war ‹res privata›, das Sonderinteresse eines jeden einzelnen Bürgers. ‹Res publica› und ‹res Romana› kamen häufig in Verbindung mit ‹status› vor, vor allem in der Wendung «status rei publicae». ‹Status› hatte die Bedeutung 'fester Stand', 'Wohlstand', 'Nutzen', 'Heil', so z.B. in der Definition des öffentlichen und des Privatrechts aus der Feder ULPIANS, welche in die ‹Digesten› aufgenommen und dadurch geschichtsmächtig wurde: «Publicum ius est quod ad statum rei Romanae spectat, privatum quod ad singulorum utilitatem: sunt enim quaedam publice utilia, quaedam privatim» («Das öffentliche Recht bezieht sich auf das Wohlergehen der römischen Sache, das Privatrecht auf den Nutzen eines jeden einzelnen: Die Angelegenheiten sind nämlich teils von öffentlichem, teils von privatem Nutzen») [2]. «Status rei publicae» (bzw. «rei Romanae») kennzeichnete nicht irgendeinen Zustand des «populus», sondern hob auf dessen gute innere und äußere Verfassung ab.

Diese normative Einfärbung trat eindringlich in den mit ‹res publica› synonym verwendeten Ausdrücken ‹salus publica›, ‹utilitas publica›, ‹bonum commune› zutage. Sie drückte sich in der emphatischen Gleichsetzung von ‹res publica› mit ‹patria› aus und lag der klassischen Definition von ‹res publica› zugrunde, die wir CICERO verdanken und die im Mittelalter großen Einfluß auf das politische Denken gewann, da AUGUSTINUS sie wortwörtlich in ‹De civitate Dei› wiedergegeben hat: Die Definition lautet: «Est ... res publica res populi, populus autem non omnis hominum coetus quoquo modo congregatus, sed coetus multitudinis iuris consensu et utilitatis communione sociatus» («Die öffentliche Sache ist die Sache des Volkes; unter Volk versteht man indessen nicht jede beliebig zusammengefügte Vereinigung von Menschen, sondern die Vereinigung der Menge in der Übereinstimmung des Rechts und in der Gemeinschaft des Nutzens») [3]. Diese Definition macht ein Weiteres deutlich: Als Subjekt des politischen Verbandes erscheint das Volk («populus»). Das römische Gemeinwesen war als Personenverband («populus Romanus», «senatus populusque Romanus») organisiert. ‹Res publica› umschrieb dessen Interessen und gute Verfassung, der Ausdruck rückte nicht zum Staatsnamen auf. Zwar nahm ‹res publica› unter den Kaisern zusätzlich zu dem Sinngehalt 'Gemeinwohl', 'Gemeinnutz', 'Interesse des Volkes' die Bedeutung 'Verwaltung' ('Behörden') an und zielte dann ebenso wie die während der späten Kaiserzeit aufgekommenen Metaphern ‹corpus rei publicae› und ‹navis rei publicae› auf die organisatorische Einheit des Herrschaftsapparates. ‹Res publica Romana› und ‹Imperium Romanum› kennzeichneten jedoch nicht den politischen Verband als solchen – dieser blieb personal begriffen –, sondern den Inbegriff der Herrschaftsorgane.

Mit dem Ende des (West-)Römischen Reiches in den Stürmen der Germaneneinfälle brach im Okzident die Verwendung von ‹res publica› ab. Das Gemeinwohl und die res publica schienen mit der Herrschaft über Unfreie unvereinbar; in den Worten Papst GREGORS DES GROSSEN: «Hoc inter reges gentium et reipublicae imperatores distat, quod reges gentium domini servorum sunt, imperatores vero reipublicae domini liberorum» («Darin unterscheiden sich die Stammeskönige von den kaiserlichen Gebietern über das Gemeinwesen, daß die Stammeskönige Herren über Sklaven sind, die kaiserlichen Gebieter über das Gemeinwesen hingegen Herren über Freie») [4]. Mit der Erneuerung des «Imperium Romanum» durch KARL DEN GROSSEN (800) rückte ‹res publica› in Rechtstexten und erzählenden Quellen wieder in den Rang eines politisch-sozialen Grundbegriffs, dessen antike Bedeutungen bis ins 12. Jh. schrittweise rezipiert wurden. Der Ausdruck (bedeutungsähnlich: ‹salus publica›, ‹utilitas publica›, ‹bonum commune›) erschien in Urkunden und Vertragstexten, Rechtsbüchern und Ratsordnungen in zentralen Begründungszusammenhängen. Bald kamen in dichter Fülle volkssprachliche Entsprechungen für ‹res publica› auf: im Deutschen «gemeiner Nutz», «gemeines Beste», «gemeines Fromme», «Frommen und Bestes», «gemein gut und nutz», «notdurft und gemeiner nutz», «Nutz und Bestes», «gemeiner Nutz und Förderung», «Ehre und gemeines Beste», «Ehre und Nutzen», «gemeiner Nutz, Friede und Ehre», «Lob, Ehre und Nutz», «Ehre, Nutz, Gemach und Frommen» [5], im Französischen «le commun pourfit», «commun profit», «bien commun», «chose publique», «bien de la chose publique», «bien de la chose et utilité publique» [6]. In solchen Wendungen blieb die antike Bedeutung von ‹res publica› bis in die Neuzeit lebendig.

2. *‹Res publica› und die Ausbildung des modernen Staates vom hohen Mittelalter bis zur frühen Neuzeit.* – Die Ausbildung des modernen Staates – hierunter sei mit M. WEBER «ein anstaltsmäßiger Herrschaftsverband» [7] begriffen, der «die Herrschaft seines Verwaltungsstabes und seiner Ordnungen für ein Gebiet in Anspruch nimmt und gewaltsam garantiert» [8] und dessen «Verwaltungs- und Rechtsordnung ... durch Satzungen abänderbar ist» [9] – vollzog sich als langandauernder Prozeß der Institutionalisierung von Herrschaft. Im Verlauf des hohen Mittelalters versachlichte und verstetigte sich auf dem Boden des ehemaligen Karolingerreiches der auf höchstpersönlichen Bindungen der Treue und Gefolgschaft beruhende Lehensverband zur korporativen Stadtgemeinde und zur fürstlichen Gebietsobrigkeit. Im späten Mittelalter mündete diese Institutionalisierung von Herrschaft in den anstaltlich verfaßten Staat ein. Die Bedeutungsentwicklung von ‹res publica› vollzog sich vor dem Hintergrund dieses säkularen Prozesses und wirkte zugleich auf ihn zurück.

Bereits vor der begrifflichen Erfassung der versachlichten Herrschaft wurde deren personenübergreifende Kontinuität durch die Krone, «corona regni», symbolisiert, die als Zeichen der Fürstengewalt ihren Träger überdauert [10]. Der mit ‹patria›, ‹regnum› und auch ‹res publica› umschriebene politische Verband wurde mit einem Schiff verglichen, das auch dann fortbesteht, wenn der Steuermann ausfällt. In diesem Sinne soll Kaiser KONRAD II., als sich die Einwohner von Pavia nach dem Tode seines Vorgängers anschickten, die vermeintlich herrenlos gewordene Kaiserpfalz niederzureißen, den Ausspruch getan haben: «Si rex periit, regnum remansit, sicut navis remanet, cuius gubernator cadit» («Wenn auch der König dahingegangen ist, so besteht das Königreich fort, genauso wie das Schiff fortbesteht, wenn der Steuermann den Tod findet») [11]. An die symbolische Darstellung und metaphorische Vergegenwärtigung der personenüberdauernden Herrschaft schlossen bald Konzeptualisierungen an: im 12. Jh. die Spekulation der Neuplatoniker über den politischen Körper (a); seit dem 12. und 13. Jh. die politische Körperschaftslehre der Juristen (b); im Anschluß an die in der zweiten Hälfte des 13. Jh. erfolgte Rezeption der ‹Politik› des Aristoteles die scholastische Reflexion über Grundlagen und Zwecke, institutionelle Ausgestaltung und typologische Vielfalt des politischen Verbandes (c);

schließlich Jean Bodins Konzept des anstaltlichen Staates (d).

Zentraler Terminus in den juristischen und philosophischen Überlegungen über Verfassung und Staat war in der Gelehrtensprache ‹res publica›; in den Volkssprachen waren zentral entweder Abwandlungen dieses Ausdrucks, z.B. ital. ‹repubblica›, frz. ‹république›, span. ‹república›, oder Übertragungen, z.B. engl. ‹commonwealth›, dtsch. ‹Gemeiner Nutz›, ‹Gemeines Wesen›, ‹Gemeinwesen›, niederl. ‹ghemen sake›. Seit dem 16. Jh. rückten in den Volkssprachen – nicht hingegen im gelehrten Latein, das an dem Ausdruck ‹res publica› festhielt – Abwandlungen von lat. ‹status› in den Vordergrund, z.B. ital. ‹stato›, frz. ‹état›, span. ‹estado›, engl. ‹state›, dtsch. ‹Staat›. Zielte ‹res publica› primär auf die personenübergreifende Einheit und die institutionelle Ausgestaltung des politischen Verbandes, so verwiesen die volkssprachlichen Abwandlungen von ‹status› auf den Macht- und Zwangscharakter des anstaltlichen Staates.

a. *‹Res publica› in der neuplatonischen Körpermetaphysik.* – Die neuplatonische Spekulation über den politischen Körper datiert vom 12. Jh. Sie hatte ihr Zentrum in der Schule von Chartres, der WILHELM VON CONCHES, BERNARDUS SILVESTRIS und ALANUS AB INSULIS zuzurechnen sind und der JOHANNES VON SALISBURY nahestand. Diese Autoren orientierten sich an den neuplatonischen Schriften der Spätantike, wie z.B. dem Kommentar des MACROBIUS zu Ciceros ‹Somnium Scipionis› und dem Kommentar des CALCIDIUS zu Platons ‹Timaios›, in denen das Weltall als großer Körper (Makrokosmos), der Mensch als analog zum Weltall aufgebauter kleiner Körper (Mikrokosmos) begriffen wurden. Die Schule von Chartres knüpfte überdies an die ekklesiologische Lehre von der Kirche als «corpus Christi» an und übertrug die Körpermetaphysik auf die politisch-soziale Ordnung. Diese wurde als ein zwischen Makrokosmos und Mikrokosmos angesiedelter Körper mit hierarchischem Aufbau von Haupt und Gliedern und funktionaler Wechselbeziehung der Körperteile zueinander umschrieben und als «res publica» bezeichnet.

Anders als in der Antike stand ‹res publica› nicht länger für den (guten) Zustand des politischen Verbandes, sondern für den als überindividuelle Einheit begriffenen Verband selbst. JOHANNES VON SALISBURY charakterisierte in seinem gegen 1159 abgeschlossenen Traktat ‹Policraticus› denn auch «res publica» als «corpus quoddam quod divini muneris beneficio animatur et summae aequitatis agitur nutu et regitur quodam moderamine rationis» («gewissermaßen ein Körper, der von der Gunst der göttlichen Gnade beseelt ist und auf Geheiß der höchsten Gerechtigkeit bewegt und sozusagen vom Steuerruder der Vernunft geleitet wird») [12]. Indem der Autor den Fürsten, die geistlichen und weltlichen Amtsinhaber und das arbeitende Volk als Glieder eines Ganzen darstellte, dessen Zusammenwirken das Wohl aller heraufführe, zielte er auf die Versittlichung der politisch-sozialen Ordnung. ‹Res publica› umschrieb in der neuplatonischen Herrschaftsmetaphysik die personenübergreifende Einheit des politischen Körpers in sozialethischer Intention.

b. *‹Res publica› in der juristischen Körperschaftslehre.* – Unter ‹Körperschaft› («universitas») [13] verstanden die Juristen den Zusammenschluß von Personen und Personengruppen zu einem juristischen Zweckgebilde («nomen juris», «nomen intellectualis», «res incorporalis») im Sinne einer juristischen Person («persona ficta», «persona repraesentata»). Umschrieb in der klassischen Antike ‹universitas› die Verbindung von Personen «ut singuli», d.h. als eine Personenvielheit, so entwickelten die Zivilisten und Kanonisten im Verlaufe des 12. Jh. das Konzept der Vereinigung von Personen «ut universi», d.h. zur Personeneinheit und zur Körperschaft im Sinne einer Gesamtperson: «Universitas repraesentat unam personam, quae est aliud ... ab hominibus universitatis» («Die Körperschaft stellt eine Person dar, die von den Menschen der Körperschaft unterschieden ist») [14]. Aus dem Konzept der Rechtspersönlichkeit, die den Mitgliedern des Verbandes als eigenständige Institution gegenübertritt, wurden zwei Schlußfolgerungen gezogen. Erstens galt die Körperschaft ungeachtet des Aus- und Eintritts der Mitglieder als dauerhaft: «Universitas non moritur». Zweitens wurde sie analog der natürlichen Person als privatrechtsfähig angesehen; als solcher wurden ihr Namen, Siegel, Wohnsitz, Gerichtsstand sowie die Vermögens- und Prozeßfähigkeit zuerkannt.

Nach zivilistischer und kanonistischer Lehre verfügt die Körperschaft über einen Rechtswillen, den sie in der Mitgliederversammlung ausbildet, in welcher der Mehrheitsbeschluß die Minderheit bindet. Zuständig ist die Mitgliederversammlung für die Satzungsgebung und alle weiteren wichtigen Angelegenheiten der Körperschaft einschließlich der Bestellung des Vorstehers und der Bevollmächtigten, die im Rahmen der ihnen übertragenen Befugnisse die Geschäfte der Körperschaft zu besorgen haben. Gelten die Beschlüsse der Mitgliederversammlung als Willensbekundung der «universitas ipsa», so die Handlungen ihrer Vertreter als Willensbekundung der «universitas per alium». Die Qualität der «res publica» legten die Juristen solchen kirchlichen und weltlichen Institutionen bei, dem dem öffentlichen Nutzen oder Gemeinnutz («utilitas publica») dienten und insofern dem «ius publicum» – «in sacris, in sacerdotibus, in magistratibus consistit» («es faßt heilige Handlungen, Priester, Magistratspersonen in sich») [15] – zugerechnet wurden. Gegenbegriff war das «ius privatum», das auf den Nutzen eines jeden einzelnen («utilitas singulorum») oder den Eigennutz («utilitas privata») abzielt.

In der Ausgestaltung der in diesem Sinne als öffentlich-rechtliche Institution begriffenen Körperschaft hielten sich die Legisten zunächst streng an den Wortlaut der justinianischen Rechtsbücher und billigten den Rang der «res publica» einzig dem «populus Romanus», d.h. dem stadtrömischen Bürgerverband [16], und dem «Imperium» zu, d.h. dem als körperschaftlichen Zusammenschluß der Christen begriffenen Römischen Reich. Seit der Wende vom 12. zum 13. Jh. übertrugen sie die Eigenschaft der «res publica» von der stadtrömischen Kommune auf die kommunalen Institutionen jedweder autonomen («civitas») oder teilautonomen («municipium») Stadt. BARTOLUS A SAXOFERRATO definierte daraufhin: «Respublica debet accipi quatuor modis. Primo, pro toto, veluti Imperio. Secundo, pro Republica Romanorum. Tertio, pro Republica cuiuslibet civitatis. Quarto, pro Republica cuiuslibet municipii» («Dem Ausdruck ‹Respublica› kommen vier Bedeutungen zu. Er steht erstens für das Ganze, nämlich das Kaiserreich. Zweitens für das stadtrömische Gemeinwesen. Drittens für das Gemeinwesen einer jeden civitas. Viertens für das Gemeinwesen eines jeden municipium») [17]. Als sich im 14. Jh. die Unterscheidung zwischen der abhängigen und unabhängigen Herrschaft durchsetzte, wurde ‹res publica› einerseits den Königreichen und unabhängigen Fürstentümern vorbehalten, deren Herrscher sich auf den Rechtssatz «rex est imperator in regno suo» beriefen, andererseits denjenigen Kommunen, die gemäß der epochemachenden Formulierung des Bartolus den Rang der «civitas sibi princeps» erstritten [18]. BALDUS DE UBALDIS schied daraufhin die Munizipien aus der Definition von ‹res publica› aus [19]. PAULUS DE CASTRO schließlich präzisierte in seinem zu Beginn des 15. Jh. abgefaßten Digestenkommentar: «Nota ... quod non omnis societas vel collegium dicitur habere rempublicam. Licet habeat aliquid ad eius similitudinem. Rem autem publicam non habebat olim nisi populus romanus vel imperator ... Et hodie quelibet civitas quae non recognoscit superiorem. Alie vero civitates vel castra subdita non dicuntur proprie habere rempublicam. Licet largo modo videantur habere ... Collegia vero quae sunt infra civitatem vel castrum, et sic sunt partes ipsius reipublicae, non dicuntur habere rem publicam» («Zu beachten ist, daß fraglos nicht jedwede Korporation und jedwedes Kollegium ein Gemeinwesen hat, mögen deren körperschaftliche Institutionen auch dem Gemeinwesen ähneln. Ein Gemeinwesen hatten einst nur das römische Volk und der Kaiser. Und heute hat es jede civitas, die keine höhere Gewalt über sich anerkennt. Hingegen haben die abhängigen civitates und castra, streng genommen, kein Gemeinwesen, wenngleich sie es in großem Maß zu haben scheinen. Es steht indessen außer Frage, daß Kollegien, die in eine civitas oder ein castrum eingegliedert sind und insofern einen Teil von deren Gemeinwesen ausmachen, kein eigenes Gemeinwesen haben») [20]. Der körperschaftliche Begriff der «res publica» deckte sich solange nicht mit dem modernen, innerweltlichen Staatsbegriff, wie ‹res publica› auch auf kirchliche Einrichtungen und vor allem die Universalkirche, verstanden als körperschaftliche Einheit der Christenheit, bezogen wurde. Papalisten und Konziliaristen stimmten im Zeitalter der Kirchenspaltung in der Charakterisierung der Kirche als «res publica» durchaus überein.

Nach juristischer Lehre zeichnete sich die als «res publica» charakterisierte politische Körperschaft durch «iurisdictio», «imperium» und «fiscus» («iura fiscalia») aus. Vor dem Hintergrund der oberitalienischen Polarität von Fürstenherrschaft («regnum», «principatus») und Kommune («civitas libera») entfalteten die Zivilisten zwei Spielarten der weltlichen «res publica», die «res publica regni» und die «res publica civitatis». Im «regnum» galt entsprechend der Rechtsfiktion der «lex regia», derzufolge der «populus Romanus» seine Rechte auf den «princeps» übertragen hat, dieser als Sachwalter der «res publica» und Amtsperson («persona publica»): «Reipublice imaginem et nomen gerit» («Er ist Ebenbild des Gemeinwesens und führt dessen Namen») [21]. Demgemäß bestand die «res publica» zwar als Rechtssubjekt fort, sie hatte jedoch ihr Handlungsvermögen an den Fürsten abgetreten [22]. Als «princeps legibus solutus» bestimmte der Fürst sein Verhalten zur «res publica» wie ein Vormund («tutor») zu seinem Mündel («minor»). Als Richtschnur seines Handelns galten «bonum et utilitas rei publice non private, puta Caroli imperatoris» («das Wohl und der Nutzen des Gemeinwesens, nicht der Privatperson, z.B. des Kaisers Karl») [23]. Verging sich der Fürst gegen die «res publica» («si imperator in respublicas seviret») [24], so wurde er zum Tyrannen, gegen den Widerstand geleistet werden durfte.

Orientierte sich die Lehre von der «res publica regni» an der politischen Ordnung Roms unter den Kaisern, so die Lehre von der «res publica civitatis» [25] an der altrömischen Verfassung, als die politischen Grundsatzentscheidungen beim Senat und in den Komitien lagen, während die Regierungsgeschäfte Beamten («magistratus») anvertraut waren. Demgemäß bildet nach zivilistischer Lehre die autonome Bürgergemeinde ihren Rechtswillen in der Bürgerversammlung («adunatio») bzw. in Bürgerausschüssen («concilia»), während den Amtsträgern im Rahmen ihrer Befugnisse («nomine dignitatis suae») die Regierung und Verwaltung der Kommune («gubernatio et administratio reipublicae») obliegen.

Im Verlaufe des späten Mittelalters nahm ‹res publica› außer der körperschaftsrechtlichen Bedeutung einen verfassungstypologischen Sinngehalt an und kennzeichnete dann das kommunale Bürgerregiment. Dieser Wortgebrauch von ‹res publica› knüpfte an die Benennung des (stadt)römischen Bürgerverbandes mit dem Eigennamen «res publica Romana» an [26]. Mit der Aufwertung der oberitalienischen Kommunen auf einen mit Rom ebenbürtigen Rang wurde der Eigenname zum Gattungsnamen erweitert. BALDUS hielt fest: «Ipse [d.h. die «civitates que per se reguntur»] dicuntur respublice» («Sie [d.h. die civitates, die sich selbst regieren] heißen Gemeinwesen [R.en]») [27]. Der Weg war nicht weit zum Staatsnamen ‹Respublica›. Eine Vorstufe war die Ersetzung von ‹commune› (‹communitas›) durch ‹respublica› (mit attributivischem Possessiv- oder Demonstrativpronomen) in Wendungen des Typs «cum salute nostre Reipublice», «serenissimi maiores vestri hanc rempublicam dilexerunt», die im Verlaufe des 15. Jh. große Verbreitung fanden [28], bis schließlich ‹res publica› an die Stelle von ‹commune› als Staatsname rückte. Aus «Commune civitatis Florentine» wurde «Respublica Florentina» [29], aus «Commune Civitatis Mutinae» «Respublica Mutinensis» [30] usw. Schließlich wurde ‹res publica› von der Bindung an die oberitalienischen Kommunen und an das antike Rom gelöst und zu einem universellen Verfassungstyp verallgemeinert, wie dies der Eingangssatz von N. MACHIAVELLIS ‹Principe› (1513) vor Augen führt: «Tutti gli stati, tutti e' dominii che hanno avuto et hanno imperio sopra gli uomini, sono stati e sono o republiche o principati» [31]. Wenn es galt, die verfassungstypologische Bedeutung des Terminus ausdrücklich von der körperschaftsrechtlichen abzuheben, wurde in der Gelehrtensprache ‹res publica› durch das Attribut ‹libera› präzisiert, die Volkssprachen verfuhren analog (‹repubblica libera›, ‹libre république›, ‹freie R.›, daran anknüpfend Wendungen mit ‹Staat›: ‹stato libero›, ‹stato franco›, ‹état libre›, ‹Freistaat› usw.) [32]. Im Anschluß an die Rezeption der politischen Philosophie des Aristoteles (vgl. unten c.) wurde das dualistische Verfassungsmodell der Juristen mit dem dreistufigen des Stagiriten in Beziehung gesetzt: Aristokratie (Oligarchie) und Politie (Demokratie) wurden als Spielarten der 'freien R.' begriffen [33].

c. *‹Res publica› im politischen Aristotelismus des späten Mittelalters.* – Nachdem der Dominikaner WILHELM VON MOERBEKE um 1268 die ‹Politik› des Aristoteles ins Lateinische übertragen und THOMAS VON AQUIN bald darauf einen (von PETRUS VON ALVERNIA vollendeten) Kommentar ‹Sentencia libri politicorum› angefertigt hatte, wurde die politische Philosophie des Stagiriten im Abendland rasch rezipiert. Erörterte ARISTOTELES in der ‹Nikomachischen Ethik› das tugendhafte Handeln des Menschen als Sozialwesens, so in der ‹Politik› die gute Ordnung der sich selbst genügenden πόλις oder κοινωνία πολιτική, in der sich die natürliche Bestimmung des

Menschen als eines ζῷον πολιτικόν erfüllt. Vor dem Hintergrund der Vielgestaltigkeit der griechischen Polisordnungen zielte Aristoteles' Lehre von der πολιτεία, d.h. der institutionellen Ausgestaltung der πόλις in Behörden und Ämtern, darauf ab, die Fülle der empirisch-historischen Verfassungen in eine Typologie zu bringen. Der Stagirite unterschied nach dem institutionellen Kriterium der Zahl der Regierenden (einer, wenige, viele) und nach dem sozialethischen Kriterium ihrer Beweggründe (Ausrichtung auf das Gemeinwohl oder auf das Eigeninteresse) zwischen den guten Verfassungen (Königsherrschaft, Aristokratie, Politie i.e.S.) und deren Entartungen (Tyrannis, Oligarchie, Demokratie). Er erörterte außerdem, inwieweit Mischverfassungen geeignet seien, soziale Gegensätze institutionell aufzufangen.

Ging Aristoteles selbst vom Bürgerverband als vorgegebenem Beobachtungsgegenstand aus und erörterte die zweckmäßige Ausgestaltung von Regierung, Verwaltung und Rechtsprechung, so rückte im abendländischen Aristotelismus die Frage der Hervorbringung des politischen Verbandes in den Vordergrund. Die Scholastiker übertrugen Aristoteles' Entelechiegedanken auf den Bereich des Politischen und begriffen «politia» (für πολιτεία) als Wirkkraft, als «forma», welche die «materia» der «communicatio politica» (für κοινωνία πολιτική), nämlich die Haushalte und Dörfer, zur städtischen Bürgerschaft («civitas», für πόλις) und zur fürstlichen Gebietsherrschaft («regnum») zusammenfügt. Bereits bei THOMAS VON AQUIN schimmerte eine solche Dynamisierung von «politia» durch, als er Aristoteles' Definition πολιτεία τάξις πόλεως nicht, wie WILHELM VON MOERBEKE, mit «est autem politia ordo civitatis» («es ist aber die Politie die Gestalt der civitas») [34], sondern mit «politia nihil est aliud quam ordinatio civitatis» («die Politie ist nichts anderes als die Gestaltung der civitas») [35] wiedergab. Noch deutlicher kam die Dynamisierung von «politia» in der Definition zum Ausdruck, die der vielgelesene AEGIDIUS ROMANUS in seinem um 1300 abgefaßten Traktat ‹De regimine principum› vorstellte: «Politia ... quasi idem est, quod ordinatio civitatis quantum ad omnes principatus qui sunt in ea, et principaliter quantum ad maximum principatum qui dominatur omnibus aliis. Politia enim consistit maxime in ordine summi principatus, qui est in civitate. Omnis ergo ordinatio, civitatis Politia dici potest» («Die Politie ist sozusagen dasselbe wie die Gestaltung der civitas hinsichtlich aller Obrigkeiten, die in ihr bestehen und zuvorderst hinsichtlich der größten Obrigkeit, die allen anderen gebietet. Die Politie stellt sich nämlich ganz besonders in Gestalt der höchsten Obrigkeit dar, die in der civitas besteht. Es kann demnach eine jede Gestaltung der civitas als Politie der civitas bezeichnet werden») [36]. In seiner Übersetzung der ‹Politik› ins Französische (1374) rekurrierte NICOLE ORESME dann ausdrücklich auf den Entelechiegedanken: «Les hommes ou les gens sunt la matiere de la cité, mes l'ordenance et la gubernacion de elle, ce est la forme de elle» («Die Menschen oder die Leute sind der Stoff der Bürgervereinigung, aber die Gestaltung und Regierung, das ist die Form derselben») [37]. Gleiches tat JOHANNES VERSOR in seinem um die Mitte des 15. Jh. abgefaßten Kommentar zur ‹Politik› des Aristoteles [38]. Bei G. SAVONAROLA las man dann kurz und bündig: «Forma ... civitatis est politia» [39].

‹Res publica›, in der Körperschaftslehre bereits an der Wende vom 12. zum 13. Jh. zu einem politisch-sozialen Grundbegriff aufgerückt, gelangte im Aristotelismus erst seit dem 15. Jh. zu einer vergleichbaren Schlüsselstellung, nämlich als lateinische Entsprechung für den Gräzismus ‹politia›. Als erster wandte sich der Humanist L. BRUNI ausdrücklich gegen den Gebrauch von ‹politia› – «quid enim tu mihi 'politiam' relinquis in Graeco, cum possis et debeas Latino verbo 'rem publicam' dicere?» («warum speist du mich mit dem griechischen Wort 'politia' ab, wo du doch auf Latein 'res publica' sagen kannst und sollst?») [40] – und führte in seiner 1438 vollendeten Neuübertragung von Aristoteles' ‹Politik› statt dessen «res publica» ein. Er tat dies sowohl in bezug auf die weitgefaßte Bedeutung von πολιτεία – «est autem respublica ordinatio civitatis» [41] – als auf die engegefaßte: «Cum autem multitudo gubernat ad communem utilitatem, vocatur communi nomine rerumpublicarum omnium respublica» («Wenn aber die Menge zum gemeinen Nutzen regiert, so benennt man diese Verfassung mit eben dem Ausdruck, der alle Spielarten des Gemeinwesens bezeichnet, als Gemeinwesen i.e.S. oder R.») [42]. Bruni verwarf auch die weiteren von Moerbeke eingeführten Gräzismen, nämlich «oligarchia», «democratia» und «aristocratia», und empfahl statt dessen «paucorum potentia», «popularis status» und «optimorum gubernatio» [43].

Während der frühen Neuzeit herrschte der von Bruni propagierte Wortgebrauch vor. Hierzu trug bei, daß der Humanist L. DE VALENTIA, der Thomas von Aquins ‹Sententia libri politicorum› 1492 edierte, allenthalben im Text des Aquinaten «politia» durch «res publica» ersetzte und generell Bruni im Bestreben folgte, Gräzismen zu vermeiden [44]. Mochte auch die Reinigung des lateinischen Aristoteles von griechischen Ausdrücken ursprünglich sprachpuristischen Impulsen entspringen, so ergab sich die Folge, daß nun die Begriffsbildung des Stagiriten den Juristen zugänglich wurde. Noch 1355, als er in seinem Traktat ‹De regimine civitatis› die Aristotelische Verfassungstypologie aufgriff und auf die oberitalienischen Verhältnisse anwandte, hatte sich BARTOLUS genötigt gesehen, auf die von Wilhelm von Moerbeke bereitgestellten Gräzismen zu verzichten, da sich die Juristen, wie er erläuterte, am Römischen Recht und an der römischen Verfassungsentwicklung orientierten und deshalb keinen Zugang zur Terminologie («nomina», «verba») des Aristoteles hätten [45]. Verliefen bis zu Brunis ‹Aristoteles latinus› die Rezeption des ‹Corpus Iuris Civilis› und diejenige der ‹Politik› des Stagiriten auf getrennten Wegen, so trat nun eine Befruchtung des juristischen Denkens durch das philosophische ein. In dem Maße, wie sich die Juristen dem Aristotelismus öffneten, geriet ihr Konzept der eigenständigen «res publica christiana», das im politischen Aristotelismus keine Entsprechung fand, unter Rechtfertigungsdruck. Im Zeitalter des sich vollendenden städtischen und landesherrlichen Kirchenregiments wurde es schließlich aufgegeben. In den Worten eines unbekannten Pamphletisten: «Respublica in hoc mundo tanquam in legittima sua patria versatur» («Das Gemeinwesen hat seinen Sitz in dieser Welt als seinem sozusagen rechtmäßigen Vaterland») [46].

d. ‹Respublica› (‹république›) in der Souveränitätslehre J. Bodins und bei den frühneuzeitlichen deutschen Aristotelikern. – Von der Einwirkung des politischen Aristotelismus auf das juristische Verfassungsdenken zeugt eindringlich die neuartige Bedeutung, die J. BODIN [47] dem Ausdruck ‹république› beilegte: «Republique est un droit gouvernement de plusieurs mesnages, et de ce qui leur est commun, avec puissance souveraine» («Das Gemeinwesen ist ein rechtmäßiges Regiment über eine Mehrzahl von Haushalten und das, was diesen gemein ist, mit souveräner Gewalt») [48]. Unter ‹Souveränität› (‹souveraineté›, lat. ‹maiestas›) verstand Bodin «la puissance absoluë et perpetuelle d'une Republique» («die absolute und ständige Gewalt in einem Gemeinwesen») [49], «summa in cives ac subditos legibusque soluta potestas» («die höchste und von den Gesetzen entbundene Gewalt über Bürger und Untertanen») [50]. Bodin faßte unter ‹république› bzw. ‹respublica› ein politisches Regiment («gouvernement», «gubernatio») über die Einwohner eines Gebietes («in cives ac subditos potestas») mit Legitimitätsanspruch («droit gouvernement», «legitima gubernatio»), Gewaltmonopol («puissance perpétuelle», «summa potestas»), Gesetzgebungsvollmacht («puissance absolue», «legibus soluta potestas») und Verwaltungsstab [51]. Der Autor beteuerte zugleich, seine Begriffsbestimmung von ‹république› übertreffe alle bisherigen juristischen und philosophischen Verfassungstheorien insoweit, als niemand je das Wesen der Souveränität erkannt habe [52]. Bodins Bestreben war es, den Inhaber der Souveränität über alle anderen politischen Kräfte hinauszuheben und jeglichen ständisch-regionalen Widerstand zu brechen. Damit gewann unter dem Einfluß des dynamischen Sinngehalts, den ‹politia› und ‹res publica› bei den scholastischen Aristotelikern erhalten hatten, ‹république› (‹respublica›) im juristischen Verständnis eine herrschaftsgestaltende Kraft, die dem klassischen zivilistischen Körperschaftsdenken fremdgeblieben war.

Es lag nahe, das neuartige, auf die Souveränität abhebende Konzept des politischen Verbandes mit einem neuen Terminus zu bezeichnen, der nicht, wie ‹res publica›, auf den Inbegriff öffentlicher Angelegenheiten und Institutionen im Unterschied zu den privaten abhob, sondern auf den Machtträger und den Machtapparat. In dieser Absicht führte Bodin den Ausdruck «état» (in der lat. Übersetzung «Reipublicae status») [53] ein, der auf die Konzentration der Souveränität bei dem obersten Inhaber der politischen Gewalt abzielte, sei es der Fürst in der Monarchie oder die 'Wenigen' in der Aristokratie oder die 'Vielen' in der Demokratie. Der anstaltliche Staatsbegriff war zu seinem Terminus gelangt.

In Deutschland, wo unter Melanchthons Einfluß der politische Aristotelismus während des 16. Jh. geradezu in den Rang einer offiziellen Lehre aufrückte, wurde Bodins dynamisches Souveränitätskonzept aufgegriffen und wirkte auf die staatsphilosophischen Anschauungen der Aristoteliker zurück. Als typischer Vertreter dieser Richtung sei der Helmstedter Professor H. ARNISAEUS herangezogen [54]. Er begriff in seinem 1615 erschienenen Hauptwerk ‹De republica, seu relectionis politicae libri duo› [55] die «civitas» als amorphe Personenvielheit, welche ihre Gestalt erst durch das Wirken der «res publica» erhalte. Diese sei zu fassen als «forma simul et finis civitatis» [56], als «ordo inter parentes et imperantes, dependens potissimum ab una summa potestate, quam nos Majestatem proprie dici ... probabimus» («die Ordnung zwischen den Gehorchenden und den Befehlenden, die vor allem anderen auf die in sich einige, höchste Gewalt zurückzuführen ist, die, wie ausgeführt, füglich mit dem Ausdruck Souveränität bezeichnet wird») [57]. «Perfecta ... definitio Reipublicae est, quod sit ordo civitatis, tum aliorum imperiorum, tum praecipue summae potestatis, a qua profluit regimen per medios magistratus in universos subditos» («Die vollkommene Begriffsbestimmung des Gemeinwesens lautet: Es ist die politische Ordnung der bürgerlichen Gesellschaft in Hinblick auf alle Zweige der Verwaltung und vor allem in bezug auf die oberste Gewalt, von der aus sich das Regiment über die von ihm abhängige Beamtenschaft auf sämtliche Untertanen erstreckt») [58]. Nach dieser Definition gründet der politische Verband auf dem Souveränitätsprinzip («majestas»). Er wird von der Zentralgewalt («summa potestas») geleitet, die mittels eines Verwaltungsstabes («per medios magistratus») regiert. Die «civitas», d.h. die überkommene, ständisch-korporativ und regional organisierte Gesellschaft, wurde nach diesem Verständnis gleichsam von der «respublica», dem Regiment, aufgesogen [59]. Die darin zum Ausdruck kommende Umwandlung der 'Bürger' in 'Untertanen' spiegelte die dem frühmodernen Fürstenstaat inhärente Tendenz wider, eine entpolitisierte Untertanengesellschaft hervorzubringen.

3. ‹Res publica› und die Frage nach der besten Verfassung im Mittelalter und während der Renaissance. – Bereits ARISTOTELES hatte die Frage nach der besten Verfassung aufgeworfen und differenziert beantwortet [60]. Als die relativ beste Verfassung sah er eine zwischen Oligarchie (Herrschaft der durchweg in der Minderheit bleibenden Reichen) und Demokratie (Herrschaft der durchweg die Mehrheit bildenden Armen) angesiedelte Spielart der «Politie» an (vgl. Art. ‹Politeia›), in der zwischen den Reichen und Armen keine allzu weite Kluft besteht und die mittleren Bürger (μέσοι) die politischen Ämter einnehmen.

Die Scholastiker neigten dazu, die Monarchie als beste Verfassung einzustufen. THOMAS VON AQUIN begründete dies in seinem Traktatfragment ‹De regno ad regem Cypri› [61] mit dem Argument, das Königtum («regnum», «regimen regis») [62] gewährleiste besser die innere Sicherheit, den Rechtsfrieden und die materielle Wohlfahrt als die beiden anderen Spielarten des «regimen rectum et iustum», die «politia» und die «aristocratia» [63]. Zwar sei die Entartung des Königtums zur Tyrannis die schlimmste aller Entartungen [64]. Da indes die «Herrschaft der Vielen» («regimen plurium», «multorum regimen») [65] meist in innerer Zerrissenheit («dissensio») ende und diese stets in Tyrannis umschlage, sei das stabilere Königtum vorzuziehen [66]. Ähnlich urteilte AEGIDIUS ROMANUS [67]. Die Monarchie biete größere Gewähr als die Aristokratie und die Politie, daß Einheit, Friede, politische Macht und allgemeine Wohlfahrt gesichert würden [68]. Freilich gestand der Autor zugleich ein, daß in der Aristokratie und der Politie angesichts der großen Zahl der am Regiment beteiligten Bürger politische Einsicht («perspicax ratio»), gemeinwohlbezogenes Handeln («recta intentio») und politische Stetigkeit («perfecta stabilitas») auf breiter Grundlage ruhen und insofern eine Entartung weniger schlimme Folgen zeitigt, als dies bei der Monarchie der Fall ist. Aegidius Romanus empfahl, daß sich der Monarch mit weisen und tugendhaften Ratgebern umgebe, damit ihm der rechte Weg gewiesen werde [69].

BARTOLUS griff in Anlehnung an Aristoteles und mehr noch an Aegidius Romanus die philosophische Erörterung über die beste Verfassung («quis sit melior modus regendi» [70]) auf und gab der Frage, «an expediat civitati vel populo regi per regem» («ob es der civitas oder dem Volk zustatten komme, von einem König regiert zu werden») [71], die neuartige Wendung: Es gelte zu prüfen, welche Bedingungen den Fortbestand des Königtums und der beiden anderen guten Verfassungsformen begünstigen. Er kam zu dem Schluß, daß sich die «Volksherrschaft» («regimen ad populum seu regimen multitudinis») [72] am ehesten für kleine, die «Herrschaft der Wenigen» («principatus vel regimen bonorum» [73], «per paucos, hoc est per divites et bonos homines» [74]) für mittelgroße und die Fürstenherrschaft («imperium», «regnum», «ducatus», «marchia», «comitatus» [75]) für große Gebiete und Völker eignen. Bartolus entwickelte also eine Verfassungstypologie nach Maßgabe der je unterschiedlichen ökonomisch-sozialen und politischen Entfaltungsbedingungen und Zweckbestimmungen des politischen Verbandes.

Betrachtet man die nachfolgende Reflexion über die beste Verfassung, so bewegen sich die Autoren allenthalben in den Bahnen, die Bartolus gewiesen hatte. Dies gilt auch für diejenigen, die gemeinhin dem «Bürgerhumanismus» («civic humanism») [76] zugerechnet werden. Diesen Verfechtern der kommunalen Freiheit ging es nicht um die Verabsolutierung der «freien R.» zur besten Verfassung schlechthin. Vielmehr plädierten sie für die kommunale Autonomie als beste Verfassung unter den gegebenen Umständen der oberitalienischen Städtewelt. Sie verloren nie den von Bartolus entwickelten Gesichtspunkt aus dem Auge, daß unter den Bedingungen der direkten (nicht repräsentativen) Beteiligung der Bürger am politischen Regiment der Entfaltungsspielraum der «partizipatorischen Bürgerfreiheit» auf eine Stadt und deren Umland («contado») beschränkt bleibe. Es lag den Wortführern des Bürgerhumanismus fern, die «freie R.» über die Monarchie zu stellen, in der Rechtssicherheit und Rechtsschutz im Sinne der «negativen Freiheit» gewährleistet werden. Ihr Bemühen war vielmehr darauf gerichtet, die Kommune vor dem Abgleiten in die Tyrannis zu bewahren. Bereits THOMAS VON AQUIN hatte diese der kommunalen Freiheit inhärente Gefährdung aufgezeigt [77]. Zwar seien in der sich selbst verwaltenden Bürgergemeinde («communitas civium», «civitas per annuos rectores administrata») die Opferbereitschaft und der Gemeingeist wesentlich stärker entwikkelt als unter der Fürstenherrschaft. Die Erfahrung der Gegenwart sowie das Beispiel Roms ließen indes nach Thomas von Aquin kaum einen Zweifel daran, daß die Bürgerfreiheit über kurz oder lang stets in inneren Zwiespalt und Bürgerkrieg abgleite.

Ausgehend von der Einsicht, daß die «freie R.» mit der inneren Einheit steht und fällt – «lo stato et fermamento d'ogni republica è posto nella unione civile» («die Macht und Festigkeit einer jeden R. erwächst aus der Einigkeit der Bürger») [78] –, beschworen die Vorkämpfer der kommunalen Autonomie ihre Mitbürger, «e magistrati et i privati cittadini che rapresentono gli stati d'alcuna libera città» («die Amtspersonen und privaten Bürger, auf deren politische Wirksamkeit eine jede freie Stadt angewiesen ist») [79], ihr Eigeninteresse hinter das Gemeininteresse zu stellen [80], und begriffen diese gemeinnützige Haltung als politische Tugend, als «virtù di chi per publica utilità se exercita» («Tugend derjenigen, die sich für das Gemeinwohl einsetzen») [81]. Als Kronzeugen für den Florentiner Republikanismus gelten C. SALUTATI und L. BRUNI, beide langjährige Kanzler der Arnostadt. SALUTATIS Plädoyer für Bürgerfreiheit lief auf die Aufforderung an die Handel- und Gewerbetreibenden hinaus, in den kommunalen Ämtern mitzuwirken und dadurch ihrem eigenen und zugleich dem Wohl der Gemeinde zu dienen. In einem von Salutati redigierten Sendschreiben der Florentiner Kommune an die Stadt Bologna aus dem Jahre 1377, die im Jahre zuvor die Oberhoheit der Kurie abgeschüttelt hatte und der ein Rückfall unter das päpstliche Joch drohte, liest man: «Quid enim dulcius? Quid letius? Quid denique gratius potuit nunciari quam statum vestre civitatis in manus mercatorum et artificum resedisse? ... O beatas respublicas quas per tales contingit gubernari» («Glücklich die Gemeinwesen, denen es zuteil wird, von solchen Menschen regiert zu werden») [82]. Wenn BRUNI, dessen ‹Laudatio Florentinae Urbis› (um 1403) [83] gemeinhin als reinste Ausprägung republikanischer Überzeugungen gilt, in beredten Worten die bürgerschaftlichen Institutionen der Arnostadt pries, so nicht wegen der republikanischen Institutionen als solchen, sondern wegen des Bürgergeistes, der sie in Florenz, aber auch nur dort, mit Leben fülle, wogegen in den anderen italienischen Kommunen die schlechtberatenen Bürger die guten majorisierten [84]. Diese sozialethischen Ausführungen und viele weitere Schriften aus dem Umkreis des Bürgerhumanismus belegen: Der Referenztext war nicht Aristoteles' ‹Politik›, sondern – neben der altrömischen Freiheits- und Vaterlandsrhetorik – vor allem die ‹Nikomachische Ethik›.

Nachdem sich seit der Wende vom 15. zum 16. Jh. unter den bedeutenderen italienischen Kommunen einzig Venedig als 'freie R.' zu behaupten vermocht hatte, rückte deren Verfassung zum Modell auf. Autoren wie G. CONTARINI und P. PARUTA [85] führten Venedigs Wohlstand, die Macht der «Serenissima Repubblica» und ihren Jahrhunderte überdauernden Fortbestand auf die in der Verfassung der Lagunenstadt verankerte «mixtio omnium statuum, qui recti sunt» zurück, auf ihre Mischverfassung, die dergestalt angeordnet sei, «ut haec una Respublica, et regium principatum et optimatium gubernationem, et civile item regimen referat: adeo ut omnium formas pari quodam libramento commiscuisse videantur» («daß dieses Gemeinwesen die Königsherrschaft, das Regiment der Optimaten und die bürgerschaftliche Regierung in sich vereint, dergestalt daß die drei Verfassungsformen sozusagen im Gleichgewicht miteinander vermischt erscheinen») [86]. Der 'venezianische Mythos' hat die weitere Erörterung über die beste Verfassung bis zur Französischen Revolution nachdrücklich bestimmt. Als Gegenmodell zur absoluten Monarchie einerseits und zur unvermischten, 'reinen R.' andererseits schien die Mischverfassung am besten geeignet, Freiheit zu sichern. Das Vorbild wurde vor allem nach dem Abfall der Niederlande von der spanischen Monarchie wirkungsmächtig, als es den Aufständischen darum ging, die angestammten ständisch-regionalen Institutionen fortzuentwickeln, sei es im Sinne der negativen oder der partizipatorischen Freiheit. Vor diesem Hintergrund wurden in der Pamphletistik und Publizistik zahllose Varianten der Mischverfassung erörtert. Nur einige wenige Autoren sprachen sich für eine republikanische Verfassung aus, darunter vor allem die Gebrüder DE LA COURT in ihrer Schrift ‹Interest van Holland› (1662). Sie bewerteten ähnlich wie die Vertreter des italienischen Bürgerhumanismus die «freie R.» indes nicht als beste Verfassung schlechthin, sondern betrachteten sie als beste unter den Bedingungen einer Seehandels-, Kaufmanns- und Gewerbenation, deren Interesse auf friedliche Wohlstandsmehrung gerichtet sei.

4. *‹Res publica› in der politischen Theorie der Naturrechtsschule und des modernen Verfassungsstaates.* – Nachdem im Verlaufe des 17. Jh. in den monarchisch verfaßten Staaten der innere Friede durchgesetzt war, wurde dort die Kehrseite der anstaltlichen Staatsbildung, die Aushöhlung der ständisch-regionalen «Rechte

und Freiheiten» («iura et libertates») immer stärker als Bedrohung der persönlichen Sicherheit und des Eigentums empfunden. Dem entsprach der Plausibilitätsverlust des politischen Aristotelismus. Es stand die Aufgabe an, das Eigengewicht der gesellschaftlichen Kräfte neu zu begründen und den Wirkungsrahmen der Obrigkeit neu zu bestimmen. Die Verfassungstheorie der Naturrechtsschule, die den politischen Aristotelismus ablöste, gab Antworten auf diese Problematik.

Den Naturrechtlern galten die Bürger nicht länger, wie den Aristotelikern, als vorgegeben, sondern als zu schaffen. Darin lag der tiefere Sinn des naturrechtlichen Vertragsmodells. Nach diesem Ansatz verwandelt sich der «Mensch» («homo») in den «Bürger» («civis»), indem er sich mit seinesgleichen vergesellschaftet. Anders als die politischen Aristotelier setzten die Naturrechtler den Staat nicht mit der Wirkkraft obrigkeitlicher Institutionen, also mit der «res publica» als der «forma» der «civitas» gleich, sondern leiteten ihn aus dem Vereinigungswillen der sich zum politischen Verband zusammenschließenden Bürger ab. Als Vorbedingung zur Teilhabe am Gesellschaftsvertrag wurde eine Qualität neuer Art angesehen, die Verfügung über Besitz und Bildung. «Civitas» umriß die Vereinigung der in diesem Sinne autonomen Hausväter zum Bürgerverband als dem Fundament der Souveränität.

Bei S. PUFENDORF, der die Lehren seiner Vorgänger systematisierte und an dessen Schriften alle späteren Naturrechtstheoretiker, so vor allem Ch. Thomasius und Ch. Wolff, anknüpften, erhielt der Gedanke eine zentrale Stellung, daß die «unio voluntatum» [87] der Bürger die «civitas» konstituiere. Demnach schließen sich die Bürger mittels eines Vereinigungsvertrages zusammen. Dadurch entsteht die «bürgerliche Gesellschaft» («societas civilis»), welche der Autor im Sinne der körperschaftlichen Staatslehre als «universitas» [88], als «corpus morale quod unam voluntatem habere intelligitur» («als sittlichen Körper, dem ein Wille zugeschrieben wird») [89] begriff. Im Vereinigungsvertrag bilden die Bürger ihren Gemeinwillen, das «summum imperium», aus. Die Pointe der naturrechtlichen Herleitung der Souveränität aus dem vereinten Bürgerwillen bestand darin, daß, anders als bei Bodin, der Inhaber der Regierungsgewalt zu Amtsträgern zurückgestuft wurden: «Civitatis personam gerunt» [90]; sie handeln also nicht kraft eigenen Rechts, sondern auf Grund einer Gewaltendelegation. Dem entsprach es, wenn Pufendorf den Bürgern das Recht zuerkannte, ein «decretum circa formam regiminis» [91], also eine Entscheidung über die institutionelle Ausgestaltung der Regierungsgewalt, zu fällen, bevor sie in einem dritten und letzten Schritt, im Unterwerfungsvertrag, das Personal der Regierung bestellen und sich ihr unterwerfen.

‹Res publica› erhielt dadurch einen neuartigen Stellenwert. Der Ausdruck umschrieb die institutionelle Ausgestaltung des politischen Verbandes, des «Staates», als Ausfluß des Bürgerwillens und insofern als überprüfbar und veränderbar. Zum Verhältnis von ‹civitas› – «idiomate patrio ein Staat» [92] – und ‹respublica› – «idiomate patrio das gemeine Wesen» [93] – hielt CH. WOLFF fest: «Die Einrichtung eines Staats nennt man das gemeine Wesen (respublica). Obgleich einige den Staat und das gemeine Wesen für einerley halten, so geschieht dieses doch mit Unrecht: massen der Vertrag, wodurch ein Staat errichtet wird, von der Einrichtung desselben unterschieden ist, in welcher man die Mittel, die Absicht des Staats zu erreichen, fest stellet. Denn aus jenem erhält der Staat noch nicht seine besondere Art (forma specifica), sondern aus dieser» [94]. Das naturrechtliche Modell der Konstituierung der politischen Ordnung aus dem Bürgerwillen bot die Handhabe, im Zuge des «decretum circa formam regiminis» den Bürgern Souveränitätsrechte vorzubehalten und auf diesem Wege an die Tradition der negativen und zugleich der partizipatorischen Freiheitswahrung anzuknüpfen. Dies war der Grundgedanke des im 18. Jh. ausgebildeten modernen Verfassungsbegriffs. Als wesentliche Garanten der Freiheits- und Eigentumssicherung durch eine Verfassung wurden die Menschen- und Bürgerrechte, die Gewaltenteilung, seit der Verabschiedung der nordamerikanischen Konstitution von 1787 vor allem auch das Repräsentativsystem herausgestellt. J.-J. ROUSSEAU hat diesen Verfassungsgedanken radikalisiert, indem er nur solche politischen Ordnungen als legitim erachtete, in denen die Bürger die Gesetzgebung innehaben und die Regierung kontrollieren. Er empfahl im ‹Contrat social› (1762), diesen Verfassungsaufbau mit dem Terminus «république» zu kennzeichnen: «J'appelle ... 'République' tout Etat régi par des lois, sous quelque forme d'administration que ce puisse être» [95]. Und weiter: «Je n'entends pas seulement par ce mot une Aristocratie ou une Démocratie, mais en général tout Gouvernement guidé par la volonté générale, qui est la Loi. Pour être légitime, il ne faut pas que le Gouvernement se confonde avec le souverain, mais qu'il en soit le ministre: alors la Monarchie elle-même est République» [96].

Ganz in diesem Sinne hielt M. DE ROBESPIERRE nach der Flucht Ludwigs XVI. 1791 in einer Ansprache vor dem Jakobinerklub fest: «Le mot république ne signifie aucune forme particulière de gouvernement, il appartient à tout gouvernement d'hommes libres, qui ont une patrie. Or, on peut être libre avec un monarque comme avec un sénat. Qu'est-ce que la constitution française actuelle, c'est une république avec un monarque» [97].

Wie Robespierre bekannte sich auch E. SIEYÈS nach der Rückführung des Königs in die französische Hauptstadt zum Verfassungswerk der Nationalversammlung. Er sprach sich in einem Artikel des ‹Moniteur› [98] für die Beibehaltung der Monarchie und gegen die «republikanische Parthie» aus, die man nach Varennes «mit einem mal ... unter uns das Haupt empor heben» sah. Wenn «die Neuen Republikaner» «eine R. als ein gouvernement par représentation definiren» [99], so übersehen sie, daß das «Repräsentations-System» «nicht den Unterschied der republikanischen und monarchischen Verfassung» [100] ausmache. «Die Haupt-Frage zwischen Republikanern und Monarchisten» liege darin, «wie dem schon ganz fertigen Gebäude der letzte Schlußstein oben aufgesetzt werden solle. Wenn hier der Monarchiste bloß einen Mann haben will, so verlangt der Republikaner ein Collegial-Corps» [101]. Der Streit zwischen Republikanern und Monarchisten berühre also nur die Ausgestaltung der «vollziehenden Gewalt» [102]. Das «Repräsentations-System» bilde nicht den Gegensatz zur Monarchie, sondern zum Despotismus. «Jeder Menschen-Haufen, der sich zu einem Staat organisiren will, und wo doch einmal nicht alle zu gleich des gemeinen Wesens warten können, hat keine andere Wahl als zwischen – Repräsentanten und Gebietern, zwischen einer gesetzmässigen Regierung und dem Despotismus. In dem Repräsentations-Systeme selbst aber lassen sich hundertfache Verschiedenheiten denken» [103]. Wolle man sich «zu dem neuen Sprach-Gebrauch bequemen» und «unter R. bloß eine repräsentatife Regierung» [104] verstehen, und zwar unabhängig davon, ob die vollziehende Gewalt in der Hand eines Monarchen vereinigt sei oder «einem vom Volk oder der Nationalversammlung ernannten Conseil» [105] überantwortet werde, so bezeichne man die Mitglieder dieses Kollegiums zweckmäßigerweise nicht als «Republikaner», da auch «die braven Monarchisten» «für das gemeine Wesen streiten», sondern als «Polyarchisten, Polykraten». «Alsdann reducirt sich der Streit auf die Frage: Ist in einer guten R. das polyarchische Gouvernement besser oder das monarchische?» [106].

I. KANT knüpfte an Sieyès' Verfassungsideen an, als er in seinem Traktat ‹Zum ewigen Frieden› (1795) erklärte: «Der Republikanism ist das Staatsprinzip der Absonderung der ausführenden Gewalt (der Regierung) von der gesetzgebenden; der Despotism ist das der eigenmächtigen Vollziehung des Staats von Gesetzen, die er selbst gegeben hat» [107]. In seiner ‹Metaphysik der Sitten› (1797) erläuterte Kant: «Alle wahre R. aber ist und kann nichts anders sein, als ein repräsentatives System des Volks, um im Namen desselben, durch alle Staatsbürger vereinigt vermittelst ihrer Abgeordneten (Deputirten) ihre Rechte zu besorgen» [108]. Kant maß der aufgeklärten Monarchie nach dem Vorbild Preußens unter Friedrich dem Großen am ehesten die Chance bei, die unumschränkte Herrschergewalt «dem Geiste eines repräsentativen Systems» [109] gemäß als Amt zu handhaben und R. aus einer regulativen Idee («respublica noumenon») zum «Beispiel in der Erfahrung» («respublica phaenomenon») überzuleiten [110]. «Man kann ... sagen: je kleiner das Personale der Staatsgewalt (die Zahl der Herrscher), je größer dagegen die Repräsentation derselben, desto mehr stimmt die Staatsverfassung zur Möglichkeit des Republikanism, und sie kann hoffen, durch allmähliche Reformen sich dazu endlich zu erheben» [111]. Ganz in diesem Sinne äußerte sich F. SCHLEGEL in seinem ‹Versuch über den Begriff des Republikanismus› (1796): «Das Kriterium der Monarchie (wodurch sie sich vom Despotismus unterscheidet) ist die größtmöglichste Beförderung des Republikanismus» [112].

In Deutschland trug Kants Konzept des Republikanismus wesentlich dazu bei, die Monarchie mit dem politischen Liberalismus zu versöhnen. In seinem ‹Staatsrecht der constitutionellen Monarchie› (1824) urteilte J. CH. VON ARETIN, man könne die konstitutionelle Monarchie «mit Recht die republicanische Monarchie nennen» [113]. K. S. ZACHARIÄ umschrieb in seinem Werk ‹Vierzig Bücher vom Staate› (1820ff.) die konstitutionelle Monarchie als «republikanische Monarchie» [114] oder «republikanische Einherrschaft» [115]. In Anlehnung an Kant las man in der Ausgabe 1847 des ‹Brockhaus›, es könne und solle «selbst die uneingeschränkte Monarchie eine R. sein» [116].

Der von Rousseau begründete, von Sieyès und Kant fortentwickelte Begriff der R. als einer gewaltenteilig-repräsentativen Verfassungsordnung, die durchaus mit einer monarchischen Exekutive vereinbar sei, hat sich nicht durchgesetzt. Vielmehr wurde im 19. Jh. das von den Vätern der amerikanischen Bundesverfassung (1787) entwickelte Konzept der R. bestimmend, so wie es im ‹Federalist› publikumswirksam ausgearbeitet worden war. ‹R.› nahm vor dem Hintergrund der amerikanischen Verfassungs- und Sozialverhältnisse nicht nur eine dezidiert antimonarchische und antiaristokratische Stoßrichtung an, sondern wurde zugleich nachdrücklich von der unmittelbaren ‹Demokratie› unterschieden: «In a democracy, the people meet and exercise the government in person; in a republic, they assemble and administer it by their representatives and agents» [117]. Infolgedessen fielen nicht nur die aristokratischen, sondern auch die demokratischen R.en der griechisch-römischen Antike und des Abendlandes aus dieser neuartigen Begriffsbestimmung von ‹R.› heraus, «by which I mean a government in which the scheme of representation takes place» [118].

In den ersten Jahren der Französischen Revolution fand der in Nordamerika entwickelte Begriff der R. in Europa einen beredten Fürsprecher in der Person des angloamerikanischen Publizisten TH. PAINE, der bereits 1776 in seinem weitverbreiteten Pamphlet ‹Common Sense› jedwede erbliche Obrigkeit monarchischer und aristokratischer Art verworfen hatte und in seiner 1791/92 abgefaßten und bereits 1792/93 ins Deutsche übersetzten Schrift ‹Die Rechte des Menschen› [119] in die französische Debatte um die Beibehaltung oder Abschaffung der Monarchie eingriff. Paine sprach sich nachdrücklich gegen Sieyès' Verfassungsvorstellungen aus [120] und plädierte für die Umwandlung Frankreichs in eine R. Nach nordamerikanischem Vorbild definierte er ‹R.› als «Repräsentation, gepfropft auf Demokratie» [121]. Er charakterisierte «die Regierung von Amerika» als «dem Wesen und der Ausführung nach die einzige wirkliche R., die jetzt existiert», sie sei «ganz auf das System der Repräsentation gebaut» [122].

Das von Paine propagierte Konzept der R. als repräsentativer Demokratie hat Schule gemacht. Hierzu trug entscheidend bei, daß sich Frankreich bald nach dem Sturm auf die Tuilerien in eine repräsentative Demokratie umwandelte und den Staatsnamen ‹R.› annahm. Der Nationalkonvent erklärte in seiner ersten öffentlichen Sitzung am 21. September 1791 die Monarchie als abgeschafft; er beschloß am Tage darauf, «qu'à compter de la journée d'hier, au lieu de dater l'an quatrième de la liberté, etc., on date l'an premier de la République française», und dekretierte, «que tous les actes publics porteront dorénavant la date de l'an premier de la République française». Am 25. September folgte dann die förmliche Ausrufung der R.: «La Convention nationale déclare que la République française est une et indivisible» [123].

Der vom Nationalkonvent und später vom Direktorium vertretene Begriff der R. als repräsentativer Demokratie fand alsbald in Deutschland Eingang. Er wurde bis zu Napoleons Staatsstreich (1799) vor allem im französischen Machtgebiet links des Rheins als agitatorischer Kampfbegriff gegen Fürstengewalt und Adelsherrschaft ins Feld geführt. Abgehoben wurde darauf, daß das Repräsentativsystem in großräumigen Staaten Demokratie ermögliche und ein Bollwerk gegenüber sozialegalitärer Gleichmacherei und radikaldemokratischer Unduldsamkeit bilde. In den Worten des Mainzer Klubisten G. WEDEKIND, der die Ausdrücke «repräsentative Demokratie (Regierung durch vom Volke frei gewählte Stellvertreter, so will es die fränkische Konstitution)» [124], «repräsentative Staatsverwaltung» [125], «Freistaat» [126] und «R.» [127] synonym verwendete: «Entweder versammelt sich das ganze Volk und entscheidet über alle Gegenstände, die sein gemeinschaftliches Interesse betreffen, nach Mehrheit der Stimmen, und das nennt man eine reine Demokratie. Oder aber das Volk wählt eine angemessene Zahl von Stellvertretern (Repräsentanten, Deputierten), denen es unter größern oder geringern Einschränkungen die Macht, Gesetze zu geben und sie zu vollstrecken, anvertrauet; und das ist die repräsentative Demokratie» [128]. «In kleinen R.en» gehe es an, «daß alle Bürger unmittelbar zur Entwerfung des Gesetzes mitwürken», «in großen und volkreichen R.en» könnten «sie es aber nur mittelbar tun, indem sie eine der Volksmenge angemessene Anzahl von Stellvertretern ernennen, denen sie den Auftrag geben, das Gesetz zu entwerfen». «Die Einrichtung der Repräsentation» gewähre «überdies den großen Vorteil, daß geschicktere und sachkundigere Männer nebeneinandergestellt werden, um über den Gesetzentwurf sich zu beratschlagen». Da «bei uns wenigstens das Volk so weit noch in der Aufklärung zurück» sei, überlasse es die Gesetzgebung «besser Leuten, auf deren Einsichten es Zutrauen setzt» [129].

In eine ähnliche Richtung wie die Agitation der Mainzer Republikaner wies der seit März 1799 in Süddeutschland kursierende ‹Entwurf einer republikanischen Verfassungsurkunde, wie sie in Deutschland taugen möchte. Im 7. Jahr der Mutterrepublik› [130]. Der anonyme Autor trat dafür ein, daß der «eine und unzerteilbare deutsche Freistaat» [131] als «stellvertretliche Volksregierung» [132] organisiert werde.

Während in Frankreich bereits seit 1792 der Begriff der R. mit demjenigen der repräsentativen Demokratie deckungsgleich wurde [133], verfestigte sich dieser Wortgebrauch in Deutschland erst im Zuge der Revolution von 1848, als die Alternative von Monarchie und R. die Debatten im Vorparlament, in der verfassungsgebenden Nationalversammlung und in der Öffentlichkeit bestimmte [134]. Mit dem Scheitern der Revolution büßte R. in Deutschland dann jegliche Aktualität ein [135]. In der publizistischen Auseinandersetzung um die Fortentwicklung der konstitutionellen zur parlamentarischen Monarchie griff man statt dessen auf Ausdrücke wie «demokratische Durchdringung des Staates», d.h. «Volksherrschaft», oder «demokratisch-sozialistischer Verwaltungsstaat» [136] zurück. Wenn F. NAUMANN nach dem «Volksstaat» rief, so verstand er darunter nicht die repräsentative Demokratie, sondern die «Zusammenarbeit von Kaiser und Volk, von monarchischen Ämtern mit parlamentarischen Vertretungen» [137] im Sinne der parlamentarischen Monarchie.

Die Bedeutungsentleerung von ‹R.› zur Nichtmonarchie seit der Reaktion und während des Zweiten Kaiserreichs [138] läßt sich nicht zuletzt darin greifen, daß die Staatsrechtshandbücher der Zeit, soweit sie die Institutionen der seit der Amerikanischen und der Französischen Revolution entstandenen R.en betrachteten, dies vorzüglich unter Rückgriff auf den Terminus ‹Demokratie› taten [139]. Als am 9. November 1918 der Mehrheitssozialist Scheidemann auf einem Balkon des Reichstagsgebäudes und der Linkssozialist Liebknecht vom Berliner Schloß aus die R. proklamierten, entbehrte dieser Ausdruck jeden materiellen Gehalts und stand nur noch für antimonarchische Legitimität [140]. In diesem Sinne wurde ‹R.› in die Verfassung des Deutschen Reiches aufgenommen: «Das Deutsche Reich ist eine R.» (Art. 1 der ‹Verfassung des Deutschen Reiches› vom 11. August 1919). Die juristischen Kommentare zur Weimarer Verfassung begnügten sich damit, ‹R.› als Nichtmonarchie zu definieren: «R. ist rechtlich die Negation der Monarchie» [141]. Der am 7. Oktober 1949 auf dem Gebiet der sowjetischen Besatzungszone gegründete deutsche Staat erhielt den Namen ‹Deutsche Demokratische R.›, das Bonner ‹Grundgesetz› vom 23. Mai 1949 wählte den Staatsnamen ‹Bundesrepublik Deutschland›. Während in der Weimarer Verfassung der republikanische Charakter des Reiches ausdrücklich hervorgehoben worden war, wird die republikanische Staatsform im ‹Grundgesetz› als selbstverständlich vorausgesetzt. Bezeichnenderweise würdigt der einschlägige Grundgesetz-Kommentar aus der Feder von G. LEIBHOLZ, H. J. RINCK und D. HESSELBERGER die R. keiner Erwähnung [142]. «Die sich in der Negation erschöpfende 'R.' ist zum verfassungsrechtlichen Fossil geworden» [143].

In dem Maße, wie ‹R.› als Verfassungsbegriff von ‹Demokratie› verdrängt wurde, ist der Ausdruck wieder für emotionale Sinnfüllung verfügbar geworden. Seit TH. MANNs Reden ‹Von Deutscher R.› (1922) [144] und ‹Geist und Wesen der Deutschen R.› (1923) [145] dient ‹R.› zunehmend der emphatischen Beteuerung des Gemeinwohls, des Gemeinsinns und des Verfassungspatriotismus. Es schließt sich ein zweitausendjähriger Kreis; die gegenwärtige Bedeutung von ‹R.› knüpft an die klassischen Wurzeln im Sinne von CICEROS Diktum an: «Res publica res populi».

Anmerkungen. [1] W. MAGER: Art. ‹R.›, in: O. BRUNNER/W. CONZE/R. KOSELLECK (Hg.): Geschichtl. Grundbegriffe 5 (1984) 549-651; Respublica und Bürger. Überleg. zur Begründ. frühneuzeitl. Verfass.ordnungen, in: G. DILCHER (Hg.): Res publica. Bürgerschaft in Stadt und Staat (1988) [Der Staat, Beih. 8] 67-84; Aussprache, a.O. 85-94; République. Arch. Philos. Droit 35 (1990) 257-273. – [2] ULPIAN: Dig. 1.1.1.2. – [3] CICERO: De re publ. I, 25, 39, hg. E. BRÉGUET 1 (Paris 1980) 220. – [4] GREGORII I Papae registrum epist., hg. L. M. HARTMANN 2. Monum. Germ. hist., Ep. 2 (1899) 397: an Kaiser Phokas (gegen 603). – [5] Nachweise bei: W. MERK: Der Gedanke des gemeinen Besten in der dtsch. Staats- und Rechtsentwickl., in: Festschr. A. Schultze (1934, ND 1968) passim. – [6] J.-L. MESTRE: Introd. hist. au droit administratif franç. (Paris 1985) 97-116. – [7] M. WEBER: Politik als Beruf. Ges. polit. Schr., hg. J. WINCKELMANN (^{5}1988) 505-560, hier: 511. – [8] Wirtschaft und Ges., hg. J. WINCKELMANN (1922, ^{5}1972) 29. – [9] a.O. 30. – [10] Vgl. M. HELLMANN (Hg.): Corona Regni. Stud. über die Krone als Symbol des Staates im späteren MA (1961). – [11] WIPO: Gesta Chuonradi II Imperatoris 7, hg. H. BRESSLAU, in: Die Werke Wipos. Monum. Germ. hist., Script. rer. Germ. in usum schol. 61 (^{3}1915, ND 1956) 1-61, hier: 30. – [12] JOHANNES VON SALISBURY: Policratici sive de nugis curialium et vestigiis philosophorum lib. VIII, lib. V, c. 2, hg. C. C. I. WEBB 1 (Oxford 1909, ND 1965) 282. – [13] Zur Terminologie des Körperschaftsrechts vgl. die Nachweise bei: P. MICHAUD-QUANTIN: Universitas. Expressions du mouvement communautaire dans le moyen âge latin (Paris 1970); vgl. auch: Art. ‹Körperschaft›. – [14] BARTOLUS A SAXOFERRATO: In secundam Digesti novi partem comm. 48, tit. 19, lex 16, § 8, n. 3f. Op. omn. 6 (Venedig 1602) fol. 187^v. [15] Dig. 1.1.1.2. – [16] PILIUS: Continuatio Placentini, in: AZO: Summa aurea 11, tit. 29 (Lyon 1557, ND 1968) fol. 252^v. – [17] BART. A SAX.: In tres post. codices lib. comm. 10, tit. 1, 1, a.O. [14] 8, fol. 2^r. – [18] Vgl. W. ULLMANN: De Bartoli sententia: Concilium repraesentat mentem populi, in: Bartolo da Sassoferrato. Studi e doc. per il VI centenario 2 (Mailand 1962) 707-733. – [19] Vgl. BALDUS DE UBALDIS: In prim. partem Digesti veteris comm. 1 (Venedig 1616) fol. 4^v. – [20] PAULUS DE CASTRO: Sup. prim. et sec. Digesti veteris. Cum addit. Dom. Franc. Curtii et aliorum modernorum noviter superadditis (o.O. o.J.) Komm. zu Dig. 3.4.1.1. – [21] BALDUS DE UB.: Komm. zu Libri feudorum 1. 14, zit. nach: J. CANNING: The polit. thought of Baldus de Ubaldis (Cambridge 1987) 242. – [22] Vgl. Consilia 1. 359, a.O. 267. – [23] Consilia 3. 283, a.O. 243. – [24] a.O. – [25] Zum Ausdruck ‹res publica civitatis›, a.O. [17]. – [26] Vgl. z.B. Komm. zum Codex Iustinianus 4. 39. 1, a.O. [21] 250. – [27] Consilia 2. 369, a.O. – [28] Vgl. G. MÜLLER (Hg.): Documenti sulle relazioni delle città toscane coll'oriente cristiano e coi Turchi (Rom 1879, ND 1966) 148. 196 und passim. – [29] a.O. 115. 270. – [30] L. A. MURATORI: De republica, parte publica, et ministris reipublicae antiquis temporibus, in: Antiquitates Italicae Medii Aevi 1 (Mailand 1738, ND o.J.) 980-1026, hier: 982. – [31] N. MACHIAVELLI: Il principe, hg. E. JANNI (Mailand 1950) 17. – [32] Vgl. Belege bei

MAGER: Respublica ..., a.O. [1] passim. – [33] Vgl. die Definition von ‹gouvernement républicain› bzw. ‹république› bei CH.-L. DE MONTESQUIEU: De l'esprit des lois 2, 1f. – [34] Zit. nach THOMAS VON AQUIN: Sent. lib. Politicorum. Op. omn. Ed. Leon. 48 (Rom 1971) A 200. – [35] a.O. A 201. – [36] EGIDIO COLONNA [AEGIDIUS ROMANUS]: De regimine principum lib. III, lib. III, p. 2, c. 2 (Rom 1606, ND 1967) 455. – [37] NIC. ORESME: Le libre de Polit. d'Arist., hg. A. D. MENUT. Transact. Amer. philos. Soc. NS 60/6 (Philadelphia 1970) 119. – [38] Vgl. J. VERSOR: Quaest. sup. lib. Polit. (1492) fol. 39^r. – [39] G. SAVONAROLA: Compend. totius philos., tam naturalis, quam moralis 10, 13 (Venedig 1542) 583. – [40] L. BRUNI ARETINO: De interpret. recta (um 1420), in: Humanist.-philos. Schr., hg. H. BARON (1928, ND 1969) 81-96, hier: 95. – [41] Aristotelis opera cum Averrois comm. 3, Libri moralem totam philosophiam complect. (Venedig 1562, ND 1962) fol. 249^v. – [42] a.O. fol. 250^r. – [43] BRUNI, a.O. [40] 95. – [44] Die 'Valentina' liegt zugrunde dem Abdruck des Komm. bei: THOMAS VON AQUIN: In octo lib. Polit. Aristot. expos., hg. R. M. SPIAZZI (Turin/Rom 1966). – [45] BART. A SAX.: Tract. de regimine civitatis, zit. nach: D. QUAGLIONI: Politica e diritto nel trecento italiano (o.O. 1983) 149-170, hier: 149f. 153. – [46] ANON.: De libertate ecclesiastica, in: M. GOLDAST: Monarchia S. Romani Imperii sive tract. de jurisdictione imperiali, regia et pontificia seu sacerdotalis 1 (1611, ND 1960) 674-716, hier: 682. – [47] J. BODIN: Les six livres de la république (Lyon ^{10}1593, ND 1986); lat.: De republica lib. sex (Paris 1586). – [48] a.O. I, c. 1, 27; lat.: «Respublica est familiarum rerumque inter ipsas communium summa potestate ac ratione multitudo», a.O. (1586) 1; vgl. auch die Variante: «Diximus Rempublicam esse legitimam plurium familiarum et earum rerum, quae illis communes sunt, cum summa potestate gubernationem», a.O. I, c. 2, 9. – [49] I, c. 8, a.O. [frz.] (^{10}1593) 179. – [50] a.O. [lat.] (1586) 78. – [51] Vgl. Ausführungen: II, c. 2. – [52] I, c. 8: im Anschluß an die Def. der Souveränität. – [53] II, c. 2, a.O. [frz.] (^{10}1593) 34 bzw. [lat.] (1586) 189. – [54] Vgl. H. DREITZEL: Protestant. Aristotelismus und absoluter Staat. Die ‹Politica› des H. Arnisaeus (ca. 1575-1636) (1970). – [55] H. ARNISAEUS: De republica, seu relectionis politicae lib. duo (1636). – [56] De rep. I, c. 5, s. 3, n. 4, 216. – [57] II, c. 1, s. 1, n. 12, 296. – [58] a.O. n. 14, 296. – [59] Vgl. I, c. 5, s. 5, n. 4, 221. – [60] P. SPAHN: Aristoteles, in: I. FETSCHER/H. MÜNKLER (Hg.): Pipers Hb. der polit. Ideen 1: Frühe Hochkulturen und europ. Antike (1988) 397-437. – [61] THOMAS VON AQUIN: De regno ad regem Cypri, a.O. [34] 42 (1979) 447-471. – [62] De regno I, c. 3, a.O. 452. – [63] c. 1, a.O. 450. – [64] «Sicut autem regimen regis est optimum, ita regimen tyranni est pessimum»: c. 3, a.O. 452. – [65] c. 5, a.O. 454f. – [66] a.O. – [67] AEGIDIUS ROM.: De reg. princ. III, p. 2, c. 4, a.O. [36] 459. – [68] c. 3, a.O. 456-458. – [69] c. 4, a.O. 458-460. – [70] BART. A SAX., a.O. [45] 153. – [71] a.O. 161. – [72] 164. – [73] 151. – [74] 164f. – [75] 151. – [76] H. BARON: The crisis of the early ital. renaiss.: Civic humanism and republ. liberty in an age of classicism and tyranny (Princeton, N.J. ^{2}1966); vgl. ferner: J. G. A. POCOCK: The Machiavellian moment. Florentine polit. thought and the atlantic republ. trad. (Princeton, N.J. 1975). – [77] THOMAS VON AQUIN: De regno I, c. 4, a.O. [34] 453f. – [78] M. PALMIERI: Vita civile (um 1430), hg. G. BELLONI (Florenz 1982) 132. – [79] a.O. 184. – [80] «Ogni buono cittadino che è posto in magistrato dove rapresenti alcuno principale membro civile, inanzi a ogni altra cosa intenda non essere privata persona, ma rapresentare l'universale persona di tutta la città, et essere facta animata repubblica», a.O. 131f. – [81] 136. – [82] C. SALUTATI, zit. nach: R. G. WITT: C. Salutati and his public letters (Genf 1976) 56, Anm. 52. – [83] L. BRUNI: Laudatio Florentinae urbis (um 1403), zit. nach: H. BARON: From Petrarch to L. Bruni. Stud. in humanist. and polit. lit. (Chicago/London 1968) 232-263. – [84] a.O. 250. – [85] G. CONTARINI: De magistratibus et republica Venetorum (1543); P. PARUTA: Della perfezione della vita politica (1579). – [86] CONTARINI: De mag. ... I (Paris 1571) 268. – [87] S. PUFENDORF: De jure nat. et gent. VII, c. 2, §§ 5. 8 (1672, 1759, ND 1967) 2, 132. 134. – [88] c. 5, § 5, a.O. 186. – [89] c. 4, § 2, a.O. 168. – [90] c. 2, § 8, a.O. 136. – [91] a.O. 134. – [92] CH. WOLFF: Jus naturae methodo scient. pertract. 8, De imperio publ., seu jure civitatis § 4 (1748, ND 1968) 5. – [93] § 16, a.O. 11. – [94] Grundsätze des Natur- und Völckerrechts, worinn alle Verbindlichkeiten und alle Rechte aus der Natur des Menschen in einem beständigen Zusammenhange hergeleitet werden § 973 (1754, ND 1980) 698. – [95] J.-J. ROUSSEAU: Du contrat social ou principes du droit polit. II, ch. 6, hg. C. E. VAUGHAN (Cambridge 1915, ND 1971) 2, 50. – [96] a.O. Anm. 1. – [97] M. DE ROBESPIERRE: Discours 2. Oeuvr. 7 (Paris 1952) 552. – [98] E. SIEYÈS: Note explicative. Gazette nat. ou Le Moniteur univ. (1791) Nr. 197 b (Beilage zum ‹Moniteur› vom 16.7. 1791) 137-139; gekürzte dtsch. Fassung: Über den wahren Begriff einer Monarchie. Gött. hist. Mag. 1 (1792) 341-349. – [99] a.O. 343. – [100] 344. – [101] 345. – [102] 344. – [103] a.O. – [104] 349. – [105] 344. – [106] 349. – [107] I. KANT: Zum ewigen Frieden, Ein philos. Entwurf. Akad.-A. 8, 352. – [108] Die Met. der Sitten I, 2, § 52. Akad.-A. 6, 341. – [109] a.O. [107]. – [110] Der Streit der Fakultäten II, 8 (1798). Akad.-A. 7, 91. – [111] a.O. [107] 353. – [112] F. SCHLEGEL: Versuch über den Begriff des Republikanismus, veranlaßt durch die Kantische Schr. zum ewigen Frieden. Krit. Ausg., hg. E. BEHLER (1966) 7/1, 11-25, hier: 20. – [113] J. CH. VON ARETIN: Staatsrecht der constitutionellen Monarchie. Ein Hb. für Geschäftsmänner, studirende Jünglinge, und gebildete Bürger, hg. C. VON ROTTECK 1 (1838) 7. – [114] K. S. ZACHARIÄ: Vierzig Bücher vom Staate 3 (^{2}1839) 7, Anm. 2. – [115] a.O. 171. – [116] Art. ‹R.›, in: BROCKHAUS^9 12, 78. – [117] J. MADISON: Nr. 14, in: The Federalist or, The New Constitution, hg. M. BELOFF (Oxford ^{2}1987) 61-66, hier: 62. – [118] a.O. Nr. 10, 41-48, hier: 45. – [119] TH. PAINE: Rights of man 1-2 (London 1791/92); dtsch.: Die Rechte des Menschen. In der zeitgenöss. Übertr. von D. M. FORKEL, hg. TH. STEMMLER (1973). – [120] a.O. 206f. – [121] 215. – [122] 213. – [123] A. AULARD: Hist. polit. de la Révol. Franç. (Paris ^{6}1926, ND 1977) 273f., dort Nachweis der Zitate. – [124] G. WEDEKIND: Rede vom 3. 2. 1793, in: H. SCHEEL (Hg.): Die Mainzer R. 1: Protokolle des Jakobinerklubs (1975) 641-650, hier: 643. – [125] a.O. 642. – [126] 649. – [127] 650. – [128] Rede vom 25. 12. 1792, a.O. 432-439, hier: 432f. – [129] Die Rechte des Menschen und Bürgers, Febr. 1793, a.O. 738-767, hier: 754. – [130] Entwurf einer republ. Verfass.urkunde ..., in: H. SCHEEL (Hg.): Jakobin. Flugschr. aus dem dtsch. Süden Ende des 18. Jh. (1965) 130-182. – [131] a.O. 136. – [132] 180. – [133] Vgl. C. NICOLET: L'idée républ. en France (1789-1924). Essai d'hist. crit. (Paris 1982) Introd. 9-43. – [134] Hierzu MAGER: Art. ‹R.›, a.O. [1] 632-639. – [135] a.O. 639-648. – [136] Entwurf eines Aktionsprogramms der SPD vom Mai 1918, in: W. MOMMSEN (Hg.): Dtsch. Parteiprogramme (^{2}1960) 391-398, hier: 392. – [137] F. NAUMANN: Der Kaiser im Volksstaat. Werke 2: Schr. zur Verfass.pol., bearb. W. MOMMSEN (1964) 461-521, hier: 520. – [138] Vgl. die Definition ‹R.› «als Nicht-Monarchie, als Negation der Leitung des Staates durch eine phys. Person», bei G. JELLINEK: Allg. Staatslehre (^{3}1914, ND 1966) 711. – [139] Vgl. Unterkap. ‹R.›, a.O. 710-736, spez. Abs. ‹Die mod. Demokratie›, a.O. 720-736; ähnlich H. VON TREITSCHKE in seinen seit 1863/64 regelmäßig gehaltenen Vorles. über ‹Politik›: Politik. Vorles., geh. an der Univ. Berlin (^{5}1922) 2, § 20 (Die demokratische R.) 250-304; im Kontext ist durchgängig von ‹Demokratie› die Rede, nur vereinzelt kommen ‹R.› und ‹demokratische R.› vor. – [140] Wortlaut der Proklamationen: MAGER: Art. ‹R.›, a.O. [1] 645. – [141] F. GIESE: Die Verfass. des Dtsch. Reiches (^{8}1931) 40. – [142] G. LEIBHOLZ/H. J. RINCK/D. HESSELBERGER: Grundgesetz für die BRD, Komm. an Hand der Rechtsprechung des Bundesverfass.gerichts (^{6}1975ff.) vgl. Stichwortreg. – [143] J. ISENSEE: R. – Sinnpotential eines Begriffs. Juristenztg. 36 (1981) 1-78, hier: 1. – [144] TH. MANN: Reden und Aufsätze 2 (1965) 9-52. – [145] a.O. 53-60.

Literaturhinweise. H. BARON s. Anm. [76] und [83]. – J. G. A. POCOCK s. Anm. [76]. – J. ISENSEE s. Anm. [143]. – C. NICOLET s. Anm. [133]. – W. MAGER s. Anm. [1]. – A. PAGDEN (Hg.): The languages of polit. theory in early-modern Europe (Cambridge 1987). – H. G. KOENIGSBERGER/E. MÜLLER-LUCKNER (Hg.): R.en und Republikanismus im Europa der Frühen Neuzeit (1988). – G. BOCK/Q. SKINNER/M. VIROLI (Hg.): Machiavelli and republicanism (Cambridge 1990). W. MAGER

Repugnanz (griech. μάχη; lat. repugnantia Widerstreit)

I. – 1. ‹R.› ist ein von CICERO übersetzter, als Substantiv sonst aber schlecht bezeugter [1] Terminus der stoischen Aussagenlogik. Gegenbegriff: ‹Folgerichtigkeit› (ἀκολουϑία, consequentia) [2]. «Für Chrysipp folgt das consequens aus dem antecedens einer Implikation genau dann, wenn das kontradiktorische Gegenteil des consequens dem antecedens widerstreitet, mit ihm unverträglich ist (μάχηται [3]). Die genaue Bedeutung des 'widerstreiten' oder 'unverträglich sein' ... bildet einen beliebten Diskussionspunkt in der neueren Literatur zur stoischen Logik» [4]. Nach BOETHIUS ist die R., die mit der konditionalen Form steht und fällt (denn zwischen unverbundenen Aussagen gibt es keine R.), die Wenn-Dann-Beziehung zwischen einem Sachverhalt und der natürlichen Folge seines (polar-)konträren Gegenteils [5]. Eine vermittelst Negationseinschub künstlich induzierte R. wird durch eine der ganzen Implikation vorangestellte zweite Negation 'hyperapophatisch' wieder aufgehoben [6]. Ob die Stoa die Verifikation implikativer Sätze formal als Überverneinung traktiert hat, muß allerdings dahingestellt bleiben [7].

2. Neben der inferentiellen R. kennt die Stoa auch die R. der ausschließenden Disjunktion. So behält GALEN den Begriff «vollständige R.» (μάχη τελεία) der Disjunktion vor, deren Glieder «zusammen weder Bestand noch keinen Bestand haben können» [8]. Die aristotelische Widerspruchsdefinition wird entsprechend paraphrasiert als die R. eines bejahenden und eines verneinenden Urteils (μάχη καταφάσεως καὶ ἀποφάσεως) [9].

3. Die Scholastik unterscheidet mit der R. des Komplexen (Sätze) und der des Inkomplexen (Zeichen und Dinge [10]), mit Real-R. («repugnantia realis») und Begriffs-R. («repugnantia inter conceptus») [11], mit logischer («repugnantia quantum ad simul esse verum») und ontologischer («repugnantia quantum ad simul esse in eodem subiecto» [12], d.h. «incompossibilitas coexistendi» [13]), mit semantischer («repugnantia rerum significatarum») und syntaktischer R. («repugnantia modorum significandi») [14] metasprachlich verschiedene Referenzebenen für Unverträglichkeitsannahmen.

R. des Komplexen: die unterschiedlichen, durch die logische Qualität und Quantität erzeugten Beziehungen im sog. Urteilsquadrat [15], vor allem der kontradiktorische Gegensatz («repugnantia contradictionis») [16]. Umstritten ist, ob und inwiefern die R. auf der Zeichenebene in einer davon zu unterscheidenden R. der Sachverhalte fundiert gedacht werden darf («repugnantia obiective significabilium per propositiones contradictorias prior et causalis respectu repugnantiae signorum») [17].

R. des Inkomplexen: zwischen Habitus und Privation («secundum oppositionem formae») oder zwischen beiderseits positiven konträren Gegenteilen («secundum oppositionem resistentiae») [18]. Der lateinische Westen hat zusammen mit den irreduziblen Kontrarietäten der aristotelischen Physik auch die Vorstellung von einem 'Kampf' der Gegenteile (ἡ τῶν ἐναντίων μάχη) [19] übernommen. Bezogen auf ein umkämpftes Substrat S wird der Effekt der Bestimmung Q_1 durch den der ihr konträren Bestimmung Q_2 'vertrieben' («expulsio formalis reciproca») [20]. Der gegen 1293 aufkommende Terminus ‹Formal-R.› («formalis repugnantia») bezeichnet eine Kategorie, die für die Schulphilosophie allerdings gerade darum unentbehrlich ist [21], weil sie zur Sphäre des Werdens und Vergehens auf Distanz geht. Q_2 verdrängt Q_1 nicht wirkursächlich («efficiendo»), so daß sie zumindest instantan zugleich wären, sondern wesensmäßig («formaliter»), weil es in ihrer beider Begriff («ratio») liegt, daß ihre Koexistenz sich ausschließt [22]. DUNS SCOTUS unterscheidet [23] in dieser Absicht zwischen der Formal-R. und einer bloß physikalischen Virtual-R., d.i. der Inkompatibilität einer Ursache mit dem Gegenteil des naturgemäß durch sie gesetzten Effekts. Die Formal-R. ist unmittelbar und präzisiv gesetzt durch die metaphysische Struktur der Dingnaturen selbst: «repugnantia quaecumque est extremorum ex ratione sua formali et per se essentiali, sicut album et nigrum per se ex suis rationibus formalibus contrariantur et habent repugnantiam formalem circumscribendo per impossibile omnem respectum ad quodcumque aliud» [24]. Die ihr zugeordnete Negation hat einen oder auch mehrere positive R.-Gründe («rationes repugnantiae») des Negats gegen die entgegengesetzten Affirmationen («negatio vera propter repugnantiam positivi ad positivum») [25]. Als 'Inkompossibilität' doppelt verneint («non-repugnantia, sive compossibilitas, est ex propriis rationibus compossibilium») [26], trägt die Formal-R. den scotischen Modalkalkül [27]. Unklar bleibt, wie eng die Beziehung zwischen ihr und dem konträren Gegensatz ist. Hat sie an diesem ihr Paradigma, dann kann sich die Formal-R. essentialistisch zu einer «repugnantia contradictionis» vertiefen [28]. Genauso kann aber auch ihr Unterschied zur Virtual-R. supranaturalistisch zugunsten bloßer Inkompatibilität verschliffen [29] oder sie dem konträren Gegensatz ganz entfremdet werden [30]. Dann ist sie synonym mit dem förmlichen Widerspruch [31]. Bereits AUREOLI macht den Begriff der Formal-R. in Scotus' Sinn unbrauchbar, indem er ihn aufspaltet in das förmlich Widersprechende («prima repugnantia... est illa, quam excludit primum principium») und in das Inkompossible i.S. des nur abgeleiteterweise Widersprechenden. Auch dieses gründet dann zwar im Wesen der Dinge selbst («talis repugnantia incompossibilitatem includit ex natura rei»), hat aber am menschlichen Verstand sein Maß («illa repugnantia, quam mens nostra non potest fingere..., reducitur necessario ad naturam terminorum, et per consequens est formalis») und schließt daher weder hypothetische Gedankenexperimente noch Wunder aus [32]. Souverän handhabt OCKHAM das von Scotus übernommene, aber sofort gegen dessen formalisierende Metaphysik gekehrte Instrument [33]. Statt metaphysische Formalgründe aufeinander zu beziehen, sichert er damit «res absolutae». Eine «res absoluta» hat das Merkmal, daß sie keine Formal-R. gegen die Koexistenz einer anderen «res absoluta» hat [34]. Genau in dem Umfang, in dem die Formal-R. von moralischen R.-Gründen «de potentiâ Dei ordinatâ» abgehoben und ihr Vorliegen daher bereits durch die nachgewiesene Widerspruchsfreiheit widerlegt wird, werden von Ockham insbesondere psychologische Inkompatibilitätsannahmen falsifiziert [35]. Die Formal-R. wird aufgespalten in Real-R. [36] und Begriffs-R. [37]. Erst der Konzeptualismus des 17. Jh. reduziert dann jede Art inkomplexer Unverträglichkeit auf eine Begriffs-R. [38].

4. Wie breit das Spektrum der scholastischen Semantik von ‹R.› ist, verdeutlicht der Sprachgebrauch bei THOMAS VON AQUIN:

1) ein dynamisches Verhältnis zwischen koexistenten Faktoren: a) vertikal: aa) Widerstand bis hin zum Ungehorsam (z.B. mobilis ad movens, carnis ad spiritum) [39]. Gegenbegriff: subjectio. bb) im Verhältnis zu nor-

mativen Instanzen (ratio, ius naturale, lex Dei) gleich Sünde [40]. b) horizontal: aa) bezogen auf das einzelne Begehrungsvermögen und sein Objekt: α) das Verhältnis der Abneigung; Gegenbegriff: convenientia [41]. β) die eine Abneigung begleitende Empfindung [42], d.i. die Quelle der Traurigkeit [43]. γ) das Widerstreben, mit dem etwas aus Furcht getan wird [44]. bb) bezogen auf eine Pluralität s.v.w. Antagonismus («propter contrarietatem et repugnantiam quae est in rebus, una res est alterius corruptiva») [45] und artikuliert nach den unterschiedlichen Momenten: α) der Widerstreit der Affekte (Gegenbegriff: pax) [46] oder die Divergenz der Willen, deren jeder entweder etwas anderes [47] oder deren einer nicht das will, was der andere will [48]. β) der Exzeß, durch den eine Elementarqualität die andere dominiert [49]. γ) die Gewalt, die das Stärkere gegen das Schwächere übt, indem es dessen Untergang herbeiführt [50]. δ) das, was macht, daß der überwundene Affekt den siegreichen im Bewußtsein dennoch verdrängt [51].

2) die Inkompatibilität a) zweier Formen, was Instantanveränderungen ausschließt [52], b) eines rezeptiven Vermögens und einer bestimmten Form. Gegenbegriffe: aptitudo, capacitas [53].

3) ein Reflexionsbegriff, durch den a) eine bestimmte Rücksicht von einer bestimmten anderen, in der es die R. nicht gibt, unterschieden und abgehoben wird, so daß der Begriff ‹R.› sich an beliebig abstrahierbaren Bestimmungen terminiert [54]. b) die hergestellte Beziehung selbst, und zwar aa) bezogen auf gedankliche Vorstellungen («repugnantia intellectuum») [55], auf das Verhältnis zwischen den Urteilsgliedern («habitudo terminorum, in quibus nulla repugnantia invenitur» [56]; «ad invicem repugnantiam habere» [57]), auf das zwischen Subjekt und Prädikat [58]. bb) charakterisiert als die Wirkung eines logischen Widerspruchs («repugnantia ratione contradictionis implicitae» [59]. cc) selbstbezüglich formuliert («ad seipsum repugnantia») [60] das an sich Widersprüchliche («hominem esse asinum»), weil das Prädikat einen Begriff einschließt, der die metaphysische Struktur des Subjekts negiert. dd) *in seipso* oder *de se* (Gegenbegriff: *ab exteriori*) repugnantiam habere: die Grenze der göttlichen Allmacht [61]. Auf verschiedenen Ebenen verifizierbar zu sein, kennzeichnet bis ins 17. Jh. die entsprechend elastische Verwendung von R. (repugnantia metaphysica/physica/moralis) [62]. ee) der Gegenbegriff dazu, daß etwas wegen eines fehlenden Vermögens 'unmöglich' ist («impossibilia, non propter privationem alicuius potentiae, sed propter repugnantiam terminorum») [63]. Verneint ergibt das später die durch Widerspruchsfreiheit definierte und mit ARISTOTELES (Met. 1019 b 30-32) unterlegte 'logische Möglichkeit' («potentia logica notat non-repugnantiam terminorum» [64]). – Der durch THOMAS VON AQUIN metaphysisch so hoch angesetzte R.-Begriff [65], daß es schon im Korrektorienstreit um die These geht: «Deus... non potest facere aliquid quod repugnat enti inquantum ens» [66], wird thomistisch von Anfang an [67] im Widerspruchsprinzip verankert («ubi non intervenit contradictio, nulla est vera repugnantia» [68]). Der scotische Begriff der Seins-R., der zwischen dem «esse essentiae» und dem «esse existentiae» bewußt nicht trennt, erhält dagegen in der Formal-R. eine andere metaphysische Grundlage [69].

5. Weltanschaulich ist ‹R.› außerhalb des Aristotelismus seit dem 15. Jh. Ausdruck der 'Enge' (angustia) der geschaffenen Welt. Gegenbegriff: die Weite (amplitudo) des kontradiktorische Wahrheiten bzw. konträre Formen noch vereinbarenden «mundus archetypus» [70]. Ähnlich erzeugt die Negation einer R. den Begriff des «imaginären Raums» («spatium imaginarium est necessaria negatio repugnantiae, ut sit corpus vel spiritus ibi») [71]. Während die R. in dem Sinn, in dem PLINIUS das griechische ἀντιπάθεια mit «repugnantia rerum» übersetzt hatte [72], für die äußere Natur im 17. Jh. als eine heidnische Projektion kategorial verabschiedet [73] und die wahrscheinlichkeitstheoretisch begründete R. zwischen kontingenten Ereignissen als Gedankending eingestuft wird [74], kann R. sich als Bewußtseinskategorie («interior repugnantia») [75] philosophisch behaupten.

Anmerkungen. [1] J. S. KIEFER: Galen's Inst. logica (Baltimore 1964) 76-81. – [2] GALEN: Inst. log. 10, 14, hg. C. KALBFLEISCH (1896); BOETHIUS: In Top. Cic. comm. MPL 64, 1125 C. – [3] SEXTUS EMP.: Pyrrh. hyp. II, 111; DIOG. LAERT. VII, 73; CICERO: De fato 12. – [4] S. BOBZIEN: Die stoische Modallogik (1986) 109f. (Lit.). – [5] BOETHIUS, a.O. [2] 1066 C; 1125 C. – [6] a.O. 1134 A/B. – [7] W. HÜBENER: An den logikhist. Quellen der doppelten Negation. Das stoische ὑπεραποφατικόν und die dritte summulist. Äquipollenzregel (in Vorb.). – [8] GALEN, a.O. [2] 9, 20-10, 4; 13, 17-19; 33, 6-14. – [9] AMMONIOS HERM.: In Arist. De int. comm., hg. A. BUSSE. CAG IV/5 (1897) 81. – [10] J. TRUTVETTER: Summulae totius logicae (1501) I, 5ʳ; vgl. WILHELM VON OCKHAM: Quaest. var. Op. theol. 8 (St. Bonaventure, N.Y. 1984) 316. – [11] OCKHAM: Quodl. I, 2, a.O. 9 (1980) 17; Quaest. in Phys. Arist. 144. Op. philos. 6 (1984) 791. – [12] GREGORIUS ARIMINENSIS: 1 Sent. [1344] (Venedig 1522, ND 1955) 5ʳ B; Ps.-DUNS SCOTUS [MARSILIUS VON INGHEN]: Expos. et quaest. in 8 lib. Phys. Opera omn. (Lyon 1639) 2, 184 b. – [13] JOH. CAPREOLUS: Def. theol. D. Thomae 2, hg. C. PABAN/TH. PÈGUES [1409] (Toulouse 1900, ND 1967) 117 b. – [14] JOH. VON DACIEN: Summa gramm. [1280]. Corp. philos. Danic. medii aevi 1, hg. A. OTTO (Kopenhagen 1955) 328. – [15] z.B. OCKHAM: Expos. in lib. Periherm. Arist. Op. philos. 2 (1978) 488; B. MASTRIUS/B. BELLUTUS: Cursus philos. (Venedig ⁴¹727) 1. Dial. inst. 2, 69f. – [16] z.B. ALFONSUS VARGAS TOLETANUS: 1 Sent. (Venedig 1490, ND 1952) 602. – [17] ANDREAS DE NOVOCASTRO: 1 Sent. [ca. 1365] (Paris 1514) 159ʳᵇ. 160ᵛ. – [18] BONAVENTURA: 4 Sent. d. 4, p. 1, a. 2, q. 2, ad 2. Opera omn. 4 (Quaracchi 1889) 103. – [19] ALEXANDER APHR.: In Arist. Met. comm., hg. M. HAYDUCK. CAG I (1891) 456; IOANNES PHILOP.: In Arist. De gen. et corr. comm., hg. H. VITELLI. CAG XIV/2 (1897) 273; vgl. Art. ‹Qualität II. 3.›. – [20] F. SUÁREZ: Disp. met. [1597] 45, 2, 17. Opera omn. 26 (Paris 1866, ND 1965) 745. – [21] MASTRIUS/BELLUTUS, a.O. [15] 1. Log. 14, 15. – [22] GOTTFRIED VON FONTAINES: Quodl. VIII. Les philos. Belges 4, hg. J. HOFFMANS (Löwen 1924) 51ff.; vgl. J. F. WIPPEL: The dating of James of Viterbo's Quodl. I and Godfrey of Fontaines' Quodl. VIII. Augustiniana 24 (1974) 383. – [23] JOH. DUNS SCOTUS: Ord. IV, d. 49. Opera omn., hg. L. WADDING [Op.] (Lyon 1638, ND 1968) 10, 612f.; vgl. R. GOCLENIUS: Lex. philos. (1613, ND 1964) 982. – [24] Ord. I, d. 43, n. 5. Ed. Vat. 6, 353; d. 36, n. 50, a.O. 291. – [25] Lect. I, d. 36, n. 38. Ed. Vat. 17, 474; Ord. I, d. 36, n. 58; d. 43, n. 18, a.O. 6, 294f. 361; Ord. III, d. 1. Op. 7/1, 16; Quodl. 9, a.O. 12, 233f. – [26] Ord. I, d. 2, p. 2, n. 377. Ed. Vat. 2, 344. – [27] Lect. I, d. 43, n. 12ff., a.O. 17, 532ff. – [28] GREGORIUS ARIM., a.O. [12] 104ʳ C; 104ᵛ K/L. – [29] JOHANNES DE BASSOLIS: 3 Sent. (Paris 1516) 59ᵛᵃ; MASTRIUS/BELLUTUS, a.O. [15] 3. De gen. et corr. 1, 53. 58ff. – [30] PETRUS NIGRI: Clypeus Thomistarum (Venedig 1481, ND 1967) aa 5ʳᵃ; SUÁREZ: Disp. met. 45, 4, 6. 13, a.O. [20] 750f. – [31] JEAN DE RIPA: Determ. [1358/59], hg. A. COMBES (Paris 1957) 46. – [32] PETRUS AUREOLI: 1 Sent. [1316] (Rom 1596) 988 b D-990 b B; 4 Sent. (Rom 1605) 225 a/b. – [33] OCKHAM: 1 Sent. Op. theol. 2 (1970) 187ff. – [34] 1 Sent., a.O. 3 (1977) 554; Quaest. in Phys. Arist., a.O. 426f. – [35] Quaest. var., a.O. 313ff. 391. – [36] 1 Sent., a.O. 3, 554. – [37] Quaest. var., a.O. 317; Quodl. 1, 2, a.O. 17. – [38] P. HURTADO DE MENDOZA: Disp. de universa philosophia (Lyon ²1617) 1269. – [39] THOMAS AQU.: S. theol. I-II, 61, 2 co, 11; II-II, 19, 9 co, 24; Quaest. disp. de virt. 1, 4 co, 58. 80; Compend. theol. 1, 186, 5. 29; 192, 14; vgl. Bibl. Vulgata, Röm. 7, 23. – [40] Quaest. disp. de malo 2, 6 co, 126; 7 co, 30. 34; S. theol. II-II, 57, 2, ra 2, 8. – [41]

S. theol. I-II, 29, 2 co, 3; 5 co, 11; In 4 Sent. 7, 2, 2a, ra 1, 4. – [42] a.O. 3 co, 21. – [43] In 3 Sent. 15, 2, 3b co, 9; In 4 Sent. 49, 3, 3c co, 25; Script. sup. 3 Sent., prima red. 222, 23, 12; Quaest. disp. de virt. 1, 4 co, 89. – [44] S. theol. I-II, 6, 7, ra 2, 2. – [45] S. c. gent. 3, 71, n. 4, 14; In Dionysii De div. nom. 4, 15, 8. – [46] In Dion. 11, 1, 37; S. theol. II-II, 29, 1 co, 14; vgl. AUGUSTINUS: De sermone Domini in monte. MPL 34, 1233. – [47] S. theol. I-II, 19, 10, sc 3, 1; III, 18, 6 co, 17. – [48] I-II, 19, 10, ra 6, 4. – [49] In Arist. De anima 1, 9, n. 7, 19. – [50] S. theol. I, 39, 8 co, 109; I-II, 36, 4 co, 11. – [51] Quaest. disp. de virt. 2, 11, ra 8, 25. – [52] In 4 Sent. 11, 1, 3b co, 6. – [53] Quaest. disp. de malo 5, 5 co, 70; 16, 2 co, 86; S. c. gent., prima red. lib. I 1, 8b, 33. – [54] In 3 Sent. 7, 3, 2b, ra 2, 3; In 4 Sent. 37, 1, 1, ra 1, 3; Quaest. disp. de verit. 29, 1, ra 1, 9; Quaest. disp. de potentia 3, 14, ra 8, 3. – [55] De aetern. mundi 35. 51. 75. 81. 252; In 3 Sent. 7, 3, 2b, ra 1, 3; 21, 1, 3, ra 1, 2; Quaest. disp. de spirit. creaturis 11, ra 7, 12; In lib. Boethii De trin., hg. B. DECKER (Leiden ²1959) 2, 4, 3, ag. 1, 5. – [56] S. c. gent. 2, 37, n. 4, 11. – [57] Quaest. disp. de pot. 3, 14 co, 17; vgl. 3, 1, ra 2, 8. – [58] a.O. 3, 1, ra 2, 11. – [59] Quodl. 7, 4, 3 co, 5. – [60] S. c. gent. 1, 84, n. 2, 2; n. 3, 18. – [61] In 3 Sent. 1, 2, 3 co, 58; S. theol. II-II, 57, 2, ra 2, 8; Quaest. disp. de ver. 2, 10, ra 2, 7; vgl. Quodl. 9, 1 co, 4 (incompossibilitas). – [62] z.B. J. DE LUGO: Disp. scholast. et morales 2 [1633] (Paris 1868) 741b; A. PEREZ: In sec. et tertiam partem D. Thomae (Lyon 1669) 429a; F. DE OVIEDO: Tract. theologici (Lyon 1646) 682b. – [63] THOMAS AQU.: In lib. Met. 5, 14, n. 18, 4; Quaest. disp. de pot. 3, 14 co, 17. – [64] DUNS SCOT.: Ord. I, d. 7, n. 27. Ed. Vat. 4, 118; HERVEUS NATALIS: Quodl. 11 (Venedig 1513, ND 1966) 74ᵛᵃ. 75ʳᵃ; SUÁREZ: Disp. met. 42, 3, 9, a.O. [20] 613a; H. DEKU: Possibile logicum. Philos. Jb. Görres-Ges. 64 (1956) 1-21, hier: 15. – [65] THOMAS AQU.: S. c. gent. 1, 84; Quaest. disp. de ver. 2, 10. – [66] Le Correctorium corruptorii 'Sciendum', hg. P. GLORIEUX (Paris 1956) 116. 292-295. – [67] HERVEUS NAT., a.O. [64] 107ʳᵇ. 108ʳᵇ. – [68] SUÁREZ: Disp. met. 30, 17, 12, a.O. [20] 209b. – [69] DUNS SCOT.: Ord. I, d. 36, n. 48. Ed. Vat. 6, 290; L. HONNEFELDER: Scientia transcendens. Die formale Bestimmung der Seiendheit und Realität in der Met. des MA und der Neuzeit (1990) 56ff. – [70] STANISLAUS VON ZNAIM: De vero et falso [vor 1404], hg. V. HEROLD (Prag 1971) 107. 113; M. FICINO: In Tim. comm. Opera (Basel 1576) 2, 1445; G. CONTARINI: De libero arb. [1536]. Opera omn. (Paris 1571) 601f. – [71] G. HEMELMAN: Disp. theol. in primam partem S. Thomae (Granada 1637) 1, 557b; P. FONSECA: Comm. in Met. 2 [1589] (1615, ND 1964) 703 C. – [72] PLINIUS: Nat. hist. 32, 25. – [73] J. B. VAN HELMONT: Natura contrariorum nescia. Ortus medicinae (Amsterdam 1652) 138a. – [74] D. RUIZ DE MONTOYA: Comm. ac disp. ad qu. XXII et bonam partem qu. XXIII ex prima parte S. Thomae De provid. praedefiniente (Lyon 1631) 132b. – [75] G. W. LEIBNIZ: De analysi veritatis et judiciorum human. [ca. 1685/90]. Voraused. zu Reihe VI, Fasc. 6 (1987) 1170 = Opusc. et fragm. inéd., hg. L. COUTURAT (Paris 1903) 188f.; vgl. SUÁREZ: Disp. met. 45, 4, 13. 16, a.O. [20] 751ff.
S. K. KNEBEL

II. – Durch die Schulphilosophie [1] finden die scholastischen Grundsätze Eingang in die Philosophie I. KANTS [2]. Seit diese sich als eine Kritik an der Möglichkeitsmetaphysik der Schulphilosophie auffaßt und sich der Orientierung an der Wirklichkeit zuwendet, spielt im Blick auf die R. das Problem der Realität die entscheidende Rolle. Im Bestreben, einen «realen» Beweisgrund vom Dasein Gottes zu entwerfen, destruiert Kant die überkommene Lehre von der Kompossibilität von Prädikaten und fragt vielmehr nach dem «realen» Möglichkeitsgrunde der Welt, der als letzter ihrer Gründe von aller R. frei ist [3]. Die theoretischen Grundlagen für seine frühe, mit dem Begriff der R. arbeitende Wirklichkeitsmetaphysik legt Kant in der Abhandlung über die «negativen Größen» [4]. «Bei der logischen R. wird nur auf diejenige Beziehung gesehen, dadurch die Prädicate eines Dinges einander und ihre Folgen durch den Widerspruch aufheben. Welches von beiden wahrhaftig bejahend (realitas) und welches wahrhaftig verneinend (negatio) sei, darauf hat man hierbei gar nicht acht.» «Die Real-R. findet nur statt, in so fern zwei Dinge als positive Gründe eins die Folge des andern aufhebt.» «Allenthalben, wo ein positiver Grund ist und die Folge ist gleichwohl Zero, da ist eine Realentgegensetzung, d.i. dieser Grund ist mit einem andern positiven Grunde in Verknüpfung, welcher die Negative des ersteren ist» [5]. Die additiven und subtraktiven Operationen der Mathematik (+/−) werden von Kant im Sinne der Real-R. interpretiert [6]. In der vernunftkritischen Phase seines Denkens wird auch der gesellschaftliche Antagonismus und das Phänomen des Bösen in der Welt nach dem Modell der Real-R. beschrieben [7].

Anmerkungen. [1] A. G. BAUMGARTEN: Met. (1739, ⁷1779, ND 1963) § 66. – [2] I. KANT: Logik, hg. G. B. JÄSCHE (1800). Akad.-A. 9, 123. – [3] Der einzig mögl. Beweisgrund zu einer Demonstr. des Daseins Gottes (1763). Akad.-A. 2, 86. – [4] Versuch den Begr. der negat. Größen in die Weltweisheit einzuführen (1763), a.O. 171f. – [5] a.O. 172. 175. 177. – [6] 173f. – [7] Ideen zu einer allg. Gesch. in weltbürgerl. Absicht (1784). Akad.-A. 8, 20f. 26; Die Relig. innerh. der Grenzen der bl. Vern. (1793). Akad.-A. 6, 22f., Anm.

Literaturhinweis. P. PIMPINELLA: Reluctantia subiectiva und repugnantia obiectiva in der Inaug.diss. Kants. Aufklärung 5 (1990).
F. LÖTZSCH

Repulsion/Attraktion (lat. repulsio/attractio; engl. repulsion, repellency/attraction, attractive power; frz. attraction, force attractive/répulsion; verwandte dtsch. Ausdrücke: Abstoßung, Anziehung)
1. Anläßlich der Diskussion über die Ursache der Schwere erhält in der mittelalterlichen Hochscholastik der Begriff ‹Attraktion› [A.] eine spezifischere, wissenschaftliche Bedeutung. Während ARISTOTELES und AVERROES keine «attractio», sondern nur einen «tractus» im mechanischen Sinn des Wortes kennen, entwickelt ROGER BACON eine A.-Theorie, nach der die schweren Körper analog der magnetischen Anziehung von ihrem natürlichen Ort angezogen werden. Roger Bacon kennt neben der Anziehung gleichartiger auch eine Abstoßung ungleichartiger Substanzen [1].
Weiteren Eingang in die Wissenschaftssprache finden ‹A.› und ‹R.› im 16. und 17. Jh. Für die frühneuzeitliche Alchimie und Astrologie spielen anziehende und zurückstoßende Kräfte eine zentrale Rolle. PARACELSUS vergleicht den Menschen mit einem Magneten: «Gleicherweise wie ein Magnet das Eisen an sich zeucht und saugt ihm den Saft aus und läßt den Rost fallen, so ist der Mensch ein zweifacher Magnet, des Leibes halben, weshalb er seine Speise an sich zieht, und der Weisheit halben, weshalb er das Gestirn an sich zieht» [2]. Wenn auch die neue Naturwissenschaft sich von solchem Denken distanziert, erkennt auch sie die Bedeutung von R. und A. Sich gegen eine atomistische Naturauffassung richtend empfiehlt F. BACON das Studium von anziehenden und abstoßenden Kräften: «Weit besser thun die Aerzte, sich mit den abgeleiteten Eigenschaften und Wirkungen der Dinge zu beschäftigen, mit dem Anziehen, Abstoßen, Verdünnen, Verdicken, Ausdehnen, Zusammenziehn, Zertheilen, Zeitigen u.s.w. ... Dergleichen Kräfte sind es eben (nicht gerade dieselben, aber ähnliche), welche nicht blos bei der Wirkung der Arzneimittel, sondern überhaupt bei der Veränderung der übrigen Naturkörper erforscht werden sollten» [3].
Mit I. NEWTONs Entdeckung des allgemeinen Gravitationsgesetzes beginnt eine Konzentration auf das Stu-

dium anziehender und abstoßender Kräfte, die alle Bereiche der Naturwissenschaft zu erfassen sucht. Newton selber zögert, das Gesetz der allgemeinen Gravitation unmittelbar auf die Anziehung der Materieteilchen anzuwenden. Er sieht sich außerstande, die Ursache der Schwere anzugeben, und Hypothesen will er auch nicht erdichten; dennoch glaubt er, sie deutlich von mechanischen Ursachen unterscheiden zu können [4]. Newtons Untersuchung der Gesetze der Planetenbewegung muß im Zusammenhang mit seiner allgemeinen Materietheorie gesehen werden, um die er sich von Anfang an bemüht und die nicht losgelöst von seinen alchimistischen Studien betrachtet werden kann [5]. Wie R. BOYLE nimmt er einen hierarchischen Aufbau der Materie an, führt allerdings im Unterschied zu jenem repulsive und attraktive Kräfte ein, die zwischen den Materieteilchen wirken. NEWTON gelangt zu einer umfassenden Betrachtung, in der die verschiedenen Formen der A. als Wirksamkeit aktiver Prinzipien gedeutet werden: «And thus Nature will be very conformable to her self and very simple, performing all the great Motions of the heavenly Bodies by the Attraction of Gravity which intercedes those Bodies, and almost all the small ones of their Particles by some other attractive and repelling Powers which intercede the Particles» [6]. Neben dieser Theorie von repulsiven und attraktiven Kräften, die direkt zwischen den Materieteilchen wirken, findet sich auch die Theorie eines materiellen Ätherstoffs, der zur Erklärung von Anziehung und Abstoßung der Körper herangezogen wird. Die in der ‹Hypothesis on Light› im Brief an Oldenburg aus dem Jahre 1675 erstmals entwickelte Äther-Theorie wird aufgrund mangelnder Konsistenz zugunsten seiner neuen Lehre von den attraktiven und repulsiven Kräften bald wieder aufgegeben [7]. In den hinzugefügten ‹Queries› der ‹Opticks› von 1717 kommt er auf die Äther-Theorie zurück.

Die Newton-Rezeption des 18. Jh. sieht sich vor allem zwei Problemkomplexen gegenübergestellt. Zum einen stellt sich die Frage, ob alle beobachtbaren Formen der Anziehung auf die eine der Gravitation zurückführbar sind, zum andern, ob der dynamische Materiebegriff nicht notwendig zu einer Eliminierung des atomistischen führen muß. Die Auseinandersetzung mit dem letzteren Problemkomplex führt zu einer Radikalisierung des dynamischen Ansatzes, wie sie im Deutschen Idealismus zu beobachten ist; bei der Vertiefung des ersteren geht es um die Möglichkeit einer Newtonschen Chemie. Die Newtonianer zu Beginn des 18. Jh. halten sich oftmals nicht mehr an die Selbstbeschränkungen, die sich Newton auferlegt hatte. Die allgemeine Gravitation wird vielfach zu einer Wesenseigenschaft der Materie erklärt; die ‹Queries› der ‹Opticks› werden bald ihres hypothetischen Gewandes entkleidet und als Wahrheiten übernommen. So wollen die Newtonianer R. COTES, J. KEILL, J. FRIEND und später P. S. LAPLACE alle Erscheinungen der Kohäsion auf das eine Gesetz der Gravitation zurückführen. Demgegenüber melden sich kritische Stimmen, die den Ausdruck ‹A.› für unpassend halten oder A. anders erklärt wissen wollen. P. VAN MUSSCHENBROEK schlägt vor, statt von ‹A.› von «accessus mutuus», «affinitas» oder «amicitia» zu sprechen, womit er allerdings zu der im Umkreis der Alchemie entwickelten Terminologie zurückkehrt, die durch Newtons naturwissenschaftliche Präzisierungen überwunden werden sollte [8]. L. EULER richtet sich gegen die Attraktionisten, weil sie ein Phänomen mit etwas Unerklärtem erklären wollen, und schlägt eine neue Ausdrucksweise vor: «Pour éviter toute confusion, que la façon de parler pourroit causer, on devroit plutôt dire, que les corps du monde se meuvent de la même maniere, comme s'ils s'attiroient mutuellement les uns les autres. Par là on laisseroit indécis, si les forces qui agissent sur les corps résident dans les corps mêmes, ou hors d'eux» [9]. Auch der Begriff der R. erscheint klärungsbedürftig. Die gegen Ende des 18. Jh. aktuell werdende Frage nach der Ursache der Wärme führt LAPLACE und B. BIOT dazu, in der Wärme das der Anziehung entgegenwirkende repulsive Prinzip zu sehen [10].

Die Newtonianer wollen nicht nur die Erscheinungen der Kohäsion, sondern auch die chemischen Anziehungsverhältnisse auf das Gesetz der Gravitation zurückführen. Der ältere Ausdruck ‹Verwandtschaft› (affinitas) für die Bezeichnung chemischer Anziehungen wird durch T. BERGMAN präzisiert [11]. Bergman sieht, daß Gestalt und Lage der Körper die Wirkungen der allgemeinen A. verändern. Er unterscheidet in seiner zuerst im Jahre 1775 veröffentlichten Abhandlung verschiedene Formen von naher Anziehung: Anziehung der Zusammenhäufung (attractio aggregationis), der Zusammensetzung (attractio compositionis), der Auflösung (attractio solutionis vel fusionis); ferner unterscheidet er eine einfache und doppelte Wahlanziehung (attractio simplex electiva, attractio duplex) [12]. G. MORVEAU zieht demgegenüber den alten Ausdruck ‹Verwandtschaft› vor, da dieser die besondere, von der allgemeinen Anziehung unterschiedene chemische Anziehung bezeichne. Die bei den chemischen Anziehungen zu beobachtenden Abweichungen vom Gravitationsgesetz kommen nach G.-L. DE BUFFON dadurch zustande, daß bei kleinen Abständen der aufeinander wirkenden Körper deren Figur die allgemeine Gravitationsanziehung modifiziert [13]. Was die terminologische Frage betrifft, so wird schon bald BERGMANS Ausdruck «attractio electiva» in deutschen Übersetzungen mit ‹Wahlverwandtschaft› wiedergegeben. J. W. VON GOETHE wird durch den Jenaer Chemiker J. F. A. GÖTTLING auf Bergmans Theorie aufmerksam und zu dem Titel seines Romans ‹Die Wahlverwandtschaften› inspiriert. Eine Begrifflichkeit, die die Wissenschaft aus dem zwischenmenschlichen Bereich entnahm, wird in Goethes Roman auf diesen zurückbezogen [14]. Später sieht E. HAECKEL Goethes Vergleich zwischen der chemischen Affinität und der Seelenaffinität durch die zeitgenössische Zellular-Psychologie bestätigt. Auch den Atomen wohnt nach Haeckel eine Art Fühlung und Strebung inne, die sich in den beiden Urzuständen Anziehung und Abstoßung äußern [15]. – Das sachliche Problem, die Möglichkeit einer Newtonschen Chemie, die alle chemischen Erscheinungen auf die allgemeine Gravitationsanziehung zurückführt, bleibt Ende des 18. Jh. ungelöst. Die Anfang des 19. Jh. mit J. DALTON beginnende neue Chemie verzichtet ganz darauf, mit bestimmten chemischen Affinitätskräften zu operieren [16].

Die Inkonsistenzen der Newtonschen Naturphilosophie – einerseits atomistischer, andererseits dynamischer Ansatz – führen manche Newtonianer zu einer konsequenteren Durchführung des dynamischen Ansatzes. Dies versuchen in je verschiedener Weise R. GREEN, G. KNIGHT und R. J. BOSCOVICH. GREEN geht allerdings radikal über Newton hinaus. Er lehnt in seinen ‹Principles of the philosophy of the expansive and contractive forces› (1727) Newtons Korpuskulartheorie mitsamt der Annahme eines leeren Raumes als unbewiesene Behauptung ab. Materie ist für ihn nichts anderes als die Tätigkeit der Kräfte; sie ist eine aktive Substanz, die durch Expansions- und A.-Kräfte wirkt, deren Kombinationen die Mannigfaltigkeit der uns bekannten Erscheinungen begründen: «Thus Action we have also said is Distinguish'd into the Expansive and Contractive Forces, which, and the Different Combinations of them, are the occasion of those Diversities of Matter, which we Feel and See to Exist in Like and Equal Portions of Space» [17]. – Die Auflösung der Materie in Kräfte erreicht ihre Zuspitzung in BOSCOVICHS Theorie der dimensionslosen Punkte. Diese befinden sich im leeren Raum; zwischen ihnen ist kein physischer Kontakt möglich. Sie sind einerseits träge, anderseits wirken sie repulsiv oder attraktiv aufeinander: «I therefore consider that any two points of matter are subject to a determination to approach one another at some distances, & in an equal degree recede from one another at other distances. This determination I call 'force'; in the first case 'attractive', in the second case 'repulsive'» [18].

2. NEWTONS Theorie der Kräfte bleibt auch nicht ohne Einfluß auf die Philosophie seiner Zeit. Man hofft auf einen Newton der Moral, der Psychologie, der Geschichte [19]. Wie Newton die Gesetze der Astronomie fand, will D. HUME den Zusammenhang der geistigen Kräfte aufdecken. Er sieht ihn im Assoziationsvermögen, durch das unsere Vorstellungen in einer Weise verknüpft sind, die der Newtonschen Gravitationsanziehung ähnelt: «Here is a kind of *Attraction*, which in the mental world will be found to have as extraordinary effects as in the natural, and to shew itself in as many and as various forms» [20]. P.-H. TH. D'HOLBACH glaubt, das Grundgesetz der Handlungen gefunden zu haben, nämlich das Gesetz, daß alle Dinge die ihnen günstigen Stoffe anziehen (attirer) und die ihnen schädlichen abstoßen (repousser): «Les physiciens ont nommé cette tendance ou direction gravitation sur soi; Newton l'appelle force d'inertie; les moralistes l'ont appelée dans l'homme amour de soi» [21]. CH. FOURIER ist der Meinung, die Theorie der leidenschaftlichen Anziehung und Abstoßung entdeckt zu haben, die wie die Lehrsätze der Geometrie berechenbar sein sollen [22]. J. G. HERDER sieht im Anschluß an A. von Haller in der organischen Reizbarkeit eine grundlegende Triebfeder unseres Daseins, die dem Gesetz der Ausbreitung und Zusammenziehung gehorcht: «Ausbreitung und Zurückziehung, Wärme und Kälte, d.i. zurückgetriebne oder ausfließende Glut sind stete Erscheinungen der Reizbarkeit, dieser ungeheuren Saat von Saamenkörnern der Empfindung. ... Im Reiz ist Würkung und Gegenwürkung, Ausbreitung und Zurückziehung, Thun und Leiden» [23]. Im ästhetischen Bereich beruft sich Herder direkt auf Newton. Das Erhabene und Schöne seien in zwei Tendenzen der menschlichen Seele begründet, die den beiden Grundkräften des Universums nach Newton, Anziehung und Zurückstoßung, ähneln [24]. Herder äußert sich jedoch auch kritisch zu Newton, der nach seiner Meinung die Entstehung des Weltalls nicht wirklich erklärt habe. Er hofft auf einen künftigen Kepler: «Sie wird einmal gewiß aufkommen, diese richtigere Benennung, wenn ein künftiger Keppler die Proportion der Weltkörper nach Maßen, Zeiten und Räumen genetisch gefunden haben wird. Dann werden wir die Namen Schwere und Anziehung, die so vielfach gemißbraucht sind, hier so wenig, als in der Musik bedürfen. Was ein Weltgebäude erschafft, kann weder die todte Schwere, noch eine in jedem Moment wesentlich behinderte Anziehung seyn, die beide wirken und nicht wirken; sie sind nur Hülfsbrücken, Denkbilder des menschlichen Geistes» [25]. In einer an Herder erinnernden Weise versteht F. D. E. SCHLEIERMACHER das Leben als Widerspiel entgegengesetzter Kräfte: «Jedes Leben ist nur das Resultat eines beständigen Aneignens und Abstoßens, jedes Ding hat nur dadurch sein bestimmtes Dasein, daß es die beiden Urkräfte der Natur, das durstige an sich ziehen und das rege und lebendige Selbst verbreiten, auf eine eigentümliche Art vereinigt und festhält» [26].

Eine dem dynamischen Ansatz von R. Green, G. Knight und R. Boscovich verwandte Position vertritt I. KANT, wobei zwischen den verschiedenen Entwicklungsstadien seiner Philosophie zu unterscheiden ist. Nach der ‹Allgemeinen Naturgeschichte und Theorie des Himmels› wird das ursprüngliche Chaos der Materie durch Newtons Gesetz der allgemeinen A. zu einem geordneten Universum gebildet, das allerdings nur durch die Zurückstoßungskraft bzw. schießende Kraft in Gleichgewicht gehalten wird [27]. Die ‹Monadologia physica› geht von Monaden als Elementen der Materie, von punkthaften Krafteinheiten aus. Die Monade erfüllt den Raum durch ihre Wirksamkeit, wodurch sie andere Monaden von einer Annäherung abhält [28]. In den ‹Metaphysischen Anfangsgründen der Naturwissenschaft› richtet er sich gegen die Position der Monadisten und damit letztlich auch gegen seine eigene frühere Position [29]. Seine jetzige Auffassung scheint jedoch in vielem dem früheren Standpunkt verwandt zu sein. Nach Lehrsatz 1 der Dynamik soll die Materie nicht durch ihre bloße Existenz, sondern durch eine besondere bewegende Kraft den Raum erfüllen. Auf das einfachste geometrische Verhältnis zurückgeführt muß jede Bewegung, die eine Materie der anderen mitteilt, als in der geraden Linie zwischen zwei Punkten erteilt angesehen werden. In dieser geraden Linie sind nur die beiden Bewegungen der Entfernung (Abstoßung) und Annäherung (Anziehung) möglich. Kant nimmt ferner eine ursprüngliche Elastizität der Materie an, die deren Undurchdringlichkeit begründen soll [30]. Der ursprünglichen Zurückstoßungskraft wird die wahre Anziehungskraft entgegengesetzt, die von der bloß scheinbaren zu unterscheiden ist. Die scheinbare setzt repulsive Kräfte voraus, während die wahre Anziehung Erfüllung des Raumes in bestimmtem Grade und damit etwas, was physisch berührbar ist, allererst ermöglichen soll. Die wahre Anziehung muß als Wirkung durch den leeren Raum, als Fernwirkung gedacht werden. Er kritisiert Newton, weil dieser die Auffassung, nach der die A. eine dem Wesen der Materie zukommende Eigenschaft ist, nicht deutlich genug vertreten habe [31]. Im ‹Opus postumum› versucht Kant, die Vermischung von philosophischen und physikalischen bzw. Newtonschen Prinzipien zu entwirren. Er geht jetzt – wie schon in seinen frühen Reflexionen – von einer Äther- und Wärmetheorie aus. Die Vibrationen oder Stöße der lebendigen Kräfte des Äthers, der den Weltraum vollständig erfüllt, bewirken die beobachtbaren Phänomene der Anziehung und Abstoßung der Einzelkörper. Wärmestoff, Äther, das Gesamtsystem der bewegenden Kräfte sind keine Gegenstände im empirischen Sinn. Wenn Kant den Äther als einen kategorisch gegebenen Stoff bezeichnet, erhält dieser eine transzendentale Funktion; er verbürgt die Einheit der Erfahrung [32].

Gegen Kants Annahme zweier Grundkräfte werden schon bald Einwände erhoben. Nach J. T. MAYER kann man alles Zurückstoßen in der Natur auf Anziehung oder andere bekannte Kräfte zurückführen [33]. Auch nach G. R. TREVIRANUS genügt zur Erklärung der Naturphänomene vollständig die Annahme nur einer – entweder repulsiven oder attraktiven – Grundkraft [34]. Kants Materietheorie wird aber auch positiv rezipiert, wobei sie gemäß den in Kants Naturphilosophie wirksamen verschiedenen Tendenzen zum Anstoß einerseits für eine idealistische, anderseits für eine kritische Weiterführung seiner Naturphilosophie wird. Die erstere repräsentieren vor allem SCHELLINGS und HEGELS, die zweite J. F. FRIES' Naturphilosophie. F. W. J. SCHELLING geht mit Kant davon aus, daß Materie durch eine ursprüngliche Anziehungs- und Abstoßungskraft konstituiert wird. Dies ist aber nach Schelling eine Annahme, die jeder physikalischen Erklärung von Kräften vorausgeht und aus der Natur der Anschauung des menschlichen Geistes abgeleitet werden muß. Er nimmt eine Entsprechung zwischen innerer und äußerer Anschauung an, die erlaubt, von jener auf diese zu schließen. Wie wir in uns eine unbeschränkte Tätigkeit, die durch eine entgegengesetzte beschränkt wird, fühlen, so müssen wir auch in der materiellen Außenwelt eine ursprünglich unbegrenzte und eine dieser entgegengesetzte beschränkende Kraft annehmen [35]. Über diese Position der ‹Ideen zu einer Philosophie der Natur› geht Schelling in ‹Erster Entwurf eines Systems der Naturphilosophie› hinaus. Akzelerierende und retardierende Kräfte der Natur bringen nur in ihrer Wechselbeziehung eine reale Raumerfüllung zustande. Der akzelerierenden Kraft entspricht Kants Repulsivkraft, der retardierenden Kants Attraktivkraft. Im Unterschied zu Kant unterscheidet aber Schelling zwischen Attraktiv- und Schwerkraft. Erst die Annahme einer eigenen, von der Attraktivkraft unterschiedenen Schwerkraft könne erklären, wie die mit endlicher Geschwindigkeit geschehende Evolution der Natur an bestimmten Punkten gehemmt werde [36]. Schelling entwickelt diese Materie- und Weltentstehungstheorie im Rahmen einer dynamischen Atomistik, die als Synthese der dynamischen Naturphilosophie Kants und der Atomistik gedacht ist [37]. G. W. F. HEGEL wirft wie Schelling Kant vor, nicht wirklich eine Konstruktion des Materiebegriffs geleistet zu haben. Wie Schelling unterscheidet er ebenfalls zwischen A. und Schwere: «Die Schwere ist von der bloßen Attraction wesentlich zu unterscheiden. Diese ist nur überhaupt das Aufheben des Außereinanderseyns, und gibt bloße Continuität. Hingegen die Schwere ist die Reduction der auseinander-seyenden Besonderheit zur Einheit als negativer Beziehung auf sich, dem Fürsichseyn als Allgemeinem, Einzelnheit, Einer (jedoch noch ganz abstracten) Subjectivität» [38]. Hegels Begrifflichkeit setzt eine Umdeutung der Kantischen Grundkräfte der Materie voraus, die er in seiner ‹Wissenschaft der Logik› ausführt. Danach sind R. und A. als verschiedene Verhältnisbestimmungen innerhalb der Dialektik zwischen Fürsichsein bzw. Eins und dem Vielen zu entwickeln: «Die R. ist die Selbstzersplitterung des Eins zunächst in Viele, deren negatives Verhalten unmächtig ist, weil sie einander als Seyende voraussetzen; sie ist nur das Sollen der Idealität; diese aber wird realisirt in der A. Die R. geht in A. über, die vielen Eins in Ein Eins. Beyde, R. und A., sind zunächst unterschieden, jene als die Realität der Eins, diese als deren gesetzte Idealität» [39]. Die bei Newton noch getrennten Ansätze – der atomistische und dynamische – werden hier also unmittelbar miteinander konfrontiert und miteinander zu einem neuen Ansatz verwoben.

Eine kritische Weiterführung des Kantischen Ansatzes nimmt J. F. FRIES in seiner mathematischen Naturphilosophie vor. Im Unterschied zu Kant ist er der Meinung, daß die Philosophie nicht beweisen könne, daß jede Materie eine Anziehungskraft haben müsse, die in aller Materie der Masse proportional wirke. Vielmehr ist das Newtonsche Gravitationsgesetz ein aus der Erfahrung gewonnenes, das von der reinen Theorie als eine der geometrisch einfachsten Erklärungen akzeptiert wird [40]. Positiv greift auch H. VON HELMHOLTZ Kants Materie- und Kräftetheorie auf: «Es bestimmt sich also endlich die Aufgabe der physikalischen Naturwissenschaften dahin, die Naturerscheinungen zurückzuführen auf unveränderliche, anziehende und abstossende Kräfte, deren Intensität von der Entfernung abhängt. Die Lösbarkeit dieser Aufgabe ist zugleich die Bedingung der vollständigen Begreiflichkeit der Natur» [41]. Helmholtz hat diese Parteinahme für Kant nicht voll aufrechterhalten.

Die Neueinschätzung der Newtonschen Physik durch die *modernen Naturwissenschaften* bedingt einen veränderten Gebrauch der Begriffe ‹R.› und ‹A.›, wie dies insbesondere in der Thermodynamik deutlich wird. Das Gleichgewicht eines isolierten Systems wird hier als ein «Attraktor» von Nichtgleichgewichtszuständen verstanden. Die Natur scheint bestimmte Zustände zu bevorzugen; so beschreibt die irreversible Entropiezunahme die Annäherung des Systems an einen Zustand, der es gleichsam anzieht [42]. Die schon von CH. FOURIER herausgestellte Bedeutung von Anziehung und Abstoßung im sozialen Bereich ist auch ein Gegenstand der modernen *Sozialpsychologie*, ohne daß jedoch behauptet würde, daß jene Beziehungen wie die Lehrsätze der Geometrie berechenbar seien. Die «A.-Forschung» hat es mit dem hypothetischen Konstrukt «interpersonale A.» zu tun, das als solches nur indirekt, über seine Auswirkungen erfaßbar ist. Die bei der Rezeption des Newtonschen Begriffs der allgemeinen A. gemachte Erfahrung, daß es vielfältige Formen der Anziehung gibt, die sich nicht auf eine Form reduzieren lassen, macht sich auch in diesem Forschungsgebiet geltend [43].

Anmerkungen. [1] Vgl. A. MAIER: An der Grenze von Scholastik und Nat.wiss. (Rom ²1952) 174ff. – [2] TH. PARACELSUS: Philosophia sagax 7 (1537/38). Werke, hg. W.-E. PEUCKERT 3 (1967) 188. – [3] Vgl. F. BACON: Novum organum I, 66 (1620). The works, hg. J. SPEDDING u.a. 1 (London 1857) 176; dtsch., hg. A. TH. BRÜCK (1830, ND 1981) 46. – [4] Vgl. I. NEWTON: Mathemat. princ. of nat. philos. and his system of the world 1, 13, Lehrs. 85, hg. F. CAJORI (Berkeley ²1962) 1, 214; 2, 400 (Regel 3); 2, 546f. (Allg. Anm.). – [5] Vgl. B. J. T. DOBBS: The found. of Newton's alchemy or 'The hunting of the Greene Lyon' (Cambridge ²1984); R. S. WESTFALL: Newton and alchemy, in: B. VICKERS (Hg.): Occult and scient. mentalities in the Renaissance (Cambridge 1984) 315-335. – [6] Vgl. I. NEWTON: Opticks or a treat. of reflections, refractions, inflections and colours of light 3 (Frage 31) [London ⁴1730] (New York 1952) 375f. 387ff. 394f., zit.: 397. – [7] Vgl. DOBBS, a.O. [5] 204. 211. – [8] Vgl. Art. ‹Anziehung›, in: J. S. T. GEHLER's Physikal. Wb. 1 (1825) 327. 336f. 341. 328; Art. ‹Cohäsion›, a.O. 2 (1826) 118. – [9] L. EULER: Lettres à une princesse d'Allemagne (1768-72) Br. 68. Op. omn. III/11, hg. A. SPEISER (Zürich 1960) 148; vgl. Br. 54, a.O. 120. – [10] Vgl. J. B. BIOT: Traité de physique expérim. et mathémat. 1 (Paris 1816) 5; Art. ‹Cohäsion›, a.O. [8] 130; Art. ‹Wärme›, a.O. I/10 (1841) 71f. 101. – [11] Vgl. Art. ‹Verwandtschaft›, a.O. III/9 (1840) 2041. – [12] T. BERGMAN: De attractionibus electivis, in: Opusc. physica et chemica 3 (Uppsala 1783) 294. – [13] Vgl. G. MORVEAU: Allg. theoret. und prakt. Grundsätze der chem. Affinität oder Wahlanziehung zum gemeinnütz. Gebrauch für Naturforscher, Chemisten, Aerzte und Apotheker, hg. S. F. HERMB-

STÄDT (1794) 69. 86. 83. – [14] Vgl. Art. ‹Wahlverwandtschaft›, in: GRIMM 13 (1922) 597f.; G. LOCKEMANN: Goethes Beziehungen zur Chemie. Chemiker-Ztg. 56 (1932) 227; J. W. VON GOETHE: Die Wahlverwandtschaften (1809). Werke, Soph.-Ausg. I/23 (1892); I/20 (ND 1987) 56; U. PÖRKSEN: Zur Metaphorik der naturwissenschaftl. Sprache. Neue Rdsch. 89 (1978) 65ff. – [15] Vgl. E. HAECKEL: Kristallseelen (1917) 106f. 152. – [16] Vgl. A. THACKRAY: An ess. on Newtonian matter-theory and the development of chemistry (Harvard/London 1970) 232ff. 275f. – [17] R. GREEN: The princ. of the philos. of the expansive and contractive forces (Cambridge 1727) 62. 409; vgl. 5. 62. 659. 934; ferner: P. M. HEIMANN/J. E. McGUIRE: Newtonian forces and Lockean powers: concepts of matter in 18th-cent. thought. Hist. Studies physical Sci. 3 (1971) 255ff.; zu G. KNIGHT vgl. THACKRAY, a.O. [16] 141ff. – [18] R. J. BOSCOVICH: A theory of nat. philos., engl. ed. from the text of the Venetian ed. in 1763, Abschn. 9 (Cambridge, Mass./London 1966) 21; vgl. auch: Abschn. 1. 7, a.O. 19ff. – [19] Vgl. U. DIERSE: 'Der Newton der Geschichte'. Arch. Begriffsgesch. 30 (1986/87) 158-182, bes. 167. 176. – [20] D. HUME: A treat. of human nat., hg. L. A. SELBY-BIGGE (Oxford 1958) 12f. – [21] P.-H. TH. D'HOLBACH: Système de la nat. ou des lois du monde phys. et du monde mor. 4 (Paris 1821), ND, hg. Y. BELAVAL (1966) 1, 59. – [22] Vgl. CH. FOURIER: Theorie der vier Bewegungen und der allg. Bestimmungen, hg. TH. W. ADORNO (1966) 57. – [23] J. G. HERDER: Vom Erkennen und Empfinden, den zwo Hauptkräften der Menschl. Seele (1775). Sämmtl. Werke, hg. B. SUPHAN (1877-1913) 8, 274. 278. – [24] Vgl. Kalligone. Vom Erhabnen und vom Ideal (1800), a.O. 22, 230. – [25] Adrastea (1802), a.O. 23, 514f. – [26] F. D. E. SCHLEIERMACHER: Über die Relig. Reden an die Gebildeten unter ihren Verächtern (1799) 6. Krit. Ges.ausg. I/2, hg. H.-J. BIRKNER u.a. (1984) 191; vgl. G. SCHOLTZ: Die Philos. Schleiermachers (1984) 59f. – [27] I. KANT: Allg. Nat.gesch. und Theorie des Himmels (1755). Akad.-A. 1, 226ff. 234f. 265ff. – [28] Monadologia physica (1756), a.O. 482ff. – [29] Metaphys. Anfangsgr. der Nat.wiss. (1786), a.O. 4, 504f. – [30] a.O. 497-500. – [31] 514. 511f. 515. – [32] Vgl. V. MATHIEU: Äther und Organismus in Kants ‹Opus post.›, in: H. HEIMSOETH/D. HENRICH/G. TONELLI (Hg.): Stud. zu Kants philos. Entwickl. (1967) 186f.; B. TUSCHLING: Metaphys. und transzend. Dynamik in Kants opus post. (1971) 180. 186. – [33] J. T. MAYER: Ob es nöthig sey, eine zurückstoßende Kraft in der Natur anzunehmen, in: Journal der Physik 9 (1793) 208ff. – [34] Vgl. G. R. TREVIRANUS: Biologie, oder Philos. der lebenden Natur für Naturforscher und Aerzte 1 (1802) 27f. – [35] F. W. J. SCHELLING: Ideen zu einer Philos. der Natur als Einl. in das Studium dieser Wiss. (1797). Sämmtl. Werke, hg. K. F. A. SCHELLING I/2 (1857) 221f. – [36] Erster Entw. eines Systems der Nat.philos. (1799), a.O. I/3 (1858) 102. 262ff.; vgl. auch: Darst. meines Systems der Philos. (1801), a.O. I/4 (1859) 142-148. – [37] Erster Entw., a.O. 22f. – [38] G. W. F. HEGEL: Enzykl. der philos. Wiss.en im Grundrisse (1827). Akad.-A. 19 (1989) 198. – [39] Wiss. der Logik. Die Lehre vom Sein (1832), a.O. 21 (1985) 161. – [40] Vgl. J. F. FRIES: Die mathemat. Nat.philos. nach philos. Methode bearb. (1822). Sämtl. Schr., hg. G. KÖNIG/L. GELDSETZER 13 (1979) 401. 456ff. – [41] H. VON HELMHOLTZ: Über die Erhaltung der Kraft (1889) 6; vgl. auch: 53, Anm. 1. – [42] Vgl. I. PRIGOGINE/I. STENGERS: Dialog mit der Natur (^{2}1981) 129. – [43] Vgl. G. MIKULA: Interpersonale A.: Ein Überblick über das Forschungsgegenstand, in: G. MIKULA/W. STROEBE (Hg.): Sympathie, Freundschaft und Ehe (Bern 1977) 13-40.

Literaturhinweise. Art. ‹Abstoßung›, in: GEHLER s. Anm. [8] 1, 120-128. – Art. ‹Anziehung› s. Anm. [8]. – J. SCHULTZ: Atommodelle. Annalen Philos. philos. Kritik 6 (1927) 205-230. – Art. ‹Attraction›, in: LALANDE^{10} 95f. – A. APOLIN: Die Gesch. der Gravitation. Philos. Naturalis 12 (1970) 156-172. – R. E. SCHOFIELD: Mechanism and materialism. Brit. natural philos. in an age of reason (Princeton, N.J. 1970). – A. THACKRAY s. Anm. [16]. – U. PÖRKSEN s. Anm. [14]. – I. PRIGOGINE/I. STENGERS s. Anm. [42]. – K. J. FINK: Actio in distans, repulsion, attraction. The origin of an 18th cent. fiction. Arch. Begriffsgesch. 25 (1981) 69-87. – U. DIERSE s. Anm. [19]. – W. BONSIEPEN: Die Ausbildung einer dynam. Atomistik bei Leibniz, Kant und Schelling und ihre aktuelle Bedeutung. Allg. Z. Philos. 13 (1988) 1-20.

W. BONSIEPEN

Res. Die philosophische Geschichte des Wortes ‹res› [r.] verläuft zunächst ziemlich genau parallel zu derjenigen des griechischen Wortes πρᾶγμα, das zunächst juristische und rhetorische Bedeutung hat, wie man besonders bei ARISTOTELES sieht [1]. Es handelt sich beim *pragma* um den Tatbestand oder den Fall, der in einem Prozeß diskutiert, verhandelt und beurteilt werden soll, und nicht nur um die materielle und individuelle Realität, die unmittelbar gegeben oder präsent ist. Deshalb kann dieser Begriff auch das bezeichnen, was durch ein Wort oder einen Satz gemeint ist, den Sinn oder Sachverhalt [2]. Um diese Bedeutung – Frage, Problem, Fall – wiederzugeben, greifen die lateinischen Übersetzer von BOETHIUS bis WILHELM VON MOERBECKE ganz selbstverständlich auf den Ausdruck ‹r. ipsa› zurück. Und mit derselben Selbstverständlichkeit wird – vor allem dank der beiden ‹Peri-Hermeneias›-Übersetzungen von BOETHIUS – der im Griechischen bestehende Gegensatz von λόγος und πρᾶγμα bzw. von ὄνομα und πρᾶγμα ins Lateinische übernommen, ohne daß der Terminus ‹r.› dabei ausschließlich eine materielle Realität bezeichnen würde, die außerhalb oder jenseits des Diskurses läge [3].

Wenn es denn eine spezifisch lateinische und vorphilosophische Geschichte des Begriffs ‹r.› gibt, so betrifft sie wahrscheinlich das Umfeld der Güter (bona), des Habens, des Reichtums oder des Interesses; so erscheint es jedenfalls an den Stellen, an denen der Begriff in der lateinischen Komödie vorkommt oder in Ausdrücken wie ‹rem augere› (sein Vermögen mehren) oder ‹in rem esse alicui› (zu jemandes Vorteil sein) [4]. Erinnert sei auch an die vielfältigen zusammengesetzten Ausdrücke, die diese erste juristisch-ökonomische Bedeutung voraussetzen: ‹r. sua›, ‹aliena›, ‹privata›, ‹publica›, ‹venalis›, ‹extra commercium›, ‹mobilis›, ‹immobilis›, ‹in patrimonio›, ‹extra patrimonium› bis zu ‹r. corporalis› zur Bezeichnung eines materiellen, sinnlich wahrnehmbaren und berührbaren Dinges im Gegensatz zu den unkörperlichen Dingen, wie z.B. dem Eigentumsrecht [5]. Auf forensischem Gebiet unterscheidet man die r., den Fall im allgemeinen, die Tat oder den Tatbestand, und die causa, den Anklagepunkt, die rechtshängige Sache, bei der es um Schuld- und Freispruch für den Angeklagten geht (de re et causa iudicare) [6]. Im allgemeinen Kontext der lateinischen Rhetorik bezeichnet der Begriff ‹r.› auch unbestimmt die 'Materie', von der ein Diskurs handelt, seinen Gegenstand (r. de qua agitur). Sache des Redners ist es, eine Frage oder einen Fall darzulegen (rem exponere, rem narrare) [7]. Fehlt dieses klare Erfassen des Falles oder des status quaestionis, verkommt die Rhetorik zum Geschwätz über alles und nichts («oratio ... nisi subest r. ab oratore percepta et cognita, inanem quandam habet elocutionem et paene puerilem») [8]. Doch das Wort ‹r.› kann auch auf Gedachtes verweisen, etwa in dieser Charakterisierung der «oratio» durch QUINTILIAN: «orationem ... omnem constare rebus et verbis», denen jeweils «inventio» (r. = Gedachtes) und «dispositio» entsprechen. Klassisch ist in der Gerichtsrhetorik außerdem die Unterscheidung zwischen dem «Fall», über den geurteilt wird, und den «circumstantiae rei», wobei die Untersuchung der «circumstantiae» ihrerseits mittels folgender Fragen entfaltet wird: quid, quale, quantum, ad quid? [9] Die rhetorische Tradition unterteilt auch die Topoi (loci) gemäß der Entgegensetzung ‹r./persona› oder entfaltet die Theorie der Argumentation durch die Unterscheidung von argumenta a re, ante rem, in re, circa rem et post rem [10].

Trotz gewisser Passagen bei TERTULLIAN, die Dingheit in die Nähe von Körperlichkeit rücken, sieht es nicht so aus, als ob die r. von vornherein als solide und mit einem corpus verbunden verstanden worden wäre [11]. Genaugenommen würde selbst die Verwendung des Wortes ‹substantia› bei Tertullian (substantia corporis) oder die Definition: «ipsa substantia est corpus rei cuiusque» eher für die wesentliche Unbestimmtheit von r. sprechen, die festzustellen ist, seitdem die ursprünglich mitanklingende ökonomische Bedeutung verdeckt wurde [12].

Vermutlich ist auch folgender Versuch der Übertragung oder Explikation des griechischen Wortes οὐσία, der von SENECA vorgeschlagen wurde, Ausdruck dieser Unbestimmtheit des Begriffs: «quomodo dicetur οὐσία – r. necessaria, natura continens fundamentum omnium?», oder in einer Passage von CICEROS ‹Topik›, wo der Begriff so allgemein gebraucht wird, daß er ebensogut gilt von den Dingen, die sind («earum rerum quae sunt»), wie fundus, penus, aedes, parietes, pecus ..., wie von den intelligiblen Dingen («earum quae intelliguntur»), die der substantia corporis entbehren, wie z.B. ususcapio, tutela, agnatio ... [13].

Diese Allgemeinheit, ja Unbestimmtheit erklärt, daß der Begriff ‹r.› ganz selbstverständlich im Plural das griechische Wort ὄντα übersetzt und daß er einen deutlich differenzierten Sinn erst aufgrund von ihn begleitenden Bestimmungen erhält oder von Entgegensetzungen, die sich von einer ersten neutralen Bedeutung her ergeben. Man kann somit von ‹r. gestae› sprechen, um die Ereignisse zu bezeichnen, die der Geschichtsschreiber berichtet, also eine Bedeutung präzisieren mit Hilfe eines Adjektivs, das die gesamte semantische Last übernimmt (r. publica, r. divina, r. familiaris, r. militaris, r. navalis, r. rustica, r. naturalis [14], r. adversae, r. secundae), oder man kann ‹r.› und ‹sermo›, ‹r.› und ‹verbum› unterscheiden [15]. Die augustinische Version dieser letzten Entgegensetzung wird für das ganze Mittelalter klassisch bleiben, aber man begegnet ihr bereits bei CICERO, QUINTILIAN und BOETHIUS. Die Unterscheidung AUGUSTINS ist deshalb besonders bemerkenswert, weil sie die erste, allgemeine Bedeutung der r. voraussetzt, die die Gesamtheit der Dinge bezeichnet, die auf eine noch ganz und gar unbestimmte Weise erfaßt ist, ohne jede Unterscheidung der Region, des Status, der Weise des Seins. Es handelt sich also um den ärmsten und weitesten Begriff, den man zunächst nur negativ fassen kann: «Proprie autem nunc r. appellavi, quae non ad significandum aliquid adhibentur, sicuti est lignum, lapis, pecus, atque huiusmodi caetera» («Dinge im eigentlichen Sinne habe ich aber jetzt diejenigen genannt, die nicht zum Bezeichnen von etwas verwendet werden, wie z.B. Holz, Stein, Vieh und weiteres dergleichen») [16]. Alles was möglicher Stoff für Belehrung ist, läßt sich seinerseits im Hinblick auf diese prinzipielle Entgegensetzung unterteilen. Das Wort (verbum) ist selbst wesentlich definiert in seiner transitiven Funktion der Bezeichnung: «constat ergo inter nos verba signa esse» («wir sind uns also darüber einig, daß Worte Zeichen sind») [17]. Nun gehört es aber zur Natur des Zeichens, auf etwas anderes als es selbst zu verweisen, d.h. letztlich auf eine Realität draußen. Freilich ist das Zeichen immer auch selbst ein Zeichen-Ding («signum est r., praeter speciem quam ingerit sensibus, aliud aliquid ex se faciens in cogitationem venire») [18], es muß eine gewisse konkrete Realität haben (vox, dictio, intellectus), gerade um seine Zeichenfunktion zu erfüllen, nämlich auf etwas anderes zu verweisen aufgrund einer Polarität, die wohl eine entscheidende Rolle gespielt haben wird, jener Polarität des Innen und Außen, die dem Leitfaden der sprachlichen Relation folgt, welche zwischen der (bezeichneten) Sache – r. – und dem linguistischen Zeichen besteht. Sicherlich ist das Zeichen in der augustinischen Perspektive nicht auf das linguistische Zeichen in seiner lautlichen oder mentalen Realität reduziert, es umfaßt auch die natürlichen Zeichen und auch das «signum sacrum», d.h. das *sacramentum* in seiner sekundären und überbestimmten Entgegensetzung zur r. [19]. Schließlich verweist der Begriff im lateinischen Horizont zuerst und grundsätzlich auf die äußere Realität, die unmittelbar erfaßt oder wahrgenommen wird, und dies selbst dann, wenn damit das griechische Wort πρᾶγμα übersetzt wird [20].

Ebenfalls Augustinus verdankt man eine neue, theologisch bestimmte Bedeutung des Wortes ‹r.›, die von dessen primärem materiellen und ökonomischen Sinn ausgeht, und zwar findet sie sich in einem trinitarischen Kontext, mitten in jener kanonischen Passage von ‹De doctrina christiana›, die das ganze Mittelalter hindurch kommentiert wurde: «r. igitur, quibus fruendum est, pater et filius et spiritus sanctus eademque trinitas, una quaedam summa r. communisque omnibus fruentibus ea, si tamen r. et non rerum omnium causa, si tamen et causa» («Die r., die man genießen soll, der Vater, der Sohn, der Heilige Geist – und das ist die Trinität –, eine einzige höchste r., allen sie Genießenden gemeinsam; wenn es überhaupt eine r. ist und nicht vielmehr die Ursache aller r., ja wenn es überhaupt die Ursache ist») [21].

Im Plural und in Verbindung mit ‹natura›, ‹ordo›, ‹proprietas›, ‹universitas rerum› (JOHANNES SCOTUS ERIUGENA) bezeichnet ‹r.› das All der Dinge oder die Gesamtheit des Geschaffenen (Menschen, Lebewesen, materielle Realitäten), welcher, wie etwa bei ANSELM VON CANTERBURY, die «summa substantia» [22] entgegengesetzt werden kann.

Aber die Bedeutung des Begriffs kann noch weiter ausgedehnt werden bis zur Bezeichnung des «etwas überhaupt» (aliquid) [23] oder einer abstrakten «Realität», die wohl nicht präzise als ein einzelnes Ding erfaßt werden kann. Dieser weite Sinn ist ebenfalls bei Anselm belegt: «Multa ... necesse est rem quamlibet esse, quae tamen rei eiusdem nomine non significantur» («ein jegliches Ding ist notwendigerweise auch noch vieles, was dennoch nicht mit dem Namen eben dieses Dinges bezeichnet wird») [24]. – «Multa» ist hier zu verstehen im Sinne von «viele Bestimmungen» wie Weißsein, Sterblichkeit usw.

Bei Anselm zeugt die Unterscheidung zwischen «enuntiatio» und «r. enuntiata» gleichfalls von einer allgemeineren Bedeutung des Terminus ‹r.›, die einen Sachverhalt bezeichnet. Namentlich in ‹De veritate› [25] untersucht Anselm, was die Wahrheit einer Aussage ausmacht, und zwar selbst dann, wenn die Aussage verneint, daß etwas ist; in diesem Falle kann sie immer noch als wahr qualifiziert werden, da sie ja, «selbst wenn sie verneint, daß ist, was nicht ist ..., die Sache so aussagt, wie sie ist» («etiam quando negat esse quod non est ... sic enuntiat quemadmodum r. est»).

Wenn PETRUS ABAELARDUS namentlich in seiner ‹Dialectica› [26] sich Gedanken macht über die Bedeutung des Satzes (er nennt ihn «dictum»), bestimmt er ihn als eine «quasi-r.», als den objektiven Inhalt des Denkaktes, der mittels verschiedener «intellectiones» und entsprechender «dictiones» (z.B. currus, currit) sich auf dieselbe «Sache» beziehen kann, die durchaus keine einzelne äußere r. ist. In der ‹Logica ingredientibus› sieht man [27], wie das Wort ‹r.› seinen Sinn ändert oder in eine bemerkenswerte Mehrdeutigkeit gerät, da es ja außer dem subsistierenden Einzelding – auf nicht-realistische Weise – das Gemeinte eines Satzes oder universeller Termini bezeichnen kann: Es ist durchaus möglich, daß der «r. propositionis» keine «r. subjecta» entspricht.

Aber neben den Analysen von AUGUSTINUS, ANSELM oder ABAELARD zählen zu den Hauptereignissen in der Geschichte des Wortes ‹r.› im lateinischen Westen die direkten oder indirekten Übersetzungen der Metaphysik des ‹Kitāb aš-Šifā'› von IBN SĪNĀ. Im 5. Kapitel des 1. Buches und im 1. Kapitel des 5. Buches [28] hat sich AVICENNA zur Aufgabe gemacht anzugeben, was das Seiende (ens) und das Ding (r.) sowie ihre ersten Einteilungen sind. Es sind «die Ideen, die sich in einem ersten Eindruck in die Seele einschreiben», «die Dinge, die am meisten geeignet sind, durch sich selbst vorgestellt zu werden». Das Seiende und das Ding (ens, r.) stehen am Ursprung jeder Vorstellung, und man kann daher die Aufmerksamkeit auf sie richten, sie ins Licht rücken, sie aber nicht im eigentlichen Sinne erkennen, da die Namen oder die Zeichen, die man dazu verwenden würde, sekundär und dunkler wären als sie selbst. Was speziell das Ding angeht, so kann man es beschreiben als das, «worauf sich eine Aussage bezieht» («r. est de quo potest aliquid vere enuntiari») [29]. Nun muß aber ein solches Ding nicht notwendigerweise unter den konkreten Gegenständen existieren, es genügt, daß es intendiert oder in die Seele versetzt wird («potest r. habere esse in intellectu, et non in exterioribus»). Wirklich definiert wird es in erster Linie durch die «certitudo qua est id quod est», «Gesichertheit», die ihm ein «esse proprium» sichert [30]. So unterscheidet sich der Begriff des Dinges von dem des Seienden (ens) oder Wirklichen: Das Ding definiert in jedem Falle eine ihm eigene «certitudo»: die «quidditas». Das 1. Kap. des 5. Buches, das von den «allgemeinen Dingen und ihrer Seinsweise» handelt, wird diese Analyse bestätigen, indem es den ursprünglichen Status des Bezeichneten als solchen erhellt (z.B. die berühmte «equinitas tantum»), der weder universal noch singulär ist, sondern indifferent gegenüber weitergehenden Spezifikationen, d.h., unabhängig von Faktoren wie Allgemeinheit, Besonderheit usw. J. JOLIVET hat auf sehr überzeugende Weise gezeigt [31], daß die arabischen Begriffe šay' (Ding) und šay'iyya (Dingheit) eine eigene Geschichte haben, die völlig unabhängig vom aristotelischen Begriff πρᾶγμα verlief und die verknüpft war mit den Debatten der islamischen Theologie über das Nichtexistierende, von denen man nach AVICENNA noch einen Nachhall bei ŠAHRATANI vernimmt («Ist das Nichtexistierende ein Ding oder nicht?») [32]; den weiteren Hintergrund dieses Problems bilden jedoch AL-KINDĪ, AL-FĀRĀBĪ und die Positionen der Theologie (kalam) der Mutaziliten, für welche das Ding das ist, was erkannt ist, und für die alles Nichtexistierende ein Ding ist. Ebenfalls im Ausgang von dieser dingzentrierten, 'formalen Ontologie', wie sie sich bei AL-FĀRĀBĪ und IBN SĪNĀ herausgebildet hat, entwickelt sich außerhalb des epistemologischen, aristotelischen Rahmens die Algebra als Wissenschaft, welche Arithmetik und Geometrie gemeinsam ist; sie führt für die Unbekannte das Ding, die r. (alsaya) ein, die unterschiedslos eine Zahl oder eine geometrische Größe bezeichnen kann [33]. Hiermit zeichnen sich die Linien einer neuen Ontologie ab, in der man von einem Objekt ohne bestimmte Eigenschaften reden, es auch erkennen, jedoch nicht genau vorstellen kann. In den lateinischen Übersetzungen der arabischen Algebra, die zu Beginn des 13. Jh. einsetzen, wird nunmehr zur Bezeichnung der Unbekannten der Begriff ‹r.› beibehalten (r. ignota), während in der italienischen Mathematik in den folgenden Jahrhunderten das Wort ‹cosa› in der Volkssprache erscheint [34].

BONAVENTURA schlägt in seinem ‹Sentenzenkommentar› eine Dreiteilung der Bedeutungen von ‹r.› vor, die für die gesamte Scholastik klassisch bleibt: «Dicendum quod r. accipitur communiter et proprie et magis proprie. Res secundum quod communiter dicitur, dicitur a reor, reris; et sic comprehendit omne illud, quod cadit in cognitione, sive sit r. exterius, sive in sola opinione. Proprie vero dicitur r. a ratus, rata, ratum, secundum quod ratum dicitur esse illud quod non tantummodo est in cognitione, immo est in rerum natura, sive sit ens in se, sive in alio; et hoc modo r. convertitur cum ente. Tertio modo dicitur r. magis proprie, secundum quod dicitur a ratus, rata, ratum, prout ratum dicitur illud quod est ens per se fixum; et sic r. dicitur solum de creaturis et substantiis per se entibus» («Es ist zu sagen, daß r. eine allgemeine, eine eigentliche und eine eigentlichere Bedeutung hat. Insofern r. allgemein ausgesagt wird, wird sie von reor, reris her ausgesagt; und so begreift sie all jenes in sich, was in die Erkenntnis fällt, sei es die Sache draußen, sei es nur in der Meinung. Eigentlich wird r. aber ausgesagt von ratus, rata, ratum her, insofern man jenes bestätigt nennt, was nicht nur in der Erkenntnis, sondern vielmehr in Wirklichkeit ist, sei es ein an sich Seiendes oder ein in einem Anderen Seiendes; und auf diese Weise ist r. mit ens konvertibel. Auf die dritte Weise wird r. noch eigentlicher ausgesagt, insofern das Wort von ratus, rata, ratum herkommt, so wie ratum jenes genannt wird, das ein für sich existierendes Fixes ist; und so wird r. nur von den Geschöpfen und den an sich seienden Substanzen ausgesagt») [35]. Die Geschichte der hier angezeigten Dreiteilung ist um so bemerkenswerter, als gleichfalls Bonaventura wohl derjenige ist, der den Begriff «ratitudo» [36] einführt oder prägt, um die zweite Bedeutung zu erhellen: «Res enim dicitur a reor, reris, quod dicit actum a parte animae; et alio modo r. venit ab hoc quod est ratus, quod dicit stabilitatem sive ratitudinem ex parte entitatis» («r. heißt es nämlich von reor, reris, was einen Akt vonseiten der Seele besagt; und auf andere Weise kommt r. davon, was ratus [bestätigt, gesichert] ist, was Stabilität vonseiten der Natur besagt; und so besagt r. Stabilität oder Gesichertheit vonseiten der Seiendheit») [37].

HEINRICH VON GENT unterscheidet seinerseits die «r. secundum opinionem», die rein mental und das erste Objekt des metaphysischen Denkens ist, und die «r. secundum veritatem», die durch ihre innere «certitudo» charakterisiert ist und uns den Übergang vom Kontingenten zum Notwendigen, vom Psychologischen zum Metaphysischen erlaubt. Sie ist eine «r. a ratitudine», «aliquid extra intellectum», die die Gesichertheit besitzt, durch die sie ein gewisses, bestimmtes Ding ist [38].

Auch JOHANNES DUNS SCOTUS bietet in der Bemühung, die Äquivozität des Begriffes ‹r.› zu erhellen, eine dreifache Einteilung (communissime, communiter, strictissime) [39]; er unterscheidet – gegen HEINRICH VON GENT – eine doppelte Gestalt der «ratitudo», die damit die Rolle der «certitudo» übernimmt, für die bei AVICENNA die «quidditates» zuständig waren [40]. Der Neologismus ‹ratitudo› macht so seine erstaunliche Karriere bis hin zu den ‹Disputationes metaphysicae› des F. SUÁREZ [41].

Manche, wie etwa PETRUS AUREOLI, versuchen die Reihe der Distinktionen auf eine zugrunde liegende Polarität zurückzuführen, nämlich auf jene von Wesen und Sein: «r. sumitur dupliciter; uno modo pro re essentiali, – et sic non est verum quod esse lapidis sit sua realitas, – vel pro realitate actuali, et sic est verum; unde in lapide actualiter existente sunt duae realitates, una quidem essentialis, puta lapiditas, et alia accidentalis, puta actualitas» («r. wird in zwei Bedeutungen genommen, einmal für die r. im Sinne von essentia – und so ist es nicht wahr, daß das Sein des Steines seine realitas ist, – oder für die aktuale Realität, und so ist es wahr; weshalb im aktuell existierenden Stein zwei realitates sind, und zwar eine essentielle, nämlich die Steinheit, und eine akzidentelle, nämlich das Aktuell-Sein») [42]. Andere wiederum vermehren die Unterteilungen noch, um dem Gedankending seine rechtmäßige Stellung einzuräumen [43]. Das berühmte ‹Lexicon philosophicum› von R. GOCLENIUS aus dem Jahre 1613 stellt die wichtigsten alten Bedeutungen zusammen: «In der Philosophie wird r. ganz allgemein, allgemein und ganz eng oder eigentlich genommen. – Ganz allgemein, so daß r. auch den modus rei einschließt, für all das, was nicht nichts ist. Dies kann aber auf zweifache Weise verstanden werden. a) Erstens nämlich ist all das nichts, was einen Widerspruch in sich schließt und alles Sein sowohl außerhalb als auch innerhalb des Verstandes ausschließt. Was nämlich derart einen Widerspruch einschließt, kann so, wie es nicht außerhalb des Intellekts bzw. der Seele sein kann, auch nicht etwas Intelligibles sein, d.i. etwas im Verstand bzw. der Seele Seiendes, weil niemals etwas Widersprüchliches zusammen mit einem Widersprüchlichen eine intelligible Einheit konstituiert, weder wie ein Objekt mit einem Objekt, noch wie ein Modus mit einem Objekt. b) Zweitens heißt das nichts, was außerhalb der Seele weder etwas ist noch sein kann. Das heißt, in der ersten Weise wird r. am allgemeinsten überhaupt verstanden, so daß r. sich auf alles erstreckt, was keinen Widerspruch einschließt, sei es ein ens rationis (was ausschließlich Sein im betrachtenden Verstand hat), sei es ein ens reale (was ausschließlich eine Seiendheit außerhalb der Betrachtung des Verstandes hat). – Auf andere Weise steht r. weniger allgemein genommen für das Seiende, die Seiendheit, das Seiendheit ohne die Betrachtung des Verstandes hat oder haben kann. Auf die erste Weise sind, wie wir sagen, die logischen Begriffe Gedankendinge. Gedachte Relationen sind Gedankendinge und dennoch können diese nicht außerhalb des Verstandes sein. Das Wort r. wird nämlich nach dem Sprachgebrauch nicht auf das Ding außerhalb der Seele begrenzt oder eingeschränkt. Und in diesem allgemeinsten Verständnis (insofern alles begrifflich Faßbare, das keinen Widerspruch einschließt, r. genannt wird) – mag diese Gemeinsamkeit eine analoge oder eine univoke sein – könnte r. als das erste Objekt des Verstandes behauptet werden, da nichts intelligibel sein kann, das nicht auf diese Weise die ratio entis einschließt, wie auch jede Wissenschaft, sei es Realwissenschaft oder Logik, von einer r. handelt. Im zweiten Abschnitt dieser ersten Unterteilung wird r. das genannt, was Seiendheit außerhalb der Seele hat oder haben kann: Auf diese Weise versteht Avicenna das Wort im 5. Kap. der Metaphysik. – Res im strengsten Sinne wird per synecdochen verstanden als das vorzüglichste Seiende, d.h., dasjenige, dem an sich und zuerst Sein zukommt, und das ist allein die Substanz. So sind also die Akzidentien ausgeschlossen. So ist die Tugend nur deshalb keine r. bzw. kein Seiendes, weil sie Eigenschaft der r. bzw. des Seienden ist» [44].

Zahlreich sind jene, die trotz oder gerade wegen dieser sich vermehrenden Distinktionen als Grundbedeutung von ‹r.› im eigentlichen Sinne den konkreten Gegenstand festhalten, der außerhalb der Seele als einzelnes Individuum existiert. Solcher Art ist die «r. secundum esse», die «r. posita», d.h., die «r. singularis»: «omnis r. posita extra animam eo ipso est singularis» [45].

Die Ausweitung des Begriffes ‹r.› und seine Extension selbst über das als ens ratum definierte ens hinaus führt schließlich dazu, daß ‹r.› zu einem transzendentalen Begriff wird, ja sogar zum ersten unter ihnen: In jedem Fall wird ‹r.› seit GERHARD VON CREMONA unter die Transzendentalien gezählt. Es kommt übrigens bei THOMAS VON AQUIN [46] durchaus vor, daß er r. und ens einander angleicht, doch an den Stellen, an denen er die Transzendentalien ausdrücklich thematisiert, unterscheidet er die beiden Begriffe sorgfältig [47].

L. VALLA sucht [48] die 6 Transzendentalien auf ‹r.› als auf den ersten und hauptsächlichen unter all diesen Begriffen zurückzuführen: «ex his sex, quae nunc quasi de regno contendunt non aliter r. erit rex quam Darius» («von diesen sechs, die jetzt gewissermaßen um die Königsherrschaft streiten, wird die r. nicht anders König sein als Darius»). Tatsächlich läßt sich aliquid auseinanderlegen oder erklären als «alia r.», unum als «una r.» usw. Zur r. in dieser transzendentalen Bedeutung, die alle anderen konvertiblen Bestimmungen übergreift, steht nichts im Widerspruch, außer eben das Nichts oder das Nichtseiende: «nihil habet repugnans nisi ipsum nihil» [49]. Selbst unter den dezidierten Kritikern der anti-aristotelischen These des L. Valla, wie z.B. DIEGO MAS (DIDACUS MASIUS) [50], gibt es viele, die – wie etwa P. FONSECA oder F. SUÁREZ – ohne zu zögern aus ‹r.› einen transzendentalen Begriff machen, der dasselbe leistet wie ‹ens› oder mit diesem Terminus vollkommen synonym ist [51]. Im Gegensatz dazu behält CH. JAVELLI in seinem ‹Tractatus de transcendentibus› [52] eine von Thomas inspirierte Unterscheidung bei: «ens sumitur ab esse, r. autem ab essentia», woraus er schließt, daß ens gleichermaßen «de ente reali et de ente rationis» ausgesagt werden könne, während r. allein von den «entia realia» ausgesagt werde, d.h. von den Dingen «qui habent essentiam vel quidditatem». Somit läßt sich ‹r.› nur dann mit ‹ens› identifizieren, wenn dieses nominal verstanden wird (im Sinne des «ens nominaliter sumptum»), und genau dies ist der Grund der suarezianischen These gegen Cajetan. Der wirkliche Hintergrund dieser fortlaufenden Tendenz, aus ‹ens› einen transzendentalen Begriff zu machen, ist wiederum die bereits angeführte Analyse des HEINRICH VON GENT, bei der ‹r.› zu einem absolut universalen Begriff wird, welcher identisch ist mit ‹etwas›, ‹quelque chose›, ‹aliquid› im Sinne von 'nicht Nichts'. Dies hat namentlich J. CLAUBERG vollkommen richtig verstanden, wenn er ‹r.› «in latissima acceptione» als «intelligibile seu cogitabile» interpretiert [53].

So führt die philosophische Geschichte des Wortes ‹r.› [54] offenkundig dahin, daß aus dem ens rationis der allgemeinste Begriff wird, der das Feld des Denkbaren (cogitabile) absteckt, innerhalb dessen nachträglich der Bereich des ens reale einen Ausschnitt bildet, der selbst wiederum in eins fällt mit dem Möglichen als dem Nicht-Widersprüchlichen (potentiale objectivum). Mag auch das lateinische Wort ‹r.› seine philosophische

Laufbahn als Übersetzung des griechischen Terminus πρᾶγμα angetreten haben, so wird es in der Epoche der Spätscholastik und der Schulmetaphysik in der Mehrheit der Fälle als Übertragung des unbestimmten τι verstanden. Deshalb haben einige Autoren, sich nicht damit begnügend, ‹r.› unter die Transzendentalien zu zählen oder dieser Bestimmung den ersten Rang unter ihnen einzuräumen, eine neue, noch allgemeinere Kategorie erdacht, nämlich diejenige der supertranszendentalen Begriffe; veranschaulicht wird dies in mustergültiger Weise durch die Begriffe ‹chose› im Französischen, ‹aliquid› im Lateinischen oder ‹etwas› im Deutschen [55].

Anmerkungen. [1] Vgl. P. HADOT: Sur les divers sens du mot ‹Pragma› dans la trad. philos. grecque, in: P. AUBENQUE (Hg.): Concepts et catég. dans la pensée ant. (Paris 1980) 309-319. – [2] Vgl. zu ARISTOTELES: Top. I, 18, 108 a 21: W. WIELAND: Die aristot. Physik (²1970) 159. 170. 197 und I. DÜRING: Aristoteles (1966) 86 (n. 245). – [3] Vgl. auch: De interpr. vel Peri herm. ARISTOTELES lat. II/1-2, hg. L. MINIO-PALUELLO/G. VERBEKE (Brügge/Paris 1965). – [4] Vgl. auch: LIVIUS 26, 24, 7: «quae in rem sunt» «nützliche Dinge»; PLAUTUS: Pseudolus 338: «ex tua re non est» «es ist nicht deine Angelegenheit»; vgl. G. LODGE: Lex. Plautinum (1924/33) s.v.; damit stimmt die Etymologie des verwandten Sanskrit-Worts ‹revan› (Reichtum) überein; vgl. A. ERNOUT/A. MEILLET: Dict. étymolog. de la langue lat. Hist. des mots (Paris ⁴1959). – [5] Vgl. GAIUS: Instit. II, 12-14 und J. MICRAELIUS: Lex. philos. (²1661) s.v. – [6] CICERO: Part. orat. IX, 30; Caec. 11; Fam. II, 6, 5; 27,3; De fin. I, 5, 15; II, 2, 5f.; Gesichtspunkt in einer Diskussion: De fin. II, 1, 3; I, 20, 65; zur Unterscheidung r./causa vgl. VARRO: De lingua lat. 7, 93; CICERO: Pro Murena 12, 27. – [7] QUINTILIAN: Instit. orat. IV, 2, 40; vgl. auch: 31: «Narratio est rei factae aut ut factae utilis ad persuadendum expositio». – [8] CICERO: De orat. I, 6, 20. – [9] Vgl. AUGUSTINUS: De rhet. 7, in: Rhetores lat. min., hg. C. HALM (1863) 141, 11-21; MARIUS VICTORINUS: In rhet., a.O. 206f. – [10] QUINTILIAN: Instit. orat. V, 10, 23; CICERO: De inv. I, 24, 34; vgl. hierzu: H. LAUSBERG: Hb. der lit. Rhetorik (1960) §§ 377-399. – [11] Bei LUKREZ: De nat. rer. I, 763ff. bezeichnet ‹r.› die Elemente. – [12] Zur Verwendung bei Tertullian: J. MOINGT: Théol. trinitaire de Tertullien 1-4 (Paris 1966-69). – [13] SENECA: Epist. 58; CICERO: Top. VI, 27. – [14] Davon zu unterscheiden der Ausdruck ‹r. naturae›, der Übers. des griech. ὑπόστασις, persona; vgl. M.-D. CHENU: La théol. au XIIème s. (Paris ²1966) 378; vgl. auch: M.-D. ROLAND-GOSSELIN: Le 'De ente et essentia' de S. Thomas d'Aquin (Paris 1926) 90f.; vgl. A. DE BELVEZER: Declaratio difficilium terminorum II, 46 (Venedig 1566) 59. – [15] Zu dieser klass. Gegenüberstellung vgl. bes.: CICERO: De nat. deor. I, 16, hg. A. S. PEASE (Cambridge 1965) 1, 168 und Anm. – [16] AUGUSTINUS: De doct. christ. I, 2, 2: «Omnis doctrina vel rerum est vel signorum, sed res per signa discuntur». – [17] De magistro 4, 7; vgl. die vollst. Unterscheid.: Ps.-AUGUSTINUS: Principia dialecticae 5; vgl. J. PÉPIN: S. Aug. et la dial. (Villanova 1976); zur augustin. Zeichentheorie: B. DURRELL JACKSON: The theory of signs in S. Aug.'s De doctr. christ. Rev. Etudes August. 15 (1969) 29-49. – [18] De doct. christ. II, 1, 1. – [19] Zur Gegenüberstellung sacramentum/res im MA: THOMAS VON AQUIN: S. theol. III, 63, 3, ad 2; vgl. A. FÉRET: Sacramentum-res dans la langue théolog. de S. Aug. Rev. Sci. philos. théol. 24 (1940) 218-243. – [20] Vgl. ALKUIN: Gramm. MPL 101, 854. – [21] AUGUSTINUS: De doctr. christ I, 15. – [22] ANSELM VON CANTERBURY: Monologion 8. – [23] Epist. de incarn. verbi. Op. omn., hg. F. S. SCHMITT (1938-61, ²1984) 2, 10, 10-11, 14. – [24] De gramm. 21, a.O. 166, 28. – [25] De ver. 2, a.O. 177, 10ff. – [26] PETRUS ABAELARDUS: Dialectica, hg. L. M. DE RIJK (Assen 1956, ²1970) XCVI; L. M. DE RIJK: La signification de la proposition (dictum propositionis) chez Abélard, in: R. LOUIS u.a. (Hg.): Pierre Abélard, Pierre le Vénérable. Les courants philos., litt. et artist. en Occident au milieu du XIIème s. (Paris 1975) 547-555. – [27] J. JOLIVET: Notes de lexicogr. abélard., in: Aspects de la pensée médiév. Abélard. Doctrines du langage (Paris 1987): «platonisme grammatical»; vgl.: Elém. pour une ét. des rapports entre la gramm. et l'ontol. au m.-â., a.O. 203-232. – [28] Arab. Text: Ibn Sīnā, Al-Shifa, Al-Ilahiyyat, hg. G. C. ANAWATI/SA'ID ZAYED (Kairo 1960); AVICENNA: Lib. de philos. prima sive scientia divina. Avicenna lat., hg. S. VAN RIET, introd. doctr. G. VERBEKE 1-3 (Löwen/Leiden 1977-83); ein Band arab.-lat./lat.-arab. Lex. – [29] AVICENNA, a.O. 1, 33, 37f. – [30] a.O. 34, 55f.; 35, 58. – [31] J. JOLIVET: Aux orig. de l'ontol. d'Ibn Sina, in: J. JOLIVET/R. RASHED (Hg.): Et. sur Avicenne (Paris 1984) 11-28; Relig. et philos. dans le christianisme et l'islam, in: Annuaire de l'Ecole Pratique des Hautes Etudes (Vième sect.: sci. relig.) 84 (1975/76) 389-402; 85 (1976/77) 381-386; 86 (1977/78) 373-386; 88 (1979/80) 401-405. – [32] Nihaya 7, hg. A. GUILLAUME (London 1934), zit.: JOLIVET: Aux orig., a.O. 17 und: Ann. ... 86 (1977/78) 365. – [33] Vgl. R. RASHED: Math. et philos. chez Avicenne, in: JOLIVET/RASHED (Hg.), a.O. [31] 29-35. – [34] Vgl. G. CRAPULLI: Res e cosa (cossa) nelle terminologia algebrica del sec. XVI; P. COSTABEL/P. REDONDI: Sémantèse de res/cosa/cossa, in: M. FATTORI/M. BIANCHI (Hg.): Res. III° Coll. int. del Lessico intellett. Europ. (Rom 1982) 179-196. – [35] BONAVENTURA: In 2 Sent., d. 37, dub. 1. Op. omn. 2, hg. B. A PORTU ROMANTINO (Quaracchi 1885) 876 a. – [36] So erklärt CH. D. DU CANGE: Glossarium (Paris 1678) ‹ratitudo›: firmido, soliditas; vgl. auch: A. FORCELLINI: Lexicon totius latinitatis (⁷1880): «ratus ponitur pro certo, constanti, fixo, stato. Ratus sumitur etiam pro firmo, firmato, stabili, robur habente». – [37] BONAVENTURA: In 1 Sent., dist. 25, dub. III, a.O. [35] 1 (1882) 446b. – [38] Vgl. J. PAULUS: Henri de Gand (Paris 1938) 23-25; vgl. Quodl. 5, 2, fol. 154D; 7, 1, fol. 258B (Paris 1518, ND Löwen 1961); Summa quaest. ordin. I, a. 21, q. 4, fol. 1270 (Paris 1520, ND St. Bonaventure, N.Y. 1953). – [39] JOH. DUNS SCOTUS: Quaest. quodl., q. III, n. 2. Op. omn., hg. L. WADDING 12 (Lyon 1639) 68 a. – [40] Ord. I, 3, 2. Op. omn. 3 (Rom 1954) 184, 14-17; vgl. bes.: L. HONNEFELDER: Die Lehre von der doppelten Ratitudo entis und ihre Bedeut. für die Met. des Joh. Duns Scotus. Studia scholast.-scot. 5: Deus et homo ad mentem J. Duns Scoti (Rom 1972) 661-671; Scientia transcendens. Die formale Bestimmung der Seiendheit und Realität in der Met. des MA und der Neuzeit (1990) bes. 45ff.; zu ‹ens ratum› vgl. bes.: TH. KOBUSCH: Sprache und Sein. Hist. Grundleg. einer Ontol. der Sprache (Leiden 1987) 86ff. – [41] Vgl. neben vielen Belegen: JACQUES DE THÉRINES: Quodl. II, 3, 207; F. SUÁREZ: Disp. met. 4, s. 2, n. 2; zur Position des Suárez, der bemüht ist, sich von der skotist. Trad. abzugrenzen, indem er die «essentia realis», die den ‹ordo ad esse› einschließt, vom «ens ratum» des Duns Scotus unterscheidet, vgl. J.-F. COURTINE: Suárez et le système de la mét. (Paris 1990) bes. ch. 4f. – [42] PETRUS AUREOLI: Scriptum sup. 1 Sent. I, d. 8, q. 21, n. 60, hg. E. M. BUYTAERT (St. Bonaventure, N.Y. 1952) 900f.; vgl. auch: SIGER VON BRABANT: Quaest. met. I, q. 7. – [44] A. MAURER: Esse et essentia chez Siger de Brabant. Medieval Studies 8 (1946) 68-86. – [43] Vgl. bes.: J. CLAUBERG: Exercit. et Epist. varii argumenti, Ex. XVI. Op. omn. philos. (Amsterdam 1691) 621; vgl. auch: Ex. XLIII, a.O. 665; Ontosophia III, § 18, a.O. 285. – [44] R. GOCLENIUS: Lex. philos. (1613) 983f. – [45] WILHELM VON OCKHAM: Sent. 1, d. 2, q. 7. – [46] THOMAS VON AQUIN: S. theol. I, 48, 2: «ens et res convertuntur». – [47] De ver. 1, a. 1; dem wird man gegenüberstellen z.B.: PETRUS THOMAE: Meth. I, 1. Archivum Francisc. hist. 59 (1966) 1. – [48] L. VALLA: Disp. dialect. I. Op. omn. (Basel 1540); ND, préf. E. GARIN (Turin 1962) 646. – [49] Zu Valla vgl. H. B. GERL: Rhetorik als Philos., L. Valla (1974). – [50] DIDACUS MASIUS [DIEGO MAS]: Metaph. disp. de ente seu ejus proprietatibus, quae communi nomine inscribitur, De transcendentibus (1616) 6. – [51] P. FONSECA: Instit. dialect. lib. octo I, 28 (1607) 62; F. SUÁREZ: Disp. met. III, 2, 1; vgl. auch: DIEGO DE ZUNIGA [DIDACUS A STUNICA]: Philos. prima ars (Toledo 1597) 4^v, col. 1; R. GOCLENIUS: Isagoge in Peripateticorum et Scholasticorum primam philos., quae dici consuevit Met. 2 (1598, ND 1976) 23; J. H. ALSTED: Encycl. 2 (Lyon 1649) 7, col. 1; MICRAELIUS, a.O. [5] 1219f.: ‹Res›. – [52] CH. JAVELLI: Totius philos. compendium (Lyon 1563) 1, 460, col. 1. – [53] CLAUBERG, a.O. [43] Ex. XLV, 668. – [54] Vgl. KOBUSCH, a.O. [40]. – [55] Zu den Supertranszendentien vgl.: FONSECA, a.O. [51]; J. SALABERT: Les adresses du parfait raisonnement (Paris 1638) 53ff.; W. HÜBENER: Scientia de aliquo et nihilo. Die hist. Voraussetz. von Leibniz' Ontologiebegriff, in: A. SCHWAN (Hg.): Denken im Schatten des Nihilismus. Festschr. W. Weischedel zum 70. Geb. (1975) 34-54; vgl. auch: L. OEING-HANHOFF: Res comme terme transcendental et sur-transcendental, in: FATTORI/ BIANCHI (Hg.), a.O. [34] 285-296.

Literaturhinweise. P. DI VONA: Studi sull'ontol. di Spinoza 2 (Florenz 1969). – M. FATTORI/M. BIANCHI (Hg.): Res, s. Anm. [34]. – U. G. LEINSLE: Das Ding und die Methode. Method. Konstitution und Gegenstand der frühen protestant. Met. (1985). – TH. KOBUSCH s. Anm. [40]. – J.-F. COURTINE s. Anm. [41]. – L. HONNEFELDER s. Anm. [40]. J.-F. COURTINE

Residuum (engl. residue; frz. résidu; ital. residuo) ist allgemein der Rest, Rückstand. In diesem Sinne ist das Wort in diversen Fachsprachen seit der frühen Neuzeit belegt, im Deutschen entfällt jedoch vielfach die Verwendung, da seit dem 12. Jh. das Lehnwort ‹Rest› gebräuchlich ist [1]. Folgende fachsprachlichen Sonderbedeutungen hatten sich bis zum 18. Jh. herausgebildet: In der *Mathematik*, insbesondere der *Geometrie* Euklids, ist R. das, was nach Durchführung einer Operation übrigbleibt, dann aber, seit 1758 insbesondere auch als Residual-Analyse (Landen) oder Residual-Kalkül, eine Analyse, in der alle Schlüsse mit Hilfe von Binomen durchgeführt werden, deren einer Term negativ ist [2]. In der *Ökonomie* ist R. einerseits das Vermögen, das nach Abzug aller Verbindlichkeiten übrigbleibt, insbesondere als Terminus in Testamenten; in wirtschaftskriminalistischer Sprache ist R. aber auch im Sinne des crimen de residuis der Gesamtbetrag der Unterschlagungen [3]. In den *Naturwissenschaften* wird der Terminus sowohl in der Elektrizitätslehre als Restladung auf der Leydener Flasche als auch in der Chemie als dasjenige verwendet, was nach einem Prozeß z.B. als Niederschlag übrigbleibt [4], ursprünglich das «caput mortuum». Eine im weitesten Sinne *psychologische Bedeutung* ist erstmals 1609 belegt, wo von einem Residualgedächtnis die Rede ist [5], was jedoch offenbar ohne begriffs- und wissenschaftsgeschichtliche Folgen blieb.

Eine philosophische Reflexion, nämlich zum chemischen Begriff des R., begegnet erstmals in der ‹Encyclopédie›. Dort heißt es, daß die Chemiker zwar den Rückstand als ‹R.› bezeichneten, daß es sich dabei aber um einen bloß methodologischen, nicht um einen ontologischen Begriff handle. Im eigentlichen Sinne gibt es keine R.en; von R.en spricht man jeweils dort, wo eine Analyse noch nicht vollständig durchgeführt worden ist und es entsprechend einen noch nicht interpretierten Teil des Verfahrens gibt. Eine Materie, die sich in einer ersten Operation als R. darstellt, bedarf schlicht weiterer Operationen der chemischen Analyse. Genau in dieser Bedeutung einer Unmöglichkeit von R.en im absoluten Sinne begegnet der Begriff auch in der romantischen Naturphilosophie, z.B. bei F. W. J. SCHELLING: «Jede scheinbar einfache ... Substanz ist das R. des allgemeinen Bildungsprocesses ...» [6]. Anscheinend war der Physiker J. F. W. HERSCHEL, der 1830 als erster diese Ansätze philosophischer Reflexion zu R.en in der Natur aufgriff und zu einem methodologischen Prinzip fortentwickelte: «Complicated phenomena, in which several causes ... operate at once, so as to produce a compound effect, may be simplified by subducting the effect of all the known causes ... and thus leaving, as it were, a residual phenomenon to be explained. It is by this process, in fact, that science, in its present advanced state, is chiefly promoted» [7]. Der wissenschaftliche Fortschritt ist vor allem von der fortgesetzten Kausalanalyse von R.en zu erwarten, die als Effekte bisher unbekannter Ursachen angesehen werden müssen. Das setzt voraus, Rückstände z.B. in der chemischen Analyse nicht länger als Abfall zu behandeln, sondern sie durch einen Perspektivwechsel als R.en zum Gegenstand eines neuen wissenschaftlichen Interesses zu machen. Die von Herschel so geschilderte Methode fortgesetzter Kausalanalyse von R.en wird von seinem Schüler W. WHEWELL in seiner ‹Philosophy of the Inductive Sciences› als «Method of Residues» erstmals ausführlich im Rahmen einer Wissenschaftslogik als eigenständige Methode gewürdigt: «When we compare the results of our Law with the observations there may be a difference, or as we may term it, a Residue, still unexplained» [8]. Die Methode der R.en ist eine Subtraktionsmethode: Von einem zu erklärenden, insbesondere quantifizierbaren Sachverhalt zieht man all das ab, was durch bekannte Gesetze in quantifizierbarer Weise erklärt werden kann; man behält ein ebenfalls quantifizierbares R. zurück und für dieses wird nun weiter nach einem Gesetz gesucht, das die Abweichung von dem zuerst zur Erklärung verwendeten Gesetz erklärt, man behält auf diese Weise weitere im Quantum geringere R.en zurück usw. [9]. Die Effizienz einer solchen Methode hängt nach Whewell davon ab, daß der durch das jeweilige Gesetz erklärte Teil des Phänomens größer ist als das jeweilige R. Wenn heute im methodischen Sinne auf den Begriff des R. Bezug genommen wird, dann ist meist die auf Herschel und Whewell aufbauende induktive Logik von J. S. MILL gemeint, obgleich Mill eigentlich wenig Neues hinzugefügt hat. Er behandelt diese Methode als eine der vier Methoden experimenteller Forschung und als einen Sonderfall der von ihm sogenannten «Differenz-Methode». Er nennt diese Methode eine der wichtigsten der Forschung überhaupt, weil sie weitere Forschungen auch dort freisetzt, wo die Phänomene als solche, z.B. als chemischer Rückstand, wenig Interessantes an sich zu haben scheinen. In seiner Zusammenfassung formuliert Mill folgende Regel: «Subduct from any phenomenon such part as is known by previous inductions to be the effect of certain antecedents, and the residue of the phenomenon is the effect of the remaining antecedents» [10]. Die einflußreiche deutsche Übersetzung der Millschen Logik von J. SCHIEL [11] verwendet übrigens nicht den ja spätestens seit der romantischen Naturphilosophie bekannten Terminus ‹R.›, sondern spricht von einer «Methode der Rückstände (Reste)». Die früheste französische Darstellung dagegen spricht von der «méthode des résidus» [12]. Ebenso verwendet die erste deutsche Übersetzung des Werks von HERSCHEL die Termini «R.» und «residuelles Phänomen» [13]. In seiner Kritik an Mill betont WHEWELL noch einmal mit Berufung auf Herschel, daß die eigentlich prominente Rolle im realen naturwissenschaftlichen Forschungsprozeß der Methode der R.en zukomme, daß aber im übrigen die von Mill erwähnten Methoden bereits bei Bacon aufgezählt würden [14]. Auch wenn Mill damit wenig originell noch, was die Methode der R.en betrifft, verständnisvoll war, steht doch die gesamte weitere Geschichte des Begriffs ‹R.› unter dem dominanten Einfluß der induktiven Logik von Mill. Wenn sich von der ‹Encyclopédie› bis zur ‹Induktiven Logik› Mills dieser Strang des R.-Begriffs als eines methodologischen Begriffs durchzieht, für den R. sozusagen der bloß negativ bestimmte Rest einer jeweiligen Analyse ist, so besteht offensichtlich bei einem solchen Begriff immer wieder die Versuchung auszusprechen, was die unanalysierbaren R.en als solche sind. In diesem Sinne bereits hielt schon der Mill-Schüler A. BAIN ‹R.› bei Mill selbst für einen unnützen Begriff, weil er eine letzte Unerklärbarkeit suggeriere [15]. Sehr deutlich wird der methodologische Doppelcharakter von R.en in den ‹Principles of Sciences› von S. JEVONS (1877). Zwischen dem, was aus einer Theorie an quantifizierbaren Aussagen über die Wirklichkeit folgt, und den tatsächlichen Meßdaten wird es häufig Diskrepanzen geben. Wenn sowohl die Theorie als richtig als auch die Messungen als genau zu gelten haben, dann muß offenbar ein bisher in diesem Zusammenhang unbekannter Faktor die beobachteten Daten beeinflußt haben; das nennt Jevons den «residual effect». Dieser kann zwei mögliche Quellen haben: Entweder der Residualeffekt verdankt sich einer an sich wohlbekannten Ursache, von der man lediglich nicht wußte, daß sie auch in diesen Zusammenhang hineinwirkt. Oder aber, und das ist dann die große Bedeutung der R.en für den Fortgang der wissenschaftlichen Forschung, es verbergen sich hinter dem beobachteten Residualeffekt residuale Phänomene, d.h. bisher der Forschung unbekannte Ursachen. Diese werden von der Theorie möglicherweise durch ad-hoc-Hypothesen provisorisch identifiziert; insgesamt aber eröffnen die Entdeckungen residualer Phänomene unter Umständen ganz neue Forschungsfelder. Weil man aber nicht im voraus weiß, als was sich Residualeffekte darstellen werden, ist es für den Fortschritt der Wissenschaften von allergrößter Bedeutung, alle Diskrepanzen zwischen Theorie und den empirischen Messungen genauestens festzuhalten. «It is among such anomalies that we must look for the clues to new realms of facts worthy of discovery» [16]. Das R. als Zeichen eines neuen Reichs von Tatsachen, wie es hier bei Jevons anklingt, ist ein Begriff von R., der auf der Schwelle dazu steht, vom Grenzbegriff einer Methode zum Schlüsselbegriff einer anderen Wirklichkeit zu werden.

Dieser begriffsgeschichtliche Übergang wird sowohl in der psychologischen Theorie der Gedächtnis-R.en als auch in der soziologischen Theorie etwa V. PARETOS und schließlich auch in der transzendentalen Phänomenologie vollzogen.

In Abhängigkeit von Mills induktiver Logik und von Kants Erkenntnistheorie entwickelte H. VON HELMHOLTZ seine Lehre von den unbewußten Schlüssen, und zwar der Sache nach erstmals 1855 im Vortrag ‹Über das Sehen des Menschen› [17]. In seinem ‹Handbuch der Physiologischen Optik› [18] stellt er Wahrnehmungen dar als «unbewußt vollführte Induktionsschlüsse», und zwar weil in den Wahrnehmungen «Vorgänge der Assoziation von Vorstellungen» wirksam werden, «die im dunklen Hintergrunde unseres Gedächtnisses vor sich gehen» [19]. Das Gedächtnis arbeite so, daß es sich oft wiederholte Verbindungen von Eindrücken zu einer «dauernden Spur» [20] einschreibe, die in den sogenannten unbewußten Schlüssen assoziativ und mit großer Schnelligkeit reaktiviert werden können. «So sehen wir, daß dieser Proceß, der in seinen wesentlichen Teilen ... nur durch unwillkürliche und unbewußte Action unseres Gedächtnisses vollzogen wird, dennoch im Stande ist, Vorstellungsverbindungen in uns hervorzubringen ...» [21]. Helmholtz selbst verwendet in diesem Zusammenhang noch nicht den Begriff ‹R.›, wohl aber den der «Gedächtnisreste früherer Erfahrungen» [22]; im Anschluß an Helmholtz verwendet B. ERDMANN für genau diesen Zusammenhang den Begriff ‹R.›. Im bewußten Denken und Schließen werden Bedeutungen verknüpft; aber im unvollständig ausformulierten Denken (d.h. bes. bei den unbewußten Schlüssen in der Wahrnehmung, nach Helmholtz) treten an die Funktionsstelle der Wortbedeutungen die «Gedächtnis-R.en dieser Beziehungen» (i.e. Bedeutungsbeziehungen), «mit denen die im Bewußtsein auftretenden spezifischen Wortvorstellungen assoziativ verknüpft sind» [23]. «Nach den Regeln der assoziativen Reproduktion sind jene R.en durch den Bewußtseinsverlauf der spezifischen Wortvorstellung gleichfalls erregt, obgleich diese reproduktive Erregung kein Bedeutungsbewußtsein erzeugt. Sie müssen also als unbewußt erregt postuliert werden.» Solche R.en ruhen normalerweise und sind mit dem Bewußtseinsfluß «nur wie in weiter Ferne assoziativ verknüpft», unter besonderen Bedingungen aber «melden sie sich als Dispositionen möglichen Bedeutungsbewußtseins» [24]. Auch wenn Erdmann auf diese Weise den R.en (im Gedächtnis) eine quasi substantielle Bedeutung gibt, deren Erscheinungsweise freilich immer die der Bedeutungsdispositionen ist, so hütet er sich jedoch – darin dem Millschen Begriff noch treu – zu sagen, was die R.en an sich selbst seien; er erwähnt lediglich die voreilige Neigung mancher, sie als rein körperliche und die Erregung der R.en als rein mechanische zu interpretieren. Wie aber die R.en gebildet werden, glaubt er zu wissen: Sie werden durch Gewohnheit und Aufmerksamkeitsverschiebung aus dem Bewußtsein in das Unbewußte zurückgedrängt. Auf diese Weise werden aus Vorstellungen (Wortvorstellungen und Bedeutungsvorstellungen) die R.en dieser Vorstellungen im Gedächtnis. Im «unvollständig formulierten Gedanken» werden dann die R.en der Bedeutungsvorstellungen aktiviert, im intuitiven Denken dagegen diejenigen der Wortvorstellungen, obwohl selbstverständlich auch beides miteinander verknüpft ist. Bei Erdmanns Schüler R. HERBERTZ hat sich diese Begrifflichkeit bereits zu einer Theorie des Gedächtnisses ausgedehnt, nach der dieses einen «Inbegriff von R.en früherer Bewußtseinspräsente darstellt, die unter bestimmten Bedingungen Dispositionen zu Repräsenten werden können». Herbertz verweist darauf, daß eine solche Theorie bereits bei Leibniz vorkomme [25]. In seinem Werk ‹Bewußtsein und Unbewußtes› (1908) definiert Herbertz geradezu: «R.en sind Dispositionen für eine Neubelebung der ihnen entsprechenden Bewußtseinsinhalte» [26]. Spät, nämlich 1921, bemerkt B. ERDMANN, daß es zwischen dem zeitgenössischen Begriff der «unerregten Gedächtnis-R.en» und dem Helmholtzschen Begriff des Unbewußten als Grundlage der unbewußten Schlüsse erhebliche Differenzen gebe. Die neuere Theorie nehme das Unbewußte mit seinen R.en als Negation des Bewußtseins, während der Begriff des Unbewußten bei Helmholtz nur die Bedeutung des Undeutlichen oder Impliziten habe [27]. Hier wird reflektiert, was dem Begriff von Mill bis Herbertz in der Psychologie geschehen ist. Von einem methodologischen Grenzbegriff wird er zum Begriff für etwas, dem selbst – wenngleich immer noch auf unsichtbare Weise – bestimmte Wirkungen zugeschrieben werden dürfen.

R. wird nun als Disposition verstanden. In der Gedächtnistheorie können diese dispositionalen R.en entweder physiologisch und materialistisch als bestimmte Orte in der Hirnrinde lokalisiert werden oder parallelistisch als mit bestimmten körperlichen Phänomenen bloß verbunden, aber selbst immateriell gedacht werden, oder sogar 'psychistisch' als Elemente einer ontologisch unabhängigen Seele, die auf die materielle Wirklichkeit des Gehirns «einwirken» und umgekehrt von ihnen betroffen werden. Erdmann definiert geradezu das

Gedächtnis als «Inbegriff von unbewußt beharrenden R.en früherer Bewußtseinsinhalte ..., die Dispositionen zu reproduktiven Bewußtseinsinhalten werden können, sobald erregende Reize hinzukommen» [28]. Darüber hinaus nimmt Erdmann an, daß in der Wahrnehmung nicht nur R.en zu bewußten reproduktiven Bewußtseinsinhalten mit aktuellen Reizen verbunden werden, sondern zugleich auch von «unbewußt erregten Gedächtnis-R.en» begleitet werden, die mit den bewußten eng verflochten sind [29]. Wenn schon das R. hier als ein «mehr oder weniger stabiles Objekt» – so die frühzeitige Kritik W. WUNDTS an der ähnlich gelagerten Spurentheorie des Gedächtnisses [30] – angesehen wird, so muß die Frage beantwortet werden, von welcher Art dieses Objekt ist: ob es etwa eine physiologisch nachweisbare Veränderung der Hirnrinde ist. Diese materialistische Interpretation wird von der Erdmann-Schule einhellig kritisiert, nämlich daß R.en «körperliche Nachwirkungen in der Hirnrinde» seien und d.h. daß infolgedessen jedes R. eindeutig durch seine Position im Gehirn lokalisiert werden könne [31]. E. BECHER vertritt demgegenüber eine psychistische Gedächtnistheorie, nach der R.en gedeutet werden als rein «psychische Realitäten» [32], die «in die Seele statt in das Gehirn» verlegt werden müßten [33]. Damit erhält der Begriff ‹R.› den Bedeutungsgehalt eines Elements im Unbewußten. «Unbewußt heißen R.en nur insofern und so lange, als sie in der Selbstwahrnehmung nicht erfaßbar sind; sobald sie hinreichend hervortreten, um wahrnehmbar zu werden, sind sie nicht mehr unbewußt und heißen sie nicht mehr R.en» [34]. S. BECHER, sein Bruder und ebenfalls Erdmann-Schüler, hat dem R.-Begriff der Erdmann-Schule entscheidend vorgearbeitet, indem er – ausgehend von J. S. Mills Logik und Erkenntnistheorie – die Grundlagen der Psychologie untersucht hat [35]. Gegenüber Bechers eindeutig psychistischer Theorie der R.en hatte Erdmann sich selbst eher in parallelistischer Weise ausgedrückt, d.h. sowohl materielle R.en in der Hirnrinde als auch psychische, unbewußte R.en in der Seele angenommen, ohne zwischen ihnen Kausalität methodologisch zuzulassen. Das «Gesamt-R. besteht also aus einem psychischen und einem physischen R.; es hat eine seelische und eine physische Seite» [36]. Die Redeweise von ‹R.› im Rahmen der Theorie des Gedächtnisses ist im wesentlichen auf die Erdmann-Schule beschränkt; R. SEMON hatte für den gleichen Problemzusammenhang den Begriff «Engramm» in seiner Theorie der «Mneme» geprägt. Allgemein aber hat sich eher der Helmholtzsche Terminus der «Spur» durchgesetzt [37].

Sind erst einmal die Hemmnisse gefallen, ‹R.› als methodologischen Grenzbegriff aufzufassen, lassen sich über die R.en als Gegenstände möglicher Forschungen beliebige Aussagen treffen. R. ist dann nur noch das, was sich (bisher) der (psychologischen) Forschung entzogen hatte, nun aber der erweiterten Erkenntnis, insbesondere des Unbewußten und Gedächtnisses zugänglich geworden ist. G. LE BON z.B. glaubt z.B. etwa, daß im individuellen Unbewußten die R.en vergangener Generationen (der Rasse) wirken. Für ihn gibt es z.B. moralische und einstellungsmäßige «résidus des âges primitifs dormant au fond de chacun de nous» [38]. Vermutlich in Anknüpfung an die Massenpsychologie Le Bons einerseits, an die Logik J. S. Mills sowie seines Schülers Bain andererseits entwickelte V. PARETO seine Lehre von den R.en. Pareto hält ‹R.› für einen von ihm willkürlich gewählten Namen für einen Teil der instinktmäßigen Anteile der Antriebe des Menschen zu Handlungen. Neben den R.en stehen die Derivationen, die durch Rationalisierungen bewirkten Veränderungen von R.en, und die Derivate, d.h. die Resultate von R. und Derivationen [39]. «Die R.en entsprechen gewissen Instinkten des Menschen und deswegen entbehren sie gewöhnlich der Genauigkeit, der strengen Abgrenzung. Man muß sich sehr hüten, die R.en mit den Gefühlen oder den Instinkten zu verwechseln, denen sie entsprechen. Die ersteren sind die Manifestation der letzteren ...» [40]. Die Methode, mit deren Hilfe Pareto zu den R.en gekommen zu sein behauptet, ist, den konstanten Teil von Rationalisierungen ausfindig zu machen. Auf diese Weise sind nicht alle Instinkte Anteile von R.en. Die Methode hat auf diese Weise durchaus Ähnlichkeit mit der Methode der R.en der induktiven Logik. Freilich ist Pareto in ihrer Verfolgung keineswegs konsequent. Denn warnt er zwar einerseits vor einer Verwechslung von Gefühlen und R.en, so leistet er doch selbst einer solchen Verwechslung Vorschub, indem er ankündigt, er werde «der Kürze halber» Gefühle als R.en bezeichnen und sagen, «daß die R.en zu den Elementen gehören, die das gesellschaftliche Gleichgewicht determinieren» [41]. Einerseits will er also Gefühlen und R.en objektive Existenz zuzusprechen, andererseits jedoch hält er sie für determinierende Elemente des gesellschaftlichen Gleichgewichts. In seiner die Naturwissenschaften imitierenden Sprache nennt er die Elemente der Gesellschaft auch «Moleküle» [42], zu diesen rechnet er R.en, Derivationen, Interessen, Neigungen. Historisch wandelbar sind R.en sehr viel schwerer und langsamer als Interessen, Derivationen und Derivate. «Man muß diese konkreten Phänomene in andere ideale, einfachere zerlegen, so daß wir derart zu etwas viel Konstanterem in dem sehr komplexen und variablen Phänomen, das wir im Konkreten vor uns haben, zu gelangen vermögen. Hier haben wir diese mehr konstanten, weniger variablen Elemente in den R.en und den Derivationen gesucht; man könnte sie gleicherweise in anderer Richtung suchen. Das ist nicht so wichtig» [43].

Der transzendentalen Phänomenologie E. HUSSERLS bietet sich der zwischen methodologischem Grenzbegriff und ontologischem Extrembegriff liegende Begriff des R. an. In den ‹Ideen I› führt er den Begriff des «phänomenologischen R.» ein. Es ist einerseits dasjenige, was nach konsequenter Anwendung der phänomenologischen Methode der Ausschaltung oder Eingrenzung übrigbleibt: das «Bewußtsein überhaupt» nämlich – unterschieden vom Bewußtsein als möglichem Gegenstand unter anderen Gegenständen psychologischer Forschungen. Das «absolute Bewußtsein» stellt sich dar «als R. der Weltvernichtung», wie es die Überschrift von § 49 formuliert [44]. Dieses Bewußtsein ist aber bei Husserl kein reiner Limesbegriff, sondern es eröffnet die Einsicht in eine Sphäre ganz eigener Erkenntnisse, eine «prinzipiell eigenartige Seinsregion, die in der Tat das Feld einer neuen Wissenschaft werden kann – der Phänomenologie» [45]. Ja, Husserl spricht sogar davon, daß sich hier eine ganze «phänomenologische Welt» eröffnet, die bisher der Philosophie unbekannt geblieben war. Erscheint also bei Husserl das phänomenologische R. zuerst als ein Grenzbegriff der Methode der Epoché, so ist die Grenze zugleich der Eintritt in eine neue, geheimnisvolle Welt, «das ganze Feld des absoluten Bewußtseins» [46], «ein für sich geschlossener Seinszusammenhang ... ein Zusammenhang absoluten Seins, in den nichts hineindringen und aus dem nichts entschlüpfen kann ...» [47]. Das R. der phänomenologischen Reduktion ist also als «phänomenologisches R.» «das reine Bewußtsein in seinem absoluten Eigensein» [48]. Indem sich phänomenologische Forschung (nach Vollzug der Reduktion) auf dieses Feld beschränkt, hat sie «eigentlich nichts verloren, aber das gesamte absolute Sein gewonnen ...» [49], das die mundanen Transzendenzen in sich erst konstituiert. Führt also einerseits die phänomenologische Methode der Reduktion auf einen Rest als Grenzkorrelat dieser Methode, so zeigt sich andererseits gerade dieser Rest als der Einstieg in die eigentliche Welt, so daß wir mit dem bloßen R. in den Händen nichts verloren, sondern gerade alles gewonnen haben. Husserl betrachtet es als außerordentlich wichtig und auszeichnend für die Phänomenologie, daß diese Doppelheit des R.-Begriffs, sowohl Grenzkorrelat einer Methode als auch zugleich Inbegriff des neuen eigentlichen Felds des Seins zu sein, nur der phänomenologischen Methode der Reduktion eignet. Abstraktion und Reflexion kommen auch als Methoden naturwissenschaftlicher Erkenntnis der objektiven Welt vor; und entsprechend führen diese Methoden ebenfalls zu R.en, die aber darin aufgehen, als Grenzbegriffe die Grenze der Erkenntnis zu markieren, ohne jede Erweiterungsmöglichkeit. Während also beispielsweise die phänomenologische Reduktion auf das R. des absoluten Ich führt, gelangt eine Abstraktion von der körperlichen Welt bloß auf den psychologischen Begriff einer Seele als «R. der vorgängigen Abstraktion des puren Körpers» [50]. Anstelle des Begriffs des «phänomenologischen R.» spricht Husserl ohne Bedeutungsverschiebung zuweilen auch vom «transzendentalen R.». Die bei aller Rede von ‹R.› seit Beginn der philosophischen Reflexion der ‹Encyclopédie› mitgegebene Möglichkeit der Iteration von Methode, die zu einem R. führte, wirkt auch bei Husserl nach, wenn er sich etwa fragt, ob das reine Ich als «R. der phänomenologischen Ausschaltung der Welt und der ihr zugehörigen empirischen Subjektivität» nicht seinerseits einer erneuten Reduktion unterworfen werden könne und solle [51]. TH. W. ADORNOS Husserl-Kritik, darin auch Kritik aller Transzendentalphilosophie, legt unbarmherzig den Finger in die Wunde des Begriffs des «phänomenologischen R.». Wahrheit solle hier sein, «was übrigbleibt, die Neige, das Allerschalste» [52]. Adorno bemerkt, daß dieses R. bei Husserl «ganz dürftig und leer» ist, es ist das «Gefängnis des R.», das nach Adornos Vorstellung die Philosophie gerade verlassen müßte, um «ins freie Leben» zurückzukehren. Nach Adorno ist das Denken in der Residualmethode der notwendig mißlingende Versuch, mit den Unsicherheiten des Lebens, mit den «störenden Faktoren», durch Eliminierung fertigzuwerden. Das vereine Husserl mit dem «wütenden Nominalisten und Relativisten» Pareto [53].

Bei E. DURKHEIM wird einerseits die begriffsgeschichtliche Linie von Le Bon und Pareto weiter verfolgt: R.en aus unserem früheren Leben sind es, die unser Verhalten viel stärker prägen als alle Rationalität, d.h. Einstellungen, Vorurteile, Neigungen, der moralische Charakter. In diesem Sinne geht er davon aus, R. als etwas Irrationales aufzufassen, was sich letztlich auch der vollständigen rationalen Erklärung entzieht, dem aber dessenungeachtet oder gerade deswegen ein großer Einfluß auf das Verhalten der handelnden Individuen und der Kollektive zugesprochen wird. Andererseits jedoch legt Durkheim auch eine explizite Widerlegung der Vermutung der Anwendbarkeit der Millschen Residualmethode in der Soziologie vor. Damit wird hier erstmals ein ganz anderer Begriff von R., d.h. abgekoppelt von seinem empiristischen Ursprung, geprägt. Es ist genau dieser Begriff des R., an den sich dann auch in verschiedenen Sozialtheorien in affirmativer Weise anknüpfen läßt [54]. R. ist nun das Nicht-Unterworfene, das nicht von der universellen Vernunft-Herrschaft Erfaßte, das Heile, ja das Heilige, das in der Moderne und ihren Rationalisierungsprozessen unendlichen Nachstellungen preisgegeben ist. In diesem Sinne taucht dann der Begriff – merkwürdigerweise unter alleiniger Berufung auf Mill [55] – bei H. LEFÈBVRE wieder auf. Für Lefèbvre sind R.en «das Kostbarste, was es gibt» [56]. Sie entstehen bei den vergeblichen Versuchen jedweder totalisierender Systeme, nach und nach alles auf die Strukturen des Systems zu reduzieren. Aber: «Stets stoßen die Operationen des Verstandes und des Diskurses auf ein R.» [57]. «Es gibt stets ein resistentes R., etwas das wir nicht reduzieren können» [58]. Die Nichtreduzierbarkeit und der Widerstand sind die Definitionsmerkmale des R. bei Lefèbvre. In seinem Buch ‹Metaphilosophie› führt er eine lange Liste von R.en auf, die jeweils bezogen sind auf die totalisierenden Systeme. So ist z.B. das Politische für ihn ein System und das Privatleben sein R., die Bürokratie ein System und das Individuum sein R. Da Vernunft, Verstand u.ä. totalisierende Systeme bilden müssen, ist es das Irrationale, das in all den diversen R.en nistet. In «Parodie» des Begriffs bei Mill sinnt Lefèbvre eine Methode der R.en aus. Sie besteht aus mehreren Schritten: Der erste Schritt stellt die R.en heraus, sie werden nicht fingiert, es gibt sie wirklich, ja in einem bestimmten Sinne sind sie wirklicher als die Systeme, vor denen sie sich als nicht reduzierbare Substanzen resistent erwiesen haben. Der zweite Schritt verknüpft den praktischen Widerstand mit diesen Potentialen an Widerständigkeit des R. Schließlich werden die verschiedenen R.en der verschiedenen Systeme miteinander verknüpft. Zwar bilden die konkurrierenden Systeme in ihren jeweilig umfassenden Totalisierungsansprüchen einen in sich widersprüchlichen Gesamtzusammenhang, der in den Defizienz-Zonen gerade die R.en freigibt, «wie Keime zwischen trockenem Gestein» [59], aber die verschiedenen R.en bilden nach Lefèbvre keinen widerspruchsfreien Zusammenhang; denn dieser Zusammenhang ist keiner der Ordnung, des Werts und des Sinns; er ist ein Zusammenhang des «Unwerts», des «Bedeutungslosen» und schließlich der «Unordnung» [60]. R.en sind «Spuren, die zugleich Keime sind» [61] formuliert Lefèbvre in fast wörtlichem Anklang an eine erstmals 1914 bei J. GEYSER gebrauchte Formel. Den Übergang aber «vom Keim zum Akt und vom R. zur Essenz» kann nicht das Denken, sondern nur die soziale Praxis vollziehen [62].

Anmerkungen. [1] GRIMM 8 (1893) 819f. – [2] H. A. MEISSNER: Philos. Lex. aus Ch. Wolffs sämtl. Dtsch. Schr. (1737, ND 1970) 494f.; CH. HUTTON: The mathemat. and philos. dict. (London 1795, ND 1973) 2, 356; J. H. ZEDLER: Großes vollst. Univ.-Lex. 31 (1742) 769; 30 (1741) 1326; ferner: 31, 723. – [3] a.O. 30, 1326; H. A. PIERER: Enzyklopäd. Wb. der Wiss.en, Künste und Gewerbe 17 (1832) 697. – [4] ZEDLER, a.O. [2] 31, 723. – [5] The Oxford Engl. dict. 8 (1933) 519. – [6] F. W. J. SCHELLING: Erster Entw. eines Systems der Nat.philos. (1799). Sämmtl. Werke, hg. K. F. A. Schelling (1856-61) I/3, 37; vgl. F. SCHLEGEL: Krit. Ausg., hg. E. BEHLER (1967ff.) 12, 471; 10, 377; 18, 178. – [7] J. F. W. HERSCHEL: Prelim. discourse on the study of nat. philos. (London 1831, ND New York 1966) 156; dtsch.: Über das Studium der Nat.wiss.en (1836). – [8] W. WHEWELL: The philos. of the inductive sci. (^{2}1847, ND London 1967) 410. – [9] a.O. 476. – [10] J. S. MILL: System of logic, ratiocinative and inductive (London 1843, ^{8}1872), hg. J. M. ROBSON (Toronto 1973) 398. –

[11] System der deduct. und induct. Logik, übers. J. SCHIEL (1849, ⁴1877) 1, 465. – [12] H. TAINE: Le positivisme anglais (Paris 1864) 65f. – [13] HERSCHEL, a.O. [7] (1836) 161-163. – [14] W. WHEWELL: On the philos. of discovery (1860, ND New York 1971) 262ff. – [15] A. BAIN: Les émotions et la volonté (Paris 1885) 515. – [16] S. JEVONS: The principle of sci. (London 1877) 573. – [17] H. VON HELMHOLTZ: Vortr. und Reden (⁴1896) 2, 101; vgl. dazu bes. F. CONRAT: H. von Helmholtz' psycholog. Anschauungen (1904); der Begriff der unbewußten Schlüsse begegnet freilich bereits bei J. G. FICHTE, so daß der Prioritätsstreit zwischen Schopenhauer und Helmholtz gegenstandslos ist, zumal Helmholtz' Vater und Schopenhauer gemeinsam in Fichtes Vorlesungen saßen. – [18] Hb. der Physiolog. Optik (²1896) 602. – [19] a.O. 582. – [20] 598; vgl.: Vortr, a.O. [17] 343. – [21] a.O. [17] 601f. – [22] a.O. 234. – [23] B. ERDMANN: Umrisse zur Psychol. des Denkens (²1908) 21. – [24] a.O. – [25] R. HERBERTZ: Die Lehre vom Unbewußten im System von Leibniz. Diss. Köln (1905) 18f.; C. BAEUMKER entdeckt Vergleichbares bereits bei Witelo und Roger Bacon: Witelo (1908) 625f. – [26] Bewußtsein und Unbewußtes (1908) 116. – [27] B. ERDMANN: Die philos. Grundl. von Helmholtz' Wahrnehmungstheorie (1921) 36. – [28] Wissenschaftl. Hypothesen über Leib und Seele (1907) 90. – [29] a.O. 94. – [30] W. WUNDT: Sinnl. und übersinnl. Welt (1914) 130; vgl.: Logik (⁴1919) 1, 30. – [31] E. BECHER: Über physiolog. und psychist. Gedächtnishypothesen. Arch. ges. Psychol. 35 (1916) 125-152, hier: 125; vgl.: Gehirn und Seele (1911). – [32] a.O. 128. – [33] 133. – [34] 134; dem widerspricht J. GEYSER: Die Seele (1914) 64ff. – [35] S. BECHER: Erkenntnistheoret. Unters. zu Stuart Mills Theorie der Kausalität (1906). – [36] E. BECHER: Dtsch. Philos. (1929) 146. – [37] R. SEMON: Die Mneme (1909) 85ff., 151; ferner: Die menschl. Empfindungen in ihren Bezieh. zu den Originalempfindungen (1909); in neuerer Zeit vor allem: B. RENSCH: Das Problem der R.en bei Lernleistungen (1954). – [38] G. LE BON: Psychol. des foules (Paris 1947) 39. 59; vgl. aber R. EISLERS Übersetzung (1908), die den Begriff ‹R.› vermeidet. – [39] V. PARETO: System der allg. Soziol. [1916], hg. G. EISERMANN (1962) § 868; zu Paretos Theorie der R.en: TH. F. O'DEA: The 'residues' of Pareto: An operational def. of natural law. Amer. cath. sociolog. Review 16 (1955) 170-182; C. MONGARDINI: V. Pareto dall'econ. alla sociol. (Rom 1973). – [40] PARETO, a.O. §§ 870. 875. – [41] a.O. § 1690. – [42] § 2079. – [43] § 2410. – [44] E. HUSSERL: Ideen zu einer reinen Phänomenol. und Phänomenol. Philos. 1 (1913) § 49. Husserliana III/1 (Den Haag 1976) 103. – [45] § 33, a.O. 68. – [46] § 50, 106. – [47] 105. – [48] § 49, a.O. 107. – [49] a.O. – [50] Die Krisis der europ. Wiss.en und die transz. Phänomenol. § 18 (1936). Husserliana 6 (Den Haag 1954) 81. – [51] Ideen 1, § 57, a.O. [44] 124. – [52] TH. W. ADORNO: Zur Metakritik der Erkenntnistheorie (1956). Ges. Schr. 5 (1970) 23. – [53] a.O. – [54] Vgl. z.B. M. HORKHEIMER, der von «R.en im kollektiven Unbewußten» spricht und sie als eine «unterirdische Beziehung zu einer nicht ganz vergessenen Erfahrung, zu einer tief eingegrabenen Erkenntnis» umschreibt: Sozialphilos. Stud. (1972) 55. – [55] H. LEFÈBVRE: Metaphilos. Proleg. (1975) 334. – [56] a.O. 121; vgl. 155. 163. – [57] a.O. 31. – [58] 186. – [59] 336. – [60] a.O. – [61] 348; GEYSER, a.O. [34]. – [62] LEFÈBVRE, a.O. 349; M. MAFFESOLI verknüpft ähnliche Gedanken wieder explizit mit der Soziologie Paretos: Der Schatten des Dionysos (1986) 24. 29; vgl. ebenfalls: C. SCHMITT: Staatsgefüge und Zusammenbruch des Zweiten Reiches (1934), der von der «kaum besiegbaren Macht geistiger 'R.en'» spricht.

K. RÖTTGERS

Resignation, resignieren (lat. resignatio, resignare; ital. rassegnazione, rassegnare). Das Wort ‹resignare› begegnet in der Literatur des römischen Altertums und der lateinischen Patristik vornehmlich in den Bedeutungen «entsiegeln» [1] und «öffnen, eröffnen» [2]. In der Rechtssprache entwickeln sich die engeren Bedeutungen «in Rechnung stellen», «gutschreiben», «rückerstatten», «wiedergeben» [3] («Resignare antiqui pro rescribere ponebant» [4]) und «(durch Aufbrechen des Siegels) seine Willenskundgabe rückgängig machen» [5]. Glossen bieten die Synonyme ἀποσφραγίζω, ‹absignare›, ‹desi-

gnare› [6], ‹aperire› [7], ‹sublevare›, ‹subsignare› [8]. Für ‹resignator› ist ἀποσφραγιστής vermerkt [9]. Das Kirchenrecht bezeichnet seit dem Mittelalter [10] mit ‹R.› bzw. dessen Synonym ‹renuntiatio› eine vielfach untergliederte [11] Form der Pfründeerledigung, durch die ein Kleriker das an einem auf Lebensdauer verliehenen Kirchenamt (beneficium) «ihm zustehende Recht freiwillig und rechtsgültig aufgibt» [12]. Dieser inzwischen auch auf das weltliche Recht ausgedehnte Wortgebrauch ist bis ins 20. Jh. belegt [13].

Im Mittelalter, seit dem 13. Jh. faßbar [14], bezeichnet ‹R.› die religiöse Hingabe. THOMAS VON KEMPEN ist für die weiteren Jahrhunderte der Wegebahner des R.-Begriffs. «Si vis Deo digne vivere: debes teipsum illi resignare» («wenn du würdig für Gott leben willst, mußt du dich selbst ihm hingeben») [15]. Die R., die bereits als spontaner Gehorsam vor Gott und den Oberen «das größte Geschenk, das man Gott darbringen kann» [16], genannt wird, stellt die vollendete Gestalt der Demut dar, die, alles Irdische besiegend, hilft, «Herr über die Welt und Erbe des Himmels» zu werden [17]. In der ‹Imitatio Christi› tritt die R. in betonter Weise auf. Die reine und vollständige R. seiner selbst ist der Weg, die Freiheit des Herzens zu erlangen [18]. Der Herr gibt seinem Jünger die Weisung, immer, im Kleinen wie im Großen und ohne jede Ausnahme, sich zu resignieren, d.h. allen äußeren wie inneren Eigenwillens beraubt zu sein. Der im Eigenen verfangene Mensch gelangt nur dann «zur wahrhaftigen Freiheit eines reinen Herzens», wenn vorher eine «vollständige R. und tägliche Selbstopferung geschehen ist» [19]. «Bringe dich selber mit voller R. und ganzem Willen dar zur Ehre meines [sc. Christi] Namens auf dem Altare deines Herzens als beständiges Ganzopfer» [20]. Der Wille ist gleichsam der ganze Mensch. Er strebt in der R. dem freiwilligen Kreuzopfer Christi nach [21]. Vokabularien dieser Zeit geben ‹resignare› bevorzugt mit «uffgeben», «ubergeben» u.ä. wieder [22].

M. LUTHER gelangt durch die Lektüre des Augsburger Tauler-Druckes (1508), wohl weniger durch den Einfluß des J. VON STAUPITZ [23], zur Wertschätzung der R. als Inbegriff des rechten Lebens vor Gott. Für LUTHER ist die R. die dritte und ausgezeichnetste Stufe des Erwählungsmerkmales [24]. Mit der durch eine lange Tradition [25] vorbereiteten Vorstellung einer «resignatio ad infernum», die später besonders über J. ARNDT Verbreitung findet [26], meint LUTHER die Bereitschaft eines Menschen, auf das eigene Heil bei Gott verzichten zu wollen, d.h. selbst in die Hölle gehen zu wollen, um so noch ausdrücklicher die Ergebung in den Willen Gottes kundzutun. «Tota salus est resignatio voluntatis in omnibus ... sive in spiritualibus sive temporalibus. Et nuda fides in deum» («Alles Heil besteht in der Hingabe des Willens in allen Dingen ... geistlichen wie weltlichen. Und im nackten Glauben an Gott») [27]. Ohne spürbaren Einfluß bleibt, daß Luther sich später gegen die «resignatio ad infernum» ausspricht [28]. Andere reformatorische Autoren übernehmen weithin den Sprachgebrauch der Mystik [29]. S. FRANCK [30], K. SCHWENCKFELD [31] und V. WEIGEL [32] tradieren, mitunter verbunden mit den Begriffen der Gelassenheit und Ergebung [33], diese Willensmystik im Protestantismus.

Neben der ‹Imitatio Christi› haben die *lateinischen Übersetzungen* vieler Werke der Deutschen Mystik und der Devotio moderna besondere Bedeutung für die Verbreitung des R.-Begriffs in der ersten Hälfte des 16. Jh. Die nun vereinheitlichte und z.T. durch Übersetzereingriff geglättete Terminologie bleibt für die folgenden Jh. maßgebend. Die lateinische Übersetzung JOH. TAULERS bietet «resignatio» für «gelassenheit» [34].

Weiteste Verbreitung findet ‹R.› in der lateinischsprachigen niederländischen und deutschen [35] wie auch spanischen [36] und angelsächsischen [37] Mystik. Beträchtliche Wirkung erlangt FRANZ VON SALES mit seiner klaren Trennung von R. und Indifferenz, durch die die R., weil sie «den Willen Gottes allen Dingen vorzieht, aber nicht aufhört, außer dem Willen Gottes noch viele andere Dinge zu lieben» [38], und obendrein in mühevoller Unterwerfung geschieht [39], der Indifferenz, die «nichts liebt, außer aus Liebe zum Willen Gottes» [40], untergeordnet und dieser an Bedeutung deutlich nachgestellt wird. Im Streit um das Gebetsleben der Mme J.-M. BOUVIER DE LA MOTHE-GUYON [41], die in den Verdacht der Verbreitung quietistischen Gedankenguts geraten war, führt ihr Fürsprecher F. FÉNELON bei der Verteidigung seiner «Amour pur»-Lehre beiläufig die von Franz von Sales vorgenommene Trennung von R. und Indifferenz an [42]. G. W. LEIBNIZ kritisiert am Quietismus, daß «man unter dem Vorwand der R. und Vernichtung der Seele, die in Gott versenkt ist, zur Libertinage in der Praxis oder zumindest zu einem versteckten spekulativen Atheismus kommen könne» [43]. Nach der kirchlichen Verurteilung Fénelons 1699 und der darauffolgenden Marginalisierung kirchlicher Mystik tritt ein moralphilosophisch universalisierender Gebrauch des R.-Begriffs an die Stelle mystologischer Reflexionen. So nennt die ‹Encyclopédie› die R. eine «entière soumission, sacrifice absolu de sa volonté à celle d'un superior. Le chrétien se résigne à la volonté de Dieu; le philosophe aux lois éternelles de la nature» [44].

Die *deutsche* Bildungssprache ist vornehmlich durch den Hallischen Pietismus und dessen Übersetzertätigkeit [45] um das mystisch-asketische Verständnis des R.-Begriffs bereichert worden. A. G. BAUMGARTEN gliedert ‹R.› in eine *philosophische* Ethik ein. Jeder sittliche Entscheid, als «die gänzliche Ergebung (R.) in iemandes Willen» [46] aufgefaßt, solle nichts anderes ergreifen als das Beste und Vorzüglichste, also das, was Gott, soweit es einem bekannt sei, als zu tun gewollt habe [47]. I. KANT, für dessen vorkritische Zeit der bei ihm singuläre und später nicht mehr wieder aufgegriffene Gebrauch des Begriffes der «christlichen R.» [48] belegt ist, legt seinen moralphilosophischen Vorlesungen auch A. G. Baumgartens ‹Ethica› zugrunde und erläutert «die Entsagung (R.) in Ansehung des göttlichen Willens» als «unsere Pflicht» [49]. «Wir sollen das, was nicht in unserer Gewalt stehet, Gott abgeben, und das unsrige, was in unserer Gewalt stehet, tun» [50]. Diese spezifische Sichtweise des göttlichen und menschlichen Wollens greift W. T. KRUG auf, indem er ‹R.› die Bedeutung «des Zurückgebens und des Sichergebens in die Wechsel des Glücks» gibt [51]. Ergebenheit von Ergebung unterscheidend, nennt er diese R., «die ruhige Fügung des Menschen in sein Schicksal, welches der Fromme als eine Schickung Gottes betrachtet» [52]. Ein bloß leidendes Verhalten wäre aber «unwürdige Passivität. Der Gottergebene kämpft vielmehr mit aller Kraft gegen physische und moralische Übel» [53]. F. BOUTERWEK nennt die Transzendentalphilosophie eine Wissenschaft der transzendentalen oder auch «speculativen R.», «d.i. der im Bewußtsein selbst gegründeten Nothwendigkeit auf Befriedigung des Bewußtseins nach Wissensprincipien auch in bloß speculativer Beziehung, Verzicht zu thun»

[54]. Seit dem späten 18. Jh. wird das Thema der R. vielfach literarisch gestaltet [55].

Mit der Philosophie A. SCHOPENHAUERS erreicht die Begriffsgeschichte der R. einen erneuten Höhepunkt. Nicht ohne biographischen Hintergrund [56] notiert der im Hamburgischen Pietismus aufgewachsene Schopenhauer schon 1814, daß man sich in jedes Gespräch nur mit R. einlassen dürfe [57]. Hier noch recht traditionell gebraucht [58], wird ‹R.› wenig später, im Rahmen der Ausarbeitung seines Hauptwerks, zum prägnanten Schlüsselbegriff seiner soteriologischen [59] Lehre von der Verneinung des Willens zum Leben. Der Zustand «der freiwilligen Entsagung, der R., der wahren Gelassenheit und gänzlichen Willenlosigkeit» [60], ist eine Erkenntnisweise, durch die der einzelne «in ethischer Hinsicht genial wird» [61] und die, «alle Motive unwirksam machend, als allgemeines Quietiv alles Wollen beschwichtigt, den tiefsten Frieden giebt und das Thor der Freiheit öffnet» [62]. Allein in der R. tritt die Freiheit des Willens «unmittelbar in die Erscheinung» [63]. Die Vernunft kann auf zweifache Weise «frei von allen Zwecken des Wollens rein für sich bestehn» [64]: durch die Kunst, die nur eine partielle Quietivfunktion ausübt [65], und durch die «Art der Erkenntniß, wenn sie auf den Willen zurückwirkt, die Selbstaufhebung desselben eintreten kann, d.i. die R., welche das letzte Ziel, ja, das innerste Wesen aller Tugend und Heiligkeit, und die Erlösung von der Welt ist» [66]. Schopenhauer unterscheidet ferner die stoische Apathie, die «nur gelassenes Ertragen und gefaßtes Erwarten der unabänderlich nothwendigen Uebel lehrt», von der «christlichen R.» als Entsagung und Aufgeben des Wollens überhaupt [67].

Die «unendliche R.» nennt S. KIERKEGAARD «das letzte Stadium, das dem Glauben vorausgeht, dergestalt, daß keiner den Glauben hat, der diese Bewegung nicht gemacht hat; denn erst in der unendlichen R. werde ich mir selbst klar in meiner ewigen Gültigkeit» [68]. Diese «rein philosophische» [69] Bewegung, die vom paradoxen und demütigen Mut des Glaubens, «die ganze Zeitlichkeit zu ergreifen in kraft des Absurden» [70], zu unterscheiden ist, «mache ich kraft meiner selbst, und gewinnen tu ich damit mich selbst in meinem ewigen Bewußtsein, in seligem Mich-Verstehen mit meiner Liebe zum ewigen Wesen» [71]. «Der schönste Triumph der resignierten Innerlichkeit» ist es, «wenn das Ausgesagte dem Empfänger angehört, als wäre es sein eigen ... Darum ist keiner so resigniert wie Gott» [72].

Die philosophische Rezeption der Schopenhauerschen R.-Lehre fällt bis zum Ende des 19. Jh., von Ausnahmen abgesehen [73], allgemein kritisch aus. E. VON HARTMANN sieht in der R. ein unsittliches, «schöngeistiges Schmarotzerleben», «weil jeder Einzelne die Pflicht hat, seine Kräfte im Dienste des Ganzen zu bethätigen» [74]. Aus sozialistischer Sicht wirft K. KAUTSKY Schopenhauer vor, er habe mit seiner R.-Lehre die Schwachen, Beschränkten und Feigen «von der Pflicht, für die Unterdrückten einzutreten», entbunden [75]. F. NIETZSCHE, zeitlebens beeindruckt vom Werk Schopenhauers, in dem «jede Zeile ... Entsagung, Verneinung, R. schrie» [76], sieht in der R. den Widerpart der Bejahung des übermächtigen und durch die Unschuld des Werdens gerechtfertigten Willens zum Leben. Geht es bei Schopenhauer um Daseinsabkehr und «Resignationismus» [77], so hier um «eine Art Verführung zum Lebenswillen, zuletzt Verklärung zu einer unbegreiflich-unbekannten Daseinslust» [78]. «R. – Was ist Ergebung? Es ist die bequemste Lage eines Kranken, der sich lange unter Martern herumgeworfen hat, um sie zu finden, der dadurch müde ward – und sie nun auch fand!» [79].

Meist im Anschluß an Schopenhauer gewinnt der R.-Begriff zu Beginn des 20. Jh. als ein zivilisations- bzw. kulturkritisches Korrektiv neues Ansehen. A. SCHWEITZERS Ethik der Ehrfurcht vor dem Leben hebt an mit der tiefen «Lebensbejahung der R.», die «aus der Ehrfurcht vor dem Willen zum Leben in mir kommt» [80]. «R. ist die Halle, durch die wir in die Ethik eintreten» [81]. M. SCHELER sieht den Gegensatz zu dem das Wertbewußtsein täuschenden Ressentiment im bewußten und rechtzeitigen Akt der R., der von der «Tendenz der Selbsttäuschung» befreit und «allein macht ..., daß wir noch 'gönnen' können, wo wir nicht mehr erstreben können» [82]. K. JASPERS setzt die «wahre», «aktive» R., die als ein «Element der Aneignung des Daseins» den Alltag durchdringt, von einer passiven, stoischen R. des Ertragens und bloßen Aushaltenkönnens ab [83]. M. HORKHEIMER, der den R.-Begriff Schopenhauers fehldeutet [84], sowie TH. W. ADORNO [85] sehen in ihm eine zusammenfassende, negativ wertende Kurzformel für die zeitgenössische Geisteslage [86]. Nach W. WEISCHEDEL dagegen kommt es in einer «skeptischen Ethik» darauf an, «im eigenen Innern die R. wachzurufen und wachzuhalten. ... der Resignierende ist seiner selbst eher Herr als der, der sich der Forderung der Entsagung entzieht» [87].

Anmerkungen. [1] PLAUTUS: Trin. 794; CICERO: Pro Arch. 9; Ad Att. 11, 9, 2; HORAZ: Epist. 1, 7, 9. – [2] VERGIL: Aen. 4, 244, zit. bei PRISCIAN: Partiones duodecim versuum Aeneidos principalium, in: H. KEIL (Hg.): Grammat. lat. (1860, ND 1961) 3, 497, 17; OVID: Fast. 6, 535; PERSIUS: Sat. 5, 8; AUGUSTINUS: Serm. 259, 4. MPL 38, 1200 (ein Hapax!). – [3] Vgl. Q. HORATIUS FLACCUS: Oden und Epoden, erkl. A. KIESSLING/R. HEINZE (¹⁴1984) 380f. zu Od. 3, 29, 54. – [4] SEXTUS POMPEIUS FESTUS s.v., in: W.-M. LINDSAY (Hg.): Gloss. lat. (Paris 1930, ND 1965) 4, 386. 383. – [5] Vgl. H. HEUMANN/E. SECKEL: Handlex. zu den Quellen des röm. Rechts (¹⁰1958) s.v.; Vocab. Jurisprud. Romanae ausp. Instituti Savignani instit. 5 (1929) s.v.; ORIGENES [transl. RUFINI]: Comm. in Rom. 4, 2. MPG 14, 968 C. – [6] Glossae graeco-lat. Cod. Harleianus 5792, in: G. LOEWE/G. GOETZ (Hg.): Corp. gloss. lat. (1888-1923, ND 1965) 2, 24, 14-16. – [7] Glossae cod. Sangall. 912, a.O. 4, 279, 24. – [8] PLACIDUS, a.O. 5, 41. 100. 154. – [9] a.O. [6]. – [10] Vgl. GREGOR IX.: Decret. 1, 9, cap. 3f., in: Corp. Jur. Can., hg. E. FRIEDBERG (1879, ND Graz 1955) 2, 103f.; Liber sextus 1, 1, cap. 1, a.O. 971; Clement. constit. 1, 4, a.O. 1138. – [11] Vgl. F. PARISIUS: De resignatione beneficiorum I-III (Venedig 1619); J. H. ZEDLER: Großes vollst. Univ.-Lex. 31 (1742, ND Graz 1961) 723-733; F. GILLMANN: Die R. der Benefizien. Hist.-dogmat. dargest. (1901). – [12] GILLMANN, a.O. 12; vgl. C. L. NOSCHITZKA: Die kirchenrechtl. Stellung des resignierten Regularabtes ... Analecta sacri ord. Cist. 13 (1957) 149-314. – [13] Vgl. M. DE MONTAIGNE: Essais (³1588) II, 4, 8; III, 9. Oeuvr. compl., hg. A. THIBAUDET/M. RAT (Paris 1962) 344. 371. 929; J. LOCKE: An essay conc. human underst. IV, 16, 4 (1690), hg. P. N. NIDDITCH (Oxford 1975) 660; CH. WOLFF: Instit. juris naturae et gentium § 752 (1750). Ges. Werke II/26, hg. M. THOMANN (1969) 459; Grunds. des Natur- und Völckerrechts § 752 (1754). Ges. Werke I/19, hg. M. THOMANN (1980) 538; J. J. MOSER: Teutsches Staatsrecht (1737-54, ND 1969) Haupt-Reg. s.v.; Neues teutsches Staatsrecht (1766-75, ND 1967) Allg. Reg. s.v.; C. G. SVAREZ: Vorträge über Recht und Staat (1791/92), hg. H. CONRAD/G. KLEINHEYER (1960) 369; G. W. F. HEGEL: Frg. über Volksrelig. und Christentum (1793/94), in: Theol. Jugendschr., hg. H. NOHL (1907, ND 1966) 42; K. W. NOSE: Das Privatisieren und die R. (1805); vgl. A. SCHOPENHAUER: Der handschriftl. Nachlaß [HN], hg. A. HÜBSCHER (1966-75, ND 1985) 5, 273 [918]. – [14] THOMAS VON CELANO: Vita sec. S. Francisci (1246/47) Pars I, cap. 7, n. 12. Analecta francisc. 10 (1926-41) 138; cap. 10, n. 15, a.O. 139; Pars II, cap. 59, n. 92, a.O. 185; cap. 104f., n. 143f., a.O. 212f.; cap. 111, n. 151, a.O. 218; cap. 146, n. 194, a.O. 241; GERTRUD VON HELFTA: Exercitia spirit. 5, 494-498, in: Oeuvr. spirit. 1, hg. J. HOULIER/A. SCHMITT [SChr 127] (Paris 1967) 194; vgl. 1, 33. 338. 353. 399, a.O. 60. 118. 120. 286; Legatus divinae pietatis 4, 23, 9f., in: Oeuvr. spirit. 4, hg. J.-M. CLEMENT u.a. [SChr 255] (Paris 1978) 226ff.; Speculum perfectionis (ca. 1318), hg. P. SABATIER (Manchester 1928, ND Farnborough 1966) 1, 101f. 104. – [15] THOMAS VON KEMPEN: De bona pacifica vita cum resignatione propria. Opera omn., hg. M. J. POHL (1902-22) 2, 395; vgl. De mortificata vita pro Christo, a.O. 388; De elevatione mentis 5, a.O. 413; De contemptu mundi, a.O. 7, 16; vgl. GERARDUS MAGNUS (GERD GROOTE): Epist. 7 (1378), hg. W. MULDER (Antwerpen 1933) 14f. – [16] Libellus de disciplina claustralium 4, a.O. 2, 282. – [17] Libellus de recognitione propriae fragilitatis 6, a.O. 2, 369. – [18] THOMAS VON KEMPEN [?]: De imit. Christi [vollendet 1441] III, 37, a.O. 2, 212f.; vgl. J. SUDBRACK: Das geistl. Gesicht der vier Bücher von der Nachfolge Christi, in: Th. von K. Beiträge zum 500. Todesjahr. 1471-1971 (1971) 30. – [19] De imit. Chr., a.O.; vgl. II, 2, a.O. 63; III, 13. 15. 32, a.O. 168. 172. 205. – [20] IV, 7, a.O. 111. – [21] IV, 8f., a.O. 112. 114. – [22] L. DIEFENBACH: Gloss. lat.-german. mediae et intimae aetatis (1857, ND 1968) s.v. – [23] Vgl. H. RIX: Luther's debt to the Imitatio Christi. Augustiniana 28 (1978) 91-107, bes. 95f.; J. VON STAUPITZ: Libellus de exsecutione aeternae praedestinationis VIII, 45; XXIV, 252f. 257 (1517). Sämtl. Schr., hg. L. Graf ZU DOHNA/R. WETZEL (1979ff.) 2, 132. 298. 300. 302; Tübinger Pr., Sermo 28, a.O. 1, 412. – [24] M. LUTHER: Vorles. über den Römerbr. (1515/16). Weimarer Ausg. [WA] (1883ff.) 56, 388. 390. – [25] Vgl. H. U. VON BALTHASAR: Mysterium Paschale, in: J. FEINER/M. LÖHRER (Hg.): Mysterium Salutis III/2 (Einsiedeln 1969) 178ff.; A. M. HAAS: Sermo mysticus (Freiburg i.Ü. 1979) Reg. s.v.; W. DRESS: Die Theol. Gersons (1931) 180ff. – [26] J. ARNDT: Vier Bücher vom Wahren Christenthum (1606) III, 5; 7, 6; 14, 3f.; 20, 1. 5; 23, 13. 21; Paradies-Gärtlein voller Christl. Tugenden (1612) III, 79. – [27] M. LUTHER: Randbem. zu Taulers Pr. (1516). WA 9, 120. – [28] Pr. (1. 3. 1534). WA 37, 312; vgl. G. EBELING: Luther-Stud. 2 (1989) 245. – [29] Vgl. z.B. J. CALVIN: Instit. christ. religioni III, 7, 5. 8. 10. Opera sel., hg. P. BARTH/W. NIESEL (²1959) 4, 155. 158. 160; J. A. COMENIUS: Lex. reale pansophicum, hg. Acad. Scient. Bohemoscl. (Prag 1966) 1181. – [30] Vgl. A. HEGLER: S. Francks latein. Paraphrase der Dtsch. Theol. und seine holländ. rithmeten Traktate (1901) 74. – [31] K. VON SCHWENCKFELD: Ermanung des mißbrauchs etlicher fürnempster Artickel des Evangelii ... (1524). Corp. Schwenckfeldianorum (1902-1960) 2, 68; Von der Gelassenhait (ca. 1538), a.O. 6, 4; Vonn waren gelassenheit vom Creuz ... (ca. 1534/35), a.O. 18, 167f. – [32] V. WEIGEL: Gnothi Seauton, Nosce teipsum, Erkenne dich selbst, daß der Mensch sei ein Microcosmus 2, 12 (1571). Ausgew. Werke, hg. S. WOLLGAST (1978) 235f.; Zwei nützliche Tractate 2, 7 (1570), hg. W. ZELLER (1966) 85ff. – [33] Vgl. A. LANGEN: Wortschatz des dtsch. Pietismus (²1968) 214ff. – [34] JOH. TAULER: Pr. 19, in: Die Pr., hg. F. VETTER (1910) 76ff.; Op. omn., hg. L. SURIUS (Köln 1548, ND 1985) 165ff.; vgl. Ps.-TAULERISCHE Instit. (1543) cap. 3f. 11f. Op. omn., a.O. Vff. XXff. – [35] Vgl. H. HARPH [HERP]: Theol. mystica II, 12. 36, hg. TH. LOHER (Köln 1538, ND Farnborough 1966) 143f. 156; ein belegreicher Wb.-Art. ‹R.› bei M. SANDAEUS: Pro theol. mystica clavis (1640, ND Löwen 1963) 311-319. – [36] Vgl. IGNATIUS VON LOYOLA: Epist. de oboedientiae virtute, n. 2. 9. (26. 3. 1553); zit. C. MIRBT/K. ALAND: Quellen zur Gesch. des Papsttums und des Röm. Katholizismus 1 (⁶1967) 544. 546; L. DE PONTE [DE LA PUENTE]: Dux spiritualis 1, cap. 24, 3 [1609] (Köln 1617) 204f.; Medit. de praecipuis fidei nostrae mysteriis, Introd. 1. 3 (1605), hg. J. M. DÜX (1857) 1, 5. 15; Pars VI, medit. 50, a.O. 6, 406-414; vgl. Art. ‹Sacrificium intellectus›; M. MOLINOS: Guia espiritual 1, 14f.; 3, 7 (1675), hg. J. I. TELLECHEA IDIGORA (Madrid 1976) 179ff. 307ff. – [37] Vgl. J. B. WORTHINGTON: Sel. disc., treat. I. of self-resignation to the Divine will ... (London 1675); W. LAW: A serious call to a devout and holy life (1728), hg. N. SYKES (London/New York 1961) 311ff. – [38] F. VON SALES: Traité de l'amour de Dieu 9, 4 (1616). Oeuvr. compl. (Paris 1839) 4, 382; zu weiteren R.-Auffassungen in der frz. Mystik vgl.: Dict. de spirit. 13 (1988) 413-415. – [39] 9, 3, a.O. – [40] 9, 4, a.O. – [41] J.-M. BOUVIER DE LA MOTHE-GUYON: Courte apologie pour le Moien Court 3. Opusc. spirituels (1720), hg. J. ORCIBAL (1978)

121f. 125f.; La vie de Mme Guyon écrite par elle-même I, 10 (1720), hg. B. SAHLER (Paris 1983) 85 u.ö. – [42] F. FÉNELON: Explic. des maximes des saints sur la vie intérieure 5 (1697). Oeuvr., hg. M. AIMÉ-MARTIN (Paris 1838-43) 2, 10 b; vgl. R. SPAEMANN: Reflexion und Spontaneität (1963) 184. 186. 215f.; Prem. lettre à M. l'évêque de Meaux en rép. aux divers écr. ... 2, a.O. 39f.; vgl. die Kritik bei J.-B. BOSSUET: Instruct. sur les états d'oraison 8, 23 (1697). Oeuvr. compl. (Paris 1845f.) 9, 168; Declaratio ... circa lib. cui titulus ‹Explication ...› (1697), a.O. 300f. – [43] G. W. LEIBNIZ: Br. an Nicaise (19. 8. 1697). Philos. Schr., hg. C. I. GERHARDT (1879, ND 1960) 2, 578; vgl. Conf. philosophi (1672-76), hg. O. SAAME (1967) 110 mit Anm. 182. – [44] D. DIDEROT/J. L. D'ALEMBERT: Encycl. (Neuchâtel 1751-72) 14 (1765) 171; J.-J. ROUSSEAU: Emile ou de l'éduc. 2 (1762). Oeuvr. compl., hg. B. GAGNEBIN/R. RAYMOND (Paris 1959-69) 4, 307; vgl. Prière, a.O. 1038; Du contr. soc. (1. Version, 1750), a.O. 3, 339; La nouv. Hél. 6, 11 (1761), a.O. 2, 715. – [45] Vgl. M. MOLINOS: Manuductio spiritualis, transl. A. H. FRANCK (1687). – [46] A. G. BAUMGARTEN: Ethica philos. 80 (1740, ³1763), zit.: I. KANT: Vorles. Akad.-A. 27/2.1 (1975) 871ff., hier: 889. – [47] a.O. – [48] KANT: Sendschr. an A. E. von Funk (6. 6. 1760). Akad.-A. 2, 42. – [49] G. L. COLLINS: Moralphilos. (1784/85), in: KANT: Akad.-A. 27/1 (1974) 320. – [50] a.O.; vgl. CH. C. MRONGOVIUS: Moral (1782/83), a.O. 27/2.2 (1979) 1463; J. G. HERDER: Prakt. Philos. (1764), a.O. 27/1 (1974) 26. 28. 30; G. P. POWALSKI: Prakt. Philos. (ca. 1777), a.O. 178f. – [51] W. T. KRUG: Allg. Handwb. der philos. Wiss.en (²1832-38, ND 1969) 5/2, 235. – [52] a.O. 1, 808; vgl. 3, 519. – [53] a.O. – [54] F. BOUTERWEK: Anfangsgründe der spekulat. Philos. (1800, ND Brüssel 1968) 242; vgl. A. HÜBSCHER: Denker gegen den Strom (⁴1988) 319, Anm. 5. – [55] Vgl. J. W. VON GOETHE: Br. an F. Schiller (25. 3. 1801). Sophien-Ausg. (1887ff.) IV/15, 203; Über Naturwiss. im Allg. 3, a.O. II/11, 131; F. SCHILLER: Gedicht «R.». Nat.ausg. (1953ff.) 1, 166-169; 2/I, 401-403; 22, 178; NOVALIS: Schr., hg. P. KLUCKHOHN/R. SAMUEL (1960-88) 4, 89. 93. 95. 180; F. H. JACOBI: Woldemar 1 (1794) 123; vgl. Dtsch. Fremdwb., hg. H. SCHULZ/O. BASLER/Inst. dtsch. Sprache 3 (1977) 363-365. – [56] Vgl. A. HÜBSCHER: A. Schopenhauer. Ein Lebensbild, in: A. SCHOPENHAUER: Sämtl. Werke, hg. A. HÜBSCHER (⁴1988) 1, 65. – [57] SCHOPENHAUER: HN, a.O. [13] 1, 95; vgl. schon THOMAS VON KEMPEN, a.O. [17] 368f. – [58] HN 1, 148 [246]; 173 [284] = Die Welt als Wille und Vorstellung [WWV] (1819, ²1844, ³1859) I, 461, 17-21. Sämtl. Werke, a.O. 2-3 . – [59] HN 1, 196 [314] (1814); 237f. [377] (1815); 418 [618] (1816); 465 [666] (1817); vgl. HN 1, 312, 9-14 [470]. – [60] WWV I, 448. – [61] a.O. 468. – [62] 463. – [63] 467; vgl. R. MALTER: Erlösung durch Erkenntnis, in: W. SCHIRMACHER (Hg.): Zeit der Ernte. Festschr. A. Hübscher zum 85. Geb. (1982) 41-59. – [64] WWV I, 181. – [65] a.O. 316. – [66] 181f. – [67] 496. – [68] S. KIERKEGAARD: Furcht und Zittern (1843). Saml. Værker [SW], hg. A. B. DRACHMANN u.a. (Kopenhagen 1920-36) 3, 96 = Ges. Werke [GW], hg. E. HIRSCH (1954-69) 4, 97. vgl. 3, 98/GW 4, 49; vgl. E. DREWERMANN: Strukturen des Bösen 3 (⁵1986) 497ff.; W. GREVE: Kierkegaards maieutische Ethik (1990) Reg. s.v. – [70] SW 99/50. – [71] 98/50. – [72] Abschl. unwiss. Nachschr. 2 (1846). SW 7, 220/GW 16, 254. – [73] A. DÖRING: Philos. Güterlehre (1888) 196ff. – [74] E. VON HARTMANN: Mein Verhältnis zu Schopenhauer, in: Philos. Fragen der Gegenw. (1885) 30f.; Das sittl. Bewußtsein. Ausgew. Werke 2 (²1886) 55. – [75] K. KAUTSKY: A. Schopenhauer (1888), in: R. HAYM u.a.: A. Schopenhauer, hg. W. HARICH (Berlin-Ost 1955) 177; vgl. 177ff. 186f. 188. 200f. – [76] F. NIETZSCHE: Rückblick auf meine zwei Leipziger Jahre (1867-68). Hist.-krit. Ges.ausg., Werke 3 (1935) 298; vgl. Br. an P. Deussen (Ende April/Anf. Mai). Krit. Ges.ausg. des Br.wechsels, hg. G. COLLI/ M. MONTINARI (1975-84) I/2, 269; (22. 6. 1868), a.O. 291; Unzeitgem. Betracht. III (1874). Krit. Ges.ausg. [GA] (1967ff.) III/1, 353. – [77] Versuch einer Selbstkritik (1886), in: Die Geburt der Trag. GA III/1, 14. – [78] H. HEIMSOETH: Metaph. Voraussetz. und Antriebe in Nietzsches 'Immoralismus' (1955) 59; vgl. 46. 48. 50ff. 58f. – [79] NIETZSCHE: Morgenröthe (1887) V, 518. GA V/1, 304; vgl. Frg. (Frühling-Sommer 1875) 5 [30]. IV/1, 124; Frg. (Winter 1876-77) 20 [9]. GA IV/2, 460; Menschl., Allzumenschl. (1878) I, a.O. 344; Frg. (Herbst 1880) 6 [274]. GA V/1, 598f.; Frg. (Ende 1880) 7 [172], a.O. 682; zum Entsagungsbegriff vgl. Menschl., Allzumenschl. II, 337. 403. GA IV/2, 153.

168f.; Morgenröthe V, 440. GA V/1, 273. – [80] A. SCHWEITZER: Kultur und Ethik [1923] (1960) 335. – [81] a.O. 336; vgl. W. SCHULZ: Ethik aus R. Evang. Kommentare 14 (1981) 253-256. – [82] M. SCHELER: Das Ressentiment im Aufbau des Moralischen (1915). Ges. Werke (Bern 1954ff.) 3, 50f.; vgl. a.O. 54. 158; Der Formalismus in der Ethik und die mat. Wertethik (1913/16), a.O. 2, 146. 358. 58f.; Vom Sinn des Leides (1916), a.O. 6, 51ff. – [83] K. JASPERS: Philos. 2 (1932, ³1956) 141. 232. 327. – [84] M. HORKHEIMER: Die Aktualität Schopenhauers (1961). Ges. Schr., hg. G. SCHMID NOERR (1985ff.) 7, 124; Relig. und Philos. (1967), a.O. 194. – [85] TH. W. ADORNO: R. (1969). Ges. Schr., hg. G. ADORNO/R. TIEDEMANN (1971ff.) 10/2, 794-799. – [86] Zum Begriff des Menschen (1957), a.O. 57. 60; Philos. als Kulturkritik (1959), a.O. 93; Soziol. und Philos. (1959), a.O. 121; Pessimismus heute (1971), a.O. 230. – [87] W. WEISCHEDEL: Skept. Ethik (1976) 210.

Literaturhinweise. M. SANDAEUS s. Anm. [35]. – TH. KOBUSCH: Wollen und R. Zum Verhältnis von Naturrecht und Mystik in Schopenhauers «Met. der Sitten», in: Disiecta Membra. Studien K. Gründer zum 60. Geb. (1989) 156-171.

M. LAARMANN

Resonanz (von lat. resonare 'wiedertönen'; engl. resonance). In der Physik kennzeichnet der Begriff ‹R.› das Mitschwingen eines Systems bei der Einwirkung von periodisch veränderten Kräften oder Feldern, bei denen die Frequenz gleich oder nahezu gleich der Eigenfrequenz des Systems ist. In der *Psychologie* und *Neurophysiologie* ist der Begriff ‹R.› in seiner strengen physikalischen Definition nur in der akustischen Wahrnehmungsforschung zur Anwendung gekommen. Als Erklärungsmetapher für bestimmte Vorgänge läßt er sich allerdings zu verschiedensten Zeiten und in unterschiedlichsten Gebieten nachweisen. Allgemeine Merkmale des R.-Begriffs sind dann: a) die durch materielle Eigenschaften des resonierenden Systems gesteuerte Analyse komplexer Eingangsmuster (im Gegensatz zu einer syntaktischen Analyse), wodurch der R.-Begriff eine hohe Affinität zur Theorie der spezifischen Sinnesenergie und der Transduktion [1] aufweist, b) die Hervorhebung von zeitlichen Aspekten in dem Verhältnis von Eingangsmuster und resonierendem System.

1. R.-Vorgänge werden in der akustischen Wahrnehmungsforschung bereits im 18. Jh. als mögliche Erklärung diskutiert. F. DUVERNEI führt den konischen Charakter der Gehörschnecke und die Endigung der Gehörnerven als überzeugende Indizien für einen dort stattfindenden R.-Prozeß an [2]. CH. BONNET [3] diskutiert die Frage, ob für die qualitative Besonderheit der Empfindungen die objektive Reizstruktur oder die Nervenerregung verantwortlich sei, und wird u.a. durch seine R.-Theorie des Hörens zu einem Vorläufer der Theorie der spezifischen Sinnesenergie. J. G. HERDER vergleicht das Gehör mit einem Saiteninstrument, das auf die einzelnen Töne differentiell anspricht [4]. Im 19. Jh. verbindet sich die R.-Vorstellung endgültig mit der Theorie der spezifischen Sinnesenergien, zunächst im Sinne einer globalen Beziehung zwischen dem Gehörorgan und der Besonderheit der Hörempfindungen [5].

Mit der Entwicklung der Fourieranalyse als mathematischem Werkzeug zur Differenzierung von sich überlagernden Frequenzen und ihrer Anwendung auf Klangwahrnehmungen durch G. S. OHM [6] sowie durch die Entdeckung des Cortischen Organs (1851), einer Faser- und Zellstruktur der Gehörschnecke, wird eine wirkliche R.-Theorie, die physikalische Analyse des Klangs, physiologisches Modell und psychologische Untersuchung verbindet, möglich. H. VON HELMHOLTZ postuliert, daß das Ohr wie ein Klanganalysator arbeitet, indem die einzelnen Fasern des Cortischen Organs je nach ihrer Länge auf verschiedene Tonhöhen ansprechen [7]. Das Ohr faßt demgemäß zusammengesetzte Klänge als Resultanten einfacher Töne auf, die Zerlegung erfolgt gemäß den Prinzipien der Fourieranalyse, und ihr Resultat ist durch die Breite der Gehörschnecke streng an eine bestimmte Lokalisation gebunden. Diese Lokalisation wiederum verbindet die Klanganalyse des Ohres mit einer strengen Fassung des Prinzips der spezifischen Sinnesenergien: Jede einzelne Faser übermittelt genau einen reinen Ton an das Gehirn, indem es einen spezifischen Nerv anregt [8]. Die R.-Theorie des Hörens wird durch diese wechselseitige Verbindung von physikalisch-mathematischer Darstellung des Klanges, Identifizierung anatomischer R.-Körper und Verursachung der Elementarbestandteile der Gehörempfindung durch isoliertes Anklingen reiner Töne zum paradigmatischen Beispiel des Programms einer physikalischen Physiologie, welches H. VON HELMHOLTZ, E. DU BOIS-REYMOND und E. BRÜCKE in der Mitte des 19. Jh. entwerfen, um die naturphilosophischen und spekulativen Ansätze in der Biologie zu bekämpfen [9].

In der Physiologie und Psychologie findet die R.-Theorie des Hörens bis in das erste Drittel dieses Jahrhunderts weite Verbreitung [10], u.a. weil sie lange das einzige konkrete und in den Naturwissenschaften verankerte Modell ist [11]. Im 20. Jh. gerät das R.-Modell unter wachsende Kritik [12]. Aus ihm folgt, daß ein spezifischer reiner Ton durch die Erregung eines bestimmten Ortes in der Gehörschnecke wahrgenommen wird. Eine so vollständig präzise Zuordnung der Schwingung zum Erregungsort ist aber nicht möglich. Die heutige Theorie des Hörens beruht deswegen auf einer Theorie der Frequenzanalyse von Erregungsmustern durch die serielle Aktivität mehrerer Gehörnerven und nicht eines einzigen, wie die R.-Theorie postuliert. Phänomene des Mitschwingens, die im weiteren Sinne als R. aufgefaßt werden können, ohne dabei die strengen Bedingungen der physikalischen R.-Theorie (Superposition von Frequenzen; Verhältnis von erzwingender und Eigenschwingung usw.) zu teilen, haben nur noch eine untergeordnete Bedeutung [13]. Zudem wird heute zwischen einer physikalisch-physiologischen Erklärung der Vorgänge im Ohr und der spezifisch psychologischen Ebene, der Gehörsempfindung, strenger differenziert. Adaptation an länger anhaltende Lautstärke, psychophysische Beziehung zwischen Reiz und Empfindung sowie Klangveränderung durch Aufmerksamkeitsprozesse sind drei der wichtigsten Momente, die einer spezifisch psychologischen Untersuchung des Hörens vorbehalten bleiben und durch R.-Vorgänge im engeren Sinne nicht erklärt werden können [14]. Sie sind als Indiz dafür zu werten, daß eine funktionalistische Spezifizierung der Gegenstände der Gehörswahrnehmung auf psychologischer Ebene nur vermittelt auf die physikalisch-physiologische Ebene reduzierbar ist, und verletzen damit das physikalistische Programm, das bei der Entwicklung von Helmholtz' Theorie Pate gestanden hat.

2. In der Gedächtnispsychologie dient die R.-Metapher zur Erklärung des Wiedererkennens und der Ähnlichkeitsassoziation [15]. Da zwei Ereignisse sich nie völlig gleichen, kann ihre Assoziation, soweit sie nicht zeitlich benachbart auftreten, nur durch R. zwischen gleichartigen Aspekten erklärt werden [16]. Wiedererkennen oder Erkennen einer Ähnlichkeit setzen zudem die gleichzeitige und doch getrennte Existenz zweier Bewußtseinsinhalte voraus. Deren Wechselverhältnis kann nicht im Sinne einer einfachen, physiologischen 'Bahnung' zwischen Nervenelementen interpretiert werden, wie dies die Gedächtnispsychologie bis zur Jahrhundertwende getan hat [17]. Für die Erklärung des Gedächtnisses bietet sich deshalb der Rückgriff auf eine 'physiologische' R.-Theorie an, die in Abgrenzung zu einer physikalischen R.-Theorie zu sehen ist, wie sie durch Helmholtz benutzt wird, weil sie kein materielles Mitschwingen eines Organs, sondern nur eine spezifische Auslösung von Nervenerregung durch Partialklänge voraussetzt [18]. Die Verallgemeinerung der 'physiologischen' R.-Theorie auf Gedächtnisvorgänge durch R. SEMON unterstellt, daß in jedem Bewußtseinszustand Empfindungen koexistieren und Ähnlichkeit bzw. Wiedererkennen Ausdruck des Grades der Homophonie in dieser Koexistenz sind [19]. J. LINDWORSKY, der in einer solchen R.-Theorie noch nicht die eigentliche psychologische Ebene der Erklärung, gleichwohl aber eine notwendige, psychophysische Vorstufe für diese sieht [20], betont, daß sie – bei Berücksichtigung des faktischen Wissens über neuronale Vorgänge – «nur ein 'als ob' einführt: wir müssen irgendwelche Kräfte und Bedingungen annehmen, die, wie immer sie auch konkret gestaltet sein mögen, so wirken, *als ob* Resonatoren arbeiteten» [21]. Bei der konkreten Auslegung der R.-Metapher lassen sich nämlich die Schwierigkeiten der früheren Gedächtnispsychologie (Erklärung der Reproduktion sukzessiver Eindrücke, des Wiedererkennens und der multimodalen Auslösung von Erinnerungen usw.) überwinden. Die Spezifizität der resonierenden Nervenelemente erlaube außerdem eine Rettung und Ausdehnung der Gesichtspunkte, die vom Postulat der spezifischen Sinnesenergien erklärt werden, auf das Gedächtnis.

Aus der Sicht der Gestaltpsychologie hingegen ist der Gebrauch des R.-Begriffs entweder irreführend, weil man nicht von einer physikalischen Eigen-Frequenz der Nervenelemente sprechen könne [22], oder gerade nicht geeignet, um ganzheitliche und sinnvolle psychische Prozesse zu erklären. Ein gedächtnismäßiges Problemlösen durch einen R.-Vorgang (im weiteren Sinne des Wortes) ist vielmehr «die 'trivialste' und uneinsichtigste Form der Lösungsfindung, in jeder Welt praktikabel, in der nur überhaupt Ähnlichkeiten, Wiederholungen vorkommen» [23].

Zeitgleich mit der Gestaltpsychologie benutzen K. BÜHLER [24] und G. KAFKA [25] den R.-Begriff zur Kennzeichnung von spezifischen sozialen Interaktionsprozessen. ‹R.› bezeichnet dann die weitestgehende Beeinflussung (Steuerung) eines Menschen durch einen anderen und ist mit dem Begriff der Suggestion verwandt.

3. In allen diesen frühen Theorien betont der R.-Begriff eine systemspezifische, nativistische oder doch zumindest die Passivität des resonierenden Systems hervorhebende Starrheit der resonierenden Strukturen. In der ersten neurophysiologischen Ausprägung des Begriffs durch P. WEISS [26] bleibt diese Tendenz zwar prinzipiell bestehen, wird aber gleichzeitig durch die Annahme einer gewissen funktionalen Unabhängigkeit der die R. auslösenden Impulse von ihrem «Übertragungsmedium», d.h. den Nervenbahnen, abgeschwächt. Weiss gelingt in den zwanziger Jahren dieses Jahrhunderts durch Organverpflanzung der Nachweis, daß bei bestimmten niederen Wirbeltieren die Effektoren unabhängig von ihrer anatomischen Lokalisation auf entspre-

chende Efferenzen reagieren. Diese Tatsache erklärt er durch die Hypothese einer «Eigen-R.» der Effektoren; die efferenten Nervenbahnen leiten die Erregungsmuster global in ein bestimmtes Körpergebiet, wo sie von dieser spezifischen R.-Fähigkeit der Effektoren analysiert und in Bewegungssegmente umgesetzt werden. A. BETHE [27] kritisiert an der R.-Theorie von Weiss, daß sie auf halbem Wege stehenbleibe: Zwar werde die Muskelsteuerung nicht mehr durch genau lokalisierte und zuleitende Nervenbahnen erklärt, dafür bleibe aber die Annahme lokalisierter Nervenzentren im zentralen Nervensystem bestehen, weil seine Theorie der motorischen Steuerung die Generation von sich superponierenden, spezifischen Erregungsmustern voraussetze.

In der zeitgenössischen Psychologie geht der ökologische Realismus von J. J. GIBSON [28] insofern über diese Beschränktheit des Ansatzes von Weiss hinaus, als er die präformierte oder mechanistische Zuordnung von erregendem Muster und resonierender Nervenstruktur verneint. Wahrnehmen ist ein aktiver Prozeß, in dessen Verlauf das Nervensystem durch die Tätigkeit des Organismus die richtige Einstellung auf und das Erreichen von Invarianten der Umgebung lernt. Solche Invarianten können allerdings nicht durch eine einfache Verlängerung der herkömmlichen, von einem Beobachter abstrahierenden Physik spezifiziert werden. Gibson betont deshalb ausdrücklich die Notwendigkeit einer psychologischen Klassifikation der Umgebung eines Organismus (u.a. im Sinne einer «ökologischen Physik»), die erst die dauerhaften Objektstrukturen zutage fördert, auf die der Organismus reagiert.

Auch im Paradigma des Konnektionismus, in dessen Rahmen der Versuch gemacht wird, aus der Simulation von idealisierten «neuronalen Netzen» psychische Vorgänge zu erklären [29], gewinnt der R.-Begriff eine neue Bedeutung [30]. Er bezeichnet dann die Ähnlichkeit der Erregungsmuster in modularen Netzwerken oder in Netzwerkebenen, wobei das Ausmaß der Ähnlichkeit zum Maßstab für die Veränderung der Verbindungen zwischen einzelnen Einheiten der Netze bzw. der Ebenen genommen wird. Um diesem Bezug auf Lernvorgänge Ausdruck zu geben, der dem ursprünglichen Gebrauch des R.-Begriffs fremd gewesen ist, nennt S. GROSSBERG [31] z.B. seine Theorie «adaptive resonance theory». Als «überhistorischer» Kern des R.-Begriffs bleibt vor diesem Hintergrund einzig die stärkere Orientierung an den zugrundeliegenden materiellen Strukturen bei der Erklärung psychologischer oder neurophysiologischer Vorgänge, die im Gegensatz zum frühen Gebrauch [32] eine Veränderung der «Eigen-R.» des resonierenden Systems durch Lernvorgänge oder durch Eigenaktivität einschließen kann.

Anmerkungen. [1] J. A. FODOR/Z. W. PYLYSHYN: How direct is visual perception? Some reflect. on Gibson's 'Ecological approach'. Cognition 9 (1981) 139-196. – [2] F. DUVERNEI: Tract. de organo auditus oder Abh. vom Gehör. Aus dem Frz. ins Teutsche übers. von J. A. MISCHEL (1732). – [3] CH. BONNET: Essai analyt. sur les facultés de l'âme (Kopenhagen/Genf 1769) 59; vgl. Oeuvr. d'hist. nat. et de philos. 8 (Neuchâtel 1783) 38ff. – [4] J. G. HERDER: Krit. Wälder – Oder Betracht. über die Wiss. und Kunst des Schönen (1769), in: Sämmtl. Werke, hg. B. SUPHAN 4 (1878) 1-198, hier: 102f. – [5] MUNCKE: Art. ‹Gehör›, in: J. S. T. GEHLER: Phys. Wb., neu bearb. H. W. BRANDES u.a. 4/2 (1828) 1198-1225, hier: 1208; W. THEILE: Art. ‹Gehör›, in: J. S. ERSCH/ J. G. GRUBER: Allg. Encycl. der Wiss.en und Künste I/56 (1853) 110-117, hier: 117. – [6] G. S. OHM: Ueber die Def. des Tones, nebst daran geknüpfter Theorie der Sirene ..., in: Poggendorff's Annalen der Physik und Chemie 59 (1843) 497-565; Noch ein paar Worte über die Def. des Tones, a.O. 62 (1844) 1-18. – [7] H. VON HELMHOLTZ: Ueber die physiolog. Ursachen der musikal. Harmonie (1857), in: Vortr. und Reden 1 (1884) 79-115, hier: 103ff.; Die Lehre von den Tonempfind. (^{6}1913). – [8] E. WAETZMANN: Die R.-Theorie des Hörens (1912) 75. – [9] Vgl. D. H. GALATY: The philos. basis of mid-nineteenth cent. German reductionism. J. Hist. Medicine 29 (1974) 295-316; E. MACH: Die Analyse der Empfind. und das Verhältn. des Phys. zum Psych. (^{2}1900) 203. – [10] Vgl. z.B. noch CH. A. RUCKMICK: A crit. review of the field of audition. Psycholog. Bull. 33 (1936) 407-431. – [11] C. STUMPF: Tonpsychologie 2 (1890); E. WAETZMANN: Die R.-Theorie des Hörens. Ihre Entw. und ihr gegenwärt. Stand. Die Naturwiss.en 10 (1922) 542-551, hier: 548. – [12] M. WIEN: Ein Bedenken gegen die Helmholtzsche R.-Theorie des Hörens, in: Festschr. A. Wüllner (1905) 28; M. GILDENMEISTER: Probleme und Ergebn. der neueren Akustik. Z. Hals- ... Heilkunde 27 (1930) 299; vgl. RUCKMICK, a.O. [10]. – [13] Vgl. O. F. RANKE: Psychol. des Gehörs, in: W. TRENDELENBURG/E. SCHÜTZ: Lehrb. der Physiol. (1953) 26. – [14] a.O.; vgl. W. L. GULICK: Hearing: Physiology and Psychophysics (1971). – [15] M. OFFNER: Das Gedächtnis (^{2}1911) 186ff. unter Rückgriff auf R. SEMON: Die Mnemischen Empfind. (1909) 40ff. 258ff. – [16] Vgl. H. HÖFFDING: Psychol. (1893) 215ff. – [17] E. BECHER: Gehirn und Seele (1911) 181ff. – [18] MACH, a.O. [9] 201. – [19] SEMON, a.O. [15]. – [20] J. LINDWORSKY: Theoret. Psychol. (^{4}1932) 35ff. – [21] a.O. 60. – [22] W. KÖHLER/H. VON RESTORFF: Zur Theorie der Reproduktion. Psycholog. Forsch. 21 (1937) 56-112. – [23] K. DUNCKER: Zur Psychol. des produkt. Denkens (1935) 89. – [24] K. BÜHLER: Die Krise der Psychol. [1927] (1965) 87ff.; vgl. Ausdruckstheorie. Das System an der Gesch. aufgez. [1933] (1968). – [25] G. KAFKA: Grundsätzl. zur Ausdruckspsychol. Acta psychologica 3 (1937) 273-312. – [26] P. WEISS: Erregungsspezifizität und Erregungs-R. Ergebn. Biologie 3 (1928) 1-151; Das R.-Prinzip der Nerventätigkeit, dargest. in Funktionsprüf. an transplant. überzähl. Muskeln. Pflügers Arch. ges. Physiologie 226 (1930/31) 600-658; die Überwind. der physikal. Basis der Theorie findet sich teilw. auch bei LINDWORSKY, a.O. [20], der sich auf Weiss beruft. – [27] A. BETHE: Plastizität und Zentrenlehre, in: A. BETHE u.a. (Hg.): Hb. der normalen und patholog. Physiol. 15/2 (1931) 1197-1202. – [28] J. J. GIBSON: Die Sinne und der Prozeß der Wahrnehmung [engl. 1966] (Bern 1966); The ecolog. approach to visual perception (Boston 1979). – [29] Vgl. P. SMOLENSKY: On the proper treatment of connectionism. Behav. Brain Sci. 11 (1988) 1-74. – [30] Vgl. z.B. P. H. GREENE: On looking for neural networks and 'cell assemblies' that underlie behavior. Bull. math. Biophysics 24 (1962) 247-275: Teil I; 395-411: Teil II; J.-P. CHANGEUX/S. DEHAENE: Neuronal models of cognit. functions. Cognition 33 (1989) 63-109. – [31] S. GROSSBERG: Adapt. pattern classific. and univ. recoding. Biolog. Cybernetics 23 (1976) 121-134: Teil I; 187-202: Teil II; Competit. learning: From interact. activation to adapt. resonance, in: Neural networks and nat. intelligence (Cambridge, Mass. 1988); S. GROSSBERG/G. STONE: Neural dynamics of word recognition and recall: Attent. priming, learning, and resonance. Psycholog. Review 93 (1986) 46-74. – [32] Vgl. aber für eine ähnliche, kontemporäre Fassung der R.-Metapher FODOR/PYLYSHYN, a.O. [1] 177ff. sowie teilw. auch R. N. SHEPARD: Ecolog. constraints on internal representation: Resonant kinematics of perceiving, imagining, thinking, and dreaming. Psycholog. Review 91 (1984) 417-447.

Literaturhinweise. H. VON HELMHOLTZ s. Anm. [7]. – E. WAETZMANN s. Anm. [8]. – R. N. SHEPARD s. Anm. [32].

H. HILDEBRANDT

Ressentiment. 1. *Französische Wortgeschichte.* – Das Wort ‹R.› gehört wie ‹Milieu› zu jenen Begriffen aus der französischen Sprache, für die es in keiner anderen Sprache ein Ersatzwort gibt. Das Substantiv ist vom Verb ‹ressentir› abgeleitet und seit dem 16. Jh. in der französischen Literatur belegt. Entsprechend der inhaltlich zunächst neutralen Bedeutung des Verbs, das nicht den Inhalt, sondern nur die Art des Empfindens bezeichnet im Sinne eines 'nachhaltigen und so auch nachwirkenden Empfindens', kann auch das Substantiv ‹R.› für längere Zeit eine inhaltlich neutrale, aber 'nachhaltige Empfindung von besonderer Stärke' bezeichnen. Bei MOLIÈRE kann ‹R.› die positive Empfindung der 'dankbaren Zuneigung' bezeichnen: «Souffrez, mon père, ... que je vous embrasse pour vous témoigner mon ressentiment» [1]; ‹R.› kann bei ihm aber auch die negative 'Empfindung des Beleidigten, der auf Rache sinnt', bezeichnen: «La reconnoissance de l'obligation n'efface point en moi le ressentiment de l'injure» [2]. Bei P. CORNEILLE bezeichnet ‹R.› die 'Empfindung des innigen Schmerzes', aus der sich eine Verpflichtung ergibt: «De nos parents perdus le vif ressentiment / Nous apprit nos devoirs en un même moment» [3]. Und bei TH. DE VIAU bezeichnet ‹R.›, die 'Empfindung ohnmächtigen Schmerzes, die sich mit Rachegedanken verbindet': «Justes Cieux qui voyez l'outrage, / Que je souffre peu justement, / Donnez à mon ressentiment / Moins de Mal, ou plus de courage» [4]. Insgesamt bezeichnet ‹R.› eher 'Empfindungen negativen Inhalts' als solche positiven Inhalts, weil sich negative Empfindungen nachhaltiger einprägen als positive. Diese vor allem das Verb ‹ressentir› kennzeichnende Bedeutung bestimmt somit auch das Substantiv ‹R.› weitgehend. H. DE BALZAC begründet den Wortgebrauch: «Notre nature nous porte à 'ressentir' plus de douleur d'une dissonance dans la félicité, que nous n'éprouvons de plaisir à rencontrer une jouissance dans le malheur» [5].

Den unvermeidlich überwiegenden Negativakzent des R. belegt schon M. DE MONTAIGNE, der den Begriff vermutlich in die Literatur eingeführt hat. Er verwendet ‹R.› sowohl im Sinne einer 'nachhaltigen Empfindung' als auch im Sinne des sich aus dieser ergebenden 'Rachegedankens'. In seinem Essai ‹Couardise mère de la cruauté› beschreibt Montaigne den Ursprung der Grausamkeit aus der Feigheit. Er fragt, weshalb sich unsere Väter noch mit der Rache begnügten, während wir den Feind unbedingt töten wollen. Der Grund für die unbedingte Tötungsabsicht ist die Feigheit; denn die Rache will nur eine 'nachhaltige Empfindung' von sich hinterlassen, fürchtet aber nicht den Feind: «elle ne vise qu'à donner ressentiment de soy». Deshalb greifen wir auch kein Tier oder einen Stein an, wenn sie uns verletzen, denn sie sind «incapables de sentir nostre revenche» [6]. Das so bestimmte R. setzt die Möglichkeit des «sentiment» voraus: 'das bewußte Fühlen'. Wenn Asinius Pollio seine Invektiven gegen Plancus erst nach dessen Tode publizierte, dann ist das soviel wie «offenser un homme sans sentiment»; denn er fürchtet sich, das «ressentiment» des Beleidigten, das auf Rache drängt, zu riskieren: «d'encourir le hazard de son ressentiment» [7]. Das aus Beleidigung entstandene R. impliziert aber nicht immer den Rachegedanken, es kann sich auch auf den nachhaltig empfundenen Schmerz beschränken. CH.-A. SAINTE-BEUVE meint: Marie Antoinette empfand «un ressentiment des injures qui n'était pas le désir de la vengeance, mais bien la souffrance délicate et fière de la dignité blessée» [8]. Schließlich bezeichnet bei J.-P. SARTRE ‹R.› das 'Raisonnieren und Querulieren der Jugend', die das Leiden an der Familie mit dem Leiden am Kapitalismus verwechselt: «La jeunesse est l'âge du ressentiment. Non point de la grande colère des hommes qui souffrent» [9]. Insgesamt gilt: Das R. ist 'als nachhaltig bewußte Empfindung' vor allem des Schmerzes stets reflexiv und in Verbindung mit dem 'Rachegedanken' stets reaktiv.

Anmerkungen. [1] MOLIÈRE: Le malade imaginaire III, 14. Théatre compl., hg. R. JOUANNY (Paris 1960) 2, 843. – [2] Dom Juan III, 4, a.O. 1, 751. – [3] P. CORNEILLE: Cinna V, 2. Oeuvres, hg. M. CH. MARTY-LAVEAUX (Paris 1862) 3, 457. – [4] TH. DE VIAU: Au Roy sur son exil. Ode, 51-54. Oeuvres compl., 1ère partie, hg. G. SABA (Paris/Rom 1984) 161. – [5] H. DE BALZAC: La recherche de l'absolu (1834). La comédie humaine IX, hg. M. BOUTERON (Paris 1950) 491. – [6] M. DE MONTAIGNE: Couardise mère de la cruauté. Essais II, 27, hg. A. THIBAUDET (Paris 1950) 777. – [7] a.O. 779. – [8] CH.-A. SAINTE-BEUVE: Causeries du lundi (Paris ³1850-74) 4, 339: 14 juillet 1851 (Marie Antoinette). – [9] J.-P. SARTRE: Situations I. Essais crit. (Paris 1947) 28.

2. Bei F. NIETZSCHE, der auch Montaignes ‹Essais› bewunderte, ist ‹R.› der Schlüsselbegriff zur ‹Genealogie der Moral›. Das R. ist im Kern ein hintersinniger und hinterlistiger Wille zur Macht, der sich hinter dem asketischen Leben versteckt: «Denn ein asketisches Leben ist ein Selbstwiderspruch: hier herrscht ein R. sonder Gleichen, das eines ungesättigten Instinktes und Machtwillens, der Herr werden möchte, nicht über Etwas am Leben, sondern über das Leben selbst» [1]. Das R. führt zur «Umkehrung des werthesetzenden Blicks» [2], indem es «selbst schöpferisch wird und Werthe gebiert: das R. solcher Wesen, denen die eigentliche Reaktion, die der That versagt ist, die sich nur durch eine imaginäre Rache schadlos halten» [3]. Daraus ergibt sich «die Sklaven-Moral», denn «ihre Aktion ist von Grund aus Reaktion» [4]. Aufgrund seiner primären Schwäche will der «Mensch des R.» die indirekte Machtergreifung über das Leben der Anderen: Er ist «weder aufrichtig, noch naiv, noch mit sich selbst ehrlich ... Seine Seele schielt» [5]. Für diesen Menschen ergibt sich die eigene Gutheit nur aus der Projektion der Bosheit auf den Anderen: er braucht '‹den Bösen›', und zwar als Grundbegriff, von dem aus er sich als Nachbild und Gegenstück nun auch noch einen 'Guten' ausdenkt – sich selbst!» [6].

Der vom R. bestimmte Typus Mensch ist aber nicht nur allen Anderen gefährlich, sondern insbesondere auch der ganzen Herde von Menschen seines eigenen Typs. So bedarf diese Herde des «asketischen Priesters», der die Herde vor der Selbstzerstörung bewahrt: Er verteidigt die Herde «gegen die in der Heerde selbst glimmende Schlechtigkeit ..., er kämpft klug, hart und heimlich mit ... der jederzeit beginnenden Selbstauflösung innerhalb der Heerde, in welcher jener gefährlichste Spreng- und Explosivstoff, das R., sich beständig häuft und häuft. Diesen Sprengstoff so zu entladen, dass er nicht die Heerde und nicht den Hirten zersprengt, das ist sein eigentliches Kunststück» [7]. Denn der Mensch des R. sucht für sein Leid einen «schuldigen Täter». Die Antwort des Priesters auf diese Frage aber lautet so: «du selbst bist an dir allein schuld» [8]. Damit ist die Richtung des R. abgebogen und umgebogen: «der Priester ist der Richtungs-Veränderer des R.» [9]. Nietzsches Begriff von R. bestimmt seither den philosophischen und allgemeinen Wortgebrauch: Das R. ist ein moralisch minderwertiges Gefühl und muß überwunden werden.

Anmerkungen. [1] F. NIETZSCHE: Zur Genealogie der Moral (1887) 3. Abh., Nr. 11. Krit. Ges.ausg., hg. G. COLLI/M. MONTINARI 6/2 (1968) 381. – [2] 1. Abh., Nr. 10, a.O. 285. – [3] a.O. 284. – [4] 285. – [5] 286. – [6] 288. – [7] 3. Abh., Nr. 15, a.O. 390f. – [8] a.O. 392f. – [9] 391.

Literaturhinweise. L. KLAGES: Die psycholog. Errungenschaften Nietzsches (1926) 116-147. – R. WIEHL: R. und Reflexion. Nietzsche-Stud. 2 (1973) 61-91. – A. ALTMANN: F. Nietzsche. Das R. und seine Überwindung – verdeutlicht am Beispiel christl. Moral (1977). – G. G. GRAU: Ideologie und Wille zur Macht (1984) 229-252.

3. Im engen Anschluß an F. Nietzsche behandelt M. SCHELER «das R. im Aufbau der Moralen» [1]. Das R. «ist eine seelische Selbstvergiftung ... Sie ist eine dauernde psychische Einstellung, die durch systematisch geübte Zurückdrängung von Entladungen gewisser Gemütsbewegungen und Affekte entsteht, welche an sich normal sind und zum Grundbestande der menschlichen Natur gehören, und die gewisse dauernde Einstellungen auf bestimmte Arten von Werttäuschungen und diesen entsprechenden Werturteilen zur Folge hat» [2]. Das R. findet sich vor allem bei den «Dienenden» und «Beherrschten» [3]. Anders jedoch als Nietzsche meint Scheler, daß «der Kern der christlichen Ethik nicht auf dem Boden des R. erwachsen ist», wohl aber «der Kern der bürgerlichen Moral» seine Wurzeln im R. hat [4]. Demzufolge untersucht er «R. und moderne Menschenliebe» [5]. Das R. der allgemeinen Menschenliebe ist «eine Aversion gegen den jeweilig nächsten Kreis der Gemeinschaft ... und seinen inneren Wertgehalt» [6]: Es dispensiert von der Verpflichtung der nächsten Dinge. Insbesondere ergeben sich aus dem R. «Werteverschiebungen in der modernen Moral» [7]; es dominiert nämlich 1. «Der Wert des Selbsterarbeiteten und -erworbenen» [8], 2. «Die Subjektivierung der Werte» [9] und 3. «Die Erhebung des Nützlichkeitswertes über den Lebenswert überhaupt» [10]. Die Dominanz des Nützlichkeitswertes ergibt sich aus dem «R. der Lebensuntüchtigeren gegen die Tüchtigeren, der partiell Toten über die Lebendigen» [11].

Anmerkungen. [1] M. SCHELER: Das R. im Aufbau der Moralen (1915). Ges. Werke 3: Vom Umsturz der Werte (Bern ⁴1955) 33-147. – [2] a.O. 38. – [3] 41. – [4] 70ff. – [5] 96ff. – [6] 104. – [7] 114ff. – [8] 115ff. – [9] 122ff. – [10] 126ff. – [11] 137.

Literaturhinweise. K. KANTHACK: Max Scheler. Zur Krisis der Ehrfurcht (1948) 41-73. – M. UCHIYAMA: Das Wertwidrige in der Ethik Max Schelers (1966) 143-149.

4. M. WEBER beschreibt die Juden seit dem Exil und der Zerstörung des Tempels als ein «Pariavolk», das ist «eine, durch ... Schranken der Tisch- und Konnubialgemeinschaft nach außen einerseits, durch politische und sozial negative Privilegierung, verbunden mit weitgehender ökonomischer Sondergebarung andererseits, zu einer erblichen Sondergemeinschaft zusammengeschlossene Gruppe ohne autonomen politischen Verband» [1]. Aus der negativen Privilegierung ergibt sich dann «auf dem Boden der jüdischen ethischen Erlösungsreligiosität ... das R. Es ist in Nietzsches Sinn Begleiterscheinung der religiösen Ethik der negativ Privilegierten, die sich, in direkter Umkehrung des alten Glaubens, dessen getrösten, daß die ungleiche Verteilung der irdischen Lose auf Sünde und Unrecht der positiv Privilegierten beruhe, als früher oder später gegen jene die Rache Gottes herbeiführen müsse» [2]. Obwohl Weber im R. nicht das «eigentlich maßgebende Element» der jüdischen Religiosität sieht [3], haben seiner Meinung nach «Jahves Verheißungen innerhalb des Judentums selbst ... einen starken Einschlag von Ressentimentmoralismus gezeitigt» [4]. Gegen diese Darstellung wendet sich E. FLEISCHMANN und bezeichnet als Webers «Grundirrtum: das Problem des Judentums vom Gebiet der Tatsachen auf das des Moralismus zu verschieben. Nicht seiner Soziologie, sondern seiner Gesinnungs- und Verantwortungsethik muß sich die negative Ethik des R. 'einfügen', eine Ethik, die er den Juden zuschreibt als ihre ererbte Grundqualität» [5].

Anmerkungen. [1] M. WEBER: Wirtschaft und Ges. Grundriß der verst. Soziol. (1921). Stud.ausg., hg. J. WINCKELMANN 1. Halbbd. (1964) 386. – [2] a.O. 387. – [3] 389. – [4] 390. – [5] E. FLEISCHMANN: Max Weber, die Juden und das R., in: W. SCHLUCHTER (Hg.): Max Webers Studie über das antike Judentum (1981) 263-286, zit.: 283.

5. *Analytische Philosophie.* – P. F. STRAWSON diskutiert die Auseinandersetzung zwischen Deterministen und Indeterministen über die Willensfreiheit unter dem Titel ‹Freedom and Resentment› [1]. Zusammen mit «gratitude» gehört «resentment» zu den «reactive attitudes and feelings» [2], die wir gegenüber dem Handeln anderer Personen empfinden. ‹Resentment› kann im Englischen zwar auch für den nietzscheanischen Begriff des R. stehen, doch bezeichnet es alltagssprachlich gewöhnlich in einem nicht spezifizierten Sinn 'Übelnehmen', 'Groll', 'Unwillen'. In dieser Bedeutung und in Übereinstimmung mit der Tradition definiert Strawson das «resentment» als 'nachhaltige Empfindung und Empörung' über eine moralische Verletzung im weiteren Sinne: «Thus resentment ... is a reaction to injury or indifference» [3]. Er analysiert: «If someone treads on my hand accidentally, while trying to help me, the pain may be no less acute than if he treads on it in contemptuous disregard of my existence or with a malevolent wish to injure me. But I shall generally feel in the second case a kind and degree of resentment that I shall not feel in the first» [4]. Die bloße Tatsache des «resentment» im vorliegenden Falle und der «reactive attitudes» insgesamt beweist, daß wir das Handeln anderer Personen unvermeidlich für zurechenbar oder für unzurechenbar halten. Und diese Tatsache wiederum entscheidet im Streit zwischen Deterministen und Indeterministen über die Willensfreiheit zugunsten der letzteren; denn die Deterministen können in der Konsequenz ihrer eigenen Voraussetzung gar kein «resentment» haben, obwohl sie es faktisch unwiderleglich besitzen.

Anmerkungen. [1] P. F. STRAWSON: Freedom and resentment and other essays (London 1974) 1-25; dtsch.: Freiheit und Übelnehmen, in: U. POTHAST (Hg.): Seminar: Freies Handeln und Determinismus (1978) 201-233. – [2] a.O. 6. – [3] 14. – [4] 5.

Literaturhinweise. J. BENNETT: Accountability, in: Z. VAN STRAATEN (Hg.): Philos. subjects. Essays pres. to P. F. Strawson (Oxford 1980) 14-47. – *Literaturhinweis zu 1. bis 4.:* W. CONRAD: R. in der Klassenges. Zur Diskussion um einen Aspekt relig. Bewußtseins (1974).
P. PROBST

Rest, metaphysischer. Mit der Vorstellung ‹R.› lassen sich grundsätzlich zwei Bedeutungsrichtungen verbinden: In der einen (1.) bezeichnet ‹R.› etwas prinzipiell Unaufhebbares, das als solches anerkannt werden muß; in der anderen (2.) einen verbliebenen Bestand, der noch aufzuheben bzw. zu beseitigen ist.

1. Philosophischen Rang gewinnt der Ausdruck ‹R.› erst im Zuge der Metaphysikkritik des 19. Jh. In der Kombination ‹irrationaler R.› wächst ihm eine ebensowohl metaphysikkritische wie erkenntniskonstitutive Funktion zu. W. WINDELBAND verweist darauf, daß die «rationalistischen Systeme» der Metaphysik einen «R.» voraussetzen, «an welchem die Vernunfterkenntnis scheitert» [1]. Seine Explikation des Problems wird wirkungsgeschichtlich maßgebend: «Allein das restlose Auf-

gehen der Wirklichkeit in die 'Vernunft' ist nur ein Schein. In Wahrheit bleibt für jedes dieser rationalistischen Systeme ein letztes Etwas übrig, was sich der rationalen Erkenntnis entzieht, was sich für die begriffliche Auflösung als unnahbar darstellt und dem vernünftigen Bewußtsein als incommensurabel erscheint. Bei aller rationalen Durcharbeitung unseres Bewußtseinsinhaltes bleibt darin ein R., der wie ein Fremdes und Gegebenes dazwischensteht und der sich aus der Vernunft selbst nicht ableiten läßt. Es giebt im Grunde der Dinge etwas Incalculables, – ein geheimnisvolles Etwas, welches da ist, auf welches wir die Hand legen und welches wir doch nie begreifen können. In der Tiefe des 'Deducirten' ruht ein Undeducirbares... Der Rationalismus bedarf eines *Grenzbegriffs*, vermöge dessen er eingesteht: hier liegt ein Unbegreifliches, eine Thatsache, die gilt, ohne erkannt zu sein» [2]. Eine umfassende erkenntnistheoretische Ausarbeitung erfährt diese Konzeption in der badischen Schule des Neukantianismus (H. RICKERT, E. LASK).

N. HARTMANN übernimmt den Ausdruck ‹irrationaler R.› für unauflösliche R.-Bestände der Metaphysik, befreit ihn jedoch von seiner erkenntnis*konstitutiven* Bedeutung im engeren, d.h. neukantianischen Sinne, um unter seiner Verwendung der Metaphysik als «Metaphysik der Probleme» eine neue und positive Bedeutung zu verleihen. «Metaphysische Probleme» sind – hier bezieht sich Hartmann auf Kant – das Schicksal der Vernunft: Sie sind weder abzuweisen, noch zu lösen. «Nur sind ihrer viel mehr, als Kant meinte; die Grenzfragen aller Wissensgebiete sind in diesem Sinne 'metaphysisch', d.h. mit einem irrationalen (unlösbaren) R. behaftet, der darum zwar ungezählte Lösungsversuche erfährt, aber im Grunde ungelöst bleibt. Mit dieser Metaphysik der Probleme hat es die Philosophie zu tun. Und in diesem Sinne kehrt die einst totgesagte Metaphysik in ihr heute wieder. Aber sie ist keine Metaphysik der Systeme mehr» [3].

Hartmann fordert die Bearbeitung dieses «irrationalen R.-Bestandes», weil dadurch zumindest ein «geringster Fortschritt der Einsicht» möglich ist, der zu einer «radikalen Aufhellung der Problemlage» [4] führen kann: «Metaphysische Probleme 'löst' keine Philosophie, sie kann sie nur behandeln, und wie weit sie damit kommt, muß immer zweifelhaft bleiben» [5]. So ist es von systematischer Bedeutung, die jeweils «unübersteigbare Rationalitätsgrenze» festzustellen, den «eigentlichen metaphysischen Problemkern» [6] jeder philosophischen Fragestellung umreißt. In der Philosophie gilt es, «das *Minimum an Metaphysik* zur Behandlung der Probleme herauszuarbeiten. Dieses Minimum kann sehr wohl ein unvermeidliches, kritisch abgewogenes sein. Und es wird das sein, sofern es den metaphysischen Gehalt der Probleme selbst ... nicht überschreitet, sondern einfach dessen reine Herausarbeitung ist» [7].

Zu finden sind metaphysische R.-Fragen nicht nur bei den großen metaphysischen Gegenständen, sondern darüber hinaus als «Grenzfragen» [8] in allen Wissenschaften. Sie liegen «dicht hinter dem Gegebenen und Erfaßten» [9] in allen Gebieten und Disziplinen der Wissenschaft.

Erkenntnistheoretisch handelt es sich um Probleme, «deren Gegenstand einen transintelligiblen R. enthält» [10]. *Ontologisch* gehören sie in das Gebiet des «transobjektiven Seins». Jedoch liegen sie «nicht nur im Transobjektiven, sondern auch im Transintelligiblen. Das ist es, warum aller Erkenntnisprogreß auf das Unerkennbare zu ponderiert, warum alle irgendwie fundamentalen Problemketten auf irrationale Grundprobleme hindrängen». Nicht das Seiende ist darum begrenzt, sondern lediglich «unsere Seinsoffenheit» [11], d.i. die Möglichkeit unserer Erkenntnis. «Je tiefer wir aber in die ungelösten Rätsel hineinsehen, wie die Wissenschaft sie hinterläßt und die Philosophie sie aufgreift, um so deutlicher sehen wir einen irrationalen R. der metaphysischen Probleme. Wir können ihm zwar näherkommen, ihn aber wohl nie ganz auflösen» [12].

2. Die zweite Bedeutung des Ausdrucks ‹m.R.› schließt wortgeschichtlich an die erste an, kritisiert jedoch Metaphysik grundsätzlich und im ganzen; Metaphysik soll vollständig destruiert werden, indem auch noch die 'letzten' verbliebenen R.e an Metaphysik aufzulösen sind. M. HEIDEGGER [13] verweist auf den Briefwechsel zwischen Graf YORCK VON WARTENBURG und Dilthey, in dem Yorck die «Nicht-Vergeschichtlichung des Philosophirens» als «m.R.» kritisiert. Und so konstatiert H.-G. GADAMER im Blick auf die Wissenschaftstheorie, daß sie die Erkenntnistheorie des 19. Jh. «von vielen unhaltbaren Vorstellungen, ich würde sie Metaphysikreste nennen, gereinigt» habe [14]. In vergleichbarer Weise bemerkt Gadamer an anderer Stelle zur phänomenologischen Kritik am Cartesianismus: «Von hier aus hat bereits Scheler den Vorrang des Selbstbewußtseins und die Trennung von Subjekt und Objekt als ein metaphysisches Restproblem gekennzeichnet, und Heidegger hat darin die Folgelast der griechischen Ontologie des 'Vorhandenen' aufgewiesen...» [15].

In dieser zweiten Bedeutung hat sich der Ausdruck ‹m.R.› von seiner Herkunft (Neukantianismus, N. Hartmann) gelöst und gehört seither zum allgemeinen Vokabular der Kritik an der Metaphysik.

Anmerkungen. [1] W. WINDELBAND: Die Gesch. der neueren Philos. 2 (1899) 337. – [2] a.O. 337f. – [3] Art. ‹Nicolai Hartmann›, in: W. ZIEGENFUSS: Philosophen-Lex. Handwb. der Philos. nach Personen 1-2 (1949f.) 1, 454-471 [Selbstdarst. von N. Hartmann], hier: 454f. – [4] Ethik (²1935) 649. – [5] Einl. zur 'Philosophie der Natur' (1950) 16. – [6] a.O. [4] 720. – [7] Grundzüge einer Met. der Erkenntnis (²1925) 8. – [8] Systemat. Selbstdarst., in: Kleinere Schr. 1 (1955) 13. – [9] a.O. 13. – [10] 24. – [11] Zur Grundleg. der Ontol. (²1941) 175. – [12] Einl. in die Philos. (⁴1956) 209. – [13] M. HEIDEGGER: Sein und Zeit § 77 (1927, ⁹1960) 402; P. YORCK VON WARTENBURG: Br. 57 (4. 12. 1887), in: Br.wechsel zw. W. Dilthey und dem Grafen P. Yorck von Wartenburg, 1877-1897 (1923) 69. – [14] H.-G. GADAMER: Das Erbe Europas (1989) 21. – [15] a.O. 118.

Literaturhinweise. E. LASK: Fichtes Idealismus und die Geschichte. Ges. Schr. 1 (1923) 1-274; Die Logik der Philos. und die Kategorienlehre, a.O. 2, 1-282. – H. RICKERT: Der Gegenstand der Erkenntnis (⁶1928); Die Grenzen der naturwiss. Begriffsbildung (⁵1929). – J. STALLMACH: Die Irrationalitätsthese N. Hartmanns. Sinn, Gründe, Fraglichkeit. Scholastik 32 (1957) 481-497. – N. Hartmann. 1882-1982. Mit einer Einl. von J. STALLMACH und einer Bibliogr. der seit 1964 über Hartmann ersch. Arb., hg. A. J. BUCH (1982). – E. FEIL: Antithetik neuzeitl. Vernunft. 'Autonomie – Heteronomie' und 'rational – irrational' (1987) 157-176.

H. M. BAUMGARTNER

Restauration (von lat. restaurare wiederherstellen; engl. restoration; frz. restauration, restoration)

1. ‹R.› bedeutet Wiederherstellung eines ursprünglichen oder auch nur früheren Zustands, der als echter, unschuldiger, glücklicher oder rechtmäßiger, jedenfalls positiver bewertet wird als der, den die R. aufhebt. In diesem Sinne findet der Begriff zunächst in den Spra-

chen der *Theologie* und der *Rechtswissenschaft* Verwendung, in der letzteren als eine terminologisch weniger fixierte Variante des römisch-rechtlichen Begriffs der Restitution [1]. Im Zusammenhang mit der Wiederherstellung der Herrschaft der Stuarts in England im Jahre 1660 wird ‹restoration› dann zu einem politisch-historischen Begriff, der jedoch erst in der Retrospektive der Historiker zur Epochenbezeichnung ausgeweitet wird. Die weitere Geschichte des Begriffs steht im Zeichen einer Erweiterung und Veränderung des Bedeutungsfelds, die in Reaktion auf die Herausforderungen der *europäischen Geschichte* in den folgenden drei Jahrhunderten grundsätzliche Vorstellungen über das Verhältnis von Macht, Recht und Geschichte, über historische Notwendigkeit und über die Gestalt des Geschichtsverlaufs reflektieren.

2. ‹Restoration› bezeichnet zunächst im engeren Sinn die Wiedereinsetzung Karls II. als König von England, im weiteren die Wiederherstellung der Verfassungsmäßigkeit überhaupt und wurde in dieser Bedeutung auch in die anderen europäischen Sprachen übernommen [2]. Die Frage, welcher Verfassungszustand als der legitime wiederherzustellen sei, bleibt 1660 allerdings offen; die Verfassungsdiskussion hierüber, die nach 1640 eingesetzt und schließlich zum Bürgerkrieg und zur Hinrichtung Karls I. geführt hatte, wird nicht fortgesetzt. Knapp dreißig Jahre später, im Grunde aber schon während der Generalprobe für die Glorreiche Revolution in der Exclusion-Krise, wird sich das rächen. Karl II. läßt zwar in der ‹Erklärung von Breda› erkennen, daß er seine R. nicht als bedingungslos begreift und vermeidet in seiner Herrschaftspraxis auch den Konfliktfall. Längerfristig erweist sich die Tabuisierung der Verfassungsfrage indes nicht als tragfähige Grundlage der englischen politischen Kultur [3]. Als Karls Bruder Jakob II. eine monarchisch-absolutistische Antwort gibt, bezahlt er dies mit seinem Thron. Die Revolution von 1688/89 wird nun ihrerseits als Wiederherstellung eines legitimen Verfassungszustands begriffen, den der König untergraben hat. So verknüpft der Whig-Publizist W. ATWOOD den R.-mit dem Vertragsgedanken, wenn er schreibt, daß «... upon King James's abdication ... the people were restored to that liberty which they had before the settlement of the crown, which was in force till the Original Contract was broken by him» [4]. Die alte Wortbedeutung von ‹Revolution›, also ‘revolutio’, und ‘R.’, liegen hier noch eng beieinander [5]. In der englischen politischen Sprache driften die beiden Bedeutungen von ‹R.›, Wiedereinsetzung des Königs nach der Parlaments- und Protektoratsherrschaft zwischen 1643 und 1660 auf der einen und Wiederherstellung des legitimen Verfassungszustands auf der anderen Seite, dann auseinander. Was der «status restaurandus» der englischen Verfassung ist, wird soweit interpretierbar, daß am Ende des Jahrhunderts sogar die Radikaldemokraten die Forderung nach dem allgemeinen Männerwahlrecht, Gleichwertigkeit der Stimmen und jährlichen Parlamentswahlen als «restoration» der ursprünglichen englischen Verfassung ausgeben können [6]. Das in diesem Wortgebrauch liegende Bedeutungspotential wird indes nicht weiterentwickelt, sondern geht im Revolutionsbegriff auf.

3. Mit der Anwendung des Begriffs ‹R.› auf den der R. Karls II. analogen Vorgang der Wiedereinsetzung der Bourbonen nach dem Sturz Napoleons endet nicht nur seine spezifische ereignisgeschichtliche Zuordnung, es wird auch der verfassungs- und rechtsgeschichtliche Bedeutungskern erweitert [7]. Unter ‹R.› wird nun allerdings nicht mehr notwendigerweise die Wiederherstellung aller von der Revolution beeinträchtigten Rechtstitel verstanden. Zwar träumen einige hochkonservative Denker und viele Emigranten, die standhaft geblieben sind und ihren Frieden mit der neuen Ordnung auch dann nicht gemacht haben, als Napoleon ihnen dazu die Möglichkeit bot, weiterhin von der Wiederbelebung der vorrevolutionären Welt in ihrer – idealen – Gesamtheit. Weder können sie zugeben, daß ein Unrechtsakt wie die Revolution alte Rechte beseitigen und neues Recht begründen kann, noch wollen sie sich mit einer Gesellschaft abfinden, welche die materiale Sittlichkeit der katholischen Weltanschauung über Bord geworfen hat [8]. Doch kann sich der Einsicht in die von der Beantwortung der Rechtsfrage unabhängige Geschichtsmächtigkeit der Revolution niemand verschließen, der politisch handlungsfähig bleiben will [9]. Die R. hebt die von der Revolution bewirkte Trennung von Recht und Geschichte nicht auf. Ludwigs XVIII. R. ist deshalb – zur Enttäuschung der zurückkehrenden Emigranten – weder politisch noch gesellschaftlich eine «restitutio in integrum» des Ancien Régime. Einmal akzeptiert der König, was das politische System angeht, in seiner ‹Charte constitutionnelle› einen historischen Kompromiß mit der revolutionären Idee der Volkssouveränität, der, wenn er tragfähig bleiben soll, eine partizipatorische politische Kultur hervorbringen muß. Darüber hinaus läßt er die Adelsgesellschaft des Ancien Régime politisch und gesellschaftlich hinter sich. Er depossediert die neuen, im Revolutionszeitalter aufgestiegenen Eliten nicht und restauriert die alten Eliten – wenngleich dann privilegiert – nur insoweit, als sie nach den Maßstäben der bürgerlichen Eigentümer- und Leistungsgesellschaft überlebensfähig sind [10]. Dieser historische Kompromiß, der die Geschichte nicht mehr nur als die Entfaltung von Rechtstiteln in der Zeit begreift, gilt im übrigen nicht nur in Frankreich, sondern auch in Deutschland, wo das Legitimitätsprinzip des Wiener Kongresses eben keineswegs strikt, sondern nur nach Maßgabe der politischen und gesellschaftlichen Überlebensfähigkeit gilt [11].

Der R.-Begriff der R.-Zeit ist deshalb nicht oder jedenfalls nur bedingt konkret. Er meint viel eher die Rückkehr zu den politischen und sozialen Prinzipien, nach denen die vorrevolutionäre Welt geordnet war. Ganz in diesem Sinn versteht C. L. VON HALLER seine ‹R. der Staatswissenschaft› als «wahre Gegenrevolution der Wissenschaft» gegen die falschen staatsphilosophischen Doktrinen der beiden vergangenen Jahrhunderte, welche die Welt ins Chaos der Revolution gestürzt haben. R. ist dabei ihrem Anspruch nach nicht bloß die Wiederherstellung eines verletzten Rechtszustands, sondern – verstanden als R. der «Theorie des natürlich-geselligen Zustands», welcher der «Chimäre des künstlich-bürgerlichen entgegengesetzt» ist – die Wiederherstellung überlebens- und entwicklungsfähiger politisch-gesellschaftlicher Verhältnisse [12].

4. Im Laufe des 19. Jh. erweitert sich das Bedeutungsfeld des Begriffs noch einmal. Zum einen bleibt die zeitliche Verbindung mit dem Ancien Régime und dem Versuch seiner Wiederherstellung auf die historische Epochenbezeichnung beschränkt, zum andern löst sich der politische Begriff davon in dem Maße, in dem die Erinnerung an die alteuropäische Welt ihren Gegenwartsbezug verliert. Parallel hierzu tritt auch der Bezug zum Ereigniszusammenhang von Sturz und Wiederherstellung einer Herrschaft in den Hintergrund. Der politische, sozioökonomische und kulturelle Wandel des

19. Jh., der die Welt grundlegend und offensichtlich auch unwiderruflich verändert, kann nur als historischer Prozeß begriffen werden, in dem sich ein terminus ante quem für einen status restaurandus nicht mehr fixieren läßt [13]. Neben das Substantiv ‹R.› tritt nun – nicht als Selbstbezeichnung, sondern als Kampfbegriff – das Adjektiv ‹restaurativ› zur Bezeichnung derjenigen Kräfte, die historisch überholte Verhältnisse wiederherstellen wollen. Es wird von deren politischen Gegnern als pejorative Steigerungsform von konservativ benutzt und rückt in die Nähe des Begriffs ‹reaktionär› [14]. Während ‹konservativ› zur Bezeichnung einer Haltung dient, die auf den status quo zielt, unterstellt ‹restaurativ› die Orientierung an einem status quo ante, der in den Augen derer, die ihren Gegnern restaurative Absichten unterstellen, vom historischen Prozeß der Vergangenheit überwiesen und damit politisch wie moralisch überholt ist. Der Begriff ‹reaktionär› verwischt als generischer Kampfbegriff der Linken diese Unterscheidungen und dient deren Selbstbestätigung, indem er insinuiert, daß diejenigen, die sich seiner bedienen, als Vollstrecker des historischen Prozesses oder als Avantgarde im Gegensatz zu den Reaktionären im Einklang mit der Zeit stehen [15].

In ihrem Verhältnis zur Geschichte tauschen die Begriffe ‹Revolution› und ‹R.› gleichsam die Rollen. War die Revolution einst der Aufstand gegen eine Geschichte, in der historische Bewegung nur als Entfaltung von Rechtstiteln in der Zeit verstanden wurde, und infolgedessen der Inbegriff der Illegitimität, mit L. DE BONALD oder HALLER zu sprechen eine Einflüsterung der Schlange, so gilt nach einem Jahrhundert tiefgreifender und dauernder Veränderungen aller Lebensverhältnisse die – freilich prozessual verstandene – Revolution als normal und der Wunsch nach R. als Aufstand gegen eine Geschichte, die, gleichsam sozialdarwinistisch operierend, nicht mehr lebensfähige historische Formen ausscheidet.

Zum anderen wandert der R.-Begriff im Zeichen des Historismus aus der politischen Sprache in die der *Kunst*. Einerseits geschieht dies im Rahmen der allgemeinen Hinwendung zum Geschichtlichen als Reaktion auf die Erfahrungen von Kontinuitätsbruch und Traditionsentfremdung, deren Unwiderruflichkeit und Unheilbarkeit sich gerade das Zeitalter der R. schmerzlich bewußt wird. Andererseits bezeichnet ‹R.› sogleich mehr als die Suche nach dem ursprünglichen historischen Zustand einer Form und die Rekontextualisierung eines Kunstwerks oder eines Textes im Wege einer sei es therapeutischen oder gewissermaßen neutralen bewußtseinserweiternden hermeneutischen Operation [16]. Wie im Falle der R. der Kirchenmusik durch die Wiederbelebung des Palestrina-Stils wird R. als eine auf Zeiterfordernisse reagierende Erneuerung im legitimierenden Rückgriff auf die Vergangenheit verstanden [17]. Dahinter steht zum einen die unhistorische, weil vom eigenen historischen Kontext absehende Hoffnung, daß mit der Wiederherstellung der ursprünglichen Form die Wiederherstellung der ursprünglichen Wirkung einhergehen könne. Zum anderen ist der Rückgriff auf die Vergangenheit überhaupt nur Modus. In der künstlerischen wie in der politischen Suche nach den Ursprüngen der deutschen Identität wird ‹restauratio› dem Inhalt nach zur ‹innovatio›, die gerade im Bemühen um die Wiederherstellung der Vergangenheit Tradition und Geschichte negiert.

Anmerkungen. [1] Art. ‹Restoration, restore›, in: Oxford Engl. dict. 13, hg. J. A. SIMPSON/E. S. C. WEINER (Oxford 1989). – [2] Vgl. auch R. A. KANN: Die R. als Phänomen in der Gesch. (1974) 399ff. – [3] Vgl. J. R. JONES: The restored monarchy (London 1979); J. THIRSK: The restoration (London 1976). – [4] W. ATWOOD: The fundamental constitution of the Engl. government (London 1690); vgl. auch J. P. KENYON: Revolution principles. The politics of party 1685-1720 (Cambridge 1977) 35ff. – [5] K. GRIEWANK: Der neuzeitl. Revolutionsbegriff. Entsteh. und Gesch. (1969); vgl. Art. ‹Revolution›. – [6] G. LOTTES: Polit. Aufklärung und plebejisches Publikum. Zur Theorie und Praxis des engl. Radikalismus im späten 18. Jh. (1979) 269 u.ö. – [7] Art. ‹Restoration›, in: Trésor de la langue franç. 14 (Paris 1990). – [8] Vgl. K. WEHRLE: Analektik und Dialektik der restaurativen Intention. Ein Grundlagenbeitrag zur kontinentaleurop. Verhaltensproblematik 1780-1840 (1980). – [9] G. LOTTES: Die Frz. Revolution und der mod. polit. Konservatismus, in: R. REICHARDT/R. KOSELLECK (Hg.): Die Frz. Revol. als Bruch des gesellschaftl. Bewußtseins (1988) 609ff. – [10] F. DE BERTIER DE SAUVIGNY: Au soir de la monarchie. La restauration (Paris ³1974). – [11] Vgl. H. BRANDT (Hg.): R. und Frühliberalismus 1814-1840 (1979); TH. NIPPERDEY: Dtsch. Gesch. 1800-1866. Bürgerwelt und starker Staat (1983) 272ff. – [12] C. L. VON HALLER: R. der Staatswiss. oder Theorie des natürlich-geselligen Zustands, der Chimäre des künstlich-bürgerlichen entgegengesetzt 1-6 (Winterthur ²1820-34, ND 1964) 1, XLIX. – [13] Vgl. z.B. T. S. HAMEROW: Restoration, revolution, reaction. Economics and politics in Germany 1815-1871 (Princeton 1958). – [14] Art. ‹Reaction, reactionary›, a.O. [1]; Art. ‹Réaction, réactionnaire›, a.O. [7]. – [15] Vgl. die Versuche der Begriffsabgrenzung bei O. H. VON DER GABLENTZ: R. und Reaktion, in: H. G. SCHUMANN (Hg.): Konservativismus (1974) 76ff.; R. A. KANN: Konservativismus, Reaktion, R., in: G. KALTENBRUNNER (Hg.): Rekonstruktion des Konservativismus (1972) 55ff; K. EPSTEIN: Die Ursprünge des Konservativismus in Dtschl. (1973) 19ff. – [16] Vgl. H.-G. GADAMER: Wahrheit und Methode. Grundl. einer philos. Hermeneutik (³1972) 158ff. – [17] W. WIORA: R. und Historismus, in: K. G. FELLERER (Hg.): Gesch. der kathol. Kirchenmusik (1976) 2, 219ff.

Literaturhinweise. C. HESELHAUS: Wiederherstellung. R. – Restitutio – Regeneratio. Dtsch. Vjschr. Lit.wiss. Geistesgesch. 25 (1951) 199-228. – R. SPAEMANN: Der Ursprung der Soziol. aus dem Geist der R. Stud. über L. G. A. de Bonald (1959). – M. GREIFFENHAGEN: Das Dilemma des Konservativismus (1971). – P. KONDYLIS: Art. ‹Reaktion, R.›, in: O. BRUNNER/W. CONZE/R. KOSELLECK (Hg.): Geschichtl. Grundbegriffe 5 (1984) 179-230. – L. ELM: Konservatives Denken 1789-1848/49. Darst. und Texte (1986). – S. BUCHHOLZ: R., *Ius Divinum*, Rechtsform: Kontinuität des Begriffs, Wandel der Legitimationsziele, in: H. MOHNHAUPT (Hg.): Revolution, Reform, R. Formen der Veränd. von Recht und Ges. (1988) 157-172. G. LOTTES

Retardation, von lat. ‹retardare› und ‹retardatio›, meint im klassischen Latein 'Verzögerung' und 'Hemmung' im allgemeinen Sinn. Im speziellen Sinn jedoch kann sich ‹retardare› auf die Bewegungen der Sterne beziehen. So erklärt CICERO im Blick auf die «Planeten» («stellae quas vagas dicimus»), daß deren «Bewegungen einmal beschleunigt, einmal verzögert werden, oft auch stille stehn» («motus tum incitantur, tum retardantur, saepe etiam insistunt») [1]. Unabhängig von diesem Wortgebrauch werden im 20. Jh. die frz. Begriffe ‹retard› und ‹retarder› zu Grundbegriffen in der *Psychologie* der Entwicklung abnormer Kinder. A. BINET und TH. SIMON beschreiben die «enfants anormaux» und stellen im Blick auf den «anormal» fest: «il n'est pas inférieur en degré, il est autre. Son évolution n'a pas été retardée d'une façon globale». Es handelt sich bei der Entwicklung dieser Kinder also nicht um einen «simple retard de développement» [2]. Trotz dieser Einschränkung bezeichnet der engl. Begriff ‹retardation› seit 1907 eine allgemeine Entwicklungshemmung: «Educational progress which is slower than average for the age-group; also mental backwardness or subnormality in adult» [3].

In der biologischen und philosophischen *Anthropologie* wird dann ‹R.› zu einem Schlüsselbegriff, um die stammesgeschichtliche Entwicklung des Menschen und die Sonderstellung des Menschen gegenüber dem Tier zu beschreiben. Der Anatom L. BOLK beschreibt die Menschwerdung des Menschen gegenüber den Primaten durch «permanent gewordene fetale Zustände oder Verhältnisse ...: Formeigenschaften oder Formverhältnisse, welche beim Fetus der übrigen Primaten vorübergehend sind, sind beim Menschen stabilisiert» [4]; und in pointierender Absicht bezeichnet er «den Menschen in körperlicher Hinsicht als einen zur Geschlechtsreife gelangten Primatenfetus» [5]. Das bedeutet: Die Menschwerdung des Menschen ist definiert durch «die R. der Entwicklung» [6] gegenüber den Primaten, und diesen Vorgang bezeichnet Bolk als das «Retardationsprinzip der Menschwerdung» [7]. Im ausdrücklichen Rückgriff auf Bolk übernimmt A. GEHLEN den Begriff der R., um «die morphologische Sonderstellung des Menschen» gegenüber dem Tier zu kennzeichnen [8]. Und im Blick auf eine «Gesamttheorie vom Menschen» bemerkt Gehlen: «Diese 'R.', der der Mensch einen sozusagen embryonischen Habitus verdankt, ist ein höchst wertvolles Erklärungsprinzip, weil sie auch andere menschliche Eigenheiten verstehen läßt, vor allem die unverhältnismäßig verlängerte Entwicklungszeit» [9] des Menschen im Vergleich mit dem Tier. Insbesondere ist hier der Zusammenhang von «Instinktreduktion und R.» zu beachten: «Die hohe Stufe des menschlichen Bewußtseins ... entspricht auf der anderen Seite einem Vorgang der Instinktreduktion, der Rückbildung von Verhaltensfiguren angeborenen Stils und von vorentschiedener Zweckmäßigkeit. Diese Instinktreduktion hat man sehr weit in die Abstammungsgeschichte des Menschen zurückzuverlegen», und sie steht vermutlich in einem «noch dunklen Zusammenhang mit dem biologisch so entscheidend wichtigen Zuge der menschlichen Konstitution ..., den Bolk die 'R.' nannte» [10].

Anmerkungen. [1] CICERO: De nat. deorum 2, 103. – [2] A. BINET/TH. SIMON: Les enfants anormaux (Paris 1907) 20f. – [3] A suppl. to the Oxford Engl. dict., hg. R. W. BURCHFIELD (Oxford 1982) 3, 1226. – [4] L. BOLK: Das Problem der Menschwerdung (1926) 7. – [5] a.O. 8. – [6] 10. – [7] 11. – [8] A. GEHLEN: Der Mensch (1940, ⁷1962) 103. – [9] Anthropolog. Forsch. (1961) 47. – [10] a.O. 105.

Literaturhinweise. O. H. SCHINDEWOLF: Das Problem der Menschwerdung, ein paläontolog. Lösungsversuch. Jb. preuß. geolog. Landesanstalt 49/II (1928) 716-766. – D. STARCK: Der heutige Stand des Fetalisationsproblems (1962). – A. PORTMANN: Biolog. Fragm. zu einer Lehre vom Menschen (1944, ³1969); Entläßt die Natur den Menschen? Ges. Aufs. zur Biol. und Anthropol. (1970) 200-209. – P. PROBST: Der 'gehemmte' Mensch. Philos. Jb. 91 (1984) 391-399. P. PROBST

Retention (auch «primäre Erinnerung» genannt) [1] bezeichnet in der phänomenologischen Analyse des inneren Zeitbewußtseins bei E. HUSSERL eine Grundart der Intentionalität, die ebenso wie die beiden anderen Urformen der Zeitlichkeit der Erfahrung, Urimpression und Protention, nicht auf andere Arten von Intentionalität zurückführbar ist [2]. Als das unmittelbare Noch-Bewußthaben vom soeben in die Vergangenheit Absinkenden ist sie der originäre, ineins entgegenwärtigende [3] und behaltende intentionale Bezug auf solches Bewußte, das gerade aus der Präsenzsphäre in die Vergangenheit übergeht. Sie ist das unthematische [4] Mitbewußthaben der Randphase des Präsenten in ihrem ersten Entgleiten. Als das ist sie weder als eine geschwächte urimpressionale Präsentation [5] oder als ein durch Zeichen oder Bilder vermitteltes Verweisungsbewußtsein [6] zu erklären noch mit dem Akt ausdrücklicher thematischer Vergegenwärtigung von Vergangenem zu verwechseln [7]. Die R. wird nur dadurch als eine solche Intentionalität sui generis [8] deskriptiv aufweisbar, daß im Zuge der phänomenologischen Epoché (s.d.) der Vergangenheitshorizont des Bewußtseins eingeklammert wird und die an dieses Horizontbewußtsein geknüpften Vorurteile über den Seinssinn des Vergangenen außer Geltung gesetzt werden [9].

Auf der anderen Seite wird die Konstitution dieses Horizontes und d.h. in weiterer konstitutiver Folge die der universalen Zeitform [10] allererst durch den Aufweis der R. verständlich; denn das ausdrückliche Bewußtsein vom Vergangenen, die thematische, objektivierende Wiedererinnerung, ist in der R. fundiert [11]. Vergangene Objekte sind nämlich nur dadurch als identische und individuelle an einer bestimmten Zeitstelle (oder Zeitstellenfolge) in der Erinnerung wiederauffindbar, daß ihr originäres Auftreten in einer bestimmten Bewußtseinsgegenwart in kontinuierlich sich anschließender R. unmittelbar behalten, diese R. mit ihrem Inhalt abermals in kontinuierlich anknüpfender R. behalten wurde usw. [12]. Erst diese, von Husserl in dem bekannten Zeitdiagramm [13] veranschaulichte endlose Implikation von R.en in jeder Gegenwart des Bewußtseinslebens verschafft dem Bewußtsein die Möglichkeit (Vermöglichkeit, unter dem Titel 'Ich kann' behandelt) [14], in ausdrücklicher thematischer Rückwendung bestimmte «sedimentierte» oder «schlafende» Gegenstände der Vergangenheit zu «wecken» und zu reproduzieren. Der durch kontinuierliche retentionale Implikation ausgebildete Spielraum der Vermöglichkeit heißt Vergangenheitshorizont.

Anmerkungen. [1] E. HUSSERL: Zur Phänomenol. des inneren Zeitbewußtseins (1893-1917). Husserliana [Hua.] 10 (Den Haag 1966) 30. 35. – [2] Zum Ganzen vgl. § 12-14, a.O. 31ff. 80ff. und passim; vgl. Die Krisis der europ. Wiss.en und die transz. Phänomenol. Hua. 6 (²1962) 189. – [3] Vgl. E. FINK: Vergegenwärtigung und Bild, in: Stud. zur Phänomenol., 1930-1939 (Den Haag 1966) 23; M. MERLEAU-PONTY: Phénoménol. de la perception (Paris 1945) 484. – [4] HUSSERL, a.O. [1] 118. – [5] a.O. 31. – [6] a.O. – [7] 35ff. – [8] § 12, a.O. 31ff. – [9] Vgl. 4ff. – [10] § 32, a.O. 69ff. – [11] 14. 25ff.; Analysen zur passiven Synthesis. Hua. 11 (1966) 326f. 365ff. – [12] Phän. des inn. Zeitbew. § 31, a.O. 64ff.; Beilage IV, a.O. 107ff. – [13] a.O. 28; vgl. 330f. – [14] 42ff.

Literaturhinweise. K. HELD: Lebendige Gegenwart (Den Haag 1966). – E. W. ORTH (Hg.): Zeit und Zeitlichkeit bei Husserl und Heidegger (1983). – M. SOMMER: Lebenswelt und Zeitbewußtsein (1990). K. HELD

Rettung (griech. σωτηρία; lat. vindicatio, vindiciae)

I. – Der Begriff ‹R.› (griech. σωτηρία, vom Adj. σῶς < σάϝος 'heil' [1]) bzw. 'retten' (σῴζειν) ist in der gesamten Antike in einem allgemeinen Sinn 'R. aus einer Gefahr' (insbesondere Lebensgefahr) gebräuchlich. Bei HOMER ist, den epischen Themen entsprechend, meist von R. aus dem Krieg oder aus den Gefahren der Seefahrt die Rede [2]; beide Redeweisen bleiben auch später stets in Gebrauch [3], wenn auch die Bedeutung immer mehr verblaßt bis hin zum bloßen «Leb' wohl» [4]. Doch schon bei Homer gewinnt ‹R.› bisweilen eine religiöse Konnotation, insofern es auch Götter sein können, die den Menschen aus großer Gefahr oder einer ausweglosen Lage retten [5]; es handelt sich jedoch durchweg um R. der irdischen Existenz, nicht um eine irgendwie geartete eschatologische Erlösung. Dem entspricht, daß es bei Homer weder ausschließlich Götter sind, denen R. zugeschrieben wird, noch daß R. ihre spezifische Aufgabe wäre: Die Inanspruchnahme göttlicher Hilfe scheint vielmehr eher zufällig und willkürlich und nicht auf einer generellen R.-Funktion der Götter zu beruhen. In nachhomerischer, aber noch archaischer Zeit läßt sich dagegen die Tendenz zu einer bevorzugten Zuschreibung der R. an Götter ausmachen, ja nach den ältesten Belegen ist anzunehmen, daß das Nomen agentis σωτήρ (bzw. fem. σώτειρα) eigens und ausschließlich zur Bezeichnung von Göttern diente. Den frühesten, allerdings nicht sicher zuweisbaren Beleg bietet ein Fragment des Lyrikers TERPANDER, in dem die Dioskuren als σωτῆρες bezeichnet werden [6]; auch in den ‹Homerischen Hymnen› an die Dioskuren und an Poseidon (Datierung unsicher) begegnet σωτήρ ('Retter' scil. 'aus Seenot') als Epitheton dieser Götter [7]. Erstmals auf einen Menschen bezogen ist σωτήρ bei dem Chorlyriker SIMONIDES [8]; hier handelt es sich jedoch um die Erscheinung eines Toten im Traum, so daß ebenfalls eine quasi-göttliche Bedeutung anzunehmen ist. Bei AISCHYLOS und PINDAR ist die Bezeichnung von Göttern als σωτῆρες häufig: So etwa für Zeus, Apollon, Hermes oder personifizierte Abstrakta wie die Schicksalsgöttin Tyche und die Rechtsgöttinnen Themis und Eunomia [9]. Letzteres zeigt schon die Entwicklung hin zu einem politischen R.-Begriff, wie er zuerst deutlich bei Aischylos faßbar ist: Dort werden die Bürger einer Stadt insgesamt als ihre σωτῆρες bezeichnet [10] – ein für die weitere Begriffsgeschichte ganz entscheidender Umstand.

Ein spezifisch philosophischer Sprachgebrauch entwickelt sich vorerst nicht; bei den *Vorsokratikern* bedeutet das seit dem 5. Jh. v.Chr. belegte Abstraktum σωτηρία, ebenso wie schon das Adj. σωτήριος bei HERAKLIT [11], das Überleben im biologischen Sinn [12]; die medizinische Bedeutung 'Heilung' findet sich im ‹Corpus Hippocraticum› [13], aber auch bei PLATON, ARISTOTELES und späteren Autoren sowie in Inschriften [14]. Bei einem Bezug auf Heilgottheiten wie Apollon und Asklepios kann sich die medizinische mit der religiösen Komponente vermischen [15]. Eine quasi-medizinische, 'psychohygienische' Bedeutung erlangt die Philosophie als 'Medizin für die Seele' bei den Sokratikern XENOPHON und v.a. PLATON [16], ohne daß jedoch SOKRATES dabei zum göttlichen σωτήρ stilisiert würde. Geradezu kultische Verehrung genoß dagegen später EPIKUR, der von seinen Anhängern begeistert als σωτήρ gefeiert wurde [17] – wohl eine Reaktion auf den sich in der hellenistischen Welt ausbreitenden Herrscherkult.

Neben der religiösen und medizinischen Bedeutung von ‹R.› taucht seit dem 5. Jh. noch eine Vielzahl weiterer Bedeutungen auf, da die Allgemeinheit des Begriffs eine Übertragung in die verschiedensten Lebensbereiche gestattete: So finden wir σωτηρία κτλ. im juristischen Sinn ('Begnadigung') [18], im ökonomischen ('Honorar') [19], im astronomischen ('Regelmäßigkeit') [20], im technologischen ('Instandsetzung') [21], im rhetorischen ('Aufrechterhaltung einer Behauptung') [22], im (sprach)historischen ('Erhaltung') [23], ja sogar im sanitären Sinn (τὰ σωτήρια 'Latrinen') [24].

Entscheidend für die weitere Entwicklung der σωτηρία-Gruppe, insbesondere des Begriffs σωτήρ, ist jedoch die politische Bedeutung 'Erhaltung' scil. 'des Staates'. Angedeutet bei AISCHYLOS, finden wir die wichtigsten Belege bei den Historikern und Staatstheoretikern. HERODOT gebrauchte σωτηρία in der Bedeutung 'Befreiung von Tyrannis' [25]; die Athener werden als 'Retter von Hellas' gefeiert, weil sie die Perser bei Marathon geschlagen haben [26]. THUKYDIDES spricht von der 'R. des Gemeinwesens' im peloponnesischen Krieg [27], nachdem schon in einer Komödie des ARISTOPHANES die Frauen beschlossen hatten, den Krieg zu beenden und Hellas zu 'retten' [28]. – Bei PLATON ist es die Aufgabe des Staatsmannes, Staat und Verfassung zu 'bewahren' [29]; es gibt keine Verehrung individueller Politiker, vielmehr sind alle Bürger aufgerufen, 'Wahrer der Gesetze' (σωτῆρες νόμων) zu sein [30]. Die Lenker des Staates, die im Idealfall die Philosophen sind und die als bevorzugte σωτῆρες zu fungieren haben [31], genießen beim Volk keineswegs Achtung und Ansehen, geschweige denn göttliche Ehren; Politik ist ein mühsames, undankbares Geschäft, das die Philosophen nur aus sozialer Verantwortung übernehmen [32]. Die σωτῆρες sind bei Platon also keineswegs charismatische Führerpersönlichkeiten: Dem platonischen Idealstaat sind trotz seines 'utopischen' Charakters chiliastische Tendenzen durchaus fremd [33]. Erst recht gilt dies für die realistisch-pragmatische Staatstheorie des ARISTOTELES [34]: Bezeichnenderweise gebraucht er σωτηρία und σώζειν, nicht aber σωτήρ im politischen Sinn [35]. Es ist daher geradezu paradox, daß Alexander der Große, der Zögling des Aristoteles, zum Begründer des hellenistischen Herrscherkults wurde, den später die römischen Kaiser übernehmen sollten [36]. Schon Alexanders Vater Philipp II. von Makedonien wurde, wie DEMOSTHENES polemisch anmerkt, als φίλος εὐεργέτης ('freundlicher Wohltäter') und σωτήρ verehrt [37]; der Welteroberer Alexander legte sich zwar nicht den Titel 'Soter' bei, wohl aber den eines Sohnes des Zeus-Ammon oder den eines Neos Dionysos und beanspruchte u.a. die Proskynese sowie göttliche Ehren [38]. Im Zeitalter der Diadochen dagegen wurde der Soter-Titel häufig: Für die Befreiung Athens im Jahre 307 v.Chr. erhielten Demetrios und Antigonos göttliche Ehren als Θεοὶ Σωτῆρες [39]; Ptolemaios I. wurde von den Rhodiern mit dem Soter-Titel und einem Tempel geehrt [40] und von seinem Sohn Ptolemaios II. Philadelphos zusammen mit seiner Gemahlin Berenike I. zu Θεοὶ Σωτῆρες erhoben [41]. In der Ptolemäer- und Seleukidendynastie war Σωτήρ dann ein häufiger, wenn auch nicht obligatorischer Herrschertitel [42]; in römischer Zeit schließlich ging der Soter-Titel auf den Kaiser über, ohne freilich zu einer offiziellen Bezeichnung zu werden: Augustus etwa hütete sich, in allzu große Nähe zu seinem besiegten Rivalen Antonius zu geraten, der sich zusammen mit der Ptolemäerin Kleopatra als Gott hatte verehren lassen [43]. Was in Rom verpönt war, gehörte jedoch im griechischen Osten zu den üblichen Ehrungen: Vor allem in Inschriften ist die Bezeichnung römischer Amtsträger (auch schon vor Augustus) und verschiedener Kaiser als Σωτήρ bezeugt [44].

Der Gebrauch der *lateinischen* Begriffe ‹salus›, ‹salvator›, ‹(con-)servator›, ‹salvare› usw. entspricht weitgehend dem griechischen [45]. In der früheren Republik verbindet sich mit den R.-Begriffen fast ausschließlich eine militärische Bedeutung [46]; besonders CICERO hat dann eine gesamtpolitische Ausweitung der R.-Konzeption vorgenommen, indem er sich selbst als «(con)servator rei publicae» feierte [47]. Er bereitete damit unfreiwillig den Boden der Prinzipatsideologie: Augustus ließ sich «für die Rettung der Bürger» («ob cives servatos») ehren, vermied aber gleichzeitig den «monarchisch klingenden» [48] Soter- bzw. Servator-Titel. Diese Rettervorstellung läßt sich auch in den Inschriften und in der Münzprägung der frühen Kaiserzeit weiter verfolgen [49].

Der Begriff ‹R.› hat somit eine Bedeutung gewonnen, die, vom religiösen Sinn 'R. durch Götter' ausgehend, das Heil des Menschen durch einen göttlichen oder gottentstammten weltlichen Herrscher garantiert sieht. ‹R.› bezieht sich dabei stets auf irdisches Glück, Frieden und Wohlstand; die hellenistischen Philosophenschulen sind zwar bestrebt, den Menschen die wahre, nicht an äußere Güter gebundene Eudaimonie zu verschaffen, und stehen damit in gewisser Weise im Gegensatz zur zeitgenössischen Herrscherideologie; gedacht ist aber dennoch an eine durchaus irdische Glückseligkeit zu Lebzeiten [50]. Die Hoffnung auf eine *eschatologische* R., wie sie der pythagoreisch-platonischen Seelenwanderungslehre eignet, wird im *Mittel-* und *Neuplatonismus* wiederbelebt, vor allem aber äußert sie sich im Aufkommen zahlreicher Erlösungsreligionen, insbesondere des Christentums. Dennoch ist es wohl verfehlt, von einem «kontinuierlichen» Übergang «antik-platonischen Heilsdenken(s) ... in christliche Soteriologie» zu sprechen [51]. Schon im ‹Alten Testament› hat ‹R.› (‹Jeschuah›), in der ‹Septuaginta› mit σωτηρία wiedergegeben, heilsgeschichtliche Bedeutung (2 Sam. 13, 5; Jes. 47, 15), die im Judentum der hellenistischen Zeit zunehmend stärker betont wird [52]. Sie wird im ‹Neuen Testament› an den historischen Jesus geknüpft, wodurch die der christlichen Soteriologie eigene Dialektik von bereits begonnener, faktisch eingetretener Gottesherrschaft und deren endzeitlicher Erfüllung entsteht. In Absetzung sowohl von politischem Messianismus jüdischer Prägung als auch von heidnischem Herrscherkult gewinnt die Soter-Prädikation einen spezifisch *christologischen,* andererseits die Christus-Prädikation einen *soteriologischen* Sinn.

Bei den *Synoptikern* kommt die dialektische Struktur der Soteriologie etwa darin zum Ausdruck, daß durch den *Glauben* an die eschatologische R. eine R. bereits faktisch vollzogen ist: ἡ πίστις σου σέσωκέν σε (Mk. 5, 34; «Dein Glaube hat dich gerettet»). Die medizinische Terminologie der Heilungswunder gewinnt also, ebenso wie der übrige Profangebrauch von σῴζειν und σωτηρία [53], eine theologische, d.h. eschatologische Konnotation. Ein Nebeneinander von präsentischer und futurischer R. findet sich auch in der ‹Apostelgeschichte›, insofern der Inhalt der σωτηρία in der Sündenvergebung und damit in der R. vor dem Endgericht gesehen wird, andererseits eben die R. durch Buße und Umkehr in der Gegenwart erlangt wird [54]. Bei PAULUS geschieht R. ebenfalls durch den 'Glauben' (πίστις) [55] – ob allerdings 'sola fide', ist bekanntlich eine konfessionell umstrittene Frage. Zentrum der paulinischen Erlösungstheologie ist aber unbestritten der Aufweis der «Universalität, Tatsächlichkeit und Einzigkeit der Erlösung in Christus» [56], die neben der theologischen auch eine anthropologische Dimension hat (Christus als 'neuer Adam').

In der *Patristik* findet neben der Fortführung des Sprachgebrauchs der Bibel und der Apostolischen Väter [57] eine Weiterentwicklung und Bedeutungserweiterung der Begriffe σωτηρία κτλ. statt. Bei den frühen Apologeten liegt der Schwerpunkt naturgemäß auf der Betonung der σωτηρία durch Christus gegenüber dem jüdischen Gesetz einerseits und gnostischen Irrlehren andererseits, so etwa bei IUSTIN [58] oder TERTULLIAN [59]. Besonders IUSTIN betont auch die R. des Menschen durch Christus aus dem Zustand der Sündhaftigkeit und macht sich die medizinische Konnotation von σωτηρία zunutze, wenn er von «R. für die von der Schlange gebissenen (Menschen)» [60] spricht. Aus derselben medizinischen Bedeutungssphäre stammt auch die Bezeichnung der Taufe als σωτήριον λουτρόν ('Heilungsbad') [61] sowie der schon im NT gebräuchliche Vergleich Christi mit einem Arzt [62]. Bei CLEMENS VON ALEXANDRIEN werden erstmals die Apostel als σωτῆρες bezeichnet, insofern sie Mittler des Heils sind [63]; eine analoge Bedeutungserweiterung erfährt σωτηρία bei ORIGENES, wenn dort die Hl. Schrift als rettungspendend auftaucht [64].

Als das Christentum unter Konstantin dem Großen zur «religio licita» wird, wird der Kaiser «wie ein Erlöser, Retter und Wohltäter» [65] gepriesen – eine bemerkenswerte Übertragung von Elementen des Kaiserkults, die jedoch eine Ausnahme bleibt. In den dogmatischen Streitigkeiten des 4. Jh. spielt auch der σωτηρία- bzw. σωτήρ-Begriff eine wichtige Rolle: ATHANASIUS VON ALEXANDRIEN etwa spricht in Auseinandersetzung mit dem Arianismus von der Soter-Funktion des inkarnierten Logos [66]; dabei kommt ihm die schon Matth. 1, 21 implizierte Etymologie des Namens 'Jesus' als σωτήρ entgegen [67]: Objekt- und metasprachliche Ebene fallen hier zusammen. Bei GREGOR VON NYSSA findet sich erstmals die Beziehung von σωτηρία auf die Trinität: Danach gibt es nicht drei 'Retter', sondern nur einen einzigen: den dreieinigen Gott [68]. Damit ist das pneumatologische Dogma des Konzils von Konstantinopel (381) auch soteriologisch umgesetzt. Seit dem 5. Jh. weitet sich der Gebrauch von σωτηρία κτλ. auch auf andere christliche Heilsmittel aus: Neben Taufe und Eucharistie wird bei Ps.-DIONYSIUS AREOPAGITA erstmals die 'letzte Ölung' als σωτηρία ἱερουργοῦσα bezeichnet [69]; THEODORET VON CYRUS spricht vom «heilsamen» Kreuzzeichen und vom «heilbringenden Grab» Christi in Jerusalem [70].

Die Heilsnotwendigkeit der *Kirche* betont als erster CYPRIAN VON KARTHAGO, wenn es in einem Brief aus der Zeit des Häretikertaufstreits heißt: «Salus extra ecclesiam non est» [71]. Dieser Satz wurde zum Schlagwort des kirchlichen Heilsexklusivismus, wie er im Mittelalter programmatisch auf dem 4. Laterankonzil (1215) formuliert worden ist [72]. Doch schon in der Spätantike ist die R. des Menschen zugleich auch eine Aufgabe des politischen Herrschers: In einem Edikt des Kaisers IUSTIN II. heißt es, die σωτηρία bestehe im Bekenntnis des rechten Glaubens [73].

Anmerkungen. [1] Vgl. M. LEUMANN: σάος und σῶς, in: ΜΝΗΜΗΣ ΧΑΡΙΝ. Gedenkschr. P. Kretschmer (1957) II, 8-14. – [2] HOMER: Il. 8, 246; 10, 44; 15, 503; Od. 3, 185; 4, 98; 15, 42. – [3] Vgl. z.B. AISCHYLOS: Sept. 183; Eum. 701; Pers. 797; HERODOT 4, 76; PLATON: Leg. 647 b; ARISTOTELES: Eth. Nic. 1111 a 5. – [4] Vgl. Anthol. Palat. 5, 240; 9, 171. – [5] HOMER: Il. 9, 393; 15, 290. – [6] TERPANDER: Frg. 4 BERGK, in: Poetae Melici Graeci, ‹Adespota› Frg. 1027 c, hg. D. L. PAGE (Oxford 1962) 541; in komischer Übertragung auf die R. 'aus der Brandung des Gesprächs' bei PLATON: Euthyd. 293 a. – [7] Hymn. Hom. 22, 5; 33, 6. – [8] SIMONIDES: Frg. 129 (unsichere Zuschreibung), in: Poetae Lyrici Graeci, hg. TH. BERGK (⁴1878-82). – [9] AISCHYLOS: Suppl. 26 (Zeus); Agam. 512 (Apollon); Choeph. 2 (Hermes);

Agam. 664 (Tyche); PINDAR: Ol. 5, 17; Isthm. 6, 8 (Zeus); Ol. 8, 21 (Themis); Ol. 9, 16 (Eunomia); Ol. 12, 2 (Tyche); vgl. P. JANNI: Σώτειρα e Σωτήρ in Pindaro. Stud. urbinati Storia Filos. Lett. 39 (1965) 104-109. – [10] AISCHYLOS: Suppl. 982. – [11] HERAKLIT: Frg. B 61. VS I, 164, 7. – [12] Vgl. z.B. EMPEDOKLES: Frg. B 61. VS I, 334, 13; PROTAGORAS: Frg. C 1. VS II, 269, 10; DEMOKRIT: Frg. B 43. VS II, 155, 14. – [13] Vgl. z.B. HIPPOKRATES: Aphor. 7, 37; Coac. 136. – [14] PLATON: Lys. 219 e; Polit. 293 b; ARISTOTELES: Anal. post. 95 a 6; DIO CHRYSOSTOMOS: Orat. 32, 15; PLUTARCH: Mor. 55 c. 918 d; GALEN: De theriaca ad Pisonem. Op. omn, hg. C. G. KÜHN (1821-33) 14, 248; Inscript. Graec. (1873-1939) 2², 1028, 89. – [15] Vgl. Insc. Gr., a.O. 4, 718; 7, 2808; IULIAN APOSTATA: Or. 4, 153 b. – [16] XENOPHON: Mem. 3, 3, 10; PLATON: Leg. 909 a (τῆς ψυχῆς σωτηρία); dazu E. SANDVOSS: Soteria. Philos. Grundlagen der platon. Gesetzgebung (1971) 108ff. – [17] Vgl. POLYSTRAT: Herc. 346, in: Epicuri et Epicureorum fragm. in Herculanensibus papyris serv., hg. A. VOGLIANO (1928) 80; PHILODEM: Περὶ παρρησίας 40, 8, hg. A. OLIVIERI (1914) 20; verspottet bei LUKIAN: Alex. 47. 61. – [18] Vgl. ANDOKIDES: Myst. 31; XENOPHON: Hell. 5, 4, 26; PLUTARCH: Cato min. 66. – [19] POLLUX 6, 186. – [20] SEXTUS EMP.: Adv. Math. 9, 113. – [21] ARISTOTELES: Pol. 1321 b 21; auf den Himmel übertragen: De caelo 284 a 20. – [22] PLATON: Theaet. 164 a. 167 d. – [23] Gorg. 501 a; Tim. 23 a; Crat. 418 c. – [24] Anthol. Palat. 9, 642. – [25] HERODOT 5, 98. – [26] a.O. 7, 139. – [27] THUKYDIDES 2, 60. – [28] ARISTOPHANES: Lys. 525. – [29] PLATON: Resp. 417 a. 536 b. – [30] Leg. 770 b; vgl. SANDVOSS, a.O. [16] 125ff. – [31] Vgl. etwa PLATON: Resp. 502 d. – [32] Vgl. das berühmte 'Höhlengleichnis': Resp. 514 aff. – [33] Vgl. SANDVOSS, a.O. [16] 100. 123. – [34] ARISTOTELES sammelte 158 Staatsverfassungen und setzte sich in der ‹Politik› auch theoretisch von Platon ab: vgl. H. FLASHAR: Aristoteles, in: Grundr. der Gesch. der Philos., begr. F. UEBERWEG, Die Philos. der Antike, hg. H. FLASHAR 3 (1983) 343ff. – [35] ARISTOTELES: Pol. 1301 a 23; 1309 b 15. 36. – [36] H. KASPER: Griech. Soter-Vorstellungen und ihre Übernahme in das polit. Leben Roms (1959); A. ALFÖLDI: Der Vater des Vaterlandes im röm. Denken (1971). – [37] DEMOSTHENES: Orat. 18, 43. – [38] Vgl. dazu J. SEIBERT: Alexander der Große (1972) 192ff. – [39] Vgl. C. HABICHT: Gottmenschentum und griech. Städte (²1970) 44ff. – [40] Vgl. PAUSANIAS 1, 8, 6; HABICHT, a.O., 109f. – [41] Vgl. P. M. FRASER: Ptolemaic Alexandria I (Oxford 1972) 218ff. (auch zum städtischen Kult in Ptolemais). – [42] Zu Ptolemaios IV. Philopator: W. DITTENBERGER: Orientis Graeci inscript. sel. [OGI] I (1903) 89; zu Ptolemaios X. Soter, a.O. 167ff. – [43] Vgl. D. KIENAST: Augustus (1982) 53. 370; zur Übertragung des Soter-Titels auf Augustus, a.O. 178ff. 356f. – [44] Pompeius u.a. als Σωτήρ: W. DITTENBERGER: Sylloge inscript. Graecarum (³1917) II, 752-754; Caesar: a.O. 760; Tiberius: a.O. 791; Hadrian: a.O. 835 A. – [45] Vgl. A. OXE: Σωτήρ bei den Römern. Wien. Stud. 48 (1930) 38-61; P. DE LABRIOLLE: Salvator. Mélanges F. Martroyl (Paris 1941) 59-72. – [46] Vgl. ALFÖLDI, a.O. [36] 46ff. – [47] CICERO: Pro Plancio 36, 89; De domo sua 10, 26; In Vatin. 3, 7. – [48] Vgl. ALFÖLDI, a.O. [36] 49ff. 67ff. – [49] a.O. 72ff. – [50] Vgl. M. HOSSENFELDER: Stoa, Epikureismus und Skepsis, in: Gesch. der Philos, hg. W. RÖD, Die Philos. der Antike 3 (1985) 23ff. – [51] SANDVOSS, a.O. [16] 102; vgl. auch: H. LINSSON: Theos Soter (1929). – [52] Vgl. Art. ‹jš›, in: Theol. Wb. AT 3 (1982) 1035-1059 und C. ANDRESEN: Art. ‹Erlösung›, in: RAC 6 (1966) 61ff. – [53] Vgl. Matth. 8, 25; Mk. 15, 30; Apg. 27, 20. 31. 34; zur Bedeut. von σωτηρία κτλ. im NT vgl. als Überblick: W. FOERSTER: Art. ‹σῴζω κτλ. D.›. Theol. Wb. NT, hg. G. KITTEL/G. FRIEDRICH 7 (1964) 989-999. – [54] Vgl. Apg. 2, 40. 47; 4, 12; 11, 14; 15, 1; 16, 30f. usw.; vgl. B. H. THROCKMORTON: Σῴζειν, σωτηρία in Luke-Acts. Stud. Evang. 6 (1973) 515-526. – [55] Vgl. dazu: E. BRANDENBURGER: Pistis und Soteria. Z. Theol. Kirche 85 (1988) 165-198. – [56] J. GEWIESS: Art. ‹Erlösung, II. In der Schr.›. LthK² 3, 1019. – [57] M. SACHOT: Pour une étude de la notion de salut chez les Pères Apostol. Présentation du vocabulaire. Rev. Sci. relig. 51 (1977) 54-70. – [58] IUSTIN: Dialog. cum Tryphone Iudaeo 47, 4; vgl. auch: METHODIOS: Symp. 10, 3. – [59] TERTULLIAN: Adv. Marc. 3, 18; 4, 14; zur gnost. Sotervorstellung vgl. auch: G. MAY: Schöpfung aus dem Nichts (1978) 101ff. – [60] IUSTIN: Dialog. 91, 4; 112, 1. – [61] a.O. 13, 1. – [62] Vgl. z.B. EUSEBIUS: Demonstr. evang. 4, 10 (GCS 6, 168, 12); MAKARIOS VON ÄGYPTEN: Homiliae spirituales 26, 23. MPL 34, 689 D. – [63] CLEMENS VON ALEXANDRIEN: Eclogae ex script. prophet. 16. GCS 3, 141, 14; vgl. allgemein: A. BRONTESI: La soteria in Clem. Aless. (Rom 1972). – [64] ORIGENES: Princ. 4, 2, 4. – [65] EUSEBIUS: Hist. eccl. 9, 9, 9. – [66] Vgl. dazu: P.-G. ALVES DE SOUSA: El concepto de ΣΩΤΗΡΙΑ en el ‹De incarnatione Verbi› de San Atanasio. Scripta theolog. 10 (Pamplona 1978) 9-32. – [67] ATHANASIUS: Expos. fidei 3. MPG 25, 205 A; Or. IV contra Arianos 4, 36, hg. A. STEGMANN (1917) 86, 5; vgl. auch: LAKTANZ: Inst. 4, 12, 6. – [68] GREGOR VON NYSSA: Quod non sint tres dii. MPG 45, 129 BC; vgl. auch CYRILL VON ALEXANDRIEN: In Joh. 10, 2. – [69] Ps.-DIONYSIUS AREOPAGITA: Eccl. hier. 3, 3, 7. – [70] THEODORET VON CYRUS: Hist. eccl. 3, 17, 1 bzw. 1, 16, 5. – [71] CYPRIAN VON KARTHAGO: Ep. (73) ad Iubaianum 21. CSEL 3/II, 795, 35. – [72] Vgl. H. DENZINGER/A. SCHÖNMETZER (Hg.): Enchir. symbol. (³⁶1976) Nr. 802; zur Gesch. des «Extra ecclesiam nulla salus»: Y. CONGAR: Hl. Kirche. Ekklesiol. Stud. und Annäherungen (1966) 434ff. 451ff. – [73] Überliefert bei EVAGRIUS: Hist. eccl. 5, 4.

Literaturhinweise. F. DORNSEIFF: Art. ‹Σωτήρ›, in: RE III/A, 1 (1927) 1211-1221. – H. HAERENS: Soter und Soteria. Stud. hellen. 5 (1948) 57-68. – F. J. DOELGER: Der Heiland. Antike Christentum 6 (1950) 241-272. – A. D. NOCK: Soter and Euergetes. Festschr. F. Grant (1951) 126-148. – H. KASPER s. Anm. [36]. – H. BÜSSE: 'Salus' in der röm. Liturgie (Rom 1960). – P. JANNI: soteria e soter in Pindaro. Stud. urbinati Storia Filos. Lett. 39 (1965) 104-109. – A. ALFÖLDI s. Anm. [36]. – E. SANDVOSS s. Anm. [16]. – A. BRONTESI s. Anm. [63]. – J. IBANEZ/F. MENDOZA RUIZ: El concepto de ‹soteria› en las homilias pascuales de tradicion asiatica. Orientalia Christiana periodica 39 (1973) 333-362. – M. SACHOT s. Anm. [57].

R. GLEI/S. NATZEL

II. – In eingeschränktem Sinn läßt sich der deutsche Ausdruck ‹Rettung› auf die lateinischen Termini ‹vindicatio› und ‹vindiciae› zurückführen. Diese gehören zunächst der juristischen Fachsprache an. CICEROS Definition («... vindicatio, per quam vis aut injuria et omnino omne, quod obfuturum est defendendo aut ulciscendo propulsatur» – «durch welche Gewalt oder Unrecht und überhaupt alles Widrige durch Verteidigung oder Vergeltung abgewehrt wird» [1]) bleibt bis in die Neuzeit hinein geläufig [2]. ‹Vindiciae› wird im Deutschen mit «Vertheidigung ... Beschirmung» [3] wiedergegeben, und «Vindicierung» ist «in den Rechten die Zueignung eines Dinges ... die Klagen, Defension, Beschützung, Vertheidigung, Noth- oder Schutz-Wehr seines im Besitz habenden guten und ehrlichen Leumundes, die Wiederforderung oder R. eines Dinges» [4].

In übertragenem Sinne werden ‹vindicatio› bzw. ‹vindiciae› zu Benennungen einer speziellen literarischen Gattung, deren Erzeugnisse sich als Apologien, Verteidigungs- oder Schutzschriften [5] verstehen. In den Kontexten theologischer [6], politischer [7] und philologischer [8] Kontroversen entstehen zahllose «Vindiciae» und «Vindicationes» [9]. In dieser literarischen Tradition stehen auch die «R.en» [10] G. E. LESSINGS [11]. Er verstand darunter die «angenehme Beschäftigung» antiquarischen Forschens: «die Namen berühmter Männer zu mustern, ihr Recht auf die Ewigkeit zu untersuchen, unverdiente Flecken ihnen abzuwischen, die falschen Verkleisterungen ihrer Schwächen aufzulösen, kurz alles das im moralischen Verstande zu tun, was derjenige, dem die Aufsicht über einen Bildersaal anvertrauet ist, physisch verrichtet» [12]. Nachdrücklicher begegnet in G. VICOS Kreislauflehre eine Vorstellung von R.: Nach K. LÖWITHS Interpretation «rettet» VICOS «ricorso», der zyklische Rücklauf der Geschichte, «den Menschen, indem er ihn überhaupt erhält ... Die Wiederkehr der Barbarei rettet die Menschheit vor zivilisierter Selbstzerstörung» [13]. Das Denken I. KANTs, durch das theoretisch «alles zermalmt» wurde, wie M. MENDELSSOHN es formuliert [14], ließe sich in praktischer Hinsicht als Philosophie der R. charakterisieren. Der die Geschichte anwachsender Naturbeherrschung begleitende und bedingende Nominalismus terminiert in der Abschaffung metaphysischer Wesenheiten durch Empirismus und Materialismus; mit Kant erreicht die Entwicklung einen Gipfel, auf dem sie umschlägt: Der endgültigen Eingrenzung von Erkenntnis auf die Welt der 'Erscheinungen' korrespondiert – nach dem Ausdruck TH. W. ADORNOS – «die Kantische Begierde des Rettens» [15] der intelligiblen Sphäre. Benutzt KANT, vor allem im Zusammenhang der Freiheitsidee [16], das Wort ‹R.› noch eher beiläufig, so gewinnt es kategoriale Dignität in der Philosophie W. BENJAMINS.

Benjamins Wendung gegen den Idealismus als System führt zur Vertauschung dessen, was zu retten wäre. Medium von R. bleiben zwar auch bei Benjamin zunächst die Ideen, aber diese sollen keine Transzendenz bewahren, sondern gerade den Phänomenen selber: dem Besonderen, Unwiederholbaren, 'Konkreten' ihr Recht verschaffen. Gegenüber G. W. F. HEGELS «Furie» der Abstraktion, in welcher die Empirie «verschwindet» [17], insistiert BENJAMINS antisystematisches Denken auf R. als «auf der Wahrnehmung von dem unrettbar sich Verlierenden» [18]. «Die Phänomene gehen ... nicht integral in ihrem rohen empirischen Bestande, dem der Schein sich beimischt, sondern in ihren Elementen allein, gerettet, in das Reich der Ideen ein ... Indem die R. der Phänomene vermittels der Ideen sich vollzieht, vollzieht sich die Darstellung der Ideen im Mittel der Empirie» [19]. Benjamins Spätwerk gibt den Gedanken der Vermittlung des vergänglichen Empirischen mit einer der Geschichte enthobenen Metaphysik preis; an die Stelle der Ideenlehre tritt eine paradox materialistische Konzeption von R., der «das Ewige jedenfalls eher eine Rüsche am Kleid ist als eine Idee» [20].

«Rettende Kritik» [21], die BENJAMIN vor allem an vergessenen und verkannten literarischen Formen übt, leistet zugleich den geläufigen Verfahren der Kultur- und Geisteswissenschaften Widerpart. «Wovor werden die Phänomene gerettet? Nicht nur, und nicht sowohl vor dem Verruf und der Mißachtung in die sie geraten sind als vor der Katastrophe wie eine bestimmte Art ihrer Überlieferung, ihre 'Würdigung als Erbe' sie sehr oft darstellt» [22]. Die 'Katastrophe' der kulturellen Tradition gehört für Benjamin in die Entwicklung der bürgerlichen Gesellschaft selber, die, indem sie Naturbeherrschung zum «Sinn aller Technik» erklärt, unterm Hochkapitalismus in «den Taumel der Vernichtung» [23] mündet; philosophische R. will die reale. Sie «hält sich an den kleinen Sprung in der kontinuierlichen Katastrophe» [24]. Überall dort, wo geistige Gebilde in die herrschenden Tendenzen sich nicht fügten, ist «der Frage ... nachzugehen, wieweit die in der R. zu erfassenden Extreme die des 'zu Frühen' und des 'zu Späten' sind» [25]. In «den entlegenen Extremen, den scheinbaren Exzessen der Entwicklung» liegt ein von der Geschichte nicht abgeschnittenes, «natürliches Leben» [26] verborgen: ihm gilt der Rettungsversuch BENJAMINS. Er hat ein Pendant, von dem her allererst sein utopischer Gehalt sich erschließt, in dessen an CH. FOURIER gebildetem Begriff einer gesellschaftlichen «Arbeit, die, weit entfernt die Natur auszubeuten, von den Schöpfungen sie zu entbinden imstande ist, die als mögliche in ihrem Schoße schlummern» [27].

Eine unter der offiziellen Philosophie verborgene Tradition, in der seine eigenen Intentionen sich ankündigten, erblickt BENJAMIN sowohl im Platonischen τὰ φαινόμενα σῴζειν [28] als vor allem in der «Sorge» des barocken Melancholikers, die «toten Dinge», das «Vergängliche der Dinge» «ins Ewige zu retten» [29]. In der Nachfolge Benjamins begegnet der Begriff ‹R.› emphatisch bei ADORNO; seine Philosophie, an Hegels Methode der bestimmten Negation geschult, versucht noch dem nicht im Begrifflichen Aufgehenden mit den Mitteln des Begriffs gerecht zu werden, das Nichtidentische zu retten [30]. Auch G. LUKÁCS benutzt in ‹Geschichte und Klassenbewußtsein› das Wort ‹R.›: Er wendet die Marxsche Kategorie des Warenfetischismus auf die Hegelsche Subjekt-Objekt-Dialektik an, um «die verdinglichte Zerrissenheit des Subjekts und die – ebenfalls verdinglichte – Starrheit und Undurchdringbarkeit seiner Objekte zu überwinden» und derart «die Wiederherstellung der Einheit des Subjekts, die gedankliche R. des Menschen» [31] zu erlangen. S. KRACAUER, der seiner ‹Theorie des Films› den Untertitel «Die Errettung der äußeren Wirklichkeit» gab, erblickt «in unserer Gewöhnung an abstraktes Denken» den «Grund für die Fremdheit physischer Realität»; er definiert den Film «als ein Medium ..., das besonders dazu befähigt ist, die Errettung physischer Realität zu fördern. Seine Bilder gestatten uns zum ersten Mal, die Objekte und Geschehnisse, die den Fluß des materiellen Lebens ausmachen, mit uns fortzutragen» [32]. An Kracauer, aber auch an Benjamin wäre zu zeigen, daß einer der Ursprünge der philosophischen R.-Problematik außerhalb der Philosophie gesucht werden muß: in M. PROUSTS Romanwerk ‹A la recherche du temps perdu›, das von nichts anderem als der R. der Erfahrung vor der Indifferenz der Zeit handelt.

Anmerkungen. [1] CICERO: De invent. 2, 161. – [2] Vgl. J. ALTENSTAIG/J. TYTZ: Lex. theol. (Köln 1619, ND 1974) 945 B; J. MICRAELIUS: Lex. philos. (^{2}1662, ND 1966) 1372. – [3] J. H. ZEDLER: Großes vollst. Univ.-Lex. 48 (1746, ND 1962) 1573. – [4] a.O. 1582. – [5] In dieser Tradition: H. S. REIMARUS: Apologie oder Schutzschr. für die vernünftigen Verehrer Gottes, hg. G. ALEXANDER (1972). – [6] So etwa noch im 19. Jh. die ‹Vindiciae Alphonsianae› und die ‹Vindiciae Ballerinianae›, vgl. Art. ‹Equiprobabilism›, in: Encycl. of relig. and ethics 5 (Edinburgh/New York 1912) 356. – [7] Wohl berühmtestes Beispiel: die pseudonymen ‹Vindiciae contra Tyrannos› von 1579. – [8] Vgl. etwa: H. S. REIMARUS: Vindicatio dictorum Veteris Testamenti in Novo allegatorum, hg. P. STEMMER (1983). – [9] Vgl. etwa: M. LIPENIUS: Bibl. realis philos. 2 (Frankfurt a.M. 1682, ND 1967) 1525 A-B. – [10] Vgl. dazu: O. LADENDORF: Histor. Schlagwb. (1906, ND 1968) 270. – [11] G. E. LESSING: R. des Lemnius; R.en des Horaz; R. des Hier. Cardanus; R. des Inepti Religiosi; R. des Cochläus. Sämtl. Schr., hg. K. LACHMANN/F. MUNCKER 5 (1890, ND 1968) 41-64. 272-309. 310-333. 334-352. 353-367; vgl. dazu: A. M. REH: Große Themen in kleiner Form: G. E. Lessings R.en « eine europ. Apologetik, in: W. BARNER/A. M. REH (Hg.): Nation und Gelehrtenrepublik. Lessing im europ. Zusammenhang (Detroit/München 1984) 175-184. – [12] G. E. LESSING: R.en des Horaz (1754), Ges. Schr., hg. P. RILLA 3 (1955) 548. – [13] K. LÖWITH: Weltgesch. und Heilsgeschehen (^{3}1953) 127. – [14] M. MENDELSSOHN: Morgenstunden (1785). Jub.-Ausg. (1929ff.) III/2, 3. – [15] TH. W. ADORNO: Negat. Dial. (1966). Ges. Schr. 6 (1973) 378. – [16] Vgl. etwa: I. KANT: KpV A 170. Akad.-A. 5, 95. – [17] G. W. F. HEGEL: Phänomenol. des Geistes (1807). Akad.-A. 9, hg. W. BONSIEPEN/R. HEEDE (1980) 319 («Furie des Verschwindens»). – [18] W. BENJAMIN: Zentralpark [1938/39]. Ges. Schr., hg. R. TIEDEMANN u.a. (1972-89) I/2, 682. – [19] Ursprung des dtsch. Trauerspiels (1928), a.O. I/1, 213f. – [20] Das Passagen-Werk. Aufz. und Mat. N, a.O. V/1, 578. – [21] Vgl. J. HABERMAS: Bewußtmachende oder rettende Kritik, in: Zur Aktualität W. Benjamins (²1984) 173ff. – [22] BENJAMIN, a.O. [20] 591. – [23] Einbahnstraße (1928), a.O. IV/1, 147f. – [24] a.O. [18] 683. – [25] a.O. – [26] a.O. [19] 227. – [27] Über den Begriff der Gesch. (1940), a.O. I/2, 699. – [28] a.O. [19] 214; vgl. dagegen zur Gesch.: LALANDE¹⁰ 947 (Art. ‹Sauver les apparences›). – [29] a.O. [19] 334. 397. – [30] Vgl. etwa ADORNO, a.O. [15] 137ff. – [31] G. LUKÁCS: Gesch. und Klassenbewußtsein. Werke 2 (1968) 322. – [32] S. KRACAUER: Theory of film. The redemption of phys. reality (Oxford 1960). Schr. 3 (1973) 389. R. TIEDEMANN

Rettung der Phänomene (griech. σῴζειν τὰ φαινόμενα; lat. salvare apparentias; engl. save the phenomena, saving the appearances; frz. sauver les phénomènes bzw. les apparences). Der Titel ‹R.d.Ph.› bezeichnet das methodische Programm der Naturwissenschaften, die Phänomene der Natur mittels mathematischer Gesetzeshypothesen zu erklären. Er hat seinen Ursprung in der Antike. Dort war er zunächst eingeschränkt auf das Gebiet der Astronomie, als Terminus technicus für das Verfahren, Hypothesen über die (wahren) Bewegungen der Gestirne aufzustellen, um die (sichtbaren) Himmelserscheinungen aus ihnen abzuleiten. Als 'rettungsbedürftig' in diesem Sinne galten aufgrund ihrer Unregelmäßigkeit die Planetenbewegungen. Denn einer metaphysischen Annahme der Antike zufolge kommen den Gestirnen als göttlichen Wesen nur vollkommene Bewegungen zu, die sich durch Regelmäßigkeit, d.h. durch Kreisförmigkeit und Gleichförmigkeit (konstante Winkelgeschwindigkeit) auszeichnen. Nach Aussage des Neuplatonikers SIMPLIKIOS (6. Jh. n.Chr.) hat deshalb PLATON den Astronomen die Aufgabe gestellt, «die erscheinenden Planetenbewegungen zu retten» (διασῴζῃ τὰ περὶ τὰς κινήσεις τῶν πλανωμένων φαινόμενα) [1], d.h., sie als in Wahrheit reguläre Bewegungen zu deuten, die nur dem irdischen Beobachter als irregulär erscheinen, und zu diesem Zweck geometrische Modelle zu konstruieren, aus denen sie sich als Resultanten gleichförmiger Kreisbewegungen ableiten lassen. Als erster Grieche soll der Astronom EUDOXOS VON KNIDOS (4. Jh. v.Chr.) mit Hilfe eines homozentrischen Sphärenmodells dieser Aufgabe nachgekommen sein.

Für Eudoxos und Platon hatten die Hypothesen zur R.d.Ph. rein mathematisch-kinematischen Charakter, ohne einer erklärenden physikalischen Ergänzung zu bedürfen, weil die Beseeltheit der Gestirne als Ursprung ihrer Bewegung für nicht weiter erklärungsbedürftig galt. Auch ARISTOTELES [2] hält an der göttlichen Dignität der supralunaren gegenüber der sublunaren (irdischen) Weltsphäre und damit aus demselben metaphysischen Grunde wie seine Vorgänger an der Rettungsbedürftigkeit der himmlischen Phänomene fest. Doch verändert sich der Sinn dieses Prinzips bei ihm, insofern er die Gestirne als einfache Körper auffaßt, deren Bewegung den Gesetzen der Physik unterliegt und deshalb einer physikalischen Darstellung und Erklärung bedarf. Reine Kinematik wird damit zur Physik und das ideelle Gebilde der homozentrischen Sphären des Eudoxos zu einem realen Gebilde fester Kugelschalen mit der Erde als Mittelpunkt. Diese Festlegung auf ein geozentrisches physikalisches Weltbild bedeutet eine zusätzliche Restriktion der astronomischen Aufgabenstellung: Nicht nur die Kreisförmigkeit der Bewegung, auch die physikalische Ortsbestimmung der Erde als einzigem Bewegungszentrum ist als (metaphysisches) Axiom zugrunde zu legen.

Während das aristotelische Weltbild bis zum Beginn der Neuzeit unangetastet bleibt, sieht sich die Astronomie genötigt, zum Zwecke der R.d.Ph. eine Vielfalt abweichender mathematischer Hypothesen aufzustellen. Bereits bei PTOLEMAIOS (2. Jh. n.Chr.) geraten die mathematische und die physikalische Astronomie miteinander in Konflikt: Ptolemaios stellt ein mathematisches Modell mit Epizykeln und Exzentern, also mit mehreren Kreismittelpunkten, auf, hält aber zugleich an der Physik des Aristoteles fest, was «eher nach einer Rettung des Axioms der gleichförmigen Kreisbewegung als nach einer Rettung der Erscheinungen» aussieht [3]. Indem sich in der Folge die mathematische Astronomie gegenüber der physikalischen zunehmend verselbständigt, wird dem Prinzip der R.d.Ph. nur noch eine rein hypothetische und instrumentalistische Bedeutung zuerkannt. Hypothesen jeglicher, selbst heliozentrischer Art sind zugelassen, wenn sie nur das Postulat der Kreisförmigkeit erfüllen, sich mit den Phänomenen in Übereinstimmung bringen lassen, d.h. ihre Ableitbarkeit ermöglichen, und sich für praktische Zwecke der Himmelskunde (Kalenderberechnung, Navigation usw.) als nützlich erweisen. Über ihre Wahrheit aber entscheidet allein die Physik des Aristoteles.

Das alternative heliozentrische Weltmodell wird dem aristotelischen Weltbild erst gefährlich, als die astronomischen Hypothesen mit physikalischem Wahrheits- und Erklärungsanspruch auftreten. Für N. KOPERNIKUS ist das heliozentrische System noch lediglich eine zweite gleichrangige, eine 'bloße' Hypothese zur R.d.Ph. im Interesse der Kreisförmigkeit der Planetenbewegungen. Erst J. KEPLER bezieht für Kopernikus und gegen Aristoteles Stellung, indem er mit seiner Himmelsphysik den nicht bloß kinematischen, sondern dynamischen Zusammenhang zwischen Sonne und Erde und damit die wahre physikalische ‹Natur der Dinge› nachzuweisen sucht, wodurch er sich außerdem gezwungen sieht, elliptische anstelle von kreisförmigen Planetenbahnen einzuführen. Indem Kepler eine realistische Deutung und Anwendung des Prinzips der R.d.Ph. vornimmt und fordert, entkleidet er es somit zugleich seiner metaphysischen Grundvoraussetzung [4].

Die 'Kopernikanische Revolution' vollzieht sich also erst mit Kepler und weist bezüglich des methodischen Prinzips der R.d.Ph. folgende wesentliche Aspekte auf: 1. tritt an die Stelle metaphysischer Voraussetzungen für die R.d.Ph. die Forderung ihrer Rückführbarkeit auf empirisch überprüfbare physikalische Gesetzmäßigkeiten; dadurch wird 2. die traditionelle Spaltung zwischen einer mathematischen und einer physikalischen Astronomie überwunden und 3. die ontologische Schranke zwischen einer supralunaren, göttlichen und einer sublunaren, irdischen Weltsphäre aufgehoben, womit 4. die Voraussetzung dafür geschaffen ist, das Prinzip der R.d.Ph. über die Astronomie hinaus auf sämtliche Bereiche der Natur auszudehnen, es zum methodischen Grundprinzip der neuzeitlichen Physik überhaupt zu erheben, so daß 5. umgekehrt die Astronomie selbst zu einem Teilbereich dieser Physik wird. Durch Kepler wird somit die R.d.Ph. zur «umgreifenden und alles umfassenden Aufgabe der Naturwissenschaften» [5].

Die traditionelle, rein hypothetische Bedeutung der R.d.Ph. bleibt indessen weiter lebendig. In seinem Epos ‹The paradise lost› läßt J. MILTON, im Sinne des Thomas von Aquin, den Engel Raphael Adam die Lehre erteilen: Die menschliche Lust, Vermutungen über den Bau des Himmels anzustellen, die über dem praktischen Nutzen dienende astronomische Berechnungen hinausgehen, und über die müßige Frage zu streiten, ob sich die

Sonne oder die Erde bewege, statt das Geheimnis dieses göttlichen Werkes in seiner Erscheinung für den Menschen zu bewundern, vermöge nur Gottes Gelächter zu erregen über die merkwürdigen Meinungen («quaint Opinions») der Menschen: «when they come to model Heav'n / And calculate the Stars; how they will wield / The mighty Frame; how build, unbuild, contrive / *To save appearances;* how gird the Sphere / With centric and eccentric scribled o'er, / Cycle and epicycle, Orb in Orb» [6].

Gemäß seinem radikalen Hypothesenverzicht und empiristischen Selbstverständnis lehnt I. NEWTON es prinzipiell ab, eine «Hypothese» oder «Vermutung» aufzustellen, «weil alle Erscheinungen damit gerettet werden (wie allgemein bei den Naturforschern)». Allein eine sich unmittelbar aus den Experimenten ergebende, völlig unzweifelhafte «strenge Folgerung» hält er für zulässig [7]. Sofern aber auch die Newtonsche Physik faktisch hypothetische Weltentwürfe zugrunde legt, setzt sie das methodische Programm einer R.d.Ph. in einer bis heute für die Physik maßgeblichen Form fort.

Eine eigenwillige Neuinterpretation in Anknüpfung an Platons Ideenlehre gibt W. BENJAMIN dem Prinzip der R.d.Ph. [8]. Es zielt demnach nicht auf die empirische Erkenntnis von einzelnen Phänomenen, sondern «intentionslos» auf deren – in jedem konkreten, individuellen Phänomen symbolhaft gegenwärtige – Wahrheit, Einheit und Totalität, wodurch empirische Erkenntnis überhaupt erst ermöglicht und konstituiert wird. Die «Ideen», welche die R.d.Ph. gewährleisten sollen, sind weder aus den Phänomenen empirisch-induktiv gewinnbare allgemeine Begriffe, rein formale Gesetzmäßigkeiten oder mathematische Funktionen, noch handelt es sich um allgemeine Regeln, Grundsätze oder «Hypothesen» der Vernunft, aus denen die Phänomene logisch-deduktiv ableitbar wären. Als von Benjamin sogenannte «Ursprungsphänomene» den «Urphänomenen» Goethes nah verwandt, repräsentieren sie vielmehr die «Konfigurationen» oder «ewigen Konstellationen» der – für die Phänomene wesenhaften und unreduzierbar vielfältigen – inhaltlich-begrifflichen «Elemente». Zu den Phänomenen verhalten sie sich wie die Sternbilder zu den Sternen, indem sie nicht mit ihnen identisch, sondern völlig anderer (begrifflicher) Art, aber doch an ihnen aufweisbar («darstellbar») sind und sein müssen. Wie der Mathematik für die platonische Philosophie kommt damit für Benjamin den Begriffen eine nicht bestimmende, sondern bloß vermittelnde Funktion für die R.d.Ph. zu: «Die Unterscheidung in Begriffen ist über jedweden Verdacht zerstörerischer Spitzfindigkeit erhaben nur dort, wo sie auf jene Bergung der Phänomene in den Ideen, das Platonische τὰ φαινόμενα σώζειν es abgesehen hat. Durch ihre Vermittlerrolle leihen die Begriffe den Phänomenen Anteil am Sein der Ideen» [9]. Die Aufgabe einer R.d.Ph. besteht für Benjamin darin, den begrifflich-anschaulichen Gehalt der Phänomene in ihrer lebensweltlich-anthropologischen Bedeutung für den Menschen zu wahren (zu «retten»). Damit verleiht er diesem ursprünglich naturwissenschaftlichen Prinzip eine – vom Verfahren der Naturwissenschaften sowie auch von Kant und dem Neukantianismus sich ausdrücklich kritisch absetzende – philosophisch-erkenntniskritische Wendung, verbunden mit einem unverkennbar religiös-theologischen Nebensinn des Wortes ‹Rettung›.

Anmerkungen. [1] SIMPLICIUS: In Arist. De caelo comm., hg. J. L. HEIBERG. CAG 7 (1894) 488, 23f. – [2] Vgl. J. MITTELSTRASS: Die R.d.Ph. Ursprung und Gesch. eines ant. Forsch.prinzips (1962) 162-164. – [3] E. J. DIJKSTERHUIS: Die Mechanisierung des Weltbildes (1956) 67; vgl. auch MITTELSTRASS, a.O. [2] 164-173; Art. ‹Ptolemäisch, Ptolemäisches Weltsystem›, a.O. [2]. – [4] MITTELSTRASS, a.O. 209. – [5] a.O. 219. – [6] J. MILTON: Paradise lost, hg. R. BENTLEY (London 1732, 1976) 244f., 76-84. – [7] I. NEWTON: New theory about light and colours (1672), hg. J. A. LOHNE/B. STICKER (1969) 27. – [8] Vgl. W. BENJAMIN: Ursprung des dtsch. Trauerspiels, hg. R. TIEDEMANN (1955) 9-39. Ges. Schr. I/1 (1974) 207-237. – [9] a.O. 16 bzw. 214.

Literaturhinweise. P. DUHEM: ΣΩΖΕΙΝ ΤΑ ΦΑΙΝΟΜΕΝΑ. Essai sur la notion de théorie phys. (Paris 1908). – O. BARFIELD: Saving the app. A study in idolatry (London 1957). – J. MITTELSTRASS s. Anm. [2]. – B. C. VAN FRAASSEN: To save the phen. J. Philos. 73 (1976) 623-632. – J. MITTELSTRASS: Phaenomena bene fundata: From ‹Saving the app.› to the mechanisation of the world-picture, in: R. R. BOLGAR (Hg.): Class. influences on Western thought A.D. 1650-1870 (Cambridge 1978) 39-59. – G. E. R. LLOYD: Saving the appearances, in: Methods and problems in Greek sci. (Cambridge 1991) 248-280. TH. REHBOCK

Reue (griech. κατάνυξις, συντριβή; lat. compunctio, attritio/contritio; engl. compunction, contrition, repentance; frz. componction, contrition, repentance, repentir)

1. In der *griechisch-philosophischen* und *biblischen Überlieferung* hatte seit den Pythagoreern die Gewissensprüfung eine große Bedeutung. Sie diente der Selbsterkenntnis und Selbstdisziplin. Sie läßt sich aber wegen der mangelhaften literarischen Überlieferung nur schwer fassen. – EPIKUR war Schulleiter und Seelenführer zugleich, dem die Schüler von sich aus das ethische und affektive inwendige Leben eröffneten. Diese 'Beichtpraxis', die ein enges Vertrauensverhältnis von Meister und Jünger schuf, diente der Überwindung der ungeordneten Affekte (Zorn, Ehrgeiz, Furcht) [1]. Hat die innere Zerknirschung (ταραχή) eine läuternde Wirkung für das Seelenleben, so läßt Epikur nach einem vieldiskutierten Fragment die R. (συντριβήν) unter gewissen Umständen (κατὰ καιρούς) gelten [2].

Die Quellen sind zu spärlich, als daß man bereits in der hellenistischen Philosophie von ‹R.› (contritio) als «Terminus technicus der Psychologie und Beichtpraxis» sprechen könnte [3]. Aber die stoische Übung der Gewissensprüfung, Seelenführung und Beichte ist für die griechische Kirche und Theologie bedeutsam geworden. Von der Selbsterkenntnis der Fehler und Vergehen im Gewissensexamen und von der es begleitenden inwendigen Erschütterung sprechen auch SENECA und PLUTARCH [4]. Selbst wenn dem R.-Schmerz kathartische Wirkung zuerkannt wird, vollzieht sich die wahre und wirkliche Läuterung in der philosophischen Selbsterkenntnis und Selbstfindung. Der Gedanke einer gnadenhaften Schuldvergebung auf Grund der R. liegt ebenso fern wie die Hoffnung auf Gottes vergebende Barmherzigkeit.

In der griech. Übersetzung des ‹Alten Testaments› hat συντρίβειν (hebr. schabar, lat. conterere) die umfassende Bedeutung von 'zerbrechen' (umbrechen), 'vernichten' (vgl. Jer. 19, 11), zugleich aber die besondere Bedeutung von 'innerlich zerbrechen'. Diese Katastrophe des inwendigen und äußerlichen Zerbrechens offenbart das ganze Ausmaß und Unwesen der Schuld (in einem Sünde und Strafe umfassenden Verständnis). Die sich im Joch der Schuld aufgerieben haben, können sich nur mehr als die Demütigen vor Gott verstehen, die zerbrochenen Herzens sind (Ps. 34, 19; 51, 19). Der Gottesknecht, der selber ein gebrochener Mann der Schmerzen ist (Jes. 53, 5), wird denen Rettung bringen, die gebrochenen Herzens sind (Jes. 61, 1). Die R. hat im biblischen Verständnis ihren Sitz im Herzen. Das Herz (leb) ist die orientierende, wegweisende Mitte des menschlichen Lebens (nefes = Seele), und der Geist (ruah) ist die Kraft des Herzens. Gott versteht das Herz des Menschen (Jer. 24, 7); er allein lenkt es (1 Sam. 10, 9). Das ursprüngliche und urtümliche Zeugnis des biblischen R.-Verständnisses ist Psalm 51 (‹Miserere›), den die ganze theologische Tradition als solches las und auslegte. Die Selbstanklage des Sünders ist das Bekenntnis des Erbarmens Gottes, dessen heilig-heiligende Gegenwart die Schuld des Menschen bewußt macht und im rettenden Gericht wegnimmt. «Das zerbrochene und gedemütigte Herz (cor contritum et humiliatum) ist das Gott wohlgefällige Opfer» (Ps. 51, 19) und gleichzeitig die Baustelle des erneuerten Herzens [5].

R. ist auch – im Widerspruch zur griechischen Philosophie – eine göttliche Tugend. «Wie könnte ich dich preisgeben, Ephraim, dich ausliefern, Israel? ... Mein Herz kehrt sich gegen mich um, mein Mitleid ist gar sehr entbrannt» (Hos. 11, 8). In diesem Umbruch der Gottesgerechtigkeit im Erbarmen bleibt Gott sich und seinem Volk in den Zeitläufen der Geschichte treu [6]. Das Gleichnis vom verlorenen Sohn (Lk. 15, 11-32) offenbart, daß die Umkehr des Sünders die Gnade der suchenden und findenden Liebe Gottes ist. R. in der Tiefe des Herzens und Sündenvergebung stehen nicht im Verhältnis von Ursache und Wirkung, sondern sie gehören zusammen wie Ereignis und Austrag. «Ihr [der Sünderin] sind viele Sünden vergeben, weil sie viel geliebt hat» (Lk. 7, 47) [7]. – Zur R. gehören Leid und Tränen (Lk. 7, 44), Schmerz und Trauer (2 Kor. 7, 9-11), Freude und Erhebung (Lk. 15, 22-24).

2. *Patristik.* – Die kritische Selbstprüfung des Weisen ist für die christlichen Theologen immer auch demütige Selbstverurteilung. Trauer und Schmerz über die Sünde sind nicht unnütze oder unstatthafte Affekte, die auszuräumen sind, in ihnen brennt vielmehr, wie es ORIGENES bildhaft ausdrückte, das Feuer des göttlichen Gerichts über die Sünde, dem wir in der Selbstbestrafung der R. zuvorkommen dürfen [8]. Der Sünder muß Gott um dieses inwendige Feuer der R. bitten, das Gottes Wort entzündet. Die Tränen der R. haben reinigende Kraft. Gegen den Platoniker Celsus verteidigt Origenes den R.-Schmerz [9]. Nach der Bekehrung gibt es aber letztlich für KLEMENS VON ALEXANDRIEN nur mehr eine einzige wahre R.; wiederholte R. unterscheidet sich in nichts vom Unglauben [10]. Die positive Bewertung der R. in der alexandrinischen Theologie ist ohne Einfluß PHILONS nicht verstehbar, für den R. die Umkehr der Seele aus der Verfallenheit an den Tod bewirkt [11].

GREGOR VON NYSSA bezieht die Seligpreisung der Leidtragenden in der Bergpredigt auf jene, die im Abstand von dem uns vorgegebenen höchsten Gut dieses nur mehr durch die Tränen der R. hindurch zu erkennen vermögen. Demut und R. werden so zur angespannten, fordernden, christlichen Lebensform, besonders für den Spiritualen [12]. JOHANNES CHRYSOSTOMOS ist gleichermaßen Seelenführer und Seelenarzt [13]. Den Mönchen Demetrius und Stelechius stellt er den Weg der R. (κατάνυξις, compunctio) im Zeichen des Kreuzes und der Selbstzerknirschung als Überstieg in die «vita angelica» vor Augen. Den aus der Mönchsdisziplin in die Welt geflüchteten Theodorus mahnt er (mit Erfolg) zur Umkehr. Nicht der Abfall ist sein Verderben, sondern das Versagen, in wahrer R. und Erschütterung sich wieder aufzurichten.

Die Schuldverstrickungen aufzulösen, bereitet allemal Leid; aber Gott rettet den Sünder im Leid. Nicht die zeitliche Länge der Buße ist entscheidend, sondern die Gesinnung (οὐ γὰρ χρόνων ποσότητι ἀλλὰ διαθέσει ψυχῆς ἡ μετάνοια κρίνεται [14]).

Über GREGOR DEN GROSSEN ist dieses Axiom in die lateinische Bußtheologie eingegangen. Die große Synthese zwischen der biblischen Botschaft von der Kraft der R. des Herzens und der (epikureischen) Idee der Seelenführung ist der ‹Liber asceticus› des MAXIMUS CONFESSOR, ein Dialog des jüngeren mit dem älteren Mönch [15]. Der Schüler fragt nach dem Weg der Enthaltsamkeit, zum Gebet und zur vollkommenen R. Das Wort des «senex» erschüttert den Bruder und stürzt ihn in die Verzweiflung. Das Ziel der Versöhnung ist der angstfreie Glaube. Solange die Sünde verwirrt und ängstigt, ist die Vergebung nicht vollkommen. «Die Frucht der Bekehrung ist der Friede (ἀπάθεια) der Seele; der Friede aber die Tilgung der Sünde» [16].

AUGUSTINUS und GREGOR DER GROSSE haben die patristische und die scholastische Theologie der lateinischen Kirche maßgebend beeinflußt. Aus der existentiellen Betroffenheit seiner eigenen Bekehrung interpretiert AUGUSTIN die R. und stellt diese Kehre seines Lebens in das Licht der Bußpsalmen des AT: «... et flebam amarissima contritione cordis mei». Im R.-Umbruch seines Lebens entdeckt Augustin das «Inwendig-Ewige», den Frieden im Einen-Unwandelbaren («... in pace in idipsum ...»), wie er Ps. 4, 9 in bester neuplatonischer Tradition wiedergibt [17]. Dieses Zeugnis des lebendigen Glaubens holt Augustin auch in der theologischen Reflexion ein, vor allem durch sein Verständnis des Gottesdienstes der Kirche und des einzelnen Glaubenden [18]. In der Mitte der Liturgie, im Sakrament des Altares, macht er den theologischen Ort der R. aus, und umgekehrt erklärt er das zerknirschte Herz als Altar [19]. Vermittler der lateinischen und griechischen R.-Lehre an das Mittelalter war GREGOR DER GROSSE. Seine Auslegung des Buches ‹Hiob› wurde das Lehrbuch der Moraltheologie im Mittelalter [20], in der er die Tugend der R., «virtus compunctionis», lehrt. Gregor verwendet häufiger den Ausdruck ‹compunctio› als ‹contritio›. Im Feuer der «compunctio» müssen Schuld und Sünde ausgeglüht werden. Je stärker die Neigung zur Sünde, desto größer muß auch der inwendige Schmerz sein. Gott vergibt keine Schuld ohne sühnende R. Vier Dinge sind es, die nach Gregor den Gerechten inwendig erschüttern: der Gedanke an Gott und Gottes Gericht, der Blick auf die Welt und auf den Himmel [21]. Die Furcht vor dem göttlichen Gericht bringt die Seele zur Verzweiflung, der sie nur in der Selbsthingabe an Gott begegnen kann. Darin erfaßt sie Vertrauen und Zuversicht und erfährt die Freude des Heils. Später wurde Gregors Lehre im Sinne von zwei unterschiedlichen Weisen der R. (aus Furcht und aus Liebe) ausgelegt [22]. Diese Auslegung trifft aber Gregors Verständnis der anfänglichen, vorankommenden, zielstrebigen R. nicht.

3. *Mittelalter.* – Seit der karolingischen Renaissance wurde in den Traktaten über die Tugenden und Laster auch über die R. gehandelt [23]. In ABÄLARDS ‹Ethik› ist ‹contritio› ein Grundbegriff. ‹R. des Herzens› und ‹wahre Buße› sind Wechselbegriffe, denn die R. in der Tiefe und Kraft des Herzens tilgt die Sünde und ver-

söhnt mit Gott [24]. Nicht die Furcht vor der gerechten Strafe begründet die wahre R., sondern der Schmerz der Seele: «gemitus cordis», «contritio doloris». «Ipse [Deus] per internam inspirationem verum poenitentiae gemitum immittat, quo poenitens vivificatus a morte animae resurgat» [25]. Im Brief Heloises an Abälard begegnet der R.-Begriff der Minnedichtung. In der Bitternis des Herzens möchte die Liebende dem Geliebten ebenbürtig werden; R. vor Gott über dieses Verlangen nach ihm kann sie nicht empfinden [26]. Im Antwortbrief unterweist Abälard die Geliebte über die übernatürlich motivierte R. [27].

In GOTTFRIEDS VON STRASSBURG Epos ‹Tristan und Isolde› (vor 1220 entstanden) hören die beiden Liebenden vom Einsiedler, daß niemand ohne R. Buße tun kann. Tristan aber muß schweigen, weil er die ehebrecherische Liebe nicht verlieren möchte, und Isolde weint zu Füßen des Einsiedlers Tränen der R. über die unglückliche Liebe. Diese R. macht das Unglück der Liebe vollends offenbar; der Tod der Liebenden bleibt ein Geheimnis, das religiös-kultische Bedeutung gewinnt. Auch WOLFRAM VON ESCHENBACH kennt in der Parcival-Dichtung (um 1204 entstanden) die Tränen der R. als Gnade der Umkehr. Der Held des Romans bekennt vor dem Eremiten Trevrizent seine Schuld gegen die göttlichen Tugenden Glauben, Hoffen und Lieben und ist bis zur Selbstverzweiflung erschüttert; aber er muß zur Vollendung den heroischen Weg der Selbstüberschreitung gehen [28]. Das Pathos der R. macht die Liebe zur leidenden Liebe; sie hat ihren Erfüllungsort im Tode.

Die scholastische Theologie des 13. Jh. und der folgenden Jahrhunderte betrachtet die R. als Grundelement der Gnade der Rechtfertigung und reflektiert einerseits das Verhältnis von Tugend und Gnade der R., andererseits betrachtet sie den Zusammenhang von R. und sakramentaler (kirchlicher) Buße [29]. Die R. ist im Verständnis der mittelalterlichen Theologie Tugend und Gnade. «Dolor cordis» und «amaritudo animae» erlangen in der Gnade ihre Vollendung. «Unde adveniente gratia gratum faciente attritio fit contritio», schreibt der Franziskanertheologe WILHELM VON MELITONA in seinem Bußtraktat [30]. Die reuevolle Erinnerung an vergangene Schuld ist der Gegen-Wille der Buße, in dem Gottes rettendes Gericht wirksam ist. Diese von der Gerechtigkeit und Liebe inspirierte, gnadenhafte R. hat rechtfertigende Kraft im Vollzug der zeichenhaften Buße. Die drei Elemente des Bußsakramentes – R., Beichte mit Absolution und Genugtuung – versteht THOMAS VON AQUIN nicht als Einzelteile («partes subiectivae»), von denen jedes der Kraft nach das Ganze wirkt, sondern als integrale Elemente, die zusammenwirken, so daß das Wort der Absolution im voraus in der R. wirksam ist [31]. Anders als Thomas läßt JOHANNES DUNS SCOTUS R. und Bußsakrament als zwei Wege der Rechtfertigung gelten [32]. Im frühscholastischen Verständnis ist ‹at-tritio› (in bekannter und beliebter Worterklärung) die anfängliche R., die in der 'knechtischen Furcht' vor der Strafe und dem Gericht anhebt, in der Hoffnung und Liebe vorankommt. ‹Con-tritio› besagt den umfassenden Akt von R., Sündenbekenntnis und Genugtuung. GILBERT VON POITIERS und seine Anhänger, die Porretani (SIMON VON TOURNAI, RADULFUS ARDENS und ALANUS VON LILLE), betrachten nach Lk. 7, 47 die aus der R. resultierende Liebe als Zeichen der vergebenen Schuld, nicht als Ursache derselben [33]. Den Tugendakt der R. bestimmt THOMAS VON AQUIN objektiv von der Gerechtigkeit her, welche durch die Sünde verletzt, in der R. aber wiederhergestellt wird [34].

Um die Wende des 13. zum 14. Jh. wird diese objektive Analyse der Tugend R. mehr und mehr überlagert von der Analyse der Motive; die Unterscheidung von ‹attritio› und ‹contritio› bekommt einen neuen Sinn, den von furchtbegründeter und liebeerfüllter R. [35]. Sofern im R.-Motiv der Furcht die Verwerfung der Sünde mitgesetzt ist, erachtet sie DUNS SCOTUS als hinlänglichen Grund der sakramentalen Buße. Entschieden weist er aber eine reine Furcht-Strafe-R. zurück [36]. Im Anschluß an Scotus differenziert WILHELM VON OCKHAM das Motivbündel der Furcht-R.: Verwerfung der Schuld, Selbstbestrafung und Gericht. Im «actus detestationis» erblickt er den hinreichenden Grund der Vergebung [37]. Da dieser Akt der Verwerfung nicht ohne Gottesliebe sein kann, versteht GABRIEL BIEL die R. als «contritio» [38].

M. LUTHER folgt dieser Tradition und lehnt die Unterscheidung von ‹attritio› und ‹contritio› ab. Die scholastische Forderung einer von der Liebe erfüllten R. verkennt nach seiner Meinung ebenso die richtende Gerechtigkeit Gottes, die der Sünder immer nur im erschrockenen Gewissen erfahren und in der Furcht annehmen kann, wie auch die Gnade der Gottesliebe, die unverdiente Frucht der Rechtfertigung. Scharf wendet er sich gegen die Analyse der R.-Motive und fordert den Gehorsam gegenüber dem vergebenden Wort Gottes [39] – in den Begriffen der von ihm verworfenen Unterscheidung: Luther läßt nur die «contritio» gelten.

In der ‹Devotio moderna› wird die übernatürlich motivierte vollkommene R. als geistliche Übung gelehrt. Im Stundenbuch des HEINRICH SEUSE wird der Jünger im Gespräch mit der «sapientia» in der Erweckung der geistlichen R. unterwiesen. Sie ist die Voraussetzung der geistlichen und der sakramentalen Kommunion [40]. In der ‹Imitatio Christi› werden R. und Demut zu einer Grundhaltung des christlichen Lebens, die einem religiösen Quietismus gleichkommt [41].

4. *Neuzeit.* – Im Anschluß an die mittelalterliche Tradition beschreibt auch die neuzeitliche Philosophie die R. als Affekt: DESCARTES bezeichnet sie als «species tristitiae» [42]. M. DE MONTAIGNE unterscheidet die «nachträgliche R.», die nichts zu ändern vermag und darum ohne Bedeutung ist, und die vernunftgemäße R., die als schmerzliches Gefühl ein Selbstmißfallen ausdrückt und so der Selbsterkenntnis («ramener à soi») dient [43]. Eine formal-psychologische Betrachtung erblickt in der R. vielfach nichts anderes als 'Verdruß' über eine frustierende Handlung, als Gefühl der Unzufriedenheit mit sich selber, bzw. über die Unangemessenheit einer Handlung [44]. SPINOZA läßt den vernunftwidrigen Affekt der R. höchstens als erzieherisches Mittel gelten. Sie zeugt davon, daß der Mensch, der im Affekt sich zu einer Tat hinreißen ließ, danach durch die Trauer darüber besiegt wird [45]. Auch die Untat soll und kann nach F. NIETZSCHE durch die R. nicht ungetan gemacht werden; der Mensch muß mit ihr «fertig werden». Die R. bedeutet, «der ersten Dummheit eine zweite zugesellen», und zeugt wie alle Moral nur von «décadence» [46].

Bei aller Kritik am Affekt der R. betonen die Philosophen von MONTAIGNE bis SCHELER, daß jeder Mensch «das ganze Bild der Menschlichkeit» bzw. «sein ganzes Leben» zu jeder Zeit «in seinem Ich» trägt und daß er dieses frei und kritisch zu verantworten hat [47]. Nach HEGEL hat der menschliche Geist «die Energie, sich an sich zu verändern», das Böse zu negieren und durch Buße und R. sich mit Gott zu versöhnen [48]. Für KIERKEGAARD geht es darum, die ethische und religiöse Existenzform gegenüber der Unverbindlichkeit der ästhetischen hervorzuheben. Indiz dafür ist das Sündenbewußtsein, die R., die eine «ethische, nicht ästhetische Realität» hat. Sie ist der «bitterste Schmerz, weil sie die völlige Durchsichtigkeit der ganzen Schuld hat» [49]. R. heißt, seine Schuld nicht zu überspielen oder zu vergessen, sondern zu bekennen, «daß das Böse mir wesentlich zugehört und zugleich ... wesentlich nicht zugehört». Sie ist Wahl des eigenen Selbst, das in der verwerflichen Tat vernachlässigt wurde und so «gleichsam außerhalb meiner» liegt. Sie ist aber auch Hoffnung auf Vergebung und Gnade, damit Liebe zu Gott und Erfahrung seiner Liebe [50]. Die R. ist eine «Bewegung nach innen zu, nicht ein Tun, sondern ein durch sich selbst etwas widerfahren lassen», ein Ergriffen-Werden, ein «Ruck», der durch den Menschen geht. Als Ausdruck der ethischen Sphäre bereitet sie auf die religiöse vor [51]. In ihr entscheidet sich der Einzelne, «nur Eines zu wollen», das Ewige; die Schuld soll deshalb auch nicht nur zu bestimmter Zeit bekannt werden, weil sie nicht unter der Zeit, sondern der Ewigkeit steht [52]. Angst und Verzweiflung der Sünde werfen sich «in die Arme der R.», in der das Handeln suspendiert wird, wie Kierkegaard gegen FICHTE, der in der «Selbstzerknirschung» die Gefahr des «Müßiggangs» gesehen hatte [53], einwendet: R. als «höchster ethischer Selbstwiderspruch» muß «auf ihre dialektische Spitze» getrieben werden, «auf der gesetzt sie dann sich selber aufheben will in neuer R., und auf der sie alsdann zusammensinkt» [54].

Die phänomenologische Schule hat auch zum Verständnis des Affektes der R. wesentlich beigetragen: Im inwendigen Leid erfährt der Mensch den Widerstand der verletzten sittlichen Ordnung. Die personale Erinnerung ist ein intentionaler Akt, der sich auf den Kern der sittlichen Grundentscheidung einläßt und im operativen Zugriff den sittlichen Unwert aufzuheben vermag. M. SCHELER beschreibt die R. als Akt der Gesinnung und des Bewußtseinswandels zur Erhellung und Erneuerung der ganzen, höheren «idealistischen Existenz» [55]. – Für J.-P. SARTRE bedeutet die R. nur die Flucht vor der Verantwortung für die eigene Tat und damit eine Verkehrung der menschlichen Freiheit [56].

Anmerkungen. [1] I. HADOT: Seneca und die griech.-röm. Tradition der Seelenführung (1969) 66ff.; zu griech. Substituten für ‹R.› vgl. N. BESENTAKOS: Synonyme für R. in den homer. Epen (Athen 1980), griech. mit engl. summary; dtsch. Selbstanzeige in: Arch. Begriffsgesch. 25 (1981) 115f. – [2] C. DIANO (Hg.): Lettere di Epicuro e dei suoi (Florenz 1946) 7; vgl. dazu W. SCHMID: Contritio und 'ultima linea rerum' in epikureischen Texten. Rhein. Mus. 100 (1957) 301-327. – [3] G. BERTRAM: Art. συντρίβω κτλ., in: Theol. Wb. zum NT, hg. G. KITTEL/G. FRIEDRICH 7 (1964) 919, Anm. 6. – [4] SENECA: Ep. 28, 9, hg. L. D. REYNOLDS (Oxford 1965) 80f.; PLUTARCH: De tranqu. anim. 19. Moralia 3 (1972) 217f.; De superst. 1, 165 a, a.O. 1, 338f. – [5] H. GREEVEN: Art. κατανύττω, κατάνυξις, in: Theol. Wb. zum NT 3 (1938) 628; R. BULTMANN: Art. πένθος, πενθέω, a.O. 6 (1959) 40-43; I. HAUSHERR: Penthos. La doctrine de la componction dans l'orient chrét. [Orient. christ. analecta] (Rom 1944); zu συντρίβω vgl. oben [3] – [6] J. RATZINGER: Schauen auf den Durchbohrten (1984); J. JEREMIAS: Die R. Gottes. Aspekte alttestamentl. Gottesvorst. (1975). – [7] Vgl. M. LUTHER: Sermo de poenitentia (1519). Weim. Ausg. 1, 319-324. – [8] ORIGENES: Jeremiahom. XX, 9. GCS 3 (1901) 192 bzw. Sources chrét. 238 (1977) 292. – [9] C. Celsum II, 11, a.O. 1 (1899) 139 bzw. 132, 312. – [10] KLEMENS VON ALEX.: Strom. II, 13. GCS 2 (1906) 144. – [11] PHILON VON ALEX.: De Abrah. 17. Opera, hg. L. COHN u.a. 1 (1896) 105f.; Leg. alleg. II, 78, a.O. 4, 4f.; vgl. TH. KOBUSCH: Studien zur Philos. des Hierokles von Alex. (1976) 177. – [12] GREGOR VON NYSSA: De beatitud. or. III. MPG 44, 1220-1232. – [13] JOHANNES CHRYSOST.: Libri II de compunctione. MPG 47, 393-410 (‹Ad Demetrium›); 411-422 (‹Ad Stelechium›); Paraenesis sive adhortatio ad Theodorum, a.O. 277-308 bzw. Sources chrét. 117 (1966) 80-239. – [14] Paraen. 6, a.O. 284 bzw. 108f. – [15] MAXIMUS CONF.: Lib. asc. MPG 90, 912-956. – [16] n. 45, a.O. 956. – [17] AUGUSTINUS: Conf. VIII, 12, 29; IX, 4, 10f. CSEL 33/1, 194. 205. – [18] De civ. Dei X, 5. CCSL 47, 277. – [19] Serm. 19, 3. CCSL 41, 254. – [20] GREGOR DER GR.: Moralia in Iob III, 36, 69. CCSL 143, 157. – [21] XXIII, 21. CCSL 143 B, 1175. – [22] Vgl. Vita b. Gregorii. MPL 75, 402 B. – [23] Ps.-ALKUIN: De virtutibus et vitiis 11 (De compunctione). MPL 101, 620f. – [24] PETRUS ABAELARD: Ethica 19, hg. D. E. LUSCOMBE (Oxford 1971) 88; Sic et non, hg. B. B. BOYER/R. McKEON (Chicago 1976) 510-512; Sermo VIII. MPL 178, 440 B; das zweite große Zeugnis des frühscholastischen R.-Verständnisses: Ps.-AUGUSTINUS: De vera et falsa poenitentia. MPL 40, 1113-1130. – [25] Sermo VIII, a.O. 444 B-D. – [26] Ep. IV. MPL 178, 196 A; J. MONFRIN: Abélard. Historia Calamitatum. Texte crit. avec une introd. (Paris ²1962) 121. – [27] Ep. V, a.O. 204-212. – [28] J.-CH. PAYEN: Le motif du repentir dans la litt. franç. médiév. (des origines à 1230) (Genf 1967) 331-364. 391-419. – [29] Vgl. H. VORGRIMLER: Buße und Krankensalbung, in: Hb. der Dogmengesch. IV/3 (1978) 137f. 147f. – [30] MICHAEL VON MELITONA: Quaest. de sacramentis. Cod. Vat. lat. 4245, fol. 282ʳ b; vgl. ALEXANDER VON HALES: Summa theol. lib. III, Proleg. (Quaracchi 1948) 4, 240f. – [31] THOMAS VON AQUIN: S. theol. III, 90, a. 3. – [32] Vgl. VORGRIMLER, a.O. [29]; JOHANNES DUNS SCOTUS: Ord. IV, 14, q. 2, n. 14-15; 17, q. un., n. 1. – [33] L. HÖDL: Die Gesch. der scholast. Lit. und Theol. der Schlüsselgewalt 1 (1960) 225f. – [34] THOMAS VON AQUIN: S. theol. III, 85, 1-3. – [35] V. HEYNCK: Contritio vera. Franzisk. Stud. 33 (1951) 137-179; 36 (1954) 1-81; 41 (1959) 163-212. – [36] N. KRAUTWIG: Die Grundlagen der Bußlehre des J. Duns Scotus (1938); V. HEYNCK: Der rechtl. Charakter des Bußsakramentes nach J. Duns Scotus. Franzisk. Stud. 47 (1965) 339-414. – [37] WILHELM VON OCKHAM: Quaest. in IV lib. sent. IV, 11. Op. theol. 7, hg. R. WOOD/G. GÁL (St. Bonaventure, N.Y. 1984) 220-233. – [38] GABRIEL BIEL: Collectorium circa IV lib. sent. IV.1, 14, q. 1, hg. W. WERBECK/U. HOFMANN (1975) 418-445. – [39] LUTHER, a.O. [7]; vgl. VORGRIMLER, a.O. [29] 159-163. – [40] HEINRICH SEUSE: Horologium sapientiae, hg. B. KÜNZLE (1977) 557. 566. – [41] THOMAS VON KEMPEN: Imitatio Christi I, 21. 24; III, 6; IV, 14. – [42] R. DESCARTES: Traité des passions de l'âme III, 191. Oeuvres, hg. CH. ADAM/P. TANNERY 11 (Paris 1967) 472f. – [43] M. DE MONTAIGNE: Essais III, 2 (Bordeaux ⁵1588), dtsch. H. LÜTHY (1953) 622-642. – [44] E. PLATNER: Philos. Aphorismen ... § 944 (1776-82) 2, 409; D. TH. A. SUABEDISSEN: Die Grundzüge der Lehre vom Menschen § 271 (1829) 246f.; TH. ZIEGLER: Das Gefühl. Eine psychol. Unters. (²1893) 174. – [45] B. DE SPINOZA: Eth. IV, prop. 54; vgl. III, prop. 30 schol.; III, aff. def. 27. Opera, hg. C. GEBHARDT 2, 250. 163. 197; dtsch., hg. O. BAENSCH (1955) 235. 137. 175; vgl. D. BIRNBACHER: Spinoza und die R. Z. philos. Forsch. 38 (1984) 219-240. – [46] F. NIETZSCHE: Nachgel. Frg., Frühjahr 1888. Krit. Ges.ausg., hg. G. COLLI/M. MONTINARI 8/3, 130; Menschl. Allzumenschl. II, 3, 323, a.O. 4/3, 333; Die fröhl. Wiss. I, 41, a.O. 5/2, 82; Nachgel. Frg., Herbst 1883, a.O. 7/1, 558. – [47] MONTAIGNE, a.O. [43], dtsch. 623; SUABEDISSEN, a.O. [44] 247; M. SCHELER: Vom Ewigen im Menschen (1920). Ges. Werke 5 (⁵1968) 27-59, hier: 41. – [48] G. W. F. HEGEL: Vorles. über die Philos. der Relig. Jub.ausg., hg. H. GLOCKNER (1927-40) 15, 255; vgl. Vorles. 3, Vorles. über die Philos. der Relig. 1, hg. W. JAESCHKE (1983) 360. – [49] S. KIERKEGAARD: Entweder/Oder I (1843). Ges. Werke, hg. E. HIRSCH u.a. (1951-74) 1, 159; vgl. Abschließende unwissenschaftl. Nachschr. II, a.O. 16, 229. 234; Stadien auf des Lebens Weg (1845), a.O. 15, 475f.; Über den Begriff der Ironie (1841), a.O. 31, 290. – [50] Entweder/Oder II, a.O. 2/3, 239. 230. 232. 253ff. 422; Drei Reden bei gedachten Gelegenheiten (1845), a.O. 13/14, 140. – [51] Stadien ..., a.O. 15, 506f. – [52] Erbauliche Reden (1847), a.O. 18, 11. 15ff. 121. – [53] J. G. FICHTE: Antwort auf F. H. Jacobi (1799). Nachgel. Schr. (1834/35) 3, 394. – [54] KIERKEGAARD: Der Begriff Angst

(1844), a.O. [49] 11/12, 119. 121. – [55] SCHELER, a.O. [47]; vgl. BIRNBACHER, a.O. [45]. – [56] J.-P. SARTRE: Les mouches (Paris 1943); dtsch.: Die Fliegen, in: Dramen (1949); vgl. M. OTTO: R. und Freiheit. Versuch über ihre Beziehung im Ausgang von Sartres Drama (1961).

Literaturhinweise. P. ANCIAUX: La théologie de pénitence au XIIe s. (1949). – V. HEYNCK s. Anm. [35]. – W. SCHMID s. Anm. [2]. – V. LOI: Influssi dell'esegesi biblica nello sviluppo del termine contritio. Vetera Christianorum 3 (1966) 69-83. – J.-CH. PAYEN s. Anm. [28]. – N. BESENTAKOS s. Anm. [1]. – D. BIRNBACHER s. Anm. [45].

L. HÖDL

Revisionismus. Der Begriff ‹R.› konnte entstehen, als Teile der Arbeiterbewegung – insbesondere in Deutschland, Österreich und Rußland – auf die marxistische Theorie eingeschworen waren. Als Revisionist konnte nun bezeichnet werden, wer, von den Schriften von Marx herkommend, einzelne seiner Aussagen oder Theoreme in Frage stellte. Wer sich hingegen – wie z.B. J. Jaurès – nie als Marxist bezeichnet hatte, entging dem zumeist herabsetzend gemeinten Epitheton.

Als sich gegen Ende des 19. Jh. abzeichnete, daß die Stärke der Gewerkschaften und Arbeiterparteien die Möglichkeit einer unmittelbaren praktischen Beeinflussung der Politik und der Lohn- und Arbeitsverhältnisse bot, verlagerten Gewerkschafter – nicht nur im Deutschen Reich – das Schwergewicht ihrer Tätigkeit auf Reformen. Wo diese Tätigkeit gegenüber dem «revolutionären Fernziel» die Oberhand gewann, sprachen Kritiker von «Reformismus». Sie verstanden darunter eine Politik, die im Interesse der Lohnabhängigen durch politischen Druck, Streiks, Wahlen usw. Reformen durchzusetzen sucht und – wenn auch nicht prinzipiell – auf eine revolutionäre Veränderung der Gesellschaft verzichtet. An dieser Beurteilung hielten orthodoxe Positionen, deren Existenz überhaupt den Vorwand des R.-Vorwurfs abgab, bis zuletzt fest. Ihnen zufolge bestand die Funktion des R. darin, «innerhalb der *revolutionären Arbeiterbewegung* in marxistischer Verkleidung den Opportunismus zu rechtfertigen, die revolutionäre Politik der marxistisch-leninistischen Parteien opportunistisch aufzuweichen» [1]. In dieser Verwendung wurden die Begriffe ‹Reformismus› und ‹R.› «nahezu synonym» [2] verwendet, wobei man allerdings den Sozialreformismus außerhalb und den R. innerhalb der marxistischen Tradition am Werk sah.

In der deutschen Sozialdemokratie verschafften vor allem die Schriften von E. BERNSTEIN dem R. ein theoretisches Fundament. Während bis dahin ein wortradikaler Marxismus und ein demokratischer Reformismus zueinander in Widerspruch standen, versuchte Bernstein, Theorie und Praxis der Sozialdemokratie zusammenzubringen, indem er die Theorie für eine erfolgversprechende reformerische Praxis entwickelte. Seine Theorie enthielt Korrekturen an Aussagen von Marx bzw. der zeitgenössischen Marxisten sowie empirische Analysen der entwickelten kapitalistischen Industriegesellschaft. An Marx kritisierte er die Anleihen bei der Hegelschen Dialektik, die ihn dazu verleitet habe, die Heraufkunft einer revolutionären Krise und des Sozialismus als geschichtsphilosophisch notwendig anzunehmen und, ohne empirische Beweise, eine Zuspitzung des Klassenkampfs zu unterstellen. Die Krisenanfälligkeit der kapitalistischen Produktionsweise sei von Marx erheblich überschätzt worden. Dabei verminderten Kartellabsprachen und andere Maßnahmen das Risiko der Überproduktion, und auch die Aktionen der Gewerkschaften hätten die Mechanismen der Wirtschaft verändert. «Der 'Geschichte ehernes Muß' erhält auf diese Weise eine Einschränkung», erläutert Bernstein, die für die Praxis der Sozialdemokratie «eine Steigerung und Qualifizierung der sozialpolitischen Aufgaben» bedeute [3]. Es komme darauf an, die Entwicklung des Sozialismus voranzutreiben. Anregungen aus dem Kreis der Neukantianer aufgreifend, verstand Bernstein unter ‹Sozialismus› eine Art regulativer Idee, ein Ideal, das nie vollständig zu erreichen ist. So muß auch sein viel gescholtener Ausspruch: «das Ziel, was immer es sei, ist mir gar nichts, die Bewegung alles» [4], gedeutet werden. Es kommt Bernstein darauf an, die Entwicklung dem Fernziel anzunähern. ‹R.› so resümiert er selbst, «ein Wort, das im Grunde nur für theoretische Fragen Sinn hat, heißt ins Politische übersetzt: Reformismus, Politik der systematischen Reformarbeit im Gegensatz zur Politik, der eine revolutionäre Katastrophe als gewolltes oder für unvermeidlich erkanntes Stadium der Bewegung vor Augen schwebt» [5]. Freilich bleibt der Begriff auch für ihn problematisch. «Der Name Revisionist ist ein aufgedrängter, von Dritten gebildeter, kein frei gewählter Name» [6].

Der R.-Streit bildete seit den Parteitagen in Stuttgart (1898) und Hannover (1899) ein Hauptthema der inner- und außerparteilichen Auseinandersetzung. Wiederholt griffen A. BEBEL, K. KAUTSKY, W. LIEBKNECHT, R. LUXEMBURG und C. ZETKIN Bernsteins Position scharf an. Eine Artikelserie aus dem Jahr 1901 rückte den R. in die Nähe sozialreformerischer Bestrebungen, und A. PANNEKOEK deutete den R. als Mixtur aus «bürgerlicher Weltanschauung» und «proletarischer Gesinnung»: «Der Anarchismus ist die Ideologie des wildgewordenen, der R. die des zahmen Kleinbürgers» [7]. Für F. MEHRING hingegen waren «die Kriegsnamen der Marxisten und Revisionisten hohle Schlagworte». Stets hätte sich gerade die als «orthodox» gescholtenen Marxisten bereit gezeigt, «die wissenschaftlichen Resultate ... nach der wissenschaftlichen Methode» von Marx und Engels «zu revidieren». Wer allerdings, wie der R. Bernsteins, diese Grundlage verlasse, treibe zwischen Eklektizismus und Skeptizismus steuerlos umher. «Sein eigentliches Wesen ist die Wesenlosigkeit» [8].

Der Ton verschärft sich weiter, als W. I. LENIN in die Kontroverse eingreift und den mit dem Namen des «ehemals orthodoxen Marxisten Bernstein» verbundenen R. «auf die längst bekannten bürgerlich-liberalen Anschauungen» zurückzuführen sucht [9]. Lenin hält den R. für unvermeidlich, da er in den verschiedenen Ländern die unterschiedliche Lage des Kleinbürgertums unmittelbar zum Ausdruck bringe. «Die Haltung von Fall zu Fall festlegen, sich an Tagesereignisse, sich an das Auf und Ab im politischen Kleinkram anpassen, die Grundinteressen des Proletariats, die Grundzüge der ganzen kapitalistischen Ordnung und die gesamte kapitalistische Entwicklung vergessen, diese Grundinteressen um wirklicher oder vermeintlicher Augenblicksvorteile willen opfern – darin besteht die revisionistische Politik» [10]. An gleicher Stelle unterscheidet Lenin diesen «R. von rechts» von einem «R. von links», den er auf die Positionen Labriolas in Italien und Lagardelles in Frankreich bezieht. Damit wird der Begriff endgültig zu einer ideologischen Formel, die in erster Linie der Denunziation des politischen Gegners dient. Auf dem 5. Weltkongreß der Kommunistischen Internationale müssen sich G. LUKÁCS und K. KORSCH bezichtigen lassen:

«Einen solchen theoretischen R. können wir in unserer Kommunistischen Internationale nicht dulden» [11].

Unter J. W. STALIN und teilweise noch unter seinen Nachfolgern wird der Vorwurf des R. immer weiter ausgedehnt. Zunächst verfällt Titos Jugoslawien 1948 diesem Verdikt, später auch Mao Tse-tungs Volksrepublik China, die ihrerseits den Sowjetmarxismus als revisionistisch verurteilt. Vor allem nach dem XX. Parteitag der KPdSU (1956) und der offiziellen Verurteilung der Stalinschen Verbrechen durch Chruschtschow wandte sich MAO TSE-TUNG gegen die sowjetische Parteiführung, die den Weg des Kapitalismus eingeschlagen habe. Der Vorwurf des R. ließ sich selbstverständlich wiederum an Mao zurückgeben [12].

‹R.› ist in der Politik gewöhnlich ein Schimpfwort. Es kann immer dann gebraucht werden, wenn eine Partei oder eine andere Organisation (etwa auch eine Kirche) sich auf ein geschlossenes System verpflichtet hat. Nur unter dieser Voraussetzung ist eine Korrektur oder Weiterentwicklung der Theorie eine – zu verurteilende – 'Revision'. Zwar könnte man diesen Terminus auch ohne herabsetzende Konnotationen gebrauchen, aber faktisch hat er – von Ausnahmen abgesehen [13] – zumeist diese kritische und abwertende Tendenz. LUKÁCS soll einmal ironisch angemerkt haben, in den kommunistischen Parteien sei Intelligenz schon eine «Abweichung». Ein Abweichler aber ist allemal ein Revisionist. R., schrieb BERNSTEIN, «ist jede neue Wahrheit, jede neue Erkenntnis, und da die Entwicklung keinen Stillstand kennt, da mit den Bedingungen des Kampfes auch seine Formen dem Gesetz der Veränderung unterworfen sind, wird es auch immer in Praxis wie Theorie R. geben» [14]. Die wissenschaftliche Leistung von Marx, seine monumentale «Kritik der politischen Ökonomie», darf nicht als geschlossenes Glaubenssystem verstanden werden.

Anmerkungen. [1] Art. ‹R.›, in: G. KLAUS/M. BUHR (Hg.): Marxist.-Leninist. Wb. der Philos. (^{10}1972) 1055; vgl. Philos. R. – Quellen, Argumente, Funktionen im ideolog. Klassenkampf (1977). – [2] H.-P. JÄGER: E. Bernsteins Panorama. Versuch, den R. zu deuten (1982) 11. – [3] E. BERNSTEIN: Die Voraussetz. des Sozialismus und die Aufgaben der Sozialdemokratie [1899] (1975) 40f. – [4] Der Kampf der Sozialdemokratie und die Revolution der Ges. Die Neue Zeit 16 (1897/98) 556. – [5] Der R. in der Sozialdemokratie (1909), in: H. HIRSCH (Hg.): Ein revisionist. Sozialismusbild (1966) 130. – [6] a.O. 95. – [7] A. PANNEKOEK: Die taktischen Differenzen in der Arbeiterbewegung (1909) 39f. – [8] F. MEHRING: Gesch. der dtsch. Sozialdemokratie (1898, ^{5}1913). Ges. Schr. (1960ff.) 2, 701. – [9] W. I. LENIN: Marxismus und R. (1906). Werke 15 (1974) 20f. – [10] a.O. 26. – [11] G. SINOWJEW: Ber. über die Tätigkeit der Exekutive, Protokoll des V. Weltkongr. der Komm. Intern., 17. 6.-8. 7. 1924 in Moskau, vgl. G. LUKÁCS: Werkauswahl, hg. P. LUDZ (^{2}1973) 2, 719ff. – [12] Vgl. H. GREBING: Der R. von Bernstein bis zum 'Prager Frühling' (1977) bes. 268ff. – [13] Vgl. E. FISCHER: Epilog zu 'Kunst und Koexistenz'. Club Voltaire 3 (1967) 298. – [14] BERNSTEIN, a.O. [3] 28.

Literaturhinweise. L. LABEDZ: Der R. (1965). – C. F. ELLIOTT: Quis Custodiet Sacra? Problems of Marxist revisionism. J. Hist. Ideas 28 (1967). – E. BERNSTEIN: Texte zum R., hg. H. HEIMANN (1977). – H. GREBING s. Anm. [12]. – L. KOLAKOWSKI: Bernstein und der R., in: Hauptström. des Marxismus (1978) 2, 117ff. – I. FETSCHER: Bernstein e la sfida dell'ortodossia, in: E. HOBSBAWM u.a. (Hg.): Storia del Marxismo (Turin 1979) 2, 237ff. – D. COATES: Art. ‹Revisionism›, in: T. BOTTOMORE (Hg.): A dict. of Marxist thought (Oxford 1983) 423ff.   I. FETSCHER/Red.

Revolte (engl. revolt; frz. révolte). Das Wort ‹R.› begegnet im 19. Jh. zunächst in literarischen Texten, wo es sich auf einen gegen alle Konventionen rebellierenden Charakter bezieht. So trägt ein Versepos von P. B. SHELLEY, das den Kampf des Menschen um Autonomie exemplarisch schildert, den Titel ‹The Revolt of Islam› [1]. G. DE MAUPASSANT läßt in seiner Novelle ‹Les Sœurs Rondoli› [2] gleich zwei Figuren als «révolté» auftreten: «Oncle Sosthène», der sich als «Freidenker» bezeichnet – «c'est à dire un révolté contre tous les dogmes que fit inventer la peur de la mort»; sowie «La Patronne», die ihre Unabhängigkeit daraus herleitet, daß sie «une révoltée par nature» sei. Diese Bedeutung der R. als einer Haltung der moralischen Auflehnung gegen jedwede Freiheitsbegrenzung hält sich auch in der Literatur des 20. Jh. durch. So beschreibt A. FRANCE in seinem Roman ‹La Révolte des Anges› [3] den Versuch der gefallenen Engel, Gott zu stürzen. In einem Schauspiel von P. M. LAMPEL – ‹Revolte im Erziehungshaus› [4] – sind es Zöglinge einer preußischen Fürsorgeanstalt, die sich gegen ihre Erzieher und deren überholte Moralvorstellungen zur Wehr setzen.

Neben der moralischen Bedeutung erhält das Wort ‹R.› im 19. Jh. auch religiöses und politisches Gewicht. J. M. DE MAISTRE bezeichnet Luther als einen «révolté» und stellt generalisierend fest: «Mais la révolte n'est que le schisme politique, comme le schisme n'est qu'une révolte religieuse» [5]. Dem gegenüber vertritt der russische Philosoph P. TSCHAADAJEW die These, daß das «Höchste Wesen», insofern es den Menschen als freies Subjekt geschaffen habe, die Welt gerade als «ce monde de créatures révoltées» gewollt habe [6]. Der Anarchist Fürst P. KROPOTKIN, Herausgeber der Zeitschrift ‹Le Révolté› [7], verwendet in seinen ‹Paroles d'un Révolté› [8] das Wort ‹R.› als eine politische Kategorie, wenn er eine «Propaganda der Tat» verkündet, mit der er dazu auffordert, für eine herrschaftsfreie Gesellschaft zu den Waffen zu greifen.

Im 20. Jh. wird der Begriff der R. vor allem in der Existenzphilosophie zu einem zentralen Thema. J.-P. SARTRE hat das Wort ‹R.› noch eher beiläufig zur Charakterisierung des Schriftstellers benutzt, der das Bürgertum durch seine «esthétique d'opposition et de ressentiment» [9] aufstachelt, zugleich aber an der Aufrechterhaltung der Sozialordnung interessiert ist, weil er aus der Spannung zu dieser seine Existenzberechtigung ableitet: «en bref c'est un révolté, non pas un révolutionnaire» [10]. Während der Revolutionär im Namen der unterdrückten Klassen auf den tatsächlichen Umsturz des Bestehenden hinarbeitet, erschöpft sich der Protest des Schriftstellers gegen den Status quo «dans un vain esthétisme, dans une révolte sans effet» [11].

Als philosophischen Terminus, der in den Rang eines Existentials erhoben wird, hat erst A. CAMUS den Begriff der R. geprägt. Schon in den Jugendschriften klingt das Motto des «homme révolté» unüberhörbar an: «Je ne peux oublier mon intelligence qu'en étant moi-même. Aussi pourquoi analyser, pourquoi se révolter. Vivre n'est ce pas une suffisante révolte?» [12]. «Accepter la condition humaine? Je crois qu'au contraire la révolte est dans la nature humaine ... Accepter ou se révolter, c'est se mettre en face de la vie» [13]. Um leben, ja um überleben zu können, muß sich das Individuum in allen Bereichen seiner Existenz gegen die seine Freiheit absurderweise einschränkenden Bedingungen erheben. Diese können politische Bedingungen sein, wie Camus sie in seinem Stück ‹Révolte dans les Asturies› [14] am Beispiel eines spanischen Arbeiteraufstands sichtbar macht. In einem fundamentaleren Sinn sind es jedoch die unmenschlichen Bedingungen der conditio humana überhaupt, die es dem Menschen schier unmöglich machen, als Mensch zu existieren. Sisyphos, der «Held des Absurden», findet in der R. den Sinn seines Lebens: Er benutzt den Stein als Mittel des Protestes gegen die von den Göttern verhängte sinnlose Tätigkeit. «Sisyphe, prolétaire des dieux, impuissant et révolté, connaît toute l'étendue de sa misérable condition ... La clairvoyance qui devait faire son tourment consomme du même coup sa victoire. Il n'est pas de destin qui ne se surmonte par le mépris» [15]. Im ‹Homme révolté› schließlich wird die R. zum Ausdruck der Empörung über «das Absurde» einer schlechthin unvernünftigen, den Menschen und sein Verlangen nach Sinn negierenden Faktizität. «La première et la seule évidence qui me soit ainsi donnée, à l'intérieur de l'expérience absurde, est la révolte» [16]. Der «Mensch in der R.» bejaht, indem er sich gegen seine Lebensbedingungen auflehnt, eine allen Menschen gemeinsame Natur und begründet damit eine solidarische Gemeinschaft der Menschheit: «la révolte est l'une des dimensions essentielles de l'homme. Elle est notre réalité historique ... La solidarité des hommes se fonde sur le mouvement de la révolte et celui-ci, à son tour, ne trouve de justification que dans cette complicité» [17]. Als Revoltierender verwirklicht der einzelne sein und damit aller seiner «Komplizen» Menschsein: «Je me révolte, donc nous sommes» [18]. Daher hat die R. ihre Grenze und ihr Maß an der unverletzlichen Freiheit der Mitmenschen, d.h. sie muß gewaltlos, durch Appelle an Vernunft und Humanität, oder mit den Mitteln der Kunst erfolgen. Wo die R. ihr Maß verliert – «La mesure, née de la révolte, ne peut se vivre que par la révolte» [19] –, indem sie sich statt an der allen gemeinsamen menschlichen Natur an einem absoluten Jenseits oder an einem absoluten Ziel der Geschichte orientiert, wird sie totalitär und entartet zur «metaphysischen» [20] oder zur «historischen R.» [21]. Beide Fehlformen der R. münden nach Camus in die Revolution, die im Namen eines außermenschlichen Absoluten das Leid in der Welt durch Terror und Mord noch vergrößert. Dem hält Camus seine «pensée de midi» entgegen, die dazu auffordert, zu den Ursprüngen der R. zurückzukehren. «En même temps qu'elle suggère une nature commune des hommes, la révolte porte au jour la mesure et la limite qui sont au principe de cette nature» [22].

K. JASPERS hat den Begriff der R. ebenfalls in einem existenzphilosophischen Sinn verwendet, und zwar als Chiffre für jene Grundhaltung, die sich «als unaufhörlichen Kampf» [23] – «gegen die Bürgerlichkeit, d.h. gegen die Lüge der Konventionen, gegen den Unernst des alles verschüttenden Zustands» [24] – charakterisieren läßt. Die «Tiefe der R.» schien «in den Ursprung des Menschen selbst zu weisen» [25]. Wird die R. jedoch zum Lebensprinzip erhoben, so gerät der Mensch «in ein Leben ohne Grundsatz». Er versinkt in das zur Gewohnheit werdende Empörtsein [26]. Die R. führt so verstanden letztlich ins Nichts und muß daher überwunden bzw. «verwandelt werden in eine Kraft der Vernunft» [27].

Eine überwiegend politische Bedeutung hat der Begriff der R. in der Frankfurter Schule. M. HORKHEIMER sieht einen «verhängnisvollen engen Zusammenhang zwischen der Beherrschung der Natur und R. der Natur» [28]; «Naturbeherrschung schließt Menschenbeherrschung ein» [29]. Die außermenschliche ebenso wie die menschliche Natur als Ausbeutungsobjekt der im Dienst eines grenzenlosen Imperialismus stehenden instrumentellen Vernunft rebelliert gegen ihre Unterdrückung. «In der Tat wurde das Naziregime als eine R. der Natur in dem Augenblick zu einer Lüge, als es seiner selbst als einer R. bewußt wurde. Als Lakai der eben mechanisierten Zivilisation, die abzulehnen es beteuerte, übernahm es die repressiven Maßnahmen, die dieser innewohnen» [30]. Der R. der Natur kann nach Horkheimer weder durch Zivilisation (als «rationalisierte Irrationalität» [31]) noch durch ein 'Zurück zur Natur' oder die Schaffung neuer Mythen begegnet werden [32]. «Der einzige Weg, der Natur beizustehen, liegt darin, ihr scheinbares Gegenteil zu entfesseln, das unabhängige Denken» [33], das Natur und Vernunft miteinander versöhnt, indem es die Natur als einen philosophisch zu interpretierenden Text behandelt [34]. – H. MARCUSE gründet seine Dialektik der Befreiung auf ein «revoltierendes Volk» [35], das dem «zerstörerischen Mißbrauch von Wissenschaft und Technik im Dienst der Ausbeutung» [36] «die R. gegen die Vernunft» entgegensetzt [37]. Im Unterschied zu einer «Kulturrevolution», hinter der «sich nichts als eine privat bleibende ideologische R.» verbirgt [38], ist die R. des Volks von einem breiten politischen Engagement getragen, das sich aus dem «guten Haß» gegen alles Unmenschliche speist [39] und eine neue, ästhetische, durch die Kunst befreite Wirklichkeit zum Ziel hat [40].

Bei den politischen Philosophen in Frankreich spielt der Begriff der R. nur noch eine geringe Rolle. Terminologisch wird er von P. VICTOR verwendet, der ihn in Verbindung mit dem Begriff der Freiheit und der Befreiungsbewegung der Arbeiterklasse einführt. «On a raison de se révolter» – so lautet die Formel des neuen Denkens, das die R. und den durch sie herbeizuführenden Umsturz der ungerechten Lebensverhältnisse legitimieren soll [41].

Anmerkungen. [1] P. B. SHELLEY: The revolt of Islam (London 1818); dtsch.: Die Empörung des Islam. Poet. Werke (1844). – [2] G. DE MAUPASSANT: Les Sœurs Rondoli (Paris 1884); dtsch.: Die Geschwister Rondoli (1892). – [3] A. FRANCE: La révolte des anges (Paris 1913); dtsch.: Der Aufruhr der Engel (1967). – [4] P. M. LAMPEL: R. im Erziehungshaus (1929). – [5] J. DE MAISTRE: Lettre à une Dame russe sur la nat. et les effets du schisme et sur l'unité cath. Lettres et opusc. inéd., hg. R. DE MAISTRE 2 (Paris ^{6}1873) 265-280, zit.: 269f. – [6] P. TSCHAADAJEV: Lettres philos. adressées à une Dame, hg. F. ROULEAU (Paris 1970) 109. – [7] Le révolté, hg. P. KROPOTKIN (Genf 1879ff.), erschien 14tägl.; ab 1886 erscheint die Z. unter dem Namen ‹La révolte› in Paris. – [8] KROPOTKIN: Paroles d'un révolté (Paris 1885); dtsch.: Worte eines Rebellen, hg. P. RAMUS (^{2}1924); Gesetz und Autorität (1968) [Auswahl]. – [9] J.-P. SARTRE: Qu'est-ce que la litt.? in: Situations II (Paris 1948) 176; dtsch.: Was ist Lit.? (1981) 104. – [10] a.O. – [11] ebda. – [12] A. CAMUS: Ecrits de jeunesse, in: Le premier Camus [Cah. A. Camus 2], hg. P. VIALLANEIX (Paris 1983) 182. – [13] a.O. 239. – [14] Révolte dans les Asturies, in: Théâtre, récits, nouvelles, hg. R. QUILLIOT (Paris 1962) 401-438. – [15] Le Mythe de Sisyphe, in: Essais, hg. R. QUILLIOT/L. FAUCON (Paris 1965) 91-198, zit.: 196; dtsch.: Der Mythos von Sisyphos (1982) 99. – [16] L'homme révolté, a.O. 407-709, zit.: 419; dtsch.: Der Mensch in der R. (1953) 13. – [17] a.O. 431/ dtsch. 21. – [18] 432/21. – [19] 704/244. – [20] 433ff./22ff. – [21] 513ff./87ff. – [22] 697/238. – [23] K. JASPERS: Der philos. Glaube angesichts der Offenbarung (^{3}1984) 443. – [24] a.O. 440. – [25] 441. – [26] ebda. – [27] 442. – [28] M. HORKHEIMER: Die R. der Natur, in: Zur Krit. der instrument. Vernunft (1985) 83-123, zit.: 120. – [29] a.O. 94. – [30] 120. – [31] 95. – [32] 108. – [33] 123. – [34] 122. – [35] H. MARCUSE: Konterrevolution und R. (1973) 57. – [36] a.O. 73. – [37] 149. – [38] 153. – [39] 150. – [40] 122ff. – [41] J.-P. SARTRE/PH. GAVI/P. VICTOR: On a raison de se révolter (Paris 1974); dtsch.: Der Intellektuelle als Revolutionär (1982) bes. 113-135.

Literaturhinweise. H. KRINGS: A. Camus oder die Philos. der R. (1953), in: H. R. SCHLETTE (Hg.): Wege der dtsch. Camus-Rezeption (1975) 28-44. – A.-G. H. MIKKAWY: Philos. Unters. zum Begriff des Absurden und der R. bei A. Camus. Diss. Freiburg i.Br. (1962). – H. R. SCHLETTE: A. Camus: Welt und R. (1980). – W. GOERDT: Russ. Philos. Zugänge und Durchblicke (1984) bes. 272-291. – A. PIEPER: A. Camus (1984) Lit., Bibliogr. – M. ROTH: A. Camus – Absurdität und R. (1984). – H. R. SCHLETTE/M. YADEL: A. Camus. L'Homme révolté (1987). A. PIEPER

Revolution (Umwälzung, Veränderung der politischen und sozialen Zustände; aus dem spätlat. revolutio Umdrehung; engl. revolution, frz. révolution, ital. re-, rivoluzione). Der allgemeine Sprachgebrauch kennt ebenso wie der wissenschaftliche einen unbestimmten Begriff von Unruhen aller Art mit dem Ziel der Änderung von Herrschaft (Umsturz), oder auch den bloßen Versuch dazu (Aufruhr). Davon unterschieden wird die durch das qualitative Kriterium nicht-umkehrbarer geschichtlicher Veränderung bestimmte 'R.'. Diese erst durch die Deutungen der Französischen R. von 1789 eingeführte Verwendung erlaubt es, einer Begebenheit das Prädikat ‹revolutionär› zuzuerkennen oder abzusprechen. Von dieser Unterscheidung hängt ebenfalls ab, ob ‹R.› zur Übersetzung antiker Begriffe für Herrschafts- und Verfassungswechsel geeignet ist und als Sammelbegriff für politische Erscheinungen verwendet werden kann, die von den Zeitgenossen anders bezeichnet und auch unterschieden wurden. Diese qualitative Bedeutung hat sich in den Übertragungen von der Politik auf andere Bereiche (industrielle, technische, wissenschaftliche, astronomische R.) durchgesetzt.

Nachdem der Begriff lange Zeit ein ausgesprochen unspezifisches Bedeutungsspektrum hatte, ist er (nach vorläufiger Anwendung auf Ereignisse der englischen Geschichte des 17. Jh.) im Juli 1789 durch die Identifizierung mit einer noch völlig unabsehbaren Ereignisfolge in der noch heute vorherrschenden Verwendungsweise geprägt worden. Daran knüpfen sich seither die unterschiedlichsten Deutungen, die selbst nur allzu oft das historische Geschehen mit der augenblicklichen politischen Erfahrung verwechseln. ‹R.› kann so jeweils den Gehalt oder gar die Aufgabe neuerer Geschichte bezeichnen, nicht nur als politische Zielsetzung, sondern mehr noch in der Abwehr und Verhinderung befürchteter R.en. Diese moderne Aufladung des Begriffes verführt gelegentlich dazu, ihm eine ansehnlichere Geschichte verschaffen zu wollen, als die insgesamt eher bescheidenen Befunde vor 1789 es erlauben.

Das lat. ‹revolvere› hat in seinem weiten Anwendungsbereich keine politische Bedeutung. Die im nachklassischen Latein prinzipiell mögliche Substantivierung ‹revolutio› ist erst seit ca. 400 n.Chr. überliefert. In den ersten Belegen bezeichnet ‹revolutio› zunächst wie bei AUGUSTINUS [1] in übertragener Bedeutung die pythagoreische Seelenwanderung und danach in eigentlicher Bedeutung bei LEO DEM GROSSEN [2] das Zurückwälzen des Felsens vom Grabe Christi. Ohne nachweisbare Beziehung zu den ersten Belegen gewinnt ‹revolutio› in der astronomisch-astrologischen Literatur des Mittelalters eine feste Bedeutung für die Umdrehung der Gestirnsphären. In dieser Bedeutung gelangt es in die Volkssprachen (frz. um 1190, engl. um 1390) und wird im Mhd. z.B. verschieden übersetzt (umblauff, umbweltzunge, umbwendung) [3]. Ausschließlich in den Volkssprachen geschieht die Übertragung vom Umlauf der Sphären auf die daran gemessene Zeit, auf den (allgemeinen) Lauf der Dinge und auf den (besonderen, oft glücklichen) Wechsel oder die bloße Abwechslung, die Veränderung (auch medizinisch, im Körper) und auf den (meist gewaltsamen) Umsturz.

Das Substantiv ‹revolutio› vollzieht die Bedeutungsübertragungen seiner ital., frz. und engl. Äquivalente nicht mit, und es gewinnt vor allem auch in der mlat. und neulat. Literatur keine politische Bedeutung, nicht einmal sekundär als Übersetzung griechischer oder als Paraphrase klassischer lat. politischer Begriffe, die man später mit ‹R.› in Verbindung bringt. Dort behalten ‹mutatio rerum›, ‹commutatio rei publicae›, ‹vicissitudines›, ‹conversus›, ‹motus›, ‹perturbatio› ihre Geltung neben bestimmteren Begriffen wie ‹coniuratio› (Eidverbrüderung und Verschwörung) oder ‹seditio› (Aufstand).

Da sich die Deutung antiker Geschichte nicht weniger aus den Erfahrungen der modernen Welt als aus der Interpretation antiker Quellen speist, wurde ‹R.›, sobald er sich als Begriff allgemeiner 'Staatsveränderungen' herausgebildet hatte und die Titel populärer historischer Bücher zierte, seit dem Abbé de VERTOT (1719) auf die Geschichte der römischen Republik angewendet, und zwar im Plural (‹Histoire des révolutions› usw.). Die Aktualisierung antiker politischer Begriffe, von der Freiheit bis zum Agrargesetz, war ein wirkungsvolles Mittel der Rhetorik, das die Warnungen der Kenner des Altertums kaum zu entkräften vermochten. Während der Renaissance bewunderte man das Altertum, weil es anders war als die eigene Zeit, später empfiehlt man es ausgerechnet seiner Modernität wegen der Aufmerksamkeit. Wenn TH. MOMMSEN von «römischer R.» spricht (1853), vergleicht er sie bewußt mit Parteikämpfen seiner Zeit. Ähnlich verbindet R. SYME die Verachtung des Tacitus mit einem Blick auf die Gewaltherrschaften des 20. Jh., wenn er den «bellum civile» als «Roman Revolution» (1939) bezeichnet.

Ist man der Überzeugung, daß die athenische Demokratie des Solon und Kleisthenes eine 'R.' in der Geschichte der Menschheit darstellt, so wären die 'revolutionären' Begriffe diejenigen, die sich auf die erstrebte Gleichheit beziehen (ἰσομοιρία und ἰσονομία), und man hat um so weniger Grund, die griechische Erfahrung vom stets möglichen und meist negativ gedeuteten Wechsel von einer Verfassung oder Herrschaftsform zur anderen (μεταβολὴ τῶν πολιτειῶν), von der gefährlichen Neuerung (νεωτερίζειν) und dem Aufstand oder Umsturz (στάσις) als R. aufzufassen [4]. Die griechischen Stadtstaaten boten der vergleichenden Betrachtung eine große Zahl von Fallbeispielen und verlockten zur nachträglichen Klassifikation. Man glaubte eine allgemeine Erfahrung theoretisch zu fassen, wenn man das Verlangen nach Herrschaftswechsel psychologisch motivierte (mehrfach bei Aristoteles, ‹Politik›). Trotz der im 18. Jh. deutlichen Unterscheidung antiker und moderner Verfassungen hat die neuzeitliche Theorie der Politik die Begriffe und die Typologie antiker Herrschaftsformen übernommen, aber mit einer anderen Bewertung der Formen und ihres Wechsels, der in der Antike als Verfall oder allenfalls als Ausgleich gegenstrebender Kräfte gedeutet wurde, der Reichen und Wenigen mit den Armen und Vielen innerhalb einer Polis (etwa Thukydides VIII, 97). In der späteren, v.a. der römischen Antike galt das athenische Modell, das kurzlebig war und der fremden Hegemonie nicht widerstand, als durch die Geschichte widerlegt.

Das Kriterium des antiken Herrschaftswechsels ist die

Teilhabe an der Herrschaft gemäß fehlender oder erstrebter Gleichheit [5]. Die analogen Ständekämpfe zwischen Patriziern und der Plebs in Rom wurden zwar gelegentlich schon in der Antike positiv gedeutet, aber nicht unter einem Modell fortschreitender Entwicklung, wie es das moderne Geschichtsdenken von G. VICO bis R. VON JHERING bestimmt [6]. Der eindeutig negative Grenzbegriff war ‹Bürgerkrieg›, wogegen man sich durch harmlosere Definitionen des Sachverhalts verwahrte (controversiae civiles, partium contentio), um die Erklärung des Kriegszustandes (bellum) zu vermeiden, so daß es bei «tumultus» blieb, die Gegner sich als «adversarii» ansehen, um sich nicht als Feinde (hostes) gegenüberzustehen. Antike Historiker unterscheiden nicht klar zwischen Bürgerkrieg und Aufstand oder Umsturz, und durch die verschiedenen modernen Übersetzungstraditionen und ideologischen Projektionen wird das nicht erleichtert. Der Antike fehlte der qualitativ bestimmte R.-Begriff. Eine Darstellung der antiken Begrifflichkeit ohne verzerrende Anachronismen ist deshalb immer noch Desiderat der Forschung.

Ein Begriff ‹R.› in politischer Bedeutung erscheint zuerst – und für lange ausschließlich – in der Florentiner Historiographie bei dem 1348 an der Pest gestorbenen GIOVANNI und seinem Bruder und Fortsetzer MATTEO VILLANI. Matteo löst den Begriff zum erstenmal von astronomischen Konnotationen und gibt ihm eine markant politische Bedeutung einer singulären, von Menschen gemachten R.: «la subita revoluzione fatta per gli cittadini di Siena» (1355) [7]. Einzelne Verwendungen finden sich in der durch Umwälzungen und Verfassungswechsel politisch inspirierten Geschichtsschreibung der Florentiner. F. GUICCIARDINI berichtet (ca. 1530), daß nach Piero di Cosimo de' Medicis frühem Tod (1469) viele vermuteten, daß eine Umwälzung bevorstünde («che la sua morte avessi a partorire rivoluzione») [8], und J. NARDI bezeichnet die Vertreibung der Medici 1494 als «rivoluzione dello stato», ihre Rückkehr 1512 als «la causa della presente rivoluzione» [9]; N. MACHIAVELLI spricht ca. 1513 allgemein von den Ereignissen dieser Jahre (seit 1494) als «tante revoluzioni», verwendet den Begriff aber sonst nicht, und B. VARCHI bezeichnet die erneute Vertreibung der Medici 1527, die nicht lange währte, als Freitagsrevolution («Revoluzione di Venerdì») [10].

Dieser bezeichnende, aber je ganz vereinzelte Gebrauch bildet keinen R. Begriff, der mit einer gewissen Verläßlichkeit zur Charakterisierung gleicher Phänomene aufgenommen worden wäre. Im Italienischen steht ‹rivoluzione› weiterhin neben ‹ribellione› und ‹rivolta› und wird durch die Verben ‹rivolgere› und ‹rivoltare› angeregt. In aller Regel sagt man sonst ‹mutazione dello stato›, ‹disunioni›, ‹discordie›, ‹tumulto› oder ‹travagli›, aber nie ‹rivoluzione› für die gerade in Oberitalien so häufigen Unruhen und Umstürze, die in viele Lebensläufe jener Zeit eingreifen.

Der astronomische Wortgebrauch von ‹revolutio›, der nicht so allgemein war, wie man es aus Kopernikus' berühmten ‹De Revolutionibus Orbium Coelestium Libri VI› (1543) vermuten möchte, wurde eher vermieden. Er war durch astrologische Literatur belastet, wo ‹revolutio› den großen Zeitumlauf zwischen wichtigen Konjunktionen der Planeten und Sternbilder bezeichnete [11]. Dennoch mag es die Verwendung für irdisches Geschehen motiviert haben, bei den Florentinern ebenso wie bei dem daraus nicht ableitbaren, sehr viel späteren engl. und frz. Gebrauch. Für einen vereinzelten, frühen Beleg wie E. BLOUNTS Conestaggio-Übersetzung (1600) ist es dagegen bezeichnend, daß einzelne politische Unruhen «all revolutions» heißen [12].

Vermittelnd wirkte die Übernahme von ital. ‹rivoltare› ins frz. ‹révolter›. Dessen Bedeutungen 'erwägen', 'die Meinung wechseln', 'abspenstig machen', 'abtrünnig werden' paßten für politische Kabalen ebenso wie für den Streit der Konfessionen, und dort gewinnt frz. ‹révolter› (engl. ‹revolt›) eine feste Verwendung bei Hugenotten und Protestanten für die Apostasie der Abtrünnigen. Dagegen bleiben frz. ‹révolution› bzw. engl. ‹revolution› noch das ganze 16. Jh. hindurch und bis zur Mitte des 17. Jh. an der Umwälzung der Gestirnsphären und dem Zeitlauf orientiert. Zunächst vereinzelt und langsam, seit 1660 jedoch vermehrt und auch in retrospektiver Verwendung tritt eine politische Bedeutung auf, wie es sie im Italienischen schon einmal gegeben hatte. Bis dahin war das Wort gerade in politischen Kontexten im Französischen strikt zeitlich bestimmt gewesen, etwa als P. BERSUIRE Livius übersetzt (1355) oder N. ORESME Aristoteles' ‹Politik› (1372) kommentiert und ‹revolutio› dabei als «le temps et la mesure de la duration d'une chose» definiert hatte [13]. Auch L. LE ROY paraphrasiert ‹periode› bei Aristoteles als «révolution de temps» (1568), verwendet es aber in seinem eigenen Werk (1577) mit ausdrücklichem Verweis auf den Sprachgebrauch der Astrologen («révolutions et temps préfix de duree») für die den einzelnen Kulturen in ihrem Kreislauf zugemessene Zeit («la révolution naturelle des polices») [14]. Seine kenntnisreiche zyklische Betrachtung ist noch keine Philosophie der Geschichte, sondern eine astrologische Ansicht der Natur der Dinge. Diese im Humanismus verbreitete Perspektive («a variable course and revolution of all thinges», G. HARVEY 1579 [15]) konnte sich mit dem Stolz auf neue Entdeckungen verbinden, die der Antike unbekannt waren, schloß aber Niedergänge ebenso ein wie die größere Erkenntnis und Vollkommenheit einer neuen, künftigen Zeit. Sicher war nur der wechselvolle Lauf der Dinge, die «révolution et vicissitude de la fortune» (MONTAIGNE); daneben wird der von Augustinus eingeführte Gebrauch für die Wanderung der Seelen [16] oder der Substanz [17] erneuert.

Der Begriff ‹R.› findet jedoch keine Verwendung zur Bezeichnung der Religionskämpfe und Bürgerkriege und tritt da nicht einmal neben Begriffen wie ‹guerre civile›, ‹mutation de règne›, ‹changement›, ‹bouleversement›, ‹troubles›, ‹renversement› oder ‹subversion de l'estat› markant hervor, wie sie MONTAIGNE oder E. PASQUIER verwenden. Selbst in der dichten Folge aktueller Pamphlete während der Fronde («Mazarinades», 1648-1652) spielt der Begriff keine Rolle [18]. Allerdings beginnen nun einzelne Autoren, ihn zur Charakterisierung von Staatsveränderungen zu verwenden (H. DE ROHAN 1639 [19]). Seit 1643 tritt er auch in Buchtiteln auf sowie in der Reiseliteratur, wo er vor allem auf den Orient bezogen wird [20]. Dieser vereinzelte Wortgebrauch erstreckt sich bald auf kurzfristige politische Umwälzungen, als in England seit der 'revolution' oder 'restoration' von 1660 auch rückblickend die Ereignisse als ‹R.› bezeichnet werden, die E. CLARENDON insgesamt «rebellion and civil wars» nennt (1667) [21]. Danach erst verwendet Kardinal RETZ im Französischen den Begriff für den kurzfristigen, bewaffneten Aufruhr, den seine Zeitgenossen als ‹révolte› oder ‹coup d'état› begreifen [22]. Retz war 1660 selbst in England, kennt auch den italienischen Sprachgebrauch, und setzt die

Erscheinung als deutlich erkennbar in der politischen Formenlehre voraus («des signes infaillibles de la révolution») [23] wie Machiavelli die Verschwörungen. Aber weder das Wort noch sein Gebrauch für die Fronde setzen sich durch, was am mangelnden Erfolg und unklaren Verlauf liegen mag, denn engl. ‹revolution› wird zu einem festen, 1688 glanzvoll bestätigten Begriff («Glorious Revolution»), der sich damit deutlich von der dubiosen ‹rebellion› unterscheidet [24].

Der mangelnde Erfolg der Fronde gegen absolutistische Herrschaft beließ die Taten als 'troubles' im unklaren und machte ‹R.› zu einem vagen, aber moralisierbaren Begriff. Nicht blinder Zufall, sondern die göttliche Vorsehung bewirkt bei einflußreichen Kanzelrednern wie J.-B. BOSSUET die «fatales révolutions des monarchies», «révolutions des empires» zur Belehrung der Menschen und Demütigung der Fürsten [25]. Für P. BAYLE steht sehr direkt die Unzucht am Ursprung der révolutions («Staatsveränderungen», «Umkehr des Staats» in der von J. CH. GOTTSCHED geleiteten deutschen Übersetzung) [26]. Der allgemeine moralische Verfall und das seltenere Auftreten von «publiks spirits», wie die Engländer sie nennen, ist für G. W. LEIBNIZ die Ursache einer Europa bedrohenden, allgemeinen Umwälzung («la revolution generale dont l'Europe est menacée»). Der Mangel öffentlicher Verantwortung, den das Prinzip Ehre nicht ersetzen kann, das sich allein noch finde, führe zu jener epidemischen geistigen Erkrankung, von welcher die Vorsehung die Menschen durch eben die Umwälzung («par la revolution même») heilen wird, die daraus entstehen muß [27].

Während eine populäre Gattung historischer Literatur entsteht (DORLÉANS, ST. RÉAL, FRÉRON, VERTOT), die Aufstände schildert und dabei Interesse für die Rolle des leidenschaftlich erregbaren, aber gerechten Volkes bekundet und dafür auch schon im Titel gern ‹R.› verwendet, unterscheidet MONTESQUIEU strikt die «guerre civile» von der durch den erfolgten Umsturz charakterisierten ‹R.›. Montesquieu erkennt einen Gegensatz zwischen der Stabilität einer Monarchie wie in Frankreich und der despotischen Herrschaft darin, daß man viele Bürgerkriege, aber keinen Sturz der Dynastie erlebt habe, während es in Despotien umgekehrt sei: «toutes nos histoires sont-elles pleines de guerres civiles sans révolutions; celles des Etats despotiques sont pleines de révolutions sans guerres civiles» [28].

Als Historiker und Philosoph der Geschichte gebraucht VOLTAIRE den Begriff ‹R.› für die erfolgreichen Veränderungen, die großen Umwälzungen nicht nur der politischen Geschichte [29], sondern auch der des menschlichen Geistes. Mehrfach bezieht er sich auf die etwa seit der Mitte des 18. Jh. bemerkbare Wandlung, die sich in weiteren 15 Jahren als «ce grand changement» offenbaren werde [30]. In dem zumindest seit den sechziger Jahren überall sich verbreitenden geschichts- und kulturphilosophischen Denken erscheint die eigene Zeit als eine Phase zwischen großen vergangenen und künftigen «catastrophes». Man sucht den entscheidenden Punkt, «la crise», in dieser Kreisbewegung oder erhofften Aufwärtsbewegung zu bestimmen [31]. In dieser, dem zeitgenössischen Empfinden nach durch ein Mißverhältnis zwischen überbordender Theorie und manifester Unbeweglichkeit geprägten Situation werden viele Voraussagen auf eine sei es positive, sei es negative und jedenfalls bedeutende Veränderung gewagt. Diese Prognosen bleiben meist sehr allgemein, ohne näher zu bestimmen, was sich denn und in welcher Folge ändern werde. Einige Szenarien werden allerdings gewagt. Die Modifikationen und das Verhältnis dieser Aussagen zum jeweiligen Beobachtungsstand und überblickbaren Sachbereich sind bezeichnend, es wäre aber verfehlt, sie des inzwischen gebräuchlichen Wortes ‹révolution› wegen auf die Ereignisse nach 1789 zu beziehen.

Der prophetische Gestus ist ein rhetorisches Mittel, und er ist seiner Wirkung um so sicherer, je dunkler das Unheil ist, das er ankündigt. Gerade J.-J. ROUSSEAUS erzieherische Mahnung: «Nous nous approchons de l'état de crise et du siècle des révolutions» [32], ist immer richtig und gibt keine anderen Kriterien als biblische und antike Vorstellungen von wechselnder Größe und dem Sturz der Herrscher. Das Szenarium der Gewaltherrschaft, das D. DIDEROT anonym im Werk Raynals entwirft [33], bedient sich antiker und durch Montesquieu aktualisierter Charakterisierungen des Despotismus am Beispiel der Entmachtung des schwedischen Adels durch Gustav III. (1772). Den modernen Leser mag es an die Diktaturen des 20. Jh. erinnern. Um so weniger darf diese Schilderung dann aber auf die 'Französische R.' von 1789 projiziert werden, nur weil auch ‹révolution› heißt. Im französischen Wortgebrauch kreuzten und verbanden sich die naturgeschichtliche und die weltgeschichtliche Perspektive von ‹révolution›. Diese Unbestimmtheit des Begriffs am Vorabend der 'R.' scheint seine spätere Karriere befördert zu haben. ‹R.› ist operativ genug, um einen Artikel in VOLTAIRES ‹Dictionnaire philosophique› zu rechtfertigen. In DIDEROTS ‹Encyclopédie› behandelt das Stichwort ‹R.› nur die englische R. von 1688. Im programmatischen Artikel ‹Encyclopédie› (1755) selbst verwendet Diderot das Wort in ein und demselben Zusammenhang sowohl für kleinste Veränderungen etwa der Sprache eines Volkes als auch für die größten Umwälzungen in der Geschichte menschlicher Kultur, wobei das «intervalle» zwischen zwei ‹révolutions› vom Höhepunkt antiker griechischer Philosophie und Wissenschaft bis zur eben erreichten Stufe der Moderne reichen kann [34]. CONDILLAC definiert ‹révolution› noch 1768 traditionell als Gestirnumlauf in eigentlicher und als «grands changements qui arrivent dans le monde» in übertragener Bedeutung [35].

Bezieht sich der französische Gebrauch immer noch sehr stark auf das Eintreten eines überpersönlichen Geschehens, so überwiegt im Englischen die Erinnerung an die historische Fixierung: Seit 1688 weiß man, daß man R.en machen kann und dazu auch das Recht hat. D. HUME nennt sie z.B. «that famous revolution, which has had such a happy influence on our constitution», und behauptet, es sei «lawful to take arms even against supreme power», falls «enormous tyranny and oppression» vorliege [36]. Das ist ein unveräußerliches Recht des Volkes, das bereits J. SELDEN und J. MILTON als historisches Gesetz formulierten, das den Herrschaftswechsel beschreibt [37].

Zur Konjunktur des Wortes ‹R.› im Jahre 1789 führte die Verbindung mehrerer Elemente, vor allem die erhoffte Einlösung bereits länger gehegter Erwartungen. Das eingestandene Defizit der französischen Regierung hatte zur Einberufung der Generalstände und zum Auslegen von Beschwerdeheften für die Bürger («Cahiers de doléance») geführt. Es bestand die Hoffnung – die sich nach der Bewaffnung des Volkes am 13. und dem Sturm auf die Bastille am 14. Juli 1789 auch zu bestätigen schien –, daß nicht die Dynastie, sondern der «despotisme ministeriel» sich durch erfolgreichen Aufruhr stürzen lasse. Das schien der Ausgangspunkt für eine Gesetzgebung zu sein (Abschaffung restlicher Feudallasten und Erklärung der Menschenrechte im August 1789), von der man erwartete, daß sie das soziale Mißverhältnis zwischen einem ökonomisch und wissenschaftlich prosperierenden, aber politisch rechtlosen Bürgertum und einem steuerlich überlasteten Kleinbauerntum einerseits und dem zur «Kaste» (TOCQUEVILLE) gewordenen parasitären Adel und hohen Klerus andererseits berichtige. Überraschende erste Erfolge sowie der Enthusiasmus der Pariser Bevölkerung, aber auch ländlicher Unterschichten und des aufgeklärten Lesepublikums im Ausland ließen weitere Erwartungen einer großen geschichtlichen Veränderung daran knüpfen. Noch am Abend des 14. Juli wurde das wenig konkrete Wort ‹révolution› mit einer noch völlig offenen Ereignisfolge dauerhaft verbunden: Der Herzog von Liancourt (1747-1827), ein Verehrer Rousseaus, eilte mit den Nachrichten aus Paris nach Versailles, wo er als Kammerherr auch noch spät Zutritt hatte. «Der König warf sich in seinen Schlafrock, und hörte mit Erschröcken, was man ihm Unerhörtes hinterbrachte. Das ist eine entsetzliche Revolte, rief er, lieber Herzog. Nein Sire, antwortete dieser naiv, das ist eine große R. Liancourt wundert sich jetzt selbst, wie er damals zu so viel Geiste gekommen ist.» Das berichtet nach genauen Erkundigungen K. E. OELSNER aus Paris [38]. Der Wortgebrauch schwankt noch zwischen «révolte», «insurrection» und «révolution». Die Aufhebung der «Parlements» hatte im Frühjahr 1788 zu offenen Widersetzlichkeiten geführt. So wird ein satirisch-politisches Drama, ‹La Cour plénière› im Juli 1788 mit dem Druckvermerk «à l'enseigne de la Révolution» publiziert, im Text ist aber nur von «révolte» und «insurrection» die Rede [39]. Man erwartete eine allgemeine Veränderung, war aber bis in die Kreise der durch eine Unzahl von Spitzeln informierten Pariser Polizei schließlich doch höchst überrascht, daß man es nicht mit einem Komplott, sondern mit Handlungen der Pariser Bürgerschaft und des französischen Volkes zu tun bekam, die man nicht anders als ‹révolution› nennen konnte.

Der Wortgebrauch läßt sich an den vertraulichen Briefen MIRABEAUS kontrollieren. Das Wort ‹révolution› wird 1786 und 1787 vereinzelt und ohne Beziehung auf die aktuelle Politik gebraucht; erst seit dem Herbst 1788, mit den Vorbereitungen für die Wahl einer Nationalversammlung, nimmt es die Bedeutung einer politischen Veränderung an, die Aufgaben und Probleme mit sich bringt. Nur indirekt auf das englische Modell und das amerikanische Modell der Unabhängigkeit bezogen, bildet sich nun ein eigenständiger Begriff von der ‹Französischen R.›. Glaubten viele, sie nach zwei Tagen glücklich hinter sich zu haben, so erscheint sie bald als umfangreiches Werk der nötigen «régénération», die zudem von innen oder außen bedroht ist. Im Dezember 1789 schreibt Mirabeau: «die schönste, die größte aller R.en droht anjetzt zu scheitern» (durch Neckers falsche Politik und die Misere der Finanzen). Sie erscheint als Programm und Erfolg einer konsequenten Gesetzgebung. Nach den Assignaten, die die neue Bodenverteilung ermöglichen, kann Mirabeau im Oktober 1790 sagen: «wenigstens in Frankreich wird die R. niemals zum Vorteil des Despotismus rückgängig werden» [40].

Auf die Veränderung allein der Häufigkeit des Wortgebrauchs blickt G. CH. LICHTENBERG nach ein paar Jahren zurück: «Ich möchte wohl die Verhältnis der Zahlen sehen, die ausdrückte, wie oft das Wort R. in den Jahren 1781-1789 und in den acht Jahren 1789-1797 in Europa ausgesprochen und gedruckt worden ist, schwerlich würde die Verhältnis geringer sein als 1:1000000» [41]. Den zentralen Gesprächsgegenstand dieser Jahre dokumentieren die neben einer großen Zahl politischer Druckschriften (etwa 4500) immer regelmäßiger erscheinenden Zeitungen (etwa 1000 im Jahrzehnt 1789-1799, wobei vom 14. 7. 1789 bis zum 10. 8. 1792 die 'reaktionären' überwogen) [42]. Auch in den deutschen Blättern wurde der Pariser Berichterstatter zum klassischen Auslandskorrespondenten (vor allem OELSNER in Archenholtz' ‹Minerva›) [43].

Die ersten direkten Eindrücke übermittelte J. H. CAMPE noch im August 1789 aus Paris nach Deutschland. In klaren Antithesen berichtete er von Freiheit und Despotismus, Enthusiasmus und Fanatismus. Die Hochstimmung der Pariser Bevölkerung läßt ihm das deutsche Wort ‹Brüderlichkeit› für ‹fraternité› entstehen [44]. Die R. hat 1789 so wenig wie 1688 eine Gegen-R. hervorgetrieben, vielmehr wirkt diese im Vorfeld versuchter politischer Änderungen bereits so stark, daß doch noch die R., an die schon keiner mehr glaubte, zustande kommen mußte. Die emigrierten Aristokraten bringen nach London und Koblenz neben allem greifbaren Edelmetall auch alle schlechten Nachrichten mit, die sich dadurch unverzüglich verbreiten und nach den Schwierigkeiten des Verlaufs der R. die größte Resonanz fanden [45].

A. L. VON SCHLÖZER, der früh die Nachrichten der aus Frankreich Emigrierten druckte, faßt am Ende des Jahres 1789 zusammen: «Und welcher Menschenfreund wird denn das nicht sehr schön finden? Eine der größten Nationen in der Welt, die erste in allgemeiner Kultur, wirft das Joch der Tyrannei, das sie anderthalb hundert Jahre lang, komisch-tragisch getragen hat, endlich einmal ab: zweifelsohne haben Gottes Engel im Himmel ein Te Deum laudamus darüber angestimmt! Es wäre wohl endlich Zeit, die oft wunderbar-schiefen Urteile zu rektifizieren ... 1. Die Hauptrevolution, über die alle aufgeklärte Weltbürger der großen Nation Glück wünschen, ist die vom 14. Jul. 2. Bei dieser R. gingen Exzesse vor: und wo läßt sich eine R. ohne Exzesse denken. Krebsschäden heilt man nicht mit Rosenwasser ... 5. Durch die gelungene R. sind nun die Franzosen im Besitz der Macht, sich die allerglücklichste Regierungsform zu verschaffen» [46]. Die Urteile der Beobachter unterliegen dem Wechsel von Hoffnung und Verzweiflung. Merkwürdige Sympathien genoß die R. zunächst an den Höfen von Wien und Berlin, wo eine Schwächung französischer Macht bei der anstehenden Teilung Polens nur erwünscht schien. Für Schlözer ist der «Übergang aus dem Despotism zur wahren Freiheit» ... «halsbrechend». Die Chancen werden aus der «Geschichte aller Staatsrevolutionen, ... von Jerobeams bis auf Cromwells Zeiten» berechnet [47]. Im ruhigen Jahr 1790 versucht MIRABEAU dem Hof nahezubringen, daß die Arbeit der Nationalversammlung die königliche Autorität stärke und Richelieus Beifall gefunden hätte [48]; der König erklärt seinerseits sich und die Königin «infiniment attachés à la révolution» [49]. OELSNER resümiert: «Die R., wenn man darunter den Umsturz der alten Verfassung versteht, wollten alle, einige Hofschranzen und Mönche ausgenommen» [50]. J. W. ARCHENHOLTZ beschreibt seinen Eindruck vom Ende 1791: «In der Tat gibt es nur ein einziges unfehlbares Mittel, alles wieder auf den vorigen Fuß zu bringen, und dies ist kein anders, als den größten Teil der Nation auszurotten» [51]. Bei allem Für und Wider wurde langsam aus einer R., wie es schon andere gegeben hatte, die R., die sich erst in ihrem Verlauf selbst definiert [52].

Dies ist der Grund, weshalb sich auch die Zeugnisse nach dem Kalender der Ereignisse unterscheiden. Grundeinstellungen, die sich erst durch die R. und nach ihr zu Parteien formieren, mischen und kreuzen sich vielfach. Keiner der Zeitgenossen ist mit gleichbleibender Auffassung durch die wechselnden Ereignisse gekommen. Hoffnungen und Verzweiflung verbanden sich mit rasch sich verbrauchenden Helden und dem 'Volk' als neuem Handlungsträger. Erfolge oder Exzesse beherrschten das Bild und dementsprechend auch das Gesamturteil und die Zukunftsprognose. Die Beobachtung am Ort des Geschehens wird zum Kriterium, das die Publizisten qualitativ unterscheidet. Entscheidend ist die Fähigkeit, überhaupt Erfahrungen zu machen und nicht nur in vorhandene Modelle (wie den «Verfassungskreislauf» oder den «Staatsstreich») einzufügen. So gesellten sich zu den überwältigenden Nachrichten vom Sommer 1789 skeptische Stimmen über die Probleme des Staatsbankrotts und der nur langsam fortschreitenden, völlig neuen Gesetzesarbeit. Auf das ruhige Jahr 1790 folgen im Frühjahr 1791 Mirabeaus Tod, die Flucht und die Gefangennahme des Königs, im Juli das Blutbad auf dem Marsfeld und im August die Erklärung von Pillnitz. Dieser Eingriff trennt die Nation vom König und bereitet den Feldzug von 1792 vor, der im September die Verkündung der Republik und erste Erfolge bringt, nachdem der Tuileriensturm und die Massaker in den Gefängnissen Anfang September einen Tiefpunkt gebildet hatten. Die Regierung der Gironde scheitert, die Jakobinerherrschaft bringt die Terreur, von Monat zu Monat wechseln die politischen Doktrinen, bis man ihrer müde wird und im Directoire Ruhe und Sicherheit sucht.

Die auswärtigen Urteile zeigen neben sofortigen Gegenpositionen jene überraschende, breite «Teilnehmung dem Wunsche nach, die nahe an Enthusiasm grenzt», worin I. KANT einen Beweis für die «moralische Anlage im Menschengeschlecht» erblickt [53]. Für Kant kehrte sich die Bewertung von Reform und R. um; R. ist kein beliebiger Gewaltakt mehr, sie kann den Rechtszustand nichtumkehrbar verändern und sie kann moralisch, als «R. in der Gesinnung im Menschen» zur «Gründung eines Charakters» ebenso notwendig sein wie politisch für den «Republikanism» als der «einzigen vollkommen rechtlichen Verfassung», ohne deshalb gewaltsame Handlungen zu rechtfertigen [54]. Die Anschauung einer weltgeschichtlichen Begebenheit wirkte mit der theoretischen Arbeit zusammen, um eine Philosophie der Geschichte zu konzipieren [55]. Fortschreitende Gesetzgebung und das Erproben von Regierungsformen wie der Republik, die nur für Kleinstaaten möglich schien, wurde ebenso als Errungenschaft der R. aufgefaßt wie die Fixierung von Grundrechten. Unklare Erwartungen führten allerdings auch zu Verwirrungen. Die politischen Begriffe wurden nicht nur um zahlreiche Neologismen ergänzt, sondern viele von ihnen veränderten ihre Bedeutung. Rückblickend kann G. W. F. HEGEL 1802 feststellen: «Da seit zehen Jahren ganz Europa seine Aufmerksamkeit auf das fürchterliche Ringen eines Volkes nach Freiheit heftete, und ganz Europa in allgemeiner Bewegung deswegen war, so kann es nicht anders sein, [als] daß die Begriffe über Freiheit eine Veränderung erlitten und [sich] aus ihrer vorherigen Leerheit und Unbestimmtheit geläutert haben» [56]. Der Bereich des Möglichen und Realisierbaren schien erweitert, und das Denken wurde, wie Hegel später formulieren wird, als «eine Gewalt gegen das Bestehende» erkannt, «und diese Gewalt ist die R. überhaupt» [57].

Der Sympathieumschwung erfolgte in Deutschland nach der Hinrichtung Ludwigs XVI. im Januar 1793. Jetzt begann auch hier eine Schrift zu wirken, die E. BURKE, ohne Anschauung am Ort des Geschehens, bereits 1790 publiziert hatte. Ihm ging es mehr um die Ablehnung einer R. im eigenen Lande als um die Französische R. selbst. Seine Argumente waren nicht neu, sie entsprechen der Kritik Bossuets am Protestantismus. Burkes rhetorische Mittel verschafften ihm den Erfolg, der L. DE BONALDS Gedanken versagt blieb, und wirkten noch auf politische Romantiker und Konservative [58].

England beherrschte den Seehandel und wurde zur ersten Kolonialmacht, Frankreich wandelte sich zur modernen industriellen Gesellschaft, und in Deutschland war man vorwiegend mit den moralischen und legalistischen Fragen der R. beschäftigt [59]. Das traditionelle europäische Staatensystem schien aus dem Gleichgewicht geraten, die klassischen Urteilskategorien griffen nicht mehr. Zunächst versuchte man, die Schwierigkeit bei Erkenntnis des neuen Sachverhalts durch weitgreifende Klassifikationen aller R.en der Weltgeschichte oder in Ersetzungsversuchen etwa von ‹R.› durch ‹Evolution› auszuräumen. W. VON HUMBOLDT schloß aus den Fehlbeurteilungen des Neuen, «daß die Richtigkeit der Beurteilung von Begebenheiten und Menschen fast im umgekehrten Verhältnisse mit der Reife des Alters steht» [60]. Die Assoziationen und historischen Bezüge gehen weit über den R.-Begriff hinaus oder verbinden ihn jetzt mit Ereignissen, die zu ihrer Zeit ganz anders aufgefaßt wurden. So fühlen sich die deutschen Beobachter vor allem an die Reformation erinnert, die damit in ein neues Schema der Bewertung gerät [61]. Ein weiteres positives Modell ist der niederländische Freiheitskampf, dessen Darstellung F. SCHILLER 1788 publiziert hatte, die englische R. von 1688 und die amerikanische Unabhängigkeit.

Die Auffassungen polarisieren sich auch retrospektiv, so daß nach der neuen R. wohl die englische 'rebellion' von 1649-1660 als R. erscheint, nicht aber die von 1688, die für die Kritiker der Französischen R. eigentlich keine R. ist [62]. Die Deutungen überkreuzen und verändern sich mit dem Wechsel der Ereignisse. Manche wenden sich nach anfänglicher Sympathie ab und suchen nach einer Deutung der R. im Rahmen göttlicher Vorsehung (BONALD, MAISTRE, CHATEAUBRIAND) [63]. Überzeugte Republikaner gehen durch die Verzweiflung an der Terreur hindurch zu einer objektiven Auffassung des historischen Prozesses (FORSTER, OELSNER), andere fühlen sich erst durch Napoleons Diktatur in ihrer Prognose des Verfassungswechsels bestätigt (WIELAND). Gleichzeitig mit dem Wechsel der Orientierung von der konstitutionellen Monarchie gemäß Montesquieu zur demokratischen Republik in der Nationalversammlung finden sich auch radikalere Wendungen im Staatsrecht, von Kant zu Fichte.

Der Begriff ‹R.› ist längst politisch und zeitlich bestimmt, aber seine Verwendung im astronomischen wie medizinischen Sinn hört darum nicht auf und kann die Mitbedeutung 'umwälzende Bewegung' metaphorisch nutzen. So wirft ROBESPIERRE La Fayette vor, wohl zu einer Palast-R. imstande zu sein, eine Welt-R. aber nicht anhalten zu können, «vous êtes digne de faire une révolution dans une cour, il est vrai; mais arrêter une révolution du monde, cette œuvre est au-dessus de vos forces» (28. 6. 1791). Der Begriff ist so stark Metapher seiner selbst, daß Robespierre die berühmte Frage stellen kann: «Citoyens, voulez-vous une révolution sans révolution» (5. 11. 1792) [64]. G. FORSTER schöpft die Bewegungsmetaphern zu Beginn der «Parisischen Umrisse» aus, um die nur durch sich selbst definierbare R. zu beschreiben und spricht vom schnellen «Umschwung des Revolutionsrades» [65]. K. E. OELSNER wird nach der Schreckensherrschaft seine Zeitschrift ‹Klio› (1795) mit der Prognose der «Willkür eines Soldaten» eröffnen: «Aber auch sie kann nicht dauern, in einem Lande, dessen Begebenheiten ein so feuriger Puls schnellt, daß es den Zirkellauf Polybs in fünf Jahren vollendete, fünf allerdings entsetzliche Jahre!» [66]

Während die Beobachter den Gang der Dinge bedroht sehen, seine Ordnung und bisherige Gemächlichkeit, ändern sich Recht, Gesellschaftsordnung und Besitzverteilung auf eine Weise, die auch die Restauration nicht mehr rückgängig machen wird. Die in ihrem Verlauf einmalige Französische R. fördert die Verwechslung eines Szenariums gewaltsamer Handlungen mit den rechtlichen und sozialen Folgen, und der alte Umsturzbegriff, der sich mit einer glücklichen Veränderung nicht vermitteln ließ, taucht in vulgär-eschatologischen Deutungen ebenso wieder auf wie die große astrologische Konjunktion. Die unabsehbare Ereignisfolge, das Ausgreifen der 1799 von Napoleon offiziell für beendet erklärten R. auf Europa, ließ die Kommentare leerlaufen und überforderte die Historiker. Unter ihren Augenzeugen hat die R. keinen Historiker gefunden. Erst die jüngere Generation begann, die Beziehung der verwirrenden Ereignisse auf den Strukturwechsel zu fassen und in eine historische Darstellung einzufügen (A. MIGNET 1824, A. THIERS 1823-1827; danach J. MICHELET 1847-1853 und L. BLANC 1847-1862). Durch Öffnung der Archive und eine bisher nicht gekannte Dokumentationsdichte wurde die historische Forschung auf völlig neuen Boden gestellt. Das bedurfte jedoch einiger Zeit, um sich auszuwirken. Während die Regierungen Europas nach dem Wiener Kongreß 1815 aus Furcht vor dem Aufflammen der alten oder neuer R.en zu Mitteln der Repression griffen, sich bei der Erklärung des Phänomens aber mit der unsinnigsten, nämlich der Verschwörertheorie begnügten, versuchten Philosophen und Wissenschaftler, sie in dem langfristigen Gang der Geschichte und der sozialen Entwicklung zu begreifen [67]. HEGEL hat bei aller Kritik im einzelnen und einem eher skeptischen Resümee in der Zeit fortdauernder Restauration an der weltgeschichtlichen Bedeutung der Französischen R. emphatisch festgehalten und die deutsche Philosophie seit Kant und mithin auch seine eigene Arbeit als Parallele verstanden: «In dieser Philosophie ist die R. als in der Form des Gedankens niedergelegt und ausgesprochen» [68]. Mit dieser R. «erst ist der Mensch dazu gekommen, zu erkennen, daß der Gedanke die geistige Wirklichkeit regieren sollte. Es war dieses somit ein herrlicher Sonnenaufgang. Alle denkenden Wesen haben diese Epoche mitgefeiert. Eine erhabene Rührung hat in jener Zeit geherrscht, als sei es zur wirklichen Versöhnung des Göttlichen mit der Welt nun erst gekommen» [69].

B. G. NIEBUHR versucht in seinen Vorlesungen 1829 aus genauer Kenntnis der handelnden Personen das Geschehen noch einmal zu beschwören und beschreibt es im Detail, während J. G. DROYSEN es 1842/43 in die Bewegung der Freiheitskämpfe einzeichnet, die von den amerikanischen Staaten bis nach Polen reicht [70]. L. VON STEIN fügt die R. in den großen Prozeß ein, der die französische Nation paradigmatisch zur industriellen Gesellschaft verwandelt. Nicht ‹R.› selbst ist der Leitbegriff, aber dadurch kommen andere in eine notwendige Bewegung. Im Verhältnis von Kapital und Arbeit entsteht als neue Schicht das Proletariat; die Persönlichkeit beansprucht rechtliche und politische Gleichheit; doch die einzelnen Nationen werden nach dem Urteil Steins zum gemeinsamen Ziel der sozialen Demokratie nicht durch Nachahmung des französischen Beispiels gelangen. Stein integriert seine Deutung einer Theorie gesellschaftlicher Entwicklung in der europäischen Moderne [71]. Vermeintlichen R.-Theorien, die sich an den Gewaltakten oder am Umsturz von unten orientieren, ist der Boden entzogen. Begrifflich strikt getrennt von ‹Aufruhr› (sédition), ‹Aufstand› oder ‹Insurrektion› und ‹Empörung› oder ‹Revolte›, ist «die Staatsumwälzung oder die politische R. ... die Erhebung der abhängigen oder schon besitzenden Klasse gegen die Verfassung des Staats, welche sie von ihrem natürlichen politischen und gesellschaftlichen Rechte ausschließt» [72]. Auf einer vergleichbaren Ebene objektivierender Forschung steht A. DE TOCQUEVILLES ‹L'ancien régime et la révolution›, worin die Französische R. als gewaltsamer Schritt in der Konsequenz einer langen Entwicklung erscheint, deren besondere Bedingungen in Frankreich sie notwendig machte [73]. Zehn Generationen hätten sie vorbereitet, und sie dauere noch an (1856) [74]. Es war 1848 Tocquevilles entscheidender Eindruck, daß es keine neue, sondern die R. von 1789 und 1830 war, die noch kein Ende gefunden hatte [75].

Die Erfahrung von 1848 stand auch bei H. VON SYBEL am Ausgang der Darstellung; jedoch wollte er die neuen Erscheinungen «Socialismus» und «Communismus», die Stein deutete, aus der Geschichte widerlegen [76]. Die Enttäuschung über die in Deutschland mißglückten R.en ließ W. SCHULZ einen Automatismus der durch die Geschichte selbst hervorgebrachten R.en erfinden [77]. Der Begriff ‹R.› war verfügbar geworden. Er konnte als Wunsch bzw. als Drohung für andere formuliert werden, als Gesetz der Geschichte hypostasiert, als ständiger Vorwand für Repressionen der Regierungen oder, präventiv, als Anlaß zu sozialen Reformen benutzt werden. Der Begriff verlor mehr und mehr an Kontur, und wenn K. MARX sagt: «Die R.en sind die Lokomotiven der Geschichte», so ist er selbst nicht sicher, ob nicht dem Dampf und der Maschinerie die «höchst revolutionäre Rolle» zukomme [78]. Nach einer anfänglich rein anthropologischen Begründung integriert Marx den Begriff in ein teils geschichtsphilosophisch, teils ökonomisch begründetes Modell sozialer Veränderung, ohne diese Zweideutigkeit jemals vollständig aufzulösen. Aufgrund des systematischen Primats der Produktionsverhältnisse kommt der sprunghaft expandierenden, vor allem während der industriellen R. in ihrer dominierenden Stellung sinnfällig werdenden ökonomischen Basis, deren Aufschwung wiederum von der «sozialen» und der «politischen» R. (F. ENGELS) [79] flankiert wird, gegenüber allen übrigen Antriebskräften sozialer Entwicklung eine Vorrangstellung zu. «Auf einer gewissen Stufe ihrer Entwicklung geraten die materiellen Produktivkräfte der Gesellschaft in Widerspruch mit den vorhandenen Produktionsverhältnissen ... Aus Entwicklungsformen der Produktivkräfte schlagen diese Verhältnisse in Fesseln derselben um. Es tritt dann eine Epoche sozialer R. ein» [80]. MARX überträgt das Motiv auch auf andere historische Umbruchstationen. In der Rückschau werden die Bauernaufstände der frühen Neuzeit ebenso als R. beschreibbar [81] wie umgekehrt, in der Vorausschau, die politische Emanzipation des Proletariats. Die Proklamation dieser, der «proletarischen» oder «kommunistischen R.» zielt auf die «Abschaffung der Klassen», die erst durch die Französische R. aus Ständen zu Klassen geworden waren [82]. Dieser Umschlagspunkt markiert das Ende jener «Epoche socialer R.», der nach Marx auch seine Gegenwart zugehört. Solange diese qualitative Veränderung nicht erreicht ist, bildet die R. die Form sozialer, politischer und historischer Entwicklung. «Nur bei einer Ordnung der Dinge, wo es keine Klassen und keinen Klassengegensatz gibt, werden die gesellschaftlichen Evolutionen aufhören, politische R.en zu sein» [83]. Die soziale R., von der Marx spricht, beendet die Vorgeschichte und begreift sich als Vorgriff auf eine bessere Zeit: Sie schöpft «ihre Poesie ... aus der Zukunft» [84]. Während in Frankreich das Studium der R. von 1789 durch das Erschließen neuer Quellen breitere Dimensionen annahm (J. JAURÈS), wurde die russische Oktober-R. von 1917 unter dem Modell der Französischen R. gedeutet und sollte ihrerseits, als zu Ende geführte jakobinische R., diejenige von 1789 erläutern. Dazu erwies sie sich jedoch als völlig ungeeignet. Die Erfahrung des Stalinismus erregte Bedenken und Zweifel. An die Lokomotivmetapher erinnernd, notiert W. BENJAMIN im Exil: «Vielleicht sind die R.en der Griff des in diesem Zuge reisenden Menschengeschlechts nach der Notbremse» [85].

Wie Geschichtsphilosophie und Historiographie hat auch die deutsche Politik wesentliche Anstöße von 1789 erhalten. Die territoriale Neuordnung ging ebenso von Napoleons Feldzügen aus wie der in den unterworfenen Völkern hervorgerufene revolutionäre Widerstand, der restaurativ aufgefangen wurde. Die moderne Kriegführung entstand; C. VON CLAUSEWITZ trägt dem auch theoretisch Rechnung: «Hat uns denn nicht Frankreichs R. mitten in der eingebildeten Sicherheit unserer alten Künste überfallen und von Châlons bis Moskau geschleudert?» [86] Und die Politik in den von Napoleon unterworfenen Staaten mußte sich von Grund auf ändern. 1806 notiert F. PERTHES: «Ein Mittel nur, das ist jetzt klar geworden, kann Hilfe gegen Napoleon geben, das Revolutionieren der Völker» [87].

In Deutschland versucht man seit 1871, die Zeitgeschichte umzudatieren und die gemeinsame europäische Erinnerung zu verdrängen. Es gilt dabei, die Einsicht zu umgehen, daß die Französische R. das folgenreichste Ereignis der deutschen Geschichte ist, die sich aber ohne 'R.' zur modernen industriellen Gesellschaft bewegt. Trotzdem wollte man sie mit der seit 1817 politisch neubewerteten Reformation schon gehabt haben und zugleich vermeiden und (durch Evolution bzw. Reformen) vermeiden und ersetzen und doch wieder in Anspruch nehmen (als 'konservative R.', für Unruhen nach dem Ersten Weltkrieg, für die Machtergreifung der Nationalsozialisten, den Staatsbankrott der DDR usw.). Im Rückblick auf 1789 bezeichnet ‹R.› die langfristige und tiefgreifende qualitative Veränderung einer Gesellschaft. Diesem Sprachgebrauch entsprechend, wie er etwa bei M. WEBER zu finden ist [88], werden in der sozialwissenschaftlichen R.-Theorie die Typen, die keine R. darstellen, anders spezifiziert (z.B. «Jacquerie», «Millenarian» und «Anarchistic Rebellion», «Conspiratorial Coup d' état», «Militarized Mass Insurrection» bei CH. JOHNSON [89]) oder durch andere Begriffe ersetzt

(z.B. durch «Internal War» bei H. ECKSTEIN [90]). Das Wort ‹R.› gewinnt von 1789 an entscheidend an Bedeutung, bildet seither in den neueren Sprachen ein Verb ‹revolutionieren› und ein Adjektiv ‹revolutionär›, als dessen Urheber CONDORCET angesehen wird [91]. Im Deutschen entstehen zahlreiche Wortzusammensetzungen von ‹R.-Armee› bis ‹R.-Zeiten›. Neologismensammlungen von Wörtern, welche die R. gebildet oder in ihrer Bedeutung verändert hatte, sind sehr früh veröffentlicht und auch später noch den Wörterbüchern (z.B. dem ‹Dictionnaire de l'Académie›) beigefügt worden [92]. Wesentlich ist die Veränderung des Gehalts vieler politischer Begriffe in der Folge der R. Ihre Bedeutung änderte sich in den wenigen Jahren nach 1789 stärker als sonst jemals in der bekannten Geschichte.

Anmerkungen. [1] AUGUSTINUS: De civ. Dei 22, 12; vgl. 12, 14. – [2] LEO DER GROSSE: Serm. 71, 3. MPL 54 (Paris 1881) 388 A («revolutio lapidis») substantiviert Matth. 28, 2 «revolvit lapidem», vgl. K. E. GEORGES: Lat.-dtsch. Handwb. (^{9}1951) 2381f. (Art. ‹revolutio›). – [3] L. DIEFENBACH: Sprache in Dtschl. Glossarium Lat.-Germ. (1857) s.v. ‹revolutio›. – [4] H. RYFFEL: ΜΕΤΑΒΟΛΗ ΠΟΛΙΤΕΙΩΝ: Der Wandel der Staatsverfassungen (1949) mit reichem Belegmaterial; vor der Übers. griech. Begriffe mit ‹R.› warnte schon W. L. NEWMAN: The Pol. of Arist. 1 (Oxford 1887) 522. – [5] ARISTOTELES: Pol. V, 1, 6. – [6] G. VICO: Principi di scienza nuova (Neapel 1744); R. VON JHERING: Geist des röm. Rechts (^{4}1878). – [7] G. VILLANI: Chronicle (Triest 1857) 12, 19; M. VILLANI: Croniche (Venedig 1837) 4, 90; vgl. 3, 107; 4, 82; 5, 19; 9, 34; 10, 8. – [8] F. GUICCIARDINI: Storie fiorentine 2 (Bari 1931). Opere, hg. V. DE CAPRARIIS (1953) 173. – [9] J. NARDI: Storie fiorentine 1, 22; 2, 1. – [10] N. MACHIAVELLI: Il principe 26 (Rom 1532). Opere (Mailand 1966) 120; sonst «ribellione»: Il princ. 3. 5, a.O. 62. 70; verbal «ribellare»: 4. 17. 19, a.O. 67. 98. 106; «mutazione»: 22, a.O. 114; «la variazione grande delle cose»: 25, a.O. 117; vgl. J. M. GOULEMOT: Emploi du mot ‹révol.› dans les trad. franç. des Discours de Machiavel. Cahiers Lexicol. 13 (1968) 75-83; B. VARCHI: Storia fiorent. 2, 17. – [11] A. WARBURG: Heidnisch-antike Weissagung (1920). Ausgew. Schr. (1980) 28; astrologisch ist auch der durch Bayle überlieferte punktuelle Gebrauch J. BODINS 1589/90, der es in seinem staatsrechtlichen Werk ‹Six livres de la république› 1576 nicht verwendet und hier der ‹Tat› und ‹Geschick› ‹rébellion› und ‹révolution› unterscheidet: P. BAYLE: Dict. hist. et crit. 1-4 (Rotterdam ^{4}1730) 1, 591; die dtsch. Ausg. 1-4 (1741-44) 1, 602 übersetzt: «daß der Aufstand ... kein Aufruhr, sondern nur eine Staatsveränderung genennt werden könnte». – [12] Oxford Engl. dict. 13 (1989) s.v. ‹revolution III/7›. – [13] P. BERSUIRE (1355): Tite Live en françois (Paris 1514/15) I/2, fol. 83^r (Livius 2, 56); N. ORESME: Le livre de pol. d'Arist., hg. A. D. MENUT (Philadelphia 1970) 253; diese zeitl. Bedeut. versuchte K.-H. BENDER als polit. Erstbelege zu deuten: Die Entstehung des polit. R.-Begriffes in Frankreich zw. MA und Aufklärung (1977) 14ff. – [14] L. LE ROY: La vicissitude et variété des choses en l'univers (Paris 1577), engl. (1595) 76^v (‹police› bedeutet hier wie noch bei Rousseau, was man später ‹civilisation› nennt; vgl. J. STAROBINSKI: Das Rettende in der Gefahr (1990) 9ff.; dazu auch: H. BARON: Querelle of Ancients and Moderns. J. Hist. 20 (1959) ND, in: Renaissance essays, hg. P. O. KRISTELLER/PH. WIENER (1968) 95ff. – [15] G. HARVEY: Br. an E. Spenser (1579). Letter-Book, hg. E. SCOTT (Westminster 1884, ND 1965) 87. – [16] M. DE MONTAIGNE: Essais II, 12 (‹Apologie de Raimond Sebond›). Oeuvr. compl., hg. A. THIBAUDET/M. RAT (Paris 1962) 503. 537; vgl. TH. BROWNE: Religio medici I, 6. – [17] G. POSTEL, zit. in: F. SECRET: Les kabbalistes chrét. de la renaiss. (Paris 1964) 183. – [18] Vgl. A. REY: Révolution. Hist. d'un mot (1989) 33ff. – [19] H. DE ROHAN: De l'interest des Princes et Estats de la Chrestienté (Paris 1639) 115. 248ff. bezieht sich auf Ereignisse des noch nicht beendeten Dreißigjährigen Krieges. – [20] Vgl. J. M. GOULEMOT: Discours, hist. et révol. (Paris 1975). – [21] E. CLARENDON: The hist. of the rebellion and civil wars (Oxford 1702) XI, § 209; vgl. TH. HOBBES: Behemoth; or the long parliament (1668), hg. F. TÖNNIES (1889) 204; vgl. H. MOHNHAUPT: Spielarten revolutionärer Entwickl. und ihrer werdenden Begrifflichkeit seit dem Zeitalter der Aufklärung, in: MOHNHAUPT (Hg.): R., Reform, Restauration. Formen der Veränderung von Recht und Ges. (1988) 7ff. – [22] G. NAUDÉ: Considérations polit. sur les coups d'estat (Paris 1667); dtsch.: Polit. Bedenken über die Staatsstreiche (1678); zu RETZ vgl. REY, a.O. [18] 45-47. – [23] P. DE GONDI, Cardinal DE RETZ: Mémoires (Paris 1983) 191; vgl. 71f. 125; MACHIAVELLI: Discorsi III, 6: Delle congiure, a.O. [10] 315-330. – [24] Vgl. F. W. SEIDLER: Die Gesch. des Wortes R. (1955), a.O. 192f. – [25] J.-B. BOSSUET: Oraison funebre pour Henriette-Marie de France, sowie Discours sur l'hist. univ. (Paris 1681). Oeuvr., hg. B. VELAT (Paris 1961) 71. 948. – [26] BAYLE: Dict., a.O. [11] (Rotterdam 1697) z.B. Art. ‹Mutia D›. – [27] G. W. LEIBNIZ: Nouv. essais IV, 16, § 4 [1704] (1765). Akad.-A. VI/6, 462; in J. LOCKES ‹Essay› IV, 16, § 4 findet sich das Thema nicht. – [28] CH.-L. DE MONTESQUIEU: De l'esprit des lois (1748) V, 11; vgl. XI, 6; XIX, 27. – [29] VOLTAIRE: Oeuvr., hg. L. MOLAND 1-52 (Paris 1877-85, ND 1967) 11, Avertiss. 11; der ‹Essai sur les mœurs› sollte urspr. unter dem Titel ‹Essai sur les révol. du monde et sur l'hist. de l'esprit humain› erscheinen, vgl. 13, 173. – [30] Br. vom 2. 3. 1769; vgl. die Br. vom 15. 10. 1766, 14. 8. 1767, 13. 2. und 26. 3. 1768; FRIEDRICH II. VON PREUSSEN schreibt Bayle und Voltaire die beginnende philos. R. zu: «cette révolution qui se fait dans les esprits»: Br. an Voltaire, 8. 9. 1775. – [31] J.-J. ROUSSEAU: Du contract soc. II, 8: Du peuple. Oeuvr. compl., hg. B. GAGNEBIN/M. RAYMOND 3 (Paris 1964) 385. – [32] Emile III, a.O. 4 (1969) 468. – [33] D. DIDEROT: Oeuvr. compl., hg. R. LEWINTER 15 (Paris 1973) 556-558; Abbé RAYNAL: Hist. philos. et polit. de deux indes 4 (La Haye 1780) 488ff.; anders R. KOSELLECK: Vergangene Zukunft (1979) 36f. 34. – [34] DIDEROT, a.O. 2 (1969) 375ff.: Encycl. 5 (1755) 636f. – [35] E. BONNOT DE CONDILLAC: Oeuvr., hg. G. LE ROY 3 (Paris 1951) Dict. des synonymes, s.v. ‹révolution›; vgl. ‹révolte›. – [36] D. HUME: A treat. of human nature (Leiden 1739) III, 2, 10. The philos. works, hg. TH. H. GREEN/TH. H. GROSE 2 (London 1886, ND 1964) 325. – [37] J. MILTON: The tenure of kings (New York 1649). The works, hg. F. A. PATTERSON 5 (New York 1932) 46; J. SELDEN: Table-talk (1689, London ³1906) 108f.; vgl. M. HARTMANN: Hobbes' concept of polit. revol. J. Hist. Ideas 47 (1986) 487-495. – [38] K. E. OELSNER: Br. aus Paris, ‹Minerva› 1792, Bruchstücke aus den Papieren eines Augenzeugen, in: Luzifer (1797) Nr. XL; vgl. H. GÜNTHER (Hg.): Die Frz. R., Berichte und Deutungen dtsch. Schriftsteller und Historiker (1985, 1989) 279. – [39] VERMOND [H. DUVEYRIER]: La cour plénière. Héroi-tragicomédie, jouée le 14 Juillet 1788 (Baville, Paris 1788). – [40] [H.-G. RIQUETI Comte DE] MIRABEAU: Preuß. Monarchie und Frz. R., hg. H. GÜNTHER (1989) 77. 172. 242. 250. 264. 282. – [41] G. CH. LICHTENBERG: Aphorismen (1797) L 284. Schr. und Br., hg. W. PROMIES (1968) 1, 815. – [42] G. WALTER: La Révol. franç. vue par ses journaux (Bourges 1948). – [43] OELSNER, in: GÜNTHER (Hg.), a.O. [38] 245-472. 1314-1375. – [44] a.O. 46, 1265. – [45] a.O. 1279ff. – [46] A. L. VON SCHLÖZER: Staats-Anzeigen 13, H. 52 (1789) 467f.; a.O. 1280f. – [47] SCHLÖZER, in: GÜNTHER (Hg.), a.O. [38] 1283. – [48] Corresp. entre le Comte de Mirabeau et le Comte de La Marck, hg. A. DE BACOURT 2 (Paris 1851) 75; MIRABEAU: Reden, Br., Schr., hg. H. GÜNTHER (1989) 267. – [49] Le Moniteur 6 (Paris 1789) 706; WALTER, a.O. [42] 141. – [50] OELSNER, in: GÜNTHER (Hg.), a.O. [38] 282. – [51] a.O. 230. – [52] G. FORSTER: Parisische Umrisse, a.O. 599. – [53] I. KANT: Der Streit der Fakultäten (1798). Akad.-A. 7, 85. – [54] Die Relig. innerh. der Grenzen der bloßen Vernunft (1793) I, Allg. Anm., B 54f. Akad.-A. 6, 47ff.; Zum ewigen Frieden. Akad.-A. 8, 352. 372. – [55] Vgl. J. BURCKHARDT: Über das Studium der Gesch., hg. P. GANZ (1982) 83. – [56] G. W. F. HEGEL: Die Verfass. Deutschlands (1802), in: Polit. Schr., hg. J. HABERMAS (1966) 129. – [57] Philos. der Weltgesch., hg. G. LASSON 4 (1923) 924; vgl. J. RITTER: Hegel und die frz. R. (1957). – [58] E. BURKE: Reflections on the revolution in France (1790); dtsch.: Betracht. über die Frz. R., übers. F. GENTZ (1793), hg. D. HENRICH (1967); vgl. J.-B. BOSSUET: Hist. des variations des églises protest. (Paris 1688); L. DE BONALD: Théorie du pouvoir (1796). – [59] Vgl. A. W. REHBERG: Unters. über die Frz. R. 1-2 (1793); zur Widerlegung: J. G. FICHTE: Beitr. zur Berichtigung der Urteile des Publikums über die frz. R. (1793), in: Schr. zur R., hg. B. WILLMS (1967). – [60] W. VON HUMBOLDT: Das achtzehnte Jh. Werke, hg. A. FLITNER/K. GIEL 1 (1960) 425. – [61]

Vgl. HALEM, REINHARD, OELSNER, FORSTER und HEGEL, in: GÜNTHER (Hg.), a.O. [38] 180. 186. 294. 607. 614. 687. 863. – [62] E. BURKE: A revol., not made, but prevented, Parlamentsrede vom 9. 2. 1790. Works, hg. W. KING 5 (London 1823) 19; Reflections, a.O. [58] 41. 84f. – [63] Vgl. J. GODECHOT: La contre-révol. (Paris 1961); A. J. MAYER: The dynamics of counterrevol. in Europe, 1870-1956 (1971). – [64] Vgl. REY, a.O. [18] 116. 131. – [65] FORSTER, in: GÜNTHER (Hg.), a.O. [38] 633 und Nr. 5. – [66] K. E. OELSNER: ‹Klio› I, Vorrede (unpag.), in: GÜNTHER (Hg.), a.O. 1422. – [67] Vgl. H. GÜNTHER: Die R. und ihre Historiker, in: Versuche, europäisch zu denken (1990) 125ff. – [68] HEGEL: Vorles. über die Gesch. der Philos. Jub.ausg., hg. H. GLOCKNER (1927-40) 19, 534; vgl. M. KIRN: Der Begriff der R. in Hegels Philos. der Weltgesch. Hegel-Stud. 11 (1974) 339-363. – [69] Vorles. über die Philos. der Gesch., a.O. 11, 557f. – [70] B. G. NIEBUHR: Gesch. des Zeitalters der R. (1829), 1-2 (1845); J. G. DROYSEN: Vorles. über das Zeitalter der Freiheitskriege (1846); vgl. GÜNTHER (Hg.), a.O. [38] 879-1046 (Niebuhr); 1075. 1093 (Droysen). – [71] L. VON STEIN: Der Socialismus und Communismus des heutigen Frankreichs (1842); Gesch. der soz. Beweg. in Frankreich von 1789 bis auf unsere Tage 1-3 (1850), hg. G. SALOMON (1921). – [72] Gesch., a.O. 1, 103. – [73] A. DE TOCQUEVILLE: L'ancien régime et la révol. (1856). Oeuvr. compl., hg. J. P. MAYER 2/1-2 (Paris 1952), 2/2 mit wertvollen ‹Fragments et notes inédites›. – [74] L'anc. rég. I, 5: «elle dure encore». – [75] Souvenirs I, 1, a.O. 12 (1964) 30. – [76] H. VON SYBEL: Gesch. der R.-Zeit von 1789 bis 1800 1-5 (1853-79). – [77] W. SCHULZ: Art. ‹R.›, in: Staatslexikon, hg. C. VON ROTTECK/C. WELCKER 13 (1842, ²1848), in: GÜNTHER (Hg.), a.O. [38] 1047-1074. – [78] K. MARX: Die Klassenkämpfe in Frankreich 1848 bis 1850. MEW 7 (1960) 85. – [79] F. ENGELS: Die Lage der arbeit. Klassen in Engl. (1845). MEW 2 (1959) 409; vgl. auch: MARX: Enthüllungen über den Kommunisten-Prozeß zu Köln (1853). MEW 8 (1960) 414; die Wendung ‹soziale R.› bzw. ‹révolution sociale› datiert ebenfalls aus den Ereignissen von 1789; vgl. W. FELDMANN: Die Große R. in unserer Sprache. Z. dtsch. Wortforsch. 13 (1911/12) 245ff. – [80] Zur Kritik der Polit. Ökon. (1859) Vorwort. MEW 13 (1975) 9. – [81] Vgl. ENGELS: Der dtsch. Bauernkrieg (1850) MEW 7, 350. 382. – [82] MARX: Beschlüsse der Delegiertenkonf. der Int. Arbeiterassoz. (1871). MEW 17 (1962) 422; vgl. MEW 7, 565 (‹Statuten des Kommunistischen Bundes 1850›), nimmt diese Begriffe von L. von Stein auf, a.O. [71]. – [83] Das Elend der Philos. MEW 4 (1974) 182. – [84] Der 18te Brumaire des Louis Napoleon (1852). MEW 8, 117. – [85] W. BENJAMIN: Notiz zu ‹Über den Begriff der Geschichte›. Ges. Schr., hg. R. TIEDEMANN u.a. I/3 (1974) 1232. – [86] C. VON CLAUSEWITZ: Vom Kriege (1832) I, 3, 16 (³1991) 197. – [87] F. PERTHES' Leben, aufgez. C. TH. PERTHES 1 (1848) 181. – [88] M. WEBER: Ges. Polit. Schr. (1921, ⁵1988) z.B. 110. 341. 490. 543. – [89] CH. JOHNSON: Revol. and the soc. system (Stanford, Cal. 1964). – [90] H. ECKSTEIN (Hg.): Internal war: Problems and approaches (New York 1964); dazu: L. STONE: Theories of revolution. World Politics 18/2 (1966) 159-176. – [91] Vgl. I. B. COHEN: The 18ᵗʰ cent. origins of the concept of scient. revol. J. Hist. Ideas 37 (1976) 280; vgl. Revolution in sci. (Cambridge, Mass. 1985); The Newtonian revol. (Cambridge, Mass. 1980). – [92] Eine frühe Sammlung in: Minerva 7 (1793) 230-245; Dict. de l'Acad. franç. 2 (⁵1813) 773-784; L.-S. MERCIER: Néologie ou vocab. des mots nouv. 1-2 (1801).

Literaturhinweise. G. GOOCH: Germany and the French revol. (1926). – A. HATTO: ‹Revolution›: An enqu. into the usefulness of a hist. term. Mind 57 (1949) 495-517. – E. ROSENSTOCK-HUESSY: Die europ. R.en und der Charakter der Nationen (1951). – K. GRIEWANK: Der neuzeitl. R.-Begriff (1955, 1969). – B. GROETHUYSEN: Philos. de la Révol. franç. (1956). – J. M. GOULEMOT: Le mot révol. et la formation du concept de révol. polit. Annales hist. Révol. franç. 39 (1967) 417-444. – W. KRAUS: Zur Bedeut.entwickl. von ‹revolutio›. Wissenschaftl. Z. Univ. Halle 19 (1970) 87-90. – C. TRÄGER (Hg.): Die frz. R. im Spiegel der dtsch. Lit. (1975, 1979). – R. KOSELLECK: Der neuzeitliche R.-Begriff als geschichtl. Kategorie. Studium Generale 22 (1969) 825-838. – R. KOSELLECK/CH. MEIER/J. FISCH/N. BULST: Art. ‹R., Rebellion, Aufruhr, Bürgerkrieg›, in: O. BRUNNER/W. CONZE/R. KOSELLECK (Hg.): Geschichtl. Grundbegr. 5 (1984) 653-

788. – H. GÜNTHER (Hg.) s. Anm. [38]. – H. MOHNHAUPT s. Anm. [21]. – E. SCHULIN: Die frz. R. (1988) 14-21. – G. MARRAMAO: Zeit und R., in: Macht und Säkularisierung. Die Kat. der Zeit (1989) 57-128. – H. GÜNTHER: Metermaß und Menschenrechte. Dtschl. und die frz. R. Neue Rdsch. 100 (1989) 23-35.

H. GÜNTHER

Revolution, industrielle (engl. industrial revolution; frz. révolution industrielle). Der Begriff ‹i.R.› ist doppelsinnig. Einmal beschreibt er im Sinne eines Epochenbegriffs retrospektiv jene Wandlungen in der gewerblichen Produktion, die sich etwa von 1760 an in England stark beschleunigen und dann zögernd auf den Kontinent übergreifen. Daneben dient er bereits den Zeitgenossen dieses Vorgangs zur Erfassung und Wertung des Geschehens. Beide Aspekte hat A. TOYNBEE im Blick, dessen postum erschienene ‹Lectures on the Industrial Revolution in England› (1884) den Begriff Ende des 19. Jh. einer breiten Öffentlichkeit bekannt machen. An den Anfang jener Entwicklung zur Industrienation, deren Ablauf seine Schrift über ein Jahrhundert hinweg verfolgt, stellt der Sozialreformer die wissenschaftliche Begründung der Nationalökonomie und die Erfindung der Dampfmaschine. Adam Smith und James Watt – diese beiden Männer, schreibt Toynbee [1], haben die i.R. zustande gebracht. Rückblickend hebt M. WEBER 1923 drei signifikante Merkmale hervor: Die *Loslösung der Technik* «von den Schranken der den organischen Stoffen innewohnenden Gebundenheit», sodann die *Loslösung der technischen Produktion* «von den organischen Schranken der Arbeit», schließlich die *Loslösung der Güterproduktion* «von jeder Gebundenheit an die überkommene Tradition» [2]. Der Begriff ‹i.R.› umfaßt somit Umgestaltungen der Technik, der Fabrikation und der Ökonomie insgesamt.

1. Als der Begriff am Anfang des 19. Jh. in Frankreich aufkommt, steht er in deutlicher Analogie zu den Ereignissen der Großen R. Die wirtschaftliche sei die umfassende R., kann A. DE LAMARTINE 1836 in der Abgeordnetenkammer sagen, «c'est le 1789 du commerce et de l'industrie» [3]. Bereits 1817 hatte J.-A. CHAPTAL von den «révolutions dans l'industrie» gesprochen [4] und damit jenen zeitgenössischen Prozeß wirtschaftlicher Umwälzung bezeichnet, der die politische R. entweder vollendet oder korrigiert. Anders jedoch als diese, deren Begriff für die Zeitgenossen auf die Ereignisse von 1789 fixiert ist, geschieht die i.R. allmählich. Sie äußert sich einmal in der fortschreitenden Neuorganisation der Produktion und der wirtschaftlichen Abläufe, zum anderen – und auch dies wird zunächst vor allem von französischen Beobachtern wahrgenommen – in den dadurch hervorgerufenen sozialen Veränderungen. So läßt sie sich als Erscheinung jener weitreichenden «révolution morale» begreifen, die nach dem Urteil der Saint-Simonisten und namentlich A. COMTES [5] seit Beginn des neuen Jahrhunderts auf allen Ebenen der Gesellschaft Wirkung zeigt. Die politische R. von 1789 ist für C. H. DE SAINT-SIMON allerdings mit der Ausbildung des «industriellen Systems» beendet. Tatsächlich findet sich der Begriff der i.R. in den Schriften des Saint-Simonismus selten, denn er ist, zumal bei einer Partei des Fortschritts, bereits durch den Nebensinn des Umsturzes und der Desorganisation belastet. Nach Saint-Simon soll jedoch die Verbreitung der Industrie – deren Begriff eben erst die Bedeutung der «gewerblichen Produktion materieller Güter» angenommen hatte [6] – die dauerhafte Konsolidierung der Gesellschaft einleiten: «Tout par l'Industrie; tout pour elle» [7]. Die avisierte Industrialisierung verlangt nicht nur eine tiefgreifende Neuordnung der Wirtschaft, sie umfaßt auch ein visionäres Konzept sozialer Befriedung.

Diese Erwartung unterstellt die Unvergleichlichkeit der Situation. Wie ihr politisches Pendant wird auch die i.R. als Ausdruck der Neuen Zeit verstanden. Angesichts der Umwälzungen, die sich um die Jahrhundertwende in den nationalen Industrien vollziehen, spricht S. DE SISMONDI 1824 von «völlig neuen Bedingungen der Gesellschaft, so daß es diesbezüglich noch gänzlich an Erfahrungen mangelt» [8]. Die großen Entdeckungen der Wissenschaft und Industrie hätten nicht nur wissenschaftliche und i.R.en («Révolutions scientifiques et industrielles») hervorgerufen, bestätigt wenig später E. CABET; die Maschine gehe mit tausend kleinen R.en schwanger und außerdem mit der «grande Révolution sociale et politique» [9]. Der Begriff ‹i.R.› umfaßt damit ausdrücklich die gesellschaftlichen Veränderungen, die den zeitgenössischen Industrialisierungsprozeß begleiten.

Auf die Momente der grenzüberschreitenden Wirkung, der historischen Unvergleichlichkeit und der Unscheinbarkeit ihres Voranschreitens weist F. ENGELS hin, als er den Begriff 1844 in die deutsche Literatur einführt [10]. In bemerkenswerter Übereinstimmung mit einer frühen Formulierung A. BLANQUIS [11] erklärt er, die durch Watts Dampfmaschine und Arkwrights Kettenstühle, Kardier- und Vorspinnmaschinen angestoßene i.R. habe «zugleich die ganze bürgerliche Gesellschaft umgewandelt». Sie sei «um so gewaltiger» verlaufen, «je geräuschloser sie vor sich ging» [12]. Als einen Effekt der i.R. nennt Engels die Aufrichtung von Klassenschranken. Erst die i.R., erläutert er die Zweideutigkeit dieses Vorgangs, habe das Proletariat geschaffen, «indem sie die Arbeiter vollends zu bloßen Maschinen machte und ihnen den letzten Rest selbständiger Tätigkeit unter den Händen wegnahm, sie aber eben dadurch zum Denken und zur Forderung einer menschlichen Stellung antrieb» [13]. In diesen Formulierungen deutet sich bereits jene Erweiterung des Begriffs zum Epochentitel an, der dann die auch späterhin von marxistischer Seite bevorzugt als «wissenschaftlich-technische R.» [14] gewürdigten Aspekte der veränderten Produktionsweise hervorhebt und sie der Periodisierung der materialistisch begriffenen Geschichte integriert. Die technische Basis der im 18. Jh. entstandenen modernen Industrie sei revolutionär, bestätigt K. MARX im ‹Kapital› [15], während die Grundlage aller früheren Produktionsweisen reaktionär gewesen sei. «Die Revolutionierung der englischen Industrie ist die Basis aller modernen englischen Verhältnisse, die treibende Kraft der ganzen sozialen Bewegung». «Die soziale R. ist erst die wahre R., in der die politische» – die französische – «und philosophische» – die deutsche – «R. ausmünden müssen» [16]. Als Beitrag zur Entfaltung und Dynamisierung der bürgerlichen Gesellschaft gibt demnach die i.R. die entscheidenden Impulse, um mittelbar auch die proletarische R. vorzubereiten. «Es ist die Revolutionierung aller hergebrachten Verhältnisse durch die *sich entwickelnde* Industrie, die auch die Köpfe revolutioniert», so resümiert Engels schließlich am 31. Dezember 1892 in einem Brief an F. A. Sorge [17].

2. Die Weitläufigkeit des Begriffs und die Vielzahl seiner Mitbedeutungen, die sich anschaulich im zeitgenössischen Oxymoron der «silent revolution» ausspricht [18], bedingt eine terminologische Unschärfe, die in der

Wissenschaftsgeschichte Zweifel an seiner Tauglichkeit und Seriosität aufkommen ließen [19]. Tatsächlich hat man analog zum «take-off» jener Entwicklungen in England [20] auch eine i.R. des Mittelalters beschrieben [21]. Im Rahmen von J. A. SCHUMPETERS Theorie der Konjunkturzyklen erscheint es als durchaus sinnvoll, mit Blick auf die ökonomischen Konsequenzen etwa der Elektrifizierung von einer «neuen i.R.» zu sprechen. Schumpeter aktualisiert damit das Kreislaufmodell, das dem politischen R.-Begriff wortgeschichtlich eigen ist. Es sei grundsätzlich falsch, urteilt er, den Begriff auf «eine einzige Reihe von Ereignissen» zu beschränken, «die eine neue wirtschaftliche und soziale Ordnung hervorbrachte» [22]. Demgegenüber rät C. M. CIPOLLA, die i.R. als einen Prozeß aufzufassen, der «in den industriell weiter fortgeschrittenen Ländern ... noch nicht beendet ist». Auch «die fortgeschritteneren Industriegesellschaften» müßten sich weiterhin mit den «Problemen sozialer Umschichtung und kultureller und politischer Erneuerung auseinandersetzen», die «nicht weniger einschneidend sind als diejenigen, die den sogenannten unterentwickelten Ländern zu schaffen machen» [23]. Um zu einer klaren Übereinkunft zu kommen, unterscheidet D. S. LANDES drei Begriffsvarianten, nämlich einmal den «Komplex technologischer Neuerungen», der menschliche und tierische Antriebskräfte durch mechanische ersetzt, sodann allgemein «jede rasche und bedeutsame technische Veränderung» sowie schließlich «den ersten historischen Fall» des Durchbruchs von Industrie und maschineller Fabrikation, wie er sich in England vollzog [24].

Ausdrücklich mit Blick auf aktuelle technische Innovationen, namentlich Kernenergie und Automation, ist seit Mitte der dreißiger Jahre von einer «zweiten i.R.» [25] zu hören. Bezeichnend ist die Vagheit dieser Begriffserweiterung. Man zögert, die «erste» kategorial von der «zweiten» i.R. abzugrenzen [26] und fragt, ob und inwiefern die Tragweite der sozialen Veränderungen der jenes «Kohle- und Eisenzeitalters» gleichen. Tatsächlich gibt die Bezeichnung «zweite i.R.», wie L. BRANDT einräumt, vornehmlich dem unabweisbaren «Empfinden» Ausdruck, «daß etwas anderes, etwas Neues vor sich geht» [27]. Da die Innovation nicht zuletzt in der Milderung und Rücknahme jener Folgelasten gesehen wird, die die «erste» i.R.» hinterließ, also etwa in der nun als realistisch eingeschätzten «Möglichkeit der Entproletarisierung» [28], entzündet sich im Gefolge des Wettstreits der Systeme ein Streit um den Begriff. Die Frage, ob es eine zweite i.R. überhaupt gebe [29], ist dabei durchaus rhetorisch gemeint. Die Bezeichnung wird als Affront gegen die «marxistische Weltanschauung» gedeutet, die weiterhin am Konzept des Klassenkampfes festhält und, um Gemeinsamkeiten auszuschließen, für die technologischen Umbrüche der Nachkriegsgesellschaften fortan den Begriff der «wissenschaftlich-technischen R.» bevorzugt. Dieser Konkurrenzbegriff verdankt seine Prägung dem Fortschrittsverständnis und Selbsterhaltungsinteresse der materialistischen Geschichtsauffassung.

3. Demgegenüber erkennt die *Kulturkritik* gerade in den außerhalb dieses dogmatischen Horizonts spürbaren Unsicherheiten Indizien für die besondere Qualität der eingetretenen Veränderungen. Die «Komplizierung der zivilisatorischen Superstrukturen» [30] hat nach dem Urteil A. GEHLENS in der Gegenwart einen Differenzierungsgrad erreicht, mit dem die moralische Anpassungsfähigkeit der Menschen nicht länger Schritt hält. Der «moderne Industrialismus» widerrufe die überkommenen Vorstellungen und Auffassungen, ihre Konventionen und Begriffe: Die Technik entfaltet sich fortschreitend, der Fortschritt offenbart und verwirklicht sich in der Technik. Der dadurch bewirkte «Umbau» sei allenfalls vergleichbar mit dem Übergang von der Jägerkultur zur Seßhaftigkeit. «In beiden Fällen war die geistige und moralische R. offenbar total» [31]. Im Blick auf die Gegenwart meidet Gehlen den Begriff ‹i.R.› aus einem den früheren Vorbehalten des Saint-Simonismus gerade entgegengesetzten Grund. Er kennzeichnet für ihn nicht entschieden genug den dramatischen Traditionsbruch, der sich mittlerweile vollzogen hat. Die i.R. vollendet sich darin, daß sie noch die konventionellen Begriffe erfaßt und untergräbt, in denen man sie beschreibt.

Auf vergleichbare Beobachtungen stützt G. ANDERS seine eher theoretisch als historisch begründete Diagnose der «zweiten» und schließlich auch der «dritten i.R.». Die Termini dienen ihm zur Beschreibung und Kritik einer durch die Imperative der Technik beherrschten Welt. Von einer ersten i.R. kann demnach in einem philosophischen Verständnis mit Blick auf solche Verhältnisse gesprochen werden, in denen das «Prinzip des Maschinellen zu iterieren» begann und Maschinen Maschinen erzeugten [32]. Es handelt sich um eine Neuordnung der Produktion. Die zweite i.R., die Anders wie G. FRIEDMANN [33] im 19. Jh. entstehen sieht, ereignet sich auf seiten der Konsumtion, oder genauer: indem sie diese den Maßgaben der Produktion unterwirft. Die Konsumsphäre schafft ständig Situationen, die den Vorwand für eine vermehrte Produktion abgeben, indem sie 'Bedarf' suggerieren. Nach ANDERS dauert auch diese Phase noch an: «Um Produkte konsumieren zu können, haben wir es nötig, diese zu benötigen» [34]. Die dritte i.R. schließlich vollendet die Technokratie dadurch, daß sie die Angebote der Technik als verbindlich und gesollt vorschreibt, so daß das Gesollte überhaupt zum Unvermeidlichen wird. In der Verbindung mit Technik und Industrie verwandelt sich die einmal mit großen Erwartungen verbundene revolutionäre Dynamik in eine rein destruktive Kraft, wie sie in der Atombombe sinnfällig zum Ausdruck kommt. Für Anders besiegelt sie den Niedergang von Geschichte und Kultur. Die dritte i.R. ist nicht mehr nur, wie die zweite, notorisch expansiv, sie ist zerstörerisch. Die Vorhaltung der Technik schließt ihre Anwendung unbedingt ein, und die überkommene Unterscheidung von industrieller Technik und gesellschaftlicher Organisation wird hinfällig.

Gehlens und Anders' kulturkritische Perspektiven überschneiden sich darin, daß sie diesen «metaphysischen» Bruch und die damit verbundenen «Kategorienverluste» [35] nicht nur für beispiellos halten, sondern auch für unwiderruflich. Die i.R. hat die politischen und sozialen R.en der Vergangenheit zunächst überflügelt und ist dann ganz an ihre Stelle getreten. Ihre dritte Stufe markiert den Beginn des Posthistoire. Die Epoche der Epochenwechsel, schreibt Anders, ging 1945 zu Ende, und was danach kam, verdiene nicht mehr, «Geschichte» genannt zu werden. Es handle sich vielmehr um eine 'Frist' [36]: Die dritte i.R., sagt Anders, wird die letzte sein.

Anmerkungen. [1] A. TOYNBEE: Lect. on the industr. revol. in England (London 1884) 14. – [2] M. WEBER: Wirtschaftsgesch. (1923, ³1958) 262f. – [3] Vgl. A. BEZANSON: The early use of the term industr. revol. Quart. J. Economics 36 (1922) 347. – [4] J.-A. CHAPTAL: De l'industrie franç. (Paris 1817) 2, 231; vgl. H. SÉE: A propos du mot ‹industrie›. Rev. histor. 50 (1925) 58-61. –

[5] A. COMTE: Syst. de polit. pos. (Paris 1824) 69; illustrativ dazu: A. RANDALL: New languages or old? Labour, capital and discourse in the industr. revol. Soc. Hist. 15 (1990) 195-216. – [6] Vgl. F. EULEN: Vom Gewerbefleiß zur Industrie. Ein Beitr. zur Wirtschaftsgesch. des 18. Jh. (1967); K. BALDINGER: Einige terminolog. Auswirkungen des Aufschwungs der Industrie im 18. Jh. in Frankreich, in: Alteuropa und die mod. Ges., Festschr. O. Brunner (1963) 318-335; W. SCHRÖDER: Zum Bedeutungs- und Funktionswandel des Wortes ‹Industrie›. Lendemains 1, H. 4 (1976) 45-61. – [7] So lautet das Motto zu C. H. DE SAINT-SIMON: L'industrie ou disc. polit., morales et philos. (Paris 1817). Oeuvres 1-47 (Paris 1865-78, ND 1964) 12, 17. – [8] J.-CH.-L. S. DE SISMONDI: Nouv. principes d'écon. polit. (Paris 1824); dtsch.: Neue Grundsätze der Polit. Ökon. oder vom Reichtum in seinen Bez. zur Bevölkerung (1975) 2, 335. – [9] E. CABET: Voyage en Icarie (Paris 1842, ⁴1846) 468f.; epochenbegrifflich entspricht dem die Rede von der «Doppel-R.», so: E. HOBSBAWM: Europ. R.en 1789-1848 (1962). – [10] Vgl. F. ENGELS: Die Lage Englands I. Das 18. Jh. (1844). MEW 1, 563ff.; J. KUCZYNSKI: Stud. zur Gesch. des Kapitalismus (1957) 3. – [11] Vgl. A. BLANQUI: Hist. de l'écon. polit. en Europe depuis les anc. jusqu'à nos jours (Paris 1837) 209. – [12] F. ENGELS: Die Lage der arb. Klasse in Engl. (1845). MEW 2, 237. – [13] a.O. 239; vgl. a.O. 19, 539; 23, 395ff. – [14] Vgl. C. BURRICHTER/E. FÖRTSCH/H. J. MÜLLER: Die wiss.-techn. R. Kriterien und Konsequenzen. Deutschland Arch. 9 (1976) 516-529. – [15] K. MARX: Das Kapital. MEW 23, 511; vgl. 396. 404f.; a.O. 4, 465. – [16] ENGELS, a.O. [10] 566. 550; vgl. a.O. [12] 250. – [17] MEW 38, 563. – [18] Zahlreiche Nachweise aus den dreißiger Jahren bei E. NOLTE: Marxismus und Industr. R. (1983) 265f. – [19] R. CAMERON: The industr. revol., a misnomer, in: Wirtschaftskräfte und Wirtschaftswege 5, Festschr. H. Kellenbenz, hg. J. SCHNEIDER (1981) 367-376; TH. PIRKER/H.-P. MÜLLER/R. WINKELMANN (Hg.): Technik und Industr. R. Vom Ende eines soz.wiss. Paradigmas (1987); zu den Datierungsprobl. vgl.: H. EICHBERG: Ökonom. Faktoren der Industr. R., in: A. NITSCHKE (Hg.): Verhaltenswandel in der Industr. R. Beitr. zur Soz.gesch (1975) 9ff. und G. HARDACH: Aspekte der Industr. R. Gesch. Gegenwart 17 (1991) 102-113. – [20] W. W. ROSTOW: The process of econ. growth (New York 1952) 102; D. C. COLEMAN: Industr. growth and industr. revol. Economica 23 (1956) 1-20. – [21] Vgl. E. M. CARUS-WILSON: An industr. revol. of the 13th cent. Economic Hist. Review 11 (1941) 39-60; J. GIMPEL: La révol. industr. du MA (Paris 1975); dtsch. (1980). – [22] J. A. SCHUMPETER: Business cycles (New York/London 1939); dtsch.: Konjunkturzyklen. Eine theoret., hist. und statist. Analyse des kapitalist. Prozesses (1961) 264. 409. – [23] C. M. CIPOLLA: Die i.R. in der Weltgesch. Europ. Wirtschaftsgesch. The Fontana econ. hist. of Europe (1973) 3, 8; ähnlich bereits P. MANTOUX: La révol. industr. au XVIIIe s. Essai sur les commenc. de la grande industrie mod. en Angleterre (Paris 1905). – [24] D. S. LANDES: The unbound Prometheus (London 1969); dtsch.: Der entfesselte Prometheus. Technolog. Wandel und industr. Entwickl. in Westeuropa von 1750 bis zur Gegenwart (1973) 15ff. – [25] G. FRIEDMANN: La crise du progrès (Paris 1936) 17ff. 256. – [26] Vgl. N. WIENER: The human use of human beings (London 1950); dtsch.: Mensch und Menschmaschine. Kybernetik und Ges. (1952) 150ff. 164. – [27] L. BRANDT: Die zweite i.R. (1956) 3; dazu G. WURZBACHER: Die i.R. – Begriff und Wirklichkeit. Gesch. Wiss. Unterricht 9 (1958) 521-539. – [28] E. SALIN: Industr. R. Kyklos 9 (1956) 313. – [29] H. JACOB: Gibt es eine zweite i.R.? Dtsch. Z. Philos. 6 (1958) 517-549. – [30] A. GEHLEN: Sozialpsycholog. Probleme in der industr. Ges. (1949) 3. – [31] a.O. 18; vgl. H. FREYER: Über das Dominantwerden techn. Kategorien in der Lebenswelt der industr. Ges. Abh. Akad. Wiss. Lit. Mainz, Geistes- soz.wiss. Kl. 7 (1960) 542f. 546; Theorie des gegenwärt. Zeitalters (1955) 80f.; A. GEHLEN: Die Seele im techn. Zeitalter (1957) 70f. – [32] G. ANDERS: Die Antiquiertheit des Menschen (1980) 2, 15. – [33] FRIEDMANN, a.O. [25]; Zukunft der Arbeit. Perspekt. der industr. Ges. (1953) 266. – [34] ANDERS, a.O. [32] 16. – [35] a.O. 31. – [36] Vgl. 20.

Literaturhinweise. A. BEZANSON s. Anm. [3]. – C. FOHLEN: Qu'est-ce que la révol. industr.? (Paris 1971). – F. RAPP/R. JOKISCH/H. LINDNER: Determinanten der techn. Entwickl. Strukturmodelle in der Gesch.schreibung über die Industrialisierung in Europa (1980) 32ff. – E. NOLTE s. Anm. [18] 25ff. 267ff. – R.

KONERSMANN: Die i.R.en. Rückblick auf die Gesch. eines Begriffs. Neue Rundschau 102 (1991) 131-144.

R. KONERSMANN

Revolution, konservative (engl. conservative revolution; frz. révolution conservatrice; ital. rivoluzione conservatrice; russ. revoliutsionnyi konservatizm). Die historische Semantik der Wortverbindung ‹k.R.› umfaßt nicht nur, wie gewöhnlich, die Geschichte des Begriffs, sondern daneben auch die Geschichte der Geschichte des Begriffs. Wer von ‹k.R.› spricht, der nimmt in der Regel Akzentsetzungen und Wertungen vor, die sich ihrerseits häufig auf begriffsgeschichtliche Beobachtungen stützen. So ist bis heute umstritten, ob es sich dabei überhaupt um einen Begriff handelt, der ohne die Applikation von Anführungszeichen verwendungsfähig ist, oder nicht vielmehr um eine Parole und propagandistische Formel, die nach einer ebenso kurzen wie fatalen Karriere von interessierter Seite bis heute lanciert wird. Dabei hat die semantische Spannung des Syntagmas die Zweifel geweckt und bestärkt, aber auch zu seiner Anziehungskraft beigetragen. Sie umgreift jene Zweideutigkeit, die sich in der anhaltenden Unsicherheit darüber geltend macht, ob die 'k.R.' das Prinzip der R. aufnimmt oder ob sie sich ihm widersetzt. Die Begriffsprägung aktualisiert damit einen Effekt, den bereits J. DE MAISTRE bemerkte, als er sich 1796 zu einer Präzisierung des Begriffs ‹contre-révolution› veranlaßt sah. Die Wiedereinführung der Monarchie, «qu'on appelle *contre-révolution*», bezeichne nicht die «*révolution contraire*», also die Kontinuität mit der R., «mais le *contraire de la révolution*» [1].

Seit dieser Unterscheidung teilt sich das Lager der «Legitimität», das den «Parteien der R.» und der «Denkart von 1789» (VON STAHL [2]) opponiert, in diejenigen, welche die Restauration der Monarchie verlangen, und in diejenigen, welche – «mit den herrschenden Doctrinen in diametralem Widerspruche» – auf eine «wahre Gegen-R.» (VON HALLER [3]) und damit auf etwas Neues hinauswollen. Die letzteren, zu denen sich auch die Anhänger der 'k.R.' zählen werden, deuten die R. – ohne sie als solche gutzuheißen – als Hinweis darauf, daß der vorrevolutionäre Zustand ungenügend gewesen sein müsse [4]. Anders als de Maistre läßt diese Haltung des Konservatismus das Nebeneinander von Zeitkritik und Avantgardebewußtsein bestehen. Die mittelbare Legitimierung des revolutionären Elements beruft sich darauf, daß es das historisch und politisch Illegitime zu zerstören gelte, mithin all das, was bei der Wiedereinsetzung zeitlos gültiger Prinzipien hinderlich sein könnte. P. A. BÖTTICHER, dessen unter dem Pseudonym P. DE LAGARDE veröffentlichte ‹Deutsche Schriften› 1853 erstmals erschienen waren und 1934 wiederaufgelegt wurden, affirmierte diese Haltung als «reactionär» [5]. Die Betonung des Nationalen, bei Lagarde insbesondere des Preußischen, ersetzte das Ideal der alten Ständegesellschaft durch völkische Imperative und ergänzte den Aufruf zur Beseitigung alles Hinderlichen um die Forderung nach der Herstellung von Zuständen, «welche des Konservierens werth sind» [6].

Neben politischen Zielen i.e.S. wird darin ein spezifisches Spektrum von Einstellungen und Sichtweisen erkennbar, «eine bestimmte Gesamtstruktur der Welt» [7]. Lagarde spricht von der Haltung des «Radikal-Konservativen» [8]. Die Toleranz für die syntagmatische Verbindung der Begriffe ‹konservativ› und ‹R.› findet sich jedoch erst kurz vor der Jahrhundertwende, nachdem die durch die Reichsgründung provozierte Identitätskrise der Gegen-R. auch den Reaktionsbegriff in Mitleidenschaft gezogen hatte [9]. Dem kam weiterhin entgegen, daß nun das revolutionäre Element nicht länger als Verlegenheit empfunden, sondern auch als Möglichkeit erkannt wurde. In einer grundsätzlich auf permanenten Wandel gestellten politischen und sozialen Umgebung kehrt sich die Valenz der politischen Begriffe um. Dies zeigen dann besonders deutlich die philosophischen Ideen von 1914 und die darin vorgenommene Umdeutung und Übernahme einer «R.» [10], die sich, mit den Worten R. BORCHARDTS, nun als «Wiederumstürzung des Umsturzes» verstanden wissen möchte, als «R. gegen die R.» [11]. Die politische Reaktion, die sich selbst nicht mehr so nennt, beansprucht das Mittel der R., um sie gegen sie selbst und ihre Hinterlassenschaften zu wenden. In diesen Motivationszusammenhang gehört die 'k.R.'. Sie pointiert also nicht, wie andere Wortverbindungen mit dem Begriff ‹R.›, in erster Linie die Struktur oder den spezifischen Anspruch einer politischen und sozialen Umwälzung, sondern sichert in polemischer Stellung gegen die R.en der Neuzeit den Boden jenes wehrhaften Konservatismus, als dessen Erbin und konsequentesten historischen Ausdruck sie sich begreift. Die Veränderung folgt aus der zunehmend zeitkritischen Perspektive der konservativen Haltung. «Grade der Abbau der R. von links», die sich als «Fortschritt» stabilisiert habe, «eröffnet die R. von rechts» – so affirmiert H. FREYER 1931 die Tendenz [12].

1. Die vorgefundene semantische Spannung der Teilbegriffe, die von Gefolgsleuten ebenso bemerkt wurde wie von fernstehenden Beobachtern, hat noch die Beurteilung post eventum bestimmt. Auf der einen Seite wird die 'k.R.' im nachhinein als ein originelles und begrenzbares, obschon differenziertes theoretisches Gebilde aufgenommen, auf der anderen erscheint sie als das inkonsistente «Erzeugnis politisierender Literaten», für das Sentiments und Ressentiments, Neigungen und Abneigungen bezeichnend seien, wie sie spätestens seit der R. in Frankreich gang und gäbe gewesen sind [13]. Infolge dieser Ausgangssituation hat der teils mit politischen, teils mit methodenkritischen Argumenten geführte Streit um den Begriff, um seine Entstehung, Entwicklung und Bedeutung, in der Nachkriegszeit eine Forschung angeregt, an deren Reichhaltigkeit die Kritik erheblichen Anteil hat.

Die Befunde deuten auf eine Reihe charakteristischer Motive und Gedankenfiguren, die sich festhalten und beschreiben lassen. Demnach taucht die Wortverbindung erstmals Mitte des 19. Jh. beiläufig in der deutschen Presse [14] und dann 1875 in der panslawistischen Publizistik auf, namentlich bei J. F. SAMÁRIN [15]. Schon im Jahr darauf verfaßt F. M. DOSTOJÉWSKI, der in den Kreisen der Slawophilen verkehrte, einen Aufsatz mit dem Titel ‹Mein Paradox›. Dostojéwski beschreibt eine widersprüchliche Konvergenz. Demnach befinden sich diejenigen, die im Westen der westlichen Zivilisation opponieren – Revolutionäre aller Schattierungen –, und die Konservativen Rußlands, die Hüter der «russischen Seele», im stillen Bunde. Auch sie lehnen den Westen ab. Ihnen ist es, wie Dostojéwski weiter ausführt, allerdings nicht, wie jenen, um die politische und soziale Umwälzung zu tun, sondern um eine Utopie, die sich aus dem Erbe Rußlands ergibt und aus der Verpflichtung, das originäre Christentum zu erhalten. «'Wir sind also Revolutionäre ... für irgend etwas ..., das wir bis jetzt selbst noch nicht wissen – die aber, die es wissen, behalten es für sich. Kurz, wir sind – Revolutionäre aus irgend einer eigenen Notwendigkeit heraus, sozusagen Revolutionäre aus Konservativismus ...'» [16]. Den Gedanken, aus Prinzipientreue zur Anwendung des Äußersten und Entgegengesetzten gezwungen zu sein, werden viele Protagonisten der 'k.R.' übernehmen. 1917 erscheint Dostojéwskis Aufsatz auf deutsch, versehen mit einem Kommentar A. MOELLER VAN DEN BRUCKS, der fünf Jahre später das Wort Dostojéwskis aufgreift und seine polemische Stellung unterstreicht. Die bei Dostojéwski noch vernehmbare Verlegenheit weicht einem offensiven Konzept. Jene russischen «Revolutionäre aus Konservatismus», erklärt Moeller, seien «Kämpfer für das urrussische, spezifisch russische Wesen, zu dem die europäische Staatsauffassung, Liberalismus und Parlamentarismus und Bürgertum, ebensowenig paßte, wie etwa die europäische Tracht» [17]. Die Idee der historischen, politischen, ethnischen und kulturellen Differenz verbindet sich mit einer Reihe von Abwehraffekten, die hier wie auch an anderer Stelle für die Selbstbeschreibung der 'k.R.' bestimmend bleiben. Ihre Anhänger sind, wie Moeller zu verstehen gibt, antiliberal, antiparlamentarisch und antibürgerlich, und an anderer Stelle geben sie sich ebenso antikapitalistisch wie antikommunistisch, ebenso antikollektivistisch wie antiindividualistisch. Überhaupt ist die Antithesenbildung in den Verlautbarungen der 'k.R.' auffällig: Der modernen Industriegesellschaft wird die Autorität des totalen Staates gegenübergestellt, dem Partikularen das Ganze und die «Bewegung», dem Individuum die Gemeinschaft, dem Fortschritt das Wachstum, der Moderne die still fortwirkende Kraft zeitloser Werte, dem Rationalismus die innere Bindung einer lebendigen, unzerstörbaren Ordnung.

Wenngleich in jedem einzelnen Fall zwischen Bekenntnis und publizistischer Wirkungsabsicht zu unterscheiden ist [18], so ist doch die Neigung zumindest der Protagonisten unmißverständlich, die eigene Sache – trotz offensichtlicher Gemeinsamkeiten mit der ‹Action française› [19] und dem italienischen Faschismus – als ein grundsätzlich deutsches Phänomen anzusehen. Dieser Aspekt tritt dann Anfang der dreißiger Jahre mit der Rede von der «nationalen» und der «deutschen R.» deutlich in den Vordergrund. Moeller vollzieht diesen Schritt in seiner zwischen 1923 und 1941 in sieben Auflagen vertriebenen Schrift ‹Das dritte Reich›, indem er das zweideutige Verhältnis von Kontinuität und Diskontinuität gegenüber der R. aufgreift und die für Dostojéwski entscheidende Ost-West-Differenz auf die Beziehung Deutschlands zum Westen überträgt. Habe sich die R. selbst in Rußland nur dort durchsetzen können, urteilt Moeller, wo sie einem «geheimen und verhaltenen Konservativismus» gefolgt sei, so sei sie in Deutschland direkt konservativ geworden. Darin kündige «sich an, daß die 'zweite Phase' der R. konservativ sein wird» [20]. Seit Mitte der zwanziger Jahre beschreibt Moeller die «revolutionär-konservative» (auch «konservativ-revolutionäre») Haltung als beispielgebend gerade in ihrer Synthetisierung der widerstrebenden Tendenzen. Lagardes Pointierung aufgreifend, fordert auch Moeller nicht einfach die Erhaltung, sondern «Dinge zu schaffen, die zu erhalten sich lohnt» [21]. Das Syntagma dient zur Propagierung einer «Gegenbewegung», die, «indem sie konservativ ist, zugleich revolutionär» ist [22], und die sich als «ein Kampf» versteht «gegen die R., die sie zum Stillstande zwingen will». Sie möchte «nicht Wiederherstellung» sein, «sondern Wiederanknüpfung» [23].

2. Während Moeller die Politisierung der Formel vorantreibt, ohne im übrigen jemals wörtlich von einer 'k.R.' zu sprechen [24], charakterisiert TH. MANN Anfang 1921 in einer Zeitschriften-Anthologie russischer Literatur ausdrücklich die 'k.R.'. Sein Vorwort, das wiederholt auch auf Dostojéwski und den Herausgeber seiner deutschsprachigen Werkausgabe, D. Mereschkowski, eingeht, begrüßt jene Synthese aus «Konservatismus und R.» [25], deren Voraussetzungen durch Ibsens Vision vom «Dritten Reich», durch Gogols «russische 'Kritik'» und die Schriften Nietzsches Ende des 19. Jh. geschaffen worden seien. Es handle sich dabei um eine Gedankenverbindung durchaus religiöser Natur, die so originär sei, daß sie das Christentum ebenso hinter sich lasse wie «irgendwelche positivistisch-liberalistische Aufklärung». Die semantische Spannung der Formel direkt aufnehmend, spricht Mann von einer Integration «von Aufklärung und Glauben, von Freiheit und Gebundenheit, von Geist und Fleisch, 'Gott' und 'Welt'». Dieser Konservatismus benötige «nur Geist» um «revolutionär» zu sein. «Nietzsche selbst war von Anbeginn ... nichts anderes als k.R.» [26].

Doch wenig später, etwa Mitte der zwanziger Jahre, weist Mann das zeitgenössische «Verlangen nach Stillstand, Restauration, Umkehr» [27] entschieden zurück. Offenbar unter dem Eindruck der Ermordung W. Rathenaus am 24. Juni 1922 [28] bezeichnet er die vormals in ihrer weltanschaulichen Breite wahrgenommene und mitgetragene 'k.R.' nun als den eitlen Versuch, «die irrationalen Sympathien der neuen Lebensforschung ... zu politisieren, sie ins gesellschaftlich Antirevolutionäre zu übersetzen und so die krude Reaktion in revolutionärem Licht erscheinen zu lassen». Unter erneuter Berufung auf Nietzsche und dessen Wort von einer weiterzuführenden Aufklärung diesseits der ‹'großen R.'» und der «'großen Reaktion'» [29] fordert der Emigrant 1937 die *Wiederherstellung* des Begriffes aus Verdrehung und Verderbnis». Neben der in Anführungszeichen gesetzten ‹k.R.›, die nun als Sammelbezeichnung der ebenso vielgesichtig wie präpotent auftretenden politischen Reaktion der zwanziger und beginnenden dreißiger Jahre dient, wird die Vorstellung eines geläuterten Begriffs erkennbar, der sich auf die Idee eines übergeschichtlichen Künstlertums stützt, das gerade in diesem Augenblick historischer Bedrängnis Muster und Vorbild sein soll. Diese Begriffsbildung wird den politischen Verhältnissen in Deutschland polemisch entgegengesetzt, sie bildet aber auch eine Kontinuität zu jener ersten Prägung, die am Beginn der zwanziger Jahre entstanden war. Th. Mann spricht von der «Idee eines überpersönlichen, überparteilichen, übervölkischen Maßes und Wertes», die insofern «revolutionär» sei, als sie «dieses Maß selbst aus keinerlei Vergangenheit ungeprüft übernehmen will, sondern es an den heutigen Bedingungen und Erfahrungen mit größter Wahrhaftigkeit zu erproben, aus der gegenwärtigen Situation neu zu gewinnen unternimmt». Das Künstlertum, so heißt es weiter, sei «immer überlieferungsbewußt und zukunftswillig» gewesen, «aristokratisch und revolutionär in einem; es ist seinem Wesen nach das, womit es der Zeit und dem Leben ein Vorbild sein kann: k.R.» [30].

3. Dieser Entwicklung, die sich 1928 in der Empfehlung eines Bundes und Paktes «der konservativen Kulturidee mit dem revolutionären Gesellschaftsgedanken, zwischen Griechenland und Moskau, um es pointiert zu sagen» [31], angekündigt hatte, kam entgegen, daß der Begriff für kurze Zeit auch außerhalb der strikt national gesonnenen Kreise Anklang fand. Freilich schillerte die Wortverbindung auch in diesen Zusammenhängen vieldeutig. G. SOREL, den TH. MANN bereits 1918 in seinen ‹Betrachtungen eines Unpolitischen› erwähnt [32] und dem man später nachgesagt hat, er sei «nacheinander Konservativer, Sozialist, Revisionist, Syndikalist, Nationalist, Inspirator des Faschismus und Apologet Lenins» gewesen [33], findet in der Synthese aus Konservatismus und R. schon früh die solcher Vielgestalt gemäße Formel. Unter Berufung auf Marx beschreibt SOREL in seiner 1906 als Artikelserie erstmals erschienenen und dann 1928 auch ins Deutsche übersetzten Schrift ‹Über die Gewalt› den Übergang vom Kapitalismus zum Sozialismus als eine doppelte Bewegung aus Bewahrung und Zerstörung. In diesem historischen Augenblick, verspricht Sorel, fallen dem Sozialismus im Sinne einer revolutionären Bewahrung («conservation révolutionnaire» [34]) all jene Ergebnisse der kapitalistischen Produktion zu, die es ihm erlauben, den Kapitalismus zu beseitigen. Das Wort verdeutlicht die Gleichzeitigkeit und den inneren Zusammenhang der zuwiderlaufenden Bewegungen.

Gleichwohl bleibt die Formel zweideutig auch in ihrer Wirkung. Einerseits wird sie wiederholt zur Bestimmung des italienischen Faschismus herangezogen [35], dessen Wortführer sich mehrfach auf Sorel berufen haben; auf der anderen Seite wird dem Schluß von der flagranten Übereinstimmung der Worte auf die Übereinstimmung der Bedeutung widersprochen und Sorel als Fürsprecher einer eigenständigen, vor allem parteikritischen und ausschließlich auf das Proletariat und seine historische Mission setzenden Form des Sozialismus vorgestellt. Mit Blick auf dieses Programm spricht W. BENJAMIN 1920/21 von einer «tiefen, sittlichen und echt revolutionären Konzeption» [36]. Es mag dieses dann von Benjamin im Begriff der «rettenden Kritik» und der «kopernikanischen R. des Eingedenkens» aufgenommene und weitergeführte Interesse sein, das J. HABERMAS 1972 veranlaßt hat, an Benjamins Hermeneutik postum das unterdessen gründlich diskreditierte Epitheton «konservativ-revolutionär» [37] heranzutragen. Ebenfalls in die Reihe der zeitgenössischen, freilich weder hier noch bei Th. Mann nach 1945 jemals wieder öffentlich aufgenommenen Rehabilitationen [38] gehört die 1937 geäußerte These von E. BLOCH, die Reaktion betreibe mit dem Begriff der «k.R. ... Markendiebstahl» [39]. Sollten sich auch dubiose Kräfte den «Terminus» zugeeignet haben, seine «Ehre» stehe «unbewegt». Der Begriff der «k.R.», betont Bloch, könne revolutionär sein, und «Marx selber» habe die Frage des Erbes aufgeworfen, als er gesagt habe, die Menschheit werde in der R. nur ihre Arbeit mit Bewußtsein fortsetzen und zustande bringen [40]. Es ist erkennbar die gleiche Stelle, an der auch Sorel seinen Begriff der revolutionären Bewahrung untergebracht hatte. Doch hat das Wort inzwischen so viel Schaden genommen, daß Bloch auf Überprüfung drängt. Die Zurückhaltung wird offenkundig, wenn er die aktuelle «Hypothese» eines Antifaschismus vorträgt, der all diejenigen mobilisieren könne, «welche die R. wirklich tragen, die allemal erst revolutionäre und sonach erst, gegebenenfalls konservative» [41].

4. In dem gleichen Jahr, in dem Th. Mann von den nationalpolitischen Ambitionen der 'k.R.' öffentlich abrückt, hält H. VON HOFMANNSTHAL seine Münchener Rede über ‹Das Schrifttum als geistiger Raum der Nation› (10. Jan. 1927). Es handelt sich um eine in erster Linie kulturell und historisch interessierte Ortsbestim-

mung, die auch den Abstand zu den voraufgegangenen nachrevolutionären Generationen, und hier insbesondere zu den Romantikern, herausstellt. Wiederum auf Nietzsche Bezug nehmend und mit vergleichendem Blick auf das französische Beispiel beschwört Hofmannsthal neben dem Bild einer «wahren Nation» die «Geisteshaltung» und «Grundgebärde» des «Suchenden», der, indem er den «herrschenden Zeitgedanken abwirft und unser schattenhaftes Dasein immer wieder ans Ewige bindet», neue und gültige «Bindungen» in einer «höchsten Gemeinschaft» erschließt [42]. Hofmannsthal zeigt sich einem reflexiv gebrochenen, gelegentlich auch als «R. des Geistes» (F. MEINECKE [43]) und, rückschauend, als «ethisch-ästhetische R.» (H. PLESSNER [44]) apostrophierten Traditionalismus verpflichtet, der die Bestände der Überlieferung nicht mehr für gegeben hält, sondern sie – in Zeiten der Geltungsverluste, der «Unbehaustheit» und der «Geistesbedrängnis» (H. von Hofmannsthal) – aktiv glaubt herstellen zu müssen. Die aktuelle Sicherung des Ganzen, die «Synthese» aus Geist, Politik und Leben, setzt die Besinnung auf das Herkommen ebenso voraus wie die Aufgeschlossenheit für «das Neue», und es ist nicht auszuschließen, daß diese, offenbar von R. PANNWITZ [45] und dem Scheler-Schüler P. L. LANDSBERG [46] angeregte Lesart die wortgeschichtlich ältere Bedeutung von ‹revolutio› in der Astronomie anklingen läßt [47], also den (Wieder-)Eintritt eines Himmelskörpers in einen neuen Zyklus. «Der Prozeß, von dem ich rede, ist nichts anderes als eine k.R. von einem Umfange, wie die europäische Geschichte ihn nicht kennt. Ihr Ziel ist Form, eine neue deutsche Wirklichkeit, an der die ganze Nation teilnehmen könne» [48].

In Duktus und Begrifflichkeit bewegt sich diese «innere Gegenbewegung» [49] auf jener fließenden Grenze zwischen restaurativer Zivilisationskritik und ‹k.R.›, wie sie de Maistre in seinem Bonmot einst gezogen hatte. Tatsächlich hat es an Inanspruchnahmen dieser Vision für die sechs Jahre später erfolgte ‹Machtergreifung› nicht gefehlt [50], und auch die Parallelen zu der «voluntaristischen, politisch selbstbewußten, aktivistischen Seite des Neu-Konservatismus», wie sie bei MOELLER erkennbar geworden war [51], sind augenfällig. Zu der aus dem Kreis um Moeller hervorgegangenen sog. ‹Ring-Bewegung› zählt E. J. JUNG, dessen Schriften eindeutiger und hinsichtlich ihrer politischen Forderungen bestimmter formuliert sind als die Rede Hofmannsthals. Jung, der V. Pareto, L. Ziegler und O. Spann studiert hatte und seit Beginn der zwanziger Jahre als Publizist, Politiker und – zwischen Februar 1933 und Juni 1934 – als Redenschreiber des Reichskanzlers Papen beträchtlichen Einfluß gewann, sieht 1932 die «deutsche» und das heißt bei ihm: eine «große konservative Gegen-R.» angebrochen, die sich den Wirkungen und Zielen der französischen («liberalen») R. entgegenstellt. Auch hier findet sich der konstitutive Gegensatz zwischen Zeitlichkeit und Ewigkeit, das Verlangen nach einer Überwindung der Parteien und ihrer verengten Begriffswelt durch eine «neue», den Idealen der «abendländischen Menschheit» verpflichteten «Führung», sodann der Gegensatz von Gleichheit und «innerer Wertigkeit», von «sozialer Gesinnung» und «organischem Führerwachstum», von «bürokratischem Zwang» und «echter Selbstverantwortung», von «Massenglück» und «Volkspersönlichkeit», schließlich von «logozentrischer» und «biozentrischer» Einstellung [52]. Das Muster der konservativ-revolutionären Gedankenfigur ist signifikant. Zwar schwankt das Ethos beständig zwischen Elitebewußtsein und Unterwerfungsbereitschaft [53], zwar sind die Oppositionspaare austauschbar – doch die antithetische Strukturierung, die negative Orientierung am ‹Westen› als der Hinterlassenschaft der bürgerlichen R.en und schließlich die Betonung der Vorreiterfunktion Deutschlands bilden die Konstanten der ‹k.R.›. Es ist wiederum ihre semantische Spannung, die sie als politische Losung ebenso empfiehlt wie zur Beschreibung der politischen Gegenwart: «Konservative R. nennen wir die Wiederinachtsetzung all jener elementaren Gesetze und Werte, ohne welche der Mensch den Zusammenhang mit der Natur und mit Gott verliert und keine wahre Ordnung aufbauen kann» [54]. Und: «Wenn oben gesagt wurde, die deutsche k.R. sei in allem das Gegenteil der französischen, so begreift diese Meinung auch die Hoffnung in sich, daß die k.R. Gott einen neuen Altar errichten werde, wie ihn die französische der Göttin Vernunft errichtet hat» [55].

Wenn die ‹k.R.› auch ganz offensichtlich nicht die Wiederherstellung des Status quo ante fordert, sondern den «Krieg» [56] um «das Neue», so ist dieses Neue doch das Alte. Die Notwendigkeit einer R. ergibt sich für sie aus der Verantwortung für das Zeitlose. Die ‹k.R.› hat sich selbst in ihren dezidiert politischen Verlautbarungen stets als «geistiges» und «kulturelles» Ereignis angekündigt, das, wie Jung erläutert, nicht «Programm» sei, sondern «Kraft»: «Weg und Ziel einer k.R.» seien «schwer zu umschreiben» [57]. Mit solchen Einlassungen wurden die Aspirationen des Unternehmens derart ausgeweitet, daß es sein semantisches Profil vollends verlor.

5. Daß die ‹k.R.› auf keine einzige ihrer Aussagen ein Monopol besaß, das ihr charakteristische Züge verliehen hätte, bewirkte langfristig zweierlei: Zum einen hat die Forschung in nachhinein ein derart breites Spektrum konservativ-revolutionärer Motive und Denkformen dingfest gemacht, daß es auch solche Theoretiker umfaßt, in deren Texten die Formel keine Rolle spielt – das gilt für C. SCHMITT, M. HEIDEGGER, E. JÜNGER [58] und ähnlich auch für O. SPANN [59], O. SPENGLER [60] oder H. FREYER [61]. Zum anderen bot diese Tendenz zur Erweiterung des Bedeutungsfeldes in der historischen Situation der dreißiger Jahre ganz unmittelbar die Möglichkeit zur Distanzierung von unliebsamer Nachbarschaft, insbesondere vom Nationalsozialismus und vom Hitlerregime. Dieses Interesse ist bereits bei JUNG erkennbar. 1933 hält er dem Nationalsozialismus vor, die Herrschaft einer Minderheit zu festigen, der der geistige Adel fehle. «Entweder verweltlicht die deutsche R., gleitet also in das Fahrwasser von 1789 zurück, oder sie ist wirkliche christliche Gegenrevolution. Dann aber muß sie vom totalen Staat abstehen» [62]. Jung wurde im Juni 1933 verhaftet und 1934 gelegentlich der Liquidation der SA-Führung umgebracht – in einem Moment, in dem die Nazi-Propaganda die Rede von der ‹k.R.› verwarf: Man habe, hieß es, «die R. unserer Zeit nicht verkündet und durchgeführt, damit eine überlebte Zeit mit dem Wort ‹k.R.› die Wiederherstellung der Zustände vor 500 Jahren verkünden» könne [63]. Ungeachtet dessen setzte sich Hitler schon bald über diese Sprachregelung hinweg und nahm für sich in Anspruch, «*der konservativste Revolutionär* der Welt» [64] zu sein.

Doch für einige schien damit der Weg frei, aus der ‹k.R.› wenn nicht eine Formel des Widerstandes, so doch ein Unterscheidungskriterium zu machen. Als 1939 in den ‹Publications of the Modern Language Association of America› ein Aufsatz über «Hofmannsthals

Begriff der 'k.R.'» erschien, erklang das Pathos so unverändert und ungetrübt, als wäre nichts geschehen: «Als 'k.R.' bezeichnen wir hier jene Bewegung, die gegenüber der diesseitigen Ratio mit ihrem Gefolge von Materialismus, Determinismus, Relativismus usw. eine auf 'ewigen Bindungen' beruhende Lebensform vertritt (konservativ), und zwar nicht abseitig, rückblickend und resignierend, als *laudator temporis acti*, sondern vorwärtsblickend, werbend und mit dem Willen zu neuer Gestaltung (revolutionär)» [65]. Obwohl die ideologischen Verbindungen längst offensichtlich waren und an anderer Stelle auch bemerkt wurden [66], wird der Nationalsozialismus hier nicht einmal erwähnt. Statt dessen liefert der akademische Beitrag den Vorwand dafür, die 'k.R.' und ihre Befürworter zu rehabilitieren. H. RAUSCHNING, der ehemalige Senatspräsident der Freien Stadt Danzig (bis November 1934), veröffentlichte seine im nordamerikanischen Exil niedergeschriebene Auseinandersetzung mit der NS-Ideologie 1941 – wie es heißt, nach der Kenntnisnahme ebendieses Aufsatzes [67] – unter dem Titel ‹Conservative Revolution› [68]. Als Motto dienen jene Sätze Hofmannsthals aus der Münchener Rede von 1927, die nun der nationalsozialistischen, der faschistischen und der bolschewistischen «R. des Nihilismus», die als Spätfolgen der Französischen R. erscheinen, gegenübergestellt werden. «It is the complete reversal of the existing political course» [69]. Gradlinigkeit der Haltung und Kontinuität in der Sache bilden nun das eigentlich konservativ-revolutionäre Element. Sie fungieren zugleich als Garanten einer umfassenden persönlichen Entlastung. Die Beweggründe dieses Bekenntnisses zur 'k.R.' sind unumwunden dieselben wie die, die zehn Jahre zuvor den Parteieintritt motiviert hatten [70].

Doch die Erinnerung an die seit Ende der zwanziger Jahre zu beobachtenden Fühlungnahmen zwischen 'k.R.' und Nationalsozialismus [71], die TH. MANN im nachhinein auf die Formel bringt, «das konservative Deutschland» habe «das Nazitum» immer nur verachtet, ihm aber niemals wirklich widerstanden [72], hat dafür gesorgt, daß Rehabilitationsversuche weder mittel- noch langfristig verfingen. Von sporadischen Einzelinitiativen abgesehen, zu denen schließlich auch das umfangreiche und von propagandistischen Nebenabsichten getragene, einige hundert Namen und Organisationen aufführende ‹Handbuch› von A. MOHLER zu rechnen ist [73], wurde die 'k.R.' nach dem Zweiten Weltkrieg nicht wieder programmfähig. Einmal als «ideologischer Angriff auf die Modernität, auf den ganzen Komplex von Ideen und Einrichtungen» identifiziert, in dem sich, wie F. STERN 1963 schrieb, die Ideale der liberalen, westlichen und industriellen Zivilisation verkörperten [74], hatte die Vorstellungswelt der 'k.R.' jeden Kredit verspielt. Es wurde zu bedenken gegeben, ob es sich überhaupt um einen politischen Begriff handle und nicht vielmehr um einen «Mythos» oder eine «Fiktion» [75], um den syntagmatischen Ausdruck einer «ausweglosen Absurdität» [76]. Solche Vorbehalte sind durch das Unterfangen einer nachträglichen, auch die Mittel der historischen Semantik nutzenden Begriffskonstitution [77] eher bestätigt als zerstreut worden, zumal der wiederholt unternommene Versuch nicht überzeugt hat, eine klare Trennlinie zwischen 'k.R.' und NS-Ideologie zu ziehen. Die Bedenken betreffen selbst die dezidiert kulturkritische Auffassung der 'k.R.', auf die noch 1937 die Erwartungen einzelner Emigranten gerichtet waren. Im nachhinein betrachtet liefert das historische Faszinosum der 'k.R.' starke Indizien dafür, daß der 'Bildungsvorteil' der im 19. Jh. Geborenen, die die «Reaktion auf Liberalismus und Rationalismus noch in der Form höchster Bildung, als dunkle Spielart des Humanismus» kennengelernt hatten [78], bereits in den zwanziger Jahren verspielt war.

Anmerkungen. [1] J. DE MAISTRE: Consid. sur la France (1796), hg. J. TULARD (Paris 1980) 102; zur Kritik vgl. H. ARENDT: On revolution (New York 1963); dtsch.: Über die R. (1963) 18f. 71. – [2] F. J. STAHL: Die gegenwärt. Parteien in Staat und Kirche (1863) 12. 321f. – [3] K. L. VON HALLER: Restauration der Staatswiss. (1820) 1, XLIX; vgl. O. H. VON DER GABLENTZ: Reaktion und Restauration, in: H. G. SCHUMANN (Hg.): Konservativismus (1974, ²1984) 76-88. – [4] Dies nicht erkannt zu haben, ist STAHLS Einwand gegen die «kontrerevolutionären Schriftsteller» und namentlich gegen Haller: Die Philos. des Rechts (⁴1870) 1, 570; in diesem Sinne betont noch E. TROELTSCH, daß die Romantiker die Schriften von E. Burke «auf ihre Weise auffaßten», als sie «die konservativen Revolutionäre des Geistes» wurden, «die eine neue Lebensordnung und eine neue Geschichtsauffassung aufbauen» wollten: Der Historismus und seine Probleme. Ges. Schr. 3 (1922) 285; Troeltsch bezieht sich offenbar auf einen Novalis-Kommentar F. SCHLEGELS [Gesch. der alten und neuen Lit. Krit. Ausg., hg. E. BEHLER (1958ff.) 6, 393], der bereits 1808 «die große deutsche R.» ankündigt [a.O. 3, 156] und damit rasch zum Wortführer der «poetischen Opposition gegen die Modernität» aufrückt, vgl. W. MENZEL: Die dtsch. Lit. (²1836) 4, 131; zu Troeltsch vgl. auch: Naturrecht und Humanität in der Weltpolitik, in: Dtsch. Geist und Westeuropa. Ges. kulturphilos. Aufsätze und Reden (1925) 14. – [5] P. DE LAGARDE [P. A. BÖTTICHER]: Konservativ? (1853). Dtsch. Schr. (1886) 11. – [6] a.O. 10; M. GREIFFENHAGEN nennt dies den «Kerngedanken der 'k.R.'»: Das Dilemma des Konservativismus (1971, 1977) 343; vgl. Art. «Konservativ, Konservativismus». – [7] K. MANNHEIM: Das konservative Denken. Soziolog. Beitr. zum Werden des polit.-hist. Denkens in Dtschl. (1927), in: Wissenssoziologie. Auswahl aus dem Werk, hg. K. H. WOLFF (²1970) 421. – [8] LAGARDE, a.O. [5] 19. – [9] P. KONDYLIS: Art. ‹Reaktion, Restauration›, in: O. BRUNNER/W. CONZE/R. KOSELLECK (Hg.): Geschichtl. Grundbegr. 5 (1984) 224ff. – [10] Zu dieser Bedeutungsverschiebung, die sich auch bei PLENGE und KJELLÉN geltend macht, vgl. H. LÜBBE: Polit. Philos. in Dtschl. (1963, 1974) 208ff. – [11] R. BORCHARDT: Führung (1931), in: Reden (1955) 428. – [12] H. FREYER: R. von rechts (1931) 37. – [13] M. RYCHNER: Die k.R. in Dtschl. 1918-1932, in: Sphären der Bücherwelt. Aufsätze zur Lit. (1952) 184ff. – [14] Die Volksstimme (Berlin), 24. Mai 1848; zit. bei: A. MOHLER: Die k.R. in Dtschl. 1918-1932. Ein Hb. (³1989) 1, 9. – [15] I. F. SAMÁRIN/F. M. DMITRIEV: Revoliutsionnyi konservatizm (Berlin 1875); vgl. A. WALICKI: The Slavophile controversy. Hist. of a conservat. utopia in 19th-cent. Russian thought (Warschau 1964, Oxford 1975) 487ff. – [16] F. M. DOSTOJEWSKI: Mein Paradox [1876], in: Polit. Schr., eingel. D. MERESCHKOWSKI/A. MOELLER VAN DEN BRUCK (1917/20, 1923) 190. – [17] A. MOELLER VAN DEN BRUCK: Dostojewski, der Nihilismus und die R., in: F. M. DOSTOJEWSKI: Die Dämonen (dtsch. 1922) XV; dazu kritisch: L. LÖWENTHAL: Die Auffassung Dostojewskis im Vorkriegsdtschl. Z. Sozialforsch. 3 (1934) 343-382. – [18] Vgl. P. KONDYLIS: Konservativismus. Geschichtl. Gehalt und Untergang (1986) 472f. – [19] Vgl. J.-F. SIRINELLI: Der Revolutionär als Konterrevolutionär. Ch. Maurras und die Action franç. Freibeuter 39 (1988) 45-52. – [20] A. MOELLER VAN DEN BRUCK: Das dritte Reich (²1926) 316f.; dazu G. SCHOLTZ: Drittes Reich. Begriffsgesch. mit Blick auf Blochs Originalsatz. Arch. Begriffsgesch. 23 (1979) 94 u.ö. – [21] MOELLER, a.O. 291; vgl. 251f. – [22] 249. – [23] 309. – [24] So D. GOELDEL: Moeller van den Bruck (1876-1925). Un nationaliste contre la révolution. Contrib. à l'ét. de la 'révol. conserv.' et du conservatisme allemand au XXᵉ s. (1984) 13; erst in der dritten, postumen Auflage nimmt das Vorwort von H. SCHWARZ den Begriff auf. – [25] TH. MANN: Russ. Anthologie (1921). Ges. Werke 1-13 (1956-67, ²1974) 10, 590-604, zit.: 598. – [26] a.O.; mit Leo Naphta porträtiert Mann im ‹Zauberberg› 1924 einen «Revolutionär der Erhaltung»: a.O. 3, 636; vgl. a.O. 613f. – [27] Die Stellung Freuds in der mod. Geistesgesch. (1929), a.O. 10, 256-280, zit.: 272. – [28] So T. J. REED: Th. Mann. The uses of trad. (London 1974) 279ff.; vgl. H. KURZKE: Auf der Suche nach der verlorenen Irrationalität. Th. Mann und der Konservatismus (1980) 141ff. – [29] MANN, a.O. [27] 272. 257; vgl. Die Wiedergeburt der Anständigkeit (1931), a.O. [25] 12, 655f.; die Referenzstelle lautet: «Diese Aufklärung haben wir jetzt weiterzuführen, – unbekümmert darum, dass es eine 'grosse R.' und wiederum eine 'grosse Reaction' gegen dieselbe gegeben hat, ja dass es Beides noch giebt: es sind doch nur Wellenspiele, im Vergleiche mit der wahrhaft grossen Fluth, in welcher *wir* treiben und treiben wollen!»: F. NIETZSCHE: Morgenröthe III, 197. Krit. Ges.ausg., hg. G. COLLI/M. MONTINARI (1967ff.) 5/1, 172. – [30] 'Maß und Wert', Vorwort zum ersten Jg. (1937), a.O. [25] 12, 801f. 809. – [31] Kultur und Sozialismus (1931), a.O. 12, 649. – [32] a.O. 12, 327; vgl. Nietzsche's Philos. im Lichte unserer Erf. (1947), a.O. 9, 689f.; zu der dann in Deutschland u.a. von C. SCHMITT: Die geistesgeschichtl. Lage des heutigen Parlamentarismus (²1926) 80ff. geförderten Rezeption vgl. K. BERDING: Rationalismus und Mythos. Geschichtsauffassung und polit. Theorie bei G. Sorel (1969). – [33] E. FAUL: Der mod. Machiavellismus (1961) 228. – [34] G. SOREL: Reflexions sur la violence (Paris 1907, 1987) 68; dtsch. Über die Gewalt (1928, 1969) 92; der ersten deutschsprachigen Ges.darst. zufolge verdeutlicht das Wort «vielleicht am besten Sorels Lebenswerk»: M. FREUND: G. Sorel. Der revol. Konservatismus (1932, ²1972) 49. – [35] Vgl. K. A. ROHAN: Europa. Streiflichter (1923) 25; S. PANUNZIO: Lo stato fascista (Bologna 1925) 19ff.; vgl. Stato nationale e sindacati (Mailand 1924); G. BORTOLOTTO: Faschismus und Nation. Der Geist der korporativen Verfassung (1932) 24; vgl. J. P. FAYE: Théorie du récit. Introd. aux langages totalitaires (Paris 1972); dtsch.: Theorie der Erzählung. Einf. in die 'totalitären Sprachen' (1977) 84-92. – [36] W. BENJAMIN: Zur Kritik der Gewalt [1920/21]. Ges. Schr., hg. R. TIEDEMANN u.a. II/1 (1977) 194. – [37] J. HABERMAS: Bewußtmachende und rettende Kritik – die Aktualität W. Benjamins, in: S. UNSELD (Hg.): Zur Aktualität W. Benjamins (1972) 205. 220; vgl. R. KONERSMANN: Erstarrte Unruhe. W. Benjamins Begriff der Gesch. (1991) 112ff. – [38] Tatsächlich war das frühe Lob der 'k.R.' nach dem Krieg in den Wiederabdrucken von TH. MANNS Essay ‹Russische Anthologie› zunächst getilgt und wurde erst in die Ausgabe der ‹Ges. Werke›, a.O. [25], wieder aufgenommen. – [39] E. BLOCH: Th. Manns Manifest (1937). Vom Hasard zur Katastrophe. Polit. Aufsätze aus den Jahren 1934-1939 (1972) 257; verändert in: Ges.ausg. 11 (1971) 148-159. – [40] a.O. 253. – [41] a.O. 260. – [42] H. VON HOFMANNSTHAL: Das Schrifttum als geistiger Raum der Nation (1927). Ges. Werke, Reden und Aufsätze 3 (1980) 30. 40. – [43] F. MEINECKE: Drei Generationen dtsch. Gelehrtenpolitik. Hist. Z. 125 (1922) 271. – [44] H. PLESSNER: Die Legende von den zwanziger Jahren, in: Diesseits der Utopie (1966) 100. – [45] R. PANNWITZ: Flugblätter, Nr. 7: Europa (1920) 16; vgl. R. HALTMEIER: Zu Hofmannsthals Rede ‹Das Schrifttum als geistiger Raum der Nation›. Hofmannsthal-Blätter 17/18 (1977) 298ff. – [46] P. L. LANDSBERG: Die Welt des MA und wir. Ein geschichtsphilos. Versuch über den Sinn eines Zeitalters (1922, ³1925) 112; dazu O. VON NOSTITZ: Zur Interpret. von Hofmannsthals Münchener Rede, in: Für R. Hirsch zum 70. Geb. (1975) 261ff. – [47] Vgl. H. SCHLAFFER: Der kulturkonservat. Essay im 20. Jh., in: H./H. SCHLAFFER: Studien zum ästhet. Historismus (1975) 164. – [48] HOFMANNSTHAL, a.O. [42] 40f. – [49] a.O. – [50] Nachweise bei H. RUDOLPH: Kulturkritik und k.R. Zum kulturell-politischen Denken Hofmannsthals und seinem problemgeschichtl. Kontext (1971) 211f. – [51] Die Terminologie folgt K. VON KLEMPERER: Germany's new conservatism. Its hist. and dilemma in the 20th cent. (Princeton 1957); dtsch.: Konservative Bewegungen. Zwischen Kaiserreich und Nationalsozialismus (o.J.) 247; zur Typologie des Konservatismus vgl. auch: H. GERSTENBERGER: Der revolut. Konservatismus. Ein Beitr. zur Analyse des Liberalismus (1969) 12ff. 30ff. – [52] E. J. JUNG: Dtschl. und die k.R., in: Deutsche über Deutschland. Die Stimme des unbekannten Politikers (1932) 380. 374. – [53] Vgl. bes. E. J. JUNG: Die Herrschaft der Minderwertigen. Ihr Zerfall und ihre Ablösung (1927, ²1930); dazu – mit weit. Bel. aus dem unveröffentl. Nachlaß – L. E. JONES: E. J. Jung: The conserv. revol. in theory and practice. Central Europ. Hist. 21 (1988) 142-174. – [54] JUNG, a.O. [52] 380. – [55] a.O. 381. – [56] «Die k.R. aber ist der Krieg»: H.

ZEHRER: Die R. der Intelligenz. Bruchstücke zukünft. Politik. Die Tat 21 (1929) 487. – [57] E. J. JUNG: Sinndeutung der dtsch. R. (1933) 78; ähnlich: FREYER a.O. [12] 53. 61; vgl. speziell zu diesem Aspekt: K. PRÜMM: Die Lit. des Soldatischen Nationalismus der 20er Jahre 1918-1933 (1974) 6f. – [58] MOHLER spricht achtunggebietend – und ohne begriffsgeschichtl. Grundlage – von einer «Trias» der «k.R.», a.O. [14] 2, 33; die Ideologiekritik ist dem bereitwillig gefolgt; vgl. zu C. Schmitt: I. MAUS: Gesellschaftl. und rechtl. Aspekte der 'k.R.', in: Rechtstheorie und Polit. Theorie im Industriekapitalismus (1986) 141ff. sowie A. MOHLER: C. Schmitt und die 'k.R.', in: H. QUARITSCH (Hg.): Complexio Oppositorum. Über C. Schmitt (1988) 129-151; vgl. dagegen das Votum von H. MEIER, a.O. 154ff.; zu M. Heidegger: P. BOURDIEU: Die polit. Ontologie M. Heideggers (1976) 83ff.; zu E. Jünger: G. SCHULZ: Aufstieg des Nationalsozialismus. Krise und R. in Dtschl. (1975) 327ff. 565ff.; richtungweisend: G. LUKÁCS: Die Zerstörung der Vernunft (1962, 1974) 3, 90ff. – [59] O. SPANN: Der wahre Staat. Vorles. über Abbruch und Neubau der Ges. (1921, ³1931). – [60] O. SPENGLER: Polit. Schr. (1932). – [61] FREYER, a. O. [12]; vgl. R. KOSELLECK u.a.: Art. ‹R.›, in: O. BRUNNER u.a. (Hg.), a.O. [9] 784f. – [62] JUNG, a.O. [57] 99. – [63] A. ROSENBERG: Vom Sinn und von der Sinngebung der dtsch. R. Völkischer Beobachter (19. 6. 1934); vgl. auch: Gestaltung der Idee. Reden und Aufsätze von 1933-1935 (1936) 103. – [64] Völkischer Beobachter, Norddtsch. Ausg., Nr. 158 (6. 6. 1936). – [65] D. W. SCHUMANN: Gedanken zu Hofmannsthals Begriff der 'k.R.'. Publ. mod. Langu. Ass. Amer. 54 (1939) 869; ähnlich bereits: P. KLUCKHOHN: Die k.R. in der Dichtung der Gegenwart. Z. dtsch. Bildung 9 (1933) 177-190. – [66] Vgl. A. KOLNAI: The war against the west (New York 1938); E. VERMEIL: Doctrinaires de la révol. allemande 1918-1938 (Paris 1938). – [67] So die Auskunft MOHLERS, a.O. [14] 1, 10. – [68] H. RAUSCHNING: The conserv. revol. (New York 1941). – [69] a.O. 92. – [70] Nachweise und Komm. bei W. ENDER: Konservat. und rechtsliberale Deuter des Nationalsozialismus 1930-1945. Eine hist.-polit. Kritik (1984) 134f. – [71] Vgl. E. NOLTE: Konservativismus und Nationalsozialismus, in: SCHUMANN (Hg.), a.O. [3] 244ff. sowie K. SONTHEIMER: Antidemokrat. Denken in der Weimarer Republik. Die polit. Ideen der dtsch. Nationalismus zw. 1918 und 1933 (²1983) 279ff. – [72] TH. MANN: Br. an Annette Kolb (6. 8. 1944), in: Br.wechsel mit Autoren, hg. H. WYSLING (1988) 312. – [73] MOHLER, a.O. [14]; vgl. P. KLUCKHOHN: Die Wende vom 19. zum 20. Jh. in der dtsch. Dichtung. Dtsch. Vjschr. Lit.wiss. Geistesgesch. 29 (1955) 14ff. – [74] F. STERN: Kulturpessimismus als polit. Gefahr. Eine Analyse nationaler Ideologie in Dtschl. (1963) 7. – [75] S. BREUER: Die 'Kons. R.' – Kritik eines Mythos. Polit. Vjschr. 31 (1990) 585-607. – [76] GREIFFENHAGEN, a.O [6] 243f. – [77] Vgl. MOHLER, a.O. [14] 1, 9-12. – [78] TH. MANN: Meine Zeit (1950), a.O. [25] 11, 315.

Literaturhinweise. K. VON KLEMPERER s. Anm. [51]. – J. H. KNOLL: Der autoritäre Staat. Konservat. Ideologie und Staatstheorie am Ende der Weimarer Republik, in: H. DIWALD (Hg.): Lebendiger Geist, J. Schoeps zum 50. Geb. (1959) 200-224. – F. STERN s. Anm. [74]. – H. GERSTENBERGER s. Anm. [51]; Konservatismus in der Weimarer Republik, in: G.-K. KALTENBRUNNER (Hg.): Rekonstruktion des Konservatismus (1972) 331ff. – H. RUDOLPH s. Anm. [50] 235ff. – M. GREIFFENHAGEN s. Anm. [6]. – J. P. FAYE s. Anm. [35] 84ff. – R. FABER: Roma aeterna. Zur Kritik der 'k.R.' (1981). – K. SONTHEIMER s. Anm. [71]. – D. GOELDEL s. Anm. [24]. – J. HERF: Reactionary modernism. Technology, culture, and politics in Weimar and the Third Reich (Cambridge 1984) 18ff. – K. BULLIVANT: The conserv. revol., in: A. PHELAN (Hg.): The Weimar dilemma. Intellectuals in the Weimar Republic (Manchester 1985) 47ff. – P. KONDYLIS s. Anm. [18] 469ff. – I. MAUS s. Anm. [58] 141ff. – A. MOHLER s. Anm. [14]. – S. BREUER s. Anm. [75]. R. KONERSMANN

Revolution, permanente. Im Anschluß an die ‹Grande Révolution› und die ‹Terreur› manifestiert sich zunehmend die Idee einer Fortsetzung der Revolution [1]. Wer die «echte und politisch mögliche» Revolution als «notwendig transitorisch» begriff, mußte sich dem entgegenstellen. So setzt F. SCHLEGEL die Vorstellung einer «permanenten Insurrektion» mit der Anarchie gleich [2].

Die Wortverbindung ‹p.R.› ist erst um 1830 belegt. Nach der Julirevolution wird die für permanent erklärte Revolution [3] zum historischen Deutungsmuster, nach der 48er Revolution jedoch zum Wirkungsprinzip sozialer und gesellschaftlicher Erneuerung schlechthin [4].

So fordert K. MARX zur Verwirklichung der revolutionären Ziele «die Revolution in Permanenz» [5], die allein die Beseitigung bürgerlich-kapitalistischer Klassenherrschaft und die nationale Entgrenzung der Bewegung garantiere. Erst nach den revolutionären Unruhen des Jahres 1905 in Rußland erhält der Terminus erneut programmatische Bedeutung. Zum einen wird er von der «deutschen Linken» insbesondere bei R. LUXEMBURG und F. MEHRING adaptiert und repräsentiert als Leitbegriff die «eigentliche Aufgabe der Sozialdemokratie» [6]. Zum anderen wird er bei L. TROTZKI zu einem systematischen Konzept erweitert, das diverse revolutions-strategische und politische Aspekte miteinander verbindet [7]. Die p.R. umfaßt hierbei drei «untrennbar verbundene Teile eines Ganzen» [8]: a) die Notwendigkeit des unmittelbaren Übergangs von der demokratischen zur sozialistischen Revolution; b) die Abfolge unterschiedlicher sozioökonomischer Transformationen, die «die Gesellschaft nicht ins Gleichgewicht kommen» lassen, und c) den internationalen Charakter der sozialistischen Revolution, deren nationaler Beginn lediglich als revolutionäres Anfangsstadium zu werten ist.

Die Theorie der p.R. wird von J. W. STALIN in seinem Kampf gegen Trotzki als «Abart des Menschewismus» [9] etikettiert und fällt seit 1923 zunehmend unter das Verdikt des Trotzkismus. Dennoch findet das Konzept in der Revolutionslehre MAO TSE-TUNGS eine erneute methodisch-systematische Anwendung. Da der Fortschritt von einer ökonomischen, politisch-ideologischen oder technischen Entwicklungsstufe zur nächsten als Revolution erfolgen wird, heißt die Losung: «Permanente R. Unsere Revolution ist eine fortgesetzte Revolution» [10].

Nebenher wird der Begriff ‹p.R.› als Schlagwort und Metapher für die historische Unabgeschlossenheit, die Perpetuierbarkeit und räumliche Unbegrenztheit von Umwälzungsprozessen in den unterschiedlichsten, gerade auch nicht-politischen Kontexten verwendet [11].

Anmerkungen. [1] Vgl. F. N. BABEUF: La révol., c'est l'ordre! (1795). Textes choisis (Paris 1976) 239; vgl. G. FORSTER: Parisische Umrisse. Sämmtl. Schr. 6 (1843) 309ff. – [2] F. SCHLEGEL: Versuch über den Begr. des Republikanismus (1796). Krit. Ausg. I/7, hg. E. BEHLER (1966) 25. – [3] Vgl. K. H. L. PÖLITZ: Die polit. Grunds. der 'Bewegung' und der 'Stabilität' nach ihrem Verhältn. zu den drei polit. Syst. der Revol., der Reaction und der Reformen. Hist. Gesch. Staatskunst 1 (1831) 535; vgl. K. MARX: Zur Judenfrage (1843). MEW 1, 357. – [4] Vgl. P.-J. PROUDHON: Toast à la Révol. (1848). Oeuvr. compl. 14 (Paris 1982) 180; vgl. FREILIGRATH/BLUM (1848), zit. nach: B. KAISER (Hg.): Die 48er. Ein Lesebuch für unsere Zeit (1955) 79. – [5] K. MARX: Ansprache der Zentralbehörde an den Bund vom März 1850. MEW 7, 254; vgl. F. ENGELS: Marx und die ‹Neue Rheinische Zeitung›, in: Ausgew. Schr. 2 (1952) 310ff. – [6] R. LUXEMBURG: Nach dem ersten Akt, in: Die Neue Zeit (4. 2. 1905) 23/1 (1905) 613; vgl. F. MEHRING: Die Revol. in Permanenz, a.O. (4. 11. 1905) 24/1 (1905) 169ff. – [7] Vgl. H. TETSCH: Die p.R. Ein Beitr. zur Soziol. der Revol. und zur Ideologiekritik (1973) 84. – [8] L. TROTZKI: Die p.R. (1930, ND 1965) 29. – [9] J. W. STALIN: Die Okt.revol. und die Taktik der russ. Kommunisten (1924). Werke 6 (Berlin-Ost 1950) 329. – [10] MAO TSE-TUNG: Reden auf der Obersten Staatskonferenz (1958). Texte, hg. H. MARTIN 3 (1982) 36; vgl. Rede auf der erweit. 11. Tag. der Obersten Staatskonferenz: Zur Frage der richtigen Behandlung von Widersprüchen im Volke. – [11] Zur Verbindung des Begriffs ‹p.R.› mit dem Motiv der «ecclesia semper reformanda» vgl. H.-J. KRAUS: Theolog. Relig.kritik (1982) 16.

Literaturhinweise. F. W. SEIDLER: Die Gesch. des Wortes Revol. Ein Beitr. zur Revol.forsch. (1955) bes. 291-296. – H. TETSCH s. Anm. [7]. – A. MÜNSTER: Trotzkis Theorie der p.R. (1973). – R. KOSELLECK: Art. ‹Revolution VI/4c›, in: O. BRUNNER u.a. (Hg.): Geschichtl. Grundbegr. 5 (1984) 761-766.

J. F. MAAS

Revolution, wissenschaftliche (engl. scientific revolution). Wenngleich der Begriff ‹w.R.› seine zentrale Bedeutung für die wissenschaftsphilosophische Diskussion der Gegenwart durch TH. S. KUHN [1] erlangt hat, war er in unserem Jahrhundert zur Bezeichnung einschneidender wissenschaftlicher Veränderungen bzw. der Entstehung der modernen Wissenschaft als solcher schon vor Kuhn insbesondere durch die Arbeiten von A. KOYRÉ, H. BUTTERFIELD und A. R. HALL in Gebrauch [2]. Darüber hinaus läßt sich seine Verwendung zur Charakterisierung von Veränderungen besonderer Art auf wissenschaftlichem und allgemein auf intellektuellem Gebiet bis an den Beginn des 18. Jh. zurückverfolgen und tritt vereinzelt bereits im 17. Jh. auf.

1. In expliziter Abgrenzung von Modellen der Wissenschaftsgeschichte, die in dieser ein akkumulatives Wachstum wissenschaftlichen Wissens im Sinne einer zunehmenden Annäherung an die Wahrheit sehen, unterteilt KUHN die Wissenschaftsgeschichte in einander ablösende Phasen der «normalen Wissenschaft» und solche «w.R.en» oder «außerordentlicher Wissenschaft». Während sich «normale Wissenschaft» als «puzzle solving» innerhalb eines von einer *scientific community* (s.d.) allgemein anerkannten Paradigmas vollzieht und in diesem Sinne «a highly cumulative enterprise» [3] darstellt, bilden w.R.en «non-cumulative developmental episodes in which an older paradigm is replaced in whole or in part by an incompatible new one» [4]. Die w.R.en sind die «tradition-shattering complements to the tradition-bound activity of normal science» [5]. Durch das Auftreten von «Anomalien» («violations of expectation», «counterinstances») gerät ein Paradigma in eine Krise, die zu einer Phase der «außerordentlichen Wissenschaft» führt, in der sich der Wechsel zu einem neuen Paradigma, die w.R., vollzieht.

Zur Verdeutlichung der Radikalität, mit der sich bei einem Paradigmawechsel das vor- und nachrevolutionäre Weltbild einer wissenschaftlichen Gemeinschaft voneinander unterscheiden, greift Kuhn auf Beispiele des visuellen Gestaltwandels zurück, ein Vergleich, von dem er sich später selbst distanziert [6]. Die Inkompatibilität, häufig Inkommensurabilität der vor- und nachrevolutionären normalwissenschaftlichen Traditionen erfordert eine Neudefinition des *Fortschrittsbegriffs*. In Analogie zur Darwinschen Beschreibung der Evolution des Lebendigen versteht Kuhn wissenschaftliche Entwicklung als einen Prozeß, dessen «successive stages ... are marked by an increase in articulation and specialization», doch «without benefit of a set goal, a permanent fixed scientific truth, of which each stage in the development of scientific knowledge is a better exemplar» [7]. Die wichtigsten w.R.en sind für Kuhn mit den Namen Kopernikus, Newton, Lavoisier und Einstein verbunden. Die Wahl des Begriffs ‹w.R.› begründet Kuhn mit der Parallelität zwischen *politischen* und w.R.en [8].

In der durch Kuhn ausgelösten wissenschaftsphilosophischen Diskussion wurden die zentralen Konzepte des Paradigmas und der w.R. unter vielfältigen Aspekten problematisiert und von Kuhn selbst präzisiert bzw. modifiziert [9]. Zentrale Themen sind hier u.a. die Frage nach der Möglichkeit der *Rationalität* wissenschaftlicher Entwicklung, nach dem Verhältnis von *Kontinuität* und *Diskontinuität* im Geschichtsverlauf, nach den *Kriterien* für w.R.en sowie nach der Angemessenheit der Kuhnschen Sichtweise von Wissenschaftsgeschichte überhaupt. So spricht z.B. S. TOULMIN mit Blick auf Kuhn von der «Revolutionary Illusion» und fragt, ob der Begriff der R. nicht eine rhetorische Übertreibung sei [10]. Trotz seiner Würdigung Kuhns bezweifelt I. B. COHEN, daß sich alle w.R.en Kuhns Schema fügen [11].

2. Nach neueren Forschungen (I. B. Cohen) tritt der Begriff ‹w.R.› in *zwei Kernbedeutungen* auf. Bei genauerer Analyse der Quellen lassen sich hierbei allerdings insgesamt mindestens *sechs Varianten* unterscheiden.

1) In Anlehnung an den klassischen (‹revolvere›) und spätlat. (‹revolutio›) Sprachgebrauch, wo diese Begriffe u.a. periodische Vorgänge im astronomischen und zeitlichen Sinn bezeichnen [12], wird der Begriff zur Charakterisierung eines *periodischen*, manchmal *zyklischen* Geschehens verwendet, und zwar a) im Sinne einer zyklischen Wiederkehr von Tief- und Höhepunkten wissenschaftlicher Entwicklungen nach dem Muster der Bewegung der Himmelskörper, so z.B. bei C. MACLAURIN [13], oder der Gezeiten, so z.B. bei F. BACON, der sich jedoch von dieser Vorstellung kritisch distanziert [14], und b) im Sinne einer Wiederaufnahme früherer Vorstellungen bzw. methodologischer Leitideen unter veränderten wissenschaftshistorischen Bedingungen (spiralförmige Fortschrittsbewegung), so z.B. bei J.-S. BAILLY [15]. Synonyme Begriffe dieser Kernbedeutung sind ‹Wiederherstellung›, ‹return›, ‹restauration› u.a.

2) Ausgehend von der im Englischen (Ende des 14. Jh.), Französischen (16. Jh.) und Deutschen (17./18. Jh.) schon recht früh entwickelten Bedeutung von ‹R.› im Sinne von Veränderung und Wechsel im allgemeinen [16], bezeichnet der Begriff z.T. unter Intensivierung dieser allgemeinen Bedeutung *signifikante Veränderungen* auf *wissenschaftlichem* und *intellektuellem Gebiet*. Diese Kernbedeutung tritt in vier Varianten auf. Der Begriff bezeichnet a) einschneidende wissenschaftliche Veränderungen oder Umwälzungen epochaler Größe, die Prozeßcharakter haben und meist als Fortschritt bewertet werden, so z.B. bei J. L. D'ALEMBERT [17]; b) sich manchmal über Jahrhunderte hinweg erstreckende Prozesse der Transformation wissenschaftlicher Weltbilder, die auch Konsequenzen für das Welt- und Menschenbild im allgemeinen haben und daher in bestimmten Kontexten als Metaphern verwendet werden, wie z.B. die Kopernikanische R.; c) schnelle, manchmal als sprunghaft beschriebene Umwälzungen oder Umschwünge, so z.B. bei CH. W. HUFELAND [18]; d) mehr oder weniger bedeutende wissenschaftliche Veränderungen, häufig ohne nähere Spezifizierung, so z.B. bei S. MILLER [19]. In dieser Bedeutung wird der Begriff häufig unscharf verwendet und zum Modewort. Eine eindeutige Identifizierung der jeweiligen Bedeutungsvariante ist auf Grund der zeitweisen Ambiguität des Begriffs jedoch nicht immer möglich.

3. Wenngleich die wissenschaftlichen Erfolge des 16. und 17. Jh. heute zusammenfassend als «the Scientific Revolution» bezeichnet werden [20], war der Begriff nach neueren Forschungen bei den Wissenschaftlern jener Zeit selbst nicht gebräuchlich [21]. Als eines der kennzeichnenden Merkmale der w.R. des 17. Jh. gilt die Entstehung einer scientific community, die sich in den wissenschaftlichen Gesellschaften und Akademien etablierte [22].

In der *Philosophie der Wissenschaften* findet sich der Begriff dagegen bereits bei jenem Philosophen, der heute als der Begründer der Moderne gilt, bei F. BACON (1620, 1623). Bacons Verwendungsweise von ‹revolutio› ist begriffsgeschichtlich besonders signifikant, weil er ein neues Verständnis des Begriffs im Sinne eines als Fortschritt ausgezeichneten Umwälzungsprozesses epochaler Größe ins Spiel bringt («revolutiones et periodi») [23] und dieses gegen das alte Verständnis des Begriffs im Sinne einer periodischen Wiederkehr wissenschaftlicher Höhepunkte nach dem Muster von Ebbe und Flut («fluxus et refluxus»), über die hinaus kein Fortschritt möglich sei [24], ausspielt. Bemerkenswert ist weiterhin, daß bei Bacon die später im 18. Jh. weit verbreitete Auffassung von der *Nützlichkeit* w.R.en bereits im Kern angelegt ist, indem er die Kontrolle über die Natur zum Nutzen des Menschen als Ziel der Wissenschaften definiert [25]. Die eigene Position des Renaissance-Denkers Bacon wurde kürzlich von den Begriffen der *Reform* und der R. her gedeutet; Ideen des Wandels seien für ihn ebenso zentral wie die der Diskontinuität [26]. 1751 wird diese Zwischenstellung anschaulich von D'ALEMBERT beschrieben: «Ce grand homme, après avoir brisé tant de fers, étoit encore retenu par quelques chaînes qu'il ne pouvoit ou n'osoit rompre» [27]. Erst Descartes habe das Gesicht der Philosophie verändert. Ihn könne man als einen «chef de conjurés» betrachten, «qui a eu le courage de s'élever le premier contre une puissance despotique & arbitraire» und der eine «révolution éclatante» vorbereitet habe. D'Alembert zieht damit also bereits vor der R. von 1789 einen Vergleich zwischen einer *politischen* und einer *intellektuellen* R., an deren Beginn Descartes' «*révolte*» stehe, «dont nous recueillons aujourd'hui les fruits» [28]. Begriffsgeschichtlich interessant ist hier auch der Unterschied zwischen ‹révolte› im Sinne eines (kürzeren) Aufstandes und ‹révolution› im Sinne eines dadurch ausgelösten (längeren) Prozesses radikaler Veränderung. – Im weiteren 17. Jh. gibt es trotz Bacons Auftakt nur spärliche Hinweise auf die Verwendung des Begriffs [29].

Im Laufe des 18. Jh. kommt der Begriff zunehmend in Gebrauch und dient insbesondere zur Bezeichnung fortschrittsfördernder Umwälzungen in verschiedenen Wissenschaftsbereichen, die durch die Leistungen einzelner (Kopernikus, Leibniz, Newton, Lavoisier u.a.) ausgelöst wurden. Wendungen wie «heureuse révolution» und «utile révolution» sind geläufig [30]. Auch der Begriff «époque d'une révolution» zur Bezeichnung des Beginns einer neuen wissenschaftlichen Ära ist gängig [31]. Die Verwendung des Begriffs ‹R.› in bezug auf intellektuelle Leistungen in der ‹Encyclopédie› von DIDEROT und D'ALEMBERT und im ‹Journal Etranger› sind Hinweise auf seine allmähliche Etablierung unter dem Vorzeichen der Aufklärung. Auch in der deutschen Philosophie des 18. Jh. gibt es Belege dafür, daß eine «R. der Denkart» bzw. der Wissenschaften erstrebenswert und nützlich sei [32]. Während des gesamten 18. Jh. findet sich vereinzelt aber auch noch die Bedeutung von R. im Sinne eines periodischen oder zyklischen Geschehens [33].

Newtons revolutionäre Bedeutung für die Wissenschaften wurde im 18. Jh. unter expliziter Verwendung des Begriffs ‹R.› vielfach hervorgehoben, so z.B. von

FONTENELLE, CLAIRAUT, MAUPERTUIS, LAGRANGE, D'ALEMBERT und BAILLY [34]. Heute ist allerdings in bezug auf die Mechanik im engeren Sinne Newtons revolutionäre Leistung umstritten [35]. Hier zeigt sich, daß nicht nur die Bedeutung des Begriffs ‹w.R.› dem Wandel unterliegt, sondern auch die Beurteilung einzelner Leistungen als revolutionär. Dies machen auch die unterschiedlichen Angaben über die bisherige Anzahl w.R.en bei einzelnen Autoren (z.B. bei F. BACON, J. NEEB, S. MILLER) deutlich.

In noch größerem Maße gilt dies für die Einschätzung der revolutionären Leistung des Kopernikus, da sich der Begriff der ‘Kopernikanischen R.’ bzw. der ‘Kopernikanischen Wende’ nicht nur auf Kopernikus' Bedeutung für die Astronomie bezieht, sondern die mit dem Beginn der Moderne einsetzende Transformation unseres Welt- und Menschenbildes miteinschließt. Der Begriff ist somit zur Metapher für Neuerungen in verschiedenen Disziplinen geworden, die traditionelle Annahmen unseres Welt- und Selbstverständnisses radikal in Frage stellen [36], und bezieht sich damit auch auf Veränderungen, die erst Jahrhunderte nach Kopernikus stattfanden. So wird Kopernikus sowohl im Kontext der Darwinschen als auch der Freudschen R. erwähnt [37]. In der Erkenntnistheorie spielt er insbesondere im Zusammenhang mit I. KANTS sog. 'kopernikanischer Wende' eine Rolle [38]. Nicht nur Kant selbst hoffte, mit seiner Philosophie eine «R. der Denkart» herbeizuführen. Auch von anderer Seite wurde ihm diese Rolle im 18. Jh. vielfach zugeschrieben [39]. Da für Kant das erkennende Subjekt im Zentrum seiner Erkenntnistheorie steht, durch die kopernikanische R. aber die Erde und damit auch der Mensch aus ihrer zentralen Position verdrängt wurden, wird bis heute darüber diskutiert, ob dem Kantischen Ansatz zu Recht die Bedeutung einer kopernikanischen Wende zugesprochen werden könne oder ob es sich hierbei nicht vielmehr um eine «anti-kopernikanische R.», eine «Ptolemäische Gegenrevolution» handele [40]. Ironischerweise sind diese Überlegungen auch in bezug auf Kopernikus selbst angestellt worden [41]. COHEN führt die kopernikanische R. als Beispiel für eine w.R. an, die zu Lebzeiten ihres Protagonisten gar nicht stattgefunden habe. Die Vorstellung, diese R. habe sich im 16. Jh. vollzogen, sei eine von späteren Geschichtsschreibern erfundene und tradierte Fiktion [42]. A.-L. DE LAVOISIER charakterisiert seine eigene wissenschaftliche Leistung mehrmals als revolutionär, wenn auch nicht in Publikationen, sondern in seinem Laboratoriumsregister [43] und in Briefen [44]. Doch verbindet er mit dem Begriff der R. nicht die Vorstellung von Diskontinuität und Traditionsbruch: «Les travaux des différents auteurs que je viens de citer ... m'ont présenté des portions séparées d'une grande chaîne; ils en ont joint quelques chaînons. Mais il reste une suite d'expériences immense à faire pour former une continuité» [45]. Auch für BAILLY beinhaltet der Begriff der R. nicht die Vorstellung eines vollständigen Traditionsbruchs. Die Verwendung des Begriffs im Sinne eines fortschrittsfördernden Umschwungs schließt bei ihm den Gedanken einer Ideen- und Problemkontinuität nicht aus, wie zahlreiche Metaphern zeigen [46]. So vergleicht er die Wissenschaftsgeschichte z.B. mit einem Fluß, «qui, s'enfonçant dans le sein de la terre, pour se remontrer à des distances éloignées, paraît avoir des sources différentes» [47].

Bis zum Ende des 18. Jh. hat sich der Begriff der R. zur Kennzeichnung wissenschaftlichen Fortschritts so weit durchgesetzt, daß sich der Mediziner CH. W. HUFELAND – vermutlich unter dem Eindruck der politischen Ereignisse im Anschluß an die Französische R. (Schreckensherrschaft, Diktatur) – zur Abgrenzung vom Konzept des Fortschritts durch R. des Begriffs der *Evolution* als eines Gegenbegriffs bedient. «Im Reiche der Wahrheit sind nicht R.en, sondern Evolutionen der passende Weg zur Verbesserung. Nicht eine plötzliche und gewaltsame Umwälzung, sondern der ruhige Weg bescheidener Fortsehung, Erfahrung und Ueberzeugung, führt zum wahren Ziel ..., wobey wir wenigstens nicht Gefahr laufen, Sprünge machen, oder gar ein gut Stück wieder zurückgehen zu müssen, wie das bey revolutionairen Unternehmungen immer zu befürchten ist» [48]. Für J. NEEB, der seit den Anfängen menschlichen Denkens überhaupt bis zur «philosophirenden Vernunft» im 18. Jh. sieben w.R.en ausmacht, beinhalten diese nicht immer einen Fortschritt. Jede wissenschaftliche Epoche zeichne sich durch einen herrschenden Zeitgeist aus, von dessen Qualität die Besonderheit der w.R. als eines Fort- oder Rückschritts abhänge [49].

Die negativen Konnotationen setzen sich im allgemeinen jedoch nicht durch. Ein Indiz für die Gebräuchlichkeit des Begriffs ist seine Aufnahme in Lexika des 19. Jh. So ist in W. T. KRUGS ‹Handwörterbuch› von 1828 am Ende des Artikels ‹R.› auch von den w.R.en die Rede [50]. H. A. PIERERS ‹Universallexikon› von 1835 führt als vierte Bedeutung des Begriffs ‹R.› den der w.R. an [51]. 1803 wird der Begriff sogar im Titel von S. MILLERS ‹Brief Retrospect of the Eighteenth Century› verwendet, ‹Containing a Sketch of the Revolutions and Improvements in Science, Arts, and Literature during that Period›. Miller charakterisiert das 18. Jh. u.a. als «age ... remarkably distinguished by revolutions in science» [52]. Allerdings verliert der Begriff hier an Schärfe, da Miller darunter sämtliche wissenschaftlichen Innovationen faßt, die den Fortschritt des 18. Jh. ausmachen. «Theorists were more numerous than in any former period, their systems more diversified, and revolutions followed each other in more rapid succession. In almost every department of science, changes of fashion, of doctrine, and of authority, have trodden so closely on the heels of each other, that merely to remember and enumerate them would be an arduous task» [53]. Daher bedarf es einer zusätzlichen Spezifizierung zur Bezeichnung signifikanter Veränderungen oder Trends. Bezeichnenderweise spricht Miller hier verschiedentlich von «signal revolution» [54].

Nach dem Erscheinen von CH. DARWINS Hauptwerken (1859, 1871, 1872) tritt der Begriff auffallend häufig zur Charakterisierung der Theorie der natürlichen Selektion und ihrer Konsequenzen für unser Menschenbild, für die Gesellschaft, Wissenschaft und Philosophie auf [55]. Darwin selbst ist sich der revolutionären Bedeutung seines Werkes, aber auch der der Theorie von Ch. Lyell, die für seinen eigenen Ansatz grundlegend ist, bewußt [56]. Die Einschätzung Darwins als eines Revolutionärs kommt auch in den von seinen Zeitgenossen angestellten Vergleichen Darwins mit Kopernikus [57], Newton [58] und Galilei [59] zum Ausdruck.

Auch im 20. Jh. wird der Begriff – teilweise unabhängig von Kuhn – zur Bezeichnung herausragender wissenschaftlicher Leistungen und Entwicklungen verwendet, so z.B. 1934 von W. HEISENBERG [60]. Später äußert sich dieser jedoch besorgt, «daß das heutige Modewort ‹R.› zu mancherlei Irrwegen verführen kann, zu deren Vermeiden eine Betrachtung über die Geschichte der neueren Physik hilfreich sein könnte» [61].

Anmerkungen. [1] TH. S. KUHN: The struct. of scient. revol. (Chicago/London 1962, ²1970). – [2] A. KOYRÉ: Et. galiléennes (Paris 1939, ND 1966); H. BUTTERFIELD: The origins of modern sci. 1300-1800 (London 1957, ²1965); A. R. HALL: The scient. revol. 1500-1800 (London 1954, ²1962). – [3] KUHN, a.O. [1] 52. – [4] 92. – [5] 6. – [6] ‹Preface› zu P. HOYNINGEN-HUENE: Die Wiss.philos. Th. S. Kuhns (1989) 2. – [7] KUHN, a.O. [1] 172f. – [8] 92ff. – [9] I. LAKATOS/A. MUSGRAVE (Hg.): Criticism and the growth of knowledge (Cambridge 1970), dtsch (1974); W. DIEDERICH (Hg.): Theorien der Wiss.gesch. (1974, 1978); HOYNINGEN-HUENE, a.O. [6]; G. RADNITZKY/G. ANDERSSON (Hg.): Progress and rationality in sci. (Dordrecht 1978), dtsch (1980); TH. S. KUHN: Die Entstehung des Neuen, hg. L. KRÜGER (1978). – [10] S. TOULMIN: Human underst. (Princeton 1972) 1, 96. 134ff. – [11] I. B. COHEN: Revol. in sci. (Cambridge, Mass. 1985) 40. – [12] F. W. SEIDLER: Die Gesch. des Wortes R. (1955) 14ff. – [13] C. MACLAURIN: An account of Sir I. Newton's philos. discoveries (London 1748, ND New York 1968) 42. – [14] F. BACON: Nov. org. (1620). The works, hg. J. SPEDDING u.a. (London 1858, ND 1963) 1, 199. – [15] J.-S. BAILLY: Hist. de l'astronomie moderne (Paris 1779) 2, 4. – [16] SEIDLER, a.O. [12] 81ff. 103ff. 143ff. – [17] J. L. D'ALEMBERT: Art. ‹Expérimental›, in: Encycl. 6 (Paris 1756) 299. – [18] CH. W. HUFELAND, in: Journal der prakt. Heilkunde (1797), ND in: Kleine med. Schr. (1823) 2, 233f. – [19] S. MILLER: A brief retrospect of the 18th cent. 1-2 (New York 1803, ND 1970). – [20] P. H. HARMAN: The scient. revol. (London 1983); COHEN, a.O. [11]; bei HALL, a.O. [2] sogar die Zeit von 1500-1800. – [21] COHEN, a.O. [11] 85; The 18th-cent. origins of the concept of scient. revol. J. Hist. Ideas 37 (1976) 257-288. – [22] a.O. [11] 81. – [23] BACON, a.O. [14] 186; vgl. De dign. et augm. scientiarum [ca. 1623], a.O. 1, 514. – [24] Nov. org., a.O. 199. – [25] a.O. 157. 188; New Atlantis (1627), a.O. 3, 125-166. – [26] CH. WHITNEY: F. Bacon and modernity (New Haven 1986). – [27] D'ALEMBERT: Disc. prélim., in: Encycl. 1 (1751) XXV. – [28] a.O. XXVI. – [29] COHEN, a.O. [11] 84-90. – [30] u.a. P.-L. M. DE MAUPERTUIS: Des devoirs de l'académicien (1750). Oeuvr. 1-4 (Lyon 1768, ND 1965-74) 3, 291; A. C. DE CONDORCET: Eloge de M. Euler (1783). Oeuvr. (Paris 1847-49, ND 1968) 3, 7; Esqu. d'un tableau hist. des progrès de l'esprit humain (1793f.), a.O. 6, 210; Journal Etranger (Paris 1754, ND 1968) 1, 12 (XX); 10 (XIII); F. SCHILLER: Was heißt und zu welchem Ende studiert man Univ.gesch.? (1789). Nat.ausg. 17 (1970) 361. – [31] u.a. CONDORCET: Eloge de M. de Haller (1777), a.O. [30] 2, 300; Eloge de M. d'Alembert (1783), a.O. 3, 58; A.-C. CLAIRAUT: Du systeme du monde. Mém. de math., et de phys., tirés des registres de l'Acad. Royale des Sci. de l'année MDCCXLV (Amsterdam 1754) 2, 465; B. LE B. DE FONTENELLE: Elémens de la géométrie de l'infini, Préf. (1727). Oeuvr. compl. 1-3 (Paris 1818, ND Genf 1968) 1, 22. – [32] u.a. I. KANT: KrV B XIIIf. B XXII; SCHILLER, a.O. [30]; K. H. HEYDENREICH im Anhang seiner Übers. von: A. CROMAZIANO: Krit. Gesch. der R.en der Philos. (1791) 213-232; TH. SCHMALZ: Das reine Naturrecht (1792, ²1795) 14. – [33] MACLAURIN, a.O. [13] 41f.; D'ALEMBERT, a.O. [27] XXX; HEYDENREICH, a.O., der «restaurazione» in CROMAZIANOS Original mit «R.» übersetzt. – [34] FONTENELLE, a.O. [31] 21; CLAIRAUT, a.O. [31]; MAUPERTUIS, a.O. [30] 290f.; J. L. LAGRANGE: Méchanique analyt. (Paris 1788) 159; D'ALEMBERT, a.O. [17]; BAILLY, a.O. [15] 560. 579. – [35] H. PULTE: Das Prinzip der kleinsten Wirkung und die Kraftkonzeptionen der rat. Mechanik (1989) 18. – [36] H. BLUMENBERG: Die kopernikan. Wende (1965) 100; V. GERHARDT: Kants kopernikan. Wende. Kantstudien 78 (1987) 133-152. – [37] E. DUBOIS-REYMOND: Darwin und Kopernikus (1883), in: Drei Reden (1884) 48; S. FREUD: Eine Schwierigkeit der Psychoanal. (1917). Ges. Werke 12 (1947) 3ff.; Vorles. zur Einf. in die Psychoanal. (1916/17), a.O. 11 (1940) 294. – [38] GERHARDT, a.O. [36]. – [39] a.O. [32] und Lit.hinw. bei GERHARDT, a.O. [36]. – [40] Vgl. Lit.hinw. bei GERHARDT, a.O.; G. VOLLMER: Evolut. Erkenntnistheorie (1975, ⁵1990). – [41] F. KRAFFT: Regressus retrogradis. Die 'Copernican. Wende' als Ergebnis absoluter Paradigmatreue, in: A. DIEMER (Hg.): Die Struktur w.R.en und die Gesch. der Wiss.en (1977) 20-48. – [42] COHEN, a.O. [11] 43. 123-125. – [43] A.-L. DE LAVOISIER, in: M. BERTHELOT: La révol. chimique (Paris 1890) 48. – [44] Vgl. D. I. DUVEEN/H. S. KLICKSTEIN: B. Franklin (1706-1790) and A. L. Lavoisier (1743-1794) III. Annals Sci. 13 (1957) 38f.; E. GRIMAUX: Lavoisier (Paris 1888) 126. – [45] BERTHELOT, a.O. [43]. – [46] BAILLY, a.O. [15] I: ‹Discours préliminaire sur la maniere d'écrire l'histoire de l'astronomie, & d'exposer les progrès de cette science› und 291. – [47] a.O. 78. – [48] HUFELAND, a.O. [18]. – [49] J. NEEB: Ueber den in verschied. Epochen der Wiss.en allg. herrschenden Geist und seinen Einfluß auf dieselben (1795) 6-9. – [50] W. T. KRUG: Allg. Handwb. der philos. Wiss.en (1828) 476. – [51] H. A. PIERER (Hg.): Univ.lex. (1835) 18, 4-6. – [52] MILLER, a.O. [19] 2, 416. – [53] a.O. 416. – [54] 415. – [55] Vgl. die Lit.hinw. bei E.-M. ENGELS: Erkenntnis als Anpassung? (1989) 120ff. – [56] CH. DARWIN: On the origin of species (London 1859, ND 1964) 484. 282. – [57] DUBOIS-REYMOND, a.O. [37]. – [58] A. R. WALLACE: Darwinism (London 1889, ND 1975) 9; E. HAECKEL: Natürl. Schöpfungsgesch. (1868, ¹⁰1902) 95. – [59] J. DEWEY: The influence of Darwin on philos. (New York 1910, Bloomington 1965) 8f. – [60] W. HEISENBERG: Wandlungen der Grundl. der exakten Nat.wiss. in jüngster Zeit (1934). Ges. Werke, hg. W. BLUM u.a. C/1 (1984) 96. – [61] Schritte über Grenzen (1971) 287.

Literaturhinweise. F. W. SEIDLER: Die Gesch. des Wortes R. Diss. München (1955). – V. BIALAS: Wissenschaftl. und techn. R.en in Vergangenheit und Gegenwart (1978). – S. WAGNER: Lavoisier, Lichtenberg und Heisenberg. Ber. Wiss. Gesch. 4 (1981) 127-141. – I. B. COHEN: Revol. in sci. (Cambridge, Mass. 1985). – E.-M. ENGELS: Wiss. R. Die variantenreiche Gesch. eines Begriffs. Arch. Begriffsgesch. 34 (1991) 237-261.

E.-M. ENGELS

Rezeption, Rezeptionsästhetik. 1. Die Rezeptionsästhetik [Rä.] gehört zu den Theorien, die sich mit einer neuen Fragestellung so erfolgreich durchgesetzt haben, daß post festum unverständlich wird, warum ihre Probleme jemals Probleme waren. ‹Rezeption› [R.] als methodischer Begriff erscheint nach 1950 zunächst in der Jurisprudenz, der Theologie und der Philosophie. Er zeigt dort eine Umorientierung der historischen Forschung an, die sich von dogmatischen Vorgaben des Positivismus wie des Traditionalismus befreite und unter analogen hermeneutischen Prinzipien eine neue Historik zu entwickeln begann. Eine vergleichbare Umorientierung der herkömmlichen Philologien ging seit 1967 von dem neuen Konzept einer R.- und Wirkungsästhetik aus. Sie forderte, die Geschichte der Literatur und der Künste nunmehr als einen Prozeß ästhetischer Kommunikation zu begreifen, an dem die drei Instanzen von Autor, Werk und Rezipient (Leser, Zuhörer und Betrachter, Kritiker und Publikum) gleichermaßen beteiligt sind. Das schloß ein, den Rezipienten als Empfänger und Vermittler, mithin als Träger aller ästhetischen Kultur endlich in sein historisches Recht einzusetzen, das ihm in der Geschichte der Künste vorenthalten blieb, solange sie im Banne der traditionellen Werk- und Darstellungsästhetik stand. Damit waren die Probleme der Bestimmung des Werks aus seiner Wirkung, die Dialektik von Wirkung und R., der Kanonbildung und Umbildung, des dialogischen Verstehens im Zeitabstand (der Horizontvermittlung), kurzum: die Frage nach der ästhetischen Erfahrung, die alle manifestierte Kunst als hervorbringende, aufnehmende und kommunikative Tätigkeit getragen hat, neu gestellt. Von einem Paradigmenwechsel in der Literaturwissenschaft zu sprechen, rechtfertigt das weltweite Echo der von der Konstanzer Schule (W. ISER, H. R. JAUSS, K. STIERLE, R. WARNING, H. D. WEBER [1]) konzipierten R.-Theorie, die damit ein lange Zeit brachliegendes Forschungsgebiet erschloß. Daraufhin die Geschichte des Begriffs ‹R.› darzustellen, erfordert eine Rekonstruktion, an der sich die hermeneutische Maxime bestätigt findet, daß eine Vorgeschichte erst aus der Nachgeschichte einer eingetretenen Wende voll erkennbar werden kann.

2. «Quidquid recipitur ad modum recipientis recipitur», so lautet die wohl früheste Prägung des R.-Begriffs, von der aus der Weg der Theologie von der dogmatischen Exegese der Hl. Schrift zur historisch-kritischen Hermeneutik in toto beschrieben werden könnte. Der scholastische Grundsatz, von THOMAS VON AQUIN dem neuplatonischen ‹Liber de causis› entnommen [2], vermittelt den Anspruch der Bibel, «secundum dicentem deum» zu reden, mit dem Mangel des endlichen Menschen, die Wahrheit des Geoffenbarten nicht unmittelbar und vollkommen zu begreifen. Blieb dieser Grundsatz bei der Gotteserkenntnis durch die «analogia attributionis», die neuplatonische These einer unvollkommenen Ähnlichkeit der Wirkungen mit ihrer Ursache, begrenzt, so hat Thomas andererseits den theoretischen Wissenschaften zugebilligt, daß sie schrittweise vom Unvollkommenen zum Vollkommenen gelangen, wobei die später Kommenden selbst noch in den Irrtümern der Früheren etwas Wahres zu erkennen vermögen [3]. Der Text der Bibel zumal enthüllt in seiner Glossierung erst sukzessiv seine volle Wahrheit, in einem Prozeß der R., die bis zu ihrer Vollendung durch die letzten Leser von göttlicher Weisheit vorgesehen und inspiriert ist. Im 12. Jh. findet sich bereits ein erstes Zeugnis, daß weltliche Dichtung im selben Licht wie die Hl. Schrift interpretiert und legitimiert werden konnte. «Die Alten wußten schon», so variiert MARIE DE FRANCE wahrscheinlich einen berühmten Satz Priscians, «daß die nach ihnen Kommenden klüger sein würden, denn sie [ihre Nachfolger] können den Wortlaut des Textes glossieren und damit seinen Sinn bereichern» [4]. In talmudistischer Tradition ist die ‹Scientia Cabalae› ausdrücklich mit ‹Tradition› im Sinne von ‹R.› gleichgesetzt worden: «Cabala among the Hebrews signifying no other than the latin *receptio*» [5]. Gegen den rabbinistischen Legalismus gewendet, sollte die revisionistische Kabbala dem Judentum das Geoffenbarte für die gegenwärtige Situation von Exil und Verfolgung neu erschließen. Der scholastische R.-Begriff, den OCKHAM als Argument gegen Thomas selber wieder aufgriff [6], findet sich auch bei LUTHER, nun gegen Zwingli und Oecolampadius gerichtet, weil sie Wort und Geist scheiden wollten: «et ita mentiuntur et definiunt verbum non secundum dicentem Deum, sed secundum recipientem hominem» («und so lügen sie und bestimmen das Wort nicht nach Gott, der es ausspricht, sondern nach dem Menschen, der es aufnimmt») [7]. Damit war das Problem der anthropomorphen Rede von Gott neu gestellt, die SPINOZA als bloße *accommodatio* (nun statt *receptio*!) der Offenbarung an den geschichtlichen Menschen abwerten wollte, indem er ihr die Erkenntnis aus natürlichem Licht entgegensetzte [8]. Dem entgegen wird die protestantische Hermeneutik die Akkommodation allmählich und in dem Maße aufwerten, wie sie die «secundum modum recipientis hominis» zur Sprache kommende Offenbarung als Wahrheit in ihrer Geschichtlichkeit zu erkennen glaubt [9]. Die katholische Hermeneutik hat R. als ekklesiologische Realität erst in jüngster Zeit anerkannt und den Begriff von der Rechtsgeschichte übernommen [10], um ihn – offenbar erst noch beschränkt auf die Bildung des *consensus* in der *communio* der einen (unfehlbaren) Kirche – auf langsame Durchsetzungsprozesse von dogmatischen Entscheidungen der Konzile anzuwenden [11].

3. In der Rechtsgeschichte begegnet der Begriff der R. vorab im Prozeß der Aufnahme des römischen Rechts in Mitteleuropa (vgl. dazu den Art. ‹R., juristische›). Nach 1950 hat sich in der juristischen Hermeneutik ein weiterer R.-Begriff eingebürgert: ‹Konkretisation› (statt ‹Subsumtion›), verstanden als fortschreitende (auch: rechtsschöpferische) Auslegung von Gesetzesnormen, die ein konkreter Fall bei der Rechtsfindung erfordern kann [12]. Sofern ein besonderer Fall sich vorgegebenen allgemeinen Normen nicht unterordnen läßt, sondern dazu nötigt, ihre Definition weiter, neu oder anders zu konkretisieren, um am Ende durch das Urteil zu entscheiden, was jetzt und künftig als Recht gelten soll, steht dieses Verfahren der Rechtsanwendung in einer bemerkenswerten Analogie zum Verhältnis von Einzelwerk und ästhetischer Norm in der literarischen Hermeneutik. Soll nämlich ein literarisches Werk in seinem Ereignischarakter, als Innovation vor dem Horizont der Tradition, bestimmt werden, so erfordert das ästhetische Urteil, die Eigenheit und normbildende Leistung des Werks im Verhältnis zu bisher geltenden ästhetischen Normen, kanonischen Regeln der Gattung und Mustern des Stils zu erfassen, die durch ein originales Werk stets variiert oder modifiziert, also gleichermaßen neu oder anders *konkretisiert* werden. ‹Konkretisation› ist darum nicht zufällig zur selben Zeit, obschon in Unkenntnis der juristischen Hermeneutik, im Anschluß an R. Ingarden von der Prager wie von der Konstanzer Literaturtheorie zu einem Schlüsselbegriff der Literatursemiotik und der Rä. erhoben worden [13]. Unter ‹Konkretisation› versteht der Prager Strukturalismus (F. VODIČKA, nach J. MUKAŘOVSKÝ) das Abbild des Werkes im Bewußtsein derer, für die das Artefakt zum ästhetischen Objekt wird: Erst die R. des Werks bringt in fortschreitenden Interpretationen seine Struktur in der offenen Reihe seiner Konkretisationen (oder: R.-Gestalten) zum geschichtlichen Leben. Die Konstanzer Schule andererseits hat seit 1967 die Konstitution, Um- und Neubildung von Sinn bei der Aufnahme des ästhetischen Objekts wie in der Geschichte seiner R. untersucht und systematisch beschrieben, mit dem Ziel, die Leistung der ästhetischen Tätigkeit zum einen im Spielraum des *impliziten* Lesers (W. ISER), zum andern im Horizontwandel des Verstehens und Auslegens – der Arbeit des *historischen* Lesers (H. R. JAUSS) – zu erfassen.

4. In die Philosophie- und Wissenschaftsgeschichte hat H. BLUMENBERG 1958 den R.-Begriff eingebracht [14]. Seine Interpretation der Ablösung antiker Philosophie durch die christliche Theologie der Spätantike revidiert in eins die substantialistische Auffassung von Tradition und den mythisierten Ereignisbegriff. Der Umbruch vom Alten zum Neuen ist nicht schon an historischen Zäsuren, sondern erst an dem in re fast unmerklich vorrückenden, erst post rem sich abzeichnenden Limes von «Epochenschwellen» erkennbar: an der Umbesetzung von Funktionen im 'Stellenplan' des bisherigen Weltmodells, gegen das sich die neue Lehre mit eigenen Antworten auf alte Fragen durchzusetzen hat. Ein Ereignis wie die kopernikanische Wende wird erst eigentlich durch die geschichtliche Arbeit seiner Vorbereitung und seiner R. 'epochemachend'; ein Mythos gewinnt seine geschichtliche Kraft von Anbeginn aus seiner R., die seinen Ursprung negiert und seine Bedeutung durch Umerzählung ständig anreichert [15]. Blumenbergs Analysen geschichtlicher Zonen des Übergangs, des Abbaus und der Neubildung von Sinn haben für die seither aufgeblühte Wissenschaftsgeschichte eine Historik bereitgestellt, die man in der später so erfolgreich geworde-

nen Theorie des Paradigmenwechsels von TH. S. KUHN vermißt [16]. H.-G. GADAMER andererseits hat die Analyse des wirkungsgeschichtlichen Bewußtseins seiner philosophischen Hermeneutik zugrundegelegt [17]. Die literarische Hermeneutik hat sein Prinzip der Wirkungsgeschichte, nach dem das Werk nicht abgesehen von seiner Wirkung verstanden werden kann, auf das korrelate Prinzip der R.-Geschichte erweitert, die nicht vom Werk und seiner Wahrheit, sondern vom verstehenden Bewußtsein als Subjekt der ästhetischen Erfahrung ausgeht und darum Horizontabhebung (statt Horizontverschmelzung) erfordert. Die Interaktion von Wirkung und R. wird heute zumeist so bestimmt, daß Wirkung das vom Text bedingte, R. das vom Adressaten bedingte Element der Konkretisation benennt. So bleiben die Implikation des Textes und die Explikation des Adressaten, der implizite und der historische Leser aufeinander angewiesen und kann der Text auch über den aktuellen R.-Vorgang hinaus als Kontrollinstanz der Interpretationen die Kontinuität seiner Erfahrung gewährleisten.

5. In der Geschichte der Künste fiel wenig Licht auf ihre R. Der Kanon der Werke und Autoren schloß zwar ihren Nachruhm ein, nicht aber die Wirkung auf ihre Empfänger. Von ihr war vornehmlich in der Rhetorik, zeitweilig in der kunstfeindlichen Polemik der Kirchenväter, später in der Moralistik, der Lehre von den Affekten und von den Normen des Geschmacks, schließlich in der Soziologie der Kunst, nicht aber in der klassischen Ästhetik die Rede. Sie pflegte die Frage nach den Wirkungen der Kunst als kunstfremd anzusehen [18]. Die große Ausnahme in der philosophischen Tradition bildet in der Antike die aristotelische ‹Poetik›, in der Neuzeit I. KANTS ‹Kritik der Urteilskraft›. Doch ist aus der aristotelischen Lehre von der Katharsis so wenig wie aus Kants Wende zu einer Ästhetik der reflektierenden Urteilskraft eine traditionsbildende Theorie der R. als der Erfahrung des aufnehmenden Subjekts hervorgegangen. Spuren ihrer 'Vorgeschichte' finden sich nur in Zeugnissen sporadischen Charakters; das erste, wie kaum anders zu erwarten, bei Montaigne.

6. «Un suffisant lecteur descouvre souvant ès escrits d'autruy des perfections autres que celles que l'autheur y a mises et aperceües, et y preste des sens et des visages plus riches» («Ein gebildeter Leser entdeckt in den Texten oft andere Vollkommenheiten als solche, die der Autor selbst in sie gelegt oder an ihnen bemerkt hat. Und derart verleiht der Leser dem alten Text immer reichere Bedeutung und Gesichter») [19]. Das Zeugnis M. DE MONTAIGNES setzt die Erfindung des Buchdrucks, die Errichtung einer Privatbibliothek und damit die Freisetzung des profanen Lesers von institutionsgebundener Lektüre voraus. Zuvor, im Zeitalter der raren Manuskripte, blieb alle Lektüre von Kirche, Universität und Rechtsprechung kontrolliert, d.h. auf verbindliche Auslegung kanonischer Texte festgelegt. Mit dem Schritt vom passiven Akt des Empfangens zur aktiven, sinnerweiternden und damit selbst wieder produktiven R. hat Montaigne zugleich die Gattung des Essais geschaffen und sie als literarische Form produktiver, Text und Selbsterfahrung vermittelnder Lektüre ausgeprägt. Den Aufstieg des bürgerlichen Lesers, der als «common reader» gegenüber der tonangebenden Elite der professionellen Kritik seine eigene Rolle in der Öffentlichkeit beansprucht, bezeugt S. JOHNSON: «By the common sense of readers uncorrupted with literary prejudices, after all the refinement of subtility and the dogmatism of learning, must be finally decided all claim to poetical honours» [20]. Im 18. Jh. mehren sich mit der aufklärerischen Wendung zur Wirkungsästhetik auch die Zeugnisse für ein neues Interesse an der Kunsterfahrung des aufnehmenden Subjekts, der tätigen Einbildungskraft des Kunstbetrachters [21] und des Lesers. Dazu trug auch die säkular verspätete R. der ps.-longinischen Schrift ‹Vom Erhabenen› bei. Ihr zufolge setzt das wahrhaft große Werk, das die makellose Mittelmäßigkeit und selbst den Schein der Vollkommenheit des Schönen übersteigt, die Geisteskräfte des Betrachters in Tätigkeit. Da es stets mehr enthalte, als es auszusagen scheine, könne der Rezipierende zu Ende führen, was der Produzierende nur angelegt habe. Mehr noch: «Denn von Natur aus wird unsere Seele vom wahren Erhabenen emporgetragen und, indem sie einen fröhlichen Auftrieb nimmt, wird sie von Freude und Stolz erfüllt, als habe sie, was sie gehört hat, selbst erzeugt» [22].

7. Erste Ansätze einer Leserästhetik finden sich in den seelenkundlichen Theorien der Phase der Empfindsamkeit [23]. G. E. LESSING fordert den miturteilenden Leser, wenn er betont, «es auf sein eigen Urtheil wollen ankommen zu lassen ... Wir geben ihm zugleich das Recht, unsre Arbeit eben so scharf zu beurtheilen, als wir es mit andrer Arbeit machen werden» [24]. F. SCHLEGEL spricht schon vom mitschaffenden Leser: «Der synthetische Schriftsteller konstruiert und schafft sich einen Leser, wie er sein soll; er denkt sich denselben nicht ruhend und tot, sondern lebendig und entgegenwirkend ... Er will keine bestimmte Wirkung auf ihn machen, sondern tritt mit ihm in das heilige Verhältnis der innigsten Symphilosophie oder Sympoesie» [25]. Doch der Weg der Emanzipation des bürgerlichen Lesers fand alsbald seinen Gipfel und vorläufigen Endpunkt in der autonomen Kunst des deutschen Idealismus, in einer Sphäre der Kontemplation, die die Frage nach Wirkung und R. wieder aus der Ästhetik ausschloß. Das autonome Kunstwerk, das keinem äußeren Zweck dienen darf, erweitert – A. MÜLLER zufolge – mit jedem Betrachter, den es in die «Werkstätte echter Kunst» hereinruft, seine eigene Sphäre zu einem «kleinen Kunststaat um sich her», jenseits aller geschichtlichen Realität: «Die Beschauer sind gleichsam die freien Untertanen des Werks und seines Meisters; mit jedem neu hinzutretenden erweitert sich der Staat oder die Bedeutung dieses kleinen Souveräns» [26]. GOETHE, der die aristotelische Wirkungspoetik (Katharsis) als kunstfremd abwies, hat das Prinzip der Zusammengehörigkeit von Werk (oder Ereignis) und R. indes der Historie wieder zugebilligt, wenn er bemerkte, daß Geschichte von Zeit zu Zeit umgeschrieben werden müsse, «weil der Genosse einer fortschreitenden Zeit auf Standpunkte geführt wird, von welchen sich das Vergangene auf neue Weise überschauen und beurteilen läßt» [27]. Er nahm damit den seit Chladenius sich abzeichnenden Erkenntniswandel der Historik – ihre Einsicht in die hermeneutische Funktion des «Sehepunktes» – auf. Mit den Worten von R. KOSELLECK: «Die Lehre von der geschichtlichen Perspektive legitimierte den historischen Erkenntniswandel, indem sie der Zeitfolge eine erkenntnisstiftende Funktion zuweist. Geschichtliche Wahrheiten werden dank ihrer Verzeitlichung zu überlegenen Wahrheiten» [28]. Der Gedanke einer fortschreitenden R. vergangener Kunst findet sich wieder in H. HEINES ‹Reisebildern›: «Jedes Zeitalter, wenn es neue Ideen beköммt, beköммt auch neue Augen und sieht gar viel Neues in den alten Geisteswerken» [29]. Denselben Gedanken wird K. MARX unter den Begriff der *Aneignung* fassen,

der gleichermaßen auf Natur und Geschichte zu beziehen ist [30].

8. Demgegenüber ist die Epoche nach dem Ende der Kunstperiode durch Vereinseitigungen des R.-Begriffs zu kennzeichnen. F. MEHRINGS ‹Lessinglegende› (1892) trennte den 'wahren', materialistisch rekonstruierten Lessing von der Geschichte seiner R., um diese als 'Legende' der bürgerlichen Interpreten zu erweisen. Sein Paradigma lebt in der marxistischen Literaturtheorie weiter, soweit sie R.-Geschichte auf Ideologiekritik reduziert und die alleinigen Wahrheitsanspruch für ihre Werkanalyse erhebt [31]. Für J. HIRSCHS Werk ‹Die Genesis des Ruhms› (1914) war in der Nachfolge Nietzsches umgekehrt gerade der Schein, d.h. das sich wandelnde Bild eines Werks in den Augen seiner Mitwelt und Nachwelt, sein eigentliches Wesen und Gegenstand einer «Phänographik», mit der er die positivistische Biographik ersetzen wollte. Danach hat E. BERTRAM allen Historismus und Perspektivismus durch einen radikalisierten R.-Begriff überboten. Demnach entsteht eine Legende allererst im Akt des immer wieder Anderslesens, für uns als den «Zeugen einer Vergangenheit, die so nie wieder *erscheint*». Der Akt der R. ist dabei aber nicht nur eine willkürliche Setzung des Interpreten, sondern an den geschichtlichen Augenblick gebunden, im Bewußtsein, daß dieses Bild eines Werks «nur heute, nur uns, nur als Augenblick so 'erscheint'» [32].

Vor diesem Höhenflug der Geistesgeschichte nehmen sich die Zeugnisse außerhalb Deutschlands bescheidener aus. Die Saint-Simonistische Ästhetik interessierte an der Kunst lediglich ihre didaktische und rhetorische Funktion [33]. Gegen die positivistische Literaturhistorie, die auf die Einheit von Leben und Werk gerichtet und mehr an seinen Quellen als an seiner Wirkung interessiert war, revoltierte am Ende des 19. Jh. eine rezeptionspsychologische Kritik (J. M. GUYAU, E. HENNEQUIN) und hernach, angeregt durch Bergsons Lebensphilosophie, CH. PÉGUY, A. THIBAUDET u.a. mit dem Postulat einer «lecture créatrice», die das Werk nicht länger als Endpunkt biographischer und sozialer Determinanten, sondern als Ausgangspunkt schöpferischer R. betrachten wollte [34]. Diese noch impressionistischen Ansätze überragt die poietische Theorie P. VALÉRYS, der den unabdingbaren Hiatus zwischen Produktions- und R.-Ästhetik erkannte, und mit seinem provokativen Diktum: «Mes vers ont le sens qu'on leur prête» für die moderne Literatur den bisher nur kontemplativen Leser zum Mitschöpfer des 'offenen Werks' erhob. Valéry hat aber auch schon eine «Histoire vraie de la lecture. Une histoire réelle complète de la littérature – histoire des livres les plus vraiment lus – et leur influence» gefordert [35]. Dieses Postulat ist zunächst von der Literatursoziologie aufgenommen worden, von L. L. SCHÜCKING (1931) mit der Frage nach Abläufen und Trägertypen der literarischen Geschmacksbildung, von R. ESCARPIT (1961) mit der Erforschung des Leseverhaltens sozialer Gruppen, der Distribution und Konsumtion, in der an der Intention großer Literatur «schöpferischer Verrat» begangen werden kann, schließlich von G. GRIMM (1977) mit der Absicht, in der R.-Geschichte das Handeln ihrer Subjekte empirisch zu analysieren [36].

9. Die Methodendebatte der Literaturwissenschaft in den letzten beiden Jahrzehnten ist hier nicht mehr zu referieren [37]. Sie läßt sich auch als eine Wiederaufnahme der 'Querelle des Anciens et des Modernes' verstehen, in der nun Autor und Leser die Gegenpositionen übernommen haben. Auf dem Weg zu der noch ungeschriebenen «Literaturgeschichte des Lesers» [38] wurden dabei vor allem die Paradigmen verabschiedet, die – der ästhetischen Erfahrung des Lesers mißtrauend – die dialektische Einheit von Text und R. als geschichtliches Agens der Literatur negiert und ihre kommunikative Funktion preisgegeben hatten: der Idealismus der Werkästhetik (die – vorab im Purismus der New Critics – das selbstgenügsame Werk von Intention und Wirkung, d.h. der «intentional» und «affective fallacy», schied und nurmehr den einen idealen Leser benötigte) [39]; der Substantialismus der sich selbst tradierenden Tradition (vor allem des 'Nachlebens' der Antike im Gefolge von E. R. CURTIUS) [40]; der geschichtslose Strukturalismus (der das nicht für erkenntniswürdig erachtete Einzelwerk in Komponenten oder Codes einer funktionalen Logik auflöste) [41]; der Neomaterialismus der ideologiekritischen Welle (der den Primat der Produktion und ihrer ökonomischen Determinanten über die zur Konsumtion erniedrigte R. behauptete) [42]; die pansemiotische Theorie der Textualität (die gegen den Logozentrismus antrat und selbst einer Metaphysik der *Ecriture* anheimfiel) [43]; der Dekonstruktivismus schließlich (der die Fallstricke aller Sinnkonstitution aufzudecken suchte und seinen letzten Halt in einer Art von negativer Theologie voraussetzen mußte) [44].

Wenn heute die poststrukturale Literaturästhetik den Anfang dieser Debatte auf die Absage an den Logozentrismus, näherhin auf J. DERRIDAS ‹De la grammatologie› (1967) datiert, ist daran zu erinnern, daß zur selben Zeit der ontologische Vorrang des Werks als Ort der Manifestation vorgegebener Wahrheit nicht allein in Deutschland, sondern auch schon in Italien bestritten wurde. Während im Gefolge Derridas die Theorie der Textualität, bestimmt als «Spiel der Differenzen», einseitig an der produktiven Seite der ästhetischen Tätigkeit orientiert blieb und aus dieser schließlich das Subjekt überhaupt auszutreiben versuchte, wurde hier begonnen, den Prozeß der Kommunikation im ästhetischen Medium hermeneutisch und semiotisch aufzuarbeiten. Es war allen zuvor U. Eco, der – ausgehend von der seriellen Musik – in ‹Opera aperta› (1962) die erste Theorie der offenen, ständig fortschreitenden Sinnkonstitution entwarf, nach der das Kunstwerk als offene Struktur die aktive Koproduktion des Rezipienten benötigt und eine geschichtliche Vielfalt von Konkretisationen zeitigt, ohne darum aufzuhören, *ein* Werk zu sein.

Als Wegbereiter des geschichtlich-hermeneutischen Paradigmas der R.-Theorie sind zum Schluß noch zwei bedeutende Namen zu nennen. W. BENJAMIN hat vom Historiker gefordert, das Kontinuum der Geschichte aufzusprengen, um «die Erfahrung mit der Geschichte in Gang zu setzen, die für jede Gegenwart eine ursprüngliche ist». Seine Theorie vom «Jetzt der Erkennbarkeit» war am «Jetzt der Lesbarkeit» gewonnen, die dem mündigen Leser zumutete, «die gelassene, kontemplative Haltung dem Gegenstand gegenüber aufzugeben, um der kritischen Konstellation sich bewußt zu werden, in der gerade dieses Fragment der Vergangenheit mit gerade dieser Gegenwart sich befindet» [45]. Für J.-P. SARTRE lag die Chance der Hoffnung nicht in der Rettung des Vergangenen, sondern in der produktiven R. des je Gegenwärtigen, d.h. eines möglichen, von der Literatur im reziproken Akt des Schreibens und Lesens entdeckten Sinns unserer Welt: «Ecrire, c'est donc à la fois dévoiler le monde et le proposer comme une tâche à la générosité du lecteur» [46]. So wird Literatur als der kommunikative Akt gerechtfertigt, in dem sich die menschliche Bestimmung zur Freiheit in der Aneignung und Veränderung der Welt zu bewähren vermag.

Anmerkungen. [1] Zu den einschlägigen Arbeiten vgl. H. D. WEBER: R.-Gesch. oder Wirkungsästhetik (1978); ferner H. R. JAUSS: Die Theorie der R. – Rückschau auf ihre unerkannte Vorgesch. Konst. Univ.reden 166 (1987). – [2] Ps.-ARISTOTELES: Liber de causis, prop. 10, hg. O. BARDENHEWER (1882, ND 1960) 174; möglicherweise schon auf Plotin zurückzuführen: J. S. LEE: The doctrine of reception according to the capacity of the recipient in Ennead VI 4-5. Dionysius 3 (1979) 79-97; vgl. ferner BOETHIUS: De cons. philos. V, 4, 25; THOMAS VON AQUIN: S. theol. I, 75, 5c; vgl. Art. ‹Rezeptivität›. – [3] THOMAS AQU.: In II Met. lect. 1; vgl. dazu J. SPÖRL: Das Alte und das Neue im MA. Hist. Jb. 50 (1930) 319. – [4] MARIE DE FRANCE: Die Lais. Prolog. 9-14; vgl. H. R. JAUSS: Lit.gesch. als Provokation (1967, ²1970) 21. – [5] H. REYNOLDS: Mythomystes (London 1632); vgl. H. BLOOM: Kabbalah and criticism (New York 1975) 14. – [6] WILHELM VON OCKHAM: Ordin. (in Sent. I) d. 35, q. 1. Op. phil. et theol. I/4 (St. Bonaventure, N.Y. 1979) 426, 8f. – [7] M. LUTHER: Tischrede Nr. 3868 (10. 5. 1538). Weim. Ausg., Tischreden 3 (1914) 670, 17ff. – [8] B. SPINOZA: Tract. theol.-pol. VII, hg. G. GAWLICK/F. NIEWÖHNER (1979) 232. – [9] Vgl. E. JÜNGEL: Anthropomorphismus als Grundproblem neuzeitl. Hermeneutik, in: Verifikationen. Festschr. G. Ebeling (1982) 520. – [10] Vgl. Art. ‹R., juristische›. – [11] Y. CONGAR: Die R. als ekkl. Realität. Concilium 8 (1972) 500-514. – [12] Dazu K. ENGISCH: Die Idee der Konkretisation in Recht und Rechtswiss. (1953); J. ESSER: Vorverständnis und Methodenwahl in der Rechtsfindung (1970) 72ff. – [13] R. INGARDEN: Das lit. Kunstwerk (1931); F. VODIČKA: Struktura vývoje (Prag 1969); JAUSS, a.O. [4] 247f.; W. ISER: Der Akt des Lesens (1976) 267ff. – [14] H. BLUMENBERG: Epochenschwelle und R. Philos. Rdsch. 1 (1958) 94-120. – [15] Aspekte der Epochenschwelle (1976); Arbeit am Mythos (1979). – [16] TH. S. KUHN: The structure of scient. revolut. (Chicago 1962); dtsch. (1967). – [17] H.-G. GADAMER: Wahrheit und Methode (1960). – [18] Vgl. J. W. GOETHE: Nachlese zu Aristoteles' Poetik (1827). Hamb. Ausg. 12, 342ff.; Br. an K. F. Zelter, 29. 3. 1827; F. SCHLEGEL: Schillers Horen [2. Jg., 1796], IVtes Stück (1796). Krit. Ausg., hg. E. BEHLER I/2 (1967) 14; TH. W. ADORNO: Ästhet. Theorie (1970) 339. – [19] M. DE MONTAIGNE: Essais I, 24. Oeuvr. compl., hg. A. THIBAUDET/M. RAT (Paris 1962) 126. – [20] S. JOHNSON: Life of the poets. Works (New York 1903) 11, 181. – [21] Dazu W. KEMP: Der Betrachter ist im Bild (1985) bes. 184. – [22] Ps.-LONGINUS: De subl. 7, 2; dazu M. FUHRMANN: Einf. in die antike Dichtungstheorie (1973) bes. 142. – [23] Dazu G. SAUDER: Empfindsamkeit 3 (1980) 59-84; E. SCHÖN: Der Verlust der Sinnlichkeit / oder: Die Verwandlungen des Lesers (1987); H. SCHLAFFER: Eine Psychologie des Lesens im 18. Jh. Jb. Jean-Paul-Ges. (1980) 131-153. – [24] G. E. LESSING: Beyträge zur Historie und Aufnahme des Theaters (1749). Samtl. Schr., hg. K. LACHMANN/F. MUNKER 4, 53. – [25] F. SCHLEGEL: Krit. Frg. (1797) Nr. 112. Krit. Ausg., a.O. [18] 161. – [26] A. MÜLLER: Vorles. über die dtsch. Wiss. und Lit. XI (1806). Krit., ästhet. und philos. Schr., hg. W. SCHRÖDER/W. SIEBERT (1967) 1, 116f. – [27] GOETHE: Mat. zur Farbenlehre (1810). Hamb. Ausg. 14, 93. – [28] R. KOSELLECK: Vergangene Zukunft – Zur Semantik geschichtl. Zeiten (1979) 336. – [29] H. HEINE: Die Nordsee (1826). Hist.-krit. Ges.ausg., hg. M. WINDFUHR 6 (1973) 148. – [30] K. MARX: Br. an F. Lassalle, 22. 7. 1861. MEW 30, 614. – [31] Vgl. K. R. MANDELKOW: R.-Gesch. als Erfahrungsgesch., in: Stud. zur Goethezeit, hg. H.-J. MÄHL (1981) 157f. – [32] E. BERTRAM: Nietzsche. Versuch einer Mythologie (1918, ⁵1921) 5. – [33] Vgl. H. BÖHRINGER: Avantgarde – Gesch. einer Metapher. Arch. Begriffsgesch. 27 (1978) 100. – [34] Vgl. F. WOLFZETTEL: Einf. in die frz. Lit.gesch.schreibung (1982) 237-242. – [35] P. VALÉRY: Au sujet du Cimetière Marin (1933). Oeuvres (Paris 1957) 1, 1509; Cahiers, hg. I. HYTIER (Paris 1974) 2, 1197. – [36] L. L. SCHÜCKING: Soziol. der lit. Geschmacksbildung (1931); R. ESCARPIT: Sociol. de la litt. (Paris 1951); dtsch.: Das Buch und der Leser (1961) 34; G. GRIMM: R.-Gesch. (1977). – [37] Dazu R. WARNING: Einl. zu: Rä. – Theorie und Praxis (1975); R. C. HOLUB: Reception-theory (London 1984). – [38] Vorgeschlagen von H. WEINRICH: Für eine Lit.gesch. des Lesers. Merkur 21 (1967) 1026-1038. – [39] W. K. WIMSATT Jr./M. C. BEARDSLEY: The intentional fallacy (1946), in: The verbal icon (Lexington, Kent. 1954) 2-18; The affective fallacy (1949), a.O. 22-39; zum New Criticism vgl. W. ERZGRÄBER: Einl. zu: Moderne engl. und amer. Lit.kritik (1970); J. SCHLÄGER: Einl. zu: I. A. RICHARDS: Prinzipien der Lit.kritik [1924] (1972), mit Würdigung seiner Ansätze zur empir. R.-Forschung. – [40] E. R. CURTIUS: Europ. Lit. und lat. MA (1948). – [41] Dazu JAUSS, a.O. [4] 236ff. – [42] Dazu WARNING, a.O. [37] 325-352; P. U. HOHENDAHL: Sozialgesch. und Wirkungsästhetik (1974); K. R. MANDELKOW: Rä. und marxist. Lit.theorie, in: W. MÜLLER-SEIDEL (Hg.): Historizität in Sprach- und Lit.wiss. (1974) 379-388. – [43] Dazu M. FRANK: Was ist Neostrukturalismus? (1983). – [44] Zum Hauptvertreter der sog. Yale School: P. DE MAN: Blindness and insight (New York 1971); Allegories of reading (New Haven 1979); vgl. L. WATERS: Einl. zu P. DE MAN: Crit. writings (Minneapolis 1989); zur Dekonstruktivismusdebatte F. LENTRICCHIA: After the New criticism (London 1980); H. BLOOM (Hg.): Deconstruction and criticism (London 1979); Reading de Man reading, hg. L. WATERS/W. GODZICH (Minneapolis 1989); zuletzt K. STIERLE: Dimensionen des Verstehens. Konst. Univ.reden 174 (1990). – [45] W. BENJAMIN: Eduard Fuchs, der Sammler und der Historiker (1937). Ges. Schr. (1977) II/2, 467f. – [46] J.-P. SARTRE: Qu'est-ce que la litt.? (Paris 1948) 109.

Literaturhinweise. K. STIERLE: Was heißt R. bei fiktionalen Texten? Poetica 7 (1975) 345-387. – K. LUBBERS: Die Aufgaben und Möglichkeiten der R.-Forschung. Germ.-Rom. Mschr. 55 (1964) 292-302. – H. R. JAUSS s. Anm. [4]. – W. ISER: Die Apellstruktur der Texte (1970). – K. R. MANDELKOW: Probleme der Wirkungsgesch. Jb. int. Germanistik 2 (1970) 71-84. – W. ISER: Der implizite Leser (1972). – H. U. GUMBRECHT: Soziologie und Rä., in: Neue Ansichten einer zukünftigen Germanistik (1973) 48-74. – M. NAUMANN: Gesellschaft – Literatur – Lesen (1973). – P. U. HOHENDAHL s. Anm. [42]. – R. WARNING s. Anm. [37]. – W. ISER s. Anm. [13]. – H. TÜRK: Wirkungsästhetik (1976). – W. BARNER: Neuphilol. R.-Forschung. Poetica 9 (1977) 499-521. – K. BERGER: Exegese des NT (1977). – G. GRIMM s. Anm. [36]. – H. R. JAUSS: Ästhet. Erfahrung und lit. Hermeneutik (1977, ²1982). – H. D. WEBER s. Anm. [1]. – L. DAELLENBACH (Hg.): Théorie de la réception en Allemagne. Poétique (Sonderheft) 39 (1979). – H. R. JAUSS: Historia calamitatum et fortunarum mearum. Oder: Ein Paradigmenwechsel in der Lit.wiss., in: Forschung in der BRD (1983) 121-134. – W. KEMP: Der Anteil des Betrachters. R.-ästhet. Stud. zur Malerei des 19. Jh. (1983). – R. C. HOLUB s. Anm. [37]. – K. R. MANDELKOW s. Anm. [31]. – H. R. JAUSS s. Anm. [1].

H. R. JAUSS

Rezeption, juristische. R. ist Aufnahme (lat. receptio), j.R. Aufnahme von Recht (das Attribut steht für einen objektiven Genetiv). Der Begriff läßt vielfältige Ausformungen zu. Man hat ihn deshalb für den allgemeinen Sprachgebrauch einschränken wollen (F. PRINGSHEIM) [1] oder von seinem Gebrauch überhaupt abgeraten (E. GENZMER) [2]. Er begegnet im Laufe seiner Geschichte nicht nur als historischer, sondern auch als juristischer (der Rechtsquellenlehre angehöriger) Begriff. Der Vorschlag, den R.-Begriff auf die R. des römischen Rechts in Deutschland zu beschränken (H. MITTEIS) [3], hat sich nicht durchsetzen können.

1. Viele R.-Konzepte sind an konkreten historischen Vorgängen und für solche entwickelt worden. Es ging dann weniger um eine exakte Begriffsbestimmung als vielmehr um eine möglichst treffende Charakterisierung des in Frage stehenden Vorgangs.

Der wohl bedeutendste und dem abendländischen Bewußtsein vertrauteste Fall einer R., für viele *die* R., war die gegen Ende des Mittelalters und zu Beginn der Neuzeit stattfindende Aufnahme des römischen Rechts (wie es die italienische Theorie und Praxis geformt hatte) in Europa und vor allem in Deutschland. Als R. der Darstellung und begrifflichen Erfassung zugänglich wurde der höchst komplexe und sich über Jahrhunderte hinziehende Vorgang erst im Laufe des 17. Jh. Während die mittelalterliche Idee der *translatio imperii* ein R.-Bewußtsein noch ausgeschlossen hatte, war nach der am Ausgang des Mittelalters aufkommenden und bis zum Beginn des 17. Jh. herrschenden Ansicht, Kaiser Lothar III. habe im Jahr 1137 die Anwendung des römischen Rechts ausdrücklich angeordnet (sog. *Lotharische Legende*), das römische Recht im ganzen übernommen worden (so etwa nach T. PAURMEISTER [4], der aber auch den Translationsgedanken anführt) und konnte sein späteres, wirkliches Eindringen nicht mehr als R. erscheinen. Mit Beginn des 17. Jh. wurden Zweifel an dieser Überlieferung laut, die R. wurde allmählich als solche erkannt [5]. H. CONRING widerlegte die Lotharische Legende und stellte die R. als Prozeß eines allmählichen Eindringens («sensim magis magisque irrepsisse») der «Jura Romana» dar [6]. Er verwendet das Wort ‹receptio› im Sinne von ‹j.R.› [7], häufig jedoch Formen des Verbs ‹recipere›; solche finden sich auch schon in älterer Literatur [8]. Der Begriff bürgert sich seitdem in der Jurisprudenz ein [9]. Außer in bezug auf das (fremde) Ius Romanum wird ‹recipere/receptio› aber auch gebraucht in bezug auf die einheimischen Rechte [10]: Der frühe R.-Begriff ist noch nicht auf die Fremdrechts-R. beschränkt [11]. Die Praxis des «usus modernus» war freilich durch die Vorstellung einer Aufnahme des römischen Rechts im ganzen beherrscht [12]. Ihr machte die schon von M. WESENBECK angewandte, von J. SCHILTER und S. STRYK als «via media» verfochtene Lehre von der «fundata intentio» des sich auf römisches Recht Berufenden die Conringsche Konzeption akzeptabel [13]. (Der Meinungsgegensatz selbst blieb; er bewegte die deutsche Pandektistik noch am Ende des letzten Jahrhunderts [14] und wirkt bis heute fort [15].) Zur Begründung jenes Satzes diente SCHILTER die (ergänzende) Konzeption einer generellen «tacita receptio» («si non usu, tamen intentione et primo actu») des römischen Rechts in einen Stand der «observabilitas» oder «aptitudo legum ad observandum» [16]. Andere meinten hingegen, die R. sei «facti», und forderten den Nachweis der R. für jeden einschlägigen Rechtssatz [17], so u.a. N. H. GUNDLING: R. als grundsätzlich beweisbedürftige «correctio» der «iura patria» [18]. Inhaltliche Identifizierung des römischen Rechts mit natürlichem Recht (G. W. LEIBNIZ [19]; S. VON COCCEJI [20]) hätte die R., wenn auch kaum als solche in Frage stellen, so doch in neuem Licht erscheinen lassen können. In der Tat sah CH. THOMASIUS die Wirkung der R., soweit sie «repetita ex jure naturae et gentium» betraf, lediglich in der Hervorbringung eines «usus theoreticus», welchen er einem schon vor der R. insoweit vorhandenen «usus practicus» gegenüberstellte [21]. Im allgemeinen identifizierte man jedoch im Zeitalter des Naturrechts das römische Recht nicht ohne weiteres mit natürlichem Recht, sondern stellte es vergleichend, bewertend, kritisierend neben dieses [22].

G. W. F. HEGEL erschien die R. des römischen Rechts als «großes Geschenk» eines «äußerlichen, d.h. gesinnungslosen und gemüthlosen Rechtsprincips», durch welches man «die Freiheit des Geistes», «die innere Freiheit» gewonnen habe, Sicherheit von Geist, Gemüt, Gesinnung, Religion vor dem «abstract juristischen Verstande» [23]. Ungeachtet seiner Rechtsentstehungslehre, wonach es «der in allen Einzelnen gemeinschaftlich lebende und wirkende Volksgeist» ist, der das geltende Recht erzeugt [24], faßte F. C. VON SAVIGNY die R. des römischen Rechts als solche auf: Mit dem römischen Recht hätten die europäischen Nationen ein in einem fremden Volk entstandenes Recht als «wissenschaftliches» Volksrecht aufgenommen [25], woran sich die nationenverbindende Wirkung des christlichen Glaubens zeige [26]. Der darin angelegte Zwiespalt brach auf im sog. *R.-Streit:* Während nach Ansicht des Savignyschülers G. F. PUCHTA das römische Recht «dem unmittelbaren Volksbewußtsein nicht fremd geblieben», vielmehr «in das Leben, in Fleisch und Blut des Volks übergegangen», «assimiliertes Lebenselement» geworden war [27], verband sich für G. BESELER mit der R. des römischen Rechts die allmähliche Ausbildung eines zum «Volksrecht» großenteils in Gegensatz stehenden «Juristenrechts» [28]. Noch R. SOHM sprach von einem «Kampf auf Tod und Leben, welcher dem fränkischen Recht von einem übermächtigen Gegner aufgenöthigt wurde» [29]. Hintergrund jenes Streits bildeten eine vorwiegend stoffliche Sicht der R. sowie ein entschieden auf die Fremdrechts-R. verengter R.-Begriff. In neuerer Zeit werden die Akzente anders gesetzt. Sah man bisher vielfach in der gegenständlichen Aufnahme von Recht das Wesentliche der R., so erblickt man es nunmehr in der Übernahme juristischer Methode; die Verengung des R.-Begriffes auf die Fremdrechts-R. ist zwar nicht aufgegeben, aber doch abgeschwächt worden («R. ist Assimilation» [30]). Weithin Zustimmung gefunden [31] hat F. WIEACKERS Charakterisierung der R. als eines sich von oben nach unten vollziehenden Prozesses der Verwissenschaftlichung des Rechtslebens [32]; diese These relativiert G. DAHM mit dem Hinweis auf eine voraufgehende Annäherung der Rechte, insbesondere einen voraufgehenden, selbständigen Prozeß der Rationalisierung und Modernisierung des deutschen Rechts [33].

Der auf dem Translationsgedanken beruhenden Überzeugung von der Fortgeltung des römischen Rechts als «theoretischer R.» ist dessen Eindringen in das Rechtsleben als «praktische R.» gegenübergestellt worden [34]. Diese Unterscheidung wird in neuerer Zeit kritisiert und abgelehnt [35]. Statt dessen wird zwischen (profaner) «Früh-» und «Voll-R.» [36] oder «Vor-» und «Haupt-R.» unterschieden [37]. «Nach-R.» genannt worden ist die Neubelebung des römischen Rechts durch die historische Rechtsschule [38].

An der Übernahme des schweizerischen Zivilgesetzbuches und Obligationenrechts durch die Türkei im Jahre 1926 hat E. E. HIRSCH seinen soziologischen R.-Begriff ausgebildet: R. könne sich nicht auf Recht als solches, sondern lediglich auf «rechtliches Gedankengut» (Material, Muster, Modelle) beziehen [39]; ähnlich F. AYITER [40] und A. B. SCHWARZ [41]: R.-Objekt können nur «Gesetze» sein. Der Begriff der j.R. wird hier fragwürdig [42]. Während HIRSCH den Vorgang der Assimilation in den R.-Begriff einbeziehen will («R. als sozialer Prozeß»), befürworten andere (E. PRITSCH, I. ZAJTAY, Z. KITAWAGA [43]) seine Sonderung vom Begriff der R.

2. Die drei Elemente des R.-Begriffs sind R.-Subjekt (Rechtsgemeinschaft), R.-Objekt (objektives Recht) und R.-Vorgang (Aufnahme) [44]. Nach dem Begriff der Rechtshistoriker ist R. die freiwillige Aufnahme überwiegender Bestandteile einer fremden Rechtsordnung durch ein Volk ohne seine Überwältigung durch ein anderes [45]. Zuweilen wird darüber hinaus bewußtes Übernehmen verlangt [46]. Nach P. KOSCHAKER ist Bedingtsein durch Autorität oder wenigstens den Glauben

an eine solche Merkmal der Rechtssystem-R. [47]. Andererseits will man verschiedentlich auf Freiwilligkeit [48] oder auf eine quantitative Einschränkung verzichten (und zwischen vollständiger, partieller und punktueller R. unterscheiden) [49]. Nach der Art der Einführung fremden Rechts (durch Gesetz/Gerichtsgebrauch) ist zwischen «mittelbarer» und «unmittelbarer» R. unterschieden worden [50]. Vereinzelt wurde versucht, den Begriff auf die gewohnheitsrechtliche Aufnahme fremden Rechts zu bloß subsidiärer Geltung zu beschränken [51].

Wie für eine überpositivistische Geschichtsbetrachtung überhaupt, so ist auch für den R.-Begriff die (freilich fragwürdige) Vorstellung einer Kontinuität der Kulturerscheinungen unentbehrlich. Dem R.-Begriff liegt die Vorstellung einer Kontinuität des Objekts [52], aber auch des Subjekts des Aufnahmevorgangs zugrunde. Über den R.-Begriff hinaus gehen daher die von F. Wieacker vorgeschlagenen Anschauungsmodelle, in denen die Aufnahme fremden Rechts zu einer Veränderung des R.-Subjekts oder gar zur Entstehung eines neuen Subjekts führt [53]. Das Spannungsverhältnis zwischen Kontinuität und Ursprünglichkeit des Rechts (das für den soziologischen R.-Begriff nicht besteht) wird überwunden in der Konzeption G. Husserls, in welcher R. erscheint als «Verpflanzung von Dingen des Rechts», von Rechtsideen, welche ihrer überlieferten Formen entkleidet werden («Entzeitung») und so, auf ihren «Sinneskern» reduziert, ein «juristisches Apriori», Rechtswahrheiten darstellen, die als solche keine normative Kraft besitzen [54].

Anmerkungen. [1] F. Pringsheim: Réception. Rev. int. Droits Antiquité 8 (1961) 243ff. – [2] E. Genzmer: Ius Romanum Medii Aevii I, 1a-d (1961) 143ff. – [3] H. Mitteis: Die Rechtsgesch. und das Problem der hist. Kontinuität. Abh. Dtsch. Akad. Wiss.en Berlin 1947, Philos.-hist. Kl. 1 (1948) 22. – [4] T. Paurmeister: De jurisdictione imperii romani libri II, II, 6 (²1616) 713f., Rn. 148-150; ähnlich B. Amerbach in einem Gutachten vom Jahr 1575, vgl. H. Thieme: Statuarrecht und R.: Ein Basler Fakultätsgutachten für Breslau, in: Festschr. G. Kisch (1955) 79f. – [5] R. Stintzing/E. Landsberg: Gesch. der dtsch. Rechtswiss. 2 (1884, ND 1957) 172. 179; S. Brie: Die Stellung der dtsch. Rechtsgelehrten der R.-Zeit zum Gewohnheitsrecht, in: Festschr. F. Dahn (1905) 137f. (mit Anm. 39); K. Luig: Conring, das dtsch. Recht und die Rechtsgesch., in: H. Conring (1606-1681). Beitr. zu Leben und Werk, hg. M. Stolleis (1983) 372f. – [6] H. Conring: De orig. juris Germanici liber unus, cap. 32f. (1643, ⁴1695) 194ff. 205ff. – [7] cap. 33, a.O. 206. – [8] So bei Amerbach, vgl. Thieme, a.O. [4] 81; ferner z.B. bei Paurmeister, a.O. [4] und bei J. Limnäus: Juris publici imperii Romano-Germanici libri IX (1629-1634, Straßburg ⁴1699) I, cap. III, 5. – [9] Vgl. H. Linck: Diss. de juris Justinianei receptione atque autoritate in Germania (1679); J. C. Heydelmann: Diatribe historico-iuridica de recept. Iuris Romani (1713). – [10] So bei Conring, a.O. [6], etwa: cap. 24. 33, a.O. 148. 210; bei J. Schilter: Praxis iuris Romani in foro Germanico, Exercit. ad pand. 1, § 12 add.: 30, § 198 (²1698) 39. 437; bei S. Stryk: Specimen usus moderni pand. Ad libros V priores § 27 (¹⁰1780) 20. – [11] Vgl. allerdings schon J. H. Böhmer: Introd. in ius Digestorum I, tit. II, § 16 (1704) 16f. («Transiit ...»; «salvis tamen iure Canonico iam ante recepto et Legibus patriis»). – [12] F. Wieacker: Privatrechtsgesch. der Neuzeit (²1967) 208. – [13] W. Wiegand: Zur Herkunft und Ausbreitung der Formel 'Habere fundatam intentionem'. Eine Vorstudie zur Rechtsquellen- und Rechtsanwendungslehre der R.-Zeit und des usus modernus, in: Festschr. H. Krause (1975) 126ff. – [14] B. Windscheid: Lehrb. des Pandektenrechts 1 (⁷1891) 4f. (für R. «in complexu»); H. Dernburg: Pandekten 1 (⁵1896) 8ff. (dagegen). – [15] Vgl. H. Coing: Ius commune 1 (1967) 5ff.; Wiegand, a.O. [13] 130 und demgegenüber: H. Mitteis/H. Lieberich: Dtsch. Rechtsgesch. (¹⁷1985) 311; D. Giesen: Art. ‹R. fremder Rechte›, in: Handwb. zur dtsch. Rechtsgesch. [HRG] 28. Lief. (1987) 997. – [16] Schilter: Exercit. ad pand. 1 § 12. § 12 add., a.O. [10] 7. 40. – [17] Luig, a.O. [5] 381ff. – [18] N. H. Gundling: Digesta I (1723) 39f.; Discourse, Teil 1 (1739) 25f.; Teil 2, Vorrede § 58. – [19] E. Molitor: Der Versuch einer Neukodifikation des Röm. Rechts durch den Philosophen Leibniz, in: L'europa e il diritto romano I (Mailand 1954) 364. 370ff.; F. Sturm: Das röm. Recht in der Sicht von G. W. Leibniz (1968) 13ff. – [20] Stintzing/Landsberg, a.O. [5] 3/1 (1898, ND 1957) 215; W. Dilthey: Zur preuß. Gesch. Das allg. Landrecht. Ges. Schr. 12, hg. E. Weniger (⁴1973) 139; P. Bender: Die R. des röm. Rechts im Urteil der dtsch. Rechtswiss. (1979) 43ff. – [21] W. Ebner: Kritik des röm. Rechts bei Ch. Thomasius (1971) 65ff. – [22] P. Koschaker: Europa und das röm. Recht (1947) 249ff.; Bender, a.O. [20] 37ff. – [23] G. W. F. Hegel: Vorles. über die Philos. der Gesch. Jub.ausg., hg. H. Glockner 11 (³1949) 374. – [24] F. C. von Savigny: System des heutigen Röm. Rechts I, § 7 (1840) 14. – [25] § 18, a.O. 77ff. – [26] a.O. 80. – [27] G. F. Puchta: Pandekten § 2 (¹¹1872) 2; Vorles. über das heutige röm. Recht 1 (⁴1854) 7. – [28] G. Beseler: Volksrecht und Juristenrecht (1843) 86f. 88. 299. 301ff.; vgl. auch Koschaker, a.O. [22] 164. 212; kritisch R. Hübner: Grundzüge der dtsch. Privatrechts (⁵1930, ND 1982) 35f. – [29] R. Sohm: Fränk. Recht und röm. Recht. Proleg. zur dtsch. Rechtsgesch. (1880) 71. 83. – [30] Wieacker, a.O. [12] 130; H. Lange: Das Problem der R. im Recht. Abh. Akad. Wiss. Lit. Mainz, Geistes- und soz.wiss. Kl. 1986, Nr. 7 (1987) 2. – [31] Vgl. H. Schlosser: Grundzüge der neueren Privatrechtsg. (⁵1985) 42ff.; H. Kiefner: Art. ‹R. (privatrechtlich)›, in: HRG, a.O. [15] 970ff. – [32] F. Wieacker: Vom röm. Recht. Wirklichkeit und Überlief. (1944) 234ff.; a.O. [12] 131f.; Zum heutigen Stand der R.-Forsch., in: Festschr. J. Klein (1967) 198f. – [33] G. Dahm: Zur R. des röm.-italien. Rechts (1955) 9. 35ff. 42ff. 46; Dtsch. Recht (²1963) 96. – [34] E. von Künssberg: Art. ‹R.›, in: Handwb. der Rechtswiss. 5 (1928) 128f.; C. von Schwerin/H. Thieme: Grundzüge der dtsch. Rechtsgesch. (⁴1950) 253f. – [35] Wieacker, a.O. [12] 140; G. Wesenberg/G. Wesener: Neuere dtsch. Privatrechtsg. (⁴1985) 80; Mitteis/Lieberich, a.O. [15]; Kiefner, a.O. [31] 975. – [36] Wieacker, a.O. 114ff.; Kiefner, a.O. 974ff. – [37] Mitteis/Lieberich, a.O. [15] 311f. – [38] a.O. 315. – [39] E. E. Hirsch: Die R. fremden Rechts als sozialer Prozeß, in: Festg. F. Bülow (1960) 121ff.; Art. ‹R.›, in: Wb. der Soziol. (²1969) 901f.; R. als sozialer Prozeß (1981) 11ff. – [40] F. Ayiter: Das R.-Problem im Zeichen der kulturhist. Perspektive 'Europa und das Röm. Recht' und unter bes. Berücksicht. der R. westeurop. Gesetzbücher in der mod. Türkei, in: L'Europa ..., a.O. [19] 2, 150ff. – [41] A. B. Schwarz: Rechtsgesch. und Gegenwart (1938), in: Ges. Schr. zur Neueren Privatrechtsg. und Rechtsvergleichung (1960) 153f. – [42] Vgl. Schlosser, a.O. [31] 149. – [43] E. Pritsch: Das schweiz. Zivilgesetzbuch in der Türkei. Seine R. und die Frage seiner Bewährung. Z. vergleich. Rechtswiss. 59 (1954) 128f. 148; I. Zajtay: Zum Begriff der Gesamt-R. fremder Rechte. Arch. civilist. Praxis 170 (1970) 256f. 263 [= Beitr. zur Rechtsvergleichung (1976) 100. 106f.]; Z. Kitawaga: R. und Fortbildung des europ. Zivilrechts in Japan (1970) 18. 21ff. – [44] Wieacker, a.O. [12] 126. – [45] a.O. 127; vgl. auch Pringsheim, a.O. [1]. – [46] W. Trusen: Anfänge des gelehrten Rechts in Deutschland (1962) 2f.; M. Rheinstein: Einf. in die Rechtsvergleichung (1974) 124ff. – [47] Koschaker, a.O. [22] 137f.; zustimmend K. Zweigert/H. Kötz: Einf. in die Rechtsvergleichung 1 (²1984) 115; vgl. auch krit.: Ayiter, a.O. [40] 146ff.; A. F. Schnitzer: Vergleich. Rechtslehre 1 (²1961) 44f. – [48] A. Kocourek: Factors in the reception of law, in: Studi in mem. A. Albertoni 3 (1938) 235. 237f.; Schwarz, a.O. [41] 150; Kitawaga, a.O. [43] 19. – [49] Schwarz, a.O.; vgl. auch H. Coing: Grundzüge der Rechtsphilos. (³1976) 126f. – [50] A. Stölzel: Die Entwickl. der gelehrten Rechtsprechung (²1910) 2. – [51] a.O. 2ff. – [52] Vgl. Wieacker, a.O. [12] 125f.; Ausgew. Schr. 1 (1983) 70; H. Thieme: Savigny und das Dtsch. Recht. Z. Savigny-Stift. Rechtsgesch., Germ. Abt. 80 (1963) 9. – [53] Vgl. a.O. 126f.; Zum heutigen Stand der R.-Forsch. ..., a.O. [32] 186. 196f. – [54] G. Husserl: Recht und Zeit. Fünf rechtsphilos. Essays (1955) 11ff.; vgl. auch H. Henkel: Einf. in die Rechtsphilos. (²1977) 218ff.; Kitawaga, a.O. [43] 13f.

D. Schanbacher

Rezeptivität (neulat. receptivitas; engl. receptivity; frz. réceptivité; ital. recettività, ricettività). Als Wortbildung spätestens vom frühen 17. Jh. an belegbar, bezieht sich der Ausdruck ‹R.› ursprünglich reflexionsbegrifflich auf das Problem der Bestimmbarkeit, wie es sich für die Substanzontologie zwischen den Extremen materieller Kapazität und äußerer Beziehung in psychologischer bzw. noologischer Hinsicht gestellt hat. Sodann stellt er aber auch die terminologische Handhabe bereit, spezifisch neuzeitliche Hinsichten der Funktion der Empfänglichkeit zu thematisieren. Die größere Verbreitung, die der Begriff ‹R.› vom Ende des 18. Jh. an fand, führte zu einer Reihe einzelwissenschaftlicher Spezialbedeutungen (z.B. in der Medizin, der Psychologie oder der Sinnesphysiologie), die aber nicht mehr unmittelbar der philosophischen Begriffs- und Problemgeschichte angehören. Für die ältere Zeit nimmt diese ihren äußeren Anhalt an Formen und Wendungen einerseits zur griech. Wurzel δέχομαι (wobei sich im Corpus Aristotelicum auch der dem Begriff ‹R.› nahekommende Ausdruck ἕξις δεκτική findet [1]), andererseits zum lat. Wortstamm von ‹R.›, also zu ‹recipio› bzw. ‹receptio› (vor allem in der lat. Aristotelestradition auch ‹suscipio›, seltener ‹accipio›); außerdem zu berücksichtigen sind bestimmte Verwendungen des stammverwandten, seit CICERO belegten [2] Begriffs ‹capacitas›.

PLATON hat im ‹Timaios› aufgewiesen, daß der Begriff bestimmter Naturerscheinungen es erfordert, außer der bestimmenden Form des Urbildes (παράδειγμα) und der bestimmten Geformtheit des Abbildes (μίμημα) als Drittes eine «Amme» oder ein Aufnehmendes des natürlichen Werdens (γενέσεως ὑποδοχὴ οἷον τιθήνη) anzusetzen [3]. Dieses Dritte muß, da von ihm selbst her unbestimmt, «unsichtbare und gestaltlose, allempfängliche Form» (ἀνόρατον εἶδός τι καὶ ἄμορφον, πανδεχές) [4], immanente Äußerlichkeit und Natur im bestimmt Gedachten sein; der Neuplatoniker und ‹Timaios›-Übersetzer CHALCIDIUS verwendet für diesen Zusammenhang ‹capacitas› [5]. ARISTOTELES erörtert die Frage sodann für das wahrhafte Bestehen individueller Bestimmtheit als Substanz (οὐσία), deren vorzügliches Merkmal es ist, Bestimmtheit und numerische Identität im Empfangen gerade auch entgegengesetzter äußerer Bestimmungen zu bewahren (τῶν ἐναντίων εἶναι δεκτικόν) [6], ja den Umschlag selbst in sich aufzunehmen (μεταβολήν δέχεσθαι) [7]. Was an der Substanz als äußere Bestimmung (ἐν ὑποκειμένῳ) erscheint, ist so schon durch sie selbst modifiziert und momentaneisiert. Die sich darin aussprechende Selbsttätigkeit des Aufnahmefähigen erlangt vor allem in der aristotelischen Seelen- und Geistlehre entscheidende Bedeutung. Es geht in ihr darum, die R. als bestimmte δύναμις, als Möglichkeits- und Passivitätsmoment in das eine, tätige Vermittlungsganze des Wahrnehmens und Erkennens einzubinden, wie entsprechend etwa auch die ‹Physik› ποίησις und πάθησις (Tun und Leiden) als zwei Seiten einer und derselben Wirklichkeit (ἐνέργεια) bezeichnet [8]. In der Stufung von der Empfindung, welche irrtumsfrei auf die ἴδια (Proprietäten) der wahrnehmbaren Substanz (οὐσία αἰσθητή) bezogen ist [9], über die Erlangung eines Begriffs der wahrnehmbaren spezifischen Form (εἶδος αἰσθητόν) dieser Substanz mittels des Gemeinsinns bis hin zum Selbsterkennen der Vernunft (νοῦς) im «Berühren» (θιγεῖν) des Noetischen (und diese gegenstoßende Berührung muß als die eigentliche R.-Weise der Vernunft gelten) entfaltet Aristoteles die Form des Erkennens, wie sie in der Vernunft selbst als dem Aufnahmefähigen für das Noetische wie für die Substanz gipfelt und gehalten ist: τὸ γὰρ δεκτικὸν τοῦ νοητοῦ καὶ τῆς οὐσίας νοῦς [10].

In der Folge haben sich neue Aspekte in der Auffassung von R. zunächst aus der Kommentierung und im Ausgang von ‹De anima› ergeben, während dann auch unabhängig davon lateinische christliche Autoren von TERTULLIAN bis AUGUSTIN auf die Frage einer bestimmten Fassungskraft, vor allem im Blick auf den «modulus capacitatis humanae» [11], zu sprechen kommen. Bereits in den von THEOPHRAST behandelten Aporien zur Seelen- und Erkenntnislehre des Stagiriten kündigt sich in der unmittelbaren Entgegensetzung von rezeptiver (potentieller und passiver) und aktiver (und als solcher abtrennbarer, unvergänglicher) Seite des Erkennens ein gewisser unaristotelischer Dualismus an [12]. ALEXANDER VON APHRODISIAS hat dann die rezeptive Funktion, die er in seiner Psychologie «naturalistisch» deutet, aus dem «idealistisch» verstandenen Vernunftvollzug fast gänzlich herausgenommen, indem er die «materielle Vernunft» (ὑλικὸς νοῦς) als im Erkennen eigentätigkeitslose bloße Disposition (ἐπιτηδειότης) für ein quasikausales Einwirken der göttlichen Vernunft versteht [13]. Dieser Auffassung ist von späteren Kommentatoren wie THEMISTIOS und PHILOPONOS, dann aber auch von AVERROES widersprochen worden, der freilich die Selbständigkeit des rezeptiv-passiven Moments auf eigene und originelle Weise, nämlich durch Hypostasierung des «intellectus materialis» wahren will: Dieser erscheint als das Bestehen der allgemeinen Erkenntnisformen unabhängig von ihrer Realisierung zu aktuellen Bildern des Individuellen und Bewegten durch den «intellectus agens», als (art-)allgemeine Potentialität des Wissens vor allem je bestimmten «intellectus acquisitus» [14]. Gegen diese Verlegung der R. ins Allgemeine und Jenseits des bestimmten Wissens haben zumal ALBERTUS MAGNUS und THOMAS VON AQUIN durch Hinweis auf die Notwendigkeit, die bestimmte Einheit des wirklichen Erkennens je von der individuellen Seelensubstanz und in Beziehung auf deren R. zu denken, Stellung genommen [15]. Beide führen für alles Rezipieren übrigens eine allgemeine «Regel» an, die außer auf aristotelische Anregungen auf eine Stelle bei BOETHIUS [16] und den neuplatonischen ‹Liber de causis› [17] zurückgeht und auch an das sogenannte Kapazitätsthema in der patristischen Literatur anschließt; sie lautet bei ALBERTUS: «omne enim quod recipitur ... est in eo in quo recipitur secundum potestatem recipientis et non secundum potestatem causae, a qua est» («denn alles Empfangene ist, worin es empfangen wird, nach dem Vermögen des Empfangenden und nicht nach dem Vermögen der Ursache, aus der es ist») [18], während THOMAS die gebotene Rücksicht auf das «secundum proportionem recipientis» [19], auf die Funktion des Maßes der Aneignungskapazität, nur noch etwas konziser formuliert: «omne, quod recipitur in aliquo, recipitur in eo per modum recipientis» [20]. Darin drückt sich neben der kreatürlichen Beschränkung nach einer jeweiligen «capacitas participantis» in der Teilhabe am Sein selbst [21] erneut der Begriff modifizierender Aktivität im Rezipieren aus, der bei Thomas in verschiedenen Wendungen ausgesprochen wird und nicht anders als auch die genaue Unterscheidung von materieller und intellektueller Rezeption aristotelisches Erbe ist [22].

Im so gesteckten Rahmen ist gleichfalls die Verbindung mit schöpfungstheologischen Motiven möglich, die sich im Blick auf die Ebenbildlichkeitslehre von

Gen. 1, 26 etwa bei DANTE ausgedrückt findet: «Es liegt in Gottes Absicht, daß alles Geschaffene insoweit die göttliche Ebenbildlichkeit darstelle, als es durch seine eigene Natur aufnahmefähig ist (recipere potest)» [23]. Eine Widerspiegelung der Wohlordnung der Schöpfung im Ganzen ist aber dann die Monade bei G. W. LEIBNIZ, und dies auch in Rücksicht auf ihre R. Leibniz ist nach dem englischen Theologen M. FOTHERBY (1549-1619), der die Wendung «possibilitie or receptivitie of matter» gebraucht [24], einer der ersten, die die neue Wortschöpfung zu ‹recipio› verwenden; LEIBNIZ meint mit ‹R.› die «originalis limitatio creaturae» [25], das ursprünglich geschöpfliche Begrenztsein, in dem die Monade einerseits die Totalität ihrer Bestimmtheit und andererseits ihre Integration in die bestmögliche Welt findet [26]. R. ist bestimmte «capacité» [27], aber nicht nur Vermögen aneignender Modifizierung von Äußerem und auch nicht nur ebenso bestimmtes Unvermögen dazu [28], sondern Vollzug von Passivität um realer Bestimmtheit schlechthin willen, Tätigkeit des Leidens, aus der heraus erst sich das Universum bestimmt darstellt.

R. DESCARTES hatte es dagegen noch für paradox gehalten, Rezeption als ein Tun («actio») verstehen zu wollen [29]. Beide Begriffe sind auch in E. CHAUVINS Lexikon noch unmittelbar opponiert, nur daß ‹Rezeption› hier im Sinne von ‹Perfektibilität› genommen werden kann, insofern ein Rezipient durch die «passio perfectiva» (nicht «destructiva») des Empfangens einen an ihm bestehenden Mangel aufzuheben vermag [30]. Noch dem substanzontologischen Verständnis von ‹R.› gehört an, was J. P. REUSCH bei der Unterscheidung von «actio» und «passio» bzw. des jeweiligen «agens», das die «ratio mutationis», und des «patiens», das eine «ratio ..., cur passio in illo sit possibilis» enthält, ausführt: Als Möglichkeitsgrund des Leidens wird die «receptivitas seu capacitas subiecti» angegeben, mit der ausgedrückt ist, daß die zum Subjekt neu hinzutretenden Modi und Relationen ihm nicht schlechthin widersprechen können [31]. CH. A. CRUSIUS formuliert bei Behandlung der Wirkursachen einen ähnlichen, aber etwas anders akzentuierten Gedanken, wenn er die «R. oder Fähigkeit des Objects» (des vormaligen «subiectum») als eine Beschaffenheit desselben bestimmt, «wodurch es eine Action anzunehmen und dasjenige, was dadurch verursacht wird, einiger maßen zu determiniren geschickt ist»; «es kan demnach keine Ursache weiter wirken, als wie es die R. des Objectes verstattet» [32].

Bei I. KANT wird ‹R.› transzendental-erfahrungslogischer Grundbegriff. In grundsätzlich neuer Bedeutung steht ‹R.› innerhalb der Untersuchung der Gesamtfunktion objektiver Bestimmtheitskonstitution im Erkenntnisvollzug für die Seite unmittelbarer, äußerer Beziehung und ist dabei dem inneren Verhältnis der Vermittlung (der Spontaneität des Begriffs) entgegengesetzt. Kants erste Erwähnung des R.-Begriffs – im Jahre 1770 heißt es bei Gelegenheit der Definition von ‹Sinnlichkeit›: «sensualitas est receptivitas subiecti, per quam possibile est, ut status ipsius repraesentativus obiecti alicuius praesentia certo modo afficiatur» [33] – greift der Bestimmung in der KrV schon weitgehend voraus: «die Fähigkeit (R.), Vorstellungen durch die Art, wie wir von Gegenständen afficirt werden, zu bekommen, heißt Sinnlichkeit» [34]. R. ist dem Erkenntnisstamm der Anschauung zugeordnet, dies jedoch so, daß sie «nothwendiger Weise vor allen Anschauungen [der] Objecte vorhergeht» und durch sie zu erklären ist, «wie die Form aller Erscheinungen vor allen wirklichen Wahrnehmungen, mithin a priori im Gemüthe gegeben sein könne» [35]. Kants Phänomenalismus, d.h. sein Ansatz bei sich äußerer und äußerlich (subjektiv) zu vermittelnder Bestimmtheit, hängt dabei mit der Annahme eines rezeptiven Erkenntnismoments unmittelbar zusammen: denn mit der Kritik «die objective Realität ... nicht in den Dingen an sich, sondern in ihnen als Erscheinungen suchen», heißt zugleich, «die Form ihrer Vorstellung ... im Subjecte und in der R. desselben ..., einer unmittelbaren Vorstellung gegebener Gegenstände empfänglich zu sein», finden [36]. Die ursprüngliche Nebenordnung von R. und Spontaneität wird indes von Kant spätestens mit der Selbstaffektionslehre des ‹Opus postumum› in Frage gestellt. Jetzt setzt nämlich «die R. Sinnenvorstellungen zu haben» noch einmal «eine relative Spontaneität voraus indirect Warnehmungen in sich selbst zu wirken» [37], da die «R. der Erscheinungen ... auf der Spontaneität des Zusammensetzens in der Anschauung seiner selbst» «beruht» [38]. Wird übrigens die eine Erfahrung als systematisches Ganzes vollständig vermittelt gedacht, so stellt in ihr die R. den Gedanken der Welt, die Spontaneität den der durchgängigen Selbstbestimmung oder Gottes dar [39].

Kantkritisch ersetzt J. G. HAMANN die Wendung «R. der Sinnlichkeit» durch «R. der Sprache» [40], um so – wie ähnlich der Deutsche Idealismus durch dialektische (statt vermögenspsychologischer) Behandlung des Problems – darauf hinzuweisen, daß es je schon das Sinnganze ist, dem R. als nicht abstrakt von ihm isolierbares Moment angehört. Der frühe F. W. J. SCHELLING spricht von einer «Empfänglichkeit» der Individualität «für das Aeußere ... durch ihre Thätigkeit gegen dasselbe» sowie – noch deutlicher im Sinne der Dialektik des Inneren und des Äußeren – davon, daß «in der Thätigkeit, welche das Absolut Innere dem Aeußeren entgegensetzt, ... seine R. für das Aeußere» liege bzw. «umgekehrt von seiner R. für das Aeußere ... seine Thätigkeit» abhänge [41]. Bei G. W. F. HEGEL erlangt der R.-Begriff kaum eine eigenständige Bedeutung, wird aber im Kontext der Lehre von der unmittelbaren Idee herangezogen, um die Sensibilität als «eine unendliche bestimmbare R., welche in ihrer Bestimmtheit nicht ein mannichfaltiges und äusserliches wird, sondern schlechthin in sich reflectirt ist» [42], zu bestimmen; R. führt aus ihrer Potentialität und Unendlichkeit auf das insichseiende, selbsthafte Ansich und Allgemeine aller Bestimmtheit.

Das Kantische Begriffspaar ‹R./Spontaneität› wird im 19. Jh. vielfach aufgegriffen, dabei aber auch zunehmend in rein empirischem Sinne verwendet. Schon beim jungen W. VON HUMBOLDT sind die Übergänge von einer geforderten und zumal am Genie dargestellten «Wechselwirkung der Selbstthätigkeit und der Empfänglichkeit» zur Betrachtung organischer und überhaupt empirischer Bezüge dieses Verhältnisses – etwa in Beziehung auf die natürlichen Geschlechter – gleitend [43]. F. D. E. SCHLEIERMACHER gründet seine ‹Glaubenslehre› noch quasi-spekulativ auf «Empfänglichkeit» als aller – theoretischen wie praktischen – Bewußtseinsbestimmtheit vorausliegende Passivität, die im «Gefühl schlechthinniger Abhängigkeit» die Funktion der Integration der zerstreuten Bewußtseinsinhalte und mit dieser auch den Ansatzpunkt der Theologie enthalte [44]. Mit ‹Spontaneität› korreliert, gehört ‹R.› aber auch in Schleiermachers ‹Dialektik›, die die beiden Begriffe als sich wechselweise fordernde Opposita reflektiert, so daß vor allem nie eine so große Spontaneität gedacht werden kann, daß damit alle R. aufgehoben wäre [45]. In der

Pädagogik schließlich geht Schleiermacher davon aus, daß R. ihrem Proprium im Zusammenwirken mit Spontaneität nach die «Weltanschauung eines jeden» begründe [46], daß beide «in jedem Menschen besonders modifiziert sind» [47], oder daß gesellige Verhältnisse nach dem Überwiegen von R. oder Produktivität in ihnen beschrieben werden können [48]. Einer Distinktion in Schleiermachers ‹Psychologie› ist I. H. FICHTES Zuordnung der R. zur Empfindung statt zur Wahrnehmung analog [49]; Fichte spricht in seiner empirischen Psychologie im übrigen davon, daß «die Seele auch in den Zuständen scheinbarer R. niemals blos passiv sich verhalte, sondern die von aussen kommenden Anregungen jeder Art durch eigenthümliche Gegenwirkungen beantworte» [50].

Mit seinem Versuch, R. so weit als möglich auf Spontaneität zu reduzieren, hat E. HUSSERL, freilich bei vorausgesetzter Einschränkung des R.-Begriffs auf die Sphäre des Bewußtseins qua Intentionalität, dem Begriff noch einmal eine formell «idealistische» Gestalt zu geben beabsichtigt [51]. — Verschiedene neuere Gebrauchsweisen des Begriffs – so etwa bei wissenschaftstheoretischen Erörterungen des «Basis-Theorie»-Verhältnisses unter dem Stichwort «R.-Lehre» [52] – scheinen noch nicht zu einer eingebürgerten Terminologie geführt zu haben.

Anmerkungen. [1] ARISTOTELES: Probl. phys. XXI, 14, 928 b 25f. – [2] CICERO: Tusc. disp. I, 61; vgl. Thes. ling. lat. s.v. ‹capacitas›. – [3] PLATON: Tim. 49 a. – [4] 51 a. – [5] CHALCIDIUS: Transl. Tim. 51. – [6] ARISTOTELES: Cat. 5, 4 a 11. – [7] Vgl. 4 a 33f. – [8] Phys. III, 3, 202 a 21ff. – [9] De anima II, 2, 418 a 7f.; Met. IV, 5, 1010 b 21ff. – [10] Met. XII, 7, 1072 b 22. – [11] AUGUSTINUS: De civ. Dei XX, 21. – [12] Vgl. E. BARBOTIN: La théorie aristot. de l'intellect d'après Théophraste (Löwen/Paris 1954) bes. 105ff. – [13] ALEXANDER APHR.: De anima, in: Suppl. arist. II/1, hg. I. BRUNS (1887) 84, 24. 28. – [14] Vgl. O. HAMELIN: La théorie de l'intellect d'après Arist. et ses comment. (Paris 1953) 58ff. – [15] ALBERTUS MAGN.: De unitate intell. c. Averroem [nach 1256], hg. A. HUFNAGEL (1975). Op. omn. XVII/1, 1-30; THOMAS VON AQUIN: De unitate intell. c. Averroistas [1270]. Ed. Leon. 43 (1976) 291-314. – [16] BOETHIUS: Philos. consol. V, 4. CSEL 67, 117, 13ff. – [17] Liber de causis 9, hg. O. BARDENHEWER (1882, ND 1957) 174. – [18] ALBERTUS MAGN.: De fato 2; vgl. De causis II, 2, 23; THOMAS AQU.: S. theol. I, 68, 2. – [19] THOMAS AQU.: I Sent. 8, 5, 3 c. – [20] S. theol. I, 75, 5 c; vgl. De potentia 3, 3, ob. 1. – [21] S. theol. I, 75, 5, ad 4. – [22] Vgl. De pot. 9, 9, ob. 16 u.ö.; S. theol. I, 50, 2, ad 2. – [23] DANTE ALIGHIERI: Monarchia I, 8. – [24] M. FOTHERBY: Atheomastix (London 1622) II, 1, § 6. – [25] G. W. LEIBNIZ: Zu Bayle [1703?]. Philos. Schr., hg. C. I. GERHARDT 3 (1887) 34. – [26] Vgl. Monad. 47-56. – [27] Nouv. essais II, 21, 1. – [28] Vgl. Théod. I, 30. – [29] R. DESCARTES: Br. an Regius (Mai 1641). Corresp., hg. CH. ADAM/P. TANNERY 3, 373. – [30] E. CHAUVIN: Lex. philos. (Leeuwarden ²1713, ND 1967) s.v. ‹receptio›. – [31] J. P. REUSCH: Systema metaphys. (1735, ND 1990) § 191. – [32] CH. A. CRUSIUS: Entwurf der nothw. Vernunftwahrheiten (1753, ND 1963) § 67. – [33] I. KANT: De mundi sensibilis ... § 3. Akad.-A. 2, 392. – [34] KrV A 19/B 33; vgl. Br. an Beck (20. 1. 1792), a.O. 11, 315. – [35] KrV A 26/B 42. – [36] Über eine Entdeckung ..., a.O. 8, 221. – [37] Opus post., a.O. 22, 493. – [38] a.O. 535. – [39] Vgl. V. MATHIEU: Kants Op. post. (1989) 177. – [40] J. G. HAMANN: Metakritik. Werke, hg. J. NADLER 3 (1951) 284. – [41] F. W. J. SCHELLING: Erster Entw. eines Systems der Naturphilos. (1799). Werke, hg. M. SCHRÖTER 2, 71. 73. – [42] G. W. F. HEGEL: Wiss. der Logik II: Die subj. Logik (1816). Akad.-A. 12, hg. F. HOGEMANN/W. JAESCHKE (1981) 185. – [43] W. VON HUMBOLDT: Über den Geschlechtsunterschied (1794). Akad.-A 1 (1927) 317; vgl. auch 319; Theorie der Bildung der Menschen (1793), a.O. 282ff.; vgl. B. LIEBRUCKS: Sprache und Bewußtsein 2 (1965) 23-33. – [44] F. D. E. SCHLEIERMACHER: Der christl. Glaube (1821/22) § 9. Krit. Ges.ausg. I/7, 1, hg. H. PEITER (1980) 31f.; vgl. (²1830) § 4.1. – [45] Dial., hg. R. ODEBRECHT (1942, ND 1976) § 199f. – [46] Pädag. Schr., hg. E. WENIGER 1 (1957) 133. – [47] a.O. 342. – [48] 148f. – [49] Psychol., hg. L. GEORGE (1862) 80ff.; vgl. I. H. FICHTE: Psychol. 1 (1864, ND 1970) 370. – [50] FICHTE: Psychol. 2 (1873, ND 1970) 6f. – [51] Vgl. Art. ‹Passivität›, in: Hist. Wb. Philos. 7, 165. – [52] Vgl. z.B. W. FLACH: Krit. Erwägungen zum Logikkonzept der analyt. Wiss.theorie. Philos. Jb. 87 (1980) 142-149.

Literaturhinweise. M. APEL: Die Grundbegr. der KrV – R., Spontaneität und intell. Anschauung (1894). – M. DE CORTE: La doctr. de l'intell. chez Arist. (Paris 1934). – M. GRABMANN: Der lat. Averroismus des 13. Jh. und seine Stellung zur christl. Weltanschauung (1931). – A.-M. ETHIER: Les parties potentielles de l'intellect chez s. Albert le Gr. Philosophie 2 (1938) 63-93. – B. NARDI: Note per una storia dell'averroismo lat. (1947), in: Studi di filos. mediev. (Rom 1960) 119-130. – E. Q. FRANZ: The Thomistic doctr. on the possible intellect (Washington 1950). – I. HEIDEMANN: Spontaneität und Zeitlichkeit. Ein Problem der KrV (1958) 97-170. – J. GROELL: R. und Spontaneität. Stud. zu einer Grundkat. im psychol.-pädag. Denken Schleiermachers. Diss. Münster (1966). – A. EDEL: ‹Action› and ‹passion›: some philos. reflections, in: I. DÜRING (Hg.): Naturphilos. bei Arist. und Theophrast (1969) 59-64. – H. SEIDL: Der Begriff des Intellekts (νοῦς) bei Arist. (1971) bes. 113ff. – B. C. BAZÁN: Le dial. philos. entre Siger de Brabant et Thomas d'Aquin. Rev. philos. Louvain 72 (1974) 53-155. – M. GLOUBERMAN: Kant on receptivity: Form and content. Kantstudien 66 (1975) 313-330. – W. BERNARD: R. und Spontaneität der Wahrnehmung bei Arist. (1988).

TH. S. HOFFMANN

Rhetorik, Redekunst (griech. τέχνη ῥητορική; lat. ars oratoria, eloquentia; engl. rhetoric, eloquence; frz. art oratoire, rhétorique, éloquence; ital. retorica, eloquenza)

1. *Grundsätzliches und antiker Ursprung.* – Durch die Rede will der Sprecher bei den Hörern ein bestimmtes Ziel erreichen; dies gelingt mit manchen Formen der Rede besser als mit anderen; Beobachtung und Erfahrung (ἐμπειρία) führen zur Bevorzugung der wirkungsvolleren Ausdrucksmöglichkeiten, also zur Redekunst [R.]; durch die Weitergabe dieser Fertigkeit bilden sich bestimmte rednerische und literarische Traditionen. Kunstvolle Rede in auffälligen festen Formen gehört ganz früh zur Gestaltung öffentlicher Gebete einer Gemeinde und im Zusammenhang damit zur Formenwelt früher Dichtung; genau bedachte, über die Alltagssprache erhobene Redeweise war daneben für Verhandlungen zwischen Gemeinden notwendig. Daher findet sich in diesem Bereich das erste Vorkommen von griech. ῥήτωρ und von lat. ‹orator›; ῥήτωρ gehört zu εἴρειν 'künden, sagen, berichten', von dem in klassischer Prosa nur das Futur ἐρῶ, die Perfekta εἴρηκα und εἴρημαι sowie der Aorist Passiv ἐρρήθην mit dem Futur ῥηθήσομαι üblich waren; meistens wird die Tätigkeit des ῥήτωρ mit λέγειν bezeichnet. Das Nomen agentis ist offenbar im Bereich der athenischen Volksversammlung entstanden (erste Belege bei ARISTOPHANES und EURIPIDES), und zwar als Terminus technicus für den Antragsteller und von da aus für den politischen Redner überhaupt [1]. Ein Lehrer der Rhetorik [Rh.] hieß dagegen bis in den Hellenismus σοφιστής [2]. Die Theorie hieß offenbar von Anfang an (τέχνη) ῥητορική; das Wort erscheint zuerst bei PLATON [3]. Als Fremdwort ins Lateinische übernommen, wurde ‹rhetor› zur Bezeichnung des Redelehrers [4]; durch diese Differenzierung wurde es möglich, daß ‹orator› seinen feierlichen Klang behalten hat, wozu auch seine eigene Lautgestalt, die Verwendung von ‹orare› in der Religion und das Aufkommen von Bezeichnungen wie ‹advocatus› für die schlichteren For-

men der Anwaltstätigkeit beigetragen haben [5]. Wie im Griechischen wird die Tätigkeit des «orator» gewöhnlich mit einem nicht verwandten Wort bezeichnet, nämlich mit ‹dicere›, daher heißt die Rh. auch «ars dicendi» [6].

Während die Entwicklung der R. mit der menschlichen Gemeinschaft naturgegeben ist und in mehreren außereuropäischen Kulturen Erfahrungen dazu gesammelt worden sind [7], ist die Entstehung der Rh. ein ebenso erstaunliches Phänomen wie das Aufkommen der Philosophie und der Wissenschaften bei den Griechen. Die Rh. ist unter ganz bestimmten geschichtlichen Bedingungen im 5. Jh. v.Chr. geschaffen worden. Der plötzliche politische Umschwung im Jahre 467 v.Chr. in Syrakus zwang viele Bürger dazu, vor großen Gerichtshöfen ihre Ansprüche geltend zu machen. Unter dem Eindruck dieses plötzlich eingetretenen Bedarfs an R. schufen KORAX und sein Schüler TEISIAS die erste Form der Rh.; sie hatte die Argumentationsweisen in Gerichtsreden zum Gegenstand und war auf das, was wahrscheinlich (εἰκός) klingt (selbst wenn es nicht wahr ist), ausgerichtet [8]. Aus Leontinoi auf Sizilien kam 427 GORGIAS als Gesandter nach Athen; als Ausländer konnte er dort weder politisch noch vor Gericht als Redner auftreten. Er konnte sein Talent auf diesem Felde nur dadurch entfalten, daß er jungen Athenern in Musterreden zeigte, wie man Aufmerksamkeit und Sympathie der Hörer gewinnen könne. Besonders dadurch, daß er – und bald auch andere – Reden verfaßten, die ohne Bezug auf eine praktische Verwendung mustergültig sein sollten, wurden die Lehrer des Redens sich der Mittel bewußt, die für einen Erfolg nützlich zu sein schienen. Diese Bewußtheit war für den förmlichen Unterricht wesentlich und führte zugleich auch zur Übersteigerung der Verwendung bestimmter Ausdrucksformen, zunächst der gorgianischen Figuren, d.h. von Antithesen und Homoioteleuta in möglichst parallel gebauten Satzgliedern und kurzen Sätzen. Während die sizilischen Rhetoren ihr Interesse auf den Inhalt von Reden gerichtet hatten, begründete Gorgias die Rh. als Stilistik. Mit der Publikation von Musterreden konnte er an die von Dichtern und Historikern in ihre Werke eingefügten Reden als literarischen Kunstwerken anknüpfen [9]. Zugleich werden im 5. und 4. Jh. v.Chr. viele Reden von geübten Rednern für weniger gewandte Bürger verfaßt, die vor Gericht ihre Sache persönlich verteidigen mußten [10]. Im inhaltlichen wie im stilistischen Bereich lag die Herausarbeitung idealtypischer Grundzüge von Anfang an nahe; die Bildung einer Theorie wurde dadurch ermöglicht und gefördert. Die damit verbundene Abhebung von der komplexen Wirklichkeit des gerichtlichen und politischen Lebens gehört von Anfang an zur Rh.; ihr Nutzen liegt gerade in der Möglichkeit, im Konkreten Allgemeineres zu erkennen. Daher ist die Geschichte der Rh. wesensmäßig auch Geschichte der Deklamation, auch wenn wir mit Deklamationen im engeren Sinne erst vom ausgehenden 4. Jh. v.Chr. rechnen, da sich damals – wahrscheinlich im Umkreis von DEMETRIOS VON PHALERON – ein fester Themenkatalog herausgebildet hat [11].

Auch die Reden, die tatsächlich oder angeblich gehalten worden sind, sind vor allem als stilistische Muster veröffentlicht worden. ISOKRATES aber wollte durch manche seiner Reden auch politisch und erzieherisch wirken. DEMOSTHENES hat mit der Publikation wichtiger Reden auch seine politischen Ziele verfolgt; eine entsprechende Absicht ist auch für die Zusammenstellung und Herausgabe des ‹Corpus Demosthenicum› anzunehmen [12]. Wenn man bei CICERO mit der Frage nach den Motiven der Publikation von Reden die Frage verbindet, warum er manche Reden nicht publiziert hat, ist zu erkennen, daß er nicht nur literarischen Ruhm und rhetorische Belehrung, sondern auch politische Wirkung angestrebt hat [13].

Die Bewußtheit der rhetorischen Kunst führte von Anfang an und immer wieder im Laufe der Geschichte zu einer gewissen Künstlichkeit; dagegen mußte sich Widerspruch im Namen einer natürlichen Redeweise regen [14]. Aber nachdem es die Rh. einmal gab, mußte auch das Bemühen, auf ihre Kunstgriffe zu verzichten, selbst zu einem rhetorischen Kunstgriff werden [15]. Die Freiheit gegenüber den Regeln der Theorie ist in der Theorie selbst enthalten [16]. Auch die Betrachtung von Literatur, die vor oder außerhalb der rhetorisch geprägten Kultur entstanden ist, kann dann nicht mehr unabhängig von der Rh. sein, wie die Bemerkungen des Autors von ‹De sublimitate› (Περὶ ὕψους, ‹Über das Erhabene›) über den Anfang der Genesis, AUGUSTINS Erklärung der Psalmen und die Homerinterpretation im antiken Unterricht zeigen [17].

GORGIAS hat nach dem Zeugnis PLATONs die Rh. als Herstellerin von Überzeugung, πειθοῦς δημιουργός, definiert. Mit πείθειν ist wie mit lat. ‹persuadere› sowohl ‹überreden› wie ‹überzeugen› gemeint. Ähnlich ist die Definition in Platons ‹Phaidros› als Lenkung der Seelen durch Reden (ψυχαγωγία τις διὰ λόγων) [18]. ARISTOTELES bestimmt ähnlich, aber mit vorsichtiger Wissenschaftlichkeit die Rh. als die Fähigkeit, bei jedem Gegenstand zu erkennen, was Überzeugungskraft hat (δύναμις περὶ ἕκαστον τοῦ θεωρῆσαι τὸ ἐνδεχόμενον πιθανόν [19]). Erst die *Stoiker* haben in der Definition der Rh. die ethische Indifferenz aufgegeben: Für sie ist die Rh. «das Wissen, gut zu reden» (ἐπιστήμη τοῦ εὖ λέγειν), wobei sie im Unterschied zu früheren Formulierungen dieser Art ‹gut› nicht nur ästhetisch und intellektuell, sondern vor allem moralisch verstehen [20]; QUINTILIAN übersetzt dies mit «scientia recte dicendi» [21]; diese und ähnliche Formulierungen greift er zustimmend auf und wählt als besonders geeignet aus: «rhetoricen esse bene dicendi scientiam» [22].

Die Beziehung der Rh. zur Ethik besteht zunächst darin, daß die Ziele von Reden von verschiedenem moralischem Wert sind. Diese Beziehung ist der Rh. nicht nur äußerlich, sondern sie verursacht Unterschiede in der Methodik des Überredens. In engem Zusammenhang damit steht die Berücksichtigung des moralischen Charakters der Hörer wie auch die Forderung an den Redner, selber möglichst integer und rechtschaffen zu erscheinen. In diesem Sinne ist die auf den alten CATO zurückgeführte Definition des Redners als «vir bonus dicendi peritus» («ein Ehrenmann, der gut zu reden weiß») zu verstehen [23]. Die moralischen Aspekte von Gegenstand, Hörer und Redner wirken sich im Sinne einer Erleichterung oder Erschwerung der Aufgabe des Redners aus. ARISTOTELES behandelt die Charakterdarstellung des Redners unter dem Stichwort ἦθος als wichtiges Element der Überzeugungskunst [24]; die spätere Rh. hat diesem Bereich nicht mehr diesen zentralen Platz eingeräumt, doch sind mancherlei Vorschriften bezüglich des ‹conciliare› (besonders im Prooemium) ihm zuzuordnen [25].

Den *Stoikern* und QUINTILIAN geht es bei der Berücksichtigung der Ethik in der Rh. um die Überwindung einer fundamentalen Kritik seitens der Philosophie an der Rh. PLATON hat im Dialog ‹Gorgias›, der schon in der Antike den Untertitel Περὶ ῥητορικῆς (‹De rhetorica›) trug, der Rh. den Rang einer Wissenschaft aberkannt, da sie nicht auf Wahrheit, sondern nur auf Wahrscheinlichkeit gerichtet sei und nicht den wahren Nutzen der Hörer, sondern nur den scheinbaren anstrebe [26]. Entsprechend wird seit Beginn des 17. Jh. in England die Rh. als «mother of lies» bezeichnet [27]. Die philosophische Kritik richtet sich gegen den Anspruch der Rh., die schwächere Sache zur stärkeren zu machen, und damit gegen das Verständnis der Rh. als αὔξησις (amplificatio). So referiert SEXTUS EMPIRICUS eine alte, schon in den platonischen Dialogen [28] aufgegriffene Kritik an der Rh., wenn er schreibt, die Zielsetzung der Rh. sei, «das Kleine groß und das Große klein zu machen oder zu bewirken, daß das Gerechte als ungerecht erscheint und das Ungerechte als gerecht» [29]. Die Veränderung des Gewichts eines Gedankens durch die Rh. ist also ähnlich negativ zu sehen wie die moralische Indifferenz; in diesem Sinne sind die Bemerkungen zu verstehen, die J. L. D'ALEMBERT im Artikel ‹Collège› der ‹Encyclopédie› zu den Übungsreden im rhetorischen Unterricht macht, indem er an die damals übliche Bezeichnung dieser Übungsreden als «amplifications» anknüpft [30]. Daher war es konsequent, daß die *Stoiker* Kürze mit Vollständigkeit für die Ausdrucksweise forderten: «Kürze ist eine Ausdrucksweise, die sich zur Darstellung des Sachverhalts an das Notwendige und an sonst nichts hält» (συντομία δέ ἐστι λέξις αὐτὰ τὰ ἀναγκαῖα περιέχουσα πρὸς δήλωσιν τοῦ πράγματος) [31]; zugleich ist verständlich, daß die Rh. den Stoikern in der Wertschätzung der Kürze als eines wesentlichen Vorzugs von Reden nicht gefolgt ist.

Der antike Redner sprach vor Versammlungen freier Bürger, um eine bestimmte politische oder gerichtliche Entscheidung zu erreichen, die in der Regel noch am selben Tag zu fällen war. Jede Versammlung dieser Art entschied zwischen zwei entgegengesetzten Möglichkeiten; daher ist das 'Entweder–Oder' ein Grundprinzip der Rh. [32]. Hierin liegt eine wesensmäßige Nähe zu der von ARISTOTELES vorausgesetzten Praxis der Dialektik (ἡ ῥητορική ἐστιν ἀντίστροφος τῇ διαλεκτικῇ) [33] und zur Lehrweise der *skeptizistischen Akademie* [34]. Nach dem Verständnis der *Stoa* kann aber eine methodisch richtig gewonnene Erkenntnis durch keine Gegenposition erschüttert werden [35]; damit ist das von PROTAGORAS eingeführte Prinzip des «in utramque partem dicere» grundsätzlich in Frage gestellt. Dieses Prinzip der Rh. ist schon in der Antike, etwa für Beratungen im Senat, nicht geeignet, und erst recht nicht in der neueren Zeit, in der es in Politik und Gerichtswesen vor allem um das Herstellen eines Kompromisses oder Ausgleichs geht [36]. Andererseits ist der Nutzen, der darin liegt, daß der Redner lernt, eine Sache von beiden Seiten zu betrachten, unbestreitbar [37].

In der Auseinandersetzung mit der Rh. hat die Philosophie das Einwirken auf die Leidenschaften der Hörer zum Gegenstand der Untersuchung gemacht, so schon PLATON im ‹Phaidros› und dann ARISTOTELES in seiner ‹Rhetorik› unter dem Begriff πάθος [38]. Die spätere Rh. hat dies nicht als eigenständiges Gebiet der Überredungskunst behandelt.

Nicht berücksichtigt wird in der philosophischen Kritik, daß durch die Rh. die Hörer gegen die Kunstgriffe von Rednern immunisiert werden. In der allgemeinsten Form geschieht das durch Mißtrauen gegen den Redegewandten überhaupt, woraus sich für den Redner die Forderung ergibt, seine Kunst zu verbergen [39]. Die Immunisierung der Hörer kommt nicht nur dadurch zustande, daß zumindest ein Teil von ihnen am rhetorischen Unterricht teilgenommen hat, sondern auch dadurch, daß die von den Rednern bewußt erlernten und eingesetzten Kunstmittel immer vertrauter werden, zumal gerade durch den rhetorischen Unterricht eine gewisse Standardisierung und Auffälligkeit der Kunstmittel bewirkt wird [40].

2. *Das System der klassischen Rh. in seiner geschichtlichen Entstehung.* – Die zahlreichen Lehrbücher (τέχναι) vor Aristoteles, von denen nur das des ANAXIMENES erhalten ist, weil es als ‹Rhetorica ad Alexandrum› unter den Werken des Aristoteles geführt wurde, beschäftigten sich vor allem mit der Gerichtsrede, daneben auch mit der politischen Rede. ARISTOTELES hat die Lehre von den drei Gattungen rhetorischer λόγοι (genera dicendi) begründet, indem er die Hörer danach unterscheidet, ob sie nur zuschauen und die Rede genießen oder urteilen, und zwar entweder über Vergangenes oder über Zukünftiges. So ergibt sich das γένος ἐπιδεικτικόν (genus demonstrativum), das γένος δικανικόν (genus iudiciale) und das γένος συμβουλευτικόν (genus deliberativum). Die epideiktische Rede hat als solche Lob oder Tadel zum Inhalt, die in den beiden anderen Gattungen nur als Teile erscheinen; sie zielt darauf, bei den Hörern eine seelische Einstellung allgemeinerer Art zu erzeugen bzw. zu verstärken [41]. Dies gilt für die attischen Leichenreden wie für den Panegyricus des Plinius und seine spätantiken Nachfolger, für die christliche Predigt und für Reden bei Feierlichkeiten aller Art. Da die Hörer nicht vor eine konkrete Entscheidung gestellt sind, sind sie eher bereit, auffällige «amplificationes» und Abschweifungen vom Thema hinzunehmen bzw. zu genießen und sich am rhetorischen Schmuck zu erfreuen. Darin liegt eine größere Gefahr für den Redner, das Zurschaustellen der eigenen Kunst zu übertreiben, was auch hier das Erreichen des Zieles erschwert oder gar verhindert [42]. Deklamationen im strengen Sinn (μελέται) gehören aber immer dem «genus iudiciale» (controversiae) oder dem «genus deliberativum» (suasoriae) an [43].

Schon die Handbücher, auf die PLATON sich im ‹Phaidros› bezieht, gliederten eine Rede in Teile, nämlich Einleitung, Erzählung und Beweisführung, und stellten dafür Regeln auf. Durchgesetzt hat sich später eine Einteilung in fünf Redeteile (μέρη τοῦ λόγου, partes orationis), nämlich Einleitung (προοίμιον, exordium), Erzählung [des Hergangs] (διήγησις, narratio), positiver Beweis (πίστωσις, confirmatio), negativer Beweis (λύσις, refutatio) und Schluß (ἐπίλογος, peroratio). Die hellenistischen und römischen Lehrbücher sind nach den Arbeitsstadien des Redners (ἔργα τοῦ ῥήτορος, officia oratoris) aufgebaut, nämlich Auffindung [der Hauptgesichtspunkte] (εὕρεσις, inventio), Gliederung (τάξις, dispositio), Darstellung (λέξις, elocutio), Memorieren (μνήμη, memoria) und Vortrag (ὑπόκρισις, actio); auf die ersten drei geht ARISTOTELES ein, die vierte und fünfte sind von der *Stoa* bzw. von der *hellenistischen Rh.* hinzugefügt. Das besondere Interesse der Rh. gilt der «inventio» und der «elocutio». Die Eigenart der rednerischen Argumentation im Unterschied zur strengen wissenschaftlichen Logik hat ARISTOTELES in seiner Lehre von den Enthymemen im 1. und 2. Buch der ‹Rhetorik› herausgearbeitet [44]. Für die praktische R. viel wichtiger war seine Begründung der Topik, die dazu dient, überzeugungskräftige Enthymeme zu finden; es geht dabei um Techniken der gedanklichen Verknüpfung eines konkreten Gegenstandes der Rede mit allgemeinen

Gedanken [45]. Der Ausdruck τόπος muß als Terminus technicus im rhetorischen Unterricht vor Aristoteles geläufig gewesen sein, sein metaphorischer Charakter wurde noch von CICERO empfunden, wenn er die τόποι «quasi sedes, e quibus argumenta promuntur» nennt [46] oder lokale Anschauung und instrumentale Funktion miteinander verbindet: «iudices per locum communem ad ignoscendi voluntatem ducere» [47]. Unterschieden werden die Funktionen von τόποι bei einer «res dubia» als Argumentationshilfe und bei einer «res certa» als «amplificatio» [48]; damit hängt wohl die spätere Einengung des Begriffs des κοινὸς τόπος (locus communis) auf die Verwendung im Bereich von Lob oder Tadel zusammen [49].

Ein erschöpfendes Regelsystem für die Gerichtsrede hat HERMAGORAS VON TEMNOS im 2. Jh. v.Chr. entwickelt. Sein Kern ist die Lehre von den στάσεις (status), die dem Redner hilft, den strittigen Punkt einer Sache scharf zu formulieren und seine Stoffsammlung darauf auszurichten. Der Anwalt muß fragen, ob etwas geschehen ist oder nicht (status coniecturae) oder wie ein Sachverhalt zu benennen ist (status definitionis) oder wie ein Sachverhalt – als gerecht oder als ungerecht – zu beurteilen ist (status qualitatis) oder ob er die Zuständigkeit des Gerichts bestreiten will (status translationis). Diesen vier στάσεις λογικαί stehen vier στάσεις νομικαί gegenüber: 1) ῥητὸν καὶ διάνοια (scriptum et sententia): Eine Partei beruft sich auf den Wortlaut eines Textes, die andere auf die Absicht des Verfassers. 2) ἀντινομία (leges contrariae): Jede Partei will ein bestimmtes Gesetz auf den Fall angewandt sehen, was die jeweils andere in Frage stellt. 3) ἀμφιβολία (ambiguitas): Die Parteien streiten um die Interpretation eines Textes. 4) συλλογισμός (ratiocinatio): Die Anwendung eines Gesetzes auf einen konkreten Fall soll nach dem Analogieprinzip erschlossen werden [50]. Strittig ist, wieweit diese rhetorische Systematik die Entwicklung des römischen Rechts beeinflußt hat [51]. Hermagoras, der als Aufgabengebiet der Rh. nur die politischen und gerichtlichen Angelegenheiten betrachtete, sah als Gegenstand der Rh. nicht nur die konkreten Fälle (ὑποθέσεις, quaestiones finitae), sondern auch die in diesen enthaltenen allgemeinen Probleme (θέσεις, quaestiones infinitae). Dadurch kam es für mehrere Jahrhunderte zu Streitigkeiten zwischen der Rh. und der Philosophie hinsichtlich der Abgrenzung der Zuständigkeit [52].

Grundlegend für den Bereich der *elocutio* waren ARISTOTELES im 3. Buch der ‹Rhetorik› und sein Schüler THEOPHRAST. Auf diesen ist die Lehre von den vier Stilqualitäten (ἀρεταὶ τῆς λέξεως, virtutes dicendi) zurückzuführen: ἑλληνισμός (latinitas, Sprachrichtigkeit), σαφήνεια (perspicuitas, Klarheit), πρέπον (quod decet, Angemessenheit des Ausdrucks im Verhältnis zum Inhalt) [53], κατασκευή bzw. κόσμος (ornatus, Wortwahl, Periodenbau und Schmuck durch Tropen und Figuren). Für die Einteilung der Reden nach der Stilhöhe hat sich ein System von drei «genera dicendi» durchgesetzt: «genus subtile» (bei CICERO dem «docere» zugeordnet [54]), «genus medium» (dem «probare» zugeordnet), «genus grande» (dem «movere» zugeordnet).

3. *Zur Geschichte der Rh.* – Im 2. Jh. v.Chr. ist die Entwicklung des Systems der klassischen Rh. im wesentlichen abgeschlossen. In schulbuchmäßiger Form haben der Auctor ad Herennium und CICERO mit seiner Jugendschrift ‹De inventione› dieses System überliefert; beide Werke waren im Mittelalter ungemein verbreitet [55]. Mit dem rhetorischen Unterricht ist eng die Herausbildung eines Kanons der mustergültigen Redner verbunden [56]. Die von den Griechen entwickelte Rh. hat als in der Tradition weitergegebenes Kulturgut eine Geschichte, ohne daß sie in ihrem wesentlichen Gehalt verändert würde. So hat Cicero sie in seinem Werk ‹De oratore› einem umfassenden Ideal der universal gebildeten Persönlichkeit zugeordnet [57], QUINTILIAN sie in seiner ‹Institutio oratoria› zur Struktur und zum zentralen Gehalt einer Erziehungs- und Bildungslehre gemacht [58]. In der späten Republik und in der Kaiserzeit wurden in der Opposition von Asianismus und Attizismus bzw. von Manierismus und Klassizismus grundlegend verschiedene Möglichkeiten des rhetorischen Geschmacks entwickelt und diskutiert. Diese Kontroversen haben in CICEROS späten Schriften ‹Brutus› und ‹Orator›, bei DIONYS VON HALIKARNASS und bei QUINTILIAN ihren Niederschlag gefunden. Die Rhetoren der Kaiserzeit haben sich besonders für die Figurenlehre interessiert, sie aber nur in Einzelheiten umgestaltet [59]; in der Schrift ‹Über das Erhabene› (Περὶ ὕψους, ‹De sublimitate›), deren Verfasser unbekannt ist, wird eine einseitig technische Stilbetrachtung überwunden. TACITUS hat den Verfall der R. auf die Änderung der politischen Verhältnisse zurückgeführt [60].

Die *Stoiker* haben die Tropen auf die beiden Grundformen der Metapher und der Metonymie zurückgeführt [61]. Diese sprachwissenschaftliche Erkenntnis, wie sie heute besonders von R. JAKOBSON [62] vertreten wird, hat für den rhetorischen Unterricht keine Bedeutung erlangt. Überhaupt ist das Bemühen um Klassifikation der Tropen und Figuren Sache der Grammatiker und Philosophen, wofür der an der Praxis orientierte Rhetor nur geringes Interesse zeigt [63]. Was die Terminologie in diesem Bereich betrifft, so ist zu Beginn des 1. Jh. v.Chr. eine Latinisierung unternommen worden, die wir besonders beim Auctor ad Herennium und bei CICERO finden. In der frühen Kaiserzeit hat sich dann der bis heute übliche, ganz überwiegend griechische Sprachgebrauch durchgesetzt [64].

In der Praxis der R. des 4. Jh. v.Chr. war das Bemühen um Rhythmisierung der Prosa im Sinne der quantitierenden Metrik immer stärker geworden; im *Hellenismus* und bei CICERO ist es dann zur Bevorzugung fester Formen in den Klauseln der Perioden und ihrer Kola gekommen; in der Kaiserzeit erfolgt eine Beschränkung auf wenige Typen (besonders Verbindungen von Kretikern und Trochäen), und zwar in der gesamten Kunstprosa außerhalb der Historiographie (abgesehen von CURTIUS RUFUS). In der Spätantike verursacht der Verlust des Empfindens für die Quantitäten eine Bevorzugung bestimmter Wortgrenzen und bestimmter Stellen des Wortakzentes; daran knüpft die mittelalterliche Technik des «cursus» an. Die rhetorische Theorie hat diese Entwicklung der Kunstprosa immer nur mit auffälliger Verspätung und so unvollständig und ungenau erfaßt, daß erst durch empirische Untersuchungen seit dem 19. Jh. ein deutliches Bild gewonnen werden konnte [65].

Angesichts des großen Interesses im *Mittelalter* für das Gebiet der Logik ist die Beschäftigung mit der Theorie der «inventio», die ja von antiker Dialektik inspiriert und durchorganisiert ist, verständlich [66]. In der *Renaissance* wurden mancherlei Versuche unternommen, auf dem weitläufigen Gebiet der Figurenlehre eine bessere Ordnung einzuführen [67]. Einschneidend für die Rh. war aber die Änderung des Unterrichtssystems, die PETRUS RAMUS im Anschluß an R. AGRICOLA durchgeführt hat: Um Überschneidungen mit der Logik zu vermeiden, wies er «inventio» und «iudicium» der Logik zu, so daß für die Rh. nur die «elocutio» blieb [68]. Bereits durch diese Verteilung des Unterrichtsstoffes mußte die stilistische Formung als etwas dem gedanklichen Gehalt äußerlich Hinzugefügtes empfunden werden. Diese Trennung war schon durch den Gebrauch des Lateinischen auch nach dem Ende des Altertums gefördert worden [69]. Eben dadurch entstand eine grundlegend neue Kritik an der klassischen Rh., die sich auch im Sprachgebrauch der europäischen Völker auswirkte. Für den Beginn des 18. Jh. kann der Sprachgebrauch des ‹Spectator› als typisch betrachtet werden: «In its pages 'eloquence' and 'oratory' are terms of approval, but 'rhetorician' has become distinctly pejorative, and the derogatory phrase 'the pomp of rhetoric' is already something of a cliché» [70]. I. KANT hat eine Differenzierung vorgenommen, die sich zum englischen und heutigen deutschen Sprachgebrauch umgekehrt verhält: «Beredtheit und Wohlredenheit (zusammen Rh.) gehören zur schönen Kunst; aber Rednerkunst (ars oratoria) ist, als Kunst sich der Schwächen der Menschen zu seinen Absichten zu bedienen (diese mögen immer so gut gemeint, oder auch wirklich gut sein, als sie wollen), gar keiner Achtung würdig» [71].

Neben der Kritik an der Rh. kommt es zur Entstehung einer Art neuer Rh., wodurch es besonders schwierig wird, eine Geschichte der Rh. für die Neuzeit zu schreiben [72]. Als Begründer der modernen Auffassung der Rh., besonders der Tropen und Figuren, gilt G. VICO mit seinem Werk ‹Principi di scienza nuova› (1725): Bildliche Ausdrucksweise ist nicht etwas, das zur schlichten Sprache von Dichtern und Rednern hinzugefügt wird, sondern im Ursprung menschlicher Kultur und Sprache begründet ist. Die Ideen Vicos wurden von J. G. HERDER in der ‹Abhandlung über den Ursprung der Sprache› (1772) und von den deutschen Romantikern aufgegriffen und weitergeführt. An sie und zugleich an Vico direkt knüpfte S. T. COLERIDGE an, dessen Nachwirkung in der englischsprachigen Literaturwissenschaft bis heute noch sehr groß ist. Eine besonders ergiebige Weiterführung seiner Gedanken findet sich bei I. A. RICHARDS und dessen Schülern. In der Literaturwissenschaft italienischer Sprache hat besonders B. CROCE [73] die Gedanken Vicos und der deutschen Klassik und Romantik aufgegriffen und die darin enthaltene Kritik an der klassischen Rh. radikal formuliert. Das Verständnis für die Bildlichkeit auch in den abstraktesten Gedanken der Philosophie und Wissenschaft ist vor allem von M. BLACK entwickelt worden [74].

Die Lehren der klassischen Rh. sowohl zur Inhaltsseite wie zur Ausdrucksseite öffentlicher Rede sind von E. R. CURTIUS zur Erschließung der europäischen Literatur herangezogen worden; er hat allerdings die antiken Termini und praecepta – offenbar ohne sich dessen bewußt zu sein – im Rahmen moderner philosophischer, psychologischer und literaturwissenschaftlicher Ansätze umgewandelt [75]. Demgegenüber zeichnen sich die Werke von H. LAUSBERG [76] und H. F. PLETT [77] durch Zuverlässigkeit in der Wiedergabe des antiken Gedankenguts und besonders auch dadurch aus, daß sie auf der Grundlage der modernen Linguistik die klassische Rh. dem heutigen Leser als Instrument für die Interpretation von Literatur vermitteln.

Die antike Auffassung der Tropen und Figuren als Abweichungen von einer sich unmittelbar anbietenden Ausdrucksweise ist in vielfältiger Weise aufgegriffen und variiert worden; allerdings orientiert man sich vielfach nicht an den antiken Texten, sondern an neuzeitlichen Handbüchern, besonders denen von Du Marsais und Fontanier. Gerade die Problematik eines synchron gegebenen Hiats zwischen möglichem und tatsächlich gewähltem Ausdruck hat sich als außerordentlich fruchtbar erwiesen [78]. Was die diachrone Betrachtung des Figurengebrauchs eines Autors betrifft, so geht die antike Lehre von der Mimesis modernen Interpretationsweisen z.B. in der Gattungsgeschichte voraus [79]. – Auf die Bedeutung des Kontextes, in dem eine Figur erscheint, hat mit Nachdruck E. MERTNER hingewiesen [80]. Wie verschieden die Funktion einer Figur bei verschiedenen Autoren sein kann, hat B. VICKERS gezeigt [81].

Was die Inhaltsseite der Rh. betrifft, so ist erst durch CH. PERELMAN und L. OLBRECHTS-TYTECA eine «nouvelle rhétorique» begründet worden [82]. Ihre Theorie der Argumentation geht davon aus, daß in den modernen Sprachen an die Stelle der umfassenden Begriffe πείθειν bzw. ‹persuadere› die Differenzierung zwischen ‹convaincre› (überzeugen) und ‹persuader› (überreden) getreten ist [83]. Im Anschluß an Pascal, Rousseau und Kant bringen sie diese Unterscheidung mit den verschiedenartigen Möglichkeiten der Sprecher-Hörer-Beziehung in Verbindung. Durch diese pragmatische Perspektive erhält die rhetorische Lehre von der «inventio» ihren eigenständigen Platz und Rang.

Während die klassische Rh. in mehr oder weniger verwandelter Form in die moderne Linguistik und Literaturwissenschaft eingegangen ist, muß der praktische Unterricht in Redetechnik, z.B. in sog. Rh.-Seminaren, von den heutigen Formen der öffentlichen Kommunikation ausgehen: Schriftlichkeit in vielen Verfahren bzw. Phasen von Verfahren vor Gericht, Benutzung von Manuskripten nicht nur bei politischen Reden, sondern auch bei Festreden und Predigten, Lautsprecheranlagen, die sowohl der Stimmführung wie der Gestik enge Grenzen setzen, Rundfunk und Fernsehen, durch die der Redner in die Wohnzimmer der Hörer kommt, an deren Atmosphäre er sich in der stilistischen Gestaltung der Rede zu orientieren hat, eine Organisation des öffentlichen und besonders des parlamentarischen Lebens, in denen politische Entscheidungen zwar formell von Parlamenten nach dem Anhören von Reden gefällt werden, aber aufgrund des Fraktionszwanges auf viel komplizierterem Wege zustande kommen. Auch in dieser modernen Welt wird eine Rh. als Erzeugerin von Überredung dringend gebraucht, die klassische Rh. kann ihr aber aufgrund der Verschiedenheit des gesellschaftlichen Kontextes nicht mehr als Modelle und Anregungen bieten.

Anmerkungen. [1] Vgl. z.B. ARISTOPHANES: Ach. 38; THUKYDIDES VIII, 1, 1; hierzu W. PILZ: Der Rhetor im att. Staat (1934); M. FUHRMANN: Die ant. Rh. (1984) 11. – [2] Vgl. FUHRMANN, a.O.; G. A. KENNEDY: Greek rhet. under christian emperors (Princeton 1983) 133. – [3] PLATON: Gorg. 449 c; Phaedr. 260 c; vgl. K. J. DOVER: Lysias and the corpus Lysiacum (Berkeley 1968) 176-177 zu ἀγορητής und zur Vieldeutigkeit von ἀγορά. – [4] Vgl. W. NEUHAUSER: Patronus und orator. Eine Gesch. der Begriffe von ihren Anfängen bis in die august. Zeit (1958) 162f. – [5] PLAUTUS: Amph. 34; Most. 1126. 1162; Poen. 358; TERENZ: Hec. 9: ‹orator› als 'Bote, Vermittler'; der früheste Beleg für ‹orator› als 'Redner': ENNIUS: Ann. 269: «spernitur orator bonus, horridus miles amatur»; vgl. R. TESSMER: Art. ‹orator›, in: Thes. linguae lat. IX/2, bes. 893f.; NEUHAUSER, a.O. [4] 202-205. – [6] CICERO: De or. 1, 66 und passim; Brut. 48; SENECA: Contr. 2, 1, 33; QUINTILIAN: Instit. orat. II, 13, 15; VIII, 3, 11. – [7] Vgl. R.

BREYMAYER: Rh. und empir. Kulturwiss., in: H. F. PLETT (Hg.): Rh. (1977) 187-203; G. A. KENNEDY: Class. rhet. and its Christian and secular trad. from anc. to mod. times (Chapel Hill, N.C. 1980) 6-9. – [8] Vgl. D. A. G. HINKS: Tisias and Corax and the invention of rhet. Class. Quart. 34 (1940) 61-69. – [9] Vgl. D. A. RUSSELL: Greek declamation (Cambridge 1983) 15f. – [10] Vgl. KENNEDY, a.O. [7] 18f. – [11] RUSSELL, a.O. [9] 18: wendet sich gegen die Annahme der Entstehung im 5. Jh. in Ionien durch J. FAIRWEATHER: Seneca the elder (Cambridge 1981) 114f. – [12] Vgl. D. BROWN: Das Geschäft mit dem Staat. Die Überschneidung des Politischen und des Privaten im Corpus Demosth. (1974). – [13] Vgl. J. W. CRAWFORD: M. T. Cicero: The lost and unpubl. orations (1984). – [14] QUINTILIAN: Instit. orat. II, 11, 1f.; XI, 3, 10. – [15] So die hellenist. Lehre von der Wahl der «genera dicendi»: ANON.: Rhet. ad Herennium IV, 8, 11; 10, 14. – [16] a.O. I, 7, 11; CICERO: De inv. 1, 21. 26. 31. 33. – [17] Vgl. M. SCHMIDT: Die Erklärungen zum Weltbild Homers und zur Kultur der Heroenzeit in den bT-Schol. zur Ilias (1976) 44-54. – [18] PLATON: Gorg. 453 a; Phaedr. 261 a. – [19] ARISTOTELES: Rhet. I, 2, 1355 b 25f. – [20] CHRYSIPP: Frg. 293f. SVF II, 95. – [21] QUINTILIAN: Instit. orat. II, 15, 34. – [22] a.O. 38. – [23] SENECA: Contr. 1, praef. 9. – [24] ARISTOTELES: Rhet. I, 2, 135 a 2; II, 1, 12; vgl. hierzu: W. SÜSS: Ethos. Stud. zur ält. griech. Rh. (1940, ND 1975). – [25] Vgl. E. FANTHAM: Ciceronian conciliare and Aristotelian ethos. Phoenix 27 (1973) 262-275. – [26] PLATON: Gorg. 462 a-481 b; 500 a-504 e. – [27] TH. FULLER, vgl. P. DIXON: Rhet. (London 1971) 64. – [28] Vgl. etwa PLATON: Phaedr. 267 a-b; auch Apol. 18 b. 19 b. 23 d. – [29] SEXTUS EMP.: Adv. Math. II, 46; vgl. H. FRIEDRICH: Epochen der ital. Lyrik (1964) 600; R. PODLEWSKI: Rh. als pragmat. System (1982) 39f. – [30] Vgl. J. SENGER: L'art oratoire (Paris ⁴1967) 42. – [31] DIOGENES VON BABYLON: Frg. 24. SVF III, 214, 16f.; DIOG. LAERT. VII, 59. – [32] SEXTUS EMP.: Adv. math. II (Adv. rhet. 47). – [33] ARISTOTELES: Rhet. I, 1, 1354 a 1. – [34] CICERO: De or. 3, 80. – [35] Frg. 385-391. FDS 2 (1987) 416-419. – [36] Vgl. I. A. RICHARDS: The philos. of rhet. (New York 1936) 39; R. A. LANHAM: A handlist of rhetor. terms: a guide for students of Engl. lit. (Berkeley 1968) 113. – [37] CICERO: De inv. 2, 44ff. – [38] ARISTOTELES: Rhet. I, 2, 135 a 14-20; II, 1-11; III, 17, 1418 a 12-15; vgl. Art. ‹Pathos›. – [39] CICERO: Orator 38; vgl. W. KROLL: Art. ‹Rh.›, in: RE 7, 1047. – [40] Vgl. A. WEISCHE: Ciceros Nachahmung der att. Redner (1972) 167-171. – [41] ARISTOTELES: Rhet. I, 3; vgl. KENNEDY, a.O. [2] 23-25. – [42] FÉNELON: Lettre à M. Dacier, secr. perpét. de l'Acad., sur les occup. de l'Acad. Franç., IV. projet de rhét. (1714). Oeuvr. compl., hg. M. GOSSELIN (Paris 1851f., ND Genf 1971) 6, 620-624. – [43] RUSSELL, a.O. [9] 10. – [44] Vgl. J. SPRUTE: Die Enthymemtheorie der aristot. Rh. Abh. Akad. Göttingen (1982); ferner Art. ‹Enthymem›. – [45] Vgl. SPRUTE, a.O. 147-168; L. BORNSCHEUER: Bem. zur Toposforschung. Mittellat. Jb. 11 (1975) 312-320; Topik (1976). – [46] CICERO: Top. 7. – [47] De inv. 2, 104. – [48] De inv. 2, 48. – [49] Vgl. KROLL, a.O. [39] 1044. – [50] HERMAGORAS TEMNITES, hg. D. MATTHES (1962) Frg. 9-26. – [51] Vgl. G. A. KENNEDY: The art of rhet. in the Roman world (Princeton 1972) 87-90. – [52] H. THROM: Die Thesis (1932); M. L. CLARKE: The thesis in the Roman rhetor. schools of the republic. Class. Quart. 45 (1951) 159-166; P. L. SCHMIDT: Die Anfänge der institut. Rh. in Rom, in: E. LEFÈVRE (Hg.): Monumentum Chiloniense, Festschr. E. Burck (Amsterdam 1975) 202-204. – [53] Vgl. Art. ‹Geziemende (das)›, in: Hist. Wb. Philos. 3 (1974) 623-626. – [54] CICERO: De or. 69. – [55] Vgl. J. J. MURPHY: Rhet. in the middle ages: a hist. of rhetor. theory from S. Augustine to the Renaiss. (Berkeley 1974) 117. – [56] Vgl. R. W. SMITH: The art of rhet. in Alexandria, its theory and practice in the anc. world (Den Haag 1974) 122-130. – [57] Vgl. H. K. SCHULTE: Orator. Unters. über das ciceron. Bildungsideal (1935); A. MICHEL: Rhét. et philos. chez Cicéron (Paris 1960) 139-149; A. E. DOUGLAS: The intellect. background of Cicero's Rhetorica, in: H. TEMPORINI/W. HAASE (Hg.): Aufstieg und Niedergang der Röm. Welt I/3 (1973) 95-138, bes. 97-99. – [58] G. A. KENNEDY: Quintilian (New York 1969). – [59] Vgl. U. SCHINDEL: Die lat. Figurenlehren des 5.-7. Jh. und Donats Vergilkomm. (1975) 12f. 183; L. HOLTZ: Donat et la trad. de l'enseignement grammat. (Paris 1981) 183-216. – [60] Vgl. K. HELDMANN: Antike Theorien über Entwickl. und Verfall der R. (1982); dazu Rez. C. O. BRINK, in: Gnomon 57 (1985) 141-144. –

[61] CICERO: Orator 93; vgl. K. BARWICK: Probl. der stoischen Sprachlehre und Rh. Abh. Akad. Leipzig (1957) 88-97. – [62] R. JAKOBSON: Two aspects of language and two types of aphasic disturbances, in: Fundamentals of language (Den Haag 1956) 55-82. Sel. writ. 2 (Den Haag 1971) 239-259; dtsch. G. F. MEIER, in: Grundlagen der Sprache. Schr. zur Phonetik, Sprachwiss. und Kommunikationsforsch. 1 (1960) 49-70. Aufsätze zur Linguistik und Poetik, hg. W. RAIBLE (1974) 117-141. – [63] QUINTILIAN: Instit. orat. VIII, 6, 1; IX, 1, 10; 22. – [64] Vgl. H. HOFFMANN: Quaest. Rhetoricae (1937) 122. – [65] TH. ZIELINSKI: Das Klauselgesetz in Ciceros Reden. Philologus Suppl. IX/4 (1904) 589-844; E. NORDEN: Die ant. Kunstprosa im 6. Jh. v.Chr. bis in die Zeit der Renaissance 1-2 (²1909, ND 1958); E. FRAENKEL: Leseproben aus Reden Ciceros und Catos (Rom 1968); A. PRIMMER: Cicero numerosus. Sber. Akad. Wien (1968). – [66] W./M. KNEALE: The developm. of logic (Oxford 1962) 178. – [67] Vgl. H. F. PLETT: Die Rh. der Figuren, in: PLETT, a.O. [7] 133. – [68] KNEALE, a.O. [66] 300-306; DIXON, a.O. [27] 46-47. 64-66. – [69] B. CROCE: Estetica (Bari ¹⁰1958) 482; DIXON, a.O. [27] 69. – [70] DIXON, a.O. 67. – [71] I. KANT: KU § 53, B 217 (Anm.). Akad.-A. 5, 328. – [72] H. SCHANZE: Probl. einer Gesch. der Rh., in: W. HAUBRICHS (Hg.): Perspektiven der Rh. (1981) 13-23; B. VICKERS: Rhetor. and anti-rhetor. tropes: on writing the hist. of elocutio. Comparat. criticism: a yearbook 3 (1981) 105-132; dazu: Bibl. of rhet. stud., 1970-80, a.O. 316-322. – [73] CROCE, a.O. [69]. – [74] M. BLACK: Models and metaphors (Ithaca 1962); More about metaphor, in: A. ORTONY (Hg.): Metaphor and thought (Cambridge 1979) 20-43; P. RICŒUR: La métaphore vive (Paris 1975); J. R. SEARLE: Metaphor, in: ORTONY, a.O. 92-123; dtsch., in: Ausdruck und Bedeutung (1982) 98-138. – [75] E. R. CURTIUS: Europ. Lit. und lat. MA (1948); vgl. dazu E. AUERBACH: Rez. E. R. Curtius: Europ. Lit. ... Roman. Forsch. 62 (1950) 237-245. – [76] H. LAUSBERG: Hb. der lit. Rh. (1960, ²1973); Elemente der lit. Rh. (⁵1976). – [77] H. F. PLETT: Rh. der Affekte. Engl. Wirkungsästhetik im Zeitalter der Renaiss. (1975); Einf. in die rhet. Textanalyse (²1973); Textwiss. und Textanalyse. Semiotik, Linguistik, Rh. (1975, ²1979); a.O. [67] 125-165. – [78] N. GUEUNIER: La notion d'écart en stylistique. Langue franç. 3 (1969) 34-45; P. KUENTZ: La 'rhét.' ou la mise à l'écart. Communications 16 (1970) 143-157; G. GENETTE: La rhét. restreinte, a.O. 158-171; J. TRABAND: Poet. Abweichung. Linguist. Ber. 32 (1974) 45-59; PLETT: Rh. der Affekte ..., a.O. [77] 127-136. – [79] Wichtig ist die Einf. des Begriffs ‹Bildfeld› durch H. WEINRICH: Münze und Wort. Unters. an einem Bildfeld, in: Romanica. Festschr. G. Rohlfs (1958) 508-521; erweit. Fass., in: Sprache in Texten (1976) 276-290. – [80] Der lit. Text und seine Analyse, in: Ein anglist. Grundkurs, hg. B. FABIAN (1971) 196-198; vgl. auch: PLETT, a.O. [7] 176. – [81] B. VICKERS: Class. rhet. in Engl. poetry (London 1970). – [82] L. OLBRECHTS-TYTECA: Log. et rhét. Rev. philos. France Etr. 140 (1950) 1-35; Traité de l'argument. (Brüssel ³1976); engl.: The new rhet. A treat. on argument. (Indiana ²1971). – [83] Log. ..., a.O. 3-7; Traité ..., a.O. 34-39.

Literaturhinweise. R. VOLKMANN: Die Rh. der Griechen und Römer in systemat. Übersicht (²1885, ND 1963). – H. VON ARNIM: Sophistik, Rh., Philos. in ihrem Kampf um die Jugendbildung, in: Leben und Werk des Dio von Prusa (1898) 4-114. – W. KROLL: Art. ‹Rh.›, in: RE Suppl. 7 (1940) 1039-1138. – V. BUCHHEIT: Unters. zur Theorie des Genos Epideiktikon von Gorgias bis Aristoteles (1960). – H. LAUSBERG s. Anm. [76]. – A. PLEBE: Breve storia della ret. ant. (Mailand 1961). – G. A. KENNEDY: The art of persuasion in Greece (Princeton 1963); s. Anm. [2] und [7]. – J. SENGER: L'art oratoire (Paris ⁴1967). – R. STARK (Hg.): Rhetorika. Schr. zur aristot. und hellenist. Rh. (1968). – I. BECK: Unters. zur Theorie des Genos Symbuleutikon. Diss. (1970). – B. VICKERS s. Anm. [81]. – P. DIXON: Rhet. (London 1971). – A. SCAGLIONE: The class. theory of composition from its origins to the present (Chapel Hill 1972); dtsch.: Komponierte Prosa von der Antike bis zur Gegenwart 1 (1981). – W. M. A. GRIMALDI: Studies in the philos. of Aristotle's Rhet. (1972). – A. HELLWIG: Rh. bei Platon und Arist. (1973). – J. MARTIN: Antike Rh. (1974). – K. V. ERICKSON (Hg.): A class. heritage of rhet. (Metuchen, N.J. 1974). – H. F. PLETT s. Anm. [77]. – S. IJSSELING: Rhet. and philos. in conflict. An hist. survey (Den Haag 1976). – W. JENS: Art. ‹Rh.›, in: W. KOHLSCHMIDT/W. MOHR

(Hg.): Reallex. der dtsch. Lit.gesch. 3 (1977) 432-456. – CH. PERELMAN: L'empire rhétorique. Rhét. et argumentation (Paris 1977); dtsch. (1980); The new rhet. and the humanities. Ess. on rhet. and its appl. (Dordrecht 1979). – E. GRASSI: Rhet. as philos. The humanist trad. (Philadelphia 1980). – W. BRYAN HORNER: Hist. rhet. An annotated bibl. of sel. sources in Engl. (Boston 1980). – H. HOMMEL: Griech. Rh. und Beredsamkeit, in: E. VOGT (Hg.): Griech. Lit. (1981) 337-376. – H. MAGUIRE: Art and eloquence in Byzantium (Princeton 1981). – CH. EUCKEN: Isokrates (1983). – M. FUHRMANN: Die ant. Rh. Eine Einf. (1984). – O. A. BAUMHAUER: Die sophist. Rh. (1986). – M. CAHN: Kunst und Überlistung. Studien zur Wiss.gesch. der Rh. (1986). – H. NIEHUS-PRÖBSTING: Überredung zur Einsicht. Der Zus. von Philos. und Rh. bei Platon und in der Phänomenol. (1987). – G. MAINBERGER: Rhetorica 1: Reden mit Vernunft (1987). – H. SCHANZE/J. KOPPERSCHMIDT (Hg.): Rh. und Philos. (1989). – J. KOPPERSCHMIDT (Hg.): Rh. 1-2 (1990). – M. H. WÖRNER: Das Ethische in der Rh. des Arist. (1990). – P. L. OESTERREICH: Fundamental-Rh. (1990).

A. WEISCHE

Rhizom. In die philosophische Diskussion vor allem im Umkreis des Poststrukturalismus ist der botanische Terminus ‹Rh.› (von griech. ῥίζωμα 'Wurzelwerk') eingeführt worden durch das 1976 vorveröffentlichte programmatische Einleitungskapitel des zweiten Bandes von G. DELEUZES und F. GUATTARIS Werk ‹Capitalisme et schizophrénie› [1], das erst vier Jahre später erschien. Dort nehmen die Autoren zu mehreren Möglichkeiten Stellung, wie das Verhältnis des Buches zur Welt zu denken sei. Das eine (biologisch inspirierte) Modell ist der hierarchische Aufbau der Arbor porphyriana, deren Wurzelsystem die gleiche logisch-begriffliche Hierarchie aufweist wie der Baum. Dieses Denkmodell, das die Vielheiten stets auf die Einheit des Stamms oder der Pfahlwurzel zurückbezieht, hat «die Vielheit nie begriffen» [2]. Aber auch das zweite Modell, das «System der kleinen Wurzeln» [3], für das etwa Nietzsches Schreiben in Aphorismen exemplarisch wäre, gibt die Orientierung an der Einheit des Opus bzw. des Wurzelzusammenhangs nicht auf, und auch dieses ist noch der Idee «des Buchs als Bild der Welt» verpflichtet. Erst der Wurzelzusammenhang des Rh. mit Knollen, Knötchen, Verästelungen, Sprossen, Würzelchen gibt sowohl die Einheit auf als auch den Unterschied von unterirdischen und überirdischen Pflanzenteilen. Biologische Beispiele bei Deleuze/Guattari sind: Quecke, Meersalzkraut, der Bau eines Tieres, Rattenmeuten u.ä. Rh.e (als biologische Aggregate und als Aggregate des Schreibens) sind durch folgende Merkmale gekennzeichnet: 1. «Jeder beliebige Punkt eines Rh. kann und muß mit jedem anderen verbunden werden» [4]. 2. Ein Rh. verkettet Verschiedenartiges miteinander, die Linien der Verkettung verweisen nicht zwangsläufig auf andere Linien, sondern u.U. auf ganz Heterogenes, z.B. Sprachstrukturen auf Machtstrukturen, aber nicht in der Weise, wie Zeichen (etwas anderes als Zeichen) bedeuten. 3. Rh.e bilden Vielheiten auf vieldimensionalen Konsistenzebenen ohne jeden Rückbezug auf Einheit. Rh.e haben «viele Eingänge». Sie *bestehen* nicht aus Einheiten, sondern aus einer Dimensionen-Vielfalt. 4. Rh.e bilden Brüche zwischen bisherigen Verteilungen, so daß die Autoren die Redeweise einführen: «Rh.e machen» mit etwas, d.h. den bisherigen Geltungsbereich überschreiten und eine rhizomatische Linie in das Außerhalb ziehen. 5. Rh.e bilden Karten und nicht Kopien. Von daher wird deutlich, daß das Modell des Rh. etwas ganz anderes ist, als der Begriff der Struktur meint. Während eine Struktur durch Punkte, Positionen und Relationen zwischen ihnen gekennzeichnet ist, ist das Rh. die Ausdehnung von Linien über Vielheiten von Dimensionen hinweg. Während strukturelles Denken sich über Modelle in eine Bild-Relation zur «Realität» setzt, ist das Rh. eine Bewegung *der Realität, die mit anderen Dimensionen* «Rh.e macht». «Das Rh. geht durch Wandlung, Ausdehnung, Eroberung, Fang und Stich vor ... es ist einzig und allein durch die Zirkulation der Zustände definiert» [5]. Rhizomatisches Denken verläßt alle hergebrachten Kriterien von Wissenschaft; denn die Dreispaltung von Repräsentation, repräsentiertem Objekt und repräsentierendem Subjekt ist in der Figur des Rh. ohne Bedeutung. Am ehesten wäre noch die Mathematik eine Ausformulierung der Rhizomatik: kein Subjekt, kein Objekt und daher auch keine Repräsentation des einen für das andere, nur noch ein wuchernder Jargon. Gleichwohl versagen Logik, Mathematik und andere strukturorientierte Denkweisen in der theoretischen Darstellung von Rh.en, weil sie dem Prozeßcharakter der Rhizomatik nicht gerecht werden können, auch wenn zuweilen hilfsweise auf eine solche Darstellungsweise zurückgegriffen wird [6]. Wenn die Autoren verschiedentlich dazu aufzufordern scheinen, Rh.e zu machen, so ist dieses sicherlich nicht wörtlich zu nehmen, weil es im Sinne ihres Modells gerade nicht vom Bewußtsein und einem Appell an das Bewußtsein abhängt, ob sich Rh.e bilden. Und wenn man also vorhätte, Rh.e zu machen, so könnte sich vielleicht unterirdisch und mächtiger zugleich ein ganz anderes gegen Willen und Absichten herausbilden [7]. Rh. als Modell und Rhizomatik als eine Schreibweise poststrukturalistischen Denkens haben durch die deutsche Übersetzung des vorveröffentlichten Einleitungskapitels von ‹Mille plateaux› im Jahre 1976 eine gewisse modische Aktualität erhalten; eine eigentliche wissenschaftliche Auseinandersetzung ist jedoch durch sehr oberflächlich-abqualifizierende Urteile («Das alles ist höchstens komisch» [8]) erschwert worden und hat bisher nicht stattgefunden.

Anmerkungen. [1] G. DELEUZE/F. GUATTARI: Rhizome (Paris 1976); Capitalisme et schizophrénie II: Mille plateaux (Paris 1980) 9-37; dtsch.: Rh. (1976). – [2] a.O. [dtsch.] 9. – [3] a.O. – [4] 11. – [5] 34f. – [6] F. GUATTARI: L'inconscient machinique (1979). – [7] DELEUZE/GUATTARI, a.O. [1] (1980) 307. – [8] Vgl. M. FRANK: Was ist Neostrukturalismus? (1984) 444.

K. RÖTTGERS

Rhythmus (griech. ῥυθμός; lat. numerus; engl. rhythm; franz. rythme; ital. ritmo)

I. – Die etymologische Ableitung von ‹Rh.› aus griech. ῥέω 'fließen', obgleich morphologisch zwingend, bleibt semantisch unbefriedigend: 'Regelmäßigkeit des Fließens' ist nicht belegt, wohl aber 'Form', 'Ordnung' (auch im moralischen Sinne), 'Gesetzmäßigkeit' [1]. E. BENVENISTE schließt von hier aus auf «Gestalt des Flüchtigen und Veränderlichen», «Ordnung der Zeit» [2].

Die kunsttheoretische Relevanz des Rh.-Begriffs in der Antike erscheint primär als Ausdruck umfassender – kosmologischer, ethischer – Gesetze [3]. Für die Antike ist die heutige Trennung der Künste und ihrer verschiedenen Rh.en obsolet: Musikalischer, sprachlicher und Bewegungs-Rh. (im Tanz) gehen im Konzept der 'Musik' (μουσική) auf [4], das seinerseits auf das quantifizierende, 'rhythmische' Silbenmaß der griechischen Sprache zurückgeht [5].

In PLATONS ‹Nomoi› erscheint der Sinn für Rh., der zugleich als Sinn für Ordnung verstanden wird, als etwas spezifisch Menschliches, das den Sterblichen von den Göttern verliehen worden sei [6]. Die ethisch-erzieherische Bedeutung des Rh. tritt in der ‹Politeia› zutage: Rechter Rh. bringe die rechte Haltung hervor, wie umgekehrt der Mangel an Rh. auch einen Mangel an Haltung bedinge [7]. Dieser ethische Aspekt des Rh. steht auch im Zentrum des Rh.-Verständnisses bei ARISTOTELES. Hier bezeichnet μουσική nicht mehr die Gesamtheit der Künste, sondern nur noch die Musik [8]: Melos und Rh. beeinflussen und begeistern die Seele und bilden deshalb bevorzugte Mittel der Erziehung [9].

Mit ARISTOXENOS VON TARENT, einem Schüler des Aristoteles, wird ‹Rh.› zu einem Terminus der Kunsttheorie: Rh. sei Teilung der Zeit in einer bestimmten Ordnung [10]. Für Aristoxenos besteht der Rh. aus dem Formungsprinzip (ῥυθμιζόν) und dem geformten Stoff (ῥυθμιζόμενον), wobei letzterer die Rede, die Melodie oder die Körperbewegung sein kann [11]: der Rh. verbindet die Künste der Zeit und der Bewegung. Mit seinem Begriff vom kleinsten, unzerteilbaren Zeitwert (χρόνος πρῶτος) [12] legt Aristoxenos den Grund für eine weitreichende Konzeption: Rh. ist Ordnung der Bewegung nach einem der menschlichen Apperzeption zugänglichen Maß. Auch die Lehre vom Heben und Senken des Fußes als rhythmisches Element basiert auf der menschlichen Erfahrung [13]. Das von Aristoxenos über den Rh. Ausgeführte gilt gleichermaßen für Sprache und Musik, wenngleich der Schwerpunkt auf der letzteren liegt. Die Schrift Περὶ μουσικῆς des ARISTEIDES QUINTILIANUS (wahrscheinlich um die Wende vom 1. zum 2. Jh.) behandelt hingegen nicht mehr die μουσική in ihrer Gesamtheit, sondern schwerpunktmäßig die Musik. Auch Aristeides definiert Rh. als Ordnung von Zeiteinheiten, sieht aber erstmals im Rh. den Ursprung musikalischen Ausdrucks [14].

Ebenso versteht AUGUSTINUS in seiner Schrift ‹De musica› Rh. als Bewegung nach dem Maß unserer Sinne. Die semantische Struktur des Lateinischen führt allerdings dazu, daß Augustinus das griechische Wort ῥυθμός mit ‹numerus› wiedergibt [15]. Indem Gott als höchste Zahl begriffen, der Rh. als Zahlenverhältnis interpretiert wird, führt dieser letztlich in die Theologie [16]. Die 'Technisierung' des Rhythmischen, wie sie sich bei Aristoxenos und Aristeides Quintilianus vollzieht, ist aus der Sicht des augustinischen Musikverständnisses ein Verlust an Transzendenz. Seine Beispiele bezieht Augustinus, der leichteren Wiedergabe wegen, aus der Literatur. Er betrachtet, auf Aristoxenos zurückgreifend, grundsätzlich alle ῥυθμιζόμενα und vermittelt zwischen den Rh.-Theorien der klassischen griechischen Antike, die in der menschlichen Apperzeption und teilweise auch im Ethos gründen, und einem mittelalterlichen Rh.-Verständnis im Sinne der figura-Theorie.

Es ist auf den Einfluß der Rhetorik zurückzuführen, daß die nicht zuletzt durch den Rh. begründete Einheit von Musik und Dichtung in der Folgezeit prekär wird. Die aristotelische Lehre vom Satz als einer rhythmisch-logischen Einheit sowie die Regel, Rh. gehöre notwendig zur Rede, das Metrum hingegen nicht [17], beeinflussen maßgeblich die Rhetorik. Für QUINTILIAN hat jede Rede einen ‹numerus›, d.h. kurze und lange Silben [18]. Die Abfolge der Silben im Vers regelt die «ars poetica», für die Silbenanordnung in der Rede (nur sie heißt ‹numerus›; die Silbenordnung des Verses heißt ‹metrum›!) ist die «ars rhetorica» oder «ars rhythmica» maßgebend. Der Rh. nimmt somit eine Mittelstellung zwischen der festgelegten Abfolge der «pedes» im Metrum und dem natürlichen «numerus» jeder Rede ein [19]. In dieser Tradition steht BEDA VENERABILIS: «Wahrlich kann der Rh. allein aus sich ohne Metrum gemacht sein; aber das Metrum kann nicht ohne Rh. oder Maß sein; ... Metrum ist Regel mit Zeitmaß, Rh. Zeitmaß ohne Regel» («Et quidem rhythmus sine metro esse potest, metrum vero sine rhythmo esse non potest ... Metrum est ratio cum modulatione, rhythmus modulatio sine ratione») [20].

Die temporale Verfassung der Musik wird im Mittelalter nicht dynamisch, sondern statisch gesehen; sie ist Analogon der Zeit und wie diese begrenzt. So stellen die Noten der Mensuralmusik Zeitquanten dar; die «mensura» ist, der Dreifaltigkeit entsprechend, dreiteilig [21]. Für die «musica mensuralis» bedeutet Rh. Teilung der Zeit nach dem Schema der «perfectio». Diese sei, so JACOBUS VON LÜTTICH, «tempus numeratum et discretum» («gezählte und zerteilte Zeit») [22], Analogie der Trinität «quae vera est pura perfectio» [23]. Der christliche ordo-Gedanke bestimmt das statische Gefüge des Rh., das wiederum dem numerus-Prinzip entlehnt ist: Die vernünftigen Zahlen gründen in Gott.

Mit dem Aufkommen von Sprachen, die nicht mehr wie die antiken quantifizierend, sondern akzentuierend sind, wird der Begriff ‹numerus›, im Lateinischen weitgehend synonym mit griech. ῥυθμός, problematisch. Die neue Verskunst trägt einen alten Namen: «ars rhythmica» [24]. Neben der musikalisch-mensuralen Rh.-Theorie entsteht mit der wachsenden Bedeutung der germanischen Sprachen eine akzentuierende Theorie des Verses. Schon bei dem Rhetor MARIUS VICTORINUS (4. Jh.) wird ‹Rh.› definiert als «verborum modulata compositio non metrica ratione, sed numerosa scansione» [25] – ein Skandieren nach der Silbenzahl und den Wortakzenten. Ähnlich die offenbar älteste «ars rhythmica», das «dictamen rhythmicum»: «Rhithmus est consonans paritas sillabarum sub certo numero comprehensarum» [26]. Deutlich wird hier die Unterscheidung von Rh. und «numerus» sowie die implizite Bedeutung ‹Rh. = Reim›, die durch den ‹Laborinthus› des EVRARD L'ALLEMAND bestätigt wird: Was der Gehörsinn wahrnimmt, soll auch dem Auge präsent sein: «Videant oculi quod dicitur auri» [27]. Die musikalische Rh.-Theorie des Mittelalters hat Schwierigkeiten, den dynamischen Wortakzent in ihr System zu integrieren; der Musiktraktat des CASSIODOR ordnet den Hoch- bzw. Tiefton nicht der Rhythmik, sondern der Harmonik zu [28]. Bezeichnenderweise führt die Mensuralrhythmik des Hochmittelalters wiederum zu einem an den «numerus» anknüpfenden Prinzip: Die verschiedenen Silbenzahlen verweisen auf die pythagoreische Zahlenmystik [29].

Erst die Rh.-Theorien der Renaissance vermögen die akzentuierenden Sprachen in das musikalisch-dichterische Rh.-System zu integrieren. In der Renaissance erscheint die Akzentuierung als Konsequenz aus einem Rh.-Verständnis, dem es primär um die Darstellung der inneren und äußeren Bewegung geht. Diese aber verläuft – mit der Formel von M. PRAETORIUS – «ratione textus» [30], als Anpassung des musikalischen Rh. an den sprachlichen. Auch G. ZARLINO betont «che l'Harmonia e il Numero debbono seguitare la Oratione» («daß die Harmonie und der Rh. der Rede folgen sollen») [31]. Die antiken Vorstellungen von Rh. als Ordnung der Bewegung, ja selbst die Konzeption der Musik (μουσική) klingen hier nach: Im Rh. treten Sprach- und Tonkunst zusammen.

In der Geschichte der Rh.-Theorien ist die Konzeption von Rh. als Ausdruck der Bewegung und Bewegtheit eine Neuerung. Sie bahnt einerseits einem technischen Rh.-Verständnis den Weg, bedeutet aber andererseits die Befreiung des Rh. aus der Theologie und seine Freisetzung als Kunstmittel. Das in der Renaissance erwachende Interesse an der Etymologie der Begriffe verhilft dazu, das Verständnis von ‹rythme› = (End-)Reim bzw. ‹cadence› in Frage zu stellen [32], wie es bis hin zu den Rhétoriqueurs gepflegt wurde [33]. J. DU BELLAY tadelt jenen Begriffsgebrauch als zu eng, indem er auf die ursprüngliche Bedeutung von ‹Rh.› verweist: «Tout ce qui tumbe soubz quelque mesure et iugement de l'oreille» [34].

Durch das mechanistische Weltbild – nach dem Umsturz der alten Weltordnung durch Galilei und Newton – und durch die Entdeckung der Gravitation verschiebt sich auch in der Musik das Problem der rhythmischen Gliederung durch Längen und Kürzen hin zur Akzentuierung [35]: Quantifizierende Ordnung wird ergänzt, teilweise ersetzt durch akzentuierende, so daß ein Wechsel von betonten und unbetonten, schweren und leichten Taktteilen entsteht. Diese Entdeckung, welche die menschliche Ausdruckskraft der Barockmusik, insbesondere im Vokalbereich [36], überhaupt erst fundierte, mußte freilich den Rh. aus der Totalität einer metaphysischen Weltordnung herauslösen und den Takt gegenüber dem mensuralen Verhältnis der Notenwerte favorisieren. Die dreiteilige «mensura», Ausdruck der Dreieinigkeit, wird durch paarige Anordnung der Perioden ersetzt [37]. Da Akzente nicht jenseits der musikalischsprachlichen Prozesse vorgegeben sind, sondern in diesen allererst gesetzt werden, löst sich der Rh. aus seinen überkommenen transzendenten Ordnungen. Die nach subjektivem Ausdruck und nach Autonomie strebende Kunst sieht in ihm das Prinzip ihrer Freiheit [38].

Zwar ist auch für J. MATTHESON Rh. das Verhältnis von Zahlen [39]; dieses aber hat, entsprechend dem griechischen Rh.-Verständnis, die Kraft, die Seelen zu bewegen – bestimmte Rh.en lösen bestimmte Affekte aus. Der scheinbare Widerspruch ist historisch zu erklären: Im Barockzeitalter wirkt einerseits noch die alte mensura-Theorie nach, während andererseits die Musikproduktion teilweise «ultra mensuram» verläuft [40]. In seinem ‹Syntagma musicum› (1619) schreibt M. PRAETORIUS: «Gesang ohne Regel und Rh. (sine lege et mensura) ist eine Beleidigung Gottes», doch gesteht er gleichzeitig dem Komponieren «ratione textus» «majestas» und «gratia» zu [41]. Die Bewegtheit der Notenwerte, wie sie A. KIRCHER beschreibt [42], füllt und belebt das Schema des Taktes, der, hier erstmals im modernen Sinne des Wortes verwendet, zur zentralen Kategorie der Rhythmik im 17. Jh. avanciert. Für die Ambivalenz der barocken Rh.-Theorie ist die Position von R. DESCARTES ein prägnantes Beispiel. Während Descartes einerseits die sinnliche Wahrnehmung der Musik auf ein meßbares, mechanisches Prinzip zurückführt («proportio arithmetica»), entdeckt er andererseits den akzentbestimmten Takt («membrum») [43].

Die sowohl mathematische als auch affektbezogene Rh.-Theorie des Barock wirft für die folgende Zeit Probleme auf. Während die bloße Meßbarkeit des Rh. als zu technisch erscheint, birgt der reine Affektausdruck die Gefahr der Formlosigkeit. Von hier aus entwickelt J. G. SULZER eine ethisch fundierte Rh.-Theorie. Da der Ton als unmittelbarer Ausdruck der Affekte halt- und gestaltlos ist, muß der Rh. ihm Stütze und Form bieten. Hierin liegt die wirkungsästhetische Dimension des Rh.: Sulzer zufolge basiert die Dauerhaftigkeit von Eindrücken auf der Kraft des Rh.; auch verleiht dieser solchen Dingen Schönheit, die an sich völlig gleichgültig sind [44]. Für Sulzer und seinen Kreis enthält der Rh. freilich nicht nur eine ästhetische, sondern auch eine moralische Dimension: Durch den Rh. gewinnt eine Tonfolge leidenschaftlich-sittlichen Charakter [45].

Die von Sulzer und seinem Kreis hergestellte Verbindung des Ästhetischen mit dem Moralischen im Rh. wird zur Zeit der deutschen Klassik und Romantik verstärkt. G. W. F. HEGELS Bestimmung des Rh. als Belebung der abstrakten Regel von Zeitmaß und Takt [46] sowie, für die Dichtkunst, die Verbindung bestimmter Rh.en mit bestimmten Inhalten und Empfindungen [47] verbleiben noch im Rahmen der Kunstphilosophie. Doch war schon für F. SCHLEGEL die Musik der Moral verwandt, da Rh. ihr Prinzip sei [48]. Die abwegig anmutende, gleichwohl aber bedeutsame Theorie von K. PH. MORITZ, derzufolge es in der Dichtung nicht vorrangig Klang-, sondern Vorstellungs-Rh.en gebe [49], weist dem Rh. den Weg von der Praxis der Kunst zur Moralphilosophie und zur philosophischen Ästhetik. Durch die Gesetzmäßigkeit des Rhythmischen wird bei F. SCHILLER die Vielheit zur Einheit, so daß im Kontingenten das Allgemeine, das rein Menschliche zum Ausdruck kommt [50]. Rh. als Prinzip der Verbindung des Verschiedenen mit der Einheit bestimmt auch F. W. J. SCHELLINGS Philosophie der Kunst: «Die in der Musik selbst wieder als besondere Einheit begriffene Einbildung der Einheit in die Vielheit oder reale Einheit ist der Rh.» [51]. Durch den Rh. sei die Musik nicht mehr der Zeit unterworfen, sondern habe diese in sich selbst; entsprechend ist der Rh. «Musik in der Musik» [52].

Als die Rh.-Theorie dieses philosophische Niveau erreicht, zeichnet sich allerdings auch eine Krise ab. Freie Rh.en, wie sie vor allem in F. G. KLOPSTOCKS Dichtungen vorkamen [53], werden für die deutsche Frühromantik zum Paradigma künstlerischer und persönlicher Freiheit [54]. Die Emanzipation der Musik vom Wort und die wachsende Bedeutung der Instrumentalkompositionen gegenüber der Vokalmusik lösen die tradierte Einheit sprachlicher und musikalischer Rh.en auf. SCHELLINGS Satz, die ersten lyrischen Rh.en seien diejenigen gewesen, in denen die Gesetze freier Staaten gesungen wurden [55], verbindet konzeptuell das neue Freiheitsideal mit der antiken Polis – tertium comparationis ist der Rh. Die Musiktheorie begreift den Rh. als Ausdruck der Freiheit und Selbstbestimmung der Kunst. So argumentiert H. RIEMANN auf der Basis der Musik Beethovens und ihrer Befreiung des Rh. vom Takt. Für Riemann ist der Rh. ein Kompositionselement von eigener Dynamik («Motiv»), das der Gesetzmäßigkeit organischer Lebenskraft folgt [56]. ‹Rh.› bezeichnet weniger ein meßbares Ordnungsprinzip als vielmehr, wie die Begriffsverwendung von ‹Motiv› belegt, eine elementare musikalische Sinneinheit.

Zur Zeit der Klassik und Romantik tendiert die Rh.-Theorie dazu, ihren Gegenstand zu verabsolutieren. Erst später wird durch Ethnologie und Altertumswissenschaft auf den Zusammenhang zwischen Rh. und den Arbeitsverfahren primitiver und archaischer Gesellschaften hingewiesen [57].

Das freie Subjekt mit seinen freien Rh.en schüttelt jene Ordnung ab, die nicht nur im Begriff, sondern auch in der Geschichte des Rh. begründet lag. In diesem Zusammenhang wird die Kritik des Rh. durch M. HAUPTMANN verständlich. Für seine Musiktheorie liegt das ethische Moment des rechten Maßes [58] nicht mehr im

Rh., sondern im Metrum [59]; jener ist unberechenbar, maßlos 'sinnlich' und muß deswegen durch das sittliche Prinzip des Metrums gebändigt werden. Hauptmann reagiert damit – negativ – auf die Musik seiner Zeit, insbesondere Schumanns, Wagners und Liszts; sein Paradigma ist das klassische Maß.

Die Entwicklung der Rh.-Theorie im 19. und 20. Jh. verläuft freilich nicht im Sinne Hauptmanns. Wenn bei A. SCHÖNBERG der Rh. zum eigentlichen Ereignis der Komposition avanciert [60], ist diese Verabsolutierung des Rhythmischen eher in Riemanns Theorie erfaßt als in derjenigen Hauptmanns. Zwar enthält auch die serielle Musik rhythmische Proportionen; diese aber liegen, durchaus in programmatischer Absicht, außerhalb akustischer Wahrnehmbarkeit. K. STOCKHAUSEN kritisiert die «Quantelei» regelmäßiger Rh.en [61], und die schon bei Strawinsky sich andeutende, im Werk Ligetis vollendete schwebende Statik [62] bedeutet das vorläufige Ende des Rh. als regelgebundenen Ordnungsprinzips; Stockhausens Begriff vom «Klang-Rh.» [63] ist ein prägnanter Beleg für das Ende rhythmischer Eigenständigkeit. Als Konzept überlebt der Rh. allenfalls dadurch, daß man ihn von der metrischen Symmetrie trennt [64]; Definitionsschwierigkeiten sind die Folge: Rh. ist heute die temporale Verfaßtheit der Musik generell, deren Ordnungsprinzipien fragwürdig wurden [65]. F. NIETZSCHES vorausschauende Beschreibung «Wie nach der neueren Musik die Seele sich bewegen soll», nämlich «schwimmend» und nicht mehr «tanzend» [66], stützt sich zwar auf Wagner, wird aber mit ihren Reizen und Risiken erst in der neuen Musik offenbar: Dem Gewinn der Freiheit entspricht der Verlust des dem Menschen noch erkennbaren Maßes. Traditionelle Unterscheidungen wie ‹Rh./Melos›, ‹Rh./Takt› fallen, und das Ende der normativen Rh.-Vorstellungen scheint unwiderruflich [67].

Die Rh.-Theorien der *Literatur* weisen ebenfalls in diese Richtung. Schon SCHELLING stellt fest, die lyrische Poesie sei vom Rh. fortgerissen [68] – eine frühe Reaktion der Kunstphilosophie auf die freien Rh.en. A. HOLZ proklamiert in der Revolution der Lyrik einen Rh., den seine Existenz rein als solche freut [69]; die Bindung an sprachliche Inhalte oder auch nur an den Klang der Worte scheint damit aufgegeben. Der von den Symbolisten praktizierte «vers libéré» bzw. «vers libre» [70] bringt die Lyrik in die Nähe poetischer Prosa. Doch bleiben solche Tendenzen in der wissenschaftlichen Rh.-Diskussion nicht unwidersprochen. Unter den russischen Formalisten sind es vor allem J. TYNIANOV, B. TOMAŠEVSKIJ und O. BRIK, die den Rh. im ursprünglichen Sinn als geformte Bewegung verstehen, die jeder Konkretion, sei es im Vers oder im Tanz, vorausgeht [71]. Der Rh. wird distinktives Merkmal des Verses im Vergleich zur Prosa; jener verfügt neben semantischen Verknüpfungsregeln auch über syntaktische und, eben dies macht seine Besonderheit aus, über rhythmische [72]. Im Strukturalismus werden diese Ansätze weitergeführt. Rh. ist nicht bloß schmückende Zutat der Rede («discours»), sondern ein konstitutives Ausdrucksmittel [73]. Die Position von H. MESCHONNIC kann als die momentan avancierteste gelten: Rh. desemantisiert das sprachliche Zeichen, unterläuft dessen Kommunikationsfunktion und unterstreicht die Relativierung der Pragmatik durch die Kunst [74].

Die von seiten der Musiktheorie in neuerer Zeit geäußerten Zweifel, ob man überhaupt wisse, was Rh. sei [75], finden, wenngleich nicht ohne Zögern, ihre Analogie in der Literaturwissenschaft. Experimentelle Untersuchungen bleiben Einzelerscheinungen verhaftet [76], und Versuche, den Rh. mathematisch zu fundieren, sind eher marginal [77]. Wenn nach der langen Geschichte der Rh.-Theorien heute die Frage, was Rh. eigentlich sei, zumeist offenbleibt, mag diese Ungewißheit ein Zeichen für die künstlerische Relevanz des Rh. sein.

Anmerkungen. [1] Vgl. E. WOLF: Zur Etymol. von ῥυθμός und seiner Bedeut. in der ält. griech. Lit. Wiener Stud. 68 (1955) 99-119. – [2] E. BENVENISTE: La notion de ‹rythme› dans son expr. linguist., in: Probl. de linguist. gén. (Paris 1966) 327-335. – [3] Vgl. unten II. – [4] Vgl. TH. GEORGIADES: Musik und Rh. bei den Griechen (1958) 7f.; S. MELCHINGER: Das Theater der Tragödie (1974) 217ff. – [5] GEORGIADES, a.O. 53. – [6] PLATON: Leg. 664 e. – [7] Resp. 400 a. – [8] GEORGIADES, a.O. [4] 110. – [9] ARISTOTELES: Pol. VIII, 5, bes. 1340 a 38ff. – [10] Von hier aus wird ‹Rh.› auch zu einem Terminus der bildenden Künste; vgl. H. H. RUSSACK: Der Begriff des Rh. bei den dtsch. hist. des 19. Jh. (1910). – [11] R. WESTPHAL: Aristoxenos von Tarent, Melik und Rhythmik des class. Hellenentums (1883-93, ND 1965) 2, § 3. 9. – [12] a.O. § 11. – [13] Im Zus. seiner Erläut. des 'Fußes' spricht ARISTOXENOS von αἴσθησις (§ 16). – [14] Vgl. ARISTEIDES QUINT.: Von der Musik, hg. R. SCHÄFKE (1937) 210. – [15] Vgl. C. CASTILLO: ‹Numerus›, qui Graece ‹rhythmos› dicitur. Emerita 36 (1968) 279-308. – [16] AUGUSTINUS: De musica 6, 13. – [17] Vgl. ARISTOTELES: Rhet. III, 8, 1408 b 30. – [18] QUINTILIAN: Inst. orat. IX, 4, 61. – [19] a.O. 55. – [20] BEDA VEN.: De arte metrica. MPL 90, 173 df. – [21] Vgl. W. SEIDEL: Rh. Eine Begr.best. (1976) 40. 49f. – [22] JACOBUS LEOD., in: Script. de musica medii aevi ..., hg. E. DE COUSSEMAKER 1-4 (Paris 1864-76, ND 1963) 2, 397. – [23] FRANCO VON KÖLN, a.O. 1, 119. – [24] Vgl. K. BORINSKI: Die Antike in Poet. und Kunsttheorie (1914, ND 1965) 1, 43ff. – [25] a.O. 45. – [26] 57. – [27] EVRARD L'ALLEMAND: Laborinthus 1005, zit. nach E. FARAL: Les arts poét. du XIIᵉ et XIIIᵉ s. (Paris 1924) 370. – [28] Vgl. BORINSKI, a.O. [24] 44. – [29] a.O. 44f. – [30] M. PRAETORIUS: Syntagma musicum (1619, ND 1958) 3, 79. – [31] G. ZARLINO: Istitutioni harmoniche (1558, ND 1966) 419. – [32] Noch der Art. ‹rythme› der ‹Encyclopédie› basiert auf der Vorstellung, ‹rhythmos› bei den Griechen meine ‹cadence› und sei identisch mit ‹nombre›. – [33] P. FABRI: Le grand et vray art de pleine rhét. (1521), zit. bei W. F. PATTERSON: Three cent. of french poet. theory 3 (New York 1966) 6f. – [34] J. DU BELLAY: Oeuvres franç., hg. C. MARTY-LAVEAUX (Paris 1866) 1, 48 («Deffence et illustration de la langue française»). – [35] Vgl. W. GURLITT: Form in der Musik als Zeitgestaltung. Akad. Wiss. Lit. Mainz, Abh. geistes- soz.wiss. Kl. (1954) 13, 663. – [36] C. LE JEUNE: Le Printemps (Vorrede), zit. bei W. SEIDEL: Über Rh.-Theorien der Neuzeit (1975) 28. – [37] GURLITT, a.O. [35] 663f. – [38] F. SARAN: Dtsch. Verslehre (1907) 330. – [39] J. MATTHESON: Der vollkommene Capellmeister (1739, ND 1954) 160. – [40] GURLITT, a.O. [35] 660f. – [41] PRAETORIUS, a.O. [30] Kap. 8. – [42] A. KIRCHER: Musurgia univ. (Rom 1650) 1, 217. – [43] R. DESCARTES: Compend. musicae (II). Oeuvr., hg. CH. ADAM/P. TANNERY (1908) 10, 92. – [44] J. G. SULZER: Allg. Theorie der Schönen Künste (²1792, ND 1970) 4, 91. – [45] a.O. 92. 100. 102. – [46] G. W. F. HEGEL: Ästhetik. Jub.ausg., hg. H. GLOCKNER (1927-40) 15, 158. – [47] a.O. 300. – [48] F. SCHLEGEL: Ideen 70. Krit. Ausg., hg. E. BEHLER 2 (1967) 263. – [49] K. PH. MORITZ: Versuch einer dtsch. Prosodie (1786, ND 1973) 136. – [50] Vgl. F. SCHILLER: Br. an Goethe (24. 11. 1797). Nat.ausg. 29 (1977) 169f. – [51] F. W. J. SCHELLING: Philos. der Kunst § 79. Werke, hg. M. SCHRÖTER 3. Erg.-Bd. (1959, ND 1968) 141. – [52] a.O. 145. – [53] Vgl. SARAN, a.O. [38] 330; MORITZ, a.O. [49] 193f. – [54] Vgl. F. N. MENNEMEIER: Freier Rh. im Ausgang von der Romantik. Poetica 4 (1971) 197-214. – [55] SCHELLING, a.O. [51] 293. – [56] Vgl. H. RIEMANN: Musikal. Dynamik und Agogik (1884). – [57] K. BÜCHER: Arbeit und Rh. Abh. Kgl. Sächs. Ges. Wiss., phil.-hist. Kl. 18 (1896, ²1899). – [58] M. HAUPTMANN: Br. an Spohr und Andere, hg. F. HILLER (1876) 56f. – [59] Vgl. Die Natur der Harmonik und Metrik. Zur Theorie der Musik (1853) 223. – [60] Vgl. TH. W. ADORNO: Philos. der Neuen Musik (1949, 1958). Ges. Schr., hg. R. TIEDEMANN 12 (1975) 75. – [61] K. STOCKHAUSEN: Texte zur elektron. und instrument. Musik 1-3

(1963-71) 1, 99ff. – [62] Vgl. C. DAHLHAUS: Probleme des Rh. in der Neuen Musik. Terminologie der neuen Musik (1965) 31. – [63] STOCKHAUSEN, a.O. [61] 112. – [64] SEIDEL, a.O. [36] 41. – [65] a.O. [21] 3. – [66] F. NIETZSCHE: Menschliches, Allzumenschliches II, 134. Krit. Ges.ausg., hg. G. COLLI/M. MONTINARI 4/3 (1967) 70. – [67] Vgl. A. SCHÖNBERG: Harmonielehre (1911) 246ff.; O. MESSIAEN: Techn. de mon langage mus. (Paris 1944), dtsch. (1966) 13f. – [68] SCHELLING, a.O. [51] 291. – [69] A. HOLZ: Werke 5 (1962) 66f. – [70] Vgl. H. MORIER: Le rythme du vers libre symbol. 1-3 (Paris 1948). – [71] B. TOMAŠEVSKIJ: Vers und Rh. (1928), in: J. STRIEDTER/W. D. STEMPEL (Hg.): Texte der russ. Formalisten 2 (1972) 222-271. 162-221. – [72] O. BRIK: Rh. und Syntax (1927), in: STRIEDTER/STEMPEL, a.O. 205. 213. – [73] Vgl. H. MESCHONNIC: Art. ‹rythme et discours›, in: J. P. BEAUMARCHAIS/D. COUTY/A. REY (Hg.): Dict. des litt. de langue franç. (Paris 1984). – [74] Crit. du rythme: anthropol. hist. du langage (Paris 1982). – [75] Vgl. L. SCHRADE: Das Rätsel des Rhythmischen in der Musik. Melos 18 (1951) 305ff. – [76] Dies kritisiert H. SCHULTZ: Method. und Aufg. einer zukünft. Metrik. Sprache techn. Zeitalter 41 (1972) 27ff.; einen Ausweg sieht er freilich nicht. – [77] J. SCHILLINGER: The mathemat. basis of the arts (New York 1948).

Literaturhinweise. W. MEYER: Ges. Abh. zur mittellat. Rhythmik 1-2 (1905, ND 1970). – G. BECKING: Der musikal. Rh. als Erkenntnisquelle (1928, ND 1958). – TH. GEORGIADES: Der griech. Rh. (1949). – W. GURLITT s. Anm. [35]. – F. NEUMANN: Die Zeitgestalt. Eine Lehre vom musikal. Rh. (1959). – G. W. COOPER/L. B. MEYER: The rhythmic struct. of music (Chicago 1960). – G. HENNEBERG: Theorien zur Rhythmik und Metrik (1974). – W. SEIDEL s. Anm. [21] und [36]. – C. DAHLHAUS: Stud. zur Gesch. der Rh.-Theorie. Jb. Staatl. Inst. Musikforsch. (1979/80) 133-153.
A. CORBINEAU-HOFFMANN

II. – In der *Biologie* werden die Begriffe ‹Rh.›, ‹Periodizität› und ‹Zyklus› meist synonym gebraucht. Vorschläge, den einzelnen Begriffen verschiedene biologische Erscheinungen zuzuordnen [1], haben sich nicht durchgesetzt. Als Bezeichnung für wohldefinierte biologische Prozesse finden sich ‹Rh.› und ‹Periode› bei ARISTOTELES. Er gibt eine allgemeine Definition des Rh. («Jeder Rh. behält sein Maß durch eine bestimmte Bewegung» [2]), gebraucht das Wort aber meist nur in Verbindung mit der Atmung [3]. Als «periodisch» bezeichnet er einmal die monatlichen Blutungen der Frau [4], zum anderen solche biologische Vorgänge, die ihm mit Perioden der Umwelt wie Tag-Nacht-Wechsel oder Mondumlauf verknüpft zu sein scheinen [5]. GALEN definiert den Rh. als zeitlich geordnete Bewegung (ῥυθμός ἐστι κίνησις ἐν χρόνοις τάξιν ἔχουσα [6]). Er beschränkt den Gebrauch des Wortes ‹Rh.› jedoch auf Vorgänge mit relativ hoher Frequenz wie Puls und Atmung [7]. ‹Periodisch› nennt Galen in erster Linie den Ablauf von Krankheiten [8]. In diesem Zusammenhang übernimmt er teilweise die hippokratische Lehre von den «Krisentagen», die eine ihrer Wurzeln in der Zahlenlehre des PYTHAGORAS hat. Die (periodisch wiederkehrenden) Krisentage bilden noch bis zum Beginn des 19. Jh. einen wesentlichen Inhalt medizinischer Monographien auf diesem Gebiet [9].

Die moderne Biologie versteht unter rhythmischen (periodischen) Vorgängen «alle, sich an Organismengruppen, Einzelorganismen und Teilen von solchen abspielende[n] Erscheinungen ..., die sich gesetzmäßig in bestimmten Zeitintervallen wiederholen» [10]. Sie lassen sich gemäß ihren Frequenzen in ein Spektrum ordnen, das von den hochfrequenten Rh.en im Nervensystem (Periodendauer: ms) über die Rh.en des Herzschlages und der Atmung (Sekunden- und Minuten-Rh.) bis hin zu Prozessen reicht, deren Perioden Stunden, Tage oder auch Jahre dauern (z.B. regelmäßige Schwankungen in der Individuenzahl mancher Tierpopulationen mit Maximalwerten in Abständen mehrerer Jahre) [11]. Fast alle diese Rh.en sind Eigenschaften des jeweiligen biologischen Systems, also der Zelle, des Organismus oder der Population. Das bedeutet: Das System bedarf nicht eines periodischen Anstoßes von außen (exogener Rh.), sondern es verhält sich auch bei konstanter Energiezufuhr rhythmisch (endogener oder autonomer Rh.; Beispiel: der Herz-Rh., der in den Schrittmacher-Zellen des Sinusknotens entsteht).

Vier Frequenzen im Spektrum sind dadurch ausgezeichnet, daß sie mit periodischen Vorgängen in der Umwelt übereinstimmen. Es handelt sich um die Gezeiten-, Tages-, Mond- und Jahres-Rh.en. Die naheliegende Vermutung, daß diese biologischen Rh.en durch die Umwelt erzwungen sind, konnte experimentell widerlegt werden. Auch diese Prozesse laufen unter konstanten Umweltbedingungen autonom weiter, und zwar mit einer «Spontanfrequenz», die meist um einen kleinen Betrag von dem der entsprechenden Umweltfrequenz abweicht [12]. Sie haben deshalb das Präfix ‹circa› erhalten: circa-tidale, circa-diane, circa-lunare und circa-annuale Rh.en [13]. Die 'circa'-Rh.en haben den Charakter biologischer Uhren.

Anmerkungen. [1] N. KLEITMAN: Rhythms and cycles. Physiol. Review 29 (1949) 1-30; A. BETHE: Rh. und Periodik in der belebten Natur. Studium generale 2 (1949) 67-73. – [2] ARISTOTELES: Probl. phys. V, 16, 882 b 2. – [3] a.O. 882 b 1f. – [4] De gen. anim. II, 4, 738 a 17. – [5] IV, 10, 777 b 18-20. – [6] GALEN: Def. med., def. 220. Opera omn., hg. C. G. KÜHN (1821-33, ND 1964f.) 19, 408. – [7] De diff. pulsuum, a.O. 9, 511. – [8] def. 198, a.O. [6] 401. – [9] z.B. A. M. WALLENBERG: De rhythmi in morbis epiphania (1809). – [10] H. KALMUS: Periodizität und Autochronie (= Ideochronie) als zeitregelnde Eigenschaften des Organismus. Biol. gen. 11 (1935) 93-114. – [11] J. ASCHOFF: Zeitl. Strukturen biolog. Vorgänge. Nova Acta Leopoldina NF 21 (1959) 147-177. – [12] ASCHOFF (Hg.): Biolog. rhythms. Handbook of behav. neurobiol. 4 (New York 1981). – [13] F. HALBERG u.a.: Spectral resolution of low-frequency, small-amplitude rhythms in excreted 17-ketosteroids, probable androgen-induced circaseptan desynchronization. Acta endocrinol. 50, Suppl. 103 (1965) 1-54.

Literaturhinweise. J. VIREY: Art. ‹Périodicité›, in: Dict. des sci. med. 40 (Paris 1819) 419-432. – A. M. BAUMGARTEN-CRUSIUS: Periodologie, oder die Lehre von den period. Veränderungen im Leben des gesunden und kranken Menschen (1836).
J. ASCHOFF

III. – Die Anfänge der psychologischen Rh.-Forschung fallen in die zweite Hälfte des 19. Jh., in der die *experimentelle Psychologie* sich zu entwickeln beginnt. E. MACH [1] hat als erster die Motorik ins Zentrum der Rh.-Erfahrung erhoben und beschreibt die subjektive Akzentuierung, die sich bei gerichteter Aufmerksamkeit auf gleichartige Töne und Tonintervalle ergibt. K. VIERORDT [2] beginnt mit der Registrierung sich gleichförmig wiederholender Bewegungen und mißt deren Regelmäßigkeit. W. WUNDT [3] legt besonderen Wert auf die Ausdehnung des Bewußtseinsumfangs und die maximale Zeitdauer, die ein Rh. einnehmen darf, um gerade noch wahrgenommen werden zu können. Ihm zufolge ist der Rh. eine multimodale Wahrnehmung, für sein Zustandekommen sind maßgeblich Gefühle der Spannung und Entspannung verantwortlich. Sie hängen wiederum mit den Bewegungsempfindungen zusammen, die durch den Rh. induziert werden. In der Wahrnehmung des Rh. unterscheidet Wundt zudem qualitative, intensive und melodische Aspekte; die Intensität hat dabei eine größere Bedeutung als die anderen beiden Aspekte.

E. MEUMANN und T. L. BOLTON [4] führen die Rh.-Forschung von Wundt fort und entdecken, daß eine subjektive Rhythmisierung gleichwertiger Töne in Zweier-, Vierer- und nur selten in Dreiergruppen vorgenommen wird. Nach einer gewissen Zeitspanne wird der erste Ton einer Gruppe akzentuiert und durch ein besonderes Intervall von der vorherigen Gruppe getrennt wahrgenommen. Der akzentuierte Ton wird von kinästhetischen Empfindungen begleitet. Da ein Gesamt-Rh. von einem Bewußtseinsakt umfaßt werden muß, kann es zu seiner inneren Strukturierung nur kommen, wenn die Intervalle zwischen den Tönen nicht kürzer als 115 ms und nicht länger als 1580 ms sind. Werte um 400 ms werden bevorzugt als rhythmische Strukturen wahrgenommen. Versuche, diese Zeitstruktur des Rh. in Beziehung zu physiologischen Rh.en wie Herzschlag, Gehbewegung usw. zu setzen, sind bis heute ohne Erfolg geblieben. R. MACDOUGALL [5] behauptet, daß kürzere Zeitintervalle zwischen den Schlägen eine Zusammenfassung von mehr Tönen zu einem Rh. ermöglichen, und demonstriert diese These an der Erzeugung von Zweier-, Dreier-, Vierer- und noch längeren Rh.en.

Ein weiterer Gegenstand der frühen experimentellen Rh.-Forschung konzentriert sich auf die Betonung von Einzeltönen und auf die Pause zwischen zwei Rh.en. Die Betonung geht, wenn sie auf dem letzten Element einer rhythmischen Struktur liegt, der Pause voran, oder sie steht – im umgekehrten Fall – an ihrem Anfang. Ein wesentliches Resultat dieser Forschung ist, daß die Zeitintervalle weniger variabel sind als die Betonungen und daß die Gesamtdauer einer rhythmischen Struktur einer Veränderung weniger zugänglich ist als die Elemente, die sie bilden.

K. KOFFKA [6] findet zu Beginn des 20. Jh. eine strenge Analogie zwischen auditiven und visuellen Rh.en; die Existenz der letzteren war von E. B. TITCHENER zuvor bestritten worden [7]. Die visuellen Rh.en sind allerdings schwieriger wahrzunehmen, und oftmals zählen die Wahrnehmenden dabei. Die Überlegenheit der auditiven Rh.en erklärt sich aus der Tatsache, daß die akustische Reizung kürzer ist als die visuelle. KOFFKA zufolge sind Rh.en eine Art 'Gestalt' [8], woraus folgt, daß die Abstände zwischen zwei Rh.en einen anderen Status haben als die Intervalle zwischen den Einzeltönen. Man könne die Abstände zwischen Rh.en variieren, ohne daß das eine Auswirkung auf die Qualität des Rh. habe; konsequenterweise spricht H. WERNER [9] deshalb bei einer Folge von Rh.en von einer Gestaltverkettung.

Die experimentelle Untersuchung des Rh. beruht immer, auch bei der Konzentration auf die motorische Seite der Rh.-Erfahrung, auf einer Form der inneren Wahrnehmung. Deswegen führt die Ausbreitung des Behaviorismus zu einem Bruch in seiner Untersuchung. Wichtige neuere Rh.-Forschungen finden in Frankreich statt, wo G. DE MONTPELLIER [10] und P. FRAISSE [11] – in der Tradition von A. MICHOTTE [12] – eine Methode zur Analyse der inneren Organisation eines Rh. entwickeln. Wenn Personen gebeten werden, spontan Rh.en zu produzieren, dann benutzen sie hierfür in der Regel nur zwei verschiedene Zeitintervalle. Dasselbe Resultat ergibt sich, wenn Rh.en reproduziert werden sollen: Auch Rh.en mit drei verschiedenen Zeitintervallen werden durch Zweierstrukturen reproduziert, die dritte wird an eine der beiden anderen angeglichen. In Begriffen der subjektiven Erfahrung ausgedrückt, kann man sagen, daß jeder Rh. aus zwei verschiedenen Zeitausdehnungen besteht: einem «Punkt in der Zeit» und einer «Ausdehnung in der Zeit» [13]. Faktorenanalytische Untersuchungen der Rh.-Wahrnehmung haben ergeben, daß diese auf zwei unabhängige Faktoren reduziert werden kann, auf einen perzeptiven und einen motorischen [14].

Heute wird die Psychologie des Rh. mehr und mehr zu einer Psychophysiologie bzw. einer Psychologie, die sich mit der Verhaltensentwicklung von normalen und behinderten Kindern beschäftigt.

Anmerkungen. [1] E. MACH: Unters. über den Zeitsinn des Ohres. Sber. Wiener Akad. Wiss., math.-nat.wiss. Kl. 51/II (1865) 133-150. – [2] K. VIERORDT: Der Zeitsinn nach Versuchen (1868). – [3] W. WUNDT: Grundzüge der physiolog. Psychol. (²1880). – [4] T. L. BOLTON: Rhythm. Amer. J. Psychol. 6 (1894) 145-238; vgl. auch E. MEUMANN: Unters. zur Psychol. und Ästhetik des Rh. Philos. Stud. 10 (1894). – [5] R. MACDOUGALL: The structure of simple rhythm forms. Psycholog. Review, Monogr. Suppl. 4 (1903) 309-416. – [6] K. KOFFKA: Experiment. Unters. zur Lehre vom Rh. Z. Psychol. 52 (1909) 1-109. – [7] E. B. TITCHENER: A textbook of psychol. (New York 1903). – [8] Vgl. Art. ‹Gestalt›. – [9] H. WERNER: Rhythmik, eine mehrwertige Gestaltenverkettung. Z. Psychol. 82 (1919) 198-218. – [10] G. DE MONTPELLIER: Les altérations morpholog. des mouvements rapides (Löwen 1935). – [11] P. FRAISSE: Les struct. rythmiques (Brüssel/Paris 1956). – [12] Vgl. O. HELLER/W. LOHR: Das Werk Michottes und seiner Mitarbeiter, in: A. MICHOTTE: Ges. Werke (Bern 1982) 15-42. – [13] P. FRAISSE: Rhythm and tempo, in: D. DEUTSCH (Hg.): The psychol. of music (New York 1982) 149-177. – [14] E. HIRIARTBORDE/P. FRAISSE: Les aptitudes rythm. (Paris 1968); I. R. THACKRAY: An invest. into rhythmic abilities (London 1969); A. GABRIELSSON: Similarity ratings and dimension analysis of auditory rhythm patterns 1-2. Scandin. J. Psychol. 14 (1973) 138-160. 161-176; vgl. dazu: P. FRAISSE: Les synchronisations sensori-motrices aux rythmes, in: J. REQUIN (Hg.): Anticipation et comportement (Paris 1980) 233-257.

Literaturhinweise. R. D. WALK/H. L. PEEK (Hg.): Intersensory perception and sensory integration (New York 1981). – D. DEUTSCH (Hg.) s. Anm. [13].

P. FRAISSE

Richterrecht. 1. Recht wird von Richtern gesprochen. Aber wird es von Richtern auch geschaffen? Die Antworten auf diese Frage sind vielschichtig. Eine davon ist die Theorie des R. 1912 erscheint der Begriff ‹R.› zum ersten Mal als Titel einer rechtstheoretischen Abhandlung [1]. Wie war das Problem entstanden?

Erst der von der Aufklärung entwickelte Gedanke der Gewaltenteilung macht eine schöpferische, rechtssetzende Rolle des Richters zum Problem: «Es gibt ferner keine Freiheit», schreibt MONTESQUIEU, «wenn die richterliche Gewalt nicht von der gesetzgebenden ... Gewalt getrennt ist. Ist sie mit der gesetzgebenden Gewalt verbunden, so wäre die Macht über Leben und Freiheit der Bürger willkürlich, weil der Richter Gesetzgeber wäre» [2].

Im Anschluß an die großen europäischen Gesetzgebungswerke wurde die Einschränkung der richterlichen Tätigkeit auf die grammatische Auslegung zum Programm einer gesetzespositivistischen Richtung, welche den Richter praktisch-methodisch zum Organ des Gesetzes machen wollte [3]. Die praktische Gestaltungskraft der Rechtspraxis machte aber eine theoretische Reflexion dieser Rolle immer dringlicher. Der traditionelle Begriff des «usus fori» war dazu nicht geeignet, weil er nur auf das äußerliche Merkmal der Wiederholung einer Rechtsauffassung abstellte. Eine Kompetenz des Richters zur Rechtssetzung als Durchbrechung des

Gesetzgebungsmonopols konnte damit nicht begründet werden. Einen Schritt in diese Richtung stellt allerdings die im Zusammenhang der Begriffsjurisprudenz entwickelte Theorie des Juristenrechts dar. Damit wurde zwar noch keine politische Kompetenz des Richters als Vollendung des von der Legislative begonnenen Rechtsbildungsprozesses behauptet, aber eine Sachkompetenz, welche sich aus der wissenschaftlichen Bearbeitung des Rechtsstoffes ableiten sollte: «Was aus einer wissenschaftlichen Operation stammt, unterliegt der Bedingung seiner Wahrheit. Die Praxis enthält hier ein Juristenrecht, das bloß auf innerer Autorität beruht» [4].

Gegen Ende des 19. Jh. wird der Gedanke einer wissenschaftlichen Sachkompetenz verdrängt durch eine Analyse der verschiedenen Stadien des Rechtsbildungsprozesses. Danach ist der Richter aufgrund der Amtsträgerschaft befugt, eine «Rechtswillenserklärung der Staatsgewalt» [5] zu setzen. Die für die R.-Diskussion grundlegende Position von O. BÜLOW knüpft hieran an. In seiner 1885 erschienenen Schrift ‹Gesetz und Richteramt› hebt er hervor, daß nicht das Gesetz, sondern Gesetz und Richteramt das Recht schaffen. Der Richter erscheint insoweit als Gesetzgeber zweiter Stufe. Prägend für die weitere Diskussion bleibt aber sein Bekenntnis zum Richter als Nebengesetzgeber, der den eigentlichen Gesetzgeber nicht nur ergänzt, sondern durch Formulierung eigener Regeln auch berichtigt.

Erst im Anschluß an Bülow, der noch von «richterlichem Recht» spricht, etabliert sich in der juristischen Diskussion die Wortverbindung ‹R.›. Entsprechende Ansätze behaupten «ein Richter- und Rechtsprechungsrecht, welches sich vom Gesetzesrecht darin unterscheidet, daß es nur für den konkreten Fall gilt» [6]. Während zu Anfang noch die Subsidiarität des R. gegenüber dem Gesetzesrecht bewußt bleibt, wird in der weiteren Entwicklung dieser Doktrin die richterliche Rechtssetzung zunehmend zur eigenständigen Rechtsquelle neben dem Gesetzesrecht. Die Verwendung des Wortes ‹R.› erscheint dann als Stellungnahme in der Auseinandersetzung um die Bestimmung von Ausmaß und Grenzen richterlicher Rechtsschöpfungskompetenz: Der Richter gilt als Nebengesetzgeber. Kritik am R. muß demgegenüber zu einer Reflexion der Rolle des Richters als Gesetzgeber zweiter Stufe führen, um Ausmaß und Reichweite der Subsidiarität richterlicher Rechtssetzung deutlich zu machen.

2. Der Begriff des R. dehnt sich im Zuge der weiteren Entwicklung immer stärker aus: Anfänglich noch auf das Schließen von sog. Lücken des Gesetzes beschränkt, wird der Begriff dadurch erweitert, daß der ganze Bereich der Rechtsfindung «praeter legem» einbezogen wird, d.h. Anwendung unbestimmter Rechtsbegriffe und Generalklauseln [7]. Eine weitere Ausdehnung in den Kernbereich der Rechtsanwendung hinein erfährt der Begriff des R., wenn man die Auslegung vager oder mehrdeutiger Gesetzesbegriffe hinzuzählt [8]. R. ist nach dieser Auffassung die Bildung all derjenigen Entscheidungen, die nicht direkt dem Gesetz 'entnommen' werden, sondern richterlicher Rechtssetzung bedürfen.

Damit vollzieht sich eine Entwicklung vom Gesetzespositivismus zum Richterpositivismus [9]. Gemeinsamer Ausgangspunkt ist die Unterscheidung von Gesetzesrecht und R., wonach es eine Klasse von Entscheidungen gibt, die vollständig aus dem Gesetz 'abgeleitet', 'nachvollzogen' oder 'entnommen' werden, und eine weitere Klasse von Entscheidungen, die jenseits des Gesetzes liegen und als R. anzusehen sind. Der Richter ist hier Nebengesetzgeber. Dort wo er dem Gesetz keine unmittelbar anwendbare Regel entnehmen kann, erzeugt er selbst diese Regel. Eine als vorgegeben gedachte sprachliche Bedeutung der gesetzlichen Oberbegriffe bestimmt danach den Umfang des Gesetzesbindungspostulats. Jenseits der Anwendung einer vorgegebenen Regel beginnt ein Bereich, in welchem das R. nur noch durch eine gesetzestranszendente Gerechtigkeit gebunden ist. Weil die Gerechtigkeit als holistisches Konzept aber gerade nicht handhabbar ist, läuft das in der Praxis auf eine Ermächtigung der jeweils letzten Instanz der Handlungskette zu einer subjektiven Definition der Gerechtigkeit hinaus [10]. Auf diese Weise entsteht das Phänomen eines R. jenseits des Gesetzes.

3. Nur wenn man das Gesetz als vorgegebene Regel begreift, muß man in jedem wirklichen Fall, worin sich diese Vorstellung als uneinlösbar erweist, ‘richterrechtlich’ entscheiden. Wenn man sich dagegen eine Entscheidungssammlung höchster Gerichte ansieht, dann fällt auf, daß den einzelnen Entscheidungen Leitsätze vorangestellt sind. Unter diese, nicht etwa unter den Normtext selbst, wird der zu entscheidende Fall subsumiert [11]. Zwar sind die Leitsätze ihrerseits mit dem Normtext verknüpft, aber nicht im Wege einer Subsumtionslogik, sondern über die Standards einer bestimmten Argumentationskultur. Man müßte also bei realistischer Betrachtung sagen, daß der Normtext mit einer Vielzahl von Rechtsnormen verbunden wird und nicht etwa nur eine 'enthält'.

Das 'Gesetz', an das die Richter gebunden sind, ist zunächst ein vom Gesetzgeber verabschiedeter Normtext, den man nicht im Sinne des Positivismus mit der Rechtsnorm gleichsetzen kann. Die Rechtsnorm wird vom Richter erst hergestellt, und dabei müssen anstelle der Scheinbindungen des R. die verfassungsrechtlich rückgebundenen Standards einer juristischen Methodik zum Tragen kommen. In diesem Modell ist der Richter rechtserzeugend, aber seine Rechtserzeugung ist an das Gesetz gebunden; er ist Gesetzgeber zweiter Stufe. Die Gesetzesbindung wird hier im Rahmen einer Rechts*erzeugungs*reflexion formuliert [12]. Sie kann sich nicht auf die Rechtsnorm als etwas Vorgegebenes beziehen, sondern sie bezieht sich auf die Struktur eines Herstellungsprozesses.

Anmerkungen. [1] E. DANZ: Richterrecht (1912). – [2] CH.-L. DE S. DE MONTESQUIEU: De l'esprit des lois 11, 6, hg. R. DERATHE (Paris 1973) 169; dtsch.: Vom Geist der Gesetze, hg. E. FORSTHOFF 1 (1951) 215. – [3] Vgl. hierzu etwa die Auslegungstheorie bei F. SCHOEMANN: Hb. des Zivilrechts (1806). – [4] G. F. PUCHTA: Vorles. über das heutige röm. Recht, aus dem Nachl. hg. A. A. F. RUDORFF 1-2 (⁵1862) 42f. – [5] O. BÜLOW: Gesetz und Richteramt (1885) 6. – [6] G. KISS: Gesetzesauslegung und 'ungeschriebenes' Recht. Jherings Jbücher 58 (1911) 466; ähnlich: J. UNGER: Über die Haftung des Staates für Verzugs- und Verspätungszinsen. Grünhuts Z. 31 (1904) 110. – [7] O. A. GERMANN: Probleme und Methoden der Rechtsfindung (1965) 111ff. 227ff. 367ff. – [8] H. KELSEN: Reine Rechtslehre (1934, ²1960) 350f.; A. ROSS: Theorie der Rechtsquellen (1929) 331ff. 333. – [9] B. RÜTHERS: Die unbegrenzte Auslegung (1973) 476. – [10] F. MÜLLER: 'R.' (1986) 118. – [11] Vgl. als grundsätzl. Kritik der R.-Doktrin: MÜLLER, a.O. – [12] Vgl. zur Rechtserzeugungsreflexion, a.O. 47 u.ö.

R. CHRISTENSEN

Richtigkeit (griech. ὀρϑότης; lat. rectitudo; engl. rightness, correctness; frz. correction)

1. Verglichen mit der Frage nach der Wahrheit, die bereits in den Anfängen des philosophischen Denkens

einen breiten Raum einnimmt, tritt das Problem der R. und der damit verbundenen Bestimmung des Verhältnisses von R. und Wahrheit historisch erst relativ spät als systematisch zu lösende Aufgabe in den Blick. Das mittelalterliche Latein kennt den Begriff ‹rectitudo›, der auf das griechische Wort ὀρϑότης zurückgeht. Die Worte ὀρϑότης bzw. ὀρϑός sind mehrdeutig. So bedeutet ὀρϑός wörtlich 'gerade', 'aufrecht stehend' [1] und in übertragener Bedeutung nicht nur 'richtig', sondern auch 'wahr' [2]. Das Wort ὀρϑότης wird in der Bedeutung von R. von PLATON verwendet. Obschon er den Begriff nicht strikt terminologisch fixiert, finden sich bereits bei ihm für die spätere Begriffsgeschichte relevante Vorgaben. So ist von der R. und dem Richtigen v.a. in drei verschiedenen thematischen Zusammenhängen, in denen dieser Begriff auch in der Folgezeit von Bedeutung ist, die Rede: in der *Sprachphilosophie,* bei der Diskussion *ethischer Fragen* und im *epistemologischen Bereich.*

Im Dialog ‹Kratylos›, der eine Untersuchung über die R. der Namen (περὶ ὀνομάτων ὀρϑότητος) [3] ist, geht es um die Frage, ob Namen von Natur aus oder aber lediglich auf der Grundlage von Übereinkunft die von ihnen Benannte bezeichnen. Im Dialog ‹Gorgias› denkt Platon über das Verhältnis von R., Ordnung, Tüchtigkeit und Gerechtigkeit nach [4]. Im ‹Philebos› wird die Frage diskutiert, ob die Anwendung des Begriffs ‹R.› auch auf Lust- bzw. auf Unlustempfindungen möglich ist [5]. In seiner *epistemologischen* Bedeutung finden wir den Begriff an zentraler Stelle, im Höhlengleichnis der ‹Politeia›. Sobald sich die in der Höhle Gefangenen von den Schatten an der Wand der Höhle abzuwenden vermögen und ihre Blicke zum Eingang ins Freie richten, sehen sie *richtiger* (πρὸς μᾶλλον ὄντα τετραμμένος ὀρϑότερον βλέποι («zu dem mehr Seienden gewendet sähe er richtiger») [6], und zwar deshalb, weil sie, nun dem Seienden zugewendet, es selbst und nicht nur dessen vom Feuer als Schatten an die Wand geworfene Abbilder erblicken.

Als die erste systematische Fassung des Problems der R. jedoch können ANSELM VON CANTERBURYS Ausführungen zur Wahrheitsfrage gelten. Anselm bestimmt die Wahrheit systematisch als «rectitudo». Dabei greift er vornehmlich platonistische Elemente auf, den Begriff der «rectitudo» allerdings scheint er von AUGUSTINUS übernommen zu haben [7]. In seinem Dialog ‹De veritate› definiert ANSELM die Wahrheit als eine «rectitudo mente sola perceptibilis» («mit dem Geist allein erfaßbare R.») [8]. Mit dem Zusatz «de mente perceptibilis» wird die in Frage stehende «rectitudo» in erster Linie von der sinnlich wahrnehmbaren, körperlichen «rectitudo» – der «Geradheit» – abgegrenzt. Die Tatsache, daß Anselm die Wahrheit als «rectitudo» auffaßt, verweist darauf, daß die Wahrheitsfrage von vornherein im Kontext *ethischer* Fragestellungen behandelt wird. Bereits die ‹Praefatio› des Dialoges bestimmt als dessen Thema die Frage: «quid scilicet sit veritas, et in quibus rebus soleat dici, et quid sit iustitia» («was nämlich die Wahrheit ist und in welchen Dingen sie ausgesagt zu werden pflegt und was die Gerechtigkeit ist») [9]. Der Dialog stellt also die Frage nach der *Wahrheit* und der *Gerechtigkeit,* wobei die «rectitudo» als Oberbegriff zu Wahrheit und Gerechtigkeit fungiert [10]. Die ethische Komponente kommt freilich nicht erst durch den Zusammenhang von Wahrheit und Gerechtigkeit ins Spiel, sondern sie ist bereits mit dem Wahrheitsbegriff selbst gegeben. Die Wahrheit ist deshalb R., da sie den Charakter eines Sollens besitzt; sie hat zu tun mit der Erfüllung eines «debere». Fast jedes Kapitel der angeführten Schrift, in der nacheinander verschiedene Arten der Wahrheit betrachtet werden, um auf diese Weise zu einer gültigen Definition der Wahrheit zu gelangen, behandelt diesen Zusammenhang. Ganz gleich ob die «opinionis veritas», die «voluntatis veritas» oder auch die «veritas essentiae rerum» bedacht wird, etwas ist deshalb wahr, weil es ist oder tut, was es sein bzw. tun soll [11]. Um den Unterschied zu einem realistischen, adäquationstheoretischen Begriff der Wahrheit auch terminologisch festzuhalten, spricht man von einem *eidetisch-teleologischen* Begriff der Wahrheit: Wahr ist, was erfüllt, was es soll [12]. Selbst die Wahrheit der Aussage – die «significationis veritas» –, die in der adäquationstheoretischen Tradition zentral ist, wird aus dem eidetisch-teleologischen und, muß man hinzufügen, dem ethischen Begriff der Wahrheit abgeleitet: «Wahr pflegt sie zwar nicht genannt zu werden, wenn sie aussagt, daß ist, was nicht ist; sie hat jedoch Wahrheit und R., weil sie tut, was sie muß. Wenn sie aber aussagt, daß ist, was ist, tut sie doppelt, was sie muß; weil sie aussagt, sowohl, was sie auszusagen empfangen hat, als auch, wozu sie gemacht ist. Aber gemäß dieser R. und Wahrheit, mit der sie aussagt, daß ist, was ist, wird sie gebräuchlicherweise eine richtige und wahre Aussage genannt; nicht gemäß jener, mit der sie aussagt, daß auch ist, was nicht ist» [13].

Wirkungsgeschichtlich konnte sich Anselms ethische Auffassung der Wahrheit nicht auf direktem Wege durchsetzen. Die durch Avicennas Kommentare zur ‹Metaphysik› sich mehr und mehr ausbreitende aristotelische Wahrheitsauffassung, die Adäquationstheorie des Aquinaten und die erstarkende Dominanz des Nominalismus haben die ethischen Implikationen des Wahrheitsproblems verschüttet, und die systematische Verklammerung von Wahrheit und R. wurde wieder aufgegeben.

So kommt es gegenüber den philosophischen Bemühungen Anselms in der Neuzeit v.a. mit G. W. F. HEGEL zu einer begriffsgeschichtlichen Verkehrung. Hegel nämlich bezeichnet die Adäquation von Verstand und Sache als *bloße* R. und grenzt diese von der Wahrheit, die er emphatisch als sein sollende Wirklichkeit versteht, ab. Etwas ist wahr dann, wenn es mit seinem Begriff, und d.h. selbstverständlich mit der *Vernunft* als einer die Wirklichkeit bestimmenden Kraft, übereinstimmt. Die Anselmsche «rectitudo» wird nun Wahrheit genannt, die Wahrheit im Sinne der Adäquation hingegen als R. bezeichnet. Im Hegelschen Begriff der Wahrheit ist ebenso wie in der Anselmschen «rectitudo» die Idee des Sollens enthalten: «Diese Gegenstände [wahrer Staat, wahres Kunstwerk] sind *wahr,* wenn sie das sind, was sie sein sollen, d.h. wenn ihre Realität ihrem Begriff entspricht» [14]. Mit der R. hat es der *Verstand* zu tun; in einem Zusatz zum § 172 des ersten Bandes der ‹Enzyklopädie der philosophischen Wissenschaften› heißt es: «R. und Wahrheit werden im gemeinen Leben sehr häufig als gleichbedeutend betrachtet, und demgemäß wird oft von der Wahrheit eines Inhalts gesprochen, wo es sich um bloße R. handelt. Diese betrifft überhaupt nur die formelle Übereinstimmung unserer Vorstellung mit ihrem Inhalt, wie dieser Inhalt auch sonst beschaffen sein mag. Dahingegen besteht die Wahrheit in der Übereinstimmung des Gegenstandes mit sich selbst, d.h. mit seinem Begriff» [15]. R. ist «formelle Wahrheit», welche darin besteht, daß man weiß, «wie etwas *ist*» [16].

In einem ganz anderen Sinn spricht man von R. in der

nachhegelschen Logik und Urteilstheorie. E. HUSSERL zufolge sind ‹Wahrheit› und ‹R.› korrelative Begriffe: «Der Begriff der R. ist korrelativ mit dem der Wahrheit. Richtig ist ein Urteil, wenn es für wahr hält, was wahr ist; also ein Urteil, dessen 'Inhalt' ein wahrer Satz ist» [17]. Anders als Husserl bedenkt E. LASK in seiner 1911 erschienenen Abhandlung ‹Die Lehre vom Urteil› das Problem der R. auf dem Boden von H. LOTZES und H. RICKERTS werttheoretischer Grundlegung der Philosophie. Neben der Wahrheitsgemäßheit und der Wahrheitswidrigkeit sowie dem mit einem 'Ja' bzw. 'Nein' versehenen Sinn eines Urteils unterscheidet Lask als drittes in diesem Zusammenhang relevantes Gegensatzpaar ‹R.› und ‹Falschheit› [18]. Dabei versteht er die R. als «Zusammenstimmen», die Falschheit als «Nichtzusammenstimmen zwischen Sinnfragment und Wertqualität» des Urteilssinns [19].

Ebenfalls im Zusammenhang urteilstheoretischer Fragen entwickelt B. BAUCH seine als Beitrag zur Erkenntnislehre konzipierte Unterscheidung von Wahrheit und R. [20], wobei er an Überlegungen von J. VOLKELT anknüpft [21]. Nach einer Auseinandersetzung mit der von G. W. LEIBNIZ im Kontext des Wahrheitsproblems diskutierten Antinomie, mit welcher die Frage erwogen wird, ob Wahrheit in den Dingen oder aber nur im Verstande sei [22], siedelt BAUCH im Anschluß an Lotzes werttheoretische Unterscheidung von «Sein» und «Gelten» die Wahrheit in der Sphäre der objektiven – von empirischen und psychologischen Elementen unabhängigen – Geltung an. ‹Wahrheit› meint hier «Wirklichkeit der Geltung», R. hingegen liegt in der «Existenzialsphäre unseres Bewußtseins», sie ist «geltende Wirklichkeit» [23] und «verwirklichte Wahrheit» [24]. Im Kontext der neukantianischen Geltungsphilosophie definiert Bauch: «Das Urteil im logischen Sinne ist also das gültige Sachverhältnis, die objektive Geltungsrelation, die das fundamentum veritatis bildet. Nach ihr muß das subjektive Urteil gerichtet sein, um richtig zu sein. R. ist also das Gerichtet-sein der im tatsächlichen Denken sich vollziehenden subjektiven Urteilsbeziehung nach der objektiven reinen Geltungsbeziehung. Diese als solche ist wahr, jene ist richtig. Die im subjektiven Bewußtsein vorhandene Wahrheit ist die R.» [25]. N. HARTMANN hingegen faßt den Gegensatz von R. und Wahrheit als den zwischen «einer inneren Übereinstimmung der Erkenntnisgebilde unter sich» und der Übereinstimmung eines «Bildes im Bewußtsein mit dem Objekt» [26].

Die in der Urteilstheorie relevanten Diskussionszusammenhänge hat F. WEINHANDL, der die R. als Beziehung auffaßt und in einen Zusammenhang mit dem Begriff der Entsprechung bringt, in einer systematischen Studie zum Problem der *Urteilsrichtigkeit* aufgearbeitet [27]. – Nicht nur in dem angeführten Kontext, sondern auch in der Rechtsphilosophie und Theorie des Rechts spielt der Begriff der R. eine Rolle. K. LARENZ [28] sieht in ihr ein Kriterium der Bewertung, und ähnlich wie Bauch, allerdings zugespitzt auf rechtliche Kontexte, betrachtet er die R. als eine besondere Art von Geltung; eine Auffassung, die sich im übrigen auch bei F. W. JERUSALEM [29] findet. H. J. WOLFF spricht von R. im Unterschied zur Wahrheit mit Bezug auf zweckorientierte Tätigkeiten, sofern diese tatsächlich die gesetzten Zwecke herbeizuführen vermögen [30]. In diesem Zusammenhang ist auch C. A. EMGES Versuch einer axiomatischen Grundlegung der R. zu nennen [31].

In seiner Interpretation des platonischen Höhlengleichnisses hat M. HEIDEGGER den dort zur Sprache gebrachten Zusammenhang zwischen dem «Sehen» und dem «Richtigen» zum Anlaß einer systematischen Unterscheidung von Wahrheit und R., von ἀλήθεια und ὀρθότης, genommen. «So entspringt aus dem Vorrang der ἰδέα und des ἰδεῖν vor der ἀλήθεια eine Wandlung des Wesens der Wahrheit. Wahrheit wird zur ὀρθότης, zur Richtigkeit des Vernehmens und Aussagens» [32]. Damit wechselt nach Heidegger der Ort der Wahrheit; als Wahrheit steht nicht mehr die Unverborgenheit als ein Grundzug des Seienden zur Debatte, sondern die R. des Blickens als eine Auszeichnung menschlichen Verhaltens und damit ein Moment menschlicher Subjektivität; Wahrheit als R. sei jedoch «abkünftig» von dem ursprünglichen Wahrheitsbegriff, der Wahrheit als Unverborgenheit [33]. Ausgehend von der Auffassung der Wahrheit als Unverborgenheit wird die gesamte klassische adäquationstheoretische Wahrheitstheorie, die ihren Hauptvertreter in ARISTOTELES gefunden hat, als bloße Theorie der R. interpretiert. Auch mit dem aristotelischen οὐ γάρ ἐστι τὸ ψεῦδος καὶ τὸ ἀληθὲς ἐν τοῖς πράγμασιν ... ἀλλ' ἐν διανοίᾳ («Denn das Falsche und Wahre liegt nicht in den Dingen ... sondern im Denken») [34] nämlich werde die Wahrheit als R. in den Verstand gelegt.

Anmerkungen. [1] HOMER: Il. 23, 271; vgl. CH. FROIDEFOND: Linéarité, verticalité, rectitude. Rem. sur l'orthotès plat. Et. philos. (1982) 257-279. – [2] PINDAR: Ol. 6, 90. – [3] PLATON: Crat. 384 b 6; vgl. dazu M. PALMER: Names, reference and correctness in Platos Crat. (New York 1989). – [4] Gorg. 506 dff. – [5] Phileb. 37 aff. – [6] Resp. 515 d 3. – [7] Vgl. AUGUSTINUS: De civ. Dei XXI, 15. – [8] ANSELM VON CANTERBURY: De ver. I, 191. – [9] a.O. 173. – [10] G. SÖHNGEN: Rectitudo bei Anselm von Cant. als Oberbegriff zu Wahrheit und Gerechtigkeit, in: Sola ratione. Festschr. F. S. Schmitt, hg. H. K. KOHLENBERGER (1970) 71-78. – [11] Vgl. ANSELM, a.O. [8] I, 178. 180-182. 185. 189f. 192. – [12] Vgl. K. FLASCH: Zum Begriff der Wahrheit bei Anselm von Cant. Philos. Jb. 72 (1964/65) 322-352. – [13] ANSELM, a.O. [8]. – [14] G. W. F. HEGEL: Enzykl. der philos. Wiss.en (1830) § 213, Zus. – [15] a.O. § 172, Zus. – [16] a.O. [14]. – [17] E. HUSSERL: Log. Unters. 1 (1900, ²1913) 176. – [18] E. LASK: Die Lehre vom Urteil (1911). Ges. Schr. 2 (1923) 435. – [19] a.O. 439. – [20] B. BAUCH: Wahrheit und R. Ein Beitr. zur Erkenntnislehre, in: Festschr. J. Volkelt (1918) 40-57. – [21] J. VOLKELT: Das Absolute im Wahrheitsbegriff. Kantstudien (1917) 396-419. – [22] G. W. LEIBNIZ: Dialogus de connex. inter res et verba (1677). Philos. Schr., hg. C. I. GERHARDT 7 (1890) 190-193. – [23] BAUCH, a.O. [20] 51. – [24] a.O. 50. – [25] a.O. – [26] N. HARTMANN: Grundzüge einer Met. der Erkenntnis (1921, 1965) 97. 56. – [27] F. WEINHANDL: Über Urteils-R. und Urteilswahrheit (1923). – [28] K. LARENZ: Methodenlehre der Rechtswiss. (1960) vgl. v.a. 152f. – [29] F. W. JERUSALEM: Kritik der Rechtswiss. (1948). – [30] H. J. WOLFF: Begriff und Kriterium der Wahrheit, in: Gegenwartsprobleme des int. Rechtes und der Rechtsphilos. Festschr. R. Laun, hg. D. S. CONSTANTOPOULOS/H. WEHBERG (1953) 587-605, v.a. 591ff.; vgl. K. ENGISCH: Wahrheit und R. im jurist. Denken (1963). – [31] C. A. EMGE: Erste Gedanken zu einer R.-Lehre. Abh. preuß. Akad. Wiss. (1942). – [32] M. HEIDEGGER: Platons Lehre von der Wahrheit (1940), in: Wegmarken. Ges.ausg. 9 (1976) 203-238, bes. 231. – [33] Vgl. Vom Wesen der Wahrheit. Zu Platons Höhlengleichnis und Theätet (Vorles. 1931/32), a.O. 34 (1988) 34. – [34] ARISTOTELES: Met. 1027 b 25.

2. In der neueren, bes. der sprachanalytisch orientierten Philosophie dient der Begriff der R. ganz allgemein zur Bezeichnung eines *regelkonformen* Verhaltens. Handlungen und Verhaltensweisen sind richtig, wenn sie in Übereinstimmung mit bestimmten Regeln bzw. Regelmäßigkeiten vollzogen werden [1]. In Logik und Mathematik spricht man von R. in bezug auf die Übereinstimmung mit den Regeln eines Kalküls, in der Wis-

senschaftstheorie bezüglich der Erfüllung methodologischer Standards. Terminologisch wurde der Zusammenhang zwischen der R. bestimmter Handlungen und den für diese Handlungen relevanten Regeln von W. KAMLAH und P. LORENZEN festgehalten, die den Begriff der «Regel-R.» [2] verwenden. Eine wichtige Rolle spielt der Begriff der R. zudem bei der Diskussion mathematischer Grundlagenprobleme: Die Anhänger der formalistischen Schule sprechen von der R. mathematischer Sätze – gemeint ist ihre formale Widerspruchsfreiheit –, wohingegen platonisch orientierte Theoretiker der Mathematik an der Vorstellung, mathematische Sätze seien wahr und brächten existierende mathematische Sachverhalte zur Darstellung, festhalten [3]. Neben dem sprachphilosophischen und wissenschaftstheoretischen Gebrauch, der in erster Linie auf L. WITTGENSTEIN zurückgeht, finden sich bedeutsame Auseinandersetzungen mit dem Problem der R. auch in der praktischen Philosophie. Im angelsächsischen Sprachraum ist dabei v.a. an die Bemühungen um die sog. *deontologische Ethik* zu denken, als deren Begründer H. A. PRICHARD und W. D. ROSS gelten [4], im deutschsprachigen Bereich an die sprachanalytische Grundlegung kritischer Gesellschaftstheorie bei J. HABERMAS. Zentral ist der Begriff ‹R.› zudem in der an erkenntnistheoretischen Fragestellungen orientierten Philosophie N. GOODMANS.

WITTGENSTEIN beschäftigt sich mit der R. im Zusammenhang mit dem Problem des *Regelfolgens* (s.d.) und der damit verbundenen Argumentation gegen die Möglichkeit einer *Privatsprache* [5]. R. in bezug auf die Übereinstimmung mit Regeln kann einer Handlung bzw. Sprachhandlung nur in einer Gemeinschaft Handelnder bzw. Sprechender zukommen. Einem isoliert Handelnden würden die Kriterien, seine Handlung als richtig zu klassifizieren, fehlen. ‹'So sagst du also, daß die Übereinstimmung der Menschen entscheide, was richtig und was falsch ist?' Richtig und falsch ist, was Menschen *sagen;* und in der *Sprache* stimmen die Menschen überein» [6]. Um die Vorstellung, einer allein könne einer Regel folgen, ad absurdum zu führen, schildert Wittgenstein den Fall eines Tagebuchschreibers, der sich in einer privaten Sprache seine Empfindungen in einem Tagebuch notiert; er stellt fest: «Man möchte hier sagen: richtig ist, was immer mir als richtig erscheinen wird. Und das heißt nur, daß hier von 'richtig' nicht geredet werden kann» [7]. Nur in einer von den Mitgliedern einer Sprach- und Lebensgemeinschaft geteilten Praxis des Regelgebrauchs lassen sich Kriterien für die R. einzelner Handlungen angeben. Damit schließlich ist die R. selbst als lebensformabhängige Regelkonformität bestimmt. Wittgensteins Ausführungen wurden Anlaß für Auseinandersetzungen mit dem Problem der R. sowohl in der Soziologie und Ethnologie [8] als auch in der Sprachphilosophie und Linguistik [9].

In der deontologischen Ethik geht es nicht um das Verhältnis von R. und Wahrheit, sondern es ist die Frage nach dem Verhältnis von moralischer R. und dem moralisch Guten, die neben der Bemühung um eine analytische Klärung des Problems moralischer R. im Vordergrund steht [10]. Im Anschluß an W. D. Ross spricht man von R. in bezug auf Handlungen und vom Guten in bezug auf die Motive von Handlungen, wobei eingeräumt wird, daß der Vollzug einer richtigen Handlung eine moralisch schlechte Tat sein kann, dann, wenn er aus moralisch fragwürdigen oder gar schlechten Motiven erfolgt [11].

An die Sprechakttheorie J. L. AUSTINs und J. R. SEARLES anknüpfend, möchte J. HABERMAS die in der Semantik der Wahrheitsbedingungen vorliegende Verklammerung von *Bedeutung* und *Geltung* auf alle Sprachmodi ausdehnen, wobei er zu einer Differenzierung verschiedener *Geltungsansprüche* von Äußerungen gelangt. Während die klassische, wahrheitsfunktionale Semantik, in der die Bedeutung von Sätzen mit Hilfe von Wahrheitsbedingungen angegeben wird, den Wahrheitsanspruch von Äußerungen einseitig verallgemeinert, weist Habermas darauf hin, daß nicht nur Wahrheit, sondern auch R. und Wahrhaftigkeit mit Äußerungen verbundene Geltungsansprüche sind. «Auch die R. ist ein genuiner Geltungsanspruch, der auf Wahrheit nicht reduziert werden kann. R. ist ... ein Geltungsanspruch, der besagt, daß sie Geltung haben 'soll'. Diese Sollgeltung hat mit Wahrheitsgeltung nichts zu tun» [12]. Die Theorie der Geltungsansprüche ist das Kernstück der von Habermas entwickelten Universalpragmatik [13]. Daß die R. als «wahrheitsanaloger Geltungsanspruch» [14] neben dem Wahrheitsanspruch von Äußerungen tritt, hängt selbstverständlich mit der Habermasschen These zusammen, daß auch praktische Fragen begründet diskutiert werden können. «Wenn sich R. neben Wahrheit als ein diskursiv einlösbarer Geltungsanspruch qualifizieren läßt, dann folgt daraus, daß sich richtige Normen ähnlich begründen lassen müssen wie wahre Aussagen» [15]. Im Gefolge von Habermas haben andere Autoren auch von einer «Konsenstheorie der R.» gesprochen [16].

Wahrheit kann laut N. GOODMAN kein legitimierbarer Anspruch unseres wissenschaftlichen und philosophischen Wissens sein. Im Rahmen seines «radikalen Relativismus» und «Irrealismus» [17] schlägt er statt dessen vor, von der R. unserer Weltinterpretationen und -repräsentationen zu reden. Goodman selbst macht sich freilich nicht zum Vertreter eines haltlosen Relativismus, vielmehr geht es ihm darum, eine Position zwischen Relativismus und naivem Realismus zu etablieren [18]. An die Stelle des in Philosophie und Wissenschaft dominanten Begriffs der Wahrheit sollen Standards der R. treten [19]. ‹R.› ist nach Goodman ein weiterer Begriff als ‹Wahrheit›; während Wahrheit nur Behauptungen zukommt, gilt R. auch für Fragen, Kategorien, Stile, Beispiele usw. Sie ist, wie Goodman auch sagt, «multidimensional» und wird verstanden als eine Sache des «Passens und Wirkens», des Stimmens und Funktionierens, als «höchste Akzeptabilität» [20]. Wenn wir von etwas sagen, es sei richtig, so bedeutet dies, daß es sich bezogen auf bestimmte Kontexte, und nur auf diese, als passend erweist. R. ist ein Zentralbegriff der Philosophie Goodmans, die sich als eine eigentümliche Mischung aus nominalistischen und relativistischen Elementen präsentiert.

Anmerkungen. [1] Vgl. E. TUGENDHAT: Vorles. zur Einf. in die sprachanalyt. Philos. (1976). – [2] W. KAMLAH/P. LORENZEN: Log. Propäd. Vorschule des vernünft. Redens (²1973) 122. – [3] Vgl. W. HEITLER: Wahrheit und R. in den exakt. Wiss. Akad. Wiss. Lit., Abh. math.-naturwiss. Kl. (1972); H. MESCHKOWSKI: Wahrheit und R. in der Math. (1976). – [4] Vgl. die Monographie von O. A. JOHNSON: Rightness and goodness. A study in contemp. eth. theory (Den Haag 1969). – [5] Art. ‹Privatsprachenargument›; vgl. S. A. KRIPKE: Wittgenstein on rules and private language (Oxford 1982); M. GILBERT: On the question whether language has a social nature: some aspects on Winch and others on Wittgenstein. Synthese 56 (1983) 301-318. – [6] L. WITTGENSTEIN: Philos. Unters. [1945-49] (1960) § 241. – [7] a.O. § 258. – [8] z.B. P. WINCH: The idea of social sci. (London 1958). – [9]

z.B. J. F. ROSENBERG: The concept of linguist. correctness. Philos. Stud. 30 (1976) 171-184; R. BARTSCH: Semant. and pragmat. correctness as basis notions of the theory of meaning. J. Pragmat. 3 (1979) 1-43. – [10] Vgl. H. A. PRICHARD: Moral obligation. Essays and lect. (Oxford 1949); W. D. Ross: The right and the good (Oxford 1930); Found. of ethics (Oxford 1939). – [11] So z.B. W. A. FRANKENA: Thinking about morality (Michigan 1980) 48ff. – [12] J. HABERMAS: Wahrheitstheorien, in: H. FAHRENBACH (Hg.): Wirklichkeit und Reflexion. Festschr. W. Schulz (1973) 211-266, bes. 237; vgl. auch K.-O. APEL: Sprechakttheorie und transz. Sprachpragmatik zur Frage ethischer Normen, in: APEL (Hg.): Sprachpragmatik und Philos. (1976) 10-173. – [13] Vgl. Was heißt Universalpragmatik? in: APEL (Hg.), a.O. 174-272; Theorie des kommunikat. Handelns (1981) 1, 410ff. – [14] Der philos. Diskurs der Moderne. 12 Vorles. (1985) 364. – [15] a.O. [12] 226. – [16] H. SCHEIT: Wahrheit – Diskurs – Demokratie. Stud. zur Konsensustheorie der Wahrheit (1987) 216. – [17] N. GOODMAN: Ways of worldmaking (Indianapolis/Cambridge 1978) X. 94. – [18] a.O. 94. – [19] GOODMAN/C. ELGIN: Reconceptions in philos. and other arts and sci. (London 1984) 14ff. – [20] a.O. 208; vgl. auch: GOODMAN: Eine Neukonzeption der Philos., in: M. BENEDIKT/R. BURGER: Bewußtsein, Sprache und die Kunst. Metamorphosen der Wahrheit (1989).

CH. DEMMERLING

Risiko (von ital. risco, rischio Gefahr, Wagnis; engl. risk; frz. risque; span. riesgo) setzt sich seit dem 15. Jh. als Begriff aus der Kaufmannssprache für «pekuniäres Wagnis im Handelsgeschäft» bzw. für «zu vergegenwärtigende Gefahr» in Mittel- und Westeuropa durch. Der Begriff entwickelte sich in den norditalienischen Stadtstaaten und ist in seiner Herkunft ungeklärt; wahrscheinlich sind die älteren italienischen Begriffe ‹riscio› und ‹risco› Substantivierungen von ‹richiare› bzw. ‹risicare› im Sinne von 'Gefahr laufen', 'wagen'; sie sind wohl entlehnt dem griech. ῥίζα, eigentlich 'Wurzel', aber auch 'Klippe', so daß ‹risicare› ursprünglich wohl 'Klippen umsegeln' heißt; das Neutrum ῥιζικόν (von adj. ῥιζικός, zu ῥίζα) wandelt sich im Spätgriechischen zu ῥιζεκόν, mit Wiedergabe des -ι- durch -ε- in unbetonter Silbe, das hingegen unter dem Ton erhalten blieb. Daher finden sich im Romanischen die Doppelformen ‹risco – riesgo› wie auch ‹riscare – resecare›. Den Begriff ‹R.› auf arab. ‹rizq› 'der von Gott und Schicksal abhängige Lebensunterhalt' bzw. auf lat. ‹resecare› 'zerschneiden' zurückzuführen, ist lautlich und begrifflich nicht möglich [1].

1. Der Begriff ‹R.› wird um 1500 aus dem Italienischen entlehnt, wo er seit dem 14. Jh. im Seeversicherungswesen Verwendung findet [2] und von wo er sich im 15. Jh. im Mittelmeerraum ausgebreitet hatte. Im ausgehenden 15. Jh. finden sich in deutschsprachigen Texten die italienische oder katalanische Bezeichnung für ‹R.› als Fremdwort, das aber so geläufig sein muß, daß sich für den Schreiber eine Erklärung erübrigt, so 1478: «das guot alls ... gaut wff uicher a reschg mit der segurita 69 U Valencianer» [3]; 1479: «... la resta gaut uff iucher arisch» [4] und 1479: «... und soll doch bylich alliresch dran sin» [5]. Aber 1507 heißt es dann in den Akten derselben Handelsgesellschaft: «Jener gaut uff unser rysigo» [6]. Seither ist das Lehnwort ‹R.› durchgehend gebräuchlich und nachweisbar. So findet sich für 1518 der Hinweis, daß «auf sein Auventura und Risigo» zu handeln sei [7]; Mitte des 16. Jh. (1558) heißt es in einem Handelsbuch: «Item in Valentia ist der gebrauch, so man securirt, so versichert man für ribaltaria del patron, und für all sein risikco, und so ein schiff verdirbt, so zalen sie die Securantz 4 monat, nach dem es angezeygt wird» [8]; oder im gleichen Jahr 1558: «Aber in Kaliß Maliß, securiren sie nit für ribaltaria del patron, sonst für all ander risiko» [9]. Dieses Verständnis von ‹R.› bezeichnet einerseits – als Gefahr – den zu vergegenwärtigenden Schaden bei mißlichem Ausgang eines Handels wie andererseits – als Wagnis – die Vergegenwärtigung der Ungewißheit eines erwarteten Ausgangs des Handels. Voraussetzung für diesen Prozeß der Begriffsbildung von ‹R.› waren ein Verständnis von kontingenter Zukunft und eine formale Rationalität des Wirtschaftens, die sich an der mit dem Geldsystem selbstverständlich werdenden Rechenhaftigkeit ablesen läßt.

Im deutschsprachigen Bereich bleibt, im Gegensatz zu den romanischen Sprachbereichen, in denen ‹R.› bereits im 16. Jh. in die Alltagssprache übergeht, der R.-Begriff bis ins 19. Jh. weitgehend dem Ökonomischen vorbehalten [10]. Wenn G. E. LESSING 1771 in einem Brief anmerkt: «das ganze Risiko wäre nur dabey dieses, ob ich auch wohl noch drey Jahr leben dürfte» [11], so läßt das die Rechenhaftigkeit gegenüber der Gefahr anklingen, wie es sich auch bei Verwendung des R.-Begriffs 1811 durch MALER MÜLLER findet: «Erstlich müssen sie, nämlich die Sarazenen, ganz Portugall und Spanien umsegeln, und dann riskierte der Mohr mehr noch von Klippen und Sturm, als von unserm gegenseitigen Widerstreite» [12]. Die Ungleichzeitigkeit in der Bedeutungsentwicklung von ‹R.› zeigt sich dann auch bei den Übersetzungen aus romanischen Sprachen ins Deutsche; fast immer werden ‹riesco›, ‹risco› oder ‹risque› mit ‹Gefahr› im allgemeinen wiedergegeben [13], wohingegen dann ‹Gefahr› – aber insbesondere ‹Wagnis› – häufig mit ‹riesco›, ‹risco› oder ‹risque› übersetzt werden [14].

2. Neben der gleichbleibenden Bedeutung von ‹R.› im Versicherungswesen [15] und der Übernahme von ‹R.› in die Alltagssprache, in der ‹R.› zum Synonym von ‹Gefahr› oder von ‹Wagnis› wird, kommt es erst im 20. Jh. zu einer wissenschaftlichen Begriffsbildung von ‹R.›, deren Wurzeln in der Wahrscheinlichkeitstheorie, der Volkswirtschaftslehre sowie dann in der Existenzphilosophie und der Entscheidungstheorie zu suchen sind.

In den *wahrscheinlichkeitstheoretischen Überlegungen* B. PASCALS wird ‹R.› noch umgangssprachlich verwendet [16], und bei D. BERNOULLI [17] und P.-S. LAPLACE [18] wird ‹R.› als Fachbegriff der Seeversicherung und bei J. F. W. HERSCHEL als der des allgemeinen Versicherungswesens [19] angesprochen. Doch verwendet LAPLACE ‹R.› daneben auch als Fachterminus in seiner «théorie des hasards»; die «Wahrscheinlichkeit der Ereignisse» «sert à déterminer» die Hoffnung, aber auch die Angst der Menschen vor dem Morgen [20]. Dabei definiert er ‹Hoffnung› als den Nutzen desjenigen, «qui attend un bien quelconque dans des suppositions qui ne sont que probables». Und dieser Nutzen läßt sich mathematisch fassen als das Produkt aus der erwarteten Summe multipliziert mit der Eintrittswahrscheinlichkeit: «c'est la somme partielle qui doit revenir lorsqu'on ne veut pas courir les risques de l'événement en supposant que la répartition se fasse proportionellement aux probabilités» [21]. Diese mathematisierte Hoffnung muß um den Faktor «individuelle Umstände», insbesondere finanzielle Lage, ergänzt werden, damit dann von «moralischer Hoffnung» gesprochen werden kann. Als rational gilt für Laplace, die erwarteten Gewinne mit den wahrscheinlichen Verlusten in der Waage zu halten [22]. Rational ist so auch die R.-Verteilung, die auf PAS-

CALS «règle des partis» [23] zurückgeht; bei BERNOULLI und LAPLACE dient als Grundlage des Prinzips der R.-Verteilung die «espérance morale», wobei für die Gewinnerwartung dessen relativer Wert mit dem Gesamtvermögen der am möglichen Gewinn beteiligten Teile verglichen werden muß.

3. In der *ökonomischen Theorie* wird – schon bei A. SMITH [24] – mit der Versicherungsfrage das klassische Verständnis von ‹R.› rezipiert, das auch in der Erörterung der Unternehmergewinne Verwendung findet, so bei D. RICARDO [25] und J.-B. SAY [26], dann aber auch bei H. VON MANGOLDT [27], J. PIERSTORFF [28] und G. GROSS [29]. Hingegen wird in der Analyse des Unsicherheitskalküls im ökonomischen Handeln auf die Wahrscheinlichkeitstheorie mit dem speziellen R.-Verständnis zurückgegriffen, was sich bereits bei J. BENTHAM [30] und J. S. MILL [31] abzeichnet, dann bei F. LAVINGTON [32] und J. HAYNES [33] vorliegt und besonders in F. H. KNIGHTS grundlegendes Werk von 1921 [34] Eingang findet. Knight geht davon aus, daß R. die Abweichung der realisierten von den erwarteten Daten in Wirtschaftsplänen sei, die sich aus der Ungewißheit über künftige Daten ergeben; ohne sie «profit (or loss) would not arise» [35]. R. wird also in den Wirtschaftsplänen konstituiert durch das Antizipieren ungewisser Daten. «Die Höhe des R. ist ... abhängig von dem Grad der Gewißheit, mit der bestimmte Daten erwartet werden, und dem Bereich der möglichen Schwankungen, der zu berücksichtigen ist» [36]. Aber das Ziel wirtschaftlicher Überlegungen könne nicht die Behebung von R. sein, da dadurch jeder Profit unmöglich werde, für den «systematic over- or under-estimation» von R. notwendig sind [37].

4. Zentrale Bedeutung kommt dem R.-Gedanken in der *Existenzphilosophie* S. KIERKEGAARDS zu, auch wenn der Ausdruck ‹R.› selbst eher selten verwendet wird [38]. Kierkegaards Bestimmung der Angst als «gefesselte Freiheit» [39] verweist auf die existentielle Entscheidungssituation des Menschen, in der er sich selbst wählt als das ihm «Absolute», das aber zugleich erst durch die Wahl entsteht [40]. Die Gefahr, das Selbst nur sinnlich-ästhetisch zu verwirklichen, wird ergänzt bei Kierkegaard durch ein R. des R., indem nämlich das R. als vergegenwärtigte Gefahr das «Nichts der Angst» reifiziert und somit sich die Sünde «voraussetzt, indem sie gesetzt ist» [41]. Angst und existentielle Entscheidungssituation sind dann konstitutive Problemfelder des Existentialismus. Auch M. HEIDEGGER spricht der Angst die Aufgabe zu, den Zugang zum eigentlichen Selbst zu vermitteln. Während «die alltägliche Öffentlichkeit des Man ... die beruhigte Selbstsicherheit, das selbstverständliche 'Zuhause-Sein' in die durchschnittliche Alltäglichkeit des Daseins bringt», «holt» die Angst «das Dasein aus seinem verfallenden Aufgehen in die 'Welt' zurück» [42]. Wenn Heidegger «die Sorge als Sein des Daseins» versteht, so gehört die Sorge zur Bestimmung des «Seiende[n], das wir je selbst sind und das wir 'Mensch' nennen», welcher um willen seiner selbst ist [43]. Der Mensch sei zeit seines Lebens in die Notwendigkeit des Entwerfens geworfen. Daher stehe der Gefahr das Entwerfen angesichts der Gefahr gegenüber, so daß für Heidegger nicht nur das «jeweilig Seiende ... das Gewagte», sondern das «Sein» selbst «das Wagnis schlechthin» ist [44]. «Wagen» meint aber nicht nur riskieren, sondern verweist zugleich auf die «Waage». «Die Waage ist die Weise, wie das Sein je und je das Seiende wiegt, d.h. in der Bewegung des Wägens hält» [45]. Dort, wo der Mensch den «Bereich des wesenhaft und darum ständig Ungestillten» aus den Augen verliert, dort, wo der Mensch das Wagen nach eigenen Gewichten wägt, da ist der Mensch «der Kaufmann». In dieser Sphäre, in der das «Verrechnete ... zur Ware» wird, da wird «Wagnis» zum «R.», zum rechenhaften, wesenlosen Handeln in «das Schutzlossein» [46]. Mit K. JASPERS verliert der R.-Gedanke an Stellenwert, da das Entscheiden-Müssen als existentielle Problematik des Menschen gesetzt ist, nicht das Ergebnis der Entscheidung [47]. Wagnis wird für ihn bloß durch «die Unberechenbarkeit» erzwungen [48], wie dann auch bei J.-P. SARTRE [49] und A. CAMUS [50] ‹R.› nur an unbedeutender Stelle erwähnt wird.

5. In der sich mit der Arbeit von J. NEUMANN und O. VON MORGENSTERN [51] durchsetzenden *Entscheidungstheorie* wird die Wahrscheinlichkeitsrechnung mit individuellen Entscheidungssituationen gekoppelt. Diese differieren in der Entscheidungstheorie durch die Informationen, die der Entscheider über das Objektsystem hat [52]. Eine dieser Situationen ist die «Entscheidung unter R.». In ihr ist dem Entscheider die Wahrscheinlichkeitsverteilung über die Zustände des Objektsystems bekannt, und die rationale Strategie für das Entscheiden besteht für ihn darin, die Aktion mit dem höchsten Erwartungsnutzen auszuwählen. R. ist hier reduziert auf «Verlusterwartung» [53].

6. Mit der Entwicklung der Atomtechnologie setzen breite Diskussionen über die R.-Problematik ein, die durch die notwendige politische Entscheidung über die Einführung der Technologie strukturiert werden; so wird im technisch-ökonomischen Bereich das R. in der Frage angesprochen, wieviel Sicherheit ökonomisch vertretbar sei; entsprechend wird im politischen Bereich gefragt, wieviel Unsicherheit der Gesellschaft zugemutet werden kann; das R.-Verständnis beschränkt sich hier auf «Vergegenwärtigung des Schadens» [54]. Nach einer das R. kaum ansprechenden Studie von 1957 [55] sind es dann die ‹Rasmussen-Studie› von 1975 [56] und die ‹Deutsche R.-Studie› von 1979 [57], die staatlicherseits eine «umfassende Diskussion» zu initiieren beabsichtigen [58]. R. wird in diesen Studien definiert als das Produkt von Schadenswahrscheinlichkeit mal Schadensumfang bezogen auf eine Zeiteinheit [59]. Richten sich diese Studien methodisch an der Entscheidungstheorie aus, so sehen sie angesichts der Faktizität der Atomtechnologie vom Einbeziehen der individuellen Entscheidungssituation ab – und damit von der Berücksichtigung der Chance, um deren willen ein R. eingegangen wird [60]. R. gerinnt im vorherrschenden technischen Verständnis zur Sicherheitserwartung – ein Verständnis, dessen Defizite im Politischen zur R.-Akzeptanz führen. Seit C. STARRS paradigmatischer Arbeit wird darunter das vernünftige Abwägen des R. mit dem Nutzen in monetären Einheiten durch den Einzelnen verstanden [61]. In der Öffentlichkeit wird den Defiziten des technischen R.-Verständnisses mit einer scharfen Betonung des Schadensaspektes begegnet [62]. ‹R.› im Sinne von 'Schadenserwartung' wird hier zum Modewort [63], womit sich ‹R.› aber zugleich aus der Bindung an die Atomtechnologie zu lösen beginnt.

7. Ansätze zu einer neuen R.-Diskussion zeichnen sich in den bisher jeweils disziplinintern gebliebenen kritischen Stellungnahmen zum R.-Verständnis ab. Bis in die sechziger Jahre gehen in den *Wirtschaftswissenschaften* die Auseinandersetzungen über Verfahren zur Unternehmensbewertung zurück, denen vorgehalten wird, daß in bezug auf den Ungewißheitsaspekt R. «als

solches nicht aufgegliedert», sondern global und sogar mehrfach berücksichtigt werde [64]. In der *Psychologie* wird zunehmend bezweifelt, daß die grundlegende Annahme der R.-Akzeptanz-Forschung aufrechtzuerhalten ist, die besagt, daß die Einstellung der Menschen gegenüber neuen Technologien «in erster Linie von statistischen Schätzungen der physischen Sicherheit bedingt» sei, die mit dem erwarteten Nutzen verrechnet werden [65]. Und in der *Soziologie* wird das Alltagsbewußtsein von ‹R.› im Sinne von 'Schadenserwartung' problematisiert und eine strikte Trennung von ‹Gefahr› und ‹R.› vorgeschlagen; heißt ‹Gefahr› dann hier «jede beachtenswerte Möglichkeit eines Nachteils», so ist von ‹R.› nur zu sprechen, «wenn die eigene Entscheidung eine unerläßliche Ursache des (möglichen) Eintritts eines Schadens ist» [66].

Anmerkungen. [1] Vgl. G. ROHLFS: Hist. Grammatik der unterital. Gräzität. Sber. bayer. Akad. Wiss. (1949) §§ 13-16. – [2] Belege in F. LIONTI: Le società dei Bardi, dei Peruzzi e degli Acciaiuali in Sicilia. Archivio stor. Siciliano 14 (1889) 189-230. – [3] A. SCHULTE (Hg.): Gesch. der großen Ravensburger Handelsges. 1380-1530 (²1964) 3, 412. – [4] a.O. 100. – [5] 113. – [6] 317. – [7] M. SCHWARTZ: Buchhalten 2 b (1518); über die zeitgenöss. Verbindung von ‹R.› und ‹Abenteuer› vgl. M. NERLICH: Kritik der Abenteuer-Ideologie (1977) 1, 86ff. u.ö. – [8] L. MEDER: Handel Buch (Nürnberg 1558), ND: Das Meder'sche Handelsbuch und die Welser'schen Nachträge, hg. H. KELLENBENZ (1974) 180. – [9] a.O. 180. – [10] Vgl. A. SCHIRMER: Wb. der dtsch. Kaufmannssprache (Straßburg 1911); mit Belegen aus dem 17. und 18. Jh.; GRIMM 8 (1893) 1042. – [11] G. E. LESSING: Br. an Ch. F. Voß (6. 12. 1771). Sämtl. Schr., hg. K. LACHMANN 17 (³1904) 413. – [12] F. MÜLLER: Golo und Genovefa (1811). Mahler Müllers Werke, hg. A. G. BATT/J. P. LE PIQUE/L. TIECK 3 (1811, ND 1982) 31. – [13] Siehe z.B. die in den dtsch. Übers. nicht berücksichtigten R.-Begriffe bei B. GRACIÁN: El criticón (1651/57, Madrid ⁶1964) 14; J. DE LA BRUYÈRE: Les caractères, hg. R. RADOUANT (1676, Paris 1920) XV, 15; J. DE LA FONTAINE: Fables 1-2 (1668/94), hg. G. MICHAUD (Paris 1927) VII, 14; J. B. P. MOLIÈRE: Le Tartuffe (1664), hg. E. BOULLY (Paris 1946) II, 2; J.-J. ROUSSEAU: Du contrat soc. (1762, Paris 1966) II. V; E. ZOLA: Thérèse Raquin (Paris 1867) XVI. – [14] Siehe z.B. die engl., frz. und ital. Übers. von «Wagnis» mit ‹R.› bei C. VON CLAUSEWITZ: Vom Kriege (1832/34) VI; M. HEIDEGGER: Sein und Zeit (1927) § 60; Holzwege (1950) 259-276; Einf. in die Met. (1953) 123; K. JASPERS: Die Atombombe und die Zukunft des Menschen (1958, TB 1961) 330; vgl. Encicl. filos. 5 (Florenz 1967) 802. – [15] Vgl. A. MANES (Hg.): Versicherungslex. Erg.-Bd. für die Jahre 1908-12 (1912) 552ff. 556ff. – [16] L. DE MONTALTE [B. PASCAL]: Les provinciales (1656/57, Paris 1844) I. XIV. – [17] D. BERNOULLI: Commentarii academice scientiarum imperialis Petropolitanae V, § 15f. (St. Petersburg 1738) 175-192; dtsch., A. PRINGSHEIM (1896). – [18] P.-S. LAPLACE: Essai philos. sur les probabilités 1 (1816, Paris 1921) 19. – [19] J. F. W. HERSCHEL: Über die Lehre von den Wahrscheinlichkeiten und ihre Anwendungen auf die physikal. und sozialen Wiss. (1850), in: A. QUETELET: Soziale Physik (1869), dtsch. (1914) 31. – [20] LAPLACE, a.O. [18] 19. – [21] a.O. – [22] 20. – [23] B. PASCAL: Pensées sur la religion (1669/70), hg. L. BRUNSCHVICG (Paris 1897) Frg. 233. – [24] A. SMITH: An inqu. into the nature and causes of the wealth of nations (1776), hg. A. SKINNER (London 1970) 210f.; nicht in den dtsch. Übers. – [25] D. RICARDO: On the principles of polit. economy, and taxation (1821), hg. R. M. HARTWELL (London 1971) XIX. – [26] J.-B. SAY: Cours complet d'économie polit. prat. 2 (Brüssel 1832) XVI. – [27] H. VON MANGOLDT: Die Lehre vom Unternehmergewinn (1855). – [28] J. PIERSTORFF: Die Lehre vom Unternehmergewinn (1875). – [29] G. GROSS: Die Lehre vom Unternehmergewinn (1884). – [30] J. BENTHAM: Econ. writings, hg. W. STARK (New York 1952) 1, 35. 153ff. 171. 261. 266. 382f.; 3, 59. 94. 155ff. 446f. – [31] J. S. MILL: Principles of polit. economy 1 (1848, London ⁷1871) II, 15, § 1. – [32] F. LAVINGTON: The Engl. capital market (London 1921, 1968) 85-97. – [33] J. HAYNES: Risk as an economic factor. Quart. J. economics. July (1895). – [34] F. H. KNIGHT: Risk, uncertainty and profit (Boston/New York 1921). – [35] a.O. 198. – [36] A. PAULSEN: Allg. Volkswirtschaftslehre 3 (²1961) 174. – [37] J. S. BAIN: Pricing, distribution, and employment (New York 1948) 479. – [38] S. KIERKEGAARD: Philos. Brocken (1844), dtsch. L. RICHTER (1964) 76, Anm. – [39] Der Begriff Angst (1844), dtsch. L. RICHTER (1960) 47. – [40] Entweder/Oder 2 (1843), dtsch. E. HIRSCH (²1957) 227. 229. – [41] a.O. [39] 58; a.O. [40] 234. 247. – [42] HEIDEGGER: SuZ § 40, a.O. [14] 188f. – [43] § 42, a.O. 196f. – [44] Wozu Dichter? (1926), in: Holzwege (1950) 257. – [45] a.O. 288. – [46] 289; dort auch der singuläre Verweis: «Der sichdurchsetzende Mensch lebt von den Einsätzen seines Wollens. Er lebt wesenhaft im R. seines Wesens innerhalb der Vibration des Geldes und des Geltens der Werte». – [47] K. JASPERS: Philos. 2: Existenzerhellung (1932, ²1956) 8ff.; Einf. in die Philos. (1953) 54ff. – [48] a.O. [14] 331; als generelle anderslautende Stellungnahme vgl. P. WUST: Ungewissheit und Wagnis (1937, ⁴1946). – [49] J.-P. SARTRE: Situations II (Paris 1948) 268. – [50] A. CAMUS: Actuelles III: Chroniques algériennes 1939-58 (Paris 1958) 11. – [51] J. NEUMANN/O. VON MORGENSTERN: Theory of games and econ. behavior (Princeton 1944). – [52] H. RITTEL: Zur wiss. und polit. Bedeut. der Entscheidungstheorie, in: H. KRAUCH/W. KUNZ/H. RITTEL (Hg.): Forschungsplanung (1966) 120. – [53] G. MENGES: Grundmodelle wirtschaftl. Entscheidungen (1969) 91; vgl. auch W. STEGMÜLLER: Probleme und Resultate der Wiss.theorie und Analyt. Philos. 1 (1969) 386ff. – [54] Vgl. für diese Diskussionssituation: Schneller Brüter, pro und contra. Protokoll des Expertengesprächs vom 19. 5. 1977 im BMFT (1977); Bundespressedienst (Hg.): Österreich. Dokumentationen Kernenergie 1-4 (1977). – [55] Theoret. possibilities and consequences of major accidents in large nuclear power plants. US Atomatic Energy Commissions WASH-740 (Washington 1957). – [56] N. C. RASMUSSEN (Hg.): Reactor safety study, an assessment of accident risks in US Commercial Nuclear Power Plants. WASH 1400 (Nurec 75/014) (Washington 1975). – [57] Bundesminister für Forsch. und Technologie (Hg.): Dtsch. R.-Studie Kernkraftwerke (1979). – [58] Vgl. z.B. das Vorwort zur Dtsch. R.-Studie, a.O. IVf. – [59] Vgl. Bundespressedienst (Hg.): Kernenergie 2 (1977) V, 5; Dtsch. R.-Studie, a.O. 10; W. D. ROWE: An anatomy of risk (New York 1977). – [60] Vgl. O. RAMMSTEDT: Wieviel Unsicherheit verträgt der Mensch? Vorwärts 52 (18. 12. 1980); Wenn falsche Rechnungen zu 'Ergebnissen' führen: Über den Umgang mit dem Faktor R. Vorwärts 1/2 (7. 1. 1982). – [61] C. STARR: Social benefit versus technolog. risk. Science 165 (1969) 1232; vgl. auch J. CONRAD: Zum Stand der R.-Forsch.: Krit. Analyse der theoret. Ansätze im Bereich des Risk Assessment (1978). – [62] Vgl. Kursbuch 85: GAU – Die Havarie der Expertenkultur (1986). – [63] Vgl. z.B. U. BECK: R.-Ges. (1986); O. RENN: Wahrnehmung und Akzeptanz techn. R.en 1 (1981); vgl. D. BROCK: Die R.-Ges. und das R. soziolog. Zuspitzung. Z. Soziol. 20 (1991) 12-24. – [64] K. HAX: Die Gesamtbewertung von Unternehmungen, in: Hb. der Wirtschaftswiss. 1 (1966) 486. – [65] H. J. OTWAY/D. MAURER/K. THOMAS: Nuclear power: the question of public acceptance. Futures 10 (1978) 109-118. – [66] N. LUHMANN: Sicherheit und R. aus der Sicht der Sozialwiss. Rhein.-Westf. Akad. Wiss., Vorträge N 351 (1987) 63.

Literaturhinweise. D. BRIHAT: Risque et prudence (Paris 1966). – J. CONRAD (Hg.): Ges., Technik und R.-Politik (1983). – N. RESCHER: Risk, a philos. introd. to the theory of risk (Washington 1983). – N. LUHMANN: Soziol. des R. (1991).   O. RAMMSTEDT

Ritualisierung. Mit dem Begriff ‹R.› bezeichnet J. S. HUXLEY zunächst die Übernahme nichtsexueller Verhaltensweisen (etwa das Vorweisen von Nestmaterial) in die Balz von Tieren [1]. Später wurde ‹R.› in der vergleichenden Verhaltensforschung allgemeiner gefaßt und bezeichnet nun jede Veränderung, die mit einer Verhaltensweise im Dienste ihrer Signalfunktion vor sich geht, also jede Anpassung an den Signalempfänger [2], wobei diese aber in der Regel eine Vereinfachung und stärkere Auffälligkeit des Verhaltens mit sich bringt [3]. Solche Veränderungen können sein: Änderung oder Verlust der

Orientierungskomponente, Motivationswechsel, Entstehen zusätzlicher Form- oder Farbmerkmale an den beteiligten Organen, rhythmische Wiederholungen der Bewegung, Änderung der Bewegungsfolge oder der Geschwindigkeit, mit der sie ausgeführt wird, u.a.m.

Man unterscheidet: a) phylogenetische R., die im Laufe der Stammesgeschichte an erblich verankerten Merkmalen vor sich geht; b) ontogenetische R., die im Laufe des Lebens vom Individuum erreicht wird und auf dem Sammeln von Erfahrungen beruht; c) kulturelle R., bei der Tradition mitspielt, so daß der R.-Prozeß sich über Generationen erstreckt, nicht von jedem Individuum neu begonnen werden muß und dennoch nicht auf Vererbung beruht. Beispiele sind für a) die Balz des Pfauenhahns, für b) die individuelle Begrüßung des Geschlechtspartners bei einehigen Kolkraben, für c) das Kabuki-Theater oder die ithyphallischen Hermen.

Beim Menschen ist R. universell, hat wenig genetische Basis, umfaßt außer Signalen auch Symbole und personifizierte Funktionen (Gottheiten), enthält feste Regeln, umfaßt Unbewußtes (Projektionen usw.) sowie gedachte Konzepte; häufig vereinen sich mehrere Motivationen und Bedeutungen in einem Ritual (Dichtkunst, Mannbarkeitsrituale), und zunehmend wird der Ausführende selbst neben anderen beeinflußt (Zwangsneurosen, individuelles Gebet). Nur zu einigen dieser Aspekte finden sich Parallelen im Tierreich, doch sind die entstehenden Merkmalsänderungen sowie die sie hervorrufenden Auslesefaktoren bei phylogenetischer und kultureller R. weitgehend gleich; beide R.-Formen können sogar am selben Signal ineinander übergehen [4]. Mit ‹R.› ist eine Veränderung gemeint, die das Programm für die Ausgestaltung eines Signals betrifft. Ein solches Programm kann genetisch oder zentralnervös kodiert sein; im ersten Fall spricht man von angeborenem, im zweiten von tradiertem Programm. In beiden Fällen kann das Programm den Signalerfordernissen angepaßt, das Verhalten ritualisiert werden. So sieht man von werbenden Gazellenmännchen einen phylogenetisch ritualisierten, in menschlichen Militärparaden einen kulturell ritualisierten Paradeschritt. Funktionell erhielt beidemal eine Lokomotionsbewegung Signalcharakter, kausal wurde beidemal das zugrundeliegende Bewegungsprogramm dem angepaßt; doch liegen die Programme in verschiedenen Programmspeichern. Der Begriff ‹R.› ist nicht auf eine dieser Programmformen eingeengt. Das ließe sich auch praktisch kaum bewerkstelligen, weil bislang unklar ist, welche Verhaltensteile angeboren und welche tradiert sind. U.a. deswegen, d.h. weil der Begriff ‹R.› sehr weit definiert ist und auf sehr unterschiedliche Verhaltensweisen angewandt wird, bleibt sein heuristischer Wert bis heute umstritten [5].

Anmerkungen. [1] J. S. HUXLEY: Courtship activities in the red-throated diver. J. Linn. Soc. London 25 (1923) 253-292. – [2] W. WICKLER: Ökologie und Stammesgesch. von Verhaltensweisen. Fortschr. Zool. 13 (1961) 303-365. – [3] N. TINBERGEN: Instinktlehre. Vergleich. Erforschung angeborenen Verhaltens (⁴1966) 181f.; I. EIBL-EIBESFELDT: Human ethology: Concepts and implications for the sciences of man. Behavioral Brain Sci. 2 (1979) 1-57, hier: 3. – [4] W. WICKLER: Über stammes- und kulturgeschichtl. Semantisierung des männl. Genitalrepräsentierens. Aktuelle Fragen Psychiat. Neurol. 11 (1971) 122-137. – [5] Vgl. die Diskussion im Anschluß an EIBL-EIBESFELDT, a.O. [3].

Literaturhinweis. I. EIBL-EIBESFELDT s. Anm. [3].

W. WICKLER

Ritus (lat. ritus; engl. rite; frz. rite; ital. rito)

I. *Antike und Mittelalter.* – Der Begriff ‹R.› zeigt schon in den frühesten literarischen Zeugnissen eine gespaltene Bedeutungsentwicklung: Neben einer Verwendung im religiösen Sinn ('Kultbrauch') bei CATO D.Ä. [1] steht die abgeblaßte, 'präpositionale' Funktion ('nach Art und Weise von') bei PLAUTUS [2] und PACUVIUS [3]. Daraus ergibt sich die Frage nach der ursprünglichen Bedeutungssphäre bzw. nach der Richtung der Bedeutungsentwicklung. Für die Annahme einer primär religiösen Bedeutung spricht nicht nur die Etymologie (wahrscheinlich von der Wurzel *ar- 'fügen', vgl. griech. ἀριϑμός 'Zahl', altind. r̥táḥ 'angemessen, recht' [4]), sondern auch eine Inschrift aus dem Jahr 390 v.Chr.: «⟨sacra at⟩que ritus sollemnes ne ⟨intermitte⟩rentur» («damit die Opfer und die jährlichen Kultbräuche nicht unterbrochen werden») [5]. Außerdem hat bereits in der Antike VARRO die Bedeutungsentwicklung von ‹ritus› in diesem Sinn erklärt: Den Ausdruck «alcyonis ritu» («nach Art des Eisvogels») bei PACUVIUS [6] deutet VARRO als Übertragung des Begriffs aus der religiösen in die profane Sphäre: «ut quom aruspex praecipit, ut suo quisque ritu sacrificium faciat» («wie wenn der Opferschauer vorschreibt, daß jeder das Opfer auf seine eigene *Weise* vollziehen soll») [7]. Daraus wird deutlich, daß ‹ritus› zunächst die *Art und Weise des Kultvollzugs* bezeichnet, sich später von der Bindung an religiöse Handlungen löst und eine allgemeine 'modale' Bedeutung annimmt (eine umgekehrte Bedeutungsentwicklung nimmt K.-H. ROLOFF [8] an). Auffällig ist jedoch, daß ‹ritus› seit CICEROS Entwurf einer Sakralgesetzgebung in ‹De legibus› fast immer mit einer religiösen oder quasi-religiösen Konnotation behaftet ist und in präpositionaler Verwendung auf bestimmte Wendungen wie «ferarum ritu» («nach Art der wilden Tiere») o.ä. beschränkt bleibt [9]. Außer bei Cicero selbst [10] findet sich die religiöse Bedeutung, bes. in der Entgegensetzung von althergebrachten, einheimischen und neuen, 'importierten' Kultbräuchen, u.a. bei TIBULL [11], VERGIL [12], LIVIUS [13], OVID [14] und späteren Autoren [15]. Daneben begegnet, zuerst bei OVID [16] und LUKAN [17], die Übertragung in den Bereich der Magie; die Bedeutung 'Verhaltensweise, Sitte' scheint auf PLINIUS D.Ä. [18] beschränkt zu sein. Bei APULEIUS engt sich die Bedeutung von ‹ritus› wieder auf die religiöse Sphäre ein [19], womit die spätere Bedeutungsentwicklung vorgezeichnet ist.

Der antike Sprachgebrauch erhält sich im Mittelalter und setzt sich bis in die frühe Neuzeit fort. Bei THOMAS VON AQUIN z.B. wird ‹ritus› sowohl für die Kulte und gottesdienstlichen Gebräuche der Juden und Heiden [20] wie auch die der Christen gebraucht [21], bei diesen besonders für die festgelegten äußeren Vollzüge der Sakramente wie Taufe, Eucharistie und Firmung [22]: «Der R. eines Sakraments besteht im äußeren Zeichen» («ritus sacramenti consistit in signis exterioribus») [23]. ‹R.› weist somit eine Nähe zu ‹religio› auf, das ebenfalls noch die ursprüngliche Bedeutung 'Gottesdienst' und '-verehrung' hat. Dieser Zusammenhang lockert sich bei NIKOLAUS VON KUES, der zur Beförderung der Einheit des Glaubens «eine einzige Religion in der Verschiedenheit der R.en» («religio una in rituum varietate») annimmt [24].

Allgemein spricht man noch lange von den unterschiedlichen R.en der Völker, vom ägyptischen Isis-Kult über die römische Priesterschaft der Vestalinnen bis zum R. der christlichen Sakramentenspendung, Reliquienverehrung oder Festtagsheiligung [25].

Anmerkungen. [1] CATO: Or. Frg. 12, 77, in: Oratorum Roman. fragm., hg. H. MALCOVATI 1-2 (Turin ⁴1976) 1, 35: «Graeco ritu». – [2] PLAUTUS: Men. 395. – [3] PACUVIUS: Trag. 393. – [4] A. WALDE/J. B. HOFMANN: Lat. etymol. Wb. (⁴1965) 437. – [5] Elog. 6. Corpus inscript. lat. I¹, 191. – [6] PACUVIUS, a.O. [3]. – [7] VARRO: Ling. VII, 88. – [8] K.-H. ROLOFF: R. Glotta 33 (1954) 36-65. – [9] Vgl. z.B. LIVIUS III, 47, 7; V, 44, 6; QUINTILIAN: Instit. orat. VIII, 3, 81. – [10] CICERO: De leg. II, 20. 40; De nat. deor. III, 51. – [11] TIBULL II, 1, 2. – [12] VERGIL: Aen. XII, 836. – [13] LIVIUS I, 20, 6; 32, 5; IV, 30, 9; V, 52, 9; X, 23, 9; XXIV, 3, 12. – [14] OVID: Ars amat. II, 601; Fast. III, 291; Metamorph. VI, 591; XV, 483. – [15] Vgl. z.B. VALERIUS MAXIMUS I, 1, 13; SUETON: Tib. 36; Tit. V, 3; GELLIUS: Noct. Att. I, 12, 10. – [16] OVID: Metamorph. X, 398. – [17] LUKAN VI, 509; vgl. auch TACITUS: Ann. XVI, 8. – [18] Vgl. PLINIUS: Nat. hist. II, 190; VI, 35; XI, 23 (hier sogar von Bienen). – [19] APULEIUS: Metamorph. II, 27; XI, 2; Plat. I, 3. – [20] THOMAS VON AQUIN: S. theol. I-II, 103, 4, ad 1; II-II, 10, 11; III, 70, 3; 62, 6, ad 2. – [21] S. theol. III, 63, 3; Suppl. 40, 6, ad 2. – [22] S. theol. III, 38, 2; 66, 10; 72, 12; 83. – [23] In 4 Sent. VIII, 1, 2 c. – [24] NICOLAUS CUS.: De pace fidei I. XIX. Philos.-theol. Schr., hg. L. GABRIEL 3 (1967) 710. 796. – [25] J. B. CASALIUS: De profanis et sacris veteribus ritibus opus tripartitum ... (1681); vgl. J. BOËMUS: Repetit. librorum trium de omnium gentium ritibus (1520); Omnium gentium mores, leges et ritus (1536).

Literaturhinweise. K.-H. ROLOFF s. Anm. [8]. – L. KOEP: ‹Religio› und ‹R.› als Problem des frühen Christentums. Jb. Antike Christentum 5 (1962) 43-59.   R. GLEI/S. NATZEL

II. *Religionswissenschaft des 19. und 20. Jh.* – Die theoriegeleitete Erforschung von R.en begann mit vergleichenden religionswissenschaftlichen Untersuchungen. Der Begründer der anthropologischen Religionsforschung, E. TYLOR, unterteilte (1873) religiöse R.en zweifach: 1) als expressive und symbolische Darbietungen, als «Gestensprache der Theologie»; 2) als Mittel der Kommunikation mit Geistern und ihrer Beeinflussung [1]. Tylor arbeitete den survival-Aspekt von R.en gegenüber sich verändernden mystischen Vorstellungen heraus. Entsprechend seiner Animismus-Konzeption wurden Gebets- und Opfer-R. hervorgehoben. Letztere unterliegen einer evolutionären Tendenz zur Substitution: «von praktischer Ritualität zu formaler Zeremonie» [2]. Tylor gab der anthropologischen Religionstheorie wichtige Anstöße. Durch die empirisch unhaltbare Konzeption des Animismus als erster Religionsstufe eignete sich sein Werk aber nur eingeschränkt zur systematischen Erforschung von R.en. Eine geeignete Basis schuf hingegen W. R. SMITH mit seinen Vorlesungen über die Religion der Semiten (1889). R.en und andere praktische Handlungen machen das Wesen der frühen Religionen aus [3]: Die genaue Durchführung religiöser Handlungen ist ausschlaggebend, – der Glaube an Mythen beliebig [4]. Es gibt keine verpflichtende Interpretation von R.en [5]. Das kurz nach Smiths Buch erschienene Werk von J. FRAZER ‹The Golden Bough› (1890) behandelt R.en vor allem in mythologischen und institutionellen Zusammenhängen. Dies gilt besonders für den rituellen Königsmord im Zusammenhang des sakralen Königtums. Kalender-R.en werden wie im Fall des Adonis-Festes im mythologischen Kontext behandelt; dieses wird zugleich unter den Begriff «Todes- und Auferstehungs-R.en» subsumiert [6]. Frazer stellt vier Merkmale «primitiver Rituale» auf: 1) Fehlen von Priestern, 2) Fehlen von Tempeln, 3) Anerkennung von Geistern, nicht von Göttern, 4) primitive R.en sind nicht magischen Charakters [7].

Einen bedeutenden Fortschritt in der systematischen Sammlung von R.en und ihrer Klassifikation stellen A. VAN GENNEPS ‹Rites de passage› (1909) dar. Grundlegend ist hier der Hinweis auf die rhythmusbildende Funktion von R.en in Widerspiegelung natürlicher Rhythmen [8]. Der Betonung der temporalen Markierungsfunktion von R.en entspricht das Phasenschema von R.en als R.en-Sequenz, das zugleich zur Klassifikation einzelner R.en dient: «rites de séparation» (Trennungs-R.en), «rites de marge» (Schwellen- bzw. Umwandlungs-R.en), «rites d'agrégation» (Angliederungs-R.en) [9]. R.en sollen Einzelnen und Gruppen das Überschreiten von räumlichen, zeitlichen und sozialen Grenzen ermöglichen. Die Raumpassagen dienen dabei als Paradigma. Räumliche Schwellen besitzen eine «valeur sacrée» [10], das gleiche gilt für Tore (von Häusern, Städten und Tempeln). Gennep spricht den R.en eine unmittelbare Wirksamkeit zu und charakterisiert sie als «zwingende Handlungen» [11]. Die Annahme eines Geschenks hat für den Beschenkten bindende Wirkung. Für anthropologische Feldforschungen ist Genneps Werk besonders bei der Untersuchung von Initiations-R.en maßgeblich geworden, während für die Entwicklung einer sozialwissenschaftlichen R.en-Theorie der Rückgriff auf den Ansatz von W. R. Smith weiterführend gewesen ist.

Die von E. DURKHEIM und seinen Schülern H. HUBERT und M. MAUSS vorgelegte religionssoziologische Theorie ist Ausgangspunkt für die spätere Theoriebildung der 'social anthropology' und des französischen Strukturalismus geworden. Hubert und Mauss definieren R.en als nicht-instrumentelle, «traditionelle wirksame Handlungen» [12], wobei die Wirksamkeit an die Akzeptanz durch die Gruppe («Glauben») gebunden ist; unmittelbar wirksame Handlungen sind magische R.en, während religiöse R.en an Geister adressiert sind [13]. Nach diesem Kriterium der Wirksamkeit werden Grußsitten nicht als R.en betrachtet [14].

In Mauss' ‹Esquisse d'une théorie générale de la magie› [15] wird der schöpferische Handlungscharakter von oralen und manuellen R.en hervorgehoben. Der schöpferische Aspekt wird bei magischen R.en betont, ebenso ihr formalistischer Charakter [16]. Am Beispiel der Opfer-R.en wird die kommunikative Funktion von R.en als Vermittlung von Heiligem und Profanem [17] dargestellt [18]. Dabei wird die Identität von Heiligem und Sozialem behauptet [19], die auch das Leitthema von E. DURKHEIMS ‹Formes élémentaires de la vie religieuse› (1912) bildet. Es geht um den Nachweis, daß R.en periodisch ein «moralisches Wesen», d.h. «Gesellschaft» produzieren [20], indem sie Kollektive mobilisieren. Durkheim unterscheidet (bereits vor Frazer) negative und positive R.en. Negative R.en trennen das Heilige vom Profanen [21], während positive R.en die Beziehungen der profanen zur heiligen Welt darstellen [22]. R.en sind formalistisch, und nach Durkheim hat sich auch der juristische aus dem religiösen Formalismus entwickelt [23]. Für A. R. RADCLIFFE-BROWN, der sich in die Tradition von W. R. Smith und der Durkheim-Schule stellt, sind R.en ebenfalls «a means by which ... sentiments ... are given a collective expression on appropriate occasions» [24]. Er fährt fort: «The ceremonial (... collective) expression of any sentiment serves ... to maintain it at the requisite degree of intensity in the mind of the individual» [25]. R.en sind demnach ein Mechanismus der internen Anpassung einer Gesellschaft, sie bewirken «soziale Integration» [26].

Ein anderer Exponent der 'social anthropology', B. MALINOWSKI, hat sich in kritischer Auseinandersetzung mit der Durkheim-Schule um eine Differenzierung der R.en-Theorie bemüht. Er konstatiert, daß die Trobriander Arbeitstechniken und rituelle Praktiken klar unterscheiden und auch nicht daran glauben, daß Arbeit und manuelle Geschicklichkeit durch rituelles Handeln ersetzt werden können [27]. Zugleich sind Arbeit und R.en miteinander verwoben [28]. Gegen Durkheims ausschließlich soziologische, gesamtgesellschaftlich fixierte Interpretation setzt Malinowski eine individuelle Dispositionen berücksichtigende Theorie. Die Funktion magischer R.en besteht in der Überbrückung kritischer Situationen, in der «technischen» Überwindung von Angst [29]. Magische R.en reduzieren die Kontingenzen komplexer Umwelten, die durch instrumentelle Techniken nicht ausreichend beherrscht werden können. Diese These ist von RADCLIFFE-BROWN in Zweifel gezogen worden [30]. Er vertritt die gegenläufige These, daß die R.en selbst Angst auslösend sind; der Vollzug von R.en ist von Versagen bedroht.

Rituelle Markierungen wirken nach M. WEBER ausgrenzend; die wichtigste sozialstrukturelle Wirkung negativer R.en liegt in der auf «ritueller Garantie der ständischen Scheidung» [31] (vor allem im Bereich von Kommensalität und Konnubium) beruhenden Ausbildung von Kastengesellschaften und Pariagruppen. Umgekehrt haben Kollektiv-R.en die Funktion von Identitäts-R.en, durch die auch die «rituelle Qualifikation» der Mitgliedschaft geregelt wird, wie M. Weber am Beispiel des römischen Vollbürgers zeigt [32]. Rituale sind nicht auf harmonisierende Zeremonien beschränkt. Widerstands-R.en dramatisieren öffentlich die Widersprüche innerhalb von Gruppen, sie artikulieren in geschützter Form antiherrschaftliche Affekte gegen das Königtum, z.B. bei den Zulu und Swazi [33]. Die Rolleninversion von Herrscher und Untertan, von Mann und Frau usw., wie sie auch in anderen Ventilsitten (Karneval) stattfindet, wirkt kathartisch und affirmativ.

Obwohl in der klassischen Literatur über R.en diese mit Religion und Magie assoziiert und andere Verhaltensregelmäßigkeiten ausgegrenzt werden, scheitert eine solche Distinktion am Auseinandertreten von Religion und R.en, an der planmäßigen Sakralisierung politischer Institutionen in der Moderne und an den Evidenzen des Alltagslebens. Die von M. Weber analysierten Rationalisierungstendenzen okzidentaler Gesellschaften haben zu Religionsformen geführt, in denen eine weitgehende Entkopplung von R.en und religiösen Aktivitäten eingetreten ist, auch wenn es dagegen ritualistische Gegenbewegungen gibt [34]. Rationalisierung und die durch sie herbeigeführte «Entzauberung der Welt» haben religiöse R.en an den Rand des privaten Alltags und des öffentlichen Lebens von Industriegesellschaften gedrängt bzw. sie säkularisiert, d.h. ihres religiösen Sinns beraubt («Ritualismus») [35]. Nach E. GOFFMAN sind R.en auch in der modernen Gesellschaft für die Selbstregulation direkter Interaktionen unentbehrliche «natürliche Interaktionseinheiten», die als Zuvorkommenheits- und Vermeidungsrituale die Image- und Statusbedürfnisse von Personen befriedigen [36]. Zu den unentbehrlichen Alltags-R.en gehören Gruß- und Abschieds-R.en. Diese R.en können religiös oder säkularisiert sein, aber auch ohne jeden Bezug zum Heiligen. Diese R.en regulieren das Problem von Nähe und Distanz, sie haben bei Begrüßung eine Signalfunktion, gerade dann, wenn es sich nur um eine Interjektion handelt. Diese R.en verlangen einen «instrumentellen Gebrauch des menschlichen Körpers» [37], der Ungewißheit reduzieren soll. Obwohl durch den Gebrauch von Sprache, Namen und Temporalisierung wesentliche Unterschiede zu tierischen Gruß-R.en gegeben sind [38], sind basale Gemeinsamkeiten bei der Regulierung von kritischen Kontaktsituationen unübersehbar [39].

Eine Einschränkung des R.-Begriffs auf religiöse und magische R.en ist nur unter Umgehung der Verhaltensaspekte rituellen Handelns durchführbar. Da alle Definitionsversuche des Begriffs ‹R.› von «rituellen Akten» ausgehen, ist eine solche Ausgrenzung inkonsistent. Mit dem vedischen Feuer-R. als «ältestem überlebenden Ritual der Menschheit» [40] belegt F. STAAL seine These, daß R.en «self-contained and self-absorbed» seien: «Their primary concern, if not obsession, is with rules» [41]. Damit wendet er sich gegen symboltheoretische Erklärungen von R.en, diese sind «reine Aktivität» [42] und bedeutungslos. Menschliche Ritualisierung schließt sich folglich eng an die tierische an [43]. In rituellen Aktivitäten schuf der Mensch «a world of ritual or ideal activity, intrinsically successful and free from contingencies» [44], eine enttäuschungsfreie Welt. Die Verbindung religiöser Komplexe mit R.en läßt diese an dieser Enttäuschungsfestigkeit teilhaben. Als evolutionstheoretische Hypothese behauptet Staal die Vorgängigkeit rituellen Verhaltens gegenüber der Sprache: «Syntax comes from ritual» [45]. In die gleiche Richtung weisen L. WITTGENSTEINS kritische Kommentare zu Frazers ‹Golden Bough› [46]. Nach N. LUHMANN schaffen Ritualisierungen eine umweltunabhängige Gewißheitsgrundlage: «Sie übersetzen externe Ungewißheiten in einen internen Schematismus, der nur stattfinden oder nicht stattfinden, aber nicht variiert werden kann und dadurch die Fähigkeiten zur Täuschung, zur Lüge, zu abweichendem Verhalten neutralisiert» [47]. Rituale sind «Coupiertechniken, mit denen man das Reflexivwerden der Kommunikation erfolgreich verhindern kann» [48].

Vor allem die methodologischen Überlegungen Staals führen zu einem Programm der Untersuchung von R.en mit Hilfe einer generativen Theorie. Ansatzpunkte dafür bietet der Ritualisierungsbegriff der Verhaltensbiologie [49]. Bereits 1914 führte J. S. HUXLEY den Begriff der Ritualisierung in die biologische Verhaltensforschung ein [50]. Ging es damals zunächst nur um die begriffliche Erfassung des Auftauchens primär nichtsexueller Verhaltensweisen als Komponenten in der Balz von Vögeln, so beschreibt ‹Ritualisierung› in der heutigen Ethologie die Umorientierung einer Verhaltensweise zu einer spezifischen, im tierischen und menschlichen Sozialverhalten relevanten Ausdrucksbewegung. Unabhängig davon, ob sich ritualisierte Verhaltensmuster phylogenetisch durch Prozesse der Evolution, ontogenetisch durch Prozesse individuellen und interaktiven Lernens oder soziokulturell durch Prozesse der Tradierung herausbilden, sind sie in ihrer Entwicklung an ihre Funktion innerhalb der innerartlichen Kommunikation gebunden. Allgemein läßt sich daher sagen, daß im Verlauf der Ritualisierung von Verhaltensweisen zu Signalen diese eine Reihe von typischen Änderungen erfahren, die darauf abzielen, das Signal für den Interaktions- oder Kommunikationspartner auffällig, eindeutig und unmißverständlich zu machen [51]. Im evolutiven Übergang vom Tier zum Menschen ist davon auszugehen, daß ritualisierte Signale durch eine Differenzierung von Signalgebrauch und symbolischer Bedeutung freier verfügbar werden und durch Tradierung, Verbalisierung und in Artefakten fortgeführter Stilisierung trotz funktioneller

Äquivalenz eine neue Qualität gewinnen. Unabhängig von der Existenz rein phylogenetischer und rein kultureller Ritualisierungsphänomene lassen sich auch solche des Übergangs homologisieren (z.B. Imponierverhalten) [52]. Das Präsentieren von Waffen und Parademärsche fallen in diesen Zusammenhang. Ritualisierte Handlungsmuster kommen in allen Kulturen vor; im interkulturellen Vergleich lassen sich Strukturisomorphien erkennen, beispielsweise die antithetische Struktur von Begrüßungsritualen, die Komponenten der Selbstdarstellung mit solchen der Beschwichtigung verbinden [53]. Verbalisierung, Symbolisierung und Stilisierung erhöhen die Stabilität menschlicher Rituale, und ein evolutiver Trend des Ritualisierungsgeschehens im Übergang vom Tier zum Menschen dürfte auch in der flankierenden Konstruktion gedanklicher Ordnungsgerüste und ihrer magisch-religiösen Überhöhung liegen.

Anmerkungen. [1] E. B. TYLOR: The origins of culture 1-2 (1873, New York 1958) 2, 448. – [2] a.O. 462. – [3] W. R. SMITH: Lect. on the relig. of the Semites (1889, New York 1969) 20. – [4] a.O. 17. – [5] 399. – [6] J. FRAZER: The Golden Bough (1890ff., London 1922) 691ff. – [7] a.O. 411. – [8] A. VAN GENNEP: Les rites de passage (Paris 1909) 4f. – [9] a.O. 14. – [10] 33. – [11] 40. – [12] M. MAUSS: La fonction sociale du sacré. Oeuvr. 1 (Paris 1968). – [13] a.O. 406. – [14] 403. – [15] Esquisse ..., in: Sociol. et anthropol. (1950, Paris 1980) 1-141. – [16] a.O. 50. – [17] SMITH, a.O. [3] 140ff. – [18] MAUSS, a.O. [12] 16. – [19] a.O. 17. – [20] E. DURKHEIM: Les formes élément. de la vie relig. (Paris 1912) 497. – [21] a.O. 428. – [22] 464. – [23] 49; vgl. auch: M. WEBER: Wirtschaft und Ges. (1922, ⁴1956) 403. – [24] A. R. RADCLIFFE-BROWN: The Andaman islanders (1932, New York 1964) 234. – [25] a.O. – [26] a.O. IX. – [27] B. MALINOWSKI: Coral gardens and their magic (1935, New York 1966) 77. – [28] a.O. 62. – [29] Magic, science and relig., in: J. NEEDHAM (Hg.): Science, relig. and soc. (London 1925) 20-84, hier: 83. – [30] RADCLIFFE-BROWN: Taboo. The Frazer lect. (London 1939); vgl. G. C. HOMANS: Anxiety and ritual – the theories of Malinowski and Radcliffe-Brown. Amer. Anthropologist 43 (1941) 164-172. – [31] WEBER, a.O. [23] 536. – [32] a.O. 755. – [33] M. GLUCKMAN: Rituals of the rebellion in South East Africa, in: Order and rebellion in South East Africa (London 1963) 110-136; vgl. auch: V. TURNER: The ritual process. Structure and anti-structure (New York 1969). – [34] M. DOUGLAS: Natural symbols (London 1970). – [35] MERTON hat Ritualismus als eine abweichende Form der Anpassung von Individuen an die Widersprüche von Kultur und Sozialstruktur in Industriegesellschaften bestimmt. Dabei wird von Individuen an institutionellen Normen routinemäßig festgehalten, obwohl die übergeordneten kulturellen Ziele als unerreichbar gelten; vgl. R. K. MERTON: Soc. structure and anomy, in: Soc. theory and soc. structure (New York 1947) 131-160. – [36] E. GOFFMAN: Interaction ritual (New York 1967), dtsch.: Interaktionsrituale (²1991). – [37] R. FIRTH: Verbal and bodily rituals of greeting and parting, in: J. S. LA FONTAINE (Hg.): The interpret. of ritual (London 1972) 1-38, hier: 30. – [38] a.O. – [39] Als Beispiel für eine präzise, etholog. Kriterien genügende Beschreibung von Gruß-R.en vgl. E. GOODY: 'Greeting', 'begging' and the presentation of respect, in: LA FONTAINE, a.O. 39-70. – [40] F. STAAL: The meaninglessness of ritual. Numen 26 (1979) fasc. 1-22, hier: 2. – [41] a.O. 3. – [42] 9. – [43] 13. – [44] 14. – [45] 19. – [46] L. WITTGENSTEIN: Bem. über Frazers ‹The Golden Bough›, in: R. WIGGERSHAUS (Hg.): Sprachanalyse und Soziol. – Die soz.wiss. Relevanz von Wittgensteins Sprachphilos. (1975) 37-57. – [47] N. LUHMANN: Soz. Systeme (1984) 253. – [48] a.O. 613. – [49] Gegen diesen interdisz. Ansatz spricht sich C. LÉVI-STRAUSS mit einer von der etholog. Forschung überholten Begründung aus: L'homme nu (Paris 1971) 610. – [50] J. S. HUXLEY: Introd., in: HUXLEY (Hg.): A discuss. on ritualisation of behavior in animals and man. Philos. Transact. Royal Soc. 251, No. 772 (London 1966) 247-524, hier: 249ff. – [51] I. EIBL-EIBESFELDT: Die Biol. des menschl. Verhaltens – Grundriß der Humanethologie (1984) 555f. – [52] W. WICKLER: Stammesgesch. und Ritualisierung – Zur Entsteh. tierischer und menschl. Verhaltensmuster (1970) 234ff. – [53] EIBL-EIBESFELDT, a.O. [51] 610ff.

Literaturhinweise. A. VAN GENNEP s. Anm. [8], dtsch.: Übergangsriten (1986). – B. MALINOWSKI s. Anm. [27], dtsch.: Korallengärten und ihre Magie (1981). – J. S. HUXLEY (Hg.) s. Anm. [50] (mit Aufsätzen von u.a. K. Lorenz, E. R. Leach, M. Fortes). – M. MAUSS: Oeuvr. 1-3 (Paris 1968). – V. TURNER s. Anm. [33], dtsch.: Das Ritual: Struktur und Anti-Struktur (1989). – J. S. LA FONTAINE (Hg.) s. Anm. [37]. – I. EIBL-EIBESFELDT s. Anm. [51].
CH. SIGRIST

III. *Christliche Liturgie.* – Das Substantiv ‹R.› kommt erst sehr spät in den kirchlichen und theologischen Sprachgebrauch; es scheint, daß der Rückgriff auf die antiken Sprachmuster in der beginnenden Neuzeit die Bezeichnung der «libri rituales» für bindende Vorgangsbeschreibungen und entsprechende Rollenbücher in der Kirche vorbereitete. Die Sache selbst war bisher mehr mit dem Wort ‹ordo› (für die schriftliche Fixierung: ‹ordinarium›, auch: ‹agenda› u.ä.) angesprochen worden. Wohl aber ist das Adverb ‹rite› (bzw. ‹ritu›) schon früh gebraucht worden (etwa in Predigten LEOS DES GROSSEN, gest. 461); es heißt einfach 'sachgerecht', insofern es die Konformität mit den in Schrift und Tradition überkommenen Normen aussagt. Eine Sonderbedeutung hat ‹R.› als Bezeichnung des gesamten Traditionsgefüges einer bestimmten Kirche (etwa ‹lateinischer R.› der westlichen Kirche[n] im Unterschied zu den R.en östlicher Kirchen). Der modernen Bedeutung von ‹R.› als 'ritualisiertes Verhalten' wird im Bereich der Liturgie eher mit ‹caeremonia› entsprochen.

Der offenbar schwerfällige Sprachgebrauch korrespondiert einer sachlichen Schwierigkeit. Die Kultkritik der Propheten Israels, die auch Jesus aufgenommen hat, wird in der Urkirche durch die Ablehnung selbstgenügsamen, also ritualisierten gottesdienstlichen Verhaltens fortgeführt. Formelhafte Sprachwendungen, die der Verkündigung und dem Glaubenszeugnis Raum geben oder einfach als Herkunftsmarken (aus der Synagoge) dienen, sind freilich schon in den ersten Zeugnissen belegt. Für die weitere Geschichte der Kirche bleiben zwei Ereignisse prägend: Das Ende des Tempels von Jerusalem (70 n.Chr.), der (im Unterschied zu den ignorierten 'heidnischen' Kultstätten) als Ort der kultischen Verehrung des wahren Gottes fraglos einen theologischen Rang besaß, nahm der traditionellen Kultkritik den markanten Ansatzpunkt, und die Definition der Kirche als Institution staatsöffentlicher Religion zu Beginn des 4. Jh. veränderte das bis dahin eher in der Tradition der jüdischen Hausliturgie geübte gottesdienstliche Brauchtum. Dieses erhielt zunehmend zugleich den Rang von öffentlichkeitswirksamen Identifikationsmerkmalen und gewann eine kultische Symbolhaftigkeit. Die Kirche, nunmehr (vom kultfernen Judentum abgesehen) ohne die Konkurrenz anderer Religionen, wird auch zum Ort, wo der Mensch den ihm urtümlich eigenen Kult übt.

Seit dem frühen *Mittelalter* verändert eine neue Sicht von Symbol und Bild das Verständnis: Die Formen des Gottesdienstes selbst werden als unmittelbare Darstellungen des Heilsgeschehens angesehen und mittels einer sich immer mehr anreichernden Allegorie interpretiert. Gefördert wird dies auch durch die geschichtlich bedingte Entwicklung auf eine eigene Liturgiesprache hin, als die nun das herkömmliche, aber der Menge der Christen nicht mehr zugängliche Latein erscheinen muß. Die *Reformation* übt am ungemein perfektionierten R.en-Gefüge der mittelalterlichen Kirche eine theologisch motivierte Destruktion (H. ZWINGLI intensiver als M. LUTHER, J. CALVIN noch intensiver als Zwingli). Doch ist das heutige Erscheinungsbild der Reformationskirchen tiefer von der ritusfremden Aufklärung geprägt. In Reaktion auf die Reformation ergreift die römisch-katholische Kirche der *Neuzeit* Liturgie als ausgezeichnete Möglichkeit der Selbstidentifikation. Das einheitliche, nun auch weitgehend (seit 1588 von der päpstlichen ‹R.en-Kongregation›) zentral geregelte R.en-Gefüge gibt ein nicht übersehbares, im täglichen Üben je und je vertieftes und emotional bindendes Einheitsmoment ab. Im 20. Jh. haben die theologische Einsicht, die von der sog. 'liturgischen Bewegung' (im katholischen Bereich vor allem R. GUARDINI und O. CASEL, im evangelischen F. HEILER und W. STÄHLIN) und dem Rückgriff auf die Bibel geförderte Spiritualität, auch die Erfahrung, wie tief Symbolhandlungen den Menschen ausdrücken und prägen (ferner, für die römisch-katholische Kirche, die Leitsätze des Zweiten Vatikanischen Konzils, 1961-1964), die rituelle Erstarrung aufgebrochen. Innerhalb der Theologie beachtet die Liturgiewissenschaft zunehmend aufmerksamer das Phänomen der Ritualisierung, das die Humanwissenschaften (Soziologie, Psychologie) als einen Identifikationsvorgang in jedem Sozialgefüge neu bewußt gemacht haben.

Es ist keine Frage, daß allen Religionen insofern eine Ritualisierung eigen ist, als sie in Wiederholung des Mythos der Weltstiftung und der periodischen Feier des Ursprungs mittels der kultischen Proklamation des Mythos die Frage nach der Herkunft und dem Bleiben des Seins zu beantworten haben. Auch das Judentum und die Kirche übt solchen R. in der Ordnung der großen Jahresfeste, in der Einteilung der Tagesfolge in je und je das Schöpfungsgeschehen darstellende Wochen und in der Deutung der Tageszeiten. Das Gedenken der gründenden und bewahrenden Heilstaten Gottes (Anamnese), vor allem der an Jesus Christus gewirkten (Pascha-Mysterium), ist der Kern dieser von Worten und Symbolen getragenen R.en. Diese Grundordnung zeitigt sehr schnell formelhafte Festlegungen im Bereich der Verkündigung und der die wichtigsten Gottesdienste tragenden interpretativen und euchologischen Texte. Davon abgeleitet kennt auch die Geschichte der Kirche rituelle Handlungen, die, in der Kategorie des Kultdramas, das in der Anamnese sakramental, d.h. in einer den Sinnen nicht unmittelbar zugänglichen Seinsebene erneuerte Heil auch im heiligen Spiel sinnenhaft darzustellen unternehmen (Mimesis). Die Erkenntnis der modernen Humanwissenschaften, wie schnell Ritualisierungen sich von den ursprünglichen Inhalten ablösen und autonom werden oder gar nicht die vermeintlichen Inhalte eindeutig repräsentieren, und die Einsicht, daß innerhalb der sog. nordatlantischen Gesellschaft weithin nur die christlichen Kirchen den Menschen noch in ein ursprüngliches rituelles Verhalten einüben (und somit ein Humanum bewahren), geben der vom Anfang her konstitutiven Kritik gegenüber liturgischen R.en eine neue Brisanz.

Literaturhinweise. J. A. JUNGMANN: Liturgie der christl. Frühzeit bis auf Gregor den Gr. (Fribourg 1967). – A. MAYER: Die Liturgie in der europ. Geistesgesch., in: Ges. Aufs., hg. E. VON SEVERUS (1971). – H. B. MEYER u.a. (Hg.): Gottesdienst der Kirche. Hb. der Liturgiewiss. (1983ff.). – H. A. J. WEGMAN: Riten en mythen. Liturgie in de geschiedenis van het christendom (Kampen 1991).
A. A. HÄUSSLING

IV. *Konfuzianismus.* – ‹R.› ist die europäische Übersetzung für den chinesischen Begriff ‹Li› (Lii; Emblem: Opfervase und Adorant), der auch 'Zeremonie', 'Etikette', 'gutes Benehmen', 'religiös-kultische Verehrung' usw. bedeutet. Ein anderes Schriftzeichen ‹Li(i)› meint 'Prinzip', 'Grund', 'rechte Vernunft', 'Natur (der Sache)', 'Gerechtigkeit', 'Billigkeit' u.ä. [1]. Seit etwa 1680 ist ‹R.› in der europäischen Literatur für das erstere ‹Li(i)› gebräuchlich und der Zentralbegriff im sog. R.en-Streit, der Auseinandersetzung um die Frage, ob und wieweit chinesische Kultformen (R.en) auch von katholischen Christen in China befolgt werden durften [2].

R.en sind der wichtigste Bestandteil konfuzianischer Religiosität [3]. Deren Kernstück ist der Ahnenkult. Ursprünglich als religiöse Opferzeremonie durchgeführt mit Seelenanrufung und magischer Kommunikation mit den Toten, wurde daraus allmählich eine Totengedenkfeier, die dem Zusammenhalt der Sippe diente. Der Ahnenkult des Kaisers hatte darüber hinaus den Sinn einer kultischen Bestätigung der rechten Erbfolge im Sinne des fortwirkenden Auftrags (des Himmels). Der Toten-R. war den Angehörigen der Oberschicht strikt vorgeschrieben: Ausscheiden aus dem Amt für rituell drei Jahre, d.h. über einen Zeitraum, der sich auf drei Kalenderjahre erstreckte; ferner Fasten, Keuschheit, Tragen des weißen Trauergewandes, Gedenkstunden für die Toten (Vater, Mutter). Auch die Beerdigung folgte strengem Zeremoniell und erforderte großen Aufwand. Neben Ahnenkult und Toten-R. waren Namengebung, Jugendweihe, Hochzeit, ferner Formen des menschlichen Umgangs für die konfuzianisch bestimmte Oberschicht rituell geregelt. Diese religiös ableitbaren R.en lassen sich als stilisiertes Brauchtum verstehen, das sich von volkstümlichem Brauchtum durch Kanonisierung und Aufwand unterschied. R.en sind auch Formen allgemeiner Höflichkeit in der hierarchisch geordneten Gesellschaft, im staatlichen Bereich als Protokoll, dessen Regeln wieder kosmischen Prinzipien entsprechen, im privaten Bereich als Benehmen und Haltung, die Ausdruck menschlichen Wesens, Einheit von Charakter und Darbietung sein sollen. Vor diesem Hintergrund drückt der Begriff ‹R.› ein traditionell entwickeltes feines Empfinden für das Schickliche aus, der Etikette in Europa ähnlich. Damit verbinden sich Konvention und Konformismus. Mit dem Begriff ‹R.en-Lehre› (li-chiao) hat die chinesische Tradition die ihr eigene religiöse Form gegen den Buddhismus, Taoismus, Islam und das Christentum zu bezeichnen gesucht.

Anmerkungen. [1] F. S. COUVREUR: Dict. class. de la langue chinoise (Ho Kian Fou ³1911) 508f. – [2] A. HUONDER: Der chin. R.en-Streit (1921). – [3] Vgl. bes.: Li Gi. Das Buch der Sitte, dtsch. R. WILHELM (Jena 1930).

Literaturhinweise. C. K. YANG: Relig. in Chinese soc. (Berkeley/Los Angeles 1961). – M. GRANET: Das chin. Denken (1963). – A. S. CUA: The concept of ‹Li› in Confucian moral theory, in: R. E. ALLISON (Hg.): Underst. the Chinese mind (Oxford 1989) 209-235.
T. GRIMM

Robinsonade. Nach dem Roman ‹The Life and Strange Surprizing Adventures Of Robinson Crusoe ...› von D. DEFOE (1719) ist ‹R.› einerseits die Bezeichnung einer *literarischen Gattung,* die Elemente von Reisebericht, Abenteuerroman und Utopie in sich aufnehmen kann und zu der auch ältere Romane wie IBN ṬUFAILS im 12. Jh. entstandener ‹Ḥaj ibn Jaqẓān› [1] gerechnet werden. Zum anderen steht ‹R.› für eine existentielle Grenz- und zugleich *Modellsituation*, in der ein auf sich allein gestellter Mensch zur Sicherung seines Überlebens aus den Trümmern seines früheren Lebens und in der Auseinandersetzung mit natürlichen Gegebenheiten eine 'zweite Natur' (s.d.) schaffen, d.h. eine Kultur im Sinne von Techniken der Natur- und Selbstbeherrschung vom Nullpunkt seines Scheiterns aus neu finden oder erfinden muß. R.n im Sinne der literarischen Gattung, deren Prototyp der ‹Robinson Crusoe› DEFOES bis heute geblieben ist, sind mehr oder weniger (zumeist weniger) selbständige «Nachahmungen dieses wohl erfolgreichsten Romans der Weltliteratur» [2]. Philosophische R.n gehen aus vom Menschen als Homo faber, Kultivator, Kolonisator, Erfinder, isoliertem Individuum, Homo oeconomicus bzw. zur Arbeit und zu zweckrationalem Handeln befähigtem Wesen und modellieren von hier aus eine «Robinsonwelt» [3], auf die der Blick wie zum erstenmal fällt: «Der Typus des Robinson» unter anderem ist es, der dem 18. Jh. «im Gedankenexperiment die Ursprünglichkeit des Blicks auf die Welt vor aller Wissenschaft» veranschaulichen soll [4]. Diesem Blick entspricht die «demiurgische Robinson-Sehnsucht der Neuzeit» [5]; ohne diese Sehnsucht wäre die enorme Wirkung des Originals und der zahlreichen Abwandlungen, Variationen, Pädagogisierungen und Trivialisierungen nicht zu verstehen, so wenig wie die Faszination, die für Ökonomen, Pädagogen, Anthropologen und Philosophen von der Fiktion des 'einsamen Mannes auf der einsamen Insel' in den letzten beiden Jahrhunderten ausgegangen ist.

Zu den originellsten R.n des 18. Jh. gehören die ‹Wunderlichen Fata einiger See-Fahrer, absonderlich Alberti Julii, eines geborenen Sachsens, welcher in seinem 18den Jahre zu Schiffe gegangen, durch Schiff-Bruch selbte an eine grausame Klippe geworffen worden ...› von J. G. SCHNABEL (1731-1743), unter dem Titel ‹Die Insel Felsenburg› von L. TIECK neu bearbeitet (1828), ein bedeutendes Werk bürgerlicher Feudalismuskritik, das Merkmale der «Sozialutopie» mit denen der «Asyl-R.» verbindet [6]. SCHNABEL distanziert sich in seiner Vorrede von 1731 von den bereits damals zahlreichen ‹Robinson-Crusoe›-Nachahmungen mit dem abschätzigen Ausdruck «zusammen geraspelte R.n-Späne» – dies der *Erstbeleg* für den Begriff ‹R.› [7]. Als wertfreie Gattungsbezeichnung taucht ‹R.› offenbar zum erstenmal in H. HETTNERS Titel ‹Robinson und R.n› (1754) auf; noch J. CH. L. HAKEN hatte seiner Sammlung den Titel ‹Bibliothek der Robinsone. In zweckmäßigen Auszügen ...› (1805-08) gegeben und sich von der Sintflut der R.n abgesetzt: «Durch das Vorbild von Defoes Robinson Crusoe in Bewegung gesetzt, regnete es mehrere Dezennien des verflossenen Jahrhunderts hindurch Robinsone ohne Zahl. Die Bahn einer neuen Dichtungsart von ungewöhnlichem Interesse war einmal gebrochen» [8]. Auch im 19. Jh. gibt es eine Vielzahl von Bearbeitungen, Kopien, Abwandlungen und Neufassungen des Robinson-Themas; Autoren wie E. A. POE, F. MARRYAT, J. F. COOPER, H. MELVILLE, H. D. THOREAU, A. TENNYSON, J. VERNE, R. L. STEVENSON, J. CONRAD, H. G. WELLS u.a. versuchen sich an R.n [9]. Der ‹Robinson Crusoe› wurde das «nach der Bibel meist verlegte Buch der Welt» [10].

Die *pädagogische und anthropologische Bedeutung* des Robinson-Themas wird mit besonderer Eindringlichkeit und großer Wirkung von J.-J. ROUSSEAU hervorgehoben. Für ihn ist der ‹Robinson Crusoe› «die beste Abhandlung über die natürliche Erziehung»; er soll «das erste Buch» sein, «das Emil liest», weil sich hier «alle natürlichen Bedürfnisse der Menschen auf eine dem kindlichen Geiste leicht faßliche Weise zeigen» [11]. Nach Auffassung K. H. BOHRERS hat Rousseau damit «die emblematische Deutung des Robinson begründet, nämlich die Vorstellung, hier würden die typischen Möglichkeiten menschlicher Existenz stufenweise dargestellt» [12]. Die Identifikation mit einem Menschen in der Isolation erlaubt es dem Kind, die wirklichen Verhältnisse realistisch und vorurteilsfrei zu verstehen, sich in seinem Urteil an den wahren Bedürfnissen zu orientieren und die Schritte zur Bedürfnisbefriedigung in ihrer Abfolge nachzuvollziehen. Für ROUSSEAU wie für die Physiokraten wird Robinson daher zum Modell des sein Überleben durch eigene Arbeit sichernden Homo oeconomicus. Er wünscht sich den ‹Robinson Crusoe› allerdings als ein Buch für die Jugend, «von seinem überflüssigen Beiwerk befreit» [13]. Dieses Programm führt – zeitgleich mit J. K. WEZEL, doch erfolgreicher als dieser – J. H. CAMPE in seinem ‹Robinson der Jüngere› (1779) durch. Der Bestseller-Erfolg dieses Buchs erklärt sich aus Campes Verbindung Rousseauscher und philanthropistischer Erziehungsideale und ihrer Integration in eine unterhaltende, informierende, welt- und lebensweltorientierende R. [14].

Für I. KANT ist es «die leere Sehnsucht» nach einem «goldenen Zeitalter», «die die Robinsone und die Reisen nach den Südseeinseln so reizend macht»; Kant wendet sich hier gegen Tendenzen einer *Zivilisationsflucht*, die sich auf Rousseau berufen, und betont die «Nichtigkeit dieses Wunsches zur Rückkehr in jene Zeit der Einfalt und Unschuld» [15]. Für die ‹Kritik der Urteilskraft› (1790) spiegelt sich im Hang zu R.n geradezu eine gewisse «Misanthropie», wovon u.a. «die erträumte Glückseligkeit, auf einem der übrigen Welt unbekannten Eilande, mit einer kleinen Familie, seine Lebenszeit zubringen zu können, welche die Romanschreiber, oder Dichter der R.n so gut zu nutzen wissen, Zeugniß gibt» [16]. Eine Rückkehr in die scheinbar heile 'erste Natur' einer insularen Welt, deren Möglichkeit die R.n suggerieren, ist für Kant versperrt; Tendenzen zu solchen R.n lehnt er als Flucht aus der Verantwortung für die Gegenwartszivilisation ab.

G. W. F. HEGEL illustriert die Herr-Knecht-Dialektik mit einer Anspielung auf die R. Defoes: «Der Herr hingegen schaut im Dienenden das andere Ich als ein aufgehobenes und seinen einzelnen Willen als erhalten an. (Geschichte Robinsons und Freitags.)» [17]. G. LUKÁCS betont: «Die entscheidende Bedeutung der Arbeit in der Menschheitsentwicklung kommt bei Hegel dort am plastischsten zum Vorschein, wo er seine 'R.' schreibt, nämlich den Übergang zu der eigentlichen zivilisierten Gesellschaft.» Diese «Hegelsche 'R.' von 'Herrschaft und Knechtschaft'» werde «an entscheidender Stelle in die ‹Phänomenologie des Geistes› aufgenommen» und bleibe «von nun an ein ständiger Bestandteil des Hegelschen Systems» [18]. Ein direkter Verweis auf den ‹Robinson Crusoe› oder die R.n überhaupt findet sich allerdings in der ‹Phänomenologie des Geistes› nicht.

A. SMITH und D. RICARDO hatten die Gesellschaft aus der Robinson-Arbeit des Individuums hervorgehen lassen. Von K. MARX wird das scharf kritisiert: «Der einzelne und vereinzelte Jäger und Fischer, womit Smith und Ricardo beginnen, gehört zu den phantasielosen Einbildungen der 18.-Jh.-R.n» [19]. A. LOWE hingegen hält das Robinson-Modell als «Fiktion eines isolierten

Menschen», das nicht umsonst «eine lange Geschichte in der wirtschaftswissenschaftlichen Analyse hat», immer noch für unentbehrlich und bedient sich selbst dieses «methodischen Kunstgriffs» [20]. Auch A. GEHLEN empfiehlt für die Arbeit des Anthropologen den Rückgriff auf die R.; ihm zufolge war es hilfreich, «an dem abstrakten Modell eines imaginären Einzelmenschen, eines Robinson festzuhalten, denn alle weitergehenden Fragen der Gesellschaft, des Zusammenlebens, ja des Geschlechts konnten dann jeweils sozusagen bis auf einen Merkposten abgeschrieben werden» [21].

Zur *Selbstdeutung* dient das Motiv der R. u.a. S. FREUD: «Unterdes richtete ich's mir als Robinson auf meiner einsamen Insel möglichst behaglich ein. ... es war eine schöne heroische Zeit; die splendid isolation entbehrte nicht ihrer Vorzüge und Reize», sagt er im Rückblick auf die Zeit um die Jahrhundertwende, in der es kaum öffentliche Resonanz für die entstehende Psychoanalyse gab [22]. F. KAFKA überbietet die Freudsche Isolationsmetapher noch, wenn er von seinem «Grenzland zwischen Einsamkeit und Gemeinschaft» sagt: «Was für ein lebendiges schönes Land war im Vergleich hiezu Robinsons Insel» [23]. TH. W. ADORNO verallgemeinert das Motiv zur Deutung der Situation des modernen Menschen überhaupt: Kafka habe «die totale R. geschrieben, die einer Phase, in der jeder Mensch sein eigener Robinson wurde» [24]. Für die ‹Dialektik der Aufklärung› sind Odysseus und Robinson Prototypen des modernen «homo oeconomicus, dem einmal alle Vernünftigen gleichen: daher ist die Odyssee schon eine R.» [25]. Ironisch kehrt sich das Isolationsmotiv der frühen R. um; für M. HORKHEIMER und ADORNO «gehört zur universalen Vergesellschaftung, wie sie der Weltreisende Odysseus und der Solofabrikant Robinson entwerfen, ursprünglich schon die absolute Einsamkeit, die am Ende der bürgerlichen Ära offenbar wird» [26]. Der auf sich selbst zurückgeworfene Mensch wird hier zum Modell des Menschen überhaupt; jedermann erscheint als Robinson, und die Dialektik von Individuation und Sozialisation, die DEFOE in den ‹Serious Reflections of Robinson Crusoe› (1720) nachgezeichnet hatte, um den paradigmatischen Charakter seiner R. zu betonen [27], bietet in der Perspektive HORKHEIMERS und ADORNOS keinen Anlaß mehr zur Hoffnung auf einen glücklichen Ausgang der R. der neuzeitlichen Vernunft.

Anmerkungen. [1] IBN ṬUFAIL: Ḥaj ibn Jaqẓān, der Naturmensch. Eine philos. R. aus dem arab. MA, hg. S. SCHREINER (1983); zuerst: arab., übers. E. POCKOCKE (London 1671). – [2] M. WINTER: Compendium Utopiarum. Typol. und Bibl. lit. Utopien 1: Von der Antike bis zur dtsch. Frühaufkl. (1978) 146. – [3] H. BLUMENBERG: Die Lesbarkeit der Welt (1981) 150. – [4] a.O. 152. – [5] Schiffbruch mit Zuschauer. Paradigma einer Daseinsmetapher (1979) 74. – [6] E. RECKWITZ: Die R. Themen und Formen einer lit. Gattung (Amsterdam 1976) 297-343, hier: 331; vgl. F. BRÜGGEMANN: Utopie und R. Unters. zu Schnabels ‹Insel Felsenburg› (1914), bes. Kap. 2; L. STOCKINGER: Ficta Respublica. Gattungsgeschichtl. Unters. zur utop. Erzählung in der dtsch. Lit. des frühen 18. Jh. (1981) 399-449; W. BRAUNGART: Die Kunst der Utopie. Vom Späthumanismus zur frühen Aufkl. (1989) 217-261. 268-271. – [7] J. G. SCHNABEL: Die Insel Felsenburg, hg. W. VOSSKAMP (1969) 1, 9. – [8] J. CH. L. HAKEN (Hg.): Bibl. der Robinsone. In zweckmäß. Auszügen vom Verf. der grauen Mappe (1805) 1, 11; vgl. O. DENEKE: Rob. Crusoe in Deutschland. Die Frühdrucke 1720-1780 (1934). – [9] Nachweise vgl. H. ULLRICH: Robinson und R.n. Bibl., Gesch., Kritik. Ein Beitr. zur vergleich. Lit.gesch. 1 [Litt.hist. Forsch., H. 7] (1898); RECKWITZ, a.O. [6] 649ff. – [10] R. STACH: Nachwort, in: J. H. CAMPE: Robinson der Jüngere. Ein Lesebuch für Kinder (1779, [58]1860), ND, hg. R. STACH (1978) 467. – [11] J.-J. ROUSSEAU: Emil oder Über die Erziehung, dtsch. L. SCHMIDTS ([6]1983) 180. – [12] K. H. BOHRER: Der Lauf des Freitag. Die lädierte Utopie und die Dichter. Eine Analyse (1973) 112. – [13] ROUSSEAU, a.O. [11] 180. – [14] Vgl. STACH, a.O. [10] 470; vgl.: Robinson der Jüngere als pädag.-didakt. Modell des philanthropist. Erziehungsdenkens (1970). – [15] I. KANT: Mutmaßl. Anfang der Menschengesch. (1786). Akad.-A. 8, 122. – [16] KU § 29, B 127. Akad.-A. 5, 276; vgl. TH. W. ADORNO: Negat. Dial. ([2]1970) 374. – [17] G. W. F. HEGEL: Nürnb. und Heidelb. Schr. 1808-1817. Werke, hg. E. MOLDENHAUER/K. M. MICHEL (1970) 4, 121. – [18] G. LUKÁCS: Der junge Hegel. Über die Bez. von Dial. und Ökon. Werke 8 ([3]1967) 406f.; vgl. I. FETSCHER: Vorwort, in: A. KOJÈVE: Hegel. Komm. zur Phän. des Geistes (1975) 299, Anm. 4. – [19] K. MARX: Einl. [zur Kritik der Polit. Ökon.] (1857). MEW 13 (1971) 615; vgl. MEW 23, 90-93; J. HABERMAS: Erk. und Interesse (1970) 72, Anm.; O. NEGT/A. KLUGE: Gesch. und Eigensinn (1981) 524. – [20] A. LOWE: Polit. Ökonomie – On econ. knowledge (1984) 21; vgl. 21-23. 27-37. 40. – [21] A. GEHLEN: Ein anthropolog. Modell (1968). Ges.ausg., hg. K.-S. REHBERG u.a. (1983) 4, 209. – [22] S. FREUD: Zur Gesch. der psychoanalyt. Beweg. (1914). Ges. Werke (London/Frankfurt 1940-52) 10, 60. – [23] F. KAFKA: Tagebücher 1910-1923, hg. M. BROD (1967) 394 [29. 10. 1921]. – [24] TH. W. ADORNO: Aufzeichn. zu Kafka. Ges. Schr. 10/1 (1977) 280 (dort auch zur «Verbindung von R. und Allegorie»). – [25] M. HORKHEIMER/TH. W. ADORNO: Dial. der Aufkl. (Amsterdam 1947) 78. – [26] a.O. 79, in Anspielung auf MARX' These von den R.n als «Vorwegnahme der 'bürgerlichen Ges.'» (MEW 13, 615); vgl. ADORNO: Ges. Schr. 3, 300. – [27] Vgl. J. SCHLAEGER: Vom Selbstgespräch zum institutionalisierten Dialog. Zur Genese bürgerl. Gesprächskultur in England, in: K. STIERLE/R. WARNING (Hg.): Das Gespräch (1984) [Poet. und Herm. 11] 361-364; Die R. als frühbürgerl. 'Eutopia', in: Utopieforschung. Interdiszipl. Stud. zur neuzeitl. Utopie 2 (1985) 279-298.

Literaturhinweise. R. ANDREE: Wirkl. und wahrhaft. R.n – Fahrten und Reiseerlebn. aus allen Zonen (1868). – H. ULLRICH s. Anm. [9]. – F. BRÜGGEMANN s. Anm. [6]; Defoes Robinson Crusoe. Die Gesch. eines Weltbuchs (1924). – G. BIEN: Zum Thema des Naturstands im 17. und 18. Jh. Arch. Begriffsgesch. 15 (1971) 275-298. – K. H. BOHRER s. Anm. [12]. – W. BIESTERFELD: Die lit. Utopie (1974). – E. RECKWITZ s. Anm. [6]. – IBN ṬUFAIL: Der Ur-Robinson, hg. O. F. BEST (1982). – N. MILLER: D. Defoe oder Die Wirkl. des Puritaners, in: D. DEFOE: Romane ([3]1989) 1, 5-32. – W. BRAUNGART s. Anm. [6]. N. RATH

Rolle (lat. persona; engl. part, role; frz. personnage, rôle; span. papel)

I. – Das Wort ‹R.› gehört seiner Herkunft nach zu den Theatermetaphern, deren Variabilität sich aus den vielfältigen Einsatzmöglichkeiten der Komponenten 'Autor', 'Akteur' und 'Zuschauer' ergibt. Bereits der Platonismus kennt die Übertragung auf den Bereich der praktischen Lebensführung. Nach PLATON besteht die Freiheit des Handelns für den Einzelnen darin, den Weg zu wählen, der unter den möglichen der beste ist. Der Mensch soll sich als Spielzeug Gottes wahrnehmen, denn «dies ist in der Tat das Beste an ihm. Dieser R. (τρόπος) nun sich fügend und die allerschönsten Spiele spielend, muß ein jeder, Mann und Frau, sein Leben zubringen» [1]. Die R. erinnert jene Herkunft der Seele, auf die sie erneut hinstrebt. Diese strenge Dramaturgie läßt das Leben als Zwischenspiel erscheinen, hält aber auch das dann für die christliche Anthropologie so folgenreiche Angebot bereit, der Einzelne möge sich über die Welt erheben, um so am wahren Sein teilzuhaben.

In der Folgezeit werden vor allem die Stoiker die Ethik der R. ausformulieren. Sie beschreibt die Pflichten und Grenzen eines Handelns, das in seiner Uneigentlichkeit erkennbar wird, nicht aber aufgegeben werden kann. «Merke», so rät EPIKTET, «du hast eine R. (πρόσωπον) zu spielen in einem Schauspiel, das der Direktor (διδάσκαλος) bestimmt. Du mußt sie spielen, ob das Stück lang oder kurz ist. ... Deine Aufgabe ist einzig und allein, die zugeteilte R. gut durchzuführen; die R. auszuwählen, steht nicht bei dir» [2].

Die antike R.n-Metaphorik verschweigt keineswegs den Zwiespalt zwischen Determination und Autonomie, aber sie beschränkt die Entscheidungsmöglichkeiten strikt auf den Spielraum, den die R. zuläßt, und konzentriert sich auf das Repertoire der konformen Verhaltensweisen. Das irdische Dasein ist für PLOTIN eine Zeit der Bewährung und der mitverantwortlichen Gestaltung. Es ist jedermann selbst überlassen, die ihm gegebenen Mittel einzusetzen, um die R. zu bewältigen und die im Weltplan vorgesehene Handlung mit Leben zu füllen. Das kann dann so weit gehen, daß der Akteur etwa leer gebliebene Stellen seines Manuskripts im Sinne der Gesamtdichtung kongenial ergänzt. «Auf eben diese Art und Weise tritt die Seele in dieses Welt-Dichtwerk ein, sie fügt sich mit ihrer R. (μέρος) der Darstellung des Stückes ein; dabei bringt sie die gute oder schlechte Ausführung von sich aus hinein» [3]. Plotins Schauspielergleich öffnet Entfaltungsräume, denn anders als der Dramatiker, der sein Stück auf die Bühne begrenzt, stellte der Schöpfer den Menschen das All zur Verfügung.

Doch so wenig wie in CICEROS ‹De officiis› [4] wird hier der einzelne als Mitverfasser seiner R. zugelassen. Seine Zuständigkeit beschränkt sich auf die Erfüllung des ihm Zugedachten. Erst MONTAIGNE bringt diese Situation als Konflikt zur Sprache, indem er zwischen seiner Person und den Verstellungskünsten der höfischen Gesellschaft («cette nouvelle vertu de faintise et de dissimulation» [5]) einen Bruch wahrnimmt. Der Glanz der öffentlichen Zurschaustellung, schreibt er, beschränkt sich auf Äußerlichkeiten und fördert eine Disharmonie zwischen Sein und Schein, die mit immer neuen Anstrengungen überdeckt werden muß. Montaigne findet den Ausweg, sich als Zuschauer zu betrachten. Indem er auf diese Weise Distanz nimmt und sich doch zugleich beteiligt weiß, gewinnt die R. für ihn einen neuen Reiz: Sie verspricht Konstanz. «Nicht zur Schaustellung soll unsere Seele ihre R. spielen (jouer son rolle), sondern bei uns, in unserem Innern, wohin kein anderes Auge ... blickt: hier wappnet sie uns gegen die Furcht des Todes, der Schmerzen und selbst der Schande» [6]. Während ROUSSEAU diese Synthese später als «fausse naiveté» zurückweist [7], stimmt KANT mit der Beobachtung zu, die Menschen seien insgesamt, «je civilisirter, desto mehr Schauspieler» [8]. Wer dem Weltgeschehen nur zuschaue, der bleibe ihm fremd, und wer immer nur spiele, sei ein Narr. Daran knüpft Kant eine geschichtsphilosophisch unterlegte ethische Spekulation. Dadurch, «daß Menschen diese R. spielen, werden zuletzt die Tugenden, deren Schein sie eine geraume Zeit hindurch nur gekünstelt haben, nach und nach wohl wirklich erweckt und gehen in die Gesinnung über» [9].

Dies repliziert auf die von ROUSSEAU vorgebrachte und über die Literatur der Empfindsamkeit bis weit in die Romantik hineingetragene Kritik der R. Wie Montaigne kommentiert auch Rousseau seine Zeit als Autobiograph, aber anders als dieser verschärft er die Kulturkritik zur Aporie. «Ich spielte keine R.», bekennt er. «Ich war in Wirklichkeit, was ich schien» [10]. Die Entwicklung der Zivilisation, befindet Rousseau, führte zur Uneinigkeit des Einzelnen mit sich selbst, zu einer ihm auferlegten Verdoppelung. Der Mensch in Gesellschaft gleiche dem Schauspieler, der «alle Arten von R.n (toutes sortes des personnages)» spielt «außer der edelsten, die er aufgibt, außer der des Menschen» [11]. Die R. ist der Inbegriff dessen, was den Menschen in ihrem Wesen widerstreitet, so daß CHAMFORT nun formulieren kann, er lehne ab, was eine R. an die Stelle eines Menschen setzt («rien de ce qui met un rôle à la place d'un homme») [12].

Schon bei Rousseau zeigt sich allerdings, daß die Kritik der R. die Ansicht der Wahrheit, deren Verhüllung sie beanstandet, ebenfalls schuldig bleiben muß. Einen Ausweg bietet die geschichtsphilosophische Wendung, indem sie die desavouierten Zustände für befristet erklärt. Die Menschen, so lautet die von DIDEROT vorbereitete Überlegung [13], sind Schauspieler und Dichter zugleich. Hatte Rousseau die R. eindeutig als restriktiv aufgefaßt, schließt sie nun die Initiative des Handelns ausdrücklich mit ein. «Wenn wir uns die Geschichte als ein Schauspiel denken», schreibt SCHELLING, «in welchem jeder, der daran Theil hat, ganz frei und nach Gutdünken eine R. spielt, so läßt sich eine vernünftige Entwicklung dieses verworrenen Spiels nur dadurch denken, daß es Ein Geist ist, der in allen dichtet ... *Wäre* nun aber der Dichter unabhängig von seinem Drama, so wären wir nur die Schauspieler, die ausführen, was er gedichtet hat. *Ist* er nicht unabhängig von uns, sondern offenbart und enthüllt er sich nur successiv durch das Spiel unserer Freiheit selbst, so daß ohne Freiheit auch er selbst nicht *wäre*, so sind wir Mitdichter des Ganzen und Selbsterfinder der besonderen R., die wir spielen» [14]. Damit wird der belastende Nebensinn der Fremdbestimmung zurückgedrängt. Zwar bleibt der platonische Uneigentlichkeitsvorbehalt spürbar, aber dieses Bedenken kann einstweilen zerstreut werden, indem die R. die Bindung zwischen Selbstbestimmung und Gesamtwohl langfristig sicherstellt. Schellings idealistische Geschichtsphilosophie nutzt den alten Theatrum mundi-Vergleich für die Sanktion einer Geschichte, in der das Absolute mit der Erscheinung seiner selbst sein Wesen, nämlich die Freiheit verwirklicht.

In materialistischer Akzentuierung nimmt MARX diesen Gedanken auf und spricht von der «weltgeschichtlichen R.» des Proletariats [15]. Sowenig wie Schelling beanstandet Marx den Vergesellschaftungsprozeß als solchen, greift jedoch Zustände an, in denen die Menschen als «Träger von bestimmten Klassenverhältnissen und Interessen» [16], d.h. als «Charaktermasken» [17] auftreten. Marx beerbt nicht nur die idealistische Geschichtsphilosophie, sondern auch die R.n-Kritik, wenn er die theatralischen Züge der kapitalistischen Gesellschaft und damit ihre ideologische Einkleidung aufzeigt. «Die letzte Phase einer weltgeschichtlichen Gestalt ist ihre *Komödie*» [18]. Die Autonomie der selbsttätigen Menschheit, wie sie Marx vorschwebt, ist nicht Teil der R., sondern Resultat ihrer praktischen Selbstaufhebung.

Mit NIETZSCHE gründet schließlich die Anerkennung der R. nicht länger auf ihrer Verweisungsfunktion, sondern ausschließlich auf ihr selbst. Die Verstellungskunst kommt im Menschen «auf ihren Gipfel: hier ist die Täuschung ... so sehr die Regel ..., dass fast nichts unbegreiflicher ist, als wie unter den Menschen ein ehrlicher und reiner Trieb zur Wahrheit aufkommen konnte» [19]. Der Mensch spielt, wo er kann. «Und im Traume *erholen* wir uns vielleicht von der Ermüdung, die uns die Tags-R. macht, – und stecken uns selber in andere R.n» [20]. Die Welt ist eine monströse Komödie, in der ein launisches Kind die Menschen wie Spielzeuge gebraucht. Ausgehend von diesem Szenario fordert Nietzsche in schroffer

Antithese zu Rousseau den ästhetischen Menschen und mit ihm «den *guten* Willen zum Scheine» [21], wie ihn beispielhaft der Schauspieler zeigt, dem das *Wesen* gleichgültig ist. «Die R. ist ein Resultat der äußeren Welt auf uns, zu der wir unsere 'Person' stimmen, wie zu einem Spiel der Saiten. ... Immer natürlich à peu près» [22]. Die aus der Neuverteilung der überkommenen Oppositionsverhältnisse folgende Aufwertung der R. bildet den vorläufigen Schlußpunkt der Metapherngeschichte, zu der Nietzsche – sein «à peu près» deutet es an – sich noch zählt.

Anmerkungen. [1] PLATON: Leg. 803 c. – [2] EPIKTET: Enchirid. 17. – [3] PLOTIN: Enn. III, 2, 17. – [4] Vgl. CICERO: De off. 1, 107-115; vgl. M. FUHRMANN: Persona, ein röm. R.-Begriff, in: O. MARQUARD/K. STIERLE (Hg.): Identität (1979) [Poet. und Herm. 8] 83-106; vgl. Art. ‹Person›, in: Hist. Wb. Philos. 7 (1989) 269-338. – [5] M. DE MONTAIGNE: Essais II, 17, hg. P. VILLEY (Paris 1988) 2, 647. – [6] II, 16, a.O. 2, 623f. – [7] J.-J. ROUSSEAU: Les confessions. Oeuvr. compl., hg. B. GAGNEBIN/M. RAYMOND (Paris 1959ff.) 1, 516. – [8] I. KANT: Anthropol. in pragmat. Hinsicht (1798) I, 1, § 14. Akad.-A. 7, 151. – [9] a.O. – [10] ROUSSEAU, a.O. [7] 416. – [11] Du contrat soc. ou Princ. du droit polit. (1762) (Paris 1962) 186f. – [12] N. CHAMFORT: Caractères et anecdotes. Oeuvr. compl., hg. P. R. AUGUIS (Paris 1824-25, ND Genf 1968) 2, 105. – [13] D. DIDEROT: Paradoxe sur le comédien. Oeuvr. compl., hg. J. ASSÉZAT (Paris 1875-77) 8, 361-423. – [14] F. W. J. SCHELLING: System des transc. Idealismus (1800). Werke, hg. M. SCHRÖTER (1927-54) 2, 602; vgl. H. ZELTNER: Das große Weltheater. Zu Schellings Gesch.philos., in: A. M. KOKTANEK (Hg.): Schelling-Studien. Festgabe M. Schröter zum 85. Geb. (1965) 113-130. – [15] F. ENGELS/K. MARX: Die heil. Fam. IV, 4 (1845). MEW 2, 38. – [16] MARX: Das Kapital. MEW 23, 16. – [17] MEW Erg.-Bd. 1, 215; vgl. MEW 8, 149; 23, 91; vgl. E. URBÁNEK: Roles, masks and characters: A contrib. to Marx's idea of the soc. role. Soc. Res. 34 (1967) 529-562. – [18] Zur Kritik der Hegelschen Rechtsphilos. (1844) Einl. MEW 1, 382. – [19] F. NIETZSCHE: Über Wahrheit und Lüge im aussermoral. Sinne 1 (1873) Krit. Ges.ausg. [GA], hg. G. COLLI/M. MONTINARI (1967ff.) 3/2, 370. – [20] Nachgel. Frg., Frühjahr 1884, 25/374. GA 7/2, 106. – [21] Die fröhl. Wiss. (1882) 2, 107. GA 5/2, 140. – [22] a.O. [20].

Literaturhinweis. R. KONERSMANN: Die Metapher der R. und die R. der Metapher. Arch. Begriffsgesch. 30 (1986/87) 84-137.

R. KONERSMANN

II. – Der erfolgreiche Versuch, die R. zum namengebenden, wenngleich ungeliebten Motiv einer sozialwissenschaftlichen Theorie zu machen, besiegelt das vorläufige Ende der Metapher. G. SIMMELS subtile Beschreibung der Schauspielkunst als «Symbol der realen und der künstlerischen Begebenheiten und Verhältnisse» in der Gesellschaft erfaßt «das Spielen einer R.» als einen Funktionszusammenhang, dessen semantisches Konfliktpotential deutlich herabgestimmt ist. «Das Individuum geht wirklich in die vorgezeichnete R. hinein, es ist jetzt seine Wirklichkeit, nicht nur der und der, sondern das und das zu sein» [1]. Simmels Votum ist ohne Nietzsches antiidealistische Polemik gesprochen. Die R. bezeichnet die «ideelle Form», in die «unsere Existenz sich zu kleiden hat», gibt sie doch dem einzelnen Gelegenheit zur Selbstdarstellung und -entfaltung. Das Ensemble der R.n ist die «Schule, in der das Ich sich bildet» [2]. In ähnlichem Sinn äußert sich K. LÖWITH, wenn er dem Einzelnen eine «Mehrheit von 'R.n'» [3] zuordnet.

Während sich der Begriff der R. in der Soziologie von seinen metaphorischen Ursprüngen abhebt, bleiben sie für die philosophische *Anthropologie* im Zusammenhang mit dem Theorem der «Doppelgängerstruktur» [4] insofern erhalten, als, wie H. PLESSNER sagt, der Mensch «sich von seinem Leibe als einem Gegebenen, sozusagen als einem Ur-Kleid, unterscheidet» [5]. Plessner distanziert sich von den legitimatorischen Elementen der Theatrum mundi-Vorstellung, wie sie noch bei Schelling hörbar sind, und begreift die R. als Angebot, den Abstand zwischen Anspruch und Erwartung kreativ zu nutzen. Auch alles das, worin der Mensch «seine Eigentlichkeit» sieht, «ist nur seine R., die er vor sich selber und anderen spielt» [6].

In der *Sozialpsychologie* dient der Begriff zur Erklärung der Genese persönlicher Identität als Produkt verschiedener sozialer Einstellungen, die dem Individuum in sozialer Interaktion angetragen und von ihm verinnerlicht werden. G. H. MEAD prägt den Begriff der «R.n-Übernahme» (role-taking; taking the role of the other). ‹R.n› heißen dabei Verhaltenserwartungen, die Interaktionspartner aneinander richten. Das Individuum steuert sein Verhalten, indem es sich in die R. des Partners versetzt und so dessen Reaktionen antizipiert. Es macht sich eine Vorstellung von dem Bild, das der andere von ihm hat («me» im Gegensatz zum «I», das für die spontanen Impulse steht). Aus einer Vielzahl gruppenspezifischer Symbolisierungen entsteht schließlich eine Identität, die sich in ständiger Auseinandersetzung mit jenem «Verallgemeinerten Anderen» (generalized other) bildet, der die Normen der Gemeinschaft repräsentiert [7].

Der R.n-Begriff der *Soziologie* wird zuerst von R. LINTON definiert, der 1936 die Gesellschaft aus ethnologisch geschulter Perspektive als ein das Individuum überdauerndes System von Positionen beschreibt, die immer neu besetzt werden. Eine R. ist stets an einen Status geknüpft, also an den «Platz, den ein Individuum zu einer bestimmten Zeit in einem bestimmten System einnimmt». Sie ist «der dynamische Aspekt eines Status» [8], die Geltendmachung und Erfüllung der Rechte und Pflichten, die dem Statusinhaber zufallen. Es gibt keinen Status ohne R. und umgekehrt. Wenngleich Linton dem Individuum im sozialen System mehr als einen Status zuschreibt, verbindet er mit jedem Status nicht mehr als eine R. Erst R. K. MERTON ordnet jedem Status aus dem «Status-Set» eines Individuums eine Reihe von R.n als «R.n-Set» zu und schafft die Voraussetzung für die Beschreibung von «R.n-Konflikten». Es läßt sich zwischen «Intra-R.n-Konflikten» – *eine* R. konfrontiert mit konträren Erwartungen – und «Inter R.n Konflikten» – mehrere R.n aus einem R.n-Set erweisen sich als miteinander unvereinbar – unterscheiden [9]. In der strukturell-funktionalen Theorie sozialer Systeme von T. PARSONS tritt der Begriff ‹R.› ebenfalls als «processual aspect» [10] einer Position auf. Nicht das Individuum mit seinem gesamten Verhalten, sondern die R. als in die soziale Interaktion eingebundener Ausschnitt aus diesem Verhalten wird als «Grundeinheit eines Systems sozialer Beziehungen» aufgefaßt: «Der Begriff der R. verknüpft das Untersystem des Handelnden, als einer 'psychologischen', sich in bestimmter Weise verhaltenden Gesamtheit, mit der eigentlich *sozialen* Struktur» [11]. Ein drittes System, das «cultural system», umfaßt Normen und Symbole, die Handlungen kontrollieren und miteinander abstimmen. So ist das R.n-Spiel sowohl durch verinnerlichte Normen als auch durch Sanktionen geleitet. Identität wird als Resultat sozialer Interaktion begriffen. – E. GOFFMAN untersucht das Verhältnis des R.n-Trägers zu seiner R. und prägt den Begriff ‹R.n-Distanz›. Auf das Theatermodell zurückgreifend beschreibt er mikrosoziologisch, wie das Individuum an seiner R. arbeitet: Es betreibt «impression management». Goffman unterscheidet zwischen «persönlicher» und «sozialer Identität», verwahrt sich aber gegen die «Tendenz, das Verhalten des Individuums in einen profanen und einen geheiligten Teil zu trennen» [12]. Distanz zur eigenen R. drückt sich wiederum stets im R.n-Spiel aus.

R. DAHRENDORF konstruiert den «homo sociologicus», der soziale Positionen ausfüllt und die daran geknüpften R.n zu spielen hat. Er definiert: «Soziale R.n sind Bündel von Erwartungen, die sich in einer gegebenen Gesellschaft an das Verhalten der Träger von Positionen knüpfen» [13]. Die Erwartungen unterteilen sich in Muß-, Soll- und Kann-Erwartungen, je nach Schärfe der Sanktion. Während Linton und Parsons den R.n-Begriff dynamisch fassen, versucht ihn Dahrendorf «als den Inhalt der leeren Form sozialer Positionen zu beschreiben» [14]. Ähnlich spricht H. POPITZ vom «Bewußtsein einer 'Vakanz'» [15] als Indiz für das Vorhandensein offener Positionen. Auf Kritik stößt Dahrendorfs Akzentuierung des Zwangscharakters von R.n in der Formel vom «Ärgernis der Gesellschaft», die das Individuum über die R. kontrolliert. Der Vorwurf der Reifizierung [16] verfängt allerdings nicht.

Eine andere Fragerichtung schlägt J. HABERMAS ein, wenn er die universalhistorische Geltung der R.n-Theorie in Zweifel zieht [17]. Dehnt man die Untersuchung auf das Verhältnis des R.n-Trägers zu seiner R. aus, so gewinnt der R.n-Begriff einen historischen Aspekt. Es läßt sich dann mit TH. LUCKMANN folgern, «daß R.n-Distanz ein spezifisches historisches Phänomen ist, das sich aus den sozialpsychologischen Folgen der Struktur komplexer Gesellschaften ableitet» [18].

Anmerkungen. [1] G. SIMMEL: Zur Philos. des Schauspielers. Logos 9 (1920/21) 348f. – [2] Hauptprobleme der Philos. (1964) 159; vgl. U. GERHARDT: G. Simmels Bedeut. für die Gesch. des R.n-Begriffs in der Soziol., in: H. BÖHRINGER/K. GRÜNDER (Hg.): Ästhetik und Soziol. um die Jh.wende: G. Simmel (1976) 71-89. – [3] K. LÖWITH: Das Individuum in der R. des Mitmenschen (1928) 100. – [4] H. PLESSNER: Der imitator. Akt, in: Diesseits der Utopie (1974) 177. – [5] Spiel und Sport, a.O. 162. – [6] Soz. R. und menschl. Natur, a.O. 28; vgl. H. R. JAUSS: Soziolog. und ästhet. R.n-Begriff, in: Ästhet. Erfahrung und literar. Hermeneutik 1 (1977) 190-200. – [7] G. H. MEAD: Mind, self and society (Chicago [13]1965); dtsch.: Geist, Identität und Gesellschaft (1968). – [8] R. LINTON: Role and status, in: Readings in soc. psychol. (New York 1947); zit. dtsch.: R. und Status, in: H. HARTMANN (Hg.): Moderne amer. Soziol. (1967) 252. – [9] R. K. MERTON: Soc. theory and soc. structure (Glencoe, Ill. [2]1957). – [10] T. PARSONS: The soc. system (Glencoe, Ill. 1964) 25. – [11] Soziol. Theorie ([3]1973) 55. – [12] E. GOFFMAN: Interaktion: Spaß am Spiel / R.n-Distanz (1973) 170; vgl. The presentation of self in every day life (New York 1959); dtsch.: Wir alle spielen Theater ([3]1976); Role Distance, in: Encounters. Two stud. in the sociol. of interaction (Indianapolis [3]1966). – [13] R. DAHRENDORF: Homo Sociologicus ([15]1977) 33. – [14] a.O. 99. – [15] H. POPITZ: Der Begriff der soz. R. als Element der soziolog. Theorie ([4]1975) 10. – [16] Vgl. F. H. TENBRUCK: Zur dtsch. Rezeption der R.n-Theorie. Kölner Z. Soziol. Soz.psychol. 1 (1961) 1-40. – [17] Vgl. J. HABERMAS: Notizen zum Begriff der R.n-Kompetenz, in: Kultur und Kritik (1973) 195-231. – [18] TH. LUCKMANN: Persönl. Identität, soz. R. und R.n-Distanz, in: MARQUARD/STIERLE (Hg.), a.O. [4 zu I.] 310.

Literaturhinweise. L. J. NEIMAN/J. W. HUGHES: The problem of the concept of role. A re-survey of the lit. Soc. Forces 30 (1951) 141-149. – G. LANG: The concepts of status and role in anthropology: Their def. and use. Amer. cath. sociolog. Review 17 (1956) 206-218. – A.-M. ROCHEBLAVE: La notion de rôle en psychologie soc. (Paris 1962). – B. J. BIDDLE/E. J. THOMAS (Hg.): Role theory: Concepts and research (New York 1966). – U. GERHARDT: Vom soziolog. Apriori zur strukt. Kategorie. Eine Gesch. des R.n-Begriffs, in: R.n-Analyse als krit. Soziol. (1971). – U. COBURN-STAEGE: Der R.n-Begriff. Ein Versuch der Vermittlung zw. Ges. und Individuum (1973). – D. CLAESSENS: R. und Macht ([3]1974). – H. JOAS: Die gegenwärt. Lage der R.n-Theorie ([3]1978). – H. P. DREITZEL: R., in: U. AMMON/N. DITTMAR/K. J. MATTHEIER (Hg.): Soziolinguistik. Ein int. Hb. zur Wiss. von Sprache und Ges. 1 (1987) 114-119.

T. SACHSSE/Red.

Roman. 1. NITHARDS Bericht von den Straßburger Eiden (842) weist die «lingua romana», den Ableger des von den Römern nach Gallien gebrachten Lateins, als Volkssprache aus [1], der die «lingua latina», die Sprache der Gelehrten, gegenübersteht. Die volkssprachlichen Äquivalente für ‹romanus›, das in der Folgezeit für alle neulateinischen Sprachen verwendet wird, sind die substantivierten Adjektive ‹romans› (provenzalisch), ‹romanz› (altfranzösisch), ‹romance› (spanisch, portugiesisch) und ‹romanzo› (italienisch). «Quiero fer una prosa en roman paladino, / En qual suele el pueblo fablar a su vecino, / Car non so tan letrado por fer otro latino» («Ich möchte Prosa im Ritterroman verwenden, entsprechend der, die das Volk mit seinem Nachbarn spricht, da ich für (ein anderes) Latein nicht gelehrt genug bin») [2]. Seit dem 12. Jh. schlägt sich der genannte Gegensatz in einer zweiten Bedeutung von ‹romans› usw. nieder; es bezeichnet die Übersetzung aus dem Lateinischen ins Romanische. R. WACE z.B. betitelt seine 1155 entstandene Übersetzung der ‹Historia regum Britanniae› von G. MONMOUTH ‹Roman de Brut› [3]. In dieser Bedeutung ist ‹romans› bis ins 15. Jh. nachweisbar [4]. Parallel dazu wird ‹romans› auch für romanische Texte verwendet, die nicht auf lateinischen Vorlagen beruhen [5]. Bei den derart bezeichneten Texttypen handelt es sich zunächst um Prosa, aber auch, wie etwa der Fall CHRESTIEN DE TROYES' zeigt, um metrisch gebundene Formen: «Del chevalier au lyeon fine / Chrestiens son romanz ensi» («So beendet Chrestien seinen R. vom Löwenritter») [6]. Von den «romans», die mit den Verben ‹conter›, ‹dire› und ‹lire› verbunden werden [7], grenzt man die sangbaren «chansons» ab: «S'Amors mi ne destraint et travaille, / Por neant en fet commencaille / En chanson, en roman, en livre» («Wenn Amor ihn nicht zwingt und drängt / Läßt er ihn umsonst beginnen / Im Lied, im 'R.', im Buch») [8]. Als die Prosa in der erzählenden Literatur des 14. Jh. das Übergewicht gewinnt und ältere Epen zunehmend in Prosaübertragungen verbreitet werden, tritt die Bezeichnung ‹romans› für Versepen in den Hintergrund. Im Französisch des 15. Jh. wird die Bedeutungsgeschichte von ‹romans› – als Index für die romanische Volkssprache – mit der Ersetzung durch ‹français› beendet. Unter Einschluß der «chansons» [9] gilt nun generell die längere Erzählung in Prosa als «roman». So bezeichnet etwa ein Buchkatalog von 1411 die Gralsepen, Artusromane, Historien usw. mit «roman en francois» [10].

2. Bezüglich der inhaltlichen Charakteristik gibt es seit dem 13. Jh. Nachweise, daß man unter ‹romans› fingierte, nicht den historischen Tatsachen entsprechende Erzählungen versteht. Das Supplement des ‹Roman de Renart› trennt zwischen «geste» und «romans» [11], JEAN DE CONDÉ unterscheidet «giestes» von «roumans» [12]. JOHANNES DE GERSON (1364-1429) schließlich bestimmt die «romantices» als «gesta militaria in quibus maxima pars fabulosa est» («militärische Helden-

taten, deren größter Teil erdichtet ist») [13]. Derart konnotiert wird der Begriff ‹R.› zur Bezeichnung des heroisch-amourösen Genres im Stil des ‹Amadís› [14] sowie der antiken Prosaerzählung aus Frankreich nach Italien, England und im 17. Jh. auch nach Deutschland exportiert. Italien hatte zuvor für seine R. keinen eigenen Begriff, weil die Volkssprache seit Dante und Boccaccio mit «volgar» bezeichnet wurde. Spanien, das bis zum 15. Jh. ‹romance› analog dem französischen ‹roman› verwendete, beschränkt deren Bedeutung auf die lyrische Gattung des spanischen Liebesliedes und bezieht zur Bezeichnung von R. den Begriff ‹novela› aus dem Italienischen. Die Skizze der weiteren Begriffsgeschichte rekurriert im folgenden überwiegend auf die französische und deutsche Entwicklung.

3. Ch. Sorel veröffentlicht 1633 den programmatischen ‹L'Anti-Roman› [15] und setzt sich auch theoretisch mit dem niederen Genre, der Travestie auf die dominante heroisch-amouröse Gattung auseinander: «Les bons Romans comiques & Satiriques semblent plutôt estre des images de l'Histoire que tous les autres; Les actions communes de la Vie estans leur objet, il est plus facile d'y rencontrer de la Verité» [16]. P.-D. Huet grenzt in seinem wirkungsgeschichtlich relevanten ‹Traité de l'Origine des Romans› (1670) das Sujet des Epos – «une action militaire ou politique» [17] – von dem des hohen R. ab und definiert: «romans sont des fictions d'aventures amoureuses, écrites en Prose avec art pour le plaisir & l'instruction des Lecteurs. Ie dis des fictions, pour les distinguer des Histoires veritables» [18]. Die von ihm favorisierten «romans reguliers» sind der neoaristotelischen «vraisemblance» und im Aufbau dem klassizistischen Ideal der älteren Epen verpflichtet [19]. Wie Molières ‹Malade imaginaire› bezeugt, in dem nur abschätzig vom «Roman de la medicine» die Rede ist [20], hält die negative Grundkonnotation des Begriffs jedoch weiter an. Auch Ch. Thomasius' Rezensionen, die bereits vier «Classen» des R. unterscheiden und dem galanten und satirischen R. pädagogischen Nutzen hinsichtlich der «Lehre von affecten» und der Anleitung zu «Tugend und Wissenschafft» attestieren [21], bleiben Episode. Paradigmatisch für die geistliche Kritik verurteilt der Zwinglianer G. Heidegger die «meißtenteils von der Liebe und der Buhlerey» handelnden R. als moralisch wie physiologisch zersetzend [22] und kommentiert ihre Differenz zur Geschichtsschreibung mit der Sentenz: «wer Romans list, der list Lügen» [23]. In diesem Sinne meint noch P. Bayle, «daß man endlich die Prinzen zwingen wird, zu verordnen: daß die neuen Romanisten, entweder ganz reine Historien, oder pure Romane schreiben, oder zum wenigsten sich der Klammern bedienen sollen, um eines von dem andern, die Wahrheit von der Unwahrheit zu unterscheiden» [24]. Die englische Debatte um die Gattung koppelt sich allmählich vom tradierten Begriff ab. Im Vorgriff auf die Marginalisierung der «romance» zugunsten der bürgerlich orientierten «novel» unterscheidet W. Congreve: «Romances are generally composed of the Constant Loves and invincible Courages of Hero's, Heroins, Kings and Queens, Mortals of the first Rank and so forth ... Novels are of a more familiar nature; Come near us, and represent us Intrigues in practice, delight us with Accidents and odd Events, but not such as are wholly unusual or unpresidented, such which not being so distant from our Belief bring also the pleasure nearer us» [25].

4. Im 18. Jh. gründet C. J. Crébillon (fils) die Nützlichkeit der diskreditierten Gattung auf eine neue Form der «vraisemblance»: «Le Roman, si méprisé des personnes sensées, et souvent avec justice, serait peut-être celui de tous les genres qu'on pourrait rendre le plus utile, s'il était bien manié, si au lieu de le remplir des situations ténébreuses et forcées, de héros dont les caractères et les aventures sont toujours hors de vraisemblance, on le rendait, comme la Comédie, le tableau de la vie humaine» [26]. Deutlicher noch als Ch. Batteux, der die R. nur en passant «poetische Erdichtungen, die sich in dem einfachen Kleide der Prosa zeigen» [27], nennt, signalisiert allerdings J. Ch. Gottsched deren Inferiorität im Rahmen der zeitgenössischen normativen Gattungspoetik: «Ein R. ist zwar in soferne er als ein Gedicht angesehen wird, mit unter die Gattungen der Poesie zu rechnen, er erlanget aber bey derselben nur eine von den untersten Stellen» [28]. J. B. Basedow bestimmt ihn als «poetisch-prosaische Erzählung von neuen, ungewöhnlichen und lehrreichen Handlungen und Schicksalen eines Menschen als eine Privatperson betrachtet» [29]. D. Diderots ‹Eloge de Richardson› (1762), die den R. als «drame» bezeichnet, orientiert ihn auf das Vorbild des bürgerlichen «genre sérieux» hin um [30] und verstärkt die Distanzierung des französischen Romanciers von dem Begriff des R. 1774 widmet F. von Blanckenburg der in Deutschland bislang peripher thematisierten Gattung den kompendiösen ‹Versuch über den R.› und kontrastiert sie, in der «das Seyn des Menschen, sein innrer Zustand das Hauptwerk» sein soll [31], mit den antiken Epen, die ihren Gegenstand an «öffentlichen Thaten und Begebenheiten» hatten [32]. Im gleichen Jahr verzeichnet J. G. Sulzers ‹Allgemeine Theorie der schönen Künste› allein den Begriff ‹Romanhaft›, das Modewort der Aufklärung, und tradiert mit diesem den früheren Vorbehalt gegen den R.: «Man nennet eigentlich dasjenige so, was in dem Inhalt, Ton oder Ausdruck den Charakter hat, der in den ehemaligen Romanen herrschend war, wie das Abenteuerliche, Verstiegene in den Handlungen, in Begebenheiten und in den Empfindungen. Das Natürliche ist ohngefähr gerade das Entgegengesetzte des Romanhaften» [33]. Noch in der deutschen Klassik wird der R. theoretisch disqualifiziert. Für F. Schiller ist «jede Romanform ... schlechterdings nicht poetisch» [34]. J. W. Goethe nennt ihn eine lediglich «subjektive Epopöe, in welcher der Verfasser sich die Erlaubnis ausbittet, die Welt nach seiner Weise zu behandeln» [35], und sieht ihn dadurch gekennzeichnet, daß er «unmögliche Begebenheiten unter unmöglichen oder beinahe unmöglichen Bedingungen als wirklich darstellt» [36].

5. Die allmähliche Aufwertung des R. ab etwa 1800 verdankt sich einem gesteigerten Sinn für seine Modernität. J. G. Herder konstatiert, daß «uns der Menschen Thun und Lassen selbst so sehr zum R. worden» [37], und sieht ihn durch Universalität und Heterogenität charakterisiert: «Keine Gattung der Poesie ist von weiterem Umfange, als der R.; unter allen ist er auch der verschiedensten Bearbeitung fähig: denn er enthält oder kann enthalten nicht etwa nur Geschichte und Geographie, Philosophie und die Theorie fast aller Künste, sondern auch die Poesie aller Gattungen und Arten – in Prose. Was irgend den menschlichen Verstand und das Herz intereširet, Leidenschaft und Charakter, Gestalt und Gegend, Kunst und Weisheit, was möglich und denkbar ist, ja das Unmögliche selbst kann und darf in einen R. gebracht werden, sobald es unsren Verstand oder unser Herz intereširet. Die größten Disparaten

läßt diese Dichtungsart zu ...» [38]. F. SCHLEGEL bezeichnet die nicht mehr schöne, sondern interessante Poesie der Moderne mit der Adjektivbildung «romantisch» [39]. Der R. selbst ist ihm die «ursprünglichste, vollkommenste Form der romantischen Poesie, die eben durch ... Vermischung aller Formen von der alten klassischen ... sich unterscheidet» [40] bzw., da er die traditionellen Gattungsbegriffe sprengt, schlicht «ein romantisches Buch» [41]. Darüber hinaus dient der R. als Modell für die «progressive Universalpoesie», die die poetische Reflexion «zwischen dem Dargestellten und dem Darstellenden ... wie in einer endlosen Reihe von Spiegeln vervielfachen» soll [42]. In G. W. F. HEGELS ‹Ästhetik› firmiert der R. als «moderne bürgerliche Epopöe», die eine bereits «zur Prosa geordnete Wirklichkeit» voraussetzt [43]. Da der einzelne in ihr nicht mehr «Träger», sondern nur noch «beschränktes Glied derselben» ist, hat auch die «abentheuernde Selbständigkeit ritterlicher Individuen» als primäres Sujet der R. ausgedient [44]. An ihre Stelle tritt der «Konflikt zwischen der Poesie des Herzens und der entgegenstehenden Prosa der Verhältnisse» in den Modi Tragik, Komik [45] und - mit Hang zur Trivialität [46] - Versöhnung. A. VON UNGERN-STERNBERG registriert die inzwischen unübersehbare Präsenz verschiedenster Ausprägungen des R. [47]. Während der bürgerliche Realismus um die Jahrhundertmitte idealisierende Nachahmung der Wirklichkeit und formale Homogenität des R. fordert, die die Versetzung des Lesers in «eine kleine freie Welt» gewährleisten sollen [48], verwahrt sich der französische Desillusionist STENDHAL bereits in ‹Le rouge et le noir› (1830) gegen verklärende Perspektiven: «un roman est un miroir qui se promène sur une grande route. Tantôt il reflète à vos yeux l'azur des cieux, tantôt la fange des bourbiers de la route» [49]. E. ZOLA, der sich wie Balzac dem Vorbild des «naturaliste» verpflichtet sieht, publiziert 1880 sein methodologisches Manifest ‹Le roman expérimental› [50].

6. Zu Beginn des 20. Jh. begreift G. LUKÁCS den R. als «Ausdruck der transzendentalen Obdachlosigkeit» [51], der die moderne Dissonanz zwischen «kontingenter Welt» und «problematischem Individuum» exemplarisch einlöst [52]. Als Exponent des sozialistischen Realismus wendet er sich jedoch später gegen die forcierte narrativische Innovation im zeitgenössischen R. und dekretiert die «Gestaltung des Gesamtzusammenhanges» der Gesellschaft zur «Voraussetzung für eine richtige Komposition des R.» [53]. TH. MANN wertet die R.-Entwicklung des 19. Jh. als «Verbürgerlichung der Poesie» und resümiert: «Die erstaunliche Blüte des R. in Europa während des 19. Jh., in England, in Frankreich, in Rußland, in Skandinavien - diese Blüte ist kein Zufall; sie hängt zusammen mit dem zeitgerechten Demokratismus des R., mit seiner natürlichen Eignung, modernem Leben zum Ausdruck zu dienen, mit seiner sozialen und psychologischen Passion, welche ihn zur repräsentativen Kunstform der Epoche und den Romandichter selbst mittleren Formats zum modernen literarischen Künstlertyp par excellence gemacht hat» [54]. Angesichts der vielfältigen Ausprägungen des R. reaktiviert E. M. FORSTER A. Chevalleys lakonische Definition - «une fiction en prose d'une certaine étendue» - und legt den zur Abgrenzung von der Kurzprosa erforderlichen Mindestumfang auf 50 000 Wörter fest [55]. W. BENJAMIN begründet den Niedergang der «Kunst des Erzählens» [56] und die Genese des «Schreibromans» [57] mit dem Verweis auf den Verlust an mitteilbarer Erfahrung in der Moderne und die neuzeitliche Karriere des Buchdrucks, der das Kontinuum von Oralität und Erfahrung gesprengt hat: «Die Geburtskammer des R. ist das Individuum in seiner Einsamkeit, das sich über seine wichtigsten Anliegen nicht mehr exemplarisch auszusprechen vermag, selbst unberaten ist und keinen Rat geben kann» [58]. Im Kontrast zu der klassischen Trias der «direkten» Gattungen sieht M. M. BACHTIN den jüngeren R. durch seine Reflexivität gekennzeichnet: «Die Sprache im R. bildet nicht nur ab, sondern sie dient auch selbst als Gegenstand der Abbildung» [59]. Intern unterscheidet er den traditionellen Typus des «monologischen» R. von dem avancierten des «polyphonen» [60] und verortet dessen Konsequenz in einer «anderen künstlerischen Konzeption von Zeit und Raum ... einer, um mit Dostojewski zu sprechen, 'nichteuklidischen' Konzeption» [61]. TH. W. ADORNO attestiert dem zeitgenössischen R., der «negativen Epopöe» in der «verwalteten Welt» [62], daß er seinem «wahren Gegenstand», dem «Konflikt zwischen den lebendigen Menschen und den versteinerten Verhältnissen» nur insoweit gerecht wird, wie er «Entfremdung» als ästhetisches Mittel integriert: «Will der R. seinem realistischen Erbe treu bleiben und sagen, wie es wirklich ist, so muß er auf einen Realismus verzichten, der, indem er die Fassade reproduziert, nur dieser bei ihrem Täuschungsgeschäft hilft» [63]. Als Bezeichnung für den avantgardistischen französischen R. setzt sich in den 60er Jahren der Terminus ‹Nouveau R.› auch gegen den konkurrierenden ‹Anti-R.› durch [64] und bringt damit das Entwicklungsprinzip des «Proteus unter den Göttern der Literatur» [65] auf den Begriff - die Revolte gegen den traditionellen R. im Namen des neuen. Die zweite Generation des «Nouveau R.» firmiert bezeichnenderweise unter «Nouveau Nouveau R.» [66]. Als literaturwissenschaftliche Einheitsformel dieser oszillierenden Gattung bietet F. K. STANZEL die «Mischform aus diegetisch-narrativen und mimetisch-dramatischen Teilen» [67] an; ihre Variationen sucht er nach Maßgabe der realisierten «Erzählsituationen» zu systematisieren.

Anmerkungen. [1] NITHARD: De dissensionibus filiorum Ludovici Pii usque ad annum 843. Script. rer. German., hg. E. MÜLLER (1907) 35. - [2] GONZALO BERCEO: La vida de S. Domingo de Silos, hg. J. D. FRITZ-GERALD (Paris 1904) 2. - [3] R. WACE: Le Roux de Lincy, Roman de brut, hg. (Rouen 1836) 1, 1; vgl. auch: XXIV. Hs. No. I-1, vol. in fol. vél., Bibl. du Roi (Paris) No. 27. - [4] Vgl. P. VOELKER: Die Bedeut.entwickl. des Wortes R. Diss. (1887) 8ff. - [5] R. WACE: Roman de Rou et des Ducs de Normandie, hg. H. ANDRESEN 2 (1879) 243, v. 5331f. 5317. - [6] CHRESTIEN DE TROYES: Yvain [ca. 1175], hg. T. B. W. REID (Manchester ²1948) v. 6814ff. - [7] Vgl. P. VIDAL: Les poésies, hg. J. ANGLADE (Paris 1913) 117. - [8] MESSIRE THIBAUT: Li romanz de la poire [13. Jh.], hg. F. STEHLICH (1881) 43 (v. 344f.). - [9] Vgl. Blancandin et l'Orgueilleuse d'amour, hg. H. MICHELANT (Paris 1867) 210. - [10] Vgl. VOELKER, a.O. [4] 8. - [11] Le Roman du Renart. Suppl., var. et corr., hg. P. CHABAILLE (Paris 1835) 154 (zu v. 12155). - [12] JEAN DE CONDÉ: Dits et contes, hg. A. SCHELER (Brüssel 1867) 2/1, 93. - [13] JOHANNES DE GERSON: Cod. lat. Monacensis 17290, f. 98 b, zit. nach: J. A. SCHMELLER: Bayerisches Wb. 2/3 (1877) 98. - [14] G. R. DE MONTALVO: Amadís de Gaula (Saragossa 1508); vgl. auch: H. WEDDIGE: Die ‹Historien vom Amadis auss Franckreich›. Dokument. Grundleg. zur Entstehung und Rezeption (1975) 8ff. passim. - [15] CH. SOREL: L'Anti-roman ou l'hist. du berger Lysis, accomp. de ses remarques (Paris 1633/34). - [16] La bibl. françoise (Paris ²1667, ND Genf 1970) 188. - [17] P.-D. HUET: Traité de l'orig. des romans (Paris 1670, ND 1966) 7. - [18] a.O. 4f. - [19] Vgl. 56. 10f. - [20] MOLIÈRE: Le mal. imag. 3/3. Oeuvr., hg. E. DESPOIS/P. MESNARD (Paris 1886) 9, 400. - [21] CH. THOMASIUS: Daniel Caspars von Lohenstein Großmüthiger Feld=Herr Arminius oder Hermann. Freymüthiger Jedoch Vernunfft= und Gesetzmäßiger Gedanken / Über allerhand / Fürnemlich aber Neue Bücher Augustus des 1689. Jahrs (Halle 1689) 654f. 658f. 661. - [22] G. HEIDEGGER: Mythoscopia romantica oder Discours von den so benannten Romans ... (Zürich 1698) 59. 70f. - [23] a.O. 71. - [24] P. BAYLE: Hist. und crit. Wb., nach der neuesten Aufl. von 1740 ins Dtsch. übers. von J. CH. GOTTSCHED (1741-44) 3, 513 (Art. ‹Nidhard›). - [25] W. CONGREVE: Incognita or love and duty reconcil'd (London 1692); Incogn. and the way of the world, hg. A. N. JEFFARES (London 1966) 32f. - [26] C. J. DE CRÉBILLON (fils): Les égaremens du cœur et de l'esprit ou Mémoires de Mr. de Meilour (Paris 1736). Coll. compl. des œuvres 3 (London 1777) Vf. - [27] CH. BATTEUX: Les beaux arts réd. à un même princ. (Paris 1747); dtsch.: Einschränkung der schönen Künste auf einen einzigen Grundsatz (^{2}1759) 37. - [28] J. CH. GOTTSCHED: Herrn H. A. von Ziegler und Kliphausen Asiat. Banise. Beyträge zur Crit. Historie der Dtsch. Sprache, Poesie und Beredsamkeit, hg. von Einigen Mitgliedern der Dtsch. Ges. in Leipzig (1733) 6, 274. - [29] J. B. BASEDOW: Lehrbuch prosaischer und poet. Wohlredenheit in verschied. Schreibarten (Kopenhagen 1756) 620f. - [30] Vgl. H. R. JAUSS: Nachahmungsprinzip und Wirklichkeitsbegr. in der Theorie des R. von Diderot bis Stendhal, in: JAUSS (Hg.): Nachahmung und Illusion (1964) 157. - [31] F. VON BLANCKENBURG: Versuch über den R. (1774, ND 1965) 17. - [32] a.O. 18. - [33] J. G. SULZER: Allg. Theorie der schönen Künste (1774) 4, 110. - [34] F. SCHILLER: Br. an Goethe (20. 10. 1797). Nat.ausg. (1977) 29, 149. - [35] J. W. GOETHE: Max. und Refl. 938. Hamb. Ausg. (^{7}1973) 12, 498. - [36] a.O. (Nr. 936). - [37] J. G. HERDER: Br. zur Beförd. der Humanität 99. Sämmtl. Werke, hg. B. SUPHAN (1883, ND 1967) 18, 110. - [38] a.O. 109f. - [39] Vgl. H. EICHNER: Einl., in: F. SCHLEGEL: Krit. Ges.ausg., hg. E. BEHLER I/2 (1967) LII. - [40] F. SCHLEGEL: Gesch. der Europ. Lit. (1803), a.O. II/11 (1957) 160. - [41] Gespräch über die Poesie (1800), a.O. I/2 (1967) 335. - [42] Athenäums-Frg. 116, a.O. 182f. - [43] G. W. F. HEGEL: Vorles. über die Ästhetik I-III. Jub.ausg., hg. H. GLOCKNER 12-14 (^{3}1953f.) 14, 395. - [44] Ästh. I, a.O. 12, 266ff. - [45] a.O. 14, 395. - [46] Ästh. II, 13, 221f. - [47] A. VON UNGERN-STERNBERG: Novellen 2 (1833) 188. - [48] G. FREYTAG: Isegrimm - R. von Willibald Alexis. Grenzboten 13 (1853) 321. - [49] STENDHAL: Le rouge et le noir. Chronique de 1830. Romans et nouv., hg. H. MARTINEAU (Paris 1952) 1, 557. - [50] E. ZOLA: Le roman expérim. (Paris 1880). - [51] G. LUKÁCS: Die Theorie des R. Ein gesch.-philos. Versuch über die Formen der großen Epik (1920, ^{3}1965) 35. - [52] Vgl. a.O. 76 und passim. - [53] Reportage oder Gestaltung? (1932). Werke 4 (1971) 44. - [54] TH. MANN: Schr. und Reden zur Lit., Kunst und Philos., hg. H. BÜRGIN (1968) 2, 357f. - [55] E. M. FORSTER: Aspects of the novel (London 1927); dtsch. (1962) 13f. - [56] W. BENJAMIN: Der Erzähler (1936). Ges. Schr., hg. R. TIEDEMANN/H. SCHWEPPENHÄUSER (1977) II/2, 439. - [57] Krisis des R. (1930), a.O. III (1972) 232. - [58] a.O. [56] 467f. - [59] M. M. BACHTIN: Die Ästhetik des Wortes, hg. R. GRÜBEL (1979) 309. - [60] Lit. und Karneval. Zur R.-Theorie und Lachkultur (1969) 86-100. - [61] a.O. 83. - [62] TH. W. ADORNO: Standort des Erzählers im zeitgenöss. R. (1954). Ges. Schr. 11 (1974) 47. - [63] a.O. 43. - [64] Vgl. W. WEHLE: Proteus im Spiegel. Zum 'reflexiven Realismus' des Nouv. Rom., in: WEHLE (Hg.): Nouv. Rom. (1980) 1. - [65] Vgl. W. PABST: Lit. zur Theorie des R. Dtsch. Vjschr. 34 (1960) 265. - [66] Vgl. WEHLE, a.O. [64]. - [67] F. K. STANZEL: Theorie des Erzählens (^{4}1989) 94 und passim.

Literaturhinweise. P. VOELKER s. Anm. [4]. - M. L. WOLFF: Gesch. der R.-Theorie mit bes. Berücksicht. der dtsch. Verhältnisse (1915). - M. SOMMERFELD: R.-Theorie und R.-Typus der dtsch. Aufklärung. Dtsch. Vjschr. 4 (1926) 450-490. - W. KRAUSS: Zur frz. R.-Theorie des 18. Jh. Probleme und Perspektiven (1948) 23ff. - E. LÄMMERT: Bauformen des Erzählens (1955, ^{7}1980). - H. WEINRICH: Tempus. Besprochene und erzählte Welt (1964, ^{3}1977). - F. K. STANZEL: Typische Formen des R. (1964, ^{10}1981). - G. ZELTNER-NEUKOMM: Die eigenmächtige Sprache. Zur Poetik des Nouv. Rom. (1965). - D. KIMPEL: Der R. der Aufkl. (1967, ^{2}1977). - R. GRIMM (Hg.): Dtsch. R.-Theorien. Beitr. zu einer hist. Poetik des R. in Dtschl. (1968). - L. POLLMANN: Der Neue R. in Frankreich und Lateinamerika (1968). - K. MIGNER: Theorie des modernen R. (1970). - D. KIMPEL/C. WIEDEMANN (Hg.): Theorie und Technik des R. im 17. und 18.

Jh. (1970), 1: Barock und Aufkl.; 2: Spätaufkl., Klassik und Frühromantik. - H. STEINECKE (Hg.): Theorie und Technik des R. im 19. Jh. (1970). - K. OTTEN: Der engl. R. vom 16. zum 19. Jh. (1971). - B. HILLEBRAND: Theorie des R. (1972, ^{2}1980). - H. STEINECKE (Hg.): Theorie und Technik des R. im 20. Jh. (1972). - E. LÄMMERT (Hg.): R.-Theorie. Dokument. ihrer Gesch. in Dtschl. 1620-1975 1-2 (1971-75). - G. ZELTNER-NEUKOMM: Im Augenblick der Gegenwart. Moderne Formen des frz. R. (1974). - F. WAHRENBURG: Funktionswandel des R. und ästhet. Norm (1976). - H. EMMEL: Gesch. des dtsch. R. 1-3 (1972-78). - W. VOSSKAMP: R.-Theorie in Dtschl. Von M. Opitz bis F. von Blanckenburg (1973). - J. SCHRAMKE: Zur Theorie des mod. R. (1974). - H. STEINECKE: R.-Theorie und R.-Kritik in Dtschl. Die Entwickl. des Gattungsverständnisses von der Scott-Rezeption bis zum programmat. Realismus 1-2 (1975/76). - H. V. GEPPERT: Der 'andere' hist. R. Theorie und Strukturen einer diskontinuierl. Gattung (1976). - B. HILLEBRAND (Hg.): Zur Struktur des R. (1978). - D. SCHEUNEMANN: R.-Krise. Die Entstehungsgesch. der mod. R.-Poetik in Dtschl. (1978). - TH. NEUHAUSER: Der R., in: O. KNÖRRICH (Hg.): Formen der Lit. in Einzeldarst. (1981). - F. K. STANZEL s. Anm. [67] (^{2}1982). - W. ENGLER: Gesch. des frz. R. Von den Anf. bis M. Proust (1982). - H. KOOPMANN (Hg.): Hb. des dtsch. R. (1983). - U. EISELE: Die Struktur des mod. dtsch. R. (1984). - R. SELBMANN: Der dtsch. Bildungs-R. (1984). - D. SCHEUNEMANN: R., in: D. BORCHMEYER/V. ŽMEGAČ (Hg.): Mod. Lit. in Grundbegr. (1987) 324-343. - J. KÜPPER: Ästhetik der Wirklichkeitsdarst. und Evolut. des R. von der frz. Spätaufkl. bis zu Robbe-Grillet. Z. frz. Sprache Lit. (1987) Beih. NF 13. - A. ROBBE-GRILLET: Neuer R. und Autobiographie (1987). - R. SELBMANN (Hg.): Zur Gesch. des dtsch. Bildungs-R. (1988). - N. RATZ: Der Identitäts-R. (1988). - P. BÜRGER: Prosa der Moderne (1988). - X. VON ERTZDORFF: R. und Novellen des 15. und 16. Jh. in Dtschl. (1989).

J. KNOPF

Romantik, das Romantische (engl. romantic; frz. romantique; ital. romantico; span. romántico; skand. romantisk; russ. romaniceskiy). Das Wort tritt in der europäischen Literatur seit der Mitte des 17. Jh. in einer großen Varietät von Bedeutungen auf, die sich auf Besonderheiten der Landschaft, der Gartenkunst, menschlichen Verhaltens, z.B. in der Liebe, besonders aber auf volkstümliche literarische Ausdrucksformen beziehen. In der zweiten Hälfte des 18. Jahrhunderts beginnt sich eine kritische Bedeutung des Terminus zu etablieren, die zunächst ungewöhnliche Stilmerkmale bezeichnet, die vom Klassizismus abgelehnt wurden und hauptsächlich in der als «Romanzen» bezeichneten Literaturgattung erschienen. Sodann wurde das Wort, besonders unter dem Einfluß der Brüder SCHLEGEL, auf eine Epoche der europäischen Literaturgeschichte, nämlich die Dichtung des Mittelalters und der Renaissance, genauer auf Autoren wie Dante, Ariosto, Tasso, Cervantes und Shakespeare angewandt, die diesen phantastischen, unklassizistischen Stil zum Ausdruck brachten. Gelegentlich wurde das Wort von den Schlegels auch in einem überzeitlichen, mit dem Ideal der Poesie synonymen Sinne verwendet, demzufolge «alle Poesie romantisch sein» solle [1]. Allmählich, zunächst nur zögernd, wurde das Wort in einer zeitgenössischen, meist polemischen und satirischen Wendung auf jene Autoren bezogen, die diesen romantischen Stil zu propagieren suchten. Diese Entwicklung beginnt ebenfalls in Deutschland, zeigt sich aber auf modifizierte Weise auch in den anderen Ländern Europas, in denen die Verwendung dieses Wortes hauptsächlich durch A. W. SCHLEGELS ‹Vorlesungen über dramatische Kunst und Literatur› und Frau VON STAËLS ‹Über Deutschland› angeregt wurde. In den ersten Jahrzehnten des 19. Jh. beginnt in den europäischen Nationen, ebenfalls zunächst in Deutschland, aber dann auf je verschiedene Weise auch in den anderen Ländern, der heftige Kampf gegen die R. [2], verbunden mit der erneuten Suche nach einer Klassik, bis sich seit dem Beginn des 20. Jh. allmählich eine kritisch-distanzierte, historisierende Bedeutung des Wortes einzustellen begann, ohne daß der Beiklang einer herausfordernden, antirationalen, einseitig phantastischen Bedeutung aus der Bezeichnung je eliminiert wurde. Die Geschichte dieses Wortes hat in der modernen Forschung eine ganz außerordentliche Aufmerksamkeit hervorgerufen [3], die sich meist auf die Zeit von der ersten Ausprägung des Wortes im 17. Jh. bis auf den Anfang des 19. Jh. beschränkt, wogegen die erbitterte Polemik gegen die R. im Verlauf des 19. Jh. und die ambivalente Wiederaufnahme der Bezeichnung im 20. Jh. noch der Erforschung harrt.

1. Der Wortgebrauch im 17. und 18. Jh. – Die Bezeichnung ‹romantisch› wurde zuerst im Jahre 1650, ‹romanesk› im Jahre 1661 und ‹romanisch› im Jahre 1663 gebraucht, wobei sich die Adjektive im Englischen von ‹romance›, im Französischen und Deutschen von ‹Roman› herleiten [4]. Da die Romanform zu dieser Zeit wegen ihrer fiktiven und unwahrscheinlichen Darstellungsweise negativ beurteilt wurde, hatten die Bezeichnungen einen pejorativen Beiklang und bedeuteten 'wie im Roman' oder 'wie in der Romanze', d.h. 'phantastisch', 'übertrieben' oder 'absurd'. Die Literaturgattung, auf die man sich dabei bezog, waren Ritterromanzen aus dem Umkreis der Rolandsage und der Legenden und Sagen um König Arthur und seine Ritter. «The special characteristic of all these romances, for which a name was now needed», sagt L. P. SMITH, «was their falseness and unreality, all that was imaginary or impossible in them, all that was contrary to the more rational view of life which was beginning to dominate men's mind» [5]. Außer auf menschliche Charaktereigenschaften wurde die Bezeichnung zu dieser Zeit auf Besonderheiten der Landschaft übertragen, die als wild, mannigfaltig, aber auch als abgeschlossen und paradiesisch erschienen. Die Reiseliteratur der Zeit hat mächtig zur Verbreitung dieser Bedeutung des Wortes beigetragen [6]. Ein weiterer wichtiger Impuls für die Ausdehnung des Wortes kam vom englischen Stil der Landschaftsgärtnerei, der nicht an strenge Formen gebunden ist und sich von der symmetrisch-geometrischen Gartengestaltung Frankreichs unterscheidet. Diese Bedeutung des Wortes führt bereits ins zweite Viertel des 18. Jh. [7]. Damit war ein wichtiger Schritt in der Anerkennung des Romantischen als eines wesentlichen Elementes der Kultur gegeben. Diese Entwicklung zeigt sich zuerst in England in R. HURDS ‹Letters on Chivalry and Romance› (1759) und in TH. WARTONS ‹Observations on the Fairy Queen of Spenser› (1754) und einer Abhandlung ‹Of the Origin of Romantic Fiction›, die zwei Jahrzehnte später erschien. In Frankreich macht sich dieser Bedeutungswandel bei J.-B. LA CURNE DE SAINTE-PALAYE (‹Histoire littéraire des troubadours› 1774) bemerkbar sowie bei C. H. WATELET (‹Essai sur les jardins› 1744). In J.-J. ROUSSEAUS ‹Rêveries du promeneur solitaire› (1777) und seinem Roman ‹Julie, ou la Nouvelle Héloïse› (1777) zeigt sich ebenfalls diese Bedeutungsnuance von ‹romantisch›. In Deutschland waren es CH. M. WIELAND («Noch einmal sattelt mir den Hippogryphen, ihr Musen/Zum Ritt ins alte romantische Land»: ‹Oberon›), H. W. GERSTENBERG und J. G. HERDER, J. H. JUNG-STILLING, K. PH. Moritz und J. J. W. HEINSE, bei denen diese Entwicklung zum Ausdruck kommt, die dann bereits in den Schriften F. SCHILLERS, W. VON HUMBOLDTS und JEAN PAULS eine bedeutende Tradition ist. Hierbei ist auch an literarische Ausdrucksformen wie Ironie und Arabeske zu denken, die eng mit dem romantischen Stil in Verbindung gebracht wurden, aber durch die literarische Kunst dieser Autoren (Wieland, Moritz, aber auch Diderot und Sterne) ihren negativen Beiklang verloren hatten [8]. Während B. N. BOILEAU-DESPRÉAUX in seiner ‹Art poétique› ziemlich verächtlich von der Literatur «delà les Pirenées» gesprochen hatte, die im «absurd Wunderbaren» schwelge oder die «éclatante folie des Italiens», die «petitesses des Héros de Roman» zum Ausdruck brachte [9], bezieht die große ‹Encyclopédie› von 1751-1780 die Bezeichnung ‹romanesque›, das vorherrschende Synonym für ‹romantisch›, auf alles, das zum Roman gehört, «Dinge und Personen», wie z.B. «une passion romanesque; une tête romanesque; un tour romanesque; un ouvrage romanesque» [10]. Wie daraus hervorgeht, ist die Bezeichnung ‹romantisch› im Französischen direkt auf den Roman bezogen, wogegen diese Bezeichnung im Englischen durch das Wort ‹romance› besteht [11]. Diese semantische Verbindung zu Roman oder Romanze fehlt im Deutschen, wo es zwar Adjektive gibt, die sich auf die drei anderen literarischen Gattungen beziehen: ‹episch›, ‹lyrisch›, ‹dramatisch›, aber keins für den Roman. In einigen Texten der Brüder SCHLEGEL von 1800 wurde offensichtlich versucht, diese Lücke zu füllen und ‹romantisch› als ein von ‹Roman› abgeleitetes Adjektiv einzuführen. Aber dieser Gebrauch blieb eine terminologische Extravaganz der Brüder Schlegel. Da auch ihre Bezeichnung ‹Roman› eine ungemein breite Bedeutung hatte und praktisch mit der Gesamtheit des Poetischen zusammenfiel, war dieser Wortgebrauch selbst für ihre eigene Theorie ohne Gewicht.

2. ‹Romantisch› im Zeitalter der R. – Gegen Ende des 18. Jh. hatten sich, was den Bereich der Literaturkritik anbetrifft, zwei Bedeutungen des Terminus ‹romantisch› eingestellt, eine chronologische und eine typologische. Die chronologische bezog sich auf eine europäische Tradition der Literatur, die im Mittelalter begonnen hatte und das literarische Schreiben im modernen Europa bestimmte, vom Klassizismus aber unterdrückt und vom Kanon ausgeschlossen wurde. Die typologische bezog sich auf bestimmte Stilmerkmale in der Literatur, auch kompositionsmäßige und strukturelle, die zunächst in der Romanliteratur zum Ausdruck gekommen waren, aber nun in allen literarischen Gattungen gefunden werden konnten. F. SCHLEGEL, der zusammen mit seinem Bruder A. W. SCHLEGEL einen Wendepunkt in der Geschichte des Wortes herbeiführte, verwandte die Bezeichnung noch zur Zeit der Jahrhundertwende in diesen beiden Bedeutungen. Die typologische, die auf einer Verbindung von verschiedenen Stilen beruht, kommt in seiner Feststellung zum Ausdruck: «Nach meiner Ansicht und meinem Sprachgebrauch ist eben das romantisch, was uns einen sentimentalen Stoff in einer phantastischen Form darstellt» [12]. Die literaturhistorische Schattierung des Begriffs zeigt sich, wenn er mit Bezug auf die nachmittelalterliche Literatur sagt: «Da suche und finde ich das Romantische, bei den älteren Modernen, bei Shakespeare, Cervantes, in der italienischen Poesie, in jenem Zeitalter der Ritter, der Liebe und der Märchen, aus welchem die Sache und das Wort selbst herstammt» [13]. A. W. Schlegel spricht über den von ihm und seinem Bruder herbeigeführten Bedeutungswandel des Romantischen in seinen Berliner Vorlesungen ‹Über schöne Literatur und Kunst› [14]. Nach einem Wort J. W. GOETHES ging die Unterscheidung des Romantischen und Klassischen bald um den ganzen Erdball [15]. A. W. SCHLEGEL sieht es in diesen Vorlesungen von 1801-1804 als sein und seines Bruders Verdienst an, den verschiedenen Geist, sogar den Gegensatz zwischen den beiden Literaturen herausgearbeitet zu haben [16]. Die Anerkennung dieses Gegensatzes ist für die Geschichte der Kunst «höchst wesentlich», insofern durch ihn das, «was man bisher als die ganze Sphäre der Kunst betrachtete», als «nur die eine Hälfte» erscheint und durch die völlig gleichberechtigte moderne oder romantische Poesie ergänzt wurde [17]. Durch ihre Arbeit wurden auch jene Werke, «welche eigentlich in der Geschichte der modernen Poesie Epoche machen», in einen Kontrast mit der klassischen Antike gestellt, wogegen man vorher die Moderne nur in klassizistischen Werken anerkannt hatte, «die sich ganz nach dem klassischen Altertum gebildet hatten». Schlegel spricht in bezug auf die Unterscheidung des Klassischen und Romantischen von einer «Antinomie des antiken und modernen Geschmacks» und sieht es als die Aufgabe der Theorie an, diesen Gegensatz durch den Nachweis zu lösen, «daß entgegengesetzte Dinge in gleicher Dignität stehen, gleiche Rechte haben sollen», ebenso wie auch «unser ganzes Dasein auf dem Wechsel sich beständig lösender und erneuernder Widersprüche beruht» [18]. Was das Wort ‹romantisch› in dieser Gegenüberstellung anbetrifft, so ist dies nach A. W. Schlegel treffend gewählt: «Denn Romanisch, Romance, nannte man die neuen aus der Vermischung des Lateinischen mit der Sprache der Eroberer entstandenen Dialekte; daher Romane, die darin geschriebenen Dichtungen, woher denn romantisch abgeleitet ist» [19]. Schlegel gesteht zu, daß die romantische Poesie der eigenen Denk- und Empfindungsweise zweifellos näher steht als die klassische, und nimmt an einer anderen Stelle an [20], daß die romantische Poesie bislang vielleicht «nur ein Übergang, ein Werden» gewesen sei, so daß «die Zukunft also erst das der antiken Poesie entsprechende und ihr entgegenstehende Ganze liefern werde» [21]. Hier werden die eigene Zeit und die eigenen Bemühungen in das Romantische mit einbezogen. NOVALIS verwendet die Bezeichnung auch mit einer auf die eigenen Bestrebungen bezogenen Bedeutung, wenn er z.B. mit seinem Roman ‹Heinrich von Ofterdingen› das Romantische wiederherstellen will, das seiner Ansicht nach in Goethes ‹Wilhelm Meister› untergegangen war [22]. In einem Fragment heißt es bei ihm: «Ferne Philosophie klingt wie Poesie – weil jeder Ruf in die Ferne Vokal wird. Auf beiden Seiten um sie her liegt plus und minus Poesie. So wird alles in der Entfernung *Poesie – Poem. Actio in distans.* Ferne Berge, ferne Menschen, ferne Begebenheiten etc. alles wird romantisch, quod idem est – daher ergibt sich unsere urpoetische Natur. Poesie der Nacht und Dämmerung» [23].

Aber das Romantische wurde nicht schlechthin mit dem Geist der Moderne gleichgesetzt, sondern bezeichnete nur bestimmte Höhepunkte in der Moderne, die von Phasen des Niedergangs abgelöst wurden. Unabhängig vom Romantischen hatte das Moderne seine eigenständige literarische Ausdrucksweise. Einer der Gesprächspartner in F. SCHLEGELS ‹Gespräch über die Poesie› sagt zu den andern: «Indessen bitte ich Sie doch, nun nicht sogleich anzunehmen, daß mir das Romantische und das Moderne völlig gleich gelte. Ich denke, es ist etwa ebenso verschieden, wie die Gemälde des Raffael und Correggio von den Kupferstichen, die jetzt Mode sind. Wollen Sie sich den Unterschied völlig klar machen, so lesen Sie gefälligst etwa die ‹Emilia Galotti›, die so unaussprechlich modern und doch im geringsten nicht romantisch ist, und erinnern sich dann an Shakespeare, in den ich das eigentliche Zentrum, den Kern der romantischen Phantasie setzen möchte» [24]. Oft kommt das Romantische der eigenen Position so nahe wie möglich und verliert seinen historischen, chronologischen Bezeichnungscharakter, indem es eine transzendentale, anthropologische Bedeutung annimmt, mit dem Poetischen als solchen gleichgesetzt wird. Im ‹Gespräch über die Poesie› heißt es: «daß das Romantische nicht sowohl eine Gattung ist als ein Element der Poesie, das mehr oder minder herrschen und zurücktreten, aber nie ganz fehlen darf», woraus sich dann, wie im ‹Athenaeum›-Fragment 116 [25], die Forderung ergibt, «alle Poesie solle romantisch sein» [26]. In dieser Sehweise erscheint die romantische Poesie als «im Werden»: «ja das ist ihr eigentliches Wesen, daß sie ewig nur werden, nie vollendet sein kann» [27]. Gewöhnlich bleibt aber eine Distanz zwischen der Theorie des Romantischen und der eigenen Position dieser Kritiker, die auch darin zum Ausdruck kommt, daß diese nie die Bezeichnung ‹romantisch› auf sich selbst anwandten, sondern in bezug auf sich selbst von der «Schule», der «neuen Schule», die Zeitgenossen entsprechend von der «Schlegelschen Schule der Poesie» sprachen. In diesem Sinne spricht F. Schlegel rückblickend bei der Neuauflage seines ‹Gesprächs über die Poesie› von der Tätigkeit des Jenaer Romantikerkreises als der «neuen Schule», von deren «Vereinigung von Talenten» das ‹Gespräch› eine «lebhafte Erinnerung» geben soll [28].

Auf mehr oder weniger abgewandelte Weise wird das Wort auch von den anderen Mitgliedern der romantischen Schule oder von denen gebraucht, die ihr nahe standen. L. TIECK sah 1800 in Shakespeare und Cervantes den Höhepunkt der romantischen Poesie [29] und setzte ihre «Blütezeit» in den ‹Minneliedern› von 1803 noch früher an, nämlich in jener Zeit, «in welche alle Erzählungen von Parzifal, Titurel, Tristan, Artis, Daniel von Blumenthal u.a. gehören» [30]. JEAN PAUL war der Auffassung, «Ursprung und Charakter der ganzen neuern Poesie» lasse «sich so leicht aus dem Christentum ableiten, daß man die romantische ebensogut die christliche nennen könnte» [31]. Ihren berühmtesten und wirkungsmächtigsten Ausdruck fand die Theorie des Romantischen in A. W. SCHLEGELS Wiener Vorlesungen ‹Über dramatische Kunst und Literatur›, die wegen der Übersetzung des Werks in fast alle Sprachen der gebildeten Welt von damals die Diskussion und Übernahme dieses Phänomens in viele Nationen bewirkten [32]. Schlegel arbeitete hier die Unterscheidung des Klassischen und Romantischen auf kontrastierende Weise heraus. So heißt es: «die Poesie der Alten war die des Besitzes, die unsrige ist die der Sehnsucht; jene steht fest auf dem Boden der Gegenwart, diese wiegt sich zwischen Erinnerung und Ahndung» [33]. Oder: «Das griechische Ideal der Menschheit war vollkommene Einheit und Ebenmaß aller Kräfte, natürliche Harmonie. Die Neueren hingegen sind zum Bewußtsein der inneren Entzweiung gekommen, welche ein solches Ideal unmöglich macht; daher ist das Streben ihrer Poesie, diese beiden Welten, zwischen denen wir uns geteilt fühlen, die geistige und die sinnliche, miteinander auszusöhnen» [34]. Oder: «In der griechischen Kunst und Poesie ist ursprüngliche bewußtlose Einheit der Form und des Stoffes; in der neueren, sofern sie ihrem eigentlichen Geiste treu geblieben, wird die innigere Durchdringung beider als zweier Entgegengesetzten gesucht. Jene hat ihre Aufgabe bis zur Vollendung gelöset; diese kann ihrem Streben ins Unendliche hin nur durch Annäherung Genüge leisten, und ist wegen eines gewissen Scheins von Unvollendung um so eher in Gefahr verkannt zu werden» [35].

3. ‹Romantisch› - ‹R.› im 19. und 20. Jh. in Deutschland. – Erst von ihren Gegnern wurden die Vertreter des neuen literarischen Geschmacks auf polemische Weise mit jenem Begriff bezeichnet, der bislang zur Charakterisierung bestimmter Stilmerkmale der nachmittelalterlichen, nicht-klassischen Literatur gedient hatte und mit dem das Vorhandensein von zwei antagonistischen literarischen Traditionen ins Bewußtsein trat. Doch hatte die Bezeichnung, die bald Mode machte, eine herabsetzende, minimalisierende Tendenz und ließ die ursprünglich in diesem Terminus gelegene Note der Exzentrizität wieder aufleben. In Deutschland machten sich die Ansätze zu diesem Prozeß bemerkbar, als der Altphilologe und Homer-Übersetzer J. H. Voss im Jahre 1805 nach Heidelberg kam und dort mit C. Brentano, A. von Arnim, J. Görres und F. Creuzer in einen Gegensatz geriet. Deren Bestrebungen erregten den Verdacht einer kirchlichen, katholischen Reaktion. Voß machte sich zum Fürsprecher, wie H. HEINE sagt, für den «großen Unmut und auflodernden Zorn unter den Freunden der Geistesfreiheit und des Protestantismus in Deutschland» [36]. Das von J. F. COTTA begründete ‹Morgenblatt für gebildete Stände› diente seit Januar 1808 für gezielte Angriffe gegen die «christkatholischen Romantiker», deren mystische Exaltationen Voss auch mit holprigen Parodien, dem ‹Bußlied eines Romantikers›, oder dem ‹Lied der Romantiker an ihren Herrgott› bedachte. Von seiner Gruppe erschienen Pamphlete mit Titeln wie ‹Comoedia divina› (1808) und ‹Karfunkel oder Klingklingelalmanach› (‹Ein Taschenbuch für vollendete Romantiker und angehende Mystiker. Im Jahre des Heils 1810›), womit offensichtlich auf Kardinalspurpur und katholisches Glockengeläute angespielt werden sollte. Hier wurden nicht nur die Heidelberger Romantiker, sondern auch die Vertreter der «Schlegelschen Clique», eine zeitgenössische Autorengruppe von insgesamt «siebenundzwanzig Romantikern», zum erstenmal unter diesem Namen zusammengefaßt [37].

Bei der Anwendung des Terminus auf Vertreter der eigenen Zeit wurden auch neutralere Versionen entwickelt. JEAN PAUL hatte in seiner ‹Vorschule der Ästhetik› neben der traditionellen Betonung des Romantischen in Shakespeare, Petrarca, Ariosto, Cervantes usw. ebenfalls gegenwärtige Ausprägungen des romantischen Stils bei Schiller, Herder, Tieck, Klinger, Klopstock festgestellt, dabei aber nicht den Gesamtcharakter eines Autors, sondern nur bestimmte Züge eines einzelnen Werkes im Auge, als er sagte: «Bei den folgenden romantischen Beispielen bemerk' ich voraus, daß ich nur sie selber, aber nicht deren ganze Verfasser für romantisch und dichterisch erkläre» [38]. F. BOUTERWEK sprach im 11. Band seiner ‹Geschichte der neueren Poesie und Beredsamkeit› von 1819 von «der neuen Schule, die nun einmal in Ermangelung eines anderen Nahmens die romantische heißen mag» [39]. J. VON EICHENDORFF sprach später von einer «modernen», «zeitgenössischen» und «zweiten» R. [40]. Die von Voß und seinen Anhängern hergestellte Bedeutung des Wortes ‹romantisch› erwies sich als sehr einflußreich für das 19. Jh. Die R. wurde damit als eine auf die Vergangenheit bezogene christkatholische Richtung, die ins Mittelalter zurückwollte, abgestempelt. Mit den Mitteln geistreicher Satire wurde die R. von H. HEINE in ‹Die romantische Schule› bei jedem einzelnen ihrer Vertreter als eine ausschließlich an der Vergangenheit orientierte, der Klassik entgegengesetzte und an den realistischen Problemen der Zeit vorbeigehende Episode der deutschen Literatur herausgearbeitet, die keine zukunftweisende Bedeutung gehabt habe. Auf die rhetorische Frage: «Was war aber die romantische Schule in Deutschland?», antwortete Heine: «Sie war nichts anders als die Wiedererweckung der Poesie des Mittelalters, wie sie sich in dessen Liedern, Bild- und Bauwerken, in Kunst und Leben manifestiert hatte. Diese Poesie aber war aus dem Christentum hervorgegangen, sie war eine Passionsblume, die dem Blute Christi entsprossen» [41]. Das Bild der R. wurde durch Wort GOETHES von 1826 befestigt, das sich auch in den ‹Maximen und Reflexionen› findet: «Klassisch ist das Gesunde, romantisch das Kranke» [42].

Für G. W. F. HEGEL hatten die Begriffe «romantisch», «romantische Kunstform» keine zeitgenössische, sich auf die Jenaer oder Heidelberger R. beziehende Bedeutung, sondern bezeichneten die Künste, «welche die Innerlichkeit des Subjekts zu gestalten berufen sind» [43]. Sie stehen der klassischen Kunst gegenüber und bezeichnen im wesentlichen die mittelalterlich-christliche Kunst. Die Polemik gegen die deutsche R. der Jahrhundertwende erhielt aber dennoch von ihm starken Auftrieb, weil er diese durch fast alle seine Schriften und Vorlesungen hindurch mit einem monströsen Wort als «höchste Spitze der sich von der einigenden Substanz abspaltenden Subjektivität» bezeichnete. Hegels Kritik wurde aber im antiromantischen Manifest von A. RUGE und TH. ECHTERMEYER ‹Der Protestantismus und die R. Zur Verständigung über die Zeit und ihre Gegensätze› unter dem Namen ‹R.› breit ausgeführt [44]. Sie bestimmt auch S. KIERKEGAARDS damals freilich in Deutschland noch nicht bekannte Dissertation ‹Über den Begriff der Ironie› von 1841 und führte zur Auffassung der R. als einer von verantwortungsloser Willkür gekennzeichneten Auflösungserscheinung. Weniger auf Hegel, aber auf Goethe bezogen, geißelte F. NIETZSCHE ebenfalls in fast allen seinen Schriften durchgehend die R. als Symptom niedergehenden Lebens, wobei durch deren Nähe zur «décadence» in der für Nietzsche charakteristischen antagonistischen Denkweise freilich auch attraktive Züge der R. in Erscheinung traten [45]. In der Mitte des 19. Jh. bereits war die Bezeichnung ‹romantisch› mit ‹reaktionär› völlig synonym geworden, und ein Romantiker war ein «Reaktionär, aber nicht ein einfacher Reaktionär kurzweg, sondern ein Reaktionär aus Doktrin und Bildung» [46]. R. HAYM spricht in seiner ‹Romantischen Schule› von 1870 von «Leidenschaft und Haß», mit denen man in der Mitte des Jahrhunderts gegen die R. einen unerbittlichen Kampf führte; er denke an ihn zurück «wie an einen Traum» und sei froh, daß er vorüber ist [47]. So setzte mit R. HAYM, W. DILTHEY, O. WALZEL u.a. die historische Erforschung der R. ein, die diese in ein distanziertes, nicht mehr auf die eigene Problemlage bezogenes Verhältnis rücken ließ.

Doch lebt die vehemente, polemische Beziehung zur R. bis in die heutige Zeit fort und zeigt damit die seit dem ersten Auftreten des Wortes ‹romantisch› bemerkbare polemische Bedeutungskomponente. Faschismus und Marxismus sind sich im 20. Jh. in Deutschland in der rigorosen Bekämpfung der R. einig gewesen. Für C. SCHMITT ist die R. «subjektivierter Okkasionalismus», d.h. Negierung alles dessen, «was dem Leben und dem Geschehen Konsequenz und Ordnung gibt» [48]. A. BÄUMLER bezeichnet die R. als «Euthanasie des Rokoko», als Auflösung des rationalistischen Zeitalters: «in Schönheit und mit einem geistreichen Witz auf den Lippen» [49]. G. LUKÁCS zeichnet die R. als «Selbstauflösung der Kunstformen durch die souveräne Hemmungslosigkeit der schöpferischen Subjektivität», die damit den Weg in den Sumpf des Faschismus eingeschlagen habe [50]. Für J. HABERMAS bedeutet die R. das Umkippen in das «Andere der Vernunft», die Öffnung des Tors «zur Welt der mythischen Ursprungsmächte» [51]. Neben diesen heftigen Polemiken gegen die R. setzt sich die seit 1870 begonnene historische Erforschung der R. fort, die im 20. Jh. auch in großen kritischen Ausgaben der einzelnen Autoren zum Ausdruck kommt.

4. ‹Romantisch› – ‹R.› in anderen europäischen Ländern. – Was die R.-Debatte anbetrifft, so bietet *England* von allen europäischen Ländern «die ungewöhnlichste Entwicklung», insofern es hier «keine Nebeneinanderstellung von ‹klassisch› und ‹romantisch› gab, noch irgendein Bewußtsein, daß die neue von den ‹Lyrischen Balladen› eingeleitete Literatur romantisch genannt werden könnte» [52]. Die Einführung dieser Kategorien ergab sich erst mit der Übersetzung von Frau VON STAËLS Schrift ‹Über Deutschland› und A. W. SCHLEGELS Vorlesungen ‹Über dramatische Kunst und Literatur› ins Englische. Aber die Bezeichnungen ‹klassisch› und ‹romantisch› hatten dann keine zeitgenössische, sondern eine allgemeine kritische Bedeutung, womit sich eine positive Nuance des Wortes ‹romantisch› verband, das auf Shakespeare und Dante angewandt wurde. Die Anwendung dieser Begriffe auf zeitgenössische Werke in anderen europäischen Ländern wurde natürlich wahrgenommen, aber die Art und Weise, wie darüber berichtet wurde, zeigt um so deutlicher, wie fremd diese Unterscheidung zunächst erschien. So schrieb Lord BYRON am 17. Oktober 1820 aus Ravenna an Goethe: «I perceive that in Germany, as well as in Italy, there is a great struggle about what they call ‹Classical› and ‹Romantic›, – terms which were not subjects of classification in England, at least when I left it four or five years ago» [53]. Die Auseinandersetzungen innerhalb der englischen Literatur fanden unter kleineren Gruppen von Autoren statt, wobei heute von uns ‹Romantiker› genannte Dichter (Coleridge, Wordsworth) als Autoren der ‹Lake School› oder als die ‹Lake Poets› bezeichnet wurden. Es gehörte zum literarischen Selbstbewußtsein in England, daß um die Wende vom 18. zum 19. Jh. ein neues Zeitalter der Poesie angebrochen sei, aber diese Wandlung wurde nicht mit dem Namen ‹romantisch› oder ‹R.› bezeichnet und nicht in einen Gegensatz zum Gang der eigenen Nationalliteratur gestellt. Selbst Kritiker wie M. ARNOLD und T. S. ELIOT, die sich um die Begründung eines nationalen Literaturbewußtseins von einer ausgeprägt klassischen Position aus bemühten, verfolgten ihre Zielsetzung unter bewußter Einbeziehung der romantischen Poesie, wobei diese aber zumeist nicht unter diesem Namen auftrat. Heute wird in der englischen Literaturgeschichtsschreibung der Begriff ‹romantische Dichter› in einer vom Gebrauch in anderen Nationalliteraturen deutlich verschiedenen Weise verwendet: «leer an spezifischen Beiklängen, einfach mit der Bedeutung 'die wichtigsten englischen Dichter des frühen 19. Jh.'» [54].

In den mediterranen Ländern Europas trat die neue Literatur in einen scharfen Gegensatz zur vorherrschenden klassizistischen Tradition und wurde von dieser als regelwidrig gebrandmarkt. Die antiromantische Kampagne in *Frankreich* tritt um 1814 hervor, nachdem die Übersetzung von A. W. SCHLEGELS Vorlesungen ‹Über dramatische Kunst und Literatur› (1813) und Frau VON STAËLS ‹De l'Allemagne› (1814) erschienen waren. Am 11. März 1814 hieß es im ‹Journal des Débats›: «Nun ist der Bürgerkrieg auf entschiedene Weise in allen Staaten Apollos ausgebrochen. Die zwei Parteien stehen sich schlagbereit gegenüber» [55]. Die Anhänger der neuen Partei wurden als «les romantiques» angegriffen [56], und der Präsident der ‹Académie Française› L.-S. AUGER gab am 24. April 1824 einen ‹Discours sur le romantisme› heraus, in dem er die neue Doktrin offiziell verurteilte. STENDHAL richtete sich gegen diese von ihm als «manifeste contre le romantisme» bezeichnete Rede und war wohl der erste, der sich selbst unumwunden Romantiker nannte. Aber dieses Bekenntnis hatte einen satirischen Unterton, insofern nach Stendhals Bestimmung alle großen Schriftsteller die Romantiker ihrer Zeit waren, die Klassiker aber jene sind, die ein Jahrhundert nach dem Tod der großen Autoren diese nachahmen, anstatt die Augen zu öffnen und die Natur nachzuahmen [57]. Aus der negativen Position wurde die R. in Frankreich erst herausgeführt, als V. HUGO ihr seine mächtige Stimme lieh und 1827 im Vorwort zu seinem Drama ‹Cromwell› die «Freiheit der Kunst vom Despotismus der Systeme, Kodierungen und Regeln» forderte und drei Jahre später im Vorwort zu ‹Hernani› die R. als «le libéralisme en littérature» bestimmte [58]. Damit hatte sich die französische R. als bewußte Antiklassik konstituiert. «R. und Klassik stehen sich in Frankreich gegenüber wie Revolution und Ancien Régime», sagte E. R. CURTIUS [59]. Unter dem Einfluß Hugos gewann die R. den Charakter der Modernität, ja des Realismus, insofern der Romantiker, wie dies Stendhal bereits vertreten hatte, die Dinge so nachahmt, wie sie sind. Nun war es der Klassiker, der im bloß Idealen schwelgte. Aber auch nach diesem Einfluß setzte sich die Auseinandersetzung um die R. in Frankreich bis zur Jahrhundertwende fort. Nachdem er Stendhals ‹Racine et Shakespeare› gelesen hatte, zog A. DE LAMARTINE den Schluß: «Classique pour l'expression, romantique dans la pensée; à mon avis, c'est ce qu'il faut être» [60]. Auch HUGO rückte von der einseitigen Bevorzugung des Romantischen ab und sah die aktuelle Aufgabe der Gegenwartsliteratur in der Vereinigung von zwei antagonistischen Dichtungstypen, den entgegengesetzten Ästhetiken des Sublimen und Grotesken [61]. Für H. TAINE hat die R. in der ‹Histoire de la littérature anglaise› von 1864 einen dualistischen Aspekt. Sie ist einerseits voll Kraft, Leben und Revolutionsgeist, aber gleichzeitig krank, zerrissen, die «maladie du siècle» [62]. Die Denunzierung der R. gegenüber der Klassik geht auf D. NISARD und seine ‹Histoire de la littérature française› (1844-1861) zurück; sie fand in den antiromantischen Polemiken von F. BRUNETIÈRE neuen Ausdruck [63] und bekundete sich in der kurz nach der Jahrhundertwende von L. BERTRAND eingeleiteten antiromantischen Kampagne. «... en cette disposition [scil. der romantischen] je vois une maladie», sagte P. LASSERRE in seinem Buch ‹Le romantisme français› von 1907 [64]. «R. ist Krankheit, Imperialismus hingegen Kraft», lautet die Variation des Goethe-Wortes bei E. SEILLIÈRE, dem Autor von ‹Le mal romantique› (1908) und dem Philosophen eines Imperialismus, der die Klassik erneut mit der romantischen Krankheit konfrontierte [65].

Über Frau VON STAËLS Schweizer Schloß Coppet

wurde die klassisch-romantische Kontroverse nach *Mailand* vermittelt. Auch hier standen die beiden Parteien bald «en présence». Tatsächlich sagte GOETHE in seinem Aufsatz ‹Klassiker und Romantiker in Italien› von 1820: «Das Publikum teilt sich in zwei Parteien, sie stehen schlagfertig gegeneinander» [66]. Die Polemiken «contro il romanticismo» wurden 1817 durch die italienische Übersetzung von A. W. SCHLEGELS dramaturgischen Vorlesungen geschürt. Im selben Jahr wurde auch Lord BYRON zum Zielpunkt der Polemik, die sich auf die Mailänder Zeitschrift ‹Il Conciliatore›, das Organ der Mailänder R., richtete [67]. Die derart Angegriffenen waren durch eine antiklassizistische, moderne Einstellung gekennzeichnet, mit der man einen Aufschwung der italienischen Literatur aus völkischen Inspirationen bewirken wollte [68]. Die R. wurde in einem überzeitlichen Sinne als Prinzip der Modernität und des Volkstums anerkannt. Dieser Modernismus hatte deutlich einen nationalistischen Ton, der aus dem erwachenden italienischen Nationalgefühl, dem Risorgimento-Bewußtsein herrührte [69]. «Per dire un liberale si dice romantico», sagte S. PELLICO, der Leiter der Zeitschrift ‹Il Conciliatore› [70]. Auf ähnliche Weise zeigt sich das Verhältnis bei den italienischen Romantikern außerhalb der Mailänder Gruppe. A. MANZONI, der diesem Kreis eine Zeitlang verbunden war, sah in seinem Brief ‹Sul Romanticismo› von 1823 die Bedeutung des romantischen Systems darin, daß es die Mythologie, die Nachahmung der Klassiker, die Autorität der Rhetoriker, vor allem aber die dramatischen Einheiten überwand und der Dichtung Wahrheit und Modernität vorschrieb [71]. Die beiden größten Romantiker U. FOSCOLO und G. LEOPARDI bezogen zeitweise eine klassische Position [72]. Hier zeigt sich gleichzeitig die im italienischen Literaturbewußtsein angelegte antiromantische Tendenz, die im 19. Jh. mit F. DE SANCTIS und G. CARDUCCI, im 20. Jh. mit B. CROCE hervortrat. In anderen europäischen Ländern, in *Spanien* [73], den *slawischen Nationen* [74] oder der *skandinavischen* Kritik [75] zeigt sich die Entwicklung auf ähnliche Weise. Die R. ist ein Phänomen, dem man selten auf neutrale Weise begegnet ist.

Anmerkungen. [1] F. SCHLEGEL: Athenaeum, Frg. 116 (1797). Krit. Ausg., hg. E. BEHLER [KA] (1958ff.) 2, 183. – [2] Vgl. z.B. F. NIETZSCHE: Die fröhl. Wiss. 5, § 370 (1882, ²1887). Krit. Ges.ausg., hg. G. COLLI/M. MONTINARI (1967ff.) 5/2, 301-304. – [3] H. EICHNER (Hg.): Romantic and its cognates. The Europ. hist. of a word (Toronto 1972) 492ff. – [4] a.O. 4. – [5] L. P. SMITH: Four Romantic words, in: Words and idioms (Boston 1925) 70. – [6] R. IMMERWAHR: Romantisch. Genese und Trad. einer Denkform (1972) 21-43. – [7] a.O. 47-72. – [8] R. ULLMANN/H. GOTTHARD: Gesch. des Begriffs ‹Romantisch› in Dtschl. (1922). – [9] B. N. BOILEAU-DESPRÉAUX: L'art poét. (1674). Oeuvr. compl. (Paris 1966) 171. 158. 170. – [10] D. DIDEROT/J. L. D'ALEMBERT: Encycl. 29 (Genf 1777) 376 (Art. ‹Romanesque›). – [11] EICHNER (Hg.), a.O. [3] 102. – [12] F. SCHLEGEL: Br. über den Roman (1800). KA 2, 333. – [13] a.O. 335. – [14] A. W. SCHLEGEL: Vorles. über schöne Lit. und Kunst (1801-04). Krit. Ausg. seiner Vorles., hg. E. BEHLER [Vorles.] (1989) 1, 179-463. – [15] J. W. GOETHE, in: J. P. ECKERMANN: Gespräche mit Goethe in den letzten Jahren seines Lebens (21. 3. 1830). Gedenkausg., hg. E. BEUTLER 24 (Zürich 1948) 405f. – [16] A. W. SCHLEGEL, a.O. [14] 2, 3. – [17] a.O. 1, 195. – [18] 1, 196. – [19] 2, 12. – [20] 2, 8f. – [21] a.O. [14] 196. – [22] NOVALIS: Frg. 536 (1800). Schr., hg. P. KLUCKHOHN/R. SAMUEL (1960-88) 3, 646f. – [23] Das allg. Brouillon, Materialien zur Enzyklopädistik (1798/99), a.O. 3, 302. – [24] F. SCHLEGEL, a.O. [12]. KA 2, 335. – [25] a.O. [1]. KA 2, 183. – [26] KA 2, 335. – [27] KA 2, 183. – [28] Vorrede zur Neuausgabe des Aufsatzes ‹Über das Studium der griech. Poesie› mit dem ‹Gespräch über die Poesie› (1823). KA 1, 573. – [29] L. TIECK: Br. über W. Shakespeare, in: Poet. Journal, hg. L. TIECK (1800) 1, 45. – [30] Minnelieder aus dem schwäb. Zeitalter (1803) 194. – [31] JEAN PAUL: Vorschule der Ästhetik § 22 (1812). Werke, hg. N. MILLER (1967) 5, 86. – [32] J. KÖRNER: Die Botschaft der dtsch. R. an Europa (1929) 69-74. – [33] A. W. SCHLEGEL: Vorles. über die dramat. Kunst und Litt. (1808), hg. E. BÖCKING (³1846) 5, 16. – [34] a.O. 17. – [35] a.O. – [36] H. HEINE: Die romant. Schule (1835). Sämtl. Werke, hg. K. BRIEGLEB (1971) 3, 381. – [37] IMMERWAHR, a.O. [6] 145-150. – [38] JEAN PAUL, a.O. [31] 99 (§ 25). – [39] F. BOUTERWEK: Gesch. der neueren Poesie und Beredsamkeit 11 (1819) 436. – [40] J. VON EICHENDORFF: Zur Gesch. der neuern romant. Poesie in Dtschl. (1846). Hist.-Krit. Ges.ausg., hg. W. KOSCH/A. SAUER (1962) 8, 5. – [41] HEINE, a.O. [36] 361. – [42] J. W. GOETHE: Maximen und Refl. (1829), a.O. [15] 9, 630. – [43] G. W. F. HEGEL: Vorles. über die Ästhetik. Jub.ausg., hg. H. GLOCKNER (1927-40) 13, 258. – [44] A. RUGE/TH. ECHTERMEYER: Hallische Jb. 2 (1839, ND 1972) 1953-2004. – [45] NIETZSCHE, a.O. [2]. – [46] H. HETTNER: Die romant. Schule in ihrem inneren Zus. mit Goethe und Schiller (1850) 1. – [47] R. HAYM: Die romant. Schule (1870) 4. – [48] C. SCHMITT: Polit. R. (1925) 22. – [49] A. BÄUMLER: Euthanasie des Rokoko, in: Romant. Utopie – Utop. R., hg. G. DISCHNER/R. FABER (1979) 38. – [50] G. LUKÁCS: Kurze Skizze einer Gesch. der neueren dtsch. Lit. (1957) 72. – [51] J. HABERMAS: Der philos. Diskurs der Moderne (1985) 112f. – [52] R. WELLEK: The concept of Romanticism in lit. history, in: Concepts of Criticism (New Haven/London 1963) 145. – [53] G. N. G. Lord BYRON: Letter to John Murray (17. 10. 1820). Works, hg. R. E. PROTHERO (London 1901) 12, 104. – [54] G. WHALLEY: England / Romantic-Romanticism, in: EICHNER (Hg.), a.O. [3] 257. – [55] R. BRAY: Chronol. du romantisme (Paris 1932) 10. – [56] E. EGGLI/P. MARTINO: Le débat romant. en France (Paris 1933) 492. – [57] STENDHAL: Racine et Shakespeare (1823), hg. P. MARTINO (Paris 1925) 1, 47. – [58] V. HUGO: Oeuvr. compl. (Paris 1881) 24, 59. 25. 2. – [59] E. R. CURTIUS: Europ. Lit. und lat. MA (1948) 272f. – [60] A. DE LAMARTINE: Br. an Maraste (Paris, 19. 3. 1823), zit. nach: STENDHAL: Rac. et Shakesp., hg. G. EUDES (Paris 1954) 234f. – [61] HUGO, a.O. [58] 24. 36. 26. – [62] H. TAINE: Hist. de la litt. angl. (Paris 1864). – [63] F. BRUNETIÈRE: Et. crit. sur l'hist. de la litt. franç. (Paris 1905-08) 3, 291; 6, 269. – [64] P. LASSERRE: Le romantisme franç. (Paris 1907, ²1908) XXII. – [65] E. SEILLIÈRE: Der demokrat. Imperialismus (1907) 6. – [66] J. W. GOETHE: Klassiker und Romantiker in Italien, sich heftig bekämpfend. Über Kunst und Altertum II/2 (1820), a.O. [15] 14, 800. – [67] E. BELLORINI: Discussioni e polemiche sul romanticismo 1816-1828 (Bari 1943). – [68] M. MARCAZZAN: Le origini lombarde nel romanticismo Italiano (Mailand 1967). – [69] C. CALCATERRA: I manifesti romantici del 1816 (Turin 1951). – [70] O. RAGUSA: Romantico, Romanticismo, in: EICHNER (Hg.), a.O. [3] 310f. – [71] A. MANZONI: Op., hg. M. BARBI (Mailand 1943) 2, 620. – [72] U. FOSCOLO: Narrative and Romantic poems of the Italians. Edinburgh Review (1818); G. LEOPARDI: Zibaldone. Tutte le opere, hg. F. FLORA (Mailand 1937-63) 4, 467. – [73] D. L. SHAW: Spain / Romántico-Romanticismo, in: EICHNER (Hg.), a.O. [3] 341-371. – [74] S. McLAUGHLIN: Russia / Romanniceskij-Romanticeskij, a.O. 418-474. – [75] P. M. MITCHELL: Scandinavia / Romantisk-Romantik, a.O. 372-417.

Literaturhinweise. R. ULLMANN/H. GOTTHARD: Gesch. des Begriffs ‹Romantisch› in Dtschl. (1922). – L. P. SMITH s. Anm. [5]. – F. BALDENSPERGER: ‹Romantique›, ses analogues et ses équivalents: Tableau synoptique de 1650 à 1810. Harvard studies and notes in philol. and lit. 19 (1937) 13-105. – O. PÖGGELER: Hegels Kritik der R. (1956). – R. WELLEK s. Anm. [52]. – H. EICHNER (Hg.) s. Anm. [3]. – R. IMMERWAHR s. Anm [6]. – E. BEHLER: Krit. Gedanken zum Begriff der europ. R., in: Studien zur R. und zur idealist. Philos. (1988) 86-115.   E. BEHLER

Rousseauismus meint im weitesten Sinne das Ensemble der fortschrittskritischen Ideen und Prinzipien J.-J. ROUSSEAUS sowie alle zustimmenden Bezugnahmen auf dieses Denken; ein ‹Rousseauist› ist ein Anhänger der Lehren Rousseaus. Historiographisch betrachtet, wird

⟨R.⟩ zu einem pluralen Begriff, der sich nicht nur auf die
– einzelne Disziplinen, Schulen, Epochen und Länder
durchquerende und übergreifende – Resonanz eines
Denkens bezieht, sondern auch auf die subjektivitäts-
prägende Macht eines Stils, der – Schreib-, Denk-, Le-
bens- und Selbstinszenierungsstil zugleich – breite
Nachfolge fand. Rousseau wurde nicht nur gelesen und
kommentiert, sondern erregte «das überwältigende Bedürfnis nach Kontakt mit dem Leben hinter der ge-
druckten Seite» [1]. Seine Hypothese vom «Naturzustand» und der ursprünglichen Güte des Menschen
wurde ebenso wie seine die verlorene Natur evozierenden Stilgesten identifikatorisch übernommen und im
Alltag – sei es beim Stillen und in der Mutterliebe, sei es
bei der Erziehung der Kinder oder dem Anlegen eines
Gartens oder Parks – appliziert. Durch Rousseau war
der Alltag philosophisch aufgewertet worden. Jeder auf-
klärerisch Gesinnte – und das waren trotz der Misogynie
Rousseaus besonders auch die Frauen – konnte sich
nunmehr berufen fühlen, an den metaphysischen
Grundfragen des Aufklärungszeitalters lebenspraktisch
wie räsonnierend (vor allem in Briefen [2]) zu partizipieren. Der R. entfaltet seine Wirkung auf dem Höhen-
kamm der Philosophie (z.B. bei KANT und FICHTE [3]),
der Literatur (z.B. bei GOETHE und HÖLDERLIN [4]) und
der Politik (z.B. in der Französischen Revolution). Er
steht mit seiner radikalen Rehabilitierung des «sentiment» (im Doppelsinne von Empfindung und sittlich-
moralischem Urteil) zugleich auch für einen umfassenden kulturellen Bruch und für eine neue Schreib- und
Lesekultur, in der ständische Distinktionen, Konventionen und Hierarchien von der höher gewerteten Echtheit,
Naturgemäßheit und Wahrhaftigkeit allein menschlicher «sentiments» und Leidenschaft in den zweiten
Rang verwiesen werden [5]. Damit erscheint der R. als
ein ebenso disperses wie diffuses Phänomen, dessen zusammenhängende Darstellung und theoretische Erfassung die arbeitsteilig organisierte Forschung im allgemeinen scheut [6], um sich vorzugsweise exakt nach-
weisbaren Einflüssen und Rezeptionen zu widmen.

Begriffsgeschichtlich ergänzt sich dieser Befund durch
das Fehlen einer enzyklopädisch-lexikalischen Tradie-
rungskette des R. als (eigenständigem) Schlag- oder
Stichwort von Gewicht. Nicht einmal J. H. CAMPE, 1789
als glühender Verehrer auf den Spuren Rousseaus [7],
verzeichnet den Begriff in seinem ⟨Wörterbuch der deutschen Sprache⟩: Im Ergänzungsband (1813) der «fremden Ausdrücke» findet man nur den «Royalisten», nicht
jedoch den «Rousseauisten». Doch schon 1771 hatte
W. HEINSE sich als «armer Thüringer Jean-Jacques» [8]
der «Sekte der feinen Rousseauisten» [9] zugeordnet; der
Gegner H. WALPOLE spricht in einem Brief vom April
1775 von den «Rousseaurians» [10]. Die Rousseau-Be-
geisterung wird von den Zeitgenossen immer wieder
hervorgehoben: «incredible the Enthusiasm for him»,
äußert sich D. HUME 1766 kurz vor dem Bruch mit
Rousseau; von allen europäischen Schriftstellern habe
dieser «the most enthusiastic and most passionate Ad-
mirers» [11]. Daraus entsteht die bald vorwiegend polemisch verwendete Umschreibung: «Enthusiasten, das
ist, die Anhänger Rousseau's» [12], die ihre Steigerungsform in der Bezeichnung «Fanatiker» findet, welche zunächst mit Bezug auf Rousseau neben Qualifizierungen
wie «méchant fou» und «charlatan» [13] vor allem von
VOLTAIRE und TRONCHIN lanciert und dann auch auf
die Anhängerschaft ausgedehnt wird, wie schon 1762 bei
V. VON TSCHARNER: «Il est adoré sans restriction par des
fanatiques admirateurs» [14]. Der Geist der Parteiung
ist für die Genese des R. konstitutiv. Rousseaus Bruch
mit den Enzyklopädisten, die Verdammung des ⟨Emile⟩
und des ⟨Contrat social⟩ durch die Institutionen des Ancien Régime, seine Flucht aus dem englischen Asyl nach
der Querelle mit Hume, erwecken die apologetischen
Bedürfnisse auch der Anhängerschaft, die sich besorgt
über «lo spirito di partito contro Rousseau» [15] äußert.
Umgekehrt fürchten die «philosophes» eine Proselyten-
bildung durch Rousseau, um diese zugleich als durch
das Aufklärungszeitalter längst überholte Ordensgrün-
dung zu verspotten: «Au XVIe siècle, il aurait fondé les
frères Rousses ou Roussaviens, ou Jean-Jacquistes; mais
dans le nôtre, on ne fait point de prosélytes ...» [16]. Die
Modernität des 'Religionsstifters' Rousseau bleibt im
Lager der Aufklärungsphilosophie unbegriffen. Die Na-
mensverballhornungen tauchen später auch im Lager
der «Action française» auf (so der Spottname «roussiste»
bei L. DAUDET [17]). Weitere begriffliche Bezüge bestehen zur «Empfindsamkeit» und «Schwärmerei» auf der
Basis der Eindeutschung von frz. ⟨sensible⟩ (wie auch
engl. ⟨sentimental⟩) zu «empfindsam» [18]. Schließlich
ist für die jüngst erschlossene Begriffsgeschichte von
⟨Blödigkeit⟩ Rousseau und sein Charakterpathos des
«homme naturel» ein zentrales Paradigma [19]. – Die
'-ismus'-Prägung dürfte viel später entstanden sein als
der «Rousseauist» – erklärbar aus der vorwiegend inter-
aktionistisch ausgetragenen und auf die Person Rousseaus bezogenen Debatte seiner Lehren im 18. Jh. Vereinzelte Belege von ⟨R.⟩ im 19. Jh. (wie in der ⟨Pall
Mall-Gazette⟩ vom 12. 12. 1865 [20]) ergeben kein klares
begriffsgeschichtliches Bild. Zweifelsfrei setzt die eigentliche Proliferation der '-ismus'-Bildung mit dem Beginn
des 20. Jh. ein [21].

Phasen des R. und Konturen. – a) *Spätaufklärung und
Französische Revolution.* – Unumstritten ist die tonangebende Rolle ROUSSEAUS für die zweite Hälfte des Aufklärungszeitalters. Auch wo die denkerische Originalität
Rousseaus zu relativieren ist (weite Auffächerung der
Problematik eines 'retour aux origines' in der Aufklärungsphilosophie [22]; Vorliebe für das Paradox auch
bei DIDEROT u.a.), verleiht er doch vorhandenen Tendenzen einen radikaleren Ausdruck. Vor allem wird er
zur Kristallisationsfigur des Naturenthusiasmus und
Exempelfigur für Lebensreform und moralische sowie
gesellschaftlich-politische Erneuerung (Rousseau-Kult
der Französischen Revolution). Was die Gemüter bewegt, ist die (auto-)biographische Virulenz dieses Philosophierens (vgl. die große Zahl der Abhandlungen, Bro-
schüren und Briefe über 'Rousseaus Charakter und
Schriften' [23]) und die 'paradoxe Tugend' des «Citoyen
de Genève». Das postume Erscheinen der ⟨Confessions⟩,
für viele ein tiefer Schock, intensiviert diese Tendenzen.
Zentrale Funktionen des R. werden dabei deutlich: Wer
hinter der Oberfläche der Erscheinungen das wahre Wesen der Singularität von ROUSSEAUS Charakter und
Lehre zu verstehen vermag, der konstituiert sich damit
selbst als ein ganzheitliches tiefes Subjekt und individualisiert sich auf paradoxe Weise in Identifikation und
Nachfolge. Dieser pathetischen Subjektivität des rous-
seauistisch formierten Individuums stehen im feind-
lichen Lager Spott, Karikatur und Ironie über «Primiti-
vismus» gegenüber (VOLTAIRE, PALISSOT u.a.). – Besondere Bedeutung kommt dem R. in der Literaturgeschichte zu, wo er vor allem mit den Epochenstilen des
«Sturm und Drang» und des «Préromantisme» identifiziert wird [24]. – Seine politische Apotheose erreicht der

R. in der Französischen Revolution, die den «citoyen philosophe», den «Mann der Natur und der Wahrheit», «Apostel der Gleichheit», «Wohltäter der Menschheit», Gesetzgeber («Contrat social») und Weisen (Religionsstifter) in großen symbolischen Gesten inszeniert (Revolutionsfeste, Pantheonisierung) oder auch kleinbürgerlich-erbaulich feiert. Dem Kult kommt Vorrang gegenüber der theoretischen Diskussion des ‹Contrat social› zu, deren Intensität umstritten ist [25]. Die schärfste Kritik des revolutionären R. aus dem Lager des Konservatismus wird 1791 von E. BURKE vorgetragen, für den Rousseaus «philosophy of vanity» am Ursprung der Zerstörung der zivilisierten Sitten steht [26].

b) *19. Jh.* — Das Industriezeitalter gilt, sieht man von der anhaltenden literarischen Wirkung ROUSSEAUS (Romantik, Autobiographik) ab, als das Jahrhundert des Anti-R. Präziser handelt es sich eher um das Erlöschen der Tradition eines expliziten R. als Massenphänomen im Zusammenhang mit den neu aufkommenden großen 'Ismen' wie Liberalismus, Anarchismus und Sozialismus, die das rousseauistische Klassen-Potential der Französischen Revolution an sich ziehen. Rousseaus Problematik der «volonté générale» und «Versöhnung der notwendigen Herrschaft mit der als unaufgebbar empfundenen Freiheit» [27] findet unterschiedliche Aufnahme. Während der Frühliberalismus eines B. CONSTANT das Prinzip der Unentäußerbarkeit und Absolutheit der Volkssouveränität als abstrakte Chimäre kritisiert, an deren Stelle die Begrenzung der Machtausübung zur Vermeidung von Anarchie und zum Schutz der Privatsphäre des Individuums zu treten hat, wirft P.-J. PROUDHON dem Gesellschaftsvertrag umgekehrt vor, die Zwangsgewalt des Staats zu befestigen [28]. K. MARX seinerseits liest Rousseaus politische Theorie als Antwort auf kapitalistische Produktionsverhältnisse, doch schneidet auch er die Kontinuität des R. durch die Privilegierung der Politischen Ökonomie ab.

c) *20. Jh.* — Am «fin de siècle» erscheint, koextensiv mit der Proliferation des begriffssignifikanten ‹R.›, eine Fülle rousseauphober Bücher, die diesen als Repräsentanten einer internationalen Bewegung sehen, welche zu einer kontinuierlichen Dekadenz und Morbidität geführt habe [29]. Diese Bewegung wird bald als ‹Romantizismus›, bald als ‹R.› bezeichnet, wobei der «Rousseauistic romanticist» [30] als Opponent des Klassizismus wie des Rationalismus begriffen wird. E. SEILLIÈRE, einer der Kritiker des «romantischen Übels», unterscheidet fünf rousseauistische Generationen, die er (in chronologischer Folge) als «Sensibilité», «Weltschmerz», «Mal du siècle», «Pessimisme» und «Neurasthénia» etikettiert [31]. Diese veritable antirousseauistische Strömung kulminiert in Störungen der Rousseau-Feierlichkeiten im Jubiläumsjahr 1912 seitens der französischen nationalistischen Rechten (BARRÈS, BOURGET, MAURRAS). Andere rousseaufeindliche Tendenzen richten sich gegen dessen Moralismus (NIETZSCHE, FRIEDELL). — Gleichzeitig beginnt das Zeitalter der im engeren Sinne wissenschaftlichen Auseinandersetzung mit Rousseau und seiner Rezeption, gefördert durch die 1904 in Genf gegründete ‹Société J.-J. Rousseau› und deren ‹Annales›. Grundlegend für das derzeitige Verständnis Rousseaus ist J. STAROBINSKIS Deutung des Gesamtwerks, als dessen einheitliches Movens der Wille zu einer «Rückkehr der Transparenz» (zugleich: Ablehnung jeglicher Mediatisierung und Ablehnung der neuzeitlichen Arbeitsteilung) nachgewiesen wird, aus dem Rousseaus Antinomien und Paradoxien erhellt werden können [32]. Mit Rousseaus leitenden Motiven des «Naturzustands» und der «société naissante» setzt sich auch der strukturalistische Ethnologe C. LÉVI-STRAUSS auseinander, der in Rousseau den Begründer der Humanwissenschaften sieht und sich explizit zu einem Neo-R. bekennt: «Rousseau ist unser Lehrer, er ist unser Bruder, dem wir nichts als Undankbarkeit bewiesen haben» [33].

Das Problem der Natur-Kultur-Dichotomie ist bei Rousseau erstmals in nichthistorizistischer Weise behandelt. Daß der Prozeß historisch irreversibel ist, erkennt auch Rousseau an. Als Ausweg oder Fluchtlinie bleibt allein die Rückbesinnung auf die «menschliche Natur» bzw. die «Natur des Menschen», d.h. auf die anthropologisch-fundamentalen Zyklen identischer Reproduktion, die eine Re-Kombination der Zyklen variierender (kultureller, technologischer) Reproduktion allererst denkmöglich machen. Voraussetzung dafür aber ist eine Subjektivität, die die Natur nicht als Gegenüber oder Umwelt 'außen' situiert, sondern verinnerlicht. Die innere Notwendigkeit der Rousseauschen und Rousseauistischen Gesten der Totalität von 'Leben', 'Charakter' und 'Werk' ist hier begründet. Damit handelt es sich um die Fundamentalproblematik der «Dialektik der Aufklärung». Nicht als Anhänger des Ancien Régime und von einer vormodernen Orientierung aus wurde Rousseau zum schärfsten Opponenten der Aufklärungsphilosophie, vielmehr repräsentiert er die erste Strömung gegen Fortschritt und Moderne, die ausgehend von den Errungenschaften der Moderne selbst deren radikale Kritik entwickelt. Das erklärt die Wiederkehr der R.en in reflektierter oder aber auch spontaner Form.

Anmerkungen. [1] R. DARNTON: Rousseau und sein Leser. Z. Lit.wiss. Linguistik 15 (1985) 137. — [2] Vgl. bes. J.-J. ROUSSEAU: Corresp. compl., hg. R. A. LEIGH 1-49 (Genf 1965-89). — [3] Vgl. G. GURWITSCH: Kant und Fichte als Rousseau-Interpreten. Kantstud. 27 (1922) 138ff. — [4] z.B. E. SCHMIDT: Richardson, Rousseau und Goethe (1924); J. LINK: «Traurender Halbgott, den ich meine!» Hölderlin und Rousseau. Z. Lit.wiss. Linguistik 16 (1986) 86ff. — [5] Vgl. auch U. LINK-HEER: Facetten des R. Mit einer Auswahlbibl. zu seiner Gesch. Z. Lit.wiss. Linguistik 16 (1986) 127ff. — [6] J. MOUNIER: La fortune des écrits de J.-J. Rousseau dans les pays de langue allemande de 1782-1813 (Paris 1980) 11f. 15; J. VOISINE: J.-J. Rousseau en Angleterre à l'époque romant. (Paris 1956) 3ff. — [7] Vgl. J. H. CAMPE: Br. aus Paris (1789), hg. H. KÖNIG (1961). — [8] W. HEINSE: Br. I. Sämmtl. Werke, hg. C. SCHÜDDEKOPF (1902ff.) 9, 81f. — [9] a.O. 15 (Beleg findet sich häufig zitiert). — [10] H. WALPOLE: Letters, hg. P. TOYNBEE 9 (1904) 174; Beleg in: Oxford Engl. dict. 14 (²1989) 166. — [11] ROUSSEAU, a.O. [2] 28, 267; 29, 52. — [12] W. L. WEKHRLIN: Rousseau und Diderot. Ein Parallel, in: Das graue Ungeheur 3 (1784) 85, zit. nach: C. SÜSSENBERGER: Rousseau im Urteil der dtsch. Publizistik bis zum Ende der Frz. Revol. (1974) 184. — [13] Zahlreiche Belege in: ROUSSEAU, a.O. [2]. — [14] Mittheilungen aus Br. an V. von Tscharner, hg. R. HAMEL (1881) 18, zit nach: SÜSSENBERGER, a.O. 183. — [15] P. VERRI an A. Verri (6. 11. 1766), in: ROUSSEAU, a.O. [2] 31, 123. — [16] F.-M. GRIMM: Corresp. litt., zit. nach: ROUSSEAU, a.O. 31, 334f.; vgl. auch: SÜSSENBERGER, a.O. [12] 183. — [17] Beleg (von 1922) in: Trésor de la langue franç. 14 (Paris 1990) 1317. — [18] Vgl. G. JÄGER: Empfindsamkeit und Roman (1969); G. SAUDER: Empfindsamkeit (1974). — [19] G. STANITZEK: Blödigkeit. Beschreibungen des Individuums im 18. Jh. (1989). — [20] Beleg in: Oxford Engl. dict. (²1989) 14, 166. — [21] Auch in Titeln: J.-F. NOURRISSON: J.-J. Rousseau et le rousseauisme (Paris 1903). — [22] Vgl. B. BACZKO: Rousseau, dtsch. E. WERFEL (1970) 71ff. — [23] Vgl. P. M. CONLON: Ouvrages franç. relatifs à J.-J. Rousseau 1751-1799 (Genf 1981). — [24] Vgl. U. LINK-HEER: Literarhist. Periodisierungsprobleme und kultureller Bruch: das Beispiel Rousseau, in: B. CERQUIGLINI/H. U. GUMBRECHT (Hg.): Der Diskurs der Lit.- und Sprachhistorie (1983) 243ff. — [25] Vgl. die Rousseau-Hefte der Annales hist. de la Révol. franç. 34 (1962) und 50 (1978); J.

McDonald: Rousseau and the French Revol. (London ²1968); I. Fetscher: Rousseaus Polit. Philos. (1968). – [26] A letter to a member of the Nat. Ass., in: E. Burke: Reflect. on the revol. in France, hg. A. J. Grieve (London/New York 1960) 262ff. – [27] Fetscher, a.O. [25] 101. – [28] Vgl. M. Fontius: Zum Anti-R. im 19. Jh. Z. Lit.wiss. Linguistik 16 (1986) 115ff. – [29] Vgl. A. Schinz: Etat présent des travaux sur J.-J. Rousseau (Paris 1941, ND 1971) 62ff. – [30] I. Babbitt: Rousseau and romanticism (Boston/New York 1919) 55. – [31] E. Seillière: La philos. de l'impérialisme IV. Le mal romantique (Paris 1908). – [32] J. Starobinski: La transparence et l'obstacle (Paris 1957, ²1971); dtsch.: Rousseau. Eine Welt von Widerständen (1988). – [33] C. Lévi-Strauss: Traurige Tropen (1960) 360.

Literaturhinweise. Annales de la soc. J.-J. Rousseau (1905ff.). – A. Schinz s. Anm. [29]. – C. Süssenberger s. Anm. [12]. – R. Trousson: Rousseau et sa fortune litt. (1977). – Z. Lit.wiss. Linguistik 16 (1986) H. 68: ‹Rousseau und R.› (alle weiterf. Bibl. zum R.). – *Werkdeutungen:* J. Starobinski s. Anm. [32]. – B. Baczko s. Anm. [22]. – E. Cassirer/J. Starobinski/R. Darnton: Drei Vorschläge, Rousseau zu lesen (1988).

U. Link-Heer

Rückempfindung ist ein Begriff in A. Gehlens philosophischer Anthropologie; er dient der Erklärung des Zusammenhangs von «Handlung und Sprache»: «Eine Lautbewegung hat in Analogie zur Tastbewegung die außerordentliche Eigenschaft, zugleich Bewegung und zurückempfunden zu sein ... Ein Laut ist zunächst einfach als Bewegung zu betrachten und gehört in die Klasse der zurückempfundenen Bewegungen, die beim Menschen eine außerordentliche Rolle spielen, weil in erster Linie sie Bewegungserfahrungen ermöglichen, also selbstgeführte und selbstkontrollierte Steigerungen der Leistungen» [1]. Die R. eröffnet damit die Möglichkeit der sachhaltigen Kommunikation mit der Welt: «Eine Bewegung ergreift sich an ihrer empfundenen Rückwirkung: sie wird gehemmt, gestoßen; gerade darin erfährt sie sich in ihrer Eigentümlichkeit, eine Sache ist in sie eingegangen; nicht die abstrakte R. treibt sie weiter, sondern die Kommunikation mit einem äußeren, in sie hineingenommenen Ding. Die Hemmung erzeugt die Empfindung ...; aber darin entdeckt sich ein Sachumgang, der sofort lebendig ergriffen und weitergetrieben ... wird. Die Hemmung einer Bewegung macht sie nur passiv bewußt, die darin ergriffene Welt macht sie jedoch kommunikativ und einsetzbar» [2].

Anmerkungen. [1] A. Gehlen: Der Mensch. Seine Natur und seine Stellung in der Welt (1940, ⁷1962) 48. – [2] a.O. 136.

P. Probst

Rudimentation. Unter ‹R.› versteht man in der Biologie die Rückbildung von ehemals funktionsfähigen Organen und Strukturen auf einen funktionslosen Zustand. Im Laufe der Stammesgeschichte wurden bei vielen Pflanzen und Tieren einzelne Organe und Strukturen sukzessive rückgebildet, so daß sie schließlich ihre Funktion nicht mehr ausüben konnten. Trotzdem bleiben sie als Rudimente oftmals erhalten. Derartig verkümmerte Organe sind schon lange bekannt. M. A. Severino stellt fest, daß die Natur unnütze «Ähnlichkeiten» mit fungierenden Organen «beibehält» (z.B. Augenreste des Maulwurfs, Brustwarzen beim Manne) [1]. Da solche rudimentären Reste nur unter der Voraussetzung verstanden werden können, daß sie durch Rückbildung früher funktionsfähiger Organe zustande kommen, sind sie wichtige Beweismittel der Abstammungslehre. J. de Lamarck [2] und später Ch. Darwin [3] führen deshalb eine ganze Anzahl rudimentärer Organe und embryonaler Anlagen bei Tieren auf und diskutieren deren Entstehung. Nach Darwin sind auch die Ausdrucksbewegungen bei Menschen und Tieren Rudimente früher biologisch notwendiger Verhaltensweisen [4].

In neuerer Zeit sind einige Hypothesen über Faktoren entwickelt worden, die eine R. bewirken können. Organe und Strukturen, die relativ langsamer wachsen als der Gesamtkörper, wie z.B. die Beine von Eidechsen, werden bei stammesgeschichtlicher Zunahme der Körpergröße automatisch kleiner und in manchen Fällen rudimentär, wie dies z.B. bei der Erzschleiche der Fall ist, die winzige, zum Laufen und Graben unfähige Beinchen besitzt [5]. Dabei wirkt sich wahrscheinlich auch eine Materialkompensation aus: Die Vermehrung der Wirbelzahl läuft der Verkleinerung der Extremitäten parallel [6]. Ein Organ, das keine Bedeutung mehr hat, wird auch nicht mehr so wie andere Organe durch die steten Auslesevorgänge funktionsfähig erhalten und degeneriert. In vielen Fällen passen sich auch die Arten mit geschwächter Funktion einzelner Organe an neue, für ihre Lebensweise passende Lebensstätten an, so z.B. Arten mit schlecht entwickelten Augen an das Leben in Höhlen [7].

Anmerkungen. [1] M. A. Severino: Zootomia democritea II (1645). – [2] J. de Lamarck: Philos. zoologique (Paris 1809). – [3] Ch. Darwin: On the origin of species (London 1859). – [4] Der Ausdruck der Gemütsbewegungen bei dem Menschen und den Tieren (1872). – [5] J. S. Huxley: Problems of relative growth (London 1932) ch. VII, § 6; B. Rensch: Neuere Probleme der Abstammungslehre (1947) 236ff. – [6] A. N. Sewertzoff: Morpholog. Gesetzmäßigkeiten der Evolution (1931) Kap. X. – [7] W. Ludwig: Zur evolutor. Erklärung der Höhlentiermerkmale durch Allelelimination. Biol. Zentralbl. 62 (1942) 447-455.

Literaturhinweise. Ch. Darwin s. Anm. [3]. – B. Rensch s. Anm. [5].

B. Rensch

S-Sc

Sabbatianismus (engl. Shabbateanism; hebr. Shabbeta'ut). Der Begriff ‹S.› ist 1928 von G. SCHOLEM geprägt worden [1] und bezeichnet als Sammelbegriff alles, was mit der Bewegung (‹Shabbatean› oder ‹Sabbatian movement›) um den jüdischen Häretiker und falschen Messias Sabbatai Zwi (Shabbetai Zevi, Sabetha Sebi u.ä., 1626-1676) zu tun hat. Ältere Literatur spricht von der «Sekte der Sabbatianer» oder «Sekte Schabbathai Zwi». Am 31. Mai 1665 hatte sich Sabbatai Zwi in Gaza seinem 'Propheten' Nathan von Gaza als Messias zu erkennen gegeben und damit die größte messianische Bewegung im Judentum seit dem Bar Kochba-Aufstand ausgelöst. Am 15. Sept. 1666 war Sabbatai Zwi zum Islam übergetreten, seine Anhänger – in der Türkei noch heute als Dönme bekannt – folgten ihm, obwohl sie dem jüdischen Ritus weiterhin treu blieben. Für Scholem war diese messianische Bewegung die Abkehr des Judentums vom Mittelalter und der Ausgangspunkt für alle modernen Strömungen im Judentum: den Chassidismus, die Aufklärung, die Emanzipation und die Assimilation der Juden in Europa [2]. Scholems Interpretation der neuzeitlichen Geschichte des Judentums vor dem Hintergrund des Sabbatianismus wird von der Forschung nicht einhellig geteilt [3].

Anmerkungen. [1] G. SCHOLEM: Über die Theol. des S. im Lichte Abraham Cardosos. Der Jude 9, Sonderh. 5 (1928) 123-139. – [2] Sabbatai Sevi – The mystical messiah, 1626-1676 [hebr.] 1-2 (Tel Aviv 1957), engl. übers. R. J. ZWI WERBLOWSKY (Princeton 1973); Kabbalah (Jerusalem 1974) 244-286: ‹Shabbetai Zevi and the Shabbatean movement›; 327-332: ‹The Doenmeh›; 435-440: ‹Nathan of Gaza›. – [3] E. SCHWEID: Mysticism and Judaism accord. to G. G. Scholem [hebr.] (Jerusalem 1983), engl. übers. D. A. WEINER (Atlanta 1985); J. DAN: G. Scholem and the myst. dimension of Jewish hist. (New York/London 1987) 286-312: ‹The Sabbatian upheaval›.   Red.

Sabi ist ein kunsttheoretischer Begriff der japanischen Ästhetik, abgeleitet von ‹sabu› 'einsam, still, verlassen sein', 'alt werden, reifen, Patina ansetzen'. Der negative Gehalt wurde in der mittelalterlichen Poetik zu dem Schönheitsbegriff einer «von ästhetischem Wohlgefallen begleiteten Stimmung der Einsamkeit und Stille» [1] umgedeutet, erstmals bei FUJIWARA SHUNZEI (1114-1204). Der Begriff berührt sich mit dem Yûgen-Ideal und ist schwer von dem Schwesterbegriff ‹wabi› zu trennen, der sich in ähnlicher Weise aus dem Bedeutungskomplex 'Vereinsamung, Hoffnungslosigkeit, Verlorenheit' in das Positivum der Freude an Einsamkeit, Stille und herber Verhaltenheit gewandelt hat. Entscheidenden Anstoß zu diesem Wertungswandel gab die Erneuerung und Vertiefung des japanischen Buddhismus seit dem 12. Jh. (Amidismus, Zen, Nichiren-Sekte), getragen von der Idee der irdischen Vergänglichkeit (mujô) und der daraus resultierenden Tendenz zur Weltflucht. Besonders aus der Gedankenwelt des Zen wurde der Begriff ‹S.› gespeist; er schloß das Wabi ein und wurde mit Attributen versehen, die auf Losgelöstheit, Kühle, Reifung und Welken hinweisen (mushin, hietaru, shiore). S. wurde das Schönheitsideal des Zen schlechthin und damit Leitbegriff für das Verständnis der mittelalterlichen, dem Zen verhafteten Künste Japans, von der Teekunst (chadô) und der Tuschmalerei bis zum Nô-Spiel. Letzte Verfeinerung hat der Begriff ‹S.› im Haikai-Stil des Dichters MATSUO BASHÔ (1644-1694) gefunden: Hier wird eine Schönheit angesprochen, die sich in schlichter Reife (shiori) gestaltet, Leichtigkeit (karumi) der dichterischen Aussage offenbart und aus der Verinnerlichung und inneren Befreiung lebt. Die japanische Ästhetik ist maßgeblich vom Begriff ‹S.› bestimmt.

Anmerkung. [1] O. BENL: Die Entwickl. der jap. Poetik bis zum 16. Jh. (1951) 60.

Literaturhinweise. Y. ONISHI: Fûgaron [Abh. über das Fûga] (Tokio 1940). – H. HAMMITZSCH: Zu den Begriffen ‹wabi› und ‹sabi› im Rahmen der jap. Künste [Nachr. Dtsch. Ges. Natur-Völkerkunde Ostasiens 85/86] (1959). – S. HISAMATSU: The vocab. of Japanese lit. aesthetics (Tokio 1963).   B. LEWIN

Sache (lat. res, causa; engl. thing, matter; frz. chose; ital. cosa)

I. *17. und 18. Jh.* – Durch fortschreitende Verallgemeinerung seiner ursprünglichen Wortbedeutung aus der Sphäre des Rechtsstreites [1] übernimmt ‹S.› neben anderen spezielleren auch die allgemeinste Bedeutung des lat. ‹res›. Entsprechend tritt in der deutschsprachigen philosophischen Literatur ‹S.› im weitesten Sinne, auch dem eines Sachverhaltes, an die Stelle von ‹res› in der lateinischen philosophischen Literatur der frühen Neuzeit. Der Ausdruck ‹S.› wird dabei, aufgrund seiner Allgemeinheit und Übereinstimmung mit dem allgemeinsprachlichen Gebrauch, nicht eigentlich als Terminus verwendet und erfährt insofern in der Lehrbuchliteratur normalerweise weder definitorische Präzisierung noch Aufnahme in die Begriffsindices. Für seine gebrauchsbestimmte Fixierung in der philosophischen Literatur des 18. Jh. bleibt R. DESCARTES' Verwendung von ‹res› als der realen Entsprechung einer sie im Bewußtsein repräsentierenden Idee [2] richtungsweisend. Damit übereinstimmend und analog zu seiner ursprünglichen Bedeutung in der Rechtssprache bezeichnet ‹S.› schon bei G. W. LEIBNIZ [3] und CH. THOMASIUS [4] ein vom Vorstellen und Dafürhalten unabhängiges Gegebensein von etwas im Sinne der «res ipsa», der gegenüber ihr bewußtes Erfassen in Wahrnehmung und begrifflichem Vorstellen eine lediglich repräsentierende Funktion hat. Für den von CH. WOLFF her bestimmten Rationalismus des

18. Jh. ist ‹S.› auf die semiotische Repräsentationsbeziehung bezogen, die zwischen Wort und Begriff einerseits, Begriff und S. andererseits besteht. Danach ist S. dasjenige, was durch einen Begriff repräsentiert (vorgestellt) wird. So wird von Wolff, seiner Schule und über sie hinaus der «Begriff» definiert als «die Vorstellung einer S. in Gedanken» [5]. Die Verwendung von ‹S.› ist hier ausgerichtet auf die Sprach- und Zeichentheorie des klassischen Rationalismus, welche in Anlehnung an die ältere Suppositionstheorie an der Unterschiedenheit der semantischen Ebenen von ‹Wort› (bzw. ‹Satz›), ‹Begriff› (bzw. ‹Urteil›) und ‹S.› (auch im Sinne von ‹Sachverhalt›) orientiert ist, zwischen denen in einer wissenschaftlichen Idealsprache (Characteristica, Zeichenkunst) eine umkehrbar eindeutige Beziehung angestrebt wird. Die semiotische Zuordnung von ‹Begriff› (bzw. ‹Urteil›) und ‹S.› bringt es mit sich, daß ‹S.›, in seiner Verwendung auch für allgemeinere Sachverhalte, einen weiteren Sprachgebrauch erfährt als das primär am Begriff des Einzelindividuums orientierte ‹Ding›. In ontologischer Hinsicht betrifft die Entgegensetzung von ‹S.› und ‹Ding› zunächst eine Aspektverschiedenheit. Danach ist «Ding» «alles was seyn kan, es mag würcklich seyn oder nicht» [6], und ist, wie das lat. ‹ens› [7], auf die Existenzmöglichkeit bezogen, während ‹S.› auf die Soseinsbestimmtheit im Sinne der «quidditas» geht [8]. Entsprechend bezeichnet ‹S.› im erkenntnistheoretischen Zusammenhange ein «Etwas» («aliquid»), dem (unter vorausgesetzter wahrer Erkenntnis) ein Begriff entspricht [9]. In Anlehnung an Leibniz' Bestimmung des Unterschiedes von Nominal- und Realdefinitionen ist bei Wolff und seiner Schule die «Sacherklärung» der «Worterklärung» in der Weise zugeordnet, daß sie den Realitätsausweis des Definierten zu erbringen hat, indem sie dessen Möglichkeit dartut [10]. Der semantische Gehalt der bloßen Wortbedeutung verbürgt noch nicht, daß dieser eine mögliche S. entspricht. So weist neben anderen J. Ch. Gottsched darauf hin, man müsse «S. von Worten unterscheiden lernen; und keinen Begriff vor bekannt annehmen, ehe und bevor die Möglichkeit desselben eingesehen» sei [11]. Gegen die Bezeichnung der Realdefinition als «Sacherklärung» polemisiert H. S. Reimarus, insofern die S. schon durch die Nominaldefinition «erklärt» werde, und jene nur «die Wirkung von Ursachen kenntlich macht» [12]. Während im erkenntnistheoretischen Realismus der Philosophie der Aufklärung die «bezeichnete S.» im Gegensatz zur bloß vorgestellten Wortbedeutung gesehen wird, findet sich vereinzelt ein abweichender Sprachgebrauch. So verwendet G. F. Meier im Zusammenhang seiner Hermeneutik ‹S.› auch für die Wortbedeutung im Sinne der Vorstellung des semantischen Gehaltes sprachlicher Ausdrücke [13]. Dagegen halten auch J. H. Lambert [14] und M. Mendelssohn [15] am Wolffschen Gebrauch von ‹S.› im Sinne der doppelten Zeichenbeziehung von Wort und Begriff, Begriff und S. und am Realitätsbezug von ‹S.› fest. Schon bei Ch. A. Crusius, und häufiger bei späteren Autoren, tritt neben ‹S.›, insbesondere in erkenntnistheoretischen Zusammenhängen, vorzugsweise ‹Gegenstand› und ‹Objekt› [16]. Gegenüber der im Rationalismus vorliegenden Auffassung von S. als der realen Entsprechung (im Sinne der Realmöglichkeit) einer begrifflichen Vorstellung weisen insbesondere J. N. Tetens [17] und J. G. Herder [18] auf die Empfindung und anschauende Erkenntnis als das zwischen Wort und S. Vermittelnde hin. Dagegen hält noch der vorkritische Kant an dem vor allem durch Wolff verbreiteten Sprachgebrauch von ‹S.› als der realen Entsprechung des durch das Wort Bezeichneten und durch den Begriff Vorgestellten fest [19].

Anmerkungen. [1] Grimm 8 (1893) 1592-1601. – [2] R. Descartes: Reg. ad dir. ing., Reg. 12. Oeuvr., hg. Ch. Adam/P. Tannery (Paris 1897ff.) 10, 417f.; Medit., Praef., a.O. 7, 8; Gespr. mit Burman, a.O. 5, 164. – [3] G. W. Leibniz: Unvorgreifliche Gedanken, betr. die Ausübung und Verbesserung der dtsch. Sprache, in: Dtsch. Schr., hg. W. Schmied-Kowarzik (1916) 1, 26. – [4] Ch. Thomasius: Einl. zu der Vernunfft-Lehre 6, § 51 (1691), ND, hg. W. Schneiders (1968) 163; vgl. allgemein für ‹Sachverhalt› bes. 10. Hptst. – [5] Ch. Wolff: Vernünftige Gedancken von den Kräfften des menschl. Verstandes (Dtsch. Logik) 1, § 4 (1713). Ges. Werke, hg. J. Ecole [GW] I/1 (^{2}1978) 123; vgl. J. H. Lambert: Neues Organon 1, §§ 1-15 (1764, ND 1965) 3-10. – [6] Vernünftige Gedancken von Gott, der Welt, und der Seele des Menschen, auch allen Dingen überhaupt (Dtsch. Met.) 1, § 16 (^{11}1751). GW I/2 (1983) 9. – [7] Philosophia prima sive Ontologia § 134 (1730). GW II/3 (^{3}1977) 115. – [8] § 243, a.O. 196. – [9] a.O.; vgl. Dtsch. Met. § 272f., a.O. [6] 151f.; § 781, a.O. 486. – [10] Dtsch. Logik § 41f., a.O. [5] 143f. – [11] J. Ch. Gottsched: Erste Gründe der gesamten Weltweisheit II, § 52 (1733, ND 1965) 30; vgl. Wolff: Dtsch. Met. 2, § 8, a.O. [6] 153. – [12] H. S. Reimarus: Vernunftlehre § 53 (1756, ^{4}1782) 69; bereits bei Reimarus tritt ‹S.› auch im philos. Sprachgebrauch in Gegensatz zu ‹Person›. – [13] G. F. Meier: Versuch einer allg. Auslegungskunst § 7 (1757), ND, hg. L. Geldsetzer (1965) 4; vgl. § 103f., a.O. 57. – [14] Lambert: Neues Org. 2: Semiotik § 23, a.O. [5] 16; vgl.: Anlage zur Architectonic, oder Theorie des Einfachen und Ersten in der philos. und math. Erkenntniß § 299 (Riga 1771, ND 1965) 1, 289. – [15] M. Mendelssohn: Über die Sprache [ca. 1757-60]. Ges. Schr., hg. A. Altmann u.a. 6/2 (1981) 6f. – [16] Ch. A. Crusius: Weg zur Gewißheit und Zuverläßigkeit der menschl. Erkenntniß (1747). Die philos. Hauptwerke, hg. G. Tonelli 3 (1965). – [17] J. N. Tetens: Philos. Versuche über die menschl. Natur und ihre Entwickl. (1777, ND 1979) 461. – [18] J. G. Herder: Über die neuere Dtsch. Lit., Fragmente (1768). Sämmtl. Werke, hg. B. Suphan 1 (1877) 16f. – [19] I. Kant: Der einzig mögl. Beweisgrund zu einer Demonstration des Daseins Gottes (1763). Akad.-A. 2, 73; Versuch, den Begriff der negat. Größen in die Weltweisheit einzuführen (1763), a.O. 193; Unters. über die Deutlichkeit der Grundsätze der nat. Theol. und der Moral (1764), a.O. 278-289.

Literaturhinweis. N. Hinske: Ding und S. in Lamberts Neuem Organon, in: Res, III° Coll. int. del Lessico intellett. europeo, hg. M. Fattori/M. Bianchi (Rom 1982) 297-311.   H. W. Arndt

II. *Kant, Hegel, Phänomenologie.* – I. Kant konnte einen bereits verhältnismäßig scharf vorgeprägten Begriff der S. aus der überlieferten Terminologie der Jurisprudenz übernehmen. Dabei ist ihm neben dem deutschen Ausdruck ‹S.› die zeitgenössisch immer noch gebräuchliche (und häufig zur Präzisierung eingesetzte) lateinische Verwendungsweise von ‹res› bzw. ‹causa› präsent. Demgegenüber erfährt aber an verstreuten Stellen des Schrifttums von Kant die im gewöhnlichen Sprachgebrauch bereits verzeichnete Bedeutungsvielfalt von ‹S.› bzw. der Redewendung von einer ‹S. selbst› – wenn auch vorerst zögernd – diejenige herausgehobenere Akzentuierung einer festen terminologischen Prägung.

Die Unterscheidung dessen, was «zur S. an sich selbst gehörig» sei, erscheint [1] beinahe schon als Wechselbegriff der Rede vom «Ding an sich selbst». Doch Kant präzisiert hier, gegen eine augenscheinlich sich nahelegende Verwischung, den verbleibenden wesentlichen Bedeutungsunterschied, der auch über ihn hinaus gültig bleiben wird. Entscheidend ist, daß das «Ding an sich» den noumenalen, d.i. in der transzendentalen Analysis gesetzten Gegenbegriff zu ‹Erscheinung› im Sinne des Kritizismus bezeichnet. Davon ist aber jener andere

Vorgang abzuheben, in dem der «Verstand» als «Scheidungsmittel alles Sinnlichen und der Erscheinung» tatsächlich bloß einer Täuschung durch die Sinne kraft der Reflexion (z.B. auf widersprechende Wahrnehmungen) korrigierend Einhalt gebietet. ‹S.› bezeichnet unmißverständlich die wirkliche innere Wesensverfassung eines «Dinges», gleichgültig ob dasselbe in transzendentaler Betrachtung als «Erscheinung» oder als «an sich» seiend bestimmt wird. Diese Differenzierung wird in der Streitschrift gegen Eberhard bekräftigt [2] gegenüber der Behauptung, daß nach seiner (kritizistischen) Lehre zwischen der «Erscheinung» eines Dinges und dessen Bestimmung als «Noumenon» an sich vorgeblich ein Wesensunterschied «in den S.n» angesetzt werde. Doch genau diese (fälschlich unterstellte) Verschiedenheit, die eine Art von Verfälschung des (›unerkennbaren‹) «Dinges an sich» durch die «Erscheinung» vorstellig machen möchte, verwirft Kant ausdrücklich. In einem Beispiel merkt er an, daß just in solchen Fällen jegliche Differenz der identischen S. entfällt, während der «Unterschied» zwischen Ding als «Noumenon» (als Vorstellung durch Begriffe) und in der «Erscheinung» (vermöge sinnlicher Erfahrung) am ehesten dem optischen «Unterschied» bei Betrachtung einer entfernten bzw. angenäherten Menschengruppe zu vergleichen sei.

Vollends wird diese Bedeutung eingeschärft, wenn Kant ausdrücklich erklärt, in «der Form besteht das Wesen der S. (forma dat esse rei, hieß es bei den Scholastikern), sofern dieses durch Vernunft erkannt werden soll. Ist diese S. ein Gegenstand der Sinne, so ist es die Form der Dinge in der Anschauung (als Erscheinungen) ...» [3]. In Übereinstimmung damit definiert Kant traditionell die «Sachkenntnis» als die «Erklärung» der «S.» und mithin als «Deduction» oder die Erkenntnis der «Möglichkeit eines Gegenstandes».

Daß mit der zuletzt genannten Formulierung mehr als eine bloße Nominaldefinition gefordert sei, dies erklärt Kant in der ‹Metaphysik der Sitten› [4], wo die «S. außer mir» explizit im Gegenzug zum Begriff der Person umgrenzt wird. Der Begriff der S. konstituiert das «S.n-Recht» als die Lehre von Besitz und Eigentum. Eine «S.» ist jedes «äußere Ding» oder Gegenstand als Objekt des Willens, an dem ich insofern ein Recht gewinne, wie ich es als «das Meine» jederzeit zu einem Mittel zum Zweck gebrauchen kann. Den «Besitz» betrachtet Kant hinsichtlich der dreifach gegliederten «Erwerbungsart» (1) von deren «Rechtsgrund» her, sodann (2) hinsichtlich der «Form» oder der Art der Erwerbung (Vertrag, Schenkung usw.) und (3) endlich bezüglich der «Materie», die mit der «S.» gleichzusetzen ist. Doch gibt es auch die «dingliche Art persönlichen Rechtes», z.B. die Ehe, nach der die Partner wechselseitig sich zur «S.» eines Vertrages machen, und ihre personale Leistung zur «S.» einer «Handhabung» durch den anderen darbieten können. Auf diese Weise hat der Mensch das Recht, «eine Person außer sich als das Seine zu haben» [5].

Kants Sprachgebrauch von einer S. spaltet mithin generell die Bedeutung der lat. ‹res›. Das Wort ‹S.› betrifft nicht lediglich einzelne Gegenstände, sondern jeglichen Sachverhalt, der seinerseits überhaupt ein objektives Thema des Denkens werden kann. Einzig in der Sphäre der Moralphilosophie bestimmt Kant die weitergehende Einengung der S. gegenüber dem Begriff der Person, insofern hier von solchen «Dingen» die Rede ist, die Gegenstand einer rechtlich legitimen «Handhabung» sein können.

Die großen Umrisse dieser Bedeutungsdifferenzierung werden auch bei G. W. F. HEGEL nicht prinzipiell modifiziert, sondern eher noch vertieft. In der ‹Enzyklopädie› (1827) wird die «S.» geradewegs als das allgemeine Produkt eines «Nachdenkens» in dreierlei Hinsicht definiert: «Werth der S., des *Wesentlichen*, des *Innern*, des *Wahren*» [6]. Hegels Bestimmung der «S.» als das «Wesentliche» und «Wahre» richtet sich gegen eine bloß oberflächliche, «abstrakte» und d.h. einseitige Bezeichnung eines Gegenstandes durch das einfache und relativ unbestimmte «Wort». «Die Vernunft in ihrer *Bestimmung* gefaßt, dies ist die *S.*; das andere, wenn man eben so bei der Vernunft überhaupt stehen bleibt, das sind nur Worte» [7]. Die «S.» ist hier als das «Wesentliche» eines Sachverhaltes gefaßt, dessen Wesensbestimmungen explizit gewußt und erwogen werden. In diesem Sinne beruft sich Hegel eigens auf den Sprachgebrauch, der die «S.» in eine engste Beziehung zum «Interesse» setzt, das die vollziehende Kraft eines jeden zwecktätigen Willens sein muß. Hegel differenziert hier ausdrücklich: «Aber wer tätig für eine S. ist, der ist nicht nur interessiert überhaupt, sondern interessiert *dabei*, – die Sprache drückt diesen Unterschied richtig aus.» Durch diese Verknüpfung von «Interessen» eines einzelnen Individuums wird die allgemeine Zwecksetzung zur «S.» im Sinne der ureigensten Angelegenheit einer individuellen Person. Hegel korrigiert damit die geläufige Vorstellung als Vorurteil, wonach ein subjektives «Interesse» die objektive «S.» lediglich zu einem «Privatvorteil» eines Einzelnen verfälschen müsse. Vielmehr seien auch allgemeine Zwecke erst dann realisierbar, wenn das «Interesse» für die «S.» tätig wird und «dabei» ist, indem der Einzelne seine Existenz als Subjekt *dieses* Bedürfnisses, *dieses* Willens mit der «S.» identifiziert. Dies geschieht, wenn der Einzelne sich von der «Güte der S., ihrem Rechte, Nützlichkeit, Vorteil für sie usf.» überzeugt habe [8].

Der Begriff der S. erhält schließlich in der Phänomenologie eine eigene Bedeutung. In Umrissen wird sie vorbereitet durch R. AVENARIUS, der die S. als ein «Positional», d.i. die Weise des Gesetztseins intentional obliquer oder auch peripher bedingter, nämlich unselbständiger Erlebniseinheiten definierte [9]. Solche Anklänge bewahrt auch die Erklärung bei L. W. STERN, nach der die «S.» – mit deutlichem Anklang an Leibniz' Konzept der «Monade» – keine konsistente, nämlich «reale, eigenartige und eigenwertige Einheit bildet» und so trotz vieler Teilfunktionen in der Gesamtorganisation der «zielstrebigen Selbsttätigkeit» ermangelt [10].

Es war zugleich das programmatische Motto einer philosophischen Gesamtintention, als E. HUSSERL prominent im Vorwort zur 2. Aufl. der ‹Logischen Untersuchungen› wie ein Motto seiner Arbeit in diesem Werk des Durchbruchs, aber auch seiner darauf aufbauenden Untersuchungen die Forderung formulierte, daß hier eine «Fundamentalarbeit an den unmittelbar erschauten und ergriffenen S.n» durchgeführt sei. Diese Behauptung wollte Husserl als eine polemische Position gegen jene vielfältigen «Standpunkterörterungen» geltend machen, die er als charakteristische Schwäche und Gebrechen der zeitgenössischen philosophischen Literatur ansah. Statt in seinem Sinne und im Geiste aller wissenschaftlichen Tradition, «den S.n selbst und der Arbeit an ihnen das letzte Wort [zu] belassen», verliere die geläufige philosophische Debatte sich im Gewinn der streitenden «Weltanschauungen», denen generell die beweisende Kraft mangle [11]. Husserl schließt sich damit einem neuplatonischen Gedanken in der Terminologie

AUGUSTINS an, nach dem der sich der im Gedächtnis enthaltenen «ideae» (rationes aeternae) Erinnernde nicht irgendwelche Bilder, sondern «die S.n selbst» (res ipsae) vor Augen hat [12].

HUSSERL hat als erste Aufgabe einer den transzendentalen Ansatz sichernden phänomenologischen Reduktion angesehen, die «Möglichkeit einer die S.n selbst treffenden Erkenntnis» darzulegen und zu sagen: «wie kann Erkenntnis ihrer Übereinstimmung mit den an sich seienden S.n gewiß werden, sie 'treffen'? Was kümmern sich die S.n an sich um unsere Denkbewegungen und um die sie regelnden logischen Gesetze?» [13]

Die in der «Phänomenologie» gewonnene Evidenzsphäre affiziert auch den Begriff der S.: Husserl unterscheidet in den ‹Logischen Untersuchungen› zwischen dem «Zusammenhang der S.n» und dem «Zusammenhang der Wahrheiten» [14]. Beide Zusammenhänge sind «apriori» miteinander und ineins gegeben, doch fallen beide Hinsichten durchaus nicht umstandslos zusammen. Denn die «Sachzusammenhänge» sind keineswegs identisch mit dem Modus cogitandi ihrer Wahrheit. Im Blick auf die prinzipielle «Selbstgegebenheit» des Bewußtseins gilt es den vermeintlichen Irrtum Descartes' zu vermeiden, daß zwischen den «S.n» als «noematischen» Gegenständen der «noetischen» Akte und diesen selbst ein ontologischer Hiatus wie derjenige gelegt wird, welcher bei Descartes «res cogitans» und «res extensa» scheidet. Die Phänomenologie faßt die «S.n oder Sachverhalte selbst in ursprünglicher Erfahrung und Einsicht» [15]. Wie bereits Descartes die zweifellose Gewißheit in der Immanenz des «ego cogito» entdeckte, so bestimmt sich für Husserl das Prinzip höchster Evidenzgeltung aus der unvermittelten Gegebenheit des intentionalen Bewußtseins für sich selbst. Die jeweils fragliche «S. selbst» ist in der Weise, *wie* das Bewußtsein davon weiß, bereits vollgültig als solche in ihrer Wahrheitsevidenz «gegeben». Husserl hat darüber hinaus dem Begriff der S. auch im zweiten Buch der ‹Ideen› einen festen Platz innerhalb der phänomenologischen Naturphilosophie zugeteilt. Natur ist in einer solchen rein theoretischen Einstellung (d.h. durch die Abstraktion der gesamten praktischen Sphäre) als die «Sphäre 'bloßer S.n'» zu verstehen [16]. Diese von allem Umgangs- und Kultursinn abstrahierten «puren S.n» haben «die äußerste Ichferne, Ichfremdheit» [17]. Husserl nennt sie «Naturobjektivitäten» [18], «dingliche Realitäten» [19] oder auch «Dinge in der Naturwelt» [20] und setzt sie mit dem «Ding» in der engeren Bedeutung des Wortes gleich [21].

In der breiten phänomenologischen Bewegung zog dieses Konzept eine gewisse formale Fixierung bei der Unterscheidung zwischen «Gegenständen, Sachverhalten und Urteilen» [22] nach sich, die besonders A. PFÄNDER in seiner zeitgenössisch überaus einflußreichen, spezifisch phänomenologisch orientierten ‹Logik› formulierte.

Etwa zeitgleich mit Husserls phänomenologischer Wendung zum Objekt begann auch die vor allem durch die materiale Rechtsphilosophie G. RADBRUCHS in Gang gesetzte und in den Nachkriegsjahren von W. MAIHOFER besonders geprägte rechtsontologische Diskussion um die «Natur der S.» (s.d.) zu florieren [23]. Ihr frühes, unter dem Schlagwort von der «Stoffbestimmtheit der Idee» vorgetragenes Anliegen war es, die von H. RICKERT und E. LASK so stark hervorgehobene Spannung zwischen Wert und Wirklichkeit, Sein und Sollen (im sog. 'Methodendualismus') wenn nicht aufzuheben, so doch zu mildern: S. im Sinne des Rechts*stoffes*, d.h. als sozialbegrifflich vorgeformte Gegebenheit, und Natur im Sinn der Rechts*idee* stehen im Verhältnis wechselseitiger Durchdringung [24], die A. KAUFMANN als «Analogie» gedeutet hat [25]. Die Natur der S. fungiert dabei – neukantisch – als «Denkform» und als solche ist sie Resultat eines rationalen und wissenschaftlichen Denkvorgangs. Der S., d.h. der Gesamtheit der Lebensverhältnisse und Lebensordnungen innerhalb der Gesellschaft, ist in Anlehnung an H. DERNBURG ein rechtsrelevanter 'Sinn' zu eigen [26]. In Richtung auf diese, in modifizierter Form auch von H. COING und E. FECHNER [27] vertretene Deutung der Natur der S. zielt im wesentlichen auch die von H. WELZEL und G. STRATENWERTH vertretene Theorie «sachlogischer Strukturen» [28].

Anmerkungen. [1] I. KANT: Einige Bemerk. zu L. H. Jakob's Prüfung der Mendelssohn'schen Morgenstunden (1786). Akad.-A. 8, 154. – [2] Über eine Entdeckung, nach der alle neue Kritik der reinen Vernunft durch eine ältere entbehrlich gemacht werden soll (1790), a.O. 208. – [3] Von einem neuerdings erhobenen vornehmen Ton in der Philos. (1796), a.O. 404. – [4] Die Met. der Sitten I, § 31 (1797). Akad.-A. 6, 286. – [5] Vgl. Anhang 2, a.O. 358. – [6] Vgl. G. W. F. HEGEL: Enzykl. § 21 (1827). Akad.-A. 19, hg. W. BONSIEPEN/H.-CH. LUCAS (1989) 48. – [7] Vgl. Die Vernunft in der Gesch., hg. J. HOFFMEISTER (1955) 49. – [8] a.O. 82f. – [9] Vgl. R. AVENARIUS: Kritik der reinen Erfahrung (1889/90) 2, 63ff. – [10] Vgl. L. STERN: Person und S. (1906) 1, 13ff. – [11] Vgl. E. HUSSERL: Log. Unters. 1. Proleg. zur reinen Logik (^{2}1913) Xf. Husserliana [Hua.] 18 (Den Haag 1975) 9. – [12] Vgl. AUGUSTINUS: Conf. X, 9-15. – [13] E. HUSSERL: Die Idee der Phänomenol. (1907). Hua. 2 (^{2}1958) 3 und passim. – [14] Log. Unters. 1, § 62, a.O. [11] 230ff. – [15] Pariser Vortr. (1929). Hua. 1 (^{2}1963) 6. – [16] Ideen 2, § 11. Hua. 4 (1952) 25; vgl. 8f. 16f.; ferner: Die Krisis der europ. Wiss.en § 66 (1936). Hua. 6 (1954) 230. – [17] Ideen 2 (Beilage XIV), a.O. 379. – [18] Ideen 1, § 52 (1913). Hua. 3/1 (1976) 116. – [19] Phänomenolog. Psychol. (Vorles. SS 1925). Hua. 9 (1962) 119. – [20] Ideen 2, § 62, a.O. [16] 282. – [21] Erf. und Urteil, hg. L. LANDGREBE (^{6}1985) 318f. – [22] Vgl. A. PFÄNDER: Logik. SD. Jb. Philos. phänomenol. Forsch. 4 (1921, ^{2}1929). – [23] Zum ganzen: A. KAUFMANN (Hg.): Die ontolog. Begr. des Rechts (1965). – [24] G. RADBRUCH: Rechtsidee und Rechtsstoff. Arch. Rechts- Wirtschaftsphilos. 17 (1923/24) 343-350. – [25] Analogie und 'Natur der S.' (1965, ^{2}1982). – [26] Die Natur der S. als jurist. Denkform, in: Festschr. R. Laun (1948) 157ff. – [27] H. COING: Grundzüge der Rechtsphilos. (1950); E. FECHNER: Rechtsphilos. (^{2}1962). – [28] G. STRATENWERTH: Das rechtstheoret. Problem der 'Natur der S.' (1957); H. WELZEL: Um die finale Handlungstheorie (1949).

Literaturhinweise. S. GOYARD-FABRE: La chose dans 'La prose de la vie' selon Hegel. Arch. Philos. Droit 24 (1979) 173-181; La chose jurid. dans l'idéalisme mod., a.O. 153-171; La chose et le droit sur la chose dans la doctrine du droit de Kant, a.O. 139-149.

K. R. MEIST

Sachlichkeit. 1. Zwischen 1900 und 1930 entwickeln sich, zuerst in der Kunst («neue S.» [1]), dann bildungstheoretisch abgewandelt in der Pädagogik [2], objektivistische Theorien, nach denen ‹S.› heißt: den Gegenstand analytisch zergliedernd «zur Sache machen», im Verhalten zu ihm alle Subjektivität in Unterwerfung unter das «Gesetz der Sache» ausschalten; während in der Psychotherapie [3] ‹S.› schon damals mehr im Sinne von 3. und 6. (vgl. unten) verstanden wurde.

2. Systematisch-philosophisch wird der Begriff ‹S.› erstmals von M. SCHELER zur Bezeichnung des Wesensunterschiedes von Tier und Mensch verwendet: Der Mensch ist im Unterschied zum umweltgebundenen Tier das weltoffene Wesen, das sich von seiner Trieb-In-

stinkt-Struktur distanzieren und durch das reine Sosein der Dinge motivieren lassen kann [4]. Im Zusammenhang mit den Begriffen ‹Ideierung›, ‹Derealisierung›, ‹Askese› bezeichnet ‹S.› das geistbedingte Verhalten, das Gegebenes zu konstanten Gegenständen zu erheben vermag.

3. Auch J. PIEPER [5] interpretiert die S. von der Subjekt-Objekt-Relation aus, versteht diese aber von der Thomasischen mensura-Lehre her: Die Wirklichkeit ist das Maß der Erkenntnis; diese ist es für den sittlichen «Befehl» (imperium), der letztere für die Handlung. Diese Bereitschaft zum Maßnehmen, die (im Unterschied zu 1.) als aus der Spontaneität der Person realisierte Haltung der «Klugheit» aufzufassen ist, ist nach Pieper das Wesen der S.

4. TH. LITT versteht die S. wieder mehr von «Sachen» und «Versachlichung» (vgl. 1.) her als von einer Grundhaltung. Für letztere steht hier der «Wille zur Sache», wobei ‹Sache› die Natur bezeichnet, sofern sie vom Menschen mit Hilfe von mathematisch-naturwissenschaftlich formulierten Gesetzen objektiviert worden ist [6]. Die so «versachlichte Natur» steht dem Menschen in der Technologie als Mittel zu selbstgewählten Zwecken zur Verfügung. Dabei kommt einerseits die Natur zur Sinnerfüllung, da sie auf die Indienstnahme durch den Menschen angelegt ist, anderseits der Mensch, da er, der die Zwecksetzungen sowohl im aufbauenden als auch zerstörenden Sinne vornehmen kann, eine Entscheidungspotenz realisiert, ohne deren Realisierung das Humanum nicht voll erfüllt wäre.

5. Nach A. GEHLEN [7] ist der Mensch das «handelnde Wesen», das seine naturgegebene Lebensuntüchtigkeit, die Folge des Fehlens der Umwelteingeborgenheit sein soll, nachträglich zu Lebenschancen umwandeln muß. Das geschieht durch die sog. «Entlastung» und den zuchtvollen Aufbau von Erfolgsphantasmen. Es kommt zu entlasteten Probiersituationen, die von der aktuellen Notdurft ablösbar und in diesem Sinne sachlich sind [8]. Da S. hier nur ein interimistisch um des späteren erfolgreichen Handelnkönnens willen eingeschaltetes Verhalten ist, ist ihr Begriff bei Gehlen pragmatisch gefärbt [9].

6. H.-E. HENGSTENBERG [10] versteht unter ‹Sache› (res) Seiendes schlechthin, unter ‹S.› (im Unterschied zu 1. und 5.) die Zuwendung zu einem Seienden um des Seienden selbst und seiner Selbstoffenbarung willen, wobei ‹Zuwendung› als ein «Konspirieren» mit dem Seins- und Sinnentwurf des Begegnenden zu verstehen ist. Dies kann geschehen einmal in der «naiven S.» (ekstatische Teilhabe an der geschauten Wesenheit), zum andern in der «bewährten S.», die durch eine Entscheidung hindurch (vgl. unten) als Haltung gewonnen worden ist. Dieser S.-Begriff unterscheidet sich a) vom Schelerschen dadurch, daß Weltoffenheit und Fähigkeit zur Vergegenständlichung nur als Teilmomente der S. gelten; b) von allen vorgenannten durch eine universalere Bedeutung: S. ist nicht nur eine intellektuelle (ideierende) Funktion oder Einzeltugend, ein Wille zur Sache oder ephemere Entlastung, sondern aus der ganzen Fülle der Person initiiert und engagiert, wobei Intellekt, Wille und Gefühl koexistenzial eingesetzt sind. Sie ist auch insofern universal, als sie, wie alle echt analogischen Begriffe, in je kategorialer Abwandlung allen Seinsbereichen gegenüber realisiert werden kann und soll. c) Weil die Person dieses konspirierende Sichengagieren (mit der Liebe als Höchstform) auch ablehnen kann, kommt auch die konträre menschliche Möglichkeit in den Blick: Ablehnen des Konspirierens führt bei einem Wesen, das zu ihm fähig ist, anstelle der gesollten sachlichen die unsachliche Haltung herauf, die auf Mißbrauch des Seienden tendiert [11]. Daher gibt es eine vor der Handlung liegende, von ungegenständlichem Wissen (Gewissen) aus der Personmitte begleitete Entscheidung entweder für oder gegen S., genannt ‹Vorentscheidung› [12]. Durch die positive Vorentscheidung wird die bewährte S. als Haltung aufgerichtet. Wegen dieser Bedingtheit durch Entscheidung gewinnt die Thematik der S. unter bestimmten Voraussetzungen ethische Relevanz [13]; desgleichen eine erkenntnistheoretische, sofern das Sichaufschließen gegenüber dem Begegnenden in der positiven Vorentscheidung die Voraussetzung für das tiefere Vernehmen der Seinsstrukturen, das unsachliche Sichverschließen in der negativen Vorentscheidung dagegen das Anheben der Verdeutungen und aller Formen des verschuldeten Irrtums ist. d) Da diese Entscheidungen Urhebungen aus der unverfügbaren Person sind, führt diese Analyse der S. zu einer den Phänomenen angepaßten metaphysischen Personlehre [14]. e) S. in diesem universalen Sinne transzendiert die Subjekt-Objekt-Relation. Letztere ist nur Vorbedingung, wird aber wesensmäßig überschritten im sympathetischen Nachvollzug dessen, was seinshaft im Begegnenden geschieht, so daß sich eine innere Berührung der eigenen Seinsbewegung mit der des Begegnenden ereignet. S. hat ihre Sinnerfüllung in der alle bloße 'Objektivität' übersteigenden, ungegenständlichen Seinserfahrung in der Partnerschaft mit Begegnendem; verwandt dem dialogischen Prinzip M. BUBERS, der in ähnlichem Zusammenhang von S. spricht [15]. f) S. beginnt in konkreten Hier- und Jetzt-Entscheidungen vor Seiendem, vollendet sich aber in der haltungsmäßigen Durchformung der sie realisierenden Persönlichkeit, die mehr und mehr in ihrer «Freiheit des Seins» [16] wächst [17].

Anmerkungen. [1] Vgl. R. HAMANN: Gesch. der Kunst (1933) 67. 837ff.; vgl. K. PETERSEN: ‹Neue S.›. Stilbegriff, Epochenbezeichnung oder Gruppenphänomen? Dtsch. Vjschr. Lit.wiss. Geistesgesch. 56 (1982) 463-477. – [2] G. KERSCHENSTEINER: Der Begriff der Arbeitsschule (1912, ^{6}1925). – [3] R. ALLERS: Das Werden der sittl. Person (1929, ^{4}1936, ND 1970); F. KÜNKEL: Einf. in die Charakterkunde (1928). – [4] M. SCHELER: Die Stellung des Menschen im Kosmos (1928, ^{6}1962) 39. – [5] J. PIEPER: Die Wirklichkeit und das Gute (1931, ^{7}1963) 83ff. – [6] TH. LITT: Mensch und Welt (1948) 116; Techn. Denken und menschl. Bildung (1957). – [7] A. GEHLEN: Der Mensch (1940, ^{10}1974) 32. 62. – [8] a.O. 255-260. – [9] 57. 189. 260. – [10] H.-E. HENGSTENBERG: Philos. Anthropologie (1957, ^{4}1984); Grundleg. der Ethik (1969, ^{2}1989). – [11] Jene Formen der S., gegen die F. OETINGER: S. und Menschlichkeit (1955) polemisiert, sind in Wahrheit Un-S. – [12] Zur Vorentscheidung vgl. HENGSTENBERG: Anthr., a.O. [10] (^{4}1984) 43-47; Ethik (^{2}1989) 61-72. 176; Seinsüberschreitung und Kreativität (1979) 115-123. 160. 167. 172. – [13] Anthr. (^{4}1984) 17-21. – [14] Zur Ontol. der Person, in: J. SPECK (Hg.): Das Personverständnis in der Päd. und ihren Nachbarwiss.en 1 (1966). – [15] M. BUBER: Reden über Erziehung (1953) 33. – [16] H.-E. HENGSTENBERG: Freiheit und Seinsordnung (1961) 273-290. – [17] In der zeitgenöss. Päd. wird S. als Seinsverpflichtetheit verstanden bei K. SCHALLER: Vom Wesen der Erziehung (1961); TH. BALLAUFF: Systemat. Päd. (1962) u.a. Autoren; zur Kontroverse über den Begriff der S. vgl. J.-E. PLEINES: S. als Argument (1975).

H.-E. HENGSTENBERG

Sachverhalt

1. *S. als status rerum:* Den Lexika zufolge ist der Ausdruck ‹S.› vom juristischen Begriff ‹status› abgeleitet, der dabei im Sinn von ‹status rerum› ('Stand' oder 'Verfassung der Dinge', 'feststehendes Verhältnis von Sa-

chen') zu verstehen ist – im Gegensatz zu ‹status hominum›, d.h. dem 'Stand' eines Menschen, ein Freier, Freigelassener, Sklave zu sein [1]. Der Ausdruck ‹status rerum› findet sich allerdings im ‹Corpus juris› nicht; die relevante Quelle ist eher in der Rhetorik (speziell in der Rhetorik der Prozeßführung) zu vermuten, in der man ‹status› als «die (Streit-)Frage» definierte, «die sich aus dem ersten Zusammenprall der Rechtssachen ergibt» («status dicitur quaestio, quae ex prima causarum conflictione nascitur») [2]. Diese rhetorische Statuslehre, die HERMAGORAS VON TEMNOS speziell für die Gerichtsrede entwickelte, war ein Versuch, die Lehre von der Anweisung zum Auffinden (inventio) von Gedanken und Argumenten zu systematisieren. Der Begriff ‹status› wird in dieser Lehre in einem Zusammenhang mit ‹Sacherzählung›, ‹sachliche Argumentation›, ‹Schluß der Argumentation› usw. behandelt. In diesem Sinne ist auch QUINTILIAN zu verstehen, wenn er schreibt: «Quod nos statum, id quidam constitutionem vocant, alii quaestionem, alii quod ex quaestione appareat» («Was wir Status nennen, nennen andere Verfaßtheit [Feststellung der Streitobjekte], wieder andere die Frage und andere das, was aus der Frage offenbar wird») [3]. Ähnlich heißt es im ‹Lexicon totius latinitatis›: «Der Ausdruck ‹status› wird sehr häufig in übertragenem Sinne verwendet, und zwar für die Art und Weise, wie eine Sache steht, für eine Bedingung, Eigenart der äußeren Umstände, Stellung oder Ordnung» («translate ponitur frequentissime pro modo, quo quaeque res stat, condicione, qualitate fortunae, loco, ordine») [4]. Als Beispiel wird der Widerstreit der Behauptungen 'A hat B getötet – A hat B nicht getötet' angeführt, woraus sich als status (anders gesagt: als quaestio, als das in Frage Stehende) ergibt: ob A B getötet hat. Dieses Beispiel findet sich auch bei R. GOCLENIUS, dessen Behandlung von ‹status› von besonderer Wichtigkeit für spätere Entwicklungen ist, und zwar wegen seiner Gegenüberstellung von ‹status› und ‹propositio›: «Im Rechtsfach sind Status und Proposition nicht dasselbe [status et propositio non sunt idem], was wie folgt zu verstehen ist. Wie es je zwei Personen sind, die vor dem Richter prozessieren, so gibt es zwei Arten von Propositionen [Darlegungen, Angaben zur Sache] in diesem Fach: einmal die Beschuldigung oder Anklage, und dann die Verteidigung oder Anzweiflung. Von beidem unterscheidet sich der Status insofern, als der Status nicht Darlegung der Anklage oder Verteidigung ist, sondern sozusagen der Angelpunkt, um den sich die Darstellung des Anklägers wie des Verteidigers dreht» [5].

Goclenius gibt einige metaphorische Umschreibungen dieser Idee: Der «status» ist «Ziel der Verhandlungen», «Ausgangspunkt und Hauptsitz des Streits», «das, worum man streitet». Das deutet darauf hin, daß noch zu seiner Zeit der Ausdruck ‹status› in seiner juridischen Bedeutung nicht fest war. Die Auffassung des status als Frage (vgl. den gebräuchlichen Ausdruck ‹status quaestionis›) dürfte auch bei der Prägung des deutschen Ausdrucks ‹S.› eine Rolle gespielt haben. Als Substantiv ist der Ausdruck ‹Verhalt› ungebräuchlich, was darauf hindeuten könnte, daß ‹S.› im Grunde eine verkürzte indirekte Frage ist ('Wie verhält sich die Sache?', '... wie die Sache sich verhält').

Im deutschen juristischen Schrifttum ist ‹S.› oder ‹Sachverhältnis› zusammen mit verwandten Termini wie ‹Rechtsverhältnis›, ‹Tatbestand›, ‹Sachstand›, ‹Streitstand›, ‹Sachlage›, usw. [6] in der von Goclenius skizzierten Bedeutung geläufig, und Ontologien bzw. Taxonomien der Rechtsverhältnisse sind eine Kerndisziplin der klassischen deutschen Rechtswissenschaft.

‹Tatbestand› ist ursprünglich eine Übersetzung von «corpus delicti» [7]. Später ordnete man dem Ausdruck ‹Tatbestand› alle Tatsachen unter, «die als konkrete Voraussetzung einer Rechtsanwendung gedacht werden» [8]. Dann aber wurde ‹Tatbestand› allmählich auf jenen Teil eines Rechtssatzes beschränkt, der die Bedingungen angibt, unter denen die im zweiten Teil des Rechtssatzes angegebene Rechtsfolge eintreten soll. Im Unterschied zu diesem abstrakt gefaßten ‹Tatbestand› nennt man den tatsächlichen Vorgang oder Zustand, der den gesetzlichen Tatbestand erfüllt oder ihm gemäß ist, den ‹Lebens-S.› oder kurz den ‹S.›. Bei E. BELING z.B. wird der «S.» als der «konkrete Lebensfall, der juristisch beurteilt werden soll,» definiert [9]. Belings S.-Auffassung hat auf K. ENGISCH [10] einen Einfluß ausgeübt, und durch diesen wiederum auf K. LARENZ [11]. In der heutigen Juristensprache ist auch die Wendung ‹Sach- und Streitstand› (status rerum et quaestionis) üblich. Etwa: «Der Richter führt in den Sach- und Streitstand ein», wenn er berichtet, worüber sich die Parteien geeinigt haben (Sachstand) und worüber sie noch streiten (Streitstand) [12].

2. *S. als complexum:* Schon bei ARISTOTELES findet sich eine Opposition zwischen πρᾶγμα und λόγος, die – insofern, als πρᾶγμα die ein Urteil oder Behaupten rechtfertigende Grundlage bezeichnen soll, – als Urform des Gegensatzes ‹status/propositio› betrachtet werden darf [13]. Die vielen anderen Bedeutungen von πρᾶγμα zeigen allerdings, daß diese Opposition noch keineswegs terminologisch verfestigt war. Wegen der Bedeutung von ‹status› als Zustand oder Beschaffenheit lesen auch moderne Interpreten von THOMAS VON AQUIN diesen S.-Begriff gelegentlich in dessen Philosophie hinein. Tatsächlich gilt bei Thomas die «Verfaßtheit der Dinge» («dispositio rerum») als Grund der Wahrheit eines Urteils: «dispositio rei est causa veritatis in opinione et oratione» [14].

Im späteren Mittelalter tauchen mehrfach Begriffe auf, die den S. als Korrelat eines Satzes klar zum Vorschein bringen, etwa unter den Bezeichnungen «aliqualiter [ita, sic] esse», «modus se habendi», «tantum complexe significabile» [15]. Bei ABAELARD z.B. lesen wir: «Deshalb setzen die Sätze irgendwelche Dinge nicht einfach hin, wie die Namen, sondern setzen, wie sie sich zueinander verhalten, ob sie zueinander passen [d.h. miteinander übereinstimmen] oder nicht. Daher drükken die Sätze gewissermaßen eine bestimmte Art und Weise des Sichverhaltens der Dinge aus und bezeichnen nicht irgendwelche Dinge» [16]. Und bei BONAVENTURA: «Das Aussagbare bezeichnet nicht ein Ding, sondern die Weise [seines] Sichverhaltens; und daher wird durch das Verbum der Gegenwart, der Vergangenheit und der Zukunft angegeben, daß die Dinge sich anders verhalten» [17].

3. Als philosophischer Terminus taucht ‹S.› beiläufig anscheinend zum ersten Mal 1874 in H. LOTZES ‹Logik› auf [18]. In der Wahrheitstheorie des Lotze nahestehenden J. BERGMANN spielt der S. dann eine zentrale Rolle als gegenständliches Element, der «res», womit der «intellectus» in «adaequatio» zu stehen hat. «Erkennen» ist daher laut Bergmann ein Denken, «dessen Gedachtes mit dem S. übereinstimmt, d.i., welches wahr ist» [19]. Wichtiger ist allerdings die wahrscheinlich ebenfalls von Lotze veranlaßte Prägung durch C. STUMPF, der in «einem 1888 für die Hörer lithographierten Leitfaden der

Logik» den Ausdruck ‹S.› für «den spezifischen Urteilsinhalt» einführte, der «dem Urteil ... entspreche, der vom Vorstellungsinhalte (der Materie) zu scheiden sei und sprachlich in 'Daß-Sätzen' oder in substantivierten Infinitiven ausgedrückt wird» [20]. Tatsächlich heißt es in diesem Leitfaden: «Von der Materie des Urteils unterscheiden wir seinen Inhalt oder den im Urteil ausgedrückten S. Z.B. 'Gott ist' hat zur Materie Gott, zum Inhalt das Sein Gottes. 'Es gibt keinen Gott' hat dieselbe Materie, aber den Inhalt 'Nichtsein Gottes'» [21]. Im Rückgriff darauf bestimmt Stumpf [22] dann S. oder Urteilsinhalt als «notwendige Korrelate» der intellektuellen Funktion des Urteilens. Zusammen mit Begriffen, Inbegriffen, Gestaltqualitäten und Werten (d.h. den Inhalten von Gefühls- und Willensakten) bilden sie die Klasse der «Gebilde», die «ebenso von den Funktionen selbst wie von den Erscheinungen (und weiterhin den Gegenständen), worauf sie sich beziehen», zu unterscheiden sind. Der S. kann «nicht für sich allein, unabhängig von irgendeiner Funktion unmittelbar gegeben und damit auch real sein». Denn S.e wie andere Gebilde «sind Tatsachen überhaupt nur als Inhalte von Funktionen» [23]. Sie finden sich «nicht irgendwo abgesondert ... an einem 'übersinnlichen Ort' als für sich seiende Wesen ... Sie existieren nicht als tote Präparate, als Petrefakten, sondern im Verbande des lebendigen seelischen Daseins» [24].

Der S. ist für Stumpf also urteilsimmanent. Für J. BERGMANN dagegen ist er ein urteilstranszendentes gegenständliches Korrelat. Damit verwandt sind platonistische oder logisch-objektivistische Auffassungen, die dem S. analoge Gebilde als ideelle Satzbedeutung oder Wahrheitsträger begreifen wollen. Elemente einer solchen Auffassung finden sich bei LOTZE und dem in diesem Punkt höchstwahrscheinlich von Lotze inspirierten G. FREGE mit seiner Lehre vom «beurteilbaren Inhalt» [25]. Musterbeispiel der logisch-objektivistischen Auffassung ist die Lehre vom Satz an sich, die von B. BOLZANO entwickelt wurde. Unter «Satz an sich» versteht Bolzano [26] «irgendeine Aussage, daß etwas ist oder nicht ist; gleichviel, ob diese Aussage wahr oder falsch ist; ob sie von irgend jemand in Worte gefaßt oder nicht gefaßt, ja auch im Geiste nur gedacht oder nicht gedacht worden ist». Bolzanos Satz an sich kann durch Denkakte aufgefaßt werden, ist aber unabhängig von irgendwelcher Tätigkeit des Denkens: Er «ist nichts Existierendes; dergestalt, daß es ebenso ungereimt wäre zu sagen, [er] habe ewiges Dasein, als, er sei in einem gewissen Augenblick entstanden, und habe in einem anderen wieder aufgehört» [27].

Bolzanos Position wird von Stumpfs Schüler G. GOTTHARDT [28] kritisiert. Für ihn ist der S. das «dem 'Urteil' entsprechende psychische Gebilde, sofern wir es begrifflich erfassen». Daraus schließt er, daß es ein Hysteron-Proteron ist, «wenn man den S. bzw. den sich auf ihn stützenden 'Satz an sich' von dem zugrunde liegenden Urteilsakt realiter glaubt trennen zu können». Dieser Streit um die Abhängigkeit des S. vom Urteil ist ein ständig wiederkehrendes Motiv in der Geschichte der S.-Theorien.

4. *Die Brentanisten:* Auch Stumpf akzeptierte gewisse Aspekte des Objektivismus von Lotze und Bolzano, ist aber maßgeblich von F. BRENTANO beeinflußt, der die Wichtigkeit der Urteilsinhalte zum ersten Mal hervorhebt. Nach Brentanos früherer Auffassung stehen gewisse Urteile mit ihren Urteilsinhalten in einem Verhältnis der Adäquation und sind dadurch wahr. Ein solcher Urteilsinhalt ist die Existenz oder die Nichtexistenz des beurteilten Gegenstands [29]. Wie Stumpf haben auch andere Brentanisten diese Lehre von den Urteilsinhalten übernommen und modifiziert; die Geschichte des Terminus ‹S.› deckt sich weithin mit derjenigen der Urteilstheorien, die innerhalb der Brentano-Schule (einschließlich der frühen phänomenologischen Bewegung und der Grazer Schule der Gegenstandstheorie) entwickelt wurden. A. MARTY, zum engsten Kreis der Brentano-Anhänger gehörend, hat die genannte Wahrheitsauffassung Brentanos auch noch vertreten, als Brentano selbst davon abgekommen war, weil Urteilsinhalte bloße entia rationis seien. Für Marty [30] ist der Urteilsinhalt das, «was die Richtigkeit unseres Urteilens objektiv begründet oder genauer gesagt: dasjenige, ohne welches jenes Verhalten nicht richtig oder adäquat sein könnte»; «das Urteil» hat, «um wahr zu sein, sich nach ihm zu richten» [31]. Der Urteilsinhalt ist also für Marty (im Gegensatz zu Stumpf) denkunabhängig: Seine 'Objektivität' muß ein vom Bewußtsein unabhängiges Dasein bedeuten [32]. Deshalb kann es nur bei wahren Urteilen einen Urteilsinhalt geben – eine These, die den Marty-Schüler H. BERGMANN [33] veranlaßte, Bolzano zu kritisieren, weil dieser nicht nur Wahrheiten, sondern auch Falschheiten an sich angenommen hatte. Dieser Streit um die Gleichwertigkeit der mit wahren und falschen Urteilen übereinstimmenden S.e oder Urteilsinhalte ist ein weiteres stets wiederkehrendes Motiv in der Geschichte der S.-Lehren.

Ein anderer Brentano-Schüler der ersten Generation, A. MEINONG, unterscheidet in ‹Über Annahmen› (1902) – zum Teil veranlaßt durch seine Arbeiten über die Ehrenfelsschen «Gestaltqualitäten» oder «Gegenstände höherer Ordnung» sowie unter dem Einfluß des polnischen Brentanisten K. TWARDOWSKI [34] – zwei Arten von Gegenständen: Objekte und Objektive. MEINONG will eine Art allgemeiner «Gegenstandstheorie» aufbauen. Den Terminus ‹S.› lehnt er ab, da «sein natürliches Anwendungsgebiet zu eng ist»; vor allem scheint seine «Anwendbarkeit für untatsächliche Objektive ganz und gar zu versagen» [35]. Er spricht darum lieber von «Objektiven» und unterscheidet nicht nur zwischen positiven und negativen Seinsobjektiven (daß A ist, daß A nicht ist), sondern auch zwischen positiven und negativen Soseinsobjektiven (daß A B ist, daß A nicht B ist) [36], sowie zwischen Objektiven über Objekte und Objektiven über weitere Objektive [37]. Diese Unterscheidungen werden dann von R. AMESEDER als Basis für eine systematische Einteilung der Objektive verwendet. Ameseder [38] spricht von einer «Zuordnung» oder einer «gegenseitigen Abhängigkeit» von Objektiv und Objekt (oder von Objektiv und Gegenstand im allgemeinen, ob existent oder nichtexistent): «Jeder Gegenstand [steht] mindestens in einem Objektiv, und jedes Objektiv haftet mindestens an einem Gegenstand.» Die interessanteste Leistung dieser Lehre von den Objektiven ist MEINONGS Feststellung, daß Wahrscheinlichkeit ebenso wie Wahrheit und Möglichkeit «ein Attribut nicht von Objekten, sondern von Objektiven ist» [39] – eine Feststellung, die schon von STUMPF [40] antizipiert worden war.

Nicht ganz klar ist bei MEINONG die Unterscheidung zwischen Satz und Proposition als Gegenstand der Logik und S. als Gegenstand der Ontologie, da für ihn der Satz ein «erfaßtes, womöglich sogar ausgesprochenes, mindestens sozusagen in Worten formuliert vorliegendes Objektiv» sein soll [41]. Man hat deshalb mit A. REINACH festzustellen, daß «sein Objektivbegriff die durchaus verschiedenen Begriffe von Satz (im logischen Sinne) und S. ungeschieden enthält» [42].

5. S.e, Objektive, Urteilsinhalte spielen bei Brentano, Stumpf, Marty und Meinong in mehrfacher Hinsicht eine Rolle. Sie fungieren als Inhalte der entsprechenden Urteile, als Bedeutungen der entsprechenden Sätze sowie als transzendente und für die Wahrheit der Urteile maßgebende Korrelate. Klarheit über diese verschiedenen Rollen schuf E. HUSSERL in seiner ‹V. Logischen Untersuchung› (1901). Bei Husserl treten S.e deutlich als gegenständliche Wahrmacher hervor. Sie sind sowohl den Urteilen selbst mit ihren immanenten Inhalten als auch den Sätzen (verstanden als abstrakte oder ideelle Urteilsbedeutungen) entgegengesetzt, welche die Rolle des Wahrheitsträgers übernehmen [43]. Neu bei Husserl sind darüber hinaus folgende Thesen:

a) Die S.e bilden eine universale Kategorie gegenständlicher Urteilskorrelate, die der Ding- oder Gegenstandskategorie als dem Korrelat schlichter nominaler Akte gleichgestellt ist: «Das Objektive des urteilenden Vermeinens nennen wir den beurteilten S.; wir unterscheiden ihn in der reflektierenden Erkenntnis vom Urteilen selbst, als dem Akte, in dem uns dies oder jenes so oder anders zu sein scheint» [44]. Die kategoriale Unterscheidung zwischen S. und Ding trägt dazu bei, daß Husserl die Konzeption einer universalen formalen Ontologie oder formalen Gegenstandstheorie entwickelt, die ein Gegenstück zur formalen Logik sein sollte. Diese formale Ontologie ähnelt in mancher Hinsicht der Gegenstandstheorie Meinongs.

b) S.e können nicht nur als Korrelate der Urteilsakte, sondern modifiziert auch als Korrelate spezifischer nominaler Akte dienen: «Vollziehen wir ein Urteil, ... so scheint uns irgendetwas zu sein oder nicht zu sein, z.B. *S* ist *p*. Aber dasselbe Sein, das uns hierbei 'vorstellig' ist, wird uns offenbar in ganz anderer Weise vorstellig, wenn wir sagen: das *P*-sein des *S*». Oder «wir sagen die Tatsache, daß *S p* ist, oder einfach daß *S p* ist – hat zur Folge ..., ist erfreulich, ist zweifelhaft usw. ... In all diesen Fällen ist uns der S. ... in einem anderen Sinne gegenständlich» als beim Urteilen, «und er ist dann offenbar gegenständlich in einem ähnlichen Sinne, wie das Ding ..., obschon ein S. kein Ding ist» [45]. S.e können in diesem Sinne nominalisiert werden. Bedeutsam für Husserls spätere Phänomenologie ist die Einsicht, daß ein kumulativer Prozeß der S.-Nominalisierung möglich ist, so daß Urteile zur allmählichen Konstitution komplexer Gegenstände der Erfahrung beitragen können [46].

c) Der S. fungiert nicht nur als identisches gegenständliches Korrelat von Urteilsakten, sondern z.B. auch von Wunsch- oder Frageakten. Der geurteilte S. kann «als identisch derselbe in einer bloßen Vorstellung vorgestellt, in einem Wunsch gewünscht, in einer Frage gefragt, in einem Zweifel bezweifelt sein» [47].

d) Anders als allgemein angenommen beziehen sich Wünsche, Wollensakte usw. normalerweise nicht auf Dinge, sondern auf S.e. Im Wunsch, «das Messer sollte auf dem Tische liegen, ... wünsche ich nicht das Messer, sondern dies, daß das Messer auf dem Tische liege, daß sich die Sache so verhalte» [48].

6. Die «phänomenologische Bewegung» begann damit, daß J. DAUBERT (1877-1947) vom Juli 1902 an die Schüler des Münchener Philosophen und Psychologen Th. Lipps mit Husserls ‹Logischen Untersuchungen› bekannt machte. Dies geschah in seinem Vortrag ‹Zur Psychologie der Apperzeption und des Urteils›, worin er eine Auffassung des S. als etwas Reales verteidigte, das dem Urteil und der Urteilsbedeutung entgegenzusetzen ist: «Mein Urteil 'dieser Tisch ist viereckig' kann wahr oder falsch sein. Der reale S. ist niemals wahr oder falsch. Er ist schlechthin, was er ist. Das Urteil ferner kann beliebig oft in den verschiedensten Zusammenhängen mit anderen Urteilen auftreten. Der S. ist nur einmal da, und er bleibt immer in seinem bestimmten realen räumlich-zeitlichen Zusammenhange» [49].

Auch in weiteren Manuskripten ab 1902 bemüht sich Daubert um die Bestimmung des S.-Begriffs. S.e sind gegliederte Entitäten – im Gegensatz zu den ungegliederten Gegenständen, die uns in der Wahrnehmung gegeben sind. Der S. entsteht dadurch, daß durch pointierende Beachtung bestimmte Eigenschaften eines Dings herausgehoben werden. Er kann so als eine Entfaltung von Merkmalen aufgefaßt werden, die im Ding liegen. Ein S. ist deswegen aber nicht ein Komplex von Gegenständen oder deren Eigenschaften, denn bei diesen gibt es das Verhältnis von Teil und Ganzem. Ein S. dagegen hat keine Teile, sondern Glieder; er ist kein Ganzes, sondern eine Einheit. S.e bilden also keine ontologische Kategorie autonomer Entitäten neben der Kategorie der Dinge (oder Gegenstände), denn S.e sind doppelseitig abhängig von Dingen und von Urteilsintentionen: Sie sind Ergebnis der Aneignung oder Verarbeitung der Wirklichkeit – nicht einfach der aufmerkenden (beachtenden), sondern der kategorialen Verarbeitung.

Husserls und Dauberts S.-Lehre wird von A. REINACH ausgearbeitet und systematisiert. S.e sind nach Reinach «das, was [i] im Urteil geglaubt wird und behauptet wird, was [ii] im Zusammenhang von Grund und Folge steht, was [iii] Modalitäten besitzt, und was [iv] im Verhältnisse kontradiktorischer Positivität und Negativität steht» [50]. Ein S. ist also nach [i] nicht nur Korrelat eines Urteilsakts als eines episodischen Ereignisses der Behauptung, sondern auch Korrelat eines Glaubenszustands, einer dauernden Überzeugung; diese verhalten sich laut Reinach so zueinander, daß jeder echte Urteilsakt durch eine entsprechende, auf denselben S. bezogene Überzeugung fundiert werden muß. Der S. ist nach [ii] das, was in Begründungsverhältnissen steht. Reinach schließt daraus, daß auch die Schlußgesetze der Logik «nichts anderes als allgemeine gesetzmäßige Beziehungen von S.en» sein können [51]. Das logische Urteilsgesetz «findet also seine Begründung in dem S.-Gesetz», so daß «große Teile der traditionellen Logik sich ihrem Fundamente nach als allgemeine S.-Lehre herausstellen werden» [52]. Der S. ist schließlich nach [iii] und [iv] logischen und modalen Bestimmungen wie Ableitbarkeit, gegenseitige Kontradiktion, Notwendigkeit, Möglichkeit, Wahrscheinlichkeit usw. unterstellt.

Für Reinach wie für Husserl entspricht jedem Urteil, gleich ob wahr oder falsch, ob positiv oder negativ, ob kontingent oder notwendig, ein S.; alle S.e haben vom Standpunkt der Ontologie aus die gleichen Rechte. Nur auf der Seite der entsprechenden Akte (positives und negatives, wahres und falsches Urteilen) und der entsprechenden Zustände (positive und negative, wahre und falsche Überzeugung) sind hier Unterscheidungen zu treffen. Für Reinach sind S.e also (im Gegensatz zu Stumpf) denkunabhängig. Nach Reinach (wie auch Husserl und Daubert) sind S.e kategorial von 'Sätzen' bzw. 'Propositionen' zu unterscheiden. S.e sind keine Träger von Wahrheitswerten; sie sind vielmehr das, was die Urteile und Sätze erst wahr machen. Reinachs S.-Theorie kann daher als eine weiterentwickelte Form des logischen Objektivismus betrachtet werden.

Nicht nur als Moment der Logik oder der allgemeinen Urteilstheorie, sondern auch im Zusammenhang der nicht rein intellektiven Akte im allgemeinen wird die S.-Theorie von den Münchener Phänomenologen behandelt. Diese Erweiterung des S.-Begriffs geht von der Kritik der Münchener an der von Husserl in den ‹Logischen Untersuchungen› vertretenen Lehre aus, Wunsch- und Frageakte und deren gegenständliche Korrelate seien auf Urteile und Urteilskorrelate reduzierbar. Diese Kritik führt in München zu einer eigenständigen Theorie dieser Phänomene, die wesentliche Elemente der später im angelsächsischen Bereich entwickelten Sprechakttheorie vorwegnimmt [53]. Die Kritik wird zunächst von DAUBERT entwickelt, der die Klasse der S.e in Erkenntnisverhalte, Frage-, Wunsch-, Befehls-, Vermutungsverhalte u.a.m. differenziert [54]. Für die S.-Theorie im engeren Sinn hat diese Entwicklung zur Folge, daß man sich nicht nur für die Eigenart der abstrakten Kategorie des S. als solche interessiert, sondern auch für Einzel-S.e als konkrete Bestandteile der empirischen Welt sowie für ihre unterschiedlichen Merkmale und für die unterschiedliche Art und Weise, in der sie sich zu anderen psychischen und nichtpsychischen Entitäten verhalten.

Auch beim Reinach- und Husserl-Schüler R. INGARDEN findet man wichtige Beiträge zur deskriptiven S.-Ontologie, die teilweise auch von Ingardens polnischem Lehrer Twardowski inspiriert wurden. Ingarden kritisiert vor allem Reinachs ontologische Gleichstellung positiver und negativer sowie bestehender und nicht-bestehender S.e und will dadurch radikale Unterschiede ihrer Seinsweisen zur Geltung bringen [55]. Nach Ingarden kann nur bei positiv bestehenden S.en von einem realen autonomen Sein im strengen Sinn die Rede sein. Andere S.e dagegen sind vom Bewußtsein abhängig – eine Lehre, die dann in Ingardens Ontologie fiktionaler S.e Anwendung findet [56]. Anders als von Ingarden wurde der Husserl-Reinachsche S.-Begriff von W. SCHAPP behandelt, der die S.-Kategorie in eine neue ontologische Kategorie der ‘Geschichten’ verwandelt [57].

7. Mit der frühen phänomenologischen Bewegung und zum Teil auch mit der Grazer Schule ist die *Würzburger Schule* der experimentellen Denk- und Wollenspsychologie um O. KÜLPE verbunden. Für Külpe ist das gegenständliche Korrelat eines Urteils wie für Husserl und Reinach ein S. oder «das Verhalten eines Gegenstandes»; mit Blick auf Reinach nennt er den S. eine «Grundform», die anderen Formen wie der Form des Dings oder des Gegenstands gleichzustellen wäre [58]. Külpe unterscheidet folgende Typen von S.: «Haben von Beschaffenheiten, Kennzeichen, Merkmalen, Eigenschaften; Stehen in Beziehungen, Verhältnissen, Relationen; das Sein von Gegenständen, Hinweisen von Zeichen, Gelten von Begriffen, Gegenwärtigsein (Gegebensein) von wirklichen, Gesetztsein von idealen, Existieren von realen Objekten» [59].

Ein enger Mitarbeiter Külpes (und zudem Mitglied der Münchener Phänomenologenschule) ist O. SELZ, dessen Werk über die Gesetze des geordneten Denkverlaufs eine allgemeine, taxonomische «Charakterisierung der Sachverhältnisse» enthält [60]. Ausgehend von Stumpf, Husserl, Reinach, Meinong u.a. zieht Selz den Ausdruck ‹Sachverhältnis› vor, «um durch das Wort ‘Verhältnis’ die eigentümliche Natur der Sachverhältnisse als ein sich zueinander in bestimmter Weise Verhalten von bestimmten Gegenständen zum Ausdruck zu bringen» [61]. Er behandelt ausführlich die spezifisch psychischen S.e: Einfache und komplexe Bewußtseinserlebnisse und ihre unselbständigen Momente können «untereinander in bestimmten Beziehungen stehen, also Glieder von Sachverhältnissen sein» [62]. Auch bei N. ACH findet sich dieselbe inzwischen schon klassisch gewordene S.-Literatur wie bei Selz berücksichtigt. Ach kommt jedoch zum seltsamen Schluß, daß die Untersuchungen Reinachs eine Bestätigung seiner eigenen «Darlegungen über die Unvergleichbarkeit und Unbestimmbarkeit der Gegenstände [bilden]. Der Erkenntnis und mithin der wissenschaftlichen Darstellung zugänglich sind nicht die Gegenstände selbst, sondern nur ihre S.e» [63].

8. Unter dem Einfluß der frühen Brentanisten hat H. GOMPERZ in seiner «Semasiologie» oder «allgemeinen Bedeutungslehre» eine subtile Konzeption der strukturellen Verhältnisse zwischen S.en, Aussagen und anderen Entitäten aufgestellt. In einer Aussage-S.-Struktur ist nach Gomperz die Aussage selbst von ihrem Aussageinhalt zu unterscheiden, der ein propositionaler Sinn ist und wiederum von einem gewissen Aussagelaut ausgedrückt wird. Dieser bedeutet den ausgesagten S., der günstigenfalls eine Tatsache zur Grundlage hat, der dann selbst durch den gegebenen Aussageinhalt in bestimmter Weise aufgefaßt wird [64].

Diese und ähnliche Ideen zur Aussage-S.-Relation spielen auch bei Linguisten und Sprachpsychologen eine Rolle, vor allem in der Sprachtheorie von K. BÜHLER (1934), die eine Brücke zwischen den Sprachpsychologien von Marty und Gomperz sowie der Grazer und Würzburger Schule einerseits und der Husserlschen Phänomenologie sowie der Münchener S.- und Sprechakttheorie andererseits schlägt [65]. Auch andere Linguisten haben den S.-Begriff als Werkzeug einer Definition des Sprachgebildes ‘Satz’ übernommen, während man vorher etwa von Subjekt-Prädikat-Gliederung gesprochen hatte. Typisch ist etwa die Bemerkung von G. IPSEN: «Die Sprache meint etwas als S. und bringt diesen zur Einsicht; sie ... wird sinnvoll erst, wenn sie ein Stück Welt trifft und die Sprechenden in der Erkenntnis damit eint» [66].

9. Von Frege und möglicherweise auch (über seinen Lehrer B. Russell) von Meinong beeinflußt, stellt L. WITTGENSTEIN 1921 in seiner ‹Logisch-philosophischen Abhandlung› eine S.-Theorie als Teil einer logischen und ontologischen Theorie der Abbildungsrelation zwischen Sprache und Wirklichkeit dar. Die einfachen Gegenstände, die laut Wittgenstein die Substanz der Welt ausmachen, sind in verschiedenen Weisen zusammengekettet. Der S. ist dann «eine Verbindung von Gegenständen (Sachen, Dingen)». «Sind alle Gegenstände gegeben, so sind damit auch alle möglichen S.e gegeben. Jedes Ding ist, gleichsam, in einem Raume möglicher S.e.» Ein Elementarsatz ist wahr genau dann, wenn die von seinen einfachen Namen bezeichneten einfachen Gegenstände derart in einem S. verkettet sind, daß die Konfiguration der Gegenstände in der Struktur des Satzes widergespiegelt wird. Jeder sinnvolle Satz kann laut Wittgenstein als eine Wahrheitsfunktion von Elementarsätzen analysiert werden. Wittgensteins ‘logischer Atomismus’ besteht darin zu behaupten, daß Elementarsätze (und daher auch die ihnen entsprechenden S.e) logisch voneinander unabhängig sind. Die Welt zerfällt demnach in S.e: «die Gesamtheit der bestehenden Sachverhalte ist die Welt».

Die Welt ist allerdings auch «die Gesamtheit der Tatsachen». Wittgenstein führt den Terminus ‹Tatsache› in der Bedeutung «das Bestehen und Nichtbestehen von S.en» ein. Das Bestehen eines S. nennt er eine positive, das Nichtbestehen eine negative Tatsache. «Das Bestehen und Nichtbestehen von S.en ist die Wirklichkeit.» Das Bild (speziell das logische Bild, der Satz oder der Gedanke) «bildet die Wirklichkeit ab, indem es eine Möglichkeit des Bestehens und Nichtbestehens von S.en darstellt». «Der Satz stellt das Bestehen und Nichtbestehen der S.e dar.» «Der Sinn des Satzes ist seine Übereinstimmung und Nichtübereinstimmung mit den Möglichkeiten des Bestehens und Nichtbestehens der S.e. Der einfachste Satz, der Elementarsatz, behauptet das Bestehen eines S.» [67].

10. *State of affairs:* Eine weitere Abstützung für die Herleitung von ‹S.› aus dem lateinischen ‹status› (rerum bzw. quaestionis) liefert die Parallelentwicklung von ‹status rerum› zu ‹state of affairs› in der englischen Sprache. Mit Verweis auf ‹status rerum› spricht der ‹Oxford English Dictionary› von einem «state of things» oder «state of affairs» als «the way in which events or circumstances stand disposed (at a particular time or within a particular sphere)». Die englische Übersetzung des deutschen, genauer des Husserlschen Ausdrucks ‹S.› durch «state of affairs» läßt sich schon 1905 nachweisen [68]. Vor allem wurde sie dadurch gefestigt, daß diese Übersetzung des Terminus ‹S.› von C. K. OGDEN und F. P. RAMSEY, den Übersetzern von Wittgensteins ‹Logisch-philosophischer Abhandlung›, übernommen wurde [69]. Der S. und vor allem das Meinongsche Objektiv leben dann jedoch nicht nur in den Schriften des frühen Wittgenstein weiter, sondern auch in RUSSELLs Arbeiten über «objectives», «facts» und «propositions» [70], in den Arbeiten von G. BERGMANN und seinen Schülern [71] sowie in den Schriften von R. CHISHOLM zur S.-Ontologie [72]. Neuerdings erfährt die S.-Ontologie auch in der «situation semantics» von J. BARWISE und J. PERRY [73] sowie in neueren polnischen Arbeiten [74] zur «formalen Ontologie» von «situations» eine Wiedergeburt.

Anmerkungen. [1] Vgl. Vocab. jurisprud. Romanae ex auct. acad. Borussiae comp. (1939) 5, 657f.; Manuale latinitatis fontium juris civ. Romanorum, hg. H. E. DIRKSEN (1837) 908. – [2] Lex. totius latinitatis (Padua 1940) 4, 478f. – [3] M. FABIUS QUINTILIANUS: Instit. orat., hg. M. WINTERBOTTOM (Oxford 1970) III, 6, 2; vgl. Art. ‹Rhetorik, Redekunst›. – [4] a.O. [2] 478. – [5] R. GOCLENIUS: Lex. philos. (1613) 1081. – [6] Vgl. z.B. F. C. VON SAVIGNY: System des heutigen röm. Rechts (1840-1849); R. VON JHERING: Geist des röm. Rechts in den verschied. Stufen seiner Entwickl. II/2 (²1869). – [7] Vgl. etwa E. F. KLEIN: Grundsätze des gemeinen dtsch. peinl. Rechts (²1799) 57. – [8] E. BIERLING: Jurist. Prinzipienlehre (1911) 4, 23. – [9] E. BELING: Grundzüge des Strafrechts (¹¹1930) 128; auch L. ENNECERUS: Lehrb. des Bürgerl. Rechts (¹⁴1952) 1, 212. – [10] K. ENGISCH: Log. Studien zur Gesetzesanwendung (1941/42). – [11] K. LARENZ: Methodenlehre der Rechtswiss. (⁵1983). – [12] F. BYDLINSKI: Jurist. Methodenlehre und Rechtsbegriff (1982) 417-425. – [13] ARISTOTELES: Cat. 4 b 5-10; 12 b 5-15; 14 b 9-23. – [14] THOMAS VON AQUIN: In Met. IX, 11, n. 1897; vgl. auch: De ver. 9, ad 1; P. HOENEN: Reality and judgment accord. to St. Thomas (Chicago 1952) 65 und I. HABBEL: Die S.-Problematik in der Phänomenologie und bei Thomas von Aquin (1960) 127 übersetzen dabei mit ‹S.›. – [15] So bei GREGOR VON RIMINI. – [16] ABAELARD: Dialectica, hg. L. M. DE RIJK (Assen 1956, ²1970) 160. – [17] BONAVENTURA: In 1 sent. 41, a. 2, q. 2 (Quaracchi 1882-1902) 1, 740. – [18] H. LOTZE: Logik (1874) §§ 138. 327. 345. – [19] J. BERGMANN: Allg. Logik I: Reine Logik (1879) 2-5. 19. 38; vgl. die Einl. zum Kapitel über Urteilslehre in: LOTZE: Logik (²1880) § 36, der zufolge ein Urteil nicht ein Verhältnis zweier Vorstellungen zueinander, sondern ein «sachliches Verhältnis der vorgestellten Inhalte» ausspricht, das man nur darum «in einem Satze abbilden» kann, weil der Satz «dieses sachliche Verhältnis ... als bestehend schon voraussetzt». – [20] Dies hebt C. STUMPF: Erscheinungen und psych. Funktionen. Abh. Kgl. Preuss. Akad. Wiss.en (1906) 4, 29-30, eigens hervor. – [21] Logik [Sommer 1888] 4; von dieser Lithographie ist einzig das Exemplar bekannt, das Stumpf damals Husserl geschenkt hat (Husserl-Archiv zu Löwen, Sign. Q 13); bemerkenswert ist, daß Husserl, der Stumpfs Logikkolleg vom Jahr vorher gehört hat, zu diesem Passus am Rand notiert, er sei «in den Diktaten 1887 nicht enthalten». – [22] a.O. [20] 30. – [23] a.O. – [24] Zur Einteil. der Wiss.en, a.O. [20] 5, 34. – [25] G. FREGE: Begriffsschr. (1879) I, § 2. – [26] B. BOLZANO: Wiss.lehre (1837) I, 77. – [27] a.O. 78. – [28] G. GOTTHARDT: Bolzanos Lehre vom 'Satz an sich' in ihrer methodolog. Bedeut. (1909) 27. – [29] Vgl. F. BRENTANO: Über den Begriff der Wahrheit (1889), in: Wahrheit und Evidenz, hg. O. KRAUS (1930) 3-29. – [30] A. MARTY: Unters. zur Grundleg. der allg. Grammatik und Sprachphilos. (1908) 295. – [31] a.O. 404. – [32] a.O. – [33] H. BERGMANN: Das philos. Werk B. Bolzanos (1909) 15. – [34] Vgl. K. TWARDOWSKI: Zur Lehre vom Inhalt und Gegenstand der Vorstellungen (1894) 9; A. MEINONG: Philosophenbriefe, hg. R. KINDINGER (1965) 143f. – [35] Vgl. MEINONG: Über Annahmen (²1910) 101; A. MARTY: Die 'logische', 'lokalistische' und andere Kasustheorien (1910) 81, Anm. – [36] Vgl. a.O. (1902) 163; (²1910) 141. – [37] (1902) 162; (²1910) 49. – [38] R. AMESEDER: Beitr. zur Grundleg. der Gegenstandstheorie (1904) 55. – [39] A. MEINONG: Über Möglichkeit und Wahrscheinlichkeit (1915) 88. – [40] C. STUMPF: Über den Begriff der mathemat. Wahrscheinlichkeit. Sber. Kgl. Bayer. Akad. Wiss.en, Phil.-hist. Kl. (1892) 37-100, hier: 46. – [41] MEINONG, a.O. [35] 100. – [42] A. REINACH: Zur Theorie des negat. Urteils, in: A. PFÄNDER (Hg.): Münchener Philos. Abh. (1911) 220, Anm. – [43] Vgl. E. HUSSERL: Log. Unters. VI, § 39 (1901, ²1921) II/2, 126. – [44] Log. Unters. V, § 28 (1901, ²1913) II/1, 445. – [45] § 33, a.O. 459f. – [46] Vgl. Erfahrung und Urteil § 56 (1948) 276ff. – [47] Log. Unters. V, § 17, a.O. [44] 402. – [48] a.O. – [49] J. DAUBERT: Ms. Daubertiana A, I, 4/12r Handschr.abt. Bayer. Staatsbibl. – [50] Vgl. REINACH, a.O. [42] 224. – [51] a.O. 222. – [52] a.O. 251, Anm.; vgl. auch M. HONECKER: Logik (1927): Gegenstandslogik und Denklogik (1928); A. PFÄNDER: Logik I (1921) Kap. 3. – [53] Vgl. dazu vor allem A. REINACH: Die apriori. Grundl. des bürgerl. Rechts. Jb. Philos. phänomenolog. Forsch. 1 (1913) 685-847. – [54] Vgl. in dieser Hinsicht auch den neuerdings von H.-N. CASTAÑEDA: Thinking and doing: The philos. found. of institutions (Dordrecht 1975) eingeführten Begriff der 'practition'. – [55] Vgl. R. INGARDEN: Der Streit um die Existenz der Welt II/1 (1965) Kap. 11. – [56] Das lit. Kunstwerk (1931). – [57] W. SCHAPP: Philos. der Geschichten (1959). – [58] O. KÜLPE: Vorles. über Logik (1923) 214; vgl. auch H. SCHOLZ: S. – Urteil – Beurteilung in der Külpeschen Logik. Phil. Diss. (Leipzig 1932). – [59] a.O. 194. – [60] O. SELZ: Über die Gesetze des geordneten Denkverlaufs (1913) 130-145. – [61] a.O. 131. – [62] 145f. – [63] N. ACH: Über die Erkenntnis a priori, insbes. in der Arithmetik (1913) 39. – [64] H. GOMPERZ: Weltanschauungslehre II, 1 (1908) 61-79. 262 293. – [65] Vgl. dazu auch O. DITTRICH: Die Probleme der Sprachpsychol. und ihre gegenwärt. Lösungsmöglichkeiten (1913); C. K. OGDEN/I. A. RICHARDS: The meaning of meaning (London 1923) 274-277; A. H. GARDINER: The theory of speech and language (Oxford 1932) 24-27. – [66] G. IPSEN: Besinnung der Sprachwiss. Indogerman. Jb. 11 (1926) 29. – [67] Vgl. L. WITTGENSTEIN: Log.-philos. Abh. (1921) 2.01; 2.0124; 2.013; 2.0272; 2.04; 2.06; 2.201; 4.1; 4.2; 4.21; 4.25. – [68] Vgl. W. PITKIN: Log. problems, old and new. J. Philos. Psychol. scient. Method 2 (1905) 233. – [69] L. WITTGENSTEIN: Tractatus log.-philos. (London 1922). – [70] Vgl. z.B. B. RUSSELL: The philos. of log. atomism (London 1918); Analysis of mind (London 1921) ch. 12. – [71] G. BERGMANN: Logic and reality (Madison 1964); R. GROSSMANN: The cat. struct. of the world (Bloomington 1983); damit verwandt ist auch D. M. ARMSTRONG: Universals and scient. realism (Cambridge 1978). – [72] Vgl. z.B. R. M. CHISHOLM: Person and object. A metaphys. study (London 1976). – [73] J. BARWISE/J. PERRY: Situations and attitudes (Cambridge, Mass. 1983). – [74] Vgl. dazu vor allem B. WOLNIEWICZ: A formal ontology of situations. Studia logica 41 (1982) 381-413.

Literaturhinweise. C. A. BAYLIS: Facts, propositions, exemplification and truth. Mind 57 (1948) 459-479. – U. WESEL: Rhet.

Statuslehre und Gesetzesausleg. der röm. Juristen (1967). – E. MORSCHER: Von Bolzano zu Meinong: Zur Gesch. des log. Realismus, in: R. HALLER (Hg.): Jenseits von Sein und Nichtsein (1972) 69-102; Propositions and states of affairs in Austrian philos. before Wittgenstein, in: J. C. NYÍRI (Hg.): Von Bolzano zu Wittgenstein (1986) 75-85. – G. NUCHELMANS: Theories of the proposition. Anc. and mediev. concept. of the bearers of truth and falsity (Den Haag 1973); Adam Wodeham on the meaning of declarative sent. Historiogr. linguist. 7 (1980) 177-187. – R.-A. DIETRICH: Sprache und Wirklichkeit in Wittgensteins Tractatus (1973). – R. L. CLARK: Facts, fact-correlates, and fact-surrogates, in: P. WELSH (Hg.): Fact, value and perception (Durham, N.C. 1975) 3-18. – B. SMITH: An essay in formal ontology. Grazer philos. Stud. 6 (1978) 39-62; On the cogn. of states of affairs, in: K. MULLIGAN (Hg.): Speech act and Sachverhalt. Reinach and the found. of realist Phenomenol. (Dordrecht 1987) 189-226; Logic and the Sachverhalt. Monist 72 (1989) 52-69; Towards a hist. of speech act theory, in: A. BURKHARDT (Hg.): Speech acts, meanings and intentions (1990) 29-61. – G. KANIAK: Wittgensteins Termini 'der Fall', 'die Tatsache' und 'der S.' im Vergleich zum Sprachgebrauch der Verfahrensgesetze. Österr. Z. öffentl. Recht Völkerrecht 31 (1980) 201-209. – K. MULLIGAN: 'Wie die Sachen sich zueinander verhalten'. Inside and outside the Tractatus. Theoria 5 (1985) 145-174. – K. MULLIGAN/P. M. SIMONS/ B. SMITH: Wahrmacher, in: B. PUNTEL (Hg.): Der Wahrheitsbegriff. Neue Explikationsversuche (1987) 210-255. – K. R. OLSON: An essay on facts (Stanford 1987). – L. M. DE RIJK: The anatomy of the propos.: Logos and pragma in Plato and Arist., in: L.M. DE RIJK/H. A. G. BRAAKHUIS (Hg.): Logos and pragma (Nimwegen 1987) 27-62. – K. SCHUHMANN/B. SMITH: Questions: An essay in Daubertian phenomenology. Philos. phenomenolog. Res. 47 (1987) 353-384. – P. M. SIMONS: Arist.'s concept of state of affairs, in: O. NEUMAIER (Hg.): Forsch.ber. und Mitteil. des Forsch.inst. Philosophie/Technik/Wirtschaft an der Univ. Salzburg 4 (1987) 9-25. – K. TACHAU: Wodeham, Crathorn and Holcot: the developm. of the Complexe significabile, in: DE RIJK/ BRAAKHUIS (Hg.), a.O. 161-188; Vision and certitude in the age of Ockham. Optics, epistemology and the found. of semantics 1250-1345 (Leiden 1988). – J. WOLENSKI: Logic and philos. in the Lvov-Warsaw school (Dordrecht 1988). – W. HENCKMANN: Bewußtsein und Realität bei Külpe und Gomperz. Z. Semiotik 10 (1988) 377-397. – J. WOLENSKI/P. M. SIMONS: De veritate. Austro-Polish contrib. to the theory of truth from Brentano to Tarski, in: K. SZANIAWSKI (Hg.): The Vienna circle and the Lvov-Warsaw school (Dordrecht 1989). – J. SCHULTE (Hg.): Texte zum Tractatus (1989). B. SMITH

Sacrificium intellectus (dtsch.: Opfer des Verstandes).

1. Die *Vorgeschichte* des Begriffs ‹s.i.› reicht herab bis zu den Vollkommenheitsvorstellungen in der Sonderethik des altchristlichen Mönchtums, die besonders auf den umfassenden Gehorsam und dessen heilsmittlerische Bedeutung abhebt. Nach JOHANNES CASSIAN steht es dem Oberen, dem schon der äußeren Ordnung wegen Gehorsam geschuldet wird, zu, daß ihm die Gedankenregungen seiner Untergebenen offengelegt und seiner Prüfung unterworfen werden [1]. JOHANNES KLIMAKUS begreift die im Gehorsam dargebrachte Entsagung der Entscheidung, die einer Entleerung des menschlichen Willens gleichkommt [2], als nicht mehr übersteigbares Vermögen der Entscheidungsmacht über sich selber: Ὑπακοή ἐστιν ἀπόθεσις διακρίσεως ἐν πλούτῳ διακρίσεως [3].

IGNATIUS VON LOYOLA erörtert nach patrologischen Vorarbeiten [4] im sog. ‹Gehorsamsbrief› vom 26. März 1553 die seinen Orden auszeichnende Lehre vom «reinen und vollkommenen Gehorsam, der wahrhaften Verzicht auf unseren Eigenwillen und Verleugnung unseres eigenen Urteils einschließt» [5]. Den höchsten Grad des Gehorsams, der ein Ganzopfer (holocausto) und eine vollständige Resignation seiner selbst ist [6], erlangt, wer dem Oberen «zum Willen auch noch seinen Verstand opfert» («offrezca el entendimiento») [7]. Die Unterwerfung des Urteils kann nur so weit gehen, wie der ergebene Wille in den «Fällen, wo ihn nicht die klar erkannte Wahrheit (anders) nötigt» [8], den Verstand «für etwas geneigt machen kann» [9]. Dabei ist nicht der aristotelische szientifische Intellektbegriff, sondern die vornehmlich von augustinisierenden Denkern tradierte Auffassung eines infolge des Sündenfalls falliblen und daher stets auf Autorität rückverwiesenen Intellektes rezipiert [10]: «Was meinen Augen weiß erscheint, halte ich für schwarz, wenn die hierarchische Kirche so bestimmt» [11].

Im Zeitalter der Gegenreformation begegnet dieser Gedanke in einer Vielfalt von (oft an Ignatius anschließenden) Formeln und Varianten: «Resignation des eigenen Urteils» [12], «geistliches Ganzopfer» («spirituale holocaustum») [13], «Abtötung (mortificatio) des Intellekts, Willens und Gedächtnisses» [14], «Verzicht auf das eigene Urteil» («abnegatio proprii iudicii») [15]; gelegentlich wird aber auch ausdrücklich von einem «Opfer der Vernunft» («sacrifice de la Raison») gesprochen [16].

Die in der Denkfigur des s.i. formulierte zugespitzte Fassung des Verhältnisses von Vernunft und Glaube/Offenbarung bietet sich der Religionskritik der Aufklärung als Argument gegen den Wahrheitsanspruch der Offenbarung geradezu an und wird auch tatsächlich zu einem ihrer gängigen Topoi. Gerade weil der Glaube an die Lehren der Offenbarung nur um den Preis des s.i. möglich sei, könne es eine Aneignung der geoffenbarten Lehren aus Überzeugung nicht geben: «Toute religion révélée exige qu'on lui sacrifie la raison, ... & conséquement il est impossible que nous soyons convaincu» [17]. – Zeitgleich mit der protestantischen Aufklärung, die das Problem der «Aufopferung der Vernunft» [18] teils ausdrücklich unter diesem Titel, teils in bezug auf den paulinischen Gedanken der «Gefangennehmung der Vernunft durch den Gehorsam des Glaubens» (2 Kor. 10, 5) kontrovers erörtert [19], bleibt im katholischen Raum das Gebot in Kraft, «das eigene Urteil und den eigenen Willen mittels der Tugend des Verzichtes Gott zu übergeben und zu opfern» [20].

2. Im Vorfeld und im Verlauf des I. Vatikanischen Konzils (1869/70) scheint der Begriff des s.i. seine fortan greifbare Prägnanz erhalten zu haben. C. J. VON HEFELE, Bischof von Rottenburg, schreibt 1870, er habe, um ein Schisma zu vermeiden, durch seine Zustimmung zum anstehenden Unfehlbarkeitsdogma Gott ein Opfer des Verstandes dargebracht («sacrificio dell'intelletto Deo obtuli») [21]. Nach A. TANNER kann man «allenfalls das sacrificio dell'intelletto bringen und dem Dogma sich unterwerfen; aber etwas anderes ist es, dasselbe wissenschaftlich zu erörtern, zu begründen und zu vertheidigen» [22]. Für M. J. SCHEEBEN, der seine kompendiöse ‹Theologische Erkenntnislehre› als Kommentar zu den Lehrentscheidungen des Vaticanum I versteht [23], gestaltet sich «der Glaube selbst innerlich und wesentlich ... zu einem Akte der Religiosität, spezieller des latreutischen Kultus, und gerade eines ganz besonders erhabenen und Gott wohlgefälligen Kultus, der religiositas mentis oder des s.i.» [24]. Gegen Liberalismus und Protestantismus, der «von dem inneren Werte und der Notwendigkeit des s.i. nichts wissen will, muß ... das Majestätsrecht Gottes auf den Glauben, und demgemäß die wirksame Geltendmachung der Offenbarung hervorgehoben werden» [25]. Der protestantische Kirchenhistoriker TH. FROMMANN [26] und der Konzilsbeobachter

und spätere Altkatholik J. FRIEDRICH [27] gebrauchen den Begriff des s.i. als ein Leitwort antikatholischer und antijesuitischer Polemik [28]; anderen Nichtkatholiken ist er immerhin Anlaß zu konfessioneller Distanznahme geworden [29].

F. NIETZSCHE stellt den Begriff des s.i. in den Zusammenhang seiner Kritik aller Moral, deren Kern im Willen zur Wahrheit liege. «Die Fälschung der Wahrheit zu Gunsten der Dinge, die wir lieben (z.B. auch Gott) – fluchwürdigste Unart bei erleuchteten Geistern, denen die Menschheit zu vertrauen pflegt und die so dieselbe verderben, im Wahne festhalten. Und oft war es ein so schweres Opfer für euch, s.i. propter amorem! Ach ich selber habe es gelobt!» [30]. «Das Christenthum verlangte eigentlich nichts als ein intellektuelles Opfer: daß an Christus geglaubt werde» [31]. – Für M. WEBER ist die Fähigkeit zur «Virtuosenleistung des 'Opfers des Intellekts' ... das entscheidende Merkmal des positiv religiösen Menschen», das «rechtmäßigerweise nur der Jünger dem Propheten, der Gläubige der Kirche» darbringt [32]. Wer «das Schicksal unserer Zeit», «die Entzauberung der Welt», «nicht männlich ertragen kann, ... kehre lieber, schweigend, ... schlicht und einfach, in die weit und erbarmend geöffneten Arme der alten Kirchen zurück. ... Denn ein solches Opfer des Intellekts zugunsten einer bedingungslosen religiösen Hingabe ist sittlich immerhin doch etwas anderes als ... schwächliche Relativierung» oder «Katheederprophetie» [33]. Im «Bewußtsein der Irrtums- und Täuschungsneigung des Menschen» [34] verteidigt M. SCHELER das s.i. im Sinne einer (unter Wahrung der «Weltautonomie der Vernunft» vollzogenen) «Unterordnungsbereitschaft des Willens unter die Autorität, unter ihren Anspruch der Interpretation und Fixierung der höchsten Glaubens- und Sittenregeln im Sinne ihres Stifters» [35], wobei nicht «die objektiven idealen Prinzipien und Formen und Ideen der Vernunft», sondern «das subjektive, individuelle, menschliche, irrtumsfähige» Erkenntnisvermögen geopfert wird [36]. In der Dialektischen Theologie K. BARTHs hat die wahre Erkenntnis des wahren Gottes, die «unangegriffen und unangreifbar, ohne Sorge und Zweifel» ist [37], nur in der alleinigen gnadenhaften Bindung an das Wort Gottes ihre Gewähr, niemals in einem selbst erbrachten s.i. oder «salto mortale des freien Denkens» [38]. «Das s.i. als letzter verzweifelter kühner Akt des Selbstvertrauens» erweist sich stets «als bloßer Zauber, ... auch wenn man ihn als Sprung in den Glauben deutet» [39]. In Fortführung Barthscher Gedanken [40] gründet D. BONHOEFFER die Dialektik von Freiheit und Gehorsam eines jeden Christen, der auch immer ein Dogmatiker ist, auf das Wort Gottes. Dieses ist «die in der Kirche präsente absolute Autorität, die präsent ist freilich nur im Wort der Kirche, d.h. aber in repräsentierter, relativer Autorität» [41]. «Mein relativer Gehorsam gehört der Kirche, sie ist im Recht, von mir ein s.i. und vielleicht sogar auch gegebenenfalls ein sacrificium conscientiae zu fordern. Erst dort, wo ... wirklich die absolute Autorität des Wortes Gottes mir gegenübertritt und meinen absoluten Gehorsam ... fordert, ... da kann die relative Gebundenheit an die Kirche zerrissen werden, wenn sie meiner absoluten Bindung ans Wort im Wege steht.» Sonst «stünden wir beim katholischen Kirchen- und Autoritätsbegriff» [42]. Für R. BULTMANN bedeutet die Forderung, die neutestamentliche Mythologie blind zu akzeptieren und als Glaubensforderung zu erheben, «den Glauben zum Werk [zu] erniedrigen ... Die Erfüllung der Forderung wäre ein abgezwungenes s.i.»

[43]. – Im Austreiben der Phantasie wird nach TH. W. ADORNO durch die instrumentelle, reproduktive Vernunft («Intellectus s.i.») kritisches Denken «exorziert» [44]. – Heutige katholische Religionsphilosophie [45], Dogmatik [46] und Moraltheologie [47] distanziert sich, von Ausnahmen abgesehen [48], vom Begriff des s.i. und seiner integralistischen Tendenz, christliche Existenz in Kirche und Welt einer allgemeinen und umfassenden rationalen Verantwortbarkeit entziehen zu wollen.

Anmerkungen. [1] JOH. CASSIANUS: De instit. coenob. 4, 9. CSEL 17, 53; zit. F. SUÁREZ: De relig. tract. 8, 10, 6, n. 5 (1625). Op. omn., hg. C. BERTON (Paris 1856-78) 16, 1084 a. – [2] JOH. KLIMAKUS: Scala parad. 4, schol. 3. MPG 88, 729 B. – [3] Sc. par. 4, a.O. 680 A; zum Begriff des sog. blinden Gehorsams vgl. F. RUPPERT: Das pachomian. Mönchtum und die Anfänge klöster. Gehorsams (1971) 418-427. – [4] Vgl. K. D. SCHMIDT: Die Gehorsamsidee des Ign. von Loyola (1935) 8-19; J. LOOSEN: Gestaltwandel im relig. Gehorsamsideal. Geist Leben 24 (1951) 203; H. RAHNER: Ign. von Loyola als Mensch und Theologe (1964) 235-250. – [5] IGNATIUS VON LOYOLA: Epist. de oboed. virtute 2 (26. 3. 1553), zit. nach: C. MIRBT/K. ALAND (Hg.): Quellen zur Gesch. des Papsttums und des Röm. Katholizismus 1 (⁶1967) 554; dtsch.: H. RAHNER (Hg.): Geistl. Br. (Einsiedeln ³1956) 244; vgl. A. MÜLLER: Das Problem von Befehl und Gehorsam im Leben der Kirche (Einsiedeln 1964) 139ff. – [6] Epist. n. 9, a.O. 546/dtsch. 248; vgl. auch Art. ‹Resignation, resignieren›. – [7] n. 7, a.O. 545/248; vgl. SUÁREZ: De relig. 7, 10, prol. (1624), a.O. [1] 15, 863 b. – [8] n. 8, a.O. 546/248. – [9] n. 7, a.O. – [10] Vgl. z.B. AUGUSTINUS: De ord. 2, 26f.; extrem: WILHELM VON AUVERGNE: Tract. de fide 1 [ca. 1228]. Opera (Paris 1674, ND 1963) 1, 2 b H; 3 a A-B; 4 b E-H; 6 b F-H; bes. 7 a A; dazu G. ENGLHARDT: Die Entwickl. der dogmat. Glaubenspsychol. in der mittelalterl. Scholastik (1933) 280 (Anm.1). 294f. 299 (Anm.21); A. LANG: Die theol. Prinzipienlehre der mittelalterl. Scholastik (1964) 158f.; zur Rezeption von 2 Kor. 10, 5 im Zus. der Pariser Lehrverurteilung von 1277 vgl. L. BIANCHI: «Captivare intellectum in obsequium Christi». Riv. crit. Storia Filos. 38 (1983) 81-87. – [11] Exerc. spirit. n. 365 [ca. 1522/35], hg. J. CALVERAS/C. DE DALMASES (Rom 1969) 410ff.; zum ekklesiolog. Hintergrund dieses als Replik auf Erasmus von Rotterdam entstandenen Diktums vgl. W. LÖSER: Die Regeln des Ign. von Loyola zur kirchl. Gesinnung. Geist Leben 57 (1984) 341-352. – [12] L. DE PONTE [DE LA PUENTE]: Dux spiritualis 1, 24, 3 [1609] (1617) 204; vgl. 4, 7; vgl. IGNATIUS VON LOYOLA: Exerc. spirit. n. 234, a.O. 308. – [13] Expos. moralis in Canticum Canticorum 4, 18, 4 (²1622) 2, 77 b C. – [14] JUAN DE LA CRUZ: Llama de amor viva 2, 6, 34 (1584). Vida y obras, hg. L. DEL SS. SACRAMENTO (Madrid ²1950) 1216f.; CONSTANTIN DE BARBANSON: Amoris divini occultae semitae 4 (1623) 82; zur Vorgeschichte dieses Motivs vgl. DIONYSIUS CARTHUSIANUS: De contempl. 2, 12 [ca. 1440/45]. Op. omn. (Tournai 1896-1913) 41, 258 A; J. MANSI: Bibl. moralis praedicabilis 51, disc. 7-9 (Venedig 1703) 3, 350-356. – [15] M. MOLINOS: Guía espiritual 2, 76. 83-87 u.ö. (1675), hg. J. I. TELLECHEA IDIGORA (Madrid 1976) 240. 244ff. – [16] P. BAYLE: Eclairc. sur certaines choses répandues dans ce Dict., II. Ecl., in: Dict. hist. et crit. (Amsterdam ⁵1740) 4, 632. 636; ND: Oeuvr. div., hg. E. LABROUSSE Suppl. I/2 (1982) 1225. 1229; FÉNELON: Lettres sur l'autorité de l'égl. 1. Oeuvr., hg. M. AIMÉ-MARTIN (Paris 1838-43) 1, 224 a; dtsch.: Geistl. Werke, hg. F. VARILLON (1961) 141; Lettres spirit. 40, à Mᵐᵉ de Maintenon (1690), a.O. 1, 479 b; vgl. R. SPAEMANN: Reflexion und Spontaneität (1963) 190. – [17] J. A. NAIGEON (Hg.): Recueil philos. ('London' [Amsterdam] 1770) 1, 69; vgl. auch 60; vgl. D. DIDEROT: Addit. aux pensées philos. II [ca. 1749]. Oeuvr. compl., hg. J. ASSÉZAT/M. TOURNEUX (Paris 1875-77) 1, 158; dtsch.: Philos. Schr., hg. TH. LÜCKE (Berlin-Ost 1967) 1, 35. – [18] G. E. LESSING: Rettung des Hier. Cardanus (1754). Werke, hg. H. G. GÖPFERT 7 (1976) 20. – [19] H. S. REIMARUS: Apologie oder Schutzschr. für die vernünft. Verehrer Gottes, hg. G. ALEXANDER (1972) 1, 102-104; LESSING: Gegensätze des Hg., a.O. 7 (1976) 462f. – [20] D. SCHRAM: Instit. theol. mysticae § 96 (Wien 1778) 1, 226; vgl. § 93f., a.O. 216. 219. – [21] C. J. VON HEFELE: Br. an J. Feßler (10. 4. 1870), in: A. B. HASLER: Pius IX. (1846-1878), päpstl. Unfehlbarkeit und 1. Vat. Konzil (1977) 2, 473. – [22] A. TANNER: Br. an J. B. K. Greith

(26. 9. 1871), a.O. 507, Anm. 11. – [23] M. J. SCHEEBEN: Hb. der Kath. Dogmatik I: Theol. Erkenntnislehre. Vorrede (1874). Ges. Schr., hg. J. HÖFER (1941-61) 3, XXXV. – [24] n. 670, a.O. 3, 305; vgl. n. 673, a.O. 307; vgl. dazu K. ESCHWEILER: Die zwei Wege der neueren Theol. (1926) 141. 306, Anm. 9; W. BARTZ: Das Problem des Glaubens (1950) 31f.; J. SCHUMACHER: Apologetik und Fund.theol. bei M. J. Scheeben. Divinitas 32 (1988) 85f. – [25] n. 64, a.O. 3, 45; dazu H. J. POTTMEYER: Unfehlbarkeit und Souveränität (1975) 276; vgl. n. 769, a.O. 345; dazu L. OEING-HANHOFF: Die Kirche – Institution christl. Freiheit? (1978), in: Met. und Freiheit. Ausgew. Abh., hg. TH. KOBUSCH/W. JAESCHKE (1988) 193. – [26] TH. FROMMANN: Gesch. und Kritik des Vat. Concils (1872) 407. – [27] J. FRIEDRICH: Gesch. des Vat. Konzils (1877-87) Reg. s.v. ‹Opfer des Verstandes›. – [28] Vgl. U. NOACK: Katholizität und Geistesfreiheit (1936) 277. – [29] O. DITTRICH: Gesch. der Ethik (1929-32) 3, 12; D. BONHOEFFER: Sanctorum Communio (1930). Werke, hg. E. BETHGE u.a. (1986ff.) 1, 172; K. NITZSCHKE: Art. ‹S.i.›, in: Evang. Kirchenlex. 3 (1959) 742; H. MÜLLER: Evang. Dogmatik im Überblick (1978) 1, 118; 2, 346f. – [30] F. NIETZSCHE: Frg. (Sommer 1880) 5[14]. Krit. Ges.ausg., hg. G. COLLI/M. MONTINARI (1967ff.) 5/1, 514. – [31] Frg. (Herbst 1880) 6[179], a.O. 574. – [32] M. WEBER: Wiss. als Beruf (1919). Ges. Aufs. zur Wiss.lehre, hg. J. WINCKELMANN (³1968) 611; vgl. W. SCHLUCHTER: Wertfreiheit und Verantwortungsethik (1971), in: Rationalismus der Weltbeherrschung (1980) 52ff. 60. – [33] WEBER, a.O. 612f. – [34] M. SCHELER: Vom Ewigen im Menschen (1921). Ges. Werke (Bern 1954ff.) 5, 345. – [35] a.O. 344. – [36] 345. – [37] K. BARTH: Kirchl. Dogmatik [KD] (1932-70) II/1 (1940) 5. – [38] a.O. 7; zur Phrase 'Salto mortale der Vernunft' vgl. G. SCHOLTZ: Sprung. Arch. Begriffsgesch. 11 (1967) 206-237. – [39] BARTH, a.O.; vgl. W. PANNENBERG: Grundr. syst. Theol. (1967) 241. – [40] Vgl. Christl. Dogmatik im Entwurf (1927) 1, 403; KD I/2 (1938) 727. 816; vgl. dazu M. WERNER: Der prot. Weg des Glaubens (1955/62) 1, 918, Anm. 10. – [41] BONHOEFFER, a.O. [29]. – [42] a.O. 173; Br. an R. Schleicher (8. 4. 1936). Ges. Schr., hg. E. BETHGE (1958-74) 3, 29. – [43] R. BULTMANN: NT und Mythologie (1940), in: H. W. BARTSCH (Hg.): Kerygma und Mythos (1948-64) 1, 17; Die liberale Theol. und die jüngste theolog. Bewegung (1924), in: Glauben und Verstehen (1933-65) 1, 8; vgl. O. WEBER: Grundl. der Dogmatik (1955) 1, 377; R. MARLÉ: Bultmann und die Interpr. des NT (²1967) 33. 58. 168. – [44] TH. W. ADORNO: Minima Moralia II, 79 (1951). Ges. Schr., hg. R. TIEDEMANN (1971ff.) 4, 136. – [45] Vgl. OEING-HANHOFF, a.O. [25] 190. 192ff. 203; H. DOLCH: Fides s.i.? Erfordert der Glaube die Aufgabe des Intellekts? in: N. A. LUYTEN/L. SCHEFFCZYK (Hg.): Tod – Ende oder Vollendung? (1980) 199-220. – [46] Vgl. W. KASPER: Einf. in den Glauben (1972) 73; Der Gott Jesu Christi (1982) 95. 131; Theol. und Kirche (1987) 15. – [47] Vgl. F. FURGER: Einf. in die Moraltheol. (1988) 134. 38 (Anm.55). – [48] Vgl. A. SCHÖNMETZER: Introd. (1963), in: H. DENZINGER/A. SCHÖNMETZER (Hg.): Enchir. Symb. (³⁶1976) 7.   M. LAARMANN

Sadismus ist eine im deutschen Sprachgebrauch von R. VON KRAFFT-EBING [1] in die psychiatrische Krankheitslehre eingeführte, nach dem französischen Schriftsteller Marquis DE SADE benannte Perversion (s.d.), deren wesentliches Merkmal die lustvoll erlebte und mit sexueller Erregung einhergehende aktive Unterwerfung eines anderen ist. Gleichzeitig mit dem Begriff ‹S.› führte KRAFFT-EBING die Bezeichnung ‹Masochismus› (s.d.) ein (nach dem Historiker und Literaten L. VON SACHER-MASOCH), bei dem entsprechend die passive Unterwerfung lustvoll erlebt wird. S. und Masochismus werden von KRAFFT-EBING als zwei verschiedene Seiten desselben seelischen Vorgangs (Sadomasochismus) verstanden, wobei lustvoll erlebtes Unterwerfen bzw. Unterworfensein konstitutiv sind; Schmerzlust und Grausamkeit dagegen können fehlen. Im Gegensatz dazu hat A. VON SCHRENCK-NOTZING [2] im lustvollen Erleben des Schmerzes das zentrale Moment gesehen und statt ‹S.› die Bezeichnung ‹aktive Algolagnie› (von griech. ἄλγος = 'Schmerz' und λάγνος = 'geschlechtlich erregt') vorgeschlagen bzw. die Bezeichnung ‹passive Algolagnie› für ‹Masochismus›; er konnte sich damit jedoch nicht durchsetzen. Allerdings trugen KRAFFT-EBINGS klinische Falldarstellungen wesentlich dazu bei, daß ‹S.› trotzdem v.a. mit ‹Grausamkeit› und ‹physischer Gewaltanwendung› konnotiert wird. Die abstruse Behauptung, «der höchste Grad von S. ist der Lustmord» [3], kann sich durchaus auf ihn berufen, ebenso wie die umgangssprachliche Anwendung des Adjektivs ‹sadistisch› auf jede Art von Grausamkeit, ja selbst auf einfache Ungerechtigkeiten. Gegen diesen beliebigen Gebrauch und die Anwendung auf alle möglichen politischen Ereignisse betont bereits A. MOLL [4] die strikte Kopplung von S. und sexuellem Erleben. Die weitere Theoriebildung zum Begriff ‹S.› als klinischem Terminus technicus folgt den für die Perversionen herausgearbeiteten allgemeinen Linien. Unabhängig davon, welche spezifische Perversion einzelne Autoren ins Zentrum ihrer Untersuchungen rücken, ob Exhibitionismus, Fetischismus, Transvestitismus usw. oder S., geht es dabei jeweils um die Herausarbeitung von Ätiologie und/oder Bedeutungsgehalt der perversen Mechanismen generell. Daraus eine spezifische Begriffsgeschichte des klinischen Terminus technicus ‹S.› herauszudestillieren, macht wenig Sinn.

Die klinische Inbeschlagnahme des Begriffs ‹S.› und dessen weitgehende Eingrenzung auf eine spezifische Ausprägung devianten Sexualverhaltens durch Krafft-Ebing kritisiert erstmals A. EULENBURG [5]. Mit seiner Anregung, de Sades Schriften als antimoralische Philosophie und/oder kulturkritische Diagnose zu lesen, setzt er eine extensive de Sade-Forschung [6] in Gang, in deren Kontext außerklinische Begriffsgeschichte von ‹S.› und Rezeptionsgeschichte von Leben und Werk de Sades deckungsgleich werden. I. BLOCH erblickt in de Sades Schriften «alle Strebungen der höheren Gesellschaft Frankreichs im 18. Jh. zusammen[ge]faßt»; sie gewährten nach seinem Urteil «einen furchtbaren Einblick in die Welt des Lasters, genannt 'Roccocogesellschaft'» [7].

Mehr als nur die Signatur einer Epoche wird nach M. HORKHEIMER und TH. W. ADORNO im Werk de Sades greifbar, nämlich die «Dialektik» der als epochenübergreifende Bewegung verstandenen 'Aufklärung': Der emanzipatorische Impetus der auf Selbsterhaltung und Instrumentalität festgelegten «aufklärerischen» Vernunft gelangt etwa in der ‹Juliette› zur Kenntlichkeit, in der de Sade den Verlust der Humanität im Prozeß der Aufklärung exemplarisch aufgezeigt und den Humanitarismus der Aufklärung als Schein entlarvt habe [8].

S. DE BEAUVOIR sieht im Satz: «In einer verbrecherischen Gesellschaft muß man ein Verbrecher sein» [9], die Zusammenfassung von de Sades Ethik und dessen Anspruch auf eine «Moral der Eigentlichkeit» gegen den Sensualismus der Epoche. Nach G. BATAILLE [10] spricht de Sade im wesentlichen die Sprache des Opfers, nicht des Täters; insofern seien Ableitungen z.B. der nazistischen Verbrechen aus seinem Werk verfehlt. R. BARTHES [11] betont, daß es de Sade nicht um die Protokollierung von Verbrechen, sondern um die «Performanzen des Diskurses» gegangen sei. Auch G. DELEUZE [12] widerspricht der Pathologisierung de Sades, hält die klinische Komplementarität von S. und Masochismus für ungerechtfertigt und bezeichnet de Sades Werk als pornologisch statt als pornographisch. M. TREUT schließlich charakterisiert aus feministischer Sicht die Grausamkeit der Frau bei de Sade als Folge einer «Utopie eines libertinen Lebens, für das es keine gesellschaftliche Realität gibt» [13]. Diese literarische und gesellschaftskritische Tradition der de Sade-Interpretation gipfelt in dem Diktum von H. FICHTE: «Sadistisch war der Marquis de Sade nicht. Er trägt seinen Namen zu Unrecht» [14].

Das Urteil H. Fichtes spannt den Bogen zum heutigen klinischen Verständnis von S. bzw. der Perversionen generell: Ihre Äußerungen und Texte sind nicht als wörtliche Protokolle von Handlungen oder als Verhaltensanleitungen zu lesen, sondern als kreative Abwehrleistungen, die der Bewältigung schwerer Traumatisierungen dienen.

Anmerkungen. [1] R. VON KRAFFT-EBING: Psychopathia sexualis (1882). – [2] A. VON SCHRENCK-NOTZING: Die Suggestionstherapie bei krankhaften Erscheinungen des Geschlechtssinnes (1892). – [3] Der Große Brockhaus ([15]1932) 12, 305. – [4] A. MOLL: Hb. der Sexualwiss.en ([3]1926) 2, 755. – [5] A. EULENBURG: Der Marquis de Sade, in: Die Zukunft 26 (1899) 497-515. – [6] Auswahl: E. DÜHREN [I. BLOCH]: Der Marquis de Sade und seine Zeit. Ein Beitr. zur Cultur- und Sittengesch. des 18. Jh. Mit bes. Beziehung auf die Lehre von der Psychopathia Sexualis (1900); Neue Forsch. über den Marquis de Sade und seine Zeit. Mit bes. Berücksichtigung der Sexualphilos. de Sade's auf Grund des neuentdeckten Orig.-Ms. seines Hauptwerkes ‹Die 120 Tage von Sodom› (1904); O. FLAKE: Marquis de Sade (1930, [2]1981); G. GORER: The life and ideas of the Marquis de Sade (London 1934, [2]1953), dtsch.: Marquis de Sade. Schicksal und Gedanke (1959); P. KLOSSOWSKI: Sade, mon prochain (Paris 1947, [2]1967); Der ruchlose Philosoph, in: Das Denken von de Sade, hg. Tel Quel (1969) 7-38; G. LELY: Vie du Marquis de Sade (Paris 1952-57), dtsch.: Leben und Werk des Marquis de Sade (1961) [nur Teilübers.]; Oeuvr. compl. du Marquis de Sade. Ed. défin. 1-16 (Paris 1966); vgl. ferner unten Anm. [7-14]. – [7] E. DÜHREN [I. BLOCH]: Rétif de la Bretonne. Der Mensch, der Schriftsteller, der Reformator (1906) 1f. – [8] M. HORKHEIMER/TH. W. ADORNO: Dial. der Aufkl. (1944, 1971) 74-107 [‹Exkurs II: Juliette oder Aufkl. und Moral›]. – [9] S. DE BEAUVOIR: Faut-il brûler Sade? (Paris 1955), dtsch.: Soll man de Sade verbrennen? (1964) 77. 82. – [10] G. BATAILLE: L'érotisme (Paris 1957) 209f. – [11] R. BARTHES: Sade, Fourier, Loyola (Paris 1971), dtsch.: Sade Fourier Loyola (1986) 43. – [12] G. DELEUZE: Sacher-Masoch und der Masochismus, in: L. VON SACHER-MASOCH: Venus im Pelz (1980) 163-281, bes. 172f. – [13] M. TREUT: Die grausame Frau. Zum Frauenbild bei de Sade und Sacher-Masoch (1984) 8. – [14] H. FICHTE: Der blutige Mann. Sade, in: Die Gesch. der Empfindlichkeit 1 (1987) 23-131, bes. 97.

Literaturhinweise. A. SPENGLER: Sadomasochisten und ihre Subkulturen (1979). – R. J. STOLLER: Pain and passion. A psychoanalyst explores the world of S & M (New York/London 1991). – Weitere Lit. s. Art. ‹Perversion›.   F. PFÄFFLIN

Säfte, Säftelehre

1. *Corpus Hippocraticum.* – Die antike Säftelehre [Sl.] wird im 5. Jh. v.Chr. in Griechenland konzipiert und bildet bis zum 17. Jh. eine der wichtigsten theoretischen Grundlagen der Medizin. Zunächst standen Zahl und Art der Säfte [S.] nicht fest [1]. Die älteren hippokratischen Lehren [2] kennen nur zwei S., Galle und Schleim [3]. Es kommen dann Blut und/oder Wasser hinzu [4]. Doch die in der Schrift ‹De natura hominis› genannte Kombination der vier S., Blut (αἷμα), (gelbe) Galle (χολὴ ξανθή), schwarze Galle (χολὴ μέλαινα) und Schleim (φλέγμα) [5], setzt sich durch. Die Vierzahl folgt dem von EMPEDOKLES vorgegebenen Schema der vier Elemente, die als Bausteine organischen Lebens ungeeignet schienen [6]. Nicht befriedigend geklärt ist bis heute, was man als dunkle bzw. als schwarze Galle ansah und warum der Autor gerade sie, die zuvor nur als pathologisches Agens erwähnt worden war [7], als vierten Saft aufnahm [8]. Man hat wohl zunächst jede vom Körper abgegebene dunkle Materie wie auch den dunklen Bodensatz abgestandenen Aderlaßblutes als Manifestation der schwarzen Galle angesehen [9]. Ihr werden bereits im ‹Corpus Hippocraticum› depressive Zustände, Schlaflosigkeit und Furcht angelastet [10], aber auch gesteigerte Affekte gelten als Wirkung der schwarzen Galle [11]. Nach Meinung der Schule des ARISTOTELES sollen sogar außerordentliche geistige Leistungen auf bestimmte Arten der schwarzen Galle zurückzuführen sein [12]. Im ‹Corpus Hippocraticum› beginnt bereits die Praxis der Zuordnung anderer Vierergruppen zu den vier S., wobei die Gewohnheit des Denkens in Gegensätzen eine wichtige Rolle spielt [13]. Diese Schemata werden immer umfangreicher und sind bis zur Renaissance sehr beliebt [14]. In ‹De natura hominis› sind den S. die Jahreszeiten und die Lebensalter zugeordnet [15], in weiteren Schriften sind die S. mit Herkunftsorganen verbunden [16]. Am bedeutsamsten für die Weiterentwicklung dieser Vier-Sl. erweist sich die Verbindung der S. mit den vier Elementar- und Primärqualitäten 'warm/kalt' und 'feucht/trocken' [17]. Durch sie können die S. eindeutig definiert und auch verändert werden [18]. So ergibt sich für das ‹Corpus Hippocraticum› folgendes Schema:

Blut = warm–feucht/Frühling/Kindheit/Herz
gelbe Galle = warm–trocken/Sommer/Jugend/Leber
schwarze Galle = kalt–trocken/Herbst/Mannesalter/Milz
Schleim = kalt–feucht/Winter/Alter/Gehirn [19].

Die bereits in der Nahrung enthaltenen [20] S. bilden die materielle Grundlage des Körpers. Ihre von den Eltern ererbte [21] Mischung (κρᾶσις) und ihre Bewegung [22] im Körper bestimmen die somatischen Eigenschaften und Funktionen und entscheiden über Gesundheit und Krankheit [23]. Eine individuell ausgewogene Mischung unverdorbener S. bedeutet Gesundheit, während Krankheit aus einer Störung dieser Harmonie resultiert. Hier hat man auf den Isonomie-Begriff des ALKMAION zurückgegriffen [24]. Störungen ergeben sich, wenn ein Saft im Übermaß vorhanden, verdorben oder im Körper umhergewandert ist, wobei er Beschwerden verursacht [25]. Solche S.-Fehler entstehen durch eine der individuellen Physis entgegengesetzte Lebensweise, durch inadäquate Ernährung, jede Art von Unmäßigkeit und klimatische Einflüsse [26].

Den Beweis für die reale Existenz der S. sieht der Autor von ‹De natura hominis› in dem, was auf die Gabe von Brechmitteln erfolgt: Ein Schleim treibendes Mittel führt zum Erbrechen von Schleim, ein gelbe Galle treibendes Mittel bringt gelbe Galle hervor [27]; die nach Farbe und Berührungsqualität differenzierbaren S. können dann als solche identifiziert werden. Die Therapie erfolgt «contraria contrariis» [28], hauptsächlich durch Elimination überschüssiger und verdorbener Saftanteile mit Brech- oder Abführmitteln, die aufgrund einer nach dem Prinzip 'Gleiches zu Gleichem' wirkenden Anziehungskraft die schlechten S. zu sich in Magen und Darm ziehen [29]. Das Blut kann jedoch so nicht gereinigt werden, da das Erbrechen von Blut meist den Tod anzeigt; das geeignete Mittel zur Reinigung von Blut ist der Aderlaß [30]. Das Hauptanliegen der Therapie gilt jedoch einer umfassenden Regelung der Lebensweise des Patienten [31]. Die theoretische Grundlage dieser Diätetik ist die Qualitätenlehre; das Ziel ist die

Änderung der die Krankheit auslösenden Qualitäten: Mit kühlen und feuchtmachenden Mitteln ist es stets möglich, den Überschuß und erhöhten Einfluß der warmen und trockenen gelben Galle zurückzudrängen [32].

2. *Galen.* – Bis zum 2. Jh. n.Chr. gibt es viele Ärzte, die die Sl. ganz oder teilweise ablehnen, so DIOKLES, PRAXAGORAS und ERASISTRATOS, während HEROPHILOS sie in den Grundzügen akzeptiert zu haben scheint [33]. Alternative Modelle setzen sich jedoch nicht durch. Durch GALEN (129-ca. 200) wird die Sl. in Form der Vier-Sl. alleinige Doktrin [34]. Er unternimmt ihre Weiterentwicklung in Anlehnung an die hippokratische Konzeption [35] von ‹De natura hominis› [36] und die naturphilosophischen Vorstellungen des ARISTOTELES über die Elementen- und Qualitätenlehre [37]. Eine eigene Schrift zur Sl. verfaßt GALEN nicht, sein System der S. ist nicht schlüssig und nicht übersichtlich, seine Angaben sind oft unklar und nicht selten widersprüchlich [38].

Galen zog als erster die Verbindung zu den vier empedokleischen Elementen [39], die, über die Primärqualitäten, den S. wie folgt entsprechen: Luft–warm–feucht–Blut, Feuer–warm–trocken–gelbe Galle, Erde–kalt–trocken–schwarze Galle, Wasser–kalt–feucht–Schleim [40]. Die physiologischen und pathologischen Wirkungen der S. beruhen ganz auf diesen Qualitäten, durch die allein die S. definiert sind [41]. Die Betonung liegt so sehr auf den Qualitäten, daß man eher von einer Qualitätenlehre als von einer Sl. sprechen müßte [42]. Das zeigt sich auch in der Temperamentenlehre, die neun verschiedene Qualitätenmischungen des menschlichen Körpers kennt: Bei vier Mischungen (κρᾶσις/temperamentum) dominiert jeweils eine Qualität, bei vier weiteren jeweils ein Qualitätenpaar; bei einer Mischung sind alle vier Qualitäten gleichmäßig vorhanden (εὐκρασία), sie bedeutet vollkommene Gesundheit [43]. Durch Änderung ihrer Qualitäten können einige S. in andere übergehen. So kann Schleim durch Kochung zu Blut [44], gelbe zu schwarzer Galle [45] und Blut zu gelber Galle [46] werden. Doch können gelbe und schwarze Galle nicht wieder zu Blut werden [47]. Krankheiten entstehen, wenn die S. in Qualität oder Quantität verändert sind (ἀλλοίωσις, περίττωμα) oder sich an einen ihnen nicht zukommenden Platz begeben (μετάστασις) [48]. In diesen Fällen liegt eine Kakochymie, Dyskrasie oder Plethora vor [49]. Psychische Symptome wie Melancholie oder Mißmut oder psychotische Zustände wie Delir, Manie und Wahnsinn werden von Galen ebenso mit Alteration und Abundanz der S. erklärt wie rein somatische Krankheitszustände [50].

3. *Mittelalter.* – Die weitgehende Reduktion der nachgalenischen [51] Medizin auf die Praxis läßt bis zum 11./12. Jh. nur wenig Raum für theoretische Überlegungen und neue Akzente im Bereich der Sl. Gleichwohl bleibt sie Grundlage der Medizin. In den Bemühungen der spätalexandrinischen Ärzteschule [52] des 5.-7. Jh. um die Schaffung eines übersichtlichen Systems galenischer Medizin, das zur Lehre taugt [53] und als deren wichtigstes Produkt die ‹Isagoge› des JOHANNITIUS gilt [54], erhalten die S. unter den sieben «res naturales» [55], den unverzichtbar notwendigen Dingen, ihren Platz [56]. Das Viererschema wird um weitere Vierergruppen, die oft keinen sachlichen Bezug mehr zu den S. haben, wie z.B. die vier Himmelsrichtungen, erweitert [57]. Im 12. Jh. wird auch die Lehre von den vier Temperamenten (Sanguiniker, Choleriker, Melancholiker, Phlegmatiker) faßbar. Das reguläre Vorherrschen eines Saftes bzw. seiner Qualitäten bestimmt nun nicht mehr nur die somatische Konstitution, sondern auch den psychischen Typ [58].

Neue Anstöße erhält die abendländische Medizin erst durch die Berührung mit der arabisch-islamischen Medizin [59], die die in der ‹Isagoge› getroffene Einteilung der Heilkunde in eine «Medicina Theorica» und «Practica» [60] übernimmt. Sie bildet auch die Basis des maßgeblich gewordenen ‹Kitāb al-malakī› (lat. ‹Pantegni› und ‹Liber regius›) des ʿALĪ IBN AL-ʿABBĀS AL-MAǦŪSĪ (lat. HALY ABBAS, 10. Jh.) [61]. Die Werke der islamischen Ärzte werden vornehmlich in Monte Cassino von CONSTANTINUS AFRICANUS († um 1085) und in Toledo von GERHARD VON CREMONA († 1187) ins Lateinische übertragen [62]. Die sich auf dieser Basis entwickelnde scholastische Medizin [63] weist den vier S. ihren Platz unter den «res naturales» in der «Theorica» an [64]. Bei AVICENNA (IBN SĪNĀ, †1037), dessen ‹Liber canonis› bis ins 16. Jh. als grundlegender Text gilt [65], sind S. [66] «flüssige, feuchte Körper», die aus der Nahrung entstehen. Er teilt die primären (klassischen) in natürliche und nicht-natürliche ein [67]. Bei den letzteren handelt es sich um in den Qualitäten veränderte S., die häufig pathogen sind und nicht zur Ernährung geeignet sind. Da auch sie wieder Unterarten aufweisen, entstehen regelrechte Stammbäume. Als sekundäre S. bezeichnet er die vier Stadien, die das Blut als ernährender Saft durchläuft, bis es der Körpersubstanz assimiliert ist [68]. Man begnügt sich im allgemeinen damit, die diversen Arten der S. in ein Schema zu pressen und sie zu beschreiben [69]. Detaillierte Ausführungen zu ihrer Funktion fehlen meist ebenso wie grundsätzliche Überlegungen zur Nachweisbarkeit und zu den auf ihnen beruhenden Begriffen von Gesundheit und Krankheit. Avicenna legt diese Fragen in den Bereich der Philosophie [70], ARNALD VON VILLANOVA (1240-1311) hält derartige Kenntnisse für den Arzt für unnötig [71]. Die Qualitäten werden für wichtiger gehalten. Hier wird der Begriff der «complexio» [72], der im Umkreis von Salerno als Äquivalent für den galenischen Begriff der κρᾶσις (temperamentum) eingeführt wurde [73], zum Kennzeichen der scholastischen Medizin.

Nach dem Bekanntwerden des ‹Liber canonis› und dem Beginn der Auseinandersetzungen mit den naturphilosophischen Vorstellungen des Aristoteles [74] wird die «complexio» zum spezifischen Begriff für eine Qualitätenmischung. Denn die Sl. wird nun mit der in der Antike so präzis nicht gestellten Frage nach der Art der Verknüpfung der vier Elemente bzw. S. mit ihren insgesamt acht Qualitäten in einem «mixtum» konfrontiert [75]. Den Ausgangspunkt des Problems bilden die beiden im Grunde nicht zu vereinbarenden Lehren des Aristoteles zur Entstehung der Dinge, einmal die Lehre von Form und Materie, zum andern die von den vier Elementen als Urstoffen der Dinge [76]. Nach AVICENNA erfahren die Qualitäten bei der Vermischung eine «remissio» und verschmelzen zu einer mittleren Qualität, der «complexio» [77]. Die «complexio» ist somit die Mischqualität der aus den Elementen bzw. S. zusammengesetzten Dinge, so auch der Körperteile und Arzneimittel [78]. Die Bedeutung der «complexio» für die mittelalterliche Sl. läßt sich an der Menge der darüber abgehaltenen «Quaestiones» erfassen [79].

4. *Neuzeit.* – Mit der philologischen Medizin des Humanismus kommen die ersten Zweifel an der Gültigkeit der Sl. auf. Ärzte wie J. FERNEL (1497-1558) und L. FUCHS (1501-1566) versuchen, die galenische Sl.

Säfte, Säftelehre

wiederherzustellen [80]. Doch die intensive Beschäftigung mit den Originaltexten sowie die Erweiterung anatomischer Kenntnisse machen die Widersprüche und Ungenauigkeiten im Werk Galens [81] bewußt. So wird über die Frage diskutiert, ob in den Venen nur Blut oder alle vier S. enthalten sind [82] und welche Qualitäten das Venenblut hat [83]. Noch versucht man jedoch, einen Konsens zu finden und das System zu retten [84]. Die ersten Angriffe gegen die Sl. als Symbol der herrschenden Medizin kamen von Paracelsus [85] und seinen Anhängern. Während Paracelsus selbst die Existenz der S. lediglich leugnet und ihnen seine drei Elemente Quecksilber, Schwefel und Salz entgegensetzt, sucht P. Severinus (1542-1602) die Existenz der paracelsischen Elemente zu beweisen. Die Analyse jedweder Substanz ergebe stets diese drei Stoffe [86]. Die iatrochemische Richtung der Medizin, besonders der Einfluß J. B. van Helmonts (†1644) [87], drängen die Sl. zurück, der neue Elementbegriff, nach dem die Elemente unveränderlich sind, setzt sich durch. Zum Untergang der Sl. trägt auch die Entdeckung des Blutkreislaufs durch W. Harvey (1578-1657) im Jahre 1628 bei, obgleich Harvey nichts über die S. nichts sagt [88]. Die Anatomen zeigen, daß es die postulierten Gefäße für die schwarze Galle von der Leber zur Milz und von dort zum Magen nicht gibt [89], ebensowenig wie die Verbindung für den Schleimfluß vom Gehirn zur Nase [90]. M. Malpighi (1628-1694) erklärt 1665, das Blut sei aus mindestens 40 Substanzen zusammengesetzt [91], R. Boyle (1627-1691) unterwirft es zur gleichen Zeit einer chemischen Analyse, in der die vier S. nicht mehr vorkommen [92]. Für viele Krankheiten werden andere Ätiologien entworfen, neue Theorien finden mehr und mehr Anhänger [93]. Abgesehen von D. Sennert (1572-1637), der einen Konsens zwischen galenischer und paracelsischer Medizin herstellen möchte, werden kaum ernsthafte Versuche zur Rettung der Sl. unternommen [94].

Die Sl., die von humoralpathologischen Ärzten vom späten 17. bis Mitte des 19. Jh. vertreten wird, ist keine Vier-Sl. mehr. Unter den S. versteht man nun das Blut mit den im Serum enthaltenen Drüsensekreten und der Lymphe. So sind die S. Th. Sydenhams (1624-1689) nicht die alten vier S., die er nicht mehr nennt, sondern Blut und Serum [95]. G. E. Stahl (1660-1743) übernimmt diese Definition der S. und prägt die humoralpathologischen Vorstellungen für weitere 100 Jahre [96]. Diese Vorstellungen werden zwar nur von einer kleinen Gruppe von Ärzten vertreten, haben aber doch die Schulmedizin des 18. und 19. Jh. wesentlich geprägt. Ihre Basis sind die vitalistischen Strömungen dieser Zeit [97]. Man attestiert dem Blut eine besondere Lebenskraft [98], die die Lebensfunktionen, die man sich von grundsätzlich anderer Natur denkt als anorganische Prozesse [99], steuert. Alle Krankheiten sind primär Blut- oder S.-Krankheiten [100]. Der Anschluß an die hippokratische Sl. wird besonders gesucht, in F. Sylvius (†1672) und J. B. van Helmont sieht man unmittelbare Vorbilder [101]. C. Rokitansky (1804-1878) ist der letzte Mediziner von Bedeutung, der von der Priorität des Blutes gegenüber den festen Teilen überzeugt ist und seine darauf beruhende Krasenlehre auch pathologisch-anatomisch zu belegen sucht [102]. Mit seiner Gewebelehre und der Zellularpathologie vermag R. Virchow (1821-1902) schließlich zu zeigen, daß das Blut nicht «ein dauerhaftes und in sich unabhängiges, aus sich selbst sich regenerirendes und sich fortpflanzendes Gewebe» ist, sondern «in einer konstanten Abhängigkeit von anderen Theilen befindlich» [103]. Damit war «der große Gegensatz zwischen Humoral- und Solidarauffassung sehr wesentlich vermindert worden» [104] und hat seitdem in der wissenschaftlichen Medizin keine Rolle mehr gespielt.

Anmerkungen. [1] V. Langholf: Über die Kompatibilität einiger binärer und quaternärer Theorien im Corp. Hipp., in: Hippocratica ..., hg. M. D. Grmek (Paris 1980) 336-346. – [2] Zu Kos und Knidos: V. Langholf: Medical theories in Hippocrates, in: Unters. zur antiken Lit. Gesch. 34 (1990) 12-36. – [3] Hippokrates: De morbo sacro, hg. H. Grensemann [Ars med. 2/1] (1968); De affectionibus. Oeuvr. compl., hg. E. Littré 1-10 (Paris 1839-61, ND Amsterdam 1961f.) 6, 208-270; De morbis I, hg. R. Wittern (1974). – [4] Vgl. De morbis IV. Oeuvr. compl., a.O. 7, 542-614, übers. komm. I. M. Lonie [Ars med. 2/7] (1981) 22-42; R. Joly: Le syst. cnidien des humeurs, in: La collection hippocr. et son rôle ... (Leiden 1975) 107-127. – [5] De nat. hom., hg. J. Jouanna, in: Corpus medic. graec. I/1, 3 (1975) 164-220; zur Etym. von φλέγμα: H. Frisk: Griech. etymolog. Wb. 2 (1970) 1022f. – [6] De nat. hom., a.O. 43f.; O. Temkin: Der systemat. Zus. im Corp. Hipp. Kyklos 1 (1928) 15-23. – [7] H. Flashar: Melancholie und Melancholiker in den med. Theorien der Antike (1966) 40f. – [8] a.O. 21-49; F. Kudlien: 'Schwärzliche' Organe im frühgriech. Denken. Medizinhist. J. 8 (1973) 53-58; Lonie, a.O. [4] 58-60; Langholf, a.O. [2] 46-50. 267-269. – [9] Hippokrates: Epid. V, 2. Oeuvr. compl., a.O. [3] 5, 204; Galen: De temp. II, 3. Opera omn., hg. C. G. Kühn [GOp] (1821-33, ND 1964/65) 1, 603; Synopsis lib. de pulsibus 9. GOp 9, 460; De atra bile 7. GOp 5, 135; für Galen vgl. auch die entspr. neueren Einzeleditionen. – [10] Epid. III, 17, 2, a.O. 3, 112; Aph. VI, 23, a.O. 4, 568: Epid. VI, 8, 31, a.O. 5, 354f.; W. Müri: Melancholie und schwarze Galle. Mus. Helv. 10 (1953) 21-38. – [11] Müri, a.O. 37. – [12] Ps.-Aristoteles: Probl. physica XXX, übers. H. Flashar (1962) 250-261; Komm. 711-727; Flashar, a.O. [7] 60-72; R. Klibansky/E. Panofsky/F. Saxl: Saturn und Melancholie (1990) 55-124; Ph. J. van der Eijk: Aristoteles über die Melancholie. Mnemosyne 43 (1990) 33-72. – [13] G. E. R. Lloyd: Polarity and analogy (Cambridge 1966) 19-23. 41-85. – [14] E. Schöner: Das Viererschema in der ant. Humoralpathol. Sudhoffs Arch., Beih. 4 (1964). – [15] Hippokrates: De nat. hom. 7f., a.O. [5] 182-188. – [16] Schöner, a.O. [14] 22f. 36-40. – [17] Art. ‹Qualität I.›, in: Hist. Wb. Philos. 7 (1989) 1748-1752. – [18] Hippokrates: De nat. hom. 5, 3, a.O. [5] 176; A. Thivel: Cnide et Cos? (Paris 1981) 311f. – [19] Schöner, a.O. [14] 15-58. – [20] I. M. Lonie: The Hippocratic treatises ‹On Generation ...› [Ars med. 2/7] (1981) 60f. – [21] Hippokrates: De nat. hom. 5, 4, a.O. [5] 178; De morb. sacr. 2, 4-7, a.O. [3] 68. – [22] J. Pigeaud: L'humeur des anciens. Nouv. Rev. Psychanalyse 32 (1985) 53-55. 67. – [23] Hippokrates: De nat. hom. 4, 1, a.O. [5] 172; V. Langholf: L'air (pneuma) et les maladies, in: La maladie et les maladies dans la coll. hippocr. (Québec 1990) 339 359. – [24] Alkmaion: VS 24, B 4; Grensemann, a.O. [3] 27-29. – [25] Hippokrates: De nat. hom. 4, 2f., a.O. [5] 174. – [26] z.B. De affect. intern. 40-45. Oeuvr. compl., a.O. [3] 7, 244-278; De morb. sacr., a.O. [3]; De nat. hom. 9, a.O. [5] 188-192. – [27] De nat. hom. 5, 3, a.O. 176-178. – [28] De nat. hom. 9, 2. 4; 13, a.O. 188. 190. 200. – [29] C. W. Müller: Gleiches zu Gleichem. Ein Prinzip frühgriech. Denkens (1965) 112-150. – [30] Hippokrates: De nat. hom. 6, 1f.; 11, 6, a.O. [5] 178-180. 196. – [31] De nat. hom. 16-24 [De victu salubri], a.O. 204-220; De diaeta I-IV, hg. R. Joly [Hippocrate: Du régime], in: Corp. med. graec. I/2, 4 (1984); De diaeta in morbis acut., hg. R. Joly [Hippocrate: Du régime des malad. aiguës] (Paris 1972) 36-98. – [32] De nat. hom. 16-22 [Salubr.], a.O. [5] 204-218. – [33] H. von Staden: Herophilus. The art of med. in early Alexandria (Cambridge 1989) 242-247; Erasistratos: Fragmenta, hg. I. Garofalo (Pisa 1988); G. Wöhrle: Stud. zur Theorie der ant. Gesundheitslehre [Hermes Einzelschr. 56] (1990) 160. 171-175. – [34] J. Kollesch: Galen und die Zweite Sophistik, in: V. Nutton (Hg.): Galen. Problems and prospects (London 1981) 1-11. – [35] G. Harig/J. Kollesch: Galen und Hippokrates, in: La coll. ..., a.O. [4] 258. 265. 269. – [36] Galen: In Hippocr. de nat. hom. comm. GOp 15, 1-173. – [37] P. Moraux: Galien comme philosophe: la philos. de la nature, in: Nutton (Hg.), a.O. [34] 87-116. – [38] O.

TEMKIN: Galenism (Ithaca 1973) 107f.; M. T. MAY: On translating Galen. J. Hist. Med. all. Sci. 25 (1970) 175f. – [39] GALEN: In de nat. hom. I, 24. GOp 15, 67; De plac. Hippocr. et Plat. VIII, 4. GOp 5, 676; G. HARIG: Bestimmung der Intensität im med. System Galens (1974) 45-49; SCHÖNER, a.O. [14] 92. – [40] De morb. causis 6. GOp 7, 21f.; In de nat. hom. I, 35. GOp 15, 87f.; De plac. Hippocr. et Plat., a.O.; SCHÖNER, a.O. [14] 87f. – [41] De nat. fac. II, 8. GOp 2, 117f.; De morb. causis, a.O.; De elem. ex Hippocr. II, 1. GOp 1, 493; De plac. Hippocr. et Plat., a.O. – [42] HARIG, a.O. [39] 47f. – [43] a.O. 49-51; TEMKIN, a.O. [38] 19f.; GALEN: De temperamentis. GOp 1, 509-694; De meth. med. VIII, 8. GOp 10, 586f.; De opt. corp. const. 4. GOp 4, 745-749; unrichtig: SCHÖNER, a.O. [14] 93. – [44] GALEN: De atra bile 8. GOp 5, 140; In Hippocr. de victu acut. comm. 2. GOp 15, 568f. – [45] De atra bile 3. GOp 5, 112; De puls., a.O. [9]. – [46] De inaequali intemp. 4. GOp 7, 740; De victu acut., a.O. [44]. – [47] a.O. – [48] De plac. Hippocr. et Plat. GOp 5, 679; In de nat. hom. II, 5. GOp 15, 126f.; II, 1, a.O. 111; De opt. corp. const. GOp 4, 742f. – [49] De inaequ. temp. GOp 7, 733-752; De meth. med. XIII, 6. GOp 10, 891f.; De san. tuenda VI, 6. GOp 6, 407f.; In de nat. hom. II, 5. GOp 15, 125f. – [50] De plenit. 11. GOp 7, 576; De loc. aff. III, 9. GOp 8, 177f.; In Hippocr. epid. III comm. 5. GOp 17/1, 533f.; De sympt. causis II, 7. GOp 7, 202. – [51] G. BAADER: Die Trad. des Corp. Hipp. im europ. MA. Sudhoffs Arch., Beih. 27 (1989) 409-413. – [52] D. GRACIA/J.-L. VIDAL: La ‹Isagoge de Joannitius›. Asclepio 26/27 (1974/75) 267-289; TEMKIN, a.O. [38] 59-62. 69f. 93; Byzantine med.: trad. and empiricism. Dumbarton Oaks Papers 16 (1962) 97-115; E. LIEBER: Galen in Hebrew, in: NUTTON (Hg.), a.O. [34] 170-174. – [53] A. Z. ISKANDAR: An attempted reconstr. of the late Alexandrian medical curriculum. Med. Hist. 20 (1976) 235-258. – [54] GRACIA/VIDAL, a.O. [52] 289-293; Text: 313-379; TEMKIN, a.O. [38] 105-108. – [55] M. MCVAUGH: An early discussion of medicinal degrees ... Bull. Hist. Med. 49 (1975) 57-71, hier: 59. – [56] JOHANNITIUS: Isagoge I, 1, I, 5-8, in: GRACIA/VIDAL, a.O. [52] 313-317. – [57] Isag. II, 3f., a.O. 329f.; M. WLASCHKY: Sapientia artis medicinae. Kyklos 1 (1928) 103-113; SCHÖNER, a.O. [14] 96-100. – [58] KLIBANSKY/PANOFSKY/SAXL, a.O. [12] 165-199; Art. ‹Humoralpathologie›, in: Lex. des MA 5 (1990) 211f. – [59] G. BAADER: Galen im mittelalterl. Abendland, in: NUTTON (Hg.), a.O. [34] 213-228; G. STROHMAIER: Galen in Arabic, a.O. 187-196; vgl. U. WEISSER: Das Corp. Hipp. in der arab. Med. Sudhoffs Arch., Beih. 27 (1989) 377-408; M. ULLMANN: Die Med. im Islam. Hb. des Orients I, VI/1 (1970) 25-100; F. KLEIN-FRANKE: Vorles. über die Med. im Islam. Sudhoffs Arch., Beih. 23 (1982) 68-84. – [60] JOHANNITIUS: Isag. I, 1, a.O. [52] 313. – [61] ULLMANN, a.O. [59] 140-146; Islamic medicine (Edinburgh 1978) 55-63. – [62] H. SCHIPPERGES: Die Assimilation der arab. Med. durch das lat. MA. Sudhoffs Arch., Beih. 3 (1964) 27-54. 85-103; D. JACQUART/F. MICHEAU: La méd. arabe et l'occident médiév. (Paris 1990). – [63] P.-G. OTTOSSON: Scholastic med. and philos. (Neapel 1984). – [64] HALY ABBAS: Pantegni I, 3. Opera Ysaac (Lyon 1515) fol. 1ᵛ; ARNALD VON VILLANOVA: Speculum introductionum medicinalium (Lyon 1520) fol. 2ʳᵇ-2ᵛᵃ. – [65] N. G. SIRAISI: Avicenna in Renaissance Italy (Princeton 1987). – [66] I. ORMOS: The theory of humours in Islam (Avicenna). Quaderni Studi arabi 5/6 (1987/88) 601-607. – [67] Vgl. auch M. S. OGDEN: Guy de Chauliac's theory of humors. J. Hist. Med. all. Sci. 24 (1969) 272-291. – [68] AVICENNA: Liber canonis (al-Qānūn fī 't-ṭibb) I, 1, 4, 1 (Basel 1556, ND Teheran 1976) 11-14. – [69] OTTOSSON, a.O. [63] 137f. – [70] AVICENNA, a.O. [68] 14; SIRAISI, a.O. [65] 30-32. 305f. – [71] ARNALD VON VILLANOVA, a.O. [64] 2ᵛa. – [72] OTTOSSON, a.O. [63] 129-154. – [73] D. JACQUART: De crasis à complexio, in: Textes Médicaux Latins ant. (St. Etienne 1984) 71-76. – [74] C. B. SCHMITT: Aristotle among the physicians, in: The medical renaissance of the 16ᵗʰ cent. (Cambridge 1985) 1-15. 271-279; SIRAISI, a.O. [65] 315-324; T. Alderotti and his pupils (Princeton 1981) 147-202. – [75] E. J. DIJKSTERHUIS: Die Mechanisierung des Weltbildes (1956, ND 1985) 226-230; Art. ‹Mischung/Entmischung›, in: Hist. Wb. Philos. 5 (1980) 1408f.; Art. ‹Qualität II. 2f.›, a.O. 7 (1989) 1756-1766. – [76] A. MAIER: Die Struktur der materiellen Substanz, in: An der Grenze von Scholastik und Naturwiss., in: Storia e Letteratura 41 (Rom ²1952) 4-10. – [77] a.O. 22-28; AVICENNA: Lib. can. I, 1, 3, 1, a.O. [68] 7; OTTOSSON, a.O. [63] 135f. – [78] L. GARCÍA-

BALLESTER/E. SÁNCHEZ-SALOR: El concepto de ‹complexio›, in: ARNALD VON VILLANOVA: Opera medica omnia 15 (Barcelona 1985) 73-79; ARNALD VON VILLANOVA, a.O. [64] 1ᵛa-2ʳᵇ. 6ʳa-9ʳa (De complexionatis). – [79] SIRAISI, a.O. [74] 319-328. – [80] J. FERNEL: Medicina (Venedig 1555) 160ʳ-207ᵛ: De functionibus et humoribus; L. FUCHS: Institutionum medicinae ad Hippocratis, Galeni, aliorumque veterum scripta recte intelligenda ... lib. quinque I, 4, 1-6 (Lyon 1555) 71-94. – [81] SIRAISI, a.O. [65] 306f. – [82] TH. ERASTUS: Disput. et Epist. medicinalium volumen ... (Zürich 1595) 58ᵛ-67ʳ: Disput. XIX: Utrum Humores alij a sanguine, scil. Pituita, Bilis flava, & succus Melancholicus, Corporis integre sani partes aliquos nutriant? – [83] TEMKIN, a.O. [38] 107f.; L. E. DEMAITRE: Doctor Bernhard de Gordon (Toronto 1980) 116f. – [84] H. CARDANUS: Contradicentium medicor. lib. duo (1545). – [85] PARACELSUS: Paragranum, erste Bearb. (1530) I: Der erste grund der arznei, welcher ist philosophia. Sämtl. Werke. I/1-14, hg. K. SUDHOFF (1929-33) I/8, 75f.; Paragr., letzte Bearb. (1530) I: Der erste tractat von der philosophia, a.O. 148f.; Von hinfallenden Siechtagen der Mutter (Hysterie) § 2 [ca. 1535], a.O. 333; Opus paramirum I, 2. 4 (1531), a.O. I/9, 47. 59-61; Die Große Wundarznei II, 9-11 (1536), a.O. I/10, 253-259. – [86] P. SEVERINUS: Idea medicinae philos. (Basel 1571, 1616) 169f. 186f. – [87] J. B. VAN HELMONT: Aufgang der Arzney-Kunst 1 (1683, ND 1971) 361-403: Von dem Irthum und Unwissenheit der Schulen/So die Meinung von den vier Humoren ... haben. – [88] W. HARVEY: Exercitatio de motu cordis ... (1628). – [89] M. MALPIGHI: Opera post. 2 (London 1697) 42; J. J. WEPFER: Historia apoplecticorum ... (Schaffhausen 1658, Leiden 1734) 252; A. VESALIUS: De humani corporis fabrica V, 9 (Basel 1543, ND Brüssel 1964) 513 (korr. aus 511). – [90] C. V. SCHNEIDER: Liber de catarrhis III. (1661) 124-185. – [91] MALPIGHI, a.O. [89]. – [92] J. BÜTTNER: Die physikal. und chem. Unters. von Blut im 17. und 18. Jh. Medizinhist. J. 22 (1987) 185-196. – [93] S. W. JACKSON: Melancholia and the waning of the humoral theory. J. Hist. Med. all. Sci. 33 (1978) 367-376; J. M. N. BOSS: ‹Doctrina de circulatione sanguinis ...›. An unpubl. ms. (1662), hg. F. GLISSON. Physis 20 (1978) 309-336. – [94] D. SENNERT: De Chymicorum cum Aristotelicis et Galenicis consensu ac dissensu ... (1619) 428-434. – [95] TH. SYDENHAM: Sämmtl. med. Schr., hg. R. H. ROHATZSCH 1-2 (1838/39); zu korrigieren ist K. DEWHURST: Dr. Thomas Sydenham (London 1966) 61. – [96] K. W. IDELER (Hg.): G. E. Stahl's Theorie der Heilkunde 1 (1831) 102-160. – [97] K. E. ROTHSCHUH: Konzepte der Med. (1978) 220-223; Art. ‹Lebenskraft›, in: Hist. Wb. Philos. 5 (1980) 122-128. – [98] J. HUNTER: A treatise on the blood ... 1 (London 1794, 1812) 133-165; C. W. HUFELAND: Ideen über Pathogenie (1795) 70-77. – [99] S. L. STEINHEIM: Die Humoralpathol. (1826) 183-190. – [100] C. H. RÖSCH: Unters. auf dem Gebiete der Heilwiss. (1837) 105-114; STEINHEIM, a.O. [99] 376-569. – [101] STEINHEIM, a.O. 24-38; RÖSCH, a.O. 3-7. – [102] C. ROKITANSKY: Hb. der pathol. Anatomie 1: Hb. der allg. pathol. Anatomie (1846) 8f. 22. 495-498; M. MÜLLER: Rokitanskys Krasenlehre. Sudhoffs Arch. 23 (1930) 10-39. – [103] R. VIRCHOW: Die Cellularpathol. in ihrer Begründ. auf physiolog. und pathol. Gewebelehre (1859) 119. – [104] Die Vorles. R. Virchows (1855/56) ..., hg. Vorstand Dtsch. Pathol. Ges. (1930) 21.   D. GOLTZ

Saint-Simonismus (frz. saint-simonisme; engl. Saint-Simonianism bzw. Saint-Simonism)

I. – Der S.-S., benannt nach C.-H. DE ROUVROY, Comte DE SAINT-SIMON (1760-1825), ist eine der einflußreichsten Strömungen des utopischen Frühsozialismus. Es entspricht dem religiös gefärbten Selbstverständnis Saint-Simons, der seinen Entwurf als «le Christianisme lui-même, rendu actif et devenu constitution politique» verstand [1], sowie der kirchenähnlichen Organisation der saint-simonistischen Bewegung, daß Exponenten des S.-S. wie B.-P. ENFANTIN die theoretischen und politischen Konzepte Saint-Simons bewußt als «religion Saint-Simonienne» systematisierten und propagierten [2]. Eine entsprechende Prägung weist oft die

Rezeption des S.-S. – etwa bei H. HEINE [3] – auf. Auch für zahlreiche externe Beobachter bot der S.-S. weniger das Bild einer «Philosophenschule, sondern vielmehr eines politisch-religiösen Vereins» [4], einer «Secte» [5], und so ist gelegentlich auch vom «Saint-Simonian faith» die Rede [6].

Anmerkungen. [1] SAINT-SIMON: Du système industriel. Oeuvres de Saint-Simon et d'Enfantin 1-47 (Paris 1865-78, ND 1964) 21, 21; Le nouveau christianisme (1825), a.O. 23, 97-192. – [2] B.-P. ENFANTIN: Religion Saint-Simonienne. Economie polit. et politique (Paris 1831); G. BIARD: Religion Saint-Simonienne (Blois 1832); J. PEREIRE: Religion Saint-Simonienne (Paris 1831); CH. LEMONNIER: Religion Saint-Simonienne (Paris 1832); vgl. dazu A. COMTES krit. Bem. zur «vague religiosité» des S.-S.: Cours de philos. positive 6 (Paris 1842) IX. – [3] H. HEINE: Zur Gesch. der Relig. und Philos. in Deutschland. Sämtl. Schr., hg. K. BRIEGLEB 5 (1981) 540; vgl. dazu: E. M. BUTLER: The Saint-Simonian religion in Germany. A study of the Young German movement (Cambridge 1926, ND New York 1968). – [4] W. T. KRUG: Allg. Handwb. der philos. Wiss.en (1832-38) 3, 747. – [5] a.O. – [6] Beleg aus der engl. Presse von 1831: Oxf. Engl. dict., s.v.   Red.

II. – SAINT-SIMON hat selbst keine systematische Theorie hinterlassen; eine systematische Darstellung der saint-simonistischen Lehre wurde erst von seinen Schülern S.-A. BAZARD (1791-1832) und B.-P. ENFANTIN (1796-1864) in den Jahren 1829/30 vorgelegt [1]. Die saint-simonistische Schule bekam nach der Revolution von 1830 erheblichen Zulauf, verstand es jedoch nicht, ihre Lehre in ein zugkräftiges politisches Programm umzusetzen; außerdem kam es in der Schule 1831 über die Frage der Emanzipation der Frau zu einer Spaltung. Als schließlich noch eine Verstärkung der mystischen Tendenzen – vor allem bei Enfantin – auftrat, wurde die Schule gänzlich zur bedeutungslosen Sekte. Weitere wichtige Mitarbeiter der Schule sind P. LEROUX (1797-1871), PH. J. N. BUCHEZ (1776-1860) und A. COMTE (1798-1857). Die Bedeutung der saint-simonistischen Lehre liegt vor allem in der Entwicklung eines Ansatzes zur dialektischen Geschichtsauffassung, in der Vorstellung einer verwaltungsmäßig geleiteten Industriegesellschaft und in der Vorbereitung des Positivismus durch die Hervorhebung der Bedeutung der organisierenden 'positiven' Wissenschaft.

Das saint-simonistische Geschichtsverständnis geht aus vom «physiologische[n] Gesetz der menschlichen Gattung»: «Die Menschheit ist ein Kollektivwesen, das sich durch Generationen hindurch so entwickelt wie das Individuum im Verlauf der Lebensalter. Ihre Entwicklung geht aufwärts» [2]. Diese Höherentwicklung vollzieht sich in aufeinander aufbauenden Abschnitten, die in sich ziemlich geschlossen sind. Konstitutiv für diese Entwicklung ist der Wechsel von organischen (aufbauenden) und kritischen (zerstörenden) Epochen, wobei die letzteren «als Übergang von einer organischen Epoche zur anderen» dienen und damit eine «unerläßliche Vorbedingung» des Fortschritts sind [3]. Das Gesetz der Höherentwicklung zeigt sich besonders gut in dem «ununterbrochenen Fortschritt der Assoziation» von der Familie zur Gemeinde, zur Nation und schließlich zur Weltgemeinschaft [4]. Eine 'Grundtatsache' in der Geschichte der Menschheit ist der Antagonismus [5], dessen Ausdruck nach außen der Eroberungskrieg und nach innen die Ausbeutung des Menschen durch den Menschen ist, die letztlich auf der Eigentumsverfassung beruht [6].

Der für den S.-S. zentrale Begriff der «classe industrielle» als Gemeinschaft aller in planender oder ausführender Funktion produktiv Tätigen ist zunächst als Kampfbegriff gegen die parasitären Schichten der feudalen Reaktion zu verstehen, gewinnt aber darüber hinaus positive Bedeutung in der weitgefaßten Konzeption einer verwalteten Industriegesellschaft. Nach der Beseitigung der parasitären Elemente und der Abschaffung des Erbrechts bleibt eine Gemeinschaft gleichberechtigter Produzenten, die jedoch nach den verschiedenen Fähigkeiten, Funktionen und Leistungen vielfältig differenziert ist. Leitendes Prinzip ist: «A chacun selon sa capacité, à chaque capacité selon ses œuvres» [7].

Während F. ENGELS an Saint-Simon «eine geniale Weite des Blicks» rühmt, «vermöge deren fast alle nicht streng ökonomischen Gedanken der späteren Sozialisten bei ihm im Keime enthalten sind» [8], beruft sich gleichzeitig eine wissenschaftliche Richtung auf Saint-Simon, die in ihrer Entwicklung dem Sozialismus gegenübertritt: der Positivismus. Bereits 1814 heißt es bei SAINT-SIMON: «Die Philosophie des letzten Jahrhunderts ist revolutionär gewesen; die des 19. Jh. muß ordnend sein» [9]. Diese ordnende Wissenschaft muß sich der positiven Methode, d.h. der «in den Naturwissenschaften übliche[n] Methode» [10], bedienen. Damit ist die Anwendung der naturwissenschaftlichen Methode auch bei der Analyse der Gesellschaft gefordert. Diese saint-simonistischen Anregungen sind vor allem von A. COMTE aufgegriffen worden.

Nach dem Ersten Weltkrieg kommt es in Frankreich zu einer Renaissance des S.-S. («Néo-Saint-Simonisme» [11]), dessen Programmatiker auch Motive der zeitgenössischen Philosophie (Bergson, Pragmatismus) aufnehmen [12].

Anmerkungen. [1] Doctrine Saint-Simonienne (Nouveau christianisme). Exposition par Bazard au nom du Collège, en 1829 et 1830. Oeuvres ... 41, a.O. [1 zu I.] – [2] a.O. 128. – [3] a.O. 129. – [4] 130f. – [5] 129. – [6] a.O. – [7] Motto der von den Saint-Simonisten hg. Zeitschr. ‹Le Globe›. – [8] F. ENGELS: Die Entwickl. des Sozialismus von der Utopie zur Wiss. MEW 19, 196; vgl. auch MEW 1, 480ff.; 4, 489ff.; 20, 239f. – [9] SAINT-SIMON: De la réorganisation de la société europ. (1814). Oeuvres ... 15, a.O. [1 zu I.] 77. – [10] a.O. 41, 144. – [11] M. BOURBONNAIS: Le néo-saint-simonisme et la vie soc. d'aujourd'hui (Paris 1923). – [12] M. VOLBEHR: Der Neu-S.-S. Diss. Leipzig (1936) 19f.

Literaturhinweise. H. J. M. FOURNEL: Bibliogr. saint-simon. [1833] (New York 1973). – J. WALCH: Bibliogr. du saint-simonisme (Paris 1967). – G. M. BRAVO: Les socialistes avant Marx 1-3 (Paris 1970).   K. MESCHEDE

Sakrament (lat. sacramentum; engl. sacrament; frz. sacrement; ital. sacramento). ‹Sacramentum› gehört etymologisch zu ‹sacrare›, ‹sacer›, ‹sacrum› und bedeutet in der profanen Latinität zweierlei, den Fahneneid, durch den ein Rekrut der «solemnis et sacra militia» eingefügt wurde, oder die Geldsumme, welche prozeßführende Parteien im Heiligtum niederlegen mußten [1]. In afrikanischen Bibelübersetzungen gab ‹sacramentum› μυστήριον wieder; ‹Itala› und ‹Vulgata› bevorzugten das seit CICERO [2] gebräuchliche Lehnwort ‹mysterium›.

‹Sacramentum› nimmt den Sinnreichtum von μυστήριον auf. Dieses hat schon vor dem NT eine zwiefache Sprachgeschichte, eine *griechisch-hellenistische*, in ihr übertrug PLATON Mysterienformeln auf den sittlichen Aufstieg der Seele zum Göttlich-Wahren [3], und eine *jüdisch-apokalyptische*, in welcher Mysterien die von Gott im Himmel bereiteten eschatologischen Geheimnisse bezeichnen, welche die Seher bereits schauen [4]. Im NT, bes. im ‹Corpus Paulinum›, behält das Wort die apokalyptische Färbung, wird jedoch zentriert auf die apostolische Proklamation des Christusgeschehens, welches der Schöpfer vor der Grundlegung der Welt bereitet und vor den Äonenmächten verborgen hat und am Ende der Zeiten als den Ratschluß seines Heilswillens ausführt [5].

In der *alten Kirche* behält etwa bei GREGOR VON NYSSA [6] und JOHANNES CHRYSOSTOMUS [7] das Wort μυστήριον und bei AMBROSIUS [8] und LEO DEM GROSSEN [9] das Wort ‹sacramentum› den weiten Bezug auf Gottes Heilswerk in Christus zu dessen alttestamentlicher Vorbereitung (Typos), in dessen neutestamentlichem Vollzug (Christusmysterium) und ekklesiologischer Entfaltung (Kirche, Glaubensregel, S.). Seit den Alexandrinern (KLEMENS [10] und ORIGENES [11]) setzt sich die Mysteriensprache spätantiker Philosophie durch; seit dem 4. und 5. Jh. prägen die Mysterienkulte Eucharistie und Taufe.

Im Westen zieht TERTULLIAN für die Taufe die Parallele zum Soldateneid: Im Taufakt erfolgt der Eintritt in die «militia Christi» durch die Verpflichtung auf die «regula fidei» [12]. CYPRIAN preist die Eucharistie als S. der Passion Christi zu unserer Erlösung und die Kirche als S. der Einheit («sacramentum unitatis») [13].

AUGUSTIN prägt die Formeln und Schemata des Abendlandes. Mit der rhetorischen Tradition der Antike ordnet er das S. dem leiblichen Zeichen («signum») zu, in welchem sich ein geistiger Gehalt ausspricht [14]. Zum Element tritt das Wort als Primärträger der Kommunikation hinzu («Accedit verbum ad elementum, et fit sacramentum, etiam ipsum tanquam visibile verbum») [15]; in ihm wirkt der Gottesgeist, welcher uns den Glauben abfordert. Unscharf bleibt der Bezug des inwendigen Geistwirkens zum äußerlichen Vollzug; sowohl eine *signifikativ-spiritualistische* als auch eine *symbolhaft-effektive Deutung* ist offen. Diese bei Augustin nicht reflektierte Spannung trennt die Konfessionen.

Der *scholastisch-tridentinische S.-Begriff* wird vor allem durch HUGO VON ST. VIKTOR (S. ist das nach außen gesetzte, sinnliche Element für die unsichtbare, geistige Gnade [16]), PETRUS LOMBARDUS (S. ist das Zeichen für die Gnade Gottes und deren sichtbare Gestalt [17]), HUGO VON ST. CHER [18] und THOMAS VON AQUIN [19] aus Augustins Formeln entwickelt und durch das II. Konzil von Lyon 1274, das Dekret für die Armenier 1439 und die 7. Sitzung des Trienter Konzils 1547 lehramtlich festgelegt [20]. S. erscheint als quasi-dingliches Gnadenmittel für den Einzelnen. Die Hochscholastik beschreibt das Zueinander von sinnenfälliger Handlung und gesprochenem Wort mit den aristotelischen Begriffen: ‹Materie›/‹Form›. Die Zeichenkraft des irdischen Elementes sei angelegt in seiner geschöpflichen Analogie, werde aber erst durch Christi Einsetzung entbunden. Die S.e des neuen Bundes seien in ihrer Substanz durch Christus eingesetzt, ihre Ausgestaltung sei der Kirche anvertraut und dem Lehramt übergeben [21]. – Während im Frühmittelalter die Zahl der S.e noch zwischen zwei, sechs [22], zwölf [23] und dreißig [24] schwankt, wird die Siebenzahl von PETRUS LOMBARDUS durchgesetzt; sie umspannt: Taufe, Firmung, Eucharistie, Buß-S., letzte Ölung, Priesterweihe (Ordo) und Ehe [25]. Die S.e verleihen kraft des recht vollzogenen Ritus («ex opere operato») die Gnade.

In M. LUTHERS reformatorischem Durchbruch sprengt die «Viva Vox Evangelii» den dinglich-sakramentalen Horizont. Die S.e werden der Grundordnung ‘Verheißung – Glaube’ eingefügt, die Siebenzahl wird verdrängt durch Evangeliumsverkündigung, Taufe, Abendmahl, Schlüsselamt (Absolution) als rechte Stiftungen Christi [26]. Dieser biblisch-positive Neuansatz prägt sich jedoch nicht definitorisch aus. Die augustinisch-mittelalterlichen Schemata setzen sich auch bei den Reformatoren durch. Während die lutherischen Bekenntnisse die neutestamentlichen Stiftungen in einen lockeren S.-Begriff zusammenfassen [27], setzen die reformierten mit einer strengeren S.-Definition ein («S. ist das äußere Merkzeichen [symbolum], mit dem der Herr seine Verheißungen besiegelt, um unseren schwachen Glauben zu stützen», J. CALVIN [28]). Die reformatorische Schultradition engt den Begriff ein auf Taufe und Abendmahl [29].

In der Nachfolge des Pietismus und der Aufklärung drängt der *Neuprotestantismus* die S.e zurück und sucht die konfessionellen Unterschiede zu überwinden. F. D. E. SCHLEIERMACHER deutet die S.e als «fortgesetzte Wirkungen Christi ..., in Handlungen der Kirche eingehüllt und mit ihnen auf das innigste verbunden» [30].

Die spätere protestantische Theologie wertet es in der Regel als Verdienst der Reformation, daß sie den S.en ihren dinglich-magischen Charakter genommen und sie auf das «Wort Gottes» reduziert habe [31]. Bei K. BARTH erscheinen die S.e nur als Anhang zur Verkündigung und bedeuten nicht Zeichen, sondern «ereignishaftes Zeugnis» inmitten der Gemeinde [32] oder «symbolische Handlung»; sie besitzen aber keine Eigenständigkeit gegenüber dem Wort: «Predigt mit S.» ist die «anschauliche Mitte des Lebens der Kirche» [33]. Eigentlich ist aber die Inkarnation Christi das einzige S. [34]. Nach R. BULTMANN werden gegenüber der Verkündigung die äußeren Vollzüge des S. hinfällig; die S.e stehen «unter der Herrschaft des Wortes ...; denn sie ... vergegenwärtigen wie dieses die Heilstat» [35]. Andere Theologen bemühen sich dagegen um eine Erneuerung des S.-Verständnisses in der gegenseitigen Zuordnung von Wort und S., grenzen sich aber deutlich von der katholischen S.en-Lehre ab. S.e sind «sinnbildliche Handlungen der christlichen Kirche» und insofern auch «Wort, d.h. persönliche Zuwendung Gottes zum Menschen, Berufung der Person in seine Gemeinschaft» [36]; sie werden «heilsam empfangen allein im Glauben an das darin begegnende Wort der Verheißung» [37]. Ihre Sonderstellung liegt nicht in ihrem Mysteriumscharakter, sondern darin, daß sie liturgisch als Ereignis vollzogen werden [38] und der gläubige Empfänger durch diese «Gnadenmittel» in den «Herrschaftsbereich Christi eingeordnet» wird [39]. O. CULLMANN hebt zudem hervor, daß in ihnen Christus «sous des formes matérielles» erscheine [40]. P. TILLICH bemüht sich um eine «realistische» Deutung des S., in der die dem Wort «innewohnende Mächtigkeit» («Bedeutsamkeit», «Durchschlagskraft») Beachtung findet, es also nicht auf seine reine Funktion als Sinnträger reduziert wird: «Sakramental sind alle Gegenstände und Vorgänge, in denen das Seinsjenseitige in einem Seienden, das Heilige in einem Profanen, gegenwärtig anwesend angeschaut wird, damit es nicht abstrakt und unanschaulich bleibt» [41].

Gegenwärtige katholische Theologen suchen den Graben zwischen dem Schriftzeugnis und der späteren kirchlichen Lehre durch eine umfassende Symboltheorie zu überbrücken: Durch Tod und Auferstehung gibt sich

Christus hinein in die Kirche, in der als dem «Ur-S.» und «sakramentalen Heilszeichen» [42] Gottes Gnadentaten gegenwärtig bleiben und weitergeführt werden [43]. Das S. als Zeichen darf nicht vom Bezeichneten, der Gnade, getrennt werden: Es ist «gerade 'Ursache' der Gnade», deren Gegenwart und «geschichtliche Greifbarkeit» [44]. Neuerdings zeichnet sich eine Vermittlung zwischen protestantischer und katholischer S.en-Lehre ab [45].

Anmerkungen. [1] LIVIUS: Ab urbe cond. X, 38, 2; XXII, 38, 3; XXV, 5, 8; XXXIX, 8, 3; 19, 7; CICERO: De off. I, 11 (36); Rep. II, 60; CAESAR: Bell. Gall. VI, 1, 2; Bell. civ. I, 86, 4; PLINIUS D.J.: Ep. X, 96, 7; TACITUS: Hist. IV, 21; APULEIUS: Metamorph. XI, 15. – [2] CICERO: De leg. II, 35f.; Acad. II, 60; Tusc. disp. I, 29; IV, 55; De nat. deor. II, 24 (62); Att. VI, 1, 26; IV, 17, 1. – [3] PLATON: Symp. 210 a-212 e; Phaedr. 249 a-250 c; Theaet. 156 a. – [4] Dan. 2, 17-49; äth. Hen. 9, 6; 51, 3; 103, 2ff.; 106, 19; syr. Bar. 81, 4; 4 Esr. 14, 5. – [5] Mk. 4, 11 par.; 1 Kor. 2, 6-16; 13, 2; 14, 2; Eph. 1, 9; 3, 9; 5, 32; Röm. 16, 25; Kol. 1, 26f.; 2, 2; 4, 3; 1 Tim. 3, 9. 16. – [6] GREGOR VON NYSSA: Or. cat. mag. I. III, XII. MPG 45, 16f. 44. 85; Apol. VII, a.O. 1137; In Christi resurr. or. I. MPG 46, 612. 621. – [7] JOH. CHRYSOSTOMUS: De incompr. Dei nat. I. MPG 48, 702; De bapt. Christi IV. MPG 49, 370. 372; In Col. hom. V, 2. MPG 62, 333; In Matth. hom. XIX, 3; XXIII, 3. MPG 57, 277. 313. – [8] AMBROSIUS: De mysteriis. MPL 16, 389-410; De sacramentis, a.O. 417-462. – [9] LEO DER GROSSE: Sermo LXXII, 1f.; LXXIV, 2. MPL 54, 390f. 398. – [10] CLEMENS VON ALEX.: Strom. V, 10, 60-66, hg. O. STÄHLIN/L. FRÜCHTEL. GCS 15 (³1960) 366-370; Protr. I, 10, 1; II, 12, 1ff., hg. O. STÄHLIN/U. TREU. GCS 12 (³1972) 10ff. – [11] ORIGENES: In Lev. hom. VIII, 3. MPG 12, 495; Com. in Matth. XV, 23; XVI, 26. MPG 13, 1321. 1460; Com. in Rom. V, 9. MPG 14, 1047. – [12] TERTULLIAN: De spect. XXIV. MPL 1, 731; De idol. XIX. a.O. 767; Ad nat. I, 16, a.O. 654; Adv. Gnost. scor. 4. MPL 2, 130; De praesc. XXXII, a.O. 45; Adv. Marc. IV, 2. 5, a.O. 364. 366; vgl. die Texte bei J. DE GHELLINCK: Pour l'hist. du mot ‹sacr.› 1 (Löwen/Paris 1924) 66-152. – [13] CYPRIAN: De unit. eccl. IV. VIf. MPL 4, 515f. 519f.; Ep. ad Pomp. XI. MPL 3, 1182f.; Ep. ad Magn. VI, a.O. 1189. – [14] AUGUSTINUS: De doctr. christ. II, 2f. MPL 34, 37; De gen. ad lit. XII, 7, 17, a.O. 459; De vera relig. I, 17 (33), a.O. 136; Enarr. in Ps. XLVI, 1. MPL 36, 524; Ep. III, 138, 1, 7. MPL 33, 527; De civ. Dei X, 5. MPL 41, 282. – [15] In Joh. ev. LXXX, 3. MPL 35, 1840. – [16] HUGO VON ST. VIKTOR: De sacr. christ. fidei I, 9. MPL 176, 317. – [17] PETRUS LOMBARDUS: Sent. IV, 1, 2. MPL 192, 839. – [18] HUGO VON ST. CHER: Libell. de sacr. altaris. Hs. der Bibl. nat. Paris, ms. lat. 3627. 3640. – [19] THOMAS VON AQUIN: S. theol. III, 60-90. – [20] H. DENZINGER/A. SCHÖNMETZER: Enchir. Symb. (³²1963) Nr. 860. 1310-1327. 1601-1613. – [21] THOMAS VON AQUIN: S. theol. III, 60, 1-6; III, 61, 1-62, 1. – [22] PS.-DIONYSIUS AREOPAGITA: De eccl. hier. II-VII. MPG 3, 392ff. 424ff. 472f. 500ff. 529ff. 552ff. – [23] PETRUS DAMIANI: Sermo LXIX. MPL 144, 898. – [24] HUGO VON ST. VIKTOR: De sacr. I, 9, 7; I, 11, 7; II, 9. 11. 14f. MPL 176, 327f. 347f. 471ff. 479ff. 549ff. 577ff.; weitere Belege bei F. KATTENBUSCH: Art. ‹S.›, in: Realencykl. für prot. Theol. und Kirche 17 (³1906) 358ff. – [25] PETRUS LOMBARDUS: Sent. IV, 2, 1. MPL 192, 841f.; vgl. DENZINGER/SCHÖNMETZER, a.O. [20] Nr. 860. 1601. – [26] M. LUTHER: De captivitate Babylonica ecclesiae praeludium (1520). Weim. Ausg. [WA] 6, 501. 572; Pr. vom 25. 12. 1519. WA 9, 440; Der große Katechismus (1529). WA 30/1, 221; Scholien zu Röm. 6, 3 (1515). WA 56, 321f. – [27] PH. MELANCHTHON: Loci theol. (1559). Werke in Auswahl, hg. R. STUPPERICH (1951-75) 2/2, 497-507; Apologie der Augsb. Konfession XIII. XXIV (1531), in: Die Bekenntnisschr. der evang.-luth. Kirche (⁶1967) 291ff. 369. – [28] J. CALVIN: Institutio christ. relig. (1559) IV, 14, 1; vgl. IV, 14, 2-22. – [29] D. HOLLAZ: Examen theol. acroam. (1707, ND 1971) 2, 134ff.; A. CALOV: Systema locorum theol. (1655-77) 9, 88ff. 138ff.; L. HUTTER: Compendium locorum theol. (1610), hg. W. TRILLHAAS (1961) 90ff.; J. GERHARD: Loci theol. (1610-25), hg. G. H. MÜLLER (1863-75) 4, 137ff. 219; G. CALIXT: Epitome theol. (1634) 206ff.; J. A. QUENSTEDT: Theologia didactico-polemica (1702) 4, 73ff. 85ff. – [30] F. D. E. SCHLEIERMACHER: Der christl. Glaube (²1831) § 143. 2, hg. M. REDEKER (⁷1960) 2, 366. – [31] A. VON HARNACK: Dogmengesch. 3 (⁴1910) 851; vgl. aber 868. 880f. – [32] K. BARTH: Die christl. Lehre nach dem Heidelberger Katechismus (1947) 88f. – [33] Die kirchl. Dogmatik 1/1 (1948) 56f.; vgl. Die Lehre von den S.en. Zwischen den Zeiten 7 (1929) 426-460; Credo (⁴1936) 11f. – [34] Die kirchl. Dogmatik 4/2 (²1964) 59. – [35] R. BULTMANN: Glauben und Verstehen 1 (²1954) 180f.; vgl. Das Evangelium nach Johannes (¹⁴1956) 162. 265. 370f.; Theol. des NT (²1954) 134. 307. 454. – [36] P. ALTHAUS: Die christl. Wahrheit (1948) 2, 331f.; vgl. W. TRILLHAAS: Evang. Predigtlehre (³1948) 23f.; Dogmatik (1962) 357ff.; E. KINDER: Zur S.en-Lehre. Neue Z. system. Theol. 3 (1961) 141-174; A. PETERS: Realpräsenz (1960) 44f. – [37] G. EBELING: Wort Gottes und Tradition (1964) 203. – [38] W. STÄHLIN: Vom göttlichen Geheimnis (1936) 44. 49f.; Symbolon (1958) 337f. – [39] W. ELERT: Der christl. Glaube (³1956) 355. 358f. – [40] O. CULLMANN: La foi et le culte de l'église primitive (Neuchâtel 1963) 208f. – [41] P. TILLICH: Natur und S. (1928). Ges. Werke 7 (1962) 105-123, zit.: 109. 119; vgl. System. Theol. (1963-66) 3, 144f. 147f. – [42] O. SEMMELROTH: Die Kirche als Ur-S. (³1963) 47ff; Vom Sinn der S.e (²1963) 38; K. RAHNER: Kirche und S. (1960) 11. – [43] RAHNER, a.O. 17f.; E. H. SCHILLEBEECKX: Christus, S. der Gottbegegnung (²1965) 50ff. – [44] K. RAHNER: S.en-Lehre. Schr. zur Theol. 4 (³1962) 300; vgl. Personale und sakramentale Frömmigkeit, a.O. 2 (⁶1962) 115-141. – [45] K. LEHMANN/W. PANNENBERG (Hg.): Lehrverurteilungen – kirchentrennend? 1-2: Rechtfertigung, S.e und Amt im Zeitalter der Reformation und heute (1986-89); 3: Mat. zur Lehre von den S.en und vom kirchl. Amt (1990).

Literaturhinweise. J. DE GHELLINCK s. Anm. [12]. – O. CASEL: Zum Wort ‹S.›. Jb. Liturgiewiss. 8 (1928) 225-232; Das christl. Kultmysterium (⁴1960). – J. HUHN: Die Bedeut. des Wortes S. bei dem Kirchenvater Ambrosius (1928). – H. WEISWEILER: Die Wirksamkeit der S.e nach Hugo von St. Viktor (1932). – R. RUSSEL: The concept of a sacr. in St. Augustine. East. Churches Quart. 1 (1936) 73-79. 121-131. – A. MICHEL: Art. ‹Sacrements›, in: Dict. de théol. cath. 14/1 (Paris 1939) 485-644. – H. M. RÉRET: Sacr./Res dans la langue théol. de saint Augustin. Rev. Sci. philos. théol. 29 (1940) 218-243. – A. KOLPING: Sacr. Tertullianum 1: Unters. über die Anfänge des christl. Gebrauches der Vokabel S. (1948). – E. METZKE: S. und Met. (1948). – F. VAN DER MEER: Sacr. chez saint Augustin. Maison – Dieu 13 (1948) 50-65. – E. ROTH: S. nach Luther (1952). – C. COUTURIER: ‹Sacr.› et ‹Mysterium› dans l'œuvre de saint Augustin, in: H. RONDET u.a.: Etudes August. (Paris 1953) 161-332. – CH. MOHRMANN: Sacr. dans les plus anciens textes chrét. Harvard theol. Review 47 (1954) 141-152. – L. KRUSE: Der S.-Begriff des Konzils von Trient und die heutige S.en-Theologie. Theol. und Glaube 45 (1955) 401-412. – E. BIZER: Die Entdeckung des S. durch Luther. Evang. Theol. 17 (1957) 64-90. – Art. ‹S.›, in: LThK² 9, 218-232. – Art. ‹S.e›, in: RGG³ 5, 1321-1329. – J. G. DAVIES: Der hl. Geist, die Kirche und die S.e (1958). – T. BURGOS NADAL: Concepto de sacr. en Tertuliano. Helmantica 10 (1959) 227-256. – G. VAN DER LEEUW: Sakramentales Denken – Erscheinungsformen und Wesen der außerchristl. und christl. S.e (1959). – M. SCHMAUS: Kath. Dogmatik 4/1 (⁶1964). – V. LOI: Per la storia del vocabolo ‹sacr.›. Sacr. in Lattanzio. Vigiliae christianae 18 (1964) 85-107. – E. ISERLOH: Sacr. et exemplum, in: Reformata reformanda. Festgabe H. Jedin, hg. E. ISERLOH/K. REPGEN (1965) 1, 247-264. – J. ROGGE: Virtus und Res. Um die Abendmahlswirklichkeit bei Calvin (1965). – H. GRUNDMANN: Lex und Sacr. bei J. de Fiore, in: Lex et Sacr. im MA, hg. P. WILPERT (1969) 31-48. – O. BAYER: Promissio (1971) 78ff. – A. SKOWRONEK: S. in der evang. Theol. der Gegenwart (1971). – B. STUDER: 'Sacr. et exemplum' chez saint Augustin. Rech. Augustin. 10 (1975) 87-141. – W. SCHWAB: Entwickl. und Gestalt der S.en-Lehre bei M. Luther (1977). – R. HOTZ: S.e – im Wechselspiel zwischen Ost und West (1979). – A. GANOCZY: Einf. in die kath. S.en-Lehre (1979). – J. FINKENZELLER: Die Lehre von den S.en im allg. Von der Schrift bis zur Scholastik, in: M. SCHMAUS u.a. (Hg.): Hb. Dogmengesch. IV/1a (1980). – U. KÜHN: S.e (1985). – H. VORGRIMLER: S.en-Theol. (1987). – G. WENZ: Einf. in die evang. S.en-Lehre (1988).

A. PETERS/Red.

Säkularisierung (Säkularisation, Verweltlichung; engl. secularization; frz. sécularisation; ital. secolarizzazione; span. secularización)

A. *Ursprung und semantische Erweiterung des S.-Begriffs.* – Der Ausdruck ‹S.›, ursprünglich ein Terminus technicus im Bereich des kanonischen und des Staatskirchenrechts (‹saecularisatio› von ‹saecularis›, ‹saeculum›), hat im Laufe der letzten beiden Jahrhunderte eine außerordentliche semantische Erweiterung erfahren: Zuerst im rechtlich-politischen Bereich beheimatet, dringt er in die Geschichtsphilosophie und -theologie ein und findet schließlich auch in Ethik und Soziologie Anwendung [1]. Im Verlaufe dieser Verschiebungen und Erweiterungen hat der Begriff allmählich den Rang einer Herkunftskategorie eingenommen, mit der die historische Entwicklung der modernen westlichen Welt von ihren christlichen Wurzeln her einheitlich gedeutet wird. Zur gleichen Zeit und infolge dieser Erweiterung zum allgemeinen und vielfältig anwendbaren geschichtsphilosophischen und geschichtstheologischen Prozeßbegriff, der auch in anderen Kontexten erscheint, hat er sich zu einem ebenso verbreiteten wie umstrittenen und insofern nicht mehr selbstverständlichen Ausdruck gewandelt. Die Unmöglichkeit einer einheitlichen Rekonstruktion des Begriffs hängt mit der strukturellen Ambivalenz seiner Bedeutung zusammen, die Raum bietet für antithetische oder diametral entgegengesetzte Assoziationen. Bald im Sinne von 'Entchristlichung' (d.h. im Sinne der Verletzung und neuzeitlichen Profanisierung der Prinzipien der Christlichkeit), bald im Sinne von 'Desakralisierung' interpretiert, versah die Kategorie der S. sowohl die christliche als auch die antichristliche Zivilisationskritik mit Argumenten. Mit ihrer Hilfe sind, häufig unter Berufung auf die gleichen Beweisstücke und dieselbe Beispielsammlung, ebenso optimistische wie pessimistische Urteile über die jeweilige Gegenwart formuliert worden [2].

Zunächst hat die S. in der «saecularisatio» des ‹Codex Iuris Canonici› einen institutionell unmißverständlichen Bedeutungskern. Noch bis vor kurzem war es eine verbreitete Ansicht – die auch einige maßgebliche Lexika festhalten [3] –, daß der Ausdruck ‹séculariser› (säkularisieren) erstmals am 8. Mai 1646 in Münster benutzt worden sei, und zwar vom französischen Gesandten Henri d'Orléans, Herzog von Longueville, bei den Verhandlungen zum Westfälischen Frieden, um den Übergang der kirchlichen Güter in weltliche Hände zu bezeichnen. Demnach würde der Neologismus die Enteignung der Kirchengüter zugunsten der Fürsten oder der reformierten Landeskirchen anzeigen. Diese Ansicht bezog ihre Suggestionskraft aus der sowohl chronologischen als auch symbolischen Verbindung, die sie zwischen der Entstehung des S.-Begriffs und der Geburt des aus den Religionskriegen hervorgegangenen, modernen Staates herstellte, des Staates, dessen innerweltliche Souveränität dem langen und blutigen Kapitel der Religionskriege in Europa ein Ende setzte. Tatsächlich aber war diese Annahme (deren Beleg sich auf einen von J. G. von MEIERN 1734 in seiner Ausgabe der ‹Acta Pacis Westphalicae Publica› gegebenen Hinweis beschränkte [4]) falsch, wie H.-W. STRÄTZ gezeigt hat [5]. Der Bezug auf die ‹saecularisatio› taucht bereits gegen Ende des 16. Jh. in den französischen kanonistischen Disputen auf (vor allem bei Juristen wie J. PAPON und P. GRÉGOIRE), jedoch mit einer ganz anderen Bedeutung: Gemeint ist dort der Übergang von ‹regularis› zu ‹canonicus›, d.h. der Übertritt eines Klerikers von der Ordenscus›, d.h. der Übertritt eines Klerikers von der Ordensgeistlichkeit zur Weltgeistlichkeit [6]. Der S.-Begriff ist also von vornherein antithetisch geprägt; die Gegenüberstellung von ‹regularis› und ‹saecularis› enthält, und sei es auch nur potentiell, das Gegensatzpaar ‹geistlich/weltlich›, bereits in sich [7].

B. *Souveränität und Verweltlichung: die S. als politisch-rechtlicher Begriff.* – Die S. hat also ihren Kern im kanonischen Recht, und die Bedeutung dieses Kerns ist bis weit in die frühe Neuzeit hinein wirksam. Noch in der ‹Encyclopédie› erscheint der Ausdruck an erster Stelle als Terminus technicus [8], und dieser ist ungeachtet aller Veränderungen bis auf den heutigen Tag in Gebrauch geblieben. Darüber hinaus bezeichnet die S. einen politisch begründeten Rechtsakt, kraft dessen die Besitztümer und die weltlichen Güter der Kirche geschmälert oder enteignet werden, um so erzielte finanzielle Gewinne anderen (nicht nur wirtschaftlichen, sondern etwa auch schulischen) Zwecken zuzuführen. In diesem Sinne verweist die S. auf einen Prozeß allmählicher Verdrängung der kirchlichen Autorität aus dem Bereich der weltlichen Herrschaft, auf den der moderne Staat – 1648 aus dem Westfälischen Frieden hervorgegangen – einen Monopolanspruch erhob [9].

So ergibt sich die erste semantische Erweiterung des Begriffs auf das politisch-rechtliche Feld. Zwei Jahrhunderte lang, von den Religionskriegen bis zu der im napoleonischen Dekret von 1803 festgeschriebenen Enteignung der Kirchengüter, assoziierte man den Begriff ‹S.› mit dem langen und komplexen Prozeß der Befestigung einer säkularen, d.h. weltlich-staatlichen Rechtsprechung über ausgedehnte Lebensbereiche, die zuvor von der Kirche verwaltet wurden. Daher rührt die polemische Heftigkeit, mit der der Ausdruck während des Kulturkampfes verwendet wurde [10].

Es gibt jedoch auch komplexere Deutungen dieses Ursprungs. Mit einer über die spezifische Begriffsgeschichte hinausgehenden Optik der 'longue durée' lassen diese Deutungen den Ursprung des Phänomens auf die Anfänge des Jahrtausends zurückgehen, als aus den mittelalterlichen Herrschaftsordnungen die institutionellen Vorläufer des modernen Staates hervorzugehen begannen. Der große Investiturstreit zwischen Kaisertum und Papsttum (1057-1122), so zeigt sich in dieser Perspektive, hat wesentlich dazu beigetragen, daß die weltliche Herrschaft sich ihrer Autonomie, also der irreduziblen 'Säkularität der Politik' und der vollständig innerweltlichen Grundlagen der Staatssouveränität bewußt geworden ist [11]. Am Ausgang des Investiturstreits hat dieser Auffassung nach schließlich die kulturelle Voraussetzung jenes «Silete theologi in munere alieno!» gestanden, das im Zeitalter der Religionskriege zum Slogan der französischen 'politiques' geworden ist [12].

In beiden Fällen, im Fall des kanonischen wie des politischen Rechts, bezieht das Konzept der S. seine Grundbedeutung aus dem Gegensatz ‹geistlich/weltlich›, der sich von der augustinischen Lehre von den zwei «civitates» herleitet und die Kultur des mittelalterlichen und frühneuzeitlichen Okzidents strukturiert hat [13]. Hier ist bereits eine Bedeutung von ‹S.› berührt, die jenseits der politisch-rechtlichen liegt: eine metaphorische Ausweitung des Begriffs, die in die philosophische Dimension hineinreicht. Seit dem Ende des 18. Jh. wird ‹S.› zu einer unauflöslich mit dem neuen einheitlichen Konzept der 'historischen Zeit' verflochtenen allgemeinen Kategorie [14], die mit anderen Schlüsselbegriffen der Neuzeit, wie ‹Emanzipation› und ‹Fortschritt›, ‹Befreiung› und ‹Revolution›, zusammengehört.

C. Geschichtszeit und Verweltlichung: S. im 19. Jh. – Einer verbreiteten Ansicht nach ist seit Beginn des 19. Jh. allen Varianten der S.-These – den traditionalistischen wie den progressiven, den reaktionären wie den revolutionären – ein Merkmal gemeinsam: die Absage an die augustinische Zwei-Reiche-Lehre und die Beseitigung des Dualismus von Ewigkeit und Welt, Jenseits und Diesseits [15]. Die Durchsetzung der einheitlichen Kategorie der 'Weltgeschichte' habe alle Gegensatzpaare christlichen Ursprungs aufgelöst, wobei die als universell gültig verstandene Voraussetzung gemacht worden sei, daß die geschichtliche Weltzeit nicht nur die Probleme stelle, sondern sie auch lösen werde. Eine neue, vollständig immanente Auffassung der säkularen Zeit habe alle Transzendenz in sich aufgehoben und mit ihr jeden noch verbliebenen Dualismus von weltlich und geistlich, irdisch und göttlich, profan und heilig. Dennoch verhalten sich die Dinge komplizierter: Erstens zeigt die weitere Begriffsgeschichte, daß der Begriff ‹Verweltlichung› (in dem soeben skizzierten Sinn) während des ganzen 19. Jh. nicht nur bei J. VON EICHENDORFF [16], sondern auch bei Autoren wie L. FEUERBACH [17] und K. MARX [18] mit einem im traditionellen kanonisch-rechtlichen oder politisch-rechtlichen Sinne verstandenen S.-Begriff koexistiert. Zweitens bedeutet im Hinblick auf die analytischen Implikationen des Begriffs 'Verweltlichung' nicht nur – wie bei Hegel und Marx – die endgültige Aufhebung des Dualismus in einem absoluten Geschichtsbegriff [19], sondern sie bietet – wie etwa im Falle F. OVERBECKS [20] – auch den Ausgangspunkt für eine Radikalisierung des Dualismus und eine Vertiefung des religiösen Motivs. Für die semantische Transformation des Hendiadyoin ‹Verweltlichung/S.› ist das Folgende entscheidend.

Bei G. W. F. HEGEL scheint auf den ersten Blick eine ambivalente Konzeption von Verweltlichung zutage zu treten: Es zeigt sich ein *negativer Begriff* in den ‹Vorlesungen über die Geschichte der Philosophie› und ein *positiver Begriff* in den ‹Vorlesungen über die Philosophie der Geschichte›. In Wirklichkeit aber handelt es sich hier nicht um eine taxonomische Klassifikation, sondern um zwei geistesgeschichtlich distinkte Phasen im dialektischen Prozeß der Aufhebung des christlich-mittelalterlichen Dualismus von 'Innerlichkeit' und 'Äußerlichkeit'. So wird in den philosophiegeschichtlichen Vorlesungen der negative Begriff ‹Verweltlichung› im Zusammenhang mit der scholastischen Lehre von der mittelalterlichen Kirche eingeführt, die, indem sie dem Unendlichen endliche Prinzipien beigibt, einer 'schlechten' Weltlichkeit Raum gibt [21]. Der positive Begriff der geschichtsphilosophischen Vorlesungen entsteht im Verlaufe der Darstellung jener Formen, in denen seit der Reformation das christliche Prinzip zum Weltprinzip, d.h. zum Gestaltungsprinzip der weltlichen Sphäre zu werden beginnt (Aufhebung der mittelalterlichen Entzweiung) [22]. Einerseits vereinheitlichte und nivellierte das Universale der scholastischen Metaphysik, das noch kein immanentes Prinzip, sondern eine bloße Abstraktion des Verstandes war, beide Bereiche, so daß es zu einer «Verweltlichung des an und für sich seienden, absoluten Inhalts» kam [23]. Andererseits wurde die Kirche in ihrer äußeren Existenz dem weltlichen Element gleich und löschte auf diesem Wege schließlich den Unterschied zwischen 'geistlich' und 'weltlich' aus. Diese Verweltlichung der Kirche ging nicht in rationaler Weise vonstatten, sondern «durch ganz ungeeignete äußerliche Verhältnisse ..., so daß hier der schlechteste Sinn der Weltlichkeit ist, den man nehmen kann» [24]. Das Scheitern des scholastischen Intellektualismus und der säkularen Kirche bereitet die große geistige Umwälzung der Neuzeit vor: Die von Recht und Ordnung geleitete weltliche Regierung fühlt sich von Gott eingesetzt, als Wahrerin des Göttlichen in ihrer Gegenwart und daher legitimiert gegenüber dem Göttlichen der Kirche, die das weltliche Element aus sich ausschließt. Aber indem die weltliche Macht das göttliche Prinzip in sich aufgenommen hat, besteht dieser Gegensatz nicht mehr. An diesem Punkt sieht Hegel den Keim der Reformation, der die Öffnung zur Freiheit der Neuzeit markiert und der allmählich jene positive Verweltlichung durchsetzt, die das christliche Prinzip in das Prinzip der Welt verwandelt [25].

In Anknüpfung an die und in Auseinandersetzung mit der Hegelschen Reflexion präsentiert sich der Begriff der Verweltlichung beim jungen MARX in engem Zusammenhang mit den Themen des «christlichen Staats» und der «Verwirklichung der Philosophie». In der Schrift ‹Zur Judenfrage› wird behauptet, daß im christlichen Staat «der religiöse Geist ... noch nicht wirklich verweltlicht» sei und «auch nicht verweltlicht werden» könne, da er bloß «die unweltliche Form einer Entwicklungsstufe des menschlichen Geistes» darstelle: «Der religiöse Geist kann nur verwirklicht werden, insofern die Entwicklungsstufe des menschlichen Geistes, deren religiöser Ausdruck er ist, in ihrer weltlichen Form heraustritt und sich konstituiert. Dies geschieht im demokratischen Staat» [26]. Das zweite Thema findet sich in der ‹Einleitung› zur ‹Kritik der Hegelschen Rechtsphilosophie›: Ist einmal «das Jenseits der Wahrheit verschwunden», wird es zur «Aufgabe der Geschichte», «die Wahrheit des Diesseits zu etablieren» [27]. Hier wird offensichtlich die Formel der Kritik an Hegel, wie L. FEUERBACH sie vorgetragen hatte, wieder aufgenommen und weiterentwickelt [28]: Die Verwirklichung wird dadurch notwendig, daß die Hegelsche Aufhebung in Wirklichkeit eine Negation der Theologie vom Standpunkt eben dieser Theologie bedeutet. Aber während diese Formel bei Feuerbach ein Programm begründete, das ebenso radikal wie «widerspruchsfrei» [29] das Theologische ins Anthropologische überführte, ist sie bei K. MARX – noch vor der endgültigen Trennung, die in den ‹Thesen über Feuerbach› (1845) bekräftigt wird, – Anlaß zur Verweltlichung der Philosophie. Diese Veränderung wird nicht wie bei Feuerbach mittels einer mechanischen, anthropologischen Umkehrung der Theologumena, sondern über die Verbindung der Philosophie mit dem lebendigen Gewebe der konkreten historischen Praxis sowie über die Verwicklung der Philosophie in die Konflikte der Gegenwart erreicht [30]. Das zieht die Entdeckung der «Selbstentfremdung» nicht nur in ihrer «Heiligengestalt», sondern auch «in ihren unheiligen Gestalten» nach sich und folglich auch die Verwandlung der «Kritik des Himmels» in die «Kritik der Erde», der «Kritik der Religion» in die «Kritik des Rechts» und der «Kritik der Theologie» in die «Kritik der Politik» [31]. Marx kennt aber noch die traditionale, kirchenrechtliche Verwendung des Begriffs ‹S.›: Die S. der Kirchengüter ist in jenen Prozeß der Autonomisierung der Fürstenmacht eingeordnet, der seine Vollendung erst in einer sozialen Revolution finden kann, die die alten Besitzverhältnisse dann endgültig abschafft [32].

Eine bedeutsame Erweiterung des spezifischen S.-Begriffs findet sich in den Schriften von R. ROTHE. Von seinem ersten Werk über die Ursprünge der Kirche

(1837) bis zum heilsgeschichtlichen Entwurf der ‹Theologischen Ethik› (1845ff.) wird die S. als ein Prozeß des Aufgehens der Kirche in den Staat dargestellt, mit dem die weltliche Macht das christliche Prinzip übernimmt und verinnerlicht; den Wendepunkt in dieser Entwicklung habe die Reformation gebildet, die den Übergang des «katholisch-christlichen» ins «protestantische» Zeitalter bezeichne, das wesentlich ein «weltliches», «sittliches», «staatliches» und «politisches» sei [33]. Aber die Dynamik des Prozesses führt schließlich zu einer Symmetrie der Gegensätze: «In demselben Verhältnis, in welchem der Staat sich entsäkularisiert, säkularisiert sich die Kirche, tritt sie zurück, die nur ein provisorischer, immer ungenügender werdender Notbau für den christlichen Geist ist für die Zeit, bis jene seine eigentliche Behausung ausgebaut ist» [34].

Eine eigenständige, radikale Position vertritt F. OVERBECK. Der besondere Zug seines Ansatzes besteht nicht nur oder einfach in der negativen Wertung der Verweltlichung; denn die Reaktion auf die Verweltlichung bildet, wenn auch in mehreren Abstufungen (von der Kritik über die Ablehnung bis zur Verdammung), den gemeinsamen Nenner eines antimodernen 'Traditionalismus', der im philosophischen, theologischen und sozialpolitischen Denken des 19. Jh. weit verbreitet ist und schon seit den großen legitimistischen Theoretikern der Restauration (De Maistre, De Bonald, Donoso Cortés) vertreten wird. Overbecks Originalität besteht vielmehr darin, daß er die Dekadenz der Verweltlichung der theologischen Dimension selbst zuschreibt: Die Theologie ist für ihn schon in sich selbst «nichts anderes als ein Stück der Verweltlichung des Christentums» [35]. In diesem Lichte ist seine Position nicht nur – wie K. BARTH meint [36] – eine klare Absage an die bis dahin gültige kirchliche Geschichtsschreibung, sondern sie steht im exakten Gegensatz zu Marx' Position, deren Radikalität sie im anderen Extrem vertritt. Overbecks gesamtes Denken läßt sich durch den Gegensatz von Urchristentum und verweltlichtem Christentum charakterisieren, womit ein in der religionsgeschichtlichen Forschung der Zeit verbreitetes Motiv aufgenommen wird. Dieses Motiv findet sich vor allem im Werk von F. CH. BAUR. Tatsächlich aber ist der Graben, der Overbecks von Baurs Konzeption trennt, tief. Auch Baur geht vom Urchristentum aus, doch er begründet damit seine Periodisierung der Kirchengeschichte: Nachdem er die Zeit vor der Reformation als die Zeit der Durchsetzung der Kirche und die Zeit nach der Reformation als negative Zeit für die sich in der Weltlichkeit verlierende Kirche dargestellt hat, behauptet er schließlich, daß die Gegenwart der Beginn eines «dritten», höheren Zeitalters für die Kirche sei [37]. Der von OVERBECK in ‹Christentum und Kultur› an Baur gerichtete Vorwurf [38], dieser habe eine höchst eigenwillige Darstellung der eigenen Gegenwart geschrieben, zeigt das Ausmaß des Gegensatzes. Der Overbecksche Ansatz wollte das säkularisierte Christentum, insofern es Gestaltungs- und Legitimationsprinzip der Weltgeschichte war, ins Herz treffen. Der Zweck der Polemik war ein doppelter: Es ging auf der einen Seite darum, die gesamte Geschichte des Christentums auf eine Geschichte der Verweltlichung zurückzuführen, die ihre Vollendung dann in der historischen Theologie der Zeit finden sollte; auf der anderen Seite war der rettende Kern des Urchristentums herauszuschälen, um seine radikale Ohnmacht in der Welt und seine absolute Nichtbeteiligung an jeder säkularen Kirche geltend zu machen [39].

Den Sinn dieses Unternehmens faßt W. BENJAMIN in wenigen Zeilen zusammen: «Echte Christlichkeit ist ihm Religion unbedingter eschatologisch begründeter Weltverneinung, der gemäß ihm ihr Eingehen in die Welt und deren Kultur als Verleugnung ihres Wesens, alle Theologie von der patristischen Zeit ab als Satan der Religion erscheint» [40].

Nicht weniger bedeutsam – diesmal für die Entwicklung des S.-Begriffs – ist der Umstand, daß die postume Veröffentlichung von ‹Christentum und Kultur› (1919) mit einer Kierkegaard-Rezeption zusammenfiel, die sich in Werken wie der ‹Psychologie der Weltanschauungen› von K. JASPERS und dem ‹Römerbrief› von K. BARTH widerspiegelt: ein Zusammentreffen, das schon von sich aus die Frage nach dem thematischen Zusammenhang zwischen negativer Theologie und dem theologischen Ertrag des «Aufstands gegen Hegel» im 19. Jh. aufwirft. Hier offenbart sich das Problem des Einzelnen als Paradox einer «entweltlichten» Existenz im Zeitalter der vollendeten Verweltlichung: Der Glaube, verstanden im Sinne S. KIERKEGAARDS, ist jenes Paradox, aufgrund dessen der Einzelne dem Allgemeinen überlegen ist. Die 'hypermoderne' Qualität dieser Richtung zeigt sich schon darin, daß die dialektische Theologie des 20. Jh. (besonders ausgeprägt im Werke F. GOGARTENS) sich des Themas der Entzauberung der Welt annimmt, das M. WEBER im Kontext einer perspektivischen Erweiterung des S.-Begriffs einführt. Auf diese Weise findet die Webersche «Entzauberung» in der «Entmythologisierung» ihre theologische Entsprechung. Die Befreiung der Welt, die auf diese Weise 'bloß' Welt sein kann, wird dann zugleich die Befreiung des Glaubens, des «Kerygma» von der Welt.

Diese gegenseitige Befreiung beider Dimensionen ist für die Kategorie der S. von großer Tragweite: Die Destruktion des einheitlichen Begriffs der Weltgeschichte, weit davon entfernt, die Kategorie ‹S.› zu zerstören, läßt ‹S.› im 20. Jh. zu einem der wichtigsten Schlüsselbegriffe der westlichen Moderne werden. Genau mit dem Einsetzen von «Kritik und Krise» (R. KOSELLECK), der Problematisierung und der Relativierung der bedeutenden universalistischen Ideen der Neuzeit (Geschichte, Fortschritt, Revolution, Befreiung) tritt die S. – als These oder als hermeneutischer Kanon, als allgemeiner oder als umstrittener Begriff – aus ihrem ursprünglichen Verwendungsbereich endgültig heraus und wird zu einem ubiquitären Begriff, der auf ganz verschiedenen Gebieten Anwendung findet: von der Philosophie bis zur Theologie, von der Politik bis zur Soziologie.

D. *Ursprung und Schicksal der Moderne: der S.-Streit im 20. Jh.* – 1. *Okzidentaler Rationalismus und Entzauberung der Welt: der S.-Begriff bei M. Weber.* – M. WEBER stellt die Entwicklung der europäisch-okzidentalen Gesellschaft erstmals und konsequent als «Säkularisationsprozeß» [41] dar. Die Verwendung des Begriffs ist freilich zwiespältig: Sie verweist einerseits auf eine allgemeine umfassende Rekonstruktion der Entwicklung der westlichen Kultur und übt damit auf die nachfolgenden Reflexionen einen starken Einfluß aus; andererseits markiert die Wahl des Begriffs einen deutlichen Bruch mit der Geschichtsphilosophie des 19. Jh. in ihrer idealistischen (Hegel) und materialistischen Version (Marx).

Die Verwendung der Kategorie ‹S.› bei Weber steht in enger Beziehung zu seiner berühmten These von der Ethik des calvinistischen Protestantismus als Grundlage des «Geistes» des Kapitalismus, die auf die «Kulturgestalt des modernen okzidentalen Rationalismus» [42] bezogen ist und die ihrerseits die Tendenz zunehmender Rationalisierung der Weltbeherrschung einschließt [43]. Die Weitläufigkeit des Entwurfs weckt den begründeten Verdacht einer «geschichtsphilosophischen Implikation» [44] im Weberschen Werk. Und doch werden die entscheidenden Kategorien Webers mit Hilfe eines selektiven Verfahrens gewonnen, das sich als streng empirisch und vergleichend versteht. Das bedeutet in den Sozialwissenschaften wie in der Kulturgeschichte die endgültige Aufgabe jeder naiven 'Begriffsbestimmung'. Diese Wahl eines empirisch-komparativen Selektionskriteriums begründet die Loslösung von anderen großen zeitgenössischen Deutungen der Entwicklung des «modernen Kapitalismus», angefangen bei L. BRENTANO, der als «Geist» des Kapitalismus das allgemeine Streben nach Gelderwerb bezeichnet, ohne den Erwerb durch Diebstahl von dem aus Geschäften zu unterscheiden [45], über die Deutung G. SIMMELS, der ebenso allgemein ‹Kapitalismus› und ‹Geldwirtschaft› gleichsetzt [46], bis hin zu W. SOMBART, der das spezifische Element des Okzidents, die rationale Arbeitsorganisation, stark in den Hintergrund rückt [47]. Dagegen erklärt WEBERS Problemansatz, wie, d.h. aufgrund welcher Verkettung von Umständen gerade und nur im Okzident ein Komplex kultureller Phänomene entstehen konnte, der allen anderen Kulturen unbekannt geblieben ist. Weber beruft sich neben den ökonomischen, technischwissenschaftlichen und rechtlichen Bedingungen auch auf die Fähigkeit und die Einstellung der sozialen Handlungsträger zu bestimmten Formen praktisch-rationaler Lebensführung. Der für die westliche Neuzeit entscheidende ethische Handlungsfaktor tritt historisch in den asketischen Idealen der Reformation auf und ist direkt mit der Frage der S. verbunden.

Weber neutralisiert, wie gleichzeitig E. TROELTSCH, die dem Begriff ‹S.› innewohnende Ambivalenz. Die positive wie die negative axiologische Konnotation des Begriffs entfällt, und der Verweltlichungsprozeß wird als unabwendbares Schicksal des Okzidents aufgefaßt. WEBER ist sich der schweren negativen Hypothek wohl bewußt, mit der die katholische Kirche die Idee der S. belastet hat, wonach der moderne «Materialismus» nichts anderes sei als «die Folge der Säkularisation aller Lebensinhalte durch den Protestantismus» [48]. Weber verwirft diesen Glauben sofort als Vorurteil, dem freilich das protestantische Vorurteil von der Passivität und Weltfremdheit des Katholizismus symmetrisch gegenüberstehe [49]. Der entscheidende Aspekt der S. hängt mit dem Vorherrschen der zweckrationalen Handlungsweise zusammen, die ihren historisch-sozialen Ausdruck in der für den Protestantismus typischen Ethik der «Entsagung» und der «innerweltlichen Askese» gefunden hat. Die protestantische Gesinnung führt durch die Gnadenlehre und die Lehre von Rechtfertigung und Erwählung, die sich in den Werken und ihrem «Erfolg» zeige, zu jener besonderen Verbindung von religiösem Rigorismus und Weltzugewandtheit, die den «Geist» des Kapitalismus ausmacht und eine starke desakralisierende Wirkung ausübt. Weber führt die einzelnen Aspekte und technischen Lesarten des Begriffs ‹Säkularisation› auf jenen komplexen «'Säkularisations'-Prozeß» zurück, «dem solche aus religiösen Konzeptionen geborene Erscheinungen in moderner Zeit überall verfallen» [50]. Schon in der berühmten Untersuchung ‹Die protestantische Ethik und der Geist des Kapitalismus› (1904/05) wird die Säkularisation in den umfassenderen «religionsgeschichtliche[n] Prozeß der Entzauberung der Welt» eingeordnet, der vom hebräischen Prophetentum ausgeht, sich mit dem griechischen wissenschaftlichen Denken verbindet (das sind die beiden konstitutiven Faktoren des «okzidentalen Rationalismus») und sich in der Ablehnung der «sakramentalen Magie als Heilsweg» ausdrückt [51].

In ‹Wirtschaft und Gesellschaft› (postum 1922) wird die Figur des Propheten von der des Priesters mit Hinweis auf das Motiv der persönlichen Berufung klar unterschieden. In einigen Gebieten Australiens z.B. wurden ausschließlich die Offenbarungen, die die Schamanen im Traume hatten, bei den Versammlungen der Häupter der Verwandtschaftsgruppen berücksichtigt; diese Sitte konnte nur aufgrund eines S.-Prozesses außer Gebrauch kommen [52]. Indem Weber – wenn auch mit Anführungszeichen als Vorsichtsmaßnahme – die Kategorie der S. auf einen kulturellen Kontext anwendet, der nicht zum westlichen Kontext jüdisch-christlicher Prägung gehört, erscheint hier die Möglichkeit einer breiten Anwendung der Kategorie ‹S.› auch auf ethnologischem Gebiet.

Der Begriff der S. taucht überdies im Zusammenhang formaler und materialer Rationalisierung des Rechts auf. Die «Säkularisation des Rechts» ist eine «Differenzierung» des Rechtsbereichs, dessen Eigenschaften technische Berechenbarkeit und rationale Verfahrensweise sind [53]. Die nachfolgende Rechtssoziologie hat diesen Gedanken fortentwickelt.

2. *Religion und moderne Welt: die S.-Frage im deutschen Historismus.* – Nicht ohne Grund beruft sich Weber in seinen religionssoziologischen Arbeiten auf das «große Buch» von E. TROELTSCH ‹Die Soziallehren der christlichen Kirchen und Gruppen› [54], das er als eine Ergänzung und dogmengeschichtliche Bestätigung seiner eigenen, stärker an der praktischen Wirkung der Religion interessierten Thesen vorstellt. Troeltschs Werk, in vielerlei Hinsicht dem ‹Lehrbuch der Dogmengeschichte› (1886-89) A. VON HARNACKS verwandt, ist die bedeutendste Ausarbeitung des S.-Themas im Umkreis des Historismus und überragt die Arbeiten anderer Autoren wie P. YORCK VON WARTENBURG [55] und W. DILTHEY. Für Dilthey stellt die mit der Renaissance beginnende Entfaltung der menschlichen Fähigkeiten eine «Verweltlichung» größerer Tragweite dar als die «Säkularisation [der] kirchlichen Güter» [56]; so sieht er etwa in Turgots ‹Plan der Universalgeschichte› eine S. und rationalistische Auflösung der providentialistischen Geschichtsphilosophie Bossuets [57]. Nur besteht Diltheys Interesse darin, den ursprünglichen Kern des religiösen Gefühls, den Schleiermacher zwar bestimmt, aber in einen zeitlosen Schematismus verbannt hatte, in den Fluß der Geschichtlichkeit einzuspeisen, so daß der Prozeß der S. in der vollständigen Entfaltung des modernen Konzepts von «Erlebnis» aufgeht. TROELTSCHS Absicht ist es hingegen, die Komplexität des S.-Phänomens hervorzuheben, das sich durch eine Wechselwirkung zwischen dem religiösen und dem weltlichen Pol auszeichnet. Es ist die von der protestantischen Askese angestoßene S. der «christlichen Ethik», die die Vergeistlichung des «saeculum» hervorbringt [58].

Diese Problematik entfaltet sich in zwei Motiven, die in der nachfolgenden Debatte über das Verhältnis von Religion und moderner Welt eine wichtige Rolle spielen: Erstens im Motiv der «Säkularisation des religiösen Individualismus», die, speziell seit der Englischen Revolution, zur Voraussetzung jener «Säkularisation des Staates» wird, die Troeltsch als «die wichtigste Tatsache der modernen Welt» bezeichnet [59]. Aber Troeltsch macht dabei eine Zäsur im S.-Prozeß aus: Der Vater der radikalen Modernität, wie sie sich in der skeptischen und utilitaristischen Kultur ausdrückt, ist nicht so sehr der Protestantismus in seiner Gesamtheit, sondern das «Sektentum» [60].

Jene Problematik entfaltet sich zweitens im Motiv des Fortschritts als «Säkularisation der christlichen Eschatologie» [61], d.h. als Verlagerung des Eschaton von der Ebene der Transzendenz auf die der geschichtlichen Immanenz – ein Motiv, das seine Entfaltung in der Reflexion K. LÖWITHS erhalten wird.

TROELTSCHS hohes Problembewußtsein zeigt sich in der Besorgnis, mit der er in die Zukunft blickt und das Schicksal des «religiös-metaphysischen Freiheitsprinzips» [62] in einer Zeit des zunehmend festgefahrenen und beklemmenden Fortschritts verfolgt.

3. ‹S.› als theologisch-politischer Begriff. – «Alle prägnanten Begriffe der modernen Staatslehre sind säkularisierte theologische Begriffe» [63]: In diesem lapidaren Satz C. SCHMITTS sieht H. BLUMENBERG «die stärkste Form des S.-Theorems» [64]. Die Kategorie der S. liefert demnach SCHMITT den Schlüssel sowohl zur systematischen Struktur als auch zur historischen Metamorphose juristischer Begriffe, die vom theologischen in den staatsrechtlichen Bereich übertragen worden sind. Dieser Prozeß zeigt sich in der Entwicklung der Souveränitätslehre von der Zeit des Absolutismus bis zur Zeit der Volkssouveränität. Ist der «konstruktive» Kern der Definition der Souveränität die «Entscheidung» über den «Ausnahmezustand», so bildet sich der historische Horizont der gesamten Entwicklung der Staatslehre in den letzten vier Jahrhunderten unter dem Gesichtspunkt der Antithese zwischen Deismus und Theismus. Schmitt stellt sich gegen die theologisch-metaphysisch ‹deistisch› fundierte Konzeption des modernen Rechtsstaates, die sich in einer von Locke ausgehenden Linie über Kant bis hin zu den ‹normativistischen› Theorien von Krabbe und Kelsen erstreckt. Sie hebt die im Begriff des Wunders implizierte Außerkraftsetzung der Naturgesetze auf und drängt die produktive Analogie zwischen Wunder und souveräner Entscheidung, ohne die die S. zu einer wirklichen Profanisierung des ursprünglichen theologischen Kerns geraten würde, in den Hintergrund. Die Kategorie der S. fungiert als spezifisches Bindeglied zwischen politischer Theologie und Souveränitätsbegriff. Die Funktion des ‹Ausnahmezustands› ist eben die, jenes Moment der Entscheidung sichtbar zu machen, das von einem aufklärerischen Rationalismus verdrängt wird, der vorgibt, alle Entscheidungen friedlich und durch Konsens aus einem normativen Gehalt ableiten zu können.

In philosophischer Perspektive wird an dieser Stelle die Beziehung zwischen politischer Theologie und dem Begriff des ‹Politischen› erkennbar, dessen Kriterium in der Freund/Feind-(amicus/hostis-)Unterscheidung besteht [65]. Dies entfaltet Schmitt besonders suggestiv im Vortrag ‹Das Zeitalter der Neutralisierungen und Entpolitisierungen› von 1929 [66]. Die geistesgeschichtliche Entwicklung der modernen westlichen Kultur wird hier als S.-Bewegung beschrieben: vom «Theologischen» zum «Metaphysischen», vom «Moralischen» zum «Ökonomischen» bis in die gegenwärtige «technische Zeit». Der Prozeß der S. windet sich durch eine schrittweise Verschiebung des «Zentralgebiets», wo sich das «Politische» jeweils einrichtet und «normalisiert». So zeichnet sich die neuzeitliche S. durch einen Wechsel von Kontrasten aus, die sich durch die Aktualisierung der Freund-Feind-Antithese und die ihr nachfolgenden ‹neutralisierenden› Regelungen ergeben. Der innovative Einbruch des Politischen und die Neutralisierung machen daher die unauflösliche Bipolarität des S.-Prozesses aus.

Der aus den konfessionellen Bürgerkriegen des 16. und 17. Jh. hervorgegangene moderne Staat entwickelt sich – darauf weist Schmitt nach dem Zweiten Weltkrieg hin [67] – genau parallel mit dem zu ihm gehörigen «Jus publicum europaeum». Als spezifisch europäisches Phänomen ist die Rechtswissenschaft tief verstrickt in das Abenteuer des «okzidentalen Rationalismus»: Die Autorität, die sie den souveränen Funktionen des neuen weltlichen Staates zuschrieb, kopierte zu Beginn mit geradezu besessener Originaltreue die gesamte Bandbreite theokratischer Attribute. Die Absolutheit ihrer Aneignung durch den weltlichen Souverän war so gerade aufgrund der vollständigen formalen Übereinstimmung mit dem Vorbild gesichert: Insofern sie eine ‹Übertragung› (in streng Hobbesscher Manier) der theologischen in ‹vergängliche› und ‹weltliche› Prärogativen leistete, war die ursprünglich vom Staatsrecht herbeigeführte S. noch keine Profanisierung, wohl aber eine Neutralisierung des religiösen Konflikts durch Errichtung einer neuen, nicht mehr konfessionellen, sondern gänzlich zivilen und politischen Ordnung. Hier liegt der Schlüssel zur Mahnung des Albericus Gentilis, die Schmitt zur Geburtsformel des modernen Staates erhebt: «Silete, theologi, in munere alieno!» Doch mit fortschreitender S. hat sich das staatliche Gefüge immer mehr in eine unbeseelte Maschine und einen neutralen Apparat verwandelt, aus dem die «repräsentativ-souveräne Person» zuerst in den Hintergrund gedrängt und dann endgültig getilgt wurde. Im ‹Zeitalter der Technik› scheint diese Profanisierung ihre natürliche Vollendung zu erreichen. Und angesichts der ‹Neuen Sachlichkeit› des rein Technischen sind es nun die Juristen, die das Gebot zu schweigen entgegennehmen müssen. So folgt auf das «Silete theologi!» das «Silete iurisconsulti!»

Diese beiden letzten Motive kehren in einem Spätwerk Schmitts, der ‹Politischen Theologie II›, wieder [68]: in Auseinandersetzung mit der These des Theologen E. PETERSON von der «Erledigung jeder politischen Theologie» [69], vor allem aber mit H. BLUMENBERGS Angriff auf die S. als «Kategorie des geschichtlichen Unrechts» [70]. Wenn nun die Schmittsche Version der politischen Theologie zweifellos die wichtigste ist, so doch gewiß nicht die einzige. Nach E.-W. BÖCKENFÖRDE lassen sich drei verschiedene Bedeutungsgehalte dieses Ausdrucks unterscheiden: 1) eine *juristische* politische Theologie, die gemäß Schmitt in einer «Übertragung theologischer Begriffe auf den staatlich-juristischen Bereich» besteht [71]; 2) eine *institutionelle* politische Theologie, die sich auf den Zusammenhang von Glaubensgemeinschaft und politischer Gemeinschaft gründet [72], d.h. für den christlichen Okzident: von Kirche und Staat; 3) eine *appellative* politische Theologie, gegründet auf «die Interpretation der christlichen Offenbarung im Hinblick auf das von ihr geforderte Engagement der Christen und der Kirche für die politisch-soziale Ordnung (und deren Veränderung) als Verwirklichung christlicher Existenz» [73]: Diese Beschreibung läßt sich auf einige Varianten von «theologisierender Politik» beziehen, so auf die politische Theologie von J. B. METZ [74], auf die «Theologie der Befreiung» von G. GUTIÉRRES [75] und auf D. SÖLLES [76] Versuch, die Marxsche Revolutionstheorie mit der existentiellen Thematik von

Säkularisierung

Heidegger und Nietzsche zu verbinden, und zwar vermittelt durch einen Autor, der der theologischen Reflexion über die S. einen entscheidenden Impuls gegeben hat: F. GOGARTEN.

4. *S. und Säkularismus: die dialektische Theologie.* – F. GOGARTENS Reflexion des S.-Problems gelangt zwar erst 1953 mit dem Werk ‹Verhängnis und Hoffnung der Neuzeit› [77] zur Reife, setzt aber wie C. Schmitts Untersuchungen bereits zu Beginn der zwanziger Jahre ein.

Im Jahr 1922 gründen Barth und Gogarten (zusammen mit E. Thurneysen und G. Merz) die Zeitschrift ‹Zwischen den Zeiten› (spätere Mitarbeiter: R. Bultmann und E. Brunner). Dieses Ereignis kann als die Geburtsstunde der dialektischen und Ende der liberalen Theologie angesehen werden. Trotz aller individueller Unterschiede hatte diese Gruppe junger protestantischer Theologen die Vorstellung eines radikalen Neuansatzes der Verhältnisbestimmung zwischen Christentum und säkularer Welt gemeinsam. Von daher ergab sich eine Vertiefung des Themas der S. mit einer für die ganze nachfolgende Debatte bestimmenden Konsequenz: eine theologische Legitimation der Kategorie ‹S.›, die als Folge des christlichen Ereignisses die typisch moderne Selbständigkeit des Menschen und seine Entscheidungsfreiheit gegenüber der Welt ermöglichte. Nicht zufällig hatte Gogarten 1921 ein Buch mit dem programmatischen Titel ‹Die religiöse Entscheidung› veröffentlicht. Nach Gogarten bezeichnet ‹S.› die inzwischen konsolidierte Verbindung zwischen Religion und Kultur, die fortschreitende «Vergeschichtlichung» und «Verweltlichung» der Religiosität. Die dialektische Theologie verortet jedoch das Ereignis des Glaubens außerhalb dieses Zusammenhangs. S. als Realität muß zwar als solche 'legitimiert', kann aber nicht zum Hauptgegenstand der Theologie als Glaubenslehre werden. Deshalb enthalten die Texte (auch diejenigen K. Barths) aus «den zwanziger Jahren auch keine Programme zur Rettung und Förderung der christlichen Kultur», sondern demaskieren die «Illusion», Familie, Staat oder Gesellschaft könnten «verchristlicht» werden [78]. Die S. wird theologisch legitimiert als Funktion des Autonomieverständnisses der modernen 'profanen' Welt, die sich von der sog. christlichen Kultur emanzipiert hat: Die Befreiung der Welt, die somit 'nur' Welt sein darf, ist gleichzeitig auch Befreiung des Glaubens von der Welt.

Glaube kann nicht entstehen ohne S. des Gläubigen gegenüber der Welt [79]; sie ist kein Hindernis des Glaubens, sondern seine unhintergehbare Bedingung. Der Befreiung des Glaubens von der Bindung an eine ideologische Verteidigung «christlicher Kultur» entspricht die Emanzipation des S.-Theorems vom starren Schema ‹sakral/profan›: Die Radikalität der Entzauberung («Wo sind die Fenster der göttlichen Welt, die sich auf unser gesellschaftliches Leben hin öffnen? Wer ermächtigt uns so zu tun, als ob es sie gäbe?» [80]) löst die Dimension des Glaubens nicht auf, sondern läßt ihn in seiner Reinheit, in seiner existentiellen Authentizität und ohne ideologische Verunreinigungen zum Vorschein kommen. Die Radikalität, mit der die dialektische Theologie sich dem Zusammenhang zwischen religiöser und weltlicher Erfahrung zugewandt hat, führt auf das von R. BULTMANN herausgearbeitete Paradox des Glaubens. Der Glaube kommt nicht von der Welt, er ist aber auch keine Flucht vor der Welt; vielmehr findet er statt in der Welt, und darin liegt die Natur der Freiheit begründet [81]. Davon hängt unmittelbar der radikal neue Sinn ab, den GOGARTEN der alten Unterscheidung zwischen ‹S.› und ‹Säkularismus› abgewinnt: Wenn die S. die notwendige und legitime Konsequenz des christlichen Glaubens ist, so ist der Säkularismus dagegen sein «degenerierter» Ausdruck [82], jene Einstellung, die das Feld besetzt, das dem Glauben zugehört. Sie ist keineswegs 'profan', sondern erhebt, genährt vom Vertrauen in die alles entscheidende Macht politischer und kultureller Maßstäbe, die Welt zur Würde eines Absoluten empor, sakralisiert sie [83].

Der Ansatz der dialektischen Theologie legitimiert nicht nur, trotz seiner historischen Begrenztheit und der zahlreichen Einwände gegen das Programm der «Entmythologisierung» [84], die Kategorie der S. theologisch, sondern bahnt auch der Analyse jenes Phänomens der 'falschen' S. einen Weg, das sich im «Säkularismus der Heilslehren oder Ideologien» [85] ausdrückt.

W. KAMLAH vermeidet in seiner «Kritik der modernen Wissenschaft und ihres Realitätsbegriffs» [86] bewußt den Terminus ‹S.›. Zwar sieht er in der Religionslosigkeit des modernen Menschen [87] den entscheidenden Grund für dessen Haltung zur Welt, die sich im näheren als «Können des Lebens als Technik» [88] und «Weltverfügung» [89] bestimmt, doch diese, durch die Apostrophierung einer «vernehmenden Vernunft» zu überwindende «Weltlichkeit» wird vermittels des Stichwortes ‹Profanität› analysiert [90].

Für A. MÜLLER-ARMACK ist das 19. Jh. das «Jahrhundert ohne Gott» schlechthin, das durch «einen gewaltigen Säkularisationsvorgang» [91] gekennzeichnet ist. War «alle frühere Säkularisation» – etwa in Form der Aufklärungsideen des 18. Jh. – «wesentlich von Minoritäten getragen», so war «die Verbreitung der Basis und die Ausmünzung dieser Ideen zur Organisation von Massenbewegungen ... das Werk des 19. Jh.» [92]. Dabei steht der Prozeß des «Glaubensabfalls» [93] für Müller-Armack unter bestimmten, für die Signatur der jüngsten Moderne bedeutsamen Gesetzlichkeiten. Der auf die «Erfahrung einer religiösen Transzendenz angelegte» [94] Mensch, der sich von einer bestimmten Religion abwendet, bewahrt sich die Gläubigkeit in einer säkularisierten Form, indem «Ersatzwerte» gesucht werden [95]. Die «Sinngesetze und Erlebnisformen des Religiösen» bleiben auch «in der Welt bestehen, die sich der Mensch aus eigener Kraft nach dem Glaubensabfall errichtet»; «ihre Macht wird umso größer, als sie ins Unterbewußte abgedrängt werden und von hier von ihrer eigentlichen Sinnhaftigkeit entfernt eine tyrannische Gewalt ausüben können» [96]. Das Ergebnis dieses Säkularisationsvorgangs, die fatale Erhebung «bestimmter irdischer Dinge» [97] in der «spezifischen Intention des religiösen Aktes» kennzeichnet Müller-Armack dann als «Idolbildung» [98].

5. *S. oder Legitimität: zwischen Neuzeit und Posthistoire.* – a) *K. Löwith.* – Gleichzeitig mit Gogartens ‹Verhängnis und Hoffnung der Neuzeit› erschien K. LÖWITHS ‹Weltgeschichte und Heilsgeschehen› 1953 [99], ein Werk, das er einige Jahre zuvor in englischer Sprache veröffentlicht hatte [100] und das sich mit den «theologischen Voraussetzungen der Geschichtsphilosophie» befaßt. Löwith sieht die neuzeitliche Geschichtsphilosophie mit ihrer universalistischen Idee von Fortschritt als Resultat einer S. der christlichen Geschichtstheologie. Das geschichtstheologische Modell geht aus von Augustins ‹De civitate Dei› und mündet in den ‹Discours sur l'histoire universelle› (1681) von J.-B. Bossuet; die Geschichtsphilosophie, beginnend bei Voltaire,

führt zu den großen weltgeschichtlichen Synthesen von Hegel und Marx, deren radikale Ablehnung zu Autoren wie Nietzsche und Overbeck, mit denen nicht zufällig das andere Hauptwerk von Löwith, ‹Von Hegel zu Nietzsche› [101], schließt. Den Geschichtsverlauf kennzeichnet die Ersetzung der Vorsehung durch den Fortschritt, Gottes durch den Menschen als Subjekt der Geschichte. In diesem zweifellos revolutionären Prozeß der Transformation der Vorsehung in Fortschritt werden die theologischen Attribute ihrer Transzendenz beraubt bzw. 'säkularisiert', d.h. in eine geschichtsimmanente Dynamik transferiert. Jedoch produziert gerade diese 'Vollendung' der S. den paradoxen Effekt einer Verabsolutierung und Sakralisierung der Geschichtswelt. Löwith beschränkt sich zwar nicht darauf, den Fortschrittsglauben als ideologische Illusion zu kritisieren, doch vermeidet er die üblichen alternativen Lösungen. Die Rückkehr zur Quelle, zu den theologischen Wurzeln vorzuschlagen, hätte impliziert, S. als Profanierung eines ursprünglich reinen «substantiellen Kerns» des Glaubens zu sehen. Andererseits bedeutet die Vorstellung einer «S. der Historie», die schon 1908 von R. FESTER [102] entwickelt worden war, die Extrapolation des Begriffs ‹S.› aus dem spezifischen kulturellen Kontext der modernen westlichen Aufklärung und seine Erhebung zu einer metahistorischen und transkulturellen Kategorie. So spricht Fester selbst von ‹S.› auch im Zusammenhang der griechischen 'Aufklärung' des 5. Jh. v.Chr. Im Unterschied zu diesen Auffassungen hält sich LÖWITH streng an die Besonderheit des S.-Prozesses, die nach M. Weber eine kulturelle Einzigartigkeit darstellt, und meint nur durch ihre Vertiefung eine zuverlässige Diagnose des «historischen Elends» leisten zu können, ohne die jeder «therapeutische» Versuch entweder von vornherein zum Scheitern verurteilt ist oder gar das Elend noch verschlimmert. Aber «vertiefen» bedeutet für Löwith, bis zum Hintergrund des kulturellen Prozesses des modernen Abendlandes zurückzugehen, der weder in einem Archetypus besteht noch in einer «metaphysischen Substanz», vielmehr in einer besonderen Zeiterfahrung.

Trotz aller Immanentisierung und Verweltlichung haben die Geschichtstheologie und ihre säkularisierte Fortschrittsgläubigkeit eine grundlegende Zeitauffassung gemeinsam, nach der die Zeit irreversibel und kumulativ auf ein zukünftiges Ziel zuläuft; das macht die jüdisch-christliche Grundlage der europäisch-abendländischen Neuzeit aus. Die eschatologische Sicht, die das Gesamt der menschlichen Wechselfälle unter dem Aspekt eines Endziels und einer endzeitlichen Erlösung betrachtet, bewirkt mit ihrem Eintritt in die abendländische Kultur einen drastischen Bruch mit der klassischen Zeitauffassung der griechischen und römischen Welt, die auf der Auffassung der Umkehrbarkeit und der zyklischen Wiederkehr der Ereignisse beruht. Der Begriff der Geschichte als eines umfassenden Prozesses, der allgemein an der Zukunft 'orientiert' ist, ist streng genommen in der Antike nicht nachweisbar. Die Antike bleibt immer der Vorstellung von 'Grenze' verhaftet, d.h. dem Begriff von einem Kosmos, der natürlicherweise begrenzt ist und der den unüberschreitbaren Horizont für die Angelegenheiten (πράγματα) der Sterblichen bildet. Der spezifische abendländische Messianismus hat das klassische Konzept des griechischen ἱστορεῖν «futuristisch verkehrt» [103]. So ist der moderne singularisch verstandene «Geschichtsbegriff ... eine Schöpfung des Prophetismus», wie schon H. COHEN bemerkt hatte [104], und diese Herkunft liegt auch der Überzeugung zugrunde, die Ereignisse hätten nur dann einen Sinn, wenn sie auf einen Zweck bezogen sind, der die Gegebenheiten transzendiert; da sich die Geschichte innerhalb der Zeit bewegt, diese Zeit aber «Zukunft und nur Zukunft» wird, muß dieser «Gedanke der Geschichte ... die Zukunft zum Inhalt» haben: «die Zukunft ... stellt das Ideal der Geschichte dar» [105].

In diesen Thesen könnte man mit Grund eine Wiederholung und eine Fortführung von Motiven sehen, die in der deutschen philosophischen Reflexion seit Beginn des 19. Jh. gegenwärtig waren. Schon F. W. J. SCHELLING hat in seiner Vorlesung ‹Über die historische Construktion des Christenthums› (1803) bemerkt, daß es für das Christentum kennzeichnend sei, die Welt «als Geschichte» zu begreifen und als moralisches Reich. Demnach «ist das Christenthum seinem innersten Geist nach und im höchsten Sinne historisch. Jeder besondere Moment der Zeit ist Offenbarung einer besonderen Seite Gottes, in deren jeder er absolut ist»; so stellt sich das, was in der griechischen Religion Simultaneität («Zumal») gewesen war, in der christlichen als «ein Nacheinander» dar [106]. LÖWITHS Betonung von Nietzsches Doktrin der «ewigen Wiederkunft des Gleichen» gehört jedoch zu seiner schroffen Ablehnung der der Existenzphilosophie eigenen «humanistischen» (d.h. anthropozentrischen) und historistischen Tendenzen [107]. Sowohl der Historismus als auch die Existenzphilosophie (Heidegger inbegriffen [108]) haben für Löwith den Begriff der Natur der Dinge und des Menschen aufgelöst und so auch die Möglichkeit ausgeschlossen, auf adäquate Weise den Begriff der Ewigkeit zu verstehen. Hier wird der Gegensatz zwischen dem Einwurf Löwiths und dem Nihilismusgedanken M. HEIDEGGERS deutlich, der nicht zufällig in seinem Nietzsche-Buch den Begriff ‹S.› von jedem begrifflichen Fundament loslöst: «Diese Geschichte des neuzeitlichen Menschentums, deren Gesetzlichkeit erst im 20. Jh. voll ins offene Spiel des Unwiderstehlichen und bewußt Ergreifbaren rückt, ist *mittelbar* durch den auf die Heils*gewißheit* abgestellten christlichen Menschen vorbereitet. Deshalb kann man einzelne Erscheinungen der Neuzeit als 'S.' des Christentums deuten. Im Entscheidenden ist die Rede von der 'S.' eine gedankenlose Irreführung; denn zur 'S.', 'Verweltlichung' gehört schon eine Welt, auf die zu und in die hinein verweltlicht wird. Das 'saeculum', diese 'Welt', durch die in der vielberufenen 'S.' 'säkularisiert' wird, besteht aber nicht an sich oder so, daß sie schon durch ein bloßes Heraustreten aus der christlichen Welt verwirklicht sein könnte» [109]. Aus dieser drastischen Kritik des S.-Theorems folgt unmittelbar die Behauptung, daß die «neue Welt der neuen Zeit ... ihren eigenen Geschichtsgrund darin und dort» habe, «wo jede Geschichte ihren Wesensgrund sucht: in der Metaphysik, d.h. in einer neuen Bestimmung der Wahrheit des Seienden im Ganzen und ihres Wesens» [110].

b) *S. Mazzarino und H. Blumenberg.* – Löwiths Thesen haben eine breite Diskussion hervorgerufen und auch lebhaften Widerspruch erfahren. Die Kritik, die S. MAZZARINO in seinem Werk über das antike historische Denken an Löwith übt, wie es auch R. BULTMANN [111] und O. CULLMANN [112] mit anderer Akzentsetzung tun, wendet sich gegen die Meinung, nach der erst mit der jüdisch-christlichen Zeitauffassung die Geschichte einen Sinn erhalte, während in der «paganen Zeitauffassung die Geschichte keine eigene Bedeutung habe, weil alles vollständig wiederkehre» [113]. Der italienische Historiker MAZZARINO versäumt es, die Eigen-

Säkularisierung

tümlichkeit der Löwithschen Position gegenüber Bultmann und Cullmann, deren Auffassungen sich noch einmal voneinander unterscheiden, hervorzuheben: Löwiths Urteil, wonach die antike Zeitauffassung keinen «Sinn» der Geschichte kenne, bedeutet keine Abwertung, sondern drückt im Gegenteil höchste Wertschätzung aus.

Mazzarinos Kritik zeigt 1) historisch-philologisch, daß die Entgegensetzung der Metaphern ‹Linie und Kreis›, ‹Zeitpfeil und Zeitzyklus› unhaltbar ist («Bilder wie ‹zyklisch› und ‹linear› bleiben Bilder» [114]); im besonderen macht sie 2) deutlich, daß Löwith die mythisch-kosmologische und die historische Fassung der «ewigen Wiederkunft» nicht hinreichend unterscheidet und schließlich ganz verwischt. So mahnt Mazzarino zur Vorsicht vor einem Mißbrauch geometrischer Metaphern, der unvermeidlich zu unhaltbaren begrifflichen Oppositionen führt, und zum anderen fordert er auf, die Zäsur zwischen ‹paganitas› und ‹christianitas›, ‹Antike› und ‹Moderne› zu problematisieren und zu nuancieren; er verweist auf das Vorhandensein wichtiger Elemente der linearen Zeitauffassung und des historischen Bewußtseins bereits in der Antike und macht aufmerksam auf das Fortbestehen zyklischer und mythologischer Elemente in der Tradition des Christentums und selbst der nachchristlichen Neuzeit [115]. Zeitpfeil und Zeitzyklus sind in den verschiedenen historischen Abschnitten der westlichen Kultur miteinander verflochten, und es gilt eine Theorie der 'Interferenz' zwischen heiliger und profaner Zeit (M. ELIADE [116]), zwischen «temps des Dieux» und «temps des hommes» (F. CHÂTELET [117]) zu erarbeiten.

Wenn es der Zweck von MAZZARINOS Kritik ist, den Gedanken der ewigen Wiederkehr als bereits historischen zu 'retten', so bezweckt die Kritik H. BLUMENBERGS, die Idee des Fortschritts als eigentlich historische 'wiedereinzufangen' und sie aus der tödlichen Umarmung der Eschatologie zu befreien. In diesem Sinne ist die ‹Legitimität der Neuzeit› eine Erwiderung auf Löwiths Darstellung des Ursprungs der Moderne als S. der jüdisch-christlichen Eschatologie. Bereits in einem früheren Vortrag hatte Blumenberg sein Programm einer Kritik der S. als «Kategorie historischer Illegitimität» entworfen [118]. Ihr liege ein «Enteignungsmodell» zugrunde, wonach dem legitimen Eigentümer ein ihm ursprünglich gehörendes Gut entzogen worden sei. Die Anwendung der Kategorie der S. auf die Entstehungsgeschichte der Neuzeit weise dieser eine Schuld zu im Sinne der widerrechtlichen Aneignung einer kulturellen Identität. Die Einschätzung der Moderne als «säkularisiertes Gut» ist also für Blumenberg ein Theologumenon, das versucht, den Erben der Theologie ein Schuldbewußtsein aufzuladen [119]. Der Fortschrittsgedanke ist nicht ein ursprünglich der christlichen Theologie zugehöriges Gut, dessen sie mit Gewalt beraubt worden wäre, Eschatologie und Fortschritt sind zwei radikal verschiedene Ideen. Eschatologie spricht von einem Ereignis, das der Geschichte transzendent ist und in sie einbricht, die Idee des Fortschritts hingegen ist der Geschichte in all ihren Momenten immanent und mit ihr homogen [120]. Das S.-Theorem dagegen impliziert nach Blumenberg fälschlicherweise die Idee einer «Verwandlung», einer «Umbildung» bzw. «Verformung», einer identifizierbar im Prozeß «sich durchhaltenden Substanz» [121]. Trotz LÖWITHS Verteidigung, er habe den Fortschrittsgedanken keinesfalls als Metamorphose von Theologumena verstanden und keinesfalls die unhistorische Idee einer «sich durchhaltenden Substanz» vertreten [122], bekräftigt und vertieft BLUMENBERG im ersten Teil der erweiterten und überarbeiteten Neuausgabe (1974) des Werks seine Einwände.

E. CASSIRERS Unterscheidung von Substanzbegriff und Funktionsbegriff wieder aufnehmend [123], erklärt BLUMENBERG das S.-Theorem deshalb zu einem Spezialfall des historischen Substantialismus insofern, als der theoretische Erfolg vom Nachweis von Konstanten in der Geschichte abhängig gemacht wird, ähnlich wie dies etwa gleichzeitig die Toposforschung unternimmt [124]. Der der Kategorie der S. zugrunde liegende Essentialismus hindere Löwith, die epochale Schwelle zu erkennen, die sich mit dem Eintritt der Idee der humanen «Selbstbehauptung» in die moderne Welt bildet, die ihren metaphorischen Ausdruck in der «kopernikanischen Wende» findet. Der Fortschrittsbegriff hängt mit dem Begriff der Selbstbehauptung eng zusammen; er ist weit davon entfernt, das Ergebnis einer «Transposition» eines «ursprünglich theologischen Vorstellungsgehaltes» zu sein, und er hat «seine empirische Grundlage in der Erweiterung der theoretisch zugänglich und verfügbar gewordenen Realität und in der Leistungsfähigkeit der dabei effektiven wissenschaftlichen Methodik» [125].

Der Gegensatz zwischen ‹S.› und ‹Selbstbehauptung› ist ein paradigmatischer. Dennoch haben die Positionen von Löwith und Blumenberg zwei wichtige Aspekte gemeinsam: die naturalistische Perspektive und die Gegnerschaft zum Historismus. Wie O. MARQUARD bemerkt hat [126], finden sich die beiden Kontrahenten in ihrer Gegnerschaft gegen die dogmatische Tradition der Bibel und in ihrem Mißtrauen gegen alle Geschichtsphilosophie, vor allem aber auch in ihrer skeptischen Grundeinstellung. Nur drücken sie ihre skeptische Grundhaltung in unterschiedlicher Weise aus: Löwith in pessimistischer oder, wie J. HABERMAS betont hat [127], in «stoischer», Blumenberg in euphorischer oder «epikureischer» Weise. Trotz der komplexen Argumentationsstruktur und der reichhaltigen Forschungsergebnisse BLUMENBERGS bleiben einige inhaltliche Fragen zurück, die eine Ergänzung und theoretische Klärung verlangen: Erstens ist auch ‹Legitimität› eine Kategorie juristischen Ursprungs, weshalb die metaphorische Ausweitung ihrer Verwendung nicht weniger schwierige Probleme aufwirft als sie sich aus dem Begriff der S. ergeben. (Nicht zufällig sieht LÖWITH in der Idee der Selbstbehauptung geradezu einen «indirekten Beweis» dafür, daß in der neuzeitlichen Philosophie die Konzeption des Homo artifex an die Stelle des Schöpfergottes tritt [128].) Zweitens steht die Idee der Modernität als Prozeß, der die theologisch-metaphysischen Hypostasen und alle heteronomen Konstrukte von Autorität nicht transformiert, sondern auflöst, der S. nicht etwa fremd gegenüber, sondern ist ihr extremster und radikalster Ausdruck [129]. Darauf bezieht sich W. PANNENBERG [130], wenn er darauf aufmerksam macht, wie eng der Zusammenhang zwischen Blumenbergs Interpretation des Ursprungs der Neuzeit und K. Barths Auffassung der Moderne und insbesondere des Menschenbildes des 18. Jh. ist, das sich gerade durch den Erwerb von Autonomie und Selbstbehauptung des Menschen gegenüber dem Gott der christlich-mittelalterlichen Theologie bestimmt. Natürlich steht Barths Wertung dieses Prozesses Blumenbergs Ansicht antithetisch gegenüber, aber es fällt doch die Ähnlichkeit der Beschreibung auf.

Die Theologie des 20. Jh. benutzt, um die S. theologisch zu legitimieren, bisweilen Argumente, wie Blumenberg sie zur Verwerfung des S.-Theorems verwendet: von der dialektischen Theologie BARTHS, GOGARTENS und BULTMANNS oder (auf der katholischen Seite) K. RAHNERS bis hin zur Aufhebung des auf die Antithesen ‹heilig/profan›, ‹Transzendenz/Immanenz› gestützten «Denkens auf zwei Ebenen» durch D. BONHOEFFER in seiner ‹Ethik› [131]; vom Zusammenhang, den R. NIEBUHR [132] zwischen ‹social ethics› und einer auf den Prinzipien der Selbstentscheidung und der Kontingenz des menschlichen Handelns aufbauenden geschichtstheologischen Dramatik knüpft, bis hin zu E. SCHILLEBEECKX' These von der S. als «Läuterung des Glaubens» [133] oder J. MOLTMANNS «Theologie der Hoffnung» [134]; vom S.-Gedanken J. A. T. ROBINSONS [135], der von der Vorstellung geprägt ist, daß der (einzige) dauerhafte Charakterzug einer Moderne, in der Wissenschaft und Technologie die theologische Metaphysik entthront haben, die «Instabilität» sei, bis hin zur amerikanischen radikalen Theologie von H. G. COX [136], zu P. M. VAN BUREN und zur «Theologie vom Tode Gottes» [137]. Alle diese theologischen Reflexionen berufen sich wie Blumenberg auf die Erkenntnis, daß die säkulare Welt der Neuzeit sich durch die «Selbstermächtigung» und die «Wißbegierde» des Menschen konstituiert.

c) *Gnosis und Moderne: E. Voegelin, A. Del Noce, E. Topitsch.* – BLUMENBERG geht eindringlich auch auf die Beziehung zwischen Gnosis und Moderne ein. Die Moderne wird – nach dem Scheitern des ersten Versuchs durch Augustin und das mittelalterliche Christentum – die zweite (nunmehr gelungene) Überwindung der Gnosis [138]. Dieser Position steht E. VOEGELINS These vom Gnostizismus als Wesenszug der Moderne, die in ‹The New Science of Politics› [139] und in ‹Wissenschaft, Politik und Gnosis› [140] vertritt, diametral entgegen. Den Kern der These bilden die Begriffe ‹Immanentisierung› und ‹Selbsterlösung›. Für die gnostische Einstellung gehe es, im Unterschied zum Christentum und Judentum, nicht so sehr um das Eschaton als solches als vielmehr um seine existenzielle Verinnerlichung. Der Versuch, den Sinn des Daseins zu immanentisieren, soll unserem Bewußtsein vom Transzendenten einen festeren Halt sichern, als ihn die «cognitio fidei», die Glaubenserkenntnis, gewährt. Die gnostischen Erfahrungen und Erlebnisse bieten diesen festeren Halt insofern, als sie die Seele bis zu dem Punkt erweitern, an dem sie Gott in ihre menschliche Existenz aufzunehmen vermag [141]. Diese gnostischen Erfahrungen der jüngeren Neuzeit bilden in ihrer ganzen Vielfalt das Zentrum, von dem der Prozeß der «Wiedervergöttlichung» der Geschichte ausstrahlt; die Menschen, die sich diesen Erfahrungen hingeben, machen sich dadurch, daß sie den traditionellen Glauben im christlichen Sinn nun durch eine konkrete Teilhabe an der Gottheit ersetzen, selbst zum Gott [142]. Das Verständnis dieser Erfahrungen als Wirkzentrum der immanentistischen Eschatologie liefert nach Voegelin den Schlüssel zur Durchdringung der «inneren Logik der okzidentalen politischen Entwicklung»: von den ersten mittelalterlichen Immanentisierungen des Eschaton (dessen Prototyp der joachimitische Messianismus ist) über den Humanismus, den Fortschrittsglauben, den Liberalismus und Positivismus bis hin zum Marxismus, der – mit seiner Idee der 'Totalrevolution' – die Extremform dieser 'verkehrten' S. darstellt [143].

Voegelins These ist in Italien vom katholischen Philosophen A. DEL NOCE aufgenommen und im Begriff ‹Praxismus› eigenständig vertieft worden [144]. ‹Praxismus› umschreibt das Phänomen der spezifisch modernen Neigung, alle Arten von Problemen im Hinblick auf die Praxis zu lösen. Ein solches Vorgehen sei die unvermeidliche Folge der Verdrängung der «Erlösung durch Gott» durch die «Selbsterlösung», die eine «vollständige Umkehrung der religiösen Sündenauffassung» mit sich bringe: Die «Schaffung der Idee Gottes» sei daher «die Sünde, von welcher der Mensch sich befreien muß» [145]. Aus ihr leite sich jenes 'Übermenschentum' ab, das sich bereits bei Feuerbach und Marx findet, für die «Gott ... das Produkt einer Projektion des Menschengeistes» ist «und der Mensch ... sein Wesen in der Wiederaneignung dessen finden» wird, «wovon er sich 'entfremdet' hat» [146]; das bedeutet insofern die Tilgung jeder übermenschlichen Ebene, als sich die 'Metahumanität' vollständig in der Praxis verwirklicht. Das Aufkommen eines 'neuen Gnostizismus' gegen Ende der klassischen deutschen Philosophie führt – nach Del Noce – im 19. Jh. und bis heute zur Wiederholung des grundsätzlichen Konflikts zwischen «christlicher Religiosität» und «Religiosität gnostischer Art». Im Gegensatz zu Voegelin hält Del Noce es allerdings für notwendig, bei dieser gnostischen Interpretation der zeitgenössischen Fortschritts- und Revolutionsideologien mit Vorsicht vorzugehen, da es sich um einen neuen, auf den antiken nicht zurückführbaren Gnostizismus handle («un nuovo gnosticismo, irriducibile all'antico») [147]. Die vorgeblich zutreffende, aber falsche Unterscheidung zwischen S. und Säkularismus zurückweisend, stellt Del Noce eine enge Beziehung zwischen S. und Moderne her: Der Begriff der Modernität sei aufs engste mit der Vorstellung einer radikalen Immanenz verbunden [148]. Aber gerade aus diesem Grunde erhalte der Terminus ‹S.› seine ganze Bedeutung erst dann, wenn man ihn in bezug auf das gebrauche, was man «die marxistische Gegenreligion» («la controreligione marxista») [149] nennen könne. Wenn er auch einerseits in seiner Beurteilung des Marxismus als höchsten Punkt der Modernität im Sinne einer umfassenden Ablehnung von Abhängigkeit mit G. LUKÁCS, E. BLOCH und A. GRAMSCI übereinstimmt, so hält DEL NOCE andererseits doch daran fest, daß der Marxismus zugleich «die Krise der Modernität» («la crisi della modernità») darstelle [150]. Diese Krise ist unüberwindbar, weil der Marxismus sich zwar auflösen, nicht aber 'bewahrheiten' kann [151]. Von diesen Prämissen ausgehend, hat Del Noce – in engem Austausch mit E. NOLTE [152] – seine eigene «interpretazione transpolitica della storia contemporanea» ausgearbeitet, die er als «storia di una filosofia che si fa mondo» versteht (wobei das Wortpaar ‹Revolution/Nihilismus› absolut gesetzt wird) und die deshalb in ihrer Eigenschaft als philosophische Geschichte verständlich gemacht werden muß, «al modo, che per la storia medievale si parla di storia religiosa» [153].

E. TOPITSCHS These vom gnostischen Erbe der Neuzeit unterscheidet sich deutlich von der Voegelins und Del Noces. Er kritisiert Voegelin, weil dieser alle säkularen Heilslehren und Revolutionsideologien gnostisch nenne und so den Gnosisbegriff entleere [154]. Dem antidialektischen Zug seines Denkens entsprechend beschränkt Topitsch die Wirkung der gnostischen Einflüsse auf die heutigen Ideologien, im besonderen auf die Denkformen des deutschen Idealismus. In ihm seien die erlösenden und eschatologischen Elemente der neuplatonischen, gnostisch-hermetischen und kabbalistischen Strömungen, wie sie in der deutschen 'Gegenaufklärung' im Übergang vom 18. auf das 19. Jh. auftauchten, 'umgeschmolzen' worden. So habe sich die mythologische, wissenschaftsfeindliche Haltung verbreitet, die für viele der zeitgenössischen utopisch-revolutionären Ideologien typisch sei, vor allem für den Marxismus, der für Topitsch die eigentliche Gnosis der Neuzeit darstellt. Topitsch leugnet nicht, daß bei Marx «genuin wissenschaftliche» Elemente vorhanden sind. Allerdings seien diese mit «mythischen Elementen» verquickt, die der Hegelschen Immanentisierung des triadischen Schemas der Gottheit (die zum Selbstbewußtsein wird, indem sie sich in der Welt «verendlicht») entstammten: ein Schema, das von Marx schließlich über die Ersetzung des gnostischen Gottes und des Selbstbewußtseins durch die Menschengattung, die auf dem Wege der Aufhebung jeder Form von «Entfremdung» zur Erfüllung gelange, säkularisiert werde [155].

d) *Kontingenz und soziales Handeln: die «Sociology of Secularization».* – Der Gnostizismus kehrt in dem von GOGARTEN als ‹Säkularismus› bezeichneten Phänomen wieder, wenn die S. auf das Gebiet des Glaubens überzugreifen droht und damit aufhört, einfach nur «säkular» zu sein [156]. Indices des Säkularismus wären demnach die Ideologien mit ihrem Absolutheitsanspruch gegenüber dem menschlichen Handeln und ihrer Totalisierung der politisch-sozialen Institutionen. Mit Blick darauf hat sich in Europa und im angloamerikanischen Bereich eine religionssoziologische Forschungsrichtung entwickelt, die den Zusammenhang von Handeln, rationaler Motivation und Werteinstellungen beleuchten will. Den Ideologien wird eine kompensatorische Funktion zugeschrieben, mit der diese für den 'Sinnverlust' aufkommen sollen, der aus der Beschleunigung der Modernisierungsprozesse resultiert; sie werden durch die Unfähigkeit der in das «Experiment der Moderne» gestürzten Massen erzeugt, die «Profanität» der Welt auf Dauer zu ertragen. So erheben die Menschen die Welt in die Würde des Absoluten und resakralisieren sie. Diese Interpretation, die in der Herrschaft der Ideologien ein Phänomen der Kompensation der Auflösung hergebrachter Werte und gemeinschaftlicher Bindungen sieht, geht, wie H. LÜBBE nachgewiesen hat [157], auf die zwanziger Jahre zurück. Doch noch 1953 führt O. VON DER GABLENTZ in seiner Auseinandersetzung mit der «Krisis der säkularen Religionen» – den Erfolg der Ideologien auf die Notwendigkeit einer «Integration» zurück und zitiert Robespierre als «klassisches Beispiel» für das Umschlagen der S. in ihr Gegenteil, die Sakralisierung [158].

Die «Sociology of Secularization», die von einem ähnlichen Interesse an den Problemen von Ordnung und Konflikt ausgeht, nimmt die fruchtbare Tradition wieder auf, die, beginnend bei der Schule V. COUSINS und der ‹Secular Society› über die ‹Deutsche Gesellschaft für Ethische Kultur› und später die ‹Deutsche Gesellschaft für Soziologie› [159], den Begriff auf das Gebiet der Sozialethik auszuweiten half, und behandelt die S. als analytische und hermeneutische Kategorie zur Untersuchung sozialen Verhaltens und des diesem untergelegten Kulturmodells. Schon bei F. TÖNNIES (mit anderen Akzentsetzungen auch bei M. WEBER) zeigt ‹S.› den Übergang von der Stufe der «Gemeinschaft» zur Stufe der «Gesellschaft» an, von einer Bindung durch Verpflichtung zu einer Bindung mittels Vertrag, vom «Wesenswillen» zum «Kürwillen» [160]. Heute wird der Begriff ‹S.› von Autoren, die sich auf sozialpolitischem Gebiet verschiedentlich auf das Webersche Erbe berufen, gewöhnlich durch drei Grundprinzipien definiert: durch 1) das Prinzip der Handlungswahl (d.h. der individuellen Selbstbestimmung); 2) das Prinzip der zunehmenden Differenzierung und Spezialisierung (Rollen, Status und Institutionen); 3) das Prinzip der Legitimation (Anerkennung und Institutionalisierung der Veränderung) [161]. Weil der Konsens bezüglich der gesellschaftstheoretischen Bedeutung des Begriffs gering sei, hat L. SHINER [162] eine Typologie bereitgestellt, die fünf Bedeutungen von ‹S.› unterscheidet:

1) S. als *Untergang der Religionen*, z.B. in der von R. S. und H. M. LYND in ‹Middletown› entwickelten Analyse [163] oder in den Untersuchungen P. A. SOROKINS [164].

2) S. als *Weltanpassung*, in der These A. VON HARNACKS über den Zusammenhang von 'Verweltlichung' und Rationalisierung bzw. Hierarchisierung der Kirchenstruktur [165] oder in T. PARSONS' These von der S. als einem – im Christentum selbst angelegten – Prozeß zunehmender Differenzierung und Spezialisierung der 'Glaubensgemeinschaft' aus der umfassenderen sozialen Gemeinschaft [166]. Diese These hat in Deutschland N. LUHMANN wiederaufgenommen und systemtheoretisch überarbeitet [167].

3) S. als *Desakralisierung der Welt* bezeichnet eine These, die SHINER, vielleicht nicht ganz überzeugend, auf M. WEBER und sein Konzept der «Entzauberung» zurückführt und mit deren Hilfe er es vermeidet, sich auch auf die Autorität M. ELIADES abstützen zu müssen [168].

4) S. als *Befreiung der Gesellschaft von der Religion*, von dem französischen Theologen und Soziologen R. MEHL als «Privatisierung» der Religion aufgefaßt [169], von B. GROETHUYSEN als «institutionelle» S. analysiert [170].

5) S. als *«Transposition»* von Glaubensformen und Verhaltensweisen von der religiösen auf die weltliche Sphäre. Diese Bestimmung wirkt, im Ausgang von E. TROELTSCH und der Debatte über M. WEBERS «protestantische Ethik», in der Konzeption der «unsichtbaren Religion» bei P. L. BERGER und TH. LUCKMANN [171] und im Konzept der «civil religion» bei R. N. BELLAH [172] fort.

Die «Transpositions»-These hat ihre größte Schwierigkeit in der Identifikation des kulturellen Erbes und der Weitergabe ideologischer Modelle. Ist das Auftreten des jüdisch-christlichen Glaubens oder einer entsprechenden Praxis in Gestalt einer verallgemeinerten rationalen Erklärung tatsächlich eine Transposition oder handelt es sich dabei um etwas nach Herkunft und Begriff wesensmäßig anderes, das nur formal einige der 'Funktionen' des vorausgegangenen religiösen Phänomens übernommen hat?

e) *P. L. Berger und die Grenzen der S.* – Webers These hat die Diskussion über die S. der modernen Gesellschaft stark beeinflußt. Geteilt wurde sie zunächst auch vom amerikanischen Soziologen P. L. BERGER [173]. Obwohl er es als Christ bedauert, daß der religiöse Glaube zunehmend an den Rand der westlichen Kulturwelt gedrängt werde, hält er doch in Übereinstimmung mit Weber diese Tendenz für nunmehr unvermeidlich, insofern sie eng mit der Entwicklung der modernen Industriegesellschaft verbunden ist. Später vertritt Berger jedoch die Ansicht, daß der Prozeß der S. und «Modernisierung» der Gesellschaft zunehmend an unüberschreitbare Grenzen stoße: nicht so sehr auf «äußere», die aus dem «Widerstand» anderer Kulturen gegen die weltweite Ausdehnung des westlichen Modells resultieren könnten, als vielmehr auf «innere» Grenzen der S., die hauptsächlich aus dem Bedürfnis der Individuen und sozialen Gruppen nach Sinn entstehen, das unmittelbar aufgrund der 'Frustrationserfahrungen', der permanenten Identitätskrisen und des gesellschaftlichen Integrationsdefizits aufkommt [174]. Zur Reife gelangt Bergers 'postweberianische' Reflexion über den Zusammenhang von S. und Modernisierung dann in seinem Werk ‹The Heretical Imperative› [175], das eine eigenständige Beschreibung des Vorgangs von Verlust und Rückeroberung der Identität in säkularisierten Gesellschaften entwickelt. «Häresie» ist die religiöse Prägung der «Pluralisierung» der Weltanschauungen und Institutionen, die die Moderne mit ihren schwachen eigenen «Plausibilitätsstrukturen» kennzeichnet. Auf eine Situation der gesellschaftlich garantierten und plausiblen Gewißheiten über den religiösen Kosmos der traditionellen Gesellschaften folgt in der Neuzeit eine «Situation der Ungewißheit», in der das Individuum – eingetaucht in die differenzierten Sphären des Wertrelativismus – genötigt ist, unablässig von einer Plausibilitätsstruktur in die andere hinüberzuwechseln; auf diese Weise wird die «äußere» Welt problematischer und die «innere» Welt komplexer. Gegenüber dem Supermarkt der «Lebensstile» und der «Sinnvermittler», die den Platz des homogenen Kosmos der traditionellen Religion eingenommen haben, besteht die Häresie im Imperativ der Wahl, d.h. in der Unmöglichkeit, sich der Entscheidung zu entziehen; diese Wahl ist per definitionem willkürlich und vorläufig. Die Schlüsse, zu denen Berger gelangt, unterscheiden sich also nicht wesentlich von denen der radikalen Theologie: «Was einst Schicksal war, ist zu einer Vielfalt von Wahlen und Entscheidungen geworden. Das Schicksal hat sich in Entscheidung gewandelt. Und diese Vervielfältigung der Auswahl wird von zahllosen einfachen Menschen auf vortheoretischem Niveau mit spärlichem oder ohne das geringste Interesse an systematischer Reflexion erfahren» [176].

So wird der Webersche 'Wertepolytheismus' von der gegenwärtigen S.-Soziologie – nicht anders als von der S.-Theologie – am Leitfaden der Themen ‹Freiheit› und ‹Kontingenz› neu gefaßt. WEBERS Epoche «ohne Gott und ohne Propheten» stellt das menschliche Handeln vor die Verantwortung und die Entscheidung in einer «Situation der Ungewißheit», die an ihren Grenzen von der Uniformität des Rationalisierungsprozesses und der Pluralität der Lebenswelten begrenzt wird. Dieses Szenario scheint einen einheitlichen Hintergrund abzugeben, in dem man sich mit unterschiedlichen, gar gegensätzlichen analytischen Werkzeugen und theoretischen Ansätzen bewegt. Die «kommunikative Handlungstheorie» von J. HABERMAS [177], dessen Bedeutung darin liegt, eine Brücke zwischen europäischer und angloamerikanischer Tradition geschlagen zu haben, und der systemtheoretische Ansatz von N. LUHMANN [178], der einerseits das S.-Theorem im Sinne einer Theorie der fortschreitenden Differenzierung des Rechts und der gesellschaftlichen Ordnungskriterien perfektioniert und sich andererseits in den letzten Jahren mit R. KOSELLECKS «Semantik geschichtlicher Zeiten» [179] und A. GEHLENS «philosophischer Anthropologie» [180] auseinandergesetzt hat, sind sich in ihrem Ansatz, dem Ausgang von Webers Diagnose, einig.

f) *«S. des Fortschritts» und «S. der Philosophie»: Posthistoire, Postmoderne, «neue Mythologie».* – Die jüngsten Entwicklungen im Säkularisations-Streit gehen vom Motiv der «Gewöhnung an den Fortschritt» aus, der allgemein als Ergebnis einer extremen S. der providentialistischen Geschichtsauffassung jüdisch-christlicher Herkunft aufgefaßt wird. Fortschritt hat seinen positiven Wert verloren und löst sich in die bloße Beschwörung des Neuen auf. Bereits zu Beginn des 20. Jh. hatte G. SIMMEL bemerkt [181], daß zwischen «Moderne» und «Mode» nicht nur ein terminologischer Zusammenhang besteht (beide stammen vom lat. Adverb ‹modo› 'eben, soeben, gerade, erst' ab); die Neuzeit ist vor allem auch die Epoche der Zirkulation der Waren und Ideen und der wachsenden sozialen Mobilität. Die Lobrede auf die Zukunft verliert jedoch allmählich ihr emanzipatorisches Pathos, und der Fortschritt scheint serienmäßig hergestellter Selbstzweck geworden zu sein: bloße Beschleunigung, sinnlose Geschwindigkeit der 'Erneuerungen'.

Dieses diagnostische Modell bildet den gemeinsamen Hintergrund für drei verschiedene Interpretationslinien: 1) für die vor allem von A. GEHLEN ausgearbeitete Konzeption der Posthistoire; 2) für die verschiedenen Varianten der philosophischen Postmoderne; 3) für die neuen philosophischen Mythos-Theorien.

A. GEHLEN entwickelt sein Konzept der Posthistoire in direktem Zusammenhang mit der These von der «S. des Fortschritts». Die theoretischen Voraussetzungen bilden die beiden Schlüsselbegriffe seiner philosophischen Anthropologie: a) im Begriff der «Entlastung», der die existentielle Situation des Menschen als planendes und entwerfendes Tier beschreibt [182], und b) im Begriff der «kulturellen Kristallisation» [183], der «Aufklärung der Aufklärung», die in der radikalen Entzauberung der Vernunft, in ihrem Abstieg vom Emanzipationssubjekt zum kulturellen Instrument des Überlebens und der «Stabilisierung» besteht [184]. Die «kulturelle Kristallisation» hat eines der großen «unerwarteten» Ereignisse der modernen Welt hervorgerufen, die «Stabilisierung der Religion» [185]. Dieser Prozeß erfordert jedoch, daß die Religion ein eigenes, autonomes aber eng begrenztes Gebiet für sich abtrennt und sich in den «inneren Bezirk» zurückzieht, ohne in die technisch-wissenschaftliche Organisation der «Außenwelt» einzugreifen. Das Phänomen der nachaufklärerischen Stabilisierung der Religion fügt sich in den größeren Rahmen der S. des Fortschritts ein, der in einer Studie von 1967 [186] skizziert wird. Hier wird eine auf die «erste» S. folgende 'S. zweiter Potenz' angenommen: So wie der Glaube an den Fortschritt die säkularisierte Übertragung des eschatologischen «Futurismus» war, so unterliegt heute auch der Fortschrittsgedanke selbst einem S.-Prozeß analog demjenigen, der ihn hervorgebracht hatte [187]. Es ist nicht der Glaube als solcher, wie Gehlen hervorhebt, sondern seine «siegesbeglückte Gewißheit» [188], die von dieser neuen Entwicklung erstickt wird. Die Wirkung dieser zweiten S. ist aber eine andere als die der ersten: Jede noch verbliebene Utopie vom «neuen Menschen» fällt in sich zusammen; an ihre Stelle tritt die ständige Entwicklung und Anpassung des Gesellschaftssystems, die durch das Zusammenwirken von exakten Wissenschaften, technischem Fortschritt und industrieller Verwertung gesichert werden [189]. Diese neue Situation, in der der Fortschritt zu einem Verhängnis geworden ist, definiert Gehlen als «post-histoire»: ein Begriff, den er mit H. DE MAN fälschlich auf A.-A. COURNOT, einen französischen Mathematiker des 19. Jh., zurückführt [190]. Die serienmäßige Herstellung des Fortschritts, seine Reduktion auf einen rein quantitativen Vorgang, leitet – nach GEH-

LEN – das Pathos des Neuen in die Peripherie, die Kultur im engeren Sinne, ab: die Künste, die Literatur, die 'schönen Wissenschaften'. Dies bestätigt die von der 'zweiten S.' verursachte Tendenz der Auflösung der Werte. Aus scheinbar entgegengesetzten Gründen, sowohl wegen der Etablierung des technisch-wissenschaftlichen Fortschritts als auch wegen der Verlagerung des Neuigkeitspathos und der Experimentierfreude einer Avantgarde auf das künstlerische Gebiet, wohnen wir einer wahrhaftigen Auflösung des Fortschritts bei. Die für die posthistorische Situation typischen funktionalen Aufteilungen der Lebensbereiche erzeugen nicht etwa produktive «Differenzierungen im Begriff Fortschritt», wie noch das Emanzipationspathos eines E. BLOCH unterstellen konnte [191], sondern erbarmungslose Tendenzen der Auflösung von Wesen und Wert aller Fortschrittsvisionen der Geschichte.

GEHLENS Diagnose des Schicksals der Religion macht deutlich, daß die Entwicklung eines immer objektiveren und wertfreieren wissenschaftlichen Weltbildes – entgegen allen Erwartungen der Aufklärung – die kompensatorische Verstärkung des Bedürfnisses nach Religion bewirkt, und zwar in Form des Auseinanderklaffens von technisch-wissenschaftlichem Fortschritt und der Sphäre der Innerlichkeit [192].

Wenn sie auch Gehlens Analyse in mancher Hinsicht teilen, so unterscheiden sich die philosophischen Versionen der Postmoderne – ein bekanntermaßen der literarischen und architektonischen Debatte entliehener Begriff [193] – doch deutlich von seiner Grundhaltung: «Die Posthistoire-Diagnose ist passiv, bitter oder zynisch und allemal grau. Die Postmodern-Prognose hingegen ist aktiv, optimistisch bis euphorisch und jedenfalls bunt. Allenfalls zu Anfang hätte man Postmoderne mit Posthistoire verwechseln können, denn die Rede von der Postmoderne implizierte in der Tat die Diagnose einer Ermattung. Aber sie verwandelte sich dann sehr bald in eine ausdrückliche Proklamation neuer Möglichkeiten und wurde gerade dadurch zu einer Gesamtdiagnose und Zukunftsparole. Fortan verkündete sie eine Zukunft, die nicht, wie die der Posthistoire, die Stillstellung der Unterschiede und eine Phase unüberschreitbarer Indifferenz bedeutet, sondern gerade eine Epoche gesteigerter Vielfalt und neuer Konstellationen und Interferenzen anzeigt» [194]. Die Verkündung des Endes der «Metaerzählungen» der Neuzeit (die auf dem Subjekt 'Geist' oder auf dem Subjekt 'Menschheit' beruhten), das 1979 das zentrale Thema des philosophischen Manifests der Postmoderne, J.-F. LYOTARDS ‹La condition postmoderne›, bildete [195], brachte in der Tat eine befreiende Stimmung mit sich, die mit Gehlens Vorstellung einer «kulturellen Kristallisation» schwerlich harmoniert: Das Verschwinden der großen Ideologien und Veränderungen (und des damit verbundenen emphatischen Geschichtsbegriffs) führt nicht zu einer 'kalten' Institutionalisierung des Erneuerungsprozesses, sondern macht einer neuen Öffnung des Denkens und der 'Praktiken' auf die Dimensionen des Möglichen und des Kontingenten hin Platz – eine nochmals unerwartete Wende in der Deutung der S.

Unter diesen Voraussetzungen hat die philosophische Postmoderne sich mit den Tendenzen verbunden, die aus der Hermeneutik heideggerscher Provenienz (H.-G. GADAMER) hervorgehen. In Europa wie in den Vereinigten Staaten hat sie damit begonnen, die Thematik des Nihilismus zu revidieren [196]. Auf diesem Wege hat sie eine positive Aneignung des S.-Begriffs (den HEIDEGGER seinerzeit abgelehnt hatte) gefördert, und sie ist sogar so weit gegangen, jenes Programm einer «S. der Philosophie» [197] erneut vorzutragen, dessen Notwendigkeit bereits 1889 von F. JODL im Rahmen einer antitheologischen und antimetaphysischen ethischen Reform vorausgesehen worden war [198]. Jodl entnahm den in der Schule von V. COUSIN gebräuchlichen Ausdruck ‹sécularisation de la philosophie› einem Werk von M. FERRAZ über die französische Philosophie des 19. Jh. [199].

Doch liegen die Motive des Möglichen, des Zufälligen und des Kontingenten, wie sie die S. und die Destruktion des neuzeitlichen Geschichtsbegriffs offenlegt, noch einem weiteren philosophischen Motiv zugrunde, das sich als immer lebendiger und fruchtbarer erweist und das sich als eine wahre Renaissance der Mythos-Theorie darstellt: Es zeigt sich in der «neuen Mythologie» M. FRANKS [200], in der «Polymythie» O. MARQUARDS [201] oder in der monumentalen «Arbeit am Mythos», von der H. BLUMENBERG spricht [202]. Untereinander sehr verschieden, überschneiden sich diese Konzeptionen vielfach mit jüngeren und älteren angloamerikanischen Arbeiten zum Thema «New Polytheism» [203] und vertreten häufig kontrastierende Positionen zur S.-Frage. Aber sie treffen sich in ihrem Anspruch, zugleich das Vorher und das Nachher, die Ursprünge und das Ziel der westlichen Philosophie, ausgehend von den Problemen der «globalen Zeit», der Epoche der Wissenschaft und Technik, neu zu thematisieren. Schon heute erklären sie, darin jenseits aller Unterschiede übereinstimmend, den neuzeitlichen Mythos der Entmythologisierung für obsolet.

Anmerkungen. [1] Art. ‹saeculum›, in: A. ERNOUT/A. MEILLET: Dict. étymol. de la langue lat. Hist. des mots (Paris 1932) 845; Art. ‹Säkularisation›, in: Großer Brockhaus (¹⁶1966); E. HEGEL: Art. ‹Säkularisation›, in: LThK² 9, 248-253; A. AUER: Art. ‹S.›, a.O. 253f.; F. DELEKAT: Über den Begriff der S. (1958); M. STALLMANN: Was ist S.? (1960); P. PALAZZINI: Art. ‹Sécularisation›, in: Dict. de droit can. (Paris 1965, ²1975); H. LÜBBE: S. – Gesch. eines ideenpolit. Begriffs (1965, ²1975); K. DIENST: ‹S.› – eine brauchbare Kategorie kirchengeschichtl. Forschung? Jb. Hessischen kirchengeschichtl. Vereinigung 20 (1969) 16-20; Der Pluralismus der S.-Konzeptionen, a.O. 21 (1970) 149-176; H. RINGELING: Wenn die Kirche weltlich wird. Die sog. S. des Christentums (1970); S. ACQUAVIVA/G. GUIZZARDI (Hg.): La secolarizzazione (Bologna 1973); F. THEUNIS (Hg.): Das Problem der S. Mythos oder Wirklichkeit – Verhängnis oder Verheißung? [Kerygma und Mythos VI] (1977); M. HECKEL: S. – Staatskirchenrechtl. Aspekte einer umstrittenen Kategorie. Z. Savigny-Stiftung Rechtsgesch., Kanonist. Abt. 66 (1980) 1-163; A. RAUSCHER (Hg.): S. und Säkularisation vor 1800 (1976); H.-H. SCHREY: S. (1981). – [2] Vgl. G. MARRAMAO: Potere e secolarizzazione (Rom 1983, ²1985), dtsch.: Macht und S. (1989) 19ff. – [3] Vgl. z.B. J. HOFFMEISTER: Wb. der philos. Begriffe (1955) 531f. – [4] J. G. VON MEIERN: Acta Pacis Westphalicae Publica. Oder Westfäl. Friedenshandlungen und Gesch. 2 (1734) 635. – [5] W. CONZE/H.-W. STRÄTZ/H. ZABEL: Art. ‹Säkularisation, S.›, in: O. BRUNNER/W. CONZE/R. KOSELLECK (Hg.): Geschichtl. Grundbegr. 5 (1984) 789-829, bes. 792-802 (H.-W. STRÄTZ). – [6] J. PAPON: Recueil d'arrests notables des cours souveraines de France (1559), hg. J. CHENU (Paris 1607) 7; P. GRÉGOIRE: Institut. breves et novae rei beneficiariae ecclesiast. (Lyon 1592) c. 10; Syntagma juris universi (Orléans ⁴1611) 250. – [7] Vgl. H.-W. STRÄTZ, in: BRUNNER u.a. (Hg.), a.O. [5] 796-798. – [8] Vgl. Art. ‹Sécularisation›, in: D. DIDEROT/J. D'ALEMBERT: Encycl. 14 (1765) 883ff. – [9] Vgl. S. GRIMM: De profanatione rei sacrae, vulgo Secularisirung Geistlicher Güter (1787); E. MAURITIUS: De secularisatione bonorum ecclesiast. Diss. Kiel (1666); CH. THOMASIUS: De bonorum secularisatorum natura (1707); dazu: O. BRUNNER: Moderner Verfassungsbegriff und mittelalterl. Verfassungsgesch. Mitteil. Österr. Institut Geschichtsforsch., Erg.bd. 14 (1939); H.-W. STRÄTZ: Wegweiser zur S. in der kanonist. Lit., in: RAUSCHER (Hg.), a.O. [1] 43ff. – [10] Vgl. LÜBBE, a.O. [1] 23-33; H.-W. STRÄTZ: Die S. und ihre nächsten staatskirchenrechtl. Folgen, in: A. LANGNER (Hg.): Säkularisation und S. im 19. Jh. (1978) 50ff. – [11] Vgl. O. BRUNNER: Land und Herrschaft (1939, ⁵1965); E.-W. BÖCKENFÖRDE: Die Entstehung des Staates als Vorgang der S., in: S. und Utopie. Ebracher Stud., E. Forsthoff zum 65. Geb. (1967) 75-94, jetzt in: Staat, Gesellschaft, Freiheit (1976) 42-64. – [12] Vgl. C. SCHMITT: Der Nomos der Erde im Völkerrecht des Jus Publicum Europaeum (1950) 92ff. – [13] E. GILSON: Les métamorphoses de la cité de Dieu (Paris 1952); M. SCHÜTZEICHEL: Beitr. zur Gesch. des S.-Gedankens im MA (1939). – [14] Vgl. R. KOSELLECK: ‹Neuzeit›. Zur Semantik mod. Bewegungsbegriffe, in: Vergangene Zukunft (1979) 300-348. – [15] Vgl. Art. ‹Fortschritt›, ‹Geschichte› und ‹Revolution›, in: BRUNNER u.a. (Hg.), a.O. [5] 2 (1975) 351ff. 593ff.; 5 (1984) 653ff. – [16] J. VON EICHENDORFF: Über die Folgen von der Aufhebung der Landeshoheit der Bischöfe und der Klöster in Deutschland (1818). Werke und Schr., hg. G. BAUMANN 4 (1958) 1140ff. – [17] Vgl. K. E. BOCKMÜHL: Leiblichkeit und Ges. Studien zur Relig.kritik und Anthropol. im Frühwerk von L. Feuerbach und K. Marx (1961); H. ZABEL: Verweltlichung/S. Zur Gesch. einer Interpret.kategorie. Diss. Münster (1968). – [18] Vgl. K. MARX: Zur Kritik der Hegelschen Rechtsphilos. Einl. (1844). MEW 1 (1956) 386. – [19] Vgl. W. SCHMIDT-BIGGEMANN: Gesch. als absoluter Begriff (1991) 15ff. – [20] Vgl. K. LÖWITH: Von Hegel zu Nietzsche (1941). Sämtl. Schr. 4 (1988) Kap. V, § 11. – [21] G. W. F. HEGEL: Vorles. über die Gesch. der Philos. Jub.ausg., hg. H. GLOCKNER 19 (1928) 207; vgl. J. RITTER: Art. ‹Hegel›, in: Staatslex. 4 (1959) 24ff. – [22] Vorles. über die Philos. der Gesch., a.O. 11 (1928); vgl. H. ZABEL: Art. ‹Säkularisation, S.›, in: BRUNNER u.a. (Hg.), a.O. [5] 809-829, bes. 812f. – [23] HEGEL, a.O. [21] 207. – [24] a.O. 190. – [25] Vgl. K. L. MICHELET: Entwicklungsgesch. der neuesten dtsch. Philos. mit bes. Rücksicht auf den gegenwärt. Kampf Schellings mit der Hegelschen Schule (1843) 305f., zit. in: ZABEL, a.O. [22] 813. – [26] K. MARX: Zur Judenfrage (1844). MEW 1, 360. – [27] a.O. [18] 379. – [28] L. FEUERBACH: Vorläuf. Thesen zur Reform der Philos. (1842). Sämtl. Werke, hg. W. BOLIN/F. JODL (1903-11, ²1959) 222-244; vgl. auch O. BAYER: Umstrittene Freiheit. Theol.-philos. Kontroversen (1981) 104ff. – [29] Vgl. ZABEL, a.O. [22] 814. – [30] K. MARX: Br. an A. Ruge (Sept. 1843). MEW 1, 344. – [31] a.O. [18] 379. – [32] a.O. 386. – [33] R. ROTHE: Theolog. Ethik (1845-48, ²1869-71) 2 (1845) 322. – [34] Die Anfänge der Christl. Kirche und ihrer Verfassung (1837) 85. – [35] F. OVERBECK: Über die Christlichkeit unserer heutigen Theol. (1873, ²1903) 34. – [36] K. BARTH: Die protestant. Theol. im 19. Jh. (1946) Kap. V. – [37] CH. BAUR: Die Epochen der kirchl. Gesch.schreibung (1852). – [38] F. OVERBECK: Christentum und Kultur (1919) 180f. – [39] Vgl. G. MARRAMAO: Sacer/sanctus/ sanctio. Lo spazio del potere tra tempo della trad. e tempo della secolarizzazione, in: Religioni e società 2 (1987) 3. 54ff. – [40] W. BENJAMIN: Dtsch. Menschen. Ges. Schr. 4/1, hg. T. REXROTH (1980) 228. – [41] M. WEBER: Die protestant. Sekten und der Geist des Kapitalismus (1906, 1920). Ges. Aufs. zur Relig.soziol. (⁸1986) 1, 217. – [42] W. SCHLUCHTER: Die Entwickl. des okzident. Rationalismus. Eine Analyse von M. Webers Ges.gesch. (1979) 34. – [43] Rationalismus der Weltbeherrschung. Stud. zu M. Weber (1980) 9ff. – [44] a.O. [42] 36; vgl. dazu das klass. Werk von R. ARON: Introd. à la philos. de l'hist. (Paris 1938). – [45] L. BRENTANO: Die Anfänge des mod. Kapitalismus (1916). – [46] G. SIMMEL: Philos. des Geldes (1900). – [47] W. SOMBART: Der mod. Kapitalismus (1902). – [48] M. WEBER: Die protestant. Ethik und der Geist des Kapitalismus (1904-05), a.O. [41] 24. – [49] a.O. 24-26. – [50] Die prot. Sekten ..., a.O. 212; vgl. dazu B. NELSON: Weber's Protestantic ethics, in: C. Y. GLOCK/P. E. HAMMOND (Hg.): Beyond the Classics: Essays in the scient. study of relig. (New York 1973) 71-130. – [51] Die prot. Ethik, a.O. [48] 94. – [52] Wirtschaft und Ges. (⁵1972) I/5, § 4. – [53] a.O. II/7, § 5; vgl. W. MOMMSEN: M. Weber. Ges., Politik und Gesch. (1974) 97ff.; N. LUHMANN: Rechtssoziol. 1 (1972) 40-52. – [54] E. TROELTSCH: Die Sozialllehren der christl. Kirchen und Gruppen (1912); vgl. LÜBBE, a.O. [1] 73-85. – [55] Vgl. K. GRÜNDER: Zur Philos. des Grafen Paul Yorck von Wartenburg (1970) 293f.; H. ZABEL: Zum Wortgebrauch von ‹Verweltlichen/Säkularisieren› bei P. Yorck von Wartenburg und R. Rothe. Archiv. Begriffsgesch. 14 (1970) 69-85. – [56] W. DILTHEY: Auffassung und Analyse des Menschen im 15. und 16. Jh. (1891). Ges. Schr. 2 (1914) 19. – [57] Einl. in die Geisteswiss.en (1883), a.O. 1 (1922) 99f. – [58] Vgl. Das 18. Jh. und die geschichtl. Welt (1901), a.O. 3 (1927) 222ff.; Schleiermachers System als Theol. Aus dem Nachl. hg. M. REDEKER, a.O. 14/2 (1966) 591. – [59] E. TROELTSCH: Protestant. Christentum und Kirche in der Neuzeit (1906), in: P. HINNEBERG (Hg.): Die Kultur der Gegenwart 1 (1909) 593. 624. – [60] Die Bedeut. des Protestantismus für die Entsteh. der mod. Welt (1911) 62ff.; zur Protestantismusdebatte vgl.: PH. BESNARD: Protestantisme et capitalisme. La controverse post-weberienne (Paris 1970); E. PASSERIN D'ENTRÈVES: L'incidenza del protestantismo sulle trasformazioni culturali, politiche e sociali in Europa (Turin 1972). – [61] Über das Wiedererwachen der Geschichtsphilos. Ges. Schr. 3: Der Historismus und seine Probleme (1922) 57. – [62] Vgl. Christentum und Religionsgesch., in: Zur relig. Lage – Relig.philos. und Ethik (1913) 361ff. – [63] C. SCHMITT: Polit. Theologie. Vier Kapitel zur Lehre von der Souveränität (²1934) 49. – [64] H. BLUMENBERG: S. und Selbstbehauptung, erweit. und überarb. NA von: Die Legitimität der Neuzeit (1966) 1-2 (1974) 106. – [65] Vgl. C. SCHMITT: Der Begriff des Politischen (1927). Text von 1932 mit einem Vorwort und drei Corollarien (1987) 27-29. – [66] Das Zeitalter der Neutralisierungen und Entpolitisierungen (1929), a.O. 80ff. – [67] Vgl. Ex captivitate salus (1950); MARRAMAO: Macht ..., a.O. [2] 191ff.; C. Schmitt, in: A. NEGRI (Hg.): Novecento filos. e scient. (Mailand 1991) IV. 125-143. – [68] Vgl. C. SCHMITT: Polit. Theol. 2 (1970) 57ff. – [69] E. PETERSON: Der Monotheismus als polit. Problem. Ein Beitrag zur Gesch. der polit. Theol. im Imperium Romanum (1935); dazu H. MAIER: Polit. Theol. Stimmen der Zeit 183 (1969) 76ff. – [70] Vgl. H. BLUMENBERG: Die Legitimität der Neuzeit (1966) 61ff.; SCHMITT, a.O. [68] 109ff. – [71] E.-W. BÖCKENFÖRDE: Polit. Theorie und polit. Theol., in: J. TAUBES (Hg.): Relig.theorie und Polit. Theol. 1: Der Fürst dieser Welt. C. Schmitt und die Folgen (1983) 19. – [72] a.O. 20. – [73] a.O. – [74] Vgl. J. B. METZ: Polit. Theol.' in der Disk., in: H. PEUKERT (Hg.): Disk. zur 'polit. Theol.' (1969); kritisch: R. SPAEMANN: Zur Kritik der polit. Utopie (1977) 57-66; H. MAIER: Kritik der polit. Theol. (1970). – [75] Vgl. P. VANZAN/H. J. SCHULTZ (Hg.): Lessico dei teologi del sec. XX (Brescia 1978) 773ff.; E. FEIL: Von der 'Polit. Theol.' zur 'Theol. der Revolution'? in: E. FEIL/R. WETH (Hg.): Disk. zur 'Theol. der Revolution' (1969) 110-132. – [76] D. SÖLLE: Stellvertretung. Ein Kap. Theol. nach dem 'Tode Gottes' (1965); Polit. Theol. (1971); zur Diskussion: H. LÜBBE: Polit. Theol. als Theol. repolitisierter Relig., in: TAUBES (Hg.), a.O. [71] 45-56. – [77] Vgl. K. BARTH: Die Kirche und die Kultur, in: Die Theol. und die Kultur. Ges. Vorträge (1928) 2, 364ff.; F. GOGARTEN: Kultur und Relig., in: Illusionen (1926) 101ff. – [78] Vgl. LÜBBE, a.O. [1] 91f. – [79] F. GOGARTEN: Verhängnis und Hoffnung der Neuzeit. Die S. als theolog. Problem (1953) 141. – [80] K. BARTH: Der Christ in der Ges., in: Das Wort Gottes und die Theol. Ges. Vorträge (1929) 36. – [81] Vgl. R. BULTMANN: Die liberale Theol. und die jüngste theolog. Bewegung (1924), in: Glauben und Verstehen. Ges. Aufsätze 1 (1933). – [82] GOGARTEN, a.O. [79] 139. – [83] Vgl. a.O. 140ff.; zum Säkularismusbegriff: G. J. HOLYOAKE: Secularism (London 1854); TH. ZÖCKLER: Art. ‹Sekularismus (Secularism)›, in: Realencycl. für die prot. Theol. und Kirche 18 (1886) 166ff. – [84] Vgl. die Auseinandersetzung K. JASPERS/R. BULTMANN: Die Frage der Entmythologisierung (1954). – [85] GOGARTEN, a.O. [79] 138. – [86] W. KAMLAH: Der Mensch in der Profanität (1949) 210. – [87] a.O. 7. – [88] 13. – [89] 25. – [90] Vgl. Art. ‹Profan, das Profane, Profanität›. – [91] A. MÜLLER-ARMACK: Das Jahrhundert ohne Gott (1948). – [92] a.O. 16. – [93] 51. – [94] 54. – [95] 56. – [96] 59. – [97] 60. – [98] a.O. – [99] K. LÖWITH: Weltgesch. und Heilsgeschehen. Die theolog. Voraussetzungen der Gesch.philos. (1953). Sämtl. Schr. 2 (1983). – [100] Meaning in history. The theolog. implications of the philos. of hist. (Chicago, Ill. 1949); vgl. A. CARACCIOLO: K. Löwith. Soc. Naz. di Scienze Lettere e Arti (Neapel 1974) 17ff. – [101] a.O. [20]. – [102] R. FESTER: Die S. der Historie. Hist. Vjschr. (1908) 11, 441-459. – [103] LÖWITH, a.O. [99] 11ff. – [104] H. COHEN: Relig. der Vernunft aus den Quellen des Judentums (1919, ²1929) 305. – [105] a.O. 291f. – [106] F. W. J. SCHELLING: Vorles. über die Methode des akad. Studiums (1803). Sämmtl. Werke, hg. K. F. A. SCHELLING (1856-61) I/5, 287f. - [107] Vgl. K. LÖWITH: Nietzsches Philos. der ewigen Wiederkunft des Gleichen (1935). - [108] Heidegger. Denker in dürftiger Zeit (1953, ²1960). Sämtl. Schr. 8 (1984). - [109] M. HEIDEGGER: Nietzsche 1-2 (1961) 2, 146. - [110] a.O. 147. - [111] R. BULTMANN: Offenbarung und Heilsgeschehen (1941); Geschichte und Eschatologie (1958). - [112] O. CULLMANN: Christus und die Zeit (1946, ³1962); Heil als Geschichte (1965). - [113] S. MAZZARINO: Il pensiero storico class. II/2 (Bari 1966) 350. - [114] a.O. 414. - [115] 454; zum Thema vgl. auch: A. MOMIGLIANO: Time in ancient historiography (1966), in: Essays in ancient and modern historiography (Middletown, Conn. 1977). - [116] M. ELIADE: Le sacré et le profane (Paris 1956, ²1969), dtsch.: Das Heilige und das Profane (1957). - [117] F. CHÂTELET: La naissance de l'hist. (Paris 1962). - [118] H. BLUMENBERG: ‹S.›. Kritik einer Kategorie histor. Illegitimität, in: H. KUHN/F. WIEDMANN (Hg.): Die Philos. und die Frage nach dem Fortschritt (1964) 240ff. - [119] a.O. [70] 73. - [120] a.O. [64] 39. - [121] a.O. [70] 19ff. - [122] K. LÖWITH: Rez. ‹Die Legitimität der Neuzeit›. Philos. Rdsch. 15 (1968) 195-201; jetzt in: Sämtl. Schr. 2 (1983) 452-459. - [123] E. CASSIRER: Substanzbegriff und Funktionsbegriff (1910). - [124] BLUMENBERG, a.O. [64] 37. - [125] a.O. [70] 35f. - [126] O. MARQUARD: Mythos und Dogma, in: M. FUHRMANN (Hg.): Terror und Spiel. Probleme der Mythenrezeption (1971) 530. - [127] J. HABERMAS: K. Löwith. Stoischer Rückzug vom hist. Bewußtsein (1963), in: Philos.-polit. Profile (³1981) 195-216. - [128] Vgl. LÖWITH, a.O. [122] 199. - [129] Vgl. MARRAMAO: Macht ..., a.O. [2] 20. - [130] W. PANNENBERG: Christentum in einer säkularisierten Welt (1988) Kap. I. - [131] Vgl. D. BONHOEFFER: Ethik (1949); dazu: R. GRUNOW: Art. ‹D. Bonhoeffer›, in: VANZAN/SCHULTZ (Hg.), a.O. [75] 585ff. - [132] Vgl. bes. R. NIEBUHR: Faith and hist. (London 1949); D. B. ROBERTSON: R. Niebuhr's works: a bibliogr. (Berea, Ohio 1954). - [133] Vgl. E. SCHILLEBEECKX: Glaubensinterpretation. Beitr. zu einer hermeneut. und krit. Theol. (1971). - [134] J. MOLTMANN: Theol. der Hoffnung (1964, ⁹1973). - [135] Vgl. B. MONDIN: Art. ‹J. A. T. Robinson›, in: VANZAN/SCHULTZ (Hg.), a.O. [75] 706ff. - [136] H. G. COX: The epoch of the secular city. Social Compass 15/1 (1968) 5ff. - [137] Vgl. G. VAHANIAN: The death of God. The culture of our postchristian era (New York 1961); E. L. MASCALL: Secularisation of Christianity (New York 1965). - [138] BLUMENBERG, a.O. [70] 78. - [139] E. VOEGELIN: The new sci. of politics (Chicago 1952), dtsch: Die neue Wiss. von der Politik (1959). - [140] Wiss., Politik und Gnosis (1966). - [141] Vgl. MARRAMAO: Macht ..., a.O. [2] 31. - [142] a.O. - [143] Vgl. dazu auch: E. VOEGELIN: Anamnesis. Zur Theorie der Gesch. und Politik (1966). - [144] A. DEL NOCE: L'epoca della secolarizzazione (Mailand 1970). - [145] a.O. 6. - [146] a.O. - [147] Secolarizzazione e crisi della modernità (Neapel 1989) 15. - [148] a.O. 13. - [149] a.O. - [150] 17. - [151] a.O. - [152] Vgl. bes. E. NOLTE: Der Faschismus in seiner Epoche (1963). - [153] A. DEL NOCE: L'interpretazione transpolitica della storia contemp. (Neapel 1982) 22. - [154] Vgl. E. TOPITSCH: Marxismus und Gnosis, in: Sozialphilos. zw. Mythos und Wiss. (1961, ²1966) 265. - [155] Vom Ursprung und Ende der Met. (1958); Mythos - Philos. - Politik (1969). - [156] GOGARTEN, a.O. [79] 139-141. - [157] LÜBBE, a.O. [1] 86-108. - [158] O. VON DER GABLENTZ: Die Krisis der säkularen Religionen. Eine relig.soziolog. Skizze, in: H.-D. WENDLAND (Hg.): Kosmos und Ekklesia. Festschr. W. Stählin (1953) 249f. - [159] Vgl. LÜBBE, a.O. [1] 34-55. - [160] F. TÖNNIES: Gemeinschaft und Ges. (1887, ⁸1935) Anh. § 3. - [161] Vgl. z.B. G. GERMANI: Democrazia e autoritarismo nella società moderna, in: Storia contemp. XI/2 (1980) 177-217; Sociologia della modernizzazione (Bari 1971). - [162] L. SHINER: The meanings of secularization. Int. Yearbook Sociol. Relig. 3 (1967) 51-62. - [163] R. S./H. M. LYND: Middletown: a study in Amer. culture 1 (New York 1929); Middletown in transition: a study in cultural conflicts 2 (New York 1937). - [164] P. A. SOROKIN: The western relig. and morality of today. Int. Yearbook Sociol. Relig. 2 (1966) 10ff. - [165] A. VON HARNACK: Das Wesen des Christentums (1900). - [166] T. PARSONS: Christianity and modern industrial soc., in: E. A. TIRYAKIAN (Hg.): Sociolog. theory, values and sociocultural change (Glencoe, Ill. 1963) 33-70. - [167] N. LUHMANN: S., in: Funktion der Relig. (1977). - [168] ELIADE, a.O. [116]. - [169] Vgl. R. MEHL: De la sécularisation à l'athéisme.

Foi et Vie 65 (1966) 70. - [170] B. GROETHUYSEN: Art. ‹Secularism›, in: Encycl. of the soc. sci. 13 (1934) 631ff. - [171] P. L. BERGER/TH. LUCKMANN: Secularization and pluralism. Int. Yearbook Sociol. Relig. 2 (1966) 73-86; TH. LUCKMANN: The invisible relig. (New York 1967). - [172] R. N. BELLAH: Civil relig. in America, in: Beyond belief: essays on relig. in a post-tradit. world (New York 1970) 168-189. - [173] P. L. BERGER: A rumor of Angels. Modern soc. and the rediscovery of the supernatural (Garden City, N.Y. 1969). - [174] Vgl. P. L. BERGER/B. BERGER/H. F. KELLNER: The homeless mind. Modernization and consciousness (Harmondsworth 1973) 15ff. 60ff. - [175] P. L. BERGER: The heretical imperative (Garden City, N.Y. 1979). - [176] a.O. 16f. - [177] J. HABERMAS: Theorie des kommunik. Handelns 1-2 (1981). - [178] N. LUHMANN: Soz. Systeme. Grundr. einer allg. Theorie (1984). - [179] R. KOSELLECK: ‹Erfahrungsraum› und ‹Erwartungshorizont› - zwei hist. Kat., in: Vergangene Zukunft (1979) 349-375. - [180] A. GEHLEN: Der Mensch. Seine Natur und seine Stellung in der Welt (1940, ¹²1978). - [181] G. SIMMEL: Die Mode (1895), in: Philos. Kultur. Ges. Essays (1911) 29-64; vgl. zum Thema: G. BONACCHI: L'una e i molti. La differenza 'astuta' di G. Simmel. Memoria I/1 (1981) 14-25. - [182] Vgl. GEHLEN, a.O. [180] Einl., Abschn. 8. - [183] Vgl. Art. ‹Kristallisation›. - [184] Über kulturelle Kristallisation, in: Stud. zur Anthropol. und Soziol. (1963) 320ff.; dazu auch N. LUHMANN: Soziolog. Aufklärung 1 (1970) 131. - [185] GEHLEN, a.O. 324. - [186] Die S. des Fortschritts (1967), in: Einblicke (1978) 403. - [187] a.O. - [188] a.O. 409. - [189] 410; vgl. dazu: W. LEPENIES: Handlung und Reflexion. Aspekte der Anthropol. A. Gehlens. Soz. Welt 18/1 (1967) 41-66. - [190] Vgl. Art. ‹Posthistoire›; A.-A. COURNOT: Traité de l'enchaînement des idées fondam. dans les sci. et dans l'hist. (Paris 1861); unabhängig davon findet sich der Ausdruck schon bei R. SEIDENBERG: The posthistoric man. An inquiry (Chapel Hill 1950). - [191] Vgl. E. BLOCH: Differenzierungen im Begriff Fortschritt, in: Tüb. Einl. in die Philos. (1963, ²1970). - [192] Vgl. A. GEHLEN: Urmensch und Spätkultur (1956, ⁵1986) 212. - [193] Vgl. CH. JENCKS: The rise of post-modern architecture, in: Architecture - inner town government (Eindhoven 1975). - [194] W. WELSCH: Unsere postmoderne Moderne (²1988) 18; zum Problemkreis ‹Entstehung/Schicksal der Moderne› aus der Perspektive des S.-Theorems vgl. R. MÜNCH: Die Kultur der Moderne 1-2 (1986); W. CH. ZIMMERLI (Hg.): Technolog. Zeitalter oder Postmoderne? (1988). - [195] J.-F. LYOTARD: La condition postmoderne (Paris 1979), dtsch.: Das postmoderne Wissen (1982, NA 1986). - [196] Zur Nihilismusdebatte vgl.: V. VERRA: Art. ‹Nichilismo›, in: Encicl. del Novecento 4 (Rom 1979) 778-790; D. ARENDT (Hg.): Der Nihilismus als Phänomen der Geistesgesch. in der wiss. Disk. unseres Jh. (1974). - [197] Vgl. z.B.: G. VATTIMO (Hg.): Filosofia 86 (Rom/Bari 1987). - [198] F. JODL: Gesch. der Ethik der neueren Philos. 2 (1889) 364. - [199] M. FERRAZ: Hist. de la philos. en France au XIXᵉ s. (Paris 1887) 276. - [200] Vgl. M. FRANK: Der kommende Gott. Vorles. über die Neue Mythol. 1 (1982), Gott im Exil. Vorles. ... 2 (1988). - [201] Vgl. O. MARQUARD: Lob des Polytheismus. Über Monomythie und Polymythie, in: H. POSER (Hg.): Philos. und Mythos. Ein Koll. (1979) 40-58; Apologie des Zufälligen (1987). - [202] H. BLUMENBERG: Arbeit am Mythos (1979); vgl. auch K. H. BOHRER (Hg.): Mythos und Moderne (1983). - [203] D. MILLER/J. HILLMAN: The new polytheism (Zürich/New York 1981); zur heutigen Mythos-Debatte (und zur Alternative Ent- oder Re-Mythisierung) vgl. CH. JAMME: 'Gott hat ein Gewand'. Grenzen und Perspektiven philos. Mythos-Theorien der Gegenwart (1991).

Literaturhinweise. TH. ZÖCKLER s. Anm. [83]. - H. BECKER: S.-Prozesse. Kölner Vjhefte Soziol. 10 (1932). - B. GOLDSCHMIDT: Säkularismus und S. Von der Sinnverwandlung eines Wortes. Christl. Welt 44 (1932). - B. GROETHUYSEN s. Anm. [170]. - M. SCHÜTZEICHEL s. Anm. [13]. - F. GOGARTEN s. Anm. [79]. - K. LÖWITH s. Anm. [99] und [100]. - F. DELEKAT s. Anm. [1]. - A. SCHÖNE: S. als sprachbildende Kraft (1958). - M. STALLMANN s. Anm. [1]. - R. E. HEINONEN: Der S.-Begriff bei W. Stapel. Die ideenpolit. Funktion eines Modewortes um 1930. Arch. Begriffsgesch. 14 (1970) 86-104. - H. BLUMENBERG s. Anm. [118]. - ‹S.›. Sonderheft der Z. dtsch. Philos. 83 (1964). - H. LÜBBE s. Anm. [1]. - P. PALAZZINI s. Anm. [1]. - E.-W.

BÖCKENFÖRDE s. Anm. [11]. – J. MATTHES: Relig. und Ges. – Einf. in die Relig.soziol. (1967) 2, 74-88. – H. ZABEL s. Anm. [17]. – K. DIENST s. Anm. [1]. – H. ZABEL s. Anm. [55]. – O. MARQUARD s. Anm. [126]. – S. ACQUAVIVA/G. GUIZZARDI (Hg.) s. Anm. [1]. – H. BLUMENBERG s. Anm. [64]. – W. JAESCHKE: Die Suche nach den eschatolog. Wurzeln der Gesch.philos. Eine hist. Kritik der S.-These (1976). – A. RAUSCHER (Hg.) s. Anm. [1]. – A. BARUZZI: S. Ein Problem von Enteignung und Besitz. Philos. Jb. 85 (1978) 301-316. – A. LANGNER s. Anm. [10]. – M. HECKEL s. Anm. [1]. – U. RUH: S. als Interpretationskategorie. Zur Bedeut. des christl. Erbes in der mod. Geistesgesch. (1980). – H.-H. SCHREY s. Anm. [1]. – M. HECKEL: Korollarien zur S. Sber. Heidelb. Akad. Wiss.en (1981). – G. MARRAMAO s. Anm. [2]. – W. CONZE/H.-W. STRÄTZ/H. ZABEL s. Anm. [5]. – A. DEL NOCE s. Anm. [147]. – N. BOLZ: Auszug aus der entzauberten Welt. Philos. Extremismus zw. den Weltkriegen (1989). G. MARRAMAO

Sāṃkhya (Sanskrit), ursprünglich «das, was mit Zahl/Aufzählung zu tun hat» oder «auf überlegender Betrachtung beruht», ist der Name einer der ältesten philosophischen Traditionen Indiens; die Wurzeln reichen in die erste Hälfte des 1. Jahrtausends v.Chr. zurück. Das S. entwickelte sich über mehrere Vorstufen ca. 200 v.Chr. zum 'klassischen' S., das in verschiedene Schulen aufgespalten war und bis etwa 600/700 n.Chr. geistig produktiv blieb; vom 15.-17. Jh. gab es eine Art Nachblüte, die aber unter starkem doktrinärem Einfluß des Vedānta stand. Das S. «wirkte bahnbrechend in der klassischen Philosophie Indiens und hat wesentlich dazu beigetragen, diese Philosophie auf ihre Höhe zu führen» [1].

Der philologischen und philosophischen Erschließung stehen erhebliche, teils unüberwindliche Hindernisse entgegen: Die Vorgeschichte bzw. Entstehung ist infolge des Charakters der ältesten indischen Texte, der vedischen Literatur, nur punktuell erkennbar. Nicht endgültig geklärt ist auch, welcher Art die Anschauungen sind, aus denen die Lehren des S. hervorgewachsen sind. Fast die gesamte, ursprünglich wohl nur mündlich tradierte Literatur des S., insbesondere die Werke der führenden Vertreter, z.B. des Vārṣagaṇya (1. Jh. n.Chr.?), sind verloren. Erhalten ist aus der Blütezeit nur die Sāṃkhyakārikā (70 «Memorialverse über das S.») des Īśvarakṛṣṇa (um 400 n.Chr.), eine knappe Lehrdarstellung, samt zahlreichen, teilweise anonymen Kommentaren aus mehreren Jahrhunderten, darunter die auch für das Verständnis der Geschichte des S. besonders wichtige, leider nicht vollständig erhaltene Yuktidīpikā (älter als 9. Jh., vermutlich ca. 600). Für die Rekonstruktion der Anfänge sind Abschnitte des altindischen Epos Mahābhārata und Purāṇa-Texte (hinduistische mythisch-religiöse Kompendien) besonders ergiebig, ohne freilich ein vollständiges und unverfälschtes Bild zu bieten. Die zahlreichen Fragmente oft namentlich genannter Vertreter und die Bezugnahme auf bzw. kritische Auseinandersetzungen mit Lehrinhalten des S. vor allem in Werken gegnerischer philosophischer Richtungen sind noch nicht systematisch und vollständig erschlossen; die Rezeptionsgeschichte ist trotz der außerordentlichen Breite und der auch nach der Blüte anhaltenden Intensität direkter und indirekter Wirkung des S. nicht nur im philosophisch-religiösen Bereich, sondern auch auf viele einheimische Wissenschaften praktisch kaum erforscht.

Von den mehreren unterscheidbaren Entwicklungsstufen war also vor allem das 'klassische' S. für die Geschichte der indischen Philosophie von entscheidender Bedeutung und zählte neben dem naturphilosophischen System der Vaiśeṣika jahrhundertelang zu den führenden 'Systemen' der Brahmanen.

In der Ontologie ist ein irreduzibler Dualismus zweier alles durchdringender Prinzipien bestimmend, nämlich einer Vielzahl von passiven, aus letztlich objektloser Geistigkeit bestehenden «Seelen» (puruṣa) und einer dynamisch-produktiven objektiven «Urmaterie» (prakṛti), die als «fein» aber jeglicher Wahrnehmung entzogen ist und nur durch Schlußfolgerung erkannt werden kann. Durch die Verbindung dieser beiden, die einander als «Betrachter und Betrachtetes» gegenüberstehen, kommt alles Weltgeschehen zustande. Die drei «Konstituenten» (guṇa) der Urmaterie, nämlich «Güte» (sattva), «Leidenschaft» (rajas) und «Finsternis» (tamas), befinden sich, solange die Welt «unentfaltet» (avyakta) ist, in einem Zustand des Gleichgewichts. Durch Störung dieses Gleichgewichts wird die Urmaterie um der Seelen willen tätig, d.h. entfaltet aus sich die 23 «Entitäten» (tattva), die ebenso wie alle Einzelphänomene der spezifischen Kausalitätslehre des S. zufolge als Produkte in ihr als Ursache bereits latent vorhanden sind (satkāryavāda). Gemäß in Indien weit verbreiteter Anschauung wird ein endloser Prozeß zyklischer Weltentstehungen und -vernichtungen angenommen, so daß dem zeitlich von einer Sekunde bis zu einer Weltperiode reichenden Dasein der Phänomene ein unveränderliches Sein in bzw. als Teil der Urmaterie gegenübersteht. Die psychologischen Ursprung verratende, aber kosmologisch verstandene Evolutionslehre besagt, daß nacheinander in Erscheinung treten das «Erkennen»/«der Große» (buddhi, mahān), dessen Funktion das Entscheiden ist; sodann das dreigestaltige «Ichbewußtsein» (ahaṃkāra), auf dem die Vorstellungen von Ich und Mein beruhen; aus dessen «auf Umgestaltung beruhender» Erscheinungsform gehen hervor das «Denken» (manas), dem «Wünschen» zugeordnet ist, und aus dessen seinerseits der fünf «Erkenntnisorgane», d.h. Sinneskräfte (Gehör, Haut, Augen, Zunge und Geruch), sowie die fünf «Tatorgane» (Rede, Hände, Füße, After, Geschlechtsteil). Aus der als «Ursprung der Elemente» bezeichneten Erscheinungsform des «Ichbewußtseins» werden manifest die fünf sog. «Reinstoffe» (tanmātra), charakterisiert durch die spezifischen Eigenschaften der Elemente (Ton, Berührung, Form, Geschmack und Geruch) und aus den «Reinstoffen» die fünf ihnen gegenüber Besonderheiten aufweisenden grobstofflichen «großen Elemente» (mahābhūta) Äther, Wind, Feuer, Wasser und Erde. Alle Klassen von Wesen und alle unbelebten Gegenstände in den verschiedenen Welt-Teilen bestehen aus solchen Evoluten.

Der *Psychologie* des S. zufolge hat der Mensch zwei Körper, einen aus den fünf «großen Elementen» gebildeten «groben», der bei der Geburt entsteht und beim Tod zerfällt, und einen «feinen», der, nach einer unter mehreren Theorien aus dem «inneren», psychischen Organ («Erkennen», «Ichbewußtsein» und «Denken»), den Sinnesorganen und den «Feinstoffen» bestehend, Träger der Seelenwanderung ist und von Beginn bis Ende einer Weltperiode manifest bleibt. Das «Erkennen» ist Träger von acht «psychischen Zuständen» (bhāva), «Verdienst», «Wissen», «Leidenschaftslosigkeit», «Vermögen» und deren Gegenteil, deren Wechselspiel das Schicksal des Menschen im Wesenskreislauf (saṃsāra) (s.d.) bestimmt.

Für die *Erkenntnislehre* ist die Annahme dreier «Mittel gültiger Erkenntnis» charakteristisch: sinnliche Wahrnehmung, Schlußfolgerung und glaubwürdige Mitteilung. Daß das S. einen bedeutenden Anteil an der Entwicklung der indischen Epistemologie hat, liegt an seinem Anspruch, alle seine Lehrsätze zu beweisen, und der damit verbundenen vertieften Reflexion über das Wesen vor allem der Schlußfolgerung. Über den Erkenntnisvorgang (Annahme der Form des Gegenstandes durch das «Erkennen» u.ä.) bestehen divergierende Theorien; schwierig für das S. war namentlich die Erklärung der Möglichkeit von Erkenntnisvorgängen im ungeistigen «Erkennen» (buddhi) einerseits und der Teilnahme der untätigen «Seele» daran andererseits.

Das S. teilt mit vielen anderen indischen 'Systemen', namentlich dem etwa ebenso alten Buddhismus, zu dem es nicht nur in einer Beziehung wechselseitiger Kritik und Auseinandersetzung gestanden hat, die Überzeugung von der letztendlichen Leidhaftigkeit des Daseins und ist seinem Anspruch nach ebenfalls ein «Lehrmittel für die *Erlösung*» (mokṣaśāstra). Die Bindung zwischen Materie und Geistbewußtsein beruht auf einem Irrtum der Seele: Sie verwechselt sich mit dem «Erkennen» und bezieht alles auf sich, was in Wirklichkeit dessen Aktivitäten darstellt. Konsequent lehrt das S. eine Erlösung durch Einsicht: Es gilt zu erkennen, daß die Materie und vor allem ihre sublimste manifeste Form, die «Güte» des «Erkennens», vollkommen von der Seele verschieden ist, daß sie weder Ich noch Mein ist. Dadurch wird das absolute «Für-Sich-Sein» (kaivalya) der Seele erlangt, das mit dem Tod endgültig wird: Die irrtümliche Verbindung mit der Materie ist für die erlöste Seele beseitigt. Der Weg zu dieser Einsicht ist zu gestalten gemäß der vor allem in dieser Hinsicht entwickelten Ethik des S., die u.a. in Form der 50 «Begriffe» (pratyaya) deutlich Züge weltentsagender, konzentrativ-meditativer Praktiken aufweist und insofern die besondere Nähe des S. zum Yoga (des Patañjali) deutlich macht.

Anmerkung. [1] E. FRAUWALLNER: Gesch. der ind. Philos. 1 (1953) 450.

Literaturhinweise. E. FRAUWALLNER s. Anm. [1] 275-408. – G. J. LARSON: Class. Sāṃkhya (Delhi 1979). – G. J. LARSON/R. S. BHATTACHARYA (Hg.): Class. Sāṃkhya. A dualist trad. of indian philos. (Delhi 1987). A. WEZLER

Saṃsāra

1. ‹S.›, wörtlich 'Durcheilen oder Durchwandern (einer Reihe von Orten oder Zuständen)', ist der indische Terminus für das Überwechseln der Lebewesen in immer neue Existenzen ('Wiedergeburt[skette]', 'Daseinskreislauf' [saṃsāracakra], 'Seelenwanderung'). Der Ausdruck ‹S.› (bzw. verbale Entsprechungen) kommt erst in nachvedischen Quellen vor (buddhistischer [1] und jinistischer [2] Kanon, mittlere Upaniṣaden [3], Mahābhārata [4]), neben formal und semantisch nahestehenden Wörtern wie ‹saṃdhāvati› [5] und «(anu)saṃcarati› [6] (letzteres schon altupaniṣadisch [7]).

2. Der Ursprung der indischen Lehre vom S. (altvedisches bzw. indogermanisches Erbe oder Einfluß des vorarischen Substrates bzw. außervedischer Kreise oder innervedische Entwicklung) ist umstritten [8]. In den altvedischen Texten gibt es keine eindeutigen Belege. Es gibt aber Anhaltspunkte dafür, daß eine auch außerhalb Indiens verbreitete [9] Vorstellung den altvedischen Ariern [10] oder/und Teilen der vorarischen Bevölkerung [11] nicht unbekannt war: die Vorstellung, daß der Verstorbene – gewöhnlich nach einem Aufenthalt im Jenseits – in der eigenen Familie, insbesondere als sein eigener Enkel oder Urenkel, wiedergeboren wird.

3. In den älteren Upaniṣaden werden zwei Typen von Wiedergeburtsvorstellungen textlich klar faßbar: a) Die Auffassung, daß der Wissende [12] oder die geistige Person (puruṣa) des Menschen [13] (zumindest des Wissenden) nach dem Tode fähig ist, nach Wunsch in den Himmelsräumen umherzuschweifen (kāmacāra) oder auch als Mensch – in einer Familie seiner Wahl, namentlich einer sozial hochstehenden [14] – wiedergeboren zu werden. b) Die Idee, daß man nach einem durch (vor allem rituelle) Werke erworbenen Aufenthalt in der Himmelswelt von befristeter Dauer («Wiedertod» im Jenseits) automatisch als Mensch wiedergeboren wird [15].

4. Der Terminus ‹S.› bezeichnet vor allem den in der weiteren Entwicklung vorherrschenden zweiten Typus und seine Ausgestaltungen. Er impliziert durchweg eine negative Wertung [16] (vgl. auch Ausdrücke wie «Ozean des S.», «Urwald des S.», «Gefängnis des S.») [17]. Schon im upaniṣadischen locus classicus der Wiedergeburtslehre [18] wird dem Weg der (automatischen) Rückkehr in diese Welt ein zum Brahman und zur Nichtwiederkehr führender Weg gegenübergestellt – von daher die im indischen Denken weit verbreitete Antithese von S. und Erlösung (mokṣa, nirvāṇa usw.).

5. Entscheidend für die Weiterentwicklung der Lehre vom S. war ihre Ethisierung, d.h. die Ersetzung (oder, vor allem in Hindu-Kreisen, zumindest Ergänzung) des rituellen Werkes (karman) durch das moralische («Karma») als dem das Schicksal im Jenseits (und schließlich auch die Rückkehr ins Diesseits) bestimmenden Faktor, was zumeist eine klare Dichotomie des Jenseits in Himmel und Hölle(n) einschließt [19]. In den älteren Upaniṣaden finden sich nur Ansätze einer Ethisierung der Lehre vom S. [20], während sie im Jainismus und Buddhismus konsequent durchgeführt ist. Im Hinduismus kann sie sich nicht in allen Richtungen voll durchsetzen. In der ritual-hermeneutischen (Pūrva-)Mīmāṃsā etwa bleibt nicht nur der ethisierte Karma-Begriff, sondern die Lehre vom S. überhaupt marginal [21].

6. Das Karma ist, abgesehen allenfalls vom Jainismus [22], nicht die Hauptursache des S. Dessen eigentliche Wurzel ist in den meisten Lehrsystemen Begierde (kāma [23], tṛṣṇā [24] etc.), Nichtwissen (avidyā) [25] oder/und der Wille Gottes [26]. Das Karma bestimmt vor allem den Verlauf des S. [27]. Es finden sich aber auch Spuren der Vorstellung, daß die Art der Wiedergeburt vom Wunsch (vgl. 3. a) bestimmt wird [28], insbesondere vom Wunsch oder letzten Gedanken des Sterbenden [29]. Der Mahāyāna-Buddhismus kennt die Idee einer freiwilligen und frei bestimmten Wiedergeburt spirituell fortgeschrittener Personen um des Heiles der anderen Lebewesen willen [30]. Nach Ansicht der alten Asketengemeinschaft der Ājīvikas war demgegenüber der Verlauf des S. durch die fest bestimmte Ordnung der Dinge (niyati) prädestiniert [31].

7. Schon im upaniṣadischen locus classicus [32] wird als eine dritte Möglichkeit – offenbar für Verstorbene, denen keine Feuerbestattung zuteil wird – die Wiedergeburt als Würmer oder Insekten erwähnt [33]. Im Gefolge der Ethisierung der Lehre vom S. wird die Wiedergeburt als Tier als Folge schlechten Karmas aufgefaßt [34]. Zur Möglichkeit einer Wiedergeburt als Pflanze – im upaniṣadischen locus classicus, und offenbar auch nach Auffassung mancher indischer Stämme [35], eher ein Durchgangsstadium auf dem Wege zur Wiederverkörperung als Mensch – gibt es innerhalb des Hinduismus unterschiedliche Auffassungen [36], während der Buddhismus eine solche Möglichkeit nicht anerkennt [37]. Nachdrücklich vertreten wird sie hingegen von den Jai-

nas, welche sogar die Elemente als beseelt und als mögliche Formen der Wiederverkörperung ansehen [38]. Insgesamt wird im Laufe der Entwicklung das alte Modell eines regelmäßigen Alternierens von Existenzen im Diesseits und Jenseits zumeist entweder durch Eingliederung der Wiedergeburt als Tier (usw.) sowie durch die Annahme der Möglichkeit einer unmittelbaren Aufeinanderfolge ähnlicher Existenzen (etwa als Mensch oder als Tier) mehr oder weniger stark modifiziert [39] oder gar zugunsten einer völlig freien Aufeinanderfolge aller möglichen Existenzformen aufgegeben [40]. Im Neo-Hinduismus S. RADHAKRISHNANS wird der S. im Sinne der modernen Evolutionstheorie reinterpretiert und die Möglichkeit eines Rückfalls des Menschen in niedere Existenzformen geleugnet [41].

8. Der S. gilt im allgemeinen als anfanglos [42] und – vorbehaltlich der Erlösung – als endlos. Nach Ansicht der Ājīvikas allerdings umfaßt er, für jedes Lebewesen, eine ganz bestimmte (wenngleich ungeheuer große) Anzahl von Existenzen [43], hat also einen Anfang und ein (automatisches) Ende. Bei den Jainas gibt es die Vorstellung von winzigen vegetabilen Lebewesen (nigoda), die seit jeher in dieser Existenzform sind, also noch keinen Anteil am karma-gesteuerten S. haben, wohl aber irgendwann in diesen hineingeraten können [44].

9. Als Subjekt des Übergangs von einer Existenz in die andere fungiert oft einfach die Person oder das Lebewesen im alltagssprachlichen Sinne [45]. Es finden sich aber schon früh auch Präzisierungsversuche, dergestalt, daß als Subjekt des Übergangs etwa ein (als personal individuiert vorgestellter) [46] Lebensstoff (Wasser, Feuer) [47] gilt, oder die – von den Lebenskräften begleitete [48] – geistige Person (puruṣa) [49] oder das geistige Selbst (ātman) [50] oder, wie gelegentlich im Buddhismus, die (ursprünglich wohl als ein feinstoffliches Vermögen vorgestellte, später als eine Kette substratloser Perzeptionsmomente gedachte) «Wahrnehmung» (vijñāna) [51]. Für die Jainas und diejenigen Richtungen des Hinduismus, die eine individuelle (oder, zumindest scheinbar, individuierte) und begrenzte Seele annahmen, konnte diese als Subjekt des Überganges fungieren, allein [52] oder begleitet bzw. getragen von den psychischen Vermögen und/oder einem besonderen, feinstofflichen Leib [53]. Auch manche der buddhistischen Schulen lehrten einen feinstofflichen Leib für die «Zwischenexistenz» [54], während andere einen unmittelbaren, sprunghaften Übergang von einer Existenz in die andere annahmen [55]. Dies war um so eher möglich, als die meisten buddhistischen Schulen die personale Identität über mehrere Existenzen hinweg nicht auf eine durchgängige Konstituente, sondern ausschließlich auf einen kausalen Konnex gründeten [56]. Für diejenigen hinduistischen Schulen (bes. Sāṃkhya, s.d., und Nyāya-Vaiśeṣika, s.d.), nach deren Auffassung die (individuelle) Seele allgegenwärtig ist, konnte der Übergang in eine andere Existenz nur als Orts- oder Funktionsverlagerung des die Seele mit der Welt verbindenden (oder ihre Verbindung mit der Welt limitierenden) Faktors bzw. Faktorenkomplexes verstanden werden [57].

10. Schon im frühen Buddhismus findet sich die Vorstellung, daß spirituell weit fortgeschrittene Personen den S. der Lebewesen schauen und sich an ihre eigenen früheren Existenzen erinnern können [58]. Argumentative Begründungen der Lehre vom S. sind erst aus der Zeit etwa vom 3.-4. Jh. n.Chr. an erhalten [59]. Sie richten sich zumeist gegen die Materialisten (Lokāyata), die eine Fortexistenz nach dem Tode leugneten [60].

Anmerkungen. [1] z.B. Suttanipāta 740; Dhammapada 414; Majjhimanikāya I, 81f.; Dīghanikāya I, 14. – [2] z.B. Āyāraṅga I, 1, 6, 1; 5, 1, 1. – [3] z.B. Kaṭha-Upaniṣad 3, 7; Śvetāśvatara-Upaniṣad 6, 16. – [4] Vgl. Pratīka-Index 4201f. – [5] z.B. Dīghanikāya I, 14. – [6] Śvetāśvatara-Upaniṣad 5, 7. – [7] Jaiminīya-Upaniṣad-Brāhmaṇa 3, 28, 2; Taittirīya-Upaniṣad 3, 10; vgl. Bṛhadāraṇyaka-Upaniṣad [BU] 4, 3, 7 und 4, 3, 18. – [8] P. HORSCH: Vorstufen der ind. Seelenwanderungslehre. Asiat. Stud. 25 (1971) 99ff.; G. OBEYESEKERE, in: W. D. O'FLAHERTY (Hg.): Karma and rebirth in class. Indian trad. (Berkeley 1980) 137ff.; K. WERNER: The Vedic concept of human personality and its destiny. J. Indian Philos. 5 (1978) 284ff. – [9] OBEYESEKERE, a.O. 141f.; vgl. Handwb. des dtsch. Aberglaubens 7 (1936, ND 1987) 1579. – [10] M. WITZEL: The earliest form of the idea of rebirth in India. Proc. of the 31st int. congr. of human sci. in Asia and North Africa (Tokyo 1984) I, 145f.; Y. IKARI: Some aspects of the idea of rebirth in Vedic lit. Indo-Shisōshi Kenkyū 6 (1989) 155ff., bes. 162f. – [11] T. C. HODSON: The doctr. of rebirth in various areas in India. Man India 1-2 (1921) 1ff. – [12] Jaiminīya-Upaniṣad-Brāhmaṇa 3, 28, 3; vgl. Taittirīya-Upaniṣad 3, 10. – [13] So m.E. BU (Mādhy.) 4, 4, 5; vgl. 4, 3, 7. – [14] Jaiminīya-Upaniṣad-Brāhmaṇa 3, 28, 4. – [15] Chāndogya-Upaniṣad [CU] 5, 10, 3ff.; BU 6, 2, 16; 4, 4, 6. – [16] z.B. Saṃyuttanikāya II, 178ff.; E. FRAUWALLNER: Gesch. der ind. Philos. 1-2 (Salzburg 1953/56) 1, 376f. – [17] M. MONIER-WILLIAMS: A Sanskrit-Engl. dict. (Oxford 1899) s.v. saṃsāra. – [18] CU 5, 9, 2-10, 8 und BU 6, 2, 13-16; vgl. bereits Jaiminīya-Brāhmaṇa 1, 17-18. 45-46. 49-50. – [19] OBEYESEKERE, a.O. [8] bes. 147f. – [20] BU 3, 2, 13; 4, 4, 5; CU 5, 10, 7; vgl. aber auch: H. W. TULL: The Vedic orig. of Karma (Albany 1989) 28ff. – [21] W. HALBFASS, in: O'FLAHERTY, a.O. [8] 273ff. – [22] FRAUWALLNER, a.O. [16] 1, 253f. 265; vgl. aber auch: 2, 279f. 286f. – [23] BU 4, 4, 5. – [24] FRAUWALLNER, a.O. [16] 1, 183f. 189. – [25] a.O. 197. 200. 220f. 435; T. VETTER: Stud. zur Lehre und Entwickl. Śaṅkaras (Wien 1979) 22. 78ff. 88f. 127; E. SOLOMON: Avidyā (Ahmedabad 1969) 279f. 305ff. 312f. 316ff. 327ff. – [26] SOLOMON, a.O. 317ff. 326; E. FRAUWALLNER: Aus der Philos. der śivait. Systeme (1962) 9. – [27] FRAUWALLNER, a.O. [16] 1, 419. 422f.; VASUBANDHU: Abhidharmakośabhāṣya VI, 3. – [28] z.B. Majjhimanikāya No. 120. – [29] FRAUWALLNER, a.O. [16] 1, 65. – [30] z.B. Śatasāhasrikā Prajñāpāramitā 1470. 13ff.; Abhidharmasamuccaya (hg. PRADHAN) 97, 19; 99, 9f.; 100, 5f. – [31] FRAUWALLNER, a.O. [16] 1, 271. – [32] a.O. [18]. – [33] Vgl. HALBFASS, a.O. [21] 293. – [34] CU 5, 10, 7; vgl. HALBFASS, a.O. [21] 299; Majjhimanikāya III, 167-169; vgl. T. VETTER: The ideas and meditat. practices of early Buddhism (Leiden 1988) 93f. – [35] HODSON, a.O. [11] 1ff. – [36] HALBFASS, a.O. [21] 291f. 298ff.; L. ROCHER, in: O'FLAHERTY, a.O. [8] 62ff. (sthāvara vor allem = Pflanzen!); W. SLAJE, in: B. SCHOLZ (Hg.): Der oriental. Mensch und seine Bezieh. zur Umwelt (Graz 1989) 149ff., bes. 151-155; vgl. A. WEZLER: Cattle, Field and Barley. Adyar Library Bull. 5O (1986) bes. 436ff. 458ff.; 476, Anm. 74. – [37] Vgl. das Fehlen der Pflanzen unter den «Geburtsformen» (yoni); BHĀVAVIVEKA: Madhyamahṛdaya IX, 140. – [38] W. SCHUBRING: Die Lehre der Jainas (Berlin 1935) 123f. – [39] Vgl. z.B. a.O. 123; ROCHER, a.O. [36] bes. 85; P. V. KANE: Hist. of Dharmaśāstra IV (Poona ²1973) 153f. 172ff. 176f.; RĀMĀNUJA ad Bhagavadgītā 4. 18 (dort auch Wiedergeburt als Stein oder Erdkloß!). – [40] Saṃyuttanikāya V, 474ff. – [41] G. CHEMPARATHY: Vedanta old and new: change in continuity (Utrecht 1991) 15ff. – [42] F. TOLA: Fundam. principl. of Indian philos. Proc. of the fifth world Sanskrit conf. (New Delhi 1985) 682. 685. – [43] FRAUWALLNER, a.O. [16] 1, 271f. – [44] P. S. JAINI, in: O'FLAHERTY, a.O. [8] 224ff. – [45] z.B. Jaiminīya-Upaniṣad-Brāhmaṇa 3, 28; ROCHER, a.O. [36] 79; C. OETKE: 'Ich' und das Ich (1988) 122ff.; vgl.113. 167; anders: K. WERNER: Indian conc. of human personality in relation to the doctr. of the soul. J. Royal Asiat. Soc. (1988) 73ff. – [46] Vgl. die personale Ausdrucksweise von CU 5, 10, 3-6 und BU 6, 2, 16. – [47] FRAUWALLNER, a.O. [16] 1, 49ff. 61f. – [48] BU (Mādhy.) 4, 4, 3. – [49] a.O. 4, 4, 5. – [50] BU (Kāṇva) 4, 4, 2-4. – [51] FRAUWALLNER, a.O. [16] 1, 202ff.; OETKE, a.O. [45] 166f. – [52] ŚAṄKARA ad Brahmasūtrabhāṣya 3, 1, 1; ad BU 4, 4, 3; FRAUWALLNER, a.O. 2, 62; ROCHER, a.O. [36] 79. – [53] FRAUWALLNER, a.O. 1, 265; 2, 242. 269; ŚAṄKARA ad BU 4, 4, 3. – [54] z.B. VASUBANDHU: Abhidharmakośa(bhāṣya) III, 10-15. – [55] a.O. III, 11; Kaṭhāvatthu VIII, 2. – [56] Vgl. z.B. VASUBANDHU: Abhidharmakośabhāṣya III, 18-19; IX; E. FRAUWALLNER: Die Philos. des Buddhismus (Berlin ³1969) 76ff.; OETKE, a.O. [45] 203ff. – [57] FRAUWALLNER, a.O. [16] 1, 365f. 403f.; 2, 98f.; ŚAṄKARA, a.O. [52]. – [58] FRAUWALLNER, a.O. 1, 168f. – [59] E. STEINKELLNER: Anm. zu einer buddhist. Texttrad.: Paralokasiddhi. Österr. Akad. Wiss., phil.-hist. Kl. (1984) 79ff., bes. 89ff.; Śrāvakabhūmi, hg. SHUKLA 486, 14ff.; K. PREISENDANZ: Stud. zu Nyāyasūtra III, 1 (1991) Anm. 85. 100. – [60] STEINKELLNER, a.O. 88f.

Literaturhinweise. A.-M. BOYER: Et. sur l'orig. de la doctr. du saṃsāra. J. Asiat. (1901) 2, 451ff. – P. DEUSSEN: Allg. Gesch. der Philos. I/2: Die Philos. der Upanishads (²1907) 282-304. – F. O. SCHRADER: Zum Ursprung der Lehre vom S. Z. dtsch. Morgenländ. Ges. 64 (1910) 333-335. – T. SEGERSTEDT: Själavandringslärans ursprung. Monde oriental 4 (1910) 43ff. – T. C. HODSON s. Anm. [11]. – H. G. NARAHARI: On the orig. of the doctr. of saṃsāra. Orientalist 4, 4 (1940) 1ff. – P. HORSCH s. Anm. [8]. – K. WERNER s. Anm. [8] und [45]. – W. D. O'FLAHERTY s. Anm. [8]. – R. STUHRMANN: Der Traum in der altind. Lit. im Vergleich mit altiran., hethit. und griech. Vorstellungen. Diss. Tübingen (1982) 222ff. – S. COLLINS: Selfless persons (Cambridge 1982) 29ff. – R. W. NEUFELDT (Hg.): Karma and rebirth – Postclass. developments (Albany 1986). – T. VETTER s. Anm. [34] 77ff. (und Index s.v. ‹rebirth›). – Y. IKARI s. Anm. [10]. – H. W. TULL s. Anm. [20].
L. SCHMITHAUSEN

Sanktion (lat. sanctio; engl. sanction; frz. sanction; ital. sanzione)

I. *Recht.* – Im Laufe seiner Geschichte ist der S.-Begriff zu verschiedenen Zeiten für mehrere Teilbereiche der Praktischen Philosophie bedeutsam geworden, ohne dabei eine kontinuierliche semantische Entwicklung zu durchlaufen. Die ältesten Zeugnisse reichen zurück bis zu den Quellen des ‹Corpus Iuris Civilis›. Die römische Rechtssprache kannte die «sanctio» als eine, nicht notwendig jedem Gesetz beigefügte Klausel, die vor allem Strafandrohungen gegen dem Gesetz Zuwiderhandelnde enthielt: «legum eas partes, quibus poenas constituimus adversus eos qui contra leges fecerint, sanctiones vocamus» [1].

Im Sinne einer solchen Rechtsverwirklichungsgarantie ist der «sanctio» in der aufs einzelne Rechtsgeschäft oder Sonderrecht abgestellten Urkundenpraxis des Mittelalters breite Wirkung zugekommen. In variantenreich stilisierten Pönformeln [2] hat der Glaube an eine Verwirklichung der Strafandrohung (poena spiritualis: göttlicher Zorn, jenseitige Strafen, Exkommunikation; poena saecularis: Huldentzug, Friedlosigkeit, Geldstrafe) sowohl in Herrscherprivilegien als auch in Privaturkunden jahrhundertelang vielfältigen Niederschlag gefunden. Zu einer eigenständigen rechtstheoretischen Bündelung dieser Praxis ist es nicht gekommen. Zum einen lebte die Poenformel als Stilaufgabe in der «ars dictandi» fort, zum anderen wurden einschlägige Bestimmungen im ‹Corpus Iuris Civilis› legistisch bzw. kanonistisch bis weit in die frühe Neuzeit fortgeschrieben und glossiert [3].

«Toute loi a donc deux parties essentielles: la premiere, c'est la disposition de la loi, qui exprime le commandement & la défense; la seconde est la sanction, qui prononce le châtiment; & c'est la sanction qui fait la force propre & particuliere de la loi» [4]. In dieser Verkettung von Gesetz und Strafdrohung durch die Enzyklopädisten (1765) kommt – in bewußter Abwägung und Ablehnung des Lohngedankens – eine Generalisierung der negativen Rechtsverwirklichungsgarantie zum Ausdruck, die zum Grundthema künftigen rechtstheoretischen Denkens bis zur Gegenwart werden sollte (z.B. bei H. KELSEN). Parallel dazu beginnt gegen Ende des 18. Jh. eine auf den Frühkonstitutionalismus bezogene Präzisierung des S.-Begriffs Platz zu greifen, die sich auf die Frage konzentriert, wer Gesetze genehmigt bzw. bestätigt: der Monarch, die Nation oder die Stände. Damit ist ein Sinnweg eröffnet, der konsequent ins Staatsrecht führt. ‹S.› wird zur Etappe im Gesetzgebungsverfahren [5] und bezeichnet den Akt der Erhebung einer Gesetzesvorlage in den Status der Rechtskräftigkeit (Erteilung von Gesetzeskraft/Ratifikation). Da mit dem Verfassungswandel von der konstitutionellen Monarchie zur parlamentarischen Demokratie die S. vom Monarchen zum Parlament als Organ der Volksvertretung überging und dort weiterhin unbefragt verblieb, «ist der S.-Begriff im Recht des modernen Verfassungsstaats der Sache nach bedeutungslos geworden» [6].

Im S.en-Begriff des modernen Völkerrechts blieb zum einen die römisch-rechtliche Tradition der «sanctio legis» bewahrt, zum anderen hat sich die weite Bedeutung von S.en als Straf- und Zwangsakte nach der frühen Grundlegung durch J. DUMAS [7] und mit der Offizialisierung völkerrechtlicher Verbindlichkeiten in den internationalen Beziehungen (Völkerbund, Vereinte Nationen) zunehmend in den Vordergrund geschoben [8].

Anmerkungen. [1] Corpus Iuris Civilis, Inst. 2.1.10. – [2] H. HOLZHAUER: Art. ‹Pönformeln›, in: A. ERLER/E. KAUFMANN (Hg.): Handwb. dtsch. Rechtsgesch. 3 (1984) 1786-1790. – [3] A. FLINIAUX: L'évolut. du concept de clause pénale chez les canonistes du m. â., in: Mélanges P. Fournier (1929) 233-247. – [4] D. DIDEROT/J. L. D'ALEMBERT: Encycl. ou Dict. rais. des sci., des arts et des métiers 14 (Paris 1765) 608. – [5] W. MALLMANN: Die S. im Gesetzgebungsverfahren (1938). – [6] U. KINDHÄUSER: Art. ‹S.›, in: Staatslex., Recht, Wirtschaft, Ges. 4 (⁷1988) 999. – [7] J. DUMAS: Les sanctions de l'arbitrage int. (1905). – [8] F. KLEIN: Art. ‹S.›, in: K. STRUPP u.a. (Hg.): Wb. des Völkerrechts 3 (²1962) 158ff.; L. M. GOODRICH: Art. ‹Sanctions, int.›, in: D. L. SILLS (Hg.): Int. Encycl. soc. Sci. 13/14 (New York 1968) 5-9.
L. KUCHENBUCH

II. *Ethik.* – In der Moralphilosophie gewinnt der Begriff ‹S.› Einfluß durch J. BENTHAMS Unterscheidung von physischen, moralischen, politischen und religiösen S.en [1]. Moralische S.en gründen in moralischer Mißbilligung und bestehen in verschiedenen Formen gesellschaftlicher Demütigung («mortifications») [2]. Als «physische S.» bezeichnet Bentham unangenehme Folgen von Naturereignissen wie Gewittern oder Erdbeben – es sind S.en ohne S.-Absicht. Religiösen S.en – sie gehören zusammen mit den moralischen zu den «auxiliary sanctions» [3] – als solchen spricht er Wirksamkeit ab; nur in Verbindung mit irdischen Institutionen sind sie wirksam und bieten sich zum politischen Mißbrauch an. Dieser Gedanke findet sich wieder bei J. S. MILL [4]. Benthams Klassifikation der S.en wird von A. BAIN weiter verfeinert [5]. Bain spricht zusätzlich von inneren S.en des Gewissens und führt damit Eigen-S.en ein, bei denen Akteur und Adressat identisch sind. – Der S.-Begriff ist dehnbarer als der Begriff der Strafe. ‹S.en› im weitesten Sinn bedeutet ‹Motive› [6]. Im Rahmen von MILLS qualitativem Hedonismus gehören dazu auch höhere Formen der Lust wie die Selbstachtung und die Freude, selber zu entscheiden [7]. Im Unterschied zu seinem Vorgänger Bentham formuliert Mill präzise den Wendepunkt zwischen allgemeinen Nützlichkeitsbetrachtungen und Moral im eigentlichen und engeren Sinne [8]. Zur Begründung dieser Unterscheidung erinnert Mill an die Benthamsche Doktrin, wonach die Idee der Straf-S. die Essenz des Rechts sei. Mill strebt ein

Kriterium von Moral an, das weder mit dem Nützlichkeitsprinzip noch mit den moralischen Meinungen und Gefühlen der Mehrheit zusammenfällt. Der Kern moralischer Verbote wird daher nicht mit den tatsächlich sanktionierten Normen gleichgesetzt – hier liegt die Differenz zu deskriptiven S.-Theorien –, sondern mit dem Unrecht, für das eine Person auf irgendeine Weise bestraft werden *sollte*. Dieser weite Begriff von Strafe umfaßt rechtliche und informelle, relativ diffuse S.en, nämlich Verachtung und selbst Schuldgefühle, die Mill im Anschluß an Bain als «innere S.en» bezeichnet. Mill wirft in seinen 1833 anonym veröffentlichten scharfen Attacken [9] Bentham hauptsächlich vor, er unterschlage das Gewissen. BENTHAM zog den Ausdruck «popular sanctions» dem Ausdruck «moral sanctions» vor, weil er das Gewissen mit der verinnerlichten öffentlichen Meinung identifizierte. MILLS kritische Einstellung gegenüber der öffentlichen Meinung, die insbesondere in einer demokratischen Kultur zur «Tyrannei der Mehrheit» zu pervertieren droht, verbietet ihm eine solche Identifikation. Die «moral faculty» ist, wenn nicht ein Teil der Natur, so doch ein natürlicher Auswuchs derselben, der sich leider durch äußere S.en und frühe Eindrücke in nahezu jede beliebige Richtung drängen läßt [10]. Auf der Basis von Bains Anregung ist Mill in der Lage, selbst das Gewissen dem S.-Begriff zu subsumieren und trotzdem der Option eines Gewissens von Minderheiten Rechnung zu tragen. Kriterium für strikte Pflichten sind nicht die effektiven (von der Mehrheit akzeptierten), sondern die verdienten S.en [11].

Zwischen normativen und deskriptiven S.-Theorien gibt es eine tiefe Kluft. H. SIDGWICK kritisiert Benthams prädiktive Theorie moralischer Pflichten, akzeptiert aber die prädiktive Theorie für Rechtspflichten [12]. Der Kontrast wird noch deutlicher im Blick auf eine konsequent empiristische S.-Theorie, wie sie etwa M. SCHLICK vertritt [13]. Schlick geht es – ganz im Geiste Schopenhauers – darum, eine rein deskriptive Ethik zu formulieren, in der kein kategorisches Sollen, sondern nur Beschreibungen, Naturgesetze und hypothetische Imperative vorkommen. Er kritisiert das «absolute Sollen» in der Ethik Kants. Im Gegensatz zu Kant sind moralische Urteile für Schlick hypothetische Imperative, d.h. sie setzen irgendeine S., ein Versprechen oder eine Drohung voraus. 'Wenn du stiehlst, dann hast du S.en zu gewärtigen', ist ein exemplarisches hypothetisches Urteil. Auch Schlicks S.-Begriff ist weit gefaßt, so daß sogar der bloße Hinweis auf natürliche Konsequenzen der Befolgung oder Vernachlässigung als S. klassifiziert wird. L. WITTGENSTEIN schließt sich dieser Meinung an, wie aus einem Gespräch mit F. WAISMANN hervorgeht. «Ein Soll hat also nur Sinn, wenn hinter dem Soll etwas steht, das ihm Nachdruck gibt – eine Macht, die straft und belohnt. Ein Soll an sich ist unsinnig» [14]. Im ‹Tractatus› hat WITTGENSTEIN diese Thesen noch eingeschränkt und notiert, daß «die Ethik nichts mit Strafe und Lohn im gewöhnlichen Sinne zu tun» habe. «Es muß zwar eine Art von ethischem Lohn und ethischer Strafe geben, aber diese müssen in der Handlung selbst liegen» [15]. Worin die Besonderheit liegt, sagt Wittgenstein nicht – er fügt nur hinzu, daß Lohn etwas Angenehmes und Strafe etwas Unangenehmes sein müsse.

Eine S.-Theorie rechtlicher Normen vertritt H. KELSEN. «All the norms of legal order are coercive norms, i.e. norms providing for sanctions» [16]. «Wenn eine Gesellschaftsordnung, wie die Rechtsordnung, ein Verhalten dadurch gebietet, daß sie für den Fall des gegenteiligen Verhaltens eine S. als gesollt statuiert, kann man diese Sachlage in einem Satze beschreiben, der aussagt, daß im Falle eines bestimmten Verhaltens eine bestimmte S. eintreten soll» [17]. Kelsen wendet sich gegen «natürliche S.en», die, gemäß einer platonischen Doktrin, in angeblichen Unglücksfolgen eines ungerechten Lebens bestehen [18]. – Die sog. Imperativtheorie des Rechts hat H. L. A. HART einer ausführlichen Kritik unterzogen [19]. Nach dieser Theorie sind alle Gesetze in ihrem Kern Befehle eines mit einem Strafmonopol ausgestatteten Souveräns. Harts Kritik geht davon aus, daß das Recht viel komplexer ist und sich nicht auf sanktionierte Imperative reduzieren läßt. ‹Strafe› und ‹S.› werden von Hart als ungefähr gleichbedeutend verwendet. S.en sind weniger ein normales Motiv als vielmehr eine Garantie [20]. Unter Bezugnahme auf Kelsens Definition von ‹S.›, die keine S.-Absicht einschließt, erwähnt Hart die Schwierigkeit, gewisse Steuern von S.en zu unterscheiden [21]. Nicht nur hat er auf Typen von gesetzlichen Regeln aufmerksam gemacht, welche eine Möglichkeit und einen Weg (z.B. für eine legale Eheschließung oder die Formulierung eines gültigen Testaments) und nicht eine Zwangsbefugnis fixieren, sondern er hat auch den Rechtscharakter des internationalen Rechts in Anschlag gebracht, das (im Jahr 1960 noch) nicht von wirksamen S.en unterstützt wird. Es ist unzweckmäßig, Nichtigkeitsklauseln dem S.-Begriff zu subsumieren [22]. Überdies hat Hart den Unterschied zwischen der Anerkennung einer Norm und der bloßen Ausführung von Befehlen deutlich herausgearbeitet. Selbst die von S.-Androhungen unterstützten Normen des Strafrechts sind nicht identisch mit einem puren Kommandosystem, setzen sie doch die Möglichkeit voraus, die Vorteile und Nachteile der Regelbefolgung in vielen Fällen auch unabhängig von S.-Androhungen einzusehen.

Von S.-Theorien, die einen begrifflichen Zusammenhang zwischen ‹S.› und ‹Norm› unterstellen, unterscheiden sich Theorien, welche bloß einen kontingenten soziologischen Zusammenhang annehmen [23]. Einen engen, aber nicht notwendigen Zusammenhang zwischen Norm und S. sieht N. LUHMANN [24]. S.en bilden einen flankierenden Bestandteil der Stabilisierung von normativen Erwartungen gegen eine Wirklichkeit, die oft genug nicht mit diesen Erwartungen übereinstimmt. Ihnen kommt insbesondere die Rolle zu, «Erwartungen über das Verhalten im Enttäuschungsfalle» zu erfüllen. – E. TUGENDHAT definiert moralische Normen als sanktionierte Normen [25]. Kritisiert wird sein Ansatz von U. WOLF, indem sie zwischen S. und beteiligter bzw. interessierter Kritik unterscheidet; nur letztere, zumeist verbunden mit affektiven Reaktionen, die als passiv charakterisiert werden, ist notwendig für moralische Regeln [26].

Anmerkungen. [1] J. BENTHAM: An introd. to the princ. of morals and legislat. III. Coll. works, hg. J. H. BURNS/H. L. A. HART II/1 (London 1970) 34-37, bes. 35; vgl. zu einer Vorform dieser Unterscheidung bei J. GAY/D. BAUMGARDT: Bentham and the ethics of today (New York 1966) 220. – [2] A fragment on government (1776), a.O. II/3 (1977) 497. – [3] Of laws in general, a.O. II/2 (1970) 133. 248. – [4] J. S. MILL: Utility of relig., in: Three essays on relig. (1874). Coll. works 10, hg. J. M. ROBSON (Toronto 1969) 412. – [5] A. BAIN: The emotions and the will (1859). The emotions XV, I (‹Punishment the test of moral obligation›, Seitentitel: ‹Punishment the criterion of the obligatory›). – [6] MILL: Utilitarianism (1861) ch. 3: ‹Of the ultimate sanction of the principle of utility›. Coll. works, a.O. [4] 227-233. – [7] a.O. 211f. – [8] 246. – [9] Remarks on Bentham's philos. (1833), a.O. 5-18. – [10] a.O. [6] 230. – [11] 242. 246. – [12] H. SIDGWICK:

Methods of ethics (London ⁷1907) b. I, ch. III und 142, n. 22. – [13] M. SCHLICK: Fragen der Ethik (1930) 81-85. – [14] L. WITTGENSTEIN: Soll. Schr. 3: Wittgenstein und der Wiener Kreis von F. WAISMANN. Aus dem Nachl. hg. B. F. MCGUINNESS (1967) 118 (17. 12. 1930). – [15] Tract. log.-philos. (1921) 6.422. – [16] H. KELSEN: Die philos. Grundlagen der Naturrechtslehre und des Rechtspositivismus (1928); engl.: General theory of law and state (Cambridge, Mass. 1946) 29. – [17] Reine Rechtslehre (1934, ²1960). – [18] Aufsätze zur Ideologiekritik (1964) 275. – [19] H. L. A. HART: The concept of law, ch. 2-5 (Oxford 1961) 18-96. – [20] a.O. 193. – [21] 39; Kelsen visited (1963), in: Essays in jurisprud. & philos. (Oxford 1983) 299f. – [22] a.O. [19] 33ff. – [23] Vgl. hierzu A. R. RADCLIFFE-BROWN: Social sanctions (1933), in: Structure and function in primitive soc. (London 1952) 205-211. – [24] N. LUHMANN: Ausdifferenzierung des Rechts (1981) 73-91 (Kap. 4). 117f. – [25] E. TUGENDHAT: Probleme der Ethik (1984) 73. 133-145. – [26] U. WOLF: Das Problem des moral. Sollens (1984) 8f. 16. 200-210.

Literaturhinweise. H. BARTH: Die Idee der S. bei J. Bentham und P.-J. Proudhon, in: Die Idee der Ordnung. Beitr. zu einer polit. Philos. (1958) 176-195. – R. DAHRENDORF: Homo Sociologicus (³1961) 24ff. – A. FREIBERG: Reconceptualizing sanctions. Criminology 25/2 (1987) 223-255. – P. M. S. HACKER: Sanctions. Theories of duty, in: A. W. B. SIMPSON (Hg.): Oxford essays in jurispr., Sec. ser. (1973) 131-170. – H. L. A. HART: Essays on Bentham. Studies in jurispr. and pol. theory (Oxford 1982). – N. HOERSTER: Moralbegründung ohne Metaphysik. Erkenntnis 19 (1983) 225-238. – H. POPITZ: Soziale Normen. Europ. Arch. Soziologie 2 (1961) 185-198, bes. 193ff. – G. SPITTLER: Norm und S.: Unters. zum S.-Mechanismus (1967). J.-C. WOLF

Satire, satirisch (von lat. satura 'vermischte Gedichte'). Die Etymologie ist umstritten, falsch jedoch die noch im Barock für den Begriff wichtige Verknüpfung mit dem griechischen ‹Satyros›, die die späte lateinische Schreibung ‹satira› beeinflußt haben wird. Wahrscheinlich war ‹satura› ein Küchenausdruck mit der Bedeutung: 'Füllsel' oder 'Pastete aus mancherlei Ingredienzen' [1].

Nach LIVIUS [2] war die «satura» ursprünglich eine aus improvisierten Spottgesängen entwickelte Frühform des römischen Dramas, literarisch greifbar sind aber nur die menippeische Prosa-S., mit Verseinlagen, die in SENECAS ‹Apocolocyntosis› oder PETRONS ‹Satyricon› gipfelt, und die Vers-S., als deren eigentlicher Begründer LUCILIUS gilt, weil er den vermischten Gedichten jenen an die alte attische Komödie erinnernden Ton gab, den wir ‹satirisch› nennen. HORAZ veredelte die alltägliche Sprache, ohne ihr das lässig Plaudernde zu nehmen, und richtete seinen urbanen Spott gegen allgemeinmenschliche Torheiten und Schwächen. PERSIUS schuf einen schwer verständlichen, von Archaismen, Vulgärausdrücken und dunklen Metaphern strotzenden Stil, während JUVENAL mit zorniger Entrüstung und Pathos den sittlichen Verfall Roms in seiner «satira tragica» geißelte. Besonders HORAZ und JUVENAL wurden kanonische Vorbilder der späteren S.n-Schreiber, und aus ihren Werken suchten die Ästhetiker bis in das 18. Jh. den Begriff der S. zu entwickeln.

‹Satira› wurde später als Bezeichnung für Werke satirischen Geistes verwendet, und auch das Substantiv ‹satiricus› ('S.n-Schreiber') und das Adjektiv und Adverb erfuhren entsprechende Bedeutungserweiterungen. Diese Entwicklung scheint im 2. Jh. einzusetzen [3], CH. D. DU CANGE bringt allerdings für das Mittelalter keinen Beleg. Aber um 1500 ist der weite Gebrauch des Terminus allgemein [4], und ungefähr gleichzeitig fängt er an, in die Nationalsprachen aufgenommen zu werden; ein deutscher Beleg findet sich jedoch erst 1575 bei J. FISCHART [5]. Als Bezeichnung für das gemeinsame Element der in allen Gattungen blühenden polemisch-satirischen Dichtung füllte das durch die Bemühungen der Humanisten um die römischen Satiriker bekannt gewordene Wort offenbar eine Lücke.

Wenn man von dem weitesten Sinn der Verspottung oder Schmähschrift absieht, den sowohl J. DRYDEN 1693 [6] als auch J. G. SULZER 1774 [7] verzeichnen, blieb die Bedeutungsentwicklung auch weiterhin mit der dichterischen Praxis und der ästhetischen Theorie verknüpft. In der Poetik versuchte man eine Abgrenzung gegen das Pasquill durch Hervorhebung der allgemeinen, ethisch motivierten Intention der S. und eine Klärung des Gattungs- und Stilcharakters durch Untersuchungen über den Ursprung der S., wobei das grobobszöne und polemische Satyroshafte, das im 16. Jh. als gattungsgemäß betrachtet wurde, ausgeschieden werden konnte [8]. Noch um 1750 bezeichnete CH. BATTEUX, obwohl er dramatische und epische S.n kennt, die Gattung als didaktisch, weshalb er ihr den eigentlichen poetischen Charakter abspricht [9]. Die mancherorts vorbereitete endgültige Loslösung des Satirischen von der formalen S. stellte SULZER fest, als er schrieb, «daß die S. nicht, wie die meisten andern Werke redender Künste, ihre eigene Form habe», und außerdem in den Kupferstichen Hogarths und Chodowieckis Satirisches fand [10].

Für J. G. HERDER war 1768 die ganze sich an der Gattung orientierende Debatte unfruchtbar geworden, und er verlangte statt dessen eine Behandlung des Satirischen als eines allgemeinen Elementes der Dichtung. 1803 wollte er in einem Dialog zwischen «S.» und «Kritik» den Begriff als geschichtlich überholt abschaffen, indem er die reife «S.» in «Ironie» umtaufte, die «keine *Gattung,* sondern nur eine *Art* oder *Figur*» sei [11].

Die von Herder geforderte philosophisch-ästhetische Analyse hatte F. SCHILLER 1795 unternommen, der das Satirische als eine von der Gattung völlig unabhängige «Empfindungsart» des sentimentalischen Dichters definiert: «Satyrisch ist der Dichter, wenn er die Entfernung von der Natur und den Widerspruch mit dem Ideale ... zu seinem Gegenstande macht» [12]. Im Gegensatz zur Elegie überwiegt in der S. die Darstellung der mangelhaften Wirklichkeit, während das Ideal unausgesprochen bleiben kann, obwohl das Ethische so sehr bestimmend ist, daß der Appell an das Gewissen mit der Autonomie der Kunst in Konflikt zu geraten droht.

Auch G. W. F. HEGEL sieht die S. als sentimentalisch, faßt sie aber enger historisch und völlig negativ als Ausdruck des Gegensatzes zwischen der endlichen, unbefriedigten Subjektivität, die ihr Tugendideal in der Vergangenheit sucht, und der entarteten Äußerlichkeit. Er erblickt in ihr die Auflösung der klassischen Kunst, eine nicht zu erneuernde, an die römische Antike gebundene Übergangsform, die, zu keiner Hauptgattung gehörig, «den Mißklang der eigenen Subjektivität und deren abstrakten Grundsätzen, der empirischen Wirklichkeit gegenüber, mißmütig festhält und insofern weder wahrhafte Poesie noch wahrhafte Kunstwerke produziert» [13].

Die um die Autonomie der Kunst bemühte Ästhetik des 19. Jh. folgte in ihren maßgeblichen Vertretern von JEAN PAUL [14] und den Brüdern SCHLEGEL bis F. TH. VISCHER [15] dem hier vorgezeichneten Weg, indem sie das Satirische als ein ethisches, die Kunst beeinträchtigendes Element gegen das Komische abgrenzte oder aber die S. als eine Mischform beschrieb, in der die

Kunst als Mittel zum moralischen Zweck verwendet wurde. Diese Linie, die sich bis J. VOLKELT [16] und H. BERGSON [17] verfolgen läßt, deutet G. BAUM marxistisch als Abwehr der bürgerlichen Ästhetik gegen den «gesellschaftskritischen Charakter» der S., die sie als diejenige Art des Komischen bestimmt, die sich gegen «überholte gesellschaftliche Erscheinungen» wendet [18]. Während die S. bei Baum progressiv und «parteilich», d.h. normgebunden sein muß, meint H. ARNTZEN, der die bei K. Kraus, W. Benjamin, Th. W. Adorno und H. Broch befindlichen Äußerungen zur S. mit der künstlerischen Praxis vergleicht, daß die «Selbstentlarvung der Lüge» im satirischen Kunstwerk, das sich heute nicht mehr auf verbürgte Normen beziehen kann, die einzige Form ist, «in der noch auf Wahrheit, wenn sie nicht den Gestus von Ideologie haben will, intendiert werden kann» [19].

U. GAIER entwickelt eine Theorie der Erfahrungsstrukturen, um die historischen Erscheinungsformen der S. systematisch einzuordnen [20], während J. SCHÖNERT, vom historischen Formenbestand ausgehend, eine Typologie der satirischen Darstellungsmittel entwirft [21]. J. BRUMMACK definiert die gattungsübergreifende S. als «ästhetisch sozialisierte Aggression», wobei er den Inhalt dieser Bestimmung anhand einer Analyse der historisch als satirisch eingestuften Schriften entwickelt [22].

Wichtig für das historische Verständnis des Satirischen ist schließlich die in der ersten Hälfte des 20. Jh. einsetzende Beschäftigung bes. amerikanischer Forscher mit den Formen der literarischen S., die teils literaturgeschichtlich, teils systematisch behandelt wird; wichtig sind dabei auch die Versuche, mit Hilfe der Psychoanalyse und der Religionsgeschichte die S. aus den magischen Schmähliedern primitiver Kulturen abzuleiten.

Anmerkungen. [1] W. KNOCHE: Die röm. S. (^{2}1957) 11; O. WEINREICH: Röm. S.n (1949) X. – [2] T. LIVIUS: Ab urbe cond. 7, 2. – [3] G. L. HENDRICKSON: «Satura tota nostra est». Class. Philol. 22 (1927) 59; Art. ‹Satyra›, in: A. FORCELLINI: Lex. totius latinitatis (Prato 1871) 5, 351; Art. ‹Satura›, a.O. 233. – [4] L. DIEFENBACH: Gloss. lat.-germ. mediae et infimae aet. (1867) 513 (‹Satyra/ira›). – [5] J. FISCHART: Geschichtklitterung (1575), hg. U. NYSSEN (1963) 10. – [6] J. DRYDEN: A disc. conc. the original and progress of Satyre (London 1693). – [7] J. G. SULZER: Allg. Theorie der schönen Künste (1771-74, ^{2}1792, ND 1964) 4, 128ff. – [8] A. KERNAN: The cankered muse (New Haven 1959) 54. – [9] CH. BATTEUX: Cours de belles lettres. Nouv. éd. (Paris 1753) 3, 106. – [10] SULZER, a.O. [7] 131. – [11] J. G. HERDER: Über die neuere dtsch. Lit. (1767). Sämmtl. Werke, hg. B. SUPHAN 1 (1877) 495ff.; Adrastea, 9. Stück (1803), a.O. 24 (1886) 188. – [12] F. SCHILLER: Über naive und sent. Dicht. (1795/96). Nat.ausg. 20 (1943) 442. – [13] G. W. F. HEGEL: Vorles. über die Ästhetik. Jub.ausg., hg. H. GLOCKNER (1927-49) 13, 116. – [14] JEAN PAUL: Vorschule der Ästhetik § 29. Akad.-A., hg. E. BEREND I/11 (1935) 102-111. – [15] F. TH. VISCHER: Ästhetik oder Wiss. des Schönen (1923) 6, 360-365. – [16] J. VOLKELT: Syst. der Ästhetik (1905-10) 2, 515-522. – [17] H. BERGSON: Le rire (Paris 1910). – [18] G. BAUM: Humor und S. in der bürgerl. Ästhetik (1959) 65. 33. – [19] H. ARNTZEN: Dtsch. S. im 20. Jh., in: H. FRIEDMANN/ O. MANN (Hg.): Dtsch. Lit. im 20. Jh. (^{4}1967) 1, 224-243. – [20] U. GAIER: S. – Stud. zu Neidhart, Wittenwiler, Brant und zur sat. Schreibart (1967). – [21] J. SCHÖNERT: Roman und S. im 18. Jh. Ein Beitrag zur Poetik (1969). – [22] J. BRUMMACK: S., in: W. KOHLSCHMIDT/W. MOHR (Hg.): Reallex. der dtsch. Lit.gesch. (^{2}1977) 3, 601-614.

Literaturhinweise. I. CASAUBON: De satyrica graec. poesi et rom. satira (Paris 1605). – J. DRYDEN s. Anm. [6]. – H. SCHNEEGANS: Gesch. der grotesken S. (1894). – N. FRYE: The nature of satire. Univ. Toronto Quart. 14 (1944) 75-89; Anatomy of criticism (Princeton 1957). – J. EL'SBERG: Voprosy teorii satiry (Moskau 1957). – R. C. ELLIOT: The power of satire: Magic, ritual, art (Princeton 1960). – L. PAGROT: Den klassiska Verssatirens Teori. Mit engl. Resumée (Stockholm 1961). – G. HIGHET: The anatomy of satire (Princeton 1962). – K. LAZAROWICZ: Verkehrte Welt. Vorstud. zu einer Gesch. der dtsch. S. (1963). – U. GAIER s. Anm. [20]. – J. SCHÖNERT s. Anm. [21]. – J. BRUMMACK s. Anm. [22]; Zu Begriff und Theorie der S. Dtsch. Vjschr. Lit.wiss. 45 (1971) [Sonderh.] 275-377. – B. FABIAN: Satura: Ein Komp. mod. Stud. zur S. (1975). – H. ARNTZEN: S. in der dtsch. Lit.: Gesch. und Theorie (1989).

S.-A. JØRGENSEN

Satori (jap. satoru 'begreifen, erkennen') ist Terminus der japanischen Zen-Mystik, der das Erlebnis der Erleuchtung (skr. bodhi, jap. bodai) bezeichnet, die im Zen als Einswerden mit der Buddhanatur im Zustand der absoluten Leere (mu) dargestellt wird. Der Begriff ‹S.› ist durch die englisch verfaßten Schriften des japanischen Buddhologen SUZUKI DAISETZ (1870-1966) außerhalb Japans bekannt geworden. Suzuki führt acht Merkmale des S.-Erlebnisses an: «irrationality», «intuitive insight», «authoritativeness», «affirmation», «sense of the Beyond», «impersonal tone», «feeling of exaltation» und «momentariness» [1]. Das Merkmal der 'unpersönlichen Färbung' wird als Wesensunterschied gegenüber vergleichbaren Erlebnissen der christlichen Mystik herausgestellt. Meditationsübungen (zazen), zuweilen durch paradoxe Problemstellungen der Zen-Meister (kôan) unterstützt, sollen zum S. führen.

Anmerkung. [1] D. SUZUKI: Essays in Zen-Buddhism 2 (London 1950) 30-36.

Literaturhinweise. D. SUZUKI: Essays in Zen-Buddhism 1-3 (London 1927/1933/1934; ND 1949-1953/1958); An introd. to Zen-Buddhism (Kyoto 1934), dtsch.: Die große Befreiung (1939) Geleitwort von C. G. JUNG; Living by Zen (Tokio 1949). – H. DUMOULIN: Zen. Gesch. und Gestalt (Bern 1959). – I. MIURA/R. FULLER-SASAKI: Zen Dust. The hist. of the Koan study in Rinzai (Lin-chi) Zen (Tokio 1966).

B. LEWIN

Sättigung (engl. satiation) hat in der *Psychologie* drei Bedeutungen: a) Entsprechend der Alltagssprache führt der Vollzug eines Antriebs zu einem Zustand der S., insbesondere des gestillten Hungers. b) Der Phänomenraum der Farben ist durch die Dimensionen Farbton, Helligkeit und S. (saturation) konstituiert, wobei ‹S.› die Variation einer wahrgenommenen Farbe zwischen dem reinen Farbton und der Grauleiter (von schwarz bis weiß) bezeichnet. c) In Ausweitung der Bedeutung a) haben die Berliner Gestalttheoretiker K. LEWIN und W. KÖHLER in ihren Feldtheorien Begriffe der psychischen S. eingeführt, welche einerseits als Erscheinung (*S.-Effekt*) den veränderten Zustand (eines Teils) der psychischen Organisation nach wiederholtem oder andauerndem Vollzug eines psychischen Prozesses bezeichnen und anderseits als ein Erklärungskonstrukt (*S.-Prinzip*) postulieren, daß psychische Prozesse allgemein die Tendenz haben, durch ihr Fortbestehen sich selbst vorübergehend zu hemmen. K. LEWIN [1] hat S.-Effekte bei Handlungen, insbesondere bei Vornahme- im Gegensatz zu Bedürfnishandlungen, untersucht. In der bekannten Untersuchung von A. KARSTEN [2] wurden etwa einfache Akte (z.B. ein kleines Dreieck zeichnen) bis zum Überdruß wiederholt, wobei sich S. zunächst durch Variationen der Vollzugshandlungen und des Produkts (Umdeutungen, Gestaltzerfall usw.), dann durch emotionale Begleiterscheinungen (negativer Affekt bei Über-

S.) und schließlich als Sinnverlust und Handlungsverweigerung manifestiert. Ermüdung kann als Erklärung ausgeschlossen werden, da dieselbe Handlung ohne weiteres fortgesetzt werden kann, wenn sie in einen andern Bedeutungskontext eingebettet wird. «Mit-S.», d.h. die Betroffenheit anderer als in der S.-Handlung direkt beanspruchter psychischer Bereiche, erschien analog der «Ersatzbefriedigung» als ein aufschlußreiches Mittel zur Klärung des Aufbaus der psychischen Organisation (z.B. ihrer Differenziertheit). W. KÖHLER [3] hat S. im Bereich der Wahrnehmung (Kippfiguren, figurale Nachwirkungen) untersucht [4]. Als ‹verbale› oder ‹semantische S.› wurde der erlebte bzw. in der Sprachproduktion manifest werdende Bedeutungswandel beim vielmals wiederholten Aussprechen eines Wortes bezeichnet [5]. Auf S.-Effekte und -Prinzip wurde auch in vielerlei anderen Zusammenhängen hingewiesen, so bei Fehlleistungen, beim Stilwandel, bei der «spontanen Alternation» der Ratte im T-Labyrinth [6] u.a.m. In der Verhaltenstherapie wird S. als therapeutische Technik eingesetzt. Die Verwandtschaft mit den Konzepten der Adaptation und der Habituation ist offensichtlich, wurde aber bisher nicht systematisch geklärt.

Anmerkungen. [1] K. LEWIN: Verhalten und Entwicklung als eine Funktion der Gesamtsituation (1946). Werkausg. 6 (1982) 375-447. – [2] A. KARSTEN: Psych. S. Psychol. Forschung 10 (1928) 142-254. – [3] W. KÖHLER: Gestalt psychology (New York 1929); Dynam. Zus.hänge in der Psychol. (1940, ND Bern 1958). – [4] Vgl. J. D. SEAMAN: W. Köhler's satiation theory of figural aftereffects. Diss. Abstr. int. 44 (8-B) (Febr.). – [5] W. E. LAMBERT/L. A. JAKOBOVITS: Verbal satiation and changes in the intensity of meaning. J. experim. Psychol. 60 (1960) 376-383. – [6] M. GLANZER: Stimulus satiation: an explanation of spontaneous alternation and related phenomena. Psychol. Review 60 (1953) 257-268. A. LANG

Satz (griech. λόγος, ἀπόφανσις; lat. oratio, enuntiatio, propositio; engl. proposition, statement, sentence, phrase; frz. proposition, phrase; ital. proposizione, frase)

I. *Antike.* – Das, was im modernen Sinne unter ‹S.› verstanden wird, ist erst für die klassische Epoche der griechischen Philosophie belegbar. Für das frühe griechische Denken, das unter sprachphilosophischer Perspektive primär an Wörtern (ὀνόματα, ἔπεα) und deren Verhältnis zu Dingen (πράγματα, ἔργα) interessiert ist, handelt es sich bei ‹S.en› (λόγοι) um bloße Ansammlungen von einzelnen Wörtern oder Namen; zwischen Wort und S. besteht auf dieser Stufe der griechischen Denkentwicklung kein qualitativer, sondern lediglich ein quantitativer Unterschied.

Erste Impulse zur Überwindung eines bloß aggregathaften S.-Verständnisses kommen von den *vorsokratischen* Denkern, die die archaische Identifikation von Wort und Sache in Frage stellen. Hierzu zählen in erster Linie XENOPHANES [1] und PARMENIDES. Doch zeigen die überlieferten Texte, daß es innerhalb der Vorsokratik nicht zu einer grundsätzlich neuen Bewertung der Erkenntnisleistung der Wörter oder Namen kommt. Die Sprachkritik der vorsokratischen Philosophen zielt nicht darauf ab, Wörtern generell die Wahrheitsfähigkeit abzusprechen, sondern *bestimmte* Bezeichnungen als falsch oder unpassend zu erweisen. Dadurch bleibt die vorsokratische Philosophie in der Wahrheitsfrage noch weitgehend auf Wörter oder Namen fixiert. Das gilt auch für Parmenides, der schärfer als jeder andere vorsokratische Philosoph die 'Benennungspraxis' der Vielen kritisiert und der «trügerischen Ordnung» der Wörter [2] *seinen* «zuverlässigen Logos» gegenüberstellt [3]. Denn bei dieser Gegenüberstellung geht es nicht um die erkenntnistheoretische Alternative zwischen Wort und S. (λόγος), sondern um den Gegensatz zwischen dem sich auf göttliche Offenbarung berufenden «wahren Logos» des Parmenides und den das Wesen der Dinge verfehlenden Vorstellungen der Vielen, die sich im Umgang mit Wörtern nicht von der Vernunft, vom Logos, leiten lassen, sondern vom blinden Vertrauen auf «vielerfahrene Gewohnheit» (ἔθος πολύπειρον) [4].

Ähnliches gilt für HERAKLIT, den philosophischen Antagonisten des Parmenides. Auch der Logosbegriff Heraklits, der in seiner Philosophie eine zentrale Rolle spielt, bildet – entgegen einer häufig geäußerten Ansicht [5] – keine erkenntnistheoretische Alternative zum Einzelwort. Für Heraklit spiegelt sich nicht nur im Logos aufgrund seines 'synthetischen' Charakters «das Weltgesetz, das rhythmische Maß des Auseinander und Ineinander der Gegensätze» [6], sondern auch im einzelnen Namen manifestiert sich für ihn die «gegenläufige Struktur» (παλίντροπος ἁρμονίη) der Realität [7]. Im Ergebnis bedeutet dies eine Stärkung der philosophischen Rolle der Wörter in der Erkenntnisfrage. Nur zu verständlich also, daß sich viele 'etymologisierende' philosophische Schulen der Folgezeit auf Heraklit als ihren Ahnherrn beziehen.

Das Interesse an sprachphilosophischen Problemen nimmt im Laufe des 5. Jh. v.Chr. erheblich zu. Neben jüngeren vorsokratischen Philosophen, wie ANAXAGORAS, DEMOKRIT und EMPEDOKLES, sind es vor allem die Sophisten, die sich verstärkt um die Erforschung sprachlicher Phänomene bemühen [8]. Dadurch kommt es nicht nur zu einer philosophischen und politischen Aufwertung der Sprache insgesamt, sondern auch zu einem vertieften Verständnis komplexerer sprachlicher Strukturen. So unterscheidet etwa PROTAGORAS als erster zwischen vier *Formen* (er selbst spricht von πυθμένες, Wurzeln oder Stämmen) des Satzes (λόγος): Bitte, Frage, Antwort, Befehl [9]. Dennoch gelingt es auch im Rahmen der *sophistischen* Sprachforschung nicht, den S. als S. zu definieren, so daß auch innerhalb der Sophistik die Erkenntnisfrage noch immer allein oder doch vorwiegend unter dem Gesichtspunkt der 'Richtigkeit der Wörter' diskutiert wird. Erst bei PLATON, Erbe und Kritiker der Sophistik zugleich, kommt es zu einer radikalen Abkehr von einem an Wörtern orientierten Erkenntniskonzept und zur Einsicht, daß die Wahrheitsfrage nicht von Wörtern, sondern allein von S.en her lösbar ist.

Es ist gewiß kein Zufall, daß sich die erste nachweisbare Bestimmung des S. in Platons ‹Kratylos› findet, einem Dialog, dessen Thema die «Richtigkeit der Wörter oder Namen» (ὀρθότης τῶν ὀνομάτων) ist; denn eine Abkehr vom Wort als Erkenntnisvehikel, wie sie im ‹Kratylos› gefordert wird [10], ist – vorausgesetzt, man weicht nicht in 'außersprachliche' Erkenntniskonzepte aus – nur möglich, wo sich im S. eine Alternative zu einer am Wort orientierten Dingerkenntnis zeigt. Im ‹Kratylos› führt Platon die These von der 'natürlichen' Richtigkeit der Wörter ad absurdum und erweist eine Dingerkenntnis aus Wörtern als unmöglich bzw. unsicher. Dadurch bereitet er die Einführung eines neuen, sich nicht auf das Wort, sondern auf den S. als eine «Verbindung» (σύνθεσις) aus «Nomen» (ὄνομα) und «Verb» (ῥῆμα) [11] stützenden Erkenntnisbegriffs vor.

Die wichtigsten Textzeugen dieses neuen Erkenntnisbegriffs sind die beiden Spätdialoge ‹Theaitet› und ‹Sophistes›, deren thematischer Schwerpunkt die Beziehung zwischen Denken, Erkenntnis und Sprache ist. Im Rahmen dieser Thematik entwickelt Platon im ‹Sophistes› zum ersten Mal in der Geschichte des griechischen Denkens die Grundbestimmungen des S. Danach zeichnet sich ein S., der in ähnlicher Weise wie im ‹Kratylos› als eine «Verknüpfung» (συμπλοκή) aus «Nomen» und «Verb» charakterisiert wird [12], durch zwei Merkmale aus: Ein S. ist notwendig ein S. «über etwas» (περί τινος) [13], und ein S. hat immer eine bestimmte «Beschaffenheit» (ποιόν τι), er ist entweder wahr oder falsch [14]. Diese Beschaffenheit oder Eigenschaft des S. resultiert für Platon aus der Tatsache, daß ein S. im Unterschied zum einzelnen Wort «etwas kundmacht über Seiendes, Werdendes, Gewordenes oder Künftiges und nicht nur benennt, sondern auch etwas bestimmt, indem er Nomina und Verben miteinander verknüpft» (δηλοῖ γὰρ ἤδη [ὁ λόγος] που τότε περὶ τῶν ὄντων ἢ γιγνομένων ἢ γεγονότων ἢ μελλόντων, καὶ οὐκ ὀνομάζει μόνον ἀλλά τι περαίνει, συμπλέκων τὰ ῥήματα τοῖς ὀνόμασι) [15]; denn erst durch die ihn vom Wort unterscheidende Eigenschaft, «etwas zu bestimmen oder zu vollenden», d.h., einen Sachverhalt zu bejahen oder zu verneinen, kann ein S. wahr oder falsch sein.

Platons satztheoretische Erörterungen im ‹Sophistes› markieren einen Wendepunkt in der Geschichte der griechischen Sprachphilosophie. Vom ‹Sophistes› an ist das Wahrheitsproblem endgültig nicht mehr Sache einer 'Richtigkeit der Wörter', sondern Sache eines Tatbestände bejahenden bzw. verneinenden S.

Für Platon allerdings ist der S. mehr als der 'Ort' der Wahrheit. Er ist für ihn zugleich auch die *Form,* in der die Seele denkt; denn nach Platons ‹Theaitet› tut die Seele, wenn sie denkt, nichts anderes, als einen Dialog zu führen, indem sie sich selbst fragt und antwortet, bejaht und verneint. Wenn sie aber – sei es langsamer oder auch schneller vorgehend – zu einer Feststellung gelangt, auf ihr beharrt und nicht mehr zweifelt, dann bezeichnen wir diese Feststellung als ihre Behauptung. Ich nenne also das Denken ein Sprechen und die Behauptung einen gesprochenen S. (λόγον εἰρημένον), nur nicht zu einem anderen und nicht mit der Stimme, sondern schweigend zu sich selbst» [16]. 'Innerer' und 'äußerer' Logos, eine Differenzierung, die vor allem in der stoischen Sprachphilosophie eine große Rolle spielen wird, unterscheiden sich für Platon nicht in qualitativer Hinsicht. Sie bilden, wie Denken und Sprechen, lediglich zwei Seiten ein und desselben Prozesses. Bedeutsam in diesem Zusammenhang ist Platons Dialektik, eine Theorie des sich-unterredenden Denkens oder denkenden Sich-Unterredens: Wichtigste Gattungen wie Seiendes und Nicht-Seiendes, aber auch das Denken als Dialog sind notwendig miteinander verknüpft; sie bilden die Grundlage für alle singulären S.e, in die sie eingehen und die sie je nach wahrem oder falschem Gebrauch wahr oder falsch werden lassen [17].

Durch die enge Kopplung von Dialektik und S.-Theorie im ‹Sophistes› gelingt Platon zweierlei: Er kann demonstrieren, daß «falsche S.e» möglich sind, weil das Nicht-Seiende «durch alles Seiende verstreut ist» [18], sich also auch mit S.en verbindet; er kann damit jene widerlegen, die im Rückgriff auf die eleatische Doktrin, «das Nicht-Seiende könne man weder irgendwie denken noch sagen» [19], die Möglichkeit falscher S.e leugnen; auch kann er zeigen, daß die Kritik des ANTISTHENES, die Bildung von S.en sei überhaupt unmöglich, weil «wir (im S.) ein jedes als eins setzen und dann doch wieder vieles von ihm sagen und mit vielen Namen» (ἓν ἕκαστον ὑποθέμενοι πάλιν αὐτὸ πολλὰ καὶ πολλοῖς ὀνόμασι λέγομεν) [20], nicht trifft, da sich *Einheit* und *Vielheit* nicht gegenseitig ausschließen, sondern notwendig miteinander verflochten sind. Auf den S. angewandt, heißt das: Er ist beides, ein 'einheitliches Ganzes', ein ὅλον, und ein 'vielheitliches Eines', ein ἕν [21].

ARISTOTELES übernimmt wichtige Elemente der platonischen S.- und Worttheorie. Vor allem geht auch er davon aus, daß einzelne Wörter für sich genommen weder wahr noch falsch sind, sondern aufgrund von «Absprache» (κατὰ συνθήκην) etwas «bedeuten» (σημαίνειν) [22] und daß umgekehrt S.e als «Verbindungen» (συνθέσεις) von «Wörtern» der Ort von Wahrheit und Falschheit sind [23]. In diesen Kontext gehört auch seine Kritik an jenen, die die Sprache als eine Art Werkzeug betrachten und von daher so etwas wie einen 'natürlichen' Zusammenhang zwischen Bezeichnung und Bezeichnetem annehmen: «Jeder S. hat zwar eine Bedeutung, doch nicht wie ein Werkzeug, sondern ... aufgrund von Absprache» (ἔστι δὲ λόγος ἅπας μὲν σημαντικός, οὐχ ὡς ὄργανον δέ, ἀλλὰ ... κατὰ συνθήκην) [24]. Aristoteles folgt hier Platon, der im ‹Kratylos› die Werkzeugauffassung der Sprache mit kaum verhülltem Spott bedacht hat.

Im einzelnen kommt es bei Aristoteles jedoch zu einer Reihe bedeutsamer und weitreichender Umformungen und Neuerungen. So definiert Aristoteles den S. in der Regel nicht wie Platon als eine «Verbindung» oder «Verknüpfung» von «Nomina» und «Verben», sondern als ein «zusammengesetztes bedeutungstragendes Lautgebilde, von dem einzelne Teile auch für sich genommen etwas bedeuten» (φωνὴ συνθετὴ σημαντικὴ ἧς ἔνια μέρη καθ' αὑτὰ σημαίνει τι) [25]. Sprache ist für Aristoteles in erster Linie Lautsprache. Doch nicht jeder Laut ist für ihn ein Sprachlaut, sondern nur derjenige, der als Symbol für einen «Eindruck in der Seele» (πάθημα τῆς ψυχῆς) fungiert [26]. Die Transformation der «Laute» (φωναί) in Symbole geschieht durch das Denken, und zwar nicht im Blick auf die «Dinge», sondern aufgrund von «Absprache». Hieraus resultiert für Aristoteles die Vielzahl sprachlicher Bezeichnungen für ein und dieselbe Sache [27], und hierin ist auch die Ursache dafür zu sehen, daß er gegen Platon betont, nicht nur Wörter, sondern auch S.e würden erst durch «Absprache» zu Trägern von Bedeutung (ἔστι δὲ λόγος ἅπας μὲν σημαντικός, ... κατὰ συνθήκην) [28].

Gegenüber der platonischen Definition des S. als einer «Verknüpfung von Nomen und Verb» betont Aristoteles, daß «nicht jeder S. durch Verben und Nomina gebildet wird» [29], und nennt als Beispiel die Definition des Menschen. Auch der Logosbegriff selbst wird schärfer gefaßt. Mit Blick auf die Tatsache, daß Platon im ‹Sophistes› von S.en als von λόγοι gesprochen hatte, präzisiert Aristoteles: «Jeder S. hat zwar eine Bedeutung ..., aber nicht jeder S. sagt etwas aus, sondern nur der, in dem es Wahrheit oder Falschheit gibt (ἔστι δὲ λόγος ἅπας μὲν σημαντικός, ... ἀποφαντικὸς δὲ οὐ πᾶς, ἀλλ' ἐν ᾧ τὸ ἀληθεύειν ἢ ψεύδεσθαι ὑπάρχει). Das gilt aber nicht für jeden S. So handelt es sich z.B. bei der Bitte zwar um einen S., aber nicht um einen wahren oder falschen» [30].

Das von Aristoteles «im Zusammenhang mit der Reflexion auf Strukturen des Logos» entwickelte System der Kategorien [31] ermöglicht es ihm, die Art der Beziehung zwischen dem Subjekt eines S. und dem, was von ihm prädiziert wird, aufzuhellen. Er kann sich hierbei auf Vorarbeiten PLATONS stützen. Dieser hat im ‹Sophistes› die prädikative Form eines (Aussage-)S. herausgearbeitet (τι περί τινος-Struktur) und die Subjekt-Prädikat-Unterscheidung vorweggenommen, indem er das Nomen als dasjenige bestimmt hat, «was eine Handlung verrichtet» [32], und vom Verb gesagt hat, es «gehe auf Handlungen» [33]. Die von ARISTOTELES schon in der relativ früh entstandenen ‹Topik› formulierte Liste der *Kategorien,* von denen *Gattung* (genus), *Art* (species), *Unterschied* (differentia), *eigentümliches Merkmal* (proprium) und *zufälliges Merkmal* (accidens) die wichtigsten sind, bildet ein Schema, durch welches dasjenige, das von einem Subjekt prädiziert wird, *klassifiziert* werden kann. Das erste Auftreten der Kategorien in der ‹Topik› deutet darauf hin, daß sie ursprünglich eine «argumentationslogische Funktion» hatten [34], hervorgegangen «aus dem Bestreben, Trugschlüsse zu vermeiden, wie sie in der Dialektik und Eristik vielfach durch Äquivokationen hervorgerufen werden und in der sophistischen und sokratischen Dialektik eine große Rolle gespielt haben» [35]. In diesen Kontext gehört auch, daß das System der zehn Kategorien nicht nur als Klassifikationsschema von Prädikaten benutzt wird, sondern auch dazu dient, die verschiedenen Bedeutungen des als Kopula in Aussage-S.en fungierenden 'Seins' zu differenzieren. Inwieweit das Schema der Kategorien nicht nur mögliche Prädikatstypen klassifiziert, sondern darüber hinaus auch bestimmte außersprachliche Gegebenheiten reflektiert, ist in der Forschung umstritten. Doch scheint sich die Ansicht durchzusetzen, daß sich in der aristotelischen Kategorienlehre ontologische, logische und auch grammatische Aspekte miteinander verbinden [36].

Im Rahmen der *stoischen* Philosophie kommt es zu einer Ausweitung und Intensivierung der Beschäftigung mit sprachphilosophischen Problemen. Dabei liegt der Schwerpunkt dieser Beschäftigung nicht auf der Entwicklung neuer sprachtheoretischer Konzepte, sondern auf der Sammlung, Systematisierung und Vervollständigung des durch Sophistik, Platon und Aristoteles bereitgestellten sprachphilosophischen 'Materials'. Hierdurch werden die Stoiker zu Gründern der «wissenschaftlichen Lehre von der Sprache» [37].

Die Stoiker, die Denken und Sprechen als Erscheinungsformen des universellen Logos auffassen, behandeln Sprachprobleme im Rahmen der «Dialektik», die als Kunst, «methodisch zu fragen und zu antworten», das Ziel hat, Wahres von Falschem und Zweifelhaftem zu scheiden [38]. Doch darf man hieraus, wie die Gliederung der Dialektik in «Bezeichnungen» (σημαίνοντα) und «Bezeichnetes» (σημαινόμενα) [39] nahelegt, nicht schließen, daß in der stoischen Philosophie Sprache unter einem – im Sinne Platons – dialektischen Gesichtspunkt betrachtet wird. Die Stoiker sind weniger an der 'dia-logischen' Struktur der Sprache interessiert als an ihrer 'logischen'; für sie handelt es sich bei der Sprache – und hier folgen sie Aristoteles – um ein System von *Zeichen.* Im Gegensatz zu Aristoteles jedoch, der zwischen Dingen, den «Eindrücken» (παθήματα) der Dinge in der Seele und den Lautgebilden unterscheidet, gehen die stoischen Philosophen von dem Bezeichnenden (σημαῖνον), Bezeichneten (σημαινόμενον) und dem Gegenstand (τυγχάνον) aus, wobei es sich bei dem «Bezeichnenden» um das Lautgebilde (φωνή oder λόγος) handelt, bei dem «Bezeichneten» um das Gesagte oder Gemeinte und bei dem «Gegenstand» um das reale Objekt der Benennung. Zwischen das sprachliche Zeichen und den Gegenstand setzen die Stoiker also das «Ausgesagte» (λεκτόν), dem sie als Sinn- und Bedeutungsgehalt eines Sprachzeichens, eines Wortes oder S., ein eigenständiges und unkörperliches Sein zubilligen [40].

Auch die Stoiker heben hervor, daß nicht jeder S. wahr oder falsch sein kann, sondern nur die S.e, die einen Sachverhalt bejahen oder verneinen, die ἀξιώματα [41]. Ihre Bezeichnung stammt nach DIOGENES LAERTIUS «von dem Worte 'gelten' (ἀξιοῦσθαι), weil sie entweder gültig oder nicht gültig sind» [42]. Die ἀξιώματα werden in «einfache» und in «zusammengesetzte» S.e unterteilt. Schon CHRYSIPP soll darüber hinaus in Anlehnung an Aristoteles fünf Teile des Logos unterschieden haben: «Eigenname» (ὄνομα), «Gattungsname» (προσηγορία), «Verb» (ῥῆμα), «Verbindung» (σύνδεσμος), «Artikel» (ἄρθρον) [43]. Das ὄνομα steht hier als Redeteil für eine individuelle Qualität (ἰδία ποιότης), für ‹Sokrates› z.B. oder ‹Dion›, mit προσηγορία ist eine mehreren individuellen Qualitäten gemeinsame Qualität gemeint, z.B. ‹Mensch›. Ein ῥῆμα repräsentiert denjenigen Teil des S., der als Prädikat aufzufassen ist [44].

Vehementer Kritiker der Lekton-Theorie der Stoiker ist SEXTUS EMPIRICUS. Für die dogmatischen Stoiker sei, so Sextus, der S. samt seiner Bedeutung, also das Urteil (ἀξίωμα), eine in sich vollständige und für sich allein etwas aussagende Aussage (λεκτόν) [45]; die Existenz derartiger Aussagen sei jedoch verborgen, nicht nur, weil die ebenfalls dogmatischen Epikureer eine solche Existenz schlicht bestritten, sondern besonders, weil der Beweis für die Existenz solcher Aussagen sich bereits solcher Aussagen bediene, so daß Fragliches durch Fragliches glaubwürdig gemacht werden solle [46]. Dieses Selbstapplikationsproblem im Blick auf den S. als Aussage, aufgrund dessen Sextus den Stoikern die Unbeweisbarkeit der Existenz von S.en überhaupt entgegenhält, ist in Platons Dialektik freilich faktisch bereits gelöst: S.e dienen in der Tat zur Erhellung eines anfänglich bloß gesetzten S., indem sein vollständiger Gehalt durch den Fortgang des in S.en sich vollziehenden dialogischen Denkens überhaupt erst gewonnen wird [47].

PLOTIN deutet an, daß er Aristoteles' Theorie des wesentlichen und des akzidentellen S. kennt [48]; im Rahmen der für ihn zentralen Philosophie des Einen gilt aber: Bezeichnungen (Namen) und S.e treffen nicht das Eine, das aufgrund seiner Immultiplizität jegliche Zweiheit von sich abweist, so daß es nicht nur nicht ausgesagt werden kann, sondern sich selbst nicht einmal aussagt, wie es auch weder gedacht werden kann noch sich selbst denkt [49].

AUGUSTIN beansprucht für sich selbst nicht, S.-Theoretiker zu sein; er verweist lediglich auf die trefflichsten Lehrer in der Disputierkunst – vornehmlich auf Cicero – und deren S.-Begriff: Ein vollständiger S. (sententia), möge er nun eine Affirmation oder eine Negation zum Ausdruck bringen, bestehe aus «nomen» und «verbum», also aus den S.-Teilen ‹Subjekt› und ‹Prädikat› oder den Wortarten ‹Hauptwort› und ‹Tätigkeitswort›; CICERO [50] nenne dies «Aussage» (pronuntiatum) [51] – eine knappe Reminiszenz an Platons Theorie singulärer S.e aus dem ‹Sophistes›. AUGUSTIN ist sprachphilosophisch jedenfalls weniger S.- denn Zeichen-Theoretiker [52].

Bei Ps.-DIONYSIUS AREOPAGITA begegnet eine Position, die der Plotins ähnlich ist: Bezeichnungen (Namen) oder S.e im Sinne von affirmativen oder negativen Aussagen sind unzureichend, um das Wesen der Gottheit in seiner Ineffabilität adäquat zu charakterisieren [53].

Anmerkungen. [1] Vgl. XENOPHANES: Frg. 21, B 32. VS 1 ([11]1964) 136, 14f. – [2] PARMENIDES: Frg. 28, B 8, 50, a.O. 239, 8. – [3] a.O. 239, 6. – [4] B 7, a.O. 234, 33; vgl. L. WOODBURY: Parmenides on names, in: J. P. ANTON/G. L. KUSTAS (Hg.): Essays in anc. philos. (New York 1971) 145-162; F. HEINIMANN: Nomos und Physis (1945) 50; M. KRAUS: Name und Sache. Ein Probl. im frühgriech. Denken (1987) 88-97; dagegen: E. HOFFMANN: Die Sprache und die archaische Logik (1925) 11; A. GRAESER: On language, thought, and reality in anc. Greek philos. Dialectica 31 (1977) 362. – [5] Vgl. HOFFMANN, a.O. 1-8; H. DILLER: Das neue Bild der Antike 1 (1942) 313f.; dagegen: W. LUTHER: Der frühgriech. Wahrheitsgedanke im Lichte der Sprache. Gymnasium 65 (1958) 101; KRAUS, a.O. 105; E. COSERIU: Die Gesch. der Sprachphilos. von der Antike bis zur Gegenw. 1 ([2]1975) 24-26. – [6] HOFFMANN, a.O. [4] 7. – [7] HERAKLIT: Frg. 22, B 51, a.O. [1] 162, 3f. – [8] Vgl. P. M. GENTINETTA: Zur Sprachbetrachtung bei den Sophisten und in der stoisch-hellenist. Zeit (1961) 9; N. KRETZMANN: Hist. of semantics, in: P. EDWARDS (Hg.): Encycl. of philos. 1 (New York/London 1967) 359. – [9] Vgl. DIOG. LAERT. IX, 53, 20-54, 24, hg. H. S. LONG (Oxford 1964) 465. – [10] Vgl. PLATON: Crat. 439 b 6-8. – [11] Vgl. a.O. 425 a 1-3; 431 b 6-c 2. – [12] Soph. 262 c 2-6. – [13] a.O. e 6f. – [14] 263 a 11-b 3. – [15] 262 d 2-4. – [16] Vgl. Theaet. 189 e 6-190 a 6. – [17] Vgl. B. MOJSISCH: Platons Sprachphilos. im ‹Sophistes›, in: B. MOJSISCH (Hg.): Sprachphilos. in Antike und MA (Amsterdam 1986) 35-62. – [18] PLATON: Soph. 260 b 8. – [19] a.O. 260 d 2f. – [20] 251 b 3f. – [21] Vgl. R. REHN: Der logos der Seele. Wesen, Aufgabe und Bedeut. der Sprache in der plat. Philos. (1982) 133. – [22] ARISTOTELES: De int. 1, 16 a 13-16. – [23] a.O. a 12f. – [24] 4, 16 b 33-17 a 2. – [25] Poet. 20, 1457 a 23f.; vgl. De int. 4, 16 b 26f. – [26] Vgl. De int. 1, 16 a 3f. – [27] Vgl. a.O. a 5f. – [28] 4, 16 b 33-17 a 2. – [29] Poet. 20, 1457 a 24-26. – [30] De int. 4, 16 b 33-17 a 4. – [31] K. OEHLER: Einl. in: ARISTOTELES: Kategorien. Werke in dtsch. Übers. I/1 (1984) 37; ([2]1986) 41. – [32] PLATON: Soph. 262 a 6f. – [33] a.O. a 3f. – [34] OEHLER, a.O. [31] (1984) 38; ([2]1986) 42. – [35] K. VON FRITZ: Der Ursprung der arist. Kategorienlehre. Arch. Gesch. Philos. 40 (1931) 447-496, hier: 453. – [36] Vgl. Once more κατ' ὑποκειμένου and ἐν ὑποκειμένῳ. Phronesis 3 (1958) 72f., hier: 73. – [37] M. POHLENZ: Die Begründung der abendländ. Sprachlehre durch die Stoa (1939) 45; vgl. M. FREDE: Principles of Stoic grammar, in: J. M. RIST (Hg.): The Stoics (1978) 74. – [38] Vgl. DIOG. LAERT. VII, 42, 23-25; 47, 18-22. – [39] Vgl. SVF II, 122. – [40] Vgl. POHLENZ: Die Stoa. Gesch. einer geist. Bewegung (1948) 39; M. FORSCHNER: Die stoische Ethik (1981) 67-76; J. CHRISTENSEN: An ess. on the unity of Stoic philos. (Kopenhagen 1962) 44-47. – [41] Vgl. DIOG. LAERT. VII, 65, 1-4. – [42] a.O. 65, 4f. – [43] 57, 16-19. – [44] Vgl. VII, 58. – [45] Vgl. SEXTUS EMP.: Pyrrh. inst. II, 11, 104. Opera, hg. H. MUTSCHMANN/J. MAU 1 (1958) 90, 21f. – [46] Vgl. 11, 107f., a.O. 91, 6-17. – [47] Vgl. MOJSISCH, a.O. [17] 38. – [48] Vgl. PLOTIN: Enn. VI, 1, 3, 16-19. – [49] Vgl. V, 3, 13, 36; vgl. B. MOJSISCH: Die Theorie des Intellekts bei Dietrich von Freiberg (1977) 37. – [50] Vgl. CICERO: Tusc. disp. I, 7, 14; Acad. II, 29, 95; De fato 26, 28; MARTIANUS CAPELLA: De nupt. IV, 388-391. – [51] Vgl. AUGUSTINUS: De magistro V, 16, hg. K.-D. DAUR. CCSL 29 (Turnhout 1970) 174, 180-187. – [52] Vgl. K. FLASCH: Augustin. Einf. in sein Denken (1980) 122; T. BORSCHE: Macht und Ohnmacht der Wörter. Bemerk. zu Augustins ‹De magistro›, in: MOJSISCH (Hg.), a.O. [17] 121-161. – [53] Vgl. Ps.-DIONYSIUS AREOP.: De myst. theol. V. MPG 3, 1045 D.

Literaturhinweise. – *Allgemeines:* H. STEINTHAL: Gesch. der Sprachwiss. bei den Griechen und Römern 1-2 ([2]1890). – N. KRETZMANN s. Anm. [8]. – H. ARENS: Sprachwiss. Der Gang ihrer Entwickl. von der Antike bis zur Gegenw. 1-2 (1969). – G. NUCHELMANS: Theories of the proposition: Anc. and mediev. conceptions of the bearers of truth and falsity (Amsterdam/London 1973). – E. COSERIU s. Anm. [5]. – D. DI CESARE: La semantica nella filos. greca (Rom 1980). – B. MOJSISCH (Hg.) s. Anm. [17]. – M. KRAUS s. Anm. [4]. – *Zu den Vorsokratikern:* E. HOFFMANN s. Anm. [4]. – H. DILLER s. Anm. [5]. – W. LUTHER s. Anm. [5]. – L. WOODBURY s. Anm. [4]. – *Zur Sophistik:* P. M. GENTINETTA s. Anm. [8]. – *Zu Platon:* J. L. ACKRILL: Plato and the copula: Soph. 251-259. J. Hellenic Studies 77 (1957) 1-6. – R. MARTEN: Der Logos der Dialektik. Eine Theorie zu Platons Soph. (1965). – G. PRAUSS: Platon und der log. Eleatismus (1966). – M. FREDE: Prädikation und Existenzaussage. Platons Gebrauch von '... ist ...' und '... ist nicht' im Soph. (1967). – J. DERBOLAV: Platons Sprachphilos. im Krat. und in den späteren Schr. (1972). – R. REHN s. Anm. [21]. – B. MOJSISCH s. Anm. [17]. – *Zu Aristoteles:* K. VON FRITZ s. Anm. [35]. – J. M. E. MORAVCSIK: Arist. on predication. Philos. Review 76 (1967) 80-96. – J. D. G. EVANS: Arist.'s concept of dialectic (London/New York/Melbourne 1977). – TH. EBERT: Gattungen der Prädikate und Gattungen des Seienden bei Arist. Zum Verhältnis von *Kat.* 4 und *Top.* I 9. Arch. Gesch. Philos. 67 (1985) 113-138. – *Zur Stoa:* M. POHLENZ s. Anm. [40]. – J. CHRISTENSEN s. Anm. [40]. – B. MATES: Stoic logic (Berkeley/Los Angeles 1961). – M. FREDE s. Anm. [37]. – M. FORSCHNER s. Anm. [40]. – J. M. RIST s. Anm. [37]. – *Zu Sextus:* M. HOSSENFELDER: Die Philos. der Antike 3. Stoa, Epikureismus und Skepsis, in: W. RÖD (Hg.): Gesch. der Philos. 3 (1985). – *Zu Plotin:* B. MOJSISCH s. Anm. [49]. – M. HIRSCHLE: Sprachphilos. und Namensmagie im Neuplatonismus (1979). – W. BEIERWALTES: Denken des Einen (1985). – *Zu Augustin:* K. FLASCH s. Anm. [52]. – T. BORSCHE s. Anm. [52].

B. MOJSISCH/R. REHN

II. *Mittelalter.* – Das Mittelalter übernimmt im wesentlichen die S.-Theorien von Aristoteles und Boethius, entwickelt sie jedoch fort, so daß die Analysen zur Semantik des S. von gleicher Originalität sind wie die zur Semantik der Terme [1].

Für die S.-Theorie fundamental sind die Probleme, ob die Gedanken als intentionale Entitäten konstitutive Funktion für die semantischen Eigentümlichkeiten der Sprache besitzen (Realisten) oder umgekehrt (Nominalisten), ob ferner eine semantische Relation besteht zwischen dem S. und der ihn verifizierenden oder falsifizierenden Sache – ein Problem von besonderer Relevanz, da von den Nominalisten eine derartige Relation schlicht bestritten wird.

In der mittelalterlichen Logik entspricht der Terminus ‹propositio› dem des S.; diese «propositio» ist eine spezifische Weise der «oratio» (Rede), nämlich eine «oratio enuntiativa» (Aussage); für die «propositio» als «oratio enuntiativa» gilt die semantische Definition: «Propositio est oratio verum et falsum significans» («Der S. ist eine Rede – im Sinne der Aussage –, die Wahres oder Falsches anzeigt») [2]. Die «propositio» kann darüber hinaus auch als S. im Sinne einer Prämisse von Folgerungen oder Schlüssen verstanden werden, als πρότασις aus den ‹Analytiken› des ARISTOTELES, häufig von BOETHIUS zitiert [3]. Der S. in seinem allgemeinsten logischen Verständnis ist somit ein komplexes Zeichen (Symbol), das aus «nomina» und «verba» – selbst Zeichen – zusammengesetzt ist, Wahres oder Falsches anzeigt und als Prämisse («antecedens») bei Folgerungen oder Syllogismen dienen kann.

Die Logik im MA ist vornehmlich eine Theorie der Prädikation, bei der zwischen zwei S.-Typen unterschieden wird, den kategorialen und den hypothetischen S.en. Der kategoriale S. besitzt die Struktur 'Subjekt, Kopula, Prädikat' (Beispiel: 'Der Mensch ist ein vernünftiges Lebewesen') oder 'Subjekt, Prädikat' (Beispiel: 'Der Mensch läuft'), wobei dem Prädikat deshalb eine Prävalenz zuerkannt wird, weil das Subjekt nur in Analogie zur unbestimmten, aber bestimmbaren Materie, das Prädikat aber in Analogie zur an ihr selbst bereits bestimmten und daher bestimmenden Form begriffen wird. Die mittelalterliche Analyse der Qualität (affirmativ/negativ) und der Quantität (universell, partikulär, indefinit, singulär) der kategorialen (oder prädikamentalen) S.e ist ein Gemeinplatz [4], der keine bemerkenswerten Aspekte aufweist, es sei denn im Blick auf die

Quantität des S. 'homo est species' ('Der Mensch ist eine Art'). Gemäß den gebräuchlichen Regeln der terministischen Logik des 13. und 14. Jh. müßte dieser S. als indefinit angesehen werden: Sein Subjekt, der allgemeine Terminus ‹homo› (‹Mensch›), impliziert keine Quantifikation. Wäre das aber der Fall, wären indefinite S.e mit partikulären konvertibel: Fälschlich wäre der S. 'homo est species' dem S. 'aliquis homo est species' ('Irgendein Mensch ist eine Art') äquivalent. Im Rahmen der klassischen Theorie der Realisten, die darin besteht, dem Subjekt-Term dieser S.e eine einfache Supposition («suppositio simplex») zuzuschreiben – eine der geläufigen Lösungen zu Beginn des 13. Jh. –, wird bei LAMBERT VON AUXERRE der S. 'homo est species' als singuläre «propositio» analysiert, wobei der Terminus ‹homo› nicht als Name, der mehreren Individuen gemeinsam ist («nomen commune suppositorum»), sondern als Eigenname der Spezies ‹Mensch› («nomen proprium speciei») betrachtet wird [5].

Im Anschluß an Boethius wird der hypothetische S. definiert als «propositio», die aus zwei kategorialen S.en zusammengesetzt ist. Auf diesem Fundament werden folgende S.-Typen unterschieden: konditionale, kopulative, disjunktive, kausale, lokale und temporale S.e (Pate dieser satztheoretischen Analysen: eben Boethius in seiner Schrift ‹De syllogismo hypothetico›). Für konditionale S.e ist die Konjunktion ‹wenn›, für kopulative ‹und›, für disjunktive ‹oder›, für kausale ‹weil›, für lokale ‹wo› und für temporale ‹während› konstitutiv.

Der herrschende Zug in der Logik des 14. Jh. ist – im Blick auf den Bereich der Natur – weniger das Sich-Ausbreiten imaginären Reflektierens im Rahmen von Sophismata-Disputationen als die sog. 'propositionale' oder 'metasprachliche' Analyse von Naturerscheinungen. Dieser Wechsel des Wissenschaftsparadigmas ist darin begründet, daß dort, wo die Logiker des 13. Jh. die Probleme «de re» («über die Ding-Wirklichkeit») behandeln, die Autoren des 14. Jh. dieselben Phänomene metasprachlich angehen, indem sie auf komplexe Reformulierungen rekurrieren: Die Ding-Begriff-Relation wird ersetzt durch die Begriff-S.-Relation, wobei die eliminierte Ding-Realität nun in den Begriffen («intentiones») selbst anzutreffen ist, auf die sich die Prävalenz besitzenden S.e beziehen; an die Stelle der «De re»-Sprache tritt so die «De intentionibus»-Sprache, in der – etwa im Blick auf die Problematik von Anfang und Ende bei der Veränderung («mutatio») – das Auftreten eines Phänomens nicht mehr als Erscheinung eines neuen Wirklichkeitszustandes analysiert wird, sondern als Disjunktion von S.en, von denen ein S. notwendig wahr ist, mag der in den Blick genommene Augenblick sein, welcher er wolle.

Neben dem Theoriekomplex der hypothetischen S.e begegnet derjenige der modalen S.e [6], bei denen prinzipiell differenziert wird zwischen einer Modalität «de dicto» in metasprachlichen S.en und einer Modalität «de re» in S.en über Sachverhalte; für den ersten Typ einer modalen Aussage läßt sich etwa der S. anführen: 'Es ist möglich, daß jeder gewinnt' (dabei handelt es sich um einen Lauf, bei dem alle Teilnehmer – der eine ebensogut wie der andere – das Ziel erreichen), für den zweiten Typ der S.: 'Jeder kann gewinnen' (dabei handelt es sich um einen Lauf, bei dem jeder Teilnehmer eine Chance hat zu gewinnen). Wenn die Analyse von Beziehungen zwischen Modal-S.en so verstanden wird, nämlich mit Berücksichtigung der Begriffe ‹dictum› (dessen, was ein S. aussagt) und ‹modus› (möglich, notwendig, kontingent, unmöglich), dient sie als Modell für die Konstruktion verschiedener neuer Logiken, etwa der deontischen Logik (Normenlogik), wo die Begriffe ‹Verpflichtung›, ‹Erlaubnis› und ‹Verbot› die Begriffe ‹Notwendigkeit›, ‹Möglichkeit› und ‹Unmöglichkeit› ersetzen [7]; nützlich ist die Modallogik auch für die Theorie der «propositional attitudes» und für die «epistemische» Logik (Deskription und Analyse der syntaktisch-semantischen Eigenschaften von Verben wie ‹denken›, ‹glauben› oder ‹zweifeln›) [8]. Seit ABÄLARD hat sich die Modallogik immer mehr fortentwickelt; sie erreicht ihren Kulminationspunkt in zahlreichen Texten des ausgehenden 14. Jh.

Über die Theorie der prädikativen und der hypothetischen S.e sowie modallogische Theorien hinaus ist für das Feld der S.-Semantik die Problematik der unlösbaren S.e («insolubilia») von großem Gewicht [9], aber auch die Problematik der sich selbst falsifizierenden Paradoxa, so besonders in den ‹Sophismata› JOHANNES BURIDANS, in denen die signifikativen Grundbegriffe, ‹Wahrheit› und ‹Referenz›, radikal in Frage gestellt werden.

Unterschiedliche Theorien begegnen seit Abälard bezüglich des Problems der realen Existenz der «res propositionis» (oder des «dictum propositionis»), also des objektiven Korrelats des mental gebildeten S.; bisweilen wird dieser Aussageinhalt des S. als rein sprachliche Entität verstanden, bisweilen als mentale, bisweilen als extramentale, bisweilen schließlich als eine Entität, die durch einen spezifischen intentionalen Status ausgezeichnet ist, den des «enuntiabile», eines späten Äquivalents zum Lekton der Stoiker [10]. Im 14. Jh. findet sich die erste Position bei ROBERT HOLKOT, die zweite bei GREGOR VON RIMINI, die dritte bei WALTER BURLEIGH und die vierte bei WALTER CHATTON [11], besonders aber bei JOHANNES BURIDAN [12].

Eine strikt antinominalistische S.-Theorie begegnet bei WALTER BURLEIGH, dem Gegner WILHELM VON OCKHAMS, nämlich die Theorie der «propositio in re»: Im semantischen Bereich besteht eine Ordnungsbeziehung; zunächst ist die gesprochene oder geschriebene Sprache nur ein Instrument, das auf das begriffliche Denken hingeordnet ist; der Logiker hat es prima facie nicht mit sprachlichen oder nicht-sprachlichen Zeichen zu tun, sondern mit Begriffen; die Begriffe verweisen ihrerseits auf eine wirkliche Struktur; jeder kategorematische Begriff hat eine Entsprechung im Wirklichen; der letzte Bedeutungsträger in mentalen S.en («in conceptu») muß selbst etwas Wirkliches sein, ist also eine «propositio in re». Der letzte Bedeutungsträger eines S. ist somit weder die individuelle Sache selbst, die durch Subjekt und Prädikat denotiert wird, noch ein Komplex von Begriffen, sondern allein ein Komplex von Sachen, eben der «S. in der Ding-Wirklichkeit»: «Ergo in rebus est aliquod compositum cuius subiectum est res et praedicatum similiter, quod dicitur propositio in re» («In der Ding-Wirklichkeit ist ein Zusammengesetztes anzutreffen, dessen Subjekt eine Ding-Wirklichkeit ist und ähnlich dessen Prädikat; dieses Zusammengesetzte heißt 'S. in der Ding-Wirklichkeit'») [13]. Am Ende des 14. Jh. wird bei den Oxforder Realisten die «praedicatio a parte rei» (die «Aussage von seiten der Ding-Wirklichkeit») gegenüber der «praedicatio a parte terminorum» (der «sprachlich-begrifflichen Aussage») als die ursprünglichere angesehen; die zweite Weise der Aussage ist nur Zeichen der ersten. Wie die Modisten, aber ohne auf deren Terminologie («modus essendi», «modus intelligendi», «modus significandi») zu rekurrieren, vertreten auch die Realisten die Theorie eines strikten Parallelismus zwischen Ding-Wirklichkeit und Denken/Mental-Sprache. Entsprechend formuliert WILHELM MILVERLEY: «Praedicari a parte rei est realiter esse, sicut universale praedicatur de suo singulari, et realiter inesse, sicut accidens praedicatur de suo subiecto. Praedicatio a parte terminorum non est proprie praedicatio nisi quia signum praedicationis a parte rei» («Das Ausgesagt-Werden von seiten der Ding-Wirklichkeit ist Wirklich-Sein, wie etwa das Allgemeine von seinem Einzelnen ausgesagt wird, und Wirklich-Innewohnen, wie etwa das Akzidens von seinem Zugrundeliegenden ausgesagt wird. Die Aussage von seiten der Begriffe ist in strengem Sinne keine Aussage, es sei denn insofern, als sie ein Zeichen der Aussage von seiten der Ding-Wirklichkeit ist») [14].

Parallel zur Thematisierung des ontologischen Status des Bedeutungsträgers in S.en werden allgemeinsemantische Probleme erörtert, die mit den Fragen der Referenz («suppositio») der einen S. begründenden Termini zusammenhängen, so besonders das Problem, in welchem Maße S.e, deren Subjektsterm leer ist (wie etwa in dem S. 'Cäsar ist ein Mensch'), wahr sein können, ähnlich, ob die Kopula immer existential-ontologisch begriffen werden muß, so etwa bei ROGER BACON, oder nicht vielleicht auch, so bei RICHARD VON CORNWALL, ein habituelles Sein meint (wie etwa in S.en vom Typ 'Jeder Mensch ist ein Lebewesen, auch wenn kein Mensch existiert') [15].

Ob sich der bei MEISTER ECKHART begegnende S. «Esse est deus» («Das Sein ist Gott») [16] aber in seinem vollen Gehalt überhaupt prädikationstheoretisch analysieren läßt, ist fraglich. Was bei Eckhart selbst freilich nicht thematisiert wird, bringt NIKOLAUS VON KUES zur Sprache: Die Logik aristotelischer Provenienz mit ihrem Grundprinzip vom zu vermeidenden Widerspruch («principium vitandae contradictionis») ist Verstandeslogik, indem der Verstand Affirmation und Negation ausschließlich disjunktiv gebraucht; diese Verwendung von Affirmation *oder* Negation ist jedoch vorläufig und defizient gegenüber ihrem translogischen Gebrauch; denn der Intellekt erkennt sich selbst als Einheit von Affirmation *und* Negation, so daß in ihm Sein und Nicht-Sein miteinander konkordieren und einander nicht ausschließen, er vielmehr diese Einheit *ist*; die göttliche Einheit (neben der körperlichen Wahrnehmung wie Verstand und Intellekt eine Einheit innerhalb des einen Geistes, der «mens») ist schließlich sogar – als der mentalen Einheit des Körpers als der reinen Affirmation direkt entgegengesetzt – die *Negation* von Affirmation *oder* Negation und die *Negation* von Affirmation *und* Negation, so daß für sie die S.e gelten: 'Nicht ist es so, daß die göttliche mentale Einheit ist *oder* daß sie nicht ist, *nicht* ist es so, daß sie ist *und* daß sie nicht ist' [17]. Schon RAIMUND LULLS Logik ist neu – also antiaristotelisch – konzipiert [18]; CUSANUS, Kenner Lulls, entwickelt erneut eine antiaristotelische Logik, insofern eine Translogik, die sich der Negation sowohl der Disjunktion als auch der Kopulation von affirmativen und negativen S.en im Blick auf die göttliche mentale Einheit nicht nur bedient, sondern sich dieses Gebrauchs aufgrund von Thematisierung auch bewußt ist.

Anmerkungen. [1] Vgl. NUCHELMANS, a.O. [Lit. zu I.]. – [2] ARISTOTELES: De int. 5, 17 a 9; vgl. Art. ‹Proposition›. – [3] BOETHIUS: De diff. top. MPL 64, 1174 B. 1177 C. – [4] WILHELM VON SHERWOOD: Introd. in logicam, hg. CH. LOHR u.a. Traditio 39 (1983) 219-299; PETRUS HISPANUS: Tract., hg. L. M. DE RIJK (Assen 1972); ROGER BACON: Summulae dialectices, hg. A. DE LIBERA. Arch. Hist. doctr. litt. MA 53 (1987) 139-289. – [5] LAMBERT VON AUXERRE: Summa log. (Summa Lamberti), hg. F. ALESSIO (Florenz 1971) 15. – [6] Vgl. A. DE LIBERA: Bull. d'hist. de la log. médiév. Rev. Sci. philos. théol. 69 (1985) 273-309. – [7] Vgl. S. KNUUTTILA: The emergence of deontic logic in the 14th cent., in: R. HILPINEN (Hg.): New stud. in deontic logic (Dordrecht 1981) 225-248. – [8] Vgl. N. KRETZMANN: Sensus compositus, sensus divisus and propositional attitudes. Medioevo 7 (1981) 195-229. – [9] Vgl. F. RECANATI: Une solution médiév. du paradox du menteur et son intérêt pour la sémantique contemp., in: E. VANCE/L. BRIN D'AMOUR (Hg.): Archéol. du signe. Papers in Mediaev. Stud. 3 (1983) 251-264; DE LIBERA, a.O. [6] 71 (1987) 590-634; vgl. Art. ‹Insolubilia›. – [10] N. KRETZMANN: Medieval logicians on the meaning of the ‹propositio›. J. Philos. 77 (1970) 777-779. – [11] Vgl. J. PINBORG: Logik und Semantik im MA. Ein Überblick (1972) 148-157. – [12] JOH. BURIDAN: In Met. V, 7 (Paris 1518, ND 1964). – [13] WALTER BURLEIGH: Expos. in libr. artis veteris, In Cat., prooem. (Venedig 1509) fol. 18ra. – [14] WILH. MILVERLEY: Compendium de quinque universalibus, hg. A. D. CONTI, in: J. SHARPE (Hg.): Quaest. super universalia (Florenz 1990) 160. – [15] Vgl. A. DE LIBERA: Roger Bacon et la référence vide. Sur quelques antécédents médiév. du paradoxe de Meinong, in: J. JOLIVET/Z. KALUZA/A. DE LIBERA (Hg.): Lectionum Varietates. Hommage à P. Vignaux. Et. de philos. médiév. (Paris 1991) 85-120. – [16] MEISTER ECKHART: Prol. gener., n. 12. Lat. Werke I/1 (1964) 156, 15; vgl. B. MOJSISCH: Meister Eckhart. Analogie, Univozität und Einheit (1983) 44-47. – [17] NIKOLAUS VON KUES: De coni. I, 5, 21. Akad.-A. Heidelb. 3 (1972) 27, 9-28, 12; 6, 24, a.O. 31, 4-6; 8, 33, a.O. 38, 1-39, 8; vgl. B. MOJSISCH: Zum Disput über die Unsterblichkeit der Seele in MA und Renaissance. Freiburger Z. Philos. Theol. 29 (1982) 341-359, bes. 355-359. – [18] RAIMUNDUS LULLUS: Die neue Logik. Logica nova, lat.-dtsch., hg. CH. LOHR, übers. V. HÖSLE/W. BÜCHEL, Einf. V. HÖSLE (1985).

Literaturhinweise. L. M. DE RIJK: Logica modernorum: A contrib. to the hist. of early terminist logic. I: On the 12th cent. theories of fallacy (Assen 1962); II/1: The origin and early developm. of the theory of supposition; II/2: Texts and indices (Assen 1967). – J. PINBORG: Die Entwickl. der Sprachtheorie im MA (1967); W. Burleigh on the meaning of propositions. Class. mediaevalia 28 (1969) 394-404. – N. KRETZMANN s. Anm. [10]. – P. GOCHET: Esquisse d'une théorie nominaliste de la proposition (Paris 1972). – A. MAIERÙ: Terminologia logica della tarda scolastica (Rom 1972). – J. PINBORG s. Anm. [11]. – G. NUCHELMANS s. [Lit. zu I.]. – E. J. ASHWORTH: The trad. of mediev. logic and speculat. grammar from Anselm to the end of the 17th cent.: A bibl. from 1836 onwards (Toronto 1978). – W. ECKERMANN: Wort und Wirklichkeit. Das Sprachverständnis in der Theol. Gregors von Rimini und sein Weiterwirken in der Augustinerschule (1978). – J. E. MURDOCH: Propositional analysis in 14th cent. natural philos. Synthese 40 (1979) 117-146. – W. KOERNER: Linguistic thought in the middle ages (Amsterdam 1980). – G. NUCHELMANS: Late-scholastic and humanist theories of the proposition (Amsterdam 1980). – N. KRETZMANN s. Anm. [8]. – B. MOJSISCH s. Anm. [17]. – G. NUCHELMANS: The semantics of propositions, in: N. KRETZMANN u.a. (Hg.): The Cambridge hist. of later mediev. philos. (New York 1982) 197-210. – K. JACOBI: Abelard and Frege. The semantics of words and propositions, in: V. M. ABRUSCH/E. CASARI/M. MUGNA (Hg.): Atti del conv. int. di stor. della logica (Bologna 1983) 81-93. – A. DE LIBERA s. Anm. [6] und [9]. – A. BROADIE: Introd. to mediev. logic (Oxford 1987). – G. NUCHELMANS s. [Lit. zu I.]. – S.-Theorien. Texte zur Sprachphilos. und Wiss.theorie im 14. Jh., lat.-dtsch., hg. D. PERLER (1990). – A. DE LIBERA s. Anm. [15].

A. DE LIBERA/B. MOJSISCH

III. *Neuzeit.* – 1. *Linguistik.* – Eine in modernem Verständnis grammatische Sicht des S. entwickelte sich erst langsam aus der Exegese heraus und in Abgrenzung gegen die Rhetorik [1]. Die Philosophie von R. DESCARTES fand in den grammatischen Arbeiten der Schule von Port-Royal ihren nachhaltigsten Niederschlag innerhalb der Sprachwissenschaft, führte in der Anwendung allerdings zu einer Sprachbetrachtung, «die der scholastischen wesensmäßig verwandt war: die allgemeine oder philosophische Grammatik» [2]. Überzeugt, die Sprache sei ein logisches Gebilde, für das sich *eine* Grammatik finden lassen müßte, versuchten A. ARNAULD und P. NICOLE Sprachwirklichkeit aus logischen Prinzipien zu deduzieren. ARNAULD gilt das Urteil als der Ausgangspunkt des S., und das Hilfsverb ‹sein› als Urform des Verbs, aus der sich durch attributive Verbindungen die übrigen Verben entwickelten [3].

Als Urteil, bestehend aus Subjekt, Prädikat und Kopula, wurde der S. u.a. von CH. A. CRUSIUS [4], TH. HOBBES [5] und H. S. REIMARUS [6] verstanden; CH. WOLFF verhalf dieser Auffassung zu allgemeiner Anerkennung: «Enunciatio constat ex duobus terminis, quorum unus significat rem, de qua iudicatur; alter id, quod eidem tribuitur, vel ab eo removetur» [7]. Für die Gleichsetzung von ‹S.› und ‹Urteil› war vermutlich auch die Feststellung I. KANTS prägend: «Der S. ist ein assertorisches Urteil» [8].

A. MEINONG gelangte zur Einsicht, daß es unmöglich sei, ‹Urteil› und ‹S.› gleichzusetzen. Allerdings nimmt er an, S.e drückten entweder Urteile oder Annahmen (Urteile ohne Überzeugung, Quasi-Urteile) aus [9]. Auch B. ERDMANN will Grammatisches und Logisches trennen, bezeichnet aber das Urteil als «Bedingung» der «prädikativen Beziehung» des S. [10].

An die Stelle der alten Gleichsetzung von ‹S.› und ‹Urteil› tritt bei etlichen Autoren eine neue: Der S. wird als Ausdruck des *Gedankens* angesehen, gilt als «ein in Worte gekleideter Gedanke» [11] oder ist «der sprachliche Ausdruck, die äußere Form für einen Gedanken» [12]. Nach CH. SIGWART ist ein S. «der sprachliche Ausdruck eines bestimmten Denkaktes im lebendigen Denken» [13].

Aufgrund einer starken Anlehnung an die Logik galt manchem die Kopula als das entscheidende Element: Ein S. ist «die Verknüpfung eines Subjekts und Prädikats durch das Verbum 'sein'» [14]. Die Kopula spielte allerdings bald keine bedeutende Rolle mehr - wofür K. F. BECKER, der meinte, jeder S. bestehe «aus dem Prädikat und dem Subjekt» [15], nur ein Beispiel ist [16]. Wie andere, so vertritt auch er die Ansicht, das Prädikat sei dem Subjekt übergeordnet [17]. Diese Hierarchisierung wird plausibel angesichts der Tatsache, daß das logische Subjekt sprachlich nicht ausgedrückt werden *muß* ('Es ist laut') und daß in den klassischen Sprachen das Subjekt bei einer finiten Verbform nicht unbedingt mitaufgeführt wird. Beides, der Gedanke der Zweigliedrigkeit und der der Überordnung des Prädikats findet sich allerdings schon bei J. CH. ADELUNG [18] - und im übrigen auch heute noch dort, wo sich die S.-Definition enger an der Logik orientiert.

Nach F. MAX MÜLLER war jedes Wort «ursprünglich ein Prädikat» [19] und stellte einen S. dar: Was wir heute ‹S.› nennen, ist «die Verbindung zweier ursprünglich selbständiger Sätze, in welcher ein Ausdruck von einem andern Ausdruck entweder bejaht oder verneint wurde» [20]. Müller war - einig hierin mit vielen anderen - der Auffassung, das finite Verb sei die einfachste S.-Form. Ähnliche Ansichten reichen bis zur Feststellung: «... was keine finite Verbform enthält, ist der morphologischen Beschaffenheit nach kein S.» [21]. Schon W. VON HUMBOLDT hatte die Rolle des Verbs für den Aufbau eines S. deutlich betont [22]. Nützlich, wenngleich überzogen, war in dieser Hinsicht der Versuch F. KERNS, dem Verb grundlegende Bedeutung für die Definition von ‹S.› zuzuschreiben. Er stellte fest, ein S. sei «der Ausdruck eines Gedankens mit Hülfe eines finiten (ausgedrückten oder zu ergänzenden) Verbums» [23].

Seit Neubegründung der Sprachwissenschaft im 19. Jh. ist ein deutliches Bemühen «zu verzeichnen, das Verhältnis von S. und Urteil, von Grammatik und Logik, klarzustellen» [24]. Dadurch gewann die grammatische, an der äußeren Form orientierte Betrachtung des S. an Gewicht. Von den meisten wurde die Gleichsetzung von ‹S.› und ‹Urteil› aufgegeben, wodurch eine grammatische Betrachtung des S. erst möglich wurde; von einigen Autoren [25] wurde sie jedoch beibehalten.

Trotz aller Neuerungen sind die Definitionen oft von der Logik oder der Psychologie beeinflußt. Daß die Trennung nach Subjekt und Prädikat etwa nur scheinbar sprachlicher, de facto jedoch logischer Natur ist, wird z.B. an den Passivkonstruktionen deutlich, bei denen zwischen *grammatischem* und *logischem* Subjekt zu unterscheiden ist. Etliche Erläuterungen gehen auch zunächst auf etwa den Äußerungsaspekt ein und verstehen den S. als «Ausdruck eines Gedankens durch die Sprache» [26], um dann doch wieder auf die auch in Schul- und Einzelgrammatiken anzutreffende S.-Definition als zweigliedriges Gebilde mit 'Subjekt' und 'Prädikat' zurückzugreifen.

S.-Typen, die «dieser strukturellen Gesetzmäßigkeit ermangeln» [27], werden gesondert behandelt. Mehr Aufmerksamkeit widmet man den Subklassifikationen des S., die sich in Hinsicht auf Funktion (Aussage usw.), Stellung (Imperative usw.) und Komplexität (Nebenordnung usw.) zusammenfassen lassen. L. WEISGERBER unterscheidet dabei zwischen fünf Gruppen [28], H. ARENS stellt sieben syntaktische Mittel fest, um die «Verbindung von Vorstellungen» [29] zum Ausdruck zu bringen.

Einige Versuche, ‹S.› zu definieren, operieren mit der Bezugsgröße ‹Sinn›. Bereits HUMBOLDT stellte fest: «Der Mensch verbindet gewiß immer mit jedem als Sprache ausgestoßenen Laute innerlich einen *vollständigen Sinn*, also einen geschlossenen S.» [30]. Die darin enthaltene Überzeugung, S. sei nur unter Voraussetzung der betreffenden Sprache zu erfassen, ist auf Humboldts Auffassung von der ‹inneren Sprachform› zurückzuführen. K. BÜHLER definierte S.e als «Sinneinheiten der Rede» [31] und maß dem S.-Sinn ein «Moment der *Selbstandigkeit* oder Selbstgenügsamkeit bei» [32]; der S.-Sinn sei «aus den örtlichen Umständen der Sprechsituation, aber nicht aus den zeitlichen» [33] entbunden, letzteres könnte höchstens bei wissenschaftlichen S.en der Fall sein. Problematisch an den Versuchen, ‹S.› unter Zuhilfenahme von ‹Sinn› zu definieren, ist die unzureichende, weil z.B. nicht zwischen Meinung und Bedeutung unterscheidende, Klarheit des Begriffs ‹Sinn›, worauf u.a. J. RIES [34] hinweist.

In einer großen Anzahl von Arbeiten wird der S. als «Einheit» verstanden, die «dem Sprechenden und Hörenden als ein zusammenhängendes und abgeschlossenes Ganzes erscheint» [35]. Im einzelnen verbindet sich diese Auffassung mit einer Reihe weiterer Aspekte, nicht selten mit dem des 'Sinns'. Bei HUMBOLDT gilt «jede noch so unvollständige Aussage, die in der Absicht des Sprechenden wirklich einen geschlossenen Gedanken ausmacht», als S. [36].

Der Begriff «Einheit des S.» sollte laut E. SEIDEL z.B. wegen der Mehrdeutigkeit der menschlichen Rede am besten vermieden werden [37]; und auch J. STENZEL bemerkt, die Einheit des S. sei schon wegen der Vor- und Rückbezüge nicht gegeben [38]. Dennoch scheint dies das einzige Merkmal zu sein, «das der rein grammatischen Betrachtungsweise zugänglich ist» [39] und von den Nachbardisziplinen der Linguistik ebenfalls stets angesprochen wird.

Auch neuere Theorien gehen von der abstrakten Ganzheit des S. aus: L. TESNIÈRE etwa, der bekannteste Vertreter des dependenzgrammatischen Ansatzes, betrachtet den S. als organisierte Einheit, mit den Worten als Elementen [40].

Die relative Unbestimmtheit der einzelnen Wortbedeutung, stellt STENZEL fest, wird «im Ganzen des S. bestimmt, durch die Zusammenfügung der Worte und durch den Tonfall gleichermaßen» [41]. Syntax und Tonfall gelten als notwendige Kriterien zur Definition von ‹S.›. Für Stenzel ist jeder S. erst aus dem ihn übergreifenden S.-Zusammenhang heraus verstehbar: «Der Sinn des Ganzen bewirkt die Zusammenfügung zu einem vom Verbum aus gegliederten und differenzierten Gebilde; dessen Gliederung tritt an den Formen und Endungen der einzelnen Bedeutungsträger sinnfällig hervor» [42]. WEISGERBER macht darauf aufmerksam, daß der S. «als Ganzheit gegenwärtig sein» müsse, obgleich er im «zeitlichen Nacheinander abläuft» [43].

Größere definitorische Klarheit versprechen sich einige Autoren dadurch, daß sie den S. im größeren Rahmen der kommunikativen Bezüge betrachten. Diese Sichtweise, die seit F. DE SAUSSURES Unterscheidung von «langue» und «parole» nahelag, diente auch häufiger zur Markierung der Grenze zwischen ‹Wort› und ‹S.›: «Das Wort ist eine Einheit der Benennung; der S., der immer diese oder jene Elemente der Benennung enthält, ist eine Einheit der sprachlichen Kommunikation» [44]. E. SIEVERS versteht den S. als Lautmasse, der vom Sprecher Sinn verliehen wird und die auch «in diesem bestimmten Sinn vom Hörer verstanden wird» [45]. Auch für H. BRINKMANN ist der S. eine simultane Einheit im Verstehen von Sprecher und Hörer [46]. Die damit gegebene Problematik des S.-Verstehens seitens des Sprechers und des Hörers bzw. der sprachbedingten Gemeinsamkeit im Verstehen wurde schon frühzeitig von R. HÖNIGSWALD thematisiert [47]. Auf das Sprecher-Hörer-Verhältnis geht auch eine Definition von K. F. SUNDÉN ein: «A sentence is a portion of speech that is putting forward to the listener a state of things (a thing-meant) as having validity, i.e. as being true» [48], eine Definition, mit der allerdings nur deklarative S.e charakterisiert werden und nicht etwa Fragen.

Es gibt zahlreiche S.-Definitionen, die den Ton, die S.-Melodie als Definiens verwenden. Auch dieser Ansatz, den als erster E. LERCH vertreten hat [49], ist vom Gedanken der (lautgestaltlichen) Einheit getragen. Für P. WUNDERLI ist der S. «ein Komplex von segmentalen und suprasegmentalen sprachlichen Einheiten unterschiedlichen Ranges, der ein und nur ein Phrasem enthält» [50]. Die Einschätzung der verschiedenen Wissenschaftler ist durchaus unterschiedlich: Die einen sehen im Ton ein konstituierendes Merkmal des S., die anderen benutzen die S.-Melodie lediglich als ergänzendes Merkmal. Da auch Wörter über den Ton, z.B. die Pause, definiert werden könnten, sind S.-Definitionen auf der Basis des Tons nur bedingt tauglich: «A sentence is a word or set of words followed by a pause and revealing an intelligible purpose» [51]. Die Schwächen dieses und ähnlicher Ansätze werden von B. L. MÜLLER [52] anhand einiger Beispiele, so etwa H. GLINZ [53] und H. SITTA [54], deutlich herausgestellt.

Im Verlaufe des 20. Jh. sind eine Reihe von Sprachmodellen und Grammatiken mit entsprechend unterschiedlichen S.-Definitionen entwickelt worden. Die strukturelle Linguistik DE SAUSSURES ordnet den S., soweit damit eine Einheit der aktuellen Rede gemeint ist, der Ebene der «parole», sofern S.-Form gemeint ist (S.-Baupläne etc.), der Ebene der «langue», also dem Sprachsystem zu [55]. L. BLOOMFIELD entwickelte, ganz in Entsprechung zu seinem behavioristischen Ansatz, eine stark formale Auffassung des S., den er als eine unabhängige linguistische Form verstand, «not included by virtue of any grammatical construction in any larger linguistic form» [56]. Ähnliche Definitionen wie diese, die in Anlehnung an A. MEILLET [57] aufgestellt wurde, finden sich bei CH. C. FRIES und C. HOCKETT [58]. Sie alle implizieren auch die Anerkennung der Ganzheit und relativen Abgeschlossenheit des S. Versuche, die Sprache und somit auch den S. *formal* zu charakterisieren, gab es vor und nach Bloomfield. Dessen Ansatz evozierte die Kritik, es sei ein verfehltes Unterfangen, «bei der Mathematik Hilfe zu suchen, um die Einheit des S. zu definieren» [59]. Und wie die verschiedenen Arbeiten zeigen, wird dabei tatsächlich die inhaltliche Seite zum Problem, das nicht immer gelöst werden kann [60].

Die Prager Schule geht in ihrer Lehre von der funktionalen S.-Perspektive davon aus, daß S.e primär der Übermittlung neuer Information dienen. Dementsprechend wird der S. unter dem Gesichtspunkt seiner Informationsstruktur in Thema (alte Information) und Rhema (neue Information) gegliedert [61]. Die Dependenzgrammatik sieht als Mittelpunkt eines S. das Verb an, um das herum sich der S. gruppiert. Konstitutive Elemente des S. sind die Wörter («Nuclei») und die Beziehung zwischen ihnen, die «Konnexion» [62]. Vergleichbar ist die von CH. J. FILLMORE entwickelte Kasusgrammatik [63], derzufolge die grundlegende Struktur des S. «aus einem Verb und einer oder mehrere(n) Nominalphrasen, von denen jede aufgrund einer bestimmten Kasusrelation an das Verb gebunden ist», besteht [64]. In der Phrasenstrukturgrammatik von N. CHOMSKY wird eine Sprache definiert als «a set (finite or infinite) of sentences, each finite in length and constructed out of a finite set of elements» [65]. S.e, die hinsichtlich ihrer Grammatizität beurteilt werden, stellen eine Größe der Kompetenz dar. Von ihnen sind die Äußerungen («utterances») zu unterscheiden, die hinsichtlich ihrer Akzeptabilität beurteilt werden und mithin in den Bereich der Performanz gehören [66]. Der im Rahmen der Chomskyschen Sprachauffassung verwendete S.-Begriff ist keineswegs die theoretisch «primitive» Größe, als die er manchmal dargestellt wird [67] und als die J. LYONS die Äußerung ansieht [68]. Vielmehr ist er «bereits theoretisch» [69], weil nicht an intuitiver Sprachauffassung oder an beobachtetem Sprech- oder Schriftmaterial orientiert.

Für die inhaltbezogene Grammatik (s.d.) geschieht auch die Analyse des S. unter dem durchgängigen Gesichtspunkt, das Weltbild der Muttersprache zu erschließen. Dies geschieht in Form von vier Stufungen, in deren letzter es z.B. zu fragen gilt, «welche Wirklichkeitszusammenhänge mit welchen S.-Bauplänen gefaßt werden können» [70].

H. GLINZ stellt fest, daß ‹S.› weder ein «wissenschaftlich scharfer Begriff» noch «eine überzeitliche Idee oder feststehende Bedeutung» [71] sei. Er selbst betrachtet den S. unter lautlichem, kognitivem und weiteren Gesichtspunkten und sieht in ihm «die kleinste Einheit der Hervorbringung, des Klanges, des Sprechens», wohingegen ihm das Wort als «die kleinste Einheit des Inhaltes, der Bedeutung, des Wertes» [72] gilt.

Immer wieder wurden Versuche unternommen, die psychologische Entsprechung zum grammatischen Phänomen ‹S.› zu finden, und zwar sowohl die Sprach- bzw. S.-Verarbeitung betreffend [73] als auch den Spracherwerb, und das darin eingeschlossene S.-Verstehen [74]. Bei diesen Versuchen wurde auf unterschiedliche Sprachmodelle Bezug genommen – wie z.B. auf das von K. BÜHLER [75]. In jüngster Zeit hatte aber auch in dieser Hinsicht die Chomskysche Sprachauffassung großen Einfluß.

Anmerkungen. [1] Vgl. P. WENDLAND: Die hellenist.-röm. Kultur (1909) 26. – [2] H. ARENS: Sprachwiss. (1969) 88. – [3] A. ARNAULD/P. NICOLE: La logique ou l'art de penser II, ch. 3 (1662), hg. P. CLAIR/F. GIBRAL (Paris 1965) 113f.; Grammaire générale et raisonnée (Paris ³1676) 96. – [4] Vgl. CH. A. CRUSIUS: Entwurf der notwend. Vernunftwahrheiten § 426 (²1753, ND 1963) 855f. – [5] Vgl. TH. HOBBES: Computatio sive Logica I, 3 (1655). Op. philos. lat., hg. W. MOLESWORTH (London 1839-45) 1, 27f. – [6] H. S. REIMARUS: Vernunftlehre § 108 (1756, ND 1979) 1, 144f. – [7] CH. WOLFF: Philosophia rationalis sive Logica § 199 (³1740). Ges. Werke II/1, 2, hg. J. ECOLE (1983) 216. – [8] I. KANT: Über eine Entdeckung... Akad.-A. 8, 193; vgl. Logik § 30, a.O. 9, 109. – [9] A. MEINONG: Über Annahmen. Z. Psychol. Physiol. Sinnesorg. Erg.h. 2 (1902). Ges.ausg. 4 (1977) 31ff. – [10] B. ERDMANN: Logik 1 (1892) 241f. – [11] a.O. 12; vgl. H. MAIER: Psychol. des emotionalen Denkens (1908) 360. 368. – [12] EISLER⁴ s.v. ‹S.›. – [13] CH. SIGWART: Logik 1 (⁴1911) 296. – [14] A. F. BERNHARDI: Anfangsgründe der Sprachwiss. (1805). – [15] K. F. BECKER: Ausführl. Dtsch. Grammatik 1 (1836) 37. – [16] Vgl. ERDMANN, a.O. [10] 241. – [17] Vgl. E. HERMANN: Griech. Forschung 1 (1912) 3. – [18] Vgl. J. CH. ADELUNG: Umständl. Lehrgebäude der dtsch. Sprache 2 (1782) 567. 571 u.a. – [19] F. MAX MÜLLER: Das Denken im Lichte der Sprache (1888) 395. – [20] a.O. 481. – [21] A. NOREEN-POLLACK: Einf. in die wissenschaftl. Betracht. der Sprache (1923) 344; vgl. F. KERN: Grundr. der dtsch. S.-Lehre (1884) 5; Die dtsch. S.-Lehre (²1888) 4. 30. – [22] W. VON HUMBOLDT: Über die Verschiedenheit des menschl. Sprachbaus (1830-35). Akad.-A. 7, 214. – [23] KERN: Grundr. ..., a.O. [21]. – [24] E. SEIDEL: Gesch. und Kritik der wichtigsten S.-Definitionen (1935) 26. – [25] Vgl. H. STÖCKEL: Dtsch. Sprachlehre (1908) 189. – [26] TH. VERNALEKEN: Dtsch. Syntax 1 (1861) 1. – [27] W. G. ADMONI: Der dtsch. Sprachbau (³1970) 223. – [28] Vgl. L. WEISGERBER: Grundzüge der inhaltbezogenen Grammatik (1962) 295; vgl. Der Grosse Duden 4. Grammatik der dtsch. Gegenwartssprache (³1973) 478ff. – [29] ARENS, a.O. [2]. – [30] HUMBOLDT, a.O. [22] 148. – [31] K. BÜHLER: Krit. Musterung der neueren Theorien des S. Indogerman. Jb. 6 (1920) 18; vgl. Sprachtheorie (1965) 358. – [32] Sprachtheorie, a.O. 367. – [33] a.O. – [34] J. RIES: Was ist ein S.? (Prag 1931) 9. – [35] B. DELBRÜCK: Syntax (1893) 75. – [36] HUMBOLDT, a.O. [22] 143. – [37] SEIDEL, a.O. [24] 37f. – [38] J. STENZEL: Philos. der Sprache [1934] (1964) 54. – [39] SEIDEL, a.O. [24] 38. – [40] L. TESNIÈRE: Elém. de syntaxe structurale (Paris 1959). – [41] STENZEL, a.O. [38] 48. – [42] a.O. 59. – [43] WEISGERBER, a.O. [28] 276. – [44] W. G. ADMONI: Grundl. der Grammatiktheorie (1971) 30. – [45] E. SIEVERS: Grundzüge der Phonetik (1901) 229. – [46] H. BRINKMANN: Die dtsch. Sprache (1962) 534. – [47] Vgl. R. HÖNIGSWALD: Grundl. der Denkpsychol. (1925) 48. – [48] K. F. SUNDÉN: Linguistic theory and the essence of the sentence. Göteborgs Högskolas årsskrift [Acta Univ. Gotoburgensis] 47 (1941) 40. – [49] E. LERCH: Vom Wesen des S. und von der Bedeut. der Stimmführung für die S.-Definition. Arch. gesamte Psychol. 100 (1938) 133-194. – [50] P. WUNDERLI: S., Paragraph, Text – und die Intonation, in: Text vs. Sentence (1979) 319-341; vgl. KERN: Grundr. ..., a.O. [21] 637ff. – [51] A. GARDINER: The theory of speech and language (Oxford 1951) 98. – [52] B. L. MÜLLER: Der S. – Def. und sprachtheoret. Status (1985) 77ff. – [53] Vgl. H. GLINZ: Die innere Form des Deutschen. Eine neue dtsch. Grammatik (Bern 1952) 71f. – [54] Vgl. H. SITTA: Semanteme und Relationen. Zur Systematik der Inhaltssatzgefüge im Deutschen (1971) 7. – [55] F. DE SAUSSURE: Grundfragen der allg. Sprachwiss. [1916] (1931, ²1967) 126. – [56] L. BLOOMFIELD: Language (London 1933, ¹⁰1967) 170. – [57] Vgl. A. MEILLET: Introd. à l'étude comparat. des langues indo-europ. (1903) 326. – [58] CH. C. Fries: The struct. of English (London 1963) 21; vgl. C. HOCKETT: A course in modern linguistics (New York 1959) 199. – [59] SEIDEL, a.O. [24] 39. – [60] F. HIORTH: Zur formalen Charakterisierung des S. (S'Gravenhage 1962) 87. 47. – [61] Vgl. E. BENES: Die funktionale S.-Perspektive im Deutschen, in: Deutsch als Fremdsprache 1 (1967). – [62] Vgl. TESNIÈRE, a.O. [40]. – [63] Vgl. CH. J. FILLMORE: Plädoyer für Kasus, in: W. ABRAHAM: Kasustheorie (1971) 30. – [64] a.O. 34. – [65] N. CHOMSKY: Syntactic structures (Den Haag 1957) 13. – [66] Aspekte der Syntaxtheorie [1965] (1973) 23. – [67] Vgl. N. SMITH/D. WILSON: Modern linguistics. The results of Chomsky's revolution (Harmondsworth 1979) 287. – [68] J. LYONS: Einf. in die mod. Linguistik (1973) 175. – [69] D. WUNDERLICH: Grundl. der Linguistik (1974) 220. – [70] H. GIPPER: Bausteine zur Sprachinhaltsforsch. (1963) 42. – [71] GLINZ, a.O. [53] 449. – [72] a.O. 455. – [73] Vgl. N. F. JOHNSON: On the relationship betw. sentence structure and the latency in generating the sentence. J. verbal Learning verbal Behavior 5 (1966) 375-380; vgl. V. H. YNGVE: A model and an hypothesis for language struct. Proc. Amer. philos. Soc. 104 (1960) 444-466; vgl. M. WETTLER: Sprache, Gedächtnis, Verstehen (1980) 142ff. – [74] Vgl. D. MCNEILL: Der Spracherwerb (1974) 110ff.; vgl. G. SEEBASS: Das Problem von Sprache und Denken (1981) 334; vgl. P. N. JOHNSON-LAIRD: Wahrnehmung und Erinnerung von S.en, in: J. LYONS (Hg.): Neue Perspektiven in der Linguistik (1974) 234-242. – [75] Vgl. F. KAINZ: Psychol. der Sprache 1-2 (1941/43) 1, 112ff.; 2, 414ff.

Literaturhinweise. J. RIES s. Anm. [34]. – E. SEIDEL s. Anm. [24]. – B. L. MÜLLER s. Anm. [52].

E. ELLING

2. *Logik.* – Der *logische Sprachgebrauch* von ‹S.› ist anders als der linguistische wesentlich auf Aussage-S.e beschränkt. Diese Engführung ist erst in der neueren Logik des 20. Jh. aufgehoben worden, die insbesondere Imperative und Fragen in ihre Betrachtung mit einbezogen hat. Die Beschränkung auf Aussage-S.e ist bedingt durch die herkömmliche Orientierung der Logik am propositionalen Wahrheitsbegriff. Sie geht bereits auf PLATON (vgl. dessen ‹Sophistes›) und ARISTOTELES zurück, der zwischen «bedeutungsvollem S.» (λόγος σημαντικός) im allgemeinen und «Aussage-S.» (λόγος ἀποφαντικός) im besonderen unterscheidet und dann S.e, die keine Aussage-S.e sind, aus der Logik in die Rhetorik und Poetik verweist, und zwar mit der Begründung, daß sie nicht wahrheitsfähig sind [1]. Für ‹S.› im logischen Sinne steht häufig auch ‹Aussage› (s.d.) und ‹Proposition› (s.d.).

In der wesentlich erkenntnistheoretisch orientierten Logik der *Neuzeit* tritt der S. (Aussage-S.) als Träger des Wahrheitswertes zunächst gegenüber dem Urteil zurück. Der S. wird meist als lediglich sprachlicher Ausdruck des Urteils dessen Betrachtung untergeordnet. Dies ändert sich mit dem Aufkommen einer stärkeren Orientierung der Philosophie an der Sprache im Verlaufe des 19. Jh. Eine enge Verbindung von Urteil und S. erkennen nun selbst psychologistische Logiker an wie CH. SIGWART, für den das Urteil nur insofern «Gegenstand wissenschaftlicher Untersuchung» sein kann, «als es sich im S. ausspricht» [2], und zwar im Aussage-S. [3]. Auch bei B. ERDMANN, der eine grundsätzliche Trennung von Urteils-Logik und S.-Grammatik betont, werden in der Analyse Urteil und S. aneinander gespiegelt [4]. Diesem Vorgehen liegen Zugeständnisse wie dasjenige von TH.

LIPPS zugrunde, daß das Urteil «im Aussagesatz seinen vollendetsten sprachlichen Ausdruck» finde [5]. In der englischen Logiktradition (J. S. MILL, B. RUSSELL) wird die Differenz von psychischem Urteil und sprachlichem S. teilweise durch den Gebrauch des Terminus ‹proposition› neutralisiert oder auch verdeckt. Bemerkenswert ist, daß die deutsche Übersetzung (J. SCHIEL, 1849) von MILLS ‹Logik› (1843) für ‹proposition› den Ausdruck ‹Urteil› und nicht ‹S.› verwendet.

Bei deutschsprachigen Autoren ist darauf zu achten, ob sie ‹S.› als sprachtheoretischen oder logischen Terminus gebrauchen, entsprechend dem Unterschied von ‹sentence› und ‹proposition› im Englischen. In der Logik gibt es nämlich noch eine ältere, im Anschluß an Aristoteles gebildete S.-Terminologie. So heißen hier grundlegende Urteile (Prinzipien) in Verkürzung von ‹Grund-S.e› auch einfach ‹S.e›: ‹S. vom ausgeschlossenen Dritten', ‹S. vom Widerspruch'. Die beiden Prämissen und die Konklusion im Syllogismus werden ‹Ober-S.› bzw. ‹Unter-S.› und ‹Schluß-S.› genannt. Dieser Gebrauch geht auf CH. WOLFFS Übersetzung von lat. ‹propositio› als ‹S.› zurück [6] und meint daher weniger den sprachtheoretischen Begriff des S. als vielmehr die ältere Bedeutung ‹Setzung› (lat. auch ‹positio›) und jedenfalls nicht den einzelsprachlichen S., wie bereits G. W. LEIBNIZ (für frz. ‹proposition›) betont [7]. ‹Setzung› kann dann zweierlei heißen: So wird bei I. KANT das assertorisch setzende im Unterschied zum bloß problematisch erwägenden Urteil als S. bestimmt [8]. Die ältere Terminologie, ‹S.› als lediglich sprachlichen Ausdruck des Urteils zu bestimmen (so z.B. H. S. REIMARUS [9]), lehnt KANT ab. Seine Unterscheidung findet sich bei G. FREGE in genau entgegengesetzter Terminologie. Danach wird ‹Urteil› für das assertorische Urteil reserviert, während ‹S.› für das problematische Urteil im Sinne Kants steht [10] als «Setzen eines Falles» in einer «bloßen Annahme» [11]. Später schließt sich Frege der Kantischen Terminologie so weit an, daß er die begriffsschriftliche Darstellung des (assertorisch verstandenen) Urteils als «S.» bezeichnet [12]. Die frühe Auffassung Freges vertritt bereits B. BOLZANO, der «S. (an sich)» dasjenige nennt, «was den Stoff eines Urtheiles ausmachen kann» [13]. In Unterscheidung zu «ausgesprochenen» und «gedachten» S.en bestimmt er: «Unter einem *Satze an sich* verstehe ich nur irgend eine Aussage, daß etwas ist oder nicht ist; gleichviel, ob diese Aussage wahr oder falsch ist; ob sie von irgend Jemand in Worte gefaßt oder nicht gefaßt, ja auch im Geiste nur gedacht oder nicht gedacht worden ist» [14]. S.en an sich kommt «kein Daseyn (keine Existenz oder Wirklichkeit)» zu. Sie sind also zeitlos und entsprechen daher dem, was FREGE später «Gedanken» nennt. Als Gewährsleute für sein Verständnis führt BOLZANO neben Leibniz vor allem G. E. A. MEHMEL an mit dem bemerkenswerten Zitat: «Das Urtheil objectiv, das ist, mit Abstraction von dem Geiste, dessen Handlung es ist, betrachtet, heißt ein S.» [15]. Anders als unter Logikern seit Aristoteles üblich, schränkt BOLZANO seinen Gebrauch von ‹S.› nicht auf Aussage-S.e ein [16].

Der S. im Sinne des grammatischen Aussage-S. rückt mit der sprachphilosophischen Transformation der traditionellen Erkenntnistheorie in Semantik, für die insbesondere die Analytische Philosophie steht, anstelle des Urteils in den Mittelpunkt der Betrachtung. Ihren Ausgangspunkt nimmt diese Entwicklung mit FREGES klassischer Formulierung des sogenannten Kontextprinzips, daß nach der Bedeutung der Wörter «im Satzzusammenhange, nicht in ihrer Vereinzelung» gefragt werden müsse [17]. Dies bedeutet, daß der S. (unter Einschluß von Ein-Wort-Sätzen) die kleinste für sich verständliche (in sich abgeschlossene) semantische Einheit (im Unterschied zu den kleinsten bedeutungstragenden Teilen einer solchen Einheit) darstellt, wobei die Bedeutung der Wörter als deren Beitrag zur Bedeutung des ganzen S. zu verstehen ist.

Unter den an der Logik orientierten Vertretern der Analytischen Philosophie gilt die Beschränkung auf den Aussage-S. teilweise bis heute. Soweit sie philosophisch begründet und nicht einfach aus einer bestimmten Themenstellung erwachsen ist [18], geht sie auf die Idee L. WITTGENSTEINS zurück, den Bedeutungsbegriff in Abhängigkeit vom Wahrheitsbegriff zu bestimmen [19]. Die Bedeutung eines S. zu verstehen, heißt dann: Verstehen, unter welchen Bedingungen er wahr ist [20]. Das Ziel eines solchen Ansatzes ist, den Bedeutungsbegriff ohne Rekurs auf psychische Entitäten zu fassen. Antipsychologismus ist denn auch die (negative) Gemeinsamkeit vieler Autoren, die vom S. ausgehen. In positiver Hinsicht unterscheiden sich die Ansichten jedoch sehr, vor allem hinsichtlich der Frage, wer oder was der eigentliche Träger des Wahrheitswertes ist. Als dieser wird angesehen: (1) Der S. selbst (W. V. O. QUINE [21]), (2) das mit dem S. verbundene (durch den S. ausgedrückte) Sinngebilde als Gedanke, Aussage oder Proposition (G. FREGE [22]), (3) der Gebrauch des S. (L. WITTGENSTEIN [23]). Bei (1) ist zusätzlich zu unterscheiden zwischen dem S. als einzelnem Vorkommnis (token) und als Schema (type). Wer von beiden als Wahrheitswertträger anzusehen ist, sollte nach QUINE aus praktischen Erwägungen davon abhängig gemacht werden, ob man es mit situationsabhängigen oder situationsunabhängigen, zeitlosen S.en zu tun hat [24], wobei ein zeitloser S. ein solcher ist, dessen sämtliche Vorkommnisse denselben Wahrheitswert haben. Quines Entscheidung für S.e als Träger des Wahrheitswertes ist dabei gegen den Intensionalismus von (2) gerichtet. Bei (3) haben wir es mit einer Zwischenposition von (1) und (2) zu tun, indem an einem satzsemantischen, nicht-psychologischen Intensionsbegriff festgehalten wird, aber in Verbindung mit einer Gebrauchstheorie der Sprache, die einer Hypostasierung von Gedanken zu platonistischen Entitäten zu entgehen sucht: Der Gedanke ist danach der sinnvolle Gebrauch des S. (Aussage-S.).

Es ist insbesondere die Gebrauchstheorie, die damit begonnen hat, neben Aussage-S.en auch andere S.-Arten in die Bedeutungsanalyse einzubeziehen [25]. Diese Tradition wurde innerhalb der Analytischen Philosophie von der Philosophie der normalen Sprache (J. L. AUSTIN [26]) und der Sprechakttheorie (J. R. SEARLE [27]) gezielt fortgesetzt, um die als verhängnisvoll angesehene Orientierung am Aussage-S. zu überwinden. Allerdings verlagerte sich dabei die Analyse von S.en auf vollständige Sprechakte, verstanden als Basiseinheiten sprachlicher Kommunikation.

Anmerkungen. [1] ARISTOTELES: De int. 4, 16f. – [2] SIGWART, a.O. [13 zu 1.] 1, 9. – [3] a.O. 18ff. – [4] ERDMANN, a.O. [10 zu 1.] (²1907) Kap. 42. – [5] TH. LIPPS: Grundzüge der Logik (1893) 23f. – [6] CH. WOLFF: Vernünfftige Gedancken von den Kräfften des menschl. Verstandes und ihrem richtigen Gebrauche in Erkänntniß der Wahrheit (Deutsche Logik) 4, § 6 (1754) 83. Ges. Werke I/1, hg. H. W. ARNDT (1965) 165. – [7] G. W. LEIBNIZ: Nouv. essais IV, 5 [1703-05]. – [8] I. KANT: Logik, hg. G. B. JÄSCHE (1800) § 30, Anm. 3; kritisch dazu: C. F. BACHMANN: System der Logik (1828) § 76, Anm. – [9] REIMARUS, a.O. [6 zu

1.] 145. – [10] G. FREGE: Begriffsschrift (1879) §§ 2. 4. – [11] Funktion und Begriff (1891) 21f. – [12] Grundgesetze der Arithmetik 1 (1893) 9. – [13] B. BOLZANO: Wiss.lehre (1837) § 22.4. – [14] a.O. § 19. – [15] G. E. A. MEHMEL: Versuch einer vollständ. analyt. Denklehre (1803) 48, zit. nach BOLZANO, a.O. [13] § 21.3. – [16] BOLZANO, a.O. § 22.3. – [17] G. FREGE: Die Grundlagen der Arithmetik (1884) X. – [18] Vgl. F. VON KUTSCHERA: Sprachphilos. (1971) 24. – [19] L. WITTGENSTEIN: Tractatus log.-philos. (1921) 4.024. – [20] Dazu E. TUGENDHAT/U. WOLF: Log.-semant. Propädeutik (1983) 87. – [21] W. V. O. QUINE: Word and object (Cambridge, Mass. 1960) 191ff. – [22] G. FREGE: Der Gedanke. Beitr. zur Philos. des dtsch. Idealismus 1 (1918/19). – [23] L. WITTGENSTEIN: Philos. Unters. [1945-49]. – [24] W. V. O. QUINE: Philos. der Logik (1973) 22f. – [25] WITTGENSTEIN, a.O. [23] § 23; F. WAISMANN: Logik, Sprache, Philos. (1976) 432ff. – [26] J. L. AUSTIN: How to do things with words (Oxford 1962). – [27] J. R. SEARLE: Speech acts (Cambridge 1969).

Literaturhinweise. B. BOLZANO s. Anm. [13] §§ 20-23. – E. TUGENDHAT/U. WOLF s. Anm. [20] Kap. 2. – Art. ‹Proposition›.

G. GABRIEL

3. *Wittgenstein.* – Im ‹Tractatus logico-philosophicus› [1] nennt L. WITTGENSTEIN das Zeichen, durch welches wir einen Gedanken ausdrücken, ein «Satzzeichen». Den S. definiert er als ein «Satzzeichen» in seiner «projektiven Beziehung zur Welt». Dies soll so verstanden werden, daß jeder sinnvolle S. in eine Wahrheitsfunktion von Elementarsätzen zerlegt werden kann, die ihrerseits aus Namen bestehen. Durch ihre Bedeutungen werden die Namen gewissen «Gegenständen» der Wirklichkeit zugeordnet [2]. Diese Zuordnung gibt die projektive Beziehung an, welche das Satzzeichen in einen S. verwandelt, der die beschriebene Wirklichkeit (logisch) abbildet.

Nur S.e, die in dieser Weise analysiert werden können, heißen im ‹Tractatus› «sinnvoll» und können im eigentlichen Sinne ‹S.e› genannt werden [3]. Die S.e, die dem ‹Tractatus› zufolge diese Bedingung erfüllen, sind nur die S.e der Naturwissenschaft [4]. Alle übrigen S.e, z.B. alle philosophischen S.e, sind unsinnig und somit 'Unsätze'. Philosophie besteht in einer Tätigkeit der Klärung unserer Gedanken, kann aber nicht durch S.e ausgedrückt werden [5].

In seiner *Spätphilosophie* hat Wittgenstein die hier angegebene Auffassung häufig kritisiert [6]. Sie beruhe auf einer unzulässigen Verallgemeinerung von Zügen, die nur an gewissen Arten von S.en zu finden sind. Es gebe in der Tat unzählige Arten von S.en. Außerdem müsse man zwischen dem, was ein S. beschreibt, und der Funktion des S. in einem Sprachakt unterscheiden.

Anmerkungen. [1] L. WITTGENSTEIN: Tract. log.-philos. (1921) 3.12. – [2] a.O. 3.2ff. – [3] 4.5; 5.3. – [4] 4.11. – [5] 4.112. – [6] Philos. Unters. [1945-49] §§ 23. 92ff. 114.

Literaturhinweise. E. STENIUS: Wittgenstein's ‹Tract.›. (Oxford 1960). – A. KENNY: Wittgenstein (London 1973) 54-71. – E. STENIUS: The sentence as function of its constituents in Frege and in the ‹Tract.›, in: J. HINTIKKA (Hg.): Essays on Wittgenstein in hon. of G. H. von Wright (Amsterdam 1976) 71-84. – F. WAISMANN s. Anm. [25 zu 2.] 406-440. – W. STEGMÜLLER: Hauptström. der Gegenwartsphilos. 1 (⁸1978) 539-554.

E. STENIUS

Satz der Phänomenalität. Den S.d.Ph. stellt W. DILTHEY als einen nicht weiter ableitbaren Grundsatz «aller ganz ernstlichen und folgerichtigen Philosophie» [1] an den Anfang seiner psychologisch-erkenntnistheoretischen Grundlegung der Geisteswissenschaften. Der S.d.Ph. steht in einem inneren Zusammenhang mit den beiden anderen Grundsätzen der Philosophie Diltheys: dem Satz des Bewußtseins und dem Satz des Erlebnisses.

Nach einigen vorbereitenden Studien [2] behandelt Dilthey den S.d.Ph. ausführlich in den Schriften der achtziger Jahre [3]. Er setzt sich dabei mit den Erkenntnistheorien vor allem des Idealismus, aber auch von Autoren anderer Denkrichtungen auseinander [4]. In seiner prägnantesten Formulierung lautet der S.d.Ph.: «Die Wirklichkeit (d.h. alle äußeren Tatsachen, Dinge wie Personen) steht unter den Bedingungen des Bewußtseins». Der S.d.Ph. drückt somit «die Einsicht in die Phänomenalität der Wirklichkeit, d.h. aller äußeren Tatsachen (d.h. daß dieses alles Tatsachen des Bewußtseins sind und sonach unter den Bedingungen desselben stehen)» aus [5]. Den Satz des Bewußtseins umschreibt Dilthey als die Einsicht, daß «alle diese Gegenstände, selbst die Personen mit inbegriffen, mit denen ich in Beziehung stehe, für mich nur da sind als Tatsachen meines Bewußtseins: Bewußtseinstatsachen sind das einzige Material, aus welchem die Objekte aufgebaut sind. Bewußtseinstatsache ist der Widerstand, den sie üben, der Raum, welchen sie einnehmen, ihr schmerzhaft empfundener Anprall, wie ihre wohltätige Berührung» [6]. Den Satz des Erlebnisses schließlich definiert Dilthey als «diesen hier entwickelten Tatbestand, welchem gemäß Gegenstände so gut als Willensakte, ja die ganze unermeßliche Außenwelt so gut als mein Selbst, welches sich von ihr unterscheidet, zunächst Erlebnis in meinem Bewußtsein (ich nenne das Tatsache des Bewußtseins) sind» [7]. Dieser Tatbestand enthält die allgemeinste Aussage, welche über Dinge wie Gedanken oder Gefühle ausgesprochen werden kann. Sie bezeichnet somit die durchgehende und gleichförmige Wesensbestimmung über diese alle: «im Bewußtsein gegeben zu sein, sonach Inhalt des Bewußtseins zu sein» [8]. In der Entfaltung einer Mehrheit von Gesetzen, unter welchen der Bewußtseinsinhalt steht, treten nun der «positive» und «negative Kern» des S.d.Ph. auseinander.

Der positive Kern des S.d.Ph. besteht darin, daß in der Unmittelbarkeit und Unauflöslichkeit des Erlebnisvollzugs der Bewußtseinstatsachen «sich das Reich der unmittelbaren Wirklichkeit eröffnet» [9]. «So schreibt demnach der S.d.Ph. allem, was für mich da ist, gleichviel ob es als Gegenstand oder Person oder Gefühl oder Idee da ist, implicite Existenz zu, nämlich die einer Tatsache des Bewußtseins; und folgerecht schließt dieser Satz ein unermeßliches Reich von Realität auf» [10]. Die Behauptung vom Dasein der Bewußtseinstatsache enthält ja gar nichts anderes als eben das Erlebnis, welches sich in meinem Bewußtsein vollzieht. Diese unauflösliche Einfachheit des Erlebnisvollzugs der Bewußtseinstatsache nennt Dilthey das «Innewerden». Soweit es reicht, existiert das Problem des Wissens überhaupt nicht. Die Existenz des psychischen Aktes und die Kenntnis von ihm sind gar nicht zweierlei: Der psychische Akt ist, weil ich ihn erlebe. Akt und Inhalt des Bewußtseins sind ununterschieden.

Der negative Kern des S.d.Ph. faßt nun diesen Satz «in bezug auf dasjenige, was er ausschließt, in seinen richtigen Grenzen» [11]. Man kann an einem vom Bewußtsein unterschiedenen Gegenstande (da er Tatsache des Bewußtseins ist und doch von ihm unabhängig existieren soll) dasjenige, was ihm für sich zukommt, als seine Realität von demjenigen absondern, was dem subjektiv auffassenden Vermögen angehört: seiner Erscheinung. «Eine solche Unterscheidung wird Nonsens gegenüber den Tatsachen des Bewußtseins. Denn hier habe ich es eben mit lauter ineinanderwirkenden psychischen Vorgängen zu tun» [12]. Das Hervorspringen und mir Gegenübertreten einer Reihe von Gliedern des Zusammenhangs der Bewußtseinstatsachen als äußere Tatsache und die Gewißheit, mit welcher ihre objektive Realität behauptet wird, ist «zunächst ebenso unmittelbar als diejenige, aus welcher ich des Bewußtseinsvorganges sicher bin, in meinem Bewußtsein gegeben». Die richtige Grenze des S.d.Ph. ist somit die, daß dieser Satz «nichts über die Art sagt, in welcher dies alles [sc. Gegenstand bzw. Gefühl] in meinem Bewußtsein gegeben ist» [13].

Wie im S.d.Ph. «die Bewußtseinstatsache Gefühl» von der gesondert wird, «welche ich Gegenstand nenne», so können auch «Innewerden» als ein Akt, «in welchem ein Inhalt ohne jede Unterscheidung steht», und Vorstellen, wo «ein Gegenstand dem Subjekt gegenübertritt», unterschieden werden [14]. Andererseits finden sich «unter den Tatsachen des Bewußtseins Momente der Wahrnehmung, in welchen weder die Objektivität des Gegenstandes noch der Vorgang im Subjekt auf klarere Weise bemerkt wird, sondern nur die Tatsächlichkeit vor mir steht ... Diese Tatsache ... unterscheide ich von denjenigen Wahrnehmungen, welche unter der Bedingung des Selbstbewußtseins in ganz merklicher Weise stehen» [15]. Daß hier das Innewerden des Vorgangs der Wahrnehmung das Gewahrwerden des Objekts begleitet, darf aber nicht heißen, daß dieses Innewerden erst «die Grundlage wäre, auf welcher sich die Konstruktion des Gegenstandes aufbaut. ... Eine Tatsache, welche als ein Sich-selbst-Empfinden den Gehalt der Objektvorstellung in sich faßte und sonach als die Grundlage derselben aufgefaßt werden könnte, findet sich vermöge einer solchen Zergliederung nicht» [16]. Im Gegensatz zum «falschen Idealismus», wie ihn besonders Fichte repräsentiert, will Dilthey somit den «unverkünstelten Tatbestand» überliefern.

Gegenstand ist «so gut als Gefühl ein Erlebnis, eine Tatsache des Bewußtseins ... Eine doppelte Aussage ist in der Wahrnehmung enthalten: diese ganze Wahrnehmung kann ich als Vorgang in meinem Ich erkennen und doch ist zugleich das in ihr Gegebene unmittelbar für mich Realität. Und dies bildet das größte Rätsel, welches in aller menschlichen Erkenntnis enthalten ist. Wie die Realität unseres eigenen Inneren ... unmittelbares Erlebnis ist, so besitzt auch das von uns als Ding Unterschiedene eben durch die Art, wie es im Bewußtsein gegeben ist, eine Art von Realität, welche in eine bloße Zuständlichkeit meiner selbst, in ein bloßes percipi», wie Berkeley glaubte, «niemals aufgelöst werden kann ... Somit enthält der S.d.Ph. in seinem positiven Gehalt die Grundlage der Philosophie, dagegen in seinem negativen das Grundproblem derselben» [17]. Die Aufklärung dieses Problems sucht Dilthey durch Rückgang hinter die Geschichte der isolierten Intelligenz auf den psychologischen Zusammenhang, d.h. die Totalität des Seelenlebens, herbeizuführen [18].

Anmerkungen. [1] W. DILTHEY: Ges. Schr. 19 (1982) 58. – [2] a.O. 18 (1977) 78f. 118f. 186f. 230; 19, 17f. 25f. – [3] 19, 58f. 175f.; 20 (1990) 152f. 169f. 264f.; 5 (^{6}1974) 90-240; 7 (^{6}1973) 26-28. – [4] 18, 198. 186f.; 19, 17f. 72-74; 5, 91f. 94f.; 20, 72f. 272-275. 303; 1 (^{7}1973) 235f. 259f. 368f. – [5] 19, 60. – [6] 58. – [7] 59. – [8] 60. – [9] 64. – [10] 61. – [11] 66. – [12] 64. – [13] 65f. – [14] 66. – [15] 68. – [16] 69. – [17] 70. 74f. – [18] 75f.

Literaturhinweise. G. MISCH: Vorber. des Hg., in: DILTHEY: Ges. Schr. 5 (^{6}1974) VII-CXVII. – H. INEICHEN: Erkenntnistheorie und gesch.-ges. Welt. Diltheys Logik der Geisteswiss.en (1975). – O. F. BOLLNOW: Dilthey. Eine Einf. in seine Philos. (^{4}1980). – H.-U. LESSING: Die Idee einer Kritik der hist. Vernunft (1984). – A. HAARDT: Vom Selbstbewußtsein zum Leben. Diltheys Auseinandersetz. mit Fichtes Prinzip des Selbstbewußtseins in der zweiten Hälfte der Einl. in die Geisteswiss.en. Dilthey-Jb. 6 (1989) 292-302.

G. VAN KERCKHOVEN

Satz vom ausgeschlossenen Dritten. Unter dem Titel ‹S.v.a.D.› als deutsche Übersetzung des lat. ‹principium exclusi tertii› oder auch kurz ‹tertium non datur› (engl.: law of excluded middle) verweist man auf ein Prinzip des ARISTOTELES, das in seiner allgemeinen Form als Zweiwertigkeitsprinzip (engl.: principle of bivalence) die semantische Grundlage der formalen Logik ist. Es lautet dort: τῶν δ' ἀντικειμένων ἀντιφάσεως μὲν οὐκ ἔστι μεταξύ («Das nach Affirmation und Negation Entgegengesetzte kann kein Mittleres besitzen») [1]. Wenn wir nämlich etwas von etwas bejahen oder verneinen und damit eine (schon bedeutungsvolle) Frage beantworten der Art, ob etwas so ... oder nicht so ... ist, ist die Aussage, der λόγος ἀποφαντικός [2] / bzw. als bloß mögliche Entscheidung für eine solche) entweder richtig (wahr) oder falsch. Aristoteles erläutert dazu: «Die Form 'ob-oder' verwenden wir immer nur bei einer Entgegensetzung» [3], und: «Ein Gegensatz wäre nicht vollendet, wenn er ein Mittleres von etwas wäre» [4]. Die syllogistischen Schlußformen sind nämlich in der Tat, wie Aristoteles in den ‹Ersten Analytiken› explizit vorführt, 'gültig' oder begründet nur unter der Annahme, daß die Bedeutungen der Begriffsworte A, B als Subjekte und Prädikate A, B in Sätzen der Form (+) 'Jedes/manches A ist ein/kein B' klar begrenzte Begriffe (ὅροι) sind, welche die Geltung des starken S.v.a.D. für die durch (+) artikulierten Aussagen schon garantieren [5]. Dieser S.v.a.D. bedeutet aber nicht etwa, daß jede sinnvolle Aussage, verstanden als bloß mögliches Urteil, wirklich oder auch nur 'im Prinzip' begründbar oder widerlegbar sei: Auch der Inhalt etwa von Prognosen (wie im Aristotelischen Beispiel einer vorhergesagten Seeschlacht [6]) kann so klar bestimmt sein, daß er genau zwei mögliche Fälle unterscheidet, so daß wir heute schon wissen, daß sich von zwei kontradiktorischen Vorhersagen eine als richtig (wahr) herausstellen wird. Dies verführte manche, etwa auch einige Stoiker, zur Ansicht, das, was mögliche Prognosen p vorhersagen, sei schon 'prädeterminiert', da p 'jetzt schon' wahr oder falsch sei. Aristoteles richtet sich daher gegen diese irrige Meinung [7], nach welcher eine Prognose p als konstative Aussage und ihre sich gegebenenfalls einstellende Richtigkeit als Wahrheit im abbildtheoretischen Sinne zu verstehen sei und sie daher 'bei hinreichendem Wissen' jetzt schon begründbar oder widerlegbar sei. Daher erklärt Aristoteles futurische Aussagen als (noch) unbestimmt, ohne daß er damit – wie später J. ŁUKASIEWICZ in vermeintlicher Berufung auf Aristoteles' Beispiel von der Seeschlacht – für eine Aufhebung des S.v.a.D. bzw. für eine dreiwertige Logik plädierte [8].

Auf der Geltung des allgemeinen S.v.a.D. beruht seine 'formale' Variante: die 'allgemeine Gültigkeit' all der Aussagen, welche artikuliert sind durch Sätze der Form (*) '$S \vee \neg S$' (lies: 'S oder nicht-S') (bei geeigneter Bedeutung der Worte ‹oder› und ‹nicht›). Als immer zulässige Prämissen in einer Argumentation waren Sätze der Form (*) schon in der stoischen Logik anerkannt, und zwar waren diese Prämissen artikuliert in der Form des

'Grundsatzes': «Entweder das erste (S) oder nicht das erste (nicht-S)» [9]. Freilich hat schon EUBULIDES, Schüler des Euklid von Megara, anhand von Antinomien gezeigt, daß die formale Unterstellung dieses Prinzips für alle bloß syntaktisch wohlgeformten Sätze zu Schwierigkeiten führt [10]: Die Äußerung etwa eines Satzes der Art 'Ich lüge' scheint prima facie formalsemantisch wohlgeformt, daher wahr oder falsch zu sein. In Wirklichkeit erfüllt sie gerade wegen der unterstellten semantischen Regeln für die in der Satzkomposition vorkommenden Worte den (allgemeinen und den formalen) S.v.a.D. nicht, artikuliert daher gar kein (zweiwertiges) Urteil im Sinne des Aristoteles. – In späterer Zeit (etwa in der mittelalterlichen Scholastik) wird der S.v.a.D. vielfach nicht nur als Prinzip semantisch wohlgeformter Sätze bzw. Äußerungen, sondern (zugleich) als ontologische Wahrheit (miß)verstanden. Noch J. H. LAMBERT erläutert ihn – unter Namensnennung – so: «daß eine Sache entweder ist oder nicht ist ..., daß zwischen seyn und nichtseyn kein Mittel statt habe» [11]. Wenn er dabei aber sagt, «aus dem, daß eine Sache nicht zugleich seyn kann und nicht seyn kann, folgt, daß sie entweder ist oder nicht ist», dann setzt diese 'Folgerung' aus dem Satz vom (ausgeschlossenen) Widerspruch (s.d.) den S.v.a.D. allerdings schon voraus. Auf ähnliche Weise will später etwa auch M. W. DROBISCH [12] den S.v.a.D. sogar in der sehr problematischen Form «jedem Subject kommt irgendein Prädicat entweder zu oder nicht zu» aus dem Widerspruchsprinzip 'beweisen', womit dieses faktisch mit dem (starken) S.v.a.D. identifiziert wird. Schon ARISTOTELES hatte aber darauf hingewiesen, daß der S.v.a.D. nur für Urteile gilt. G. W. LEIBNIZ hat dabei die Bedeutung der Differenzierung zwischen normaler und 'unendlicher' Satz- und Prädikatverneinung erkannt: Begriffe lassen sich nicht beliebig, sondern nur innerhalb eines Genus sinnvoll miteinander verbinden, d.h. so, daß der S.v.a.D. 'im normalen Sinn' gilt [13]. Wenn es dann 'im normalen Sinne' falsch ist, daß ein verneintes Prädikat nicht-P oder ein normal verneinter Satz nicht-S auf einen Gegenstand g bzw. eine Situation s zutrifft, dann kann man schließen, daß P auf g bzw. S auf s zutrifft. Die normale Verneinung erfüllt also den formalen S.v.a.D. in folgendem Sinn: g ist P oder g ist nicht-P, bzw. s erfüllt S oder s erfüllt $\neg S$. Im 'unendlichen' Sinne falsch ist etwa, daß Zahlen grün sind: Es ist ebenfalls im unendlichen Sinne falsch, daß sie nichtgrün sind. Sie sind weder grün, noch sind sie nicht grün; der Satz bzw. seine Äußerung sind unangemessen, artikulieren kein Urteil. – I. KANT folgt Leibniz, wenn er sagt: «Dem Princip des ausschließenden Dritten zufolge können ... nicht beide widersprechende Urtheile wahr, aber auch eben so wenig können sie beide falsch sein. Wenn daher das eine wahr ist, so ist das andre falsch und umgekehrt»[14]. Im zweiten Teil des Zitats wird die normale Verneinung unterstellt und damit die indirekte Schlußweise von der Falschheit von nicht-S auf die Wahrheit von S, also die formale Schlußregel (**) $\neg\neg S \Rightarrow S$ aus dem S.v.a.D. begründet. Umgekehrt bemerkt z.B. CH. SIGWART, daß ein formaler Beweis des S.v.a.D. aus dem formalen Widerspruchsprinzip $\neg(S \wedge \neg S)$ zumindest diese Regel (**) mit dem Titel «duplex negatio affirmat» benötigt [15]. Über eine Verallgemeinerung von (**) auf Sätze S^*, die logisch oder analytisch äquivalent zu $\neg\neg S$ sind, erhält man Schlußweisen der Form $S^* \Rightarrow S$, die bei Kant den Titel «per judicia contradictorie opposita» [16] tragen und damit sowohl vom S.v.a.D. als auch vom Satz des Widerspruchs unterschieden werden.

G. W. F. HEGELS Kritik am S.v.a.D. richtet sich in stillschweigendem Anschluß an obige Überlegungen bei Leibniz bzw. Kant gegen die formalistische Unterstellung, der S.v.a.D. gelte 'allgemein', nämlich für alle Äußerungen, auch wenn diese bloß wie (wahre oder falsche) Aussagen aussehen. Das Problem zeigt sich besonders deutlich an allen semantischen Antinomien, auch an den von Hegel analysierten Antinomien Kants. Als neue Aufgabe der Logik ergibt sich daher die Beantwortung der Frage, wann denn Sätze und/oder Äußerungen wirklich Urteile artikulieren, wie ihre Bedeutungen als kriteriale Erfüllungsbedingungen konkret bestimmt sind, und zwar so, daß die Sätze bzw. die Prädikate zweiwertige Unterscheidungen in einem begrenzten Bereich möglicher Fälle bestimmen. Damit erkennt Hegel den S.v.a.D. als das, was er in seiner Allgemeinheit bestenfalls ist: (ideale) Norm gemeinsamer Bedeutungsbestimmung, auf deren Grundlage eine Äußerung erst zu einer allgemein verständlichen, insofern klaren, und dann auch distinkten, d.h. wahren oder falschen, Aussage im Sinne von LEIBNIZ wird [17]. Faktisch unterstellen freilich diese Bestimmungen immer schon die Bekanntheit gewisser Typen von ('endlichen') Situationen und Kontexten, auf welche man die Distinktion einschränken muß, – so daß die Klarheit von Wahrheitsbedingungen und die faktische (einzelne) Geltung des S.v.a.D. immer abhängig bleiben von konkreten Gemeinsamkeiten eines Grundwissens oder, wie wir heute sagen, von allerlei Präsuppositionen (s.d.). Was man seit KANT «transzendentale Analyse» zu nennen pflegt, wird damit von HEGEL begriffen als Aufdeckung relativer Präsuppositionen der Bedeutungsbestimmtheit bzw. der Geltung des S.v.a.D. für eine Distinktion, und nicht etwa als Weg zur Erkenntnis (absoluter) 'apriorischer' Formen des (einzelnen) menschlichen 'Bewußtseins'. Den S.v.a.D. einfach vorauszusetzen ist besonders dann unsinnig, wenn unsere Sätze als bloß vorläufig zu akzeptierende Vorschläge für Unterscheidungen zu nehmen sind, deren Geltungsbedingungen genauer erarbeitet werden müssen. Dies gilt insbesondere für 'zeigende' (bei Hegel: 'spekulative') Rede, etwa die der semantischen Analyse selbst.

Neuerdings identifiziert man den S.v.a.D. zumeist mit der Anerkennung der Satzform (*) $S \vee \neg S$ als allgemeingültig [18]. Daher unterscheidet etwa ŁUKASIEWICZ zwischen diesem (schwachen) Prinzip des ausgeschlossenen Dritten und der Bivalenz [19]. Aus der allgemeinen Verfügbarkeit von (*) etwa in der Fregeschen Aussagen- und Prädikatenlogik erhält man nämlich nicht das stärkere Zweiwertigkeitsprinzip zurück. Erstens ist in den meisten axiomatisch-deduktiven Systemen Σ keineswegs für jeden Satz S (als syntaktisch wohlgeformte Formel ohne freie Variablen in der 'Formelsprache' L des Systems Σ) S oder $\neg S$ als Theorem von Σ deduktiv aus den Axiomen beweisbar. Die 'Gültigkeit' von $S \vee \neg S$ ist, zweitens, in der Prädikatenlogik (s.d.) i.a. dadurch begründet, daß man nur solche Modelle (s.d.) M von Σ betrachtet, in denen die Zweiwertigkeit (also der starke S.v.a.D.) für die Aussagen a schon gilt, in welche die Formeln S aus L durch eine Interpretation $I(S) = a$ übergehen. Schließlich erhält man weder den starken noch den schwachen S.v.a.D. aus dem Satz vom Widerspruch. Dieser besagt nämlich nur, daß jede Äußerung eines Satzes der Form 'S und $\neg S$' irgendwie falsch, unrichtig, ist. Bloße Äußerungen aber können, wie wir an den Antinomien sehen, auch 'dritte Werte' haben, z.B. wenn sie (noch) keine gemeinsame Unterscheidung, kein Urteil, artikulieren.

L. E. J. BROUWERS Intuitionismus (s.d.) [20] und dann auch die konstruktive Logik (s.d.) kritisieren durchaus ähnlich wie schon Hegel das formalistische Fehlverständnis des S.v.a.D. und fragen ebenfalls nach konkreten Erfüllheiten dieses Prinzips, und zwar zunächst und vorzugsweise für den Bereich mathematischer Sätze bzw. Aussagen. Der darauf folgende 'Grundlagenstreit' der formalen Logik und Mathematik ist im wesentlichen ein Streit um den S.v.a.D. und damit um den Begriff der Wahrheit mathematischer Sätze. Brouwer und andere Gegner der klassischen Auffassung koppeln aber die Festlegung der Wahrheitswerte der Sätze bzw. ihrer möglichen Äußerungen in behauptender Absicht an die faktische Begründbarkeit wirklicher Behauptungen B. Mehr noch, sie verlangen von einer Begründung einer Äußerung eines Satzes der Form '$\neg S$ oder S', daß S begründet werde oder $\neg S$. In dieser begründungstheoretischen Lesart ist der S.v.a.D. nicht allgemein gültig. In ihr verzichtet man aber zugleich auf die wichtige Unterscheidung zwischen der Bestimmtheit von Wahrheit und Falschheit einer möglichen Äußerung A eines Satzes S, welche diese – etwa auch innerhalb eines Satzgefüges – zum Ausdruck einer Aussage (eines möglichen Urteils) a macht, und der faktischen Erfüllbarkeit einer in einer wirklichen Behauptung von S bzw. von $\neg S$ übernommenen Begründungsverpflichtung. Es können ja die Geltungsbedingungen für a durchaus (mehr oder minder hinreichend) klar festliegen, ohne daß auf der Grundlage der faktisch zur Verfügung stehenden Beweismittel, geschweige denn der schon geführten Beweise, entscheidbar ist, ob die Bedingungen erfüllt sind oder nicht. Man denke z.B. an allerlei offene mathematische Probleme oder auch an viele mögliche historische Konstatierungen, von denen wir auch bei mangelnder Überlieferung und Zeugenschaft zu Recht sagen, daß sie wahr oder falsch sind, ohne damit behaupten zu wollen, daß jemals mit irgendeinem Anspruch auf Gewißheit entschieden werden könnte, ob sie wahr oder falsch sind. Besonders aber denke man an den schon von ARISTOTELES besprochenen Fall der Prognosen p: Wenn man das 'oder' nicht begründungstheoretisch deutet, was im Rahmen einer gebrauchstheoretischen Regellogik (s.d.) durchaus möglich ist, kann auch hier 'jetzt schon' $p \vee \neg p$ als (analytisch) wahr angesehen werden, ohne daß damit irgendein Anspruch auf Begründbarkeit von p oder von $\neg p$ verbunden wäre.

In L. WITTGENSTEINS ‹Tractatus› lautet der S.v.a.D. so: «Die Wirklichkeit muß durch den Satz auf ja oder nein fixiert sein», und: «Ein Ereignis trifft ein, oder es trifft nicht ein, ein Mittelding gibt es nicht» [21]. Gemeint ist im ersten Fall, daß die Äußerungen eines Satzes S durch gemeinsame Kriterien je nach Bezugssituation schon als wahr oder falsch bestimmt sein müssen, wenn sie (wahre oder falsche) Aussagen artikulieren oder Informationen mitteilbar machen wollen; der zweite Fall betrifft den Inhalt von Konstatierungen und Prognosen gleichermaßen.

Anmerkungen. [1] ARISTOTELES: Met. X, 7, 1057 a 33f.; vgl. C. PRANTL: Gesch. der Logik im Abendl. 1 (1855) 135. – [2] Vgl. Anal. pr. I, 1, 24 a und Met. 1055 b 30f. – [3] Met. 1055 b 32. – [4] 1056 a 13ff. – [5] Vgl. dazu P. STEKELER-WEITHOFER: Grundprobl. der Logik. Elem. einer Kritik der formalen Vernunft (1986) Kap. 3. – [6] ARISTOTELES: De int. 9, 18 b 24ff. – [7] Vgl. W./M. KNEALE: The developm. of logic (Oxford 1962) 45-54. 161. – [8] Vgl. K. BERKA/L. KREISER: Logik-Texte (1971) Kap. IV mit J. ŁUKASIEWICZ: O logice trójwartościowej. Ruch filozoficny 5 (Lwow/Torun 1920) 169-171. – [9] KNEALE, a.O. [7] 168. – [10] a.O. 114. – [11] J. H. LAMBERT: Anlage zur Architectonic (1771) 1, 216. – [12] M. W. DROBISCH: Neue Darst. der Logik nach ihren einfachsten Verhältnissen (⁴1875) 66 (§ 60). – [13] Vgl. G. W. LEIBNIZ: Dialogus (1677). Philos. Schr., hg. C. I. GERHARDT 7 (1890) 190-193; dtsch.: Dialog über die Verknüpfung zw. Dingen und Worten, in: Hauptschr. zur Grundl. der Philos., hg. E. CASSIRER 1 (1903) 15-21. – [14] I. KANT: Logik (JÄSCHE) § 48. Akad.-A. 9, 117; vgl. auch §§ 22. 78, a.O. 104. 130. – [15] CH. SIGWART: Logik (1873) 155. – [16] KANT, a.O. [14] 116. – [17] Vgl. dazu LEIBNIZ: Medit. de cogn., verit. et ideis (1684), a.O. [13] 4 (1880) 422ff. – [18] Vgl. z.B. KNEALE, a.O. [7] 543. – [19] Vgl. dazu aber auch J. ŁUKASIEWICZ: Aristotle's syllogistic from the standpoint of modern formal logic (Oxford ²1957) 82. – [20] L. E. J. BROUWER: De onbetrouwbarheid der log. principes. Tijdschr. Wijsbegeerte 2 (1908) 152-158; engl.: The unreliability of the logical principles, in: Coll. works 1 (Amsterdam 1975) 107-111; vgl. auch: Over de grondslagen der wiskunde. Akad. proefschr. (Amsterdam 1907). – [21] L. WITTGENSTEIN: Tract. log.-philos. 4.023; 5.153.   P. STEKELER-WEITHOFER

Satz vom (ausgeschlossenen) Widerspruch. Unter dem S.v.W. oder dem «principium contradictionis» versteht man den Teil des (starken) Satzes vom ausgeschlossenen Dritten (im folgenden: S.v.a.D.; s.d.), der besagt, daß ein sinnvolles Urteil, das bei ARISTOTELES als «eine Seite des Widerspruchs» [1] bestimmt ist, nicht zugleich als wahr und als falsch bewertet werden kann, so daß man die Satznegation so definieren kann: Wenn S wahr ist, dann ist nicht-S (in Zeichen: $\neg S$) falsch, und wenn S falsch ist, ist $\neg S$ wahr [2]. Dabei spricht man (mit Aristoteles) der Einfachheit halber vielfach von den Sätzen S, obwohl die Urteile im allgemeinen durch generisch verstandene Äußerungen A (in typischen Kontexten und Situationen) artikuliert sind. Die Geltung des S.v.W. ist Voraussetzung dafür, daß eine mögliche Äußerung eine Differenzierung und damit eine (a fortiori als bedeutungsvoll unterstellte) Aussage ausdrückt, und nimmt, wenn man die Satzverneinung und die Konjunktion 'und' ($\wedge$) berücksichtigt, folgende Form an: Es kann nicht S und $\neg S$, also auch nicht '$S \wedge \neg S$' unter gleichen kontextuellen und situationellen Bedingungen 'gültig' (z.B. 'wahr') sein, da sonst ihre Äußerung (im doppelten Sinne des Wortes) wertlos wäre. Daher ist $\neg(S \wedge \neg S)$ (in gewissem Sinne) 'immer wahr'. Die traditionelle Logik formulierte dieses Prinzip üblicherweise in der Form 'A ist nicht Nicht-A' und stellte es dem «principium identitatis» 'A ist A' gegenüber [3]. Die letztere Formel ist freilich nicht einfach als variabler Ausdruck für Sätze der Form 'Ein Mensch ist ein Mensch' zu lesen, sondern steht stellvertretend für alle analytisch wahren Aussagen. Die Formel 'A ist Non-A' steht also eigentlich für alle begrifflich inkonsistenten Sätze, nicht nur für solche, in denen «das Prädicat dem Subject entgegengesetzt» ist [4]. Manche Logiker, wie etwa SIGWART, wollen freilich das «principium contradictionis» in dieser Form vom allgemeineren S.v.W. unterscheiden. Diese Variante des S.v.W. bzw. des Widerspruchsprinzips findet man schon bei ARISTOTELES, wenn er sagt, daß «alles Wahre mit sich selbst nach allen Seiten in Einklang stehen» muß, sich also weder begrifflich noch faktisch widersprechen darf [5].

Differenzierungen als Bedeutungen von Worten, Sätzen und generischen (konstativen) Äußerungen gibt es, wie schon PLATON in Auseinandersetzung sowohl mit subjektivistisch-empiristischen als auch logizistisch-scholastischen Sophisten betont hatte, nur auf der Basis gemeinsamer (Urteils-)Kriterien. Der S.v.W. muß daher durch geeignete Festsetzungen, Abmachungen bzw. Einigungen über diese Kriterien allererst in Geltung gesetzt werden. Platon betont dabei die Rolle der Einigungen über die je zu verwendenden Kriterien in einer dialogischen Hinführung (ἐπαγωγή) oder 'Dialektik', in welcher u.a. auch die teleologischen Bedeutsamkeiten der betreffenden Differenzierungen aufgezeigt werden. Stünden uns derartige Kriterien nicht schon längst als mehr oder minder weit entwickelte faktisch zur Verfügung, dann gäbe es noch gar keine (sprachliche) Kommunikation, keine bestimmte Bedeutung, keine inhaltlichen, sondern nur oberflächliche Widersprüche. Auf dieser logischen Einsicht gründet die Methode der semantischen Desambiguierung vieldeutiger, etwa in verschiedenen Kontexten verschieden gebrauchter Worte, der Homonymien des πολλαχῶς λέγεται bei ARISTOTELES. – In der Aristotelischen Darstellung des Schlußkalküls der Syllogistik tritt diese definitionstheoretische Basis des S.v.W. allerdings in den Hintergrund gegenüber seiner Rolle beim indirekten Schließen, das er «Zurückführung aufs Unmögliche» nennt [6]. Es wird in der Folgezeit der S.v.W. in der Tat vielfach als bloßes Beweisprinzip einer derartigen 'Reductio ad absurdum' [R.a.a.] verstanden. Auch G. W. LEIBNIZ meint im Grunde die R.a.a., wenn er vom «principe de la contradiction» spricht, «en vertu duquel nous jugeons faux ce qui en enveloppe, et vray ce qui est opposé ou contradictoire au faux» [7]. Im einzelnen besagt dieses Prinzip: Ist in 'Sätzen' S', S''... ein Widerspruch 'eingewickelt', d.h. läßt sich logisch-deduktiv (nach gewissen in bezug auf eine 'Semantik' als gültig angesehenen schematischen Schlußregeln, z.B. denen der Syllogistik) ein Satz der Form 'S und $\neg S$' herleiten, dann ist mindestens einer der Ausgangssätze irgendwie falsch. Artikulieren diese explizite Definitionen (Prädikatorenregeln) oder auch implizite Definitionen (Axiomenschemata), dann wird so die Inkonsistenz oder formale Widersprüchlichkeit (als besondere Art der Falschheit) des terminologischen Systems erwiesen (1). Artikulieren sie dagegen (aufgrund gemeinsamer Bedeutungsbestimmungen) schon wahre oder falsche Aussagen a, dann kann man auf die vorgeführte Art zeigen, daß mindestens eine von diesen falsch ist, so daß aufgrund der üblichen Definition der Negation mindestens eine der Aussagen $\neg a$ wahr ist (2). Werden dagegen die Regeln eines schon als konsistent bekannten terminologischen Systems selbst schon in den Deduktionen benutzt und ergibt sich aus der Annahme eines Satzes $\neg S$ deduktiv ein Widerspruch, dann ist der Satz $\neg\neg S$ und damit, vermöge der durch den S.v.a.D. begründeten Regel $\neg\neg S \Rightarrow S$, auch S als rein terminologisch gültig oder als 'analytisch (wahr)' bewiesen (3). I. KANT erklärt gerade aus dem zuletzt erläuterten Grunde in den ‹Prolegomena›: «Das gemeinschaftliche Prinzip aller analytischen Urtheile ist der Satz des Widerspruchs» [8]. Mit Aristoteles und Leibniz hält er aber auch an der allgemeineren Rolle des S.v.W. als Wahrheitsprinzip fest, wenn er sagt, daß «das logische Princip der Wahrheit ... Übereinstimmung des Verstandes mit seinen eigenen allgemeinen Gesetzen» sei [9]. Der durch den Begriff der formalen Konsistenz oder Widerspruchsfreiheit bestimmte Begriff des analytisch wahren Urteils (bzw. im allgemeinen Fall: der wahren Aussage überhaupt) bleibt freilich abhängig vom jeweils (zumeist stillschweigend) zugrunde gelegten System der Deduktionsregeln (den 'Gesetzen des Verstandes'), wenn bzw. weil man den S.v.W. mit der deduktionslogischen R.a.a. identifiziert. Dies gilt auch für die Logik nach G. FREGE: Durch die Regeln des Prädikatenkalküls (s.d.) und dann auch durch die Hinzunahme beliebiger formaler Axiome (Formeln), die man als formale Bedeutungspostulate auffaßt, wird der Umfang der logisch bzw. analytisch wahren Sätze zwar gegenüber der traditionellen formalen Logik erheblich erweitert: Die dort explizit angegebenen Deduktionsregeln waren ja im wesentlichen auf die Syllogismen des Aristoteles beschränkt. Die Abhängigkeit des Begriffs der analytischen Wahrheit vom je zugrunde gelegten (und durch seine willkürliche Setzung immer einseitigen) logisch-terminologischen Kalkül bleibt aber auch in der Logik nach Frege erhalten. Dies ist der Grund dafür, daß die in der neueren Philosophie verbreitete Identifikation aller begrifflichen mit den bloßen analytischen Wahrheiten, deren Kriterium der S.v.W. bzw. die formallogische Konsistenz bleibt, eine Engführung der philosophischen Begriffsanalyse bedeutet.

Unter Verwendung der materialen Implikation (bzw. der Subjunktion) '→' und des Regelpfeils '⇒' nimmt das Prinzip der R.a.a. in der modernen formalen Logik die Form des Deduktionsschemas (4) an: $(S' \rightarrow S \wedge \neg S) \Rightarrow \neg S'$. Dieses kann zugleich als Erzeugungsregel für weitere 'allgemein gültige' Satzformen gebraucht werden. Sowohl vom allgemeinen S.v.W. als auch von den Schemata der R.a.a. zu unterscheiden ist das Regelschema, das traditionell den Titel «ex falso/contradictione quodlibet» trägt: 'Folgt' aus der 'Annahme' des Satzes S deduktiv ein Widerspruch, so darf man alle 'Schlußregeln' vom Typ $S \Rightarrow S$'' hinzunehmen. Mit andern Worten, es werden für beliebige Aussagen (Sätze, Formeln) S, S' und S'' die Deduktionsregeln $(S \rightarrow S' \wedge \neg S') \Rightarrow S \rightarrow S$'' (5) für 'zulässig' [10] und dadurch alle falschen Sätze bzw. alle Widersprüche untereinander für 'deduktiv äquivalent' bzw. für 'gleich falsch' erklärt. Man sagt dazu auch, leicht irreführend, aus einem falschen bzw. widerspruchsvollen Satz S ließe sich 'alles beweisen' [11].

Von anderer, grundsätzlicherer Art als die genannten beweistheoretischen Verkürzungen des S.v.W. (1-5) sind semantische Überlegungen zum S.v.W., wie sie G. W. F. HEGEL im Anschluß an Platons Dialektik in seiner ‹Logik› angestellt hat: In direktem Bezug zur Aristotelischen Definition des 'Seins' als Inhalt einer Konstatierung [12] erklärt Hegel, daß das reine Sein, das als reine Bejahung eines (Existenz-)Satzes zu verstehen ist, und das reine Nichts als die kriterienlose Verneinung oder Entgegensetzung dasselbe und ununterscheidbar wären, würde nicht ein «inhaltsvoller Unterschied dem leeren Unterschiede von Seyn und Nichts untergeschoben» [13]. Aber auch wenn uns scheinbar 'gültige' Regeln des Sprachgebrauchs oder der Argumentation dazu verleiten, gewisse Äußerungen A_S gleichzeitig als irgendwie richtig und als irgendwie unrichtig zu bewerten, dann ist (nach Platon und Hegel) im allgemeinen nicht nur eine Überprüfung der Konformität der 'Beweise' mit den üblicherweise anerkannten Regeln, sondern auch der (Wahrheits-)Kriterien und der Anwendbarkeit der Beweisschemata selbst notwendig. In diesen Fällen wirkt der S.v.W. als Movens bzw. Moment für bessere semantische Differenzierungen: Das ist die 'Methode' jeder 'dialektischen' Begriffsanalyse. Ihr Ziel ist die Restitution der Geltung des S.v.W. durch Aufhebung von Mängeln in den bloß faktischen Sprachgebräuchen, den konventionellen Urteils- und schematischen Schlußweisen. Die Aufhebung möglicher Widersprüche durch gemeinsam erarbeitete Kriterien bleibt nun aber immer unabgeschlossen, 'endlich', fallibel, und ist doch zugleich bedeutungskonstitutiv. Es gibt in Wirklichkeit keine ideal fixierten Bedeutungen, sondern nur praktisch funktionstüchtige Übereinstimmungen im Sprachgebrauch, etwa auch in der Bewertung von (Bedeutungs-)Gleichheiten (wie in Übersetzungen) und in unseren Differenzierungen. Auf der Basis dieser Einsicht begreift Hegel mit Platon und Sokrates die Dialektik als Fortentwicklung und nicht als fundamentale Konstruktion der Kriterien vernünftigen Redens. Die aristotelische Vorstellung dagegen, man könne durch explizite Definitionen das Problem der Vieldeutigkeiten aus der Welt schaffen, verkennt in ihrer extremen Idealisierung die faktischen Verhältnisse und wird leicht zu logizistischer Scholastik, wie sie sich auch in der Überschätzung mathematisierter Bedeutungsregeln durch die moderne (formal)analytische Philosophie zeigt.

Wahrheits- bzw. Erfüllungsbedingungen und damit a fortiori die Kontrolle der Erfülltheit der Bedingungen durch den 'Verstand' als Vermögen der Befolgung endlicher, schematischer Regeln sind immer zu beziehen auf den jeweiligen Stand der Entwicklung der Bedeutungskriterien. Eine 'absolute Gültigkeit' des S.v.W. läßt sich demnach in der Tat nur als normatives Ideal begreifen, an dem sich unsere Bemühungen um gemeinsame Unterscheidungen mit gutem Grund als Zielvorstellung orientieren. Im Ausschluß bestimmter Widersprüche ('Falschheiten') besteht dagegen die einzig wirklich verfügbare 'Regel' oder Richtschnur der Wahrheit – sei diese inhaltlich oder formal-analytisch. Ein bloß faktischer Konsens und eine bloß formale Konsistenz sind ja keineswegs selbst schon hinreichende Wahrheitsbedingung, sie begrenzen nur die Möglichkeiten des Irrtums und des Fehlverständnisses. Das faktische Glücken unseres Handelns und die faktischen Übereinstimmungen im Urteilen bilden freilich den Maßstab, an dem wir die Abwesenheit gewisser Miß- oder Fehlverständnisse erkennen. Das ist der Sinn der ebenso provokativen wie programmatischen Habilitationsthese Hegels «Contradictio est regula veri, noncontradictio, falsi», in welcher er die bloß negative, Wahrheit und Falschheit bloß polar ausgrenzende Funktion des S.v.W. – anders als etwa Aristoteles, Leibniz oder Kant – hervorzuheben versucht.

Die Bemühung um die Erfüllung des S.v.W. durch unsere Kriterien und Differenzierungen selbst konstituiert dann das, was wir als (bedeutungsvolles, vernünftiges) Denken vom bloß oberflächlichen Reden, auch einem bloß formalen 'Selbstdenken' nach fertigen (damit am Ende konventionellen) Regeln unterscheiden. Hegel hebt damit zugleich folgende Aussage Kants kritisch auf: «Allgemeine Regeln und Bedingungen der Vermeidung des Irrtums überhaupt sind 1) selbst zu denken, 2) sich in der Stelle eines andern zu denken, und 3) jederzeit mit sich selbst einstimmig zu denken» [14].

Anmerkungen. [1] ARISTOTELES: Anal. pr. I, 1, 24 a 23. – [2] Vgl. dazu CH. SIGWART: Logik (1873) 144 (§ 23). – [3] Vgl. etwa A. TRENDELENBURG: Log. Unters. 2 (²1862) 153 und F. UEBERWEG: System der Logik (³1868) 186 (§ 77). – [4] SIGWART, a.O. [2]. – [5] ARISTOTELES: Anal. pr. I, 32, 47 a 8f. – [6] a.O. 6, 28 a 7; 7, 29 b 5. – [7] G. W. LEIBNIZ: Monad. § 31. Philos. Schr., hg. C. I. GERHARDT 6 (1885) 612. – [8] I. KANT: Proleg. § 2b. Akad.-A. 4, 267. – [9] Logik (JÄSCHE), Einl., A 17. Akad.-A. 9, 20. – [10] W./M. KNEALE: The developm. of logic (Oxford 1962) 542f.: hier heißt dieses Prinzip «principle of non-contradiction». – [11] Vgl. Art. ‹Regellogik/Satzlogik 3.›. – [12] ARISTOTELES: Anal. pr. I, 2, 25 a. – [13] G. W. F. HEGEL: Enzykl. (1827) § 88, Anm. Akad.-A. 19, 98. – [14] KANT, a.O. [9] Einl., A 84. Akad.-A. 9, 57.

P. STEKELER-WEITHOFER

Sätze, subjektlose. Das Problem der s.S., wie z.B. 'es blitzt', ist sachlich und historisch eng mit dem Problem der Impersonalien (s.d.) verknüpft, bis zu dem Grade, daß beide Satzformen als identisch bezeichnet und behandelt werden. Dies tritt etwa darin zutage, daß F. MIKLOSICHS Abhandlung ‹Subjektlose Sätze› (Wien ²1883), die die logische und linguistische Auseinandersetzung um das Problem in Gang setzt, in ihrer ersten Fassung ‹Die Verba impersonalia in den slavischen Sprachen› (Wien 1865) heißt. Mit Miklosich scheint der Begriff ‹s.S.› zuerst in den philosophischen Sprachgebrauch übergegangen zu sein; dies darf man der Gegendemonstration CH. SIGWARTS entnehmen, der die «Frage nach dem Wesen der sogenannten Impersonalien und der durch sie gebildeten Sätze, die neuerdings auch als 's.S.' bezeichnet werden» [1], vom Standpunkt der traditionellen Urteilslehre erörtert.

Ohne den Begriff ‹s.S.› schon zu gebrauchen, analysiert innerhalb der Lehre von den Urteilen bereits J. F. HERBART den logischen Sachverhalt, daß «der Inhalt des Subjekt-Begriffes verschwindet» und daß «für ein Prädikat das Subjekt fehlt»; er bestimmt ihn als «Existentialsatz» [2]. In grammatischer Sehweise kommt die Benennung «subjektlose Verba» auf [3]; von «subjektlosen Urteilen» spricht als erster A. TRENDELENBURG, wobei er diesen die volle Geltung von Urteilen allerdings nicht zuerkennt [4]. Wenn der Bestand von s.S. unter grammatischem Gesichtspunkt auch selten in Abrede gestellt wird, so bleibt er unter logischem und psychologischem Aspekt doch sehr umstritten: «Sätze, die kein grammatisches Subjekt, und sinnhafte Sätze, d.i. Urteile, die kein logisches Subjekt aufzuweisen hätten, gibt es nicht» [5]. Demgegenüber sehen Logiker wie F. BRENTANO und A. MARTY reine Prädikatsurteile und somit die Existenz von s.S. als gegeben an [6]. Noch weiter faßt die Linguistik den Begriff, indem sie Ein-Glied-Sätze verbaler und nominaler Art sowie Interjektionen unter die s.S. einreiht [7].

In der modernen Logik, die – G. FREGE folgend – die traditionelle Subjekt-Objekt-Gliederung des Satzes (Urteil) aufgegeben hat, sind die s.S. kein eigenes Thema mehr. Berücksichtigung finden sie aber weiterhin in der Diskussion zur Frage der sprachlichen Realität (Sapir-Whorf-Hypothesen) [8].

Anmerkungen. [1] CH. SIGWART: Die Impersonalien. Eine log. Unters. (1888) 1. – [2] J. F. HERBART: Lehrb. zur Einl. in die Philos. (1813) 56f. – [3] K. W. HEYSE: Lehrb. der dtsch. Sprache 1 (1838) 660. – [4] A. TRENDELENBURG: Log. Unters. 2 (²1862) 205-215. – [5] J. REHMKE: Logik oder Philos. als Wissenslehre (²1923) 349. – [6] F. BRENTANO: Miklosich über s.S. Wiener Ztg. 13./14. Nov. 1883, ND in: BRENTANO: Psychol. vom emp. Standpunkt 2 (Anhang XII), hg. O. KRAUS (1925) 183-196; A. MARTY: Ges. Schr. II/1 (1918) 3-307. – [7] O. BEHAGHEL: Dtsch. Syntax. Eine geschichtl. Darst. 3 (1928) 439-468; L. TESNIÈRE: Eléments de syntaxe structurale (Paris 1959) 94-99. – [8] Vgl. F. VON KUTSCHERA: Sprachphilos. (²1975) 324ff.

H. KOLB

Schädellehre (Kranioskopie) als Organologie und Phrenologie. Die Trias von Schädellehre (Kranioskopie), Organologie und Phrenologie ist als systematischer theoretischer Zusammenhang, der strikte Lokalisation geistiger Fähigkeiten und enge Korrelation zwischen Größe des Gehirnteils und Ausprägung der geistigen Fähigkeit unterstellt [1], ausschließlich auf die Theorie von F. J. GALL und seinen Anhängern beschränkt. Gall selbst hat von den drei Begriffen nur den der Organologie [2] akzeptiert; die von ihm am häufigsten gebrauchte Bezeichnung ist die einer «Theorie über die Funktionen des Gehirns». Von seinen Gegnern und Anhängern wird allerdings frühzeitig der Begriff der Schädellehre benutzt [3] und im 19. Jh. werden ‹Phrenologie› und ‹Schädellehre› zumindest im deutschsprachigen Raum synonym verwendet [4]. Als Teilgebiete der Anthropologie sind Schädeluntersuchungen und Kranioskopie älter als Phrenologie und Organologie [5] und bleiben von ihr unabhängig. In der Mitte des 19. Jh. werden sie durch C. G. CARUS für die Physiognomik reklamiert [6]; ihr Gebrauch läßt sich zur Bezeichnung einer Methode der Anthropologie bis heute nachweisen [7].

Wie der Begriff der Schädellehre zeigen auch die Begriffe ‹Phrenologie› und ‹Organologie› eine selbständige Geschichte. Die Phrenologie, 1815 von TH. FORSTER zur Kennzeichnung der Theorie von Gall und Spurzheim geprägt [8], gewinnt zeitweilig Einfluß auf die Psychiatrie [9] und die Psychologie [10]; der Begriff verschwindet aber im 20. Jh. Die Organologie erlebt im Rahmen der Linguistik [11] und der kognitiven Psychologie eine Wiederbelebung in den siebziger und achtziger Jahren dieses Jh. [12], dürfte aber auf Dauer durch das Synonym ‹Modularitätstheorie› [13] des menschlichen Geistes ersetzt werden.

Anmerkungen. [1] Vgl. Art. ‹Organologie›; ‹Physiognomie, Physiognomik›, bes. 959f. – [2] F. J. GALL/G. SPURZHEIM: Anatomie et physiol. du syst. nerveux en gén., et du cerveau en partic. 2 (Paris 1812) 383ff. – [3] Vgl. GALL: Des Herrn Dr. F. J. Gall Schreiben über seinen bereits geendigten Prodomus über die Verrichtungen des Gehirns der Menschen und Thiere... (1798), in: E. LESKY (Hg.): F. J. Gall 1758-1828 (1979) 47-59, bes. 57f.; K. A. BLOEDE: Vorles.mitschr. von GALL: Cranologie, ou découvertes nouv. du docteur F. J. Gall ... (frz. Übers.) (Paris 1807). – [4] Vgl. F. W. THEILE: Art. ‹Gall›, in: J. S. ERSCH/J. G. GRUBER (Hg.): Allg. Encycl. der Wiss.en und Künste I/52 (1851, ND Graz 1972) 400-413; PIERER's Univ. Lex. 13 ([4]1861) 122f.; BROCKHAUS' Konvers.-Lex. 13 ([14]1895) 102; R. EISLER: Art. ‹Phrenologie›, in: Eisler[4] 2, 459. – [5] Vgl. z.B. F. W. P. DOUGHERTY: J. F. Blumenbach und S. Th. Sömmerring: Eine Auseinandersetz. in anthropolog. Hinsicht? in: G. MANN u.a. (Hg.): S. Th. Sömmerring und die Gelehrten der Goethezeit (1985) 35-56; L. VON KÁROLYI: Anthropometrie (1971). – [6] C. G. CARUS: Symbolik der menschl. Gestalt ([2]1858, ND 1962); vgl. Art. ‹Physiognomik, Physiognomie›. – [7] Vgl. z.B. E. FISCHER: Art. ‹Schädellehre›, in: E. KORSCHELT u.a. (Hg.): Handwb. der Naturwiss.en (1913) 836-852; KÁROLYI, a.O. [5]. – [8] TH. FORSTER: Observ. on a new system of phrenology, or anatomy and physiol. of the brain, of Drs. Gall and Spurzheim, in: Philos. Magaz. and Journal 45 (1815) 44-50. – [9] R. COOTER: Phrenology and Brit. alienists, ca. 1825-1845, in: A. SCULL (Hg.): Madhouses, mad-doctors, and madmen (Philadelphia 1981) 58-104. – [10] R. M. YOUNG: Mind, brain and adaptation in the 19th cent. (Oxford 1970); K. M. DALLENBACH: The hist. and derivation of the word ‹function› as a systemat. term in psychol. Amer. J. Psychol. 26 (1915) 473-484; D. BAKAN: The influence of phrenol. on Amer. psychol. J. Hist. behav. Sci. 2 (1966) 200-220. – [11] N. CHOMSKY: Rules and representations (Oxford 1980); Reflexionen über die Sprache (1977); Language and problems of knowledge (Cambridge 1988). – [12] Vgl. J. C. MARSHALL: The new organology. Behav. Brain Sci. 2 (1980) 472f.; Multiple perspectives on modularity. Cognition 17 (1984) 209-242; M. F./B. SCHWARTZ: In defence of organology. Cognit. Neuropsychol. 1 (1984) 25-42. – [13] J. A. FODOR: The modularity of mind (Cambridge 1983); J. L. GARFIELD (Hg.): Modularity in knowledge representation and nat.-language underst. (Cambridge 1987).

Literaturhinweise. F. W. THEILE s. Anm. [4]. – R. M. YOUNG s. Anm. [10]. – E. LESKY (Hg.) s. Anm. [3]. – J. C. MARSHALL s. Anm. [12]. H. HILDEBRANDT

Scham, Scheu (griech. αἰσχύνη, αἰδώς; lat. pudor, reverentia, verecundia, erubescentia; engl. awe, bashfulness, coyness, shyness, modesty, shame; frz. pudeur, honte, modestie, respect)

A. *Begriffsfeld.* – ‹Scham› [Sch.] bezeichnet ein Gefühl, das die Tendenz hat, einen Handlungs- oder Redeimpuls zu hemmen, um möglichen Tadel und damit Minderung des Selbstwertgefühls zu vermeiden, oder Insuffizienz schmerzlich spüren zu lassen, weil diese Rücksicht verletzt wurde (Scheu, αἰδώς, «in actu committendo» bzw. Sch., αἰσχύνη, «de turpi iam facto», THOMAS VON AQUIN [1]). Als Gefühl ist Sch. intentional bezogen 1) auf etwas, das geachtet oder respektiert werden soll (z.B. Gottheit, Autorität, Sitte, Forderungen der Humanität, Anstand usw.), 2) auf eine beurteilende Instanz (den Mitmenschen, die Gesellschaft, eine anerkannte Autorität, auch das eigene Ich bzw. Über-Ich), 3) auf das redende oder handelnde Subjekt, dem bei Verletzung der genannten Werte Bloßstellung, Blamage oder Schande droht oder zuteil wird. Im Begriff ‹Sch.› lassen sich mehrere Bedeutungsmomente unterscheiden, die auch in verschiedenen Kulturen unterschiedlich aktualisiert worden sind: das *prohibitive* Moment der Scheu, daß ich etwas Bestimmtes nicht sagen oder tun sollte; das *faktisch verurteilende* der Sch., daß ich es nicht hätte sagen oder tun dürfen; ein *schlechthin negatives* Bedeutungsmoment bezeichnet bes. in der biblischen Tradition ein schmerzliches Bewußtsein der eigenen unaufhebbaren Unvollkommenheit [2]; im Gegensatz dazu kann in der Sch. auch ein *adhortatives* Moment als Ehrgefühl erlebt werden, das zum Edlen, Guten, Richtigen motiviert (αἰδώς in der altgriechischen Adelsethik z.B.). Am Rand sind auch die Möglichkeiten der falschen Sch. (Schüchternheit, Prüderie, Blödigkeit, Unsicherheit im Urteil über relevante Normen) zu bedenken.

Welcher Gegenstand das Gefühl von Sch. auslöst, hängt von den in einer Gesellschaft geltenden Wertungsmaßstäben ab. In einer geschlossenen Gesellschaft mit eindeutiger moralischer, religiöser und sozialer Autorität wird Sch. von größerer Bedeutung sein und weitere Bereiche umfassen als in einer offenen und pluralistischen, in der Verstöße weniger und für verschiedene Gruppen unterschiedlich schwer wiegen.

B. *Philologie.* – 1. *Antike* [3]. – a) *Griechisch:* Verb αἴδομαι bzw. αἰδέομαι, Substantiv αἰδώς Scheu, αἰσχύνω beschämen, αἰσχύνη Sch. Die Grenzen zwischen den Begriffen werden in späterer Zeit fließend. b) Im *Lateinischen* sind die Wortstämme um ‹pudor›, ‹verecundia› und ‹pietas›, im christlichen Schrifttum auch ‹erubescentia› heranzuziehen. c) Im *Hebräischen* bezeichnen die Wurzeln ‹bôš›, ‹klm› und ‹ḥpr›, aus verschiedenen Sphären stammend, ein Gefühl der Insuffizienz.

2. *Neuzeit.* – a) *Deutsch* [4]: ‹Scheu› zu mhd. ‹schiuhen› ab- bzw. erschrecken; ‹Sch.› zu got. ‹scaman› sich schämen. Vgl. auch ‹Achtung› und ‹Ehrfurcht›. b) *Englisch:* ‹awe›; ‹bashfulness›, ‹coyness›, ‹shyness›; ‹modesty›; ‹shame›. c) *Französisch:* ‹pudeur›, ‹honte›, ‹modestie›, ‹respect›, ‹crainte honteuse› u.a. (alle als Übersetzungen zu griech. αἰδώς [5]).

C. *Begriffsgeschichte.* – 1. *Vor- und außerphilosophisch.* – a) *Griechisch:* Die weitestgehenden und feinsten Differenzierungen des Begriffs ‹Sch.› sind im Griechischen gegeben. Der gewaltige Begriffsumfang wird deutlich in den kontextabhängigen Übersetzungen: ‹Ehrfurcht›, ‹Mitleid›, ‹Scheu›, ‹Rücksicht›, ‹Ehrgefühl›, ‹Feingefühl›, ‹Feinfühligkeit›, ‹Respekt› u.v.a. Die Grundbedeutung wird teils, vor allem von theologischer Seite [6], in der Ehrfurcht vor den Göttern, teils, völlig konträr, im geschlechtlichen Sch.-Gefühl [7] gesucht. Als Grundbedeutung, in der diese extremen Bedeutungen vermittelbar sind, ist ‹Scheu› anzunehmen, «von der aus sowohl die unübersetzbare αἰδώς des Kriegers wie die Sch. in geschlechtlichen Dingen und die Ehrfurcht und die Schüchternheit sich entwickeln konnten» [8]. Entsprechend dem Ideal der Vervollkommnung, das dem griechischen Denken eigen ist (ἀριστεύειν; παιδεία), wird im Begriff ‹Sch.› als αἰδώς vor allem das prohibitive und das adhortative Moment gedacht: αἰδώς ist «die einzige sittliche Kraft in dem Menschen» [9], das «Gefühl der Verpflichtung gegenüber dem Ideal» [10]. Die αἰδώς des adligen Kriegers [11] ist vor allem Ehrgefühl; αἰδώς kann die Ehrfurcht vor den Göttern bezeichnen und steht dann neben σέβας (Frömmigkeit). Überwiegend ist sie ein sozialer Begriff, der das Verhalten gegenüber Königen, Priestern, Eltern («Ehrfurcht»), Mitstreitern und Freunden («Ehrgefühl») oder Hilfsbedürftigen («Mitleid», «Gnade») betrifft oder die Allgemeinheit als beurteilende Instanz [12]. Sie ist für den adligen Menschen der ‹Ilias› HOMERS die «Scheu, etwas zu tun, was häßlich (αἰσχρόν) ist» mit allen inhaltlichen Implikationen. Fehlende αἰδώς, gar ἀναίδεια, hat νέμεσις zur Folge: Zürnen, Ungehaltenheit, Unwillen der Umgebung. Die Bedeutung der αἰδώς für das rechte Verhalten wandelt sich mit der Entwicklung von der Adels- zur Polisethik. Bereits bei HESIOD wird sie zu einem allgemeinen Gefühl für Recht und Anstand [13]. Dabei treten greifbare Qualitäten wie Rechtlichkeit (δίκη) und Selbstbeherrschung (σωφροσύνη) neben αἰδώς und drängen sie allmählich in den Hintergrund. Der neue universale Leitbegriff für das rechte Verhalten wird ἀρετή, für die αἰδώς allenfalls noch eine Hilfsfunktion hat. Sehr viel enger ist der Sinn von αἰσχύνη: vor allem ‹Sch.› und ‹Schande›. In Gegenüberstellungen mit αἰδώς wird deren positive Funktion betont, während αἰσχύνη stärker die Verfehlung akzentuiert [14].

b) Das *Lateinische* hat einen im wesentlichen entsprechenden Begriff von Sch., der aber gedanklich nicht so ausdifferenziert ist. Hervorzuheben ist auch hier der adhortative Sinn von ‹pudor› als ‹Ehrgefühl› [15].

c) Im *biblischen* Denken überwiegt der negative Sinn («feeling of inferiority»). Es scheint in den Auslegungen Einigkeit darüber zu herrschen, daß Unglück, Mißgeschick und jedes Scheitern zu Schande führt. Offen ist die Frage, ob solches Unglück als Folge einer begangenen Schuld aufzufassen ist (bes. Gen. 3, 7), Sch. also Teil der Buße ist. Ein besonderes Thema ist die unverdiente Schande des Gerechten oder des Gottesvolks unter den Spöttern und Heiden.

2. *Sch. in der Philosophie*. – a) Antike: Die Begriffe αἰδώς und αἰσχύνη treten auch in der Philosophie zunächst noch alltagssprachlich auf. Die sophistische Kritik und Relativierung scheinbar selbstverständlicher Werte und der reale Verfall der Polis-Kultur nötigen aber zu rationaler Ausweisung. Sch., im Rahmen einer logos-orientierten Philosophie thematisiert, wird in eine periphere Position gedrängt (ARISTOTELES [16]), während sie für Philosophen, die auf Distanz zur Gesellschaft gehen, praktisch gegenstandslos wird (Kyniker, Epikur). – Die Eigentümlichkeit des Sch.-Begriffs von DEMOKRIT liegt darin, daß er ihn nur noch bedingt aus der sozialen Sphäre versteht. 'Sich hüten vor (αἰδεῖσθαι) Schimpflichem' und 'sich schämen über (αἰσχύνεσθαι) Schimpfliches' sind unabhängig von zufällig geltenden Werten und auch vom Urteil anderer. Die letzte Beurteilungsinstanz ist das eigene Ich [17]. Dieses erhält seine spezifische Kompetenz aus einer Erziehung, die rechten Umgang mit Sprache, Musik und Gymnastik umfaßt [18] und zu einer inneren Verfassung des Maßes führt.

PLATON hat gegenüber den Sophisten und Demokrit eine gesellschaftliche Ordnung vor Augen, deren Maß, der subjektiven Wertschätzung entzogen, auf den Forderungen einer ewigen, wenn auch real nie verwirklichten Gerechtigkeit beruht. Αἰδώς, als Gefühl für das, was sich gehört und was der einzelne den anderen schuldig ist, bekommt ihren sozialen Sinn zurück. Platon verbindet sie oft mit δίκη (objektive Ordnung der politischen Gemeinschaft) (Δίκη als Tochter der Αἰδώς [19]) und δικαιοσύνη (dem subjektiven Gerechtigkeitssinn); auch die gefühlsmäßige Verbundenheit der Gemeinschaft, φιλία, beruht auf ihr. Am klarsten spricht Platon diese Zusammenhänge im ‹Protagoras› aus [20]: αἰδώς und δίκη werden allen Menschen gegeben, damit überhaupt Staaten bestehen können (im Gegensatz zu fachlichen Qualitäten, die jeweils nur einzelne besitzen). Es ist Platons Überzeugung, daß Staaten nur so gut sind wie ihre Bürger. Daher interessiert ihn vor allem die gesunde Seele, die durch den sicheren Besitz der zentralen Tugenden (spätantik: «Kardinaltugenden») bestimmt ist. Αἰδώς in der Seele ist eine günstige Bedingung, aus der die Tugenden möglich sind: «αἰδώς der Seele» entspricht Gesundheit und Kraft des Leibes [21]. Sie sichert beim «oligarchischen Mann» das rechte Maß des Begehrens und steht in einer Reihe mit Selbstbeherrschung, Mäßigung und Anstand (σωφροσύνη, μετριότης, κοσμία); geht sie verloren, bricht Hemmungslosigkeit aus (ἀναίδεια, ὕβρις, ἀλαζονεία) [22]. Damit ist ihre fundamentale Bedeutung für die Tugend der σωφροσύνη ausgesprochen [23]. Als Haltung des Maßes kann αἰδώς Ergebnis musischer Erziehung sein [24]. Sie ist aber nicht nur Verfassung der Seele, sondern auch momentanes Gefühl. Als solches ist sie bald Teil der Furcht [25], bald Gegenstück zu ihr (freilich im selben Genus): Wo Furcht schimpflich ist, ist αἰδώς als Furcht vor schlechtem Ruf lobenswert (ἐν τιμῇ μεγίστῃ) [26]. Freilich gibt es auch eine falsche Scheu, wie schon HOMER wußte, die sich durch Autorität blenden und verführen läßt [27]; letzte Verläßlichkeit fehlt ihr also. Sie ist eine wesentlich gefühlsmäßige Grundlage der Tugend, aber nicht die Tugend selbst.

Auch ARISTOTELES benutzt αἰδώς vielfach umgangssprachlich im konventionellen Sinn; αἰδώς ist die Verfassung edler junger Menschen, die ihnen zur Kalokagathie (s.d.) verhilft (im Gegensatz zu den 'schlechten', die man nur durch Furcht vor Strafe dazu bringt, schädliche Emotionen in Schranken zu halten) [28]. Αἰδώς trägt besonders zu maßvoller Haltung und 'Zivilcourage' bei (σωφροσύνη; ἀνδρεία πολιτική [29]); αἰδώς ist Sinn für Maß (μετριότης [30]) sowie Respekt vor Autorität [31]. Die Thematisierung von Sch. ist einmal mehr durch psychologisches und soziologisches Interesse [32], das andere Mal durch ethisches [33] motiviert. Αἰσχύνη, Sch., ist das Gefühl der Unruhe oder eine schmerzliche Empfindung drohender Mißachtung wegen eigener Verfehlungen oder solcher von Angehörigen. Aristoteles gibt eine ausführliche Liste solcher Mängel sowie der Personen, vor denen Sch. empfunden wird. Die zentrale Frage der ethischen Untersuchung der Sch., jetzt als αἰδώς – ohne daß sie streng von αἰσχύνη geschieden würde: sie ist Scheu [34] und Sch. [35] – ist, ob sie zu den Tugenden zu zählen sei. Mit den Tugenden teilt sie die Mittellage zwischen Extremen (μεσότης) [36], aber als Spezies von Furcht ist sie Affekt (πάϑος), nicht feste Haltung (ἕξις), Antizipation möglicher Schande wegen einer Handlung, die allgemein als unschicklich gilt, gleichgültig, ob moralisch falsch oder bloß den Anstand verletzend. Damit ist sie Symptom moralischer Unsicherheit bei erwachsenen Menschen und daher eher schimpflich als lobenswert. Nur jüngeren Menschen hilft sie, ihr emotionsbestimmtes Leben (πάϑει ζῆν) zu beherrschen.

Diese theoretische Abwertung der αἰδώς wirkt fort: Es wird schwierig, ihren Platz im Verhältnis zu den Tugenden zu bestimmen. Die alte *Stoa* trennt αἰδώς von αἰσχύνη. Αἰσχύνη wird zu den Arten der Furcht – neben Lust, Schmerz und Verlangen ein klassisches Genus von πάϑος – gerechnet [37]: Als πάϑος stellt sie eine Krankheit der Seele dar, sofern sie nicht auf wahres Gut oder Übel gerichtet ist und vernünftige Entscheidungen beeinträchtigt. Αἰδώς dagegen wird zu den positiv bewerteten Emotionen (εὐπάϑειαι: Freude, Vorsicht, vernünftiges Wollen) gezählt. Αἰδώς, die «sittliche Scheu vor gerechtem Tadel», ist als Spezies der Vorsicht (εὐλάβεια) von hohem Wert [38]. Die Haltung der αἰδώς, die αἰδημοσύνη, wird geradezu als Sekundärtugend im Verhältnis zur σωφροσύνη gesehen [39]. Damit versucht die Stoa auch theoretisch der Bedeutung gerecht zu werden, die αἰδώς in der Lebenspraxis, besonders in der Erziehung hat (z.B. als Gesehenwerden durch eine Autorität [40]). Als Lebenswirklichkeit wird αἰδώς bei späteren Stoikern immer wieder gewürdigt: als «Rücksicht auf das sittliche Gefühl der Mitmenschen» bei PANAITIOS, etwas unklar bei SENECA [41], als «sittliche Scheu vor sich selbst» bei EPIKTET, als «sittlicher Instinkt und angeborenes Gefühl für Menschenwürde» bei MARC AUREL [42].

b) *Christliche Philosophie:* Bei AUGUSTINUS finden wir den traditionellen Sprachgebrauch (die Termini ‹pudor›, ‹verecundia›, ‹erubescentia› sind großenteils austauschbar und können durchweg mit ‹Sch.› übersetzt werden) und traditionelle Motive (etwa: «verecundia erga parentes»; 'Sch., etwas auszusprechen'; «pudor»/«verecundia» als «timor displicendi»). Daneben aber ist der Begriff ‹Sch.› beherrscht durch einen breiten Strom biblischer Sinnrichtungen: falsche Sch. der Christen unter Weltmenschen und Spöttern, der Guten unter Frevlern; Sch. des Sünders vor dem Bekenntnis seiner Sünden [43]. Zu schämen hat sich der Mensch seines Hochmuts [44]. Hochmut hat zum Sündenfall geführt und zur Sch. über die Nacktheit (Gen. 3, 7). Der Begriff geschlechtlicher Sch. nimmt bei Augustinus breitesten Raum ein [45]: «Nun aber muß der Geist sich schämen, daß ihm der Körper Widerstand leistet [sc. in der Fleischeslust], der ihm doch wegen seiner niederen Natur unterworfen ist» [46].

Auch bei THOMAS VON AQUIN [47] müssen zwei Ebenen der Behandlung von Sch. unterschieden werden: die formal-philosophische und die inhaltlich-pragmatische. Auf der formalen Ebene folgt Thomas griechischen, aristotelischen und stoischen Traditionen. Die Unterscheidung «verecundia» (αἰσχύνη) – «erubescentia» (αἰδώς) sowie ihre Behandlung als Formen der Furcht stammen aus stoischer Quelle [48]; die Frage, ob Sch. eine Tugend sei («utrum verecundia sit virtus»), schließt an Aristoteles an [49], während die besondere Beziehung der Sch. zur Kardinaltugend der Besonnenheit («temperantia», σωφροσύνη) seit Platon geläufig ist [50]. Auf der inhaltlichen Ebene ist der Begriff einheitlich auf das demütigende Gefühl einer wirklichen oder vermeintlichen Defizienz bezogen; ‹verecundia›, ‹erubescentia›, ‹pudor›, ‹confusio› werden wesentlich synonym gebraucht [51]. Sch. empfindet etwa der Verkünder des Evangeliums, der vor den Weltmenschen als Narr dasteht. Sch. empfindet der Übeltäter wegen seiner Verfehlungen wie Lüge, Diebstahl, Ausbeutung, Ruhmsucht, Schmeichelei, Hang zur Völlerei usw. Auch bei Thomas ist die kreatürliche Unvollkommenheit ein Anlaß zur Sch., von der kein Mensch ausgenommen ist. Sch. empfinden auch Bischöfe, sogar Petrus und Maria. In besonderer Weise ist auch bei Thomas die geschlechtliche Sch. Gegenstand der Reflexion [52]. Sch. kann aber auch eine reinigende Kraft haben: «Est autem erubescentia principium et finis emendationis» [53]. Damit wird der Kreis derer, vor denen man sich schämt, in charakteristischer Weise erweitert: der Priester, der die Beichte abnimmt, das eigene Gewissen, vor allem aber Gott.

c) *Neuzeit:* In der neuzeitlichen philosophischen Anthropologie, die den Menschen wesentlich als Naturwesen (Körper) mit möglicher Beziehung zum Geist sieht, werden die Affekte als natürliche Abläufe aufgefaßt, die man analog den Methoden der Mechanik (R. DESCARTES [54]) oder nach Art der Geometrie (B. SPINOZA [55]) beschreiben kann und an denen vor allem interessiert, wie sie den Geist stören oder fördern und auf welche Weise er sie beherrschen kann. Sch. erhält den Status eines Affekts unter anderen oder zerfällt in mehrere Affekte, die ihren Ort innerhalb einer Systematik von Grundaffekten finden. Für DESCARTES ist Sch. («honte») «eine Art Traurigkeit, die auf Selbstliebe gegründet ist, die von der Meinung oder Furcht herrührt, beschämt worden zu sein» [56]. Solche Sch. berücksichtigt vor allem die Meinung der Menschen, sollte aber auch auf die Überlegung, was wahrhaft der Sch. würdig ist, gegründet sein. Sie regt auf jeden Fall zur Tugend an, insofern man sich nicht nach Art der Kyniker über allen Brauch hinwegsetzt. – Die Nuance ‹Scheu› wie auch die des «generellen Sch.-Gefühls» haben entfernte Entsprechungen in «Gewissensbiß» («remors» [57]) bzw. «lasterhafte Demut» («humilité vitieuse» [58]). Die Haltung des «Edelmuts» («générosité» [59]) erinnert in manchem an αἰδώς. Sie alle sind aber im Denken Descartes' nicht mit dem Begriffsfeld ‹Sch.› verbunden.

Einen anderen ontologischen Status haben die Affekte bei SPINOZA. Da Körper und Geist nur verschiedene Seins- und Erscheinungsweisen derselben substantiellen Einheit sind, die durch die Notwendigkeit der Natur bestimmt ist [60], folgen auch die Affekte diesen Gesetzen. Sie werden definiert als Reizungen («affectiones») des Körpers, durch die dessen Tätigkeitsvermögen beeinflußt wird, und gleichzeitig als die Empfindung oder das Bewußtsein dieser Reizungen [61]. Erste Tendenz aller Wesen ist die Selbsterhaltung, ihr Ausdruck das Begehren («cupiditas», «voluntas», «appetitus») [62]; dieser Grundaffekt ist, je nachdem, ob das Tätigkeitsvermögen sich vermehrt oder vermindert fühlt, positiv oder negativ getönt: Freude oder Verdrießlichkeit («laetitia»/«tristitia»). Aus diesen drei Grundaffekten ergeben sich alle anderen, deren es unzählige gibt. Sch. («pudor») ist eine Verdrossenheit («tristitia»), die daraus entsteht, daß sich der Mensch getadelt glaubt [63]. Insofern sie sich auf ein Objekt bezieht, entspricht sie dem Haß; anders als der Haß ist sie aber auf ein inneres und nicht auf ein äußeres Objekt gerichtet. «Pudor» kann auch

Schande sein. Der Impuls, Schande zu vermeiden, heißt «verecundia» (Scheu, Zurückhaltung) [64]. Spinoza trennt also deutlich zwischen Scheu und Sch.

Es handelt sich bei der Sch. weder für Descartes noch für Spinoza um ein sittliches Grundempfinden. Gegenstand der Sch. ist die Minderung eines eher äußerlich begründeten Selbstwertgefühls. Der wahre Wert des Menschen aber liegt in der Herrschaft des Geistes über die Affekte, also auch über die Sch. Diese Blickrichtung bleibt im folgenden weitgehend bestimmend. Exemplarisch dafür ist etwa I. KANTS Deutung der Sch. als Affekt, genauer als «Angst aus der besorgten Verachtung einer gegenwärtigen Person». Es könne zwar «einer sich auch empfindlich schämen ohne Gegenwart dessen, vor dem er sich schämt; aber dann ist es kein Affect, sondern wie der Gram eine Leidenschaft sich selbst mit Verachtung anhaltend, aber vergeblich zu quälen; die Sch. dagegen, als Affect, muß plötzlich eintreten» [65].

d) *20. Jh.:* Vor allem die phänomenologische Richtung und ihr Interesse an den 'Sachen selbst' hat dem Nachdenken über Sch. neue Impulse gegeben. Die phänomenal reichste Untersuchung liefert M. SCHELER [66]. Sch. betrifft die gesamte Existenz des Menschen: Nur in der Spannung zwischen Leib und Geist ist sie möglich, aber auch notwendig. Tiere und Götter kennen keine Sch. Sie hat die positive Funktion, gegenüber den Ansprüchen der Triebe ein Moratorium zu bewirken, das ein Wählen (geistige Funktion) möglich macht. Sch. ist ein «Schutzgefühl des Individuums». Scheler unterscheidet Leibes-Sch. und seelische Sch.-Gefühle als ursprüngliche Phänomene. Der geschlechtliche Bereich ist nur eine Sphäre, wenn auch eine bedeutende, in der Sch. wirkt, aber nicht ihr Ursprung. Bekleidung folgt aus Sch., nicht umgekehrt (Scheler bezieht sich ausdrücklich auf Gen. 3, 7). Bei Völkern, die Kleidung ursprünglich nicht kannten, gibt es andere Formen der Verhüllung. Sch. wird von Scheler als universal angenommen. Die Sch. vor sich selbst ist gleich ursprünglich wie Sch. im sozialen Kontext. Unter welchen Bedingungen Sch. abgelegt oder durchbrochen wird, untersucht Scheler ebenso wie ihr Verhältnis zu verwandten Gefühlen (Stolz und Demut, Reue und Ehrgefühl, Angst, Furcht und Ehrfurcht usw.).

J.-P. SARTRE [67] benutzt die Analyse der Sch. («honte») methodisch, um an ihr die Wirklichkeit und Bedeutsamkeit des Mitmenschen (des Anderen, «autrui») aufzuweisen. Für das einsame Ich gibt es keine Sch. («la honte ... est honte devant quelqu'un» [68]). Erst im Blick des Anderen sieht es sich und schämt sich gegebenenfalls (Sartre arbeitet mit einem landläufigen negativen Sch.-Begriff). Sich-Schämen heißt anerkennen, daß man so erbärmlich ist, wie der Andere einen sieht. Sch. betrifft auch bei Sartre die ganze Existenz («J'ai honte de ce que je suis» [69]). Im beschämenden Blick des Anderen ist das Ich nicht mehr Zentrum seiner Welt, sondern sieht sich in seiner Welt mit den Maßstäben des Anderen gemessen; das hat Entfremdung von allen Möglichkeiten sowie Einschränkung oder Beraubung seiner Freiheit zur Folge. Diese Bedeutung des Anderen für das Ich wird nicht nur in der Sch. erlebt, sondern u.a. auch im Stolz oder in der Furcht vor dem Andern. Es geht Sartre um den phänomenologischen Aufweis, daß der Mitmensch selbst Subjekt, nicht nur Objekt in der Sicht des eigenen Ich ist.

In der *angelsächsischen* philosophischen Literatur werden vielfach mit phänomenologisch geschultem Blick klassische Themen aufgegriffen, so das Verhältnis von Sch. und Stolz oder der Zusammenhang von Schuld und Sch. [70].

3. Außerhalb der Philosophie wird im 20. Jh. Sch. in der *tiefpsychologischen* und *psychotherapeutischen* Literatur thematisiert. Das Sch.-Phänomen interessiert auch im Rahmen von *Anthropologie, Ethnologie, Religionswissenschaft* und *Kulturgeschichte* [71].

Anmerkungen. [1] THOMAS VON AQUIN: S. theol. I-II, 41, 4. – [2] z.B. Röm. 3, 23. – [3] W. PAPE: Griech.-Dtsch. Handwb. (1880); H. G. LIDDELL/R. SCOTT/H. ST. JONES: A Greek-English lex. (1968); B. SNELL (Hg.): Lex. des frühgriech. Epos (1955ff.); R. HARDER: Kleine Schr. 1 (1960); K. E. GEORGES: Ausführl. lat.-dtsch. Handwb. (^{10}1959); M. A. KLOPFENSTEIN: Sch. und Schande nach dem AT (1972). – [4] GRIMM 8 (1893) 2107-2110. 2603-2610; TRÜBNERS Dtsch. Wb., begr. A. GÖTZE, hg. W. MITZKA 6 (1955) 58. – [5] A. GUINDON: La crainte honteuse selon Thomas d'Aquin. Rev. Thomiste 69 (1969). – [6] R. BULTMANN: Art. ⟨αἰδώς⟩ und ⟨αἰσχύνω κτλ.⟩, in: G. KITTEL (Hg.): Theol. Wb. zum NT 1 (1933) 168-171. 188-190; J. STELZENBERGER: Die Ehrfurcht, in: Theol. Quartalsschr. 131 (1951); R. J. HASENKAMP: Ich schäme mich (1989) 114. – [7] H. P. DUERR: Nacktheit und Scham. (^{3}1988) 346. – [8] K. E. FREIH. VON ERFFA: αἰδώς und verwandte Begriffe in ihrer Entwickl. von Homer bis Demokrit. Philologus Suppl. 30/2 (1937) 40. – [9] U. VON WILAMOWITZ-MOELLENDORFF: Der Glaube der Hellenen 1 (1931) 353. – [10] W. JAEGER: Paideia. Die Formung des griech. Menschen 1 (1934) 28f. – [11] HOMER: Ilias 5, 529; 13, 121. – [12] J.-C. RIEDINGER: Les deux αἰδώς chez Homère. Rev. Philol. Litt. Hist. anc. 54 (1980) 62-79. – [13] HESIOD: Erga 174ff. – [14] CHRYSIPP: Frg. mor. 416. SVF 3, 101, 34f. – [15] z.B. LIVIUS II, 10, 6. – [16] JAEGER, a.O. [10] 3, 188; F. DIRLMEIER, in: ARISTOTELES: Nik. Eth. Werke in dtsch. Übers., hg. E. GRUMACH 6 (^{5}1969) 395; VON ERFFA, a.O. [8] 36, Anm. 25. – [17] DEMOKRIT: VS 68, B 84. 244. 264. – [18] B 179. – [19] PLATON: Leg. 943 e. – [20] Prot. 322 c-323 a. – [21] Leg. 672 d 8f. – [22] Resp. 560 a 6-561 a 1; vgl. Phaedr. 253 e 3. – [23] So schon Prot. 322 c-323 a. – [24] Leg. 672 c-673 a. – [25] Euthyphr. 12 a-d; Resp. 465 a/b; Leg. 646 e. – [26] Leg. 647 a 9. – [27] Charm. 161 a 4-6; Resp. 595 b; Leg. 729 b. – [28] ARISTOTELES: Eth. Nic. 1179 b 11; vgl. PLATON: Leg. 644 cff. – [29] Eth. Nic. 1116 a 28; Eth. Eud. 1230 a. – [30] Eth. Nic. 1108 a 31-35; Eth. Eud. 1221 a 1. – [31] Pol. 1314 b 20. – [32] Rhet. 1378 a 19ff. – [33] Eth. Nic. 1128 b 10ff. – [34] a.O. b 18. – [35] b 13. – [36] 1108 a 31-35; Eth. Eud. 1221 a 1. – [37] CHRYSIPP: Frg. mor. 409f. SVF 3, 99. – [38] Frg. 432. 416, a.O. 105. 101, 34. – [39] Frg. 264, a.O. 64. – [40] ZENON VON KITION: Apopht. 319. SVF 1, 69; vgl. EPIKUR: Frg. 210f. Epicurea, hg. H. USENER (1887, ND 1966). – [41] SENECA: Ep. ad Lucil. I, 11. – [42] M. POHLENZ: Die Stoa 1 (^{2}1959) 204. 335. 341; 2 (^{3}1964) 101. 165. 167; PANAITIOS bei CICERO: De off. I, 99; EPIKTET II, 10, 15; IV, 3, 2; MARC AUREL III, 7; VI, 16. 40. – [43] AUGUSTINUS: Ps. 6; De civ. Dei II, 16; Conf. II, 3, 7; Ps. 33; Sermo 58 De temp. – [44] Ps. 18. – [45] z.B. De civ. Dei XIV, 16-23. – [46] a.O. – [47] Zentrale Stellen: THOMAS VON AQUIN: S. theol. I-II, 41, 4; II-II, 75, 1; II-II, 144; In III Sent. d. 26, q. 1, art. 3; De veritate 26, art. 4 ad 7; dazu: GUINDON, a.O. [5]. – [48] S. theol. I-II, 41, aus NEMESIOS VON EMESA: De nat. homin. = Frg. 416. SVF 3, 101; vgl. GUINDON, a.O. [5] Anm. 163. – [49] S. theol. II-II, 144, 1. – [50] a.O. 144, 1-4. – [51] GUINDON, a.O. [5] 597f. – [52] a.O. 603-619. – [53] 601. – [54] R. DESCARTES: Les passions de l'âme (1649). – [55] B. SPINOZA: Eth. III, praef. – [56] DESCARTES, a.O. [54] Art. 205f. – [57] Art. 177. – [58] Art. 159. – [59] Art. 153ff. – [60] SPINOZA: Eth. III, prop. 2, schol. – [61] III, def. 3. – [62] prop. 9. – [63] prop. 30, schol. – [64] prop. 39, schol.; vgl. Aff. def. 31 und Explic. – [65] I. KANT: Anthropologie § 76. Akad.-A. 7, 255. – [66] M. SCHELER: Über Sch. und Sch.-Gefühl [1913]. Schr. aus dem Nachl. 1. Ges. Werke 10 (1933, ^{3}1986); dazu P. EMAD: M. Scheler's phenomenology of shame. Philos. phenomenol. Res. 32 (1972) 361-370. – [67] J.-P. SARTRE: L'être et le néant (Paris 1943). – [68] a.O. 275. – [69] a.O. – [70] A. ISENBERG: Nat. pride and nat. shame. Philos. phenomenol. Res. 10 (1949) 1-24; W. H. WALSH: Pride, shame and responsability. Philos. Quart. 20 (1970) 1-13; zu Sch. und Schuld: vgl. H. MORRIS (Hg.): Guilt and shame (1971); A. O'HEAR: Guilt and shame as moral concepts. Proc. Aristot. Soc. 77 (1976) 73-

86; S. STRASSER: Beschouwingen over intimiteit. Tijdschr. Filos. 41 (1979) 83-103. – [71] L. WURMSER: The mask of shame (1981); dtsch.: Die Maske der Sch. (1990) bes. 127-150. 300f.; F. ERICHSEN: Schizophrenie und Sexualität (1975) bes. 114-134.

Literaturhinweise. R. SCHULTZ: ΑΙΔΩΣ. Diss. Rostock (1910). – K. F. GRAU: Eitelkeit und Sch.-Gefühl (1928). – U. VON WILAMOWITZ-MOELLENDORFF s. Anm. [9]. – W. JAEGER s. Anm. [10]. – K. E. Frhr. VON ERFFA s. Anm. [8]. – O. F. BOLLNOW: Die Ehrfurcht (1947). – J. STELZENBERGER s. Anm. [6]. – R. STARK: Die Bedeut. der αἰδώς in der arist. Ethik. Aristotelesstud. Philol. Unters. zur Entwickl. der arist. Ethik (1954), hg. P. STEINMETZ (²1972) 119-133. – H. M. LYND: On shame and the search for identity (1958). – Art. ‹Sch.›, in: RGG³ 5 (1961) 1383-1386. – N. ROTHENSTREICH: On shame. Review Met. 29 (1965) 55-86. – N. ELIAS: Der Prozeß der Zivilisation (²1969). – M. A. KLOPFENSTEIN s. Anm. [3]. – J. ILLIES: Schöpfung, Sch. und Menschenwürde (1977). – J.-C. RIEDINGER s. Anm. [12]. – L. WURMSER s. Anm. [71]. – H. P. DUERR s. Anm. [7].   J. RUHNAU

4. Bei S. FREUD gehört ‹Sch.› nicht zu den zentralen Begriffen der psychoanalytischen Theoriebildung. Sch. ist eine der Reaktionsbildungen eines verdrängten Erinnerungsinhaltes [1], nämlich der frühkindlichen Exhibitionslust. – A. FREUD spricht von der «Umkehrung der Exhibitionslust» [2]. In der Latenzphase der kindlichen Sexualentwicklung, vom 4. bis zum 7. Lebensjahr etwa, werden die «seelischen Mächte aufgebaut, die später dem Sexualtrieb als Hemmnisse in den Weg treten und gleich wie Dämme seine Richtung beengen werden (der Ekel, das Sch.-Gefühl, die ästhetischen und moralischen Idealanforderungen)» [3].

Kulturtheoretisch stellt die Entwicklung der Sch. eine entscheidende Sublimierungsleistung dar [4]; an die Stelle der Verehrung der Genitalien in den «Urzeiten des Menschengeschlechts» [5] tritt eine ausgeprägte Sexualverdrängung, die Nacktheit der Menschen ist zur «Massenphantasie» vom Paradies geworden [6]. In der Nachfolge Freuds entwickelt E. H. ERIKSON ein Phasenmodell der Individualentwicklung in acht Stufen. Entgegen der Freudschen Plazierung der Sch. in die Latenzphase, stellen Sch. und Zweifel bei Erikson den Gegenpol zum Entwicklungsziel der Autonomie auf der muskular-analen (2.) Stufe am Ende des ersten Lebensjahres dar [7]. Ausführlich beschäftigt sich in neuerer Zeit L. WURMSER aus psychoanalytischer Sicht mit der Sch.: Sch. entsteht aus dem Scheitern der Erwartungen an das eigene Persönlichkeitsbild in der (genital-ödipalen) Phase der Ich-Ideal-Bildung und gehört damit in den Bereich der Identitätskonflikte [8].

Anmerkungen. [1] Diesen Verdrängungsmechanismus beschreibt S. FREUD schon in: Weitere Bem. über die Abwehr-Neurosenpsychosen (1896). Ges. Werke 1-18 [GW] (London 1940-68) 1, 386ff.; ebenso: Vorles. zur Einf. in die Psychoanalyse (1917). GW 11 (1944) 418f. – [2] A. FREUD: Wege und Irrwege in der Kinderentwickl. (1965). Die Schr. (1980) 8, 2135ff. – [3] S. FREUD: Drei Abh. zur Sexualtheorie (1905). GW 5 (1942) 78. – [4] a.O. 78f. – [5] Eine Kindheitserinnerung des L. da Vinci (1910). GW 8 (1945) 166. – [6] Die Traumdeutung (1900). GW 2/3 (1942) 250. – [7] E. H. ERIKSON: Childhood and soc. (New York 1950); dtsch.: Kindheit und Ges. (1967) 241-270, bes. 245ff. – [8] WURMSER, a.O. [71 zu C. 3.].   Red.

Schamanismus. Der Begriff geht auf das tungusische ‹schaman› (chines.: sha-men; Turksprachen: gam, kam) zurück. Dies wurde früher meist auf Pāli ‹samana› (Sanskrit: shramana) 'Wanderer, Einsiedler, Mönch' zurückgeführt [1]. Wahrscheinlicher ist jedoch eine Ableitung von dem mandschur. Wort ‹samarambi› ('sich empören, um sich schlagen') [2]. Erste Berichte über die Schamanen sibirischer Völker tauchen schon zu Ende des 17., vermehrt im 18. Jh. in deutschen und russischen Reisebeschreibungen auf, so über den tungusischen «Schaman, welcher auf ihre Art einen Pfaffen oder Zauberer bedeutet» und sich durch Tanz und Trommelschlagen in Ekstase versetzt [3]. Vereinzelt wird der Sch. auch als Religion bezeichnet, die «die älteste im Orient» sei und «in der eigentlichen Götterlehre» Gemeinsamkeiten mit der «natürlichen Religion» aufweise [4]. Schamanen vermitteln «zwischen dem Volke und seinen Göttern», besitzen die «Gabe der Weissagung» und bringen Opfer dar [5]. Eine wissenschaftliche Erforschung des Sch. begann jedoch erst in der Ethnologie und Religionswissenschaft des 19. Jh. [6].

Heute wird der Sch. im allgemeinen nicht als eigenständige Religion bezeichnet, sondern als die innerhalb verschiedener Religionen anzutreffende Praxis einer Ekstase, in der der Schamane, der häufig zugleich Medizinmann ist, sich durch Tanz und Trommelschlagen in Trance versetzt, wobei seine Seele den Körper verläßt und eine Himmelsreise antritt und so der Schamane in die Über- oder Unterwelt entrückt wird, wo ihm Offenbarungen zuteil werden. Der Schamane beschwört dabei theriomorphe Hilfsgeister, die er kontrollieren kann, wird aber bei seiner Berufung zum Schamanentum durch Schutzgeister dazu gezwungen. Obwohl die Schamanenwürde, die teilweise auch Frauen besitzen, häufig vererbbar ist, bleibt ihre definitive Erlangung an den Vollzug von Initiationsriten gebunden.

Der Sch. ist vor allem in arktischen, sibirischen und zentralasiatischen Gebieten verbreitet. Verbindungen zeigen sich zum Lamaismus und Buddhismus, aber auch zum Kultus der frühen Ungarn und Finnen. Umstritten ist die Ausdehnung des Begriffs ‹Sch.› auf Riten malayischer, australischer, afrikanischer und südamerikanischer Völker, ja auf die vorgeschichtlichen Jägerkulturen überhaupt.

Anmerkungen. [1] J. NÉMETH: Über den Ursprung des Wortes ‹shaman› und einige Bemerk. zur türk.-mongol. Lautgesch. Keleti Szemle 14 (1913/14) 240-249; B. LAUFER: Origin of the word ‹shaman›. Amer. Anthropologist 19 (1917) 361-371. – [2] D. BARANZOW: Černaja vera ili šamanstvo u mongolov. Učenye Zapiski Kazanskogo Universitjeta (1846) H. 3; vgl. H. HOFFMANN: Symbolik der tibet. Relig. und des Sch. (1967) 100. – [3] A. BRAND: Beschreib. der chines. Reise ... (1698) 80f., vgl. J. G. GMELIN: Reise durch Sibirien von dem Jahr 1738 bis zu Ende 1740 (1751/52) 3, 65f. 70-72. 330-338. 347-351; J. G. GEORGI: Bemerk. einer Reise im Russ. Reich im Jahr 1772 (St. Petersburg 1775) 280-285. 313; P. S. PALLAS: Reise durch verschied. Provinzen des Russ. Reichs (St. Petersburg 1771-76, ND 1967) 3, 176. 181f. 221ff. 345ff. – [4] J. G. GEORGI: Beschreib. aller Nationen des Russ. Reichs, ihrer Lebensart, Relig., Gebräuche, Wohnungen, Kleidungen und übrigen Merkwürdigkeiten (St. Petersburg 1776-80) 3, 375. 395; Abb. einer Schamanin: 3, 428. 450. – [5] A. ERMAN: Reise um die Erde durch Nord-Asien und die beiden Oceane in den Jahren 1828, 1829 und 1830 ausgeführt 1 (1833) 672ff.; 2 (1839) 197. – [6] N. N. AGAPITOFF/M. N. CHANGOLOW: Materials for the study of shamanism in Siberia [russ.] (Irkutsk 1883); W. RADLOFF: Das Schamanenthum und sein Kultus (1885); V. M. MIHAILOVSKII: Sch. in Siberia and European Russia. J. Anthropol. Inst. Great Brit. Ireland 24 (1895) 62-100. 126-158.

Literaturhinweise. G. NIORADZE: Der Sch. bei den sibir. Völkern (1925). – S. M. SCHIROKOGOROW: Versuch einer Erforsch. der Grundlagen des Schamanentums bei den Tungusen. Baeßler Arch. 18 (1935) 41-96. – Å. OHLMARKS: Stud. zum Problem des Sch. (Lund/Kopenhagen 1939). – R. KARSTEN: The relig. of the

Samek (Leiden 1955). – M. ELIADE: Sch. und archaische Ekstasetechnik (1957). – J. P. ROUX: Le nom du chaman dans les textes turco-mongols. Anthropos 53 (1958) 133-142. – K. J. NARR: Bärenzeremoniell und Sch. in der ält. Steinzeit Europas. Saeculum 10 (1959) 233-272. – L. VAJDA: Zur phaseolog. Stellung des Sch., in: C. A. SCHMITZ (Hg.): Relig.ethnol. (1964) 265-295. – D. SCHRÖDER: Zur Struktur des Sch., a.O. 296-334. – H. HOFFMANN s. Anm. [2]. – M. HERRMANNS: Schamanen – Pseudoschamanen – Erlöser und Heilbringer 1-3 (1970) Lit. – A. LOMMEL: Schamanen und Medizinmänner (1980) Lit.; 1. Aufl.: Die Welt der frühen Jäger (1965). – A. STOLZ: Schamanen: Ekstase und Jenseitssymbolik (1988) Lit.

G. LANCZKOWSKI

Scharfsinn (griech. ἀγχίνοια; lat. argutia; frz. esprit; ital. acutezza, argutezza; span. agudeza). ‹Sch.› wird nicht streng vom ‹ingenium› (s.d.) unterschieden. Während dem Wort ‹acutezza› das lat. ‹acutus› (spitz, schneidend, scharf) zugrunde liegt, ist ‹argutezza› vom lat. ‹argutus› herzuleiten (helltönend, hell im Denken, deutlich, ausdruckskräftig) und des weiteren zurückzuführen auf das griech. ἀργής (licht, weißglänzend) und ἀργός (hell). ARISTOTELES gibt dem Sch. einen Ort in der Syllogistik: «Der Sch. ist eine keines langen Überlegens bedürftige Treffsicherheit, die sich auf den Mittelbegriff bezieht» [1]. Im Gegensatz zum heutigen alltäglichen Sprachgebrauch hatte ‹Sch.› eine terminologische Bedeutung in der Rhetorik und Poetik der Antike [2] und im literarischen Barock des 17. Jh. Der «römische Manierismus» teilt mit dem literarischen Barock zumindest eine grundlegende Bedeutung: Sch. ist ein Denkvermögen, das sich einer enthymematisch verkürzten, metaphernund vor allem pointenreichen Sprache bedient, um den Hörer mit ungewohnten Formulierungen zu überraschen und zu erfreuen [3]. Er dient, entsprechend den drei von der antiken Rhetorik angeführten Typen der Redeabsicht, nicht so sehr dem docere (der Belehrung durch Tatsachen), sondern dem movere (der Erregung durch heftige Affekte: pathos) und mehr noch dem delectare (dem Erfreuen durch sanftere Affekte: ethos) [4].

Die scharfsinnige Rede und Dichtung wurde in der Antike dem Asianismus zugeordnet und war damit der Kritik des Attizismus ausgesetzt, das ingenium (die Fähigkeit zum geistreichen Einfall) nicht ausreichend der Kritik des iudicium (Urteilskraft) zu unterwerfen [5]. Sie avanciert jedoch im 17. Jh. durch die Rhetorik und Poetik des Barocks zum führenden Stilideal, nachdem dieses bereits im 16. Jh. von J. C. SCALIGER mit seiner an Martial orientierten Epigrammtheorie vertreten wurde [6] und Vorläufer in der Emblematik des 16. Jh. hatte [7]. Es beginnt sich in Deutschland durch die Vermittlung der Jesuiten (v.a. B. GRACIÁN, E. TESAURO und J. MASEN) etwa Mitte des 17. Jh. durchzusetzen. Die Jesuiten konnten sich «die höfische Distanzierung von den klassizistischen Stilidealen des bürgerlichen Humanismus» zunutze machen und wurden von den Adelskreisen als Träger einer hohen Sprachkultur in Anspruch genommen [8]. Diese Sprachkultur war im wesentlichen durch die ideale Gestalt des Hofmannes geprägt, die B. CASTIGLIONE in seinem einflußreichen ‹Il libro del Cortegiano ...› (1528) entworfen hatte. Die entscheidende Neuerung des höfischen eloquentia-Ideales Castigliones zeigt sich in seiner Forderung, daß die Gedanken *und* Worte des Hofmannes «belle, ingeniose, acute, eleganti e gravi» sein sollen [9]. Damit sollte ein «prestigeverbürgendes 'Unterscheidungszeichen'» [10] gesetzt werden, das seine hervorgehobene Stellung im sozialen Raum markierte [11].

B. GRACIÁN beansprucht, für den von den Alten lediglich praktizierten Sch. Regeln im Sinne einer Kunstlehre zu entwerfen [12]. Dabei interessiert ihn weniger die in den Künsten und Wissenschaften praktizierte «agudeza de perspicacia» als vielmehr die «agudeza de artificio» [13]. Während es ersterer um die Enthüllung schwer zugänglicher nützlicher Wahrheiten geht, strebt letztere nach subtiler, der delectatio dienender Schönheit («hermosura sutil») *und* Wahrheit [14]. Die «causa efficiens» der «agudeza de artificio» ist das ingenium [15], das – anders als bei Cicero und Quintilian – nicht mehr der einengenden Kritik des iudicium unterworfen wird [16]. Der «concepto» als scharfsinniges Produkt des ingeniums beruht auf einem Verstandesakt («acto del entendimiento»), der die Korrespondenzen zwischen den Objekten auf eine Weise ausdrücken muß [17], die Seltenheitswert besitzt («contingencia rara», «contingencia extraordinaria»). Die ingeniöse Kunstfertigkeit kann sich sowohl in der Verbindung von harmonierenden als auch dissonanten gegenständlichen oder sprachlichen Korrelaten zeigen («correlatos», «terminos correlatos», «terminos extremos», «terminos», «objetos extremos»). Dabei wird zwischen einer elementaren, nichtkomplexen «agudeza incompleja» und einer durch mehrere Gedanken zusammengesetzten «agudeza compuesta» unterschieden. Erstere ist nur ein einziger Gedanke und enthält als solcher dennoch eine Pluralität miteinander verbundener Korrelate [18], während letztere sich entweder aus nichtkomplexen «agudezas» zusammensetzt bzw. durch Fiktionen in epischen Gedichten, fortgesetzten Allegorien, Dialogen usw. gewonnen wird [19].

In Italien gilt E. TESAURO mit dem 1654 erschienenen ‹Il Cannochiale Aristotelico› [20] als der wichtigste Vertreter einer Poetik scharfsinniger Dichtung. In Abgrenzung zur «prudenza» (Klugheit, Urteilskraft) konturiert Tesauro die Bedeutung von «ingegno», das von «acutezza» nicht unterschieden wird. Die «prudenza» ist besonnen und beharrlich. Sie zielt auf die Wahrheit und den eigenen Nutzen. Dagegen ist das «ingegno» «perspicace» (scharfsinnig, durch die Oberfläche des Wahrnehmbaren gleichsam hindurchschauend) und schnell auf den Schein («apparenza») und den Applaus der Menge («applauso de'populari») aus [21]. Tesauro formuliert seine Poetik ebenso wie Gracián als eine Kunstlehre arguter Rede und Dichtung. Er orientiert sich dabei an Aristoteles' Kategorien- und Ursachenlehre, mit deren Hilfe zunächst einmal Worte aufgefunden und dann zu arguten Ausdrücken oder Sätzen kombiniert werden sollen [22]. Der Höhepunkt arguter Rede- und Dichtkunst besteht nach Tesauro im «urbanen Enthym» [23], einem geistreich-scharfsinnigen Trugschluß. Das vordergründig Falsche soll aber den Rezipienten nicht in die Irre führen, sondern ihn zunächst verwirren, um ihn dann aufgrund seiner eigenen Enträtselungsleistung zu delektieren und vom Sch. des Verfassers zu überzeugen.

Einer der wichtigsten Vertreter der argutia-Bewegung in Deutschland ist der Jesuit J. MASEN [24], dessen argutia-Lehre maßgeblich auf G. PH. HARSDÖRFFER, D. G. MORHOF, CH. WEISE [25] und viele andere wirkte. Er unterscheidet vier «fontes» (Hauptquellen) arguter Rede und Dichtung, die wie bei Tesauro Kategorien des Aristoteles zugeordnet und ihrerseits in «venae» (Quelladern) unterteilt werden. Die «fontes» lauten 1) «fons repugnantium»: den Dingen wird etwas zugesprochen, das ihnen vordergründig nicht zukommt; 2) «fons alienatorum»: den Dingen wird etwas ihnen Eigentümliches abgesprochen, um es durch Fremdartiges, weit Hergeholtes zu ersetzen; 3) «fons comparandorum»: der Vergleich des anscheinend nicht Zusammengehörigen und 4) «fons allusionum»: originelle Wort- und Gedankenspiele [26].

Mit Beginn des 18. Jh. setzt eine Kritik an der argutia-Bewegung ein: Es wird eine größere Sachadäquatheit gefordert, die die nunmehr als übertrieben empfundene Wortkombinatorik des Barocks beschneiden und dafür eine tiefer gelegene Dimension der Wahrheit offenkundig machen soll. Den Manieristen wird vorgehalten, daß die Kunst die Gedanken nicht ingeniöser machen dürfe, als sie es in Wahrheit sind. Vertreter dieser Kritik sind u.a. J. J. BODMER, D. BOUHOURS, J. J. BREITINGER, J. CH. GOTTSCHED, F. VON HAGEDORN, F. A. HALLBAUER, G. F. MEIER, A. F. MÜLLER, G. P. MÜLLER, S. WERENFELS und CH. WERNICKE [27]. In diesem Sinne wendet sich auch VOLTAIRE gegen den «faux esprit», der sich durch «une pensée fausse et recherchée» auszeichnet [28]. In Deutschland wird der Sch. unter maßgeblichem Einfluß CH. WOLFFS zu einem dem «Witz» untergeordneten Vermögen. Witz, der sich aus Gedächtnis, Einbildungskraft und Sch. zusammensetzt, definiert er als «Leichtigkeit, die Ähnlichkeiten wahrzunehmen» [29], wobei dem Sch. die Funktion zukommt, Ähnlichkeiten bzw. Unterschiede zwischen den Dingen in deutlichen Begriffen zu erfassen [30]. Der Sch., den der Manierismus dem ingenium zuordnete, wird nun dem iudicium zugeordnet, während der Witz im Zusammenhang mit dem ingenium gesehen wird [31]. Die Definitionen, die dem Begriff ‹Sch.› dann im 19. Jh. gegeben wurden, bewegen sich zumeist im Umkreis der Bestimmung Wolffs [32].

Anmerkungen. [1] ARISTOTELES: Anal. post. I, 34, 89 b 10. – [2] Vgl. Thes. ling. lat. 1 (1900) 463ff. (acutus); 2 (1900-06) 556ff. (argutus). – [3] H. FRIEDRICH: Epochen der ital. Lyrik (1964) 603ff. – [4] G. UEDING/B. STEINBRINK: Grundriß der Rhetorik (1986) 91. 95ff.; FRIEDRICH, a.O. 671f.; vgl. Art. ‹Pathos›. – [5] U. VON WILAMOWITZ-MOELLENDORFF: Asianismus und Attizismus. Hermes 35 (1900) 1-49; E. NORDEN: Die ant. Kunstprosa 1 (²1909). – [6] J. C. SCALIGER: Poetices libri septem (Lyon 1561, ND 1964) 169ff. – [7] A. SCHÖNE: Emblematik und Drama im Zeitalter des Barock (1964) 39ff. – [8] W. BARNER: Barockrhetorik (1970) 357. – [9] B. CASTIGLIONE: Il lib. del Cort. 1, 34 (Venedig 1528, ND Turin 1955) 140; dtsch.: Das Buch vom Hofmann (1960) 66; vgl. E. LOOS: B. Castigliones ‹Lib. del Cort.› (1965) 115ff. 180ff. – [10] W. KÜHLMANN: Gelehrtenrepublik und Fürstenstaat (1982) 231. – [11] P. BOURDIEU: Zur Soziol. der symbol. Formen (1974) 57ff.; Die feinen Unterschiede (1984) 25. 36. – [12] B. GRACIÁN: Agudeza y arte de ingenio (Huesca 1648). Obras compl., hg. A. DEL HOYO (Madrid 1960); vgl. disc. 1, a.O. 234 aff. – [13] disc. 3, a.O. 241 b. – [14] disc. 3, a.O. 242 a. 239 a. – [15] disc. 63, a.O. 512 a; vgl. H. JANSSEN: Die Grundbegr. des B. Gracián (1958) 43. – [16] B. PELEGRIN: La rhét. élargie au plaisir, in: B. GRACIÁN: Art et fig. de l'espr. (Paris 1983) 22. – [17] GRACIÁN, disc. 2, a.O. [12] 240 a. – [18] disc. 3, a.O. 244 b. – [19] disc. 51, a.O. 461 b. – [20] E. TESAURO: Il cann. arist. (Turin 1654, ND 1968). – [21] a.O. 82f.; vgl. K.-P. LANGE: Theoretiker des lit. Manierismus (1968) 83ff. – [22] 551ff. – [23] 493ff.; FRIEDRICH, a.O. [3] 643; vgl. M. BEETZ: Rhetor. Logik (1980) 221. 245ff., bes. 258f. – [24] J. MASEN: Ars nova argutiarum (1649, ²1660); vgl. B. BAUER: Jesuit. 'ars rhetorica' im Zeitalter der Glaubenskämpfe (1986) 319ff. – [25] G. PH. HARSDÖRFFER: Poet. Trichter (1647-53, ND 1969); D. G. MORHOF: Unterricht von der teutschen Sprache und Poesie (1682, ND 1969); CH. WEISE: Polit. Redner (1677); Curiöse Gedancken von dtsch. Versen (1692); Gelehrter Redner (1692); Oratorisches Systema (1707). – [26] MASEN, a.O. [24] 12. – [27] J. J. BODMER: Anklagung Des verderbten Geschmacks (1728); D. BOUHOURS: La manière de bien penser (Paris 1687, ND 1974); J. J. BREITINGER: Crit. Dichtkunst (1740, ND 1966); J. CH. GOTTSCHED: Versuch einer Crit. Dichtkunst (1730, ND 1962); Ausführl. Redekunst (1736, ND 1975); Akadem. Redekunst (1759); F. VON HAGEDORN: Poet. Werke (1757); F. A. HALLBAUER: Anweisung Zur Verbesserten Teutschen Oratorie (1725); G. F. MEIER: Gedancken von Schertzen (1744); A. F. MÜLLER: Einl. in die Philos. Wiss.en (1728); G. P. MÜLLER: Academ. Klugheit (1712); S. WERENFELS: Abh. de Meteoris Orationis, in: GOTTSCHED: Akadem. Redekunst, a.O. Anhang II; CH. WERNICKE: Epigramme, hg. R. PECHEL (1909). – [28] VOLTAIRE: Dict. philos. 3. Oeuvr. compl., hg. L. MOLAND 19 (Paris 1879) 19 (Stichwort ‹esprit›, bes. sect. III und VI). – [29] CH. WOLFF: Vern. Ged. von Gott, der Welt und der Seele des Menschen (1720) § 366. – [30] a.O. § 850. – [31] H. WIEGMANN: Utopie als Kategorie der Ästhetik (1980) 79. – [32] EISLER⁴ 2, 749.

Literaturhinweise. J. DYCK: Ticht-Kunst, dtsch. Barockrhet. und rhet. Trad. (1966). – A. HENKEL/A. SCHÖNE (Hg.): Emblemata (1967). – L. FISCHER: Gebundene Rede (1968). – K.-P. LANGE s. Anm. [21]. – W. BARNER s. Anm. [8]. – TH. LITMAN: Le sublime en France 1660-1714 (Paris 1971). – H.-J. LANGE: Aemulatio veterum sive de optimo genere dicendi (1974). – M. PRAZ: Studies in the 17th-cent. imagery (Rom 1975). – V. SINEMUS: Poet. und Rhet. im frühmod. dtsch. Staat (1978). – M. FUMAROLI: L'âge de l'éloquence (Genf 1980). – H. WIEGMANN s. Anm. [31]. – H. ABELER: Erhabenheit und Sch. (1983). – B. BAUER s. Anm. [24].

G. KATSAKOULIS

Scharia (arab. Šarī'a; engl. Sharī'a; frz. Sharia) ist das göttliche im ‹Koran› geoffenbarte Gesetz, die Rechtsordnung des Islam schlechthin. Sie kann nicht mit den tatsächlichen Rechtsverhältnissen gleichgesetzt werden, da sie auch einen idealen Anspruch geltend macht. Die Sch. umfaßt alle Bereiche des religiösen sowie des bürgerlichen Lebens und ist grundlegender, konstituierender Bestandteil des islamischen Staatswesens. Nach seinem Selbstverständnis bildet der Islam auch in der Moderne die unauflösbare Einheit von Religion (dīn), Recht (šarī'a) und Staat (daula) [1].

In jedem islamischen Land muß bei der Betrachtung der Rechtspraxis die Sch. bedacht werden, doch ihre Prinzipien und die daraus abgeleiteten Bestimmungen dürfen weder als alleiniger Ausgangspunkt noch als grundlegender Maßstab für die Beschreibung und Bewertung der jeweiligen Rechtsverhältnisse dienen. Innerislamisch gesehen handelt es sich um einen Begriff, der alle religiösen Inhalte des Islam berührt und dessen inhaltliche Modifizierung leicht den Vorwurf des Unglaubens von orthodoxer Seite her nach sich zieht.

1. *Islamische Sicht:* ‹Šarī'a›, auch šar, bedeutet im Arabischen soviel wie 'der Weg zur Tränke', wie 'der zu befolgende Weg' überhaupt und später 'das von Gott Befohlene' [2]. Der terminologische Gebrauch geht von einigen Koranstellen aus, so Sure V, 48: «Für jeden von euch (die ihr verschiedenen Bekenntnissen angehört), haben wir ein (eigenes) Brauchtum und einen (eigenen) Weg bestimmt» [3].

Der ‹Koran› ist kein Gesetzbuch [4] (von 6236 Koranversen haben nur etwa 500, also weniger als ein Zwölftel rechtliche Relevanz), sondern enthält in unsystematischer Form eine Anzahl von nicht immer sehr konkreten Regelungen. MUḤAMMAD, dem der Koran fortlaufend geoffenbart wurde, war demnach auch kein umfassender Gesetzgeber. Der ‹Koran› war jedoch die Basis für die Rechtsprechung des Propheten und der ersten Kalifen, die auch bestimmte vorislamische und nicht-koranische Regelungen beibehielten und damit billigten. Beim Tode des Propheten (632) existierte keine islamische Rechtsordnung, auf der man ein funktionierendes Gemeinwesen hätte errichten können. In dieser Phase der 'Rechtsunsicherheit' trug man einschlägige Aussprüche, Handlungen und Entscheidungen des Propheten zusammen, die im ‹Koran› keinen Niederschlag gefunden hatten, aber als beispielhaft galten. Diese bezeichnete man als «sunna» [5] (Gewohnheit) des Propheten und überlieferte sie als «ḥadīt» [6] (Tradition). Seit dem 9. Jh. bildeten sie gemeinsam mit dem ‹Koran› die Grundlage muslimischer Rechtsprechung.

Die Grundlegung, Ausgestaltung und Bewahrung der Sch. lag in den Händen von Privatleuten, die sich mit der Rechtswissenschaft (fiqh) beschäftigten, und war kein Ergebnis gesetzgeberischer Tätigkeit von Herrscherhäusern. Es bildeten sich Sch.-Schulen (maḏhab/maḏāhib), von denen sich schließlich vier durchsetzten und nach ihren wirklichen oder angeblichen Begründern benannt wurden: 1) Hanafiten, nach Abū Ḥanīfa (†767); 2) Malikiten, nach Mālik ibn Anas (†795); 3) Schafiiten, nach aš-Šāfiʿī (†820) und 4) die Hanbaliten, nach Aḥmad ibn Ḥanbal (†855) [7]. Die Unterschiede zwischen diesen Schulrichtungen der Sch. waren nicht prinzipieller Natur, sondern das Ergebnis der Anwendung zweier weiterer Faktoren der Sch., nämlich des qiyās (Analogieschluß) [8] und des iğmāʿ (consensus prudentium) [9], der übereinstimmenden Meinung der Rechtsgelehrten. Da die Form der Anwendung dieser Faktoren sehr variabel war, kam es zur bereits angedeuteten Vielfalt von Rechtsschulen.

Die Sch. regelt einerseits die äußeren Beziehungen des Gläubigen zu Gott, wobei Glaubensinhalte nicht von ihr berührt werden, und andererseits das gesamte soziale Leben. Sie erstreckt sich also auf die rituellen Verpflichtungen (ʿibādāt) und auf die Rechte des Menschen gegenüber Mitmenschen (muʿāmalāt). Die Hauptpflichten des Muslims sind das Glaubensbekenntnis (šahāda), das Gebet (ṣalāt), die Abgabe der Almosensteuer (zakāt), die Wallfahrt nach Mekka (ḥağğ) und das Fasten (ṣaum) im Monat Ramadan, wobei das Glaubensbekenntnis nicht unter die Zuständigkeit der Sch. fällt. Neben die vier übrigen Verpflichtungen wurden die Vorschriften über rituelle Reinheit (ṭahāra) gestellt. Sie werden als die fünf Säulen (arkān ad-dīn) des Islam bezeichnet [10], über deren absolute Verbindlichkeit im Islam immer Übereinstimmung geherrscht hat. Auch wenn sie im ‹Koran› noch nicht ausdrücklich als «Stützen der Religion» apostrophiert werden, so gehen sie doch auf die «Gesetzesverse» (āyāt šarʿīya) [11] des ‹Korans› zurück, wo sie in imperativer Form vorgetragen sind. Das Zivilprozeßrecht [12] dagegen wird von der Sch. so gut wie gar nicht behandelt, Ehe-, Familien- und Erbrecht sind dagegen stärker vertreten [13].

Die Göttlichkeit der Sch. wurde von muslimischer Seite nie angetastet. Mit der Schließung des «Tores der eigenen Urteilsfindung» (bāb al-iğtihād) im 10./11. Jh. [14] und mit der Verpflichtung für jeden Muslim, sich einer der vier Rechtsschulen anzuschließen (taqlīd) [15], war nicht nur eine weitere Entwicklung der Sch. auf begrifflicher Ebene ausgeschlossen, sondern auch eine inhaltliche Modifikation war nicht mehr gegeben.

2. Das *europäische Verständnis* der Sch. vom Mittelalter bis in das 19. Jh. ist vornehmlich durch die Polemik gegen den Islam bestimmt. Das Wort ‹Sch.› selbst kommt dabei gar nicht vor. Der ‹Koran› wird als reines Gesetzesbuch angesehen («lex Mahumetica», «lex Arabum» usw.). Wenn die Sch. als die Gesamtheit der göttlichen Gesetze anzusehen ist, wie sie in ‹Koran› und ‹Sunna› niedergelegt sind, dann ist dies im Rahmen der europäischen Begriffsgeschichte eine neuzeitliche Bestimmung. S. Munk hat 1857 als erster europäischer Wissenschaftler von einem göttlichen Gesetz («loi divine» [16], «décret divin» [17]) gesprochen und sich dabei nicht nur auf den ‹Koran› selbst, sondern auch auf die speziell islamische Form des göttlichen Gesetzes bezogen. Im Zuge der Kolonisation wurden Handbücher verfaßt, die es der Rechtsprechung der betreffenden Kolonialmächte ermöglichen sollten, sich auf die vorgefundene islamische Rechtsbasis einzustellen [18]; auf die Begrifflichkeit der Sch. wurde nicht eingegangen.

I. Goldzihers Werk über die Zahiriten [19] dürfte wohl das erste grundlegende, europäische, rein wissenschaftliche Werk über das islamische Recht sein, doch auch er benutzt den Begriff ‹Sch.› noch nicht. In seinen ‹Vorlesungen über den Islam› verwendet er den Begriff ‹Religionsgesetz› ganz im Sinne von ‹Sch.› [20], und ein wenig später taucht der Begriff selbst auf [21]. Erst in Th. W. Juynbolls Handbuch des islamischen Rechts wird ‹Sch.› zum ersten Mal als Terminus technicus in einer europäischen Gesamtdarstellung der islamischen Jurisprudenz angewendet [22]. In allen modernen Darstellungen des Islamischen Rechtes erscheint ‹Sch.› von nun an als Oberbegriff für die Gesamtheit der göttlichen Gesetze bzw. als die Verkörperung des idealen Anspruches des islamischen Gesetzes schlechthin, das in allen Lebensbereichen des gläubigen Muslims wirksam war und ist. Die Sch. ist «... die Zusammenfassung des wahren islamischen Geistes, der eindeutigste Ausdruck islamischen Denkens, der eigentliche Kern des Islams» [23].

Anmerkungen. [1] M. Muranyi: Art. ‹Fiqh›, in: Grundriß der Arab. Philol. 2, hg. H. Gätje (1987) 299-325. – [2] Art. ‹Shariʿa›, in: Enzykl. des Islam [EI₁] (Leiden 1913-36) 4 (1934) 344-349. – [3] Der Koran, übers. R. Paret (1979) 84; vgl. Sur. XLII 13. 21; XLV, 18. – [4] A. Noth: Die Sch., das relig. Gesetz im Islam. Wandlungsmöglichkeiten, Anwend. und Wirkung, in: W. Fikentscher (Hg.): Entsteh. und Wandel rechtl. Traditionen (1980) 2, 415-437. – [5] Art. ‹Sunna›, in: EI₁ 4 (1934) 601-603. – [6] Art. ‹Hadith›, in: EI₁ 2 (1927) 200-206; Art. ‹Hadith›, in: Encycl. of Islam [EI₂] (Leiden/London 1960ff.) 3 (1971) 23-28. – [7] W. M. Watt/A. T. Walch: Der Islam 1, in: Die Relig. der Menschheit 25/1 (1980) 233-260. – [8] Art. ‹Kiyas›, in: Shorter Encycl. of Islam (Leiden 1961) 266-269. – [9] Art. ‹Idjma›, in: EI₁ 2 (1927) 476f.; Art. ‹Idjma›, in: EI₂ 3 (1971) 1023-1026. – [10] U. Haarmann: Die Pflichten des Muslims – Dogma und gesch. Wirklichkeit. Saeculum 26 (1975) 95-110. – [11] N. J. Coulson: A hist. of Islamic law (Edinburgh 1964) 12ff. – [12] E. Pritsch/O. Spies: Klass. islam. Recht, in: Hb. der Orientalistik, 1. Abt., Erg.-Bd. 3 (Leiden/Köln 1964) 237-343. – [13] I. Goldziher: Vorles. über den Islam (²1925) 56. 301. – [14] T. Nagel: Die Festung des Glaubens. Triumph und Scheitern des islam. Rationalismus im 11. Jh. (1988) 9ff. – [15] Art. ‹Taqlid›, in: EI₁ 4 (1934) 681-683. – [16] S. Munk: Mélanges de philos. juive et arabe (Paris 1857, ND Princeton 1980) 385. – [17] a.O. 457. – [18] z.B.: E. Sachau: Muhammedan. Recht nach schafiit. Lehre (1897). – [19] I. Goldziher: Die Zâhiriten. Ihr Lehrsystem und ihre Gesch. (1884, ND 1967). – [20] a.O. [13] 31 (Kap. 2: Die Entwickl. des Gesetzes). – [21] a.O. 169 (Kap. 4: Asketismus und Sufismus). – [22] Th. W. Juynboll: Hb. des Islam. Gesetzes (Leiden 1910) 54ff.; vgl. auch C. H. Becker: Art. ‹Islam›, in: RGG (1909-13) 3, 705-745 und in: Islamstud. 1 (1924, ND 1967) 358. 372; vgl. auch: Art. ‹Shariʿa›, in: EI₁, a.O. [2]; vgl. auch schon früher Meyers Enzyklopäd. Lex. (1909) s.v. – [23] H. A. R. Gibb: Mohammedanism (New York 1965) 88-106.

Literaturhinweise. A. Sprenger: On the orig. of wrighting down hist. records among the Mussulmans. J. Asiatic Soc. Bengal 25 (1856) 303-329. 375-381. – E. Sachau: Zur ältesten Gesch. des Muhammedan. Rechts. Sber. Königl. Akad. Wiss., Phil.-hist. Kl. 65 (1870) 699-723; s. Anm. [18]. – I. Goldziher: Muhammedan. Stud. 2 (1890, ND 1971). – D. B. MacDonald: Develop-

ment of Muslim theol., jurisprudence and constitut. theory (London 1903). – I. GOLDZIHER: Zur Gesch. der hanbalit. Bewegungen. Z. dtsch. Morgenländ. Ges. 62 (1908) 1-28. – TH. W. JUYNBOLL s. Anm. [22]. – C. H. BECKER: Zur Gesch. des Islamischen Kultus. Der Islam 3 (1912) 374-399. – G. BERGSTRÄSSER: Anfänge und Character des jurist. Denkens im Islam, a.O. 14 (1925) 76-81. – J. SCHACHT: Zur Gesch. des islamischen Dogmas, a.O. 21 (1933) 286-291. – G. BERGSTRÄSSER: Grundzüge des islam. Rechts (1935). – W. HEFFENING: Zum Aufbau der islam. Rechtswerke, in: Festschr. P. Kahle (Leiden 1935) 101ff. – J. FÜCK: Die Rolle des Traditionalismus im Islam. Z. dtsch. Morgenländ. Ges. 93 (1939) 1-32. – R. BRUNSCHVIG: Polémiques médiév. autour du rite de Malik. al-Andalus 15 (1950) 377-435. – A. A. FAYZEE: Outlines of Muhammadan law (London 1955). – A. FETTAL: Le statut légal des non-musulmans en pays d'islam (Beirut 1958). – H. LAOUST: Les premières professions de foi hanbalites, in: Mélanges L. Massignon 3 (Damaskus 1957) 7-35. – E. TYAN: Hist. de l'organisation judic. en pays d'islam (Leiden 1960). – N. J. COULSON: A hist. of Islamic law (Edinburgh 1964). – J. SCHACHT: An introd. to Islamic law (Oxford 1964). – E. PRITSCH/O. SPIES s. Anm. [12]. – J. SCHACHT: The origins of Muhammadan jurispr. (Oxford 1967). – A. NOTH: Zum Verhältnis von Recht und Gesch. im Islam. Saeculum 26 (1975) 341-346. – N. ANDERSON: Law reform in the Muslim world (London 1976). – K. LECH: Gesch. des islam. Kultus. Rechtshist. und ḥadīṯkrit. Unters. zur Entwickl. und Systematik der Ibadat I: Das Ramadan-Fasten 1 (1979). – S. RAMADAN: Das islam. Recht. Theorie und Praxis (1980). – K. DILGER: Das islam. Strafrecht in der mod. Welt. Ein Beitr. zur Rechtskonzeption im Islam. Z. ges. Strafrechtswiss. 93 (1981) 1311-1332. – A. NOTH s. Anm. [4]. – B. JOHANSEN: Grundzüge des muslim. Glaubens: Das islam. Recht, in: Die islam. Welt 1 (1984) 129-145. – M. M. AL-AZAMI: On Schacht's orig. of Muhammadan jurispr. (Riad 1985). – A. FALATURI (Hg.): Beitr. zum islam. Rechtsdenken (1986). – T. RAUSCHER: Sharī'a. Islam. Familienrecht der sunna und shi'a (1987). – M. MURANYI s. Anm. [1]. – A. AL-AZMEH (Hg.): Islamic law. Social and histor. contexts (London/New York 1988). – C. G. WEERAMANTRY: Islamic jurispr. An int. perspective (Hong Kong 1988). – K. DILGER: Die Entwickl. des islam. Rechts, in: Die Relig. der Menschheit 25/3: Der Islam 3, hg. M. D. AHMED u.a. (1990) 60-99.
M. VOLLMER

Schauer

I. – ‹Sch.› (zuweilen gleichbedeutend: ‹Schauder›) ist ein ursprünglich aus dem medizinischen und meteorologischen Sprachgebrauch stammender Begriff [1], der seit dem 18. Jh. vor allem im Zusammenhang mit der ästhetischen Lehre vom Erhabenen diskutiert wird. Daneben gilt der neuzeitlichen Rezeption der aristotelischen Katharsisformel ‹Sch.› (φρίκη) zusammen mit ‹Jammer› und ‹Schrecken› als Äquivalent zu φόβος [2]. I. KANT zitiert eine Definition von E. BURKE, wonach «das Gefühl des Erhabenen sich auf dem Triebe der Selbsterhaltung und auf Furcht, d.i. einem Schmerze, gründe, der ... Bewegungen hervorbringt, die, da sie die feineren oder gröberen Gefäße von gefährlichen und beschwerlichen Verstopfungen reinigen, im Stande sind, angenehme Empfindungen zu erregen, zwar nicht Lust, sondern eine Art von wohlgefälligem Sch., eine gewisse Ruhe, die mit Schrecken vermischt ist» [3]. KANT, der sich von Burkes «bloß empirische[r] Exposition des Erhabenen und Schönen» abgrenzt [4], spricht selber von der «Verwunderung, die an Schreck gränzt», von «Grausen» und «heiligem Sch.», die den Zuschauer beim Anblick erhabener Naturformationen ergreifen [5]. ROUSSEAUS savoyischer Vikar bekennt, daß er zunächst außer seiner selbst keiner anderen Gegenstände gewiß sein könne und deshalb «mit einer Art Schaudern [frémissement] hinausgeworfen, verloren in diesem weiten Universum» sei [6]. Für den jungen HERDER ist jede Konfrontation mit dem Neuen, Überraschenden und Ungeheuren mit einer «Art Schauder, der nicht eben Schauder der Wohllust ist» [7], verbunden – eine schreckhafte, momentane Betäubung, die sich in gesteigerter Kreativität entladen kann [8]. In diesem Sinne sagt GOETHES Faust bei der Ankündigung der Begegnung mit den Müttern: «Doch im Erstarren such' ich nicht mein Heil, / Das Schaudern ist der Menschheit bestes Teil» [9]. Ein Ergriffensein vor dem Ungeheuren, das Faust in anderer Weise vor Gretchens Kerkertür erstarren läßt: «... ein längst entwohnter Sch. / Der Menschheit ganzer Jammer faßt mich an» [10].

Bei den Autoren der literarischen Moderne im 20. Jh. steht ‹Sch.› für jene elementare schockhafte Erfahrung, die eine beängstigende Gegenwart im Zeichen der Wiederkehr archaischen Grauens erleben läßt bzw. das scheinbar Vertraute der jüngsten Vergangenheit in seinem Rätselcharakter enthüllt [11]. W. BENJAMIN spricht von «prähistorischem Sch.», der bereits die Elternwelt im Rückblick auf die Kindheit um 1900 «umwittere» [12]. Benjamin hat auf eine briefliche Äußerung V. HUGOS an CH. BAUDELAIRE hingewiesen: «Vous créez un frisson nouveau» [13]. BENJAMIN meint im Hinblick auf beide Autoren, daß der «kosmische Sch. bei Victor Hugo ... wenig Ähnlichkeit mit dem nackten Schrecken» habe, «der Baudelaire im spleen heimsuchte» [14]. TH. W. ADORNO knüpft an Benjamin an, wenn er Kunstwerke prinzipiell als «Nachbilder des vorweltlichen Sch. im Zeitalter der Vergegenständlichung» bestimmt [15]. «Bewußtsein ohne Sch. ist das verdinglichte» [16].

Anmerkungen. [1] Vgl. J. H. ZEDLER: Grosses vollst. Univ.-Lex. 33 (1742) 1008f. – [2] W. SCHADEWALDT: Furcht und Mitleid? Hermes 83 (1955) 129-171, bes. 131. 170; ND, in: Hellas und Hesperien 1 (²1970) 194-236, bes. 197. 236. – [3] I. KANT: KU A 128f. Akad.-A. 5, 277; E. BURKE: A philos. enqu. into the origin of our ideas of the sublime and beautiful (1757, ²1759), hg. J. T. BOULTON (London 1958, ²1967) 136: «horror»; dtsch. CH. GARVE (1773), hg. W. STRUBE (1980) 176: «Erschauern»; vgl. C. ZELLE: 'Angenehmes Grauen'. Lit.-hist. Beitr. zur Ästhetik des Schrecklichen im 18. Jh. (1987); Art. ‹Schreckliche (das)›. – [4] a.O. – [5] A 117, a.O. 269; vgl. Beobacht. über das Gefühl des Schönen und Erhabenen (1763), a.O. 2, 210. – [6] J.-J. ROUSSEAU: Emile IV (1762). Oeuvres compl., hg. B. GAGNEBIN/M. RAYMOND 4 (Paris 1969) 573; dtsch. L. SCHMIDTS (1983) 282. – [7] J. G. HERDER: Journal meiner Reise im Jahr 1769. Sämmtl. Werke, hg. B. SUPHAN 4, 438; vgl. Krit. Wälder, Viertes Wäldchen, a.O. 103f. 174. – [8] Vgl. K. MOMMSEN: Komm. zur Hist.-krit. Ausg. von HERDER: Journal meiner Reise (1976) 244-257. – [9] J. W. GOETHE: Faust II. Sophien-Ausg. 15, 72 (Vers 6271f.). – [10] Faust I, a.O. 14, 229 (Vers 4405); vgl. GRIMM 8 (1893) 2324-2328. – [11] Vgl. K. H. BOHRER: Die Ästhetik des Schreckens (1978) 75ff. 81. 96. – [12] W. BENJAMIN: Das Passagen-Werk. Ges. Schr. V/1 (1982) 576. – [13] a.O. V/2, 911; vgl. 935; V. HUGO, zit. in: L. BARTHOU: Autour de Baudelaire (Paris 1917) 42; vgl. CH. BAUDELAIRE: E. Poe, sa vie et ses œuvres. Oeuvres compl., hg. C. PICHOIS 2 (Paris 1976) 318: «La nature ... frissonne d'un frisson surnaturel et galvanique.» – [14] BENJAMIN, a.O. [12] V/1, 426; vgl. I/2, 658. – [15] TH. W. ADORNO: Ästhet. Theorie. Ges. Schr. 7 (1970) 124; vgl. 38. 82. 122. 130. 180. 384. 426. – [16] a.O. 490.
R. MEYER-KALKUS

II. – Für das esoterische Denken der «Kosmiker» A. SCHULER und L. KLAGES bezeichnet der Begriff ‹Sch.› das unverfügbare, plötzliche Innewerden jener Ganzheitserfahrung oder «Allverwobenheit», die dem archaischen Menschen gültige und dauernde Lebenswirklichkeit war. «Heidnische Sch. sind Sch. der Preisgebenheit, auf die wir den menschlichen Machtbegriff nicht anwenden können», schreibt Klages 1900 [1]. Während die gesamte Geschichte der Zivilisation als

Prozeß der Entbergung aus der uranfänglichen «kosmischen» Integration ausgegeben wird, vernehmen Schuler und Klages in einzelnen kulturellen Momenten oder in einzelnen Personen eine besondere Empfänglichkeit für die «Sch.» des Alls und des Anfangs. Schuler spricht im Blick auf G. Bruno von «neuen kosmischen Lichtschauern» [2], Klages erkennt in der Romantik «Sch. des Lebens» [3] und meint angesichts des «kaltnüchternen Alltags» seiner Gegenwart «seltene Sch.-Lichter» aus «Rätselzonen» ausmachen zu können [4]. Als «kalte, aus dem Kosmos herabkommende Sch.» hat Schuler die Erfahrung des Angerührtwerdens von der Kraft des Elementaren bezeichnet und von den «tellurischen Sch.» (auch «Blutleuchte») unterschieden [5]. An den archaischen Anfang der Menschheit erinnert in einer fortgeschrittenen Moderne jener «geheimnisvolle Sch.» [6], der von den Monumenten und Symbolen der alten Welt herrührt [7], und die unbefangene Begegnung mit der Lebenswirklichkeit von Kindern. «Wenn den Erwachsenen bisweilen ein rätselhaftes Heimweh nach seiner Kindheit überfällt, so zittert in ihm die dunkle Erinnerung nach an die Tiefe und Fülle des Lebens-Sch. grade in allerfrühester Jugend ...» [8]. Die soziale Zurückgebliebenheit erschien Klages geradezu als Glück für Deutschland im 19. Jh., da es «länger und tiefer die Sch. nähren konnte, die innersten Wesens Sch. der Kindheit sind» [9].

Während für Schuler und Klages der im «Sch.» momenthaft wiedergewonnene kosmische Bezug Hoffnungen auf die Erneuerung archaischen Lebens in einer Nachmoderne weckte, gilt S. GEORGE das im «Sch.» mögliche Innewerden elementarer Natur zwar als wesentlicher Impuls, zugleich aber auch als Gefährdung des Kunstwollens; der «Sch.» bedarf der poetischen Einhegung [10]. F. GUNDOLF hat deshalb im Blick auf Georges Lyrik von einer «Bannung der bluthaften Sch. ... in die lautre Flamme» gesprochen [11] und an anderer Stelle Goethes Italienerlebnis und seine Wende zum «Klassischen» als Abkehr von aller Elementarnatur, von jeder «Beschwörung der Ur-Sch.» gedeutet [12]. Dieser Vorrang der Form, in der aller «Sch.» nur als gestalteter zu Wort kommt, widerspricht der Position der «Kosmiker», die die Aufgabe der Kunst allein darin sahen, den Zugang zu elementarer Erfahrung offenzuhalten. Das «Grunderlebnis» des Dichters sei der «Sch. der Worte. ... Die Welt spricht aus ihm» [13].

Die Zugehörigkeit des «kosmischen Ur-Sch.» zur Mentalität der Schwabinger Bohème um die Jahrhundertwende hat F. VON REVENTLOW in ironischer Kennzeichnung festgehalten [14].

Anmerkungen. [1] L. KLAGES: Rhythmen und Runen (1944) 255. – [2] A. SCHULER: Fragmente und Vorträge (1940) 148. – [3] KLAGES, a.O. [1] 259. – [4] a.O. 307. – [5] SCHULER, a.O. [2] 160. 270; Art. ‹Pathisch/Pathik I›, in: Hist. Wb. Philos. 7 (1989) 177. – [6] KLAGES, a.O. [1] 374. – [7] a.O. 526. 374. – [8] Vom kosmogon. Eros (1922, ⁷1968) 77f. – [9] a.O. [1] 273. – [10] Vgl. das Gedicht ‹Boecklin›, in: S. GEORGE: Der siebente Ring. Ges.ausg. 6/7 (1931) 15; vgl. auch a.O. 8 (1928) 110; 9 (1928) 28. – [11] F. GUNDOLF: George (1920) 249. – [12] Goethe (1916) 507. – [13] KLAGES, a.O. [1] 262. – [14] F. VON REVENTLOW: Herrn Dames Aufzeichnungen [1913] (1969) 75.

Literaturhinweis. G. PLUMPE: A. Schuler und die «Kosmische Runde», in: M. FRANK: Gott im Exil (1988) 212-256.

G. PLUMPE

Schechina

A. ‹Altes Testament›; jüdische Tradition. – ‹Sch.› (auch: Scheckinah, Sekina, Schekina, Shehkinah, Shekhinah, sekinah u.ä.) ist im AT nicht belegt; er ist ein rabbinisch-talmudischer Terminus, der die Gottheit im Aspekt ihrer Anwesenheit in der Welt bezeichnet. ‹Sch.› wird vom biblisch-hebräischen Verb ‹schkn› (‹schakan› 'sich unterwerfen', 'sich niederlassen', 'wohnen', 'sich aufhalten') abgeleitet, welches das Innewohnen Gottes an besonderen Orten in Menschen und bei Ereignissen bezeichnet (z.B. Ps. 74, 2; Ex. 25, 8; Deut. 12, 11; Num. 5, 3). Im rabbinischen ‹Midrasch› weist ‹Sch.› oft darauf hin, daß Gott das Volk Israel bei seinen Wanderungen in der Wüste, im Tempel, im Exil und in Nöten begleitet. Das Wort ist ein hebräisches Femininum, weshalb es nur als «die Sch.» bezeichnet werden kann. (Eine letzte Auswirkung dieses Femininums ist, daß J. FRANK in Offenbach seine Tochter Eva am Ende des 18. Jh. als weiblichen Messias proklamierte und daß F. J. MOLITOR in seiner ‹Philosophie der Geschichte›, durch den Frankisten E. J. HIRSCHFELD beeinflußt, am Beginn des 19. Jh. die Ansicht vertrat, daß die reale Welt des Judentums zur idealen Welt des Katholizismus führen solle, denn allein dieser könne die Sch. aus der Zerstreuung erlösen.)

Wieweit die Verwendung der Wörter σοφία (Weisheit) und ‹Chokma› (hebr. Weisheit) zur Bildung des Begriffs ‹Sch.› beigetragen haben, ist schwer zu sagen. Gewisse rabbinisch-talmudische Begriffe und Wendungen werden synonym mit ‹Sch.› verwendet, wobei besonders ‹ruach ha-kodesch› (Geist der Heiligkeit) und ‹kabod ha-schem› (Herrlichkeit Gottes) zu nennen sind. Im ‹Sefer ha-Bahir›, dem ältesten Werk kabbalistischer Literatur aus dem Ende des 12. Jh., heißt es: «Es gibt eine Sch. unten, wie es eine Sch. oben gibt. Was ist diese Sch.? Sage: das ist das Licht, das aus dem Urlicht emaniert ist. Auch dieses umgibt alles, denn es heißt (Jes. 6, 3): 'Die ganze Erde ist voll seiner Herrlichkeit'» [1]. Bei «das aus dem Urlicht emaniert ist», haben die meisten Texte hier die Glosse, «welches chokma ist» [2]. Sch. ist hier identisch mit der emanierten Herrlichkeit Gottes, die die Erde füllt. Der Text lautet weiter: «Und warum weilt er [Gott] unter ihnen? Um sie zu erhalten und ihnen Bestand zu geben» [3]. Sch. ist hier als Herrlichkeit Gottes das Erhaltungsprinzip der Welt, sozusagen die *creatio continua*. Die Spekulationen über die Sch. im Buche ‹Bahir› bilden die Grundlage für alle späteren Überlegungen zur Sch. innerhalb der jüdischen Mystik [4].

Sch. in der jüdischen Philosophie: SAADJA BEN JOSEF AL-FAJJUMI (882-942), der als erster Philosoph der sogenannten jüdischen Philosophie des Mittelalters gilt, schreibt im Hinblick auf Gottes Gestalt auf dem Thron der Herrlichkeit (Ez. 1): «Diese erscheinende Lichtgestalt nennen unsere Weisen Sch., oder die Herrlichkeit Gottes in der Erscheinung» [5]. «Die Werke seiner [Gottes] Gegenwart bezeichnet er durch Offenbarung seines geschaffenen Lichtglanzes ..., die auch Sch. oder Herrlichkeit Gottes heißt» [6]. Die Sch. bezeichnet keine Aussage über 'Gott an sich', sondern ist nur ein menschliches Lob seiner «sich offenbarenden Eigenschaften» [7]. Gott selbst und seine Sch. sind hier nicht mehr identisch wie z.B. noch in der Schi'ur Koma-Mystik, in der der «Körper der Gottheit» selbst als Sch. bezeichnet werden konnte [8]. JEHUDA HALEVI (ca. 1085-1141) sieht wie Saadja in der Sch. einen Mittler zwischen der Gottheit und den Menschen. Nach ihm senkte sich die Sch.

im Anschluß an Ex. 39, 43 auf die Bundeslade [9]. Seit der Zerstörung des Tempels ist die Sch. allerdings unsichtbar [10], wird aber mit dem Erscheinen des Messias auch wieder sichtbar werden [11]. Da die Sch. unsichtbar ist, braucht man sie auch in Jerusalem nicht mehr zu suchen, doch dafür ist sie überall dort, wo man sich Gott durch Reinheit des Herzens nähert: «Die unsichtbare geistige Sch. ist bei jedem angeborenen Israeliten, dessen Handlungen rein, dessen Herz lauter, dessen Seele ungetrübt für den Gott Israels ist» [12]. MOSES BEN MAIMON (1135-1204) sieht im Anschluß an das ‹Targum Onkelos› in der Sch. ein Bindeglied zwischen Gott und den Menschen, und zwar immer dann, wenn in Anthropomorphismen von Gott gesprochen wird, damit von Gott keine Körperlichkeit ausgesagt werde [13]. Maimonides definiert die Sch., als ein von Gott «geschaffenes Licht an einem bestimmten Ort oder die beständige Fortdauer der Vorsehung bei einem Ding an jeder Stelle, je nach ihrem Zusammenhang» [14]. Inwieweit Maimonides Gott selbst mit der Sch. im Anschluß an Ex. 24, 10 identifiziert, ist umstritten. Er spricht von «Gottes Herrlichkeit, nämlich die Sch., welche ein erschaffenes Licht ist». Und gleichzeitig verbindet er das mit dem Ausspruch, daß Gottes «Sch. auf dem Throne seiner Herrlichkeit ruht» [15].

H. COHEN nennt die Sch. auch die «absonderliche Lagerung, durch welche das Sein Gottes sinnbildlich dargestellt wird» [16]. «Die Fixierung des Wortes» ‹Sch.› «zu einem Gottesnamen will offenbar das Sein durch Ruhen beschreiben. Aller Wechsel, alle Veränderung soll vom Sein Gottes entfernt werden. Der Philosoph sagt: Gott ist Substanz. Die monotheistische Religion sagt: Gott ist die Sch., absolutes Ruhen. Die Ruhe aber ist der ewige Urgrund der Bewegung» [17]. – F. ROSENZWEIG unterscheidet im ‹Stern der Erlösung› zwischen dem «Gott unsrer Väter» und dem «Rest Israels». Zwischen diesen beiden Gliedern ist das Verbindungsglied nach Rosenzweig die Sch. «Die Sch., die Niederlassung Gottes auf den Menschen und sein Wohnen unter ihnen, wird vorgestellt als eine Scheidung, die in Gott selbst vorgeht. Gott selbst scheidet sich von sich, er gibt sich weg an sein Volk, er leidet seine Leiden mit, er zieht mit ihm in das Elend der Fremde, er wandert mit seinen Wanderungen» [18]. Rosenzweig spricht daher von der «Irrfahrt der Sch.» als «des in der Welt Verstreutseins der Funken des göttlichen Urlichts» [19]. Rosenzweig greift damit den Gedanken der mittelalterlichen jüdischen Philosophie von der Sch. als einer Hypostase wieder auf. – S. S. SCHWARZSCHILD hat die folgende Definition von ‹Sch.› angeboten: Sie ist «der gewissermaßen poetische und metaphorische Name, mit welchem das klassische Judentum die Idee einer funktionierenden Beziehung zwischen dem transzendenten Gott einerseits und andererseits Menschen im allgemeinen und dem Volk Israel im besonderen benennt» [20]. – In I. B. SINGERS ‹Der Tod Methusalems› [21] ist die *Scheschina* Jahves Frau, die wegen seiner Impotenz und ihrer Frigidität seit undenklichen Zeiten von ihm getrennt ist.

Im ‹Neuen Testament› kommt der Begriff ‹Sch.› nicht vor. Matth. 18, 20 könnte bedeuten, daß die frühe Kirche die Vorstellung der Sch. auf Jesus übertragen hat. Doch ist auch an σκηνή (Zelt, Stiftshütte) und besonders ἐπισκηνοῦν (inhabitare; sein Zelt bei jemandem aufschlagen, bei ihm verweilen und gegenwärtig sein, einwohnen) zu denken [22]; auch wenn zwischen der hebräischen Wurzel und dem griechischen Stamm kein etymologischer Zusammenhang besteht, können solche Ähnlichkeiten, hier der Konsonantenfolge (im Sinne dessen, was irreführend immer noch 'Volksetymologie' heißt), auf die Bedeutsamkeit des Wortgebrauchs einwirken: Joh. 1, 14: «Und das Wort ward Fleisch und wohnte unter uns» (ἐσκήνωσεν ἐν ἡμῖν; hier nimmt F. DELITZSCH in seiner Übersetzung des NT ins Hebräische 1878 ein Wort mit der Wurzel von ‹Sch.›); 2 Kor. 12, 9: «... damit die Kraft Christi in mir wohne» (ἐπισκηνώσῃ).

Die *christlichen Kabbalisten* des 15. bis 18. Jh. haben sich (seit J. REUCHLIN, 1455-1494) ausführlich mit der Sch. auseinandergesetzt, wobei sie sich auf den ‹Sohar› beziehen [23]. Im 18. Jh. wird der Begriff in lateinischen Darstellungen der Kabbala (CH. KNORR VON ROSENROTH, J. F. BUDDE, J. BRUCKER [24]) hebräisch mitgeführt und für christliche Autoren, auch wenn sie sich der Kabbala nicht eigens zuwenden, sondern sich nur auf sie zu berufen wünschen, bereitgehalten; wo auf deutsch von ‹Einwohnung› die Rede ist (ohne Hebräischkenntnisse in der mittelalterlichen Mystik, mit solchen bei M. LUTHER), dürfte oft ‹Sch.› mitgewußt sein. – Die erste große Kabbala-Darstellung in deutscher Sprache von F. J. MOLITOR [25] kennt die Sch. aus den hebräischen Texten. Sie wird vom Altlutheraner R. ROCHOLL in einem eigenen Buch besprochen: ‹Beiträge zu einer Geschichte deutscher Theosophie mit besonderer Rücksicht auf Molitors Philosophie der Geschichte› (1856). ‹Sch.› steht offenbar im Hintergrund, wenn Rocholl die christliche Theologie in einem Begriff von Realpräsenz, den er weit über die Abendmahlslehre hinaus auf die gesamte trinitarische Gotteslehre bezieht, zentriert sein läßt [26].

Anmerkungen. [1] G. SCHOLEM: Das Buch Bahir (1923) 123 (§ 116); vgl. D. NEUMARK: Gesch. der jüd. Philos. des MA 1 (1907) 199. – [2] SCHOLEM, a.O. 124, Anm. 4. – [3] a.O. 123. – [4] Die jüd. Mystik in ihren Hauptströmungen (1941, 1957); Schekhina: das passiv-weibl. Moment in der Gottheit, in: Von der myst. Gestalt der Gottheit (1962) 135-195; Zur Kabbala und ihrer Symbolik (1965); Kabbalah (Jerusalem 1974); The Messianic idea in Judaism (New York 1974). – [5] SAADJA: Emunot We-Deot, dtsch. J. FÜRST (1845, ND 1970) 172f. – [6] a.O. 177. – [7] 191f. – [8] G. SCHOLEM: Die myst. Gestalt der Gottheit in der Kabbala. Eranos Jb. 29 (1960) 145-146. – [9] JEHUDA HALEVI: Das Buch Kusari III, 23, übers. D. CASSEL (⁴1920) 233. – [10] I, 20, a.O. 120. – [11] II, 23, a.O. 124-125. – [12] V, 23, a.O. 430. – [13] MOSES BEN MAIMON: Führer der Unschlüssigen I, 21, übers. und hg. A. WEISS (²1972) 66-67. – [14] I, 25, a.O. 74. – [15] I, 28, a.O. 81. – [16] H. COHEN: Der Hl. Geist, in: Jüd. Schr. 3 (1924) 195. – [17] Relig. der Vernunft aus den Quellen des Judentums (²1929) 53. – [18] F. ROSENZWEIG: Der Stern der Erlösung (Den Haag ⁴1976) 455. – [19] a.O. 456. – [20] S. S. SCHWARZSCHILD: Schekhinah und jüd. Eschatologie, in: A. FALATURI/J. J. PETUCHOWSKI/W. STROLZ (Hg.): Universale Vaterschaft Gottes (1987) 88-114. – [21] I. B. SINGER: The death of Methuselah (New York 1988); dtsch. (1992). – [22] W. MICHAELIS: Art. σκηνή κτλ., in: Theol. Wb. zum NT 7 (1924) 369-396, bes. 372. 374. 380. 382. 389f., mit Hinw. auf weit. Lit., bes.: A. SCHLATTER: Paulus, der Bote Jesu. Eine Deutung seiner Briefe an die Korinther (²1956) 699 und H. WINDISCH: Der zweite Korintherbrief (1924) 392. – [23] G. JAVARY: Rech. sur l'utilisation du thème de la Sekina dans l'apologétique chrét. du XVᵉᵐᵉ au XVIIᵉᵐᵉ s. Thèse prés. devant l'Univ. de Paris IV – le 4 févr. 1976 (Lille/Paris 1978); A propos du thème de la Sekina: Variations sur le nom de Dieu, in: Kabbalistes chrét. (Paris 1970) 281-306. – [24] CH. KNORR VON ROSENROTH: Kabbala denudata 1-2 (1677-84, ND 1974); J. F. BUDDE: Introd. ad hist. philos. Ebraeorum (1702, ²1720); J. BRUCKER: Hist. crit. philos. 2 (1743) 916ff. – [25] F. J. MOLITOR: Philos. der Gesch. oder über Tradition in dem alten Bunde und ihre Beziehung zur Kirche des neuen Bundes. Mit vorzügl. Rücksicht auf die Kabbala 1 (1827, ²1857), 2-4

(1834/39/53). - [26] R. ROCHOLL: Die Realpräsenz (1875); Der christl. Gottesbegriff (1900).

Literaturhinweise. AEGIDIUS VON VITERBO: Schechina et libellus de litteris hebraicis, hg. F. SECRET (Rom 1959). - G. MATHESIUS: Disput. philologica de Schechina (Uppsala 1734). - A. WÜNSCHE: Art. ‹Sch.›, in: Realencykl. für prot. Theol. und Kirche 17 (1906) 538-542. - G. SCHECHTER: Some aspects of Rabbinic theol. (London 1909). - J. ABELSON: The immanence of God in Rabbin. lit. (London 1912/New York 1969). - A. MARMORSTEIN: The old Rabbin. doctr. of God (London 1927). - F. ABER: Memra und Schechinah, in: Festschr. des Jüd. Theolog. Seminars Fränckelscher Stiftung (Breslau 1929). - A. M. GOLDBERG: Die spezif. Verwendung des Terminus Schekhina im Targum Onkelos als Kriterium einer relat. Datierung. Judaica 19 (1963) 43-61. - R. PATAI: The Hebrew Goddess (New York 1967). - P. KUHN: Gottes Selbsterniedrigung in der Theol. der Rabbinen (1968). - A. M. GOLDBERG: Unters. über die Vorstellung von der Schekhinah in der frühen rabbin. Lit. (1969). - P. SCHÄFER: Die Vorst. vom Hl. Geist in der rabbin. Lit. (1972); Rivalität zwischen Engeln und Menschen. Unters. zur rabbin. Engelvorst. (1975). - A. GREEN: Bride, spouse, daughter: Images of the feminine in class. Jewish sources, in: S. HESCHEL (Hg.): On being a Jewish feminist (New York 1983) 248-260. - H. ERNST: Rabbin. Trad. über Gottes Nähe und Gottes Leid, in: C. THOMA/M. WYSCHOGROD: Das Reden vom einen Gott bei Juden und Christen (Bern 1984) 157-177.

B. *Sch. im ‹Koran›.* - Im ‹Koran› ist ‹al-sakīna› als Lehnwort aus dem Hebräischen sechsmal belegt (Sure 2, 249; 9, 26; 9, 40; 48, 4; 48, 18; 48, 26). Die deutschen ‹Koran›-Übersetzungen geben Sure 2, 249 wieder mit «eurer Herr in Gegenwart (Sch.)», «Gegenwart von eurem Herrn», «Seelenfrieden» und «Sakīna». Die übrigen Stellen werden übersetzt mit «fürsehende Allgegenwart», «allgegenwärtige Führsehung», «himmlische Ruhe», «sichere Ruhe», «Gemütsruhe» u.ä.

Dieser Befund macht deutlich, daß die ganz und gar arabische Wortform ‹sakīna› schon sehr früh in Vergessenheit gebracht hat, daß dieses Wort ein Lehnwort jüdischen Ursprungs war. Darum wurde es als Derivat der arabischen Wurzel ‹sakana› (wohnen) bald schon mit dem koranischen ‹sukūn› (körperliche und seelische Ruhe) identifiziert. Muhammad selbst scheint keine klare Vorstellung von dem Begriff gehabt zu haben. Gleichwohl scheint Sure 2, 249 («Das Zeichen seines Königtums ist, daß zu euch kommen wird die Lade, in der die Sakīna eures Herrn ist, und ein Überrest von dem, was die Familien Mūsās und Hārūns zurückgelassen haben») auf dem babylonischen Talmud (Sota 13a) zu basieren: «In all jenen Jahren ... zogen diese beiden Laden neben ihnen her, die des toten [Joseph] und die mit der Sch.» [1]. Erst die späteren Kommentatoren der Traditionsliteratur wußten durch ihre direkten Auseinandersetzungen mit dem Judentum wieder um die jüdische Herkunft des Begriffs. In den ‹Sprüchen der Väter› heißt es (III, 7): «Wenn zehn zusammen sind und mit der Torah beschäftigt sind, weilt die Sch. unter ihnen» [2]. Die muslimische Traditionsliteratur konnte z.B. diesen Satz übernehmen als: «Es sitzen nicht Leute in einem der Häuser Allahs zusammen und lesen das Buch Gottes und studieren es miteinander, ohne daß die Sakīna auf sie hinabsteige» [3]. Weil es keine einheitliche Bestimmung des Begriffs ‹sakīna› gibt, läßt ihn R. PARET in seiner deutschen ‹Koran›-Übersetzung immer unübersetzt. ‹Sakine› ist heute noch ein beliebter persischer Frauenname.

Anmerkungen. [1] H. SPEYER: Die bibl. Erzählungen im Qoran (1931, ²1961) 367f. - [2] The ethics of the Talmud. Sayings of the fathers, hg. R. TRAVERS HERFORD (New York ⁶1971) 71. - [3] I. GOLDZIHER: Über den Ausdruck ‹Sakīna›, in: Abh. zur arab. Philol. 1 (Leiden 1896) 177-204, bes. 194.

Literaturhinweise. I. GOLDZIHER: La notion de la Sakīna chez les Mohamétans. Rev. Hist. Relig. 28 (1893) 1-13; s. Anm. [3]. - TH. NÖLDEKE: Neue Beitr. zur semit. Sprachwiss. (Straßburg 1910) 24f. - B. JOEL: Al-Sakīna, in: E. J. BRILL's First Encycl. of Islam (1913-36), New ed. 7 (1987) 78.   F. NIEWÖHNER

Schein (griech. αὐγή, φῶς bzw. φαινόμενον; lat. splendor, lumen bzw. phaenomenon, apparitio, apparentia, illusio)

I. - ‹Sch.› ist seit dem frühen Mittelalter ein Wort der deutschen Umgangssprache [1] und wird erstens i.S. von ‹splendor› oder ‹lumen› (griech. αὐγή, φῶς) gebraucht: ‹Sch.› steht für das Leuchten von Gestirnen, für diese selbst, dann aber auch in übertragener Bedeutung für Ruhm, Glück oder Schönheit. Als Entsprechung zu φαινόμενον, ‹phaenomenon› bzw. ‹apparentia› meint ‹Sch.› zweitens das Sichtbarwerden bzw. -sein sowohl von sinnlichen Gegenständen als auch von Gedanken (Evidenz, Augen-Sch.). Läßt auch der Gebrauch von ‹Sch.› zur Bezeichnung des Sichzeigens i.S. von ‹Aussehen› oder ‹Bild› (figura, species) die Beziehung von Abbild und Urbild unbestimmt, so impliziert er doch zumindest eine formale Differenz von Sein und Sch. Wie φαινόμενον und ‹apparentia› [2] ist ‹Sch.› in dieser zweiten Verwendung doppeldeutig: Er kann gleichermaßen das Offenbare wie drittens den bloßen Sch., die Täuschung (ψεῦδος, illusio) bezeichnen. Dieses Bedeutungspotential von ‹Sch.› in der natürlichen Sprache - von ‹splendor› über ‹apparentia› zu ‹illusio› - ist Grundlage der verschiedenen Sch.-Termini in der Philosophie.

Wenn auch nicht terminologisch, so gehen doch gedanklich spätere Ausprägungen des dritten Sch.-Begriffs implizit oder explizit auf PLATON und das traditionelle Platonverständnis zurück. Im wirkungsmächtigen Höhlengleichnis zu Beginn des 7. Buches von Platons ‹Staat› wird die Welt der Erscheinung als Schattenwelt gegenüber der wirklichen Welt der 'Ideen' dargestellt. Statt des wirklichen Wissens, das die Ideen ermöglichen, bedingen die Erscheinungen nur Meinungen (δόξαι). Platon benutzt als Ausdrücke für diesen Sachverhalt neben den Wortbildungen zu φαίνεσθαι die Terminologie von ‹Bild›, ‹Abbild›, ‹Schatten›, aber auch ‹Doxa› (s.d.) und Derivate (δοκεῖν, δοξαστόν) für den subjektiven Sch.

1. Im Mittelalter wird ‹Sch.› zwar in allen genannten Bedeutungen verwendet [3], findet aber nur in der ersten Bedeutung Eingang in den philosophischen Sprachgebrauch, und zwar bei dem Mystiker MEISTER ECKHART. In seiner neuplatonisch geprägten Lichtmetaphorik, in der die Sonne Sinnbild des Einen Gottes ist, dient ihm ‹Sch.› bzw. ‹Scheinen› zur Charakterisierung des Verhältnisses von Gott und Mensch. Dieses Verhältnis denkt Eckhart i.S. des neuplatonischen «Ein und Alles» als das einer Identität von Einheit und Andersheit. Sinnfällig wird das in seiner Rede vom göttlichen «schîn»: Gott überscheint alles [4] und «wirfet sînen schîn» in die Kreaturen; «die wurzel» des Lichts, des Guten, aber behält er [5]. Indem er ihnen nicht nur Güter, sondern allererst das Sein verleiht [6], gibt er sich selbst [7] - zwar nur «ze borge» [8], nicht jedoch zum bloßen Sch. So ist er in allen Kreaturen und zugleich über ihnen [9], bei sich. Die menschliche Seele, die zwischen Gott und den Kreaturen steht, hat selber einen «schîn» an sich [10], ist ein «vünkelîn» [11], eine kleine Sonne. In ihrem bloß natürlichen Licht [12], mit der Vernunft, vermag sie *die*

Wahrheit nicht zu erkennen, d.h. Gott nicht zu schauen. Dazu bedarf sie der Erleuchtung durch das göttliche Licht, in dessen Sch. (Heiliger Geist) sie zu Gott erhoben wird [13], um Gott in ihm selbst zu erkennen [14]. Der göttliche Sch. ist so bei Eckhart gleichermaßen Medium für Sein und Erkennen, für die Emanation [15] des göttlichen Seins ebenso wie für die mystische Rückführung der Seele zu Gott.

V. WEIGELS Ansätze zu einer Erkenntnistheorie [16] deuten schon auf den spezifisch neuzeitlichen Begriff des Sch. in der Bedeutung von 'Erscheinen' bzw. 'bloßem Sch.'. Ausgangspunkt für seine Suche nach einem «güldene[n] Griff, alle Dinge ohne Irrtum zu erkennen» [17], ist die Erfahrung, daß es nicht nur in der Wissenschaft, sondern auch bei der einfachen Sinneswahrnehmung «so mannigfaltige opiniones» [18] gibt.

Bei J. BÖHME findet sich neben der traditionellen neuplatonisch-mystischen Rede vom «scheinenden» Licht Gottes in der Kreatur [19] ein christlich-moralisch begründeter Begriff vom leuchtenden Sch. der Täuschung zur Charakterisierung der menschlichen Erkenntnis- und Lebenssituation. Im menschlichen Leben treten an die Stelle der göttlichen Wahrheit «Wahn» und «Irrthum» [20] im «Sch.-Licht der äussern Vernunft-Seele» [21]. Dieses «Sch.-Licht» ist gerade als göttliches eines der Gottvergessenheit und Selbsttäuschung [22]. Im «Sch.-Licht» der Vernunft, gleichsam einem «Sch.-Sch.» («splendor fallax») [23], begegnet somit neben dem ‹leuchtenden Sch.› ein neuer Sch.-Begriff: ‹Sch.› i.S. von Täuschung des Zeitlichen als des bloß Vergänglichen.

2. Die von Böhme hergestellte Verbindung von ‹Sch.› und ‹Vergänglichkeit› ist entscheidend für den Sch.-Begriff des *Barockzeitalters*: Die Rede vom täuschenden Sch. [24] der Vanitas-Welt, des Welttheaters ist *der* Topos der Barockliteratur. Gesellschaftskritik an der «verkehrten Welt» [25] – «Wo viel Sch. / Da kein seyn» [26] – ist hier fundiert in der Auffassung von der Sch.-Haftigkeit, d.h. Unwirklichkeit alles Weltlichen, Materiellen: «Der Leib, mein irdnes Teil, ... er lebt nur auf den Sch.» [27].

Während G. W. LEIBNIZ ‹apparentia› und ‹phaenomenon› noch synonym verwendet, zeigt sich in den deutschen Übersetzungen dieser Wörter eine Differenzierung in die subjektive ‹apparentia› (bloßer Sch.) [28] bzw. ‹apparitio› (Erscheinung, Empfindung) [29] und das objektiv reale ‹phaenomenon›, das nur in Komposita mit ‹Sch.› übersetzt wird [30].

‹Sch.› und ‹phaenomenon› in metaphysischer Bedeutung werden bei CH. WOLFF – wie in der gesamten Aufklärungsphilosophie – erst gar nicht thematisiert. Er kennt nur die subjektive ‹apparentia›, d.h. Traum und Sinnestäuschung. Aber auch dieser falsche Sch. ist völlig zu durchschauen, wenn die Menschen, statt nach Meinungen zu urteilen, ihre Vernunft gebrauchen [31].

Ein solcher Vernunft- und Wahrheitsoptimismus, charakteristisch für die Zeit der Aufklärung, prägt auch CH. THOMASIUS' Auffassung vom Sch. Während LEIBNIZ gegen Descartes darauf besteht, daß es nicht primär Sache des Willens sei, wenn wir richtig oder falsch urteilten [32], vertritt THOMASIUS in diesem Punkt die cartesische Theorie. Der «falsche Sch. der objecten» als solcher könnte uns zu keinem Irrtum verleiten, «da doch die objecta an und vor sich keine vera causa des Irrthums seyn» [33]. Die Dinge sind nämlich «so beschaffen / daß sie von dem Menschen begriffen werden können / und der Verstand ist so beschaffen / daß er die euserlichen Dinge begreiffen kan» [34]. Diese von Thomasius lediglich präsupponierte «harmonie» [35], die er weder metaphysisch noch mit seiner empiristischen Affektionstheorie der «Bildungen» im Gehirn [36] begründet, schließt einen Betrug durch die Sinne oder die Ideen des Verstandes aus [37]. Nicht der Sch. der Dinge, sondern die Vorurteile der Menschen sind die eigentlichen Wahrheitshindernisse [38]. Das Problem von Wahrheitsverfehlung und «Sch.-Wahrheit» [39] wird so zum Thema der Anthropologie bzw. empirischen Psychologie.

Die Höherbewertung dieser nichtrationalistischen Disziplin führt bei G. F. MEIER [40] zu einer Neubewertung des Sch. Schon seine Unterscheidung von «wahr» und «scheinbar» («was nur etwas zu seyn scheint, es aber nicht in der That ist») [41], die er auf zentrale Begriffe der ‹Vernunftlehre› (1752) wie «Erkenntniß» [42], «Widerspruch» [43] und «Gewißheit» [44] anwendet, ist Ausdruck seiner Einsicht in die Irrtumsanfälligkeit aller menschlichen Erkenntnis [45]. Mit der Erklärung dieses Sch. bewegt sich Meier jedoch zunächst noch in den Bahnen seiner Vorgänger Wolff und Thomasius. Später, in den allein der empirischen Psychologie verpflichteten ‹Beyträgen zu der Lehre von den Vorurtheilen des menschlichen Geschlechts› (1766), kommt Meier, wenn nicht zur Behauptung des Idealismus, dann doch zu einer prinzipiellen Neubewertung des Sch.-Problems. Unter dem Einfluß von «Newtons Entdeckung» [46] bzw. J. LOCKES «secondary qualities» [47] entsteht ein neues Paradigma: die Differenz zwischen Sein und Sch. als eine zwischen den Dingen, wie sie «an und vor sich selbst beschaffen» sind [48] und wie sie «zu seyn scheinen» [49].

3. Diese Differenz ist für J. H. LAMBERT der selbstverständliche Ausgangspunkt seines ‹Neuen Organon› [50]. Weil sich die Wahrheit «öfters unter einem ganz andern Sch.» zeigt [51], bedarf der menschliche Verstand eines besonderen Werkzeuges, der «Phänomenologie oder Lehre von dem Sch.» [52]. Sie gibt ihm die Mittel an die Hand, den Sch. «zu vermeiden, und zu dem Wahren durchzudringen» [53]. Sch. ist demnach bei Lambert, anders als bei Meier, kein unüberwindbares Wahrheitshindernis, sondern ein «Mittelding» zwischen dem Wahren und dem Falschen [54]: nicht eo ipso «bloßer Sch.» [55], sondern zunächst und primär «realer» Sch. [56], d.h. apparentia. Während der täuschende Sch. rein subjektiv ist, «eine leere Einbildung» [57], ist der «Sch. überhaupt betrachtet» [58] auch insofern ein «Mittelding», als er sich erst im Verhältnis von Subjekt und Objekt herstellt [59]. Entsprechend hat der «physische Sch.», der sinnliche Sch. äußerer Objekte, neben den subjektiven auch objektive und relative Komponenten [60]. Subjektive Quellen des Sch. sind organische Störungen, Bewußtsein, Gedächtnis, Einbildungskraft und Leidenschaften [61]. Dementsprechend unterscheidet Lambert – angeregt durch N. MALEBRANCHES Psychologie des Irrtums [62] – den «organischen oder pathologischen» (z.B. Träume) [63], den «psychologischen» (z.B. Vorurteile) [64] und den «moralischen» Sch. (durch Affekte) [65]. Ziel einer «Phänomenologie» als Wissenschaft ist die «Uebersetzung aus der Sprache des Sch. in die wahre» Sprache [66], die «geometrisch und mechanisch ist» [67]. «Uebersetzung» heißt, den physiologischen «Mechanismus» der Entstehung von Empfindungen und Gedanken erklären [68]. Diese «auf eine mathematische Theorie [zu] bringen» [69], das erst würde dem Ideal der Wissenschaftlichkeit genügen [70]. Als Teil der «Grundwissenschaft» [71] ist LAMBERTS Theorie des Sch. ihrem

Hauptanliegen nach weder psychologisch noch erkenntnistheoretisch. Sie ist Reflexion der wissenschaftlichen Forschung und soll dieser wiederum dienen [72].

Das Modell für eine solche «Phänomenologie» liefern Optik und Astronomie. Die «Sehekunst» hat eine mathematische Theorie des optischen Sch. entwickelt [73], die sich die Astronomie zunutze gemacht hat, um «aus der scheinbaren Gestalt des Himmels auf die wahre Einrichtung des Weltbaues zu schließen» [74]. Ihren erfolgreichen Umgang mit dem Sch. will Lambert in einer «transcendenten Optik» [75] verallgemeinern, in der Übersetzungsregeln für alle Arten des Sch. entwickelt werden sollen. Wie die «Grundbegriffe» der Körperwelt einerseits zur «wahren Sprache» gehören können [76], wenn wir sie andererseits gerade dem Sch. «zu danken» haben [77], versucht Lambert in seiner Theorie der «einfachen Begriffe» [78] zu begründen. Diese sind als die «Materie» unserer Erkenntnis empirischen Ursprungs [79], ihre «Gedenkbarkeit» macht die aus ihnen abgeleiteten Grundsätze jedoch «von der Erfahrung ... ganz unabhängig» [80]. Nicht weil, sondern obwohl die Grundbegriffe solche des Sch. sind, zeigt sich uns «die Körperwelt ... nur nach dem Sch.» [81] – ein Diktum, das frei von idealistischen Implikationen ist [82]. Lamberts Sch.-Theorie will eine Theorie der Erfahrung sein [83], durch «Vergrößerungsgläser» zu «bestätigen» [84]. Die «Denkform des kopernikanischen Komparativs» [85] ist nicht nur eine des 'immer mehr' an astronomischen Sprachen, die einander wie «Epochen» ablösen [86], sie ist zugleich auch eine des 'noch nicht' der richtigen Übersetzung. Wenn das dem Sch. «zum Grunde ligende» nicht «künftig», sondern «gar nie» entdeckt wird [87], dann kann Lambert dies nur als empirisch-faktisches Unvermögen verstehen. Hinsichtlich der Lebenspraxis hat er aufgewiesen, «daß beständiger Sch. für uns Wahrheit ist» [88]. Die Sprache des Sch. – im übertragenen wie im eigentlichen Sinne [89] – ist für uns «wesentlich» [90], ist «Medium unseres alltäglichen Weltverhaltens» [91]. Daß sich das Zugrundeliegende «so genau und beständig» wie «die geometrischen Wahrheiten», d.h. notwendig, «nach dem Sch. richtet» [92], kann Lambert allenfalls teleologisch begründen [93]. Inwiefern «ein so schlechthin nie triegender Sch.» wie der von Zeit und Raum «wohl mehr als nur Sch. seyn dürfte» [94] und könnte – dies bleibt in Lamberts «transcendenter Optik» offen. Erst Kants «transzendentale Ästhetik» versucht darauf eine Antwort zu geben.

4. Zunächst jedoch findet die Rede vom «beständigen» und deshalb 'wahren' Sch. eine pragmatische Interpretation. Unter dem Einfluß der Common-sense-Philosophie [95] begegnet J. G. H. Feder dem idealistischen Zweifel mit der «gesunde[n] Vernunft unter dem Schutze des Instincts» [96]. Theoretischer Zweifel ist müßig; er wird durch das alltägliche Handeln – auch der Idealisten – gleichsam widerlegt. Der Streit zwischen Idealisten und Realisten ist letztlich nur einer um Worte [97]: «Beständig scheinen [heißt] uns seyn» [98]. Das gilt sowohl für die Existenz wie für die Beschaffenheit der Dinge [99].

Feders Begründungen für die Wahrheit des «beständigen Sch.» sind für J. N. Tetens unhaltbar. Die pragmatische Begründung widerspricht dem Begriff der Wahrheit, da sie diese nur «für etwas Relatives auf den Menschen» ansieht [100]. Die objektivistische, der korrespondenztheoretischen Wahrheitsauffassung verpflichtete Begründung [101] ist für uns als Vorstellende nicht nachvollziehbar, denn: «Die Gegenstände mit den Ideen vergleichen, heißt nichts anders als Vorstellungen mit Vorstellungen vergleichen» [102]. Diese Vorstellungen sind als «Impressionen» nichts als «subjektivische Sch.e» [103], egal ob sie sich auf körperliche Gegenstände oder die Seele beziehen [104]. Die eigentliche Frage nach der Wahrheit des Sch. ist – so Tetens – die nach der Objektivität der Beziehungen oder Gedanken [105] und damit letztlich nach der unserer Denkgesetze [106]. Danach ist die Auffassung des «gemeinen Verstandes» von der Realität durch die Vernunft zu berichtigen. Nicht der «gewöhnlichste, beständigste Sch.» ist «ganz und gar Realität», Objektivität findet sich allein in den «Verhältnissen» der «Sch.e» [107]. Allerdings handelt es sich immer noch um eine Objektivität trotz des Sch. Das seit Lambert bestehende Problem, ob Sch. nicht «mehr als nur Sch.» sein kann, ist damit noch nicht gelöst.

5. Die dargestellten Schwierigkeiten mit dem Begriff des Sch. beruhen in erster Linie auf der seit Meier üblichen Unterscheidung zwischen Dingen, wie sie «an und vor sich selbst beschaffen» sind und wie sie «zu seyn scheinen». Erst I. Kant überdenkt die Voraussetzungen des traditionellen Modells. In einer Radikalisierung von Lamberts «kopernikanischem Komparativ» kehrt er das Verhältnis von empirischer Erkenntnis und Gegenstand um [108]: Die Möglichkeit «synthetischer Sätze a priori» [109], deren Wirklichkeit durch Wissenschaften wie die Mathematik bezeugt wird, ist nur dann zu erklären, wenn der Gegenstand sich nach «dem Vorstellungsvermögen» richtet [110], wenn also die subjektiven Bedingungen der Erkenntnis zugleich die objektiven Bedingungen der Gegenstände der Erkenntnis sind [111]. Solche transzendentalen «Prinzipien a priori» nennt Kant die «Idealität des Raumes und der Zeit» [112], durch die die Gegenstände «nichts als Erscheinungen» sind [113], und die Begriffe des reinen Verstandes [114]. Kant bestimmt die Funktion dieser Begriffe jedoch anders als seine Vorgänger: Sie dienen nicht dazu, von den gegebenen Empfindungen auf die wahren Objekte zu schließen, denn ein solcher Schluß ist notwendigerweise «unsicher» [115]. Vor allem aber ist er nun überflüssig. Die sogenannte Sprache des Sch. ist die wahre Sprache; wir brauchen sie nicht zu übersetzen, sondern nur mit Hilfe der «Verstandesbegriffe» «zu buchstabiren», um sie als Erfahrung lesen zu können [116]. Es gibt demnach nicht zwei Gegenstände, den scheinbaren der Sinnlichkeit und den wirklichen der Außenwelt. Was Kant wegen seiner Subjektabhängigkeit als «Erscheinung» bezeichnet, ist in empirischer Hinsicht «Ding an sich selbst» [117]. Kants Idealismus ist zugleich ein «empirischer Realismus» [118]. Die «Erscheinung, im transscendentalen Sinn genommen», ist nicht zu verwechseln mit der «physischen Erscheinung», die «Apparenz, oder Sch.» heißt und individuell verschiedene Eindrücke von Gegenständen meint [119]. «Erscheinung» ist also nicht bloßer «Sch. von Gegenständen» [120], sondern der einzige Modus ihrer Erkennbarkeit. Unbestimmt bleibt es in Kants Theorie, ob das «Ding an sich» etwas «hinter den Erscheinungen» ist [121] oder ob es «nicht ein besonderes Obiect» [122], sondern lediglich ein transzendentaler Aspekt des Erfahrungsgegenstandes ist. In keinem Fall aber sind die «Dinge an sich» Gegenstände einer reinen Verstandeserkenntnis: Die «Grundsätze a priori» des Verstandes sind nämlich «nichts weiter als Principien möglicher Erfahrung», sie «können niemals auf Dinge an sich selbst, sondern nur auf Erscheinungen als Gegenstände der Erfahrung bezogen werden» [123].

Das herkömmliche Verhältnis von 'Sch. der Sinnlichkeit' und 'Wahrheit der Vernunft' ist damit umgekehrt.

Wie unberechtigt das rationalistische «Vertrauen» in die Vernunft war, zeigt nach Kant der Zustand der Metaphysik [124]. Durch diesen wurde Kant aus dem «dogmatischen Schlummer» geweckt, «um das Scandal des scheinbaren Wiederspruchs der Vernunft mit ihr selbst zu heben» [125]. Den «Schlüssel» dazu liefert ihm der «transcendentale Idealism» [126], «das einzige Mittel ..., den transscendentalen Sch. zu verhüten» [127]. Nachdem Kant nachgewiesen hat, daß «nur Erscheinung ... Erkentnis a priori» zuläßt [128], erkennt er den Grund für den «dialektischen Sch.» der Vernunft [129]. Diese macht von den Kategorien des Verstandes einen «hyperphysischen Gebrauch» [130], indem sie logische und «materielle (objective) Wahrheit» gleichsetzt [131]. Wie aller Sch. besteht auch der Sch. der Vernunft darin, «daß der subjective Grund des Urtheils für objectiv gehalten wird» [132]. Er beruht jedoch nicht auf Unachtsamkeit [133], sondern ist eine «natürliche und unvermeidliche Illusion» der Vernunft [134]. «Es sind Sophisticationen nicht der Menschen, sondern der reinen Vernunft selbst», deren «Sch. aber, der ihn unaufhörlich zwackt und äfft», «selbst der Weiseste unter allen Menschen ... niemals völlig los werden kann» [135]. Denn die Vernunft geht ihrem «Interesse nach» [136] notwendig auf «das absolute Ganze aller möglichen Erfahrung» [137]. Ihre Grundsätze sind deshalb «transcendent», weil sie die «Schranken» der Erfahrung «zu überschreiten gebietet» [138]. Vermittels der Vernunftschlüsse schließen wir «von etwas, das wir kennen, auf etwas anderes ..., wovon wir doch keinen Begriff haben, und dem wir gleichwohl durch einen unvermeidlichen Sch., objective Realität geben» [139]. Durch solche Schlüsse entstehen Ideen, denen «kein congruirender Gegenstand in den Sinnen gegeben werden kann» [140]. Aus der 'Gegenstandslosigkeit' solcher Ideen wie «Gott», «Welt» und «Seele» ergibt sich die Unmöglichkeit der traditionellen Metaphysica specialis [141]. Um dem dialektischen Sch. zu entgehen, darf man von den Vernunftideen keinen «konstitutiven», sondern nur einen «regulativen» Gebrauch machen [142]. Ort des Sch. sind damit nicht mehr die Sinne, sondern die Vernunft: «Alles Erkenntniß von Dingen aus bloßem reinen Verstande oder reiner Vernunft ist nichts als lauter Sch. und nur in der Erfahrung ist Wahrheit» [143].

Anmerkungen. [1] Vgl. die Art. ‹Sch.› und ‹Scheinen›, in: GRIMM 8 (1893) 2419-2433. 2441-2450. – [2] Vgl. den Art. ‹apparentia›, in: Mittellat. Wb., hg. Bayer. Akad. der Wiss.en/Dtsch. Akad. der Wiss.en zu Berlin 1 (1967); vgl. Art. ‹Phänomen›, in: Hist. Wb. Philos. 7 (1989) 461-483. – [3] Vgl. zu den ersten beiden (noch philos. unterminolog.) Verwendungsarten NOTKER LABEO: Boethius De consolatione philosophiae (um 1000) pass. Die Schr. Notkers und seiner Schule, hg. P. PIPER 1 (1882); zum 'bloßen Sch.' vgl. REYNARTS Historie (1375) Vers 4311f., hg. J. GOOSSENS (1983) 320. – [4] Vgl. MEISTER ECKHART: Pr. 45. Dtsch. Werke, hg. J. QUINT [DW] 2 (1971) 369. – [5] Vgl. Pr. 41, a.O. 294. – [6] Vgl. Pr. 45, a.O. 369. – [7] Vgl. Pr. 9. DW 1 (1958) 149. – [8] Trakt. 1. DW 5 (1954-63) 36. – [9] Vgl. Pr. 9, a.O. [7] 143. – [10] Pr. 17. DW 1, 283. – [11] Pr. 2, a.O. 39. – [12] Vgl. Pr. 19, a.O. 313. – [13] Vgl. Pr. 23, a.O. 394-396. – [14] Pr. 47. DW 2 (1971) 408f. – [15] Vgl. Pr. 23. DW 1, 394. – [16] Vgl. dazu H. LÄNGIN: Grundlinien der Erkenntnislehre V. Weigels. Arch. Gesch. Philos. 41 (1932) 435-470, der mit seinem Hinweis auf «Anklänge an Kant» (a.O. 442, Anm. 13) Weigel jedoch zu wohlwollend interpretiert. – [17] V. WEIGEL: Der güldene Griff (1578) Vorrede. Ausgew. Werke, hg. S. WOLLGAST (1977) 367. – [18] Kap. 9, a.O. 392. – [19] J. BÖHME: Christosophia oder Der Weg zu Christo 3, Kap. 1, Nr. 10 (1622) 88. Sämtl. Schr., hg. W.-E. PEUCKERT 4 (1957). – [20] Nr. 31, a.O. 92; vgl. Nr. 16. 46, a.O. 89. 95. – [21] Christosophia 4, Kap. 4, Nr. 20 (1622/23) 128. – [22] Vgl. Nr. 17, a.O. 127. – [23] K. STIELER: Der Teutschen Sprache Stammbaum und Fortwachs oder Teutscher Sprachschatz 2 (1691, ND 1968) 1752 (Art. ‹Sch.›). – [24] Vgl. J. G. SCHOTTELIUS: Ausführl. Arbeit Von der Teutschen Haubt Sprache (1663, ND 1967) 1135. – [25] F. VON LOGAU: Sämmtl. Sinngedichte (1654) 1. Zu-Gabe, Nr. 80, hg. G. EITNER (1872, ND 1974) 420. – [26] 2. Tausend, 4. Hundert, Nr. 77, a.O. 307. – [27] P. FLEMING: Dtsch. Gedichte (1646), Poet. Wälder 1, Nr. 15, hg. J. M. LAPPENBERG 1 (1865, ND 1965) 29. – [28] Vgl. J. CH. GOTTSCHED: Herrn Peter Baylens ... Hist. und Crit. Wb. ... ins Deutsche übers. 4 (1744) 554. – [29] Vgl. J. G. WALCH: Philos. Lex. 2 ([4]1775, ND 1968) Index tit. lat.; vgl. A. G. BAUMGARTEN: Metaphysica ([4]1757) § 534, in: I. KANT: Akad.-A. 15/1 (1923) 13. – [30] BAUMGARTEN: Met. § 193, a.O. 18 (1923) 67; vgl. BAUMGARTEN: Met., übers. G. F. MEIER (1766) § 128. – [31] CH. WOLFF: Anfangs-Gründe aller Math. Wiss.en 3, Anfangs-Gründe der Optik (1710, [2]1750) Vorrede. Ges. Werke I/14, hg. J. E. HOFMANN (1973) 947. – [32] Vgl. G. W. LEIBNIZ: Animadv. in partem gen. Principiorum Cartesianorum (1692), ad artic. (6). Die philos. Schr., hg. C. I. GERHARDT 4 (1880) 356f. – [33] CH. THOMASIUS: Meine zu Leipzig Anno 1689 gehaltene Lectiones de praejudiciis §§ 45f., in: Vernünfftige und christl. aber nicht scheinheilige Thomasische Gedancken und Erinnerungen über allerhand gemischte philos. und jurist. Händel 3 (1725) 733-735. – [34] Einl. zu der Vernunfft-Lehre (1691, ND 1968) 5. Hptst., § 15; vgl. 1. Hptst., § 16. – [35] 5. Hptst., § 14. – [36] 3. Hptst., §§ 22. 26; vgl. § 31. – [37] Vgl. 5. Hptst., § 48; 6. Hptst., §§ 27. 103f. – [38] Vgl. Lect. § 30, a.O. [33] 698. – [39] Vgl. Einl., a.O. [34] 5. Hptst., § 2. – [40] Vgl. G. F. MEIER: Met. 3 (1757) §§ 474-479. – [41] Met. 1 (1755) § 25. – [42] Vgl. Met. 3, § 489; vgl. Vernunftlehre (1752, [2]1762) § 118f.; vgl. Auszug aus der Vernunftlehre (1752) § 92f., in: I. KANT: Akad.-A. 16 (1924) 237f. – [43] MEIER: Met. 1, § 25. – [44] Vgl. Vernunftl. ([2]1762) § 216; Auszug ... § 184. – [45] Vgl. Vernunftl. ([2]1762) § 216. – [46] Beyträge zu der Lehre von den Vorurtheilen des menschl. Geschlechts (1766) § 36. – [47] J. LOCKE: Essay conc. human underst. (1690) II, 8, § 10. Works (London 1823, ND 1963) 1, 120. – [48] MEIER: Beyträge ..., a.O. [46] § 30. – [49] Met. 1, § 2. – [50] Vgl. J. H. LAMBERT: Neues Organon oder Gedanken über die Erforschung und Bezeichnung des Wahren und dessen Unterscheidung von Irrthum und Sch. 1-2, Teil IV. Phänomenologie oder Lehre von dem Sch. (1764, ND 1965) § 3. – [51] Vorrede, a.O. 1, IV. – [52] Vgl. III. – [53] IV; vgl. Phänomenol. § 1. – [54] a.O. – [55] § 33. – [56] § 81. – [57] § 31. – [58] § 33. – [59] Vgl. § 31. – [60] Vgl. §§ 20. 54. 54. – [61] Vgl. §§ 7f. 10-18. – [62] Vgl. N. MALEBRANCHE: Recherche de la vérité (1674/75), hg. G. RODIS-LEWIS (Paris 1962). – [63] LAMBERT: Neues Org. IV, a.O. [50] § 34; vgl. §§ 35-43. – [64] § 21; vgl. §§ 98-126. – [65] § 22; vgl. §§ 127-148. – [66] § 86f.; vgl. § 101. – [67] § 120. – [68] Vgl. §§ 68. 99-101. 132-135. – [69] § 71. – [70] Vgl. Anlage zur Architectonic (1771, ND 1965) § 193. – [71] Neues Org. IV, a.O. [50] § 1. – [72] Vgl. Cosmolog. Br. über die Einrichtung des Weltbaues (1761) VIf.; vgl. G. WOLTERS: Some pragmatic aspects of the methodol. of J. H. Lambert, in: J. C. PITT (Hg.): Change and progress in modern sci. (Dordrecht/Boston 1985) 133. – [73] Vgl. LAMBERT: Neues Org. IV, a.O. [50] § 1; vgl. § 3; vgl. Die freye Perspektive, oder Anweisung, jeden perspektiv. Aufriß von freyen Stücken und ohne Grundriß zu verfertigen (1759, [2]1774) § 217, in: Schr. zur Perspektive, hg. M. STECK (1943) 236. – [74] Neues Org. IV, a.O. [50] § 2; vgl. Abh. vom Criterium veritatis (1761) § 87, hg. K. BOPP (1915) 52; vgl. Br. an Kant (13. 10. 1770), in: I. KANT: Akad.-A. 10 ([2]1922) 108. – [75] Neues Org. IV, § 4; vgl. II. Alethiologie § 48. – [76] IV, § 72; vgl. § 62. – [77] §§ 53. 72. – [78] II. Aleth., 1. Hptst. (§§ 1-66). – [79] II, §§ 1. 21. – [80] I. Dianoiologie, § 656. – [81] IV, § 91; vgl. § 82. – [82] Vgl. Archit., a.O. [70] § 43. – [83] a.O. § 545. – [84] Neues Org. IV, § 82. – [85] H. BLUMENBERG: Die Genesis der kopernikan. Welt (1975) 610; vgl. LAMBERT: Cosm. Br., a.O. [72] 17. – [86] LAMBERT, a.O. 264f. 274f. – [87] Br. an Kant, a.O. [74] 108. – [88] a.O. – [89] Neues Org. III. Semiotik §§ 150. 338; IV, §§ 31f. – [90] Cosm. Br., a.O. [72] 284; vgl. Neues Org. IV, § 126. – [91] N. BOLZ: Eine kurze Gesch. des Sch. (1991) 43. – [92] LAMBERT: Br. an Kant, a.O. [74] 110. – [93] Cosm. Br., a.O. [72]

282. – [94] Br. an Kant, a.O. [74] 110. – [95] Vgl. J. G. H. FEDER: Logik und Met. nebst der philos. Gesch. im Grundrisse (1769, ²1770) Logik § 71, Anm. – [96] a.O. § 61. – [97] Vgl. § 62. – [98] § 64. – [99] Vgl. § 62f. – [100] J. N. TETENS: Philos. Versuche über die menschl. Natur und ihre Entwickelung 1-2 (1777, ND 1979) 1, 546. – [101] FEDER, a.O. [95] §§ 26. 62. 64. – [102] TETENS, a.O. [100] 533; vgl. Über die allg. speculativische Philos. (1775), hg. W. UEBELE (1913) 5f. – [103] Philos. Versuche, a.O. [100] 1, 530. – [104] a.O. 2, 152. – [105] Vgl. 1, 535. 538. – [106] Vgl. 540. – [107] 561. – [108] Vgl. I. KANT: KrV B XVIf. – [109] Prolegomena (1783) § 5. Akad.-A. 4, 276. – [110] Opus post. Akad.-A. 21, 75. – [111] Vgl. KrV A 158/B 197. – [112] Proleg. § 13, Anm. III, a.O. 292. – [113] a.O. 291. – [114] Vgl. Preisschr.: Welches sind die wirkl. Fortschritte, die die Met. seit Leibnitzens und Wolf's Zeiten in Deutschland gemacht hat? [1793-95]. Akad.-A. 20, 274f. – [115] KrV A 368. – [116] Proleg. § 30. Akad.-A. 4, 312. – [117] KrV A 29/B 45. – [118] B 276. – [119] Preisschr., a.O. [114] 269. – [120] a.O. – [121] Grundleg. zur Met. der Sitten (1785). Akad.-A. 4, 451. – [122] Opus post., a.O. [110] 46. – [123] Proleg. § 30. Akad.-A. 4, 313. – [124] KrV B XV. – [125] Br. an Garve (21. 9. 1798). Akad.-A. 12, 258. – [126] KrV A 490/B 518. – [127] Proleg. § 13, Anm. III. Akad.-A. 4, 292. – [128] Opus post., a.O. [110] 22, 343. – [129] KrV A 62/B 86. – [130] A 63/B 88. – [131] A 60/B 85. – [132] Proleg. § 40. Akad.-A. 4, 328. – [133] Vgl. KrV A 296f./B 353. – [134] A 298/B 354. – [135] A 339/B 397. – [136] A 703/B 732. – [137] Proleg. § 40. Akad.-A. 4, 328. – [138] KrV A 296/B 353. – [139] a.O. A 339/B 397. – [140] A 327/B 383; vgl. Proleg. § 43. Akad.-A. 4, 330. – [141] Vgl. KrV A 334f./B 391f. – [142] Vgl. A 642ff./B 670ff. – [143] Proleg., Anhang. Akad.-A. 4, 374.

G. SANTEL

6. J. G. FICHTE verwendet in den frühen Schriften den Begriff ‹Sch.› in dem durch Kant gesteckten Rahmen. So protestiert er dagegen, daß die kritische Philosophie alles für Sch. erkläre [1]; der Idealismus beruhe darauf, daß die Freiheit und Unabhängigkeit des Selbst nicht leerer Sch. seien [2]. Für die späteren Fassungen der ‹Wissenschaftslehre› wird die Gegenüberstellung von Sein und Sch. grundlegend. Das Sein sei einfach, unveränderlich, es bleibe ewig sich selbst gleich, der Sch. dagegen sei unaufhörlicher Wechsel [3]. Der zweite Vortrag der WL von 1804 teilt diese in die «Vernunft- und Wahrheitslehre» sowie die «Erscheinungs- und Sch.-Lehre» [4]; die letztere habe in der Einfachheit des Seins die Disjunktionen zu begreifen. Diese Erscheinung wäre, wenn ihr geglaubt würde, Sch. [5].

7. G. W. F. HEGEL unterscheidet sich von den bisher genannten Autoren dadurch, daß er den Terminus aus epistemischen Kontexten herausrückt und ihn in seiner ‹Wissenschaft der Logik› zur Kennzeichnung abstrakter, formaler Beziehungen benutzt. Als ‹Sch.› bezeichnet er die zurückbleibende, doch aufgehobene Komponente der in dem Beziehungs- und Bewegungsgefüge der Reflexion eigentlich untergegangenen Unmittelbarkeit: «Der Sch. ist der ganze Rest, der noch von der Sphäre des Seyns übriggeblieben ist» [6]. Die Vermittlungen der Reflexion in sich selbst sind das «Scheinen des Wesens in ihm selbst» [7]. In einer Anmerkung zum Abschnitt ‹Der Sch.› stellt Hegel freilich die Beziehung zu den epistemischen Problemen her: «So ist der Sch., das Phänomen des Skepticismus oder auch die Erscheinung des Idealismus eine solche Unmittelbarkeit, die kein Etwas oder kein Ding ist, überhaupt nicht ein gleichgültiges Seyn, das ausser seiner Bestimmtheit und Beziehung auf das Subject wäre» [8].

8. A. SCHOPENHAUER spricht in zwei wesentlich verschiedenen Weisen von ‹Sch.›. Innerhalb der Welt als Vorstellung ist er der «Trug des Verstandes», der durch einen verfehlten Schluß von der Folge auf den Grund zustande kommt und als solcher dem «Irrtum» als dem «Trug der Vernunft» gegenübersteht [9]. Allgemeiner kann Schopenhauer aber auch die für das Vorstellen gegebene raumzeitliche Welt als solche als «Sch.-Welt» bezeichnen [10].

In der Marxschen Ideologiekritik wird die Genese von Sch. auf gesellschaftliche Prozesse zurückgeführt; für die in diesen Prozessen Befangenen kann er deswegen notwendig sein. Die Wissenschaft kann aber dennoch hinter dem «täuschenden Sch.» die Wahrheit erkennen; wissenschaftliche Wahrheit ist wegen dieses Sch. «paradox vom Standpunkt der alltäglichen Erfahrung» [11].

In der Philosophie F. NIETZSCHES bekommt der Begriff ‹Sch.› einen zentralen Stellenwert. Im Rahmen des grundsätzlichen Perspektivismus gilt: «... was weiss ich von irgend welchem Wesen auszusagen, als eben nur die Prädicate seines Scheines!» [12] Eine Wahrheit, die diesem durch das Leben für sich geschaffenen Sch. entgegengesetzt werden könnte, gibt es nicht: «Die 'scheinbare' Welt ist die einzige: die 'wahre Welt' ist nur hinzugelogen» [13], «mit der wahren Welt haben wir auch die scheinbare abgeschafft» [14]. Nietzsche wertet demzufolge Sch. und Wahrheit gegeneinander um: «Bei allem Werthe, der dem Wahren, dem Wahrhaftigen, dem Selbstlosen zukommen mag: es wäre möglich, dass dem Scheine, dem Willen zur Täuschung, dem Eigennutz und der Begierde ein für alles Leben höherer und grundsätzlicher Werth zugeschrieben werden müsste» [15]. In radikaler Kehrtwendung soll der Sch. sogar «angebetet» werden: «Dieser Glaube an die Wahrheit geht in uns zu seiner letzten Consequenz – ihr wißt, wie sie lautet: – daß, wenn es überhaupt etwas anzubeten giebt, es der Sch. ist, der angebetet werden muß, daß die Lüge und nicht die Wahrheit – göttlich ist ...?» [16]

H. VAIHINGERS ‹Philosophie des Als Ob› [17] knüpft an Nietzsche, aber auch an Kant an. Sie bezeichnet sich selbst als ein «System der theoretischen, praktischen und religiösen Fiktionen der Menschheit». Das Denken wird als «zwecktätig wirkende, organische Funktion» betrachtet, die «ganze Vorstellungswelt» als ein «zweckmässiges Instrument zur Orientierung in der Wirklichkeit», die nicht als ein «Abbild» derselben verstanden werden könne, sondern mehr oder weniger weitgehende «willkürliche Abweichungen» von ihr enthalte. In diesen Fiktionen liegt also eine «stetig und allmählich ansteigende Verfälschung der Wirklichkeit durch das Denken» [18]. Daß sie für das Überleben erfolgreich sind, beweise nicht ihre «reale Giltigkeit», «subjektive Nötigung» sei kein «Kriterium objektiver Giltigkeit» [19]. Durch die unberechtigte Übertragung der Kategorien des Denkens auf die Welt ergebe sich der «logische Sch.» [20], der subjektiv unumgänglich sei. Vaihinger sagt, seine Betrachtungsweise mache Ernst mit einem Gedanken, «der sich schon bei Kant, Herbart, Fichte, Schopenhauer findet» [21].

Nach E. MACH ist es unzulässig, die verschiedenartigen Befunde verschiedener Personen unter wechselnden Umständen als Sch. aufzufassen und einer vermeintlich sich gleichbleibenden Wirklichkeit entgegenzustellen [22].

Den entscheidenden Schritt über die ‹Logischen Untersuchungen› hinaus unternimmt E. HUSSERL mit der Inangriffnahme auch der sog. *funktionellen Probleme* im Kontext einer «Phänomenologie der Vernunft». Nicht die Analyse einzelner Erlebnisse, vielmehr die Betrachtung der Noesen unter dem 'teleologischen' Gesichtspunkt ihrer Funktion, 'synthetische Einheit' möglich zu machen», kann die Aufgabe lösen, unter den «so rätselvollen Titeln: 'Wirklichkeit' und 'Sch.', 'wahre' Realität, 'Scheinrealität', 'wahre' Werte, 'Sch.- und Unwerte'» [23], die Konstitution der Erfahrungswirklichkeit aufzuklären. Insofern ist «für eine Phänomenologie der 'wahren Wirklichkeit' ... auch die Phänomenologie des 'nichtigen Sch.' ganz unentbehrlich». Ihr Thema sind die unterschiedlichen «Synthesen des Widerstreits, der Umdeutung und Andersbestimmung», mithin die noetisch-noematische Analyse möglicher Störungen im Wahrnehmungsverlauf, so etwa «die Umwertungen und Entwertungen des früher Aufgefaßten z.B. als 'Sch.', 'Illusion', das Übergehen in einen streckenweise unausgeglichenen 'Widerstreit'» [24].

9. Besondere Bedeutung gewinnt ‹Sch.› im Denken M. HEIDEGGERS, nicht zuletzt wegen der Möglichkeit, über ‹Scheinen› Beziehung zur Lichtmetaphorik zu gewinnen. In ‹Sein und Zeit› werden, um die «phänomenologische Methode der Untersuchung» zu klären (§ 7), die Begriffe ‹Phänomen› (s.d.), ‹Erscheinung› (s.d.) und ‹Sch.› gegeneinander abgesetzt. Ausgangspunkt ist, daß das Seiende sich «von ihm selbst her» zeigt, wobei jedoch die Möglichkeit besteht, daß es «sich als das zeigt, was es an ihm selbst nicht ist». Ein solches «Sichzeigen» wird «Scheinen» genannt. Beide Komponenten der Phänomenalität gehören untrennbar zusammen: «Nur sofern etwas überhaupt seinem Sinne nach prätendiert, sich zu zeigen, d.h. Phänomen zu sein, kann es sich zeigen als etwas, was es nicht ist, kann es 'nur so aussehen wie ...'. In der Bedeutung φαινόμενον ('Sch.') liegt schon die ursprüngliche Bedeutung (Phänomen: das Offenbare) mitbeschlossen als die zweite fundierend» [25]. Der Sch. ist also die «privative Modifikation» des elementaren Sichzeigens von Seiendem. Heidegger unterscheidet verschiedene Weisen eines möglichen Verdecktseins von Phänomenen (Unentdecktsein, Verschüttetsein, Verstelltsein usw.); im Sch. ist immer auch etwas sichtbar: «Wieviel Sch. jedoch, soviel 'Sein'» [26].

Die Vorlesung von 1935 ‹Einführung in die Metaphysik› widmet einen ganzen Abschnitt der Opposition «Sein und Sch.» [27]. Es soll die hinter ihrem Auseinandertreten liegende verborgene Einheit beider begriffen werden. Dies geschieht über die Deutung der Wahrheit als «Un-verborgenheit»: Weil das Sein im Darbieten von Aussehen und Ansichten besteht, gehört zu ihm die Möglichkeit des Verdecktseins und des Sch. Der Sch. gehört aber ursprünglich zum Seienden selbst: «Das Sein ist als Sch. nicht minder mächtig denn das Sein als Unverborgenheit. Der Sch. geschieht im Seienden selbst mit diesem selbst. ... Das Sichtäuschen aber ist nur eine unter anderen Weisen, gemäß denen der Mensch in der verschränkten Dreiwelt von Sein, Unverborgenheit und Sch. sich bewegt» [28].

In seinen Vorlesungen über Nietzsche verbindet Heidegger seine Konzeption der Unverborgenheit mit Nietzsches Perspektivismus. Es heißt z.B.: «Die Wahrheit, d.h. das Wahre als das Beständige, ist eine Art von Sch., der sich als notwendige Bedingung der Lebensbehauptung rechtfertigt. Aus tieferer Besinnung wird aber klar, daß aller Anschein und alle Scheinbarkeit nur möglich ist, wenn überhaupt sich etwas zeigt und zum Vorschein kommt. Was ein solches Erscheinen im voraus ermöglicht, ist das Perspektivische selbst. Dieses ist das eigentliche Scheinen, zum Sichzeigen bringen, ein Erscheinen überhaupt vollziehen» [29].

In der Ideologiekritik bei TH. W. ADORNO ist «der Sch. auf die Formel zu bringen, daß alles gesellschaftlich Daseiende heute so vollständig in sich vermittelt ist, daß eben das Moment der Vermittlung durch seine Totalität verstellt wird» [30]. In Anknüpfung an KANTS Bestimmung des transzendentalen Sch. als «natürliche und unvermeidliche Illusion» [31] entwickelt ADORNO eine dialektische Struktur des Sch. Der ideologiekritischen Entlarvung des falschen Sch. als historisch-gesellschaftliches Produkt steht die ästhetische «Rettung des Sch.» [32] gegenüber, denn Sch. ist auch «Sch. des Anderen» [33], der scheinlosen Wahrheit: «Die Wahrheit ist nicht zu scheiden von dem Wahn, daß aus den Figuren des Sch. einmal doch, scheinlos, die Rettung hervortrete» [34]. In der Freilegung des metaphysischen Sinns von ‹Sch.› [35] liegt die Aufgabe der Ästhetik, der die Ideologiekritik zuarbeitet: «Noch auf ihrer höchsten Erhebung ist Kunst Sch.; den Sch. aber, ihr Unwiderstehliches, empfängt sie vom Scheinlosen» [36].

Anmerkungen. [1] J. G. FICHTE: Änesidemus-Rez. Akad.-A. (1964ff.) I/2, 62. – [2] Erste Einl. in die Wiss.lehre, a.O. I/4, 194. – [3] Anweisung zum seligen Leben, hg. H. VERWEYEN (³1983) 15. – [4] Wiss.lehre ²1804. Akad.-A. II/8, 228. – [5] a.O. 252. – [6] G. W. F. HEGEL: Wiss. der Logik 1: Die objektive Logik 2 (1812/13). Akad.-A. 11 (1978) 246. – [7] a.O. 244. – [8] 246; vgl. Verhältniß des Skepticismus zur Philos. Krit. Journal I/2 (1802). Akad.-A. 4 (1968) 221f.; Phänomenol. des Geistes. Akad.-A. 9 (1980) 59. 88; Enzykl. der philos. Wiss.en im Grundrisse (1827) § 76. Akad.-A. 19 (1989) 89. – [9] A. SCHOPENHAUER: Die Welt als Wille und Vorst. 1 (1819) §§ 6. 15. Sämtl. Werke, hg. W. VON LÖHNEYSEN (1961ff.) 1, 58. 131; Über die vierf. Wurzel des Satzes vom zureich. Grunde § 21, a.O. 3, 90; Über das Sehn und die Farben § 1, a.O. 213. – [10] Die Welt ... 1, §§ 60. 65, a.O. 452. 499. – [11] K. MARX: Lohn, Preis und Profit (1865). MEW 16 (1962) 129. – [12] F. NIETZSCHE: Die fröhl. Wiss. 1, § 54 (1882). Krit. Ges.ausg., hg. G. COLLI/M. MONTINARI [KGA] (1967ff.) 5/2 (1973) 91. – [13] Götzen-Dämmerung. Die 'Vernunft' in der Philos. § 3 (1889). KGA 6/3 (1969) 69. – [14] Wie die 'wahre Welt' endlich zur Fabel wurde, a.O. 75. – [15] Jenseits von Gut und Böse 1, § 2 (1886). KGA 6/2 (1968) 10f. – [16] Nachgel. Frg. (Sommer 1886-Frühjahr 1887) 6[25]. KGA 8/1 (1974) 249. – [17] H. VAIHINGER: Die Philos. des Als Ob (1911, ⁴1920). – [18] a.O. 1ff. 175f. – [19] 190. – [20] 191. – [21] 180. – [22] E. MACH: Erkenntnis und Irrtum (1905, ⁴1926) 8. – [23] E. HUSSERL: Ideen zu einer reinen Phänomenol. und phänomenolog. Philos. 1 (1913) § 86. Husserliana [Hua.] 3/1 (Den Haag ²1976) 196ff. – [24] § 151, a.O. 353; vgl. Ideen ... 2, § 18. Hua. 4 (1952) 57ff.; Analysen zur passiven Synthesis § 42. Hua. 11 (1966) 192ff.; Phantasie, Bildbewußtsein, Erinnerung. Hua. 23 (1980) 146ff. 464ff. – [25] M. HEIDEGGER: Sein und Zeit (1927) § 7 A. Ges.ausg. I/2 (1977) 39. – [26] § 7 C, a.O. 48. – [27] Einf. in die Met. (1953) 75-88. Ges.ausg. II/40 (1983) 105-123. – [28] a.O. 83. Ges.ausg., a.O. 116. – [29] Nietzsche 1 (1961) 247. Ges.ausg II/43 (1985) 267. – [30] TH. W. ADORNO: Spätkapitalismus oder Industriege s. Ges. Werke, hg. R. TIEDEMANN 8 (1972) 369. – [31] I. KANT: KrV B 354. – [32] TH. W. ADORNO: Negat. Dial. Ges. Werke 6 (1973) 386; vgl. A. WELLMER: Wahrheit, Sch., Versöhnung. Adornos ästhet. Rettung der Modernität, in: Zur Dialektik von Moderne und Postmoderne (1985) 9-47. – [33] ADORNO, a.O. 395. – [34] Minima Moralia. Ges. Werke 4 (1980) 136. – [35] Vgl. U. MÜLLER: Erkenntniskritik und Negative Met. bei Adorno (1988) bes. 244ff. – [36] ADORNO, a.O. [32] 396.

P. ROHS

II. – Für den Begriff des Sch. in der Ästhetik wurde die Mehrdeutigkeit von ‹scheinen› folgenreich, als 'leuchten', 'glänzen' (lucere), 'Anschein erwecken', 'täuschen' (videri) und 'zum Vorschein kommen', 'sich zeigen' (apparere). Die ästhetische Debatte des 18. Jh. bis hin zu Kant faßt ‹Sch.› nahezu ausschließlich unter der Verständnisvorgabe der ästhetischen Trugwahrnehmung, Täuschung und Illusion. Auch J. G. HERDERS etymologischer Verweis – «Schönheit hat von Schauen, von Sch. den Namen» [1] – deutet noch auf das trügerische Moment, da Schönheit und «schöner Anschein» charakteristisch für die illusionistische Malerei sind. Gleichwohl bestimmt Herder die Schönheit der Plastik auch als «Durchschein ... der Vollkommenheit» [2]. I. KANT unterscheidet neben dem «Sinnenschein» der Malerei, der wie bei Herder den Kontrast zur «Sinnenwahrheit» der Plastik bildet [3], zwischen dem Sch. der Dichtkunst und dem der Überredung. Während dieser den Verstand in betrügerischer Absicht seiner Freiheit beraube, sei jener «ehrlich», da die Dichtkunst sich selbst für «bloßes Spiel» erkläre [4]. Den Bezug auf einzelne Gattungen verlassend, nennt erstmals F. SCHILLER die Kunst allgemein die «Kunst des Sch.» bzw. des «schönen Sch.» [5]. Der Sch. als Täuschung wird aus der Kunst verbannt: Sch. ist nur mit Moral und Freiheit vereinbar, insofern er «ästhetischer Sch. ist, d. h. Sch., der weder Realität vertreten will, noch von derselben vertreten zu werden braucht» [6].

Anders als Kant und Schiller begründet G. W. F. HEGEL die Dignität des Sch. nicht in der Autonomie des «Spiels», sondern im «wahrhaft Wirklichen», der «absoluten Idee» [7]. Für Hegel ist der «Sch. selbst ... dem Wesen wesentlich», ist er der Modus, in dem sich dieses zeigt [8]. Gegenüber dem «bloßen Sch.», dem «Trug» der empirischen inneren und äußeren Welt, eignet dem Sch. der Kunst, «daß er selbst durch sich hindurchdeutet und auf ein Geistiges, welches durch ihn soll zur Vorstellung kommen, aus sich hinweist» [9]. Diese Transparenz des Artefakts begründet Hegel, wie seine Bestimmung des Schönen als «sinnliches Scheinen der Idee» bezeugt [10], durch die Aufnahme der frühesten Bedeutung von Sch.: splendor, Glanz. Die ästhetischen und philosophischen Lexika des 19. Jh. verpflichten den ästhetischen Sch. allerdings weiterhin auf eine schlichte Opposition zur Wahrheit [11] oder setzen ihn - etwa als «allegorischen» Sch. - mit deren Schwundstufe, der «ästhetischen» oder «Kunstwahrheit», identisch [12]. Lediglich F. TH. VISCHER knüpft direkt an Hegels dialektische Konzeption des Sch. an [13]. Der transzendentale Realismus E. VON HARTMANNS sieht im Sch. «keine Illusion, sondern ideale Realität als wirklich vorhandenen Bewußtseinsinhalt» und fordert als ästhetisches Verhalten die totale Abstraktion «von der transsubjektiven Realität, welche der subjektiven Erscheinung zu Grunde liegt» [14].

Während der junge F. NIETZSCHE demgegenüber auf der Illusion des apollinischen «Verklärungsscheins» in der Kunst besteht - als nötigem Gegengewicht zum Tragisch-Dionysischen - [15], deklariert seine späte Metaphysikkritik die «wahre Welt» allgemein zur «bloßen Fiktion» [16] und ebnet damit die bisherige Differenz zwischen Sch. und Wesen ein: «Sch. ... ist die wirkliche und einzige Realität der Dinge» [17]. Da der «Wille zur Wahrheit» in einer Welt ohne ontologischen Referenten nur mehr Derivat des «Willens zum Sch., zur Illusion, zur Täuschung» sein kann [18], nimmt nun die Kunst - in früheren Aphorismen auch als «guter Wille zum Scheine» bezeichnet [19] - den höchsten Rang ein [20].

Die psychologisch orientierte Diskussion um 1900 begreift ‹Sch.› wieder als einfachen Oppositionsbegriff, kontrastiert ihn allerdings mit einer nicht mehr metaphysisch interpretierten Wirklichkeit: Der ästhetische Sch. ist eine «intensive» Spezifikation des Sch. überhaupt (K. GROOS [21]); die ästhetische Illusion ist nur die Projektion subjektiver Gefühle ins Objektive [22]; die ästhetischen Gefühle sind nicht-reale (TH. LIPPS [23]), sind Schein-, Phantasiegefühle (S. WITASEK [24]). Nach J. VOLKELT beruht Sch. als «ideelleres Sein» [25] auf einer - sich im ästhetischen Erlebnis vollziehenden - Umwandlung von stoff- und formgebundener Wirklichkeit in «reine, stofflose Form» [26]. Handle es sich beim Rezeptionsgegenstand um ein Artefakt, erweitere sich dieser «allgemeine ästhetische Sch.» um den spezifischen «Kunstschein», der aus der Divergenz zwischen «Stoff» und Bedeutung des Artefakts resultiere [27]. In der Wiederaufnahme kantischer Prinzipien wendet sich schließlich R. HAMANN gegen «jene Theorien, die den Begriff des Sch. im Gegensatz zur Wirklichkeit für das Ästhetische in Anspruch nehmen» [28], da er «Selbstzweck» des ästhetischen Erlebnisses vergessen mache [29]. Ähnlich kritisiert E. CASSIRER den «naiven Realismus» und dessen Scheidung von Sch. und Wirklichkeit [30]. Doch trotz wachsender Kritik findet ‹Sch.› auch weiterhin als einfacher Oppositionsbegriff Verwendung. So unterscheidet F. MEDICUS die sakrale, «nichtschöne» Kunst als «Offenbarerin wesenhafter Wahrheit» von der profanen, «schönen» Kunst des Sch. [31]. Und E. ROTHACKER setzt das religiöse «Wirklichkeitserlebnis» von dem ästhetischen Erlebnis ab, das zwar nicht aus einem «unwirklichen», jedoch ebensowenig aus einem unmittelbar «wirkenden» Sch. resultiere [32].

Die Debatte um den ästhetischen Sch. in der zweiten Jahrhunderthälfte reflektiert verstärkt auf die Tradition des Begriffs, bleibt aber letztlich so heterogen wie dieser ambivalent. Im Rahmen der Frage nach der «verborgenen Einheit von Sein und Sch.» [33] und an Hegel anknüpfend verweist M. HEIDEGGER auf die Mehrdeutigkeit des Begriffes und differenziert in Sch. als «Glanz und Leuchten», als «Erscheinen» bzw. «Vorschein, zu dem etwas kommt» und als «Anschein, den etwas hat» [34]. Unter Rekurs auf die phänomenologische Kritik [35] macht H.-G. GADAMER geltend, daß «Sch.» ein vorgängiges «eigentliches Sein» suggeriere, als dessen Filiation er zu begreifen sei [36]. Insofern zähle ‹Sch.› zu denjenigen Begriffen, die letztlich unter den Auspizien des «naturwissenschaftlichen Erkenntnisvorbildes» ein Verständnis des «ästhetischen Seins» langfristig unterbunden hätten [37]. Eingedenk der «empirisch-rationalistischen» und «spirituell-religiösen» Wahrheitsansprüche, die immer schon «geeint im Willen zum Ernst gegen das Spiel des Sch.» angetreten seien [38], beharrt E. BLOCH auf einem emphatischen Begriff des Sch., allerdings nicht in der Bedeutung des «sinnlichen Scheinens der ohnehin fertigen Idee», sondern als Indikator einer möglichen, utopischen Zukunft [39]: «Künstlerischer Sch. ist überall dort nicht nur bloßer Sch. ..., wo die Exaggerierung und Ausfabelung einen im Bewegt-Vorhandenen selber umgehenden und bedeutenden Vor-Sch. von Wirklichem darstellen» [40]. Für TH. W. ADORNO zeigt der «ästhetische Sch.» eine «Paradoxie» des Kunstwerkes an. Denn die hat Wahrheit nur durch den «Gehalt an einem vom Sch. Verschiedenen; aber kein Kunstwerk hat den Gehalt anders als durch den Sch., in dessen eigener Gestalt. Darum wäre das Zentrum von Ästhetik die Rettung des Sch., und das emphatische Recht der Kunst, die Legitimation ihrer Wahrheit, hängt von jener Rettung ab» [41]. Im Blick auf die Karriere von elektronischen Medien und Computertechnologien sieht schließlich N. BOLZ die Begriffe von Sch. und Wirklichkeit gleichermaßen destabilisiert: Während sich diese als «Integral ihrer Simulationen» erweise, habe der Sch. seine «Austreibung ... aus der modernen Kunst» zu gewärtigen [42].

Anmerkungen. [1] J. G. HERDER: Plastik (1778). Sämmtl. Werke, hg. B. SUPHAN 8 (1892) 10. - [2] a.O. 56. - [3] I. KANT: KU A 204/B 207 (§ 51). - [4] a.O. A 213ff./B 215ff. (§ 53). - [5] F.

SCHILLER: Über die ästhet. Erzieh. des Menschen in einer Reihe von Br. (1795). Nat.ausg. 20 (1962) 400f. – [6] a.O. 403. – [7] G. W. F. HEGEL: Vorles. über die Ästhetik 1. Jub.ausg., hg. H. GLOCKNER (1927-40) 12, 159ff. 107. – [8] a.O. 28. – [9] a.O. 29. – [10] a.O. 160. – [11] W. T. KRUG: Allg. Handwb. der philos. Wiss.en nebst ihrer Lit. und Gesch. 3 (²1833) 588f. (Art. ‹Sch.›). – [12] I. JEITTELES: Aesthet. Lex. 1 (Wien 1835) 20f. (Art. ‹Ästhet. Wahrheit›); vgl. auch W. HEBENSTREIT: Encykl. der Ästhetik. Ein etymol.-krit. Wb. der ästhet. Kunstsprache (Wien 1843) 403 (Art. ‹Kunstwahr›). – [13] Vgl. F. TH. VISCHER: Ästhetik oder Wiss. des Schönen 1 (1846) 53f. 146f. 170f. – [14] E. VON HARTMANN: Philos. des Schönen. Zweiter syst. Teil der Aesthetik. Ausgew. Werke 4 (1888) 18. 12. – [15] F. NIETZSCHE: Die Geburt der Tragödie aus dem Geiste der Musik 25. Krit. Ges.ausg., hg. G. COLLI/M. MONTINARI 3/1 (1972) 150f. – [16] Nachgel. Frg. (Frühjahr 1888) 14[93], a.O. 8/3 (1972) 62. – [17] Frg. (Aug.-Sept. 1885) 40[53], a.O. 7/3 (1974) 386. – [18] Frg. 14[18]; 14[24], a.O. [16] 18. 21. – [19] Die fröhl. Wiss. 2, § 107, a.O. 5/2 (1973) 140. – [20] Frg. 14[21], a.O. [16] 19. – [21] K. GROOS: Einl. in die Ästhetik (1892) 40ff. – [22] a.O. 190ff. – [23] TH. LIPPS: Grundleg. der Ästhetik 2 (1906) 83ff. – [24] S. WITASEK: Grundzüge der allg. Ästhetik (1904) 72ff. – [25] J. VOLKELT: Syst. der Ästhetik 1 (²1927) 478. – [26] a.O. 476f. – [27] a.O. 3 (²1924) 18f. – [28] R. HAMANN: Ästhetik (1911) 17. – [29] a.O. 14. 18f. – [30] Vgl. E. CASSIRER: Sprache und Mythos (1925) 5. – [31] F. MEDICUS: Das Problem der ästhet. Form (1946) 17. 15. – [32] E. ROTHACKER: Probleme der Kulturanthropol. (1948) 119f.; vgl. auch: M. LANDMANN: Die absolute Dichtung (1963) 67f. 96. – [33] HEIDEGGER, a.O. [27 zu I. 9.] (1953) 75. – [34] a.O. 76; vgl. Sein und Zeit § 7 A (1927, ¹⁴1977) 28-31; vgl. bes. zu E. Mörikes ‹Auf eine Lampe›: im Br.wechsel mit E. Staiger (1951), in: Aus der Erf. des Denkens. Ges.ausg. I/13 (1983) 93-109; vgl. E. STAIGER: Die Kunst der Interpretation (1955) 34-49. – [35] Vgl. E. FINK: Vergegenwärtigung und Bild. Beitr. zur Phänomenol. der Unwirklichkeit I. Jb. Philos. phänomenolog. Forsch. 11 (1930) 239-309; vgl. auch: D. BRINKMANN: Natur und Kunst (1938) 47f. – [36] H.-G. GADAMER: Wahrheit und Methode (1960, ³1975). Ges. Werke 1 (1986) 89f. – [37] a.O. – [38] E. BLOCH: Das Prinzip Hoffnung. Ges.ausg. 5 (1959) 242-245. – [39] a.O. passim. – [40] a.O. 247. – [41] TH. W. ADORNO: Ästhet. Theorie. Ges. Schr. 7 (1970) 164. – [42] BOLZ, a.O. [91 zu I. 3.] 7f. 129. 133.

Literaturhinweise. K. H. BOHRER: Plötzlichkeit. Zum Augenblick des ästhet. Sch. (1981). – R. WIELAND: Zur Dialektik des ästhet. Sch. Vergleichende Studien zu Hegels Phänomenol. des Geistes, der Ästhetik und Goethes Faust 2 (1981). – W. OELMÜLLER (Hg.): Kolloquium Kunst und Philosophie 2. Ästhet. Sch. (1982). D. LIEBSCH

Scheinprobleme. Der Sache nach ist das Thema ‹Sch.› eng mit der Philosophie- und insbesondere Metaphysikkritik verbunden und findet sich dort als Einwand, daß die Metaphysik Fragen zu beantworten suche, auf die es keine Antworten gibt [1]. Der Ausdruck ‹Sch.› findet sich wohl zuerst bei E. MACH, der ihn jedoch noch nicht spezifisch verwendet, sondern allgemein «durch die Erfahrung nicht kontrollierbare Annahmen» darunter faßt [2]. Dazu werden insbesondere solche metaphysischer Art gezählt. Eine allgemeine Charakterisierung der Natur von Sch. fehlt noch. Mach beansprucht lediglich, durch seine «erkenntnistheoretische Wendung» ganz bestimmte Probleme, die den Gang der Wissenschaft «stören», beseitigen zu können. Im Rahmen seiner eigenen Forschungsinteressen im Zwischenbereich von Physiologie, Psychologie und Physik sind dies in erster Linie Probleme, die sich aus dem Dualismus von Geist und Materie ergeben, den er deshalb im Rahmen eines neutralen Monismus zu überwinden sucht. Von diesem Monismus verspricht sich Mach dann insbesondere die Lösung der beiden Substanzprobleme (Ding an sich und Ich) [3] und damit zusammenhängend auch des Leib-Seele-Problems und des Problems von Schein und Wirklichkeit [4]. Obwohl Machs Auffassung der Sch. eher wissenschaftsmethodologisch gemeint war, wurde sie im Wiener Kreis, dessen Mitglieder teilweise auch dem ‹Verein Ernst Mach› angehörten, zur Grundlage einer allgemeinen «wissenschaftlichen Weltauffassung» [5]. Die von Mach angeführten erkenntnistheoretischen Probleme gelten auch in der Folgezeit als klassische Beispiele für Sch. So analysiert R. CARNAP, durch den der Ausdruck ‹Sch.› zu einem philosophischen Terminus und Kampfbegriff des logischen Positivismus wurde, insbesondere das Realitätsproblem (die Kontroverse zwischen Idealismus und Realismus) und das Problem des Fremdpsychischen [6]. Darüber hinaus versucht er aber, ein allgemeines Kriterium dafür anzugeben, wann ein Problem ein Scheinproblem ist. Als dieses fungiert für synthetische Aussagen das empiristische Sinnkriterium. Es verlangt die «Sachhaltigkeit» von Aussagen. Diese wird so gefaßt, daß die empirische Nachprüfbarkeit (als wahr oder falsch) zumindest *denkbar* ist. Verlangt ist also nicht, daß die Nachprüfung in jedem Fall durchgeführt werden kann, sondern nur das Bestehen empirischer Bedingungen, unter denen die entsprechenden Aussagen wahr (oder falsch) sind. Sch. sind dann dadurch gekennzeichnet, daß solche Wahrheitsbedingungen für die entsprechenden Aussagen (z.B. des Idealismus oder Realismus) nicht formulierbar sind, so daß keine Situation denkbar ist, in der sie sich als wahr oder falsch herausstellen könnten.

Sinnkriterium und dessen metaphysikkritische Anwendung gehen auf L. WITTGENSTEIN zurück: «Die meisten Sätze und Fragen, welche über philosophische Dinge geschrieben worden sind, sind nicht falsch, sondern unsinnig. Wir können daher Fragen dieser Art überhaupt nicht beantworten, sondern nur ihre Unsinnigkeit feststellen. Die meisten Fragen und Sätze der Philosophen beruhen darauf, daß wir unsere Sprachlogik nicht verstehen... Und es ist nicht verwunderlich, daß die tiefsten Probleme eigentlich *keine* Probleme sind» [7]. Dieser Gedanke ist insofern umfassender, als er über den Begriff der empirischen Sachhaltigkeit hinausgeht. CARNAP hat diese Verallgemeinerung später als die These übernommen, «daß die angeblichen Sätze der Metaphysik sich durch logische Analyse als Scheinsätze enthüllen» [8]. Die Behandlung von traditionellen philosophischen Problemen nach diesem Muster (Kriterium) blieb ein Grundanliegen des Logischen Empirismus, obwohl in manchen Fällen, z.B. dem Realitätsproblem, keine Einigkeit darüber bestand, ob es sich um ein Sch. handelt. Durch Vermittlung von A. J. AYER gewinnt die Auffassung des Wiener Kreises auch Einfluß in der angelsächsischen Philosophie [9]. Allerdings löst man sich dabei zunehmend von der Orientierung am empiristischen Sinnkriterium. Bestimmend bleibt jedoch der Gedanke Wittgensteins, daß Sch. durch Verstöße gegen die logische Grammatik der Sprache entstehen, durch «Kategorienfehler» (s.d.), wie G. RYLE sie nennt. CARNAP selbst hat später mit Blick auf ontologische Fragen, z.B. in der Kontroverse zwischen Nominalismus und Platonismus, für einen Standpunkt der Indifferenz plädiert und dabei zwischen wissenschaftlich entscheidbaren «internen» und nicht entscheidbaren «externen» Existenzaussagen unterschieden [10].

Trotz der, oberflächlich gesehen, großen Übereinstimmung zwischen Carnap und Wittgenstein darf ein entscheidender Unterschied nicht übersehen werden. Während Carnap an Sch. mit der Einstellung eines wissenschaftstheoretischen 'Abräumkommandos' herangeht, um der Wissenschaft den Weg des Fortschreitens zu bahnen, agiert WITTGENSTEIN als Therapeut, der darum weiß, daß er selbst von der metaphysischen Krankheit nicht frei ist, die er zu heilen sucht. (Auch bei MACH finden sich Bemerkungen, die auf einen existentiellen Hintergrund schließen lassen [11].) Für WITTGENSTEIN haben Sch. eine anthropologische Dimension, vergleichbar der Kantischen Auffassung von Metaphysik als «Naturanlage» der menschlichen Vernunft.

Anmerkungen. [1] Vgl. Art. ‹Metaphysikkritik› und ‹Logik des Scheins›. – [2] E. MACH: Analyse der Empfindungen (1886), Vorw. zu (^{4}1903, ^{9}1922, ND 1985). – [3] Erkenntnis und Irrtum (^{3}1917) 13f. – [4] a.O. [2] Kap. I. – [5] Vgl. das Manifest: Wissenschaftl. Weltauffassung (1929), ND in: H. SCHLEICHERT (Hg.): Log. Empirismus – Wiener Kreis (1975) 201-222. – [6] R. CARNAP: Sch. in der Philos. (1928, ND 1966). – [7] L. WITTGENSTEIN: Tract. log.-philos. (1921) 4.003. – [8] R. CARNAP: Überwindung der Met. durch log. Analyse der Sprache. Erkenntnis 2 (1931/32) 220, ND in: SCHLEICHERT, a.O. [5]. – [9] Vgl. A. J. AYER: Language, truth, and logic (1936); dtsch.: Sprache, Wahrheit und Logik (1970). – [10] R. CARNAP: Empiricism, semantics, and ontology (1950), in: Meaning and necessity (Chicago 1956) 206. 214f. – [11] MACH, a.O. [2] 24, Anm.

Literaturhinweis. G. PATZIG: Nachwort zu: CARNAP s. Anm. [6] (ND 1966) 85-136.   G. GABRIEL

Scheitern (frz. échec; engl. foundering; dän. strande). Wenn mit dem deutschen Wort ‹Sch.› ein Mißlingen beschrieben wird, so liegt dem die metaphorische Verwendung der Vorstellung des Schiffbruchs an einer Küste zugrunde. Zwar hat sich im Französischen das aus der Begrifflichkeit des Schachspieles stammende ‹échec› als Entsprechung dazu durchgesetzt, doch beschreibt noch M. DE MONTAIGNE die Brüchigkeit des menschlichen Lebens mit seinen Wechselfällen in nautischer Metaphorik, wenn er von «rompre au port» (Sch. noch in vermeintlicher Sicherheit) [1] oder vom «universel naufrage du monde» [2] spricht.

«Echec» wird von J. DE LA BRUYÈRE noch ganz unterminologisch und in großer Nähe zu seinem metaphorischen Herkunftsbereich im Rahmen seiner Hofkritik (der Höfling als Schachfigur) verwandt [3]. B. PASCAL beschreibt die Schwäche des menschlichen Verstandes gelegentlich als Sch. [4].

Zwar spricht S. KIERKEGAARD vom Sch. oder Stranden (dän. ‹strande›) der Metaphysik [5] oder der Ethik [6], doch philosophisch zentrale Bedeutung gewinnt der Begriff erst bei K. JASPERS. Mit ihm wird hier nicht etwa ein partielles Mißlingen oder das faktische Ende des Daseins beschrieben, sondern die grundsätzliche Vergeblichkeit aller Bemühungen und Anstrengungen des Menschen [7]. Auf einer faktischen Ebene [8] scheitert jedes menschliche Dasein in der Vernichtung im Tode. Scheitern muß auch das menschliche Denken an der Aufgabe, die ungegenständliche Transzendenz zu ergreifen und zu objektivieren [9]. Davon unterschieden [10] werden muß das «Sch. der Existenz» [11]. Es ist durch die Erfahrung des Selbstseins bedingt und besteht in der Unmöglichkeit, der «eigentliche[n] Wahrheit, die ich erfasse, weil ich sie bin und lebe, ... allgemeingültig kennbar zu sein» [12].

Andererseits hat der Begriff des Sch. konstitutive Bedeutung für Jaspers' Lehre von den Chiffren (s.d.) als Sprache der Transzendenz. Das Sch. ist eine Chiffre im ausgezeichneten Sinne, da sie zugleich als Kriterium der Wahrheit aller anderen Chiffren fungiert. Wahr sind Chiffren nur, «wenn sie sich erhalten in der Chiffre des Sch.» [13]. Die Erfahrung des Sch. an Grenzsituationen, in denen sich der Mensch seiner Endlichkeit bewußt wird, ist aber auch immer Begegnung mit der Transzendenz [14], im Sch. offenbart sich das Sein [15]. So läßt sich die Mißlingenserfahrung ins Positive wenden: Sch. ist dann kein Erdulden und Mit-sich-geschehen-Lassen, sondern Kampf und bewußtes Wagnis [16]. Paradigmatisch sind dabei für Jaspers das Denken und Leben Kierkegaards und Nietzsches: «Sie sind selbst die Modernität in einer ihn überschlagenden Gestalt; sie haben sie scheiternd überwunden, weil sie sie bis zum Ende durchgelebt haben» [17].

Der französische Existenzialismus hat hier einen Anknüpfungspunkt gesehen. Im expliziten Anschluß an Jaspers als dem «apôtre de la pensée humiliée» [18] avanciert ‹Sch.› (échec) bei A. CAMUS [19] und zumal bei J.-P. SARTRE zu einem Schlüsselbegriff [20]. Dieser deutet das Sch. zudem hegelianisierend als «négation de la négation», d.h. als Widerstand gegen den vorfindlichen Weltzustand («refus de complicité avec le monde, donc l'innocence» [21]).

Anmerkungen. [1] M. DE MONTAIGNE: Essais III, 9. Oeuvr. compl., hg. A. THIBAUDET/M. RAT (Paris 1962) 977. – [2] a.O. 770; vgl. dazu: H. BLUMENBERG: Schiffbruch mit Zuschauer. Paradigma einer Daseinsmetapher (1979) 16-20. – [3] J. DE LA BRUYÈRE: Les Caractères VIII, 64, hg. R. GARAPON (Paris 1962) 242. – [4] B. PASCAL: Pensées VI, 366 (BRUNSCHVICG). – [5] S. KIERKEGAARD: Gjentagelsen (1843). Samlede Værker 5, hg. A. B. DRACHMANN u.a. (Gyldendal 1963) 131, dtsch.: Die Wiederholung. Ges. Werke 5/6 (1955) 22. – [6] Begrebet Angest (1844), a.O. 6 (1963) 116f., dtsch.: Der Begriff Angst, a.O. 11/12 (^{2}1965) 14. – [7] K. JASPERS: Philos. 1-3 (1932, ^{4}1973) 3, 220. – [8] a.O. 221. – [9] 2, 249. – [10] 3, 221. – [11] a.O. – [12] ebda. – [13] 218. – [14] 4. – [15] 226. – [16] 2, 381. – [17] Vernunft und Existenz (Groningen 1935) 11. – [18] A. CAMUS: Le mythe de Sisyphe (Paris 1943) 52; vgl. J.-P. SARTRE: Cahiers pour une morale (Paris 1983) 454. – [19] a.O. 51. – [20] Vgl. aber auch: M. BLONDEL: L'action (1893), dtsch.: Die Aktion (1965) 351-358 und P. VALÉRY: Tel quel 2 (1943). Oeuvr. 2 (Paris 1960) 786. – [21] SARTRE, a.O. [18] 454.

Literaturhinweise. J. THYSSEN: The concept of 'foundering' in Jaspers' Philos., in: P. A. SCHILPP (Hg.): The philos. of K. Jaspers (LaSalle, Ill. 1957, ^{2}1981) 297-335. – K. SALAMUN: K. Jaspers (1985).   H. RATH/Red.

Schema, Schematismus (griech. σχῆμα, σχηματισμός; lat. schema, schematismus; engl. schema, scheme; frz. schéma, schème; ital. schema)

I. – ‹Schema› [‹Sch.›] ist mehr Teil des alltäglichen Sprachgebrauchs geblieben als philosophischer Begriff geworden. Selbst undefinierbar, nur ersetzbar durch ebenso undefinierbare Begriffe wie ‹Gestalt›, ‹Ordnung› oder ‹Struktur›, diente ‹Sch.› vornehmlich dazu, andere Begriffe zu definieren. Nur an einzelnen, aber empfindlichen Stellen der Philosophiegeschichte wurde ‹Sch.› selbst zum Terminus, um dann rasch wieder durch andere Begriffe ersetzt zu werden. Doch dies war zugleich sein wichtigster terminologischer Sinn: die Vorzeichnung von etwas zu bezeichnen, das erst durch Begriffe bestimmt werden sollte. Als Mittel des Begreifens verwies ‹Sch.› aber auch auf eine Grenze des Begreifens, und seit dem Ende des 19. Jh. wurde es zum Begriff der Grenze des Begreifens überhaupt.

1. In der *griechischen Antike* steht σχῆμα [σ.] (von σχεῖν, Aor. zu ἔχειν 'sich verhalten') gemeinsprachlich für die äußere Haltung, die sich jemand gibt, die Gestalt,

zu der etwas findet, und das Aussehen überhaupt, das Unterscheidung ermöglicht [1]. In einem eingeschränkten Sinn und so offenbar auch bei den Pythagoreern bezeichnete σ. die räumliche Gestalt und die geometrische Figur. Philosophischer Terminus wurde σ. in der Atomlehre bei LEUKIPP und DEMOKRIT. Nach späteren Berichten unterschieden sie die Gestalten (σχήματα) von Atomen und Atomgeflechten (περιπλοκή [2]) zum einen von deren Farben (χρώματα [3]), zum andern von Ordnungen (τάξεις), zu denen sie durch Berührung (διατιγή) miteinander zusammentreten, ferner von Positionen (θέσεις), in die sie durch Wendung (τροπή) gegenüber anderen kommen sollten (vorn/hinten, oben/unten) [4], und schließlich von ihrer Größe (μέγεθος [5]). Die Gestaltung der σχήματα wurde nach den Berichten aus der Eigenbewegung der Atome, ihrem raum-zeitlichen Gleichmaß (ῥυσμός, ῥυθμός [6]) oder ihrer Schwingung (πλασμός [7]), gedacht. Es sollte unbegrenzt viele σχήματα geben, und sie sollten unbegrenzt viele Möglichkeiten ihrer Wahrnehmung zulassen [8].

PLATON setzt σ. als unmittelbar verständlichen Begriff voraus und zeigt am Beispiel seiner Definition (Τί ἐστιν σχῆμα; [9]), wie Allgemeinbegriffe überhaupt gefunden und definiert werden können. σ. selbst definiert er dabei als das, «was als einziges unter dem Seienden immer der Farbe folgt» (ὃ μόνον τῶν ὄντων τυγχάνει χρώματι ἀεὶ ἑπόμενον), oder als «Grenze eines Körpers» (στερεοῦ πέρας [10]). In der Auseinandersetzung mit der Atomlehre gebraucht er für die geometrische Figur jedoch εἶδος [11]. σ. bekommt statt dessen den Sinn einer vorläufigen Kennzeichnung (σκιαγραφία), die auch falschen Schein ermöglicht [12]; wahrhafte Gestalten (ἀληθῆ σχήματα) erfaßt nur der Verstand [13]. Im Rahmen der Musiktheorie verbindet Platon ebenfalls σ. und ῥυθμός. Die Erziehung der Jungen soll damit beginnen, daß sie im Tanzgesang die rechten Tanzschritte (σχήματα) zu Rhythmen und Tönen finden lernen, um Sinn für das rechte Maß in ihren Bewegungen und dadurch Herrschaft über Lust und Schmerz zu erwerben [14].

ARISTOTELES beschreibt mit dem Wortfeld von σ. den vom Gleichmaß der Eigenbewegung abhängigen (σχηματιζόμενον καὶ ῥυθμιζόμενον [15]) Prozeß der Gestaltung überhaupt (γίγνεται ... τῶν ἐσχηματισμένων τι ἐξ ἀσχημοσύνης [16]). Das Wort σ. selbst verwendet er zur Verdeutlichung seiner Begriffe der Form (μορφή, εἶδος) und zuweilen gleichbedeutend mit ihnen [17]. Zum Terminus macht er σ. als erste allem Wahrnehmbaren gemeinsame Bestimmung im Unterschied zu Größe, Bewegung, Zahl und Einheit [18]. σ. ist sein Begriff für das Allgemeine einer geometrischen Figur wie Kreis oder Dreieck, das sich in unterschiedlichen Gestaltungen und Größen darstellen kann [19]; es ist nur nach winklig–nicht-winklig, geradlinig–umlaufend bestimmt [20]. Der Vorgang der Gestaltung, etwa die monatliche Zu- und Abnahme des Mondes oder die Formung des Mundes beim Sprechen, wird gelegentlich «Schematismus» (σχηματισμός) genannt [21]. – Als Begriff variabler raumzeitlicher Ordnung überträgt Aristoteles σ. auch auf die Anordnung von Sätzen zu einem Schluß, bei der offenbleiben kann, ob sich ein Schluß ergibt oder nicht [22], und auf die 'Figuren' sich ergebender Schlüsse selbst [23]. Als bloßen Einteilungsbegriff verwendet er σ. für Modi der Aussage (σ. καταφατικόν [24], σχήματα τῆς κατηγορίας bzw. τῶν κατηγοριῶν [25]). – In den Schriften zur Rhetorik und Poetik unterscheidet Aristoteles, wohl im Rückgriff auf PROTAGORAS [26], als σχήματα τῆς λέξεως Arten der Rede wie Befehl, Bitte, Erzählung, Drohung, Frage, Antwort usw. [27], rhetorische Figuren und verschleiernde Sprachformen [28]. Im Schauspiel bilden zugleich tänzerisch und sprachlich gestaltete Rhythmen (σχηματιζόμενοι ῥυθμοί) Ausdruckseinheiten für Charaktere, Gefühle und Handlungen [29].

In der Unterscheidung solcher σχήματα in Musik, Tanz und Rede liegen nach Hinweisen bei PLUTARCH [30] die Anfänge der griechischen Grammatik. Bei den alexandrinischen und stoischen Grammatikern wird σ. zum festen Terminus für grammatische, gedankliche und rhetorische Figuren, die sich vom alltäglichen Sprachgebrauch als kunstvoll oder künstlich abheben [31]. Bis zu Kant wird σ. weitestgehend in diesem Sinn gebraucht [32]. J. G. WALCHS ‹Philosophisches Lexicon› enthält noch 1775 keinen Artikel ‹Sch.› [33]. In der lateinischen Tradition geht der Begriff in den Begriff ‹figura› über [34].

2. PHILON VON ALEXANDRIA macht von den vorgrammatischen Bedeutungen von σ. noch häufig Gebrauch. Als Bestimmung des Sichtbaren unterscheidet er σ. von ‹Körper›, ‹Abstand›, ‹Größe›, ‹Farbe›, ‹Bewegung› und ‹Ruhe› [35]. – Philosophischer Terminus in neuem Sinn, dem Sinn nicht mehr der 'Gestalt', sondern der 'Erzeugung von Gestalten', der auf den Kantischen hinführt, wird das griechische σ. bei PROKLOS. Dieser gebraucht σ. nicht mehr für Gestalten von Dingen, Verhaltensabläufen oder Teilen der Rede, sondern für Medien der Erkenntnis von Dingen, für Vorstellungen, die zwischen Dingen und Begriffen vermitteln. Im Rahmen seiner neuplatonischen Konzeption eines welterzeugenden Denkens sollen σχήματα zwischen Einheit und Vielheit, Allgemeinheit und Einzelheit, Begrifflichkeit und Sinnlichkeit vermitteln. Die Vorstellung (φαντασία) erzeugt in gestaltender Bewegung (μορφωτικὴ κίνησις) anschauliche Gestalten zu den gestaltlosen Begriffen des diskursiven Denkens (διάνοια). Sie bietet dem Erkennen Gestalten des Gestaltlosen dar (ἀσχηματίστων σχήματα προτείνουσα) [36] und gibt ihm dadurch Anlaß, sich im Spiegel dieser Gestalten auf sich selbst und damit zum höchsten Einen hin zurückzuwenden.

3. In die spätere philosophische Tradition hinein wirkt der Gebrauch von σ. in Briefen des Apostels PAULUS. Nach dem Brief an die Philipper trat Jesus Christus, obwohl er von göttlicher Gestalt (ἐν μορφῇ Θεοῦ) war, äußerlich erkennbar als Mensch auf (σχήματι εὑρεθεὶς ὡς ἄνθρωπος), und er wird den Leib der Erniedrigung verwandeln (μετασχηματίσει) in einen dem Leib seiner Herrlichkeit gleichgestaltigen (σύμμορφον τῷ σώματι τῆς δόξης) nach dem Wirken, mit dem er sich alles unterordnen kann [37]. In 2 Kor. warnt Paulus, der sich selbst erniedrigt, um die andern zu erhöhen, vor falschen Aposteln, die sich in Apostel Christi verwandeln (μετασχηματιζόμενοι), so wie sich der Satan in einen Engel des Lichts verwandelt [38].

4. Zu *Beginn der Neuzeit* deutet F. BACON die Gestaltung und Umgestaltung der Gegenstände der Erfahrung mit Hilfe der Begriffe ‹schematismus› und ‹meta-schematismus›. Durch das Wissen vom eigenen Schematismus der Dinge soll Macht zu ihrer Umgestaltung durch den Menschen gewonnen werden. Nach Bacon neigt aber der menschliche Verstand dazu, den Dingen von vornherein mehr Ordnung und Gleichheit zu unterstellen, als er in ihnen findet. Er erfindet stets Passendes hinzu und sucht für alles, was ihm einmal zugesagt hat, nur noch Bestätigung und Übereinstimmung. Er irrt dauernd, weil er sich von Affirmativem mehr reizen läßt als von Negativem, das bei der Aufstellung eines wahren

Satzes die zwingendere Instanz ist. Er läßt sich von dem, was den Sinn plötzlich in Bann schlägt und was die Phantasie erfüllt, am meisten bewegen, unterstellt dann, das übrige verhalte sich gleich, wenn auch auf nicht wahrnehmbare Weise, und erzeugt so, unmerklich beeinflußt auch vom Willen und von Affekten, «Auf-Wunsch-Wissenschaften» («Ad quod vult scientiae»). Daher muß ihm, so Bacon, alles Wirken der in den berührbaren Körpern eingeschlossenen Geister («operatio spirituum») und aller feinere «meta-schematismus» in den Teilen größerer Dinge, den man «Veränderung» («alteratio») zu nennen pflegt, verborgen bleiben. Weil der menschliche Verstand auf seine Weise alles Fließende zu Feststehendem fingiert, hat die Wissenschaft um so mehr die Materie im Sinne der Schule Demokrits und ihre «schematismi» und «meta-schematismi» zu betrachten, das reine Wirken («actus purus») und das Gesetz des Wirkens oder die Bewegung; denn Formen («formae») sind Erdichtungen des menschlichen Geistes, wenn man nicht jene Gesetze des Wirkens ‹Formen› nennen will [39]. Nachdem die Naturphilosophie bei Aristoteles durch die Logik, bei Platon durch die natürliche Theologie, bei Proklos u.a. durch die Mathematik verdorben («corrupta») war [40], muß sie nun durch Beobachtung und 'Experiment' die «sich hervorbringende Natur» («natura naturans») und darin den «verborgenen Prozeß» («latens processus») in jeder Zeugung und Bewegung von dem offenbaren Bewirkenden («efficiens») und der offenbaren Materie aus bis zu den darin angelegten Formen und in ähnlicher Weise den «verborgenen Schematismus» («latens schematismus») ruhender Körper entdecken [41]. Daß sie das Bewirkende, die Materie, den verborgenen Prozeß und den verborgenen Schematismus untersucht, macht sie zur Physik, während die Metaphysik die ewigen und unveränderlichen Formen erforscht [42]. Innerhalb der Physik unterscheidet Bacon die «abstrakte» Physik, die einesteils die Schematismen der Materie, anderenteils die Strebungen und Bewegungen zum Gegenstand hat, und gibt für die Materie eine begrenzte Zahl binärer Schematismen wie ‹dicht/locker›, ‹schwer/leicht›, ‹warm/kalt› vor [43].

5. Beim vorkritischen I. KANT erscheint ‹Sch.› in der ‹Nova dilucidatio› von 1755 ebenfalls als Gesetz einer Erzeugung, jedoch als «Schema des göttlichen Verstandes» («schema intellectus divini»), das Ursprung der Existenz der Substanzen («exsistentiarum origo») und ihrer Beziehungen untereinander ist [44]. In der Dissertation ‹De mundi sensibilis atque intelligibilis forma et principiis› von 1770 tastet sich Kant zu seinem für die Folgezeit maßgeblichen Gebrauch des Begriffs vor. Der «Grund der Dinge» («principium obiectorum») heißt nun «göttliche Anschauung» («divinus intuitus») oder «Archetypus» [45], und ‹Sch.› wird zunächst als bloßer «Schattenriß» des Gegenstandes («adumbratio aut schema quoddam obiecti») Gegensatz zu ‹forma› und ‹species›, die «ein dem Gemüt innewohnendes Gesetz» bezeichnen, «das von der Gegenwart des Gegenstandes herrührende Empfundene einander zuzuordnen» («lex quaedam menti insita, sensa ab obiecti praesentia orta sibimet coordinandi»), dann ein Begriff für Raum und Zeit als «unbedingt erste, allgemeine formale Gründe des Alls als Erscheinung und gleichsam Schemata und Bedingungen alles darüber hinaus Sinnlichen in der menschlichen Erkenntnis» («principia formalia universi phaenomeni absolute prima, catholica et cuiuslibet praeterea in cognitione humana sensitivi quasi schemata et condiciones»). Für das Mittel des Gemüts, vom Verstand empfangene abstrakte Vorstellungen («ideae abstractae») in Anschauungen («intuitus») zu verwandeln («commutare»), tritt ‹Sch.› hier noch nicht ein [46]. Um 1778 – die Datierung ist jedoch unsicher – kann Kant aber «die Handlungen in der Welt» als «bloße Schemata von der intelligiblen» und «Erscheinung» selbst als ‹Sch.› bezeichnen. Damit erhält ‹Sch.› den Sinn der Erzeugung zurück [47].

In der KrV verbindet Kant den Sinn der Erzeugung im Sch. mit der Funktion, im menschlichen Erkennen Begrifflichkeit und Sinnlichkeit zu vermitteln. Nach Kants Darstellung des «Schematismus der reinen Verstandesbegriffe», die oft als dunkel und mit Begriffsverschiebungen, unvermittelten Übergängen und systembedingten Spannungen belastet empfunden wurde [48], sollen die reinen Verstandesbegriffe in unserer Erkenntnis nur «objektive Realität» oder «Bedeutung und Sinn» haben, wenn sie sich auf Gegenstände der Erfahrung beziehen, die dazu in der Anschauung gegeben sein müssen [49]. Erkenntnis als Beziehung von Begriffen und Anschauungen zu denken, setzt voraus, daß Begriffe und Anschauungen «ganz ungleichartig» sind. Darum muß es «ein Drittes geben», das sie aufeinander bezieht, das Sch. Es soll gleichartig auf eine Weise mit den Begriffen des Verstandes, auf andere Weise mit den Anschauungen der Sinnlichkeit und also «einerseits intellektuell, andererseits sinnlich sein» [50].

Das Sch. als vermittelndes Drittes sinnvoller Erkenntnis wird nach Kant vom Erkenntnisvermögen «unter dem Namen der Einbildungskraft» bereitgestellt, die er definiert als «das Vermögen, einen Gegenstand auch ohne dessen Gegenwart in der Anschauung vorzustellen» [51]. Für unproblematisch hält er dies bei empirischen Begriffen, zu denen jederzeit durch reproduktive Einbildungskraft Beispiele assoziiert werden können [52]. Sch. ist hier die «Vorstellung ... von einem allgemeinen Verfahren der Einbildungskraft, einem Begriff sein Bild zu verschaffen» [53]. Erklärungsbedürftig scheint Kant dieses Verfahren aber bei den reinen Begriffen des Verstandes. Da etwa von der Kategorie der Kausalität «doch niemand sagen wird», sie «könne auch durch Sinne angeschaut werden», muß das Sch. hier selbst «rein», unabhängig von der Erfahrung, und die Einbildungskraft, die es hervorbringt, «produktiv» sein [54]. So kann sie ihrerseits durch «transzendentale Synthesis» Erfahrungserkenntnis ermöglichen, indem sie zu einer Kategorie als «transzendentalem Begriff» ein «transzendentales Schema» hervorbringt [55]. Im Gegensatz zur «synthesis intellectualis» des reinen Verstandes besteht das transzendentale Sch. in einer «synthesis speciosa» oder «figürlichen Synthesis» [56]. Darunter ist eine «Bewegung» zu verstehen, durch die das Subjekt eine Linie im Raum dadurch beschreibt, daß es sie zieht; im Ziehen dieser Linie stellt es sich zugleich die Zeit «äußerlich figürlich» vor [57]. Als «bestimmte Regeln» solcher Handlungen fungieren nach Kant die reinen Verstandesbegriffe selbst, so daß er «das Verfahren des Verstandes mit diesen Schemaren den Schematismus des reinen Verstandes nennen» kann [58]. Dieser Schematismus des reinen Verstandes erzeugt in den reinen Anschauungsformen des Raumes und der Zeit selbst «Anschauungen», die eine Einheit von Mannigfaltigem a priori enthalten und darum «formale Anschauungen» heißen [59]. Als Gestaltungen dieser formalen Anschauungen haben transzendentale Schemata, wie gefordert, zugleich eine intellektuelle und eine sinnliche Seite und können so reinen Begriffen Bedeutung geben.

Auch Kant erläutert die Schemata vornehmlich an Raumgestalten, bestimmt sie aber als Zeitgestalten [60]. Da für ihn nur die Zeit, nicht auch der Raum «der Verknüpfung aller Vorstellungen» zugrunde liegt, fungieren die transzendentalen Schemata der Kategorien als «transzendentale Zeitbestimmungen» [61]. Er ordnet den Kategorien der Quantität die Erzeugung der Zeit in einer «Zeitreihe», den Kategorien der Qualität die Erfüllung der Zeit durch einen «Zeitinhalt», den Kategorien der Relation die Bestimmung des Zeitverhältnisses von Wahrnehmungen in einer «Zeitordnung» und den Kategorien der Modalität die Bestimmung der Zugehörigkeit von Gegenständen der Erfahrung zur Zeit in einem «Zeitinbegriff» zu [62]. Daß der Verstand durch seinen transzendentalen Schematismus der Zeit «realisiert» wird oder Bedeutung bekommt, heißt zugleich, daß er darauf «restringiert» wird [63]: Alle Bedeutung ist dadurch als zeitlich bestimmt. Sofern der Schematismus aber Begriffen erst Bedeutung gibt, kann seine Art, wie er Bedeutung gibt, oder können seine «wahren Handgriffe» selbst nicht begriffen werden. Er bleibt nach Kant «eine verborgene Kunst in den Tiefen der menschlichen Seele» [64]. Er bezeichnet daher «eine absolute Grenze des Denkens» [65], und insofern ist in ihm «das prinzipielle Programm Kants zusammengefaßt» [66].

Kant ordnet den Schematismus der reinen Verstandesbegriffe im ganzen der «transzendentalen Doktrin der Urteilskraft» zu [67], dem «Vermögen, das Besondere als enthalten unter dem Allgemeinen zu denken», von den beiden Funktionen der Urteilskraft aber nur der «bestimmenden», die das Besondere unter ein schon gegebenes Allgemeines subsumiert, nicht der «reflektierenden», die zu einem gegebenen Besonderen erst ein Allgemeines «finden soll» [68]. In seiner KU spielt das Sch. darum keine Rolle mehr [69]. Schemata sind zwar als «Geschöpfe der Einbildungskraft» dem Schönen und Zweckmäßigen verwandt, das die reflektierende Urteilskraft beurteilt, sofern sie «keine der Erklärung und Prüfung fähige Regel abgeben» und «gleichsam Monogrammen, die nur einzelne, obzwar nach keiner angeblichen Regel bestimmte Züge sind, ... mehr eine im Mittel verschiedener Erfahrungen gleichsam schwebende Zeichnung ... ausmachen» [70]. In der ‹Ersten Einleitung› zur KU legt Kant das «schematische» Verfahren jedoch auf das «mechanische» fest und behält der Natur und der Kunst das frei entwerfende «technische» Verfahren vor [71].

In der KrV führt Kant dagegen auch für die Prinzipien der reinen Vernunft, denen «kein korrespondierendes Schema der Sinnlichkeit gegeben werden kann», ein «Analogon eines solchen Schema» in der regulativen «Idee des Maximum der Abteilung und der Vereinigung der Verstandeserkenntnis» ein [72]. Eine regulative Idee kann zwar nicht wie das eigentliche Sch. Gegenstände der Erfahrung bestimmen, der Erfahrungserkenntnis im ganzen aber das Verfahren ihrer Systematisierung anzeigen und ist darum «nur ein heuristischer und nicht ostensiver Begriff» [73]. Dies gilt für die Ideen der Seele, der Welt und Gottes [74]. Auch die «Architektonik der reinen Vernunft», die systematische Gliederung der Vernunft selbst, «bedarf zur Ausführung ein Schema». Denn auch wenn die philosophischen «Systeme» der Geschichte aus dem «bloßen Zusammenfluß von aufgesammelten Begriffen, anfangs verstümmelt, mit der Zeit vollständig, gebildet worden zu sein» scheinen, hatten sie doch «alle insgesamt ihr Schema, als den ursprünglichen Keim in der sich bloß auswickelnden Vernunft» und könnten darum «alle untereinander in einem System menschlicher Erkenntnis wieder als Glieder eines Ganzen zweckmäßig vereinigt» werden [75]. Dem «Gesetze der Freiheit» in der KpV kann dagegen «kein Schema zum Behuf seiner Anwendung in concreto untergelegt werden» [76]. Sofern Freiheit als «Unabhängigkeit von empirischen Bedingungen» anzusehen ist, kann der «empirische Charakter des Menschen» seinerseits «nur das sinnliche Sch.» seines «intelligibelen Charakters» sein [77].

‹Sch.› erscheint bei Kant auch im allgemeinen Sinn der Erzeugungsregel für eine übersichtliche Anordnung in Form von 'Tafeln' und Diagrammen. Danach treffen «etwa die Kategorien ihr logisches Schema in den vier Funktionen aller Urteile» an [78]. Der Sinn einer übersichtlichen Anordnung selbst bleibt im alltäglichen Sprachgebrauch leitend.

6. Mit Kant ist der philosophische Begriff des Sch. neu festgestellt; von ihm geht die weitere Entwicklung aus. Daß dies nicht widerspruchslos geschah, zeigt die Reaktion J. G. HERDERS, der den Begriff als künstlich und abstrakt zurückweist. Herder kann nun seiner Einbindung der Vernunft in lebendig schöpferische Sprachen mit Kants Schemata nur «Nebelformen», «Wahnbilder», «leere Schemen» verbinden – der germanische Nachbar ‹Schemen› wird das griechische σχῆμα weiterhin begleiten. Statt dessen «schematisiren» nach Herder schon die Sinnesorgane, und «das Bild, das meine Seele empfängt», ist durch die Einbildungskraft «in ihre Natur *metaschematisirt*» [79].

Auch das Interesse des *Deutschen Idealismus* liegt mehr bei der schöpferischen Einbildungskraft als bei den Schemata, die sie 'mechanisch' produziert [80]. Zunächst wird der Sch.-Begriff um so umfassender gebraucht, je größeres Gewicht der Einbildungskraft im Aufbau der Erkenntnis gegeben wird. So deutet S. MAIMON in seinem ‹Versuch über die Transzendentalphilosophie› von 1790 Raum und Zeit als Schemata von Reflexionsbegriffen [81], F. W. J. SCHELLING faßt in seiner Jugendschrift ‹Vom Ich als Princip der Philosophie› von 1795 «das moralische Gesez im endlichen Wesen» als «Schema des Naturgesezes, wodurch das Seyn des Unendlichen bestimmt ist» [82], und «Zeit überhaupt» als «Schema der gänzlichen Zeitlosigkeit» [83]. Sch. wird hier zu einem «in der Zeit überhaupt Schwebenden» [84].

Im ‹System des transzendentalen Idealismus› von 1800 kehrt Schelling zum Kantischen Lehrstück des Schematismus zurück und integriert es in seine Lehre vom Produzieren der Objekte des Wissens und der Objektivierbarkeit dieses Produzierens selbst. Er faßt das Sch. dabei nicht mehr als Drittes, sondern nur noch als Regel auf. Das «empirische Schema» erklärt er noch im Sinne Kants «durch das Beispiel des mechanischen Künstlers ..., welcher einen Gegenstand von bestimmter Form einem Begriffe gemäß hervorbringen soll» [85], und definiert es als «die sinnlich angeschaute Regel der Hervorbringung eines empirischen Gegenstandes» [86]. Auf dem Schematismus beruht aber auch «der ganze Mechanismus der Sprache»; er ist «das Durchgreifende ... durch alle Geschäfte des menschlichen Geistes» [87]. Die Kategorien sind auf Schellings «Standpunkt der Anschauung» nicht mehr ursprünglich vom Schematismus zu trennen, sondern verbunden mit ihm «wirkliche Anschauungsformen» [88]. Werden sie durch «transcendentale Abstraktion» von der Anschauung unterschieden, so müssen sie mit ihr «im Urteil wieder vereinigt» werden durch das «transcendentale» Sch., das nach Schelling nur eines, nämlich die Zeit selbst sein kann. Aus ihr, als transzendentalem Schematismus verstanden, kann dann seinerseits der «ganze Mechanismus» der Kategorien auseinandergelegt, und die Kategorien können so auseinander abgeleitet werden [89].

G. W. F. HEGEL vermißt im «Formalismus» des «Schematisirens» beim frühen Schelling und seinen Schülern das innere Leben und die Selbstbewegung des Begreifens und sieht die Kantische Philosophie durch das, was dort «Construction» genannt wird, «zum leblosen Schema, zu einem eigentlichen Schemen, und die wissenschafftliche Organisation zur Tabelle herabgebracht» [90]. Im weiteren verzichtet Hegel auf den Begriff des Sch.

In einem Sendschreiben an Fichte von 1799 greift F. H. JACOBI den Transzendentalen Idealismus, dessen «Täufer» Kant und dessen «Messias» Fichte sei, als Nihilismus an mit der Wendung, der menschliche Geist müsse, wenn er ein Wesen «vollständig» begreifen wolle, «es objectiv – als für sich bestehend – in Gedanken aufheben, vernichten, um es durchaus subjectiv, unser eigenes Geschöpf – ein bloses *Schema* – werden zu lassen» [91]. J. G. FICHTE antwortet darauf in seiner ‹Wissenschaftslehre in ihrem allgemeinen Umrisse› von 1810 [92] mit einer Totalisierung des Sch.-Begriffs. Er gebraucht ‹Sch.› nicht mehr wie Kant im Sinn der Vorzeichnung eines Gegenstandes in der Anschauung durch eine Regel des Denkens, aber auch nicht wie Jacobi im Sinne der bloßen Konstruktion eines Gegenstandes im Denken, sondern im Sinn der Begrenztheit und Befangenheit des Denkens in sich selbst. Er setzt das Sch. vor den Anschauungs- und Denkformen [93] als Sein des Denkens außer Gott überhaupt an, der «in sich selbst lauter Leben» ist [94]. Es ist «Gottes Seyn ausser seinem Seyn», im «wirklichen Wissen» jedoch nicht als Sein Gottes zu erkennen [95]. Durch «bedingte Gesetze» bestimmt, vollzieht das Wissen «irgend ein Schema», das ihm als solches «verdeckt» bleibt: Es entwickelt sich «schematisirend» und, wenn es sich auf sich selbst bezieht, sein Sch. zu einem «Schema des Schema» schematisierend [96]. Es schematisiert sich «blind» den Raum, die Materie, die Kausalität, die Körperwelt und die Zeit [97]. Unter bedingten Gesetzen tut es dies als «Individuum», das sich «in einer Welt ihm gleicher Individuen» findet, mit denen es nur leiblich-sinnlich vermittelt ist; «allgemeine Übereinstimmbarkeit» in dieser Sinnenwelt muß es voraussetzen [98]. Es kann sich zwar auf das «an uns sichtbar werden sollende göttliche Leben» besinnen. «Aber alles wirkliche Wissen führt durch sein formales Wesen seinen schematischen Besitz mit sich; ohnerachtet ich also nun weiss von dem Schema Gottes, so bin ich dennoch noch nicht unmittelbar dieses Schema, sondern ich bin nur Schema des Schema» [99]. Gegenüber Jacobi erläutert Fichte: «Wir werden durch unsere natürliche Geburt keineswegs in eine Welt der Wahrheit, sondern in eine Schatten- und NebelWelt hineingeboren. Um diesen unfreien Schematismus abzustreifen, erhielten wir das freie Vermögen zu schematisiren, damit wir die Schemen, die wir ohnedies nicht dafür ansehen, durch andere, die wir als solche erkennen, auflösen» [100]. In den weiteren Entwürfen der ‹Wissenschaftslehre› arbeitet Fichte nicht mehr mit dem Begriff des Sch., sondern mit dem des Bildes.

F. D. E. SCHLEIERMACHER denkt von seiner ‹Dialektik› von 1814/15 an mit Hilfe des Sch.-Begriffs nicht mehr nur die Befangenheit des Denkens in sich selbst, sondern auch dessen von ihm selbst nicht beherrschbare Verschiebungen. Er verzeitlicht nicht nur die Bedeutung von Begriffen durch Schemata, sondern auch die Schemata selbst. Er gebraucht dazu ‹Sch.› sowohl für die Extreme wie für die Mitte der Begriffsbildung: a) für individuell begrenzte Sphären des Wissens, sofern die Dialektik, als «Kunst des Gedankenwechsels», von einer «Differenz des Denkens» [101] oder «verschiedenen concentrischen Sphären der Gemeinsamkeit der Erfahrung und der Principien» ausgehen muß. Als «engstes Sch.» setzt Schleiermacher den individuellen Sprach- und Wissenserwerb, als «weitestes» die «Identität der Sprache» an, die jedoch nur Idee bleibt [102]. b) für die verschiebbare Mitte im Werden des Wissens, sofern die Kritik der Vernunft, als «Kritik ihrer Selbstdarstellung im realen Wissen», beim «vorläufigen Begriff der Welt» anfangen muß, in der «die Idee des Wissens ... sich geschichtlich zu realisiren» sucht [103]. Im «Werden des Wissens» durchdringt sich die Tätigkeit der Vernunft als «intellectuelle Function» mit der leiblich-sinnlichen «Agilität» oder «organischen» Function auf inkommensurable und inkommunikable Weise und bringt «allgemeine, auf mannigfaltige Weise verschiebbare Bilder» hervor, «welche wir auch Schemata nennen, und nach denen sich dann die einzelnen Wahrnehmungen gruppiren» [104]. Aufgrund dieses Schematismus ist «jedes reale Wissen ... ein Kunstwerk» [105]. Weil sich die «allgemeinen Schemata» und die «einzelne Gestaltung» gleichzeitig «im oscillirenden Verfahren» bilden, kann das Sch. «nicht nur mit dem Begriff zugleich sondern auch vor ihm» sein und seine Bildung erst nach sich ziehen [106]. Die «Verschiebbarkeit» des Sch. im «Spiel des Auf- und Absteigens» macht zur Begriffsbildung «Entscheidungen ... im werdenden Bewußtsein», eine «Fixirung» durch «ein Bezeichnungssystem» der Sprache und eine Fixierung durch «Formeln» notwendig, die durch Deduktionsprozesse erzeugt werden: «Der Begriff ist eigentlich nur in der vollständigen Durchdringung von Formel und Schema» [107]. c) für vom Werden des Wissens abstrahierte Begriffe, sofern «Gott», «Absolutes, Höchste Einheit, Identität des Idealen und Realen nur Schemata sind, die erst «real» und «lebendig» werden im «Gebiet des Endlichen und Gegensazes» [108]. Schleiermachers Einbeziehung der Begriffsbildung im ganzen in den Schematismus und seine Temporalisierung dieses Schematismus machen seine Philosophie zur «vollkommensten Form der Zeitphilosophie» im Rahmen der Transzendentalphilosophie [109].

J. F. FRIES sieht in den Schemata der Einbildungskraft nur noch «anschauliche Vorstellungen», die «eine unbestimmte Zeichnung schwebend zwischen vielen Bildern enthalten, welche der Bestimmung eines allgemeinen Begriffes entsprechen», und in ihnen «die wahre Quelle der Abstraktionen» [110]. Er ordnet in seiner anthropologisch-psychologischen Deutung der Begriffsbildung die Schemata produzierende Einbildungskraft wieder in die traditionelle, in einer reinen Vernunft gipfelnden Hierarchie von Erkenntnisvermögen ein. F. A. TRENDELENBURG greift trotz seiner einflußreichen These von der Unmöglichkeit eines bildlosen Denkens in seinen ‹Logischen Untersuchungen› nicht mehr auf das Konzept des Schematismus zurück.

7. Man kann mit einem anderen Begriff Kants sagen, die von ihm konzipierten Schemata gäben den reinen Verstandesbegriffen eine 'Orientierung' in der Zeit [111]. Gegen *Ende des 19. Jh.* wird ‹Sch.› aus einem Orientierungsbegriff innerhalb der Theorie der Erkennt-

nis zu einem Orientierungsbegriff, der die Erkenntnis übergreift. Es wird zum philosophischen Begriff für eine herrschende Grundorientierung, die lebensbedingt, geschichtlich wandelbar und zu ihrer Zeit nicht erkennbar ist. Mit ihrem raumzeitlich gestaltenden, ästhetisch-fiktiven, inkommunikablen, verschiebbaren und inkommensurablen Charakter, wie ihn die Tradition erarbeitet hat, werden Schemata nicht mehr für die Theorie des Erkennens, sondern für eine Pragmatik des Lebens in Anspruch genommen, in der es nicht mehr um letzte, überzeitliche Wahrheit, sondern um Steigerung und Erhaltung unter überkomplexen und unablässig sich überholenden Lebensbedingungen geht. Durch den Wandel zu einem übergreifenden Orientierungsbegriff kommt eine neue Totalisierung von ‹Sch.› zustande, nun jedoch ohne Fichtes idealistische Differenz zum Sein Gottes. Sch. ist das, worin wir im Denken und Handeln gebunden sind, ohne dies wissen zu können.

E. DÜHRING setzt gegen das herkömmliche Streben nach «Gesetzmässigkeit» und die «veralteten Kategorienlehren» die wissenschaftliche Durchbildung eines umfassenden «Weltschemas» bis zur ‹Individualgestalt». «Ziel der wissenschaftlichen Orientirung» soll es sein, «die thatsächliche Oekonomie der Dinge im ganzen und in den Theilen» aufgrund «unmittelbarer und individueller, gleichsam weltstatistischer Thatsachen» in einem «einzigen Systemschema der Welt» zusammenzufassen [112]. Im einzelnen wirken im evolutionären Prozeß «Kräftecombinationen» nach spezifischen Schemata der «Einschränkung» und der «Vereinigung» aufeinander [113].

Während Dühring für sein Welt-Sch. noch Anspruch auf Einzigkeit und Wahrheit erhebt und diesen Anspruch durch eine herkömmliche ‹Logik und Wissenschaftstheorie› zu begründen sucht, geht ‹Sch.› bei W. DILTHEY, für den die Vielheit und Zeitlichkeit von Philosophien erwiesene Erfahrung ist, in den allgemeinen Begriff für einen vortheoretischen Rahmen theoretischer Entwürfe und praktischer Regelwerke in einer Disziplin, einer Zeit oder einer Kultur über. Ein Denken, das seinen vortheoretischen Rahmen selbst theoretisch erfassen zu können glaubt, nennt Dilthey nun pejorativ ein «schematisches Denken» [114]. Affirmativ spricht er etwa vom «Schema der christlichen Weltansicht» oder vom «Schema der Geisteswissenschaften» im Sinne eines «Lebenshorizontes», der in einer «Begrenzung» der «Auffassung, Wertbildung und Zwecksetzung» durch «Unvermeidlichkeiten» besteht [115].

Zum Schlüsselbegriff für eine nicht logischen, sondern lebenspraktischen Notwendigkeiten folgende Orientierung wird ‹Sch.› im Nachlaß F. NIETZSCHES. In der unveröffentlichten Abhandlung ‹Ueber Wahrheit und Lüge im aussermoralischen Sinne› von 1873 erweitert Nietzsche den herkömmlichen epistemologischen Gebrauch von ‹Sch.› so, daß der Sinn von ‹Wahrheit› darin aufgeht. Danach hebt die Fähigkeit, plötzliche Eindrücke und Anschauungen zu «Schemata», «entfärbteren, kühleren Begriffen, ... zu verflüchtigen» und sie den Eindrücken «als das Festere, Allgemeinere, Bekanntere, Menschlichere und daher als das Regulirende und Imperativische» gegenüberzutreten zu lassen, den Menschen vom Tier ab [116]. Dazu bedarf es «einer frei dichtenden und frei erfindenden Mittel-Sphäre und Mittelkraft», die zwischen den «zwei absolut verschiedenen Sphären» von Subjekt und Objekt «eine nachstammelnde Uebersetzung in eine ganz fremde Sprache» zustande bringt [117]. Durch ein pragmatisch notwendiges «Gleichsetzen des Nicht-Gleichen» in Schemata, ein «Uebersehen des Individuellen und Wirklichen», läßt sie «feste Conventionen» einer Sprache entstehen. «Wahrhaft zu sein» heißt dann nicht mehr als diesen Konventionen zu gehorchen oder «schaarenweise in einem für alle verbindlichen Stile zu lügen» [118]. – Im späten Nachlaß begreift Nietzsche als Sch. das logische Denken selbst. Es ist «das Muster einer vollständigen Fiction», die wir «als Schema anlegen», indem wir die «unsäglich anders complicirte» Wirklichkeit beim logischen Denken «gleichsam durch einen Simplifications-Apparat filtriren». Dies ist «nur möglich vermöge einer Abkürzung eines geistigen Vorgangs zum Zeichen» [119], so daß «Logik und Mechanik ... eigentlich nur eine Schematisir- und Abkürzungskunst, eine Bewältigung der Vielheit ... zum Zweck der Verständigung» sind [120]. Daß es im «'Erkennen'» nur um ein pragmatisches «Schematisiren» geht, zeigt sich daran, daß wir «dem Chaos so viel Regularität und Formen auferlegen, als es unserem praktischen Bedürfniß genug thut» [121]. Das vernünftige Denken besagt daher nur etwas über unsere Art zu leben, nichts über die Wirklichkeit und auch nichts über sich selbst; es kann nur *im* Sch. *am* Sch. arbeiten, das Sch. nur verfeinern, nicht von außen beobachten. Das von unserer Logik «gesetzte Seins-Schema» ist «so wie der Euklidische Raum eine bloße Idiosynkrasie», ohne die die «Thierart» Mensch nicht leben kann, nicht mehr als unser «herrschendes Vorurtheil» [122]. «Wir hören auf zu denken, wenn wir es nicht in dem sprachlichen Zwange thun wollen, wir langen gerade noch bei dem Zweifel an, hier eine Grenze als Grenze zu sehn. – Das vernünftige Denken ist ein Interpretieren nach einem Schema, welches wir nicht abwerfen können» [123]. Sofern wir es nicht abwerfen, nicht ohne es leben können, ist es Teil unserer «Moral» und Moral darum «das einzige *Interpretationsschema*, bei dem der Mensch sich aushält» [124].

Nietzsche verwendet den Sch.-Begriff weiterhin auch zur Kritik traditioneller philosophischer Lehren über die Gedächtnis-, Sprach-, Gedanken- und Begriffsbildung, die «an den alten Irrthum vom Grunde» gebunden seien, «den Schematismus des 'Dings'» [125]. In seiner Auseinandersetzung mit den immer ausgedehnteren psychologischen, physiologischen und klinischen Forschungen auf diesem Gebiet führt H. BERGSON ein «schème moteur» ein mit der Funktion, beim Hören von Sprache Bewegungsansätze zu organisieren, durch die Sätze rhythmisch gegliedert werden können. Das Sch. «marque seulement les contours saillants. ... Les sensations musculaires réellement et complètement éprouvées lui donnent la couleur et la vie». Im Gespräch regelt das Sch. «le ton de notre travail intellectuel» [126]. H. VAIHINGER unterscheidet im Anschluß an Kant und Nietzsche und zugleich in stetem Bezug auf die Wissenschaften «schematische» von einer Reihe anderer «Fiktionen» als «Verschiebungen der Wirklichkeit» zu «Gerüsten», an denen die «Denkrechnung» vollzogen werden kann, wie z.B. gezielt vereinfachte Modelle in der Nationalökonomie [127].

8. Im *20. Jh.* wird ‹Sch.› philosophisch als epistemologischer *und* als Orientierungsbegriff gebraucht, nebeneinander und ineinander übergehend, teils mit, teils ohne Anknüpfung an Kant und Nietzsche und oft nur am Rande. So arbeitet E. HUSSERL nur gelegentlich in den ‹Ideen zu einer reinen Phänomenologie und phänomenologischen Philosophie› mit dem Begriff «Dingschema», M. HEIDEGGER in ‹Sein und Zeit› mit dem

eines «horizontalen Schema». «Dingschema» bedeutet «die bloß mit 'sinnlichen' Qualitäten erfüllte Raumgestalt», wie sie «ohne jede Bestimmtheit der 'Substanzialität' und 'Kausalität' – ... in wechselnden 'Orientierungen' gegeben ist» [128], «horizontales Schema» das «Wohin der Ekstase» der Bedeutsamkeit der Welt durch das Dasein in seiner Zeitlichkeit [129]. E. CASSIRER behandelt auch in seiner ‹Philosophie der symbolischen Formen› den Begriff ‹Sch.› nur historisch [130]. H. PLESSNER baut seine Abhandlung über ‹Die Einheit der Sinne› ganz auf Kants Schematismus-Lehre auf, um sie zu einer «Aesthesiologie des Geistes» weiterzuentwickeln, rückt aber in seiner ‹Anthropologie der Sinne› wieder von ihr ab [131]. Im Anschluß an Kant, Goethe und Alfred Rosenberg versucht F. WEINHANDL aus dem «Gedanken der Schemagebundenheit und Schemaabhängigkeit» eine «gestaltanalytische Philosophie» aufzubauen, mit der Voraussetzung jedoch, «daß diese Schemata, auch wo sie unbemerkt wirksam sind, aufgehellt werden können und aufhellbar sein müssen» [132].

K. JASPERS verwendet ‹Sch.› im Sinn eines vorläufigen Mittels der Weltorientierung, das eigentliches Wissen vortäuschen, es aber auch erhellen kann. Er nimmt den Gebrauch von ‹Sch.› beim späten Nietzsche auf, partikularisiert jedoch das *eine* logische Sch. zu einer Vielfalt zwar in sich übersehbarer, aber untereinander unzusammenhängender Ordnungen der gegenständlichen Welt. Solche Ordnungen sind «nur Schemata», die «im unbestimmbaren Dunkel» endigen [133]. Sie verweisen darum auf die regulative Idee einer Einheit, ohne die sie «fälschlich ... endgültiges Wissen» vortäuschen und so «zu leeren Schematen ohne anderen Sinn als den einer beliebigen Ordnung» werden [134]. Zugleich aber bedarf die individuelle Existenz, auch wenn sie nicht wie Dinge der Welt «verstehbar» ist, doch eines «formalen Schemas» von «signa», allgemeinen Begriffen, die die Existenz, wie «inadäquat» auch immer, «erhellen» können. In der Konstruktion dieses «formalen Schemas» von «signa» orientiert sich Jaspers an Kant. Er stellt jedem einzelnen der «Kantischen Schematen der objektiven Wirklichkeit ganz heterogene Schemata existentieller Wirklichkeit» gegenüber, wobei er an der Zeit als dem Medium beider Arten von Schemata festhält [135].

A. N. WHITEHEAD nennt Philosophien generell «philosophical schemes», um sie als stets vorläufig und erneuerbar verstehen zu lassen. Seine eigene Philosophie entwirft er als ein «with the utmost precision and definiteness» formuliertes «speculative» oder «categorial scheme» mit dem Ziel, die Erfahrung einerseits von der «benumbing repression of common sense» zu lösen und ihr andererseits eine «matrix» vorzugeben, die es erlaubt, «to argue from it boldly and with rigid logic» [136]. Das spekulative Sch. muß sich darin bewähren, daß «everything of which we are conscious, as enjoyed, perceived, willed or thought, shall have the character of a particular instance of [it]» [137]. – C. I. LEWIS unterscheidet in seiner pragmatistischen Bedeutungstheorie durch Kants Begriff des Sch. die semantische «sense meaning» von der syntaktischen «linguistic meaning», jedoch ohne Kants Apparat von Erkenntnisvermögen und seine transzendentalen Schemata zu übernehmen [138]. – W. V. O. QUINEs neue Philosophie der Logik führt zu einer neuen Logik der Philosophie und Wissenschaften, in deren Mittelpunkt der Sch.-Begriff steht. Quine will «a more thorough pragmatism» vertreten [139] und stellt die Bedeutungstheorie im ganzen um von der erkenntnistheoretischen Differenz wahr/falsch auf die orientierende Differenz zentral/peripher in einem «conceptual scheme». Im pragmatischen Umgang mit der Welt bildet sich ein hier lockerer, dort fester geknüpftes, einerseits auf Einfachheit, andererseits auf Dauer angelegtes, in allen Teilen aber ergänzbares und verschiebbares Begriffsnetz aus, das nur «taken as a whole, impinges at its edges upon experience» [140]. Es läßt sich durch einen ihm eigenen «conceptual mechanism» mit so viel Erfindung von Dingen und Unterscheidungen ausstatten, wie für «a given discourse» nötig sind, darunter auch Entitäten und Gesetzen der Mathematik und Logik, und wird stets mit so geringem Aufwand und darum in so geringer Tiefe wie möglich nach «a vague scheme of priorities» umgestellt [141]. Auch «the laws of mathematics and logic are true simply by virtue of our conceptual scheme», sie werden aber, da von ihnen mehr andere Gesetze in den Wissenschaften abhängen als sie von anderen, nur mit größter Vorsicht angetastet und bilden so das relativ feste Zentrum unseres «conceptual scheme». Wir können sie auch, wie die Philosophie- und Wissenschaftsgeschichte zeigt, durchaus von uns aus umstellen, wenn auch niemals alle zugleich [142]. Doch auch wenn die logische Notwendigkeit und Wahrheit bloßer Ausdruck unserer Vorsicht ist, sie als zentrale Teile unseres «conceptual scheme» zu verändern [143], werden sie im Sch. darum nicht weniger ernst und unbedingt genommen, und auch ihre Verschiebbarkeit kann nur im Sch. gedacht werden [144]. Innerhalb seiner Darstellung der Logik operiert Quine mit einem Set von Schemata im Sinne allgemeiner Verfahrensregeln für symbolisch verkürzte Sätze, die von Fall zu Fall durch wirkliche Sätze interpretiert werden müssen.

In seiner ‹Phänomenologie der Wahrnehmung› bestimmt M. MERLEAU-PONTY, wiederum im Anschluß an den Analytiker und in Distanz zum Transzendentalphilosophen Kant, mit dem Begriff des «schéma corporel» nicht nur die ursprüngliche Einheit des Leibes, sondern auch die Einheit der Sinne und die Einheit des wahrgenommenen Gegenstandes [145]. In der biologischen Anthropologie, Genetischen Epistemologie, Ethnologie und Soziobiologie wird ‹Sch.› Terminus als «Wahrnehmungsschema», «Verhaltensschema», «Auslöseschema» u.ä. und ersetzt dort traditionelle Begriffe wie ‹Empfindung›, ‹Handlung› und ‹Trieb› [146].

Als «Denkschema», als geläufige, sei es noch unerkannte oder schon gedankenlos gewordene, in jedem Fall verengte Orientierung des Denkens ist ‹Sch.› in den allgemeinen wissenschafts- und philosophiegeschichtlichen Sprachgebrauch eingegangen und hat dort pejorativen Sinn. N. LUHMANN wertet solche Denkschemata zu «Sinnschemata» um, indem er sie als sinnstiftend und dadurch kommunikationsermöglichend deutet. Er verbindet so die herkömmlichen Funktionen der Schemata für die Begriffsbildung und für die Orientierung mit ihrer sozial notwendigen Geläufigkeit. Sinnschemata bieten durch Schematisierung stets überkomplexer Kommunikationssituationen nach «binären Schematismen» wie Ego/Alter, Erleben/Handeln, gut/böse, wahr/falsch für das eigene und das andere Handeln einfache, für beide überschaubare und darum für beide anschlußfähige Alternativen an [147]. Der Sinn des Schematismus wird gegenüber dem Kantischen also von Notwendigkeit auf Option und von Einheit auf Dualität umgestellt. So kommt eine kontingente, aber «brauchbare Verkürzung der Wirklichkeit» zustande. Der Schematismus leistet so «eine unentbehrliche Verständigungshilfe und eine Vereinfachung des Prozessierens von sinn-offenen Zusammenhängen, die für die Erhaltung komplexer Systeme unentbehrlich ist» [148].

Anmerkungen. [1] Vgl. J. SCHNEIDER: Art. σ., μετασχηματίζω, in: Theol. Wörterb. zum NT, hg. G. FRIEDRICH (o.J.) 7, 954f. – [2] ARISTOTELES: De Democrito Frg. 208 ³ROSE = VS 68, A 37. – [3] De part. anim. I, 1, 640 b 29ff. = VS 68, B 165. – [4] Phys. I, 5, 188 a 22ff. = VS 68, A 45; Met. I, 4, 985 b 4ff. = VS 67, A 6. – [5] SIMPLICIUS: Comm. in De caelo. CAG 7, hg. I. L. HEIBERG (1894) 242, 15ff. = VS 67, A 14. – [6] ARISTOTELES: Met. I 4, 985 b 13-17 = VS 67, A 6; De an. I, 2, 404 a 1-9 = VS 67, A 28; De Mel., Xenocr., Gorg. 975 b 29f. = VS 30, A 5. – [7] AETIOS I, 23, 3 = VS 68, A 47; vgl. R. LÖBL: Demokrits Atome (1976) 201-216. – [8] ARISTOTELES: De gen. et corr. I, 1, 315 b 6ff. = VS 67, A 9. – [9] PLATON: Men. 74 b. – [10] Men. 75 b; 76 a; vgl. Parm. 145 af. – [11] Tim. 53 b; vgl. H. LEISEGANG: Art. ‹Platon›, in: RE 20/2 (1950) 2509f. – [12] Resp. 365 c; vgl. Polit. 277 a; 494 d; Phaedr. 255 a; Soph. 268 a. – [13] Resp. 529 d. – [14] Leg. 654 b-655 a; vgl. Ion 536 c. – [15] ARISTOTELES: Phys. VII, 3, 245 b 9; vgl. De caelo III, 8, 306 b 13. 18. – [16] Phys. I, 5, 188 b 19f. – [17] Vgl. Cat. 8, 10 a 11f.; Phys. VII, 3, 246 a 1; De part. anim. I, 1, 640 b 33; Met. VII, 3, 1029 a 4f.; 7, 1033 a 3f. – [18] De an. III, 1, 425 a 16; vgl. PLATON: Parm. 145 af. – [19] De an. II, 3, 414 b 20-32; Met. III, 3, 999 a 9. – [20] Phys. I, 5, 188 a 25f. – [21] De caelo II, 14, 297 b 26; De audib. 800 a 25. – [22] Anal. pr. I, 4, 26 a 13-16. – [23] I, 4ff. – [24] I, 3, 25 b 20f.; 13, 32 a 32. – [25] Met. V, 6, 1016 b 34; 7, 1017 a 23; VI, 2, 1026 a 36; IX, 10, 1051 a 34f. – [26] Vgl. DIOG. LAERT. IX, 53f. = VS 80, A 1. – [27] ARISTOTELES: Poet. 19, 1456 b 8-13. – [28] Rhet. III, 10, 1410 b 28-31; II, 24, 1401 a 1-8; Soph. el. 4, 166 b 10-19. – [29] Poet. 1, 1447 a 27f. – [30] PLUTARCH: Symp. probl. IX, 15. Moralia 4, hg. C. HUBERT (1938) 331ff. (747 aff.); vgl. H. KOLLER: Die Anfänge der griech. Grammatik. Glotta 37 (1958) 5-40. – [31] Vgl. T. BORSCHE: Quid est? Quid accidunt? Notizen zur Bedeut. und Entsteh. des Begriffs der grammat. Akzidentien bei Donatus. Z. Lit.wiss. Linguistik 19 (1989) 13-28. – [32] Vgl. J. H. ZEDLER: Grosses vollst. Univ.-Lex. aller Wiss.en und Künste 34 (1742) 1215f.; G. F. MEIER: Anfangsgründe aller schönen Wiss.en (1754) 1, 305. 307. – [33] J. G. WALCH: Philos. Lex. 2 (⁴1775). – [34] Vgl. Art. ‹Figura›. – [35] PHILO ALEX.: De opificio mundi § 120. Opera, hg. L. COHN/P. WENDLAND (1896ff.) 1, 42; vgl. SCHNEIDER, a.O. [1] 955f. – [36] PROKLOS: In Euc., hg. G. FRIEDLEIN (1873) 51, 21; 94, 25; vgl. W. BEIERWALTES: Das Problem der Erkenntnis bei Proklos, in: De Jamblique à Proclus (Vandœuvres 1975) 153-191, bes. 157-162. – [37] PAULUS: Phil. 2, 7; 3, 21. – [38] 2 Kor. 11, 13-15. – [39] F. BACON: Novum organum (1620) I, 45-51. Works 1-14, hg. J. SPEDDING/R. L. ELLIS/D. D. HEATH (1857-84) 1, 165-169. – [40] Nov. org. I, 96, a.O. 201. – [41] II, 1, a.O. 227f.; vgl. 7, a.O. 233f. – [42] II, 9, a.O. 235. – [43] De dignitate et augmentis scient. III, 4, a.O. 560. – [44] I. KANT: Nova dilucidatio (1755). Akad.-A. 1, 414; vgl. 413; zu CH. A. CRUSIUS' Lehre von der Raum- und Zeiterfüllung durch Gott vgl. H. HEIMSOETH: Met. und Kritik bei Ch. A. Crusius (1926) 58ff. – [45] De mundi sensibilis ... (1770) § 10. Akad.-A. 2, 397. – [46] § 4, a.O. 393; § 13, a.O. 398; § 1, a.O. 389. – [47] Met., Refl. 5612. Akad.-A. 18, 253. – [48] Vgl. bes. E. R. CURTIUS: Das Schematismuskapitel in der KrV. Philolog. Unters. Kantstudien 19 (1914) 338-366. – [49] KANT: KrV B 194f. – [50] B 177. – [51] B 162, Anm.; B 151. – [52] B 152. – [53] B 179f. – [54] B 176f. 296. 152. – [55] B 151. 399. 177. – [56] B 151. 154. – [57] B 154. 155, Anm; vgl. B 162. – [58] B 174. 179; vgl. im erweiterten Sinn: Op. post. II. Akad.-A. 22, 330. 339. 490. – [59] KrV B 160f., Anm. – [60] Vgl. G. E. FRANZWA: Space and schematism. Kantstudien 69 (1978) 149-159. – [61] KANT: KrV B 177. – [62] B 182-185. – [63] KrV B 187. – [64] KrV B 180f. – [65] P. BAUMANNS: Grundlagen und Funktion des transz. Schematismus bei Kant, in: H. BUSCHE u.a. (Hg.): Bewußtsein und Zeitlichkeit. Ein Problemschnitt durch die Philos. der Neuzeit (1990) 23-59, zit.: 56, Anm. 11. – [66] F. KAULBACH: Kants transz. Theorie der Beschreibung, in: A. DIEMER (Hg.): Der Methoden- und Theorienpluralismus in den Wiss.en (1971) 29. – [67] KANT: KrV B 176. – [68] KU B XXVf. – [69] KU B XXVI. 239-242. – [70] KrV B 598f.; vgl. B 181; vgl. dazu KU § 80, B 368 («Übereinkunft so vieler Thiergattungen in einem gewissen gemeinsamen Sch.»). – [71] KU, Erste Einl., V. – [72] KrV B 692f. – [73] B 693f. 699; vgl. KU B 254f.; Die Relig. innerh. der Grenzen der bloßen Vernunft B 82, Anm. Akad.-A. 6, 65; Op. post. II. Akad.-A. 22, 263. 494. 510. – [74] KrV B 710ff. – [75] KrV B 861-863. – [76] KpV A 122; vgl. jedoch: Met. der Sitten. Akad.-A. 6, 468; dazu: I. HEIDEMANN: Prinzip und Wirklichkeit in der Kantischen Ethik. Kantstudien 57 (1966) 230-250. – [77] KrV B 581; vgl. Refl. 5611. Akad.-A. 18, 253; dazu: H. HEIMSOETH: Transz. Dialektik 1-4 (1966-69) 2, 374-380. – [78] KrV B 432; vgl. Logik (JÄSCHE). Akad.-A. 9, 108. 126; Op. post. I, Akad.-A. 21, 3. 367. – [79] J. G. HERDER: Verstand und Erfahrung, Vernunft und Sprache. Eine Metakritik zur KrV (1799). Sämmtl. Werke, hg. B. SUPHAN (1877-99) 21, 117-128. – [80] Vgl. Art. ‹Einbildung, Einbildungskraft II.›. – [81] S. MAIMON: Ges. Werke, hg. V. VERRA (1965-76) 2, 133ff. 179ff.; vgl. R. KRONER: Von Kant bis Hegel (1921/24) 1, 326-361, bes. 350. – [82] F. W. J. SCHELLING: Akad.-A. I/2 (1980) 126. – [83] a.O. 158. – [84] a.O. – [85] Sämmtl. Werke, hg. K. F. A. SCHELLING (1856-61) I/3, 516. 509. – [86] a.O. 510. – [87] 509f. – [88] 517f. 514. – [89] 516ff. – [90] G. W. F. HEGEL: Phänomenol. des Geistes (1807). Akad.-A. 9 (1980) 36ff. – [91] F. H. JACOBI, Werke, hg. F. ROTH/F. KÖPPEN (1812-16) 3, 13f. 21. – [92] J. G. FICHTE: Die Wiss.lehre in ihrem allg. Umr. (1810). Sämmtl. Werke, hg. I. H. FICHTE (1845f.) 2, 693-709; vgl. Br. an Jacobi (3. 5. 1810). Br.wechsel, Krit. Ges.ausg., hg. H. SCHULZ (1925) 2, 545-549. – [93] Br. an Jacobi, a.O. 2, 546. – [94] Wiss.lehre ..., a.O. [92] 696. – [95] a.O. 696. 698. – [96] 697f. 705. – [97] 701. – [98] 704f. – [99] 709. 707. – [100] Br. ..., a.O. [92] 548. – [101] F. D. E. SCHLEIERMACHER: Dialektik (1814/15); Einl. zur Dialektik (1833), hg. A. ARNDT (1988) 8. – [102] a.O. 24. – [103] 61. 103. 75. – [104] 84f. 145. – [105] 5. – [106] 90f. – [107] 90. 95. 92. 96. 101. – [108] 67. – [109] W. DILTHEY: Leben Schleiermachers 2/1: Schleiermachers System als Philos. Ges. Schr. 14/1 (1966) 190. – [110] J. F. FRIES: Neue oder anthropolog. Kritik der Vernunft (1807). Sämtl. Schr., hg. G. KÖNIG/L. GELDSETZER (1967ff.) I/4, 256; System der Logik (1811), a.O. I/7, 48f. – [111] Vgl. W. STEGMAIER: ‹Was heißt: Sich im Denken orientieren?› Zur Möglichkeit philos. Weltorientierung nach Kant. Allg. Z. Philos. 17 (1992) 1-16. – [112] E. DÜHRING: Logik und Wiss.theorie. Denkerisches Gesammtsystem verstandessouveräner Geisteshaltung (1878), zit.: (²1905) 220-223. – [113] a.O. 243-251. – [114] DILTHEY, a.O. [109] 250; vgl. 51. 288. 369; Ges. Schr. 19, 386. – [115] Der Aufbau der geschichtl. Welt in den Geisteswiss.en (1927). Ges. Schr. 7, 337. 372. 178f. – [116] F. NIETZSCHE: Krit. Ges.ausg., hg. G. COLLI/M. MONTINARI [KGA] (1967ff.) 3/2, 375f. – [117] a.O. 378; vgl. Nachgel. Frg. (Sommer 1872-Anfang 1873) 19[48]. KGA 3/4, 22f. – [118] 374. 371. 375. – [119] Nachgel. Frg. (April-Juni 1885) 34[249]. KGA 7/3, 225; Frg. (Juni-Juli 1885) 38[2]. KGA 325. – [120] Frg. (Sommer 1886-Herbst 1887) 5[16]. KGA 8/1, 194. – [121] Frg. (Frühjahr 1888) 14[152]. KGA 8/3, 125. – [122] Frg. (Herbst 1887) 9[97]. KGA 8/2, 55; Frg. 14[152], a.O.; Frg. (Ende 1886-Frühjahr 1887) 7[4]. KGA 8/1, 267ff. – [123] Frg. (Sommer 1886-Herbst 1887) 5[22]. KGA 8/1, 197. – [124] Frg. (Herbst 1887) 10[121]. KGA 8/2, 193. – [125] Frg. (Frühjahr 1888) 15[90]. KGA 8/3, 253; vgl. Frg. (Sommer-Herbst 1884) 26[94]. KGA 7/2, 173. – [126] H. BERGSON: Matière et mémoire (Paris 1896) 120-146, zit.: 121. 123f. 135. – [127] H. VAIHINGER: Die Philos. des Als Ob (1911), zit.: (²1913) 36ff. 423ff. – [128] E. HUSSERL: Ideen zu einer reinen Phänomenol. und phänomenolog. Philos. 1 (1913) § 150. Husserliana 3/1, hg. K. SCHUHMANN (1976) 350f. – [129] M. HEIDEGGER: Sein und Zeit § 69c (1927) 365; vgl.: Nietzsche (1961) 1, 570-577. – [130] E. CASSIRER: Philos. der symbol. Formen (1923-29) 1, 149; 2, 188f.; 3, 522-559. – [131] H. PLESSNER: Die Einheit der Sinne. Grundl. einer Aesthesiologie des Geistes (1923); Anthropol. der Sinne (1970), in: Philos. Anthropol. (1970). – [132] F. WEINHANDL: Die gestaltanalyt. Philos. in ihrem Verhältnis zur Morphologie Goethes und zur Transz.philos. Kants. Kantstudien 42 (1942/43) 106-145, zit.: 113. 109. – [133] K. JASPERS: Philos. (1932) 1, 3. 12. – [134] a.O. 1, 110f.; vgl. 225. 266. 273f. – [135] 2, 15-17. – [136] A. N. WHITEHEAD: Process and reality (1929), korr. hg. D. R. GRIFFIN/D. W. SHERBURNE (London/New York 1978) 9. 1. 8. 18ff. 8f. – [137] a.O. 3. – [138] C. I. LEWIS: An analysis of knowledge and valuation (1946) 134ff. – [139] W. V. O. QUINE: From a log. point of view. Logico-philos. essays [PV] (1953) 46. – [140] Methods of logic [ML] (1950) XII; zur Differenz des Begriffsgebrauchs bei Quine und Kant vgl. A. MELNICK: Space, time, and thought in Kant (1989) 90f. – [141] QUINE: PV 78. 71. 78; ML XII. – [142] ML XIV; PV 78f. – [143] ML XIII. – [144] Word and object (1960) 23-25. 275f. – [145] M. MERLEAU-PONTY: Phénoménol. de la perception (Paris 1945) bes. 114-119. 268-272. – [146] Vgl. TH. VON UEXKÜLL: Der Mensch und die Natur. Grundzüge einer Naturphilos. (1953) 218-225. – [147] N. LUHMANN: Soziale Systeme. Grundriß einer allg. Theorie (1984) 311-317. – [148] a.O. 125.

Literaturhinweise. W. DILTHEY s. Anm. [109]. – E. R. CURTIUS s. Anm. [48]. – A. BAEUMLER: Kants KU. Ihre Gesch. und Systematik (1923). – M. HEIDEGGER: Kant und das Problem der Met. (1929). – R. DAVAL: La mét. de Kant. Perspectives sur la mét. de Kant d'après la théorie du schématisme (Paris 1951). – K. POHL: Die Bedeutung der Sprache für den Erkenntnisakt in der ‹Dialektik› F. Schleiermachers. Kantstudien 46 (1954/55) 302-332. – M. N. MOULOUD: Le principe spatial d'individuation: Fondement phénoménolog. et signification géomtr. Rev. Mét. Morale 61 (1956) 53-73. 259-282. – K. BARWICK: Probleme der stoischen Sprachlehre und Rhetorik. Abh. sächs. Akad. Wiss. zu Leipzig, Phil.-hist. Kl. 49, 3 (1957) 88-111. – H. KOLLER s. Anm. [30]. – M. HEIDEGGER: Nietzsche (1961) 1, 570-577. – C. SANDOZ: Les noms grecs de la forme. Ét. linguist. Diss. Neuchâtel (1971). – W. BEIERWALTES s. Anm. [36]. – TH. M. SEEBOHM: Der systemat. Ort der Herderschen Metakritik. Kantstudien 63 (1972) 59-73. – J. SIMON: Grammatik und Wahrheit. Über das Verhältnis Nietzsches zur spekulat. Satzgrammatik der metaphys. Trad. Nietzsche-Studien 1 (1972) 1-26. – W. MÜLLER-LAUTER: Nihilismus als Konsequenz des Idealismus, in: Denken im Schatten des Nihilismus. Festschr. W. Weischedel (1975) 113-163, bes. 155-158. – M. FRANK: Das individ. Allgemeine. Textstrukturierung und -interpret. nach Schleiermacher (1977) 185-199. – W. DETEL: Zur Funktion des Schematismuskapitels in Kants KrV. Kantstudien 69 (1978) 17-45. – N. LUHMANN: Schematismen der Interaktion. Kölner Z. Soziol. Soz.psychol. 31 (1979) 237-255. – P. L. BOURGEOIS/S. B. ROSENTHAL: Merleau-Ponty, Lewis and Kant: Beyond 'Rationalism or Empiricism'. Int. Studies Philos. 15 (1983) 13-23. – H. POSER: Whiteheads Kosmologie als revidierbare Met., in: F. RAPP/R. WIEHL (Hg.): Whiteheads Met. der Kreativität (1986) 105-125. – T. BORSCHE: Schematisieren ohne Sch. Platonische Hintergründe einer Notiz Nietzsches über den Glauben an die Vernunft. Kodikas/Code 11 (1988) 167-177. – P. BAUMANNS s. Anm. [65]. – W. STEGMAIER: Philos. der Fluktuanz. Dilthey und Nietzsche (1992).   W. STEGMAIER

II. – ‹Sch.› ist in der *Kognitionspsychologie* ein zentraler theoretischer Begriff zur Beschreibung und Erklärung der Ordnung und Regelhaftigkeit kognitiver Vorgänge. Man versteht Schemata als langfristig gespeicherte, hierarchisch gegliederte Wissensstrukturen, in denen häufig wiederkehrende und konventionalisierte Umweltkonstellationen, Handlungsfolgen u.dgl. mental abgebildet sind und deren Komponenten partiell den Charakter von variablen Größen (Sch.-Variablen) haben. Wahrgenommene oder erinnerte Erlebnisinhalte bzw. Informationselemente bewirken die Reaktivierung von gespeicherten Schemata. Soweit diese Informationselemente in ein Sch. (als Werte der Sch.-Variablen) eingeordnet werden können, sind sie 'erkannt' bzw. 'verstanden' worden. Desgleichen können Informationselemente aufgrund des reaktivierten Sch. und seiner noch nicht mit Werten belegten Sch.-Variablen erwartet oder auch kognitiv ergänzt (rekonstruiert) werden [1]. Sch. wurde auch als der kognitive Handlungsentwurf («plan of action») eines Individuums aufgefaßt [2].

Die erste bedeutende psychologische Sch.-Theorie stammt von O. SELZ [3]. Dieser war der Auffassung, daß der «geordnete Denkverlauf» nicht nur die assoziative Verknüpfung von Elementen (= Vorstellungen) sei. Daneben verknüpfen sich ganze gedankliche «Komplexe», die schon dann als «antizipatorische Schemata» erlebt werden können, wenn noch nicht jedes Element, das zu einem «Komplex» gehört, mnestisch verfügbar ist. Paradigmatisch hierfür ist die Entwicklung von sprachlichen Äußerungen aus Satz-Schemata, die eine Verbindung zwischen zu äußerndem Satz und Gedankeninhalt garantieren [4]. «Symbolische Schemata» sind nach A. FLACH eine spezielle Klasse anschaulicher Erlebnisinhalte, die den Fortschritt abstrakter Denkoperationen erleichtern oder erst ermöglichen [5]. Nach F. C. BARTLETT enthält das Gedächtnis keine allenfalls verblassenden Abbilder der Wirklichkeit. Erfahrungen werden vielmehr als Schemata gespeichert: Die ehemals wahrgenommenen Erfahrungsinhalte werden nach Maßgabe individueller Interessen, Werthaltungen und Gewohnheiten seligiert und modifiziert. Gedächtnisinhalte strukturieren sich im Sinne logischer und sachlicher Plausibilität (Rationalisierung) sowie im Sinne des Üblichen und Vertrauten (Konventionalisierung). Man behält vom ehemals wahrgenommenen Sachverhalt ein solches Sch. und einige dominante Details [6].

In J. PIAGETS Theorie der kognitiven Entwicklung des Menschen spielt der Sch.-Begriff eine bedeutende Rolle. Piaget geht davon aus, daß kein Verhaltensereignis genau einem anderen gleichen kann. Um ein bestimmtes Verhalten wiederholen zu können, bilden sich im Laufe der Entwicklung des Kindes kognitive Strukturen bzw. Schemata aus, durch die Verhaltensweisen einer Äquivalenzklasse subsumiert (und damit wiederholbar) werden. Schemata passen ihre Eigenart der Realität an (Akkomodation), aber andererseits wirken sie auch auf die Realität ein, indem sie sie für das Individuum strukturieren (Assimilation) [7].

In enger theoretischer Beziehung zum Sch.-Begriff in der Kognitionspsychologie steht der Begriff des Skripts [8]. Sch.- und Skript-Theorien dienen dazu, das Textverstehen, die Sprachproduktion, die Orientierung in sozialen Situationen, die Selektivität des Behaltens und ähnliche Phänomene psychologisch verständlich zu machen. Eine Fülle disparater Schemata und Skripts und ihre Funktion für den «kognitiven Haushalt» des Individuums sind inzwischen experimentell untersucht worden [9]. Der Begriff des Sch. wird gleichzeitig kritisiert, weil er eine Vermischung von System- und Akteur-/Subjekt-Begrifflichkeit impliziert [10]. Eine andere Kritik richtet sich dagegen, daß die oftmals hierarchischen Sch.-Modelle nicht in der Lage sind, die Flexibilität der Schemata zu erklären, die diese besitzen müssen, wenn sie in schnell wechselnden Umgebungen als Strukturmomente des psychischen Prozesses wirken sollen [11]. Diese Kritik bezweifelt nicht den deskriptiven, wohl aber den explikativen Wert des Sch.-Begriffs, so wie er in der kognitiven Psychologie benutzt wird. P. N. JOHNSON-LAIRD [12] stellt die Sch.- und Skripttheorien seiner Theorie der «mentalen Modelle» gegenüber.

Anmerkungen. [1] M. MINSKY: A framework for representing knowledge, in: P. H. WINSTON: The psychol. of computer vision (New York 1975) 211-277; D. RUMELHART/A. ORTONY: The representation of knowledge, in: R. C. ANDERSON u.a.: Schooling and the acquisition of knowledge (Hillsdale 1977) 99-135; J. M. MANDLER: Categ. and schematic organization in memory. CHIP Rep. No. 76 (San Diego 1978). – [2] A. W. P. WOLTERS: On conceptual thinking. Brit. J. Psychol. 24 (1933) 133-143; TH. HERRMANN: Der Sch.-Begriff in der Denkpsychol. Ber. über den 22. Kongr. der dtsch. Ges. für Psychol. (1960) 115-132. – [3] O. SELZ: Über die Gesetze des geordneten Denkverlaufs (1913). – [4] Zur Psychol. des produkt. Denkens und des Irrtums (1922) 339ff.; vgl. auch K. BÜHLER: Die geistige Entwickl. des Kindes ([4]1924) 387. – [5] A. FLACH: Über symbol. Schemata im produkt.

Denkprozeß. Arch. ges. Psychol. 52 (1925) 369-440. – [6] F. C. BARTLETT: Remembering (Cambridge 1932); H. HEAD: Studies in neurology (Oxford 1920); R. C. OLDFIELD/O. L. ZANGWILL: Head's concept of schema and its application in contemp. Brit. psychol. Brit. J. Psychol. 32 (1942) 267-286. – [7] J. PIAGET: Die Entstehung der Intelligenz beim Kinde (1975). – [8] R. C. SCHANK/R. P. ABELSON: Scripts, plans, goals, and underst. (Hillsdale 1977). – [9] C. LINDE/W. LABOV: Spatial networks as a site for the study of language and thought. Language 51 (1975) 924-939; D. RUMELHART: Notes on a schema for stories, in: D. BOBORW/A. COLLINS: Representation and underst. (New York 1975) 211-236; R. C. ANDERSON/J. W. PICHERT: Recall of previously unrecallable information following a shift in perspective. J. verbal Learning verbal Behavior 17 (1978) 1-12. – [10] TH. HERRMANN: Über begriffl. Schwächen kognitivist. Kognitionstheorien. Sprache Kognition 1 (1982) 3-14. – [11] D. E. RUMELHART/P. SMOLENSKY/J. L. MCCLELLAND/G. E. HINTON: Schemata and sequential thought processes in PDP Models, in: J. L. MCCLELLAND u.a.: Parallel distributed processing 2 (Cambridge, Mass. 1986) 7-57. – [12] P. N. JOHNSON-LAIRD: Mental models. Toward a cognit. sci. of language, inference and consciousness (Cambridge 1983).

Literaturhinweise. O. SELZ s. Anm. [4]. – TH. HERRMANN s. Anm. [2]. – J. M. MANDLER: Stories, scripts and scenes: Aspects of schema theory (Hillsdale 1984). – D. E. RUMELHART u.a. s. Anm. [11].

TH. HERRMANN

Schicht, soziale

I. – ‹Soziale Schicht› [s.Sch.] wurde in der Auseinandersetzung mit der Klassentheorie von K. MARX [1] und im Gefolge der im Spannungsfeld zwischen Wirtschaft und Gesellschaft durch M. WEBER thematisierten Klassenlage (Lebensführung und Lebenschancen) zum Schlüsselbegriff für empirische Ungleichheit von Lebenschancen und Handlungsdispositionen. In zusammenfassender Weiterführung der sozialtheoretischen Debatte der zwanziger Jahre über das Verhältnis zwischen sozialer Lage und politischer Denkweise, die bei K. MANNHEIM Mitte der zwanziger Jahre in der Unterscheidung zwischen «geistigen Sch.en» und «s.Sch.en» zum Ausdruck kam und 1927 in der Studie über das konservative Denken ihre forschungspraktische Anwendung fand [2], und gegründet auf statistische Daten der Berufszählung von 1925 nahm TH. GEIGER (1932) den Begriff der «sozialen Schichtung» auf, um «Bevölkerungskader als typische Orte von Lebensstilen und politischen Mentalitäten», d.h. die Lagerung bzw. die «wirtschaftlich-sozialen Lagen» als «Rekrutierungsfelder» für «komplexe Typen des sozialen Habitus» zu bestimmen [3]. Ein dreistufiges «Lagerungsbild» – Kapitalisten, Mittelstand, Proletariat – wurde per «Tiefengliederung» in «fünf Hauptmassen» zerlegt. Die Ausdifferenzierung in zwei Sch.en des Mittelstands und zwei Sch.en der proletarischen Lage erlaubte später eine Kritik des Mittelstandsbegriffs, die die Mentalitätsgrundlagen des Nationalsozialismus offenlegte, sowie ein Verständnis der proletarischen Sch.en, das das Problem der Ideologie aus dem Gesichtswinkel empirisch relevanter Mentalität(en) erfaßte.

Nach 1945 wurde Geigers Sch.-Begriff in der Bundesrepublik Deutschland allgemein verwendet, wenngleich in einer abgewandelten Bedeutung, die sich aus der Theorie und Forschung in den USA während der frühen vierziger Jahre herleitete. Als Teil der Strukturerklärung des sozialen Handelns entwickelte T. PARSONS (1940) einen «analytical approach to the theory of stratification», wobei den Ausgangspunkt die unterschiedliche Rangposition der Individuen in einem sozialen System bildete, die zu ihrer unterschiedlichen Anerkennung durch andere als «superior or inferior relative to one another in certain socially important respects» beiträgt [4]. Grundgedanke war, daß Individuen (Mitglieder) Positionen in einem hierarchisch abgestuften System einnehmen, wobei ‹stratification› sich zunächst auf die Positionsgradierung bezieht und erst in zweiter Linie auf die Zusammenfassung gruppierter stratifizierter Positionen (Individuen) zu Sch.en (engl.: social classes) bzw. Kasten [5]. K. DAVIS und W. MOORE (1945) führten einen funktionalistischen Gesichtspunkt in die «analytische Theorie der Stratifizierung» ein, nämlich den Gedanken der optimalen Entsprechung zwischen der Ausbildung/Begabung und der beruflichen Position/Macht- und Einkommenshöhe eines Individuums im Interesse der bestmöglichen Nutzung personaler Fähigkeiten zur Erhaltung und Verbesserung des gesamtgesellschaftlichen Systems. Damit galt einerseits das Postulat realiter gleicher Chancen hinsichtlich Ausbildung und andererseits jenes der uneingeschränkten Mobilität unabhängig von der Sch.-Position sozialer Herkunft. Dabei wurden harmonische Sozialbeziehungen in stratifizierten Gesellschaften als Folge optimaler Offenheit der Statuserreichung angesehen. Der Ansatz wurde während der fünfziger Jahre weltweit übernommen und weitergeführt [6]. Die ‹International Sociological Association› richtete einen Fachausschuß über soziale Schichtung und soziale Mobilität ein, dessen Arbeitstagung (1961) für die nächsten zwei Jahrzehnte die Forschung und Theorie über soziale Schichtung anregte und bestimmte [7]. Dabei war richtungsweisend, daß soziales *Prestige* als empirisch gesicherter Indikator für Berufsposition angesehen wurde [8]; ergänzend wurden Einkommenshöhe und Schulbildung herangezogen [9].

Indessen bahnte sich in der zweiten Hälfte der fünfziger Jahre zunächst in den USA eine Wende der begrifflichen Orientierung an. Am Gleichgewichtsmodell der strukturfunktionalistischen Konzeption wurde kritisch aufgezeigt, daß es soziale Gerechtigkeit voraussetzte (auf Deprivation beruhende Ungleichheit negierte); insbesondere, so hieß es weiter, werde Macht in der Gesellschaft eo ipso als gerecht (durch Leistung legitimiert) angesehen und empirische Privilegierung nicht als dem Gerechtigkeitspostulat zuwiderlaufende Ungleichheit erkannt. Der von R. BENDIX und S. M. LIPSET herausgegebene Band ‹Class, Status, and Power› (1954) sowie R. DAHRENDORFs ‹Class and Class Conflict› (1959) bahnten den Weg für eine Rückbesinnung auf die Tradition der politisch orientierten Gesellschafts- und Wirtschaftsanalyse (K. MARX, M. WEBER).

In den sechziger Jahren wurde die Erkenntnis allgemein, daß breite Teile der Bevölkerung in Armut lebten [10] und Mobilität in der Industriegesellschaft nicht zur Überwindung der Klassenunterschiede geführt hatte. Die Erforschung der Arbeiterschaft ergab, daß diese nicht zur Angleichung an die Mittel-Sch. tendiert, selbst wenn das Einkommen dies nahelegen würde [11]. Statt dessen wurde deutlich, daß Einstellungen und Verhalten eine arbeiterspezifische Perspektive selbst dann prägen, wenn keine materielle Benachteiligung gegenüber der Mittel-Sch. dazu veranlaßt. G. E. LENSKI (1966) schlug vor, Macht, Einkommen, Bildung und Prestige für jeden einzelnen (bzw. soziale Gruppierungen) separat zu messen, um aus ihrem Verhältnis Rückschlüsse auf allgegenwärtige Diskrepanzen zwischen Statusdimensionen zu ziehen (Statusinkonsistenz) [12]. Die s.Sch. galt – entsprechend der Gleichheitsidealisierung der sechziger

Jahre – auf der einen Seite als durch Erziehung gestaltet, d.h. man vertrat die Auffassung, Persönlichkeitsmuster und Sprachstil seien durch Reform der Pädagogik im Dienste der Vereinheitlichung aller Sch.en änderbar [13]. Erziehungsbedingte Sozialisation sollte durch Programme «kompensatorischer Erziehung» (u.a. Gesamtschulen) neutralisiert werden, um Schichtungleichheit auszugleichen. Auf der anderen Seite wurde deutlich, daß trotz sozialem Fortschritt und allgemeinem Wohlstand in den Industriegesellschaften Privilegierung und Deprivation einander unvermittelt und unvermindert gegenüberstanden [14].

Die Bedeutung sozialer Macht als Medium von Herrschaft (Privilegierung/Benachteiligung, Kontrolle/Ausbeutung) wurde zum Angelpunkt der Theorie der «Class Structure of the Advanced Societies» (A. GIDDENS) [15]. Die Thesen von der «inequality of opportunity» und den «inequalities of condition and security» wurden um die These von der «inequality of power» erweitert [16], um die Fortexistenz von Klassenunterschieden in der Schichtung der Industriegesellschaft zu dokumentieren. «Soziale Ungleichheit im Modernisierungsprozeß des 19. und 20. Jh.» erwies sich in den Dimensionen Wohnen, Gesundheit, Bildung als abhängig von der Einkommensposition und wurde auf das Machtungleichgewicht zwischen Unter-Sch.en und gehobenen Sch.en bezogen [17]. Zugleich wurden Legitimationsverluste von Staat und Wirtschaft anläßlich der «Krise der Arbeitsgesellschaft» als Auswirkung erfolgreicher Modernisierung erkannt: ‘Marktversagen' und 'Staatsversagen' entstehen gerade aus den Erfolgen des Massenkonsums und des Wohlfahrtsstaates bzw. aus den Nebenwirkungen dieser Erfolge» [18].

Die Rückbesinnung auf M. WEBER machte den Begriff der Klassenlage erneut auch in der empirischen Forschung aktuell. W. MÜLLER und K. U. MAYER thematisierten in den siebziger Jahren die Problematik der «Karrieremobilität» innerhalb bestehender Sch.-Begrenzungen bei gleichzeitiger Fluktuation der gesamtgesellschaftlichen Berufsbedeutung(en); anschließend führten sie die Begriffe «Klassenlage» und «soziale Lage» zur Charakterisierung der Berufsgruppen- und Einkommenssituation von Haushalten ein [19]. Der Forschungsansatz leitete eine Wende der begrifflichen (und methodischen) Erfassung des Ungleichheitsphänomens ein. Im Rahmen der «Sozialstrukturanalyse in einer fortgeschrittenen Gesellschaft» wird seither ein Übergang «von Klassen und Sch.en zu Lagen und Milieus» postuliert, der erstens aus der Entwicklung des Wohlfahrtsstaats und zweitens aus einer in erster Linie horizontal wirksamen Individualisierung der Lebenschancen und Lebensstile resultiert [20]. Die Metapher von der «Risikogesellschaft» mit diversifizierten Individualisierungspotentialen wird Hintergrund der Setzung, daß es heute «jenseits von Klasse und Sch.» darum gehe, die Verteilung der Lebenschancen der Individuen als Gesamt vielfältiger Formen und Stile zu erkennen, wobei traditionelle Institutionen – also Ehe, Betrieb, Partei – als Ort der Reduktion gelebter Formenvielfalt obsolet werden [21].

Der Gedanke, daß intragenerationale Mobilität im Beruf zur Verwirklichung von Lebenschancen aus einem (qualifizierten) Bildungsabschluß dient, ist Ausgangspunkt der Lebenslaufforschung. Seit den späten siebziger Jahren strebt sie an, auf Individualdatenbasis zu Aussagen über typische Statussequenzen in der Lebenslaufdynamik von Personen oder Gruppen zu gelangen [22]. In jüngerer Zeit wird dabei das Problem des sozialen Wandels in die Diskussion einbezogen [23].

Das Phänomen s.Sch. verschwindet heute teilweise hinter der Untersuchung differenzierter Verläufe auf Statusebene, die die individuellen Lebenschancen abbildet. Vielfach wird Sch. als Agglomerat der diversifizierten Lebenslaufdynamiken operationalisiert. Damit wird die vieldiskutierte Frage aufgeworfen, ob Ströme typischer Lebenslaufdynamik empirisch als s.Sch. im gesellschaftlich-geschichtlichen Entwicklungszusammenhang verschiedener Länder und Kulturzusammenhänge anzusehen sind.

Geschlechtsspezifische, ethnische oder andere Varianten der Lebenslaufdynamik mögen zwar Ausdruck individueller Lebenslage in einer bezüglich Machtchancen ungleichen Gesellschaftsordnung sein. Doch ist bisher nicht befriedigend geklärt, ob und inwieweit dabei s.Sch.en als intermediäre Gestaltungsebenen der Lebensverhältnisse im Spannungsfeld zwischen der Gesellschaft als Gesamtzusammenhang und den individuierten Milieus und Lebenslagen wirken.

Anmerkungen. [1] Vgl. auch Art. ‹Klasse, soziale›; wortgeschichtlich ist die Bedeutung «in gesellschaftl. Beziehung gesonderte Teile der Bevölkerung» für ‹Sch.› bereits im 18. Jh. nachgewiesen; vgl. GRIMM 8 (1893) 2635. – [2] K. MANNHEIM: Probleme der Soziol. des Wissens. Arch. Soz.wiss. Soz.politik 52 (1925) 577-652 sowie: Das konservat. Denken, a.O. 57 (1927) 68-142. 470-495. – [3] TH. GEIGER: Soz. Schichtung des dtsch. Volkes (1932, ND 1967). – [4] T. PARSONS: Analyt. approach to the theory of social stratification. Amer. J. Soc. 45 (1940) 841-862; dtsch.: Beiträge zur soziolog. Theorie (1964) 180-205. – [5] W. L. WARNER/P. S. LUNT: Social life of a modern community 1: Yankee City Series (New Haven 1941); W. L. WARNER/M. MEEKER/K. EELLS: Social class in America (New York 1949). – [6] D. GLASS: Social mobility in Britain (London 1954); R. MAYNTZ: Soz. Schichtung und soz. Wandel in einer Industriegemeinde (1958); K. M. BOLTE: Soz. Aufstieg und Abstieg (1959); S. M. LIPSET/R. BENDIX: Social mobility in industrial soc. (Berkeley 1959); K. M. BOLTE/D. KAPPE/F. NEIDHARDT: Soz. Schichtung (1966). – [7] D. V. GLASS/R. KÖNIG (Hg.): Soz. Schichtung und soz. Mobilität. Kölner Z. Soziol. Sozialpsychol. Sonderh. 5 (1961). – [8] P. K. HATT: Occupation and social stratification. Amer. J. Soc. 55 (1950) 533-543; vgl. B. WEGENER: Kritik des Prestiges (1988). – [9] E. K. SCHEUCH/H. DAHEIM: Sozialprestige und soz. Schichtung, in: GLASS/KÖNIG (Hg.), a.O. [7] 103. – [10] M. HARRISON: The other America: Poverty in the United States (New York 1962, ²1971); P. TOWNSEND (Hg.): The concept of poverty (London 1970); D. WEDDERBURN (Hg.): Poverty, inequality and class structure (London 1974). – [11] J. GOLDTHORPE/D. LOOKWOOD/F. BECHHOFER/J. PLATT: The affluent worker, I: Industrial attitudes and behaviour, II: Polit. attitudes and behaviour, III. In the class structure (London 1968/69). – [12] G. E. LENSKI: Power and privilege: a theory of social stratification (New York 1966). – [13] B. BERNSTEIN: Elaborated and restricted codes: their origins and some consequences, in: J. GUMPERZ/D. HYMES (Hg.): Ethnography and communication. Amer. Anthropologist 66 (1964) 55-72; M. KOHN: Class and conformity (Homewood 1969); B. CAESAR: Autorität in der Familie (1972). – [14] F. PARKIN: Class inequality and polit. order (St. Albans 1971); M. RUTTER/N. MADGE: Cycles of disadvantage (London 1976). – [15] A. GIDDENS: The class structure of the advanced soc. (London 1973). – [16] J. WESTERGAARD/H. RESLER: Class in a capitalist soc. (London 1975). – [17] F. ROTHENBACHER: Soz. Ungleichheit im Modernisierungsprozeß des 19. und 20. Jh. (1989). – [18] W. ZAFF: Entwicklungsdilemmas und Innovationspotentiale in mod. Ges., in: R. MATTHES (Hg.): Krise der Arbeitsges.? (1983) 294. – [19] W. MÜLLER: Klassenlagen und soziale Lagen in der Bundesrepublik, in: W. MÜLLER/J. HANDL/K. U. MAYER: Klassenlagen und Sozialstruktur (1976); K. U. MAYER/W. MÜLLER: Lebensverläufe im Wohlfahrtsstaat, in: A. WEYMANN (Hg.): Handlungsspielräume (1989). – [20] R. KRECKEL (Hg.): Soz. Ungleichheiten. Soziale Welt, Sonderbd.

(1983); S. HRADIL: Sozialstrukturenanalyse in einer fortgeschrittenen Ges. (1987). – [21] U. BECK: Risikoges. (1986); D. KRAUSE/G. SCHÄUBLE: Jenseits von Klasse und Sch. (1988). – [22] W. MÜLLER: Der Lebenslauf von Geburtskohorten, in: M. KOHLI (Hg.): Soziol. des Lebenslaufs (1978); G. ELDER (Hg.): Life course dynamics (Ithaca 1985). – [23] K. U. MAYER (Hg.): Lebensverläufe und soz. Wandel. Kölner Z. Soziol. Sozialpsychol., Sonderh. 31 (1990); Sonderforsch.bereich 186 der Dtsch. Forsch.gemeinschaft ‹Statuspassagen und Risikolagen›, Univ. Bremen (1988ff.).   U. GERHARDT

II. – ‹Soziale Schicht› (engl. class, social stratum; frz. couche sociale, sphère sociale; russ. obščestvennyj sloj) gibt es theoriegeschichtlich auch in etwas anderen Fassungen. Einmal kann der Begriff jegliche Gliederung der Gesellschaft meinen, etwa wenn man sagt, daß die *Stände* von den *Klassen* abgelöst wurden; dann ist ‹Sch.› der Oberbegriff. Zum andern ist in der marxistischen Theorie ‹Sch.› öfter Bezeichnung für Binnengliederungen einer Klasse, für ‹Zwischenklasse› oder ‹Klassenfraktion› (Kleinbürger, Arbeiteraristokratie, Lumpenproletariat, Intellektuelle, verbürgerte Arbeiter). Diese sowohl weiteren wie engeren Verwendungen von ‹Sch.› scheinen zumeist dem *Vorgang*, sprachlich dem Verbalsubstantiv ‹Schichtung›, ‹Stratifikation› enger verbunden zu sein.   Red.

Schichtenlehre, Schichtentheorie
I. – Nach der Ontologie von N. HARTMANN ist der Aufbau des realen Seins sowie der Kategorien durch «Seinsschichten» bestimmt. Die Schicht ist eine in sich kohärente, durch die Querverbundenheit ihrer Kategorien ausgezeichnete strukturell implikative Einheit, ausgezeichnet durch ein Novum, eine neuauftretende Kategorie, durch die zugleich die ganze Schicht ihre Eigengesetzlichkeit gewinnt. Vier Schichten des Realen werden unterschieden: die materielle und die physische, die in einem «Überformungsverhältnis» stehen, sowie die seelische und die geistige, die in einem «Überbauungsverhältnis» stehen, so daß zwischen der zweiten und der dritten Schicht ein Hiat sichtbar wird [1].

Die kategoriale Schichtung steht in strenger Analogie zur realen Schichtung, deren Gesetze Hartmann innerhalb der Lehre von den Fundamentalkategorien formuliert. Die strenge Verbundenheit von Schicht und Kategorie ermöglicht es, die Schichten durch den Kategorienverband zu bestimmen und überdies in den kategorialen Gesetzen zugleich Schichtengesetze zu formulieren: die Gesetze der kategorialen *Geltung*, der kategorialen *Kohärenz*, der kategorialen *Schichtung* und der kategorialen *Dependenz* [2].

Hartmann hatte den anschaulichen geologischen Terminus in die Ontologie übertragen und versucht, den Schichtgedanken schon bei den Philosophen der Antike festzumachen [3]. R. INGARDEN verwendet den Terminus, im Rückgriff auf E. Husserl, für seine phänomenologische Ästhetik; für seine «Ontologie des Kunstwerkes» hat die Analyse der konstituierenden Schichten der verschiedenen Gattungen von Kunstwerken (literarische, bildliche, musikalische, architektonische) tragende Bedeutung [4].

Anmerkungen. [1] N. HARTMANN: Der Aufbau der realen Welt (1940) Kap. 20f. – [2] Vgl. Art. ‹Kategorialanalyse›; ferner ‹Kategorie›, in: Hist. Wb. Philos. 4 (1976) 762f. – [3] Die Anfänge des Schichtungsged. in der Alten Philos. Abh. preuß. Akad. Wiss., phil.-hist. Kl. (1943) Nr. 3; vgl. H. WAGNER: Die Schichtentheoreme bei Platon, Aristoteles und Plotin. Studium Generale 9 (1956) 283-291; K. HOLZAMER: Der Schichtenged. in der scholast.-philos. Spekulat., a.O. 291-297. – [4] R. INGARDEN: Das lit. Kunstwerk (1931, ³1965); zur «Schichtenästhetik» bei Hartmann und Ingarden vgl. W. V. RUTTKOWSKI: Typen und Schichten (1978) 278ff.

Literaturhinweise. M. BRELAGE: Die Sch. N. Hartmanns. Studium Generale 9 (1956) 297-306. – A. SELKE: Schichtung und Entwicklung. Eine kateg.analyt. Unters. zur Sch. N. Hartmanns (1971).   H. HÜLSMANN

II. – In der *Psychiatrie* und *Psychologie* zwischen den zwanziger und fünfziger Jahren ist die Annahme von unterscheidbaren «Schichten der Persönlichkeit» sehr verbreitet, verliert jedoch dann, weil im wesentlichen auf die deutschsprachige Psychologie begrenzt, an Bedeutung und verschwindet in den siebziger Jahren – mit wenigen Ausnahmen [1]. ‹Schichten der Persönlichkeit› ist kein genuiner Begriff der experimentellen Psychologie [2]. Er stammt vielmehr aus dem Umkreis der ihr gegenüber zeitweilig kritischen und häufig an geisteswissenschaftlichen Ansätzen orientierten [3] Charakterologie.

Eine erste, eher isolierte Bedeutung gewinnt die Sch. beim Versuch von W. STERN, der Psychologie eine neue theoretische Fundierung zu geben. Stern beklagt die mangelnde theoretische Ordnung, das «exoterische Nebeneinander», welches die verschiedenen Teilgebiete der Psychologie auszeichnet. An dessen Stelle habe das «esoterische In-, Über- und Untereinander in ungeheurem Stufenbau» [4] zu treten. Dafür bedürfe es der Annahme einer «hierarchischen Schichtung» der Personen, die eine «der fundamentalsten Tatsachen des Daseins» [5] sei. Erst eine solche hierarchische Ordnung ermögliche die widerspruchsfreie Begründung jeder wissenschaftlichen Psychologie, die bei der Betrachtung der Person dem Leitmotiv der «unitas multiplex» zu folgen habe, in welche die empirischen Ergebnisse aus den Experimenten über einzelne psychische Funktionen einzuordnen seien.

In den zwanziger und dreißiger Jahren entwickelt sich dann die Theorie der vertikalen Schichtung der Persönlichkeit von drei Anregungen her. S. FREUD führt den Begriff des Unbewußten, später des Es ein, dessen Topologie und Funktionsprinzipien er von dem Ich und dem Über-Ich abgrenzt [6]. In der Psychoanalyse selber ist der Schicht-Begriff aber nicht gängig. Ein zweiter Anstoß kommt von der Hirnphysiologie. Wachsende Einsicht in die Zusammenhänge des Nervensystems führen dazu, dieses als eine funktionale Hierarchie zu betrachten. Rückenmark und Stammhirn sind zwei Zentren reflektorischer und biologisch regulierender Prozesse. Das Zwischenhirn integriert sensorische Impulse von der Körperperipherie und reguliert Bewegungsablauf und Kräfteeinsatz. Das Großhirn gilt als Ort bewußter Empfindung und als Ausgangspunkt der Willkürmotorik. F. KRAUS [7] verzichtet auf die Nennung einer Mittelschicht und spricht von Kortikal- oder Rindenperson und Tiefenperson. Als Kortikalperson wird jene Schicht der Person bezeichnet, deren Funktionen mit denen des Großhirns in Zusammenhang stehen. Zu ihnen gehören Wahrnehmen, Intelligenz, Gedächtnis, Sprechen und zielbewußtes Handeln. Die Prozesse des Trieb- und Gefühlslebens werden der Tiefenperson zugeordnet, die mit den entwicklungsmäßig älteren Gehirnteilen zusammenhängt. Im Zuge der teilweise an Kraus anschließenden Herausbildung einer «Medizinischen Psychologie»

[8] und psychiatrischen Charakterologie [9] wird ‹Schicht› zu einer gängigen Vokabel der Psychiatrie.

Den dritten Anstoß empfängt die Sch. von der Ontologie N. HARTMANNS, in der die Schichtung der Welt in ihrer vertikalen Ordnung und integrativen Abhängigkeit am ausführlichsten dargestellt wird [10]. Daneben taucht der Gedanke der Sch. bei mehreren Psychologen auf [11], wird aber thematisch nicht voll entfaltet. Hervorzuheben ist O. KROH [12], der den genetischen Prozeß der Aufschichtung als die «Gesetzhaftigkeit geistiger Entwicklung» beschreibt. Dem unterschiedlichen Ursprung und der Beliebtheit der Sch. gemäß wird die entsprechende Terminologie vielfältig und gelegentlich verwirrend [13]. Als Analoga benutzt oder als theoretischer Hintergrund reklamiert werden für die Tiefenperson bzw. für die unterste Schicht: das Es [14], das Unbewußte [15], Somatopsyche [16], Thymopsyche [17], Vitalperson [18], Psychoide [19], Leibbewußtsein [20], Blindseele [21], endothymer Grund [22]. Für die oberste Schicht finden sich: Ich und Über-Ich [23], Autopsyche [24], Kortikal- oder Rindenperson [25], Poiopsyche [26], Personschicht [27], personeller Oberbau [28]. Zentral wird der Schicht-Begriff in der Analyse H. F. HOFFMANNS [29]. In Anlehnung an Platons Seelenlehre sieht er die elementar biologischen Triebe in einer tiefsten Schicht zusammengefaßt. Sie kontrollierend, aber funktional unabhängig, sind die strebenden Gefühle. Die oberste Schicht bildet der Geist mit den Funktionen des bewußten Wollens und der Ratio.

Der wohl einflußreichste Theoretiker einer Sch., E. ROTHACKER, unterscheidet Tiefenperson (oder Es-Schicht) und Person-Schicht [30]. Die Tiefenperson wiederum umfaßt 1) eine primitive Leibseele oder Vitalseele, 2) das animalische Leben mit den Trieben und Triebemotionen, 3) die kindlichen Bedürfnisregungen und 4) eine Schicht der menschlichen Gefühle. Zentrum der gesamten Persönlichkeit, und nur mit Vorbehalt als eigene Schicht zu bezeichnen, ist das Ich. Die Begriffe ‹Ichpunkt› und ‹Ichzentrum› bringen den Funktionscharakter des Ich zum Ausdruck. Es ist weit mehr eine Kontrollfunktion als eine Schicht. Mit Hilfe dieser Kontrollfunktion hat der erwachsene Mensch oberhalb der Es-Schicht eine Persönlichkeits- oder Person-Schicht aufgebaut. «Diese vom Ich und von der erziehenden Gesellschaft organisierte und durch Lebenserfahrungen regulierte Schicht ist mit Hilfe der ständig bereitstehenden Ichfunktion die oberste Schicht des zum ‘Charakter’ gereiften Menschen» [31].

PH. LERSCH, der zweite bedeutende Theoretiker der Sch., nennt die folgenden drei Schichten: den dem Erleben vorgelagerten Lebensgrund, den endothymen Grund und den personellen Oberbau [32]. In Lerschs Persönlichkeitsbild wird der Gedanke des vertikalen Aufbaus verbunden mit der Modellvorstellung des seelischen Funktionskreises. In ihm kommt zur Darstellung, daß Seele und Welt eine zweipolige, koexistentielle Einheit darstellen. Der strukturelle Aufbau und die funktional-dynamische Weltorientierung bilden die Grundlagen dieser Sch. Damit ergibt sich die Frage, welchen Schichten die Glieder des seelischen Funktionskreises zuzuordnen sind. Dem endothymen Grund, in den die Vorgänge des Lebensgrundes diffundieren können, gehören an: die stationären Gestimmtheiten, die Antriebserlebnisse (Triebe und Strebungen) und die Anmutungserlebnisse (Gefühle). Dem personellen Oberbau sind die beiden Ichfunktionen Denken und Wollen zugeordnet. Endothymer Grund und Oberbau sind in ihrer Weltgerichtetheit miteinander verklammert. Dabei sind sowohl die Funktionen des Weltinnewerdens und der Weltorientierung als auch des wirkenden Verhaltens hierarchisch geordnet, je nach dem Verhältnis der funktionalen Analyse der beiden Schichten. Kernhafter Mittelpunkt ist das personale Selbst. Es realisiert sich erst, «wo beide Schichten gegeneinander offen sind und integrativ zusammenwirken» [33].

In A. WELLEKS Lehre vom Charakteraufbau kommen drei Ordnungsprinzipien zur Anwendung. Schichtung gibt es bei ihm nach zwei Dimensionen hin. Im Modell der Kernschichtung, der Schichtung nach innen, unterscheidet er zwei Bereiche. Den inneren Kern der Persönlichkeit bildet der Charakter, aus dem heraus «der Mensch verantwortlich handelt und wertet» [34]. Diesen Charakterkern umschließen die Begabungen und die übrigen psychischen Funktionen. Die Genese der Persönlichkeit wird konzipiert in Anlehnung an das Bild der wachsenden Jahresringe eines Baumes, aber in dessen Umkehrung. Die Kernmitte, gebildet aus dem «Gemüt, zweieinig mit dem Gewissen» [35] ist nicht Ausgang, sondern Ziel der Entwicklung. – Im Modell der vertikalen Schichtung nach dem Bilde der Geologie unterscheidet Wellek sieben Schichten: Vitalität, Trieb, Empfindung, Gefühl, Phantasie, Verstand, Wille. – Das dritte Ordnungsprinzip bildet die Polarität. An den sieben Schichten entwickelt er die Gegensatzpaare Intensität/Extensität (Tiefe), Extraversion/Introversion, Eshaftigkeit/Ichhaftigkeit. So ergeben sich 21 Polaritäten, die differenzierte charakterologische Aussagen zulassen.

Eine bemerkenswerte Weiterentwicklung der psychologischen Sch. hat es seit Wellek und Lersch nicht gegeben. Schon Wellek konstatiert seit Beginn der fünfziger Jahre, daß der Schichtenbegriff zum «Modetitel» geworden sei und einen «Höhepunkt ... nicht nur erreicht, sondern überschritten» habe [36]. Diese Tatsache ergebe sich daraus, daß die auf statische Grundeigenschaften der Persönlichkeit zielenden Sch.n unter Einfluß der amerikanischen Persönlichkeitspsychologie «zum Hort eines theoretischen ‘Dynamismus’ gemacht werden sollen, ja den Inbegriff sozusagen aller Verflüssigungstheorien des Seelischen bieten wollen» [37]. Die Diskussion um den Schicht-Begriff bildet allgemeiner ein Teilgebiet des «Methodenstreits», der in der deutschsprachigen Psychologie zwischen 1950 und 1960 geführt wurde [38]. Aber auch unabhängig davon werden von J. E. HEYDE Argumente ins Feld geführt, die seine Plausibilität in Frage stellen [39].

Nach TH. HERRMANN ist die Sch. «kein Bestandteil der empirischen Persönlichkeitsforschung», da nach deren Wissenschaftskonzeption «keine sinnvolle Aussage ... darüber möglich [ist], wieviele Persönlichkeitsschichten es gibt» [40]. H. BRANDSTÄTTER [41] hingegen sieht bei einem Rückgriff auf Erlebnisaussagen statt Verhaltensbeschreibungen eine empirische Verankerung von Schichten als «Erlebnisdispositionen» gewährleistet. Gehirnanatomische und neurophysiologische Hintergründe spielen seit den fünfziger Jahren in schichtentheoretischen Überlegungen aber keine Rolle mehr.

Anmerkungen. [1] Vgl. H. BRANDSTÄTTER: Psychol. der Person (1978). – [2] Vgl. z.B. H. PRINZHORN: Charakterkunde der Gegenwart (1931). – [3] M. SCHELER: Der Formalismus in der Ethik und die mat. Wertethik. Ges. Werke 2 (^{5}1966) 344; K. SCHNEIDER: Die Schichtung des emotionalen Lebens und der Aufbau der Depressionszustände. Z. ges. Neurol. Psychiatrie 59 (1920) 281-286. – [4] W. STERN: Person und Sache 1 (1906) 166. – [5] a.O. 167. – [6] Vgl. Art. ‹Psychoanalyse›. – [7] F. KRAUS:

Allg. und spez. Pathologie der Person 1-2 (1919-26). – [8] E. KRETSCHMER: Med. Psychol. (⁴1930). – [9] Vgl. K. BIRNBAUM: Charakterologie. Fortschritte der Neurol., Psychiatr. und ihrer Grenzgeb. 1 (1929) 185-196. – [10] Vgl. oben I. – [11] K. BÜHLER: Die Krise der Psychol. (1927) 85; E. R. JAENSCH: Grundformen des menschl. Seins (1929). – [12] O. KROH: Die Gesetzhaftigkeit geist. Entwickl. Z. pädagog. Psychol. 37 (1936) 1-65; Das Schichtenproblem in entwickl.psycholog. Beleuchtung. Arch. ges. Psychol. 98 (1937) 203-216. – [13] «Es ist höchste Zeit, in dem recht verwickelten Komplex, der sich da unter dem einen Wort [der Sch.] herausgebildet hat, methodisch Ordnung zu machen, denn die Gefahr des Wortfetischismus ist an dieser Stelle, wo so zahlreiche Bedeutungsanalogien anklingen (geologische, anatomische, religiösethische, soziale usf.) besonders groß» (PRINZHORN, a.O. [2] 99). – [14] Vgl. E. ROTHACKER: Die Schichten der Persönlichkeit (1938). – [15] C. G. JUNG: Über die Psychol. des Unbewußten (⁶1948). – [16] K. KLEIST: Die gegenwärt. Strömungen in der Psychiatrie. Allg. Z. Psychiatrie 82 (1925) 1-41, hier: 28. – [17] a.O. – [18] E. BRAUN: Die vitale Person (1933). – [19] E. BLEULER: Die Psychoide (1925). – [20] M. SCHELER: Wesen und Formen der Sympathie (1923) 33. Ges. Werke 7 (1973) 44. – [21] C. FERVERS: Schmerzbetäubung und seelische Schonung (1940) 10f. – [22] PH. LERSCH: Aufbau der Person (⁸1962). – [23] Vgl. ROTHACKER, a.O. [14]. – [24] KLEIST, a.O. [16]. – [25] KRAUS, a.O. [7]. – [26] R. THIELE: Person und Charakter (1940). – [27] Vgl. ROTHACKER, a.O. [14] 66. – [28] LERSCH, a.O. [22]. – [29] H. F. HOFFMANN: Die Sch. (1935). – [30] ROTHACKER, a.O. [14] 66. – [31] a.O. 75f. – [32] LERSCH, a.O. [22] 103. – [33] a.O. 497. – [34] A. WELLEK: Die Polarität im Aufbau des Charakters (²1959) 17. – [35] a.O. 48. – [36] Das Schichtenproblem in der Charakterologie. Studium Generale 9 (1956) 237-248, hier: 237. – [37] a.O. 238. – [38] Vgl. H. J. EYSENCK: Charakterologie, Sch. und Psychoanalyse: eine Kritik, in: H. VON BRACKEN/H. P. DAVID (Hg.): Perspektiven der Persönlichkeitspsychol. (1959) 248-269; A. WELLEK: Der Rückfall in die Methodenkrise der Psychol. und ihre Überwindung (1956), in: H. BALMER (Hg.): Psychol. des 20. Jh. 1 (1976) 41-66. – [39] J. E. HEYDE: Grenzen der psycholog. Sch. Z. philos. Forsch. 1 (1946) 211-249; Die sog. Sch. Studium Generale 9 (1956) 306-313. – [40] TH. HERRMANN: Lehrb. der empir. Persönlichkeitsforsch. (³1976) 316. – [41] BRANDSTÄTTER, a.O. [1] 59.

Literaturhinweise. Studium Generale 9 (1956). – H. VON BRACKEN/H. P. DAVID (Hg.) s. Anm. [38]. – W. V. RUTTKOWSKI s. Anm. [4 zu I.].
H. SCHIEFELE

Schicklich (engl. proper, fit, becoming; frz. décent, convenant/convenable, séant/bienséant, honnête; ital. conveniente, decente). Das deutsche Adjektiv ‹schicklich› bezeichnet wie seine Entsprechungen im Griechischen (πρέπον) und Lateinischen (decorum) [1] in einem weiten Sinne das, was als passend, angemessen, gebührend oder sich geziemend empfunden wird, mit der ganzen Spannweite dessen, 'was sich einfach gehört', bis hin zum Anmutigen und Wohlgegliederten [2]. Es ist also von einem Verhaltensbereich auszugehen, in welchem ästhetische und praktisch-moralische Fragen ineinandergreifen.

Eine Untersuchung der Anstandslehren von THOMASIN VON ZIRKLAERE (‹Der Wälsche Gast›, 1215/16), ‹Tannhäuser› (Hofzucht, Mitte 13. Jh.), JOHN RUSSEL (‹Book of Nurture›, vermutlich 15. Jh.), CAXTON (‹Book of Curtesye›, vermutlich Ende 15. Jh.), ERASMUS VON ROTTERDAM (‹De civilitate morum puerilium›, 1530), BALDESAR CASTIGLIONE (‹Il Libro del Cortegiano›, 1528), GIOVANNI DELLA CASA (‹Il Galateo›, 1558), ANTOINE DE COURTIN (‹Nouveau traité de Civilité›, 1672) und DE LA SALLE (‹Les Règles de la Bien-séance et de la Civilité Chrétienne›, 1729) zeigt, daß der Vorgang einer zunehmenden Affektmodellierung und -kontrolle, der die Soziogenese der Person recht wesentlich ausmacht, sich als ein langdauernder und nicht ohne weiteres umkehrbarer Zivilisationsprozeß darstellt [3]. Das Vorrükken der Peinlichkeitsschwelle im Zusammenhang mit der Differenzierung des Schamempfindens, des Diskurses über Etikette, Eßsitten, erotisches Verhalten u.a.m. erzeugt im Laufe der Sozialgeschichte nicht nur neue Formen kollektiver Gesittung, sondern gibt in jeder Epoche auch mannigfache Impulse für die Selbstbildung der Individuen. Die Tatsache, daß das Prädikat ‹schicklich› in manchen Traktaten (wie in A. Frhr. VON KNIGGES ‹Über den Umgang mit Menschen›, 1788 [4]) kaum gebraucht wird, sondern durch andere, familienverwandte Begriffe ersetzt scheint, darf nicht darüber hinwegtäuschen, daß auch dort implizit ständig von Regeln schicklichen Verhaltens die Rede ist. Sowohl in der deutschen wie in anderen Sprachen wird in diesem Falle nicht ein eng umgrenzter Sachverhalt mit einem definierten Terminus benannt, sondern ein relativ offener, in sich wandelbarer Verhaltensbereich mit Hilfe verschieden nuancierender Adjektive eingekreist (vgl. z.B. frz. ‹décent›, ‹convenant/convenable›, ‹séant/bienséant›, ‹honnête›; engl. ‹proper›, ‹fit›, ‹becoming›; ital. ‹conveniente›, ‹decente›). Schicklichkeit orientiert sich freilich in den vergangenen Jahrhunderten vornehmlich am Kommunikationsstil und den immer wieder der Veräußerlichung anheimfallenden Regeln der ständischen Gesellschaft. Durch den ständigen Vergleich mit andern wird man eher aufmerksam auf den Gegensatz zwischen äußerer Förmlichkeit und innerer Einstellung und findet Anlaß zu moralischer Entrüstung. Ausdrückliche Normierungen erweisen sich deshalb mehr und mehr als prinzipiell fragwürdig. Schicklichkeit muß sich zum Gespür für Verhältnisse und Wirkungen weiterentwickeln, die in einer Lebensform gleichsam unterhalb formulierbarer Imperative zu beachten sind. «Schicklichkeit ist das geringste und befolgteste aller Gesetze» (F. DE LA ROCHEFOUCAULD [5]).

In einem allgemeineren Sinne hat I. KANT das Gefühl für Anständigkeit («sensus decori») als negativen Geschmack bezeichnet [6]. Man kann zumindest in der Öffentlichkeit dafür sorgen, daß der moralische Sinn nicht durch seine Verletzung abgestumpft wird. Sittliches Handeln gründet aber in einem anderen Prinzip; es steht unter einem unbedingten Sollensanspruch. Geziemendes Verhalten kann dem, was rein aus Pflicht zu tun ist, höchstens eine gewinnende Form verleihen. Wohlanständigkeit («humanitas aesthetica et decorum») gehört zu den Umgangstugenden (Zugänglichkeit, Gesprächigkeit, Höflichkeit, Gastfreiheit, Gelindigkeit). Der Tugend die Grazien beizugesellen, ist sogar selbst eine Tugendpflicht. Es handelt sich dennoch nur um Beiwerke («parerga»), die einen tugendähnlichen Schein geben, diese sind aber immerhin imstande, das Tugendgefühl zu fördern [7].

Schickliches Verhalten setzt ein Organ für subtile Unterscheidungen voraus. Wo Entscheidungen zu fällen sind, wird – ähnlich wie bei Geschmacksfragen – eine spezifische Sensibilität für situative Erfordernisse benötigt. Unter diesem Aspekt tritt die Bedeutung des Urteilsvermögens schärfer hervor, das, wie Kant zu Recht ausgeführt hat, «nicht belehrt, sondern nur» von Fall zu Fall «geübt werden» kann [8]. Das Lernen allgemeiner Regeln, denen man unbesehen folgen zu können meint, genügt im ästhetischen wie im zwischenmenschlichen Bereich gerade nicht. Das Urteilsvermögen hilft in einem ersten Schritt auszugrenzen, was als unschicklich zu gelten hat (was sich in einem bestimmten Fall nicht gehört: z.B. gewisse Gesten zu machen, unpassendes Gelächter, anzügliche oder indiskret wirkende Bemerkungen). Sinn für Schicklichkeit und Geschmack, darin besteht ihre Affinität, sind ihrem Wesen nach kritische Vermögen. Das Erfassen des Schicklichen kann in der ästhetischen Sphäre sowohl für den Künstler wie für den kritischen Kenner schwierig sein (J. W. GOETHE [9]). Über den negativen Akt der Ausgrenzung hinaus ist aber die individuelle Lage genau zu erfassen: «Eines schickt sich nicht für alle!» [10].

Diesen Gesichtspunkt behandelt bereits QUINTILIAN im 11. Buch der ‹Institutiones oratoriae› (1. Jh. n.Chr.) in den Ausführungen über die passende Form der Rede [11]. Zur Schicklichkeit gehört, Person, Zeit, Ort und Anlaß zu berücksichtigen. Dieses Problem kehrt bei B. CASTIGLIONE im Zusammenhang mit der Frage nach den Eigenschaften und dem rechten Verhalten eines vollkommenen Hofmannes wieder. ‹Il Libro del Cortegiano› (1528) führt anhand der Gespräche am Hof zu Urbino in das Selbstverständnis italienischer Humanisten ein, die sich hier in einer idealen, gelehrten Geselligkeit artikulieren. In der von der aristotelischen Maßethik beeinflußten Erörterung über die Vermeidung übertriebener Künsteleien, über die Pflege der Künste, die Sorgfalt im Sprachgebrauch, das Benehmen gegenüber dem anderen Geschlecht, über Grenzen des jeweils Zumutbaren und die Folgen menschlichen Versagens wird auch hier die Schicklichkeit an die Beachtung von Zeit, Ort, Person und Anlaß geknüpft [12]. Die Bildung der Urteilsfähigkeit wird folgerichtig nicht nur bei der Erziehung des Hofmannes zu weltmännischem Verhalten, sondern bereits in QUINTILIANS rhetorischem Hauptwerk, das ja zugleich das bedeutendste pädagogische Werk der römischen Literatur darstellt, gefordert.

Es dürfte kein Zufall sein, wenn auch an der Schwelle zum 19. Jh. Gebote der Schicklichkeit im Rahmen der Problematisierung der Gesprächskultur zum Thema einer Untersuchung werden. F. D. E. SCHLEIERMACHERS ‹Theorie des geselligen Betragens› (1799) [13] versucht zu klären, unter welchen Bedingungen sich jene freie, an keinen beruflichen Zweck gebundene Geselligkeit konstituiert, die sich nun nicht mehr primär am fürstlichen Hof, sondern in den Salons aufgeklärter bürgerlicher Intellektueller herausbildet. Sie will nichts anderem als der wechselseitigen Anregung im geistigen Verkehr vernünftiger Menschen dienen. Schleiermacher konstruiert die Bedingungen ihrer Möglichkeit dialektisch, indem er virtuelle Gegensätze herausarbeitet und deren Vermittlung spekulativ zu entwerfen versucht. Hinsichtlich der Schicklichkeit ergibt sich dabei erstens das Gebot, nichts anzuregen, was nicht in die gemeinschaftliche Sphäre aller Gesprächsteilnehmer gehört. Schicklich ist es, die Kunst zu pflegen, den angeschlagenen Ton zu halten und sich dabei von der thematischen Intention lenken oder gegebenenfalls auch beschränken zu lassen. Nach Schleiermachers Überzeugung ist demnach nicht die Manier, also etwa die artige Umgangsform, sondern der Stoff des Gesprächs der eigentliche Gegenstand des Schicklichen. Es ist eine gewisse Flexibilität und Gewandtheit vonnöten, wenn sich alle Beteiligten tätig und reagierend offenbaren können sollen. Zweitens gilt es, das Quantum des Stoffs so zu bestimmen, daß sich die Gesprächsrunde nicht in einzelne Teile aufsplittert. Man muß bei der Wahl des Stoffes vom Bekannten ausgehen, sollte aber unterstellen dürfen, daß dieses kultivierbar genug ist, um die Basis für ein freies Gespräch abzugeben, es sollte also über berufliche Zwecke hinaus von allgemeinem Interesse sein. Schicklich ist es, kein Themengebiet anzuschneiden, das auch nur einem Teilnehmer völlig fremd sein könnte, denn jeder sollte sich mit Leichtigkeit im thematischen Rahmen bewegen können. Niemand darf in Verlegenheit versetzt werden. Wird diese Bedingung erfüllt, so können ironische Anspielungen und Persiflage durchaus den Gipfel des Schicklichen darstellen. Der Gastgeber ist verpflichtet, bei der Einladung der Gäste darauf zu achten, daß er ihnen die Befolgung der Regeln der Schicklichkeit nicht erschwere. Der Zerfall des geselligen Kreises wäre das Ärgste, was geschehen könnte.

In unserem Jahrhundert ist die Neigung ständig gewachsen, Ausdrücke wie ‹das Schickliche› oder ‹Schicklichkeit› aus dem aktiven Sprachgebrauch zu verbannen. Was man früher so bezeichnete, steht im Ruf, unernste, ja entleerte bürgerliche Konvention zu sein. «L'humanisme d'aujourd'hui n'a plus rien de décoratif ni de bienséant», schreibt M. MERLEAU-PONTY 1951 [14]. Der Mensch findet sich nach seiner Auffassung auf die Leiblichkeit als Ort der Kontingenz zurückgeworfen und hat aller Illusion über sich selbst und die tatsächliche Gesellschaft zu entsagen.

Unmittelbar nach dem Ende des Zweiten Weltkriegs wagte dagegen O. F. BOLLNOW den Versuch, der als moralische Krise empfundenen Situation durch eine Besinnung auf den tragfähigen Rest von Verhaltensweisen zu begegnen, die man damals am ehesten unter dem Namen der Anständigkeit zusammenzufassen vermochte. «Herkommend von der Bedeutung dessen, was dem Menschen 'wohl ansteht', bezeichnet das Wort zunächst das Schickliche und Geziemende. Sein Gegenteil ist das Unanständige, das heute noch diese ursprüngliche Bedeutung viel stärker bewahrt hat, das Unanständige im Sinne des Anstößigen, die guten Sitten Verletzenden ...» [15]. Diese Tugenden, die das durchschnittliche Alltagsleben regulieren, bilden «eine andre, einfachere Schicht der sittlichen Erscheinungen ..., verborgener und unscheinbarer, aber darum nicht weniger bedeutsam, vielmehr alle Gestaltungen des hohen Ethos tragend. Diese einfachere Schicht wechselt nicht mit dem Formenwandel des hohen Ethos, sondern bleibt sich in diesem Wandel gleich. Dahin gehören ... die schlichte Pflichterfüllung, die Ehrlichkeit und Zuverlässigkeit, die Anständigkeit des Verhaltens in allen Lebenslagen, das Mitleid und die Hilfsbereitschaft gegen den in Not geratenen Mitmenschen usw. Wir bezeichnen diese Schicht im Unterschied zu jener andern Welt des hohen Ethos als die der einfachen oder elementaren Sittlichkeit» [16].

Anmerkungen. [1] Vgl. Art. ‹Geziemende (das)›. – [2] TRÜBNERS Dtsch. Wb., hg. W. MITZKA 6 (1955) 64f. – [3] Vgl. N. ELIAS: Über den Prozeß der Zivilisation 1: Wandlungen des Verhaltens in den weltl. Oberschichten des Abendlandes (1939, ⁵1978). – [4] A. Frhr. VON KNIGGE: Über den Umgang mit Menschen, hg. G. UEDING (1977). – [5] F. DE LA ROCHEFOUCAULD: Maximes (1678). Oeuvr. compl. (Paris 1964) 462. – [6] I. KANT: Met. der Sitten (1797). Akad.-A. 6, 325. – [7] a.O. 473f. – [8] Anthropol. in pragmat. Hinsicht (1798) § 42. Akad.-A. 7, 199. – [9] J. W. GOETHE: Baukunst (1795). Sophien-Ausg. I/47 (1896) 69. – [10] Beherzigung [verm. 1777], a.O. 1 (1887) 65. – [11] M. F. QUINTILIANUS: Instit. orat., hg. H. RAHN (1975) 2, 545ff. – [12] B. CASTIGLIONE: Il libro del Cortegiano, hg. G. CARNAZZI (Mailand 1987) 188. 207. 210. – [13] F. D. E. SCHLEIERMACHER: Versuch einer Theorie des geselligen Betragens (1799). Krit. Ges.ausg. I/2, hg. G. MECKENSTOCK (1984) 165-184, zit.: 171. – [14] M. MERLEAU-PONTY: L'homme et l'adversité, in: Signes (Paris 1960) 305. – [15] O. F. BOLLNOW: Einfache Sittlichkeit, in: Kl. philos. Aufsätze (1947, ²1957) 63. – [16] a.O. 22; vgl. W. SCHULZ: Grundprobl. der Ethik (1989) 65; 38ff. 52ff. 65ff. 213ff.

G. BRÄUER

Schicksal (griech. εἱμαρμένη; lat. fatum, fortuna; arab. kadar; türk. kismet; engl. fate, destiny; frz. destin, destinée; ital. fato, destino)

Die Vorstellung, daß alles Geschehen von Mächten gelenkt wird, hat in allen Kulturen vielfältigen sprachlichen Ausdruck gefunden [1]. Das deutsche Wort ‹Sch.› kommt, nachdem zunächst vor allem ‹Geschick› gebräuchlich war [2], erst im 17. Jh. im Neuhochdeutschen auf [3]. Es umfaßt das Bedeutungsspektrum der griechischen Ausdrücke ‹Moira› (lat. sors, Los, Anteil), ‹Tyche› (lat. fortuna, das unberechenbar, zufällig Zustoßende) und ‹Ananke› (Notwendigkeit) und wird, wie auch lat. ‹fatum›, in zweifacher Bedeutung verwendet: als zufügende Macht (nur Singular) oder als das Zugefügte, dem Menschen Widerfahrende (auch pluralisch). Das, was man im heutigen umgangssprachlichen Gebrauch als Sch. bezeichnet, nämlich die unverfügbaren Kontingenzen des Lebens, wird in der Philosophie kaum unter dem Terminus ‹Sch.› (fatum) thematisiert, sondern, wenn es überhaupt einem Begriff zuzuordnen ist, eher unter ‹fortuna›. Damit wird dann das unglückliche und das glückliche Geschehen gefaßt (deshalb durch das deutsche ‹Glück› nicht angemessen wiederzugeben). Dort, wo ‹Sch.› in der Philosophie zu einem reflektierten Begriff wird, geht es um das, was der Mensch nicht in seiner Verfügungsgewalt hat, und um die Frage, inwieweit das Handeln des Menschen selbstbestimmt sein kann. Im Umkreis religiösen Denkens übernehmen Begriffe wie ‹Prädestination› und ‹Vorherbestimmung› weitgehend dieselbe Funktion. Seit der frühen Neuzeit zunehmend durch ‹Notwendigkeit› und ‹Determination› verdrängt, verliert der Sch.-Begriff vom 19. Jh. an seine festumrissene Bedeutung. Sein konturloser und inflationärer Gebrauch in Weltanschauungen des 20. Jh. hat ihn für die Philosophie schließlich weitgehend diskreditiert.

A. *Antike.* – Die frühe griechische Dichtung, vor allem Epos und Tragödie, ist geprägt von der Vorstellung von Sch.-Mächten, die nicht nur Menschen, sondern auch Götter zwingen. Ein ganzes Feld verschiedener Ausdrücke steht hierfür im Griechischen zur Verfügung, in der frühen Dichtung vor allem ‹Moira› (von μείρομαι zuteilen, also: Anteil, Los), in der klassischen Zeit eher ‹Tyche› [4]. In den homerischen Epen wird das Sch. zuweilen über die Götter gestellt, zuweilen ihnen untergeordnet; der Mensch kann etwas tun, oder es kann etwas geschehen, was über das Sch. hinausgeht oder gegen es verstößt (ὑπὲρ αἶσαν, παρὰ μοῖραν) [5]. In der Tragödie sind die direkten Äußerungen zu Sch. und Verhängnis eher selten [6]. Doch wird die durch den Mythos vorgegebene tragische Konstellation und ihre verschiedenen dramatischen Gestaltungen zum wichtigsten Paradigma schicksalhaften Waltens vor allem für die Sch.-Konzeptionen bei den Klassikern des 19. Jh.

In der Philosophie werden, wenn über das Sch. reflektiert wird, nicht die aus der Dichtung geläufigen Ausdrücke, sondern ‹Heimarmene› (εἱμαρμένη) oder seltener auch πεπρωμένη verwendet. So werden bei einigen frühen Naturphilosophen die kosmischen Gesetze als schicksalhaft bezeichnet (κατά τινα εἱμαρμένην ἀνάγκην) [7], was EPIKUR dann später kritisiert: Es sei besser, dem Mythos über die Götter zu folgen, als dem Sch. (εἱμαρμένη) der Naturphilosophen ergeben zu sein, denn bei den Göttern habe man wenigstens die Hoffnung auf Erhörung von Bitten, während das Sch. eine unerbittliche Notwendigkeit habe (ἀπαραίτητον ἀνάγκην) [8].

Erst mit der *Stoa* gewinnt der philosophische Sch.-Begriff die Konturen, die bis in die frühe Neuzeit hinein bestimmend sind. Er wird – durch die Etymologie εἱμαρμένη von εἱρμὸς αἰτιῶν (series causarum) nahegelegt [9] – als Kausaldeterminismus aufgefaßt und so systematisch mit der Ursachenlehre verbunden. Vor dem Hintergrund der Annahme eines allmächtigen und allwissenden Gottes konnte Sch. in Konkurrenz zur göttlichen Vorsehung treten, wurde deshalb entweder abgelehnt oder als «göttlicher Ausspruch» aufgefaßt, gestützt durch die richtige Etymologie des lat. ‹fatum› von ‹fari› (sprechen) [10] oder durch die (falsche) Etymologie des griechischen Ausdrucks aus εἱρημένη (das Gesagte) [11]. Zahlreiche Schriftentitel ‹Über das Schicksal› (περὶ εἱμαρμένης, De fato) sind aus hellenistischer Zeit bis über die Spätantike hinaus überliefert [12]. Folgende Problemkreise bestimmten die Diskussionen: a) das *logische* Problem des Wahrheitswertes von Aussagen über Zukünftiges (contingentia futura) im Anschluß an ARISTOTELES' De int. 9 und DIODOROS KRONOS [13]; b) das *ethische* Problem der Zurechenbarkeit von Handlungen und in Folge davon von Belohnung und Bestrafung; c) das *theologische* Problem der Vorsehung (πρόνοια, providentia).

Als maßgeblich für die stoische Lehre vom Sch. muß die nur in Bruchstücken und aus Referaten erhaltene Theorie CHRYSIPPS gelten [14]. «Sch. ist der Logos des Kosmos», «das Gesetz, nach dem das Vergangene geschah, das Gegenwärtige geschieht und das Zukünftige geschehen wird» [15]. Sch. ist der Weltlogos, das alles durchwaltende Pneuma oder die Natur [16]. Es besteht ein «Zusammenhang aller Dinge» (σύνταξις τῶν ὅλων) [17], konstituiert durch eine ununterbrochene «Reihe von Ursachen» (εἱρμὸς αἰτιῶν, series causarum) [18], nach einer unumstößlichen (ἀπαράβατος) Ordnung. In diesem Sinne geschieht auch nach stoischer Lehre «alles gemäß dem Sch.» (πάντα δὲ γίνεσθαι καθ' εἱμαρμένην) [19]. Der Weise kann durch seine Einsicht in den Weltzusammenhang mit seinen Handlungen dem Sch. folgen, den Nicht-Weisen wird das Sch. mitschleifen («ducunt volentem fata, nolentem trahunt» [20]). Einer Zwangsläufigkeit (necessitas) allen Geschehens, die den Menschen jeder freien Handlungsmöglichkeit enthöbe, versucht Chrysipp jedoch zu entgehen, indem er zwar einen durchgängigen Ursachenzusammenhang annimmt, dem Sch. jedoch keine «vollendete und von Anfang an wirkende Ursache» («causa perfecta et principalis») zuspricht; es sei vielmehr «mitwirkende und letzte Ursache» («causa adiuvans et proxima») [21]. Doch schon in den Augen CICEROS scheitert dieser Versuch, bei vollständiger Kausaldeterminiertheit die menschliche Willens- und Handlungsfreiheit dadurch zu bewahren, daß ‹fatum› und ‹Notwendigkeit› unterschieden werden [22]. Fatalistische Untätigkeit, wie sie das «Argument der Passivität» (ἀργὸς λόγος, ratio ignava) als Konsequenz des Determinismus anführt, schließt CHRYSIPP jedenfalls aus: Handlungen sind mit einem Geschehen schicksalhaft zusammengebunden (confatalis) [23].

Mit POSEIDONIOS, der die Theorie vom alles verbindenden Weltlogos durch den Gedanken der 'Sympathie' von kosmischem und individuellem Geschehen festigte, wurde der unveränderbare Einfluß der Gestirne auf alles Geschehen zentral für den Sch.-Begriff. In der Form des Gestirnfatalismus war die Sch.-Lehre dann weit verbreitet; gegen diese richteten sich die meisten Kritiken. Doch auch bei den Vertretern des 'astrologischen Sch.'

gab es nicht nur diejenigen, die die Menschen als «Soldaten des Sch.» (στρατιῶται τῆς εἱμαρμένης) verstanden [24], sondern auch Ansätze, die einen Spielraum für die Selbstverantwortlichkeit des Handelnden einräumten, wie es PTOLEMAIOS versuchte durch die Unterscheidung zwischen einem «göttlichen und unveränderbaren Sch.» (καυ' εἱμαρμένην ϑεῖαν καὶ ἀμετάπτωτον) und einem «natürlichen, veränderlichen Sch.» (καυ' εἱμαρμένην φυσικὴν καὶ μεταπτωτήν) [25].

Gegen die stoische Sch.-Auffassung wandten sich sowohl die Platoniker der Kaiserzeit bis zu Proklos wie auch die an Aristoteles anknüpfenden Philosophen. Der Topos, daß der Mensch bei blindem Walten des Sch. nicht für seine Taten verantwortlich gemacht werden könne und Gesetze und Strafen als überflüssig angesehen werden müßten, zieht sich durch alle antifatalistischen Schriften bis zur satirischen Gestaltung [26]. Umfassendstes Dokument der peripatetischen Sch.-Lehre ist der Traktat περὶ εἱμαρμένης («De fato») des Aristoteles-Kommentators ALEXANDER VON APHRODISIAS aus dem 2. oder 3. Jh. n.Chr., in dem die stoische Lehre in extremer, wenig differenzierter Form dargestellt und auf logischer, ethischer und theologischer Ebene widerlegt wird [27]. Sch.-Glaube sei Flucht vor der Verantwortung und keine philosophische Haltung [28]. Sch. sei dasselbe wie «Natur» (εἶναι ταὐτὸν εἱμαρμένη τε καὶ φύσις) [29]; wie der Mensch gegen die Natur handeln könne, so auch «gegen das Sch.» [30]. Das in allen Konsequenzen ausgeführte Hauptargument der Kritik führt die auf vernünftiger Erwägung beruhende Wahlfreiheit (προαίρεσις) des Menschen an. Da in der Natur alles zweckgerichtet und der Mensch von Natur aus mit der Fähigkeit zu erwägen ausgestattet sei, wäre diese Möglichkeit ja andernfalls «umsonst». Wer das vernünftige Wählenkönnen als «Prinzip von Handlung» (ἀρχὴ πράξεως) leugne, hebe den Menschen selber auf (ὁ τοῦτο ἀναιρῶν, ἀναιρεῖ τὸν ἄνϑρωπον) [31].

Neben ähnlich lautenden Äußerungen bei ALBINOS, APULEIUS und NUMENIOS [32] geben vor allem die fälschlich PLUTARCH zugeschriebene Schrift ‹De fato› aus dem 2. Jh. [33] und ein Teil des ‹Timaios›-Kommentars von CHALCIDIUS aus dem 5. Jh. [34] Aufschluß über die Hauptargumente der Platoniker zum Sch. Im Gegensatz zur stoischen Gleichsetzung von Sch. und Vorsehung (πρόνοια) wird die Pronoia als Wille des Weltschöpfers dem Sch. übergeordnet («sequitur hanc providentiam fatum») [35]. Sch. entspringe der Vorsehung («fatum quidem dicimus ex providentia fore, non tamen providentiam ex fato») [36]. HIEROKLES spricht in diesem Sinne von einem «providentiellen Sch.» (προνοιητικὴ εἱμαρμένη) [37]. Die platonische Konzeption einer freien Wahl des Lebensloses mit dann festgesetzten Folgen [38] wird durch eine begriffliche Distinktion abgesichert: Nicht alles geschehe «gemäß dem Sch.», aber alles sei vom Sch. umschlossen, geschehe also «im Sch.», insofern alles, auch das durch freie Handlung oder Zufall Verursachte, mit bestimmten Folgen verbunden ist. Dieses Sch. wird wegen seiner «insofern»-Bedingung «hypothetisch» (ἐξ ὑποϑέσεως, secundum praecessionem) genannt und unterschieden vom Sch. «ex praecessione» [39]. Den alten Gedanken vom Sch. als Gesetz (νόμος, λόγος) [40] aufnehmend, wird Sch. hier auch insofern mit dem Gesetz verglichen, als es alle Handlungen und Handlungsfolgen abdeckt, gegen das aber dennoch gehandelt werden kann [41]. Diese Sch.-Auffassung der mittleren Platoniker versucht also, durch eine Ausdehnung des Sch.-Begriffs die Vorstellung einer geregelten göttlichen Weltordnung und Providenz ohne die Schwierigkeiten des der Stoa vorgeworfenen Fatalismus zu wahren, und wurde deshalb vielfach von der christlichen Theologie aufgenommen.

PROKLOS bietet im Ausgang der Spätantike eine argumentativ strenge Entfaltung dieser Gedanken der Mittelplatoniker und Plotins [42]. Sch. wird weiterhin als die Verknüpfung von Folgen angesehen. Da das, was verknüpft werden kann, nach Ort oder Zeit getrennt sein muß und nur Körperliches in Ort und Zeit ist, muß «das, was vom Sch. beherrscht wird, von anderem bewegt und körperlich» sein, und das sei die Natur [43]. Sch. wird «Name» der Natur [44]. Über dem Sch. steht die Vorsehung als erste, göttliche Ursache aller Güter. Ihr Reich erstreckt sich sowohl über das vom Sch. Bestimmte, Natur, wie auch über den darüber hinausgehenden Seinsbereich, die intelligible Sphäre. Mit dem Körper ist der Mensch dem Sch. unterworfen, mit dem Geist jedoch steht er über dem Sch., frei in Wahl und Willen, sich durch geistige Tätigkeit über das Sch. zu erheben oder auch im Verfallen an den Körper und seine Affekte im Sch. gefangen zu sein [45].

Anmerkungen. [1] Vgl. dazu den ausführlichen, verschiedene Kulturbereiche berücksichtigenden Eintrag ‹Fate›, in: S. HASTINGS (Hg.): Encycl. of relig. and ethics 5 (Edinburgh/New York 1912) 771-796. – [2] GRIMM 4/I, 2 (1897) 3858 s.v. ‹Geschichte› 1. b) und c). – [3] GRIMM 8 (1893) 2659 s.v. ‹Sch.›; zum altdtsch. Wortfeld ‹wyrd›, ‹urlag›, ‹wilsaelde› usw. vgl. M. VON KIENLE: Der Sch.-Begriff im Altdtsch. Wörter Sachen 15 (1933) 81-111; ferner E. NEUMANN: Das Sch. in der Edda (1959); G. W. WEBER: Wyrd. Stud. zum Sch.-Begriff der altengl. und altnord. Lit. (1968). – [4] S. EITREM: Art. ‹Moira›, in: RE 15/2 (1932) 2449-2497; zur Rezeption der Moira tripartita als drei Zeitextasen des Sch. vgl. L. G. GUILLERMIT/J. VUILLEMIN: Le sens du destin (Neuchâtel 1948); zur Verschiebung von ‹Moira› zu ‹Tyche› vgl. D. BREMER: Der Begriff des Sch. bei Hegel und seine griech. Ursprünge. Antike Abendland 35 (1989) 24-38. – [5] z.B. HOMER: Il. 6, 333; Od. 4, 509; zum Verhältnis Sch./Götter vgl. W. PÖTSCHER: Moira, themis und τιμή im homer. Denken. Wiener Stud. 73 (1960) 5-39; vgl. C. F. NÄGELSBACH: Homerische Theol. (^{3}1884) 116-141; W. KRAUSE: Die Ausdrücke für das Sch. in Homer. Glotta 25 (1936) 143-152; bes. aber: B. C. DIETRICH: Death, fate and the Gods (London 1965). – [6] AISCHYLOS: Prom. 511-525. Agam. 1562; dazu H. HOMMEL: Sch. und Verantwortung. Agamemnon 1562 (1974); φέρει φέροντα (1980), ND in: Symbolae 2 (1988) 122-164; SOPHOKLES: Ant. 1337f.; Aias 1028-1039; Phil. 1316ff. – [7] HERAKLIT: Frg. 2, A 5. 8. VS I, 145, 16. 35; A 1 (7), a.O. 141, 10; B 137; DEMOKRIT: Frg. 28, A 32. VS I, 223, 22. – [8] EPIKUR: Br. an Menoikeus, in: DIOG. LAERT. X, 134. – [9] Vgl. CHRYSIPP: Frg. 920f. 917. SVF 2, 266. 265; Ps.-PLUTARCH: De fato 570 B; PROKLOS: De prov. 7; zur Etymologie: F. GUNDEL: Art. ‹Heimarmene›, in: RE VII/2, 2623f. – [10] A. WALDE/ J. B. HOFFMANN: Lat. etymol. Wb. 1 (1938) 463f.; so auch SERVIUS: Comm. in Verg. Aen. 2, 54; VARRO: De ling. lat. 6, 52; über ISIDOR: Etym. VIII, 11, 90 auch im MA geläufig; vgl. dazu W. PÖTSCHER: Fatum. Grazer Beitr. 2 (1974) 171-187. – [11] CHRYSIPP: Frg. 914. SVF 2, 265. – [12] Auflistung aller überlieferten Titel: GUNDEL, a.O. [9] 2624ff. – [13] Vgl. dazu Art. ‹Notwendigkeit›, in: Hist. Wb. Philos. 6 (1984) 951-955. – [14] Text von ‹De fato› zusammengestellt in: A. GERCKE: Chrysippea. Jb. Class. Philol. Suppl. 24 (1885); vgl. J. B. GOULD: The philos. of Chrysippus (Leiden 1970). – [15] CHRYSIPP: Frg. 913. SVF 2, 264f. (STOB.: Eclog. I, 79, 1). – [16] a.O.; vgl. SENECA: Ep. 9, 16; Nat. quaest. 2, 45; Identifikation von ‹Logos› und ‹Sch.› schon bei ZENON: Doxogr. graeci, hg. H. DIELS (1879, ND 1958) Frg. 322. – [17] CHRYSIPP: Frg. 1000. SVF 2, 293 (GELLIUS: Noct. Att. 7, 2). – [18] Frg. 917, a.O. [9]; vgl. CICERO: De fato, hg. K. BAYER (1963) Frg. 2. – [19] HERAKLIT nach DIOG. LAERT. IX, 7. VS 22, A 1. – [20] SENECA: Br. an Lucilius 107, 10; vgl. KLEANTHES' ‹Hymne an Zeus› = Frg. 527. SVF 1, 118f. – [21] CICERO: De fato 41f.; Übers. begründet W. GÖRLER: 'Hauptursachen' bei Chrysipp und Cicero? Rhein. Mus. 130 (1987) 254-274. – [22] De fato 41; vgl. R. W. SHARPLES: Necessity in the stoic doctr. of fate. Symbolae Osl. 56 (1981) 81-97. - [23] De fato 30; vgl. Art. ‹Ratio ignava›. - [24] VETTIUS VALENS: Anthol. V, 9, hg. W. KROLL (1908) 220, 27. - [25] PTOLEMAIOS: Tetrabiblos I, 3, 11, hg. F. E. ROBBINS (Cambridge 1940) 22ff.; vgl. dazu: F. BOLL: Stud. über Cl. Ptolemäos. Jb. Class. Philol., Suppl. 21 (1894) 45-131, bes. 156f. - [26] LUKIAN: Totengespr. 30: Der überwiesene Jupiter, dtsch. CH. M. WIELAND, in: Lügengeschichten und Dialoge (1985) 591-611. - [27] ALEXANDER APHR.: De fato, hg. I. BRUNS. CAG Suppl. II/2 (1887) 164-212; übers.: On fate, hg. R. W. SHARPLES (London 1983); Traité du destin, hg. P. THILLET (Paris 1984); vgl. dazu: D. FREDE: The dramatization of determinism: Alex. of Aphr.' de fato. Phronesis 27 (1982) 276-298; P. L. DONINI: Il ‹De fato› di Aless. Questioni di coerenza, in: W. HAASE u.a. (Hg.): Aufstieg und Niedergang der Röm. Welt II/36, 2 (1987) 1244-1254. - [28] ALEX. APHR.: De fato, a.O. (BRUNS) 191, 25. - [29] a.O. 169, 19. - [30] 170, 15-18. - [31] 184, 15-20. - [32] ALBINOS: Introd. in Plat. 26; APULEIUS: De Platone et ejus dogmate 1, 12; vgl. dazu: J. DILLON: The middle Platonists (London 1977) 294-298. 320-326; zur Entwickl. der mittel- und neuplat. Sch.-Auffassungen vgl. bes. W. THEILER: Tacitus und die ant. Sch.-Lehre (1946), ND in: Stud. zum Neuplatonismus (1966) 46-103. - [33] Ps.-PLUTARCH: De fato. Moralia 7, hg. PH. DE LACY/B. EINARSON (Cambridge, Mass. 1959) 310-359; De fato, hg. E. VALGIGLIO (Rom 1964). - [34] CHALCIDIUS: Comm. in Tim., hg. J. H. WASZINK (London/Leiden 1962) §§ 142-190; Übers. und Komm. in: J. DEN BOEFT: Calcidius On fate (Leiden 1970). - [35] CHALCIDIUS: In Tim. § 177. - [36] a.O. § 143; vgl. § 147. - [37] HIEROKLES: De providentia, in: PHOTIUS: Bibl. 463 a 20; 464 a 41, hg. R. HENRY 7 (Paris 1974) 196; zur Sch.- und Providenzlehre des Hierokles vgl. I. HADOT: Le problème du néoplatonisme alexandrin. Hiéroclès et Simplicius (Paris 1978) 117-143. - [38] PLATON: Resp. X, 617 eff. - [39] CHALCIDIUS: In Tim., a.O. [34] § 150; Ps.-PLUTARCH: De fato, a.O. [33] 570 A. - [40] PLATON: Tim. 41 e; Leg. 904 c; CHRYSIPP: Frg. 913, a.O. [15]. - [41] Ps.-PLUTARCH: De fato, a.O. [33] 570 E. - [42] PLOTIN: Enn. VI, 8, wenn auch dort nicht am Sch.-Begriff orientiert; in Enn. III,1: ‹Über Sch.› am Ende angedeutet. - [43] PROKLOS: De providentia et fato et eo quo in nobis, hg. und frz. übers. D. ISAAC, in: PROCLUS: Trois ét. sur la providence 2 (Paris 1979); dtsch.: TH. BORGER/M. ERLER (1980) Kap. 7; vgl. In Tim. 3, 273f. - [44] De provid. 11. - [45] De provid. 22. 44.

Literaturhinweise. - *Zu Moira, Tyche u.ä.:* H. MEUSS: Vorstellungen von Gottheit und Sch. bei den att. Rednern. Jb. Class. Philol. 35 (1889) 468-475; Tyche bei den att. Tragikern. Progr. Königl. Gymnasium Hirschberg (1899). - S. EITREM: Sch.-Mächte. Symbolae Osl. 13 (1934) 47-64. - E. BERRY: The hist. and development of the concept of ΘΕΙΑ ΜΟΙΡΑ and ΘΕΙΑ ΤΥΧΗ down to and including Plato. Diss. (Chicago 1941). - W. CH. GREENE: Moira. Fate, good and evil in Greek thought (1944, ND New York 1963). - H. STROHM: Tyche. Zur Sch.-Auffassung bei Pindar und den frühgriech. Dichtern (1944). - A. BURIKS: ΠΕΡΙ ΤΥΧΗΣ. Diss. Leiden (1948). - U. BIANCHI: ΔΙΟΣ ΑΙΣΑ. Destino, uomini e divinità nell'epos, nelle teogonie e nel culto dei greci (Rom 1953). - E. THUMMER: Die Religiosität Pindars (Innsbruck 1957) 90-109. - W. PÖTSCHER s. Anm. [5]. - B. C. DIETRICH s. Anm. [5]. - J. BRODY: 'Fate' in ‹Oedipus Tyrannus›: A textual approach (Buffalo/New York 1985). - D. BREMER s. Anm. [4]. - *Zu Heimarmene, Fatum:* H. VON ARNIM: Die stoische Lehre von Fatum und Willensfreiheit. Wiss. Beil. zum 18. Jahresber. der Philos. Ges. Univ. Wien (1905). - W. GUNDEL: Beitr. zur Entwickl.gesch. der Begriffe Ananke und Heimarmene. Habil.-Schr. Gießen (1914). - V. CIOFFARI: Fortune and Fate from Democritus to St. Thomas Aquinas (New York 1935). - V. STEGEMANN: Fatum und Freiheit im Hellenismus und in der Spätantike. Gymnasium 50 (1939) 165-191. - W. PÖTSCHER s. Anm. [10]. - W. THEILER s. Anm. [32]. - A. ANWANDER: Sch.-Wörter in Antike und Christentum. Z. Relig.- und Geistesgesch. 1 (1948) 315-327; 2 (1949/50) 48-54. - E. VALGIGLIO: Il fato nel pensiero class. ant. Rivista Studi class. 15 (1967) 305-330; 16 (1968) 56-84. - J. B. GOULD: The Stoic conception of fate. J. Hist. Ideas 35 (1974) 17-32. - M. E. REESOR: Necessity and fate in Stoic philos., in: J. M. RIST (Hg.): The Stoics (Berkeley 1978) 187-202. - CH. STOUGH: Stoic determinism, a.O. 202-231. - W. PÖTSCHER: Das röm. Fatum. Begriff und Verwendung, in: HAASE u.a. (Hg.), a.O. [27] II/16, 1 (1978) 393-424. - A. MAGRIS: L'idea di destino nel pensiero ant. 1-2 (Turin 1985). - V. NERI: Dei, fato e divinazione nella lett. lat. del I sec. d.C., in: HAASE a.O. (Hg.), a.O. [27] II/16, 3 (1986) 1974-2051. - A. DIHLE: Die Sch.-Lehren der Philos. in der Alten Kirche, in: J. WIESNER (Hg.): Aristoteles. Werk und Wirkung (1987) 2, 52-71; Liberté et destin dans l'ant. tardive. Rev. Théol. Philos. 121 (1989) 129-147.

B. *Mittelalter und frühe Neuzeit.* - Für die *christlichen* Autoren war die Annahme eines blinden Sch. mit der göttlichen Vorsehung und der Schuldfähigkeit des Menschen unvereinbar [1]. Für ihren theoretischen Feldzug gegen die Sch.-Gläubigkeit wurden die Argumente zur Rettung der Verantwortlichkeit des Handelnden den Platonikern und Peripatetikern entlehnt [2], wie z.B. bei JUSTIN [3], bei ORIGENES [4], ausführlich bei EUSEBIUS [5], GREGOR VON NYSSA [6], BARDESANES [7], DIODOR VON TARSUS [8] und METHODIUS [9]. In der christlichen Gnadenlehre konnten allerdings deren Kritiker das Sch. wiederfinden. So warfen die Pelagianer dem erbitterten Antifatalisten AUGUSTINUS [10] vor, unter dem Namen ‹Gnade› lebe das Sch. fort, da diese nicht nach Verdienst zuteil würde [11]. Augustinus selbst hatte in seinem Angriff auf das stoische ‹Fatum› das Wort, der Etymologie entsprechend, allenfalls als «Ausspruch Gottes» gelten lassen wollen [12]. ‹Fatum› blieb jedoch der gebräuchliche Ausdruck für das astrologische Sch. und aus christlicher Sicht inkriminiert («nomine fati non est a fidelibus utendum» [13]).

Diese durchgängige Opposition der Kirchenväter gegen den heidnischen Sch.-Begriff änderte sich mit der im Mittelalter und der frühen Neuzeit sehr verbreiteten, an Mittel- und Neuplatonismus erinnernden Konzeption des BOETHIUS, der das Sch. in ein positiv bestimmtes Verhältnis zur Vorsehung setzte: «Sch. ist eine Ordnung in den bewegten Dingen, durch die die Vorsehung alles zusammenbindet» («fatum vero inhaerens rebus mobilibus dispositio per quam providentia suis quaeque nectit ordinibus») [14]. Die Vorsehung wird zum Sch. als «Entfaltung der zeitlichen Ordnung» («temporalis ordinis explicatio»), die geeint ist im göttlichen Geist [15]. Sch. und Vorsehung sind also dasselbe, nur hinsichtlich ihrer Existenzweise verschieden, nämlich: Was die göttliche Vorsehung zugleich und als eines vorausbestimmt, entfaltet sich in der zeitlichen Ordnung als Sch. («eadem vero adunatio digesta atque explicata temporis fatum vocetur») [16].

Von dieser traditionellen Gleichsetzung von ‹Sch.› und ‹Vorsehung› distanziert sich jedoch z.B. der Skotist N. BONETUS, bei dem aus Theodizeegründen die Providenz die Übel nicht einschließen darf [17].

In der *islamischen Welt* verursachte das Problem von Vorherbestimmung und Freiheit ähnlich heftige Kontroversen wie im Christentum. Das arabische Wort ‹ḳadar› umfaßt sowohl die 'göttliche Bestimmung' wie auch die kausal-deterministische Konnotation von ‹fatum› [18]. Die 'Ḳadariten', Gegner eines streng gefaßten Ḳadar, verteidigten die Eigenursächlichkeit des Handelnden [19]. AVICENNAS Schrift ‹Risālat al-qadar› behandelt die Frage der Theodizee, wie angesichts der Übel die göttliche Gerechtigkeit mit der Vorsehung und der jenseitigen Bestrafung und Belohnung vereinbar ist [20]. Der Ausdruck ‹kismet› - als arabisches Wort für 'Anteil', 'Los' ins Türkische eingegangen - hat in der islamischen Diskussion keine Bedeutung und findet sich auch nicht im ‹Koran› [21]. Im 19. Jh. hat sich ‹kismet› im europäischen Sprachraum eingebürgert zur Bezeichnung arabisch-islamischer Sch.-Gläubigkeit. Schon G. W. LEIBNIZ sprach von einem «Fatum Mahumetanum»: «le destin à la Turque, parce qu'on impute aux Turcs de ne pas eviter les dangers et de ne pas même quitter les lieux infectés de la peste» [22]. «Türkenschicksal» bzw. «Türkenfatalismus» gilt dann bis A. SCHOPENHAUER und F. NIETZSCHE als Ausdruck schicksalsergebener Passivität [23].

Mit der *Renaissance* und ihrer eingehenden Rezeption der Antike – bei C. SALUTATI [24] oder M. FICINO in seiner Kritik an Plethon [25] – ändert sich der durch die Antike vorgegebene Rahmen des Sch.-Begriffs und dessen kontroverse Diskussion in der Frage der Rettung oder partiellen Preisgabe der Willensfreiheit kaum [26]. Die *frühe Neuzeit* tradiert lexikalisch die «vierfache Bedeutung» des Sch. [27]: ‹fatum stoicum› (Kausaldeterminismus), ‹fatum astrologicum› (bzw. ‹Chaldaicum›, ‹mathematicum›), ‹fatum physicum› (peripatetische Identität von Natur und Sch.) und das ‹fatum theologicum› [28], für das die Bezeichnung ‹fatum divinum› oder später dann ‹fatum christianum› [29] aufkam und das Sch. an die Vorsehung bindet, wie z.B. bei J. LIPSIUS, der an die boethianische Tradition anschließt [30]. Doch in der Regel wird ‹Sch.› einfach mit ‹Vorsehung› gleichgesetzt [31]. Mit der Zeit aber tritt dieser theologisch tolerable Gebrauch von ‹Sch.› in den Hintergrund; ‹Sch.› wird zur polemischen Formel für den Determinismusvorwurf. Möglicherweise auch deshalb wurde in der Neuzeit dann, wenn eine kausaldeterministische Theorie mit Wissenschaftsanspruch vorgetragen wurde, wie bei TH. HOBBES [32], der Sch.-Begriff kaum verwendet [33]. Auch beim radikalsten Deterministen der Epoche, bei B. SPINOZA, spielt er kaum eine Rolle. Gelegentlich verwendet Spinoza zwar ‹fatum› und ‹fortuna› als uneigentliche Bezeichnungen für die «feste und unveränderliche Naturordnung, d.h. die Verkettung der natürlichen Dinge», also für die «allgemeinen Naturgesetze» [34]. Die Annahme eines dem göttlichen Prinzip übergeordneten Sch. aber wird ausdrücklich zurückgewiesen: «Auf keine Weise unterwerfe ich Gott dem Sch., sondern nach meinem Verständnis folgt alles mit unvermeidlicher Notwendigkeit aus der Natur Gottes» [35]. Die spinozistische Unterwerfung menschlicher Handlungen – wie aller Ereignisse überhaupt – unter die kausal-mechanische Naturgesetzlichkeit ist dennoch immer wieder als Einführung einer moralgefährdenden «schicksalhaften Notwendigkeit aller Dinge» («fatalem ... rerum omnium necessitatem») bekämpft worden [36]. Schon früh wird der Ausdruck ‹Fatalismus› (fatalism) [37] polemisch gegen Hobbes [38] und Spinoza (im sogenannten 'Pantheismusstreit' häufig mit ‹Spinozismus› synonym gebraucht [39]) sowie gegen die mechanistische Naturphilosophie [40] verwendet, die unter dem Titel des mechanischen Kausalnexus («mechanismi nomine») eine blinde Sch.-Ordnung («ordinem fatalem») [41] einführe. Entsprechend vorsichtig hatte G. W. LEIBNIZ seine Theorie der Determination menschlicher Handlungen formuliert und gegen den von S. CLARKE erhobenen Vorwurf, diese impliziere «universal Necessity and Fate» [42], verteidigt. Im Gegensatz zur Determination durch eine 'blinde' Naturgesetzlichkeit («fatalité ... brute» [43]) und zu der «nécessité absolue» der islamischen Sch.-Vorstellung («destin à la Turque») kann jene Ordnung der Dinge, die durch die Weisheit und die freie Wahl Gottes, also durch die Vorsehung gesetzt ist, auch «fatum Christianum» genannt werden: «une destinée certaine à toutes choses, reglée par la prescience et par la providence de Dieu» [44]. Der Fatalismusvorwurf blieb ihm [45] jedoch ebensowenig erspart wie CH. WOLFF [46], obwohl auch dieser auf die Unterscheidung zwischen einer «weisen Ordnung» (der eine bloß hypothetische Notwendigkeit zukommt) und einer blinden Sch.-Notwendigkeit Wert legte [47].

Den Status eines philosophischen Grundbegriffs, den der Sch.-Begriff in der Antike innehatte, büßt er in der frühen Neuzeit und in der Aufklärung vollends ein. Im Rahmen der theoretischen Bemühungen um das Freiheits- und Determinismusproblem spielt er kaum eine Rolle mehr und wird allenfalls in erbaulichem Sinn [48] oder im distanzierten Rückblick auf die mythische «idée du destin, qui est maître des dieux» [49] verwendet. Vermehrt werden auch Bedenken gegen den Gebrauch «des blossen Wortes Sch.» vorgetragen, «hinter welches wir uns gemeiniglich mit unsrer Unwissenheit zu verstecken pflegen» [50]. Im späten 18. Jh., am Endpunkt seiner semantischen Aufweichung, plädiert schließlich I. KANT folgerichtig dafür, den Sch.-Begriff aus dem philosophischen Vokabular zu streichen: «Es giebt ... usurpirte Begriffe, wie etwa *Glück, Schicksal*, die zwar mit fast allgemeiner Nachsicht herumlaufen, aber doch bisweilen durch die Frage: quid iuris, in Anspruch genommen werden; da man alsdann wegen der Deduction derselben in nicht geringe Verlegenheit geräth, indem man keinen deutlichen Rechtsgrund weder aus der Erfahrung, noch der Vernunft anführen kann, dadurch die Befugniß ihres Gebrauchs deutlich würde» [51].

Anmerkungen. [1] Vgl. ausführlich: H. O. SCHRÖDER: Fatum (Heimarmene), in: RAC 7 (1969) 580-636. – [2] Vgl. dazu bes. D. AMAND DE MENDIETA: Fatalisme et liberté dans l'ant. grecque (Löwen 1945, ND Amsterdam 1973). – [3] JUSTIN: 1. Apol., c. 43; 2. Apol., c. 7. – [4] ORIGENES: Comm. in Gen. III, 1-22; Philocalia 23, hg. E. JUNOD (Paris 1976). – [5] EUSEBIUS: Praep. Evang. VI, 6-11, hg. E. DES PLACES (Paris 1980); Contre Hiéroclès 45-48, hg. M. FORRAT/E. DES PLACES (Paris 1986). – [6] GREGOR VON NYSSA: Contra fatum, hg. J. A. MCDONOUGH. Opera III/2 (Leiden 1987). – [7] Vgl. A. DIHLE: Zur Sch.-Lehre des Bardesanes, in: Kerygma und Logos. Festschr. C. Andresen, hg. A. M. RITTER (1979) 123-135. – [8] DIODOR: Contra fatum, in: PHOTIOS: Bibl. cod. 223, hg. R. HENRY 4 (Paris 1965) 8-48. – [9] METHODIOS VON OLYMP: Le Banquet VIII, 13-16, hg. H. MUSURILLO/V. H. DEBIODOUR (Paris 1963). – [10] Vgl. etwa AUGUSTINUS: De civ. Dei V. – [11] C. duas ep. Pelag. II, 5, 10. – [12] De civ. Dei V, 9; so auch bei THOMAS VON AQUIN: S. theol. I, 116, 1. – [13] THOMAS AQU.: S. c. gent. III, 93; vgl. U. RIEDINGER: Die Hl. Schrift im Kampf der griech. Kirche gegen die Astrologie (1956). – [14] BOETHIUS: De consol. philos. IV, 6, 34ff. – [15] De cons. 39f.; vgl. ALBERTUS MAGN.: Physica II, 2. 19f.; THOMAS AQU., a.O. [12]. – [16] De cons., a.O.; vgl. 53; vgl. Comm. on Boethius by Thierry of Chartres and his school, hg. N. M. HÄRING (Toronto 1971) 157. – [17] N. BONETUS: Quattuor vol., Metaphysica videlicet, naturalis philosophia, praedicamenta, necnon theologia naturalis [ca. 1340] (Venedig 1505) 56ʳᵇ. – [18] Vgl. Art. ‹Ḳaḍar›, in: Enzykl. des Islam, hg. M. TH. HOUTSMA u.a. 2 (Leiden 1927) 647f.; al-Ḳaḍā' Wa'l-Ḳadar, in: Encycl. of Islam 4 (Leiden 1978) 364-367; ferner W. MONTGOMERY WATT/M. MARMURA: Der Islam 2, in: H. CANCIK u.a. (Hg.): Die Relig. der Menschheit 25/2 (1985). – [19] Vgl. J. VAN ESS: Art. ‹Ḳadariyya›, in: Encycl., a.O. 368-372. – [20] G. F. HOURANI: Ibn Sina's ‹Essay on the secret of destiny›. Bull. School Oriental African Studies 29 (1966) 25-48; dazu A. L. IVRY: Destiny revisited: Avicenna's concept of determinism, in: M. E. Marmura (Hg.): Islamic theol. and philos. Studies in honor of G. F. Hourani (Albany, N.Y. 1984) 160-171. – [21] H. RINGGREN: Studies in Arabian fatalism (Uppsala 1955) 106; vgl. Art. ‹Kismet›, in: HASTINGS (Hg.), a.O. [1 zu A.] 7 (⁴1959) 738f. – [22] G. W. LEIBNIZ: Theodicée, Préf. Philos. Schr., hg. C. I. GERHARDT 6 (1885) 30; vgl. J. VAN ESS: Fatum Mahumetanum. Sch. und Freiheit im Islam, in: Sch.? Grenzen der Machbarkeit (1977) 26-50. – [23] Vgl. Art. ‹Ratio ignava›. –

[24] C. SALUTATI: De fato et fortuna III, 1, hg. C. BIANCA (Florenz 1985); vgl. W. RÜEGG: Entstehung, Quellen und Ziel von Salutatis De fato et fortuna. Rinascimento 5 (1954) 143-190; G. PICO DELLA MIRANDOLA: Disput. in astrologiam 7, 5. Op. omn. (Basel 1557), ND, hg. C. VASOLI (1969) 627. – [25] PLETHON: Traité de lois, hg. C. ALEXANDRE (Paris 1858, ND Amsterdam 1966) 64-78; dazu A. KELLER: Two Byzantine scholars and their reception in Italy. M. Ficino and G. Plethon on fate and free will. J. Warburg Courtauld Instit. 20 (1957) 363-366. – [26] Dazu A. POPPI: Fate, fortune, providence and human freedom, in: CH. B. SCHMITT u.a. (Hg.): The Cambridge hist. of Renaiss. philos. (Cambridge 1988) 641-667. – [27] J. MICRAELIUS: Lex. philos. (²1662, ND 1966) 495. – [28] R. GOCLENIUS: Lex. philos. (1613, ND 1950) 572; vgl. E. CHAUVIN: Lex. philos. (²1713, ND 1967) 240. – [29] F. TURRETINI: Instit. theol. elencticae [1674] (Genf 1688) 545, der in der Sache explizit zurückgreift auf: PICO DELLA MIRANDOLA: Disp. in astr. IV, 4, a.O. [24] 528, wo jedoch nicht der Terminus ‹fatum christianum› auftaucht. – [30] J. LIPSIUS: De constantia I, 19; dtsch.: Von der Bestendigkeit (1601, ND 1965) 57ff. – [31] z.B. bei R. DESCARTES: Passions de l'âme, art. 145. Oeuvr., hg. CH. ADAM/P. TANNERY 11, 438; vgl. auch: F. BACON: Novum organum. The works, hg. J. SPEDDING/R. R. ELLIS/D. D. HEATH 1 (London 1858) 200; G. BRUNO: Summa terminorum metaphys. Opera lat. conscr. I/4, hg. F. TOCCO/H. VITELLI (Florenz 1889, ND 1962) 62; D. WULFER: Fatum, das ist, Vertheidigte Gottes-Geschicke und vernichtete Heyden-Glücke (1666). – [32] TH. HOBBES: Of liberty and necessity (1654). Engl. works, hg. W. MOLESWORTH (London 1839-45) 4, 246. – [33] Vgl. aber auch die gelegentliche Verwendung des Begriffs: The questions conc. liberty, necessity, and chance, clearly stated and debated, a.O. 5, 245 (Bezugnahme auf Lipsius). – [34] B. SPINOZA: Tract. theol.-polit., c. 3, hg. G. GAWLICK/F. NIEWÖHNER (1979) 104; Tr., c. 12, a.O. 402; so öfter, z.B. auch: F. SUÁREZ: Disput. metaph. 19, sect. 11 (1597). Op. omn., hg. C. BERTON 25 (Paris 1866) 741. – [35] SPINOZA: Ep. 75. Op. omn., hg. C. GEBHARDT (o.J.) 4, 311; Ethik I, Prop. 33, Schol. 2. – [36] H. OLDENBURG: Br. an Spinoza (14. 1. 1676), a.O. 4, 324; J. C. DIPPEL: Fatum fatuum, das ist, die thörige Nothwendigkeit ... (1710). – [37] R. CUDWORTH: The true intellect. system of the universe I, 4 (London 1678) 6f.; weitere Lit. zur Sch.-Diskussion der frühen Neuzeit bei P. F. ARPE: Theatrum fati, sive notitia scriptorum de providentia, fortuna & fato (Rotterdam 1712); J. A. FABRICIUS: Delectus argumentorum ..., c. 16 (1725) 393ff. – [38] Zum Fatalismus-Vorwurf gegen Hobbes vgl. G. HUNTER: The fate of Th. Hobbes. Studia Leibn. 21 (1989) 5-20. – [39] Vgl. Art. ‹Fatalismus›; «pantheistisches oder spinozistisches Sch.» bei W. T. KRUG: Allg. Handwb. der philos. Wiss.en (²1832, ND 1969) 3, 601. – [40] G. BERKELEY: Siris § 331. The works, hg. A. A. LUCE/T. E. JESSOP (London 1948ff.) 5, 151; vgl. auch F. PLUQUET: Examen du fatalisme ou exposition et réfutation des systêmes de fatalisme 1-2 (Paris 1757). – [41] F. HOFFMANN: De fato physico et medico (1723) 16. – [42] S. CLARKE: Streitschr. zw. Leibniz und Clarke, 4. Entgegn. § 1f., in: LEIBNIZ, a.O. [22] 7 (1890) 381; vgl. a.O. 359f. – [43] LEIBNIZ: 3. Schr. § 8, a.O. 365. – [44] 5. Schr. § 13, a.O. 391; vgl. Théod., a.O. [22]. – [45] CH. LANGHANS/J. H. LYSIUS: De necessitate omnium, quae existunt, absoluta in Theodicaea G. G. Leibnitii. Diss. Halle (1724) 15. – [46] J. LANGE: Bescheidene und ausführliche Entdeckung Der falschen Philosophie in dem Wolffianischen Systemate Metaphysico (1724); Caussa Dei et religionis naturalis adversus Atheismum (1727), in: CH. WOLFF: Ges. Werke, hg. J. ECOLE u.a. IV/17 (1984) 516f.; vgl. dazu: B. BIANCO: Freiheit gegen Fatalismus. Zu J. Langes Kritik an Wolff, in: N. HINSKE (Hg.): Zentren der Aufklärung I. Halle (1989) 111-155. – [47] CH. WOLFF: De differentia nexus sapientis et fatalis necessitatis (1724); vgl. auch: Vernünfftige Gedancken von Gott, der Welt und der Seele des Menschen § 885 (1720, ¹¹1751). Ges. Werke I/2 (1983) 550; Theologia naturalis II, 2, 2, § 528 (²1741), a.O. II/8, 2 (1981) 509f.; J. CH. GOTTSCHED: Erste Gründe der ges. Weltweisheit 1, § 334 (1733) 170. – [48] L. HOLBERG: Gedancken über das Wort ‹Sch.› (1759). – [49] VOLTAIRE: Dict. philos. (1764) Art. ‹Destin›. – [50] J. CH. EDELMANN: Glaubens-Bekentniß (1746). Sämtl. Schr., hg. W. GROSSMANN (1969ff.) 9, 80. – [51] I. KANT: KrV A 84f./B 117.

Literaturhinweise. J. A. FABRICIUS s. Anm. [37]. – V. CIOFFARI s. [Lit. zu A.]. – J. C. FRAKES: The fate of fortune in the early MA (Leiden 1988). – A. POPPI s. Anm. [26].

C. *19. und 20. Jh.* – Mit dem ausgehenden 18. Jh. hatte der tradierte Sch.-Begriff (εἱμαρμένη, fatum) der philosophischen Debatte um die Freiheit des menschlichen Handelns auch als polemischer Begriff ausgedient und überlebte nur noch in philosophiehistorischen Rückblikken [1]. Zwar wird in den philosophischen Schriften zum Ende des 18. Jh. und in der ersten Hälfte des 19. Jh. Sch. durchaus nicht selten thematisiert, doch in anderen theoretischen Kontexten. Kennzeichnend für die Zeit ist der Rückgriff auf die Moira- und Tyche-Vorstellung der griechischen Dichtung, besonders der Tragödie. Damit verlagert sich der Begriff in der 1. Hälfte des 19. Jh. vor allem in die Tragödientheorie und Ästhetik [2]. Dabei widerstreiten sich zwei Auffassungen von der antiken Konzeption des Sch. in der Tragödie: Entweder – und zumeist – wird das Sch. fatalistisch aufgefaßt und angeregt von Kants Verständnis personaler Autonomie kritisiert, wie z.B. von K. H. GROS [3] oder von F. SCHILLER [4], der diesem Sch.-Begriff seine Konzeption des «Pathetischerhabenen» entgegenstellt [5]. Oder es wird der antiken Tragödie eine Sch.-Konzeption unterstellt, die auch die Eigenverantwortlichkeit bestehen läßt [6]. Jedenfalls bringen die verschiedenen Interpretationen der dramatischen Konstellation der griechischen Tragödie von F. W. J. SCHELLING, A. W. SCHLEGEL, K. W. F. SOLGER, F. HÖLDERLIN und G. W. F. HEGEL [7] bis zu F. TH. VISCHER [8] jeweils andere Konzeptionen des Tragischen und insbesondere der Rolle des Sch. mit sich [9]. Die «Sch.-Tragödie» [10] des 19. Jh. wurde in Anlehnung an die antike Tragödie verstanden, wenn auch die Unterschiede deutlich waren [11].

Die in der Tragödie zum Ausdruck kommende individuelle Auseinandersetzung mit dem Sch. und die Tendenz, es in das Innere des Menschen zu verlagern, führen dazu, Sch. im Rückgriff auf die griechische Vorstellung des Daimon [12] dem Begriff des Charakters anzunähern. So schreibt J. G. HERDER in seinem Beitrag ‹Das eigene Sch.› für die ‹Horen› von 1795: «Jeder Mensch hat sein eignes Sch., weil jeder Mensch seine Art zu seyn und zu handeln hat. In diesem Verstande nemlich bedeutet Sch. die natürliche Folge unsrer Handlungen, unsrer Art zu denken, zu sehen, zu wirken. Es ist gleichsam unser Abbild, der Schatte, der unsre geistige und moralische Existenz begleitet» [13]. Sch.e sind «die Resultate unserer Handlungen» [14], und damit ist «dein Sch. ... der Nachklang, das Resultat deines Charakters» [15]. NOVALIS pointiert: «Das Fatum, das uns drückt, ist die Trägheit unseres Geistes. Durch die Erweiterung und Bildung werden wir uns selbst in das Fatum verwandeln» [16].

Diese Sch.-Auffassung vertieft HEGEL in der frühen Schrift ‹Der Geist des Christentums und sein Sch.› von 1798/1800 [17] im spekulativen Rahmen seiner Philosophie der Versöhnung. Kants Konzeption der Möglichkeit von Freiheit als moralischem Handeln unter dem Gesetz fordert nach Hegel ihren Preis: Wenn eine Tat nicht dem Gesetz entsprach, kann Strafe nicht das Bewußtsein wiederherstellen, in Einheit mit dem Gesetz zu sein. Hegel versucht dagegen, nicht das Gesetz, sondern das Leben als das «Höchste» anzusetzen. Wenn die Tatfolge nicht als Strafe, sondern als Sch. aufgefaßt wird, nämlich als «das Gesetz selbst, das ich in der Handlung ... aufgestellt habe, in seiner Rückwirkung auf mich»

[18], bleibt sie innerhalb des Zusammenhanges des Lebens, kann insofern angeeignet werden und die Einheit des Bewußtseins wiederherstellen: «Im Sch. aber erkennt der Mensch sein eigenes Leben, und sein Flehen zu demselben ist ... ein Wiederkehren und Nahen zu sich selbst.» «Dies Gefühl des Lebens, das sich selbst wiederfindet, ist die Liebe, und in ihr versöhnt sich das Sch.» [19]. So kann Hegel sagen: «Das Sch. ist das Bewußtsein seiner selbst als eines Ganzen» [20]. Die Verlagerung des Sch. von äußerer Notwendigkeit in das Innere des Handelnden konkretisiert Hegel in der Darstellung der «sittlichen Handlung» am Beispiel der Tragödie [21].

Eine Historisierung des Sch. wird in der Geschichtsphilosophie SCHELLINGS explizit. Sch. charakterisiert die früheste von drei Geschichtsperioden, in denen sich das Absolute offenbart. In der zweiten Periode wandele sich die blinde Herrschaft des Sch. in ein «offenes Naturgesetz». «Die dritte Periode der Geschichte wird die seyn, wo das, was in den früheren als Sch. und Natur erschien, sich als Vorsehung entwickeln und offenbar werden wird, daß selbst das, was bloßes Werk des Sch. oder der Natur zu seyn schien, schon der Anfang einer auf unvollkommene Weise sich offenbarenden Vorsehung war» [22]. Später verändert Schelling dieses Schema der Geschichtsperioden und stellt das Sch. als Übergangsperiode zwischen die geschichtlichen Offenbarungen Natur und Vorsehung, mit denen er die Differenz von Antike und Christentum zu erfassen sucht [23].

Auch bei F. HÖLDERLIN wird ‹Sch.› – unter anderem – zu einem geschichtsphilosophischen Begriff und meint den Prozeß der Wechselwirkung von Kunst und Natur in der jeweiligen geschichtlichen Periode [24]. In seinem Spätwerk, bei der Konzeption des Bildungstriebes in der Differenzierung von Antike und Moderne, Hellas und Hesperien, wird die Schwäche der Moderne und Hesperiens im «Schicksallosen» [25] gesehen, womit Hölderlin nicht den Zustand der Götter, sondern den der Erstarrung, des Nicht-Lebendigen meint. Im religionsphilosophischen Kontext umschreibt Hölderlin den nicht mehr teleologisch zu fassenden Zusammenhang von Göttlichem und Menschlichem im geschichtlichen Prozeß als «Geschick». In den Kommentaren zu Pindar ist das Sch. der Begegnungsort zwischen Gott und Mensch [26].

In der Abkehr von der idealistischen Freiheitsphilosophie führt A. SCHOPENHAUER die alte Frage nach der Freiheit oder Notwendigkeit allen Geschehens in der Entfaltung seiner Metaphysik des «Willens» einer streng deterministischen Lösung zu. Diesen «demonstrablen Fatalismus» hebt er von einem «transzendenten Fatalismus» ab [27]; unter diesem versteht er den Glauben an die Zweckmäßigkeit des Geschehens im individuellen Leben. Dazu bedürfe es eines Sch.-Begriffes, der sowohl den Gedanken der streng kausaldeterministischen Notwendigkeit im Sinne der griechischen Heimarmene, die individuelle Gelenktheit im Sinne des Daimons und die vernünftige zweckgerichtete Gelenktheit im Sinne der christlichen Vorsehung (Pronoia) umgriffe [28]. Obwohl ein solcher Begriff nur annäherungsweise in Analogien faßbar sei, glaubt Schopenhauer doch mit seinem Willensbegriff das Geforderte leisten zu können. Die scheinbar freien Wahl- und Entscheidungsakte des Menschen sind nichts als die Objektivationen des Weltwillens und insofern notwendig.

Die subjektivierende Auffassung des Sch. in der Nachfolge Hegels wurde im 20. Jh. in G. SIMMELS Betrachtung über ‹Das Problem des Sch.› radikalisiert [29]. Die sinngebende Kraft des Subjekts mache ein Geschehen erst zum Sch. Äußere Ereignisse werden durch die «Assimilationskraft» angeeignet und «zum Sch. gestaltet» [30]. Analog zu Kants Erkenntnisbegriff «kann uns nur das zum Sch. werden, was von unserer eigensten Lebensstimmung aufgenommen und zum Sch. bearbeitet werden kann» [31]. Sch. wird damit zu einer Funktion des Charakters und hebt sich selbst auf, wie W. BENJAMIN kritisiert. Er versucht nun, den Begriff ‹Sch.› «reinlich von dem des Charakters» [32] zu scheiden und seines «ursprünglichen Lebens im deutschen Sprachraum aktual habhaft zu werden» [33]. Sch. sei «juridisch» als «Schuldzusammenhang des Lebendigen» zu verstehen [34].

Das Problem des Sch. in der Gleichsetzung mit Charakter wird konsequenterweise Thema in der Psychologie. S. FREUD verwendet das Wort ‹Sch.› bei weitem nicht so häufig [35], wie das geläufige Bonmot «Die Anatomie ist das Sch.» – einmal die ‹tierische› Beschaffenheit der Geschlechtsorgane [36], dann auch die Geschlechterdifferenz [37] meinend – vermuten ließe. Für Freud hat das Über-Ich die frühere Funktion des Sch. eingenommen [38], das mit Hilfe der Psychoanalyse zwar in seiner leidvollen Auswirkung im individuellen Leben gemildert, nicht aber in seinem grundsätzlich determinierenden Charakter aufgelöst werden kann. Eine explizite «Sch.-Analyse», die verschiedene Arten der individuellen Determination differenziert («Ahnen-Sch.», «Umwelt-Sch.», «Wahl-Sch.»), ist ab 1940 von L. SZONDI im Anschluß an Freud in verschiedenen Stufen entwickelt worden [39].

In der Zeit zwischen den Weltkriegen folgt «wie ein unheimlicher Schatten ... den neu auftretenden Lebenslehren auf dem Fuße das Gespenst des Sch.» [40]; der «Sch.-Gedanke» wurde zum «Ausdruck für das Suchen der Zeit» [41]. Einen kaum zu überschätzenden Einfluß hatte O. SPENGLERS ‹Untergang des Abendlandes› von 1918 (^{47}1922/23). In dessen morphologischer Darstellung sich schicksalhaft entwickelnder Kulturkreise wird ‹Sch.› zum Leitbegriff eines antirationalen Geschichtsverständnisses. Die Sch.-Idee wird dem Kausalitätsprinzip entgegengesetzt; sie verlange statt «Berechnung» und «Geist» die «Kraft des Schauens» und «Tiefe» [42]. Gegenüber dem «Verstandesmäßigen, Gesetzhaften» der Kausalität sei ‹Sch.› «das Wort für eine nicht zu beschreibende innere Gewißheit» [43]. Sch. als nicht rational zu erfassendes «Erlebnis» erschließe sich allenfalls in der Kunst, besonders der Tragödie [44].

Den – scheinbaren – 'Fatalismus' der Spenglerschen Geschichtskonzeption konnte die nationalsozialistische 'Revolution' nicht akzeptieren [45]. Das Sch. wird vielmehr zur «Aufgabe» und muß durch die Tat vollendet werden. Zum ersten Mal bekommt ‹Sch.› eine normative Konnotation; Sch. ist das, was es zu erfüllen gilt. Die «nordische» und «germanische» Sch.-Auffassung wird der «vorderasiatischen» und «semitischen», nämlich fatalistischen, entgegengesetzt [46].

Im philosophischen Denken dieser Zeit scheint es kaum möglich, schärfere begriffliche Konturen um das Modewort ‹Sch.› zu ziehen. P. TILLICH redet in seiner Antrittsvorlesung ausgiebig vom Sch. und will die Philosophie über dieses stellen, «denn sie ist Erkenntnis des Seins, das jenseits des Sch. steht» [47]. M. HEIDEGGER nimmt in ‹Sein und Zeit› ‹Sch.› als Kategorie der Zeitlichkeit des Daseins für die Existenzialanalytik in Anspruch, indem er das Sch. in das Gerüst der Seinsverfaßtheit des Daseins von «Sorge», «Sich-Entwerfen» und in den Tod vorlaufende «Entschlossenheit» einbezieht:

Mit ‹Sch.› «bezeichnen wir das in der eigentlichen Entschlossenheit liegende ursprüngliche Geschehen des Daseins, in dem es sich frei für den Tod ihm selbst in einer ererbten, aber gleichwohl gewählten Möglichkeit überliefert» [48]. Dasein ist Sch.; Sch. als individuelles wird abgesetzt vom ‹Geschick›, das Heidegger hier, anders als später, als «Geschehen der Gemeinschaft, des Volkes» faßt [49].

In seinen Vorlesungen von 1934/35 sieht Heidegger – genau im Geiste und Sprachgebrauch der Zeit – die «asiatische Vorstellung von Sch.» bei Hölderlin überwunden und versucht, dem Wort eine tiefere Dimension zu geben: «Wir müssen lernen, dieses wesentlich deutsche Wort als Nennung eines wesentlichen Seyns in seinem wahren deutschen Gehalt wesentlich zu gebrauchen, und das heißt auch: selten» [50]. Die «Übermacht des Sch.», vor der auch die Wissenschaft ausharrend um ihre «Unkraft» weiß [51], wird in Heideggers späterem Denken als «Geschick des Seins» ein Schlüsselbegriff für seine Kritik der neuzeitlichen Subjektivität, Rationalität und Philosophie insgesamt, deren Geschichte «west als das Geschick der Wahrheit des Seins aus diesem» [52]. Nicht mehr der Mensch ist das «Werfende im Entwerfen», wie in ‹Sein und Zeit›, «sondern das Sein selbst, das den Menschen in die Ek-sistenz des Da-seins als sein Wesen schickt» [53] und dem der Mensch im «Schicklichen» entspricht. Auch die geschichtliche Verdeckung des Seins im «Gestell» der Technik sei noch eine Weise des Geschicks des Seins [54], das sich «verweigert» oder «lichtet». «Das Geschickliche im Geschick ist, daß es sich in die je eigene Schickung schickt. Sich schicken heißt, sich aufmachen, um sich zu fügen in die gewiesene Weisung, auf die ein anderes, noch verhüllteres Geschick wartet» [55]. Das «Schicken» des Seins in den verschiedenen Epochen wird im späten Vortrag von 1963 ‹Zeit und Sein› als ein Zusammen von «Geben» und «Reichen» von Zeit ausgeführt [56]. Für die Philosophie des 20. Jh. ist diese aus dem Geist der Zeit erwachsene [57] Remythisierung von Sch. singulär. Nicht nur K. JASPERS kritisiert an Heidegger, «daß es sich für Menschen nicht um eine imaginäre Seinsgeschichte und das passive Erfahren von Schickungen handelt, sondern um das, was sie tun, mit anderen tun, andere tun lassen» [58].

Nur selten ist der Sch.-Begriff in der Philosophie der zweiten Hälfte des 20. Jh. noch ein Thema. In A. CAMUS' Theorie des Absurden, die den Menschen als ganz auf sich gestellt sieht, wird aus dem Sch. «une affaire d'homme, qui doit être réglée entre les hommes ... S'il y a un destin personnel, il n'y a point de destinée supérieure» [59]. Der Emanzipationsgestus, mit dem die alte Vorstellung von Sch. verabschiedet wird, kann auch später nur ausnahmsweise die Diskussion über den Sch.-Begriff wiederbeleben [60]. Auch wenn noch einmal – ohne weitere Resonanz – eine «Lanze für das Sch.» gebrochen wird [61], hat der Sch.-Begriff als Ausdruck einer Regression in nichtbegriffliches, mythisches Denken [62] ausgedient.

Anmerkungen. [1] J. C. G. WERDERMANN: Versuch einer Gesch. der Meinungen über Sch. und menschl. Freiheit von den ältesten Zeiten an bis auf die neuesten Denker, als des neuen Versuchs zur Theodicee Dritter Teil (1793). – [2] Bei W. HEBENSTREIT: Encycl. der Ästhetik (Wien 1843, ND 1978) hat ‹Sch.› neben ‹Aesthetik› und ‹Tragödie› den umfangreichsten Eintrag; vgl. LALANDE[10] s.v. ‹destin›. – [3] K. H. GROS: Ueber die Idee der Alten vom Sch. Die Horen I/8 (1795) 75-86. – [4] F. SCHILLER: Über die trag. Kunst (1792). Nat.Ausg. 20 (1962) 157. – [5] Vgl. Art. ‹Pathetisch, das Pathetische›, in: Hist. Wb. Philos. 7 (1989) 170-173. – [6] K. PH. CONZ: Etwas über die älteren Vorstellungen von Sch., Nothwendigkeit und Strafgerechtigkeit mit Bezug auf einen Aufsatz in den Horen VIII vom Jahre 1795, in: Beitr. zur Philos. und Gesch. der Sittenlehre, hg. C. F. STÄUDLIN 4 (1798) 51-82; später in: Kleinere pros. Schr. vermischten Inhalts 2 (1822) 167-197. – [7] F. W. J. SCHELLING: Br. über den Dogm. und Crit. (1795). Sämmtl. Werke, hg. K. F. A. Schelling (1856-61) I/1, 336; Philos. der Kunst (1802) a.O. I/5, 696ff.; A. W. SCHLEGEL: Gesch. der klass. Lit. Über die dramat. Poesie der Griechen. Krit. Schr., hg. E. LOHNER 3 (1964) 267f.; K. W. F. SOLGER: Erwin. Vier Gespräche über das Schöne und die Kunst (1815), hg. W. HENCKMANN (1971) 235ff.; Beurteilung der Vorles. über dramat. Kunst und Lit. Nachgel. Schr. und Br.wechsel, hg. L. TIECK/F. VON RAUMER (1826) 533. 557f.; F. HÖLDERLIN: Anm. zum Oedipus. Sämtl. Werke, hg. F. BEISSNER (1946ff.) 5, 197ff.; vgl. auch: H. BLÜMNER: Über die Idee des Sch. in den Tragödien des Aischylos (1814). – [8] F. TH. VISCHER: Über das Erhabene und das Komische (1837), in: Krit. Gänge, hg. R. VISCHER 4 (1922) 3-158, bes. 59ff. – [9] Zur Frage, ob Drama oder Epos geeigneter sei für die Darstellung des Sch. vgl. G. W. F. HEGEL: Vorles. über die Ästhetik. Jub.ausg., hg. H. GLOCKNER (1927-40) 14, 366; SCHELLING: Philos. der Kunst, a.O. [7] 646f. – [10] Nach GRIMM 8 (1893) 2663f. ‹Sch.-Tragödie› zuerst bei G. G. GERVINUS: Gesch. der poetischen Nat.-Lit. der Deutschen 5 ([4]1853) 624 als Bezeichnung für die Tragödienproduktion der Zeit. – [11] P. HANKAMER: Art. ‹Sch.-Tragödie› (1928/29), in: Reallex. der dtsch. Lit.gesch., hg. W. KOHLSCHMIDT/W. MOHR ([2]1977) 626-633. – [12] Vgl. auch: J. W. GOETHE: Zum Gedicht ‹ΔΑΙΜΩΝ, Dämon›. Hamb. Ausg. 1, 403f. – [13] J. G. HERDER: Das eigene Sch. Die Horen I/3 (1795) 1-21. Sämmtl. Werke, hg. B. SUPHAN 18 (1883) 404-420, hier 405. – [14] a.O. – [15] a.O. 407. – [16] NOVALIS: Frg. (1797/98). Philos. Schr., hg. R. SAMUEL 2 ([3]1981) 583f. – [17] G. W. F. HEGEL: Theol. Jugendschr., hg. H. NOHL (1907); zum Sch.-Begriff beim frühen Hegel vgl. bes. B. LIEBRUCKS: Sprache und Bewußtsein (1966) 3, 218-235. – [18] a.O. 392. – [19] 282f. – [20] a.O. – [21] Phänomenol. des Geistes (1807). Akad.-A. 9, hg. W. BONSIEPEN/R. HEEDE (1980) 251ff.; vgl. BREMER, a.O. [4 zu A.]. – [22] F. W. J. SCHELLING: System des transz. Idealismus (1800), a.O. [7] I/3, 603f. – [23] Philos. der Kunst (1802), a.O. I/5, 429. 453. – [24] F. HÖLDERLIN: Grund zum Empedokles. Sämtl. Werke, hg. F. BEISSNER (1946ff.) 4/1, 152ff., bes. 157. – [25] Anm. zur Antigonä, a.O. 5, 269f. – [26] a.O. 5, 283. 288. – [27] A. SCHOPENHAUER: Transsc. Spekulation über die anscheinende Absichtlichkeit im Sch.e des Einzelnen, in: Parerga und Paralip. I. Sämtl. Werke, hg. A. HÜBSCHER 5 ([3]1972) 216f. – [28] a.O. 223. – [29] G. SIMMEL: Das Problem des Sch. (1913), in: Brücke und Tor (1957); auch in: Das Individuum und die Freiheit (1984) 12-18; vgl. H. Graf KEYSERLING: Das Sch.-Problem (1910), in: Philos. als Kunst ([2]1922) 145-161, bes. 148f. – [30] a.O. 13ff. – [31] 16. – [32] W. BENJAMIN: Sch. und Charakter (1919). Ges. Schr., hg. R. TIEDEMANN u.a. II/1 (1977) 171-179, hier: 173. – [33] Br. an Hofmannsthal (1924), a.O. II/3, 941. – [34] a.O. [32] 175. – [35] S. FREUD: Dostojewski und die Vatertötung. Ges. Werke 1-18 (London 1940-68) 14, 409; vgl. 486. 170; Jenseits des Lustprinzips, a.O. 13, 20. – [36] Beitr. zur Psychol. des Liebeslebens, a.O. 8, 90. – [37] Der Untergang des Ödipus-Kompl., a.O. 13, 400. – [38] Das Ich und das Es (1923), a.O. 13, 288. – [39] Resümierend L. SZONDI: Mensch und Sch. Elem. einer dialekt. Sch.-Wiss. (Anankologie). Wissenschaft Weltbild 7 (1954) 15-34; vgl. H. ELLENBERGER: Das menschl. Sch. als wiss. Problem. Psyche 4 (1951) 576-610; G. GUT: Sch. in Freiheit (1965). – [40] H. HEINZELMANN: Sch. und Vorsehung. Ein kirchl. Vortrag (Basel 1923). – [41] So ein Aufsatztitel von K. HEIM: Glaube und Leben (1928) 406-429. – [42] O. SPENGLER: Der Untergang des Abendlandes ([59]1983) 153. – [43] a.O. – [44] a.O. 181; vgl. 154. – [45] M. LUDENDORFF: Wahn über die Ursachen des Sch. (1934); A. ROSENBERG: Der Mythos des 20. Jh. ([6]1942) 551. – [46] z.B. H. MANDEL: Der nord. Mensch und das Sch. Dtsch. Glaube. Z. für arteigene Lebensgestaltung, Weltschau und Frömmigkeit (Juli 1937) 348-357; W. GREBE: Der german. Sch.-Gedanke, a.O. (Jan. 1941) 6-17; G. GUNNARSSON: Nord. Sch.-Gedanke (1937/39); vgl. O. BECKER: Nordische Metaphysik. Rasse 5 (1938) 85; vgl. für den weiteren Umkreis auch H. NEUMANN: German. Sch.-Glaube (1934); W. GEHL: Der german. Sch.-Glaube (1939). – [47] P. TILLICH: Philos. und Sch.

Kantstudien 34 (1929) 300-311. – [48] M. HEIDEGGER: Sein und Zeit § 74 (1927) 384f. – [49] a.O.; zu ‹Geschichtlichkeit› bei Heidegger, neben Spengler und Heim gestellt, vgl. H. E. EISENHUT: Sch. und Schuld. Z. Theol. Kirche, NF 13 (1932) 1-26. – [50] Hölderlins Hymnen ‹Germanien› und ‹Der Rhein› (Vorles. 1934/35). Ges.ausg. II/39 (1980) 173. – [51] Die Selbstbehauptung der dtsch. Univ. (Rektoratsrede 1933, ND 1983) 11f. – [52] Über den Humanismus (1947) 81, in: Wegmarken (1967) 165. – [53] a.O. 84; vgl. Art. ‹Geschichte›, in: Hist. Wb. Philos. 3 (1974) 387. – [54] Die Frage nach der Technik, in: Vortr. und Aufs. (1954) 28. 32ff. – [55] Die Kehre (1949), in: Die Technik und die Kehre (³1976) 37. – [56] Zeit und Sein, in: Zur Sache des Denkens (1969) 21ff. – [57] Dazu CH. Graf VON KROCKOW: Die Entscheidung. Eine Unters. über E. Jünger, C. Schmitt, M. Heidegger (1958). – [58] K. JASPERS: Notizen zu M. Heidegger, hg. H. SANER (1978) 123; zur Kritik an Heideggers Konzeption von Sch. und Geschick vgl. K. LÖWITH: Heidegger. Denker in dürftiger Zeit (1953) 48ff. – [59] A. CAMUS: Le mythe de Sisyphe (Paris 1942) 167f. – [60] U. SONNEMANN: Negative Anthropologie. Vorstud. zur Sabotage des Sch. (1969). – [61] Im Anschluß an Simmel: M. LANDMANN: Eine Lanze für das Sch., in: Das Ende des Individuums (1971) 208-214; Virtus und Fatum, in: Pluralität und Antinomie (1963) 151-197. – [62] Vgl. J. HABERMAS: Vorstud. und Ergänz. zu einer Theorie des kommunik. Handelns (1984) 489; zu Habermas' Bezug auf den Sch.-Begriff des frühen Hegel vgl. A. CRÉAU: Kommunikat. Vernunft als 'entmystifiziertes Sch.' (1991).

Literaturhinweise. K. HANCKE: Die Auffassung des Sch. im dtsch. Irrationalismus des 18. Jh. Diss. Berlin (1935). – C. RIEMANN: Goethes Gedanken über Sch. und Willensfreiheit. Wiss. Z. F.-Schiller-Univ. Jena, Ges.- und Sprachwiss., Reihe 9 (1959/60) 173-187. – B. LIEBRUCKS s. Anm. [17]. – O. MARQUARD: Ende des Sch.? (1977), in: Abschied vom Prinzipiellen (1982) 67-90. – D. BREMER s. Anm. [4 zu A.]. – H. EBELING: Heidegger: Gesch. einer Täuschung (1990) 35-56. M. KRANZ

Schizophrenie (von griech. σχίζειν spalten, φρήν Geist, Bewußtsein) wurde 1911 von E. BLEULER für die Dementia praecox (frühzeitige Verblödung) geprägt [1]; darunter hatte E. KRAEPELIN eine Psychose mit «Zerstörung des inneren Zusammenhangs der psychischen Persönlichkeit», Abschwächung des Wollens und Verlust der «inneren Einheitlichkeit von Verstandes-, Gemüts- und Willensleistungen» verstanden [2].

1. Kraepelin verband bei seiner Konstruktion Züge der paranoiden Erkrankungsformen mit dem von K. KAHLBAUM umrissenen Bild der Katatonie und der von E. HECKER [3] beschriebenen Hebephrenie. Er schrieb die von ihm zusammengefügten Zustandsbilder zunächst jüngeren Kranken zu und nahm Verblödung als einheitlichen Endzustand an. Bei seinen später vorgenommenen Symptomgruppierungen betrachtete KRAEPELIN die Verbindung mit dem jüngeren Lebensalter nicht mehr als zwingend, und auch die Verblödung erschien ihm nicht mehr durchgängig gegeben. Er rückte jedoch nicht mehr vom eingeführten Terminus ab [4].

Die durch Kraepelin vorgenommene Abgrenzung ist bis heute gültig, wenn auch fraglich sein muß, ob die von ihm getroffenen Zusammenfassungen sich in allen Aspekten mit den heute unter diesen Krankheiten beschriebenen Erscheinungen decken. Kraepelin schildert als Begleitsymptome der Dementia praecox akzidentelle körperliche Veränderungen, Atavismen, degenerative Zeichen und Entwicklungsstörungen wie Polydaktylie, enge und hohe Gaumen, Schmalbrüstigkeit, Pelzmützenhaar; er hat also beim Gesamtbild der Krankheit auch somatische Auffälligkeiten vor Augen, die heute nicht mehr zu ihren Symptomen gezählt werden [5]. Ferner geht er von familiären Belastungen bei Dementia praecox aus und hebt u.a. frühe Todesfälle, merkwürdige Charaktere, Trunksucht, Kopfschmerzen und absonderliche Vornamen bei Verwandten der Kranken hervor [6] – eine Betrachtungsweise, die heute ebenfalls nicht mehr üblich ist.

Kraepelins Konstruktion der Dementia praecox ist in ein Konzept von Entartung eingebettet; sie äußert sich für Kraepelin in moralisch-sozialer Unangepaßtheit auf der Grundlage konstitutioneller Minderwertigkeit [7]. Kraepelin erblickt darin nicht die Ursache, sondern die Bedingung für psychische Auffälligkeiten. Er verharrt dabei in einer bewertenden Metaphorik von Auffälligkeit, Minderwertigkeit und Lästigkeit, ohne auf die Theorien oder den experimentellen Apparat der Psychologie seiner Zeit zurückzugreifen, in der er als Schüler Wundts große Kennerschaft besaß [8].

2. BLEULERS Neuprägung ‹Sch.› zielt auf die nämlichen Symptome wie Kraepelins Dementia praecox. Er bemängelt an Kraepelins Begriff den Beiklang von früher Verblödung, der dem Wort trotz Kraepelins Einschränkungen weiter anhafte, ferner die fehlende Möglichkeit, Kranke damit zu bezeichnen, und die Schwierigkeit einer Adjektivbildung [9]. C. G. JUNG, auf dessen Monographie über Dementia praecox von 1907 [10] und dessen experimentelle Studien sich BLEULER stützt, greift gelegentlich zu den Wortprägungen «frühverblödet» bzw. «Frühverblödete», ohne dem Aspekt eines frühen Verfalls selbst zuzustimmen [11].

Bleuler betrachtet die Sch. nicht als Krankheitseinheit, sondern als Gruppe von Krankheiten. Er geht von den theoretischen Ansätzen der durch Freud vermittelten Assoziationspsychologie aus und versucht den Persönlichkeitszerfall der Kranken als experimentell darstellbare Störung der Assoziationstätigkeit zu beschreiben, in der sich eine «Spaltung der verschiedensten psychischen Funktionen» niederschlage [12]. JUNG und BLEULER greifen auf Freuds Komplextheorie zurück, nach der eine psychische Traumatisierung empfindliche emotionale Bereiche («gefühlsbetonte Komplexe») zurückläßt, die sich in gestörten Assoziationen bei der experimentellen Darbietung entsprechender Reizwörter kundtun [13]. Bleuler beschreibt die schizophrene Spaltung als Beherrschung und Repräsentation der Person durch einzelne wechselnde Komplexe; er hebt dabei die affektive Ambivalenz der Patienten hervor. Die Störung des Willens betrachtet er als Ergebnis der Gefühlszerrüttung. Ausgangspunkt bildet nicht die umfassende Zerstörung von Person und Ich, sondern eine intakte «autopsychische Orientierung», sofern nicht Wahnideen die Person «fälschten» [14]. Die Lockerung der Logik schließe alle den gefühlsbetonten Komplexen widersprechenden Assoziationen aus, so daß der Kranke sich «autistisch» in eine Wunschwelt zurückziehe [15]. Entartungskonzepte und die Nähe zu körperlichen Krankheiten oder Stigmata fehlen dieser psychodynamischen Darstellungsweise, die KRAEPELIN zurückweist [16].

BLEULER und JUNG ziehen keine scharfe Grenze zwischen den Neurosen und der Sch. In beiden Fällen seien gefühlsbetonte Komplexe nachweisbar; eine Differenzierung wird durch den Grad der Persönlichkeitsveränderungen und den Umgang der Patienten mit ihr vorgenommen. Jung spricht im Zusammenhang mit der Sch. von einem Sieg der Krankheit, während der Neurotiker noch um die Integration seiner Persönlichkeit kämpfe [17]. Bleuler und Jung betonen die Prägung des klinischen Bildes der Sch. durch die schweren und hospitalisierten Fälle in den Anstalten. Bei Einbeziehung der

Mehrzahl von Schizophrenen mit minder schweren Symptomen, die außerhalb der Anstalten lebten und diese mieden, müsse auch die psychopathologische Darstellung der Krankheit minder dramatisch ausfallen. BLEULER bezweifelt die heilsame Wirkung des Anstaltsaufenthaltes. Besonders JUNG hebt die Möglichkeit der ambulanten psychotherapeutischen Behandlung hervor [18].

Die Vertiefung in die schizophrene Symptomatik und in die Phantasieproduktionen schizophrener Patienten war für JUNG Anlaß, überindividuelle psychische Geschehnisse als Bewegungs- und Entwicklungsmomente der Psyche anzunehmen. Dies führte zum Bruch zwischen Freud und Jung und zur Ausbildung der Jungschen Archetypenlehre und der Lehre vom «kollektiven Unbewußten» [19].

BLEULER unterscheidet bei der Sch. primäre und sekundäre Störungen. Die primären Symptome, zu denen er die Assoziationsstörungen zählt, sieht er wie Kraepelin als Ergebnis eines unbekannten somatischen Krankheitsprozesses an, bei dem er eine Psychogenese für möglich hält, aber der Erwägung einer Stoffwechselstörung als Ursache den Vorzug gibt [20]. Die sekundären Symptome – z.B. die Affektstörungen – betrachtet er als Ergebnisse psychischer Reaktionen auf die Traumatisierung durch die Krankheit. JUNG folgt zunächst den ätiologischen Erwägungen Bleulers, rückt aber später die psychischen Zusammenhänge in den Vordergrund, ohne die Hypothese einer Stoffwechselstörung ganz auszuschließen. Er hält jedoch auch eine reine Psychogenese für denkbar und schlägt schließlich vor, über Ursachen erst wieder nachzudenken, wenn die psychischen Zusammenhänge angemessen behandelt worden seien [21].

Die von Bleuler und Jung erarbeiteten theoretischen Ansätze schaffen insgesamt eine Öffnung der psychiatrischen Theoriebildung für psychoanalytische Gedanken; ihnen folgt alsbald eine erste psychoanalytische Theorie der Dementia praecox durch K. ABRAHAM. Abraham schreibt den an Dementia praecox Erkrankten eine anlagebedingte, schon in der Kindheit abnorm gesteigerte Sexualität zu, die eine Unfähigkeit zur Sexualübertragung, Objektliebe und Sublimierung, somit den «Autoerotismus» hervorbringe; in ihm erblickt Abraham den psychosexuelle Eigenart der Krankheit [22]. 1911 legt auch S. FREUD theoretische Erörterungen über psychotische Phänomene vor [23], ohne eine Theorie der Psychosen oder der Sch. daraus abzuleiten. Freud kritisiert sowohl die Kraepelinsche als auch die Bleulersche Krankheitsbezeichnung als unzweckmäßig [24]. Die Sch. und die Psychosen insgesamt haben seither die psychoanalytische Theoriebildung immer wieder beschäftigt [25].

Besonders Bleulers Arbeit, die größere Verbreitung fand, fachte mit ihrer hermeneutischen Orientierung eine langanhaltende Kontroverse um grundsätzliche Erkenntnisfragen in der Psychopathologie an, die sich bis nach 1930 hinzog und bis heute nicht zum Stillstand gekommen ist. Im Gefolge von W. DILTHEYS Versuch, den «verstehenden» Geisteswissenschaften in Abhebung von den «erklärenden» Naturwissenschaften einen eigenständigen erkenntnistheoretischen Status zu verleihen [26], erstreckt sich die Diskussion um die Sch. über die Frage der psychopathologischen Richtigkeit der getroffenen Abgrenzungen und Konfigurationen hinaus auf grundsätzliche Probleme des Verhältnisses zwischen natur- und geisteswissenschaftlichen Anteilen in der Psychopathologie. Die Sch. wird insbesondere durch K. JASPERS stellvertretend für die «Geisteskrankheiten» als «uneinfühlbar» bzw. «unverstehbar» eingestuft, im Gegensatz zu den «einfühlbaren» Gemütskrankheiten [27].

3. Das von Bleuler geprägte Wort ‹Sch.› fand rasch Eingang in den fachlichen Sprachgebrauch. Zu der gegenüber Kraepelin etwas veränderten Auffassung des Krankheitsbildes verhielten sich zumindest die deutschen Psychiater jedoch lange Zeit reserviert. Kraepelins Entartungsdenken besaß genug Autorität, um den Grundsätzen und Modalitäten seiner Abgrenzung Dominanz zu sichern. Noch unter seiner Leitung wurde die genealogische Deutung der Krankheit so weit in den Vordergrund gerückt, daß an Sch. leidende Menschen – gemeinsam mit manisch-depressiven Psychotikern, chronischen Alkoholikern, geistig Behinderten, Epileptikern und Psychopathen – im Machtbereich des Nationalsozialismus als «Entartete» bzw. «Ballastexistenzen» zusammengefaßt und sterilisiert bzw. getötet wurden [28]. Gegenüber Bleulers psychodynamischer Auffassung und seiner Einteilung der Symptome in «primäre» Assoziationsstörungen und «sekundäre» Affektstörungen rückt K. SCHNEIDER [29] das paranoid-halluzinatorische Erleben der Kranken als «Symptomatik ersten Ranges» in den Vordergrund und macht damit wieder die Auffälligkeit und Andersartigkeit der Schizophrenen zum leitenden Gesichtspunkt der Krankheitsauffassung. Schneider steht Kraepelins Denken nicht fern, benutzt aber durchgängig den Terminus ‹Sch.›. Er beeinflußte die deutsche Psychopathologie maßgeblich bis nach 1960 [30]. Noch im Umkreis von Schneiders Wirken faßt die Daseinsanalyse von L. BINSWANGER die Psychosen als phänomenologisch einsichtig zu machende «Daseinsentwürfe» des Subjekts auf, als eine bestimmte Struktur des «In-der-Welt-Seins» [31].

In den USA wird die Sch. in der Lehrbuchliteratur besonders infolge des Wirkens von H. S. SULLIVAN vielfach als «Lebensschwierigkeit» («disorder of living») bzw. als «schizophrene Lebensweise» mit unzulänglichen oder unzureichenden interpersonalen Beziehungen ohne Erkrankung des organischen Substrats aufgefaßt. Sullivan unterscheidet davon die Dementia praecox, die er als organische, degenerative Krankheit auffaßt. Die Symptome beider Krankheitsformen können sich ähneln, auch die Endzustände können in beiden Fällen das Bild des «hebephrenen Zerfalls» annehmen. Ein im Gegensatz zu plötzlichen krisenhaften Ausbrüchen eher schleichender Verlauf läßt nach dieser Lehre die organisch verursachte Erkrankung vermuten und gibt zu einer schlechteren Prognose Anlaß [32].

Sullivans Betonung interpersoneller Aspekte wird von der amerikanischen «Palo-Alto-Gruppe» um G. BATESON entfaltet. Diese Forscher stellen in der frühen Kindheit gestörte familiale Kommunikationsprozesse insbesondere zwischen Mutter und Kind als mögliche pathogene Faktoren bei Sch. und allgemein bei psychischen Störungen in den Vordergrund, bei denen das Kind unvollständige und widersprüchliche Informationen über die Intentionen seiner Bezugspersonen verarbeiten muß («double bind», «rubber fence») [33]. Unter Berufung auf Binswanger, Heidegger und Sartre verarbeitet R. D. LAING diese Ansätze zu einer existentiell-phänomenologischen Deutung der Sch. als Ausdruck einer Existenz «ohne Hoffnung», die sich im Zustand «ontologischer Unsicherheit» durch Störung des Gefühls der körperlichen Realität befindet. Körperliche Erfahrungen werden als depersonalisierte Teile eines «falschen Selbst-Systems» erlebt, von dem ein unverkörpertes «wahres Selbst» abgespalten ist [34].

Der im internationalen Lehrbuchstandard derzeit gültige Sch.-Begriff beschreibt bei den Patienten eine tiefgehende Persönlichkeitsstörung hinsichtlich ihres Empfindens von individueller Einheit und Umschriebenheit, ferner bei erhaltener Intelligenz und bei (im allgemeinen) klarem Bewußtsein Denkstörungen, das Gefühl von Fremdbeeinflussung, bisweilen bizarre Wahnideen, abnorme und situationsinadäquate Affekte sowie autistischen Rückzug. Die Wahnideen und -wahrnehmungen können Halluzinationen einschließen, insbesondere das Hören von Stimmen, die den Kranken direkt ansprechen oder sein Handeln, Denken und Empfinden kommentieren. Alltägliche Gegebenheiten können eine speziell auf den Kranken bezogene, oft unheimliche Bedeutung erhalten. Nebensächliche Aspekte können das Denken beherrschen und die Sprache bizarr oder unverständlich erscheinen lassen. Unterbrechungen des Gedankenganges sind häufig. Ambivalenz und Willensstörungen können als Untätigkeit, Negativismus oder Stupor bis zur katatonen Ausprägung hervortreten [35].

Derzeit wird vielfach von der Vermutung ausgegangen, es handele sich bei der Sch. nicht um eine einheitliche Störung, sondern um eine Störungsgruppe. In der Ursachenforschung werden neben psychophysiologischen Zusammenhängen vor allem biochemische und endokrinologische sowie genetische Hypothesen verfolgt [36]. Dabei konnte bislang weder eine umschriebene biologische Ursache ermittelt werden, noch gelang eine Beschreibung der Sch. in biologischen Parametern [37]. Die Ursachenlehre geht deshalb von einer individuellen Kombination aus genetischen Faktoren, individuellen Erlebnisreaktionen, interpersonell-kommunikativen Beeinträchtigungen und krisenhaften biographischen Belastungen aus. – Von den vielfältigen therapeutischen Bemühungen um die Sch. waren von theoretischer Bedeutung vor allem die Versuche einer psychoanalytischen Behandlung (in den 50er und 60er Jahren), die jedoch vorerst als gescheitert gelten müssen.

Im Zusammenhang mit fachlichen und politischen Reformbemühungen in den angelsächsischen Ländern, Italien, Frankreich und der Bundesrepublik Deutschland entstand nach 1965 eine breite Diskussion um die psychiatrischen Anstalten, in deren Verlauf viele wissenschaftliche und anstaltspraktische Aspekte der psychiatrischen Versorgung zum Gegenstand der Kritik wurden [38]. Die Sch. wird dabei – bisweilen über die fachliche Diskussion hinaus auch in Film und Literatur [39] – als Angelpunkt für grundsätzliche Zweifel an psychiatrischen Diagnosen, für die Annahme einer primären Kommunikationsbedingtheit psychischer Störungen oder zur Darstellung einer vermuteten besonderen, fruchtbaren Eigenart psychischer Besonderheiten herangezogen [40].

G. Deleuze und F. Guattari versuchen, Sch. mit der politischen Ökonomie des Marxismus zu verbinden. Die bei Schizophrenen zu beobachtenden «Deterritorialisierungen» und «Dekodierungen» [41] von Libido-Strömen zwischen «Partialobjekten» [42] soll der ökonomischen Zirkulation des «Tauschwertes» durch «Gebrauchs-Segmente» korrespondieren [43]. Das Freudsche Modell des Wunsches in Gestalt der ödipalen Mangelerfahrung erscheint im Lichte der ‹Schizo-Analyse› ebenso als «reterritorialisierende» Repression wie die Aneignung des Mehrwertes durch die herrschende Klasse [44]. Im Anschluß an Deleuze/Guattari [45] und im Rückgriff auf Nietzsches energetisches Konzept der Macht versucht J.-F. Lyotard das von ihm als schizophren triebhaft Angesehene bis in die Ordnung des Denkens hinein zu verfolgen [46]. Kritiker halten der ‹Schizo-Analyse› vor, sie lasse offen, inwieweit die Sch. als radikaler Ausdruck oder als revolutionäre Kritik der bürgerlichen Gesellschaft zu werten sei [47].

Im Denkhorizont der analytischen Philosophie der Sprache wird versucht, Sch. als «zerborstene Deixis» aufzufassen, die zur Auflösung der personalen Identität des Kranken führt und seine Rede aus den «Verweisungsmodalitäten unseres ... Sprachspiels» herausfallen läßt [48].

4. Seit der Romantik werden zwischen künstlerischer Tätigkeit und psychischen Krankheiten immer wieder Zusammenhänge hergestellt [49]. Besonders durch Jungs Thematisierung der Phantasie- und Bilderwelt der Schizophrenen und durch seine Analogisierung dieser Produktionen zur Kunst älterer und außereuropäischer Kulturen [50] wurde die fachliche und öffentliche Aufmerksamkeit speziell auf die bildnerische und sprachlich-literarische Produktivität mancher schizophrener Anstaltspatienten gelenkt und einer breiteren Öffentlichkeit durch H. Prinzhorn [51] bekannt gemacht, der sich u.a. auf die Symbolauffassung von Klages beruft [52].

Anmerkungen. [1] E. Bleuler: Dementia praecox oder Gruppe der Sch.n (1911). – [2] E. Kraepelin: Psychiatrie 1-4 (^{8}1909-15) 668-747. – [3] K. Kahlbaum: Die Katatonie (1874); vgl. E. Hecker: Zur klin. Diagnostik und Prognostik der psych. Krankheiten. Allg. Z. Psychiatrie 33 (1877) 602-620. – [4] Kraepelin, a.O. [2] 669. – [5] a.O. 921. – [6] 1 (^{7}1903) 340. – [7] Einf. in die psychiatr. Klinik 3 (^{4}1921) 341. – [8] Vgl. etwa: Zur Kenntnis der psycholog. Methoden, in: Philos. Stud., hg. W. Wundt (^{6}1890) 493-513; Lebenserinnerungen (1919, ND 1981). – [9] Bleuler, a.O. [1] 4. – [10] C. G. Jung: Über die Psychol. der Dementia praecox (1907). Ges. Werke [GW] 3 (1968) 1-170. – [11] Der Inhalt der Psychose (1908), a.O. 172-215, bes. 180. – [12] Bleuler, a.O. [1] 5. – [13] Jung: Die Assoziationsmethode (1909). GW 2 (1979) 461-487. – [14] Bleuler, a.O. [1] 58. – [15] a.O. 304. – [16] Kraepelin, a.O. [2] 938. – [17] Jung: Über die Psychogenese der Sch. (1939). GW 3, 263-281, bes. 269. – [18] a.O. 278f.; vgl. Die Sch. (1958). GW 3, 295-312. – [19] Wandlungen und Symbole der Libido (1912). Symbole der Wandlung. GW 5 (1952). – [20] Bleuler, a.O. [1] 373f. – [21] Jung: Die Sch., a.O. [18]; vgl. Psychogenese, a.O. [17] 281. – [22] K. Abraham: Über die Bedeut. sex. Jugendtraumen für die Symptomatologie der Dementia praecox (1907), in: Psychoanalyt. Studien 2 (1971) 125-131; Die psychosex. Differenzen der Hysterie und der Dementia praecox (1908), a.O. 132-145. – [23] S. Freud: Psychoanalyt. Bemerk. über einen autobiogr. beschriebenen Fall von Paranoia (Dementia paranoides) (1911). Ges. Werke 8 (1969) 239-320. – [24] a.O. 312. – [25] E. Vowinckel: Der heutige Stand der psychiatr. Sch.-Forschung. Int. Jb. Psychoanalyse 16 (1930) 471-492. – [26] W. Dilthey: Ideen über eine beschreib. und zerglied. Psychol. (1894). Ges. Schr. 5, hg. G. Misch (^{7}1982). – [27] K. Jaspers: Allg. Psychopathol. (1913) 74. 89f. – [28] W. Schmuhl: Rassenhygiene, Nationalsozialismus, Euthanasie (1987). – [29] K. Schneider: Die Diagnose der Sch. (1936). – [30] Klin. Psychopathologie (^{5}1959). – [31] L. Binswanger: Sch. (1957). – [32] H. S. Sullivan: Conceptions of modern psychiatry (Washington D.C. 1947); Die interpersonelle Theorie der Psychiatrie (1980). – [33] G. Bateson u.a. (Hg.): Sch. und Familie (1972). – [34] R. D. Laing: The divided self (1960); dtsch.: Das geteilte Selbst (1972). – [35] R. Degkwitz u. a. (Hg.): Diagnosenschlüssel und Glossar psychiatr. Krankheiten (^{5}1980) 34ff. – [36] Die Sch. – Biolog. und familiendynam. Konzepte zur Pathogenese, hg. W. P. Kaschka/P. Joraschky/E. Lungershausen (1988); K. P. Kisker u. a. (Hg.): Psychiatrie der Gegenwart 1-2 (^{2}1979/80). – [37] G. Herzog: Krankheits-Urteile (1984) 21ff. – [38] Vgl. E. Goffman: Asyle (1972); Th. Szasz: Geisteskrankheit – ein moderner Mythos? (1972); Schizophrenia. The sacred symbol of psychiatry (Oxford 1979), dtsch.: Das heilige Symbol der Psychiatrie (1979); M. FOUCAULT: Psychol. und Geisteskrankheit (1968); J. OBIOLS: Antipsychiatrie (1978). – [39] H. GREEN: Ich hab dir nie einen Rosengarten versprochen (1978); K. KESEY: Einer flog über das Kuckucksnest (1972); H. KIPPHARDT: März (1978); M. SECHEHAYE: Tagebuch einer Schizophrenen (1973). – [40] Vgl. R. WOLFF/K. HARTUNG: Psych. Verelendung und die Politik der Psychiatrie. Kursbuch 28 (1972) 1-104. – [41] G. DELEUZE/F. GUATTARI: Capitalisme et schizophrénie. L'Anti-Oedipe (Paris 1972), dtsch.: Anti-Ödipus. Kapitalismus und Sch. 1 (1984) 45. – [42] a.O. 56. – [43] 316ff. – [44] 119. 401f. – [45] J.-F. LYOTARD: Intensitäten (1978) 93ff. – [46] Economie libidinale (Paris 1984), dtsch.: Ökonomie des Wunsches (1984). – [47] V. DESCOMBES: Le même et l'autre (Paris 1979), dtsch.: Das Selbe und das Andere (1981) 212. – [48] W. TRESS: Sprache – Person – Krankheit. Vorklärungen zu einer psycholog. Medizin der Person (1987); vgl. auch H. R. FISCHER: Sprache und Lebensform. Wittgenstein über Freud und die Geisteskrankheit (1987). – [49] C. LOMBROSO: Genio e follia (Mailand 1864), dtsch. (1887); L. NAVRATIL: Sch. und Dichtkunst (1986); W. KUDSZUS: Lit. und Sch. (1977). – [50] C. G. JUNG: Psychologie und Dichtkunst (1930). GW 15 (1971); Der Inhalt der Psychose, a.O. 198; Psychogenese, a.O. [17] 270. – [51] H. PRINZHORN: Bildnerei der Geisteskranken (1922). – [52] L. KLAGES: Ausdrucksbewegungen und Gestaltungskraft (1921).

Literaturhinweise. H. W. GRUHLE: Geschichtliches, in: K. WILMANNS (Hg.): Hb. der Geisteskrankheiten 9 (1932) 1-16. – A. BADER/L. NAVRATIL: Zwischen Wahn und Wirklichkeit. Kunst – Psychose – Kreativität (1976). – J. M. NEALE/TH. F. OLTMANNS (Hg.): Schizophrenia (New York 1980). – C. SCHUBART/ R. SCHWARZ/B. KRUMM/H. BIEL: Sch. und soz. Anpassung (1986). – G. D. BURROWS/T. R. NORMAN (Hg.): Handbook of studies on schizophrenia (Amsterdam/New York/Oxford 1986). – P. BAUMANN (Hg.): Sch.n (1987). – H. A. NASRALLAH (Hg.): Handbook of schizophrenia 1-3 (Amsterdam/New York/Oxford 1988). – W. P. KASCHKA/P. JORASCHKY/E. LUNGERSHAUSEN S. Anm. [36]. G. HERZOG

Schizothym/zyklothym (von griech. σχίζω spalten, ϑυμός Gemüt, κύκλος Kreis). E. KRETSCHMER definiert ‹schizothym›/‹zyklothym› als «Kennworte für große allgemeine Biotypen, die in sich die große Masse gesunder Individuen mit den ganz vereinzelt dazwischen gestreuten zugehörigen Psychosen umfassen» [1]. Der schizothyme Mensch lebt nach seinem Temperaments- und Charaktertyp aus seiner Spaltungstendenz im Gegensatz zur Umwelt, von der er sein Innenleben absondert, so daß er kühl und reizbar wirkt (psychästhetische Proportion). Er liebt scharfe Gegenüberstellungen, Form, Ideal und System und zeigt häufig einen leptosomen (asthenischen) Körperbau. Dagegen lebt der Zyklothyme im Kontakt mit der Außenwelt, gemütsmäßig zwischen heiter und traurig schwankend (diathenische Proportion), gesellig, realistisch, kompromißbereit, sich der Fülle zuwendend. Er ist dem pyknischen Körperbau affin. In den beiden Temperaments- und Charaktertypen ‹schizothym›/‹zyklothym› sieht Kretschmer «normale» Ausprägungen bestimmter Eigenschaften und Dispositionen [2], die jedoch eine Anlage zu einer spezifischen Form geistiger Erkrankungen bedeuten: Falls Schizothyme psychotisch werden, tritt bei ihnen gehäuft Schizophrenie auf, bei Zyklothymen die manisch-depressive Psychose. Als Grenzformen zu den psychotischen Erkrankungen meint Kretschmer die Schizoidie und Zykloidie feststellen zu können.

Die neuere psychiatrische Klassifikation definiert und unterscheidet zyklothyme, schizoide und schizotypische (Persönlichkeits-)Störungen ausschließlich aufgrund psychischer Variablen. Als Kern der letzteren beiden gilt die mangelnde Sozialität, bei schizotypischen Persönlichkeiten kommt eine veränderte Weise zu sprechen hinzu [3]. Die zyklothyme Störung wird mittels abwechselnder Episoden hypomanischer Erregtheit und depressiver Verstimmung definiert [4]. Prinzipiell gilt, daß alle Anstrengungen, eine hinreichende diagnostische Validität und Reliabilität solcher Klassifikationen abzusichern, selbst von Verfechtern psychiatrischer Diagnosen [5] bis heute mit Skepsis betrachtet werden. Die psychiatrische Klassifikation benutzt diese Begriffe eingestandenermaßen eher aus pragmatischen denn aus prinzipiellen Gründen weiter [6], eine Vorgehensweise, die umstritten ist [7].

Anmerkungen. [1] E. KRETSCHMER: Körperbau und Charakter. Unters. zum Konstitutionsproblem und zur Lehre von den Temperamenten (1921) 152f. – [2] Vgl. Art. ‹Konstitutionstypus›. – [3] Diagnost. und Statist. Manual Psychischer Störungen (DSM III-R), hg. H.-U. WITTCHEN u. a. (1989) 410ff. – [4] a.O. 281ff. – [5] Vgl. R. E. KENDELL: Die Diagnose in der Psychiatrie (1978); J. KLUG/E.-R. REY/R. WELZ: Stabilitäten und Übergangswahrscheinlichkeiten psychiatr. Diagnosen, in: H. HÄFNER: Psychiatr. Epidemiologie (1978) 195-208. – [6] a.O. 9ff. – [7] H. KEUPP (Hg.): Normalität und Abweichung. Fortsetzung einer notwend. Kontroverse (1979).

Literaturhinweis. M. AMELANG: Different. Psychol. (1981). G. MITTELSTÄDT

Schlaf (griech. ὕπνος; lat. somnus; engl. sleep). Das Paradox der Behauptung, Sch. sei ein Bewußtseinszustand [1], sei es der Zustand des nichtwachen (träumenden) Bewußtseins, sei es der des Nicht-Bewußtseins (Tief-Sch., Koma), zeigt die Schwierigkeit der Bestimmung des Begriffs des Sch., die immer dann und solange auftritt, als Selbstbewußtsein und Individualität, Bewußtsein und transzendentale Bewußtseinseinheit nicht unterschieden werden. Im Zuge der wissenschaftlichen Entwicklung sind die Anstrengungen, dieses Problem zu lösen, darauf gerichtet, Sch. mit geeigneten Untersuchungsmitteln (Beobachtung, physiologische Experimente) als äußerliches Kennzeichen zu objektivieren. Sch. wird beschreibbar als charakteristisches Verhalten des Organismus des Schlafenden im «état d'inaction ou de détention des organes des sens extérieurs, & des mouvements volontaires; cet état est nécessaire à l'homme pour soutenir, réparer, & remonter sa machine» [2]. Deutlich wird dabei die Schwierigkeit, aus einer bloßen Negation des Wachzustandes die Ursachen und Funktionen des Sch. abzuleiten; die dafür entwickelte Entgegensetzung von aktivem und passivem Zustand ist unzureichend, wenn die fortschreitende Detaillierung in der Beschreibung von Körperfunktionen während des Sch. diesen als positives Verhalten ausweist. Methodische Ansätze zur Bearbeitung der offenen Fragen werden erst eröffnet, seit sich Fortschritte, den Sch. in eine Kontinuität mit dem Wachzustand einzubeziehen, abzeichnen.

In der mythischen Auffassung wird der Sch. nur in Negationen gedacht; im Sch. sind wir ohne Eindrücke der äußeren Sinne, ohne Wissen um Ort und Zeit, ohne Willen [3]. Das regelmäßig wiederkehrende Ereignis wird im Gott des Sch. (Hypnos) personifiziert, der die Sinne fesselt und der als «lieblich» und «erquickend» gekennzeichnet ist [4]. Der Tod ist durch dieselben Negationen charakterisiert wie der Sch., deshalb gilt in der mythischen Vorstellung der Tod (Thanatos) als der «eherne Bruder» des Sch. [5].

ARISTOTELES hat eine frühe funktionelle Erklärung des Sch. gegeben. Voraussetzung für die Erforschung des Sch.-Vorgangs wie die aller Lebenserscheinungen ist, daß das (schlafende) Subjekt als Organismus bestimmt wird [6]. Durch die Ausarbeitung der Begriffe von Möglichkeit und Wirklichkeit bei der philosophischen Deutung natürlicher Prozesse [7] ergibt sich, daß die Seele Ausdruck des Lebens ist, welches in einem Körper als seinem Substrat stattfindet [8]. Die ontologischen Prämissen erlauben, Sch. in Beziehung auf den Wachzustand als dessen Privation darzustellen [9]: «Denn der Schlaf ist ein Zustand des wahrnehmenden Teiles und gewissermaßen eine Fesselung und eine Bewegungslosigkeit» [10]. In Konsequenz der metaphysischen Grundlagen – lebendige Prozesse sind mehr als eine Abfolge von Einzelereignissen, weil jeder als durch seinen Endzweck bestimmt gedacht werden muß [11] – ist die Erklärung des Sch. nicht einfache Negation des Wachzustands; als «Fesselung» des «gemeinschaftlichen Sinnes» [12] und dadurch des sensitiven Vermögens infolge bestimmter Verwirklichung des vegetativen Vermögens (Nahrungsaufnahme und Verdauung) ist er in den Lebensprozeß als aktive Leistung integriert [13]. Folglich ist es die Funktion des Sch., der Erholung und der Erhaltung der Lebewesen zu dienen [14], und er läßt sich von einer durch äußere Reize herbeigeführten Untätigkeit der Wahrnehmung unterscheiden [15].

Die menschliche Seele bzw. die Vereinigung von Leib und Seele im lebendigen Menschen ist wiederholt Gegenstand der patristischen Philosophie [16]. Das Phänomen Sch. wird in physischer Hinsicht erörtert [17], und die Vorstellung des Erwachens aus dem Sch. wird in lehrhafter Absicht mit der Auferstehung der Toten analogisiert [18]. AUGUSTINUS stellt der Naturhaftigkeit des menschlichen Sch. die zeitlos ewige Ruhe Gottes entgegen, die als ein ewiges Wirken, Ruhe und Wirken nur in den Werken sein kann [19].

ALBERTUS MAGNUS versucht ‹Sch.› zu erklären, indem er vom Bewußtsein die «spiritus vitales» unterscheidet, die physisch zwischen (Vernunft-)Seele und Körper vermitteln. Das ermöglicht ihm, die Verursachung von Sch. als Lebensvorgang zu erfassen: Die Fesselung von Sinnen und Bewegung ist einerseits bloße Folge von Anstrengung – die Lebensgeister werden aufgelöst; andererseits ist sie auch dadurch bewirkt, daß die Seele die Lebensgeister vom Äußeren des Körpers abzieht – in die inneren Organe, um die Verdauung zu unterhalten oder in ihr Inneres bei angestrengtem Denken [20].

Die fortschreitende Lösung der Naturwissenschaft vom theologischen Interesse ermöglicht es, die Frage nach dem Zweck physiologischer Funktionen in die Untersuchung ihrer Wirkungsweisen aufzulösen. Aus R. DESCARTES' Trennung von «res cogitans» und «res extensa» folgt, daß er die Funktionen des Organismus durch Bewegung, die naturgesetzlich eine organische Anordnung von Korpuskeln («Esprits animaux») hervorbringe, erklärt [21]. Der Verbrauch der «esprits animaux» führe zum Kollaps der Nervenröhren im Gehirn, das unterbreche die Perzeption von Empfindungen und hebe die Möglichkeit willkürlicher Bewegungen auf [22]. Diese Beschreibung durch Negationen läßt den biologischen Zustand des Sch. unerklärt und provoziert philosophischen Einspruch, weil darin die Negation aller Seelentätigkeit eingeschlossen ist. CH. WOLFF hält dagegen, daß die Aussage, die Seele denke im Sch. nicht, nicht deren Ausschaltung bedeuten könne. Die Seele empfinde auch im Sch., werde sich ihrer Empfindungen aber nicht bewußt [23].

G. W. F. HEGEL betont, daß die Frage «nach der Gemeinschaft der Seele und des Körpers» allein daraus folge, daß beide als gegeneinander absolut selbständig vorausgesetzt werden. Geist ist reine Tätigkeit und kein «nur in äußerlicher Beziehung zum Körper stehendes Seelending, sondern mit dem Körper durch die Einheit des Begriffs innerlich verbunden» [24]. Am Anfang der Betrachtung steht der «seinen Begriff noch nicht erfaßt habende» Geist, der als Seele oder Naturgeist «auf seine Leiblichkeit bezogen» ist [25]. Sch. und Wachen erscheinen auf dieser Stufe «als einander ausschließende, sich abwechselnde Zustände» am Geist, der sich als Seele zur Form eines Natürlichen herabsetzt [26]. Sch. ist der Zustand der Ununterschiedenheit der Seele, Wachen der Zustand ihres Eingegangenseins in den Gegensatz gegen diese einfache Einheit. Das organische Leben (Insichbleiben) dauert im Sch. fort, das animalische Leben (das Gerichtetsein gegen anderes) hört im Sch. auf [27].

C. G. CARUS kritisiert wie Hegel die unstatthafte Abtrennung der Seele vom materiellen Leben [28]: Seele ist geistiges Prinzip des Lebens, stufenweise fortschreitend von unbewußten zu bewußten Regionen [29]. Als dieses Lebensprinzip besteht Seelenleben der ersten Stufe gleichsam in Sch., «nur als Bestimmungsgrund von Wachstum, Ernährung, Absonderung und Fortpflanzung», es ist «Unbewußtsein». Aus diesem Zustand erwacht die Seele zu «Welt- und Selbstbewußtsein» [30]. Der Sch. des ausgebildeten Menschen (und der höheren Tiere) ist ein Zustand einer zu Bewußtsein gekommenen Seele, ein periodisches Rücksinken der Seele in die Region des bewußtlosen Lebens. Wie im Wachen das Unbewußte präsent bleibt, so dauert im Sch. das Bewußtsein fort, weil die Seele «als Ganzes sich ihren besonderen Zuständen zuwendet» [31]. Daran anschließend kann der Sch. als Untersuchungsgegenstand der Psychologie bestimmt werden, ergänzt durch eine morphologisch orientierte Physiologie des Sch. [32].

Seit der Mitte des 19. Jh. wird versucht, systematisch Lebenserscheinungen mit naturwissenschaftlichen Methoden zu erforschen, während der Sch. als Begriff der philosophischen Diskussion in den Hintergrund tritt bzw. partiell durch das Thema des Traums ersetzt wird. Hinsichtlich der funktionellen Ursachen des Sch. wird angenommen, er diene der optimalen Erhaltung bzw. der Restitution von Lebensfunktionen. Über die unmittelbaren Ursachen und die physiologischen Veränderungen gehen die Ansichten zum Ausgang des 19. Jh. «ungemein auseinander» [33]. In der Folgezeit wird die Phänomenologie des Sch. detailliert (Bedingungen für Sch.-Eintritt, Verhalten der Körperfunktionen im Sch., Sch.-Tiefe); die Beschreibung des Verhaltens wird ergänzt durch die Feststellung einer Vielzahl von Parametern, die als physiologische Korrelate von Merkmalen des Sch.-Verhaltens experimenteller Analyse unterworfen werden können [34].

Ergebnisse der späteren Sch.-Entzugsforschung haben die den Erholungstheorien zugrundeliegende Annahme, der Sch. ermögliche restaurative physiologische Prozesse, ausgehöhlt: Es wird eine Theorie vorgeschlagen, in der Sch. Bestandteil einer endogenen, circadianen Rhythmik von Ruhe- und Aktivitätsphasen ist, die als Anpassung an periodisch wechselnde Umweltbedingungen ausgebildet wurde (Koordination von Funktionen in einem Organismus und zwischen Organismen) [35]. Weil Sch. die Effizienz der Rhythmen erhöhe, könne er indirekt als erholsam empfunden werden [36]. Da weder elektrophysiologische noch biochemische oder energetische Befunde die Frage nach einer restitutiven Funktion des Sch. bzw. einzelner seiner Stadien eindeutig klären, bleibt nur die Beurteilung der zeitlichen und quantitativen Struktur des Sch. und seine funktionelle Interpretation aufgrund der Phänomene. W. P. KOELLA hat in neuerer Zeit ein Modell zum Ablauf unterscheidbarer Schlaf- und Wachphasen vorgeschlagen, das die Bereitschaft des Organismus, «auf ein Signal (oder einen ganzen Komplex von Signalen) hin mit einem auf Funktionserfolg ausgerichteten extroversiven und/oder inneren Verhaltensakt zu reagieren» («Vigilanz»), zur Grundlage einer funktionsbezogenen Darstellung des Sch. macht [37]. Als Maß der Reaktionsbereitschaft ist Vigilanz auf Verhaltensakte im Sch. wie im Wachen beziehbar.

Anmerkungen. [1] Vgl. R. ENGEL: Sch. und Traum, in: TH. HERRMANN u.a. (Hg.): Hb. psycholog. Grundbegriffe (1977) 410-424, hier: 410. – [2] D. DIDEROT/J. D'ALEMBERT: Encycl. (Paris 1751-80, ND 1966f.) 15, 331. – [3] Vgl. HOMERS Darst. der Ereignisse vor Troja während des Sch. von Zeus: Ilias 14, 352-15, 5. – [4] Il. 1, 610; 14, 242 u.a. – [5] Il. 11, 241; 14, 231; HESIOD: Theog. 211f. – [6] ARISTOTELES: De somno et vig.; vgl. auch: De an. II; III, 1. – [7] Met. 1050 a 15; 1035 a 8; 1036 a 8; 1033 b 5; 1069 b 35; 1043 b 17 u.a. – [8] De an. 412 a 13ff. – [9] De somn. 453 b 24ff.; zur Privation vgl. Met. 1055 b 11-29. – [10] De somn. 454 b 9. – [11] De an. 415 a 26-b 2; b 8-20. – [12] 425 a 31ff.; b 2; De somn. 455 a 27-b 2. – [13] De somn. 455 b 28-456 a 12. – [14] 455 b 20ff.; 458 a 31f.; 454 a 26ff. – [15] 455 b 3-13. – [16] Vgl. Art. ‹Leib-Seele-Verhältnis II. b›, in: Hist. Wb. Philos. 5 (1980) 188f. (bes. die Quellenangaben). – [17] TERTULLIAN: De anima 43, 1-9. – [18] a.O. 43, 10-12; vgl. AUGUSTINUS: Conf. 8, 5. – [19] AUGUSTINUS: De Gen. ad litt. 4, 8-17; vgl. Conf. 13, 35-38. – [20] ALBERTUS MAGNUS: De anima. Op. omn. 5/1, hg. C. STROICK (1971) 64-109. – [21] R. DESCARTES: Le monde. Traité de l'homme (1664). Oeuvr., hg. CH. ADAM/P. TANNERY 11 (Paris 1986) 119-215, bes. 129ff.; vgl. Principia philos. (1644) II, §§ XXIII-XXXV, a.O. 8 (1973) 52-60. – [22] Traité de l'homme, a.O. 197-200. – [23] Vgl. CH. WOLFF: Vernünfftige Gedancken von Gott, der Welt und der Seele des Menschen ... (Dtsch. Met.) (1720, ¹¹1751) §§ 795-805, bes. § 797. Ges. Werke I/2, hg. CH. A. CORR (1983). – [24] G. W. F. HEGEL: Encycl. III, § 378, Zusatz; § 389. Jub.ausg., hg. H. GLOCKNER (1927-40) 10, 12f. 53f. – [25] Encycl. § 387, Zus., a.O. 49. – [26] § 398, Zus., a.O. 113f. – [27] Vgl. a.O. 114. – [28] Vgl. C. G. CARUS: Psyche (1848), hg. R. MARX (1931) Einl. 1-12. – [29] a.O. 31ff. – [30] Vorles. über Psychol. (1829/30), hg. E. MICHAELIS (Zürich/Leipzig 1990) 45f. 94ff.; vgl. Vergleichende Psychol. oder Gesch. der Seele in der Reihenfolge der Thierwelt (Wien 1866) 8f. – [31] Vorles., a.O. 292-305, bes. 295. 303. – [32] a.O. 305ff.; Psyche, a.O. [28] 310f. – [33] S. EXNER: Physiol. der Großhirnrinde, in: L. HERMANN (Hg.): Hb. der Physiol. II/2 (1879) 292-302, hier: 297f. – [34] Vgl. A. FLEISCH: Art. ‹Sch.›, in: R. DITTLER u.a. (Hg.): Handwb. der Naturwiss.en (1933) 1051-1063 (bes. die Abschn. 6-8). – [35] W. B. WEBB: The adaptive functions of sleep patterns, in: Sleep. Proc. 2nd Europ. congr. on Sleep res. 2 (1974) 143f.; R. MEDDIS: On the function of sleep. Animal Behavior 23 (1975) 676-687, bes. 679f. – [36] MEDDIS, a.O. 680. – [37] W. P. KOELLA: Die Physiol. des Schl. (1988) 133; vgl. 129-152.

Literaturhinweise. N. KLEITMANN: Sleep and wakefulness (Chicago/London 1939, 1963). – W. P. KOELLA s. Anm. [37]. – Europ. congr. on Sleep res., Proc. 1ff. (Basel 1972ff.). – A. FLEISCH s. Anm. [34]. – F.-J. KUHLEN: Zur Gesch. der Schmerz-, Sch.- und Betäubungsmittel in MA und früher Neuzeit (1983) 1-81.

H. HOMANN

Schließen, natürliches (engl. natural deduction)
Vorbemerkung zur Symbolik: G. GENTZEN verwendet statt $\wedge$, $\rightarrow$, $\wedge_x$, $\vee_x$ die Symbole &, $\supset$, $\forall x$, $\exists x$ resp. – Der Pfeil $\rightarrow$ wird bei Gentzen zur Formulierung von Sequenzen verwendet, steht also nicht für die Subjunktion oder die materiale Implikation. – Das Zeichen $\wedge$ (falsum) steht für eine ungültige Formel. Red.

‹Natürliches Schließen› [n.Sch.] heißt ein von GENTZEN vorgeschlagenes Paradigma logischen Schlußfolgerns, das neben dem ebenfalls auf Gentzen zurückgehenden Sequenzenkalkül (s.d.) einen der beiden zentralen Ansätze der modernen Regellogik (s.d.) darstellt. In seiner Dissertation [1] entwickelte Gentzen den «Kalkül des n.Sch.» als Alternative zu den satzlogischen Formalismen bei G. FREGE, B. RUSSELL und D. HILBERT. Während nach GENTZEN diese Formalismen mit ihrer Vielzahl logischer Axiome und geringen Anzahl von Schlußregeln höchstens «formale Vorteile» erzielen, will das n.Sch. als formales System des Schließens aus Annahmen «das wirkliche logische Schließen bei mathematischen Beweisen» wiedergeben [2]. Es hat keinen historischen Vorläufer, abgesehen von dem unabhängig von Gentzen entwickelten Suppositionskalkül S. JAŚKOWSKIS [3], der einige begriffliche Gemeinsamkeiten mit einer Variante des n.Sch. hat (vgl. unten).

Die beiden zentralen Charakteristika von Kalkülen des n.Sch. sind: a) Ableitungen gehen von Annahmen aus; b) jedem logischen Zeichen ist ein Paar von Regeln zugeordnet: seine Einführungsregel und seine Beseitigungsregel. Die Eigenschaft a) unterscheidet Kalküle des n.Sch. als regellogische Gentzentypkalküle von satzlogischen Hilberttypkalkülen, in denen Annahmen in der Regel nur als Vordersätze von Implikationen auftreten. Für einen Kalkül des n.Sch. ist die begriffliche Unterscheidung zwischen einem Beweis von B aus A und einem (annahmenfreien) Beweis von $A \supset B$ fundamental. In dieser Hinsicht ist die Gentzensche Logik-Konzeption grundsätzlich verschieden etwa von derjenigen FREGES, der aus philosophischen Gründen Annahmenbeweise ablehnte [4], sowie von den Systemen RUSSELLS und HILBERTS, die in ihren Kalkülbegriffen an Freges logische Systeme anschließen [5]. Die Eigenschaft b) unterscheidet «Kalküle des n.Sch.» von Sequenzenkalkülen, in denen es nur Einführungsregeln (im Antezedens und im Sukzedens) gibt. Im Kalkül des n.Sch. hat die Implikation z.B. die Einführungsregel

$$\frac{[A] \atop B}{A \supset B}$$

(zu lesen: 'Wenn man B unter der Annahme A bewiesen hat, dann darf man zu $A \supset B$ übergehen, wobei $A \supset B$ nicht mehr von der Annahme A abhängig ist') und als Beseitigungsregel den *Modus ponens*

$$\frac{A \supset B \quad A}{B}.$$

Das vollständige Gentzensche System von Einführungs- und Beseitigungsregeln für die intuitionistische (konstruktive) Quantorenlogik erster Stufe läßt sich wie folgt formulieren (mit Einführungsregel jeweils links und Beseitigungsregel rechts):

$$\frac{A \quad B}{A \,\&\, B} \qquad \frac{A \,\&\, B}{A} \quad \frac{A \,\&\, B}{B}$$

$$\frac{A}{A \vee B} \quad \frac{B}{A \vee B} \quad \frac{A \vee B \quad \overset{[A]}{C} \quad \overset{[B]}{C}}{C}$$

$$\frac{\overset{[A]}{B}}{A \supset B} \quad \frac{A \supset B \quad A}{B}$$

$$\frac{\overset{[A]}{\wedge}}{\neg A} \quad \frac{\neg A \quad A}{\wedge}$$

$$\frac{\wedge}{C}$$

$$\frac{A(y)}{\forall x A(x)} \; y \text{ neu} \quad \frac{\forall x A(x)}{A(t)}$$

$$\frac{A(t)}{\exists x A(x)} \quad \frac{\exists x A(x) \quad \overset{[A(y)]}{C}}{C} \; y \text{ neu}$$

Für die klassische Logik müßte man spezielle Axiome wie das *tertium non datur* $A \vee \neg A$ oder eine spezielle Schlußregel wie die klassische *reductio ad absurdum*

$$\frac{\overset{[\neg A]}{\wedge}}{A}$$

hinzunehmen [6].

Eine von GENTZEN vorgeschlagene alternative Version des Kalküls des n.Sch. [7] schließt an den Sequenzenkalkül an. Hier notiert man die Annahmen $A_1, ..., A_n$, von denen eine Folgerung B abhängt, jeweils explizit als Antezedens einer Sequenz der Form

$$A_1, ..., A_n \to B,$$

wobei «→» den Sequenzenpfeil darstellt, den man unter anderem als Geltung von B unter den Annahmen $A_1, ..., A_n$ deuten kann. Z.B. lautet die ⊃-Einführungsregel in diesem Kalkül

$$\frac{A_1, ..., A_n, A \to B}{A_1, ..., A_n \to A \supset B}.$$

Eine solche Version ist dann von Vorteil, wenn man Logiken betrachten will, in denen die Strukturregeln – d.h. die Regeln, die die Assoziation der durch Komma abgetrennten Glieder des Antezedens betreffen – manipuliert werden. Eine andere alternative Formulierung des Kalküls geht auf F. B. FITCH [8] zurück. In dessen Version des Kalküls, der eng mit dem von JAŚKOWSKI entwickelten Suppositionskalkül verwandt ist, hat man ein hierarchisches System von einander untergeordneten Teilbeweisen. Wegen der linearen Schreibweise von Ableitungen anstelle der baumförmigen bei Gentzen hat diese Version in verschiedensten Abwandlungen Eingang in zahlreiche Logiklehrbücher gefunden. Erweiterungen des n.Sch. beziehen sich auf den Regelbegriff [9] oder auf die logischen Ausdrucksmöglichkeiten (z.B. durch Einbeziehung der Arithmetik oder von Logiken höherer Stufe [10]). Ein zum «Kalkül des n.Sch.» äquivalentes System stellt der getypte Lambda-Kalkül dar (vgl. unten).

Das zentrale Resultat der Theorie des n.Sch. ist der auf D. PRAWITZ zurückgehende Normalisierungssatz, der besagt, daß man immer «umwegfreie» Ableitungen finden kann, d.h. Ableitungen, in denen nicht eine Formel erst eingeführt und dann wieder beseitigt wird [11]. Das hat insbesondere die Konsequenz, daß eine Ableitung nur auf Teilformeln der Annahmen und der Endformel zurückgreifen muß, ferner, daß ein annahmenfreier Beweis immer im letzten Schritt eine Einführungsregel verwendet. Daraus ergibt sich insbesondere die Widerspruchsfreiheit des Systems, da es für das *falsum* $\wedge$ keine Einführungsregel gibt. Der Normalisierungssatz ist in gewisser Weise zum Schnitteliminationssatz bei Sequenzenkalkülen äquivalent.

Die philosophische Signifikanz des n.Sch. liegt insbesondere darin, daß in seinem Rahmen die logische Verknüpfung der Implikation (s.d.) $A \supset B$ eine Deutung erhält, die gegenüber ihrer unbefriedigenden wahrheitsfunktionalen Interpretation als materialer Implikation (im Sinne von $\neg A \vee B$) besonders plausibel ist, nämlich als Folgerbarkeit aus Annahmen [12]. Allgemeiner läßt sich die gesamte Systematik von Einführungs- und Beseitigungsregeln als Bedeutungsfestsetzung logischer Zeichen verstehen. Nach GENTZEN stellen die Einführungsregeln «sozusagen die 'Definitionen' der betreffenden Zeichen dar, und die Beseitigungen sind letzten Endes nur Konsequenzen hiervon» [13]. Diese Idee, auch als «Inversionsprinzip» [14] oder «principle of harmony» [15] bezeichnet, hat man in der beweistheoretischen und sprachphilosophischen Tradition in verschiedener Weise auszunutzen versucht. In der Beweistheorie bei PRAWITZ und seinen Nachfolgern stellt sie die Basis eines beweistheoretischen Gültigkeitsbegriffs als Alternative zur Tarskischen Definition der Gültigkeit dar [16]. Bei P. MARTIN-LÖF ist sie die Grundlage einer intentionalitätstheoretischen Deutung von Typentheorien und damit einer philosophischen Begründung der konstruktiven Mathematik [17]. Die sprachphilosophische Semantik M. DUMMETTS, nach der Behauptbarkeitsbedingungen und kanonische Konsequenzen von Behauptungen die fundamentalen semantischen Aspekte von Äußerungen sind, kann man als eine Erweiterung dieser Idee im Hinblick auf eine universelle Bedeutungstheorie ansehen [18].

In technischen Untersuchungen zur Beweistheorie (s.d.), die durch die regellogischen Gentzentypkalküle revolutioniert wurde, hat zunächst die Orientierung an Sequenzenkalkülen dominiert. In neuerer Zeit jedoch hat sich mit dem wachsenden Interesse an typentheoretischen Formalismen das Interesse zugunsten des n.Sch. verschoben. Das hängt unter anderem mit der Interpretation des n.Sch. durch getypte Lambda-Terme zusammen. Nach einer u.a. auf H. B. CURRY und W. HOWARD zurückgehenden Interpretation [19] lassen sich Ableitungen im «Kalkül des n.Sch.» als Terme des getypten Lambda-Kalküls und die abgeleiteten Formeln als deren Typen betrachten. Eine Ableitung drückt nach dieser Interpretation aus, daß ein gewisser Lambda-Term einen bestimmten Typ hat. Da Terme im getypten Lambda-Kalkül logische Repräsentationen von Computerprogrammen sind, erlaubt das n.Sch. insbesondere, die Korrektheit von Typzuordnungen für Programme zu prüfen. Über den Curry-Howard-Isomorphismus zwischen einem Beweis einer Formel und einem Term eines Typs hat damit das n.Sch. auch zentrale Bedeutung für die theoretische Informatik erlangt, insbesondere für deren Schnittstelle zur konstruktiven Mathematik [20].

Anmerkungen. [1] G. Gentzen: Unters. über das log. Schließen. Mathem. Z. 39 (1935) 176-210. 405-431; ND in: K. Berka/ L. Kreiser (Hg.): Logik-Texte (^{3}1983). – [2] a.O. 176. 183. – [3] S. Jaśkowski: On the rules of suppositions in formal logic. Studia log. 1 (1934) 5-32; ND in: S. McCall (Hg.): Polish logic 1920-1939 (Oxford 1967) 232-258. – [4] z.B. G. Frege: Logik in der Math. Nachgel. Schr. und wiss. Br.wechsel 1, hg. H. Hermes/ F. Kambartel/F. Kaulbach (1983) 219-270, hier bes. 264-266. – [5] Gentzen hat vor allem die Axiomatisierung der Quantorenlogik erster Stufe bei D. Hilbert/W. Ackermann: Grundzüge der theoret. Logik (1928, ^{6}1972) vor Augen. – [6] Detaillierte Überlegungen zur Formulierung der Regeln des n.Sch. finden sich bei D. Prawitz: Natural deduction: A proof-theoret. study (Stockholm 1965). – [7] G. Gentzen: Die Widerspruchsfreiheit der reinen Zahlentheorie. Mathem. Annalen 112 (1935) 493-565. – [8] F. B. Fitch: Symb. logic. An introd. (New York 1952). – [9] P. Schroeder-Heister: A nat. extension of nat. deduction. J. symb. Logic 49 (1984) 1284-1300. – [10] D. Prawitz: Ideas and results in proof theory, in: J. E. Fenstad (Hg.): Proc. 2nd Scandin. Logic Symposium (Amsterdam 1971) 235-308. – [11] a.O. [6]. – [12] a.O. [10]. – [13] Gentzen, a.O. [1] 189. – [14] Prawitz, a.O. [6] ch. 2. – [15] N. Tennant: Nat. logic (Edinburgh 1978, ^{2}1990) ch. 4. – [16] D. Prawitz: On the idea of a general proof theory. Synthese 27 (1974) 63-77; Philos. aspects of proof theory, in: G. Fløistad (Hg.): Contemp. philos. A new survey 1 (Den Haag 1981) 235-277; Remarks on some approaches to the concept of log. consequence. Synthese 62 (1985) 153-171; P. Schroeder-Heister: Proof-theoret. validity and the completeness of intuitionist. logic, in: G. Dorn/P. Weingartner (Hg.): Found. of logic and linguistics (New York 1985) 43-87. – [17] P. Martin-Löf: Intuitionist. type theory (Neapel 1984); Truth of a proposition, evidence of a judgement, validity of a proof. Synthese 73 (1987) 407-420. – [18] M. Dummett: The philos. basis of intuitionist. logic, in: H. E. Rose/J. C. Shepherdson (Hg.): Logic colloquium '73 (Amsterdam 1975) 5-40; ND in: Truth and other enigmas (London 1978) 215-247; What is a theory of meaning I, in: S. Guttenplan (Hg.): Mind and language (London 1975) 97-138; What is ... II, in: G. Evans/J. McDowell (Hg.): Truth and meaning (London 1976) 67-137. – [19] H. B. Curry/F. Feys: Combinatory logic (Amsterdam 1958); W. Howard: The formulae-as-types notion of construction, in: J. P. Seldin/J. R. Hindley (Hg.): To H. B. Curry: Essays on combinatory logic, Lambda calculus and formalism (London 1980) 479-490; vgl. auch: Prawitz, a.O. [10]. – [20] J. C. Mitchell: Type systems for programming languages, in: J. van Leeuwen (Hg.): Handbook of theoret. computer sci., vol. B (Amsterdam 1990) 365-458.

Literaturhinweise. G. Gentzen s. Anm. [1]. – D. Prawitz s. Anm. [6] und [10]. – N. Tennant s. Anm. [15].

P. Schroeder-Heister

Schluß (griech. συλλογισμός, λόγος; lat. ratiocinatio, illatio; engl. reasoning, argument, inference; frz. raisonnement) nennt man in der Logik die Anwendung eines geregelten Verfahrens, von bestimmten Aussagen, den *Prämissen* (s.d.) eines Sch., auf eine weitere Aussage, die *Konklusion* des Sch., zu schließen, d.h. von den Prämissen zur Konklusion nach der Regel des Verfahrens, der *Sch.-Regel,* überzugehen. Dabei muß die Wahrheit sämtlicher Prämissen die Wahrheit der Konklusion verbürgen. Auch die Sch.-Regel selbst, das Sch.-Schema, kann ‹Sch.› heißen. Grundsätzlich wird also eine Sch.-Regel Variable enthalten, die bei einer Anwendung der Regel, einem Sch. oder einer Sch.-Folgerung, so zu belegen sind, daß sämtliche Prämissen zu wahren Aussagen werden (die Termini ‹Prämisse› und ‹Konklusion› oder auch ‹Grund› und ‹Folge› werden sowohl bei Sch.-Regeln wie bei Schlüssen benutzt): «Nur wahre Gedanken können Prämissen von Schlüssen sein» [1]. Eine Aussage als Konklusion einer Sch.-Regel mit wahren Prämissen darzustellen, gehört deshalb zu den besonders wichtigen, aber nicht zu den einzigen Mitteln, ihre Wahrheit zu ermitteln, d.h. für sie einen *Beweis* (s.d.) zu führen. Traditionell ist die Lehre vom Sch. die dritte Abteilung der Logik nach den Lehren vom Begriff und vom Urteil, wobei ein (nicht schon schlüssiger) Sch. gern als Verknüpfung von Urteilen analog dem (nicht schon gültigen) Urteil als Verknüpfung von Begriffen charakterisiert wird. So heißt es bei Ch. Wolff: «Syllogismus tribus constat propositionibus, quarum duae habent terminum communem, tertia vero combinantur termini in prioribus diversi» («Der Sch. besteht aus drei Sätzen, von denen zwei einen gemeinsamen Terminus haben; im dritten werden die nicht gemeinsamen Termini aus den beiden Vordersätzen verbunden») [2]. Diese Auffassung beurteilt die moderne Logik allerdings als sachlich unzutreffend, weil sie nur um eines allein in der systematisierenden Darstellung liegenden Scheins willen vertreten wird. Häufig wird auch der bloße *Sch.-Satz,* die Konklusion (griech. συμπέρασμα, ἐπιφορά), ein ‹Sch.› genannt.

Sch.-Regeln schreibt man $A_1, \ldots, A_n \Rightarrow B$, auch z.B.

Bei der Anwendung dieser Regel in einem Sch. wird '⇒' bzw. '—' sprachlich wiedergegeben mit 'ergo', 'also', 'therefore' u.a. Eine Sch.-Regel $A_1, \ldots, A_n \Rightarrow B$ darf nicht mit der Implikation $A_1, \ldots, A_n \prec B$, der *Folgerungsbeziehung* oder Konsequenzbeziehung zwischen Prämissen und Konklusion (hier auch: *Hypothesen* und *These*), einer konditionalen Metaaussage(form), verwechselt werden, erst recht nicht mit der objektsprachlichen Wenn-dann-Aussage(form), der *Subjunktion.* (In der Tradition treten übrigens sowohl Subjunktion wie Implikation unter der Bezeichnung ‹hypothetisches Urteil› auf [3].) Vielmehr wird mit der Gültigkeit der Implikation die Sch.-Regel in ihrer Schlüssigkeit begründet, obwohl auch umgekehrt die Schlüssigkeit der Regel als Grund für die Geltung der Implikation herangezogen werden kann. In beiden Fällen muß jeweils unabhängig entweder über die Geltung von Implikationen oder über die Schlüssigkeit von Regeln geurteilt werden können, d.h. dem Kriterium der Wahrheitserheblichkeit von Gründen (Prämissen/Hypothesen) auf die Folge (Konklusion/These) ein Sinn gegeben werden. Mit den verschiedenen, bis heute streitig vorgetragenen Begriffen der *Folgerung* (s.d.) wird versucht, diese Aufgabe zu lösen.

Die historisch ältesten Darstellungen von Schlüssen hat man in den aristotelischen *Syllogismen.* Sie sind zwischen je zwei Aussagen allein der Form *SaP* (alle *S* sind *P*), *SiP* (einige *S* sind *P*), *SeP* (kein *S* ist *P*) und *SoP* (einige *S* sind nicht *P*) mit den Termini *S* und *P* als Prämissen und einer Aussage gleicher Form als Konklusion definiert. Die aristotelischen Syllogismen können je nach Standpunkt des Betrachters sowohl als *Regeln* des Schließens wie als *Sätze* über das Schließen, eben als Implikationen, aufgefaßt werden, und sie werden von Aristoteles auch sowohl als Instrumente in den Wissenschaften und Künsten (συλλογιστικὴ τέχνη [4]) wie als Gegenstände einer logischen Theorie, als spezielle sprachliche Ausdrücke (λόγοι [5]) behandelt. Den stoischen Schlüssen (λόγοι) gegenüber ist wohl nur die zweite Lesart – λόγος als Implikation – vertretbar [6].

Ein wichtiges Verbindungsstück zur modernen Sch.-Lehre stellt die mittelalterliche Lehre von den *Konsequenzen* (s.d.) dar.

Je nach der besonderen Art der Gründe für die Geltung einer Implikation $A_1, \ldots, A_n < B$ lassen sich auch die zugehörigen Sch.-Regeln gliedern: Gilt $A_1, \ldots, A_n < B$ (formal)logisch, also allein aufgrund des Aufbaus der Aussage(forme)n mit den logischen Partikeln, so spricht man von einer *logischen Sch.-Regel* $A_1, \ldots, A_n \Rightarrow B$ (z.B. ist der traditionelle logische Sch. «dictum de omni» [7] von einer Allaussage $\wedge_x (x)$ auf eine Instanz $P(n)$ oder der hypothetische Syllogismus *Modus ponens* [8] von A und $A \to B$ auf B jeweils eine Anwendung einer logischen Sch.-Regel gleichen Namens). Gilt $A_1, \ldots, A_n < B$ hingegen z.B. (formal)arithmetisch, also bei arithmetischen Aussagen insbesondere aufgrund der Konstruktionen für die natürlichen Zahlen, so liegt eine *arithmetische Sch.-Regel* $A_1, \ldots, A_n \Rightarrow B$ vor (z.B. die (vollständige) arithmetische Induktion von $A(0)$ und $\wedge_x (A(x) \to A(x+1))$ auf $\wedge_x A(x)$ über dem Bereich der natürlichen Zahlen) [9]. Entsprechende Verhältnisse ergeben sich bei kausal gültigen oder bei intentional gültigen Implikationen. Wird bei einer nicht schon logisch gültigen Implikation $A_1, \ldots, A_n < B$ die entsprechende (dann nicht logisch wahre) Subjunktion $A_1 \wedge \ldots \wedge A_n \to B$ den Prämissen der Sch.-Regel ausdrücklich hinzugefügt, so erhält man eine logische Sch.-Regel, den verallgemeinerten *Modus ponens* $A_1, \ldots, A_n, A_1 \wedge \ldots \wedge A_n \to B \Rightarrow B$. In der Tradition sind deshalb nicht-logische Sch.-Regeln gewöhnlich im Anschluß an BOETHIUS [10] als *enthymematisch*, d.h. weitere für die logische Schlüssigkeit nötige Prämissen zwar benutzend, aber nicht explizit aufführend, verstanden worden [11].

Wird zur theoretischen Beherrschung logisch wahrer Aussagen bzw. logisch(gültig)er Implikationen das Verfahren der Kalkülisierung eingesetzt, d.h., werden syntaktische Charakterisierungen der Bereiche logisch-wahrer Aussagen bzw. logischer Implikationen durch Herstellbarkeit aus Anfangsausdrücken mit Hilfe von *Regeln* (s.d.), also durch einen *Logikkalkül* [12] gegeben, so nennt man auch die bloß syntaktischen Regeln im Blick auf die intendierte Interpretation (logische) *Sch.-Regeln* (rules of inference); in Implikationenkalkülen also auch Regeln wie die Transitivität der Implikation: $A < B, B < C \Rightarrow A < C$, die in der Tradition ebenso wie die zugehörige (logische) Implikation $A \to B, B \to C < A \to C$ als *hypothetischer Syllogismus* behandelt wurde, oder in Aussagenkalkülen auch Regeln wie $A \vee B, \neg B \Rightarrow A$, zusammen mit der (logischen) Implikation $A \vee B, \neg B < A$ ein Fall des *disjunktiven Syllogismus* der Tradition. (Implikationen findet man traditionell also sowohl unter hypothetischen Urteilen wie unter hypothetischen Syllogismen, je nachdem, ob sie als Urteil oder als ein Komplex von Urteilen aufgefaßt worden sind.)

Mit den in der *stoischen* Logik behandelten, nicht auf die syllogistischen Aussageformen beschränkten hypothetischen und disjunktiven Syllogismen – dort allerdings ausdrücklich nur als logische Implikationen, i.e. als λόγοι ἀναπόδεικτοι verstanden [13] – wurde erstmals eine echte Erweiterung des aristotelischen Bereichs der syllogistischen Schlüsse vorgenommen. In modernen Theoriebildungen finden sogar Sch.-Regeln mit unendlich vielen Prämissen, die sich nur mit einem metasprachlichen Allquantor notieren lassen (z.B. $\wedge_n A(n) \Rightarrow \wedge_x A(x)$), Anwendung, und zwar bei den sogenannten *Halbformalismen*. Umgekehrt hingegen spielen wichtige Begriffsbildungen der traditionellen Logik, wie z.B. die folgenden, in der modernen Logik keine besondere Rolle mehr: der *Ketten-Sch.* oder *Sorites* (s.d.), bei dem mehrere Schlüsse passend hintereinander geschaltet und als ein Sch. dargestellt werden, so daß er eigentlich eine Beweisart für den letzten Sch.-Satz liefert; der *Analogie-Sch.* (auch: Sch. am Paradigma), nach dem sich mit zwei Arten S_1 und S_2 einer Gattung M von $S_1 a P$ per analogiam auf $S_2 a P$ und umgekehrt schließen läßt, sofern S_1 und S_2 eine gemeinsame Eigenschaft Q haben – $S_1 a Q$ und $S_2 a Q$ – und außerdem $Q a P$ gilt; die Unterscheidung von *unmittelbarem* und *mittelbarem* Sch. (als Sch. aus einer Prämisse bzw. aus mindestens zwei Prämissen), die für I. KANTS Unterscheidung von Verstandes- und Vernunftschlüssen bestimmend ist [14].

Die traditionelle Lehre von den (absichtlichen) Trugschlüssen (Sophismen) und den (unabsichtlichen) Fehlschlüssen (Paralogismen) wird unter den beim logischen Schließen möglichen *Beweisfehlern*, den *fallaciae*, abgehandelt [15]. Zu den induktiven Sch.-Weisen vgl. die Art. ‹Induktion› und ‹Logik, induktive›.

Anmerkungen. [1] G. FREGE: Über die Grundlagen der Geometrie. Kleine Schr. (1967) 319. – [2] CH. WOLFF: Philosophia rationalis sive Logica (1740) § 333. – [3] Zu den verschiedenen Verwendungen von ‹Implikation› vgl. Art. ‹Implikation›. – [4] ARISTOTELES: Soph. el. 172 a 36. – [5] Vgl. die Definition des Syllogismus: Top. 100 a 25-27; Anal. pr. 24 b 18-20. – [6] Vgl. B. MATES: Stoic logic (Berkeley 1961) ch. V. – [7] Vgl. ARISTOTELES: Anal. pr. I, 1, 24 b 28ff. – [8] Vgl. WOLFF, a.O. [2] § 403ff. – [9] Vgl. Art. ‹Induktion III.›. – [10] BOETHIUS: De syllogismo categorico/Introd. ad syllogismos categoricos. MPL 64, 1050. – [11] Vgl. Art. ‹Enthymem›. – [12] Vgl. Art. ‹Kalkül›. – [13] Vgl. SEXTUS EMP.: Pyrrh. hypot. II, 135. – [14] I. KANT: Logik (JÄSCHE) § 42f. – [15] Vgl. ARISTOTELES: Soph. el. 162ff.; vgl. Art. ‹Irrtum (Schlußfehler)›.

Literaturhinweise. B. BOLZANO: Wiss.lehre (1837) §§ 254-268. – F. UEBERWEG: System der Logik (⁵1882) 224-228. – TH. ZIEHEN: Lehrb. der Logik (1920) 710-796. – S. TOULMIN: The uses of argument (Cambridge 1958) ch. III; dtsch. (1975). – C. L. HAMBLIN: Fallacies (London 1970). – G. PATZIG: Art. ‹Sch.›, in: H. KRINGS/H. M. BAUMGARTNER/CH. WILD (Hg.): Hb. philos. Grundbegr. 3 (1974) 1251-1260. – F. H. VAN EEMEREN/R. GROOTENDORST: Speech acts in argumentative discussions (Dordrecht 1984).   K. LORENZ

Schluß, praktischer (syllogismus practicus/operativus). ARISTOTELES hat keinen Zweifel daran gelassen, daß es neben den theoretischen Sch.en der assertorischen Logik auch p.Sch.e geben muß, die nicht darauf abzielen, festzustellen, was der Fall ist, sondern darauf, uns zu sagen, was wir tun sollen [1]. Wie die theoretischen Sch.e, so gehen auch die praktischen von Prämissen zu Konklusionen; der erste Vordersatz drückt aus, was unsere Pflicht ist oder was wir tun wollen («das Gute»), der zweite Vordersatz sagt, welche faktischen Möglichkeiten wir haben, das Geforderte oder Gewünschte zu tun («das Mögliche»), und der «Schlußsatz» ist die entsprechende Handlung [2]. «Denkt man z.B.: 'Jeder Mensch muß gehen und man selber ist ein Mensch', so geht man alsbald» [3].

Die Frage allerdings, nach welchen Regeln solche p.Sch.e zu erfolgen haben und worin ihre Gültigkeit liegt, wird von Aristoteles offengelassen, und die von ihm gegebenen Beispiele p.Sch.e sind wenig erhellend und müßten, sofern man sie an den Sch.-Regeln der assertorischen Logik mißt, zumeist als ungültig bezeichnet werden [4]. Unklar ist insbesondere, ob es in diesen Sch.en um eine logische Beziehung zwischen bestimmten Sätzen und einer bestimmten Handlung geht, oder – ähnlich wie in der epistemischen Logik – um die psychologische Beziehung zwischen dem Wissen (oder Glauben oder Wahrnehmen) bestimmter Propositionen und entsprechendem Handeln [5].

Die Philosophie nach Aristoteles hat, bis in die jüngste Zeit hinein, die Lehre vom p.Sch. in diesem unbefriedigenden Zustand belassen. Der Terminus ‹p.Sch.› (syllogismus practicus/operativus) taucht zwar, zumeist im Zusammenhang mit der Frage der (klugen) Wahl von Mitteln (s.d.) zu einem gegebenen Zweck, im Anschluß an Aristoteles immer wieder auf [6], aber er ist nie zu einem tragenden Begriff geworden. Eine Ausnahme macht höchstens G. W. F. HEGEL, der – im Teleologie-Kapitel der ‹Logik› – das Verhältnis zwischen Zweck, Mittel und Handlung als einen Sch. bezeichnet. Die erste Prämisse ergebe sich aus dem vom Subjekt gesetzten Zweck, die zweite Prämisse bestimme das zur Realisierung des Zwecks erforderliche Mittel, und der Sch.-Satz sei die «Ausführung des Zwecks» [7]. «Das Mittel ist daher die formale Mitte eines formalen Schlusses; es ist ein Äußerliches gegen das Extrem des subjectiven Zwecks ...; wie die Besonderheit im formalen Schlusse ein gleichgültiger medius terminus ist, an dessen Stelle auch andere treten können» [8]. Als «Sch. des Handelns» oder «Sch. des Guten» [9] bezeichnet Hegel diese Art von Sch., sofern es in ihm nicht bloß um eine technische Mittelwahl zu einem subjektiven Zweck geht, sondern um die Realisierung des objektiv Guten als Zweck an sich selbst. Das in der ersten Prämisse ausgedrückte objektiv Gute muß dann aber in der zweiten Prämisse als notwendigerweise mit der Wirklichkeit vermittelt postuliert werden, da das Gute als ein stetig selbst realisierender Zweck zu seiner Ausführung nicht mehr des unendlichen Regresses auf immer neue, ihm zufällig und äußerlich bleibende Mittel bedarf [10].

Zu einem Thema philosophischer Diskussion wurde der p.Sch. jedoch, trotz Hegel, erst, als G. E. M. ANSCOMBE 1957 in direktem Rückgriff auf Aristoteles den p.Sch. als «one of Aristotle's best discoveries» [11] der Vergessenheit wieder entriß und die seither nicht mehr abbrechende Diskussion über Wesen und Gültigkeit p.Sch. eröffnete. Anscombe sieht im p.Sch. primär ein Mittel zur Klärung des von ihr untersuchten intentionalen Charakters einer Handlung; denn eine intentionale Handlung setze ein Wissen darüber voraus, was man tue, oder, genauer, zu welchem Zweck, aus welchem Grund man die entsprechende Handlung tue. Die Antwort auf die Frage nach dem Grund der Handlung bestehe deshalb in der Angabe derjenigen Züge der Handlung, um derentwillen man sie für gut ansieht und deshalb ausführen will [12]. Diese «desirability characterization», wie Anscombe sie nennt, entspreche der ersten Prämisse des p.Sch. [13]. Damit es zur Handlung komme, müsse ich als zweites auch ein Wissen darüber haben, ob die Handlung, die ich unmittelbar ausführen kann, von der gewünschten Art sei oder zu dem gewünschten Effekt führe: Die Formulierung dieses Wissens ergebe die zweite Prämisse des p.Sch. [14]. Ob die Handlung aber auch ausgeführt werde, sei aufgrund der Prämissen nicht zwingend: Der Handelnde möge die Handlung, ihrer Wünschbarkeit zum Trotz, nicht zu tun wünschen; denn sein Wunsch sei nicht selbst schon eine Prämisse des p.Sch. Der p.Sch. erkläre nur, daß die Handlung, falls sie getan wurde, aus einem bestimmten Grund getan worden sei [15].

Was Anscombe als Möglichkeit offenläßt – daß ein richtig vollzogener Sch. nicht zur Handlung führt –, ist nach G. H. VON WRIGHT logisch unmöglich: Jeder gültige p.Sch. ist von der Art, daß die Prämissen die entsprechende Handlung als Conclusio notwendig machen. Aus: 'Ich will x tun; nur wenn ich y tue, kann ich x erreichen', folge logisch zwingend: 'also muß ich y tun' – jedenfalls so lange, als in den Prämissen und in der Conclusio in der ersten Person gesprochen wird [16]. Logisch notwendig ist nach von Wright die Ausführung der Handlung, weil aus der Tatsache, daß die Handlung nicht erfolge, geschlossen werden müsse, daß der Betreffende letztlich nicht tun wollte, was er zu wollen bekundete, oder die Handlung nicht für notwendig ansah zur Erreichung des von ihm Gewollten [17].

Von Wrights Analyse ist jedoch nicht unwidersprochen geblieben. Als kontrovers erwiesen sich vor allem die folgenden zwei Punkte: 1) Gegen von Wrights Behauptung, daß der Zusammenhang zwischen Willensakten, kognitiven Akten und Handlung logischer Natur sei, wird von den sogenannten Kausalisten eingewandt [18], daß es hier nicht um Logik, sondern um Kausalität gehe: Willensakte und kognitive Akte sind nicht Grund, sondern Ursache der Handlung; sie bilden die Antezedenzbedingungen, von denen her nur über kontingente, empirisch gesicherte Kausalgesetze auf die Handlung geschlossen werden kann. – 2) Es wird in Zweifel gezogen, daß p.Sch.e tatsächlich logisch gültige Sch.e sind oder, falls sie gültig sein sollten, daß es Sch.e anderer Art sind als jene der assertorischen Logik. Die Diskussion dieser beiden Punkte ist von unmittelbarer Bedeutung für die Bestimmung des Begriffs des p.Sch. selbst.

1. *Der p.Sch. und die Erklären-Verstehen-Kontroverse.* – Von Wrights Hauptinteresse an p.Sch.en ist die Hoffnung, den Human- und Sozialwissenschaften ein Erklärungsschema zu geben, das eine klare Alternative darstellt zu dem an naturwissenschaftlichen Erklärungen orientierten deduktiv-nomologischen Gesetzesschema [19]. Dieses Programm kann jedoch nur dann gelingen, wenn sich die Behauptung, daß die Relation zwischen Intention und Handlung logischer Natur sei, aufrechterhalten läßt. Aber selbst unter dieser Voraussetzung sind, wie die Kritiker des von Wrightschen Programms und zum größten Teil auch er selbst betonen, eine Reihe von Einschränkungen zu machen und mögliche Mißverständnisse abzuwehren [20].

1) Das zur Erklärung menschlicher Handlungen verwendete Sch.-Schema ist nur eines der verschiedenen möglichen, unter dem Terminus ‹p.Sch.› zusammengefaßten Schemata [21]. Insbesondere geht es hier gerade nicht um Sch.e in der ersten, sondern in der dritten Person.

2) Der Terminus ‹p.Sch.› legt die Assoziation nahe, es handle sich um eine Entscheidungslogik. Wenn man die Theorie des p.Sch. als Entscheidungslogik mißversteht, muß man jedoch, wie J. HINTIKKA, zur Auffassung gelangen, der p.Sch. sei nicht eine von Aristoteles' besten, sondern «one of Aristotle's less happy inventions»; denn der p.Sch. gibt kein Entscheidungsverfahren, wenn mehrere Ziele gleichzeitig verfolgt werden oder jeweils mehrere, sich ausschließende Wege zur Erreichung eines Zieles offenstehen [22]. Wie VON WRIGHT hervorhebt, hat er jedoch die Theorie des p.Sch. nie als «Theorie des Räsonierens und Entscheidens» [23] verstanden, sondern als eine Theorie der, wie man besser hätte sagen müssen, «intentionalistischen Erklärung» [24].

3) Der p.Sch. entspricht in etwa dem, was M. WEBER zweckrationales Handeln nennt [25]. Dies zeigt auch die

begrenzte Erklärungskraft p.Sch.e: Reflexartige Handlungen gehören ebensowenig dazu wie Gewohnheitshandlungen [26] und konventionelle Verhaltensweisen wie z.B. das Grüssen [27].

4) Die durch p.Sch.e ermöglichte Erklärung erlaubt keine Prognosen – es kann einer, trotz entsprechender Absicht, im entsprechenden Moment doch nicht handeln –, es ist eine ex-post-actu-Erklärung, eine nachträgliche Erklärung der Notwendigkeit der bereits erfolgten Handlung [28].

5) Daß die Beziehung zwischen den Prämissen und der Conclusio rein logischer (und normativer [29]) Art sein muß, zeigt sich insbesondere daran, daß die Prämissen nicht unabhängig von der Conclusio verifiziert werden können [30]. Jeder Versuch, die intentionalistische Erklärung auf eine deduktiv-nomologische oder induktiv-probabilistische Subsumtions-Gesetzes-Erklärung zurückzuführen, ist daher verfehlt [31]. Dennoch gibt es ein kausales Moment: Da die intentionalistische Erklärung einsichtig machen soll, wie «unser Wille (d.h. unsere Absicht, dieses oder jenes zu tun) unser Handeln determiniert» [32], bedarf es immer auch des empirischen Nachweises, daß die Intention de facto kausal wirksam gewesen ist [33]. VON WRIGHT versucht diesem Faktor Rechnung zu tragen, indem er in das Sch.-Schema die ceteris-paribus-Bedingung einbaut, daß der Sch. nur gelte, sofern der Handelnde zum Zeitpunkt des Handelns die Intention nicht vergessen oder nicht aus andern Gründen an ihrer Befolgung gehindert worden sei [34].

2. Die Frage der Gültigkeit p.Sch.e. – G. H. von Wright will nur «solche p.Sch.e diskutieren, in denen Handlungen als (notwendige) Mittel zu einem Zweck» angesehen werden [35]. Ein Sch. dieser Art ist jedoch, wie A. KENNY und A. Ross anmerken [36], nicht verschieden von entsprechenden Sch.en der assertorischen Logik. Man braucht sich bloß den in der ersten Prämisse und den in der Conclusio ausgedrückten Imperativ als 'erfüllt' zu denken, und der p.Sch. wird zum assertorischen Sch. von der Form 'q, nur wenn p, dann q, also p'. Aber in dieser «logic of satisfaction», wie Kenny und Ross sie nennen [37], wird nicht nur der Unterschied zwischen praktischen und assertorischen Sch.en verwischt, sie hat auch offensichtlich paradoxe Konsequenzen. So hat, nach dem viel diskutierten Beispiel von Ross, der Imperativ 'Bring den Brief zur Post!' auch dann als erfüllt zu gelten, wenn man den daraus abgeleiteten Imperativ befolgt: 'Bring den Brief zur Post oder verbrenne ihn!' Ross schließt daraus: «Assuredly, it is surely not a logic of such content which we have in mind in the case of the practical inferences which seem immediately evident to us» [38].

Ross unternimmt den seinerseits wieder unbefriedigenden Versuch, die «logic of satisfaction» durch eine «logic of validity» zu ersetzen, die alle Imperative in indikativische Aussagen über die Existenz psychologischer Zustände übersetzt, die diesen Imperativen jeweils entsprechen. KENNY wirft Ross vor, daß mit seinem Vorschlag der entscheidende Charakter p.Sch.e verlorengehe: uns den Übergang zu ermöglichen von bestimmten Fiats, d.h. von Sätzen, welche den Wunsch ausdrücken nach Realisierung der in ihnen beschriebenen Sachverhalte, zu andern Fiats [39]. Was in einem gültigen p.Sch. von der Prämisse auf die Conclusio übertragen werde, sei nicht, wie in der assertorischen Logik, die Wahrheit, sondern die Garantie, daß mit der Realisierung der Conclusio der in der Prämisse ausgedrückte Zweck oder Wunsch am besten befriedigt werde. Praktische Sch.e verlangten daher eine andere Logik, eine «logic of satisfactoriness», deren Regeln sicherstellen, «that in practical reasoning we never pass from a fiat which is satisfactory for a particular purpose to a fiat which is unsatisfactory for that purpose» [40].

Kennys «logic of satisfactoriness» hat den Vorteil, daß in ihr die Paradoxa der «logic of satisfaction» verschwinden, aber sie ist ihrerseits wieder, wie Kennys Kritiker zeigten [41], mit andern Schwierigkeiten behaftet, insbesondere mit der nicht weniger paradox erscheinenden Konsequenz des sogenannten «over-kills»: Wenn es ein hinreichendes Mittel ist, das Haus in die Luft zu sprengen, um eine Fliege zu töten, dann muß ich, wenn ich eine Fliege töten will, das Haus in die Luft sprengen [42].

Die scheinbare Absurdität dieses Sch. rührt jedoch, wie Kenny einwendet, nicht daher, daß der Sch. falsch wäre – der Sch. ist durchaus richtig, bezogen auf die gegebenen Prämissen –, sondern daß in den genannten Prämissen nicht alle Ziele enthalten sind, die ich verfolge, z.B. nicht der Wunsch, das Haus nicht zu zerstören [43].

P. T. GEACH, der Kennys Vorschlag voll zustimmt, weist auf eine Eigenart p.Sch.e hin, die dieses Phänomen der plötzlich absurd erscheinenden Conclusio zu erklären vermag. Im Unterschied zu den Sch.en der assertorischen Logik sind p.Sch.e nach dem Schema von Kennys «logic of satisfactoriness», wie Geach sagt, «defeasible» in dem Sinne, daß eine, relativ zu einem bestimmten Set von Prämissen gültige Conclusio ungültig werden kann durch neu hinzukommende Prämissen [44]. Diese grundsätzliche «Besiegbarkeit» wäre nur in jenem wohl chimärischen Fall zu vermeiden, wo der Handelnde eine vollständige, hierarchisch geordnete Liste aller Ziele aufstellen könnte, die er verfolgt [45].

Entscheidend zur Klärung des Wesens p.Sch.e beigetragen hat R. M. HARE [46] mit seiner These, daß p.Sch.e sowohl der «logic of satisfaction» als auch Kennys «logic of satisfactoriness» gehorchten, daß diese beiden Sch.-Weisen aber nichts anderes seien als die von der assertorischen Logik her wohlbekannten Sch.e auf notwendige oder auf hinreichende Bedingungen. Von Sch.en auf notwendige Bedingungen machten wir in praktischen Kontexten Gebrauch, wenn wir z.B. einem Verbot nachzukommen versuchten, und von Sch.en auf hinreichende Bedingungen in theoretischen Kontexten, wenn wir, sei es im Alltag oder in der Wissenschaft, nach möglichen Erklärungen für das Eintreten eines bestimmten Ereignisses suchten [47].

Diese Spiegelbildlichkeit zwischen praktischen und assertorischen Sch.en ist allerdings, wie KENNY, unter Zustimmung zu Hares Vorschlag, hervorhebt, wesentlich komplexer, als es zunächst scheinen mag. Im theoretischen Bereich sind Sch.e auf notwendige Bedingungen – die deduktive Logik – immer konklusiv in dem Sinne, daß der Wert, um den es in diesen Sch.en geht, die Wahrheit, von den Prämissen unmittelbar auf die Conclusio übertragen wird; denn falls die Prämissen wahr sind, kann die Conclusio niemals falsch sein. Praktische Sch.e auf notwendige Bedingungen dagegen sind niemals konklusiv; ist die Conclusio erfüllt, ist damit nicht auch schon der Zweck erreicht, der gemäß der ersten Prämisse erreicht werden soll. Umgekehrt sind im theoretischen Bereich Sch.e auf hinreichende Bedingungen – wie die Diskussion um die induktive Logik zeigt – niemals konklusiv, während sie im praktischen Bereich in der Tat dazu führen, daß mit der Realisierung der Conclusio auch der in den Prämissen ausgedrückte Zweck erreicht ist [48].

Die Frage nach der Gültigkeit p.Sch.e kompliziert sich in noch höherem Maße, sobald man von den einfachen Modellen p.Sch.e abweicht und die Vielfalt der Formen und Funktionen praktischer Argumente ins Auge faßt [49]. Es macht einen entscheidenden Unterschied, ob p.Sch.e der Erklärung oder Voraussage von Handlungen dienen, der einer Entscheidung vorausgehenden Überlegung oder der nachträglichen Rechtfertigung einer Handlung [50]. Ein p.Sch. in der ersten Person ist etwas anderes als ein p.Sch. in der zweiten oder dritten Person. Personenhomogene Sch.e wiederum müssen anders behandelt werden als personenheterogene, wie sich etwa im Spezialfall des moralischen Schließens zeigt, in dem von dem, was wir alle tun sollen, auf das geschlossen wird, was ein Einzelner tun soll [51]. Die Frage, was denn nun eigentlich in der ersten Prämisse und in der Conclusio eines p.Sch. ausgesagt oder ausgedrückt wird, kann völlig verschieden beantwortet werden und zu völlig verschiedenen Auffassungen über die Gültigkeit p.Sch.e führen. Sind es Direktiven oder Normen, Imperative, Wünsche oder Intentionen? Lassen sich diese verschiedenen Formen aufeinander zurückführen, z.B. Wünsche auf Absichten und Absichten auf an sich selbst adressierte Imperative? [52] Auf welche Weise soll die Theorie p.Sch.e dem Phänomen der Akrasia, der Willensschwäche, Rechnung tragen, von dem schon Aristoteles ausgegangen ist: daß einer das Richtige wissen (d.h. den richtigen Sch. ziehen) und doch anders handeln kann? [53] Und wie schließlich kann eine Theorie des p.Sch. mit dem Faktum umgehen, daß Wünsche, Ziele oder Normen kollidieren können und jeweils verschiedene Wege zu einem Ziel gegeneinander abgewogen werden müssen? [54]

Mit diesen Fragen öffnen sich von der Theorie des p.Sch. her zahlreiche weitere, z.T. noch völlig unerschlossene Felder irgendwo im Grenzbereich zwischen Handlungstheorie [55] und Handlungslogik auf der einen und den verschiedenen Spielarten der optativen, imperativischen und deontischen Logik, der Wertlogik und der rationalen Entscheidungstheorie auf der andern Seite.

Anmerkungen. [1] Die wichtigsten Stellen sind ARISTOTELES: Eth. Nic. VI, 5-13; VII, 1-15; Eth. Eud. II, 11; De motu anim. 6-7; De anima III, 11, 434 a 16-21; zur Interpretation vgl. etwa: R. LOENING: Die Zurechnungslehre des Arist. (1903) bes. 16-80. 130-167. 273-318; D. J. ALLAN: The pract. syllogism, in: Autour d'Aristote. Recueil d'ét. de philos. anc. et médiév. off. à A. Mansion (Löwen 1955) 325-340; G. E. M. ANSCOMBE: Thought and action in Arist. Coll. philos. papers 1 (Oxford 1981) 66-77. – [2] ARISTOTELES: De motu anim. 701 a 10ff. – [3] a.O. – [4] Vgl. etwa: A. J. KENNY: Pract. inference. Analysis 26 (1966) 65-75. – [5] Vgl. dazu etwa: D. K. MODRAK: Aisthesis in the pract. syllogism. Philos. Studies 30 (1976) 379-391; R. A. SHINER: Aisthesis, nous and phronesis in the pract. syllogism, a.O. 36 (1979) 377-387; A. BECKERMANN: Zur Natur und Geltung p.Sch.e. Grazer philos. Stud. 9 (1979) 161-177. – [6] z.B. THOMAS VON AQUIN: Sent. II, 24, 2, 4; De ver. 17, 1; S. theol. I-II, 13, 3c; 76, 1c; JOH. DUNS SCOTUS: Op. Oxon. II, d. 6, q. 1, n. 4; III, d. 34, n. 20; I, d. 38, n. 2; A. G. BAUMGARTEN: Ethica philos. (1740, ND 1969) § 246; Met. (1789, ND 1963) § 699. – [7] G. W. F. HEGEL: Wiss. der Logik II (1816) 2. Abschn., 3. Kap., B. Das Mittel. Akad.-A. 12 (1981) 162ff. 166. – [8] a.O. 163. – [9] 234. – [10] 3. Abschn., 2. Kap., B. Die Idee des Guten, a.O. 231ff.; zur Interpr. vgl.: M. RIEDEL: Teleolog. Erklärung und prakt. Begründung, in: K.-O. APEL/J. MANNINEN/R. TUOMELA (Hg.): Neue Versuche über Erklären und Verstehen (1978) 7-29. – [11] G. E. M. ANSCOMBE: Intention (Oxford 1957) 58; zur Disk. vgl. etwa: J. JARVIS: Pract. reasoning. Philos. Quart. 12 (1962) 316-328; M. MOTHERSILL: Anscombe's account of the pract. syllogism. Philos. Review 71 (1962) 448-461. – [12] ANSCOMBE, a.O., bes. 66ff. – [13] a.O. 72ff. – [14] 79ff. – [15] bes. 82. – [16] G. H. VON WRIGHT: Pract. inference. Philos. Review 72 (1963) 159-177; zit. dtsch.: Prakt. Schließen, in: Handlung, Norm und Intention, hg. H. POSER (1977) 44ff. – [17] a.O. 48. – [18] Vgl. etwa: R. CHISHOLM: Freedom and action, in: K. LEHRER (Hg.): Freedom and determinism (New York 1966) 11-44; dtsch.: Freiheit und Handeln, in: G. MEGGLE (Hg.): Analyt. Handlungstheorie 1 (1977) 354ff.; D. DAVIDSON: Actions, reasons and causes, in: N. S. CARE/CH. LANDESMANN (Hg.): Readings in the theory of action (Bloomington 1968) 179-198; dtsch.: Handlungen, Gründe und Ursachen, in: B. GIESEN/M. SCHMID (Hg.): Theorie, Handeln und Gesch. (1975) 310ff.; Agency, in: R. BINKLEY u.a. (Hg.): Agent, action and reason (Oxford 1971) 3-25; dtsch.: Handeln, in: MEGGLE (Hg.), a.O. 282ff.; A. I. GOLDMANN: A theory of human action (Englewood Cliffs 1970); ferner die Beitr. von J. KIM und F. STOUTLAND, in: APEL u.a. (Hg.), a.O. [10] 79-104. 105-152. – [19] G. H. VON WRIGHT: Explanation and underst. (London 1971) 27; dtsch.: Erklären und Verstehen (1974) 36; der Gedanke, den p.Sch. zur Erklärung menschl. Handlungen zu verwenden, ist allerdings nicht neu: vgl. z.B. CH. WOLFF: Vernünfftige Gedancken von der Menschen Thun und Lassen ... (Dtsch. Ethik) §§ 191-193 (⁴1733). Ges. Werke, hg. J. ECOLE I/4 (1976). – [20] Zur Disk. vgl. bes. den Sammelbd. von APEL u.a. (Hg.), a.O. [10]; K. O. APEL: Die Erklären-Verstehen-Kontroverse in transzendental-pragmat. Sicht (1979). – [21] VON WRIGHT, a.O. [19] 96; dtsch. 93. – [22] J. HINTIKKA: Practical vs. theoretical reason – an ambiguous legacy, in: S. KÖRNER (Hg.): Pract. reason (Oxford 1974) 83-102, bes. 94ff. – [23] G. H. VON WRIGHT: Erwiderungen, in: APEL u.a. (Hg.), a.O. [10] 273. 275. – [24] a.O. 266. 276f. 296. – [25] 300. – [26] a.O. [19] 87; dtsch. 86; a.O. 296. – [27] a.O. 300f. – [28] a.O. [19] 116f.; dtsch. 110. – [29] APEL, a.O. [20] 202ff. – [30] VON WRIGHT, a.O. [19] 116; dtsch. 109. – [31] a.O. [10] 297. – [32] a.O. – [33] a.O. [19] 118ff.; dtsch. 111ff.; vgl. dazu APEL, a.O. [20] 197f. 230ff. – [34] VON WRIGHT, a.O. 107; dtsch. 102; dazu APEL, a.O. 246f. 182f. – [35] VON WRIGHT: On so-called pract. inference. Acta sociologica 15 (1972) 39-53; zit. dtsch.: Über sog. prakt. Schließen, in: Handlung ..., a.O. [16] 63; ähnlich schon in: Prakt. Schließen, a.O. 42. – [36] KENNY, a.O. [4] 70; A. ROSS: Imperatives and logic. Philos. Sci. 11 (1944) 35ff. – [37] a.O. – [38] ROSS, a.O. [36] 41. – [39] KENNY, a.O. [4] 70ff.; der Ausdruck ‹fiat› geht zurück auf A. HOFSTADTER/J. C. C. MCKINSEY: The logic of imperatives. Philos. Sci. 6 (1939) 446-457. – [40] KENNY, a.O. 72. – [41] z.B. A. ROSS: Directives and norms (London 1968) 176; vgl. dazu A. GOMBAY: What *is* imperative inference? Analysis 27 (1966/67) 145-152. – [42] Beispiel aus J. RAZ (Hg.): Pract. reasoning (Oxford 1978) 11. – [43] A. KENNY: Will, freedom and power (Oxford 1975) 83f.; vgl. auch RAZ, a.O. – [44] P. T. GEACH: Dr. Kenny on pract. inference. Analysis 26 (1966) 76-79, bes. 77. – [45] KENNY, a.O. [43] 94. – [46] R. M. HARE: Pract. inferences (Oxford 1971) 59-73. – [47] a.O. 67ff.; gegen diese Gleichsetzung von theoret. und prakt. Gründen argumentiert R. D. MILO: The notion of a pract. inference. Amer. philos. Quart. 13 (1976) 13-21. – [48] KENNY, a.O. [43] 89. – [49] Vgl. D. S. CLARKE jr.: Pract. inferences (London 1985). – [50] a.O. 15-42. – [51] 127-155. – [52] 87-108. – [53] Vgl. etwa G. W. MORTIMORE (Hg.): Weakness of will (London 1971); BECKERMANN, a.O. [5]; D. DAVIDSON: Essays on actions and events (Oxford 1980) 31-42. – [54] Vgl. A. HÜGLI: Art. ‹Pflichtenkollision›, in: Hist. Wb. Philos. 7 (1989) 440-456, bes. 446-452. – [55] Vgl. H. POSER (Hg.): Philos. Probleme der Handlungstheorie (1982) Einl., bes. 22ff.

A. HÜGLI

Schlüsselreiz auch ‹Signalreiz›, ‹auslösender Reiz› oder ‹Kennreiz› genannt, ist derjenige der Umwelt gesetzte Reiz, der eine bestimmte Reaktion eines Lebewesens auslöst oder in Gang hält. Der Begriff entstammt der Vorstellung, spezifische Außenreize paßten wie ein Schlüssel in das Schloß, das die betreffende Handlung sperrt [1]. Nicht nur Zielobjekte, auch Situationen können durch Sch.e gekennzeichnet sein. Die spezifische Wirksamkeit des Sch. kann auf individueller Erfahrung oder auf angeborenen auslösenden Mechanismen beruhen [2]. Bestimmte Objekte oder Situationen können durch mehrere Sch.e gekennzeichnet sein, die zwar auch einzeln, aber dann weniger auslösewirksam sind als alle zusammen. Ursprünglich vermutete man, ihre Wirkungen addierten sich, und sprach von der Reizsummenregel [3], doch handelt es sich oft nicht um eine einfache Summenbildung. Eine Kombination von Sch.en, die viel stärker wirkt, als es der Summe der einzelnen Sch.e entspräche, hat bereits 'Gestalt'-Charakter.

Anmerkungen. [1] E. S. RUSSEL: Perceptual and sensory signs in instinctive behaviour. Proc. Linn. Soc. London 154 (1943) 195-216. – [2] W. M. SCHLEIDT: Die hist. Entwickl. der Begriffe ‹Angeborenes auslösendes Schema› und ‹Angeborener Auslösemechanismus›. Z. Tierpsychol. 19 (1962) 697-722. – [3] A. SEITZ: Die Paarbildung bei einigen Cichliden I. Z. Tierpsychol. 4 (1940) 40-84.
W. WICKLER

Schmecken meint im metaphorischen Gebrauch die innere, geistliche Erfahrung Gottes im Unterschied zu seiner rationalen Erkenntnis. Ps.-DIONYSIUS AREOPAGITA spricht in diesem Sinne davon, daß man das Göttliche nicht nur erlernen, sondern auch erfahren könne (οὐ μόνον μαϑών, ἀλλὰ καὶ παϑὼν τὰ ϑεῖα) [1]. Biblische Ausdrücke wie ‹dulcedo› (Süßigkeit), ‹suavitas› (Lieblichkeit) und ‹gustatio› (Sch.) [2] werden in der mystischen Literatur dazu verwandt, das Erleben der Einigung mit Gott zu beschreiben. So haben MECHTHILD VON MAGDEBURG u.a. in reicher Metaphorik das Sch. der göttlichen «Süßigkeit» als Ausdruck der Unio mystica geschildert [3].

Auch die islamische Mystik bezeichnet mit ‹Sch.› (dauq) den Weg zu Gott, der im Unterschied zum nur theoretischen Studium im seelischen Erleben und in der wirklichen Erfahrung Gottes besteht [4]. «Das Wissen steht höher als der Glaube, Sch. aber höher als das Wissen» [5]. THOMAS VON AQUIN spricht von einer «cognitio dei experimentalis» («erfahrenden Gotteserkenntnis»), «dum quis experitur in seipso gustum divinae dulcedinis et complacentiam divinae voluntatis» («wenn jemand in sich den Geschmack der göttlichen Süße und das Wohlgefallen des göttlichen Willens wahrnimmt») [6].

MEISTER ECKHART nimmt den durch die Galle belegte Zunge eines Kranken bewirkten Bittergeschmack, um zu verdeutlichen, daß der ungelassene Mensch Gott nicht richtig erfährt; Gottes Wille schmeckt nur in der Einheit, d.h. in der Gleichförmigkeit mit ihm [7]. Nach dem Sch. des Geistes schmeckt die Kreatur nicht mehr [8]. Nach JOH. TAULER kann nur ein ganz lauterer, inwendiger Mensch in fühlender, schmeckender und wesentlicher Weise von wunderbaren, göttlichen Dingen wissen. Der den äußerlichen Dingen zugewandte Mensch weiß, schmeckt und empfindet nichts («nút enweis noch ensmakt noch enbevindet») vom verborgenen Gott [9]. NIKOLAUS VON KUES: «Gottes Süßigkeit zu kosten» («gustare»), heißt, ihn in «erfahrender Berührung» («experimentali contactu») als die Quelle aller «Wonne» («suavitas») erfassen [10].

Neben der Barockmystik [11] hat vor allem der Pietismus die Metaphorik des Sch. Gottes tradiert. Dem bitteren Sch. der Welt steht das süße Sch. des Geistes Gottes und seines «verborgenen Himmel-Brods» gegenüber [12]. Sch. ist eine wirkliche, «eigene Erfahrung» Gottes [13], die nur der haben kann, der sein Herz ganz ausleert von weltlichen Dingen [14] und dadurch des «inneren geistlichen geschmacks der seelen» teilhaftig wird [15]. Die Bildersprache des Sch. und Fühlens war so reichhaltig, daß F. CH. OETINGER das geistige Sch. ausdrücklich vom sinnlichen abheben muß. Im geistigen Sch. können «die im Geist Stehenden das Wesen der Dinge im Innersten auf einmal ohne Schlüsse sehen, schmecken, empfinden und über alle Vernunft erkennen» [16]. Von diesem ‹Sch.› wird dann der ästhetische Geschmacksbegriff unterschieden [17].

Anmerkungen. [1] Ps.-DIONYSIUS AREOPAGITA: De div. nom. MPG 3, 648. – [2] Ps. 30, 20; 33, 9; 67, 11; 85, 5; 99, 5; 108, 21; 119, 103; 144, 7; Hebr. 6, 4f.; 1 Petr. 2, 3 (Vulgata). – [3] Belege bei G. LÜERS: Die Sprache der dtsch. Mystik des MA im Werke der Mechthild von Magdeburg (1926) 256-259. – [4] A.-H. M. AL-GHAZĀLĪ: Der Erretter aus dem Irrtum, hg. A.-E. ELSCHAZLI (1988) 41. 47f. – [5] Die Nische der Lichter, hg. A.-E. ELSCHAZLI (1987) 48. – [6] THOMAS VON AQUIN: S. theol. II-II, 97, 2, ad 2; vgl. BONAVENTURA: Sent. I, 17, 1, dub. 4; III, 31, 31, 1; III, 34, 1, 2; III, 35, 1, 1; III, 36, 1, 2. Opera omnia (Quaracchi 1882-1902) 1, 305a; 3, 745b. 689b. 774b. 794; zur geistlichen experientia vgl. R. SEEBERG: Lehrb. der Dogmengesch. 3 (⁵1953) 127, Anm. 1. – [7] MEISTER ECKHART: Predigt 11. Dtsch. Werke 1 (1958) 187 u. Anm.; Predigt 15, a.O. 1, 245. – [8] Sermo VIII, n. 84. Lat. Werke 4 (1956) 81 u. Anm. 3; Vorbild vielleicht BERNHARD VON CLAIRVAUX: Ep. 111, 3. Opera (Rom 1957-77) 7, 285. – [9] JOH. TAULER: Predigt Nr. 60. Die Predigten, hg. F. VETTER (1910) 277, 24ff.; vgl. Nr. 32, a.O. 119, 24ff. – [10] NIKOLAUS VON KUES: De visione Dei V; vgl. Idiota de sapientia I, 14. 27. – [11] ANGELUS SILESIUS (J. SCHEFFLER): Heilige Seelenlust oder Geistliche Hirtenlieder der in ihren Jesum verliebten Psyche (1657), hg. G. ELLINGER (1901) 38. 117. 124. 126. 140; M. SANDAEUS: Pro theologia mystica clavis elucid. (1640) 224f. 322f. – [12] J. ARNDT: Sechs Bücher vom wahren Christenthum. Neue Aufl. (1741) 211f. 214. 446. 1081. – [13] J. H. REITZ: Historie der Wiedergebohrnen (1698-1745, ND 1982) 3, 203; 4, 208; 5, 72. – [14] G. TERSTE(E)GEN: Geistliches Blumengärtlein inniger Seelen (1729) Nr. 199. 536. 566 (1969) 79. 157. 166. – [15] G. ARNOLD: Das Geheimniß der göttl. Sophia (1700, ND 1963) 151; vgl. E. H. HENCKEL: Die letzten Stunden einiger ... seelig in dem Herrn Verstorbenen Persohnen (²1722) 1, 69. – [16] F. CH. OETINGER: Abriß der ev. Ordnung zur Wiedergeburt (1735). Sämtl. Schr., hg. K. CH. E. EHMANN (1858ff.) II/5, 288f. – [17] J. U. KÖNIG: Unters. von dem guten Geschmack in der Dicht- und Rede-Kunst, in: F. R. L. CANITZ: Gedichte (³1750) 426f.
P. HEIDRICH

Schmerz (griech. ἄλγος, ὀδύνη, λύπη; lat. dolor; engl. pain; frz. douleur; ital. dolore).
I. *Antike bis frühe Neuzeit.* – Im Gegensatz zu der physiologischen und medizinischen Analyse des Sch.-Phänomens (vgl. unten III.) ist in Philosophie und Dichtung ‹Sch.› nicht eindeutig von ‹Leiden› (s.d.) abgegrenzt.

Bei den antiken Philosophen wird der Sch. im Rahmen der Theorie des glücklichen Lebens thematisiert. Ganz nach der klassischen griechischen Vorstellung, für die der Sch. aus der Disharmonie der Säfte resultiert, kennen auch nach PLATON die lebenden Wesen weder Sch. noch Lust, solange die physische Harmonie besteht. Erst die Auflösung der Harmonie erzeugt Sch., die Wiederherstellung Lust. Wer sein Leben von Vernunft bestimmen läßt, bleibt zwar mit dem Körper an Sch. und Lust gebunden, aber er gibt sich ihnen nicht hin und läßt sie nicht in seiner Seele entstehen [1].

EPIKURS Bestimmung des glücklichen Lebens als Unerschütterlichkeit der Seele (Ataraxie) und Gesundheit des Körpers läßt ihn jedes Handeln als Sch.- und Leidvermeidung sehen (μήτε ἀλγῶμεν, μήτε ταρβῶμεν) [2], jedoch nicht im Sinne eines unmittelbaren Genußlebens, sondern im Hinblick auf eine längerfristige Abwägung, nämlich kleinere Sch.en für spätere größere Lust in Kauf zu nehmen [3]. Der Sch. wird damit als Übel, jedoch als ein nicht immer zu meidendes Übel definiert [4].

Im Gegensatz dazu betonen die *Stoiker* die Indifferenz des Sch., demgegenüber auch eine indifferente Haltung, nämlich die Apathie erstrebenswert ist [5]. Mit der Diskussion der Spätantike, ob Sch. das größte Übel sei, befaßt sich CICERO im 2. Buch der ‹Gespräche in Tusculum›, in dem er gegen die Stoiker argumentiert [6] und gegen Epikur anführt, daß nicht der Sch. das größte Übel sei, sondern die Schande, weil nur die Tugend letztlich Lebensglück heißen kann [7].

Eine völlig veränderte Einstellung zum Sch. bringt das *Christentum*: Sch. kann nach 2 Kor. 7, 10 gottgemäß (κατὰ Θεὸν λύπη), also mit der inneren Erneuerung notwendig verbunden sein. THOMAS VON AQUIN unterscheidet den von äußerer Wahrnehmung verursachten Sch. (dolor) von dem durch die innere Wahrnehmung verursachten (tristitia) [8].

Die positive Funktion des Sch. wird unter dem Einfluß der Physikotheologie und auch im Gefolge der Leibnizschen ‹Theodizee› vielfach hervorgehoben; in dieser Sicht gilt Sch. als notwendiges Mittel für ein letztendlich gesamtes Gutes. Seit der Mitte des 18. Jh. ist die positive Auffassung des Sch. als Wächterfunktion des Lebens fester Bestandteil der Medizin («dolorem Deus homini fidelem custodem dedit, qui de causa corporis destructrice moneat» [9]).

Anmerkungen. [1] PLATON: Phileb. 31 d-33 b; Tim. 81 a; Leg. 732 e-733 d. – [2] EPIKUR: Br. an Menoikeus 128. – [3] a.O. 131. – [4] a.O. – [5] CHRYSIPP: Frg. mor. 168. 181; vgl. 144. 201. SVF 3, 39. 43; vgl. 35. 48. – [6] CICERO: Tusc. disp. 2, 41ff. – [7] a.O. 2, 14ff. 28ff. – [8] THOMAS VON AQUIN: S. theol. I-II, 35, 2c. – [9] A. VON HALLER: Elementa physiologiae (1757-66) 8, 575; vgl. R. TOELLNER: Die Umbewertung des Sch. im 17. Jh. in ihren Voraussetz. und Folgen. Mediz. J. 6 (1971) 36-44.

Literaturhinweise. K. D. KEELE: Anatomies of pain (Oxford 1957). – R. TOELLNER s. Anm. [9].   J. FLÜGGE

II. *Neuzeit.* – In der Neuzeit haben sich unterschiedliche, wenn auch nicht immer klar voneinander abzugrenzende Richtungen der Sch.-Deutung herausgebildet. In der Nachfolge der epikureischen Ethik steht vor allem der klassische Utilitarismus. J. BENTHAM erblickt in Sch. und Lust die Hauptantriebskräfte des menschlichen Handelns [1], und J. S. MILL formuliert als utilitaristisches Grundprinzip: «By happiness is intended pleasure, and the absence of pain; by unhappiness, pain and the privation of pleasure» [2]. In den Mittelpunkt der Auseinandersetzung mit dem Sch.-Phänomen rückt jedoch einerseits die mit DESCARTES zum Durchbruch kommende Somatisierung des Sch. und andererseits die weltbildbezogene Sch.-Deutung, die – im Gefolge des christlichen oder buddhistischen Leidensbegriffes – zuweilen bis zur Überhöhung oder sogar Heroisierung der Sch.-Erfahrung führt.

1. I. KANT bestimmt Sch. als «die Unlust durch den Sinn, und was jenen hervorbringt, ist unangenehm», «ein Hinderniß des Lebens». Dennoch ist Sch. der «Stachel der Thätigkeit», «ohne diesen würde Leblosigkeit eintreten». Ein «continuirliches Spiel des Antagonismus» aus Vergnügen und Sch. macht den «Zustand der Gesundheit» aus, wobei der «Sch. immer das erste» und dem Vergnügen vorgängige ist, so daß das «Vergnügen ... als Aufhebung eines Schmerzes und etwas Negatives» betrachtet werden muß: Aus einer «continuirlichen Beförderung der Lebenskraft» könne nichts «anders folgen als ein schneller Tod vor Freude» [3]. Zudem beuge der Sch. der Übersättigung (der «langen Weile») und «Leere an Empfindung» vor und sporne dazu an, immer zum Bessern fortzuschreiten; er schenke «Zufriedenheit» zum «Beschluß des Lebens» [4]. Die positive Wirkung des Sch. betont auch J. G. FICHTE: «Es ist kein Heil für den Menschen, ehe nicht diese natürliche Trägheit mit Glück bekämpft ist, und ehe nicht der Mensch in der Thätigkeit ... seine Freuden und all seinen Genuss findet. Dazu ist das Schmerzhafte, das mit dem Gefühl des Bedürfnisses verbunden ist. Es soll uns zur Thätigkeit reizen. Das ist die Absicht alles Sch.» [5].

Für G. W. F. HEGEL ist Sch. «das Vorrecht empfindender» bzw. «lebendiger» [6] oder «höherer» [7] «Naturen» [8]: «Im Toten ist kein Übel noch Sch.» [9]. Sch. stellt einen notwendigen und zugleich aufzuhebenden Mangel [10] alles Endlichen dar, der sich als «Diremtion des Lebendigen» in Gestalt von «Gefühl», «Bedürfniß und ... Trieb» äußert. Die «Principien des Uebels und des Sch.» sind «Negativität, Subjectivität, Ich»; die «Ichheit» muß als die «Pein und Qual und als die Quelle ... des Geistes gefaßt» werden [11]. In der Selbstbewegung des Begriffs markiert Sch. für Hegel die Identität in ihrem «absoluten Widerspruch», der «Ungleichheit ... mit sich» [12]. Als Moment der Dialektik des Lebens ist Sch. damit wesentliches Moment der «Natur des Geistes» [13] und begründet dessen Freiheit [14]: «Große Handlungen kommen nur aus tiefstem Sch. des Gemüthes her» [15], namentlich das «Kunstwerk», in dem «[d]ie Vermittlung durch den Sch. und die Thätigkeit eines Subjects hindurchgegangen und zur Gestalt gekommen zu seyn, ... unmittelbar aufgehoben» ist; das Kunstwerk «stellt die Substanz des Subjects dar, und der Geburts-Sch. ist eben diese absolute Entäußerung und Negativität der subjectiven Besonderheit» [16]. «Unendlicher Sch.» erweist sich als «Moment, aber auch nicht mehr denn als Moment, der höchsten Idee» [17].

In der Romantik wird Sch. als ein integraler Bestandteil des Lebens begriffen. Bei F. SCHLEGEL wird er «zum Sinnbild des allgemeinen Lebens; ich glaubte die ewige Zwietracht zu fühlen und zu sehen, durch die alles wird und existirt in dieser ungeheuren Welt von unendlicher Kraft und von unendlichem Kampf» [18]. Für I. P. TROXLER ist der menschliche Körper wie ein Tier «abhängig von der Außenwelt» und «an irdische Lebensgeister» gebunden. Das höchste «körperliche Bewußtsein» («Erwachen») besteht im Sch., der durch «erdgebundene Mächte», die die «stammverwandten Lebensgeister beschleichen», wieder getilgt werden kann. Der Sch. gehört damit in den Bereich der «tiefsten Bewußtlosigkeit», zur «leiblichen Psyche», die im Tode in eine höhere «seelische Psyche» [19] übergeht. Laut G. H. SCHUBERT tritt Sch. dann auf, wenn sich im «Zustande der äußeren Krankheit, die Hülle, die das 'Verständige' in uns umgiebt, lüftet, und nun Licht und Luft den inneren Hoffnungskeim berühren» [20], der dereinst in eine andere Region hineingeboren werden soll. Für F. VON BAADER ist der Sch. in «Kunst, Wissenschaft, Moral und überhaupt im Zeitleben» nicht «entbehrlich» [21], sogar «Radical jeder Lebensempfindung». Die Erlösung des Menschen ist nur durch «das Innewerden [des] Leidens und Schmerzens» [22] möglich. Insofern kann der Sch. als «Conductor des Göttlichen hienieden» gelten; «nur die Höllenangst [ist] die Geburtstätte des Himmels» [23].

Nach C. G. CARUS spiegeln sich in «Bau und Leben thierischer und menschlicher Organismen als Innervation» die «weltschaffenden Gedanken Gottes» [24]. Die «Nervenmasse» bildet dabei «den Extract des Organismus», der deshalb «niemals eine ganz unmittelbare Berührung mit der Außenwelt haben» könne. Körperlicher Sch. entsteht dadurch, daß diese «Nervenmasse frei den Sinneneindrücken der Außenwelt ausgesetzt wird» [25]; psychischer Sch., welcher von der «Trauer» des «Unbewußten» [26] herrührt, führe entweder zur «menschenfeindlichen Stimmung» und zur Krankheit oder zum künstlerisch produktiven «Pathos» eines «bewußten», d.h. liebenden Geistes [27]; im Sch. kann die Seele zugleich den «Sch. ihres gegenwärtigen Daseins vergessen» und ihn «sich vollkommen gegenständlich» machen. Extremer Sch. ist daher sowohl Ansporn für höchste geistige Leistungen wie auch Mitursache von Geisteskrankheiten: «Je weniger ... die höhere Intelligenz als Licht der Seele erscheint, ... desto mehr werden Sch., Haß, Liebe, Freude, Trauer durcheinander toben» und Krankheiten des Unbewußten und des Geistes hervorrufen [28].

In kritischer Wendung gegen Hegels Geist-Philosophie zählt A. SCHOPENHAUER den Sch. zu den «unmittelbaren Affektationen des Willens, in seiner Erscheinung, dem Leibe» [29]. Als Moment des «Weltwillens» ist Sch. «dem Leben wesentlich und unausweichbar» [30]. Da «jeder Wunsch aus einem Bedürfniß, einem Mangel, einem Leiden hervorgeht», ist «jede Befriedigung nur ein hinweggenommener Sch., kein gebrachtes positives Glück» [31]: «Nur Sch. und Mangel können positiv empfunden werden ...: das Wohlseyn hingegen ist bloß negativ» [32]. Jeder «große Sch., sei er leiblich oder geistig», sage aus, «was wir verdienen» [33]; das Leben stelle sich dar als «ein Läuterungsproceß, dessen reinigende Lauge der Sch. ist» [34]. Sch.-Vermeidung («Erlösung» [35]) gelingt für Schopenhauer nur durch ein Leben in Erkenntnis («Erkenntniß ist, an sich selbst, stets schmerzlos» [36]), in «Resignation» und «wahrer Gelassenheit» [37] und durch willensabtötende, dem Buddhismus entlehnte Asketepraktiken («Mortifikation des Willens» [38]). Ganz im Sinne der stoischen Zielvorstellung der Apathie (s.d.) geht der «Vernünftige ... auf Sch.-Losigkeit, nicht auf Genuß aus» [39].

2. F. NIETZSCHE bejaht in Antithese zum Pessimismus Schopenhauers die grundsätzliche Leibgebundenheit des Denkens und leitet daraus die Notwendigkeit der Affirmation des Sch. ab: «... wir müssen beständig unsre Gedanken aus unsrem Sch. gebären ... Erst der grosse Sch. ist der letzte Befreier des Geistes» [40]. Aus der Perspektive des «Willens zur Macht» erscheint zwar die «Lust als ursprünglicher als der Sch.» [41], jedoch stellen Lust und Sch. keinen Gegensatz dar [42]. Wie dem «Willen zur Lust» «jede Art von Sch. als Mittel der Steigerung ewig einbegriffen ist» [43], so läßt sich jeder Sch. als eine Lust [44] auffassen. «... alles Werden und Wachsen, alles Zukunft-Verbürgende *bedingt* den Sch. ... Damit es die ewige Lust des Schaffens giebt, damit der Wille zum Leben sich ewig selbst bejaht, *muss* es auch ewig die 'Qual der Gebärerin' geben» [45]. Sch. zählt daher zu «den arterhaltenden Kräften ersten Ranges» [46]. «An sich giebt es keinen Sch. Es ist *nicht* die Verwundung, die weh thut; es ist die Erfahrung, von welchen schlimmen Folgen eine Verwundung für den Gesammt-Organismus sein kann» [47]. Sch.-Vermeidung ist daher nicht 'Ursache' von Handlungen, der Sch. selbst ist eine Reaktion, die Gegenbewegung ist eine andere und *frühere* Reaktion» [48]. Historisch-kulturell gilt Nietzsche der Sch. als «das mächtigste Hülfsmittel der Mnemonik» [49] und damit der Entwicklung der «Moral»; durch Sch.-Zufügung in Gestalt barbarischer Strafen «behält man endlich fünf, sechs 'ich will nicht' im Gedächtnisse, in Bezug auf welche man sein *Versprechen* gegeben hat, um unter den Vortheilen der Societät zu leben». Zugleich liegt im Sch. der Ursprung der «asketischen Prozeduren und Lebensformen», die zur Entwicklung von «Vernunft», «Ernst», «Herrschaft über die Affekte» [50] geführt haben. Gegenüber dem archaischen «Zeitalter der Furcht», in dem «ein Mann ... in einer freiwilligen Uebung des Sch. ... ein ihm nothwendiges Mittel seiner Erhaltung» begriff, bestehe in der Gegenwart eine «allgemeine Ungeübtheit im Sch.» mit der Folge, daß «man jetzt den Sch. viel mehr als frühere Menschen» hasse. Aus dieser «übergrossen Empfindlichkeit» und der «Armuth an wirklichen Sch.-Erfahrungen» entstehen die «pessimistischen Philosophien» [51], gegen die die «heroischen Menschen, die grossen *Sch.-Bringer* der Menschheit» [52] antreten.

Nietzsches Sch.-Konzeption folgend, erklärt E. JÜNGER den Sch. zum Maßstab für die Sinngebung des Lebensentwurfs insgesamt: «Der Sch. gehört zu jenen Schlüsseln, mit denen man nicht nur das Innerste der eigenen Persönlichkeit, sondern zugleich die Welt erschließt ... Nenne mir dein Verhältnis zum Sch., und ich will dir sagen, wer du bist» [53]. In einer Welt verkümmernder individueller Seelenkultur fordert Jünger vom Einzelnen den «Akt der Disziplin», die «Berührung mit dem Sch.» [54] aufrechtzuerhalten. Ebenfalls unter Berufung auf Nietzsche geht N. HARTMANN davon aus, daß die Empfindung körperlichen Sch. ethische Qualitäten besitzt: «Der große Sch. erschließt Tiefen, wie sie der leicht schreitende Ungeprüfte nicht ahnt. Und nicht nur Tiefen des eigenen Herzens, auch die ... Tiefen des Lebens überhaupt und seiner unerschöpflichen Situationsfülle ... Vielleicht ist es nicht zuviel gesagt, daß Leiden der eigentliche Lehrmeister des Wertbewußtseins ist» [55].

Im «Anschluß an die naturwissenschaftliche Weltanschauung» [56] sieht E. VON HARTMANN die Ursache des Sch. in Empfindung und Wahrnehmung. Da nichts «nachdrücklicher zum Bewusstsein spricht, als der Sch.» [57], kann Sch. geradezu als Bedingung für die Entstehung von Bewußtsein bezeichnet werden. Daraus ist die sittliche Forderung nach Überwindung des Egoismus und die «volle Hingabe an das Leben und seine Sch.en» [58] abzuleiten, die Offenheit für den «Welt-Sch.» [59] als Teilhabe am Leiden der Welt.

Die von Nietzsche inaugurierte genealogische Erforschung der Zusammenhänge von Lust und Sch. versucht O. ZIMMERMANN mit kulturhistorischem Quellenmaterial eingehend zu belegen. Er spricht – ähnlich wie L. DUMONT [60] – von der «Wonne des Leidens», die vor allem in den antiken Bacchanalien, in der mittelalterlichen Mystik und in der darstellenden Kunst aller Kulturen zum Ausdruck komme. Die Bejahung von Leid und Sch. dient, nach ZIMMERMANN, vor allem der Lebenssteigerung: «Im Interesse der Entwicklungen des Ganzen soll das leistungsfähige Individuum seine Stelle ausfüllen und alle Qualen mit wahrer Opferfreudigkeit tragen, weil sie im Processe des Ganzen eine nothwendige Stelle ausfüllen. Wer auf dieser Stufe der Erkenntniss steht, wird dem Sch. Reiz abgewinnen» [61].

Einen Höhepunkt der Affirmation von Leid und Sch. stellt der «Dolorisme» dar, eine von J. TEPPÉ im Frankreich der dreißiger Jahre begründete Bewegung, die sich philosophisch besonders auf Schopenhauer und Nietzsche, literarisch u.a. auf Baudelaire und Duhamel stützt. Teppé formuliert in Anspielung auf Descartes den Leitsatz («point de départ de la philosophie»): «Je souffre, donc je suis» [62]. Allein der Sch.-Bewußte entgeht der «infirmité foncière de la nature humaine: L'irréflexion» [63]. «Le véritable algique, celui pour qui la souffrance ne constitue pas seulement un épisode, mais le fond même de sa tragédie, celui-là ne peut guère s'empêcher de réfléchir, revenir sur lui-même, se recollier et s'analyser sans indulgence envers soi» [64]. Der anhaltende Sch. «met en face de l'absolu, le mal en face du bien ... la vie est transformée, non pas supprimée, mais sublimée» [65]. Zu den «bienfaits de la douleur» zählt Teppé die Verachtung aller «frivolités et mesquineries» [66] und die Konzentration auf «les plus urgentes et les plus élevées des questions» [67]. Mit Hilfe des Sch. «nous serons amenés à ... tout ce qui constitue la dignité humaine: contemplation, méditation, intelligence, humilité, indépendance, sympathie universelle» [68].

3. Die anthropologische Sch.-Deutung des 20. Jh. untersucht besonders die Wirkungen des Sch. auf die leiblich-seelische Gesamtheit der menschlichen Existenz. So sieht H. BERGSON das Wesensmerkmal des Sch. vitalistisch in einem «effort actuel de la partie lésée» [69] des Organismus; dieser ist («pour remettre les choses en place») «une espèce de tendance motrice sur un nerf sensible» [70], der aber zum Scheitern verurteilt ist, da nicht der Gesamtorganismus auf den Sch.-Reiz zu reagieren vermag. V. VON WEIZSÄCKER bestimmt den Sch. als das «Äquivalent einer Nicht-Leistung» des Leibes: «weh tut das, was man zu tun unterläßt» [71]. Damit gewinnt das Pathische eine eigene ontische Qualität [72], die dem Sch. den Sinn einer «fruchtbaren, erzieherischen, zur Schaffung höherer Werte nötigen Durchgangsform» [73] verleiht. Für M. SCHELER zählt der körperliche Sch. zu den «mehr oder weniger toten Zuständen» der «sinnlichen Gefühle», die «freilich ... auf Grund von Erfahrungsassoziation, gleichfalls Anzeichen für lebensfördernde und lebenshemmende Tendenzen innerhalb des Organismus werden» [74]; «so ist ... alles Leid und aller Sch. seinem ... Sinne nach Opfererlebnis des Teiles für das Ganze und des (relativ) Niederwertigen für das Höherwertige» [75]. Dem Sch. liegt für Scheler daher der «Widerstreit» des Einzelnen gegenüber dem funktionalen Ganzen [76] zugrunde. Dieser Widerstreit könne sich als «Sch. der Ohnmacht», der zu bekämpfen, oder aber als «Wachstums-» oder «Werde-Sch.», der zu bejahen sei, äußern. Im Gesamtprozeß des Lebens hängen für Scheler Liebe und Sch. «notwendig und innig zusammen»: «Liebe als Urkraft aller Verbandsbildung ... und aller Fortpflanzung ... schafft ... erst die Vorbedingung des 'Opfers', das sowohl Tod als Sch. ist» [77]. L. KLAGES hingegen deutet Sch. als die «Urstörungsstelle» des Empfindens; er besteht «im Erlebnis des Widerstandes, das zurückweist auf den Bewegungsantrieb und die seinem Wirken widerfahrende Hinderung» [78]. Die Erfahrung dieser dem Sch. eigenen Widerständigkeit hat zur «Emanzipation des Geistes» und zu dessen Antagonismus, zur Seele geführt [79]. Für H. PLESSNER «'ist' der Mensch ... immer zugleich Leib und 'hat' diesen Körper ... Darum ist das körper-leibliche Dasein für den Menschen ... ein Verhältnis zwischen sich und sich» [80]. «Im Tatbestand des körperlichen Sch. ist die Übermacht seines Einschneidens und die Ohnmacht des Ausgeliefertseins an ihn evident. Sch. ist wehrloses Zurückgeworfensein auf den eigenen Körper, so zwar, daß kein Verhältnis mehr zu ihm gefunden wird ... Der Sch. wirkt als Einbruch, als Zerstörung, Desorientierung, als eine in bodenlose Tiefe einstrudelnde Gewalt» [81]. H. LIPPS rechnet den Sch. zu den Wesenselementen des «Empfindens», das eine wesentliche Grundlage für das «Sich-einstellen auf die Dinge» abgibt: «Beim Sch. fällt das Empfinden zusammen mit dem Empfundenen. Sich selbst erfährt man im Sch., der mich überwältigt, der sich geradezu erst bestimmt durch die Art und das Maß meines Erliegens» [82]. In der von E. ROTHACKER polar angeordneten Skala subjektiver bzw. objektiver Sinneserlebnisse gehört der Sch. zu den «Urempfindungen»; er ist dadurch ausgezeichnet, daß er dem Subjekt am nächsten steht: «Sch. erlebe ich stets als 'meinen' Zustand. Er erscheint nie als Eigenschaft eines Gegenstandes» [83]. F. J. J. BUYTENDIJK radikalisiert diese Auffassung: «Der Mensch, der Sch. leidet, 'hat' einen anderen Körper und 'ist' ein anderer Mensch» [84]. Damit gewinnt der Sch. seinen «metaphysischen Aspekt» zurück: Da ‹Pein› ursprünglich ‹Strafe› bedeute und ‹mal› das 'Böse' bezeichne, offenbare der Sch., «daß auf das 'malum quod est culpa' Gott mit dem 'malum quod est poena' antworte» [85]. Für die existentialistische Sch.-Deutung steht vor allem K. JASPERS, wenn er den Sch. mit dem «Inhalt der Angst» des Menschen identifiziert [86]. Die in der anthropologischen Sch.-Deutung angelegte, kulturphilosophisch motivierte Kritik an der Analgetik wird u.a. von L. KLAGES, M. BEHAIM-SCHWARZBACH, H. LOETSCHER und L. KOLAKOWSKI [87] akzentuiert vorgetragen.

4. Im 20. Jh. wird der Sch. insbesondere auch für die ästhetische Theoriebildung und die Sprachphilosophie zum Gegenstand eingehender Betrachtung. Während in Literatur und Dichtung die Auseinandersetzung mit dem Sch. von jeher eine gewichtige Rolle gespielt hat [88], gewinnt er bes. für die Ästhetik TH. W. ADORNOS einen zentralen Stellenwert. Adorno nimmt wesentliche Elemente des Hegelschen Sch.-Begriffes auf: «Ausdruck von Kunst verhält sich mimetisch, so wie der Ausdruck von Lebendigen der des Sch. ist» [89]. Freilich wendet Adorno den dialektischen Sch.-Begriff ideologiekritisch: In der mimetischen künstlerischen Erfahrung kommt außer dem «Lustmoment ..., Einspruch gegen den universal vermittelten Warencharakter» [90] der Moderne zu sein, zugleich der Sch. des Subjekts über die 'Blockierung' nicht-entfremdeter Erfahrung zum Ausdruck: «Der Sch. im Angesicht des Schönen ist die Sehnsucht nach jenem vom subjektiven Block dem Subjekt Versperrten, von dem es doch weiß, daß es wahrer ist als es selbst» [91]. Allerdings hat die Kunst auch einen «affirmativen» Charakter, «weil sie den Sch. durch die Imagination ebenso mildert, wie» sie ihn «durch die geistige Totalität» der künstlerischen Mimesis, «in der er verschwindet, ... beherrschbar macht und real unverändert läßt» [92]. «Das Unrecht, das alle heitere Kunst, vollends die der Unterhaltung begeht, ist wohl eines an den Toten, am akkumulierten und sprachlosen Sch.» [93]. Insbesondere in der «Moderne» erscheint dieses «ästhetische ... Urphänomen von Ambivalenz» auf die Spitze getrieben: «Die Dissonanz, Signum aller Moderne, gewährt ... dem lockend Sinnlichen Einlaß, indem sie es in seine Antithese, den Sch. transfiguriert» [94].

Auch wenn M. HEIDEGGER den Sch. eher am Rande thematisiert, schreibt sich der Sch.-Begriff doch in seine sprachphilosophischen Untersuchungen ein. Etymologisch gehören laut Heidegger die Ausdrücke ‹algos› und ‹logos› [95] zusammen. Abweichend von der umgangssprachlichen «anthropologischen» Wortverwendung ist ‹Sch.› für Heidegger nicht die Bezeichnung für eine Empfindung [96]; der Sch. markiert vielmehr die «Innigkeit des Unter-Schiedes für Welt und Ding» [97]. Gerade weil «Innigkeit von Welt und Ding ... keine Verschmelzung» beider sei, sondern nur «waltet ..., wo das Innige, Welt und Ding, rein sich scheidet und geschieden bleibt» [98], könne der Sch. als «die Fuge des Risses» bezeichnet werden, die das «Zwischen» (den «Unter-Schied») austrägt: «Der Sch. fügt den Riß des Unter-Schiedes. Der Sch. ist der Unter-Schied selber» [99]. Insofern eignet laut Heidegger dem Sch. ein «gegenwendiges Wesen»: Er «verbirgt» als das «Gestörte, Verhemmte, Unheile und Heillose, alles Leidvolle des Verfallenden» das «Wahrliche» und «offenbart» zugleich als «rückreißender Riß» die «Gunst des Wesenhaften alles Wesenden». «Darum ist der Sch. weder das Widrige noch das Nützliche» [100]; ihm eignet die «Einfalt» [101], die das Anschauen in das «Fügsame des schauenden Hinnehmens» zurückreißt. Aus der Gegenwendigkeit des Sch. ergibt sich für Heidegger sowohl «seine Milde ... und aus ihr sein entbergend-geleitendes Walten» [102] als auch die «unendliche Qual» des «Scheidens *vom* alten Geschlecht», der «Wanderschaft durch die geistliche Nacht» [103].

In der Sprachphilosophie L. WITTGENSTEINS erlangen Sch., Sch.-Äußerung und insbesondere Sch.-Verhalten im Rahmen der Untersuchung der Empfindungswörter und der Diskussion des «Privatsprachenarguments» einen zentralen Stellenwert. Wittgenstein geht davon aus, daß es keinen privilegierten 'privaten' Zugang des 'Ich' zu seinen Sch.-Empfindungen geben kann, da «kein Kriterium für die Richtigkeit» [104] der Sch.-Identifikation existiert. Zugänglich und der Aufklärung fähig sei daher lediglich die «öffentliche», d.h. in der Sprachgemeinschaft verbreitete und beim Spracherwerb vom Einzelnen übernommene Verwendungsweise des Sch.-Begriffs [105]. Der Behauptung, «nur ich kann wissen, ob ich wirklich Sch.en habe; der Andere kann es nur vermuten», stehe entgegen, daß bei dem gewöhnlichen Wortgebrauch von «wissen» «Andre sehr häufig [wissen], wenn ich Sch.en habe» [106]. Dabei spielt die Korrektheit der Zuordnung von Sch., d.h. die Möglichkeit eines Irrtums, nur eine untergeordnete Rolle, wie Wittgenstein im Bild vom unzugänglichen 'Sch.-Käfer' in der Schachtel verdeutlicht, durch den sprachphilosophisch «gekürzt werden» [107] könne. Dadurch, daß die Sprache nicht zwischen Sch. und Sch.-Äußerung tritt, sondern Vehikel der Äußerung von Sch. ist [108], sei das Sprachspiel ‹Sch.›, das sowohl das Sch.-Verhalten einer Person sowie die Reaktionen der Mitwelt umfasse, Ausdruck der Regelsetzungen innerhalb der jeweiligen 'Lebensform', der die Sprecher zugehören: «Der Sch.-Begriff ist charakterisiert durch seine bestimmte Funktion in unserm Leben. Nur inmitten gewisser normaler Lebensäußerungen gibt es eine Sch.-Äußerung» [109]. Wittgensteins paradigmatisch am Sch.-Phänomen entwickelte Skepsis gegenüber der Möglichkeit einer Privatsprache, die von S. KRIPKE [110] radikalisiert worden ist, hat vor allem auf die neueren Ansätze innerhalb der analytischen Philosophie des Geistes einen starken Einfluß ausgeübt [111].

Anmerkungen. [1] J. BENTHAM: Deontology (1834), hg. A. GOLDWORTH (Oxford/New York 1983) 11. – [2] J. S. MILL: Utilitarianism (1861), in: Essays on ethics, relig. and soc. Coll. works, hg. J. M. ROBERTS 10 (London 1969) 210. – [3] I. KANT: Anthropol. in pragmat. Hinsicht (1798) I, 2, § 60. Akad.-A. 7, 230f. – [4] § 61, a.O. 234f. – [5] J. G. FICHTE: Über die Best. des Gelehrten 5 (1794). Akad.-A., hg. R. LAUTH/H. JACOB I/3 (1966) 66. – [6] G. W. F. HEGEL: Wiss. der Logik I/1 (1832). Akad.-A. 21 (1985) 122; Wiss. der Logik II (1816). Akad.-A. 12 (1981) 187. – [7] Syst. der Philos. II. Jub.ausg., hg. H. GLOCKNER (1927-40) 9, 632. – [8] a.O. [6]. – [9] Syst. der Philos. III, a.O. [7] 10, 370. – [10] a.O. [6] 12, 188. – [11] a.O. [7]. – [12] a.O. [6] 12, 187f. – [13] a.O. [9]. – [14] a.O. 32. – [15] 30. – [16] Encykl. der philos. Wiss.en im Grundr., a.O. [7] 6, 304. – [17] Glauben und Wissen. Krit. Journal II/1 (1802). Akad.-A. 4 (1968) 413f. – [18] F. SCHLEGEL: Frg. zur Poesie und Lit. 1. Krit. Ausg., hg. E. BEHLER 16 (1981) 116. – [19] I. P. TROXLER: Naturlehre der menschl. Erkenntnis, oder Metaphysik (1827) 217f. – [20] G. H. SCHUBERT: Ansichten von der Nachtseite der Wiss.en (^{3}1827) 308. – [21] F. VON BAADER: Über eine bleibende und universelle Geistererscheinung hienieden (1833). Sämtl. Werke, hg. F. HOFFMANN u.a. (1851-60, ND 1963) 4, 218 (Anm.). – [22] Vorles. über spekulat. Dogmatik, 2. H. (1830), a.O. 8, 264. – [23] Br. an G. H. Schubert (6. 3. 1810), a.O. 15, 239. – [24] C. G. CARUS: Natur und Idee oder das Werdende und das Gesetz (1861) 369. – [25] a.O. 370. – [26] Psyche, hg. L. KLAGES (1926) 170. – [27] a.O. 171. – [28] 172. – [29] A. SCHOPENHAUER: Die Welt als Wille und Vorst. [WWV] (I 1819) § 18. Ges.ausg., hg. A. HÜBSCHER (^{3}1972) 2, 120. – [30] § 57, a.O. 374. – [31] § 67, a.O. 443. – [32] WWV II (1844) Kap. 46, a.O. 3, 659f. – [33] a.O. 666. – [34] Kap. 49, a.O. 735. – [35] I, § 68, a.O. 447. – [36] Nachträge zur Lehre vom Leiden der Welt § 154. Parerga und Paralip. [PuP] (1851), a.O. 6, 316. – [37] WWV I, § 68, a.O. 448. – [38] a.O. 451. – [39] Paränesen und Maximen. PuP, a.O. 5, 431f. – [40] F. NIETZSCHE: Die fröhl. Wiss., Vorrede 3 (^{2}1887). Krit. Ges.ausg., hg. G. COLLI/M. MONTINARI [KGA] (1967ff.) 5/2, 17f. – [41] Nachgel. Frg. 14[24] (Frühj. 1888). KGA 8/3, 21. – [42] Frg. 14[173], a.O. 151. – [43] a.O. [41]. – [44] Also sprach Zarathustra IV (1885). Nachtwandler-Lied 10. KGA 6/1, 398. – [45] Götzen-Dämmerung (1889). Was ich den Alten verdanke 4. KGA 6/3, 153. – [46] Die fröhl. Wiss. (1882, ^{2}1887) IV, § 318. KGA 5/2, 230. – [47] a.O. [42]. – [48] a.O. 152. – [49] Zur Geneal. der Moral (1887) 2, § 2. KGA 6/2, 311. – [50] § 3, a.O. 312f. – [51] a.O. [46] I, § 48. KGA 5/2, 87f. – [52] a.O. [46]. – [53] E. JÜNGER: Über den Sch., in: Essays I: Betracht. zur Zeit. Werke 7 (1960) 151. – [54] a.O. 171. – [55] N. HARTMANN: Ethik (1926) 315-317. – [56] E. VON HARTMANN: Das Grundprobl. der Erkenntnistheorie (1889, ^{2}1914) 180. – [57] Philos. des Unbewussten (1869, ^{11}1904) 2, 44. – [58] a.O. 403. – [59] Phänomenol. des sittl. Bewusstseins (1879, ^{3}1922) 682. – [60] L. DUMONT: Vergnügen und Sch. Zur Lehre von den Gefühlen (^{2}1876). – [61] O. ZIMMERMANN: Die Wonne des Leidens (^{2}1885) 12; ebenso F. KNIPP: Vom Sinn des Leidens (1936) und A. JORES: Der Mensch und seine Krankheit. Grundlagen einer anthropolog. Medizin (1956). – [62] J. TEPPÉ: Apologie pour L'anormal ou Manifeste du dolorisme, suivi de Dictature de la douleur (Paris 1935/36, ^{3}1973) 46f. – [63] a.O. 56. – [64] 57. – [65] 23f. – [66] 55. – [67] 58. – [68] 83. – [69] H. BERGSON: Matière et mémoire. Essai sur la relat. du corps à l'esprit (Paris 1896, ^{36}1941) 263. – [70] a.O. 56. – [71] V. VON WEIZSÄCKER: Zur Klinik der Sch.en. Nervenarzt 9 (1936) 553-559. – [72] Medizin. Anthropol. (1951) 310ff.; vgl. Art. ‹Pathisch, Pathik›, in: Hist. Wb. Philos. 7 (1989) 179. – [73] VON WEIZSÄCKER, a.O. 212. – [74] M. SCHELER: Der Formalismus in der Ethik und die mat. Wertethik. Ges. Werke 2 (^{5}1966) 342f. – [75] Vom Sinn des Leides (1916), a.O. 6 (^{2}1963) 40. – [76] a.O. 43f. – [77] 45f. – [78] L. KLAGES: Der Geist als Widersacher der Seele (1929-32). Sämtl. Werke 2 (^{4}1960) 997. – [79] a.O. 142. – [80] H. PLESSNER: Die Stufen des Organischen und der Mensch (1928) 293f.; vgl. auch: Lachen und Weinen (^{2}1950) 45ff. – [81] Lachen ..., a.O. 177. – [82] H. LIPPS: Die menschl. Natur (1941). Werke 3 (^{2}1977) 78f. – [83] E. ROTHACKER: Die Schichten der Persönlichkeit (^{5}1952) 60. – [84] F. J. J. BUYTENDIJK: Über den Sch., in: Das Menschliche – Wege zu seinem Verständnis (1958) 157. – [85] Über den Sch. (Bern 1948) 19. – [86] K. JASPERS: Allg. Psychopathol. (^{9}1973) 192. – [87] KLAGES, a.O. [78] 957ff.; M. BEHAIM-SCHWARZBACH: Vom leibhaftigen Sch. (^{2}1953); H. LOETSCHER: Sch. ist nicht populär. Du 19/2 (1959) 7ff.; L. KOLAKOWSKI: Die Gegenwärtigkeit des Mythos (1973), bes. Kap. IX. – [88] Vgl. die Übersichtsdarst. von H. BUDDENSIEG: Leid und Sch. als Schöpfermacht (1956) und U. FÜLLEBORN: «Ist Sch. nicht gut?» Thematisierung und Gestaltung des Sch. in der Dichtung, in: H. KÖSSLER (Hg.): Über den Sch. Fünf Vortr. Erlanger

Forsch. B 18 (1987) 57-75. – [89] Th. W. Adorno: Ästhet. Theorie, Sämtl. Schr., hg. G. Adorno/R. Tiedemann 7 (1972) 169. – [90] a.O. 28. – [91] 396. – [92] 172. – [93] 66. – [94] 29. – [95] M. Heidegger: Zur Seinsfrage (1955), in: Wegmarken (1967) 232. – [96] Die Sprache (1950), in: Unterwegs zur Sprache (⁴1972) 17. – [97] a.O. 27. – [98] 24. – [99] 27. – [100] Die Sprache im Gedicht (1953), a.O. 64. – [101] a.O. 72. – [102] 62. – [103] 71f. – [104] L. Wittgenstein: Philos. Unters. § 257ff. Schr. 1 (⁴1988) 393ff. – [105] § 384, a.O. 423. – [106] § 246, a.O. 391. – [107] § 293, a.O. 403. – [108] § 244, a.O. 390; vgl. auch: Bemerkungen zur Philos. der Psychol. 1, §§ 304-313, a.O. 8 (1982) 67f. – [109] Zettel §§ 532-534, a.O. 5 (1970) 395. – [110] S. Kripke: Wittgenstein über Regeln und Privatsprache (1987) bes. 144ff. – [111] Vgl. P. Bieri (Hg.): Analyt. Philos. des Geistes (1981); M. Kurthen: Der Sch. als medizin. und philos. Problem (1984).

Literaturhinweise. F. J. J. Buytendijk s. Anm. [85] – F. Sauerbruch/H. Wenke: Wesen und Bedeut. des Sch. (²1961) – H. Kössler (Hg.) s. Anm. [88].
M. Kross

III. *Naturwissenschaft und Medizin.* – Naturwissenschaftliche und medizinische Ansätze zur Erklärung des Phänomens Sch. wurden lange Zeit von fünf unterschiedlichen Konzeptionen beherrscht. Folgt man der ersten dieser Konzeptionen, dann ist der Sch. ein Gefühl, das im Gegensatz zur Lustempfindung steht, also weder ein Wahrnehmungseindruck noch eine Sinnesmodalität. Die zweite Konzeption betrachtet den Sch. als primäre und einfache Empfindung, die aufgrund spezifischer Sch.-Rezeptoren, Sch.-Leitungen und spezifischer Sch.-Zentren im Gehirn zustande kommt. Die dritte Auffassung sieht die Sch.-Empfindung als integralen Bestandteil einer Verletzung oder eines Gewebeschadens, der eine sinnvolle biologische Funktion ausübt. Eine vierte Theorie versucht, den Sch. als funktionalen Zustand zu verstehen, der durch seine kausale Rolle bzw. seine Ursachen und Wirkungen definiert werden kann. Die Konzentration auf ausschließlich objektiv beobachtbares Verhalten bildet die Besonderheit der fünften Position. Unter dem Eindruck der rasanten Fortschritte der Sch.-Forschung dürfte es inzwischen allerdings klar sein, daß alle diese fünf Ansätze in ihrer Erklärungsstruktur zu einfach sind und feststehende empirische Beobachtungen übergehen. Daraus folgt, daß sie entweder fundamental umgestaltet oder gänzlich aus dem wissenschaftlichen Diskurs über den Sch. verbannt werden müssen. Anders ausgedrückt: Heute wird allgemein akzeptiert, daß zur Erklärung von Sch. ein neues und umfassenderes theoretisches Bezugssystem ausgearbeitet werden muß, als es bis jetzt vorliegt.

1. In der griechischen Antike wurde der Sch. allgemein eher als Gefühl denn als Empfindung betrachtet. Mit der Ausnahme des Mediziners und Anatomen Galen wurde das Herz und nicht das Gehirn als Sitz der Gefühle, also auch des Sch.-Gefühls angesehen [1]. Diese Lehrmeinung über den Sch. als affektivem Zustand, der im Herz lokalisiert ist, dominiert die europäische Philosophie, Wissenschaft und Medizin bis zur Entstehung der Neurophysiologie und Psychophysik im 19. Jh. Was von den anatomischen und physiologischen Arbeiten von L. da Vinci und R. Descartes vorweggenommen wird, wird erst zu diesem Zeitpunkt allgemein akzeptiert, nämlich daß das Gehirn der Ort aller psychischen Funktionen ist und alle Information über äußere Objekte nur durch sensorische Nervenleitungen erhält. Gleichzeitig wird die These von J. Müller, daß es für jedes Wahrnehmungsorgan spezifische Sinnesenergien gibt [2], generalisiert und dahingehend interpretiert, daß die Qualität der Empfindungen (einschließlich der Sch.-Empfindung) mit der Aktivität bestimmter Sinnesnerven verbunden ist. Das führt in der Folge dazu, daß der Empfindungsaspekt des Sch. in den Vordergrund rückt und Sch. als einfache und reine Empfindung angesehen wird. Dagegen wird die traditionelle Auffassung des Sch. als Emotion von «Philosophen und philosophisch orientierten Psychologen aufrecht erhalten, insbesondere durch Hurwicz, Lehmann und Wundt in Deutschland, sowie durch Bain, Bradley, Spencer, Sully, Stout und Ward in England, außerdem durch Baldwin, Dewey, James und Marshall in America» [3]. Vom Philosophen und Psychologen H. R. Marshall wird die Theorie, der Sch. sei eine Emotion, dabei am deutlichsten und prononciertesten vertreten [4]. Von Marshall stammt die sogenannte Affekt- oder Aspekttheorie, die den Sch. als emotionalen Eindruck begreift, der alle Empfindungseindrücke mitbestimmt. Weiter behauptet Marshall, daß nicht nur Empfindungen, sondern auch Gedanken schmerzartige Aspekte haben können und daß sogar Einsamkeit und das Hören schlecht gespielter Musik schmerzhaft seien.

Die Verdienste der Aspekttheorie sind, daß sie die emotionale Seite des Sch. betont und zeigt, daß der Sch. ein Gefühlston sein könnte, der den gesamten Bewußtseinszustand prägen kann, und daß Sch.en schließlich eine stark aversive und motivationale Rolle im geistigen Zusammenhang spielen können. Tatsächlich unterscheidet sich der Sch. in diesen Dimensionen von anderen Empfindungen; andererseits sind Sch.en aber auch wie andere Empfindungen durch eine eigenständige Qualität, durch Reizschwellen, Intensitätsunterschiede, Dauer und Lokalisation ausgezeichnet. Weiter gibt es neben der Sch.-Empfindung Unlustgefühle, von denen die Sch.-Empfindung durch ihre Qualität unterschieden werden kann; und es ist genau dieses Fehlen einer eigentümlichen Qualität, welches den Sch. der Einsamkeit vom Sch. einer Knöchelverstauchung unterscheidet.

2. Die Vorstellung, daß der Sch.-Empfindung spezifische Sch.-Rezeptoren, Sch.-Leitungen usw. zugrunde liegen, bildet einen wichtigen Hintergrund für die Spezifizitätstheorie des Sch. In ihr wird in der Regel ein eigenes physiologisches Sch.-System unterstellt, das die Informationen der Hautrezeptoren bestimmten Gehirnzentren übermittelt. Vorweggenommen wird diese Theorie partiell bereits von R. Descartes, der direkt von der Haut zum Gehirn führende Kanäle als Sch.-System annahm, das somit wie ein Glockengeläut in der Kirche arbeitet. Descartes' Theorie unterstellt, daß z.B. eine brennende Flamme Partikel im Fuß aktiviert und die Bewegung dieser Partikel durch das Bein und den Rücken in den Kopf vermittelt wird, wo das Alarmsystem in Betrieb gesetzt wird, so daß schließlich die betroffene Person Sch. empfindet [5]. Eine Spezifizitätstheorie wird dann am Ende des 19. Jh. von M. von Frey ausgearbeitet und propagiert [6], der J. Müllers Lehre von den spezifischen Sinnesenergien auf alle Hautempfindungen ausdehnt. Damit wäre für jede Empfindungsmodalität ein spezieller Rezeptor anzunehmen, der nur für die sie betreffenden spezifischen Reize da ist und immer die entsprechenden Empfindungsqualitäten erweckt. Diese Theorie wurde später ausgearbeitet, um spezifische Sch.-Nerven, Sch.-Wege und Sch.-Zentren im Gehirn zu identifizieren [7]. Sie übt eine besondere Anziehung auf Philosophen aus, die die These unterstützen, daß geistige mit neurophysiologischen Zuständen identifiziert werden sollten [8], und hat außerdem besondere

Beachtung bei den «eliminativen Materialisten» gefunden, die davon ausgehen, daß unsere Vorstellungen und Sprachgewohnheiten über geistige Prozesse durch Beschreibungen ersetzt werden sollten, die sich ausschließlich der Terminologie der Neurowissenschaften bedienen [9].

Die deskriptive und explanatorische Stärke der Spezifizitätstheorie liegt in ihren physiologischen Behauptungen – der Annahme von Sch.-Leitungen, die vorwiegend auf krankhafte Reizung reagieren und eine besondere Rolle bei der Wahrnehmung von Sch. spielen. Solche Leitungen wurden identifiziert bei Nervenbahnen mit hohen Schwellenwerten, d.h. in dem Bereich von «A-delta»- und «C»-Nerven [10]. Aber, wie empirische Untersuchungen zeigen, sind diese Nervenbahnen weder notwendig noch hinreichend für Sch.en; darüber hinaus konnte experimentell nachgewiesen werden, daß die Sch.-Schwelle nicht mit der Entladungsschwelle dieser Nervenbahnen übereinstimmt und daß es Unterschiede zwischen dem Beginn und der Dauer der Sch.-Erfahrung und dem Entladungsmuster der Nervenbahnen gibt [11]. Eine bestimmte Gruppe von Nervenbahnen als Sch.-Leitungen zu klassifizieren, heißt deshalb, die Reizung und elektrochemische Aktivität, die bei afferenten Nervensignalen auftritt, mit dem Wahrnehmungseindruck zu verwechseln. Man nennt sie daher besser «nociceptive Leitungen», um den Unterschied zwischen der physiologischen und psychologischen Funktionsebene hervorzuheben. Das gleiche gilt für andere Nervenstrukturen, die bei der Sch.-Wahrnehmung beteiligt sind und bei denen man inzwischen Bezeichnungen wie «Nociceptoren», «nociceptive Leitungsbahnen» und ähnliches benutzt [12]. Wenn die Gleichsetzung zwischen der Aktivität von «nociceptorischen Strukturen» und dem eigentlichen Sch. als unhaltbar erkannt ist, dann ist es auch nicht weiter möglich, von einem ausschließlich neurophysiologisch zu erklärenden Sch.-System zu sprechen [13].

Die Intensitätstheorie des Sch. ist ein theoretischer Rivale der Spezifizitätstheorie, ohne dabei die Auffassung des Sch. als einfache Empfindung zu verlassen. In ihrer prononciertesten Form wird sie von O. KÜLPE und E. B. TITCHENER entwickelt. Ihr zufolge tritt Sch. immer dort auf, «wo die Reizung eines sensiblen Nervs einen gewissen Grad übersteigt» [14] bzw. weil eine «exzessive Reizung eines Sinnesorgans oder die Verletzung eines Sinnesnervs die normale Sch.-Empfindung erzeugt» [15]. Die Intensitätstheorie wurde von der überwiegenden Zahl der Forscher abgelehnt, weil eine «starke Reizung der spezifischen Sinne keinen Sch. produziert, wenn die Wirkung auf die Sinne beschränkt bleibt. Z.B. ergibt eine Reizung der Retina keine Sch.-Empfindung, sondern einen Lichteindruck» [16]. Trotzdem wird in den neunziger Jahren des letzten Jh. von A. GOLDSCHEIDER eine neue Version der Intensitätstheorie, eine «Summationstheorie» oder «Mustertheorie», des Sch. verteidigt, nachdem er ein Jahrzehnt zuvor mit M. Blix Empfindungskreise für Sch.-Wahrnehmung auf der Haut entdeckt hatte. Goldscheiders Theorie behauptet nicht, daß Sch. ausschließlich das Ergebnis einer übermäßigen Reizung jedes afferenten Nervs ist, trotzdem nimmt sie aufgrund klinischer und experimenteller Untersuchungen an, daß der Sch. keine eigenständige, qualitative Empfindung ist, die auf einer funktional autonomen Reizleitung beruht. Sch.en sind vielmehr Folge der Summation von Erregungen und des Zusammenwirkens bestimmter Erregungsmuster in der grauen Substanz des Rückenmarks [17]. In Goldscheiders Theorie ist Sch. eine «mittelbare Empfindung», obwohl sie auf einer spezifischen Sinnesenergie des Zentralnervensystems beruht [18].

Als Synthese der Annahmen der Spezifizitätstheorie und der Behauptung, daß Empfindungen durch zentrale Gehirnmechanismen aufgrund ihrer räumlichen und zeitlichen Muster interpretiert werden, die die zugrunde liegenden physiologischen Strukturen zeigen (eine Behauptung der Mustertheorie des Sch. [19]), entwirft die «gate-control»-Theorie (Zugangskontrolltheorie) ein neues Modell für die Sch.-Erklärung. Darin wird behauptet, «daß ein neurophysiologischer Mechanismus im Rückenmarkshorn wie eine Schranke wirkt, die den Fluß von Nervenimpulsen aus den peripheren Organen zum Gehirn fördert oder herabsenkt ... Das Ausmaß der Verstärkung oder Abschwächung durch die Schranke des Rückenmarkshorns ergibt sich durch die relative Aktivität in den dicken und dünnen Nervenbahnen (A-beta- und A-delta- bzw. C-Bahnen) und durch Wirkungen des Gehirns auf die Nervenaktivität des Rückenmarks. Wenn das Ausmaß der gesendeten Informationen einen kritischen Punkt überschreitet, dann werden neuronale Strukturen aktiviert, die für die Sch.-Erfahrung und die Sch.-Antwort verantwortlich sind» [20]. Heute wird allgemein anerkannt, daß die Auffassung der Zugangskontrolle und der Filterung von Sinneseindrücken sowie die Behauptung einer physiologischen Spezialisierung bestimmter Nervenbahnen eine wichtige Entdeckung für die Erklärung des Sch. ist. Zwar gibt es zwischen den Vertretern der Spezifizitätstheorie und der «gate-control»-Theorie noch Kontroversen über die Frage, ob der Wahrnehmungseindruck allein durch die Reizleitung oder auch durch raum-zeitliche Muster der Nervenimpulse selber hervorgerufen wird. Aber allem Anschein nach wird diese Auseinandersetzung – soweit sie sich ausschließlich auf den Sch. bezieht – durch experimentelle Forschung entscheidbar werden.

Im Rahmen der Entwicklung der Sinnesphysiologie und der Psychophysik im 19. Jh. haben Wissenschaftler hauptsächlich den Empfindungsaspekt des Sch. untersucht; Sch. wurde als einfache Qualität und nur auf der Intensitätsdimension als unterscheidbar betrachtet. Auf diesem Hintergrund wurde auch die quantitative Messung der Sch.-Größe konzeptualisiert: Die Laboruntersuchungen des Sch. beschäftigten sich hauptsächlich mit der Korrelation von Reizstärke und Sch.-Größe, während die klinischen Messungen verschiedener Sch.-Arten sich auf die Effektivität unterschiedlicher Behandlungen beschränkten. Eine solche einseitige Betonung des Empfindungsaspekts des Sch. heißt, seine affektiven und motivationalen sowie seine kognitiv-auswertenden Seiten zu ignorieren. Ihn als einfache Empfindungsqualität zu betrachten, bedeutet darüber hinaus auch, die Tatsache zu mißachten, daß es eine ganze Bandbreite von verschiedenen qualitativen Eigenschaften gibt, die unterschiedliche Typen von Sch.en kennzeichnen. Weiter läßt die ausschließliche Messung der Sch.-Intensität eine wissenschaftliche Betrachtung seiner subjektiven Eigenschaften unberücksichtigt. Der vielfältige Charakter des Sch. sowie seine qualitativen Unterschiede zeigen sich auch im Sprachgebrauch. Die systematische Analyse der verbalen Beschreibungen, mit denen Menschen schildern, wie sie Sch.en erfahren und wie sie mit ihnen umgehen, zeigen nicht nur, daß sie um die Dimensionen «Empfindung», «Affekt» und «kognitive Analyse» gruppierbar sind, sondern auch, daß sie ein wichtiges

Mittel zur Messung der subjektiven Aspekte der Sch.-Erfahrung darstellen [21].

3. Sch. ist normalerweise verursacht durch Verletzungen und stellt auf jeden Fall ein Warnsignal dar, das uns veranlaßt, schädliche Situationen und Gegenstände zu meiden. Diese beiden Eigenschaften des Sch. leisten einer Konzeption Vorschub, die den Sch. als unmittelbares Ergebnis von Verletzungen sieht und unterstellt, daß er im wesentlichen eine sinnvolle biologische Einrichtung darstellt. Eine solche Auffassung des Sch. wird in der Regel immer dann vertreten, wenn behauptet wird, daß Empfindungen nicht mit psychologischen Begriffen erklärt werden sollten, Sch. also als Empfindung angesehen wird. Folgt man dieser Wahrnehmungstheorie des Sch., so heißt ‹Sch.-Empfindung› nichts anderes als die Wahrnehmung oder das Bewußtsein von Körperstörungen und -verletzungen [22]. Wenn sich ein solches Modell als richtig herausstellen würde, wäre der Weg zu einer rein objektiven Erklärung des Sch. nicht mehr weit. Das gilt insbesondere, wenn sich zeigen läßt, daß das Sch.-Gefühl als Bewußtsein von objektiven Zuständen des Körpers interpretiert werden kann, woraus folgen würde, daß es für seine Erklärung keiner unreduzierbaren Gefühls- oder Empfindungsqualität mehr bedürfte. Außerdem wären dann viele scheinbar unlösbaren philosophischen Probleme, die mit der Privatheit und Subjektivität des Sch. verbunden sind, ohne weiteres gelöst. Einige Vertreter dieser Auffassung möchten den Sch. deshalb insgesamt auf den Status einer sinnvollen biologischen Einrichtung reduzieren [23].

Die Anbindung des Sch. an Verletzungen bedeutet aber, viele wichtige empirische Ergebnisse zu ignorieren und Unterscheidungen zwischen verschiedenen Formen des Sch. zu verwischen. Weiter mißachtet diese Betrachtungsweise die Fälle, wo – wie z.B. bei chronischen Krankheiten – von einer positiven Wirkung des Sch. nicht mehr gesprochen werden kann. Zudem ist durch klinische Evidenz verbürgt, daß sogar ernste Verletzungen nicht immer mit Sch.en verbunden zu sein brauchen [24]; es gibt Beispiele von Sch.-Empfindungen, bei denen keine Verletzungen festgestellt werden konnten [25]. Bei intensiven chronischen Sch.en kann es vorkommen, daß schwächere Sch.en sich für einen langen Zeitraum erhalten, auch wenn die Ursachen scheinbar verheilt sind. Ein solcher Sch. ist im Gegensatz zum akuten Sch. «nicht länger einfach ein Symptom einer Verletzung oder Krankheit, sondern wird zu einem Sch.-Syndrom» [26]. Alle diese Beispiele zeigen, daß die Verbindung zwischen Verletzung und Sch. variabel ist: Verletzungen können von Sch.en begleitet werden, genauso wie es Sch.en ohne feststellbare Verletzungen gibt. Deshalb bedeutet die Gleichsetzung von Sch. und Verletzung oder seine Definition als schädliche Reizung, «das physische Ereignis mit einem komplexen psychischen Prozeß zu verwechseln» [27].

Die meisten Sch.-Forscher vertreten die Auffassung, der Sch. sei ein Wahrnehmungseindruck. Ihre Gründe unterscheiden sich allerdings radikal von denen der Philosophen. Sie bestehen auf der Gleichheit von Sch. und Sinneswahrnehmung nicht aufgrund des «objektiven» Charakters von Sch., sondern aufgrund seiner Subjektivität oder der Tatsache, daß er wie Sehen und Hören durch geistige Prozesse verarbeitet wird. Demgemäß ist er wie alle anderen Sinneswahrnehmungen personenspezifisch und wird «durch Aufmerksamkeit, emotionalen Zustand und Lernprozesse aufgrund vergangener Erfahrungen verändert» [28].

4. Die Tatsache der geistigen Vermittlung und Veränderbarkeit des Sch.-Erlebens ist einer der Hintergründe für die *funktionalistische Sch.-Theorie*, die in den sechziger und siebziger Jahren dieses Jh. entwickelt worden ist und die behauptet, daß Sch. wie alle anderen mentalen Zustände durch seine kausalen Beziehungen zu den ihn auslösenden Reizen, anderen geistigen Zuständen und dem auf ihn folgenden Verhalten definiert werden kann. Sch. ist ein Zustand der «dafür geschaffen ist, in bestimmter Weise von Reizen und anderen mentalen Zuständen verursacht zu werden und sich mit anderen mentalen Zuständen zu verbinden, um selber ein spezifisches Verhalten zu verursachen. Er ist ein Begriff über einen Teilaspekt eines Systems von Zuständen, das insgesamt mehr oder weniger ein Abbild der Annahmen ist, die sich in der Laienpsychologie finden» [29]. Die funktionalistische Theorie beachtet außerdem, daß der Sch. kognitive, affektive, motivationale und verhaltensmäßige Aspekte umfaßt. Diese Multidimensionalität wird im Funktionalismus als Beweis für die Behauptung gesehen, daß Sch. keine einfache Empfindung ist, sondern ein komplexer, kausal integrierter Zustand, der einer funktionalen Zerlegung oder Analyse zugänglich ist [30]. Dieser Ansatz ist von Philosophen kritisiert worden, weil er nicht die phänomenologische oder subjektive Seite des Sch. – oder anders ausgedrückt: wie der Sch. sich anfühlt – berücksichtige, die die wesentliche Eigenschaft des Sch. sei [31]. Man könne sich zwei Organismen vorstellen, deren geistige Zustände, soweit die funktionalen Charakteristiken des Sch. betroffen sind, sich vollständig gleichen, von denen aber nur der eine auch die qualitative Sch.-Empfindung kenne. Diese essentialistische Kritik behauptet, daß der Fall des Organismus ohne Sch.-Empfindung, aber mit dem Erfülltsein der funktionalen Sch.-Kriterien als Sch.-'Ersatz' behandelt werden sollte, und gibt zu bedenken, daß die funktionalistische Theorie die unplausible oder absurde Behauptung enthält, daß Organismen sich in einem Sch.-Zustand befinden können, ohne irgendetwas davon zu bemerken [32].

5. Ähnliche Argumente können auch gegen die behavioristische Theorie des Sch. geltend gemacht werden. Der logische Positivismus des Wiener Kreises behauptet in den dreißiger Jahren dieses Jh., daß alle psychologischen Aussagen ohne Änderung des Inhalts in Sätze übersetzt werden können, die keine psychologischen, sondern nur physikalische Ausdrücke enthalten [33]. So kann auch der Sch. auf Sätze über Verhalten reduziert werden. Der Satz 'Paul hat Kopf-Sch.en' muß dann beispielsweise übersetzbar sein in Aussagen, die nur sein Weinen, seine Gesten, seinen Körperzustand und das Faktum betreffen, daß er die Worte 'Ich habe Kopf-Sch.en' spricht, wenn er gefragt wird, was mit ihm los sei [34]. Das Gelingen einer solchen Übersetzung würde zeigen, daß eine Bezugnahme auf innere Zustände mit einer bestimmten phänomenologischen Qualität nicht notwendig ist.

In B. F. SKINNERS radikalem Behaviorismus, der auf die Einführung mentaler Konzepte verzichten möchte, wird wie im Falle des logischen Positivismus angenommen, daß Aussagen, die in subjektive Termini gekleidet sind, sich in Wirklichkeit nicht auf solche Ereignisse beziehen. Genau genommen, werden Aussagen in der ersten Person wie 'Mein Zahn schmerzt' nicht als Aussagen gesehen, sondern als verbale Reaktionen auf unbekannte physikalische Reize; sie sind Reaktionen, die sich mit einer bestimmten Wahrscheinlichkeit einstellen, und zwar als Funktion einer bestimmten Reizgegebenheit. Verbale Reaktionen können z.B. «als soziales Produkt aufgrund der Verstärkung in Sprachgemeinschaften auftreten» [35]; mit anderen Worten: «die Sprache der subjektiven Erlebnisse ist in den Praktiken der Sprachgemeinschaft verankert, die die Individuen durch differentielle Verstärkung ihrer verbalen Reaktionen auf die eigenen Körperzustände erst über diese bewußt werden läßt» [36]. Demnach ist unser Bewußtsein vom Sch. verbaler Natur oder in toto durch den Einfluß der Sprachgemeinschaft konditioniert.

Das schwierigste Problem für die behavioristische Konzeption ist, daß es unmöglich ist, hinreichende und notwendige Bedingungen für das Vorliegen von Sch. ausschließlich in Verhaltensbegriffen zu geben. Es ist nämlich durchaus möglich, sich eine Gemeinschaft von Super-Spartanern vorzustellen, die zwar Sch. empfindet, aber jede Sch.-Regung unterdrückt. Daraus würde folgen, daß es Sch. ohne Sch.-Verhalten geben kann [37]. Auf der anderen Seite zeigt das Beispiel perfekter Sch.-Simulation, daß auch Sch.-Verhalten ohne Sch.-Empfindung möglich ist. Sch.-Verhalten kann somit weder eine notwendige noch eine hinreichende Bedingung für Sch. sein, woraus wiederum zu folgern ist, daß Sätze über Sch. nicht in Sätze über Verhalten übersetzbar bzw. Sch. nicht auf operantes Verhalten reduzierbar ist. Ein weiterer wichtiger Kritikpunkt ist, daß «aus der Aussage ʻX fühlt Sch.enʼ allein und ohne Berücksichtigung mentaler Zustände keine Verhaltensvorhersagen zu folgern sind, nicht einmal solche, die Termini wie ʻnormalerweiseʼ, ʻmit einer bestimmten Wahrscheinlichkeitʼ enthalten» [38].

6. Die Betrachtung der deskriptiven und explanatorischen Schwächen und Stärken der fünf Theorien, die bis heute den philosophischen, wissenschaftlichen und medizinischen Diskurs bestimmt haben, zeigt, warum inzwischen allgemein davon ausgegangen wird, daß Sch. als komplexes Phänomen zu betrachten ist, das mehrere Dimensionen hat, mit Verletzungen häufig, aber nicht immer verbunden ist, sowohl auf der Intensitäts- als auch auf der Qualitätsebene variiert und nicht mit der Aktivität der korrespondierenden neurophysiologischen Strukturen bzw. mit den schädigenden Reizen verwechselt werden sollte [39].

Anmerkungen. [1] Einen hist. Überblick gibt F. J. KUHLEN: Zur Gesch. der Sch.-, Schlaf- und Betäubungsmittel in MA und früher Neuzeit (1983) 82-161; vgl. ARISTOTELES: De anima 413 b 16. – [2] J. MÜLLER: Hb. der Physiol. des Menschen 2 (1840) 249-503. – [3] K. M. DALLENBACH: Pain: history and the present status. Amer. J. Psychol. 52 (1939) 331-347, zit.: 338; vgl.: A. HORWICZ: Analyse der qualitat. Gefühle (1878); A. LEHMANN: Die Hauptgesetze des menschl. Gefühlslebens (1892) 20-40; W. WUNDT: Grundzüge der physiolog. Psychol. 1 (⁶1902) 1-46; A. BAIN: Pleasure and pain. Mind 17 (1892) 161-187; F. H. BRADLEY: Pleasure, pain, desire, and volition. Mind 13 (1888) 1-36; H. SPENCER: The princ. of psychol. (London 1872) 272-288; J. SULLY: The human mind 2 (London 1892) 7-15; G. F. STOUT: A manual of psychol. (London 1898) 288ff.; J. WARD: Art. ʻPsychol.ʼ, in: Encycl. Brit. (Edinburgh ⁹1886) 37-85, hier: 66ff.; J. M. BALDWIN: Handb. of psychol. 2 (New York 1891) 134; J. DEWEY: Psychol. 2 (New York 1887) 251-259; W. JAMES: Psychol.: The briefer course (New York 1892) 68; H. R. MARSHALL: The classification of pleasure and pain. Mind 14 (1889) 511-536. – [4] Vgl. H. R. MARSHALL: Pain, pleasure and aesthetics (London 1894) 6-15. – [5] R. DESCARTES: Traité de l'homme (1664) 26-31. Oeuvr., hg. CH. ADAM/P. TANNERY 11 (Paris 1984) 141-145. – [6] M. VON FREY: Beiträge zur Sinnesphysiol. der Haut. Ber. Verhandl. Kgl. Sächs. Ges. Wiss. Leipzig, Math.-Phys. Kl. 47 (1895) 166-184. – [7] R. MELZACK/P. D. WALL: The challenge of pain (Harmondsworth 1982) 200f. – [8] D. M. ARMSTRONG: A materialist theory of the mind (London 1968) 313-317. – [9] Vgl. R. RORTY: Philos. and the mirror of nature (Princeton 1979) 70-77; K. WILKES: Physicalism (London 1977) 101f. – [10] D. D. PRICE/R. DUBNER: Neurons that subserve the sensory-discriminative aspects of pain. Pain 3 (1977) 307-338. – [11] Vgl. P. D. WALL/S. B. MCMAHON: Microneuronography and its relation to perceived sensation. Pain 21 (1985) 209-229. – [12] Vgl. IASP subcommittee on taxonomy: Pain terms. Pain 6 (1979) 250f. – [13] Vgl. MELZACK/WALL, a.O. [7] 201-208. – [14] O. KÜLPE: Grundriß der Psychol. (1893) 93. – [15] E. B. TITCHENER: An outline of psychol. (New York 1896) 65. – [16] DALLENBACH, a.O. [3] 341. – [17] A. GOLDSCHEIDER: Über den Sch. in physiolog. und klin. Hinsicht (1894) 1-66. – [18] Das Sch.-Problem (1920) 19-87. – [19] Vgl. MELZACK/WALL, a.O. [7] 208-215. – [20] a.O. 222. – [21] Vgl. R. MELZACK: The McGill pain questionnaire. Pain 1 (1975) 277-299. – [22] Vgl. G. PITCHER: Pain perception. Philos. Review 79 (1970) 368-393; ARMSTRONG, a.O. [8] 306-320. – [23] Vgl. WILKES, a.O. [9] 100f. – [24] R. MELZACK/P. D. WALL/T. C. TY: Acute pain in an emergency clinic. Pain 14 (1982) 33-43, hier: 33. – [25] MELZACK/WALL, a.O. [7] 15. – [26] a.O. 55. – [27] 70. – [28] K. W. LIVINGSTON: What is pain? Amer. Scientific 196 (1953) 60. – [29] D. LEWIS: Mad pain and martian pain, in: N. BLOCK (Hg.): Readings in the philos. of psychol. 1 (London 1980) 216-222, hier: 218. – [30] D. C. DENNETT: Why you can't make a computer that feels pain. Synthese 38 (1978) 415-456; W. LYCAN: Form, function and feel. J. Philosophy 78 (1981) 24-50. – [31] Vgl. S. KRIPKE: Naming and necessity (Oxford 1981) 144-155. – [32] Vgl. J. A. FODOR/N. BLOCK: What psychological states are not. Philos. Review 81 (1972) 159-181. – [33] Vgl. C. G. HEMPEL: The log. analysis of psychol., in: BLOCK (Hg.), a.O. [29] 14-23; R. CARNAP: Psychol. in physikal. Sprache. Erkenntnis 3 (1932/33) 107-142; O. NEURATH: Protokollsätze, a.O. 204-214. – [34] HEMPEL, a.O. 17f. – [35] B. F. SKINNER: The operat. analysis of psycholog. terms. Behav. Brain Sci. 7 (1984) 547-581, hier: 547. – [36] a.O. 547; vgl. H. RACHLIN: Pain and behavior. Behav. Brain Sci. 8 (1985) 43-53. – [37] H. PUTNAM: Brains and behavior, in: BLOCK (Hg.), a.O. [29] 24-36. – [38] a.O. 30. – [39] Vgl. IASP ..., a.O. [12] 250f.

Literaturhinweise. A. GOLDSCHEIDER s. Anm. [18]. – K. D. KEELE s. [Lit. zu I.]. – K. M. DALLENBACH s. Anm. [3]. – D. M. ARMSTRONG s. Anm. [8]. – R. TRIGG: Pain and emotion (Oxford 1970). – D. C. DENNETT s. Anm. [30]. – J. J. DEGENAR: Some philos. consid. of pain. Pain 7 (1979) 281-304. – S. KRIPKE s. Anm. [31]. – W. LYCAN s. Anm. [30]. – R. MELZACK/P. D. WALL s. Anm. [7]. – R. F. SCHMIDT/A. STRUPPLER: Der Sch. (1983). – P. D. WALL/R. MELZACK: Textbook of pain (London 1984).

N. GRAHEK

Schnitt, Goldener. Dieser Ausdruck ist erst im 19. Jh. nachweisbar [1]. Nach der Definition A. ZEISINGS wird durch den G.Sch. «eine gerade Linie dergestalt in zwei ungleiche Theile getheilt, dass ihr kleinerer Theil zu ihrem grösseren Theil in demselben geometrischen Verhältnisse steht, in welchem sich dieser zur ganzen Linie befindet, d.h. dass jener in diesem ebenso oft enthalten ist, wie dieser in der Summe beider Theile» [2]. Zeising erblickt in der Proportion des G.Sch. die schönste aller Maßbeziehungen und die Grundbedingung natürlich-organischer Schönheit [3].

Der G.Sch. wird erstmals von EUKLID erwähnt und als Teilung im äußeren und mittleren Verhältnis bezeichnet, ohne daß Euklid mit der dabei entstehenden Proportion irgendeine Schönheitsvorstellung verbindet [4]. Als früheste ästhetische Wertung des G.Sch. wird oft [5] eine Bemerkung PLATONS [6] angeführt, die zwar auf stetige geometrische Proportionen Bezug nimmt, jedoch nur auf deren aus rationalen Verhältnissen resultierende Normalform (2:4:8) und nicht auf die Proportion des G.Sch. als deren durch irrationale Verhältnisse ausgezeichnete Sonderform ($\sqrt{5}$-1:2$\sqrt{5}$-1), bei der nicht allein

– wie bei jeder stetigen geometrischen Proportion – das Quadrat des mittleren Gliedes gleich dem Produkt der beiden äußeren Glieder ist, sondern überdies die Summe des mittleren und des kleineren äußeren Gliedes gleich dem größeren äußeren Glied [7].

Vielleicht in diesem Zusammenhang, in der Verbindung dieser zwar die rationale stetige geometrische Proportion, nicht aber den irrational proportionierten G.Sch. meinenden Schönheitsvorstellung Platons mit der zwar den G.Sch., nicht aber dessen Schönheit reflektierenden Definition Euklids hat im Neuplatonismus der italienischen Hochrenaissance der Mathematiker L. Pacioli die Proportion des G.Sch. erstmals – freilich primär unter theologischem Aspekt – als die schönste aller Proportionen gewürdigt und zum Gegenstand einer von Leonardo da Vinci illustrierten Proportionslehre erhoben [8]. Vor Zeising bleibt Paciolis Schrift die einzige Reflexion zum G.Sch. aus kunsttheoretischer Sicht.

Begründet Zeising, das mathematisch-theologische Argument Paciolis säkularisierend, die Schönheit des G.Sch. ausschließlich mit dessen mathematischer Struktur, so ist es das Ziel der «ästhetischen Experimentaluntersuchungen» G. Th. Fechners, den ästhetischen Anspruch des mathematisch Evidenten aus der Anschauung des Phänomens zu bestätigen. Fechners Umfrage ergab, daß unter zehn Rechtecken dasjenige, dessen Seiten im Verhältnis des G.Sch. stehen, für das schönste gehalten wird [9]. Gleichwohl findet Fechner «den ästhetischen Wert des G.Sch. von Zeising überschätzt», da die mathematische Struktur des G.Sch. im Gegensatz zu derjenigen der spiegelbildlichen Symmetrie optisch nicht evident sei [10]. Nach Th. Lipps ist die Wohlgefälligkeit des G.Sch. keinesfalls mathematisch, sondern phänomenologisch aus einem «relativen Gleichgewicht in der monarchischen Unterordnung» zu erklären [11].

Der Versuch von F. X. Pfeifer [12], den G.Sch. als ein Mathematik, Natur und Kunst verbindendes Proportionsgesetz herauszustellen, hat bis heute vielfältige Nachfolge gefunden [13]. Mit den zahlreichen kunsthistorischen Bemühungen, den G.Sch. in Werken der bildenden Kunst und Architektur nachzuweisen [14], korrespondiert auf künstlerischer Seite Le Corbusiers «Modulor», der eine universelle Anwendung des G.Sch. in Architektur und Design garantieren sollte [15].

Anmerkungen. [1] Vgl. A. Wiegand: Der allg. G.Sch. Ein neuer Beitrag zum Ausbau der Geometrie (1849). – [2] A. Zeising: Der G.Sch. (1884) 6. – [3] Neue Lehre von den Proportionen des menschl. Körpers (1854) VIIIf.; vgl. auch a.O. [2] 14. – [4] Euklid: Elem. II, 11; VI; XIII, 5. – [5] Vgl. E. Neufert: Bauordnungslehre (1945) 45. – [6] Platon: Tim. 31 c 4-32 b 8. – [7] Vgl. T. Brunés: The secrets of ancient geometry and its use 2 (Kopenhagen/New York 1967) 57-87: The Golden Section versus the Sacred Cut. – [8] L. Pacioli: De divina proportione (Venedig 1509); zu Leonardo vgl. P. Speziali: Léonard de Vinci et la divine proportion de Pacioli. Bibl. Humanisme Renaiss. 15 (1953) 298ff. – [9] G. Th. Fechner: Zur experimentalen Ästhetik (1871) 555ff. – [10] Vorschule der Ästhetik (1876, ²1897) 1, 192. – [11] Th. Lipps: Ästhetik (1903) 1, 66. – [12] F. X. Pfeifer: Der G.Sch. und dessen Erscheinungsformen in Mathematik, Natur und Kunst (1885, ND 1969). – [13] Vgl. bes. M. C. Ghyka: The geometry of art and life (New York 1977). – [14] Vgl. P. von Naredi-Rainer: Architektur und Harmonie. Zahl, Maß und Proportion in der abendländ. Baukunst (1982, ²1984) 188ff. – [15] Le Corbusier: Le Modulor. Essai sur une mesure harmonique à l'échelle humaine applicable universellement à l'architecture et à la mécanique (Paris 1950), dtsch. (³1978).

Literaturhinweise. F. X. Pfeifer s. Anm. [12]. – E. Timmerding: Der G.Sch. (1929). – O. Hagenmaier: Der G.Sch. (1949, ⁴1977). – H. von Baravelle: Die Geometrie des Pentagramms und der G.Sch. (1950). – R. Haase: Der mißverstandene G.Sch. Z. Ganzheitsforschung 19 (1975) 240-249. – P. von Naredi-Rainer s. Anm. [14].

W. Kambartel

Scholastik

1. *Antike und Mittelalter.* – Die Verwendung des Substantivs ‹Sch.› als Bezeichnung für eine geistesgeschichtliche Epoche oder für eine bestimmte Denkform ist relativ jungen Datums. Sie dürfte sich nicht vor dem späten 18. Jh. eingebürgert haben. Viel älter sind dagegen das Adjektiv ‹scholastisch› und die Personenbezeichnung ‹Scholastiker›. Beider Geschichte weist auf das griechische Wort σχολαστικός zurück, das seinerseits von σχολή (Muße, Schule, Studium) und σχολάζειν (Muße haben, sich widmen) abgeleitet ist. Gemeinsame Wurzel wiederum bildet das Verb σχέειν bzw. ἔχειν, so daß an der Basis des gesamten Wortfeldes die substantivische Bedeutung von 'Zeit, die jemand hat' bzw. der verbale Sinn von 'Zeit haben für etwas' (τινί) steht. Ein σχολαστικός ist dementsprechend nicht ein Müßiggänger oder ein Mann ohne Beschäftigung, z.B. der Freie ohne Zwang zur Arbeit, sondern jemand, der über die Zeit verfügt, sich einer frei gewählten Tätigkeit zuwenden zu können. Analog dazu dient das Adjektiv σχολαστικός zur Charakterisierung von gesellschaftlichen Zuständen, Institutionen oder Personen, bei denen das freie Verfügenkönnen über die Zeit entweder kausal oder funktional eine bestimmende Rolle spielt [1].

In dieser prädikativen Bedeutung tritt σχολαστικός erstmals in der ‹Politik› des Aristoteles an drei Stellen auf [2]. Beschrieben werden damit Zusammenkünfte, die aus freiem Verlangen der Bürger zustande kommen, Staaten, die sich mehr Muße (σχολή) erlauben können als andere, sowie Menschen, die aufgrund ihres Wohlstandes immer besser Herr über ihre eigene Zeit werden. Substantiviert erscheint σχολαστικός zum erstenmal ebenfalls bei Aristoteles, dies allerdings nicht in der Form einer Personenbezeichnung, sondern in der Abstraktion eines Neutrums [3]. Gemeinsam mit dem αὔταρκες (Selbstgenügsamen) und dem ἄτρυτον (Unermüdbaren) bildet das σχολαστικόν als das 'Ruhevolle' die Voraussetzung für die höchste Vollendung der θεωρία und des menschlichen Glücks. Darf man Diogenes Laertios glauben, so hat sich Theophrast als σχολαστικός bezeichnet [4]. Bemerkenswert daran ist nicht nur, daß hier die erste Personenbezeichnung vorliegt, sondern gleichzeitig die erste Verbindung unseres Begriffs mit der Philosophie als Existenzform auftaucht. Wie der Stoiker Chrysipp von Soloi nach Plutarch bestätigt, wird im βίος σχολαστικός bereits im 3. Jh. v.Chr. die einzige Daseinsweise gesehen, die eines Philosophen würdig ist [5].

Doch diese Verbindung ist für Antike und Mittelalter weder zwingend noch üblich. Sowohl im Griechischen als auch im Lateinischen setzt sich vielmehr die allgemeine Bedeutung von 'zur Schule gehörig' bzw. von 'ein zur Schule Gehöriger' durch. Der Schule als institutionalisiertem Ort wiederum, an dem sich diejenigen zusammenfinden, die für die θεωρία Zeit haben und sich weder Erwerbs- noch Staatsgeschäften widmen müssen, gehören Lehrer *und* Schüler an. Beide können daher σχολαστικοί bzw. ‹scholastici› genannt werden: «Cum scholastici solum proprie et primitius dicantur ii, qui adhuc in schola sunt, omnes tamen qui litteris vivunt, nomen hoc usurpantur» [6]. Dies bestätigen nicht nur die antiken Schriftsteller [7], sondern auch die mittelalterlichen Quellen um die von GREGOR DEM GROSSEN gegründete ‹schola cantorum› [8]. Noch GERBERT VON AURILLAC [9], BERENGAR VON TOURS [10], HUGO VON ST. VIKTOR [11], BERNHARD SCHOLASTICUS [12] und BERNHARD VON CLAIRVAUX [13] halten sich an diesen Wortgebrauch. Gemeinsames Charakteristikum der 'zur Schule Gehörigen' ist die Gelehrsamkeit. Deshalb bedeutet σχολαστικός/‹scholasticus› häufig auch einfach Gelehrter, Gebildeter und Weiser. PAPIAS VOCABULISTA definiert in diesem Sinne «scholasticus» als «eruditus», «literatus» und «sapiens» [14]. In ähnlicher Hinsicht gibt SALVIANUS VON MARSEILLE Schriftstellern die Anweisung, «ut scholastici ac diserti haberentur» [15]. Daraus entspringt die in der Spätantike üblich werdende Ehrenbezeichnung, die sich auf Inschriften und Papyri, in Epistolarien und Biographien findet [16]. HIERONYMUS [17], SULPICIUS SEVERUS [18], NEILOS VON ANKYRA [19], ISIDOR VON PELUSION [20], THEODORETOS VON KYROS [21], MAKARIOS [22] und GREGOR DER GROSSE [23] sind dafür besondere Zeugen. Noch in der Karolingerzeit bilden Ausdrücke wie «vir scholasticus», «vir scholasticissimus» oder «summus scholasticus» ausgewählte Ehrenbekundungen [24]. PETRUS COMESTOR [25] bestätigt dies sogar für das 12. Jh. Σχολαστικός/‹scholasticus› stellt in all diesen Fällen – genauso wie etwa ἐλλογώτατος, λογιώτατος oder σοφώτατος – eine Titulierung dar, die den Angesprochenen oder Dargestellten als überragend gebildet und weise präsentieren möchte.

Für Antike und Mittelalter gleichermaßen erhielt die Tatsache Bedeutung, daß σχολαστικός/‹scholasticus› in das Vokabular der Rhetorik und der Jurisprudenz hineinwuchs. So bildete ‹scholasticus› vom 1. Jh. v.Chr. an ein Synonym für ‹Rhetor›. Nach PHILODEMOS RHETOR [26] verwendeten vor allem SUETON [27], TACITUS [28] und QUINTILIAN [29] das Wort in diesem Sinne. Indirekt bestätigen aber auch VERGIL [30], PLUTARCH [31], PETRONIUS [32], PLINIUS SECUNDUS [33] und EPIKTET [34] das Üblichwerden dieses Wortgebrauchs. Da nun gleichzeitig ‹rhetor› schon zur Zeit CICEROS gelegentlich soviel wie ‹patronus› (Rechtsbeistand) besagte, war es nur eine Frage der Zeit, bis auch ‹scholasticus› zur Bezeichnung für 'Anwalt' wurde [35]. Dies wiederum erfolgte spätestens in zwei kaiserlichen Erlässen von 344 und 386, die beide Eingang in den ‹Codex Theodosianus› (438/9) gefunden haben [36]. Genauso wie im ‹Corpus Iuris Justiniani› (529/534) [37] steht «scholasticus» hier neben «advocatus», «togatus», «causidicus» und «patronus causorum». AUGUSTINUS empfiehlt in diesem Sinne: «Qui habent causam et volunt supplicare imperatori, quaerunt aliquem scholasticum iurispertum ...» [38]. Die Entwicklung geht aber noch weiter: Vor allem im byzantinisch beeinflußten Kulturraum werden die σχολαστικοί im Zuge der Aufwertung ihrer Anwaltstätigkeit zu «defensores civitatis» bzw. «patres civitatis», was bedeuten konnte, daß ihrer Obhut das Amt des Richters, die Finanz- und Steuerverwaltung sowie die Aufsicht über das Bauwesen anvertraut war [39]. Kraft dieser Stellung standen ihnen nicht nur kirchliche Ämter wie Lektorat, Diakonat oder Episkopat [40], sondern auch beratende Funktionen bei den höchsten weltlichen Machthabern offen [41].

Etwas von dieser letzteren Rolle erhält sich bis in die Merowingerzeit, aus der uns Dokumente vorliegen, in denen «scholasticus» mit 'Beamter' übersetzt werden muß [42]. Für Angehörige der «schola palatii», die keine Bildungsinstitution war, konnte dieser Titel nur auf ihre Funktion als 'zum Hof Gehörende' bzw. 'im Dienst des Hausmeiers Stehende' hinweisen. Überwiegend administrativ war schließlich die Tätigkeit jener «scholastici», die im Anschluß an die karolingische Bildungsreform sowohl an Bischofs- als auch an Klosterschulen installiert wurden. Ihre Aufgaben als «caput scholae» (auch «capiscolus» oder «cabiscolus») bzw. als «magister scholarum» bestand nicht allein in der Organisation eines gedeihlichen Unterrichts und in der Überwachung des rechten Glaubens, sondern ebenso in der Erteilung der «licentia docendi» [43]. Vom 13. Jh. an übernahmen an den Universitäten die «cancellarii» ihre Funktion. In anderen Bildungsinstitutionen spielten sie jedoch noch bis in die Neuzeit hinein eine wichtige Rolle [44].

Auffallend ist, daß sich die eigentlichen Bildungsträger des Mittelalters, die Mönche, nicht ‹scholastici› nannten (es sei denn, daß sie vor ihrem Klosterleben Rechtsanwälte waren [45] oder ganz einfach als gebildet und weise galten [46]). Verstanden sie sich nicht auch als «philosophi christiani»? Bezeichneten sie ihr Kloster nicht als «schola Christi» [47]? Begriffen sie ihr Leben nicht als «dominici schola servitii» [48], als Eintritt in die «schola Dei» [49]? Der Grund für diese Tatsache erklärt zugleich, wie ‹Sch.› in nachmittelalterlicher Zeit zur Charakterisierung einer bestimmten Denkform werden konnte [50]. Spätestens im 12. Jh. setzt ein unverkennbares Auseinanderwachsen von Kloster- und Domschulen ein. Dieser Prozeß erfolgt nicht nur in organisatorischer und gesellschaftlicher, sondern auch in geistiger Hinsicht. Man unterscheidet von da an eine Mönchstheologie von einer Schultheologie. Wesentliches Unterscheidungsmerkmal ist die verschiedene Bewertung der Dialektik innerhalb der «artes liberales» sowie angesichts der Bibel. Während man die Dialektik an den Mönchsschulen der reinen «lectio» der «sacra pagina» und anderer autoritativer Texte («auctoritates») mit dem Ziel der «meditatio», «oratio» und «contemplatio» unterordnete, machte man sie an den Dom- und Stadtschulen (später an den Universitäten) in der Gestalt der «quaestio» oder «disputatio» zum Fundament des wissenschaftlichen Vorgehens. Neben die Autorität der Bibel und der antiken bzw. christlichen Klassiker trat damit die Autorität der Vernunft, konkret die Autorität der Theologen und Philosophen, die «auctoritas magistrorum». Diese Entwicklung führte zu heftigen Kontroversen, die in die Geschichte als Kämpfe zwischen Dialektikern und Antidialektikern eingegangen sind. Diese Bezeichnung wiederum wurde zu Recht gewählt, nennen doch bereits viele mittelalterliche Texte das Vorgehen der Schultheologen «dialektisch». In diesem Zusammenhang fällt sporadisch der Begriff ‹scholastisch›. Er erscheint als Austauschbegriff zu ‹dialektisch›. Ganz ausdrücklich liest man schon in den ‹Paulinenkommentaren› des HAIMO VON AUXERRE von der Möglichkeit einer Bibelauslegung, die «scholastice», d.h. «philosophice sive dialectice» [51] erfolge und grundsätzlich sowohl von der Verkündigung der Apostel als auch von der unter den «claustrales» üblichen «lectio» der «sacra pagina» unterschieden sei. Ein ähnliches Verständnis von ‹scholastisch› ist gegeben, wenn z.B. RUPERT VON DEUTZ davon spricht, daß SIGFRIED VON LAON ein Scholastiker gewesen sei, obwohl er dem Mönchsstand angehört habe («scholastico licet monacho») [52], oder wenn GOTTFRIED VON ST. VIKTOR seinen Mitbrüdern empfiehlt, sich nicht mit «scholasticis disputationibus» abzugeben, sondern nach höheren Dingen zu trachten [53]. Ein weiteres aufschlußreiches Beispiel bieten die ‹Glossae super sententias› des PETRUS VON POITIERS, in denen vom «doctor scholasticus» die Rede ist, der sich dadurch auszeichnet, daß er die Theologie in enger Beziehung zur Philosophie betreibt [54]. In all diesen Texten wird ‹scholastisch› erstmals zum Kennzeichen für eine bestimmte Art, Theologie zu betreiben.

Diente das neue wissenschaftliche Vorgehen weder der konkreten Meditation, dem Gebetsleben oder der Kontemplation noch sonst einem Nutzen des menschlichen Lebens, so wurde vor allem seitens der Mönchstheologie der Bezeichnung ‹scholastisch› ein negativer Beiklang unterschoben. Wie schon bei VERGIL [55], EPIKTET [56], SUETON [57] und MARC AUREL [58] erhielt ‹scholastisch› dabei die Bedeutung von 'lebensfremd', 'verstiegen', 'tölpelhaft', 'grauer Theorie nachhängend', 'in nutzlose Streitigkeiten verstrickt' oder 'bloß für die Schule interessant' [59]. In der Neuzeit dominieren dann diese abwertende Konnotation und die Gleichsetzung von ‹scholastisch› und ‹dialektisch›.

Anmerkungen. [1] E. MIKKOLA: ‹Scholé› bei Aristoteles. Arctos. Acta philolog. fenn. NF 2 (1958) 68-87; A. DIHLE: Philos. - Fachwiss. - Allgemeinbildung, in: H. FLASHAR/O. GIGON (Hg.): Aspects de la philos. hellénist. (Vandœuvres 1985) 219-223. - [2] ARISTOTELES: Pol. 1313 b 2f.; 1322 b 37-39; 1341 a 28f. - [3] Eth. Nic. 1177 b 22. - [4] DIOG. LAERT.: Vitae philos. 5, 37. - [5] PLUTARCH: Mor. 1033 c. - [6] AUGUSTINUS: In Ioannis evang. MPL 35, 1442; vgl. GENNADIUS VON MARSEILLE: De scriptoribus ecclesiast. MPL 58, 1084 A. - [7] K. E. GEORGES: Ausführl. lat.-dtsch. Handwb. 2 (⁹1951) 2525f. - [8] Ponticale Romano-Germanicum, hg. C. VOGEL/R. ELZE (1963) 99. 185. 206 u.ö.; CH. DU CANGE/L. FAVRE: Gloss. mediae et infimae latinitatis 7 (Niort 1883-87) 352; H. LECLERCQ: Art. ‹Schola cantorum›, in: Dict. d'archéol. chrét. et de liturgie 15/1 (Paris 1950) 1008-1110. - [9] GERBERT VON AURILLAC: Epistol. MPL 139, 244 B. - [10] BERENGAR VON TOURS: Epistol. MPL 178, 1872 A. - [11] HUGO VON ST. VIKTOR: Didasc. MPL 176, 768 C; 777 B; 800 A u.ö. - [12] BERNHARD SCHOLAST.: Epistol. MPL 141, 129 D. - [13] BERNHARD VON CLAIRVAUX: Epistol. MPL 182, 79 D. - [14] PAPIAS VOCAB.: Vocabularium, cap. 1053 (zit. bei DU CANGE/FAVRE, a.O. [8] 350). - [15] SALVIANUS VON MARSEILLE: De gubernatione Dei. MPL 53, 27 A. - [16] A. CLAUS: Ὁ Σχολαστικός. Diss. Köln (1965) 20-42. 84-87. - [17] HIERONYMUS: Liber de viris illustr. MPL 23, 699 A. - [18] SULPICIUS SEVERUS: Dialogus I-II. CSEL 1, 160. 208. - [19] NEILOS VON ANKYRA: Epistol. MPG 79, 85 A; 103 A; 115 B; 145 B; 184 B; 205 D; 224 C; 313 B; 317 D; 321 C; 351 C; 370 C; 445 A; 447 C; 454 B; 471 C; 479 B; 525 B. - [20] ISIDOR VON PELUSION: Epistol. MPG 78, 181 A; 196 B; 212 A; 216 B-C; 256 A-B; 277 A-B; 360 B-C; 400 C-D; 412 B; 417 A-B; 440 B-C; 525 A; 589 D-601 B; 604 B; 610 A; 629 C-633 A; 645 B; 760 A; 920 C-D; 1024 D; 1025 A; 1197 B-1204 A; 1293 A-1299 A; 1572 B-C. - [21] THEODORETOS VON KYROS: Epistol. MPG 83, 1181 D; 1197 C-D; 1224 B-C; 1236 A; 1457 B-D. - [22] MAKARIOS: Hom. MPG 34, 604 D; 685 B. - [23] GREGOR DER GROSSE: Epistol. MPL 77, 603 A; 604 B; 616 A-C; 715 B-716 B; 760 C-761 C; 775 C-776 A; 777 B; 778 C; 934 B-C; 995 A; 1220 B; 1303 A-B. - [24] Belege bei DU CANGE/FAVRE, a.O. [8] 351f.; G. MANSER: Die mittelalterl. Sch. nach ihrem Umfange und Charakter. Hist.-pol. Bl. 139 (1907) 317-339. 407-431; hier: 326f. - [25] PETRUS COMESTOR: Sermo in Festo S. Nicolai. MPL 198, 1730 C. - [26] PHILODEMOS RHETOR: Rhet. 2, 265. - [27] SUETON: De grammat. et rhet. 30. - [28] TACITUS: Dial. de oratoribus 14f. 26. 42. - [29] QUINTILIAN: Instit. orat. IV, 2, 30. 92. 97; VII, 1, 14; XI, 1, 82; XII, 11, 16. - [30] VERGIL: Katalepton 5, 1-5. - [31] PLUTARCH: Vitae parall.: Cicero 5, 2 (863 b). - [32] PETRON: Satyrica 6 und 10. - [33] PLINIUS SEC.: Epist. 9, 2. - [34] EPIKTET: Diss. ab Arriano digestae I, 11, 39; IV, 1, 138. - [35] CLAUS, a.O. [16] 14ff. 20ff. 150ff. - [36] Theodosiani lib. XVI cum Constitutionibus Sirmondanis 1, 29, 3 (vgl. 1, 1, 5); 8, 10, 2. - [37] Corpus iuris civ., Codex Iust. 12, 61, 2. -
[38] AUGUSTINUS, a.O. [6]. - [39] CLAUS, a.O. [16] 95-125. - [40] Canones Apostol. et Concil., cap. 10. 97. - [41] CLAUS, a.O. [16] 126-131. 132ff. - [42] E. VACANDARD: La scola du palais mérovingien. Rev. questions hist. 61 (1897) 490-502; 62 (1897) 546-551; 76 (1904) 549-553; G. PARÉ/A. BRUNET/P. TREMBLAY: La renaissance du XIIème s.: Les écoles et l'enseignement (Ottawa 1933) 59f. 69ff. - [43] G. BOURBON: La licence d'enseigner et le rôle de l'écolâtre au moyen âge. Rev. questions hist. 19 (1876) 513-552. - [44] a.O. 534-544. 545ff. - [45] CLAUS, a.O. [16] 129, Anm. 4. - [46] RUPERT VON DEUTZ: In regulam S. Benedicti. MPL 170, 496 A. - [47] z.B. TERTULLIAN: Adv. gnosticos scorpiace 12. MPL 2, 146 B; BERNHARD VON CLAIRVAUX: Sermones. MPL 183, 647 A; vgl. B. STEIDLE: Dominici schola servitii. Benedikt. Mschr. 28 (1952) 397-406. - [48] Regula S. Benedicti, Prolog 45. - [49] BERNHARD VON CLAIRVAUX: Epist. MPL 182, 200 A. - [50] Zum folgenden: M.-D. CHENU: Introd. à l'ét. de S. Thomas d'Aquin (Montreal 1950), dtsch. (1960) 3-107; La théol. au 12ème s. (Paris 1957, ²1966) 324ff.; Art. ‹Sch.›, in: Hb. der theolog. Grundbegriffe 2 (1963) 478-494; J. LECLERCQ: L'amour des lettres et le désir de Dieu (Paris 1957), dtsch.: Wiss. und Gottverlangen (1963) 10-12. 84f. 125f. 166f. 172ff. 213-259. - [51] HAIMO VON AUXERRE: Expos. in Epist. S. Pauli. MPL 117, 530 A; vgl. A. LANDGRAF: Zum Begriff der Sch. Collect. francisc. 11 (1941) 444-449. - [52] RUPERT VON DEUTZ: In Regulam S. Benedicti. MPL 170, 496 A; vgl. CHENU: Introd. ..., a.O. [50] 325. - [53] GOTTFRIED VON ST. VIKTOR: Microcosmos, hg. PH. DELHAYE (1951) 210; vgl. LECLERCQ, a.O. [50] 11. - [54] PETRUS VON POITIERS, zit. in: M. GRABMANN: Gesch. der scholast. Methode 1 (1909) 33; 2 (1911) 507. - [55] VERGIL, a.O. [30]. - [56] EPIKTET, a.O. [34]. - [57] SUETON, a.O. [27]. - [58] MARK AUREL: Selbstbetr. 1, 16. - [59] LECLERCQ, a.O. [50] 228.

2. Neuzeit und 20. Jh. – Weder bei den Theologen und Philosophen des Spätmittelalters noch bei den humanistischen Autoren der Frührenaissance ändert sich im mittelalterlichen Gebrauch des Begriffs ‹Sch.› Markantes. Zur Bezeichnung einer bestimmten Schulrichtung und Denkform wird er wiederum nur ansatzweise herangezogen. Beispiele dafür finden sich bei JOHANNES GERSON [1] und NIKOLAUS VON CLEMANGES [2]. Die Grundlagen für das humanistische Verständnis, das aus den Ansätzen eine feste Gewohnheit macht, schaffen F. PETRARCA [3] und L. BRUNI [4]. Bis ins 16. Jh. herrschen jedoch im überwiegenden Teil aller Texte zur Kennzeichnung der mittelalterlichen Schultheologie und -philosophie Begriffe wie ‹dialectici› (bzw. ‹dyalectici›) und ‹Aristotelici› vor. Wurde es konkreter, so sprach man direkt von ‹Thomisten›, ‹Skotisten› oder ‹Nominalisten›. ‹Scholastici› blieben nach wie vor entweder jene Schulangehörigen, die der dialektischen Methode eine hohe Bedeutung beimaßen wie z.B. die sogenannten ‹Bartolisti›, d.h. die Angehörigen jener italienischen Juristenschule, die sich auf BARTOLO DA SASSOFERRATO zurückführte [5], oder aber die Vermittlungsmänner zwischen den Diözesen und Universitäten in den Domkapiteln größerer Bischofsstädte [6].

So überrascht es kaum, daß nicht einmal bei ERASMUS VON ROTTERDAM häufig, geschweige denn regelmäßig von «scholastici» bzw. von «scholastica theologia/philosophia» die Rede ist [7]. Wo Erasmus allerdings von «scholastici» spricht, verbindet er damit dieselben Inhalte, die den übrigen Humanisten vorschweben, wenn sie von den ‹dialectici› oder ‹Aristotelici› handeln. Scholastiker sind in erster Linie Theologen und Philosophen des Hoch- und Spätmittelalters. An Gelehrte vor dem 13. Jh. wird nur bedingt gedacht. Darüber hinaus spielt es keine Rolle mehr, ob diese Scholastiker an Klosterschulen oder an bischöflichen Lehranstalten bzw. an Universitäten tätig waren. Trotz aller Differenzierungen, die noch allenthalben auftreten [8], trifft von jetzt an Mönche und Gelehrte außerhalb der Klöster dieselbe Kritik. Gegenstand derselben wiederum sind – abgesehen vom moralisch bedenklichen Lebenswandel der Geistlichen – weniger die Inhalte einzelner wissenschaftlicher Theorien als vielmehr die Sprache, in der diese vorgetragen werden, sowie der Wert, den diese für die Entfaltung der «imitatio Christi» oder «humanitas» haben [9]. Was ersteres anbelangt, so konstatiert man den Verlust des humanistischen Weisheitsideals, nach dem (im Sinne Ciceros, Senecas u.a.) Inhalt und Form einer Lehre zu einer natürlichen Einheit gelangen müssen. Bezüglich des letzteren hingegen schließt man sich der antiken und mittelalterlichen Belustigung über die Zerstreutheit, Tölpelhaftigkeit und Lebensferne der bloßen Schulgelehrten an. Den «argutii» (Übergenauigkeiten), «subtilitates» (Spitzfindigkeiten), «sophistici cavillationes» (sophistischen Silbenstechereien) und «dialecticae disputationes» (dialektischen Auseinandersetzungen), in denen sich diese «theologastri» (ERASMUS, PH. MELANCHTHON), «logicastri» (C. CELTIS), «pseudodialectici» (J. L. VIVES) und «obscuri viri» (U. VON HUTTEN, C. RUBEANUS) ergehen, hält man nicht nur das Ideal der neuen humanistischen Bildung, sondern zugleich die existentielle Vorstellung einer «pia philosophia» (M. FICINO) und «philosophia Christi» (ERASMUS, R. AGRICOLA) entgegen [10].

Zum Kennzeichen spezifischer Inhalte von theologischen Theorien wird ‹Sch.› erst im Zuge von Reformation und Gegenreformation. Den Anstoß dazu gibt M. LUTHER. Bereits in seinen ‹Römerbrief-Vorlesungen› von 1516/17 [11] sowie in den ‹Conclusiones contra scholasticam theologiam› von 1517 [12] bezeichnet ‹Sch.› eine Theologie, die ihr Geschäft mit Hilfe der Philosophie betreibt und nach einer Synthese von Glauben und Vernunft strebt. Im Sinne Luthers bedeutet dies eine Absage an das «sola fide»-Prinzip, d.h. einen Rückfall in den Pelagianismus sowie in die alttestamentarische Gesetzesfrömmigkeit. Ihr Ergebnis impliziert eine Einschränkung der Gnade Gottes. ‹Scholastisch› ist für Luther aber noch nicht identisch mit ‹katholisch› oder mit ‹mittelalterlich›. Grund dafür ist die differenzierte Sicht, die er bis zum Schluß seines Lebens von der kirchlichen Tradition behält. Mehrere Kirchenväter, allen voran AUGUSTINUS, aber auch mittelalterliche Denker wie GREGOR VON RIMINI oder GABRIEL BIEL und Zeitgenossen wie J. VON STAUPITZ werden ausdrücklich als Inspiratoren der eigenen Position anerkannt [13]. Die Bedeutung von ‹katholisch› gewinnt der Begriff ‹scholastisch› für protestantische Theologen erst in der Folge des Konzils von Trient, das der gesamten kirchlichen Tradition eine konstitutive Funktion bei der Vermittlung und Auslegung der göttlichen Offenbarung verleiht und darüber hinaus ein ausdrückliches Bekenntnis zu den Schulhäuptern des Mittelalters ablegt [14]. Um Mißverständnisse auszuschließen, wird daraufhin die noch allenthalben verwendete Bezeichnung «scholastica theologia» für eine rationale und systematisch betriebene Auslegung der Offenbarung bewußt vermieden [15]. G. CALIXT z.B. zieht statt dessen die Formulierung «academica theologia» vor [16].

Katholischerseits wird der lutherische Sch.-Begriff insofern rezipiert, als er ebenfalls zum Namen für die theologischen und philosophischen Schulen des Hoch- und Spätmittelalters wird. Schon die Trienter Konzilstheologen D. DE SOTO [17], D. LAÍNEZ [18] und A. SALMERÓN [19] verwenden ihn in diesem Sinne. Völlig verschieden ist jedoch die Bewertung der Sch. Sie wird auf katholischer Seite zum Inbegriff einer Wissenschaft, die der Lehre der Kirche entspricht. Aus diesem Grunde wird sie schon 1588 durch Papst SIXTUS V. in der Bulle ‹Triumphantis Hierusalem› eigens empfohlen [20]. Daraufhin wählen zahlreiche Ordensgemeinschaften die Lehren der verschiedenen Schulhäupter der Sch. zum Richtmaß ihrer Ausbildungsprogramme [21]. Auf diese Weise erhält sich das Bekenntnis der katholischen Kirche zur Sch. bis ins 20. Jh. Seinen Höhepunkt erreicht dieses Bekenntnis in der Enzyklika ‹Aeterni Patris› von Papst LEO XIII. im Jahre 1879 sowie in den ‹24 Thesen› von Papst PIUS X. 1914 [22]. Beide Verlautbarungen bilden grundlegende Dokumente der sogenannten 'Neuscholastik' [23]. Trotz dieser Hochschätzung, trotz der Tatsache auch, daß die Sch. seit M. CANO [24] zu den zehn Fundstellen («loci») und Prinzipien aller theologischen Erkenntnis zählte, rezipiert man aber auch in katholischen Kreisen die humanistische Kritik an der lebensfernen, verstiegenen und sophistischen Sch. Aus diesem Grunde unterschied man von der Sch., die sich der Dialektik und Spekulation sinnvoll bediente, den 'Scholastizismus', der das Gegenteil davon bewirkte [25]. Im Anschluß an GREGOR VON VALENCIA und LUDOVICO CARBONIA differenzierte man außerdem – ähnlich wie auf protestantischer Seite – zwischen einer «theologia positiva», die sich der unmittelbar geoffenbarten Wahrheiten versichern sollte, und einer «theologia scholastica», die diese Wahrheiten systematisch und rekonstruktiv zu durchdringen hatte [26].

Für die neuzeitliche Philosophie fällt ‹Sch.› unter die Rubrik «finsteres Mittelalter» [27]. Obwohl sich auch Ansätze zu einer positiven Auseinandersetzung nicht leugnen lassen – diese sind vor allem in der protestantischen Schulmetaphysik des 17. Jh. [28] und an wenigen Stellen bei G. W. LEIBNIZ [29] zu finden –, so überwiegen doch bis ins 19. Jh. hinein entweder Ignoranz oder scharfe Verurteilung. Ersteres herrscht bei I. KANT vor. Aber auch R. DESCARTES, B. SPINOZA oder CH. WOLFF haben sich nicht zu den Anregungen bekannt, die sie aus dem mittelalterlichen Denken empfingen. So unterstützen sie indirekt die einhellige Verurteilung der Sch., die sich nicht bloß bei den namhaften Denkern, sondern auch in den allgemeinen Handbüchern und Nachschlagewerken [30] durchsetzt. Höhepunkt dieser Verurteilung bildet D. DIDEROTS Aussage, «cette philosophie» sei «une des plus grandes plaies de l'esprit humain» gewesen [31]. Hinter diesem Diktum steht die Überzeugung, daß die Sch. eine «false philosophy» (D. HUME [32]) sei, die das Leben in nichts gefördert, die Wissenschaft verödet und den Fortschritt gehemmt habe, weil sie in «artificial ignorance», «learned gibberish», «confusion» sowie in «useless skill» erstarrt sei (J. LOCKE [33]). Außerdem verstoße diese «schulfüchsische Philosophie» (CH. THOMASIUS [34]) gegen die Freiheit des Geistes. Schon allein die Tatsache, daß sie von «Papistischen Ordens-Männern» [35] bzw. von «Pontifici Metaphysici» [36] betrieben werde, beweise hinlänglich, daß es sich bei ihr nicht um Wissenschaft, sondern um ein auf Autorität gegründetes Wissen handle [37]. Diese Ansicht bereitet vor allem den Historikern der Philosophie Schwierigkeiten, stehen diese doch vor der Frage, wie sie mit dem geschichtlich nicht zu leugnenden Phänomen der Sch. umgehen sollen. Die Lösung, die u.a. J. BRUCKER [38], J. A. FABRICIUS [39] und W. G. TENNEMANN [40] dazu anbieten, besteht im wesentlichen darin, ‹Sch.› als bloßen Epochenbegriff zu belassen, als Name für eine Philosophie jedoch nur bedingtermaßen anzuerkennen.

Bezeichnenderweise ist es G. W. F. HEGEL, der die einzelnen Facetten der neuzeitlichen Sch.-Kritik zusammenfaßt. Ähnlich wie die Humanisten bezeichnet er die Philosophie der Sch. als «dürftig, schrecklich geschrieben und voluminös» [41]. Mit ihrem «barbarischen Latein» habe sie gehofft, «in einem schulgerechten syllogistischen Räsonieren ... die christliche Intellektualwelt gegen die Verwirrung der Begriffe zu retten» [42]. Faktum aber ist, daß durch ihre «strohene Verstandesmetaphysik» [43] «dem Menschen das Auge ausgestochen» [44] wurde. Ihre «erste Bestimmung» ist «die der Unfreiheit» [45] sowie der «Charakter der Unselbständigkeit» [46]. Als kirchliches Denken habe sie sich auf eine «positive Autorität» gegründet [47] und deshalb die Möglichkeit verspielt, «über sich hinaus zur Freiheit zu kommen und die Freiheit der Vernunft ... zu erfassen» [48]. Damit bleibt die Sch. auch für Hegel nur im uneigentlichen Sinne Philosophie: «Die scholastische Philosophie ist so wesentlich Theologie, und diese Theologie unmittelbar Philosophie» [49].

Zu einem markanten Wechsel im Verständnis des Begriffs ‹Sch.› sowie in der Bewertung der scholastischen Philosophie kommt es erst im Laufe des 19. Jh. Abgesehen von traditionellen Apologien wie bei J. KLEUTGEN, der die Philosophie der Neuzeit ablehnte und einen Rückgang forderte zur «Philosophie der Vorzeit», wie er die Sch. zusammen mit der Patristik nannte [50], erzwangen die Ergebnisse der historisch-kritischen Erforschung des Mittelalters in seiner Gesamtheit nicht nur die Aufgabe vieler neuzeitlicher Vorurteile – selbst bei nichtkatholischen Autoren wie V. COUSIN [51], W. DILTHEY [52], E. VON HARTMANN [53], A. VON HARNACK [54], R. EUCKEN [55], R. SEEBERG [56] u.a. –, sondern schärften auch ein Bewußtsein hinsichtlich der Prägnanz des Begriffes. Zum einen nämlich ließ sich das mittelalterliche Denken als solches keineswegs einheitlich als ‹Sch.› bezeichnen. Das traf nicht einmal für die Zeit vom 11. Jh. an zu. Zum andern stellte sich heraus, daß selbst eine eng gefaßte Definition der Sch. nicht ohne Berücksichtigung einer Vielfalt von Strömungen derselben auskommen konnte. So suchte man nach einem gemeinsamen Nenner, der bei aller Vereinheitlichung den Raum für Pluralität offen ließ. Zunächst schienen sich zwei Wege zu empfehlen: entweder unter ‹Sch.› das zu verstehen, was das Mittelalter unter «scholasticus» bzw. «scholastica theologia/philosophia» verstanden hat [57], oder aber als Sch. ganz einfach das gelten zu lassen, was seit dem 11./12. Jh. an den Schulen des Abendlandes faktisch gelehrt wurde [58]. Doch diese Wege führten nicht weit: Erstens gab der mittelalterliche Sprachgebrauch für das, was man wollte, nämlich eine Bezeichnung für eine bestimmte Strömung des Denkens, praktisch nichts her [59], und zweitens war gerade das, was an den Schulen de facto gelehrt wurde, derart vielfältig und heterogen, daß sich der Begriff ‹Sch.› im Falle seiner Anwendung vor lauter Allgemeinheit inhaltlich entleert hätte. Mehr als die Bedeutung 'schulmäßig' wäre ihm kaum übriggeblieben. Daran änderte auch der Vorschlag von M. DE WULF [60] nichts, nämlich ‹Sch.› jene «riesige Majorität» von Denkern zu nennen, die zwischen dem 12. Jh. und dem Spätmittelalter Einigkeit «in einer großen Menge fundamentaler Anschauungen» erzielt und eine umfassende Synthese abendländischer Grundüberzeugungen geschaffen hat; es stellte sich nämlich heraus, daß eine derartige «Majorität» nur schwer auszumachen wäre.

Die meisten Mediävisten gingen daher dazu über, das Denken der Sch. sowohl nach seinem Inhalt als auch nach seiner Methode zu definieren und die chronologischen Abgrenzungen daraus folgen zu lassen. Dabei kam es erwartungsgemäß zu unterschiedlichen Akzentuierungen. Ende des letzten und zu Beginn dieses Jahrhunderts, d.h. konkret bei F. J. PICAVET [61], C. BAEUMKER [62], G. MANSER [63], M. GRABMANN [64], M. DE WULF [65] u.a., trat vor allem folgende Auffassung in den Vordergrund: Die Sch. ist – aller Rede von einer jüdischen und islamischen Sch. zum Trotz – ein spezifisch abendländisch-christliches Denken, das aus dem Bezug zum Glauben an die Offenbarung heraus lebt. Genauso wie das patristische Denken nehmen sowohl Theologie als auch Philosophie der Sch. ihren Ausgangspunkt von autoritativen Texten, die sie auslegen, kommentieren und systematisierend nachvollziehen. Im Unterschied zur patristischen Auslegung dieser «auctoritates», die neben der Bibel auch Texte der Väter, anerkannter antiker Schriftsteller oder sonstiger «magistri» sein können, zieht die Sch. – vor allem unter dem Einfluß der aristotelischen Philosophie – als ausschlaggebendes Hilfsmittel ihrer Auslegung die «ratio» oder den «intellectus» des Menschen und damit die Philosophie heran. Daraus folgt eine bewußte Unterscheidung von Theologie und Philosophie [66], die wohl als Spannung empfunden und anerkannt wird, zugleich aber als Anstoß dient, in der Synthetisierung der beiden Wissenschaften eine Gesamtschau der natürlich-übernatürlichen Wirklichkeit zu gewinnen. Von ‹Sch.› kann in dieser Perspektive demnach gesprochen werden, sobald und solange der Vernunft (Philosophie) bei der Durchdringung der Offenbarung eine konstitutive Funktion eingeräumt und eine Synthese von Vernunft- und Glaubensordnung als erreicht angesehen wird [67].

Gegenüber dieser Konzentration auf Philosophie und Theologie akzentuieren Forscher, die seit den fünfziger Jahren dieses Jahrhunderts Definitionen der Sch. versuchten, allgemeinere kulturelle Zusammenhänge. Wegweisend wurde dabei J. LECLERCQS [68] Unterscheidung von «scholastischer» und «monastischer Theologie». Erstere ist von der letzteren schon soziologisch verschieden, entstand sie doch nicht innerhalb der Klöster, sondern an Domschulen und Universitäten. Entscheidender aber noch war die unterschiedliche Auffassung hinsichtlich der Zielsetzung von dem, was man «scientia», «philosophia» oder «sophia» nannte. Betonte man in Scholastikerkreisen den Eigenwert einer rationalen Aufarbeitung, Durchdringung und Beurteilung autoritativer Texte, so stand für die Mönchstheologie die Finalisierung aller geistigen Betätigungen des Menschen in der «meditatio», «contemplatio» und «oratio» außer Diskussion. M.-D. CHENU [69] ging von diesen Distinktionen aus und vertiefte sie in bezug auf die Verfahrensweisen der Bibelauslegung: Im Gegensatz zur Mönchstheologie, die sich mit der bloßen «lectio» der «sacra pagina» begnügte, weil sie ihr der einzig legitime Weg zu einer «philosophia christiana» zu sein schien, erweiterten die Scholastiker diese «lectio» durch die rational selbständige «quaestio» bzw. «quaestio disputata». Mittels dieser Verfahrensweise der «quaestiones» gelang die Etablierung der Wissenschaft. Einen noch umfassenderen Gesichtspunkt wählte J. KOCH [70]. Für ihn ist ‹Sch.› ein wissenschaftsgeschichtlicher Epochenbegriff, der im wesentlichen für das hohe Mittelalter zutrifft und jenen geistig-kulturellen Prozeß kennzeichnet, der zur Selbstkonstituierung der Wissenschaften führte. Wesentlich für Koch ist, daß sich dieser Prozeß nicht allein in Theologie und Philosophie abspielte, sondern vor allem auch Disziplinen wie die Medizin, das kanonische Recht und das weltliche Recht einbezog. Dank seiner wurde das klassische System der Artes liberales durchbrochen und die Voraussetzung für den universitären Wissenschaftsbetrieb geschaffen. ‹Sch.› wird so zum Namen für eine ganze Kultur. Nach W. KLUXEN [71] stellt die Sch. in diesem Sinne den Versuch dar, die gesamte menschliche Wirklichkeitserfahrung mittels des «Prinzips der Rationalität» wissenschaftlich zu durchdringen. Die von Koch genannten fünf Disziplinen sowie das Phänomen der Universitätsgründungen bilden die konkreten Gestalten, in denen dieser Versuch geschichtliche Realität gefunden hat. Anstoß zu ihm bot die erstmals empfundene Spannung zwischen dem «Denken aus dem Glauben» und dem «Denken aus profaner Vernunft».

Vergegenwärtigt man sich schließlich, welchen Stellenwert der Begriff ‹Sch.› in den Werken von G. MANSER, A. LANDGRAF, M. GRABMANN, M. DE WULF oder noch bei J. PIEPER besitzt, bedenkt man auch, daß dieser Begriff zur Definition einer ganzen Bewegung, nämlich der Neu-Sch., herangezogen wurde [72], so muß auffallen, wie sehr er in vielen neueren Darstellungen der mittelalterlichen Theologie und Philosophie in den Hintergrund getreten ist. Weithin verbreitete Philosophiegeschichten wie diejenigen von E. BRÉHIER [73], E. GILSON [74], F. C. COPLESTON [75] oder K. FLASCH [76] verwenden ‹Sch.› mit unverkennbarer Zurückhaltung und Vorsicht. Zweifellos steht dahinter, was bereits G. MANSER [77] und M. DE WULF [78] erkannt hatten, daß nämlich ‹Sch.› für keine Phase des mittelalterlichen Denkens ausschließlich repräsentativ ist.

Anmerkungen. [1] JOH. GERSON: Opera omnia, hg. L. E. DU PIN 1 (Amsterdam 1706) 106-109, bes. 108. – [2] NIK. VON CLEMANGES: Liber de studio theologiae, in: L. D'ACHERY: Spicilegium sive collectio veterum aliquot scriptorum (Paris 1723) 473-480, bes. 476. 478. – [3] F. PETRARCA: Familiari XII, 13; vgl. I, 2. 6; VI, 8; XII, 3; XVI, 14; XVII, 1; XXI, 13. – [4] L. BRUNI: Humanist.-philos. Schr., hg. H. BARON (1969) 61. 74; vgl. 6. 81. 111. 134; Epistolarum lib. VIII, hg. L. MEHUS (1741) 1, 79. 138; 2, 11. 94. 146. 156. – [5] Vgl. P. TORELLI: Art. ‹Scholastici›, in: Encicl. ital. 31 (Mailand 1936) 157; F. ERCOLE: Art. ‹Bartolisti›, a.O. 6 (1930) 251. – [6] Vgl. noch J. H. ZEDLER: Univ. Lex. 35 (1743) 925f. – [7] ERASMUS VON ROTTERDAM: Ausgew. Schr., hg. W. WELZIG 2 (1975) 132f. 140 (vgl. 130-157); 3 (1967) 72ff. 76. 202f. 208. 486 (vgl. 128. 144f. 162f. 168f. 460f. 480ff.); D. DALFEN: Die Stellung des Erasmus von Rotterdam zur scholast. Methode (1936). – [8] Vgl. P. O. KRISTELLER: Humanismus und Renaiss. 1 (1979) 45f. 95. 182ff. – [9] a.O. 87-144, bes. 94ff. 99ff. – [10] A. BUCK: Humanismus (1987) 24ff. 123ff. – [11] M. LUTHER: Weim. Ausg. 56 (1938) 273. 296. 312. 337. 354 u.ö.; vgl. 166. 274. 351f. 354. 465. – [12] a.O. 1 (1883) 224-228. – [13] Vgl. H. O. PESCH: Hinführung zu Luther (1982) 71-74. 78. 160. 163; H. O. OBERMAN: Luther (1981) 148-155. 192. 195. – [14] H. DENZINGER/A. SCHÖNMETZER (Hg.): Enchir. symbol. (^{35}1965) Nr. 1500-1509; vgl. 3006f. 3011. 3029. 3070; M. CANO: Opera, hg. H. SERRY (1727) 2, 232ff. 269ff. 275ff. 340ff. – [15] Vgl. W. PANNENBERG: Wiss.theorie und Theol. (1973) 240-242. 356f. – [16] G. CALIXT: Apparatus theologici ... (1661) 174. – [17] D. DE SOTO: De natura et gratia (1581) Praefatio. – [18] D. LAÍNEZ: Disputat. tridentinae, hg. H. GRISAR 1 (1886) 130f. 140-143. 297. 314. 334 u.ö. – [19] A. SALMERÓN: Br. von 1583 an P. C. Aquaviva, in: F. EHRLE: Die Sch. und ihre Aufgabe in unserer Zeit (^{2}1933) 91-98. – [20] EHRLE, a.O. 77f. – [21] Die päpstl. Enzyklika vom 4. August 1879 und die Restauration der christl. Philos. Stimmen Maria Laach 18 (1880) 13-28. 292-316. 388-407. 485-497, bes. 395ff. – [22] DENZINGER/SCHÖNMETZER (Hg.), a.O. [14] Nr. 3135-3140. 3601-3624. – [23] E. CORETH u.a. (Hg.): Christl. Philos. im kath. Denken des 19. und 20. Jh. 2 (Graz/Wien 1988). – [24] A. LANG: Die loci theologici des Melchior Cano und die Methode des dogmat. Beweises (1925) 88. 154ff. –
[25] a.O. 211-215. – [26] 209f.; PANNENBERG, a.O. [15]. – [27] L. VARGA: Das Schlagwort vom 'finsteren MA' (1932). – [28] J. CLAUBERG: Elementa philosophiae sive Ontosophia (1647) 111. – [29] G. W. LEIBNIZ: Die philos. Schr., hg. C. I. GERHARDT 1 (1875) 10f. 98. 196f.; 3 (1887) 624f. – [30] Vgl. u.a. ZEDLER, a.O. [6] 921-952, bes. 921f. 944ff.; J. G. WALCH: Philos. Lex. (1726), ohne Stichwort ‹Sch.›, vgl. aber: 1, 26. 516; W. T. KRUG: Allg. Handwb. der philos. Wiss.en 3 (1828) 572-576. – [31] D. DIDEROT: Encycl. 34 (Neuchâtel 1765) 770-778, hier: 777. – [32] D. HUME: The hist. of England 2 (1770) 239. – [33] J. LOCKE: An essay conc. human underst. (1690) III, 10, 6-13, hg. P. H. NIDDITCH (Oxford 1975) 493-497. – [34] CH. THOMASIUS: Einl. in die Hof-Philos. (1710) 39f. – [35] a.O. – [36] Vgl. u.a. CH. BINDER: Scholastica theologia (1614) Dedicatoria 93ff.; E. WEIGEL: Idea totius encyclopaediae mathem.-philos. (1672) 6f.; A. TRIBBECHOV: De doctoribus scholasticis et corrupta per eos divinarum humanarumque rerum scientia (1655, ^{2}1719) 72-104. – [37] Vgl. J. THOMASIUS: De doctoribus scholasticis (1676). – [38] J. BRUCKER: Hist. crit. philosophiae 3 (1743) 709-912, bes. 869ff. – [39] J. A. FABRICIUS: Abriß einer allg. Historie der Gelehrsamkeit 2 (1752) 755ff. – [40] W. G. TENNEMANN: Grundr. der Gesch. der Philos. (1812, ^{5}1892) 249-299, bes. 253f. 297ff. – [41] G. W. F. HEGEL: Vorles. über die Gesch. der Philos. 3. Jub.ausg., hg. H. GLOCKNER 19 (1928) 149. – [42] a.O. 154. – [43] 199. – [44] 271. – [45] 148. – [46] 132. – [47] 148. – [48] 154. – [49] 151. – [50] J. KLEUTGEN: Die Philos. der Vorzeit vertheidigt (1860/63). – [51] V. COUSIN: Cours de l'hist. de la philos. 1 (Paris 1828) 29; 2 (1829) 60. – [52] W. DILTHEY: Einl. in die Geisteswiss. 1 (1883) 347. 349. 378. – [53] E. VON HARTMANN: Die Selbstzersetzung des Christentums und die Religion der Zukunft (1874) 75. – [54] A. VON HARNACK: Lehrb. der Dogmengesch. 3 (^{3}1897) 326ff. – [55] R. EUCKEN: Thomas von Aquin und Kant, ein Kampf zweier Welten (1901) 27ff. – [56] R. SEEBERG: Art. ‹Sch.›, in: Realenzykl. für prot. Theol. und Kirche 17 (^{3}1906) 705-732, bes. 706ff. – [57] Ansatzweise bei MANSER, a.O. [24 zu 1.] 321ff.; F. UEBERWEG/R. REICKE: Grundr. der Gesch. der Philos. 2 (^{4}1873) 105f. – [58] Vgl. bes. J. B. HAURÉAU: Hist. de la philos. scolast. 1 (Paris 1872) 28-41, bes. 36; P. BÖHNER/E. GILSON: Christl. Philos. von ihren Anfängen bis Nik. von Kues (^{3}1954) 260. – [59] Vgl. oben Abschn. 1. – [60] M. DE WULF: Hist. de la philos. médiév. (Paris ^{4}1912), dtsch. R. EISLER (1913) 75-100, bes. 80-82. 84. – [61] F. J. PICAVET: Esquisse d'une hist. gén. et comparée des philos. médiév. (Paris 1905). – [62] C. BAEUMKER: Die europ. Philos. des MA, in: P. HINNEBERG (Hg.): Die Kultur der Gegenwart I/5 (^{2}1913) 338-431, hier: 338ff. – [63] MANSER, a.O. [24 zu 1.]. – [64] GRABMANN, a.O. [54 zu 1.] 28-37, bes. 36f. – [65] DE WULF, a.O. [60]. – [66] A. LANG: Die theolog. Prinzipienlehre der mittelalterl. Sch. (1964); B. GEYER: Facultas theologica. Z. Kirchengesch. 75 (1964) 133-145. – [67] Vgl. auch J. PIEPER: Sch. (1960) 28f. 48-52. 62f. – [68] LECLERCQ, a.O. [50 zu 1.]. – [69] CHENU, a.O. [50 zu 1.]. – [70] J. KOCH: Art. ‹Sch.›, in: RGG^3 5 1494-1498, bes. 1494f. – [71] W. KLUXEN: Charakteristik einer Epoche. Zur Gesamtinterpretation des lat. MA. Wiss. Weltbild 28 (1975) 83-90. – [72] H. M. SCHMIDINGER: Art. ‹Neuscholastik›, in: Hist. Wb. Philos. 6 (1984) 769-774. – [73] E. BRÉHIER: Hist. de la philos. I/3 (1931). – [74] GILSON, a.O. [58]. – [75] F. C. COPLESTON: Gesch. der Philos. des MA, dtsch. W. BLUM (1976). – [76] K. FLASCH: Das philos. Denken im MA (1986). – [77] MANSER, a.O. [24 zu 1.] 430f. – [78] DE WULF, a.O. [60] 81.

Literaturhinweise. A. TRIBBECHOV s. Anm. [36 zu 2.] 1-42. – G. BOURBON s. Anm. [43 zu 1.]. – E. VACANDARD s. Anm. [42 zu 1.]. – M. DE WULF: Notion de la scolastique médiév. Revue néoscolast. 18 (1911) 177-196. – G. MANSER s. Anm. [24 zu 1.]. – C. HUIT: Brève histoire du mot ‹Scolastique›. L'enseignement chrétien 30 (1911) 444-449. – A. LANDGRAF s. Anm. [51 zu 1.] 487-490. – J. LECLERCQ s. Anm. [50 zu 1.]. – E. MIKKOLA s. Anm. [1 zu 1.]. – M.-D. CHENU s. Anm. [50 zu 1.]. – A. CLAUS s. Anm. [16 zu 1.]. – W. KLUXEN s. Anm. [71 zu 2.]. – G. SCHRIMPF: Bausteine für einen hist. Begriff der scholast. Philos., in: J. P. BECKMANN u.a. (Hg.): Philos. im MA (1987) 1-25. – H. M. SCHMIDINGER: ‹Sch.› und ‹Neuscholastik› – Gesch. zweier Begriffe, in: E. CORETH u.a. (Hg.) s. Anm. [23 zu 2.] 23-53.

H. M. SCHMIDINGER

Schöne (das) (griech. τὸ καλόν, τὸ κάλλος; lat. pulchrum; engl. beautiful; frz. beau; ital. bello)

I. *Antike.* – Seit A. G. BAUMGARTEN wird die Philosophie des Sch. als ‹Ästhetik› bezeichnet und seit der Aufklärung gehört die Ästhetik zur philosophischen Disziplinenlandschaft [1]. Aber philosophische Reflexion auf das Sch. gab es schon in der griechisch-römischen Antike – allerdings auf eine ganz andere Weise. Für die klassische Philosophie des Sch. ist das leitende Paradigma der begehrte menschliche Körper, für die moderne Philosophie das bewunderte Kunstwerk; dort wird dem Kunst-Sch. meistens eine eher bescheidene Rolle zugewiesen, hier taucht die körperliche Schönheit allenfalls in der (umstrittenen) Frage nach dem Natur-Sch. auf. Aus dem Unterschied der leitenden Paradigmata ergibt sich erstens, daß die antike Theorie des Sch. von der Grundkategorie der Beschaffenheit (Symmetrie der Teile, Größe, Farbe) ausgeht, die moderne Ästhetik dagegen meistens von derjenigen der Darstellung (Bedeutung, Begriff, Idee); zweitens, daß der Lust und der Erotik in vielen antiken Theorien eine Schlüsselstellung zukommt, nicht aber in den meisten modernen; und drittens, daß die Antike das Sch. als Grenzgebiet zum Guten ansieht und es daher als tendenziell moralisch betrachtet, die Moderne dagegen das Sch. meistens als Grenzgebiet zum Wissen versteht und es daher als tendenziell kognitiv bewertet, vom moralisch Guten aber prinzipiell trennt. Für eine 'ästhetische' Auffassung des Kunst-Sch. im modernen Sinne gibt es in der Antike außer bei ARISTOTELES wenige Ansätze, für eine 'kognitive' außer bei PLATON und den Neuplatonikern ebensowenig. Wenn schon der Terminus ‹Ästhetik› selbst unglücklich gewählt ist [2], dann ist es die Rede von einer 'Ästhetik der Antike' erst recht.

Die antike philosophische Reflexion über das Sch. läßt sich in ihrer Eigenart nur im Kontext des vor- und nichtphilosophischen Verständnisses begreifen. Wohl kaum eine andere Kultur war so fasziniert vom Phänomen des Sch. wie die griechische. In Mythos (Helena, Parisurteil, Ganymed), Religion (Götterstandbilder, kultische Schönheitswettbewerbe), Literatur (Epos, Lyrik, Elegie, Epigramm, Roman), Politik (καλὸν κἀγαθόν als ideologisches Schlagwort) und Geselligkeit (Symposion, Lieblingsnamen auf Vasen) feierten die Griechen die Macht des καλόν, dessen, was ISOKRATES «das Ehrwürdigste, das Verehrteste und das Göttlichste von Allem» (σεμνότατον καὶ τιμιώτατον καὶ ὁσιότατον τῶν ὄντων [3]) nannte. Aber noch weniger als beim deutschen Wort ‹schön›, dessen Verwendung zur Bezeichnung moralischer Phänomene erst im 18. Jh. aufkam [4], beschränkte sich der Gebrauch des Adjektivs καλός auf den Bereich des die Sinnesorgane angenehm Affizierenden (nicht so der des fast ausschließlich ästhetisch funktionierenden Substantivs κάλλος). Schon HOMER nennt καλός nicht nur a) menschliche oder göttliche Körper oder sichtbare Körperteile (Haare, Gesicht, Augen, Wangen, Haut, Schenkel, Fußgelenk) und die Stimme, sondern auch b) Nutztiere (Pferd, Vieh, Schaf; nicht Wild) und Gebrauchsgegenstände (Kleidung, Waffen, Wagen, Mauer, Haus) sowie nützliche oder angenehme Naturobjekte (Ort, Hafen, Baum, Wasser, Wind, Stern) und c) lobenswerte, beim Ansehen Wohlgefallen verursachende menschliche Handlungen (nur im Neutrum bezogen). Weder bei ihm noch bei Späteren ist es manchmal leicht, die semantischen Trennungslinien zwischen a) ‹schön› (d.h. ästhetische Bewunderung bzw. erotische Begierde erregend), b) ‹nützlich› (d.h. menschliche Bedürfnisse im Gebrauch befriedigend) und c) ‹schicklich› oder ‹gut› (d.h. moralisch trefflich) zu ziehen. Im Verlauf der Entwicklung der griechischen Sprache gewinnt allmählich die moralische Bedeutung (c) immer mehr die Oberhand: Im Neugriechischen bedeutet καλός nur ‹gut› und hat ἀγαθός teilweise verdrängt; für ‹schön› wird ὡραῖος gebraucht.

Viele Denker der archaischen Zeit bemühten sich um die Klärung dieser verschiedenen Aspekte des Sch. Den moralischen Charakter des wahrhaft Sch. setzten das *Delische Epigramm* und mehrere den *Sieben Weisen* zugeschriebene Sprüche [5], DEMOKRIT und LYKOPHRON [6], auch SAPPHO [7] der rein optischen Gefälligkeit entgegen. Aber dieselbe Sappho identifizierte in einem anderen Gedicht das Sch. mit dem, was auch immer man begehrt oder liebt, sei es ein Heer, sei es ein Mensch [8]. Solcher Perspektivierung und Subjektivierung des Sch. pflichteten EPICHARMOS und vor allem die sophistischen ‹Dissoi Logoi› bei: Nichts sei von Natur aus schön; darüber, ob etwas als schön oder als häßlich zu gelten habe, entscheiden bestimmte Umstände (καιρός), menschliche Meinungen sowie Kultur und Sitten [9]. Dagegen behauptete HERAKLIT, für Gott sei alles schön und gut und gerecht, nur die Menschen hätten das eine als ungerecht, das andere als gerecht angenommen [10]. Andere Denker versuchten, das wahrhaft Sch. aus dem Bereich menschlicher Willkür herauszulösen und durch seine Rückführung auf mindestens prinzipiell quantifizierbare Verhältnisse zu objektivieren: die *Pythagoreer* vielleicht auf Ordnung (τάξις), Symmetrie (συμμετρία) und Harmonie (ἁρμονία) [11]; der Bildhauer POLYKLEITOS auf einen «Kanon» (κανών) der Verhältnisse der Körperteile zueinander [12]; DIOGENES VON APOLLONIA auf das Maß (μέτρα) [13]; DEMOKRIT auf das Gleiche (ἴσον) im Gegensatz zum Übermaß und Mangel (ὑπερβολὴ καὶ ἔλλειψις) [14]. Demokrit unterzog das Sch. einer ethischen Reflexion und betonte dabei seine psychologischen Elemente (Lust, Eros, Naturanlage) [15], untersuchte aber auch die Bedingungen des Sch. in Dichtung und Redekunst (göttliche Inspiration, Euphonie) [16].

Erst SOKRATES scheint nach XENOPHONS Zeugnis den Ansatz geliefert zu haben, die verschiedenen Aspekte des Sch. in systematische Beziehung zueinander zu setzen. In seinen Überlegungen zum Kunst-Sch. (Zusammensetzung schöner Teile, Nachahmung psychologischer Zustände und moralischer Qualitäten) [17] sowie seiner streng moralischen Auffassung der καλοκἀγαθία als Gerechtigkeit [18] bleibt er weitgehend der Tradition verhaftet. Anders seine radikale Identifikation des Sch. mit dem Guten und dem Nützlichen als kaum zu unterscheidende relationale Begriffe [19]: Körper, Körperteile und Gegenstände seien nicht für sich schön und gut, sondern nur in bezug auf die eine Funktion, die sie erfüllen sollen. Anscheinend wollte SOKRATES die Gefahr des zur Auflösung des Begriffs des Sch. führenden sophistischen Relativismus bannen, indem er ein zuverlässiges Kriterium zur Bestimmung des Sch. einführte. Aber die Reduktion des Schönseins eines Gegenstandes auf seine Brauchbarkeit führte wiederum zu sophistischen Paradoxen: Ein Mistkorb, der für seinen Zweck gut gemacht ist, sei schön, ein für seinen Zweck schlecht gemachter goldener Schild sei häßlich. So blieb die Leistung des Sokrates eher eine provokative reductio ad absurdum der geläufigen Meinungen als die Grundlegung einer systematischen Philosophie des Sch.

Diese Grundlegung wurde erst durch PLATON geliefert. Im ‹Hippias Maior› (dessen Echtheit allerdings lange angezweifelt wurde) führt Platon die Unzulänglichkeit aller herkömmlichen Auffassungen des Sch., und zwar auch der sokratischen, aporetisch vor: «das Sch. selbst, wodurch alles andere geschmückt wird und als schön erscheint, wenn jene Form ihm zukommt» (αὐτὸ τὸ καλόν, ᾧ καὶ τἆλλα πάντα κοσμεῖται καὶ καλὰ φαίνεται, ἐπειδὰν προσγένηται ἐκεῖνο τὸ εἶδος), lasse sich adäquat weder als das Schickliche (τὸ πρέπον), noch als das Brauchbare (χρήσιμον), noch als die Ursache des Guten (τοῦ ἀγαθοῦ αἴτιον), noch als die durch Gehör und Gesicht vermittelte Lust (τὸ δι' ἀκοῆς τε καὶ ὄψεως ἡδύ), noch schließlich als die nützliche Lust (ἡδονὴ ὠφέλιμος) definieren [20]; das sokratische Paradox wird aufgelöst, indem die Vorstellung, ein hölzerner Quirl sei schöner als ein goldener, einfach als absurd abgelehnt wird [21]. Platon selbst greift noch gelegentlich auf die gewöhnlichen Begriffe des Sch. zurück [22]; aber seine Originalität besteht in der Theorie, daß sich die Schönheit schöner Dinge ohne die von ihnen unabhängig existierende Idee des Sch. nicht begreifen läßt. Den Weg hinauf von jenen zu dieser (ὥσπερ ἐπαναβασμοῖς χρώμενον [23]) zeichnet Diotimas Rede im ‹Symposion› nach [24]: Angespornt durch erotische Begierde [25] führt er vom einzelnen schönen Körper über schöne Körper schlechthin, über schöne Seelen, schöne Handlungen und Gesetze und schöne Erkenntnisse bis zur Erkenntnis des absoluten Sch. selbst, das «an sich und für sich stets eingestaltig ist, während alles andere Schöne etwa derart an ihm teilhat, daß dies andere zwar entsteht und vergeht, es selbst aber in nichts sich vergrößert oder verringert noch irgendeine Einwirkung erfährt» [26]. Dieses absolute, selbst als in höchstem Grad schön bezeichnete [27] Sch. wird dann mit der wahren Tugend (ἀρετή) in Verbindung gesetzt [28]. Immer wieder erörtert Platon in seinen Dialogen die Idee des Sch. als Grundsatz seiner Ideenlehre und setzt sie häufig in Beziehung zur Idee des Guten; ja als die einzige einigermaßen sinnlich wahrnehmbare Idee erhält sie sogar eine Schlüsselrolle in dieser Theorie [29]. Die Einzelheiten seiner Auffassung dieser Beziehung, die er vielleicht in seiner ungeschriebenen Lehre dargelegt hat, sind umstritten. Aus den Dialogen jedenfalls geht eine Theorie klar hervor, nach der das Sch. durch Ordnung, Maß und Symmetrie gekennzeichnet ist [30], genauso wie die Tugend. Eine solche Theorie verleiht der Kunst eine hohe Aufgabe: 'schön' zu sein, d.h. als Produkt göttlicher Inspiration durch organische Form und Nachahmung trefflicher Gegenstände ihre Rezipienten selbst moralisch zu verbessern [31]. Bekanntlich führte gerade diese Forderung dazu, daß Platon fast alle tatsächlich entstandene Kunst schärfstens verurteilt hat [32].

Platons ontologische Auffassung des Sch. überlebte ihn zunächst kaum. Schon SPEUSIPP sprach das Sch. den ersten Prinzipien ab, da diese erst in späteren Stufen der Seinsordnung hervorträten [33]. ARISTOTELES' Zersetzung der Ideenlehre führte dann zur weitgehenden Entontologisierung des Sch.: Bezeichnend ist seine Anwendung der an Platon erinnernden Formulierung, τὸ ἀΐδιον καλόν, καὶ τὸ ἀληθῶς καὶ πρώτως ἀγαθὸν καὶ μὴ ποτὲ μὲν ποτὲ δὲ μή («das ewig Sch. und das wahrhaftig und ursprünglich Gute, das nicht bald gut, bald nicht gut ist»), nicht mehr auf die Formen des Sch. und des Guten, sondern auf den ersten Beweger [34]. So steht es Aristoteles frei, manchmal die vorplatonische Begrifflichkeit wieder aufzugreifen [35]. In seiner eigenen Konzeption unterscheidet sich das Sch. vom Guten: Dieses habe immer mit Handlung zu tun, jenes finde sich auch beim Unbewegten, z.B. in der Mathematik [36]; das Sch. sei das an und für sich Gute und daher lobenswert [37]. Selbstverständlich behält auch bei ihm das homonyme Wort καλόν [38] an vielen Stellen seine traditionelle moralische Bedeutung (z.B. τὸ καλόν als Ziel der Tugend, καλῶς ζῆν als Eudaimonie [39]) und wird zusammen mit dem Göttlichen bzw. dem Guten als Ursache für das Bessere in der Natur bzw. für Wissen und Bewegung genannt [40]; aber Aristoteles bevorzugt den Terminus καλοκἀγαθία für sein Ideal sittlicher Vollkommenheit [41], und er kann sogar dem Sch. im Gegensatz zum Nützlichen den Vorrang geben [42]. So tendiert er mehr als die andern griechischen Philosophen dazu, καλόν eher auf seine 'ästhetische' Bedeutung zu beschränken. Das Sch. analysiert er weitgehend anhand der traditionellen Begriffe ‹Symmetrie› und ‹Ordnung›, zu denen er allerdings auch ‹Größe› hinzufügt [43]: Auch Aristoteles versteht diese drei Begriffe gelegentlich mathematisch-quantitativ [44], aber vor allem interpretiert er sie im Sinne der funktionalen Unterordnung der Teile unter das Ganze [45]. Im Falle der Tiere bedeutet ‹Schönheit› also die Entsprechung aller Teile zur Finalursache [46]. Auf die Kunst angewendet, ergibt sich aus dieser Auffassung im Vergleich mit Platon in formaler Hinsicht eine starke Technisierung – die ‹Poetik› lehrt als technisches Handbuch, durch die richtige Zusammensetzung der Teile schöne Dichtung zu produzieren (πῶς δεῖ συνίστασθαι τοὺς μύθους εἰ μέλλει καλῶς ἕξειν ἡ ποίησις [47]) – und in inhaltlicher Hinsicht eine Verminderung der Ansprüche: Dichterische Inspiration wird mit persönlicher Naturanlage korreliert [48]; die unterschiedliche moralische Qualität verschiedener Gegenstände dichterischer Mimesis führt lediglich zu unterschiedlichen Gattungen [49]; die moralische Wirksamkeit der Dichtung wird auf Katharsis eingeschränkt und als lediglich einer unter anderen Zwecken (Entspannung, Unterhaltung, Bildung) hingestellt [50]; die Erkenntnisleistung der Kunst wird auf die Wiedererkennung dargestellter Gegenstände herabgesetzt [51]; die ästhetische Lust ist nicht mehr anrüchig [52]. So ist es für den aristotelischen Künstler viel weniger schwierig, ein schönes Werk herzustellen, als für seinen platonischen Kollegen; Aristoteles fragt auch nicht, welche Dichter aus der Polis verbannt werden müssen, sondern welche Gattung, Epos oder Tragödie, die bessere ist [53]. Aristoteles' technische Auffassung des Kunst-Sch. setzt sich auch bei seinen Schülern fort: So bestimmt THEOPHRAST fast genau wie sein Lehrer das Sch. der Wörter im Hinblick auf dasjenige ihrer sinnlichen Materialität bzw. ihrer Bedeutung [54].

In den Philosophien der hellenistischen Zeit wird der Begriff des Sch. – der gerade durch seine Vieldeutigkeit philosophisch interessant gewesen war – durch einseitige Auslegung vereinfacht und zugleich marginalisiert. Symptomatisch für diesen Bedeutungsverlust ist die Tatsache, daß kein älterer Akademiker, kein Peripatetiker nach Aristoteles (dessen Schriften Περὶ καλοῦ und/ oder Περὶ κάλλους verlorengingen [55]) und kein Epikureer diesem Thema eine eigene Abhandlung widmete.

EPIKUR erkannte im Sch. ausschließlich die Seite, die traditionsgemäß mit Lust verknüpft war: προσπτύω τῷ καλῷ καὶ τοῖς κενῶς αὐτὸ θαυμάζουσιν, ὅταν μηδεμίαν ἡδονὴν ποιῇ («ich spucke auf das Sch. und auf jene, die es vergeblich bewundern, wenn es keine Lust erzeugt») [56]; vergleichbare Äußerungen [57] legen nahe, daß τὸ καλόν hier in erster Linie ethisch gemeint ist. Wie oft bei

Epikur ist der Inhalt dieser These konventioneller, als es die schroffe Ausdrucksweise erwarten läßt, denn das Leben mit Lust, höchstes menschliches Ziel, sei mit Tugenden untrennbar verbunden und nur mittels dieser zu erreichen [58]; so läßt sich das καλόν dem, was sowieso geachtet wird (ἔνδοξον), gleichsetzen [59]. Das Sch. im ästhetischen Sinne interessierte Epikur anscheinend wenig: Vielleicht begründete er die anthropomorphe Gestalt der Götter mit der nicht näher ausgeführten Feststellung, diese sei die schönste [60]; jedenfalls lehnte er ganz platonisch das Kunst-Sch., «dichterischen Lärm» (ποιητικὴ τύρβη) [61], als nutzlos (und daher als letztlich im epikureischen Sinne nicht lustverursachend) ab [62]. PHILODEM zeigt sich gegenüber dem Kunst-Sch., das er oft [63] (aber nicht immer [64]) der Nützlichkeit entgegensetzt, aufgeschlossener [65]; aber aus den fragmentarisch erhaltenen Zeugnissen läßt sich keine positive Theorie erkennen.

Hatte Epikur einseitig die rezeptive, hedonistische Seite des Sch. anerkannt, so betonte die *Stoa* dagegen hauptsächlich dessen rational erfaßbare Zusammensetzung. Mit dem Schlüsselbegriff der Symmetrie schlug sie eine Brücke zwischen dem ethischen und dem ästhetischen Aspekt, indem sie das Sch. als «das vollkommen Gute, da es alle die von der Natur verlangten Zahlen besitzt, oder das vollkommen Symmetrische» bestimmte (καλὸν δὲ λέγουσι τὸ τέλειον ἀγαθὸν παρὰ τὸ πάντας ἀπέχειν τοὺς ἐπιζητουμένους ἀριθμοὺς ὑπὸ τῆς φύσεως ἢ τὸ τελείως σύμμετρον) [66]; weitere in der Doxographie überlieferte Definitionen (das Lobenswerte, das Zweckmäßige, das Schmückende [67]) spielen dagegen eine viel bescheidenere Rolle. Die ethische Bedeutung des Sch. hob schon ZENON VON KITION hervor, der den stoischen Grundsatz formulierte, «nur das Sch. sei gut» (μόνον τὸ καλὸν ἀγαθόν), d.h., es gebe nichts Wertvolles außerhalb des Sittlichen [68]; CHRYSIPP konnte dann das καλόν mit dem ἀγαθόν einfach gleichsetzen [69]. Die stoische Erörterung des ästhetisch Sch., die am ausführlichsten bei VITRUVIUS vorliegt [70], scheint in den Grundzügen auf CHRYSIPP zurückzugehen, der ein Buch Περὶ τοῦ καλοῦ und 10 Bücher Περὶ τοῦ καλοῦ καὶ τῆς ἡδονῆς πρὸς Ἀριστοκρέοντα verfaßte [71]. Mit dem Blick vor allem auf den Leib gerichtet, definierte er das Sch. als die Symmetrie der Teile in bezug aufeinander und auf das Ganze, so wie Gesundheit Symmetrie der Elemente und Stärke Symmetrie der Sehnen sei [72], während das Sch. als Gegenstand der Begierde in die Definition des ἔρως aufgenommen wird [73], sonst aber nicht von Belang ist. Für den Stoiker ist die Körperschönheit gleichgültig (ἀδιάφορον), da sie für die Glückseligkeit irrelevant ist; aber dennoch ist sie der Häßlichkeit vorzuziehen, da sie eher der Natur entspricht [74]. Dieselbe Symmetrie findet Chrysipp auch in der gut geordneten Seele [75], durch die der Weise zum einzigen Sch. werden kann [76], und im Kosmos [77], der dadurch als in Vorsehung geschaffen erwiesen wird [78]. Die stoische Überzeugung, daß der Logos in jedem Teil des Kosmos, wenn auch nur mittelbar, walte, führte zur Billigung der traditionellen Ausdrücke des Kunst-Sch. – allerdings mußte durch allegorische Auslegung bewiesen werden, daß das Sch. und das Gute (hier: das Lehrhafte) in diesen Kunstwerken zusammenfielen [79].

Die meisten dieser Ansätze wurden von den klassischen *römischen Philosophen* rezipiert und zum Teil weiterentwickelt. Griechische Lehrmeinungen über das Sch. wurden insbesondere von CICERO und SENECA ausführlich und wiederholt referiert und so für römische Leser zugänglich gemacht und für die Nachwelt gerettet. Selten tragen die Römer Originelles und Wichtiges bei: So wird z.B. das Sch. als das Nützliche [80], als das Schickliche [81] oder als die Harmonie der Teile [82] im wesentlichen anhand griechischer Texte erörtert. Eine Verbindung zwischen Ästhetischem und Moralischem, wie sie durch das Wort καλός jedem griechischen Denker nahegelegt wurde, fehlte in der lateinischen Sprache – ‹bellus›, ‹formosus›, ‹pulcher› und ‹uenustus› waren weitgehend auf das Ästhetische beschränkt, während τὸ καλόν im moralischen Sinne mit ‹honestum› wiedergegeben wurde [83] – und mußte daher konstruiert werden: Die moralische Verwendung von ‹pulcher› [84] und die ästhetische von ‹honestus› [85] sind zwar belegt, bleiben aber Ausnahmen. Senecas Feststellung, «nauis bona dicitur non quae pretiosis coloribus picta est nec cui argenteum aut aureum rostrum est ..., sed stabilis et firma ...; gladium bonum dices non cui auratus est balteus nec cuius uagina gemmis distinguitur, sed cui et ad secandum subtilis acies est et mucro munimentum omne rupturus» («Ein gutes Schiff wird nicht dasjenige genannt, das mit kostbaren Farben bemalt ist oder das einen silbernen oder goldenen Schiffsschnabel hat ..., sondern eines, das sicher und fest ist ...; ein gutes Schwert wirst du nicht dasjenige nennen, das ein goldenes Wehrgehenk hat oder dessen Scheide mit Juwelen verziert ist, sondern eines, das eine feine Schärfe zum Schneiden hat und eine Spitze, die jeden Schutz durchbrechen wird») [86], scheint trivial, bis man ‹bonus› durch καλός ersetzt. Allerdings gehen einige klassische lateinische Erörterungen des Kunst-Sch. in einer wichtigen Hinsicht über erhaltene griechische Vorlagen hinaus: Sie lassen den Künstler das Urbild der Schönheit selbst zum Muster für seine Kunstwerke benutzen und betonen die Bedeutung seiner frei arbeitenden Phantasie [87]. So nehmen sie mindestens teilweise charakteristische Ansichten der neuplatonischen Ästhetik vorweg.

Einen letzten Höhepunkt in der Reflexion über das Sch. brachte der *Neuplatonismus*. Vor allem PLOTIN rückte dieses Thema ins Zentrum seines Denkens [88]. Für ihn reicht die Symmetrie zur Bestimmung des Sch. nicht aus, da sie die von ihm als selbstverständlich vorausgesetzter Schönheit nicht zusammengesetzter Objekte (Stern, Farbe, vor allem Licht [89]; Handlungen, Gesinnungen, Erkenntnisse) nicht zu erklären vermag [90]. Statt dessen muß auch die Symmetrie auf etwas Grundsätzlicheres zurückgeführt werden, und zwar auf die Idee, die die Materie bewältigt und aus der Mannigfaltigkeit Einheit stiftet [91]. Auf dem Rückweg zum Einen zieht also das Sch. den für es empfindlichen Menschen hinauf [92] – so wie Platon sieht auch Plotin im Eros die Triebkraft zu diesem Prozeß [93], betont aber viel stärker als sein Vorgänger die überwältigende, beunruhigende, ja sogar schmerzhafte psychologische Wirkung des Sch. [94]. Dabei kommt neben dem Natur-Sch. jetzt auch dem Kunst-Sch. eine wichtige Verweisungsfunktion und manchmal (aber nicht immer [95]) eine neue Dignität [96] zu: Nicht einmal als Nachahmung ist die Kunst geringzuschätzen, da auch die Natur Höheres und die Kunst nicht bloß das sinnlich Wahrnehmbare nachahmt, sondern zu den λόγοι hinaufsteigt, aus denen die Natur selbst herrührt [97]. Aber Ziel dieses Aufstiegs, das Eine und Gute, ist nicht mehr das Sch., τὸ καλόν, da dieses das Geformtsein voraussetzt, sondern «der Quell und Ursprung des Sch.» (πηγὴ καὶ ἀρχὴ τοῦ καλοῦ), «eine Schönheit über aller Schönheit» (κάλλος ὑπὲρ κάλλος), für die Plotin den aus PLATONS ‹Symposion›

[98] übernommenen Terminus καλλονή reserviert [99]. So kann PLOTIN schließlich das Sch. sogar dem Einen und Guten als ein Zweites dem Ursprünglicheren entgegensetzen: Vom Guten zerre das Sch. die Unwissenden weg, so wie vom Vater die Geliebte [100]. Plotins ambivalente aber leidenschaftliche Einstellung zum Sch. wirkt in allen späteren neuplatonischen Theorien, wie denen von PROKLOS [101] und Ps.-DIONYSIOS AREOPAGITA [102] nach – allerdings in verflachter und verharmloster Form.

Anmerkungen. [1] J. RITTER: Art. ‹Ästhetik, ästhetisch›, in: Hist. Wb. Philos. 1 (1971) 555-580. – [2] G. W. F. HEGEL: Ästhetik, hg. F. BASSENGE 1 (1965) 13. – [3] ISOKRATES: Orat. 10, 54. – [4] Art. ‹Schön›, in: GRIMM 9 (1899) 1478-1481. – [5] THEOGNIS 255f.; ARISTOTELES: Eth. Nic. I, 9, 1099 a 27 usw.; die Sieben Weisen: VS 10, 3 δ, 3 = THALES: VS 11, A 1 (37); 3 ζ, 2 = BIAS. – [6] DEMOKRIT: VS 68, B 105 (vgl. 195); LYKOPHRON: VS 83, 4. – [7] SAPPHO: Frg. 50. Fragmenta, hg. E.-M. VOIGT (Amsterdam 1971) 73. – [8] Frg. 16, 1-4, a.O. 42. – [9] EPICHARMOS: VS 23, B 5; Dissoi Logoi: VS 90, 2; vgl. XENOPHANES: VS 21, B 15. – [10] HERAKLIT: VS 22, B 102. – [11] Pythagoreische Schule: VS 58, C 4 (IAMBL.: Vita pyth. 82); D 4 (STOB. IV, 1, 40); D 8 (IAMBL.: Vita pyth. 203). – [12] POLYKLEITOS: VS 40, A 3. – [13] DIOGENES VON APOLLONIA: VS 64, B 3. – [14] DEMOKRIT: VS 68, B 102. – [15] B 38. 56. 63. 73. 182. 194. 207. – [16] A 33 (X. 3); B 18. 18a. 18b. 112. – [17] XENOPHON: Comm. III, 10, 1-5; vgl. GORGIAS: VS 82, B 11 (18). – [18] Comm. I, 1, 16; Oecon. 6, 12f.; Symp. 3, 4. – [19] Comm. III, 8, 4-6; IV, 6, 9; Symp. 5, 3; Comm. III, 8, 6; Symp. 5. – [20] PLATON: Hipp. Maior 289 d; 290 d; 295 c; 296 e; 297 e; 303 e. – [21] 290 d-291 c. – [22] Gorg. 474 d; vgl. DIOG. LAERT. III, 55. – [23] Symp. 211 e. – [24] 210 a-212 a. – [25] Vgl. Phaedr. 249 d-257 b. – [26] Symp. 211 b. – [27] 211 a. d-e. – [28] 212 a. – [29] Crat. 439 c-440 c; Euthyd. 300 e-301 a; Phaed. 100 b-e; Gorg. 474 d-477 a; Phaedr. 249 d-252 b; Resp. V, 476 b-d; 479 a-480 a; VI, 507 b; 508 e-509 a; VII, 517 b-c; Soph. 257 d-e; Phileb. 51 c; 64 d-65 a; 66 a-b; vgl. Lys. 216 d; Meno 77 b usw. – [30] Soph. 228 a; Polit. 283 c-284 e; Phileb. 51 c-d; 64 e; 66 b; Tim. 87 c-e. – [31] Ion 533 d-534 e; Apol. 22 c; Phaedr. 245 a; Leg. III, 682 a; IV, 719 c; Phaedr. 264 c; Resp. II, 376 c-III, 403 c; X, 595 a-608 b; Soph. 235 d-236 c; Tim. 19 d-e; Leg. II, 654 a-673 a; VII, 798 d-802 e. – [32] Resp. III, 398 a-b; X, 606 e-608 b; Polit. 288 c; Leg. VII, 817 b-d. – [33] SPEUSIPP: Frg. 42a. 43. 44. 45a, in: L. TARÁN: Speusippus of Athens (Leiden 1981). – [34] ARISTOTELES: De motu anim. 6, 700 b 32-35. – [35] Top. I, 5, 102 a 6; V, 5, 135 a 13; VI, 7, 146 a 21; Rhet. I, 6, 1362 b 8f.; 7, 1364 b 27f. – [36] Met. XIII, 3, 1078 a 31-b 5. – [37] Mag. mor. II, 9, 1207 b 27-31; Eth. Eud. VII, 15, 1248 b 18-25; Rhet. I, 9, 1366 a 33-35; II, 13, 1389 b 37-1390 a 1. – [38] Top. I, 15, 106 a 20-22. – [39] Rhet. I, 9, 1366 a 33-36; 1366 b 25-1367 a 33; Eth. Nic. III, 7, 1115 b 20-24; IV, 1, 1120 a 23f.; Pol. VII, 14, 1333 a 30-36; Eth. Eud. I, 1, 1214 a 30f.; Pol. III, 9, 1281 a 1f. – [40] De gen. anim. II, 1, 731 b 25-27; Met. V, 1, 1013 a 21f. – [41] Mag. mor. II, 9, 1207 b 20-1208 a 4; Eth. Eud. VII, 15, 1248 b 8-1249 a 17. – [42] Eth. Nic. VIII, 13, 1162 b 34-1163 a 1; IX, 7, 1168 a 9-19; Pol. VIII, 3, 1338 a 30-32; a 40-b 4. – [43] Top. III, 1, 116 b 21f.; Met. XIII, 3, 1078 a 36-b 1; Eth. Nic. IV, 7, 1123 b 6-8; Pol. III, 13, 1284 b 8-13; VII, 4, 1326 a 33f.; Poet. 6, 1450 a 39-b 3; 7, 1450 b 34-1451 a 6. – [44] Met. XIII, 3, 1078 a 33-b 5. – [45] Pol. III, 13, 1284 b 8-13. – [46] De part. anim. I, 5, 645 a 23-26; Rhet. I, 5, 1361 b 7-15. – [47] Poet. 1, 1447 a 9f.; vgl. 9, 1452 a 10; 11, 1452 a 32; 13, 1453 a 12. 19. 23. – [48] Poet. 17, 1455 a 32-34. – [49] Poet. 2, 1448 a 1-18; 4, 1448 b 24-1449 a 1; 25, 1460 b 8-11. – [50] Pol. VIII, 3, 1338 a 9-b 8; 5, 1339 a 14-17; 1342 b 34; Poet. 6, 1449 b 27f. – [51] Rhet. I, 11, 1371 b 4-10; Poet. 4, 1448 b 15-19. – [52] Eth. Nic. III, 10, 1118 a 3-9; Eth. Eud. III, 2, 1230 b 30-1231 b 2; Poet. 14, 1453 b 10-14; 23, 1459 a 21; 26, 1462 b 13f. – [53] Poet. 26, 1461 b 26-1462 b 15. – [54] THEOPHRAST: Frg. 95. Opera, hg. F. WIMMER 3 (1862) 191; Frg. 687, in: Theophr. of Eresus. Sources for his life, writings, thought and influence, hg. W. W. FORTENBAUGH/P. M. HUBY/R. W. SHARPLES 2 (Leiden 1992) 534f. = DEMETRIOS: De elocut. 173-175 (vgl. ARISTOTELES: Rhet. III, 2, 1405 b 6-8); ARISTOXENOS: Elem. harm. I, 23. – [55] ARISTOTELES: Frg. 1, 69, hg. V. ROSE (1886) = DIOG. LAERT. V, 24, 69; Frg. 2, 63 ROSE = Vita Hesychi 10, 63. – [56] EPIKUR: Frg. 512, in: H. USENER (Hg.): Epicurea (1887) [U.] = Frg. 136, in: EPICURO: Opere, hg. G. ARRIGHETTI (Turin 1960) [A.]. – [57] Frg. 67 U. = 22, 1 A; Frg. 70 U. = 22, 4 A. – [58] Epist. ad Men. 131f.; Rat. sent. 5. – [59] Frg. 513 U. – [60] Frg. 352 U. – [61] Frg. 228 U. – [62] Frg. 227-229 U. – [63] PHILODEM: De poem. V, 1, 1-2, 11; 13, 1-28; 22, 30-34; 29, 8-17. – [64] De mus. IV, 7, 3-8. – [65] De poem. V, 16, 30-18, 27; 26, 23-32; 33, 10-13; 34, 2-7. – [66] CHRYSIPP: Frg. mor. 83. SVF 3, 20. – [67] a.O. – [68] ZENON: Frg. 188. SVF 1, 47. – [69] CHRYSIPP: Frg. 16. 29-37. SVF 3, 6, 9-11. – [70] VITRUVIUS: De archit. I, 2, 1-4; III, 1. – [71] CHRYSIPP: SVF 3, 197, 38-200, 37. – [72] Frg. 278. 471. 472. 592. SVF 3, 68. 120-122. 154f. – [73] Frg. 395-397. 598. 716-722. SVF 3, 96f. 156. 180f. – [74] Frg. 117. 122. 127. 142. 146. SVF 3, 28f. 31. 34f. – [75] Frg. 278. 279. 392. 591. 592. SVF 3, 68f. 95. 154f. – [76] Frg. 589-599. SVF 3, 154-156. – [77] Frg. phys. 1009f. 1163. SVF 2, 299f. 334; vgl. POSEIDONIOS: Frg. 364, hg. W. THEILER (1982). – [78] CHRYSIPP: Frg. 1151. SVF 2, 332. – [79] Vgl. G. W. MOST: Cornutus and Stoic allegoresis: A prelim. report, in: H. TEMPORINI/W. HAASE (Hg.): Aufstieg und Niedergang der röm. Welt II/36, 3 (1989) 2014-2065, bes. 2018-2029. – [80] CICERO: De orat. III, 45, 178-46, 181. – [81] De off. I, 27, 93-28, 99. – [82] De nat. deor. II, 7, 18f.; De off. I, 4, 14; 28, 98; Tusc. disput. IV, 13, 30. – [83] Art. ‹honestus› II, A, 2, c γ ii, in: Thes. linguae lat. VI, 2910-2912. – [84] Art. ‹pulcher› 3, in: Oxford lat. dict. 1517. – [85] a.O. [83] 2912f. (II, B, 1, a b). – [86] SENECA: Ep. 76, 13f. – [87] CICERO: Orator 2, 8-3, 10; SENECA: Ep. 58, 19-21; 65, 7. – [88] PLOTIN: Enn. I, 6 (‹Über das Sch.›); V, 8 (‹Über die geistige Schönheit›). – [89] Enn. I, 6, 1. 9; V, 8, 3; VI, 7, 22; vgl. W. BEIERWALTES: Die Met. des Lichtes in der Philos. Plotins. Z. philos. Forsch. 15 (1961) 334-362. – [90] Enn. I, 6, 1. 3; VI, 7, 22. – [91] Enn. I, 6, 2. 6; V, 8, 9; VI, 6, 1; 7, 33. – [92] Enn. I, 6, 4. 6-9; V, 5, 12; 9, 1f.; VI, 7, 31. – [93] Enn. III, 5, 1. 9; V, 5, 12; VI, 9, 4. – [94] Enn. I, 6, 1. 4. 7; V, 5, 12; 8, 10; VI, 7, 31. – [95] Enn. II, 3, 18; IV, 3, 10; V, 9, 11. – [96] Enn. I, 6, 9; IV, 4, 33; V, 8, 1f. 5; 9, 11; VI, 2, 11. – [97] Enn. V, 8, 1. – [98] PLATON: Symp. 206 d. – [99] PLOTIN: Enn. I, 6, 6f. 9; VI, 2, 18; 7, 32-34; 9, 11. – [100] Enn. V, 5, 12. – [101] W. BEIERWALTES: Proklos. Grundzüge seiner Met. (1965) 307ff. – [102] Ps.-DIONYSIOS AREOP.: De div. nom. MPG 3, 701 Cff.

Literaturhinweise. – *Übersichten:* F. CREUZER: Plotini Liber de pulcritudine (1814) iii-cxiv. – E. MÜLLER: Gesch. der Theorie der Kunst bei den Alten 1-2 (1834-37). – J. WALTER: Die Gesch. der Ästhetik im Altertum (1893). – J. J. POLLITT: The anc. view of Greek art (New Haven 1974). – W. TATARKIEWICZ: Gesch. der Ästhetik 1: Die Ästhetik der Antike (1979). – E. GRASSI: Die Theorie des Schönen in der Antike (²1980). – G. POCHAT: Gesch. der Ästhetik und Kunsttheorie (1986) 17-89. – *Einzelthemen:* E. CASSIRER: Eidos und Eidolon. Das Problem des Schönen und der Kunst in Platons Dial. Vortr. der Bibl. Warburg 1 (1922/23) 1-27. – J. JÜTHNER: καλοκἀγαθία, in: Charisteria A. Rzach zum 80. Geb. (1930) 99-119. – W. THEILER: Die Vorbereitung des Neuplatonismus. Problemata 1 (1930) 1-60. – H. PERLS: L'art et la beauté vues par Platon (Paris 1938). – K. GILBERT: The relat. of the moral to the aesthet. standard in Plato. Philos. Review 43 (1943) 279-294. – B. SMOTHERS: καλός in acclamation. Traditio 5 (1947) 1-57. – H. J. M. BROOS: Plato's beschouwing van kunst en schoonheid (Leiden 1948). – G. EDINGER: Ciceros Stellung zur Kunst (Dichtkunst, bildende Kunst, Musik) in seinen rhet. Schr. Diss. Innsbruck (1951). – G. MEIWES: Die καλός-Vorst. bei Homer. Diss. Hamburg (1953). – E. DE KEYSER: La signif. de l'art dans les Enn. de Plotin (Löwen 1955). – F. BOURBON DI PETRELLA: Il problema dell'arte e della bellezza in Plotino (Florenz 1956). – A. W. H. ADKINS: Merit and responsibility. A study in Greek values (Oxford 1960). – K. SVOBODA: Les idées esthét. de Cicéron. Acad. scient. Polon. Acta sessionis Ciceronianae (Warschau 1960) 109-120. – H. WANKEL: καλὸς καὶ ἀγαθός. Diss. Würzburg (1961). – J. G. WARRY: Greek aesthet. theory. A study of callist. and aesthet. concepts in the works of Plato and Arist. (London 1962). – P. MONTEIL: Beau et laid en latin. Et. de vocabul. (Paris 1964). – J. M. RIST: Plotinus: The road to reality (Cambridge 1967) 534-565. – G. MAZZOLI: Seneca e la poesia (Mailand 1970). – D. J. ALLAN: The fine and the good in the Eud. Eth., in: P. MORAUX/D. HARLFINGER (Hg.): Unters. zur Eud. Eth. (1971) 63-71. – A. W. H. ADKINS: Moral values and polit.

behaviour in anc. Greece. From Homer to the end of the 5th cent. (New York 1972). – K. J. DOVER: Greek popular morality in the time of Plato and Arist. (Oxford 1974) 41-45. 69-73. – K. S. KATSIMANIS: Et. sur le rapport entre le beau et le bien chez Platon (Lille 1977). – J. OWENS: The καλόν in Aristot. ethics, in: D. J. O'MEARA (Hg.): Studies in Arist. (Washington 1981) 261-277. – T. IRWIN: Arist.'s conception of morality. Proc. Boston Area Coll. Anc. Philos. 1 (1985) 115-143. – S. HALLIWELL: Arist.'s Poetics (London 1986). – A. SCHMITT: Das Sch., Gegenstand von Anschauung oder Erkenntnis? Zur Theorie des Sch. im 18. Jh. und bei Platon. Philosophia 17/18 (1987/88) 272-296. – H. J. HORN: Stoische Symmetrie und Theorie des Sch. in der Kaiserzeit, in: H. TEMPORINI/W. HAASE (Hg.): Aufstieg und Niedergang der röm. Welt II/36, 3 (1989) 1454-1472. – E. EDWARDS: Middle Platonism on the beautiful and the good. Mnemosyne 44 (1991) 161-167. G. W. MOST

II. *Mittelalter.* – Das mittelalterliche Denken über das Sch. ist durch zwei unterschiedliche Traditionen bestimmt. In der Linie der einen Tradition, deren maßgebende Repräsentanten AUGUSTINUS und PLATON (über CHALCIDIUS' Übersetzung des ‹Timaios›) sind, wird als wesentlich für die Schönheit die Einheit in der Verschiedenheit, die zahlenmäßige Proportion und die Harmonie der Dinge betrachtet. Wir lesen bei AUGUSTINUS: «Schön (pulchrum) ist, was durch sich selbst, angemessen (aptum) aber, was aufgrund seiner Harmonie mit anderen Dingen gefällt.» «Alle Schönheit des Leibes beruht ja auf dem Ebenmaß der Teile, verbunden mit einer ansprechenden Farbe» [1]. Diese Auffassung wurde dem Mittelalter durch die ‹Consolatio philosophiae› des BOETHIUS vermittelt. In der berühmten Hymne ‹O qui perpetua›, die den ‹Timaios› paraphrasiert, wird Gott als «der Schönste» («pulcherrimus») angesprochen, der, «im Geist das schöne Weltall tragend, es zu ähnlichem Abbild formt». Die Schönheit der Welt beruht auf ihrer mathematischen Ordnung: «Du verbindest durch Zahlen die Elemente» [2]. In der Einleitung zu seiner ‹Arithmetica› betont Boethius, daß diese Wissenschaft das «exemplar» Gottes bei der Schöpfung der Welt war und daß alle Dinge durch Zahlen Harmonie fanden [3]. Das Studium der Weltharmonie gehört zum Bereich der Musica, denn diese ist die Wissenschaft der «consonantia», d.h. «des zur Einheit gebrachten Zusammenklangs von untereinander unähnlichen Tönen» [4]. Diese platonisch-pythagoreische Schönheitsauffassung hat darum auch über Boethius' Traktate über Arithmetik und Musik, die eine zentrale Stellung im Bildungsprogramm der «artes liberales» einnahmen, weitergewirkt.

Die zweite Tradition, die die mittelalterlichen Konzeptionen des Sch. bestimmt hat, geht auf Ps.-DIONYSIUS AREOPAGITA zurück. Kennzeichnend für diese Tradition ist, daß nicht nur Harmonie, sondern auch Klarheit (claritas) als wesentlich für Schönheit betrachtet und daß das Sch. mit dem Guten identifiziert wird. Diese Identifikation wurde noch durch die Tatsache verstärkt, daß in der ersten lateinischen Übersetzung von ‹De divinis nominibus›, wie ALBERT DER GROSSE in seinem Kommentar erkennt, κάλλος (pulchrum) mit ‹bonum› (καλός) wiedergegeben wurde [5].

Eine fundamentale Rolle in der Vermittlung des ps.-dionysischen Denkens hat JOHANNES SCOTUS ERIUGENA gespielt. Er versteht jedes Geschöpf als «Theophanie», d.h. als Erscheinung Gottes [6]. Die wichtigste Manifestation Gottes ist das Licht. Jedes einzelne Seiende sowie «der gesamte Weltenbau» ist ein Licht [7]. Durch seine Lichthaftigkeit weist jedes Geschöpf zurück auf seinen Ursprung. Das Erscheinende wird so zum Symbol der absoluten Schönheit. «Die sichtbaren Formen sind Bilder der unsichtbaren Schönheit, durch die die göttliche Vorsehung den menschlichen Geist in die reine und unsichtbare Schönheit der Wahrheit selbst zurückruft» [8]. Schönheit hat für den Menschen eine anagogische oder reduktive Funktion [9]. Dieses Schönheitsverständnis hat seine Wirkung auf die mittelalterliche Kunst ausgeübt und war konstitutiv für das Entstehen der Gotik. Prototyp der gotischen Kathedrale ist die Kirche von St.-Denis, die unter Leitung von Abt SUGER zwischen 1132 und 1144 umgebaut wurde. Seine Schriften zeigen Vertrautheit mit dem Gedankengut des Ps.-Dionysius, über dessen Werke St.-Denis schon seit der karolingischen Periode verfügte. Suger beschreibt, daß sein Bau von einem «neuen Licht» durchströmt wird [10] und einen Aufstieg von der materiellen zur immateriellen Welt «anagogico more» bewirkt [11].

Im 12. Jh. erlebt die durch Boethius vermittelte platonische Schönheitsauffassung ihren Höhepunkt in der Schule von Chartres. In dieser Schule wird der Schöpfungsbericht der ‹Genesis› mit Hilfe von Platons ‹Timaios› und Boethius' ‹Consolatio› philosophisch gedeutet – beide Schriften werden von WILHELM VON CONCHES kommentiert. Gott ist der «Architekt», der gemäß mathematischen Prinzipien zu Werke geht. THIERRY VON CHARTRES zufolge ist «Schöpfung der Zahlen Schöpfung der Dinge» («creatio numerorum, rerum est creatio») [12]. BERNARDUS SILVESTRIS sagt in der Nachfolge des Boethius, daß der Stoff, Schönheit verlangend, «artifices numeros et musica vincla» («kunstvolle Zahlen und musikalische Bindemittel») erfordert [13]. Diese mathematisch-ästhetische Kosmogonie wird durch den biblischen Topos «Du hast alles nach Maß, Zahl und Gewicht geordnet» (Weish. 11, 20) bekräftigt. Die kunsthistorische Forschung hat gezeigt, daß die Architektur der Kathedrale von Chartres aufs innigste mit der Metaphysik von «Maß, Zahl und Gewicht» verbunden ist [14]. Der menschliche Architekt muß sein Bauwerk gemäß den vollkommenen Proportionen des Universums konstruieren.

Im Gefolge des Ps.-Dionysius Areopagita, den er kommentiert, lehrt HUGO VON ST. VIKTOR, daß «die sichtbare Schönheit Abbild der unsichtbaren Schönheit ist» [15]. Die Schönheit der Geschöpfe ist sogar der evidenteste Hinweis auf Gott [16]. Hugo analysiert ausführlich die Elemente der weltlichen Schönheit; das letzte Buch seines ‹Didascalicon› bildet den ersten Ästhetiktraktat des Mittelalters [17]. Die Schönheit der Geschöpfe besteht in Lage (situs), Bewegung (motus), Bild (species) und Beschaffenheit (qualitas). «Situs» betrifft die Ordnung der Dinge, sowohl in sich selbst als auch in Beziehung zueinander. «Motus» ist der erhabenste der vier Aspekte, weil «Bewegung» die Aktivitäten der Sinne und des Verstandes einschließt [18]. «Species» ist die Form, die wir mit dem Auge unterscheiden, z.B. Farben und die Figuren von Körpern. Unter «qualitas» sind die Eigenschaften zu verstehen, die wir durch die anderen Sinne wahrnehmen, wie Klänge einer Melodie, Gerüche und Geschmack. Es gibt Schönheit in jeder Form von Wahrnehmung [19].

Im 13. Jh. werden die Werke des Ps.-Dionysius intensiv kommentiert, u.a. von ROBERT GROSSETESTE, ALBERT DEM GROSSEN und THOMAS VON AQUIN; er wird zur wichtigsten ästhetischen Autorität. Die von Ps.-Dionysius behauptete universale Erstreckung des Sch. auf alles Seiende («es gibt nichts, das nicht an dem Sch. und dem Guten teilhat» [20]) führt, in Verbindung mit dem durch die Aristoteles-Rezeption veranlaßten «zweiten Anfang der Metaphysik» [21], zu einer neuen Fragestellung hinsichtlich des Sch.: Inwiefern ist das Sch. in die Lehre von den transzendentalen Bestimmungen des Seienden (dem Einen, dem Wahren und dem Guten) einzuordnen? Die Frage nach der *Transzendentalität* des Sch., die im Blickpunkt des Denkens des 13. Jh. steht [22], hat zwei Aspekte: einerseits die Austauschbarkeit des Sch. mit dem Seienden, denn kennzeichnend für die Transzendentalien ist, daß sie jedem Seienden zukommen; andererseits der Unterschied zwischen dem Sch. und den übrigen Seinsbestimmungen, denn die Transzendentalien sind keine Synonyme, sondern unterscheiden sich begrifflich voneinander.

Der transzendentale Status des Sch. wird zum ersten Mal in der ALEXANDER VON HALES zugeschriebenen ‹Summa› erörtert. Die Diskussion konzentriert sich auf das Verhältnis zwischen dem Guten und dem Sch., da in der ps.-dionysischen Tradition deren Identität behauptet wird. Es wird anerkannt, daß das Gute, das um seiner selbst willen erstrebt wird, mit dem Sch. identisch ist; das Gute und das Sch. unterscheiden sich aber begrifflich («secundum intentionem»). Die wichtigste Differenz ist, daß das Sch. eine Bestimmtheit des Guten besagt, derzufolge es der Wahrnehmung gefällt («secundum quod est placitum apprehensioni»), dagegen das Gute sich auf eine Bestimmtheit bezieht, dergemäß es unseren Affekt erfreut [23]. Der Bezug des Sch. auf die Wahrnehmung läßt das Sch. sich dem Wahren nähern. Ihr Unterschied besteht darin, daß die Wahrheit eine Bestimmtheit der Form ist, die auf das Innere des Seienden bezogen ist, während die Schönheit dieselbe Bestimmtheit ist, bezogen auf das Äußere [24]. Es ist auffallend, daß die ‹Summa fratris Alexandri› in ihrer Darstellung das Sch. nicht als ein selbständiges Transzendentale an die «ersten Bestimmungen des Seienden» (unum, verum, bonum) anfügt [25], sondern das Sch. im Rahmen des Guten bespricht. Diese Ortsbestimmung des Sch. hat sowohl ALBERT DEN GROSSEN als auch THOMAS VON AQUIN beeinflußt [26].

Die einzige Schrift des 13. Jh., in welcher ausdrücklich gesagt wird, das Sch. sei ein selbständiges Transzendentale, ist ein anonymer Traktat, der manchmal BONAVENTURA zugeschrieben wird, dessen Autorschaft jedoch durchaus nicht sicher ist. Darin werden vier allgemeine Bestimmungen (conditiones) des Seienden erwähnt, nämlich das Eine, das Wahre, das Gute *und* das Sch. Alle vier fügen begrifflich etwas dem «Seienden» hinzu: Das Eine bezieht sich auf die Wirkursache, das Wahre auf die Formursache, das Gute auf die Zielursache. Das Sch. hat eine synthetische Funktion: «das Sch. aber umfaßt alle drei Ursachen und ist ihnen allen gemeinsam» [27]. In den Werken, bei denen seine Autorschaft gesichert ist, erwähnt Bonaventura jedoch nirgendwo das Sch. als ein selbständiges Transzendentale; er beschränkt sich vielmehr stets auf die Triade «das Eine, das Wahre und das Gute». Der Grund dafür kann die Appropriation dieser Triade auf die Personen der göttlichen Dreifaltigkeit (Vater, Sohn und Geist) gewesen sein, die keinen Raum mehr für ein weiteres Transzendentale gelassen hat [28].

Als wesentlich für die Schönheit erachtet Bonaventura die Einheit in der Vielheit: Schönheit ist «Übereinkunft des Ungleichen» («convenientia disparium») [29]. Er rekurriert auch auf AUGUSTINs Definition von Schönheit als «zahlenmäßige Gleichheit» («aequalitas numerosa») [30]. Eigentümlich für BONAVENTURA ist, daß er diese Gleichheit auch auf die ästhetische Erfahrung ausweitet. Auf die sinnliche Wahrnehmung eines Dings folgt Wohlgefallen, wenn eine Verhältnismäßigkeit zwischen dem Wahrnehmenden und seinem Objekt besteht. Das Angepaßtsein des Gesichtsvermögens an die Spezies oder Form des Gegenstandes ruft die Empfindung von Schönheit (speciositas) hervor [31].

Die Schrift ‹De pulchro et bono› galt lange als eines der Opuscula von THOMAS VON AQUIN, ist jedoch in Wirklichkeit dessen Nachschrift von Vorlesungen ALBERTS DES GROSSEN. Diese Vorlesungen kommentieren jenen Teil von ‹De divinis nominibus› des Ps.-Dionysius, welcher vom Sch. handelt. Darin geht Albert auf das Verhältnis zwischen den zwei von Ps.-Dionysius genannten Merkmalen des Sch. ein, Klarheit und Harmonie. Er bestimmt ihre Beziehung nach dem aristotelischen Schema von Form und Materie: Das formale Moment von Schönheit ist der Glanz (splendor) oder das Licht, das materiale Moment ist das Proportionierte. Schönheit definiert er daher als «Glanz der substantiellen oder aktuellen Form über die proportionierten und begrenzten Teile der Materie» [32]. Auf der Grundlage seiner Definition differenziert Albert zwischen dem Sch. und dem Guten. Das Sch. ist wohl sachlich identisch mit dem Guten, aber es unterscheidet sich begrifflich davon, denn das Sch. besagt die «resplendentia» der Form über die Materie, während die «ratio» des Guten darin besteht, das Verlangen zu sich zu ziehen [33]. Albert betrachtet das Sch. nicht als ein eigenständiges Transzendentale, sondern situiert es in der «Erweiterung» (extensio) des Wahren zum Guten. «Der Erkenntnis des Wahren, sofern dies den Charakter von gut hat (secundum rationem boni), entspricht der Hervorgang des Sch.» [34].

Die in der Neuscholastik viel zitierte Schönheitsdefinition von THOMAS VON AQUIN lautet: «Sch. wird das genannt, was im Angeschautwerden gefällt» («quae visu placent») [35]. In dieser Definition wird das Sch. von seinem eigenen Effekt her bestimmt. Das Wohlgefallen konstituiert nicht das Sch., sondern ist eine Folge davon. In seiner ‹Summa theologiae› spricht Thomas nur beiläufig über das Sch. Wenn er im Rahmen der Trinitätslehre die von Hilar von Poitiers entlehnte Appropriation der «species sive pulchritudo» auf den Sohn bespricht, zählt er drei Bedingungen für Schönheit auf. Zuerst wird «integritas» oder «perfectio» genannt, dann die zwei ps.-dionysischen Merkmale «debita proportio» oder «consonantia» – wofür auch die Termini «commensuratio» und «convenientia» verwendet werden – und «claritas» [36]. Die erste Bedingung bindet das Sch. eng an das Gute, denn die eigene Natur des Guten als Gutes ist, daß es «vollkommen» ist [37]. «Das Sch. ist mit dem Guten austauschbar (convertitur)» [38]. Doch unterscheiden sie sich begrifflich in dem Sinne, daß das Sch. dem Guten eine «gewisse Hinordnung auf das Erkenntnisvermögen» hinzufügt [39]. Zum Begriff des Guten gehört es, daß in ihm das Streben zur Ruhe kommt, zum Begriff des Sch., daß in seinem Anblick oder Erkennen («in eius aspectu seu cognitione») das Streben zur Ruhe kommt. Sch. ist dasjenige, dessen Erkenntnis gefällt [40]. Undeutlich bleibt jedoch, inwieweit Thomas das Sch. als ein selbständiges Transzendentale in die Reihe der Seinsbestimmungen einordnet. Die Frage ist in der Forschung umstritten [41]. In Thomas' vollständigster Aufzählung der Transzendentalien erhält das Sch. keinen Platz [42].

Im Gegensatz zu Thomas gibt ein anderer Schüler Alberts des Großen, ULRICH VON STRASSBURG, eine systematische Erörterung des Sch. Sein Ausgangspunkt ist die Form, die die Grundlage sowohl der Gutheit als auch der Schönheit jedes Dings bildet. Die Form ist die Gutheit eines jeden Dings, insofern sie dessen Vollkommenheit darstellt; sie ist die Schönheit, insofern sie «wie ein Licht über das Geformte hinstrahlt» [43]. Neu ist, daß Ulrich nicht allein über das Verhältnis des Sch. zum Guten spricht, sondern auch über dessen Verhältnis zum Seienden. Das Sch. ist mit dem Seienden austauschbar, aber fügt ihm begrifflich die Lichtung der Form über den Stoff hinzu [44]. Da es substantielle und akzidentelle Formen gibt, teilt Ulrich die Schönheit in eine essentielle und eine akzidentelle. Die essentielle geistige Schönheit des Menschen ist die Seele, die akzidentelle die Wissenschaft und die Tugenden [45].

Neben dem metaphysischen Interesse für das Sch. wird im 13. Jh. der Schönheit auch von der Wissenschaft der Optik her, bei den sog. «Perspectivistae», Aufmerksamkeit geschenkt. In der um 1270 geschriebenen ‹Perspectiva›, deren Inhalt größtenteils ‹De aspectibus› des arabischen Denkers ALHAZEN entnommen ist, analysiert WITELO die Objekte der Gesichtswahrnehmung. Dazu gehört auch Schönheit, die als «Wohlgefallen der Seele» umschrieben wird. Zweiundzwanzig Bedingungen des sichtbaren Sch. werden aufgezählt, darunter Licht, Farbe, Zusammenhang und Trennung, Entfernung und Nähe. Schönheit entsteht nicht allein aus der einfachen Wahrnehmung von Formen, sondern auch aus der Synthese mehrerer Formen, z.B. das rechte Verhältnis der Teile. Über Alhazen hinausgehend, weist Witelo auf die Rolle der «Gewohnheit» (consuetudo) in der Bewertung von Schönheit. Dem Mauren gefallen andere Farben und andere Verhältnisse des Körpers als dem Dänen. Jedes Volk hat seine eigene Bewertung von Schönheit [46].

Im Spätmittelalter ist bei den Repräsentanten der «via moderna» das Interesse für das Sch. marginal. Charakteristisch für die «via antiqua» ist DIONYSIUS DER KARTÄUSER, der in ‹De venustate mundi et pulchritudine Dei› eine Synthese des scholastischen Denkens bietet. In dieser Synthese wird die Eigenart der mittelalterlichen Lehre vom Sch. sichtbar. Als Reaktion auf die Identität des Guten und des Sch. bei Ps.-Dionysius wird u.a. von ALEXANDER VON HALES und THOMAS VON AQUIN die Hinordnung des Sch. zum Erkenntnisvermögen betont. Die Betonung dieser Relation geht bei DIONYSIUS DEM KARTÄUSER so weit, daß das Sch. als das, «was alle anschauen oder kennen» definiert wird [47]. Durch diese rein kognitive Bestimmung verschiebt sich der Ort des Sch. in Richtung der «Wahrheit», und die Frage nach ihrem Unterschied wird unausweichlich. Die Antwort darauf entnimmt Dionysius wörtlich Alexander von Hales: Wahrheit ist auf das Innere des Seienden bezogen, das Sch. auf das Äußere [48]. Nach der Begriffsbestimmung des Sch. behandelt Dionysius ausführlich die Schönheit der Welt, um von dort zur rein geistigen Schönheit, bes. Gottes, aufzusteigen.

Anmerkungen. [1] AUGUSTINUS: Conf. IV, 15, 24; De civ. Dei XXII, 19. – [2] BOETHIUS: Cons. philos. III, metr. 9. – [3] De arithm. I, 1. MPL 63, 1082 A. – [4] De musica I, 3. MPL 63, 1073 D. – [5] ALBERT DER GROSSE: Sup. Dion. De div. nom. 4, n. 77, hg. P. SIMON. Op. omn. 37/1 (1972) 186; vgl. Dionysiaca I (Paris 1937) 178. – [6] JOH. SCOTUS ERIUG.: De divis. nat. III, 19. MPL 122, 681 A. – [7] Expos. sup. hierarchiam cael. 1, 1. MPL 122, 128 C. 129 D. – [8] Expos. 1, 3, a.O. 138 C. – [9] Vgl. W. BEIERWALTES: Negati affirmatio. Welt als Metapher. Zur Grundleg. einer mittelalt. Ästhetik bei Joh. Scot. Eriug. Philos. Jb. 83 (1976) 237-265. – [10] SUGER: De administr. 28, in: E. PANOFSKY: Abbot Suger on the abbey church of St.-Denis and its art treasures (Princeton ²1979) 50. – [11] De adm. 33, a.O. 64; kritisch zu Panofskys Deutung: J. VAN DER MEULEN/A. SPEER: Die fränk. Königsabtei St.-Denis (1988). – [12] THIERRY VON CHARTRES: Tract. de sex dierum operibus 36, hg. N. HÄRING. Arch. Hist. doctr. litt. MA 22 (1955) 196. – [13] BERNARDUS SILVESTRIS: Cosmographia I, 22, hg. P. DRONKE (Leiden 1978) 97. – [14] Vgl. O. VON SIMSON: Die got. Kathedrale. Beitr. zu ihrer Entsteh. und Bedeut. (²1972). – [15] HUGO VON ST. VICTOR: Comm. in hierarchiam coel. II. MPL 175, 949 B. – [16] Didasc. VII, 16. MPL 176, 824 A. – [17] E. DE BRUYNE: Et. d'esthétique médiév. 1-2 (Brügge 1946) 2, 238. – [18] HUGO: Didasc. VII, 16, a.O. [16] 824 C. – [19] Did. VII, 1, a.O. 812 C. – [20] PS.-DIONYSIUS AREOP.: De div. nom. 4, 7. MPG 3, 704 B. – [21] Vgl. L. HONNEFELDER: Der zweite Anfang der Met., in: J. P. BECKMANN u.a. (Hg.): Philos. im MA. Entwicklungslinien und Paradigmen (1987) 165-186. – [22] H. POUILLON: La beauté, Propriété transcend. chez les Scolast. Arch. Hist. doctr. litt. MA 21 (1946) 263-329. – [23] ALEXANDER VON HALES: S. theol. I, n. 103. – [24] II, n. 75. – [25] I, n. 73. – [26] Vgl. ALBERT DER GROSSE: S. theol. I, 6, 26, 2, 3; THOMAS VON AQUIN: S. theol. I, 5, 4, ad 1. – [27] Tract. de transcend. entis condit. 1, q. 1, hg. D. HALCOUR. Franziskan. Stud. 41 (1959) 41-106. – [28] BONAVENTURA: Breviloquium 1, c. 6; vgl. K. PETER: Die Lehre von der Schönheit nach Bonaventura (1967) 135. – [29] II Sent. 9, a. un., q. 8, ad 2. – [30] I Sent. 31, p. 2, a. 1, q. 3, ad 5; Itinerarium 2, 5; vgl. AUGUSTINUS: De mus. VI, c. 13, 38. – [31] Itin. 2, 5. – [32] ALBERT DER GROSSE: Sup. Dion. ... 4, n. 72, a.O. [5] 182. – [33] a.O. – [34] n. 71, a.O. 181. – [35] THOMAS AQU.: S. theol. I, 5, 4, ad 1. – [36] I, 39, 8. – [37] I, 5, 5. – [38] In De div. nom. 4, lect. 22, 590. – [39] S. theol. I-II, 27, 1, ad 3; In De div. nom. 4, lect. 5, 536. – [40] S. theol., a.O.; vgl. a.O. [35]. – [41] Vgl. F. J. KOVACH: The transcendentality of beauty in Thomas Aqu., in: P. WILPERT (Hg.): Die Met. im MA (1963). – [42] THOMAS AQU.: De ver. 1, 1. – [43] ULRICH VON STRASSBURG: De summo bono II, 3, 4, hg. A. DE LIBERA (1987) 54. – [44] a.O. 57. – [45] 56. – [46] WITELO: Optica IV, 48; vgl. C. BAEUMKER: Witelo, ein Philosoph und Naturforscher des 13. Jh. (1908) 172-175. – [47] DIONYSIUS DER KARTÄUSER: De venustate mundi 1 (1532). Op. omn. 34 (1907) 227. – [48] De ven. 3, a.O. 229; vgl. a.O. [24].

Literaturhinweise. – *Übersichten:* E. DE BRUYNE s. Anm. [17]. – H. U. VON BALTHASAR: Herrlichkeit. Eine theol. Ästhetik (1961-69). – R. ASSUNTO: Die Theorie des Sch. im MA (1963). – W. TATARKIEWICZ: Gesch. der Ästhetik 2: Die Äesth. des MA (1980). – U. ECO: Art and beauty in the MA (New Haven/London 1986). – G. POCHAT s. [Lit. zu I.] 91-205. – *Einzelthemen:* H. POUILLON s. Anm. [22]. – D. HALCOUR: Die Lehre vom Sch. im Rahmen der Transzendentalienlehre der Met. der frühen Franziskanerschule vor Paris. Diss. Masch. (1957). – F. J. KOVACH: Die Ästhetik des Thomas von Aqu. (1961). – W. CZAPIEWSKI: Das Sch. bei Thomas von Aqu. (1964). – K. PETER s. Anm. [28]. – W. BEIERWALTES s. Anm. [9]. – G. PÖLTNER: Schönheit. Eine Unters. zum Ursprung des Denkens bei Thomas von Aqu. (1978). – M. GRABMANN: Des Ulrich Engelberti von Strassburg O.P. (gest. 1277) Abh. De pulchro. Ges. Akad.abh. (1979) 177-260. – U. ECO: The aesthetics of Thomas Aqu. (Cambridge, Mass. 1988). – J. A. AERTSEN: Beauty in the MA: A forgotten transcendental? Medieval Philos. Theol. 1 (1991) 68-97.

J. A. AERTSEN

III. *15. und 16. Jh.* – Wie die philosophische Bestimmung des Sch. im Mittelalter durchgehend eine christliche Auslegung und Akkommodation platonischer und neuplatonischer Gedanken zum Sch. war, so blieb sie es auch in der Renaissance und der frühen Neuzeit. Bestimmend blieben Platon, Plotin, Augustinus und Ps.-Dionysius Areopagita ebenso wie die durch sie grundlegend beeinflußten mittelalterlichen Autoren (Thomas von Aquin, Albertus Magnus). Wichtig für Inhalt, Form und Wirkung des Diskurses zum Wesen des Sch. war zudem, daß dieser Diskurs vollständig außerhalb der Schulphilosophie stattfand.

Die Verwendung der Begriffe ‹schön›, ‹das Schöne›, ‹Schönheit› (pulchre, pulchrum, pulchritudo; bello, bellezza) steht im 15. und 16. Jh. bei *philosophischen Autoren* durchgehend in einem metaphysisch-ontologischen Kontext, der die empirischen Bezugnahmen auf das Sch. mit dem theologischen Grund desselben zu vermitteln suchte. In diese Tradition gehören NIKOLAUS VON KUES, M. FICINO, G. PICO DELLA MIRANDOLA, F. GIORGI, F. CATTANI DA DIACCETO, L. EBREO, G. BRUNO. Bei den sogenannten *Künstler-Theoretikern*, die seit L. B. ALBERTI nachweislich in Auseinandersetzung mit philosophischen Autoren ihre Theorien des Sch. entfalteten [1], wenn auch kaum mit deren systematischem, prinzipientheoretischem Anspruch, konzentriert sich das Nachdenken über das Sch. primär auf dessen empirische Gestalt und Bedingungen und auf die intrinsischen Probleme seiner Wirkung und des kritischen Urteils über das Sch. Diese Filiation, die mit den Namen L. B. ALBERTI, L. DA VINCI, A. DÜRER, L. DOLCE, P. LOMAZZO, F. ZUCCARI zu skizzieren ist, übernimmt aus der platonischen und der christlichen Tradition Theoreme zum proportional-symmetrischen Schönheitsbegriff und zum intelligibel-göttlichen Grund des Sch. Sie bereitet intensiv die Diskussion des 17. und 18. Jh. mit ihren Zentralthemen *Geschmacksurteil* [2], *Künstleringenium* [3] und *Paragone* [4] vor. Man kann einen ontologisch-kosmologischen (1.) und psychologisch-epistemischen (2.) Aspekt im Verständnis des Sch. unterscheiden. Beide Aspekte wurden theologisch begründet, meist bilden sie gleichsam den ‘objektiven’ und ‘subjektiven’ Pol innerhalb *einer* Theorie und verweisen so aufeinander. Für A. NIFO dagegen treten sie in seiner mit einem umfangreichen historischen Rückblick beginnenden Abhandlung ‹De pulchro› auseinander in ihre Ursprünge bei Platon und Aristoteles. Nifos Abhandlung kann als Ergänzung und Kontrast zur beherrschenden Rolle des platonischen Verständnisses des Sch. gelesen werden. Sie gibt im Sinne der Ergänzung eine zeitgenössische Einschätzung der Haupttheorien und repräsentiert als Kontrast die Position einer aristotelischen vollständigen Reduktion auf den psychisch-affektiven Horizont und auf die körperliche Grundlegung des Sch. [5].

In der metaphysisch-ontologischen Tradition erschließen sich ‹Schönes› bzw. ‹Schönheit› nicht unabhängig vom *Wahren* und *Guten* und Schönheit wird, als intelligible «pulchritudo absoluta», in der Tradition des Ps.-DIONYSIUS AREOPAGITA [6] oder des BOETHIUS [7] als Gottesname und als absolute Eigenschaft des göttlichen Wesens verstanden: Gott ist «pulchritudo absoluta» (NIKOLAUS VON KUES [8]), «pulchritudo prima», «mera infinita pulchritudo» (M. FICINO [9]), «divina beltade» (G. BRUNO [10]), oder ‹Schönheit› ist absolutes Gottesprädikat neben dem Guten, der Wahrheit und der Mächtigkeit (NIK. VON KUES [11]). L. EBREO, der im dritten Dialog seiner ‹Dialoghi d'amore› eine «Metaphysik des Sch.» [12] im Kontext platonischer Eros-Lehre entwickelt, verknüpft neuplatonische Einheitsmetaphysik und jüdische Theologie zur Vorstellung, daß die höchste oder erste Schönheit («prima bellezza») *nicht* unmittelbares Attribut Gottes sei, sondern erst das Attribut der «ersten Weisheit», des Verbum Dei [13].

Von diesem absoluten Sch. sind die relativen und partikularen Vorkommensweisen zu unterscheiden, seien sie sinnliches oder intelligibles Sch., partizipierende, abgeschattete «Ausstrahlungen» (splendor, resplendentia, relucentia [14]) oder «Manifestationen» (manifestatio, ostensio [15]). Aus der Koinzidenz und Konvergenz des absoluten Sch. mit dem absoluten Wahren und absoluten Guten in Gott wird die ontologische, epistemologische und ethische Normativität auch des einzelnen und relativen Sch. abgeleitet. Letzteres wird als Explikat und Derivat der absoluten Maßgabe des intelligiblen Sch. in Gott verstanden [16]. Die Bedeutung, die das Sch. als Inzitament für die grundlegende *Umwendung* und Orientierung der Seele im Sinne des platonisch-plotinischen περιαγωγή [17] und des christlichen *raptus-conversio* Zusammenhanges bei diesen Autoren gewinnt, läßt sich nur dadurch verständlich machen, daß im Sch. etwas als auf sinnliche und intelligible Weise *gegenwärtig* gedacht wurde, was die Dimensionen des Sinnlichen und Geistigen, als deren Grund, *zugleich übersteigt* [18]. Als Grund des Sch. ist Gott bzw. die absolute Schönheit die versammelnde Einheit aller vielheitlichen Bestimmungen des Sch. Diese Einheit ist zu denken als Seins- und Sinngrund des einzelnen Sch., der jede ästhetische und noetische Beschäftigung mit dem Sch. notwendig affiziert. Das Affiziert-Werden durch das Sch. konnte so als Zeichen für die Gegenwart des absolut Sch. genommen und der Beschäftigung mit dem Sch. so die Dignität eines philosophischen Geschäftes zuerkannt werden. Die im Affizieren sich äußernde *Wirkung* des Sch. auf die Seele als ganze (d.h. auf Sinnlichkeit und Intellekt), seine Attraktivität, ist der empirische Ausdruck seiner sachlichen, transempirisch, z.B. im Horizont des Ethischen oder der idealen Zahlstrukturen, begründeten Normativität als Bild der absoluten, göttlichen Schönheit; die Reaktion der Seele auf die Wirkung des Sch. ist Ausdruck der Entsprechung ihrer äußeren und inneren Vermögen zu der Einheitsnatur und der Intelligibilität des Sch. [19]. Gegenüber diesem Sch. kann die Seele sich nicht anders als vollständig zustimmend und d.h. *liebend* verhalten [20].

1. Diese Normativität ist, in der Aufnahme bes. PLOTINS [21], *ontologisch* verstanden worden, erstens als die den gesamten Bereich des Seins durchdringende und formierende Grundproportionalität der Einheit in der Vielheit oder als entfaltete Einheit [22]. Als solche wurde das Sch. mit PLATON [23] und in der christlichen Auslegungstradition von Sap. 11, 21 [24] beschreibbar vor allem als «harmonia», «proportio», «commensuratio», «numerus» und deren Zusammenfassung im Begriff der «concinnitas» [25] als ein die «varietas» der innerweltlichen Formen fügendes Prinzip [26]. Diese proportionalen Strukturmomente gliedern das dimensionale körperliche Sein als Sch.; sie sind aber nicht selbst dimensional-körperlich, sondern spirituell-intelligibel [27]. So konnte L. PACIOLI die Dignität des absoluten Paradigmas von Proportion, die «divina proportio» des Goldenen Schnittes, vollständig aus spekulativen Theoremen ableiten, die ansonsten den philosophisch-theologischen Gotteslehre vorbehalten waren. Die «divina proportio» ist, indem sie die Bestimmungen der Einheit, Dreifaltigkeit, Unsagbarkeit, der Ubiquität im dimensionalen Substrat, der Invarianz und der operationalen Dynamik in sich versammelt, Bild des einen und dreifaltigen Gottes im Geschaffenen [28].

Zweitens wurde sie, in der Aufnahme von PLOTIN [29] und Ps.-DIONYSIUS AREOPAGITA [30] verstanden als die strikte innerweltliche Gegenwart eines ‘Bildes’ der absoluten *Einheit*, als ‘einfache’ Schönheit der ‘einfachen’ Dinge (simplicia). In diesem Sinne wurde die ontologische Normativität als eine nicht-materielle, die Materie jedoch als organisierend und strukturierend 'beherrschende' [31] Einheit über oder vor der Vielheit beschreibbar als «charis», «gratia», «splendor», «forma» oder «species» [32], alles Bestimmungen, die die ursprüngliche Lichthaftigkeit und d.h. Intelligibilität des Sch. thematisieren [33]. Diese Einheit konnte in einem bestimmten orphisch-neuplatonischen Verständnis von ‹gratia›, das diese mit den mythischen Chariten bzw. Grazien verbindet, auch als in sich differenzierte, d.h. ternarische, die göttliche Dreifaltigkeit abbildende Einheit ausgelegt werden [34], in der im Wesen Amors Schönheit als affizierend-attrahierender 'Hervorgang' des absoluten Grundes und reagierende Begierde als 'Rückkehr' in diesen Grund vermittelt werden. Eine signifikante Ausnahme von dem Verständnis des einfachen Sch. bildet G. PICO DELLA MIRANDOLA, der – wie LEONE EBREO und gegen Plotin, Cusanus und Ficino – Schönheit nicht als Gottesprädikat zuläßt und zugleich damit den «einfachen Dingen» (τὰ ἁπλᾶ, simplicia) das Schönsein-Können kategorisch abspricht: Schönheit ist für ihn substantiell eine proportionale und harmonische Vermittlung von Verschiedenem oder Gegensätzlichem [35].

Beide Aspekte verweisen auf die grundsätzlich doppelte Natur des Sch.: Es ist in sich zugleich auf die Einheit Gottes konstitutiv bezogene Einheit bzw. Form (unitas, forma) und auf die Vielheit der Dimensionalität des von Gott Geschaffenen konstituierend bezogene Einheit. Der ein- und vielheitliche Charakter des zahlhaften, proportionierten, symmetrischen Sch. hat im Sch. selbst noch einen Grund reiner Einheit, der es in einen unmittelbaren abbildlichen Bezug zum Göttlichen stellt. Dieser Einheitsgrund im Sch. selbst ist der Grenzpunkt rational, d.h. diskursiv zureichender Beschreibung, und er ist der Ausgangspunkt der transzendierenden Einigungsbewegung der Seele zu Gott. Hier findet sich in den Texten dann eine auf unmittelbare Anschauung und göttliche Illumination oder Entrückung zurückgreifende Terminologie [36].

Insgesamt ist der ontologische Aspekt des Sch. zu verstehen im Blick auf die Offenbarung und Selbstexplikation Gottes im geschaffenen Sein. So ist die Welt als Schöpfung Gottes prinzipiell schön, und so ist alles Sch. in dieser schönen Schöpfung ein intensives Abbild des Göttlichen. F. CATTANI DA DIACCETO z.B. kann diesen Gedanken unmittelbar mit Platons Vorstellung von der Welt als einem harmonisch proportionalen 'Lebewesen' verbinden [37]. Die Schönheit, die schon in ihrer absoluten göttlichen Form Ausdruck der innertrinitarischen Selbstvermittlung ist [38], entfaltet innerweltlich eine ternarische Relation aus «pulchritudo»–«intellectus»–«amor», die die epistemologische und heilsgeschichtliche Dimension verknüpft, da die Schöpfung als natürliche Umgebung des Menschen selbst schön ist und daher Umkehrpunkt sein kann [39]. Das Sch. ist in seiner ersten, ontologischen, explikativen und proportionalsymmetrischen Bedeutung also der stärkste innerweltliche Konversions-Indikator [40]; in ihm schlägt die Entfaltung bzw. der Hervorgang Gottes *aus sich* in seine Rückkehr *zu sich* um. Diese Rückkehr betrifft den zweiten zentralen Aspekt der Diskussion des Sch. im 15. und 16. Jh., den der Erkenntnis und der ethischen Implikation des Sch.

2. *Epistemologisch* und *ethisch* wurde das Sch. als bestimmt im Kontext der Diskussion von «amor» und «desiderium» angesetzt [41]. Diese Diskussion wurde durchgehend bestimmt von der Präsenz der platonischen Dialoge ‹Symposion› und ‹Phaidros› sowie deren spätantiker und patristischer Wirkungsgeschichte [42]. Neben FICINOS ‹Symposion›-Kommentar und meist unter dessen Einfluß sind wichtig L. EBREOS ‹Dialoghi d'amore› (1535), F. CATTANI DA DIACCETOS ‹I tre libri d'amore› (1561) und B. OCHINOS ‹Triginta dialogi› (1563) [43]. Grundsätzlich wurde das Sch. als auf dialektische Weise in der 'Liebe' wirkend gedacht: nämlich einmal bestimmt durch die dämonische Zwischenstellung Amors zwischen Einheit und Vielheit, Intelligiblem und Sensiblem, Göttlichem und Menschlichem; mythologisch: zwischen Reichtum (πόρος) und Armut (πενία) [44]. Das Sch. bzw. die Schönheit ist in der epistemischpsychischen Dimension der Liebe zugleich gegenwärtig und nicht gegenwärtig; Liebe lebt, wie Erkenntnis, aus dem Zusammenspiel von intensiv erfahrenem Mangel und von dem die Intensität dieser Erfahrung bestimmenden Vor-Schein der mangellosen Präsenz des Sch. [45]. Sch. ist hierbei durchweg verstanden als 'Außenaspekt', als Hervorglänzen der göttlichen Einheit, Wahrheit und Güte. Sie erhält, in der Aufnahme antiker Terminologie aus Rhetorik und Poetik, einen Wirkungsaspekt zugesprochen, der sich als auratische Affizierungsdimension verstehen läßt, die mit dem strikten Einheitsaspekt im erscheinenden und intelligiblen Sch. koinzidiert [46]. Im «desiderium» nach den absolut normativen, weil un-bedingt 'maß'-geblichen Grundformen des Einen, Wahren und Guten, das durch dessen schönen Schein erregt wird, ist für das ganze 15. und 16. Jh. ein zentraler konversionaler und anagogischer, vom Irdisch-Sinnlichen zum Überirdisch-Intelligiblen hinführender Grundzug des Sch. in den Texten präsent [47]. Die aus der platonisch-neuplatonischen Tradition kommende Formung der Diskussion über das Sch. und die Liebe mußte sich allerdings mit christlichen Theologumena verbinden und vermitteln. Die Theoretiker des 15./16. Jh. beerbten diesbezüglich bes. Augustinus und Ps.-Dionysius Areopagita mit ihrer mittelalterlichen Wirkungsgeschichte. Entscheidend für die Bestimmung des spannungsreichen Zusammenhanges pulchritudo–amor/desiderium wurden mehrere, in bestimmten Aspekten modifizierte und sich gegenseitig stützende traditionelle Theoreme:

1) Zu diesem gehört im Anschluß an Ps.-DIONYSIUS AREOPAGITA, der unter Rückgriff auf Platon und Plotin das griechische καλόν etymologisch durch καλεῖν ('rufen') auslegt [48], die Interpretation des Wirkungsaspektes des Sch. als «vocare ad se» und «allicere» bzw. «excitare» [49], das die attrahierende und die menschliche Seele in ihren Grund konvertierende Kraft des Sch. unmittelbar als semantischen Horizont ihres Begriffes einleuchtend machen will.

2) Es gehört hierzu auch der Grundgedanke, daß jedes Seiende in der Welt den ternarischen Charakter des Göttlichen als dessen Spur (vestigium) in sich trägt und daß das Sch. die ausgezeichnetste Weise des Erscheinens (manifestatio, theophania) des Göttlichen in diesem Sinne ist. Das Sch. als gratia/χάρις wurde so gedacht als Moment eines kreishaften, explikativ-komplikativen oder hervorgehend-zurückkehrenden Wirkungszusammenhangs [50].

3) Wie die Schönheit das sich ursprünglich nur der Seele in ihren zentralen sinnlichen und geistigen Vermögen (visus, auditus, cogitatio, mens) Zeigende ist, so ist «amor» die in reiner Form nur der Seele vorbehaltene *Reaktion* auf dieses Sich-Zeigen: «Die Liebe ist nichts anderes als Sehnsucht nach Schönheit» («amor nihil

aliud est, quam pulchritudinis desiderium») [51]. Liebe wird dadurch spezifisch abgesetzt von animalischen Formen des «desiderium», die, wenn überhaupt, so nur auf die sinnliche 'Außenseite' und die sinnlich-affizierende Kraft des Sch. bezogen sind [52]. Das nicht-rationale natürliche Seiende bezieht sich unmittelbar, d.h. instinktiv und intuitiv auf das ihm Wesensgemäße, sein «bonum», da dieses in seiner maßgeblich formenden «species» die Abweichungen und Mängel körperlichen Seins korrigiert. Das rationale erkennende Seiende bezieht sich zudem reflexiv auf sein ihm a priori einwohnendes ideales Ziel [53], zu dem es sich permanent in Differenz befindet (amor). Die Deckung mit dem, was wesensgemäß ist, ist in sich ein Gut (bonum) und erschließt sich für die Reflexion zugleich als ein Sch. (pulchrum). Das im Körperlichen konstitutiv (ontologisch) und revokativ (psychologisch-epistemisch) erscheinende, unkörperliche Sch. verweist auf seinen intelligiblen Grund, der mit dem der Seele identisch ist, und evoziert dadurch einen ekstatischen, ausschließlich der Seele vorbehaltenen Reaktionstypus: die *Liebe* [54].

4) Die vom Sch. ausgelöste liebende Bewegung der Seele ist eine intellektuelle *und* voluntative Bewegung, nie eine *nur* voluntative. Sie ist, ausgehend vom sinnlichen Sch., dieses auf seine intelligible Struktur hin überschreitend, Rückgang der Seele (bzw. des Intellekts) in sich. Die augustinische Umformung des neuplatonischen Gedankens der 'abstrahierenden' Rückkehr in sich [55] lebt an zentraler Stelle fort im Topos der Präsenz Gottes oder der «pulchritudo absoluta» im Innersten der Rationalseele selbst [56].

5) Physisch-animalischer Trieb zur Selbsterhaltung, der sich als «appetitus» und «inclinatio» zu dem für das Einzelseiende sich in je verschiedener Weise zeigenden und vorgegebenen Guten äußert, das es in seinem Sein und damit in der Realisierung seiner 'Idee' erhält [57], und psychisch-rationaler Trieb, der sich als «amor» bzw. «desiderium» zu dem für ein rationales Wesen Guten äußert, werden in der Weise engeführt und parallel gesehen, daß die Seele gleichsam durch die liebend-intellektuelle Beschäftigung mit den Modi des Sch. ihre eigentliche natürliche «conservatio» betreibt, die für sie erst in der ekstatischen und kontemplativen Selbstüberschreitung zum Göttlichen hin sich beruhigt und erfüllt [58].

Anmerkungen. [1] Vgl. etwa P. LOMAZZO: Idea del tempio della pittura (Mailand 1590) c. 26; das ganze Kapitel ist im Grunde ein Auszug aus: M. FICINO: De amore V, 3-6; vgl. E. PANOFSKY: Idea. Ein Beitr. zur Begriffsgesch. der älteren Kunsttheorie (1924) 122ff. – [2] A. DÜRER: Entwürfe zum ‹Lehrbuch der Malerei› [1508/09]. Schr. und Br., hg. E. ULLMANN (Leipzig 1978) 144: «Was aber die Schönheit sei, das weiß ich nit»; 146: «Niemands weiß das dann Gott, die Schön[heit] zu urteilen»; Vier Bücher von menschl. Proportion. Entw. [1512], a.O. 161; L. DOLCE: Dialogo della pittura 31 (Venedig 1557), in: P. BAROCCHI (Hg.): Scritti d'arte del cinquecento 1-3 (Bari 1960-62, Turin 1978ff.) 1, 141-206, bes. 155ff.; LOMAZZO: Idea ... c. 31, a.O. 110; vgl. R. KLEIN: Giudizio et gusto dans la théorie de l'art au cinquecento, in: La forme et l'intelligible (Paris 1970) 341ff. – [3] DÜRER, a.O. 143: «van Natür dorzu geschick»; DOLCE, a.O. 157; P. LOMAZZO: Trattato dell'arte della pittura, scoltura et architettura II, 2 (Mailand 1584); Idea ... c. 8f., a.O. 38. 41. – [4] Vgl. hierzu die Textauswahl von BAROCCHI, a.O. [2]. – [5] A. NIFO: De pulchro (Rom 1531) c. 1, fol. 4 B: «Aristoteles ... ubique pulchra ad cupiditates retulit»; c. 27, fol. 18 B-19 B: «amor» ist ausschließlich «affectus appetitus sensitivi rei»; c. 30ff. – [6] Ps.-DIONYSIUS AREOP.: De div. nom. MPG 3, 701 C-D; ALBERTUS MAGNUS: Super Dionys. de div. nom. IV, n. 71ff. Op. omn. 37/1 (1972) 180ff., bes. n. 73, a.O. 183. – [7] BOETHIUS: Consol. philos. III, 9. – [8] NICOLAUS CUS.: Tota pulchra es, in: G. SANTINELLO: Il pensiero di N. Cusano nella sua prospettiva estet. (Padua 1958) 31, 6ff.; 34, 12ff.; 36, 2; De visione Dei VI. Philos.-theol. Schr., hg. L. GABRIEL (Wien 1964-67) 3, 114. – [9] M. FICINO: Theol. Plat. XI, 4 (1468-74), hg. R. MARCEL (Paris 1964-70) 2, 121; De amore VI, 18 (1469), hg. R. MARCEL (Paris ²1978) 238. – [10] G. BRUNO: Eroici furori I, 3. Dial. ital. 1-2, hg. G. AQUILECCHIA (Florenz ²1985) 2, 989. – [11] NIC. CUS.: Trial. de possest 10. Akad.-A. 11/2, hg. R. STEIGER (1973) 12f.; De ven. sap. 2, n. 6; 7, n. 18, a.O. 12, hg. R. KLIBANSKY/J. G. SENGER (1982) 8f. 19f.; G. BRUNO: De la causa 1, a.O. 1, 203; 3, a.O. 283; Er. fur. II, 1, a.O. 1100. 1102; 4, a.O. 1158f. – [12] H. PFLAUM: Die Idee der Liebe. L. Ebreo (1926) 129. – [13] LEONE EBREO: Dial. d'amore III (Rom 1535) 124ʳ, hg. C. GEBHARDT (1929); vgl. die Aufnahme durch G. BRUNO: De vinculis in genere. Op. lat., hg. F. FIORENTINO/F. TOCCO (Neapel/Florenz 1879/91) 3, 643; vgl. ARISTOTELES: Met. XII, 7, 1072 b 30ff. – [14] NIC. CUS.: Tota pulchra es, a.O. [8] 33, 3ff.; 38, 17; De genesi 1, n. 150f. Akad.-A. 4, hg. P. WILPERT (1959) 109f.; De ven. sap. 2, n. 6, a.O. [11] 8f.; FICINO: De amore III, 5f., a.O. [9] 152f.; VI, 8, a.O. 238; Theol. Plat. XI, 4, a.O. 2, 111; XII, 3, a.O. 164; EBREO: Dial. d'am. III, a.O. 10ʳ. 17ᵛ. 100ʳ; C. GEMMA: De arte cyclognomica 1 (Antwerpen 1569) 88f.; BRUNO: Er. fur. I, 3, a.O. [10] 991f.; II, 1, a.O. 1073. 1076. 1107; LOMAZZO: Idea ... c. 26, a.O. [1]. – [15] NIC. CUS.: De ludo globi I. Philos.-theol. Schr., a.O. [8] 3, 266; De pace fidei 4, n. 12. Akad.-A. 7, hg. R. KLIBANSKY/H. BASCOUR (1970) 12f. – [16] FICINO: Theol. Plat. XI, 4, a.O. [9] 2, 121: «pulchritudo ipsa pulchrorum omnium est mensura ... prima essentia et prima pulchritudo sunt idem»; 124: «Deus» = «mensura immensurabilis», «mensura prima»). – [17] PLATON: Resp. VII, 514 aff.; 518 d; PLOTIN: Enn. IV, 8, 1, 33; 4, 28f. – [18] BRUNO: Er. fur. I, 3, a.O. [10] 991f. – [19] LOMAZZO: Idea ... c. 26, a.O. [1] 89: «la vera bellezza è solamente quella che della ragione si gusta, & non da queste due finestre corporali»; die Begründung erfolgt unter Rekurs auf FICINO: De amore V, a.O. [9] 84f. – [20] BRUNO: Er. fur. II, 1, a.O. [10] 1102: «percioché è impossibile che uno possa voltarsi ad amar altra cosa, quando una volta ha compreso nel concetto la divina bellezza; ed è impossibile che possa far di non amarla». – [21] PLOTIN: Enn. I, 6; V, 8. – [22] Vgl. R. WITTKOWER: Grundlagen der Architektur im Zeitalter des Humanismus (London 1949, 1983) 81. – [23] PLATON: Symp. 206 cd; 210 aff.; Phileb. 64 ef.; Tim. 41 b; 47 a; 87 a. – [24] Vgl. H. KRINGS: Ordo. Philos.-hist. Grundleg. einer abendländ. Idee (1941, 1982) 55ff.; W. BEIERWALTES: Augustins Interpr. von Sap. 11, 21. Rev. Et. augustin. 15 (1969) 51-61. – [25] NIC. CUS.: De ven. sap. 30, n. 90f.; De gen. Philos.-theol. Schr., a.O. [8] 2, 400. 434; Id. de mente VI, a.O. 3, 528; L. B. ALBERTI: De re aedificatoria IX, 5 (1452), hg. G. ORLANDI/P. PORTOGHESI (Mailand 1966) 815; FICINO: Theol. Plat. XI, 5, a.O. [9] 2, 128; XV, 13, a.O. 3, 73; De amore V, 6, a.O. 188f.; Comm. in Phileb. Op. omn. (Basel 1576, ND Turin 1959) 1253 (zu 64 ef.); G. PICO DELLA MIRANDOLA: Commento II, 9, in: De hominis dignitate, Heptaplus usw., hg. E. GARIN (Florenz 1942) 497f.; D. BARBARO: I dieci libri dell'architettura di M. Vitruvio 24 (Venedig 1556) 57f.; EBREO: Dial. d'am. III, a.O. [13] 101ᵛ. 102ᵛ-104ᵛ; A. PALLADIO: I quattro libri dell'architettura (1570) I, 1, hg. U. HOEPLI (Mailand 1980) 6; II, 1, a.O. 3; IV, prooem.; LOMAZZO: Idea ... c. 19, a.O. [1] 66f.; c. 26, a.O. 84; c. 33, a.O. 128f.; G. BRUNO: Lampas triginta statuarum. Op. lat., a.O. [13] 3, 61, 3ff.; De umbris idearum, a.O. 2/1, 27; Er. fur. I, 3, a.O. [10] 2, 992; G. COMMANINI: Il Figino, in: P. BAROCCHI (Hg.), a.O. [2] 2 (1978) 405. – [26] ‹Varietas› steht schon früh im Kontext von ‹pulchrum› und ‹decorum›, vgl. ORIGENES: De princ. II, 3, 3. Werke, hg. P. KOETSCHAU [GCS] 5 (1913) 118f.; HIERONYMUS: Ep. 124, 5; NIC. CUS.: De ven. sap. 30, n. 90; De gen. 1, n. 150f., a.O. [14] 109f.; BRUNO: De la causa, a.O. [10] 1, 192; W. PERPEET: Das Kunstschöne. Sein Ursprung in der ital. Renaiss. (1987) 270-277. – [27] BRUNO: Er. fur. I, 3, a.O. 2, 992; LOMAZZO: Idea ... c. 26, a.O. [1] 84f. – [28] L. PACIOLI: De divina proportione 5 (Venedig 1509), hg. C. WINTERBERG, in: Quellenschr. für Kunstgesch. und Kunsttechnik, NF (Wien 1888-1907) 2, 43f. – [29] PLOTIN: Enn. I, 6, 1, 31-40; 2, 19-23 (εἶδος, ἕν); VI, 7, 22, 1-7; 2, 25f. (χάρις). – [30] Ps.-DIONYS. AREOP.: De div. nom. IV. MPG 3, 701 C. – [31] PLOTIN: Enn. I, 6, 2, 13-23; I, 8, 5, 23f. – [32] NIC. CUS.: De ven. sap. 12, n. 32: «species»;

ALBERTI, a.O. [25]: «concinnitas»; FICINO: De amore I, 4, a.O. [9] 142; II, 2, a.O. 147; V, 2. 4. 6, a.O. 181. 185. 190: «gratia»; vgl. W. BEIERWALTES: M. Ficinos Theorie des Sch. im Kontext des Platonismus (1980) 32ff.; NIFO: De pulchro c. 23f., a.O. [5] 14 Bf.; EBREO: Dial. d'am. III, a.O. [13] 104ᵛ. 106ʳ⁻ᵛ: «forma», «gratia formale»; F. DA DIACCETO: De pulchro lib. III (1499/1514) I, c. 9, hg. S. MATTON (Pisa 1986) 75; BRUNO: De la causa 2, a.O. [10] 1, 235. 239: «specie», «forma»; Er. fur. I, 3, a.O. 2, 995f.: «specie intelligibile»; diese Begriffe beerben auch den Terminus «claritas», vgl. PS.-DIONYS. AREOP.: De div. nom. IV. MPG 3, 701 C-D. – [33] F. PATRIZI: Nova de universis philos. (Ferrara 1591) Panaugia I, 2ᵛ B: «pulchritudo in divinitatis lumine sedet»; IV, 11ʳ B; VIII, 18f. A. – [34] G. PICO DELLA MIR.: Conclus. de modo intelligendi hymnos Orphei 8. Op. omnia, hg. G.-F. PICO DELLA MIRANDOLA (Basel 1557) 1, 106; FICINO: De amore II, 1, a.O. [9] 145ff.: «pulchritudo»–«amor»–«voluptas»; De vita coel. comp. III. Op. omn., a.O. [25] 536; In Plotini de triplici reditu animae, a.O. 1559. 1561; vgl. E. WIND: Heidn. Mysterien in der Renaiss. (1958, 1981) 50ff. 58f. – [35] PICO: Commento II, 8, a.O. [25] 495ff.; WIND, a.O. 106f. – [36] FICINO: Theol. Plat. III, 1, a.O. [9] 1, 136: «incitari»; De amore V, 6, a.O. 190; De raptu Pauli. Op. omn., a.O. [25] 697f.: «raptum», «rapere»; NIC. CUS.: Tota pulchra es, a.O. [8] 36, 9ff.: «excitatio»–«conversio»; PICO: Commento III, 4, a.O. [25] 527-530: «raptus Pauli»; BRUNO: Er. fur. I, 3, a.O. [10] 2, 988 (mit PLOTIN: Enn. IV, 7, 10); II, 1, a.O. 1107. – [37] DIACCETO: De pulchro I, 2, a.O. [32] 16; PLATON: Tim. 30 d; 37 d; 92 c; zur Sache vgl. weiter: NIC. CUS.: De docta ign. II, 13, n. 175; De ven. sap. 2, n. 6; 4, n. 10; FICINO: De amore I, 2, a.O. 140f.; EBREO: Dial. d'am. III, 124ᵛ; vgl. 100ʳ; BRUNO: De la causa 2, a.O. [10] 1, 235: die Welt ist eine «bella architettura»; LOMAZZO: Idea ... c. 26, a.O. [1] 89; PALLADIO: De arch. IV, prooem., a.O. [25] 3: «questa bella machina del mondo». – [38] NIC. CUS.: Tota pulchra es, a.O. [8] 37, 3f.: «pulchritudo absoluta quae Deus est, seipsam intuetur et in sui ipsius amorem ardescit». – [39] GEMMA: De arte cycl., a.O. [14] 52. 63. 87ff.; De naturae divinis characterismis 1 (Antwerpen 1575) 30ff. – [40] BRUNO: Er. fur. I, 3, a.O. [10] 2, 992: «indice»; II, 1, a.O. 1076f. – [41] TH. LEINKAUF: Amor in supremi opificis mente residens. Z. philos. Forsch. 43 (1989) 265-270. – [42] PLOTIN: Enn. VI, 7, 21f.; V, 8, 2f. 7f. – [43] Vgl. J. CH. NELSON: Renaissance theory of love (New York 1958) 108ff.; E. CANTIMORI: Ital. Häretiker (Basel 1949) 245f. – [44] PLATON: Symp. 202 d-e; 203 e; 204 b: μεταξύ; vgl. bes. FICINOS Kommentar ‹De amore› und davon beeinflußt: C. LANDINO: Disput. Camaldulenses (1482), hg. P. LOHE (Florenz 1980). – [45] FICINO: De amore I, 3, a.O. [9] 138ff.; VI, 2. 6f., a.O. 200. 206ff.; BRUNO: Er. fur. I, 3, a.O. [10] 2, 995f. – [46] «amoenitas», «gratia» (χάρις), «venustas»; NIFO: De pulchro 23, a.O. [5] 14 B: «gratia» = «splendor sive esse a divina ipsa natura communicatum». – [47] NIC. CUS.: Tota pulchra es, a.O. [8] 34, 12f.: «desiderium»; Sermo XLI, n. 25. Akad.-A. 17/2, hg. R. HAUBST/H. SCHNARR (1991) 160: «natura amoris est coverti in amatum»; FICINO: Op. omn., a.O. [25] 631f.: «amor nihil aliud est quam pulchritudinis desidcrium»; DIACCETO: De pulchro I, 10, a.O. [32] 79f.; II, 4, a.O. 190ff. 198. 206; GEMMA: De arte cycl., a.O. [14] 112ff. 136; PATRIZI: Nova de univ. philos., a.O. [33] Panarchia XIX, 42ʳ B: «amor» = «anagogus, & reductor ad ipsum bonum». – [48] PS.-DIONYS. AREOP.: De div. nom. IV, 7. MPG 3, 701 D. – [49] NIC. CUS.: Tota pulchra es, a.O. [8] 34; FICINO: De amore V, 2, a.O. [9] 181; vgl. BEIERWALTES, a.O. [32] 32. – [50] FICINO: De amore II, 2f., a.O. 146ff.; GEMMA: De arte cycl. 1, a.O. [14] 87f. 90: «circulus amoris»; BRUNO: Er. fur. I, 3, a.O. [10] 2, 1002-1004 (zum «circolo»). – [51] FICINO: Op. omn., a.O. [25] 631f. – [52] BRUNO: Er. fur. I, 3, a.O. [10] 2, 986f. 991f. – [53] FICINO: Theol. Plat. XII, 5, a.O. [9] 2, 174ff. 178ff. (mit Rekurs auf AUGUSTINUS: De vera relig. 29, 53-32, 58); DÜRER: Lob der Malerei [1512], a.O. [2] 153; vgl. a.O. 160. 225. – [54] FICINO: Op. omn., a.O. [9] 159; V, 4, a.O. 185; VII, 15, a.O. 260; vgl. P. O. KRISTELLER: Die Philos. des M. Ficino (1943, 1972) 238ff.; BEIERWALTES, a.O. [32] 36f.; NELSON, a.O. [43]. – [55] PLOTIN: Enn. V, 1, 10; VI, 9, 7 u.ö.; AUGUSTINUS: Conf. VII, 10, 16; X, 6, 9f.; 27, 38; De vera relig. 39, 72. – [56] FICINO: De amore VI, 13, a.O. [9] 228f.; BRUNO: Er. fur. I, 1, a.O. [10] 2, 1086f.: «[la mente] venir al più intimo di sé, considerando che Dio è vicino, con sé e dentro di sé più ch'egli medesimo esser non si possa». – [57] BRUNO: Er. fur. II, 1, a.O. 2, 1106. – [58] Für FICINO ist hier der Begriff der «contemplatio» einschlägig, vgl. KRISTELLER, a.O. [54] 201ff.; BRUNO: Er. fur. II, 2, a.O. 2, 1121. 1123f.: «trasformazione», «unio».

Literaturhinweise. P. LORENZETTI: La bellezza e l'amore nei tratt. del cinquecento. Annali Scuola Norm. Sup. Pisa. Filos. Filol. 18/1 (Pisa 1922) 1-177. – E. PANOFSKY s. Anm. [1]. – H. PFLAUM s. Anm. [12]. – P. H. MICHEL: La pensée de L. B. Alberti (Paris 1930). – K. E. GILBERT/H. KUHN: A hist. of esthetics [1939] (Bloomington 1953). – A. BLUNT: Kunsttheorie in Italien 1450-1600 (1940, 1984). – J. FESTUGIÈRE: La philos. de l'amour de M. Ficin et son influence sur la litt. franç. au XVIᵉ s. Et. Philos. médiév. 31 (1941). – H. KRINGS s. Anm. [24]. – P. O. KRISTELLER s. Anm. [54]. – E. CANTIMORI s. Anm. [43]. – R. WITTKOWER s. Anm. [22]. – F. PUGLISI: Dell'estetica di G. Bruno. Sophia 21 (1953) 36-43. – J. CH. NELSON s. Anm. [43]. – G. SANTINELLO s. Anm. [8]. – E. WIND s. Anm. [34]. – P. BAROCCHI (Hg.) s. Anm. [2]. – A. WIEGAND: Die Schönheit und das Böse (1967). – M. W. ROSKILL: Dolce's ‹Aretino› and Venetian art theory of the cinquecento (New York 1968). – R. KLEIN s. Anm. [2]. – W. BEIERWALTES s. Anm. [32]. – J. POESCHKE: Zum Begriff ‹concinnitas› bei L. B. Alberti, in: Intuition und Darst. (1985) 45ff. – W. BEIERWALTES: Acteon. Zu einem mythol. Symbol G. Brunos, in: Denken des Einen (1985) 424-435. – W. TATARKIEWICZ: Gesch. der Ästhetik 3: Die Ästhetik der Neuzeit von Petrarca bis Vico (1987). – W. PERPEET s. Anm. [26] 1987. – TH. LEINKAUF s. Anm. [41]. TH. LEINKAUF

IV. *17. und 18. Jh.* – A. *17. und frühes 18. Jh.* – Am Ende des 16. Jh. unterscheidet P. CHARRON zwei Arten der Schönheit, die er allgemein eine mächtige («puissante») Eigenschaft nennt und an die Gutheit angrenzen läßt: «die eine steht still (arreste) und bewegt sich überhaupt nicht, sie geht auf die richtige Proportion und die Farbe der Glieder zurück ... Die andere ist beweglich, sie heißt Anmut (grâce) und beruht auf der Bewegung der Glieder, vor allem der Augen. Jene ist wie tot, diese ist lebendig und übt große Wirkung aus ...; die Schönheit ist besonders am Gesicht bedeutsam. Es gibt nichts Schöneres als das Gesicht, das wie die verkleinerte Seele (l'âme raccourcie) ist. Das Gesicht ist ... das Bild der Seele» [1].

Was zunächst jedoch Begriff und Verständnis des Sch., wie sie dem beginnenden 17. Jh. tradiert werden, angeht, so zeichnet hiervon R. GOCLENIUS ein verhältnismäßig ausführliches Bild. Er unterscheidet dabei neben der geometrischen Schönheit («pulchritudo geometrica») im wesentlichen die ungeschaffene (αὐτόκαλον) von der geschaffenen und hier wiederum differenziert er vor allem zwischen der geistigen und der körperlichen Schönheit. ‹Schönheit› bezeichnet dabei eine äußere Erscheinung, die erfreut («species delectabilis»); sie beruht auf der «convenientia» (Übereinstimmung) der Teile und kommt in Maß («modo»), Gestalt («figura»), Lage («situ») und Zahl («numero») zum Ausdruck, wobei Goclenius diese körperliche Schönheit unter dem Begriff der «relativen Gutheit» («sub bonitate relativa») zusammenfaßt. Mit Bezug auf die sichtbaren Dinge besteht sie in einer kunstgerechten Gestaltung verbunden mit einem gewissen Reiz der Farben («concinna compositio cum quadam coloris suavitate»). Während sie in reinster Form in Gott existiert, erreicht sie ihre höchste Form in der «venustas» (Anmut, Liebreiz) des menschlichen Körpers [2].

Demgegenüber versteht E. HERBERT VON CHERBURY die Schönheit als Werk des natürlichen Instinktes [3]. Wesentlich stärker als bei Goclenius kommt bei J. H. ALSTED der Einfluß vor allem antiker Ästhetik (namentlich des Neuplatonikers Jamblich) zum Tragen. Schönheit als transzendentale Bestimmung entsteht aus Übereinstimmung («convenientia»); sie ist anziehend («magnetica»), verweist stets auf Gott als das erste Sch. («refert ad Deum, primum illud pulchrum»), und ihre Wirkung («affectio») ist Anmut («gratia»); sie wird «nicht in erster Linie den Körpern, als vielmehr dem Seienden, Einen, Wahren, Guten und Vollkommenen verliehen» («Pulchritudo non tribuitur primo corporibus, sed enti, uni, vero, bono et perfecto») [4]. Daneben diskutiert Alsted im Anschluß an Röm. 8 die Schönheit der Welt und das Problem ihrer sündigen Entstellung (κόσμος ἄκοσμος) [5]. Schönheit allgemein ist nach J. MICRAELIUS ein Glanz («splendor»), der aufgrund der Anmut in der kunstgerechten Zusammenfügung («propter gratiam in concinnitate») den Geist («animum») an sich zieht, wobei er noch unterscheidet: die «pulcritudo spiritualis», «pulcritudo universi», «pulcritudo in viventibus» und schließlich das «pulcrum ipsum» bzw. die «pulcri idea» [6]. Am Ende des 17. Jh. nennt ganz im Sinne der Tradition das ‹Vocabolario Toscana dell'arte del disegno› von F. BALDINUCCI ‹Schönheit› («bellezza») die Proportion der Teile und der Farben, wobei ‹Proportion› die Übereinstimmung bzw. Harmonie der Teile untereinander sowie der Teile mit dem Ganzen meint [7].

Wesentlich und für die ganze folgende Geschichte des Schönheitsbegriffs entscheidend wurde für das 17. Jh. jedoch eine Tendenz, die ihren Anfang im Abweis der Lehre vom absolut Sch. zugunsten einer mehr relativistischen und subjektivistischen Auffassung nahm (so etwa M. DE MONTAIGNE [8] und G. BRUNO [9]). Explizit gegen Appelles und Dürer und in einer gewissen Nähe zu der von B. Castiglione, L. Dolce, B. Varchi und P. Pino formulierten Theorie der Anmut («grazia») vertrat bereits F. BACON die These, Schönheit lasse sich nicht in Regeln oder unveränderliche Gesetze fassen [10]. Fortan wird darum der Begriff des Sch. in Beziehung zum Subjekt gesetzt: Während wir nach R. DESCARTES ‹gut› oder ‹böse› das nennen, «was unser innerer Sinn oder unsere Vernunft als unserer Natur angemessen oder konträr zu ihr beurteilt», so bezeichnen wir als «schön oder häßlich (beau ou laid), was sich durch unsere äußeren Sinne darstellt, hauptsächlich durch den Gesichtssinn ... Daraus entspringen zwei Arten von Liebe, und zwar diejenige, die man zu guten Dingen und diejenige, die man zu schönen Dingen hat. Der letzteren kann man die Bezeichnung Wohlgefallen geben (Agréement)» [11]. Ähnlich wie Descartes entwirft auch TH. HOBBES eine psychologisch fundierte Ästhetik. Die lateinischen Wörter ‹pulchrum› und ‹turpe›, denen er kein englisches Äquivalent zuordnen kann, rückt er dabei in die Nähe von ‹gut› und ‹böse›. ‹Pulchrum› bedeutet hier dasjenige, das durch sichtbare Zeichen («apparent signes») Gutes verspricht. Zusammen mit dem Nützlichen («profitable») und dem Angenehmen («iucundum», «delightfull») bildet damit das Sch., also das «im Versprechen liegende Gute» («good in the promise»), eine von drei Arten des Guten [12]. Ebenfalls in die Reihe psychologistischer Konzeptionen müssen die verstreuten Äußerungen B. SPINOZAS gezählt werden. Schönheit gilt ihm nicht als eine Bestimmung der Sache, sondern als eine durch die jeweilige Konstitution des Menschen bedingte Wirkung des Gegenstandes [13]. Ambivalent erscheint die Theorie des Sch. bei P. NICOLE, dessen ‹Traité de la vraie et de la fausse beauté› zu den wenigen Werken [14] über ästhetische Grundfragen im 17. Jh. zählt. So lange Schönheit sich vom Gefallen («plaisir») her definiert, muß ihr notwendig ein subjektiver und damit zufälliger Charakter eignen. Ohne zu leugnen, daß Schönheit nicht nur von der Natur der Dinge, sondern auch von der Natur des Menschen abhängt, will Nicole jedoch an der Überzeitlichkeit wahrer Schönheit festhalten [15]. Anders als bei Geometrie und Medizin bleibt nach B. PASCAL das Angenehme («agrément») als Ziel («objet») der Dichtung im Unklaren, und gerade dieser Mangel an Eindeutigkeit läßt von dichterischer Schönheit («beauté poétique») sprechen [16]. Den Thesen P. Nicoles nahestehend, sieht Pascal «in einer gewissen Beziehung (rapport) zwischen unserer Natur ... und der Sache, die uns gefällt» so etwas wie ein «Vorbild (modèle) des Angenehmen und des Sch.». «Alles was nach diesem Vorbild geformt ist, gefällt uns ... Alles was nicht nach diesem Vorbild gemacht ist, mißfällt denen, die einen guten Geschmack (goût bon) haben» [17]. Ferner gilt ihm das Sch. als dasjenige, was der Mensch lieben kann, wobei der Mensch selbst das eigentliche Vorbild des Sch. ist. «Obwohl diese allgemeine Idee der Schönheit (cette idée générale de la beauté) mit unauslöschlichen Zeichen in den Grund unserer Seelen eingegraben ist, läßt sie in der speziellen Anwendung sehr große Unterschiede erkennen, allerdings nur in der Art und Weise, wie man dasjenige ins Auge faßt, was gefällt ... In diesem Sinne kann man sagen, daß jeder das Original seiner Schönheit hat (chacun a l'original de sa beauté), dessen Abbild (copie) er in der großen Welt sucht» [18]. Die Relativität des Sch. in bezug auf den Menschen betont W. TYLKOWSKI (1624-1695), wenn er feststellt: «alles ist schön und gut, was Gott geschaffen hat, alles brauchbar (utilis), doch sind die einen Dinge in Beziehung zu uns nützlich, die anderen schädlich, die einen schön, die anderen häßlich. Schön sind diejenigen Dinge, die durch ihr Aussehen in uns Freude (voluptatem) hervorrufen, häßlich diejenigen, die Widerwillen erregen» [19]. Neben platonischen Elementen, die in seiner Rede von intelligiblen Schönheiten («beautez intelligibles») anklingen [20], und der mehr klassischen Vorstellung der Beziehung zwischen (sinnlicher) Schönheit («beautez sensibles») und Ordnung, ist es für N. MALEBRANCHE Gott selbst, der das Gefühl für Schönheit in jede Seele hineinlegt und auf den darum auch alle Schönheit verweist [21].

Was von philosophischer Seite durch eine zunehmende Subjektivierung des Schönheitsbegriffs nach und nach vorbereitet worden war, zog im Raum der Kunst selber erst verhältnismäßig spät Konsequenzen nach sich. Vor allem war es die bes. innerhalb der Architekturtheorie diskutierte Unterscheidung von «beauté positive» und «beauté arbitraire», mit welcher der Prozeß der Vergeschichtlichung des Schönheitsbegriffs einsetzen sollte, wurde doch jetzt die vormals als unbedingt gültig empfundene antike Kunst zusehends gerade in ihrer Normativität relativiert, während andererseits der «bon goût» zum Kriterium künstlerischer Schönheit avancierte [22]. So unterscheidet F. BLONDEL (1618-1686), für den Schönheit oder der harmonische Zusammenklang («concert harmonique») die «Quelle, der Ursprung und die Ursache jeder Freude» in sämtlichen Künsten (wie Architektur, Dichtung, Komödie, Malerei usw.) ist [23], mehrere Auffassungen des Sch.: «es gibt Leute, die nicht wollen, daß auch nur eine einzige wirkliche Schönheit (beauté réelle) in der Natur existiere. Sie behaupten, daß es nur die Gewöhnung (accoutumance) sei, die bewirke, daß uns ein Ding mehr gefalle als ein anderes ... Einige finden nur das schön, was den meisten gefällt ... Andere sind im Gegenteil (und ich teile ihre Gefühle) davon überzeugt, daß es natürliche Schönheiten (beautés naturelles) gebe» [24]. Der Gegner, den Blondel hier im Auge hat, ist C. PERRAULT (1613-1688); von ihm stammt die schon angedeutete Unterscheidung zweier Arten von Schönheiten: «solche, die auf überzeugenden Gründen beruhen (fondées sur des raisons convaincantes), und solche, die nur vom Vorurteil (prévention) abhängen», wobei er unter den Schönheiten im ersten Sinn diejenigen begreift, «durch die die Werke allen gefallen müssen». Diesen «positiven (positives) oder überzeugenden» Schönheiten stellt Perrault «die willkürlichen (arbitraires)» gegenüber, «weil sie vom Willen abhängen, den man gehabt hat, eine gewisse Proportion, eine Form, einen gewissen Umriß den Dingen zu geben, die eine andere haben könnten, ohne häßlich zu sein, und die in keiner Weise durch Gründe angenehm gemacht worden sind, die jeder einsehen kann, sondern nur durch die Gewöhnung (accoutumance) und durch eine Verbindung, die der Geist zwischen den Dingen vollzieht, die ihrer Natur nach verschieden sind; denn durch diese Verbindung geschieht es, daß die Achtung, die der Geist im voraus für eine hat, deren Wert er erkennt, auf die anderen überträgt, deren Wert ihm unbekannt ist, so daß er diese unvermerkt ebenso zu achten beginnt wie jene» [25]. Von Perrault abhängig, jedoch differenzierter als er, behandelt Y.-M. ANDRÉ (1675-1764) den Schönheitsbegriff; er behauptet, es gebe «ein wesenhaft Schönes (beau essentiel), das unabhängig ist von allen Institutionen, sogar von den göttlichen, daß es ein natürlich Schönes gibt, das unabhängig ist von der Meinung der Menschen, schließlich, daß es eine Art Schönheit der menschlichen Institution gibt, die bis zu einem gewissen Punkt willkürlich ist ... Aber weil das Sch. sowohl im Geist als auch im Körper gesehen werden kann, sieht man genügend klar, daß man es noch nach seinen Gebieten einteilen muß: in ein sinnliches Schönes (beau sensible) und ein geistiges Schönes (beau intelligible)» [26]. An späterer Stelle nennt er das wesenhafte Sch. «die Wahrheit, die Ordnung, die Ehrlichkeit (l'honnête) und die Schicklichkeit (le décent)»; im natürlich Sch., das auf der «Verfassung (constitution) unserer Natur gründet», trennt er drei Arten: «das Sch. in den Bildern, das Sch. in den Gefühlen und das Sch. in der Bewegung» [27]. Dabei liegt das Sch. zwischen den beiden Extremen von Mangel (défaut) und Übermaß (excès) [28]. Im selben Jahr wie André erschien der ‹Essai sur le beau› von J. P. DE CROUSAZ (1663-1750). Die Aussage ‹das ist schön' drückt ihm zufolge «eine bestimmte Verbindung des Gegenstandes mit angenehmen Gefühlen oder mit Vorstellungen, die eine Anerkennung enthalten», aus. Entsprechend seiner Unterscheidung von Vorstellungen («idées») und Gefühlen («sentiments») kennt er zwei Formen des Sch.: eine des Geistes («esprit») und eine des Herzens («coeur») [29]. Innerhalb einer Theorie der Dichtung differenziert L. A. MURATORI (1672-1750) zwischen oberflächlicher und innerer, wahrhafter Schönheit, die vom Intellekt erkannt und geschätzt wird. Das Sch. ist «nichts anderes als Licht und ein leuchtender Anblick (un'aspetto risplendente) der Wahrheit» [30].

Solchen Theorien des Sch. standen vor allem der von F. JUNIUS (1589-1677) abhängige N. POUSSIN (1594-1665) sowie G. P. BELLORI (1615-1696) kritisch gegenüber, die beide am klassischen Ideal der Ästhetik festzuhalten suchten. In die gleiche Richtung zielte das programmatische: «Rien n'est beau que le vrai» («Nichts ist schön außer dem Wahren») [31] von N. BOILEAU (1636-1711). POUSSIN konnte in einem primär platonischen Sinne (und durchaus auch den Auffassungen Dürers verwandt) in seinen Nachlaßfragmenten die These äußern, die Idee des Sch. gehe nur dann in die Materie ein, wenn diese durch Ordnung, Maß («mode») und Gestalt («espèce») oder wahre Form vorbereitet sei [32]. Besonderen Wert legt BELLORI auf den Gedanken, daß die Schönheit der Kunst die der Natur übertreffe; denn die Künstler, da sie nicht die Natur, sondern jenen ersten Handwerker («fabro»), der die ersten Formen oder Ideen geschaffen hat, nachahmen, formen in ihrem Geiste («mente») ein Vorbild («esempio») von höchster Schönheit, und indem sie auf dieses Vorbild schauen, verbessern sie die Natur [33]. Direkt von POUSSIN abhängig ist A. FÉLIBIEN (1619-1695) in seiner Bestimmung der Schönheit als dasjenige, was «aus der Proportion und der Symmetrie, die zwischen den körperlichen und materiellen Teilen auftritt (se rencontre)», entsteht. Anmut aber «entsteht aus der Einförmigkeit der inneren Bewegungen, die durch die Erlebnisse und die Gefühle der Seele verursacht werden. Wenn also nur die Symmetrie der körperlichen Teile vorliegt, dann ist die Schönheit, die sich daraus ergibt, eine Schönheit ohne Anmut» [34]. Ganz ähnlich wie Félibien [35] betont auch CH. A. DU FRESNOY (1611-1665), daß die Aufgabe des Malers darin bestehe, aus der Natur das Schönste auszuwählen, die Mängel der Natur zu verbessern und darauf zu achten, sich niemals die flüchtigen und vergänglichen Schönheiten entgehen zu lassen [36].

Unabhängig von diesen Fragen problematisiert die spätscholastische Theologie das von M. Medina erneut aufgeworfene christologische Problem, ob Christus neben den anderen Vollkommenheiten, die dem menschlichen Körper eignen, auch die den männlichen Körper auszeichnende vollkommene Schönheit angenommen habe [37].

Anmerkungen. [1] P. CHARRON: De la sagesse I, 6 (1635), Nouv. éd. (Dijon 1801) 1, 97. – [2] R. GOCLENIUS: Lex. philos. (1613, ND 1964) 899f. (Art. ‹Pulchritudo›). – [3] E. Lord HERBERT VON CHERBURY: De veritate, prout distinguitur a revelatione, a verisimili, a possibili et falso (London ²1633, ND 1966) 60. – [4] J. H. ALSTED: Encycl. III, lib. XI: Metaphysica I, c. XII: De pulchritudine (1630, ND 1918) 588f.; vgl. VII, lib. XXXV, s. XXI: Pathologia, a.O. 2365. – [5] III, lib. XIII: Physica VIII, c. IV, a.O. 785; vgl. zur Schönheit der Welt auch: J. CLAUBERG: Opera philos. 1, hg. J. TH. SCHALBRUCH (Amsterdam 1691, ND 1968) 226 (n. 20). – [6] Vgl. J. MICRAELIUS: Lex. philos. (²1662, ND 1966) 1166f. (Art. ‹Pulcritudo›). [7] F. BALDINUCCI: Vocab. Toscano dell'arte del disegno (Florenz 1681) 24f. (Art. ‹belleza›). – [8] Vgl. M. DE MONTAIGNE: Essais II (1580) ch. XII. Oeuvr. compl., hg. A. THIBAUDET/M. RAT (Paris 1962) 461f. – [9] Vgl. G. BRUNO: De vinculis in genere. Op. lat. 3, hg. F. TOCCO/H. VITELLI (Florenz 1889) 643ff. – [10] F. BACON: Essayes or counsels civil and moral XLIII (Of beauty) (1625). Works 6 (London 1861, ND 1963) 478ff. – [11] R. DESCARTES: Les passions de l'âme (1649) Art. LXXXV. Oeuvr. 11, hg. CH. ADAM/P. TANNERY (Paris 1909) 391f.; vgl. Art. XC, a.O. 395; Br. an Mersenne (18. 3. 1630), a.O. 1 (1969) 132. – [12] Vgl. TH. HOBBES: Leviathan I (1651) ch. 6. Engl. works 3, hg. W. MOLESWORTH (London 1839, ND 1962) 41f.; vgl. Elem. philos. II: De homine 11 (1658). Op. lat. 2, hg. W. MOLESWORTH (London 1841, ND 1961) 97ff.; zur Schönheit der Welt vgl.: Liberty, necessity, and chance. Engl. works 5 (1841, ND 1966) 222f. – [13] B. SPINOZA: Br. (XXXII) an H. Oldenburg (20. 11. 1665). Opera 4, hg. C. GEBHARDT (1923) 170f.; Br. (LIV) an H. Boxel (Sept. 1674), a.O. 252f.; vgl. Ethica I, App., a.O. 2 (1923) 81f.; zu weiteren Stellen vgl. E. GIANCOTTI BOSCHERINI: Lex. Spinozanum 2 (Den Haag 1970) 890f. – [14] Zu den weiteren Traktaten zählen: P. LAUREMBERGIUS: Pasicompse nova; id est, Accurata et curiosa delineatio pulchritudinis (1634); C. QUILLET [C. PETUS]: Callipaedia, seu De pulchrae prolis habendae ratione (Paris/Lyon 1655); E. VAE-

NIUS: Tract. physiologicus de Pulchritudine (Brüssel 1662). – [15] P. NICOLE: Traité de la vraie et la fausse beauté (1659) zit. engl. Übers.: An essay on true and apparent beauty, übers. J. V. CUNNINGHAM, in: Augustan Reprint Soc. 24 (Ser. IV, Nr. 5) (Los Angeles 1950) 1ff. – [16] B. PASCAL: Pensées I, Frg. 33. Oeuvr. 12, hg. L. BRUNSCHVICG (Paris 1904, ND 1965) 42f. – [17] Frg. 32, a.O. 41. – [18] [PASCAL:] Discours sur les passions de l'amour 17. Oeuvr. compl., hg. J. MESNARD 4 (1992) 1658f. – [19] W. TYLKOWSKI: Philos. curiosa seu universa Aristotelis philosophiae juxta communes sententias expos. Physica seu philos. nat. I, c. III: De natura et arte (Oliviensis 1680) 306f. – [20] Vgl. N. MALEBRANCHE: Entretiens sur la mét. et sur la relig. (1688). Oeuvr. 12, hg. A. ROBINET (Paris 1965) 30. 36. 38. 47; vgl. Médit. chrét. et métaph., a.O. 10, hg. H. BOUHIER/A. ROBINET (Paris 1959) 57. – [21] Vgl. Médit. ..., a.O. 42f. 104f.; vgl. Malebranche et Leibniz, hg. A. ROBINET (Paris 1955) 207f. – [22] Vgl. M. IMDAHL: Hist. Gesichtspunkte zur Disk. über das Sch., in: S. J. SCHMIDT (Hg.): ‹Schön›. Zur Disk. eines umstrittenen Begriffs (1976) 135-141; Kunstgesch. Exkurse zu Perraults ‹Parallèles des anciens et des modernes›, in: CH. PERRAULT: Parallèles des anciens et des modernes (Paris 1688, ND 1964), hg. H. R. JAUSS (1964) 65-81. – [23] F. BLONDEL: Cours d'architecture (Paris 1675) 785f. – [24] a.O. 169. – [25] C. PERRAULT: Ordonnance des cinq espèces de colonnes selon la méthode des anciens (Paris 1683) VIf.; vgl. CH. PERRAULT, a.O. [22] 1, 138ff.; vgl. S. LE CLERC: Traité d'architecture avec des remarques et des observations très utiles (Paris 1714) 16. – [26] Y.-M. ANDRÉ: Essai sur le beau, in: E. G. JOUVE: Dict. d'esthét. chrét. Troisième et dernière encycl. théol. 17, hg. J.-P. MIGNE (Paris 1856) 853; vgl. W. TATARKIEWICZ: Gesch. der Ästhetik 3 [1967] (1987) 428. – [27] a.O. 882. – [28] Vgl. 918. – [29] J. P. DE CROUSAZ: Traité du beau (Amsterdam 1715) 7ff. – [30] L. A. MURATORI: Della perfetta poesia ital. (Modena 1706) 65ff. – [31] N. BOILEAU: Epistre IX, 43. Oeuvr. compl., hg. A. ADAM/F. ESCAL (Paris 1966) 134. – [32] N. POUSSIN: Corresp., hg. CH. JOUANNY (Paris 1911) 495f. – [33] Vgl. G. P. BELLORI: Le vite de' pittori, scultori et architetti mod. (Rom 1672) 3ff.; dtsch.: Die Idee des Malers, hg. K. GERSTENBERG (1939) 11ff. – [34] A. FÉLIBIEN: Entretiens sur les vies et les ouvrages des plus excellens peintres anc. et mod. (Amsterdam 1706) 1, 44; vgl. L'idée du peintre parfait (London 1707) 21, 10. – [35] Entret. ..., a.O. 1, 16. – [36] CH. A. DU FRESNOY: L'art de peinture (1688), zit.: TATARKIEWICZ, a.O. [26] 408. – [37] F. SUÁREZ: Comm. ac disp. in tertiam partem D. Thomae, scil., Opus de incarnatione II, disp. XXXII, sect. II. Op. omn., hg. C. BERTON 18 (Paris 1856) 173f. T. TRAPPE

B. *18. Jh.* – Im 18. Jh. steht der Begriff des Sch. insbesondere unter dem Einfluß der *Querelle des Anciens et des Modernes*, der – primär rationalistischen – Metaphysik sowie empiristischer und psychologischer Theorien. Das Sch. gewinnt zunehmend seinen Ort in den sich allmählich konstituierenden ‹schönen Künsten› (beaux arts) und ‹schönen Wissenschaften› (belleslettres).

G. W. LEIBNIZ bestimmt die «schönheit» als das Prinzip der «vollkommensten zusammenstimmung», nach der Gott alles geschaffen habe [1]. Das Sch. wird gefaßt als der Effekt einer harmonischen, kraftmäßig geordneten Einheit von Mannigfaltigem: «... die einigkeit in der vielheit ist nichts anders als die übereinstimmung, und weil eines zu diesem näher stimmt als zu jenem, so fließet daraus die ordnung, von welcher alle schönheit hehrkomt...» [2]. Was Maß, Regel und Ordnung und damit Vollkommenheit hat, besitzt Schönheit, wird als angenehm empfunden und hat unsere Sympathie. Die Schönheit «erwecket liebe» [3], denn «der liebe wahres object [ist] die vollkommenheit ...» [4]. Indem der Mensch «schöne wahrheiten begriffet, ist er ein Spiegel der Schönheit Gottes» [5]. Begleitet ist die Erkenntnis von der Empfindung der Lust [6], denn der Mensch erkennt die Vollkommenheit Gottes und nähert sich ihr

so an. Daher wird primär der Natur Schönheit zugesprochen [7]. Auch für CH. WOLFF beruht die Schönheit auf Vollkommenheit. «Pulchritudo consistit in perfectione rei» [8]. Er unterscheidet diese *wahre* Schönheit von einer *scheinbaren* [9]. Was schön sei, gefalle [10] und rufe Freude und Lust hervor [11]. Sowohl materielle als auch immaterielle Dinge könnten Schönheit besitzen [12]. Der Wolffianer F. CH. BAUMEISTER hebt hervor, daß die Schönheit mit den Sinnen wahrgenommen wird [13], und betont den Unterschied zwischen einer «pulchritudo naturalis» und einer «pulchritudo artificialis» [14]. Da auch für J. CH. GOTTSCHED die natürlichen, von Gott geschaffenen Dinge «an sich selber» schön sind, haben die Künste die Aufgabe der «Nachahmung der vollkommenen Natur». «Das genaue Verhältniß, die Ordnung und das richtige Ebenmaaß aller Theile, daraus ein Ding besteht, ist die Quelle aller Schönheit» [15]. Wenn eine vollkommene Sache «in die Sinne fällt, und, ohne deutlich eingesehen zu werden, nur klar empfunden wird, so heißt sie eine Schönheit» [16].

Im Rückgriff auf Leibniz und auf Wolffs Unterscheidung der Schönheit materieller und immaterieller Dinge weisen J. J. BODMER und J. J. BREITINGER den Künsten Poesie und Malerei die Aufgabe zu, gerade die unsichtbaren Dinge darzustellen und so die Natur «in dem Möglichen» nachzuahmen [17]. Das "poetische Schöne" wird bestimmt als das, «was das Gemüthe des Lesers ... entzüket, und mit einem süssen Ergetzen erfüllet» [18]. Schönheit besteht in der gelungenen Abbildung eines Urbildes [19], wobei «die Schönheit des Urbildes» die Schönheit des Kunstwerks erhöht [20]. Entsprechend Wolffs Bestimmung des Witzes, Ähnlichkeiten leicht wahrzunehmen [21], wird das Sch. als Gegenstand desselben bezeichnet, «da der Witz durch die Ähnlichkeiten ergetzet» [22]. Neben dem Sch., das durch die Befriedigung des «Verlangens nach Wissenschaft» das Gemüt bewegt, bildet das «Grosse», welches «durch starcke und heftige Eindrücke» rührt [23], eine zweite Komponente des «poetischen Schönen», das bestimmt wird als «hell leuchtender Strahl des Wahren, welcher mit solcher Kraft auf die Sinnen und das Gemüthe eindringet, daß wir uns nicht erwehren können ... denselbigen zu fühlen» [24].

J. P. DE CROUSAZ hält in seiner ‹Abhandlung über das Sch.› zwar an den Prinzipien der «varieté», «uniformité», «regularité», «ordre» und «proportion» fest [25], die er auf drei Bereiche anwendet, die Schönheit der Wissenschaft («Beauté de la Science»), der Tugend («Beauté de la Vertu») und der Beredsamkeit («Beauté de l'Eloquence») [26], betont daneben aber besonders die emotionalen Wirkungen, die mit der Wahrnehmung des Sch. einhergehen. Dies gelte für Gegenstände, die die Qualitäten «grandeur», «nouveauté» und «diversité» besitzen [27]. Noch deutlicher äußert J. B. DUBOS in bezug auf das Erhabene («le sublime») in Poesie und Malerei, daß es bewegen und gefallen müsse. Es reiche nicht, daß die Poesie schön («beau») sei, Regelmäßigkeit und Eleganz besitze, vielmehr müsse sie die Herzen rühren und erregen [28]. Das Sch. der Natur vermittelt nun nicht mehr primär durch kontemplative Betrachtung Einsicht in den göttlichen Weltbau, sondern wird vor allem Gegenstand künstlerischer Nachahmung. Dargestellt werden sollen solche Gegenstände, die fähig sind, wirkliche Gefühle hervorzurufen [29]. 1746 bestimmt CH. BATTEUX die Aufgabe und das Prinzip der schönen Künste als «Nachahmung» der «schönen Natur» [30]. «Der Gegenstand der Künste ist das Gute und das

Schöne» [31]. Sch. und Gutes gehören zusammen, und «durch das Sinnliche allein» finden beide «den Zugang zu unserm Herzen» [32]. Die Poesie ist der «sinnlichste Ausdruck des Schönen und Guten zugleich» [33]. Auch für Batteux ist das Sch. das Vollkommene, das sich durch Maß, Harmonie, Rhythmus und Ordnung auszeichnet. «Das Schöne ist ein sinnlicherkanntes Vollkommenes» [34]. Die Poesie dient der Erkenntnis, indem sie dem Verstand das Vollkommene in Gestalt des Sch. präsentiert. «Sie muß unserm Verstande schmeicheln, indem sie uns Gegenstände darbeut, die, wie sie an sich selbst vollkommen sind, auch unsre Begriffe erweitern und vollkommner machen. Das ist das Schöne» [35]. Das Vermögen, «das Schöne, wo es ist, zu bemerken, zu empfinden, zu billigen» [36], ist der natürliche, angeborene Geschmack [37], der die Fertigkeit ist, «die Ordnung zu lieben» [38]. In seinem ‹Enzyklopädie›-Artikel «beau» (1751), in dem er sich kritisch mit Theorien des Sch. auseinandersetzt, fragt D. DIDEROT nach dem Gemeinsamen, was das Schönsein von Dingen ausmacht, die wir schön nennen [39], und findet es im Begriff der *Beziehungen* («rapports»), in Operationen des Verstandes. Hieran anschließend unterscheidet er zwei Arten von Sch. Ein «reales» Sch. («beau réel»), das vom Subjekt relativ unabhängig ist («beau hors de moi»), von einem «relativen» Sch. («beau apperçû»), das nur in Beziehung auf das Subjekt besteht («beau par rapport à moi») [40]. Ein absolutes Sch. ist somit ausgeschlossen; immer sind es Beziehungen, die die Schönheit begründen [41], und zwar solche, die eine Grundlage in den Dingen haben [42].

Neben Dubos betont J. DENNIS die Kraft der Poesie, Leidenschaften erwecken zu können, und unterscheidet, ähnlich wie Bodmer, der das «poetische Schöne» in das «Grosse» und das Schöne in engerer Bedeutung gliederte, zwischen Sch. im Sinne des Erhabenen («pulchrum»), das enthusiastische Gefühle hervorruft, und Sch. im Sinne von Reizend-Gefälligem («dulce»), das «vulgar passions» erregt [43]. Vergleichbares gilt für J. ADDISON, der «beauty», die mit «greatness» verbunden ist, von einer «second kind of beauty» abhebt: «This consists ... in the Gaiety or Variety of Colours, in the Symmetry and Proportion of Parts...» [44].

Bei A. A. C. SHAFTESBURY, für den die Schönheit sowohl das in seiner Unbegrenztheit, Mächtigkeit und Unermeßlichkeit Bewunderungswürdige [45] als auch das in seiner Anmut und Harmonie «Liebenswürdige» bedeutet [46], ist die Urschönheit und Vollkommenheit Gottes die Quelle alles Sch. [47], das immer Ordnung und Ebenmaß, Einheit und Harmonie [48], aber auch die darin wirksame «bildende Kraft» («Forming Power») [49] erkennen läßt. So bestimmt, ist das Sch. allumfassend, und die Schönheit und das Gute sind «ein und dasselbe» [50]. Diesem Ursprung des Sch. nähert sich der Mensch durch «vernünftiges, geläutertes Anschauen des Schönen» [51]. Die «Schönheit der Welt» und die «universale Ordnung» flößen «Neigung zum kontemplativen Genuß» ein [52]. Dieses selbstvergessene Schauen ist ein geistiges und von der Liebe zum Geschauten begleitet. Schönheit läßt sich nicht durch die Sinne begreifen [53], sondern wird «unmittelbar durch eine klare, innere Empfindung» realisiert («plain Internal Sensation») [54]. Die Idee des Sch. ist eine eingeborene, «instinktive» [55]. Der Einfluß der Lehre Shaftesburys von der Einheit des Schönen und Guten zeigt sich später z.B. in G. B. VON SCHIRACHs Schrift ‹Über die moralische Schönheit› [56], vermittelt über Hutcheson, und in K. PH. MORITZ' Begriff der ‹innern Seelenschönheit› [57].

Nach F. HUTCHESON wird Schönheit *sinnlich* wahrgenommen an Gegenständen, die aufgrund bestimmter Qualitäten, wie Regelmäßigkeit, Harmonie [58] und Ordnung [59], angenehm anmuten. Die sinnliche Wahrnehmung und das sich in eins damit einstellende Vergnügen führt Hutcheson auf einen natürlichen «Sense of Beauty» zurück [60]. Dieser steht in Hinsicht auf die moralische Schönheit («moral Beauty») in engstem Zusammenhang mit dem «moral sense». Die «moralische Schönheit» ist zum einen bezogen auf das soziale Handeln und besteht in uneigennützigem Tun [61], zum anderen bezeichnet sie den daraus resultierenden guten Charakter [62]. 1753 versucht W. HOGARTH das Phänomen des optischen Sch. objektiv zu analysieren [63]. Es geht ihm dabei nicht um die subjektiven Voraussetzungen, Sch. wahrnehmen zu können, sondern um die Beschaffenheit des als schön empfundenen Objekts. Die Anwendung der «Grundsätze» von «Fitness, Variety, Uniformity, Simplicity, Intricacy, and Quantity» bewirke den Eindruck des Sch. [64]. D. HUME setzt mit seinem Essay «Of the Standard of Taste» [65] die mit Hutcheson begonnene Linie des «empiristisch-sensualistischen» Schönheitsbegriffs fort [66]. Schönheit ist für ihn keine Eigenschaft von Dingen: «Beauty is no quality in things themselves: It exists merely in the mind which contemplates them» [67]. Dennoch räumt er ein, daß die Gegenstände gewisse Eigenschaften haben müssen, die von Natur aus geeignet sind, das Gefühl der Schönheit hervorzurufen [68]. Schönheit ist ein Gefühl, das eine gewisse Übereinstimmung («conformity») oder Relation zwischen Objekten und den Organen oder Vermögen des Geistes ausdrückt [69]. Wahrgenommen wird die Schönheit mit dem Geschmack («mental taste»), der, wenn er geübt und ausgebildet, d.h. vollkommen ist, in der Fähigkeit zu unmittelbarer Wahrnehmung der Schönheit besteht [70].

E. BURKE setzt das Sch. und Erhabene in eine polare Beziehung [71], indem er Shaftesburys Unterscheidung von «selfish» und «social affects» aufgreift. Während das Erhabene «Schrecken» hervorruft, erweckt das Sch. Liebe [72]. «Schönheit» meint «die Qualität ... eines Körpers, durch die er Liebe ... verursacht» [73], welche in «Zärtlichkeit und Zuneigung» besteht [74]. Schönheit sei keine «Schöpfung der Vernunft» [75], sie gründe nicht in «Proportion oder Nützlichkeit» [76] oder Vollkommenheit [77], sondern in der je sinnlich wahrnehmbaren Qualität der Dinge (z.B. Glätte, Helligkeit etc.). Für H. HOME ist die Schönheit neben dem Erhabenen eine Art des Angenehmen [78]. Sie bildet ein Mittleres zwischen der Sinnlichkeit und dem Verstand, indem sie «all the organic feelings, as well as those that are intellectual», erhöht [79]. Wahrnehmende Organe der Schönheit sind Auge und Ohr. «The term beauty, in its native signification, is appropriated to objects of sight» [80]. Die Schönheit «sichtbarer Gegenstände» [81] auffassen heißt, komplexe Einheiten «quasi mit einem Schlage» [82] als Totalität wahrnehmen. Der Eindruck des Sch. bewirkt Bewegungen des Gemüts, die den Charakter von «sweetness» und «gaiety» haben [83]. Home unterscheidet zwei Gattungen von Schönheit: eine dem Gegenstande immanente «intrinsic beauty» und die «relative beauty», die in den Dingen ist, sofern sie angesehen werden «als Mittel zu irgendeinem guten Endzweck oder Vorsatz», d.h. unter dem Aspekt von «use» und «destination» [84]. Beide Arten der Schönheit sind vom Betrachter abhängig und nicht auf wesentliche Eigenschaften der Gegenstände zurückführbar. Homes Lehre der zwei Arten von Schönheit weist auf I. KANTS Unterscheidung der «freien Schönheit (pulchritudo vaga)» von der «bloß anhängenden Schönheit (pulchritudo adhaerens)» voraus [85]. Für TH. REID ist der Geschmack («taste») «the power by which we receive the beauties ... of the objects» [86]; daneben aber enthält die Wahrnehmung des Sch. ein Urteil über die Vortrefflichkeit («excellence») des Gegenstandes. «So in beautiful objects ... we may feel a beauty or agreeable sensation and judge it to be owing to some perfection» [87]. Die Perzeption des Sch. ist, da es sich dabei um eine sekundäre Wahrnehmung handelt, Sache des «internal sense». Schönheit beruht für Reid auf moralischen Qualitäten: «It consists ... in those actions & qualities of mind which command our admiration and esteem» [88]. Diese ursprüngliche Schönheit («original beauty») unterscheidet er von einer «derived beauty». Sie kommt materiellen Objekten zu, die den moralischen Gehalt symbolisieren [89].

Mit A. G. BAUMGARTEN tritt eine erkenntnistheoretische Wende in der Betrachtung des Sch. ein. Das Sch. wird Gegenstand einer Theorie des sinnlichen Erkennens, der Ästhetik. Indem sie – die Logik ergänzend – «undeutliche» Erkenntnisse des «unteren Erkenntnisvermögens» vervollkommnen soll [90], ist ihr Ziel «die Vollkommenheit der sinnlichen Erkenntnis als solcher. Damit aber ist die Schönheit gemeint» [91]. «Die Vollkommenheit, in so ferne sie eine Erscheinung ist ... ist die Schönheit» [92]. Obwohl Baumgartens Ästhetik eine ausgeführte «ars pulchre cogitandi» ist [93], bleibt ihr Fundament die Leibniz-Wolffsche Metaphysik. Baumgarten selbst nennt die Ästhetik die «Metaphysik des Schönen» [94]. G. F. MEIER, der die Ästhetik seines Lehrers Baumgarten noch vor Erscheinen in einem eigenen Werk vorstellt [95], betont stärker als dieser die psychischen Wirkungen der vollkommenen schönen Erkenntnis. Das «Anschauen einer Schönheit verursacht ein sinliches Vergnügen» [96]. Auch M. MENDELSSOHN übernimmt die Definition Baumgartens und Meiers, daß die Schönheit «in der undeutlichen Vorstellung einer Vollkommenheit beruht», die Erkenntnis einer sinnlichen Vollkommenheit sei [97], und bestimmt sie als «Einerlei im Mannigfaltigen» [98]. Er betont, daß die Schönheit, verstanden als «sichtbar gewordene Güte und Tüchtigkeit» [99], eine «unmittelbare Erkenntnis» sei [100], der man sich nicht entziehen könne. Indem die «Schönheit ... die eigenmächtige Beherrscherin aller unserer Empfindungen, der Grund von allen unsern natürlichen Trieben, und der beseelende Geist, der die speculative Erkenntnis der Wahrheit in Empfindungen verwandelt» [101] ist, bildet sie ein Medium, das Harmonie zwischen Körper, Seele und Geist stiftet, und damit ist jede «Regel der Schönheit ... zugleich eine Entdeckung in der Seelenlehre» [102]. Für J. G. SULZER besteht das Sch. in einer äußeren Gestalt und Einheit, in der jedes Einzelne Wirkmoment des Ganzen bleibt und die «sich den Sinnen, oder der Einbildungskraft angenehm darstellt» [103]; «... die Schönheit reißt uns zur Beschauung oder Betrachtung [der Sache] fort ...» [104]. Weil ihm Sch. (Natur- und Kunstschönes) Strahl «des seligen Ausflusses» der «ursprünglichen Schönheit» Gottes ist [105], ist Sulzer einer der wenigen, die ‹Sch.› und ‹Schönheit› terminologisch trennen. Die Schönheit ist eine «höhere Gattung des Schönen»; sie «entsteht aus enger Vereinigung des Vollkommenen, des Schönen und des Guten» [106] und kommt nur dem Menschen als Ebenbild Gottes zu. Die Unterscheidung von ‹Sch.› und ‹Schönheit› gewinnt Sulzer von J. WINCKELMANN [107], ebenso den Begriff der menschlichen Schönheit [108]. Nach Winckelmann kann die Ursache des Sch. nicht erkannt, das Sch. nicht begrifflich fixiert werden, da es eine «augenscheinliche Wahrheit» ist, welche mit den Sinnen erfaßt wird [109]. F. J. RIEDEL verknüpft in seiner Theorie des Sch. Gedanken der Baumgartenschen Ästhetik mit den Bestimmungen englischer Autoren, insbesondere Hutchesons. Mit ihm unterscheidet er die inneren Gefühle der Wahrheit und Sittlichkeit vom inneren Gefühl der Schönheit. Diese Einteilung ergibt sich ihm aus den Gegenständen des menschlichen Denkens, Handelns und Empfindens: dem «Wahren», dem «Guten» und dem «Schönen» [110]. Schön nennt er, «was ohne intereßirte Absicht sinnlich gefallen kan» [111]. Ähnlich sagt SULZER, daß das Sch. uns gefällt, obwohl es «sonst nichts an sich hat, das den Gegenstand in andern Absichten brauchbar macht» [112]. Nach Winckelmann besteht «das wahre Gefühl des Schönen» im Empfinden des Sch. um seiner selbst willen, geläutert von allen Absichten [113].

Mit Winckelmann beginnt sich in der Betrachtung des Sch. der Gedanke von einem in sich selbst sinnvollen, bedeutsamen, sich im Kunstwerk ausdrückenden Sch. durchzusetzen, das aber immer noch Abglanz der höchsten Schönheit, die in Gott ist, bleibt. Dieser Schönheit sucht sich der Mensch in immerwährendem Streben in der Hervorbringung und Aufnahme von Kunstwerken anzunähern. In ähnlicher Weise nimmt F. HEMSTERHUIS einen inneren Sinn an, welcher der Ausdruck des menschlichen Strebens nach Vereinigung mit Gott ist, wobei das Sch., als Empfindung der Einheit eines Mannigfaltigen, dieses Streben in seiner Erfüllung und gleichzeitigen Unerfüllbarkeit symbolisiert [114].

Anmerkungen. [1] G. W. LEIBNIZ: Bruchstücke, die Scientia gen. betr. [ca. 1678-95]. Die philos. Schr. 7, hg. C. I. GERHARDT (1890) 76. 74. – [2] a.O. 87. – [3] a.O. – [4] 97. – [5] 114. – [6] 86. 112. – [7] 86. – [8] CH. WOLFF: Psychologia empirica (1732, 1738) § 544. Ges. Werke II/5, hg. J. ECOLE [GW] (1968) 420. – [9] § 546, a.O. 421. – [10] § 543, a.O. 420. – [11] § 544, a.O. 420. – [12] a.O. – [13] F. CH. BAUMEISTER: Philosophia definitiva, h.e. Defin. philos. ex syst. Wolfii 1 (1735, ¹³1767, 1770) Definitiones psychol. § 837, in: CH. WOLFF: GW III/7, hg. H. W. ARNDT (1978) 1, 155. – [14] Philos. def. 2 (1762, ⁴1775), a.O. 2, 53. – [15] J. CH. GOTTSCHED: Versuch einer Crit. Dichtkunst (1730, ⁴1751, ND 1962) 132. – [16] Erste Gründe der ges. Weltweisheit ... 1 (1733, ⁷1762) § 256, in: WOLFF: GW III/20, 1 (1983) 220. – [17] J. J. BREITINGER: Crit. Dichtkunst 1-2 (Zürich 1740, ND 1966) 1, 57. 53ff. – [18] a.O. 1, 123. – [19] 2, 74. – [20] J. J. BODMER: Von dem Einfluß und Gebrauche Der Einbildungs=Krafft ... (1727) 27. – [21] CH. WOLFF: Vernünftige Gedancken Von Gott, Der Welt und der Seele des Menschen ... 2 (1720, ¹¹1751) §§ 858ff. GW I/2, hg. CH. A. CORR (1983) 532ff. – [22] J. J. BODMER: Crit. Briefe (Zürich 1746, ND 1969) 102. – [23] BREITINGER, a.O. [17] 1, 107. – [24] a.O. 112. – [25] CROUSAZ, a.O. [29 zu A.] 12-16. – [26] a.O. 83ff. – [27] 74. – [28] J. B. DUBOS: Réflexions crit. sur la Poësie et sur la Peinture 1-2 (Paris 1719, ⁷1770, ND Genf 1967) 2, sect. 1, 1f. – [29] a.O. 1, sect. III, 25. – [30] CH. BATTEUX: Les Beaux Arts réduits à un même principe (Paris 1746, 1773, ND Genf 1969) 58; dtsch.: J. A. SCHLEGEL: Einschränkung der Schönen Künste auf einen einzigen Grundsatz 1-2 (1758, ³1770, ND 1976) 1, 51 und passim. – [31] BATTEUX, a.O. 79. – [32] SCHLEGEL, a.O. [30] 2, 215. – [33] a.O. 217. – [34] 208. 211. – [35] BATTEUX, a.O. [30] 110. – [36] SCHLEGEL, a.O. 1, 72. – [37] BATTEUX, a.O. [30] 84. – [38] BATTEUX, a.O. 148. – [39] D. DIDEROT: Art. ‹Beau›, in: Encycl. 2 (Paris 1751) 169-181, zit.: 176. – [40] a.O. – [41] 178. – [42] 177f. – [43] J. DENNIS: Letter To Mr.*** (1717). The crit. works, hg. E. N. HOOKER (Baltimore 1939/43, ²1964) 2, 401f.; The grounds of criticism in poetry

Schöne (das)

(1704), a.O. 1, 339; vgl. Anm. des Hg., a.O. 516. – [44] J. ADDISON: Essays. The spectator 1-4, hg. G. G. SMITH (1907, ND 1909/1911) 3, 59. 62. – [45] A. A. C. Earl of SHAFTESBURY: The moralists. A philos. rhapsody ... (1705, ²1709). Stand. ed., Engl./German, hg. W. BENDA/G. HEMMERICH/K. SCHÖDLBAUER II/1 (1981) 246. 316. – [46] a.O. 332. – [47] 176. 246. – [48] 66. 164. 172. – [49] 332. – [50] 324. 346. – [51] 322. – [52] a.O. – [53] 358. – [54] 164. – [55] 340. – [56] G. B. VON SCHIRACH: Über die moral. Schönheit und Philos. des Lebens. Reden und Versuche (1772). – [57] K. PH. MORITZ: Über die bildende Nachahmung des Sch. (1788). Schr. zur Ästhetik und Poetik. Krit. Ausg., hg. H. J. SCHRIMPF (1962) 63-93, zit.: 66f. – [58] F. HUTCHESON: An inqu. into the origin of our ideas of beauty and virtue (Glasgow 1725). Coll. works, hg. B. FABIAN 1 (1971) 214f. – [59] a.O. 223. – [60] Einl. VIII. – [61] 150f. 162f. – [62] 174f. – [63] W. HOGARTH: The analysis of beauty (London 1753), hg. J. BURKE (Oxford 1955). – [64] a.O. 31. – [65] D. HUME: Of the standard of taste (1757). The philos. works, hg. TH. H. GREEN/TH. H. GROSE 3 (1882, ND 1964) 266-284. – [66] W. STRUBE: Einl. zu E. BURKE: Philos. Unters. über den Ursprung unserer Ideen vom Erhabenen und Schönen, übers. F. BASSENGE (1956, ²1980) 26. – [67] HUME, a.O. [65] 268. – [68] a.O. 273. – [69] 268. – [70] 274. – [71] E. BURKE: A philos. enqu. into the origin of our ideas of the sublime and the beautiful (London 1757), hg. A. PHILLIPS (Oxford 1990) 114. – [72] a.O. 100f. – [73] 83. – [74] 39. – [75] 102f. – [76] 99. – [77] 100. – [78] H. HOME: Elements of criticism 1-3 (Edinburgh 1762, ND 1970) 1, 267f. – [79] a.O. 3. – [80] 242. – [81] 243f. 253. – [82] 248. – [83] 244. – [84] 244f. – [85] I. KANT: KU § 16. Akad.-A. 5, 229. – [86] TH. REID: Lect. on the fine arts (Glasgow 1774), hg. P. KIVY (Den Haag 1973) 21. – [87] a.O. 37. – [88] 41. – [89] 41f. – [90] A. G. BAUMGARTEN: Metaphysica § 533 (1739, ⁷1779, ND 1963) 187. – [91] Aesthetica (1750) § 14; H. R. SCHWEIZER: Ästhetik als Philos. der sinnl. Erkenntnis. Eine Interpr. der ‹Aesthetica› A. G. Baumgartens (1973) 114f. – [92] Met. § 662, a.O. 248; vgl. SCHWEIZER, a.O. 115, Anm. 1. – [93] Aesth. § 1; SCHWEIZER, a.O. 106f. – [94] Kollegium über die Ästhetik (Vorles.nachschr. 1750/51) § 1, in: B. POPPE: A. G. Baumgarten – seine Bedeutung und Stellung in der Leibniz-Wolffischen Philos. und seine Bez. zu Kant (1907) 66. – [95] G. F. MEIER: Anfangsgründe aller schönen Wiss.en 1-3 (1748-50). – [96] a.O. 1, 430. – [97] M. MENDELSSOHN: Br. über die Empfindungen (1755). Schr. zur Philos., Aesthetik und Apologetik 2, hg. M. BRASCH (1880, ND 1968) 20. – [98] a.O. 29. 54. – [99] Zufällige Gedanken über die Harmonie der innern und äußern Schönheit (1755), a.O. 295. – [100] a.O. 301. – [101] Über Die Hauptgrundsätze Der Schönen Künste Und Wiss.en (1757), a.O. – [102] a.O. 143. – [103] J. G. SULZER: Allg. Theorie der schönen Künste 1-4 (1771-74, ²1792-94, ND 1967) 4, 307. – [104] Verm. Philos. Schr. 1 (1773, ND 1974) 124. – [105] Unterredungen über die Schönheit der Natur ... (1770, ND 1971) 14. – [106] a.O. [103] 4, 310. – [107] J. WINCKELMANN: Abh. von der Fähigkeit der Empfindung des Sch. in der Kunst, und dem Unterrichte in derselben (1763). Sämtl. Werke, hg. J. EISELEIN (1825, ND 1965) 1, 238. – [108] Gesch. der Kunst des Altertums (1763-68), a.O. 4, 60. – [109] a.O. [107] 260. – [110] F. J. RIEDEL: Theorie der schönen Wiss.en und Künste (1767, ²1774) 7f. – [111] a.O. 11. – [112] SULZER, a.O. [103] 4, 306. – [113] WINCKELMANN, a.O. [107] 245. – [114] Vgl. R. ZIMMERMANN: Gesch. der Aesthetik als Philos. Wiss. (Wien 1858) 305.

Literaturhinweise. R. ZIMMERMANN s. Anm. [114]. – K. H. VON STEIN: Die Entsteh. der neueren Ästhetik (1886, ND 1964). – P. O. KRISTELLER: The mod. system of the arts: A study in the hist. of aesthetics. J. Hist. Ideas 12 (1951) 496-527; 13 (1952) 17-46. – A. NIVELLE: Kunst- und Dichtungstheorien zwischen Aufklärung und Klassik (1960). – W. TATARKIEWICZ s. Anm. [26 zu A.]. – C. ZELLE: Schönheit und Erhabenheit, in: CH. PRIES (Hg.): Das Erhabene. Zwischen Grenzerfahrung und Größenwahn (1990) 55-73. G. KÜHNE-BERTRAM

V. *Von Kant bis zum 20. Jh.* – 1. Die traditionell voneinander unterschiedenen Diskurse über die Künste und über das Sch. werden seit J. WINCKELMANN [1] in der deutschen klassizistischen, idealistischen und frühromantischen Tradition zusammengeführt. Eine *Metaphysik des Kunst-Sch.* rückt ins Zentrum der zeitgenössischen deutschen Philosophie. Das Sch. kann als Garant von Unmittelbarkeit in der zusehends vermittelten modernen Gesellschaft, als autonomes Refugium von Sinn in einer von Sinnverlust bedrohten Welt, als Katalysator philosophischer Erkenntnis in einem mehr und mehr von Einzeldisziplinen dominierten Kosmos des Wissens verstanden werden. Es erscheint als Residuum des Natürlichen und zugleich als Garant des Neuen, als Erbe der klassischen Humanität und als utopisches Versprechen einer zukünftigen Befreiung, als Ausgangspunkt und als Ziel neuer künstlerischer Lebensformen. Schon um 1800 und fortschreitend im weiteren Verlauf des 19. Jh. setzt aber eine Gegenbewegung gegen derartig widersprüchliche Funktionszuweisungen und Überbürdungen der Tragfähigkeit des Begriffs des Sch. ein. Das Sch. wird historisch aufgefaßt, kunstwissenschaftlich aufgefächert, kulturanthropologisch, soziologisierend oder psychologisierend gedeutet und insgesamt relativiert. Auch für die Sphäre der Kunst verliert die vor und um 1800 so zentrale quasimetaphysische Ästhetik des Sch. an Gewicht. Auffassungen der Kunst und des Sch. als Ersatzmetaphysik und Ersatzreligion werden obsolet und sinken nach 1830 in Populärästhetiken ab. Seit F. NIETZSCHE lösen regionale Ästhetiken einen einheitlichen Begriff des Sch. auf. In beispielsweise nach Epochen, nach Künsten, nach Gattungen, nach Künstlern spezifizierenden Bestimmungen dessen, was als schön bzw. häßlich gelten könne, zerfällt die Identität des Sch. in eine Vielfalt von Fragmenten. Als Heilmittel für die Widersprüche und Paradoxien der Moderne hat der Begriff des Sch. trotz der groß gedachten Entwürfe F. SCHILLERS, F. W. J. SCHELLINGS oder der Romantik offenbar ausgedient. Derartige Versöhnungskonzepte scheitern, worauf schon G. W. F. HEGEL nüchtern hinweist, an inneren Widersprüchen und an der harten Prosa der politischen und gesellschaftlichen Realitäten. In der ausdifferenzierten Gesellschaft der Moderne gewinnt die 'Institution Kunst' – unter anderem mit Hilfe eines emphatisch vorgetragenen Begriffs des Kunst-Sch. – ihre Autonomie, bleibt aber, anders als es Denkern wie F. HÖLDERLIN, F. W. J. SCHELLING oder F. SCHLEGEL um 1800 vorschwebte, ein Randbereich, von dem her die Gesellschaft sich nicht organisieren läßt [2].

Anmerkungen. [1] Zur klassizistischen Theorie des Sch. vgl. A. BÄUMLER: Ästhetik (1934, ND 1972) 88ff.; H. PENNEKAMP: Die Idee des Wahren, Sch., Guten in der pädagog. Zielbildung, dargest. an der Entwickl. von Shaftesbury bis W. von Humboldt (1929); R. GÖRTNER: Die drei Wertstufen des Wahren, Sch. und Guten in der dtsch. Klassik (1939). – [2] Vgl. P. BÜRGER: Theorie der Avant-garde (²1980); E. OLDEMEYER: Ebenen der Schönheitserfahrung und des Sprachgebrauchs 'schön', 'Sch.', 'Schönheit', in: SCHMIDT (Hg.), a.O. [22 zu IV. A.] 96ff. 123ff.; N. LUHMANN: Ist Kunst codierbar? a.O. 60ff.

2. I. KANT unterscheidet 1764 in den ‹Beobachtungen über das Gefühl des Sch. und Erhabenen› zwischen der jeweils unterschiedlichen Affizierung durch beide Arten von Gefühlen: «Das Erhabene *rührt*, das Sch. *reizt*» [1]. Hier folgt er der Themenstellung nach dem anthropologisch-psychologischen Ansatz E. BURKES, der seinerseits von der Ethos-Pathos-Gegenüberstellung der Rhetorik geprägt ist [2]. Das Sch. erscheint hier als das Liebenswürdige und Gefällige gegenüber dem pathetisch Erhabenen. In der ‹Kritik der Urteilskraft› (1790) fragt KANT dagegen prinzipiell nach den Bedingungen der Möglich-

keit von Geschmacksurteilen. Mit seinem Ergebnis, daß das Urteil 'das ist schön' einem eigenen Geltungsbereich, nämlich dem der Logik des ästhetischen Geschmacks, zugehört, wird er maßgeblicher Anreger für die Begründung einer Ästhetik der Autonomie des Sch., die in anderer Weise von K. PH. MORITZ, SCHILLER und GOETHE entwickelt wird und in SCHELLING, HÖLDERLIN und HEGEL ihre Höhepunkte findet. KANT löst damit – im Gegensatz zu A. G. BAUMGARTEN und gegen dessen Auffassung der Schönheit als «Vollkommenheit der sinnlichen Erkenntnis» [3] – die Diskussion des Sch. aus der Sphäre der Metaphysik heraus und stellt sie in den Bereich der Ästhetik hinein.

Das erste Buch im 1. Abschnitt der ‹Kritik der ästhetischen Urteilskraft› ist der «Analytik des Schönen» gewidmet; ihr folgt die «Analytik des Erhabenen», in die KANT Gedanken der klassischen Rhetorik einbaut. Kant definiert das Sch. nach vier Momenten des Geschmacksurteils: zunächst der Qualität nach als Gegenstand eines Wohlgefallens «ohne alles Interesse» [4]. Zum zweiten ist das Sch. der Quantität des Geschmacksurteils nach bestimmt als «das, was ohne Begriffe als Object eines *allgemeinen* Wohlgefallens vorgestellt wird» [5]. Im Gegensatz zur bloß subjektiven Beurteilung des Angenehmen sei mit dem Geschmacksurteil: 'das ist schön' «ein Anspruch auf Gültigkeit für jedermann», das heißt, «ein Anspruch auf subjective Allgemeinheit verbunden» [6]. Kant faßt diesen Punkt in der Definition zusammen: «*Schön* ist das, was ohne Begriff allgemein gefällt» [7]. ‹Sch.› ist damit als subjektiv-objektive Kategorie bestimmt; etwas schön zu finden, kann jedermann zugemutet werden, aber, da Geschmack immer einen subjektiven Grund hat, ist dem ästhetischen Geschmacksurteil ‹schön› keine Objektivität im strengen Sinn zuzuschreiben. Das dritte Moment des Geschmacksurteils leitet Kant aus der «*Relation* der Zwecke, welche in ihnen in Betrachtung gezogen wird», ab [8]. Schönheit ist hiernach «Form der *Zweckmäßigkeit* eines Gegenstandes, sofern sie *ohne Vorstellung eines Zwecks* an ihm wahrgenommen wird» [9]. Dies Paradox der Schönheit als ‹Zweckmäßigkeit ohne Zweck› hat Nachfolger und Kritiker Kants von Schiller bis zu Adorno zur Stellungnahme herausgefordert. Kants viertes Moment des Geschmacksurteils betrifft die «Modalität des Wohlgefallens an dem Gegenstande» und besagt: «*Schön* ist, was ohne Begriff als Gegenstand eines *nothwendigen* Wohlgefallens erkannt wird» [10]. Das Wohlgefallen am Sch. ist für Kant demnach wesentlich negativ bestimmt: durch die Abwesenheit von Interesse (1. Moment), Allgemeinbegrifflichkeit (2. Moment), Zwecksetzungen (3. Moment) und Kontingenz (4. Moment). Das Sch. gefällt spontan, allgemein, aus sich selbst heraus und notwendig; es ist damit als ein der bürgerlichen Gesellschaft Enthobenes gesehen, wie besonders in den Ausführungen zum Natur-Sch. deutlich wird. Ein «*unmittelbares Interesse* an der Schönheit der *Natur* zu nehmen» ist für Kant «jederzeit ein Kennzeichen einer guten Seele», spricht also für ein «sittliches Gefühl»; darin sieht er einen «Vorzug der Naturschönheit vor der Kunstschönheit» [11]. Das Sch. steht ein für die Möglichkeit einer glücklichen Ausbalanciertheit von Natur und Kultur: «Die Natur war schön, wenn sie zugleich als Kunst aussah; und die Kunst kann nur schön genannt werden, wenn wir uns bewußt sind, sie sei Kunst, und sie uns doch als Natur aussieht» [12]. Diesen Balanceakt vermag nur das Genie zu bewerkstelligen, daher gilt: «Schöne Kunst ist Kunst des Genies» [13]. Zugleich weist die Urteilskraft als das Vermögen, das Sch. zu erkennen und zu schätzen, hin «auf etwas im Subjecte selbst und außer ihm, was nicht Natur, auch nicht Freiheit, doch aber mit dem Grunde der letzteren, nämlich dem Übersinnlichen, verknüpft ist»; in diesem Sinn ist das Sch. «das Symbol des Sittlich-Guten» [14].

Im Getriebe einer immer weniger 'natürlichen' Welt von Interessen, Zwecken, Zwängen und Kontingenzen steht das Sch. für die Möglichkeit eines Freiraums; es verkörpert eine *Utopie der Unmittelbarkeit, der erneuerten 'Natur'* als Ergebnis einer über sich selbst hinaus fortgeschrittenen Kultur [15]. F. SCHILLER arbeitet diesen Gedanken in den ‹Ästhetischen Briefen› politisch-pädagogisch aus, die Romantik formuliert ihn über Kant hinausgehend im Sinne einer notwendigen Opposition des Künstlers (als des genialischen Produzenten des Sch.) zur Alltagswelt.

Schiller bestimmt das ästhetisch Sch. als wesentlich scheinhaft: «Eine lebende weibliche Schönheit wird uns freilich eben so gut und noch ein wenig besser als eine eben so schöne, bloß gemalte, gefallen; aber insoweit sie uns besser gefällt als die letztere, gefällt sie nicht mehr als selbständiger Schein, gefällt sie nicht mehr dem reinen ästhetischen Gefühl, diesem darf auch das Lebendige nur als Erscheinung, auch das Wirkliche nur als Idee gefallen» [16]. Wie für Kant ist für Schiller die Schönheit eine Garantie für die Vermittelbarkeit von Natur und Freiheit, ein «Übergang von der sinnlichen Abhängigkeit zu der moralischen Freiheit» [17]. Im Fortschritt der Zivilisation wird das Sch. «für sich allein ein Objekt» des menschlichen Strebens; es gewinnt an Autonomie [18]. Nur die Schönheit kann dem Menschen «einen *geselligen* Charakter erteilen»: «Das Schöne allein genießen wir als Individuum und als Gattung zugleich, d.h. als *Repräsentanten* der Gattung» [19]. Schillers Utopie von einem – politische Revolution erübrigenden – «Staat des schönen Scheins» hat freilich eine soziale Grenze: «Dem Bedürfnis nach existiert er in jeder feingestimmten Seele, der Tat nach möchte man ihn wohl nur ... in einigen wenigen auserlesenen Zirkeln finden, wo ... eigne schöne Natur das Betragen lenkt» [20]. Schönheit bleibt für Schiller sinnliche Gestalt der Wahrheit; sie leitet propädeutisch zur Erkenntnis des Wahren an: «Nur durch das Morgentor des Schönen / Drangst du in der Erkenntnis Land. ... Was wir als Schönheit hier empfunden, / Wird einst als *Wahrheit* uns entgegengehn» [21]. In diesem Sinn rühmt G. W. F. HEGEL an Schillers Theorie des Sch. die Vorläuferschaft zur eigenen Ästhetik: Bereits bei Schiller finde sich das Sch. «als die Ineinsbildung des Vernünftigen und Sinnlichen und diese Ineinsbildung als das wahrhaft Wirkliche ausgesprochen» [22].

Anmerkungen. [1] I. KANT: Beobachtungen ... 1 (1764). Akad.-A. 2, 209. – [2] E. BURKE: Vom Erhabenen und Schönen, a.O. [66 zu IV. B.]; vgl. K. DOCKHORN: Macht und Wirkung der Rhetorik. Vier Aufs. zur Ideengeschichte der Vormoderne (1968) 13ff. 49ff.; H. NIEHUES-PRÖBSTING: Über den Zus. von Rhetorik, Kritik und Ästhetik, in: W. BARNER (Hg.): Literaturkritik – Anspruch und Wirklichkeit. DFG-Symposion 1989 (1990) 242ff. – [3] A. G. BAUMGARTEN: Aesthetica (1750) § 14, in: SCHWEIZER, a.O. [91 zu IV. B.] 115; H.-G. JUCHEM: Die Entwickl. des Begriffs des Sch. bei Kant (1970). – [4] KANT: KU § 5 (B 16). Akad.-A. 5, 211. – [5] § 6 (B 17), a.O. – [6] B 18, a.O. 212. – [7] § 9 (B 32), a.O. 219. – [8] § 10 (B 29), a.O. 219. – [9] § 17 (B 61), a.O. 236. – [10] §§ 18. 22 (B 62. 68), a.O. 236. 240. – [11] § 42 (B 166f.), a.O. 298f. – [12] § 45 (B 179), a.O. 306. – [13] § 46 (B 181), a.O. 307. – [14] § 59 (B 258f.), a.O. 353. – [15] Vgl. N. RATH: 'Zweite Natur'. Zur Gesch. eines Begriffs vom ausgehenden 18. bis zum ausgehenden

19. Jh. (1993) Kap. 4. – [16] F. Schiller: Über die ästhet. Erzieh. des Menschen in einer Reihe von Br. (1795) 26. Br. Sämtl. Werke, hg. G. Fricke/H. G. Göpfert 5 (⁴1967) 659. – [17] 25. Br., a.O. 654. – [18] 27. Br., a.O. 665. – [19] a.O. 668f. – [20] a.O. 669. – [21] Die Künstler (1788/89), a.O. 1 (⁷1984) 174f.; vgl. D. Hubrig: Die Wahrheit des Scheins. Zur Ambivalenz des Sch. in der dtsch. Lit. und Ästhetik um 1800 (1985) 32ff. – [22] G. W. F. Hegel: Vorles. über die Ästhetik. Werke, hg. E. Moldenhauer/ K. M. Michel 13 (1970) 91.

3. Auf ihre Höhe und zugleich an ihre Grenze gelangt die nachkantische Aufladung des Schönheitsbegriffs zum Versöhnungskonzept bei Schelling, Hölderlin und beim frühen Hegel. Für das ‹Systemprogramm› von 1796/97 ist «die Idee, die alle vereinigt, die Idee der *Schönheit*, das Wort in höherem platonischem Sinne genommen», weil nämlich «*Wahrheit und Güte, nur in der Schönheit* verschwistert sind» [1]. Im ‹System des transzendentalen Idealismus› (1800) unterscheidet Schelling zwischen bewußtloser und bewußter Tätigkeit im Sinne der Kantischen Unterscheidung von Natur und Freiheit; das Sch. vermittelt zwischen beiden Sphären, indem es Anteil an beiden hat: «Aber das Unendliche endlich dargestellt ist Schönheit. Der Grundcharakter jedes Kunstwerks, welcher die beiden vorhergehenden in sich begreift, ist also die *Schönheit,* und ohne Schönheit ist kein Kunstwerk» [2]. Theorie des Sch. und Theorie der Kunst, die in der Tradition voneinander geschieden waren, werden um 1800 im Kontext der deutschen 'Vereinigungsphilosophie', die den Kantischen Dualismus zu überwinden und die 'kritische Philosophie' Kants praktisch zu wenden sucht, ineinander übergeführt. Schelling läßt schon 1802 mit der ‹Philosophie der Kunst› diese Überbürdung der Theorie des Sch. hinter sich. Auch Hegel verabschiedet um die gleiche Zeit in Jena den Gedanken, das schöne Kunstwerk könne die Entzweiungen der Zeit überwölben, mit ihnen versöhnen und sie womöglich heilen, und hält eine substantielle Funktion des Kunst-Sch. nur mehr in der antiken, nicht aber mehr in der modernen Welt für gegeben.

Für J. G. Herder ist die Schönheit ein «Phänomenon der Wahrheit» [3]. In bezug auf die Theorie des Kunst-Sch. macht er bereits den Schritt von der Rezeptions- zur Werkästhetik (und wird damit zu einem Wegbereiter der Ästhetik des reifen Hegel): Von seiten der «schönen Sinnlichkeit» der Gegenstände sei die Ästhetik «noch wenig bearbeitet: und ohne diese kann doch nie eine fruchtbare 'Theorie des Sch. in allen Künsten überhaupt' erscheinen» [4]. Bei ihm findet sich darüber hinaus eine «Distanzierung vom ästhetischen Grundbegriff der Schönheit als Prinzip der Künste»; er wendet sich auch gegen eine strikte Dichotomie von Sch. und Erhabenem [5]. In der Skepsis gegenüber dem Begriff des Sch. als Grundbegriff der Ästhetik ist unter den Zeitgenossen vor allem Jean Paul Herder gefolgt [6].

Für den Berliner Hegel, der Anregungen zur Theorie des Sch. vor allem von Winckelmann, Herder, K. Ph. Moritz, Schiller und Schelling aufnimmt und verarbeitet, kommt das Natur-Sch. im Gegensatz zu Kant für die philosophische Ästhetik nicht mehr in Betracht: «Denn die Kunstschönheit ist die *aus dem Geiste geborene und wiedergeborene* Schönheit, und um soviel der Geist und seine Produktionen höher steht als die Natur und ihre Erscheinungen, um soviel auch ist das Kunstschöne höher als die Schönheit der Natur» [7]. Der Abwertung des Natur-Sch. entspricht die Aufwertung des von der Kunst produzierten Scheins: «das Schöne hat sein Leben in dem *Scheine*» [8]. Der Scheincharakter des Kunst-Sch. macht es aber nicht etwa untauglich, Objekt philosophischer Betrachtung zu sein: «der *Schein* selbst ist dem *Wesen* wesentlich, die Wahrheit wäre nicht, wenn sie nicht schiene und erschiene» [9]. In diesem Sinn kann vom Sch. gesagt werden, es sei «das sinnliche *Scheinen* der Idee» [10]. Während der empirische Verstand stets «im Endlichen, Einseitigen und Unwahren stehen» bleibt, ist das Sch. «in sich selber *unendlich* und frei» [11]. Gleichwohl ist für die Moderne nicht mehr die schöne Kunst «die höchste Weise ..., sich des Absoluten bewußt zu sein»: «Der Gedanke und die Reflexion hat die schöne Kunst überflügelt» [12]. Mit J. W. Goethe und den Kunstwissenschaftlern A. Hirt und J. H. Meyer stimmt Hegel darin überein, «daß die Basis zu einer richtigen Beurteilung des Kunstschönen ... der Begriff des *Charakteristischen* sei» [13]. Mit derartigen Auffassungen und schon durch die Anlage seiner Ästhetik spricht Hegel sich für eine konsequent historische Betrachtungsweise des Sch. aus, wie sie auch von F. und A. W. Schlegel, letztlich als Ergebnis der 'Querelle des Anciens et des Modernes', gefordert und durchgeführt wird [14]. Für Hegel sind die beiden traditionell immer getrennten Linien der Theorie des Sch. und der Theorie der Kunst zusammenzuführen, aber ein bloßes Nachbuchstabieren traditioneller Schönheitsmetaphysik genügt dafür nicht: «Es ist also wohl der Fall, daß auch wir in der Philosophie der Kunst von der Idee des Schönen ausgehen müssen, aber es darf nicht der Fall sein, daß wir nur jene abstrakte, das Philosophieren über das Schöne erst beginnende Weise Platonischer Ideen festhalten» [15]. Die Historizität des Sch. wird in Hegels ‹Vorlesungen über die Ästhetik› ebenso wichtig genommen wie die Idealität: «Der philosophische Begriff des Schönen ... muß die beiden angegebenen Extreme in sich vermittelt enthalten, indem er die metaphysische Allgemeinheit mit der Bestimmtheit realer Besonderheit vereinigt» [16]. Das hier (und zuvor bereits bei Winckelmann und Herder) aufgestellte methodologische Programm einer Interpretation der Idee des Kunst-Sch. in ihren historischen Besonderungen ist in der Folgezeit für Kunst- und Literaturwissenschaften und für die philosophische Ästhetik zu einer fortwährenden Herausforderung geworden.

Zu den wichtigen Ästhetiken der Hegelschule im 19. Jh. gehört neben Ch. H. Weisses ‹System der Ästhetik als Wissenschaft von der Idee der Schönheit› (1830) und K. Rosenkranz' ‹Ästhetik des Häßlichen› (1853) vor allem F. Th. Vischers ‹Ästhetik› (1846-57), die eine Erneuerung der Metaphysik des Sch. versucht. In der Selbstkritik seiner Ästhetik aber zeigt Vischer die Brüchigkeit dieses Versuchs: «Die Ästhetik muß den Schein, als gebe es ein Schönes ohne Zutun ... des anschauenden Subjekts, schon auf ihrem ersten Schritte vernichten ...; kurz, das Schöne ist einfach eine bestimmte Art der Anschauung» [17]. Vischer stimmt mit Hegel darin überein, daß die Entzweiungen der Moderne nicht ästhetisch aufgehoben werden können.

Anmerkungen. [1] Systemprogr., in: Ch. Jamme/H. Schneider (Hg.): Mythol. der Vernunft. Hegels ‹ältestes Systemprogramm› des dtsch. Idealismus (1984) 12. – [2] F. W. J. Schelling: Syst. des transz. Id. VI, § 2. Sämmtl. Werke, hg. K. F. A. Schelling (1856-61) I/3, 620. – [3] J. G. Herder: Krit. Wälder oder Betracht. über die Wiss. und Kunst des Sch. Viertes Wäldchen. Über Riedels Theorie der schönen Künste (1769). Sämmtl. Werke, hg. B. Suphan 4 (1878) 20; dazu: G. Scholtz: Der Weg zum Kunstsystem des dtsch. Idealismus, in: W. Jaeschke/H. Holzhey (Hg.): Früher Idealismus und Frühromantik. Der

Streit um die Grundl. der Ästhetik (1795-1805) (1990) 27; vgl. auch: H. SPRINGMEYER: Herders Lehre vom Natur-Sch. (1929); W. SANGE: Kant und Herder. Über das Angenehme, Gute und Sch. (1906). – [4] Krit. Wälder IV, a.O. 4, 127; dazu SCHOLTZ, a.O. 16f. – [5] SCHOLTZ, a.O. 21. – [6] JEAN PAUL: Vorschule der Ästhetik (1804), hg. N. MILLER (1963). – [7] HEGEL, a.O. [22 zu 2.] 14. – [8] a.O. 17. – [9] 21. – [10] 151. – [11] 152. – [12] 24. – [13] 33ff.; vgl. F. DENK: Das Kunst-Sch. und Charakteristische von Winckelmann bis F. Schlegel (1925). – [14] F. SCHLEGEL: Über das Studium der griech. Poesie (1795); dazu: P. SZONDI: Poetik und Gesch.philos. 1-2 (1974) 1, 99-132; zur Bedeutung der 'Querelle': H. R. JAUSS: Ästhet. Normen und geschichtl. Reflexion in der 'Querelle des Anciens et des Modernes' (1964). – [15] HEGEL, a.O. [22 zu 2.] 39. – [16] a.O. 39; vgl. SZONDI, a.O. [14] 1, 309. – [17] F. TH. VISCHER: Kritik meiner Ästhetik. Krit. Gänge, hg. R. VISCHER (^{2}1914-22) 4, 224; dazu BÄUMLER, a.O. [1 zu 1.] 95f.; W. OELMÜLLER: F. Th. Vischer und das Problem der nachhegelschen Ästhetik (1959) 159ff. 211f.

4. Für die frühen *Romantiker* hebt sich das Erhabene, das von Boileau bis zu Kant als eigene, dem Sch. zumindest gleichrangige Sphäre betrachtet worden war, im Sch. auf; Zentralkategorie der Ästhetik ist nur mehr das Sch., nicht mehr das Erhabene [1]. «Die Definition des Schönen in einem immer noch normativen, absoluten Sinne war die Mitgift der romantischen Kunsttheorie an die Ästhetiker der folgenden Generation», und zwar insbesondere, indem «sie den Begriff des Schönen hypostasierten zur metaphysischen Dimension» [2]. Die Begriffe des Unendlichen, des Interessanten und Neuen, des Genialischen und Schöpferischen, der Selbstgesetzgebung des Künstlers und der Autonomie der Kunst werden mit dem Begriff des Sch. konnotiert und gewinnen Einfluß auf die Künstler- und Populärästhetiken des 19. und noch des beginnenden 20. Jh. In der Wendung gegen die klassizistische Identifizierung des 'Wahren, Guten und Schönen' versuchen Romantiker wie H. VON KLEIST, E. T. A. HOFFMANN, P. B. SHELLEY, G. G. N. Lord BYRON, E. A. POE und nachromantische Avantgardisten (CH. BAUDELAIRE, A. RIMBAUD, I. DE LAUTRÉAMONT, die Surrealisten) die Theorie des Sch. von der Moral zu emanzipieren und die Faszination des Schrecklichen, Phantastischen, Tödlichen und Bösen ästhetisch auszuspielen [3]. Solche Romantik will die Nachtseite des Sch. ausloten, die in den klassizistischen und idealistischen Harmonisierungen von 'gut' und 'schön' allzuleicht verdrängt wird. Die «schwarze Romantik» [4] sieht im Sch. (oder im bewußten Angriff auf das 'etablierte' Sch.) einen Gegenpol zur problematischen Normalität der bürgerlichen Gesellschaft und versucht, in der Produktion des amoralischen Sch. bzw. Faszinierend-Anstößigen eine radikale ästhetische Opposition zu verwirklichen. Allerdings bleibt hierbei paradox, daß das provokativ Sch. oder Häßliche im Prinzip marktgängig sein muß, um überhaupt in Erscheinung treten zu können. Die Provokationen und Infragestellungen des gängigen Schönheitsbegriffs müssen einander also in immer rascherer Folge ablösen, um den beanspruchten schockierenden Effekt noch zu erreichen; das Sch. wird wechselnden Moden unterworfen [5].

Für A. SCHOPENHAUER, in dessen Theorie des Sch. sich Kantische und Platonische Motive verbinden und durchkreuzen, beruht der «Genuß alles Schönen» darauf, daß «das Ansich des Lebens, der Wille, das Daseyn selbst, ein stetes Leiden und theils jämmerlich, theils schrecklich ist; dasselbe hingegen als Vorstellung allein, rein angeschaut, oder durch die Kunst wiederholt, frei von Quaal, ein bedeutsames Schauspiel gewährt» [6]. Schopenhauer erläutert diese Auffassung an der Rezeption von Musik, der für ihn höchsten Kunst, die «das Herz der Dinge giebt» [7]. Kants Bestimmung des Sch. als Objekt eines interesselosen Wohlgefallens wird von Schopenhauer erneuert: Der von allem Wollen befreiten reinen Kontemplation kann alles Gegenständliche als schön gelten: «Da ... jedes vorhandene Ding rein objektiv und außer aller Relation betrachtet werden kann; da ferner auch andererseits in jedem Dinge der Wille, auf irgend einer Stufe seiner Objektität, erscheint, und dasselbe sonach Ausdruck einer Idee ist; so ist auch jedes Ding *schön*. ... Es hat ... jedes Ding seine eigenthümliche Schönheit: nicht nur jedes Organische und in der Einheit einer Individualität sich darstellende; sondern auch jedes Unorganische, Formlose, ja jedes Artefakt» [8]. Die Schönheit als universale Kategorie der Beschreibung der Gegenstandswelt entspringt demnach subjektiv der kontemplativen Einstellung des Betrachters, objektiv der aus den Dingen sprechenden «Objektität des Willens», was Schopenhauer nicht daran hindert, das ästhetische Glaubensbekenntnis des Humanismus zu wiederholen: «Darum ist der Mensch vor allem Andern schön und die Offenbarung seines Wesens das höchste Ziel der Kunst» [9]. In diesem Punkt, im ästhetischen Platonismus und in der Auffassung von der Versenkung in das Kunst-Sch., insbesondere der Musik, als Erlösung vom Willen folgt ihm F. NIETZSCHE, auf dessen Einschätzung von Kunst und Kunstwerken Schopenhauer im übrigen einen kaum zu überschätzenden Einfluß genommen hat, nicht [10].

Nietzsche polemisiert geradezu gegen die am Ende des 19. Jh. zur Trivialästhetik herabgesunkene klassizistisch-idealistische Bestimmung des Sch. als des Wahren und Guten: «Nichts ist bedingter, sagen wir *beschränkter*, als unser Gefühl des Schönen. ... Das 'Schöne an sich' ist bloss ein Wort, nicht einmal ein Begriff. Im Schönen setzt sich der Mensch als Maass der Vollkommenheit; in ausgesuchten Fällen betet er sich darin an. ... Der Mensch glaubt die Welt selbst mit Schönheit überhäuft, – er *vergisst* sich als deren Ursache. Er allein hat sie mit Schönheit beschenkt, ach! nur mit einer sehr menschlich-allzumenschlichen Schönheit.... Im Grunde spiegelt sich der Mensch in den Dingen, er hält Alles für schön, was ihm sein Bild zurückwirft: das Urtheil 'schön' ist seine *Gattungs-Eitelkeit* ...» [11]. Nietzsche weist mit Schärfe den Anthropozentrismus und die metaphysischen Implikationen der traditionellen Schönheitstheorien zurück. Risiko und Verantwortlichkeit für die Produktion des Sch. liegen in der Hand des Künstlers, die Ästhetik steht nur in einem parasitären Verhältnis zum Sch. Das Sch. unterliegt als Stimulans des 'Lebens' und infolge seines Scheincharakters grundsätzlich nicht moralischen Verboten und Zwecksetzungen. Wie problematisch aber ein prononciert immoralistischer Begriff des ins Belieben des Künstlers gestellten Sch. werden kann, zeigt sich später, etwa in den futuristischen Manifesten MARINETTIS: «Der Krieg ist schön, weil er eine blühende Wiese um die feurigen Orchideen der Mitrailleusen bereichert. Der Krieg ist schön, weil er das Gewehrfeuer, die Kanonaden, die Feuerpausen, die Parfums und Verwesungsgerüche zu einer Symphonie vereinigt» [12]. Der Krieg als Gesamtkunstwerk – das ist die Travestie von Theorien einer völligen Autonomie des amoralischen schönen Scheins.

Anmerkungen. [1] D. MATHY: Zur frühromant. Selbstaufhebung des Erhabenen im Sch., in: CH. PRIES (Hg.): Das Erhabene. Zwischen Grenzerfahrung und Größenwahn (1989) 143ff.; C. ZELLE: Schönheit und Erhabenheit. Der Anfang doppelter Ästhetik bei Boileau, Dennis, Bodmer und Breitinger, a.O. 55ff. – [2] K. H. BOHRER: Die Ästhetik des Schreckens. Die pessimist. Romantik und E. Jüngers Frühwerk (1983) 61. – [3] Vgl. A. WIEGAND: Die Schönheit und das Böse (1967). – [4] M. PRAZ: Liebe, Tod und Teufel. Die schwarze Romantik (1963). – [5] Vgl. W. BENJAMIN: Ch. Baudelaire. Ein Lyriker im Zeitalter des Hochkapitalismus. Ges. Schr., hg. R. TIEDEMANN/H. SCHWEPPENHÄUSER I/2 (1974) 509ff. – [6] A. SCHOPENHAUER: Die Welt als Wille und Vorst. I, 3 (1819) § 52. Zürcher Ausg., hg. A. HÜBSCHER (Zürich 1977) 1, 335. – [7] § 52, a.O. 330. – [8] § 41, a.O. 268f.; vgl. N. NOBEL: Schopenhauers Theorie des Sch. in ihren Bez. zu Kants Kritik der ästh. Urteilskraft. Diss. (1897). – [9] § 41, a.O. 269. – [10] F. NIETZSCHE: Götzen-Dämmerung oder Wie man mit dem Hammer philosophirt. Streifzüge eines Unzeitgemässen §§ 20-23 (1888). Krit. Ges.ausg., hg. G. COLLI/M. MONTINARI (1967ff.) 6/3, 118-120. – [11] § 19, a.O. 117. – [12] MARINETTI (1936), zit. nach: W. BENJAMIN: Das Kunstwerk im Zeitalter seiner techn. Reproduzierbarkeit. Zweite Fassung XIX (1936), a.O. [5] VII/1 (1989) 383.

5. Im *20. Jh.* verliert der Begriff des Sch. für Kunstproduktion und -theorie insgesamt an Interesse. Zugleich verzweigen sich die Auffassungen vom Sch. ins Unabsehbare. Von Versuchen der methodologischen Selbstvergewisserung einer *allgemeinen Kunstwissenschaft* aus (M. DESSOIR, E. UTITZ) werden die Allgemeinheitsansprüche von klassizistischen Theorien des Sch. schroff zurückgewiesen [1]. Eine strikte *Historisierung* der Phänomene des Sch. findet sich in W. DILTHEYS lebensphilosophisch-geisteswissenschaftlich orientiertem Zugang zur Kunst und zum Sch.; für ihn und für G. SIMMEL spielen die Kategorien ‹Erlebnis› bzw. ‹Erfahrung› eine entscheidende Rolle, bei Simmel bis hin zur ästhetizistischen Neufassung des Wirklichkeitsbegriffs. Dabei kann das konkret und spezifisch Sch. im Werk bis dahin unterschätzter Dichter wie Hölderlin oder noch nie so gesehener Künstler wie Rembrandt hervortreten und in neuer Weise philosophisch gedeutet werden [2].

Die phänomenologische Einstellung der Epoché als «neue Art des Erfahrens, des Denkens, des Theoretisierens», bei der alle «natürlichen Interessen ... außer Spiel gesetzt» sind [3], erinnert an die Kantische Bestimmung des Sch. vom «interesselosen Wohlgefallen» des Rezipienten her. Kategorien der Ästhetik werden so produktiv für die Erkenntnistheorie. Auf die Nähe mancher phänomenologischen Verfahrensweisen zu künstlerischen ist wiederholt hingewiesen worden [4]. Die *phänomenologische Ästhetik* bleibt in der Regel objekt-, d.h. kunstwerkbezogen und ist, wenn überhaupt, cher sekundär an einer Bestimmung von Schönheit interessiert [5].

Für S. FREUD gilt, «daß das Lebensglück vorwiegend im Genusse der Schönheit gesucht wird» [6]. «Der Genuß an der Schönheit hat einen besonderen, milde berauschenden Empfindungscharakter. Ein Nutzen der Schönheit liegt nicht klar zu Tage, ihre kulturelle Notwendigkeit ist nicht einzusehen, und doch könnte man sie in der Kultur nicht vermissen. ... Leider weiß auch die Psychoanalyse über die Schönheit am wenigsten zu sagen. Einzig die Ableitung aus dem Gebiet des Sexualempfindens scheint gesichert .... Die ‘Schönheit’ und der ‘Reiz’ sind ursprünglich Eigenschaften des Sexualobjekts» [7]. Über die philosophische Ästhetik urteilt Freud, ähnlich wie Nietzsche, vernichtend: «Die Wissenschaft der Ästhetik untersucht die Bedingungen, unter denen das Schöne empfunden wird; über Natur und Herkunft der Schönheit hat sie keine Aufklärung geben können; wie gebräuchlich, wird die Ergebnislosigkeit durch einen Aufwand an volltönenden, inhaltsarmen Worten verhüllt» [8].

M. HEIDEGGER fragt nicht zuerst nach der Schönheit, sondern vielmehr nach der Wahrheit des Kunstwerks: «Die Wahrheit ist die Wahrheit des Seins. Die Schönheit kommt nicht neben dieser Wahrheit vor. Wenn die Wahrheit sich in das Werk setzt, erscheint sie. Das Erscheinen ist – als dieses Sein der Wahrheit im Werk und als Werk – die Schönheit. So gehört das Schöne in das Sichereignen der Wahrheit» [9].

Der frühe G. LUKÁCS sucht unter dem Einfluß Hegels von einem lebensphilosophischen Ansatz her Ästhetik und Geschichtsphilosophie zu verbinden; er ordnet das literarisch im eigentlichen Sinne Sch. seiner Möglichkeit nach der antiken Geschichtsepoche zu [10]. In der normativen Kunsttheorie des ‘sozialistischen Realismus’ verbindet der mittlere und späte Lukács sein im Kern klassizistisch gebliebenes Konzept des Sch. mit dem Postulat eines sozialkritisch-parteilichen Realismus [11].

«Le beau est négatif» [12]. Dieser Satz P. VALÉRYS könnte als Motto über einer der wenigen bedeutenden Ästhetiken des 20. Jh. stehen, der es um eine ‘Rettung’ des Begriffs des Sch. und um seine Anwendung auf die moderne Kunst zu tun ist, der ‹Ästhetischen Theorie› TH. W. ADORNOS. Adorno spricht hier von der «Krisis des Schönen» in der Gegenwart; das Sch. könne in der Kunst der Moderne nur mehr «negativ erscheinen» [13]. Mit Kant postuliert Adorno den Vorrang des Natur-Sch. vor dem Kunst-Sch.; er geht so weit zu sagen: «Kunst ahmt nicht Natur nach, auch nicht einzelnes Naturschönes, doch das Naturschöne an sich» [14]. Diese innere Ähnlichkeit des Kunst-Sch. mit dem Natur-Sch. besteht Adorno zufolge in einem beiden gemeinsamen Schein: «Natur hat ihre Schönheit daran, daß sie mehr zu sagen scheint, als sie ist. Dies Mehr seiner Kontingenz zu entreißen, seines Scheins mächtig zu werden, als Schein ihn selbst zu bestimmen, als unwirklich auch zu negieren, ist die Idee von Kunst» [15]. Diesen metaphysischen Schein im Kunst- und im Natur-Sch. will Adorno nicht aufgeben; seinetwegen versucht er die unzeitgemäße ‘Rettung’ des Sch. Für die Kategorien des Sch. und des Häßlichen gilt am Ende: «Beide spotten einer definitorischen Fixierung» [16].

Anmerkungen. [1] M. DESSOIR: Ästhetik und allg. Kunstwiss. (1906); E. UTITZ: Grundleg. einer allg. Kunstwiss. 1 (1914). – [2] W. DILTHEY: Das Erlebnis und die Dichtung (1906); G. SIMMEL: Rembrandt. Ein kunstphilos. Versuch (1916); Zur Philos. der Kunst, hg. G. SIMMEL (1922). – [3] E. HUSSERL: Die Krisis der europ. Wiss.en und die transz. Phänomenol. [1935/36] § 41, hg. W. BIEMEL. Husserliana 6 (Den Haag 1954) 154f. – [4] O. BECKER: Von der Hinfälligkeit des Sch. und der Abenteuerlichkeit des Künstlers, in: Festschr. E. Husserl (1929) 27-52, bes. 36ff. – [5] J. VOLKELT: System der Ästhetik 1-3 (1905-14); R. INGARDEN: Das lit. Kunstwerk (1931); K. HAMBURGER: Die Logik der Dichtung (²1968). – [6] S. FREUD: Das Unbehagen in der Kultur (1930). Ges. Werke, hg. A. FREUD u.a. (London 1940-68) 14, 441; vgl. zur Bedeutung der Psychoanalyse für die moderne Ästhetik: O. MARQUARD: Zur Bedeut. der Theorie des Unbewußten für eine Theorie der nicht mehr schönen Künste, in: H. R. JAUSS (Hg.): Die nicht mehr schönen Künste. Grenzphänomene des Ästhet. (1968) 375-392. – [7] FREUD, a.O. 441f. – [8] a.O. 441. – [9] M. HEIDEGGER: Der Ursprung des Kunstwerkes, in: Holzwege (⁴1963) 67. – [10] G. LUKÁCS: Die Theorie des Romans. Ein gesch.-philos. Versuch über die Formen der großen Epik (1920, ND 1971). – [11] Probleme der Ästhetik. Werke, hg. F. BENSELER 10 (1969); Ästhetik. In vier Teilen (1972ff.). – [12] P. VALÉRY: Oeuvres, hg. J. HYTIER (Paris 1968) 1, 374. – [13] TH. W. ADORNO: Ästhet. Theorie (1970). Ges. Schr. 7, hg. G. ADORNO/R. TIEDEMANN (1970) 85; vgl. G. FIGAL: Th. W. Adorno. Das Natur-Sch. als spekulat. Gedankenfigur. Zur Interpr. der ‹Ästhet. Theorie› im Kontext philos. Ästhetik (1977);

B. BRÄUTIGAM: Reflexion des Sch. – Schöne Reflexion. Überleg. zur Prosa ästhet. Theorie – Hamann, Nietzsche, Adorno (1975); S. J. SCHMIDT: Der philos. Begriff des Sch. und Häßlichen in Adornos ‹Ästhet. Theorie›, in: SCHMIDT: Elem. einer Textpoetik (1974) 165-176. – [14] ADORNO, a.O. 113. – [15] a.O. 122. – [16] 75.

Literaturhinweise. – Zu Kant: W. MÜLLER: Das Verhältnis des Sch. zum Sittlich-Guten in der Ästhetik Kants (1927). – G. FREUDENBERG: Die Rolle von Schönheit und Kunst im System der Transz.philos. (1960). – K. NEUMANN: Gegenständlichkeit und Existenzbedeutung des Sch. Unters. zu Kants ‹Kritik der ästhet. Urteilskraft› (1973). – J. KUHLENKAMPFF (Hg.): Mat. zu Kants KU (1974). – J. KUHLENKAMPFF: Kants Logik des ästh. Urteils (1978). – H. PAETZOLD: Ästhetik des dtsch. Idealismus. Zur Idee ästhet. Rationalität bei Baumgarten, Kant, Schelling, Hegel und Schopenhauer (1983) 55ff. – B. DÖRFLINGER: Die Realität des Sch. in Kants Theorie reinästhet. Urteilskraft (1988). – *Zu Schiller:* J. ULRICH: Schillers Begriff vom Sch. (1927). – D. HENRICH: Der Begriff der Schönheit in Schillers Ästhetik. Z. philos. Forsch. 11 (1957) 527-547. – R. RIECKE-NIKLEWSKI: Die Metaphorik des Sch. Eine krit. Lektüre der Abh. ‹Über die ästhet. Erzieh. des Menschen in einer Reihe von Br.› von F. Schiller (1986). – C. MUEHÖECK-MÜLLER: Schönheit und Freiheit. Die Vollendung der Moderne in der Kunst: Schiller – Kant (1989). – *Zu Schelling:* D. JÄHNIG: Die Kunst in der Philos. 1-2 (1966) bes. Bd. 2. – H. FREIER: Die Rückkehr der Götter (1976). – P. SZONDI: Schellings Gattungspoetik, in: SZONDI s. [14 zu 3.] 2, 185-307. – *Zu Hegel:* CH. HELFERICH: Kunst und Subjektivität in Hegels Ästhetik (1976). – H.-H. EWERS: Die schöne Individualität. Zur Genesis des bürgerl. Kunstideals (1978) 10-189. – P. SZONDI: Hegels Lehre von der Dichtung, in: SZONDI s. Anm. [14 zu 3.] 1, 267-511. – A. GETHMANN-SIEFERT: Die Funktion der Kunst in der Gesch. Unters. zu Hegels Ästhetik (1984). – *Zu Nietzsche:* R. REUBER: Ästhet. Lebensformen bei Nietzsche (1988). – *Zum 20. Jh.:* TH. HAECKER: Schönheit (³1953). – M. BENSE: Aesthetica. Metaphys. Beobacht. am Sch. (1954). – F. KAUFMANN: Das Reich des Sch. (1960). – H. U. VON BALTHASAR: 'Herrlichkeit'. Eine theolog. Ästhetik (Einsiedeln 1961ff.). – H. R. JAUSS (Hg.) s. Anm. [6 zu 5.]. – W. TATARKIEWICZ: Les deux concepts de la beauté, in: Cahiers Roumains Et. litt. 2 (1974) 62-68. – S. J. SCHMIDT (Hg.) s. Anm. [22 zu IV. A.]. – H.-G. GADAMER: Die Aktualität des Sch. Kunst als Spiel, Symbol und Fest (1977). – W. OELMÜLLER/R. DÖLLE-OELMÜLLER/ N. RATH: Philos. Arbeitsbücher 5 – Diskurs: Kunst und Schönes (1982). – D. HUBRIG s. Anm. [21 zu 2.]. – R. RITSEMA (Hg.): Die Schönheit der Dinge (1986). – B. BRUGGER: Die Psychologie vor dem Sch. (1987). – R. GRUENTER: Vom Elend des Sch. Stud. zur Lit. und Kunst, hg. H. WUNDERLICH (1988). – K. MATTHIES: Schönheit, Nachahmung, Läuterung. Drei Grundkategorien für ästh. Erziehung (1988).   N. RATH

Schöner Geist, Schöngeist. Der Begriff ‹schöner Geist› [sch.G.] erhält seine terminologische Bedeutung erst als Übersetzungsversuch des französischen ‹bel esprit› 1687 bei CH. THOMASIUS [1]. Gegenüber D. BOUHOURS, der die «divers caracters du bel esprit» in den Kontexten von Politik, Konversation und «belles lettres» verortet [2], grenzt ihn THOMASIUS auf den letzteren ein und bestimmt, daß «die Wissenschafft der Grund zu einem bel esprit und ein nöthiges Stück davon ist ...» [3]. Der Ausdruck ‹sch.G.› steht zunächst dem älteren Begriff des Witzes nahe [4] und dient der genaueren Bestimmung des Geistes ('einen sch.G. haben'). Sodann wird aber ‹sch.G.› mehr und mehr auch personifizierend gebraucht ('ein sch.G. sein') und kennzeichnet dann denjenigen, «bey welchem die sinnlichen Empfindungen, die Einbildungskraft und der Verstand gemeinschaftlich wirken» [5]. Der Begriff kommt im 18. Jh. zusammen mit Sache und Begriff der schönen Wissenschaften und der Ästhetik in Gebrauch und charakterisiert einen Menschen von ästhetischer Bildung und künstlerischem Vermögen, die sich mit weitläufiger Weltkenntnis und Erfahrung verbinden. Für CH. M. WIELAND waren «wirklich große und schöne Geister» Homer, Thukydides und Vergil [6]. Wie der «Aestheticus», so wird auch der «sch.G.» dem bloßen Gelehrten gegenübergestellt. Da als Ideal die Verbindung von ästhetischer und wissenschaftlicher Bildung gilt, kann G. E. LESSING deren Trennung kritisieren: «Unsere schönen Geister sind selten Gelehrte, und unsere Gelehrte selten schöne Geister. Jene wollen gar nicht lesen, gar nicht nachschlagen, gar nicht sammeln; kurz, gar nicht arbeiten: und diese wollen nichts als das. Jenen mangelt es am Stoffe, und diesen an der Geschicklichkeit ihrem Stoffe eine Gestalt zu erteilen» [7]. Hier kündigt sich die kritische und pejorative Bedeutung des Begriffs an, die in der zweiten Hälfte des 18. Jh. immer häufiger wird. Was man einen «sch.G.» nennt, entpuppt sich als ästhetische Halbbildung, Oberflächlichkeit, bloße Empfindelei und Stutzertum [8]. In diesem Zusammenhang entsteht eine ganze Reihe von abwertenden Begriffen wie ‹Schöngeistelei›, ‹schöngeistern›, darunter auch ‹Schöngeist› [9]. Diese letzte Kontraktion ist schon 1775 bei CH. F. D. SCHUBART belegt, der über die «Schöngeisterchen in Paris» spottete [10].

Schon in Frankreich konnte ‹bel esprit› u.a. auch ‹Genie› bedeuten. Je mehr durch die wachsende Differenzierung zwischen Wissenschaft und Kunst – zusammen mit den Begriffen ‹schöne Wissenschaft› und ‹schönes Denken› – auch der Begriff ‹sch.G.› der Kritik verfällt und schließlich außer Gebrauch kommt, desto mehr nimmt der Geniebegriff seine Stelle ein, und zwar dort, wo das Schöpferische und die Originalität des Künstlers bezeichnet werden sollen. (Bereits G. F. MEIER übersetzte mit «sch.G.» den Baumgartenschen Begriff «ingenium venustum» [11].) Wo es aber das handwerkliche Metier des ehemals ‹sch.G.› zu bezeichnen gilt, da spricht man jetzt vom «Schriftsteller» [12] oder vom «Journalisten, Versler und Correspondenzler, häufig Literaten» [13]. ‹Schöngeist› aber bleibt der Sprache als zumeist herablassend ironische Kennzeichnung für den 'Ästheten' erhalten.

Anmerkungen. [1] CH. THOMASIUS: Welcher Gestalt man denen Frantzosen in gemeinem Leben und Wandel nachahmen solle? (1687). Kl. dtsch. Schr., hg. J. O. OPEL (1894, ND 1983) 87. 110. 116; vgl. Art. ‹Bel esprit›, in: Hist. Wb. Philos. 1 (1971) 828f. – [2] D. BOUHOURS: Les entretiens d'Ariste et d'Eugene (Paris 1671, ND 1962) 127; vgl. THOMASIUS, a.O. 87. – [3] THOMASIUS, a.O. 110. – [4] Vgl. W. T. KRUG: Allg. Wb. der philos. Wiss.en, nebst ihrer Lit. und Gesch. 2 (1827) 136. – [5] J. CH. ADELUNG: Grammat.-krit. Wb. der hochdtsch. Mundart 2 (²1796) 514; vgl. J. H. CAMPE: Wb. der dtsch. Sprache 2 (1808) 297. – [6] Vgl. WIELANDS Br.wechsel, hg. H. W. SEIFFERT 1 (1963): Br. der Bildungsjahre (1. Juni 1750-2. Juni 1760) 373 (Br. an Zimmermann, 18. 10. 1758). – [7] G. E. LESSING: Br. die neueste Lit. betr. 3. Ges. Werke, hg. P. RILLA 4 (²1968) 269 (52. Br., 23. 8. 1759). – [8] Vgl. Br. von und an G. A. BÜRGER. Ein Beitrag zur Lit.gesch. seiner Zeit, hg. A. STRODTMANN 1 (1874) 165 (Br. an Boie, Okt. 1773); J. M. MILLER: Beytrag zur Gesch. der Zärtlichkeit (²1780) 9; G. SCHADE: Einl. in die höhere Weltweisheit der allg. Ges. der Wiss.en. Erster Versuch oder Erstes Stück mit einer sehr merkwürdigen Zueignungsschrift (1760) 11f. – [9] Vgl. GRIMM 9 (1899) Art. ‹Schöngeist› 1508f.; ‹Schöngeistelei› 1509 ‹Schöngeistern› 1509. – [10] CH. F. D. SCHUBART: Dtsch. Chronik (1775) 787 (99. Stück, 11. 12. 1775). – [11] G. F. MEIER: Anfangsgründe aller schönen Wiss.en 1 (1748) 510f. (§ 217). – [12] Vgl. GRIMM, a.O. [9] 1508. – [13] I. JEITTELES: Aesthet. Lex. Ein alphabet. Hb. zur Theorie der Philos. des Schönen und der schönen Künste 2 (Wien 1837) 318.

Literaturhinweise. D. Bouhours s. Anm. [2]: Le bel esprit. Quatrième Entretien 113-138. – W. Feldmann: Modewörter des 18. Jh. 2. Z. dtsch. Wortforschung, hg. F. Kluge 6 (1904/05) 332-336.

G. Scholtz

Schönheitslinie, ein Grundbegriff der Ästhetik des 18. Jh., wurde als «line of beauty» vom Maler und Karikaturisten W. Hogarth (1697-1764) geprägt, der, angeregt durch den italienischen Manierismus, diese Linie aus der Wellenlinie ableitete. Hogarth veröffentlichte 1753 die ‹Analysis of Beauty›, in der er diese Linie als Schlüssel zum Verständnis aller Arten des Schönen in Natur und Kunst kennzeichnete [1]. Das Schöne beruht nach Hogarth nicht auf einer subjektiven Empfindung, sondern auf einer objektiven Eigenschaft. Die Abhandlung wurde 1754 ins Deutsche übersetzt, 1761 ins Italienische und 1805 ins Französische [2].

Die Sch. ist nach Hogarth die Regel des Geschmacks und das oberste Prinzip der Kunst, weil sie in ihren regelmäßigen und doch frei und ungezwungen wirkenden Krümmungen alle Eigenschaften des Schönen – nämlich Zweckmäßigkeit, Einfachheit, Natürlichkeit u.a. – erfüllt. Hogarths kleine Schrift wurde in der englischen Ästhetik von Burke, Home, Alison u.a. rezipiert. E. Burke geht in der zweiten Auflage seiner ‹Philosophical Enquiry› (1759) ausdrücklich auf die Sch. ein [3]. In Frankreich diskutiert D. Diderot die Sch. und nennt sie «symbole du mouvement et de la vie» [4]. Besonders intensiv war die Auseinandersetzung mit der Sch. in Deutschland, wo Hogarths Kunst viel Anerkennung gefunden hatte (G. Ch. Lichtenberg). J. J. Winckelmann verwendet den Begriff mehrfach [5]. Er findet sich bei F. G. Klopstock [6], J. J. Bodmer [7], J. Möser [8], I. Kant [9], J. W. Goethe [10] u.a. In G. E. Lessings Rezension der ‹Analysis› heißt es, «daß die wellenförmige Linie die wahre Linie der Schönheit, und die Schlangenlinie die wahre Linie des Reizes sei. Auf der Betrachtung dieser beiden Linien beruht das ganze Hogarthsche System von der Schönheit» [11]. Die bei Hogarth nur angedeutete Verknüpfung von Sch., Schönheit und Bewegung führt bei M. Mendelssohn zu einer folgenreichen Theorie des Reizes, der Anmut, der Grazie [12].

Von besonderer Bedeutung ist die Auseinandersetzung mit der Sch. bei J. G. Herder, F. Schiller und K. Ph. Moritz. Gemeinsam ist diesen Autoren die Suche nach einem objektiven Prinzip des Schönen, also eine Auffassung, die im Gegensatz zur Kantischen Ästhetik das Schöne auf ein objektives, begrifflich erfaßbares Merkmal zurückzuführen sucht. Herder, der bereits in seinen ‹Kritischen Wäldern› auf Hogarth eingeht, fordert in der ‹Plastik› (1778), daß Schönheit Ausdruck von «Wahrheit» und «individueller Bestimmtheit» sein müsse. Die Sch. ist für ihn kein spielerisches Ornament, sondern als Kontur einer Gestalt Ausdruck der «Kraft», der «Bewegung», des «Lebensgeistes». Sie entsteht aus dem Widerstreit der Geraden – der Linie der Festigkeit – und des Kreises – der Linie der Vollkommenheit – und ist in der Plastik vollendeter Ausdruck menschlichen Daseins [13].

Schiller beruft sich in den ‹Kalliasbriefen› an entscheidender Stelle auf die Schlangenlinie (Brief vom 23. 2. 1793). Die Schlangenlinie erfüllt für ihn nicht nur die Forderung Baumgartens u.a. nach sinnlicher Vollkommenheit, nach Einheit in der Mannigfaltigkeit. Die stetige und doch ungezwungene Richtungsänderung erweckt den Eindruck von Natürlichkeit und Freiheit. Vollkommen sind auch andere Linien, aber nur die Schlangenlinie entspricht seinem Begriff der Schönheit als «Freiheit in der Erscheinung» [14].

K. Ph. Moritz entwickelt in seiner Abhandlung ‹Die metaphysische Sch.› (1793) eine spekulative Deutung ihrer Eigenschaften. Die schöne Form gibt in perspektivischer Verschiebung ein Bild des Ganzen der Natur, einen «Schattenriß der höchsten Schönheit» [15]. Die Sch. ermöglicht eine Darstellung der «Wahrheit in verjüngtem Maßstabe» [16]. Die Nähe der Sch. zur Arabeske ergibt sich bereits aus vielen Beispielen Hogarths. In der Romantik verdrängt die Arabeske als ästhetischer Grundbegriff die Sch. Während bei Moritz, der auch eine Abhandlung mit dem Titel ‹Arabesken› (1793) verfaßte, die Sch. noch der umfassendere Begriff war, wird bei F. Schlegel die Arabeske zum zentralen Begriff der Poetik [17]. In seiner Nachfolge wird der Begriff auf die verschiedensten literarischen Gattungen übertragen [18]. In der Ästhetik des Deutschen Idealismus wird der Begriff der Sch. weiter tradiert, hat aber keine zentrale Funktion mehr [19].

Das Interesse an Sch. und Arabeske, an einer geometrisch fundierten Ästhetik insgesamt, geht in der Folgezeit zurück. Die im Hintergrund stehende platonische Voraussetzung, daß die Schönheit der Form in Linien und Kreisen bestehe, verfiel der Kritik. Unter anderen Bedingungen entsteht um 1900 erneut eine Ästhetik der Linie, die Wellenlinie wird stilprägend für die Ornamentformen des Jugendstils und verwandter Tendenzen [20]. Zwischen Wellenlinie und Arabeske als ästhetischem Ideal wird dabei nicht mehr streng unterschieden [21].

Anmerkungen. [1] W. Hogarth: The analysis of beauty (1753), hg. J. Burke (Oxford 1955) bes. 54ff. – [2] Ch. Mylius: Zergliederung der Schönheit, die schwankenden Begriffe von dem Geschmack festzusetzen (London 1754); Anonym: L'Analisi della belleza. Scritta col disegno di fissar l'idee vaghe del gusto (Livorno 1761); H. Jansen: Analyse de beauté. Précédée de la vie de ce peintre, et suivie d'une notice chronologique, historique et critique de tous ses ouvrages de peinture et de gravure (Paris 1805). – [3] E. Burke: A philos. enqu. into the origin of our ideas of the sublime and the beautiful (1757, ²1759), hg. J. T. Boulton (London/New York ²1967) 115f. – [4] D. Diderot: Pensées détachées sur la peinture, la sculpture, l'architecture et la poésie pour servir de suite aux salons (1777). Oeuvres compl. (Paris 1876) 12, 98f. – [5] J. J. Winckelmann: Erinnerung über die Betrachtung der Werke der Kunst. Sämtl. Werke, hg. J. Eiselein (1825) 1, 207f.; Gesch. der Kunst des Altertums, a.O. 4, 65f. passim. – [6] F. G. Klopstock: Gedanken über die Natur der Poesie (1759). Ausgew. Werke, hg. K. A. Schleiden (1962) 994; Eine Beurteilung der Winckelmannischen Gedanken über die Nachahmung der griech. Werke (1760), a.O. 1051. 1053. – [7] H. von Stein: Die Entstehung der neueren Ästhetik (1886, ND 1964) 111; C. F. Voss: Nachricht von einem neuen Abdrucke der Hogarthschen Zergliederung der Schönheit, in: Freymüthige Nachrichten, hg. J. J. Bodmer 11 (Zürich 1754) 331f. – [8] J. Möser: Die Hogarthsche Linie der Schönheit sollte noch weiter angewandt werden. Patriotische Phantasien LXI (1775). Akad.-A. 5 (1945) 230ff.; vgl. auch: Linie der Schönheiten ein Minimum (1775), a.O. 10 (1968) 303ff. – [9] I. Kant: Reflexionen, Nr. 807. Akad.-A. 15/I, 359. – [10] J. W. Goethe: Der Sammler und die Seinigen, 5. Br. (1799). Hamb. Ausg. 12, 93; Fossiler Stier (1822), a.O. 13, 201; Br. an J. K. Lavater (31. 7. 1775). – [11] G. E. Lessing: Zergliederung der Schönheit, die schwankenden Begriffe von dem Geschmack festzusetzen (1754). Sämmtl. Schr., hg. K. Lachmann 4 (1854) 506; vgl. auch: Laokoon (1766) II. XXII, a.O. 6 (1854) 368-374. 472-478. – [12] M. Mendelssohn: Über die Empfindungen (1755). Jub.ausg. 1 (1929) 87. 116; Philos. Schr. (1761), a.O. 282f. 316; vgl. auch A. Altmann: Moses Mendelssohns Frühschr. zur Met. (1969) 130f.

- [13] J. G. HERDER: Sämmtl. Werke, hg. B. SUPHAN (1892) 8, 58. 64f. - [14] Br.wechsel zwischen Schiller und Körner, hg. K. BERGHAHN (1973) 188f. - [15] K. PH. MORITZ: Schr. zur Ästhetik und Poetik, hg. H. J. SCHRIMPF (1962) 155. - [16] a.O. 156. - [17] Vgl. K. K. POLHEIM: Die Arabeske. Ansichten und Ideen aus F. Schlegels Poetik (1966). - [18] Vgl. K. L. IMMERMANN: Münchhausen. Eine Gesch. in Arabesken (1839); vgl. auch: E. ROTERMUND: Musikal. und dichter. 'Arabeske' bei E. T. A. Hoffmann. Poetica 2 (1968) 48-69. - [19] J. G. FICHTE: Akad.-A., hg. R. LAUTH u.a. II/3 (1971) 211; G. W. F. HEGEL: Vorles. über Ästhetik, hg. F. BASSENGE (1955) 1, 143; F. W. J. SCHELLING: Philos. der Kunst (1803-1817). Werke, hg. M. SCHRÖTER 3. Erg.-Bd. (1959) 175. 216. - [20] Vgl. W. D. RASCH: Fläche, Welle, Ornament, in: Zur dtsch. Lit. der Jahrhundertwende (1967) 186-200. - [21] M. PROUST: A la recherche du temps perdu, hg. P. CLARAC/A. FERRÉ 1 (Paris 1964) 699. 850. 862.

Literaturhinweise. H. VON STEIN s. Anm. [7]. - F. ANTAL: Hogarth and his place in European art (London 1961). - K. K. POLHEIM s. Anm. [17]. - M. PRAZ: Mnemosyne. The parallel between lit. and visual arts (Princeton 1967). - W. D. RASCH s. Anm. [20]. - H. J. SCHRIMPF: Die Sprache der Phantasie. K. Ph. Moritz' Götterlehre, in: Festschr. R. Alewyn, hg. H. SINGER/B. VON WIESE (1967) 165-192. - R. PAULSON: Hogarth. His life, art, and times (New Haven/London 1971).   W. DÜSING

Schöpfung (griech. κτίσις, γένεσις; lat. creatio; engl. creation; frz. création; ital. creazione)

I. *Vorderer Orient und ‹Altes Testament›.* - 1. Sch.-Lehren gehören zu den universalsten religiösen Aussagen überhaupt; sie finden sich nicht nur in allen antiken Hochkulturen des Vorderen Orients, sondern in fast allen Religionen der alten Welt bis hinab zu den schriftlosen Kulturen. Man kann sie als ein allgemeines altes 'Menschheitswissen' bezeichnen, das aus einer Epoche stammt, in der religiöses Bekenntnis, philosophische Spekulation und naturwissenschaftliche Beobachtung noch nicht voneinander geschieden waren.

Das Reden von der Erschaffung von Mensch und Welt entsprang, soweit wir erkennen können, nicht primär der gedanklichen Reflexion, sondern dem praktischen Bemühen um Lebenssicherung. Diese existentielle Funktion zeigt sich am deutlichsten in der Verwendung von Sch.-Motiven in Hymnen, Gebeten und Ritualen: Im Lobpreis des mächtigen Weltschöpfers und im Staunen über die Schönheit und Ordnung der Sch. sollen der Bestand und die Sinnhaftigkeit der Welt gegen ihre drohende sinnlose Zerstörung gesichert werden [1]; im Appell an den Menschenschöpfer möchte der bedrohte einzelne dessen schützende Fürsorge für sein Leben aktivieren [2], und die Vergegenwärtigung der Menschen-Sch. etwa in Geburtsritualen soll die göttliche Schöpferkraft bei schweren Geburten mobilisieren [3]. Aber auch bei manchen Sch.-Mythen, die häufig schon einen reflektierteren literarischen Charakter tragen, ist z.T. noch dieser ursprüngliche existentielle Bezug erkennbar: So geht z.B. das babylonische ‹Atramḫasīs›-Epos mitten in der Erzählung über die Erschaffung des Menschen plötzlich in Anweisungen für Geburts- und Hochzeitsriten über [4], und das Epos ‹Enūma-eliš› wurde innerhalb des babylonischen Neujahrsfestes (akītu) rezitiert [5]. Damit soll die Schöpfermacht des Gottes Marduk, der mit der Weltschöpfung die Chaosmacht (Tiamat) bezwang, regelmäßig zur Stabilisierung der Welt vergegenwärtigt werden. Das Sprechen von Sch. ist somit kein objektives Beschreiben, sondern affirmatives Reden, gegen eine ständig erfahrene Bedrohung des Lebens und der Welt gerichtet.

Sch. 'am Anfang' und Gegenwart sind somit unmittelbar aufeinander bezogen. Mit der 'Urzeit' ist nur scheinbar eine ferne Epoche gemeint; sie ragt direkt in die gegenwärtige Wirklichkeit hinein und benennt ihre tragenden und bestimmenden Grundbedingungen.

Wegen ihres direkten Bezuges auf die gegenwärtige Realität ist ‹Sch.› in der antiken Religionsgeschichte weithin noch keine übergreifende Kategorie. In vielen Mythen der schriftlosen Kulturen (z.B. Afrikas), aber auch noch Sumers sind es häufig nur einzelne Dinge, die geschaffen werden, etwa bestimmte Pflanzen oder Tiere [6], aber auch solche, die wir als Kulturgüter bezeichnen würden wie die für die mesopotamische Bewässerungstechnik so wichtige Spitzhacke (Kulturentstehungsmythen) [7]. Insbesondere kreisen viele Sch.-Darstellungen bis in die Frühphase der Hochkulturen hinein allein um die Erschaffung des Menschen [8]. Das umfassende Reden von der Erschaffung der ganzen Welt ('Himmel und Erde') ist demgegenüber eindeutig später; es kam erst mit den Hochkulturen auf [9], deren Großreichsbildungen so etwas wie 'Welt' erst denkbar machten. Auch im ‹Alten Testament› ist die Menschen-Sch.-Erzählung (Gen. 2, 4b-24) älter (10./9. Jh. v.Chr.) als die Weltschöpfungserzählung Gen. 1, 1-2, 4a (5. Jh.).

Über die längste Zeit der Religionsgeschichte ist ‹Sch.› keine gesonderte Kategorie. Die dargestellten Weisen des göttlichen Schaffens orientieren sich vielmehr an den gängigen Vorstellungen der alten Welt, wie Neues entstehen kann. Weltweit lassen sich vier Sch.-Vorstellungen erkennen: 1) Sch. durch Geburt bzw. eine Geburtenfolge: Sie begegnet z.B. als Kosmogonie (d.h. die Entstehung der Welt durch eine Reihe von Göttergeburten, wobei die Götter Teile der Welt repräsentieren) in Ägypten und Phönizien [10], als Anthropogenese z.B. in Sumer, wo die Menschen nach Befruchtung der Erde durch den Himmelsgott aus der Ackerfurche sprießen [11] (Geburt aus der 'Mutter Erde'). 2) Sch. durch handwerkliches Tun: Hier gibt es kaum eine alte handwerkliche Tätigkeit, die nicht als Analogon für das göttliche Sch.-Handeln verwendet wird; verbreitet ist etwa das Trennen von Himmel und Erde (Afrika, Sumer) [12] bei der Erschaffung der Welt und das Formen aus Ton bei der Menschen- und Tier-Sch. [13]. 3) Sch. im Zusammenhang eines Kampfes: Der göttliche Kampf gegen das aufrührerische Meer, der besonders im nordsyrischen Ugarit bezeugt ist (Baal-Jam-Mythos), findet sich zumindest im babylonischen ‹Enūma-eliš› eindeutig auf die Welt-Sch. bezogen: Marduk teilt das besiegte Meerungeheuer Tiamat in zwei Hälften und stellt aus ihnen Himmel und Erde her [14]. 4) Sch. durch das Wort: Erst in der Spätphase der Traditionsgeschichte läßt sich der Versuch erkennen, das göttliche Sch.-Handeln zu sublimieren und in seiner Wunderbarkeit von allem menschlichen Schaffen abzugrenzen. An die Stelle der Göttergeburt der älteren ägyptischen Weltentstehungslehren tritt im jungen 'Denkmal memphitischer Theologie' (800 v.Chr.) ein Erschaffen durch 'Herz und Zunge' (d.h. Denken und Wort) des Gottes Ptah [15]. Eine ähnliche Entwicklung läßt sich auch im ‹Alten Testament› erkennen (vgl. Gen. 1 gegenüber 2, 4ff.). Neben den theistischen Sch.-Vorstellungen im eigentlichen Sinn begegnen auch Entstehungsvorstellungen (vgl. z.B. Entstehung aus dem Ur-Ei in Ägypten und Phönizien). Für das Reden von Sch. ist eine Pluriformität der Vorstellungen (häufig in ein und demselben Text!) charakteristisch [16]; die Tradenten waren sich offensichtlich bewußt, das Geheimnis der Sch. nur annäherungsweise beschreiben zu können.

Eine weitere Grenze, eine anfängliche Sch. überhaupt zu denken und auszusagen, zeigt sich in den häufigen 'Als noch nicht ...'-Einleitungen der Sch.-Mythen (z.B. ‹Enūma-eliš› = «Als droben der Himmel noch nicht benannt war ...», aber auch schon in Sumer und Ägypten) [17]. Mit ihnen wird das göttliche Schaffen dadurch erzählbar gemacht, daß zuvor alles, was in der Gegenwart selbstverständlich existiert, negiert wird. Auch die scheinbar positiven Schilderungen einer 'Welt vor der Sch.' als wässeriges (Gen. 1, 2) oder wüstenartiges (Gen. 2, 5) Chaos sind nur als solche tastenden Negationen des jetzt Vorfindlichen gemeint. Das gleiche gilt auch für die stärker reflektierten Aussagen vom uranfänglichen Fehlen der die geordnete Welt ausmachenden Differenzierungen: In der Heliopolitanischen Weltentstehungslehre repräsentiert der zweigeschlechtliche Gott Atum noch zugleich das All und das Nichts; das ‹Atramḫasīs›-Epos beginnt mit den Worten: «Als die Götter (auch noch) Menschen waren.»

Typisch für viele Sch.- und Urzeitmythen ist, daß sie die Grundbedingungen der menschlichen und außermenschlichen Wirklichkeit als ambivalent darstellen, wobei die positive Seite – dem affirmativen Charakter des Redens von Sch. entsprechend – trotz aller negativen Durchkreuzungen das Übergewicht behält [18].

2. Das ‹Alte Testament› hat breiten Anteil an den Sch.-Traditionen seiner vorderorientalischen Umwelt; direkte Einflüsse lassen sich vor allem aus Babylonien (Urgeschichte mit den beiden Polen Sch. und Flut) und Ugarit (Chaoskampf; vgl. Ps. 74, 13-17; 89, 10-13; Jes. 51, 9f.; Hiob 26, 7-13) und Ägypten (Atonshymnen vgl. Ps. 104) nachweisen. Während die Menschen-Sch. wohl schon immer zu den religiösen Überzeugungen der Israeliten gehörte [19], wurde die Welt-Sch. erst in der Königszeit aus der Umwelt auf den bis dahin vor allem im geschichtlichen Bereich tätigen Gott Jahwe übertragen (vgl. aus Jerusalem Gen. 14, 19; Ps. 115, 15; 134, 3; 121, 2; 124, 8 und Ps. 24, 1f.; dazu vielleicht aus dem Nordreich: Am. 4, 13.; 9, 5f.). Zentrale theologische Bedeutung erhielt die Sch. in der Religion Israels erst ab der Exilszeit, nachdem die geschichtlichen Heilstraditionen fraglich geworden waren (vgl. Jes. 40ff.). Israel war sich immer bewußt, daß es das Sch.-Wissen mit anderen Völkern und Religionen teilt (Gen. 14, 19); nicht daß Gott die Welt und den Menschen geschaffen hat, war zwischen ihm und ihnen strittig, sondern welcher Gott als der Welt- und Menschenschöpfer zu bekennen sei. So wird denn auch das Wissen um die Sch. – anders als etwa die Kenntnis der göttlichen ‹Thora› (vgl. Ex. 19ff.) – nicht auf eine Offenbarung Jahwes zurückgeführt [20]. Darum ist auch im AT die Sch. – anders als etwa die Israel gegebenen Verheißungen (vgl. Ex. 4, 32) – nicht Gegenstand des Glaubens, sondern Denk- und Lebensvoraussetzung [21].

Auch an allen vier Gruppen von Sch.-Vorstellungen hat das AT Anteil [22]; auch hier ist die Pluriformität charakteristisch. Es begegnet sogar die altertümliche Vorstellung der Entstehung aus der 'Mutter Erde' (Gen. 1, 24; Ps. 139, 15); wenn der priesterliche Verfasser von Gen. 1, 1-2, 4a neben seiner sublimierten Vorstellung der Erschaffung durch das Wort (z.B. 1, 3) die 'massiveren' Sch.-Tätigkeiten («machen» Gen. 1, 7. 16. 25; «scheiden» 1, 4. 7) bewußt stehenläßt, dann will er damit ausdrücken, daß auch diese ihre Berechtigung behalten. Nur insofern kann man den Versuch einer theologischen Klärung im AT erkennen, als die körperliche Vorstellung der Erschaffung durch Geburt zurückgeschnitten und seit dem Exil mit dem hebräischen Verb bārā, das wohl ursprünglich ‹zerschneiden› bedeutete, ein spezielles Wort für die göttliche Sch.-Tätigkeit reserviert wird, das keine Materialangabe bei sich führt (Gen. 1, 1. 21. 27 u.ö.). Hierin mag man eine gewisse Tendenz erkennen, eine 'creatio ex nihilo' auszusagen; diese ist jedoch im AT noch nirgends konsequent durchgeführt (vgl. Hiob 26, 7; klar erst unter dem Einfluß griechischen Denkens 2 Makk. 7, 28).

Die Besonderheiten des alttestamentlichen Redens von Sch. liegen an anderen Stellen: Die Einzigkeit Jahwes schließt eine Sch. als Folge von Göttergeburten aus; anders als in der Umwelt Israels wird die Sch. auf die nicht-göttliche Welt beschränkt. Der Schöpfer ist nicht Teil seiner Sch., sondern steht ihr deutlich gegenüber.

Das ausgeprägt dialogische Gottesverhältnis Israels macht auch den Menschen als Geschöpf Gottes zum aktiven Gegenüber (auf den Begriff gebracht mit ‹Gottesebenbildlichkeit› Gen. 1, 26f.). Er wird zum Partner des Schöpfers geschaffen, der in die Sch. verändernd und bewahrend eingreifen soll (Gen. 1, 28; 2, 15); die Kulturgüter sind seine Entdeckungen (Gen. 3, 7; 4, 1. 17. 20-22; 5, 29; 11, 2ff.), nicht göttliche Sch.en wie in Sumer. Eine wesentliche Folge dieser Verselbständigung des Menschen ist die Hereinnahme der urgeschichtlichen Ambivalenz in seine Verantwortlichkeit: Die negativen Grundbedingungen menschlicher Existenz und seiner Welt werden nicht aus dem Streit unterschiedlicher Götter bzw. schicksalhaftem Verhängnis, sondern aus dem Vergehen des Menschen gegenüber seinem Schöpfer erklärt (Gen. 2, 16f.; 3, 1ff.; 6, 5f.); der Mensch kann nicht den Schöpfer für die leidvollen Einschränkungen der Sch. haftbar machen, sondern trägt ihm gegenüber selbst dann dafür die Verantwortung, wenn er strenggenommen nichts dafür kann.

Der ausgeprägt geschichtliche Charakter des Gottesverhältnisses Israels führt dazu, daß auch die Sch. in die Geschichte eingebunden wird: Mit der Voranstellung der Urgeschichte vor die Geschichte Israels (Gen. 1-11) werden Natur und Geschichte Bestandteil einer einzigen, in ihrem Wesen geschichtlichen Wirklichkeit.

Die Einbindung der Sch. in die Geschichte führt aber nun nicht nur zu einer dynamischen Sicht der Zivilisation [23], sondern auch zur Erwartung einer neuen Sch. in der Zukunft, mit der die negativen Grundbedingungen der bestehenden Welt aufgehoben werden und allein die von Gott intendierte gute Sch. (Gen. 1, 31) voll zum Zuge kommt (Jes. 65, 16b-25; 11, 6-9 u.ö.). Mit der Verheißung einer Neu-Sch. wird das gesamte Natur- und Menschenverständnis dynamisiert. Die Welt, wie sie ist, und der Mensch, wie er ist, sind nicht unveränderbar, sondern offen auf ihre Vervollkommnung hin. Die gegenwärtige, häufig leidvoll begrenzte und bedrohte Realität von Mensch und Welt ist nur Durchgangsstadium zwischen Sch. und Neuschöpfung.

Anmerkungen. [1] Vgl. z.B. A. FALKENSTEIN/W. VON SODEN: Sumer. und Akkad. Hymnen und Gebete (1953) 302-306; J. ASSMANN: Ägypt. Hymnen und Gebete (1975) 213-221. 296f.; Ps. 33, 6-9; 104; vgl. R. ALBERTZ: Welt-Sch. und Menschen-Sch. (1974) 56-59. 91-109. – [2] Vgl. babylon. Gebete: R. ALBERTZ: Persönl. Frömmigkeit und offiz. Relig. Religionsinterner Pluralismus in Israel und Babylon (1978) 102f.; Gebete aus den schriftlosen Kulturen: ALBERTZ, a.O. [1] 72-81; dazu Ps. 22, 9f.; Hiob 10, 9-12; Jer. 2, 27; ALBERTZ, 33-51. – [3] Vgl. die mittel- und neuassyr. Geburtsrituale: ALBERTZ, a.O. [2] 51-55. – [4] ‹Atramḫasīs›-Epos I, 249-306 in: W. G. LAMBERT/A. R. MILLARD: Atra-Ḫasīs. The Babylonian story of the flood (Oxford 1969) und in W. VON SODEN: Konflikte und deren Bewältigung in babylon. Sch.- und

Fluterzählungen. Mitteil. Dtsch. Orientges. 111 (1979) 1-33. – [5] W. G. LAMBERT: Myth and ritual as conceived by the Babylonians. J. Semitic Stud. 13 (1969) 106-108; 111 betont allerdings zu Recht, daß die Bez. zw. Mythos und akītu-Ritual relativ lokker ist; das ‹Enūma-eliš›-Epos (VII, 145-162) zeigt schon deutlich eine belehrende Absicht, in: J. B. PRITCHARD: Anc. near Eastern texts relating to the Old Testament (Princeton ³1969) 60-72. 501-503. – [6] Vgl. die sumer. Texte ‹Mutterschaf und Getreide› und ‹Enki und Ninhursag› bei S. N. KRAMER: Sumerian mythology (Philadelphia 1944, New York 1961) 53f. 54-59. – [7] Vgl. den sumer. Text ‹Preis der Spitzhacke› bei G. PETTINATO: Das altoriental. Menschenbild und die sumer. und akkad. Sch.-Mythen. Abh. Heidelb. Akad. Wiss., phil.-hist. Kl. 1971 (1972) 82-85; für Afrika vgl. H. BAUMANN: Sch. und Urzeit im Mythos der afrikan. Völker (1936). – [8] BAUMANN, a.O. 163: «Die Sch.-Geschichte ist in erster Linie Anthropogenese»; für das AT vgl. C. WESTERMANN: Genesis 1-11 (1974) 31-34; ALBERTZ, a.O. [1]; P. DOLL: Menschen-Sch. und Welt-Sch. in der alttestamentl. Weisheit (1985). – [9] Vgl. die ‹Heliopolitan. Weltentstehungslehre› in Ägypten und das ‹Enūma-eliš›-Epos (ca. 1500 v.Chr.) in Babylon. – [10] Vgl. die ‹Heliopolitan. Weltentstehungslehre› und Urzeitüberlieferungen aus der ‹Phönizischen Geschichte› des PHILO VON BYBLOS, vgl. WESTERMANN, a.O. [8] 36-39. – [11] Vgl. ‹Preis der Spitzhacke› bei PETTINATO, a.O. [7] 82-85. – [12] WESTERMANN, a.O. [8] 46f.; z.B. Gen. 1, 4. 7. (9). – [13] Dieses Motiv ist bes. weit verbreitet, vgl. WESTERMANN, a.O. 48-52. 276-279; z.B. Gen. 2, 7. 19; Hiob 10, 8f.; 33, 6; typisch für die babylon. Vorstellung ist das Formen des Menschen aus Ton und Beleben mit Götterblut: Atramḫasīs-Epos I, 204ff., a.O. [4], wobei es in ‹Enūma-eliš› (VI, 29ff., a.O. [5]) eindeutig das Blut eines aufständ. Gottes ist, was zugleich die menschl. Bosheit erklärt. – [14] Enūma-eliš IV, 135-V, 66, in: PRITCHARD, a.O. [5]; nicht so eindeutig in Ps. 74, 13-17; 89, 10-13; Hiob 26, 7-13; vgl. WESTERMANN, a.O. [8] 42-46; ALBERTZ, a.O. [1] 110-116. – [15] W. BEYERLIN (Hg.): Religionsgeschichtl. Textbuch (1975) 31f.; vgl. WESTERMANN, a.O. [8] 52-57. 152-155. – [16] Vgl. die Verbindung von ‹Sprießen› und ‹Formen› des Menschen im sumer.-babylon. KAR 4-Mythos (PETTINATO, a.O. [7] 74-81) und in Texten wie Gen. 1 und Hiob 10, 8-12. – [17] W. BEYERLIN (Hg.), a.O. [15] 33f.; vgl. WESTERMANN, a.O. [8] 59-64. 86-89. 141-150. – [18] So etwa im ‹Atramḫasīs›-Epos (a.O. [4]) ähnlich wie im AT nach der Erschaffung, Vernichtung und (eingeschränkter) Bewahrung des Menschen. – [19] Vgl. Gen. 2 aus dem 10./9. Jh. v.Chr. und die Personennamen mit Sch.-Verben (z.B. Elqānā = ‹El hat [mich] geschaffen›) vom 11./10. Jh. v.Chr. an belegt. – [20] Vgl. das Motiv des Tiefschlafs, in den der Mensch ('ādām) versenkt wird (Gen. 2, 21), damit er die Sch. der Frau nicht miterleben und somit auch nicht bezeugen kann. – [21] WESTERMANN, a.O. [8] 59. – [22] Zu Geburt vgl. Hiob 38, 8f. 29; Ps. 139, 13; Jer. 1, 5; Hiob 10, 11f.; 31, 5; zu handwerkl. Tun: Gen. 1, 7 u.ö.; 2, 7. 19. 22; Jes. 40, 22; 42, 5; 51, 13; Am. 9, 6; Ps. 104, 2. 5; zu Chaoskampf: vgl. oben und Ps. 105, 9; Hiob 38, 10f.; Jer. 5, 22; zu Wort: Gen. 1, 3 u.ö.; Ps. 33, 9; 148, 5; Jes. 48, 13. – [23] Vgl. die offene Formulierung des Sch.-Auftrages (Gen. 1, 28) und das Bemühen, in der Urgeschichte eine Kulturentwicklung darzustellen (Gen. 4, 1. 17-23; 5, 29; 8, 20; 11, 1-9).

Literaturhinweise. H. BAUMANN s. Anm. [7]. – C. WESTERMANN s. Anm. [8]. – O. H. STECK: Der Sch.-Bericht der Priesterschrift (1975). – R. ALBERTZ s. Anm. [1] und [2]; Thema: Sch., in: Der Prediger und Katechet 126 (1987) 482-489. 605-616. – W. VON SODEN s. Anm. [4]. – G. LIEDTKE: Im Bauche des Fisches. Ökolog. Theol. (³1983).   R. ALBERTZ

II. *Griechenland.* – Der griechische Mythos weist zahlreiche Gemeinsamkeiten mit orientalischen Weltentstehungsmythen auf (Scheidung von Wasser und festem Land, von Tag und Nacht, Ordnung des wüsten Chaos usw.) [1]. Da er jedoch eine Erschaffung des Kosmos durch von ihm gesonderte Götter nicht kennt, werden auch die späteren Termini für Sch./Schöpfer (κτίσις/κτίστης 'Gründung'/'Erbauer' z.B. einer Stadt, ποιητής 'Urheber', 'Dichter') niemals für das Hervorbringen des Weltganzen gebraucht. Entsprechend der Verschränkung von Theogonie und Kosmogonie gibt es keine Trennung von ewigen Göttern und in der Zeit anfangender Welt. Wenn HESIOD danach fragt, was von allem als erstes entstand, gebraucht er γίγνεσθαι. Die Antwort lautet: «Von diesem entstand zuerst das Chaos» (Χάος γένετ') [2]. Die γένεσις gilt für Götter und Welt. Auch die Vorsokratiker sprechen von der γένεσις aller seienden Dinge, wie auch ihrem Vergehen, offensichtlich in Analogie zum sichtbaren ewigen Werden und Vergehen in der Natur [3]. HERAKLIT verneint ausdrücklich, daß der Kosmos von einem der Götter oder der Menschen geschaffen sei (ἐποίησεν), «sondern sie war immer, ist und wird sein» [4]. Erst recht gilt für PARMENIDES, daß das wahrhaft Seiende niemals aus dem Nichtseienden (ἐκ μὴ ἐόντος) entstanden sei oder zerstört werden könne [5]. Die Atomisten lehren den unaufhörlichen Wechsel von Entstehen (γένεσις) und Untergang einer Welt unter den unbeschränkt vielen Welten [6].

Erst PLATON nimmt für die Entstehung der Welt (τοῦ κόσμου γένεσις) einen «Werkmeister» (δημιουργός) oder «Urheber und Vater» (ποιητὴς καὶ πατήρ) an, der das All nach dem Vorbild (παράδειγμα) der intelligiblen Welt «auferbaut» habe (δεδημιούργηται), aber noch keine Sch. aus dem Nichts [7]. Für ARISTOTELES jedoch gilt, daß der Himmel und die Materie ewig und ungeworden (ἀγένητος) sind [8]. Gemäß seinem Axiom, daß aus Nichts nichts werden kann [9], ist der griechischen Philosophie die Vorstellung einer Sch. noch lange fremd. EPIKUR stellt zudem an Platon die Frage, warum der Erbauer der Welt sich plötzlich erhoben haben solle, um sie zu schaffen [10]. Eine Neuerung bringt die Lehre der Stoiker von den λόγοι σπερματικοί [11]: Die Welt ist zwar ewig, aber die konkrete Vielfalt der Einzeldinge wird durch die «Keimkräfte» hervorgebracht [12]. So ist der unvergängliche Gott δημιουργὸς τῆς διακοσμήσεως (Baumeister der Weltordnung), der in bestimmten Zeitabläufen die gesamte Substanz aufzehrt und wieder aus sich selbst erzeugt (ἐξ αὐτοῦ γεννῶν) [13]. Aber auch für die Stoiker ist die Materie als ganze ohne Anfang; sie kann nicht aus dem Nichtseienden entstehen [14]. – Für LUKREZ gilt, daß die Götter die Natur nicht geschaffen haben, denn sonst hätte ihnen das Urbild für die Sch. («exemplum ... gignundis rebus») eingegeben werden müssen [15]. Bei ihm wie bei anderen bezeichnet ‹creare› die Kraft der Natur zur ewigen Erzeugung und Hervorbringung neuen Lebens [16].

Erst die ps.-aristotelische Schrift ‹De mundo› (entstanden wohl erst im 1. Jh. n.Chr.) bezeichnet Gott als «Erhalter und Schöpfer (σωτὴρ καὶ γενέτωρ) aller Dinge», wenn er dabei auch nicht selbst Hand anlegt, sondern sich seiner «unerschöpflichen Kraft» bedient [17].

Anmerkungen. [1] Vgl. H. SCHWABL: Art. ‹Welt-Sch.›, in: RE Suppl. 9, 1433-1582. – [2] HESIOD: Theog. 116. – [3] ANAXIMANDER: VS 12, B 1; ANAXIMENES: VS 13, B 2; XENOPHANES: VS 21, B 29. – [4] HERAKLIT: VS 22, B 30 (in der Überlief. von CLEMENS ALEX., also wohl christlich zugespitzt). – [5] PARMENIDES: VS 28, B 8, 7-10. 21; vgl. EMPEDOKLES: VS 31, B 12. – [6] LEUKIPP: VS 67, A 1; DEMOKRIT: VS 68, A 37. 40. – [7] PLATON: Tim. 27 a; 28 a/c; 29 a/c. – [8] ARISTOTELES: De caelo I, 10; II, 1, 279 b 4f.; 283 b 26ff.; Physik I, 9, 192 a 27ff. – [9] Über die Naturphilosophen: Phys. I, 4, 187 a 33ff.; vgl. LUKREZ: De rer. nat I, 149f. 205; II, 287; so auch EPIKUR: Ep. ad Herod. 38, 13. – [10] EPIKUR: Frg. 367. – [11] Vgl. Art. ‹Logoi spermatikoi›. – [12] SVF 1, 98-100; 2, 574-584. – [13] SVF 1, 102. – [14] SVF 1, 88; 2, 318. – [15] LUKREZ: De rer. nat. V, 181-186. – [16] Vgl. L. F. JANSSEN: Poetisches 'creare', in: Actus. Studies in hon. of H. L. W. NELSON (Utrecht 1982) 125-152. – [17] Ps.-ARISTOTELES: De mundo VI, 397 b 20ff.; vgl. 399 a 31ff.   Red.

III. ‹Neues Testament›, Frühchristentum, Spätantike, Patristik. – In den *neutestamentlichen Schriften* wird der Begriff ‹Sch.› im Rahmen der Vorgaben des AT unproblematisch gebraucht [1]. Sch.-Spekulationen finden sich dort nicht. Im griechischen Text kann Gott der Schöpfer ποιητής, κτίστης oder δημιουργός (so jedoch nur in Hebr. 11, 10) genannt werden. Diesen Termini entsprechen lateinisch jeweils ‹factor› (artifex, opifex), ‹creator› und ‹conditor›.

Wenn in den synoptischen Evangelien von der Sch. gesprochen wird, heißt sie in der Regel κτίσις. In diesem Sinn wird vom Anfang der Welt gesprochen: ἀπὸ δὲ ἀρχῆς κτίσεως (Mk. 10, 6; vgl. Mtth. 19, 4; Mk. 13, 19; Röm. 1, 20; 2 Petr. 3, 4; Apok. 3, 14) bzw. ἀπὸ καταβολῆς κόσμου (Mtth. 13, 35; 25, 34; Lk. 11, 50; Joh. 17, 24; Eph. 1, 4). Implizit wird damit die Souveränität des Schöpfers ausgedrückt, die durch den Begriff δημιουργός eher eingeschränkt wird, weil er eine für die Sch. bereits vorliegende Materie nicht zwingend ausschließt. – In den paulinischen Schriften wird besonders die Sch. durch das Wort hervorgehoben (Röm. 4, 17; 2 Kor. 4, 6; Kol. 1). Näherhin wird mit «erschaffen durch das Wort» die Sch.-Tätigkeit Christi bezeichnet (Kol. 1, 16; Hebr. 1, 2ff.), womit die dogmatische Frage der Präexistenz Christi aufgeworfen ist, wie sie sich im Anschluß an Joh. 1, 1: «Im Anfang war das Wort» stellt. Wichtig ist ferner, daß die Sch. als Geschaffene (im Unterschied zum Sch.-Akt) αἰῶναι (Mtth. 13, 39f. 49; 24, 3; 28, 20; 1 Kor. 10, 11), häufiger jedoch τὰ πάντα (Eph. 3, 9; Kol. 1, 16; Apok. 4, 11) genannt wird. Der Sch.-Begriff des NT zielt weiterhin nicht nur auf den Anfang der Sch., sondern auch auf die «gefallene Sch.» und besonders auf den sündigen Menschen (Röm. 8, 19-22), die zu einer «neuen Sch.» (καινὴ κτίσις, 2 Kor. 5, 17; Gal. 6, 15; vgl. Eph. 2, 10. 15; Kol. 3, 10; Röm. 6, 4) erlöst werden sollen. Dies hat seine Parallele im Begriff «alter Adam – neuer Adam» (= Christus) [2].

Das frühe Christentum muß sich mit griechischen (platonischen), gnostischen und jüdisch-hellenistischen Sch.-Theorien auseinandersetzen, sie aufnehmen oder zurückweisen. Dies geschieht häufig in Kommentaren zu Gen. 1, 1ff. Die Lehre von der Sch. aus dem Nichts entsteht erst seit der 2. Hälfte des 2. Jh. Die Begriffe κτίστης und ποιητής (creator, factor) werden wechselweise gebraucht; δημιουργός verliert seine dominierende Bedeutung 'Gestalter' (von bereits vorliegender Materie) und kann jetzt auch für den christlichen Schöpfergott gebraucht werden.

PHILON VON ALEXANDRIEN betont gegen Aristoteles und andere antike Philosophen die Macht Gottes, des «Vaters und Schöpfers» der Welt (ποιητοῦ καὶ πατρός) [3], sucht aber den Sch.-Glauben des AT mit Platons ‹Timaios› zu verbinden: Gott bildete die sichtbare Welt nach dem Vorbild der zuvor von ihm gedachten; diese ist die «Vernunft des bereits welterschaffenden Gottes» (ϑεοῦ λόγος ἤδη κοσμοποιοῦντος), wie ein Baumeister eine Stadt nach einem zuvor von ihm entworfenen Plan erbaut [4]. Nach dem Ursprung der Materie fragt Philon aber nicht. Wenn er sagt, daß Gott die Welt «aus dem Nichtseienden» geschaffen habe [5], so schließt dies eine ewige Materie nicht aus. Der Vergleich Gottes mit einem Baumeister ist auch im rabbinischen Judentum dieser Zeit bekannt (darum Hebr. 11, 10) [6]. In der Zeit vor der Sch. blickte Gott wie ein Baumeister auf seinen Plan, die ‹Thora›. Das Bᵉrešit (Gen. 1, 1) wird gleichbedeutend mit diesem Planen, da Gott in der ‹Thora› die vollkommene Sch., ihre Idee, sieht, die er mit Hilfe der σοφία (Weish. 9, 1; 11, 26) verwirklicht [7]. Die vor der Ausführung des Plans stattfindende Beratung mit den Engeln bietet Anlaß zu gnostischen Spekulationen.

Das Christentum des 1. Jh. fragt eher nicht nach der Entstehung des Kosmos. Während die 1. Klemensbrief, wenn er Gott als κτίστης und δημιουργός bezeichnet, noch vom AT bestimmt ist [8], spricht die Schrift ‹Pastor Hermae› zwar davon, daß Gott die Sch. aus dem Nichtseienden (ἐκ τοῦ μὴ ὄντος) erschaffen habe [9]. Es ist aber fraglich, ob dies schon im Sinne der späteren Lehre von der Sch. aus dem Nichts zu verstehen ist. – JUSTIN bekämpft Marcion, der noch einen anderen fremden Gott neben dem Schöpfer des Alls (παρὰ τὸν δημιουργόν) gelehrt habe [10]; er meint aber, daß Gott die Welt aus einer ungestalteten Materie (ἐξ ἀμόρφου ὕλης) gebildet habe (δημιουργῆσαι), und weiß sich damit in Übereinstimmung mit Platon [11]. Unter dem Einfluß des Platonismus steht auch HERMOGENES, der das Böse aus der ungeordnet und «wüst» (nach Gen. 1, 2) bleibenden Materie erklärt, während Gott einen Teil der unendlichen Materie zur guten Sch. ordnete [12]. Gegen ihn [13] und Marcion, der die Welt von einem bösen Demiurgen aus der schlechten Materie geformt sein ließ [14], wendet sich TERTULLIAN. Er erwähnt auch, daß es noch Christen gebe, die an eine Sch. aus einer präexistenten Materie («ex aliqua materia») und nicht «ex nihilo» glaubten [15]. Dies gilt u.a. für ATHENAGORAS und evtl. auch für KLEMENS VON ALEXANDRIEN [16]. Der (christliche) Gnostiker BASILIDES lehnt jedoch die Bildung der Welt aus einer gestaltlosen Materie und folglich auch den Vergleich Gottes mit einem Künstler oder Baumeister ab. Für ihn schafft Gott den Kosmos aus dem Nichtseienden (ἐποίησε κόσμον οὐκ ὄντα ἐξ οὐκ ὄντων), allerdings nur den Weltsamen (das potentiell Seiende) (ἐξ οὐκ ὄντων τὸ σπέρμα τοῦ κόσμου), aus dem sich danach alles Wirkliche nach einem von Gott festgelegten Plan entfaltet [17]. Dagegen lehnen die gnostischen Valentinianer eine Sch. direkt durch den höchsten Gott ab. Sie sprechen von einer προβολή (Hervorbringung) der Welt aus Gott [18], nicht, wie BASILIDES, von einer καταβολή [19]. Die Sch. erfolgt erst in einer Reihe von aufeinander folgenden Stufen durch die von Gott ausgesandten oder von ihm herabgestiegenen Mächte Sophia (Weisheit), Soter (Erlöser) und durch den Demiurgen [20].

Unter den (im eigentlichen Sinne) christlichen Theologen lehrt wohl TATIAN als erster die Sch. aus dem Nichts: Gott hat zunächst die Materie hervorgebracht, die nicht anfangslos, sondern wahrhaft erschaffen ist vom Schöpfer aller Dinge (γεννητή ... μόνου δὲ ὑπὸ τοῦ παντῶν δημιουργοῦ προβεβλημένα); danach wird sie von dem aus Gott hervorgegangenen Logos gebildet und geordnet [21]. Ebenso entschieden bestreitet THEOPHILOS VON ANTIOCHIEN gegen Hermogenes und die Platoniker die präexistente Materie; wäre diese ungeschaffen (ἀγένετος), wäre sie Gott gleich und dieser nicht mehr als ein Handwerker. Deshalb heißt es bei Theophilos zum ersten Mal ausdrücklich: «Gott hat aus dem Nichtseienden das Seiende gemacht» (ἐποίησε ἐξ οὐκ ὄντων τὰ ὄντα) [22]. Gottes Wort und seine Weisheit unterstützen ihn bei diesem Werk. Die Sch. werde in Gen. 1, 1 als erste genannt, um zu zeigen, daß Gott nur aus seinen Werken erkannt werden kann. Sie beginnt mit dem Licht, weil in ihm alles gesehen wird, was Gott angeordnet hat [23]. Die Lehre des Theophilos ist von großem Einfluß auf Irenäus, Tertullian, Klemens von Alexandrien und Origenes geworden.

IRENÄUS bekämpft die gnostischen Sch.-Theorien, vor allem die der Valentinianer, und lehrt die Sch. aus der absoluten Souveränität Gottes. Die Sch. drückt zugleich die Liebe Gottes zum Geschaffenen, seinen Willen zur Heilsgeschichte aus [24]. Die Welt wird aus dem Nichts geschaffen; Gott braucht dazu keine vorher gegebene Materie, sondern hat auch sie gemacht [25]. Die Tätigkeit des trinitarischen Gottes drückt Irenäus darin aus, daß Gott alles durch seine «Hände», das Wort und die Weisheit (den Sohn und den Geist), erschaffen habe [26]. Auch TERTULLIAN weist die gnostischen Spekulationen zurück und leitet aus der Trinität Gottes die Mithilfe seines Sohnes, des Wortes, bei der Sch. ab («in sermone Christo adsistente et administrante Deus voluerit et Deus fecit») [27].

KLEMENS VON ALEXANDRIEN versucht nachzuweisen, daß sich antike (platonische) Philosophie und christliche Theologie nicht widersprechen. Wie Philon nimmt er an, daß Gott zuerst die intelligible Welt und dann nach ihrem Muster die sichtbare Welt geschaffen habe [28]. Nur Gott und sein Sohn, die Weisheit und der Lehrmeister «aller erschaffenen Dinge ... von der ersten Grundlegung (καταβολή) an», sind ungeworden, nicht die Materie [29]. Den ‹Dekalog› deutet Klemens allegorisch als Sinnbild für das Sch.-Werk, wobei Gottes Ruhe am siebten Tag als Bewahrung und Erhaltung der Sch. (spätere Lehre von der «creatio continua») interpretiert wird [30]. – ORIGENES setzt die alexandrinische Methode fort: Es steht für ihn fest, daß alles von Gott geschaffen und die Materie nicht ewig ist [31]. Die Dinge der Sch. waren aber in Gottes Weisheit, seinem Sohn, vorgebildet, bevor sie «auch wesenhaft gemacht wurden» («etiam substantialiter facta sunt»). Damit wird ausgeschlossen, daß Gott sich erst bei der eigentlichen Sch. zum Wirken entschlossen und somit verändert hat [32]. Gott schafft dann, wie bei Klemens, die intelligible Welt der Vernunftwesen [33] und schließlich die sichtbare Welt; der Sohn ist δημιουργός und ποιητής des Alls (δημιουργὸς ... ὁ Χριστὸς ... καὶ' ὃ σοφία ἐστί) [34].

Die Kappadokier, besonders GREGOR VON NYSSA, richten den Blick vor allem auf die Sch. des Menschen [35]. – Die syrischen Kommentatoren, vor allem EPHRÄM, setzen sich mit den vom Manichäismus beeinflußten Sch.-Erklärungen auseinander. Ephräm ordnet die Reihenfolge der Sch.-Werke so an: die Naturen (substantiae), die Finsternis; dann (unter Einfluß der stoischen Elementenlehre): Wind (nicht: Geist), Licht, Wasser, Feuer, Nacht [36]. Der kosmogonische Mythos von BARDESANES, gegen den Ephräm schreibt, trägt deutlich manichäische Züge und wirkt später auf früharabische Sch.-Erklärungen ein: Die Materie ist ewig wie Gott, dennoch ist er ihr Herr. Aus der unruhigen Bewegung der Materie wird von Gott der geordnete Kosmos abgeschieden; daneben bleibt die ungeordnete Materie bestehen [37].

LAKTANZ nennt die Sch.-Tätigkeit Gottes zumeist «effectio» (bzw. «efficere»). In der Auseinandersetzung mit Lukrez bestreitet er, daß etwas aus «Atomen» entstehen könne («unde apparet nihil ex atomis fieri») [38]. Gegen die Auffassung, die «Natur» sei die Schöpferin der Dinge («rerum natura creatrix») [39], sogar ihre Mutter, Gebärerin («mater», «parens»), formuliert er, daß Gott selbst «ille mundi parens et conditor rerum» («Erzeuger[!] der Welt und Gründer der Dinge») [40] zu nennen sei. Das Kunstwerk Gottes («opificium Dei») [41] sei der Mensch.

Die Philosophie des Neuplatonismus kennt im allgemeinen keine Sch.-Theorie. PORPHYRIOS gebraucht jedoch Formulierungen, die der christlichen Lehre von der Sch. aus dem Nichts nahe kommen [42]. PROKLOS lehrt in der Interpretation von Platons ‹Timaios› nicht einen Anfang der Welt in der Zeit, wohl aber ihr Geworden-Sein, das aber ein ewiges Werden im Gegensatz zum immer gleichen seienden Sein ist [43]. HIEROKLES VON ALEXANDRIEN verbindet neuplatonische Kosmogonie mit christlicher Sch.-Lehre: Die Welt ist aus nichts vorher Zugrundeliegendem geworden (ἐκ μηδενὸς προϋποκειμένου γεγενημένης); die Sch. ist aber ewig und hat keinen Anfang in der Zeit [44].

Die exegetischen und philosophischen Bemühungen finden ihren Niederschlag auch in den kirchlichen Glaubensbekenntnissen. Während die westlichen ‹Symbola fidei› die «creatio ex nihilo» erst aus der Zeit des Augustinus kennen, sprechen die östlichen Formeln positiv von der «Sch. aller Dinge» (τῶν ἁπάντων). Gott selbst wird ποιητής genannt [45]. Die ‹Constitutio Apostolica› faßt um 380 zusammen: «wir glauben an Gott, ... den Vater Christi, den Schöpfer aller Dinge, aus dem alles ist» [46]: τὸν πατέρα τοῦ Χριστοῦ, κτίστην καὶ δημιουργὸν τῶν ἁπάντων, ἐξ οὗ τὰ πάντα.

Anmerkungen. [1] Gen. 1; Psalmen; Buch der Weisheit; jedoch nicht: 2 Makk. 7, 28; vgl. G. SCHMUTTERMAYR: 'Sch. aus dem Nichts' in 2 Makk. 7, 28? Bibl. Z., NF 17 (1973) 203-228. – [2] 1 Kor. 15, 45. – [3] PHILON VON ALEXANDRIEN: De opificio mundi 7. 12. Opera, hg. L. COHN/P. WENDLAND (1896-1930), ND 1962/63) 1, 2f.; Gott als κτίστης: De somn. I, 76, a.O. 3, 221. – [4] De opif. 16-25, a.O. 5-8; vgl. jedoch: De aetern. mundi; Quaest. et solutiones in Gen. (ohne Behandl. von Gen. 1, 1). – [5] Mos. II, 100. 267; Leg. all. III, 10; Spec. leg. IV, 187; Quis rer. div. her. 36. Opera, a.O. 4, 224. 263; 1, 115; 5, 252; 3, 9. – [6] L. WÄCHTER: Der Einfluß platon. Denkens auf rabbin. Sch.-Spekulationen. Z. Relig.- Geistesgesch. 14 (1962) 36-56, bes. 42ff. – [7] V. APTOWITZER: Arab.-jüd. Sch.-Theorien. Hebrew Union College Annual 6 (1929) 205-246; zum vereinzelten Auftreten der Sch. aus dem Nichts bei GAMALIEL II vgl. G. MAY: Sch. aus dem Nichts. Die Entsteh. der Lehre von der creatio ex nihilo (1978) 23. – [8] 1 Klem. 19, 2; 20, 11; vgl. 59, 3. – [9] Der Hirt des HERMAS: Mand. I, 1, hg. M. WHITTACKER. GCS 48 (1956) 23. – [10] JUSTINUS MARTYR: 1 Apol. 68, 2. – [11] a.O. 10, 2; vgl. 67, 8; 59, 1-5; vgl. ATHENAGORAS: Leg. 15, 2f.; 19, 4; 10, 3, hg. W. R. SCHOEDEL (Oxford 1972) 30. 40. 22. – [12] HERMOGENES bei TERTULLIAN: Adv. Herm. 1ff.; 25, 2; 27, 1, hg. J. H. WASZINK (Utrecht/Antwerpen 1956) 15ff. 42. 45. – [13] TERTULLIAN, a.O. – [14] Adv. Marc. I, 1, 4ff.; V, 19, 7, hg. E. EVANS (Oxford 1972) 1, 41; 2, 632. – [15] Adv. Marc. II, 5, 3, a.O. 98; vgl. De res. mort. 11, 6. CCSL 2, 934. – [16] ATHENAGORAS, a.O. [11]; KLEMENS bei PHOTIOS: Bibl. 109. – [17] BASILIDES bei HIPPOLYT: Refut. omn. haer. VII, 21, 4; X, 14, 1; VII, 22, 2-4. 7. 12, hg. P. WENDLAND. GCS 26 (1916) 197f. 274. – [18] Vgl. MAY, a.O. [7] 95ff. – [19] BASILIDES bei HIPPOLYT: Ref. VII, 21, 4; X, 14, 1, a.O. [17] 197. 274. – [20] Belege bei MAY, a.O. [7] 105-116. – [21] TATIAN: Or. ad Graec. 5, 3. – [22] THEOPHILOS VON ANTIOCHIEN: Ad Autol. 2, 4, hg. R. M. GRANT (Oxford 1970) 26; ebenso: 1, 4; 2, 10. 13, a.O. 6. 38. 46. – [23] 2, 10f., a.O. 38ff. – [24] IRENÄUS VON LYON: Adv. haer. II, 1, 1; vgl. II, 2. 1. 4; 5, 4. – [25] a.O. II, 7, 5; 10, 2. 4; IV, 20, 1f.; 38, 3. – [26] IV, 20, 1; vgl. III, 24, 2. – [27] TERTULLIAN: Adv. Prax. 12, 5. CCSL 2, 1173. – [28] KLEMENS VON ALEXANDRIEN: Strom. V, 14, § 93, 4-94, 3, hg. O. STÄHLIN. GCS 15 (³1960) 389f. – [29] Strom. VI, 7, § 58, 1f.; V, 14, § 92, 1-4, a.O. 461. 386f. – [30] VI, 16, § 142, 1, a.O. 504. – [31] ORIGENES: De princ. I, 3, 3; II, 1, 4, hg. P. KOETSCHAU. GCS 22 (1899) 50f. 110; In Joh. I, 17, § 103, hg. E. PREUSCHEN. GCS 10 (1903) 22. – [32] De princ. I, 4, 5, a.O. 68. – [33] II, 9, 1. 2. 5; 3, 6, a.O. 164f. 169. 123. – [34] In Joh. I, 19, § 110f.; Frg. I zu Joh. 1, 1, hg. PREUSCHEN, a.O. [31] 23. 483. – [35] GREGOR VON NYSSA: Serm. de creat. hominis. Opera, hg. W. JAEGER Suppl.-Bd. (Leiden 1972); La créat. de l'homme, hg. J. LAPLACE. Sources chrét. 6 (Paris 1944). – [36] EPHRAEM SYRUS: In Gen. et in Exod. comm., I, syr.-lat., hg. R. TOUNEAU. Corpus Script. Christ. Orient. 152/153

(Löwen 1955) 5ff.; vgl. A. GUILLAUMONT: Gen. 1, 1f. selon les commentateurs syriaques, in: In Principio. Interprét. des premiers versets de la Gen. (Paris 1973) 115-132. – [37] BARDESANES: Liber legum regionum, hg. F. NAU. Patrologia Syriaca 2 (1907) 514f.; auch in: T. JANSMA: Ephraems Beschreibung der ersten Tages der Sch. Orient. Christ. Periodica 37 (1971) 301. – [38] LAKTANZ: De ira Dei X, 15, lat.-dtsch., hg. H. KRAFT/A. WLOSOK (⁴1983). – [39] LUKREZ: De rerum natura. Welt aus Atomen, hg. K. BÜCHNER (1986) hier: II, 1116. – [40] LAKTANZ, a.O. [38] I, 9. – [41] De opif. Dei. CSEL 19 (1890). – [42] Vgl. W. THEILER: Forsch. zum Neuplatonismus (1966) 176-180 (mit Nachweisen). – [43] PROKLOS: In Plat. Tim. comm. I, 282, 13-20; vgl. W. BEIERWALTES: Proklos (1965) 136ff. – [44] HIEROKLES bei PHOTIOS: Bibl. 461 b 7ff.; vgl. TH. KOBUSCH: Stud. zur Philos. des Hierokles von Alex. (1976) 66ff. – [45] H. DENZINGER/A. SCHÖNMETZER: Enchir. symbol. (³²1963) Nr. 40-55. – [46] a.O. Nr. 60.

Literaturhinweise. W. FOERSTER: Art. κτίζω, in: Theol. Wb. zum NT, hg. G. KITTEL 3 (1938) 1027-1034. – E. PETERSON: Theol. Traktate (1951) 45-147. – G. LINDESKOG: Stud. zum neutestamentl. Sch.-Gedanken (1952). – H. HOMMEL: Schöpfer und Erzieher (1956). – W. NAUCK: Die Trad. und Komposition der Areopagrede. Z. Theol. Kirche 53 (1956) 11-52. – L. SCHEFFCZYK: Sch. und Vorsehung. Hb. Dogmengesch. 2, Fasc. 2a (1963) (mit weiteren Lit.hinw.). – H. SCHWABL: Art. ‹Welt-Sch.›, in: RE Suppl. 9, 1573-1582. – P. E. TESTA: La creaz. del mondo nel pensiero dei SS. Padri. Studii Biblici Francesc. Liber annuus 16 (1965/66) 5-68. – R. A. NORRIS: God and world in early Christian theol. (London 1966). – H.-F. WEISS: Untersuch. zur Kosmol. des hellenist. und palästinen. Judentums (1966). – U. FRÜCHTEL: Die kosmol. Vorstellungen bei Philo von Alex. (1968). – A. HAMMAN: L'enseignement sur la créat. dans l'antiquité chrét. Rev. Sci. relig. 42 (1968) 1-23. 97-122. – K. HAACKER: Creatio ex auditu. Z. neutestamentl. Wiss. 60 (1969) 279-281. – H. SIMON: Welt-Sch. und Weltewigkeit in der jüd. Tradition. Kairos, NF 14 (1972) 22-35. – In Principio s. Anm. [36]. – M. BALTES: Die Weltentstehung des platon. Timaios nach den ant. Interpreten (Leiden 1976-78). – G. MAY s. Anm. [7]. – D. T. RUNIA: Philo of Alex. and the ‹Timaeus› of Plato (1986).   J. KÖHLER

IV. *Mittelalter.* – Das Bemühen, Philosophie und christliche Offenbarung in Übereinstimmung zu bringen und die Wissenschaftlichkeit der Theologie aufzuweisen, erbrachte in der nachapologetischen Tradition eine Fülle von Bibelkommentaren, deren Überlegungen zum Problem der Sch. weitgehend am ‹Genesis›-Bericht orientiert waren. Daneben gibt es den Sch.-Begriff natürlich in der Metaphysik, aber auch in der Naturphilosophie. Die Begrifflichkeit ist uneinheitlich: neben ‹factio› wird meistens ‹creatio›, bisweilen aber auch ‹conditio›, ‹productio› oder ‹fabricatio› gebraucht.

AUGUSTINUS, der die Sch. analysiert, um die christlichen Offenbarungswahrheiten auch gegenüber seiner noch unchristlichen Umwelt als intellektuell schlüssig zu zeigen, sieht in der Sch. den Verweis der geschaffenen Welt auf ihren göttlichen Ursprung. Ihre planvolle Ordnung und Schönheit verkünden die Größe und Wahrheit Gottes [1]. Den Akt der Sch. selbst definiert er als die Gestaltung der formlosen Materie mit Formen, wobei zeitliche Sch. und göttlicher Ratschluß nicht kollidieren, da Gott als ewiges Prinzip der Sch. immer vorausgeht [2]. Die Ursache für die Sch. ist allein die Fülle der Güte («plenitudo bonitatis») Gottes; sie ist für die «perfectio Dei» nicht notwendig, Gott wäre auch ohne die Sch. vollkommen [3]. Alles, was Gott erschaffen hat, ist gut; ja eigentlich gibt es für die Sch. in ihrer Ganzheit («universae creaturae») kein Böses [4].

In seinem umfassenden Versuch der Synthese von neuplatonischer Philosophie und christlicher Theologie begreift JOHANNES SCOTUS ERIUGENA die Sch. als die Tätigkeit des göttlichen Willens, die alles, was ist, schafft, indem sie es aus dem Nichtsein ins Sein überführt [5]. Der eigentliche Akt der göttlichen Sch. beschränkt sich auf die Schaffung der «primordiales causae», die vor Raum und Materie geschaffen, die ungeformte Materie aus dem Nichtsein in die Formlosigkeit fließen lassen und ins Sein überführen. Da die «primordiales causae» stets auf ihren göttlichen Ursprung ausgerichtet sind, bleibt der eigentliche göttliche Akt der Sch., durch Hierarchien vermittelt, erhalten [6]. Jedes Geschaffene hat somit Anteil an der göttlichen Natur, die letztlich immer wieder nur sich selbst schaffen kann, da außer ihr nichts wesenhaft ist und sie das Wesen von allem ist. Diese Teilhabe der geschaffenen Natur an der göttlichen Natur ist für die erkennende Vernunft Voraussetzung, da allein sie die Erkenntnisfähigkeit des geschaffenen Denkens ermöglicht [7].

Eine terminologische Unterscheidung zwischen «creare» und «facere», die in der Tradition der Sentenzenkommentare Anlaß zur Diskussion der Sch. wurde, trifft PETRUS LOMBARDUS. Dem «creare» ist es eigentümlich, aus Nichts etwas zu machen, wogegen das «facere» nur aus Materie etwas machen kann. Menschen und Engel können daher nicht auf göttliche Weise aus dem Nichts schaffen. Lombardus weist selbst darauf hin, daß die Terminologie in der Schrift uneinheitlich ist, weshalb sich die von ihm getroffene Unterscheidung wohl auch weiterhin nicht durchgesetzt hat [8].

Die aristotelische Kosmologie der Ewigkeit der Welt wird bei AVICENNA zwar zentraler Inhalt der Sch.-Lehre, jedoch noch nicht mit rein aristotelischen Argumenten erwiesen. Das Universum ist das Ergebnis der reinen Liebe Gottes und muß daher in Ewigkeit bestehen. Gott geht als ungeschaffen und unzeitlich der Sch. und der aus ihr resultierenden und der Zeit unterworfenen Welt voraus [9]. Die Ewigkeit Gottes erfordert aber auch die Ewigkeit der Sch.; würde Gott nur zu einem bestimmten Augenblick die Sch. vollziehen oder im Prozeß der Sch. innehalten, wäre er veränderbar, da sich der Schaffende vom Nicht-Schaffenden unterscheidet. Die Prinzipien Gottes lassen diese Veränderbarkeit aber nicht zu [10]. Die Freiheit Gottes im Prozeß der Sch. reduziert sich auf die Ordnung der Welt; Gott kann das Prinzip der Sch. bestimmen, er ist aber nicht frei, über das Faktum der Sch. selbst zu bestimmen. Die Abhängigkeit der Sch. vom Schöpfer bleibt jedoch gewahrt; die Notwendigkeit der Sch. folgt aus der Seinsweise Gottes, der seine Prinzipien schon immer in sich hat und nicht erst durch die Sch. zu sich selbst kommt [11].

ANSELM VON CANTERBURY verwirklicht sein Programm, die Wahrheiten der christlichen Theologie nicht durch die Autoritäten der Schrift oder der Tradition, sondern allein aus der Notwendigkeit der Vernunft abzuleiten [12], sowohl durch die Übernahme neuplatonischer Gottesbezeichnungen («summa natura», «summa essentia», «summa substantia») als auch eine daraus folgende Theorie der Sch., die stets deren Abhängigkeit von der höchsten Natur betont. Diese ist, im Gegensatz zur Sch., durch sich selbst und aus sich selbst all das, was sie ist [13]. Da ihre Eigenschaften allein für sie als die höchste Substanz gelten, ist die Gesamtheit aller übrigen Dinge notwendig durch ein anderes und somit geschaffen. Dem eigentlichen Akt der Sch. ging das Erkennen der höchsten Natur voraus; indem sie vor der eigentlichen Sch. die Form und Ähnlichkeit des Universums dachte, war die Seinsweise der Welt festgelegt [14]. Das Vorherwissen der Ordnung des Universums ermöglicht so die Sch. 'ex nihilo': Wenn die höchste Natur dieses Wissen vor der Sch. hatte und alle Dinge aus dieser höchsten Natur sind, dann hat die höchste Natur etwas zu etwas gemacht, was es vorher nicht war, sie hat ihre eigenen Denkinhalte ins Sein überführt und so die Sch. aus dem Nicht-Sein hervorgebracht [15].

Die erste rein naturphilosophische Analyse der Sch., die explizit eine moralische oder allegorische Exegese der ‹Genesis› als bereits hinreichend geleistet ausschließen will [16], bietet THIERRY VON CHARTRES. Er unterscheidet zwischen der «creatio rerum» und der «generatio hominum», die sich aus der Vernunft Gottes folgern lassen. Die Existenz der Welt folgt aus der aristotelischen Vier-Ursachen-Lehre, die mit theologischen und naturphilosophischen Bestimmungen verbunden wird; ihre «causa efficiens» ist Gott, die «causa formalis» Gottes Weisheit, die «causa finalis» Gottes Güte, die vier Elemente bilden die «causa materialis» [17]. Die Zeit entstand im selben ersten Moment, in dem Gott die Materie erschuf [18]. Mit der Erschaffung der Materie endet das aktive Eingreifen Gottes in die Sch., die Sch. entwickelt sich nach rein naturphilosophisch erklärbaren Gesetzmäßigkeiten weiter, wobei sich Thierry an der neuplatonischen Tradition der ‹Timaios›-Kommentierung orientiert [19].

Die Lehre, daß Gott die Welt aus dem völligen Nichts geschaffen hat, daß vor der Sch. nichts außer Gott allein existiert hat, ist für MOSES MAIMONIDES eine der zentralen Aussagen jüdischer Theologie. Anlaß für die Sch. war allein der freie Wille Gottes, der keiner ihm immanenten Notwendigkeit unterworfen ist [20]. Die verschiedenen philosophischen Richtungen, die dieser Kernaussage widersprechen, lassen sich sowohl durch rein philosophische Argumente als auch durch Rückgriff auf die Prophetie widerlegen [21]. Die Ewigkeit Gottes, der war, bevor er die Welt erschuf, muß von der Zeitlichkeit der Sch. unterschieden werden. Mit der Sch. der Welt erscheint die Zeit als Akzidens der Bewegung des geschaffenen Dinges. Indem die Zeit überhaupt erst mit der Sch. entsteht, läßt sich die Zeitlichkeit der Welt sinnvoll denken; Zeitlichkeit vor der Sch. wäre ein Argument für die Ewigkeit der Welt [22]. Gott als Ursache der Sch. unterliegt aber keiner Veränderung, die ihn der Zeitlichkeit unterwerfen würde. Als unkörperliche Substanz macht es für ihn keinen Unterschied, ob er tätig ist oder nicht; jede Veränderung, verstanden als Verwirklichung der aristotelischen Potenz-Akt-Beziehung, ist an Materie gebunden und trifft daher für Gott auch im Akt der Sch. nicht zu [23].

Mit der Rezeption der aristotelischen Philosophie und ihrer arabischen Kommentatoren wurde die Sch. ein zentrales Problem der Naturphilosophie. Im Anschluß an ARISTOTELES [24] und AVERROES [25] vertritt BOETHIUS VON DACIEN die Unhaltbarkeit einer Sch. der Welt. Die Welt ist ewig, da eine «creatio ex nihilo» allen Prinzipien der aristotelischen Naturphilosophie widersprechen würde. Jede Veränderung der Natur unterliegt den Gesetzmäßigkeiten von «generatio» und «corruptio», denn ein Werden setzt immer ein Woraus des Werdens voraus. Die Philosophie kann daher die Veränderungen in der Welt immer nur als «generatio» beschreiben, die Sch. als «creatio» gehört in den Bereich der Theologie [26]. Diese scharfe Auffassung einer philosophischen Theorie der Sch. wurde kirchenamtlich zwar 1277 verurteilt [27], setzte sich aber in der averroistisch orientierten Naturphilosophie durch [28].

ALBERTUS MAGNUS argumentiert, daß die Konzeption der «generatio» einer ewigen Welt die Vielfalt der Dinge außer acht läßt. Die Mannigfaltigkeit der Formen ist weder aus den Formen selbst noch aus der zugrundeliegenden Materie zu erklären. Daher muß eine transzendente Ursache für die Materie, die Formen und die Bewegung angenommen werden, was auch mit den Ergebnissen der Metaphysik übereinstimmt. Im Akt der göttlichen Sch. werden so überhaupt erst die Voraussetzungen für «generatio» und «corruptio» geschaffen [29].

Die Unterscheidung von «generatio» und «creatio» nimmt THOMAS VON AQUIN auf, um die Schöpfertätigkeit Gottes auch philosophisch aufzuzeigen. Die Sch. ist keine Veränderung – die «generatio» faßt er naturphilosophisch als «mutatio» auf –, da sie keine Identität der Gattung oder gemeinsame Potenz der Materie voraussetzt, sondern aus dem Nichts entsteht [30]. Durch die Sch. wird nicht die zugrundeliegende Substanz verändert, sondern die ganze Substanz eines Dinges ins Sein überführt; die Veränderung muß sich dagegen stets auf ein Sein zurückführen lassen, das vorher bereits war, sich aber anders verhalten hat. Jede Veränderung impliziert zudem einen sukzessiven Bewegungsablauf, der beim unmittelbar sich vollziehenden Sch.-Akt nicht stattfindet [31]. Sch. ist deshalb die Abhängigkeit des geschaffenen Seins von seinem Ursprung, der es bestimmt, wobei sie im Geschaffenen wie in einem Subjekt ist [32]. Das Problem, ob Gott die Welt hätte von Ewigkeit her erschaffen können, entscheidet Thomas – und später auch GOTTFRIED VON FONTAINES, DIETRICH VON FREIBERG oder JOHANNES PICARDI VON LICHTENBERG –, indem er feststellt, daß es keinen Widerspruch einschließe, wenn behauptet werde, etwas sei von Gott gemacht und niemals nicht gewesen [33], zumal noch gar nicht bewiesen sei, daß Gott nicht in der Lage sei, aktuell Unendliches zu schaffen [34]. Deutlich unterscheidet THOMAS nochmals zwischen «factio» und «creatio»; im Anschluß an Petrus Lombardus versteht er die «factio» nur als «mutatio» [35].

Durch den Rekurs auf Augustin greift BONAVENTURA die aristotelisch-averroistisch orientierten Theoretiker an. Die erste und höchste Ursache für die Sch. ist das Streben des Guten, sich auszubreiten; die Sch. drückt die Güte und Weisheit des Schöpfers aus, die sich gerade in der wohlgeordneten Gesamtheit der Sch. mitteilt [36]. Das Festhalten an der aristotelischen Begrifflichkeit von Materie und Form verstellt den Blick auf die Sch., da das Schöpferwirken Gottes mit einer Formertätigkeit verwechselt wird. Die Einfachheit Gottes als höchster und vollkommener Ursache verbürgt, daß er auch in seinen Wirkungen immer vollkommen und einfach ist. Daher verleiht er im Akt der Sch. stets Form und Materie zugleich in Verbindung mit ihrer Zusammensetzung. Die «creatio» Gottes unterscheidet sich von der «actio» des zusammengesetzten Wesens gerade dadurch, daß diese in bereits vorhandener Materie lediglich eine neue Form erzeugt [37]. Die Einfachheit Gottes erfordert auch eine radikale Fassung der Sch. «ex nihilo». Gott als der einfache, unveränderliche kann die Dinge nicht zum Sein bringen, indem er sich aus seiner eigenen Substanz mitteilt, die Einfachheit und Unveränderlichkeit seines Seins wäre nicht mehr gewährleistet. Der Sch. gehen nur Gott und das Nichts voraus [38].

MEISTER ECKHART definiert die Sch. als die Mitteilung des Seins («collatio esse»), weshalb ihm eine philosophische Diskussion der «creatio ex nihilo» nicht mehr notwendig ist, da vor und außer dem Sein nichts ist [39]. Die Sch. findet daher im Sein, d.h. in Gott, statt («omne quod Deus colat operatur vel agit, in se ipso agit et operatur»). Diese Immanenz der Sch. löst den Konflikt, wie aus dem Nichts des außergöttlichen Nicht-Seins ein außergöttliches Sein entstehen kann. Gott erschafft nicht «a principio», sondern «in principio», weshalb alle Geschöpfe ihr Sein in Gott haben [40]. Konsequent kann Eckhart so auch die Problematik der Beziehung von Zeit und Sch. aufheben: Die Sch. in Gott, die immer zugleich Anfang und Ende ist, kennt keine zeitliche Bestimmung. Sie ist im Beginn des Sch.-Prozesses bereits vollendet, um in der Vollendung ihrer selbst immer wieder neu zu beginnen [41]. Die Einheit der Sch. verbürgt dabei die Einheit der trinitarischen Gottes. Das Hervorgehen des Sohnes und des Geistes darf nicht als «factio» oder «creatio» verstanden werden, sondern als univoke «processio». Sie ist, anders als die Sch., keine Wirkung des Vaters, sondern geht als Prinzip der Einheit aller Sch. voraus: *eine* Sch. – *ein* Schöpfer [42]. Der ungeschaffene und unerschaffbare Seelengrund weiß jenseits jeder Sch. die einheitlich-univoke Transzendentalkausalität der Gottheit, weil er sie ist; eine Theorie, die ECKHART VON GRÜNDIG fälschlich auch DIETRICH VON FREIBERG zuschreibt [43].

Bei WILHELM VON OCKHAM bezeichnet ‹Sch.› in erster Linie das Wesen Gottes und kann als personale Supposition auch durch «creans» ersetzt werden; die Sch. als Produkt des göttlichen Sch.-Aktes wird als «creatio» nur sekundär und konnotativ bezeichnet. Diese Rückführung des Begriffs auf Gott als die «causa totalis» der Sch. soll die Totalität und Vorrangigkeit der göttlichen Schöpferkraft betonen, die allein in der Lage ist, «ex nihilo» zu erschaffen [44]. Dem Geschaffenen ist eine eigene Sch. unmöglich, da es nicht als «causa totalis» erschaffen («creare»), sondern als «creatum» nur hervorbringen («producere») kann [45]. Gott hat dabei in seinem Sch.-Akt die absolute Freiheit, er ist lediglich an die innere Widerspruchsfreiheit der Sch. gebunden und handelt ohne jede Naturnotwendigkeit und ohne einen Vermittler – eine Aussage, die mit philosophischen Argumenten nicht endgültig rational bewiesen, aber durchaus mit Plausibilitätsargumenten vertreten werden kann [46]. Gleichzeitig erfährt die Sch. eine Aufwertung, da sie nun als «relatio realis» zwischen Gott und Geschaffenem gefaßt wird und so der reale Bezug zwischen Sch. und Geschöpf neu betont wird [47].

NIKOLAUS VON KUES versteht die Sch. als den Gott wesentlichen Akt. Sch. ist das Sein Gottes. Sie bedeutet das Ins-Sein-Rufen des in Freiheit schaffenden Gottes, der so das Sein dem Nichts mitteilt («Vocare enim ad esse, quae non sunt, est communicare esse nihilo. Si vocare est creare, communicare est creari») [48]. Gott, der im Anderen stets nur seine eigene Seinsheit sehen kann, da jedes Seiende das Sein von Gottes Sein empfangen hat, betrachtet die Sch. wie ein Spiegelbild der Ewigkeit, in dem die Urbilder der Form und Materie aufscheinen, aus denen er im Akt der Sch. das «esse posse» in das «actu esse» überführt [49], wobei das Sehen Gottes immer auch als schöpferisches Handeln verstanden werden muß [50]. Die Koinzidenz zwischen Schöpfer und Sch., die sich aus dem rein innergöttlichen Sch.-Akt ableiten ließe, schließt er durch Aufgabe des Schöpfer-Prädikates aus. Gott ist die absolute Unendlichkeit, von der zwar die gesamte Sch. abhängt, der aber weder als «creator creantis» noch als «creator creabilis» zureichend beschrieben werden kann [51]. Indem so die Sch. als die höchste Seligkeit und «visio intellectualis» Gottes gefaßt wird [52], ist die an Aristoteles orientierte Hierarchie einer kosmologisch begriffenen Sch.-Lehre überwunden.

Anmerkungen. [1] AUGUSTINUS: De civ. Dei XI, 21. – [2] Conf. XII, 3, 3; 11, 11. – [3] Conf. XIII, 4, 5. – [4] Conf. VII, 13, 19; vgl. K. FLASCH: Augustin (1980) 263-286; R. J. TESKE: The motive for creat. acc. to St. Augustine. Modern Schoolman 65 (1987/88) 245-253. – [5] JOH. SCOTUS ERIUGENA: Periphyseon I, hg. I. P. SHELDON-WILLIAMS (Dublin 1968, 1972) 64, 3f. – [6] Periph. II, a.O. 50, 15-52, 35. – [7] Periph. I, a.O. 64, 4f.; 64, 22-66, 2; vgl. G. SCHRIMPF: Das Werk des J. S. Eriugena im Rahmen des Wiss.verständn. seiner Zeit (1982) 181. 193-197; J. J. O'MEARA: Eriugena (Oxford 1988) 85. 95-99. – [8] PETRUS LOMB.: Sent. lib. II, dist. I, c. II. – [9] AVICENNA: Lib. de phil. prima IX, 1, hg. S. VAN RIET (Löwen/Leiden 1977, 1980) 446, 44-48. – [10] I, 7, a.O. 49, 40-48. – [11] I, 8, a.O. 54, 38-43; vgl. E. BEHLER: Die Ewigkeit der Welt. Die Problemstellung in der arab. und jüd. Philos. des MA (1965) 88-114; R. MACKEN: Avicennas Auffassung von der Sch. der Welt und ihre Umbildung in der Philos. des Heinrich von Gent, in: J. P. BECKMANN u.a. (Hg.): Philos. im MA (1987) 245-257. – [12] ANSELM VON CANT.: Monologion, prol. Op. omn., hg. F. S. SCHMITT (1938-61) 1, 7, 7-11. – [13] Monol. VI, a.O. 20, 9f. – [14] Monol. IX, a.O. 24, 12-16. – [15] Monol. VIII, 23, 22-24, 2; XI, 26, 3-6; vgl. O. ROSSI: La nozione di creaz. in Anselmo d'Aosta. Studia Patavina 32 (1985) 597-604. – [16] THIERRY VON CHARTRES: Tract. de sex dierum operibus, in: Comment. on Boethius by Thierry of Ch. and his school, hg. N. M. HÄRING (Toronto 1971) 555, 4-6. – [17] a.O. 555, 18f. – [18] 557, 67f. – [19] Vgl. N. M. HÄRING: Die Erschaffung der Welt und ihr Schöpfer nach Thierry von Ch. und Clarenbaldus von Arras, in: W. BEIERWALTES (Hg.): Platonismus in der Philos. des MA (1969) 161-267; K. FLASCH: Das philos. Denken im MA (1986) 229-235. – [20] MOSES MAIMONIDES: Dux neutr. II, 13. – [21] a.O. 15. – [22] 13. – [23] 18; vgl. A. HYMAN: Maimonides on creat. and emanation, in: J. F. WIPPEL (Hg.): Stud. in medieval philos. (Washington 1987) 45-61. – [24] ARISTOTELES: De caelo I; Phys. VIII. – [25] AVERROES: In De cael., in: ARISTOTELIS opera cum Avverois comm. (Venedig 1562-74, ND 1962) 5, fol. 338^r-433^v; In Phys., a.O. 4, fol. 1^r-95^r. – [26] BOETHIUS VON DACIEN: De aet. mun. Opera. Corpus Philos. Danic. Medii Aevi 6/2 (Kopenhagen 1976) 337, 46f.; 350, 402-409. – [27] H. DENIFLE: Chartularium Univ. Paris. (Paris 1891-99, ND 1964) 1, 543-558 (nr. 4. 39. 48. 87-101); vgl. R. HISSETTE: Enquête sur les 219 art. condamnés à Paris le 7 mars 1277 (Löwen 1977) 149-173; K. FLASCH: Aufklärung im MA? (1989) 75-86. – [28] A. ZIMMERMANN: Ein Komm. zur Physik des Arist. (1968) 89, 10-19; JOH. VON JANDUN: Quaest. sup. octo lib. phys. Arist. (Venedig 1569, ND 1969) fol. 107rb AB. – [29] ALBERTUS MAGN.: Physica VIII. Op. omn., hg. A. BORGNET (Paris 1890-99) 3, 549-553; vgl. I. CRAEMER-RUEGENBERG: Albertus Magnus (1980) 78-96. – [30] THOMAS VON AQU.: S. c. gent. II, 16f. – [31] II, 19. – [32] II, 18, 952. – [33] De aet. mund., n. 306. – [34] n. 310; vgl. R. C. DALES: Medieval discussions of the eternity of the world (1990) 132-140. – [35] THOMAS VON AQU.: In II Sent., dist. I, q. I, art. II, ad 2; vgl. P. VAN VELDHUIJSEN: The quest. on the possibility of an eternally created world: Bonaventura and Thomas Aqu., in: J. B. M. WISSINK (Hg.): The eternity of the world in the thought of Thomas Aqu. and his contemp. (Leiden 1990) 19-38. – [36] BONAVENTURA: In brevil. II, c. If. Op. omn. (Quaracchi 1892-1902) 5, 219f. – [37] In II Sent. a. 1, q. 1, concl., a.O. 2, 16-18. – [38] q. 2, concl., a.O. 22-24; vgl. E. GILSON: Bonaventura (1960) 209-230. – [39] MEISTER ECKHART: Prol. gen. in opus trip. 16. Die lat. Werke 1 (1964) 160. – [40] Prol. gen. 17, a.O. 160-162; Expos. lib. Gen. 7f., a.O. 190. – [41] Prol. gen. 18-20, a.O. 162-164. – [42] Lib. parab. gen. 11-15, a.O. 482-485; vgl. B. MOJSISCH: Meister Eckhart (1983) 42-47. 57-70; R. HAUKE: Trinität und Denken (1986) 30-35. – [43] Vgl. MOJSISCH, a.O. 17. 133-144. – [44] WILHELM VON OCKHAM: Quaest. in lib. II Sent., q. I. Opera theol. (St. Bonaventure, N.Y. 1967ff.) 5, 9, 23-11, 8; 24, 20-25, 2. – [45] Quodl. II, q. 9, a.O. 9, 150, 16-22. – [46] Quaest. in lib. II Sent., q. IIIf., a.O. 5, 72f. – [47] In I Sent., dist. 30, q. 5, a.O. 4, 385, 8-15; vgl. A. GHISALBERTI: Gott und seine Sch. bei Wilh. von Ockham, in: W. VOSSENKUHL/R. SCHÖNBERGER (Hg.): Die Gegenwart Ockhams (1990) 63-76; M. G. HENNINGER: Relations. Medieval theories 1250-1325 (Oxford 1989) 139. – [48] NIKOLAUS VON KUES: De vis. Dei XII. – [49] a.O. XV. – [50] V. – [51] XII. – [52]

Trial. de possest 38, 3-14; vgl. W. BEIERWALTES: Identität und Differenz (1980) 162-166; R. HAUBST: Die erkenntnistheoret. und myst. Bedeut. der 'Mauer der Koinzidenz'. Mitteil. Forsch. Cusanus-Ges. 18 (1989) 167-191.

Literaturhinweise. A. BOHNER: Das Sch.-Problem bei Moses Maim., Albertus Magn. und Thomas von Aqu. (1913). – H. BLUMENBERG: Nachahmung der Natur. Zur Vorgesch. der Idee des schöpferischen Menschen. Studium generale 10 (1957) 266-283. – L. SCHEFFCZYK s. [Lit. zu III.]. – Z. HAYES: The gen. doctr. of creat. in the 13th cent. (1964). – G. MAY s. Anm. [7 zu III.]. – K. FLASCH s. Anm. [19]. – R. SORABJI: Time, creation and the continuum (Ithaca, N.Y. 1986). – B. S. KOGAN: The problem of creat. in the late mediev. Jewish philos., in: R. LINK-SALINGER (Hg.): A straight path. Essays in hon. of A. Hyman (Washington 1988) 159-173. – J. B. M. WISSINK (Hg.) s. Anm. [35].

F.-B. STAMMKÖTTER

V. *Neuzeit.* – «Articulus de creatione rerum ex nihilo difficilior est creditu quam articulus de incarnatione» («Der Satz von der Sch. der Dinge aus dem Nichts ist im Glauben schwieriger anzunehmen als der Satz von der Menschwerdung») [1] – diese Aussage M. LUTHERS kennzeichnet treffend den Ort des Sch.-Begriffs in der beginnenden Neuzeit: die theologische Sch.-Lehre, die jedoch auf philosophische Bestimmungen gründet bzw. diesen gegenüber ihre Eigenständigkeit zu zeigen hat. Für Luther gilt in der Sch.-Lehre allein das in der Schrift niedergelegte Wort Gottes, das im Glauben anzunehmen ist [2]. Es bedeutet für ihn, daß Gott die Welt nicht nur in einem einmaligen Akt erschaffen hat, sondern, daß er «teglich ymmerdar schafft» und die Welt erhält; daß der Mensch nicht aus eigener Kraft ist, sondern alles aus und durch Gott hat [3]. Es wäre Blasphemie, wollte er sich als Schöpfer an die Stelle Gottes setzen und aus sich gerechtfertigt sein [4]. Auch für J. CALVIN ist das Zeugnis der Schrift ausreichend und alle weitere Spekulation über den Grund für die Sch. unsinnig. Gott erhält und lenkt die Sch. [5]. In ihr offenbart er uns seine «Weisheit, Macht, Gerechtigkeit und Güte» [6].

Bereits G. BRUNO hält, im Unterschied zur kirchlichen Lehre, das Weltall für unendlich. Er sieht es der «göttlichen Güte und Allmacht für unwürdig» an, «daß sie eine endliche Welt erschaffen hätte» [7]. Deshalb verwendet er in seinen naturphilosophischen Werken [8] zur Bezeichnung des Verhältnisses Gottes zur Welt den Begriff ‹Sch.› nicht. Für R. DESCARTES ist Sch. nicht eigentlich ein Problem, auch wenn er unscharf von «opera Dei perfecta» und «rerum universitas» spricht, ohne zu entscheiden, wie beide zueinander stehen. Die «immensa potentia Dei» hat als Tätigkeitswort nicht immer «creare», sondern das indifferentere «facere» [9]. Er zählt zwar göttliche Attribute auf, wie «summus, aeternus, infinitus, omniscius, omnipotens, rerum omnium quae praeter ipsum sunt creatorem» und schreibt der Vorstellung objektive Realität zu, aber schließt daraus nicht, daß «etwas aus Nichts entstehen» könne («nec posse aliquid a nihilo fieri») [10]. Descartes lehrt die «creatio» und «conservatio» aus der Einsicht, daß das «Ich» sich nicht von sich aus in der Zeit erhalten könne, wie es sich auch nicht in die Zeit gesetzt habe: die «creatio continua» gehöre darum zu den durch das natürliche Licht offenkundigen Wahrheiten [11]. Doch auch diese Einsicht ist nicht frei vom Zweifel, der durch die Frage entsteht, ob «Ich» nicht «moi-même l'auteur de mon être» sein könnte [12]. – Descartes erklärt die geschaffene Welt mechanistisch. Eine Weltmaschinerie, in hohem Grade eine Kunst, läßt den Schöpfer Gott zum Werkmeister werden. Sein Werk («opus») war der Anfang und ist die Erhaltung einer Bewegung, die ansonsten mechanisch verläuft.

Damit stellt sich immer dringlicher die Frage, inwieweit die Sch. vom Willen Gottes abhängig oder selbständig ist. N. MALEBRANCHE antwortet: Dem vollkommenen Gott als Baumeister («ouvrier») der Welt entspricht nur die vollkommenste aller denkbaren Welten. Gott schuf sie deshalb nach den einfachen Gesetzen der Hervorbringung («production») und Erhaltung («conservation»). Die Unabänderlichkeit der Naturgesetze ist dem unveränderlichen Willen ihres Schöpfers adäquat [13]. FÉNELON wendet ein, daß dadurch die Freiheit Gottes aufgehoben werde. Gott sei gezwungen, eine Welt zu schaffen; die Sch. werde ewig und notwendig, der Begriff einer Sch. selbst in sich widersinnig [14].

B. SPINOZA vollzieht radikal eine Annäherung von Gott und Natur, die zur Identität wird: «Quicquid est, in Deo est, et nihil sine Deo esse, neque concipi potest» («Was auch immer ist, ist in Gott, und nichts kann ohne Gott sein, nicht einmal gedacht werden») [15]. Nach Spinozas Substanzbegriff kann «keine Substanz von einer anderen hervorgebracht (produci) oder erschaffen (creari) werden». Da es außer Gott keine Substanz gibt, folgert Spinoza die Identität der ausgedehnten Dinge mit Gott [16]. Alles, was ist, geschieht nach der Notwendigkeit des göttlichen Wesens. Aus Gottes Unendlichkeit, Ewigkeit und Vollkommenheit folgt die unendliche, vollkommene Natur. Eine endliche von Gott getrennte Sch. kann es also nicht geben. Deshalb ist der Begriff einer frei von Gott gewollten Sch. für Spinoza undenkbar, auch wenn er gelegentlich «creari» statt des häufigeren «produci» gebraucht [17].

G. W. LEIBNIZ glaubt Spinozas Konsequenzen aus dem Substanzbegriff nicht ziehen zu müssen. Für ihn sind die einfachen Substanzen, Monaden, die «wahren Atome der Natur, die Elemente der Dinge», die «nur auf einen Schlag anfangen und aufhören können. Sie können nur anfangen durch Sch. und aufhören durch Vernichtung» [18]. Das Wesen jeder Substanz liegt in der «force active» [19]. Nach Leibniz gelangt der Mensch zu den einfachen Ideen durch den Vernunftgebrauch, der auf den Prinzipien der Widerspruchsfreiheit und des zureichenden Grundes beruht. Die «causa sufficiens» muß sich sowohl an den Tatsachen- als auch an den Vernunftwahrheiten erweisen lassen [20]. Gott als notwendige Substanz ist zureichender Grund des ganzen Mannigfaltigen [21]: «Da nun die Ideen Gottes unendlich viele mögliche Welten enthalten und doch nur eine einzige davon existieren kann, so muß es einen zureichenden Grund für die Wahl Gottes geben.» Dieser Grund liegt in der Wahl des Besten: Gottes Weisheit, Güte und Macht sind zureichend für die Existenz der besten aller denkbaren Welten [22]. Die zu erschaffenden Substanzen drängen nach Dasein. Ihnen liegt eine gewisse göttliche Mathematik oder ein metaphysischer Mechanismus zugrunde: «nec tantum ab ipso magnitudinis vel potentiae in machina universi iam constituta, sed et bonitatis vel sapientiae in constituenda, ratio habeatur» («Von ihm hat man nicht nur den Grund für die Größe und Macht in der Maschine des Universums, die schon erschaffen ist, sondern auch für die Güte und Weisheit für das, was noch geschaffen wird») [23]. Die Sch. ist aber als solche notwendig unvollkommen («il y a une imperfection originale dans la creature»), weil sie ihrem Wesen nach begrenzt ist [24]. Gott wollte mit der Sch. seine Vollkommenheit auf die wirksamste Art offenba-

Schöpfung

ren [25], handelte aber freiwillig: «Le decret de créer est libre» [26].

Die Schultheologie der Zeit reagierte apologetisch, wie zahlreiche Dissertationen zum Thema der Sch. aus dem Nichts belegen [27]: Die verbale Auslegung des biblischen Sch.-Berichtes, die «das zeitbedingte Weltbild der Bibel als Offenbarungsdatum festhalten wollte» [28], verhinderte ein Eingehen auf naturwissenschaftliche oder metaphysische Erkenntnisse. CH. WOLFF vergleicht die Sch. mit der menschlichen Einbildungskraft: So wie wir «Dinge in Gedanken hervorbringen», so faßt auch Gott «durch seinen Verstand» die möglichen Dinge, gibt ihnen aber zusätzlich «durch seine Macht die Würcklichkeit ... Die Würckung Gottes wird Sch. genennet» [29]. Die barocke Physikotheologie stellt den Versuch dar, Gott als Schöpfer gerade aus der Zweckmäßigkeit der Natur zu erweisen. A. KIRCHER z.B. erforscht die «Werke der Sch.», um zu zeigen, daß die Natur die Weltorgel ist, auf der Gott die Harmonie der Sch. spielt [30].

Dagegen versuchte J. BÖHME, den Prozeß der Sch. aus Gott neu zu durchdringen. Wie alles «Schaffen des Geistes ... ein Ausgang aus sich selber ins Aeussere» ist [31], so bedeutet auch die Sch. ein Sich-Bilden Gottes nach außen. In Gott liegt eine «Begierde», die Dinge, die in ihm verborgen liegen, zu gebären und in äußeren Wesen darzustellen: «Die Sch. oder gantze Creation ist anders nichts als eine Offenbarung des allwesenden, ungründlichen Gottes.» Dadurch wird Gott nicht vollkommener, aber die Sch. dient «zu seiner Selbst-Offenbarung». Sie ist ein «Spiel aus sich selber» [32]. Diese Sch. hat auch jetzt noch «kein Ende bis ins Gerichte» [33].

F. CH. OETINGER hat diese Gedanken aufgenommen: «Geist» heißt auch für ihn «Ausgang aus der Weißheit ... zum Schaffen und der Wiedereingang in Gott». «Gott ist also eine ewige Begierde sich zu offenbaren, sich in Liebe mit zu theilen.» Die erste Stufe der Offenbarung ist Gottes Aussprechen «durch sein Wort ins sich». Aber «solange es in Gott ist, ist es ohne Kreatur». Erst die Geburt aus der Finsternis ins Licht, «aus dem Unsichtbaren» ins Sichtbare vollendet die Sch. [34].

Während der englische Deismus der Sch.-Theorie nicht widerspricht – TH. MORGAN hält neben der «creation» auch die «preservation» der Welt durch Gott ausdrücklich für notwendig [35] –, sieht D. HUME das Problem nur unter der Fragestellung, ob der Schluß von der komplizierten, kunstvollen, aber auch fehlerhaften Anlage der Welt auf einen einzigen, vollkommenen und unendlichen Schöpfergott berechtigt ist. Es bleibe nur die Annahme, daß das Universum irgendwann einmal aus einem einheitlichen Plan oder einer Absicht entstanden ist [36].

Dagegen wird in der französischen Aufklärung der Schritt vom deistischen Festhalten an der Vernünftigkeit des Sch.-Gedankens zur atheistischen Leugnung der Sch. und der Behauptung der ewigen Selbstkonstitution der Materie vollzogen [37]. J. O. DE LA METTRIE erklärt, es sei «für unsere Ruhe gleichgültig, ob die Materie ewig ist, oder ob sie geschaffen ist, ob es einen Gott gibt, oder ob es keinen gibt» [38]. VOLTAIRE aber hält an der Idee eines mächtigen, ewigen und intelligenten «Weltbaumeisters» («artisan») aufgrund der Konstanz der Naturgesetze fest [39], ebenso wie J.-J. ROUSSEAU, der ausschließt, daß die Materie aus sich selbst existiert und sich bewegt, so daß es einen intelligenten Willen über dem kunstvollen Werk des Universums geben muß [40].

I. KANT verwendet den Sch.-Begriff nur wenig. Er hat jedoch seinen Ort in den Antinomien der reinen Vernunft, d.h. in dem Bereich, der von der Kosmologie der unkritischen Metaphysik dogmatisch entschieden wurde. In der vierten Antinomie stehen sich als Thesis die Behauptung eines «schlechthin nothwendigen Wesens» entweder als Teil der Welt oder als ihre Ursache und als Antithesis dessen Leugnung gegenüber [41]. Da die Thesis ein praktisches, spekulatives und populäres «Interesse» für sich sieht [42], sucht Kant nach einem «Schlüssel zu Auflösung der kosmologischen Dialektik» und findet ihn im «transcendentalen Idealism» [43]. Der physikotheologische Gottesbeweis kann für sich allein die Existenz eines höchsten Wesens nicht zeigen, sondern «höchstens einen Weltbaumeister, der durch die Tauglichkeit des Stoffs, den er bearbeitet, immer sehr eingeschränkt wäre, aber nicht einen Weltschöpfer, dessen Idee alles unterworfen ist, darthun» [44]. Gott als weiser Urheber der Welt ist «nur als Gegenstand in der Idee und nicht in der Realität» gegeben und ist als solcher nicht konstitutives Prinzip der Erweiterung menschlicher Erkenntnis, sondern regulatives. «Auf solche Weise aber können wir doch ... einen ewigen, weisen und allgewaltigen Welturheber annehmen? Ohne allen Zweifel; und nicht nur dies, wir müssen einen solchen voraussetzen. Aber alsdann erweitern wir doch unsere Erkenntniß über das Feld möglicher Erfahrung? Keineswegs» [45].

Im ‹ältesten Systemprogramm› wird mit dem Satz: «Mit dem freyen, selbstbewußten Wesen tritt zugleich eine ganze Welt – aus dem Nichts hervor – die einzig wahre und gedenkbare Sch. aus Nichts», nur scheinbar die Idee der creatio ex nihilo betont; eher scheint die biblisch-christliche Sch.-Vorstellung radikal aufgehoben [46].

J. G. FICHTE erklärt die «Annahme einer Sch.» als «Grundirrtum» einer aus dem Heiden- und Judentum stammenden «falschen Metaphysik und Religionslehre» [47]. Nur der «ewige Wille» in uns, der zur Sittlichkeit strebt, ist «Weltschöpfer» [48]. Dagegen ist für F. H. JACOBI Gott «nicht bloß Baumeister des Weltalls», sondern auch «Schöpfer». «Hätte er die Dinge nicht auch der Substanz nach gewirkt, so müßten zwey Urheber seyn, die, man weiß nicht wie, miteinander in Verbindung gerathen wären» [49].

F. W. J. SCHELLING legt seinen Sch.-Begriff, unter Rückgriff auf Böhme und Oetinger, systematisch in der Schrift ‹Über das Wesen der menschlichen Freiheit› dar, die von M. HEIDEGGER ein «Entwurf einer Ontologie der Sch.» genannt worden ist [50]. SCHELLING nimmt darin einen von Gott zwar unzertrennlichen, aber von ihm doch verschiedenen «Grund seiner Existenz» an [51]. In ihm haben auch die von Gott verschiedenen Dinge ihren Ursprung, in denen «Gott sich selbst in einem Ebenbilde erblickt». Liegen anfänglich die in Gott verbundenen Kräfte in dem dunklen Grund verborgen, so bedeutet die Selbstoffenbarung Gottes die Verselbständigung der Kreatur; und so geht «der Proceß der Sch. nur auf eine innere Transmutation oder Verklärung des anfänglich dunklen Princips in das Licht». Dieser Prozeß der Geburt von der Finsternis ans Licht findet seinen Endpunkt im Menschen, in dem Gott sich als in seinem «Ebenbilde» anschaut, in dem aber auch wegen der Freiheit des menschlichen Willens «die Möglichkeit des Guten und des Bösen liegt» [52]. Die Sch. verläuft also in mehreren «Perioden»; «gleich in der ersten Sch.» wird der «Eigenwille der Creatur» erregt, die in ihrer völligen Selbstheit, der Wirklichkeit des Bösen, ihre größte Entfernung von Gott erreicht. «Endabsicht der

Sch.» ist es, daß auch das Böse aktualisiert wird, um schließlich ganz vom Guten geschieden, d.h., «in das Nichtseyn verstoßen zu werden» [53].

F. X. VON BAADER entwickelt, obwohl er bekennt, daß man den Akt der Sch. nicht völlig erklären könne [54] und insbesondere die Sch. aus Nichts unverständlich sei [55], ähnliche Vorstellungen: Der Sch.-Prozeß ist «Nachbild des ewigen immanenten göttlichen Lebensprozesses» [56]. Gott ist ein werdender Gott, und um «dieses Wachsthums» willen «bewegte sich nemlich Gott zur Sch., d.h. er schied den Willen der Natur (sein geformtes Wort, Idea, Weisheit) in ein Contrarium, oder diese Idea entfaltete sich in Lust und Begierde aus deren Ineinandergehen die Creatur hervortritt, um diese Idea verherrlichend wieder zu restituieren» [57]. Anders als bei Schelling entsteht die Sch. nicht aus dem unergründlichen Gott, sondern aus dessen Natur. Verselbständigt sich die Natur Gottes, so folgt daraus die von Gott getrennte Sch., die «Creatur als particularisierte Natur» [58]. Ihr Ziel ist es, daß sie durch die Religion wieder mit Gott vereinigt werde, die «Reintegration dieses Universums und durch sie die Befreiung (Vollendung) der Creaturen» [59].

G. W. F. HEGEL findet in der Sch.-Geschichte der «offenbaren Religion» den philosophischen Gedanken ausgedrückt, daß Gott als zunächst «der nur ewige oder abstracte Geist» für sich «ein Anders» wird und «in das Daseyn» tritt. «Er erschafft also eine Welt. Dieses Erschaffen ist das Wort der Vorstellung für den Begriff selbst nach seiner absoluten Bewegung, oder dafür daß das als absolut ausgesagte Einfache oder reine Denken ... vielmehr das ... sich entgegengesetzte oder Andre ist» [60]. «Schaffen, Sch. ist das Sichmanifestieren, Sichoffenbaren Gottes» [61]. Im Geschaffenen äußert sich Gottes Macht und Weisheit als «Selbstbestimmen» und «Setzen» eines Anderen, das «er selbst» ist. «Das Geschöpf ist ein solches, das nicht in sich selbständig ist» [62]. Das «Anderssein als Welt ist es, wodurch sie schlechthin das Erschaffene ist», und Sch. und Erhaltung der Welt bedeuten dasselbe. In der Natur manifestiert sich die Weisheit Gottes, d.h. die Idee «Natur» ist «die nur an sich seiende, d.h. unmittelbar oder im Anderssein gesetzte Idee» [63].

F. D. E. SCHLEIERMACHER dagegen trägt, da die Lehre von der Sch. und Erhaltung der Welt «nicht eigenthümlich durchgearbeitet ... und also auch nicht für kirchlich abgeschlossen anzusehen» sei, sie in der christlich überlieferten Form vor. Sowohl die «Abhängigkeit» der Welt von Gott als auch dessen «Unabhängigkeit ... von allen erst in der Welt und durch die Welt entstandenen Bestimmungen» dürfen in der Lehre von der Sch. nicht «gefährdet» werden [64].

Die katholische Theologie des 19. Jh. griff die spekulativen Sch.-Deutungen Schellings und Hegels nur vereinzelt auf, wie in der Tübinger Schule, auf. Ansonsten suchte sie nach einem Ausgleich zwischen biblischer Sch.-Lehre und naturwissenschaftlichen Weltentstehungstheorien. Das 1. Vatikanische Konzil präzisierte die traditionelle Sch.-Lehre [65].

Eine radikale Umdeutung des Sch.-Begriffs leistet L. FEUERBACH. Zunächst wird, wie bei Hegel, die Sch. als Unterscheidung Gottes von sich selbst gedeutet [66]. Da aber Gott nur der hypostasierte Mensch ist, so ist auch die Vorstellung von der Sch. der Welt durch Gott nur der Ausdruck dafür, daß der Mensch seinen subjektiven Willen in höchstem Maße bejaht: «Die Sch. aus nichts ist der höchste Ausdruck der Allmacht», d.h. des «Vermögens, subjektiv alles Wirkliche als ein Unwirkliches, alles Vorstellbare als ein Mögliches zu setzen, ... die Macht der Willkür ... Die Sch. aus nichts als ein Werk des allmächtigen Willens fällt aus diesem Grunde in eine Kategorie mit dem Wunder, ... sie ist das erste Wunder nicht nur der Zeit, sondern dem Range nach» [67]. So wird die Sch. für Feuerbach Zeichen für den nach Allmacht strebenden Menschen, der sich durch sie von der Natur unterscheidet, sich über sie stellt und sie beherrscht.

K. MARX geht noch einen Schritt weiter und erklärt auch die Selbst-Sch. zur Aufgabe des Menschen. Denn der Mensch lebt so lange «von der Gnade eines anderen», wie auch sein Leben nicht seine «eigene Sch.» ist. Die theologische Frage «nach der Sch. der Natur und des Menschen» abstrahiert vom wirklichen, d.h. vom gesellschaftlichen Menschen [68]. F. ENGELS streift den Sch.-Begriff nur noch wie etwas Vergangenes. Er teilt mit Darwin die Überzeugung, «daß die heutigen belebten Naturwesen das Ergebnis einer langen Entwicklungsreihe vom Einfachen zum Komplizierten sind» [69]. Bei CH. DARWIN ist diese Ablösung der Sch.-Theorie zwar angelegt, aber nicht in letzter Konsequenz ausgesprochen [70]. E. HAECKEL zieht aus der Evolutionstheorie die Konsequenz, den Terminus «Sch.-Lehre» durch «natürliche Entwicklungs-Lehre» zu ersetzen [71].

Unter den (Religions-)Philosophen hat besonders H. COHEN den Sch.-Begriff beibehalten. Der Satz «Gott ist nicht träge» bedeutet: «Gott ist der Urgrund der Tätigkeit, Gott ist der Schöpfer.» Das heißt aber auch, daß die Sch. «das Sein Gottes» selbst ist, «das Urattribut Gottes». «Wäre ... Gott nicht der Schöpfer, so wäre ... die Natur selbst der Gott. Dies aber würde bedeuten: Gott sei nicht.» «Der eigentliche Sinn des monotheistischen Sch.-Begriffes liegt in der Ethik», bei der Sch. der menschlichen Vernunft, deren Ausdruck im Begriff der Korrelation zu finden ist: «Der Mensch ist nicht mehr nur das Geschöpf Gottes, sondern seine Vernunft macht ihn kraft seiner Erkenntnis und für dieselbe gleichsam wenigstens subjektiv zum Entdecker Gottes» [72].

F. ROSENZWEIG handelt über die Sch. als den immerwährenden Grund der Dinge in Ausdeutung des biblischen Berichts und im Zusammenhang mit den Begriffen der Offenbarung und Erlösung. Gottes Schöpfertum sei Allmacht, ohne Willkür zu sein (in Abgrenzung zum Sch.-Begriff des ‹Koran›). In der Sch. der Welt offenbart sich Gott; deshalb findet sie ihr Ende erst in der Erlösung. Der Mensch, als das letzte der Geschöpfe wird für «gut gar sehr» befunden: ‹'Gar sehr', so lehren unsre Alten, gar sehr – das ist der Tod.» Der Tod, «der als Schlußstein der Sch., allem Geschaffenen erst den unverwischbaren Stempel der Geschöpflichkeit, das Wort 'Gewesen' aufdrückt, wird darum zum «Grundstein ... der Offenbarung» [73].

G. SCHOLEM hält die kabbalistische Lehre von der Sch. als einer «Selbstverschränkung Gottes» (Zimzum) für einen wichtigen Beitrag zur Erläuterung der Sch. aus Nichts. Diese kann nicht als ein Wirken nach außen, sondern als ein Sichzurücknehmen Gottes verstanden werden, «um Raum für die Sch. zu lassen». Nichts «im genauen Sinn [sei] gar nicht anders denkbar ... als um den Preis des Paradoxon», daß Gott selbst «zu Nichts werde ... Nur wo Gott sich 'von sich selbst auf sich selbst' zurückzieht, ... kann er etwas hervorrufen, was nicht göttliches Wesen und göttliches Sein selber ist» [74].

Die Existenzphilosophie J.-P. SARTRES erklärt den

Menschen zu dem, der sich selbst macht. Indem er seine Moral wählt, befindet er sich in derselben «situation créatrice» wie der Künstler, der ein Kunstwerk schafft; «nous avons création et invention. Nous ne pouvons pas décider à priori de ce qu'il y a à faire» [75].

Die evangelische Theologie im 20. Jh. hält, bei unterschiedlichen Akzenten der Begründung, am Sch.-Begriff fest. P. TILLICH: «Die Lehre von der Sch. ist es, wovon die Lehren von dem Christus, von der Erlösung und der Vollendung abhängen ... Die Lehre von der Sch. hat zwei Hauptfunktionen: Erstens betont sie die Abhängigkeit alles Geschaffenen von Gott und folglich die wesensmäßige Gutheit der Sch. ... Zweitens betont sie den unendlichen Abstand zwischen dem Schöpfer und dem Geschöpf.» Die «Sch. aus Nichts ... ist eins mit der Sch. durch das Wort ... Die Lehre von der Sch. durch das Wort verneint jede substantielle Partizipation des Menschen an Gott. Sie ersetzt substantielle Identität durch personhafte Distanz» [76].

Für K. BARTH heißt Sch., daß Gott alles aus nichts geschaffen hat und alles «Existierende das Werk seines Willens ist». Letztlich ist sie ein «Glaubenssatz» und deshalb an die Aussagen der Hl. Schrift gebunden [77]. Gott bedarf der Sch. nicht, er wird in ihr «nichts, was er nicht gewesen wäre»; aber er wollte «als solcher nicht allein bleiben», sondern offenbarte sich mit der Sch. in überströmender Liebe, er wird sich selbst äußerlich und gibt der Sch. eine selbständige Existenz». Andererseits bleibt Gott in der Sch. gegenwärtig; er erhält und regiert sie; ist ihr also zugleich nah und fern [78]: Die Sch. ist der «äußere Grund des Bundes» Gottes mit den Menschen, wie dieser Bund der «innere Grund der Sch.»; d.h. «die Geschichte dieses Bundes ist ebenso das Ziel ... wie der Anfang der Sch. ... Durch Christus wird die Sch. erlöst, vollendet und verwirklicht» [79].

Auf katholischer Seite wurde der Sch.-Begriff vor allem durch K. RAHNER mit einer ernstgenommenen Evolutionstheorie in Zusammenhang gebracht [80]. Das «Problem der Hominisation» ist dabei Kennzeichen für das Aufgreifen naturwissenschaftlicher Erkenntnisse. Der «Vorgriff» [81], d.h. die Erfahrung der aktiven Selbsttranszendenz des Menschen als Geschöpf, liefert im Rahmen einer Metaphysik der endlichen Erkenntnis die Voraussetzung dafür, daß Naturgeschichte und Heilsgeschichte nicht unvermittelt nebeneinander verlaufen. Es wird gefordert, eine «Selbstorganisation» von Natur und Mensch [82] anzunehmen, ohne deswegen den Sch.-Begriff aufgeben zu müssen, weil die «Aufgabe der Humanisierung» ohne das im Begriff der Sch. liegende Liebesethos gefährdet ist: Die evolutive Selbstorganisation wird als Sch.-Wirken Gottes begriffen.

Dadurch ist die Frage nach dem Ursprung des Bösen in der Sch. nicht erledigt. H. BLUMENBERG folgert: Wenn der Mensch sündig und die Welt erlösungsbedürftig ist, so hat sich Gott mit der Sch. «in etwas verstrickt, was ihn erschrecken mußte». Er «wußte nicht, was er tat, als er die Welt erschuf» [83].

Anmerkungen. [1] M. LUTHER: Thesen zur Promotionsdisput. von P. Hegemon (1545). Weimarer Ausgabe [WA] 39/2, 340. – [2] Pr. über das 1. B. Mose (1527). WA 24, 18; Vorles. über das 1. B. Mose (1544). WA 42, 5. – [3] Pr. des Jahres 1523 (1523). WA 12, 441; vgl. 7, 30f.; 21, 15-25; 46, 558f. – [4] WA 39/1, 48; vgl. 40/1, 442; 40/2, 466; vgl. P. ALTHAUS: Der Sch.-Gedanke bei Luther. Sber. Bayer. Akad. München, Phil.-hist. Kl. 7 (1959). – [5] J. CALVIN: Instit. relig. christ. I, 14, 1. 20. – [6] I, 14. 21f.; I, 5-7. – [7] G. BRUNO: Inquisitionsakten. Dok. 11. Ges. Werke, hg. L. KUHLENBECK (1904-09) 6, 174. – [8] La cena de le ceneri (Venedig 1584); dtsch.: Das Aschermittwochsmahl, a.O. 1 (1904); De la causa, principio e uno (London 1584); dtsch.: Von der Ursache, dem Prinzip und dem Einen, hg. A. LASSON/P. R. BLUM (⁵1977). – [9] R. DESCARTES: Medit. de prima philos. IV (1641). Oeuvr., hg. CH. ADAM/P. TANNERY 7 (Paris 1964) 56. – [10] Med. III, a.O. 40. – [11] a.O. 49. – [12] 48. – [13] N. MALEBRANCHE: Traité de la nature et de la grâce (1680, 1712) I, 13. 18f. Oeuvr. 5, hg. G. DREYFUS (Paris 1958) 28. 31. – [14] FÉNELON: Réfutation du syst. du P. Malebranche sur la nature et la grâce VIf. [1687/88]. Oeuvr. (Paris 1835) 2, 242-245. – [15] B. DE SPINOZA: Ethica (1677) I, prop. 15. Opera, hg. C. GEBHARDT (1923-87) 2, 56. – [16] Eth. I, prop. 15, schol.; vgl. Op., a.O. 48. 50. – [17] Eth. I, prop. 33, schol. 2, a.O. 60f. 74ff. – [18] G. W. LEIBNIZ: Monad. [1714] §§ 1. 3. 6. Die philos. Schr., hg. C. I. GERHARDT [GP] (1875-90, ND 1965) 6, 607. – [19] Br. an I. Jaquelot (9. 2. 1704). GP 3, 464. – [20] Monad. §§ 33ff. GP 6, 612ff. – [21] §§ 39. 42, a.O. 613. – [22] §§ 53. 55, a.O. 615f. – [23] De rerum orig. radicali (1697). GP 7, 304f. – [24] Théod. (1710) I, § 20. GP 6, 115; vgl. Monad. § 42, a.O. 613. – [25] Théod. I, § 78, a.O. 144. – [26] Théod. II, § 230, a.O. 255. – [27] Vgl. die wenn auch unvollst. Aufzählung in: J. H. ZEDLER: Grosses vollst. Univ.-Lex. 35 (1743) 870-872; vgl. auch H. S. REIMARUS: Abh. von den vornehmsten Wahrheiten der natürl. Relig. (⁵1781) 180ff. – [28] SCHEFFCZYK, a.O. [Lit. zu III.] 2/2a (1963) 119. – [29] CH. WOLFF: Vernünfftige Gedancken von Gott, der Welt und der Seele des Menschen (1751) § 1053. Ges. Werke I/2 (1983) 647. – [30] Vgl. Universale Bildung im Barock. Der Gelehrte A. Kircher (Ausstellung der Stadt Rastatt) (1981) 51ff. – [31] J. BOEHME: Vom dreyfachen Leben des Menschen X, 33. Sämtl. Schr., hg. W.-E. PEUCKERT (1730, ND 1956-60) 3, 188. – [32] De signatura rerum XVI, 1f., a.O. 6, 230f.; vgl. VI, 8, a.O. 49; Von der Gnadenwahl IV, a.O. 39ff.; Mysterium magnum X, 5, a.O. 7, 54; Quaest. theosophicae VI, 13, a.O. 9, 21. – [33] De tribus principiis XXIII, 25, a.O. 2, 408; vgl. Clavis ... 96, a.O. 9, 100. – [34] F. CH. OETINGER: Bibl. und Emblemat. Wb. (1776, ND 1969) 536f. 544. – [35] TH. MORGAN: The moral philosopher (London 1738-40, ND 1969) 1, 186-188. – [36] D. HUME: Dial. conc. nat. relig. (1779); dtsch.: Dial. über natürl. Relig., hg. G. GAWLICK (⁵1980) 50f. – [37] J. MESLIER: Mémoire 70. Oeuvr., hg. R. DESNÉ (Paris 1970-72) 2, 209ff.; dtsch.: Das Testament, hg. G. MENSCHING (1976) 347; P.-H. TH. D'HOLBACH: Syst. de la nature (1770) I, 2; II, 5-7; dtsch., hg. F.-G. VOIGT (1960) 28. 380. 391. 427. – [38] J. O. DE LA METTRIE: L'homme machine (1748); dtsch.: Der Mensch eine Maschine, hg. M. BRAHN (1909) 41. – [39] VOLTAIRE: Il faut prendre parti ou le principe d'action (1772) VI. Oeuvr. compl., hg. L. MOLAND (Paris 1877-85, ND 1965) 28, 524; dtsch.: Wir müssen uns entscheiden oder das Wirkprinzip. Krit. und satir. Schr., hg. F. SCHALK (1984) 517. – [40] J.-J. ROUSSEAU: Emile IV (1762). Oeuvr. compl., hg. B. GAGNEBIN/M. RAYMOND 4 (Paris 1969) 578ff. – [41] I. KANT: KrV B 480f. – [42] B 494f. – [43] B 518. – [44] B 655. – [45] B 724f. – [46] CH. JAMME/H. SCHNEIDER (Hg.): Mythologie der Vernunft. Hegels «ältestes Systemprogramm» des dtsch. Idealismus (1984) 11; vgl. 54f. – [47] J. G. FICHTE: Die Anweis. zum sel. Leben VI (1806). Sämmtl. Werke, hg. I. H. FICHTE (1845f.) 5, 479. – [48] Die Bestimmung des Menschen (1800), a.O. 2, 303. – [49] F. H. JACOBI: Ueber der Lehre des Spinoza, Beilage VII (²1789). Werke (1812-25, ND 1976) 4/2, 156. – [50] M. HEIDEGGER: Schellings Abh. vom Wesen der menschl. Freiheit. Ges.ausg. II/42 (1988) 201. – [51] F. W. J. SCHELLING: Philos. Unters. über das Wesen der menschl. Freiheit (1809). Sämtl. Werke, hg. K. F. A. SCHELLING (1856-61) I/7, 358. – [52] a.O. 360. 364. – [53] 375. 377. 404. – [54] F. X. VON BAADER: Fermenta cognitionis (1822-25). Sämtl. Werke, hg. F. HOFFMANN (1851-60) 2, 352; Über die Begründ. der Ethik durch die Physik (1813), a.O. 5, 13f. Socialphilos. Aphorismen (1828-40), a.O. 5, 260. – [55] Beitr. zur Elementarphysiol. (1797), a.O. 3, 241; Erläut. zu Saint-Martin, a.O. 12, 178. – [56] Fermenta ..., a.O. [54] 195. – [57] a.O. 256. – [58] a.O. 403; vgl. 248. – [59] 288-290. – [60] G. W. F. HEGEL: Phänomenol. des Geistes, hg. W. BONSIEPEN/R. HEEDE. Akad.-A. 9 (1980) 412. – [61] Vorles. über die Philos. der Relig., hg. G. LASSON (1966) 1, 200. – [62] a.O. 3, 59-61; vgl. 35f. – [63] a.O. 4, 88f. – [64] F. SCHLEIERMACHER: Der christl. Glaube §§ 43. 45. 50. Krit. Ges.ausg., hg. H. BIRKNER u.a. I/7, 1 (1980) 134. 137. 148. – [65] H. DENZINGER/A. SCHÖNMET-

ZER: Enchir. symbol. (^{32}1963) Nr. 3001f. – [66] L. FEUERBACH: Das Wesen des Christentums (1841). Ges. Werke, hg. W. SCHUFFENHAUER (1967ff.) 5, 164. – [67] a.O. 190f. – [68] K. MARX: Nationalökon. und Philos. (1844). Frühschr., hg. S. LANDSHUT (1953) 246f. – [69] F. ENGELS: L. Feuerbach und der Ausgang der klass. dtsch. Philos. (1888). MEW 21 (1973) 295. – [70] Vgl. E. MAYR: Evolution und die Vielfalt des Lebens (1979) 136-163: Das Wesen der Darwinschen Revolution. – [71] E. HAECKEL: Natürl. Sch.-Lehre (1868, ^{10}1902) 1, VII. – [72] H. COHEN: Relig. der Vernunft aus den Quellen des Judentums (^{2}1928) 75. 77. 103. – [73] F. ROSENZWEIG: Der Stern der Erlösung (1921, ^{2}1976) 132. 173f. – [74] G. SCHOLEM: Über einige Grundbegr. des Judentums (1970) 85f. – [75] J.-P. SARTRE: L'existentialisme est un humanisme (Paris 1946) 77. – [76] P. TILLICH: Bibl. Relig. und die Frage nach dem Sein. Ges. Werke 5 (1964) 156f. – [77] K. BARTH: Die kirchl. Dogmatik (1932-70) II/1, 83; III/1, 22; III/2, 182f. – [78] a.O. II/1, 62. 519f. 535ff. 561; II/2, 130; I/1, 404. 497; I/2, 177. 772; III/1, 15. 64. 103f. – [79] III/1, § 41 passim; I/2, 977ff.; II/1, 578; IV/1, 233. 278; IV/3, 155. – [80] K. RAHNER: Theologisches zum Monogenismus. Schr. 1 (^{2}1962) 253-322; K. RAHNER/P. OVERHAGE: Das Probl. der Hominisation. Über den biolog. Ursprung des Menschen (1965). – [81] Geist in Welt (^{2}1957) 3. Teil: Die Möglichkeit der Met. auf dem Boden der imaginatio. – [82] So S. N. BOSSHARD: Erschafft die Welt sich selbst? (1985. ^{2}1987). – [83] H. BLUMENBERG: Matthäuspassion (1988) 124f.

Literaturhinweise. O. ZÖCKLER: Gesch. der Beziehungen zw. Theol. und Nat.wiss. mit bes. Rücksicht auf Sch.-Gesch. 1-2 (1877-79). – F. ALIN: Studier öfver Schleiermachers upfattning af det evangeliska skapelsebegreppet (Lund 1909). – H.-G. REDMANN: Gott und Welt. Die Sch.-Theol. der vorkrit. Periode Kants (1962). – K. HEMMERLE: F. von Baaders philos. Gedanke der Sch. (1963). – G. ALTNER: Sch.-Glaube und Entwicklung in der prot. Theol. zwischen E. Haeckel und Teilhard de Chardin (1965). – J. FEINER: Der Mensch als Geschöpf, in: Mysterium salutis II (1967) 559-583. – J. JALABERT: Création et harmonie pré-établie selon Leibniz. Studia Leibn. 3 (1971) 190-198. – N. YOUNG: Creator, creation and faith (Philadelphia 1976) [zu Barth, Tillich, Bultmann und Moltmann]. – W. KERN: 'Sch.' bei Hegel. Theol. Quartalsschr. 162 (1982) 131-146. – J.-L. MARION: Descartes et l'onto-théologie. Bull. Soc. franç. Philos. 76 (1982) 117-171. – E. BRITO: La création 'ex nihilo' selon Schelling. Ephemerides theol. Lovanienses 60 (1984) 298-324. – A. RASKE: Der Sch.-Begriff Teilhards de Chardin im Horizont der Philos. J. Böhmes und F. von Baaders. Z. philos. Forsch. 38 (1984) 450-469. – P. KAISER/D. S. PETERS (Hg.): Evolutionstheorie und Sch.-Verständnis (1985). – E. BRITO: La création selon Schelling (Löwen 1987); La création chez Hegel et Schelling. Rev. thomiste 87 (1987) 260-279. – O. BAYER: Sch. als Anrede. Zu einer Hermeneutik der Sch. (1986). – A. GANOCZY: Sch.-Lehre (^{2}1987). – H. JONAS: Geist, Natur und Sch. (1988). – G. SCHERER: Welt – Natur oder Sch.? (1990).   J. KÖHLER

Schreckliche (das)

1. Als Begriff ist ‹das Sch.› bis heute ohne scharfe Kontur, gleichwohl ist es aus der Ästhetik, insbesondere aus den nicht mehr schönen Künsten nicht wegzudenken. Überschneidungen gibt es zum Fürchterlichen einerseits, zum Grauenvollen andererseits. – In der Poetik ist das Sch. seit der Renaissance zunächst mit dem Pathos der Tragödie verbunden. Der Begriff φόβος der Tragödiendefinition des ARISTOTELES [1] wurde u.a. mit (lat.) ‹terror›, (ital.) ‹terrore›, (engl.) ‹terror› sowie (frz.) ‹terreur› übersetzt. Der affektive Nutzen der Tragödie bestand bis in die Frühaufklärung in ihrer abschreckenden (Tugend-Laster-Modell) bzw. die Leidenschaften dämpfenden (neostoisches constantia-Modell) Wirkung, wobei noch J. CH. GOTTSCHED den «Grad dieses Schreckens» für unbestimmt hielt [2].

2. Die Emotionalisierung der Kunst- und Literaturtheorie im Übergang vom Barock zur Aufklärung führt zur Ästhetisierung des Sch., wodurch etwa bei J. B. DUBOS [3] der Abschreckungsmechanik der Boden entzogen wird. Unter Rückbezug auf Ps.-LONGINOS [4] rechtfertigt J. DENNIS die Affekterregung insbesondere von «Terror» und «Horror», da «Enthusiastick Terror» die Wirkung des Sublimen verstärke [5]. Unter dem Mantel des durch die Antike legitimierten Erhabenen, das aufgrund seiner bestürzenden Wirkung durch N. BOILEAU [6] für die Kunsttheorie der Moderne zurückgewonnen wird [7], findet das Nichtmehrschöne, das Entsetzliche, Häßliche und Sch., Einlaß in die Ästhetik des 18. Jh. [8]. Es kommt zur Entdeckung einer paradoxen ästhetischen Empfindung, die seit DENNIS als «delightful Horrour» und «terrible Joy» [9], «pleasing horror» (G. BERKELEY) [10] oder «agreeable kind of horror» (J. ADDISON) [11] sprichwörtlich wird. «Sublime *Terror*» bezeichnet bei J. BAILLIE einen Gemütszustand von «*Joy* and *Grief*, *Pleasure* and *Pain*» [12]. Diese «passion made of terror, joy, and rapture» erfüllt die Seele mit «silence and inquisitive horror» [13], der bei J. USHER numinose [14] Qualität gewinnt. Die englische Entwicklung führt zur Definition des Erhabenen durch den Schrecken bei E. BURKE [15].

3. Im 18. Jh. stehen im deutschsprachigen Raum zwei philosophische Definitionen des Schreckens nebeneinander, und zwar eine modale und eine inhaltliche. Für CH. WOLFF ist der Schrecken eine unvorhergesehene Furcht [16]. Praktisch folgt daraus ein konsolatorisches Schreckenstraining [17], dem GOTTSCHED philosophisch [18] und poetologisch folgt. J. G. WALCH dagegen unterscheidet in Abgrenzung zu Wolff «das Schrecken billig von der Furcht», indem er den plötzlichen Charakter der Schreckreaktion in den Vordergrund stellt [19]. Während J. H. ZEDLER [20] beide Definitionen notiert, schließen sich die ‹Encyclopédie› [21], I. KANT [22] und W. T. KRUG [23] Wolff an.

4. BURKES «aesthetic of terror» [24] inspiriert D. DIDEROT zu Ausführungen über die ästhetische Attraktion eines «je ne sais quoi de terrible» [25]. KANT übernimmt Burkes Disponierung des Sublimen als «*das Schreckhafterhabene*» [26]. In der KU ist es der Anblick des Gräßlichen und Furchtbaren, mittels dessen sich das Gemüt seine Vernunftbestimmung «fühlbar» machen kann [27]. Auch M. MENDELSSOHNS Theorie der vermischten Empfindungen zielt auf die Integration des Sch. ins Erhabene [28], insofern der «höchste Grad des *Entsetzlichen*» ein «angenehmes Entsetzen» hervorruft [29]. Für F. SCHILLER ist alles, was «ein Gefühl des Schreckens» erregen kann oder was ein «Ingrediens des Schrecklichen» ist, «tauglich zum Erhabenen» [30]. Daher sind Schreckensdarstellungen «eine *vierte Quelle von Lust*» [31]. In Analogie zu Aristoteles' Definition des Lächerlichen als einer unschädlichen Häßlichkeit, begreift G. E. LESSING im Unterschied zu J. G. HERDER [32] das Sch. als «schädliche Häßlichkeit», dessen Darstellung in der transitorischen Literatur zur Erregung vermischter Empfindungen, insbesondere des Mitleids, erlaubt sei, in den bildenden Künsten dagegen vermieden werden sollte [33]. J. G. SULZER geht auf vorästhetisches Gedankengut zurück und notiert unter dem Stichwort ‹Schreken; Schreklich› die didaktische Wirkung eines «heilsamen Schrekens» [34], demgegenüber der angenehme Schrecken als ein bloß «leerer Schreken», der dem «Zeitvertreib» dient, abgewertet wird [35].

Die paradoxe Empfindung einer «terreur agréable» [36], eines «agreeable Horrour» [37] oder eines «angenehmen Grauens» – dieses Oxymoron begegnet im deutschen Sprachraum als ästhetischer Begriff erstmals 1743 [38] – führt in der zweiten Hälfte des 18. Jh. zu einer großen Zahl [39] von Abhandlungen ‹Ueber das Vergnügen am Schreckhaften› [40], von der diejenige SCHILLERS [41] lediglich die bekannteste ist. Dabei führt ein «je ne sais quel goût pour la destruction» [42] von einer bloß passiven zu einer aktiven, sadistischen Schreckenslust, die in den Schriften D. DE SADES imaginative Gestalt annimmt. Insofern gelangt die vielstimmig geführte Debatte über das ästhetische Vergnügen am Sch. im 18. Jh., in deren Verlauf die Sphären von Ethik und Ästhetik entflochten werden, an die Grenze der Aufklärung, und zwar in Hinsicht auf Menschenbild, Naturbegriff, Weltanschauung und aufklärerische Kunstfunktion.

5. Im 19. Jh. tritt die modale Bestimmung des Schreckens hervor [43]. TH. LIPPS unterscheidet das «Schreckgefühl» als ein «Gefühl der plötzlichen und starken Inanspruchnahme der psychischen Kraft seitens eines Erlebnisses» rein temporal von verwandten Intensitäten wie Überraschung oder Erstaunen [44]. Diese Definition kanonisiert R. EISLER [45]. S. FREUD spricht von «Schock», wenn ein traumatisierender Schrecken den Reizschutz des Bewußtseins durchbricht [46]. Dem modalen Schrecken entspricht in der Ästhetik des 19. Jh. der «Choc». Als ein Moment der nicht mehr schönen Künste der Moderne hatte F. SCHLEGEL unter wirkungspoetischer Gewichtung das *«Choquante»* noch aus klassizistischer Perspektive als «die letzte Konvulsion des sterbenden Geschmacks» bewertet [47]. «... en *pétrarquisant* sur l'horrible» [48] gestaltet CH. BAUDELAIRE «la *beauté* du *Mal»* [49], wobei sich die Scheußlichkeiten, denen er etwa in dem Gedicht ‹Une Charogne› huldigt, und die Schockeffekte, die es auf den Rezipienten ausübt, entsprechen. Im Unterschied zu einem solchen noch rhetorisch verhafteten Schockbegriff stellt W. BENJAMIN im expliziten Rückgriff auf die psychoanalytische Definition am Beispiel Baudelaires die «chockförmige Wahrnehmung» [50] als wesentliches «poetisches Prinzip» [51] der modernen Dichtung heraus. Diese temporale Struktur des Schreckens hält K. H. BOHRER [52] für die Phänomenologie des Ästhetischen schlechthin für konstitutiv, weil einzig die nichtintentionale Wahrnehmungsschärfe des ‹Plötzlichen› [53] als eine gleichsam säkularisierte Epiphanie einen unideologischen Zugang zur Wirklichkeit verbürge. Hier deutet sich gegenüber einer um 'Wahrheit' zentrierten Kunstphilosophie ein Rückgewinn ästhetischer Erfahrung an.

Anmerkungen. [1] ARISTOTELES: Poet. 1449 b 25-30. – [2] J. CH. GOTTSCHED: Vorrede, in: Der Deutschen Schaubühne VI (1745, ND 1972) IX-XX. – [3] J. B. DUBOS: Réflexions crit. sur la poésie et la peinture (1719, ^{7}1770, ND Genf 1967) bes. 1, 1-3. – [4] Ps.-LONGINOS: Vom Erhabenen, griech./dtsch. hg. R. BRANDT (1966). – [5] J. DENNIS: The grounds of criticism in poetry (1704). Crit. works, hg. E. N. HOOKER 1. 2 (1939-43, ND 1964) 1, 361. – [6] N. BOILEAU-DESPRÉAUX: Traité du sublime (1674). Oeuvres compl. (Paris 1966) 331ff. – [7] Vgl. C. ZELLE: Schönheit und Erhabenheit, in: Das Erhabene, hg. C. PRIES (1989) 55ff. – [8] Vgl. C. ZELLE: 'Angenehmes Grauen'. Lit.hist. Beitr. zur Ästhetik des Sch. im 18. Jh. (1987) pass. – [9] DENNIS: Letter describing his crossing the Alpes (1688), a.O. [5] 2, 380. – [10] G. BERKELEY: Three dialogues between Hylas and Philonous (1713). Works, hg. A. A. LUCE/T. E. JESSOP (London 1949) 2, 210. – [11] J. ADDISON: Remarks on several parts of Italy (1705). Works, hg. H. G. BOHN (London 1856) 1, 506ff. – [12] J. BAILLIE: An essay on the sublime (1747, ND Los Angeles 1953) 31-32. – [13] J. USHER: Clio: or, a Discourse on taste (^{2}1769, ND New York 1970) 102f. 112. – [14] Vgl. R. OTTO: Das Heilige (1917). – [15] E. BURKE: A philos. enqu. into the origin of our ideas of the sublime and beautiful (1757, ^{2}1759), hg. J. T. BOULTON (London 1958, ^{2}1967). – [16] CH. WOLFF: Vernünfft. Ged. von Gott, der Welt und der Seele des Menschen, auch allen Dingen überhaupt (1720, ^{11}1751, ND 1983) §§ 476. 479. – [17] Vernünfft. Ged. von dem Menschen Thun und Lassen, zu Beförderung ihrer Glückseeligkeit (1720, ^{4}1733, ND 1976) § 423. – [18] J. CH. GOTTSCHED: Erste Gründe der gesamten Weltweisheit 1-2 (1733-34) 1, § 533; 2, § 532. – [19] J. G. WALCH: Philos. Lex. (^{2}1733) 2240, Art. ‹Schrecken›. – [20] J. H. ZEDLER: Grosses vollst. Univ.-Lex. (1732ff.) 35, 1111ff., Art. ‹Schrecken›. – [21] Encycl., hg. D. DIDEROT/J. D'ALEMBERT (Paris 1751ff.) 16, 184, Art. ‹Terreur›. – [22] I. KANT: Anthropol. in pragm. Hinsicht abgefaßt (1798) § 76. Akad.-A. 7, 255. – [23] W. T. KRUG: Allg. Handwb. der philos. Wiss.en (^{2}1832ff.) 3, 661, Art. ‹Schreck›. – [24] S. H. MONK: The sublime. A study of crit. theories in 18th-cent. England (New York 1935, ^{2}1960) 235. – [25] D. DIDEROT: Salon de 1767, in: Salons, hg. J. SEZNEC/J. ADHÉMAR (Oxford 1963) 3, 166. – [26] I. KANT: Beobacht. über das Gefühl des Schönen und Erhabenen (1764). Akad.-A. 2, 205-256. 209. – [27] KU B 105. – [28] M. MENDELSSOHN: Philos. Schr., Vorrede (^{2}1771). Jub.ausg. 1 (1929) 231f. – [29] 83. Litt.brief (1760), in: Briefe, die neueste Litt. betr. (1759ff., ND 1974) I/5, 104ff. – [30] F. SCHILLER: Vom Erhabenen (1793). Nat.ausg. (1943ff.) 20, 189. 191. – [31] Zerstreute Betracht. über verschiedene ästhet. Gegenstände (1794), a.O. 20, 227f. – [32] J. G. HERDER: Erstes krit. Wäldchen (1769). Sämmtl. Werke, hg. B. SUPHAN (1877ff.) 3, 58. – [33] G. E. LESSING: Laokoon (1766). Sämmtl. Schr., hg. K. LACHMANN 9 (^{3}1893) 139-156, bes. 141. – [34] J. G. SULZER: Allg. Theorie der Schönen Künste (1771-74), ND der Ausg. (1792-1799), hg. G. TONELLI (1967-70) 4, 343ff. – [35] a.O. 344. – [36] CH. BATTEUX: Les beaux arts réduits à un même principe (Paris 1746, ^{3}1773, ND 1969) 121. – [37] J. ADDISON: No. 489 (1712), in: J. ADDISON/R. STEELE: The spectator, hg. G. SMITH (New York 1967) 4, 48. – [38] ANON.: Abh. von den Ursachen des Vergnügens, welches uns die Beschreibungen unvollkommener Dinge bey den Rednern und Dichtern geben, in: Bemühungen zur Beförderung der Critik und des guten Geschmacks, hg. CH. MYLIUS/J. A. CRAMER 1 (1743) 3, 159ff. – [39] Vgl. C. ZELLE: Über den Grund des Vergnügens an schrecklichen Gegenständen in der Ästhetik des 18. Jh. (mit einem bibliogr. Anhang), in: P. GENDOLLA/C. ZELLE (Hg.): Schönheit und Schrecken. Entsetzen, Gewalt und Tod in alten und neuen Medien (1990) 55ff. – [40] J. K. WEZEL: Ueber das Vergnügen am Schreckhaften, in: Ephemeriden der Litt. und des Theaters 5 (1787) 24, 371-378. – [41] F. SCHILLER: Ueber den Grund des Vergnügens an trag. Gegenständen (1792), a.O. [30] 20, 133ff. – [42] BERNARDIN DE SAINT-PIERRE: Etudes de la nature (1784). Oeuvres compl. (Paris 1818) 5, 80 (ch. 12). – [43] Vgl. W. HEBENSTREIT: Wiss.-lit. Encykl. der Aesthetik (Wien 1843, ND 1978) 702, Art. ‹Schrecklich, das Sch.›. – [44] TH. LIPPS: Leitfaden der Psychol. (^{3}1909) 334. – [45] EISLER^4 2, 778, Art. ‹Schreck›. – [46] S. FREUD: Jenseits des Lustprinzips (1920). Ges. Werke 13, 31. – [47] F. SCHLEGEL: Über das Studium der griech. Poesie (1797). Krit. Ausg., hg. E. BEHLER (1958ff.) I/1, 254. – [48] CH.-A. SAINTE-BEUVE: Br. vom 20. Juni 1857. Corresp. gén., hg. J. BONNEROT 10 (1960) 423. – [49] CH. BAUDELAIRE: Préf. des Fleurs [du Mal] (1859/61). Oeuvres compl., hg. C. PICHOIS 1 (Paris 1975) 181. – [50] W. BENJAMIN: Über einige Motive bei Baudelaire (1940). Ges. Schr. (1974ff.) I/2, 605ff. 631. – [51] Zentralpark (1938/39), a.O. 655ff. 671. – [52] K. H. BOHRER: Die Ästhetik des Schreckens (1978). – [53] Plötzlichkeit (1981).

Literaturhinweise. S. H. MONK s. Anm. [24]. – H. DIECKMANN: Das Abscheuliche und das Sch. in der Kunsttheorie des 18. Jh., in: H. R. JAUSS (Hg.): Die nicht mehr schönen Künste. Grenzphänomene des Ästhetischen (1968) [Poet. und Herm. 3] 271-317. – M. FUHRMANN (Hg.): Terror und Spiel. Probleme der Mythenrezeption (1971) [Poet. und Herm. 4]. – R. ALEWYN: Die Lust an der Angst (1965), in: Probleme und Gestalten (1974) 307-330. – K. H. BOHRER s. Anm. [52]. – J. DEMOUGIN (Hg.): Dict. hist., thémat. et techn. des litt. (Paris 1986) 2, 1631f., Art. ‹terreur›. – P. GENDOLLA/C. ZELLE (Hg.) s. Anm. [39]. – C. ZELLE s. Anm. [8]; Das Sch. als ästhet. Begriff. Arch. Begriffsgesch. 33 (1990) 125-135.

C. ZELLE

Schrift (griech. τὰ γραφόμενα, ἡ γραφή; lat. scriptura; engl. writing, scripture; frz. écriture)

I. – Der Erwerb der Sch. gilt als ein Evolutionsschritt gleichen Ranges wie der Erwerb der Sprache. Der Anfang der Sch. ist nicht ganz so spekulativ wie derjenige der Sprache, denn hierfür gibt es konkrete Spuren und materielle Zeugnisse. Nach einer verbreiteten Konvention läßt man 'Geschichte' dort beginnen, wo Sch.-Zeugnisse auftauchen, schriftlose Kulturen fallen danach unter die Kategorie 'Vorgeschichte'. Wie die Sprache das Leben in Gemeinschaft, so fundiert die Sch. das Leben in Staaten, d.h. großräumigen Organisationsformen politischer Herrschaft; sie ermöglicht nach der Befreiung vom Wiederholungszwang der rituellen Kommunikation die reflexive Haltung zur Tradition und führt durch schlagartige Ausweitung des Gedächtnisses zu einer veränderten Struktur des Wissens, zu einer neuartigen «noetischen Ökonomie» [1]. Welche Potentiale der Sch. im einzelnen aktiviert werden, das hängt allerdings nicht allein vom technischen Medium Sch., sondern von kulturellen Optionen ab und den jeweiligen Institutionen, die den Sch.-Gebrauch in einer Gesellschaft organisieren und kontrollieren.

1. *Vor-Sch.* – Die Auffassung vom späten Anfang und sekundären Charakter der Sch. ist von J. DERRIDA bestritten worden, der darauf besteht, daß die Sch. den Menschen von Anfang an begleitet habe [2]. Diese These überzeugt, wenn man unter ‹Sch.› nicht «sichtbar gemachte Sprache», sondern allgemeiner «Notationssysteme» versteht. Diese vorschriftlichen Notationssysteme erfüllen ähnliche Funktionen wie Sch. Es handelt sich um «Inhalts-Sch.en» im Sinne von A. SCHMITT [3] im Gegensatz zur wortlautgetreuen Sprachaufzeichnung. Drei wichtigste Funktionskontexte lassen sich unterscheiden:

a) *Wirtschaft:* «Calculi», Zählsteine, lassen sich in verschiedenen Fundplätzen des Vorderen Orients seit ca. 8500 v.Chr. nachweisen. Über verschiedene Zwischenstufen (Abdrücke der Zählsteine, dann auf Tontafeln, schließlich Umsetzung der Zählsteine in Ritzzeichen auf Tontafeln) ist daraus gegen Ende des 4. Jahrtausends v.Chr. in Südmesopotamien die Keil-Sch. entstanden [4]. Die Zeichen beziehen sich auf Waren (Vieh, Korn, Öl), Land und Besitzverhältnisse. Die Verbreitung der Zählsteine folgt den Tauschhandelsnetzen.

b) *Herrschaft und Kult:* In der Vinca-Kultur (Bulgarien, 6.-4. Jahrtausend) treten Sch.-Zeichen auf «Idolen», d.h. Figurinen vermutlich kultischer Bestimmung, sowie Tongefäßen, Webgewichten u.ä. auf. Mehr als 200 Zeichen sind inzwischen festgestellt; möglicherweise handelt es sich um eine Sch. im engeren Sinne [5]. In Ägypten findet sich auf zeremoniellen Schminkpaletten, in eindeutigem Zusammenhang mit der Einigung und staatlichen Organisation des Landes (ab 3200 v.Chr.), die piktographische Wiedergabe historischer Ereignisse, die sich später als Annalistik fortsetzt. Hier steht die Vor- und Früh-Sch. eindeutig im Dienst der Repräsentation politischer Herrschaft [6]. Auch in China weisen Vorstufen der Sch. in den Bereich des Kultes, nämlich der Zeichendeutung (Knochenorakel).

c) *Tradition:* Am verbreitetsten jedoch sind Notationssysteme, die im Dienst der Rezitation der kulturellen Überlieferungen, des identitätssichernden Wissens der Gruppe in der Gestalt von Mythen, Genealogien und Riten stehen, von den «songlines» der australischen Ureinwohner, die der Landschaft insgesamt den 'Text' ihrer Stammesmythen einschreiben, bis zu den Knotenschnüren der Inka [7]. Aus Notationssystemen im Funktionsbereich des «kulturellen Gedächtnisses» haben sich jedoch nie oder äußerst selten Sch.en entwickelt. Der Weg von hier in die Sch. ist ungleich länger als bei Wirtschaft, Herrschaft, Kult und Divination, weil hier der Gegenstand der Aufzeichnung multimedial orchestriert ist. Jenes Ensemble, das die Griechen mit μουσική bezeichneten (Sprache, Melos, Rhythmus, Tanz, Masken, Mimik, Gestik), versperrt sich einer abstrakt linearen Notation. Deshalb sind viele Kulturen im Funktionsbereich 'Tradition' oral geblieben, auch wenn sie in anderen Bereichen Sch. verwendeten, wie z.B. im mykenischen Griechenland, wo Sch. nur zur Palastbuchhaltung eingesetzt wurde. Selbst in einer so reich entfalteten Sch.-Kultur wie der altägyptischen kommen Gattungen der mündlichen Überlieferung erst spät und nur ausschnittsweise zur Aufzeichnung. Die Aufzeichnung einer Tradition kommt dann oft einer Übersetzung in eine andere Kulturstufe gleich: Plutarch ist der erste, der auf griechisch eine zusammenhängende Aufzeichnung des ägyptischen Osiris-Mythos gibt.

2. *Sprach-Sch.* – a) *Sch.-Techniken (Ideographie und Phonographie):* Alle Sch.-Zeichen sind ursprünglich Wortzeichen (1 Zeichen = 1 Wort, wiedergegeben durch Abbildung des bezeichneten Gegenstands). Sie werden im Lauf der Sch.-Entwicklung teilweise zu Lautzeichen reduziert, um auch nichtabbildbare Wortbedeutungen schreiben zu können (Rebus-Prinzip). Die uns so natürlich scheinende Alphabet-Sch. ist auf der Welt nur ein einziges Mal erfunden worden; alle existierenden Alphabete hängen von dieser Erfindung ab; ihr Ursprung ist gleichwohl umstritten [8]. Der Weg zum theoretischen Konstrukt des Phonems ist wesentlich weiter als der zur konkreten Lautgestalt des Wortes oder der Silbe [9]. Die Schaffung von Sch.-Systemen setzt bestimmte Erkenntnisse bzw. Intuitionen hinsichtlich der Sprachstruktur voraus. Die nächstliegende Ebene ist die reine Inhaltsseite. Sie führt zur Ausbildung von «Inhalts-Sch.en» [10]. Der Übergang zur «Wortlaut-Sch.» geschieht durch Einbeziehung der lautlichen Artikulation (ideo- oder logographische Sch.en). In China blieb es bei einer reinen Wort-Sch., was durch den Sprachbau (das Chinesische kennt nur einsilbige Wörter und keine Flexionsformen) begünstigt wurde. Ein weiterer Schritt führt zu sinnreduzierten Wörtern, die nun zur Schreibung gleich- oder ähnlichlautender Wörter frei werden. Silben-Sch.en entstehen aus sinnreduzierten Wortzeichen (Keil-Sch.-Prinzip). Aber das Devanagari-Prinzip (Silben der Struktur Konsonant und Vokal; Devanagari ist die aus dem Aramäischen entwickelte Sanskrit-Sch.) setzt bereits die Isolierung der phonematischen Artikulationsebene voraus, denn diese Silben sind rein phonemische Einheiten. Die Erfindung der Alphabet-Sch. beruht demgegenüber auf lautreduzierten Silben als den Minimaleinheiten der phonematischen Artikulation. Frühe Sch.en beziehen sich auf die phonetische und die semantische Ebene der Artikulation, sind also wesentlich informationsreicher als eine reine Laut-Sch. Sie kompensieren die durch Lautübertragung entstandene Mehrdeutigkeit vieler Zeichen durch reine Sinnzeichen, die semantische Klassen bezeichnen («Determinative»). Die ägyptische Hieroglyphen-Sch. erschließt im Rahmen der Determinativfunktion Möglichkeiten der Symbolik und Emblematik, besonders in der Verwendung von Tierzeichen, die weit über Ägypten hinaus gewirkt haben. So determiniert z.B. das Zeichen des Krokodils bestimmte Eigenschaften, die die ägyptische Tierkunde diesem Tier

zuschrieb, wie ḫnt 'Gier', 3d 'Aggressivität', 'wn-jb 'Habgier', und bezeichnet daher deren Oberbegriff, für den es zwar ein Zeichen, aber kein Wort gibt (etwa 'Krokodilhaftigkeit'). Ebenso gibt es Determinative, aber keine Worte für Zeit, Raum, Bewegung usw. [11]. Determinative beziehen sich daher großenteils auf ein Abstraktionsniveau der Begriffsbildung, das nur schriftlich, nicht sprachlich realisiert ist. Aus dieser symbolisch-metaphorischen Funktion der Sch. gewinnt dann im 5. Jh. HORAPOLLON seine weitgehend fiktive Rekonstruktion des hieroglyphischen Sch.-Systems, die dann in der Renaissance zur Grundlage rein symbolischer und emblematischer «Inhalts-Sch.en» wurde [12].

Nach der Art des Sprachbezugs bestimmen sich der Zeichenaufwand und die Übertragbarkeit auf andere Sprachen. Sch.en entwickeln sich (vielleicht mit Ausnahme der Keil-Sch.) im Rahmen einer einzigen Sprache. Diese natürliche Isomorphie von Sch. und Sprache erschwert in der Regel die Übertragbarkeit auf andere Sprachen. Reine Wort-Sch.en sind am aufwendigsten, da hier die Zahl der Zeichen der Zahl der Worte entspricht. So kommt das Chinesische zu einem Bestand von 50000-60000 Zeichen, von denen aber auch der Gebildete nur ca. 6000 aktiv beherrscht [13]. Das Chinesische ist zur Schreibung anderer Sprachen extrem ungeeignet und trotzdem aufgrund seiner hohen Kulturbedeutung z.B. von Japan übernommen worden. Die ägyptische Hieroglyphen-Sch. eignet sich aufgrund ihres kombinierten Laut-Sinn-Bezugs ebenfalls schlecht zur Aufzeichnung anderer Sprachen. Der Zeichenbestand liegt in den klassischen Epochen bei knapp 1000 [14]. Die Keil-Sch. kommt mit einigen hundert Zeichen aus; die Zeichenformen haben ihren ursprünglichen Bildbezug verloren, der Sinnbezug spielt hier eine wesentlich geringere Rolle als im Ägyptischen. Daher eignet sich die Keil-Sch. am besten zur Aufzeichnung anderer Sprachen; sie wurde ja auch in einer Situation kultureller Zweisprachigkeit (Diglossie) entwickelt (Sumerisch und Akkadisch) [15]. Im Laufe der ersten drei vorchristlichen Jahrtausende bedienen sich ihrer nicht nur westsemitische (Ebla, Ugarit usw.), sondern auch indogermanische Sprachen (Hurritisch, Hethitisch, Persisch). Aus der Keil-Sch. wurden sogar in Ugarit Alphabet-Sch.en entwickelt, die sich jedoch nicht durchgesetzt haben [16].

Die *Alphabet-Sch.* entwickelt sich im Zeitraum von ca. 1500 bis 800 v.Chr. Ihre ersten Anfänge entstehen im Sinai, wo Nomaden sich aus einzelnen Hieroglyphen nach dem Prinzip der Akrophonie (das Zeichen bezeichnet nicht das Wort, dessen Bedeutung es abbildet, sondern dessen Anfangslaut, also den Knacklaut ['] in 'aleph 'Rind' oder das b in beth 'Haus') ein Alphabet zusammenstellen [17]. Die «Protosinaitische Sch.» übernimmt von den Hieroglyphen das Prinzip der reinen Konsonantenschreibung. Es impliziert eine Abstraktionsleistung, die der Struktur semitischer Sprachen entgegenkommt. Hier fungieren bestimmte Vokalisationsmuster als Flexionsformen. Von diesen abstrahiert die Sch. und schreibt die abstrakten – in der Regel dreikonsonantischen – Stämme. Die Vokalisation und damit die grammatische Konstruktion aus dem Kontext bleibt dem Leser überlassen. Durch den Verzicht auf Vokalschreibung wird diese Sch. für die der Sprache Unkundigen unlesbar. Dafür bildet sie die konsonantische Struktur eindeutig und redundanzfrei ab und ist den der Sprache Kundigen transparent in bezug auf die trikonsonantischen Wurzeln.

Die Griechen, die die Sch. im 9. oder 8. Jh. von den Phöniziern übernahmen, führen Vokalzeichen ein, um die Sch. der veränderten Sprachstruktur anzupassen [18]. Diese Form der Alphabet-Sch. kann zur Wiedergabe beliebiger Sprachen verwendet werden. Die verbreitete Vorstellung von der größeren Leistungsfähigkeit vokalisierter Alphabet-Sch.en beruht allerdings auf einem Irrtum. Die Konsonanten-, Silben-, Wort- und Hieroglyphen-Sch.en des Orients sind hinsichtlich ihrer Wiedergabekapazität (z.B. von Partikeln, Präpositionen, Interjektionen) genauso leistungsfähig wie vokalisierte Alphabete. Sie sind nur schwerer erlernbar und weniger auf andere Sprachen übertragbar, weil sie neben der Lautinformation auch das semantische Universum der Kultur mitkodieren.

b) *Die Lesbarkeit der Sch. in der abendländischen Sch.-Theorie* [19]: ARISTOTELES definiert «die in der Stimme enthaltenen [Laute]» als «Zeichen» (σύμβολα) für die «Zustände (παθήματα) in der Seele», das «Geschriebene (τὰ γραφόμενα)» dagegen als Zeichen für «die in der Stimme enthaltenen [Laute]» [20]. PRISCIAN, der τὰ γραφόμενα mit «scriptura» übersetzt und damit im Rahmen der Sch.-Theorie zum erstenmal den abstrakten Begriff ‹Sch.› prägt, präzisiert den Lautbezug durch den Begriff der «vox articulata», worunter er die Kombination 'Laut-plus-Sinn' versteht («vox articulata ... est copulata cum aliquo sensu mentis eius»). Da die Sch. aber auch sinnlose Äußerungen fixieren kann (z.B. die Zauberworte in griechischen magischen Texten, die einen erheblichen Umfang annehmen können), wird eine doppelte Unterscheidung gemacht: einmal zwischen schriftlich fixierbaren und nichtfixierbaren Lauten («voces litteratae/illitteratae»: nur sprachliche Laute, «vox» im Gegensatz zu «sonus», gelten als schriftlich fixierbar), zum anderen zwischen sinnvollen und sinnlosen Lautkombinationen («voces articulatae/inarticulatae»). Der schriftlich fixierbare Laut wird schon in der Stoa als στοιχεῖον 'Atom', 'Element' [scil. der Stimme] bestimmt. Die Sch.-Lehre der Stoa unterscheidet beim Buchstaben 1) ὄνομα (z.B. Alpha), 2) χαρακτήρ (lat. figura, z.B. 'A') und 3) στοιχεῖον (lat. potestas 'Lautwert', z.B. [a]). Die Sch. gibt keine phonetische Transkription des gesprochenen Lauts; vielmehr bezieht sich auf die Artikulation als sinnerfüllten Laut, auf die grammatisch korrekte Kopplung der semantischen mit der phonetischen Ebene, wodurch erst die Lesbarkeit der Sch. garantiert ist [21].

c) *Die Organisation des Sch.-Bildes: Textform als Denkform:* Die Zeichenformen der griechischen Alphabet-Sch. entwickeln sich anhand zweier nicht nur konventionalistisch, sondern auch kognitiv-funktional fundierter Prinzipien. Das eine ist die Bevorzugung der Senkrechten (hasta) mit diakritischen Querstreben (codae), das andere die vertikale Asymmetrie mit Privilegierung der rechten Zeichenseite für die diakritische Erkennbarkeit. Das hängt mit der Sch.-Richtung (von links nach rechts) zusammen, die sich in den ersten drei Jahrhunderten der griechischen Sch.-Entwicklung herausgebildet hat [22]. Die semitischen Konsonantenalphabete werden von rechts nach links geschrieben (so auch bereits die ägyptischen Kursiv-Sch.en, im Gegensatz zur Keil-Sch.) und privilegieren entsprechend die linke Zeichenhälfte für diakritische Information.

Die für das antike Griechenland typische Scriptio continua ohne Wort- und Satztrennung verlangt das laute Lesen [23]. Erst dem Ohr wird die 'Artikulation' der Lautfolge wahrnehmbar. Dagegen sind Sch.en mit vielen Sinnzeichen ohne Lautwert auf leises Lesen angelegt. Je mehr Elemente der grammatischen Artikulation ins Sch.-Bild aufgenommen werden – durch Groß- und Kleinschreibung, Worttrennung, Interpunktion, Absätze –, desto stärker ist die Sch. auf visuelle Lesbarkeit ausgerichtet. Dazu gehört auch die rein visuelle Organisation des Sch.-Bildes durch Hilfsmittel wie die Verwendung verschiedener Farben (Rotschreibung diente etwa im alten Ägypten zur Hervorhebung von Über-Sch.en und zur Kennzeichnung von Metatextualität bei Glossen, Rezitationsvermerken, Postskripten usw.), Sch.-Formate (z.B. Unterscheidung von Text und Kommentar durch Verwendung großer und kleiner Sch.-Zeichen, etwa im Chinesischen), Sch.-Typen (kursiv für Hervorhebungen oder Fremdsprachliches), Anführungszeichen, Zeilenumbruch zur Kennzeichnung von Poesie (schon Babylonisch und Altägyptisch), aber auch Formen des Seiten-Layouts (z.B. Randkommentar, Absätze, Einrückungen usw.). Im Abendland erfolgt die Abkehr von der Scriptio continua hin zur optischen Gestaltung der Pagina gleichzeitig mit der Durchsetzung des leisen, d.h. rein optischen Lesens im Rahmen der Scholastik [24]. Schriftliche Rede kompensiert das Fehlen situativer Determination durch rezeptionssteuernde Sicherungen. Das gilt nicht nur für die Formulierung, sondern auch für das graphische Layout des Textes.

3. *Text-Sch.* – Es sind vor allem drei Quellbereiche, die für frühe Sch.-Zeugnisse in Frage kommen: die Sphäre der öffentlich politischen Monumente, die Institution der Schule und das Archiv. Diese Gebrauchskontexte lassen auf drei unterschiedliche Anwendungs- und Funktionsformen von Sch. schließen: a) Herrschaft, b) Tradition und c) Wissen. Eine Gliederung nach der Priorität des angewandten Sch.-Potentials kann zu einer Typologie von Sch.-Kulturen [25] führen, je nachdem, ob Sch. vorrangig als Dispositiv der Herrschaft, der Tradition oder des Wissens eingesetzt ist. Eine solche Betrachtungsweise geht – im Gegensatz zur gängigen aber verengenden Perspektive von Sch. als Motor der Evolution – von einer prinzipiellen Vielfalt kultureller Optionen aus. Es gibt keine eindeutige kulturelle Determination durch die Potentiale der Sch. Die ihr inhärenten Möglichkeiten entfalten sich je nach der Art ihrer politischen, gesellschaftlichen und kulturellen (vor allem religiösen) Rahmenbedingungen in der einen oder anderen Richtung.

a) *Sch. und Herrschaft:* Durch Sch. wird die Reichweite der Stimme in Raum und Zeit drastisch erweitert. Sch. ermöglicht ein Handeln in neuen Raum- und Zeithorizonten. In den frühen Hochkulturen ist Sch. vorrangig Dispositiv von Herrschaft, Repräsentationsform von Macht und Mittel der Politik. Der durch Zentralisierung der Macht hergestellte und aufrechterhaltene Staat bedarf der symbolischen Integration mit Hilfe schriftlicher und bildlicher Monumente sowie einer funktionierenden bürokratischen Ordnung. In beiden Bereichen fungiert Sch. als Vor-Sch., als normativer Ordnungsparameter. In den Sch.-Kulturen des Orients wirkte sich diese Form der Sch.-Rationalität politisch, bürokratisch, administrativ aus und fundierte die Organisation großer Reiche.

Sch. tritt in ortsfester und in mobiler Form auf. Im ersteren Falle sprechen wir von ‹In-Sch.en›. In-Sch.en sind performativ im Sinne von J. AUSTIN: sie «vollziehen» einen Sprechakt (anstatt ihn nur «aufzuzeichnen») [26]. Die Öffentlichkeit, Situationsgebundenheit und Autorität performativer Sprachverwendung kommt in der Ortsfestigkeit und Monumentalität der Sch. zum Ausdruck. Im alten Ägypten war diese Funktion im Rahmen der staatlichen Repräsentation und des Strebens nach Selbstverewigung so zentral, daß sich zwei Sch.-Systeme ausbildeten, das eine (Hieroglyphen) für inschriftlichen, das andere (Hieratisch, später Demotisch) für handschriftlichen Gebrauch, die getrennt erlernt werden mußten.

Die normative Kraft der Sch., die im Gesetz ihren explizitesten Ausdruck findet, wirkt bereits unsichtbar und implizit als Standardisierung von Sprache [27]. Sch. setzt voraus, daß nicht nur Laute, sondern auch Bedeutungen fixiert sind. Sie schafft damit ein neues Kommunikationsmedium, die Sch.-Sprache, die zur sozialen Integration oder Distinktion, auf alle Fälle aber zur pädagogischen Disziplinierung der Sprechsprache eingesetzt wird.

b) *Sch. und Tradition:* Zum Begriff 'der' Sch. als Kollektiv-Singular kommt es dort, wo die Tradition nicht nur schriftlich fixiert, sondern auch als geschlossenes, verbindliches Textkorpus kanonisiert wurde (Judentum, Christentum, Islam). Im 8. Kapitel des Buches ‹Nehemia› wird erzählt, wie Esra an den sieben Tagen des Laubhüttenfestes dem versammelten Volk die ‹Torah› vorliest, während die Leviten das Gelesene auslegen. «Das ist die Geburtsstunde der Sch.», bemerkt dazu der Historiker Y. H. YERUSHALMI, «und zugleich die Geburtsstunde der Exegese». Mit der Figur des Esra (der den persischen Titel trägt: «Schreiber des Gesetzes des Himmelsgottes») verbindet sich die Buchwerdung der im babylonischen Exil abgerissenen Tradition. In der allgemeinverbindlichen Form des Kanons gehen die heiligen Texte vom Exklusivbesitz der Priester in den Gemeinbesitz eines Volkes über [28].

Der früheste lexikalische Beleg für diesen Begriff von Sch. (ἡ γραφή, lat. scriptura) findet sich im ‹Neuen Testament›, wo von der «Erfüllung» (πληρωθῆναι, τελειωθῆναι) der Sch. die Rede ist [29], sowie in den Briefen des PAULUS in bezug auf das einheitliche Ganze der Sch. Das rabbinische Judentum verwendet für denselben Begriff meist den Plural: kitve ha-qodeš 'die heiligen Sch.en' – ἱερὰ γράμματα [30]. Quellensprachlich findet sich der Begriff der Heiligen Sch. auch außerhalb des so definierten Rahmens; z.B. nannte EUHEMEROS sein Buch ἱερὰ ἀναγραφή (DIODOR) bzw. «sacra scriptio» (ENNIUS) [31]. Merkmal der kanonisierten Sch. ist ihre Geschlossenheit und Widerspruchsfreiheit. In diesem Sinne hat JOSEPHUS die jüdische Sch.-Kultur mit der griechischen konfrontiert. Die biblischen Bücher umfassen 22 und enthalten erschöpfend den Bericht aller Zeiten, während die Griechen unzählige Bücher hätten, die sich alle widersprächen [32].

Hochverbindliche bzw. heilige Sch.en entstammen vorwiegend den folgenden Funktionsbereichen: 1) Kult (Tempelskriptorien und Kultliteratur), 2) Erziehung (Weisheitsliteratur, Schulklassiker), 3) Gesetzgebung, 4) Offenbarungsliteratur (in breitem Umfang erst hellenistisch) und 5) (nur in Ägypten) Totenglauben (Texte als Grabbeigabe). An der Entstehung der hebräischen Bibel waren alle Bereiche – mit Ausnahme von 5) – beteiligt: aus 1) gingen u.a. die Psalmen, aus 2) die Weisheitsliteratur, aus 3) der ‹Pentateuch› und aus 4) die Prophetenbücher hervor. Dabei bildet den Kern der Kanonisierung die ‹Torah› und damit das Prinzip Sch. als Vor-Sch. oder Gesetzgebung. Auch PLATON kann von γράμματα mit der Bedeutung «schriftlich fixierte Gesetze» sprechen [33], im Gegensatz zum νόμος ἄγραφος des Naturrechts.

Im Rahmen einer ihre Tradition zur Sch. erhebenden Kultur wie der des Judentums wird das herkömmliche Verhältnis von Text und Kult umgekehrt. Der Text dient nicht dem Kult, sondern der Kult dem Text, indem er ihm einen Rahmen regelmäßiger öffentlicher Verlesung (hebr. 'Ausrufung', daher der traditionelle Name der ‹Bibel› miqra' 'die Ausrufung', vgl. arab. qur'an die 'Rezitation') bietet. Nicht der Kult heiligt den Text, sondern der Text heiligt den Kult. Der Prozeß dieser Transformation, an dessen Ende 'Buchreligion' und 'Wortgottesdienst' stehen, beginnt im späten 7. Jh., als unter JOSIA das ‹Deuteronomium› zur Grundlage einer durchgreifenden Kultreform gemacht wird. An die Stelle der prophetischen Auslegung des göttlichen Willens tritt die Sch. und mit ihr das Weisungsmonopol des 'Buches' (sefer) durch seine Tradenten, die 'Sch.-Gelehrten' (sôferim).

Die Kanonisierung der Tradition führt zu einer Trennung zwischen 'Texten' und 'Kommentaren'. Zu dieser Trennung kommt es, wo – in irgendeinem Sinne – ein Schlußstrich unter das Produzieren von Texten gezogen wird und sich das Bewußtsein einstellt, daß in den 'Großen Texten' alles Sagbare gesagt und alles Wißbare aufbewahrt ist. Dieser Schlußstrich manifestiert sich in verschiedenen Sch.-Kulturen und auf ganz verschiedene Weise. Für die Alexandriner wird Homer zum Buch der Bücher, und die Klassiker werden zu unerreichbaren Vorbildern [34], für die chinesischen Gelehrten steht alles Wißbare in den Klassikern, angesichts von deren notorischer Dunkelheit aber alles Verstehen Stückwerk bleibt, für die Scholastik hat Aristoteles den Horizont des Wissens ein für allemal abgeschritten. Die Tradition, die als 'Sch.' stillgestellt ist und die ganze Welt enthält, bleibt für sich genommen defizitär, ja unverständlich. Ihre notwendige Ergänzung wächst ihr in der Institution des Kommentars zu, der seine eigenständige Autorisierung hat. Eine solche Autorisierung ist das Institut der «mündlichen Torah» [35], das eine Entsprechung hat in der katholischen Doppelung von Heiliger Sch. und apostolischer Tradition, die sich in ungebrochener Tradentenkette über die Päpste bis zum Apostel Petrus zurückführt, ein Prinzip, dem die Reformation mit der Devise 'Sola scriptura sola fide' entgegengetreten ist [36].

c) *Sch. und Wissen:* In den alten Hochkulturen gab es Archive, die als Vorratskammern des Wissens angelegt wurden. Als situationsabstraktes Medium ist die Sch. selbst ein solcher von Individuen unabhängiger Gedächtnisraum. Durch Sch. werden Überlieferung und Wissen objektiviert. Im Bild gesprochen: «der Baum fühlt seine Wurzeln mehr, als daß er sie sehen könnte» [37]; die Sch. dagegen objektiviert, d.h. sie stellt vor Augen, was man bisher in sich hatte. Das Außen der Sch. ist sowohl transhistorischer Behälter des Wissens als auch Medium permanenter Überholung und Erneuerung des Wissens. Das eine setzt das andere voraus, denn von einer Generation und einer Epoche zur anderen kann nur weitergedacht werden, wenn der derzeitige Überlieferungsstand vor Augen steht. Sch. wird zum Evolutionsmotor einer Gesellschaft unter der besonderen Bedingung, daß diese ihre kulturellen Kräfte nicht mehr für die Bewahrung und Pflege der Überlieferung, sondern für die Innovation des Wissens einsetzt. In diesem Sinne rühmt ARISTOTELES die Sch. als Medium des Wissens, weil sie den Gedanken zu Sorgfalt, Systematik und Genauigkeit verhelfe [38]. Schriftliche Rede kompensiert das Fehlen situativer Determination durch neue Ideale quasi-mathematischer Objektivität, situationsabstrakter Explizitheit und eindeutiger Präzision des Ausdrucks [39]. In der Situationsabstraktheit schriftlicher Diskurse ist die Chance ihrer 'Wissenschaftlichkeit' begründet. Sie forciert eine «Domestizierung des wilden Denkens» [40], eine Form von Rationalität, die schriftlosen Kulturen offenbar fremd ist.

Zur Entbindung dieses spezifischen Rationalitätspotentials der Sch. gehört ihre Demotisierung durch allgemeine Alphabetisierung. Solange sie in der Obhut einer schmalen Funktionselite verbleibt, befestigt die Sch. soziale Grenzen und Bildungsschranken. PLATON äußerte sich besorgt über den Demotisierungseffekt der Sch., die «überall herumschweift», unter Eingeweihten und Unkundigen [41]. Der mittelalterliche Illiterat ist nicht der Analphabet des 20. Jh. [42]. «Litterati» und «illitterati» bezogen sich – wie in der Resolution der Synode von Arras 1025 festgelegt – auf zwei komplementäre Stände und Kommunikationsformen, die deutende (lateinische) Sch.-Kultur und die betrachtende (volkstümliche) Bildkultur. Die flächendeckende Alphabetisierung im 19. Jh. bildet zusammen mit Industrialisierung und Reform des Sanitätswesens das Rückgrat der modernen Zivilisation. Der Analphabet ist von den zivilisatorischen Errungenschaften ausgeschlossen. Mit der allgemeinen Alphabetisierung werden Differenzen im Umgang mit Sch. nivelliert, etwa die zwischen Schreiben und Lesen oder die zwischen Hand-Sch. und Buch-Sch.

Diejenigen Medienhistoriker, die eine einseitige Verbindung von Sch. und Evolution proklamieren [43], übersehen allerdings, daß wir es hier nicht mit «Konsequenzen der Sch.» im allgemeinen zu tun haben, sondern mit den Begleiterscheinungen der speziellen kulturellen Option demotisierter Sch.-Kultur, für die Athen im 5. und 4. Jh. mit seiner gesellschaftlichen Einbettung von Sch. in die besonderen politischen (Demokratie) und kulturellen Umstände (Sophistik, Rationalismus, 'Aufklärung', körperlicher und geistiger Wettstreit) das Paradigma abgibt.

4. *Bewertung der Sch.: Insuffizienz und Aura.* – In der Bewertung der Sch. geht eine tiefe Spaltung durch die abendländische Tradition hindurch. Die in der Geschichte wirkungsvollsten Argumente der Sch.-Kritik sind von PLATON und PAULUS vorgebracht worden.

a) *Platon: Sch. und Weisheit:* PLATONS im ‹Phaidros› und im ‹7. Brief› vorgetragene Kritik der Sch. bezieht sich nicht auf eine bestimmte, z.B. die griechische Alphabet-Sch., sondern auf das Prinzip Sch. (γραφή) überhaupt. Sie betrifft nicht die Beziehung zwischen Sch. und Sprache, sondern die zwischen Sch. und Gedächtnis [44]. Für ihn ist die solide Permanenz des Geschriebenen ein Trugschluß. Sch. ist eine externe Gedächtnisprothese und kein Kommunikationsmedium. Platon bestreitet Nutzen und Wünschbarkeit eines externen Gedächtnisses. Die Sch., die Wissen gemein macht, läßt «Weisheit» untergehen. Weisheit zeichnet sich dadurch aus, daß sie sich nicht getrennt vom Wissenden speichern läßt, daß ihr Ort das lebendige Gedächtnis bleibt. Kommunikation von «Weisheit» kann deshalb nur direkt, im dialogischen Rhythmus von Frage und Antwort, erfolgen. Platon hat mit seiner Sch.-Kritik auf das Grundproblem der Insuffizienz der Sch. aufmerksam gemacht, auf das Sch.-Kulturen mit bestimmten Institutionen geantwortet haben.

α) *Der Einwand von der Veräußerlichung des Gedächtnisses durch Einführung einer künstlichen Prothese:* Bis an die Schwelle der Neuzeit haben wir es in Europa mit einer halbierten Sch.-Kultur zu tun, die durch Formen der «Sprechkultur» [45] ergänzt und kontrolliert wird. Mündlichkeit wird in Sch.-Kulturen nicht automatisch abgewertet oder eliminiert – im Gegenteil. Traditionsstifter wie Konfuzius, Sokrates, Jesus haben nie geschrieben. In traditionalen Gesellschaften gehen Schreibenlernen und Auswendiglernen Hand in Hand. Man erlernt die Sch. zusammen mit dem Lernen fundierender Texte. Lesen und Schreiben geht unabtrennbar einher mit der 'Erziehung' zur Gesellschaftsfähigkeit (παιδεία, hebr. mûsar, ägypt. sb3jjt) und Aneignung der Tradition. Ohne einen großen Schatz auswendig gelernten Wissens ist der Besitz von Büchern wertlos, lehrt der arabische Gelehrte IBN ČAMĀ'A [46]. Kürzer empfahl bereits ein altägyptischer Lehrer: «Werde eine Bücherkiste!» [47] So bildet sich im Zusammenhang des Schulunterrichts, im Zusammenspiel von Schreibenlernen, Auswendiglernen und Rezitieren, schon in Ägypten und Mesopotamien unweigerlich ein Zentralbereich von fundierenden Texten erhöhter Verbindlichkeit, ein Kanon von Schulklassikern, heraus [48]. Die Bücher 'externalisieren' das Wissen erst, nachdem die obligatorische Kopplung von Sch. und Gedächtnis gelöst wird. In Europa kommt es erst im 18. Jh. zu einer kulturellen Ächtung des Gedächtnisses als Fessel der Vernunft sowie, vor dem Hintergrund einer vollständigen Sch.-Kultur, zu einer Diffamierung der Sch. und nostalgischen Verklärung von Mündlichkeit. «Schreiben» bezeichnete der Schriftsteller J. W. GOETHE als einen «Mißbrauch der Sprache», «stille für sich lesen ein trauriges Surrogat der Rede» [49]. Das Gegenstück zur Negation der Sch. ist die Positivierung des Textes, dessen semantische Unbestimmtheit und Unausschöpflichkeit das Spezifikum gegenüber der mündlichen Rede darstellt. «Schreiben heißt, es den anderen überlassen, das eigene Sprechen eindeutig zu machen; die Weise des Schreibens ist nur ein Vorschlag, dessen Antwort man nie kennt» [50].

ß) *Der Einwand der Erstarrung eines Wissens, das der lebendigen Kommunikation entzogen wird:* Für alle frühen Leseformen gilt, daß der Leser mit dem Text nicht allein gelassen wird. Das *Verstehen* des Textes aber vollzieht sich nicht lesend, sondern im Gespräch mit einem Lehrer. Verstehendes Lesen vollzieht sich zwischen Text, Leser und Lehrer. Letzterer übernimmt die Rolle der rein mündlich fundierten Wegweisung (Hodegetik). Beispiele für die mündliche Orientierung des Wissens sind die Lehrdisputation in Indien und die islamische Madrasa, wo der Schüler den Text liest oder auswendig hersagt und der Lehrer den Kommentar dazu abgibt, sowie die jüdische Jeshiva, wo Schüler den Text gemeinsam lernen und ihn in Abständen mit dem Lehrer diskutieren. Die Durchsetzung einsamer Lektüre zerstört diese kontrollierenden Institutionen mündlicher Unterweisung [51].

b) *Paulus: Sch. und Geist:* PLATON sieht in der Sch. das Prinzip der Veräußerlichung dessen, was innen und unmittelbar bleiben soll, PAULUS das der Verfestigung dessen, was flüssig, dynamisch, unerwartbar bleiben soll. Sein Gegenprinzip zu Sch. heißt deshalb «Pneuma», gestaltlose reine Energie. Mit der schriftlichen Fixierung ist die Gefahr des Besitzens, Verwaltens und Erstarrens verbunden. Da sich die Macht göttlichen Wirkens nicht in Sch. bannen läßt, muß ihr das Gegenprinzip «Geist» ständig entgegengehalten werden. Schon JEREMIA wendet sich gegen die «Sch.-Gelehrten» (sôferim chakamim), die sich im «Besitz» der ‹Torah› wähnen, weil sie das Sch.-Stück in Händen halten und glauben, damit gerecht und weise zu sein (Jer. 8, 8). Diese Linie einer prophetischen Sch.-Kritik setzt sich in JESUS und PAULUS fort. Paulus spitzt das Problem auf die Polarität von γράμμα und πνεῦμα zu: Der Buchstabe tötet, der Geist macht lebendig (2 Kor. 3, 6). Was γράμμα hier bedeutet, erhellt aus Röm. 7, 6: Es ist das Gesetz, das tötet, wenn es in seiner buchstäblichen 'Gegebenheit' zum Medium menschlichen Selbstrechtfertigungsstrebens instrumentalisiert und zum Heilsweg verdinglicht wird [52].

Die Öffnung der Sch. in die Dimension der Zeit entspricht der Haltung des rabbinischen Judentums, welches das Prinzip einer dynamischen, offenen, inspirierten Auslegung entwickelt hat. Der «Gegebenheit» der Sch. korrespondiert nach jüdischer Auffassung die «Entzogenheit» des Sinns [53], der sich erst in einem Jahrtausende umfassenden Prozeß inspirierter Sch.-Auslegung entfaltet.

In der abendländischen Tradition ist die paulinische Antithese von Geist und Buchstabe zu einer kulturellen Leitopposition avanciert, die werthafte Gegensatzpaare wie 'Freiheit und Knechtschaft', 'Leben und Tod' in sich birgt [54]. M. LUTHER sieht in der Sch. einen «großen Abbruch und ein Gebrechen des Geistes» [55], F. D. E. SCHLEIERMACHER «die tote Hülle des Buchstabens», in die sich «der lebendige Geist» zurückzieht im «Zustand der Erstarrung» [56]. In der «Buchwerdung Gottes» [57], so heißt es in christlicher Exegese, sei sein Tod angelegt.

c) *Die magische Aura der Sch.:* In diametralem Gegensatz zur Auffassung von Sch. als technischem Hilfsmittel steht die Bewertung von Sch. als immanent wirksamem, magischem Potential. Die Hauptströmung westlicher Semiotik hat die Zeichenqualität von Sprache und Sch. gering geachtet; Zeichensysteme sind willkürliches Menschenwerk, sie beruhen auf Verabredung und verdanken ihre Effektivität allein dem reinen Differenzwert leerer Zeichen. W. VON HUMBOLDT zufolge sind Sch.-Zeichen desto funktionaler, je «leerer» sie sind, d.h. je weniger symbolischen oder ikonischen oder ästhetischen Eigenwert sie besitzen [58]. G. W. F. HEGEL sagt von der Alphabet-Sch.: «Die Intelligenz ist diese ihre Negativität», d.h. die durch Abwesenheit symbolischer Mitsprache/Mit-Sch. erreichte Allgemeinheit, Bestimmtheit, Reinheit, die zugleich der «Innerlichkeit im Subjekte» den Boden bereitet [59]. Dieser technisch-instrumentalistische Zugang hat zur permanenten Abstraktionssteigerung der Sch. geführt; ein konsequenter Weg führt von der Alphabet-Sch. zu immer 'leereren' Sch.en wie den mathematischen und den digitalisierten.

Die entgegengesetzte Auffassung von Sch. läßt sich europäisch an zwei Beispielen belegen: Der Rezeption der ägyptischen Hieroglyphen-Sch. und der hebräischen Sch. Die Hieroglyphen-Sch. wurde von den Ägyptern als eine Gottesgabe verehrt. Sie war kein menschliches Machwerk, sondern ein Teil göttlicher Schöpfung, in sie war eine sakrosankte Ordnung eingeschrieben. Als Monument-Sch. hat die Hieroglyphen-Sch. als einzige Bilder-Sch. nicht den Trend zur Abstraktion und Entleerung der Zeichen mitgemacht, sondern ihre realistische Bildhaftigkeit (Ikonizität) unverändert erhalten. Daher konnte sie auch in ihrer horapollinischen Umdeutung in der Renaissance als eine Form von Geheimwissen und als eine Gattung der *Kunst* wieder aufleben. Die Ästhetisierung des Zeichens mindert die Lesbarkeit der Sch. und steigert ihre immanente Ausdrucksqualität [60]. W. BENJAMINS Wiederentdeckung der Allegorie gehört hierher. Im Rückgang auf J. W. RITTER besteht BENJAMIN darauf, daß Bild, Wort und Sch. gleich an ihrem

Ursprung eins sind. Sch. hat «nichts Dienendes an sich, fällt beim Lesen nicht ab wie Schlacke» [61]. Das Wort ‹Sch.› gewinnt in der hieran anschließenden Theorie der Dekonstruktion einen emphatischen Sinn. Ihre Devise lautet: Der Geist ist tot, es lebe der Buchstabe. Sch. hört auf, transparentes Medium zu sein, und wird undurchlässig, opak, bedeutungsvoll: Das Medium wird zur Botschaft.

Etwa gleichzeitig mit der Faszination der Hieroglyphen kam es in der Renaissance zur europäischen Konjunktur der Kabbala. Die Kabbala beruht auf einer esoterischen Überlieferung, die sich aus jüdischen und neuplatonischen Quellen speist und den hebräischen Buchstaben als Werkzeugen der göttlichen Schöpfung operative Kraft zuschreibt [62]. Die Kabbala vollzieht einen entscheidenden Schritt im Universum der Sch.: Es ist der Schritt vom Text und seiner Deutung zu den Buchstaben und dem Handeln mit ihnen durch Entfaltung ihrer magischen Potentiale. Die hieroglyphische und kabbalistische Sch.-Verehrung ist der abendländischen Geistesgeschichte als eine innere Gegenbewegung eingeschrieben.

Anmerkungen. [1] Vgl. die Merkmalliste mit 9 Gegensatzpaaren bei W. ONG: Orality and literacy. The technologizing of the word (London 1982) 37-57. – [2] J. DERRIDA: De la grammatologie (Paris 1967), dtsch.: Grammatologie (1967) 130-170; vgl. A. LEROI-GOURHAN: Le geste et la parole 1 (Paris 1964) 261-282. – [3] A. SCHMITT: Entstehung und Entwicklung von Sch.en (1980); Zur Phonetik, Sch.-Gesch. und allg. Sprachwiss. Kleine Schr. (1984); zu vorsintflutlichen Notationssystemen vgl. auch: I. J. GELB: A study of writing (Chicago 1952, ²1963) 24-59; K. FÖLDES-PAPP: Vom Felsbild zum Alphabet (1966). – [4] D. SCHMANDT-BESSERAT: From tokens to tablets: A re-evaluation of the so-called 'Numerical Tablets'. Visible Language 15 (1981) 321-344. – [5] H. HAARMANN: Universalgesch. der Sch. (1990) 70-81. – [6] A. SCHLOTT: Sch. und Schreiber im alten Ägypten (1989) mit weit. Lit.; die kult. Bezüge betont C. T. HODGE: Ritual and writing: An inqu. into the origin of the Egyptian script, in: Linguistics and Anthropology. Festschr. C. F. Voegelin (1975) 331-350. – [7] HAARMANN, a.O. [5] 56ff. – [8] Die einen interpretieren das auf die protosinaitische Sch. zurückgehende phönizische Alphabet als Phonem-Sch.: z.B. G. R. DRIVER: Semitic writing. From pictogramm to alphabet (London ²1976); D. DIRINGER: The alphabet (London/New York 1962, ³1968); Writing (London/New York 1962); J. NAVEH: The early hist. of the alphabet (Leiden 1982); die anderen als Silben-Sch. mit unbestimmtem Vokal: z.B. GELB, a.O. [3]. – [9] Vgl. J. G. FEVRIER, in: L'écriture et la psychol. des peuples (Paris 1963) 112-198. – [10] SCHMITT, a.O. [3]. – [11] J. ASSMANN: Im Schatten junger Mediemblüte. Ägypten und die Materialität des Zeichens, in: H. U. GUMBRECHT/K. L. PFEIFFER (Hg.): Materialität der Kommunikation (1988) 141-160. – [12] W. IVERSEN: The myth of Egypt and its Hieroglyphs in European trad. (Kopenhagen 1961); L. VOLKMANN: Bilder-Sch.en der Renaissance (1923). – [13] SCHMITT: Zur Phon., a.O. [3] § 247. – [14] Zur Hieroglyphen-Sch. vgl. SCHLOTT, a.O. [6]; E. WINTER: Art. ‹Hieroglyphen›, in: RAC, Lief. 113 (1989) 83-103. – [15] Zur Keil-Sch. vgl. H. J. NISSEN: The emergence of writing in the anc. Near East. Interdisc. Sci. Review 10 (1985) 349-361; J. BOTTÉRO: Mésopotamie. L'écriture, la raison et les dieux (Paris 1987) bes. 118f. – [16] M. DIETRICH/O. LORETZ: Die Keilalphabete. Die phöniz.-kanaan. und altarab. Alphabete in Ugarit (1988). – [17] NAVEH, a.O. [8]; B. SASS: The genesis of the alphabet and its development in the sec. mill. B.C. (1988); W. RÖLLIG: Über die Anfänge unseres Alphabets. Das Altertum 3 (1985) 83-91. – [18] Zur Frühgesch. der griech. Sch.: G. PFOHL (Hg.): Das Alphabet. Entsteh. und Entwickl. der griech. Sch. (1968); A. HEUBECK: Sch. (1979); L. H. JEFFERY: The local scripts of archaic Greece (Oxford 1961); A. R. MILLARD: The infancy of the alphabet. World Archaeol. 17 (1986) 390-398. – [19] Zum Folgenden vgl. bes.: U. MAAS: 'Die Sch. ist ein Zeichen für das, was in dem Gesprochenen ist'. Zur Frühgesch. der sprachwissenschaftl. Sch.-Auffassung: das aristot. und nacharistot. (phonograph.) Sch.-Verständnis. Kodikas/Code 9 (1986) 247-292. – [20] ARISTOTELES: De interpr. 16 a 3-4. – [21] MAAS, a.O. [19]. – [22] H. E. BREKLE: Die Antiqualinie von −1500 bis +1500 (in Vorb.). – [23] J. SVENBRO: The 'voice' of letters in anc. Greece: On silent reading and the represent. of speech. Culture Hist. 2 (1987) 31-47; W. RAIBLE: Zur Entsteh. von Alphabet-Sch.-Systemen. Sber. Akad. Wiss. Heidelberg (1991). – [24] I. ILLICH: Im Weinberg des Textes. Als das Sch.-Bild der Moderne entstand (1990); W. RAIBLE: Die Semiotik der Textgestalt. Abh. Akad. Wiss. Heidelberg (1991). – [25] Zum Begriff ‹Sch.-Kultur› (im Gegensatz zu ‹Sch.-System›) vgl. G. ELWERT: Die gesellschaftl. Einbettung von Sch.-Gebrauch, in: D. BECKER u.a.: Theorie als Passion (1987) 238-268. – [26] J. AUSTIN: How to do things with words (Oxford 1962) dtsch.: Zur Theorie der Sprechakte (1972). – [27] Vgl. hierzu: MAAS, a.O. [19]; E. FELDBUSCH: Geschriebene Sprache (1985). – [28] Y. H. YERUSHALMI: Réfl. sur l'oubli, in: Usages de l'oubli (Paris 1988) 9-21, hier: 15. – [29] Vgl. z.B. Mk. 15, 28; Mtth. 26, 54. 56; Lk. 4, 21; Apg. 1, 16; Joh. 17, 12; 19, 24. 28. 36. – [30] G. SCHRENK: Art. γραφή, in: Theol. Wb. zum NT 1 (1933, ND 1957) 754. 763f. – [31] C. COLPE: Art. ‹Heilige Sch.en›, in: RAC 14 (1987) 184-223. – [32] FLAVIUS JOSEPHUS: C. Apionem §§ 38-41. 12. – [33] PLATON: Resp. 302 e; 293 a. – [34] Vgl. die Beiträge von U. HÖLSCHER und E. A. SCHMIDT in A./J. ASSMANN (Hg.): Kanon und Zensur (1987). – [35] P. SCHÄFER: Text, Auslegung und Komm. im rabbin. Judentum, in: J. ASSMANN/B. GLADIGOW (Hg.): Text und Kommentar (im Druck). – [36] Zum kathol. Sch.-Verständnis vgl. M. LIMBECK: Die Hl. Sch., in: Hb. der Fundamentaltheol. IV (1989) 68-99; zu Sch. und Trad. vgl. E. FEIFEL/W. KASPER: Tradierungskrise des Glaubens (1987); zum reformat. sola-scriptura-Prinzip vgl. H. H. SCHMID/J. MEHLHAUSEN: Sola Scriptura. Das reformat. Sch.-Prinzip in der säk. Welt (1991); zu seiner Kritik bei S. Franck vgl. J. D. MÜLLER: Buchstabe, Geist, Subjekt: Zu einer frühneuzeitl. Problemfigur bei S. Franck. Modern Language Notes 106 (1991) 648-674. – [37] F. NIETZSCHE: Vom Nutzen und Nachtheil der Historie für das Leben. Krit. Ges.ausg., hg. G. COLLI/M. MONTINARI (1967ff.) 3/1, 263. – [38] ARISTOTELES: Rhet. 1414 b 9; vgl. Pol. 1338 a 17. 38; M. CAHN: Der Druck des Wissens: Gesch. und Medium der wissenschaftl. Publikation. Ausstellungskat. Stabi Berlin (1991). – [39] Zu ISOKRATES vgl. M. CAHN: Der Ort des rhet. Wissens. Kunst und Natur bei Isokrates. Ber. Wiss.gesch. 10 (1987) 217-228; a.O. [38] 47ff. – [40] J. GOODY: The domestication of the savage mind (Cambridge 1977); Mesopotamien: BOTTÉRO, a.O. [15]. – [41] PLATON: Phaedr. 275 e. – [42] P. ZUMTHOR: La poésie et la voix dans la civilisation médiév. (Paris 1984) 58ff. – [43] E. A. HAVELOCK: Preface to Plato (Cambridge 1963); J. GOODY/I. WATT: Consequences of literacy. Comparat. Studies Soc. Hist. 5 (1963), dtsch.: Entsteh. und Folgen der Sch.-Kultur, in: GOODY (Hg.): Literalität in tradit. Ges. (1981) 45-104; GOODY, a.O. [40]; The logic of writing and the organization of soc. (Cambridge 1986); The interface between the written and the oral (Cambridge 1987); ONG, a.O. [1]. – [44] Zu PLATONs Umgang mit der Sch. vgl. TH. A. SZLEZÁK: Platon und die Schriftlichkeit der Philos. (1985). – [45] ELWERT, a.O. [25]. – [46] Nach H. BIESTERFELD zit. in: A./J. ASSMANN/CH. HARDMEIER (Hg.): Sch. und Gedächtnis (1983) 280. – [47] H. BRUNNER: Altägypt. Erziehung (1957) 179 (Qu. XLIV). – [48] J. ASSMANN: Gibt es eine 'Klassik' in der ägypt. Lit.gesch.? Ein Beitrag zur Geistesgesch. der Ramessidenzeit. Z. Dtsch. Morgenländ. Ges., Suppl. 6 (1985) 35-52. – [49] J. W. GOETHE: Dichtung und Wahrheit 10 (1812). Soph.ausg. 27 (1889) 373. – [50] R. BARTHES: Le degré zéro de l'écriture (Paris 1965), dtsch.: Lit. oder Gesch. (1969) 126. – [51] Vgl. R. CHARTIER: Lesewelten. Buch und Lektüre in der frühen Neuzeit (1990). – [52] Vgl. G. BORNKAMM: Sünde, Gesetz und Tod. Exeget. Studien zu Röm. 7, in: Das Ende des Gesetzes. Ges. Aufsätze 1 (1966) 51-69; P. BLÄSER: Art. ‹Buchstabe u. Geist›, in: LThK² 2 (1958) 750f. – [53] SCHÄFER, in: ASSMANN/GLADIGOW, a.O. [35]. – [54] Vgl. MÜLLER, a.O. [36]. – [55] Nach E. BISER: Die Bibel als Medium. Zur medienkrit. Schlüsselposition der Theol. Sber. Akad. Wiss. Heidelberg (1990). – [56] F. D. E. SCHLEIERMACHER: Über die Relig. Reden an die Gebildeten unter ihren Verächtern (1799). Werke, hg. O. BRAUN 4 (1911) 396. – [57] Vgl. H. HAAG: Die Buchwerdung des Wortes Gottes in der Hl. Sch. Mysterium Salutis 1 (1965) 289-428. – [58] W. VON HUMBOLDT: Über die Buchstaben-Sch. und ihren Zus. mit dem Sprachbau (1824). Akad.-A. I/5 (1906) 107-133. – [59] G. W. F. HEGEL: Enzykl. (1830) § 459. Jub.ausg., hg. H. GLOCKNER 10 (1929) 346-352. – [60] Vgl. die Beiträge von A. und J. ASSMANN in: GUMBRECHT/PFEIFFER (Hg.), a.O. [11]. – [61] W. BENJAMIN: Ursprung des dtsch. Trauerspiels [1924/25]. Ges. Schr., hg. R. TIEDEMANN/H. SCHWEPPENHÄUSER I/1 (1974) 388; J. W. RITTER: Fragmente aus dem Nachl. eines jungen Physikers. Ein Taschenbuch für Freunde der Natur (1810) 227ff. – [62] Vgl. F. DORNSEIFF: Das Alphabet in Mystik und Magie (1925, ND 1985).

Literaturhinweise. J. GOODY (Hg.): Literacy in trad. soc. (Cambridge 1968), dtsch. s. Anm. [43]. – Frühe Sch.-Zeugnisse der Menschheit. Schr. der J. Jungius-Ges. (1969). – G. BAUMANN (Hg.): The written word (Oxford 1986). – H. GLÜCK: Sch. und Schriftlichkeit (1987).

A./J. ASSMANN

II. – J. DERRIDAS Philosophie der Sch. läßt sich nur darstellen, indem man die wichtigsten der vielen idiosynkratisch geprägten Begriffe klärt, mit denen er sie orchestriert. Es sind dies vor allem: ‹Logophonozentrismus›, ‹différance›, ‹Spur› und ‹Supplement›.

1. *Logophonozentrismus.* – Für Derrida beginnt mit PLATON eine Epoche der Verdrängung der Sch., in der sich die Philosophie als ἐπιστήμη und die Wahrheit als Einheit von λόγος und φωνή konstituieren. Eine algebraisierende Ökonomie der Aufzeichnung hat in der phonetischen Sch. das Medium gefunden, in dem der Logos sein Vorrecht sichert. Diese Geschichte des Logophonozentrismus ist aber überhaupt nur schreibbar, weil die Verdrängung der Sch. nicht ganz gelungen ist. Inmitten der reinen Präsenz des Logos kann DERRIDA deshalb immer wieder Spuren von Sch. aufweisen. So ist für ihn die Bewegung des «effacement mondial du signifiant» [1] untrennbar von der Wiederkehr der verdrängten Sch. Vor dem Hintergrund der neuen Medien und Computertechnologien, der Magnetotheken und des großen telematischen Netzes diagnostiziert Derrida ein «essoufflement» [2] jenes fast 3000 Jahre währenden Logophonozentrismus. Das Ende der Zivilisation des Buches kündigt den Tod der «parole pleine» als der mit Präsenz erfüllten Rede an. Derrida versteht das zugleich als Symptom einer neuen Mutation in der Geschichte der/als Sch.: Die lineare Nieder-Sch. stirbt aus und macht, dank der elektronischen Speichertechniken, neuen Formen zeilenloser Sch. Platz. Das Wort vom «essoufflement» des Logophonozentrismus ist mit Bedacht gewählt – es zielt auf dessen zentrales Ideologem: die «présence à soi dans le souffle» [3]. Dieser Raum der Namen und Benennungen mußte sich immer gegen die Drohungen des Relationalen und Nicht-Phonetischen, gegen Kalkül und Maschine schützen. Schon G. W. LEIBNIZ hat die Drohung des Kalküls, die dem Logophonozentrismus den Atem raubt, klar ausgesprochen: «ad vocem referri non est necesse». Das maschinelle Kalkül reiner Signifikanten veranstaltet einen «excès du représentant» [4], in dem die Sch. mit der φωνή bricht – das gilt von der «characteristica universalis» ebenso wie vom digitalen Computer. Die alphabetische Sch. läßt reine Repräsentanten zirkulieren, d.h. sie ist ein Signifikantensystem, dessen Signifikate selbst wieder Signifikanten sind – nämlich Phoneme. Die Buchstaben selbst haben keinen Sinn. So operiert die alphabetische Sch. als Lautanalyse mit «signifiants insignifiants» [5].

2. *Différance.* – DERRIDAS «différance» hebt sich von Hegels Begriff der Differenz durch ein radikales Denken der Endlichkeit ab – so wie es in S. FREUDS «Jenseits des Lustprinzips» und in M. HEIDEGGERS «Sein zum Tode» vorgedacht wurde. Entscheidend ist dabei, daß DERRIDA im Begriff der «différance» ebensowohl die Selbstbeziehung des endlichen Lebens im Vorlaufen zum eigenen Tod («ma-mort») als auch die Möglichkeitsbedingung von Sch. denkt. Wo «le rapport à la mort» [6] ausdrücklich als Sein zum Tode ausgearbeitet wird, eröffnet sich Zeit als Horizont von Sein. Der Zeithorizont wird nämlich durch eine Macht des Aufschubs eröffnet, die sich wiederum der Sch. verdankt. Erst Sch. nämlich macht es möglich, Präsenz im Sinne unmittelbarer Konsumation systematisch aufzuschieben und die Produktion durch Bildung einer Reserve zu organisieren. «Différer la présence» [7] heißt also: Unmittelbarkeit aufschieben, um überhaupt erst einen Zeitspielraum zu schaffen. Derrida erkennt diese «différance», also die Kluft des Aufschubs und der Nachträglichkeit zwischen Lustprinzip und Realitätsprinzip, als Ort der Emergenz von Sch. [8].

3. *Spur.* – In F. NIETZSCHES ‹Spur› erkennt DERRIDA den Schlüsselbegriff einer umfassenden 'Dekonstruktion' von Präsenz und Bewußtsein. Spur heißt jenes immer schon Geschriebene, das überhaupt erst Äußerlichkeit und Spielraum eröffnet; das Anwesend-Abwesende, das so etwas wie Gedächtnis durch eine Art Ur-Sch. möglich macht. «La trace (pure) est la différance» [9]. Die Spur, die differierend an der Formation einer Form arbeitet, darf also nicht mit einem sinnlich Wahrnehmbaren verwechselt werden, weil sie dieses ja allererst ermöglicht. «La trace elle-même n'existe pas» [10]. (An-) Greifbar ist nur ihr allgemeiner Repräsentant: die Sch. Deshalb arbeiten alle metaphysischen Versuche, im Begriff des Ursprungs, der Natur oder des Einen Gottes die Spur (der Spur) zu löschen, an der Verdrängung der Sch. HEIDEGGERS Verständnis von Sprache als Haus des Seins wird bei DERRIDA grammatologisch transformiert zur Einschreibung als Behausung, «l'inscription comme habitation» als Eröffnung des In-der-Welt-Seins, die Bahnung einer Ur-Sch., die uns im «a priori espace-temps de la trace» situiert [11]. Dieser Vorrang der Sch. wird vom lebendigen Wort nicht dementiert, denn es setzt die Eröffnung eines Raums der Artikulation immer schon voraus. Deshalb ist die Spur der Sch. im gesprochenen Wort irreduzibel. Zwischen dem ungreifbaren Urspur und dem Phantasma der lebendigen, selbstpräsenten Rede liegt der eigentliche grammatologische Raum: «l'espace étrange ... *entre* parole et écriture» [12]. Moderne Speichertechniken machen es möglich, die gesprochene Sprache zu konservieren und außerhalb der Präsenz des sprechenden Subjekts funktionieren zu lassen. Solche Veräußerlichungen der Spur zeigen, daß «la mise en réserve» das Subjekt des Logos zugleich konstituiert und tilgt. Die Sch. emanzipiert sich vom Subjekt, in dem sich nun rückwirkend der Wunsch nach Präsenz bildet. Für Derrida ist deshalb das Begehren nach dem lebendigen, selbstpräsenten Wort eine unbewußte Technik der «dissimulation de l'archi-écriture» [13]. Diese Ur-Sch. ist kein Teil des Sprachsystems (und deshalb auch kein möglicher linguistischer Gegenstand), weil sie dessen Bedingung darstellt: «Archi-écriture» ist für Derrida die Bewegung der «différance comme temporalisation» [14], d.h. als jene Zeitigung, die den Spielraum des In-der-Welt-Seins eröffnet. «Archi-écriture» zeitigt eine «archi-scène» [15], indem sie Differenz niederschreibt, d.h. die Nichtpräsenz des Anderen einschreibt. Derrida versucht diesen Begriff der Ur-Sch. vor jeder möglichen Verwechslung mit metaphysischen Ursprungsbegriffen

zu bewahren, indem er ihn gleichsam durchstrichen anschreibt: Ur-Sch. ist «archi-écriture sans archie», Sch. vor der Sch., die von den uns vertrauten Sch.-Formen nur verstellt wird: «écriture avant la lettre» [16]. So soll das Denken der Spur nicht in den Mythos einer ursprünglichen Sch. münden, sondern umgekehrt das Ursprünglich-Sein von der Spur der Sch. her begreifen.

4. *Supplement.* – «L'écriture est le supplément par excellence» [17]. Derridas Aufmerksamkeit auf die Sch. führt zu einer radikalen Umwertung des Supplementären. Denn Sch. ist ja immer der Ersatz für eine vorenthaltene Gegenwart. Menschen sind geschlagen von Nachträglichkeit. Ihr Wunsch nach der reinen Präsenz entspringt also gerade der Unmöglichkeit eines Bei-sich-Seins. Von daher stößt Derrida, dem Leitfaden der Sch. folgend, zu einer Logik der Supplementarität vor: Eröffnung eines Spiels von Präsenz und Absenz, das uns in die Innenwelt der Außenwelt der Innenwelt versetzt – supplementäre «différance», die im Aufschub das, was sie bloß zu ergänzen scheint, allererst erzeugt. Im strengen Sinne wird diese Definition der Supplementstruktur nur von der Sch. erfüllt: «une possibilité produit à retardement ce à quoi elle est dite s'ajouter» [18]. Damit erhebt Derrida F. DE SAUSSURES späte Einsicht, es gäbe keine Phoneme vor dem Graphem, zum grammatologischen Prinzip: Sch. ist der Todestrieb der Rede selbst. Steht aber am Ursprung der Sprache das ergänzende und ersetzende Sch.-Zeichen, und ist die symbolische Ordnung insgesamt nichts als ein System wechselseitiger Supplementarität, dann ist das spezifisch humane Vermögen der Artikulation selbst eine «faculté de supplémentarité» [19]. Damit aber befreit sich die Ergänzung(sbedürftigkeit) vom Makel des Mangels – ihre Formel lautet: «sans sans sans» [20].

Anmerkungen. [1] J. DERRIDA: De la grammatologie [Gramm.] (Paris 1967) 404. – [2] a.O. 18. – [3] 41. – [4] 440; vgl. Positions (Paris 1972) 47. – [5] a.O. 423. – [6] Gramm. 261; vgl. La voix et le phénomène [Voix] (Paris 1967) 60. 114. – [7] a.O. 190. – [8] La carte postale [Carte] (Paris 1980) 310f. 103. – [9] Gramm. 92. 103; L'écriture et la différence [Ecrit.] (Paris 1967) 317; Marges de la philos. [Marges] (Paris 1972) 18-21. – [10] Gramm. 238. – [11] a.O. 410f. – [12] Marges 5; vgl. Carte 303. 343. 376f. – [13] Gramm. 83; vgl. Marges 6. 16. – [14] Gramm. 103; Marges 8. – [15] Voix 94, Anm. 1. – [16] Marges 16. – [17] Gramm. 398. – [18] Voix 99. – [19] Gramm. 343. – [20] Carte 428.

N. BOLZ

Schriftsinn, mehrfacher. Mit der Lehre von der Auslegung nach einem m.Sch. wird vorausgesetzt, daß der buchstäbliche Sinn eines Textes nicht schon die gesamte vom Autor beabsichtigte Aussage enthält oder aber der Verstehenssituation eines späteren Rezipienten nicht mehr genügt, so daß über die wörtliche Bedeutung eines Textes hinaus nach einem weiteren Sinn gefragt werden muß. Die Interpretation nach einem m. (d.h. mehr als wörtlichen) Sch. will die Aporien vermeiden, die sich durch die historische Differenz von religiös-kulturellen Überlieferungen und neuen Rezeptionsbedingungen ergeben, wenn die tradierten Texte ihre Autorität insgesamt behaupten, jedoch gleichzeitig in ihrem wörtlichen Sinn mehr und mehr verstummen. Der Theorie eines m.Sch. entspricht als exegetische Methode die Allegorese, die nach dem Grundsatz «aliud dicitur, aliud significatur» («das eine wird gesagt, etwas anderes bezeichnet») verfährt, und zwar nicht nur dort, wo der auszulegende Text die rhetorische Figur der zur Allegorie erweiterten Metapher enthält, sondern auch überall dort, wo der Text selbst – bei historisch-kritischer Beurteilung – nur in seinem wörtlichen Sinne verstanden sein will. Die allegorische Exegese bildet von der Antike bis über die Reformationszeit hinaus eine Hauptform der Auslegung der Heiligen Schrift und ist daher historisch und sachlich zunächst der christlichen Bibelhermeneutik zuzuordnen, hat aber auch Vorläufer in der heidnischen Antike und der hellenistisch-jüdischen Geisteswelt.

In der griechischen Antike entsteht das Bedürfnis der Auslegung der älteren Dichtung (HOMER, HESIOD) [1] in einem anderen Sinne als nur dem buchstäblichen dadurch, daß neue religiöse und ethische Überzeugungen die überlieferte Mythenwelt in Frage stellen. Bereits im 6. Jh. v.Chr. werden die homerischen Epen, deren Göttererzählungen fragwürdig geworden sind, allegorisch gedeutet (zuerst durch THEAGENES VON RHEGION); die damit begründete Tradition gipfelt in der stoisch geprägten Schule von Pergamon, deren Exegese wir aus zwei Werken des 1. Jh. n.Chr. kennen, der sogenannten homerischen Theologie des L. ANNAEUS CORNUTUS [2] und den homerischen Allegorien des (Ps.-)HERAKLEITOS [3]. Nach der stoischen Dichterallegorese enthält der buchstäbliche Sinn des Textes nicht die ganze Aussage des Dichters, sondern «der volle Ertrag aus der Lektüre Homers ist demjenigen vorbehalten, der zum tieferen Sinne vordringt. Dieser Sinn, der unter dem litteralen Sinn verborgen ist, wird mit ὑπόνοια bezeichnet» [4]. Der Begriff ἀλληγορία setzt sich für diese Exegese erst in hellenistischer Zeit durch und löst den vorher üblichen Terminus ὑπόνοια ab.

Die Methoden, mit denen die pergamenische Schule die Homerrezeption vollzieht, werden im hellenistischen Judentum durch PHILON VON ALEXANDRIA [5] auf das AT übertragen. Philon übernimmt dabei von der Stoa die doppelte Ausrichtung der Allegorese auf physikalisch-kosmologische und ethische Auslegungen. So deutet er z.B. das Körbchen der Aussetzung Moses physikalisch wegen seiner Form als Zeichen mathematischer Gesetzlichkeiten und in ethisch ausgerichteter Allegorese wegen seines Inhaltes (es trägt den Gesetzgeber) als Zeichen des Gesetzes [6]. Durch regelmäßige Anwendung bestimmter Auslegungstechniken (Etymologie, Zahlensymbolik) sucht Philon die Allegorese methodisch zu festigen.

Mit dem NT verändert sich die hermeneutische Situation grundlegend, da der Glaube an Christus nun die Voraussetzung für ein allegorisch-typologisches Verständnis des AT bildet, das in den Überlieferungen des Alten Bundes Präfigurationen des von Christus vollzogenen Heilsgeschehens sieht. Die allegorisch-typologische Methode wird im NT benutzt und mit dem Allegoriebegriff bezeichnet, insofern PAULUS im Galaterbrief (4, 24) die Frauen Abrahams, Sara und Hagar, als Zeichen der beiden Testamente deutet und diese Auslegung mit ἅτινά ἐστιν ἀλληγορούμενα (Vulgata: «quae sunt per allegoriam dicta», «was sinnbildlich gesagt ist») kommentiert [7].

Zu einer systematischen Lehre vom m.Sch. wird die Allegorese bei ORIGENES [8] entfaltet, der seine hermeneutische Methodik auf den Gedanken gründet, die Struktur der biblischen Offenbarung stehe in Analogie zur Seinsordnung und zum Wesen des Menschen: Der ontologischen Trichotomie von Leib, Seele und Geist entspricht ein dreifacher Sch., mit dem zwischen somatischer (buchstäblicher, historisch-wörtlicher), psychischer (moralischer) und pneumatischer (allegorischmystischer) Exegese unterschieden wird [9]. Trotz verschiedener Reaktionen gegen die allegorische Exegese, von denen die Gegenposition der Antiochener (DIODOR VON TARSOS, THEODOR VON MOPSUESTIA u.a.) [10] zur alexandrinischen Schule [11] besonders hervorzuheben ist, setzt sich die seit Origenes systematisierte Lehre vom dreifachen Sch. durch. Die mittelalterliche Bibelhermeneutik kann sich für die triadische Stufung der Sch.e auf das einflußreiche Werk ‹Moralia in Iob› GREGORS DES GROSSEN [12] berufen, der mit seiner exegetischen Theorie und Praxis die wörtliche Erklärung des biblischen Berichtes (historica expositio), die heilsgeschichtlich-allegorische, auf die Gegenstände des Glaubens, vor allem auf Christus und die Kirche, bezogene Auslegung (allegoria; typica investigatio) und die moralische Allegorese (allegorica moralitas) fordert und selbst durchführt [13].

Im Übergang von der christlichen Spätantike zum Mittelalter bestehen verschiedene Dreier- und Vierergruppen des m.Sch., von denen die Gliederung in folgende vier Stufen in Theorie und Praxis der Bibelexegese weiteste Verbreitung gefunden hat [14]: 1. Historia (littera): Der «sensus litteralis» ist der buchstäbliche Sinn im Unterschied zur spirituellen Bedeutung, die ihrerseits in mehrere Sch.e unterteilt wird; die «historia» ist der Bericht über biblische Personen und Ereignisse in ihrem realen historischen Kontext. Als Fachtermini der Exegese werden ‹historia› und ‹littera› weithin synonym gebraucht, so daß mit beiden Begriffen einheitlich das in der Bibel im wörtlichen Sinne Ausgesagte bzw. Berichtete bezeichnet wird. Obwohl der wörtliche Sinn als unentbehrliche Basis der christlichen Schriftauslegung allgemein anerkannt wird, liegen die geschichtlichen Differenzen zwischen verschiedenen Autoren und Epochen der Bibelhermeneutik von der Antike bis zur Reformationszeit vor allem in der verschiedenen Akzentuierung des Vorrangs von wörtlichem oder spirituellem Sinn. – 2. Allegoria: Der Begriff der Allegorie wird, wie THOMAS VON AQUIN bemerkt [15], nicht nur für den Gesamtbereich des spirituellen Schriftverständnisses gebraucht, sondern auch für eine einzelne Stufe des vierfachen Sch. («allegoria sumitur aliquando pro quolibet mystico intellectu; aliquando pro uno tantum ex quatuor»). In diesem engeren Sinne bezeichnet ‹allegoria› in der Regel die heilsgeschichtliche, auf Christus und die Kirche bezogene Bedeutung. Wenn der Bedeutungsträger dieses allegorischen Sinnbezugs der vorchristlichen Welt des AT entstammt, während das ‹significatum› dem NT bzw. der christlichen Welt zugeordnet ist, liegt das Deutungsschema der Typologie [16] vor, das Personen, Dinge und Ereignisse der Zeit vor Christus als Präfigurationen (typus, praefiguratio) von Ereignissen und Sachverhalten aus der mit der Inkarnation Christi eingeleiteten Heilszeit versteht. – 3. Tropologia (moralis intellectus): Mit dem Begriff der Tropologie (aus τρόπος und λογία, d.h. lateinisch sermo conversus bzw. sermo conversivus) ist die moralische Auslegung der Bibel («sermo conversivus, pertinens ad mores animi») [17], ihre Bedeutung für das Seelenheil des Menschen angesprochen. Der tropologisch-moralische Sinn ist daher von besonderer Relevanz für die Predigt. – 4. Anagogia bzw. anagoge: Gemäß der Etymologie des griechischen ἀναγωγή, die HUGO VON ST. VIKTOR in die Formel «Anagoge, id est sursum ductio» («In-die-Höhe-Führung») [18] faßt, führt der anagogische Sinn über die irdische und zeitliche Welt hinaus zum Ewigen und Himmlischen, so daß der Gesamtbereich des Eschatologischen und des Transzendenten dieser Sinndimension zugeordnet werden kann.

Als Merkvers für diese vier Sinnstufen wird seit dem 13. Jh. [19] das Distichon überliefert: «Littera gesta docet, quid credas allegoria, / Moralis quid agas, quo tendas anagogia» («Der buchstäbliche Sinn lehrt, was geschehen ist; der allegorische, was man glauben, der moralische, was man tun, und der anagogische, wohin man streben soll»). Als frühe Zusammenfassung der Lehre vom vierfachen Sch. gilt ein Abschnitt aus den ‹Collationes› (um 420) des JOHANNES CASSIANUS, der die Unterscheidung von «historica interpretatio» und «intelligentia spiritalis» bzw. von «historica narratio» und «spiritalis sensus et expositio» erläutert. Cassian gebraucht dabei als Beispiel, das in den folgenden Jahrhunderten immer wieder herangezogen wird, die Stadt Jerusalem: Im wörtlich historischen Sinne Hauptstadt der Juden, bezeichnet Jerusalem in allegorisch-heilsgeschichtlicher Bedeutung die Kirche Christi, im tropologisch-moralischen Sinne die Seele des Menschen und unter anagogisch-eschatologischem Aspekt den Himmel als ewige Gottesstadt («secundum historicam ciuitas Iudaeorum, secundum allegoriam ecclesia Christi, secundum anagogen ciuitas dei illa caelestis ..., secundum tropologiam anima hominis») [20]. – Zur begrifflichen Präzisierung und zur Festigung einer einheitlichen Tradition tragen die Definitionen bei, die BEDA VENERABILIS in seinen exegetischen und rhetorischen Schriften erläutert: «Historia namque est cum res aliqua quomodo secundum litteram facta siue dicta sit plano sermone refertur ...; allegoria est cum verbis siue rebus mysticis praesentia Christi et ecclesiae sacramenta designantur ...; tropologia, id est moralis locutio, ad institutionem et correctionem morum aperte seu figuratis prolata sermonibus respicit ...; anagoge, id est ad superiora ducens locutio, est quae de praemiis futuris et ea quae in caelis est uita futura siue mysticis seu apertis sermonibus disputat ...» («Der historische Sch. liegt vor, wenn eine Sache so, wie sie buchstäblich geschehen ist oder gesagt wurde, in unverhüllter Ausdrucksweise zur Sprache kommt; der allegorische Sinn liegt vor, wenn mit verschlüsselten Worten oder Dingen die Gegenwart Christi und die Heilsgeheimnisse der Kirche bezeichnet werden; die Tropologie, d.h. die moralische Redeweise, zielt mit offenen und bildhaften Worten auf die Erziehung und Verbesserung der Sitten. Die Anagogie, d.h. die zum Höheren führende Redeweise, handelt mit verhüllten oder offenen Worten von den zukünftigen Belohnungen und vom zukünftigen himmlischen Leben ...» [21]. Beda definiert hier nicht nur den Quaternar der Sch.e, sondern differenziert die Methodik weiter, indem er die «allegoria facti» (die Söhne Abrahams, also historische Personen, bezeichnen die beiden Testamente) von der «allegoria verbi» (das Sprachbild vom Reis aus der Wurzel Jesse verweist auf die Inkarnation Christi) unterscheidet und indem er mit der Gegenüberstellung von offener und verhüllender Redeweise (sermo apertus – sermo mysticus) betont, daß der moralische und anagogische Sinn des Bibeltextes nicht nur durch Allegorese aufgedeckt werden, sondern auch schon im Wortsinn offen vor uns liegen kann.

Im 12. Jh. knüpft HUGO VON ST. VIKTOR, der für die Gliederung der Sch.e den traditionellen Ternar «historia, allegoria, tropologia» anführt [22], bei der Erläuterung des allegorischen Verfahrens an Elemente der Zeichentheorie an, die AUGUSTINUS in ‹De doctrina christiana› entwickelt hat. Augustinus arbeitet mit dem Instrumentarium der antiken Rhetorik, wenn er die Gegenstände der Allegorese als bildhafte Sprache (locutio figurata) des Bibeltextes definiert, er verläßt aber den Rahmen der Rhetorik, wenn er nicht nur der Sprache selbst, sondern auch den von den Wörtern bezeichneten Dingen eine signifikative Funktion im Bereich der «signa translata» zuweist. Diese liegt vor, «wenn die Dinge, die wir mit den ihnen zugeordneten Wörtern bezeichnen, ihrerseits zur Bezeichnung von etwas anderem gebraucht werden» («cum et ipsae res, quas propriis verbis significamus, ad aliquid aliud significandum usurpantur») [23]. Augustinus betont daher die Notwendigkeit von Kenntnissen über die Realien der Natur (Tiere, Pflanzen, Steine) für den Exegeten [24]. Diese bei Augustinus mehr angedeuteten als ausgeführten Überlegungen nimmt HUGO VON ST. VIKTOR auf und bezieht sie auf die Unterschiede von biblischer und profaner Literatur: Während in der weltlich-heidnischen Literatur nur das Wort (vox) eine Bedeutung hat, ist in der Heiligen Schrift auch das vom Wort bezeichnete Ding (res) Bedeutungsträger. Es ist die eigentliche Aufgabe der christlich-spirituellen Exegese, die Signifikanz der Dinge zu erschließen. Dies geschieht durch Beschreibung und Deutung der sichtbaren und unsichtbaren Eigenschaften (proprietates) der Dinge; als Beispiel dient der Schnee: «Secundum exteriorem formam» ist der Schnee weiß und bedeutet daher die Reinheit, «secundum interiorem naturam» ist er kalt und wird so zum Zeichen für das Löschen der Sündenglut [25]. Da jede «res» eine Vielfalt von «proprietates» haben kann, ist ihr auch potentiell ein entsprechend breites Bedeutungsspektrum zugeordnet. Bedeutungsträger im skizzierten Sinne sind nach Hugo auch die Personen, Zahlen, Orte, Zeiten und die Ereignisse, d.h. insgesamt die Summe der Realien aus Schöpfung und Geschichte.

THOMAS VON AQUIN schränkt die Anwendung der spirituellen Exegese ein, indem er den Gesamtbereich der durch bildhafte Sprache der Bibel konstituierten Sinnbezüge dem «sensus litteralis» zuordnet. Nicht die Wörter und die mit ihnen gebildeten Metaphern (voces, verba, similitudines), sondern die Dinge sind Träger des spirituellen Sinnes. Da Gott nicht nur Urheber der Schrift als Autor des Textes ist, sondern auch die Realien, von denen die Bibel spricht, zum Zweck der Offenbarung eingerichtet hat, ist der «sensus spiritualis» der Dinge das auszeichnende Merkmal der Heiligen Schrift im Unterschied zur profanen Literatur wie z.B. den «fictiones poeticae»: «sicut enim homo potest adhibere ad aliquid significandum aliquas voces vel aliquas similitudines fictas, ita deus adhibet ad significationem aliquorum ipsum cursum rerum suae providentiae subiectarum» («Wie nämlich der Mensch, um etwas zu bezeichnen, irgendwelche Wörter und Metaphern verwenden kann, so verwendet Gott, um etwas zu bezeichnen, den Lauf der Dinge selbst, die seiner Vorsehung unterworfen sind») [26]. Die biblische Wirklichkeit wird dabei im Zusammenhang mit der gesamten Heilsgeschichte in einer Zeitstruktur gesehen, in der das Frühere jeweils das Spätere präfiguriert.

M. LUTHER [27] betrachtet die Allegorese und die Auslegung nach dem drei- oder vierfachen Sch. als überwundene Methode seiner Jugend bzw. seiner Lebensphase als Mönch und setzt ihr das Bemühen um ein Bibelverständnis «simplici sensu» entgegen: «Weil ich jung war, da war ich gelerrt, ... da gieng ich mitt allegoriis, tropologiis, analogiis umb – nuhn hab ichs faren lassen, und dieß ist mein letzte und beste kunst: Tradere scripturam simplici sensu» («die Schrift nach ihrem einfachen Sinn überliefern») [28]. Ebenso offenkundig wie Luthers Zurückweisung der Allegorese in diesen und anderen [29] Aussagen ist das weitere Vorkommen allegorischer Exegese in seinem Werk auch nach der für die Hermeneutik entscheidenden Phase von 1517-1521. Doch auch mit der Formel, er habe die Allegorese in der Theorie zwar grundsätzlich überwunden, sich ihrer in der Praxis aber weiterhin bedient, ist Luthers Stellung in der Geschichte der Lehre vom m.Sch. nicht hinreichend beschrieben. Die neue hermeneutische Position bedarf vielmehr weiterer Differenzierungen, so zu dem Grundsatz «Scriptura sacra sui ipsius interpres» («Die Heilige Schrift legt sich selbst aus») [30], zu der Neuinterpretation des Verhältnisses von Buchstabe und Geist im Sinne einer Spiritualisierung des Buchstabens [31] sowie zur Intensivierung des christologischen Sinnes und der damit verbundenen Beibehaltung der typologischen Exegese [32]. Bibelhermeneutische Lehrbücher des Protestantismus in den beiden Jahrhunderten nach Luther, wie die ‹Clavis scripturae sacrae› des M. FLACIUS ILLYRICUS [33], die ‹Philologia sacra› des S. GLASSIUS [34] und die ‹Institutiones hermeneuticae sacrae› des J. J. RAMBACH [35] bleiben bei der Abwendung von der mittelalterlichen Version des vierfachen Sch., unterscheiden aber weiterhin zwischen «sensus litteralis» und «sensus mysticus». Begrifflich am stärksten differenziert wird die Lehre vom «scripturae sacrosanctae sensus duplex» [36] bei GLASSIUS: Zwei Erscheinungsformen des Literalsinnes (proprius, figuratus) unterscheiden die bildhafte von der unmetaphorischen Redeweise. Der «sensus mysticus» wird in «sensus allegoricus», «typicus» und «parabolicus» aufgeteilt. Angesprochen sind damit die traditionelle Allegorese biblischer Realien, das typologische Verständnis alttestamentlicher Ereignisse als Präfigurationen des neutestamentlichen Geschehens und mit dem Sonderfall des «sensus parabolicus» die spirituelle Deutung fiktiver, nur erzählter Ereignisse [37]. Kernstück der protestantischen Versionen vom «sensus mysticus» ist die Typologie, wie sie FLACIUS mit der Lehre vom «Schleier des Mose» (velamen Mosis) vorträgt. Demnach besteht der mystische Sinn der Schrift vor allem in der typologischen Bedeutung des AT, in jenem «primarius, uerus ac genuinus sensus aut scopus», der Christus enthüllt, indem er den Schleier des Gesetzes entfernt [38]. Wo dieser «scopus» nicht mehr anerkannt wird, wo also das von Christus im NT vollzogene Heilsgeschehen nicht mehr die entscheidende Instanz für das Verstehen der gesamten Bibel bildet, kann die typologisch-allegorische Schriftauslegung wie durch H. S. REIMARUS als «bloßes Spielwerk der Einbildungskraft» abgelehnt werden [39].

Die durch Allegorese erschlossenen Bedeutungen der Dinge wurden seit den ‹Formulae spiritalis intelligentiae› des EUCHERIUS VON LYON (5. Jh.) [40] bis zu entsprechenden Werken noch des 18. Jh. [41] in allegorischen Lexika gesammelt, die zum Teil alphabetisch, zum Teil systematisch nach Dingbereichen geordnet sind. Diese lexikographische Kodifizierung wird dazu beigetragen haben, daß die Lehre vom m.Sch. und von der Signifikanz der Dinge nicht nur über die Zeit des Mittelalters, sondern auch über den Bereich der Theologie weit hinauswirkt: Die Metaphernsprache der Dichtung und die Sinnbildsprache der Kunst von der christlichen Spätantike bis in die Neuzeit hinein sind, wie ikonographische und literarhistorische Untersuchungen gezeigt haben, ohne sie zu einem großen Teil nicht verständlich. Noch die Dingbedeutung in der Emblematik der Barockzeit ist eine Erscheinungsform des «sensus spiritualis», der erst seit dem 18. Jh. unter den Bedingungen eines neuen Wissenschaftsverständnisses, einer autonomen Naturbetrachtung, des Bewußtseins historischer Relativität, der Emanzipation von theologischen Traditionen und der wachsenden Relevanz historisch-kritischer Methoden seinen früheren Geltungsbereich endgültig verliert.

Anmerkungen. [1] Vgl. K. MÜLLER: Allegor. Dichterklärung, in: RE Suppl. 4 (1924) 16-22; F. WEHRLI: Zur Gesch. der allegor. Deutung Homers im Altertum (1928); J. PÉPIN: Mythe et allégorie. Les origines grecques et les contestations judéo-chrét. (Paris 1958) 85-214; J. C. JOOSEN/J. H. WASZINK: Art. ‹Allegorese›, in: RAC 1 (1950) 283-293; H. DÖRRIE: Zur Methodik antiker Exegese. Z. neutestamentl. Wiss. Kunde ält. Kirche 65 (1974) 121-138. – [2] CORNUTI theologiae Graecae comp., hg. K. LANG (1881). – [3] HERACLITI quaest. Homericae, hg. F. OELMANN (1910). – [4] DÖRRIE, a.O. [1] 127. – [5] Vgl. P. HEINISCH: Der Einfluß Philos auf die älteste christl. Exegese (1908); E. STEIN: Die allegor. Schriftauslegung des Philo aus Alex. (1929); S. G. SOWERS: The hermeneutics of Philo and Hebrews (Zürich 1965); C. SIEGFRIED: Philo von Alex. als Ausleger des AT (1875, ND 1970); I. CHRISTIANSEN: Die Technik der allegor. Auslegungswiss. bei Philon von Alex. (1969). – [6] PHILO ALEX.: De vita Moysis 2, 97; vgl. DÖRRIE, a.O. [1] 134. – [7] H. FREYTAG: Quae sunt per allegoriam dicta. Das theolog. Verständnis der Allegorie in der frühchristl. und mittelalterl. Exegese von Gal. 4, 21-31, in: Verbum et Signum. Beitr. zur mediävist. Bedeut.forschung 1 (1975) 27-43. – [8] Vgl. H. DE LUBAC: Histoire et esprit. L'intelligence de l'écriture d'après Origène (Paris 1950), dtsch.: Geist aus der Gesch. (Einsiedeln 1968); Exégèse médiév. Les quatre sens de l'écriture (Paris 1959-64) I/1, 198-207; R. GÖGLER: Zur Theol. des bibl. Wortes bei Origenes (1963). – [9] ORIGENES: Περὶ ἀρχῶν IV, 2, 4. – [10] Vgl. H. FREYTAG: Die Theorie der allegor. Schriftdeutung und die Allegorie in dtsch. Texten bes. des 11. und 12. Jh. (1982) 17-19. – [11] Zur alexandrinischen Exegese vgl. ferner J. DANIÉLOU: Typologie et allégorie chez Clément d'Alex. Studia patristica 4 (1961) 50-57; U. TREU: Etymologie und Allegorie bei Klemens von Alex., a.O. 191-211; H. J. HORN: Zur Motivation der allegor. Schriftexegese bei Clemens Alex. Hermes 97 (1969) 489-496; W. A. BIENERT: 'Allegoria' und 'Anagoge' bei Didymus dem Blinden von Alexandria (1972); J. TIGCHELER: Didyme l'Aveugle et l'exégèse allégor. (Nimwegen 1977). – [12] Vgl. D. HOFMANN: Die geistige Auslegung der Schrift bei Gregor dem Gr. (1968). – [13] GREGOR DER GR.: Mor. in Iob. Ep. ad Leandrum 3. CCSL 143, 4. – [14] Zur Terminologie für die einzelnen Sch. vgl. FREYTAG, a.O. [10] 22-36. – [15] THOMAS VON AQUIN: In Gal. 4, 7; vgl. U. KREWITT: Metapher und trop. Rede in der Auffassung des MA (1971) 454. – [16] Vgl. L. GOPPELT: Typos. Die typologische Deutung des AT im Neuen (1939, ND 1973); H. DE LUBAC: 'Typologie' et 'allegorisme'. Rech. Sci. relig. 34 (1947) 180-226; J. DANIÉLOU: Sacramentum futuri. Etudes sur les origines de la typologie bibl. (Paris 1950); R. BULTMANN: Ursprung und Sinn der Typologie als hermeneut. Methode. Theolog. Lit.ztg. 75 (1950) 205-212; F. OHLY: Synagoge und Ecclesia. Typolog. in mittelalterl. Dichtung (1966), in: Schr. zur mittelalterl. Bedeut.forschung (²1983) 312-337; Halbbibl. und außerbibl. Typologie (1976), a.O. 361-400; Skizzen zur Typologie im späteren MA, in: Medium Aevum deutsch. Festschr. K. Ruh (1979) 251-310; Typologie als Denkform der Geschichtsbetr., in: Natur, Religion, Sprache, Universität (1983) 68-102; R. SUNTRUP: Zur sprachl. Form der Typologie, in: Geistl. Denkformen in der Lit. des MA (1984) 23-68. – [17] Etymologien und Definitionen von ‹tropologia› bei FREYTAG, a.O. [10] 25f. mit Anm. 47-49. – [18] HUGO VON ST. VIKTOR: De script. 3. MPL 175, 12 B. – [19] Nach DE LUBAC: Exégèse ..., a.O. [8] I/1, 23f., ist der Merkvers erstmals ca. 1260 im ‹Rotulus pugillaris› des Dominikaners AUGUSTINUS VON DÄNEMARK (AUGUSTIN DACIEN) nachzuweisen. – [20] JOHANNES CASSIANUS: Coll. 14, 8, 4. CSEL 13, 405. – [21] BEDA VENERABILIS: De tabern. I. CCSL 119 A, 25; vgl. De schematibus et tropis II, 2. CCSL 123 A, 164-169. – [22] HUGO VON ST. VIKTOR: De script. 3. MPL 175, 11 D-12 C. – [23] AUGUSTINUS: De doctr. christ. II, 10, 15. CCSL 32, 41; zur Bibelhermeneutik Augustins vgl. M. PONTET: L'exégèse de St. Augustin prédicateur (Paris 1946); J. PÉPIN: Saint Augustin et la fonction protreptique de l'allégorie. Rech. augustin. 1 (1958) 243-286; G. STRAUSS: Schriftgebrauch, Schriftauslegung und Schriftbeweis bei Augustin (1959); DE LUBAC: Exégèse ..., a.O. [8] I/1, 177-187; C. P. MAYER: Die Zeichen in der geist. Entwickl. und in der Theologie Augustins 2 (1974) bes. 279-349. – [24] De doctr. christ. II, 16, 24. CCSL 32, 49. – [25] HUGO VON ST. VIKTOR: De script. 14. MPL 175, 20 D-21 D; zur Lehre von der Bedeut. der Dinge bei Hugo vgl. F. OHLY: Vom geist. Sinn des Wortes im MA (1958), in: Schr. ..., a.O. [16] 1-31, bes. 4-13. 30f.; zu Hugos Bibelhermeneutik auch DE LUBAC: Exégèse ..., a.O. [8] II/1, 287-359. – [26] THOMAS VON AQUIN: Quodl. VII, q. 6, a. 2-3; vgl. S. theol. I, q. 1, a. 10; P. SYNAVE: La doctrine de Saint Thomas d'Aquin sur le sens littéral des écritures. Rev. bibl. 35 (1926) 40-65; P. FLEIG: Die hermeneut. Grundsätze des Thomas von Aquin (1927); DE LUBAC, a.O. II/2, 263-302. – [27] Zu Luthers Hermeneutik vgl. K. HOLL: Luthers Bedeut. für den Fortschritt der Auslegungskunst, in: Ges. Aufs. zur Kirchengesch. 1: Luther (⁶1932) 544-582; G. EBELING: Evangel. Evangelienauslegung. Eine Unters. zu Luthers Hermeneutik (1942, ND 1962); H. BORNKAMM: Luther und das AT (1948); B. MOELLER: Scripture, tradition and sacrament in the Middle Ages and in Luther, in: Holy book and holy trad., hg. F. F. BRUCE/E. G. RUPP (Manchester 1968) 113-135; G. EBELING: Die Anfänge von Luthers Hermeneutik (1951), in: Lutherstudien 1 (1971) 1-68; H. REINITZER: Zur Herkunft und zum Gebrauch der Allegorie im ‹Biblisch Thierbuch› des Hermann Heinrich Frey, in: W. HAUG (Hg.): Formen und Funktionen der Allegorie. Symp. Wolfenbüttel 1978 (1979) 370-387, zu Luther bes. 373-376; zum Umkreis Luthers vgl. auch H. SICK: Melanchthon als Ausleger des AT (1959); H. LIEBING: Art. ‹Schriftauslegung IV B. Humanismus, Reformation und Neuzeit›, in: RGG³ 5 (1961) 1528-1534; G. L. SCHEPER: Reformation attitudes toward allegory and the Song of Songs. Publ. modern Language Ass. America 89 (1974) 551-562; A. GANOCZY/S. SCHELD: Die Hermeneutik Calvins. Geistesgeschichtl. Voraussetz. und Grundzüge (1983). – [28] M. LUTHER: Weim. Ausg. [WA], Tischreden 5, 45; vgl. auch 1, 136. – [29] Weitere zentrale Stellen zur Absage an die allegor. Exegese: WA 1, 507; 6, 509. 562; 7, 533; 42, 367f. – [30] Vgl. W. MOSTERT: Scriptura sacra sui ipsius interpres. Bemerk. zum Verständnis der Hl. Schrift durch Luther. Lutherjb. 46 (1979) 60-96. – [31] Vgl. REINITZER, a.O. [27] 375. – [32] Dazu F. OHLY: Gesetz und Evangelium. Zur Typologie bei Luther und L. Cranach. Zum Blutstrahl der Gnade in der Kunst (1985) 8-15. – [33] M. FLACIUS ILLYRICUS: Clavis script. sacrae 1-2 (Basel 1567); Bd. 1 enthält ein bibl. Wb., Bd. 2 die Hermeneutik; vgl. G. MOLDAENKE: Schriftverständnis und Schriftdeutung im Zeitalter der Reformation 1: Matthias Flacius Illyricus (1936). – [34] S. GLASSIUS: Philol. sacra 1-3 (1623-36), ed. novissima (1705). – [35] J. J. RAMBACH: Instit. herm. sacrae (³1729); zu Flacius, Glassius und Rambach sowie zum mystischen und typologischen Sinn bei Reimarus vgl. P. STEMMER: Weissagung und Kritik. Eine Studie zur Hermeneutik bei H. S. Reimarus (1983). – [36] GLASSIUS, a.O. [34] 348. – [37] a.O. 364-406 (zum Literalsinn); 406-492 (zu den drei Arten des «sensus mysticus»). – [38] FLACIUS, a.O. [33] 2, 447-456; vgl. STEMMER, a.O. [35] 36. – [39] H. S. REIMARUS: Apologie oder Schutzschr. für die vernünft. Verehrer Gottes, hg. G. ALEXANDER 1-2 (1972) 1, 727; vgl. STEMMER, a.O. 154. – [40] EUCHERIUS VON LYON: Form. spirit. intell., hg. K. WOTKE. CSEL 31 (1894). – [41] Zu den allegor. Wörterbüchern vgl. die Einl. von F. OHLY zu: HIERONYMUS LAURETUS: Silva allegoriarum totius Sacrae Scripturae (1570, ¹⁰1681, ND 1971) 5-12.

Literaturhinweise. E. VON DOBSCHÜTZ: Vom vierfachen Sch. Die Gesch. einer Theorie, in: Harnack-Ehrung. Beitr. zur Kirchengesch. (1921) 1-13. – H. CAPLAN: The four senses of scriptural interpret. and the mediaev. theory of preaching. Speculum 4 (1929) 282-290. – B. SMALLEY: The study of the Bible in the Middle Ages (Oxford 1940, ²1952, ND 1964). – C. SPICQ: Esquisse d'une hist. de l'exégèse lat. au moyen âge (Paris 1944). – M.-D. CHENU: Théologie symbol. et exégèse scholast. aux XIIᵉ-XIIIᵉ s., in: Mélanges J. de Ghellinck 2 (Gembloux 1951) 509-526; Les deux âges de l'allégorisme scripturaire au moyen âge.

Rech. Théol. anc. médiév. 18 (1951) 19-28; Hist. et allégorie au XIIe s., in: Festschr. J. Lortz 2 (1958) 59-71. – F. OHLY s. Anm. [25]. – J. PÉPIN s. Anm. [1]. – G. EBELING: Art. ‹Hermeneutik›, in: RGG³ 3 (1959) 242-262. – H. DE LUBAC: Exégèse ... s. Anm. [8]; A propos d'allégorie chrét. Rech. Sci. relig. 47 (1959) 5-43. – J. CHYDENIUS: The theory of mediev. symbolism (Helsingfors 1960). – J. SCHILDENBERGER: Art. ‹Sch.e›, in: LThK³ 9 (1964) 491-493. – F. OHLY: Probleme der mittelalterl. Bedeut.forsch. und das Taubenbild des Hugo de Folieto (1968), in: Schr. ... s. Anm. [16] 32-92. – H. J. SPITZ: Die Metaphorik des geist. Sch. Ein Beitr. zur allegor. Bibelauslegung der ersten christl. Jahrtausends (1972). – CH. MEIER: Überlegungen zum gegenwärt. Stand der Allegorieforsch. Frühmittelalterl. Studien 10 (1976) 1-69. – W. HAUG (Hg.) s. Anm. [27]. – H.-J. SPITZ: Art. ‹Allegorese›, in: M. LURKER (Hg.): Wb. der Symbolik (1979) 14-16. – H. BRINKMANN: Mittelalterl. Hermeneutik (1980). – H. FREYTAG s. Anm. [10]. – J. PÉPIN/K. HOHEISEL: Art. ‹Hermeneutik›, in: RAC 14 (1988) 722-771. H. MEYER

Schriftsteller. Während der Begriff ‹Poet› (‹Dichter›) sich seit der Antike mit ‹ingenium› und ‹ars›, auch mit dem Topos vom ‹alter deus› verbindet, ringt der neuzeitliche Begriff ‹Sch.› bis heute um Anerkennung über die historisch geprägte Bedeutung der bloßen Fertigkeit eines oft auf (Fach-)Prosatexte eingeschränkten Verfassers hinaus.

‹Sch.› verdrängt im 17. Jh. als Verdeutschung von ‹Au[c]tor› (s.d.), ‹Scribent›, ‹Concipient› das bedeutungs- und kompositareiche Wort ‹Schreiber›. In der älteren, regionalsprachlich begrenzten Bezeichnung für jemanden, der für andere Rechts- und Bittschriften verfaßt, findet sich ‹schrifftensteller› zuerst im ‹Bayerischen Landrecht› von 1616. Neben dieser juristisch-kanzleisprachlichen Verwendung bildet sich der seit dem ersten Beleg in einer Übersetzung J. W. VON STUBENBERGS (1660) bis zur Verbreitung durch J. CH. GOTTSCHEDS ‹Critische Dichtkunst› (1730) und J. H. ZEDLERS ‹Universal-Lexikon› (1743) nur vereinzelt auftretende heutige Wortsinn aus [1].

Um etwa 1760 zeichnet sich der Übergang vom nebenberuflich tätigen ständischen Sch. (‹Poet›, ‹Belletrist›, ‹Schöngeist›) zum freien Sch. ab, der um selbständige schriftstellerische Existenz ringt (F. G. KLOPSTOCK, G. E. LESSING) [2]. Während es zuvor «beinah für Simonie [galt], ein Honorar zu nehmen» [3], wird dieses in der 2. Hälfte des 18. Jh. öffentlich diskutiert und zunehmend üblich. F. SCHILLER klagt über die «Sch.-Galeere» [4], J. G. HERDER über den Umstand, «von den Brosamen, die von der reichen Herrn Tische fallen» [5], leben zu müssen. Andere, wie F. NICOLAI, JEAN PAUL und D. JENISCH, kleiden ihre Kritik an der Not vieler Sch. in Satiren [6]. Das Problem, dem G. E. LESSING und CH. M. WIELAND Traktate widmen [7], greift später K. MARX kritisch auf, der die Sch. als «Literaturproletarier» [8] und «Lohnarbeiter eines Kapitalisten» [9] bezeichnet. Noch im 18. Jh. gibt es aber auch Stimmen gegen die Emanzipation der Sch., wie sie später u.a. bei A. STIFTER begegnen [10] oder z.B. im ‹Appel an meine Nation› (1795) von J. G. HEINZMANN, der allen «Geldautoren» Würde und Ehre abspricht [11].

Die Ablehnung von Eklektizismus und Popularphilosophie durch die Kantianer diskreditiert den «belletristischen Sch.», «der für die Phantasie und das Herz seiner Leser schreibt» [12], den Aufklärer der Menschheit, der ein «Gespräch mit der Lesewelt» sucht [13], ebenso wie den philosophischen Fach-Sch., der sich nicht zur kritischen Philosophie bekennt. J. G. FICHTE beklagt, daß «die Philosophische Schriftstellerei mit unter die ModeArtikel gekommen» sei [14], und verwirft, von der hohen Warte seiner Wissenschaftslehre aus, alle Bestrebungen popularphilosophischer Sch., um sein Ideal vom «spekulativen» [15] und «philosophischen» [16] Sch. einzuklagen. «Es lassen sich nur zwei Zwecke der Schriftstellerei denken; entweder der, neue Entdeckungen in den Wissenschaften der Prüfung der Gelehrten vorzulegen; oder der, das schon bekannte, und ausgemachte durch populäre Darstellung weiter zu verbreiten» [17]. In der Vorlesung ‹Vom Sch.› (1805) fordert er prägnant: «Die Idee soll der Sch. darstellen», doch dabei muß die Idee «selber reden, nicht der Sch.» [18].

Auch in der von den Romantikern angestrebten «höhern Epoche der Cultur» [19] prägt die eigene Position die Auffassung von guten Sch., die «eigenthümlicher und gewaltiger» [20] werden. F. SCHLEGEL erklärt sie schon um 1796/98 zu den «Geistlichen in Deutschl[and] d[em] Stande nach» [21], glaubt aber, es werde «keine classisch[en] Sch. vor der Stiftung der Religion* geben» [22], und fügt deshalb seinen idealen Forderungen manche Verurteilung der Sch. seiner Zeit bei. Das universelle System romantischer Kunstreligion soll dann auch eine «Theorie der Schriftstellerey oder der Wortbildnerey» enthalten, als deren prominenteste Quelle NOVALIS die «Theorie der Bibel» ansieht [23].

S. KIERKEGAARD reflektiert in einer Zeit, in der «der Sch. (forfatter) ... ein x, ein unpersönliches Etwas, das durch die Presse abstrakt sich an Tausende und aber Tausende wendet», subjektiv seine «persönliche Existenz» als Sch. [24], die er als «Ausfluß eines unwiderstehlichen inneren Drangs», als «Versuch eines tief Gedemütigten, eines Büßenden» versteht [25].

A. SCHOPENHAUER bietet wiederholt gegen das schriftstellerische Dreigestirn Hegel, Fichte, Schelling die für ihn Qualität bezeichnenden Stilideale der Rhetorik auf [26]. Er verurteilt die «Verhunzung der deutschen Sprache» [27] in einem Zeitalter, das «nicht Einen Sch. aufzuweisen» hätte, sondern nur ‹Skribler› [28], die, statt zu schreiben, was sie denken, «in gezwungenen krausen Wendungen» ihre Gedanken verstecken, um sich «ein recht gelehrtes oder tiefsinniges Ansehn» zu geben [29]. Er beklagt den Mangel an Sch., «die gedacht haben, ehe sie ans Schreiben giengen» [30], und spricht sich mehrfach gegen «die Schriftstellerei als Gewerbe» [31] aus.

Auch F. NIETZSCHE behält den Stand der Sch. den wenigen Berufenen vor, um dem Übel der «gewissenlosen Vielschreiberei» [32] zu begegnen. «Schriftstellerei als eine Art Lebensberuf zu betrachten, sollte billigerweise als eine Art Tollheit gelten» [33].

Im 20. Jh. wird der Beruf des Sch. mit der Verantwortung gegenüber «den brennenden Problemen der Zeit» verknüpft [34]. Denn der Sch., sagt TH. MANN, «ist ja derjenige, in dem das Geistige, das überall ist, sich sammelt, in dem es bewußt wird und der es ausspricht» [35]. Dabei wendet er sich wiederholt gegen «die heillose Abgeschmacktheit der Antithese von Dichtertum und Schriftstellertum», mithin gegen die wirklichkeitsferne Trennung von Poesie und Prosa, von «Trieb und Absicht, Natur und Geist, Plastik und Kritik» [36], die höchstens «in der Person selbst ... und nicht außer ihr» [37] verlaufen dürfe. W. BENJAMIN spricht 1934 über den «fortgeschritteneren Typus des Sch.», der sich für den Klassenkampf engagiert, «indem er sich auf die Seite des Proletariats stellt» [38]. Für diesen schließt notwendig «die richtige politische Tendenz eines Werkes seine literarische Qualität» ein, das Verhältnis von Tendenz und Qualität wird durch «schriftstellerische Technik» ausdrückbar [39].

In Frankreich wird nach 1945 die immer noch um die Unterscheidung von Sch. und Dichter kreisende Auseinandersetzung besonders durch J.-P. SARTRE geprägt, der in seinem Essay ‹Qu'est-ce que la littérature?› (1947) dem Sch. («écrivain»), der im Reich der Prosa Worte als Zeichen benutzt, den Dichter («poète») entgegensetzt, der sich in der Poesie weigert, «d'utiliser le langage» [40]. Für diesen ist die Sprache keine nützliche Konvention wie für den Sch., sondern «structure du monde extérieur». «Le poète est hors du langage» [41]. Wie der Maler und Musiker schafft der Dichter keine Bedeutungen, er betrachtet «les mots comme des choses et non comme des signes» [42], ohne aber zu deren Realität durchzudringen. «L'écrivain, au contraire, c'est aux significations qu'il a affaire» [43]. Der Sch. bestimmt sich für Sartre durch seine freie Entscheidung zum Schreiben und damit zum Engagement, er ist «médiateur par excellence et son engagement c'est la médiation» [44]; er soll vermitteln zwischen «les classes opprimées et celles qui les oppriment» [45]. «Das Engagement rutscht in die Gesinnung des Sch.», hält TH. W. ADORNO «dem extremen Subjektivismus von Sartres Philosophie» entgegen [46]. Für ihn ist die «Verpflichtung, die der Sch. eingeht, ... weit präziser: keine des Entschlusses sondern eine der Sache» [47]. Wie viele andere Exilanten fordert auch H. BROCH [48] vom Sch. als einem geistigen Menschen, daß er strikt politisch wirken müsse. Der Sch. kann dies im Sinne seiner geschichtsphilosophischen Werttheorie entweder als Utopist, Prophet, Revolutionär oder – auf der höchsten Stufe – als Erlöser tun.

Anmerkungen. [1] Vgl. Art. ‹Kunst, Dichtung, Dichtkunst›, in: Hist. Wb. Philos. 5 (1976) 1440-1449; Nachweise 1660-1730: A. HENNING: Gepriesener Büchermacher (1666, ND 1981); C. F. WEICHMANN: Poesie der Niedersachsen 2 (1723); [B. H. BROCKES?] in: Der Patriot 55 (18. 1. 1725), ND (1970) 21. – [2] Vgl. H. J. HAFERKORN: Der freie Sch. Eine lit.-soziol. Studie über seine Entstehung in Dtschl. zw. 1750 und 1800. Arch. Gesch. Buchwesens 5 (1964) 523-712; ND in: B. LUTZ (Hg.): Lit.wiss. Sozialwiss. 3 (1974) 113-275. – [3] J. W. GOETHE: Dichtung und Wahrheit III, 12 (1813). Weim. Ausg. I/28 (1890, ND 1987) 113. – [4] F. SCHILLER: Br. an Huber (29. 7. 1788). Nat.ausg. 25 (1979) 87. – [5] J. G. HERDER: Br. an Hartknoch (13. 1. 1777). Br. Ges.ausg., hg. K.-H. HAHN 4 (1979) 29. – [6] F. NICOLAI: Sebaldus Nothanker 2, 1 (1773/76, ND 1986); JEAN PAUL: Über die Schriftstellerei (1783). Sämtl. Werke, hg. N. MILLER II/1 (1974) 372-425; D. JENISCH: Der allezeit-fertige Sch. ... (1797, ND 1981); zu den extrem unterschiedlichen Einkommensverhältnissen dtsch. Sch. vgl. R. ENGELSING: Wieviel verdienten die Klassiker? Zur Entstehung des Sch.-Berufs in Dtschl. Neue Rdsch. 87 (1976) 124-136. – [7] G. E. LESSING: Leben und leben lassen. Ein Projekt für Sch. und Buchhändler [ca. 1773]. Sämtl. Schr., hg. K. LACHMANN/F. MUNCKER 16 (³1902, ND 1968) 464-469; CH. M. WIELAND: Grundsätze, woraus das merkantilische Verhältniß zwischen Sch. und Verleger bestimmt wird (1791), in: K. BURDACH (Hg.): Wieland und die Weidmannsche Buchhandlung ... (1871) 135-145. – [8] K. MARX: Theorien über den Mehrwert [1862/63]. MEW 26/1 (1974) 377. – [9] a.O. 128. – [10] A. STIFTER: Über Stand und Würde des Sch. (1848). Sämtl. Werke, hg. G. WILHELM III/16 (Prag 1927) 5-18. – [11] J. G. HEINZMANN: Appel an meine Nation (1795, ND 1977) 160f. – [12] [A. CH. KAYSER:] Über Belletrist. Schriftstellerei ... (1788) 4. – [13] A. Frhr. VON KNIGGE: Über Sch. und Schriftstellerey (1793, ND 1978) 9. – [14] J. G. FICHTE: [Anm. zu Schelling] (1797). Akad.-A., hg. R. LAUTH/H. GLIWITZKY I/4 (1970) 475. – [15] Antw.schr. an Herrn Prof. Reinhold (1801), a.O. I/7 (1988) 296. – [16] a.O. 309. – [17] Grundl. des Naturrechts (1797), a.O. I/4 (1970) 135. – [18] Sämmtl. Werke, hg. I. H. FICHTE 6 (1844) 443f. – [19] NOVALIS: Die Christenheit oder Europa (1799). Schr., hg. P. KLUCKHOHN/R. SAMUEL 3 (1968) 519. – [20] a.O. – [21] F. SCHLEGEL: Philos. Frg. (1796-98) Nr. 518. Krit. Ausg., hg. E. BEHLER 18 (1963) 71. – [22] Frg. Zur Poesie (1799) Nr. 13, a.O. 16 (1981) 256. – [23] NOVALIS: Br. an F. Schlegel (7. 11. 1798), a.O. [19] 4 (1975) 263. – [24] S. KIERKEGAARD: Der Gesichtspunkt für meine Wirksamkeit als Sch. (1847/48); Über meine Wirksamkeit als Sch. (1849). Ges. Werke, übers. hg. A. DORNER/CH. SCHREMPF 10 (1859) hier: 31. – [25] a.O. 4f. – [26] A. SCHOPENHAUER: Über Schriftstellerei und Stil. Parerga und Paralip. (1851). Sämtl. Werke, hg. A. HÜBSCHER 6 (1947) 532-587. – [27] Titel in: Der hs. Nachlaß, hg. A. HÜBSCHER 4/2 (1975) 36. – [28] a.O. 80. – [29] Adversaria (1828), a.O. 3 (1970) 423. – [30] a.O. [26] 6 (1947) 533. – [31] Aphorismen zur Lebensweisheit 5 (1851), a.O. 5 (1946) 473. – [32] F. NIETZSCHE: Über die Zukunft unserer Bildungsanstalten (1872). Krit. Ges.ausg., hg. G. COLLI/M. MONTINARI 3/2 (1973) 173. – [33] Menschl., Allzumenschl. I (1878), a.O. 4/2 (1967) 167. – [34] TH. MANN: Die geistige Situation des Sch. in unserer Zeit (1930). Ges. Werke 10 (1960) 302. – [35] a.O. 300. – [36] Zum 60. Geb. R. Huchs (1924), a.O. 432. – [37] Br. an J. Mercanton (6. 12. 1953). Br. 1948-1955, hg. E. MANN (1965) 316. – [38] W. BENJAMIN: Der Autor als Produzent. Ansprache ... (1934). Ges. Schr., hg. R. TIEDEMANN/H. SCHWEPPENHÄUSER 2/2 (1977) 684. – [39] a.O. 686. – [40] J.-P. SARTRE: Situations II (Paris 1948) 63. – [41] a.O. 65. – [42] 64. – [43] 63. – [44] 124. – [45] 266. – [46] TH. W. ADORNO: Engagement oder künstl. Autonomie (1962). Ges. Schr., hg. R. TIEDEMANN 11 (1974) 413. – [47] a.O. 414. – [48] H. BROCH: Der Sch. in der gegenwärt. Situation (1950). Komm. Werkausg., hg. P. M. LÜTZELER 9/2 (1975) 249-262.

Literaturhinweise. W. T. KRUG: Allg. Handwb. der philos. Wiss.en (²1832-38) 3, 202-215. – A. MAAS: Die nhd. Bezeichnung für ‹Verf. lit. Werke›. Z. dtsch. Wortforschung 9 (1907) 185-205. – H.-J. KOPPITZ: ‹Sch.› im 17. Jh., a.O. NF 19 (1963) 175-177. – H. J. HAFERKORN s. Anm. [2]. – K. SCHRÖTER: Der Dichter, der Sch. Eine dtsch. Genealogie. Akzente 20 (1973) 168-188. – R. ENGELSING s. Anm. [6]. – W. VON UNGERN-STERNBERG: Ch. M. Wieland und das Verlagswesen seiner Zeit. Stud. zur Entsteh. des freien Schriftstellertums in Dtschl. Arch. Gesch. Buchwesens 14 (1974) 1211-1534; Sch. und lit. Markt, in: R. GRIMMINGER (Hg.): Hansers Sozialgesch. der dtsch. Lit. 3/1 (1980) 133-185. – M. WOODMANSEE: The genius and the copyright: Econ. and legal conditions of the emergence of the ‹Author›. Eighteenth-cent. Studies 17 (1984) 425-448. A. KOŠENINA

Schuld (griech. ἁμαρτία bzw. ἁμάρτημα, ὀφείλημα; lat. culpa, peccatum, reatus; engl. sin; frz. péché; ital. peccato)

I. Griechische und lateinische Antike. – Die philosophische Problematik des Sch.-Begriffs liegt vor allem in seiner Mehrdeutigkeit. Er kann zum einen das *Geschuldete*, d.h. das Gesollte (bis hin zur Geld-Sch.) bezeichnen (τὰ ὀφειλόμενα), zum anderen das *Verschuldete* im Sinne der Verursachung bzw. Verantwortung (αἰτία) oder aber – und nur darum kann es hier gehen – im Sinne der Verfehlung eines als normativ begriffenen Handlungsziels (ἁμαρτία bzw. ἁμάρτημα, vom Verbum ἁμαρτάνειν). In der Bedeutungsentwicklung der ἁμαρτ-Gruppe ist die Frage nach dem Charakter der Handlungsnorm von besonderem Interesse, d.h. es ist zu untersuchen, ob die Norm, deren Verfehlung eben ἁμαρτία bedeutet, sittlicher Natur ist oder nicht. Aufgrund ihrer Verwendung (die Etymologie ist unklar [1]) steht fest, daß die ἁμαρτ-Begriffe zunächst keine sittliche Komponente enthalten, später jedoch eine solche gewinnen.

1. Archaische Zeit (8.-6. Jh. v.Chr.). – Die früheste, in HOMERS ‹Ilias› faßbare Bedeutung des Verbums ἁμαρτάνειν (die Substantive nicht vor Aischylos) ist «das Ziel [mit dem Speer] verfehlen, nicht treffen» [2]. In der

‹Odyssee› finden wir daneben die übertragenen Bedeutungen «die rechten Worte verfehlen» [3] und «etwas vergessen» [4], also im Sinne intellektueller Fehlleistungen. Schließlich kann ἁμαρτάνειν auch das Verfehlen, d.h. die Übertretung eines kultischen Gebots oder allgemein der von den Göttern geschützten Ordnung bedeuten (Frevel) [5], wobei es jedoch nur auf die faktische Übertretung als solche ankommt, nicht auf die Absichtlichkeit oder Unabsichtlichkeit der Übertretung. ‹Ilias› und ‹Odyssee› treffen somit noch keine wertende Unterscheidung von bloß technisch-intellektuellen Fehlleistungen, sakralen Übertretungen und selbstverantwortetem sittlichem Fehlverhalten, obwohl insbesondere das jüngere Epos, die ‹Odyssee›, ein Handeln wider besseres Wissen durchaus kennt [6]. Bei HESIOD [7] und in der übrigen frühgriechischen Dichtung [8] bleibt es ebenfalls bei den bisher genannten Bedeutungen. Den Keim der weiteren Entwicklung trägt jedoch eine Stelle der ‹Ilias› in sich, wo von einem *absichtlichen* Fehlschuß die Rede ist [9].

2. *Klassische Zeit (5.-4. Jh. v.Chr.).* – Der entscheidende Schritt von der 'faktizistischen' zur 'voluntaristischen' Sch.-Auffassung erfolgt mit der attischen Tragödie, wenn auch die ältere Sichtweise stets präsent bleibt. AISCHYLOS spricht als erster den Gedanken einer *absichtlichen* Normverletzung dezidiert aus [10], wobei die Bedeutung von ἁμαρτάνειν als solche eben diese Absichtlichkeit noch nicht impliziert: Sie wird erst durch den Zusatz ἑκών (freiwillig, absichtlich) deutlich [11]. Das hier erstmals belegte Abstraktum ἁμαρτία dagegen kann sowohl eine faktische, letztlich in der Unvollkommenheit der menschlichen Natur begründete, als auch eine willentliche Verfehlung bezeichnen, der nach heutigem Verständnis allein ein sittlicher Charakter anhaften kann [12]. Auch bei SOPHOKLES stehen die ἁμαρτ-Begriffe unterschiedslos für bewußtes Unrechttun [13] *und* für unfreiwillige, der Intention des Handelnden zuwiderlaufende Verkettung unglücklicher Umstände [14]. Die Sch.-Haftigkeit, d.h. die Absichtlichkeit der Verfehlung bleibt bisweilen auch offen [15]; ausdrücklich abgelehnt wird der Vorwurf einer ἁμαρτία jedoch von Oedipus, der von sich sagt, er habe ἄκων (unfreiwillig, unabsichtlich) gehandelt [16]. Man kann demnach die Tendenz einer Bedeutungsentwicklung (zumindest einer -erweiterung) hin zum modernen Sch.-Begriff im Sinne einer bewußten Übertretung von Normen konstatieren; bezeichnend für diese Tendenz ist auch, daß sogar eine gutgemeinte Lüge nur mit Vorbehalt noch als ἁμαρτία bezeichnet werden kann [17]. Bei EURIPIDES schließlich erscheint die Entwicklung konsolidiert [18]; die Möglichkeit schuldhaften Handelns wider besseres Wissen wird sogar besonders betont [19].

In der Prosa des 5. Jh. zeichnet sich zunächst dieselbe Tendenz ab. Während bei HERODOT ἁμαρτ- noch fast ausschließlich im Sinne einer intellektuellen Fehlleistung gebraucht wird [20], ist bei THUKYDIDES zwar auch diese Bedeutung anzutreffen [21], daneben tritt aber ἁμάρτημα in der Bedeutung 'Verbrechen' auf [22]. Bei den Rednern [23] werden, insbesondere in Gerichtsreden, die ἁμαρτ-Begriffe naturgemäß häufig verwendet, und zwar in der Bedeutung 'Unrecht', 'Unrecht tun', als Synonyme von ἀδικία bzw. ἀδίκημα. Auf die Frage der sittlichen Sch. geht vor allem GORGIAS in seinen sophistischen Verteidigungen der mythischen Übeltäter Palamedes und Helena ein: Er versucht eine Sch.-Abwälzung, indem er etwa behauptet, Helenas Handlungsweise sei deshalb nicht als ἁμάρτημα anzusehen, weil sie unfreiwillig und unter Zwang gehandelt habe [24]. Während sich also unter dem Einfluß der Sophistik ein Sprachgebrauch durchzusetzen beginnt, der die ἁμαρτ-Begriffe im Sinne eines schuldhaften Fehlverhaltens auffaßt, bricht sich mit SOKRATES und PLATON eine intellektualistische Sch.-Auffassung Bahn, die für die gesamte antike Philosophie bestimmend wird. Schon DEMOKRIT, der ansonsten die ἁμαρτ-Begriffe im zeitgenössischen Sinn verwendet [25], macht als αἰτίη (Ursache) der Sch. die ἀμαθίη τοῦ κρέσσονος (Unkenntnis des Besseren) verantwortlich [26]; erst PLATON aber formuliert den Grundgedanken der intellektualistischen Ethik, daß niemand freiwillig böse sei [27]. Damit muß die Bedeutung der ἁμαρτ-Begriffe zwangsläufig wieder auf ihren alten Stand (intellektuelle Fehlleistung, sakrale Übertretung) zurückfallen [28]. Eine Verfehlung wider besseres Wissen kann es nach Platon gar nicht geben. Die Problematik einer solchen Vernunftethik, die in letzter Konsequenz die Möglichkeit sittlicher Sch. ausschließen würde, hat Platon nicht ausdrücklich behandelt und nur im Seelenmythos des ‹Phaidros› mit dem Bild vom Abstieg der Seele in die materielle Welt eine Lösung angedeutet, die spätere Platoniker aufgegriffen haben [29]. ARISTOTELES hat erstmals [30] eine Abgrenzung der Begriffe ἀτύχημα, ἁμάρτημα und ἀδίκημα gegeben [31]. Danach liegt ein ἁμάρτημα vor, wenn das Fehlverhalten zwar auf einer freien Willensentscheidung beruht, nicht aber auf charakterlicher Schlechtigkeit. Der Grad der Sch.-Haftigkeit kann durchaus variieren, je nachdem ob der Entscheidung falsche oder richtige Voraussetzungen zugrunde liegen. Auf diese Weise würde sich jedenfalls die heftig umstrittene [32] Bedeutung der *tragischen* Sch. in der ‹Poetik› erklären, wonach der Held aufgrund einer ἁμαρτία, nicht aufgrund von μοχθηρία (Bosheit) ins Unglück gerät [33]. Die tragische Sch. impliziert einerseits ein mehr oder minder großes Maß an sittlicher Sch., wobei andererseits 'mildernde Umstände' in Rechnung gestellt werden können: «Die ἁμαρτία läßt sich ohne Widersprüche als ein charakterbedingter und sittlich relevanter Denkfehler verstehen» [34].

3. *Hellenistische Zeit (3.-1. Jh. v.Chr.).* – Dem differenzierten und pragmatisch-realistischen Konzept des Aristoteles steht insbesondere die rigoristische Sch.-Auffassung der Stoiker gegenüber, wonach alle Verfehlungen gleich schwer wiegen [35]. CHRYSIPP definiert, im Gegensatz zu Aristoteles, ἁμάρτημα als ἐνέργημα κατὰ κακίαν (Handlung aus Schlechtigkeit) [36] und sieht in *jeder* Verfehlung ein ἀσέβημα (Frevel) [37]. Im Widerspruch zu diesem eindeutig voluntaristischen Sch.-Verständnis steht die Betonung des intellektualistischen Charakters der Sch. – ein sokratisch-platonisches Erbe der Stoa [38] wie auch EPIKURS [39]. Das Problem der Möglichkeit eines schuldhaften Nichtwissens wird nicht geklärt, sieht man von dem Versuch des KLEANTHES ab, in der poetischen Einkleidung des Zeushymnus eine Antwort anzudeuten [40]. Insgesamt scheint die Sch.-Problematik in der hellenistischen Ethik in den Hintergrund zu treten, da diese vom Optimismus getragen ist, dem Menschen persönliche εὐδαιμονία (Glück) verschaffen zu können [41]. Bei dem vorwiegend juristisch geprägten Sch.-Verständnis der Römer verwundert es nicht, daß hier eine frühe Differenzierung von absichtlicher Gesetzesübertretung (iniuria, culpa, vitium) und unabsichtlicher Verfehlung (error, peccatum, delictum) anzutreffen ist [42]. Der philosophische Sprachgebrauch bei CICERO und später bei SENECA steht unter hellenisti-

schem Einfluß und braucht nicht eigens thematisiert zu werden [43].

4. *Kaiserzeit (1.-6. Jh. n.Chr.).* – Im *Mittelplatonismus* wird die Möglichkeit der Sch. anhand des platonischen Bildes vom Abstieg der Seele diskutiert. Während die Schule des KALVISIOS TAUROS im Abstieg der Seele mit dem ‹Timaios› eine Naturnotwendigkeit sieht [44], betont ALBINOS die «schuldhafte Entscheidung des freien Willens» [45]. Die Bedeutung der ἁμαρτ-Begriffe ist hier, unter dem Einfluß Platons, ausdrücklich mit dem Gedanken der Freiwilligkeit verknüpft, ohne daß dieser schon im Wort selbst enthalten wäre. Im *Neuplatonismus* schließlich verliert die Sch.-Problematik aufgrund der ontologischen Nichtigkeit des Bösen weiter an philosophischer Relevanz. Dementsprechend wird bei PLOTIN die ἁμαρτ-Gruppe eher im umgangssprachlichen Sinn sowohl von Fehlleistungen [46] als auch von sittlichen Verfehlungen [47] gebraucht, ohne daß es zu einer begrifflichen Differenzierung käme. Plotin erklärt sogar die Sch.-Frage für gänzlich irrelevant, wenn er sagt, daß nicht die Freiheit von Sch. wichtig sei, sondern die ὁμοίωσις θεῷ (Verähnlichung mit Gott), die im Aufstieg der Seele zu ihrem Ursprung in der intelligiblen Welt besteht [48]. Der Intellektualismus und die völlige Abwertung alles Irdischen macht schließlich eine Erörterung der Sch.-Problematik überflüssig. Bei PROKLOS bezeichnen ἁμαρτ-Begriffe dann nur noch intellektuelle Defizite [49] oder bloße Fehler in einer mathematischen Berechnung [50], während sittliche Verfehlungen – unter Absehung vom Sch.-Aspekt – als κακίαι (Schlechtigkeiten) und die solcherart handelnde Seele als κακοποιός (übeltäterisch) bezeichnet werden [51]. Während sich so am Ausgang der Antike die Geschichte des Sch.-Begriffs zu einem Kreis schließt, erfährt sie in der christlichen Ethik einen neuen Anstoß.

Anmerkungen. [1] Vgl. Lex. des frühgriech. Epos 1 (1955) 607; H. FRISK: Griech. Etymol. Wb. (1960) 87. – [2] HOMER: Il. 4, 491; 5, 287; 11, 233; 16, 336; Od. 21, 421; 6, 116. – [3] Od. 11, 511. – [4] Od. 22, 154. – [5] Il. 9, 501; 24, 68; Od. 13, 214; 7, 292; verwandt ist ἀλιταίνω (freveln) und ἄτη (Verblendung). – [6] Vgl. z.B. Od. 1, 32ff. und dazu W. JAEGER: Solons Eunomie. Sber. Preuß. Akad. Wiss., Phil.-hist. Kl. 9 (1926) 69-85. – [7] HESIOD: Theog. 511 (Dummheit des Epimetheus; vgl. auch Ps.-HOMER: Margites Frg. 2, 2); Theog. 222 (sakrale Übertretung wie Il. 9, 501). – [8] Vgl. HIPPONAX: Frg. 121 (Fehlwurf); SEMONIDES: Frg. 7, 111 (Dummheit); SAPPHO: Frg. 5, 5 (sakrale Übertretung, ironisch ins Erotische gewendet). – [9] HOMER: Il. 10, 372. – [10] AISCHYLOS: Prom. 266. – [11] Im ursprünglichen Sinn 'Fehlschuß' auch: AISCHYLOS: Agam. 1194; Frg. 80; «den Weg verfehlen» bei PINDAR: Nem. 7, 37 und ARISTOPHANES: Plutos 961. – [12] AISCHYLOS: Agam. 1197; vgl. Choeph. 519. – [13] SOPHOKLES: Philokt. 1225. 1248. – [14] Trach. 1136. – [15] Ant. 1261; Oed. Col. 439. – [16] Oed. Col. 967. – [17] Trach. 483. – [18] Bes. deutlich: EURIPIDES: Hipp. 320; vgl. auch Or. 649. – [19] Vgl. die Rede Phaidras in Hipp. 380ff.; dazu B. SNELL: Das früheste Zeugnis über Sokrates. Philol. 97 (1948) 125-134. – [20] HERODOT 1, 71. 207; 9, 79. – [21] THUKYDIDES 1, 32, 5; 33, 3; 2, 65, 11. – [22] 2, 53, 4; 4, 98, 6 (mit dem Zusatz 'freiwillig'); vgl. auch 7, 18, 3. – [23] Vgl. z.B. ANTIPHON 6, 6 (aber 5, 91: ἁμάρτημα = Irrtum); ANDOKIDES 1, 29. 33; LYSIAS 1, 26; 8, 3; 20, 34; ISOKRATES 18, 17; 20, 9. – [24] GORGIAS: Frg. B 11. VS 2, 294, 11. – [25] DEMOKRIT: Frg. B 41. 60. 181. VS 2, 155, 9f.; 158, 1f.; 181, 13. – [26] B 83. VS 2, 160, 15f. – [27] PLATON: Tim. 86 d; Resp. 589 c. – [28] Vgl. bes. Resp. 336 e: ἄκοντες ἡμαρτάνομεν; ferner: Resp. 369 a; 449 a; Apol. 22 d; Gorg. 489 b; Leg. 759 c. – [29] Vgl. Phaedr. 246 aff. – [30] Die ps.-plat. ‹Definitiones› (416 a) können hier außer Betracht bleiben. – [31] ARISTOTELES: Eth. Nic. V, 10, 1135 b 12ff.; Rhet. I, 13, 1374 b 7ff. – [32] Vgl. V. CESSI: Erkennen und Handeln in der Theorie des Tragischen bei Arist. (1987) 3ff. und die Lit.hinw. – [33] ARISTOTELES: Poet. 13, 1453

a 7ff. (ἁμαρτία: 10; mit Zusatz μεγάλη: 16; μοχθηρία: 9. 15). – [34] CESSI, a.O. [32] 262. – [35] ZENON: Frg. 224. SVF 1, 54; vgl. auch den diesbezügl. Spott bei CICERO: Pro Murena 61. – [36] CHRYSIPP: Frg. mor. 661, 7. SVF 3, 166. – [37] a.O. 661, 3. – [38] Vgl. z.B. Frg. mor. 445. 500. SVF 3, 108. 136. – [39] EPIKUR: Frg. 29, 9, 6ff. Opere, hg. G. ARRIGHETTI (Turin 1960). – [40] Vgl. dazu R. GLEI: Der Zeushymnus des Kleanthes. Festschr. A. Th. Khoury (1990) 577-597. – [41] Vgl. M. HOSSENFELDER: Die Philos. der Antike 3: Stoa, Epikureismus und Skepsis (1985) 23ff. – [42] Vgl. H. H. JANSSEN: Schuld en boeten in het oude Rome. Donum Lustrale Cath. Univ. Noviomagensi oblatum (Nijmegen 1949) 149-164. – [43] Vgl. etwa CICERO: Tusc. 3, 34: «culpam autem nullam esse, cum id, quod ab homine non potuerit praestari, evenerit» (vgl.: Nat. deor. 3, 76); SENECA: De ira 2, 28, 1: «hoc primum nobis persuademus, neminem nostrum esse sine culpa». – [44] Vgl. das Referat des IAMBLICH bei STOBAIOS I, 378, 25ff.; dazu P. KÜBEL: Sch. und Schicksal bei Origenes, Gnostikern und Platonikern (1973) 19. – [45] STOBAIOS I, 375, 10f.: τῆς τοῦ αὐτεξουσίου διημαρτημένης κρίσεως; zur Auffassung des NUMENIOS vgl. KÜBEL, a.O. 21f.; W. DEUSE: Unters. zur mittelplaton. und neuplaton. Seelenlehre (1983) 62ff. – [46] PLOTIN: Enn. III, 8, 7, 23. – [47] a.O. IV, 3, 16, 4; 8, 5, 16. – [48] I, 2, 6, 3f.: ἡ σπουδὴ οὐκ ἔξω ἁμαρτίας εἶναι, ἀλλὰ θεὸν εἶναι. – [49] PROKLOS: In Tim. II, 107 a, hg. E. DIEHL (1903-06) 1, 352, 1. – [50] In Eucl. Prol. I, hg. G. FRIEDLEIN (1873) 34, 25. 45. – [51] De mal. subsist. 4. 45. Opusc., hg. H. BOESE (1960) 178. 236.

Literaturhinweise. O. HEY: AMAPTIA. Zur Bedeutungsgesch. des Wortes. Philol. 83 (1928) 1-17. 137-163. – G. STÄHLIN/W. GRUNDMANN: Sünde und Sch. im klass. Griechentum und Hellenismus, in: Theol. Wb. zum NT 1 (1933) 299-305 (s.v. ἁμαρτάνω). – H. PHILLIPS: De vocis ἁμαρτία vi et usu apud scriptores graecos usque ad annum CCC ante Christum natum. Diss. Harvard (1933). – J. DUMORTIER: Le sens du péché chez les Grecs au Vᵉᵐᵉ s. Mélanges Sci. relig. 16 (1959) 5-20; 17 (1960) 5-39. – G. NASS: Ursprung und Wandlungen des Sch.-Begriffs (1963). – W. SCHULZ: Wandlungen der Begriffe ‹Sch.› und ‹Verantwortung›. Jb. Psychol. Psychotherapie med. Anthropol. 16 (1968) 196-205. – R. D. DAWE: Some reflections on Ate and Hamartia. Harv. Stud. Class. Philol. 72 (1968) 89-123. – J. M. BREMER: Hamartia. Tragic error in the Poet. of Arist. and in Greek tragedy (Amsterdam 1969). – T. C. W. STINTON: Hamartia in Arist. and Greek tragedy. Class. Quart. 25 (1975) 221-254. – S. OSTERUD: Hamartia in Arist. and Greek tragedy. Symbolae Osloenses 51 (1976) 65-80. – V. CESSI s. Anm. [32]. – A. SCHMITT: Tragische Sch. in der griech. Antike. Mainzer Univ.-Gespr. (1987/88) 157-192.

R. GLEI

II. – 1. *Hebräische Bibel und Frühjudentum.* – ‹Sch.› und ‹Sünde› bilden in den hebräischen Ausdrücken ‹Aschmah› [1], ‹Pescha'› [2], ‹Hatta› [3] und ‹Awon› [4] ein Begriffsfeld und lassen sich terminologisch nicht trennen [5]. Die Sch.-Fähigkeit des Menschen [6] ist in der hebräischen Bibel und im rabbinischen Judentum eine wesentliche Voraussetzung für den Dialog zwischen Gott und Mensch. Sch. wird daher immer als Verschuldung gegenüber Gott gefaßt. Dies kann die Folge der Übertretung (Awerah) eines der 613 Mizwot oder eines einzelnen göttlichen Befehls (Ziwah) sein.

Hebräische Bibel: Zunächst ist die Sch.-Begleichung in der ‹Torah› an ein Sch.-Opfer (Ascham) gebunden (3 Mos. 4-5), das später halachisch [7] in drei Kategorien untergliedert wird: das *Ascham Ḥasidim*, das Sch.-Opfer der Frommen, das *Ascham talui*, das Sch.-Opfer, bei dem nicht sicher ist, ob eine Sch. vorliegt, und das *Ascham vadai*, das Sch.-Opfer, bei dem mit Sicherheit eine Sch. vorliegt. Noch zur Zeit der vorexilischen Propheten [8] kommt es zu einer deutlichen Kritik am Opferritual (Mi. 6, 6-8 und Jer. 7, 21-22) und zu einer Akzentuierung der inneren Buße (hebr.: Tschuvah, eigentlich 'Umkehr', vgl. Jer. 31, 18; Hos. 14, 2 und Ez. 31, 11) als Sch.-Begleichung. Daneben finden sich in der hebräischen Bibel auch Geschichten, die die Sch.-Problematik an einzelnen Beispielen festmachen (David/Bat Schewa [9] und Jona), in denen dem Sünder ein aktiv eingreifender, ihn auf den rechten Weg (zurück)bringender Gott gegenübergestellt wird. Die Geschichten werden dabei nach dem Muster 1) Sündenakt (Pescha oder Ḥatta), 2) Einsicht der Sch. (Vidui oder Hodaat Ḥatta) und Umkehr nach dem göttlichen Eingreifen und 3) göttlicher Versöhnung/Vergebung (Kapparah) geschildert. Mit dem Jom Kippur [10] (Versöhnungstag, vgl. 3 Mos. 16) stand Sch. von Anfang an auch im Zentrum des kollektiven religiösen Lebens Israels.

Rabbinische Literatur: In der rabbinischen Literatur rückt der Tschuwah-Begriff [11] ins Zentrum der breiten Sch.-Diskussionen. R. ABBAHU (3. Jh. n.Chr.) behauptet gegenüber R. JOHANAN, daß der Baal Tschuwah, der Mensch, der schuldig wurde, aber ehrlich bereut, höher stehe als der Zaddik, der immer gerecht handelte [12]. Dahinter steht die talmudische Auffassung vom Menschen an sich (Adam atzmo) als halb verdienstvoll und halb schuldig [13]. Allein der Bewußtseinsakt des Sch.-Eingeständnisses führt dabei zu einem höheren Status als das zeitlebens gerechte Handeln [14]. Der Zeitpunkt der Buße (Tschuwah) spielt dabei keine Rolle; selbst wer erst kurz vor seinem Tod bereut, erhält göttliche Versöhnung [15]. Kontrovers ist die rabbinische Bewertung des Jom Kippur. Wenn JEHUDAH HA-NASI (ca. 175-217 n.Chr.) behauptet, der Versöhnungstag bringe Versöhnung auch ohne Buße [16], sieht sich die ‹Gemara› gezwungen, ihn zu erläutern: «Die Buße braucht den Versöhnungstag, aber der Versöhnungstag braucht nicht die Buße» [17]. An derselben Stelle des ‹Talmuds› findet sich auch eine Polemik gegen ein reines Lippenbekenntnis von Sch.: «Wenn jemand sagt: Ich habe gesündigt, und der Versöhnungstag wird mir Versöhnung bringen, dem bringt der Versöhnungstag keine Versöhnung» [18]. Im Gegensatz dazu muß Gott auf ein ehrliches Bekennen der Sch. und der Umkehr des Menschen mit Versöhnung/Vergebung antworten [19].

Anmerkungen. [1] Theol. Wb. zum AT 1, 463-472. – [2] a.O. 6, 791-810. – [3] 2, 857-870. – [4] 5, 1160-1177. – [5] Dazu R. KNIERIM: Die Hauptbegriffe für Sünde im AT (1965); R. YOUNGBLOOD: A new look at three Old Test. roots for sin, in: Biblical and Near Eastern studies, in hon. W. S. LaSor (1978) 201-205. – [6] Die Vorstellung der Sch.-Fähigkeit des Menschen knüpft dabei bis hin zu MAIMONIDES (Mischneh Torah, Sefer ha-Madda, Hilchot Tschuwah V) an 1 Mos. 3, 22 an. – [7] Mischnah, Seder Kodaschim, Maseket Keritot; vgl. Enziklopediah Talmudit unter ‹Ascham›. – [8] Dazu: H. H. ROWLEY: The unity of the Old Testament. Bull. J. Rylands Libr. 29 (1945/46) 326-358; J. MILGROM: Cult and conscience. The Asham and the priestly doctrine of repentance (1976). – [9] Vgl. G. GERLEMAN: Sch. und Sühne. Erwägungen zu 2 Sam. 12, in: Beitr. zur alttestamentl. Theol. Festschr. W. Zimmerli (1977) 132-139. – [10] Am Jom Kippur wird auch der Prophet Jona als Haftarah gelesen; spätestens seit dem 5. Jh. wird auch das ‹Aschamnu› (SACHS übersetzt: «Herr, wir haben uns verschuldet») gebetet; zur Bedeutung des Jom Kippur vgl. auch H. COHEN: Relig. der Vernunft aus den Quellen des Judentums (²1929) Kap. XII: Versöhnungstag; F. ROSENZWEIG: Stern der Erlösung (⁴1976) 360ff.; E. LÉVINAS: Quatre lect. talmud. (Paris 1968). – [11] Vgl. C. G. MONTEFIORE: Rabbinic conceptions of repentance. Jewish Quart. Review 16 (1904) 209-257; J. J. PETUCHOWSKI: The concept of Tschuvah in the Bible and the Talmud. Judaism 17 (1968) 175-185. – [12] Babylon. Talmud [BT], Br. 34b, vgl. auch Joma 85 b. – [13] BT, Kid. 40 b. – [14] BT, Sanhedrin 99 a. – [15] BT, Kid. 40 b. – [16] BT, Joma 85 b. – [17] a.O. – [18] ebda. – [19] BT, Joma 86 a.

Literaturhinweise. M. SACHS: Die Festgebete der Israeliten 4: Jom Kippur (²⁰1891). – C. G. MONTEFIORE s. Anm. [11]. – A. MARMORSTEIN: The doctr. of merits in old rabbinic lit. (1920). – Art. ἁμαρτάνω κτλ., in: Theol. Wb. zum NT 1 (1933) 267-319. – W. KNUTH: Der Begriff der Sünde bei Philo von Alex. Diss. Jena (1934). – E. E. URBACH: Megamot datiot ve-hevratiot be-Torat ha-Zedakah shel-Hazal. Zion 16 (1951) 1-27. – Enziklopediah Talmudit, hg. R. MEIR BERLIN/R. SCHLOMO JOSEF ZEVIN (Jerusalem 1955ff.) 2, 261-278 (Art. ‹Aschmah›). – D. DAUBE: Sin, ignorance and foregiveness in the Bible (London 1960). – W. EICHRODT: Theol. des AT 2/3 (⁵1964) 264-345 (§ 23: ‹Sünde und Vergebung›). – A. BUECHLER: Stud. in sin and atonement in the rabbinic lit. of the first cent., with a proleg. F. C. GRANT (New York ²1967). – J. J. PETUCHOWSKI s. Anm. [11]. – L. ROST: Die Sch. der Väter. Stud. zum AT. Beitr. zur Wiss. vom A und NT 101 (1974) 66-71. – E. E. URBACH: The Sages. Their concepts and beliefs [hebr. 1969] (Jerusalem 1975) 420-523 (ch. XV: ‹Man's accounting and the world's accounting›).

M. RITTER

2. *‹Neues Testament› und Patristik.* – Im NT kommt der Sch.-Terminus (ὀφείλημα) in zwei deutlich unterscheidbaren Sprachgruppen vor [1]. PAULUS bleibt in Röm. 4, 4 ganz an der profanen Bedeutung der Geld-Sch. Dagegen nimmt MATTHÄUS an zwei exponierten Stellen ὀφείλημα im Sinne des zeitgenössischen jüdischen Sprachgebrauchs auf, um in drastischer Sachhaftigkeit zu erläutern, was Sünde (ἁμαρτία) als Feindschaft setzende Macht in ihrem ganzen Ausmaß meint: in der fünften Vaterunser-Bitte (Mtth. 6, 12; vgl. 6, 14f.) und im Gleichnis vom unbarmherzigen Schuldner (Mtth. 18, 23-35). Die von Jesus in Gleichnissprache vorgetragene Aufforderung zur gegenseitigen Vergebung und Verzeihung [2] der Sch. soll ein Bewußtsein einer neuen Freiheit aus vergebener Sch. schaffen und in ihrer Verwirklichung Ausweis und Glaubwürdigkeitszeichen der Gemeinde Jesu sein. Wegen der Entsprechung von ἁμαρτία und ὀφείλημα setzt LUKAS (11, 4) das für seine heidenchristliche Leserschaft verständlichere ἁμαρτία in der fünften Vaterunser-Bitte ein. Bei POLYKARP ist mit ‹Sch.› der Grund für die von jedem Getauften erwartete Vergebungsbereitschaft benannt: πάντες ὀφειλέται ἐσμὲν ἁμαρτίας («wir sind alle Schuldner der Sünde») [3].

Bei der Verwendung des Terminus ‹Sch.› bleibt in der *frühen Kirche* sein metaphorischer Gehalt spürbar [4]. Soweit man aber in dem Vaterunser ein «breviarium totius evangelii» [5] erblickt, erläutert die beginnende Exegese in der Zusammenschau der paulinischen ἁμαρτία-Lehre und anderer neutestamentlicher Theologien Jesu Bildrede von der Sch. im Kontrast zu nichtchristlichen Auffassungen verfehlten sittlichen Handelns [6]. Die Unheilswirklichkeit, der die christliche Ethik sich mit der Benennung ‹Sch.› begrifflich zu nähern versucht, hat ihren ermöglichenden Grund in einer vom personal gedachten Schöpfer gewollten, anrechnungsfähigen Freiheitsmächtigkeit des individuellen Menschen, deretwegen die geschichtlich vollzogenen Taten des Menschen ausgezeichnet sind durch Unumkehrbarkeit und letzte Ernsthaftigkeit sowie durch die moralische Verwiesenheit des Einzelnen auf die einfordernden Instanzen Gott, Mitwelt und wahres eigenes Selbst. Daher geht die Ausbildung eines solchen Sch.-Begriffs einher mit der Kritik an Reinkarnationslehren und Zirkulartheorien der Geschichte, an Schicksals-, Gestirns- und Dämonengläubigkeit, an metaphysischen Dualismen, die eine Gleichursprünglichkeit und -mächtigkeit eines guten und eines bösen Prinzips annehmen, und überhaupt an deterministischen Kosmologien, die die Zurechenbarkeit menschlicher Akte abmindern oder aufheben.

In der *griechischen Patristik* erläutert ORIGENES in einiger Breite den Begriff der Sch. Er verknüpft ὀφείλημα über das sittlich neutrale ὀφειλή mit dem καθῆκον der stoischen Ethik. Entspringt das letztere einem Entscheid der Vernunft, so beruht Sch. dagegen auf dem gehorsamen Willen des Menschen, der in Gottesliebe, Erlöserdank und Treue zur Taufgnade des Hl. Geistes dem trinitarischen Gott seine Pflicht erstattet [7]. ‹Schuldigsein› heißt «mit Pflichten unrechterweise im Rückstand sein» [8]. Sch.-Vergebung von Gott kann erlangen, wer durch Pflichterfüllung zur Vollkommenheit strebt [9]. Das ἡγεμονικόν, als Herz des Menschen verstanden [10], ist von Körperlichkeit, Umwelt, Schicksal und vom Satan unbeeinflußt und begründet volle Anrechenbarkeit sittlicher Vergehen [11]. Die stoische τύπωσις ἐν ἡγεμονικῷ entspricht der biblischen Metapher vom Sch.-Schein (χειρόγραφον) [12].

In der *lateinischen Patristik* wird in der fünften Vaterunser-Bitte [13] ‹debitum› gebraucht, doch gelten gemeinhin ‹peccatum› [14], ‹culpa› und ‹reatus› sowie nach Ausweis ahd. Glossen ‹facinus›, ‹vitium›, ‹delictum›, ‹crimen›, weiterhin ‹causa›, ‹opus›, ‹noxa›, ‹plaga›, ‹iniuria› und ‹sanguis› als gleichbedeutend mit dem ahd. ‹sculd› [15]. Benutzt noch TERTULLIAN den ein juridisches Verhältnis zwischen dem richterlichen Gott und Mensch evozierenden Begriff des ‹delictum› [16], treten im Fortgang der Begriffsgeschichte die Termini ‹culpa› und ‹reatus› hervor. Die in der lateinischen Kirche gesondert entfaltete Lehre von einem ‹primordiale delictum› [17] bzw. ‹peccatum originale› der Ureltern im Paradies (Erbsünde) [18] schärft in ihrer Entwicklung als Erbschuldlehre den Blick, am umfassenderen Begriff der ‹Sünde› Dimensionen der Schuldhaftigkeit zu benennen. Die bei ZENO VON VERONA [19] wohl erstmals anzutreffende Anrede der von ihren Sünden befreiten Täuflinge als vormalige «rei» (Schuldige) deutet eine Begriffsunterscheidung von ‹peccatum› (Sünde) und ‹reatus› (Sch.) an [20]. AMBROSIUS, dessen Sch.-Verständnis auf die Intention als das Prinzip der Handlung abhebt [21], setzt ‹culpa› mit ‹debitum› und ‹peccatum› ineins [22]. Da das Sündigen gegen Gott und gegen einen Menschen unterschiedlichen Rechtsverhältnissen («condicio») unterliegt, nimmt eine verzeihliche Sch. («culpa veniabilis») auf sich, wer sich nur gegen seinen Nächsten verfehlt [23]. Die Redeweise von einer «felix culpa» (glückliche Sch.), die durch die breit vertretene soteriologische Lehre der «renovatio in melius» vorbereitet ist [24] und im ‹Exsultet› [25] der Osternachtliturgie der Kirche auftritt, stellt die Erb-Sch. und die Erlösertat Christi in den Zusammenhang einer Geschichte des Heils.

Die Verwertung der antiken Traditionen bei AUGUSTINUS [26] und besonders die Ausarbeitung einer Psychologie der Sch., wie sie nicht ohne Eigenerfahrung in seinen ‹Confessiones› dargestellt ist [27], versammeln fast alle treibenden Momente des Sch.-Problems für über ein Jahrtausend. Seine Lossagung vom Manichäismus begründet er auch damit, daß bei der Annahme eines inneren bösen Prinzips, der Materie, ein irriger überindividueller, kosmischer Sch.-Begriff bestehe [28] und dadurch der Falsche entschuldigt werde, nämlich das eigene, von Gott mit Freiheit begabte und in der Sünde sich hochmütig erweisende Selbst [29]. Bei dieser radikalen Verinnerlichung des Sch.-Begriffs begründet die Freiheit, die dem Menschen auch unter der Gnade nicht genommen wird [30] und in der Sch. in verunstalteter Form erscheint, erst das Menschsein [31]. Im freien Abfall vom höchsten Gut und mit der damit verbundenen Verminderung des Seins der Seele [32] straft die Seele selbst [33] ihre Sch. mit einer von ihr selbst nicht mehr aufhebbaren Desorientierung und Entfremdung von Gott, die einer Entfremdung von ihrem innersten wahren Selbst entspricht [34]. Die Sch. eines Vergehens empfängt ihr Maß aus ihrem Gewolltsein, zu dem die äußere Ausführung nicht hinzukommen muß [35], und der Intention des Willens [36]. Im Akt der Reue [37] wird die Wahrheit über die eigene Sch. zu erkennen gegeben [38]. Augustins in metaphernreicher Sprache vorgelegte Lehre von den Stufen der Versündigung [39] wie auch seine Ansicht, den Seelenteilen komme in unterschiedlicher Weise Anteil an der Sch. zu [40], sind variantenreich systematisiert worden. Die Lehre, Gott habe aus Treue zu seinen Verheißungen sich selbst zum Schuldner («debitor») der Menschen gemacht [41], findet in der scholastischen Gnadenlehre Beachtung. In den antipelagianischen [42] Schriften, in denen er zur Erläuterung seiner in sich hochkontroversen Erbsündenlehre Modi des Schuldigseins erörtert, lassen sich mehrere Momente eines habituell fortdauernden Schuldigseins («habere peccatum») herausheben: a) die Verschuldung («facere peccatum») bzw. aktuelle Sch. («culpa actualis», seltener «reatus» [43]), durch die aus einer freien Tat die zu verhütenden Wirkungen verschuldet werden, wodurch der Sünder sich schuldig macht und zugleich schuldig ist; b) die bleibende, vor Gott geschuldete Pflicht, die verschuldeten Wirkungen zu beseitigen («debitum» [44], nicht «reatus»); c) das dadurch bedingte Schuldigsein an diesen Wirkungen, die bleibende Sch. («reatus» gemeinhin); d) die in diese Sch. einbegriffene Verantwortlichkeit vor Gott mit der zwingenden Folge, sich vor ihm, dem Heiligen, zu einem Gegenstand des Mißfallens und Zorns gemacht zu haben, und darauf gründend e) die Straf-Sch. («reatus poenae», selten), die im Hinblick auf die «culpa actualis» auferlegt wird. Die Sch. ist in formaler Hinsicht ein «habere peccatum» und «reum esse peccati»; die Sünden vergehen zwar hinsichtlich ihres Vollzugs, bleiben aber als Sch. bestehen («praeterierunt actu, manent reatu») [45]. Der «reatus» beinhaltet nicht eine aktuelle innere Tätigkeit oder Gemütslage des Subjekts, noch muß er im Gedächtnis des mit Sch. Beladenen fortdauern. Der «reatus» ist etwas rein Ideales, das bei Gott als etwas Reales und Aktuelles fortbesteht [46]. Die «lex Dei», die Augustinus in biblisch-weisheitlichem Sinne personalisiert als den Willen Gottes auffaßt [47], ist Bedingung aller Sittlichkeit. Da so Gott selbst in den Horizont allen freien, eben sittlichen Handelns tritt, Sch. und Sünde also unabtrennbar sind, führt Sch. den Menschen in ein inkommensurables Mißverhältnis zu Gott, dem Guten selbst. Die kirchliche Zensurierung des Begriffs einer Sünde wider die Vernunft, die aber kein göttliches Gebot berühre («peccatum philosophicum»), ist vorbereitet [48]. Augustins Erbschuldlehre [49] deutet an dieser Kollektiventfremdung von Gott in großen Zügen die soziale Reichweite von Sch. aus [50]. Der bei GREGOR DEM GROSSEN belegbare Ausdruck «reatus culpae» [51] bezeichnet bisweilen in späterer Zeit als Gegenbegriff zum ‹reatus poenae›, der auferlegten Straf-Sch., das durch einen schuldbaren Freiheitsakt entstandene Schuldigsein [52].

3. *Mittelalter.* – Im *Frühmittelalter* kommt es zu einer Konfrontation mit vorchristlichen Formen der Erfolgshaftung [53], bei denen der objektive Tatbestand Eigenwert erhält und nicht der Wille und Vorsatz des Täters gelten [54]. Bei FINNIAN steht der Sch.-Begriff der iro-

schottischen Taxationsbuße anfangs noch unter dem Einfluß der ostkirchlichen Sündenlehre. Die vollzogene Tat stellt lediglich ein gravierendes Moment einer gegebenen Willens-Sch. dar [55]. Doch keltisches Recht und eine rejudaisierende Neubewertung alttestamentlicher Weisungen [56], die sich mit einem Rigorismus griechischer Mönchsbuße verbindet, gewinnen Einfluß auf die insularen Bußbücher [57]. Das ‹Poenitentiale Cummeani› [58] sieht gesetzwidrige Tatbestände als solche schon als schuldhaft an. Unabhängig davon bilden sich im Frankenreich liturgische Formen des privaten priesterlichen Sch.-Bekenntnisses aus [59], die im 11. Jh. in das dialogisch gesprochene ‹Confiteor› («mea culpa, ...») der Römischen Liturgie Eingang finden [60]. Die Synode zu Tribur (895) [61] restituiert die ethische Imputation im Sinne Augustins.

Das *kanonische Recht* [62] schöpft seinen culpa-Begriff auch aus dem römischen Privatrecht [63]. Nach dem ‹Decretum Gratiani› und fast allen seinen Kommentatoren [64] begründet die in einem nicht genauer definierten «contemptus» sich äußernde Willentlichkeit allein zwar nicht «quantum ad legem», so aber «quantum ad gratiam» die sittliche Sch.-Anrechnung. «Bei Gott ist niemand, es sei denn, er verfehlt sich willentlich, schuldig (reus est)» [65]. Doch der Memorialvers «Si licitus, cautus, non est culpabilis actus. / In reliquis culpam reor et pro crimine mulctam» («Wenn erlaubt und bedacht, ist es keine schuldbare Handlung. In allem übrigen rechne ich Sch. an und strafe für das Verbrechen») [66] wird an die Kanonistik, die Beichtsummen des 13. Jh. und die Postglossatoren [67] weitergegeben [68].

In der *Frühscholastik* [69] ist die Zuordnung und Trennung von ‹reatus›, ‹culpa›, ‹poena›, ‹macula› und ‹vitium› wegen der «äquivoke[n] Verwendung der Hauptbegriffe in der Bußtheologie» [70] sehr schwankend. Ein intensives Ringen um die Bestimmung des Sch.-Charakters der Erbsünde trägt dazu nicht wenig bei [71]. ANSELM VON CANTERBURY bekräftigt mit augustinischen Prämissen einen die Sch. entnaturalisierenden Begriff des «debitum iustitiae et satisfaciendi» [72], bei dem die Konkupiszenz nicht als Realgrund der Sünde erscheint. Als nicht erfülltes «debitum» [73] ist die Sch. («culpa»), die allein im Willen liegt, der selbstgewollte Mangel der Gerechtigkeit, des freien Gehorsams und der Rechtheit des Willens gegenüber dem Willen Gottes, die Ordnung seines Reiches der Gerechtigkeit zu errichten. Da sich die Sch. gegen Gottes Majestät richtet, wiegt jede Sch. schwerer als die ganze Welt und ist unendlich und unerfüllbar [74]. Nach BERNHARD VON CLAIRVAUX, dessen Sch.-Auffassung sich an Origenes anlehnt, sprechen auch selbst auferlegte innere Zwänge des Willens ihn nicht von Sch. frei [75]. PETRUS ABAELARDUS ist der mächtigste Fürsprecher einer radikal individualethischen Sch.-Imputation. Ist nicht jeder Fehler der Seele eine Sünde, so ist doch jede Sünde ein Fehler der Seele, durch den wir geneigt sind, dem zuzustimmen, was ungehörig ist, so daß wir es tun oder unterlassen. «Diese Zustimmung aber nennen wir in besonderer Weise Sünde (peccatum), d.h. eine Sch. der Seele (culpam animae), durch die sie sich die Verdammung verdient bzw. vor Gott als schuldbehaftet (rea) steht. Was ist denn diese Zustimmung anderes als eine Mißachtung und Beleidigung Gottes?» [76] ‹Sch.› meint keinesfalls ein äußeres Tun [77], auch nicht einen bösen Willen, sondern nur die Einwilligung in einen bösen Willen, also das, was die Seele selbst tut, ihr bewußt-reflexives Wollen, bei dem Gott allein auf die «intentio» achtet [78].

Die Ausführung der Handlung fügt zur Sch. des tatfertigen Willens nichts hinzu [79]. Dagegen zieht die Kritik bei PETRUS LOMBARDUS, PETRUS VON POITIERS, PRAEPOSITINUS VON CREMONA und WILHELM VON AUVERGNE bis hin zu BONAVENTURA, THOMAS VON AQUIN und JOHANNES DUNS SCOTUS stärker das Wachsen der Sch. im Vollzug der äußeren Tat in Betracht [80], da – so THOMAS [81] – ein zweiter Entschluß zur Ausführung hinzukomme, eine Verfestigung der Willenshaltung in der Zeit sich zeige und im Gelingen der Tat das Gefallen daran verstärkt werde. Großes Interesse zieht das Problem der Sch.-Minderung oder -aufhebung durch Unwissenheit («ignorantia») auf sich [82]. Der scholastischen Lehre einer entschuldigenden unüberwindlichen Unwissenheit erteilt M. LUTHER eine Absage [83].

In der *Hochscholastik*, die nezessitaristischen Theoremen der griechisch-arabischen Philosophie entgegentritt und zudem Vorformen der Theodizee entwickelt [84], nennt BONAVENTURA eine Verfehlung («peccatum») soweit eine Sch. («culpa»), wie sie unter den Aspekten des freien Willensentscheids fällt [85]. Sie besteht in einer willentlichen Hinneigung («affectio voluntaria») [86] und als Ungerechtigkeit in einer Verkehrung des Willens («voluntatis obliquatio») [87], der als der Träger der Sch. seine Gottebenbildlichkeit verzeichnet [88]. THOMAS VON AQUIN [89] stellt seine Überlegungen zur Sch. in den Kontext einer verschiedene Seinsbereiche beachtenden Metaphysik des Handelns [90]. Den zeitgenössischen, dem Phänomen der Sch. inadäquat gewordenen Sprachgebrauch der Theologie kritisierend, ordnet er die Terminologie neu [91]: ‹Malum›, ‹peccatum› und ‹culpa› unterscheiden sich im Grad ihrer Verallgemeinerbarkeit. Meint ‹malum› (Übel) eine Privation der Form, der Ordnung oder des Maßes im jeweiligen Subjekt oder Akt, so bezeichnet ‹peccatum› (Fehler) einen «actus vel naturae vel artis vel moris», der einer geschuldeten Ordnung, Form oder eines Maßes entbehrt («carens»), wie es bei einem körperlichen Gebrechen, handwerklichen Fehler oder sittlichen Verfehlen der Fall ist. Bei der culpa (Sch. im prägnanten Sinne) handelt es sich um ein peccatum, nur insofern es in der Macht des Handelnden steht, also das Willentliche (voluntarium) formal konstitutiv ist. «Ubi minus de voluntario, ibi minus de culpa» («Wo weniger an Willentlichen, dort weniger an Sch.») [92]. Sch. raubt die Selbstidentität des Menschen in der Aktuierung seines moralischen Seins, denn sie bringt ihn in Widerspruch zu dem von ihm allgemein und eigentlich Gewollten, Gott, dem ungeschaffenen und unendlichen Gut. Der Mensch vollzieht «einen realen Widerspruch zwischen seiner Wesensgewilltheit» und seiner partikulären freiheitlichen Entscheidung [93].

JOHANNES DUNS SCOTUS begreift die «culpa» als einen einzelnen, selbstursächlich freien und kontingenten Akt des Willensvermögens, dem es an der geschuldeten Rechtheit und Gerechtigkeit fehlt. Anders als der Intellekt ist der Wille, der in reiner, vernunftbegleiteter Freiheit des Wollens selbst ohne jede äußere Veranlassung tätig ist [94], Herr seiner Tätigkeiten, und gerade so ist sein Verfehlen Sch. Nicht eine Beschaffenheit des Sünders, sondern nur die kontingente sündhafte Tat macht ihn schuldig [95]. Sch. gründet in einer «relatio rationis» zu Gott als der ideellen Beziehung der Strafwürdigkeit, aber nicht in einer realen Größe am Täter [96]. WILHELM VON OCKHAM führt die von Scotus gesetzten voluntaristischen Impulse weiter. Die Sch. ist ein «quid nominis», kein «quid rei» [97]. Ihr entspricht nichts Positives am Menschen, sondern allein die Imputation durch den Willen Gottes [98]. Die Natur der Formen von Gnade und Sch. begründet keine Repugnanz [99]. «Sünde (peccatum) ist nichts anderes, als daß jemand eine Handlung begangen oder unterlassen hat, für die Gott ihn zu ewiger Strafe verurteilt hat» [100]. Einzig die je frei vom stets gerechten Willen Gottes festgesetzte und unter Strafe verpflichtende Verfügung macht jemanden zum Sünder oder nicht [101].

Im 15. Jh. verhilft JOHANNES CAPREOLUS [102] in ausführlicher Auseinandersetzung mit HEINRICH VON GENT [103], DUNS SCOTUS, DURANDUS DE S. PORCIANO [104], PETRUS AUREOLI [105] und GREGOR VON RIMINI [106] der thomanischen Sch.-Auffassung zu neuer Beachtung.

Anmerkungen. [1] Vgl. Exeget. Wb. zum NT, hg. H. BALZ/G. SCHNEIDER (1973-78) 3, 1344-1350; W. BAUER/B. und K. ALAND: Griech.-dtsch. Wb. zu den Schr. des NT (^{6}1988) 1210f. – [2] Vgl. L. OEING-HANHOFF: Verzeihen, Ent-schuldigen, Wiedergutmachen, in: Met. und Freiheit, hg. TH. KOBUSCH/W. JAESCHKE (1988) 45-56; K. METZLER: Der griech. Begriff des Verzeihens. Untersucht am Wortstamm συγγνώμη von den ersten Belegen bis zum 4. Jh. (1991). – [3] POLYKARP: Epist. 2 ad Phil. 6, 1, in: Die Apostol. Väter, hg. J. A. FISCHER (^{9}1986) 256; ORIGENES: Hom. XV, 5 in Jer. GCS 3, 129, 5. – [4] Vgl. H. PIESIK: Bildersprache der Apostol. Väter. Diss. Bonn (1961) 15f. 102. – [5] TERTULLIAN: De orat. I, 6. CCSL 1, 258. – [6] Vgl. G. ROTTENWÖHRER: Unde malum? Herkunft und Gestalt des Bösen nach heterodoxer Lehre von Markion bis zu den Katharern (1986). – [7] ORIGENES: De orat. XXVIII, 1-10. GCS 2, 375ff. – [8] G. WALTHER: Unters. zur Gesch. der griech. Vaterunser-Exegese (1914) 14; M.-B. VON STRITZKY: Stud. zur Überlief. und Interpr. des Vaterunser in der frühchristl. Lit. (1989) 163-171; zu GREGOR VON NYSSA, JOH. CHRYSOSTOMOS und CYRILL VON ALEX. vgl. WALTHER, a.O. 41ff. 59ff. 77ff.; zu MAXIMUS CONF., a.O. 90f.; H. U. VON BALTHASAR: Kosm. Liturgie (Einsiedeln ^{2}1961) 176ff. – [9] ORIGENES: De orat. XXVIII, 5, a.O. 377f. – [10] Vgl. Art. ‹Hegemonikon›, in: Hist. Wb. Philos. 3 (1974) 1030f. – [11] Vgl. ORIGENES: C. Celsum IV, 66. GCS 1, 336; G. TEICHTWEIER: Die Sündenlehre des Origenes (1958) 164. 185ff. 193; KÜBEL, a.O. [44 zu I]; E. SCHOCKENHOFF: Zum Fest der Freiheit (1990) 105ff. – [12] De orat. XXVIII, 5, a.O. [7] 378, 9f.; χειρόγραφον im NT nur Kol. 2, 14; vgl. Exeget. Wb. zum NT, a.O. [1] 3, 1111f. – [13] Vgl. K. B. SCHNURR: Hören und handeln. Lat. Ausleg. des Vaterunser in der Alten Kirche bis zum 5. Jh. (1985). – [14] BONAVENTURA: In II Sent., dist. 35, dub. 6. Op. omn. (Quaracchi 1882-1902) 2, 838f. zählt 20 ‹peccatum›-Definitionen auf. – [15] Belege: E. G. GRAFF: Ahd. Sprachschatz 6 (1842, ND 1963) 467-469. – [16] TERTULLIAN: De orat. 7. CCSL 1, 261f.; vgl. SCHNURR, a.O. [13] 39-41. – [17] De ieiunio IV, 4. CCSL 2, 1261. – [18] Vgl. L. SCHEFFCZYK: Urstand, Fall und Erbsünde. Von der Schrift bis Augustinus [Hb. der Dogmengesch. II/3a, (1) (1981) 87ff. – [19] ZENO VON VERONA: Tract. de duodecim signis I, 1. CCSL 22, 105. – [20] Incipit de bapt. 2. CCSL 22, 182; vgl. SCHEFFCZYK, a.O. [18] 115-117. – [21] AMBROSIUS: Expos. ev. Luc. I, 8. CCSL 14, 10; vgl. De off. min. I, 147. MPL 16, 71. – [22] De sacr. V, 27. CSEL 73, 70; vgl. VI, 24, a.O. 73, 83; In hex. I, 8, 31. CSEL 32/1, 32f. – [23] Expos. ev. Luc. VIII, 22. CCSL 14, 305; vgl. H. WEBER: Todsünde – läßl. Sünde. Zur Gesch. der Begriffe. Trierer Theol. Z. 82 (1973) 111. – [24] Belege: H. ZWECK: Osterlobpreis und Taufe (1986) 59-62. 80-82; Theol. Realenzykl. 2 (1978) 375f. – [25] Praeconium paschale, in: Missale Romanum. Ed. typica altera (Vatikan 1975) 272; krit. Ed. und dtsch. Übers.: ZWECK, a.O. 28-37; zu erster Kritik durch Auslassung oder Tilgung in den Handschr. (z.B. HUGO VON CLUNY: Consuetudines Cluniacenses I, 14. MPL 149, 663) vgl. a.O. 59-62; LThK^2 3 (1960) 1318f.; SCHEFFZCYK, a.O. [18] 192f. 228f.; zustimmend: THOMAS VON AQUIN: S. theol. III, 1, 3, ad 3; Kritik der Phrase: J. GERHARD: Loci theol. X, 4, 18 (1610), hg. E. PREUSS (1863-75) 2, 189; argumentationskritisch: HIERONYMUS DE MONTEFORTINO: Io. Duns Scoti S. theol. III, 1, 3, sed 3 (Rom 1728-38, ND Rom 1900-03) 5, 29; lehramtl. angeführt: Concilium provinciae Coloniensis I, 4, 16 (1860), in: J. D. MANSI: Sacr. conciliorum nova et ampliss. coll. (Florenz u.a. 1757-1927, ND Graz 1960-62) 48, 96 B. – [26] Vgl. J. MAUSBACH: Die Ethik des hl. Augustinus (^{2}1929). – [27] Vgl. P. SCHÄFER: Das Sch.-Bewußtsein in den Conf. des hl. Augustinus (1930). – [28] AUGUSTINUS: De haeres. XLVI, 19. CCSL 46, 319. – [29] Conf. V, 10, 18. CCSL 27, 67. – [30] De grat. et lib. arb. XV, 31. MPL 44, 899; Retract. I, 9, 4. CCSL 57, 26. – [31] De lib. arb. II, 1, 4; III, 1, 3. CSEL 74, 38. 90. – [32] De mus. VI, 13, 40. MPL 32, 1184f.; C. Secund. 15. CSEL 25/2, 926ff.; De civ. Dei XIV, 13. CCSL 48, 434ff. – [33] C. Faust. XXII, 78. CSEL 25/1, 678ff.; Conf. II, 6, 13. CCSL 27, 23f.; Enarr. in Ps. 7, 16. CCSL 38, 46; De lib. arb. III, 44, 151-153. CSEL 74, 126f. – [34] Conf. I, 12, 19; III, 6, 11. CCSL 27, 11. 33; Sermo 142, 3. MPL 38, 779; C. Adim. 26. CSEL 25/1, 184. – [35] Enarr. in Ps. 57, 4. CCSL 39, 711. – [36] In epist. Ioa. ad Parth. VII, 7. MPL 35, 2032f.; vgl. C. mendac. VII, 18. CSEL 41, 489. – [37] Vgl. TH. KOBUSCH: Das Christentum als die Relig. der Wahrheit. Rev. Et. August. 29 (1983) 97-128, zit.: 118f. 125. – [38] AUGUSTINUS: C. Fel. II, 8. CSEL 25/2, 836. – [39] Vgl. F. OHLY: Metaphern für die Sündenstufen und die Gegenwirkungen der Gnade (1990). – [40] Vgl. A. M. LANDGRAF: Partes animae norma gravitatis peccati (Lemberg 1925). – [41] Vgl. AUGUSTINUS: Conf. V, 9, 17. CCSL 27, 67; Enarr. in Ps. 83, 16. CCSL 39, 1159f.; Enarr. in Ps. 109, 1. CCSL 40, 1601f.; Sermo 110, 4, 4f. MPL 38, 640f.; zur scholast. Rezeption: B. HAMM: Promissio, pactum, ordinatio (1977) 8ff. – [42] Zum pelagian. Sch.-Begriff: G. GRESHAKE: Gnade als konkrete Freiheit (1972) 80. 86f. 93. 101ff. – [43] AUGUSTINUS: C. Iul. II, 9, 32. MPL 44, 696. – [44] Enarr. in Ps. 45, 3. CCSL 38, 518f.; Sermo 99, 6. MPL 38, 597. – [45] De nupt. et concup. I, 26, 29. CSEL 42, 241. – [46] Vgl. C. Iul. VI, 19, 62. MPL 44, 861. – [47] Vgl. Conf. II, 5, 10. CSEL 27, 22; C. Faust. XXII, 27. CSEL 25/1, 621. – [48] Vgl. Decretum S. Officii (24. 8. 1690), in: H. DENZINGER/A. SCHÖNMETZER (Hg.): Enchir. symbol. (^{36}1976) 2291; L. CEYSSENS: Autour du péché philos. Augustiniana 14 (1964) 378-425; Dict. de Théol. cath. (Paris 1903-70) Tables gén. 3517f. – [49] Vgl. H. HÄRING: Die Macht des Bösen (1979); SCHEFFCZYK, a.O. [18] 197-229. – [50] Vgl. M. SEYBOLD: Sozialtheol. Aspekte der Sünde bei Augustinus (1963). – [51] GREGORIUS MAGN.: Moralia IX, 34, 54. CCSL 143, 495. – [52] Vgl. PETRUS JOHANNIS OLIVI: Quaest. in II Sent., q. 109, hg. B. JANSEN (Quaracchi 1922-26) 3, 258; AMBROSIUS CATHARINUS: Apologia pro veritate cath. et apost. fidei ac doctrinae adv. ... M. Lutheri dogmata V (1520), hg. J. SCHWEIZER/A. FRANZEN (1956) 315; JUAN DE LUGO: De poenitentia VII, 6, 78f. (1638), in: Disp. scholast. et mor., hg. J. B. FOURNIALIS (Paris 1868f.) 4, 403f.; GERHARD: L. th. X, 4, 17, a.O. [25] 2, 188; H. SCHMID: Dogmatik der evang.-luth. Kirche § 25, hg. H. G. PÖHLMANN (1843, ^{10}1983) 159f.; ein Referat über 6 reatus-Erklärungen: Summa ‹Ne transgrediaris› [um 1200], in: L. HÖDL: Die Gesch. der scholast. Lit. und Theol. der Schlüsselgewalt 1 (1960) 301f. – [53] Vgl. G. SCHMITZ: Sch. und Strafe: eine unbekannte Stellungnahme des Rathramnus von Corbie zur Kindestötung. Dtsch. Arch. Erforsch. MA 38 (1982) 363-387. – [54] Vgl. H. MITTEIS/H. LIEBERICH: Dtsch. Rechtsgesch. (^{17}1985) 40. – [55] Penitentialis Vinniani 3, in: The Irish penitentials, hg. L. BIELER (Dublin 1963) 74. – [56] Vgl. R. KOTTJE: Stud. zum Einfluß des AT auf Recht und Liturgie des frühen MA (^{2}1970). – [57] Vgl. M. MÜLLER: Ethik und Recht in der Lehre von der Verantwortlichkeit (1932) 36-67. – [58] Paenitentiale Cummeani, a.O. [55] 108ff. – [59] Vgl. J. A. JUNGMANN: Missarum sollemnia (^{5}1962) 1, 386-402. – [60] Vgl. B. SENGER: Vom Eingestehen der Sch., in: J. G. PLÖGER (Hg.): Gott feiern (1980) 79-84. – [61] Concilium Triburiense: cap. 36. Monum. Germ., Capitularia regum Francorum 2, 234. – [62] Vgl. S. KUTTNER: Kanonist. Sch.-Lehre von Gratian bis auf die Dekretalen Gregors IX. (Vatikan 1935); NASS, a.O. [Lit. zu I.] 60ff. – [63] Vgl. M. KASER: Das röm. Privatrecht (^{2}1971-75) 1, 502-513; 2, 346-357. – [64] Vgl. MÜLLER, a.O. [57] 71ff. – [65] STEPHAN VON DOORNICK [TOURNAY]: Summa, dist. 50, c. 46, hg. J. F. VON SCHULTE (1891, ND 1965) 74; HUGUCCIO: Summa, C. 15, q. 1; zit.: MÜLLER, a.O. [57] 95; anders ROLANDUS [ALEXANDER III.]: Summa, C. 15, q. 1, hg. F. THANER (Innsbruck 1874, ND 1962) 33. – [66] BERNARDUS PAPIENSIS: Summa Decretalium 5, 10, § 5, hg. E. A. TH. LASPEYRES (1860, ND Graz 1956) 222. – [67] Vgl. W. ENGELMANN: Die Sch.-Lehre der Postglossatoren und ihre Fortentwicklung

(²1965); Irrtum und Sch. nach der italien. Lehre und Praxis des MA (1921, ND 1975). - [68] Vgl. MÜLLER, a.O. [57] 98-117. - [69] a.O. 118-169; A. M. LANDGRAF: Das Wesen der läßl. Sünde in der Scholastik bis Thomas von Aquin (1923); Dogmengesch. der Frühscholastik [DG] IV/1-2 (1955/56); R. BLOMME: La doctr. du péché dans les écoles théol. de la Iᵉ moitié du XIIᵉ s. (Löwen 1958). - [70] HÖDL, a.O. [52] 301; vgl. A. M. LANDGRAF: Der Begriff des peccatum habituale, in: DG IV/1, 70-154. - [71] Vgl. H. KÖSTER: Urstand, Fall und Erbsünde. In der Scholastik [Hb. der Dogmengesch. II/3b] (1979) 148-153; L. HÖDL: Theol. Neuansätze zum Verständnis des ‹peccatum originale› im 12. Jh., in: Sapientiae doctrina. Mél. H. Bascour (Löwen 1980) 119-136. - [72] ANSELM VON CANTERBURY: Cur Deus homo I, 24. Op. omn., hg. F. S. SCHMITT (Edinburgh 1938-61, ND 1968) 2, 92-94. - [73] De conc. praesc. 3, 7, a.O. 273f. - [74] Cur Deus homo I, 21, a.O. 88f. - [75] BERNHARD VON CLAIRVAUX: De grat. et lib. arb. XII, 40. Op. omn., hg. J. LECLERCQ/H. ROCHAIS [SBO] (Rom 1957-77) 3, 194; dtsch.: Sämtl. Werke, lat.-dtsch., hg. G. B. WINKLER [SW] (Innsbruck 1990ff.) 1, 231; De praec. et disp. VIIff. SBO 3, 262ff./SW 1, 365ff. - [76] PETRUS ABAELARDUS: Scito te ipsum III, in: D. E. LUSCOMBE: Peter Abelard's Ethics (Oxford 1971) 4. - [77] Vgl. a.O. 46, Anm. 1. - [78] Scito VII. XIf., a.O. [76] 42ff. 52ff.; zur Rezeption bei MEISTER ECKHART vgl. R. SCHÖNBERGER: Secundum rationem esse, in: R. LÖW (Hg.): Oikeiosis. Festschr. R. Spaemann (1987) 265ff. - [79] Scito III, a.O. 8. - [80] Belege: MÜLLER, a.O. [57] 125-128; THOMAS VON AQUIN: Über die Sittlichkeit der menschl. Handlung. S. theol. I-II, 18-21, übers. komm. R. SCHÖNBERGER (1990) 145; zur Diskussion im 14. Jh.: M. MCCORD ADAMS/R. WOOD: Is to will as bad as to do it? Franciscan Studies 41 (1981) 5-60. - [81] THOMAS VON AQUIN: S. theol. I-II, 20, 4; dtsch. SCHÖNBERGER, a.O. 138ff. - [82] Vgl. MÜLLER, a.O. [57] 146-166. - [83] M. LUTHER: Disp. c. scholasticam theol. 35f. (1517). Weim. Ausg. (1883ff.) 1, 225f.; dazu L. GRANE: Contra Gabrielem (Gyldendal 1962) 330ff. - [84] Vgl. W. HÜBENER: «Malum auget decorem in universo». Die kosmolog. Integration des Bösen in der Hochscholastik, in: A. ZIMMERMANN (Hg.): Die Mächte des Guten und Bösen (1977) 1-26; zur Theodizee der Erb-Sch. vgl. KÖSTER, a.O. [71] 180-184. - [85] BONAVENTURA: In II Sent., dist. 24, p. 2, a. 3, q. 1 concl., a.O. [14] 2, 584; dist. 41, a. 2, q. 2 concl., a.O. 952; vgl. J.-G. BOUGEROL: Lex. S. Bonaventure (Paris 1969) 48f.; R. JEHL: Melancholie und Acedia (1984) 175ff. - [86] In I Sent., dist. 40, a. 4, q. 1, fund. 3, a.O. 1, 717. - [87] In II Sent., dist. 35, a. 1, q. 1 resp., a.O. 2, 823. - [88] dist. 3, p. 2, a. 1, q. 1, ad 3f., a.O. 760. - [89] Vgl. L. SCHÜTZ: Thomas-Lex. (²1895, ND 1957) 198; MÜLLER, a.O. [57] 170-191; M. WITTMANN: Die Ethik des Thomas von Aquin (1933, ND 1962); R. OSTERLAND: Die Stellung der Sch.-Lehre des Thomas von Aquin in der Entwickl. des strafrechtl. Sch.-Begriffs. Diss. Leipzig (1949); V. RODRIGUEZ: La culpa y su especificación. Ciencia Tomista 43 (1956) 65-86; J. PIEPER: Über den Begriff der Sünde (1977) 28ff.; L. OEING-HANHOFF: Negativität und Böses in philos. Sicht, in: F. BÖCKLE u.a. (Hg.): Christl. Glaube in mod. Ges. 9 (1981) 150-175. - [90] Vgl. Art. ‹Metaphysik IV.›, in: Hist. Wb. Philos. 5 (1980) 1220; W. KLUXEN: Thomas von Aquin: Zum Gutsein des Handelns. Philos. Jb. 87 (1980) 327-339. - [91] THOMAS VON AQUIN: De malo 2, 2 corp. Op. omn. Ed. Leonina (Rom 1882ff.) 23, 33; vgl. gleichkommende Dreiteilungen bei WALTER VON BRÜGGE: Quaest. disp. 9, hg. E. LONGPRÉ (Löwen 1928) 87f.; MATTHÄUS VON AQUASPARTA: Quaest. de providentia 3, resp. 5, hg. G. GÁL (Quaracchi 1956) 292; vgl. THOMAS: In II Sent., dist. 30, q. 1, a. 2 corp. Op. omn., hg. R. BUSA (1980) 1, 213; S. theol. I, 48, 5; In Eth. V, 8, 970; 7, 6, 1402; eine ‹reatus›-Definition: In II Sent., dist. 42, q. 1, a. 2 corp., a.O. 1, 246; eine ‹debitum›-Definition: S. c. gent. II, 28, 1053. - [92] In II Sent., dist. 33, q. 2, a. 1, sol. 2, a.O. 1, 224. - [93] Art. ‹Malum V.›, in: Hist. Wb. Philos. 5 (1980) 677. - [94] JOH. DUNS SCOTUS: Opus Oxoniense [Ox.] II, dist. 43, q. 2, 2. Op. omn., hg. L. WADDING (Lyon 1639, ND 1968) 6/2, 1073; vgl. N. KRAUTWIG: Die Grundlagen der Bußlehre des Joh. Duns Scotus (1938) 5ff.; W. HOERES: Der Wille als reine Vollkommenheit nach Duns Scotus (1962) 113ff. - [95] Ox. II, dist. 37, q. 2, 20ff., a.O. 1002ff. - [96] Ox. IV, dist. 14, q. 1, 6f., a.O. 9, 9. - [97] WILHELM VON OCKHAM: Quaest. in IV Sent. 10f. Op. theol. (St. Bonaventure, N.Y. 1967-80) 7, 195; erste Kritik bei JOH. LUTTERELL: Libellus c. doctrinam G. Occam, a. 32, in: F.

HOFFMANN: Die Schr. des Oxforder Kanzlers J. L. (Leipzig 1959) 75. 209ff. - [98] a.O. 195. 223ff. - [99] 206. - [100] 196f. 223. - [101] 198; vgl. 195; vgl. ADAM WODEHAM: Sup. IV lib. Sent. Abbreviatio a Henrico Totting de Oyta conf. (Paris 1512) 144va, zit. MCCORD ADAMS/WOOD, a.O. [80] 39. - [102] JOH. CAPREOLUS: Defensiones theol. divi Thomae Aqu. II, dist. 30-34, hg. C. PABAN/TH. PÉGUES (Tournai 1900-08, ND 1967) 4, 327ff.; IV, dist. 14, q. 1, a.O. 6, 294ff.; dist. 20, q. 1, a. 3, a.O. 406ff.; dist. 44, q. 1, a. 3, 3, a.O. 7, 118. - [103] HEINRICH VON GENT: Quodl. I, 16. Op. omn., hg. R. MACKEN u.a. (Löwen 1979ff.) 5, 109; I, 18, a.O. 153, 71f.; II, 11, a.O. 6, 75ff. - [104] DURANDUS DE S. PORCIANO: In II Sent., dist. 34f. (Venedig 1571, ND Ridgewood, N.J. 1964) 1, 187vff.; Quodl. Avenionensia I, 9-11, hg. P. T. STELLA (Zürich 1965) 111ff. - [105] PETRUS AUREOLI: In II Sent., dist. 30ff. (Rom 1605) 1, 279ff.; In IV Sent., dist. 16, q. 1, a. 2, a.O. 2, 143 b. - [106] GREGOR VON RIMINI: In I Sent., dist. 17, q. 5, in: Lectura supra I et II Sent., hg. A. D. TRAPP/V. MARCOLINO (1979-87) 2, 455f.; In II Sent., dist. 30-33, q. 1, a.O. 6, 174ff.

Literaturhinweise. - Allgemein: M. J. SCHEEBEN: Hb. der Kath. Dogmatik IV, § 185-192 (1880). Ges. Schr. 5, hg. W. BREUNING/ F. LAKNER (1961) 563-630. - M. MÜLLER s. Anm. [57]. - Art. ‹Malum III.-V.›, in: Hist. Wb. Philos. 5 (1980) 665-681. - L. OEING-HANHOFF s. Anm. [89]. - *Zum Sch.-Charakter der Erbsünde:* L. SCHEFFCZYK s. Anm. [18]. - H. KÖSTER s. Anm. [71].
M. LAARMANN

III. *Neuzeit.* - In der Neuzeit ist der Begriff ‹Sch.› zunächst noch eng mit den Begriffen ‹(Erb-)Sünde›, ‹Konkupiszenz›, ‹(Sünden-)Strafe› und ‹Sündenvergebung› (Rechtfertigung) verflochten. Für die Reformatoren gilt, daß durch Adams Fall die Sünde in die Welt gekommen und der Mensch seitdem mit der Erb-Sch. behaftet ist. Hatte ERASMUS VON ROTTERDAM geschrieben, daß der Mensch aufgrund seines freien Willens unter Mitwirkung der Gnade zu Verdienst und Sch. (beides: «meritum») fähig ist und nur durch eigenes Verschulden («nisi suo vitio») zugrunde gehen könne [1], so antwortet M. LUTHER, daß der Mensch seit Adam in der Knechtschaft der Sünde verharren müsse und aus sich heraus nicht das Heil erlangen könne, sondern nur durch die Erlösung durch Christus [2]. Sch. kann nur durch den Glauben und eine Umwandlung des Herzens getilgt werden [3]. Durch Christus ist dem Glaubenden die Sünden-Sch. («culpa») erlassen, ist er mit Gott versöhnt. Diese Sch.-Erlassung ist «ein Werk allein des Geistes, der innerlich wirkt (intus operantis)» [4]. Nach J. CALVIN ist der Mensch von Natur aus, d.h. aufgrund der Erbsünde, schuldig («reatus»); die Heiligung («sanctificatio») erfolgt nur aus übernatürlicher Gnade [5]. Die protestantischen Bekenntnisschriften formulieren dagegen, daß mit der Erbsünde die Sch. («culpa seu reatus») auf alle Menschen übertragen wird und diese in ihrer Natur gänzlich verdorben seien [6]. Durch Taufe und Glauben wird der Sch.-Charakter der Erbsünde aufgehoben, die Konkupiszenz aber bleibt [7].

Die katholische (gegenreformatorische) Lehre bekräftigt, daß durch die Taufe die Sch. («reatum originalis peccati») nachgelassen sei, die Konkupiszenz auch in den Getauften bestehen bleibe, sie aber unter Mitwirkung der Gnade zu verdienstvollen Werken fähig seien [8]. - Innerhalb des Katholizismus opponiert der Jansenismus: Mit der Gnade kann «eine gewisse Geschuldetheit», jedoch nicht aufgrund von Werken, zusammengehen [9]. - Nach B. PASCAL sind alle Menschen durch Adams Fall «également coupable», der Verdammnis und des ewigen Todes schuldig, damit aber auch des Erbarmens und der Gnade Gottes bedürftig. Gottes unerforschlicher Ratschluß hat aber einigen Auserwählten die Fähigkeit verliehen, die Gebote zu erfüllen und so gerecht zu werden [10].

Bei G. W. LEIBNIZ steht der Sch.-Begriff in engem Zusammenhang mit der Frage nach dem Ursprung des Bösen und Übels. Gott will immer das Beste und erlaubt die Sünde und das moralisch Böse, um ein größeres Gutes hervorzubringen, «ungeachtet des Übels der Sch. (mal de coulpe), welches durch die höchste Notwendigkeit der ewigen Wahrheiten hineinverwoben ist (enveloppé)» [11]. Mit den «Alten» bezeichnet Leibniz Adams Fall als «felix culpa», als einen «péché heureux», da er durch die Inkarnation Christi mit ungeheurem Gewinn wiedergutgemacht worden ist [12]. Gegen P. BAYLE [13] spricht LEIBNIZ von einer «gewissen Determination» im Menschen zu sündigen, die diesen jedoch nicht hindert, nicht zu sündigen, «et puisqu'il peche, d'être coupable et de meriter la punition» [14]. Eine Erbsünden-Sch., die alle Menschen ohne eigene Sünde schon schuldig sein läßt, lehnt er jedoch ab [15].

Die Bindung des Sch.-Begriffs an theologische Lehrinhalte hat wohl verhindert, daß er in dieser Zeit neue Bestimmungen von philosophischer Seite erfuhr. Eine Ausweitung zu einem Sch.-Begriff der allgemeinen Moralphilosophie erfolgte erst unter Einwirkung der Rechtswissenschaft, insbesondere des Naturrechts. So stützt sich CH. WOLFF u.a. auf das römische Recht, wenn er ‹Sch.› allgemein definiert als «defectus rectitudinis actionis vincibilis» («strafbaren Mangel an Richtigkeit einer Handlung»). Sie wird dem Handelnden zugerechnet («imputatur») [16]. Sch. im besonderen ist der Mangel bei einer richtigen Handlung hinsichtlich der Einsicht («quoad intellectum») des Handelnden. Eine solche schuldhafte Handlung heißt schlecht [17]. Wer sie vermeiden will, muß auf alle Umstände («circumstantiae») des Handelns bedacht sein [18].

Für I. KANT hat der Sch.-Begriff einen zweifachen Ort, in der Pflichtenlehre und in der Religionsphilosophie. Eine Pflicht zu übertreten heißt, entweder «nothwendige oder schuldige Pflichten» (gegen sich selbst und gegen andere) oder «zufällige (verdienstliche) Pflichten» zu übertreten [19]. Dies wird näherhin erläutert mit den lateinischen Begriffen: «Was jemand pflichtgemäß mehr thut, also wozu er nach dem Gesetze gezwungen werden kann, ist verdienstlich (meritum); was er nur dem letzteren angemessen thut, Schuldigkeit (debitum); was er endlich weniger thut, als die letztere erfordert, ist moralische Verschuldung (demeritum). Der rechtliche Effect einer Verschuldung ist die Strafe (poena); der einer verdienstlichen That Belohnung (praemium) ...; die Angemessenheit des Verfahrens zur Schuldigkeit hat gar keinen rechtlichen Effect» [20]. Die Übertretung des Sittengesetzes hat den Richterspruch des Gewissens zur Folge, so sehr sich der Handelnde auch bemühen mag, sich «für schuldfrei zu erklären», da er etwa bei der Tat «vom Strom der Naturnothwendigkeit fortgerissen wäre» [21]. In der Religionsphilosophie dagegen geht es darum, zu erklären, wie trotz des Hanges zum Bösen im Menschen, der «angeborenen Sch. (reatus)» und der dadurch verursachten «Gebrechlichkeit» seiner Natur die Handlungen ihm als einem frei handelnden Wesen zugerechnet werden können. Sch. ist zu unterscheiden als «unvorsätzliche (culpa)» und «vorsätzliche Sch. (dolus)» [22]. Der Mensch kann sich als sittlich-vernünftiges Wesen mit dem «Ideal der moralischen Vollkommenheit» vereinigen und so, obwohl «nie von Sch. frei», die «Leiden ... doch als von ihm verschuldet ansehen» [23]. Die ursprüngliche «Verschuldung», das radikal Böse, kann durch keine guten Taten ausgelöscht werden, «denn sie ist keine transmissible Verbindlichkeit, die etwa wie eine Geld-Sch. (bei der es dem Gläubiger einerlei ist, ob der Schuldner selbst oder ein anderer für ihn bezahlt) auf einen anderen übertragen werden kann, sondern die allerpersönlichste, nämlich eine Sünden-Sch., die nur der Strafbare ... tragen kann» [24]. Nur durch eine «gebesserte Gesinnung» und «gänzliche Herzensänderung» und durch die Gnade Gottes wird der Mensch gerechtfertigt, erlangt er die «Hoffnung auf die Lossprechung des Menschen von seiner Sch.» [25].

F. W. J. SCHELLING hat seit seinen Anfängen [26] immer wieder über das Problem des Sündenfalls und der Wiederversöhnung mit Gott reflektiert. «Die Geschichte ist ein Epos, im Geiste Gottes gedichtet; seine zwei Hauptpartien sind: die, welche den Ausgang der Menschheit von ihrem Centro zur höchsten Entfernung von ihm darstellt, die andere, welche die Rückkehr» [27]. Der «Abfall» der Seelen von Gott wird hier noch nach platonischem Vorbild als deren Herabsteigen «aus der Intellektualwelt in die Sinnenwelt» gesehen, «wo sie zur Strafe ihrer Selbstheit und einer diesem Leben ... vorhergegangenen Sch. an den Leib wie an einen Kerker sich gefesselt finden» [28].

Später erklärt Schelling Sch. als «Losreißen von Gott» und «Herabsinken» in die Welt. Dadurch beginnt das «Zeitalter der Sch. und Sünde», dem «eine Zeit der Un-Sch. oder der Bewußtlosigkeit über die Sünde» vorangegangen sei [29]. Das Problem der Sch. läßt sich weder dualistisch noch pantheistisch, sondern nur in der Bestimmung der menschlichen Freiheit lösen: «Der Mensch ist auf jenen Gipfel gestellt, wo er die Selbstbewegungsquelle zum Guten und Bösen gleicherweise in sich hat ... Er steht am Scheidepunkt; was er auch wähle, es wird seine Tat sein, aber er kann nicht in der Unentschiedenheit bleiben». Das Böse bleibt «immer die eigene Wahl des Menschen; ... jede Kreatur fällt durch ihre eigne Sch.» [30]. Gott kann die Freiheit nicht aufheben, «indem er sonst sich selbst aufheben müßte; er kann sie nur durch Liebe bewältigen» [31].

Für G. W. F. HEGEL trägt jede sittliche Handlung, insofern sie auf eine entgegenstehende Wirklichkeit trifft, die Gefahr in sich, die Folgen ihrer Tat nicht übersehen zu können und doch für sie verantwortlich zu sein. Das Selbstbewußtsein «gibt durch die That die Bestimmtheit der Sittlichkeit auf, die einfache Gewißheit der unmittelbaren Wahrheit zu seyn, und setzt die Trennung seiner selbst, in sich als das Thätige und in die gegenüberstehende für es negative Wirklichkeit. Es wird also durch die That zur Sch. Denn sie ist sein Thun, und das Thun sein eigenstes Wesen; und die Sch. enthält auch die Bedeutung des Verbrechens». Dieser Sch. kann man nicht entgehen. «Unschuldig ist daher nur das Nichtthun wie das Seyn eines Steines, nicht einmal eines Kindes» [32]. Diese Verstrickung in die Sch. wird deutlich an der Gestalt des Ödipus: Er weiß nicht, was er tut, und «kann das Verbrechen und seine Sch. nicht verleugnen»; er muß «seine Sch. anerkennen» und gibt dabei «die Wirklichkeit seines Selbsts auf und ist zu Grunde gegangen» [33]. Aber nicht «der Sieg der einen Macht und ihres Charakters» beendet diesen Prozeß. «Erst in der gleichen Unterwerfung beyder Seiten [des tragischen Widerspruchs] ist das absolute Recht vollbracht und die sittliche Substanz als die negative Macht, welche beyde Seiten verschlingt, oder das allmächtige und gerechte Schicksal aufgetreten» [34]. Damit hat Hegel zum ersten Mal die dialektische Seite der tragischen Sch., die Entzweiung des Selbstbewußtseins und die Versöhnung der sittlichen Natur, gezeigt und durchgeführt [35]. «Das ursprünglich Tragische besteht nun darin, daß innerhalb solcher Kollision beide Seiten des Gegensatzes für sich genommen Berechtigung haben, während sie andererseits dennoch den wahren positiven Gehalt ihres Zwecks und Charakters nur als Negation und Verletzung der anderen, gleichberechtigten Macht durchzubringen imstande sind und deshalb in ihrer Sittlichkeit und durch dieselbe ebensosehr in Sch. geraten» [36]. – In der Rechtsphilosophie erkennt Hegel in jeder Tat die «Veränderung» des «vorliegenden Daseins»; insofern das Individuum «Bedingung, Grund, Ursache» davon ist, ist «es Sch. daran» oder habe «wenigstens Sch. daran» [37]. Aber: «daß ich schuld an etwas bin, macht noch nicht, daß mir die Sache imputiert werden könne» [38], weil nämlich der Vorsatz hinzukommen muß: «Die Tat kann nur als Sch. des Willens zugerechnet werden – das Recht des Wissens» [39]. Eine (willentliche) Tat muß, im Unterschied zur Handlung, für ihre Folge einstehen, ohne aber für das «zufällig Hinzukommende» verantwortlich gemacht werden zu können. Nur «das heroische Selbstbewußtsein (wie in den Tragödien der Alten, Ödips u.s.f.) ... übernimmt die Sch. im ganzen Umfange der Tat» [40].

Bei S. KIERKEGAARD ist, auch in Auseinandersetzung mit Hegel, der Akzent wieder auf die religiöse Sch. verlegt. Sch. ist «der konkreteste Ausdruck der Existenz» und das Bewußtsein davon das Kennzeichen, daß der Existierende sich zur «ewigen Seligkeit verhält». Denn wenn die Sch. nicht mehr eine einzelne ist, die sich an bestimmten Normen und Maßstäben bemißt («komparative Sch.»), sondern sich in bezug zu Gott setzt, wird das «Mißverhältnis» zwischen Gott und dem Existierenden offenbar und die Sch. «total»; sie läßt sich nicht abwälzen [41]. Die Totalität der Sch. entsteht dadurch für das Individuum, daß es «in Angst vor der Sünde die Sünde hervorbringt», daß es in Angst, als «schuldig zu gelten, schuldig wird». Während das Judentum seine Zuflucht zum Opfer nahm, um Gott zu versöhnen, nimmt im Christentum das «religiöse Genie» «die Sch. als die Gestalt» an, «die ihn begleitet». Der schuldige Mensch «kehrt sich gegen sich selbst» und fürchtet, seine Freiheit zu verlieren: «Das Verhältnis der Freiheit zur ist Angst.» Aus dem «zweideutigen Starren der Angst» auf die Sch. kann nur der Glaube erlösen: «Wer, im Verhältnis zur Sch., durch die Angst erzogen wird, der wird daher erst ausruhen in der Versöhnung» [42].

A. SCHOPENHAUER sieht in der Lehre von einer Erbsünden-Sch., von einer «schweren Verschuldung des Menschengeschlechts durch sein Daseyn selbst», eine Gemeinsamkeit von Christentum, Brahmanismus und Buddhismus. «In Folge dieser Sch. also, die von seinem Willen ausgegangen seyn muß, bleibt der Mensch, mit Recht ... den physischen und geistigen Leiden preisgegeben, ist also nicht glücklich» [43].

F. NIETZSCHE gewinnt seinen Begriff der Sch. zuerst an der Deutung der griechischen Tragödie. Er wendet sich gegen eine Auslegung der Tragödie, derzufolge «Sch. und Leid in genauer Proportion» stehen sollen, also «alles Unglück Strafe» sei. Dies ist der «Standpunkt des Philisters». «Sch. und Schicksal» sind vielmehr nur Mittel, um «aus dieser Welt der Sch.» in «eine andere Weltordnung» überzugehen und die «Individuatio» aufzulösen [44]. Später hat Nietzsche diese Vorstellung von einem Äquivalent zwischen Sch. und Strafe in die Kritik am Christentum übernommen. Er wendet sich gegen das «Aufwiegen wollen der Sch. durch Strafe», gegen Sünde und Rache [45]. Das Christentum hat mit dem Bewußtsein der Sünden-Sch. und ihrer Vergebung zwar eine «zweite Un-Sch.» geschaffen. Die Gefahr liegt aber darin, daß «die unschuldigen Menschen in allen Stücken die Opfer» ihrer «Unwissenheit» werden [46]. ‹Sch.› hat «seine Herkunft aus dem sehr materiellen Begriff 'Schulden' genommen», stammt also aus dem «Obligationenrecht» und überträgt das Verhältnis von Gläubiger und Schuldner auf die Moral. Strafe und Rache bedeuten ein genußvolles «Leiden-Machen» durch den Geschädigten, sollen «das Gefühl der Sch. im Schuldigen aufwecken», Gewissensbisse verursachen und diese bis zum Bewußtsein von der «Unlösbarkeit der Sch.», bis zu dem «Folterwerkzeug» einer «Sch. gegen Gott (als Feindschaft, Auflehnung, Aufruhr gegen den 'Herrn', den 'Vater', den Urahn und Anfang der Welt)» treiben: «Dies ist eine Art Willens-Wahnsinn in der seelischen Grausamkeit, der schlechterdings nicht seines Gleichen hat» [47]. Mit dem Sch.-Gefühl soll sich der Mensch gegen sich selbst wenden und sein «Leiden selbst als einen Strafzustand verstehen». Dadurch bekam sein Leiden zwar einen Sinn, aber er mußte damit auf Glück und Schönheit verzichten lernen [48]. Das Christentum hat «die Un-Sch. des Werdens durch 'Strafe' und 'Sch.' durchseucht». Dagegen sind «wir Immoralisten» angetreten, «mit aller Kraft den Sch.-Begriff und den Strafbegriff aus der Welt wieder herauszunehmen» [49] und Sch. und Unglück «zu vergessen» [50]. Nur für «einen Gott, der auf die Erde käme», gälte: Er «dürfte gar nichts Andres thun als Unrecht, – nicht die Strafe, sondern die Sch. auf sich zu nehmen wäre erst göttlich» [51].

S. FREUD analysiert das Sch.-Gefühl psychisch Kranker, besonders von Zwangsneurotikern, in seinem Verhältnis zum «normalen» Sch.-Bewußtsein und in bezug auf die kulturelle Entwicklung der Menschheit. Sch.-Gefühl und -Bewußtsein, allgemein die Angst vor einer unbekannten und häufig auch unbewußten Autorität [52], bildet mit dem Phänomen des Gewissens, des Strafbedürfnisses und der Reue eine von verschiedenen Seiten desselben Verhältnisses: der «Spannung zwischen dem gestrengen Über-Ich und dem ihm unterworfenen Ich» [53]. Während das «normale, bewußte Sch.-Gefühl (Gewissen) ... auf der Spannung zwischen dem Ich und dem Ichideal» beruht und «Ausdruck einer Verurteilung des Ichs durch seine kritische Instanz» ist, meldet sich dieses in der Zwangsneurose «überlaut», kann sich «vor dem Ich nicht rechtfertigen» und bleibt unbewußt, weil vom Kranken nicht zugestanden. Schließlich kann es im Über-Ich so stark werden, daß es sich bis zur «Reinkultur des Todestriebes», der das Ich in den Tod treibt, steigert [54]. Seinen historischen Ursprung hat das Sch.-Gefühl in der Tötung des Urvaters durch seine Söhne und der darauf folgenden Übernahme von Sch. (Ödipuskomplex) bei gleichzeitiger «Entschuldigung Gottes». Hieraus entstehen Religion, Sittlichkeit, Gesellschaft, die das Bewußtsein von der «Urvatertragödie» wachhalten und durch peinliche Befolgung von moralischen Geboten zu bewältigen suchen [55]. Der Preis für diesen «Kulturfortschritt» sind Triebverzicht und eine «Erhöhung des Sch.-Gefühls» [56].

Auch die Individualpsychologie A. ADLERS spricht von einer Sch., die über den einzelnen Menschen hinausgeht. Sie ist am besten in Dostojewskis Formulierung ausgedrückt, «daß jeder teilhaftig ist an der Sch. des anderen»; einem jeden ist «ewig eine Verpflichtung» aufgeladen, «die mich treibt, die mich haftbar macht, die zu zahlen gebietet» [57]. – Zu vergleichbaren Schlußfolgerungen kommt C. G. JUNG in seinen Überlegungen zur Kollektiv-Sch. Da ich als Mensch teilhabe an der menschlichen Natur, bin ich auch «mitschuldig» an dem, was Menschen zu tun fähig waren und getan haben: «Keiner steht außerhalb des schwarzen Kollektivschattens der Menschheit» [58]. Die Vorstellung von der «Kollektiv-Sch.» ist «zwar eine höchst altertümliche und primitive, magische Unreinheit, aber eben wegen der allgemein verbreiteten Unvernunft eine höchst reale Sache». Ohne Sch.-Bewußtsein entfällt der «moralische Antrieb», die Realität zu verbessern, die «seelische Reifung» und die «Erweiterung des geistigen Horizontes» [59].

M. SCHELER besteht, gegen die Psychologie, darauf, daß Reue und Sch. nicht nur ein «Unlustgefühl» oder ein Schmerz sind, sondern etwas, das tief «im Kern der Person sitzt». Sch. ist eine «Qualität», die «der Person selbst ... durch ihre bösen Akte zugewachsen ist». Nicht Flucht vor der Sch., sondern das Bekenntnis zu ihr und Reue verhindern, daß «immer neue Sch. aus der alten Sch. hervortreibt und so den Sch.-Druck lawinenartig wachsen läßt ... Die Reue tötet den Lebensnerv der Sch.». Sie ermöglicht, wenn sie nicht nur Reue über eine bestimmte Tat ist, sondern Reue über das «Verschuldetsein der Person» selbst («Seins-Reue»), die Bekehrung und Wiedergeburt, d.h. «neue, schuldfreie Anfänge des Lebens». Sie ist eine «Entmächtigung der Sch.», «vernichtet wahrhaft jene psychische Qualität, welche 'Sch.' heißt» [60]. Unsere «Solidarität» mit allen Menschen und Mitverantwortung für die gesamte moralische Welt gebietet, nicht nur unsere «Selbstverschuldung», sondern auch die «Mit-Sch. an jeglicher Sch.», an der «Gesamt-Sch. der Zeit», zu tragen und sie «als eine 'eigene' mitzubetrachten und mitzubereuen» [61]. So kann Scheler die christliche Lehre von Erbsünde und Erb-Sch. neu deuten und mit ihr den Gedanken der «felix culpa» aufgreifen [62].

Gegenüber allen alltäglichen, «vulgären» Bedeutungen von Sch., wie «Schuldigsein» und «Sch. haben an», auch gegenüber der sittlichen Sch., fragt M. HEIDEGGER nach dem «existenzialen» Begriff von Sch., nach der «Idee von 'schuldig' aus der Seinsart des Daseins». Er bestimmt sie als «Grundsein einer Nichtigkeit». «Das Schuldigsein resultiert nicht erst aus einer Verschuldung, sondern umgekehrt: diese wird erst möglich 'auf Grund' eines ursprünglichen Schuldigseins» [63]. Da das Dasein als geworfenes Grund für ein Sein ist, da es zu seiner Freiheit gehört, etwas zu wählen und etwas anderes nicht, bleibt es beständig hinter seinen Möglichkeiten zurück, gehört zu ihm die «Nichtigkeit». Das bedeutet: «Das Dasein ist als solches schuldig». Es hört den Ruf zum Selbst, zu «seiner eigensten Existenzmöglichkeit», die es aber nie voll erreicht. Es «braucht sich nicht erst durch Verfehlungen oder Unterlassungen eine 'Sch.' aufzuladen, es soll nur das 'schuldig' – als welches es ist – eigentlich sein». Mit dieser Wahl ermöglicht sich das Dasein sein «eigenstes Schuldigsein, das dem Man-selbst verschlossen bleibt» [64]. – Später treten bei Heidegger andere Begriffe an die Stelle von ‹Sch.›. Der Mensch wird «als jenes Wesen, das die Seynsfuge seines Daseins ins Ungefüge umwenden kann», gedeutet, das das Vermögen des Guten und Bösen in sich trägt [65]. Heidegger übersetzt griech. δίκη und ἀδικία mit «Fug» und «Un-Fug». Der Mensch wird als «aufständiger» verstanden, der in Gefahr ist, «Un-Fug» anzurichten [66].

Auch für K. JASPERS gehört eine unvermeidliche Sch. zum Wesen des Menschen. «Weil ich mich frei weiß, anerkenne ich mich als schuldig» für mein Handeln. Ich kämpfe zwar gegen neue «Verschuldung», gerate aber mit den Folgen meines Tuns unvermeidbar in Sch., will ich nicht «meine Freiheit selbst verleugnen» [67]. «Da es nicht das eine Richtige für alle gibt, muß ich die Sch. auf mich nehmen im Wagnis des Handelns» [68].

J.-P. SARTRE reflektiert den Begriff ‹Sch.› nur kritisch. Obwohl der Satz «Der individuelle Akt bindet die ganze Menschheit» [69] die Übernahme von Verpflichtung und Sch. zur Folge haben könnte, kann Sartre Gewissen, Sch., Reue nicht zugestehen, weil sie für ihn moralisch-religiös besetzt sind und so den Menschen daran hindern würden, seine Existenz selbst zu wählen. Orest, der seine Mutter aus Rache für die Ermordung seines Vaters tötet, bekennt sich «außerhalb der Natur, gegen die Natur, ohne Entschuldigung ... Ich bin dazu verurteilt, kein anderes Gesetz zu haben als mein eigenes» [70].

Neben Sartre haben zahlreiche Schriftsteller das Thema der Sch., nicht zuletzt unter dem Eindruck der Ereignisse des Zweiten Weltkriegs und der Erfahrung der Verbrechen des Nationalsozialismus [71], behandelt. Kennzeichen sind die Verstrickung in Sch., das (oft ungewollte) Schuldigwerden, Verleugnen der Sch. und Flucht davor, Abwälzen der Sch. auf andere u.ä., häufig in der literarischen Form des Dramas, weil das Drama – die Handlung – es ist, das zur Sch. führt. Das angestrengte Bemühen, die Sch. zu verdrängen, «unschuldig zu sein, selbst wenn dadurch Himmel und Erde angeklagt werden müssen», berechtigt um so mehr zu der Behauptung, «daß alle schuldig sind» [72].

Die existenzphilosophische Bestimmung der Sch. wird von einigen Theologen weitergeführt. In P. TILLICHS «Existenzanalyse» wird «Sünde» als «Entfremdung des Menschen von seinem eigentlichen Sein» interpretiert, «eine Entfremdung, die sowohl tragische Notwendigkeit als auch persönliche Sch. bedeutet». Sch. und Entfremdung entstehen aus dem «Wagnis» des Menschen, «sich selbst zu verwirklichen oder nicht zu verwirklichen», und «im zweiten Fall, sein eigentliches Sein zu verlieren». Sie werden überwunden im Glauben an Gott, der «über das Nicht-Sein herrscht» und uns den Mut schenkt, «die Angst vor «Endlichkeit, Sch. und Zweifel auf uns zu nehmen» [73]. Während Tillich den Begriff ‹Erbsünde› für «fragwürdig» hält, bleibt K. BARTH beim traditionellen Begriff von Sünde, Erbsünde und Sch. Der Mensch, «jeder Einzelne für sich und die Menschheit als Ganzes werden schuldig», indem Mensch und Menschheit ein auf sich zentriertes unabhängiges Wesen sein wollen [74]. – Die katholische Theologie bringt eine Reihe von neuen Erklärungen zur Erschaffung des Menschen, zu Erbsünde und Konkupiszenz [75].

Für H. COHEN ist die Sch.-Frage nicht nur eine Frage des Rechts und der Ethik, sie verweist vielmehr auf die Religion: «Wenn der Mensch das Bewußtsein seiner Sch. nicht von sich abtun darf, so ist es die Ethik selbst, welche ihn an die Religion, an die Korrelation mit Gott verweist». Die «Eigenart der Religion» entsteht «in dem Problem der Sch. und in ihr an dem Problem des Individuums». Die Aufhebung der Sch. kann nicht im Mythos oder durch Opfer, wie der Kampf der Propheten gegen Opfer zeigt, erfolgen, sondern in der «Versöhnung» mit Gott, der allein verzeihen und «unschuldig machen» kann. «Die Sch. stabilisiert keineswegs einen bösen Charakter des Menschen, sondern sie ist vielmehr nur der Durchgang zu seiner Vollendung, zu einem höheren

Aufstieg für die Wiedergewinnung seiner Un-Sch.» [76]. – M. BUBER betont, daß es «wirkliche Sch., ... personenhafte Sch.» gibt, die nicht durch Kategorien wie ‹Verdrängung› und ‹Bewußtmachung› erfaßt wird. Diese beziehen sich nur auf eine der drei «Sphären der Sch.», die des Gewissens, nicht die des Rechts und die des Glaubens. In einer Interpretation von Dostojewskis ‹Die Dämonen› und Kafkas ‹Der Prozeß› zeigt Buber, daß in beiden die Sch. nicht bewältigt wurde, weil von den Protagonisten das Eingeständnis der Sch., die «Selbsterhellung», nicht geschafft werde. «Der Mensch ist das Wesen, das fähig ist, schuldig zu werden, und fähig ist, seine Sch. zu erhellen» [77].

Bei der nach dem Zweiten Weltkrieg virulenten Erörterung der deutschen Kollektiv-Sch. unterscheidet K. JASPERS eine kriminelle Sch., die nicht jeden treffe, von einer politischen Sch., der «Haftung der Staatsangehörigen», ferner eine «moralische Sch.», die jeder tragen müsse, der untätig blieb, und schließlich eine «metaphysische Sch.», die jeden Überlebenden betrifft. «Daß in den geistigen Bedingungen des deutschen Lebens die Möglichkeit gegeben war für ein solches Regime, dafür tragen wir alle eine Mit-Sch.» [78]. J. AMÉRY hält die Kollektiv-Sch. für eine «brauchbare Hypothese, wenn man nichts anderes darunter versteht als die objektiv manifest gewordene Summe individuellen Sch.-Verhaltens», als «Tat-Sch., Unterlassungs-Sch., Rede-Sch., Schweige-Sch.». Er beharrt auf dem Ressentiment, das solange nötig sei, bis der Konflikt zwischen Täter und Opfer ausgetragen sei, d.h. solange, bis die Tat als ein Verbrechen moralische Realität geworden sei [79].

P. RICŒUR will in einer «Phänomenologie der Sch.» den «menschlichen 'Ort' des Bösen» neu bestimmen. Da es sich nur «indirekt und bildlich» ausspricht, gilt es, die «Symbolik des Bösen» aufzunehmen und philosophisch zu durchdenken [80]. So findet man sich etwa mit einem 'Gewicht' 'beladen' und realisiert so das «subjektive Moment der Verfehlung», die Sch., während die Sünde deren «ontologisches Moment» ist. Gegenüber griechischen, jüdischen und christlichen (paulinischen) Deutungen der Sch. betont Ricœur den «unfreien Willen», das Befangensein der Menschheit im Bösen, vor dem um so mehr «die Einsamkeit des schuldigen Gewissens zum Vorschein» komme [81]. Ricœur untersucht die Ursymbole der Sch. im Zusammenhang mit dem unfreien Willen, weiß aber um den Hiatus zwischen Sch.-Bekenntnis und der philosophischen Reflexion darüber, der nur durch «die Ausarbeitung einer Empirie des unfreien Willens als transzendentale Deduktion» überwunden werden könne [82].

Unabhängig davon bleibt der Sch.-Begriff im Theodizee-Problem akut, innerhalb dessen auch die felix-culpa-These eine neue Applikation auf die Hermeneutik erfahren kann [83].

Anmerkungen. [1] ERASMUS VON ROTTERDAM: De libero arbitrio (1524). Op. omn. (Leiden 1703-06, ND 1961/62) 9, 1234. 1224; lat.-dtsch.: Ausgew. Schr., hg. H. WELZIG (1967-80) 4, 56/57. 118/119. – [2] M. LUTHER: De servo arbitrio (1525). Weim. Ausg. [WA] 18, 600-787. – [3] Auslegung deutsch des Vaterunsers für die Laien (1519). WA 2, 118. – [4] Pro veritate inquirenda et timoratis conscientiis consolandis conclusiones (1518). WA 1, 630-632. – [5] J. CALVIN: Instit. religionis christ. (1559) 11, 1, 7. Corp. Reformat. 30, 181f. – [6] H. ZWINGLI: Rechenschaft des Glaubens (1530). Hauptschr. (1941-52) 11, 262f. – [7] Konkordienformel (1579), in: Die Bekenntnisschr. der evang.-luth. Kirche (⁵1963) 848ff. – [8] Konzil von Trient, Sessio V vom 17. 6. 1549, in: H. DENZINGER/H. SCHÖNMETZER: Enchir. symbol. (1963) Nr. 792. – [9] C. JANSENIUS, zit. in: H. KÖSTER: Urstand, Fall und Erbsünde. Von der Reform. bis zur Gegenwart [Hb. der Dogmengesch. II/3c] (1982) 104f. – [10] B. PASCAL: Ecrits sur la grâce. Oeuvr., hg. L. BRUNSCHVICG (Paris 1904-14) 11, 151. 136. 148. – [11] G. W. LEIBNIZ: Théod. I, § 25 (1710). Die philos. Schr., hg. C. I. GERHARDT (1875-90, ND 1965) 6, 117. – [12] Théod., Append. 1, a.O. 377. – [13] P. BAYLE: Dict. hist. et crit. (Rotterdam ³1720) 2, 1531: Art. ‹Jansenius›, Anm. G. – [14] LEIBNIZ: Théod. III, § 369, a.O. [11] 334. – [15] Theol. System, lat.-dtsch., hg. C. HAAS (1860, ND 1966) 9. – [16] CH. WOLFF: Philosophia practica universalis §§ 696. 700 (1738-50) 1, 517. 519. – [17] §§ 717. 723, a.O. 537f. – [18] § 647, a.O. 2, 519f. – [19] I. KANT: Grundl. zur Met. der Sitten (1785). Akad.-A. 4, 429f. – [20] Met. der Sitten (1797). Akad.-A. 6, 227f. – [21] KpV A 176. – [22] Die Relig. innerh. der Grenzen der bloßen Vernunft (1793). Akad.-A. 6, 37f. – [23] a.O. 67; vgl.: Mutmaßl. Anfang der Menschengesch. (1786). Akad.-A. 8, 116. – [24] Relig., a.O. 6, 72. – [25] a.O. 76. – [26] F. W. J. SCHELLING: Antiquissimi de prima malorum humanorum origine. Sämmtl. Werke, hg. K. F. A. SCHELLING (1856-61) I/1, 1-40. – [27] Philos. und Relig. (1804), a.O. I/6, 57; vgl. 43. – [28] a.O. 47. – [29] Philos. Unters. über das Wesen der menschl. Freiheit (1809), a.O. I/7, 355. 378. – [30] a.O. 374. 382. – [31] 399. – [32] G. W. F. HEGEL: Phänomenol. des Geistes (1807), hg. J. HOFFMEISTER (1952) 334 bzw. Akad.-A. 9 (1980) 254. – [33] a.O. 336 bzw. 255f. – [34] 337 bzw. 256. – [35] P. SZONDI: Versuch über das Tragische (1978) 167; vgl. 152. – [36] HEGEL: Ästhetik, hg. F. BASSENGE (o.J.) 2, 549. – [37] Grundl. der Philos. des Rechts (1821) § 115. Jub.ausg., hg. H. GLOCKNER (1927-40) 7, 173. – [38] § 115, Zusatz, a.O. 173. – [39] § 117, a.O. 107. – [40] § 118, a.O. 108. – [41] S. KIERKEGAARD: Abschließende unwiss. Nachschr. (1846) 11, 2, § 3. Ges. Werke, hg. E. HIRSCH u.a. 16/2 (1958) 238f. 241f. – [42] Der Begriff Angst (1844) II, § 2; III, § 3; V, a.O. 11/12 (1965) 75. 106. 110-112. 168. – [43] A. SCHOPENHAUER: Die Welt als Wille und Vorst. (1819-44) II, 4, 48. Sämtl. Werke, hg. J. FRAUENSTÄDT/A. HÜBSCHER (1946-50) 3, 693f.; vgl. 6, 252. – [44] F. NIETZSCHE: Einl. zu den Vorles. über Sophocles Ödipus rex (1870). Mus.-Ausg. 2, 337. 239; Werke 17, hg. E. HOLZER (1910) 293. – [45] Morgenröthe (1881) III, 202. Krit. Ges.ausg., hg. G. COLLI/M. MONTINARI (1967ff.) 5/1, 177; vgl. I, 11. 78, a.O. 21. 72f. – [46] IV, 321, a.O. 231. – [47] Zur Geneal. der Moral (1887) II, 4-6. 8. 14. 21f., a.O. 6/2, 313-317. 321f. 334f. 346-348. – [48] III, 20. 28, a.O. 406-412. – [49] Götzen-Dämmerung (1889) Die Vier großen Irrthümer 7, a.O. 6/3, 90. – [50] Ecce homo (1888/89) Warum ich so weise bin 2, a.O. 265. – [51] 5, a.O. 269. – [52] S. FREUD: Totem und Tabu (1913). Ges. Werke [GW] (1952-68) 9, 86. – [53] Das Unbehagen in der Kultur (1930). GW 14, 483. 496; vgl. GW 15, 67. 84f.; GW 13, 147. 265, 379; GW 17, 107. – [54] Das Ich und das Es (1923). GW 13, 280-283. – [55] Der Mann Moses (1939). GW 16, 243f.; vgl. GW 9, 173. 176; GW 10, 386-391; GW 14, 406f. 491f. 497. – [56] GW 14, 494. – [57] A. ADLER: Praxis und Theorie der Individualpsychol. (⁴1930) 206. – [58] C. G. JUNG: Gegenwart und Zukunft (1957). Ges. Werke (1958-78) 10, 327. – [59] Nach der Katastrophe (1945), a.O. 222. – [60] M. SCHELER: Vom Ewigen im Menschen (³1933). Ges. Werke 5 (1954) 47f. 36. 48f. – [61] a.O. 51f.; vgl. 375f.; a.O. 2, 487f. – [62] a.O. 57f. – [63] M. HEIDEGGER: Sein und Zeit § 58 (1927) 282-284. – [64] a.O. 285. 287f. – [65] Schellings Abh. über das Wesen der menschl. Freiheit (1809). Vorles. im SS 1936 § 21 (1971). Ges.ausg. II/42 (1988) 247-253. – [66] Der Spruch des Anaximander, in: Holzwege (⁶1980) 350-352. – [67] K. JASPERS: Philos. 1-3 (1932, ³1956) 2, 196f. 246f. – [68] a.O. 333; vgl. 3, 110f. – [69] J.-P. SARTRE: L'existentialisme est un humanisme (Paris 1946); dtsch.: Ist der Existentialismus ein Humanismus? (1947) 13f. – [70] Les mouches (Paris 1943); dtsch.: Die Fliegen (1949) 3. Akt, 2. Szene. – [71] z.B. F. DÜRRENMATT: Der Besuch der alten Dame (1956); R. HOCHHUTH: Der Stellvertreter (1959); M. FRISCH: Andorra (1961); S. LENZ: Zeit der Schuldlosen (1961); P. WEISS: Die Ermittlung (1965). – [72] A. CAMUS: La chute (Paris 1946); dtsch.: Der Fall (1957) 86. 117. – [73] P. TILLICH: Existenzanalyse und relig. Sprache (1956). Ges. Werke 5 (1964) 233. 229f. 236; vgl. 8 (1970) 258. 319f.; 11 (1969) 46-48; vgl. G. SCHEPERS: Schöpfung und allg. Sündigkeit (1974). – [74] K. BARTH: Die kirchl. Dogmatik IV/1 (1953) § 60, zit.: 395. – [75] K. RAHNER: Zum theol. Begriff der Konkupiszenz. Schr. zur Theol. 1 (1954) 377-414. –

[76] H. COHEN: Relig. der Vernunft aus den Quellen des Judentums (1919) 196f. 209ff. 262. – [77] M. BUBER: Sch. und Sch.-Gefühle (1958). Werke (1962-64) 1, 475-502, zit. 485. 487. 500f. – [78] K. JASPERS: Die Sch.-Frage (1946) 47-65. 71; vgl. H. ARENDT: Eichmann in Jerusalem (1964); Vita activa (1971) 228. – [79] J. AMÉRY: Jenseits von Sch. und Sühne (1977) 116f. 124. – [80] P. RICŒUR: Finitude et culpabilité (Paris 1960); dtsch.: Phänomenol. der Sch. 1: Die Fehlbarkeit des Menschen, 2: Symbolik des Bösen (1971) 1, 8. – [81] a.O. 1, 118-120. 124. – [82] a.O. 395. 405f. – [83] O. MARQUARD: Felix culpa? in: M. FUHRMANN (Hg.): Text und Applikation (1981) 53-71.

Literaturhinweise. J. R. SILBER: Die Analyse des Pflicht- und Sch.-Erlebnisses bei Kant und Freud. Kantstudien 52 (1960/61) 295-309. – M. OTTO: Reue und Freiheit (1961, ²1987). – E. FREY (Hg.): Sch., Verantwortung, Strafe im Lichte der Theol., Jurisprudenz, Medizin und Philos. (1964). – R. SCHOONENBERG: Theol. der Sünde (1966). – J. BLANK (Hg.): Der Mensch am Ende der Moral (1971). – PH. SCHMITZ: Sch., das komplexe Phänomen (1972). – J. SPLETT: Art. ‹Sch.›, in: Hb. philos. Grundbegriffe (1974) 5, 1277-1288. – A. EDMAIER: Sch.-Erfahrung und Sollensbegriff. Philos. Jb. 82 (1975) 162-177. – A. DORN: Sch. – was ist das? (1976). – R. GOETSCHI: Der Mensch und seine Sch. (1976). – B. LAURET: Sch.-Erfahrung und Gottesfrage bei Nietzsche und Freud (1977). – F. BÖCKLE: Sch. als Phänomen, in: Fundamentalmoral (1977) 93-177. – H. FOTH: Tat-Sch. und Charakter. Schopenhauer-Jb. 60 (1979) 148-180. – M. MIETH: Wieweit kann man Sch. und Sünde trennen? Theol. Quartalschr. 160 (1980) 184-191. – A. TISCHINGER: Das Phänomen der Sch. [zu B. Welte] (1985). – E. HERMS: Sch. in der Gesch. Z. Theol. Kirche 85 (1988) 349-370. – H. MORRIS (Hg.): Guilt and shame (Belmont 1971). J. KÖHLER

IV. *Recht.* – Obwohl es in der griechischen *Antike* zunächst noch keinen selbständigen juristischen Bereich gibt, läßt sich die rechtliche Sch. mit dem Begriff αἰτία von der intellektuellen und sittlichen Fehlleistung, ἁμαρτία, vom Begriff her, wenn auch nicht streng, unterscheiden. Da das Recht (νόμος) in der göttlichen Ordnung des Kosmos wurzelt, wird jedes Unglück als Strafe der Götter für eine Verletzung dieser Ordnung begriffen, gleichgültig, ob sie einem Menschen zurechenbar ist oder nicht. Bezeichnend ist SOLONS Spruch, daß oft «ein Kind oder ein späteres Geschlecht schuldlos (ἀναίτιοι) für die Taten des Ahnherrn büßt» [1]. Eine individuelle Zurechenbarkeit ist nicht streng durchgeführt. Zwar gibt es eine Unterscheidung von vorsätzlichem und unvorsätzlichem Handeln, jedoch ist eine «schuldlose Kausalität» undenkbar [2]. Jeder wird schuldig (αἴτιος), der als Verursacher eines Leids angesehen werden muß [3]. Allerdings hat schon DRAKON den (gewollten) Mord (αἴτιος φόνος) vom (unabsichtlichen) Totschlag (μὴ'κ προνοίας κτείνειν) unterschieden; ebenso verfährt SOLONS Amnestiegesetz [4]. Es gibt also den Gegensatz von freiwilliger (ἑκών) und unfreiwilliger (ἄκων), unwissentlicher Handlung, und, bei der Tötung, ein Tun ἐκ προνοίας (aus Überlegung, Vorsatz). Aber das bedeutet keine Differenzierung im Begriff αἰτία: Bei der nichtvorsätzlichen Handlung handelt es sich nicht um eine Handlung des Täters, sondern seines Werkzeugs (etwa eines 'fahrlässig' aufgehängten Eisens, das einen Passanten trifft). «Das bedeutet für die älteste Zeit die Annahme eines Verschuldens bei jeder Verursachung eines Schadens, in moderner, wenn auch schiefer Terminologie die Erfolgshaftung; ... für die spätere Zeit, die die gewollte und ungewollte Tat unterschied, die Negation der Kausalität. ... Beides zusammen liegt als zurechenbare Kausalität in den Worten αἴτιος und αἰτία untrennbar umschlossen» [5].

Bei ANTIPHON findet sich zum ersten Mal eine leicht veränderte Argumentation: Ein Speerwerfer, dessen Speer einen in die Laufbahn laufenden Knaben tötet, ist nicht kausal als Täter anzusehen, weil der Knabe 'fahrlässig' handelte. Der Speerwerfer bleibt schuld- und straflos; der Knabe beging gleichsam eine Verfehlung des gewollten Handlungsziels (ἁμαρτάνοντες ὡς ἂν ἐπινοήσωσί τι δρᾶσσι). Nur ein absichtliches Handeln (ἑκούσιον τι δρᾷ) wäre schuld am Unglück (τῶν παθημάτων αἴτιος). Handeln und Erfolg sind demnach im Endeffekt getrennt. Auch das Werkzeug (der Speer) trägt keine Sch. Der Knabe hat durch «eigene ἁμαρτία sein Unglück herbeigeführt»; er lief freiwillig (ἑκουσίως) in die Wurfbahn und hatte dadurch unfreiwillig schuld an seinem Unglück. Der Speerwerfer dagegen ist «rein von Sch.» (καθαρὸς τῆς αἰτίας) [6].

Das Bewußtsein von der eigenen αἰτία und dem Schuldsein des Menschen bildet sich auch in der Philosophie heran. PLATON spricht die Sch. an der Wahl des Lebensloses der menschlichen Seele zu: «Die Sch. ist die des Wählenden; Gott ist schuldlos» (Αἰτία ἑλομένου. Θεὸς ἀναίτιος) [7]. Er unterscheidet auch im engeren juristischen Bereich danach, ob eine Schädigung (βλάβη) freiwillig (ἑκουσία) oder unfreiwillig (ἀκουσία) erfolgte. Nur die erste ist ein Unrecht (ἀδικία). Der Gesetzgeber hat auf die Sinnesart und den Charakter des Täters bei der Festsetzung der Strafe zu achten (ἤθει καὶ δικαίῳ). Der Schaden muß aber in beiden Fällen wiedergutgemacht werden; es bleibt also in dieser Hinsicht bei der Erfolgshaftung [8]. Weiterhin unterscheidet Platon drei Quellen von Verfehlungen (ἁμαρτομένων): die aus Zorn (θυμός), Lust (ἡδονή) oder Unwissenheit (ἄγνοια) begangenen. Für letztere gilt nur bedingt Zurechnungsfähigkeit und Strafe. Tötungen aus Zorn verfallen der Strafe, damit der Täter lernt, seinen Zorn besser zu zügeln. Für einen geplanten, aber von einem anderen ausgeführten Mord ist auch der Anstifter verantwortlich (αἴτιος) [9].

Daß im griechischen Begriff αἰτία die beiden Bedeutungen von ‹Ursache› und ‹Sch.› beschlossen liegen, zeigt sich besonders an ARISTOTELES' Handlungsbegriff: «Von allem, wovon der Mensch Ursprung und worüber er Herr ist (ἀρχὴ καὶ κύριος), ist er Ursache (αἴτιος τούτων ἐστίν)», und «wovon er Ursache ist, das hängt von ihm ab». So werden auch Tugend und Laster aus freiem Antrieb (ἑκούσιον) begangen, so daß wir für sie schuldig und Quelle des Handelns sind (αὐτὸς αἴτιος καὶ ἀρχὴ πράξεων) [10]. In seiner weiteren Untersuchung kommt Aristoteles zum Ergebnis, daß als freiwillige Handlungen nur die gelten können, die nicht aus Begierde oder Unbeherrschtheit, sondern «mit vollem Wissen und aus eigenen Stücken» erfolgen, die man folglich auch nicht hätte begehen können. Vorsatz (προαίρεσις) ist ein «mit sich zu Rate gehendes Streben über Dinge, die man in der Macht hat» [11]. Das scheint auf gewisse Sch.-Ausschließungsgründe zu deuten; aber nach Aristoteles ist man auch für den Zustand, in dem man seiner nicht mächtig ist, z.B. Trunkenheit und Unwissenheit, verantwortlich und folglich an den daraus resultierenden Taten schuldig: «Aber daß man ein solcher geworden ist, ist man selber schuld (αὐτοὶ αἴτιοι), indem man sich gehen läßt.» Nur unverschuldete Unwissenheit bleibt straflos. Die fehlerhaften Beschaffenheiten der Seele, der «habitus» des Menschen, sind freiwillig (ἑκούσιοι), aber auch die Vorstellungen darüber, was das beste Ziel ist, so daß niemand sagen kann, er habe schuldlos, d.h. in Unkenntnis des Besten, das Schlechte getan [12]. Inwieweit diese Auffassung in die griechische Gesetzgebung und Rechtssprechung eingegangen ist, läßt sich nicht sagen.

Auch im *römischen Recht* kannte man zunächst nur die 'Erfolgshaftung' des Täters für jede äußere Handlung. Dies wurde erst mit NUMAS Unterscheidung von Handlungen, die auf «dolus» (widerrechtlicher Wille, Vorsatz) beruhen, und nicht-dolosen Handlungen modifiziert. Wahrscheinlich haben der Einfluß der griechischen Ethik und das öffentliche Interesse an Strafe dazu geführt, daß man mit dem «dolus» ein dem Täter zuzuschreibendes Handeln voraussetzen konnte, wodurch der Sch.-Begriff Platz gewann [13]. Ein neues Moment wird in der jüngeren Republik (3. Jh. v.Chr.) mit dem Begriff ‹culpa› in das Recht eingeführt. Dieser umfaßt ein Verschulden aus Vorsatz und unwissentliche Sch. (Fahrlässigkeit), allerdings nur ein fahrlässiges Handeln, nicht ein fahrlässiges Unterlassen [14]. Erst in der nachklassischen Periode des römischen Rechts tritt die Frage nach der «culpa» einer Verfehlung in den Vordergrund des Interesses; sie wird jetzt zum «dolus» in Beziehung gesetzt: «Magna negligentia culpa est; magna culpa dolus est» («Große Fahrlässigkeit ist Sch.; große Sch. ist Vorsatz») [15]. Man läßt nun «das objektive Element fallen und sieht in der culpa die Sch. schlechthin im Sinn der Vorwerfbarkeit». Besonders sieht man darin «die nicht vorsätzliche Sch., die 'Fahrlässigkeit', gleichgültig ob sie sich im Tun oder in einem Unterlassen äußert» [16]. Verschulden (culpa) liegt dann vor, wenn eine Gefahr (ein Schaden) von einem Sorgfältigen (diligente) hätte vorhergesehen werden können (providri poterit) oder für ihn die Vermeidung zu spät angekündigt wurde; Sch. liegt nicht vor, wenn jemand hätte hellsehen (divinare) müssen, um die Tat nicht zu begehen [17]. Im römischen Recht werden also zwei Begriffe für (im heutigen Sinn) ‹Sch.› verwandt: ‹dolus› für den widerrechtlichen Vorsatz und ‹culpa› für den Mangel an gebotener Sorgfalt. Eine strenge Abgrenzung zwischen beiden gibt es jedoch nicht.

Die Postglossatoren haben deshalb eine Stufenfolge von fünf (bzw. sechs) Sch.-Arten aufgestellt, so z.B. BARTOLUS: «culpa latissima», «latior», «lata», «levis», («levior»), «levissima». Die ersten beiden entsprechen dem «dolus», die weiteren der «culpa» im engeren Sinne [18]. Diese Einteilung wurde bis ins 16. Jh. tradiert und dabei auch modifiziert oder kritisiert. Von BALDUS wurde sie unter Einbeziehung der Begriffe ‹Wille› und ‹Intellekt› fortentwickelt; von SALICETUS wurde sie wieder zugunsten einer strikten Unterscheidung von ‹dolus› und ‹culpa› bestritten, wobei die «allgemeine Sch.» («culpa in genere»), die «deviatio ab eo, quod quis ex recto dictamine rationis facere debet» («Abweichung von dem, was jemand aus richtiger Anweisung der Vernunft hätte tun müssen»), beide umfaßt [19]. Im 16. Jh. wurde die Gliederung des Bartolus von DECIAN wiederaufgenommen und die allgemeine Sch. als «vitium voluntatis» (Willensfehler) definiert [20]; von U. ZASIUS wurde sie weiter differenziert: «culpa lata» ist entweder eine Sch. aus Nachlässigkeit («ignavia») oder verschleierter böser Absicht («versutia») [21]. Ausführlich werden Sch.-Mangel (Gedankendelikte), Sch.-Fähigkeit und Sch.-Ausschließungsgründe (Irrtum, Zwang, Jugend, Geisteskrankheit, Trunkenheit usw.) behandelt [22].

Das *germanische Recht* des Mittelalters kennt dagegen zunächst noch weitgehend die Erfolgshaftung [23]. Der Tat als Frevel (vrevel) liegen Kühnheit, Verwegenheit, Mutwillen zugrunde, derer auch Kinder und Tiere angeschuldigt werden können [24]. Der Schluß vom schädlichen Erfolg auf die schädigende Absicht (opset, upset) [25] erlaubt gleichwohl die Unterscheidung von absichtlicher und nicht-absichtlicher Tat (Ungefährwerk). Der ‹Sachsenspiegel› läßt ohne Fahrlässigkeit keine Haftung eintreten; zugleich werden Tiere und Sachen als schuldfähig angesehen [26]. Wiederum soll man über «rehte Toren und sinnlose Leute» nicht richten [27]. Aber erst die ‹Constitutio Criminalis Carolina› (1532) trifft die deutliche Unterscheidung zwischen Vorsatz und Fahrlässigkeit [28]. Im 18. Jh. setzt sich vielfach eine Dreiteilung in vorsätzliche, fahrlässige und zufällige Taten durch [29], die aber nur eine Erweiterung der alten und noch bis ins frühe 19. Jh. üblichen Unterscheidung von ‹dolus› und ‹culpa› bedeutet [30]. Will man generell die Strafbarkeit eines Täters feststellen, so fragt man nicht nach seiner Sch., sondern, ob seine Handlungen «wissentlich und willentlich» («sciente & volente») begangen sind und ihm folglich zugerechnet werden («imputari») können. Ferner fragt man dann nach den Umständen, unter denen die Zurechnung ausgeschlossen (z.B. Schlaf, Zwang) oder nicht ausgeschlossen (z.B. Unkenntnis der Gesetze) werden kann [31]. Aber ein allgemeiner culpa-Begriff fehlt oder muß als «culpa in genere» bezeichnet werden, wie z.B. von D. NETTELBLADT, der sie als «defectus rectitudinis actionis vincibilis» («strafbaren Mangel an Richtigkeit einer Handlung») definiert, und davon die «culpa in specie» unterscheidet, die auf einem strafbaren Mangel an Einsicht («quoad intellectum») in das Unrecht beruht [32]. Bezeichnend ist, daß sich das deutsche Wort ‹Sch.› als Rechtsbegriff nur langsam einbürgert [33]. P. J. A. VON FEUERBACH verwendet noch häufig ‹dolus› und ‹culpa› und begreift als «sittliche Sch. (reatus)» «jede Uebertretung eines Pflichtgesetzes»: Eine Person ist «schuldig», wenn sie die Tat «aus wirklicher Freiheit» begangen hat und sie ihm deshalb zugerechnet (imputiert) werden kann [34].

Der Aufstieg des Sch.-Begriffs zum 'Systembegriff' erfolgt erst im 19. Jh. [35]. So liegt für G. W. F. HEGEL die Sch. an einer Handlung zunächst in «jedem einzelnen Moment, das sich als Bedingung, Grund, Ursache eines solchen Umstandes zeigt». Der Handelnde kann insofern angesehen werden, daß er «schuld daran sei oder wenigstens schuld daran habe». Aber zugleich ist es «das Recht des Willens, ... nur an dem Sch. zu haben, ... was davon in seinem Vorsatze lag. – Die Tat kann nur als Sch. des Willens zugerechnet werden» [36]. Hegels Philosophie war zwar von einigem Einfluß auch für die Rechtswissenschaft, doch löste sich diese in der 2. Hälfte des 19. Jh. wieder vom Hegelianismus und bildete auch den Sch.-Begriff zumeist nur innerhalb der juristischen Systematik aus. A. MERKEL sah in jeder Rechtsverletzung, nicht nur der strafrechtlich zu verfolgenden, eine schuldhafte Handlung [37]. Hiergegen wandte R. VON JHERING ein, daß es auch unverschuldetes Unrecht (z.B. gutgläubigen unrechtmäßigen Besitz) gebe und dieses vom verschuldeten Unrecht zu trennen sei [38]. Nach K. BINDING ist Sch. eine Normwidrigkeit; sie enthält die beiden Momente des rechtswidrigen Willens und der Handlungs- und damit Deliktsfähigkeit. Ihre beiden Unterarten sind Vorsatz und Fahrlässigkeit [39].

Seitdem bemühen sich viele Autoren, eine Sch.-Definition aufzustellen, die diese beiden einst getrennten Sch.-Formen in *einer* Formulierung zusammenfaßt [40]. Einflußreich waren besonders F. VON LISZT und seine soziologische Schule: Entsprechend dem Zweckgedanken des Rechts [41] soll der Täter in seinen empirisch feststellbaren psychologischen und gesellschaftlichen

Verhältnissen gesehen, die Sch. nicht als Willens-Sch. begriffen, die Strafe nicht zur Vergeltung, sondern zum Schutz und zur Erziehung ausgesprochen werden. Die ethische Sch. ist rechtlich unerheblich, und auch die Zurechnungsfähigkeit (Sch.-Fähigkeit) wird von der tatsächlichen Zurechenbarkeit (Sch. selbst) getrennt. Letztere liegt vor, wenn der Erfolg entweder vorausgesehen (Vorsatz) oder voraussehbar (Fahrlässigkeit) war [42]. Sch. ist materiell die mangelhafte «soziale Gesinnung» [43]. Gegenüber anderen Theorien, die die Sch. in einer Pflichtverletzung oder dem Willen des Täters gründen [44], wird der naturalistisch-soziologische Sch.-Begriff Liszts fortgeführt u.a. von A. LÖFFLER (Sch. als die «strafrechtlich relevante Beziehung der Innerlichkeit eines Menschen zu einem sozial schädlichen Erfolge seiner Handlungen» [45]), vor allem aber von dem frühen G. RADBRUCH: Für ihn läßt eine rechtswidrige Handlung auf eine «antisoziale Gesinnung» schließen, und deshalb wird sie «als Sch. bezeichnet», dem «Oberbegriff» für Vorsatz und Fahrlässigkeit [46]. Bei E. KOHLRAUSCH werden diese beiden wieder getrennt. Seinem rein psychologischen Sch.-Verständnis entspricht es, daß nur das rechtswidrige Wollen, das *Bewußtsein* von der Pflichtwidrigkeit, die Sch. begründet [47].

Die unter dem Einfluß der neukantianischen Wertlehre stehenden Autoren verwerfen die soziologische und psychologische Sch.-Lehre, der Sch. als «Attribut einer Individualität» (A. HOLD VON FERNECK) erscheint, und sehen eine Verbindung zwischen rechtlichem und sittlichem Sch.-Begriff, ohne aber beide miteinander zu identifizieren. Rechtliche Sch. ist eine «pflichtwidrige Willensbetätigung, die einen rechtswidrigen Erfolg zur Wirkung hat» [48]. Ihre Fortsetzung findet diese Richtung in der normativen Sch.-Lehre, besonders bei R. FRANK, der nicht nur Vorsatz und Fahrlässigkeit, sondern auch die Zurechnungsfähigkeit und die eine Tat begleitenden Umstände zu den konstitutiven «Sch.-Elementen» zählt, da sie über den Grad der Sch., die Sch.-Milderung bis zum Sch.-Ausschluß entscheiden. Daraus resultiert die Definition: «Sch. ist Vorwerfbarkeit», oder: «ein verbotenes Verhalten ist jemandem zur Sch. anzurechnen, wenn man ihm einen Vorwurf daraus machen kann, daß er es eingeschlagen hat» [49]. Im Anschluß an Frank sehen mehrere Autoren in der Sch. ein selbständiges normatives Element (die Pflichtwidrigkeit) neben dem psychologischen des Vorsatzes als solchen [50]. Die normative Sch.-Lehre wird häufig als die herrschende und richtige bezeichnet [51], auch wenn andere eine völlige Trennung der rechtlichen von der moralischen Sch. fordern [52] oder in der Sch. primär einen «antisozialen Willenszustand» [53] bzw. das «Unwerturteil (den 'Vorwurf') einer Gemeinschaft (der Rechtsordnung)» über das von einem Individuum eingegangene «sozialschädliche Verhalten» [54] erkennen. Eine Verbindung zwischen dem normativen und dem psychologischen Sch.-Begriff erfolgt bei E. SCHMIDT, der die Sch. als «Vorwerfbarkeit einer rechtswidrigen Handlung im Hinblick auf die Fehlerhaftigkeit des sie verursachenden Vorganges» bestimmt und in der Zumutbarkeit normgemäßer Motivation den einheitlichen Kern aller Sch.-Arten bzw. in der Nichtzumutbarkeit den Grund für die Sch.-Ausschließung erblickt. (Für die Prüfung der Zumutbarkeit ist das fiktive durchschnittliche Verhalten der Mitbürger entscheidend) [55]. Nach H. KANTOROWICZ sind aus der normativen Sch.-Lehre die richtigen Folgerungen zu ziehen: Die strafbare Handlung ist begrifflich vom Handelnden zu trennen; die Sch. betrifft allein das Subjekt der Tat; deshalb kann ihm aus der Zuwiderhandlung ein Vorwurf gemacht werden (und zwar wenn die drei Sch.-Merkmale Zurechnungsfähigkeit, Zurechenbarkeit und Zumutbarkeit vorliegen) [56]. So sieht auch H. WELZEL in der Sch.-Zuweisung einen «persönlichen Vorwurf gegen den Täter»; «primärer Gegenstand des Sch.-Vorwurfs» ist der «Wille und erst durch ihn hindurch auch die ganze Handlung» [57].

Für A. KAUFMANN gehört das Sch.-Prinzip wie der Gleichheitssatz, die Goldene Regel u.a. zu den «principia communissima, die als Naturgesetze der sittlichen Welt nur aus dem Wesen des Menschen begründet werden können». Sch. und Strafe betreffen nur ein Wesen, «das seine Taten zu verantworten vermag und den Sinn der Strafe als verdientes Übelleiden für schuldhaftes Übeltun geistig verstehen kann» [58]. Selbstbestimmung und Selbstvervollkommnung bedeuten, daß der Mensch aus der Freiheit seines Selbstseins heraus tätig wird. Daraus resultieren die Verantwortlichkeit für sich selbst und die Fähigkeit zum Schuldigwerden. Der von Kant her bewahrte Gedanke, daß Sch. nur dem Menschen als Person zukomme, daß die Sch. «verantwortliche Entscheidung für das Unrecht» ist [59], wird immer wieder bestritten von der soziologischen Sch.-Lehre (Sch.-Strafrecht als System von Demütigung und Repression) und der Notwendigkeit der «défense sociale» [60]. Vermitteln kann hier ein sozial-rechtlicher Sch.-Begriff: Diesem geht es um die «Einzel-Tat-Sch.» [61], nicht um Charakter-, Lebensentscheidungs- oder «Lebensführungs-Sch.» [62]. Sch. eines einzelnen Menschen und Mit-Sch. der Gesellschaft am Schuldigwerden des Täters werden verbunden [63]. Wo Sch. als «soziale Verantwortlichkeit» [64] gedacht wird, geht es nicht um die Vorwerfbarkeit der Willensbildung allein, nicht um Sch. als «Rechtsuntreue» [65] und nicht um Sch. im religiösen oder philosophischen Sinn, sondern um die «soziale Freiheit des Anders-handeln-Könnens» [66]. Der Streit darüber, ob Sch. in ihrer limitierenden Funktion anzuerkennen, als «gegen staatliche Strafexzesse gerichtete, freiheitsverbürgende Annahme» (C. ROXIN) zu bewahren oder als Instrument der Strafgewalt des Staates zu kritisieren sei, geht weiter.

Anmerkungen. [1] SOLON: Eleg. 1, 31f., in: E. DIEHL (Hg.): Anthol. lyr. graeca 1 (³1949) 23. – [2] R. MASCHKE: Die Willenslehre im griech. Recht (²1968) 6f. – [3] HOMER: Il. I, 153. – [4] MASCHKE, a.O. [2] 48-53; G. NASS: Wandlungen des Sch.-Begriffs im Laufe des Rechtsdenkens (1963) 50. – [5] MASCHKE, a.O. 59ff.; vgl. die Schilderung der 'Sachhaftung' bei PLATON: Leg. 873 e-874 b u.a.; vgl. MASCHKE, a.O. 63ff. – [6] ANTIPHON: Tetr. II, 2, 6ff.; 4, 5. 9; vgl. MASCHKE, a.O. 73ff. – [7] PLATON: Resp. 617 e. – [8] Leg. 861 e-862 c. – [9] Leg. 863 e-864 e; 866 d-867 b; 872 a. – [10] ARISTOTELES: Eth. Eud. II, 6, 1223 a 5. 9. 15. 20. – [11] II, 9-10, 1225 b 3ff.; 1226 b 18f. – [12] Eth. Nic. III, 7, 1114 a 1f. 11. 22; 1114 b 1ff. 22ff. – [13] NASS, a.O. [4] 58-60; R. VON JHERING: Das Sch.-Moment im röm. Privatrecht (1867). – [14] M. KASER: Das röm. Privatrecht (1955-59) 1, 421f. – [15] Dig. L, 16, 226; vgl. L, 17, 36; XLVII, 4, 1, 2; XLVII, 9, 11. – [16] KASER, a.O. [14] 2, 255f. – [17] Dig. IX, 2, 31. – [18] Zit. nach W. ENGELMANN: Die Sch.-Lehre der Postglossatoren und ihre Fortentwickl. (1895, ND 1965) 18f. – [19] a.O. 19f.; vgl. M. MÜLLER: Ethik und Recht in der Lehre von der Verantwortlichkeit (1932) 101-109. – [20] ENGELMANN, a.O. 21f. – [21] R. STINTZING: U. Zasius (1857, ND 1961) 137ff.; vgl. NASS, a.O. [4] 69. – [22] ENGELMANN, a.O. [18] 23ff. – [23] E. KAUFMANN: Die Erfolgshaftung (1958). – [24] E. HIS: Gesch. des dtsch. Strafrechts bis zur Karolina (1928) 2. – [25] Das Strafrecht des dtsch. MA (1920-35, ND 1964) 1, 68ff. 77ff. – [26] H. FEHR: Dtsch. Rechtsgesch. (⁶1962) 169. – [27] R. VON HIPPEL: Dtsch. Strafrecht 1 (1925) 145. – [28] Belege bei HIPPEL, a.O. 1, 204ff.; vgl. H. KOLLMANN:

Die Sch.-Auffassung der Carolina. Z. ges. Strafrechtswiss. 34 (1913) 605-662. – [29] J. S. F. BÖHMER: Elementa iurisprud. criminalis (1732, ⁴1749) I, 2, § 40; II, 16, § 199; HIPPEL, a.O. 1, 253. – [30] Vgl. z.B. K. A. TITTMANN: Grundlinien der Strafrechtswiss. und der dtsch. Strafgesetzkunde (1800, ND 1978) 20f.; C. L. MICHELET: De doli et culpae in jure criminali notionibus. Diss. Berlin (1824); P. J. A. VON FEUERBACH: Über dolus und culpa überhaupt und den dolus indirectus insbes. Bibl. peinl. Rechtswiss. Gesetzeskunde 2 (1800) 193-243; zu ‹culpa› bes. 223; Lehrb. des gemeinen in Dtschl. gültigen peinl. Rechts (¹⁰1828) 41f. (§ 54). – [31] S. PUFENDORF: De officio hominis et civis (1673) I, 1, §§ 17-27; zum culpa-Begriff: I, 2, § 15. – [32] D. NETTELBLADT (praes.)/CH. G. E. GLAENTZER (resp.): De homicidio ex intentione indirecta commisso. Diss. Halle (1756) § 4; vgl. F. SCHAFFSTEIN: Die allg. Lehren vom Verbrechen (1930-32, ND 1973) 1, 95-97; die Formel «defectus ...» schon bei CH. WOLFF, a.O. [16 zu III.]. – [33] J. CH. QUISTORP: Grundsätze des dtsch. peinl. Rechts 1 (⁶1796) 27; vgl. H. ACHENBACH: Histor. und dogm. Grundlagen der strafrechtssystemat. Sch.-Lehre (1974) 20. – [34] P. J. A. VON FEUERBACH: Revision der Grundsätze und Grundbegriffe des pos. peinl. Rechts 1 (1799) 155f.; vgl. aber: 1, 295. – [35] ACHENBACH, a.O. [33] 21. – [36] HEGEL, a.O. [37 zu III.] §§ 115. 117. – [37] A. MERKEL: Kriminalist. Abh. 1 (1867) 45ff. 50f. – [38] JHERING, a.O. [13] 5ff. – [39] K. BINDING: Die Normen und ihre Übertretung (1872-1918, ²1914-16, ND 1965) 2, 274ff. 293ff. – [40] z.B. M. VON BURI: Über Causalität und deren Verantwortung (1873) 28f. und die meisten der nachfolgenden Autoren. – [41] F. VON LISZT: Der Zweckgedanke im Strafrecht. Z. ges. Strafrechtswiss. 3 (1883) 1-47, bes. 43ff. – [42] Lehrb. des dtsch. Strafrechts (²1884) 105. 147. – [43] a.O. (¹⁴/¹⁵1905) 157f. – [44] A. MERKEL: Lehrb. des dtsch. Strafrechts (1889) 66; zu Fortführungen bei M. LIEPMANN und A. FINGER vgl. ACHENBACH, a.O. [33] 58-61. – [45] A. LÖFFLER: Die Sch.-Formen des Strafrechts 1 (1895) 5. – [46] G. RADBRUCH: Über den Sch.-Begriff. Z. ges. Strafrechtswiss. 24 (1904) 333-348, zit.: 348. – [47] E. KOHLRAUSCH: Irrtum und Sch.-Begriff im Strafrecht (1903); Die Sch., in: Die Reform des Reichsstrafgesetzbuchs, hg. P. F. ASCHROTT/F. VON LISZT 1 (1910) 180-224; vgl. dagegen: KOHLRAUSCH, in: Reform des Strafrechts, hg. P. F. ASCHROTT/E. KOHLRAUSCH (1926) 21ff. – [48] M. E. MAYER: Die schuldhafte Handlung und ihre Arten im Strafrecht (1901) 106; vgl. F. STURM: Die strafrechtl. Verschuldung (1902) 43. 52; A. Graf zu DOHNA: Die Elemente des Sch.-Begriffs. Der Gerichtssaal 65 (1905) 304-324, bes. 312. 314; Zur Systematik der Lehre vom Verbrechen. Z. ges. Strafrechtswiss. 27 (1907) 329-349; Zum neuesten Stande der Sch.-Lehre. Z. ges. Strafrechtswiss. 32 (1911) 323-338. – [49] R. FRANK: Über den Aufbau des Sch.-Begriffs (1907) 10-12; vgl. E. BELING: Grundzüge des Strafrechts (³1905) 51; Un-Sch., Sch. und Sch.-Stufen im Vorentwurf zu einem dtsch. Strafgesetzbuch (1910) 7f.; A. HEGLER: Die Merkmale des Verbrechens. Z. ges. Strafrechtswiss. 36 (1915) 19-44. 184-232, bes. 184; K. ENGISCH: Unters. über Vorsatz und Fahrlässigkeit im Strafrecht (1930, ND 1964) 15. 17f.; E. MEZGER: Strafrecht (1931) 249. – [50] J. GOLDSCHMIDT: Der Notstand, ein Sch.-Problem. Österr. Z. Strafrecht 4 (1913) 129-196. 224-229, bes. 141. 147; vgl. E. WOLF: Strafrechtl. Sch.-Lehre (1928) 179: Sch. als die «Staatspflichtwidrigkeit oder Mangel an Staatspflichtbeachtung»; P. MERKEL: Die Bestimmungen des Strafgesetzentwurfes von 1919 über die Straftat. Z. ges. Strafrechtswiss. 43 (1922) 299-351, bes. 337f.; C. SCHMITT: Über Sch. und Sch.-Arten (1910); R. HIRSCHBERG: Sch.-Begriff und adäquate Kausalität (1928) 70f. – [51] R. VON HIPPEL: Dtsch. Strafrecht 2 (1930) 279; MEZGER, a.O. [49] 248; H. KANTOROWICZ: Tat und Sch. (1933) 16. – [52] A. HOLD VON FERNECK: Die Sch. im Rechte und in der Moral. Z. ges. Strafrechtswiss. 32 (1911) 249-270; Die Idee der Sch. (1911) 1ff. – [53] H. KOLLMANN: Der symptomat. Verbrechensbegriff. Z. ges. Strafrechtswiss. 28 (1908) 449-470, bes. 463. – [54] W. SAUER: Grundlagen des Strafrechts (1921) 548f. – [55] E. SCHMIDT, in: F. VON LISZT/E. SCHMIDT: Lehrb. des dtsch. Strafrechts (²⁵1927) 213. 215. 247ff. 261f. 264ff.; Fortführung des Zumutbarkeitsgedankens bei E. KOHLRAUSCH, in: ASCHROTT/KOHLRAUSCH (Hg.), a.O. [47] 22. 25; K. MARCETUS: Der Gedanke der Zumutbarkeit ... (1928); zu den Kritikern vgl. ACHENBACH, a.O. [33] 155-161. – [56] KANTOROWICZ, a.O. [51] 4ff. 16f. 23. – [57] H. WELZEL: Das dtsch. Strafrecht (⁹1965) 124f. – [58] A. KAUFMANN: Das Sch.-Prinzip (1961) 116. – [59] Sch. und Prävention, in: Festschr. R. Wassermann (1985) 895. – [60] M. ANCEL: La défense sociale nouvelle (Paris 1954). – [61] MEZGER, a.O. [49] 256f. 259. – [62] E. MEZGER/H. BLEI: Strafrecht. Allg. Teil (¹⁵1973) 398. – [63] J. BAUMANN/U. WEBER: Strafrecht. Allg. Teil (⁹1985) 361. – [64] J. BAUMANN: Einf. in die Rechtswiss. (⁷1984) 426. – [65] G. JAKOBS: Strafrecht. Allg. Teil (1991) 469. – [66] BAUMANN/WEBER, a.O. [63] 368.

Literaturhinweise. J. C. HASSE: Die culpa des röm. Rechts (1838, ND 1963). – A. LÖFFLER s. Anm. [45]. – W. ENGELMANN s. Anm. [18]; Irrtum und Sch. nach der ital. Lehre und Praxis des MA (1922). – F. SCHAFFSTEIN s. Anm. [32]; Die Behandlung der Sch.-Arten im ausländ. Strafrecht seit 1908. Diss. Göttingen (1927). – D. LANG-HINRICHSEN: Zur Krise des Sch.-Gedankens im Strafrecht. Z. ges. Strafrechtswiss. 73 (1961) 210-236. – G. NASS s. Anm. [4]. – E. R. FREY (Hg.): Sch.-Verantwortung – Strafe (1964). – H. ACHENBACH s. Anm. [33]. – G. I. LUZZATO: Colpa penale, in: Encicl. del diritto 7 (Mailand 1960) 614-617. – R. MASCHKE s. Anm. [2]. – A. KÖPCKE-DUTTLER (Hg.): Sch. – Strafe – Versöhnung (1990). – H. SCHÜLER-SPRINGORUM: Kriminalpolitik für Menschen (1991). – C. ROXIN: Strafrecht. Allg. Teil (1992).

A. KÖPCKE-DUTTLER/Red.

Schule. Der Begriff ‹Sch.› geht über das lateinische ‹schola› auf das griechische σχολή zurück, das zunächst 'Muße' bedeutet, nachweisbar für den Beginn des vierten vorchristlichen Jahrhunderts [1]. In klassischer Zeit, nachweislich bei ARISTOTELES, erweitert sich der Begriff um die Bedeutung «die der Pflege der Weisheit und dem Wohl des Allgemeinwesens von einem freien Stadtbürger [nicht also von einem Sklaven] geschuldete und gewidmete Zeit» [2], ohne daß sich die frühere Bedeutung verloren hätte.

Daneben kommt σχολή auch als Bezeichnung für 'Vortrag', 'Vorlesung' sowie für den Ort der Zusammenkünfte in Gebrauch [3], wobei sich die Bezeichnung für den Ort regelmäßiger, professioneller Unterrichtung in hellenistischer Zeit in dem Maße durchsetzt, in dem die Notwendigkeit kontinuierlicher Bildung zu- und die Bedeutung der Wanderlehrer abnimmt.

Das lateinische Lehnwort ‹schola› hat dagegen bereits den Nuancenreichtum des griechischen σχολή eingebüßt [4]. Besonders in der Spätzeit der römischen Republik ist es bereits auf die heutige Bedeutung von ‹Sch.› als 'Stätte geistiger Bildung' eingeengt, allerdings mit dem Unterschied, daß für die Elementarschulen nicht ‹schola›, sondern ‹ludus› in Gebrauch ist [5]. Andererseits kommt es zu einer wichtigen Erweiterung: ‹schola› kann auch 'Hausdienerschaft, Sekte, Anhängerschaft eines (philosophierenden) Lehrers' heißen; in dieser Bedeutung hat es sich für eine von einem Künstler oder Wissenschaftler geprägte Richtung bis heute erhalten (z.B. Rembrandt-Sch., Hegel-Sch.).

σχολή/‹schola› war kein Begriff, mit dem man die institutionelle Seite der Erziehung hätte allgemein bezeichnen können. Sch.n der Antike waren keine im heutigen Sinne öffentlichen Einrichtungen, sondern gemäß ihrem Ursprung immer persönliche, private Gründungen. Eine eigenständige Reflexion institutioneller Probleme, die mit einem Begriff wie ‹Schulwesen› einhergegangen wäre, fand nicht statt. Gleichwohl hat die hellenistische Sch. in ihrer Grundform, geprägt durch den Lehrplan der Septem artes oder zumindest Teile desselben, gut ein Jahrtausend überdauert [6] und mit ihr über diesen Zeitraum hinaus die Auffassung, daß der Mensch durch im Schul-Unterricht vermitteltes Wissen und Erkennen sein Dasein erhellen und sich so gegenüber der Welt behaupten könne.

Die Zunahme der Bedeutung institutionalisierter Unterrichtung in nachrömischer Zeit läßt sich daran ablesen, daß im frühen Mittelalter das Wort ‹Sch.› ebenso wie ‹Kloster›, ‹Mönch› und ‹Nonne›, vom klösterlich-scholastischen Bereich als Lehnwort in die deutsche Sprache übernommen wird [7].

Im Zuge der karolingischen Bildungsreform treten neue Ansprüche an die hellenistisch geprägte «schola» heran: Nach dem Konzept KARLS DES GROSSEN sollte die Klerikerausbildung, die in ausgewählten Bildungszentren (Hof- und Klosterschulen, später auch Dom- und Ordenshochschulen) stattfinden sollte, auch für weltlich-administrative Zwecke genutzt werden; Sch. und Kirche sollten als Bindungskräfte der angestrebten religiös-politischen Einheit des Reiches fungieren [8] – wie die Geschichte des Begriffs belegt, nicht ohne Erfolg: Kloster- und Domschulen und ihre Lehrer, die «doctores scholastici», haben der Wissenschaft des Mittelalters, der Scholastik (s.d.), ihren Namen gegeben. Fortan ist der Gedanke der lehrmäßigen und territorialen Einheit mit dem Begriff der Sch. verknüpft, und damit erhält sie, über ihre didaktische Funktion hinaus, ein neues Bestimmungsmerkmal: Noch im 17. Jh. ist – mit Blick auf die Tradition und Einheit einer Stadt wahrende Lateinschule – von ‹Sch.› nur im Singular selbst dann die Rede [9], wenn es neben ihr noch eine Reihe von Elementarschulen gab, die sich im 12. Jh. und danach in den Städten als «Deutsche Schreib- und Rechenschulen» etabliert hatten.

Es überrascht daher nicht, daß Sch.n immer dann zum Gegenstand von Auseinandersetzungen wurden, wenn es zu einer Bestreitung der kulturellen und geistigen Autoritätsansprüche, die sie verkörperten, kam. Eine solche deutliche Nahtstelle markierte der Beginn der Neuzeit, als die Ohnmacht der überlieferten kirchlichen Autorität offenbar und mithin dem mittelalterlichen Schulideal das Fundament entzogen wurde. Kirchliche Glaubensinhalte konnten von den humanistischen Kritikern wie ERASMUS VON ROTTERDAM [10] und PH. MELANCHTHON [11] als alleinige Richtschnur von Philosophie und Wissenschaft nicht mehr anerkannt werden, und wo ihre Kritik aufgenommen wurde, trat an die Stelle des mittelalterlichen ‹schola› seit dem 16. Jh. die Bezeichnung ‹Gymnasium› für diejenige Bildungseinrichtung, die den vollständigen humanistischen Kursus in Latein und Griechisch anbieten konnte [12].

J. A. COMENIUS gehörte zu den Schultheoretikern, die unter Aufnahme von Motiven der literarischen Utopien den Versuch machten, Sch. nicht im Hinblick auf brüchig erscheinende Traditionen, sondern im Hinblick auf die Ziele einer Befriedung der Welt, die Vereinigung aller christlichen Kirchen und die Verbesserung aller zukünftigen menschlichen Zustände zu begründen. Comenius entwarf mit großer konzeptioneller Kraft einen Bildungsplan, der das ganze Leben als eine Sch. mit stufenweise verschiedenen Aufgaben von der «Sch. des vorgeburtlichen Werdens» bis zur «Sch. des Greisenalters» betrachtete. Alle Bemühungen dieser Sch. konvergieren im Ziel einer Einheit und Ganzheit der Welt und des Menschen. Im Gegensatz zu der in der Sch. geltenden humanistischen Überlieferung glaubte er, daß die Schüler, wenn sie dem Eindruck der Dinge (res) und der Wirklichkeit (Realien) ausgesetzt würden, den Weg von den Sachen zum Begriff von selbst finden könnten. Die Sch. soll also die Wirklichkeit selbst (und diese ist nach seiner «pansophischen» Anschauung keine andere als die Wirklichkeit Gottes) zur Geltung bringen. Indem die Sch. sich dabei methodisch an der Natur des Schülers orientiert, kann der schulische Lehrgang allgemeine Gültigkeit für jedermann beanspruchen, wie sich bereits dem programmatischen Titelblatt seiner Hauptschrift, der ‹Didactica magna› entnehmen läßt: «Große Didaktik. Die vollständige Kunst, alle Menschen alles zu lehren.» Dieses Programm ist nach Comenius aber nicht so zu verstehen, «daß wir von allen die Kenntnisse aller Wissenschaften und Künste ... verlangten. Das ist weder an sich nützlich noch bei der Kürze unseres Lebens irgendjemandem überhaupt möglich ... Aber über Grundlagen, Ursachen und Zwecke der wichtigsten Tatsachen und Ereignisse müssen alle belehrt werden, die nicht nur als Zuschauer, sondern auch als Handelnde in die Welt eintreten ... Denn weise hat der gesprochen, welcher sagte, die Sch.n seien Stätten der Menschlichkeit» [13].

Der Schultheoretiker Comenius war jedoch dem Didaktiker an Ansehen weit unterlegen. Die comeniansche Konstruktion von Sch., aufgebaut auf seinem pädagogischen, «pansophischen» Gesamtverständnis der Welt, verlor mit dem Aufkommen eines Rationalismus, der, anders als Comenius, unter ratio die von der Verknüpfung mit Gott gelöste, autonome Vernunft verstand, an Überzeugungskraft. Gleichwohl war seit Comenius die Sch. mit ihren Mitteln und Verfahren sowie in ihren Organisationsformen Gegenstand eines eigenständigen, pädagogischen Interesses. Sobald aber unter dem Eindruck der Aufklärung unübersehbar geworden war, daß Sch. mit ihrer wachsenden politischen und sozialen Bedeutung auch als ein wichtiger Faktor der Kultur und des öffentlichen Lebens betrachtet werden konnte, bedurfte es einer neuen begrifflichen Fassung von ‹Sch.›: Diese Neufassung mußte der Tatsache Rechnung tragen, daß im Europa des ausgehenden 18. und beginnenden 19. Jh. die Sch. in das Kraftfeld des Staates (in dessen neuzeitlichem Verständnis) geraten war, daß sie aber andererseits noch immer durch die traditionellen, alteuropäischen Bildungsmächte, etwa die beiden großen Kirchen bestimmt wurde; diese Mächte ihrerseits befanden sich untereinander in einem komplizierten und durchaus nicht widerspruchsfreien Wechselverhältnis. In Zuspitzung kann man sagen: Die durchgehenden Tendenzen der neueren Schulgeschichte, «Verstaatlichung, Säkularisierung und Demokratisierung» [14], entwickeln sich nicht im Einklang, sondern im Widerspruch zur Tradition alteuropäischer Autoritätskultur und im Vertrauen auf die «natürliche» Ausstattung des Menschen mit Vernunft.

Im Zusammenhang, aber auch in Auseinandersetzung mit den Ideen der französischen Aufklärung und insbesondere ihrem Gleichheitspostulat entstanden in verschiedenen europäischen Ländern Schulpläne und Erziehungsprogramme. Priorität kommt dabei dem Nationalerziehungsplan zu, den CONDORCET im April 1792 der Gesetzgebenden Versammlung vorträgt und der als Grundmodell aller späteren demokratischen Auffassungen von Sch., insbesondere in ihrer liberalen und sozialistischen Spielart gilt. Condorcet machte den Versuch, die sozial-psychologischen Mechanismen aufzuklären, die zwischen der sozialen und politischen Ordnung der Gesellschaft und den Formen der Institutionalisierung von Erziehung und Unterricht in der Sch. wirksam waren. Das Erziehungswesen hat nach Condorcet der Idee eines gerecht geordneten Zusammenlebens in einer ihrer selbst bewußten politischen Gemeinschaft zu dienen, in der nicht der ererbte Besitz, sondern die Leistungs- und Lernfähigkeit über den sozialen Status entscheidet. Daher maß Condorcet der Sch. die Aufgabe zu: «Allen Angehörigen des Menschengeschlechts die Mittel zugänglich zu machen, daß sie für ihre Bedürfnisse sorgen, ihr Wohlergehen sichern, ihre Rechte erkennen und ausüben, ihre Pflichten begreifen und erfüllen können, jedem die Möglichkeit zu sichern, seine berufliche Geschicklichkeit zu vervollkommnen, sich für gesellschaftliche Funktionen vorzubereiten, zu denen berufen zu werden er berechtigt ist, den ganzen Umfang seiner Talente, die er von der Natur empfangen hat, zu entfalten und dadurch unter den Bürgern eine tatsächliche Gleichheit herzustellen und die politische Gleichheit, die das Gesetz als berechtigt anerkannt hat, zu einer wirklichen zu machen: das muß das erste Ziel eines nationalen Unterrichtswesens sein» [15]. Aus der egalitären Grundposition der französischen Aufklärung ergab sich das Folgeproblem, wie in einer Gesellschaft von Gleichen die Verbindlichkeit von allgemeinen Ordnungen gesichert werden kann, ohne daß die Menschen «aufhören, wahrhaft frei zu sein, ... damit sie die Unabhängigkeit der Vernunft bewahren» [16].

Der gesamte Plan Condorcets kann als Versuch gesehen werden, die praktischen Konsequenzen dieses Problems für die Organisation des öffentlichen Schulwesens offenzulegen. Im Koordinatensystem dieses Problems wird auch in der deutschen Aufklärung und im Neuhumanismus das Schulwesen mit seinen Aufgaben zu bestimmen versucht. Dies geschah mit einiger begrifflicher Spannbreite und, selbst bei W. VON HUMBOLDT, mit durchaus unterschiedlichen Akzentuierungen. Obwohl Humboldt in seiner Frühschrift von 1792 die Wichtigkeit des Versuchs, «die Grenzen der Wirksamkeit des Staates zu bestimmen» [17], betont und damit die Wichtigkeit einer «Ausbildung der individuellen Eigentümlichkeiten des Menschen», so vertritt er doch – selbst nach deren Scheitern – die egalitären Ideen der französischen Revolution, unterlegt zwar mit einem anderen Motiv, dem der neuhumanistischen Anschauung einer harmonischen Entfaltung der Humanität. So heißt es im ‹Litauischen Schulplan› von 1809: «Die Organisation der Sch.n bekümmert sich daher um keine Kaste ... Dieser gesamte Unterricht kennt daher auch nur ein und dasselbe Fundament. Denn der gemeinste Tagelöhner, und der am feinsten Ausgebildete muß in seinem Gemüt ursprünglich gleich gestimmt werden, wenn jener nicht unter der Menschenwürde roh, und dieser nicht unter der Menschenkraft sentimental, chimärisch, und verschroben werden soll» [18].

In den großen gesellschaftlichen Auseinandersetzungen um die Wende zum 19. Jh. hatte der Staat aufgehört, unparteiisch zu sein. Nach Abschluß der Periode der offenen Auseinandersetzungen unternahm F. SCHLEIERMACHER den Versuch, die gesamten politischen, gesellschaftlichen und pädagogischen Erörterungen um das Schulwesen seit Aufklärung und Neuhumanismus zusammenzufassen, mit dem Ziel, die vorgetragenen Argumente auf ihr Gewicht hin zu prüfen und, wo sie widersprüchliche Elemente enthielten, diese dialektisch aufeinander zu beziehen. Sch. – die sich mit der Familie die Aufgabe der Erziehung teilt – solle sich in ihrer Aufgabe auf die Anforderungen der großen Gemeinschaften beziehen, sie «soll den Menschen abliefern als ihr Werk an das Gesamtleben im Staate, in der Kirche, im allgemeinen geselligen Verkehr, und im Erkennen oder Wissen» [19], wobei die Ansprüche der großen Gemeinschaften nicht den Interessen der einen oder anderen Seite «subordiniert» werden sollen.

Der Begriff von Sch., der sich bei Schleiermacher aus einer Synthese entgegengesetzter Sollens-Bestimmungen ergab, ermöglichte es, daß sich das Schulwesen in der Folgezeit – bei möglichster Beachtung der Balance von Gewicht und Gegengewicht geistiger Kräfte – weiterentwickeln konnte, sofern gesellschaftlicher Strukturwandel (also Außenfaktoren) und didaktische Kritik (also Innenfaktoren) eine Veränderung notwendig machten. Insbesondere die neuere didaktische Bewegung der Reformpädagogik zu Beginn des 20. Jh. prägte wenn nicht das Schulwesen insgesamt, so doch einzelne Sch.n und deren grundlegende Prinzipien und gaben ihnen den Namen. Die prägnantesten Beispiele dafür bieten die «Arbeitsschule» G. KERSCHENSTEINERS und die «Waldorfschule» R. STEINERS, beide als schul- und kulturkritische Gegenkonzepte zur «alten Buchschule» entwickelt [20].

Ebenfalls im 20. Jh. entstanden eine Reihe von erziehungswissenschaftlichen Teildisziplinen, teils in empirischer, teils in geisteswissenschaftlicher Ausprägung, die je nach Ansatz den Gegenstand 'Sch.' in den letzten Jahrzehnten in immer neuen Perspektiven erscheinen ließen.

Der geisteswissenschaftliche Ansatz, am profiliertesten vertreten durch H. NOHL und seine Schüler, beschreibt die Sch. in ihrem epochenübergreifenden Gehalt als «zweckfreien Ort, in dem der Mensch das höhere geistige Leben erfährt und ohne Rücksicht auf die Bedürfnisse des Alltags die freie Kraft des Geistes entfaltet» [21].

Der bildungssoziologische Ansatz erfaßt die Sch. vor allem als Institution zur Sicherung des Fortbestandes der Gesellschaft durch Unterricht. Nach der Abschaffung des Ständestaates sowie der durch ihn garantierten Privilegien wird die Sch. nach H. SCHELSKY «zur ersten und damit entscheidenden sozialen Dirigierungsstelle für die künftige soziale Sicherheit, für den künftigen sozialen Rang und für das Ausmaß künftiger Konsummöglichkeiten» [22].

Der kulturanthropologische Ansatz, repräsentiert durch M. J. LANGEVELD, versucht das Wesen der Sch. aus der Perspektive der Persönlichkeitsentwicklung des Kindes zu beschreiben und «Sch. als Weg des Kindes» zu deuten. Sch. als Stätte der Tradition schlechthin verhilft dem Kind zu seiner «zweiten Natur» [23].

In der Perspektive einer didaktischen (und dabei eher präskriptiv als deskriptiv verfahrenden) Theorie der Sch. erscheint Sch. nach H. ROTH als Stätte der «optimalen Organisation von Lernprozessen» [24], nach TH. WILHELM als «Wissenschaftsschule» und damit als «diejenige gesellschaftliche Institution, wo – formal unter dem Gesetz der Ökonomie und materiell mit Hilfe des Lehrplans – die rationale Vorstellung der Welt ... gelehrt und gelernt wird» [25].

Diesen Ansatz erweiternd, versucht das Konzept einer «Sch. als Erfahrungsraum», das H. VON HENTIG vertritt, die Sch. offen zu halten für die Möglichkeit von Erfahrungen in vielgestaltigen Lernsituationen und sie nicht allein durch die «Vorschrift einer objektiven, zum System geschlossenen Erkenntnisordnung» [26] bestimmt sein zu lassen. Die Sch. wird hier zu einem Modell einer künftigen menschlichen Gesellschaft, in besonderem Maße dann, wenn es ihr gelingt, «Raum für die Erfahrung von Alternativen» zu bieten, «Raum, in dem wir uns von dominierenden Erfahrungen – wenigstens zeitweilig – befreien könnten» [27].

Folgt man dagegen dem systemtheoretischen Ansatz, so erscheinen Sch.n nach N. LUHMANN und K. E. SCHORR von ihren internen Prozessen her als «offene Systeme» mit «subjektiven Technologien» angesichts «unklarer Kausalpläne» [28].

Im Rahmen einer umfassenden Sozialisationstheorie, welche die Sch. sowohl als Lebenswelt der Schüler als auch als Ort gesellschaftlich kontrollierter und veranstalteter Sozialisation zu beschreiben versucht, gelingt es H. FEND, Sch.n in ihren verschiedenen Formen (unter Einbeziehung «schulklimatischer» Faktoren) als Instanzen mit unterschiedlichen Sozialisationseffekten zu charakterisieren [29].

Alle genannten Ansätze eignen sich – zumindest partiell – als Ausgangspunkte schulkritischer Beurteilungen. Schulkritik in umfassendster Form kommt am deutlichsten bei I. ILLICH zum Ausdruck, vorgetragen vom Standpunkt eines radikalen Humanismus und im Blick auf die Schulverhältnisse der Dritten Welt, insbesondere Südamerikas. Illich greift die Sch. an als «Weltkirche unserer verfallenden Kultur», beschreibt sie als «Weiheritual, das den Novizen in das geheiligte Wettrennen um den fortschreitenden Verbrauch einführt», und proklamiert die «Entschulung der Gesellschaft» [30].

Die Analyseansätze sind mit den oben genannten noch nicht vollständig beschrieben. Hinzuzufügen sind noch: Sch. als formale Organisation, als Teilsystem der Gesellschaft, als Herrschaftsinstrument [31]. Mißt man die in ihnen getroffenen Feststellungen an den Ansprüchen einer strengen wissenschaftlichen Fundierung, so neigen einige Theoretiker zur Auffassung, daß es eine wissenschaftliche Theorie der Sch. nicht gebe (und möglicherweise auch nicht geben könne) – wegen des nicht hinreichend genau umreißbaren Gegenstandsbereiches [32], aber auch (sofern man insbesondere ältere Schultheorien am Erklärungsmuster des Kritischen Rationalismus mißt) wegen deren Eigenart als «pseudotheoretische Rechtfertigungslehren» [33]. Gegen diese Beurteilung steht das Votum, theoretische Aussagen über Sch.n sollten sich nicht an den elaborierten Maßstäben der methodisch am weitesten fortgeschrittenen Naturwissenschaften orientieren, sondern am derzeit erreichten Entwicklungsstand der erziehungswissenschaftlichen Disziplinen [34].

Anmerkungen. [1] PINDAR: Nemea 10, 45. – [2] ARISTOTELES: Pol. VII, 15, 1334 a 16-40. – [3] Vgl. H.-I. MARROU: Hist. de l'éducat. dans l'ant. (Paris 1948), dtsch. (1957) 563; vgl. auch Apg. 19, 9. – [4] RE 2. Reihe II/1 (1921) 764. – [5] a.O. – [6] MARROU, a.O. [3] 496. – [7] TRÜBNERS Dtsch. Wb. 6 (1955) 230. – [8] J. DOLCH: Lehrplan des Abendlandes (²1965) 102; vgl. Art. ‹Philosophie V. Institut. Formen›, in: Hist. Wb. Philos. 7 (1989) 795ff. – [9] Ordinarium der Sch. zu Hamburg (1635). Arch. Johann. Hamburg (1635). – [10] ERASMUS VON ROTT.: De ratione studii (1512). Op. omnia, hg. J. H. WASZINK I/2 (Amsterdam 1971) 146. – [11] PH. MELANCHTHON: De corrigendis adol. studiis (1518), übers. in: W. FLITNER: Die Erziehung (1953) 119-127. – [12] F. PAULSEN: Gesch. des gelehrten Unterrichts auf den dtsch. Sch.n und Universitäten vom Ausgang des MA bis zur Gegenw. 1-2 (1919/21, ND 1965) 1, 330. – [13] J. A. COMENIUS: Große Didaktik [1628/38], hg. A. FLITNER (1954, 1982) 58f. – [14] F. PAULSEN: Das dtsch. Schulwesen in seiner geschichtl. Entwickl. (1906) 170. – [15] M.-J. A. DE CONDORCET: Ber. und Gesetzentwurf über die Organisation der öff. Erziehung (1792), hg. C. L. FURCK u.a. (1966) 20. – [16] a.O. 41. – [17] W. VON HUMBOLDT: Ideen zu einem Versuch die Grenzen der Wirksamkeit des Staats zu bestimmen (1792). Akad.-A. 1 (1903, ND 1967) 111. 226. – [18] Unmaßgebl. Gedanken über den Plan zur Errichtung des Litauischen Stadtschulwesens (1809). Werke, hg. A. FLITNER/K. GIEL 4 (1960, ³1982) 188. – [19] F. D. E. SCHLEIER- MACHER: Vorles. aus dem Jahre 1826. Päd. Schr., hg. W. WENIGER 1 (1957) 28f. – [20] G. KERSCHENSTEINER: Die Sch. der Zukunft eine Arbeitsschule (1908), in: Grundfragen der Schulorganisation (1954) 98/99; R. STEINER: Die pädagog. Grundlage der Waldorfschule (1919), in: 50 Jahre Pädagogik R. Steiners. Jub.schr. der R. Steiner-Schulen in der Schweiz (1968) 84. – [21] H. NOHL: Theorie der Bildung (1928/1957) 205. – [22] H. SCHELSKY: Sch. und Erziehung in der industr. Ges. (²1959) 17. – [23] M. J. LANGEVELD: Die Sch. als Weg des Kindes (1960) 72. – [24] H. ROTH: Sch. als optimale Organisation von Lernprozessen, in: Die Dtsch. Sch. (1969) 520. – [25] TH. WILHELM: Theorie der Sch. (1969) 9f. – [26] H. VON HENTIG: Sch. als Erfahrungsraum? (1973) 25. – [27] a.O. 73. – [28] N. LUHMANN/K. E. SCHORR: Das Technologiedefizit der Erziehung und der Pädagogik. Z. Pädagogik 3 (1979) 351. – [29] H. FEND: Sozialisationseffekte der Sch. (1976); Schulklima: Soziale Einflußprozesse in der Sch. (1977). – [30] I. ILLICH: Entschulung der Ges. (1970) 69f. – [31] Vgl. TH. SCHULZE: Sch. im Widerspruch (1980) 74ff. – [32] B. ADL-AMINI: Schultheorie (1976) 81. – [33] W. KRAMP: Studien zur Theorie der Sch. (1973) 49. – [34] SCHULZE, a.O. [31] 42.

Literaturhinweise. – *Gesamtübersichten:* W. FLITNER: Die vier Quellen des Volksschulgedankens (1954). – J. DOLCH s. Anm. [8]. – H. HOLSTEIN: Schulgeschichtl. Perspektiven (1974). – P. LUNDGREEN: Sozialgesch. der Sch. im Überblick (1980f.). – *Zu einzelnen Perioden:* E. SPRANGER: W. von Humboldt und die Reform des Bildungswesens (1910). – H.-I. MARROU s. Anm. [3]. – E. MIKKOLA: 'Schole' bei Aristoteles. Arctos 2 (1958) 68-87. – H. RÖHRS (Hg.): Theorie der Sch. (1968). – P. FÜRSTENAU u.a.: Zur Theorie der Sch. (1969). – B. ADL-AMINI s. Anm. [2]. – A. LESCHINSKY/P. M. ROEDER: Sch. im hist. Prozeß (1976). – U. HERRMANN (Hg.): Sch. und Ges. im 19. Jh. (1977). – H. FEND: Theorie der Sch. (1980). – TH. SCHULZE s. Anm. [31]. – H. K. BECKMANN: Sch. unter pädagog. Anspruch (1983). – H. RÖHRS: Die Sch.n der Reformpädag. (1986). D. KLEMENZ

Schwärmerei ist eine seit der Reformation im interkonfessionellen Disput gebrauchte Kampfvokabel. Sie ist vom alltagssprachlichen Ausdruck ‹schwärmen› [1] abgeleitet und hat von diesem ihre beiden semantischen Hauptkomponenten übernommen: Sowohl die regelloswirre Motorik eines Insektenschwarms als auch das Fliegen im Verband machen den Bildgehalt aus, der sich auf religiöse Gegner beziehen ließ. Abweichung von der wahren Religion, Häresie, unkontrollierbarer Eigensinn einerseits, Gruppenbildung, Sektierertum, Zusammenrottung andererseits erfüllen den Tatbestand der Sch. Oft wird das Bild ausdrücklich evoziert: Ein frühes antilutherisches Pamphlet versieht das Wort «schwirmer» mit der Holzschnittdarstellung eines Bienenschwarms, der um den Kopf des Wittenberger Häresiarchen fliegt [2]. – Für diesen Begriff gibt es außerhalb des Deutschen keinen deckungsgleichen Ausdruck. Trotz gewisser semantischer Überschneidungen sind dem lat. ‹fanatismus› und ‹enthusiasmus› [3] sowie deren engl. und frz. Entsprechungen (die allerdings oft mit ‹Sch.› übersetzt werden) die beiden Momente fremd, mit denen die Metapher den Begriff ‹Sch.› auflud.

M. LUTHER, in dessen Streitschriften seit den 1520er Jahren sich das Wort erstmals findet, hat eine Vielfalt konkurrierender reformatorischer Strömungen im Auge, wenn er von «schwermern» (auch «schwermgeister» sowie latinisiert «schwermeri» [4]) spricht: Müntzer, die Zwickauer Propheten, «Carlstad, Zwingel, Ecolampad, Stenckefeld [d.i. Schwenckfeld]» [5], Täufer und Spiritualisten, also den 'linken Flügel' der Reformation. Das diesen unterschiedlichen Gruppen Gemeinsame, ihre Sch., erblickt er in einer einseitigen Verinnerlichung des Christentums, einer Abwertung des «Fleisches» zugunsten des «Geistes» (unter, wie er meint, fälschlicher Berufung auf Joh. 6, 63: «Der Geist ist es, der Leben schafft, das Fleisch nützt nichts» [6]): «Kein äußerlich Ding macht selig. Das mündliche Wort [sc. der Hl. Schrift] und die Sacrament sind äußerlich Ding; darum machen sie nicht selig» [7]. Zugleich warnt Luther vor den sozialrevolutionären Energien der gewalttätigen («violenti schwermeri») «verfluchten Rotte der Schwermer» [8]. Die Triebkraft der Politisierung der christlichen Lehre durch die «schwermer ... ist ein boshaftiger ... haß und neid, nicht allein widder unser lere und Gottes wort, sondern auch widder alle Weltliche zucht und ehre. Die Auffrur stinckt jn zum halse heraus, und wollten gern alles gleich und kein unterscheid leiden» [9].

Dieser Sprachgebrauch bleibt für die Kontroverstheologie bis ins 18. Jh. weitgehend verbindlich: «Schwärmer est haereticus, sectarius, schismaticus, novator. It[em] turbas et clamores movens» [10]. Außerkirchliche (vor allem auf Privatoffenbarungen sich berufende) Strömungen auch der nachreformatorischen Zeit wie Böhmianer, Rosenkreuzer, Quäker, oft auch pauschal die Mystik [11] werden unter dem Titel ‹Sch.› rubriziert. Uneinheitlich wird allerdings das Verhältnis von ‹Sch.› und ‹Fanati[ci]smus› bestimmt. Synonyme Verwendungen [12] finden sich ebenso wie Abgrenzungen des Fanatismus von der Sch.: Die 'Fanatiker' bleiben «bey ihren ungereimten Einbildungen stehen», während «die Schwärmer ... die äusserliche Ruhe der Kirche und der Republik stöhren» [13]. Der selbst der Sch. bezichtigte J. Ch. Edelmann weist das Etikett als irreführende Bezeichnung und als «Popantz» der «Clerisey» zurück. Denn die sogenannten Schwärmer sind tatsächlich dem orthodoxen Kollektiv bzw. «Schwarm» sich entziehende Nonkonformisten: «Hält man nicht vielmehr diejenigen vor Schwermer, die da nicht mit schwermen wollen?» [14]

Im Verlauf des 18. Jh. findet der ursprünglich von der orthodoxen Theologie gegen außerkirchliche Bewegungen gerichtete Kampfbegriff Eingang in das Vokabular der sich von irrationalistischen Strömungen absetzenden Aufklärung [15]. Schon J. G. Walch hatte den Begriffsumfang in dem Sinne ausgeweitet, daß die Berufung auf Privatoffenbarungen und andere «unmittelbahre göttliche Würckungen» nicht mehr als notwendiges Kriterium für Sch. verstanden wurde, sondern beliebige, auch nichtreligiöse Irrationalismen «und überhaupt ... abgeschmackte, thörigte und alberne Einfälle» als Sch. bezeichnet werden konnten [16]. So wird Sch. nun auch in der Politik [17], der Philosophie [18] und den Wissenschaften [19] verortet und bekämpft. Beispielhaft für die Aufklärung hat sich I. Kant zeitlebens mit verschiedenen Spielarten der Sch. (von den «wilden Hirngespinsten des ärgsten Schwärmers», Swedenborg [20], bis hin zu der philosophischen Sch. Platons, des «Vater[s] aller Sch. in der Philosophie», und seiner modernen Adepten [21]) auseinandergesetzt, zugleich aber auch das Phänomen in seiner Grundstruktur zu analysieren versucht. Aus erkenntniskritischer Perspektive ist die Sch. die wahnhafte, in der «Maxime der Ungültigkeit einer zu oberst gesetzgebenden Vernunft» [22] gegründete Anmaßung, «über alle Gränze der Sinnlichkeit hinaus etwas *sehen* ... zu wollen» [23]. Kant analysiert die Sch. aber auch als psychopathologisches Phänomen. Sie ist – anders als der «Enthusiasmus», ohne den «niemals ... in der Welt etwas Großes ausgerichtet worden» ist [24] – eine obendrein politisch gefährliche «Krankheit des Kopfes»: Der «Schwärmer ... ist eigentlich ein Verrückter von einer vermeintlichen unmittelbaren Eingebung und einer großen Vertraulichkeit mit den Mächten des Himmels. Die menschliche Natur kennt kein gefährlicheres Blendwerk» [25]. Denn: «Die Sch. führt den Begeisterten auf das Äußerste, den Mahomet auf den Fürstenthron und» – die Reminiszenz an die Sch. der Wiedertäufer schwingt noch mit – «den Johann von Leyden auf das Blutgerüst» [26]. Die Sch., die «in der allgemeinsten Bedeutung eine nach Grundsätzen unternommene Überschreitung der Grenzen der menschlichen Vernunft ist» [27], erweist sich also auch in praktischer Hinsicht als gefährlich: Die «moralische Sch.» verkennt den schlechthin gebietenden Charakter des Sittengesetzes, «als ob jene [vom moralischen Gesetz gebotenen] Handlungen nicht aus Pflicht, sondern als baarer Verdienst ... erwartet würden» [28]. Und der «schwärmerische Religionswahn», d.h. der Wahn, «durch Bestrebung zu einem vermeintlichen Umgange mit Gott» «etwas in Ansehung der Rechtfertigung vor Gott» ausrichten zu können, ist «der moralische Tod der Vernunft» [29].

Rationalistische Militanz prägt den Gebrauch von ‹Sch.› allerdings auch im Zeitalter der Aufklärung nicht durchweg. So gilt Ch. M. Wieland die Kritikwürdigkeit der Sch. durch die Philosophie keineswegs als ausgemacht, sondern eine Frage wert, die er 1776 öffentlich – und mit großer Resonanz – stellt: ‹Wird durch die Bemühungen kaltblütiger Philosophen und Lucianischer Geister gegen das, was sie Enthusiasmus und Sch. nennen, mehr Böses als Gutes gestiftet?› [30]; die Antworten vermeiden durchweg eine pauschale Ablehnung der Sch.: So äußert G. E. Lessing den Verdacht, daß «Sch. ... bloß der übersetzte Ekelname von Enthusiasmus» sei, und sieht durch diesen Sprachgebrauch die Einsicht verstellt, daß der «Enthusiasmus der Spekulation», der freilich «in deutliche Ideen aufzuklären» ist, die philosophische Reflexion befördern kann [31]. (In anderem Zusammenhang billigt Lessing der chiliastischen Sch. des Mittelalters zu, «richtige Blicke in die Zukunft» getan zu haben; aber der «Schwärmer kann diese Zukunft nur nicht erwarten» [32].) J. G. Herders Antwort stellt die zu «Abstraktionen des Kopfs» sich versteigende «Philosophei»(!) und die in «Abstraktionen der Empfindung» sich verlierende «Sch.» als «Abwege» hin, die der «Weise, mit Klarheit in seinen Begriffen ... und mit Enthusiasmus in seinem Herzen» gleichermaßen vermeidet [33]. – Der junge Goethe spricht von den Schwärmern als «ehrlichen Leuten», die «zu viel empfanden» [34].

Mit dem Abklingen der Debatten, die in der Aufklärung um die Sch. geführt wurden, ist der Begriff nicht mehr ausschließlich auf seine Funktion als Kampfvokabel festgelegt. So kann sich ‹Sch.› als umgangssprachliche Bezeichnung für das psychologische Alltagsphänomen der «schönen Seelentrunkenheit», der harmlosen Begeisterung empfindsamer Jünglinge und junger Mädchen für Kunst, Naturschönheit und füreinander durchsetzen [35]. Eine positive philosophische Neubewertung der Sch. findet sich indessen kaum und auch bei Autoren, die sich von rigiden Rationalitätskonzepten distanzieren, nur selten. Und gar zu einer ‹Apologie der Sch.›, wie Novalis sie gegen die «Aufklärungsapostel und Vernunftprediger» schreibt [36], sieht sich kaum jemand aufgerufen; weit häufiger artikuliert sich die gleiche Tendenz darin, daß die gemeinte Sache als «edler Enthusiasmus» affirmiert [37], der «Ekelname» [38] ‹Sch.› aber gemieden wird. Aber auch die Topoi der aufklärerischen Sch.-Kritik wirken, etwa bei G. W. F. Hegel, fort: Die Berufung auf «innere Anschauung» und die Unfähigkeit zu «bildlosem» Denken führt die Sch. dazu, «religiöse

Vorstellungen höher zu achten als alles Sittliche im Leben und als Begriffsverhältnisse» [39]. Das «Hervorbringen eines Unbegriffenen und Unbegreiflichen durch freies Dichten» [40] macht für J. G. FICHTE die Sch. aus. Sie ist aber durch die Aufklärung keineswegs überwunden, sondern wird durch sie geradezu am Leben erhalten. Die Sch., in der Fichte einen «Hang des Zeitalters» erblickt [41], ist als «Reaction» auf die Vorherrschaft «des blossen nackten Erfahrungsbegriffs und des leeren formalen Wissens» [42] zu verstehen, indem sie «die blossen sinnlichen Erfahrungsbegriffe nicht für das Höchste gelten lässt, sondern über alle Erfahrung hinaus sich zu erheben strebt und ... das Universum rein aus dem Gedanken aufbauen will» [43]: Zeitgenössische «Sch. ist und wird nothwendig Naturphilosophie» [44]. Der hiermit in erster Linie angegriffene F. W. J. SCHELLING wendet diesen Vorwurf gegen seinen Kritiker: Das Etikett ‹Sch.› verdient eine Philosophie, die auf das Prinzip der «Subjektivität» gegründet ist [45] und in ihrer «Natürstürmerei» offenbart, daß sie «alles wahrhaft Positive» negiert: «Nur keine Natur, kein Leben der Idee außer im bloßen Gedanken!» [46]

Die «heiligen Schauer der Sch.», die nach einer vielzitierten Wendung des ‹Kommunistischen Manifests› mit dem historischen Sieg der Bourgeoisie «in den eiskalten Wassern egoistischer Berechnung ertränkt» worden sind [47], bleiben zwar Quelle der Irritation insbesondere für die evangelische Theologie, die sich mit inspirierten Strömungen an den Rändern der Kirche konfrontiert sieht [48]; sie finden aufgrund ihrer «pathologischen Züge» [49] das Interesse der Religionspsychologie und sind als «Gemütszustände der Entprofanisierung und Erhobenheit» Thema der Religionswissenschaft [50]. In der Philosophie jedoch herrscht ein polemischer Gebrauch der begrifflich zunehmend unscharfen Vokabel vor – es unterlaufen sogar Wendungen wie «[die] Sch. von Kant» [51] –, und nur selten korrespondiert dem Ausdruck ein konturierter, philosophisch relevanter Sachverhalt, wie dies 1921/22 beim frühen HEIDEGGER der Fall ist: Den eigentlich schon unzeitgemäßen Begriff bezieht Heidegger kritisch-distanzierend auf die damals aktuelle Tendenz, «Philosophie als Erlebnis» zu verstehen und "'erlebensmäßigen' Reichtum und 'tiefe' und echte Ursprünglichkeit" zu prätendieren. Damit trete an die Stelle «eines radikalen Fragens» das «'Schwärmen' für die schwärmerisch geschaute wissenschaftliche Forschung und die schwärmerisch erfühlten 'Tiefen' des Lebens. Beide Tendenzen haben mit Philosophie nichts zu tun» [52].

Anmerkungen. [1] GRIMM 9, 2286-2290. – [2] J. COCHLAEUS: Sieben Köpffe Martini Luthers (1529) Titelbl.; Holzschnitt von H. BROSAMER. – [3] Vgl. Art. ‹Enthusiasmus›, in: Hist. Wb. Philos. 2 (1972) 525-528; L. KREIMENDAHL: Humes Kritik an den Schwärmern, in: Aufklärung. Interdisz. Hjschr. zur Erforsch. des 18. Jh. und seiner Wirkungsgesch. 3 (1988) 7-27; K. T. WINKLER: Enthusiasmus und gesellsch. Ordnung. *Enth.* im engl. Sprachgebr. in der 1. Hälfte des 18. Jh., a.O. 29-47; Art. ‹Fanatisch, Fanatismus›, in: Hist. Wb. Philos. 2, 904-908; R. SPAEMANN: «Fanatisch» und «Fanatismus». Arch. Begriffsgesch. 15 (1971) 256-274; W. CONZE/H. REINHART: Art. ‹Fanatismus›, in: Geschichtl. Grundbegr. 2 (³1992) 303-327; TH. SCHLEICH: ‹Fanatique, Fanatisme›, in: Hb. pol.-soz. Grundbegr. in Frankreich 1680-1820, hg. R. REICHARDT u.a. 4 (1986) 51-115. – [4] M. LUTHER: Tischreden. Weim. Ausg. [WA] 3 (1914) 3323 b; Tischreden, hg. J. AURIFABER (1566, ND 1967) cap. 38, fol. 386-417: Von Schwermern; vgl. K. HOLL: Luther und die Schwermer (1922). Ges. Aufs. zur Kirchengesch. 1 (1927) 420-467; K. G. STECK: Luther und die Schwärmer (Zollikon/Zürich 1955); W. MAURER: Luther und die Schwärmer. Kirche und Gesellschaft. Ges. Aufs. 1 (1970) 103-133; E. W. GRITSCH: Luther und die Schwärmer. Luther. Z. der Luther-Ges. 47 (1976) 105-121. – [5] Kurzes Bekenntnis vom hl. Sakrament. WA 54, 141. – [6] Daß die Worte «Das ist mein Leib» noch fest stehen widder die Schwermgeister (1527). WA 23, 169ff. – [7] Tischgespr. WA 4, 4082. – [8] Tischgespr. WA 2, 1407; Kurzes Bekenntnis von hl. Sakrament. WA 54, 141. – [9] Sendschreiben an die zu Frankfurt a.M. (1533). WA 30/3, 507. – [10] K. STIELER: Der Teutschen Sprache Stammbaum und Fortwachs (1691, ND 1968) 2, 1952. – [11] G. WERNSDORFF: Aufrichtige ... Meinung von der Mystischen Theol. (1729) 100. 143ff.; J. MÜLLER: Quäcker Quackeley das ist Elende Lumperey, Hümplerey, Stümplerey, auch Büberey, welche die neuen Schwermer ... an Tag gegeben (1663); Quäcker-Grewel das ist Abscheuliche ... Irrthumb der Neuen Schwermer (1661). – [12] STIELER, a.O. [10] 1951; C. E. STEINBACH: Dtsch. Wörter-Buch (1934, ND 1973) 535. – [13] J. H. ZEDLER: Grosses vollst. Univ.-Lex. 35 (1743) 1795. – [14] J. CH. EDELMANN: Unschuldige Wahrheiten 1 (1735). Ges. Schr., hg. W. GROSSMANN (1969ff.) 1, 192; der Bienen-(«Immen-») Schwarm ist ein gern gebrauchtes Bild der protestantischen Kritik am katholischen Gewissenszwang; vgl. J. FISCHART: Binenkorb Deß Heyl. Römischen Immenschwarms (Straßburg 1579 u.ö.). – [15] Vgl. N. HINSKE: Die Aufkl. und die Schwärmer – Sinn und Funktion einer Kampfidee, in: Aufklärung ..., a.O. [3] 3-6. – [16] J. G. WALCH: Einl. in die Relig.-Streitigkeiten, Welche sonderlich ausser der Ev.-Luth. Kirche entstanden 1 (³1733) 587. 584; vgl. auch J. C. ADELUNG: Gramm.-Krit. Wb. der Hochdtsch. Mundart 3 (1798) 1717. – [17] L. MEISTER: Über die Sch. (Bern 1775) 16; J. B. VON ROHR: Einl. zur Staats-Klugheit (1718) 322ff. – [18] WALCH, a.O. [16] 1, 587. – [19] E. PLATNER: Philos. Aphorismen § 472f. (1784) 145. – [20] I. KANT: Träume eines Geistersehers (1766). Akad.-A. 2, 366. – [21] Von einem neuerdings erhobenen vornehmen Ton in der Philos. (1796). Akad.-A. 8, 398. – [22] Was heißt: Sich im Denken orientiren (1786). Akad.-A. 8, 145. – [23] KU § 29. Akad.-A. 5, 275; vgl. HINSKE: Zur Verwendung der Wörter «schwärmen», ‹Sch.›, ‹schwärmerisch› im Kontext von Kants Anthropologiekolleg. Eine Konkordanz, in: Aufklärung ..., a.O. [3] 73-81. – [24] Versuch über die Krankheiten des Kopfes (1764). Akad.-A. 2, 267; vgl. auch: Der Streit der Facultäten (1798). Akad.-A. 7, 86. – [25] Versuch ..., a.O. – [26] a.O. – [27] KpV 153. – [28] KpV 151. – [29] Die Rel. innerh. der Grenzen der bloßen Vern. (1793). Akad.-A. 6, 174f. – [30] CH. M. WIELAND: Wird durch die Bemühungen ..., in: Der Teutsche Merkur (Jan. 1776) 82; vgl. G. CH. LICHTENBERG: Sudelbücher C 125. Schr. und Br., hg. W. PROMIES 1 (²1980) 179. – [31] G. E. LESSING: Über eine zeitige Aufgabe (1776/77). Sämtl. Schr., hg. K. LACHMANN/F. MUNCKER (1886ff., ND 1968) 16, 297; vgl. aber auch die Hervorhebung des Gegensatzes von «schwärmen» und «gut handeln», in: Nathan der Weise 1, 360-364. Sämtl. Schr., a.O. 3, 18. – [32] Die Erz. des Menschengeschl. § 90. – [33] J. G. HERDER: Philosophei(!) und such, zwo Schwestern (1776). Sämtl. Werke, hg. B. SUPHAN (1877ff.) 9, 497-504; vgl. aber auch: Rez. M. C. F. DUTTENHOFER: Gesch. der Relig.-Sch. (1797). Sämtl. Werke, a.O. 20, 278. – [34] J. W. GOETHE: Br. des Pastors (1773). Ged.ausg., hg. E. BEUTLER 4 (Zürich 1949) 135. – [35] Vgl. GRIMM 9, 2292f. – [36] NOVALIS: Apol. der Sch. [um 1788-90]. Schr., hg. R. SAMUEL 2 (1965) 20. – [37] HERDER: Vom Geist des Christentums (1798). Sämtl. Werke, a.O. [33] 20, 47. – [38] LESSING, a.O. [31]. – [39] G. W. F. HEGEL: Philos. Propädeutik (1809/10). Jub.ausg., hg. H. GLOCKNER (1927) 3, 206f. – [40] J. G. FICHTE: Die Grundzüge des gegenw. Zeitalters (1806) 8. Vorles. Sämtl. Werke, hg. I. H. FICHTE (1845ff.) 7, 114; vgl. auch: Die Anweisung zum seligen Leben (1806), a.O. 5, 473f. – [41] Grundzüge ..., a.O. 127; vgl. dazu M. MENDELSSOHN: Soll man der einreißenden Sch. durch Satyre oder durch äußere Verbindung entgegenarbeiten? (1785). Jub.ausg. 6/1 (1981) 137-141. – [42] FICHTE, a.O. 112. – [43] a.O. 114. – [44] 118. – [45] F. W. J. SCHELLING: Darlegung des wahren Verhältnisses der Naturphilos. zu der verbesserten Fichteschen Lehre (1806). Sämtl. Werke, hg. K. F. A. SCHELLING I/7 (1860) 44. – [46] a.O. 45. – [47] K. MARX/F. ENGELS: Manif. der Komm. Partei (1848). MEW 4, 464f.; zur Sicht des chiliast. und täuferischen Sch. aus hist.-mat. Perspektive vgl. ENGELS: Der dtsch. Bauernkrieg (1850). MEW 7, 342; in der Publizistik des Vormärz rückt ‹Sch.› bisweilen an

‹Ideologie›, vgl. Art. ‹Ideologie›, in: Hist. Wb. Philos. 4 (1976) 160, aber auch F. KÖPPEN: Vertraute Br. über Bücher und Welt 2 (1823) 14f. – [48] K. THIEME: Art. ‹Verzückung›, in: Realenc. prot. Theol. und Kirche 20 (³1908) 586ff. – [49] O. PFISTER: Das Christentum und die Angst (1944) 421ff.; vgl. S. FREUD: Zur Gesch. der psychoanal. Bewegung. Ges. Werke, hg. A. FREUD u.a. 10 (³1963) 77. – [50] R. OTTO: Naturalist. und relig. Weltansicht (²1909) 10. – [51] F. SCHLEGEL: Philos. Lehrjahre VI, 197. Krit. Ausg., hg. E. BEHLER (1958ff.) 18, 449. – [52] M. HEIDEGGER: Phänomenol. Interpret. zu Aristoteles (1921/22). Ges.ausg. II/61 (1985) 35-39; vgl. K. JASPERS: Psychol. der Weltanschauungen (⁵1960) 138.

Literaturhinweise. K. HOLL und K. G. STECK s. Anm. [4]. – V. LANGE: Zur Gestalt des Schwärmers im dtsch. Roman des 18. Jh., in: Festschr. R. Alewyn (1976) 151-164. – W. MAURER und E. W. GRITSCH s. Anm. [4]. – N. HINSKE s. Anm. [15] und [23]. – L. KREIMENDAHL und K. T. WINKLER s. Anm. [3].

W. SCHRÖDER

Schweigen, Stille (griech. σιγή, σιωπή, ἡσυχία; lat. silentium, taciturnitas, quies; engl. silence; frz. silence; ital. silenzio)

A. *Europäische Philosophie.* – 1. *Antike und frühes Christentum.* – «Si tacuisses», heißt es bei BOETHIUS: «Ich hätte verstanden (daß du ein Philosoph bist), wenn du geschwiegen hättest» [1]. Wenn auch nach PINDAR das Schweigen [Sch.] das Weiseste ist, das der Mensch ersinnen kann, so hat es die Philosophie vor der Spätantike doch nur beiläufig thematisiert [2]; zu besonderer Geltung kam es als ἡσυχία (Seelenruhe) in der patristischen Literatur und in der Monastik. Dennoch läßt sich die spätere explizite Philosophie des Sch. bis auf PLATON und seine häufigen Darlegungen, daß das Wahre nicht durch die Rede erfaßt wird, zurückverfolgen [3].

Bei PLOTIN geht aus dem Stillestehen im Göttlichen die Philosophie hervor [4]. In der Stille [S.] liegen die Quelle und der Grund aller Werke und allen Denkens, nicht durch Tun oder Denken zeigt sich 'das Gute': In der S., im Stillestehen (Verweilen) ist es da [5]. Demzufolge ist die im 'Einen' verweilende Natur der Theoria eine schweigende: Sie gibt schweigend (σιωπῶν) zu verstehen, ist es nicht gewohnt zu reden, die Schau selbst ist still in sich selber [6]. Der λόγος, den man in der Seele erfaßt, ist ein schweigender Logos (λόγος σιωπῶν). Ihm entspricht die Sprache. Je klarer ihn die Seele erfaßt, desto stiller wird die Theoria [7]. Die fleißige Seele ist reines Schauen, die zur Einheit und zum Stillschweigen gelangt ist (πρὸς τὸ ἓν καὶ πρὸς τὸ ἥσυχον) [8]. Bei Gott ist Ruhe [9]. Im Sch. vereinigt sich der Geist erkennend mit sich selbst – gegen die Vielgeschäftigkeit [10]. Das Sch. des Geistes entspricht der S. des Einen wie das Licht seiner Quelle, der Sonne [11]. Es gilt, still zu warten, soll in dem 'Schauen, ohne etwas zu sehen', das Licht still plötzlich erscheinen [12]. Ist dem Denken die Andersheit genommen, wird es eins sein und schweigen [13]. Es erblickt Gott in sich selbst, die Schönheit gänzlich in allem; die lautlose Gegenwärtigkeit Gottes in allem tritt so plötzlich in Erscheinung [14]. Was die Seele davon aussagt, ist Jenes; sowohl später sagt sie es, als auch, wenn sie schweigt, sagt sie es [15]. Die S., ruhige Bewegung des Geistes, die keinen Namen hat, läßt sich im rechten Augenblick im Stillschweigen plötzlich berühren [16]. Still geht das In-Gott-Sein vorüber [17].

MARIUS VICTORINUS übersetzt Plotins «schweigenden Logos» ins Lateinische; Gott ist «schweigender und ruhender Logos» [18]. Dieses Sch. ist beredt. Dreieinigkeit heißt: Der Vater ist kein schweigendes Sch., sondern ein mit sich selbst sprechendes Sch., Stimme im Sch., der Sohn schon (verlautende) Stimme, der Paraklet ‹Wort des Wortes›, Erkenntnis des Sch. im Wort [19]. Sch. und Sprache gehören zusammen wie Vater und Sohn [20]. Das Sch. ist in der Sprache; das Wort ist der Akt der Erscheinung des Sch. [21]. In der S. steht der göttliche Augenblick des Gegenwärtigen im Mittelpunkt [22].

Berühmt ist das Gespräch zwischen AUGUSTINUS und seiner Mutter, dargestellt im Buch IX der ‹Confessiones›. «Während des Redens» wird die «sapientia», durch die alles geworden ist und wird, berührt. Sie wird schweigend berührt. Im «gänzlichen Stillschweigen» wird das schöpferische Wort, das im Augenblick alles erneuert, berührt [23]. Die S. ist lautlos in der Sprache [24]. Sch. und Sprache erfolgen nicht nacheinander. Im Tönen der Sprache ist das Sch. gleichzeitig da [25]. Im Vernehmen der Sprache wird das Sch. gelassen. Im Sch. wird die stumme Sprachlichkeit der Dinge vernommen. Schweigend ist der Blick Gottes in den Dingen [26]. «Wo ist dein Gott?» zitiert Augustinus Ps. 42, 4. In der S. ist das Wort des Herrn zu hören [27]. Das Geheimnis Gottes zu wissen ist ein Wissen des beredten Sch., in dem in den Worten der Grund seines Sch. offenbar ist («ratio illius silentii manifesta est») [28]. In der Sprache teilt sich das Sch. mit, indem es gebrochen wird [29]. «Sei still und verstehe», schreibt Augustinus, «sei still in dir und sieh, was ich dir sage». In der S. wirkt Gott und wirkt immer [30]. Sch. ist der Grund von Sprache [31]. Im Sch. wird das Wort geboren. Es bricht aus der Ewigkeit hervor. Es steht jeweils jetzt im Vorübergehen der in der Zeit erscheinenden Worte da. Es kommt auf Hören an [32]. Nur der Geschwätzige hört nicht [33]. Was für die Musik gilt, gilt ebenso für die Sprache: Der Rhythmus wird in der Zeit zeitlos stehend in einem geheimen und hohen Stillschweigen («in quodam secreto altoque silentio») erfaßt [34]. Nicht schweigt in Gedanken, wer mit der Stimme schweigt. Es ist der Grund der Sprache, der endlos zu übersetzen ist («sine fine dicemus unum») [35].

PROKLOS «ist ein großer Schweiger» [36]. Der Logos ist, wie es an einer vielzitierten Stelle heißt, aus der σιγή hervorgegangen, Sch. liegt ihm zugrunde: «πρὸ τοῦ λόγου τὴν τὸν λόγον ὑποστήσασαν εἶναι σιγήν» [37]. Durch ein gottgenährtes Sch. (θεουρέμμονα σιγή) wird der Liebende dem Gott ähnlich [38]. Das Göttliche ist mit Sch. zu ehren und zu pflegen, es ist das Sch. Es ist noch unaussagbarer (ἀρρητότερον) als das Sch. [39]. Wer zum Göttlichen vordringen will, muß äußerlich und innerlich still und ruhig werden. Proklos beschreibt dieses stillende Ruhigwerden in einer Weise, die dem von Augustinus dargestellten Ostia-Gespräch sehr ähnlich ist [40]. Der 'väterliche' Grund ist der Abgrund gottgenährten Sch. [41]. Sch., Verstehen und Einsicht formen eine Triade [42]. Es gibt keinen Namen für das 'Eine', es ist jenseits des Hauchs («supra spiritum»). Es offenbart sich durch den Hauch. Unsagbar ist es selbst wie der schweigende Hauch. Es existiert gleichzeitig schweigend und ausgesprochen («et tacitum simul et eloquibile existens»). Es scheint in der Sprache stillschweigend durch [43]. Das 'Eine' ist jenseits von Sch. und S. (ἐπέκεινα σιγῆς καὶ ἡσυχίας); es ist nicht im Sch. wie etwas, das sich nennen ließe oder erschwiegen werden könnte; es ist ohne Worte da [44]. Das In-Gott-Sein ist ein göttliches Rasen (μανία ἔνθεος), in dem die Seele die Ruhe, die Einung liebt. «Stumm ist sie geworden und schweigend in einem inneren Sch.» [45]. Der ‹Parmenides-Kommentar› schließt mit den Worten: «Mit Sch. aber schließt er die Betrachtung des Einen (desselben)» («Silentio autem conclusit eam que de ipso theoriam») [46].

Nach Ps.-DIONYSIUS AREOPAGITA ist Gott in Sch. gehüllt. Das Unaussprechliche ist mit bescheidenem Sch. zu ehren [47]. Dem übergeistigen, überlichthaften Dunkel, dem überhellen Licht entspricht nicht Redekürze, sondern Rede- und Denklosigkeit; es läßt sich nicht sagen und denken [48]. Die Engel sind deutende Boten des göttlichen Sch. [49]. Die einfache, einförmige Wahrheit ist überunaussprechlich (ὑπεράρρητος) und überunerkennbar (ὑπεράγνωστος), das Eine, Unerkennbare, Überseiende ist ohne Worte das, was ist [50]. Was ohne Worte da ist, ist die göttliche S., Lautlosigkeit und Unbewegtheit in allen erkennbaren Hervorgängen. Sie ruht und steht in allem still [51]. Unausgesprochen ist sie da. Die einfachen, unverhüllten und unwandelbaren Geheimnisse der Theologie sind im überhellen Dunkel des geheimnisumhüllten Sch. enthüllt (τῆς θεολογίας μυστήρια, κατὰ τὸν ὑπέρφωτον ἐγκεκάλυπται τᾶς κρυφιομύστου σιγῆς γνόφον) [52]. Der apophatische Vorbehalt trifft das Wort ‹S.› selbst. Es selbst ist nicht in Ruhe, nicht Eines, nicht Einheit, nicht Gottheit. Es gibt kein Wort (λόγος), keinen Namen (ὄνομα), keine Erkenntnis (γνῶσις) von ihm; es steht über aller Verneinung, jenseits von allem [53]. Die «ignorantia Dei» ist unausgesprochen zu lassen, ist unausgesprochen da. 'Plötzlich' (ἐξαίφνης) tritt das Unbemerkte in Erscheinung. Das Unsagbare ist mit dem Gesagten verbunden [54].

Anmerkungen. [1] BOETHIUS: Philos. cons. II, 7 p. – [2] PINDAR: Nem. V, 18; vgl. JAMBLICH: Vita Pyth. XVII, 72; aporematisch: HERAKLIT: Frg. A 1. VS 1, 142, 19f. (DIOG. LAERT. IX, 12). – [3] PLATON: Symp. 211 a; vgl. Ep. 7, 341 c; Crat. 438 d; 439 d; Euthyd. 300 b; ARISTOTELES: Soph. el. 166 a 12ff. – [4] Vgl. PLOTIN: Enn. IV, 8, 1, 7; I, 3, 4, 17. – [5] Enn. I, 7, 1, 15f. – [6] Enn. III, 8, 4, 4f. (4, 17). – [7] Enn. III, 8, 6, 11-17; III, 3, 5, 9. – [8] Enn. III, 8, 6, 38-40. – [9] Enn. V, 3, 7, 13-26; III, 8, 10, 5-7; II, 9, 1, 27. – [10] Enn. V, 3, 10, 46; 3, 17. – [11] Enn. V, 3, 12, 35f.; VI, 2, 20, 27; 21, 15. – [12] Enn. V, 5, 7, 34; 8, 3f. – [13] Enn. V, 1, 2, 14-17; 4, 38; VI, 5, 1, 26; 6, 1f. – [14] Enn. V, 8, 11, 6; 7, 14. – [15] Enn. VI, 7, 33, 22; 34, 13. 29. – [16] Enn. VI, 9, 9, 19; 5, 14f. 31; VI, 8, 18, 44; VI, 7, 36, 18. – [17] Enn. VI, 9, 11, 13ff. – [18] Vgl. MARIUS VICTORINUS: Ad Cand. 17, 13. Op. 1, hg. P. HENRY/P. HADOT (Wien 1971) 35. – [19] Adv. Arium I, 13, 30f., a.O. 72; III, 10, 20-25; 16, 14-16, a.O. 208. 219. – [20] I, 41, 45-49, a.O. 130; vgl. I, 55, 31f.; 59, 8f. – [21] III, 7, 21f, a.O. 202f. – [22] Vgl. IV, 24, 33f., a.O. 262; Hymn. I, 5. – [23] AUGUSTINUS: Conf. IX, 10, 23-26. – [24] Conf. XII, 3, 3; De civ. Dei XII, 7. – [25] Conf. XII, 29, 40; XI, 6, 8; IV, 12, 19; 14, 23; 15, 27. – [26] Conf. XII, 7, 9; X, 6, 9f.; XIII, 20, 27; 23, 34; vgl. De civ. Dei XI, 4; 18; Conf. I, 18, 28f.; XIII, 29, 44. – [27] En. in Ps. 41, 10. 16. CCSL 38 (Turnhout 1956) 468. 472. – [28] En. in Ps. 7, 1, a.O. 36; 32, II, s. 1, 8, a.O. 254; 33, II, 9, a.O. 288. – [29] En. in Ps. 44, 5f., a.O. 497f.; 42, 7, a.O. 479. – [30] En. in Ps. 91, 14. CCSL 39 (1956) 1289; 92, 1, a.O. 1290; 92, 6, a.O. 1295f. – [31] En. in Ps. 99, a.O. 1396. – [32] En. in Ps. 101, I, 17; 101, II, 10. CCSL 40 (1956) 1437. 1445. – [33] En. in Ps. 139, 15, a.O. 2022f.; zum Verhältnis des Sch. zum 'inneren Wort': De trin. XV, 11, 20. CCSL 50/50a (1968) 486f.; 21, 40, a.O. 518; 23, 43, a.O. 520; IX, 7, 12, a.O. 303f.; X, 1, 2, a.O. 312; XV, 10, 19, a.O. 485. – [34] De trin. XII, 14, 23, a.O. 377. – [35] De trin. XV, 28, 51, a.O. 534f.; vgl. En. in Ps. 32, II, s. II, 2, 16. CCSL 38, 266. – [36] H. KOCH: Ps.-Dionys. in seinen Bezieh. zum Neuplat. und Mysterienwesen (1900) 128. – [37] PROKLOS: De philos. chald., hg. A. JAHN (1891) 4, 18; vgl. 36ff. – [38] In Tim. 92, 7f.; vgl. In Alc. Opera ined., hg. V. COUSIN (Paris 1864) 361, 32-364, 6. – [39] Vgl. Theol. plat. II, 11, 110; III, 7, 132; V, 34, 321. – [40] Theol. plat. II, 11, 109. – [41] In Tim. 92, 8f.; In Crat. 59, 6; vgl. W. THEILER: Die chaldäischen Orakel und die Hymnen des Synesios (1942) 10. – [42] In Parm. VII, hg. R. KLIBANSKY/C. LABOWSKY, in: Plato latinus III (London 1953, ND 1973) 46, 23-33; a.O. [37]. – [43] In Parm., a.O. 52, 10-15. – [44] In Parm., hg. V. COUSIN, a.O. [38] 1171, 8; vgl. W. BEIERWALTES: Proklos. Grundzüge seiner Met. (1965) 361ff. – [45] De prov. 31, 6. 11, in: Tria opuscula, hg. H. BOESE (1960) 141, 6ff.; vgl. In Parm. VII, a.O. [42] 60, 15ff.; 70, 24ff.; 74, 8. – [46] a.O. 76, 6f. – [47] Ps.-DIONYSIUS AREOP.: De div. nom. I, 1. MPG 3 (Paris 1889) 589 B; vgl. De cael. hier., a.O. 340 B. – [48] De myst. theol. III, a.O. 1033 C; vgl. 1025 A; 1045 C. – [49] De div. nom. IV, 2, a.O. 696 B. – [50] I, 4, a.O. 592 D; 593 B. – [51] XI, 1, a.O. 949 A/B. – [52] De myst. theol. I, 1, a.O. 997 A/B. – [53] V, a.O. 1048 A/B; vgl. 1050. – [54] Ep. III, a.O. 1069 B; IX, a.O. 1105 D.

Literaturhinweise. R. BERLINGER: Augustins dialogische Met. (1962). – W. BEIERWALTES s. Anm. [44]. – K. RUH: Die mystische Gotteslehre des Dionysius Areopagita (1987).

2. *Mittelalter.* – Auch für JOHANNES SCOTUS ERIUGENA ist mit dem Sch. des Herzens und Mundes («silentium cordis et oris») die Simultaneität des Ewigen und Geschaffenen zu ehren [1]. In der Ruhe der schweigenden Natur ruht Gott in allem über allem, wie die Natur des Feuers, die in der Berührung aus ihrer geheimen Ruhe hervorgerufen wird und plötzlich hervorleuchtet [2]. Alles, was eingesehen und wahrgenommen werden kann, ist nichts anderes als die Erscheinung des Nichterscheinenden, die Äußerung des Unaussagbaren. Deshalb schweigt es, sowohl als es ruft, und während es schweigt, ruft es, und während es ruft, schweigt es («et dum silet clamat et dum clamat silet») [3].

MEISTER ECKHART bezieht sich in seinen Sätzen über das Sch. vor allem auf Sap. 18, 14f., auf Augustinus und auf Ps.-Dionysius Areopagita [4]. Alle «sullent daz wizzen, daz ... dû solt swîgen unde lâz up dâ wirken unde sprechen aldâ» [5]. Die (schwerere) Aufgabe der Sprache ist die stille Geburt des Wortes (des Sohnes) in der schweigenden Seele im Augenblick; im Augenblick der S. und des Sch. wird es gehört [6]. Schweigend geschieht in der Sprache das Hören [7]. Das Sch. ist nicht außerhalb der Sprache, keine Sprache neben der Sprache, es ist in der Sprache als ihr Grund [8]. In der Ruhe und im Sch. ist Gott in sich selbst, still wirkend. Deshalb beantwortet Meister Eckhart die Frage, was der Schöpfer, die Dreifaltigkeit, die Seele und alle Kreaturen suchen, viermal mit «ruowe» [9].

JOHANNES TAULER führt, zurückgreifend auf Proklos' Sigetik, Meister Eckharts Rede von der stillen Gottesgeburt im schweigenden Selbst des Seelengrundes zu Ende. Tauler führt die «christlichen und heidnischen Meister» zusammen. «Sol Got werlichen sprechen, alle die krefte müssent swigen; es sol hie nút sin ein tůn, es můs sin ein entůn» [10]. «das ist wol ein notrede das man dem worte ze hǒrende nút bas enkan gedienen denne mit stillin und mit losende, mit swigende; sol Got sprechen, alle ding můssen swigen» [11]. «denne blib in einem rastende und wonende und nút weder in lúchtende noch in smakende (ohne Erleuchtung und Empfindung)» [12]. «und denne kumet der herre in einem snellen blicke und lúchtet in den grunt» [13]. In diesem Augenblick soll man schweigen, S. machen. «Wie das si, das lossen wir nu ligen; mer dis bekent sich Got in Gotte, und noch denne ist es geschaffen. Proculus, ein heidenscher meister, nemt es ein slaf und ein stille und ein gǒtlich rasen» [14]. Sinnvoll wird Sprache erst im stillen, schweigenden Hören; so wird ihr Sinn vernommen [15]. In der Predigt ‹Ecce, prandium meum paravi› zieht Tauler drei der entscheidenden Stellen über die Gegenwärtigkeit Gottes, die «transitus dei» ist, zusammen. Der springende Punkt ist «ein minnenclich innerlich rasten, in eime stillen swigende anzuhangende in einikeit des geistes dem göttelichen vinsternisse» [16].

In ‹De visione Dei› (‹Über das Sehen Gottes›) (1453), wo es NIKOLAUS VON KUES darum geht, seine Gedanken über einen leicht faßlichen Zugang zur mystischen Theologie darzulegen [17], heißt es, daß «du mir Herr in meinem Herzen antwortest» («tu Domine intra praecordia mea respondes»), wenn ich «im Sch. der Kontemplation verstumme» («in silentio contemplationis quiesco») [18]. Vom Angesicht Gottes, das die «absolute Schönheit» («pulchritudo absoluta») [19] ist, sagt Cusanus: «In allen Gesichtern ist das Angesicht der Angesichter sichtbar, verschleiert und im Rätsel. Unverhüllt aber wird es nicht gesehen, solange wir nicht über alle Gesichter hinaus in ein geheimnisvolles und verborgenes Sch. (secretum et occultum silentium) eintreten» [20]. Nur im Überspringen allen Wissens und jeder Begriffsvorstellung kommt es in «wissender Unwissenheit» («docta ignorantia») [21] zur unverhüllten «visio Dei» [22].

Anmerkungen. [1] JOH. SCOTUS ERIUGENA: Periphyseon (De div. nat.) III, hg. I. P. SHELDON-WILLIAMS/L. BIELER (Dublin 1981) 70, 31; vgl. De div. nat. IV, hg. H. FLOSS. MPL 122, 791 C; 823 C; De div. nat. V, a.O. 951 C. – [2] Vgl. Hom. sur le prologue de Jean 17, 9, hg. E. JEAUNEAU. Sources chrét. 151 (Paris 1969) 284; Expos. in ierarch. coel. 3, 266; 7, 944f.; 15, 258f., hg. J. BARBET. CCContMed 31 (Turnhout 1975) 62. 116. 194ff. – [3] Periphys. III, a.O. [1] 58, 12ff.; vgl. 160, 37-162, 24. – [4] Vgl. K. ALBERT: Meister Eckhart über das Sch., in: Festschr. L. Seppänen (Tampere 1981) 301. – [5] MEISTER ECKHART: Pr. I, hg. F. PFEIFFER (1857, ⁴1924) 7 = Die dtsch. Werke, hg. J. QUINT [DW] 1 (1958) 419f. – [6] Pr. IV, a.O. 24ff. = DW 1, 436f.; Pr. II, a.O. 10ff. = DW 1, 430f.; vgl. DW 1, 15, 6ff.; Dtsch. Pr. und Traktate, hg. J. QUINT (1963, ²1979) 157; DW 1 (1958) 312, 9; DW 2 (1971) 189, 6 (vgl. AUGUSTINUS: Sermo 117, 5, 7); 204, 3-5; DW 3 (1976) 143, 1; 266, 4ff.; 442, 3; DW 5 (1963) 254, 8; 292, 4; vgl. In Sap., n. 280f. Die lat. Werke [LW] 2 (1956ff.) 612, 6ff. – [7] Vgl. Pr. 58 (QUINT) = Pr. II, a.O. [5] (PFEIFFER) 14f. – [8] Vgl. Pr. XIX (PFEIFFER) = 37 (QUINT). – [9] Pr. 60. DW 3 (1976) 11, 4f.; vgl. In Gen. I, n. 165f. LW 1/1 (1964) 312, 1f.; 313, 1ff. – [10] JOH. TAULER: Die Pr., hg. F. VETTER (1910, ND 1968) 314, 21f.; vgl. a.O. 145, 1ff. – [11] a.O. 181, 27-182, 2. – [12] 204, 24f. – [13] 238, 17f. – [14] 350, 17-21. – [15] Vgl. J. TAULER: Pr., hg. G. HOFMANN (³1987) 544. – [16] Vgl. a.O. [10] 400, 12f.; HOFMANN, a.O. 571. – [17] NIKOLAUS VON KUES: De visione Dei. Werke. NA des Straßb. Drucks von 1488, hg. P. WILPERT 1-2 (1967) 1, 292-338; dtsch.: Von Gottes Sehen, hg. E. BOHNENSTAEDT (²1944); zu Cusanus vgl. W. BEIERWALTES: Visio Absoluta (1978); G. WOHLFART: Mutmaßungen über das Sehen Gottes. Philos. Jb. 93 (1986) 151-164, bes. 158-163; Das Sehen Gottes nach Nik. von Kues (1987). – [18] De vis. Dei VII, n. 25. – [19] n. 20. – [20] n. 21. – [21] XIII, n. 52. – [22] Zum Sch. als Reden, vgl. auch: De dato patris luminum III. Akad.-A. (Heidelb.) 4 (1959) 67-87, bes. 79.

3. *Frühe Neuzeit bis zum Deutschen Idealismus.* – Bei DESCARTES, SPINOZA und LEIBNIZ wie auch bei LOCKE und HUME finden sich keine signifikanten Textstellen (für Leibniz ist aufgrund der Textlage eine endgültige Auskunft noch nicht möglich). Nach B. PASCAL soll man – so viel man kann – schweigen und nur mit Gott im Zwiegespräch sein [1]. Das berühmteste Fragment, in dem das Sch. («silence») erwähnt wird, ist Frg. 206: «Le silence éternel de ces espaces infinis m'effraie» [2]. Die ewige S. dieser unendlichen Räume des Alls, die als Anspruch Gottes verstanden werden kann, hat eine kathartische Funktion und ist insofern positiv zu bewerten. Das Sch. spielt auch eine bedeutsame Rolle in der Kritik der «éloquence». Bereits in der Abhandlung des jungen Pascal ‹Discours sur les passions de l'amour› wird der «éloquence de silence» [3] der Vorzug vor der Sprache gegeben: «En amour un silence vaut mieux qu'un langage» [4]. In den ‹Pensées› sagt Pascal später entsprechend: «l'éloquence continue ennuie» [5]. «La vraie éloquence se moque de l'éloquence ... Se moquer de la philosophie c'est vraiment philosopher» [6].

Der von Eckhart und Tauler beeinflußte JOHANNES SCHEFFLER (ANGELUS SILESIUS) hat in seinem Hauptwerk, den ‹Geistreichen Sinn- und Schlussreimen› (1657) [7] immer wieder die Bedeutung des Sch. für das Gespräch des Menschen mit Gott hervorgehoben [8]. Mit ‹Sch.› wird das Sein der Ewigkeit ausgesprochen [9]. Für Scheffler, der die Gottheit im Anschluß an Eckhart als ein «Nichts und Übernichts» [10] versteht, gilt: «Nichts ist dem Nichts so gleich als Einsamkeit und S. ...» [11].

Bei den großen neuzeitlichen Sprachdenkern G. VICO, J. G. HAMANN, J. G. HERDER und W. VON HUMBOLDT finden sich keine philosophisch relevanten Ausführungen zum Thema. – Das gleiche gilt für I. KANT und J. G. FICHTE. – Auch G. W. F. HEGEL ist kein Denker des Sch. Das Sch. hat keinen Ort im Hegelschen System der Philosophie [12]. Das Unaussprechliche, Unsagbare bzw. Ungesagte gilt ihm nicht als das Beste und Vortrefflichste [13], sondern als das «Unbedeutendste» und «Unwahrste» [14]. Die «reine S. (σιγή)» [15] bei den Gnostikern gehört für Hegel zu den Formen, die «in das Trübe» [16] gehen. Lediglich als «wesentliche Bedingung für jede Bildung» [17] erkennt er das Sch. an, wobei zu beachten bleibt, daß die Bildung und ihr Reich der Wirklichkeit für Hegel keineswegs die höchste Stufe der Wissenschaft der Erfahrung des Bewußtseins ist. Metaphorisch erwähnt Hegel in der ‹Vorrede› zur zweiten Ausgabe der ‹Wissenschaft der Logik› die S., wenn er von den «stillen Räumen des ... Denkens» [18] spricht. Die nur wenige Tage vor seinem Tod verfaßte ‹Vorrede› schließt mit dem Zweifel, ob der «laute Lerm des Tages ... noch Raum für die Theilnahme an der leidenschaftslosen S. der nur denkenden Erkenntniß offen lasse» [19]. – Beim jungen F. W. J. SCHELLING wird im Anschluß an Winckelmann der Ausdruck der Ruhe und der «stillen Größe» als äußerer Ausdruck des Kunstwerks gefaßt [20]. Ebenso heißt es in der ‹Philosophie der Kunst›: «Die S. ist der Schönheit eigenthümliche Zustand ...» [21]. Vom Sch. in einem expliziten Sinn und mit positiver Wertung spricht Schelling erst in seiner Spätphilosophie, wo in Anknüpfung an neuplatonisches Gedankengut vom Außer-sich-Sein und der Ekstase der Vernunft angesichts der Unvordenklichkeit des unendlich Existierenden (Göttlichen) die Rede ist [22]. Von diesem reinsten Sein gilt, daß der Verstand es «nur ausspricht, indem er *schweigt*» [23].

Anmerkungen. [1] B. PASCAL: Pensées, Sect. VII, Frg. 536 (L. BRUNSCHVICG); vgl. aber auch zur neg. Bewertung des Sch. als «persécution»: Pensées, Sect. XIV, Frg. 920. – [2] Sect. III, Frg. 206. – [3] Pensées et opusc., hg. L. BRUNSCHVICG (Paris ⁵1909, 1971) 132. – [4] a.O. – [5] Pensées, Sect. VI, Frg. 355. – [6] Sect. I, Frg. 4. – [7] Nach der Ausg. von 1674 ‹Cherubinischer Wandersmann› genannt. – [8] JOH. SCHEFFLER [ANGELUS SILESIUS]: Cherub. Wandersmann, Andertes Buch, hg. G. ELLINGER (1895) 8; 5. Buch, a.O. 330. – [9] Andertes Buch, a.O. 68. – [10] 1. Buch, a.O. 111. – [11] Andertes Buch, a.O. 248; vgl. auch: 1. Buch, a.O. 19. 239. 240. 299; Andertes Buch, a.O. 19. 32; 3. Buch, a.O. 8; 4. Buch, a.O. 11. 36; 5. Buch, a.O. 366. – [12] Vgl. G. W. F. HEGEL: Enzykl. (1827) § 458f.; vgl. auch den Zusatz zu § 462. Jub.ausg., hg. H. GLOCKNER (1927-40) 10, 354ff. – [13] Vgl. a.O.; Jub.ausg. 12, 390. 398. – [14] Vgl. Enzykl. § 20; Phänomenol. des Geistes (1807). Akad.-A. 9 (1980) 70 [Ende des Kap.: ‹Die sinnliche Gewißheit›]. – [15] Jub.ausg. 19, 30f. – [16] a.O. – [17]

Jub.ausg. 17, 246; 3, 251f. – [18] Wiss. der Logik (1832). Akad.-A. 21 (1985) 12f. – [19] a.O. 20. – [20] F. W. J. SCHELLING: System des transz. Idealismus (1800). Werke, hg. M. SCHRÖTER (1927-54) 2, 620. – [21] Philos. der Kunst (1859, ND 1959) 203. – [22] Philos. der Offenbarung (1841ff.). Sämmtl. Werke, hg. K. F. A. SCHELLING (1856-61) II/3, 162f. – [23] a.O. 251.

Literaturhinweise. – Zu Pascal: W. WEISCHEDEL: Die Sprache des Sch., in: Dial. und Dynamik der Person (1963) 287-304. – *Zu Hegel:* K. ALBERT: Hegel und der erzieh. Sinn des Sch., in: Philos. der Erziehung (1990) 72ff. – *Zu Schelling:* H. HOLZ: Spekulation und Faktizität (1970) 327f. – H. ROSENAU: Schellings metaphysikkrit. Sprachphilos. Z. philos. Forsch. 44 (1990) 399-424.

4. *Kierkegaard, Schopenhauer, Nietzsche.* – Der bedeutendste Denker des Sch. in der Philosophie der Neuzeit ist S. KIERKEGAARD. Von zentraler Bedeutung ist die Rede ‹Stillesein› (1849) [1]. Ausgehend von Matth. 6 werden Lilie und Vogel als Lehrmeister des Stilleseins und des Sch. empfohlen. Wohl zeichnet das Redenkönnen den Menschen vor dem Tier aus, aber «eben weil der Mensch zu reden vermag, eben deshalb ist es eine Kunst schweigen zu können» [2]. Der Dichter, der im Sch. der Natur die Stimme der Gottheit zu vernehmen meint, spricht: «Die Rede ist des Menschen Vorzug vorm Tier, ja allerdings – wofern er *schweigen* kann» [3]. Stillesein ist «der Gottesfurcht Anfang» [4]. So ist es gewissermaßen nichts, was der Mensch tun soll, um nach dem Reich Gottes zu trachten. «Du sollst in tiefstem Sinne dich selbst zu einem Nichts machen, zu einem Nichts werden, vor Gott schweigen lernen ...» [5]. «Jeder Mensch, der zu schweigen weiß, wird ein Gotteskind ...» [6]. Auch das Gebet wird, wenn es rechtes Gebet geworden ist, vom Reden zum Sch. und Hören [7]. In beredtem Stummsein [8] entspricht der Mensch dem Anspruch Gottes, der selbst spricht, wenn er schweigt [9]. Den Augenblick des Einschlags der Ewigkeit trifft man allein mit Sch.; «in der Stille allein ist der Augenblick da» [10]. Der Augenblick erfüllter Zeit kommt «nicht mit Lärmen und Rufen, nein, er kommt leise, mit leichteren Füßen als sonst eines Geschöpfes leichtester Gang, denn er kommt mit den leichten Füßen des Plötzlichen ...» [11]. Doch er wird nicht gespürt, weil die Menschen nicht stille zu sein vermögen, und so das Ewige und das Zeitliche gesondert bleiben [12]. Es kommt darauf an, «mit dem Sch. Ernst zu machen» [13], da sonst aus dem Stillesein nichts wird, «stattdessen aber eine Rede über das Stillesein entsteht» [14]. In dem späteren Stück ‹Zur Selbstprüfung der Gegenwart anbefohlen› (1851) spitzt sich Kierkegaards Denken des Sch. zu dem an Eckharts 'Laß Dich!' erinnernden Imperativ zu: «schaffe Sch.!» [15]. Doch ist die wahre Schweigsamkeit nicht ein Sch. ohne zu schweigen? In einer späten Tagebucheintragung vermerkt Kierkegaard: «Schweigsamkeit verborgen in Schweigsamkeit ist verdächtig ... Aber Schweigsamkeit verborgen in dem entschiedensten Plauder-Talent, das ist – wahrhaftigen Gotts! – das ist Schweigsamkeit» [16].

In A. SCHOPENHAUERS Hauptwerk ‹Die Welt als Wille und Vorstellung› werden Sch. und S. nicht eigens thematisch. Wohl aber tritt nach Schopenhauer S. ein, wenn am Ende der höchste Zielpunkt erreicht ist, «der Punkt, wo Subjekt und Objekt nicht mehr sind» [17], wie Schopenhauer anknüpfend an buddhistisches Gedankengut sagt. Das Hauptwerk schließt mit der Einsicht, daß «Denen, in welchen der Wille sich gewendet und verneint hat, diese unsere so sehr reale Welt mit allen ihren Sonnen und Milchstraßen – Nichts» [18] ist. In Anbetracht ihres Lebens zeigt sich uns «jener Friede, der höher ist als alle Vernunft, jene gänzliche Meeresstille des Gemüths ...» [19], wie Schopenhauer in Erinnerung an die γαλήνη, das stoische Bild der Seelenruhe, sagt. In den späten ‹Parerga und Paralipomena› (1851) wird das Sch. am ausführlichsten in den ‹Paränesen und Maximen› [20] behandelt [21]. Schopenhauer beschließt seine Reflexionen mit der arabischen Maxime: «Am Baume des Schweigens hängt seine Frucht, der Friede» [22].

F. NIETZSCHES Vorrede zum zweiten Band' von ‹Menschliches, Allzumenschliches› beginnt mit den programmatischen Worten: «Man soll nur reden, wo man nicht schweigen darf; und nur von dem reden, was man *überwunden* hat, – alles Andere ist Geschwätz, 'Litteratur', Mangel an Zucht» [23]. Nach Nietzsche sind unsere eigentlichen Erlebnisse ganz und gar nicht geschwätzig. «Wofür wir Worte haben, darüber sind wir auch schon hinaus. In allen Reden liegt ein Gran Verachtung» [24]. «Die grössten Ereignisse – das sind nicht unsre lautesten, sondern unsre stillsten Stunden» [25]. Im Stück ‹Die stillste Stunde› im zweiten Teil des ‹Zarathustra› heißt es dementsprechend, daß die «stillsten Worte», «die mit Taubenfüssen kommen» [26], die Welt lenken. Es sind die Worte desjenigen, der «eines langen Willens Herr» ist, «schweigsam, auch wenn er redet ...» [27]. Von den Krämern auf dem Markte dagegen gilt: «Alles bei ihnen redet» [28]. Demgegenüber heißt es, schweigen zu lernen [29] bzw. reden zu lernen, um «recht zu schweigen» [30]. «Meine liebste Bosheit und Kunst ist es, dass mein Sch. lernte, sich nicht durch Sch. zu verrathen» [31]. Der schwerste Gedanke bzw. die «Grundconception des Werks» [32], das Nietzsche für sein «bestes» [33] hielt, d.h. des ‹Zarathustra›, ist die Lehre von der ewigen Wiederkunft des Gleichen. Die erste Erfahrung des Augenblicks der Wiederkunft geschieht in «stillster Mitternacht» [34]. Am Ende des Stücks ‹Der Genesende›, in dem das Leitmotiv der ewigen Wiederkunft wieder aufgenommen und weitergeführt wird, ist wiederum eine «große S.» [35] um Zarathustra. Im Stück ‹Mittags› im vierten Teil des ‹Zarathustra›, dem Höhepunkt der Betrachtung, wird der Mittags-Augenblick der Ewigkeit, in dem die Welt vollkommen wird, als Augenblick der S. beschrieben [36]. Das Leitwort ‹S.› kommt, zumeist in Form des Imperativs «Still!» dreizehnmal in diesem Stück vor [37]. Die Mittags-S. ist das «silentium» der «intuitio mystica», in der nach Nietzsche der «eigentliche Zweck alles Philosophirens» [38] besteht. Im vorletzten Stück des ‹Zarathustra›, ‹Das Nachtwandler-Lied›, in dem das Motiv der ewigen Wiederkunft noch ein letztes Mal ausführlich aufgenommen wird, redet die Mitternacht – «Mitternacht ist auch Mittag» [39] –, nachdem «aller Lärm eurer Herzen stille ward» [40]. S. und Schönheit gehören für Nietzsche zusammen [41]. Der Augenblick der S. als Augenblick der Ewigkeit der Wiederkunft ist der Augen-Blick der Schönheit, der Augenblick des goldenen Lachens [42] des Glücks.

Anmerkungen. [1] S. KIERKEGAARD: Ges. Werke [GW] 21-23, Kl. Schr. (1848/49) (1960): Die Lilie auf dem Felde und der Vogel unter dem Himmel, Drei fromme Reden, 1. Rede: Stillesein, a.O. 22, 32-47. – [2] a.O. 36. – [3] 39; vgl. aber auch die Dichterkritik, a.O. 44ff. – [4] 37. 45. – [5] 36. – [6] Die Tagebücher 1 (1962) 289; Entweder/Oder 1. GW 1, 33; Furcht und Zittern. GW 4, 98f. – [7] GW 22, 37f. – [8] GW 22, 40. – [9] Vgl. Die Tagebücher 2, 102. – [10] GW 22, 40. – [11] a.O. 40f. – [12] Vgl. 41. – [13] 44. – [14] a.O. – [15] GW 27-29, 84; vgl. auch: Abschließende unwiss. Nachschr. II. GW 16, 258f. – [16] Die Tagebücher 5, 246. – [17] A. SCHOPENHAUER: Die Welt als Wille und Vorst. I/4 (1819) § 71. Sämtl. Werke, hg. A. HÜBSCHER 2 (^{2}1965) 487, Anm. – [18] a.O. – [19] a.O. 486. – [20] Parerga und

Paralip. I/2 (1851), Aphorismen zur Lebensweisheit, Kap. V: Parän. und Max. 42, a.O. 5 (^{2}1952) 495-497. – [21] Vgl. a.O. 495. – [22] 497; vgl. auch: a.O. 382 sowie seine krit. Bem. zum silentium livoris: Parerg. und Paral. II/2, Kap. 20: Ueber Urtheil, Kritik, Beifall und Ruhm § 242, a.O. 6 (^{2}1952) 493. – [23] F. NIETZSCHE: Menschl., Allzumenschl. 2 (1886), Vorrede 1. Krit. Ges.ausg., hg. G. COLLI/M. MONTINARI [KGA] (1967ff.) 4/3, 3. – [24] Götzen-Dämmerung (1889). Streifzüge eines Unzeitgemässen 26. KGA 6/3, 122. – [25] Also sprach Zarathustra 2 (1883). Von grossen Ereignissen. KGA 6/1, 165. – [26] Zarath., Die stillste Stunde, a.O. 185. – [27] Von der Seligkeit wider Willen, a.O. 200. – [28] Die Heimkehr, a.O. 299; vgl. Frg. VII, 18[34]. KGA 7/1, 229. – [29] Über die Zukunft unserer Bildungsanstalten, 1. Vortrag (1872). KGA 3/2, 155; Frg. IV, 11[34]. KGA 4/1, 300, 21ff.; Frg. V, 7[258]. KGA 5/1, 701. – [30] Frg. VII, 34[232]. KGA 7/3, 218; vgl. auch: Frg. III, 29[142] und [186]. KGA 3/4, 301. 315. – [31] Zarath. 3 (1884). Auf dem Ölberge. KGA 6/1, 216. – [32] Ecce homo [1889], Also sprach Zarath. 1. KGA 6/3, 333. – [33] Br. an Overbeck (1. 2. 1883). Krit. Ges.ausg. des Br.wechsels, hg. G. COLLI/M. MONTINARI (1975ff.) 3/1, 324. – [34] Zarath. 3, Vom Gesicht und Räthsel. KGA 6/1, 197, 6. 9. – [35] Der Genesende 2, a.O. 273. – [36] Vgl. erste Anklänge: Zarath. 2, Vom Gesindel, a.O. 122, 10ff. – [37] Vgl. Zarath. 4 (1885), Mittags, a.O. 338-341. – [38] Frg. VII, 26[308]. KGA 7/2, 230. – [39] Zarath. 4, Das Nachtwandler-Lied 10. KGA 6/1, 398, 15. – [40] 3, a.O. 394, 8f. – [41] Vgl. Zarath. 2, a.O. 108. 147f. 203.; ferner bereits: Morgenröthe (1881) 5, 423. KGA 5/1, 263f. – [42] Vgl. Jenseits von Gut und Böse (1886) 294. KGA 6/2, 246.

5. 20. Jahrhundert. – Im 20. Jh. hat Sch. bei G. SCHOLEM, L. WITTGENSTEIN und M. HEIDEGGER einen besonderen Ort. G. SCHOLEM stellt die Bedeutung des Sch. für die jüdische Tradition heraus. In seinen ‹95 Thesen über Judentum und Zionismus› von 1918 heißt es als 58. These: «Die Lehre wird in Sch. – nicht durch Sch. – tradiert» [1]. Und in seinen Gedanken ‹Über Klage und Klagelied› bezeichnet er die Klage als «Sprache des Sch.», als «Ausdruck des innerlichst Ausdruckslosen». «Die Lehre umfaßt nicht nur die Sprache, sie umfaßt in besonderer Weise auch das Sprachlose, das Verschwiegene, zu dem die Trauer gehört. Die Lehre, die in der Klage nicht ausgesprochen, nicht angedeutet, sondern verschwiegen wird, ist das Sch. selbst» [2].

W. BENJAMIN deutet diese Lehre des Sch. als die «andere Stummheit ... der tiefen Traurigkeit der Natur» [3]. Sie stellt sich in Kunstwerken dar als «das Ausdruckslose» [4]. Das Ausdruckslose ist eine «Kategorie der Sprache und Kunst» [5]. In der «Sprache der Wahrheit» ist alles, worum das «Denken sich müht ..., schweigend aufbewahrt» [6].

L. WITTGENSTEIN sagt im Vorwort zum ‹Tractatus-logico-philosophicus›: «Man könnte den ganzen Sinn des Buches etwa in die Worte fassen: Was sich überhaupt sagen läßt, läßt sich klar sagen und wovon man nicht reden kann, darüber muß man schweigen.» Im ‹Tractatus› heißt es: «Die Philosophie begrenzt das bestreitbare Gebiet der Naturwissenschaft» [7]. «Sie soll das Denkbare abgrenzen und damit das Undenkbare. Sie soll das Undenkbare von innen durch das Denkbare begrenzen» [8]. «Sie wird das Unsagbare bedeuten, indem sie das Sagbare klar darstellt» [9]. «Es gibt allerdings Unaussprechliches. Dies *zeigt* sich, es ist das Mystische» [10]. Der ‹Tractatus› schließt mit den bekannten Worten: «Wovon man nicht sprechen kann, darüber muß man schweigen.» In der Tat war Wittgenstein das Unaussprechliche «keineswegs unwichtig» [11]. In einem Brief an L. von Ficker von 1919 sagt Wittgenstein, daß er ursprünglich in das Vorwort seines ‹Tractatus› schreiben wollte, «sein Werk bestehe aus zwei Teilen: aus dem, der hier vorliegt, und aus alledem, was ich *nicht* geschrieben habe. Und gerade dieser zweite Teil ist der Wichtige ... Alles das, was *viele* Leute *schwafeln,* habe ich in meinem Buch festgelegt, indem ich darüber schweige» [12]. Über ein Gedicht von Uhland, das Wittgenstein bewunderte, schrieb er am 9. 4. 1917 an Engelmann: «Wenn man sich nicht bemüht das Unaussprechliche anzusprechen, so geht *nichts* verloren. Sondern das Unaussprechliche ist, – unaussprechlich – in dem Ausgesprochenen *enthalten*» [13]. – Nach TH. W. ADORNOS Ausführungen zum Sprachcharakter der Kunst als einer «nichtbegrifflichen Sprache» [14] ist die «wahre Sprache der Kunst ... sprachlos» [15]. Darin ist Kunst Nachahmung des Schönen der Natur [16], die aus dem Sch. redet [17]. «Zentrales Kriterium ist die Kraft des Ausdrucks, durch dessen Spannung die Kunstwerke mit wortlosem Gestus beredet werden» [18]. «Sprachähnlich wird das Kunstwerk im Werden der Verbindung seiner Elemente, eine Syntax ohne Worte noch in sprachlichen Gebilden» [19]. Die Sprache des Kunstwerks möchte «zurück ins Sch.; es ist, nach einem Wort von Beckett, a desecration of silence» [20].

M. HEIDEGGER ist der bedeutendste Denker des Sch. in der Philosophie der Gegenwart. Bereits in ‹Sein und Zeit› (1927) werden Hören und Sch. näher betrachtet [21]. Das Sch. wird als «wesenhafte Möglichkeit des Redens» [22] herausgestellt. «Sch. heißt aber nicht stumm sein ... Nur im echten Reden ist eigentliches Sch. möglich» [23]. Das heilige Sch., insbesondere das mystische Sch. der Religion werden bei Heidegger *nicht,* das beredte Sch. der Kunst in ‹Sein und Zeit› *noch nicht* thematisiert. Das wichtigste in ‹Sein und Zeit› gewählte Beispiel für schweigendes Reden ist das Gewissen. «Das Gewissen redet einzig und ständig im Modus des Sch.» [24]. In der Vorlesung zu Hölderlins Hymne ‹Der Rhein› (1934/35) heißt es lapidar: «Die Sprache selbst hat ihren Ursprung im Sch.» [25]. Dies wird in der Nietzsche-Vorlesung von 1937 wiederholt. Das höchste denkerische Sagen besteht darin, das eigentlich zu Sagende so zu sagen, daß es im Nichtsagen genannt wird: «das Sagen des Denkens ist ein Erschweigen. Dieses Sagen entspricht auch dem tiefsten Wesen der Sprache, die ihren Ursprung im Sch. hat» [26]. Auch die ‹Beiträge zur Philosophie› (1936-1938) schließen mit den Worten: «Die Sprache gründet im Sch.» [27]. In den ‹Beiträgen› geht Heidegger mehrfach auf das Thema Sch./S. ein: «Aus der S. wird das Seyn (als Ereignis) vernehmbar» [28]. Das das «Seyn selbst als Ereignis» bedenkende *«anfängliche Denken»* nennt Heidegger «*sigetisch»,* «erschweigend» [29]. «Die Erschweigung entspringt aus dem wesenden Ursprung der Sprache selbst» [30]. «Die Erschweigung ist die 'Logik' der Philosophie» [31]. «Das Wesen der 'Logik' ... ist daher die Sigetik. In ihr erst wird auch das Wesen der Sprache begriffen» [32]. Im Aufsatz ‹Die Sprache› (1950) bestimmt Heidegger das Wesen der Sprache als «Geläut der S.» [33] bzw. als «Ruf der S.» [34]. Entsprechend ist später vom «Ereignis der S.» [35] bzw. vom «Strom der S.» [36] die Rede [37]. Im späten Aufsatz ‹Der Weg zur Sprache› (1959), der als Summe des Heideggerschen Sprachdenkens anzusehen ist, bestimmt er im Unterschied zur bloßen *Aussage* das «Sprachwesen im Ganzen» als *«Sage»* [38]. «Sagen und Sprechen sind nicht das gleiche. Einer kann sprechen, spricht endlos, und alles ist nichtssagend. Dagegen schweigt jemand, er spricht nicht und kann im Nichtsprechen viel sagen» [39]. «Die Sage ist Zeigen» [40]. *«Das Wesende der Sprache ist die Sage als die Zeige»* [41]. «Sie verlangt von uns, die ereignende Be-wëgung im Sprachwesen zu er-schweigen, ohne vom Sch. zu reden» [42]. Doch «wer vermöchte es, einfach vom Sch. zu schweigen?» [43]

Anmerkungen. [1] G. SCHOLEM: Tagebücher nebst Aufsätzen und Entwürfen bis 1923, hg. K. GRÜNDER/F. NIEWÖHNER (1993). – [2] a.O. – [3] W. BENJAMIN: Über Sprache überhaupt und über die Sprache des Menschen. Ges. Schr., hg. R. TIEDEMANN u.a. 2/1 (1977) 155; vgl. Der Ursprung des dtsch. Trauerspiels, a.O. 1/1 (1974) 398. – [4] Goethes Wahlverwandtschaften, a.O. 1/1, 194. – [5] a.O. 181. – [6] Die Aufgabe des Übersetzers, a.O. 4/1 (1972) 16. – [7] L. WITTGENSTEIN: Tract. log.-philos. (1921) 4.113. – [8] a.O. 4.114. – [9] 4.115. – [10] 6.522; E. STENIUS: Wittgensteins Traktat (1969) 294; E. WASMUTH: Das Sch. L. Wittgensteins. Wort Wahrheit 7/2 (1952) 821; vgl. auch: 817. – [11] R. A. DIETRICH: Unters. über den Begriff des Mystischen in Wittgensteins ‹Tractatus›. Diss. (1970) 231; vgl. auch R. FREUNDLICH: Logik und Mystik. Z. philos. Forsch. 7 (1953) 569. – [12] L. WITTGENSTEIN: Br.wechsel, hg. B. F. McGUINESS/G. H. VON WRIGHT (1980) 96f.; vgl. W. BAUM: L. Wittgenstein (1985) 38f.; J. SCHULTE: Wittgenstein (1989) 85-93. – [13] Br.wechs., a.O. 102. – [14] TH. W. ADORNO: Ästhet. Theorie. Ges. Schr. 7 (1970) 121. – [15] a.O. 171. – [16] Vgl. 111. – [17] Vgl. 108. 115. 121; vgl. W. BENJAMIN: Met. der Jugend, a.O. [3] 2/1, 91f. – [18] a.O. 353. – [19] 274. – [20] 203. – [21] Vgl. M. HEIDEGGER: Sein und Zeit § 34 (⁹1960) 161ff. – [22] a.O. 164. 296. – [23] 164f. – [24] 273; vgl. 277. 296. – [25] Ges.ausg. 39 (1980) 218. – [26] Nietzsche 1 (1961) 471. – [27] Ges.ausg. 65 (1989) 510. – [28] a.O. 23; zum «Seyn» als «Ereignis» vgl. a.O. 27. 30. 256. 258. 260. 318. 344. 470; zur «großen S.» vgl. a.O. 96. 323. 408. – [29] 58. – [30] 79. – [31] 78. – [32] 79; vgl. PROKLOS: De philos. chald. 4, 18; G. MENSCHING: Das hl. Sch. (1926) 154ff.; Λόγος und Σιγή, Prophetie und Mystik; vgl. Heideggers prophet. Rede von der «S. des Vorbeigangs des letzten Gottes»: a.O. [27] 294. 309. – [33] M. HEIDEGGER: Unterwegs zur Sprache (²1960) 30. – [34] a.O. 32. – [35] 214. – [36] 255. – [37] Vgl. auch: Aus einem Gespräch von der Sprache, a.O. 141ff. – [38] a.O. 253; vgl. dazu G. WOHLFART: Der Augenblick. Zum Begriff der ekstatischen Einheit der Zeitlichkeit bei Heidegger. Allg. Z. Philos. 7 (1982) H. 2, 27-55, bes. 49-53; Λόγος, Sage und Aussage. Das Sch., a.O. 49-53. – [39] a.O. [33] 252. – [40] a.O. 257; vgl. Heideggers Deutung von Heraklits Frg. B 93: Ges.ausg. 55 (²1987) 177ff. – [41] a.O. [33] 254; vgl. 262. – [42] a.O. 266. – [43] 162. – [43] 152.

Literaturhinweise. – *Zu Wittgenstein:* E. RIGAL: Wittgenstein, formes d'expression et pouvoir d'expressivité. Kairos (1990) Nr. 1, L'Expression, 157-201, insbes. 198-201. – C.-A. SCHEIER: Wittgenstein und das Sch. im intent. Denken, in: E. JAIN (Hg.): Probleme philos. Mystik (1991). – *Zu Heidegger:* O. PÖGGELER: Der Denkweg M. Heideggers (1963) Kap. X: Die Frage des Sagens, 268-299. – W. BIEMEL: Dichtung und Sprache bei Heidegger. Man World 2 (1969) 487-517.

B. *Ostasiatische Philosophie.* – *Kungfudse, Laudse, Dschuangdse, Zen.* – In den ‹Gesprächen› (‹Lun Yü›) des KONFUZIUS (KUNGFUDSE) wird das Sch. positiv, wenn auch nicht so häufig erwähnt wie später bei Laudse und Dschuangdse. Nach den Worten des Meisters sparten die Alten ihre Worte, denn sie schämten sich, mit ihrem Betragen hinter ihren Worten zurückzubleiben [1]. Wie der Himmel wirkt der Meister ohne Worte [2].

Im Denken LAUDSES ist das Sch. von grundlegender Bedeutung. Das erste Kapitel des ‹Daudedsching› (‹Tao-Tê-King›) (Wang-Bi-Fassung) beginnt mit den Worten: «Tao, kann es ausgesprochen werden, ist nicht das ewige [beständige] Tao. Der Name, kann er genannt werden, ist nicht der ewige Name» [3]. Der Weise verweilt nach Laudse im «tatenlosen Tun» (Wu Wei) und übt das «wortlose Lehren» [4]: «ohne Wort lehren, ohne tun mehren» [5]. So wie er tut ohne Tat (Wei Wu Wei), so redet er ohne Worte. «Wu-Wei ist *Sch.*, aber darum doch kein Aufhören jeder Mitteilung, vielmehr *ein Reden im Sch. und ein Sch. im Reden*» [6]. Der Weise folgt dem Weg des Himmels, der «nicht zu reden und doch vortrefflich zu antworten» [7] versteht. «Der recht Beredte ist wie stumm» [8]. Soviel wie möglich sollte man die Worte sparen. «Viele Worte – manch Verlust» [9]. «Der Wissende redet nicht, der Redende weiß nicht» [10]. «Schöne Worte sind angebracht beim Markten» [11]. Die Worte vom Anfang des 23. Kapitels: «Xi Yan Zi Ran» könnten das Motto des ‹Daudedsching› sein. Vielleicht wären sie so zu übersetzen: «Karge [wenige, seltene] Worte [von] selbst so [selbstverständlich, natürlich]».

DSCHUANGDSE steht in seiner Hochschätzung des Sch. Laudse sehr nah. So heißt es im Buch XXII des ‹wahren Buches vom südlichen Blütenland›: «Der *Sinn* [Dau], von dem man reden kann, ist nicht der *Sinn*» [12]. «Der große *Sinn* [Dau] bedarf nicht der Bezeichnung» [13]. Der «berufene Heilige ist frei von Namen» [14]. Wie bei Laudse heißt es: «Der Erkennende redet nicht; der Redende erkennt nicht» [15]. So wie nur stilles Wasser zum klaren Spiegel wird, so ist das «Herz des Berufenen ... stille; darum ist es der Spiegel von Himmel und Erde ...» [16]. Bei ihm, dem Weisen, der nicht handelt bzw. in die Naturordnung eingreift und «wie ein Leichnam weilt» [17], kommt es vor, «daß seine Äußerungen wie Donner tönen, während er in abgrundtiefes Schweigen versunken ist» [18]. «Höchste Rede enträt der Rede, höchstes Tun enträt des Tuns» [19]. «Wer sich auf diese Rede ohne Worte versteht, der kann sein ganzes Leben lang reden, ohne Worte gemacht zu haben; er kann sein ganzes Leben lang schweigen und hat doch geredet» [20]. «Ohne zu reden redet er, redend redet er nicht» [21]. Es gilt die Seele leer zu machen, auf daß der Sinn (Dau) diese Leere erfüllt. «Dieses Leersein ist das Fasten des Herzens» [22]. Bei LAUDSE und DSCHUANGDSE wird besonders deutlich, daß Sch. nicht als *Ende*, sondern vielmehr als *Vollendung* der Rede zu verstehen ist.

Die Kultur des *Zen* ist eine Kultur des Sch., die ihre Wurzeln im Dauismus wie im Buddhismus hat. Das Sch. des Buddha ist eine der bekanntesten Stellen in den Sutren, die vom Ursprung des Buddhismus erzählen. Buddha tadelt einen Schüler, der ihm Fragen nach der Ewigkeit bzw. Zeitlichkeit der Welt, nach einem Leben nach dem Tode usw. gestellt hatte, und vergleicht dessen metaphysische Neugier mit der Torheit eines Menschen, der sich einen giftigen Pfeil nicht entfernen lassen will, bevor er weiß, wer ihn abgeschossen hat [23]. Das Sch. Buddhas spielt eine entscheidende Rolle im Zen. ‹Koan› 6 (Shakyamuni zeigt eine Blume) der grundlegenden, aus dem 13. Jh. stammenden ‹Koan›-Sammlung ‹Mumonkan› handelt vom beredten Sch. des Zeigens. Anstatt eine Rede zu halten, zeigt Buddha vor der Versammlung der Mönche eine Blume. «Darauf verfielen alle in Sch. Nur der ehrwürdige Kasho begann zu lächeln» [24]. Besonders aufschlußreich für das Verhältnis von Reden und Sch. im Zen ist ‹Koan› 24 des ‹Mumonkan›. Einem Mönch, der Meister Fuketsu fragt, wie wir frei von Reden und Sch. werden können, antwortet Fuketsu mit dem Gedicht eines berühmten chinesischen Dichters aus der Tang-Dynastie: «Wie gern erinnere ich mich an Konan im März! Die Rebhühner rufen, und die Blumen duften!» [25] Hier ist das Sch. in der Rede aufgehoben. Die Kunst des Redens ohne zu reden bzw. des sich selbst in die S. zurücknehmenden 'geizigen Worts' ist in den siebzehnsilbigen ‹Haiku› der großen Meister wie BASHO, BUSON oder ISSA zur Vollendung gebracht [26]. S. HISAMATSU hat die Bedeutung der S. für die

Zen-Kunst hervorgehoben [27]. Die S. ist nicht nur unüberhörbar in der Haiku-Dichtung und im No-Theater, sie wird auch sichtbar in den leeren Stellen der Tuschmalerei und der Kalligraphie, in der Kunst der Landschafts- und Steingärten, der Architektur sowie im Ikebana [28] und der Teezeremonie. Die Ästhetik des Zen ist eine «Ästhetik des Sch.» [29].

Anmerkungen. [1] Vgl. KUNGFUDSE [KONFUZIUS]: Gespräche (Lun Yü), hg. und übers. R. WILHELM (1921, 1989) 62. – [2] Vgl. a.O. 175; ferner: a.O. 37. 67f. 81. 138. 140. 189. – [3] LAUDSE [LAO-TSE]: Tao Tê King, übers. und komm. V. VON STRAUSS (Zürich 1959) 57; vgl. Tao Te King, verdtsch. und erl. R. WILHELM (1957) 41; Tao Te King, Übers., Einl. und Anm. G. DEBON (²1979) 25; Tao Te King, ins Dtsch. übertr. mit einer wörtl. Übers. J. ULENBROOK (1980) 44; zur Namenlosigkeit des Dau (Weges) vgl. Kap. 25. 32. 41. – [4] Vgl. Kap. 2 und die Wiederholung in Kap. 43. – [5] a.O. (ULENBROOK) 138. – [6] G. MENSCHING: Das hl. Sch. (1926) 41. – [7] Tao Tê King, Kap. 73, a.O. (ULENBROOK) 201. – [8] Kap. 45, a.O. (VON STRAUSS) 118. – [9] Kap. 5, a.O. (DEBON) 29. – [10] Kap. 56, a.O. (VON STRAUSS) 134. – [11] Kap. 62, a.O. (ULENBROOK) 177; vgl. auch Kap. 81; zum Begriff der S. vgl. ferner: Kap. 16. 37. 57. 61. – [12] DSCHUANG DSI: Das wahre Buch vom südl. Blütenland, übertr. und erl. R. WILHELM (1977) 232. – [13] a.O. 47. – [14] 31. – [15] 153; vgl. 85. 129. 289. – [16] 145; vgl. 79. – [17] 118. 165. – [18] 165; vgl. 118. – [19] 235. – [20] 286. – [21] 49; vgl. auch 220. 283. – [22] 62. – [23] Vgl. K. E. NEUMANN: Die Reden Gotamo Buddhas, Mittlere Sammlung 2 (³1922) 63. Rede: Der Sohn des Mālunkyā 184ff.; vgl. dazu MENSCHING, a.O. [6] 144ff.; H. WALDENFELS: Vom Sch. Buddhas und den geistl. Übungen des Ignatius von Loyola, in: Strukturen christl. Existenz (1968) 139ff.; Y. TAKEUCHI: Das Sch. des Buddha. Ein Problem der Relig.philos. des Buddhismus, in: R. OHASHI (Hg.): Die Philos. der Kyôto-Schule (1990) 419ff.; R. A. MALL: Buddhismus – Relig. der Postmoderne? (1990) Kap. 7.1 und 9.4. – [24] Z. SHIBAYAMA: Zu den Quellen des Zen (1986) 77f.; vgl. H. WALDENFELS: Wort und Sch. Ein Vergleich von Buddhismus und Christentum, in: R. SESTERHENN (Hg.): Das Sch. und die Relig. (1983) 11ff.; H. DUMOULIN: Gesch. des Zen-Buddhismus 1: Indien und China (1985) 16ff.; TAKEUCHI, a.O. 440. – [25] SHIBAYAMA, a.O. 217; P. FUCHS: Vom Zweitlosen: Paradoxe Kommunikation im Zen-Buddhismus, in: N. LUHMANN/P. FUCHS: Reden und Sch. (1989) 46-69 (radikale Engführung und Verkürzung der Problematik). – [26] Vgl. J. ULENBROOK: Haiku, japan. Dreizeiler (⁴1986); T. HASUMI: Zen in der Kunst des Dichtens (1986) 240. – [27] S. HISAMATSU: Kunst und Kunstwerke im Zen-Buddhismus, in: OHASHI (Hg.), a.O. [23] 236ff. – [28] Vgl. G. L. HERRIGEL: Zen in der Kunst der Blumenzeremonie (²1985) bes. 52f. – [29] TH. HOOVER: Die Kultur des Zen (³1986) 239.

Literaturhinweise. – *Zu Laudse:* HUA XUE: Die Fragwürdigkeit der Sprache, in: JAIN (Hg.) s. [Lit. zu A. 5.]. – *Zum Zen:* H. MÜNSTERBERG: Zen-Kunst (1978).

G. WOHLFART/J. KREUZER

Schwermut. Im Mittelhochdeutschen heißen ‹schwaermuetic› 'gedrückten Mutes' und ‹swarmueti› zunächst 'Zorn', dann 'Traurigkeit'; schließlich werden die Wörter fast synonym mit ‹melancholisch› bzw. ‹Melancholie› (s.d.) gebraucht [1]. Offensichtlich setzt ‹Sch.› die Tradition von ‹Acedia› (s.d.) fort [2], wird deshalb religiös interpretiert und steht so in inhaltlichem Bezug zur Sünde; wie z.B. H. SEUSE bezeugt: «ein sündig, geladen, swaermuetig herz» [3]. Auch für M. LUTHER ist diese Verbindung selbstverständlich: «... wo ist grösser traurigkeit und schweer mut denn ein böse, verzagt, schuldig gewissen?» [4]

Während Rationalismus und Aufklärung die Sch. nur als Krankheit betrachten – J. H. ZEDLER berichtet 1743 ausschließlich über therapeutische Maßnahmen [5] –, wird Sch. in der Dichtung des Seelenkultes und der Empfindsamkeit im 18. Jh. (J. P. Uz, L. H. CH. HÖLTY, F. U. L. SCHRÖDER, F. VON MATTHISSON u.a.) oft zur ästhetischen Grundstimmung der Lyrik [6]; beliebte Adjektive zu Sch. sind hier ‹sanft› und ‹süß›, die angrenzenden Ausdrücke des Bedeutungsfeldes ‹Trauer›, ‹Wehmut›, ‹Sehnsucht› [7]. K. H. HEYDENREICH, für den alle Kunst «Darstellung der Empfindsamkeit» ist, gibt dazu die ästhetische Theorie: Wenn der Mensch für ihn wesentliche Zwecke nicht erreichen, sie aber auch nicht vergessen kann, wird er in seiner «Sch. eine gewisse sanfte Wollust empfinden». Daraus folgen die Elegien, «Gesänge einer süssen Wehmut» [8].

Die Romantik macht aus diesem anthropologischen und ästhetischen Phänomen ein metaphysisches und erkennt die Sch. in der gesamten Welt: als Schmerz und Trauer in der unerlösten Natur (L. TIECK, NOVALIS, N. LENAU) [9]. F. W. J. SCHELLING bringt den in der romantischen Kunst artikulierten Gedanken auf den spekulativen Begriff: Das Tiefste im Menschen und in der Natur ist die Sch.; sie zeigt die Rückverbindung der Kreatur zu einem Prinzip des Bösen und der Trauer in Gott [10]. Die romantische spekulative Psychologie von C. G. CARUS reflektiert auf die Identität des Bewußten und Unbewußten in Sch. und Trauer und deutet sie als einen «raupenhaften», noch unfreien und unentfalteten «Seelenzustand». Sch. ist eine seelische Verfassung, der die alten Mythen wie die moderne Dichtung entstammen [11]. Formal ähnlich interpretiert G. W. F. HEGEL die Trauer in den griechischen Götterstatuen; sie zeige an, daß in ihnen der Geist noch nicht zur Ruhe gekommen ist [12]. Die Sch. der Moderne aber kritisiert Hegel als Ausdruck einer «gehaltlosen Subjektivität», ihrer «Schwäche» und ihrer «verlogenen Herrlichkeit des Gemüts» – während für A. W. SCHLEGEL die Sch. der «Grundton» der christlichen und modernen Poesie ist [13]. – Wie noch bei J. W. GOETHE und A. SCHOPENHAUER [14] die Melancholie, so ist bei F. NIETZSCHE die Sch. vor allem die Eigenschaft des Genies, besonders des Künstlers und Dichters; jedoch verrät sie hier keinen Vorrang mehr, sondern den Makel, nicht «der Wahrheit Freier» sein zu können: «Nur Narr! Nur Dichter!» [15]

Schon bei F. HÖLDERLIN deutete die Sch. auf eine Kollision des Ästhetischen und des Christlich-Religiösen [16]. S. KIERKEGAARD stellt dann explizit den Begriff zurück in eine Beziehung zur Sünde und versteht die Sch. der «Ästhetiker» (des Dichters und des Verführers) als Signum ihrer Verzweiflung und Unerlöstheit [17]. Sch. ist «die Krise für das Religiöse» [18] und leitet als solche durch das 'ästhetische' und 'ethische' Stadium, um reif zu machen für das religiöse [19]. Bei Kierkegaard läßt sich – im Gegensatz zum sonst synonymen Sprachgebrauch – ein Bedeutungsunterschied zwischen 'Melancholie' und Sch. (dän. tungsind) feststellen: Während ‹Melancholie› das unbewußte Sehnen nach dem Religiösen bezeichnet, steht ‹Sch.› für das entschiedene, reflektierte Sehnen [20]. Die christlich-religiöse Deutung der Sch. blieb präsent [21] und nötigte auch später zur begrifflichen Unterscheidung von Melancholie als klinischer Krankheitsform und «existentieller Sch.» [22].

Anmerkungen. [1] W. WACKERNAGEL: Altdtsch. Lesebuch (Basel 1861) 284; F. J. MONES: Anzeiger für Kunde der dtsch. Vorzeit, 4. Jg. (1853) 368 (§ 21); TRÜBNERS Dtsch. Wb. (1955) 6, 276f.; GRIMM 9 (1899) 2572ff.; vgl. JOH. TAULER: Die Pr., hg. F. VETTER (1910, ND 1968) 93. 184. 386; H. FLÜGEL: Zweifel Sch. Genialität (1952) 31-52. – [2] W. REHM: Gontscharow und Jakobsen (1963) 95f.; D. RUPRECHT: Tristitia (1959) 9-16. – [3] H. SEUSE: Büchlein der ewigen Weisheit. Dtsch. Schr., hg. K. BIEL-

MEYER (1907) 212, 27. – [4] M. LUTHER: Auslegung des 118. Ps. (1529-30). Weimarer Ausg. 31/1, 177. – [5] J. H. ZEDLER: Grosses vollst. Univ.-Lex. 36 (1743) 464-476; J. A. EBERHARD: Versuch einer allg. dtsch. Synonymik in einem krit.-philos. Wb. der sinnverwandten Wörter der hochdtsch. Mundart (1799) 4, 35f. – [6] Vgl. z.B. F. SCHILLER: Über Matthissons Gedichte (1794). Nat.ausg. 22 (1943ff.) 265-283. – [7] C. TH. BECK: Ernst, Gefühl und Laune (1784) 47f.; vgl. CH. KAHN: Die Melancholie in der dtsch. Lyrik des 18. Jh. (1932). – [8] K. H. HEYDENREICH: System der Aesthetik (1790) 273. – [9] R. SCHNEIDER: Sch. und Zuversicht (1948). – [10] F. W. J. SCHELLING: Philos. Unters. über das Wesen der menschl. Freiheit ... (1809). Sämmtl. Werke, hg. K. F. A. SCHELLING (1856-61) I/7, 399; Stuttgarter Privatvorles. (1810), a.O. 465f. – [11] C. G. CARUS: Psyche (1851, ²1860) 298-308. – [12] G. W. F. HEGEL: Vorles. über die Ästhetik 2. Jub.ausg., hg. H. GLOCKNER (1927-40) 13, 75ff. 101f. – [13] a.O. 12, 326; A. W. SCHLEGEL: Krit. Schr. und Br., hg. E. LOHNER (1966) 5, 25. – [14] A. SCHOPENHAUER: Welt als Wille und Vorstellung I, § 57 (1819). Sämtl. Werke, hg. A. HÜBSCHER 2 (1938) 376. – [15] F. NIETZSCHE: Also sprach Zarathustra 4. Das Lied der Schwermuth (1885). Krit. Ges.ausg., hg. G. COLLI/M. MONTINARI (1967ff.) 6/1, 365-370. – [16] W. REHM: Orpheus (1950) 283. 365f. – [17] S. KIERKEGAARD: Entweder – Oder. Ges. Werke 2 (1957) 197ff.; W. REHM: Kierkegaard und der Verführer (1949) 223f. 387. 408ff. u.ö. – [18] Stadien auf des Lebens Weg (1845). Ges. Werke 15 (1958) 457. – [19] a.O. 458. – [20] vgl. V. A. MCCARTHY: 'Melancholy' and 'Religious Melancholy' in Kierkegaard. Kierkegaardiana 10 (1977) 152-165. – [21] R. GUARDINI: Vom Wesen der Schwermut [1928] (1987). – [22] L. BINSWANGER: Melancholie und Manie (1960) 10.   G. SCHOLTZ

Science, Cognitive (Kognitionswissenschaft). Der Ausdruck ‹C.S.› wurde 1973 erstmals verwendet [1], bürgerte sich aber erst gegen Ende der siebziger Jahre zunächst in den USA ein [2] und ist, meistens in Form von Lehnübersetzungen (z.B. dtsch. ‹Kognitionswissenschaft›) in viele Sprachen übernommen worden [3]. Er bezeichnet das Programm, die mit der Erforschung des Erkennens, Denkens und Wissens (d.h. der Kognition) befaßten Disziplinen unter einem einheitlichen Gesichtspunkt, der gelegentlich ‹Kognitivismus› genannt wird [4], zusammenzufassen. Obwohl es nirgends ein grundständiges Studienfach C.S. geben dürfte, gehören im englischen Sprachbereich inzwischen Zentren für interdisziplinäre Graduiertenstudien in C.S. zur selbstverständlichen Ausstattung renommierter Universitäten – eine Entwicklung, die derzeit (1992) in Deutschland durch die Errichtung von Graduiertenkollegs nachgeholt wird. Grundsätzlich ist der Kreis der kognitionswissenschaftlichen Disziplinen offen, hat aber eine Zentrum/Peripherie-Organisation. Im Zentrum stehen Künstliche-Intelligenz-(KI-)Forschung, Philosophie des Geistes, Kognitionspsychologie und kognitive Linguistik; an der Peripherie sind Disziplinen wie kognitive Anthropologie (im angelsächsischen Sinne der Kulturanthropologie), Mathematik und Pädagogik angesiedelt. Neuerdings zeichnet sich auch eine Annäherung an die Neurowissenschaften ab, wie z.B. an der Wortbildung ‹Cognitive Neuroscience› [5] deutlich wird.

Die Entstehung der C.S. ist Ergebnis der Abwendung von der behavioristischen Denkweise, welche in den USA zwischen 1955 und 1970 stattfand. In der fachlichen Heimstatt des Behaviorismus, der Psychologie, wurde dieser Vorgang als so einschneidend erlebt, daß er häufig als «kognitive Revolution» bezeichnet wird [6]. Aber auch die von N. CHOMSKY begründete generative Linguistik wendet sich gegen den – zwischen 1933 und 1950 in den USA herrschenden – linguistischen Behaviorismus der Bloomfield-Schule [7] und gewinnt ihr Selbstverständnis teilweise durch eine einschneidende Kritik an F. SKINNERS behavioristischer Sprachpsychologie [8]. Und auch die angelsächsische Philosophie hatte eine behavioristische Phase durchgemacht, die allerdings von England aus, durch G. B. RYLE [9], eingeleitet wurde.

Um 1970 ist in den USA die Zeit für Buchtitel wie «Cognitive Psychology» reif [10], jedoch kann von einer einheitlichen theoretischen Plattform für die verschiedenen 'kognitiven' Disziplinen im Sinne eines 'Kognitivismus' noch keine Rede sein. Dieser ist vielmehr ohne die Entstehung der KI-Forschung als eines Zweigs der Informatik (bzw. engl.: computer science) undenkbar.

Der Ausdruck ‹artificial intelligence› tritt erstmals 1956 auf [11] und setzt sich in den sechziger Jahren allmählich gegenüber ähnlichen Bezeichnungen wie etwa ‹machine intelligence› [12] auch international durch. Er hat keine allgemein anerkannte Definition, teilweise deswegen, weil auch der Begriff ‹Intelligenz› einer solchen entbehrt. Klar ist jedenfalls, daß KI durch programmierte Digitalrechner realisiert wird und daher ein Zweig der Informatik ist. Man kann einer expliziten Definition entgehen, indem man typische Anwendungsgebiete der KI aufzählt, wobei in der Regel Mustererkennen, Problemlösen, Sprachverstehen und Expertenwissen genannt werden [13]. Jedoch hat es nicht an Vorschlägen für eine explizite Definition gefehlt; davon wurden 1983 bereits nicht weniger als 143 gezählt [14].

Nach M. MINSKY (1968) ist KI die Wissenschaft davon, wie man «Maschinen zu Leistungen befähigen kann, die Intelligenz erfordern würden, wenn sie von Menschen erbracht würden» [15]. Ausgehend von dieser Definition, lassen sich die vorliegenden Konzeptionen der KI am besten in ein zweidimensionales Schema bringen. Die erste Dimension betrifft die *Domäne* der KI: Handelt es sich um bloßes *Denken*, oder will man Maschinen auch zu intelligentem *Handeln* befähigen? Beabsichtigt man das letztere, so muß man den Computer mit Sinnesorganen und Effektoren ausstatten; die KI geht dann in *Robotik* über, d.h. letztlich in die Konstruktion künstlicher *Organismen*, die sich in ihrer Umwelt bewegen und auf sie einwirken [16]. Die zweite Dimension betrifft den *Anspruch* der KI. Abgesehen von bloß technischen, für die C.S. irrelevanten Zielen kann die KI entweder die *Simulation* oder *Modellierung* intelligenter Leistungen anstreben, oder sie behauptet, daß ein zweckmäßig programmierter Computer *tatsächlich* und im Wortsinne 'denkt', 'intelligent ist' oder (als Roboter) 'intelligent handelt'. Neben diesen beiden, von J. R. SEARLE [17] als «schwach» bzw. «stark» bezeichneten Auffassungen gibt es noch den vermittelnden Standpunkt, wonach die KI allgemeine Prinzipien intelligenter Systeme untersucht, was durchaus mit Unterschieden zwischen natürlicher und künstlicher Intelligenz vereinbar ist.

Analogien zwischen Mensch und Computer sind so alt wie der Computer selbst und haben dessen Erfindung entscheidend beeinflußt. Er wurde anfangs häufig als ‹Elektronengehirn› bezeichnet, d.h. die Analogie wurde (im Jargon der Informatik) auf der 'Hardware'-Ebene gesehen. W. MCCULLOCH und W. PITTS wiesen 1943 nach, daß durch eine Matrix von Elementen, die bestimmte Eigenschaften von Nervenzellen aufweisen, aussagenlogische Funktionen berechnet werden können [18]. J. VON NEUMANN, der die bis vor kurzem maßgebliche, nach ihm benannte Architektur von Elektronenrechnern konzipierte, bezeichnete deren Komponenten (seriell arbeitende Zentraleinheit, Speichereinheit für Programme und Daten, Ein- und Ausgabeeinheiten) als «Organe» und sah sie in Analogie zu biologischen Organen [19].

Standen zu Beginn der kognitiven Wende eher solche materialen Analogien im Vordergrund [20], so geraten in ihrem Verlauf formale, auf die Programm- bzw. 'Software'-Ebene bezogene Analogien ins Blickfeld. Schon 1936 hatte A. TURING bewiesen, daß jede überhaupt berechenbare Funktion durch eine abstrakte, universelle «Maschine» berechnet werden kann; und zwar besteht die später so genannte «Turing-Maschine» aus einer Kontrolleinheit, die eine endliche Anzahl diskreter Zustände annehmen kann, und aus einem – als unbegrenztes Band veranschaulichten – eindimensionalen Vektor binärer Symbole, an denen die Kontrolleinheit vier mechanische Operationen ausführt, nämlich Vorwärts- und Rückwärtsbewegung, Lesen und Schreiben [21]. Turing skizzierte 1950 ein von ihm selbst als «Nachahmungsspiel» bezeichnetes Kriterium für die 'Intelligenz' von Maschinen; diese soll dann vorliegen, wenn es unmöglich ist, von der Maschine beantwortete Fragen eines menschlichen Gesprächspartners von den Antworten zu unterscheiden, die ein Mensch geben würde [22]. Der «Turing-Test» wird heute im allgemeinen aber nicht mehr als Kriterium für 'starke' KI akzeptiert, da er im Grunde behavioristisch, d.h. nur an der von außen beobachtbaren Reiz-Reaktions-Zuordnung orientiert ist und auch von einem in seiner internen Struktur ausgesprochen 'dummen' Programm bestanden werden könnte [23].

Entscheidend für das Entstehen des kognitivistischen Ansatzes war die Ende der fünfziger Jahre aus der Emanzipation der Programmierung von dem direkt auf die 'Hardware' bezogenen 'Maschinencode' in Richtung auf die Entwicklung benutzerorientierter 'Sprachen' und aus den ersten Beispielen für die Simulation 'intelligenter' Leistungen (Schachspielen, Beweis von Logiktheoremen) entnommene Einsicht, daß programmierte Digitalrechner nicht bloße «Zahlenkauer» (number crunchers) sind, sondern als *symbolverarbeitende Systeme* aufgefaßt werden können [24]. Sie führte zu der von H. SIMON und A. NEWELL entwickelten «Theorie physikalischer Symbolsysteme» [25], die auch als «computational theory of mind» [26] bekannt geworden ist und, in Anlehnung an Z. W. PYLYSHYN [27], durch folgende Grundannahmen charakterisiert ist:

Mentale Prozesse bestehen in der formalen Manipulation von Symbolen, d.h. kontextfrei definierten, diskreten materiellen Zuständen, die einer semantischen Interpretation fähig sind. Sie sind «multipel instanziierbar», d.h. sie können von materiell sehr verschiedenen Systemen, wie z.B. dem lebenden Gehirn und einem programmierbaren Rechner realisiert werden. Kausal relevant ist jedoch nicht die 'Hardware', d.h. das jeweilige instanziierende materielle System, sondern die 'Software', d.h. die Programme, die durch es instanziiert werden. Programme «implementieren» Algorithmen, d.h. formale Ablaufstrukturen, die spezifizieren, wie eine bestimmte Funktion durch regelgeleitete Transformation von Symbolen berechnet werden kann. Programme 'laufen' unter Voraussetzung einer (ebenfalls multipel instanziierbaren) funktionalen Architektur, die die elementaren (irreduziblen) Operationen und Verarbeitungskomponenten des Systems spezifiziert. Programme können nur an Symbolstrukturen operieren; physikalische Zustandsgrößen müssen durch Transduktoren in symbolische Form gebracht werden, um auf der Programmebene kausale Relevanz zu gewinnen. Die Repräsentation der Systemumgebung durch innere Zustände des Systems muß also immer symbolisch und als Träger von Wahrheitswerten propositional sein; eine analoge, durch kontinuierliche Zustandsgrößen realisierte Repräsentation ist ausgeschlossen [28].

Durch die Gleichsetzung von Kognition und Rechnen (formaler Symbolmanipulation) und das Postulat der multiplen Instanziierung sichert die *Computational theory* der (kognitiven) *Psychologie* eine autonome, nicht auf die Neurophysiologie reduzierbare theoretische Domäne. In empirischer Hinsicht hat die Psychologie vor allem die Aufgabe, mittels empirischer Indikatoren zu entscheiden, welcher von mehreren möglichen Algorithmen realisiert ist, und durch das Kriterium der kognitiven Impenetrabilität die funktionale Architektur von der algorithmischen Ebene zu unterscheiden. – Die Annahme, daß beobachtbare Verhaltensregularitäten durch algorithmisch strukturierte innere Prozesse erklärt werden müssen, findet in der *linguistischen* Unterscheidung zwischen Oberflächen- und Tiefenstruktur eine Parallele [29], doch zielen computerlinguistische Modelle vorwiegend auf eine Erklärung sprachlicher Performanz [30]. Zumindest bezüglich der Grammatik vertritt N. CHOMSKY eine «komputationale» Perspektive und bedient sich allgemein des für den Kognitivismus typischen Begriffsapparats 'Regeln und Repräsentationen' [31]. Zu beachten ist freilich, daß der Terminus ‹kognitive Linguistik› primär von solchen Autoren verwendet wird, die sich gegenüber der symbolorientierten C.S. eher ablehnend verhalten [32].

Die *Philosophie des Geistes* befaßt sich unter zahlreichen Aspekten mit Problemen der C.S. und wurde auch durch sie beeinflußt. Zu nennen ist hier 1) die Entstehung und Entwicklung des *Funktionalismus*. In einer Turing-Maschine wird der Übergang von einem Zustand zum nächsten ausschließlich durch den jeweils ersten Zustand und das gelesene Symbol bestimmt. Dies veranlaßte H. PUTNAM 1960 dazu, die Leib-Seele-Identitätstheorie durch einen «Turing-Maschinen-Funktionalismus» zu ersetzen, wonach mentale Vorgänge zwar materiell sind, aber durch ihre kausale Rolle im Sinne der Zustände einer Turing-Maschine individuiert werden und somit multipel instanziiert sein können [33]. Der Turing-Maschinen-Funktionalismus wurde inzwischen von Putnam wieder aufgegeben [34], aber das allgemeinere Programm des Funktionalismus – Individuierung mentaler Zustände nach ihrer kausalen Rolle, unter Abstraktion vom materiellen Substrat – ist heute noch lebendig und erhält u.a. durch die Einbeziehung einer funktionalistischen Semantik eine neue Wendung [35]. – Die C.S. eröffnete 2) eine neue Perspektive auf die Problematik der *mentalen Repräsentation* [36]. Nach den Prämissen der Theorie physikalischer Symbolsysteme sind Repräsentationen, d.h. semantisch interpretierbare mentale Zustände, zwar kausal wirksam, jedoch ausschließlich aufgrund der Form der sie konstituierenden Symbole und ihrer syntaktischen Verkettung, und alle semantischen Unterschiede müssen in formalen Unterschieden widergespiegelt sein. Daran anknüpfend, formulierte J. A. FODOR 1976 seine Theorie der Sprache des Geistes («language of thought»), wonach das Denken in der syntaktisch-regelgeleiteten Umformung von strukturierten Repräsentationen besteht [37]. Dadurch sollen Generativität und Systematizität des Denkens gewährleistet sein, d.h. seine Fähigkeit, eine unbegrenzte

Anzahl von (korrekt gebildeten) Gedanken zu produzieren und unter Ausnutzung systematischer Beziehungen 'neue' Gedanken zu verstehen [38]. Die Konzeption Fodors beinhaltet einen *methodologischen Solipsismus*, d.h. die These, daß mentale Zustände ohne Bezug auf ihren semantischen Gehalt individuiert werden [39]; der letztere wird dem kognitiven System durch die kausale Einwirkung der Umwelt auf 'psychophysischer', d.h. nicht-symbolischer Ebene vermittelt [40]. An das damit bezeichnete Programm einer 'Naturalisierung' der Semantik knüpfen sich derzeit intensive Diskussionen [41]. – Schließlich 3) soll, ebenfalls nach Fodor, die C.S. insofern in Kontinuität mit dem intentionalistischen Vokabular und den typischen Erklärungsmustern der Alltagspsychologie («folk psychology») stehen, als diese das offen zutage liegende Verhalten aus kausal wirksamen Überzeugungen («beliefs») und Wünschen («desires») ableitet und mit derartigen Verhaltenserklärungen eine aufs Ganze gesehen erfolgreiche und verläßliche Theorie bildet. Fodor faßt die «Überzeugungen» und «Wünsche» des alltagspsychologischen Vokabulars im Anschluß an B. RUSSELL [42] als «propositionale Einstellungen» auf, die aus einer (sprachlich in einer daß-Klausel formulierten) propositionalen Komponente und einer dazu eingenommenen Einstellung bestehen, und bringt auch die Einstellungs-Komponente unter den Ansatz der C.S., indem er sie als «komputationale», d.h. formale Beziehung des Systems zu der ebenfalls formalen propositionalen Komponente erklärt. Gegen die somit behauptete explanatorische Kontinuität zwischen Alltagspsychologie und C.S. wurde vielfach Einwand erhoben, u.a. von P. M. CHURCHLAND [43] und S. STICH [44], die die Alltagspsychologie zwar wie Fodor als Theorie betrachten, jedoch als eine falsche Theorie, die keinen historischen Fortschritt aufweise, für solche kognitiven Systeme ungültig sei, die nicht unserem Common sense entsprechen, und von dem erfolgreichen Erklärungsmuster der Naturwissenschaften isoliert sei. Solche Einwände führen zu der Forderung, 'Überzeugungen' und 'Wünsche' aus der wissenschaftlichen Verhaltenserklärung zu eliminieren, und münden in die Ersetzung des Programms der C.S. durch eine «Neurophilosophie» oder «neurokomputationale Perspektive» [45].

Obwohl die C.S. nicht zwingend an das Programm der 'starken' KI gebunden ist – sie kann auch im Sinne der kognitiven Simulation oder der allgemeinen Theorie intelligenter Systeme betrieben werden –, hat sich Kritik an der C.S. vorwiegend an jenem Programm entfaltet, wobei eher *philosophische* und eher *einzelwissenschaftliche Argumente* zu unterscheiden sind. Die *philosophischen Einwände* wurden besonders kraftvoll durch J. R. SEARLE [46] und H. DREYFUS [47] vorgetragen. Sie unterscheiden sich in ihren philosophischen Voraussetzungen erheblich – Searle ist an der Philosophie Brentanos, Dreyfus eher an Merleau-Ponty und Heidegger orientiert –, kommen aber in der Schlußfolgerung überein, daß mentale Prozesse nicht erschöpfend formalisierbar sind, da das sie realisierende Gehirn eine semantische und nicht eine syntaktische 'Maschine' ist. SEARLE hält eine C.S. durchaus für möglich, diese hat sich aber auf der Anerkennung der Irreduzibilität primärer Intentionalität aufzubauen [48]. DREYFUS schließt sich neuerdings an Heideggers Existenzialontologie an und schlägt von dort eine Brücke zu den gleich darzustellenden konnektionistischen Ansätzen [49].

Die *fachwissenschaftlichen Einwände* richten sich 1) gegen das Postulat der multiplen Instanziierbarkeit, indem sie wesentliche Unterschiede zwischen lebendem Gehirn und Elektronenrechner betonen. Das Gehirn ist ein massiv parallelverarbeitendes System, dessen einzelne 'Operationen' im Vergleich zum (seriell arbeitenden) Rechner sehr lange dauern, aber ohne erkennbare Kapazitätsgrenzen zeitlich parallel zueinander ablaufen [50]. 2) Es wird ferner betont, daß das starre, regelgeleitete Verfahren symbolverarbeitender Systeme und ihre kontextfrei definierte Semantik mit wesentlichen Merkmalen menschlicher Kognition wie Flexibilität, Schematizität und automatischer, nicht durch explizite Zielzustände und Regeln gesteuerter Zielerreichung unvereinbar seien [51].

Diesen Einwänden wird derzeit in steigendem Maße in einem zwar schon bis 1960 verbreiteten, aber erst vor ca. zehn Jahren wiederentdeckten Stil der kognitiven Modellierung Rechnung getragen, der als «massive Parallelverarbeitung» [52], «Konnektionismus» [53] oder «Theorie neuraler Netzwerke» [54] bekannt ist. Konnektionistische Systeme bestehen aus einer großen Anzahl gleichartiger Verarbeitungseinheiten, die in freilich stark idealisierter Form einige Eigenschaften von Nervenzellen aufweisen und miteinander nach Art eines Netzwerks verbunden sind. Die Gewichtung dieser Verbindungen ist nicht von vornherein festgelegt, sondern wird durch bestimmte Lernprozeduren unter dem Einfluß der relevanten Systemumgebung erworben. Der Zustand der Einheiten wird durch eine skalare Größe namens ‹Aktivierung› beschrieben, die auch – modifiziert durch die Gewichtung – entlang der Verbindungen 'fließt'. Konnektionistische Systeme sind definitionsgemäß adaptiv, wobei jedoch der Endzustand nicht von vornherein festlegbar ist, sondern sich (wenn überhaupt) auf dem Wege der gleichzeitigen Erfüllung mehrerer Randbedingungen durch Minimierung von Strukturenergie einpendelt.

Konnektionistische Systeme kennen, anders als symbolverarbeitende Systeme, keinen Dualismus von 'Daten' und auf sie angewendeten 'Regeln'; in ihnen gibt es überhaupt keine explizit formulierten Regeln, sie passen sich im Zuge des Lernens an die impliziten Regelhaftigkeiten der ihnen vorgelegten Domäne an. Auch gibt es in ihnen keine Symbole im Sinne der Theorie physikalischer Symbolsysteme. Eine Symbolebene bildet sich allenfalls als emergente Eigenschaft des gesamten Netzwerkes heraus, nicht aber als Funktion einzelner Komponenten des Netzwerks [55].

Nach verbreiteter Überzeugung geschieht die Repräsentation durch die 'verdeckten', d.h. nicht unmittelbar mit der Systemumgebung verbundenen Einheiten der Netzwerke. Eine strukturierte Repräsentation im Sinne der *Computational theory* existiert in der Regel nicht, zumindest nicht bei solchen Systemen, die sich einer verteilten Repräsentation bedienen [56]. Diese bilden nicht einzelne Elemente oder einzelne Eigenschaften einer Domäne ab, sondern die statistischen Regularitäten der gesamten Domäne, und zwar auf dem Wege einer holistischen Repräsentation, deren Kovarianz mit der Domäne durch multivariate Analysen aufgewiesen werden kann [57]. Ferner sind konnektionistische Repräsentationen aktiv, d.h. sie entfalten ihre kausale Wirkung durch ihr bloßes Vorhandensein, ohne daß irgendeine definierte Operation auf sie zugreifen müßte.

Die konnektionistische Modellierung wird derzeit als Alternative zur Theorie physikalischer Symbolsysteme auch von philosophischer Seite sehr intensiv diskutiert [58]. Sie richtet sich zwar gegen den 'Kognitivismus' als

Programm, nicht aber gegen die Kooperation kognitionswissenschaftlicher Disziplinen. Allerdings legt sie die Einbeziehung der Neurowissenschaften in den Komplex der C.S. nahe. In philosophischer Hinsicht ist sie am ehesten mit dem Programm des eliminativen Materialismus und dem Aufbau einer 'Neurophilosophie' vereinbar. Andererseits können konnektionistische Systeme durch materiell sehr verschiedene Systeme instanziiert werden und sind daher mit einer funktionalistischen Orientierung – freilich nicht im Sinne des Turing-Maschinen-Funktionalismus – kompatibel [59]. Es bleibt abzuwarten, ob der Konnektionismus die Theorie physikalischer Symbolsysteme endgültig verdrängen oder einen Kompromiß mit ihr schließen wird [60].

Anmerkungen. [1] Erstverwendung durch H. C. LONGUET-HIGGINS, in: J. LIGHTHILL u.a.: Artif. intellig.: A paper symposium (London 1973). – [2] Die Durchsetzung von ‹C.S.› begann mit der 1977 erfolgten Gründung einer Zeitschrift dieses Namens. – [3] In Deutschland hat sich ‹Kognitionswissenschaft› endgültig erst 1990 etabliert, wiederum ablesbar an der Gründung einer so benannten Zeitschrift. – [4] z.B. J. HAUGELAND: The nature and plausibility of cognitivism. Behav. Brain Sci. 1 (1978) 215-260. – [5] M. S. GAZZANIGA: A handbook of cogn. neurosci. (New York 1984) VII datiert seine 'Erfindung' dieser Bezeichnung auf 1976. – [6] Zur Geschichte der 'kognitiven Revolution': H. GARDNER: The mind's new sci. (New York 1985); Relativierung der 'Revolution': E. SCHEERER: Towards a hist. of C.S. Int. Soc. Sci. J. 40 (1988) 7-20. – [7] Krit. Darst. der 'Chomsky-Revolution' bei S. O. MURRAY: Gatekeepers and the 'Chomskian Revolution'. J. Hist. Behav. Sci. 16 (1980) 73-88. – [8] N. CHOMSKY: Review of Skinner's *Verbal Behavior*. Language 35 (1959) 26-58. – [9] G. B. RYLE: The concept of mind (London 1949). – [10] U. NEISSER: Cogn. psychol. (New York 1967). – [11] Erstverwendung offenbar durch J. MCCARTHY in der Einladung zu einer Tagung: GARDNER, a.O. [6] 30. – [12] Diese Bezeichnung war ursprünglich in Großbritannien üblich, wird aber auch dort durch ‹artificial intelligence› verdrängt. – [13] Die Lehrbücher der AI gehen inzwischen in die Hunderte; stellvertretend sei genannt: E. CHARNIAK/D. MCDERMOTT: Introd. to artif. intellig. (Reading, Mass. 1985). – [14] R. TRAPPL/M. A. ARBIB (Hg.): Impacts of artif. intell. (Amsterdam 1986) 6. – [15] M. MINSKY (Hg.): Semantic information processing (Cambridge, Mass. 1968) V. – [16] Darst. z.B. bei R. P. PAUL: Robot manipulators: Mathematics, programming and control (Cambridge, Mass. 1981); die Problematik des 'Künstlichen Lebens' wird u.a. behandelt in: C. G. LANGTON u.a. (Hg.): Artif. life II (Reading, Mass. 1991). – [17] J. R. SEARLE: Minds, brains, and programs. Behav. Brain Sci. 3 (1980) 417-458. – [18] W. MCCULLOCH/W. PITTS: A log. calculus of the ideas immanent in nervous activity. Bull. mathem. Biophys. 5 (1943) 115-133. – [19] Siehe seine einschlägigen Arbeiten: J. VON NEUMANN: Coll. works, hg. A. H. TAUB 5 (Oxford 1963). – [20] Zum Beispiel war die Idee einer «zentral begrenzten Verarbeitungskapazität» (etwa der Aufmerksamkeit) unverkennbar an der seriellen Verarbeitungseinheit eines J. von Neumann-Computers orientiert. – [21] A. TURING: On computable numbers, with an appl. to the Entscheidungsproblem. Proc. London mathem. Soc. 42 (1936) 230-365. – [22] Computing machinery and intell. Mind 59 (1950) 433-460. – [23] N. BLOCK: Troubles with functionalism. Minnesota Stud. Philos. Sci. 9 (1978) 261-325. – [24] Vgl. die autobiogr. Erinnerungen der KI-Pioniere in: P. MCCORDUCK: Machines who think (San Francisco 1979). – [25] Zusammenfass. Darst. (doch nicht Erstverwendung) bei A. NEWELL: Physical symbol systems. Cogn. Sci. 4 (1980) 135-183. – [26] So z.B. J. A. FODOR: Methodolog. solipsism consid. as a research strategy in cognit. psychol. Behav. Brain Sci. 3 (1980) 63-110. – [27] Z. W. PYLYSHYN: Computation and cognition (Cambridge, Mass. 1984). – [28] Zum Begriff der analogen Repräsentation: E. SCHEERER: Mentale Repräsentation in interdiszipl. Perspektive, in: W. KRAUSE (Hg.): Beiträge zu einer Theoretischen Psychologie (1992). – [29] Diese Parallele z.B. bei A. NEWELL: Artif. intell. and the concept of mind, in: R. C. SCHANK/K. M. COLBY (Hg.): Computer models of thought and language (San Francisco 1973) 1-60, hier: 39f. – [30] Zur Auseinandersetzung zwischen KI und Linguistik vgl. z.B. B. E. DRESHER/N. HORNSTEIN: On some supposed contrib. of artif. intell. to the scient. study of language. Cognition 4 (1976) 321-384. – [31] N. CHOMSKY: Rules and representations. Behav. Brain Sci. 3 (1980) 1-62. – [32] R. LANGACKER: Foundat. of cogn. grammar (Palo Alto 1987). – [33] H. PUTNAM: The nature of mental states, in: Mind, language and reality (Cambridge, Mass. 1975) 429-440. – [34] Representation and reality (Cambridge, Mass. 1988). – [35] B. LOAR: Mind and meaning (Cambridge, Mass. 1982). – [36] Vgl. dazu SCHEERER, a.O. [28]. – [37] J. A. FODOR: The language of thought (New York 1975). – [38] Dieser Gedanke vor allem bei J. A. FODOR/Z. W. PYLYSHYN: Connectionism and cogn. psychol.: A crit. analysis. Cognition 28 (1988) 1-71. – [39] FODOR, a.O. [26]. – [40] Psychosemantics (Cambridge, Mass. 1987). – [41] Vgl. dazu A. BECKERMANN: Das Problem der Intentionalität – naturalist. Lösung oder meßtheoret. Auflösung? Ethik Soz.wiss.en 3 (1992). – [42] B. RUSSELL: Inqu. into meaning and truth (New York 1940). – [43] P. M. CHURCHLAND: Eliminative materialism and the proposit. attitudes. J. Philos. 68 (1981) 67-90. – [44] S. P. STICH: From folk psychol. to C.S. (Cambridge, Mass. 1983). – [45] P. M. CHURCHLAND: A neurocomputat. perspective (Cambridge, Mass. 1990); Neurophilos. (Cambridge, Mass. 1986). – [46] SEARLE, a.O. [17]. – [47] H. DREYFUS: What computers can't do (New York ²1979). – [48] J. R. SEARLE: Minds, brains and programs (New York 1982) ch. 6. – [49] H./S. DREYFUS: Mind over machine (New York 1986). – [50] Dies ist in einschlägigen Debatten als das «100-Schritte-Argument» bekannt; vgl. J. A. FELDMAN/D. H. BALLARD: Connectionist models and their properties. Cogn. Sci. 6 (1982) 205-254. – [51] Vgl. bes. D. E. RUMELHART/J. L. MCCLELLAND: Parallel distrib. processing (Cambridge, Mass. 1986). – [52] a.O. – [53] FELDMAN/BALLARD, a.O. [50]. – [54] H. RITTER u.a.: Neuronale Netze (²1991). – [55] P. SMOLENSKY: On the proper treatment of connectionism. Behav. Brain Sci. 11 (1988) 1-74. – [56] TH. VAN GELDER: What is the 'P' in 'PDP': A survey of the concept of distrib. representation, in: W. RAMSEY/S. P. STICH/D. E. RUMELHART (Hg.): Philos. and connectionist theory (Hillsdale, N.J. 1991) 33-60. – [57] Vgl. z.B. T.J. SEJNOWSKI/C. R. ROSENBERG: Parallel networks that learn to pronounce Engl. text. Complex Systems 1 (1987) 145-168. – [58] z.B. RAMSEY/STICH/RUMELHART, a.O.; B. BECHTEL/A. ABRAHAMSEN: Connectionism and the mind (Oxford 1991). – [59] W. RAMSEY: Parallelism and functionalism. Cogn. Sci. 13 (1989) 139-144. – [60] Zur Einordnung der Kontroverse in größere historische Zusammenhänge vgl. E. SCHEERER: Konnektionismus und Symbolverarbeitung: Einige Traditionslinien in der dtsch. Psychol. Z. Psychol., Suppl. 11 (1991) 25-44.

Literaturhinweise. Behavioral and Brain Sci. Special issue on the found. of C.S. 3/1 (Cambridge, Mass. 1980). – Z. W. PYLYSHYN s. Anm. [27]. – H. GARDNER s. Anm. [6]; dtsch.: Dem Denken auf der Spur (1990). – N. A. STILLINGS u.a.: C.S.: An introd. (Cambridge, Mass. 1985). – G. HEYER: Kogn. Wiss. – ein Überblick. Z. philos. Forsch. 41 (1987) 279-290. – E. HUNT: C.S.: Def., status, and questions. Ann. Review Psychol. 40 (1989) 603-629. – M. I. POSNER (Hg.): Foundations of C.S. (Cambridge, Mass. 1989). – F. VARELA: Kogn.wiss. – Kogn.technik: Eine Skizze aktueller Perspektiven (1990). – D. MÜNCH (Hg.): Kogn.wiss.: Grundlagen, Probleme, Perspektiven (1992).

E. SCHEERER

Scientia generalis. Unter dem Titel einer ‹S.g.› wollte G. W. LEIBNIZ eine neuartige Logik entwickeln, die die Kunst lehrt, alle anderen Wissenschaften aus hinreichenden Daten zu erfinden und zu beurteilen [1] und das innerhalb weniger Jahre [2]. Dieses «neue Organon» sollte alle Wissenschaften mit mathematischer Gewißheit in einer einheitlichen «demonstrativen Enzyklopädie» darstellen [3], die – anders als die von J. H. ALSTED zuvor entwickelten Enzyklopädien und anders als die später von J. L. D'ALEMBERT und D. DIDEROT redigierte – dank eben dieser S.g. nicht weniger bezweckte, als den logischen Zusammenhang aller notwendigen Wahrheiten aufzuweisen. Wenn die S.g. auch die beiden seit der Antike komplementären Teile der Logik, eine Ars judicandi und eine Ars inveniendi, umfassen [4], also erklärtermaßen eine Logik und Methode sein sollte, so doch keine rein formale. Denn sie sollte nicht nur die Prinzipien aller Wissenschaften enthalten, sondern als ihr wesentliches Element auch eine allgemeine «reale Charakteristik» [5], die jedem Begriff sein eigentümliches Zeichen zuordnet. Im Unterschied zur «Mathesis universalis», deren Gegenstand die Quantität im allgemeinen ist, sollte die S.g. somit eine Wissenschaft von allem Denkbaren als solchem sein («nihil aliud, quam scientia de cogitabili in universum quatenus tale est») und alle abstrakten Disziplinen neben den Künsten des Umgangs mit diesem Wissen in sich vereinen: neben der Ars judicandi und der Ars inveniendi mit ihrer Analysis und Synthesis, Lullscher Kunst und Kombinatorik, neben Didaktik und Mnemonik, auch eine Grammatica philosophica und die neu aufgekommenen metaphysischen Disziplinen Gnostologie und Noologie sowie die damals neue «Ontologie» als die Wissenschaft vom Etwas und vom Nichts, vom Seienden und Nichtseienden, vom Ding und den Weisen des Dinges, von der Substanz und dem Akzidens («scientia de aliquo et de nihilo, de ente et non ente, re et modo rei, substantia et accidente») [6]. Leibniz war von der Möglichkeit einer solchen S.g. überzeugt, da er sich schon früh die These von TH. HOBBES zu eigen gemacht hatte, daß Denken nichts anderes als Rechnen ist [7].

Da alle Begriffe für LEIBNIZ stets einfache oder aus einfachen zusammengesetzte sind und da bei allen wahren allgemeinen kategorischen Sätzen gemäß dem scholastischen Kriterium «praedicatum inest subjecto» das Prädikat im Subjekt inhaltslogisch enthalten sein muß, kann die Beurteilung eines Satzes, der Beweis seiner Wahrheit, durch bloße Begriffsanalyse geleistet werden, d.h. durch eine Verkettung von Definitionen, die bis zu den primitiven Begriffen, ersatzweise wenigstens bis zu identischen Sätzen gelangt [8]. Konsequenterweise mußte es ihm zunächst darum gehen, diese primitiven Begriffe, das «Alphabetum cogitationum humanarum» zu finden [9], und dann darum, die strukturellen Bedingungen zu erforschen, denen geeignete Charaktere für die gefundenen Begriffe zu genügen haben («Characteristica universalis») [10], denn der Charakter eines Begriffes sollte man unmittelbar ansehen können, aus welchen einfacheren Begriffen er zusammengesetzt ist. Ein Muster dieses Verfahrens hatte er bereits in seiner «Ars combinatoria» am Beispiel von Sätzen aus der Geometrie vorgeführt [11]. Später testete er verschiedene Arithmetisierungen; so versuchte er mit Hilfe von Teilbarkeitsbedingungen «charakteristische Zahlen» zu bilden [12], kam aber nicht zu einem ihn befriedigenden Ergebnis. Insofern jede Charakteristik für Leibniz zunächst in der Bildung geeigneter Ausdrücke besteht und dann im legitimen Übergang von Ausdruck zu Ausdruck, der seinerseits auf Substitution und Äquipollenz gründet [13], ging es ihm drittens darum, einen allgemeinen logischen Kalkül zu erstellen, der das algorithmische Operieren mit diesen Begriffen oder ihren Charakteren ermöglicht («Calculus ratiocinator») [14], und darüber hinaus darum, eine formale Logik zu entwickeln, die die traditionelle Syllogistik aufheben, gleichsam als einen revidierten Teil umfassen sowie die nicht-syllogistischen Schlußweisen und eine Logik der Relationen einbeziehen sollte.

Auch Leibniz' zahlreiche Entwürfe zu einer «Lingua philosophica» oder «Grammatica Rationalis» [15] gehören in diesen Zusammenhang, denn sie haben nicht weniger zum Ziel als eine Reduktion der vorwiegend in lateinischer Sprache vorliegenden Sätze der Wissenschaft auf solche kunstsprachlichen Sätze, deren Struktur ein genaues Abbild der ausgedrückten Sachverhalte darstellen und die judikative Anwendung seiner Charakteristik und der mit ihr operierenden Kalküle ermöglichen soll, um sie der neuen Enzyklopädie «demonstrativ» einzuverleiben, einer übrigens insofern zugleich «inventiven» Enzyklopädie, als sie in sich die treibenden Keime zu neuen Erkenntnissen bergen, also grundsätzlich niemals abgeschlossen werden würde. Ein Stab von Mitarbeitern sollte damit beginnen, aus den besten Autoren ein «Inventaire général» der bekannten Wahrheiten zusammenzustellen – insbesondere solcher, aus denen weitere gewonnen werden können – und diese durch Register zu erschließen, um daraus die für die reale Charakteristik benötigten Definitionen zu gewinnen [16]. Das zu befürchtende Massenproblem wies Leibniz mit der Einsicht ab: «les sciences s'abrègent en s'augmentant», denn mit der Fülle der Wahrheiten wachse auch das Vermögen, übergeordnete Zusammenhänge zu erkennen und allgemeinere Sätze zu formulieren. Nur so könne man der andrängenden Flut der Bücher begegnen und zugleich feststellen, was noch zu behandeln ist [17].

Nicht allein auf fähige Mitarbeiter, sondern auch auf einen potenten Förderer angewiesen, verfaßte Leibniz eine große Anzahl von Schriften, die einerseits Einblick gewährten in die methodischen Kernstücke der S.g., in die universelle Charakteristik und in den formalen Kalkül («Initia»), andererseits Proben («Specimina») lieferten von der Leistungsfähigkeit der neuen Logik. Schließlich verfaßte Leibniz nicht wenige Denkschriften, die er Gelehrten und Fürsten zur Empfehlung seines Vorhabens vorzulegen beabsichtigte [18]. Sei es, daß ihm die Elemente oder die Probestücke nicht hinreichend ausgearbeitet erschienen, um die anzuwerbenden Gelehrten zu überzeugen, sei es, daß sich ihm keine günstige Gelegenheit bot, das Vertrauen eines Förderers zu gewinnen, vor allem aber besorgt, sein großes Vorhaben könne durch vorzeitiges Bekanntwerden Schaden nehmen, hat Leibniz keines dieser Stücke aus der Hand gegeben und sein großes Projekt einer S.g. zeitlebens geheimgehalten. In seinem Nachlaß finden sich neben vielen Vorarbeiten auch Konzepte zu einem als Vorläufer dieser S.g. konzipierten Buch mit Titeln wie «Plus ultra» [19] oder «Aurora» [20], schlichter auch «Introductio ad Encyclopaediam arcanam», zumeist mit dem sachlichen Zusatz «sive Initia et Specimina Scientiae generalis», das handeln sollte, wie es ähnlich öfters heißt, von der Einrichtung und Vermehrung der Wissenschaften, von der Vervollkommnung des Geistes und der Erfindung der Dinge zum allgemeinen Wohl («de instauratione et augmentis scientiarum, deque perficienda mente et rerum inventionibus ad publicam felicitatem») [21].

Wenn Leibniz in den «Initia» eine erste Darstellung und Einführung in die Methode der S.g. und gelegentlich auch eine kritische Würdigung der seit der Antike geleisteten Ansätze geben wollte und als «Specimina» Stücke solcher Wissenschaften vorzulegen beabsichtigte, in denen er selbst Vorbildliches geleistet hat, so gab er damit zu erkennen, daß er die S.g. als eine Verallgemeinerung seines bereits erfolgreich praktizierten methodischen Vorgehens betrachtete [22]. Eine erste Zweckbestimmung seiner S.g. sah Leibniz darin, daß die charakteristischen Zeichen, die alle unsere Gedanken ausdrücken, zusammengenommen eine schreib- und sprechbare «philosophische Sprache» («lingua rationalis») zu konstituieren ermöglichten, die, wenn auch schwer zu erstellen, so doch leicht zu erlernen wäre. Deren wunderbarste Eigenschaft aber sollte sein, den Ignoranten das Maul zu stopfen, denn man würde in dieser Sprache nur das ausdrücken können, was man wirklich verstanden hat; Irrtümer wären nichts als schlichte Rechenfehler, unschwer erkennbare Verstöße gegen die philosophische Grammatik, gegen den logischen Kalkül [23]. Statt endlos zu diskutieren, würden wir aufgefordert zu rechnen: «Calculemus!» [24]

Dieses Instrument, mit dem Leibniz den Verstand ähnlich erweitern wollte, wie Teleskop und Mikroskop unser Sehvermögen erweitert hatten [25], nimmt Intentionen heutiger Modelle der Künstlichen Intelligenz vorweg. Die eigentlichen Zielvorstellungen der S.g. waren aber Aufklärung und Fortschritt, Vervollkommnung des menschlichen Geistes, des persönlichen zeitlichen Glücks und ewigen Heils und vor allem das, wenn möglich, schon in der eigenen Gegenwart zu verwirklichende allgemeine, öffentliche Wohl.

Anmerkungen. [1] Vgl. G. W. LEIBNIZ: Die Philos. Schr., hg. C. I. GERHARDT [GP] 1-7 (1875-90) 7, 60. – [2] Vgl. Opuscules et fragm. inéd. de Leibniz, hg. L. COUTURAT [COP] (Paris 1903, ND 1961) 218-221. – [3] GP 7, 168. – [4] Opera philos. omn., hg. J. E. ERDMANN (1840) 85f. – [5] Vgl. Akad.-A. (1923ff.) VI/3, 170. – [6] COP 511f. – [7] Vgl. TH. HOBBES: De corpore (1655) 1, c. 1, art. 2; Akad.-A. VI/1, 194. – [8] Vgl. GP 7, 43-45; COP 431. 513f. – [9] Vgl. COP 430. 435. – [10] Vgl. GP 7, 204-207; COP 42-49. – [11] Akad.-A. VI/1, 199-201. – [12] Vgl. COP 42-92; GP 7, 184-189. – [13] Vgl. COP 326f. – [14] Vgl. COP 239; GP 7, 218-222; Generales inquisitiones de analysi notionum et veritatum (COP 356-399), hg. F. SCHUPP (1982). – [15] Vgl. COP 277-291. – [16] Vgl. GP 7, 182; COP 228f. – [17] Vgl. GP 7, 180. 58. – [18] Vgl. COP 218-221; GP 7, 157-173. 174-183. – [19] COP 515f. – [20] GP 7, 54-56. – [21] Vgl. COP 511-515; GP 7, 57-65. – [22] Vgl. Opera, a.O. [4] 89; GP 7, 59f. – [23] Vgl. COP 156f. – [24] GP 7, 200. – [25] Vgl. GP 7, 187.

Literaturhinweise. L. COUTURAT: La logique de Leibniz (Paris 1901, ND 1961). – R. KAUPPI: Über die Leibnizsche Logik (Helsinki 1960).

H. SCHEPERS

Scientia media. Der von L. DE MOLINA [1] in die Theologie eingeführte Begriff ‹s.m.›, ein Zentralbegriff des Molinismus, einer der beiden Positionen im nachtridentinischen Gnadenstreit [2], bezeichnet Gottes Wissen um die freien Willensentscheidungen, die seine Geschöpfe unter gewissen Umständen und Bedingungen treffen würden («futuribilia»). Ihr Gegenstand ist also das bedingt Wirkliche, ein Zwischenreich zwischen dem rein Möglichen und dem kategorisch Wirklichen. Hinter diesem Begriff steht die Vision unbegrenzt vieler nicht nur möglicher, sondern bedingt wirklicher Welten («ordines»).

Molina nennt Gottes Wissen um das bedingt Wirkliche jedoch nicht deshalb «s.m.», weil es in der Mitte steht zwischen Möglichkeitserkenntnis («scientia simplicis intelligentiae») und Wirklichkeitserkenntnis («scientia visionis»); vielmehr steht für Molina die s.m. in der Mitte zwischen dem Gott schon durch sein Wesen eigenen Erkennen alles notwendigen Seins («scientia naturalis») und dem erst nach seiner freien Willensentscheidung möglichen Erfassen kontingenter Akte. Sie gründet in der alle kontingenten Ursachen bis in ihre bedingten Entscheidungen hinein durchdringenden «supercomprehensio» des göttlichen Wesens.

F. SUÁREZ [3] und P. DA FONSECA [4] sagen statt s.m. lieber «scientia conditionata». Den Grund für die Unfehlbarkeit dieses Wissens sehen sie nicht in der «supercomprehensio» des göttlichen Wesens, sondern darin, daß eine Alternative über bedingt Künftiges von Ewigkeit her logisch entschieden ist, auch wenn sich diese Entscheidung erst beim Eintreffen des Ereignisses verifizieren läßt, also in der logisch determinierten Wahrheit von Sätzen über bedingt künftige Sachverhalte. Die Wurzel dieser Auffassung liegt in einer bestimmten Interpretation von Aristoteles' De int. 9 [5].

Der Begriff der s.m. diente Molina wie Suárez und Fonseca dazu, die polaren Gegensätze von Unfehlbarkeit göttlichen Vorauswissens und Freiheit menschlicher Entscheidung in einem System (Molinismus) zu vermitteln.

Anmerkungen. [1] L. DE MOLINA: Liberi arbitrii cum gratiae donis ... concordia (Lissabon 1588, ND Oña-Burgos 1953). – [2] Vgl. Art. ‹Gnadenstreit›, ‹Molinismus›, ‹Praedeterminatio physica›. – [3] F. SUÁREZ: De scientia Dei futurorum contingentium. Opera omn. 11 (Paris 1858) 291-375. – [4] P. DA FONSECA: Comm. in lib. Met. Arist. III, 6, c. 2 (Köln 1615) 119. – [5] ARISTOTELES: De int. 18 a 34.

Literaturhinweise. J. SAGÜÉS: Suárez ante la ciencia media. Estudios Eclesiásticos 22 (1948) 265-310. – F. STEGMÜLLER: Art. ‹s.m.›. LThK² 9, 551. – K. REINHARDT: Pedro Luis SJ (1538-1602) und sein Verständnis der Kontingenz, Praescienz und Praedestination (1965). – S. K. KNEBEL: s.m. Ein diskursarchäolog. Leitfaden durch das 17. Jh. Arch. Begriffsgesch. 34 (1991).

K. REINHARDT

Scientia sermocinalis/realis. Der Ausdruck ‹scientia sermocinalis› [s.s.] (‹Sprachwissenschaft›, ‹Philosophie der Sprache›; griech.: λογικός bzw. λογικώς, aber auch διαλεκτικός [1]; engl.: ‹science of language›, ‹science of discourse› oder auch ‹science of vocal conversation›, ‹science of lingual communication›) ist in einem engen Sinne die Bezeichnung für die sog. «terministische Logik». In einem weiteren Sinn bezeichnet ‹s.s.› die Wissenschaften des Triviums unter dem Gesichtspunkt der Sprache, während der Ausdruck ‹scientia realis› [s.r.] (‹Sach- und Realwissenschaft›, das Wissen von Dingen und Sachverhalten, aber auch ‹wirkliche›, ‹wahre Wissenschaft›; engl.: ‹real science›, ‹real knowledge›, ‹knowledge of things›; kein griechisches Äquivalent) die Bezeichnung für die vor allem auf Boethius zurückgehende Trias der spekulativ-theoretischen Wissenschaften von Physik, Mathematik und Metaphysik ist, mit Einschluß der drei praktischen Wissenschaften Politik, Ökonomik und Ethik.

Die Termini ‹s.s.›/‹s.r.› sind an der *Artistenfakultät* üblich geworden; sie gehen auf die Septem artes liberales und deren Einteilung in Trivium und Quadrivium zurück. In der literarischen Gattung der ‹Einleitung in die Philosophie› sind sie allgemein gebräuchlich. So heißt es in der in der ersten Hälfte des 13. Jh. an der Pariser Artistenfakultät entstandenen ‹Philosophica Disciplina› eines Anonymus, nachdem er die Philosophie in die «spekulative» und «praktische» Wissenschaft eingeteilt hat: «Speculatiua autem dicitur quia aut speculatur naturam sermonis aut rei: si sermonis, sic est sermocinalis scientia; si rei, sic diuiditur secundum diuisionem rerum ...» («Spekulative Wissenschaft wird die Philosophie genannt, weil sie entweder die Natur der Sprache oder die eines Dinges betrachtet; wenn die Natur der Sprache, dann heißt sie Sprachwissenschaft; wenn die eines Dinges, dann wird sie eingeteilt gemäß der Einteilung der Dinge ...»), und zwar in die «naturalis philosophia», die «mathematica» und die «methafisica». «Et ideo tantum sunt tres scientie speculatiue rerum, que quidem cum .IIII.or sermocinalibus, que sunt gramatica, poetica, dyalectica et retorica, possunt facere septem artes liberales» («Daher gibt es nur drei spekulative Wissenschaften von den Dingen, die wiederum mit den vier Sprachwissenschaften, der Grammatik, Poetik, Dialektik und Rhetorik die sieben freien Künste bilden können») [2]. Wie verbreitet die Unterscheidung der Philosophie in s.s. und s.r. an der Artistenfakultät und auch in der wissenschaftlichen Laienwelt ist, zeigen folgende Hinweise: Neben der ‹Divisio Scientiarum Arnulfi Provincialis› seien genannt OLIVIER LE BRETON («Speculatiua diuiditur in scientiam de signis et scientiam de rebus» [3]), AUBRY DE REIMS («scientie sermocinales ... non sunt de rebus, sed de rerum signis» [4]) und REMIGIO DEI GIROLAMI («Dicendum est igitur quod philosophia prima sui diuisione diuiditur quia alia est de rebus, alia pars eius de signis. Et hec diuisio habetur ab Augustino De doctrina christiana libro I. Et prima quidem potest dici scientia realis, secunda uero sermocinalis»; «Man muß also sagen, daß die Philosophie in ihrer ersten Einteilung deshalb eingeteilt wird, weil der eine Teil von ihr von Dingen und der andere von Zeichen handelt. Und diese Einteilung stammt von Augustinus' ‹De doctrina christiana›. Ihr erster Teil kann Sachwissenschaft und ihr zweiter Sprachwissenschaft genannt werden») [5].

Die Magistri der Artistenfakultät führen so die Unterscheidung der Wissenschaft in s.s. und s.r. auf AUGUSTINUS zurück: «Omnis doctrina de rebus vel de signis» («Jede Wissenschaft handelt entweder von Dingen oder von Zeichen») [6], ohne daß man bei Augustinus die terminologische Verwendung der beiden Ausdrücke anträfe. Der übliche Verweis auf die augustinische Quelle geht wiederum auf PETRUS LOMBARDUS zurück [7]. Auch ALEXANDER VON HALES, der den Terminus ‹s.s.› gemäß der stoischen Einteilung zur Bezeichnung der «rationalen Philosophie» im Unterschied zur «naturalis philosophia» und «moralis philosophia» in einem Augustinuszitat benutzt [8], gebrauchte ihn. PETRUS JOHANNIS OLIVI knüpft an die Unterscheidung zwischen dem Seienden, das nicht von uns abhängt und dem Seienden, das von uns abhängt, an, um entsprechend die philosophischen Disziplinen in die «scientia realis», «rationalis seu sermocinalis» und «practica» einzuteilen; wobei er die s.r. dem Quadrivium und die s.s. dem Trivium zuordnet [9]. Die zunehmende Differenzierung der Wissenschaften im 13. und 14. Jh. löst jedoch den durch die Septem artes liberales abgesteckten Bildungsrahmen auf: THOMAS VON AQUIN behauptet dann auch: «Septem artes liberales non sufficienter diuidunt philosophiam theoricam» («Die sieben freien Künste teilen die theoretische Wissenschaft nicht mehr hinreichend ein») [10]. Die «artes» werden durch die Vielfalt der «scientiae» abgelöst.

In der Schule von Chartres werden ‹s.s.› und ‹scientia rationalis› synonym gebraucht, etwa bei CLAREMBALDUS VON ARRAS [11]. Bei WILHELM VON CONCHES ist der Sache nach die Einteilung der «scientia» in «Real-» und «Sprachwissenschaft» präsent, wenn er sie in «eloquentia», die «Grammatica», «Rhetorica» und «Dialectica», und «sapientia», die er weiter in die «practica» und «theorica» gliedert, einteilt; dabei entsteht in den trivialen Künsten nur durch das Wort, «sola voce», die Lehre, «doctrina», in den quadruvialen hingegen durch das «Wort und die Augen», «et voce et oculis» [12]. HUGO VON ST. VIKTOR [13] tradiert die traditionelle Auffassung, wonach die Logik, von λόγος abgeleitet, «de vocibus» und so in ihrer weiteren Bedeutung über alle sprachlichen Äußerungen handelt und daher mit dem Trivium zusammenfällt; das gilt für die «logica sermotionalis», die den «sermo» betrifft und insofern von der «logica rationalis» zu unterscheiden ist, die nur Dialektik und Rhetorik umfaßt. Bezüglich der «logica sermotionalis» stellt Hugo sowohl ihren metasprachlichen Charakter als auch ihren semantischen Bezug heraus: «Nec putandum est ideo, logicam, id est, sermotionalem dici, quod ante ejus inventionem nulli fuerint sermones ... Erant prius et sermones communes et litterae; sed nondum ratio sermonum et litterarum in usum redacta fuerat, nulla adhuc recte loquendi vel disputandi praecepta data erant» («Man soll nicht glauben, die Logik werde deshalb Sprachwissenschaft genannt, weil es vor ihrer Erfindung keine Sprache gegeben hätte ... Es gab gesprochene und geschriebene Rede zuvor. Aber die Struktur der gebrauchten und geschriebenen Rede war noch nicht ausdrücklich gemacht, und es waren noch keine Regeln für korrektes Sprechen und Argumentieren aufgestellt»).

In DOMINICUS GUNDISSALINUS' Wissenschaftseinteilung wird der Vorrang der Logik als «scientia media» vor dem Trivium als den «scientiae eloquentiae» deutlich. Zwischen den «Wissenschaften der Beredsamkeit» und den «Sachwissenschaften», den eigentlich philosophischen Wissenschaften, den «scientiae sapientiae», eingeordnet, ist sie die «racio disserendi diligens, i.e. sciencia disputandi integra» («die sorgfältige, exakte Methode des Gesprächs, d.i. die vollständige Wissenschaft des Disputierens»), welche die Regeln zu geben versucht, «quibus deprehendimus veritatem oracionis» («durch die wir die Wahrheit der Rede erfassen») [14]. Die eigentliche «Wissenschaft der Sprache», die «scientia de lingua», so Gundissalinus im Anschluß an AL-FĀRĀBĪ, die als «principium omnium scientiarum» Grundlage aller anderen Wissenschaften ist, wird auf das Trivium, hier vorzüglich auf die Grammatik beschränkt [15]. Hierbei sieht GUNDISSALINUS mit Al-Fārābī einen Unterschied in der «scientia de lingua» und der dieser nachgeordneten Grammatik [16]. Die Logik bezieht sich danach auf den Verstandesgebrauch, der bei allen Menschen gleich ist; während die Grammatik und damit die s.s. sich mit den Eigentümlichkeiten der Sprache eines Volkes befaßt [17].

ROBERT KILWARDBY führt die von Hugo von St. Viktor und Gundissalinus inaugurierte Tradition fort. Auch für ihn ist die s.s. in erster Linie das Gesamt des Triviums, innerhalb dessen vorzüglich die Logik. Sie wird zu einem wesentlichen Teil der praktischen Philosophie, die von den menschlichen Dingen handelt, d.h. von solchen, die «non sunt nisi operationes nostrae et locutiones et earum effectus» [18], von dem also, was durch menschliche Tätigkeit wirklich ist, sei es in der Ethik, Mechanik oder auch im Bereich des «Wortes», der Grammatik, Logik und Rhetorik. Wie für Hugo von St. Viktor so ist auch für Robert Kilwardby die «sermocinalis scientia» «pars philosophiae de sermone docens recte loqui, scribere et ratiocinari. Et haec communi nomine logica dicitur» («der Teil der Philosophie der Sprache, der die rechte Weise des Sprechens, Schreibens und Denkens lehrt. Und diesen nennt man mit dem allgemeinen Namen 'Logik'») [19]. Ihre Wissenschaftlichkeit wird durch ihre Universalität begründet: «sermocinalis philosophus determinans modum loquendi vel ratiocinandi, et ideo tractans de sermone abstrahit illum a sermone singulari sensato hic et nunc, et de ipso in natura universalitatis suae determinat» («Der Sprachphilosoph, der die Weise des Sprechens oder Schlüsse-Ziehens bestimmt und von der Sprache handelt, abstrahiert daher die Sprache von der hier und jetzt empfundenen Einzelsprache und bestimmt sie in der Natur ihrer Allgemeinheit»); und wie man über die nicht-sprachlichen Dinge sprechen kann, so kann man auch über die Sprache selbst sprechen, freilich nur «durch» die Sprache [20]. Die Dinge selbst sind «erste Intentionen» und die sie bezeichnenden Namen Namen der ersten Intentionen. Sie fallen als kategorial auslegbare Dinge, «res praedicamentales», in die Betrachtung der s.r., während die s.s. auf die «zweiten Intentionen» und die sie bezeichnenden Namen Bezug nimmt, weshalb sie auch «scientia ratiocinalis» genannt wird [21]. Da nun – wie Kilwardby mit Bezug auf PLATON, ‹Timaeus› 47cd, deutlich macht – die Sprache, «sermo», ganz und gar Zeichen ist, «totaliter signum», und als solche, durch ihren Zeichencharakter, auf anderes, was nicht Zeichen ist, verweist, wird auch die s.s. vollständig auf die anderen Wissenschaften hingeordnet, «totaliter ordinatur ad alias scientias»; so läßt sie sich vom Ziele her einteilen: Auf eine Weise nämlich wird in der Sprache Bekanntes bezeichnet, und in dieser Weise handelt die Grammatik; auf eine andere wird in ihr nach Unbekanntem gefragt, und in dieser Weise handeln die Logik und Rhetorik. Als solche hat die Logik Realitätsbezug und beschränkt sich nicht ausschließlich auf sprachliche Zeichen, sondern sie bezieht sich auf die Sprache, insofern diese Zeichen von Dingen ist; nur so ist sie eigentlich eine s.s. Sie kann dann auch, anders als die Grammatik und Rhetorik, eine «rationalis scientia» heißen, nicht weil sie die «res rationis» als allein bei der Vernunft liegende Dinge betrachtet, denn dann wäre sie ja keine s.s., sondern weil sie den Modus des Schlußfolgerns lehrt, der nicht nur allein im Geist, «in mente», sondern auch in der Sprache besteht [22]. Diese aus der Gattung der Wissenschaftseinteilung erwachsene Auffassung findet dann bei AEGIDIUS ROMANUS [23] noch einen Nachklang: «scientia speculatiua diuiditur in principalem et adminiculatiuam. Principalis est illa: que est de rebus. Adminiculatiua dicitur quasi adiuuans illam realem scientiam sicut sermocinales».

ALBERTUS MAGNUS greift die Traditionslinien der Wissenschaftseinteilung auf: Die Ansicht, daß die Logik eine s.s. sei, habe Avicenna bekämpft; denn «sermo de se nihil significat; si enim aliquid de se significaret, semper et apud omnes illud significaret, quod falsum est ... non ergo significat nisi secundum quod conceptus est in intellectu instituentis» («die Sprache als solche bezeichnet nichts; wenn sie nämlich etwas bezeichnete, dann bezeichnete sie es immer und bei allen Menschen, was falsch ist ... Also bezeichnet sie nur insofern, als der Begriff im Verstand des Erkennenden, des den Begriff Einführenden, ist») [24]. Wie bei Avicenna so hat auch bei Albert die Logik die «secundae intentiones» zu untersuchen, also jene durch Sprache festgelegten Dinge (res), durch die Unbekanntes aufgrund von Bekanntem erschlossen wird. Insofern seien die «scientiae sermocinales» aber lediglich «Hilfswissenschaften» und nicht eigentlich «verae scientiae», die wir um ihrer selbst willen suchen, sondern nur «modi scientiarum omnium». Als «modi philosophiae» sind sie daher auch kein wesentlicher Teil der «philosophia realis», die in Physik, Mathematik und Metaphysik eingeteilt, die Dinge selbst untersucht, sondern gerade nur die Weise, wie wir zu Wissen gelangen, die selbst nicht eigentlich ein Wissen ist.

Bei BONAVENTURA [25] findet man ausdrücklich eine Lehre der s.s. In den drei Wissenschaften Grammatik, Logik und Rhetorik ist die Sprache Gegenstand der Betrachtung. Insofern nun die s.s. die Wahrheit als Übereinstimmung von Intellekt und Wort betrachtet, wird sie auf Gott als den Ursprung des Verstehens hingeleitet; dadurch wird sie eigentlich zu einer Wissenschaft des Verstehens. Die in die drei Wissenschaften ausgefaltete Naturphilosophie betrachtet die Wahrheit als Übereinstimmung von Intellekt und Sache und wird dadurch zu Gott als der Ursache des Seins hingeleitet; dadurch wird sie zu einer Wissenschaft von den Dingen. Die grundlegende Wissenschaft der s.s. ist die Grammatik und die der s.r. die Physik. Auch HEINRICH VON GENT hebt hervor, daß die s.s. eigentlich die Grammatik darstellt, während die Logik noch eine enge Verbindung zur Realität aufrechterhält [26]: «Consideratio primarum intentionum, quae est rerum secundum se, pertinet ad scientias reales. Consideratio vero secundarum intentionum, quae vel est circa res ut sunt expressibiles vocibus, et hoc quo ad intentiones logicales, vel est circa ipsas voces, et hoc quo ad intentiones grammaticales, pertinet ad scientias sermocinales; et tamen logica minus sermocinalis et magis realis est quam grammatica et quasi media inter scientias reales et grammaticam» («Die Betrachtung der ersten Intentionen, die von Dingen an sich handelt, gehört zu den Sachwissenschaften. Die Betrachtung der zweiten Intentionen aber, die sich entweder auf Dinge bezieht, sofern sie durch Worte ausgedrückt werden, und dadurch auf die logischen Intentionen Bezug nimmt, oder auf die Worte selbst und dadurch auf die grammatischen Intentionen, gehört zu den Sprachwissenschaften; und dennoch ist die Logik weniger eine Sprach- und mehr eine Sachwissenschaft als die Grammatik und gleichsam eine mittlere Wissenschaft zwischen den Sachwissenschaften und der Grammatik»). Da man nach Heinrich bei den zweiten Intentionen zwischen Wörtern der logischen Intentionen (Begriffen), die in Dingen gründen, und Wörtern der grammatikalischen, die mit Dingen verbunden sind, unterscheiden muß, ist die Logik deshalb eher eine s.r., weil sie die Wirklichkeit betrachtet, sofern sie in Worten ausgedrückt wird, während die Grammatik Worte gerade als Worte, ohne deren Realitätsbezug betrachtet.

JOHANNES DUNS SCOTUS nennt die Metaphysik eine «s.r.», weil sie das «ens reale» zum Gegenstand hat, und die Logik eine «scientia rationalis», weil sie das Gedachtseiende betrachtet [27]. Als solche ist aber die Logik gerade weder eine s.r. noch eine s.s.; denn sie betrachtet weder die Sprache noch Eigentümlichkeiten der Sprache, «passiones sermonis», noch ihren Gegenstand unter dem Gesichtspunkt der Sprache, «sub ratione sermonis». Vielmehr gibt es ein «Medium inter rem et sermonem, vel vocem», und das ist der «conceptus; ergo sicut est aliqua scientia per se de rebus, aliqua per se de vocibus significativis, ut Grammatica, Rhetorica, quae considerant passiones vocis, scilicet inquantum vocis ... ita potest aliqua scientia esse per se de conceptu, et haec est Logica» («ein Mittleres zwischen der Sache und der Sprache oder dem Wort, nämlich den Begriff; also wie es einerseits eine Wissenschaft an sich von den Dingen und andererseits eine Wissenschaft an sich von den bezeichnenden Worten gibt wie die Grammatik und Rhetorik, die die Eigentümlichkeiten des Wortes als Wortes betrachten, so kann es auch eine Wissenschaft an sich vom

Begriff geben, und das ist die Logik») [28]. Die Logik betrachtet daher das Seiende im Bereich der zweiten Intentionen, in der Form von Begriffen. Sie hat es mit dem «Prozeß des Verstandes» zu tun. Die s.r. wird in die bereits bekannten drei Wissenschaften Physik, Mathematik und Metaphysik gegliedert; und die s.s. der «scientia rationalis» zugeordnet, wobei sie entsprechend ihrem Namen eine Wissenschaft der Sprache als Sprache und ihrer Bestimmungen ist [29]. Bei Duns Scotus wird, wenn auch undeutlich, zwischen der «s.s.» als Grammatik, die über die Sprache allein handelt, und der «scientia rationalis» als Logik, die über Begriffe (conceptus) handelt, unterschieden. Zwischen der Logik als einer «rationalis scientia», die mit Begriffen zu tun hat, und der Grammatik als «s.s.», die es nur mit der Sprache zu tun hat, wird bei den frühen Modisten, etwa bei JOHANNES VON DACIEN oder BOETHIUS VON DACIEN, noch nicht unterschieden. In der Folgezeit wird dieser Unterschied wichtig. So betont RADULPHUS BRITO ausdrücklich, daß die Grammatik eine «s.s.» und zwar «per se» ist, da sie sich mit der Sprache befaßt, dem «modus exprimendi mentis conceptum» [30]. Das bedeutet nicht, daß die Grammatik nur die Ausdrucksseite der Sprache oder diese in ihrer Zeichenfunktion betrachtet; denn sie hat, wie SIMON VON DACIEN hervorhebt, stets zu tun mit dem «sermo significativus prout ab omni lingua particulari abstrahat», und so ist sie jene Wissenschaft, «que considerat sermonem significatiuum et partes et proprietates et passiones sermonis significatiui, illa est sermocinalis» [31].

Die Loslösung der Logik als «scientia rationalis» von der Sprachbetrachtung, der s.s., geschieht bei WILHELM VON OCKHAM. Reale und rationale bzw. formale Wissenschaften unterscheiden sich nach Ockham nur dadurch, daß in den Realwissenschaften die in dem gewußten Satz verwendeten Termini für eine «res extra animam» supponieren und in den rationalen Wissenschaften die Termini für Termini supponieren [32]. Da nun alle Teile des «Satzwissens» Worte (voces) sind, unterscheiden sich die einzelnen Wissenschaften voneinander entsprechend der Verschiedenheit, in der die einzelnen im Satz verwendeten Termini supponieren: Einige Termini supponieren für die Dinge außerhalb der Seele (pro rebus), andere für die Begriffe des Geistes (conceptibus mentis) und wiederum andere für die Worte (vocibus) [33]. Danach erhalten wir auch eine Verschiedenheit der Wissenschaften: «s.r.», «scientia rationalis» bzw. «logicalis» und «s.s.». Den Terminus ‹s.s.› verwendet Ockham nicht; ADAM DE ANGLIA bezeichnet mit ‹s.s.› im Prolog zu Ockhams ‹Logik› die «logica». Dies ist nicht korrekt, da OCKHAM durch seine Suppositionstheorie die Logik als «scientia rationalis» von der Sprachwissenschaft, der s.s., trennt. Weiter sind nach ihm die «scientiae sermocinales» praktische Wissenschaften. Zwar handelt es sich hierbei nicht um eine «notitia practica dictativa», das kommt den eigentlich praktischen, moralischen Wissenschaften zu, aber um eine «notitia practica ostensiva», die zeigt und lehrt, «qualiter res fieri potest vel debet fieri si aliquis velit facere eam» [34]. Sie sind also insofern praktisch, als sie «zeigen und lehren, auf welche Weise eine Sache geschehen kann oder geschehen muß, wenn sie jemand tun will»; und das verhält sich in den «artes mechanicae» so wie auch bei den Sprachwissenschaften, deren hauptsächlicher Nutzen darin besteht, die Sprache, das «gesprochene und geschriebene Wort» zu klären und zu «reinigen». Insofern ist nach Ockham eine strenge Linie zwischen der s.r. und s.s. gezogen.

Die Wende zur Sprache gehört von nun an zur Begründungsfunktion der s.r., auf die sich die lateinischen Autoren nach Ockham konzentrieren; wohingegen die s.s. als «Sprachwissenschaft» zur Domäne jener wird, die sich der «terministischen» Logiktradition zurechnen. Freilich bleiben die Begriffe in Gebrauch zur Bezeichnung der Wissenschaften von der Sprache und der «realen» Wissenschaften, Physik, Mathematik und Metaphysik – so etwa bei MARSILIUS VON INGHEN, der auf die alte Unterscheidung zurückgeht, und bei HEINRICH VON LANGENSTEIN, der in seiner ‹Katharinenpredigt› 1396 noch einmal einen umfassenden Beitrag zur Tradition der Einleitungsliteratur in die Philosophie und damit in die Wissenschaft vorlegt [35]. PIERRE D'AILLY gibt vom «Wiedererwachen» der «eloquentia» an der Pariser Universität im Eingangsstück (principium) von 1375 seines Sentenzenkommentars Zeugnis [36]. JOHANNES GERSON [37] versucht zwischen den Positionen der «Realisten» und «Nominalisten» zu vermitteln. Die Logik als Teil der «sermocinalis» bzw. «nominalis philosophia» bezieht sich auf die «significatio», durch die wir die innere Sprache nach außen («significatio ad placitum») übersetzen. Die «significatio» der sermocinalen und realen Wissenschaften ist natürlich verschieden, je nachdem ob sie sich auf die «suppositio materialis» bezieht oder die «suppositio personalis». Bedeutsam bei Gerson ist sein Herausstellen, daß die beiden Schulrichtungen der Scotisten, der «Realisten», zu denen man ja auch die Thomisten zu zählen hat, und der Nominalisten, der «Terministen», keine gegensätzlichen sind, sondern zwei verschiedene Betrachtungsweisen des «ens reale» und damit der «s.r.» anzeigen.

In neuerer Zeit greift P. DA FONSECA die Unterscheidung zwischen s.s. und s.r. nochmals auf [38]. Auch bei den Conimbrizensern ist die alte Unterscheidung präsent [39]. Von Bedeutung ist hierbei, daß auch die praktischen Wissenschaften wie die Politik, die Ethik und die verschiedenen Naturwissenschaften zu den «scientiae reales» gezählt werden. Überhaupt tritt aber in der Renaissance und bei den Humanisten die s.s. in den Hintergrund. G.-F. PICO DELLA MIRANDOLA behandelt sie im Geiste Senecas in seinem ‹Examen vanitatis doctrinae gentium›; während GABRIEL BIEL die Position Ockhams vertritt [40].

G. REICH gliedert die Philosophie nach traditionellem Vorbild zunächst in die theoretische und praktische, die theoretische Wissenschaft wiederum in «realis» und «rationalis», wobei die «Sachwissenschaft» Physik, Mathematik und Metaphysik umfaßt und die «Vernunftwissenschaft» Grammatik, Logik und Rhetorik [41].

In der Logik von Port-Royal wird die Tradition der s.s. fortgesetzt, in der von A. ARNAULD und C. LANCELOT verfaßten ‹Grammaire générale et raisonnée› und besonders in der von A. ARNAULD und P. NICOLE verfaßten ‹Logique ou l'art de penser›, wobei das Kapitel «des idées des choses et des idées des signes» herauszuheben ist. Eine deutliche Unterscheidung zwischen Sprach- und Sachwissenschaft trifft man bei J. LOCKE an, der – in der Tradition von K. Digby, R. Burthogge und besonders Th. Hobbes stehend – im 3. Buch (‹Of Words›) seines ‹Essays› eine Philosophie der Sprache vorlegt. Diese ist zugleich der dritte Teil, «Branch», in der «Division of the Sciences», der «may be called Σημειωτική, or the *Doctrine of Signs* ... it is aptly enough termed also Λογική, Logick»; während die beiden ersten Teile der Wissenschaft die «Knowledge of Things, as they are in their own proper Beings, their Constitutions,

Properties, and Operations» und zweitens «Πρακτική, The Skill of Right applying our own Powers and Actions, for the Attainment of Things good and useful» anzeigen. Die Wissenschaft von den Dingen umfaßt nicht nur die Materie und Körper («Body»), sondern auch Geistwesen («Spirits»); «This in a little more enlarged Sense of the Word, I call Φυσική, or natural philosophy»; bei den praktischen Wissenschaften hebt er besonders die Ethik hervor [42].

Schließlich wird die Unterscheidung zwischen s.s. und s.r. noch einmal von dem Nachfolger Kants auf dem Königsberger Lehrstuhl aufgegriffen. Nach W. T. KRUG läßt sich die Wissenschaft nach «gewissen allgemeinen Gesichtspunkten einteilen, z.B. in Sprach- oder Nominalwissenschaften, die sich bloß mit dem sprachlichen Ausdrucke unserer Vorstellungen und Erkenntnisse beschäftigen, und Sach- oder Realwissenschaften, welche die Vorstellungen und Erkenntnisse des menschlichen Geistes selbst, wiefern sie sich auf gewisse Gegenstände beziehen, behandeln. Diese kann man dann wieder in empirische und rationale eintheilen, je nachdem ihr Grundstoff durch bloße Erfahrung oder durch höhere geistige Thätigkeit bestimmt ist» [43].

Anmerkungen. [1] ARISTOTELES: Met. VII, 4, 1029 b 13; in der lat. Übers. des ‹Großen Kommentars› des AVERROES zu ‹De anima› des Aristoteles findet man im Text des Aristoteles den Ausdruck ‹sermocinalis› für griech. διαλεκτικός, Dialektiker, im lat. Text des Averroes ‹Disputator›, im Gegensatz zu ‹naturalis›, φυσικός, Naturforscher; dieser – so Aristoteles – gibt bei der Bestimmung einer Sache die Materie mit an, jener die Form und den Begriff (ὁ δὲ τὸ εἶδος καὶ τὸν λόγον, «formam et intentionem»); gemeint ist offensichtlich der unterschiedl. method. Zugriff von Physik und Dialektik; AVERROES: Comm. Magnum in Aristotelis De an. libr., hg. F. S. CRAWFORD (Cambridge, Mass. 1953) 22f.; ARISTOTELES: De an. I, 1, 403 a 29-b 2; im Komm. des THOMAS VON AQUIN steht «dyalecticus». – [2] ANONYMI MAGISTRI ARTIUM: Philosophica disciplina, hg. C. LAFLEUR: Quatre introd. à la philos. au XIIIe s. (Montreal/Paris 1988) 260f. 274. – [3] OLIVIER LE BRETON: Philosophia, mss. Corpus Christi College 283, fol. 151vb; 243, fol. 3vb, zit. nach LAFLEUR, a.O. 260, Anm.; a.O. 321. – [4] AUBRY VON REIMS: Philosophia, in: R.-A. GAUTHIER: Notes sur Siger de Brabant II: Siger en 1272-1275. Aubry de Reims et la scission des Normands. Rev. Sci. philos. théol. 68 (1984) 29-48, bes. 46. – [5] REMIGIUS VON GIROLAMI: Diuisio scientie 4, 31-34, hg. E. PANELLA: Un introd. alla filos. in uno studium dei fratri predicatori del XIII sec. Diuisio scientie di Remigio dei Girolami, Memorie Domenicane (1981) n.s. XII, 27-124, 87, zit. nach LAFLEUR, a.O.; vgl. auch: R. IMBACH: Laien in der Philos. des MA. Hinweise und Anreg. zu einem vernachlässigten Thema (Amsterdam 1989) 53ff. – [6] AUGUSTINUS: De doctrina christiana I, 2. CCSL 32 (1962) 7. – [7] PETRUS LOMBARDUS: Sent. in IV lib. dist. I, dist. 1, 1 (Rom 1971) I, 55. – [8] ALEXANDER VON HALES: Glossa in IV lib. Sent. Petri Lombardi I, dist. 3, 27 (Florenz 1951) I, 50. – [9] PETRUS JOHANNIS OLIVI: De perlegendis philosophorum lib., hg. F. DELORME. Antonianum 16 (1941) 40. – [10] THOMAS VON AQUIN: Expos. sup. lib. Boethii De trin. V, 1, hg. B. DECKER (1965) 167; vgl. auch: D. ILLMER: Artes liberales, in: Theol. Realenzykl. 4 (1979) 156-171. – [11] CLARENBALDUS VON ARRAS: Tract. sup. lib. Boetii De trin., in: N. M. HÄRING: Life and works of Cl. of Arras (Toronto 1965) 66. – [12] WILHELM VON CONCHES: Glosae sup. Platonem, hg. E. JEAUNEAU (Paris 1965) 60-62. – [13] HUGO VON ST. VIKTOR: Didasc. I, 12. MPL 176, 749f.; K. JACOBI: Die Modalbegriffe in den log. Schr. des Wilh. von Shyreswood und anderen Kompendien des 12. und 13. Jh. (Leiden/Köln 1980) 9-14. – [14] DOMINICUS GUNDISSALINUS: De divis. philos., hg. L. BAUR (1903) 81. 69. 78. – [15] AL-FĀRĀBĪ: De scientiis. Op. omn., hg. G. CAMERARIUS (Paris 1638) 3. 6; Über den Ursprung der Wiss.en – De ortu scientiarum, hg. C. BAEUMKER (1916) 22: «... dico quod primum principium omnium scientiarum est scientia de lingua, id est de impositione nominum rebus, scilicet substantiae et accidenti». – [16] De ortu scient., a.O. 22. – [17] De scient., a.O. [15] 7. – [18] ROBERT KILWARDBY: De ortu scient., c. 34, n. 346, hg. A. G. JUDY (Toronto 1976) 122. – [19] c. 46, n. 423, a.O. 147f. – [20] c. 47, n. 436, a.O. 151. – [21] c. 48, nn. 455. 458f., a.O. 156f. – [22] c. 49. 53. 62. 64, a.O. 160. 167f. 212f. 222. – [23] AEGIDIUS ROMANUS: Expos. in artem vet. (Venedig 1507) fol. 2vB; vgl. DOMINICUS GUND., a.O. [14] 380-385. – [24] Vgl. die Stellen bei: C. PRANTL: Gesch. der Logik im Abendlande 1-4 (1855-70, ND Graz 1955) 2, 330; 3, 90f. – [25] BONAVENTURA: De reductione artium ad theologiam, nn. 4. 15-18; J. F. QUINN: The s. of St. Bonaventure and his use of language reg. the mystery of the trinity, in: W. KLUXEN (Hg.): Sprache und Erkenntnis im MA. Miscell. Mediaev. 13/1 (1981) 413-423. – [26] HEINRICH VON GENT: Summae quaest. ord. (1520) LIII, v. I-K, fol. 64v, hg. E. M. BUYTAERT 2 (St. Bonaventure 1953). – [27] JOH. DUNS SCOTUS: Quaest. in Met. VI, q. 3, n. 15; vgl. auch: L. HONNEFELDER: Ens inquantum ens. Der Begriff des Seienden als solchen als Gegenstand der Met. nach der Lehre des Joh. Duns Scotus. Beitr. Gesch. Philos. Theol. MA, NF 16 (1979) 115-118. – [28] Sup. praed., q. 1, n. 4. – [29] Ord. III, d. 34, q. un.; Sup. Periherm., q. 1. – [30] RADULPHUS BRITO: Quaest. sup. Priscianum minorem, q. 2. 4, hg. H. W. ENDERS/J. PINBORG (1980) 93. 105; vgl. auch: BOETHIUS VON DACIEN: Modi signif. sive quaest. sup. Priscianum Maiorem, q. 6. Opera, hg. J. PINBORG/H. ROOS. Corpus Philos. Dan. Medii Aevi [CPDMA] 4 (1969) 27; MARTIN VON DACIEN: Modi signif. Opera, hg. H. ROOS. CPDMA 2 (1961) 88; JOH. VON DACIEN: Summa gramatica. Opera, hg. A. OTTO. CPDMA 1 (1955) 57f.; J. PINBORG: Die Entwickl. der Sprachtheorie im MA. Beitr. Gesch. Philos. Theol. MA 42/2 (1967) 102ff. – [31] SIMON VON DACIEN: Quaest. Prisciani. Opera, hg. A. OTTO. CPDMA 3 (1963) 101f. – [32] WILHELM VON OCKHAM: Expos. in lib. Phys. Arist., Prol. § 4. Opera phys. IV, 12. – [33] In Sent. I, d. 2, q. 4. Opera theol. II, 136. – [34] Expos. in lib. Artis logicae, Prooem. Opera philos. II, 7; Summula philos. naturalis, Praeamb. Opera philos. VI, 149. – [35] MARSILIUS VON INGHEN: Quaest. sup. IV lib. Sent. I, Prol. (Straßburg 1501) fol. Xra; Commentum in primum et quartum Tractatum Petri Hispani (1495, ND 1967) a 3r; HEINRICH VON LANGENSTEIN: Henrici de Hassia Sermo de Sancta Katharina Virgine, hg. A. LANG. Divus Thomas 26 (1948) 151. – [36] Vgl. E. GILSON: La philos. au MA (Paris ²1986) 720; chap.: ‹Le Retour des Belles-Lettres› 745f. – [37] Vgl. PRANTL, a.O. [24] 4, 142-148. – [38] P. DA FONSECA: Comm. in Met. Arist. Stag. lib., Lib. V, c. 13, q. 5, t. I-II (1615-29, ND 1964) 667. – [39] Comm. Collegii Conimbricensis e Soc. Jesu: In universam dialecticam Arist., Prooem., q, 2, a. 2 (1976) 17. – [40] G.-F. PICO DELLA MIRANDOLA: Examen vanit. doctr. gentium. Op. omn. (1557-73) II, 748ff.; GABRIEL BIEL: Collectorium in IV lib. Sent. (1501) I, d. 2, q. 4. – [41] G. REICH: Margarita philosophica (1504). – [42] J. LOCKE: An essay conc. human underst. IV, 21, §§ 2-4, hg. P. H. NIDDITCH (Oxford 1975) 720. – [43] W. T. KRUG: Allg. Handwb. der philos. Wiss.en nebst ihrer Lit. und Gesch. 1-6 (²1832-38) 4, 529.

Literaturhinweise. C. PRANTL s. Anm. [24]. N. KRETZMANN: Hist. of semantics, in: Encycl. of philos., hg. P. EDWARDS 7 (New York 1967) 385-406. – J. PINBORG s. Anm. [30]. – W. KLUXEN (Hg.) s. Anm. [25]. – N. KRETZMANN/A. KENNY/J. PINBORG (Hg.): The Cambridge hist. of later mediev. philos. (Cambridge 1982).

J. H. J. SCHNEIDER

Scientific community (wissenschaftliche Gemeinschaft, Gelehrtenrepublik, Denkkollektiv). In der Gründung einer Vielzahl von Akademien und wissenschaftlichen Gesellschaften seit dem 16. Jh. [1] findet die Erkenntnis der Relevanz einer S.c. für den Fortschritt und die Verbreitung wissenschaftlichen Wissens ihren *institutionellen* Ausdruck. Mit ihnen und ihren Publikationsorganen entsteht zum einen ein Forum der Kommunikation für die Wissenschaftler untereinander, zum anderen ein institutioneller Rahmen, der die Spielräume für das als wissenschaftliche Erkenntnis zu qualifizierende Wissen definiert und überwacht, Prioritäten sichert und Forschungsanreize bietet [2]. J.-S. BAILLY bezeichnet die

Akademien daher als «premiers instrumens pour les progrès des sciences» [3]. F. BACONS Konzeption einer S.c. mit ihren vielfältigen Aufgaben, von ihm in seiner Utopie ‹New Atlantis› detailliert als Forschungseinrichtung ‹Haus Salomon› beschrieben, wurde von den Wissenschaftlern des 17. Jh. aufgegriffen und war für die Gründung der ‹Royal Society› von maßgeblicher Bedeutung [4]. Zu den in Orientierung an Bacons Programm zunächst entstehenden kleineren Wissenschaftlerzirkeln gehörte auch das ‹Invisible College›, eine informelle Gruppe von Wissenschaftlern [5]. Der Begriff ‹Invisible College› ist in der heutigen Wissenschaftssoziologie zur Bezeichnung von ‹Ingroups› innerhalb eines Forschungsgebietes gebräuchlich, wenngleich er an Schärfe verloren hat [6].

Die Idee der Gemeinschaft gewinnt insbesondere in der nachkantischen Philosophie im Zuge der Empirisierung des Erkenntnissubjektes an Bedeutung und wird hier zu einer Kategorie, die eine systematische Funktion einnimmt. Damit tritt zum institutionellen Aspekt ein weiterer hinzu. Die Gemeinschaft wird nun zu einer notwendigen Bedingung der Möglichkeit von Erkenntnis.

Bei F. SCHLEIERMACHER sind Wissenschaftslehre und Institutionskunde noch aufs engste verknüpft. Da die anderen Erkenntnissubjekte für den Erkenntnisakt des einzelnen ebenso konstitutiv sind wie das Erkenntnisobjekt, muß die «Gemeinschaft» des Wissens oder die «Erkenntnißgemeinschaft» als «Akademie» oder «wissenschaftlicher Verein» institutionalisiert werden [7]. In den von K.-O. APEL als «Transformation des Kantianismus» gekennzeichneten Ansätzen nimmt die Idee der Gemeinschaft mit je spezifischer Bestimmung und Zielsetzung eine zentrale Rolle ein [8].

In CH. S. PEIRCES Theorie der Realität ist der Begriff einer «Community, without definite limits» schon im Ursprung der Realitätskonzeption enthalten, da Realität dasjenige sei, was von der «community» «in the long run» als Realität bestätigt wird [9]. Wahrheit wird hiernach durch den «catholic consent» der «whole communion of minds to which we belong» konstituiert [10]. Unter dem Einfluß von Peirce führt J. ROYCE die Interpretation als dritte Erkenntnisweise neben Wahrnehmung und Vorstellung ein. Das Ziel der «Community of Interpretation» mit ihrer triadischen Relation zwischen dem Interpreten, dem Interpretierten und dem Adressaten der Interpretation umreißt Royce so: «the ideal unity of insight which the interpreter would possess were these who are now his neighbors transformed into ideas of his own which he compared; that is, were they ideas between which his own interpretation successfully mediated» [11]. Für G. H. MEAD ist die «community» des «universal discourse» das «formale Ideal der Kommunikation», da in ihr die für die Identitätsbildung des einzelnen notwendige Möglichkeit einer Übernahme der Haltung der anderen gegeben ist [12].

In J. HABERMAS' Diskurstheorie erfüllt die Idee der Gemeinschaft in Form der als kontrafaktisch antizipierten idealen Sprechsituation eine Begründungsfunktion für die Konstitution der Richtigkeit von Normen und der Wahrheit von Aussagen, die sich in der Universalisierbarkeit ihrer Geltung ausweist [13]. Der kontrafaktische Rekurs auf die ideale Sprechsituation ist auch zentral für K.-O. APELS Transzendentalpragmatik. Hier nimmt die «Kommunikationsgemeinschaft» als «sinnkritische Bedingung der Möglichkeit und Gültigkeit aller Argumentation» den Status eines Apriori ein, da jeder Argumentierende gleichzeitig «eine *reale Kommunikationsgemeinschaft*, deren Mitglied er ... ist, und ... eine *ideale Kommunikationsgemeinschaft* [voraussetzt], die prinzipiell imstande sein würde, den Sinn seiner Argumentation adäquat zu verstehen und ihre Wahrheit definitiv zu beurteilen» [14].

In der Wissenschaftssoziologie R. K. MERTONS wird die S.c. durch die Angabe jener Werte und Normen umrissen, die das «wissenschaftliche Ethos» ausmachen und die als die für den Wissenschaftler verbindlichen Spielregeln institutionalisiert sind. Diese sind «Universalismus», «Kommunismus», «Uneigennützigkeit» («disinterestedness») und «organisierter Skeptizismus» [15].

In der Wissenschaftsphilosophie spielt der Begriff insbesondere seit TH. S. KUHN eine entscheidende Rolle, wobei Kuhn explizit darauf hinweist, daß L. FLECKS Monographie von 1935 [16] viele seiner eigenen Gedanken vorwegnehme und er durch Fleck auf die Idee einer «sociology of the S.c.» als Integrationsrahmen verschiedener Ansätze gebracht worden sei [17]. Fleck entwickelte bereits in den zwanziger und dreißiger Jahren, geprägt durch die Denkweise seiner Mutterdisziplin, der Medizin, und unter dem Einfluß verschiedener theoretischer Ansätze und Richtungen (Wissenschaftssoziologie, Gestaltpsychologie, philosophische Schule von Lwów, J. von Uexküll u.a.) seine «Lehre vom Denkstil und Denkkollektiv», in der er sich durch persönliche Erfahrungen im Konzentrationslager später noch bestärkt sah [18]. Erkennen ist für ihn «kein individueller Prozeß eines theoretischen 'Bewußtseins überhaupt'» [19], sondern ein historisch, sozial und kulturell bedingtes Phänomen. Erkenntnistheorie wird somit zu einer vergleichenden «Wissenschaft über die Denkstile» [20]. «Definieren wir 'Denkkollektiv' als Gemeinschaft der Menschen, die im Gedankenaustausch oder in gedanklicher Wechselwirkung stehen, so besitzen wir in ihm den Träger geschichtlicher Entwicklung eines Denkgebietes, eines bestimmten Wissensbestandes und Kulturstandes, also eines besonderen Denkstiles» [21]. Die «grundsätzliche Gemeinschaft des Denkstils» läßt aber durchaus Spielräume für – wenn auch nur geringfügige – individuelle Stilunterschiede, die die Entdeckung von Neuem erst möglich machen; «... eine Gemeinschaft von Forschern läßt sich nicht durch einen, selbst einen über unendlich viel Zeit verfügenden Forscher ersetzen» [22]. Eine «grundlegende Eigenschaft aller beständigen Kollektive» ist für Fleck ihre «mehr oder weniger strenge *Abgrenzung*» [23]. Diese erfolgt durch «Autorität», «Suggestion», «Zeremonien (Aufnahmesakramente)» als formale Bedingungen für die Zulassung zu einem Kollektiv. Unter einer «wissenschaftlichen Tatsache» versteht Fleck eine «denkstilgemäße Begriffsrelation» [24]; «Wahrheit» definiert er als «stilgemäßen Denkzwang» [25].

KUHN führt den Begriff ‹S.c.› zunächst in Verbindung mit dem Begriff des Paradigmas bzw. der paradigmengeleiteten normalen Wissenschaft ein [26], allerdings auf eine Weise, die Kuhn später selbst als zirkulär kritisiert [27]. Er bestimmt daher die S.c. als «practitioners of a scientific speciality», die eine Reihe gemeinsamer, von ihm spezialisierter Merkmale aufweisen [28]. In Kuhns Hauptwerk wird die S.c. durchweg als «Individuum im Großformat» betrachtet [29], das sowohl in den normalwissenschaftlichen als auch in den revolutionären Phasen der Wissenschaftsentwicklung als Argumentations- und Handlungssubjekt fungiert. Kuhns Charakterisierung der S.c. während dieser Phasen zeigt, daß der Begriff bei ihm sowohl eine erkenntnistheoretische als auch eine wissenschaftssoziologische und -psychologische Kategorie darstellt. Der Übergang wissenschaftlicher Gemeinschaften zu neuen Paradigmata wird von Kuhn weniger mit epistemologischen als mit Begriffen aus dem religiösen («Konversion») und politischen («techniques of persuasive argumentation») Kontext beschrieben [30]. Kuhns Thesen provozierten eine von vielen Seiten engagiert geführte Diskussion um die Frage, ob hier Wissenschaftslogik nicht auf Wissenschaftspsychologie reduziert werde, und allgemein um die Frage nach dem Verhältnis von internalistischen und externalistischen Faktoren der Wissenschaftsentwicklung [31]. Kuhn selbst hat zahlreiche seiner Annahmen präzisiert, modifiziert und z.T sogar zurückgenommen, so auch sein Verständnis von der S.c. als «Individuum im Großformat», dessen Übergang zu einem neuen Paradigma sich wie ein Gestaltsprung vollzieht [32].

Anmerkungen. [1] Vgl. Art. ‹Akademie, akademisch› und ‹Gelehrtenrepublik›. – [2] M. ORNSTEIN: The rôle of scient. societies in the 17th cent. (Chicago 1913, New York 1975). – [3] J.-S. BAILLY: Hist. de l'astronomie mod. (1779) 2, 249. – [4] Vgl. hierzu: TH. SPRAT: Hist. of the Royal Soc. (London 1667), hg. J. I. COPE/H. W. JONES (St. Louis/London 1959, 1966); V. BIALAS: Wissenschaftl. und techn. Revolutionen in Vergangenheit und Gegenwart (1978) 62f. 159f.; I. B. COHEN: Revolution in sci. (Cambridge, Mass./London 1985) 151; W. KROHN: F. Bacon (1987) 178ff. – [5] KROHN, a.O. 179. – [6] D. J. DE SOLLA PRICE: Little sci., big sci. (New York 1963, 1986). – [7] F. D. E. SCHLEIERMACHER: Werke 1-4, hg. O. BRAUN/J. BAUER (^{2}1927, ND 1967) 2, 269. 101. 273; vgl. G. SCHOLTZ: Schleiermachers Theorie der mod. Kultur mit vergleich. Blick auf Hegel. Hegel-Stud., Beih. 22 (1983) 144ff. – [8] K.-O. APEL: Transformat. der Philos. 1-2 (1973, ^{4}1988) 2, 223f. – [9] CH. S. PEIRCE: Pragmatism and pragmaticism (1868). Coll. papers, hg. CH. HARTSHORNE/P. WEISS 5 (Cambridge, Mass. 1960) 186f. (5.311). – [10] Reviews (1871), hg. A. W. BURKS, a.O. 8 (1958) 17f. (8.13). – [11] J. ROYCE: The problem of Christianity (Chicago 1918, 1968) 315. 317; K.-TH. HUMBACH: Das Verhältnis von Einzelperson und Gemeinschaft bei J. Royce (1962); J. E. SMITH: Royce's social infinite. The community of interpretation (New York 1950). – [12] G. H. MEAD: Mind, self and soc. (Chicago/London 1934, 1970) 327. – [13] J. HABERMAS: Vorstud. und Ergänz. zur Theorie des kommunikat. Handelns (1984). – [14] APEL, a.O. [8] 429. – [15] R. K. MERTON: Sci. and democratic social structure (London/New York 1968) 604-615; Entwickl. und Wandel von Forschungsinteressen (1985) 86-99; The sociology of sci. (Chicago/London 1973); vgl. auch: P. WEINGART: Art. ‹S.c.›, in: J. SPECK (Hg.): Hb. wiss.theoret. Begriffe (1980) 3, 566f. – [16] L. FLECK: Entstehung und Entwickl. einer wiss. Tatsache (1935), hg. L. SCHÄFER/TH. SCHNELLE [EEwT] (1980). – [17] TH. S. KUHN: The structure of scient. revolutions (Chicago 1962, ^{2}1970) VIf.; Mertons und Kuhns Gedanken wurden aufgegriffen von W. O. HAGSTROM: The S.c. (New York 1965, ND London 1975). – [18] FLECK: EEwT; Erfahrung und Tatsache, hg. L. SCHÄFER/TH. SCHNELLE [EuT] (1983); TH. SCHNELLE: L. Fleck – Leben und Denken (1982); R. S. COHEN/TH. SCHNELLE (Hg.): Cognition and fact: Mat. on L. Fleck. Boston Studies 87 (1986). – [19] FLECK: EEwT 54. – [20] EuT 107f. – [21] EEwT 54f. – [22] EuT 68. – [23] EuT 109. – [24] EEwT 110. – [25] EEwT 131. – [26] KUHN, a.O. [17] VIII. 10; vgl. Art. ‹Revolution, wissenschaftliche›. – [27] a.O. 176. – [28] 177. – [29] Preface, in: P. HOYNINGEN-HUENE: Die Wissenschaftsphilos. Th. S. Kuhns (1989) 6. – [30] a.O. [17] 151f. 94. – [31] Vgl. die Lit. im Art. ‹Revolution, wissenschaftliche›. – [32] KUHN, a.O. [29] 2.

Literaturhinweise. TH. SPRAT s. Anm. [4]. – M. ORNSTEIN s. Anm. [2]. – L. FLECK s. Anm. [16] und [18]. – TH. S. KUHN s. Anm. [17] und [29]. – W. O. HAGSTROM s. Anm. [17]. – E.-M. ENGELS: Wissenschaftl. Revol. Arch. Begriffsgesch. 34 (1991) 237-261.

E.-M. ENGELS

ARTIKELVERZEICHNIS

Rache
Radikal Böses
Radikalismus
Ramismus, Semiramismus
Rang
Rangaku
Rangordnung
Rasse
Rat
Ratio
Ratio cognoscendi / r. essendi / r. fiendi
Ratio ignava
Rationalisierung
Rationalismus
Rationalismus, Kritischer
Rationalität, Rationalisierung
Rationes aeternae (ewige Urgründe)
Raum
Raum, Raumwahrnehmung, psychologischer Raum
Raum, logischer
Raum, politischer
Reaktion, bedingte
Reaktionsbildung
Realdialektik
Realgrund
Realia
Realisierung, Realisation
Realismus
Realitas
Realität / Idealität
Realität, formale / objektive
Realität, psychische
Realität der Außenwelt
Realitätsprinzip
Realpsychologie
Realrelation / Idealrelation
Rechnen
Recht
Recht, positives; Rechtspositivismus
Rechte des Menschen, Menschenrechte
Rechtfertigung
Rechtsakt
Rechtsdogmatik
Rechtsgleichheit
Rechtsgut
Rechtsidee
Rechtsirrtum
Rechtskraft
Rechtslehre
Rechtsnorm
Rechtsontologie
Rechtsordnung
Rechtspflicht
Rechtsphilosophie
Rechtssoziologie
Rechtsstaat
Rechtstheorie
Rechtsverhältnis
Rechtszweck
Recta ratio

Recte / oblique
Redlichkeit
Reductio ad absurdum
Reduktion
Reduktion, eidetische
Reduktion, phänomenologische
Reduktion, transzendentale
Reduktion von Komplexität
Reduktionismus
Redundanz
Reell
Referenz, Referenztheorie
Reflex, Reflexbewegung
Reflexion
Reflexionsbegriffe
Reflexionsphilosophie
Reflexologie
Reform
Reformation
Regel
Regel, goldene
Regelfolgen
Regellogik / Satzlogik
Regelmäßigkeitsvoraussetzung
Regelung
Regeneration
Regio dissimilitudinis
Regression
Regressus / progressus
Regressus / progressus in infinitum
Regula Lesbia
Regulation
Rehabilitation der Materie (des Fleisches)
Reich, Drittes
Reich der Freiheit / der Notwendigkeit
Reich der Gnade / der Natur
Reich der Zwecke
Reich Gottes
Reifung
Reinheit, Reinigung
Reinkarnation
Reiz und Reaktion
Reizbarkeit
Reizsamkeit
Rejektion
Rekognition
Rekonstruktion
Relation
Relation des Urteils
Relationismus, Relationieren
Relativismus
Relativitätstheorie
Religion
Religion bzw. Theologie, natürliche bzw. vernünftige
Religionsfreiheit
Religionsgeschichte
Religionskritik
Religionsphänomenologie
Religionsphilosophie
Religionspsychologie
Religionssoziologie

Religionswissenschaft
Religiosität
Remissio / intensio formarum
Renaissance
Repräsentation
Reproduktion
Republik
Repugnanz
Repulsion / Attraktion
Res
Residuum
Resignation, resignieren
Resonanz
Ressentiment
Rest, metaphysischer
Restauration
Retardation
Retention
Rettung
Rettung der Phänomene
Reue
Revisionismus
Revolte
Revolution
Revolution, industrielle
Revolution, konservative
Revolution, permanente
Revolution, wissenschaftliche
Rezeption, Rezeptionsästhetik
Rezeption, juristische
Rezeptivität
Rhetorik, Redekunst
Rhizom
Rhythmus
Richterrecht
Richtigkeit
Risiko
Ritualisierung
Ritus
Robinsonade
Rolle
Roman
Romantik, das Romantische
Rousseauismus
Rückempfindung
Rudimentation

Sabbatianismus
Sabi
Sache
Sachlichkeit
Sachverhalt
Sacrificium intellectus
Sadismus
Säfte, Säftelehre
Saint-Simonismus
Sakrament
Säkularisierung
Sāṃkhya
Saṃsāra
Sanktion
Satire, satirisch
Satori
Sättigung

Satz
Satz der Phänomenalität
Satz vom ausgeschlossenen Dritten
Satz vom (ausgeschlossenen) Widerspruch
Sätze, subjektlose
Schädellehre (Kranioskopie) als Organologie und Phrenologie
Scham, Scheu
Schamanismus
Scharfsinn
Scharia
Schauer
Schechina
Schein
Scheinprobleme
Scheitern

Schema, Schematismus
Schicht, soziale
Schichtenlehre, Schichtentheorie
Schicklich
Schicksal
Schizophrenie
Schizothym / zyklothym
Schlaf
Schließen, natürliches
Schluß
Schluß, praktischer
Schlüsselreiz
Schmecken
Schmerz
Schnitt, Goldener
Scholastik
Schöne (das)

Schöner Geist, Schöngeist
Schönheitslinie
Schöpfung
Schreckliche (das)
Schrift
Schriftsinn, mehrfacher
Schriftsteller
Schuld
Schule
Schwärmerei
Schweigen, Stille
Schwermut
Science, Cognitive
Scientia generalis
Scientia media
Scientia sermocinalis / realis
Scientific community

AUTORENVERZEICHNIS

Abel Günter 162-169
Abeler Helmut 568f.
Aertsen Jan A. 1351-1356
Albertz Rainer 1389-1393
Angelelli Ignacio A. 360-363
Arndt Andreas 133-135
Arndt Hans Werner 1094-1096
Arndt Martin 510-537 539-543
　547-553
Aschoff Jürgen 1033f.
Assmann Aaleida/Jan 1417-1429

Baratta Alessandro 281-284
Baum Manfred 595-602
Baumgartner Hans Michael 924-926
Behler Ernst 1076-1086
Behnke Kerstin 846-853
Belaval Yvon 473f.
Bendiek Johannes 487-489
Bergius Rudolf 131f. 408f.
Birk Andrea 464f.
Birtsch Günter 241-251
Böckenförde Ernst-Wolfgang
　332-342
Böhling Frank 48
Bolz Norbert W. 1429-1431
Bonsiepen Wolfgang 884-891
Borck Cornelius 384f.
Bräuer Gottfried 1271-1274
Breidert Wolfgang 82-88
Broekman Jan M. 315-327 342-352
Buchheim Thomas 29-34
Büchsel Elfriede 489f.
Burkhardt Hans 370f.
Buselmaier Werner 28f.
Büttemeyer Wilhelm 143-146
Butzer Ralph J. 42-44

Christensen Ralph 1036-1038
Claesges Ulrich 374-377
Conte Amedeo G. 446-450
Corbineau-Hoffmann Angelika
　1026-1033
Courtine Jean-François 178-193
　892-901
Cremerius Johannes 132f.
Csáky Moritz 727-731

Danziger Kurt 554-567
Demmerling Christoph 214
　1038-1045
Dierse Ulrich 6-11 632f. 653-673
Dreier Horst 288-292
Düsing Wolfgang 1387-1389

Elling Elmar 11-13 1186-1192
Elsas Christoph 703-713
Engels Eve-Marie 990-996
　1516-1520
Erler Michael 578-586

Feil Ernst 646-653
Fetscher Iring 951-953
Flügge Johannes 1314f.
Fraisse Paul 1034-1036
Fritsche Johannes 774-780

Gabriel Gottfried 496-502
　1192-1195 1243-1245
Gawlick Günter 44-47
Gehring Petra 297-310
Gerhardt Uta 1263-1267
Gerhardt Volker 17-21
Glei Reinhold 932-938 1052f.
　1442-1446
Goerdt Wilhelm 13-15
Goltz Dietlinde 1119-1126
Görlich Bernard 42-44
Gosepath Stefan 62-66
Grahek Nikola 1323-1330
Grawert Rolf 233-241
Grimm Tilemann 1060
Grünepütt Katrin 206-211
Grüner Guido 490-495
Grünewald Marc 161f.
Günther Horst 783-790 957-973
Gusy Christoph 292-294 352f.

Halbfass Wilhelm 156-161 405f.
Haller Benedikt 812-826
Hassenstein Bernhard 474-476
Häußling Angelus A. 1058f.
Heidrich Peter 1313f.
Held Klaus 383f. 931f.
Helle Horst Jürgen 768-771
Hengstenberg Hans-Eduard
　1100-1102
Herberger Maximilian 221-229
　266-272
Herrmann Theo 1261-1263
Herzog Gunter 1289-1295
Hildebrandt Helmut 474-476
　916-920 1206f.
Hoche Hans-Ulrich 457-464
Hödl Ludwig 944-951
Hoenen Maarten J. F. M. 355-360
Hoffmann Fritz 148-150
Hoffmann Thomas Sören 52-56
　505-508 1009-1014
Hofmann-Riedinger Monika
　434-444
Homann Heide 22-24 476-479
　481-483 1296-1299
Hügli Anton 1306-1312
Hühn Helmut 146-148
Hülsmann Heinrich 1267f.

Jaeschke Walter 673-683 748-763
Jauß Hans Robert 996-1004
Jørgensen Sven-Aage 1171-1174

Kaiser-El-Safti Margret 200-206
Kambartel Walter 108-111
　1330-1332
Katsakoulis Grigori 1217-1220

Kaulbach Friedrich 88-97
Kemper Dirk 731-733 764-768
　771-774
Kerckhoven Guy van 1195-1198
Kersting Wolfgang 34-37
Keuth Herbert 49-52
Kible Brigitte 37-40 40f. 193-199
　427-434
Klemenz Dieter 140-143 1472-1478
Knebel Sven K. 879-883
Knopf Jan 1070-1076
Köhler Johannes 1395-1399
　1405-1413 1456-1465
Kolb Herbert 1206
Konersmann Ralf 734-746 973-988
　1064-1067
König Gert 613-622
Köpcke-Duttler Arnold 1465-1472
Košenina Alexander 1439-1442
Köster Werner 122-131
Kötter Rudolf 371-374
Kranz Margarita 41f. 1275-1289
Kratzer Adolf 622-631
Kreuzer Johann 1483-1495
Krieger Gerhard 780-783
Kroß Matthias 553f. 1315-1323
Kuchenbuch Ludolf 1167f.
Kühne-Bertram Gudrun 1369-1375

Laarmann Matthias 909-916
　1113-1117 1448-1456
Lanczkowski Günter 733f. 747
　1215-1217
Lang Alfred 1174f.
Leinkauf Thomas 1356-1364
Lessing Hans-Ulrich 212f.
Lewin Bruno 21f. 1093f. 1174
Libera Alain de 1182-1186
Liebsch Dimitri 1240-1243
Link-Heer Ursula 1086-1091
Loch Wolfgang 483f.
Lorenz Kuno 444-446 1303-1306
Lorenz Stefan 25-28 644-646
　701-703
Lottes Günther 926-930
Lötzsch Frieder 569f. 883f.
Lübbe Weyma 272-278
Lühe Astrid von der 363-369
Luhmann Niklas 377f.

Maas Jörg F. 988-990
Mager Wolfgang 858-878
Mahlmann Theodor 416-427
Mainzer Klaus 105-108
Majetschak Stefan 135-140
Mann Wolfgang 251-256
Marquard Odo 211f.
Marramao Giacomo 1133-1161
Meier-Oeser Stephan 797-800
Meinhardt Helmut 66f.
Meist Kurt R. 1096-1100
Menne Albert 569 611f.
Meschede Klaus 1127f.
Meyer Heinz 1431-1439

Meyer-Kalkus Reinhart 1223f.
Mittelstädt Gerhard 1295f.
Mojsisch Burkhard 586-595
  1175-1186
Most Glenn W. 1343-1351
Mühle Günther 530f.
Münch Dieter 385-388

Natzel Stephanie 932-938 1052f.
Neumann Ulfrid 294-297
Niehoff Maren 537-539
Niewöhner Friedrich 1226-1230

Pauley Gisela 490-495
Peters Albrecht 259-265 1128-1132
Pfäfflin Friedemann 1117-1119
Pieper Annemarie 434-444 954-957
Plumpe Gerhard 169-178 1224f.
Pozzo Riccardo 15-17 484-487
Probst Peter 1-5 41-42 920-924
  930f. 1091

Rammstedt Otthein 1045-1050
Rath Helmut 1245f.
Rath Norbert 1060-1064 1375-1385
Ratschow Carl-Heinz 633-644
Red. 199f. 256 369f. 487-490 569
  611-613 622 768-771 951-953
  1067-1070 1093 1126-1132 1215
  1245f. 1267 1393f. 1465-1472
Rehbock Theda 941-944
Rehn Rudolf 1175-1182
Reinhardt Klaus 1507f.
Rensch Bernhard 1092
Rescher Nicholas 369f.
Riebold Lars 229-233

Ritter Martin 1446-1448
Rohs Peter 1237-1240
Rolke Lothar 56-62
Rothschuh Karl E. 567f.
Röttgers Kurt 901-909 1025f.
Ruhnau Jürgen 1208-1215

Sachße Tilman 1067-1070
Santel Gabriele 1230-1237
Schanbacher Dietmar 1004-1008
Scheerer Eckart 388-396 790-797
  800-812 834-846 1497-1504
Schepers Heinrich 1504-1507
Schiefele Hans 1268-1271
Schmidinger Heinrich M. 683-701
  1332-1342
Schmithausen Lambert 1163-1167
Schneider Jakob Hans Josef
  1508-1516
Schnelle Helmut 383
Scholtz Gunter 570-578 1385-1387
  1495-1497
Scholz Oliver R. 826-834
Schreiber Hans-Ludwig 310-315
Schrey Heinz-Horst 450-457
Schröder Winfried 713-727
  1478-1483
Schroeder-Heister Peter 1300-1303
Schulte Bernd H. 278-280
Schulz Reinhard 853-858
Seubold Günter 219f.
Sigrist Christian 1053-1058
Smith Barry 1102-1113
Sprenger Gerhard 5f.
Stammkötter Franz-Bernhard
  1399-1405

Stegmaier Werner 1246-1261
Steiner Hans-Georg 606-611
Stekeler-Weithofer Pirmin 97-105
  465-473 622-631 1198-1205
Stenius Erik 121f. 1195
Stöckler Manfred 378-383
Sturlese Loris 479-481 545-547
Sturlese Maria Rita 543-545

Thöle Bernhard 256-259
Tichy Matthias 214-219
Tiedemann Rolf 938-941
Trappe Paul 327-331
Trappe Tobias 150-156 199f.
  1364-1369
Trupp Andreas 265f. 284-287
  353-355

Vollmer Matthias 1220-1223

Wagner Claus 495f.
Wagner Hartmut 281-284
Weische Alfons 1014-1025
Wezler Albrecht 1161-1163
Wickler Wolfgang 1050f. 1312f.
Wimmer Reiner 502-505 508-510
Wohlfart Günter 1483-1495
Wolf Jean-Claude 1168-1171
Wolzogen Christoph von 602-606
Woodward William R. 111-121

Zahn Lothar 396-405 407f.
Zekl Hans Günter 67-82
Zelle Carsten 1413-1416
Zimmermann Clemens 409-416

1. Text

Titel. In Doppel- und Mehrfachtiteln werden die Stichwörter, wenn sie Gegensätze bezeichnen, durch Schrägstrich, wenn sie einander ergänzen, durch Komma getrennt.

Die *Anfangsbuchstaben Ä, Ö, Ü* (nicht aber *Ae, Oe, Ue*) der Titelstichwörter werden alphabetisch wie *A, O, U* behandelt.

Abkürzungen. An Stelle des Titelstichworts tritt der Anfangsbuchstabe mit Punkt. Sonst sind im Text nur allgemein gebräuchliche Abkürzungen verwendet.

Auszeichnungen. Namen von Autoren, die Gegenstand eines Artikels sind, werden, wenn sie in einem Gedankenzusammenhang zum ersten Mal vorkommen, in KAPITÄLCHEN, die übrigen Hervorhebungen *kursiv* gesetzt. Namen der Verfasser von Untersuchungen zum Gegenstand des Artikels werden nicht ausgezeichnet.

Anführungszeichen und Klammern. In *einfachen* Anführungszeichen ‹...› stehen Begriffe (im Falle: der Begriff ‹Logik›, die Bedeutung von ‹Logik›, das Wort ‹Logik›) sowie Werktitel, Teil- und Kapitelüberschriften, in '...' stehen metasprachlich verwendete bzw. uneigentlich gebrauchte Ausdrücke. In *doppelten* Anführungszeichen «...» stehen Zitate (ausgenommen griechische).

In *eckige* Klammern [...] sind Einfügungen des Artikelautors in Zitate sowie Anmerkungsziffern gesetzt.

2. Anmerkungen und Literaturhinweise

Um den Text zu entlasten, sind die Belegstellen (mit Ausnahme der biblischen) in den Anmerkungen zusammengefaßt.

Beziehen sich mehrere aufeinanderfolgende Anmerkungen auf denselben Autor und/oder dasselbe Werk, wird der Verfassername bzw. der Werktitel nicht wiederholt.

Wenn sich eine spätere auf eine frühere, nicht unmittelbar vorhergehende Anmerkung bezieht, wird in der Regel die Nummer der früheren Anmerkung wiederholt:

[1] F. KLUGE: Etymol. Wb. dtsch. Sprache (^{11}1963) 8. – ... [4] KLUGE, a.O. [1] 432.

Zitierweisen. Sie folgen dem für Epochen, Autoren und Werke üblichen wissenschaftlichen Gebrauch, doch werden Siglen, die nur dem Fachmann bekannt sind, mit wenigen Ausnahmen (vgl. Abkürzungsverzeichnis Nr. 1) vermieden oder von Fall zu Fall neu eingeführt:

[1] R. DESCARTES: Princ. philos. 3, 112. Œuvres, hg. CH. ADAM/P. TANNERY [= A/T] 8, 160. – [2] Vgl. Medit. 2. A/T 7, 32.

Zitiert wird nach der systematischen Gliederung der Werke und/oder nach Ausgaben bzw. Auflagen:

a) *Nach Gliederung:* [1] PLOTIN: Enn. II, 4, 15 = ‹Enneaden›, Buch 2, Kapitel 4, Abschnitt 15. – [2] THOMAS VON AQUIN: S. theol. I-II, 20, 2 = ‹Summa theologiae›, Pars I von Pars II, Quaestio 20, Articulus 2.

b) *Nach Ausgaben:* [1] PLATON: Phaed. 88 d 3-5 = ‹Phaedo›, S. 88, Abschn. d (Paginierung nach der Ausgabe von HENRICUS STEPHANUS, Paris 1578), Zeilen 3-5 (nach der Ausgabe von IOANNES BURNET, Oxford ^{1}1899-1906). – [2] I. KANT: Anthropologie (1798). Akad.-A. 7, 252, 3 = Gesammelte Schriften, hg. (Königl.) Preuß. Akad. Wiss. (ab Bd. 23 hg. Dtsch. Akad. Wiss. zu Berlin), Bd. 7, S. 252, Z. 3.

c) *Nach Auflagen:* [1] I. KANT: KrV A 42/B 59 = ‹Kritik der reinen Vernunft›, 1. Aufl. (1781), S. 42 = 2. Aufl. (1787), S. 59.

d) *Nach Gliederung und Ausgaben:* [1] ARISTOTELES: Met. II, 2, 994 a 1-11 = ‹Metaphysik›, Buch 2 (α), Kap. 2, S. 994, Sp. a, Z. 1-11 (nach Arist. graece ex rec. IMM. BEKKERI, Berlin 1831). – [2] JOHANNES DAMASCENUS: De fide orth. II, 12. MPG 94, 929ff. = ‹De fide orthodoxa›, Buch 2, Kap. 12 bei J. P. MIGNE (Hg.): Patrologiae cursus completus, Ser. 1: Ecclesia graeca, Bd. 94, Sp. 929ff.

Interpunktion. Nach Autorennamen steht ein Doppelpunkt, wenn eine bibliographische Angabe, ein Komma, wenn die vorverweisende Abkürzung a.O. folgt.

In *Stellenangaben* folgt die Zeichensetzung weitgehend altphilologischem Gebrauch:

Kommata trennen in Angaben nach Gliederung Buch von Kapitel und Kapitel von Abschnitt, in Belegstellen nach Ausgaben Band von Seite und Seite von Zeile (vgl. oben a) Anm. [1] und b) Anm. [2]).

Punkte bedeuten in Stellenangaben *und*; sie stehen z. B. zwischen Kapitel und Kapitel bzw. Seite und Seite:

[1] ARISTOTELES: Met. V, 19. 20 = Buch 5 (Δ), Kap. 19 und 20. – [2] I. KANT: Anthropol. (1798). Akad.-A. 7, 251. 265 = Bd. 7, S. 251 und 265.

Strichpunkte sind gesetzt, wenn auf eine untergeordnete Gliederungseinheit (Abschnitt, Artikel) eine übergeordnete (Buch, Teil, Kapitel) folgt:

THOMAS: S. theol. I, 14, 11; 44, 3; 55, 2 = Pars I, Quaestio 14, Art. 11; (Pars I) Quaestio 44, Art. 3; (Pars I) Quaestio 55, Art. 2

oder wenn die nächste Stellenangabe einem anderen Band bzw. Werk entnommen ist:

G. W. F. HEGEL: Phän. des Geistes (1807). Akad.-A. 9, hg. W. BONSIEPEN/R. HEEDE (1980) 109; Glauben und Wissen (1802), a.O. 4, hg. H. BUCHNER/O. PÖGGELER (1968) 381.

Literaturhinweise. Die Angaben sind normalerweise chronologisch, gelegentlich auch nach sachlichen Gesichtspunkten geordnet und entsprechen den üblichen Regeln. Der Erscheinungsort wird bei Drucken vor 1700 und bei fremdsprachigen Publikationen genannt.

Zeitschriften und andere Periodika werden nach dem von der UNESCO empfohlenen ‹Internationalen Code für die Abkürzung von Zeitschriftentiteln› zitiert (Abdruck in: World med. Periodicals, New York ^{3}1961, XIff.; vgl. dazu Abkürzungsverzeichnis Nr. 2). Wie auch bei mehrbändigen Werken steht in den Stellenangaben die Bandzahl vor, die Seitenzahl nach dem Erscheinungsjahr.

ABKÜRZUNGEN

1. Siglen für Ausgaben, Buchtitel, Lexika und Sammelwerke

CAG	Commentaria in Aristotelem graeca. Consilio et auctoritate Academiae litterarum Regiae Borussicae 1-23 [51 Teile] (1882-1907, ND 1955ff.)
CCSL	Corpus christianorum. Series latina (Turnhout 1953ff.)
CSEL	Corpus scriptorum ecclesiasticorum latinorum, editum consilio et impensis Academiae litterarum Caesareae Vindobonensis 1-80 (Wien 1866ff.)
EISLER[4]	R. EISLER: Wörterbuch der philosophischen Begriffe 1-3 ([4]1927-1930)
FDS	Die Fragmente zur Dialektik der Stoiker. Neue Sammlung der Texte mit dtsch. Übers. und Kommentaren, hg. von K. HÜLSER 1-4 (1987/88); [Msch.schr.: Sonderforschungsbereich 99, Univ. Konstanz (1982)]
GCS	Die griechischen christlichen Schriftsteller der ersten [drei] Jahrhunderte, hg. Kommission für spätantike Religionsgeschichte der Dtsch. Akad. der Wiss.en zu Berlin (Leipzig/Berlin 1897ff.)
GRIMM	J. und W. GRIMM: Deutsches Wörterbuch 1-16 (1854-1960); Neuausg. 1-33 (1971, ND 1984). Die Bandzählung erfolgt nach der sechzehnbändigen Erstausgabe.
KpV	Kritik der praktischen Vernunft ([1]1788)
KrV	Kritik der reinen Vernunft ([1]1781 = A, [2]1787 = B)
KU	Kritik der Urteilskraft ([1]1790, [2]1793)
LALANDE[10]	A. LALANDE: Vocabulaire technique et critique de la philosophie (Paris [10]1968)
LThK[2]	Lexikon für Theologie und Kirche, hg. von J. HÖFER/K. RAHNER 1-10 ([2]1957-1965)
MEGA	MARX/ENGELS: Hist.-krit. Gesamt-A.; Werke, Schriften, Briefe; Abt. 1-3 (Frankfurt a.M./Berlin/Moskau 1927-1935), nicht vollständig erschienen
MEW	MARX/ENGELS: Werke 1-39 (Berlin-Ost 1956-1968)
MG	Monumenta Germaniae historica inde ab anno Christi 500 usque ad annum 1500. Auspiciis Societatis aperiendis fontibus rerum Germanicarum medii aevi (Hannover/Leipzig 1826-1913, ND Stuttgart/New York 1963/64)
MG AA	Auctores antiquissimi
MG Ep.	Epistolae
MG SS	Scriptores
MPG	J. P. MIGNE (Ed.): Patrologiae cursus completus, Series I: Ecclesia graeca 1-167 (mit lat. Übers.) (Paris 1857-1912)
MPL	J. P. MIGNE (Ed.): Patrologiae cursus completus, Series II: Ecclesia latina 1-221 (218-221 Indices) (Paris 1841-1864)
RAC	Reallexikon für Antike und Christentum, hg. TH. KLAUSER (Stuttgart 1941ff.)
RE	Paulys Real-Encyclopädie der classischen Altertumswissenschaft. Neubearb. hg. von G. WISSOWA, W. KROLL u.a. Reihe 1. 2 [nebst] Suppl. 1ff. (1894ff.)
RGG[3]	Religion in Geschichte und Gegenwart 1-6 ([3]1957-1962)
SVF	Stoicorum veterum fragmenta collegit IOANNES AB ARNIM 1-4 ([2]1921-1923)
VS	H. DIELS/W. KRANZ (Hg.): Die Fragmente der Vorsokratiker, griechisch und deutsch 1-3 ([13]1968)

2. Periodika (Beispiele)

Abh. preuß. Akad. Wiss.	Abhandlungen der (königl.) preußischen Akademie der Wissenschaften (Berlin)
Arch. Begriffsgesch.	Archiv für Begriffsgeschichte (Bonn)
Arch. Gesch. Philos.	Archiv für Geschichte der Philosophie (Berlin)
Bl. dtsch. Philos.	Blätter für deutsche Philosophie (Berlin 1927–1944)
Dtsch. Vjschr. Lit.wiss.	Deutsche Vierteljahrsschrift für Literaturwissenschaft und Geistesgeschichte (Stuttgart)
Dtsch. Z. Philos.	Deutsche Zeitschrift für Philosophie (Berlin)
German.-roman. Mschr.	Germanisch-romanische Monatsschrift (Heidelberg)
Gött. gel. Anz.	Göttinger Gelehrte Anzeigen
Hist. Z.	Historische Zeitschrift (München)
J. Hist. Ideas	Journal of the History of Ideas (Lancaster, Pa.)
J. symbol. Logic	Journal of Symbolic Logic (Providence, R. I.)
Kantstudien	Kantstudien (Berlin, NF Köln)
Mind	Mind (Edinburgh)
Philos. Rdsch.	Philosophische Rundschau (Tübingen)
Philos. Jb.	Philosophisches Jahrbuch (Freiburg i. Br.)
Proc. Amer. philos. Soc.	Proceedings of the American Philosophical Society (Philadelphia)
Rev. Mét. Morale	Revue de Métaphysique et de Morale (Paris)
Rev. philos. Louvain	Revue philosophique de Louvain
Rhein. Mus. Philol.	Rheinisches Museum für Philologie
Sber. heidelb. Akad. Wiss.	Sitzungsberichte der Heidelberger Akademie der Wissenschaften
Studia philos.	Studia philosophica. Jb. Schweiz. philos. Ges.
Z. philos. Forsch.	Zeitschrift für philosophische Forschung (Meisenheim/Glan)

3. Häufig verwendete Abkürzungen

A	KrV¹	gén.	général(e)	pr.	priora
A.	Ausgabe	gent.	gentiles	Pr.	Predigt
a | b ...	Seitenteiler	Ges.	Gesellschaft	Proc.	Proceedings
a.	articulus	Gesch.	Geschichte	Prol(eg.)	Prolegomena
a.O.	angegebenen Orts	griech.	griechisch	Prooem.	Prooemium
Abh.	Abhandlung(en)	GRIMM	s. Siglen	prot.	protestantisch
Abschn.	Abschnitt			Ps.	Psalm
Abt.	Abteilung	H.	Heft	Ps.-	Pseudo-
adv.	adversus	Hb.	Handbuch	Psychol.	Psychologie
ahd.	althochdeutsch	hg.	herausgegeben	publ.	publiziert
Akad.	Akademie	hist.	historisch		
Amer.	American			q.	quaestio
Anal.	Analyse, Analytica	idg.	indogermanisch	Quart.	Quarterly
Anm.	Anmerkung(en)	Inst.	Institut, institutio	quodl.	quodlibetalis, quodlibetum
Anz.	Anzeiger	int.	international		
Aphor.	Aphorismus	Introd.	Introductio(n)	r	recto (fol. 2r = Blatt 2, Vorderseite)
Arch.	Archiv(es)	ital.	italienisch		
Art.	Artikel	J.	Journal	Rdsch.	Rundschau
Ass.	Association	Jb.	Jahrbuch	RE	s. Siglen
AT	Altes Testament	Jg.	Jahrgang	Red.	Redaktion
		Jh.	Jahrhundert	red.	redigiert
B	KrV²			Reg.	Register
Beih.	Beiheft	Kap.	Kapitel	Relig.	Religion
Ber.	Bericht	kath.	katholisch	Res.	Research
Bespr.	Besprechung	KpV	s. Siglen	Resp.	Res publica = Politeia
Bibl.	Bibliothek	krit.	kritisch	Rev.	Revue
Biol.	Biologie	KrV	s. Siglen	Rez.	Rezension
Bl.	Blatt, Blätter	KU	s. Siglen	RGG	s. Siglen
Br.	Brief(e)			roy.	royal(e)
Bull.	Bulletin	LALANDE	s. Siglen	russ.	russisch
		lat.	lateinisch		
c.	caput, capitulum, contra	Leg.	Leges = Nomoi	S.	Summa
		Lex.	Lexikon	Sber.	Sitzungsbericht(e)
CAG	s. Siglen	lib.	liber	Sci.	Science(s)
cath.	catholique	ling.	lingua	Schr.	Schrift(en)
CCSL	s. Siglen	Lit.	Literatur	s.d.	siehe dort
ch.	chapitre, chapter	log.	logisch	Slg.	Sammlung(en)
Chem.	Chemie	LThK	s. Siglen	Soc.	Société, Society
conc.	concerning	LXX	Septuaginta	Soziol.	Soziologie
corp.	corpus	MA	Mittelalter, Moyen Age	span.	spanisch
C. R.	Compte(s) rendu(s)	Math.	Mathematik	Stud.	Studie(n)
CSEL	s. Siglen	Med.	Medizin	Suppl.	Supplement(um)
		Med(it.)	Meditationes	s.v.	sub voce (unter dem Stichwort)
Dict.	Dictionnaire, Dictionary	MEGA	s. Siglen		
		Met.	Metaphysik	SVF	s. Siglen
disp.	disputatio	MEW	s. Siglen	T.	Teil
Diss.	Dissertatio(n)	MG	s. Siglen	Theol.	Theologie, Theologia
dtsch.	deutsch	Mh.	Monatshefte		
ebda.	ebenda	mhd.	mittelhochdeutsch	UB	Universitätsbibliothek
eccl.	ecclesiasticus	MPG	s. Siglen	Übers.	Übersetzung
Ed.	Editio	MPL	s. Siglen	Univ.	Universität
Einf.	Einführung	Ms.	Manuskript		
Einl.	Einleitung	Mschr.	Monatsschrift	v	verso (fol. 2v = Blatt 2, Rückseite)
engl.	englisch	Mus.	Museum		
Ep.	Epistula			Verh.	Verhandlungen
Erg.Bd.	Ergänzungsband	nat.	naturalis	Vjschr.	Vierteljahresschrift
Eth.	Ethica	ND	Nachdruck	Vol.	Volumen
etymol.	etymologisch	NF	Neue Folge	Vorles.	Vorlesung
evang.	evangelisch	nhd.	neuhochdeutsch	VS	s. Siglen
		NT	Neues Testament	Wb.	Wörterbuch
FDS	s. Siglen	p.	pagina	Wiss.	Wissenschaft(en)
fol.	folio	Philol.	Philologie	Wschr.	Wochenschrift
Frg.	Fragment	Philos.	Philosophie		
frz.	französisch	Phys.	Physik	Z.	Zeitschrift
G.	Giornale	post.	posteriora	Zool.	Zoologie
				Ztg.	Zeitung

HÄUFIG VERWENDETE ZEICHEN

1. Symbole der Junktoren- und Quantorenlogik (Aussagen- und Prädikatenlogik)
(vgl. Art. ‹Aussagenlogik›, ‹Indefinit›, ‹Logik, dialogische›, ‹Prädikatenlogik›)

Zeichen   Gesprochen   Name

a) Kopulae

ε	ist (hat)	(affirmative) Kopula
ε'	ist (hat) nicht	(negative) Kopula

b) Logische Junktoren

$\neg$	nicht	Negator
$\wedge$	und	Konjunktor
$\vee$	oder (nicht ausschließend, lat. vel)	Adjunktor
$\rightarrow$	wenn ..., so (dann) ...	(Subjunktor) Implikator
$\leftrightarrow$	genau dann wenn ..., so (dann) ...	(Bisubjunktor) Biimplikator

c) Logische Quantoren

$\wedge x$	für alle x gilt	Allquantor
$\mathbb{A} x$	für alle x gilt (wobei der Variabilitätsbereich von x indefinit ist)	indefiniter Allquantor
$\vee x$	es gibt mindestens ein x, für das gilt	Existenzquantor
$\mathbb{V} x$	es gibt mindestens ein x, für das gilt (wobei der Variabilitätsbereich von x indefinit ist)	indefiniter Existenzquantor

d) Folgerungssymbole

$\prec$	impliziert (aus ... folgt ...)	Zeichen für den Folgerungsbegriff der dialogischen Logik
$\Vdash$	aus ... folgt ...	Zeichen für den semantischen Folgerungsbegriff

---

2. Regel- und Kalkülsymbole (vgl. Art. ‹Kalkül›)

$\Rightarrow$	es ist erlaubt, von ... überzugehen zu ...
$\Leftrightarrow$	es ist erlaubt, von ... überzugehen zu ... und umgekehrt
$\vdash$	ist ableitbar
$=_{df}$, $\leftrightharpoons$, $\equiv$	nach Definition gleich

3. Relationssymbole

$=$	gleich
$\neq$	nicht gleich
$\equiv$	identisch
$\not\equiv$	nicht identisch
$\sim$	äquivalent
$<$	kleiner
$\leq$	kleiner oder gleich
$>$	größer
$\geq$	größer oder gleich

4. Symbole der Modallogik (vgl. Art. ‹Modallogik›)

$\Diamond$	es ist möglich, daß
$\square$	es ist notwendig, daß
$\rightarrowtail$	strikte Implikation

5. Symbole der Syllogistik

S	Subjekt
P	Prädikat
a	affirmo universaliter (ich bejahe universell)
i	affirmo partialiter (ich bejahe partiell)
e	nego universaliter (ich verneine universell)
o	nego partialiter (ich verneine partiell)

6. Symbole der Mengenlehre (vgl. Art. ‹Mengenlehre›)

$\emptyset$	leere Menge
$\in$	Element von
$\notin$	nicht Element von
$\subseteq$	enthalten in
$\cup$	vereinigt (Vereinigung von ... und ...)
$\cap$	geschnitten (Durchschnitt von ... und ...)